COMMENTARIA
IN ARISTOTELEM
GRAECA

EDITA CONSILIO ET AUCTORITATE

ACADEMIAE LITTERARUM REGIAE BORUSSICAE

VOLUMEN IX

SIMPLICII IN PHYSICORUM LIBROS QUATTUOR PRIORES

BEROLINI
TYPIS ET IMPENSIS G. REIMERI
MDCCCLXXXII

SIMPLICII
IN ARISTOTELIS PHYSICORUM
LIBROS QUATTUOR PRIORES
COMMENTARIA

CONSILIO ET AUCTORITATE

ACADEMIAE LITTERARUM REGIAE BORUSSICAE

EDIDIT

HERMANNUS DIELS

BEROLINI
TYPIS ET IMPENSIS G. REIMERI
MDCCCLXXXII

PRAEFATIO

Simplicii in Physica Aristotelis commentaria non solum interpretis prudentia atque doctrina, sed etiam ipsa libri magnitudine facile principem locum in hoc scriptorum numero obtinent. nam periit is liber, qui unus ambitu quoque comparari possit, Alexandri in eadem Physica commentaria.[1] itaque infinita prope materia in duas imparis sane partes divisa est, maiorem quattuor priores minorem quattuor posteriores libros complexam. antiquam hanc divisionem in optimis libris servatam nos simili coacti necessitate sumus amplexi. quam ob rem priori nunc parti mihi praefaturo eos codices omittere licet, qui posteriora tantum exhibent, nisi quod honoris causa nomino Marcianum 226 (A), vetustissimum et optimum exemplum, quod unum retinuit antiquum operis titulum, quem nos ceterorum librorum ope destituti in prioribus quoque refingere non dubitavimus.[2]

---

[1] Si Arabibus fides est (A. Müller *Die griech. Philosophen in d. arab. Ueberl.* Halle 1873 p. 17, Casiri *Bibl. Arab.* I p. 243), Alexandri undecim minimum libri sic Aristoteleis respondebant: A II libri (I et pars II extabat), B I liber, Γ (perierat), Δ III libri (extabant praeter partem tertii de tempore), E I liber, Z I liber (plus dimidio servabatur), H I liber, Θ I liber (paene totus perierat). simile exemplar fuit Averrois, ut ipse dicit initio [Venet. 1550 fol. t. IV p. 2rª7]: *nec ab Alexandro verborum explanatio cognita est nisi sub partem primi et super secundum, quartum quintum sextum et septimum: et quod habetur super partem octavi non est Alexandri;* idem confirmant eius ex Alexandro excerpta, de quibus alias [cf. p. XI, 9] dicam. apud Graecos mature periisse Alexandrum non mirum est. duo eius modi corpora non tulit Byzantinorum aetas, cum praesertim Simplicius optima quaeque ex Alexandro iure tralaticio transcripsisset. nam observandum est summam capitum fere ubique esse Alexandream, cuius plerumque nomen, nisi ubi dissentire placebat Simplicio, non apparet. haud raro aliena i. e. Alexandrea antea repetita esse ita significavit, ut suam interpretationem a μήποτε illo exorsus contra poneret. eadem ratione quamvis minus frequenter Themistio abutitur.

[2] A inscribit, ut hoc utar, Σ. φ. εἰς τὸ ζῆτα τῆς ἀ. φ. ἀκρ. πρῶτον ὅ ἐστιν ἕκτον. quod otiosum videatur ὅ ἐστιν ἕκτον ideo additum est, ut Aristotelis numeros et vulgares Simpliciani commentarii diversos esse appareat. sed factum esse potest ut antiquitus ille mos transferretur, ubi plura saepe volumina uni Aristotelis libro subtexere non inusitatum cf. n. 1.

Archetypus

Igitur librorum I II III IV codices quotquot in notitiam nostram venerunt,[1] ex archetypo aliquanto post Simplicium exarato manarunt, id quod cum ex turbis apparet p. 238,5 in omnibus libris obviis tum ex lacunis et fenestris p. 518 relictis. ex illo autem duo deducta sunt exemplaria, quorum melius eis quos archetypus habebat quattuor libris contentum fuit, deterius alterum posterioribus aliunde accitis libris totum corpus complexum est.

Utriusque generis ex ingenti codicum numero, quos Adolfus Torstrik[2] indefesso labore in Italia Gallia Hispania Britannia examinaverat, tres digni visi sunt qui quasi fundamentum huic volumini substruerentur, meliores D et E, deterior F. melioris igitur illius exemplaris instar nobis sunt DE, cuius scriptor etsi non plane a divinando abstinuit (cf. p. 22,25), tamen et integriorem multo et pleniorem memoriam ex archetypo servavit. indidem scholia sunt a DE transcripta, quae a christiano homine profecta (cf. p. 29,2 n.) non tamen acumine quodam carent. lepidum quidem illud p. 201,28 n. adscriptum.

D

Horum codicum auctoritas etsi parili fere momento libratur, tamen D paulo praestat,[3] non solum quia doctior est (cf. p. 220,1), quod sane vitio magis quam laudi librariis verti solet, sed quia religiosius etiam in levioribus rebus fidem exemplaris sequitur. nam in ν paragogico addendo, hiatu post δέ, ἀλλά sim. tolerando, οὕτως ante consonantes servando E suo magis quam exemplaris mori obtemperare maluit. quamquam D, qui p. 347,11 deficit, iam antea pristinae virtutis aliquid remittit, velut p. 318,4 lacunosus est pariter atque F atque a p. 304,19 malam posterioris memoriae consuetudinem sequitur lemmata plene scribendi, quorum

---

[1] de E[a] infra dicetur.

[2] omnes libros vel a Torstrikio vel post eius mortem a nobis aliisque excussos in Supplemento I sub unum conspectum subieci. Brandis de codicibus in Scholiis suis librisque adhibitis sic dixit Schol. p. 321 (*): *Ad scholia e Simplicii commentariis excerpta codd. Reg. Paris. 1908. 1907. 1906 et cod. Oxon. Collegii Novi 244 passim collati sunt.* in Enchiridio Hist. phil. III 1 p. 222[19] etiam Venetos nonnullos contulisse se refert. in exemplo Simplicii Brandisiano, quod in Academia nostra servatur, distinguuntur A = cod. Paris. 1908 [P nostri conspectus], C = Collegii novi Oxon. 244 [I[III] nobis], D ignotus [similis D vel T nostris] O = Oceanus Laurentianus 85,1 [i. e. B nobis]. C Bekkeri manu, quam certo agnosco, collata est. ceterum fragmenta tantum modo velut Ionicorum et Eudemi ac ne ea quidem omnia cum suis codicibus contulit Brandis.

[3] primus codicis D praestantiam perspexit Victorius, qui inde selecta quaedam exemplo suo adscripsit nunc Monaci adservato. hinc Spengelii Eudemo aliquid saltem melioris memoriae affluxit cf. p. 8[7] (Simpl. p. 85,22) 21[27] (cf. 115,25) 27[20] (195,3) 28[4] (195,10) 29[22] (243,3) 31[3.4.5] (263,30. 31). a Victorio opinor monitus Laurentius Giacomini ex D varias lectiones nonnullas adscripsit suo exemplo servato nunc in B. Marucelliana I. L. V. 14.

genuinam formam constanter servavit E, breviavit F. lacunas vel addenda quaedam prioris manus D¹ corrector D² (quem aegre interdum a D¹ distinguas) emendavit velut p. 191,10. 162,3.

E confectus a rudiore librario est, ut qui compendia scripturae velut περί et παρά mira constantia confunderet, a libidine tamen (si levia illa quae commemoravi excipias) abstineret. priorem a correctrice manum hic quoque notis E¹ et E² distinxi. particula primo omissa p. 52,17—72,11 suppleta est infra ex libro mendose scripto, cuius lectiones E^b signavi. verum iterata illa p. 20,1—30,16 itemque 35,30—44,19 E^a signata, quae in suppletae particulae (E^b) viciniam venerunt, ea ex uno omnium optimo ducta sunt exemplo quod archetypo haud dubie antiquiorem sequebatur memoriam.[1] namque contra omnes libros unus E^a recte habet p. 21,21 συναποδείκνυται idemque unus restituit Anaximandri placitum p. 41,19 (οὐρανῶν pro ἀνθρώπων), ut minora velut p. 38,21. 29. 40,25 (πρός) cetera omittam. antiquae memoriae vestigium est etiam illud ἐμ πείρασι p. 39,27 et alia eius generis leviuscula.

Deterioris exemplaris propago F aetate codicibus DE suppar est, pretii tamen multo minoris. neglegentius enim ex archetypo descriptum erat illius exemplar neque solum lacunis refertum sed etiam interpolationibus vel ex ingenio petitis vel ex scriptoribus a Simplicio citatis ut ex Aristotele (cf. p. 55,25 n.) aut Platone (cf. p. 26,16). praeterea ipsius F librarius, cui Gregorius nomen erat, in margine exemplum alterius classis ad emendandum accivit (cf. p. 56,3 n.). quin etiam plura ad manum fuisse exempla ex p. 556,8 n. elucet (cf. p. 304,1 n.). de reliqua Gregorii in margine industria videatur codicis infra descriptio. posteriores Gregorio correctiones distinxi nota F².

Ex F, cuius cognata exempla regnant saeculis XIV et XV, derivata est in libris prioribus editio Aldina (a), cuius praeter levissimos typothetae errores omnem discrepantiam subnotavi, ut illico vulgaris et nostrae recensionis comparatio fieri possit. Aldini exempli editor haud pauca novavit, infeliciter plurima, sed non nulla nobis quoque probata. ut pleraque ipse excogitaverit, tamen multa antiquioribus codicibus licuit depromere. nam ut iam codex F ex melioribus libris passim emendari coeptus est, ita vulgares postea libri plerique perpetuam διόρθωσιν passi

---

[1] ex antiquo aliquo exemplo duae plagulae quaternionis, cui prima et quarta exciderant, nescio quo casu delatae in codicis E exemplar simul a librario transcriptae esse videntur.

sunt. cuius generis velut exemplar infra pluribus descripsi codicem P, qui ut ipse ex F descriptus est, ita Aldinae commodum variae lectionis thesaurum praebuit, unde illa valide hausit cf. p. xviii. in prooemio etiam Vaticanorum L^I L^{II} L^{III} L^{IV} aliquis coniecturas nonnullas praeivisse videtur velut p. 1,19 συμπεραινομένην et p. 3,5 sqq.

Emendator Ambrosiani

Eiusdem farinae sunt Ἐπιδιορθώσεις codici Ambrosiano Q 114 inf. inscriptae, quas scriba ex codice anni MCXLV (?) petiisse se dicit. num antiquus ille codex fuerit numve lectiones omnes inde petierit vehementer dubito. immo ut pauca codici debeantur (velut p. 192,30 ὦσι et p. 364,22 corrupta haec τατῳ δ' ἄν τις ἐνίσαιτο pro veris οὕτως μὲν ἄν τις ἐξηγήσαιτο), plurima tamen ingenio eius haud male in Platone et Aristotele versati debentur. manifesto interpolatorem deprehendimus p. 351,10, ubi cum Aldina in his καὶ ἐπὶ πλέον λέγειν omittat καὶ ille participium λέγων restituebat. similiter correxit ἀμετάβλητός ἐστι καὶ ἀκίνητος p. 414,3, ubi videatur nota. maxima eius cura in redintegrandis lemmatis fuit, quae cum plena exhibeat, haec saltem ex antiquo codice petere eum non potuisse manifestum (cf. p. x inf.). ceterum harum lectionum quidquid non plane futtile videbatur, in adnotatione commemoravi.

Editoris ratio

Ad horum igitur librorum fidem Simplicii verba edidimus paucissimis ut institutum ferebat ex coniectura novatis. in orthographicis quoque cum illis variare quam normae a nobis fictae constare maluimus. ceterum libris nostris si in his rebus obtemperamus (quod ut possim H. Vitellii qui contulit sedulitati ac peritiae debetur), non numquam rationem quandam observare licet haud dubie inde ab ipso scriptore propagatam velut usum ττ fere constantem.[1] in aliis variant velut in δέ οὐδέ ἀλλά ante vocales aut elidendis aut perscribendis itemque in ν paragogico ταὐτόν τοιοῦτον οὕτως μέχρις ante consonantes ponendis. praevalet tamen haud obscure plenior forma praecipue in Aristoteleis. saepe vel in versibus vocales superfluas perscribunt, quod tamen imitari nolui. dissentientibus libris, DE aut DF aut EF consentientes secutus sum, in ea parte ubi soli EF oppositi sunt, F ut accuratius in hisce scriptum praetuli. accentus a Simplicio nondum additos nostris nos legibus, non Byzantinorum saepe ineptis apponere consentaneum erat. itaque perpetua ista ἴσος ἑστᾶναι δεικνῦναι ne in adnotatione quidem

---

[1] ne hic quidem, ubi de consuetudine Simplicii dubitari nullo modo potest, quidquam aequavi. nam si quid contrarii moris per σσ scribendi apparuerat, Alexandrea tradi aut aperto aut celato nomine saepe observavi. in solo numero τέτταρες etiam contra codices constantiam servavi, quia librarii in siglo $\overline{\delta}$ explicando ex arbitrio variant.

comparent. praeterea semel moneo constanter me γενητός et γεννητικός scripsisse Byzantinorum formis γεννητός et γενητικός neglectis. cum duodecimo saeculo huius partis libri non sint superiores, iota neque adscriptum neque subscriptum usquam apparere non mirum est.[1] itaque cum nemo istam barbariem in culto scriptore ferre velit, nostrum est omissa iota restituere. neque vero dubitavi illa quoque ζῷον σῷζειν (sed σῶσαι) θνήσκειν (sed τέθνηκα) μιμνήσκειν (sed μνῆσαι), tum πῇ εἰκῇ μοναχῇ alia eiusdem generis postliminio reducere. qua in re non omni sum codicum auxilio destitutus. nam ζώιον antiquus ille alterius partis codex A praebet et σώιζειν θνήισκειν πῆι μοναχῆι Simplicii Categoriarum codex pervetustus Marc. 224. sed satis de his minutiis.

In fragmentis philosophorum recensendis non id egi ut ad scriptorum ipsorum quam proxime accederem verba (id quod in eius generis scriptoribus non nullos fecisse video)[2], sed eam tantum modo formam accurate repraesentare studui, quam Simplicius in commentaria sua rettulisse videtur. qua ex re si grammaticae ille minus peritus videbitur, noli mirari, cum doctioris saeculi homo et optimus interpres Alexander in hac saepe arte pueriliter erraverit. dialectum Ionicorum paucis vestigiis relictis non servarunt librarii. refingendaene igitur antiquae formae tamquam a Byzantinis adulteratae? non refinxi equidem neque si quis refinget Simplicii manum restituturum esse crediderim. nam multo ante Simplicium medici Hippocrati Iada[3], mathematici Archimedi τὴν φίλην Δωρίδα [Eutocius in Archim. III 154,9 ed. Heib.] exuere conati sunt. quid? quod Galenus tenacissimus ipse antiquae memoriae defensor aliis, quatenus constaret sensus, Hippocratea concessit ὡς ἂν ἐθέλῃ γράφειν καὶ λέγειν ἑκάστῳ [XVII 1, 798]. similiter iam ante Simplicii aetatem paucos philosophorum ionice vel dorice conscriptos libros, qui tum lectitabantur[4], ad vulgarem loquendi usum levigatos magistri

Fragmenta antiquorum philosophorum

---

[1] in ἐξῃρημένος similibusque nescio quo pacto subscriptum est hic illic, maxime in E. contrarium hoc est Monumenti Ancyrani mori extremum iota servantis, medium non numquam omittentis, cf. 3,5 p. LXXI ed. Momms.

[2] hoc officium explendum est ei qui edendos ipsos scriptores sibi proponit. velut nobis in animo est Philosophorum ante Socratem reliquias recensere, quam syllogen eos exspectare iubemus, quibus nostra adnotatio consulto brevior non satisfecerit.

[3] Artemidorus Capito Hippocratis editionem paraverat vel Hadriano quod mireris acceptam, in qua consulto formas ionicas ad vulgarem συνήθειαν deflexerat similiterque eius aequalis Dioscorides cf. Galeni XVII 1, 798. 795. XV 21. 110. 359. XIX 83 ed. Kuehn.

[4] Pythagoreorum qui ferebantur libri in circulis quibusdam studiose legebantur velut a Stobaeo, sed a scholis fere remoti erant.

discipulis tradebant, quo facilius in ipsas sententias penetrarent. Archytae quidem personati fragmentum eodem modo castigatum ac vel eisdem fere dialecti reliquiis relictis in Physicis et in Categoriis Simplicii apponitur, ut aliunde, nempe Iamblicho, translatum esse appareat. itaque omnia dialecti vestigia conservanda, nihil ultra corrigendum censeo.

Eudemus   Iuxta Physicos antiquos Eudemi maximi facienda sunt fragmenta, quae cum L. Spengel primus editor emendare nollet, aliquantum librorum ope, non nihil coniectura ipsi profecimus pleniorem relicturi messem posterorum felicitati. gratissimum tamen emolumentum accessit H. Useneri benevolentia.

Hippocrates   qui cum Hippocrati Chio geometrae nobilissimo, cuius magnum fragmentum ex Eudemo servavit Simplicius p. 60, 22 sqq., olim operam dedisset, ad nostros iam codices denuo eius demonstrationes examinavit et emendavit. qua in re non solum Eudemea a Simplicianis certius distinguere, sed etiam constructiones ab Eudemo praeteritas ipse supplere conatus est. cuius observationum alias adnotationibus adieci alias in Supplemento II excerpsi. idem autem postea quam P. Tannery Havrensis cum aliis mathematicis graecis tum Hippocrati insignem curam adhibere coepit, illum quoque plagulis quae interim prelum subierant missis ut suas adiceret observationes rogavit. qui petenti humanissime satisfecit et ipse quoque ut symbolam suam Appendici Hippocrateae adderem benigne concessit.

Plato   Platonis locos sedulo investigavi et addita vulgarium exemplorum discrepantia subnotavi. cognita Platonicorum codicum praestantia non magna est spes meliorem ex Simplicio expiscandi memoriam. sed ne hic quidem neglegendus, si quidem nunc primum recte ex Platone ab illo citato emersit Parmenidis conclamatissimus versus οὐ γὰρ μήποτε τοῦτο δαμῇ εἶναι μὴ ἐόντα, ut tacituri sint iam qui aut aliter emendandum aut a Platone et Aristotele corrupta antiquitus lecta esse exempla autumaverant.[1]

Theophrasti fragmenta, de quibus in Doxographis meis satis dictum *Aristoteles* est, Stratonis aliorum nunc praetereo. restat enim Aristoteles ipse, cuius verba aut in lemmatis aut in commentariis plurima afferuntur. ac lemmata (non semper accurate ad commentarii cuiusque spatium dimensa, quod cave librariis tribuas) ea ratione exhibui, qua meliores utriusque partis libri (itemque Categoriarum) scribere solent. nam a Simplicio, non a librariis repetendus est mos prima et extrema ῥήσεως verba interiecto ἕως

---

[1] ne quis corruptam Platonis memoriam ex ipsius exemplo Parmenidis correctam a Simplicio opinetur, moneo etiam alios Parmenidis versus diversa constanter forma citari prout ex Platone aut ex ipso Parmenide a Simplicio citentur.

τοῦ praefigere commentariis. in recentioribus libris et inde in Aldina lemmata non solum ampliata sed etiam interpolata sunt ex vulgaribus Aristotelis editionibus. unde constitit adhuc viris doctis, qui commentariis utebantur, lemmatis nullam esse habendam fidem. quod nunc secus est meliore patefacta memoria. ipsius interpretis verba pridem cum ad explicandum tum ad emendandum scriptorem adsciri coepta sunt. sed restant etiam nunc multae lectiones sive neglectae sive prava olim memoria obscuratae, quae accurate conferre cum reliquo apparatu operae pretium erit. sed hoc, ne huius praefationis angustias transgrediamur, peculiari propediem scriptione demonstrabimus.

 Scr. Berolini
Kal. Mart. MDCCCLXXXII   H. Diels.

SUPPLEMENTUM PRAEFATIONIS

I CONSPECTUS LIBRORUM MANU SCRIPTORUM ET IMPRESSORUM

A   Marcianus 226 posteriores libros continet cf. supra p. v.
B   Laurentianus LXXXV 1 [Bandini III 236—247], qui propter ambitum — est foliorum 762 — Oceanus nominatur, maxima forma bombycinus s. XIV ineuntis scriptura minuta sed perspicua scriptus Physica Simplicii habet a f. 544—648. omnes continet libros usque ad f. 292ʳ Ald., tum Philoponi εἰς τὸ ἐπίλοιπον τῆς φυσικῆς ἀκροάσεως. consentit in hoc ut in ceteris tam plane cum F, ut ex hoc descriptum putes velut p. 119, 11 τὸ ex lectione F ⁻ᵒ̓ i. e. ὅτι ortum. sed extant loci, ubi melioris classis memoriam exhibeat velut p. 2, 16 παρειλημμένων aut p. 23, 22 ἐκ σάμου, ubi recte F ἐξαμύου. in Philopono autem consensio est plana, ut H. Vitelli Philoponi futurus editor observavit. itaque exemplar quo B nititur ex F descriptum, sed emendatum esse praecipue initio aut ex ingenio cf. p. 1, 16 aut ex altera classe veri simile. specimina debentur Torstrikio et Vitellio.

    p. 1, 1 σιμπλικίου μεγάλου διδασκάλου εἰς τὸ α τῆς φυσικῆς ἀκροάσεως || 5 τὴν alt. om. || 8 λεγόμενος corr. ex πενόμενος || 11 ταῖς alterum] τοῖς || 13 τε om. || τοῦ (post δὲ) om. || 15 τελειῶν B¹: τελειοῦν B² || 16 καταγεινομένην sic || φυσιολογικὸν || **p. 2,** 1 τὸ om. || 4 ὁρῶσι || αὐτοῦ || 6 ἔχειν τῆς ὕλης || 8 φυσιολογικοῦ τὸ || 9 ταυτὸ δ' e. s. || 10 ταῖς add. B² || 15 σελήνη || 21 αὐτὸς ὁ || 22 δῆλον πεποίηκεν εἰπὼν] φησί || 24 ἀγέννητον ut ceteri libri || τοῖν || 25 τεσσάρων ut ceteri libri || τῷ τε] τῶν τε || 26 τῷ om. || 29 πρώτοις] πρώην || τῶν Περὶ] τῆς περὶ ˙|| 31 τῶν om. || **p. 118,** 27 συγχωρήσοι || αὐτό φησιν || 29 οὕτως — οὐδὲν om. || **p. 119,** 3 εἰ γὰρ ἡ] ἡ δὲ || 5 τοῦ τὸ] τοῦτο || 6 μετ' ὀλίγον — τὸ ὄν (8) om. || 8 τὸ (post πᾶν) om. || 9 post μηδὲν add. εἶναι || 11 ὅτι] τὸ (cf. F ⁻ᵒ̓) || 12 ὡς] πῶς || 13 ὡς (ante τῷ) om. || ὡς (post οὔτε) om. || 14 ἕν] ἦν || 15 τούτων] τοῦ τῶν || τῶν om. || οὐδὲ γὰρ om. in lac. || 16 κἂν συνεχὲς om. || 17 συγχωρήσει in συγχωρήσοι corr. [συγχωρήσει in συγχωρήσοι corr. F] || 18 δὲ κἂν] in lacuna ἂν || τις] τι || 19 λευκῶν] λε || 21 εἶδος] εἰ lac. || 22 ὁ (ante λόγος) om. || 24 λέγεται ὑπ' αὐτοῦ || 25 τὰ om. || 26 ἀληθῶς B¹ sed corr. || περὶ || 31 καὶ ἐπέρεισιν — ψυχῆς om. || **p. 120,** 2 τὰ om. || 3 μὲν om. || 8 τότε om. || πολαχῶς || 9 πρῶτον || καὶ τὸ κατὰ || 14 ὡς ἐν ἀρχῇ || 15 ἐδόκουν διὰ τοῦ || 18 μὲν τῷ || 19 τὰ om. || 21 ἓν om. || 25 ἐν αἰτίῳ || ὦν ἐπ' in lac. om. || 26 αὐτῶν || 27 τὸ κανονικὸν om. lac. rel. || 28 ὁ μὲν om. || καὶ om. || **p. 792,** 24 γὰρ om. || γε] τε || 31 συνεχὲς τε || 32 γενητικὸν ut F || 35 ἐκείνοις || **p. 793,** 1 ὑπάρξει || 2 ἄλλοις || 5 πολλὰ || 7 μέλλον || 9 δεύτερον] β' || 11 δὲ καὶ || 12 ἄρα || 13 ἀφόρισται || 18 δῆλον || τῶν—ὄντων om. || 22 ἔχο̅ν || 24 ἀπὸ] ἁ in exitu versiculi || ὑπομνήματα m¹, ὑπομνημάτων corr. m.² || 28 χωρηγοῦντος || οὗτος om. || τὸν φυσικὸν || 29 καὶ om. || 32 ταύτης || 33 ποιεῖ || alia ex l. I adnotavi ad Theophrasti fragmenta Phys. Opin. in Doxographis p. 475 sqq. || III libri extrema lacerata plane omisit.

RICCARDIANUS 18 chartaceus forma maxima s. XV sive XVI, cui inscribitur in inferiore margine primae paginae *Io. Car. de Salviatis*. quattuor priores libros habet, posteriores Riccardiani 19 et 20. titulus extat rubro scriptus f. 1ʳ σιμπλικίου μεγάλου διδασκάλου εἰς τὰ τῆς φυσικῆς ἀκροάσεως. specimen misit H. Vitelli, unde conicere licet descriptum eum esse ex B, cuius rei unum exemplum infra non repetitum ponam p. 799, 20, ubi B δείκνυ̅ο̅υ̅σιν (i. e. ου et accentus ex corr.) exhibet. quod imitatur scriptor libri C scribendo δείκνύουσιν (sic). C

f. 1ʳ σιμπλικίου μεγάλου διδασκάλου εἰς τὰ τῆς φυσικῆς ἀκροάσεως rubro || **p. 1,** 5 τὴν (post ὅλην) om. || 10 ὀρεκτικοῦ || 11 ὀρέξεσι τοῖς συνεργοῦντι || 12 πρᾶξιν || 13 τε om. || τὸ δὲ γνωστικὸν τέλος ἔχον || 15 τελειοῦν || 16 κατατεινομένην || 17 φυϑιολογικὸν (mrg. φυσικὸν) ἐν τούτοις οὖν (mrg. οὖσα) || 19 τῷ̅η̅ || 22 ψυχὴν || **p. 2,** 1 λέγουσιν ante correct. || καθόλου ἀχώριστον ἔχουσαν || 2 τὸ χωριστὸν || 4 ὁρῶσι || αὐτοῦ || 5 δοκεῖ || 6 ἔχειν τῆς ὕλης || ἀλλὰ (corr. ex ἄλλα) || 8 φυσιολογικοῦ τὸ || 9 καθὸ || 10 τὰ (ante ταῖς) sup. scr. || ἀρχαῖς om. || 13 διαλεγομένου ante correctionem || 14 τεσσάρων || 15 στοιχείων τὸν || 16 παρειλημμένα || 17 τε om. || (18 καθόλου ἢ habet) || (19 καὶ αὐτὸς ὁμολογεῖ τὴν) || 21 ὁ ἀριστοτέλης || 22 πραγματείας φησί: περὶ μὲν || 24 ἀγέννητον || τοῖν || 25 τεσσάρων τῶν τε ἀπὸ || 26 τῷ om. || 27 γενητόν ante corr. in ras. || 29 πρώην (pro πρώτοις) εἴρηται τοῖς περὶ || 30 sq. περὶ δὲ (om. τῶν) γενητῶν || **p. 792,** 22 ἀρχήτου || 24 γὰρ om. || γε] τε || 31 συνεχῆς τε sic || 32 γενητικὸν || 34 ἐκείνου] ου in ras. || 35 ἐκείνοις || **p. 793,** 1 ὑπάρξει || 2 ἄλλοις || 5 πολλὰ || 7 μέλλον || 9 δεύτερον] β' || 11 δὲ καὶ || 12 ἄρα || 13 ἀφόρισται || 15 πρὸς (om. τὸ) ἐκείνου || 17 ante ἑστηκός iteravit ἅμα καὶ ἀεὶ τὰ ὄντα del. || 18 δῆλον || τῶν—ὄντων om. || 22 ἔχω̅ν || 24 ἀπὸ m.² suppl. || εἰς] εἰ, corr. m.² || ὑπομνήματα || 28 χωρηγοῦντος || οὗτος om. || τὸν φυσικὸν || 29 καὶ om. || 32 ταύτης || 33 ποιεῖ || 35 τῆς add. in mrg. m.²

LAURENTIANUS LXXXV 2 [Bandini III 247] quadratus membraneus saeculo XII ineunti ut Torstrikio, s. XIII ut Bandinio visum exaratus. madore et situ valde corruptus, ut difficilis sit lectu. contulit totum H. Vitelli, qui locos evanidos accurate designavit, ne quid ex silentio falso concludatur. de ceteris cf. supra p. VI sq. D

MARCIANUS 229 [Zanetti I 118] forma maxima [sec. Zanettium minore] bombycinus [sec. Zan. chartaceus], s. XIII exeuntis Torstrikio iudice [s. XII sec. Zan.] quattuor priores libros continens. prooemium deest, ultima pagina legi nequit et desunt pauca. contulit totum H. Vitelli. de ceteris cf. p. VI sq. E

MARCIANUS 227 [Zanetti I 118] forma maxima [minore sec. Zan.] bombycinus, s. XIII Torstrikio auctore [s. XII Zan.] omnes octo libros continens. lemmata vel atro vel caeruleo vel rubro atramento scripta. scholia Aristoteleis circumscripta, sed in libris VII et VIII continua post exitum libri addita sunt. cum in exemplari unde F eiusque similes ducti F sunt Simplicii pars extrema periisset, in eius vicem Philoponus adscitus est, unde satis mire τοῦ φιλοπόνου Ἰωάννου εἰς τὸ ἐπίλοιπον τῆς φυσικῆς ἀκροάσεως inscribi solet illud fragmentum. ultimum Simplicii lemma est ἐν δὲ μᾶλλον ἢ πολλὰ ἕως τοῦ ἔσται ἀρχὴ τῆς ὅλης κινήσεως (f. 292ʳ 24), primum Philoponi φανερὸν δὲ ἐκ τοῦδε ὅτι ἀνάγκη εἶναι ἕν τι καὶ ἀίδιον τὸ πρώτως [F πρῶτον] κινοῦν. Philoponum excipiunt scholia eadem quae ex Marc. 219 excerpsi, quorum initium ὃ λέγει συντόμως τοῦτό ἐστι κτλ. librarius codicis fuit Georgius quidam monachus, qui in margine saepe vel demissas vel ironicas vel impudentes fudit adnotatiunculas velut Χριστὲ βοήθει τῷ σῷ δούλῳ γεωργίῳ ubi de circuli quadratura agitur vel ὡραῖον ironice dictum vel φλυαρεῖς ἐνταῦθα σιμπλίκιε, acerbius ἰαμβίζει ad f. 268ʳ τὸν κύνα (sic) σιμπλίκιον ὧδε (sic) μοι σκόπει | φάσκοντα μύθους τοὺς λόγους μωϋσέος.

G^I MARCIANUS 219 [Zanetti I 117] forma maxima membraneus s. XV. manus prima prorsus consentit cum F. postea aliunde correxit manus a prima diversa. et Vitelli diligentius examinato Philoponi εἰς τὸ ἐπίλοιπον fragmento G^I ex F sine dubio descriptum existimat, neque ego dubito secundum ea quae praesto sunt Simplicii p. 114, 23 — 117, 5 a Vitellio collata; unde specimen propono

p. 114, 24 ἕως — συμπεραίνεται om., cf. F² || 26 δέ ἐστιν || εἶναι] καὶ || 27 καὶ τὸ ἀκ. || 29 ἴδια || 30 ἑκατέρως sic || p. 115, 3 ἐρρήθη sic ex sil. || 6 ἴδια || 10 εὐδεῖς (prima littera rubricatori relicta) || ἢ] εἰ || 15 οὕτως * σαφῶς (littera ante σαφῶς erasa) || ὁ εὔδημος || 16 συνάγειν || 17 οὐδ' || 20 ὁ (post καὶ) om. || 23 οὕτω δὲ δὴ || 24 post ἓν duae litterae erasae || ταυτό || 25 ἀναξιοπίστοις m¹, tum ἄν, ἀξιοπίστοις m², sed in mrg. rursus ἢ, ἀναξιοπίστοις.

idem Marcianus 219 f. 350ʳ ut F scholia miscella post Philoponum habet quae numeris ᾱ—μ̄θ̄ signata primo propria pleraque habent, tum magis magisque Simpliciana inde a f. 300ᵛ 25 adsumunt. incipiunt ὃ λέγει συντόμως τοῦτό ἐστι τοῦ μέσου ποτὲ μὲν δυνάμει λαμβανομένου, ποτὲ δὲ ἐνεργείᾳ. ὅταν μὲν ἐνεργείᾳ λαμβάνηται καὶ διαιρῇ τὴν γραμμήν, τότε τῷ ὑποκειμένῳ ἓν ὄν, δύο λόγους ἀναδέχεται. ἔστι γὰρ τὸ αὐτὸ τοῦ μὲν προτέρου ἥμισυ [l. πέρας]· τοῦ δὲ ἑτέρου ἀρχή. sed de his in altero volumine Simplicii Physicorum dicetur.

G^II MARCIANUS 220 [Zanetti I 117] forma maxima [quadrata Zan.] chartaceus s. XV. nihil continet nisi prologum et quattuor posteriores libros, cetera ex Philopono suppleta. suae quoque fabricae scholia ditasse Philoponeis videtur, quorum hoc initium [cf. Pilop. 2¹ʳ 29]: ὅτι τοῦ συλλογισμοῦ τὴν μείζονα θεὶς πρότερον, παρῆκε τὴν ἐλάττονα καὶ τὸ συμπέρασμα. κεῖται οὖν εὐθὺς ἐν προοιμίοις ἡ μείζων πρότασις. διόπερ ἵνα σαφέστερον ἐπιστήσωμεν τῷ λεγομένῳ δεῖ τὸν ἐπεὶ σύνδεσμον ἀφελεῖν καὶ οὕτως τὸ ῥητὸν ἀναγνῶναι· τὸ εἰδέναι καὶ τὸ ἐπίστασθαι συμβαίνει περὶ πάσας τὰς μεθόδους ὧν εἰσιν ἀρχαὶ ἢ αἴτια ἢ στοιχεῖα ἐκ τοῦ ταῦτα γνωρίζειν. οὕτω γὰρ σαφέστερον ἢ καθὰ πρότερον. ἢ οὕτως· περὶ πάσας τὰς μεθόδους ὧν εἰσιν ἀρχαὶ ἢ αἴτια ἢ στοιχεῖα τὸ εἰδέναι καὶ τὸ ἐπίστασθαι κτλ.

G^{III—VII} MARCIANI Cl. IV cod. 14. 15. 16. 17. 18 omnes s. XV scripti Physica Simplicii complexi nomine tenus mihi noti. neglexit eos Torstrik.

AMBROSIANUS E 4 inf. forma maxima plerumque chartaceus s. XV. H¹
libros I II III continet, cuius lacunosum finem omittit in hoc ut in ceteris
F simillimus.

p. 1, 5 τὴν alterum om. || 13 τε om. || 16 κατατεινομένην || φυσιολογικόν || 22 ψυχὴν ||
p. 2, 4 νοοῦσι] ὁρῶσι || 6 ἔχειν τῆς ὕλης || 8 φυσιολογικοῦ τὸ μὲν || 16 παρειλημμένα ||
οὕτω e. 5. || 17 ὁ om. || 18 καθὸ ἡ || 21 αὐτὸς ὁ || 23 ποῖον (om. ἐστὶ) || 24 ἀγέννη-
τον || τῶν] τὴν || 26 τῷ om. || 27 γεννητὰ || 29 τῶν περὶ] τῆς περὶ τοῦ] || 31 τῶν om. ||
alia vide Doxographorum p. 473 sqq.

AMBROSIANUS C 232, rectius 271 inf., forma maxima chartaceus s. XV. H¹¹
I librum neque eum totum habet. specimen non dedit Torstrik.

AMBROSIANUS A 64 sup. forma maxima membraneus s. XIII. excerpta H¹¹¹
continet ex Simplicii Physicis a Byzantino homine inepte confecta, ut
Torstrikio videtur. exemplum descripsit conferendum illud cum Simplicii
p. 182, 9 sqq.: πρῶτα δὲ ἐναντία λέγω τὰ γενικώτατα. οὐκ ἐξ ἄλλων μὲν γὰρ
ὅτι δὴ καὶ πρῶτα· οὐκ ἐξ ἀλλήλων δὲ ὅτι δὴ καὶ ἐναντία καὶ μηδὲν (vox una
sequitur obscura)· λέγομεν γὰρ ἐκ λευκοῦ τὸ μέλαν γίνεσθαι. οὕτω μὲν γὰρ
γίγνεται ἐξ ἀλλήλων τὰ ἐναντία, ὅπερ κυριώτερον εἴποι ἂν ἐξ ἀλλήλων, ἀλλὰ μετ'
ἄλληλα. ἀλλὰ πῶς εἶπον [l. εἶπεν] μὴ γίγνεσθαι ἐξ ἀλλήλων τὰ ἐναντία, ὡς
λέγομεν ἐκ χαλκοῦ γίνεσθαι τὸν ἀνδριάντα. οὐ γὰρ ὡς ὑπομένοντος θατέρου
θάτερον μετὰ τοῦ φυλάττειν τὴν οἰκείαν φύσιν γεννῶν (?) τὸ ἐναντίον. δεῖ μὲν
γὰρ αὐτὰ σώζεσθαι ὡς ἀρχάς. εἰ δὲ σωζόμενα εἰς ἄλληλα μεταβάλλοι συνυπάρχοι
ἂν τὰ ἐναντία ὅπερ ἀμήχανον ... ἀλλ' ἐπειδὴ μὴ σφόδρα αὐτόθεν γνώριμον τὸ
λεγόμενον, ἐπισκεψώμεθα αὐτὸ μικρὸν ἄνωθεν ἀρξάμενοι. ληπτέον δὴ πρῶτον
ὅτι ἁπάντων τῶν ὄντων οὐδὲν οὔτε ποιεῖν πέφυκεν οὔτε πάσχειν τὸ τυχὸν ὑπὸ
τοῦ τυχόντος. οὐ γὰρ ποιεῖν πέφυκεν ἄνθρωπος ἵππον οὔτε πάσχειν πέφυκεν
ἀδάμας ὑπὸ σιδήρου.

AMBROSIANUS Q 114 inf. codex miscellus s. XV. XVI. inest variarum *Emendator*
lectionum acervus, quae ex vetusto codice transcriptae feruntur. inscri- *Ambrosiani*
bitur enim Ἐπιδιορθώσεις εἰς τὴν εἰς τὰ Φυσικὰ τοῦ σιμπλικίου ἐξήγησιν,
subscribitur *ex codice I. D. P. circiter MCXLV. Tui amantissimus Ioannes
Pawlowsky Polonus. Patavii scr.* ἔγραψε. de variis his lectionibus sive
potius coniecturis dixi p. VIII.

BAROCCIANUS 152 [Coxe Cat. Bibl. Bodl. I 264] forma maxima char- I¹
taceus s. XV libri tres priores et quarti initium complexus. f. 1 σιμ-
πλικίου μεγάλου φιλοσόφου ἐξήγησις εἰς τὸ πρῶτον τῆς Ἀριστοτέλους φυσικῆς
ἀκροάσεως. desinit (f. 355ᵛ) in αὗται δὲ διαφοραὶ τόπου p. 524, 9. suppletum
est ex Themistii quarto Physicorum. liber melioris classis etiam in vitiis
cum DE (sed D propior) facit, neque tamen ex alterutro descriptus vi-
detur. omittit p. 56, 16—69, 34 ut codex T. specimen variae lectionis:

p. 23, 14 sqq. || 20 νόου] νόι || 21 τὴν sic || 22 ἐκ σάμου || 26 ἡ om. || 28 ὑπέλαβον
ex sil. || 29 παραδέδοται] παραδέδωκε || 31 καὶ τῶ sic || **p. 24,** 2 ἐποίησαν sic || 4 φησιν
Ἡράκλειτος sic || 5 καὶ] παρὰ || 9 ἔτι δὲ κτλ. ut ceteri libri transposuit || 16 δὲ καὶ ||
20 τοῦ om. || 28 διαφέρει || 29 διαιρούμενον.

I^II   BAROCCIANUS 79 [Coxe I 139] quadratus minor, chartaceus s. XIV exeuntis. subscribitur libri possessor secundum Coxeum: Γεοργίου τοῦ Κρητὸς ἐκ πόλις Χανδάκου. scholia ex Simplicio ducta nullius pretii. primum scholium: ἀπορεῖται πῶς εἴρηκεν ὧδε ἀρχὰς αἴτια καὶ στοιχεῖα. λύσις [sic Torstr., λύεται Coxe] κατ' Ἀλέξανδρον· ἀρχὴν [ἀρχὰς Coxe] μὲν εἶπε διὰ τὸ ποιητικὸν [ποιητὴν Coxe] αἴτιον. αἴτιον δὲ διὰ τὸ εἰδικὸν καὶ τελικόν. στοιχεῖον δὲ διὰ τὸ ὑλικόν· τὴν δὲ λύσιν ταύτην οὐκ ἀποδέχεται ὁ [litura] σιμπλίκιος.

I^III   COLLEGII NOVI 244 [Coxe I p. 88^b] forma maxima chartaceus s. XV exeuntis priores quattuor libros exhibens. inscribitur σιμπλικίου εἰς τὴν φυσικὴν ἀκρόασιν. infimae notae exemplum. discrepantiae tantum satis esto:

p. 23, 14 sqq. 19 αὐτόν || 20 νόου] νόοιο in mrg. ead. m. νόου [eadem P] || 21 τὴν om. || 22 ἐξαμίου || 26 ἡ om. || 31 τῷ om. || p. 24, 2 ἐποιήσαντο || 4 ἡράκλειτος δὲ || ποιεῖ καὶ || 5 καὶ χρόνον sic || 6 αὐτοὶ || 8 ἐχομένως ἄπειρον || 10 εἰς ὃ sic e. sil. || 16 τι om. e. sil. || 20 τίσιν καὶ δίκην ἀλλήλοις || 21 οὕτως om. || 28 ἀλλὰ καὶ || 29 διαιρούμενον.

K^I   NEAPOLITANUS III E 1 (323) [Cyrilli Codd. gr. B. Borb. II 431] bombycinus, quadratus, s. XIV, foede corrosus, inspexit Torstrik tantummodo:

p. 257, 29—34. 257, 30 καὶ habet cum DE || 32 καὶ om. cum F || 34 ποιητικὸν habet cum DE.

K^II   NEAPOLITANUS III D 7 (291) ex Cyrillo [II 380] mihi innotuit. chartaceus forma maxima s. XIV miserrimum in modum tineis corruptus multisque in locis refectus. f. 1 schema exhibet, in quo exhibentur δόξαι διαφόρων σοφῶν περὶ τῶν ἀρχῶν καὶ αἰτίων τοῦ παντός. Philoponi in Physica praefationem, tum f. 3^v Aristotelis librum cum Simplicii scholiis integris habet. cf. codex Vindobonensis Z.

L^I   VATICANUS 256 t. II bombycinus quadratus s. XIV continet. f. 218 prooemium tantum s. t. προλεγόμενα εἰς συμπλικίου (corr. σιμπλ.) τὸν πρῶτον λόγον τῆς φυσικῆς ἀκροάσεως. tum Aristotelis Physica scholiis non Simplicianis magis magisque rarescentibus ornata [cf. Brandis Abh. d. Berl. Akad. 1831 p. 63 n. 80]. contulit priores paginas P. Corssen. hic codex ut L^II L^III L^IV prooemium exhibet deductum ex meliore exemplari, at interpolationibus audacissimis (cf. p. 3, 5 sqq.) deformatum. summam quattuor codicum esse similitudinem ex specimine vides, num vero unus vel alter ex altero descriptus sit, magis suspicari quam probare possumus. certum autem est Aldinam ex his aliquem sibi in prooemio imitandum proposuisse cf. supra p. VIII.

p. 1, 5 τὴν om. || 8 οἷος] ὡς || 16 κατατεινομένην || 19 συμπεραινομένην || p. 2, 5 ἄκρως || 6 ἔχειν τῆς ὕλης || 14 τεσσάρων || 16 παρειλημμένα || οὕτω || 17 ὁ om. || 24 ἀγέννητον || 25 τεττάρων δ' || 28 μὲν om. || p. 3, 4 περὶ om. || 5 διδάσκει || 7 διηλέχθη || ἀφηγούμενος || 8 διδάσκων || 10 ἐδίδαξε || 18 δὲ] γὰρ || 21 μὲν om. || 24 καὶ om. || 29 δὲ sed del. || 33 περὶ (ante κενοῦ) om. || p. 4, 10 εἰς om. || 12 τῆς om. || 19 δεῖται ταύτης || 20 οὐδ' ὅτι || 21 θεολογία τῶν φυσικῶν sed del. || 32 ὁ om.

L^II   VATICANUS 614 miscellus, membraneus forma maxima s. XV. inspexit P. Corssen. f. 143—162 initium commentariorum Simplicii habet [Brandis l. c. p. 68 n. 112].

p. 1, 1. 2 titulum om. || 3 Τὸν] ὂν || ἐστι || 5 τὴν (post ὕλην) om. || 11 ἀναλογία || ἐνεργοῦντι || 16 κατατεινομένην || 19 συμπεραινομένην || **p. 2,** 11 δὲ (add. m.¹) καὶ τούτων || 14 et 25 τεσσάρων || 16 παρειλημμένα || οὕτω || 18 σώματος φυσικοῦ || 19 φησιν || 24 ἀγέννητον || **p. 3,** 1 ἢ τοιαῦτα om. || 4 ἐν ταῖς τῶν μετ. || 5 διδάσκει || 7 διειλέχθη || ἀφηγούμενος || 8 διδάσκων || 10 ἐδίδαξε.

VATICANUS 307 bombycinus quadratus s. XIV (?) prooemium habet L^III
Simplicii [Brandis p. 67 n. 101]. titulus προθεωρία τῆς φυσικῆς ἀκροάσεως Ἀριστοτέλους. inspexit P. Corssen.

p. 1, 5 τὴν (post ὕλην) om. || 11 ἀναλογία || συνεργοῦντι corr. m¹ ex ἐνεργοῦντι || 16 κατατεινομένην || 19 συμπεραινομένην || 22 καὶ δὴ περὶ τὸ ψυχῆς || **p. 2,** 6 μέρη corr. ex μέρει m.² || 11 ἐπεὶ δὲ καὶ τούτων || 14 et 25 τεσσάρων || παρειλημμένα || οὕτω || 18 σώματος φυσικοῦ || 19 φησὶν || 24 ἀγέννητον || 28 καὶ περὶ || **p. 3,** 4 ἐν ταῖς μετάλλων || 5 διδάσκει || 7 διειλέχθη || ἀφηγούμενος || 8 διδάσκων || 10 ἐδίδαξε || 18 δὲ] γὰρ || 24 καὶ om. || 25 τῆς m.², τοῖς m.¹ || 32 ζήτημα || **p. 4,** 4 ἀρχαῖς || 10 εἰς om. || 12 τῆς om. || 19 δεῖται ταύτης τὴν || 20 οὐδ' ὅτι || 23 συλαμβάνει || 31 ἐκ τῆς πτοίας || 32 ὁ om.
(περὶ τῶν m.³)

VATICANUS 1025 membraneus s. XIV (?) [Brandis p. 67 n. 102] prooemium habet Simplicii f. 93. praeterea a Brandisio in Scholiis p. 322ᵃ 22 tamquam ineditum inde protractum est exordium πρόκειται τῇδε τῇ συγγραφῇ, quod re vera est Themistii I p. 105 Sp. L^IV

p. 1, 1 titulus προλεγόμενα τῆς φυσικῆς ἀκροάσεως || 5 τὴν om. || 16 κατατεινομένην || 19 συμπεραινομένην || ψυχὴν || **p. 2,** 6 ἔχειν τῆς ὕλης || 11 ἐπεὶ καὶ τούτων || 14 et 25 τεσσάρων || 16 παρειλημμένα || οὕτω || 17 τε om. || κυκλοφορικοῦ || 26 τῷ πρὸς τὸ || **p. 3,** 4 ἐν ταῖς μετάλων || 5 διδάσκει || 7 διειλέχθη || ἀφηγούμενος || 8 διδάσκων || 10 ἐδίδαξε.

VATICANUS 1463 s. XVI [Brandis p. 68, 110] f. 59 subscribitur *VII Id.* L^V
Mart. MDV absolvi. f. 1ʳ ἡ τοῦ σιμπλικίου ἐξήγησις (ex — εως corr.) περὶ φυσικῆς ἀκροάσεως. sunt excerpta vilissima lemmatum numeris (uno quam rectus minoribus) adpositis. descripsit specimen P. Corssen. ἀπορεῖται διὰ τί Ἀριστοτέλης πανταχοῦ λέγει, ὅτι τὰ φυσικὰ σώματα καὶ περὶ τὰ σώματα κυκλοῦνται καὶ διατρίβουσιν, ἔπειτα ὅταν περὶ φύσεως πραγματεύεται ἥτις φυσικόν τι λέγεται εἶναι, αὐτὴν ἀσώματον εἶναι λέγει. Συμπλίκιος πρώτῳ φυσικῶν ὑπομνημάτων ξέ— Ἀπορεῖται ὅτι οὐχ ὅπως τὸ οὐράνιον σῶμα δοκεῖ ἀγέννητον εἶναι καὶ ἀδιάφθαρτον. ἔτι δὲ καὶ τὸ σῶμα τὸ ὑπὸ σελήνην. Συμπλίκιος πρώτῳ φυσικῶν ὑπόμν. ξέ [p. 232, 10].

VATICANUS 1028 bombycinus quadratus maior [Brandis p. 67 n. 103]. L^VI
excerpta, quorum initium (f. 45) descripsit Brandis in Scholiorum p. 322ᵃ 47 sqq., sunt neglegenter facta et corruptissima, sed ex exemplo melioris generis deducta.

p. 91, 1 τοῦτο τὸ ἄτοπον κτλ. || 2 ἐν τὸ ὂν λεγομένοις || τὸ (post τὸ) om. || 8 τῶν μὲν οὐσιῶν τὸ ἔστι κατηγοροῦντων λέγον τὸ σῶμα ἐστὶ || 10 τῶν οὐσιῶν || 11 τὸ om. || ποιεῖ || **p. 191,** 18 οὐσίαν λέγει ὁ ἀλέξανδρος ἀντιδιῃρημένην τοῖς γένεσιν ἤτοι τὸ ἔνυλον εἶδος κτλ. || 19 εἴδους] οὐσίας || 22 οὐσία ἐν ταῖς ἄλλαις κατηγορίαις || 25 ἑνὶ γένει ὄντι] ἑνί γε ὄντι γένει λευκὸν καὶ μέλαν || ἀρετὴ καὶ κ. || 26 καὶ πικρόν || οὕτω || 30 ὡς εἰς εἴδη πᾶσαν || 31 στέρησιν.

PALATINUS Vaticanus 366, chartaceus quadratus maior s. XV [Brandis M
p. 68, 111]. quartum Simplicii habet librum neque eum totum. nititur

libro F simili, sed ex altera classe correctus. praeterea ipse ad arbitrium ordinem verborum mutasse et addidisse quaedam videtur.

p. 519, 5 τῆς τε ὕλης καὶ τοῦ εἴδους || 6 καὶ τοῦ τελικοῦ || 7 εἶναι καὶ αὐτὰ || 8 καθ' αὑτὸ || 11 συστατικὴ οὖσα καὶ αὐτή || 13 et 16 διειλέχθη || 13 πᾶν om. || 14 ἢ πεπερασμένα ἢ ἄπειρα || 15 διαιρετῇ || 17 post συμπληρώσας add. οὕτως || τὸν] τῶν τε || 18 τὸν περὶ] τῶν περὶ || ἐφεξῆς] ἐφῆς || 20 ὁ (post καὶ) om. || σῶμα φυσικὸν || 21 γε om. || 22 διαφορᾷ || ἐπειδὴ δὲ || 26 τοῦ αὐτοῦ σώματος || p. 520, 2 ὑποδοχὴ || 3 κίνησις—φυσικοῦ om. || 4 παρέδωκεν || 10 τοῦ τόπου || γε om. || 11 καθ' αὑτὸν || 16 φυσικῶν om.

N PALATINUS Vaticanus 237 [Brandis p. 68 n. 116] f. 113 σχόλια εἰς τὸ δ' ε' καὶ ζ' βιβλίον τῆς φυσικῆς ἀκροάσεως ἀριστοτέλους. specimina protulit Brandis in Schol. p. 374ᵇ 4 sqq. pleraque ex Simplicio ducta cf. p. 381ᵃ 7 Br. cum nostrae ed. p. 697, 17 sqq.

P PARISINUS 1908 olim Mediceus [Catalogus Mss. Paris. II 417] chartaceus forma maxima anno MDCXLIV Patavii exaratus. ex eis quae ad calcem leguntur patet verba Aristotelis manu Pallantis Strozae, Simplicii scholia manu Ioannis Argyropuli scripta esse. continet libros I II III (Parisini 1909 librum IV et 1906 V VI VII VIII complexi eiusdem sunt originis). f. 1ʳ in summo margine m. rec. εἰς τὸ πρῶτον δεύτερον τρίτον τοῦ ἀριστοτέλους φυσικῆς ἀκροάσεως ὑπόμνημα σιμπλικίου τοῦ φιλοσόφου καὶ πλέον οὐδέν: — tum librarius ipse (P¹) rubro titulum pinxit Σιμπλικίου, εἰς τὴν φυσικὴν ἀκρόασιν: + et binis columnis rubris initialibus et lemmatis exaravit omnia praeter quaternionem f. 22—28 continentem, quem recentior manus P⁴ scripsit. P¹ secuta est manus posterior P² omissa supplens. ante P² rubro P³ Aristotelis lemmata in imo margine supplevit. supervenit P⁴ flavo atramento varias lectiones ex meliore classe petitas in margine adnotans usque ad p. 798, 2 ubi exemplar defecit cf. infra in specimine p. xix, 5. quam ob rem p. 795, 35—798, 2 ut melioris memoriae testem deficiente E in adnotationibus adieci P⁴ nisus A. Schoenei Parisiensis comparatione. hunc ego codicem partim excussi, quia non uno nomine est memorabilis. nam ut ipse memoriam habet ex F haud dubie derivatam — hoc cum ex omnibus tum ex una lectione αἰτίῳ ἐοικέναι τί ᾧ τὸ οὗ ἕνεκα (de qua cf. p. 10, 22) elucet — sed postea ex DE in margine a P⁴ correctam, ita tam multa habet Aldini exempli (a) simillima, ut sub oculis eum editori Veneto fuisse certissimum sit. velut p. 10, 25 consentientibus DEF reductum est φησίν, quod omiserunt P et a. tum p. 16, 8 consentiunt DEF in σύνθετα, interpolat cum P συντιθέμενα a. deinde p. 18, 25 omissum in F enuntiatum coniectura falso refecit a, idem exhibet P¹ in margine, qui in contextu omisit. recte DEF habent p. 18, 33 φύσιν, inepte Pa χρῆσιν, itemque 19, 18 προτέρων || 19, 29 ἀναπέμπει || 20, 20 πρώτῳ τῶν || 23, 4 καὶ οὔτε δὲ || 24, 16 τι om. || 25, 11 πάνυ τι BDEEᵃFM: πάνυ τοι Pa! || 45, 10 λόγων.

p. 796, 1 μόλις P¹, γις supra P⁴ || 6 ἔστιν, ἀνάγκη ἢ, del. ἀνάγκη P⁴ || 15 οὐχ] οὐκ || 16 ἐν ἄλλῳ] ἀλλὰ || 28 ἑστῶτα P¹ ἐνεστῶτα P⁴ || 29 τὸ τοιοῦτο add. τὸ P⁴ || 32 ἂν ἀπορῶν P¹, om. ὁ primo addebat ante ἄν, tum eraso hoc post ἄν superscripsit P¹ || p. 797, 3 συμβαίνων || 5 ποδήμασι || ⟨τὸ⟩ om. || 9 ἅμα || 10 ἐν (ante μὴ) suprascr. P⁴ || 11 κίνησις ἢ ἐνεστὼς ἄχρονος corr. P⁴ || 15 ὁπότερον ἄν, supra scr. οὖν P⁴ || 17 εἰ δὲ, supra scr. ἐν P⁴ || 18 εἰ—μέγεθος om. m.¹ rest. in mrg. P⁴ || 21 διχῶς—χρόνῳ rest. in mrg. P⁴ || 25 καὶ ante οὐκ add. P⁴ || 27 οὐ] τὸ || 28 ὅλον P¹, ὅλως P⁴ || μέρους ἅμα. punctum subiecit et μέρους superscr. P⁴ || 32 ἀθροῦν ut F || 36 δ' αὖ] δ' οὖν P⁴ || συνιγμένον || p. 798, 2 ἄλλους P || in mrg. huc usque erat in exemplari cum quo correxi P⁴

PARISINUS 1907 [Catalogus Mss. Par. II 417] olim Colbertinus, forma Q
maiore chartaceus s. XV exeuntis, quartum solum librum continens neque eum integrum. nam ante commentarium de τόπῳ hiat. tum nitidior continuat manus. nullius pretii iudicavit Torstrik, qui tamen specimen non dedit. ex conlatis ab A. Schoeneo p. 795, 35 sqq. veri simillimum est ex P descriptum esse varia simul lectione, quae ibi proposita est, electa cf. μέρους, μέρους ἅμα p. 797, 2 cum P⁴.

p. 795, 36 προσκείσθω || p. 796, 1 ἀνάγκη om. || 16 ἐν ἄλλῳ] ἄλλα || δὲ] δὴ || 32 φησὶν] τὴν φύσιν, corr. m.² || p. 797, 2 ὑπερβαλλομένης || 3 συμβαίνων || 5 ποδήμασι || ⟨τὸ⟩ om. || 7 οὐδὲ, in mrg. ὁ δὲ m.² || 8 ἀλλ' ἐν — 13 κινεῖται om. || 9 ἅμα || 15 ὁπότερον ἄν || 16 ἐν μὲν, supraser. εἰ m.¹ || 17 εἰ δὲ, supraser. ἐν m.¹ || 18 ὁ χρόνος om., rest. in mrg. m.¹ vel m.² || 21 διχῶς κτλ. habet || 27 οὐ] τὸ || 28 μέρους, μέρους ἅμα || ὅλως.

PARISINUS 2063 s. XIV. specimina dederunt Torstrik et Vitelli, unde R
melioris eum generis, at multis locis sine exemplari correctum (interdum feliciter) et ad libidinem auctum vel breviatum esse cognoscas.

p. 80, 29 sqq. || 31 θέσθαι] λέγεσθαι || 32 ἐν ἐροῦσιν τὸ ὄν || εἴδεσιν ἔσται πολλά || γε om. || p. 81, 1 τούτῳ δῆλον] δὴ τούτῳ || 5 εἰσηγμένοις || 6 ἠξίωται || 13 ἐν] εἰς || 14 διεσπαμένως || καὶ om. || 18 διαιρετέον || 19 αὐτοῦ] αὐτῷ || 21 πλησυνόμενα in πληθυνόμενα m.² corr. || 28 καὶ στερρῶν σωμάτων || 30 δὲ καὶ] γὰρ || 31 μῆνες καὶ ἡμέραι || 34 ἐπεὶ καὶ τὸ || p. 82, 1 ἄν om. || τῷ] τὸ || 3 μὲν οὖν || 8 ὡς (post καὶ) om. || 17 πρὸς τὸ || 18 ὑπόθοιντο corr. m.² ὑπόθεντο || οἱ μὲν ίδια superscr. παρ, sed. om. περὶ || 21 σημαινομένου || 27 ἀντιφάσεως || p. 301, 11 τοὺς || 13 καὶ om. || 15 τῆς αὐτῆς ἐστι (om. καὶ) || 27 τοῦ (ante καὶ) in lac. om. || 28 τοὺς om. || ἡ δὲ καὶ τὴν ὕλην πρὸς || 31 γνωστικὰ τὰ φυσικά || δὲ καὶ || p. 302, 1 ὅτι καὶ ἡ || 2 ἄσκοπος] ἄσκησις || 3 διακεκριμένη || ἐπεὶ δὲ || 8 ἕνεκα || 10 ἡ αὔξησις e. sil. || 14 συμπληρωθῆναι e. sil. || 17 ἐστὶ || 28 τῷ] τὸ || 32 ἔχει || p. 303, 4 τοὺς πλίνθους.

PARISINUS 1947. Excerpta ex Simplicio, quorum specimen extat in S
Brandisii Scholiis p. 362ᵃ 47.

MATRITENSIS Bibliothecae nationalis 35 forma maxima s. XV vel XVI T
diligentissime scriptus in margine iuxta Aristotelis primum librum. σιμπλικίου μεγάλου φιλοσόφου ἐξήγησις εἰς τὸ πρῶτον τῆς ἀριστοτέλους φυσικῆς ἀκροάσεως. est melioris generis, modo D modo E codici propior, sed lacunosus velut p. 56, 16 τεταρτημόριον — 69, 34 vacua charta relicta est cf. codex I¹.

p. 1, 5 τὴν ὅλην κατ' αὐτὸν ἴσως τῆς φιλοσοφίας || 9 οἷα ὁ, om. κατ' ἐνέργειαν — ἔν τε (11) || 15 μετ'] κατ' || κατατεινομένην. huc usque || p. 29, 5 τῆς om. || 6 διειλέχθησαν || 10 ἀπειληφός sic || 15 τὰ om. || 16 καὶ (post δὲ) om. || 20 ἀνέκληπτον || 21 ἀγέννητον ut E || 28 αὐτὸς || p. 30, 1 ἀγέννητον || 3 οὐδὲ || 4 οὖν om. || ἀνέκληπτον || ἀγέννητον || 6 ταυτόν τε ὂν καὶ ἐν ταυτῷ μένον καὶ καθ' ἑαυτὸ κεῖται || 7 μένον || 9 τὸ] τ' || 10 ἐπιδεές || πάντως || huc usque || ad singulos locos inspectus p. 75, 13 τοπάσαι] lacunam significat || 30 πρόκειται || 31 χρῆται — ἀλλ' om. || p. 76, 1 ὑποκειμένῳ ἐχρήσατο || p. 80, 31 ἐροῦσιν ἓν τὸ ὄν (om. εἶναι) || 32 εἴδεσιν ἔσται πολλά || ἔτι] ὅτι || **p. 153,** 1 τῆς κινήσιος ἐστίν, in mrg. γρ. κατὰ τῆς νοήσιός ἐστι.

V   MATRITENSIS Bibliothecae nationalis 15 chartaceus fol. XV. ἐπιτομὴ τῶν εἰρημένων ἀριστοτέλει ἐν τῇ φυσικῇ ἀκροάσει. ἐν οἷς καὶ λόγοι παρὰ τῶν ἁγίων γραφῶν ἐρανισθέντες. Περὶ τῶν φυσικῶν ἀρχῶν καὶ αἰτίων. πᾶν τὸ αἴτιον καὶ ἀρχή, οὐ πᾶσα δὲ ἀρχὴ ἤδη καὶ αἴτιον. ὅτι τῶν αἰτίων τὰ μὲν κυρίως αἴτια λέγεται. Ὅτι ἀρχαὶ καὶ αἴτια πρῶτα τῶν φυσικῶν σωμάτων ἐξ ὧν πρώτως γεγόνασι. post pauca excerpta ad logica transit, futtilia omnia. f. 32 εἰς τὰς ε̄ φωνάς. περὶ γένους. ὅτι γένος λέγεται ἡ τινῶν σχέσις καὶ πρὸς ἀλλήλους καὶ πρὸς ἕν. f. 36 πορφυρίου εἰσαγωγή. f. 46 ἀριστοτέλους κατηγορίαι. γένος ἀριστοτέλους ἀριστοτέλης τὸ μὲν γένος ἦν μακεδών κτλ. finitur ἔζησε δὲ τὸν σύμπαντα χρόνον αὐτὸς ὁ ἀριστοτέλης ἔτη ξγ:—. tum σκοπὸς τῶν κατηγοριῶν οὔτε περὶ τῶν ὄντων ἢ ὄντα ἐστὶ διδάξαι usque ad f. 49ᵛ, tum categoriarum contextus, scholiis vulgaribus additis. f. 63ᵛ ἀριστοτέλους περὶ ἑρμηνείας, f. 73 ἀριστοτέλους ἀναλυτικῶν προτέρων πρῶτον. alterius libri nihil nisi initium.

X   ANGELICANUS II C 14 recenti aetate accurate scriptus. a codice F proxime distat.

p. 1, 5 τὴν alterum om. || 13 τε om. || 16 κατατεινομένην || φυσιολογικὸν || **p. 2,** 4 νοοῦσι] ὁρῶσι || 6 ἔχειν τῆς ὕλης || **p. 24,** 28 ἀλλὰ καὶ || 29 διαιρούμενον || 31 καὶ om. || **p. 25,** 2 συμπεφορειμένως || 12 οὕτω || διερέθησαν || 15 ὡς] ὥσπερ || 19 ὡς ἀριστοτέλης || 20 κατόπην || πλησιαστὴς καὶ ζηλωτὴς || 21 καὶ ἔτι μᾶλλον] μᾶλλον δὲ || τῶν om. || 22 πῦρ ἀέρα ὕδωρ καὶ γῆν || 23 καὶ διάκρισιν in mrg. || 24 ὑφ'] ἐφ' || 25 ποτὲ—διακρινόμενα in mrg. || 29 ἕνα πάντα || 30 νεῖκος ἔχει || 31 τοτὲ || **p. 26,** 1 τότε || πλέω || 4 οὐλούμενον || 12 πανδεχές—ἀγαθοῦ om.

Y   VINDOBONENSIS phil. gr. 110 [Nesselii catal. p. 66] f. 3ʳ Simplicii prolegomena Physicorum sub nomine Themistii. nihil de eo compertum.

Z   VINDOBONENSIS phil. gr. 75 (Nessel) chartaceus forma maxima s. XV ex Sambuci libris. inspexi anno 1872. f. 1ʳ exstant διαιρέσεις τῶν φυσικῶν πραγμάτων tum excerptae ex Simplicio Δόξαι παλαιῶν (cf. Simpl. p. 23, 21 sqq.): Τῶν φυσικῶν οἱ μὲν μίαν ἀρχὴν λέγουσιν, οἱ δὲ πλείους καὶ τῶν μίαν λεγόντων οἱ μὲν κινουμένην καὶ πεπερασμένην ὡς θαλῆς καὶ ἵππων τὸ ὕδωρ, ἵππασος δὲ καὶ ἡράκλειτος τὸ πῦρ. οἱ δὲ ἄπειρον ὡς ἀναξίμανδρος καὶ ἀναξιμένης. (p. 24, 13 sqq.) ἀλλ' οἱ μὲν ἀόριστόν τινά φασι φύσιν καὶ ἑτέραν περὶ [l. παρὰ] τὰ λοιπὰ || f. 1ᵛ στοιχεῖα, ἀναξιμένης δὲ τὸν ἀέρα. "οὐδεὶς δὲ (cf. inde a p. 25, 11) τὴν γῆν εἶπεν ἀρχὴν διὰ τὸ δυσκίνητον εἶναι καὶ δυσμετάβλητον. καὶ περὶ τοῦτο οὐ πάνυ τι ἠξίωσαν αὐτὴν μόνην ἀρχὴν ὑποθέσθαι, τῶν δὲ πλείους λεγόντων οἱ μὲν πεπερασμένας, οἱ δὲ ἀπείρους τῷ πλήθει ἔθεντο τὰς ἀρχάς, καὶ τῶν πεπερασμένας οἱ (in litura) μὲν δύο ὡς παρμενίδης ἐν τοῖς πρὸς δόξαν πῦρ καὶ γῆν. ἢ μᾶλλον φῶς καὶ σκότος. ἢ οἱ στωικοὶ θεὸν καὶ ὕλην. δε [l. οὐδὲ? Simpl. p. 25, 17] στοιχεῖον τὸν θεὸν λέγοντες. ἀλλ' ὡς τὸ μὲν ποιοῦν τὸ δὲ πάσχον· οἱ δὲ τρεῖς ὡς ὕλην καὶ τὰ ἐναντία ὁ ἀριστοτέλης, οἱ δὲ τέσσαρα ὡς ἐμπεδοκλῆς σωματικὰ στοιχεῖα ποιεῖ ὁ πῦρ ἀέρα ὕδωρ γῆν, κυρίως δὲ ἀρχὰς ὑφ' ὧν κινεῖται ταῦτα φιλίαν καὶ νεῖκος, ὥστε ἐξ τὰ πάντα ὑπέθετο, ὥσπερ καὶ πλάτων τρία μὲν τίθησι τὰ κινήσεως αἴτια τό τε ποιοῦν καὶ τὸ περίδειγμα (l. παράδειγμα) καὶ τὸ τέλος, τρία δὲ τὰ συναίτια τὴν ὕλην καὶ τὸ εἶδος καὶ τὸ ὄργανον." tum excerpuntur p. 26, 26—30. 31— p. 27, 19. 28, 4—19 [ubi p. 17 habet ὡς ὕλην γὰρ τοῖς οὖσιν]. tum sequitur scholion eiusdem rei μίαν μὲν καὶ πεπερασμένην καὶ ἀκίνητον παρμενίδης ἔλεγεν καὶ ξενοφάνης κτλ. ex Philopono p. 25ʳ 31 sqq. excerptum. extrema sunt φαινόμενα ψήγματα (Philop. a 5ᵛ 54). sequuntur Aristotelis Physica, de anima etc. cf. supra Kᴵᴵ.

ALDINUM exemplum (cf. p. VII), forma maxima, titulum habet: a
ΣΙΜΠΛΙΚΙΟΥ ΥΠΟΜΝΗΜΑΤΑ ΕΙΣ ΤΑ ΟΚΤΩ ΑΡΙΣΤΟΤΕΛΟΥΣ ΦΥΣΙΚΗΣ ΑΚΡΟΑΣΕΩΣ ΒΙΒΛΙΑ ΜΕΤΑ ΤΟΥ ΥΠΟΚΕΙΜΕΝΟΥ ΤΟΥ ΑΡΙΣΤΟΤΕΛΟΥΣ. SIMPLICII COMMENTARII IN OCTO ARISTOTELIS PHYSICAE AVSCVLTATIONIS LIBROS CVM IPSO ARISTOTELIS TEXTV. tum ancora Aldina appicta, deinde subscriptum est: *Ne quis alius impune, aut Venetiis, aut usquam locorum hos Simplicii Commentarios imprimat, et Clementis VII. Pont. Max. et Senatus Veneti decreto cautum est.* Clementis VII Papae venia data est die XXII Aug. MDXXVI. p. III epistula est Francisci Asulani ad Herculem Gonzagam antistitem Mantuanum. subscribitur f. 322ʳ *Venetiis in Aedibus Aldi, et Andreae Asulani soceri Mensae* (!) *Octobri M.D.XXVI.* denique f. ultimo (322ᵛ) Aldi ancora.

VERSIONES latinas vidi tres

I *Simplicii Peripatetici acutissimi Commentaria in octo libros Aristotelis de Physico auditu. Numquam antea excusa. Lucillo Philaltheo interprete. Parisiis 1544.* forma maxima, Herculi Gonzagae cardinali dedicata. quae non intellegit interpres omittit. stolidae ambages et male intellecta multa. scholia margini adscripta parum utilia et ad finem rarescentia. specimen erit Simplicii p. 23, 21—33

                 Cæterum eorum qui aiunt vnum esse principium et mobile, quos   f. 4ᵛ inf.
                 etiam proprie naturales vocat, alii ipsum finitum esse assentiunt, ut
                 fuerunt Thales Milesius et Hippo, qui videtur fuisse eorum unus
Epicurus et Lu-   *qui deum esse negabant, coniectura eorum quæ sensu apparent de-*
cianus deos es-   *ducti aquam dixere ac statuere principium. Etenim calor humido*   5
se negarunt, vi-   *veluti vehiculo, et pabulo vitæ viuit, et quæ interitura sunt prius*
de de vita et   *arida et sicca evadunt. Item semen omnium genitale humidum est.*
morte libellum.   *Rursus omnis cibus, sive omne alimentum est succi et humidi plenum.*
                 Vnde singula eo ali nutriríque apta sunt. Cum itaque aqua sit na-
                 turæ humidæ et cunctarum rerum prolem atque coniunctionem prorsus   10
                 conferat, idcirco ipsam omnium principium esse arbitrati sunt. Præ-
                 terea, terram sub aqua iacere sitamque ac collocatam esse tradi-
Thales primus   *derunt. fertur autem Thales fuisse primus qui* | f. 5ʳ | *græcis*
historiam de na-   *commentationem historiámque de natura edidit ac patefecit. Equidem*
tura conscripsit.   *cum multi et alij veteres maioresque natu essent, ceu Theophrasto*   15
                 videtur, ipse longe ab illis dissensit euariauitque tanquam latuerit
                 cunctos qui ipsum præcessere. Præterea traditur ipsius nullum
                 monumentum scriptum præter illam astrologiam, quæ nauaIis scilicet
                 disciplina de ipsis nauibus per maria euehendis ducendisque appel-
                 latur, posteris reliquisse.   20

II *Simplicii commentarii in octo Aristotelis Physicae auscultationis libros cum ipso Aristotelis contextu a Gentiano Herveto Aurelio Noua ac fideli interpretatione donati. Huc accessit index copiosissimus, omnium quae in hoc opere notatu digna continentur: quae etiam in margine ad studiosorum utilitatem collocavimus: cum eiusdem auctoris uita nunc primum in lucem edita. Venetiis apud Iuntas MDLI.* forma maxima, dedicata est haec versio Francisco Turnonio Sabinensi episcopo, S. R. E. cardinali amplissimo. epistulam dedicatoriam sequitur Vita Simplicii qua Suidae Agathiaeque memoria repetita fusius christianum eum non fuisse demonstrat. addit „*non esse ex eius libris petendam pietatem ac religionem, sed philosophiae cognitionem, qua omnes Aristotelis interpretes, meo quidem iudicio, longo interuallo superavit. Aristotelem certe ita est interpretatus, ut nemo plures ex veteribus, quoties id ad rem pertinuisse visum est, citaverit: nemo Aristotelis verba ac sententiam accuratius examinarit: nemo, si quid ei deesse visum est, ut nihil est omni ex parte perfectum, id et diligentius et doctius suppleuerit.*" extremum est poemation Gabrielis Phaerni Cremonensis in Simplicium a Gentiano Herveto versum. specimen vertendi esto idem Simplicii p. 23, 21—33.

Eorum autem qui dicunt esse unum principium, et quod mouetur, f. 4ᵛ Gᵇ
quos etiam proprie vocat Physicos, alij quidem dicunt ipsum finitum.
Thales et Hip- *Vt Thales Milesius et Hippon, qui videtur fuisse ἄθεος, hoc est,*
pon aquam di- *ab omni Dei cultu alienus, dicebant aquam principium: ex ijs quae*
cunt principium. *sensui apparent ad hoc inducti. nam et calidum viuit humido et* 5
quæ moriuntur exiccantur, et rerum omnium sẹmina sunt humida, et
alimentum omne est succosum. Ex quo autem sunt singula, vt ex
eo quoque alantur natura insitum est. Aqua autem est humidæ naturæ principium, et omnia continet. quocirca existimabant aquam
esse omnium principium, et pronunciarunt terram esse positam super 10
Thales omnes *aquam. Traditur autem Thales primus Graecis aperuisse naturæ*
superiores Phy- *historiam, cum multi quidem certe alij præcessissent, vt videtur*
sicos superavit. *Theophrasto, ipse autem longe caeteris antecelluisset, ita vt omnes*
Thaletis nautica *qui eum praecesserunt obscurauerit. Dicitur autem nihil in scriptis*
Astrologia. *reliquisse praeter eam, quae vocatur Nautica astrologia.* 15

III *Simplicii philosophi perspicacissimi Clarissima Commentaria in octo libros Aristotelis de Physico Auditu Nuper quam emendatissumis exemplaribus, innumeris penè locis integritati restituta, et ab innumeris erroribus diligentissimè castigata . . . Venetiis, Apud Hieronymum Scotum MDLVIII.* forma maxima. discrepantia illius loci p. 23, 21—33 a Philalthei versione (p. xxi) est haec, unde apparet qua ratione sit haec interpretatio conflata.

f. 7ᵃ p. m. *Caeterum* etc. 2 *assentiunt*] asserunt || ut Tales fuerunt || in mrg. habet *Tales Hippon aquam dicunt principium* ex Herveto || 7 *Item — humidum est*] et rerum omnium. semina humida sunt ex Herv. || 9 *sunt*] add. ex quo sunt || 11 in marg. *Thales omnes physicos superavit* ex Herv. omissa Philalthei nota || 14 *patefecit*, cum multi equidem certe alij veteres praecessissent, ceu (cf. Hervetus) || 16 *latuerit*] observaverit (sic ex Herveti *obscurauerit*) || 17 *ipsum* || 19 *naturalis*] Nautica ex H.

II APPENDIX HIPPOCRATEA

1. H. USENER BONNENSIS DE SUPPLENDIS HIPPOCRATIS QUAS OMISIT EUDEMUS CONSTRUCTIONIBUS

1. Ad p. 62, 16. Lineam τὴν μείζω τῶν παραλλήλων τριπλασίαν ἐκείνων ἑκάστης δυνάμει sic invenies:

Sit AB trium aequalium trapezii laterum longitudo, cuius ex capitibus si radium eiusdem longitudinis in utramque partem moveris, ubi secantur arcus erunt capita lineae CD, quae cathetus est lineae AB eamque bipartitam efficit. haec linea postulata erit proportione, quemadmodum ex natura hexagoni, cuius latera esse oportet CA et AD (cf. p. 67, 32 sqq.), sequitur.

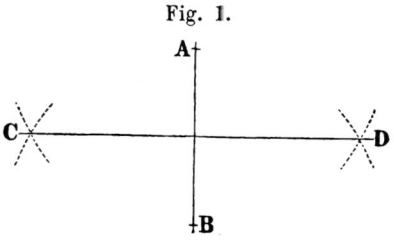

Fig. 1.

Iam angulum minori parallelae accubantem (fig. p. 62) bipartiemus non ut Simplicio videtur (p. 62, 27) secundum Euclidem I 9, sed ita ut demittamus in diagonales BΓ et ΔA cathetos, quibus productis in confinio E centrum erit circuli trapezio circumscripti[1]. nam aequales omnes ex E in trapezii quattuor angulos ductae lineae, unde tria aequicruria aequalia triangula BEA AEΓ ΓEΔ formantur. eius circuli curvatura cum trapezii minoribus tribus lateribus segmenta tria efficit, quae aequalia esse ex chordarum earumque angulorum aequalitate sequitur.

Iam interior lunulae arcus quaerendus, quem arcubus trapezii angulis desectis similem esse oporteat. quod ut fiat, parallela radii AE (fig. 2)[2] deorsum producatur usque eo (ν), ubi eam cathetus Eμ item producta secet. ergo Bν erit postulati arcus radius. quoniam autem segmenta respondent

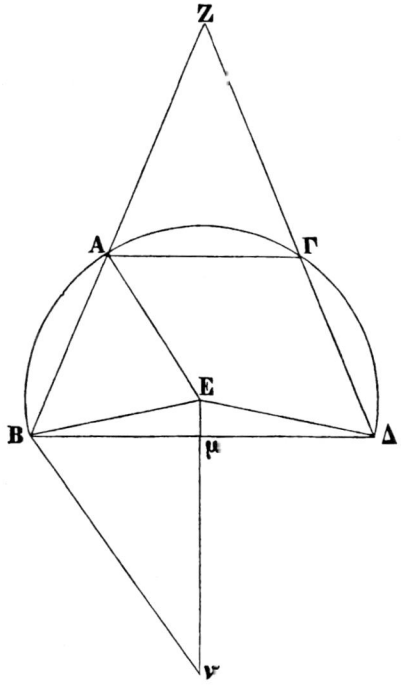

Fig. 2 (cf. fig. p. 62).

---

[1] Simplicius incohavit tantummodo demonstrationem, neque Eudemus in culpa est, quod sumpsit Bretschneider p. 111[1], cuius errorem etiam J. Allman *On greek geometry* (Hermathena 1881 n. 7 p. 198[42]) refutavit.

[2] parallelam non effecit figurae scalptor, id quod ut alia quaedam non ad amussim delineata excusatum velim.

chordarum suarum quadratis et baseos BΔ quadratum triplex quadratum aequat vel BA chordae vel AΓ vel ΓΔ, sequitur ut segmentum cuius chorda basi trapezii formatur triplo maius sit quam aliud quodvis minorum illorum segmentorum sive aequet cuncta tria segmenta lateribus trapezii minoribus formata. atqui trapezium adiunctis tribus segmentis aequat lunulam BAΓΔ et illud super basin segmentum et quoniam tria illa segmenta aequant illud super basin segmentum, sequitur ut lunula sit trapezio aequalis.

2. Ad **p. 64,** 19. Lineam, cuius quadratum $\frac{3}{2}$ quadrato radii aequalis sit, sic invenies[1].

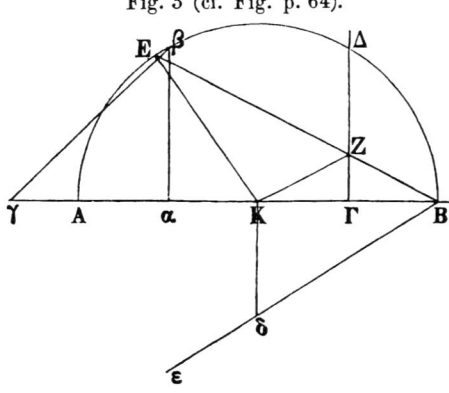

Fig. 3 (cf. Fig. p. 64).

Sit AK radius, in quem medium (α) demittatur cathetus αβ. huic si aequabitur linea αγ producta, aequicrurium erit triang. γαβ, cuius hypotenusa βγ ea quae postulatur proportione erit. nam quadratum cuiuslibet catheti (c) in medium radium (r) a circuitu demissae $= \frac{3}{4}r^2$. in triangulo enim quolibet intra circuitum ex catheto, dimidio radio, hypotenusa ($= r$ ex sexanguli ratione) formato habebimus $c^2 = r^2 - \frac{r^2}{4} = \frac{3}{4}r^2$. ergo hypotenusa βγ huius trianguli αβγ, cuius crura catheto sunt aequata, erit $2 \cdot \frac{3}{4}r^2 = r^2$.

Iam linea βγ (quam 2a nominamus) ita circulo immittenda est, ut inter cathetum in mediam KB demissam et circuitum media intersit atque producta ultra cathetum caput diametri B attingat.

Secet chorda aliqua a puncto B orta cathetum ΓΔ in p. Z et deinde circuitum in p. E, quae puncta cum centro lineis EK et ZK iungantur. tum aequicruria erunt triangula EKB (radii sunt crura) et KZB (basis KB catheto ex vertice Z demissa bipartitur) eademque similia inter se, quoniam baseos utriusque anguli aequales (ang. ZBK et EBK utrique basi communes).

Ut EZ sit ea quam desideramus linea eademque sit 2a atque tota sit chorda x, ex similitudine triangulorum sequitur, quoniam BZ:KB = KB:EB,

$$(x - 2a) : r = r : x$$
$$r^2 = x^2 - 2ax$$
$$x = a + \sqrt{r^2 + a^2}.$$

---

[1] praeivit mihi H. Kortum collega. cf. J. Allman l. c. p. 199[45].

Computum sequatur constructio. $\sqrt{r^2+a^2}$, quoniam a significat dimidiam lineam, cuius quadratum aequat $\frac{3}{2}r^2$, sic invenies:

Sit a centro K demissa cathetus Kδ, dimidiae illi linea βγ ($=2a$) aequalis atque caput δ iungatur cum B. tum erit hypotenusa $\delta B = \sqrt{r^2+a^2}$. nam $\overline{\delta B}^2 = r^2 + \left(\frac{\beta\gamma}{2}\right)^2$. quodsi Bδ tanto maior fiet quanto distat δ a centro K (i. e. a vel $\frac{\beta\gamma}{2}$), erit tota linea $B\varepsilon = a + \sqrt{r^2+a^2}$. quam lineam si circino comprehenderis eumque ex B circumegeris, tanget arcus hemicyclium in E. ergo EB ($= B\varepsilon$) ea erit natura, ut ab ea ΓΔ catheto linea aequans $r\sqrt{\frac{3}{2}}$ desecetur. nam

$$BE = B\varepsilon = a + \sqrt{r^2+a^2}$$
$$BE - a = \sqrt{r^2+a^2}$$
$$(BE-a)^2 = \overline{BE}^2 - 2a \cdot BE + a^2 = r^2 + a^2$$
$$\overline{BE}^2 - 2a \cdot BE = r^2$$
$$BE(BE-2a) = r^2,$$

et quoniam r est media proportionalis
$$BE : r = r : BE - 2a$$
ergo assumpta proportione superiore
$$BE : BK = BK : BE - EZ$$
$$BK = r$$
$$EZ = 2a = r\sqrt{\frac{3}{2}}.$$

3. Ad **p. 66,** 22. cur esset $\overline{EK}^2 > \overline{KZ}^2$, Hippocrati ita licuit demonstrare, ut ex trapezii natura ang. EKB minori parallelae KB insidentem (itemque ang. KEB) obtusum esse probaret. qui quoniam duobus radiis includitur, hypotenusa oppositae quadratum esset $2r^2$, si rectus esset. nunc autem cum $> 90°$ sit, sequitur $\overline{EB}^2 > 2\overline{KE}^2$. ergo $\overline{EK}^2 > 2\overline{KZ}^2$.

Si autem $\overline{EK}^2 > 2\overline{KZ}^2$, at
$$\overline{EZ}^2 = \frac{3}{2}\overline{EK}^2, \text{ sequitur}$$
$$\overline{EZ}^2 > (\overline{EK}^2 + \overline{KZ}^2).$$

nam ita demum si esset $\overline{EK}^2 = 2\overline{KZ}^2$ vel $\overline{KZ}^2 = \frac{\overline{EK}^2}{2}$, secundum id quod positum est $\overline{EZ}^2 = \frac{3}{2}\overline{EK}^2$, aequatio $\overline{EZ}^2 = \overline{EK}^2 + \overline{KZ}^2$ et ratio $\overline{EZ}^2 : \overline{EK}^2 : \overline{KZ}^2 = 6 : 4 : 2$ fieri posset i. e. ang. EKH rectus esse posset. nunc autem
$$\overline{EK}^2 > 2\overline{KZ}^2 \text{ et } \overline{EK}^2 : \overline{KZ}^2 = 4 : 1$$

(si obiter computes). ergo quoniam $6 > 4+1$, erit
$$\overline{EZ}^2 > (\overline{EK}^2 + \overline{KZ}^2).$$
ergo obtusus erit EKZ et exterior lunulae ambitus minor hemicyclio.

4. Ad **p. 67,** 11 sqq. construendi sunt circuli eodem centro, quorum diametri (D et d) sint hac proportione $D^2 = 6d^2$.

Fig. 4 (cf. p. 67).

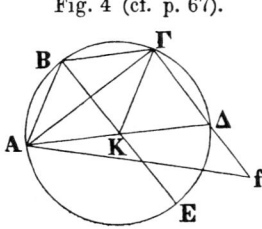

In circulo interiore radius ad circuitum applicatus efficiet inscriptum sexangulum. coniunctis punctis AΓ linea AΓ cathetus erit et AΔ hypotenusa. ergo $\overline{AΓ}^2 = 3r^2$. iam producta linea ΓΔ usque ad f, ut efficiatur linea AΓ longitudo, et iunctis Af, hypotenusa erit Af aequicrurii et rectangularis trianguli AΓf. ergo $\overline{Af}^2 = 6r^2$, erit igitur radius circuli maioris, qui quaerebatur.

2. Paulus Tannery Havrensis in Simplicii de Antiphonte et Hippocrate excerpta p. 54—69

p. 54, 10 n. malim "Res geometricas Simplicius partim ex Alexandri commentariis partim ex Eudemi Geometricae historiae libro II petivit suis tamen intermixtis observationibus". quae enim sequuntur de quadratura, deinde de Antiphonte ex Alexandro hausta esse facile concedas. cf. P. Tannery de Hippocrate Chio (*Mémoires de la Société des Sciences physiqnes et naturelles de Bordeaux*, 2ᵉ Série, t. II Paris 1878) p. 180.

55, 6 probo Dielesii coniecturam.

— 12 καὶ δῆλον... Simplicii est observatio, cuius imperitiam licet deprehendere. etenim quam primam ἀρχὴν ponit τὸ ἀδύνατον... περιφερείᾳ (vv. 16. 17), eam Euclides demonstrat III 16 et III 2, id quod ipse S. indicat. quam autem secundam ponit ἐπ' ἄπειρον εἶναι τὰ μεγέθη διαιρετά (vv. 22. 23), eam ex Eudemo petivit, quem priorem posuisse nullo modo veri simile est. neque Eudemum ipsum (dico Geometricam historiam, nam Physica et Alexander et Simplicius tenebant) de ea re lectum a S. credo. nam is liber fortasse ne a Proclo quidem ipso lectus Simplicii aetate periisse videtur. et patebant tum promptiores thesauri velut Spori Ἀριστοτελικὰ κηρία, quae Eutocius in Archimedis de circuli dim. prooemio (Archimedis ed. Heiberg III 264, 15 sqq. = Eudemi fr. Speng. XCI p. 119, 10) de Hippocratis et Antiphontis, quae credit, ψευδογραφήμασι citat. nam Spori ea esse elucet ex altero Eutocii loci (p. 300, 23) ubi Πόρος[1] ὁ Νικαιεὺς Philonis

---

[1] [corrige Σπόρος, quam formam alio loco III p. 90, 4 servavit codex F. quin idem sit Sporus in Arateis scholiis aliquotiens citatus nunc non dubito a C. Wachsmuthio per litteras monitus (cf. Fabricius B. Gr.⁴ III c. 14 t. II p. 386), sed ignorabam in Doxographis p. 231¹. Diels.]

Gadareni discipulus in testimonium vocatur. neque aliunde tralata videtur Archytae ratio quasi ex Eudemo ab eodem Eutocio (III 99, 17 Heib.) excerpta. ceterum Spori Ceria i. e. Electa [cf. Gell. N. A. praef. 6, Birt D. a. Buchwesen 94[1]] conicio ab Ammonio Eutocio discipulo (III 2, 16 Heib.) commendata esse, qui quidem cum idem fuerit Simplicii praeceptor ac de his quaestionibus cum eo collocutus sit (Simpl. Phys. p. 59, 22) huic quoque Ceria suggessisse putandus est. Eudemi tamen de Antiphonte narrationem per Alexandrum traditum esse non nego.

p. 55, 19 ante σημεῖον desidero ἕν.

56, 1 φησί. nempe Alexander.

58, 13 οὐχ ὑγιής. hinc Simplicii incipere videtur animadversio usque ad v. 25, unde Alexandrum denuo imperite disputantem affert (cf. Mémoires l. c. p. 181).

59, 6 ante τὴν desideres κατά.

60, 14 n. Nicomedes enumerabat quattuor κοχλοειδεῖς (sec. Pappum) sive κογχοειδεῖς (sec. Eutocium). at κοχλιοειδοῦς ἀδελφὴ Appollonii ab his curvis diversa Nicomedis quadratrici ab Iamblicho confertur.

— 18 ὁ μὲν οὖν. hic paragraphum pones, non v. 22.

61, 3 κατὰ τρόπον. ex his verbis quae perperam Bretschneider interpretatus est, contra Eutocium (III 264, 14 Heib.) efficitur ab Eudemo certe Hippocratis ψευδογράφημα non agnosci, id quod et totus Eudemi apud Simplicium locus confirmat et eiusdem Eudemi Ethica H 14 p. 1247ᵃ17, ubi eius geometriae scientiam quodammodo laudat. cf. Mém. l. c. p. 179, ubi ψευδογραφήματος reprehensionem ex iniqua Aristotelis opinione Soph. elench. 11 p. 171ᵃ15 (cf. Analyt. Prior. B 25 p. 69ᵃ30) et Phys. A 2 (185ᵃ16) originem duxisse probatur.

— 8 δεῖξαι. haec demonstratio ab Hippocrate non in libello de lunulis, sed in Elementis quae composuerat (Eudemus Procli in Euclid. p. 66, 7 Friedl.) scripta fuisse videtur. [veri dissimile est, si Eudemi verba recte pensitantur. verius scribes *non solum — sed etiam*. Usener.]

— 14 καὶ γωνίας ... τὰ τμήματα (v. 18) Simplicio redde. haec quoque cognita sane Hippocrati in Elementis non in libro de lunulis demonstrata fuerant et ea postea Euclides in suis Elementis repetivit. sed is hoc de segmentorum cum quadratis chordarum proportione theorema non servavit; itaque demonstrationem ab Eudemo destitutus expedire non potuit Simplicius, qui pravam similium segmentorum definitionem dedit eamque frustra cum cognitis ex Euclide segmentorum proprietatibus coniungebat. [dissimile veri est quia necessaria est haec demonstratio ad cetera theoremata (praecipue III) confirmanda. praeterea non unam, sed plures Hippocratis positiones tradiderat Eudemus (cf. p. 61, 5). Usener.]

p. 61. 19 figuram ab Eudemo datam esse non credo. primam quadraturam ab Alexandro (p. 56, 1—21) aliunde petitam esse clarum est.

62, 12 si Eudemus dedit figuram, non signavit litteras neque lineas AE BE ΓE ΔE AZ ΓZ iunxit et alterutram τῶν AΔ BΓ agere satis habuit (cf. v. 31).

— 17 n. constructionem ab Hippocrate datam non servavit Eudemus cf. P. Tannery *De la solution géometrique des problèmes du second degré avant Euclide* (Mémoires de la Société des Sciences de Bordeaux t. IV, 2ᵉ Série, 3ᵉ cahier p. 18 [de l'extrait]), ubi alterius lunulae proponitur haec quadratio $x^2 = 3a^2$.

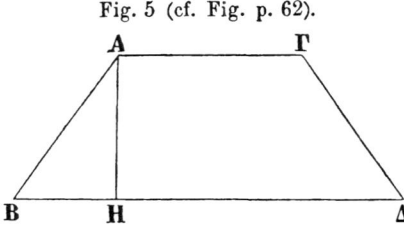

Fig. 5 (cf. Fig. p. 62).

Si $AB = a$, quadratione construetur $x = BΔ$, tum $BH = \dfrac{x-a}{2}$, unde catheti pes finietur. radio usus eius magnitudinis qua est a invenies punctum (A), quo cathetus in H demissa secetur, quae erit AH. qua adscita triangulum efficietur ABH etc.

— 29 ἴσαι ⟨αἱ⟩. cum demonstrationem non expediat Simplicius, librorum scripturam καὶ servare malim.

— 30 n. male Bretschneider ex Hippocrate Eudemoque demonstrationem petitam esse credidit et inde conclusit quae nullo modo possunt probari.

63. 1 ἐπεὶ γὰρ ... καὶ τῆς ΓΔ (v. 11) Simplicio restitue, hasque ambages brevissimo scriptore indignas iudica, qui multa minus plana demonstrare supersederit.[1] patebat enim angulum sub BAΓ obtusum esse, ergo

$$\overline{BΓ}^2 > \overline{AB}^2 + \overline{AΓ}^2 = 2\overline{ΓΔ}^2.$$

— 6 n. lacunam haud agnosco. ab imperito scriptore inepta profecta noli mirari.

— 9 lacunam ne hic quidem agnosco. S. videt ang. ΓAZ = AΓZ et ponit διὰ τὸ $\overline{\lambda\beta}$ τοῦ πρώτου BAΓ > AΓZ = ΓAZ. de ἡμίσεια ... BAΓ despero. haec latet conclusio: BAΓ > recto. iam sic argumentatur

ZAΓ + ΓAB = 2 rectis (6. 7)
ΓAB > ZAΓ   (8. 9)
ΓAB > recto,

quae conclusio ad demonstrationem insequentem necessaria est.

— 12 τὴν BΔ vel omitte vel Simplicio redde. [hoc litteris non diductis ego significavi. D.] τὴν ἐφ' ᾗ BΔ dixisset Eudemus sed lineas sine litteris hic indicat. vide quae observavi ad p. 62,12.

---

[1] [quantum Sporo quantum Eudemo Simplicius debeat ambigi poterit. sed hac maxime in re fusum fuisse Hippocratem videas etiam in tertio theoremate p. 66,10 Usener]

APPENDIX HIPPOCRATEA

p. 63, 14 αἱ γὰρ ΒΓ . . . τριπλάσιον redde Simplicio. Eudemo hoc ex positionibus patebat.

64, 7 in figura, quam Eudemus dedit litterisque signavit, lineae ΕΛ ΛΚ ΛΒ ΛΗ a Simplicio sunt additae.

— 13 male Bretschneider verba ἐφ' ἧ et similia Hippocrati ipsi tribuit, quae non minus sunt Eudemi atque aequalium. [idem J. Allman l. c. et Usener observarunt. D.] Hippocratis verba ex Eudemeis enucleari posse vanum est somnium.

— 14 de constructione cf. P. Tannery *De la solution* etc. l. c. ad 62,12 tertiae ibi lunulae aequatio haec proposita est

$3x^2 + 3ax = 2a^2$ h. e. parabole cum hyperbole rectanguli, cuius latera proportionem habent 1:3. nam hypothesis est (cf. fig. 3 supra p. xxiv)

$$\overline{EZ}^2 = \frac{3}{2} \overline{AK}^2,$$

triangula autem ΑΒΕ ΖΒΓ similia, ergo

$$EB \cdot ZB = AB \cdot B\Gamma = \overline{AK}^2 \text{ sive}$$

$$(EZ + ZB) ZB = \frac{2}{3} \overline{EZ}^2 \text{ sive}$$

$$(EZ + ZB) 3ZB = 2 BZ^2$$

Posui EZ = a et ZB = x. ergo data a, formanda erit ad construendam x ex $2\overline{EZ}^2$ parabole in EZ cum hyperbole rectanguli formae indicatae. inde erit $AK = \sqrt{\frac{2}{2}} EZ$ et $B\Gamma = \frac{AK}{2}$. atque quoniam nota est EZ, construi poterit triang. ΖΒΓ. sin data erit AK, quod sumpsit Eudemus, construetur quadratione EZ et sequentur cetera similiter. ego priorem rationem ut simpliciorem sequi malui.

— 18 ante B desideres ἐφ' ᾧ cf. v. 14. 15, sed collatis 20. 21 aliis variare Eudemum in punctis signandis credam, in lineis variare non videtur. [at Aristotelis exemplo in lineis quoque significandis, ubi dubitatio nulla esset, breviore ratione signandi interdum usum esse Eudemum mihi persuadeo. unde hoc ad discernenda Simpliciana non sufficit auxilium. D.].

— 23 ὑπόκειται γὰρ ἡ ΕΖ . . . νεύουσα (24) redde Simplicio.

— 32 μὴ διὰ τοῦ κέντρου serva ex Euclide III 3. ἡ ΓΔ διὰ τοῦ κέντρου . . . ἡ ΕΗ μὴ διὰ τοῦ κέντρου. Useneri ⟨ἡ⟩ dele.

65, 7 περιγεγράφθω — τμημάτων (8) Simplicio inepta redde cf. Bretschneider p. 116². Simplicius enim, qui iam antea circulum ΕΚΒΗ descripserat (64,27), figuram ipse explere conatus est. postea ad Eudemum reversus quod sumpserat demonstrandum esse opinatur.

— 9 φημι Simplicio redde. [ita feci litteris non diductis. D.] quod in praecedenti quadratura non demonstravit Eudemus ne nunc quidem demonstrat.

p. 65, 10 τὸ μὲν γὰρ EKH ... τὸ τραπέζιον (15) Simplicii credas. itaque v. 15 ὅπερ (τμῆμα, hoc S. addit) καὶ τὸ τρίγωνον περιέξει τὸ ἐφ' οὗ (ecce Eudemus!) EZH Eudemea sunt et cum γεγράφθω οὖν τὸ τμῆμα (23) iungenda. sic digna Eudemo restituitur constructio. sed lacunam postea reliquit S., cum v. 8 iam scripsisset. Eudemum quidem sine demonstratione dicere oportuit: 'segmentum quodvis EZ aut ZH cuivis segmento EK KB BH simile erit.' sed ipsa verba restituere non audeo.

— 24 οὗ ἐκτὸς περιφέρεια ἡ EKBH, tum 26 τῶν BZH BZK EKZ, denique 20 ἀφαιρουμένοις ὑπὸ τῶν EK KB BH Simplicio redde.

66, 1 ἡμιολία ... καὶ BH (2) et verbi δυνάμει omissionem Simplicio tribue.

— 11 EKH S. otiose addidit, sicut v. 14 ὑπὸ EKH.

— 16 διότι ... KE (17) Simplicio tribuebam. nunc de his διότι ... δείξω dubito. sed si Hippocratea essent, Eudemum ea servasse vix credibile. potius promissis non stetisse Simplicium credo.

— 18 μήκει sine dubio falso ponitur per hypothesin. sed locus sanus mihi videtur. si $BK > 2BZ$, καὶ ἡ ἐφ' ᾗ KE (iam virgula ponenda et audiendum $> 2BZ$. nam $KE = BK$). ὥστε [corrige ὡς *sicut*] τῆς ἐφ' ᾗ $\overline{KZ}$, (virgula ponenda, nempe $KE > 2BZ = 2KZ$) ἄρα [? D.] μείζων ἢ διπλασία μήκει. (punctum ponendum. [? D.]) καὶ δυνάμει. (iterum punctum ponito. quod de ratione μήκει valet, aeque valet de ratione δυνάμει. sed quoniam $\overline{BK}^2 > 2\overline{BZ}^2$ propter angulum obtusum KZB, Hippocrates concludit (21) ὥστε $\overline{EK}^2 > 2\overline{KZ}^2$). inepta διὰ τὴν ὁμοιότητα ... πρὸς KZ (20. 21), quae nihil ad rem faciunt, Simplicio redde.

— 24 εἰ μὲν ... δυνάμει (67, 2) ambages prorsus inutiles Simplicio tribue.

— 27 lacunam in scriptore imperito, qui ad numeros inepte confugit, haud agnosco. quoniam $\overline{EK}^2 > \overline{KZ}^2$, exempli gr. proponit rationem 4 : 1. ergo $\overline{EZ}^2 : \overline{EK}^2 + \overline{KZ}^2$ erit 6 : 5.

67, 4 πάντα et εἴπερ καὶ Simplicio redde. si scripsit Eudemus, huius, non Hippocratis fuit τὸ ψευδογράφημα.

— 21 οὗ, forsitan ᾧ, cum variet Eudemus cf. v. 29.

— 27 HI dele.

— 28 καὶ δῆλον ... ἐγγραφομένου sane Simplicii sunt.

— 32 ἡ γὰρ ... τετραπλάσια Simplicio tribuo.

68, 6 ἡ γὰρ HI ... πλευρᾷ (11) Simplicius scripsit. **nam nervus est eius** demonstrationis qua per τμήματα (13) finem facit.

— 16 τὸ γὰρ ... τμημάτων (24) Simplicio tribuenda, id quod confirmat rectarum designatio.

— 28 τὸ γὰρ ... κύκλου Simpliciana.

69, 6 lege τῶν τε τριῶν ⟨καὶ τῶν⟩ ἐν τῷ ἐλάττονι (scil. κύκλῳ).

— 11 post ἑαυτόν virgulam, non punctum posco.

p. 69, 31 ἀορίστων. Simplicii manifestus error, quem deinde corrigit addens ὡρισμένοις πως οὖσιν (34). at non πως, sed absolute ὡρισμένοι sunt arcus lunularum ab Hippocrate quadratarum.

Addo Tanneryi sententiam ex eius de Hippocrate commentario (*Mémoires* II p. 184): *Les deux quadratures obtenues de la sorte l'ont été par deux méthodes qu'il est facile à un moderne de généraliser de manière à trouver une infinité d'autres lunules équivalentes à des polygones définis de telle et telle façon. Mais, en général, ces polygones et ces lunules ne pourront être construits avec la règle et le compas.* cf. H. Hankel (*Zur Geschichte der Mathematik im Alterthum und Mittelalter* Leipzig 1874 p. 127): *Es ist interessant, dass diese von Hippocrates quadrierten Menisken in der That die einzigen sind, deren Flächenraum sich mit Hilfe von Lineal und Cirkel, also elementar construieren lassen.* Quattuor quidem aequationes planorum rectorum et curvatorum, quas Hippocrateis addidit Th. Clausen (*Crelle's Journal für reine und angewandte Mathematik* XXI, Berl. 1840 p. 375 ff.), sola ratione analytica indagatae sunt.

CORRIGENDA ET ADDENDA

p. 6, n. 34 *immo* **35** || p. 9,14 n. *adde* **15** *ante* τι || p. 11,2 *post* πρὸς ὃ *dele comma* || 3 l. ὀργανικόν || n. 36 *dele* **11** *ante* καὶ || p. 13,1 εἴδησιν τοιαύτην ἐπιστήμην *ci. Vitelli* || p. 14,21 n. *adde* **23** *ante* ἤ] || p. 15, n. 34 *immo* **35** || p. 17,10 *restitue librorum lectionem* παραλαμβανόμενα *cf. p.* **76, 11. 295, 35** n. || p. 25,16 n. *post* **16** *adde* ἢ μᾶλλον] || p. 29, 29 n. *non* **31ʳ39**, *sed* **31ʳ49** (*p.* **145, 3**) || p. 30, 7 l. οὕτως || 16 n. l. διαφοράς || p. 31,13 l. αἱ || p. 43,25 n. *post* ἢ *adde* (*ante* καὶ) || p. 46,17 περινενοημένη *interpretatur Bonitz Stud. Arist.* IV **389** || p. 48, 24 n. *adde cf. p.* **702, 19** n. || p. 52,14 n. *ΑΒΓ* — *immo ΑΓΒ* — || 23 n. p. **57, 4. 9** *immo p.* **57, 6. 9** || p. 57,25 l. ψευδογράφημα || 8 n. *ante* δὲ *adde* **10** || p. 58, n. v. 3 a. i. *dele* 27 δὲ] — *om.* a, *addito* **28** *ante* κατὰ || p. 59,7 κ̄ε̄ *dele comma* || 24 *rescribe* ἀνομογενῆ *ut* 60,5 || 25 n. a, *immo* D || p. 60, 15 *post* Νικομήδους *pone* ℓomma || 30 l. ὧδε || p. 61,25 n. l. ὀρθογώνιον || p. 63,1 n. (v. **2**) l. hic et v. 4 || 11 n. *ante* τὴν *adde* **12** || p. 64, 13 n. *ante* ἐφ' ᾧ *adde* **14** || p. 69,23 l. ἀριθμεῖν; || p. 75, 25 ὑποτιθεμένῳ *codex* R *cf.* v. 26 || 13 n. τοπάσαι *etiam* R || p. 81, **14** *immo* **13**, *sed ante* διεσπαρμένος *adde* **14** || p. 82,3 μὲν οὖν *etiam cod.* R || p. 84, **25** *immo* **26** || p. 92,15 n. ταῦτα *etiam* R || p. 101,10 l. ὁρᾷς || p. 113, n. *pone* **31** *ante* λέγῃ || p. 119,11 ὑπομιμνήσκων || 18 *post* καὶ D *adde*: in lac. ἂν F || p. 120,9 l. αὐτὸ || p. 128, n. *pro* **33** l. **32**, *pro* **35** l. **34**, *addito* **35** *ante* μέρη || p. 152,22 καὶ *post* πάντας *susp. Gomperz* (*Beitr. z. Kritik* I **38**) *ubi proxima sic legenda conicit*: ἀπὸ γάρ μοι τούτου δοκέει ὁ νόος [*sc. Anaxagoreus*, νόος *praeiverat Mullach*] εἶναι *conl. Philemone CF* IV **31** || p. 211,15. *si ex Themistio Boethus translatus est* (*cf. Zeller* III 1³ **625**), *virgulae* „ " *delendae. sed hau scio an uterque ex Alexandro hauserit cf. p.* **759, 20** *et vicinus est Alexander etiam* **211, 13** || p. 245,13 *pone comma post* ἰόν || p. 279,32 ἢ] *Simplicio relinquendum* ἢ || p. 291,22 n. ⟨τῆς⟩ *ante* ἐξηγήσεως *addere praestat* || p. 330, 12 n. *adde* διὸ τῶν *emend. Ambros.* || p. 420,19 σύγχυσιν *coniecit L. Giacomini in Aldina Bibl. Marucellianæ* I. L. V **14** *cf. p.* VI³ || p. 519, n. *adde* **15** διαιρετὴ F || p. 520, n. *adde* **11** αὐτὸν F || 594,31 ἐκάλει. " || p. 641, 33 n. *adde Lagarde Gött. gel. Anz.* **1881** n. **15** p. **393** *sqq.* || 707,30 n. *adde E. Pais, La Sardegna* (*Accad. d. Linc.* v. VII **1881**) p. 40.

SIMPLICII
IN ARISTOTELIS PHYSICORUM
LIBROS QUATTUOR PRIORES
COMMENTARIA

ΣΙΜΠΛΙΚΙΟΥ ΦΙΛΟΣΟΦΟΥ ΕΙΣ ΤΟ Ᾱ ΤΗΣ ΑΡΙΣΤΟΤΕΛΟΥΣ ΦΥΣΙΚΗΣ ΑΚΡΟΑΣΕΩΣ ΥΠΟΜΝΗΜΑ Ο ΕΣΤΙ ΠΡΩΤΟΝ

Τὸν σκοπὸν τῆς Ἀριστοτέλους Φυσικῆς ἀκροάσεως μαθεῖν ἔστι ῥᾳδίως, εἰ τῆς κατ' αὐτὸν διαιρέσεως τοῦ φυσικοῦ μέρους τῆς φιλοσοφίας ὑπομνη-
5 σθείημεν. οὐ χεῖρον δὲ ἴσως καὶ τὴν ὅλην τὴν κατ' αὐτὸν τῆς φιλοσοφίας ἐκθέσθαι διαίρεσιν. ἐπειδὴ γὰρ τελείωσίς ἐστι τῆς ψυχῆς ἡ φιλοσοφία ὥσπερ τοῦ σώματος ἡ ἰατρική, τῆς δὲ ψυχῆς τὸ μὲν ἄλογόν ἐστι τὸ δὲ λογικόν, καὶ τοῦ λογικοῦ τὸ μὲν τῇ ἀλογίᾳ συνεργοῦν οἷος ὁ δυνάμει παρ' αὐτῷ λεγόμενος νοῦς, τὸ δὲ χωριστὸν οἷος ὁ κατ' ἐνέργειαν, διττὴ δὲ πάσης τῆς ψυχῆς
10 ἡ δύναμις ἡ μὲν ὀρεκτικὴ ἡ δὲ γνωστική, τὸ μὲν τοῦ ὀρεκτικοῦ τελειωτικὸν ἔν τε τῇ ἀλογίᾳ καὶ τῷ δυνάμει νῷ τῷ ταῖς ὀρέξεσι ταῖς ἀλόγοις συνεργοῦντι πρακτικὸν τοῦτο πᾶν οἱ ἀπὸ τοῦ Περιπάτου καλοῦσι περὶ πρᾶξιν ἠσχολημένον καὶ τέλος ἔχον τὴν τοῦ ἀγαθοῦ αἵρεσίν τε καὶ τεῦξιν, τὸ δὲ τοῦ γνωστικοῦ τέλος ἔχον τὴν ἀλήθειαν κοινῶς θεωρητικόν. ἀλλ' ὅσον μὲν αὐτοῦ τὴν
15 γνῶσιν τοῦ δυνάμει νοῦ τελειοῖ τὴν μετ' αἰσθήσεως καὶ φαντασίας περὶ τὰ ἔνυλα εἴδη καὶ ἀχώριστα τῆς ὕλης καταγινομένην, τοῦτο φυσικὸν καλοῦσιν, ὅτι περὶ τὰ τοιαῦτα ἡ φύσις καὶ ἐν τούτοις οὖσα ἀποδείκνυται· ὅσον δὲ περὶ τὰ χωριστὰ πάντῃ τῆς ὕλης εἴδη καὶ τὴν τοῦ ἐνεργείᾳ νοῦ καθαρὰν ἐνέργειαν καὶ τοῦ δυνάμει τὴν τῷ ἐνεργείᾳ συνεπαιρομένην, τοῦτο θεολογικὸν
20 καὶ πρώτην φιλοσοφίαν καὶ μετὰ τὰ φυσικὰ καλοῦσιν ὡς ἐπέκεινα τῶν φυσικῶν τεταγμένην· τὸ δὲ περὶ τὰ πῇ μὲν χωριστὰ πῇ δὲ ἀχώριστα τῆς ὕλης εἴδη τοῦτο μαθηματικὸν καὶ περὶ ψυχῆς καλοῦσι. καὶ γὰρ τὴν μαθημα-

---

1 Inscripsi ex codicis A librorum V—VIII titulis [cf. Praefatio p. v], a qua norma optimus quisque liber proxime abest. inscribunt autem aD Σιμπλικίου ὑπόμνημα εἰς τὸ ᾱ τῆς Ἀ. φ. ἀ., E ἐξήγησις τοῦ φιλοσόφου σιμπλ. εἰς τὸν ᾱ λόγον τ. φ. ἀ., F Σιμπλ. μεγάλου διδασκάλου εἰς τὸ ᾱ τῆς φ. ἀκροάσεως   3 omisit prooemium E cf. p. 8, 32 scribendum videatur μαθεῖν ἐστι ῥᾴδιον at cf. e. g. Porphyrii Quaest. Hom. p. 157,7 Schraderi   4 εἰ DF: εἴπερ a   5 καὶ aF: om. D   τὴν post ὅλην om. F   9 ὁ κατ' ἐνέργειαν DF: ὁ ἐνεργείᾳ νοῦς a   πᾶσα ψυχῆς δύναμις a   12 πᾶν τοῦτο πρακτικὸν collocat a   ἐσχολημένον F   13 τε om. F   16 καταγινομένην codex Laur. 85, 1: κατατεινομένην DF: καταγινόμενον a   φυσικὸν aD: φυσιολογικὸν F cf. Philoponi prooemium, at vide infra p. 2, 8. 3, 11   19 συνεπαιρομένην DF: συμπεραινομένην a   22 ψυχὴν F

τικὴν οὐσίαν μέσην λέγουσι τῷ μὲν καθόλου τὸ χωριστὸν ἔχουσαν τῆς ὕλης, 1ʳ
τῷ δὲ διαστατῷ καὶ διακεκριμένῳ τὸ ἀχώριστον. καὶ τὴν ψυχὴν δὲ ὁμοίως
κατὰ μὲν τὰς αἰσθήσεις καὶ φαντασίας καὶ κατὰ τὸν δυνάμει νοῦν πολὺ τὸ
ἔνυλον ἔχουσαν νοοῦσι, κατὰ δὲ τὸν ἐνεργείᾳ νοῦν, ὃν καὶ αὐτὸν τῆς ψυχῆς
5 ὄντα ἄκρον δείκνυσιν ὁ Ἀριστοτέλης, κἂν μὴ δοκῇ τῷ Ἀλεξάνδρῳ, τὸ χω- 25
ριστὸν τῆς ὕλης ἔχειν φασίν. ἀλλὰ τὰ μὲν ἄλλα μέρη ἐν ταῖς οἰκείαις
πραγματείαις ἀκριβεστέρας τεύξεται διακρίσεως.

Τοῦ δὲ φυσικοῦ λόγου τὸ μὲν περὶ τὰς ἀρχάς ἐστι τῶν φυσικῶν
πραγμάτων πάντων καθ' ὃ φυσικά, ταὐτὸν δὲ εἰπεῖν σωματικά, καὶ περὶ
10 τὰ ταῖς τοιαύταις ἀρχαῖς ἐξ ἀνάγκης ἀκολουθοῦντα, τὰ δὲ περὶ τὰ ἀπὸ τῶν
ἀρχῶν. ἐπεὶ δὲ τούτων τὰ μέν ἐστιν ἁπλᾶ τὰ δὲ σύνθετα, περὶ μὲν τῶν
ἁπλῶν ἡ Περὶ οὐρανοῦ διδάσκει ἐν μὲν τοῖς πρώτοις δύο βιβλίοις περὶ τῆς 30
πέμπτης οὐσίας, τοῦ κυρίως οὐρανοῦ, διαλεγομένη καὶ πρὸς τοῖς ἄλλοις καὶ
τὸ ἀίδιον αὐτῆς ἀποδεικνύουσα, ἐν δὲ τοῖς λοιποῖς δύο περὶ τῶν τεττάρων
15 στοιχείων τῶν ὑπὸ σελήνην, καθ' ὅσον ἁπλᾶ καὶ ταῦτα καὶ ἁπλᾶς κινούμενα
κινήσεις, κατὰ τοσοῦτον ἐκεῖ παρειλημμένων. οὕτως γὰρ ἄμεινον οἶμαι λέγειν
καὶ οὐχ ὡς ὁ Ἀλέξανδρος τὴν Περὶ οὐρανοῦ περὶ τοῦ ἀιδίου τε καὶ κυκλο-
φορητικοῦ καὶ ἔτι περὶ παντὸς φυσικοῦ σώματος καθόλου ἢ περὶ τοῦ κόσμου
εἶναί φησι. περὶ μὲν γὰρ τοῦ φυσικοῦ καθ' ὃ φυσικὸν ταύτην εἶναι καὶ 35
20 αὐτὸς ὁμολογεῖ τὴν πραγματείαν. καὶ ἔστι καὶ τὸ σύνθετον φυσικόν· οὐδεὶς
δὲ περὶ συνθέτου λόγος ἐκεῖ, ἀλλὰ περὶ τῶν ἁπλῶν, ὡς καὶ αὐτὸς Ἀριστο-
τέλης ἐν τῷ τρίτῳ τῆς πραγματείας δῆλον πεποίηκεν εἰπών ''περὶ μὲν οὖν τοῦ
πρώτου τῶν στοιχείων εἴρηται καὶ ποῖόν τί ἐστι τὴν φύσιν καὶ ὅτι ἄφθαρτον
καὶ ἀγένητον. λοιπὸν δὲ περὶ τῶν δυοῖν εἰπεῖν'' δύο λέγων τὰς δύο συ-
25 ζυγίας τῶν τεττάρων στοιχείων τοῖς δύο εἴδεσι τῆς κινήσεως τῷ τε ἀπὸ
τοῦ μέσου καὶ τῷ πρὸς τὸ μέσον κρατουμένας, στοιχεῖα δὲ τὰ ἁπλᾶ καλῶν. 40
ἐπεὶ δὲ τὰ μὲν σύνθετα πάντα γενητὰ καὶ φθαρτά ἐστι, τῶν δὲ ἁπλῶν τὰ
μὲν ἀίδια τὰ δὲ γινόμενα καὶ φθειρόμενα, περὶ μὲν τῶν ἀιδίων ἐν τοῖς
πρώτοις εἴρηται τῶν Περὶ οὐρανοῦ, περὶ δὲ τῶν γενητῶν καὶ φθαρτῶν ὡς
30 μὲν ἁπλῶν ἐν τῷ τρίτῳ καὶ τετάρτῳ τῆς πραγματείας ἐκείνης· περὶ δὲ
τῶν † γενητῶν μέλλων λέγειν πρῶτα συνέγραψε τὰ Περὶ γενέσεως καὶ φθορᾶς
δύο βιβλία τὰ κοινῶς πᾶσι τοῖς γινομένοις καὶ φθειρομένοις ἀκολουθοῦντα 45

---

4 νοοῦσι aD: ὁρῶσι F   6 ἔχειν τῆς ὕλης F   8 φυσικοῦ λόγου aD: φυσιολογικοῦ F
cf. ad p. 9, 21   9 ταυτὸ δ' a, qualia adnotare fere supersedi cf. Praefatio p. VII
11 δὲ καὶ τούτων a   τῶν (ante ἁπλῶν) om. a   12 περὶ τοῦ οὐρανοῦ a
13 κυρίου a   καὶ (post ἄλλοις) om. a   14 αὐτῆς DF: αὐτοῦ a   16 παρει-
λημμένα F   17 ὁ om. a   Ἀλέξανδρος cf. Simpl. de Caelo p. 3 ᵃ 2. 11 sqq. Karst.
κυκλοφορικοῦ a   18 φυσικοῦ σώματος DE: σώματος φυσικοῦ a   καθόλου ἢ D:
καθὸ ἢ F: ἤγουν (om. καθόλου) a   20 post ὁμολογεῖ iterat καὶ αὐτὸς F
21 περὶ τοῦ συνθέτου a   ὁ ἀριστοτέλης F cf. de Caelo Γ 1 p. 298 ᵇ 6   22 ante δῆλον
habet φησὶ omisso εἰπών F (unde Laur. 85, 1 haec δῆλον πεποίηκεν εἰπών in brevius
φησὶ contraxit)   23 ἐστι om. Aristoteles   24 τῶν D: τοῖν aF   26 τῷ (ante
πρός) om. F   31 τῶν om. F   γενητῶν] immo συνθέτων vel γενητῶν ὡς συνθέτων
quod habet a

ἢ τοιαῦτα διδάσκων. τούτων δὲ λοιπὸν ἄλλα ἄλλοις ἰδίως πρόσεστι. καὶ
τὰ μὲν ὅσα ἐν τῷ προσεχῶς ὑπὲρ ἡμᾶς συνίσταται τόπῳ διὰ τῆς Μετεω-
ρολογικῆς πραγματείας ἐδίδαξε, τῶν δὲ ἐν τῷ καθ' ἡμᾶς τόπῳ ἐπειδὴ τὰ μέν
ἐστιν ἔμψυχα τὰ δὲ ἄψυχα, περὶ μὲν τῶν ἀψύχων ἐν ταῖς Περὶ μετάλλων
5 πραγματείαις διδάσκουσιν· τῶν δὲ ἐμψύχων τὰ μέν ἐστι ζῷα τὰ δὲ φυτὰ τὰ
δὲ ζωόφυτα· περὶ μὲν οὖν ζῴων ἐν ταῖς περὶ ζῴων παντοδαπαῖς πρα-
γματείαις διελέχθησαν πῇ μὲν ἱστορικῶς τὰ περὶ αὐτῶν ἀφηγούμενοι ὡς ἐν
ταῖς Περὶ ζῴων ἱστορίαις, πῇ δὲ αἰτιολογικῶς διδάσκοντες, ὡς ἐν τοῖς Περὶ
ζῴων γενέσεως καὶ μορίων καὶ κινήσεως καὶ ὕπνου καὶ τῶν τοιούτων.
10 ὁμοίως δὲ καὶ περὶ φυτῶν κατὰ τὸν διττὸν τοῦτον ἐδίδαξαν τρόπον. ἡ μὲν
οὖν διαίρεσις τοιαύτη τίς ἐστι τοῦ φυσικοῦ τῆς φιλοσοφίας κατὰ τὴν περι-
πατητικὴν αἵρεσιν ὡς συνελόντι εἰπεῖν.

Τῆς δὲ προκειμένης πραγματείας ὁ σκοπὸς περὶ τῶν κοινῇ πᾶσιν
ὑπαρχόντων τοῖς φυσικοῖς | πράγμασι καθ' ὅσον εἰσὶ φυσικά, τοῦτον δὲ εἰπεῖν
15 σωματικά, διδάξαι. κοιναὶ δὲ πάντων αἱ ἀρχαὶ καὶ τὰ ταῖς ἀρχαῖς παρα-
κολουθοῦντα. ἀρχαὶ δέ εἰσι τά τε αἴτια κυρίως λεγόμενα καὶ τὰ συναίτια·
καὶ αἴτια μὲν τό τε ποιητικόν ἐστι καὶ τὸ τελικὸν κατὰ τούτους, συναίτια
δὲ τό τε εἶδος καὶ ἡ ὕλη καὶ ὅλως τὰ στοιχεῖα. Πλάτων δὲ τοῖς μὲν
αἰτίοις τὸ παραδειγματικὸν προστίθησι, τοῖς δὲ συναιτίοις τὸ ὀργανικόν. καὶ
20 ὅτι μὲν περὶ τῶν κοινῇ πᾶσιν ὑπαρχόντων τοῖς φυσικοῖς ὁ τῆς πραγματείας
ἐστὶ σκοπός, δηλοῖ μὲν εὐθὺς καὶ τὸ προοίμιον ἀναγκαῖον εἶναι λέγων τῷ
φυσικῷ "πρῶτον διορίσασθαι τὰ περὶ τὰς ἀρχάς", δηλοῖ δὲ καὶ ἐν ἀρχῇ τοῦ
τρίτου βιβλίου λέγων "δῆλον οὖν ὡς διά τε ταῦτα καὶ διὰ τὸ πάντων εἶναι
κοινὰ καὶ καθόλου ταῦτα, σκεπτέον προχειρισαμένοις περὶ ἑκάστου τούτων·
25 ὑστέρα γὰρ ἡ περὶ τῶν ἰδίων θεωρία τῆς περὶ τῶν κοινῶν". ἐπεὶ δὲ ἡ
φύσις ποιητικόν πως προσεχῶς αἴτιον οὖσα τῶν φυσικῶν ἀρχὴ κινήσεως
οὖσα δειχθήσεται καὶ πᾶν φυσικὸν σῶμα ὂν ἀρχὴν ἐν ἑαυτῷ κινήσεως ἔχει,
ἀναγκαῖος ὁ περὶ κινήσεως λόγος τῷ φυσικῷ. ἐπεὶ δὲ τὸ κινούμενον ὑπὸ
χρόνου μετρεῖται κατὰ τὴν κίνησιν καὶ σῶμα ὂν ἐν τόπῳ ἐστί, δεῖ καὶ περὶ
30 χρόνου καὶ περὶ τόπου διδάξαι. ἐπειδὴ δὲ καὶ τὸ σῶμα καὶ ὁ τόπος καὶ
ὁ χρόνος καὶ ἡ κίνησις συνεχῆ ἐστι, καὶ περὶ συνεχοῦς ἀνάγκη διαλαβεῖν.
καὶ ταῦτα μὲν παρακολουθεῖ ταῖς φυσικαῖς ἀρχαῖς. ἐμπίπτει δὲ ζητήματα
καὶ περὶ ἀπείρου καὶ περὶ κενοῦ, περὶ ἀπείρου μὲν ὅτι ἀνάγκη καὶ τὰ φυ-
σικὰ σώματα καὶ τὴν κίνησιν καὶ τὸν τόπον καὶ τὸν χρόνον συνεχῆ ὄντα

---

2 ἐν τῷ supra add. F.   3 ἐδίδαξε DF: διδάσκει a   4 τῶν om. a   περὶ (post ταῖς) DF: τῶν a   5 διδάσκουσιν DF: διδάσκει a, sed una comprehenduntur Aristotelis Theophrastique opera cf. V. Rose Ar. pseud. p. 261   7 διελέχθησαν F: διειλέχθησαν D: διηλέχθη a   8 διδάσκοντες DF: διδάσκων a   ἐν τοῖς DF: ἐν ταῖς a   9 καὶ (ante κινήσεως) om. a   10 ἐδίδαξαν F: ἐδίδαξε aD   11 post φυσικοῦ addebat μέρους Torstrik   15 κοιναὶ F et ut vid. D: κοινὰ a   18 πλάτων δε (sic) D: πλάτων γὰρ aF   21 καὶ] immo κατὰ   λέγων Phys. A 1 p. 184ᵃ 14 δῆλον ὅτι καὶ τῆς περὶ φύσεως ἐπιστήμης πειρατέον διορίσασθαι πρῶτον τὰ π. τ. ἀ.   22 τὰ] τὸ F   23 τρίτου βιβλίου c. 1 p. 200ᵇ 21   24 καὶ (ante καθόλου) om. D   ταῦτα] πᾶσιν Aristoteles   25 κοινῶν ἐστιν Ar.   ἐπεὶ δὲ aD: ἐπειδὴ F   27 αὑτῷ F   28 ἀναγκαῖος post λόγος collocat a

καὶ διάστασιν ἔχοντα ἐπ' ἄπειρον εἶναι διαιρετὰ καὶ ἢ ἄπειρα εἶναι ἢ πε- 1ᵛ
περασμένα ἢ πῇ μὲν τὸ ἄπειρον ἔχειν πῇ δὲ τὸ πεπερασμένον· ἐπεὶ δὲ
ὁ τόπος ἔδοξέ τισι διάστημά τι κενὸν εἶναι σώματος ἐστερημένον, εἰκότως
ὁ περὶ κενοῦ λόγος ἐμπίπτει τῷ περὶ τοῦ τόπου, καὶ διότι τινὲς τῶν φυσι-
5 κῶν καὶ οὐχ οἱ τυχόντες καὶ τὸ κενὸν ἐν ἀρχῇς ἔθεντο λόγῳ. περὶ τούτων
οὖν ὁ τῆς φυσικῆς ἀκροάσεως σκοπός, ἃ κοινῇ πᾶσι τοῖς φυσικοῖς ὑπάρχει 20
ἢ δοκεῖ μέν, οὐχ ὑπάρχει δέ.

Καὶ ἡ αἰτία τῆς ἐπιγραφῆς λοιπὸν δήλη. περὶ γὰρ τῶν κοινῶς πᾶσι
τοῖς φυσικοῖς καθὸ φυσικά ἐστιν ὑπαρχόντων διδάσκουσα εἰκότως τὸ κοινὸν
10 ὄνομα ἀπηνέγκατο 'Φυσική' ἐπιγραφεῖσα, 'ἀκρόασις' δὲ ὡς εἰς ἀκρίβειαν
οὕτως ἠσκημένη ὡς εἰς ἀκρόασιν ἄλλων προτεθεῖσθαι. Ἄδραστος δὲ ἐν
τῷ Περὶ τῆς τάξεως τῶν Ἀριστοτέλους συγγραμμάτων ἱστορεῖ παρὰ μέν
τινων 'Περὶ ἀρχῶν' ἐπιγεγράφθαι τὴν πραγματείαν, ὑπ' ἄλλων δὲ 'Φυσικῆς 25
ἀκροάσεως', τινὰς δὲ πάλιν τὰ μὲν πρῶτα πέντε 'Περὶ ἀρχῶν' ἐπιγράφειν
15 φησί, τὰ δὲ λοιπὰ τρία Περὶ κινήσεως. οὕτω δὲ φαίνεται καὶ Ἀριστοτέλης
αὐτῶν πολλαχοῦ μεμνημένος.

Χρήσιμος δέ ἐστιν ἡ φυσιολογία οὐ μόνον ἐν τοῖς κατὰ τὸν βίον καὶ
ἰατρικῇ καὶ μηχανικῇ τὰς ἀρχὰς παρέχουσα καὶ ταῖς ἄλλαις βοηθοῦσα τέχναις
(ἑκάστη γὰρ αὐτῶν δεῖται τὴν φύσιν καὶ τὰς κατὰ τὴν φύσιν διαφορὰς τῆς
20 ὑποκειμένης αὐτῇ ὕλης ἐπεσκέφθαι) οὐδὲ ὅτι τὸ ἐν ἡμῖν τῆς ψυχῆς εἶδος 30
τὸ σύστοιχον πρὸς τὴν τῶν φυσικῶν γνῶσιν τελειοῖ ὡς θεολογία τὸ νοερὸν
καὶ ἄκρον, ἀλλ' ὅτι καὶ πρὸς τὰς ἄλλας τῆς ψυχῆς τελειώσεις τὰ μέγιστα
συντελεῖ. καὶ γὰρ ταῖς πρακτικαῖς ἀρεταῖς συλλαμβάνει, δικαιοσύνῃ μὲν
καθ' ὅσον ἐπιδείκνυσι τά τε στοιχεῖα καὶ τὰ μέρη τοῦ παντὸς ἀλλήλοις
25 εἴκοντα καὶ ἀγαπῶντα τὴν ἑαυτῶν τάξιν καὶ τὴν ἰσότητα φυλάττοντα τὴν
γεωμετρικήν, καὶ διὰ τοῦτο πλεονεξίας ἀφίστησι, σωφροσύνῃ δὲ τὴν φύσιν
δεικνῦσα τῆς ἡδονῆς, ὅτι προηγούμενον μὲν οὐδέν ἐστιν ἀγαθόν, παρακολού- 35
θημα δέ τι ἕως τότε σφοδρὸν καὶ αἱρετὸν δοκοῦν, ἕως ἔτι πολλῷ τῷ παρὰ
φύσιν συνανακέκραται. καὶ μέντοι ἡ περὶ τὴν φυσικὴν θεωρίαν ἀσχολία
30 ῥᾳδίως τὴν ψυχὴν μεθίστησιν ἀπό τε τῶν σωματικῶν ἡδονῶν καὶ τῆς περὶ
τὰ ἐκτὸς πτοίας· δι' ὧν σωφροσύνη καὶ δικαιοσύνη καὶ τὸ εὐσύμβολον ἐν
τοῖς συναλλάγμασι περιγίνεται. ἀνδρεῖος δὲ τίς ἂν οὕτως εἴη ὡς ὁ ἀπὸ
φυσιολογίας ἐγνωκὼς ὡς οὐδὲν αἰσθητὸν τοῦ παντός ἐστι μέρος τὸ ἡμέτερον 40
ζῷον οὐδὲ τοῦ χρόνου τοῦ παντὸς τῆς ἡμετέρας ζωῆς τὸ μέτρον καὶ ὅτι
35 τῷ γινομένῳ παντὶ φθορὰν ἀκολουθεῖν ἀναγκαῖον διάλυσιν οὖσαν εἰς τὰ ἁπλᾶ
καὶ ἀπόδοσιν τῶν μερῶν εἰς τὰς οἰκείας ὁλότητας καὶ ἐκνεασμὸν τῶν γε-

---

1 καὶ ἢ aD: καὶ εἰ F   2 ἢ (ante πῇ) om. F.   3 τισι cf. Ar. Phys. Δ 1 p. 208ᵇ26
4 τοῦ om. F.   τινὲς cf. Ar. Phys. I 5 p. 188ᵃ23   5 ἔθενταλόγω (sic) F
6 ἃ aD: οὐ F   10 εἰς F: om. D: κατ' a   13 Φυσικῆς ἀκροάσεως sc. βιβλία ὀκτώ
15 καὶ ὁ ἀριστ. F   19 post δεῖται add. ταύτης ὥστε a. de constructione cf. p. 5, 10 et
f. 9ᵛ 21   κατὰ τὴν DF: κατὰ a   25 διαγαπῶντα F   27 προηγουμένως coni.
Torstrik   27 ἀγαθόν ἐστι a   30 περὶ τὰς F   34 τοῦ χρόνου τοῦ παντὸς sc.
αἰσθητὸν μέρος   35 γενομένῳ coni. Torstrik

γηρακότων καὶ ἀνάρρωσιν τῶν κεκμηκότων; τὸ δὲ νῦν ἢ μετ' ὀλίγα ἔτη 1ᵛ
φθείρεσθαι ἐν οὐδενὶ ἂν εἴη λόγῳ πρὸς τὸν τὴν ἀπειρίαν τοῦ χρόνου διε-
γνωκότα· εἰ δὲ καὶ τὴν χωριστὴν ὑπεροχὴν τῆς ψυχῆς ἐννοῶν πρὸς τὰς ἀπὸ
τοῦ σώματος προσγινομένας ἀσχολίας αὐτὴν παραβάλλοι, τότε ἂν τελέως 45
5 ἀγαπήσοι τὸν θάνατον· ὁ δὲ πρὸς θάνατον οὕτως ἔχων τί ἂν ἄλλο τῶν δο-
κούντων δεινῶν καταπτήξειε; φρονήσεως δὲ αὐτόθεν ἐστὶ ποιητικὴ πολὺ τὸ
συγγενὲς ἐχούσης πρὸς τὸ γνωστικὸν τῆς ψυχῆς. μεγαλοψύχους δὲ καὶ με-
γαλόφρονας ποιεῖ πείθουσα μηδὲν τῶν ἀνθρωπίνων ἡγεῖσθαι μέγα· ὀλίγοις
τε ἀρκουμένους καὶ διὰ τοῦτο ὧν τε ἔχουσι κοινωνοῦντας ἑτοίμως καὶ λαμ-
10 βάνειν παρ' ἄλλων οὐδὲν δεομένους ἐλευθερίους ἀποτελεῖ. τὸ δὲ μέγιστον 50
αὐτῆς ἀγαθόν, ὅτι καὶ πρὸς τὴν τῆς ψυχικῆς οὐσίας γνῶσιν καὶ πρὸς τὴν
τῶν χωριστῶν καὶ θείων εἰδῶν θεωρίαν ὁδός ἐστι καλλίστη, ὡς καὶ Πλάτων
δηλοῖ ἀπὸ τῶν φυσικῶν κινήσεων ὁρμηθεὶς ἐπὶ τὴν εὕρεσιν τῆς τε αὐτο-
κινήτου οὐσίας καὶ τῆς νοερᾶς καὶ θείας ὑποστάσεως, καὶ Ἀριστοτέλης δὲ
15 ἐν αὐτῇ ταύτῃ τῇ πραγματείᾳ ἀπὸ τοῦ ἀιδίου τῆς κυκλικῆς κινήσεως τὸ
ἀκίνητον καὶ πάσης κινήσεως αἴτιον ἀνερευνῶν. ἔτι δὲ τὸ πρὸς τὴν θείαν
ὑπεροχὴν σέβας αὕτη | μάλιστα διαθερμαίνει, καλῶς ἐκ τῆς τῶν ὑπ' αὐτοῦ 2ʳ
γινομένων ἀκριβοῦς κατανοήσεως εἰς θαῦμα καὶ μεγαλειότητα τοῦ ποιήσαντος
ἀνεγείρουσα· τῷ δὲ θαύματι τούτῳ ἡ πρὸς τὸν θεὸν συμπάθεια καὶ πίστις
20 καὶ ἐλπὶς ἀσφαλεῖς συνακολουθοῦσι. καὶ διὰ ταῦτα μάλιστα φυσιολογίαν
ἀσκητέον. οὕτως οὖν χρησίμου τῆς φυσιολογίας οὔσης χρησιμωτάτη ἂν εἴη
δικαίως ἡ παροῦσα πραγματεία τὰς ἀρχὰς ἡμᾶς τῆς ὅλης φυσιολογίας ἀνα- 5
διδάσκουσα, ὧν ἐκτὸς ἀδύνατον φυσιολογικὴν ἔχειν ἐπιστήμην, ὡς καὶ αὐτὸς
Ἀριστοτέλης ἀρχόμενος εὐθὺς τῆς συγγραφῆς ἐνεδείξατο "τότε γὰρ οἰόμεθα
25 γινώσκειν ἕκαστον" εἰπών, "ὅταν τὰ αἴτια γνωρίσωμεν τὰ πρῶτα καὶ τὰς
ἀρχὰς τὰς πρώτας καὶ μέχρι τῶν στοιχείων".

Εἰ δὲ καὶ περὶ τῆς τάξεως τοῦ συγγράμματος χρὴ λέγειν, ὅτι μὲν τῶν
φυσικῶν προηγεῖται πάντων ὡς τὰς ἀρχὰς διδάσκον τὰς φυσικάς, πρόδηλον
καὶ ἐκ τῆς παρατεθείσης ῥήσεως· μετὰ δὲ τὰς ἠθικὰς πραγματείας τὰς τὸ 10
30 ἦθος ἡμῶν καταρτυούσας καὶ τὰς λογικὰς τὰς τὸ κριτήριον ἡμῖν τῆς ἀλη-
θείας εὐτρεπιζούσας τὰς φυσικὰς χρὴ πραγματείας παραλαμβάνεσθαι.

Ὅτι δὲ γνήσιον τοῦ Ἀριστοτέλους τὸ βιβλίον, περιττὸν κατασκευάζειν,
ἀναμφίλεκτον ὑπάρχον καὶ ἐν πολλοῖς τῶν ἀναμφιλέκτων συγγραμμάτων

---

2 φθείρεσθαι DF: φθαρησόμενον a   4 παραβάλοι F   5 ἀγαπήσοι a: ἀγαπήσῃ DF.
futurum cum ἂν quin adhibuerit Simplicius idque sensu paululum ab aoristo et prae-
senti diverso dubitari nequit cf. f. 49ᵛ27. 182ᵃ45. 284ᵛ47. 289ʳ28. 293ᵛ18. 307ʳ50
alias. ergo cave ἀγαπῆσαι sive potius illius more ἀγαπήσειε corrigas   6 αὐτό-
θεν F: αὐτόθ D: αὐτόθι a   10 οὐδὲν DF: μηδὲν a   11 οὐσίαν F   πρὸς
τὸν τῶν F   13 δηλοῖ] δείκνυσιν a   14 δὲ om. F   16 ἀνευρῶν F   ἔτι δὲ
DF: ἔστι δὲ a   17 καλῶς e margine illatum coniecit Torstrik   αὐτοῦ sc. θεοῦ
18 θαῦμα τῆς μεγαλειότητος coni. Torstrik   τοῦ ποιήματος F²   21 οὕτως οὖν F:
οὕτω γοῦν aD   23 post αὐτὸς add. ὁ F   25 ἀρχόμενος Phys. A 1 p. 184ᵃ12
γὰρ om. a   29 καὶ om. a   30 καταρτυούσας DF (cf. Plut. de r. rat. aud. 2 p. 38 D):
καταρτιζούσας a   33 ἀμφίλεκτον F¹, corr. F²   ἀμφιλέκτων F¹, corr. F²

μνήμης παρὰ τοῦ Ἀριστοτέλους τυγχάνον καὶ τῶν σπουδαιοτάτων αὐτοῦ μαθητῶν καὶ τῶν ἀπὸ τῆς αἱρέσεως πάντων μεμνημένων, τῶν δὲ καὶ κεφάλαια αὐτῆς καὶ συνόψεις ποιουμένων.

 Διχῇ δὲ τὴν πρώτην τῆς ὅλης πραγματείας διῃρημένης τὰ μὲν πρῶτα Ἄδραστος λέγει πέντε βιβλία ⟨ὅτι⟩ περί τε τῶν φυσικῶν ἀρχῶν ἐστι πασῶν καὶ τῶν ταύταις ἀκολουθούντων καὶ τῶν εἰς ζήτησιν παρεμπιπτόντων, ἀπὸ δὲ τοῦ ἕκτου βιβλίου τὸν περὶ κινήσεως ἀναλαβὼν λόγον ἐν τοῖς τρισὶ τοῖς λοιποῖς τὰ παντοδαπὰ περὶ κινήσεως φυσικὰ θεωρήματα παραδίδωσι· διὸ τὰ μὲν πρῶτα πέντε Περὶ ἀρχῶν εἴωθε καλεῖν ὁ Ἀριστοτέλης, τὰ δὲ ἐφεξῆς Περὶ κινήσεως. τῶν δὲ Περὶ ἀρχῶν ἐν μὲν τῷ πρώτῳ περὶ τῶν συναιτίων διδάσκει, τῆς τε ὕλης φημὶ καὶ τοῦ εἴδους καὶ τῆς ἀντικειμένης τῷ εἴδει στερήσεως· ἐν δὲ τῷ δευτέρῳ περὶ τοῦ προσεχῶς ποιητικοῦ αἰτίου, ὅπερ τὴν φύσιν εἶναί φησι, καὶ μέντοι καὶ περὶ τοῦ τελικοῦ. ἐπειδὴ δέ ἐστί τινα καὶ ἄλλα ποιητικὰ δοκοῦντα αἴτια, κατὰ συμβεβηκὸς ἔχοντα τοῦτο ὥσπερ ἡ τύχη καὶ τὸ αὐτόματον, οὐδὲ τὸν τούτων διορισμὸν ἀδιάρθρωτον καταλέλοιπεν. ὁρισάμενος δὲ τὴν φύσιν ἀρχὴν κινήσεως καὶ ὅλως τῶν φυσικῶν κατὰ κίνησιν χαρακτηριζομένων, ἐν τῷ τρίτῳ τί ποτ' ἔστιν ἡ κίνησις ἥ τε κοινὴ καὶ ἕκαστον αὐτῆς εἶδος ἀναδιδάσκει. ἐπεὶ δὲ συνεχὴς ἡ φυσικὴ κίνησις, τὸ δὲ συνεχὲς ἐπ' ἄπειρον διαιρετόν, καὶ περὶ συνεχοῦς καὶ περὶ ἀπείρου διαλέγεται κατὰ τὸ τρίτον βιβλίον. σώματα δὲ ὄντα τὰ φυσικὰ καὶ θέσιν ἔχοντα τόπου δεῖται ἐν ᾧ τε ἔσται καὶ ἐν ᾧ κινηθήσεται. διὸ καὶ περὶ τόπου διέξεισιν ἐν τῷ τετάρτῳ. κενὸν δὲ διάστημα τινῶν τὸν τόπον ὑπολαμβανόντων καὶ ἐν ἀρχῆς λόγῳ τὸ κενὸν τιθέντων τινῶν, εἰκότως καὶ τὰς περὶ τοῦ κενοῦ ζητήσεις ἀνακινεῖ. πάσης δὲ κινήσεως ὑπὸ χρόνου μετρουμένης, ἀναγκαῖον ἦν καὶ περὶ χρόνου τὸν φυσικὸν πολυπραγμονεῖν. καὶ οὕτως τὸ τέταρτον συνεπεράνατο βιβλίον. ἐν τῷ πέμπτῳ δὲ τὴν κίνησιν ἀκριβῶς ἀπὸ τῶν ἄλλων μεταβολῶν διέκρινε καὶ τὴν ἀντίθεσιν τῶν τε κινήσεων πρὸς ἀλλήλας καὶ τῶν ἠρεμιῶν πρός τε τὰς κινήσεις καὶ πρὸς ἀλλήλας διώρισε καὶ τὴν μίαν κίνησιν ἥτις ποτέ ἐστι περιέγραψεν.

 Ἀλλ' ὀλίγα ἔτι προσθεὶς ἐπὶ τὴν λέξιν τραπήσομαι. τῶν γὰρ πρὸ τοῦ Πλάτωνος φιλοσοφησάντων οἱ μὲν περὶ Θαλῆν καὶ Ἀναξίμανδρον καὶ τοὺς τοιούτους, ἅτε πρώτως τότε μετὰ τὸν κατακλυσμὸν καὶ τὴν τῶν ἀναγκαίων περιποίησιν φιλοσοφίας ἀρξαμένης ἐν τῇ Ἑλλάδι, τὰς τῶν φύσει γινομένων αἰτίας ζητοῦντες ἅτε κάτωθεν ἀρχόμενοι τὰς ὑλικὰς καὶ στοιχειώδεις ἀρχὰς ἐθεάσαντο καὶ ἐξέφηναν ἀδιορίστως ὡς πάντων τῶν ὄντων τὰς ἀρχὰς ἐκ-

---

3 αὐτῆς aD (sc. τῆς φυσικῆς ἀκροάσεως): αὐτοῖς F 5 λέγει] τε λέγει F ὅτι addidi τε (post περὶ) F: om. aD ἐστι DF: εἶναι a 8 θεωρήματα] προβλήματα statim corr. F 13 προσεχῶς a: προσεχοῦς DF 14 καὶ (ante περὶ) om. F 17 τὴν post κατὰ add. a 18 καὶ (post ἥ τε) scripsi: καθ' F: καὶ καθ' aD 19 αὐτῆς om. a ἐπεὶ δὲ aD: ἐπειδὴ F 20 περὶ (ante ἀπείρου) om. a 23 κενὸν δὲ cf. ad p. 4, 3. 4 24 τινῶν τὸ κενὸν τιθέντων a περὶ (post τὰς) om. F 27 ἀκριβῶς om. a 30 ἥ τις aF: ἅ τίς D 34 ἅτε κάτωθε ἀρχόμενοι DF: om. a

φαίνοντες. Ξενοφάνης δὲ ὁ Κολοφώνιος καὶ ὁ τούτου μαθητὴς Παρμενίδης 2ʳ καὶ οἱ Πυθαγόρειοι τελεωτάτην μὲν περί τε τῶν φυσικῶν καὶ τῶν ὑπὲρ τὴν φύσιν, ἀλλ' αἰνιγματώδη τὴν ἑαυτῶν φιλοσοφίαν παραδεδώκασιν. Ἀναξαγόρας δὲ ὁ Κλαζομένιος ἐπέστησε μὲν ποιητικὸν αἴτιον τὸν νοῦν, ἐν δὲ ταῖς
5 αἰτιολογίαις ὀλίγιστα αὐτῷ προσεχρήσατο, ὡς ὁ ἐν Φαίδωνι Σωκράτης ἐπέσκηψε. καὶ ἴσως οὐδὲν ἄτοπον τοῦτο. καὶ γὰρ καὶ ὁ Τίμαιος αὐτός τε καὶ ὃν ὁ Πλάτων ὑπεκρίνατο καίτοι ποιητικὸν καὶ παραδειγματικὸν καὶ τελικὸν αἴτιον τῶν γινομένων προϋποθέμενοι, ὅμως τὰς τῶν σωματικῶν αἰτίων 45 ἀποδόσεις ἀπό τε τῶν ἐπιπέδων καὶ τῶν σχημάτων καὶ ὅλως ἀπὸ τῆς τῶν
10 στοιχείων φύσεως ἐποιήσαντο. πλὴν ὅ γε Πλάτων τά τε τῶν Πυθαγορείων καὶ τῶν Ἐλεατικῶν ἐπὶ τὸ σαφέστερον προαγαγὼν τά τε ὑπὲρ τὴν φύσιν ἐξύμνησεν ἀξίως κἀν τοῖς φυσικοῖς καὶ γενητοῖς τὰς στοιχειώδεις ἀρχὰς τῶν ἄλλων διέκρινε καὶ στοιχεῖα πρῶτος αὐτὸς ὠνόμασε τὰς τοιαύτας ἀρχάς, ὡς ὁ Εὔδημος ἱστορεῖ, καὶ τὸ ποιητικὸν αἴτιον καὶ τὸ τελικὸν καὶ ἔτι πρὸς
15 τούτῳ τὸ παραδειγματικόν, τὰς ἰδέας, αὐτὸς θεασάμενος διέκρινε· καὶ γὰρ 50 τὴν ὕλην ταῖς αὐταῖς χρώμενος ἐννοίαις ἐς ὕστερον Ἀριστοτέλης ἀνεῦρε, καὶ τὸ εἶδος ὁμοίως· ποιητικόν τε αἴτιον τὸν θεῖον ἐφίστησι νοῦν καὶ τελικὸν τὴν τούτου ἀγαθότητα, δι' ἣν τὸ αἰσθητὸν πᾶν πρὸς τὸ νοητὸν παράδειγμα ἀφωμοίωσεν. ὁ δέ γε Ἀριστοτέλης τῶν μὲν πρὸ τοῦ Πλάτωνος
20 φυσιολόγων διήνεγκεν οὐ μόνον τὸ ποιητικὸν αἴτιον ἐπιστήσας, ἀλλ' ὅτι καὶ τὰ ὑλικὰ αἴτια ἀρχοειδέστερον ἐθεάσατο. ἐκείνων γὰρ ἢ τὰς ὁμοιομερείας ἢ ἕν τι τῶν τεττάρων | στοιχείων ἢ πλείονα ἢ πάντα ὑποθεμένων ἢ μέχρι 2ᵛ τῶν ἀτόμων σωμάτων ἐλθόντων, αὐτὸς καὶ τὰς ὁμοιομερείας καὶ τὰ τέσσαρα στοιχεῖα διέλυσε καὶ αὐτὴν τὴν σωματικὴν φύσιν εἴς τε τὴν ὕλην καὶ τὸ
25 εἶδος ἀνέλυσεν, ὡς πρὸ αὐτοῦ Πλάτων καὶ πρὸ τοῦ Πλάτωνος ὁ Πυθαγορικὸς Τίμαιος, προσεχῆ μὲν τὰ τέτταρα στοιχεῖα ποιήσαντες, πρὸ ἐκείνων δὲ τὰ ἐπίπεδα, ἀρχὰς δὲ πρώτας στοιχειώδεις τὴν ὕλην καὶ τὸ εἶδος. ὁμοῦ δὲ 5 καὶ τοῦ Πλάτωνος καὶ τῶν πρὸ Πλάτωνος ἁπάντων διήνεγκεν Ἀριστοτέλης, ὅτι περὶ τῶν φυσικῶν πραγμάτων ἢ ὡς περὶ πάντων τῶν ὄντων
30 διαλεγομένων, ὡς πρὸ τοῦ Πλάτωνός τινες, ἢ ὡς περὶ κόσμου καὶ μερῶν κόσμου καὶ ἐν τοῖς περὶ κόσμου τὰ ἐνταῦθα ζητούμενα ἀνακινούντων, ὡς αὐτός τε ὁ Πλάτων καὶ τῶν πρὸ αὐτοῦ τινες, ὁ Ἀριστοτέλης καὶ τὰ φυσικὰ διέκρινεν ἥντινα ἐν τοῖς οὖσιν ἔχει τάξιν καὶ ὡς εἰ μηδὲ ἦν κόσμος, περὶ αὐτοῦ καθ' αὑτὸ διδάσκει τοῦ φυσικοῦ σώματος· κἀν τοῖς στοιχείοις 10
35 δὲ τὴν στέρησιν ὡς ἄλλο τι τῆς ὕλης οὖσαν αὐτὸς ἀπέδειξε, τοῦ Πλάτωνος

---

2 τελειοτάτην a   5 ὀλίγα a   ἐν Φαίδωνι] p. 98.B   6 καὶ (post γὰρ) om. F
7 καίτοι DF: τὸ a   9 καὶ τῶν om. a   10 τά τε τῶν F: τά τε D: τὰ τῶν a
12 καὶ (superscr. ἐν) F   13 πρώτως D   15 τούτῳ D cf. p. 10, 34: τοῦτο F:
τούτοις a   αὐτὸς om. F   20 μόνον τὸ (sed ead. m. ὦ superser.) aF¹: μόνον τῷ
D unde conicias τῷ τὸ — ἐπιστῆσαι   24 εἴς τε τὸ εἶδος καὶ τὴν ὕλην a   25 τοῦ
post καὶ om. F   28 post πρὸ add. τοῦ a   ante Ἀριστοτέλης add. ὁ a   30 ὡς
οἱ πρὸ a   μερῶν κόσμου DF: τῶν τοῦ κόσμου μερῶν a   31 καὶ (ante ἐν) om. a
33 ὅ τινα D   35 τοῦ Πλάτωνος ὡς ταὐτὸ τῇ ὕλῃ ἀφορισαμένου τὴν στέρησιν temptabat
Torstrik

τῆς ὕλης ἢ κατὰ τὴν ὕλην ἀφορισαμένου τὴν στέρησιν. καὶ τὸ ποιητικὸν
δὲ αἴτιον τῶν μὲν ἄλλων παραλιμπανόντων, τοῦ δὲ Ἀναξαγόρου καὶ τοῦ
Πλάτωνος, ταὐτὸν δὲ εἰπεῖν τῶν Πυθαγορείων, τὸν θεῖον νοῦν τιθέντων,
αὐτὸς τὸ προσεχὲς ζητῶν τῶν φύσει γινομένων ποιητικὸν αἴτιον τὴν φύσιν
5 εἶναί φησιν, ἣν ὁ Πλάτων ἐν τῷ ὀργανικῷ τέθεικε κινουμένην μὲν ὑφ'
ἑτέρου, κινοῦσαν δὲ ἕτερα. οὐ μέντοι οὐδὲ Ἀριστοτέλης ἐπὶ τῆς φύσεως
ἔμεινεν ὡς ἐπὶ πρώτης ἢ κυρίως ποιητικῆς, ἀλλ' αὐτὸς ἐπὶ τὸ ἀκίνητον
καὶ πάντων κινητικὸν αἴτιον ἀνῆλθε καὶ πάντα τούτου ἐξῆψεν ἐπὶ τέλει τῆσ-
δε τῆς πραγματείας τὰ κινούμενα. καὶ τὸ εἶδος δὲ τῆς τοῦ ἀνδρὸς τούτου
10 φυσιολογίας διήνεγκε τῶν μὲν παλαιοτέρων, καθ' ὅσον τὸ αἰνιγματῶδες
ἐκείνων εἰς τὸ σαφέστερον μετέβαλε καὶ ἀκρίβειαν ταῖς ἀποδείξεσι προσέθηκε,
τοῦ δὲ Πλάτωνος, καθ' ὅσον προφανεστέρας τίθησι τὰς τῶν ἀποδείξεων
ἀνάγκας καὶ τὰς ἀρχὰς αὐτῶν ἀπό τε τῆς αἰσθήσεως καὶ ἀπὸ τῶν προ-
χείρων δοξῶν σπουδάζει λαμβάνειν, πάντων δὲ ὁμοῦ τῷ πάντα τὰ τῆς φυ-
15 σιολογίας μέρη μέχρι τῶν μεριχωτάτων ἀπεξεργάσασθαι.

Διχῇ δὲ διῃρημένων αὐτοῦ τῶν συγγραμμάτων εἴς τε τὰ ἐξωτερικὰ
οἷα τὰ ἱστορικὰ καὶ τὰ διαλογικὰ καὶ ὅλως τὰ μὴ ἄκρας ἀκριβείας φροντί-
ζοντα καὶ εἰς τὰ ἀκροαματικά, ὧν καὶ αὕτη ἐστὶν ἡ πραγματεία, ἐν τοῖς
ἀκροαματικοῖς ἀσάφειαν ἐπετήδευσε διὰ ταύτης τοὺς ῥᾳθυμοτέρους ἀπο-
20 κρουόμενος, ὡς παρ' ἐκείνοις μηδὲ γεγράφθαι δοκεῖν. τοιγαροῦν Ἀλεξάνδρου
μετὰ τὴν Περσῶν καθαίρεσιν τάδε πρὸς αὐτὸν γεγραφότος "Ἀλέξανδρος
Ἀριστοτέλει εὖ πράττειν. οὐκ ὀρθῶς ἐποίησας ἐκδοὺς τοὺς ἀκροαματικοὺς
τῶν λόγων. τίνι γὰρ ἔτι διοίσομεν ἡμεῖς τῶν ἄλλων, εἰ καθ' οὓς ἐπαι-
δεύθημεν λόγους, οὗτοι πάντων ἔσονται κοινοί. ἐγὼ δὲ βουλοίμην ἂν ταῖς
25 περὶ τὰ ἄριστα ἐμπειρίαις ἢ ταῖς δυνάμεσι διαφέρειν", αὐτὸς τάδε ἀντέ-
γραφεν "Ἀριστοτέλης βασιλεῖ Ἀλεξάνδρῳ εὖ πράττειν. ἔγραψάς μοι περὶ
τῶν ἀκροαματικῶν λόγων, οἰόμενος δεῖν αὐτοὺς φυλάττειν ἐν ἀπορρήτοις. ἴσθι
οὖν αὐτοὺς καὶ ἐκδεδομένους καὶ μὴ ἐκδεδομένους. συνετοὶ γάρ εἰσι μόνοις
τοῖς ἡμῶν ἀκούσασιν. ἔρρωσο." Πλούταρχος δὲ ὁ Χαιρωνεὺς ἐν τῷ Ἀλεξάν-
30 δρου βίῳ ἐπὶ τῇ ἐκδόσει τῆς Μετὰ τὰ φυσικὰ ταῦτα γεγράφθαι φησίν.

p. 184ᵃ10   Ἐπειδὴ τὸ εἰδέναι καὶ τὸ ἐπίστασθαι.

Τὸ προοίμιον εὐθὺς τὸν σκοπὸν ἐκφαίνει τοῦ συγγράμματος, ὅτι περὶ
τῶν φυσικῶν ἀρχῶν ἐστι· πειρατέον γάρ, φησί, πρῶτον διορίσασθαι τὰ περὶ
τὰς φυσικὰς ἀρχάς. καὶ τὴν ἀναγκαίαν δὲ χρείαν τοῦ περὶ τῶν ἀρχῶν

---

1 ἢ om. F   4 post αὐτὸς inserit φύσιν εἶναι φησὶ expuncta F   6 οὐδὲ ὁ ἀριστο-
τέλης F   7 ἀλλ' DF: ἀλλὰ καὶ a   11 εἰς DF: ἐπὶ a   12 προφανεστέρας F
cf. p. 15, 28: ἀσθενεστέρας Da   13 αὐτὸς a   τῶν αἰσθήσεων F   14 σπουδάζει
DF: σπουδάζων a   15 ἀπεξεργάσασθαι D: ἐπεξεργάσασθαι aF   20 ἐκείνης a   ἀλέ-
ξανδρος D   24 κεινοί a   25 post διαφέρειν deest ἔρρωσο cf. Gell. N. A. XX 5 11
28 καὶ (post αὐτοὺς) om. F.   29 Ἀλεξάνδρου βίῳ c. 7   30 θεωρίας ante ταῦτα add. F
32 hinc E ad DF accedit   33 τὰ περὶ E: τὸ περὶ aDF cf. Aristoteles l. c.

λόγου σαφῶς παρέδειξεν οὕτω πως συλλογισάμενος. τὰ φυσικὰ ἀρχὰς ἔχει· 2v
τὰ ἀρχὰς ἔχοντα ἐπίστασθαι συμβαίνει ἐκ τοῦ τὰς ἀρχὰς αὐτῶν γνωρίζειν·
τὰ ἄρα φυσικὰ ἐπίστασθαι συμβαίνει ἐκ τοῦ τὰς ἀρχὰς αὐτῶν γνωρίζειν·
ἀναγκαία ἄρα τῷ φυσιολογικὴν ἐπιστήμην ἔχοντι ἡ τῶν ἀρχῶν τῶν φυσικῶν
5 γνῶσις. ἀλλ' ὅτι μὲν εἰσὶν ἀρχαὶ τῶν φυσικῶν, ἐφεξῆς ἅπας ὁ λόγος δείξει
καὶ οὐ δεῖται νῦν ἀποδείξεως· διὸ οἶμαι ταύτην αὐτὸς τὴν πρότασιν παρῆκεν.
ὁ μέντοι Θεόφραστος ἐν ἀρχῇ τῶν ἑαυτοῦ Φυσικῶν καὶ ταύτην ἀπέδειξε
λέγων "τὸ μέντοι τῶν φυσικῶν ἀρχὰς εἶναι δῆλον ἐκ τοῦ τὰ μὲν φυσικὰ 45
σώματα εἶναι σύνθετα, πᾶν δὲ σύνθετον ἀρχὰς ἔχειν τὰ ἐξ ὧν σύγκειται·
10 ἅπαν γὰρ τὸ φύσει ἢ σῶμά ἐστιν ἢ ἔχει γε σῶμα· ἄμφω δὲ σύνθετα". ὁ
δὲ Πορφύριος οὐδὲ φυσικοῦ φησιν εἶναι τὸ ζητεῖν, εἰ εἰσὶν ἀρχαὶ τῶν φυ-
σικῶν, ἀλλὰ τοῦ ἀναβεβηκότος· ὁ γὰρ φυσικὸς ὡς δεδομέναις χρῆται. ἔτι
δὲ μᾶλλον φαίη ἂν τὸ τίνες αἱ ἀρχαὶ τοῦ ἀναβεβηκότος εἶναι ζητεῖν. οὐδὲ
γὰρ ὁ γεωμέτρης ἢ ὁ ἰατρὸς τὰς ἑαυτοῦ ἀρχὰς ἀποδείκνυσιν, ἀλλ' ὡς οὔσαις
15 καὶ τοιαῖσδε οὔσαις χρῆται. πῶς οὖν οἱ φυσικοὶ σχεδόν τι πάντες τὰς ἀρχὰς 50
ζητοῦσι τῶν φυσικῶν; ἢ ὅτι μὲν σύνθετα τὰ φυσικὰ καὶ ἀρχὰς ἔχοντα καὶ
τάσδε τὰς ἀρχὰς τοῦ φυσικοῦ ἐστιν ἀποδεικνύναι, ὡς καὶ τοῦ ἰατροῦ ὅτι
ἐκ τῶν τεττάρων στοιχείων τὸ ἀνθρώπειον σῶμα καὶ τοῦ γραμματικοῦ ὅτι
ἐκ τῶν εἰκοσιτεττάρων στοιχείων ὁ λόγος. τίνα δὲ ἕκαστον τῶν στοιχείων
20 ἔχει δύναμιν, τοῦ ἀναβεβηκότος ἐστὶν ἐπὶ μὲν τῶν γραμμάτων τοῦ μου-
σικοῦ, ἐπὶ δὲ ⟨τοῦ⟩ ἀνθρωπείου σώματος τοῦ φυσιολόγου, ἐπὶ | δὲ τῶν φυ- 3r
σικῶν ἀρχῶν τοῦ πρώτου φιλοσόφου. διὸ καὶ ὁ Ἀριστοτέλης ὅτι ἐστὶν ἡ
ὕλη καὶ τὸ εἶδος ἀρχαὶ τῶν φυσικῶν δείξας τὴν μὲν ὕλην ἐξ ἀναλογίας
γινώσκεσθαί φησι καίτοι τοῦ πρώτου φιλοσόφου καὶ ἀπὸ τῶν αἰτίων
25 αὐτὴν δεικνύντος, "περὶ δὲ τῆς κατὰ τὸ εἶδος, φησίν, ἀρχῆς, πότερον μία
ἢ πολλαὶ καὶ τίς ἢ τίνες εἰσί, δι' ἀκριβείας τῆς πρώτης φιλοσοφίας ἔργον
ἐστὶ διορίσασθαι· ὥστε εἰς ἐκεῖνον τὸν καιρὸν ἀποκείσθω". ὅτι δὲ τὰ ἔχοντα 5
ἀρχὰς τότε συμβαίνει ἐπίστασθαι ὅταν αἱ ἀρχαὶ αὐτῶν γνωσθῶσι, τέθεικε
μὲν καὶ ὡς ἀξίωμα· διὸ τῷ παρασυναπτικῷ καλουμένῳ χρῆται συνδέσμῳ,
30 καθ' ὃν τὸ ἡγούμενον ὡς ὁμολογούμενον λαμβάνεται· εἰ γὰρ ἐπιστήμη
ἐστὶν ἡ δι' ἀποδείξεως γνῶσις, ἀπόδειξις δέ ἐστι συλλογισμός, οὗτος δὲ ἀπὸ
ἀρχῶν, δῆλον ὅτι ἡ ἐπιστήμη γνῶσίς ἐστι δι' ἀρχῶν. πλὴν καὶ παρεμυ-
θήσατο αὐτὸ ἐκ τῆς ἐπαγωγῆς καὶ τῆς κοινῆς ὑπολήψεως. "τότε γάρ,
φησίν, οἰόμεθα γινώσκειν ἕκαστον, ὅταν τὰ αἴτια γνωρίσωμεν 10
35 τὰ πρῶτα καὶ τὰς ἀρχὰς τὰς πρώτας καὶ μέχρι τῶν στοιχείων".
ἀλλ' οὐδὲ τὸ συμπέρασμα ἐπήγαγε τὸ 'τὰ φυσικὰ ἄρα ἐπίστασθαι συμβαίνει
ἐκ τοῦ τὰς ἀρχὰς αὐτῶν γνωρίζειν', ἀλλὰ τὸ ἑπόμενον τῷ συμπεράσματι·

---

2 τὰ ἀρχὰς — τὰς ἀρχὰς in marg. E   3 τὰ ἄρα — γνωρίζειν DE: om. a   7 αὐ-
τοῦ a   9 εἶναι σύνθετα DE: σύνθετα εἶναι aF   10 γε om. a   13 τὸ DEF:
τις a   14 αὐτοῦ aF   τι om. a   16 ὅτε D   21 τοῦ (ante ἀνθρωπείου)
add. a: om. DEF   φυσιολόγου EF: φυσικοῦ λόγου aD   24 αἰτίων a   25 φησίν
Phys. A 9 p. 192ᵃ34: φασίν a   26 ἔργον om. a   27 διορίσαι Aristoteles
32 ἐστι δι' ἀρχῶν DF: ἐστι διὰ ἀρχῶν E: ἐστιν ἀπ' ἀρχῶν a

δεῖ γάρ, φησί, τῆς περὶ φύσεως ἐπιστήμης διορίσασθαι πρῶτον 3ʳ
τὰ περὶ τὰς ἀρχάς, συλλαβὼν ἐν τούτῳ καὶ τὸ συμπέρασμα.

Ὁ μέντοι Εὔδημος ἀρχόμενος τῶν Φυσικῶν ἀνωτέρω τὸν λόγον ἐπήγαγε
καὶ δείξας ὅτι πρὸς μὲν τὰς πράξεις εὐχρηστότερον εἰδέναι τὰ καθ' ἕκαστα,
5 πρὸς δὲ θεωρίαν τὰ κοινά, "κοινότατον, φησί, φαίνεται περὶ τὰς ἐπιστήμας 15
τὸ τῶν ἀρχῶν· ὑπάρχουσι γάρ τινες καθ' ἑκάστην. τούτων δὲ οὕτως ἐχόντων
ἀναγκαῖον τῷ φυσιολογοῦντι τὰς ἀρχὰς πρῶτον ἐπισκέψασθαι" καὶ ὁ μὲν
ὅλος τῶν λεγομένων νοῦς τοιοῦτος. ἔστι δὲ ἄξιον ζητεῖν τί ἀρχὴ καὶ τί
αἴτιον καὶ τί στοιχεῖον. καὶ γὰρ ὁ μὲν Ἀλέξανδρος διαφέρειν ταῦτα ἀλλήλων
10 φησὶ τῷ ἀρχὴν μὲν λέγεσθαι ἰδίως τὸ ποιητικόν, ὅθεν ἡ ἀρχὴ τῆς κινή-
σεως, αἴτιον δὲ τὸ οὗ ἕνεκα καὶ τὸ εἶδος (ἐν γὰρ τοῖς φύσει τὸ οὗ ἕνεκα
τοῦτο), στοιχεῖον δὲ τὸ ἐνυπάρχον ὡς τὴν ὕλην. ἔοικε δὲ τῷ Εὐδήμῳ κα- 20
τακολουθεῖν ὁ Ἀλέξανδρος λέγοντι ὅτι "τοῦ αἰτίου τετραχῶς λεγομένου τὸ
μὲν στοιχεῖον κατὰ τὴν ὕλην λέγεται· ἐνυπάρχειν γὰρ δοκεῖ τὰ στοιχεῖα,
15 ὥσπερ ἐν διαλέκτῳ τὰ γράμματα· οὕτω καὶ ὁ χαλκὸς αἴτιος λέγεται τῆς
πολυχρονιότητος τῶν ἔργων· αἴτιον δὲ λέγεται καὶ ὅθεν ἡ κίνησις· φαμὲν
δὲ εἶναι ταύτην ἀρχήν, ὅθεν νεῖκος λοιδορίας ἀρχή· τὴν μὲν οὖν ἀρχὴν καὶ
τὸ στοιχεῖον οὕτω λέγουσιν αἴτια· τὸ δὲ οὗ ἕνεκα οὐκ ἐπιδέχεται τὸν τοῦ
στοιχείου λόγον· οὐ γὰρ ἐνυπάρχει ἐν τῷ αἰτιατῷ οἷον ἐν τῷ περιπα- 25
20 τεῖν ἡ ὑγίεια οὐδὲ ἀρχὴ τοῦ περιπατεῖν ἡ ὑγίεια φαίνεται, ἀλλὰ μᾶλλον
αἰτία· τὸ δὲ οὗ ἕνεκα καὶ τὸ εἶδος σύνεγγυς φαίνεται καὶ πολλάκις τὰ
αὐτά. διὸ μάλιστα ἔοικεν αἰτίῳ τὸ οὗ ἕνεκα". τοιαῦτα μὲν καὶ τὰ τοῦ
Εὐδήμου. θαυμαστὸν δὲ εἰ μὴ ὑπάρχει τὸ εἶδος ἐν τῷ αἰτιατῷ, εἰ μὴ
ἄρα εἶδος τὸ καθόλου λέγουσιν.

25 Ὁ μέντοι Πορφύριος "ἕνα μὲν τρόπον ἀρχὴν λέγει, φησίν, ὅθεν ἡ
πρώτη κίνησις γίνεται· ἔστι δὲ τοιαύτη ἡ ἀφ' οὗ ὡς ὁδοῦ τὸ πρῶτον·
οὕτω δὲ καὶ νεὼς μὲν τρόπις, οἰκίας δὲ θεμέλιος· τούτῳ δὲ τῷ σημαινο- 30
μένῳ ἀντίκειται ἡ τελευτή· ἕτερον δὲ τρόπον ὡς τὸ ὑφ' οὗ, ὡς ἡ φύσις
τῶν φυσικῶν καὶ ἡ τέχνη τῶν τεχνητῶν· ἀρχὴ δὲ καὶ τὸ οὗ ἕνεκα, οἷον
30 ἀθλήσεως ἡ νίκη· κατ' ἄλλον δὲ τρόπον ἀρχὴ λέγεται, ἐξ οὗ πρῶτον
ἐνυπάρχοντος γίνεταί τι, ὡς οἰκίας λίθοι καὶ ξύλα ἀρχὴ ὡς ὕλη· ἀρχὴ δὲ
καὶ ἡ μορφὴ καὶ τὸ σχῆμα καὶ ὅλως τὸ εἶδος. ἀλλ' ὁ μὲν Ἀριστοτέλης τὸ
ἐν τῇ ὕλῃ μόνον θεασάμενος εἶδος τοῦτο ἔλεγεν ἀρχήν, ὁ δὲ Πλάτων 35
πρὸς τούτῳ καὶ τὸ χωριστὸν ἐννοήσας εἶδος τὴν παραδειγματικὴν ἀρχὴν προ-
35 σεισήγαγε· τετραχῶς οὖν ἡ ἀρχὴ κατὰ τὸν Ἀριστοτέλην· ἢ γὰρ τὸ ἐξ οὗ

---

3 Εὔδημος fr. 2 p. 2,7 Spengelii   5 nonne πρὸς δὲ ⟨τὴν⟩?   κοινότατον] κοινότατα E
6 τὰ τῶν E   15 οὕτω δὲ καὶ F   17 post ὅθεν fortasse intercidit velut ἡ κίνησις
πέφυκεν ἄρχεσθαι οἷον cf. Ar. Metaph. Δ 1 p. 1013ᵃ8, praeterea de anim. gen. 18 p. 724ᵃ29
νεῖκος in lit. D   λοιδορίας νεῖκος a   19 ἐνυπάρχειν E   20 ἡ alterum om. DE
21 καὶ πολλάκις τὰ αὐτά om. aF   22 ἔοικεν αἰτίῳ DE: αἰτίῳ ἐοικέναι τί ᾧ [vitiata
et emendata lectione coniuncta] F: αἰτίῳ ἔοικε a   ἕνεκεν aF   καὶ τὰ ex κατὰ
corr. D: καὶ delebat Spengel   23 ἐνυπάρχει aF   25 φησὶν om. a   30 πρῶτον
DE cf. Ar. metaph. Δ 1 (1013ᵃ4): πρώτη F: πρώτου a   34 προσεισήγαγε DE: προσή-
γαγε aF

ὡς ἡ ὕλη ἢ τὸ καθ' ὃ ὡς τὸ εἶδος ἢ τὸ ὑφ' οὗ ὡς τὸ ποιοῦν ἢ τὸ
δι' ὃ ὡς τὸ τέλος. κατὰ δὲ Πλάτωνα καὶ τὸ πρὸς ὃ, ὡς τὸ παράδειγμα
καὶ τὸ δι' οὗ ὡς τὸ ὀργανικόν· ὁσαχῶς δὲ ἡ ἀρχὴ λέγεται, τοσαυταχῶς
5 καὶ τὸ αἴτιον· καὶ τῷ μὲν ὑποκειμένῳ ταὐτὸν ἄμφω, τῇ δὲ ἐπινοίᾳ δια-
φέροντα· ἡ μὲν γὰρ ἀρχή, φησὶν ὁ Πορφύριος, ἐπινοεῖται καθὸ προηγεῖται,
τὸ δὲ αἴτιον καθὸ ποιεῖ τι καὶ ἀποτελεῖ τὸ μεθ' ἑαυτό, ὄντος καὶ τοῦ
αἰτίου δυνάμει ἀρχικοῦ καὶ τῆς ἀρχῆς δυνάμει τελικῆς· διὸ καὶ
προηγεῖται ἡ ἐπίνοια τῆς ἀρχῆς τῆς τοῦ αἰτίου ἐπινοίας· τοσαυταχῶς δὲ
10 τῶν ἀρχῶν καὶ τῶν αἰτίων λεγομένων οὐ πάντα ἐν πᾶσιν, ἀλλ' ἄλλαι
μὲν γενέσεως ἀρχαί, ὡς ὕλη καὶ εἶδος ἢ τὸ ποιοῦν καὶ πάσχον ἢ ἕν τι
τῶν στοιχείων ὃ ἕκαστοι τῶν φυσικῶν ἐθεάσαντο. ἄλλαι δὲ γνώσεως ἀρχαὶ
αἱ ἄμεσοι καὶ ἀναπόδεικτοι προτάσεις· καὶ ἄλλαι μὲν οὐσίας ἀρχαὶ ὡς τὸ
πεπερασμένον καὶ ἄπειρον ἔλεγον οἱ Πυθαγόρειοι ἢ τὸ περιττὸν καὶ τὸ
15 ἄρτιον· πράξεως δὲ ἀρχαὶ ἢ τὸ ποιοῦν ἢ τὸ τέλος".

Τούτων δὲ ἡμῖν ἱστορημένων πρὸς μὲν τὸν Ἀλέξανδρον καὶ πρὸ τούτου
πρὸς τὸν Εὔδημον ῥητέον, ὅτι τὸ οὗ ἕνεκα τέλος ὂν καὶ ἀρχὴ ἂν εἴη
πάντως καὶ κυριωτέρα τοῦ ποιητικοῦ ἀρχὴ καὶ μάλιστα κατ' αὐτοὺς τοὺς
τὸ ἀκίνητον καὶ πρῶτον αἴτιον τέλος εἶναι λέγοντας τῶν πάντων, ἀλλ' οὐ
20 ποιητικόν· ὃ καὶ ἀρχὴν τῶν πάντων ὁμολογήσουσιν, εἴπερ τὸ πρώτιστον
αὐτὸ τῶν πάντων φασίν· πῶς δὲ στοιχεῖον μόνον τὴν ὕλην φασίν, εἴπερ
ἐξ ὕλης καὶ εἴδους οἴονται τὸ σύνθετον; κἂν γάρ τι τελικὸν τὸ εἶδος,
ἀλλὰ στοιχειῶδες μᾶλλόν ἐστι. πρὸς δὲ τὸν Πορφύριον, ὅτι πρῶτον μέν, ἐξ
ὧν καὶ αὐτὸς διεστήσατο, οὐ λέγεται ἰσαχῶς τὸ αἴτιον καὶ ἡ ἀρχή, ἀλλὰ
25 τὸ μὲν αἴτιον πᾶν καὶ ἀρχή, ἡ δὲ ἀρχὴ τοῦ πράγματος οἷον τῆς ὁδοῦ ἢ
τοῦ δράματος οὐκ ἂν λέγοιτο αἴτιον· δεύτερον δὲ ὅτι οὐδὲ προεπινοεῖται
τοῦ αἰτίου ἡ ἀρχή, εἴπερ τὸ μὲν αἴτιον προϋπάρχειν ἀνάγκη τοῦ ἀποτε-
λέσματος, ἡ δὲ ἀρχή, εἴτε ὡς μέρος προηγούμενον εἴτε ὡς στοιχεῖον λαμ-
βάνοιτο, συνυπάρχει τῷ ἀποτελουμένῳ. μήποτε οὖν ὁ Ἀριστοτέλης τὴν
30 ἀρχὴν ὡς κοινὸν λαβὼν διεῖλε ταύτην εἴς τε τὰ κυρίως αἴτια, οἷόν ἐστι
τὸ ποιητικὸν καὶ τὸ τελικόν, καὶ εἰς τὰ συναίτια ὑπό τινων λεγόμενα, οἷά
ἐστι τὰ στοιχεῖα. διὸ καὶ προελθών, ὅταν τὰ αἴτια, φησί, γνωρίσω-
μεν τὰ πρῶτα καὶ τὰς ἀρχὰς τὰς πρώτας, διότι τὰ πρώτως καὶ
κυρίως λεγόμενα αἴτια ταῦτά ἐστιν αἱ πρώτως καὶ κυρίως ἀρχαί· καὶ μέχρι
35 τῶν στοιχείων, φησί, τουτέστι τῶν ἐσχάτως αἰτίων καὶ ἀρχῶν λεγομένων·
ὧν οὖν εἰσιν ἀρχαὶ εἶπεν ἢ αἴτια ἢ στοιχεῖα. δύναται δὲ τὰ πρῶτα
αἴτια καὶ τὰς ἀρχὰς τὰς πρώτας εἰρηκέναι, ὅτι ἐστὶν αἴτια ἄλλα μὲν τὰ

---

2 πλάτωνα καὶ καὶ τὸ D   7 noli conicere ποιεῖ τε καὶ   8 τελικῆς Torstrik: τε-
λεστικῆς libri at cf. v. 22. 31   12 ἢ ἕκαστον a   post φυσικῶν add. ὧν a
17 εἴη ἂν a   20 εἴπερ DEF: εἴπερ (om. τὸ) a   22 ἐξ εἴδους καὶ ὕλης a
γάρ τι DEF: γάρ (om. τι) a: fort. γάρ ᾖ   τὸ εἶδος aF: εἶδος DE   25 πᾶν καὶ
ἀρχή aF: πᾶν καὶ ἡ ἀρχή D¹E   26 οὐδὲ DE: οὐ aF   30 διεῖλε ταύτην DEF: διεῖλεν
αὐτὴν a   31 τὸ (ante τελικὸν) om. a   τινα E   34 post prius κυρίως sex lit.
spat. D   fortasse ταὐτά ἐστιν ⟨ἃ⟩   καὶ μέχρι καὶ στ. a   35 ἐσχάτως DEF:
ἐσχάτων a   36 ἢ ὡς αἴτια ἢ ὡς στοιχεῖα aF   11 καὶ post δὲ addebat Torstrik

προσεχῆ καὶ καθ' ἕκαστον, ἄλλα δὲ τὰ πρῶτα, καὶ ὁ τὰ προσεχῆ μὲν 3ᵛ
γινώσκων τὰ δὲ πρῶτα ἀγνοῶν οὐδὲ τὰ προσεχῆ κυρίως οἶδεν, εἴπερ τὰ
πρῶτα καὶ ἐκείνων αἴτια ὄντα ἀγνοεῖ. τότε οὖν ἐπίστασθαι συμβαίνει, ὅταν 10
πάντα τὰ αἴτια καὶ πάσας τὰς ἀρχὰς γνωρίσωμεν τάς τε πρώτας καὶ τὰς
5 προσεχεῖς, ἅπερ ἐστὶ στοιχεῖα. ἐπειδὴ δὲ καὶ πρῶται ἀρχαὶ αἱ μέν εἰσιν
ἑκάστων οἰκεῖαι, ὡς γεωμετρίας οἵ τε ὅροι καὶ τὰ ἀξιώματα, αἱ δὲ κοιναὶ
πάντων, ὁ Ἀλέξανδρος τὰς κοινὰς ταύτας φησὶ δεῖν γινώσκειν τὸν μέλλοντα
ἐπιστήμονα ἔσεσθαι, Πλατωνικῶς τοῦτο φθεγγόμενος. ὁ γὰρ Πλάτων τὰς
ἐξ ὑποθέσεώς τι περαινούσας οὐ βούλεται κυρίως ἐπιστήμας καλεῖσθαι. 15
10 νῦν μέντοι περὶ τῶν τῆς φυσιολογίας ἀρχῶν ἔοικε λέγειν ὁ Ἀριστοτέλης τὸ
πειρατέον διορίσασθαι πρῶτον τὰ περὶ τὰς ἀρχάς· ἃς δὴ καὶ
διορίζεται κατὰ τὴν προκειμένην πραγματείαν, ἀλλ' οὐ κοινὰς τὰς τῷ
πρώτῳ φιλοσόφῳ ὑποβεβλημένας.

Τὸ δὲ εἰδέναι καὶ τὸ ἐπίστασθαι ὅτι οὐκ ἐκ παραλλήλου εἴρη-
15 ται, καλῶς ἐπέστησεν ὁ Ἀλέξανδρος εἰπὼν "τὰ ἐκ παραλλήλου λεγόμενα
ὀνομάτων μόνων ἔχει διαφορὰν ἐν πράγματος ταυτότητι καὶ διὰ τοῦτο
καὶ ἓν ἐκ τῶν τοιούτων ἴσον δύναται τοῖς πᾶσι· τὸ δὲ εἰδέναι καὶ τὸ 20
ἐπίστασθαι οὐ ταὐτὸν δύναται τῷ εἰδέναι μόνῳ· εἰδέναι γὰρ λεγόμεθα καὶ
τὰ δι' αἰσθήσεως καὶ δόξης καὶ τὰς ἀμέσους προτάσεις, ὧν οὐδὲν ἴσμεν
20 δι' ἀποδείξεως, ταὐτὸν δὲ εἰπεῖν οὐ κατ' ἐπιστήμην". ταῦτα μὲν οὖν καλῶς
εἴρηκε. πῶς δὲ ἐνταῦθα παρείληπται ἄμφω, οὐκέτι προσέθηκεν· ἔοικε δὲ
γένος οὖσαν τὴν εἴδησιν τῆς ἐπιστήμης προτάξαι, ὡς εἰ ἔλεγε τὸ γινώσκειν
ἐπιστημονικῶς. ὅμοιον δέ ἐστι τοῦτο τῷ εἰπεῖν 'ὁ λέγων τι καὶ οὕτως λέγων
ὡς ἀποφαίνεσθαι ἢ ἀληθεύει ἢ ψεύδεται'. καὶ γὰρ ὁ λόγος γένος ἐστὶ τῆς 25
25 ἀποφάνσεως ὡς ἡ εἴδησις, ταὐτὸν δὲ εἰπεῖν ἡ γνῶσις, τῆς ἐπιστήμης· ὅτι
δὲ οἶδεν εἴδησιν καὶ ἐπὶ τῆς αἰσθήσεως λεγομένην, ἐδήλωσε τὸ προοίμιον
τῆς Μετὰ τὰ φυσικά "πάντες ἄνθρωποι τοῦ εἰδέναι ὀρέγονται φύσει· δηλοῖ
δὲ ἡ τῶν αἰσθήσεων ἀγάπησις". μήποτε δὲ ὁ Ἀριστοτέλης νῦν εἴδησιν τὴν
κυρίως λαβὼν εἰς ταὐτὸν αὐτὴν ἤγαγε τῇ ἐπιστήμῃ· καὶ γὰρ ὁ Πλάτων
30 μὴ εἰδέναι φησὶ τὰς ἑαυτῶν ἀρχὰς τοὺς μαθηματικοὺς καὶ δηλονότι ἐπι-
στημονικῶς μὴ εἰδέναι ὡς τῆς κυρίως εἰδήσεως τῆς ἐπιστημονικῆς οὔσης· 30
'ᾧ γὰρ ἀρχή, φησίν, ὃ μὴ οἶδε, μέσα δὲ καὶ τελευτὴ ἐξ ὧν μὴ οἶδε,

---

1 προσεχῆ καὶ E: καὶ om. aDF μὲν om. DE
τὰ αἴτια γνωρίσωμεν τά τε πρῶτα καὶ τὰ προσεχῆ a
προσεχ˜ E ἐστὶ scripsi: ἐστὶ τὰ aF: καὶ DE
ται a 8 Πλάτων cf. Rep. VI 510 B sqq. VII 533 C
ζεται DE 13 ὑποβεβλημένας DEF: προβεβλημένας a
ὅτι) a 15 καλῶς scripsi cf. v. 20: ὡς libri 16 μόνων DE: μόνον aF ἔχει a:
ἔχειν DEF ποιότητι aF 17 ἐκ τῶν iterat F καὶ τὸ εἰδέναι E 18 μό-
νον E 21 δὲ aF: om. DE 24 καὶ ὁ λόγος γὰρ a 31 μὴ (post ἐπιστημο-
νικῶς) om. a φησίν] memoriter citat Rep. VII 533 C ᾧ γὰρ ἀρχὴ μὲν ὃ μὴ οἶδε, τε-
λευτὴ δὲ καὶ τὰ μεταξὺ ἐξ οὗ μὴ οἶδε συμπέπλεκται, τίς μηχανὴ τὴν τοιαύτην ὁμολογίαν ποτὲ
ἐπιστήμην γενέσθαι

4 πάσας τὰς ἀρχὰς καὶ πάντα
5 προσεχεῖς F: προσεχῆ aD:
καὶ πρῶται DEF: καὶ αἱ πρῶ-
11 τὸ περὶ E 12 ὁρί-
14 ὅτι οὐχ DEF: οὐχ (om.

πῶς ἔστιν εἰδέναι τούτῳ τὴν ἐπιστήμην καλεῖν·' καὶ σαφῶς τὴν δόξαν ἄλλην 3ʳ
παρὰ τὴν γνῶσιν εἶναί φησιν ὅταν λέγῃ "τί οὖν, ἐὰν ἡμῖν χαλεπαίνῃ
οὗτος ὃν φαμεν δοξάζειν ἀλλ' οὐ γινώσκειν·" καὶ τὸ δοξαστὸν ὁμοίως
ἀποκρίνει τοῦ γνωστοῦ λέγων "προωμολογήσαμεν δέ γε, εἴ τι τοιοῦτον
5 φανείη, δοξαστὸν αὐτὸ ἀλλ' οὐ γνωστὸν δεῖν λέγεσθαι." δῆλος δέ ἐστι καὶ ὁ
Ἀριστοτέλης τὴν εἴδησιν, ταὐτὸν δὲ εἰπεῖν τὴν γνῶσιν, οὐ τὴν κοινὴν συμπαρα- 35
λαβὼν ἀλλὰ τὴν ἐπιστημονικὴν καὶ ἐξ ὧν ἐπάγει· τότε γὰρ οἰόμεθα, φησίν,
γινώσκειν ἕκαστον, ὅταν τὰ αἴτια γνωρίσωμεν τὰ πρῶτα καὶ τὰς
ἀρχὰς τὰς πρώτας, ὡς δὴ γνῶσιν τὴν ἀπὸ τῶν ἀρχῶν λέγων ἥτις
10 ἐστὶν ἡ ἐπιστημονική· ὅτι δὲ ἄλλο τὸ δοξάζειν καὶ ἄλλο τὸ ἐπίστασθαι,
ἔδειξεν ὁ ἐν Θεαιτήτῳ Σωκράτης ἐκ τοῦ δόξαν μὲν καὶ ἀληθῆ καὶ ψευδῆ
εἶναι, ἐπιστήμην δὲ μόνως ἀληθῆ· καὶ ὁ Ἀλέξανδρος τῇ αὐτῇ νῦν ἀπο-
δείξει ἐχρήσατο.

Ἀλλὰ πῶς εἰπὼν τὸ εἰδέναι καὶ τὸ ἐπίστασθαι συμβαίνει περὶ 40
15 πάσας τὰς μεθόδους ἐπήγαγεν ὧν εἰσιν ἀρχαὶ ἢ αἴτια ἢ στοι-
χεῖα; ἢ ὡς ἴδιον πασῶν τῶν ἐπιστημονικῶν εἰδήσεων τοῦτο προσέθηκεν.
ἡ γὰρ ἐπιστήμη συλλογισμὸς οὖσα ἀποδεικτικὸς ἐξ ἀρχῶν πάντως ἐστὶ
τῶν ἀμέσων προτάσεων. ἀλλ' εἰ τοῦτο, ἐπειδὴ τὰς ἀμέσους προτάσεις ἀναπο-
δείκτως ἴσμεν, ἵνα μὴ ἐπ' ἄπειρον ἴωμεν, καὶ τὰς ἀρχὰς τῶν φυσικῶν
20 ἀναποδείκτως εἰσόμεθα· καίτοι δι' ἀποδεικτικῶν αὐτὰς συλλογισμῶν παρα-
διδόναι πειράσεται. ὁ μὲν οὖν Ἀλέξανδρός φησιν "ἐπειδὴ διαφέρει ἀρχὴ 45
καὶ στοιχεῖον (τὸ γὰρ στοιχεῖον ἡ ὕλη), οὐ πᾶσαι δὲ ἔχουσιν ὕλην ὡς αἱ
μαθηματικαί, τὸ λεγόμενον εἴη ἂν δηλωτικὸν ὡς πασῶν μὲν τῶν ἐπιστημῶν
ἐχουσῶν τι τούτων, οὐ πασῶν δὲ πάντα, ἀλλὰ τῶν μὲν καὶ ἀρχὰς καὶ
25 αἴτια καὶ στοιχεῖα, ἐνίων δὲ οὔ, ὅσαι οὐ περὶ γενητῶν εἰσιν οὐδὲ περὶ ὕλην
τὸ εἶναι ἔχουσιν· ἔστι δὲ ἐν οἷς οὐκ ἔστι τὸ οὗ ἕνεκα, οἷον εἶναι καὶ γεωμετρία
δοκεῖ· οὔτε γὰρ ἡ ἀρχὴ ἐν τοῖς ἀγενήτοις οὔτε ἡ ὕλη ἐν τοῖς ἀΰλοις."
ταῦτα καὶ αὐτῇ λέξει τοῦ Ἀλεξάνδρου λέγοντος ἐπιστῆσαι χρή, πῶς μόνη 50
ἡ ὕλη στοιχεῖόν ἐστι καὶ μόνα ἐκ τῶν στοιχείων τὰ ἔνυλα. καὶ γὰρ λόγου
30 στοιχεῖα λέγομεν καὶ γέγραπται περὶ τῶν τοῦ λόγου στοιχείων τοῖς φιλο-
σόφοις· καὶ μέντοι εἰ στοιχεῖόν ἐστιν, ἐξ οὗ πρῶτον γίνεταί τι ἐνυπάρχοντος
καὶ εἰς ὃ ἔσχατον ἀναλύεται, γίνεται δὲ ἐξ ὕλης καὶ εἴδους τὸ σύνθετον,
δῆλον ὅτι καὶ τὸ εἶδος στοιχεῖόν ἐστι τοῦ συνθέτου. πῶς δὲ οὐκ ἔχουσιν
ὕλην αἱ μαθηματικαὶ τοὺς ἀριθμοὺς καὶ τὰ διαστήματα καὶ τοὺς φθόγγους,

---

1 ἔστιν om. E   τούτῳ τὴν D: τούτων τὴν E: τοῦτο τὴν F¹: τοῦτον ἦν a: τοῦτο ἢ
coni. Torstrik   καλεῖν DE: καλεῖ aF   καὶ τὴν δόξαν δὲ σαφῶς a   2 λέγῃ
Rep. V 476 D   4 ἀποκρινεῖ DE   λέγων ibid. p. 479 D   προσομολογή-
σομεν δὲ ἔτι aDEF   τοιοῦτο a   5 αὐτῷ EF   δεῖ a   ὃ (post καὶ) om. aF
6 παραλαβὼν a   7 καὶ om. a   φησὶν οἰόμεθα a   11 καὶ ante ἀληθῆ om. a
12 μόνης a   16 ἴδια DE   18 ἀναποδείκτως D: ἀναποδείκτους aEF   ἀποδι-
δόναι a   21 ἐπεὶ aF   26 ἔστι δὲ DEF: om. a: ἔτι δὲ Torstrik   οἷον DEF:
ὁποῖα a   28 αὐτῇ] τῇ E   μόνη DE: μὲν aF   29 ἐκ τῶν DE: ἐκ a
31 πρῶτον D cf. ad p. 10,30: πρώτου aF: om. E

ὧν τὰ εἴδη ἐπισκοποῦσιν; ἔτι δὲ μᾶλλον ἐπιστάσεως ἄξιον, πῶς οὐκ ἔστιν 55
τὸ οὗ ἕνεκα ἐν γεωμε|τρίᾳ· καὶ γὰρ τοῦ κατὰ τὸν βίον χρησίμου ἕνεκα 4ʳ
παρελήφθη αὐτή τε καθ' ἑαυτὴν καὶ τῇ μηχανικῇ τὰς ἀρχὰς ἐνδιδοῦσα.
καὶ μέντοι πρὸς ἀστρονομίαν πρὸς συνεθισμὸν τῆς ἀσωμάτου φύσεως τὰ
5 μέγιστα συντελεῖ. εἰ δὲ ὅτι γνωστικὴ ἐστὶ καὶ οὐ πρακτική, διὰ τοῦτο οὐ-
δὲν ἔχει τέλος, ἔσται καὶ ἡ φυσιολογία ἄσκοπος καὶ ἡ πᾶσα θεωρητικὴ
φιλοσοφία, ἧς τέλος ἡ εἰς τὸ πρῶτον ἀγαθὸν ἄνοδος καὶ τὸ ἐξ ἀνθρώπου
θεὸν ποιῆσαι ὡς δυνατὸν τὴν ψυχήν, ὡς ὁ αὐτὸς Ἀριστοτέλης ἐν τῷ Κ τῶν 5
Νικομαχείων ἠθικῶν παραδίδωσιν. "Δύναται δέ, φησὶν ὁ Ἀλέξανδρος, ἐπι-
10 στήμην κοινότερον νῦν λέγειν καὶ τὴν τῶν ἀρχῶν ἐπίγνωσιν, ὧν οὐκ εἰσὶν
ἀρχαί, καὶ πρὸς ἐκείνην ἀντιδιαιρεῖν τὴν ἐξ ἀρχῶν ἐπιστήμην. ὅτι δὲ οὐ
κοινότερον εἴρηται ἡ ἐπιστήμη, δηλοῖ τὸ τῷ εἰδέναι ἐπαγαγεῖν τὸ ἐπίστασθαι.
δύναται καὶ ὡς ἴδιον πασῶν τῶν ἐπιστημονικῶν εἰδήσεων τοῦτο εἰρῆσθαι τὸ
ὧν εἰσιν ἀρχαὶ ἢ αἴτια ἢ στοιχεῖα· ἡ γὰρ ἐπιστήμη συλλογισμὸς οὖσα 10
15 ἀποδεικτικὸς ἐξ ἀρχῶν πάντως ἐστὶ τῶν ἀμέσων προτάσεων. ἀλλ' εἰ
τοῦτο, ἐπειδὴ τὰς ἀμέσους προτάσεις ἀναποδείκτως ἴσμεν, ἵνα μὴ ἐπ' ἄπειρον
ἴωμεν, καὶ τὰς ἀρχὰς τῶν φυσικῶν ἀναποδείκτως εἰσόμεθα· καίτοι δι'
ἀποδεικτικῶν αὐτὰς συλλογισμῶν παραδιδόναι πειράσεται." μήποτε οὖν
αὐτῷ προσεκτέον τῷ Ἀριστοτέλει ἀκριβῶς εἰπόντι τὴν ἐπιστημονικὴν εἴδησιν
20 συμβαίνειν οὐ περὶ πάντα τὰ ὄντα οὐδὲ περὶ πάσας τὰς γνώσεις, ἀλλὰ
περὶ πάσας τὰς μεθόδους. εἰ γὰρ μέθοδός ἐστιν, ὡς ὁ Ἀλέξανδρός φησιν, 15
πᾶσα ἕξις θεωρητικὴ τῶν ὑφ' ἑαυτὴν μετὰ λόγου, τουτέστι μετὰ αἰτίας,
ταὐτὸν δὲ εἰπεῖν ἡ μετὰ ὁδοῦ τινος εὐτάκτου πρόοδος ἐπὶ τὸ γνωστόν,
δῆλον ὅτι οὐκ ἂν εἴη μέθοδος ἡ τῆς ἀρχῆς γνῶσις, ἀλλ' ἡ ἐπιστημονικὴ
25 μόνη ἡ ἀπὸ τῶν ἀρχῶν καὶ αἰτίων τοῦ γνωστοῦ γινομένη. ὧν οὖν γνωστῶν
εἰσιν αἱ ἀρχαὶ ἢ ὡς αἴτια ἢ ὡς στοιχεῖα ὥσπερ καὶ τῶν φυσικῶν, τὸ ἐπί-
στασθαι ταῦτα συμβαίνει ἐκ τοῦ τὰς ἀρχὰς αὐτῶν γνωρίζειν. ἐπιστήμη γάρ
ἐστιν ἡ ἀπὸ τῶν ἀρχῶν γνῶσις.

p. 184ᵃ16   Πέφυκε δὲ ἐκ τῶν γνωριμωτέρων.   20

30   Δείξας ὅτι ἀνάγκη τὸν μέλλοντα ἐπιστήμονα τῶν φυσικῶν ἔσεσθαι πρα- 30
γμάτων τὰς ἀρχὰς τῶν φυσικῶν ἐπεσκέφθαι καὶ μεταβαίνων λοιπὸν ἐπὶ τὴν
περὶ τῶν ἀρχῶν διδασκαλίαν, τὸν τρόπον αὐτῆς ἀφορίζεται πρῶτον· καὶ γὰρ

---

1 δὲ aF: om. DE   ἐπίστασθαι ἄξιον DE   3 παρειλήφθη D   τῇ μηχανικῇ τὰς ἀρχὰς DE: τὰς ἀρχὰς τῇ μ. (τὰς om. a) aF   5 ἔσται ex ἔστι corr. D   6 ἡ (ante φυσιολογία) DE: om. aF   ἡ (ante πᾶσα) om. a   8 τὴν δὲ ψ. F   ὡς αὐτὸς aF   ἐν τῷ Κ c. 7   9 δέ (post δύναται) D: om. aEF   10 κοινοτέραν D   12 ἐπάγειν a   13 ὡς ἴδιον — πειράσεται ad verbum fere p. 13, 16 tamquam sua protulerat Simplicius, quae hic ex Alexandri disputatione continuat   16 ἀναποδείκτους DE   18 ἀποδιδόναι a   οὖν D: γοῦν aEF   19 εἰπόντι iterum ante συμβαίνειν sed punctis notatum F   20 οὐ παρὰ πάντα E   21 ὡς φησιν Ἀλέξανδρος a   φησί om. F   ἡ] τί ἐστι μέθοδος εἰ E   25 μόνη om. a   26 εἰσὶν αἱ DE: εἰσιν aF   28 ἀρχῶν aF: αἰτίων DE   29 γνωριμωτάτων DE   30 ἐπιστήμονα τὸν μέλλοντα ἐπιστήμονα F   τῶν om. DE   ἐπισκέφθαι E   32 τὸν τρόπον ἀφορίζεται πρῶτον αὐτῆς a

ζητεῖται, εἰ δυνατὸν ὅλως περὶ τῶν ἀρχῶν τι μανθάνειν· εἰ γὰρ πᾶσα δι- 4r
δασκαλία καὶ πᾶσα μάθησις διανοητικὴ ἐξ ἀρχῶν γίνεται, ἀδύνατον δὲ τῶν
ἀρχῶν ἀρχὰς λαβεῖν, ἄπορος ἂν ἡ μάθησις εἴη· αὐτὸς οὖν ἡμῖν τὸν τρό-
πον ὑφηγεῖται τῆς τῶν ἀρχῶν γνώσεως. ὀλίγον δὲ ἄνωθεν ἀρκτέον· ἐπειδὴ 35
5 πᾶν τὸ γινωσκόμενον ἢ αὐτόπιστόν ἐστι καὶ ἀρχὴ γνώσεως διὰ τὸ ὁμο-
λογεῖσθαι, ὡς ἔχουσιν οἱ ὅροι καὶ αἱ ἄμεσοι καλούμεναι προτάσεις, ἢ ἐκ
προϋπαρχούσης τινὸς γινώσκεται γνώσεως τῆς τῶν ὅρων καὶ τῶν ἀμέσων
προτάσεων, ὡς ἔχει πάντα τὰ διὰ συλλογισμῶν καὶ ἀποδείξεως γινωσκόμενα,
καὶ αἱ ἀρχαὶ δηλονότι τῶν φυσικῶν συνθέτων ὄντων * * * ὅτι μὲν αὐτό-
10 πιστοι οὐκ εἰσί, δῆλον ἐκ τῆς διαφόρου τῶν φυσιολόγων ἐπιβολῆς ἄλλων
ἄλλας ἀρχὰς ὑποτιθεμένων, ὡς μαθησόμεθα· ἀποδεικτὰς δὲ οὔσας ἀνάγκη 40
διὰ γνωριμωτέρων τινῶν ἀποδείκνυσθαι. πᾶσα γὰρ διδασκαλία καὶ πᾶσα
μάθησις διανοητική, τουτέστιν οὐκ ἐξ αἰσθήσεως οὐδὲ κατὰ νοῦν γινομένη
ἀλλὰ συλλογιστική τε καὶ ἀποδεικτική, ἐκ προϋπαρχούσης γίνεται γνώσεως,
15 ὡς ἐν τοῖς Ὑστέροις ἀναλυτικοῖς μεμαθήκαμεν. τὰ δὲ γνωριμώτερα ἢ ὡς
ἀρχαὶ καὶ αἴτια τῶν ἀποδεικνυμένων παραλαμβάνονται, ὅπερ ἐν ταῖς κυρίως
ἀποδείξεσι συμβαίνει (ἐκ γὰρ τῶν ἀρχῶν καὶ αἰτίων αὗται τοῦ πράγματος 45
γίνονται, ὡς ὅταν τὸ καλὸν εἶναι τὸν κόσμον ἐκ τοῦ τὸν δημιουργὸν ἀγαθὸν
εἶναι συλλογιζώμεθα ἢ τὸ ἀθάνατον τῆς ψυχῆς ἐκ τοῦ αὐτοκινήτου), ἢ ὡς
20 ἀκολουθοῦντα ἐξ ἀνάγκης τοῖς ἀποδεικνυμένοις καὶ διὰ τοῦτο συνεισάγοντα
αὐτά. οὕτω παραλαμβάνεται τὰ γνωριμώτερα (ὡς ὅταν τὸν θεὸν ἀγαθὸν
δεικνύωμεν ἐκ τοῦ τὸν κόσμον καλὸν εἶναι καὶ τεταγμένον, προχειροτέρου
τούτου κατ' αἴσθησιν ἡμῖν ὄντος, καὶ τὴν ψυχὴν αὐτοκίνητον ἐκ τοῦ τὰ
ἔμψυχα σώματα ἔνδοθεν κινεῖσθαι) καὶ ἔστιν οὗτος τεκμηριώδης μᾶλλον 50
25 ἀλλ' οὐκ ἀποδεικτικὸς ὁ τοῦ συλλογισμοῦ τρόπος. καὶ τὰ πρὸς τὴν τοι-
αύτην πίστιν παραλαμβανόμενα τοῦ μὲν ἀποδεικνυμένου οὐκ εἰσὶν ἀρχαί
(ἕπονται γὰρ αὐτῷ μᾶλλον ἤπερ προηγοῦνται), τῆς δὲ τοιαύτης ἀπο-
δείξεως ἀρχαί, διότι γνωριμώτερά ἐστι καὶ προφανέστερα καὶ ἀπ' αὐτῶν ἡ
πίστις γίνεται τοῦ ἀποδεικνυμένου. ἀνάγκη τοίνυν καὶ τὰς τῶν φυσικῶν
30 πραγμάτων ἀρχὰς τὰς ὡς αἰτίας λεγομένας [ἀρχὰς] πάντως μὲν ἐκ γνω- 55
ριμωτέρων τινῶν ἀποδείκνυσθαι, ἀλλὰ ποτὲ μὲν καὶ ἀρχοειδεστέρων τῇ
φύσει καὶ αἰτίων λόγον ἐχόντων, ὅπερ οὐκ ἔστι φυσιολόγῳ προσῆκον (ὑπερ- 4v
βαίνει γὰρ αὐτοῦ τὸ μέτρον τὸ τὰς αἰτίας τῶν οἰκείων ἀρχῶν ἐγνωκέναι),
ἀλλὰ τῆς ἀναβεβηκυίας αὐτὸν ἐπιστήμης, τῆς πρώτης φιλοσοφίας· αὕτη

---

3 ἡ μάθησις ἂν a   4 ἀρκτέον aF: ῥητέον DE   6 ὡς DE: ὃ aF   προτάσεις
καλούμεναι a   8 συλλογισμῶν DE cf. Arist. p. 71 a 5: συλλογισμοῦ aF   9 excidit
apodosis hunc ad modum explenda: ⟨ἢ αὐτόπιστοί εἰσιν ἢ ἀποδεικταί. καὶ⟩ ὅτι μὲν κτλ.
11 ἀποδεικτὰς Torstrik: ἀποδεικτικὰς libri   15 Ὑστέροις ἀναλυτικοῖς A 1 p. 71 a 1: ὕστερον
ἀναλ. DE   17 αὗται DE   20 δεικνυμένοις aF   23 κατ' αἴσθησιν DEF cf. f. 4 v 42:
κατὰ τὴν αἴσθησιν (ex Arist. p. 184 a 25) a   26 ante οὐκ add. πράγματος aF: item
τρόπου sed expunctum D: recte E cf. v. 29   εἰσι DE   30 ἀρχὰς delevit Torstrik
cf. p. 16, 1   31 μὲν om. a   33 αἰτίας aDE: οἰκείας F   34 αὐτὸν] fortasse
ἐστίν· ὑπερβεβηκυίας αὐτὸν coni. Torstrik, quod melius scribas ἐπαναβεβηκυίας αὐτοῦ cf.
f. 10 v 39. 5 v 13

γὰρ τῶν ἄλλων τὰς ἀρχὰς ἀποδείκνυσι τὰς ὡς αἰτίας λαμβανομένας, αὐτο- 4ᵛ
πίστοις ἀρχαῖς αὐτὴ χρωμένη. δυνατὸν δὲ τρόπον τινὰ καὶ ἐκ τῶν ἑπομένων
ταῖς ἀρχαῖς καὶ ἀπ' αὐτῶν συντιθεμένων, οὐκέτι ὡς ἀπὸ αἰτίων ἀλλ'
ὡς ἀπὸ γνωριμωτέρων, τὰ περὶ τῶν ἀρχῶν τῶν φυσικῶν συλλογίζεσθαι
5 οὐκ ἐπιστάμενον αὐτὰ ἀλλὰ γνωρίζοντα μόνον. διὸ οὐκ εἶπεν ἐκ τοῦ ἐπιστη-
μονικῶς γνῶναι τὰς ἀρχὰς ἀλλ' ἐκ τοῦ γνωρίζειν αὐτάς, διότι ἀπὸ τῶν
ἑπομένων ἡ γνῶσις αὐτῶν. ἑπόμενα δέ ἐστι τοῖς ἀρχοειδεστέροις καὶ στοι-
χειωδεστέροις τὰ ἐξ αὐτῶν σύνθετα καὶ τοῖς μέρεσι τὰ ὅλα. καὶ ἔστιν
ἡμῖν γνωριμώτερα τὰ σύνθετα καὶ συγκεχυμένα τῶν συντιθέντων αὐτὰ καὶ
10 ἁπλῶν, διότι τὰ μὲν σύνθετα τῇ αἰσθήσει γνωρίζομεν προχειροτέραν
ταύτην ἔχοντες οἱ πολλοὶ τὴν γνῶσιν, τὰ δὲ ἁπλᾶ ἐκ τῶν συνθέτων
πέφυκε καταλαμβάνεσθαι. καὶ γὰρ ζῷον ἕκαστον καὶ φυτὸν ἑτοίμως γνωρί-
ζομεν ὅτι τόδε ἄνθρωπος ἢ ἵππος καὶ τόδε συκῆ ἢ ἄμπελος· ὅτι μέντοι
ἐκ τῶν τεττάρων στοιχείων ταῦτα σύγκειται, οὐκ ἔστι παντὸς εἰδέναι· τὸ
15 δὲ καὶ ὅπως μὲν ἔχοντα τὰ στοιχεῖα ζῷον ποιεῖ καὶ τόδε τὸ ζῷον, ὅπως
δὲ φυτὸν καὶ τόδε τὸ φυτόν, μόνων ἂν εἴη τῶν εἰς ἄκρον φιλοσοφίας ἐλη-
λακότων. οὕτω δὲ καὶ τὰ κοινὰ καὶ καθόλου ὁλοσχερεστέραν ἔχοντα γνῶσιν
καὶ προφανεστέραν γνωριμώτερα μᾶλλον ἡμῖν ἐστι τῶν καθέκαστα· τὸ γὰρ
ἐκ διαστήματος προσιὸν ῥᾷον διαγνῶναι ὅτι ζῷον ἢ ὅτι ἄνθρωπος, καὶ ὅτι
20 ἄνθρωπος ἢ ὅτι Σωκράτης. ἔοικε δὲ τὸ καθόλου τῷ ὅλῳ κατὰ τὸ συγ-
κεχυμένην ἔχειν ἐν ἑαυτῷ τῶν συντιθέντων αὐτὸ πολλῶν τὴν διάρθρωσιν ὡς
ἐν τῷ ὅλῳ τὰ μέρη· καὶ γὰρ ἐν τῷ ζῴῳ ἀδιόριστος ἡ τῶν εἰδῶν τοῦ ζῴου
διαφορά· καὶ τὸ καθόλου οὖν ὡς σύνθετον κατὰ τὸ συγκεχυμένον γνωριμώ-
τερον ἡμῖν ἐστι καὶ ὡς πρὸς ἡμᾶς πρῶτον κατὰ τὴν γνῶσιν, ὥσπερ τῇ
25 φύσει καὶ τοῦτο ὕστερον, εἴπερ ἐπιγέννημά ἐστι τῶν καθέκαστα. τῇ γὰρ
φύσει σαφέστερα καὶ γνωριμώτερα τὰ ἁπλούστερά ἐστιν ὡς εἰλικρινῆ καὶ
ἄμικτα· διὸ καὶ ἡ διαλεκτικὴ ἐπιστήμη αὐτὸ ἕκαστον ὅτι ποτέ ἐστιν ἐπι-
σκοπεῖν εἴθισται ἐπὶ ἁπλῶν τῶν εἰδῶν φιλοσοφοῦσα, ἅτε τῇ φύσει τῶν
ὄντων συμπροϊοῦσα, καθ' ἣν γνωριμώτερα καὶ φανερώτερα τὰ ἁπλούστερα
30 τῶν συνθέτων καὶ τὰ εἰλικρινῆ τῶν συγκεχυμένων.

Ὅτι δὲ γνωριμώτερον ἡμῖν τὸ ἀδιόριστον καὶ συγκεχυμένον οἷον τὸ
ὅλον δοκεῖ, πιστοῦται τὸ μὲν ὄνομα ἕκαστον ὡς ὅλον τι λαβών, τὸν δὲ τοῦ
ὀνόματος ὁρισμὸν ὡς τὴν διάρθρωσιν τῶν τοῦ ὀνόματος μερῶν καὶ στοιχείων
παραδιδόντα. δῆλον γὰρ ὅτι ἡ μὲν κατὰ τὸ ὄνομα γνῶσις τοῦ κύκλου πρό-

---

1 ὡς add. D² αὐτοπίστως aF   2 αὕτη a   5 ἐκ τοῦ om. a   8 συντιθέμενα a
9 γνωριμώτατα τὰ DE   11 τὴν aF: om. DE   ἐκ τῶν συνθέτων DE: τῷ νοῖ aF
13 καὶ τόδ' ἵππος a   14 πάντως E   τὸ δὲ καὶ DE: τόδε· καὶ aF   15 τὸ quod
erat inter δὲ et φυτὸν transposui inter τόδε et ζῷον   16 τόδε τὸ φυτὸν DE: τόδε φυτὸν
aF   μόνον aF   18 γνωριμώτερα aE   19 ῥᾴδιον aF   ἢ ὅτι] ἢ DE
καὶ] ἢ DE   20 ἄνθρωπος ἢ ὅτι om. D   21 συντιθεμένων F¹   23 κατὰ τὸ
scripsi cf. v. 20: καὶ τὸ DEF: τὸ delevit a   24 ἐστι DE: om. aF   26 ἐστιν aF:
εἰσιν DE   27 ἅτε] οὔτε sic DE   30 συνθέτων DE: συνθετωτέρων aF   33 τῶν
E: om. aDF

χειρος καὶ τοῖς πολλοῖς ἐστιν, ὁ δὲ τοῦ κύκλου ὁρισμός, ὅτι ἔστι σχῆμα
ἐπίπεδον ὑπὸ μιᾶς γραμμῆς περιεχόμενον, πρὸς ἣν ἀπὸ ἑνὸς σημείου πᾶσαι
αἱ προσπίπτουσαι [πρὸς τὴν τοῦ κύκλου περιφέρειαν] ἴσαι ἀλλήλαις εἰσίν,
οὗτος δὴ ὁ ὁρισμὸς οὐκέτι πρόχειρος πᾶσι τὰ καθέκαστα τοῦ κύκλου πα-
5 ραδιδοὺς καὶ τοῖς μέρεσιν αὐτοῦ καὶ στοιχείοις ἐπεξιών. ἀλλὰ τοῦτο μὲν ὡς
πρὸς τὸ σύνθετον καὶ ὅλον οἰκείως ἔχει τὸ παράδειγμα· συνῄρηται γὰρ καὶ
συγκέχυται ἐν τῷ ὀνόματι ὡς ἐν ὁλότητι μιᾷ τὰ ἐν τῷ ὁρισμῷ πάντα μέρη
καὶ στοιχεῖα· οὐκέτι δὲ τῷ καθόλου προσέοικε. τὸ μὲν γὰρ καθόλου ἑκάστῳ
τῶν συμπληρούντων αὐτὸ ἐφαρμόττει (ζῷον γὰρ καὶ ἄνθρωπος καὶ ἵππος),
10 τὸ δὲ ὄνομα πρὸς πάντα μὲν ἅμα τὰ ἐν τῷ ὁρισμῷ περιλαμβανόμενα
ἐφαρμόττει, οὐκέτι δὲ καὶ πρὸς ἕκαστον· οὐ γὰρ τὸ σχῆμα κύκλος οὐδὲ
τὸ ὑπὸ μιᾶς γραμμῆς περιεχόμενον οὐδὲ ἄλλο τι ἓν ἢ πλείονα τῶν ἐν τῷ
ὁρισμῷ περιλαμβανομένων, εἰ μὴ πάντα ἅμα. διὸ τὸ δεύτερον ἐπήγαγε
παράδειγμα τὸ ἐπὶ τῆς καθ' ἡλικίαν προκοπῆς θεωρούμενον. οἱ γὰρ νή-
15 πιοι παῖδες ὁλοσχερῆ καὶ συγκεχυμένην ἔτι τὴν γνῶσιν ἔχοντες πάντας
τοὺς ἄνδρας πατέρας καὶ τὰς γυναῖκας μητέρας καλοῦσι· προϊόντος δὲ τοῦ
χρόνου διαρθροῦσι τὸ ὁλοσχερὲς εἰς τὸ μερικὸν ἴδιον καὶ οὕτω τὴν ἀκριβῆ
τῶν γεννησάντων αὐτοὺς λαμβάνουσιν εἴδησιν. ὥστε καὶ ἡμεῖς, ἕως ἂν τῷ
ὁλοσχερεῖ καὶ συγκεχυμένῳ τῶν αἰσθητικῶν γνώσεων ἑπόμενοι τὰ πράγματα
20 διαγινώσκωμεν, παίδων νηπίων οὐδὲν ἀπεοίκαμεν πατέρας πάντας τοὺς προσ-
τυγχάνοντας καλούντων· ὅταν δὲ ἀπὸ τῶν συγκεχυμένων ἐπὶ τὰ εἰλικρινῆ καὶ
ἀπὸ τῶν συνθέτων ἐπὶ τὰ ἁπλᾶ καὶ στοιχειώδη προέλθωμεν, τότε ἂν εἴ-
ημεν ἐγγυτέρω προσιόντες τῇ ἐπιστήμῃ, ἅτε μὴ μόνον τὰ κατ' αἴσθησιν
γνωστὰ ἀλλὰ καὶ τὰ κατὰ λόγον γνωρίζοντες καὶ μὴ μόνον τὰ σύνθετα
25 ἀποτελέσματα ἀλλὰ καὶ τὰ αἰτιώδη τούτων στοιχεῖα. "ἐλέγετο δέ, φησὶν
ὁ Ἀλέξανδρος, δύνασθαί τινα λέγεσθαι καθόλου ὑπ' αὐτοῦ νῦν καὶ τὰ
ἀξιώματα, οἷς πρὸς ἅπαντα μὲν τὰ δεικνύμενα χρώμεθα διὰ τὸ εἶναι ἐναργῆ,
οὐδενὸς δὲ τῶν δι' αὐτῶν δεικνυμένων ἐστὶν ἴδια· ὁποῖά ἐστι τὸ ἐπὶ παντὸς
τὴν φάσιν ἢ τὴν ἀπόφασιν, κἂν ἀπὸ ἴσων ἴσα ἀφαιρεθῇ, τὰ καταλειπόμενα
30 ἐστὶν ἴσα. ταῦτα γὰρ τῷ πρὸς πολλὰ εἶναι χρήσιμα καθόλου τέ ἐστι καὶ
ἕκαστον τῶν ὑπ' αὐτῶν περιέχεται. ἡ μὲν οὖν ὅλη τῶν εἰρημένων ἐν τῷ
προοιμίῳ διάνοια καὶ τάξις αὕτη.

Ἐπιστῆσαι δὲ ἐν αὐτοῖς ἄξιον πρῶτον μὲν ὅτι τοῖς προκειμένοις οἰ-
κεῖον τὸ τοῦ ὅλου καὶ συνθέτου ἀλλ' οὐχὶ τὸ τοῦ καθόλου παράδειγμα. οὐ
35 γὰρ ὡς ἐκ στοιχείων τῶν καθέκαστα σύγκειται τὸ καθόλου, ὥσπερ τὸ
ὅλον καὶ τὸ σύνθετον· οὐδὲν γὰρ στοιχεῖον τὴν τοῦ συνθέτου κατηγορίαν
ἐπιδέχεται, ὥσπερ τὰ καθέκαστα τὴν τοῦ καθόλου.

Δεύτερον δὲ ἐπιστάσεως ἄξιον, ὅτι διττή ἐστι τοῦ ὅλου καὶ τοῦ κα-
θόλου ἡ γνῶσις ὥσπερ καὶ τοῦ ὀνόματος, ἡ μὲν ὁλοσχερὴς καὶ συγκεχυ-

---

3 πρὸς — περιφέρειαν del. Torstrik   7 ἐν primum om. a   9 αὐτὸ om. E   10 παραλαμβ.
hic et v. 13 libri   13 διὸ τὸ] διατοῦτο E   19 καὶ om. aF   20 διαγινώσκομεν
DF¹: om. E   προστυχόντας E   24 τὰ (ante κατὰ) om. E   29 φάσιν DE: κατά-
φασιν aF   31 ἑκάστῳ F   τῶν deleverim   post αὐτῶν add. δεικνυμένων aF
περιέχει Torstrik   οὖν om. E   προειρημένων aF

μένη καὶ κατὰ ψιλὴν ἔννοιαν τοῦ γνωστοῦ γινομένη, ἥτις καὶ παχυτέρα 4v
ἐστὶ τῆς κατὰ τὸν ὁρισμὸν γνώσεως· ἡ δὲ συνῃρημένη καὶ ἡνωμένη καὶ
⟨τὰ⟩ κατὰ μέρος περιειληφυῖα νοερά τις αὕτη καὶ | ἁπλῆ καὶ φανταστικὴ δὲ 5r
μᾶλλον ἐκείνης καὶ ἀπεστενωμένη· καὶ ἡ μὲν τοῖς πολλοῖς συνήθης [ἡ ὁλο-
5 σχερής], ἡ δὲ τοῖς ἀκροτάτοις. καὶ γὰρ τὸ καθόλου οἱ μὲν πολλοὶ κατὰ τὸ
κοινὸν νοοῦσι τὸ ἐν τοῖς κατὰ μέρος ἐξ ἀφαιρέσεως αὐτοῦ ψιλὴν τὴν ἰδιό-
τητα λαμβάνοντες προλάμπουσαν μᾶλλον διὰ τὸ ἐπικρατεῖν τῶν διαφορῶν
τὴν κοινότητα, οἱ δὲ τὴν ὅλην αὐτοῦ τῶν κατὰ μέρος περίληψιν καὶ τὴν
διὰ πάντων δίιξιν καὶ τὴν τὰς διαφορὰς συνῃρηκυῖαν κοινότητα νοερῶς συ- 5
10 ναιροῦσι· καὶ τὸ ὄνομα δὲ ἀκούσας τὸ τοῦ ἀνθρώπου εἰ τύχοι ὁ μὲν πολὺς
εἰς τὴν ὁλοσχερῆ φαντασίαν ἀποφέρεται, ὁ δὲ φιλόσοφος τὸν ὁρισμὸν ἐν
ἁπλότητι μιᾷ συναιρεῖ, ὥστε ἡνωμένον τὸ τοῦ ὁρισμοῦ πλῆθος νοῆσαι καὶ
ἅμα τὸ πλῆθος καὶ τὸ ἓν λαβεῖν· ὅπερ ἴδιον ἐπιστήμης, ὃ καὶ ὁ ἐν Θεαι-
τήτῳ Σωκράτης ᾐνίξατο. * * * [ἡ δὲ κατὰ τὸν ὁρισμὸν καὶ ἡ διὰ τῶν
15 στοιχείων] γνῶσις μέση τίς ἐστιν ἀμφοῖν διανοητικὴ μᾶλλον οὖσα ἢ καὶ
δοξαστική, καὶ τῆς μὲν χείρονος κατὰ τὸ ἀκριβὲς ὑπερέχουσα, τῆς δὲ 10
κρείττονος ἀπολειπομένη κατὰ τὸ διῃρημένον καὶ ἡ μᾶλλον ἢ ἧττον κεχηνός.
οὕτω δὲ καὶ τῶν κοινῶν ἡ γνῶσις ἡ μὲν ὁλοσχερὴς προτρέχει τῆς κατὰ
τὰς διαφορὰς διαρθρώσεως, ἡ δὲ ἀκριβὴς ἐπιγίνεται συναιροῦσα ἐν τῇ κοι-
20 νότητι τὰς διαφοράς. ὅταν οὖν ὁ Ἀριστοτέλης τὴν τῶν κοινῶν γνῶσιν πρώτην
μὲν ὡς πρὸς ἡμᾶς, ὑστέραν δὲ τῇ φύσει λέγῃ, τὴν ὁλοσχερῆ ταύτην φησὶ
τὴν ἐξ ἀφαιρέσεως τῆς κοινότητος ψιλῆς γινομένην, ἥτις οὐδὲ ὑφέστηκε
καθ' ἑαυτήν.

Τρίτον δ' ἐφιστάνειν ἄξιον, ὁποία τίς ἐστιν ἡ περὶ τῶν φυσικῶν πρα- 15
25 γμάτων ἀπόδειξις. εἰ γὰρ τὸ μὲν εἰδέναι τι περὶ τῶν φυσικῶν πραγμάτων
ὑπάρχει τοῖς τὰς ἀρχὰς καὶ τὰ αἴτια τῶν φυσικῶν ἐγνωκόσι, ταύτας δὲ ἐκ
τῶν συνθέτων ἤδη καὶ συγκεχυμένων εὑρίσκομεν, ἅπερ οὐκ ἔστιν ἀκριβῶς
γνῶναι μὴ τῶν αἰτίων ἐγνωσμένων ἀκριβῶς, δῆλον ὅτι τεκμηριώδης ἐστὶν
ἡ γνῶσις ἡ περὶ τῶν ἀρχῶν ἀλλ' οὐκ ἀποδεικτική. καὶ καλῶς ὁ Πλάτων
30 τὴν φυσιολογίαν εἰκοτολογίαν ἔλεγεν εἶναι, ᾧ καὶ Ἀριστοτέλης συμμαρτυρεῖ
τὴν κυρίως ἀπόδειξιν ἐξ ἀμέσων καὶ αὐτοπίστων ἀρχῶν καὶ ἐκ τῶν κυρίως
αἰτίων καὶ τῇ φύσει προτέρων εἶναι βουλόμενος. ἀλλ' οὐκ ἀτιμαστέον διὰ 20
τοῦτο φυσιολογίαν, ἀλλ' ἀρκεῖσθαι χρὴ τῷ κατὰ τὴν ἡμετέραν φύσιν καὶ
δύναμιν, ὡς καὶ Θεοφράστῳ δοκεῖ.

---

1 ἔννοιαν DEF: ἐπίνοιαν a   3 τὰ a: om. DEF   καὶ (post ἁπλῆ) om. a   4 ἐκείνης scripsi: ἐκείνῃ libri   ἀποξενωμένη E   συνήθεια D¹   ἡ om. E   ἡ ὁλοσχερής induxi   9 δίιξιν aF   11 ἀποφαίνεται aF   13 τὸ ante ἓν om. aF   ὃ DE: om. aF   Θεαιτήτῳ puto p. 146D   14 ἡ κατὰ τὸν ὁρισμὸν καὶ ἡ διὰ τῶν στοιχείων glossema est vocis ἀμφοῖν, quo iniecto excidit velut ἄλλη δὲ   15 μέση] μεσότης E   17 καὶ μᾶλλον κεχηνός a   21 λέγει F   22 ψιλὴν a   24 ἀξιῶ DE   25 ἀπόδειξις — 26 ὑπάρχει DE: om. F: expleverat supplendo γνῶσις a   28 δῆλον οὖν ὅτι a   30 τὸν φυσιολόγον E¹   εἰκοτολογίαν ἔλεγεν cf. Tim. p. 59 c   33 χρὴ τῶν E   φύσιν] χρῆσον a

Τέταρτον δὲ πρὸς τοῖς εἰρημένοις ἄξιον ζητεῖν, πῶς τὰ κοινὰ σαφέστερα
μὲν ὡς πρὸς ἡμᾶς, ἀσαφέστερα δὲ τῇ φύσει λέγει ὁ Ἀριστοτέλης. εἰ γὰρ
ἀσαφέστερα τῇ φύσει, δῆλον ὅτι καὶ πορρώτερα καὶ ὕστερα ἔσται τῇ φύσει.
καίτοι συναναιρεῖ μὲν τὰ κοινά, οὐ συναναιρεῖται δὲ ὅπερ χαρακτηρίζειν τὰ
5 φύσει πρότερά φαμεν. καὶ ὅ γε Ἀφροδισιεὺς Ἀλέξανδρος ὁμολογεῖ τὸ κοινὸν
καὶ καθόλου τῇ φύσει πρότερον εἶναι τῶν ὑπ' αὐτὸ ὡς τὸ ζῷον τοῦ ἀν-
θρώπου τῷ συναναιρεῖν μέν, μὴ συναναιρεῖσθαι δέ. καὶ τοῦτο μὲν μετρίως
ὁ Ἀλέξανδρός φησιν· εἰπὼν δὲ ὅτι "τὸ καθόλου τῇ φύσει πρῶτόν ἐστιν"
ἐπάγει "οὐ μὴν καὶ κυρίως πρῶτον, ὅτι μηδὲ οὐσία· καὶ διὰ τοῦτο ἡ τῶν
10 κοινῶν γνῶσίς τινος ὑστέρα τῆς διὰ τῶν οἰκείων, εἴ γε πρῶτα ἐν ἑκάστῳ
τὰ τὴν οἰκείαν φύσιν δηλοῦντα". καίτοι θαυμάσειεν ἄν τις, πῶς τὸ τῇ
φύσει πρῶτον οὐ κυρίως πρῶτόν ἐστι. μήποτε οὖν ὥσπερ τοῦ ὅλου καὶ
συνθέτου τὰ στοιχεῖα καὶ τὰ μέρη πρότερα τῇ φύσει φησὶν ὁ Ἀριστοτέλης
πρῶτα πρὸς ἡμᾶς τὰ σύνθετα λέγων ὡς συγκεχυμένα καὶ αἰσθήσει ληπτά,
15 οὕτω καὶ κοινὰ τὰ ὑστερογενῆ καὶ ἐξ ἀφαιρέσεως λαμβάνει, ἅπερ οὐ συνα-
ναιρεῖ κυρίως τὰ κατὰ μέρος, ὡς ἰδιότητες ψιλαὶ λαμβανόμεναι, ἀλλ' οὐχ
ὡς περιοχαὶ τῶν κατὰ μέρος. τοῦτο μὲν οὖν εἴ τις δύναιτο καὶ πιθανώτερον
ἀπολογιζέσθω. ἐπειδὴ δὲ ἀπὸ τῶν κοινῶν καὶ συνθέτων καὶ ἡμῖν σαφε-
στέρων ἐπὶ τὰς ἀρχὰς τῶν φυσικῶν φησι δεῖν ἀνατρέχειν ὁ Ἀριστοτέλης,
20 ἄξιον ζητεῖν τίνα μέν ἐστι τὰ κοινά, τίνα δὲ τὰ τῇ φύσει πρότερα, ἅπερ
καὶ ἀρχαὶ τῶν φυσικῶν εἰσιν. ὁ μὲν οὖν Ἀλέξανδρος "πρῶτον μέν, φησί,
δείξει ὅτι πλείους αἱ ἀρχαὶ καὶ οὔτε μία οὔτε ἄπειροι, εἶτα ὅτι δεῖ καὶ ἐναν-
τίωσιν ἐν αὐταῖς εἶναι καὶ τῇ ἐναντιώσει τι ὑποκεῖσθαι, ἀφ' ὧν κοινῶν
ὄντων μετελθὼν δείξει καὶ τίνες εἰσὶν αὐταί· ὁ γὰρ ἐκεῖνα εἰδὼς οὐδέπω
25 τὰς ἀρχὰς τίνες εἰσὶν οἶδεν". ἀλλ' ἐπιστῆσαι ἄξιον. εἰ γὰρ τὸ 'εἰ μία ἡ
ἀρχὴ ἢ πλείους' καὶ 'εἰ ἐναντίωσιν ἔχουσιν ἢ μή' καὶ 'εἰ ὑπόκειταί τι αὐ-
ταῖς ἢ μή' περὶ αὐτῶν εἴρηται τῶν ἀρχῶν καὶ οὐ περὶ τῶν ἐξ αὐτῶν συγ-
κειμένων, πῶς ἀπὸ τῶν συνθέτων ἐπὶ τὰς ἀρχὰς ἡμᾶς οὗτος ὁ τρόπος
ἀναπέμψει; "ἐλέγετο δέ, φησὶν ὁ Ἀλέξανδρος, δύνασθαί τινα λέγεσθαι
30 καθόλου ὑπ' αὐτοῦ νῦν καὶ τὰ ἀξιώματα, περὶ ὧν εἴρηται πρότερον· οἷς
προσχρῆται νῦν: τὸ γὰρ ἀνάγκη ἤτοι μίαν εἶναι τὴν ἀρχὴν ἢ πλείους, ἴσον
ἐστὶ τῷ μίαν ἢ οὐ μίαν, τοῦτο δὲ τῷ κατὰ παντὸς τὴν κατάφασιν ἢ τὴν
ἀπόφασιν ὀφείλειν κατηγορεῖσθαι ὑποτέτακται". ἀλλ' οὐδὲ ταῦτα τὰ κοινὰ
σύνθετα ἀπὸ τῶν ἀρχῶν ἐστι τῶν φυσικῶν, ὅπερ ἀπαιτεῖ τὸ τοῦ Ἀριστο-
35 τέλους παράγγελμα, ἀλλὰ καὶ αὐτὰ περὶ τὰς ἀρχὰς θεωρεῖται [τὸ μίαν ἢ

---

2 ἀσαφέστατα DE   λέγων DE   3 φύσει εἴη δηλονότι F   πορρώτερον DE
4 μὲν aF: om. DE   13 τοῦ ante συνθέτου add. aF   τὰ (ante μέρη) om. D¹
15 συναιρεῖ F   17 οὖν om. DE   18 σαφεστέρων DE: ὑστέρων F: προτέρων a
20 τῇ om. DE   21 εἰσιν om. aF   οὖν iterat F   μέν om. aF   22 οὔτε
πλείους οὔτε ἄπειροι οὔτε μία F et (omisso οὔτε πλείους) a   μίας Ε   23 αὑτοῖς DE
25 τίνες εἰσὶν οἶδεν Ε: οἶδε τίνες εἰσίν aF: oblitterata habet D   alterum εἰ om. Ε
27 οὐ om. aF   28 τῶν om. DE   29 ἀναπέμπει a   30 καὶ καθόλου Ε
αὑτοῦ scripsi cf. p. 17, 26: αὐτῶν libri   35 τὸ μίαν ἢ οὐ μίαν εἶναι del. Torstrik

οὐ μίαν εἶναι]· καὶ ἔδει ἀπὸ τῶν συνθέτων καὶ γνωριμωτέρων ἡμῖν γι- 5ʳ νώσκεσθαι, εἰ μία ἡ ἀρχὴ ἢ πλείους, καὶ εἰ ἐναντίαι ἢ οὔ, καὶ τίνες αὗται. μήποτε οὖν ἄμεινον ἐκ τῶν τοῖς φυσικοῖς πράγμασιν ἐναργῶς καὶ γνωρίμως τῇ αἰσθήσει ὑπαρχόντων τὰς ἀρχὰς εὑρίσκειν τῶν φυσικῶν, ὥσπερ καὶ τῷ
5 Ἀριστοτέλει δοκεῖ· οἷον ὅτι οὐ μία ἡ ἀρχὴ ἐκ τῆς τῶν ὄντων διαφορᾶς, ὡς μαθησόμεθα· εἰ γάρ ἐστιν ἐν τοῖς οὖσι, φησί, καὶ οὐσία καὶ ποσὸν καὶ ποιὸν καὶ ταῦτα εἴτε ἀπολελυμένα ἀπ' ἀλλήλων εἴτε μή, 50 πολλὰ τὰ ὄντα. τὸ δὲ ἀκριβὲς τῶν λεγομένων ὀλίγον ὕστερον μαθησόμεθα. ὅτι δὲ οὐκ ἀκίνητοι αἱ ἀρχαί, ἐκ τῆς ἐναργοῦς τῶν φυσικῶν
10 κινήσεως δείκνυται· ἡμῖν δὲ ὑποκείσθω, φησί, τὰ φύσει ἢ πάντα ἢ ἔνια κινούμενα· δῆλον δὲ ἐκ τῆς ἐπαγωγῆς· ὅτι δὲ ἐναντίαι αἱ ἀρχαὶ ἔκ τε τῆς τῶν φυσικῶν περὶ τούτου συμφωνίας, καὶ ὅτι εἶδος καὶ στέρησις καὶ ὑποκείμενόν τι ἐκ τῆς μεταβολῆς τῆς ἐν τοῖς φυσικοῖς δείκνυται. εἰ γὰρ ἡ μεταβολὴ μὴ ἐκ τοῦ τυχόντος εἰς τὸ τυχόν, ἀλλ' ἐξ ἀμούσου ⟨εἰς⟩
15 τὸ μουσικόν, καὶ ὅλως ἐκ τοῦ μὴ τοιούτου πεφυκότος δέ, καὶ εἰ ἀνάγκη | πᾶσαν μεταβολὴν περί τι μένον ὑποκείμενον γίνεσθαι, δῆλον ὅτι καὶ ἐναντίαι 5ᵛ ὡς εἶδος καὶ στέρησις καὶ περὶ ἀνείδεον ὑποκείμενον. ὅλως δὲ ὡς κοινῶς εἰπεῖν ἀπὸ τῶν αἰσθήσεων καὶ τῶν αἰσθητῶν τὴν περὶ τῶν φυσικῶν ἀρχῶν ἀλήθειαν ἀνιχνευτέον καὶ Θεοφράστῳ πειθομένοις, ὃς περὶ τούτου
20 ζητῶν ἐν πρώτῳ Φυσικῶν τάδε γέγραφεν· "ἐπεὶ δὲ [οὐκ] ἄνευ μὲν κινήσεως οὐδὲ περὶ ἑνὸς λεκτέον (πάντα γὰρ ἐν κινήσει τὰ τῆς φύσεως), ἄνευ 5 δὲ ἀλλοιωτικῆς καὶ παθητικῆς οὐχ ὑπὲρ τῶν περὶ τὸ μέσον, εἰς ταὐτά τε καὶ περὶ τούτων λέγοντας οὐχ οἷόν τε καταλιπεῖν τὴν αἴσθησιν, ἀλλ' ἀπὸ ταύτης ἀρχομένους πειρᾶσθαι χρὴ θεωρεῖν, ἢ τὰ φαινόμενα λαμβάνοντας
25 καθ' αὑτὰ ἢ ἀπὸ τούτων εἴ τινες ἄρα κυριώτεραι καὶ πρότεραι τούτων ἀρχαί." καὶ κάλλιον οἶμαι τοιοῦτόν τινα τρόπον τὴν ἀπὸ τῶν ἡμῖν γνωριμωτέρων ἐπὶ τὰς ἀρχὰς ἐπίβασιν γίνεσθαι. ἀλλ' ἐπὶ τὰ ἑξῆς ἰτέον.

184ᵇ15   **Ἀνάγκη δὲ ἤτοι μίαν εἶναι τὴν ἀρχὴν ἢ πλείους.**   10

Ἀκόλουθον μὲν ἦν πρῶτον ζητεῖν εἰ εἰσὶν ὅλως ἀρχαὶ τῶν φυσικῶν
30 καὶ τότε τίνες εἰσὶ καὶ πόσαι· αὕτη γὰρ ἡμῖν ἡ τάξις τῶν προβλημάτων ἐν τοῖς Ἀποδεικτικοῖς ὑπ' αὐτοῦ παραδέδοται. "ἀλλὰ τοῦτο, φασίν, οὐκ ἦν τοῦ φυσικοῦ θεωρεῖν ἀλλὰ τοῦ ἐπαναβεβηκότος· ὁ γὰρ φυσικὸς ὡς δε-

---

1 εἶναι om. a   verba εἶναι καὶ — περιφερές f. 10ʳ 18 iterat E postea (in cod. f. 402ᵛ — 407ᵛ et 416ᵃ — 418ᵛ), quam discrepantiam Eᵃ voco   καὶ ἔδει] καίτοι ἔδει Torstrik: ἔδει δὲ a   4 τῶν ἀριστοτέλει Eᵃ   5 δοκεῖ om. E   ἡ om. a   6 φησί p. 185ᵃ27   10 κινήσεων Eᵃ   δείκνυται hic et v. 13 delebat Torstrik   φησί p. 185ᵃ12   12 τε om. a   13 φυσικῆς Eᵃ   εἰ om. Eᵃ   14 εἰς addidi   15 ἀνάγκην Eᵃ¹   16 μόνον E   ὑποκείμενον om. Eᵃ   17 καὶ περὶ ἀνείδεον om. lacuna relicta Eᵃ   τι ὑποκείμενον a   18 εἰπεῖν om. lacuna relicta Eᵃ   καὶ aEᵃF: om. DE   20 πρώτῳ τῶν a   οὐκ del. Torstrik   27 ἐπίστασιν Eᵃ¹   28 lemma continuat καὶ εἰ μίαν — μέλισσος aE   29 μὲν ἂν ἦν aF   εἰ om. a   31 ἐν] οὐ Eᵃ   ἐν τοῖς Ἀποδεικτικοῖς cf. Anal. Post. II 1 p. 89ᵇ24   καὶ ὑπ' F   φασίν sc. οἱ ἐξηγηταί cf. p. 21,5   33 ἀλλὰ τοῦ lac. rel. om. Eᵃ

δομένῳ τούτῳ χρῆται. διὸ καὶ ἐν τῷ προοιμίῳ εὐθὺς ὡς τιθέμενος ἀρχὰς 5ᵛ
εἶναι τῶν φυσικῶν, ἐπειδή, φησίν, ὧν εἰσιν ἀρχαὶ ἢ αἴτια ἢ στοιχεῖα,
δεῖ ταῦτα γνωρίζειν τὸν ἐπιστήμην μέλλοντα περὶ αὐτῶν ἕξειν καὶ τῶν 15
περὶ φύσεως ἐπιστήμης πειρατέον διορίσασθαι πρῶτον τὰ περὶ
5 τὰς ἀρχάς". ἀλλὰ ταῦτα μὲν οἱ ἐξηγηταὶ τοῦ Ἀριστοτέλους φασίν. ἐπι-
στῆσαι δὲ ἄξιον, μήποτε καὶ τὸ πόσαι καὶ τίνες αἱ ἀρχαὶ καὶ ὅλως ὁ περὶ
τῶν ἀρχῶν λόγος τοῦ ἀναβεβηκότος κατὰ τοῦτον τὸν λόγον εἶναι δοκεῖ.
μήποτε δὲ καὶ ἀνάγκη τὸν φυσικὸν ὅτι σώματά ἐστι τὰ φυσικὰ εἰδέναι,
καὶ ὅτι πᾶν σῶμα σύνθετόν ἐστι, καὶ ὅτι τὸ σύνθετον ἀρχὰς ἔχει τὰ ἐξ
10 ὧν σύγκειται, ὡς καὶ Θεόφραστος ἀπέδειξεν. ἄμεινον οὖν ἴσως λέγειν, ὅτι 20
οὐκ ἐν πᾶσι προβλήμασι τὸ εἰ ἔστι ζητεῖται, ἀλλ' ἐν οἷς τοῦτο ἀμφιβάλ-
λεται, οἷον εἰ ἔστι τὸ κενόν, οὐ μέντοι εἰ ἔστιν ἄνθρωπος. καὶ γὰρ καὶ τοῦτο
ἐν τοῖς λογικοῖς κανόσι διώρισται. ὅτι δέ εἰσιν ἀρχαὶ τῶν φυσικῶν πάντες
συμφωνοῦντες οἱ φυσικοί, τίνες εἰσὶν αὗται ζητοῦσι. καὶ γὰρ τοὺς περὶ
15 τοῦ ὄντος ζητοῦντας περὶ τῆς ἀρχῆς τοῦ ὄντος ζητεῖν φησιν. οἱ γὰρ περὶ
τὰς ἀρχὰς φιλοσοφοῦντες ὡς ὄντων ἀρχὰς ἐζήτουν, καὶ οἱ μὲν ἀδιορίστως,
οὐ διακρίνοντες τὰ φυσικὰ ἀπὸ τῶν ὑπὲρ φύσιν, οἱ δὲ διακρίνοντες μέν, 25
ὥσπερ οἵ τε Πυθαγόρειοι καὶ Ξενοφάνης καὶ Παρμενίδης καὶ Ἐμπεδοκλῆς καὶ
Ἀναξαγόρας, τῇ δὲ ἀσαφείᾳ λανθάνοντες τοὺς πολλούς. διὸ καὶ Ἀριστοτέλης
20 ὡς πρὸς τὸ φαινόμενον ἀντιλέγει, τοῖς ἐπιπολαίως ἐκλαμβάνουσι βοηθῶν.
ἅμα δὲ τῷ τοιάσδε ἢ τοσάσδε εἶναι συναποδείκνυται καὶ τὸ εἶναι ὅλως
ἀρχάς. ὡς οὖν οὐσῶν ἀρχῶν δείξας ὅτι ἀναγκαία ἐστὶν ἡ περὶ τῶν ἀρχῶν
γνῶσις καὶ τὸν τρόπον τῆς ἐπ' αὐτὰς ἐφόδου παραδοὺς εὔλογον οἴεται μὴ
πρότερον τὸ αὐτῷ δοκοῦν περὶ τῶν ἀρχῶν ἐκφῆναι πρὶν τὰς τῶν παλαιο- 30
25 τέρων ἐπισκέψασθαι δόξας. καὶ λαβὼν ἀξίωμα διαιρετικὸν τὸ μίαν εἶναι τὴν
ἀρχὴν ἢ πολλάς (ἀνάγκη γὰρ διὰ τὸ τῆς ἀντιφάσεως ἀξίωμα μίαν ἢ οὐ
μίαν εἶναι, εἰ δὲ μὴ μία, πολλαί), καὶ εἰ μία, φησίν, ἀνάγκη πάλιν ταύτην
ἢ ἀκίνητον ἢ κινουμένην εἶναι, ὑποβάλλει λοιπὸν τοῖς τῆς διαιρέσεως
τμήμασι τὰς προκαταβεβλημένας δόξας. ἢ γὰρ μία καὶ ἀκίνητος, ὡς Παρ-
30 μενίδης ἐδόκει λέγειν καὶ Μέλισσος, ἢ μία καὶ κινουμένη, ὥσπερ οἱ φυσικοί.
εἰ δὲ πλείους, ἢ πεπερασμένας τῷ ἀριθμῷ ἢ ἀπείρους καὶ εἰ
μὲν πεπερασμένας, ἢ δύο ἢ τρεῖς ἢ κατ' ἄλλον τινὰ ἀριθμὸν 35
ὡρισμένας· εἰ δὲ ἀπείρους, ἢ ὁμογενεῖς ἢ καὶ τοῖς γένεσιν ἀντικειμένας.
δυνατοῦ δὲ ὄντος καὶ τοὺς μίαν λέγοντας εἰς τὸ ἄπειρον καὶ τὸ πεπερασμένον
35 διελεῖν, καὶ τοὺς πολλὰς εἰς [τὸ] κινουμένας ἢ ἀκινήτους, "τὸ οἰκειότερον,

---

3 ἔξιν E   7 ἐπαναβεβηκότος a   10 καὶ DEEᵃ: καὶ ὁ aF   11 τὸ εἰ ὅτι Eᵃ   puto
ἐν ἐνίοις   12 οἷον εἰ ὅτι Eᵃ   καὶ (post γὰρ) om. aF   13 λογικοῖς κανόσι cf. Anal.
Post. II 7 p. 92 ᵇ 5   15 φησιν Arist. p. 184 ᵇ 22: φασιν a   18 τε om. aF   19 post
καὶ add. ὁ Eᵃ   21 εἶναι om. aF   συναποδείκνυται Eᵃ: συναποδεικνύναι aDEF
22 περὶ aEᵃF cf. p. 18, 29: om. DE   24 αὐτῷ a: αὑτῷ DEEᵃF   παλαιῶν a
28 ἢ (post ταύτην) om. DE   30 καὶ (post μία) om. Eᵃ   32 ἢ] οὐ F¹   κατ'
om. aF   34 δύναται Eᵃ   εἰς τοὺς ἄπειρον καὶ τοὺς πεπερασμένην coni. Torstrik. sed
audiendum post λέγοντας videtur τὴν μίαν cf. p. 22, 2 ταῖς δὲ πολλαῖς τὸ πεπερασμένον ἢ
ἄπειρον   καὶ τὸ iterat F²   35 τὸ DEEᵃ: del. a: τοὺς corrigebat Torstrik

φησίν ὁ Ἀλέξανδρος, ἑκατέρῳ τῶν ἐκ τῆς διαιρέσεως ὑπέταξεν." οἰκειότερον 5ᵛ
δὲ τῇ μὲν μιᾷ τὸ κινεῖσθαι ἢ μή, ταῖς δὲ πολλαῖς τὸ πεπερασμένον ἢ
ἄπειρον. ἰστέον δὲ ὅτι προελθὼν ἐν τοῖς πρὸς αὐτοὺς λόγοις μετὰ τὸ πρὸς
Μέλισσον καὶ Παρμενίδην ἀντειπεῖν τοὺς φυσικοὺς καλουμένους προχειρισά- 40
μενος οὕτως διεῖλεν· ἢ ἓν τὸ ὂν λέγουσιν ἤτοι τὸ στοιχεῖον, ἢ ἓν καὶ πολλά·
ἓν μέν, εἰ τῶν τριῶν τι στοιχείων ἢ τὸ μεταξύ, ἓν δὲ καὶ πολλά, ὡς Ἀνα-
ξαγόρας καὶ Ἐμπεδοκλῆς, τάττει δὲ καὶ Δημόκριτον ἐν τούτοις τὸ κενὸν
λέγοντα καὶ τὰς ἀτόμους.

Ἐπιστῆσαι δὲ χρή, ὅτι ἄλλο μέν ἐστι τὸ κατὰ πλῆθος ἄπειρον καὶ πεπε-
ρασμένον, ὃ τοῖς πολλὰς λέγουσι τὰς ἀρχὰς οἰκεῖον ἦν, ἄλλο δὲ τὸ κατὰ
μέγεθος ἄπειρον ἢ πεπερασμένον, ὅπερ καὶ ἐξετάζει ἐν τοῖς πρὸς Μέλισσον καὶ
Παρμενίδην λόγοις καὶ πρὸς Ἀναξίμανδρον καὶ Ἀναξιμένην ἁρμόζει, ἓν μὲν 45
ἄπειρον δὲ τῷ μεγέθει τὸ στοιχεῖον ὑποθεμένους. καὶ τὸ κινούμενον δὲ καὶ
ἀκίνητον καὶ τοῖς μίαν καὶ τοῖς πλείονας λέγουσιν ἀρχὰς ἁρμόττει πρὸς
διαίρεσιν. τοιγαροῦν καὶ Εὔδημος "ὡς ἄν, φησίν, ὑπάρχωσιν αἱ ἀρχαί, ἤτοι
κινοῦνται ἢ ἀκίνητοί εἰσιν." ἀλλὰ τοῦτο μὲν τὸ διαιρετικὸν παρῆκεν ὁ Ἀρι-
στοτέλης διὰ τὸ μηδὲ γεγονέναι δόξαν πολλὰς καὶ ἀκινήτους τὰς ἀρχὰς
λέγουσαν. τὸ δὲ πεπερασμένον καὶ ἄπειρον ἐπὶ τῆς μιᾶς διὰ συντομίαν νῦν
παραδραμεῖν ἔοικεν· ἐν γοῦν τοῖς πρὸς Παρμενίδην ὡς εἶπον καὶ Μέλισσον 50
λόγοις καὶ ταῦτα βασανίζει. ἄμεινον δὲ ἴσως ἐκ τελεωτέρας διαιρέσεως τὰς
δόξας πάσας περιλαβόντας οὕτω τοῖς τοῦ Ἀριστοτέλους ἐπελθεῖν.

Ἀνάγκη τοίνυν τὴν ἀρχὴν ἢ μίαν εἶναι ἢ οὐ μίαν, ταὐτὸν δὲ εἰπεῖν
πλείους, καὶ εἰ μίαν, ἤτοι ἀκίνητον ἢ κινουμένην. καὶ εἰ ἀκίνητον ἤτοι
ἄπειρον, ὡς Μέλισσος ὁ Σάμιος δοκεῖ λέγειν, ἢ πεπερασμένην, ὡς Παρμε-
νίδης Πύρητος Ἐλεάτης, οὐ περὶ φυσικοῦ στοιχείου λέγοντες οὗτοι, ἀλλὰ
περὶ τοῦ ὄντως ὄντος. μίαν δὲ τὴν ἀρχὴν ἤτοι ἓν τὸ ὂν καὶ πᾶν καὶ 55
οὔτε πεπερασμένον οὔτε ἄπειρον οὔτε κινούμενον οὔτε ἠρεμοῦν | Ξενοφάνην 6ʳ
τὸν Κολοφώνιον τὸν Παρμενίδου διδάσκαλον ὑποτίθεσθαί φησιν ὁ Θεό-
φραστος ὁμολογῶν ἑτέρας εἶναι μᾶλλον ἢ τῆς περὶ φύσεως ἱστορίας τὴν
μνήμην τῆς τούτου δόξης· τὸ γὰρ ἓν τοῦτο καὶ πᾶν τὸν θεὸν ἔλεγεν ὁ
Ξενοφάνης· ὃν ἕνα μὲν δείκνυσιν ἐκ τοῦ πάντων κράτιστον εἶναι. πλειόνων
γάρ, φησίν, ὄντων ὁμοίως ὑπάρχειν ἀνάγκη πᾶσι τὸ κρατεῖν· τὸ δὲ πάντων
κράτιστον καὶ ἄριστον θεός. ἀγένητον δὲ ἐδείκνυεν ἐκ τοῦ δεῖν τὸ γινόμενον 5

---

2 τοῖς δὲ πολλοῖς a   6 ἓν μέν, εἰ aEᵃF: καὶ εἰ ἕν, ἢ D: ἓν μέν—πολλά om. E
ὡς ὁ ἀναξαγόρας D   7 τάττει δὲ DE: τάχα δὲ Eᵃ: τάδε F: om. a   δημό-
κριτος a   8 λέγων a   9 κατὰ τὸ πλῆθος aF   10 κατὰ τὸ μέγεθος a
11 ὅπερ καὶ DEEᵃ: ὅπερ aF   ἐξετάζειν a   13 καὶ (ante τὸ κινούμενον) delebat
Torstrik   καὶ τὸ ἀκίνητον a   15 φησίν fr. 3 Speng. cf. f. 9ᵛ 25   17 μηδὲ DEEᵃ:
μὴ aF   18 διὰ τὴν συντομίαν aF   20 ἐκτελεωτέρας libri   21 πάσας aEᵃF:
ὅλας DE   23 εἰ μία coni. Torstrik   ἀκίνητος coni. Torstrik   ἤτοι DEEᵃ:
ἢ aF   25 Πύρητος Ἐλεάτης scripsi: πυρίτης ἐλεάτης DE: πῦρ ἤτοι σέλας τι EᵃF:
ὁ ἐλεάτης δοκεῖ λέγειν a   27 ξενοφάνην aEᵃF: ξενοφάνη DE   28 Θεόφραστος
Phys. Opin. fr. 5 (Doxographi p. 480, 4)   32 φησίν Xenophanes Pseudaristoteleus p. 977ᵃ
23. 15. ᵇ 2   ὁμοίως aDE: ἀνομοίως Eᵃ: ἀνομοία F   ἀνάγκη ὑπάρχειν a

ἢ ἐξ ὁμοίου ἢ ἐξ ἀνομοίου γίνεσθαι· ἀλλὰ τὸ μὲν ὅμοιον ἀπαθές φησιν
ὑπὸ τοῦ ὁμοίου· οὐδὲν γὰρ μᾶλλον γεννᾶν ἢ γεννᾶσθαι προσήκει τὸ ὅμοιον
ἐκ τοῦ ὁμοίου· εἰ δὲ ἐξ ἀνομοίου γίνοιτο, ἔσται τὸ ὂν ἐκ τοῦ μὴ ὄντος.
καὶ οὕτως ἀγένητον καὶ ἀίδιον ἐδείκνυ. οὔτε δὲ ἄπειρον οὔτε πεπερα-
5 σμένον εἶναι, διότι ἄπειρον μὲν τὸ μὴ ὂν ὡς οὔτε ἀρχὴν ἔχον οὔτε μέσον
οὔτε τέλος, περαίνειν δὲ πρὸς ἄλληλα τὰ πλείω. παραπλησίως δὲ καὶ τὴν
κίνησιν ἀφαιρεῖ καὶ τὴν ἠρεμίαν. ἀκίνητον μὲν γὰρ εἶναι τὸ μὴ ὄν· οὔτε
γὰρ ἂν εἰς αὐτὸ ἕτερον οὔτε αὐτὸ πρὸς ἄλλο ἐλθεῖν· κινεῖσθαι δὲ τὰ πλείω
τοῦ ἑνός· ἕτερον γὰρ εἰς ἕτερον μεταβάλλειν, ὥστε καὶ ὅταν ἐν ταὐτῷ
10 μένειν λέγῃ καὶ μὴ κινεῖσθαι

ἀεὶ δ' ἐν ταὐτῷ μίμνει κινούμενον οὐδέν,

οὐδὲ μετέρχεσθαι μιν ἐπιπρέπει ἄλλοτε ἄλλῃ,

οὐ κατὰ τὴν ἠρεμίαν τὴν ἀντικειμένην τῇ κινήσει μένειν αὐτό φησιν, ἀλλὰ
κατὰ τὴν ἀπὸ κινήσεως καὶ ἠρεμίας ἐξῃρημένην μονήν. Νικόλαος δὲ ὁ
15 Δαμασκηνὸς ὡς ἄπειρον καὶ ἀκίνητον λέγοντος αὐτοῦ τὴν ἀρχὴν ἐν τῇ Περὶ
θεῶν ἀπομνημονεύει, Ἀλέξανδρος δὲ ὡς πεπερασμένον αὐτὸ καὶ σφαιροειδές·
ἀλλ' ὅτι μὲν οὔτε ἄπειρον οὔτε πεπερασμένον αὐτὸ δείκνυσιν, ἐκ τῶν προει-
ρημένων δῆλον· πεπερασμένον δὲ καὶ σφαιροειδὲς αὐτὸ διὰ τὸ πανταχόθεν
ὅμοιον λέγειν. καὶ πάντα νοεῖν δέ φησιν αὐτὸ λέγων

20   ἀλλ' ἀπάνευθε πόνοιο νόου φρενὶ πάντα κραδαίνει.

Τῶν δὲ μίαν καὶ κινουμένην λεγόντων τὴν ἀρχήν, οὓς καὶ φυσικοὺς
ἰδίως καλεῖ, οἱ μὲν πεπερασμένην αὐτήν φασιν, ὥσπερ Θαλῆς μὲν Ἐξαμύου
Μιλήσιος καὶ Ἵππων, ὃς δοκεῖ καὶ ἄθεος γεγονέναι, ὕδωρ ἔλεγον τὴν ἀρχὴν
ἐκ τῶν φαινομένων κατὰ τὴν αἴσθησιν εἰς τοῦτο προαχθέντες. καὶ γὰρ τὸ
25 θερμὸν τῷ ὑγρῷ ζῇ καὶ τὰ νεκρούμενα ξηραίνεται καὶ τὰ σπέρματα πάντων
ὑγρὰ καὶ ἡ τροφὴ πᾶσα χυλώδης· ἐξ οὗ δέ ἐστιν ἕκαστα, τούτῳ καὶ τρέ-
φεσθαι πέφυκεν· τὸ δὲ ὕδωρ ἀρχὴ τῆς ὑγρᾶς φύσεώς ἐστι καὶ συνεκτικὸν
πάντων. διὸ πάντων ἀρχὴν ὑπέλαβον εἶναι τὸ ὕδωρ καὶ τὴν γῆν ἐφ' ὕδα-
τος ἀπεφήναντο κεῖσθαι. Θαλῆς δὲ πρῶτος παραδέδοται τὴν περὶ φύσεως
30 ἱστορίαν τοῖς Ἕλλησιν ἐκφῆναι, πολλῶν μὲν καὶ ἄλλων προγεγονότων, ὡς
καὶ τῷ Θεοφράστῳ δοκεῖ, αὐτὸς δὲ πολὺ διενεγκὼν ἐκείνων, ὡς ἀποκρύψαι
πάντας τοὺς πρὸ αὐτοῦ· λέγεται δὲ ἐν γραφαῖς μηδὲν καταλιπεῖν πλὴν τῆς
καλουμένης Ναυτικῆς ἀστρολογίας. Ἵππασος δὲ ὁ Μεταποντῖνος καὶ Ἡρά-

---

1 ἐξ alterum aEᵃ F: om. DE   4 ἐδείκνυν D   καὶ οὔτε δὲ ε   5 μήτε μέσον
μήτε aF   6 καὶ καὶ τὴν F   9 μεταβάλλει libri: corr. Usener post Karstenium
11 ἀεὶ κτλ. Xenophanis fr. 4 p. 38 Karsten.   μένει aF   κινούμενον aDE: κινού-
μενος Eᵃ F   12 μιν ἐπιπρέπει DEᵃ: μιν ἐπιτρέπῃ E: μὴν ἐπεὶ πρέτει aF   13 αὐτὸ
DE: αὐτὸν aEᵃ F   14 μονήν om. aF   Νικόλαος cf. fr. in Roeperi Lectionibus
Abulfaragianis p. 37   19 λέγειν DEEᵃ F: λέγει a cf. Doxogr. p. 112   δὲ νοεῖν a
αὐτὸ DE: αὐτὸν aEᵃ F   20 Xenoph. fr. 3 p. 37 Karst.   πείνοιτο F²   21 μὴ
μίαν D¹   τὴν DEEᵃ: om. aF   22 ἐξαμύου F: ἐξαμίου a: ἐκ σάλου DE: ἐκσάδου Eᵃ
23 ἔλεγε E   26 ἡ τροφὴ EEᵃ: τροφή (om. ἡ) aDF   28 ὑπέλαβεν DE   31 καὶ
τῷ DEEᵃ: καὶ (τῷ om.) aF. variat Simplicii usus cf. p. 18, 34   Θεοφράστῳ Phys. Op.
fr. 1 (Doxogr. p. 475, 1)   33 Ἡράκλειτος cf. fr. 22 Byw.

κλειτος ὁ Ἐφέσιος ἓν καὶ οὗτοι καὶ κινούμενον καὶ πεπερασμένον, ἀλλὰ 6ʳ
πῦρ ἐποίησαν τὴν ἀρχὴν καὶ ἐκ πυρὸς ποιοῦσι τὰ ὄντα πυκνώσει καὶ μανώ-
σει καὶ διαλύουσι πάλιν εἰς πῦρ, ὡς ταύτης μιᾶς οὔσης φύσεως τῆς ὑπο- 30
κειμένης· πυρὸς γὰρ ἀμοιβὴν εἶναί φησιν Ἡράκλειτος πάντα. ποιεῖ δὲ καὶ
5 τάξιν τινὰ καὶ χρόνον ὡρισμένον τῆς τοῦ κόσμου μεταβολῆς κατά τινα
εἱμαρμένην ἀνάγκην. καὶ δῆλον ὅτι καὶ οὗτοι τὸ ζῳογόνον καὶ δημιουργικὸν
καὶ πεπτικὸν καὶ διὰ πάντων χωροῦν καὶ πάντων ἀλλοιωτικὸν τῆς θερμότητος
θεασάμενοι ταύτην ἔσχον τὴν δόξαν· οὐ γὰρ ἔχομεν ὡς ἄπειρον τιθεμένων
αὐτῶν. ἔτι δὲ εἰ στοιχεῖον μὲν τὸ ἐλάχιστόν ἐστιν ἐξ οὗ γίνεται τὰ ἄλλα
10 καὶ εἰς ὃ ἀναλύεται, λεπτομερέστατον δὲ τῶν ἄλλων τὸ πῦρ, τοῦτο ἂν εἴη 35
μάλιστα στοιχεῖον. καὶ οὗτοι μὲν οἱ ἓν καὶ κινούμενον καὶ πεπερασμένον
λέγοντες τὸ στοιχεῖον.

   Τῶν δὲ ἓν καὶ κινούμενον καὶ ἄπειρον λεγόντων Ἀναξίμανδρος μὲν
Πραξιάδου Μιλήσιος Θαλοῦ γενόμενος διάδοχος καὶ μαθητὴς ἀρχήν τε καὶ
15 στοιχεῖον εἴρηκε τῶν ὄντων τὸ ἄπειρον, πρῶτος τοῦτο τοὔνομα κομίσας
τῆς ἀρχῆς. λέγει δ' αὐτὴν μήτε ὕδωρ μήτε ἄλλο τι τῶν καλουμένων εἶναι
στοιχείων, ἀλλ' ἑτέραν τινὰ φύσιν ἄπειρον, ἐξ ἧς ἅπαντας γίνεσθαι τοὺς
οὐρανοὺς καὶ τοὺς ἐν αὐτοῖς κόσμους· ἐξ ὧν δὲ ἡ γένεσίς ἐστι τοῖς οὖσι, 40
καὶ τὴν φθορὰν εἰς ταῦτα γίνεσθαι κατὰ τὸ χρεών. διδόναι γὰρ αὐτὰ δίκην
20 καὶ τίσιν ἀλλήλοις τῆς ἀδικίας κατὰ τὴν τοῦ χρόνου τάξιν, ποιητικωτέροις
οὕτως ὀνόμασιν αὐτὰ λέγων· δῆλον δὲ ὅτι τὴν εἰς ἄλληλα μεταβολὴν τῶν
τεττάρων στοιχείων οὗτος θεασάμενος οὐκ ἠξίωσεν ἕν τι τούτων ὑποκείμενον
ποιῆσαι, ἀλλά τι ἄλλο παρὰ ταῦτα. οὗτος δὲ οὐκ ἀλλοιουμένου τοῦ στοιχείου
τὴν γένεσιν ποιεῖ, ἀλλ' ἀποκρινομένων τῶν ἐναντίων διὰ τῆς ἀιδίου κινή-
25 σεως· διὸ καὶ τοῖς περὶ Ἀναξαγόραν τοῦτον ὁ Ἀριστοτέλης συνέταξεν. 45
Ἀναξιμένης δὲ Εὐρυστράτου Μιλήσιος, ἑταῖρος γεγονὼς Ἀναξιμάνδρου, μίαν
μὲν καὶ αὐτὸς τὴν ὑποκειμένην φύσιν καὶ ἄπειρόν φησιν ὥσπερ ἐκεῖνος,
οὐκ ἀόριστον δὲ ὥσπερ ἐκεῖνος, ἀλλὰ ὡρισμένην, ἀέρα λέγων αὐτήν· δια-
φέρειν δὲ μανότητι καὶ πυκνότητι κατὰ τὰς οὐσίας. καὶ ἀραιούμενον μὲν πῦρ
30 γίνεσθαι, πυκνούμενον δὲ ἄνεμον, εἶτα νέφος, ἔτι δὲ μᾶλλον ὕδωρ, εἶτα γῆν,
εἶτα λίθους, τὰ δὲ ἄλλα ἐκ τούτων. κίνησιν δὲ καὶ οὗτος ἀίδιον ποιεῖ, δι' ἣν 50

---

2 ἐποίησαν DEEᵃ: ἐποιήσαντο aF   ὄντα ex πάντα corr. Eᵃ cf. Simpl. f. 111ᵛ 4
3 καὶ μιᾶς Eᵃ   4 φασιν a   ἡράκλειτος δὲ πάντα aF   ποιεῖ δὲ καὶ DEEᵃ: ποιεῖ
καὶ aF   5 καὶ χρόνον aEᵃF: περὶ χρ. D: παρὰ χρόνον E   6 ἀνάγκην glossema iudi-
cabat Usener   οὗτοι DEEᵃ: αὐτοὶ aF   δημιουργὸν Eᵃ   8 ἔσχον — αὐτῶν (v. 9) om.
Eᵃ   οὐ γὰρ ἔχομεν ὡς (ἐχομένως F) ἄπειρον τιθεμένων αὐτῶν DEF: διὸ ἐχομένως οὐκ ἐτί-
θεσαν ἄπειρον αὐτό a   9 ἔτι δὲ—στοιχεῖον (v. 9—11) ponunt post στοιχεῖον (v. 12) DEEᵃF:
transposuit a   10 εἰς ᾇ F   13 τῶν δὲ κτλ. cf. Theophr. fr. 2 (Doxogr. p. 476, 3)
15 πρῶτος αὐτὸ coni. Usener ex Simpl. f. 32ᵛ 12 πρῶτος αὐτὸς ἀρχὴν ὀνομάσας τὸ ὑποκείμενον
16 δ' aEᵃ et oblitt. F: δὲ καὶ DE   τι om. a   εἶναι] νυνὶ Usener   17 ἑξῆς Eᵃ
18 ἡ γίνεσίς (sic) ἐστι E   19 κατὰ om. E   20 τίσιν καὶ δίκην aF   ἀλλήλοις om. a
21 οὕτως om. aF   23 παρ' αὐτά Eᵃ   25 συνέταξον (sic) E   27 καὶ αὐτὸς om. a
ὥσπερ ἐκεῖνος prius delevit Usener   28 ἀλλὰ καὶ ὡρισμένην aF   διαφέρειν aEᵃF:
διαφέρει DE   29 διαιρούμενον libri: correxi cf. f. 9ᵛ 5. 32ʳ 46

καὶ τὴν μεταβολὴν γίνεσθαι. καὶ Διογένης δὲ ὁ Ἀπολλωνιάτης, σχεδὸν
νεώτατος γεγονὼς τῶν περὶ ταῦτα σχολασάντων, τὰ μὲν πλεῖστα συμπεφορη-
μένως γέγραφε τὰ μὲν κατὰ Ἀναξαγόραν, τὰ δὲ κατὰ Λεύκιππον λέγων·
τὴν δὲ τοῦ παντὸς φύσιν ἀέρα καὶ οὗτός φησιν ἄπειρον εἶναι καὶ ἀίδιον,
5 ἐξ οὗ πυκνουμένου καὶ μανουμένου καὶ μεταβάλλοντος τοῖς πάθεσι τὴν τῶν
ἄλλων γίνεσθαι μορφήν. καὶ ταῦτα μὲν Θεόφραστος ἱστορεῖ περὶ τοῦ Διο-
γένους, καὶ τὸ εἰς ἐμὲ ἐλθὸν αὐτοῦ σύγγραμμα Περὶ φύσεως ἐπιγεγραμμένον
ἀέρα σαφῶς λέγει τὸ ἐξ οὗ πάντα γίνεται | τὰ ἄλλα. Νικόλαος μέντοι τοῦ-
τον ἱστορεῖ μεταξὺ πυρὸς καὶ ἀέρος τὸ στοιχεῖον τίθεσθαι. καὶ οὗτοι δὲ
10 τὸ εὐπαθὲς καὶ εὐαλλοίωτον τοῦ ἀέρος εἰς μεταβολὴν ἐπιτηδείως ἔχειν
ἐνόμισαν· διὸ τὴν γῆν δυσκίνητον καὶ δυσμετάβλητον οὖσαν οὐ πάνυ τι
ἠξίωσαν ἀρχὴν ὑποθέσθαι· καὶ οὕτως μὲν οἱ μίαν λέγοντες τὴν ἀρχὴν δι-
ῃρέθησαν.

  Τῶν δὲ πλείους λεγόντων οἱ μὲν πεπερασμένας, οἱ δὲ ἀπείρους ἔθεντο
15 τῷ πλήθει τὰς ἀρχάς. καὶ τῶν πεπερασμένας οἱ μὲν δύο, ὡς Παρμενίδης
ἐν τοῖς πρὸς δόξαν πῦρ καὶ γῆν (ἢ μᾶλλον φῶς καὶ σκότος) ἢ ὡς οἱ
Στωικοὶ θεὸν καὶ ὕλην, οὐχ ὡς στοιχεῖον δηλονότι τὸν θεὸν λέγοντες, ἀλλ'
ὡς τὸ μὲν ποιοῦν τὸ δὲ πάσχον· οἱ δὲ τρεῖς, ὡς ὕλην καὶ τὰ ἐναντία
Ἀριστοτέλης· οἱ δὲ τέτταρας, ὡς Ἐμπεδοκλῆς ὁ Ἀκραγαντῖνος, οὐ πολὺ
20 κατόπιν τοῦ Ἀναξαγόρου γεγονώς, Παρμενίδου δὲ ζηλωτὴς καὶ πλησιαστὴς
καὶ ἔτι μᾶλλον τῶν Πυθαγορείων. οὗτος δὲ τὰ μὲν σωματικὰ στοιχεῖα ποιεῖ
τέτταρα, πῦρ καὶ ἀέρα καὶ ὕδωρ καὶ γῆν, ἀίδια μὲν ὄντα πλήθει καὶ
ὀλιγότητι, μεταβάλλοντα δὲ κατὰ τὴν σύγκρισιν καὶ διάκρισιν, τὰς δὲ κυρίως
ἀρχάς, ὑφ' ὧν κινεῖται ταῦτα, φιλίαν καὶ νεῖκος. δεῖ γὰρ διατελεῖν ἐναλλὰξ
25 κινούμενα τὰ στοιχεῖα, ποτὲ μὲν ὑπὸ τῆς φιλίας συγκρινόμενα, ποτὲ δὲ
ὑπὸ τοῦ νείκους διακρινόμενα· ὥστε καὶ ἓξ εἶναι κατ' αὐτὸν τὰς ἀρχάς.
καὶ γὰρ ὅπου μὲν ποιητικὴν δίδωσι δύναμιν τῷ νείκει καὶ τῇ φιλίᾳ,
ὅταν λέγῃ

     ἄλλοτε μὲν Φιλότητι συνερχόμεν' εἰς ἓν ἅπαντα
30   ἄλλοτε δ' αὖ δίχα πάντα φορεύμενα Νείκεος ἔχθει,
ποτὲ δὲ τοῖς τέτταρσιν ὡς ἰσόστοιχα συντάττει καὶ ταῦτα, ὅταν λέγῃ

---

2 συμπεφορημένως cf. Doxogr. p. 477 n a 22   3 γέγραφε aE a F: ἔγραφε DE   4 τήνδε
DE   καὶ οὗτός φησιν cf. Anaximenes p. 24, 26   ἄπειρον ὄντα temptabat Torstrik
8 τἆλλα F   τοῦτον om. E: ταῦτον F¹   11 πάνυ τοι a   12 ὑποθέσεως E a
15 ὡς DEE a : ὥσπερ aF   ante παρμενίδης μ ponit punctis notatum F   16 μᾶλλον
δὲ a   φῶς om. E   18 ὡς (post τρεῖς) transponebat post ἐναντία Torstrik
τἀναντία E   19 ἐμπεδοκλῆς καὶ κραγαντῖνος E a   20 πλησιαστὴς καὶ ζηλωτὴς a
πλησιστὴς E   21 καὶ ἔτι μᾶλλον] μᾶλλον δὲ F   τῶν om. aF   οὕτως D
22 καὶ ante ὕδωρ om. DE   post ὄντα inseruit καὶ πεπερασμένα Torstrik, eodem
transposuit μεταβάλλοντα δὲ Usener   25 τὰ (ante στοιχεῖα) om. E   δὲ ante συγκρι-
νόμενα F   26 κατὰ τοῦτον E a   28 λέγῃ Emped. vv. 94. 95 Karst. 67. 68 St.
29 συνερχόμεν' aF: συνερχόμεν D: συνερχόμενα E: συνερχομένης E a   ἕνα πάντα F
cf. Simplicius f. 8 r 4   30 νεῖκος ἔχει aF   31 ποτὲ aF   τάττει aE   ταυτὰ F

τοτὲ δ' αὖ διέφυ πλέον' ἐξ ἑνὸς εἶναι
πῦρ καὶ ὕδωρ καὶ γαῖα καὶ ἠέρος ἄπλετον ὕψος
Νεῖκός τ' οὐλόμενον δίχα τῶν ἀτάλαντον ἕκαστον,
καὶ Φιλότης ἐν τοῖσιν ἴση μῆκός τε πλάτος τε.
καὶ Πλάτων τρία μὲν τὰ κυρίως αἴτια τίθησι τό τε ποιοῦν καὶ τὸ παράδειγμα καὶ τὸ τέλος, τρία δὲ τὰ συναίτια τήν τε ὕλην καὶ τὸ εἶδος καὶ τὸ ὄργανον. ὁ μέντοι Θεόφραστος τοὺς ἄλλους προϊστορήσας "τούτοις, φησίν, ἐπιγενόμενος Πλάτων, τῇ μὲν δόξῃ καὶ τῇ δυνάμει πρότερος τοῖς δὲ χρόνοις ὕστερος καὶ τὴν πλείστην πραγματείαν περὶ τῆς πρώτης φιλοσοφίας ποιησάμενος, ἐπέδωκεν ἑαυτὸν καὶ τοῖς φαινομένοις ἁψάμενος τῆς περὶ φύσεως ἱστορίας· ἐν ᾗ δύο τὰς ἀρχὰς βούλεται ποιεῖν τὸ μὲν ὑποκείμενον ὡς ὕλην ὃ προσαγορεύει πανδεχές, τὸ δὲ ὡς αἴτιον καὶ κινοῦν ὃ περιάπτει τῇ τοῦ θεοῦ καὶ τῇ τοῦ ἀγαθοῦ δυνάμει." ὁ μέντοι Ἀλέξανδρος ὡς τρεῖς λέγοντος τὰς ἀρχὰς ἀπομνημονεύει τὴν ὕλην καὶ τὸ ποιοῦν καὶ τὸ παράδειγμα, καίτοι σαφῶς τὸ τελικὸν αἴτιον τοῦ Πλάτωνος προσθέντος, ἐν οἷς φησι· "λέγωμεν δὴ δι' ἣν αἰτίαν γένεσιν καὶ τὸ πᾶν τόδε ὁ ξυνιστὰς συνέστησεν. ἀγαθὸς ἦν· ἀγαθῷ δὲ οὐδενὶ περὶ οὐδενὸς οὐδέποτε ἐγγίνεται φθόνος." καὶ τὸ εἶδος δὲ τὸ ἔνυλον σαφῶς οἶμαι παραδίδωσιν ἐν οἷς καὶ τὸ ἄυλον εἶδος ταῦτα περὶ ἀμφοῖν γράφων· "τούτων δὲ οὕτως ἐχόντων ὁμολογητέον ἓν μὲν εἶναι τὸ κατὰ ταὐτὰ εἶδος ἔχον, ἀγένητον καὶ ἀνώλεθρον, οὔτε αὐτὸ εἰσδεχόμενον ἄλλο ἄλλοθεν οὔτε αὐτὸ εἰς ἄλλο ποι ἰόν, ἀόρατον δὲ καὶ ἄλλως ἀναίσθητον τοῦτο ὃ δὴ νόησις εἴληχεν ἐπισκοπεῖν. τὸ δὲ ὁμώνυμον ὅμοιόν τε ἐκείνῳ δεύτερον, αἰσθητὸν γενητὸν πεφορημένον, αἰεὶ γινόμενόν τε ἔν τινι τόπῳ καὶ πάλιν ἐκεῖθεν ἀπολλύμενον, δόξῃ μετ' αἰσθήσεως περιληπτόν", καὶ τρίτην ἐπὶ τούτοις τὴν ὕλην παραδίδωσι.

Τινὲς μέντοι καὶ μέχρι δεκάδος προήγαγον τὰς ἀρχάς, εἰ καὶ μὴ τὰς στοιχειώδεις, ὥσπερ οἱ Πυθαγόρειοι τοὺς ἀπὸ μονάδος ἄχρι δεκάδος ἀριθμοὺς ἀρχὰς ἔλεγον τῶν ἁπάντων ἢ τὰς δέκα συστοιχίας, ἃς ἄλλοι ἄλλως ἀνέγραψαν. καὶ οὕτως μὲν καὶ οἱ πλείους καὶ πεπερασμένας τῷ πλήθει τὰς ἀρχὰς λέγοντες διῃρέθησαν.

Τῶν δὲ ἀπείρους τῷ πλήθει λεγόντων οἱ μὲν ἁπλᾶς ἔλεγον καὶ ὁμο-

---

1 Emp. vv. 103—106 K. 76—80 St. τότε libri: ἄλλοτε a πλέον DEEᵃ F
2 ἠέρος aEᵃ F: ἀέρος DE 3 ἀτάλαντον ἑκάστῳ Panzerbieter: ἀτάλαντον ἀπάντη Sext. adv. math. X 317: ἀπάλαιστον ἑκάστῳ Usener 5 μὲν τρία EEᵃ 7 Θεόφραστος Phys. Opin. fr. 9 (Doxogr. 484, 19) 8 δόξει F 11 τὸ μὲν ὡς ὑποκείμενον τὴν ὕλην coni. Torstrik 12 verborum πανδεχές—ἀγαθοῦ nil exstat nisi πᾶν δὲ post lac. VIII litt. F πανδεχές aDE²: πανδεχῶς E¹: πανδοχὲς Eᵃ cf. Plat. Tim. p. 51 A 13 θεοῦ DEEᵃ: θείου aF τῇ (ante τοῦ ἀγαθοῦ) om. D 15 προθέντος Eᵃ 16 φησι Plato Tim. 29 D λέγομεν δὲ libri cf. f. 107ʳ 19 ἥντινα F Platonis memor ξυνέστησεν Plato 17 ἀγαθὸς γὰρ ἦν aF οὐδεὶς Plato γίνεται DE 18 δὲ om. E 19 γράφων Tim. 51 E 21 οὔτε αὐτὸ bis ponit Eᵃ: οὔτε εἰς ἑαυτὸ Plato sed cf. f. 9ᵛ 49. 49ᵛ 3. 54ʳ 4 ποι ἰόν Plato: ποιοῦν DEEᵃ: ποιόν (superscr. ἰόν) F: ἰόν a 22 ἐπισκοπεῖ F 24 ἀεὶ Eᵃ F ἀπολλύμενον a: ἀπολλύμενον Eᵃ: ἀπολελυμένον DE: ἀπολελυμένο sic F 29 οἱ] εἰ E 31 post καὶ add. μὴ aF

γενεῖς οἱ δὲ συνθέτους καὶ ἀνομογενεῖς καὶ ἐναντίας, κατὰ δὲ τὸ ἐπικρατοῦν 6ᵛ
χαρακτηριζομένας. Ἀναξαγόρας μὲν γὰρ Ἡγησιβούλου Κλαζομένιος, κοινωνήσας τῆς Ἀναξιμένους φιλοσοφίας, πρῶτος μετέστησε τὰς περὶ τῶν ἀρχῶν 40
δόξας καὶ τὴν ἐλλείπουσαν αἰτίαν ἀνεπλήρωσε, τὰς μὲν σωματικὰς ἀπείρους
5 ποιήσας· πάντα γὰρ τὰ ὁμοιομερῆ, οἷον ὕδωρ ἢ πῦρ ἢ χρυσόν, ἀγένητα
μὲν εἶναι καὶ ἄφθαρτα, φαίνεσθαι δὲ γινόμενα καὶ ἀπολλύμενα συγκρίσει καὶ
διακρίσει μόνον, πάντων μὲν ἐν πᾶσιν ὄντων, ἑκάστου δὲ κατὰ τὸ ἐπικρατοῦν ἐν αὐτῷ χαρακτηριζομένου. χρυσὸς γὰρ φαίνεται ἐκεῖνο, ἐν ᾧ πολὺ
χρυσίον ἐστὶ καίτοι πάντων ἐνόντων. λέγει γοῦν Ἀναξαγόρας ὅτι "ἐν
10 παντὶ παντὸς μοῖρα ἔνεστι" καὶ "ὅτῳ πλεῖστα ἔνι, ταῦτα ἐνδηλότατα ἓν 45
ἕκαστόν ἐστι καὶ ἦν." καὶ ταῦτά φησιν ὁ Θεόφραστος παραπλησίως τῷ
Ἀναξιμάνδρῳ λέγειν τὸν Ἀναξαγόραν· ἐκεῖνος γάρ φησιν ἐν τῇ διακρίσει
τοῦ ἀπείρου τὰ συγγενῆ φέρεσθαι πρὸς ἄλληλα, καὶ ὅτι μὲν ἐν τῷ παντὶ
χρυσὸς ἦν, γίνεσθαι χρυσόν, ὅτι δὲ γῆ, γῆν· ὁμοίως δὲ καὶ τῶν ἄλλων
15 ἕκαστον, ὡς οὐ γινομένων ἀλλ' ἐνυπαρχόντων πρότερον. τῆς δὲ κινήσεως καὶ
τῆς γενέσεως αἴτιον ἐπέστησε τὸν νοῦν ὁ Ἀναξαγόρας, ὑφ' οὗ διακρινόμενα
τούς τε κόσμους καὶ τὴν τῶν ἄλλων φύσιν ἐγέννησαν. "καὶ οὕτω μέν, 50
φησί, λαμβανόντων δόξειεν ἂν ὁ Ἀναξαγόρας τὰς μὲν ὑλικὰς ἀρχὰς ἀπείρους
ποιεῖν, τὴν δὲ τῆς κινήσεως καὶ τῆς γενέσεως αἰτίαν μίαν τὸν νοῦν· εἰ δέ
20 τις τὴν μῖξιν τῶν ἁπάντων ὑπολάβοι μίαν εἶναι φύσιν ἀόριστον καὶ κατ'
εἶδος καὶ κατὰ μέγεθος, συμβαίνει δύο τὰς ἀρχὰς αὐτὸν λέγειν τήν τε
τοῦ ἀπείρου φύσιν καὶ τὸν νοῦν· ὥστε φαίνεται τὰ σωματικὰ στοιχεῖα
παραπλησίως ποιῶν Ἀναξιμάνδρῳ." καὶ Ἀρχέλαος ὁ Ἀθηναῖος, ᾧ καὶ
Σωκράτη συγγεγονέναι φα|σὶν Ἀναξαγόρου γενομένῳ μαθητῇ, ἐν μὲν τῇ 7ʳ
25 γενέσει τοῦ κόσμου καὶ τοῖς ἄλλοις πειρᾶταί τι φέρειν ἴδιον, τὰς ἀρχὰς δὲ
τὰς αὐτὰς ἀποδίδωσιν ἅσπερ Ἀναξαγόρας. οὗτοι μὲν οὖν ἀπείρους τῷ
πλήθει καὶ ἀνομογενεῖς τὰς ἀρχὰς λέγουσι, τὰς ὁμοιομερείας τιθέντες
ἀρχάς· δι' ἣν δὲ αἰτίαν οὕτως ἔδοξαν, ὁ Ἀριστοτέλης μετ' ὀλίγον

---

1 οἱ δὲ — ἀνομογενεῖς om. aF   ἀνομοιογενεῖς corr. in ἀνομοιομερεῖς E¹   κατά] καὶ τὰ
Eᵃ   τὸ ἐπικρατοῦν δὲ a   2 ὁ γησιβούλου DE   4 ἐνεπλήρωσεν Eᵃ   μὲν]
respondet δὲ v. 15   5 ἀνομοιομερῆ Eᵃ   7 μένον Eᵃ   πᾶσιν ἐνόντων rectius
infra f. 32ᵛ 16 cf. Doxogr. p. 478, 23   8 χαρακτηριζομένας DE ex v. 2   9 τὸ
χρυσίον a   ἐστί om. a: conieci ἔνι   ἐν παντὶ κτλ. fr. 5 Schornii   10 πᾶσι παντὸς
Eᵃ   ὅτῳ κτλ. fr. 6 extr. Schorn. ὅτῳ libri et hic et f. 33ᵛ 45 fortasse Simplicii errore.
Theophrastus ὅτων (sic Usener) ex Anaxagorae ὅτεων (sic Preller) effecisse videtur cf. Ar.
phys. I 4 p. 187ᵇ 6   11 Θεόφραστος Op. fr. 4 (Doxogr. 479, 3)   12 ἐκεῖνος scil.
Anaxagoras. Simpl. τὸν Ἀναξαγόραν videtur explicandi gr. addidisse, qua re tamen Theophrasti oratio obscurior est facta. ἐκεῖνος similiter usurpatum habes f. 28ᵛ 13
14 ἐνῆν Usener   γίνεσθαι aEᵃF: γινέσθω D: γενέσθω E   15 ἐνυπαρχόντων Eᵃ (cf.
Ar. phys. p. 187ᵃ 37): ὑπαρχόντων aDEF   17 κόσμος F   ἐγέννησαν aDE: ἐγέννησαν
in ἐγέννησε corr. Eᵃ: ἐγέννησε F   μὲν οὖν Simpl. f. 33ʳ 39, ubi idem Theophr. locus
melius iteratur   18 ὁ ἀναξαγόρας hic addidit Simpl.   19 τὸν νοῦν hic add. Simpl.
τὸν νοῦν Eᵃ   20 ὑπολάβοι DE   21 αὐτὸν aEᵃF: αὐτῶν DE: αὐτῷ Simpl. f. 33ʳ 43
τε om. a   23 ἀναξίμανδρος F   καὶ ἀρχαίλαος δὲ Eᵃ   24 σωκράτη aD: σωκράτει
EEᵃ: σωκράτην F   γεγονέναι E: συγγεγόναι a   26 δίδωσιν a   ἅπερ Eᵃ
28 ὁ om. Eᵃ

ἐρεῖ. ἀπογνόντες γὰρ τοῦ εἶναι γένεσιν, διότι τὸ γινόμενον ἢ ἐξ ὄντος ἢ 7ʳ
ἐκ μὴ ὄντος ἀνάγκη γίνεσθαι, ἑκάτερον δὲ ἀδύνατον, συγκρίσει καὶ διακρίσει 5
τὴν δοκοῦσαν γένεσιν καὶ φθορὰν ἀποδεδώκασι.

 Λεύκιππος δὲ ὁ Ἐλεάτης ἢ Μιλήσιος (ἀμφοτέρως γὰρ λέγεται περὶ
5 αὐτοῦ) κοινωνήσας Παρμενίδῃ τῆς φιλοσοφίας, οὐ τὴν αὐτὴν ἐβάδισε Παρ-
μενίδῃ καὶ Ξενοφάνει περὶ τῶν ὄντων ὁδόν, ἀλλ' ὡς δοκεῖ τὴν ἐναντίαν.
ἐκείνων γὰρ ἓν καὶ ἀκίνητον καὶ ἀγένητον καὶ πεπερασμένον ποιούντων τὸ
πᾶν, καὶ τὸ μὴ ὂν μηδὲ ζητεῖν συγχωρούντων, οὗτος ἄπειρα καὶ ἀεὶ κινού-
μενα ὑπέθετο στοιχεῖα τὰς ἀτόμους καὶ τῶν ἐν αὐτοῖς σχημάτων ἄπειρον 10
10 τὸ πλῆθος διὰ τὸ μηδὲν μᾶλλον τοιοῦτον ἢ τοιοῦτον εἶναι [ταύτην γὰρ] καὶ
γένεσιν καὶ μεταβολὴν ἀδιάλειπτον ἐν τοῖς οὖσι θεωρῶν. ἔτι δὲ οὐδὲν
μᾶλλον τὸ ὂν ἢ τὸ μὴ ὂν ὑπάρχειν, καὶ αἴτια ὁμοίως εἶναι τοῖς γινομένοις
ἄμφω. τὴν γὰρ τῶν ἀτόμων οὐσίαν ναστὴν καὶ πλήρη ὑποτιθέμενος ὂν
ἔλεγεν εἶναι καὶ ἐν τῷ κενῷ φέρεσθαι, ὅπερ μὴ ὂν ἐκάλει καὶ οὐκ ἔλαττον
15 τοῦ ὄντος εἶναί φησι. παραπλησίως δὲ καὶ ὁ ἑταῖρος αὐτοῦ Δημόκριτος
ὁ Ἀβδηρίτης ἀρχὰς ἔθετο τὸ πλῆρες καὶ τὸ κενόν, ὧν τὸ μὲν ὄν, τὸ δὲ 15
μὴ ὂν ἐκάλει· ὡς ⟨γὰρ⟩ ὕλην τοῖς οὖσι τὰς ἀτόμους ὑποτιθέντες τὰ λοιπὰ
γεννῶσι ταῖς διαφοραῖς αὐτῶν. τρεῖς δέ εἰσιν αὗται ῥυσμὸς τροπὴ δια-
θιγή, ταὐτὸν δὲ εἰπεῖν σχῆμα καὶ θέσις καὶ τάξις. πεφυκέναι γὰρ τὸ
20 ὅμοιον ὑπὸ τοῦ ὁμοίου κινεῖσθαι καὶ φέρεσθαι τὰ συγγενῆ πρὸς ἄλληλα
καὶ τῶν σχημάτων ἕκαστον εἰς ἑτέραν ἐγκοσμούμενον σύγκρισιν ἄλλην ποιεῖν
διάθεσιν· ὥστε εὐλόγως ἀπείρων οὐσῶν τῶν ἀρχῶν πάντα τὰ πάθη καὶ 20
τὰς οὐσίας ἀποδώσειν ἐπηγγέλλοντο, ὑφ' οὗ τέ τι γίνεται καὶ πῶς. διὸ καὶ
φασι μόνοις τοῖς ἄπειρα ποιοῦσι τὰ στοιχεῖα πάντα συμβαίνειν κατὰ λόγον.
25 καὶ τῶν ἐν ταῖς ἀτόμοις σχημάτων ἄπειρον τὸ πλῆθός φασι διὰ τὸ μηδὲν
μᾶλλον τοιοῦτον ἢ τοιοῦτον εἶναι. ταύτην γὰρ αὐτοὶ τῆς ἀπειρίας αἰτίαν ἀπο-
διδόασι. καὶ Μητρόδωρος δὲ ὁ Χῖος ἀρχὰς σχεδόν τι τὰς αὐτὰς τοῖς περὶ
Δημόκριτον ποιεῖ, τὸ πλῆρες καὶ τὸ κενὸν τὰς πρώτας αἰτίας ὑποθέμενος,
ὧν τὸ μὲν ὄν, τὸ δὲ μὴ ὂν εἶναι· περὶ δὲ τῶν ἄλλων ἰδίαν τινὰ ποιεῖται 25
30 τὴν μέθοδον. αὕτη μὲν ἡ σύντομος περίληψις τῶν ἱστορημένων περὶ ἀρχῶν
οὐ κατὰ χρόνους ἀναγραφεῖσα, ἀλλὰ τὴν τῆς δόξης συγγένειαν.

 Οὐ χρὴ δὲ τοὺς τοσαύτης ἀκούοντας διαφορᾶς νομίζειν ἐναντιολογίας
εἶναι ταύτας τῶν φιλοσοφησάντων, ὅπερ τινὲς ταῖς ἱστορικαῖς μόναις ἀνα-
γραφαῖς ἐντυγχάνοντες καὶ μηδὲν τῶν λεγομένων συνιέντες ὀνειδίζειν ἐπι-

---

1 γενόμενον DE   4 Λεύκιππος κτλ. cf. Theophr. Phys. Opin. fr. 8 (Doxogr. p. 483, 11)
8 συγχωρούντων Parmen. v. 45   9 στοιχεῖα DEEᵃ: τὰ στοιχεῖα aF   10 ταύτην γὰρ
DEEᵃF: ταύτην a: delevi librarii errorem ad v. 26 delati   11 ἀδιάληπτον E
οὐδὲν DEEᵃ: οὐ ἓν F: οὐ a   14 φέρεσθαι καὶ ὅπερ EᵃF   16 αὐδηρίτης DEF
ἀρχάς] τὰς ἀρχάς DE   τὸ post ἔθετο om. Eᵃ   17 γὰρ a: om. DEEᵃF   18 τρεῖς
δέεισιν Eᵃ   διαθηγή EEᵃ   τάξις καὶ θέσις aF sed cf. Arist. Metaph. H 2
(1042ᵇ14)   21 ἐκκοσμούμενον libri: corr. Usener et Torstrik   23 τι om. a
24 συμβαίνει E   26 αἰτίαν DEEᵃ: τὴν αἰτίαν aF   27 τι om. a   28 τὸ] τὰς E
30 ἱστορουμένων a   31 post ἀλλὰ iterant contra morem κατὰ aEᵃ   32 τοὺς aF:
τῆς DEEᵃ

χειροῦσι, καίτοι μυρίοις σχίσμασιν αὐτοὶ κατεσχισμένοι οὐ περὶ τὰς φυσικὰς 7ʳ
ἀρχάς (τούτων γὰρ οὐδὲ ὄναρ ἐπαΐουσιν), ἀλλὰ περὶ τὴν καθαίρεσιν τῆς 30
θείας ὑπεροχῆς. οὐδὲν δὲ ἴσως χεῖρον ὀλίγον παρεκβάντα τοῖς φιλομαθε-
στέροις ἐπιδεῖξαι, πῶς καίτοι διαφέρεσθαι δοκοῦντες οἱ παλαιοὶ περὶ τὰς
5 τῶν ἀρχῶν δόξας, ἐναρμονίως ὅμως συμφέρονται. καὶ γὰρ οἱ μὲν περὶ τῆς
νοητῆς καὶ πρώτης ἀρχῆς διελέχθησαν, ὡς Ξενοφάνης τε καὶ Παρμενίδης
καὶ Μέλισσος, ὁ μὲν Ξενοφάνης καὶ Παρμενίδης ἓν λέγοντες καὶ πεπερα-
σμένον. ἀνάγκη γὰρ τὸ ἓν τοῦ πλήθους προϋπάρχειν καὶ τὸ πᾶσιν ὅρου 35
καὶ πέρατος αἴτιον κατὰ τὸ πέρας μᾶλλον ἤπερ κατὰ τὴν ἀπειρίαν ἀφορί-
10 ζεσθαι καὶ τὸ πάντῃ τέλειον τὸ τέλος τὸ οἰκεῖον ἀπειληφὸς πεπερασμένον
εἶναι, μᾶλλον δὲ τέλος τῶν πάντων, ὡς καὶ ἀρχή· τὸ γὰρ ἀτελὲς ἐνδεὲς
ὂν οὔπω πέρας ἀπείληφεν. πλὴν ὁ μὲν Ξενοφάνης ὡς πάντων αἴτιον καὶ
πάντων ὑπερανέχον καὶ κινήσεως αὐτὸ καὶ ἠρεμίας καὶ ὡς πάσης ἀντιστοιχίας
ἐπέκεινα τίθησιν, ὥσπερ καὶ ὁ Πλάτων ἐν τῇ πρώτῃ ὑποθέσε. Παρμενίδου·
15 ὁ δὲ Παρμενίδης τὸ κατὰ τὰ αὐτὰ καὶ ὡσαύτως ἔχον αὐτοῦ καὶ πάσης 40
μεταβολῆς, τάχα δὲ καὶ ἐνεργείας καὶ δυνάμεως, ἐπέκεινα θεασάμενος ἀκί-
νητον αὐτὸ ἀνυμνεῖ καὶ μόνον ὡς πάντων ἐξῃρημένον

οἷον, ἀκίνητον τελέθει, τῷ πάντ᾽ ὄνομ᾽ εἶναι.

Μέλισσος δὲ τὸ μὲν ἀμετάβλητον ὁμοίως καὶ αὐτὸς ἐθεάσατο, κατὰ δὲ τὸ
20 ἀνέκλειπτον τῆς οὐσίας καὶ τὸ ἄπειρον τῆς δυνάμεως ἄπειρον αὐτὸ ἀπεφή-
νατο ὥσπερ καὶ ἀγένητον· δηλοῖ δὲ ἡ περὶ τῆς ἀπειρίας ἀπόδειξις κατὰ
ταύτην γενομένη τὴν ἔννοιαν. φησὶ γάρ· "ὅτε τοίνυν οὐκ ἐγένετο ἔστι τε
καὶ ἀεὶ ἦν καὶ ἔσται καὶ ἀρχὴν οὐκ ἔχει οὐδὲ τελευτήν, ἀλλ᾽ ἄπειρόν ἐστιν· 45
εἰ μὲν γὰρ ἐγένετο, ἀρχὴν ἂν εἶχεν (ἤρξατο γὰρ ἄν ποτε γινόμενον) καὶ
25 τελευτήν (ἐτελεύτησε γὰρ ἄν). ὅτε δὲ μήτε ἤρξατο μήτε ἐτελεύτησεν ἀεί
τε ἦν, οὐκ ἔχει ἀρχὴν οὐδὲ τελευτήν [ἀλλὰ ἄπειρον]." οὕτως μὲν οὖν
εἰς τὸ κατὰ χρόνον ἄναρχον καὶ ἀτελεύτητον καὶ ἀεὶ ὂν ὁ Μέλισσος ἀπι-
δὼν ἄπειρον ἀπεφήνατο. τὸ δὲ τοιοῦτον καὶ ὁ Παρμενίδης αὐτῷ μαρτυρεῖ
λέγων δι᾽ αὐτῶν σχεδὸν τῶν ῥημάτων

---

2 christianos, quos significat S., defendit monachus quidam in margine: οὐ καθαιροῦμεν ὡς ἀνθρωπίσαντα λέγοντες τὸν θεῖον λόγον ἀλλ᾽ ἐν τῇ οἰκείᾳ μεγαλειότητι καὶ περιωπῇ φυλάττοντες προσκυνοῦμεν ὡς σώσαντα ἡμᾶς δι᾽ ἄφατον ἀγαθότητα DE   4 διαφέρειν aF
5 ὅλως Eᵃ   τῆς om. DE   6 διειλέχθησαν E   9 ἀφορίζεσθαι aE(D oblitt.):
ἀφανίζεσθαι F: σοφίζεσθαι Eᵃ   10 ἀπειληφῶς D   11 fort. ἀρχὴν   12 οὕτω F
13 ὡς πάσης DEEᵃF: ὡς om. a: ὅλως πάσης tentabat Torstrik   14 τοῦ Παρμενίδου a cf.
Plat. Parmen. p. 144 E sqq.   18 οἷον libri. οἷον legit S. apud Platonem Theaet. p. 180 E
quem hic et f. 31ʳ19. sequitur. veram Parmenidei versus (97 K., 101 St.) formam exhibet
infra f. 19ᵃ 25. 31ᵇ12   παντὶ ὄνομα hic libri: πάντῃ ὄ. f. 31ʳ18 ubi item ex Platone
haustum: πᾶν ὄνομ᾽ a   20 ἀνέκλειπτον DE   ὑπεφήνατο Eᵃ   21 ἀπόδειξιν a
22 φησὶ Melissus § 7 Brandisii p. 190 cf. Simpl. f. 9ᵛ13 et plenius f. 23ᵛ49   ἔστι
δέ, ἀεὶ ἦν f. 9ᵛ13. 23ᵛ49   24 γινόμενον constanter Simplicius: γενόμενον reddendum
Melisso cf. Spengel ad Eudemi fr. p. 18, 18   25 ἐτελεύτησε γὰρ ἄν ποτε, γινόμενον ὄν
f. 23ᵛ51. 54   26 ἀλλὰ ἄπειρον ex v. 23 interpolatum. genuina clausula servatur
f. 22ᵛ52   28 καὶ ὁ παρμενίδης τὸ τοιοῦτον αὐτῷ μ. aF   29 λέγων vv. 58—60
Karst., 64—66 Stein. cf. Simpl. f. 17ʳ34. 26ʳ22. 31ʳ39. de caelo p. 250ᵃ6

ὡς ἀγένητον ἐὸν καὶ ἀνώλεθρόν ἐστιν,
οὖλον μουνογενές τε καὶ ἀτρεμὲς ἠδ' ἀτέλεστον,
οὐδέ ποτ' ἦν οὐδ' ἔσται, ἐπεὶ νῦν ἔστιν ὁμοῦ πᾶν.
οὕτω μὲν οὖν καὶ οὗτος ὡς ἀνέκλειπτον καὶ ὡς ἀγένητον καὶ ἄπειρον
5 εἶναί φησι. τὴν δὲ τοῦ πέρατος ἔννοιαν δι' ἐκείνων ἐδήλωσε τῶν ἐπῶν
ταὐτόν τ' ἐν ταὐτῷ τε μένον καθ' ἑαυτό ⟨τε⟩ κεῖται.
οὕτω ἔμπεδον αὖθι μένει· κρατερὴ γὰρ ἀνάγκη
πείρατος ἐν δεσμοῖσιν ἔχει, τό μιν ἀμφὶς ἐέργει,
οὕνεκεν οὐκ ἀτελεύτητον τὸ ἐὸν θέμις εἶναι·
10 ἔστι γὰρ οὐκ ἐπιδευές· † μὴ ἐὸν δὲ ἂν παντὸς ἐδεῖτο.
εἰ γὰρ ὂν ἐστὶ καὶ οὐχὶ | μὴ ὄν, ἀνενδεές ἐστιν, ἀνενδεὲς δὲ ὂν τέλειόν
ἐστι, τέλειον δὲ ὂν ἔχει τέλος καὶ οὐκ ἔστιν ἀτελεύτητον, τέλος δὲ ἔχον
πέρας ἔχει καὶ ὅρον. οὕτως μὲν οὖν οὐδεμία κατὰ τὰς ἐννοίας τῶν ἀνδρῶν
τούτων γέγονεν ἐναντίωσις ἐν οἷς περὶ τοῦ αὐτοῦ λέγουσι. μετελθὼν δὲ
15 ἀπὸ τῶν νοητῶν ἐπὶ τὰ αἰσθητὰ ὁ Παρμενίδης, ἤτοι ἀπὸ ἀληθείας ὡς
αὐτός φησιν ἐπὶ δόξαν, ἐν οἷς λέγει
ἐν τῷ σοι παύω πιστὸν λόγον ἠδὲ νόημα
ἀμφὶς ἀληθείης, δόξας δ' ἀπὸ τοῦδε βροτείους
μάνθανε, κόσμον ἐμῶν ἐπέων ἀπατηλὸν ἀκούων,
20 τῶν γενητῶν ἀρχὰς καὶ αὐτὸς στοιχειώδεις μὲν τὴν πρώτην ἀντίθεσιν ἔθετο,
ἣν φῶς καλεῖ καὶ σκότος ⟨ἢ⟩ πῦρ καὶ γῆν ἢ πυκνὸν καὶ ἀραιὸν ἢ ταὐτὸν
καὶ ἕτερον, λέγων ἐφεξῆς τοῖς πρότερον παρακειμένοις ἔπεσι
μορφὰς γὰρ κατέθεντο δύο γνώμαις ὀνομάζειν,
τῶν μίαν οὐ χρεών ἐστιν, ἐν ᾧ πεπλανημένοι εἰσίν·
25 ἀντία δ' ἐκρίναντο δέμας καὶ σήματ' ἔθεντο
χωρὶς ἀπ' ἀλλήλων, τῇ μὲν φλογὸς αἰθέριον πῦρ
ἤπιον † τὸ μέγ' ἀραιὸν ἐλαφρόν, ἑαυτῷ πάντοσε τωὐτόν,

---

1 ἀγέννητον ἐστι ἐόν F   2 μονογενές DE   τε om. aF   ἠδ' ἀτέλεστον aDE: ἢ
δ' ἀτέλεστ (ἀτέλεσταν) Eᵃ: ἢ ἀτέλεστον F: οὐδ' ἀτέλεστον Brandis cf. tamen f. 17ʳ35. 26ʳ22
Hollenberg Empedoclea (Berl. 1853) p. 27 sqq.   3 οὐδὲ ἔσται E   νῦν EEᵃ: νυν aD:
οὖν F   5 ἐπῶν vv. 85—89 Karst., 90—95 Stein. cf. Simpl. f. 9ʳ27. 31ʳ20, ᵛ7   6 ταυτόν
τ' ἐν Eᵃ: ταυτόν τε ὂν ἐν aDF: ταυτόν τε ὂν καὶ ἐν E   τε μένον aEᵃF: μένον καὶ DE
ἑαυτό τε f. 31ʳ20, ᵛ8: ἑαυτὸ (om. τε) hic omnes libri   7 αὖθις Eᵃ   8 ἔχον Eᵃ
τό μιν Simpl. f. 9ʳ28. 31ᵛ8: τέ μιν hic libri   ἀμφὲς (sic) εἴργει Eᵃ   9 ἀτελεύ-
τητον τ' ἐὸν D: ἀτελεύτητόν τ' ἐὸν E: ἀτελεύτητον τεὸν F   10 ἐπιδεὲς DE   μὴ ἐὸν
κτλ. legit Simplicius cf. Stein ad h. v. p. 790   δὲ DEEᵃ: γὰρ aF   πάντως aD
13 οὐδεμία om. aF   ἐννοίας] αἰτίας DE   14 τούτων οὐ γέγονεν a   16 δόξαν ἐν
οἷς — φοράς f. 8ʳ46 om. Eᵃ   λέγει 109—111 Karst., 113—115 St. cf. f. 9ʳ9
18 ἀμφὶς F: ἀμφὶ aDE   19 ἀπατηλῶν sed corr. F¹   20 τῶν μὲν γενητῶν a
21 ἢ ante πῦρ addidit Torstrik   22 λέγων 112—118 K., 116—122 St. cf. f.
9ʳ10. 38ᵛ54   προτέροις a   23 γνώμας f. 9ʳ11 cf. Stein p. 794   25 ἀντία
aF: ἐναντία DE   δ' ἐκρίναντο a: δὲ κρίναντο DEF   27 ἤπιον τὸ DE: ἤπιον ὂν
aF: ἠπιόφρον Preller cf. f. 9ʳ12. 39ʳ2   μέγ' ἀραιὸν sic libri: ἤπιον ἔμμεν ἀραιὸν
coni. Stein. ἐλαφρὸν quod Simpl. tribus locis testatur induxerunt Karsten, Stein

τῷ δ' ἑτέρῳ μὴ τὠυτόν· ἀτὰρ κἀκεῖνο κατ' αὐτὸ
τἀντία, νύκτ' ἀδαῆ, πυκινὸν δέμας ἐμβριθές τε.
καὶ δὴ καὶ καταλογάδην μεταξὺ τῶν ἐπῶν ἐμφέρεταί τι ῥησείδιον ὡς αὐτοῦ
Παρμενίδου ἔχον οὕτως· "ἐπὶ τῷδέ ἐστι τὸ ἀραιὸν καὶ τὸ θερμὸν καὶ τὸ
φάος καὶ τὸ μαλθακὸν καὶ τὸ κοῦφον, ἐπὶ δὲ τῷ πυκνῷ ὠνόμασται τὸ
ψυχρὸν καὶ ὁ ζόφος καὶ σκληρὸν καὶ βαρύ· ταῦτα γὰρ ἀπεκρίθη ἑκατέρως
ἑκάτερα." οὕτω σαφῶς ἀντίθετα δύο στοιχεῖα ἔλαβε· διὸ πρότερον ἓν τὸ ὂν
δύ' ἔγνω, καὶ πεπλανῆσθαι δέ φησι τοὺς τὴν ἀντίθεσιν τῶν τὴν γένεσιν συ-
νιστώντων στοιχείων μὴ συνορῶντας ἢ μὴ σαφῶς ἀποκαλύπτοντας· ᾧπερ
καὶ Ἀριστοτέλης ἀκολουθῶν ἀρχὰς ἔθετο τὰ ἐναντία. καὶ ποιητικὸν δὲ
αἴτιον οὐ σωμάτων μόνον τῶν ἐν τῇ γενέσει ἀλλὰ καὶ ἀσωμάτων τῶν τὴν
γένεσιν συμπληρούντων σαφῶς παραδέδωκεν ὁ Παρμενίδης λέγων
αἷ δ' ἐπὶ ταῖς νυκτός, μετὰ δὲ φλογὸς ἵεται αἶσα.
ἐν δὲ μέσῳ τούτων δαίμων ἣ πάντα κυβερνᾷ·
† πάντα γὰρ στυγεροῖο τόκου καὶ μίξιος ἄρχει
πέμπουσ' ἄρσενι θῆλυ μιγὲν τό τ' ἐναντίον αὖθις
ἄρσεν θηλυτέρῳ.
Ἀλλὰ δὴ καὶ Ἐμπεδοκλῆς περί τε τοῦ νοητοῦ κόσμου καὶ περὶ τοῦ
αἰσθητοῦ διδάσκων καὶ ἐκεῖνον τούτου ἀρχέτυπον παράδειγμα τιθέμενος ἐν
ἑκατέρῳ μὲν ἀρχὰς καὶ στοιχεῖα τὰ τέτταρα ταῦτα τέθεικε πῦρ ἀέρα ὕδωρ
καὶ γῆν, καὶ ποιητικὰ αἴτια τὴν φιλίαν καὶ τὸ νεῖκος, πλὴν ὅτι τὰ μὲν ἐν
τῷ νοητῷ τῇ νοητῇ ἑνώσει κρατούμενα διὰ φιλίας μᾶλλον συνάγεσθαί φησι,
τὰ δὲ ἐν τῷ αἰσθητῷ ὑπὸ τοῦ νείκους μᾶλλον διακρίνεσθαι. ᾧ καὶ ὁ
Πλάτων κατακολουθῶν, ἢ πρὸ τοῦ Πλάτωνος ὁ Τίμαιος, ἐν τῷ πρώτῳ
παραδείγματι τῷ νοητῷ τὰς τέτταρας ἰδέας προϋπάρχειν φησὶ τὰς ἀπὸ τῶν
τεττάρων στοιχείων χαρακτηριζομένας καὶ τὸν τετραμερῆ τοῦτον κόσμον
τὸν αἰσθητὸν ἐν ἐσχάτοις παραγούσας, τοῦ νείκους ἐνταῦθα κρατοῦντος διὰ
τὴν ἀπὸ τῆς νοητῆς ἑνώσεως ὑποβᾶσαν διάκρισιν. καὶ γέγονεν ὁ λόγος
αὐτῷ περὶ ἀμφοτέρων τῶν κόσμων κοινός, πλὴν καὶ οὗτος ὡς ἐν ὕλης
λόγῳ τὰ τέτταρα θεὶς στοιχεῖα τὴν περὶ αὐτὰ ἐναντίωσιν τῆς φιλίας καὶ
τοῦ νείκους ἐθεάσατο. ὅτι γὰρ οὐχ ὡς οἱ πολλοὶ νομίζουσι φιλία μὲν
μόνη κατ' Ἐμπεδοκλέα τὸν νοητὸν ἐποίησε κόσμον, νεῖκος δὲ μόνον τὸν

---

1 κατ' αὐτὸν τἀντία F: κατὰ ταὐτὸ τἀναντία DE: κατ' αὐτὸ τἀναντία a: in Simpliciano *KATAYTOTANTIA* latere κατ' αὐτοῦ ἀντία vidit Stein   2 νύκτ' ἀδαῆ πυκινὸν E: νύκτ' ἀδα ἧ πυκηνὸν D: νυκτάδα ἢ (ἠδὲ a) πυκινὸν aF   3 καὶ (post δὴ) om. aF ῥησείδιον Melissi putabat Stein p. 795   6 ὁ ζόφος Stein: τὸ ζόφος libri   τὸ ante σκληρὸν et ante βαρύ addidit a   7 ἀντίθετα E: ἀντιθέτως aF: oblitt. D   διὸ τὸ πρότερον ἓν τὸ ὂν ἀπέγνω volebat Torstrik   8 δύ' ἔγνω scripsi: διέγνω libri   9 ὥσπερ F   10 ἔθετο τὰ ἐναντία ἀρχάς aF   12 λέγων vv. 126—130 Karst., 134—138 St. cf. f. 9ʳ17   14 δαιμονίη πάντα F   15 πάντη Mullach, πᾶσιν Stein   ἄρχει DE: ἀρχὴ aF   16 μιγέν· τότ' (τότε DE) libri: μιγῆν, τότ' Stein. μιγῆναι ἐναντία τ' Preller αὖτις F   18 τοῦ νοῦ τοῦ κόσμου F   περὶ alterum om. aF   19 παράδειγμα ἀρχέτυπον aF   21 καὶ (ante γῆν) om. F   24 Πλάτων Tim. 39 E sqq.   27 αἰσθητικὸν a   παράγουσαν F   28 ἀποβᾶσαν aF   29 καὶ οὗτος Empedocles

αἰσθητόν, ἀλλ' ἄμφω πανταχοῦ οἰκείως θεωρεῖ, ἄκουσον αὐτοῦ τῶν ἐν τοῖς 7ᵛ
Φυσικοῖς λεγομένων, ἐν οἷς καὶ τῆς ἐνταῦθα δημιουργικῆς συγκράσεως τὴν
Ἀφροδίτην ἤτοι τὴν φιλίαν αἰτίαν φησί. καλεῖ δὲ τὸ μὲν πῦρ καὶ Ἥφαιστον
καὶ ἥλιον καὶ φλόγα, τὸ δὲ ὕδωρ ὄμβρον, τὸν δὲ ἀέρα αἰθέρα. λέγει οὖν 35
5 πολλαχοῦ μὲν ταῦτα καὶ ἐν τούτοις δὲ τοῖς ἔπεσιν

    ἡ δὲ χθὼν τούτοισιν ἴση συνέκυρσε μάλιστα
    Ἡφαίστῳ τ' ὄμβρῳ τε καὶ αἰθέρι παμφανόωντι,
    Κύπριδος ὁρμισθεῖσα τελείοις ἐν λιμένεσσιν,
    εἴτ' ὀλίγον μείζων εἴτε πλέον ἐστὶν ἐλάσσων.
10   ἐκ τῶν αἷμά τε γέντο καὶ ἄλλης εἴδεα σαρκός.

καὶ πρὸ τούτων δὲ τῶν ἐπῶν ἐν ἄλλοις τὴν ἀμφοῖν ἐν τοῖς αὐτοῖς ἐνέρ-
γειαν παραδίδωσι λέγων

    ἐπεὶ Νεῖκος μὲν ἐνέρτατον ἵκετο βένθος
    δίνης, ἐν δὲ μέσῃ Φιλότης στροφάλιγγι γένηται,   40
15   ἐν τῇ δὴ τάδε πάντα συνέρχεται ἓν μόνον εἶναι
    οὐκ ἄφαρ, ἀλλὰ θελημὰ συνιστάμεν' ἄλλοθεν ἄλλα.
    τῶν δέ τε μισγομένων χεῖτ' ἔθνεα μυρία θνητῶν.
    πολλὰ δ' ἄμιχθ' ἕστηκε κεραιομένοισιν ἐναλλάξ,
    ὅσσ' ἔτι Νεῖκος ἔρυκε μετάρσιον· οὐ γὰρ ἀμεμφέως
20   πὼ πᾶν ἐξέστηκεν ἐπ' ἔσχατα τέρματα κύκλου.
    ἀλλὰ τὰ μέν τ' ἐνέμιμνε μελέων, τὰ δέ τ' ἐξεβεβήκει.
    ὅσσον δ' αἰὲν ὑπεκπροθέοι, τόσον αἰὲν ἐπῄει
    ἠπιόφρων Φιλότητος ἀμεμφέος ἄμβροτος ὁρμή.
    αἶψα δὲ θνήτ' ἐφύοντο τὰ πρὶν μάθον ἀθάνατ' εἶναι,   45
25   ζωρά τε τὰ πρὶν ἄκρητα διαλλάξαντα κελεύθους.

---

1 ἄφω E   πανταχοῦ ὁμοίως coni. Torstrik   3 πῶς καλεῖ τὰ στοιχεῖα Ἐμπεδοκλῆς in mrg. DE   4 οὖν] δὲ a   5 ἔπεσιν 215—219 Karst., 203—207 St.   6 μάλιστα etiam f. 74ᵇ2 recte cf. v. 9   7 ἡφαίστω τε ὄμβρω DE   8 ὁρμισθεῖσα recte F: ὁρμησθεῖσα aDE: ὁρμισθεῖσι Stein   λιμένεσιν DE   9 μείζων DE: μεῖζον aF   ἐλάσσων DE: ἔλασσον aF: versum explicabat Stein, ὀλίγον μείζων εἴτε πλεόνεσσιν ἐλάσσων recte corr. Panzerbieter   10 αἷματ' ἔγεντο E: αἷμα τέγεντο D: αἷματ' ἐγένοντο aF   11 τὴν] τοῖν F   ἐνεργείας E   12 λέγων vv. 166—181 Karst. 171—185 St. cf. Simpl. de caelo II 13 p. 236ᵇ26 Karst.   15 ἐν τῇ δὴ aF: ἐν τῇ δὶ DE: ἔνθ' ἤδη corr. Bergk   16 θελημὰ DE (et codd. JP de caelo): θέλημα F: θέλιμνα a: ἀλλ' ἐθελημὰ plerique editores   συνίσταμεν aF: συνιστάμεν DE   ἄλλα de caelo codd. P et Taurin: ἄλλο libri   18 ἄμιχ τέστηκεχεκερασμένοισι D: ἄμικτ' ἐστι κεκερασμένοισιν E: ἀμμικτέστηκεχεκερασμένοισιν F: ἄμικτ' ἔστηκε κερασσαμένοισιν a. scripsi quod de caelo exstat κεραιομένοισιν   19 ἀμεμφέως recte libri: ἄμ' ἀμφὶς Panzerbieter: ἀμφαφέως de caelo libri unde ἀφαυρῶς volebat Stein   20 πω πᾶν aF: οὔπω πᾶν DE ex 7ᵛ 47: τὸ πᾶν de caelo: ἐς τὸ πᾶν Bergk: πάντως Stein   21 δέ τ' om. E   22 ὅσον DE   ὑπεκπροθέοι DE et de caelo: ὑπεκπροθέει aF   τόσσον E   23 ἠπιόφρων de caelo: ἡ πίφρων a: πίφρων DE: ἡ περίφρων F   φιλότητος DEF de caelo (P): φιλότης a   ἀμεμφέος DE: ἀμεμφέως aF: ἀμφέσσον de caelo (P): ἠπιόφρων φιλότης τε καὶ ἔμπεσεν ἄμβροτος ὁρμή Stein   ἄβροτος E¹   25 ζωρὰ δὲ a   ἄκρητα Theophr. ap. Athen. X 424 A: ἄκριτα libri

τῶν δέ τε μισγομένων χεῖτ' ἔθνεα μυρία θνητῶν
παντοίαις ἰδέῃσιν ἀρηρότα θαῦμα ἰδέσθαι.
ἐν δὴ τούτοις σαφῶς καὶ τὰ θνητὰ ἐκ τῆς φιλίας ἡρμόσθαι φησί, καὶ ἐν
οἷς ἡ φιλία ἐπικρατεῖ οὔπω πᾶν ἐξεστηκέναι τὸ νεῖκος. καὶ ἐν ἐκείνοις δὲ
5 τοῖς ἔπεσιν, ἐν οἷς καὶ τὰ γνωρίσματα ἑκάστου τῶν τεττάρων στοιχείων
καὶ τοῦ νείκους καὶ τῆς φιλίας παραδίδωσι, σαφῶς τὴν ἀμφοῖν ἐν πᾶσι
μῖξιν τοῦ τε νείκους καὶ τῆς φιλίας ἐξέφηνεν. ἔχει δὲ οὕτως·
    ἠέλιον μὲν θερμὸν ὁρᾶν καὶ λαμπρὸν ἁπάντῃ,
    ἄμβροτα δ' ὅσσ' † ἔδεται καὶ ἀργέτι δεύεται αὐγῇ,
10   ὄμβρον δ' ἐν πᾶσι δνοφέοντά τε ῥιγαλέον τε,
    ἐκ δ' αἴης προρέουσι θελημά τε καὶ στερέωμα.
    ἐν δὲ κότῳ διάμορφα καὶ ἄνδιχα πάντα πέλονται·
    σὺν δ' ἔβη ἐν φιλότητι καὶ ἀλλήλοισι ποθεῖται.
    ἐκ τούτων γὰρ πάνθ' ὅσα τ' ἦν ὅσα τ' ἔστι καὶ ἔσται
15   δένδρα τε βεβλάστηκε καὶ ἀνέρες ἠδὲ γυναῖκες
    θῆρές τ' οἰωνοί τε καὶ ὑδατο|θρέμμονες ἰχθῦς
    καί τε θεοὶ δολιχαίωνες τιμῇσι φέριστοι.
καὶ ὀλίγον δὲ προελθὼν φησιν
    ἐν δὲ μέρει κρατέουσι περιπλομένοιο κύκλοιο
20   καὶ φθίνει εἰς ἄλληλα καὶ αὔξεται ἐν μέρει αἴσης.
    αὐτὰ γὰρ ἔστιν ταῦτα, δι' ἀλλήλων δὲ θέοντα
    γίνοντ' ἄνθρωποί τε καὶ ἄλλων ἔθνεα κηρῶν
    ἄλλοτε μὲν Φιλότητι συνερχόμεν' εἰς ἕνα κόσμον,
    ἄλλοτε δ' αὖ δίχ' ἕκαστα φορούμενα Νείκεος ἔχθει,
25   εἰσόκεν ἓν συμφύντα τὸ πᾶν ὑπένερθε γένηται.
    οὕτως ᾗ μὲν ⟨ἓν⟩ ἐκ πλεόνων μεμάθηκε φύεσθαι
    ἠδὲ πάλιν διαφύντος ἑνὸς πλέον' ἐκτελέθουσι,

---

1 μιστομένων E   χεῖται DE   2 παντοίαις aF: παντοίαισιν DE   ἰδέεσσιν DE
3 ἡρμόσθη E   φησί F: φασί aDE   6 φιλίας — καὶ τῆς (7) om. E   τὴν
ἀμφοῖν — ἔχει om. D   7 οὕτως vv. 126—135 Karst., 98—107 St. cf. Simpl. fol. 34 r 32
8 ὁρᾶν aDE et f. 34 a 32: ὁρᾷ F (ὅρα Plut. de pr. frigid. 13 p. 949)   καὶ λαμπρὸν
DE: καὶ θερμὸν aF   9 δὲ ὅσσ' ἔδεται aDE: δὲ ὅσσε δέ τε F: δ' ὅσσα ἐδεῖτο
f. 34 r 32: putabam δ' ὅσσα θέει τε, alii alia   αὐγῇ E   10 δνοφέοντά sic libri cf.
f. 34 r 33   11 προρρέουσι DEF   θελημά τε D¹: θελημνά τε ED²: θελήματα F: θελί-
μνατα a: θελημά τε f. 34 r 34: θελυμνά τε recte corr. Sturz   στερεωπά melius f. 34 r 34
14 ἐκ τῶν a   πάντα ὅσα [ὅσσα F] τε ἦν ὅσα [ὅσσα F] τέ ἐστι DEF: πάνθ' ὅσσ' ἦν,
ὅσσα τέ ἐστι a   15 δένδρα aF: δένδρεα DE   τε βεβλάστηκε libri cf. ad f. 34 r 36
17 δολιχαιῶνες D, post quam vocem una littera erasa: δολιχέοντες εσὶ sic F   18 αὖθις
ante φησιν inserit a   φησιν vv. 138—149 Karst. 112—118. 69—73 St.   19 ἐν
δὲ—κύκλοιο cf. f. 272 v 38   21 ἔστι DEF: ἔστι γε a: corr. Panzerbieter   22 γί-
νονται libri   κηρῶν libri cf. v. 386 St.: θηρῶν recte Sturz: θνητῶν Bergk   24 φο-
ρεύμενα Sturz   25 ἓν E: ὃν D: ὃν F: ἂν a: conieci εἰσόκ' ἐς ἓν Herm. XV 163
26 ᾗ μὲν ἓν Arist. phys. VIII 1 p. 250 b 30 [ἠμὲν ἓν Bekker]: ᾗ μὲν (om. ἓν) DEF: ᾗ
μὲν (item om. ἓν) a   πλειόνων F   27 ἠδὲ DE: ἡ δὲ F: ᾗ δὲ a   πλέον F

τῇ μὲν γίγνονταί τε καὶ οὔ σφισιν ἔμπεδος αἰών·
ᾗ δὲ τάδ' ἀλλάσσοντα διαμπερὲς οὐδαμὰ λήγει,
ταύτῃ δ' αἰὲν ἔασιν ἀκίνητοι κατὰ κύκλον.

ὥστε καὶ τὸ ἓν ἐκ πλειόνων, ὅπερ διὰ τὴν φιλίαν συμβαίνει, καὶ τὸ
5 πλείονα ἐξ ἑνός, ὅπερ τοῦ νείκους ἐπικρατοῦντος γίνεται, καὶ ἐν τούτῳ θεωρεῖ [καὶ] τῷ ὑπὸ σελήνην κόσμῳ, ἐν ᾧ τὰ θνητά, κατὰ περιόδους δηλονότι ἄλλοτε ἄλλας ποτὲ μὲν ⟨τοῦ⟩ νείκους ποτὲ δὲ τῆς φιλίας ἐπικρατούσης. μήποτε δὲ προποδισμόν τινα τῆς τῶν ὄντων ἑνώσεως καὶ διακρίσεως παραδίδωσι πλείονας διαφορὰς τοῦ νοητοῦ κόσμου ὑπὲρ τόνδε τὸν αἰ-
10 σθητὸν κατὰ τὸ μᾶλλον καὶ ἧττον τῆς φιλίας ἐπικράτειαν αἰνιττόμενος. καὶ ἐν τῷ αἰσθητῷ δὲ τὰς διαφορὰς τῆς τοῦ νείκους ἐπικρατείας παραδείκνυσιν ὅροις τισὶ διειλημμένας, ὡς ἐν ἄλλοις ἐπειράθην ὑποδεῖξαι. πλὴν ὅτι καὶ οὗτος οὐδὲν ἐναντίον Παρμενίδῃ καὶ Μελίσσῳ φθέγγεται, ἀλλά γε τήν τε στοιχειώδη ἀντίθεσιν ὡς καὶ Παρμενίδης ἐθεάσατο καὶ ποιητικὸν
15 αἴτιον ἐκεῖνος μὲν ἓν κοινὸν τὴν ἐν μέσῳ πάντων ἱδρυμένην καὶ πάσης γενέσεως αἰτίαν δαίμονα τίθησιν, οὗτος δὲ καὶ ἐν τοῖς ποιητικοῖς αἰτίοις τὴν ἀντίθεσιν ἐθεάσατο.

Ἀναξαγόρας δὲ ὁ Κλαζομένιος ἔοικε τῶν εἰδῶν πάντων τριττὴν θεάσασθαι τὴν διαφοράν, τὴν μὲν κατὰ τὴν νοητὴν ἕνωσιν συνῃρημένην, ὅταν
20 λέγῃ "ὁμοῦ πάντα χρήματα ἦν ἄπειρα καὶ πλῆθος καὶ σμικρότητα". καὶ πάλιν φησί "πρὶν δὲ ἀποκριθῆναι ταῦτα πάντων ὁμοῦ ἐόντων οὐδὲ χροιὴ ἔνδηλος ἦν οὐδεμία· ἀπεκώλυε γὰρ ἡ σύμμιξις ἁπάντων χρημάτων τοῦ διεροῦ καὶ τοῦ ξηροῦ καὶ τοῦ θερμοῦ καὶ τοῦ ψυχροῦ καὶ τοῦ λαμπροῦ καὶ τοῦ ζοφεροῦ καὶ γῆς πολλῆς ἐνεούσης καὶ σπερμάτων ἀπείρων πλήθους
25 οὐδὲν ἐοικότων ἀλλήλοις. τούτων δὲ οὕτως ἐχόντων ἐν τῷ σύμπαντι χρὴ δοκεῖν ἐνεῖναι πάντα χρήματα". καὶ εἴη ἂν τὸ σύμπαν τοῦτο ⟨τὸ⟩ τοῦ Παρμενίδου ἓν ὄν. τὴν δέ τινα ἐθεάσατο κατὰ τὴν νοερὰν διάκρισιν διακεκριμένην, πρὸς ἣν ἡ ἐνταῦθα ἀφωμοίωται. λέγει γὰρ μετ' ὀλίγα τῆς ἀρχῆς τοῦ πρώτου Περὶ φύσεως Ἀναξαγόρας οὕτως· "τούτων δὲ οὕτως

---

1 καὶ ὃς σφίσιν F   2 οὐδαμὰ F: οὐδ' ἅμα DE: οὐδαμᾶ a   3 ταύτῃ δ' DE: ταύτῃ (om. δ') aF   ἀκίνητοι DEF et f. 34 r 49 Arist. p. 251 a 3: ἀκίνητα a: ἀκίνητον Bergk, ἀκινητὶ Panzerbieter   4 πλεόνων F   τὸ πλείονα F: τὰ πλείονα DE   6 καὶ (ante τῷ) delevit Torstrik   9 τοῦ om. DEF: add. a   τόνδε τὸν scripsi: τόδε τὸ libri   10 κατὰ τὸ E: obl. D: κατὰ τὴν aF   conicio τῆς ⟨τῆς⟩ φιλίας ἐπικρατείας   12 ἐν ἄλλοις: de caelo p. 236 Karst.   ἀποδεῖξαι D²   13 οὗτος ex οὕτω F   Παρμενίδῃ — ὡς καὶ om. F   15 ἐν κέ (ἐν κέντρῳ) E   ἱδρομένην F   18 inter εἰδῶν et πάντων deletum quid F   τρίτην F   20 λέγῃ fr. 1 Schornii et Schaubachii cf. fol. 33 v 17 37 r 8   χρήματα F: χρήματ' aDE   21 πάλιν φησί fr. 4 Schorn. 6 Schaub. cf. f. 33 v 23   23 καὶ (ante τοῦ θερμοῦ) om. D   καὶ (ante τοῦ λαμπροῦ) om. DE   24 καὶ γῆς f. 33 v 25: καὶ τῆς DEF: om. a   ἐνεούσης] ἐν ἐούσης F   πλῆθος coni. Schorn   26 ἐνεῖναι scripsi ex fr. 3 (Simpl. fol. 33 v 22. 48): ἐν εἶναι libri hic et p. 35, 1   εἴη ἂν] εἰ πᾶν F   τὸ post τοῦτο add. a   27 παρμενίδους F   τὴν δέ] τήνδε DEF   τινα evan. E   28 ἦν] ἦν E   ἀφομοίωται libri: corr. Torstrik   γὰρ περ F   29 οὕτως — ἡδονάς (p. 35, 3) fr. 3 Schorn, Schaub.

ἐχόντων χρὴ δοκεῖν ἐνεῖναι πολλά τε καὶ παντοῖα ἐν πᾶσι τοῖς συγκρινο-
μένοις καὶ σπέρματα πάντων χρημάτων καὶ ἰδέας παντοίας ἔχοντα καὶ
χροιὰς καὶ ἡδονάς, καὶ ἀνθρώπους τε συμπαγῆναι καὶ τὰ ἄλλα ζῷα ὅσα
ψυχὴν ἔχει. καὶ τοῖς γε ἀνθρώποισιν εἶναι καὶ πόλεις συνῳκημένας καὶ
5 ἔργα κατεσκευασμένα, ὥσπερ παρ' ἡμῖν, καὶ ἥλιόν τε αὐτοῖσιν εἶναι καὶ
σελήνην καὶ τὰ ἄλλα, ὥσπερ παρ' ἡμῖν, καὶ τὴν γῆν αὐτοῖσι φύειν πολλά
τε καὶ παντοῖα, ὧν ἐκεῖνοι τὰ ὀνήιστα συνενεγκάμενοι εἰς τὴν οἴκησιν χρῶν-
ται. ταῦτα μὲν οὖν μοι λέλεκται περὶ τῆς ἀποκρίσιος, ὅτι οὐκ ἂν παρ'
ἡμῖν μόνον ἀποκριθείη, ἀλλὰ καὶ ἄλλῃ". καὶ δόξει μὲν ἴσως τισὶν οὐ
10 πρὸς νοερὰν διάκρισιν τὴν ἐν τῇ γενέσει παραβάλλειν, ἀλλὰ πρὸς τόπους
ἄλλους τῆς γῆς τὴν παρ' ἡμῖν συγκρίνειν οἴκησιν. οὐκ ἂν δὲ εἶπε περὶ τό-
πων ἄλλων καὶ "ἥλιον αὐτοῖσιν εἶναι καὶ σελήνην καὶ τὰ ἄλλα ὥσπερ παρ'
ἡμῖν" καὶ "σπέρματα δὲ πάντων χρημάτων καὶ ἰδέας" ἐκάλεσε τὰ ἐκεῖ. ἄκου-
σον δὲ οἷα καὶ μετ' ὀλίγον φησὶ τὴν ἀμφοῖν ποιούμενος σύγκρισιν· "οὕτω
15 τούτων περιχωρούντων τε καὶ ἀποκρινομένων ὑπὸ βίης τε καὶ ταχυτῆτος.
βίην δὲ ἡ ταχυτὴς ποιεῖ. ἡ δὲ ταχυτὴς αὐτῶν οὐδενὶ ἔοικε χρήματι τὴν
ταχυτῆτα τῶν νῦν ἐόντων χρημάτων ἐν ἀνθρώποις, ἀλλὰ πάντως πολλα-
πλασίως ταχύ ἐστι." καὶ εἴπερ ταύτην ἔσχε τὴν ἔννοιαν, ἄλλως μὲν
πάντα ἐν πᾶσιν εἶναί φησι κατὰ τὴν νοητὴν ἕνωσιν, ἄλλως δὲ κατὰ τὴν
20 νοερὰν συνουσίωσιν καὶ ἄλλως κατὰ τὴν αἰσθητὴν σύμπνοιαν καὶ τὴν ἐκ
τῶν αὐτῶν γένεσιν καὶ εἰς τὰ αὐτὰ ἀνάλυσιν.

Οἱ δὲ περὶ τὸν Λεύκιππόν τε καὶ Δημόκριτον καὶ τὸν Πυθαγορικὸν
Τίμαιον οὐκ ἐναντιοῦνται μὲν πρὸς τὸ τὰ τέτταρα στοιχεῖα τῶν συνθέτων
εἶναι σωμάτων ἀρχάς. καὶ οὗτοι δέ, ὥσπερ οἱ Πυθαγόρειοι καὶ Πλάτων
25 καὶ Ἀριστοτέλης, ὁρῶντες εἰς ἄλληλα μεταβάλλοντα τὸ πῦρ καὶ τὸν ἀέρα
καὶ τὸ ὕδωρ, ἴσως δὲ καὶ τὴν γῆν, ἀρχοειδέστερά τινα τούτων καὶ ἁπλού-
στερα ἐζήτουν αἴτια, δι' ὧν καὶ τὴν κατὰ τὰς ποιότητας τῶν στοιχείων
τούτων διαφορὰν ἀπολογήσονται. καὶ οὕτως ὁ μὲν Τίμαιος καὶ ὁ τούτῳ
κατακολουθῶν Πλάτων τὰ ἐπίπεδα βάθος τι ἔχοντα καὶ σχημάτων διαφορὰς
30 στοιχεῖα πρῶτα τῶν τεττάρων τούτων ἔθετο στοιχείων τὴν σωματικὴν φύσιν
μετὰ τῶν σωματικῶν σχημάτων ἀρχοειδεστέραν καὶ αἰτίαν τῆς τῶν ποιο-

---

1 ἐνεῖναι f. 33ᵛ 49: ἐν εἶναι hic libri cf. p. 34, 26   3 καὶ ἀνθρώπους κτλ. fr. 10 Schorn,
fr. 4 Schaub. cf. f. 33ᵛ 51   συμπαγῆ E   τἄλλα a   4 τοῖς τε E   ἀνθρώποισιν
aF: ἀνθρώποις σοι DE   5 ἡ ἕλιον (?) D   εἶναι om. DE   6 τἄλλα F
φύειν) φύσιν F   7 τὰ ὀνήιστα f. 33ᵛ 54: τὰσωνήιστα E: τὰ ὄνιστα D (?): τὰ ὀνιστὰ aF
8 ταῦτα—ἄλλῃ desunt f. 33ᵛ 54 et Simpliciana credebat Schorn p. 39   ἀποκρίσιος DE:
ἀποκρίσεως aF   9 ἄλλη (η nescio unde corr.) D   11 συγκρίνειν om. E   12 ἥ-
λιον a   αὐτοῖς ἐνεῖναι libri   τἄλλα aF   13 τὰ ἐκεῖ DE: ἐκεῖ aF   14 ὀλίγον
DE: ὀλίγα aF   φησὶ fr. 11 Schorn, 21 Schaub.   15 τούτων τε F   16 χρήματα
DE   17 νοῦν DE   18 ἀλλ' ὡς DE   22 περὶ om. E   τὸν] τε F   τε
(ante καὶ) om. F   23 τὸ om. E   25 ἐς a   28 ἀπολογήσονται EF: obl. D: ἀπο-
λογίσονται a   29 κατακολουθῶν aF: ἀκολουθῶν DE cf. p. 31, 24 f. 16ʳ 22   Πλάτων
Tim. p. 53 C sqq. cf. Tim. Locr. p. 98   ἐπίπεδα καὶ βάθος a   30 στοιχεῖα] rursus
incipit Eᵃ   πρῶτον DE   τῶν om. E   τούτων DEEᵃ: om. aF

τήτων διαφοράς νομίζων. οἱ δὲ περὶ Λεύκιππον καὶ Δημόκριτον τὰ ἐλά- 8ʳ χιστα πρῶτα σώματα ἄτομα καλοῦντες κατὰ τὴν τῶν σχημάτων αὐτῶν καὶ 50 τῆς θέσεως καὶ τῆς τάξεως διαφορὰν τὰ μὲν θερμὰ γίνεσθαι καὶ πύρια τῶν σωμάτων, ὅσα ἐξ ὀξυτέρων καὶ λεπτομερεστέρων καὶ κατὰ ὁμοίαν θέσιν
5 κειμένων σύγκειται τῶν πρώτων σωμάτων, τὰ δὲ ψυχρὰ καὶ ὑδατώδη, ὅσα ἐκ τῶν ἐναντίων, καὶ τὰ μὲν λαμπρὰ καὶ φωτεινά, τὰ δὲ ἀμυδρὰ καὶ σκοτεινά.

Καὶ ὅσοι δὲ ἓν ἔθεντο στοιχεῖον, ὡς Θαλῆς καὶ Ἀναξίμανδρος καὶ Ἡράκλειτος, καὶ τούτων ἕκαστος εἰς τὸ δραστήριον ἀπεῖδεν τὸ καὶ πρὸς γένεσιν
10 ἐπιτήδειον ἐκείνου, Θαλῆς μὲν | εἰς τὸ γόνιμον καὶ τρόφιμον καὶ συνεκτικὸν 8ᵛ καὶ ζωτικὸν καὶ εὐτύπωτον τοῦ ὕδατος, Ἡράκλειτος δὲ εἰς τὸ ζῳογόνον καὶ δημιουργικὸν τοῦ πυρός, Ἀναξιμένης δὲ εἰς τὸ τοῦ ἀέρος εὔπλαστον καὶ ἑκατέρωσε ῥᾳδίως μεταχωροῦν ἐπί τε τὸ πῦρ καὶ ἐπὶ τὸ ὕδωρ, ὥσπερ καὶ Ἀναξίμανδρος, εἴπερ τὸ μεταξὺ διὰ τὸ εὐαλλοίωτον ὑποτίθεται.
15 . Οὕτως οὖν οἱ μὲν εἰς νοητόν, οἱ δὲ εἰς αἰσθητὸν διάκοσμον ἀφορῶντες, 5 καὶ οἱ μὲν τὰ προσεχῆ στοιχεῖα τῶν σωμάτων, οἱ δὲ τὰ ἀρχοειδέστερα ζητοῦντες, καὶ οἱ μὲν μερικώτερον, οἱ δὲ ὁλικώτερον τῆς στοιχειώδους φύσεως καταδραττόμενοι, καὶ οἱ μὲν τὰ στοιχεῖα μόνον, οἱ δὲ πάντα τὰ αἴτια καὶ συναίτια ζητοῦντες διάφορα μὲν λέγουσι φυσιολογοῦντες, οὐ μὴν ἐναντία
20 τῷ κρίνειν ὀρθῶς δυναμένῳ. καὶ αὐτὸς δὲ ὁ Ἀριστοτέλης ὁ τὰς διαφωνίας αὐτῶν ἐπιδεικνύναι δοκῶν ἐρεῖ προελθὼν ὀλίγον ὅτι "διαφέρουσιν ἀλλήλων τῷ τοὺς μὲν πρότερα, τοὺς δὲ ὕστερα λαμβάνειν, καὶ τοὺς μὲν γνωριμώ- 10 τερα κατὰ τὸν λόγον, τοὺς δὲ κατὰ τὴν αἴσθησιν". "ὥστε, φησί, ταὐτὰ λέγειν πως καὶ ἕτερα ἀλλήλων". ἀλλὰ ταῦτα μὲν διὰ τοὺς εὐκόλως δια-
25 φωνίαν ἐγκαλοῦντας τοῖς παλαιοῖς ἐπὶ πλέον ἠναγκάσθημεν μηκῦναι. ἐπειδὴ δὲ καὶ Ἀριστοτέλους ἐλέγχοντος ἀκουσόμεθα τὰς τῶν προτέρων φιλοσόφων δόξας καὶ πρὸ τοῦ Ἀριστοτέλους ὁ Πλάτων τοῦτο φαίνεται ποιῶν καὶ πρὸ ἀμφοῖν ὅ τε Παρμενίδης καὶ Ξενοφάνης, ἰστέον ὅτι τῶν ἐπιπολαιότερον 15 ἀκρωμένων οὗτοι κηδόμενοι τὸ φαινόμενον ἄτοπον ἐν τοῖς λόγοις αὐτῶν
30 διελέγχουσιν, αἰνιγματωδῶς εἰωθότων τῶν παλαιῶν τὰς ἑαυτῶν ἀποφαίνεσθαι γνώμας. δηλοῖ δὲ ὁ Πλάτων θαυμάζων οὕτως τὸν Παρμενίδην, ὃν διελέγχειν δοκεῖ, καὶ βαθέος κολυμβητοῦ δεῖσθαι λέγων τὴν διάνοιαν αὐτοῦ.

---

4 ὁμοίων Eᵃ   6 καὶ (ante τὰ) aEᵃF: om. DE   8 καὶ (ante ὅσοι) aEᵃF: om. DE τὸ ante στοιχεῖον addidit a   11 εὐρύπωτον Eᵃ   13 ἑκατέρωσε a: ἑκατέρωθεν DE: ἑκατέρωθι EᵃF   15 ἐφορῶντες a   16 τὰ (ante προσεχῆ) om. DE   19 καὶ συναίτια om. E   post φυσιολογοῦντες add. καὶ θεολογοῦντες Eᵃ   20 ὀρθῶς om. a αὐτοῖς (superscr. ὁ) F¹   21 ἐρεῖ Phys. A 5 p. 188ᵇ 30   22 τοὺς δὲ — γνωριμώτερα om. DE   23 φησί p. 188ᵇ 36   25 ἐγκαλοῦντες (sed corr.) Eᵃ   ἐπιπλεῖον aF
τλ´
26 ἀριστοτέλους a: ἀριστο DEᵃ: ἀριστοτέλης D   ἐλέγχοντος — Ἀριστοτέλους om. DE 27 ὁ] καὶ DE   28 ante Ξενοφάνους addunt ὁ aF   ἰστέον τῶν ὅτι ἐπιπολαιότερον E 30 καὶ αἰνιγματωδῶς DE   31 Πλάτων nescio ubi. cum Platonis laude (Theaet. p. 183 E καί μοι ἐφάνη βάθος τι ἔχειν κτλ.) videtur de Heraclito dictum Diog. II 22 IX 22 confusum esse

καὶ Ἀριστοτέλης δὲ τὸ βάθος αὐτοῦ τῆς σοφίας ὑπονοῶν φαίνεται, ὅταν 8ᵛ
λέγῃ "Παρμενίδης δὲ ⟨μᾶλλον βλέπων⟩ ἔοικέ που λέγειν". καὶ οὗτοι οὖν
ποτὲ μὲν τὸ παραλελειμμένον ἀναπληροῦντες, ποτὲ δὲ τὸ ἀσαφῶς εἰρημένον
σαφηνίζοντες, ποτὲ δὲ τὸ ἐπὶ τῶν νοητῶν εἰρημένον ὡς μὴ δυνάμενον τοῖς
5 φυσικοῖς ἐφαρμόττειν διακρίνοντες ὡς ἐπὶ τῶν ἓν τὸ ὂν καὶ ἀκίνητον λε-
γόντων, ποτὲ δὲ τὰς εὐκόλους ἐκδοχὰς τῶν ἐπιπολαιοτέρων προαναστέλλοντες,
οὕτως ἐλέγχειν δοκοῦσι. καὶ πειρασόμεθα τούτοις καὶ ἡμεῖς ἐφιστάνειν ἐν
ταῖς πρὸς ἕκαστον τοῦ Ἀριστοτέλους ἀντιλογίαις. ἀλλὰ ἀναληπτέον πάλιν
τὴν Ἀριστοτέλους λέξιν καὶ τὰ ἐν αὐτῇ λεγόμενα διαρθρωτέον.

10 p. 184ᵇ15 Ἀνάγκη δὲ ἤτοι μίαν εἶναι τὴν ἀρχὴν ἢ πλείους, καὶ
εἰ μίαν, ἤτοι ἀκίνητον ὥς φησι Παρμενίδης καὶ Μέλισσος.

Ὁ Ἀλέξανδρός φησιν ὅτι "εἰπὼν δεῖν ἀπὸ τῶν ἡμῖν γνωριμωτέρων
ποιεῖσθαι τὴν ἀρχήν, οὕτως καὶ ποιεῖ· ἤρξατο γὰρ ἀπὸ διαιρετικοῦ τελείου
καὶ ἐναργοῦς καὶ πᾶσι φανεροῦ. τί γὰρ τῆς ἀντιφάσεως ἐναργέστερον τῆς
15 λεγούσης μίαν ἢ οὐ μίαν τουτέστι πλείους;" ἀλλ' ὅτι μὲν ἀπὸ διαιρετικοῦ
ἐναργοῦς ἤρξατο, καλῶς εἴρηται, οὐ μέντοι τοῦτ' ἔστιν ὅπερ εἶπεν ὁ Ἀρι-
στοτέλης, ὅτι ἀπὸ τῶν φανερῶν ἐπὶ τὰς ἀφανεῖς ἀρχὰς χρὴ προϊέναι. σύν-
θετα γὰρ ἦν ἐκεῖνα τὰ φανερὰ καὶ τῇ αἰσθήσει γνωριμώτερα καὶ οὕτω
καθόλου λεγόμενα ὡς ὅλα καὶ τῶν μερικωτέρων καὶ ἀφανεστέρων περι-
20 εκτικά. ἀπὸ γοῦν τῶν αἰσθητῶν καὶ ἡμῖν γνωρίμων καὶ τὰς ψευδεῖς περὶ
τῶν ἀρχῶν ἐλέγξει δόξας, ὡς μαθησόμεθα, καὶ βεβαιώσει τὰς ἀληθεῖς.
"οὐχ ὡς Παρμενίδου δέ, φησὶν Ἀλέξανδρος, καὶ Μελίσσου μίαν ἀρχήν τι-
θεμένων καὶ ταύτην ἀκίνητον λεγόντων, οὕτως εἶπε τὸ ὡς Παρμενίδης καὶ
Μέλισσος. οὗτοι γὰρ οὐδὲ ὅλως ἀρχὴν ἐτίθεντο· ἓν γὰρ ἔλεγον τὸ πᾶν,
25 ὃ μαχόμενόν ἐστι τῷ ἀρχὴν λέγειν εἶναι· οἱ γὰρ ἀρχὴν τιθέμενοι ὁμολο-
γοῦσι πλείω τὰ ὄντα εἶναι, τῇ ἀρχῇ καὶ τὰ ὧν ἐστιν ἀρχὴ συνεισάγοντες.
ἀλλ' εἰπὼν τὸ πρῶτον διαιρετικὸν τὸ ἢ μίαν εἶναι τὴν ἀρχὴν ἢ πλείους
ἐπὶ τοῦ ἑτέρου τῶν ἐν τῇ διαιρέσει πάλιν διαιρετικῷ χρῆται τῷ εἰ μία
ἡ ἀρχή, ἤτοι ἀκίνητος ἢ κινουμένη. ὃν δὲ ἀπίθανον τὸ ἀρχὴν
30 μίαν καὶ ἀκίνητον ταύτην λέγειν, μετὰ παραμυθίας ἔθετο· οὐδὲν γὰρ ἧττον
ἀπίθανον τούτου ὄν, ἀλλὰ καὶ μᾶλλον, τὸ ἓν τὸ πᾶν εἶναι καὶ ἀκίνητον,
ὅμως προστάτας ἔχει Παρμενίδην καὶ Μέλισσον· καὶ εἰ μὴ ἄντικρυς γὰρ

---

2 λέγῃ Metaph. A 5 986ᵇ27   μᾶλλον βλέπων om. libri   που] EEᵃ: ποῦ D τοῦτο
aF   λέγειν βλέπειν F   3 παραλελειμένον Eᵃ: παραλελυμένον ut vid. E   4 τῷ
νοητῷ Eᵃ   δυνάμενα DE   6 ἐπιπαλαιοτέρων D¹: παλαιοτέρων E   7 ἐλέγχει Eᵃ
9 τὴν τοῦ ἀριστοτέλους aF   διαρθωτέον Eᵃ   11 φασι a   12 φησιν om. F
εἰπὼν ὅτι F   ὅτι om. Eᵃ   13 τελείου Eᵃ: καὶ τελείου aDEF   16 ὁ (post εἶπεν)
om. Eᵃ   21 ἐλέγξει Eᵃ: ἐλέγχει aDEF   22 φησὶν DEEᵃ: φησὶν ὁ aF   23 ὡς
aF: ὡς ὁ DE: ὥσπερ Eᵃ   26 τὰ ὄντα πλείω Eᵃ   27 τῷ πρώτον E   τὸ καὶ
ἢ F   28 διαιρέσει ex corr. Eᵃ   εἰ μία] μίην DE   29 ὃν] ὃ Eᵃ
τὸ (ante ἀρχήν) aDE: τὸ τὸ F: τὴν Eᵃ   30 ταύτην aEᵃF: αὐτὴν D: ταύτην E, unde
conicias τὴν αὐτήν   32 γὰρ om. a positura offensus

ταὐτὸν τοῦτο ἐκείνῳ, ἀλλ' εἰς ταὐτόν γε συντρέχει." ταῦτα οὖν αὐτῇ λέξει 8ᵛ
τοῦ Ἀλεξάνδρου λέγοντος τὸ μὲν τῇ μᾶλλον ἀπιθάνῳ παραμυθεῖσθαι τὴν
ἀπίθανον θέσιν οὐκ ἦν οἶμαι τῆς Ἀριστοτέλους μεγαλονοίας. οὐ μέντοι
οὐδὲ ὡς ἑτέρας ἀπιθάνου δόξης μέμνηται τῆς Παρμενίδου καὶ Μελίσσου 45
5 παρὰ τὴν λέγουσαν μίαν καὶ ἀκίνητον τὴν ἀρχήν (τούτους γὰρ τοὺς ἄνδρας
ὡς τοῦτο λέγοντας ἐλέγχει), ἀλλ' εὐγνωμόνως τοῦτο γοῦν Ἀριστοτέλους
τούτων τῶν ἀνδρῶν ἀποδεξαμένου· "ὁμοίως γὰρ ζητοῦσι, φησί, καὶ οἱ
τὰ ὄντα πόσα ζητοῦντες· ἐξ ὧν γὰρ τὰ ὄντα ἐστί, ζητοῦσι πρῶτον
ταῦτα πότερον ἓν ἢ πολλά". ὥστε περὶ ἀρχῆς τῶν ὄντων οἴεται τούτους
10 τοὺς ἄνδρας φιλοσοφεῖν, καὶ τὸ κατ' αὐτοὺς τμῆμα τῆς διαιρέσεως ἀφω-
ρίσατο μίαν καὶ ἀκίνητον ὑποθέμενος τὴν ἀρχήν. τὸ γὰρ ὄντως ὂν τὸ ἡνω- 50
μένον, ὃ καὶ ἀρχὴ καὶ αἰτία τῶν πολλῶν καὶ διακεκριμένων ἐστὶν οὐχ ὡς
στοιχειώδης ἀλλ' ὡς προαγωγὸς ἐκείνων, ἓν ὂν ἔλεγον. ἀναγκαίῳ δὲ πάλιν
διαιρετικῷ διελὼν τὸ ἕτερον τμῆμα τὸ λέγον μίαν εἶναι τὴν ἀρχὴν τῷ ἀκί-
15 νητον ἢ κινουμένην εἶναι τὴν μίαν καὶ λαβὼν τὸ ἀκίνητον, ἅπερ ἔδει πρὸς
τοὺς μίαν καὶ ἀκίνητον τὴν ἀρχὴν λέγοντας ἀντειπεῖν ταῦτα πρὸς τοὺς ἓν
τὸ ὂν καὶ ἀκίνητον λέγοντας ἀντιλέγει· κἂν γὰρ ὀνόμασιν ἄλλοις χρῶνται,
τὰ αὐτὰ | ὅμως κἀκεῖνοι λέγουσί τε καὶ ζητοῦσιν. ὁμολογεῖ δὲ ὁ Ἀλέξανδρος 9ʳ
ἐν μὲν τοῖς πρὸς ἀλήθειαν, ἅπερ ἐστὶ περὶ τοῦ νοητοῦ ὄντος, τὸν Παρμε-
20 νίδην ἓν τὸ ὂν καὶ ἀκίνητον καὶ ἀγένητον λέγειν· "κατὰ δὲ τὴν τῶν πολλῶν
δόξαν καὶ τὰ φαινόμενα, φησί, φυσιολογῶν, οὔτε ἓν λέγων ἔτι εἶναι τὸ ὂν
οὔτε ἀγένητον, ἀρχὰς τῶν γινομένων ὑπέθετο πῦρ καὶ γῆν, τὴν μὲν γῆν
ὡς ὕλην ὑποτιθεὶς τὸ δὲ πῦρ ὡς ποιητικὸν αἴτιον· καὶ ὀνομάζει, φησί,
τὸ μὲν πῦρ φῶς, τὴν δὲ γῆν σκότος". καὶ εἰ μὲν κατὰ τὴν τῶν πολλῶν 5
25 δόξαν καὶ τὰ φαινόμενα οὕτως ὁ Ἀλέξανδρος ἐξεδέξατο, ὡς ὁ Παρμενίδης
βούλεται δοξαστὸν τὸ αἰσθητὸν καλῶν, εὖ ἂν ἔχοι· εἰ δὲ ψευδεῖς πάντῃ
τοὺς λόγους οἴεται ἐκείνους καὶ εἰ ποιητικὸν αἴτιον τὸ φῶς ἢ τὸ πῦρ νομίζει
λέγεσθαι, οὐ καλῶς οἴεται. συμπληρώσας γὰρ τὸν περὶ τοῦ νοητοῦ λόγον
ὁ Παρμενίδης ἐπάγει ταυτί, ἅπερ καὶ πρότερον παρεθέμην· 10
30   ἐν τῷ σοι παύσω πιστὸν λόγον ἠδὲ νόημα
      ἀμφὶς ἀληθείης, δόξας δ' ἀπὸ τοῦδε βροτείους
      μάνθανε, κόσμον ἐμῶν ἐπέων ἀπατηλὸν ἀκούων.

---

1 εἰς] οἷς DE   2 τῇ Eᵃ: τι DE: τοι F: τῷ a   5 ἀρχήν] ἀκίνητον Eᵃ   7 φησί
p. 184ᵇ23   8 πρῶτον ζητοῦσι Aristoteles   9 αὐτὰ a   τῶν ὄντων in lac. vii litt.
om. F   οἴεται γὰρ F   τούτους τοὺς ἄνδρας DEEᵃ: τοὺς ἄνδρας τούτους aF
12 διακεκριμένον F   13 στοιχειώδης DEEᵃ² F στοιχειώδεις Eᵃ¹: στοιχειῶδες a   προα-
γωγὸν a   ὂν DEEᵃ: om. aF   ἀναγκαίῳ aE: ἀναγκαίως EᵃF et (σ erasa) D   14 τὴν
ἀρχὴν om. Eᵃ   18 κἀκεῖνοι aF: καὶ ἐκεῖνοι Eᵃ: ἐκείνοις DE   Ἀλέξανδρος ex Theo-
phr. Phys. Op. fr. 6 [Doxogr. 482 nᵃ21] cf. f. 15ᵛ22   20 καὶ ἀγένητον post τὸ ὂν
inserit Eᵃ: om. a   λέγειν om. F   21 φησί Eᵃ: φασὶ DE: om. a   ἔτι om. aF
24 τῶν om. Eᵃ   27 εἰ (post καὶ) om. a   ἢ τὸ DEEᵃ: καὶ aF   28 συμπλή-
σας E   29 ταυτί Eᵃ: ταύτῃ DE: ταῦτα F: ταῦτα a   πρότερον p. 30, 17   30 ἐν
τῷ κτλ. vv. 109—120 K., 113—124 St.   παύσω DEEᵃF cf. infra p. 41, 8: παύω a et
p. 30, 17   ἡ δὲ Eᵃ   32 ἀπατηλῶν Eᵃ

μορφὰς γὰρ κατέθεντο δύο γνώμας ὀνομάζειν.
τῶν μίαν οὐ χρεών ἐστιν, ἐν ᾧ πεπλανημένοι εἰσίν.
ἀντία δ' ἐκρίναντο δέμας καὶ σήματ' ἔθεντο
χωρὶς ἀπ' ἀλλήλων, τῇ μὲν φλογὸς αἰθέριον πῦρ
5 ἤπιον † ἀραιὸν ἐλαφρὸν ἑωυτῷ πάντοσε τωυτόν,
τῷ δ' ἑτέρῳ μὴ τωυτόν· ἀτὰρ κἀκεῖνο κατ' αὐτὸ
τἀντία νύκτ' ἀδαῆ πυκινὸν δέμας ἐμβριθές τε.
τόν σοι ἐγὼ διάκοσμον ἐοικότα πάντα φατίζω,
ὡς οὐ μή ποτέ τίς σε βροτῶν γνώμῃ παρελάσσῃ.
10 δοξαστὸν οὖν καὶ ἀπατηλὸν τοῦτον καλεῖ τὸν λόγον οὐχ ὡς ψευδῆ ἁπλῶς,
ἀλλ' ὡς ἀπὸ τῆς νοητῆς ἀληθείας εἰς τὸ φαινόμενον καὶ δοκοῦν τὸ αἰσθη-
τὸν ἐκπεπτωκότα. μετ' ὀλίγα δὲ πάλιν περὶ τῶν δυεῖν στοιχείων εἰπὼν
ἐπάγει καὶ τὸ ποιητικὸν λέγων οὕτως
    αἱ γὰρ στεινότεραι πλῆντο πυρὸς ἀκρήτοιο,
15 αἱ δ' ἐπὶ ταῖς νυκτός, μετὰ δὲ φλογὸς ἵεται αἶσα.
    ἐν δὲ μέσῳ τούτων δαίμων ἣ πάντα κυβερνᾷ.
ταύτην καὶ θεῶν αἰτίαν εἶναί φησι λέγων
    πρώτιστον μὲν Ἔρωτα θεῶν μητίσσατο πάντων
καὶ τὰ ἑξῆς. καὶ τὰς ψυχὰς πέμπειν ποτὲ μὲν ἐκ τοῦ ἐμφανοῦς εἰς τὸ
20 ἀειδές, ποτὲ δὲ ἀνάπαλίν φησιν. ἀλλὰ ταῦτα μὲν διὰ τὴν πολλὴν νῦν
ἄγνοιαν τῶν παλαιῶν γραμμάτων μηκύνειν ἀναγκάζομαι. εἰκότως δὲ ἓν λέ-
γοντες τὸ ὂν καὶ ἀκίνητον ἔλεγον, εἴπερ περὶ φυσικῶν διελέγοντο. συνεισ-
ήγετο γὰρ τῇ κινήσει καὶ τὸ καθ' ὃ ἡ κίνησις, εἴτε κατὰ ποιότητα εἴτε
κατὰ ποσότητα ἢ κατ' ἄλλο τι, συνεισήγετο δὲ καὶ ὁ τόπος, εἴπερ ἦν φυ-
25 σικὴ κίνησις, ἄλλος ὢν παρὰ τὸ κινούμενον. ἀλλ' ὁ μὲν Παρμενίδης περὶ
τοῦ νοητοῦ λέγων ὄντος·
    αὐτὰρ ἀκίνητον, φησί, μεγάλων ἐν πείρασι δεσμῶν
    ἐστὶν ἄναρχον ἄπαυστον, ἐπεὶ γένεσις καὶ ὄλεθρος

---

1 γνώμας DEEᵃF: γνώμαις a cf. p. 30, 23 f. 39 ʳ 1   3 δ' ἐκρίναντο εF: δ' ἐκρίνοντο DE: δὲ κρίνον.το (sic) Eᵃ   5 ἤπιον ἀραιὸν (ἀραιὸν Eᵃ) ἐλαφρὸν sic DEEᵃ: ἤπιον ὂν μέγ' ἀραιὸν ἐλαφρὸν aF cf. p. 30, 27   6 κατ' αὐτό:τἀντία (sic) Eᵃ: κατ' αὐτὸ (duarum litterarum spatium) τἀντία F: κατὰ ταὐτὸ τἀναντία DE cf. ad p. 31, 1   7 νύκτ' ἀδαῆ Eᵃ: νυκτάδα ἢ D: νύκταδ' ἀδαῆ E: νυκτάδα, ἢ F: νυκτάδα ἠδὲ a   τυχνὸν a   8 τῶν Karsten   διακόσμον DE   φατίζω Meineke anal. Alex. p. 183   9 γνώμῃ Stein παρελάσσῃ aEᵃF: παρελάσῃ DE   11 τὸ (post δοκοῦν) EᵃF: in lit. D: om. aE   13 καὶ (post ἐπάγει) om. Eᵃ   λέγων vv. 125—127 K., 133—135 St. cf. p. 31, 12   14 πλῆντο scripsi: παηντο (sine acc.) Eᵃ: πάηντο D¹: πύηντο D²E: om. F spatio rel.: ποίηντο a: πλῆνται Bergk   ἀκρήτοις DEᵃ: ἀκρίτοις EF: ἀκρήτοιο a: corr. Stein   15 δὲ (post μετά) om. D¹: τε D²   ἵεται aDEF: οἴεται Eᵃ   16 ἣ πάντα D   17 λέγων v. 131 K., 139 St.   18 μητίσατο DE   19 ἀφανοῦς DE¹   21 ἄγνοιαν νῦν a συγγραμμάτων a   22 εἴπερ EᵃF: εἴπερ μὴ aDE: fort. εἴπερ δὴ   διελέγετο DE   συνεισήγετο — ἄλλο τι om., sed add. in mrg. D   23 fort. κἂν τὸ   εἴτε κατὰ ποσότητα om. DE   24 fort. δὲ κἂν   25 ἄλλως Eᵃ   εἴπερ ἦν φυσικὴ κίνησις post τὸ κινούμενον a   ὁ μὲν D: ὁ μοῦ E: μὲν om. aEᵃF   26 λέγων vv. 81—83 K., 87—89 St. cf. f. 17 ᵛ 12. 31 ᵛ 6   27 ἀτὰρ DE   ἐμπείρασι Eᵃ

τῆδε μάλ' ἐπλάγχθησαν, ἀπῶσε δὲ πίστις ἀληθής.
καὶ τὴν αἰτίαν δὲ τῆς ἀκινησίας ἐπάγει
οὕτως ἔμπεδον αὖθι μένει· κρατερὴ γὰρ ἀνάγκη
πείρατος ἐν δεσμοῖσιν ἔχει, τό μιν ἀμφὶς ἐέργει,
οὕνεκεν οὐκ ἀτελεύτητον τὸ ἐὸν θέμις εἶναι·
ἔστι γὰρ οὐκ ἐπιδευές, † μὴ ἐὸν δὲ ἂν παντὸς ἐδεῖτο.
ὡς γὰρ τὸ μὴ ὄν, φησίν, ἐνδεὲς πάντων ἐστίν, οὕτως τὸ ὂν ἀνενδεὲς καὶ τέλειον. τὸ δὲ κινούμενον ἐνδεὲς ἐκείνου δι' ὃ κινεῖται· τὸ ἄρα ὂν οὐ κινεῖται. καὶ Μέλισσος δὲ ἀκίνητον αὐτὸ ἀπέδειξε κατὰ τὴν αὐτὴν πάλιν ἔννοιαν διὰ τοῦ δεῖν, εἰ κινοῖτο τὸ ὄν, εἶναί τι κενὸν τοῦ ὄντος εἰς ὃ ὑποχωρήσει τὸ ὄν· κενὸν δὲ προαπέδειξε μὴ εἶναι. λέγει δὲ οὕτως ἐν τῷ ἑαυτοῦ συγγράμματι "οὐδὲ κενεόν ἐστιν οὐδέν· τὸ γὰρ κενὸν οὐδέν ἐστιν· οὐκ ἂν οὖν εἴη τό γε μηδέν. οὐδὲ κινεῖται· ὑποχωρῆσαι γὰρ οὐκ ἔχει οὐδαμῇ· ἀλλὰ πλέων ἐστίν· εἰ μὲν γὰρ κενεὸν ἦν, ὑπεχώρει ἂν εἰς τὸ κενεόν. κενεοῦ δὲ μὴ ἐόντος, οὐκ ἔχει ὅκῃ ὑποχωρήσει". πλέων οὖν ὂν οὐ κινεῖται οὐχ ὅτι διὰ πλήρους οὐκ ἔστι κινηθῆναι, ὡς ὁ Ἀλέξανδρος ἐνόησε τὸ Μελίσσου ῥητόν, ἀλλ' ὅτι αὐτὸ τὸ ὂν πλέων ἐστίν, ὡς μηδὲν ἄλλο εἶναι παρ' αὐτό. "κρίσιν, γοῦν φησιν ὁ Μέλισσος, ταύτην χρὴ ποιήσασθαι τοῦ πλέω καὶ τοῦ μὴ πλέω. εἰ μὲν οὖν χωρεῖ τι ἢ εἰσδέχεται, οὐ πλέων· εἰ δὲ μήτε χωρεῖ μήτε εἰσδέχεται, πλέων. ἀνάγκη τοίνυν πλέων εἶναι, εἰ κενεὸν μὴ ἔστιν· εἰ τοίνυν πλέων ἐστίν, οὐ κινεῖται."

f. 184 b 16   Ἢ κινουμένην ὥσπερ οἱ φυσικοί.

Ἐκθέμενος τοὺς ἀκίνητον λέγοντας τὸ ὂν ἤτοι τὴν ἀρχὴν μεταβαίνει ἐπὶ τὸ ἕτερον τμῆμα καὶ φησὶν ἢ κινουμένην ὥσπερ οἱ φυσικοί, ἀντιδιαστέλλων τοὺς ἀκίνητον λέγοντας πρὸς τοὺς φυσικούς, ὡς μηδὲ φυσικῶν ὅλως ὄντων τῶν ἀναιρούντων τὴν κίνησιν, ὅπερ ἐφεξῆς σαφέστερον ἐρεῖ καὶ δείξει· εἰ γὰρ ἀρχὴ κινήσεως ἡ φύσις, πῶς ἂν εἴη φυσικὸς ὁ τὴν φύσιν αὐτὴν ἀναιρῶν. εἰώθασι δὲ τοὺς περί τι μέρος φιλοσοφίας σπουδάσαντας ἢ μόνον ἢ μάλιστα ἀπ' ἐκείνου καλεῖν, ὡς ἠθικὸν μὲν ἐκάλουν τὸν Σωκράτην, φυσικοὺς δὲ τοὺς περὶ Θαλῆν καὶ Ἀναξίμανδρον καὶ Ἀναξιμένην

---

1 τῆδε (τῇ δὲ Eᵃ) libri constanter: restituit τῆλε Scaliger   2 ἐπάγει vv. 85—88 K., 91—95 St. cf. p. 30,7 f. 31ᵛ8   5 τ' ἐὸν D(?) et E   6 ἐπιδευές aEᵃ: ἐπιδεές DEF   μὴ ἐὸν κτλ. cf. ad p. 30,10   8 διὸ DEF   9 δὲ ἀκίνητον δὲ Eᵃ   10 κινεῖτο Eᵃ¹   11 λέγει § 14 cf. Brandis comment. Eleat. p. 195. v. f. 17ᵛ16. 14ʳ50   12 αὐτοῦ aF   14 πλέων aDEᵃF: πλέον hic et in proximis E   ὑποχώρει Eᵃ   19 πλέω bis DEEᵃ: πλέων aF qui ν delevit   οὖν om. a   20 οὐ πλέων DEEᵃ: οὐδὲ πλέων aF   21 πλέον (post τοίνυν) EF   22 ἢ κινουμένην iterat D post φυσικοί continuant οἱ μὲν — ἀρχήν aE cf. p. 41,2   23 ἐκθέμενος κτλ. Alexandrum excerpit 25 τοῖς ἀκίνητον λέγουσι aF   ἀεικίνητον Eᵃ   post λέγοντας iteravit ex v. 23 τὸ ὂν ἤτοι τὴν ἀρχήν statim deleta Eᵃ   πρός Eᵃ: καὶ DE: om. aF. sed fortasse πρός post ἀντιδιαστέλλων ponendum cf. p. 41,2. 6   26 ὄντων ὅλως aF   29 ἢ μόνον om. D   30 θαλῶν Eᵃ   ἀναξιμένη Eᵃ

καὶ Ἀναξαγόραν καὶ Δημόκριτον καὶ τοὺς τοιούτους'. παραιτοῦμαι δὲ κἀν- 9r
ταῦθα τὸν Ἀλέξανδρον πρότερον μὲν εἰπόντα ὅτι τοὺς φυσικοὺς ἀντιδιέστειλε
πρὸς τοὺς ἓν καὶ ἀκίνητον λέγοντας, ὕστερον δὲ ὅτι ἔθος Ἀριστοτέλει φυ-
σικοὺς καλεῖν τοὺς περὶ τῆς ἀληθείας φιλοσοφοῦντας, ἐπεὶ καὶ τῆς φυσικῆς
5 τὸ τέλος οὐ πρᾶξις ἀλλὰ γνῶσίς ἐστι. τίς γὰρ ἠγνόει ὅτι καὶ Παρμενίδης, 50
πρὸς ὃν ἀντιδιεστάλθαι λέγει τοὺς φυσικούς, περὶ τῆς ἀληθείας ἐφιλοσόφει
λέγων σαφῶς
   ἐν τῷ σοι παύσω πιστὸν λόγον ἠδὲ νόημα
   ἀμφὶς ἀληθείης;
10 οὔσης δὲ καὶ ἄλλης διαιρέσεως ἐπὶ τῶν μίαν τὴν ἀρχὴν λεγόντων εἴτε ἀκί-
νητον εἴτε κινουμένην τῆς εἰς τὸ ἄπειρον καὶ τὸ πεπερασμένον διαιρούσης (καὶ
γὰρ τῶν μίαν καὶ ἀκίνητον λεγόντων ἄπειρον αὐτὴν ὁ Μέλισσός φησιν [ἐστὶν] ἐν
τούτοις "ὅτε τοίνυν οὐκ ἐγένετο ἔστι δέ, ἀεὶ ἦν καὶ ἀεὶ ἔσται καὶ ἀρ|χὴν 9v
οὐκ ἔχει οὐδὲ τελευτήν, ἀλλ' ἄπειρόν ἐστι" καὶ δὴ καὶ αὐτὸς Ἀριστοτέλης
15 μετ' ὀλίγον πρὸς τούτους ἀντιλέγων δείξει, ὅτι οὐ μόνον τὴν ἀρχὴν ἀδύνατον
λέγειν ἄπειρον, ἀλλὰ καὶ τὸ ὄν, ὅπερ ἐδόκει Μελίσσῳ. ἀλλὰ καὶ τῶν μίαν
καὶ κινουμένην λεγόντων Ἀναξίμανδρος ὁ Πραξιάδου Μιλήσιος ἄπειρόν τινα
φύσιν ἄλλην οὖσαν τῶν τεττάρων στοιχείων ἀρχὴν ἔθετο, ἧς τὴν ἀΐδιον
κίνησιν αἰτίαν εἶναι τῆς τῶν οὐρανῶν γενέσεως ἔλεγεν, καὶ Ἀναξιμένης δὲ 5
20 Εὐρυστράτου Μιλήσιος καὶ αὐτὸς ἀρχὴν ἔθετο μίαν καὶ ἄπειρον ἀέρα
ταύτην λέγων, ἐξ οὗ ἀραιουμένου καὶ πυκνουμένου τὰ ἄλλα γίνεσθαι), οὔσης
δ' οὖν καὶ τοιαύτης διαιρέσεως, παρῆκε νῦν αὐτὴν ὁ Ἀριστοτέλης, ὡς ὁ
Ἀλέξανδρός φησι "διότι οὐδεμίαν ἡ διαίρεσις αὕτη διαφορὰν γενέσεως τοῖς
ἐξ αὐτῆς γινομένοις παρέχει· οὐ γὰρ ἄλλα μὲν εἰ ἄπειρος, ἄλλα δὲ εἰ πε-
25 περασμένη γενήσεται, ὥσπερ ἄλλα μὲν εἰ μία, ἄλλα δὲ εἰ πολλαί. εἰ μὲν
γὰρ μία ἡ ἀρχή, κατ' ἀλλοίωσιν ἀνάγκη γίνεσθαι τὰ γινόμενα, εἰ δὲ πολλαί, 10
κατὰ σύγκρισιν. καὶ τὸ ἀκίνητον δὲ καὶ κινούμενον μεγάλην ποιεῖ διαφοράν·
εἰ μὲν γὰρ ἀκίνητος, οὐδ' ἂν γένοιτό τι ἐξ αὐτῆς ὃ μὴ καὶ πρότερον ἦν,
εἰ δὲ κινουμένη, οὐδὲν κωλύει γενέσθαι ἢ κατ' εὐθεῖαν ἢ κατὰ ἀνακύ-
30 κλησιν". ταῦτα μὲν οὖν ὁ Ἀλέξανδρος. μήποτε δὲ ὁ Μέλισσος οὐ τῇ
οὐσίᾳ τὴν ἀρχὴν ἄπειρον εἶπεν, ἀλλὰ τῷ ἀνεκλείπτῳ τοῦ εἶναι· "ὅτε γὰρ
οὐκ ἐγένετο, φησίν, ἔστι δέ, ἀεὶ ἦν καὶ ἀεὶ ἔσται καὶ ἀρχὴν οὐκ ἔχει

---

3 ἀριστοτέλης E   5 ἀγνοεῖ Torstrik   7 λέγων v. 109. 110. K. 113. 114 St., cf. p. 30, 17. 38, 30   8 σοὶ παύσω DEEᵃ: σοὶ παύω aF cf. p. 38, 30   10 οὔσης κτλ. continuare videtur Alexandrea   τὴν (post μίαν) om. DE   11 τῆς εἰς] τὴν εἰς Eᵃ   καὶ τὸ πεπερασμένον — ἄπειρον (v. 12) om. sed add. in mrg. D   τὸ (post καὶ) om. EEᵃ sed cf. p. 21, 34   12 ἄπειρον Eᵃ: καὶ ἄπειρον aDEF   φησιν § 7 p. 190 Brand. cf. v. 31 p. 29, 22 f. 23v49   ἐστὶν del. a: fortasse εἶναι   14 καὶ (post δὴ) om. F   15 μετ' ὀλίγον cf. 185ᵃ32   ἀντιλέγοντας F   17 Ἀναξίμανδρος κτλ. cf. Theophr. Phys. op. fr. 2 [Doxogr. p. 476nᵇ7]   19 οὐρανῶν (comp.) Eᵃ: ἀνθρώπων (comp.) DEF: ὄντων a δὲ ὁ aF   20 μίαν ἔθετο aF   22 δ' οὖν DEEᵃ: οὖν aF   παρῆκε — Ἀριστοτέλης iterat D   ὁ (post ὡς) om. Eᵃ sed cf. p. 14, 21   24 αὐτοῖς Eᵃ   γενομένοις F εἰ (post μὲν) om. a   25 εἰ μὲν — εἰ δὲ πολλαὶ om. E   26 γινόμενα EᵃF: γενόμενα aDE   27 καὶ τὸ κινούμενον a   28 καὶ (post μὴ) om. a   30 οὖν Eᵃ: om. aDEF 31 ὅτε κτλ. § 7 p. 190 Br., cf. supra v. 13, f. 23v49

οὐδὲ τελευτήν, ἀλλ' ἄπειρόν ἐστι". μήποτε δὲ καὶ διάφορος ὁ τρόπος τῆς 15
γενέσεως καὶ ἐπὶ ἀπείρου οὔσης ἢ πεπερασμένης τῆς ἀρχῆς γενήσεται· 9r
ἀπείρου μὲν γὰρ οὔσης τῆς ἀρχῆς κατὰ μέγεθος ἢ οὐ γίνεται ἢ δυνατὸν
ἐπ' ἄπειρον ἐπ' εὐθείας ἀπ' αὐτῆς γίνεσθαι τὰ γινόμενα, πεπερασμένης
5 δὲ ἀνακυκλεῖσθαι τὴν γένεσιν ἀνάγκη ἢ ἐκλείπειν ποτέ.

p. 184 b 18   Εἰ δὲ πλείους, ἢ πεπερασμένας ἢ ἀπείρους.

Ἐπὶ τῶν πλείους λεγόντων τὰς ἀρχὰς οὐκ ἔχει χώραν τὸ ἕτερον διαι- 20
ρετικὸν τὸ ἀκίνητοι ἢ κινούμεναι· καὶ γὰρ καὶ ἀδύνατον ἐκ πλειόνων ἀρχῶν
μὴ κινουμένων γίνεσθαί τι (κοινωνεῖν γὰρ ἀλλήλαις δέονται), καὶ διὰ τὸ
10 προφανῶς ἀδύνατον οὐδὲ ἔσχε προστάτην ἡ δόξα. τοιγαροῦν καὶ Δημόκριτος
φύσει ἀκίνητα λέγων τὰ ἄτομα πληγῇ κινεῖσθαί φησιν. ὁ μέντοι Εὐφραδὴς
Θεμίστιος παραφράζων τὸ ῥητὸν καὶ τὰς πλείους "ἢ κινουμένας, φησίν, ἢ
ἀκινήτους καὶ ἢ πεπερασμένας κατ' ἀριθμὸν ἢ πάλιν ἀπείρους". καὶ Εὔ- 25
δημος δέ, ὡς καὶ πρότερον εἶπον, ἐν τοῖς Φυσικοῖς "ὡς ἄν ποτε ὑπάρ-
15 χωσιν αἱ ἀρχαί, φησίν, ἤτοι κινοῦνται ἢ ἀκίνητοί εἰσι". καὶ δῆλον ὅτι
τὴν ἀνάγκην οὗτοι τῆς ἀντιφατικῆς διαιρέσεως ἀποδεδώκασιν. ἀλλ' εἰ
πλείους φησίν, ἢ πεπερασμένας ἢ ἀπείρους τῷ πλήθει ἀνάγκη εἶναι. "καὶ
ἔοικε, φησὶν ὁ Ἀλέξανδρος, ἀμφοτέρας τὰς διαιρέσεις ἑκατέρῳ τῶν ἐκ τῆς
πρώτης διαιρέσεως μὴ προσαγαγεῖν διὰ τὸ μὴ πολλάκις περὶ τῶν αὐτῶν
20 λέγειν· ἀλλὰ δείξας ὅτι ἐπὶ τῆς μιᾶς οὐχ οἷόν τε ἀκίνητον τὴν ἀρχὴν εἶναι, 30
ἐκ τούτου μᾶλλον συναποδείξει ὅτι οὐδὲ τὰς πλείους οἷόν τε εἶναι ἀκινήτους·
διὸ ἐπὶ τῶν πολλῶν οὐκέτι ἐχρήσατο τῷ ἢ κινουμένας ἢ ἀκινήτους. πάλιν
δὲ αὖ ἐπὶ τῶν πολλῶν δείξας ὅτι οὐχ οἷόν τε τὰς ἀρχὰς ἀπείρους εἶναι,
συναποδείξει ὅτι οὐδὲ ὅλως ἀρχὴν ἄπειρον οἷόν τε εἶναι. οἰκειότερον
25 μὲν γὰρ τῇ μιᾷ τὸ μὴ κινεῖσθαι, εἰ οἷόν τε ἦν, οἰκειότερον δὲ ταῖς
πολλαῖς τὸ ἀπείρους εἶναι." ταῦτα τοῦ Ἀλεξάνδρου λέγοντος ἐπιση-
μαίνομαι, ὅτι ἄλλο ἐστὶ τὸ κατὰ πλῆθος ἄπειρον ἢ πεπερασμένον, ὃ τοῖς 35
πολλὰς λέγουσι τὰς ἀρχὰς οἰκειότερον ἦν, καὶ ἄλλο τὸ κατὰ μέγεθος τοῖς
μίαν λέγουσι καὶ αὐτὸ μᾶλλον προσῆκον. πλείονα γὰρ ἄπειρα τῷ μεγέθει
30 πῶς ἂν εἴη, εἰ μὴ σῶμα διὰ σώματος χωροίη. ἀλλ' ἔοικε συντομίας ἕνεκεν
ὁ Ἀριστοτέλης οὕτω ποιήσασθαι τὴν διαίρεσιν· ἐν γοῦν τοῖς ἑξῆς Μέλισσον

---

2 ἐπὶ aEa F: om. DE   7 χώρας DE   διαιρετικὸν om. DE   8 ἀκίνητον a   9 κοινωνεῖν
δὲ F   11 κινῆσθαι a   12 Θεμίστιος I 2 p. 107, 21—23 Speng.   φησὶν ἢ aDE:
φησὶ καὶ Ea F   13 καὶ (post ἀκινήτους) om. Themistii libri   14 πρότερον p. 22, 15
cf. Eudemi fr. 3 Sp.   ὑπάρχουσιν DE   15 ἤτοι ἀκίνητοι εἰσὶν ἢ κινοῦνται posuit
Ea   ἀκίνηται D   εἰσί] φησὶ F   17 φησίν om. F   ἢ πεπερασμένας ἢ
ἀπείρους Ea F: ἢ ἀπείρους ἢ πεπ. aDE   19 τῶν (post περὶ) DEEa: om. aF   20 ὅτι
post ἐπὶ τῆς μιᾶς posuit Torstrik   τὴν ἀρχὴν ἀκίνητον aF   21 ἐκ τούτου DE:
ἐκ τοῦ aEa F   συναπέδειξεν hic et v. 24 corrigebat Torstrik   22 ἐχρήσαντο
DE   23 δὲ αὖ aEa F: αὖ D: οὖν E   25 τῇ μιᾷ] τμῆμα F   27 ἢ πεπερα-
σμένον delebat Torstrik   29 αὐτὸ Ea F: αὐτῷ DE: αὐτῇ a   γὰρ ἂν F   30 εἴη
aEa: εἴην F: εἶναι DE   31 οὕτω om. aF

ὡς μίαν λέγοντα καὶ ἄπειρον τὴν ἀρχὴν εὐθύνει. τίνες δέ εἰσιν οἱ πλείους καὶ πεπερασμένας λέγοντες τὰς ἀρχὰς καὶ τίνες οἱ ἀπείρους, ἐκ τῆς προεκτεθείσης διαιρέσεως ἔγνωμεν. τὸν μέντοι Ἀλέξανδρον κἀνταῦθα ἀξιοῦμεν ἀφερεπόνως τῶν Πλάτωνος ἀπομνημονεύειν δογμάτων. "δύο γὰρ ἀρχάς,
5 φησί, δοκεῖ ποιεῖν ὁ Πλάτων, τὸ μὲν ὑποκείμενον καὶ ὕλην προσαγορεύων, τὸ δὲ ὡς αἴτιον καὶ κινοῦν, ὃ θεὸν καλεῖ καὶ νοῦν τό τε ἀγαθόν. εἴη δ' ἄν, φησί, καὶ τρίτη κατ' αὐτὸν ἀρχή, ἡ παραδειγματική." θαυμαστὸν γὰρ εἰ μὴ ἐπέστησεν ὁ Ἀλέξανδρος ὅτι σαφῶς ὁ Πλάτων τὴν τελικὴν αἰτίαν πάντων προέταξεν εἰπὼν "λέγωμεν δὴ δι' ἥντινα αἰτίαν γένεσιν καὶ τὸ
10 πᾶν τόδε ὁ ξυνιστὰς συνέστησεν. ἀγαθὸς ἦν". εἰ οὖν διὰ τὴν ἀγαθότητα, δῆλον ὅτι ἡ ἀγαθότης ἦν τὸ τελικὸν καὶ κυριώτατον αἴτιον. οὐχὶ δὲ καὶ τῶν μορίων τὰς διαφόρους κατασκευὰς εἰς τὸ διάφορον τῆς χρείας ἀνάγει καὶ τὸ οὗ ἕνεκεν ἕκαστον αὐτῶν γέγονεν; ἀλλὰ καὶ τὸ εἰδικὸν αἴτιον σαφῶς ὁ Πλάτων παραδίδωσιν οὐ τὸ χωριστὸν μόνον τῆς ὕλης, ἀλλὰ καὶ τὸ ἀχώ-
15 ριστον, ὅταν λέγῃ· "ἓν μὲν εἶναι τὸ κατὰ ταὐτὰ εἶδος ἔχον, ἀγένητον καὶ ἀνώλεθρον, οὔτε αὐτὸ εἰσδεχόμενον ἄλλο οὔτε αὐτὸ εἰς ἄλλο ποι ἰόν, ἀόρατον δὲ καὶ ἄλλως ἀναίσθητον τοῦτο δ δὴ νόησις εἴληχεν ἐπισκοπεῖν. τὸ δὲ ὁμώνυμον ⟨ὅμοιόν⟩ τε ἐκείνῳ δεύτερον, αἰσθητὸν γενητὸν πεφορημένον ἀεί". καὶ μετ' ὀλίγα "οὕτω δὴ τότε πεφυκότα ταῦτα, φησί, πρῶτον
20 διεσχηματίσατο εἴδεσι καὶ ἀριθμοῖς". καὶ δι' ἐκείνων δὲ τῶν ῥητῶν διττὴ τῶν εἰδῶν αἰτία δηλοῦται, ἥ τε χωριστὴ καὶ ἡ ἀχώριστος. ᾗπερ οὖν νοῦς ἐνούσας ἰδέας τῷ ὅ ἐστι ζῷον οἷαί τε ἔνεισι καὶ ὅσαι καθορᾷ, τοσαύτας καὶ τοιαύτας διενοήθη καὶ τόδε τὸ πᾶν ἔχειν. |

p. 184 b 20 Καὶ εἰ ἀπείρους, ἢ οὕτως ὥσπερ Δημόκριτος τὸ γένος
25   ἓν σχήματι δὲ ἢ εἴδει διαφερούσας ἢ καὶ ἐναντίας.

Ὅτι μὲν τὸν Δημόκριτον ὁμογενεῖς ὑποθέσθαι τὰς ἀρχὰς καὶ ἐκ τῆς αὐτῆς οὐσίας λέγειν τὰς ἀτόμους τῷ σχήματι καὶ τῷ κατ' αὐτὸ εἴδει διαφερούσας ὁ Ἀριστοτέλης οἴεται, συμφωνοῦσιν οἱ ἐξηγηταὶ πάντες· τὸ δὲ

---

2 καί (post πλείους) aDF: μὲν καὶ Eᵃ: μὲν E   3 ἀξιοῦμεν scripsi: ἀξιῶ μὴ libri
4 δογμάτων ἀπομνημονεύειν a   ἀπομνημονεύει DE   5 φησί Alexander, scilicet Theophr.
Phys. Op. fr. 9 (cf. p. 26, 12) repetens   φυσὶ F   6 θ∴ν (litteris duabus inter θ et
ν erasis) D   τὸ δὲ ἀγαθὸν εἴη δ' ἂν φησι DEEᵃ: τὸ δ' ἀγαθὸν ἐπεδάν φησι F: om. a.
correxi τό τε cf. p. 26, 13   7 κατ' αὐτήν sed corr. Eᵃ   9 εἰπών Tim. p. 29 D
λέγωμεν D: λέγομεν aEEᵃF   δή] δὲ aDEF cf. p. 26,16: δὲ καὶ Eᵃ   δι' ἥν a
11 γὰρ ante ἦν add. aF   12 εἰς post μορίων add. aF   χροίας Eᵃ   13 ἕνεκα
DE   15 λέγῃ Tim. p. 52 A   κατὰ ταὐτὰ sic D: καταυτὸ E   ἔχοι Eᵃ
16 ἀνώλεθρον] ἄνω δὲ . . . . (lac. ix litt.) F   οὔτε εἰς ἑαυτὸ Plato sed cf. p. 26, 21
ἄλλον οὔτε F   ποι ἰόν Plato: ποιόν EᵃF: ποιοῦν aDE   17 καὶ ὅλως a   18 ὅμοιόν
om. libri   τε DEEᵃ: om. aF   19 οὕτω δὴ Plato Tim. p. 53 B: οὕτω δὲ libri
20 ῥημάτων (comp.) Eᵃ   21 ἡ αἰτία E   22 ζῷον] τὸ ὄν F   καθορᾷ EᵃF: καθαραί DE: καθορῶν a   23 σχεῖν Eᵃ   25 δὲ (post σχήματι) om. EF   ἢ om. Eᵃ
26 μὲν οὖν τὸν DE   τὰς ἀρχὰς et ἐκ suspectabat Torstrik   27 αὐτὸ DEᵃF: αὐτῶ
E: αὐτὰς a sed cf. p. 45 1. 7

ἢ καὶ ἐναντίας ὁ μὲν Πορφύριος καὶ ὁ Θεμίστιος ἀνταπόδοσιν οἴονται 10r
τοῦ ἢ οὕτως ὥσπερ Δημόκριτος περὶ Ἀναξαγόρου λεγομένην· καὶ γὰρ τῶν
ἀπείρους τὰς ἀρχὰς ὑποθεμένων οἱ μὲν περὶ Δημόκριτον ὁμοουσίους τὰς
ἀτόμους ὑποθέμενοι καθ' ἓν γένος τὸ πλῆρες θεωρουμένας, σχήματι καὶ
5 θέσει καὶ τάξει διαφέρειν αὐτάς φασιν, οἱ δὲ περὶ Ἀναξαγόραν καὶ ταῖς
οὐσίαις ἐναντίας τίθενται· θερμότητας γὰρ καὶ ψυχρότητας ξηρότητάς τε καὶ
ὑγρότητας μανότητάς τε καὶ πυκνότητας καὶ τὰς ἄλλας κατὰ ποιότητα ἐναν- 10
τιότητας ἐν ταῖς ὁμοιομερείαις ὑποτίθενται, αἷς διαφέρειν τὰς ὁμοιομερείας
ἀρχὰς κατ' αὐτοὺς οὔσας φασί, κυρίως τῆς ἐναντιότητος ἐν ταῖς ποιότησι
10 θεωρουμένης ἀλλ' οὐκ ἐν τοῖς σχήμασιν. ὁ μέντοι Ἀφροδισιεὺς Ἀλέξανδρος οἶδε μὲν καὶ ταύτην τὴν ἐξήγησιν, οὐκ ἀποδέχεται δὲ αὐτήν, ἀλλ'
οἴεται μᾶλλον τὸ ὅλον περὶ Δημοκρίτου λέγεσθαι ὡς τὰς ἀρχὰς τούτου
τιθεμένου τὸ μὲν γένος ἕν, τουτέστι κατὰ τὴν ὑποκειμένην φύσιν ἕν, σχήματι
δὲ ἢ εἴδει διαφερούσας ἢ καὶ ἐναντίας. ὅτι γὰρ ὡς ἐναντίας λέγοντος τοῦ 15
15 Δημοκρίτου τὰς ἀρχὰς ὁ Ἀριστοτέλης ἀπομνημονεύει, δι' ἐκείνων δηλοῖ
τῶν ῥητῶν· "καὶ Δημόκριτος τὸ πλῆρες καὶ τὸ κενόν, ὧν τὸ μὲν ὡς ὂν
τὸ δὲ ὡς οὐκ ὂν εἶναί φησιν· ἔτι θέσει σχήματι τάξει· ταῦτα δὲ γένη
ἐναντίων, θέσεως ἄνω κάτω πρόσθεν ὄπισθεν, σχήματος γωνία τὸ εὐθὺ
καὶ τὸ περιφερές". κἂν γὰρ αὐτὸς Ἀριστοτέλης μὴ φησὶν ἐναντίον εἶναι
20 σχῆμα σχήματι, οὐκ ἤδη καὶ Δημόκριτον ἀνάγκη ταύτης εἶναι τῆς δόξης.
οὕτω δὲ τῇ ἐξηγήσει ταύτῃ συμπέπονθεν ὁ Ἀλέξανδρος ὡς αἱρεῖσθαι δυοῖν 20
τὸ ἕτερον λέγειν ἢ τὴν γραφὴν ἡμαρτῆσθαι, περιττῶς παρεγκειμένου τοῦ
ἢ οὕτως τοῦ τὴν πρὸς Δημόκριτον ἀνταπόδοσιν ἀπαιτοῦντος (ὀφείλειν γὰρ
εἶναι καὶ εἰ ἀπείρους, ὥσπερ Δημόκριτος, τὸ γένος ἕν, σχήματι
25 δὲ ἢ εἴδει διαφερούσας ἢ καὶ ἐναντίας), "ἢ εἰ ὀρθῶς ἔχει, φησίν,
ἡ γραφή, παρῆκε τὸ ἀνταποδοῦναι τοὺς λέγοντας μηδὲ τῷ γένει τὰς αὐτὰς
εἶναι τὰς ἀρχάς, ὡς ἔλεγον οἱ περὶ Ἀναξαγόραν". εἰ οὖν καὶ τὸ τὰς
γραφὰς ἀθετεῖν τὰς ἐν πᾶσι τοῖς ἀντιγράφοις συμφωνουμένας ἄτοπον, καὶ 25
τὸ ἐλλιπῆ τὸν λόγον ἀποδεῖξαι καὶ κατὰ τὴν φράσιν καὶ κατὰ τὰ τμήματα
30 τῆς διαιρέσεως οὐχ ἧττον ἄτοπον καὶ μάλιστα, ὅτι ἡ Ἀναξαγόρου δόξα
παραλιμπάνεται, πρὸς ἣν πολλοὺς λόγους ὁ Ἀριστοτέλης κατατείνει· ἀλλὰ
καὶ τὸ τὴν Ἀριστοτέλους περὶ Δημοκρίτου δόξαν ἀθετεῖν οἰομένου σαφῶς
ἐναντίωσιν ἐν ταῖς ἀρχαῖς ὑποτίθεσθαι, ὅπερ οἱ ἕτεροι ποιοῦσιν ἐξηγηταί,

---

1 Θεμίστιος I 2 p. 107, 25 Spengel.   6 ξηρότητάς τε E^a: ξηρότητας DE: καὶ ξηρότητας
aF   8 ὑποτίθενται Torstrik: ἀποτίθενται libri cf. v. 33   13 ἕν (post γένος) om. a
φύσιν ἕν Ea: φύσιν ἐν DE: φύσιν (ἓν om.) aF   15 ὑπομνημονεύει E^a 16 ῥητῶν
p. 188 a 22] κριτῶν ut videtur E^a πλῆρες] στερεόν Arist.   17 σχήματι θέσει τάξει
E^a 18 ἄνω καὶ κάτω E^a τὸ εὐθὺ καὶ τὸ aDE: τὸ εὐθὺ τὸ F: τὸ εὐθύτατον E^a
19 post περιφερές deficit E^a ὁ post αὐτός add. a   Ἀριστοτέλης de caelo Γ 8 p. 307 b 8
de sensu 4 p. 442 b 19   μὴ φησὶν DE: φησὶν transposito μὴ post ἐναντίον aF   21 συμπέπονθεν DE   22 γραφὴν EF: συγγραφὴν aD   παρεγγιμένου E   23 τοῦ (ante τὴν)
om. a   πρὸς τὸν δημόκριτον F   24 εἰ (post καὶ) om. F   25 δὲ (post σχήματι)
om. F   εἰ (post ἢ) super add. D^2 30 ἡ DE: om. aF   32 τὸ (post καὶ) om. F
33 αὐτὸν post ἐναντίωσιν desiderabat Torstrik   ἀποτίθεσθαι aD

οὐκ εὐπαράδεκτον φαίνεται. μήποτε τὸ μὲν σχήματι καὶ τῇ κατ' αὐτὸ
μορφῇ διαφέρειν ὡς τοῦ Δημοκρίτου ἴδιον ἀποδέδωκε κατ' οὐσίαν μηδὲν
λέγοντος διαφέρειν τὰς ἀτόμους, τὸ δὲ μὴ διαφέρειν μόνον τὰς ἀπείρους
ἀρχὰς ἀλλὰ καὶ ἐναντίας εἶναι οὐ τῇ Δημοκρίτου μόνον θέσει ὑπάρχον ἀλλὰ
5 καὶ τῇ Ἀναξαγόρου κοινῶς ἀμφοτέραις ἀποδέδωκεν, ἵν' ἢ λέγων ἢ οὕτως
ὥσπερ Δημόκριτος τὸ γένος ἓν σχήματι δὲ ἢ εἴδει διαφερούσας, ἢ
οὐ μόνον σχήματι καὶ τῷ κατ' αὐτὸ εἴδει διαφερούσας, ἀλλὰ καὶ ἐναντίας·
ὡς Δημόκριτος μὲν κατὰ τὸ σχῆμα καὶ τὴν θέσιν τὴν ἐναντίωσιν ἐτίθετο,
Ἀναξαγόρας δὲ καὶ κατὰ τὴν οὐσίαν καὶ τὸ γένος. εἰ γὰρ ἔχει τινὰ λόγον
10 ἡ τοιαύτη τῶν λεγομένων ἀποδοχή, οὔτε τὴν γραφὴν διορθοῦν ἀνάγκη οὔτε
τὸν λόγον ὡς ἀναπόδοτον αἰτιᾶσθαι οὔτε τὰ περὶ τῆς κατὰ Δημόκριτον
ἐναντιώσεως κατανωτίζεσθαι.

p. 184 b 22 Ὁμοίως δὲ ζητοῦσι καὶ οἱ τὰ ὄντα ζητοῦντες πόσα·
ἐξ ὧν γὰρ τὰ ὄντα ἐστί, ζητοῦσι, ταῦτα πότερον ἓν ἢ πολλά.

15 "Ὥσπερ ἡμεῖς, φησί, πρὸ τοῦ περὶ αὐτῶν τῶν φυσικῶν φιλοσοφεῖν
ἠναγκάσθημεν τὰς ἀρχὰς τῶν φυσικῶν ζητεῖν πόσαι τε καὶ τίνες, οὕτω
καὶ οἱ φυσικοί, καίτοι περὶ τῶν ὄντων προθέμενοι ζητεῖν πόσα ταῦτα,
ἠναγκάσθησαν πρότερον περὶ τῶν ἀρχῶν τῶν ὄντων ζητεῖν, ὡς ἀπὸ τούτων
τῆς γνώσεως τῶν ὄντων ἠρτημένης. τοῦτο δὲ αὐτῷ τείνει πρὸς δεῖξιν τοῦ
20 ἀναγκαῖον εἶναι τὸν περὶ τῶν ἀρχῶν λόγον, εἴπερ καὶ τοῖς μὴ περὶ τούτων
προθεμένοις ὅμως ἡ ζήτησις ἡ περὶ αὐτῶν ὑπήντα πρώτη, ὡς οὐκ ἄλλως
εἰσομένοις περὶ τῶν ὄντων." οὕτω μὲν οὖν ὁ Ἀλέξανδρος ἐξηγεῖται τὴν
λέξιν, καὶ περὶ πάντων φησὶ τοῦτο λέγεσθαι τῶν φυσικῶν. μήποτε δὲ οὔτε
περὶ πάντων τῶν φυσιολόγων ἐστὶν ὁ λόγος, οὔτε ὡς ἄλλα μὲν προτιθε-
25 μένων ζητεῖν, ἄλλης δὲ πρὸ ἐκείνων αὐτοῖς ζητήσεως τῆς τῶν ἀρχῶν ὑπαν-
τώσης· ἀλλ' ἐπειδὴ Παρμενίδης καὶ Μέλισσος περὶ τοῦ ὄντος ἐζήτουν πό-
τερον ἓν ἢ πολλά, καὶ εἰ ἕν, ἀκίνητον ἢ κινούμενον, καὶ οὗτοι, φησίν, οὐ
περὶ τῶν ὄντων ὡς ἄν τις οἰηθείη, ἀλλὰ περὶ τῆς ἀρχῆς τῶν ὄντων ἐζή-
τουν, εὐγνωμόνως τοῦτο αὐτῶν ὁ Ἀριστοτέλης ἀποδεχόμενος. οὐ γὰρ ἂν
30 ποτε ἐνόμισεν αὐτοὺς ἀγνοεῖν τὸ πλῆθος τὸ ἐν τοῖς οὖσιν ἢ τοῦτο γοῦν
εἰ δύο πόδας εἶχον, ἀλλὰ περὶ τοῦ ὄντως ὄντος καὶ κυρίως ὄντος ἦν αὐτοῖς
ὁ λόγος, ὅπερ ἀρχὴ καὶ αἰτία πάντων τῶν ὁπωσδηποτοῦν ὄντων ἐστί. διὰ
τοῦτο δὲ καὶ τὴν Παρμενίδου καὶ Μελίσσου δόξαν εὐθὺς προχειρίζεται τῶν

---

1 τὸ μὲν scripsi cf. v. 7: τῷ μὲν DE: δὲ μὲν F: τὸ τῷ μὲν a   καθ' αὐτὸ a   4 μόνον
post θέσει F   5 ἢ οὕτως DE: οὕτως F: καὶ οὕτως a   7 τῷ σχήματι a, sed cf. v. 1
9 καὶ κατὰ τὸ γ. aE   10 λεγομένων] λόγων a   13 ζητοῦσι μέχρι τοῦ πότερον ἓν ἢ
πολλά E   ζητοῦντες om. F   14 πρῶτον post ζητοῦσι add. a cf. p. 38,8
15 ὥσπερ κτλ. Alexandri sunt cf. v. 22   18 πότερον E   τῶν ante ἀρχῶν aF: om.
DE   ζητεῖν ante πρότερον a   21 ἡ (ante ζήτησις) aF: om. DE   αὐτὸν E²
22 οὖν om. E   23 τοῦτο φησὶ F   27 ἓν (post εἰ) om. aF   32 ὁπωσδη-
ποτοῦν a: ὁπωσδηποτεοῦν F: ὁπωσποσοῦν DE

περὶ | τοῦ ὄντος φιλοσοφούντων. κἄν τε γὰρ περὶ ἀρχῆς ζητοῖεν εἰ μία 10ᵛ
ἢ πολλαί, κἄν τε περὶ τοῦ ὄντος, τὰ αὐτὰ ζητοῦσιν, εἰ καὶ ὀνόμασιν ἄλλοις
χρῶνται. τὰ γοῦν λεγόμενα πρὸς τοὺς ἓν λέγοντας τὸ ὄν, λέγοιτο ἂν καὶ
πρὸς τοὺς λέγοντας μίαν εἶναι τὴν ἀρχήν. ἐπεὶ οὖν αὐτὸς ἐπὶ ἀρχῆς
5 ἐποιήσατο τὴν διαίρεσιν εἰπὼν "ἀνάγκη δὲ ἤτοι μίαν εἶναι τὴν ἀρχὴν
ἢ πλείους", εἰκότως προσέθηκεν, ὅτι καὶ οἱ τὰ ὄντα πόσα ζητοῦντες περὶ 5
ἀρχῶν ζητοῦσι, κἂν ὀνόμασιν ἄλλοις χρῶνται. διὸ καὶ ὡς μίαν τιθεὶς ταύ-
την ἀντιλέγει.

p. 184ᵇ 25   Τὸ μὲν οὖν εἰ ἓν καὶ ἀκίνητον τὸ ὄν σκοπεῖν οὐ περὶ
10   φύσεώς ἐστι σκοπεῖν.

"Διὰ τούτων δέ, φησὶν ὁ Ἀλέξανδρος, καὶ τὸ δοκοῦν παραλελεῖφθαι 10
πρόβλημα, τὸ εἰ εἰσὶν ὅλως ἀρχαί, προστίθησιν, ἀντιλέγων πρὸς τοὺς μηδὲ
ὅλως ἀρχὴν εἶναι τιθεμένους τῶν φυσικῶν. οἱ γὰρ ἓν λέγοντες τὸ ὄν καὶ
ἀκίνητον ἀναιροῦσι τὰς φυσικὰς ἀρχὰς καὶ αὐτὴν τὴν φύσιν. καὶ γὰρ ἡ
15 ἀρχὴ τινὸς ἢ τινῶν ἀρχὴ καὶ πλῆθος ἑαυτῇ συνεισάγει· καὶ εἰ μὴ ἔστι
κίνησις, οὐδὲ φύσις· ἀρχὴ γὰρ κινήσεως ἡ φύσις ἀποδειχθήσεται." μήποτε
δὲ περινενοημένη μᾶλλον ἐστιν ἡ τοιαύτη ἐξήγησις· οὐ γὰρ ὅτι εἰσὶν ἀρχαὶ
φυσικαὶ διὰ τούτων ὁ Ἀριστοτέλης δεῖξαι προτίθεται, ἀλλ' ὁμολογούμενον 15
τοῦτο λαβὼν καὶ κατ' αὐτούς, εἴπερ τὸ ὄν ἀντὶ τῆς ἀρχῆς ἔλαβον, ἐκ τού-
20 του πειρᾶται τοὺς ἓν λέγοντας τὸ ὄν ὡς ἀρχὴν λέγοντας διασαλεύειν. οὐ
γὰρ ἔτι ἀρχή ἐστιν, εἰ ἓν μόνον τὸ ὄν καὶ οὕτως ἕν ἐστιν, ὡς δοκεῖ τοῖς
πολλοῖς ἓν λέγεσθαι τὸ ὄν, ὡς αὐτὸ μόνον· ἡ γὰρ ἀρχὴ τινὸς ἢ τινῶν
ἀρχή ἐστιν, ὥστε καὶ πλῆθος αὐτῇ συνεισάγει. ἅμα οὖν ἀναιρῶν τὴν θέσιν
αὐτῶν ἐπισκήπτει τοῖς θεμένοις, ὅτι περὶ φύσεως σκοπεῖν δοκοῦντες ⟨τὴν 20
25 φύσιν ἀνῄρουν. καὶ⟩ τὰ πρῶτα τμήματα τῆς διαιρέσεως συλλαβὼν (ἔστι
δὲ ταῦτα εἰ μία καὶ ἀκίνητος ἡ ἀρχή), προστάτας εὑρίσκει ταύτης τῆς δόξης
Παρμενίδην καὶ Μέλισσον ἓν λέγοντας τὸ ὄν, ἀντὶ τῆς ἀρχῆς τὸ ὄν τιθέντας.
καὶ πρὸς τούτους εὐθὺς ἀντιλέγει πρῶτον συμπλέξας τὴν τῆς ἀρχῆς καὶ
τοῦ ὄντος ἔννοιαν, καθ' ἣν ὑπώπτευεν αὐτοὺς λέγειν· εἶτα κατὰ τὴν τοῦ
30 ὄντος, ὥσπερ εἰκὸς ἦν καὶ τοὺς πολλοὺς τοῦ ὀνόματος ἀκούοντας οἴεσθαι·
καὶ τότε ἀπὸ τοῦ ἑνὸς ἐπιχειρεῖ. καὶ ἔοικε μέμφεσθαι εὐθύς, ὅτι τῷ μίαν 25
τὴν ἀρχὴν τοῦ ὄντος εἰπεῖν ἓν τὸ ὄν εἶπον, καὶ τῇ τοῦ ὄντος ἐννοίᾳ ἀναι-

---

3 γοῦν aF: οὖν DE   καὶ DE: om. aF   5 εἰπών p. 184ᵇ15   6 ὄντα om. F
post περὶ τῶν add. a   7 ὀνόματι ἄλλως χρῶνται DE: ὀνόμασι χρῶνται ἄλλοις aF: scripsi
ut v. 2   τιθεὶς ⟨δόξαν πρὸς⟩ ταύτην ἀ. coni. Torstrik   9. 10 ἀκίνητον μέχρι τοῦ ἢ γὰρ
ἀρχὴ τινὸς ἢ τινῶν E   11 ὁ (post φησίν) om. DE   12 τὸ om. a   ὅλως αἱ ἀρχαί E
15 ἑαυτῷ DE cf. v. 23, p. 48, 2   17 putes παρανενοημένη, ut ἡ τοιαύτη Alexandri in-
tellegatur. sed obstat μᾶλλον   19 καὶ fortasse delendum   ἔλαβον DEF: ἔλεγον a
20 πειρᾶται om. E   λέγοντας alterum susp. Torstrik   22 μόνον ⟨ὄν⟩ coni. Torstrik
23 ἀρχή om. a   αὐτῇ a: αὐτῆ EF: αὐτὴν D   συνεισάγειν F   ἀναιρῶν DE:
ἀναιρεῖ aF   24 καὶ ἐπισκήπτει aF   τὴν φύσιν ἀνῄρουν. καὶ add. a cf. p. 47, 1 sq. et
Themist. p. 108, 15: om. DE et in lacuna F   29 τοῦ prius om. a

ρεῖται ἡ ἀρχή, καὶ περὶ τῆς τῶν ὄντων ἀρχῆς ⟨λέγοντες⟩ καὶ τὴν ἀρχὴν 10ᵛ
ἀναιροῦσι καὶ τὴν φύσιν ἓν καὶ ἀκίνητον λέγοντες τὸ ὄν, φύσεως δὲ ἀναι-
ρεθείσης καὶ τῶν φυσικῶν ἀρχῶν ἀνῄρηται καὶ ἡ φυσικὴ πᾶσα θεωρία.
ἐπειδὴ δὲ οὐ πᾶς λόγος ἄξιός ἐστιν ἀντιλογίας, μέλλων ἀντιλέγειν αὐτοῖς
5 αὐτὸ τοῦτο πρῶτον ὑποδείκνυσι, κατὰ τί μὲν οὐκ ἄξιος ἀντιλογίας ὁ λόγος
ἐστί, κατὰ τί δὲ καὶ οὕτως ἔχοντος αὐτοῦ οὐδὲν ὅμως κωλύει τὸ ἀντειπεῖν. 30
οὐδεμία γὰρ τέχνη οὐδὲ ἐπιστήμη πρὸς τὸν ἀναιροῦντα τὰς ἀρχὰς αὐτῆς
καὶ τὴν ὅλην σύστασιν ἐπιστημονικῶς ὑπαντᾶν δύναται τῷ ἑαυτῆς λόγῳ.
εἰ γὰρ δεῖ τὸν φυσικὸν εἰ τύχοι ὡς φυσικὸν πάντα τὰ παρ' αὐτοῦ δεικνύ-
10 μενα ἐκ τῶν φυσικῶν ἀρχῶν καὶ φυσικῶς ἀποδεικνύναι, μὴ συγχωροῦνται
δὲ αἱ ἀρχαὶ μηδὲ ἡ φυσικὴ θεωρία, πῶς ἂν ἔτι ἀποδείξοι ὁ φυσικὸς ᾗ
φυσικός; ἀλλ' οὐδὲ ὁ γεωμέτρης πρὸς τὸν ἀναιροῦντα τὰς γεωμετρικὰς
ἀρχὰς καὶ τὴν σύστασιν τῆς γεωμετρίας ὡς γεωμετρικὸς διαλέξεται· οὐ 35
γὰρ ἔχει ἀρχὰς ἀφ' ὧν διαλεχθήσεται. συστῆσαι δὲ βουλόμενος τὰς ἀρχάς,
15 ἢ ἐκ προτέρων ἢ ἐξ ὑστέρων αὐτὰς συστήσει· ἀλλ' εἰ ἐκ προτέρων, δῆλον
ὅτι οὐ φυσικῶν οὐδὲ φυσικῶς· εἰ δὲ ἐξ ὑστέρων καὶ φυσικῶν, αἰτεῖν
ἀνάγκη ταῦτα μήπω δῆλα ὄντα διὰ τὸ ἀναιρεῖσθαι τὰς ἀρχὰς ἐξ ὧν
δείκνυσθαι δυνατὸν αὐτά· ὡς ἔχει τὰ παρὰ τοῖς γεωμέτραις καλούμενα
αἰτήματα. ἀλλὰ ἀνάγκη τὰς ἑκάστων ἀρχὰς ἢ τὰς ἐπαναβεβηκυίας προσε-
20 χῶς αὐτῶν ἐπιστήμας ἐπιδεικνύναι (ὡς τὰς ἰατρικὰς τῆς φυσικῆς καὶ 40
τὰς μηχανικὰς τῆς γεωμετρίας) ἢ πασῶν τινα κοινήν, οἷα ἐστὶν ἡ διαλε-
κτικὴ τῶν Περιπατητικῶν· καὶ γὰρ ἐν τοῖς Τοπικοῖς χρήσιμον ἐκείνην εἶπε
τὴν μέθοδον καὶ πρὸς τὰς κατὰ φιλοσοφίαν ἐπιστήμας· "ἐξεταστικὴ γάρ,
φησίν, οὖσα πρὸς τὰς ἁπασῶν τῶν ἐπιστημῶν ἀρχὰς ὁδὸν ἔχει." καὶ
25 τοῦτο εἰκότως, εἴπερ ὁ σκοπὸς τῆς διαλεκτικῆς ἐστι περὶ παντὸς τοῦ προ-
τεθέντος πράγματος συλλογίσασθαι ἐξ ἐνδόξων. δείξει γὰρ ὁ διαλεκτικὸς 45
εἰ τύχοι ὅτι τὸ σημεῖον ἀμερὲς καὶ ἡ γραμμὴ μῆκος ἀπλατὲς καὶ τὸ ἐπί-
πεδον ὅτι μῆκος καὶ πλάτος μόνον ἔχει, προσλαμβάνων ἀξίωμα κοινόν, ὅτι
τὸ σῶμα τριχῇ διαστατὸν καὶ ὅτι πᾶν τὸ περατοῦν τοῦ περατουμένου μιᾷ
30 λείπεται διαστάσει. καὶ ἡ πρώτη δὲ φιλοσοφία πασῶν ἀποδείξει τὰς ἀρχάς·
διὸ καὶ τέχνη τεχνῶν καὶ ἐπιστήμη ἐπιστημῶν ἐκείνη ἀνευφημεῖται. οὐκ
ἔστιν οὖν τοῦ φυσικοῦ διαλεχθῆναι πρὸς τὸν ἀναιροῦντα τὰς φυσικὰς ἀρχάς.
πρὸς δὲ τοὺς καθόλου πᾶσαν ἀρχὴν ἀναιροῦντας τάχα οὐδενὸς ἂν εἴη δια- 50

---

1 λέγοντες add. a: om. DEF 3 καὶ ἡ scripsi: καὶ aF: ἡ DE 4 ἄξιόν ἐστιν ἀντι-
λογίας ὁ λόγος E 9 τύχῃ F 11 ἀποδείξοι DF cf. ad p. 5, 5: ἀποδεῖξαι E: ἀποδείξῃ a
ὁ φυσικός aF: φυσικῶς DE 12 ὁ (post οὐδὲ) om. E 14 διαλεχθήσεται aF:
διαλεχθῇ DE 16 οὐ aDF: οὐδὲ E: οὐκ ἐκ coni. Torstrik 17 ταῦτα μήπω
ταῦτα ὄντα δῆλα DE 18 περὶ E 19 ἐπαναβεβηκυίας aF: ἀναβεβηκυίας DE cf.
p. 15, 34 20 suspicor ἀποδεικνύναι ut v. 10 τὴν φυσικὴν et τὴν γεωμετρίαν scribebat
Torstrik 21 ἢ interciderit post διαλεκτικῇ 22 Τοπικοῖς Α 2 p. 101 ᵃ 26 sqq.
23 τὰς om. DE 24 φησίν l. c. p. 101 ᵇ 2 28 προλαμβάνων DE 29 τὸ περα-
τούμενον τοῦ περατοῦντος DEF: corr. a 31 καὶ (post διὸ) om. E ἐκείνη DE: om.
aF ἀνυμνεῖται bene Torstrik cf. f. 19 ʳ 21 33 οὐδὲν DE

λεχθῆναι. ἀναιροῦσι δὲ πᾶσαν ἀρχὴν οἱ ἓν μόνον λέγοντες τὸ ὂν καὶ οὕτως 10ᵛ
ἓν ὡς μηδὲν ἄλλο παρ' αὐτὸ εἶναι. ἡ γὰρ ἀρχὴ συνεισάγει πάντως ἑαυτῇ
ἤ τι ἢ τινὰ ὧν ἐστιν ἀρχή. ζητεῖ δὲ ἐν τῇ Μετὰ τὰ φυσικὰ ὁ Ἀριστοτέλης,
πότερον τὰς ἑκάστης ἐπιστήμης ἀρχὰς καθ' ἑκάστην μία τίς ἐστιν ἡ δει-
5 κνύουσα, ἢ μιᾶς ἐπιστήμης ἔστι θεωρῆσαι κοινῆς τινος περὶ πασῶν τῶν
ἐπιστημῶν. καὶ Εὔδημος δὲ ἀρχόμενος τῶν Φυσικῶν ζητεῖ μὲν φιλοκάλως
τὸ πρόβλημα, τὴν δὲ λύσιν εἰς ἄλ|λας πραγματείας τελεωτέρας ὑπερτίθεται. 11ʳ
λέγει δὲ οὕτως· "πότερον δὲ ἑκάστη τὰς αὐτῆς ἀρχὰς εὑρίσκει τε καὶ
κρίνει, ἢ καθ' ἑκάστην ἑτέρα τις, ἢ καὶ περὶ πάσας μία τίς ἐστι, διαπο-
10 ρήσειεν ἄν τις. οἱ γὰρ μαθηματικοὶ τὰς οἰκείας ἀρχὰς ἐνδείκνυνται καὶ τί
λέγουσιν ἕκαστον ὁρίζονται· ὁ δὲ μηδὲν συνιδὼν γελοῖος ἂν εἶναι δόξειεν
ἐπιζητῶν τί ἐστι γραμμὴ καὶ τῶν ἄλλων ἕκαστον· περὶ δὲ τῶν ἀρχῶν οἵας 5
αὐτοὶ λέγουσιν οὐδὲ ἐπιχειροῦσιν ἀποφαίνειν, ἀλλ' οὐδέ φασιν αὐτῶν εἶναι
ταῦτα ἐπισκοπεῖν, ἀλλὰ τούτων συγχωρουμένων τὰ μετὰ ταῦτα δεικνύουσιν.
15 εἰ δὲ ἔστιν ἑτέρα τις περὶ τὰς γεωμετρικὰς ἀρχάς, ὁμοίως δὲ καὶ τὰς
ἀριθμητικὰς καὶ τῶν ἄλλων ἕκαστα, πότερον μία τις περὶ τὰς ἁπασῶν
ἀρχάς ἐστιν ἢ καθ' ἑκάστην ἄλλη; εἴτε δὲ μία ἐστὶ κοινή τις εἴτε καθ'
ἑκάστην ἰδία, δεήσει καὶ ἐν αὐταῖς ἀρχάς τινας εἶναι. πάλιν οὖν ἐπιζητή-
σεται τὸν αὐτὸν τρόπον, εἰ καὶ τῶν οἰκείων ἀρχῶν εἰσιν αὗται ἢ ἄλλαι 10
20 τινές. ἑτέρων μὲν οὖν ἀεὶ γινομένων, εἰς ἄπειρον πρόεισιν· ὥστε οὐκ ἔσονται
τῶν ἀρχῶν ἐπιστῆμαι· ἀρχαὶ γὰρ εἶναι δοκοῦσιν αἱ ἀνώτεραι ἀεί. εἰ δὲ
στήσονται καὶ ἔσονταί τινες ἢ καὶ μία τις οἰκεία τῶν ἀρχῶν ἐπιστήμη,
ζητήσεται καὶ λόγου δεήσει, διὰ τί αὕτη μέν ἐστι τῶν τε ὑφ' ἑαυτὴν καὶ
τῶν οἰκείων ἀρχῶν, αἱ δὲ ἄλλαι οὔ· πλασματικῷ γὰρ ἔοικε τὸ ἴδιον, εἰ μὴ
25 διαφορά τις ἐμφέρεται. ταῦτα μὲν οὖν ἑτέρας ἂν εἴη φιλοσοφίας οἰκειότερα
διακριβοῦν." ταύτην τὴν τοῦ Εὐδήμου λέξιν σαφῶς ἐκτιθεμένην τὴν τῷ 15
προβλήματι προσήκουσαν ἀπορίαν ὅλην παρεθέμην τοῖς ζητητικωτέροις.
καὶ ὁ μὲν Εὔδημος τὴν ἐπίκρισιν, ὡς εἶπον, εἰς τελειοτέρας πραγματείας
ἀνεβάλετο. συντόμως δὲ ῥητέον, ὅτι τῶν καθ' ἑκάστην τέχνην καὶ ἐπι-
30 στήμην ἀρχῶν αἱ μέν εἰσιν αὐτόπιστοι καὶ διὰ τοῦτο γνώριμοι καὶ αὐταῖς
ταῖς ἐπιστήμαις ὧν εἰσιν ἀρχαί, ὥσπερ ἐν γεωμετρίᾳ αἱ καλούμεναι κοιναὶ

---

2 συνάγει a   3 ζητεῖ velut Metaph. E1   ὁ ἀριστοτέλης ἐν τῇ μετὰ τὰ φυσικὰ a
4 καθ' ἑαυτὴν D¹ et F   5 περὶ DE: ἐπὶ F: om. a   6 Εὔδημος fr. 4 p. 4, 18 Sp.
φιλοκάλλως a   7 τὴν δὲ — ὑπερτίθεται om. DE   8 πρότερον E   αὐτῆς a:
αὐτῆς DF: αὐτὰς E   9 ἢ καὶ DEF: καὶ om. a   10 οἱ μὲν γὰρ F   δείκνυνται F
11 δόξαιεν DE   13 ἄλλου δὲ D   αὐτῶν libri: corr. Spengel   14 δείκνυσιν
DE   15 δὲ] καὶ DE   δὲ καὶ τὰς aF: καὶ (om. δὲ et τὰς) DE   16 ἑκάστας coni
Torstrik   πότερα D   19 καὶ (post εἰ) superscr. F   αὗται coni. Torstrik
20 ἀεὶ D: om. aEF   22 τις] τι F   τῶν ἀρχῶν οἰκεία aF   23 αὕτη Torstrik: αὐτὴ
aDEF   24 πλασματικῷ libri cf. Sext. P. H. I 103: πλάσματι Torstrik   25 ἐμφαίνεται
Torstrik   οἰκειότερα om. a   26 ἀκριβοῦν a   τὴν] μὲν Spengel   post Εὐδήμου
collocant τὴν DE   27 ζητητικωτέροις a: ζητκωτέροις D: ζητικωτέροις EF   28 ἀπό-
κρισιν a   εἶπον v. 7   τελεωτέρας a   31 αἱ ἐν γεωμετρίᾳ καλούμεναι aF

ἔννοιαι· καὶ οἱ ὅροι δέ· καὶ γὰρ καὶ αὐτοὶ ἀναπόδεικτοι βούλονται εἶναι. 11ʳ
διὸ καὶ ἐξ ὁρισμῶν αἱ κυρίως εἰσὶν ἀποδείξεις ὡς ἐξ ἀμέσων προτάσεων· 20
αἱ δέ εἰσιν οἷον ἐξ ὑποθέσεως, οἷαί εἰσιν αἱ τῶν ὅρων ὑποστάσεις· τὸ μὲν
γὰρ τὸ σημεῖον ἀμεροῦς τινος ἐννοίας παρέχεσθαι καὶ τὴν γραμμὴν ἀπλα-
5 τοῦς μήκους, αὐτόπιστόν ἐστι, τὸ δὲ εἶναι ὅλως τι ἀμερὲς ἐν τοῖς μεριστοῖς
καὶ ἀπλατὲς ἐν τοῖς πεπλατυσμένοις, τοῦτο ὁ γεωμέτρης ὡς ἀρχὴν λαμ-
βάνει οὐκ ἀποδεικνὺς αὐτήν, ἀλλὰ ἀποδείκνυσιν αὐτὴν ὁ πρῶτος φιλόσοφος
ἀπὸ αὐτοπίστων καὶ ἀναποδείκτων ἀρχῶν. οὗτος δέ ἐστιν ὁ κατὰ Πλάτωνα
διαλεκτικός· ὁ δὲ κατὰ Ἀριστοτέλην ὁ περὶ παντὸς τοῦ προτεθέντος προ- 25
10 βλήματος συλλογιζόμενος ἐξ ἐνδόξων, ὡς εἴρηται πρότερον, ἐνδόξοις ἀρχαῖς
χρῆται. καὶ οὕτως οὔτε ἐπ' ἄπειρον ἥξομεν ἀρχὰς πρὸ ἀρχῶν τιθέντες
(εἰς ἀναποδείκτους γὰρ καὶ αὐτοπίστους ἀρχὰς καταντήσουσιν) οὔτε ἐπιστήμη
τῶν ἀρχῶν ἔσται ἐκείνῳ οὗ εἰσιν ἀρχαί, εἴπερ ἡ ἐπιστήμη συλλογισμὸς
ἀποδεικτικός, ὁ δὲ συλλογισμὸς ἐξ ἀρχῶν ἐγνωσμένων· ἀλλ' αἱ ἄλλου ἀρχαὶ
15 ἄλλῳ κατ' ἐπιστήμην εἰσὶν ἐγνωσμέναι, ὅτι ἐξ ἄλλων ἀρχῶν αὐτοπίστων 30
καὶ ἀναποδείκτων ἀποδείκνυσιν. ὥστε πρὸς τοὺς ἀναιροῦντας τὰς φυσικὰς
ἀρχὰς οὐκ ἂν εἴη τοῦ φυσικοῦ διαλεχθῆναι. ἢ γὰρ ἐκ προτέρων, ὡς εἴ-
ρηται, καὶ οὐκέτι ὡς φυσικός, ἢ ἐξ ὑστέρων, καὶ αἰτήσεται εἶναι τὰς ἀρχὰς
ὧν ὕστερα τὰ ἐξ ὧν ἀποδείκνυσι. μὴ γὰρ οὐσῶν τῶν ἀρχῶν, οὐδὲ τὰ
20 ὕστερα τῶν ἀρχῶν ἔσται. "διόπερ, ὥς φησιν ὁ Ἀλέξανδρος, καὶ αὐτὸς
Ἀριστοτέλης ἐπειδὰν λέγῃ πρὸς τοὺς ἓν καὶ ἀκίνητον τὸ ὂν λέγοντας εἶναι,
οἵτινες ἀναιροῦσι τὰς φυσικὰς ἀρχάς, οὐχ ᾗ φυσικὸς ἐρεῖ, ἀλλ' ᾗ φιλό- 35
σοφος." μήποτε δὲ ἐπιστημονικῶς μὲν ἀδύνατός ἐστιν ὁ φυσικὸς ἀντι-
λέγειν πρὸς τὸν ἀναιροῦντα τὰς φυσικὰς ἀρχάς, ἐπιστημονικῶς δὲ οὕτως
25 ὡς ἐξ ἀρχῶν τοῦ πράγματος. οὐ γὰρ οἶδεν αὐτὸς ᾗ φυσικὸς τῶν φυσικῶν
ἀρχῶν ἄλλας ἀρχὰς ἀνωτέρω, ἐξ ἀρχῶν δὲ τῆς ἀποδείξεως δύναται δεικνύναι.
ἀρχαὶ δὲ ἀποδείξεως καὶ τὰ φαινόμενα ἐκ τῆς ἐναργοῦς αἰσθήσεως καὶ
τῶν κατὰ μέρος καὶ ὅλως ἡ ἐπαγωγὴ καλουμένη. τοιγαροῦν καὶ Ἀριστοτέλης
πρὸς μὲν τοὺς ἓν τὸ ὂν λέγοντας ὑπαντᾷ δεικνὺς ὅτι ἐστὶ καὶ οὐσία καὶ 40
30 ποσὸν καὶ ποιὸν ἐν τοῖς οὖσι, ταῦτα δὲ οὐχ ἕν, πρὸς δὲ τοὺς ἀκίνητον
"ἡμῖν δὲ ὑποκείσθω, φησί, τὰ φύσει ἢ πάντα ἢ ἔνια κινούμενα. δῆλον δὲ
ἐκ τῆς ἐπαγωγῆς". ὥστε ὁ φυσικὸς οὐ παντὸς ἀπορήσει λόγου πρὸς τὸν
ἀναιροῦντα τὰς φυσικὰς ἀρχάς· οὐ γὰρ δὴ καὶ τοῦ ἐκ τῶν ἀρχῶν τῆς
ἀποδείξεως, ἀλλὰ τοῦ ἐκ τῶν ἀρχῶν τῶν ἀρχῶν. ταύτην δὲ τὴν δόξαν,

---

1 οἱ om. DE   4 ἐννοίας DEF: ἔννοιαν veri similiter a   7 ἀλλὰ ἀποδείκνυσιν αὐτὴν
om., in mrg. notato ζήτει F   9 προβλήματος aF: om. DE: πράγματος p. 47,26
10 ὡς εἴρηται ἐξ ἐνδόξων πρότερον aF   12 καταντήσουσιν DE: καταντήσομεν aF
13 ἐκείνῳ aDE: ἐκεῖνο (in mrg. ζήτει) F cf. v. 14.   15 16 τοὺς om. F   17 εἴρηται
p. 47,15   20 ὁ om. DE   24 ἐπιστημονικῶς fuit cum suspectarem, at addito
οὕτως κτλ. satis a priore (v. 23) seiungitur   25 ὡς om. E   26 δύναται D   28 καὶ
ὁ ἀριστ. F   29 μὲν om. D¹: add. D²   δεικνὺς p. 185ᵃ22   31 φησί p. 185ᵃ12
ἢ post φύσει om. DE   κινούμενα εἶναι Aristoteles   33 τὰς ἀρχὰς τὰς φυσικὰς F
34 τῶν ἀρχῶν om. (in mrg. ζήτει) F

φησὶν ὁ Ἀλέξανδρος, πρῶτον Ἀριστοτέλης προχειρίζεται, διότι αὕτη τήν τε 11ʳ
φύσιν καὶ τὰς φυσικὰς ἀρχὰς ἀναιρεῖ. ἀποσκευασάμενος οὖν αὐτὴν καὶ 45
πιστωσάμενος τὸ εἶναί τε τὴν φύσιν καὶ ἀρχὰς εἶναι τῶν φυσικῶν, οὕτως
ἐπὶ τὰς ἄλλας δόξας τὰς περὶ τῶν φυσικῶν ἀρχῶν εἰρημένας μετελεύσεται.

5 p. 185ᵃ5 **Ὅμοιον δὴ τὸ σκοπεῖν εἰ οὕτως ἕν, ἕως τοῦ καὶ
ἀσυλλόγιστοί εἰσιν.**

Πολλοὶ τρόποι λόγων εἰσὶν οἷς ἀντιλέγειν οὐ χρὴ τὸν φιλοσόφως καὶ
νομίμως διαλεγόμενον· οὔτε γὰρ πρὸς τοὺς ἀναιροῦντας τὰς ἀρχὰς τῶν τοῖς
προσδιαλεγομένοις ὑποκειμένων πραγμάτων, οὔτε πρὸς τοὺς παράδοξα καὶ
10 ἀπεμφαίνοντα λέγοντας· τοιαῦται γὰρ αἱ θέσεις, ὡς Ἡράκλειτος ἐδόκει, τὸ
ἀγα|θὸν καὶ τὸ κακὸν εἰς ταὐτὸν λέγων συνιέναι δίκην τόξου καὶ λύρας· 11ᵛ
ὃς καὶ ἐδόκει θέσιν λέγειν διὰ τὸ οὕτως ἀδιορίστως φάναι. ἐνεδείκνυτο δὲ
τὴν ἐν τῇ γενέσει ἐναρμόνιον μῖξιν τῶν ἐναντίων, ὡς καὶ ὁ Πλάτων ἐν
Σοφιστῇ τῆς Ἡρακλείτου δόξης ἀπεμνημόνευσε παραθεὶς αὐτῇ καὶ τὴν Ἐμ-
15 πεδοκλέους. λέγει δὲ οὕτως· " Ἰάδες δὲ καὶ Σικελαί τινες ὕστερον μοῦσαι
ξυνενόησαν, ὅτι συμπλέκειν ἀσφαλέστατον ἀμφότερα καὶ λέγειν ὡς τὸ ὂν 5
πολλά τε καὶ ἕν ἐστιν, ἔχθρᾳ δὲ καὶ φιλίᾳ συνέχεται. διαφερόμενον γὰρ
δὴ συμφέρεται, φασὶν αἱ συντονώτεραι τῶν μουσῶν" Ἰάδας καὶ συντονω-
τέρας τὰς Ἡρακλείτου καλῶν μούσας, "αἱ δὲ μαλακώτεραι" φησί, μαλακω-
20 τέρας δὲ διοτιδήποτε καὶ Σικελὰς τὰς Ἐμπεδοκλέους καλεῖ, αὗται οὖν φησι,
"τὸ μὲν ἀεὶ οὕτως ἔχειν ἐχάλασαν, ἐν μέρει δὲ τοτὲ μὲν ἓν εἶναί φασι
τὸ πᾶν καὶ φίλον ὑπ' Ἀφροδίτης, τοτὲ δὲ πολλὰ καὶ πολέμιον αὐτὸ αὑτῷ
διὰ νεῖκός τι." ἀσαφεστέρας δὲ οὔσης τῆς Ἡρακλείτου δόξης σαφέστερον 10
ἐπήνεγκε παράδειγμα παραδοξολογίας καὶ ἅμα οἰκειότερον ὁ Ἀριστοτέλης
25 εἰπών· ἢ ὡς εἴ τις ἕνα ἄνθρωπον τὸ ὂν λέγοι· τοῦτο γὰρ οἰκειότερον τῆς
προχειμένης ἐστὶ παραδοξολογίας παράδειγμα. ἔστι δὲ καὶ ἄλλος τρόπος ὁ
μὴ μόνον ἀποφαντικῶς παραδοξολογῶν, ἀλλὰ καὶ συλλογίζεσθαι δοκῶν, οὐκ
ἐξ ἀληθῶν μέντοι οὐδὲ ἐξ ἐνδόξων προτάσεων, ἀλλ' ἐκ φαινομένων ἐνδόξων,
οἷοί τινές εἰσιν οἱ σοφιστικοὶ παραλογισμοί. καὶ ἵνα συνελὼν εἴπω, ἕκαστος 15
30 τῶν ψευδῆ δόξαν εἰσαγόντων ἢ φυλάττει τὰς ἀρχὰς τῶν ὑποκειμένων τῇ

---

1 ὁ (post φησὶν) om. DE   πρῶτον DEF: πρώτην ὁ a   3 οὕτω καὶ ἐπὶ a   4 μετε-
λεύσεται aF cf. f. 33ʳ22: ἐπελεύσεται DE   post μετελεύσεται continuat Τὸν φιλοσόφως
καὶ νομίμως διαλεγόμενον (cf. v. 7), sed del. F   5 δὲ DE   σκοπεῖν μέχρι τοῦ καὶ
γὰρ ψευδῆ λαμβάνουσι — εἰσι E   ἕως τοῦ καὶ D: ἕως καὶ τοῦ F   10 Ἡράκλειτος
fr. 57 Byw. cf. f. 18ʳ23   ἐδόκει om. a   11 λέγων aF¹: λέγειν DE   12 ὃς a:
ὃ DEF   13 ἐναρμόνιον iteravit in folii initio F   14 Σοφιστῇ p. 242 D   15 σικε-
λικαί a   16 ξυνενοήκασιν Plato   ἀμφοτέρως E   17 ἔστι καὶ ἔχθρα a   δὲ F:
τε DE: om. a   συνέρχεται E   19 μαλθακώτεραί a   μαλαχωτέρας aDE: μαλα-
χώτεραι F   20 καὶ σικελὰς διοτιδήποτε a   21 ἀεὶ ταῦθ' οὕτως Plato   22 αὑτῷ
Plato: αὐτῶ DE: ἑαυτῷ aF   24 ὁ ἀριστοτέλης post παραδοξολογίας ponit a, post καὶ
ἅμα F   25 ὡς om. Arist.   λέγοι aF: λέγει DE: φαίη (post τις) Aristot.   τῆς
προχειμένης aF²: τῆς προσχειμένης F¹: τοῖς προχειμένοις DE   27 μόνων F

δόξῃ καὶ δεῖ πρὸς αὐτὸν τοὺς φυσικοὺς ἀγωνίζεσθαι, ἢ ἀναιρεῖ καὶ οὐδεὶς 11ᵛ
πρὸς αὐτὸν λόγος τῷ φυσικῷ. πάλιν δὲ ἢ ἀποφαντικῶς αὐτὴν εἰσάγει ἢ
καὶ συλλογισμῷ δοκεῖ χρῆσθαι. καὶ εἰ ἀποφαντικῶς εἰσάγοι, ἢ τῶν εὐ-
παραδέκτων τι ἐρεῖ καὶ πιθανῶν καὶ δεῖ πρὸς τοῦτον ἀντιλέγειν ὡς οὐκ
5 αὐτόθεν ἔχοντα τὸ ἀπίθανον, κἂν ψευδῶς λέγοι, ἢ τῶν ἀπεμφαινόντων καὶ
παραδόξων καὶ οὐδεὶς ἂν εἴη λόγος τῷ πρὸς ἀλήθειαν νεύοντι· οὐδὲ γὰρ 20
τοῦ διαλεκτικοῦ ἂν εἴη διαλέγεσθαι πρὸς τὸν τὸ δίκαιον λέγοντα τὴν στοάν.
εἰ δὲ καὶ συλλογίζεσθαι ἐπιχειροίη φιλονείκως ψευδόμενος, εἰ μὲν ἐξ ἐν-
δόξων προτάσεων ποιοῖτο τὸν συλλογισμόν, ἐλεγκτέον τὴν ἀπάτην κἂν μὴ
10 δι' ἑαυτόν, ἀλλὰ διὰ τοὺς ἐπιπολαίους ἀκροατάς· εἰ δὲ μηδὲ τὸ ἔνδοξον
ἔχοιεν αἱ προτάσεις, ἀλλ' ἐριστικῶς μόνον προάγοιντο, σχολαζόντων μᾶλλον
δὲ ἀσχόλων ἡ ἀντιλογία. εἰ τοίνυν ὁ Παρμενίδου καὶ Μελίσσου λόγος καὶ
τὰς ἀρχὰς ἀναιρεῖ τὰς φυσικὰς καὶ παράδοξόν τι καὶ ἀπεμφαῖνον τίθεται 25
ἓν λέγων εἶναι τὸ ὄν, καὶ ἐν τῷ συλλογίζεσθαι ὃ βούλεται οὐ μόνον ψευδεῖς
15 λαμβάνει προτάσεις, ἀλλὰ καὶ ἀσυλλογίστως συνάγει, διὰ πάντα ταῦτα οὐκ
ἂν ἄξιος ἀντιλογίας εἴη καὶ μάλιστα τῷ φυσικῷ, οὗ τὰς ἀρχὰς ἀναιρεῖ.
διττῆς δὲ οὔσης τῆς τοῦ συλλογισμοῦ κακίας, μᾶλλον δὲ παντὸς συνθέτου,
τῆς τε παρὰ τὰ ἐξ ὧν σύγκειται καὶ τῆς παρὰ τὴν σύνθεσιν, ἀμφοτέρας
ἐγκαλεῖ τούτοις τοῖς λόγοις. καὶ γὰρ αἱ προτάσεις ψευδῶς εἰσιν εἰλημμέναι 30
20 καὶ ὁ τρόπος τῆς συνθέσεως ὁ κατὰ τὸ σχῆμα τὸ συλλογιστικὸν ἡμάρτη-
ται καὶ ἔστι τῶν μὴ ἀναγκαίως τι συναγόντων. ὁ μέντοι Ἀλέξανδρος
οὕτως φησὶ ταῦτα λέγειν τὸν Ἀριστοτέλην, "ὡς θέσεως μὲν παραδόξου οὔσης
τῆς Ἡρακλειτείου καὶ τοιαύτης ὡς εἴ τις ἄνθρωπον ἕνα τὸ ὂν λέγοι,
ἐριστικὸν δὲ λόγον τουτέστι σοφισματώδη τοῦ τε Παρμενίδου καὶ Μελίσσου
25 διὰ τὴν δεῖξιν, τῶν λόγου δὲ ἕνεκα λεγομένων τουτέστι τῶν μὴ μαρ-
τυρουμένων ὑπὸ τῶν πραγμάτων περὶ ὧν λέγονται, ἀλλὰ ψευδῶν τε καὶ 35
κενῶν". ταῦτα καὶ αὐτῇ λέξει τοῦ Ἀλεξάνδρου λέγοντος ἐπισημαίνομαι,
ὅτι οὐ τὸν Ἡρακλείτου μόνον λόγον θέσιν οἴεται ὁμοίαν τῇ λεγούσῃ ἄν-
θρωπον ἕνα τὸ ὄν, ἀλλὰ καὶ τούτους τοὺς λόγους ὡς θέσεις ὄντας ὁμοίας
30 τῇ Ἡρακλειτείῳ ἢ ἔτι οἰκειότερον τῇ λεγούσῃ ἕνα ἄνθρωπον εἶναι τὸ
ὂν ἀποσκευάζεται. λέγει γοῦν ὅμοιον δὴ τὸ σκοπεῖν εἰ οὕτως ἓν καὶ
πρὸς ἄλλην θέσιν ὁποιανοῦν διαλέγεσθαι καὶ τὰ ἑξῆς, ὡς δὴ καὶ

---

1 αὐτῶν E¹   2 αὐτὸν F   3 εἰσάγοι DE: εἰσάγει aF   5 ψευδῶς λέγοι DEF: ψεῦδος λέγῃ a   6 fort. εἴη λόγος ⟨πρὸς τοῦτον⟩   9 ἐλεκτέον Ξ   μὴ δι' αὐτὸν Torstrik   10 μὴ δὲ aF: μὴ DE   11 fortasse μᾶλλον ἢ ἀσχόλων, nisi hoc explicas ἀπαιδεύτων   14 ὃ DE: om. aF   15 λαμβάνειν a   συνάγειν a   πάντα ταῦτα DE cf. f. 18ʳ 9: ταῦτα πάντα aF cf. f. 22ᵛ 1   18 συναίρεσιν primo scripserat E   ἀμφοτέρως a   20 ὁ κατὰ DE: μὴ κατὰ aF: fort. καὶ κατὰ   τὸ συλλογιστικὸν DE: συλλογιστικὸς ὢν aF   22 οὕτως E: οὗτος F: οὕτω aD   ἀριστοτέλη a   24 ἐριστικὸν δὲ λόγον DE (sc. λέγειν Ἀριστοτέλην): ἐριστικῶν δὲ ὄντων λόγων aF cf. p. 52, 3   σοφισματώδη DE: σοφισμάτων aF, volebant σοφισματωδῶν   25 λόγου δὲ ἕνεκα DE: λόγον ἕνεκα aF   27 τοῦ ἀλεξάνδρου καὶ αὐτῇ λέγοντος λέξει aF   28 οὐ super add. F   30 ἢ] καὶ E

ταύτης θέσεως οὔσης. θαυμάζω δὲ ὅτι καὶ λόγου ἕνεκεν μόνου νομίζων 11ᵛ
τούτους λέγεσθαι τοὺς λόγους ὁ Ἀλέξανδρος ὅμως θέσεις αὐτοὺς οὐκ οἴεται, 41
ἀλλ' ἐριστικοὺς μόνον λόγους, καίτοι τοῦ Ἀριστοτέλους σαφῶς οὕτως εἰπόντος
τὰς θέσεις λόγου ἕνεκεν μόνου λέγεσθαι μὴ μαρτυρουμένου ὑπὸ τῶν
5 πραγμάτων.

p. 185ᵃ10   Μᾶλλον δὲ ὁ Μελίσσου φορτικὸς καὶ οὐκ ἔχων
ἀπορίαν.

Μᾶλλον δὲ φορτικὸν εἶναι τὸν Μελίσσου φησί, διότι μὴ μόνον ἓν 45
οὗτος καὶ ἀκίνητον τὸ ὂν ἔλεγεν, ὥσπερ Παρμενίδης, ἀλλὰ πρὸς τούτῳ καὶ
10 ἄπειρον αὐτὸ ἐτίθετο· τοιγαροῦν κοινῶς πρὸς αὐτοὺς ἀντειπὼν ἐπήγαγε
"Μέλισσος δὲ τὸ ὂν ἄπειρον εἶναί φησι. ποσὸν ἄρα τι τὸ ὄν". φορτικὸς
οὖν, ὅτι τὸ ποσὸν εἰσαγαγών, ὅπερ ἀνάγκη ἐν ὑποκειμένῳ [οὐσίᾳ] εἶναι, ἓν
ὅμως ἐτίθετο τὸ ὄν. οὐκ ἔχειν δὲ ἀπορίαν εἶπεν ὡς εὐδιάλυτον καὶ
μὴ ποιοῦντα ἀπορεῖν διὰ τὸ ἐπιπόλαιον εἶναι. ὁ γὰρ δριμὺς λόγος ἐστὶν
15 ὁ δάκνων τε καὶ ἀπορεῖν ποιῶν, ὡς ἐν Σοφιστικοῖς ἐλέγχοις εἴρηται. ἀλλ' 50
ἑνός, φησίν, ἀτόπου δοθέντος, τὰ ἄλλα συμβαίνει. καὶ γὰρ καὶ
ἀκίνητον ἀνάγκη εἶναι, εἰ ἓν ἔστι καὶ οὕτως ἓν ὡς αὐτὸ μόνον εἶναι· κινού-
μενον γὰρ καὶ κίνησιν καὶ μεταβολὴν ἕξει καὶ τὸ πόθεν ποῖ, εἴτε ἀπὸ δια-
θέσεως εἰς διάθεσιν εἴτε ἀπὸ τόπου εἰς τόπον εἴτε ὁπωσοῦν· καὶ ἄπειρον
20 δὲ ἀνάγκη εἶναι· πέρας γὰρ ἔχον ἕξει τό τε πέρας καὶ τὸ περατούμενον.
τοιγαροῦν καὶ ὁ Πλάτων ἐκ τοῦ ὅλον καὶ σφαίρᾳ ὅμοιον εἰπεῖν τὸ ὂν τὸν
Παρμενίδην |
    πάντοθεν εὐκύκλου σφαίρης ἐναλίγκιον ὄγκῳ,   12ʳ
δείκνυσιν ὅτι οὐκ ἔστιν ἕν, ἔχον μέσον καὶ ἔσχατα καὶ μέρη. γέγραπται
25 δὲ ἐν Σοφιστῇ τάδε "εἰ τοίνυν ὅλον ἐστὶν ὥσπερ καὶ Παρμενίδης λέγει
    πάντοθεν εὐκύκλου σφαίρης ἐναλίγκιον ὄγκῳ,
    μεσσόθεν ἰσοπαλὲς πάντῃ· τὸ γὰρ οὔτε τι μεῖζον
    οὔτε τι βαιότερον πελέναι χρεών ἐστι τῇ ἢ τῇ,

---

1 ταύτης τῆς F   μόνου νομίζων DE cf. v. 4: νομίζων μόνον aF   3 οὕτως om. a
4 μαρτυρουμένας coni. Torstrik   8 μᾶλλον μὲν F   9 ὥσπερ ὁ aF   10 ἐπήγαγε
p. 185ᵃ32   11 ὂν aF, Aristoteles: ἓν DE cf. f. 17ʳ10   ποσὸν in lit. F², sed in
mrg. F¹   12 οὐσία libri: delendum vidit Torstrik   13 τὸ (ante ὄν) om. F
14 cf. Sophist. el. 33 p. 182ᵇ32 ἔστι δὲ δριμὺς λόγος ὅστις ἀπορεῖν ποιεῖ μάλιστα. δάκνει
γὰρ οὗτος μάλιστα   16 καὶ γὰρ — ἀνάγκη εἶναι iteravit E   17 εἴτε usque ad f. 16ʳ6
hic omittit (foliis 14. 15 et partim 13ᵛ vacuis relictis), sed postea (f. 408ᵃ—415ᵛ) reddit
E, quae nota Eᵇ discerno   20 ἔχων F   conicio τό τε περατοῦν cf. p. 47, 29
21 σφαίρα aEᵇ: σφαίρα F: σφαίραις D   24 καὶ (post μέσον) om. a   25 Σοφιστῇ p. 244E
cf. f. 19ᵛ28   ὥσπερ (sed περ supra add.) D   λέγει v. 102—104 K. 106—108 St. cf.
f. 19ʳ28. 27ᵛ2. 31ʳ16   26 σφαίρης aEF: σφαίρας D   ἐναλίγγιον F   27 μεσόθεν D
γὰρ om. a   οὐκ ἔτι D   28 βαιότερον (inter β et α una littera erasa) D
πελέναι EᵇF: πέλαινε D: πέλεμεν a   τῇ (spatium IV litt.) η (spatium III litt.) τοιοῦτον F

τοιοῦτόν γε ὂν τὸ ὂν μέσον τε καὶ ἔσχατα ἔχει, ταῦτα δὲ ἔχον πᾶσα ἀνάγκη 12ʳ
μέρη ἔχειν· ἢ πῶς; Οὕτως. Ἀλλὰ μὴν τό γε μεμερισμένον πάθος μὲν 5
τοῦ ἑνὸς ἔχειν ἐπὶ τοῖς μέρεσι πᾶσιν οὐδὲν ἀποκωλύει, καὶ ταύτῃ δὴ πᾶν
τε ὂν καὶ ὅλον ⟨ἓν⟩ εἶναι. Τί δὲ οὔ; Τὸ δὲ πεπονθὸς ταῦτ' ἆρα οὐκ ἀδύνατον
5 αὐτό γε τὸ ἓν αὐτὸ εἶναι;" Οὐδὲν δέ φησι χαλεπόν ἐστιν ἀλλὰ ἀναγκαῖον
τῷ ἑνὶ ἀτόπῳ τεθέντι ἄλλα ἄτοπα συμβαίνειν. ἢ ὅτι οὐδὲν δύσκολόν
ἐστι συνιδεῖν, πῶς τῷ ἑνὶ δοθέντι ἀτόπῳ τὰ ἄλλα ἄτοπα συμβαίνει.

p. 185ᵃ12 Ἡμῖν δὲ ὑποκείσθω τὰ φύσει ἢ πάντα ἢ ἔνια κινού- 10
μενα εἶναι.

10 Ἐκεῖνοι μὲν οὖν ἓν καὶ ἀκίνητον τὸ ὂν ὑποθέμενοι πολλοῖς περιπεπτώ-
κασιν ἀτόποις· ἡμῖν δὲ ὑποκείσθω τὰ φύσει ἢ πάντα ἢ ἔνια κινούμενα.
ἡ δὲ ὑπόθεσις οὐκ ἔστι θέσις οὐδὲ παράδοξόν τι ἢ ἀπεμφαῖνον εἰσάγει οὐδὲ
διὰ τὸ λῦσαι τοὺς ἐναντίους λόγους βεβαιοῦται, ἀλλ' ἔστιν ἐκ τῆς ἐπαγωγῆς
γνώριμος· καὶ γὰρ ὁρῶμεν πολλὰ κινούμενα τῶν φύσει. κινεῖται μὲν γὰρ
15 πάντα τὰ φύσει, εἴπερ ἡ φύσις ἀρχὴ κινήσεώς ἐστι· πλὴν τὸ ἀναμφίλεκτον 15
ὑποκείσθω, ὅτι ἔνια τῶν φύσει κινεῖται. καὶ γὰρ ζῷα καὶ φυτὰ πάντα κινού-
μενα φαίνεται καὶ τὰ ἁπλᾶ στοιχεῖα καὶ ὁ οὐρανὸς καὶ τὰ ἐν οὐρανῷ ἄστρα· εἰκὸς
δὲ αὐτὸν τὸ πάντα ἢ ἔνια εἰπεῖν, διότι οἱ πόλοι καὶ τὰ κέντρα τοῦ παντὸς
καὶ οἱ ἄξονες φύσει ὄντες καὶ οὗτοι ἀκίνητοί εἰσι. δῆλον ⟨οὖν⟩ ὅτι τῶν
20 κινουμένων τὰ ὄντα ἤ, ὡς Ἀλέξανδρός φησιν, ἡ ψυχή. ὑποτίθεται δὲ νῦν
κινεῖσθαι οὐχὶ τὰς φυσικὰς ἀρχάς, ἀλλὰ τὰ φύσει, ὧν ζητεῖ τὰς ἀρχάς.
ἀλλὰ κἀνταῦθα ὁ Ἀλέξανδρος ὁμολογεῖ ὅτι "ὡς ἀρχὴν τοῦτο λαμβάνει, οὐχὶ 20
τὴν φύσει, ἀλλὰ τὴν πρὸς ἡμᾶς ἀρχήν, οὐ τοῦ πράγματος οὖσαν δηλονότι,
(οὐ γὰρ ἂν τῇ φύσει πρώτη), ἀλλὰ τῆς ἀποδείξεως, ἥτις καὶ ἀπὸ τῶν
25 ὑστέρων, ἐναργῶς δὲ λαμβάνεται, ὥσπερ ἡ ἐπαγωγὴ ἐκ τῶν κατὰ μέρος
τὸ καθόλου πιστοῦται, οὐ τὸ ὕστερον τῇ φύσει, ἀλλὰ τὸ πρότερον."

p. 185ᵃ14 Ἅμα δὲ οὐδὲ λύειν ἅπαντα προσήκει.

Τῇ ἓν καὶ ἀκίνητον τὸ ὂν λεγούσῃ θέσει ἀντιθεὶς τὸ τὰ φύσει ἢ πάντα ἢ

---

1 τοιοῦτο a   γε ὂν Plato et Simpl. f. 19ᵛ29: δὲ ὂν hic libri   τὸ ὂν (post ὂν)
om. a   ἔσχατα D: ἔσχᵗα F: ἔσχατον aEᵇ   3 παντ' ἐὸν D   4 ἓν Plato et
f. 19ᵛ32: om. hic libri   τί δὲ οὔ τί δὲ F   5 ἐστιν om. a   ἀλλὰ D: ἀλλ' F:
ἀλλὰ καὶ aEᵇ   6 τῷ aDF: τὸ Eᵇ sed cf. v. 8.   nonne τἆλλα ut v. 7 et p. 52, 16?
8 δ' ἀποκείσθω Eᵇ   10 ἓν DEᵇ: om. aF   πεπτώκασιν D   13 διὰ τὸ DEᵇ:
διὰ τοῦ aF   14 καὶ γὰρ] καὶ ἐὰν E   μὲν γὰρ] μὲν οὖν a   15 πλὴν aEᵇ: πλὴν
ὅτι F: dubia lectio codicis D   16 ἔνια] ὅσα Eᵇ   17 φαὶ vocis φαίνεται et ἁπλᾶ
lac. rel. om. Eᵇ   ὁ (post καὶ) om. Eᵇ   18 καὶ τὰ κέντρα — ἄξονες delebat Torstrik
19 οὖν add. a, non sane certo   20 Alexandrum ad Arist. de anima III 8 p. 431ᵇ21
spectasse putes, sed vide ne fuerit ἡ φύσις ὡς κινήσεως ἀρχή cf. v. 14 Themist. p. 109, 7
24 οὐ DEᵇF: ἦν a   πρώτη a   25 δὲ om. a   28 τὸ ὂν EF: τὸ ἓν D: om. a
ἢ post φύσει om. DEᵇ

ἔνια κινεῖσθαι, μαρτυρούμενον ὑπὸ τῆς ἐναργείας, ἵνα μή τις εἴπῃ ὅτι 'τὸ ζη- 12ʳ
τούμενον ὡς ὁμολογούμενον ὑπέθου', τὴν αἰτίαν τοῦ ὑποθέσθαι, τὸ ἀληθὲς
πρὸ τοῦ τὸ ψεῦδες ἐλέγξαι προστίθησιν, ὅτι ἅμα τῷ εὔκολον εἶναι καὶ
μηδὲν ἔχειν χαλεπὸν τὸ συνιδεῖν τὰ συμβαίνοντα τῷ ὑποτεθέντι ἀτόπῳ 30
5 οὐδὲ λύειν ἅπαντα προσήκει τὰ ψευδῶς λεγόμενα, ἀλλ' ἐκεῖνα μόνα
ὅσα ἐκ τῶν ἀρχῶν τοῦ προσδιαλεγομένου τις ἐπιδεικνὺς ψεύδεται·
ὅσα δὲ μή, οὔ. οἱ δὲ ἓν καὶ ἀκίνητον λέγοντες οὔτε ἀρχὴν οὔτε τὴν φύσιν
φυλάττουσιν. οὐδὲν οὖν ἄτοπον καὶ πρὸ τοῦ λῦσαι τοὺς ἐναντίους λόγους
ὑποθέσθαι τὰ ἐκ τῆς ἐναργείας μαρτυρούμενα, εἴπερ οὐδὲ λύειν ἅπαντα
10 ἀνάγκη. τὸ δὲ διάφορον τοῦτο τῶν τε ὀφειλόντων λύεσθαι ψευδῶν καὶ
τῶν μή, δείκνυσιν ἐπί τινων ἐν γεωμετρίᾳ ψευδογραφημάτων. 35

Τὸν γὰρ τετραγωνισμὸν τοῦ κύκλου πολλῶν ζητούντων (τοῦτο δὲ ἦν
τὸ κύκλῳ ἴσον τετράγωνον θέσθαι) καὶ Ἀντιφῶν ἐνόμισεν εὑρίσκειν καὶ
Ἱπποκράτης ὁ Χῖος ψευσθέντες. ἀλλὰ τὸ μὲν Ἀντιφῶντος ψεῦδος διὰ τὸ
15 μὴ ἀπὸ γεωμετρικῶν ἀρχῶν ὡρμῆσθαι ὡς μαθησόμεθα οὐκ ἔστι γεωμε-
τρικοῦ λύειν, τὸ δὲ Ἱπποκράτους, ἐπειδὴ τὰς ἀρχὰς φυλάξας τὰς γεωμετρικὰς
ἐφεύσθη, γεωμετρικοῦ λύειν. ἐκείνους γὰρ δεῖ λύειν μόνους τοὺς λόγους ὅσοι 40
τηροῦντες τὰς οἰκείας ἀρχὰς τῆς μεθόδου οὕτως παραλογίζονται, τοὺς δὲ
δι' ὧν παρακρούονται ἀναιροῦντας τὰς ἀρχὰς οὐ λυτέον.

20 Ὁ δὲ Ἀντιφῶν γράψας κύκλον ἐνέγραψέ
τι χωρίον εἰς αὐτὸν πολύγωνον τῶν ἐγγράφε-
σθαι δυναμένων. ἔστω δὲ εἰ τύχοι τετράγωνον
τὸ ἐγγεγραμμένον. ἔπειτα ἑκάστην τῶν τοῦ
τετραγώνου πλευρῶν δίχα τέμνων ἀπὸ τῆς
25 τομῆς ἐπὶ τὰς περιφερείας πρὸς ὀρθὰς ἦγε γραμ-
μάς, αἳ δηλονότι δίχα ἔτεμνον ἑκάστη τὸ καθ'
αὑτὴν τμῆμα τοῦ κύκλου. ἔπειτα ἀπὸ τῆς
τομῆς ἐπεζεύγνυεν ἐπὶ τὰ πέρατα τῶν γραμμῶν
τοῦ τετραγώνου εὐθείας, ὡς γίνεσθαι τέτταρα
30 τρίγωνα τὰ ἀπὸ τῶν εὐθειῶν, τὸ δὲ ὅλον 50
σχῆμα τὸ ἐγγεγραμμένον ὀκτάγωνον. καὶ οὕτως πάλιν κατὰ τὴν αὐτὴν μέ-
θοδον, ἑκάστην τῶν τοῦ ὀκταγώνου πλευρῶν δίχα τέμνων ἀπὸ τῆς τομῆς

Ἀντιφῶντος
ψευδογράφημα

---

1 ἐνεργείας D¹   2 ὑπέθου DEᵇ F: ὑποθέτου a   3 ἅμα τὸ F   4 τῷ συνιδεῖν F¹
ὑποθέντι Eᵇ   5 λύει Eᵇ   6 ἐκ τῶ Eᵇ   τῷ προσδιαλεγομένῳ coni. Torstrik
ἐπιδεικνύς τις aF   8 οὐδὲν ex οὐκ οἶδεν D   9 ἐνεργείας Eᵇ¹   10 τὸ δὲ διά-
φορον κτλ. — p. 69, 2 interpretatus est C. A. Bretschneider die Geometrie und die
Geometer vor Eukleides Leipz. 1870 p. 100. Res geometricas Simplicius ex Eudemi
geometriae historiae libro II petivit suis tamen intermixtis Alexandrique observatio-
nibus   τοῦτο om. E   ὀφειλόντων λύεσθαι Eᵇ: obliter. D: λύεσθαι ὀφειλόντων aF
12 τὸ τῷ κύκλῳ a   15 ὡρμῆσθαι Eᵇ   17 δεῖ om. F   18 παρασυλλογίζονται a
19 ἀναιροῦντας DEᵇ et in lit. F: ἀναιροῦντες a   20 in figura nihil inscripserunt EᵇF
25 τὰς περιφερείας cf. p. 57, 16. 59, 33: τὴν περιφέρειαν corrigebat Torstrik cf. p. 55, 1
28 ἀπὸ a: ἐπὶ DEᵇF   31 τὸ ἐγγεγραμμένον σχῆμα aF   τὴν om. Eᵇ   32 ἑκάστην
τὴν τοῦ F

SIMPLICII IN PHYSICORUM I 2 [Arist. p. 185 a 14]   55

ἐπὶ τὴν περιφέρειαν πρὸς ὀρθὰς ἄγων καὶ ἐπιζευγνὺς ἀπὸ τῶν σημείων, 12ʳ
καθ' ἃ αἱ πρὸς ὀρθὰς ἀχθεῖσαι ἐφήπτοντο | τῶν περιφερειῶν, εὐθείας ἐπὶ 12ᵛ
τὰ πέρατα τῶν διῃρημένων εὐθειῶν, ἑκκαιδεκάγωνον ἐποίει τὸ ἐγγραφόμενον.
καὶ κατὰ τὸν αὐτὸν πάλιν λόγον τέμνων τὰς πλευρὰς τοῦ ἑκκαιδεκαγώνου
5 τοῦ ἐγγεγραμμένου καὶ ἐπιζευγνὺς εὐθείας καὶ διπλασιάζων τὸ ἐγγραφόμενον
πολύγωνον καὶ τοῦτο ἀεὶ ποιῶν ὥστε ποτὲ δαπανωμένου τοῦ ἐπιπέδου
ἐγγραφήσεσθαί τι πολύγωνον τούτῳ τῷ τρόπῳ ἐν τῷ κύκλῳ, οὗ αἱ πλευραὶ 5
διὰ σμικρότητα ἐφαρμόσουσι τῇ τοῦ κύκλου περιφερείᾳ. παντὶ δὲ πολυγώνῳ
ἴσον τετράγωνον δυνάμενοι θέσθαι, ὡς ἐν τοῖς Στοιχείοις παρελάβομεν, διὰ
10 τὸ ἴσον ὑποκεῖσθαι τὸ πολύγωνον τῷ κύκλῳ ἐφαρμόζον αὐτῷ, ἐσόμεθα καὶ
κύκλῳ ἴσον τιθέντες τετράγωνον.

Καὶ δῆλον ὅτι ἡ συναγωγὴ παρὰ τὰς γεωμετρικὰς ἀρχὰς γέγονεν οὐχ
ὡς ὁ Ἀλέξανδρός φησιν, "ὅτι ὑποτίθεται μὲν ὁ γεωμέτρης τε τὸν κύκλον
τῆς εὐθείας κατὰ σημεῖον ἅπτεσθαι ὡς ἀρχήν, ὁ δὲ Ἀντιφῶν ἀναιρεῖ 10
15 τοῦτο." οὐ γὰρ ὑποτίθεται ὁ γεωμέτρης τοῦτο, ἀλλ' ἀποδείκνυσιν αὐτὸ ἐν
τῷ τρίτῳ βιβλίῳ. ἄμεινον οὖν λέγειν ἀρχὴν εἶναι τὸ ἀδύνατον εἶναι
εὐθεῖαν ἐφαρμόσαι περιφερείᾳ, ἀλλ' ἡ μὲν ἐκτὸς κατὰ ἓν σημεῖον ἐφάψεται
τοῦ κύκλου, ἡ δὲ ἐντὸς κατὰ δύο μόνον καὶ οὐ πλείω, καὶ ἡ ἐπαφὴ κατὰ
σημεῖον γίνεται. καὶ μέντοι τέμνων ἀεὶ τὸ μεταξὺ τῆς εὐθείας καὶ τῆς τοῦ
20 κύκλου περιφερείας ἐπίπεδον οὐ δαπανήσει αὐτὸ οὐδὲ καταλήψεταί ποτε 15
τὴν τοῦ κύκλου περιφέρειαν, εἴπερ ἐπ' ἄπειρόν ἐστι διαιρετὸν τὸ ἐπίπεδον.
εἰ δὲ καταλαμβάνει, ἀνῄρηταί τις ἀρχὴ γεωμετρικὴ ἡ λέγουσα ἐπ' ἄπειρον
εἶναι τὰ μεγέθη διαιρετά. καὶ ταύτην καὶ ὁ Εὔδημος τὴν ἀρχὴν ἀναιρεῖ-
σθαί φησιν ὑπὸ τοῦ Ἀντιφῶντος.

25 Τὸν δὲ διὰ τῶν τμημάτων, φησί, τετραγωνισμὸν γεωμετρικοῦ
διαλύειν ἐστί. λέγοι δὲ ἂν τὸν διὰ τῶν τμημάτων τὸν διὰ τῶν μη-
νίσκων, ὃν Ἱπποκράτης ὁ Χῖος ἐφεῦρε. κύκλου γὰρ τμῆμα ὁ μηνίσκος
ἐστίν. ἡ δὲ δεῖξις τοιαύτη.

---

2 καθὰ D   3 τὰ πέρατα om. D   διειρημένων E b¹   ἑκκαιδεκάγωνον — πλευρὰς
τοῦ om. Eᵇ   4 πάλιν λόγον D: λόγον πάλιν aF   5 ἐγγεγραφόμενον a   6 καὶ
τοῦτο ἀεὶ ποιῶν] 'fort. τοῦτο ἀεὶ ἐποίει' Torstrik, hiatum subesse putans Usener talia ex-
plevit ποιῶν ⟨τὸ ἐπίπεδον τὸ μεταξὺ τοῦ πολυγώνου καὶ τῆς περιφερείας ἔλαττον ἐποίει⟩, mihi
in ὥστε [vel ὡς τὸ] latere ᾤετο, cetera sana videntur   ὥστε ποτὲ Eᵇ (obl. D): ὡς τὸ
ποτὲ F: ἕως οὗ a   ταύτῃ post δαπανωμένου addidit a   ἔμελλεν post ἐπιπέδου in-
seruit a   8 μικρότητα a   9 δυνάμεθα a   Στοιχείοις ΙΙ 14 nam Euclidis εὐθύ-
γραμμον specialiter polygonum regulare intelligitur cf. Hultschii Pappus III 2 p. 45
παρέλαβον F   διὰ DEᵇ: ὡς διὰ F: ὥστε διὰ a   10 ἐφαρμόζοντες τετράγωνον
(interceptis αὐτῷ — κύκλῳ ἴσον τιθέντες) F unde ἐφαρμόζοντες τετράγωνον ἴσον αὐτῷ, ἐσόμεθα
κ. κ. ἴ. τιθέντες κτλ. a   13 δέ φησιν a   τὸ om. aF   τὸν om. D   15 ἀλλὰ
δείκνυσιν (ἀ δείκν in litura) F   16 τῷ τρίτῳ cf. III 16: τῷ ιγ̄ DF: τῷ ὀγδόῳ aEᵇ
εἶναι ἀρχὴν λέγειν a   17 ἐφάψεται EᵇF: ἐφάπτεται aD   19 ante τὸ sp. IV litt. D
21 διαιρεῖν a   23 Εὔδημος fr. 92 p. 120, 5 Sp.   τὴν ἀρχὴν post φησιν posuit F:
om. a   25 τὸν μὲν F ex Arist.   26 ἐστι om. ex Arist. F   ἂν τὸν διὰ aF:
ἂν διὰ DEᵇ   27 εὗρε D   κύκλου — ἐστίν delebat Torstrik

Ἔστω, φησί, περὶ τὴν ΑΒ εὐθεῖαν ἡμικύκλιον περιγεγραμμένον τὸ ΑΓΒ. καὶ τετμήσθω ἡ ΑΒ δίχα κατὰ τὸ Δ. καὶ ἀπὸ τοῦ Δ τῇ ΑΒ πρὸς ὀρθὰς ἤχθω ἡ ΔΓ, καὶ
5 ἀπὸ τοῦ Γ ἐπεζεύχθω ἡ ΓΑ, ἥτις ἐστὶ τετραγώνου πλευρὰ τοῦ εἰς τὸν κύκλον ἐγγραφομένου, οὗ ἐστιν ἡμικύκλιον τὸ ΑΓΒ. καὶ περὶ τὴν ΑΓ ἡμικύκλιον περιγεγράφθω τὸ

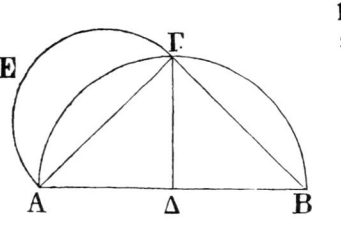

ΑΕΓ. καὶ ἐπεὶ ἔστι τὸ ἀπὸ τῆς ΑΒ ἴσον τῷ τε ἀπὸ τῆς ΑΓ καὶ τῷ ἀπὸ
10 τῆς ἑτέρας τοῦ τετραγώνου πλευρᾶς τοῦ εἰς τὸ ΑΓΒ ἡμικύκλιον ἐγγραφομένου, τουτέστι τῆς ΓΒ (ἔστι γὰρ ὀρθογωνίου τριγώνου ὑποτείνουσα ἡ ΑΒ· ὡς δὲ ἔχει τὰ ἀπὸ τῶν διαμέτρων τετράγωνα πρὸς ἄλληλα, οὕτως καὶ οἱ περὶ αὐτὰ κύκλοι πρὸς ἀλλήλους ἔχουσι καὶ τὰ ἡμικύκλια, ὡς δέδεικται ἐν τῷ ιβ βιβλίῳ τῶν Στοιχείων), διπλάσιον ἄρα ἐστὶ τὸ ΑΓΒ ἡμικύκλιον
15 τοῦ ΑΕΓ ἡμικυκλίου. ἔστι δὲ τὸ ΑΓΒ ἡμικύκλιον διπλάσιον καὶ τοῦ ΑΓΔ τεταρτημορίου. ἴσον ἄρα ἐστὶ τὸ τεταρτημόριον τῷ ΑΕΓ ἡμικυκλίῳ. κοινὸν ἀφῃρήσθω τὸ ὑπὸ τῆς τοῦ τετραγώνου πλευρᾶς καὶ τῆς ΑΓ περιφερείας περιεχόμενον τμῆμα. λοιπὸς ἄρα ὁ ΑΕΓ μηνίσκος ἴσος ἐστὶ τῷ ΑΓΔ τριγώνῳ, τὸ δὲ τρίγωνον τετραγώνῳ. δείξας δὲ διὰ τούτων τὸν μηνίσκον τετρα-
20 γωνιζόμενον ἑξῆς πειρᾶται διὰ τοῦ προδεδειγμένου τὸν κύκλον τετραγωνίζειν οὕτως.

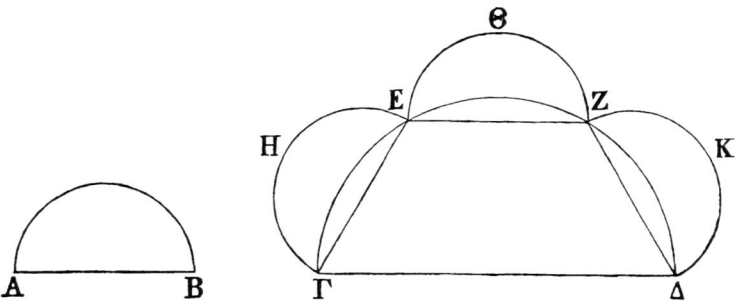

Ἔστω εὐθεῖα ἡ ΑΒ, καὶ περὶ αὐτὴν ἡμικύκλιον περιγεγράφθω. καὶ κείσθω τῆς ΑΒ διπλῆ ἡ ΓΔ, καὶ περὶ τὴν ΓΔ ἡμικύκλιον περιγεγράφθω,
24 καὶ ἐγγραφέσθωσαν εἰς τὸ ἡμικύκλιον τοῦ εἰς τὸν κύκλον ἐγγραφομένου

---

2 περιγεγραμμένην Eᵇ   ΑΓΒ Spengel: ΑΒΓ libri   καὶ τετμήσθω ἡ ΑΒ aEᵇ: om. DF   3 post Δ add. τετμημένον D et mrg. F   7 ΑΓΒ DE: ΑΒΓ aF   9 καὶ τῶν ἀπὸ F   11 ἡ ὑποτείνουσα ἀπὸ DEᵇ   ιβ (2 cf. VI 20) DEF: δεκαδύῳ a   14 ΑΒΓ — ἔστι δὲ τὸ (15) om. F   ἐστὶ τὸ ΑΒΓ a   15 ἡμικυκλίου om. Eᵇ   17 ἀφαιρείσθω Eᵇ   ἀπὸ F   19 τὸν om. DEᵇ   20 προδεδειγμένου DEᵇF: προαποδεδειγμένου a   22 περιγεγράφθω καὶ ἐγγραφέσθωσαν εἰς τὸ ἡμικύκλιον F   23 τῆς DEᵇF cf. p. 57, 4. 9: τῇ a   γεγράφθω D   24 ἐγγεγράφθωσαν a   αὐτὸ post εἰς add. a   τοῦ εἰς τὸν κύκλον ἐγγραφομένου om. a   ἐπιγραφομένου F

ἑξαγώνου πλευραὶ ἥ τε ΓΕ καὶ ἡ ΕΖ καὶ ἔτι ἡ ΖΔ. καὶ περὶ αὐτὰς ἡμι-
κύκλια περιγεγράφθω τὰ ΓΗΕ, ΕΘΖ, ΖΚΔ. ἕκαστον ἄρα τῶν περὶ τὰς
τοῦ ἑξαγώνου πλευρὰς ἡμικυκλίων ἴσον ἐστὶ τῷ ΑΒ ἡμικυκλίῳ· καὶ γὰρ
ἡ ΑΒ ἴση ἐστὶ ταῖς τοῦ ἑξαγώνου πλευραῖς. τῶν γὰρ ἐκ τοῦ κέντρου
5 διπλῆ ἐστιν ἡ διάμετρος, αἱ δὲ τοῦ ἑξαγώνου πλευραὶ ἴσαι εἰσὶ ταῖς ἐκ
τοῦ κέντρου. καὶ τῆς ΑΒ δέ ἐστι διπλῆ ἡ ΓΔ· ὥστε τὰ τέτταρα ἡμι-
κύκλια ἴσα ἐστὶν ἀλλήλοις. τετραπλάσια ἄρα τὰ τέτταρα τοῦ ΑΒ ἡμικυκλίου.
ἔστι δὲ καὶ τὸ περὶ τὴν ΓΔ ἡμικύκλιον τετραπλάσιον τοῦ ΑΒ. ἐπεὶ
γὰρ ἡ ΓΔ τῆς ΑΒ ἐστὶ διπλῆ, τετραπλάσιον τὸ ἀπὸ τῆς ΓΔ γίνεται τοῦ
10 ἀπὸ τῆς ΑΒ· ὡς δὲ τὰ ἀπὸ τῶν διαμέτρων, οὕτως οἱ περὶ αὐτὰς κύκλοι
πρὸς ἀλλήλους καὶ τὰ ἡμικύκλια πρὸς ἄλληλα. ὥστε τετραπλάσιόν ἐστι τὸ
ΓΔ ἡμικύκλιον τοῦ ΑΒ. ἴσον ἄρα ἐστὶ τὸ ΓΔ ἡμικύκλιον τοῖς τέτρασιν
ἡμικυκλίοις τῷ τε περὶ τὴν ΑΒ καὶ τοῖς τρισὶ τοῖς περὶ τὰς τοῦ ἑξαγώνου
πλευρὰς ἡμικυκλίοις. κοινὰ ἀφῃρήσθω ἀπό τε τῶν περὶ τὰς τοῦ | ἑξαγώνου
15 πλευρὰς ἡμικυκλίων καὶ ἀπὸ τοῦ περὶ τὴν ΓΔ τμήματα τὰ [τε] ὑπὸ τῶν
ἑξαγωνικῶν πλευρῶν καὶ τῶν τοῦ ΓΔ ἡμικυκλίου περιφερειῶν περιεχόμενα.
λοιποὶ ἄρα οἱ ΓΗΕ, ΕΘΖ, ΖΚΔ μηνίσκοι μετὰ τοῦ ΑΒ ἡμικυκλίου ἴσοι
εἰσὶν τῷ ΓΕΖΔ τραπεζίῳ. ἂν δὲ ἀπὸ τοῦ τραπεζίου τὴν ὑπεροχὴν
ἀφέλωμεν, τουτέστι τὸ ἴσον τοῖς μηνίσκοις (ἐδείχθη γὰρ ἴσον εὐθύγραμμον
20 μηνίσκῳ), καταλίπωμεν δὲ τὸ λοιπόν, ὅ ἐστιν ἴσον τῷ ΑΒ ἡμικυκλίῳ, καὶ
τὸ καταλειφθὲν τοῦτο εὐθύγραμμον διπλασιάσωμεν καὶ τὸ διπλασιασθὲν
τετραγωνισθῇ, τουτέστιν ἴσον αὐτῷ τετράγωνον λάβωμεν, ἴσον ἔσται τὸ
τετράγωνον τῷ περὶ τὴν ΑΒ διάμετρον κύκλῳ. καὶ οὕτως ὁ κύκλος τετρα-
γωνισθήσεται.
25 Καὶ ἔστι μὲν εὐφυὴς ἡ ἐπιχείρησις· τὸ δὲ ψευδογράφημα γέγονε παρὰ
τὸ τὸ μὴ καθόλου δεδειγμένον ὡς καθόλου λαβεῖν. οὐ γὰρ ἐδείχθη πᾶς
μηνίσκος τετραγωνιζόμενος, ἀλλ' εἰ ἄρα, ὁ περὶ τὴν τοῦ τετραγώνου πλευ-
ρὰν τοῦ εἰς τὸν κύκλον ἐγγραφομένου· οὗτοι δὲ οἱ μηνίσκοι περὶ τὰς τοῦ
ἑξαγώνου πλευράς εἰσι τοῦ εἰς τὸν κύκλον ἐγγραφομένου.

---

1 πλευρὰ F   4 τῶν aEᵇ F: τῆς D DEᵇ: εἰσὶν ἀλλήλοις F: ἀλλήλοις εἰσί a κυκλίου v. 7   ἐπεὶ — ΑΒ (v. 10) om. D add. τετράγωνα πρὸς ἄλληλα ἔχουσιν a   11 τραπλάσιον Eᵇ   ἐστὶ τὸ ΓΔ DEᵇ: ἔστι τὸ ἀπὸ τῆς ΓΔ a et in lit. F, unde τὸ ἀπὸ τῆς ΓΔ (eiecto ἡμικύκλιον) scribebat Bretschneider p. 104   12 τοῦ — ΓΔ ἡμικύκλιον om. F   post τοῦ add. ἀπὸ τῆς a   τὸ ΓΔ Eᵇ: ΓΔ D: τὸ ἀπὸ τῆς ΓΔ a   13 τε om. F¹   τε τὴν περὶ Eᵇ   τὰς om. D¹   14 τῶν om. Eᵇ   τῶν περὶ τὰς] περὶ τὰς τῶν in mrg. F¹   15 τε (post τὰ) del. Usener   17 λοιπὸν Eᵇ   ΑΒ DEᵇF: ΑΓΒ a   18 τῷ ΓΕ ΕΖ ΖΔ τραπεζίῳ libri: corr. Usener   19 ἀφέλωμεν post ἂν δὲ a   ἕλωμεν F   20 καταλείπωμεν Eᵇ   ΑΒ] ΑΓΒ a   22 τετραγωνισθῇ (superscripto < i. e. εν) F   αὑτῷ] ἑαυτῷ D   25 καὶ ἔστι κτλ. dubitationem Alexandri, non suam repetit Simplicius cf. p. 60, 18. 67, 7   περὶ Eᵇ   26 τὸ τὸ F: τὸ aDEᵇ   27 ἀλλ' εἰ ἄρα D cf. p. 79, 20 · ἀλλὰ aEᵇ: om. F   post ὁ add. δὲ F²

6 δὲ ἔτι ut videtur F   7 ἐστὶν ἀλλήλοις   8 τοῦ περὶ τὴν ΑΒ a, sed cf. τοῦ ΑΒ ἡμι- δὲ DEᵇF¹: γὰρ aF²   10 post διαμέτρων οὕτως DEᵇ: οὕτως καὶ F: οὕτω καὶ a

Ἦν δέ τις καὶ τοιαύτη δεῖξις ἡ διὰ τῶν μηνίσκων τετραγωνίζειν οἰομένη 13ʳ
τὸν κύκλον ἁπλουστέρα καὶ οὐκ ἐλεγχομένη παρ' ὅτι γέγονεν ἐν αὐτῇ τὸ ψευδο-
γράφημα [τοιαύτη]· μηνίσκου γὰρ τετραγωνισμὸν εὑρόντες τοῦ περὶ τὴν τοῦ
τετραγώνου πλευρὰν ᾤοντο καὶ οὗτοι διὰ τούτου τὸν τοῦ κύκλου τετραγωνισμὸν
5 εὑρηκέναι, ὡς τοῦ κύκλου παντὸς εἰς μηνίσκους διαιρεῖσθαι δυναμένου. τὸ 15
γὰρ ἴσον τῷ μηνίσκῳ τετράγωνον τοσαυταπλάσιον ποιοῦντες ὁσαπλάσιοι
πάντες εἰσὶν οἱ μηνίσκοι εἰς οὓς ὁ κύκλος διῄρηται τοῦ ἑνός, ᾤοντο τὸ τούτοις
ἴσον τετράγωνον τοῖς μηνίσκοις ἴσον εἶναι καὶ τῷ κύκλῳ, ψεῦδος λαμβάνοντες
τὸ τὸν ὅλον κύκλον εἰς μηνίσκους διαιρεθῆναι δύνασθαι. ἐν γὰρ τῇ τοῦ
10 κύκλου εἰς τοὺς μηνίσκους διαιρέσει ἀεὶ ὑπολείπεταί τι ἐντὸς μέσον ἀμφί-
κυρτον, περιλαμβανόμενον ὑπὸ τῶν ἑκατέρωθεν τοῦ μηνίσκου γραμμῶν. οὗ
μήτε μηνίσκου ὄντος μήτε τετραγωνιζομένου οὐδ' ἂν ὁ πᾶς κύκλος τετρα- 20
γωνίζοιτο. οὐχ ὑγιὴς δὲ ἡ ἔνστασις ἡ πρὸς τὸν τοιοῦτον τετραγωνισμόν· οὐ
γὰρ χρεία τῷ τετραγωνίζοντι τὸν κύκλον διὰ τῶν μηνίσκων διελεῖν τὸν
15 πάντα κύκλον εἰς μηνίσκους· οὐδὲ γὰρ οὐδὲ εἰ τοῦτο εἴη, οὐδὲ οὕτως ὁ
κύκλος τετραγωνίζεται διὰ τῶν μηνίσκων· οὐ γὰρ πᾶς ἐδείχθη μηνίσκος
τετραγωνιζόμενος. καὶ μὴ διαιρουμένου δὲ παντὸς εἰς μηνίσκους πάλιν
τετραγωνισθήσεται, ἂν συγχωρηθῶσιν οἱ περὶ τὰς τοῦ ἑξαγώνου τοῦ εἰς τὸν
κύκλον ἐγγραφομένου πλευρὰς περιγραφόμενοι μηνίσκοι τετραγωνίζεσθαι καὶ 25
20 μὴ μόνοι οἱ περὶ τὰς τοῦ τετραγώνου. κἀνταῦθα οὖν τοῦ ψευδογραφήματος
αἴτιον τὸ μόνον τετραγωνίσαντας μηνίσκον τὸν περὶ τὴν τοῦ τετραγώνου
πλευρὰν ὡς πάντων τετραγωνιζομένων μηνίσκων, ὁποῖοί ποτε ἂν ὦσιν, εἰς
οὓς ὁ κύκλος διαιρεῖται, οὕτω ποιεῖσθαι τὴν δεῖξιν. ταῦτα μὲν οὖν περὶ
τῆς διὰ τῶν μηνίσκων ψευδογραφίας.
25 "Τινὲς δέ, φησὶν Ἀλέξανδρος, ἡγοῦνται, εἰ δείξαιεν τετράγωνον ἀριθμὸν
κυκλικόν, καὶ ἐν τοῖς μεγέθεσι κύκλου τετραγωνισμὸν εὑρηκέναι. ἔστι δέ,
φησί, τετράγωνος μὲν ἀριθμὸς ὁ ἰσάκις ἴσος· κυκλικοὺς δὲ ἔλεγον ἀριθμοὺς 30
τοὺς συντιθεμένους ἐκ τῶν κατὰ τὰ ἑξῆς περιττῶν οἷον ἑνὸς τριῶν πέντε
ἑπτὰ ἐννέα ἕνδεκα, εὑρόντες δὲ ἐκ τῶν οὕτω συντιθεμένων ἀριθμὸν τετρά-
30 γωνόν τινα ἅμα καὶ κυκλικὸν ὄντα, οἷον τὸν λϛ (τετράγωνον μὲν ὄντα
διότι ἀπὸ τοῦ ϛ ἐφ' ἑαυτὸν γινομένου γεννᾶται, κυκλικὸν δὲ διότι ἀπὸ τῆς

---

1 ἦν δὲ scripsi: ἢ Eᵇ: ἢ εἴ F: ἔστι δὲ D: ἔστι a   ἡ ante διὰ om. a   2 οὐκ ὀρ-
θῶς vel οὐ καλῶς coniciebat Torstrik   παρ' ὅτι scripsi: παρὰ τί libri: παρὰ τί Spengel
γέγονε τὸ ψευδογράφημα αὐτῇ τοιαύτη D   3 τοιαύτη aEᵇF: τοιαύτ᾽ D: del. a. glossema
vocis αὐτῇ fuerit τῇ αᵗη i. e. τῇ πρώτῃ cf. p. 57, 25. sed vide ne subsit τοῦ ψευδο-
γραφήματος αἴτιον cf. v. 20   4 τριγώνου a   5 πάντως D   7 πάντως D
τοῦ ἑνός (ex ὁσαπλάσιοι aptum) DEF: om. a   τὸ (post ᾤοντο) om. E   10 ἐντὸς
om. F   ἀμφίκυτον Eᵇ   11 ἑκατέρωθεν τῶν Eᵇ   15 οὐδ' εἰ aD: οὐδὲ εἰς
Eᵇ¹: οὐδὲν εἰ F   20 μόνον F   τραγώνου Eᵇ   21 τὴν om. D¹F¹   22 ποτε D
23 ταῦτα — ψευδογραφίας om. a cf. ad p. 69, 34   24 διὰ om. F   25 τινὲς δὲ hic
om. F   φησιν ἀλέξανδρος τινὲς δὲ φησιν F   ἢ ἀριθμὸν τετράγωνον τετραγωνισμὸν κυκλικὸν Eᵇ
27 δὲ] δι' a   28 ἐκ — συντιθεμένων om. a   κατὰ τὰ ἑξῆς DEᵇF: καθεξῆς a
29 ἕνδεκα om. a   εὑρόντες — ἀριθμὸν] εὑρόντες δι' ἀριθμὸν (cet. om.) a   οὕτως ἐν-
τιθεμένων ἀριθμῶν D   30 οἷον τὸν aE: οἷον τοῦ DF   31 διότι aE: ὅτι DF

τῶν περιττῶν ā γ̄ ē ζ̄ θ̄ ῑᾱ συνθέσεως ἀποτελεῖται), ᾤοντο καὶ κύκλου τετραγωνισμὸν εὑρηκέναι. ἀλλ' ἡ δεῖξις, φησίν, οὐκ ἐκ τῶν γεωμετρικῶν ἀρχῶν, ἀλλ' ἐκ τῶν ἀριθμητικῶν· ἀριθμητικαὶ γὰρ ἀρχαὶ τὸ εἶναι τὸν τοιόνδε ἀριθμὸν κυκλικὸν καὶ τὸν τοιόνδε τετράγωνον". ταῦτα τοῦ Ἀλεξάνδρου
5 λέγοντος ἐφιστάνειν ἄξιον, ὅτι πρῶτον μὲν τὸν κυκλικὸν ἀριθμὸν | οὐ κατὰ σύνθεσιν τῶν ἐφεξῆς περιττῶν οἱ ἀριθμητικοὶ τίθενται, ἀλλὰ τὴν ἀπὸ τοῦ αὐτοῦ εἰς τὸ αὐτὸ κατάληξιν. κύκλος γὰρ ὁ κ̄ε̄, ὅτι πεντάκις πέντε κ̄ε̄ καὶ ὁ λ̄ς̄ ὅτι ἑξάκις ἓξ λς̄· οὔτε δὲ ὁ δ̄ κύκλος οὔτε ὁ ῑ̄ οὔτε ὁ ῑς̄ καίτοι κατὰ σύνθεσιν τῶν ἐφεξῆς περιττῶν γινόμενοι, ἀλλὰ τετράγωνοι μόνον
10 οὗτοι· κατὰ γὰρ τὴν ἐπισύνθεσιν τῶν περιττῶν οἱ τετράγωνοι γίνονται. καὶ ἴσως ὁ ἐξ ἀρχῆς τὴν μέθοδον παραδοὺς οὐκ εἶπε κυκλικοὺς ἁπλῶς εἶναι πάντας τοὺς κατὰ ἐπισύνθεσιν τῶν ἐφεξῆς περιττῶν, ἀλλ' ὅτι ἐν τῇ ἐπισυνθέσει τῶν ἐφεξῆς περιττῶν εὑρίσκονται οἱ κυκλικοὶ οὐδὲ τούτου ἀεὶ συμβαίνοντος· κυκλικὸς γὰρ ὢν ὁ ρ̄κ̄ε̄ ὡς ἀπὸ τοῦ ē ἐπὶ τὸν κ̄ε̄ γενόμε-
15 νος, καὶ ὁ σ̄ῑς̄ ὡς ἀπὸ τοῦ ζ̄ ἐπὶ τὸν λ̄ς̄, ὅμως οὐκ ἐγένοντο κατὰ ἐπισύνθεσιν τῶν ἐφεξῆς περιττῶν· εἰ μὴ ἄρα οὐκ εἰσὶν οὗτοι κυκλικοί, ἀλλὰ σφαιρικοὶ ἐξ ἐπιπεδικῶν κύκλων κυκλικῶς βαθυνθέντες. καὶ ἐκείνῳ δὲ ἐφιστάνειν ἄξιον ὅτι οὐκ ἦν εἰκὸς τοὺς ἀριθμὸν εὑρηκότας κυκλικὸν ἅμα καὶ τετραγωνικὸν τὸν αὐτὸν διὰ τοῦτο οἴεσθαι καὶ ἐν μεγέθεσι τὸν τοῦ
20 κύκλου τετραγωνισμὸν εὑρηκέναι. ἀλλ' ἴσως εὑρόντες ἐν τοῖς ἀριθμοῖς τὸν αὐτὸν τετράγωνον ἅμα καὶ κύκλον, εἰς ἔννοιαν ἦλθον τοῦ καὶ ἐν τοῖς μεγέθεσι ζητεῖν τὸν τοῦ κύκλου τετραγωνισμόν.

Ἔλεγε δὲ ὁ ἡμέτερος καθηγεμὼν Ἀμμώνιος ὡς οὐκ ἀναγκαῖον ἴσως, εἰ ἐπ' ἀριθμῶν εὑρέθη τοῦτο, καὶ ἐπὶ μεγεθῶν εὑρίσκεσθαι. ἀνομοιογενῆ
25 γὰρ μεγέθη ἐστὶν εὐθεῖα καὶ περιφέρεια. "καὶ οὐδέν, φησί, θαυμαστόν, μὴ εὑρεθῆναι κύκλον εὐθυγράμμῳ ἴσον, εἴπερ καὶ ἐπὶ τῶν γωνιῶν εὑρίσκομεν τοῦτο. οὔτε γὰρ τῇ τοῦ ἡμικυκλίου γωνίᾳ οὔτε τῇ λοιπῇ εἰς τὴν ὀρθὴν τῇ κερατοειδεῖ λεγομένῃ γένοιτο ἂν εὐθύγραμμος ἴση γωνία. καὶ διὰ τοῦτο ἴσως, φησί, καὶ ὑπὸ οὕτως κλεινῶν ἀνδρῶν ζητηθὲν τὸ θεώρημα ἄχρι νῦν
30 οὐχ εὑρέθη οὐδὲ ὑπ' αὐτοῦ τοῦ Ἀρχιμήδους." ἔλεγον δὲ ἐγὼ πρὸς τὸν καθηγεμόνα ὡς εἴπερ μηνίσκος τετραγωνίζοιτο ὁ ἀπὸ τῆς τοῦ τετραγώνου πλευρᾶς (τοῦτο γὰρ ἀνεξαπατήτως συνῆκται), ὁμογενὴς δὲ ὁ μηνίσκος τῷ κύκλῳ ἐκ περιφερειῶν συγκείμενος, τί κωλύει καὶ τὸν κύκλον, ὅσον ἐπὶ

---

1 ῑᾱ] ῑ. α DE   2 εὑρισκέναι D   7 κυκλικὸς Bretschneider p. 106, sed ut variat τετράγωνος et τετραγωνικὸς ἀριθμός (cf. v. 10 et 19), ita etiam κυκλικὸς et κύκλος perinde cf. v. 16, 21   8 ὅτι ἑξάκις ἓξ λς DF: om. aE^b   δὲ post οὔτε om. a   κύκλος DF: om. aE^b   9 μόνοι D   11 ἴσος D   14 γενόμενος aE^b: γινόμενος DF sed cf. ἐγένοντο v. 15   15 καὶ ὡς ὁ σ̄ῑς̄ ὡς F: καὶ ὁ σ̄ῑς̄ ὡς E^b: καὶ ὁ ὡς ὡς D   17 ἀλλὰ σφαιρικοί om. D   ἐπιπεδικῶν F: ἐπὶ πεδικῶν D: ἐπιπέδων aE^b quod servabat Bretschneider κυκλικῶν corrigens   βαρυνθέντες aE^b   ἐκεῖνο aDF^2: ἐκείνῳ E^bF^1   19 τὸν αὐτὸν τοῦτον οἴεσθαι διὰ τοῦτο a   καὶ add. ante οἴεσθαι F   20 τοῖς om. D   21 εἰς ἔννοιαν ἦλθον om. F   τοῦ] αὐτοῦ D   24 ἀριθμῷ a   εὑρεθῆ libri: poterant εὑρέθη sed cf. ad f. 22 v 5   25 γάρ εἰσι μεγέθη a   26 κύκλον εὐθυγράμμῳ D: κύκλῳ εὐθύγραμμον aE^b: κύκλον εὐθύγραμμον F   27 εἰς τὴν ὀρθήν om. D   29 τὸ om. a   ἄχρι του νῦν F   30 τοῦ DF: om. aE^b   31 τοῦ post τῆς om. F   33 ὅσον om. a

τούτῳ, τετραγωνίζεσθαι; εἰ δὲ ἀνόμοιον τὸ τοῦ μηνίσκου ἐπίπεδον τῷ τοῦ 13ᵛ
κύκλου διὰ τὰ κέρατα, ἀλλὰ καὶ τῷ εὐθυγράμμῳ ἀνόμοιος μηνίσκος πᾶς·
καὶ ὅμως ὁ περὶ τὴν τοῦ τετραγώνου πλευρὰν μηνίσκος τετραγωνίζεται. αἱ
μέντοι γωνίαι αἵ τε τοῦ ἡμικυκλίου καὶ αἱ κερατοειδεῖς ἐκ περιφερείας καὶ
5 εὐθείας ἄμφω συγκείμεναι οὐ μόνον ἀνομογενεῖς εἰσὶ τῇ εὐθυγράμμῳ,
ἀλλὰ καὶ ἀσύμβλητοι. οὐχ ἱκανὸν οὖν οἶμαι τὸ εἰρημένον εἰς ἀπόγνωσιν 25
καταστῆσαι τῆς εὑρέσεως τοῦ τετραγωνισμοῦ. καὶ γὰρ ὁ Ἰάμβλιχος ἐν τῷ
Εἰς τὰς κατηγορίας ὑπομνήματι τὸν μὲν Ἀριστοτέλην, φησί, μήπω ἴσως
εὑρηκέναι τὸν τοῦ κύκλου τετραγωνισμόν, παρὰ δὲ τοῖς Πυθαγορείοις εὑρῆ-
10 σθαι, "ὡς δῆλόν ἐστι, φησίν, ἀπὸ τῶν Σέξτου τοῦ Πυθαγορείου ἀποδείξεων,
ὃς ἄνωθεν κατὰ διαδοχὴν παρέλαβε τὴν μέθοδον τῆς ἀποδείξεως. καὶ
ὕστερον δέ, φησίν, Ἀρχιμήδης διὰ τῆς ἑλικοειδοῦς γραμμῆς καὶ Νικομήδης
διὰ τῆς ἰδίως Τετραγωνιζούσης καλουμένης καὶ Ἀπολλώνιος διά τινος 30
γραμμῆς, ἣν αὐτὸς μὲν κοχλιοειδοῦς ἀδελφὴν προσαγορεύει, ἡ αὐτὴ δέ ἐστι
15 τῇ Νικομήδους καὶ Κάρπος δὲ διά τινος γραμμῆς ἣν ἁπλῶς 'ἐκ διπλῆς
κινήσεως' καλεῖ, ἄλλοι τε πολλοί, φησί, ποικίλως τὸ πρόβλημα κατεσκεύασαν".
καὶ μήποτε οὗτοι πάντες ὀργανικὴν ἐποιήσαντο τοῦ θεωρήματος τὴν κατα-
σκευήν. ὁ μὲν οὖν Ἀλέξανδρος οὕτως ὡς εἶπον οἴεται τὸ ψευδογράφημα
ἐλέγχεσθαι, παρ' ὅσον τὸν περὶ τὴν τοῦ τετραγώνου πλευρὰν μόνον τετρα-
20 γωνίσας μηνίσκον ὁ Ἱπποκράτης ὡς καὶ ἐπὶ τῆς τοῦ ἑξαγώνου πλευρᾶς 35
αὐτῷ δεδειγμένῳ ἀπεχρήσατο.

Ὁ μέντοι Εὔδημος ἐν τῇ Γεωμετρικῇ ἱστορίᾳ οὐκ ἐπὶ τετραγωνικῆς
πλευρᾶς δεῖξαί φησι τὸν Ἱπποκράτην τὸν τοῦ μηνίσκου τετραγωνισμόν, ἀλλὰ
καθόλου, ὡς ἄν τις εἴποι. εἰ γὰρ πᾶς μηνίσκος τὴν ἐκτὸς περιφέρειαν ἢ
25 ἴσην ἔχει ἡμικυκλίου ἢ μείζονα ἢ ἐλάττονα, τετραγωνίζει δὲ ὁ Ἱπποκράτης
καὶ τὸν ἴσην ἡμικυκλίου ἔχοντα καὶ τὸν μείζονα καὶ τὸν ἐλάττονα, καθόλου
ἂν εἴη δεδειχὼς ὡς δοκεῖ. ἐκθήσομαι δὲ τὰ ὑπὸ τοῦ Εὐδήμου κατὰ λέξιν 40
λεγόμενα ὀλίγα τινὰ προστιθεὶς ⟨εἰς⟩ σαφήνειαν ἀπὸ τῆς τῶν Εὐκλείδου
Στοιχείων ἀναμνήσεως διὰ τὸν ὑπομνηματικὸν τρόπον τοῦ Εὐδήμου κατὰ
30 τὸ ἀρχαϊκὸν ἔθος συντόμους ἐκθεμένου τὰς ἀποδόσεις. λέγει δὲ ὧδε ἐν τῷ
δευτέρῳ βιβλίῳ τῆς Γεωμετρικῆς ἱστορίας.

---

1 τῷ τοῦ κύκλου D: τῷ κύκλῳ aEᵇ F   3 τραγώνου Eᵇ   5 ἀνομοιογενεῖς aEᵇ
6 ἀσύμβλητοι Eᵇ: σύμβλητοι F: οὐ συμβλητή D: ἀσύμβληται a   7 Ἰάμβλιχος cf. Simpl.
in categ. 2 f. 7, Schol. p. 64ᵇ 11 Brand.   11 ὅς] ὡς F   ταύτην post μέθοδον
add. D   12 τῆς ἑλικοειδοῦς γραμμῆς in l. περὶ ἑλίκων cf. Heiberg quaest. Archimed.
[Haun. 1879] p. 18   13 τετραγωνιζούσης cf. Pappi coll. IV 45 (I 250, 33 Hultsch.)
14 κοχλιωδοῦς a   ἀδελφὴν "die gefährtin" perperam interpretatur Bretschneider, immo
"eine schwester". nam enumerantur a geometris κοχλιοειδεῖς πρώτη, δευτέρα cet.   15 τῇ
om. Eᵇ   δὲ (post Κάρπος) om. a   16 ποικίλως om. D   17 καὶ μήποτε — κατασκευήν
ex Porphyrio videtur transtulisse cf. ad categ. l. c.   τὴν DF: om. aEᵇ   19 τὸν
περὶ add. in mrg. F   τραγώνου Eᵇ   20 ὁ om. F   τοῦ (post τῆς) om. F   22 Εὔδημος
fr. 92 p. 128 Sp.   25 ἢ μείζονα post ἴσην transp. D   ὁ om. F   26 καὶ (post Ἱπποκράτης) primo versu iteravit E   27 τοῦ om. F   28 ὀλίγα Usener: ὀλίγην libri   προσθεὶς a
εἰς add. Usener   30 συντόμ͜ου͜ως F   ἀποδείξεις F   31 δωδεκάτῳ F   Eudemi verba
(p. 61 — 68) ut a Simplicii additamentis internoscantur diductis litteris exaravi

"Καὶ οἱ τῶν μηνίσκων δὲ τετραγωνισμοὶ δόξαντες εἶναι τῶν οὐκ ἐπιπολαίων διαγραμμάτων διὰ τὴν οἰκειότητα τὴν πρὸς τὸν κύκλον ὑφ' Ἱπποκράτους ἐγράφησάν τε πρώτου καὶ κατὰ τρόπον ἔδοξαν ἀποδοθῆναι· διόπερ ἐπὶ πλέον ἁψώμεθά τε καὶ διέλθω-
5 μεν. ἀρχὴν μὲν οὖν ἐποιήσατο καὶ πρῶτον ἔθετο τῶν πρὸς αὐτοὺς χρησίμων, ὅτι τὸν αὐτὸν λόγον ἔχει τά τε ὅμοια τῶν κύκλων τμήματα πρὸς ἄλληλα καὶ αἱ βάσεις αὐτῶν δυνάμει. (τοῦτο δὲ ἐδείκνυεν ἐκ τοῦ τὰς διαμέτρους δεῖξαι τὸν αὐτὸν λόγον ἐχούσας δυνάμει τοῖς κύκλοις)" ὅπερ Εὐκλείδης δεύτερον
10 τέθεικεν ἐν τῷ δωδεκάτῳ τῶν Στοιχείων βιβλίῳ, τὴν πρότασιν εἰπὼν οὕτως "οἱ κύκλοι πρὸς ἀλλήλους εἰσὶν ὡς τὰ ἀπὸ τῶν διαμέτρων τετράγωνα" ὡς γὰρ οἱ κύκλοι πρὸς ἀλλήλους ἔχουσιν, οὕτως καὶ τὰ ὅμοια τμήματα. ὅμοια γὰρ τμήματά ἐστι τὰ τὸ αὐτὸ μέρος ὄντα τοῦ κύκλου, οἷον ἡμικύκλιον ἡμικυκλίῳ καὶ τριτημόριον τριτημορίῳ· διὸ "καὶ γωνίας ἴσας δέχεται
15 τὰ ὅμοια τμήματα. αἱ γοῦν τῶν ἡμικυκλίων πάντων ὀρθαί εἰσι, καὶ ⟨αἱ⟩ τῶν μειζόνων ἐλάττονες ὀρθῶν καὶ τοσούτῳ ὅσῳ μείζονα ἡμικυκλίων τὰ τμήματα, καὶ αἱ τῶν ἐλαττόνων μείζονες καὶ τοσούτῳ ὅσῳ ἐλάττονα τὰ τμήματα.

Δειχθέντος δὲ αὐτῷ τού-
20 του πρῶτον μὲν ἔγραφε μη-
νίσκου | τὴν ἐκτὸς περιφέρειαν
ἔχοντος ἡμικυκλίου τίνα τρό-
πον γένοιτο ἂν τετραγωνισμός.
ἀπεδίδου δὲ τοῦτο περὶ τρί-
25 γωνον ὀρθογώνιόν τε καὶ ἰσο-

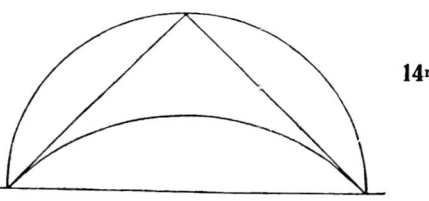

σκελὲς ἡμικύκλιον περιγράψας καὶ περὶ τὴν βάσιν τμῆμα κύκλου τοῖς ὑπὸ τῶν ἐπιζευχθεισῶν ἀφαιρουμένοις ὅμοιον," ὅπερ Εὐκλείδης λγ ἔθετο θεώρημα τοῦ τρίτου βιβλίου προτείνας οὕτως· "ἐπὶ τῆς δοθείσης εὐθείας γράψαι τμῆμα κύκλου δεχόμενον γωνίαν ἴσην
30 τῇ δοθείσῃ γωνίᾳ εὐθυγράμμῳ". εἰ γὰρ τὸ περὶ τὴν βάσιν οὕτως περι- γράφει ὡς ἴσην δέξασθαι γωνίαν τῶν ἐν τοῖς τμήμασι τοῖς ὑπὸ τῶν ἐπι- ζευχθεισῶν ἀφαιρουμένοις, ὅμοιον ἔσται ἐκείνοις. "ὅμοια γὰρ τμήματα κύκλων, ὁ Εὐκλείδης ὡρίσατο ἐν τῷ τρίτῳ βιβλίῳ, τὰ δεχόμενα γωνίας ἴσας." "ὄντος δὲ τοῦ περὶ τὴν βάσιν τμήματος ἴσου τοῖς περὶ

---

2 οὐκ om. E   3 πρώτου scripsi: πρῶτον D: πρώτως aEᵇ: τρόπου F   4 διὸ D   7 καὶ οἱ F   11 εἰσιν F   14 διὸ ineptum nescio an Simplicio relinquendum. ⟨δεύτερον⟩ δ' ὅτι Eudemo restituit Usener   16 αἱ (post καὶ) add. Usener   18 καὶ om. F   ὅσῳ — τμήματα om. EᵇF   ὅσον ἐλάττω D   ἡμικυκλίων add. post ἐλάττονα a   19 figuram om. libri   μηνίσκου DEᵇ: μηνίσκων F: μηνίσκον a   21 ἐκτὸς om. a   22 ἔχοντα a   τίνα — δὲ τοῦτο (24) om. a   24 ἀπεδίδου] ἐπιπέδου Eᵇ   25 τε (post ὀρθογόνιον) om. a   post ἰσοσκελὲς add. αὐτὸ τὸ a   27 ὑποζευχθεισῶν aEᵇ   28 ὁ εὐκλείδης F   λγ] λέ sic Eᵇ   θεώρημα ἔθετο [ἔθετο obl.] D   29 γωνίας εὐθείας F   31 ὑποζευχθεισῶν F   33 ἐν τῷ τρισκαιδεκάτῳ a, atque (erasis σκαιδεκά) Eᵇ: ἐν τῷ γ̄ (erasa ante γ̄ una littera) D. est libri III defin. 11

τὰς ἑτέρας ἀμφοτέροις", διότι ὡς δέδεικται ἐν τῷ παρατελεύτῳ τοῦ **14r** πρώτου τῶν Εὐκλείδου Στοιχείων θεωρήματι ἐν τοῖς ὀρθογωνίοις τριγώνοις ἡ τὴν ὀρθὴν ὑποτείνουσα ἴσον δύναται ταῖς τὴν ὀρθὴν περιεχούσαις ἀμ- 10 φοτέραις, ὡς δὲ τὰ ἀπὸ τῶν εὐθειῶν τετράγωνα, οὕτως ἔχει τὰ ὅμοια τῶν
5 κύκλων τμήματα πρὸς ἄλληλα, "καὶ κοινοῦ προστεθέντος τοῦ μέρους τοῦ τριγώνου τοῦ ὑπὲρ τὸ τμῆμα τὸ περὶ τὴν βάσιν, ἴσος ἔσται ὁ μηνίσκος τῷ τριγώνῳ. ἴσος οὖν ὁ μηνίσκος τῷ τριγώνῳ δειχθεὶς τετραγωνίζοιτο ἄν"· δέδεικται γὰρ ἐν τῷ ιδ θεωρήματι τοῦ δευτέρου βιβλίου τῶν Εὐκλείδου Στοιχείων, πῶς χρὴ "τῷ δοθέντι εὐ-
10 θυγράμμῳ ἴσον τετράγωνον συστήσασθαι". "οὕτως μὲν οὖν ἡμικυκλίου τὴν ἔξω τοῦ μηνίσκου περιφέρειαν ὑποθέμενος ἐτετρα- 15 γώνισεν ὁ Ἱπποκράτης τὸν μηνίσκον εὐκόλως.

Εἶτα ἐφεξῆς μείζονα ἡμικυκλίου ὑποτίθεται συστησάμενος
15 τραπέζιον τὰς μὲν τρεῖς ἔχον πλευρὰς ἴσας ἀλλήλαις, τὴν δὲ μίαν τὴν μείζω τῶν παραλλήλων τριπλασίαν ἐκείνων ἑκάστης δυνάμει, καὶ τό τε τραπέζιον περιλαβὼν
20 κύκλῳ καὶ περὶ τὴν μεγίστην αὐτοῦ πλευρὰν ὅμοιον τμῆμα περιγράψας τοῖς ὑπὸ τῶν ἴσων τριῶν ἀποτεμνομένοις ἀπὸ τοῦ κύκλου. καὶ ὅτι μὲν περιληφθήσεται κύκλῳ τὸ
25 τραπέζιον, δείξεις οὕτως. διχοτομήσας τὰς τοῦ τραπεζίου γωνίας κατὰ τὸ ἔνατον τοῦ πρώτου τῶν Στοιχείων καὶ ἐπιζεύξας τὰς διαγωνίους ἐρεῖς, ἐπεὶ ἡ ΒΑ τῇ ΑΓ ἴση, κοινὴ δὲ ἡ ΑΕ, ἴσαι
30 ⟨αἱ⟩ γωνίαι καὶ τὰ ἑξῆς. "ὅτι δὲ

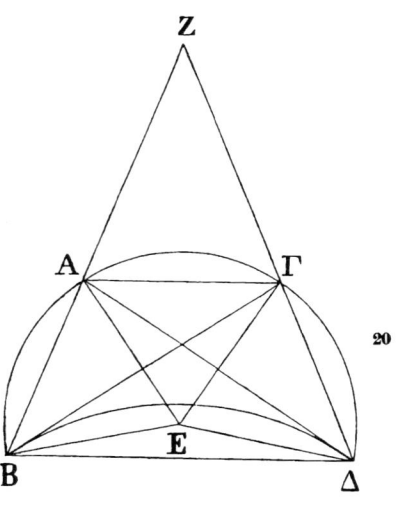

μεῖζόν ἐστιν ἡμικυκλίου τὸ λεχθὲν τμῆμα, δῆλον ἀχθείσης ἐν τῷ τραπεζίῳ διαμέτρου. ἀνάγκη γὰρ ταύτην ὑπὸ δύο πλευρὰς ὑποτείνουσαν τοῦ τραπεζίου τῆς ὑπολοίπου μιᾶς μείζονα ἢ δι-

---

1 ἀμφοτέρας a   παρατελεύτῳ D: παρατελεύστῳ aE^b: πελευταίῳ F   2 εὐκλείδους D ὀρθογώνοις D   3 ὁ τὴν F   τὴν ὀρθὴν om. a   5 προσθέντος D   8 ἐν τῷ ἐνδεκάτῳ a   9 πῶς δεῖ D   10 συστήσασθαι DF: ἐνστήσασθαι aE^b1 (ubi συνστήσασθαι corr.)   οὖν om. D   12 ὁ Ἱπποκράτης Simplicii est   13 figuram om. libri μείζονα DF (sc. τὴν ἐκτὸς τοῦ μηνίσκου περιφέρειαν cf. p. 60, 24. 64, 5): μείζον aE^b 17 τῶν παραλλήλων i. e. ex duabus parallelis   τριπλασίαν] eam proportionem quemadmodum construendo efficias cf. Praefatio nostra   19 τε om. D contra Eudemi usum 22 παραγράψας D   23 κύκλου] hic nihil deest cf. Simplicius p. 63, 19   25 οὕτως om. F   27 πρώτου aF: πρώτως E^b: oblitt. D   29 ΑΓ ἴσῃ a   δὲ ἡ ΑΕ DF: ἡ ΔΕ aE^b   ἴσαι ⟨αἱ⟩ scripsi: καὶ libri: ⟨ἴσαι⟩ καὶ Usener   30 καὶ τὰ ἑξῆς cf. Bretschneider p. 111[1] et Praefatio nostra   31 ἀχθείσης aDE^b: δειχθείσης F

πλασίαν εἶναι δυνάμει. ἐπεὶ γὰρ μείζων ἐστὶν ἡ ΒΔ τῆς ΑΓ, αἱ
ΔΓ ΒΑ ἴσαι οὖσαι καὶ ἐπιζευγνῦσαι αὐτάς, ἐκβαλλόμεναι συμ-
πεσοῦνται κατὰ τὸ Ζ. εἰ γὰρ παράλληλοί εἰσιν αἱ ΒΑ ΔΓ ἴσαι
οὖσαι, αἱ δὲ τὰς ἴσας τε καὶ παραλλήλους ἐπιζευγνῦσαι καὶ αὐ-
ταὶ ἴσαι καὶ παράλληλοί εἰσιν, ἔσται ἡ ΑΓ ἴση τῇ ΒΔ, ὅπερ
ἀδύνατον· συμπιπτουσῶν δὲ τῶν ΒΑ ΔΓ κατὰ τὸ Ζ αἱ ὑπὸ ΖΑΓ
ΓΑΒ γωνίαι δύο ὀρθαῖς ἴσαι ἔσονται" διὰ τὸ ιγ τοῦ πρώτου τῶν
Εὐκλείδου. "μείζων δὲ ἡ ὑπὸ ΓΑΒ τῆς ὑπὸ ΓΑΖ ἡ ἐκτὸς τοῦ τρι-
γώνου τῆς ἐντὸς * * * διὰ τὸ λβ τοῦ πρώτου. ἡμίσεια ἄρα ἡ ὑπὸ
ΓΑΖ γωνία ἐστὶ τῆς ὑπὸ ΒΑΓ, "ἡ ἄρα ΒΓ μεῖζον ἢ διπλάσιον δύ-
ναται ἑκατέρας τῶν ΒΑ ΑΓ, ὥστε καὶ τῆς ΓΔ. καὶ τὴν μεγίστην
ἄρα τῶν τοῦ τραπεζίου πλευρῶν τὴν ΒΔ ἀναγκαῖον ἔλαττον δύνασθαι
τῆς τε διαμέτρου καὶ τῶν ἑτέρων πλευρῶν ἐκείνης, ὑφ᾽ ἣν ὑπο-
τείνει μετὰ τῆς διαμέτρου ἡ λεχθεῖσα. αἱ γὰρ ΒΓ ΓΔ μεῖζον ἢ
τριπλάσιον δύνανται τῆς ΓΔ, ἡ δὲ ΒΔ τριπλάσιον. ὀξεῖα ἄρα ἐστὶν
ἡ ἐπὶ τῆς μείζονος τοῦ τραπεζίου πλευρᾶς βεβηκυῖα γωνία.
μεῖζον ἄρα ἡμικυκλίου ἐστὶ τὸ τμῆμα ἐν ᾧ ἐστιν. ὅπερ ἐστὶν
ἡ ἔξω περιφέρεια τοῦ μηνίσκου".

Τὸν δὲ τοῦ μηνίσκου τούτου τετραγωνισμὸν παρῆκεν ὁ Εὔδημος ὡς
σαφῆ οἶμαι. εἴη δὲ ἂν τοιόσδε. ἐπειδὴ ἴσα ἐστὶν ἀλλήλοις ὁ μηνίσκος μετὰ
τοῦ ἐπὶ τῆς μείζονος τοῦ τραπεζίου πλευρᾶς τμήματος τῷ τραπεζίῳ καὶ
τοῖς ὑπὸ τῶν τριῶν ἴσων αὐτοῦ εὐθειῶν ἀποτεμνομένοις τμήμασιν, ὧν τὸ
ἐπὶ τῆς μείζονος τοῦ τραπεζίου πλευρᾶς τμῆμα ἴσον ἐστὶ τοῖς ὑπὸ τῶν
ἴσων εὐθειῶν ἀφαιρουμένοις τοῦ κύκλου τρισὶ τμήμασιν, εἴπερ ἴσον ταῖς
τρισὶ δύνασθαι ὑπόκειται ἡ μείζων τοῦ τραπεζίου πλευρά, τὰ δὲ ὅμοια
τμήματα πρὸς ἄλληλά ἐστιν ὡς τὰ ἀπὸ τῶν εὐθειῶν τετράγωνα· ἐὰν δὲ
ἀπὸ ἴσων ἴσα ἀφαιρεθῇ τὰ καταλειπόμενά ἐστιν ἴσα· ἴσος ἄρα ὁ μηνίσκος
τῷ τραπεζίῳ. ἢ καὶ οὕτω συντομώτερον ἐρεῖς· ἐπειδὴ ἴσον ἐστὶ τὸ περὶ
τὴν μείζονα τοῦ τραπεζίου πλευρὰν τμῆμα τοῖς περὶ τὰς τρεῖς τὰς ἴσας

---

1 ΒΔ DFEᵇ²: ΩΔ Eᵇ¹: ΑΔ a   2 ΒΑ] ΑΒ F   καὶ ἐπιζευγνῦσαι — ἴσαι οὖσαι (4) iteravit F   ἐπιζευγνύουσαι D hic et v. 26   συμπεσοῦνται DF: ἐμπεσοῦνται aEᵇ
3 οἱ γὰρ E   4 αὐταὶ F: αὖται aDEᵇ   5 εἰσιν post ἴσαι ponit F   6 δὲ] δὴ Usener   ante αἱ fortasse intercidisse γίνεται τρίγωνον τὸ ΑΓΖ καὶ observat Usener
7 ΓΑΒ] ϳα α β̄ F   8 ΓΑΒ DEᵇF: ΓΑ a   ἡ ἐκτῆς F   τοῦ om. D   9 lacunam post ἐντὸς indicavit Usener. nam Euclidis locus I 32 inepte citatur, nisi probatur ang.
ΓΑΖ = ΑΒΓ + ΒΓΑ (vel cum Δ ΑΒΓ aequicrurium, ang. ΓΑΖ = 2 ΑΒΓ), unde ang. ΒΑΓ
> 2 ΑΒΓ. ἡμισεία ἄρα ἡ ὑπὸ ΓΑΒ γωνία τῆς ΓΑΖ corrigebat correctumque delebat Bretschneider p. 112³   διὰ τὸ om. F   ἡμίσει F   ἡ ὑπὸ — τῶν ΒΑ ΑΓ (v. 11) om. lacuna XL litt. rel. (in mrg. ζήτει) F   10 ΓΑΖ aEᵇ: ΖΑΓ D   ἐστι D: om. aEᵇ
ὑπὸ ΒΑΓ D: ΒΑΓ om. Eᵇ: ὑπὸ om. a   ΒΓ D: ΑΓ aEᵇ   μεῖζον aEᵇ: μείζων D
11 ΓΔ D: ΓΒ aEᵇF   τὴν ΒΔ D: om. aEᵇF   15 τετραπλάσιον a sed cf. p. 62, 17
16 πλευρᾶς τμήματος F   20 ἀλλήλοις ἐστίν a   21 τῷ τε F   22 ἀποτετμημένοις D   27 ἀπὸ τῶν ἴσων D   28 συντομώτερον DF: σύντομον E: συντόμως a
29 μείζονας F

περιγραφεῖσι (διότι καὶ τὸ ἀπ' αὐτῆς τετράγωνον τριπλάσιον τοῦ ἀπὸ ἑκάστης), ἐὰν κοινὸν προστεθῇ τὸ περιεχόμενον ἐπίπεδον ὑπό τε τῶν τριῶν ἴσων εὐθειῶν καὶ τῆς τοῦ μείζονος τμήματος περιφερείας, ἔσται ὁ μηνίσκος ἴσος τῷ τραπεζίῳ· οὗ τετραγωνισθέντος (διότι ἔχομεν πᾶν εὐθύγραμμον
5 τετραγωνίσαι) τετραγωνισθήσεται καὶ ὁ μείζονα ἡμικυκλίου τὴν ἐκτὸς περιφέρειαν ἔχων μηνίσκος.

"Εἰ δὲ ἐλάττων ἡμικυκλίου εἴη, προγράψας τοιόνδε τι
10 ὁ Ἱπποκράτης τοῦτο κατεσκεύασεν· ἔστω κύκλος οὗ διάμετρος ἐφ' ᾗ [ἡ] ΑΒ, κέντρον δὲ αὐτοῦ ἐφ'
15 ᾧ Κ· καὶ ἡ μὲν ἐφ' ᾗ ΓΔ δίχα τε καὶ

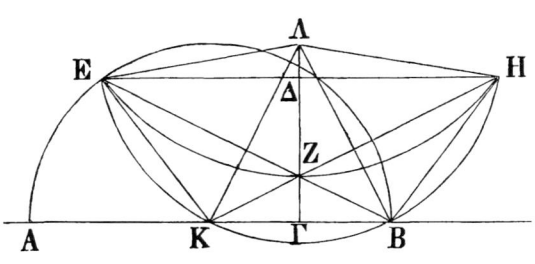

πρὸς ὀρθὰς τεμνέτω τὴν ἐφ' ᾗ ΒΚ· ἡ δὲ ἐφ' ᾗ ΕΖ κείσθω ταύτης μεταξὺ καὶ τῆς περιφερείας ἐπὶ τὸ Β νεύουσα τῶν ἐκ τοῦ κέντρου ἡμιολία οὖσα δυνάμει. ἡ δὲ ἐφ' ᾗ ΕΗ ἤχθω παρὰ τὴν ἐφ' ᾗ ΑΒ.
20 καὶ ἀπὸ τοῦ Κ ἐπεζεύχθωσαν ἐπὶ τὰ Ε Ζ. συμπιπτέτω δὲ ἐκβαλλομένη ἡ ἐπὶ τὸ Ζ ἐπιζευχθεῖσα τῇ ἐφ' ᾗ ΕΗ κατὰ τὸ Η καὶ πάλιν ἀπὸ τοῦ Β ἐπὶ τὰ Ζ Η ἐπεζεύχθωσαν. φανερὸν δὴ ὅτι ἡ μὲν ἐφ' ᾗ ΕΖ ἐκβαλλομένη ἐπὶ τὸ Β πεσεῖται (ὑπόκειται γὰρ ἡ ΕΖ ἐπὶ τὸ Β νεύουσα), ἡ δὲ ἐφ' ᾗ ΒΗ ἴση ἔσται τῇ ἐφ' ᾗ ΕΚ."

25 Τοῦτο δὲ ἴσως μὲν ἄν τις καὶ προχειρότερον δείξειεν, ἐμοὶ δὲ ἐκ τῶν προωμολογημένων οὕτως ἐπῆλθεν δεῖξαι. ὑπόκειται ἡ ΔΓ τὴν ΒΚ δίχα τε καὶ πρὸς ὀρθὰς τέμνειν. ἐπὶ τῆς ΔΓ | ἄρα τὸ κέντρον ἐστὶ τοῦ περὶ τὸ τραπέζιον γραφησομένου κύκλου διὰ τὸ πόρισμα τοῦ πρώτου θεωρήματος τοῦ ἐν τῷ τρίτῳ τῶν Εὐκλείδου Στοιχείων. ἐπειδὴ δὲ παράλληλός ἐστιν
30 ἡ ΕΗ τῇ ΚΒ καὶ εἰς αὐτὰς ἐμπέπτωκεν ἡ ΓΔ, τὰς ἐντὸς γωνίας δυσὶν ὀρθαῖς ἴσας ποιεῖ διὰ τὸ κθ τοῦ πρώτου. ὀρθαὶ δὲ αἱ πρὸς τῷ Γ. ὀρθαὶ ἄρα καὶ αἱ πρὸς τῷ Δ. ἡ οὖν ΓΔ ⟨ἡ⟩ διὰ τοῦ κέντρου τὴν ΕΗ [μὴ διὰ

---

5 περιφέρειαν om. F   7 fig. om. libri   ἔλαττον aE^b   13 ἐφ' ᾗ aE^b: ἐφ' ἧς D: ἔφη F   ἡ delevi   ἐφ' ᾧ D: ἐφ' οὗ aFE^b   17 κείσθω — ἐφ' ᾗ ΕΗ (v. 19) om. aE^b   ταύτης τε desiderat Usener cf. ad p. 62, 19   19 ἡμιολία δυνάμει] constructio videatur in Praefatione   in οὖσα desinit f. 23^v F; ff. 24—25 vacua sunt relicta, in quibus verba desiderantur inde a δυνάμει (v. 19) ad p. 69, 34   20 ἐπεζεύχθωσαν Usener: ἐπεζεύχθω DE^b: ἐπιζεύχθω a   συμπιπτέτω E^b: συμπιπτέσθω aD   21 ἡ ἐπὶ τὸ Ζ Usener: ἐπὶ τὸ Ζ ἡ libri   23 ἐπὶ τὸ Β Bretschneider: ἐπὶ τὸ Ε libri   26 οὕτως ἐπῆλθεν δεῖξαι.' inscita Simplicii ratio demonstranda velut demonstrata sumentis. immo cum ΕΖ = ΖΗ, ΚΖ = ΖΒ et ang. ΕΖΚ = ΗΖΒ probari possit, Δ ΕΚΖ ≏ ΗΖΒ. ergo ΕΚ = ΒΗ = ΚΒ' Usener   δίχα D: διχῶς aE^b   29 ἐν τῷ γ̄ D   31 πρὸς τὸ Γ a   32 πρὸς τὸ Δ a   ⟨ἡ⟩ addidit Usener   μὴ διὰ τοῦ κέντρου [i. e. ἡ διὰ τοῦ κέντρου emendatio pravo loco intrusa] DE^b: om. a

SIMPLICII IN PHYSICORUM I 2 [Arist. p. 185 a 14]   65

τοῦ κέντρου] πρὸς ὀρθὰς τέμνουσα καὶ δίχα τέμνει διὰ τὸ τρίτον τοῦ τρίτου 14v
τῶν Στοιχείων. ἐπεὶ οὖν ἴση ἐστὶν ἡ ΔΗ τῇ ΔΕ, κοινὴ δὲ ἡ ΔΖ καὶ 5
ὀρθαὶ αἱ πρὸς τῷ Δ, καὶ βάσις ἄρα ἡ ΖΗ βάσει τῇ ΖΕ ἴση. ἀλλὰ καὶ ἡ
ΒΖ τῇ ΖΚ ἐστὶν ἴση, διότι καὶ ἡ ΒΓ τῇ ΓΚ, κοινὴ δὲ ἡ ΓΖ καὶ ὀρθαὶ
5 αἱ πρὸς τῷ Γ. ἐπεὶ οὖν δύο αἱ ΗΖ ΖΒ δυσὶ ταῖς ΚΖ ΖΕ ἴσαι καὶ γω-
νίαι αἱ κατὰ κορυφὴν ἴσαι, καὶ βάσις ἡ ΗΒ βάσει τῇ ΕΚ ἴση.

"Περιγεγράφθω δὴ περὶ τὸ ΕΖΗ τρίγωνον τμῆμα κύκλου [τὸ
ΕΖΗ] ὅμοιον ἑκάστῳ τῶν ΕΚ ΚΒ ΒΗ τμημάτων."

"Τούτων οὖν οὕτως ἐχόντων τὸ τραπέζιόν φημι ἐφ' οὗ ΕΚΒΗ 10
10 περιλήψεται κύκλος. τὸ μὲν γὰρ ΕΚΗ τρίγωνον περιλήψεται
κύκλος· ἔχομεν γὰρ ἐν τῷ πέμπτῳ τοῦ τετάρτου τῶν Στοιχείων περὶ
τὸ δοθὲν τρίγωνον κύκλον περιγράψαι. "ἐὰν οὖν δείξω τῇ ἀπὸ τοῦ
κέντρου ἐπὶ τὸ Κ ἴσην τὴν ἀπὸ τοῦ κέντρου ἐπὶ τὸ Β, δῆλον ὅτι
τὸ γραφόμενον τμῆμα κύκλου διὰ τοῦ ΕΚΗ ἥξει καὶ διὰ τοῦ Β,
15 καὶ περιλήψεται κύκλου τμῆμα τὸ τραπέζιον." ὅπερ τμῆμα καὶ τὸ
τρίγωνον περιέξει τὸ ἐφ' οὗ ΕΖΗ. ληφθέντος οὖν κέντρου οἷον τοῦ Λ καὶ
ἐπιζευγνυμένων τῶν ΛΕ ΛΗ ΛΚ ΛΒ, ἐπειδὴ ἰσοσκελές ἐστι τὸ ΕΛΗ τρί- 15
γωνον (ἐκ κέντρου γὰρ ἴσαι), (ἴσαι) εἰσὶν αἱ πρὸς τῇ βάσει γωνίαι ἡ ὑπὸ
ΛΗΕ τῇ ὑπὸ ΛΕΗ διὰ τὸ πέμπτον τοῦ πρώτου τῶν Εὐκλείδου. ἔστι δὲ ἡ
20 ὑπὸ ΒΗΕ ἴση τῇ ὑπὸ ΚΕΗ, διότι καὶ ἡ ΕΒ ἴση τῇ ΚΗ ὡς ἐδείχθη·
καὶ ὅλη ἄρα ἡ ὑπὸ ΒΗΛ ὅλῃ τῇ ὑπὸ ΚΕΛ ἐστὶν ἴση· ἔστι δὲ καὶ ἡ ΚΕ
τῇ ΒΗ ἴση. καὶ βάσις ἄρα ἡ ΚΛ τῇ ΛΒ ἴση ἐστίν· ἴση ἄρα τῇ ἀπὸ
τοῦ κέντρου τῇ ΛΚ ἡ ΛΒ. γεγράφθω οὖν τὸ τμῆμα.

"Τούτων οὕτως ἐχόντων ὁ γενόμενος μηνίσκος οὗ ἐκτὸς περι- 20
25 φέρεια ἡ ΕΚΒΗ ἴσος ἔσται τῷ εὐθυγράμμῳ τῷ συγκειμένῳ ἐκ
τῶν τριῶν τριγώνων τῶν ΒΖΗ ΒΖΚ ΕΚΖ. τὰ γὰρ ἀπὸ τῶν εὐ-
θειῶν ἐφ' αἷς ΕΖ ΖΗ ἀφαιρούμενα ἐντὸς τοῦ μηνίσκου ἀπὸ τοῦ
εὐθυγράμμου τμήματα ἴσα ἐστὶ τοῖς ἐκτὸς τοῦ εὐθυγράμμου
τμήμασιν ἀφαιρουμένοις ὑπὸ τῶν ΕΚ ΚΒ ΒΗ. ἑκάτερον γὰρ τῶν

---

2 ΔΗ Bretschneider: Δ libri   ΔΖ D: ΑΖ aEb   3 τῷ DEb: τὸ a   ΖΗ Bret-
schneider: Ζ libri   4 ἐστὶν D: om. aEb   ἴση a   5 τῷ DE: τὸ a   6 ἴση a
7 περιγράφθω Eb   'περιγεγράφθω — τμημάτων (v. 8) in Eudemo post τὸ τμῆμα v. 23
sedem habuerunt. Simplicius inepte ita traiecit ut antecedant locum de exteriore lunulae
ambitu nec curavit quod hic iam respiciuntur huius exterioris ambitus sectiones tamquam
demonstratae.' Usener   δὴ] δὲ καὶ Usener   ΕΖΗ Eb: ΕΖ aD   τὸ ΕΖΗ
emendatam prioris loci lectionem delevi: τὸ ΕΖ, ΖΗ frustra Bretschneider
9 τούτων post οὖν iter. Eb   10 ΕΚΗ] Ε. ΚΕ Eb   13 τὴν D: om. aEb
post κέντρου habet οὐ a   14 γραφησόμενον Usener   16 Λ DEb: ΛΕ a   17 ἐστι
om. D   ΕΛΗ DEb: ΕΚΗ a   18 ἐκ κέντρου γὰρ ἴσαι εἰσὶν Eb et D (εἰσὶν obl.):
αἱ γὰρ ἐκ τοῦ κέντρου ἴσαι, ἴσαι εἰσὶν fortasse recte a   21 ἡ ὑπὸ ΒΗΕ ὅλη τῇ ὑπὸ
ΚΕΗ libri: corr. Bretschneider p. 116⁵   δὲ om. D   23 γεγράφθω οὖν DEb:
ταύτῃ δὴ γεγράφθω a   post τμῆμα inserenda in Eudemo περιγράφθω — τμημάτων
(vv. 7. 8) cf. adn.   24 τούτων οὖν a   26 ΒΖΚ] ΒΖΓ a

ἐντὸς ἡμιόλιόν ἐστιν ἑκάστου τῶν ἐκτός. ἡμιολία γὰρ ὑπόκειται 14ᵛ
ἡ ΕΖ τῆς ἐκ τοῦ κέντρου, τουτέστι τῆς ΕΚ καὶ ΚΒ καὶ ΒΗ."
ἐδείχθη γὰρ καὶ αὕτη ἴση τῇ ΕΚ. εἰ οὖν ἑκατέρα τῶν ΕΖ ΖΗ ἡμιολία 25
ἐστὶ δυνάμει ἑκάστης τῶν εἰρημένων τριῶν, ὡς δὲ εὐθεῖαι πρὸς τὰς εὐ-
5 θείας τμήματα πρὸς τὰ τμήματα, τὰ δύο ἄρα τμήματα τοῖς τρισίν ἐστιν
ἴσα. "εἰ οὖν ὁ μὲν μηνίσκος τὰ τρία τμήματά ἐστι καὶ τοῦ εὐ-
θυγράμμου τὸ παρὰ τὰ δύο τμήματα, τὸ δὲ εὐθύγραμμον μετὰ
τῶν δύο τμημάτων ἐστὶ χωρὶς τῶν τριῶν, ἔστι δὲ τὰ δύο τμή-
ματα τοῖς τρισὶν ἴσα, ἴσος ἂν εἴη ὁ μηνίσκος τῷ εὐθυγράμμῳ."
10 "Ὅτι δὲ οὗτος ὁ μηνίσκος ἐλάττονα ἡμικυκλίου τὴν ἐκτὸς ἔχει
περιφέρειαν, δείκνυσι διὰ τοῦ τὴν ΕΚΗ γωνίαν ἐν τῷ ἐκτὸς οὖσαν 30
τμήματι ἀμβλεῖαν εἶναι." δέδεικται γὰρ ἐν τῷ λα τοῦ τρίτου τῶν
Εὐκλείδου Στοιχείων, ὅτι "ἡ ἐν τῷ ἐλάττονι ἡμικυκλίου τμήματι μείζων ὀρ-
θῆς ἐστιν". "ὅτι δὲ ἀμβλεῖά ἐστιν ἡ ὑπὸ ΕΚΗ γωνία, δείκνυσιν
15 οὕτως· ἐπεὶ ἡ μὲν ἐφ' ᾗ ΕΖ ἡμιολία ἐστὶ τῶν ἐκ τοῦ κέντρου
δυνάμει, ἡ δὲ ἐφ' ᾗ ΚΒ μείζων τῆς ἐφ' ᾗ ΒΖ, διότι καὶ γωνία
ἡ πρὸς τῷ Ζ μείζων, ὡς δείξω, ἴση δὲ ἡ ΒΚ τῇ ΚΕ, φανερὸν ὅτι
κἂν ἡ ἐφ' ᾗ ΒΚ μείζων ᾖ τῆς ἐφ' ᾗ ΒΖ ἢ διπλασία μήκει, καὶ
ἡ ἐφ' ᾗ ΚΕ *** ὥστε τῆς ἐφ' ᾗ ΚΖ ἄρα μείζων ἢ διπλασία μήκει 35
20 καὶ δυνάμει διὰ τὴν ὁμοιότητα τῶν τριγώνων τῶν ΒΕΚ ΒΚΖ.
ἔστι γὰρ ὡς ἡ ΕΒ πρὸς ΒΚ, οὕτως ἡ ΕΚ πρὸς ΚΖ· ὥστε ἡ ἐφ'
ᾗ ΕΚ μείζων ἐστὶ τῆς ἐφ' ᾗ ΚΖ ἢ διπλασία δυνάμει· ἡ δὲ ἐφ' ᾗ
ΕΖ ἡμιολία δυνάμει τῆς ἐφ' ᾗ ΕΚ· ἡ ἄρα ἐφ' ᾗ ΕΖ μείζων ἐστὶ
δυνάμει τῶν ἐφ' αἷς ΕΚ ΚΖ. εἰ μὲν γὰρ διπλασία ἦν δυνάμει ἡ
25 ΕΚ τῆς ΚΖ, ἡμιολία δὲ ἡ ΖΕ τῆς ΕΚ, ἦν ἂν ἡ ΕΖ ἴση δυνάμει
ταῖς ΕΚ ΚΖ ὡς ἐπὶ ἀριθμῶν τῶν ϛ δ β· ἐπειδὴ δὲ μείζων ἢ 40
διπλασία ἐστὶ δυνάμει ἡ ΕΚ τῆς ΚΖ, ὡς ἔχει τὰ δ πρὸς τὸ ᾱ,

---

1 δυνάμει post ἡμιολία γὰρ deesse recte vidit Bretschneider p. 117, sed omisit sine dubio ipse Simplicius ut in suo additamento v. 4. 5 et p. 68, 13   2 ΚΒ] ΛΒ a
3 ἡμιολίῳ D: ὁμοιολία Eᵇ   4 δὲ D: δὲ αἱ aEᵇ   8 χωριστῶν τριῶν aEᵇ: χωριστὸν τριῶν D ἔστι δὲ καὶ D   12 λᾱ D: ᾱα Eᵇ: τρίτῳ a   16 ΚΒ] ΕΚΒ D: ΒΚ aEᵇ   ΒΖ aEᵇ: ΙΒΖ D   17 ἡ πρὸς τῷ Ζ] scil. ang. ΚΖΒ > ΖΚΒ   ὡς δείξω Hippocratis est dictum. ab Eudemo locus non servatus   18 ἡ ἐφ' ᾗ ΒΚ Usener: ἡ ἐφ' ᾗ ΒΕ DEᵇ: ἡ ἐφ' ᾗ ΚΕ a   ᾖ] ἡ item v. 19.   22 Eᵇ   μήκει si verum esset καὶ εἰ — εἴη dicendum fuit. unde δυνάμει Eudemo dedit Usener   19 ΚΕ (D?)Eᵇ: ΒΕ a   ὥστε κτλ. locum male habitum ita restituendum coniecit Usener: ἔσται [sic pro ὥστε] τῆς ἐφ' ᾗ ⟨ΒΖ, καὶ τῆς ἐφ' ᾗ⟩ ΚΖ ἄρα μείζων ἢ διπλασία δυνάμει. ⟨ἔστι δὲ μείζων ἢ διπλασία δυνάμει⟩ διὰ τὴν ὁμοιότητα κτλ., alia Bretschneider: κἂν ἡ ἐφ' ᾗ ΚΕ μείζων ᾖ τῆς ἐφ' ᾗ ΒΖ, καὶ ἡ ἐφ' ᾗ ΒΕ μείζων ἐστὶ (sic) τῆς ἐφ' ᾗ ΒΖ ἢ διπλασία μήκει. ὥστε ἡ ἐφ' ᾗ ΚΕ ἄρα (sic) μείζων ἐστὶ τῆς ἐφ' ᾗ ΚΖ ἢ διπλασία δυνάμει διὰ κτλ.   20 τῶν prius om. a   21 ΒΚ Bretschneider: ΒΖ libri   22 plenam demonstrationem Hippocratis, cur esset $EK^2 > 2 KZ^2$, verisimile est ex trapezii natura deductam fuisse, quo spectat ὡς δείξω v. 33 cf. Praefatio   24 διπλασία a: διπλασίων D: διπλάσιον Eᵇ   post δυνάμει iterant τῶν ἐφ' αἷς ΕΚ ΚΖ aEᵇ
25 ΕΖ Bretschneider: Ζ libri   27 ΕΚ τῆς ΚΕ μείζων (omissis ΚΖ ὡς ἔχει — τῶν ΕΚ ΚΖ [p. 67, 1]) aEᵇ   lacunam ante ὡς statuit Usener. 'nam tum demum esset $EK^2 : KZ^2 = 4:1$, si esset ΕΚ = 2 ΚΖ quod secus est. itaque intercidit ⟨ἐλάττων δὲ ἢ⟩'   ὡς ἔχει in lit. D

SIMPLICII IN PHYSICORUM I 2 [Arist. p. 185ᵃ14]   67

(ἐπειδὴ τὰ ϛ τῶν ε̄ μείζονά ἐστι) καὶ ἡ ΕΖ τῶν ΕΚ ΚΖ μείζων
ἐστὶ δυνάμει· ἀμβλεῖα ἄρα ἐστὶν ἡ πρὸς τῷ Κ γωνία, ἔλαττον
ἄρα ἡμικυκλίου τὸ τμῆμα ἐν ᾧ ἐστιν. οὕτως μὲν οὖν ὁ Ἱππο-
κράτης πάντα μηνίσκον ἐτετραγώνισεν, εἴπερ καὶ τὸν ἡμικυκλίου
5 καὶ τὸν μείζονα ἡμικυκλίου καὶ τὸν ἐλάττονα ἔχοντα τὴν ἐκτὸς
περιφέρειαν."

Ἀλλ' οὐχὶ τὸν ἐπὶ τῆς τοῦ τετραγώνου πλευρᾶς μόνον, ὡς ὁ Ἀλέ-
ξανδρος ἱστόρησεν, οὐ μέντοι οὐδὲ τὸν κύκλον ἐπεχείρησε τετραγωνίσαι διὰ
τῶν περὶ τὴν τοῦ ἑξαγώνου πλευρὰν μηνίσκων, ὡς καὶ τοῦτο ὁ Ἀλέξαν-
10 δρός φησιν.

"Ἀλλὰ μηνίσκον
ἅμα καὶ κύκλον ἐτε-
τραγώνισεν οὕτως·
ἔστωσαν περὶ κέντρον
15 ἐφ' οὗ Κ δύο κύκλοι,
ἡ δὲ τοῦ ἐκτὸς διά-
μετρος ἑξαπλασία δυ-
νάμει τῆς τοῦ ἐντός·
καὶ ἑξαγώνου ἐγγρα-
20 φέντος εἰς τὸν ἐντὸς
κύκλον τοῦ ἐφ' οὗ
ΑΒΓΔΕΖ αἵ τε ἐφ'
ὧν ΚΑ ΚΒ ΚΓ ἐκ τοῦ
κέντρου ἐπιζευχθεῖ-
25 σαι ἐκβεβλήσθωσαν
ἕως τῆς τοῦ ἐκτὸς

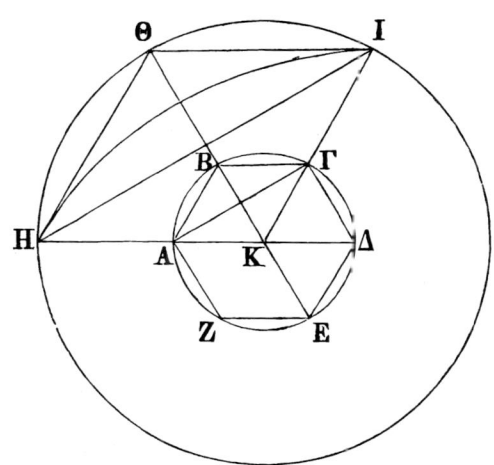

κύκλου περιφερείας καὶ ⟨αἱ⟩ ἐφ' ὧν ΗΘ ΘΙ ⟨ΗΙ⟩ ἐπεζεύχθωσαν
καὶ δῆλον ὅτι καὶ αἱ ΗΘ ΘΙ ἑξαγώνου εἰσὶ πλευραὶ τοῦ εἰς τὸν
μείζονα κύκλον ἐγγραφομένου. καὶ περὶ τὴν ἐφ' ᾗ ΗΙ τμῆμα
30 ὅμοιον τῷ ἀφαιρουμένῳ ὑπὸ τῆς ἐφ' ᾗ ΗΘ περιγεγράφθω. ἐπεὶ
οὖν τὴν μὲν ἐφ' ᾗ ΗΙ τριπλασίαν ἀνάγκη εἶναι δυνάμει τῆς ἐφ' ᾗ
ΘΗ τοῦ ἑξαγώνου πλευρᾶς (ἡ γὰρ ὑπὸ δύο τοῦ ἑξαγώνου πλευρᾶς
ὑποτείνουσα μετὰ ἄλλης μιᾶς ὀρθὴν περιέχουσα γωνίαν τὴν ἐν
ἡμικυκλίῳ ἴσον δύναται τῇ διαμέτρῳ, ἡ δὲ διάμετρος τετραπλά-
35 σιον δύναται τῆς τοῦ ἑξαγώνου ἴσης οὔσης τῇ ἐκ τοῦ κέντρου
διὰ τὸ τὰ μήκει διπλάσια εἶναι δυνάμει | τετραπλάσια), ἡ δὲ ΘΗ
ἑξαπλασία τῆς ἐφ' ᾗ ΑΒ, δῆλον ὅτι τὸ τμῆμα τὸ περὶ τὴν ἐφ'

---

7 τραγώνου Eᵇ   9 ὁ (post τοῦτο) D: om. aEᵇ   11 figuram cm. libri   17 ἑξα-
πλασία] cf. Praefatio   21 οὗ Usener: ὧν libri   27 αἱ post καὶ add. Usener
ΗΙ add. Usener omissum ratus a Simplicio, qui καὶ δηλονότι — ἐγγραφομένου addidisset
28 αἱ scripsi: ἡ libri   29 ἐφ' ᾗ] ἐφ' ἧς aDEᵇ   ΗΙ] libri semper Η: correxit ple-
rumque Spengel   31 ἀνάγκη D: ἀναγκαῖον aEᵇ   33 ἄλλης] πλευρᾶς coni. Usener
34 δύνανται Eᵇ   36 μήκει a: μήκῃ DEᵇ   εἶναι D: post τετραπλάσια posuerunt aEᵇ
37 ἑξαπλασία a: ἑξαπλασίων D: ἑξαπλάσιον Eᵇ   ἐφ' ἧς a

ᾗ ΗΙ περιγραφὲν ἴσον εἶναι συμβαίνει τοῖς τε ἀπὸ τοῦ ἐκτὸς κύ- 15ʳ
κλου ὑπὸ τῶν ἐφ᾽ αἷς ΗΘ ΘΙ ἀφαιρουμένοις καὶ τοῖς ἀπὸ τοῦ ἐν-
τὸς ὑπὸ τῶν τοῦ ἑξαγώνου πλευρῶν ἁπασῶν." τὰ γὰρ ὅμοια τῶν
κύκλων τμήματα πρὸς ἄλληλά ἐστιν ὡς τὰ ἀπὸ τῶν βάσεων τετράγωνα,
5 διότι καὶ οἱ ὅμοιοι κύκλοι πρὸς ἀλλήλους εἰσὶν ὡς τὰ ἀπὸ τῶν διαμέτρων 5
τετράγωνα. "ἡ γὰρ ΗΙ τῆς ΗΘ τριπλάσιον δύναται, ἴσον δὲ τῇ
ΗΘ δύναται ἡ ΘΙ, δύναται δὲ ἑκατέρα τούτων ἴσον καὶ αἱ ἓξ
πλευραὶ τοῦ ἐντὸς ἑξαγώνου, διότι καὶ ἡ διάμετρος τοῦ ἐκτὸς
κύκλου ἑξαπλάσιον ὑπόκειται δύνασθαι τῆς τοῦ ἐντός· ὡς δὲ
10 ἡ διάμετρος πρὸς τὴν διάμετρον, οὕτω καὶ αἱ ἐκ τοῦ κέντρου,
ἡ δὲ ἐκ τοῦ κέντρου ἴση ἐστὶ τῇ τοῦ ἑξαγώνου πλευρᾷ", ὡς τὸ
πόρισμα λέγει τοῦ προτελεύτου θεωρήματος ἐν τῷ τετάρτῳ βιβλίῳ τῶν
Εὐκλείδου Στοιχείων, ὡς δὲ αἱ πλευραὶ οὕτω καὶ τὰ τμήματα, "ὥστε ὁ 10
μὲν μηνίσκος ἐφ᾽ οὗ ΗΘΙ τοῦ τριγώνου ἐλάττων ἂν εἴη ἐφ᾽ οὗ
15 τὰ αὐτὰ γράμματα τοῖς ὑπὸ τῶν τοῦ ἑξαγώνου πλευρῶν ἀφαιρου-
μένοις τμήμασιν ἀπὸ τοῦ ἐντὸς κύκλου. τὸ γὰρ ἐπὶ τῆς ΗΙ τμῆ-
μα ἴσον ἦν τοῖς τε ΗΘ ΘΙ τμήμασι καὶ τοῖς ὑπὸ τοῦ ἑξαγώνου
ἀφαιρουμένοις. τὰ οὖν ΗΘ ΘΙ τμήματα ἐλάττω ἐστὶ τοῦ περὶ
τὴν ΗΙ ⟨τμήματος τοῖς⟩ τμήμασι [καὶ] τοῖς ὑπὸ τοῦ ἑξαγώνου ἀφαι-
20 ρουμένοις. κοινοῦ οὖν προστεθέντος τοῦ ὑπὲρ τὸ τμῆμα τὸ
περὶ τὴν ΗΙ μέρους τοῦ τριγώνου, ἐκ μὲν τούτου καὶ τοῦ περὶ 15
τὴν ΗΙ τμήματος τὸ τρίγωνον ἔσται, ἐκ δὲ τοῦ αὐτοῦ καὶ τῶν
ΗΘ ΘΙ τμημάτων ὁ μηνίσκος. ἔσται οὖν ἐλάττων ὁ μηνίσκος τοῦ
τριγώνου τοῖς ὑπὸ τοῦ ἑξαγώνου ἀφαιρουμένοις τμήμασιν.
25 ὁ ἄρα μηνίσκος καὶ τὰ ὑπὸ τοῦ ἑξαγώνου ἀφαιρούμενα τμή-
ματα ἴσα ἐστὶν τῷ τριγώνῳ. καὶ κοινοῦ προστεθέντος τοῦ ἑξα-
γώνου τὸ τρίγωνον τοῦτο καὶ τὸ ἑξάγωνον ἴσα ἐστὶ τῷ τε μη-
νίσκῳ τῷ λεχθέντι καὶ τῷ κύκλῳ τῷ ἐντός. τὸ γὰρ τρίγωνον
ἴσον ἦν τῷ τε μηνίσκῳ καὶ τοῖς ὑπὸ τοῦ ἑξαγώνου ἀφαιρου- 20
30 μένοις τμήμασι τοῦ ἐντὸς κύκλου. εἰ οὖν τὰ εἰρημένα εὐθύ-
γραμμα δυνατὸν τετραγωνισθῆναι, καὶ τὸν κύκλον ἄρα μετὰ τοῦ
μηνίσκου." τὰ μὲν οὖν περὶ τοῦ Χίου Ἱπποκράτους μᾶλλον ἐπιτρεπτέον
Εὐδήμῳ γινώσκειν ἐγγυτέρῳ τοῖς χρόνοις ὄντι καὶ Ἀριστοτέλους ἀκροατῇ.
ὁ δὲ διὰ τῶν τμημάτων τετραγωνισμὸς τοῦ κύκλου, ὃν ὡς ψευδογραφοῦντα

---

2 ἀφαιρουμένου D   καὶ τοῖς Usener: καὶ ταῖς libri   3 'post ἁπασῶν suam demonstrationem Simplicius inculcat non intellegens accuratissimam demonstrationem eiusdem rei genuinam sequi, verbis usus ab Eudemo alienis nempe Euclideis cf. XII 2' Usener
6 ἡ γὰρ ΗΙ Usener: εἰ γὰρ ἡ Η libri   7 ΗΘ] ΘΗ D   δύνανται aEᵇ   9 ἑξαπλάσιον a: ἑπταπλάσιον DE   10 καὶ αἱ] αἱ om. D   11 τὸν πορισμὸν D   12 προτελεύτου] IV 15   13 τοῦ εὐκλείδου a   14 ΗΘΙ DEᵇ: ΗΘ a   ἐλάττων a: ἔλαττον DEᵇ   ἐφ᾽ οὗ] τοῦ ἐφ᾽ οὗ dubitanter Usener   18 ἐλάττω a: ἐλαττό (sic) E: ἐλάττονα D   τοῦ περὶ τὴν ΗΙ τμήματος τοῖς τμήμασι τοῖς Bretschneider: τοῖς περὶ τὴν ΗΙ τμήμασιν καὶ τοῖς libri   21 μὲν οὖν D   22 τὸ om. D   24 τριγώνου D: τετραγώνου aEᵇ   26 ἔστιν ἴσα aEᵇ   28 ἐκτός a

αἰτιᾶται ὁ Ἀριστοτέλης, ἢ τὸν διὰ τῶν μηνίσκων αἰνίττεται (καλῶς γὰρ 15ʳ καὶ ὁ Ἀλέξανδρος ἐνεδοίασεν εἰπὼν "εἰ ὁ αὐτός ἐστι τῷ διὰ τῶν μηνίσκων") ἢ οὐκ εἰς τὰς Ἱπποκράτους δείξεις ἀποβλέπει ἀλλά τινας ἄλλας, ὧν μίαν 25 καὶ ὁ Ἀλέξανδρος παρέθετο, ἢ τὸν μετὰ τοῦ μηνίσκου τετραγωνισμὸν τοῦ
5 κύκλου αἰτιᾶται τοῦ Ἱπποκράτους, ὃν τῷ ὄντι διὰ τῶν τμημάτων ἀπέδειξε τῶν τριῶν ἐν τῷ ἐλάττονι. τάχα γὰρ καὶ κυριώτερον αὕτη ἡ ἀπόδειξις ῥηθείη ἡ διὰ τμημάτων ἤπερ ἡ διὰ τῶν μηνίσκων. τμῆμα γὰρ κύκλου καὶ ὁ Εὐκλείδης ἐν τῷ τρίτῳ τῶν ἑαυτοῦ Στοιχείων ὡρίσατο "τὸ περιεχόμενον σχῆμα ὑπό τε εὐθείας καὶ κύκλου περιφερείας". οἱ οὖν μηνίσκοι 30
10 οὐδὲ κυρίως τμήματά εἰσι. καὶ εἴη ἂν ψευδογράφημα ἐν τούτῳ τὸ μετὰ τοῦ μηνίσκου τετραγωνίζειν τὸν κύκλον, ἀλλὰ μὴ καθ' ἑαυτόν, ἐπεὶ πάντα τὰ ληφθέντα εἰς τὴν ἀπόδειξιν ἀπὸ γεωμετρικῶν ἀρχῶν εἴληπται. ἀλλ' εἰ ὁ τοῦ μηνίσκου τετραγωνισμὸς καθολικὸς ὑπὸ τοῦ Ἱπποκράτους δοκεῖ παραδίδοσθαι (πᾶς γὰρ μηνίσκος ἤτοι ἡμικυκλίου τὴν ἐκτὸς ἔχει περιφέρειαν ἢ
15 μείζονος ἡμικυκλίου τμήματος ἢ ἐλάττονος), δυνατὸν φαίη ἄν τις ἐκ τοῦ ἴσου τετραγώνου τῷ τε μηνίσκῳ καὶ τῷ κύκλῳ, ἀφαιρεθέντος τετραγώνου 35 ἴσου τῷ μηνίσκῳ, τὸ λοιπὸν εὐθύγραμμον τετραγωνίσαντα ἴσον τετράγωνον τῷ κύκλῳ ποιῆσαι μόνῳ. πῶς οὖν ἔτι ψευδογραφεῖσθαι δόξει ὁ τοῦ Ἱπποκράτους τετραγωνισμός, εἰ μήπω εὑρῆσθαι ὑπὸ τοῦ Ἀριστοτέλους ἐνομίσθη
20 λέγοντος ἐν Κατηγορίαις· "οἷον ὁ τοῦ κύκλου τετραγωνισμὸς εἰ ἔστιν ἐπιστητός, ἐπιστήμη μὲν αὐτοῦ οὐκ ἔστι πω, τὸ δὲ ἐπιστητὸν ἐστι", καίτοι τοῦ Χίου Ἱπποκράτους πρὸ Ἀριστοτέλους ὄντος, ὥστε καὶ τὸν Εὔδημον ἐν τοῖς παλαιοτέροις αὐτὸν ἀριθμεῖν. μήποτε οὖν οὐ καθόλου πᾶς μηνίσκος 40 ὑπὸ τοῦ Ἱπποκράτους ἐτετραγωνίσθη. κἂν γὰρ ἡ ἐκτὸς τοῦ μηνίσκου περιφέ-
25 ρεια ὁρισθῇ, ἀλλ' ἐκείνης κειμένης τὰς ἐντὸς τοῦ μηνίσκου περιφερείας ἀπείρους ἤτοι ἐπ' ἄπειρον ἄλλην καὶ ἄλλην γράφειν δυνατὸν ἐπ' ἄπειρον διαιρουμένου τοῦ ἐπιπέδου, ὥστε τῆς ἐκτὸς τῆς αὐτῆς μενούσης τοὺς μὲν μείζονας τοὺς δὲ ἐλάττονας εἶναι τῶν μηνίσκων. αὐτὸς δὲ τὴν ἐντὸς περιφέρειαν ὡρισμένην ἔλαβεν· ὅμοιον γὰρ αὐτὴν τμῆμα ἀποτέμνουσαν τοῖς πρὸς τῇ
30 ἐκτὸς περιφερείᾳ συνισταμένοις τμήμασιν ἔλαβεν· ᾧ τὰ μὲν τοῦ πρώτου 45 θεωρήματος ἐπὶ τετραγωνικῆς ἦν πλευρᾶς, τὰ δὲ ἐν τοῖς ἄλλοις ἐπὶ ἀορίστων. ὥστε οὐ πᾶς ἐτετραγωνίσθη μηνίσκος, ἀλλ' οἱ τὴν ἐντὸς περιφέρειαν ὁμοίαν ἴσχοντες τοῖς πρὸς τῇ ἐκτὸς συνισταμένοις τμήμασι καὶ αὐτοῖς ὡρισμένοις πως οὖσιν.

---

1 γὰρ καὶ D: γὰρ aEᵇ   2 διὰ om. a   3 δείξεις D: δόξας aEᵇ   6 τῶν τε τριῶν D   ἐν] 'fortasse σὺν' Usener   7 fortasse διὰ ⟨τῶν⟩ τμημάτων   8 τρίτῳ def. 6   12 λειφθέντα D   13 παραδίδοσθαι D: παραδεδόσθαι εEᵇ   14 τὴν ἐκτὸς — ἡμικυκλίου (v. 15) om. a   16 ἴσου τε τετραγώνου D   19 εἰ aEᵇ: ἢ D   20 Κατηγορίαις c. 7 p. 7ᵇ 31   εἴγε Aristoteles   21 οὐκ ἔστιν οὐδέπω, αὐτὸς δὲ ἐπιστητόν ἐστι Aristoteles   καίτοι aEᵇ: καὶ D   24 ἐτετραγωνίσθη ὑπὸ τοῦ ἱπποκράτους a   26 διαιρουμένου DEᵇ: διῃρημένου a   33 ἴσχοντες D: σχόντες aEᵇ   34 post οὖσι addit ταῦτα μὲν οὖν περὶ τῆς τῶν μηνίσκων ψευδογραφίας· ἡμεῖς δὲ ἐπὶ τὰ ἑξῆς ἴωμεν a   cf. p. 58, 23

p. 185a 17 Οὐ μὴν ἀλλ' ἐπειδὴ περὶ φύσεως μὲν οὔ, φυσικὰς
δὲ ἀπορίας συμβαίνει λέγειν αὐτοῖς.

Αἰτίας πλείονας ἀποδοὺς καθ' ἃς οὐκ ἔστιν οἰκεῖος τῷ φυσικῷ ὁ πρὸς
Παρμενίδην καὶ Μέλισσον λόγος, βουλόμενος δὲ ἀντειπεῖν, ὅτι μὴ διὰ κενῆς
5 ποιεῖται τὴν ἀντιλογίαν πρῶτον παρεμυθήσατο. διχῶς δὲ στίξας ὁ Ἀλέξανδρος
διττὴν ἐποιήσατο τὴν ἐξήγησιν. πρῶτον μὲν ἀκούσας ὅτι περὶ φύσεως μὲν
λέγουσιν οὗτοι, οὐ φυσικὰ δὲ τὰ ὑπ' αὐτῶν λεγόμενα. ὁ γὰρ ἀναιρῶν
τι, εἰ καὶ μὴ χρῆται ἐκείνῳ, ἀλλ' οὖν περὶ ἐκείνου τοὺς λόγους ποιεῖται.
τῷ οὖν ὅλως περὶ φύσεως αὐτοῖς γεγονέναι τοὺς λόγους, εὔλογον ἂν εἴη
10 λέγειν τι τὸν φυσικὸν πρὸς αὐτούς· καθόσον δὲ οὐ φυσικὰ λέγουσι, πρὸς
ὀλίγον ἐνδιατρίψει τοῖς πρὸς αὐτοὺς λόγοις. καὶ ταύτῃ ἔοικεν ἀρέσκεσθαι
τῇ στιγμῇ καὶ ὁ Πορφύριος οὕτως ἐπιτρέχων τὴν λέξιν· "οὐ μὴν ἀλλ'
ἐπειδὴ περὶ φύσεως μὲν ὁ λόγος αὐτοῖς εἰ καὶ ἀναιροῦσιν ἀγνοοῦντες τὴν
φύσιν, εἰ καὶ μὴ φυσικαὶ αὐτοῖς αἱ ἀπορίαι, δεῖ ἐπ' ὀλίγον διαλεχθῆναι
15 περὶ αὐτῶν". καὶ ἔχει πολὺν λόγον ἡ ἐξήγησις, εἴπερ, ὡς καὶ πρότερον
ἔφην, ὁ Μέλισσος καὶ τὴν ἐπιγραφὴν οὕτως ἐποιήσατο τοῦ συγγράμματος
Περὶ φύσεως ἢ περὶ τοῦ ὄντος. "ἔστι δέ, φησίν ὁ Ἀλέξανδρος, τὴν
προειρημένην λέξιν καὶ οὕτως διαστέλλειν· οὐ μὴν ἀλλ' ἐπειδὴ περὶ
φύσεως μὲν οὔ, εἶτα ἀπ' ἄλλης ἀρχῆς, φυσικὰς δὲ ἀπορίας.
20 ἔστι γάρ, φησί, καὶ ὁ τρόπος αὐτῷ τῆς ἑρμηνείας οὗτος συνήθης· ἐν γοῦν
Σοφιστικοῖς ἐλέγχοις χρῆται αὐτῷ λέγων "ἔστι μὲν οὔ, φαίνεται δέ" καὶ
πάλιν "οἱ δὲ τοῦτο ποιοῦσι μὲν οὔ, δοκοῦσι δέ". τὸ λεγόμενον, φησί,
καταλλήλως ἂν ἔχοι· κυρίως γὰρ περί τινος λέγει ὁ διεξιὼν περὶ αὐτοῦ
ὁποῖόν τί ἐστι· περὶ γοῦν ψυχῆς λέγειν οὐκ ἂν λέγοιτο ὁ ψυχὴν ἀναιρῶν.
25 περὶ ψυχῆς μέντοι ἀπορεῖν δόξειεν ἂν ὁ πρὸς τὸ εἶναι ψυχὴν ἀπορῶν.
οὕτως καὶ τὰ ἀπορούμενα πρὸς τὴν φύσιν φυσικὰς ἂν λέγοι τις ἀπορίας,
οὐ μὴν περὶ φύσεώς γε λέγειν τὸν τοιοῦτον φήσαιεν ἄν τις τὸν ἀναιροῦντα
τὴν φύσιν. καὶ ἀκόλουθον δὲ τοῖς προειρημένοις, φησί, τὸ οὕτως διαστέλ-
λεσθαι· εἴρηκε γάρ "τὸ μὲν οὖν εἰ ἓν καὶ ἀκίνητον τὸ ὂν σκοπεῖν
30 οὐ περὶ φύσεώς ἐστι σκοπεῖν." ᾧ συνᾴδει τὸ ἀλλ' ἐπεὶ περὶ φύ-
σεως μὲν οὔ". ταύτῃ καλῶς εἰρημένῃ τῇ ἐξηγήσει συνᾴδει καὶ ἡ τοῦ
Θεμιστίου παράφρασις. ἐπάγει δὲ τούτοις ὁ Ἀλέξανδρος ὅτι "οὐδὲ εἰρήκασί

---

1 incipit rursus F   4 μέλισσον καὶ παρμενίδην aF   λόγος om. E^b   9 αὐτοῖς περὶ φύσεως
D   10 τῶν φυσικῶν aF   πρὸς ὀλίγον] aut delendum πρός aut ἐπί reponendum   12 τῇ
λέξει a   13 μέν om. aF   εἰ] οἱ E^b   14 αἱ om. F   15 πρότερον cf. de caelo III 1
p. 249^b 43 Karst., infra p. 71, 25   17 ἤ] ἦ E^b   19 ἀπ'] ἐπ' E^b   21 τοῖς σοφι-
στικοῖς D   λέγων c. 1 p. 164[160]^b 22   22 πάλιν ibid. p. 165[161]^a 3   καὶ
τὸ λεγόμενον a   23 ἔχῃ D   περί τινος om. E^b   24 ὁποῖά D   25 δόξει
E^b: δόξειεν F   ἄν om. D   27 γε om. a   φήσαιεν scripsi: φήσοιεν D: φῆσαι
(ex φῆσαι) F: φήσοι E^b: φήσοι τις a   29 εἴρηκε p. 184^b 25   τὸ ὄν om. D
32 Θεμιστίου] I 2 p. 110, 10 οὐ μὴν ἀλλ' ἐπειδὴ περὶ φύσεως μὲν οὐδὲν λέγουσιν (πῶς γὰρ
οἵ γε ἀναιροῦντες τὴν φύσιν;), φυσικὰς δὲ ἀπορίας συμβαίνει λέγειν αὐτοῖς

τι περὶ φύσεως ἐκεῖνοι· οὐ γὰρ προθέμενοι περὶ φύσεως εἰπεῖν ἔπειτα ἀναι-
ροῦσι τὴν φύσιν, ἀλλ' ἠκολούθησεν αὐτοῖς ἐξ ὧν ἔλεγον τὸ τὴν φύσιν
ἀναιρεῖν· ὁ μέντοι περὶ κινήσεως λόγος καὶ περὶ ἀπείρου καὶ κενοῦ, οἷς
χρῶνται, φυσικὰς ἀπορίας ἔχει". καὶ τοῦτο μὲν καλῶς εἴρηται. πῶς δὲ
5 ἐνταῦθα λέγει ὁ Ἀλέξανδρος μηδὲ περὶ φύσεως εἰπεῖν ἐκείνους, καίτοι πρό-
τερον αὐτῇ λέξει λέγων ὅτι "κατὰ τὴν τῶν πολλῶν δόξαν καὶ τὰ φαινό-
μενα φυσιολογῶν ὁ Παρμενίδης, οὔτε ἓν λέγων ἔτι εἶναι τὸ ὂν οὔτε ἀγέ-
νητον, ἀρχὰς τῶν γινομένων ὑπέθετο πῦρ καὶ γῆν"; καὶ Μέλισσος δέ, εἰ
καὶ μὴ περὶ τῆς κυρίως φύσεως, ⟨ἀλλὰ φυσικὰς ἀπορίας εἶπε τὸ σύγγραμμα
10 ἐπιγράψας Περὶ φύσεως⟩ ἢ περὶ τοῦ ὄντος. εἰπὼν δὲ τὴν αἰτίαν δι' ἣν χρὴ
βραχέα πρὸς αὐτοὺς διαλεχθῆναι, κἂν οἱ πρότερον εἰρημένοι λόγοι τὴν ἀντιλο-
γίαν ἐκώλυον, καὶ ταύτην πάλιν τὴν αἰτίαν εἰς ἄλλην τελικωτέραν ἀνήγαγεν.
δεῖ μὲν γὰρ ὅλως ἀντειπεῖν πρὸς αὐτούς, ἐπειδὴ περὶ φύσεως ἢ ὅτι φυ-
σικὰς ἀπορίας λέγουσι· πρὸς δὲ τὰ τοιαῦτα δεῖ ἀντειπεῖν, ἐπειδὴ ἔχει τινὰ
15 φιλοσοφίαν ἡ σκέψις. ἡ γὰρ περὶ τοῦ ὄντος ὅλως ζήτησις καὶ ἡ περὶ
φύσεως ἢ τῶν φυσικῶν ἀποριῶν οὐδενὸς ἄλλου ἐστὶν ἢ φιλοσόφου.

p. 185 a 20 Ἀρχὴ δὲ οἰκειοτάτη πασῶν, ἐπειδὴ πολλαχῶς
λέγεται τὸ ὄν.

Ὁ πρός τινα δόξαν ἀντιλέγων διχῶς ἐπιχειρεῖ· ἢ γὰρ τοὺς κατασκευά-
20 ζοντας αὐτὴν λόγους ἀνατρέπει, ἢ καθολικὴν αὐτῆς ποιεῖται τὴν ἀναίρεσιν.
ἀλλ' ὁ μὲν τοὺς κατασκευάζοντας λόγους μόνους ἀναιρῶν οὔπω τὸ δόγμα
ἀνῄρηκε· τί γὰρ εἰ καὶ ἄλλοι τινές εἰσιν αὐτοῦ κατασκευαστικοὶ λόγοι τῶν
ἀνῃρημένων ἐρρωμενέστεροι; οἱ δὲ μὴ πρὸς τοὺς κατασκευάζοντας λόγους,
ἀλλὰ πρὸς αὐτὸ τὸ δόγμα ἐνιστάμενοι καὶ καθολικὴν αὐτοῦ ποιούμενοι τὴν
25 ἀναίρεσιν, τὸ μὲν δόγμα ἀναιροῦσι βεβαίως, ἀπορίας δὲ καταλιμπάνουσιν,
ἂν μὴ καὶ τοὺς λόγους αὐτοὺς τοὺς κατασκευάζοντας ἀνατρέψωσι. διὸ τὸν
Παρμενίδου καὶ Μελίσσου λόγον ἐλέγχειν ὁ Ἀριστοτέλης προθέμενος πρῶτον
μὲν καθολικὴν ποιεῖται πρὸς αὐτὸν ἔνστασιν, τὸ μὴ ἓν εἶναι τὸ ὂν εἴ τις κατὰ
τὸ πρόχειρον ἀκούοι, ἐκ διαιρέσεως ἀνασκευάζων, εἶτα καὶ τοὺς λόγους
30 αὐτῶν ἀνατρέπων, εἴ τις αὐτοὺς ὡς κατασκευαστικοὺς τοιούτου ἑνὸς ὄντος
ἀποδέχοιτο. γίνεται δὲ διαλεκτικὴ αὐτῷ ἡ ἐπιχείρησις ἀπὸ τῆς τῶν ὄντων

---

2 τὸ om. a   5 μηδὲ D: μηδὲν aEᵇF   6 λέγων cf. p. 38,20   7 ἔτι λέγων a
8 γενομένων D   9 φυσικὰς — περὶ φύσεως addidi cf. v. 13   ἀλλ' οὖν περὶ φύσεως τὴν
ἐπιγραφὴν τοῦ συγγράμματος ἐποιήσατο add. a   10 χρὴ βραχέα DEᵇ: βραχέα χρὴ aF
11 εἰ post κἂν add. a   12 καὶ om. a   πάλιν ταύτην D   τελικωτέραν αἰτίαν
ἤγαγε F   15 φυσιολογίαν D   16 ἢ DEᵇ: ἢ τοῦ aF   17 ἐπειδὴ a
20 αὐτοῖς D   τὴν om. F   21 μόνους λόγους D   22 κατασκευαστικοὶ λόγοι DEᵇ:
ord. inverso aF   23 εἰρημένων D   παρασκευάζοντας Eᵇ   24 ἀνιστάμενοι F
ἐνιστάμενοι — δόγμα om. Eᵇ   27 λόγον καὶ μελίσσου aF   28 πρὸς αὐτὸν ποιεῖται
aF   μὴ om. a   29 τὸ πρότερον Eᵇ   30 τοῦ τοιούτου ἑνὸς ὄντας coniciebat
Torstrik   31 αὐτῷ διαλεκτικὴ Eᵇ   ante ἡ littera erasa D

διαιρέσεως ὁρμηθεῖσα· τῇ γὰρ διαλεκτικῇ χρωμένους ἔστι τὰς τῶν ἐπιστη- 15ᵛ
μῶν ἀρχὰς κατασκευάζειν. καὶ ἔστιν ἡ ὅλη τοῦ λόγου μεταχείρισις τοιαύτη.
ἐπειδὴ ἓν λέγουσι τὸ ὄν, ἑκάτερον δὲ τούτων τό τε ὂν καὶ τὸ ἓν πολλαχῶς
λέγεται, ἰδίᾳ | διαιρετέον αὐτά. ἐπεὶ οὖν τὸ ὂν δεκαχῶς δέδεικται λεγό- 16ʳ
5 μενον ἢ ὡς οὐσία ἢ ὡς ποιὸν ἢ ὡς ποσὸν ἢ ὡς ἄλλη τις τῶν δέκα κα-
τηγοριῶν, οἱ λέγοντες ἓν εἶναι τὸ ὄν, πότερον ὀνόματι μόνον ἓν λέγουσι,
πράγματι δὲ πολλά, ὥστε οὐσίαν λέγεσθαι τὰ πάντα * * * δέκα ὄντα τοῖς
πράγμασιν ἢ πλείονά τινα ἐξ αὐτῶν (προσκείσθω γὰρ καὶ τοῦτο τῇ διαιρέσει)
ἢ καὶ τῷ πράγματι ἕν ἐστιν, οἷον οὐσία ἢ ποιὸν ἢ ποσόν, ὡς εἶναι μίαν 5
10 οὐσίαν τῷ ἀριθμῷ τὰ πάντα; εἰ γὰρ γένει ἢ εἴδει λέγοιεν, δῆλον ὅτι πολλὰ
τῷ ἀριθμῷ ἔσται. εἰ οὖν μίαν οὕτως λέγουσιν οἷον ἄνθρωπον ἕνα ἢ
ἵππον ἕνα ἢ ψυχὴν μίαν, ἢ ποιόν, οὐ τὸ γένος (πολλὰ γὰρ ἂν πάλιν
εὐθύς), ἀλλ᾽ ἓν τοῦτο οἷον λευκὸν ἢ θερμὸν ἢ τῶν ἄλλων τι
τῶν τοιούτων. οὗτοι γὰρ πάντες οἱ τῶν ἐκδοχῶν τρόποι καὶ διαφέ-
15 ρουσιν ἀλλήλων πολὺ καὶ εἰσὶ πάντες ἀδύνατοι. εἰ μὲν γὰρ τὸ λεγό-
μενον ὂν ὀνόματι μόνον ἓν ὑπάρχον, τῷ πράγματι δὲ καὶ οὐσία καὶ ποιὸν 10
καὶ ποσόν ἐστι καὶ πάντα τὰ γένη ἢ τινα ἐξ αὐτῶν, εἴτε κεχωρισμένα ἀλ-
λήλων εἴτε σὺν ἀλλήλοις ὑπάρχοντα, πολλὰ τὰ ὄντα ἔσται. εἰ δὲ ἕν τι
γένος τῶν δέκα τὰ πάντα ἐστίν, οἷον οὐσία ἢ ποιὸν ἢ ποσόν, καὶ διὰ τοῦτο
20 ἕν, ὅτι εἰς ἓν τῶν δέκα γενῶν ὑπέσταλται τὰ πάντα, εἴτε οὔσης τῆς
οὐσίας εἴτε μὴ οὔσης, ἄτοπόν τι ἀκολουθήσει. εἰ μὲν γάρ, ὡς πέ-
φυκε προϋποκειμένης οὐσίας, τούτων τι περὶ ἐκείνην τυγχάνει, πάλιν οὐχ
ἓν τὸ ὄν, ἀλλὰ καὶ οὐσία καὶ ποιὸν ἢ ὅπερ ἂν θῶνται εἶναι τῶν δέκα τὸ 15
ὄν· εἰ δὲ μὴ οὔσης οὐσίας, καὶ τοῦτο ἀδύνατον· οὐδὲν γὰρ τῶν ἄλλων γε-
25 νῶν χωρὶς τῆς οὐσίας ὑφίστασθαι δύναται, διότι ὑπόκειται τοῖς ἄλλοις γέ-
νεσιν ἡ οὐσία καὶ ἐν αὐτῇ τὸ εἶναι ἔχει ἐκεῖνα· προσκείσθω γὰρ καὶ οὕτως.
κατὰ μέντοι Μέλισσον καὶ Παρμενίδην, κἄν τε ποιὸν ὑποτεθείη τὸ ὂν κἄν
τε οὐσία (κοινὸς γὰρ ἔσται καὶ ἐπὶ ταύτης ὁ λόγος), ἐπειδὴ ὁ μὲν ἄπειρόν
φησι τὸ ὄν, ὁ δὲ πεπερασμένον, εὐθὺς καὶ τὸ ποσὸν εἰσαχθήσεται. τὸ γὰρ
30 ἄπειρον καὶ τὸ πεπερασμένον ἐν τῷ ποσῷ, καὶ οὔτε οὐσίαν οὔτε ποιό- 20
τητα ἢ πάθος ἐνδέχεται ἄπειρα εἶναι ἢ πεπερασμένα εἰ μὴ κατὰ
συμβεβηκός, εἰ ἅμα καὶ ποσὰ εἴη. ὁ γὰρ τοῦ ἀπείρου καὶ πε-

---

2 τοῦ λόγου ἡ ὕλη D   6 λέγουσιν ἓν D   7 ἢ ποσὰ τὰ πάντα ἢ ποιὰ τὰ πάντα post τὰ πάντα ex Aristotele p. 185ᵃ23 desidero (cf. p. 73, 20 et Porphyrianum p. 74, 6): ἓν voci οὐσίαν substituebat Torstrik   8 προχείσθω E   9 πράγματι ἔνεστιν F οὐσία Eᵇ (et D?): οὐσίαν aF   ποσὸν ἢ ποιὸν aF   μίαν οὐσίαν aD: οὐσίαν μίαν Eᵇ: οὐσίαν F   11 εἰ οὖν] hinc suo loco (f. 16ʳ) pergit describere E cf. ad p. 52, 17   εἰ οὖν EF: ἢ οὖν aD   μίαν οὕτω μίαν λ. a   οἷον D: ὁποῖον aEF   12 ἕνα (post ἵππον) om. aF   εἴη post ἂν add. a   16 δὲ om. F   ποιὸν καὶ ποσόν D: ποσὸν καὶ ποιόν aEF   18 ἔσται om. F   20 ὑπέσταλται τὰ πάντα DE: τὰ πάντα ὑπέσταλται aF   23 καὶ (post ἀλλὰ) om. a   εἶναι om. F   26 οὕτως] τοῦτο coniciebat Torstrik   28 ἐπεὶ D   29 τὸ ὄν] τὸν θεὸν D   συναχθήσεται D   31 ἄπειρα εἶναι D: ἄπειρον εἶναι E: εἶναι ἄπειρα aF   32 ποσὰ ἄττα Arist.   καὶ τοῦ πεπερασμένου aF

περασμένου λόγος τῷ ποσῷ προσχρῆται, ἀλλ' οὐκ οὐσίᾳ οὐδὲ ποιῷ. ἀλλ' ἐγὼ μὲν τῷ Πορφυρίῳ τὸ πλέον κατακολουθῶν οὕτως τήν τε διαίρεσιν τοῦ Ἀριστοτέλους ἐποιησάμην καὶ τὴν καθ' ἕκαστον τμῆμα τῆς διαιρέσεως ἔνστασιν. ὁ μέντοι ἐπιμελέστατος Ἀλέξανδρος συνῆψε τὴν κατὰ
5 τὸ ὂν καὶ τὴν κατὰ τὸ ἓν διαίρεσιν οὕτως "οἱ ἓν λέγοντες τὸ ὄν, ἤτοι διὰ τὸ ὄνομα λέγουσιν, ὅτι κατὰ πάντων τῶν ὄντων τὸ ἓν ὄνομα κατηγορεῖται, ἢ τῷ πράγματι. καὶ εἰ μὲν τῷ ὀνόματι, ἐπεὶ τὸ ⟨ἓν⟩ ὄνομα πολλαχῶς (τὸ γὰρ ὂν δεκαχῶς λέγεται), ἔσται πολλὰ τὰ ὄντα κατὰ τὴν ὑπόστασιν καὶ τὰ πράγματα. εἰ δὲ τῷ πράγματι ἓν λέγουσιν, ἤτοι τῷ γένει ἢ τῷ εἴδει ⟨ἢ
10 τῷ ἀριθμῷ⟩. ἀλλ' εἰ μὲν τῷ γένει ἢ τῷ εἴδει, πολλὰ τὰ ὄντα (ἑκάτερον γὰρ τούτων κατὰ πολλῶν), εἰ δὲ τῷ ἀριθμῷ, ἐπεὶ τὸ ἓν τῷ ἀριθμῷ τριχῶς, διελεῖ ἢ ὡς τὸ συνεχὲς ἢ ὡς τὸ ἀδιαίρετον ἢ ὡς ὧν ὁ λόγος ὁ αὐτός, καίτοι τοῦ Ἀριστοτέλους μετὰ τὴν τοῦ ὄντος ὅλην διαίρεσιν τὴν τοῦ ἑνὸς ἐπαγαγόντος, ἐν οἷς φησιν ἔτι ἐπεὶ καὶ αὐτὸ τὸ ἓν πολλαχῶς
15 λέγεται ὥσπερ καὶ τὸ ὄν, καὶ μηδὲ ἀξιώσαντος τὸ γένει ἢ εἴδει ἓν λαβεῖν ὡς ἐναργῶς τὸ πλῆθος εἰσάγοντα, ἀλλ' ἐπὶ τοῦ ἀριθμῷ ἑνὸς ποιησαμένου τὴν πρὸς τὸ ὂν ἀπάντησιν. ἔλαθε δὲ τοῦτο τὸν Ἀλέξανδρον οὐκέτι οἰκείως τῇ ἑαυτοῦ διαιρέσει τὰ τοῦ Ἀριστοτέλους ἐκδεξάμενον. 'πυθέσθαι γὰρ αὐτὸν ἐξ ἀρχῆς οἴεται, πῶς λέγουσιν ἓν τὸ ὄν, πότερον κατὰ
20 τὸ γένος, ὡς λέγειν οὐσίαν πάντα ἢ ποσὰ πάντα ἢ ποιὰ πάντα ἤ τι ἄλλο τῶν δέκα γενῶν· καὶ εἰ οὕτως, πάλιν πῶς ἕκαστον τούτων; οἷον εἰ μίαν λέγοιεν οὐσίαν, πῶς λέγουσιν ὡς ἄνθρωπον ἕνα λέγειν τὴν οὐσίαν ἢ ἵππον ἕνα ἢ ψυχὴν μίαν, ὁμοίως δὲ καὶ ἐπὶ τοῦ ποιοῦ καὶ ἐπὶ τῶν ἄλλων, ἐπιδεικνύμενος ἅμα διὰ τῆς τοιαύτης ἐρωτήσεως τὸ καθ' ἕκαστον γένος πλῆθος
25 καὶ τὴν ἀτοπίαν τοῦ ὑπ' αὐτῶν εἰρημένου λόγου'. ταῦτα ὁ Ἀλέξανδρος εἰπών, εἰ μὲν ἐπ' αὐτῶν ἔμεινε, τάχα ἂν παρέσχεν ὑπονοεῖν ὡς τὸ 'πότερον κατὰ τὸ γένος ὡς λέγειν οὐσίαν πάντα' οὐχὶ περὶ τῆς γένει ἓν λεγούσης ὑποθέσεως ἐξεδέξατο, ἀλλ' ἐξηγησάμενος αὐτὸς καλῶς τὸ εἰ μὲν γὰρ ἔσται καὶ οὐσία καὶ ποσὸν καὶ ποιόν, ἐπάγει "οὐ δοκεῖ δὲ κα-
30 ταλλήλως τοῦτο ἐπενηνοχέναι τοῖς προειρημένοις. προειπὼν γὰρ ὡς ἐρωτῶν 'πῶς λέγουσιν οἱ ἓν λέγοντες τὸ ὄν, πότερον ὡς οὐσίαν ἢ ὡς ποιότητα ἢ ἄλλό τι τῶν δέκα γενῶν, ἢ ὡς ἕν τι τῶν ὑπό τι τούτων τῶν γενῶν, ὡς μίαν ἀριθμῷ οὐσίαν ἢ ἓν ποσὸν ἢ ἓν ποιόν', παρεὶς τὸ καθ' ἑκάτερον

---

2 τῷ ποιῷ Aristoteles   ἀκολουθῶν a   τήν τε] τὴν τὴν E   3 τμῆμα om. a
7 ἢ aEF: ἢ καὶ D   ἐπειδὴ a   ἓν addidi   ὄνομα aEF: ὃν D   8 ὂν] ἓν a
ἔσται aE: καὶ ἔσται DF   9 ἢ τῷ ἀριθμῷ (scil. ex coniectura) aF²: om. DEF¹
10 τῷ γένει ἢ τῷ εἴδει aF: οὕτως DE   11 τριχῶς D: τριχῶς ὡς aEF   12 post
συνεχὲς add. ἔσται a   ἢ οἷς ἂν ὁ λόγος E   15 μὴ δὲ DEF: οὐκ a   τὸ γένει
scripsi (cf. τοῦ ἀριθμῷ ἑνὸς v. 16): τῷ γένει aDEF: ⟨τὸ⟩ τῷ γένει Torstrik   18 ἑαυτοῦ
DE: αὐτῇ aF   19 τὸ ὂν ἓν aF   20 οὐσίαν τὰ π. a   ἢ ποσὰ πάντα om. F:
ἢ ποσὰ πάντα ἢ ποιὰ πάντα om. a   23 δὲ om. D   26 *πρότερον a
29 καὶ ποιὸν a: ἢ ποιὸν EF: in oblitterato loco D   32 ὑπό τι τούτων aEF: ὑπὸ
τούτων D   33 ποιὸν ἓν aF

ἐκείνων ἄτοπον δεῖξαι ἄλλο τι λαμβάνει, ὃ οὔτε ἤρετο οὔτε ἦν πιθανὸν 16ʳ
λέγειν τοὺς λέγοντας ἓν τὸ ὄν· ἀλλ' ἔμελλε, φησί, τὸ κατὰ τὴν ἐρώτησιν
αὐτῷ διαιρετικὸν τέλειον ἔσεσθαι· ἓν γὰρ ἢ τῷ ὀνόματι ἢ τῷ σημαινομένῳ.
οὐκ ἐπιφέρει οὖν, φησίν, ὡς προηρωτημένῳ τούτῳ τὰ ἄτοπα, ἀλλ' εἰς
5 πίστωσιν τοῦ δεῖν πάντως τι τούτων λέγειν αὐτούς". καλῶς δὲ ὁ Πορ-
φύριος τὴν ἐξ ἀρχῆς ἐρώτησιν τὴν λέγουσαν, πότερον οὐσίαν τὰ πάντα
ἢ ποσὰ τὰ πάντα, τοῦτο ἐνδείκνυσθαί φησιν, πότερον ὄνομα ἓν εἶναί φησι 50
πολλῶν ὄντων πραγμάτων τῶν πάντων, ἢ καὶ πρᾶγμα ἕν τι λέγουσιν εἶναι
πάντα καὶ δηλονότι ἄτομον, οἷον ἄνθρωπον ἕνα ἢ ἵππον ἕνα· γένος γὰρ ἢ
10 εἶδος λέγοντες, ἐπειδὴ κατὰ πολλῶν ἕκαστον τούτων λέγεται, καὶ τὸ πλῆθος
τῶν ὄντων ὁμολογήσουσιν. εἰ γὰρ μὴ οὕτως ἠρώτα, τίς ἦν χρεία προ-
λαβεῖν ὅτι πολλαχῶς λέγεται τὸ ὄν. εἰ δὲ τοῖς οὕτως ὑποτιθεμένοις ἐναργὲς
τὸ ἄτοπον ἦν, πολλῶν εὐθὺς πραγμάτων τιθεμένων ὑφ' | ἓν ὄνομα, οὐ χρὴ 16ᵛ
θαυμάζειν, εἰ καὶ τὸ ἐναργῶς ἄτοπον ὑπέθετο διὰ τὸ τῆς διαιρέσεως τέλειον.
15 διὰ τί δὲ ἀντέλεγε μὲν πρὸς αὐτό, ἐρωτῆσαι δὲ αὐτὸ οὐκ ἠνέσχετο; ὅλως
δὲ ἡ ὅλη θέσις τῶν ἓν τὸ ὂν λεγόντων εἴτις οὕτως ἐπιπολαίως αὐτὴν ἐκ-
δέχοιτο, παράδοξός ἐστι καὶ ἀπεμφαίνουσα, καὶ ὅμως φειδοῖ τῶν ἁπλου-
στέρων ἀντιλογίας ἠξίωται παρὰ τοῦ Ἀριστοτέλους. ὁ μέντοι Εὔδημος συν-
τομώτερον οὕτως ἐπιχειρεῖ τῷ λόγῳ· "ἐπειδὴ γάρ, φησί, πολλαχῶς τὸ 5
20 ὂν λέγεται (καὶ γὰρ οὐσίαν καὶ ποιὸν καὶ ποσὸν καὶ τὰ λοιπὰ τῶν κατὰ
τὰς διαιρέσεις εἶναί φαμεν), παρὰ ποῖον ἄρα τούτων οὐκ ἔσται τι ἄλλο;"
τουτέστι τίνος ὄντος δυνατὸν τὰ ἄλλα μὴ εἶναι. "καὶ δηλονότι, φησί, παρὰ
τὴν οὐσίαν μάλιστα ἂν εἴποι τις. τὰ μὲν γὰρ ἄλλα ἔν τινι φαίνεται ἀεί,
ὥστε ἐκείνων ὄντων ἔσται καὶ τὸ ἐν ᾧ· οὐσίας δὲ μὴ οὔσης οὐθὲν δοκεῖ
25 ὑποκεῖσθαι. εἰ δὲ ὑπόκειται μὲν μηδέν, ζῷα δὲ ἔσται, ἆρα τὸ βαδίζειν οὐκ
ἔσται οὐδὲ τὸ πράσσειν καὶ κινεῖσθαι οὐδὲ καλὸν οὐδὲ ἄλλο τῶν τοιούτων 10
οὐθέν; πῶς οὖν οὐκ ἄτοπον; τὸ δὲ δὴ ποσὸν οὐκ ἐνδέχεται μὴ ποιεῖν αὐτοῖς
τῶν ὄντων· οὔτε γὰρ ἄπειρον οὔτε πεπερασμένον ἀποφαίνουσι τὸ ὄν, εἴπερ
ἐστὶ ταῦτα ποσότητος πάθη." ἀλλ' ἐπειδὴ καὶ τὰ τοῦ Εὐδήμου προσι-
30 στόρηται, τὰ κατὰ τὴν λέξιν ἐπιστάσεως ἄξια προσθετέον. τὸ μὲν οὖν πρὸ
πάντων τὰ σημαινόμενα τοῦ ὄντος, ὅπερ νῦν εἰς ζήτησιν πρόκειται, δια-

---

4 προηρωτημένα D 5 τί τούτων DE: τούτων τι aF 6 οὐσίαν aE: οὐσία DF
7 τὰ πάντα om. D ὄνομα ἓν ὄνομα E 8 φησι (ante πολλῶν) om. a: φασι coniecit
Torstrik 9 ἕνα (post ἵππον) E: om. aDF 11 ἡ χρεία a 14 τὸ (post καὶ) om. a
ναργὲς E 15 διατὶ libri: fort. διὰ τοῦτο 16 εἴτις οὕτως ἐπιπολαίως αὐτὴν D: εἴτις
οὕτως αὐτὴν ἐπιπολαίως E: οὕτως εἴτις αὐτὴν ἐπιπολαίως aF εἰσδέχοιτο aF
18 Εὔδημος fr. 5 p. 6, 20 Sp. 19 τὸ ὂν πολλαχῶς aF 20 ποσὸν καὶ ποιὸν a
21 ποιὸν E τοῦτο F 22 τουτέστι — εἶναι Simplicii paraphrasin Eudemeis con-
tinuavit Spengel 23 φαίνηται a 24 μὴ E: om. aDF οὐδὲν aF 25 μηδέν
DEF: οὐδὲν a: τι coniciebat additio ταῦτα post ζῷα δὲ Torstrik. immo intellege: *si autem
nihil est subiectum, si e. g. animalia ponas, nempe* [ἆρα cf. Eudemi fr. 6 p. 85, 29 cf. ind.
Arist. p. 90ᵇ 38] *ambulare cetera eis tribui non poterunt*. ἄρα aEF 27 οὐδὲν DF
δὲ fort. delendum 28 ἀποφαίνουσι DEF: ἀποφαίνοιεν ἂν a, non adgnito participio
ἀποφαίνουσι, cui ex enuntiato priori est supplendum ἐνδέχεται αὐτοῖς ποιεῖν (τι) τῶν
ὄντων 29 ἐπεὶ D 30 τὴν om. D προθετέον a

στείλασθαι καὶ τὸ οἰκεῖον παράγγελμα φυλάττοντός ἐστι τὸ δεῖν πρῶτον 16ᵛ
ἐπὶ παντὸς προβλήματος τί σημαίνει τοὔνομα διορίζεσθαι καὶ τί ἐστιν 15
ἕκαστον μανθάνειν. ἀκολουθεῖ δὲ καὶ τῷ Πλάτωνι λέγοντι ἐν Φαίδρῳ·
"περὶ παντός, ὦ παῖ, μία ἀρχὴ εἰδέναι περὶ οὗ ἂν ᾖ ἡ βουλή, ἢ παντὸς
5 ἁμαρτάνειν ἀνάγκη". ὁ γὰρ ἀγνοῶν αὐτὸ οὐδ' ἂν ἐνστῆναι πρὸς αὐτὸ
δύναιτο. τὸ δὲ ἐπεὶ πολλαχῶς λέγεται τὸ ὂν οὐκ ἐρωτῶντός ἐστιν,
ἀλλ' ἐκ τῆς ἐναργείας λαμβάνοντος καὶ τῇ ἐν Κατηγορίαις διαιρέσει θαρ-
ροῦντος καὶ ζητοῦντος λοιπόν, εἰ πολλαχῶς λεγομένου τοῦ ὄντος δυνατὸν 20
καθ' ὁντινα οὖν τρόπον ἀληθεύειν ἐκείνους τοὺς ἓν τὸ ὂν λέγοντας.
10 καλῶς δὲ ἄτοπον εἰπὼν τὸ πάντα ποιὸν ἢ ποσὸν εἶναι ἐπήγαγεν εἰ
δεῖ ἄτοπον λέγειν τὸ ἀδύνατον. καὶ γὰρ ἄτοπον μὲν καὶ τὸ ἁπλῶς
ψεῦδος, ἐπίτασις δὲ τοῦ ψεύδους τὸ ἀδύνατον· καὶ γὰρ τὸ μὲν ἄτοπον τῷ
εὐλόγῳ ἀντίκειται σημαῖνον ἤτοι τὸ παράδοξον, ὃ μὴ τοπάσαι ἄν τις, ἢ τὸ
χώραν μὴ ἔχον· τὸ δὲ ἀδύνατον τῷ ἀναγκαίῳ ἀντίκειται. πῶς οὖν τοῦτο
15 ἀδύνατον; ὅτι οὔσης μὲν οὐσίας ἤτοι ταὐτόν ἔσται οὐσία καὶ ποιὸν ἢ ἅμα
ἕν τε καὶ οὐχ ἓν τὸ ὄν· μὴ οὔσης δέ, ἐπειδὴ μὴ ἔστι τῆς οὐσίας χωριστὸν 25
τὸ ποιόν, οὐδ' ἂν αὐτὸ εἴη. ὡς οὖν τοῦ εὐλόγου τὸ ἀναγκαῖον ἐπίτασίς
ἐστιν, οὕτως καὶ τοῦ ἀτόπου τὸ ἀδύνατον. πρῶτον δὲ εἶπε τὰ ἐπόμενα
ἄτοπα τοῖς ποιὸν εἶναι λέγουσι τὰ πάντα ἤ τι τῶν ἄλλων γενῶν, εἴτε
20 οὔσης οὐσίας εἴτε μὴ οὔσης. καὶ γὰρ οὔσης μὲν ἔσται καὶ αὐτὴ καὶ τὸ
ἄλλο γένος, μὴ οὔσης δὲ χωρὶς οὐσίας ἔσται τὰ συμβεβηκότα. ὅτι δὲ γέ-
γονέ τις ὑπόνοια ἄλλο τι γένος παρὰ τὴν οὐσίαν εἶναι τὸ ὄν, πιστοῦται ἐκ
τοῦ Μέλισσον ἄπειρον λέγειν τὸ ὄν, ὅπερ τοῦ ποσοῦ ἐστιν ἴδιον. καὶ τοὺς 30
ἄλλο τι παρὰ τὸ ποσὸν λέγοντας τὸ ὂν εὐθύνει ὡς οὐ συμφωνοῦντας Παρ-
25 μενίδῃ καὶ Μελίσσῳ, τῷ μὲν πεπερασμένον, τῷ δὲ ἄπειρον ὑποθεμένῳ τὸ
ὄν. καὶ οὕτως τοὺς τὴν οὐσίαν ὑποτιθεμένους τὸ ὂν ἐλέγχει τῷ αὐτῷ ἐπι-
χειρήματι, ᾧ καὶ τοὺς ποιὸν ἤ τι ἄλλο παρὰ τὸ ποσόν, τῷ μηκέτι δύνασθαι
ἄπειρον λέγειν. δῆλον δὲ ὅτι οὐδὲ πεπερασμένον. ὅπερ ἴσως ὡς σαφὲς πα-
ρῆκε νῦν· μετ' ὀλίγα δὲ καὶ τοῦτο προσέθηκεν. ἐπάξει δὲ καὶ ἄλλα ἄτοπα 35
30 τοῖς ἓν τὸ ὂν ὡς οὐσίαν λέγουσιν, ὅταν τὸ ὅπερ ὂν πρόθηται σκοπεῖν· τῷ
δὲ καθ' ὑποκειμένου χρῆται νῦν οὐ ⟨τῷ⟩ τὸ καθόλου σημαίνοντι, ἀλλ' ἀντὶ

---

1 φυλάττεσθαιοντος F   2 ἐστιν om. aF   3 Φαίδρῳ p. 237ᴮ   4 μία ἀρχὴ
τοῖς μέλλουσι καλῶς βουλεύεσθαι εἰδέναι δεῖ περὶ κτλ. Plato   5 ἐνστῆναι a: στῆναι DEF
6 δύναιτο] λέγοιτο D   πλεοναχῶς] a   8 ἀδύνατον E   9 καθ' ὁντιναοῦν τρόπον δυνατὸν
aF   10 πάντα ἢ ποιὸν ἢ ποσὸν εἶναι εἶναι sic D   11 δεῖ] δὴ D   12 γὰρ om. a
13 μὴ τοπάσαι Brandis: μὴ (μῆ a) τὸ πάσαι aEF: μη το πάσαιτο D   14 ἔχων F
16 δὲ (post οὔσης) om. F   ἐπεὶ μὴ δὲ ἔστι aF   χωριστὸν τῆς οὐσίας a   18 τοῦ
τόπου E¹   19 ἤ τι] εἴ τι F   20 αὐτὴ DF: αὕτη E: αὐτὸ a   τὰ ἄλλα γένη D
21 δὲ καὶ coni. Torstrik   24 παρμενίδει D   26 ὑποθεμένους aF   27 ποσόν]
ὂν coniciebat Torstrik   29 μετ' ὀλίγα p. 189ᵇ 18] μετ' ὀλίγον D   30 πρόθηται]
aF: πρόσθηται E: πρόκειται D   τῷ] τὸ F   31 ὑποκειμένῳ D   χρῆται — ἀλλ'
aE: om. D: χρῆται — ὑποκειμένῳ (76, 1) om. F   τῷ add. a: om. E   σημαίνοντι
Brandis: σημαῖνον aE

τοῦ ἐν ὑποκειμένῳ· εἴωθε γὰρ τὰ μὴ καθ' αὑτὰ ὄντα ἀλλ' ἑτέρου πρὸς 16ᵛ
τὸ εἶναι δεόμενα καθ' ὑποκειμένου λέγειν, ὡς λεγόμενα κατὰ τῶν ὑποκει-
μένων. οὐ γὰρ τὰ ὑποκείμενα κατὰ τῶν συμβεβηκότων κατηγορεῖται, ἀλλὰ
τὰ συμβεβηκότα κατὰ τῶν ὑποκειμένων. "λέγεται οὖν, φησὶν ὁ Ἀλέξανδρος,
5 καθ' ὑποκειμένου πάντα οἷς πρὸς τὸ εἶναι ὑποκειμένου τινὸς δεῖ. τοιαῦτα 40
γὰρ καὶ τὰ κυρίως καθ' ὑποκειμένου φησίν, ἐπειδὴ οὐδὲν οἶδε καθόλου
χωριστόν. ἀλλὰ πῶς τὸ ἄπειρον ἐν τῷ ποσῷ φησιν εἶναι; ἢ ὡς ἐν γένει
τῷ ποσῷ· τοῦ γὰρ ποσοῦ τὸ μὲν ἄπειρον, τὸ δὲ πεπερασμένον· ἢ ὅτι τὸ
ἄπειρον μόνου τοῦ ποσοῦ καθ' αὑτὸ κατηγορεῖται, τῶν δὲ ἄλλων γενῶν
10 οὐδενός. καθ' αὑτὰ γὰρ κατηγορεῖται ὅσα τε ἐν τῷ ὁριστικῷ λόγῳ τινὸς
παραλαμβάνεται, ὡς ἀνθρώπου καθ' αὑτὸ κατηγορεῖται τὸ ζῷον, καὶ τὰ
ἐν τῷ ὁριστικῷ λόγῳ τῶν ὑπαρχόντων αὐτοῖς παραλαμβανόμενα, ὡς τὸ 45
ἄρτιον τῷ ἀριθμῷ καθ' αὑτὸ ὑπάρχει, ἐπεὶ ἐν τῷ τοῦ ἀρτίου λόγῳ ὁ
ἀριθμὸς παραλαμβάνεται. ὁριζόμενοι γὰρ τὸ ἄρτιον λέγομεν ἀριθμὸς εἰς
15 ἴσα διαιρούμενος. καὶ δέδεικται ταῦτα ἐν τοῖς Ὑστέροις ἀναλυτικοῖς. εἰ δέ
τις τὸ ἄρτιον ὡς εἶδος τοῦ ἀριθμοῦ λαμβάνων οὐκ ἀξιοῖ συμβεβηκὸς αὐτοῦ
εἶναι, τὴν ῥῖνα λαμβανέτω καὶ τὴν σιμότητα εἰς παράδειγμα. ἐν γὰρ τῷ
τῆς σιμότητος ὁρισμῷ παραλαμβάνεται ἡ ῥίς, ὅταν λέγωμεν σιμότητα εἶναι 50
κοιλότητα ἐν ῥινί. καὶ τὸ ἄπειρον δὲ τοῦ ποσοῦ κατηγορεῖται καθ' αὑτό, διότι
20 ἐν τῷ τοῦ ἀπείρου λόγῳ τὸ ποσὸν παραλαμβάνεται. διττὸν δὲ τὸ ἄπειρον
ὥσπερ καὶ τὸ λευκόν· καὶ τὸ μὲν ἄπειρον τὸ σημαῖνον τὴν ἀπειρίαν πάθος
ἐστὶ ποσότητος, τὸ δὲ ἄπειρον τὸ πεπονθὸς τὴν ἀπειρίαν ποσόν ἐστιν ἀδιεξί-
τητον. πανταχόθεν οὖν προσχρῆται τῷ ὁρισμῷ τοῦ ποσοῦ τὸ ἄπειρον.
καθ' αὑτὸ ἄρα αὐτῷ ὑπάρχει, ὥστε καὶ μόνῳ· οὐ γὰρ οἷόν τε τὸ αὐτὸ
25 πλείοσιν ἀνομογενέσι καθ' αὑτὸ ὑπάρχειν. διὸ | ὡς αὐτός φησιν ὁ τοῦ 17ʳ
ἀπείρου λόγος τῷ ποσῷ προσχρῆται, ἀλλ' οὐκ οὐσίᾳ οὐδὲ τῷ
ποιῷ. εἰ δέ τις οὐσίαν λέγων τὸ ὂν ἄπειρον λέγοι, κατὰ συμβεβηκὸς ἂν
ὑπάρχοι τῇ οὐσίᾳ τὸ ἄπειρον. οὐ γὰρ καθὸ οὐσία, ἀλλὰ καθὸ ποσόν·
ὥστε οὐκ ἔστιν ἓν τὸ ὄν, εἴπερ ποσὸν καὶ οὐσία. ἀλλὰ πῶς καθολικὴν
30 νῦν ποιούμενος τὴν ἀπάντησιν, ὕστερον δὲ μέλλων πρὸς τοὺς περὶ Μέλισσον
ἀντερεῖν, ὅταν λέγῃ "καὶ ἐξ ὧν ἐπιδεικνύουσι λύειν οὐ χαλεπόν", νῦν ὅμως 5
τὴν Μελίσσου δόξαν ἀτοπίᾳ περιβάλλειν δοκεῖ; ἢ νῦν οὐ προηγουμένως αὐ-

---

1 ὑποκειμένῳ ἐχρήσατο. εἴωθε D   3 οὐ γὰρ — τῶν ὑποκειμένων (4) om. F   4 λέ́ Eⁱ:
ει superscr. E²   ὁ (post φησὶν) om. E   5 δεῖται E   7 ἐν aE: om. DF
9 μόνον F   τῶν δὲ — κατηγορεῖται (10) om. F   10 αὐτὰ D: αὐτὸ aE   ὁριστῶ E
13 καθ' αὐτὸ τῷ ἀριθμῷ D   τοῦ supra add. D   ἀρτίῳ D: ἀρτίως ut vid. E¹
18 λέγομεν F   19 κοι vocis κοιλότητα in lit. D   σιμότητα] σιμότητος D²   21 ὥσπερ
om. D   τὸ (post ἄπειρον) om. D   23 τῷ ὁρισμῷ τοῦ ποσοῦ DF: τῷ ποσῷ τοῦ
ποσοῦ E: τῷ ποσῷ ἐν τῷ ὁρισμῷ a   24 ἄρα καθ' αὐτὸ D   αὐτῷ aEF: αὐτὸ D
τὸ αὐτὸ ante καθ' αὑτὸ (25) colloc. aF   25 ἀνομοιογενέσι aF   28 ὑπάρχῃ libri: corr.
Torstrik   29 καὶ οὐκ οὐσία E (et D?) sed cf. Arist. p. 185ᵇ2   πῶς καὶ ὀλίκην F
30 νῦν om. F   31 λέγῃ p. 186ᵃ5   32 ἀτοπίᾳ D: ἀτόπῳ aEF

SIMPLICII IN PHYSICORUM I 2 [Arist. p. 185ᵃ20]   77

τῆς ἐμνήσθη, ἀλλ' ὑποθέμενος ποσόν τι ἢ ποιὸν λέγειν τὸ ὄν, ἵνα μὴ τὸ 17ʳ
μηδενὶ δοκοῦν ὑποτιθέμενος φαίνηται, τὸν Μελίσσου λόγον παρήγαγε.
μήποτε δὲ ἡ μὲν ἐπιχείρησις αὐτῷ καθολικὴ γέγονεν· ἀνάγκη γὰρ τὸ ὂν
ἢ πεπερασμένον ἢ ἄπειρον ὑποτίθεσθαι, ἑκατέρως δὲ ποσὸν ἀνάγκη λέγειν
5 τὸ ὄν, μάρτυρα δὲ τῆς ὑποθέσεως παραφέρει τὸν Μέλισσον· ἐφεξῆς δὲ καὶ
τὸν Παρμενίδην συντάττει. ἔν τισι δὲ τῶν ἀντιγράφων οὕτως γέγραπται 10
Μέλισσος δὲ τὸ ἓν ἄπειρον εἶναί φησι· ποσὸν ἄρα τι τὸ ἕν. καὶ
εἴη ἂν τὸ ἓν τὸ παρ' αὐτοῖς λέγων, ὅπερ ἦν τὸ ὄν.

Ἐπειδὴ δὲ ὁ Ἀφροδισιεὺς Ἀλέξανδρος καὶ δι' οἰκείων ἐπιχειρημάτων
10 ἀντιλέγειν ἀξιοῖ τοῖς ἓν τὸ ὂν λέγουσι, φέρε συντόμως ἴδωμεν, πῇ καὶ
αὐτὸς εὖ λέγειν δοκεῖ καὶ ἡ παλαιὰ φιλοσοφία μένει ἀνέλεγκτος. "πρὸς
γὰρ τοὺς λέγοντας, φησί, μὴ εἶναι τὰ ἄλλα τὰ ἐν γενέσει ⟨καὶ φθορᾷ⟩ ὡς
ποτὲ μὲν ὄντα ποτὲ δὲ μὴ ὄντα, μόνην δὲ εἶναι τὴν ἀΐδιον οὐσίαν διὰ τὸ 15
μηδαμῶς τοῦ μὴ εἶναι μετέχειν, πρῶτον ἀπὸ τῆς ἐναργείας καὶ τῆς κοινῆς
15 ἐννοίας καὶ χρήσεως ῥητέον. πᾶσι γὰρ ὄντα τε εἶναι δοκεῖ καὶ οὕτως
φρονοῦσί τε καὶ λέγουσιν. ἔπειτα, εἰ διότι γίνεται καὶ φθείρεται οὔ φασιν
αὐτὰ εἶναι, ἐπειδὴ καὶ τὸ γινόμενον ὄν τι γίνεται καὶ τὸ φθειρόμενον ἐξ
ὄντος φθείρεται, εἴη ἂν καὶ τὸ γινόμενον καὶ τὸ φθειρόμενον τῶν ὄντων.
οὐ γὰρ εἰ μὴ ὁμοίως ἐστὶ τοῖς ἀϊδίοις, διὰ τοῦτο οὐκ ἔστι. καὶ εἰ διὰ
20 τοῦτο μὴ ἔστι, φησίν, ὅτι φθείρεται, ὅτε μὴ φθείρεται καὶ καθ' ὃ μὴ
φθείρεται, κατὰ τοῦτο ἂν εἴη καὶ τότε." πρὸς δὴ ταῦτα καὶ τὰ τοιαῦτα 20
κοινὸς λεγέσθω ὁ λόγος, ὅτι ὥσπερ λευκὸν λέγομεν καὶ τὸ ὁπωσοῦν λευ-
κότητι παρακεχρωσμένον, κἂν πλείονι τῷ ἐναντίῳ συναναπέφυρται, λευκὸν
δὲ καὶ τὸ ἀμιγὲς τοῦ ἐναντίου, καὶ καλὸν ὁμοίως, καὶ κυρίως μὲν τούτων
25 ἕκαστον λέγεται τὸ εἰλικρινῶς τοιοῦτον, ὁλοσχερῶς δὲ καὶ καταχρηστικῶς
τὸ τῷ ἐναντίῳ συμμεμιγμένον, οὕτως καὶ τὸ ὂν κυρίως μὲν ἂν λέγοιτο τὸ
κατὰ πάντα ὂν ὁμοῦ πᾶν. τὸ δὲ γινόμενον καὶ φθειρόμενον πρὸ μὲν τοῦ 25
γενέσθαι οὔπω ἔστι, μετὰ δὲ τὸ φθαρῆναι οὐκέτι ἔστιν· καὶ ὅτε δὲ εἶναι
δοκεῖ τοῦτο, ἐπειδὴ ἐν τῷ γίνεσθαι καὶ φθείρεσθαι τὸ εἶναι ἔχει μηδέποτε
30 'ἐν ταὐτῷ μένον', οὐδὲ τότε ὂν ἂν λέγοιτο κυρίως, ἀλλὰ γινόμενον καὶ
φθειρόμενον διὰ τὴν συνεχῆ ῥοὴν τὴν πάντα ἐναλλάσσουσαν· ἣν ὁ Ἡράκλειτος
ᾐνίξατο διὰ τοῦ 'εἰς τὸν αὐτὸν ποταμὸν δὶς μὴ ἂν ἐμβῆναι' τῇ ἐνδελεχεῖ
τοῦ ποταμοῦ ῥοῇ τὴν γένεσιν ἀπεικάζων πλέον τὸ μὴ ὂν ἔχουσαν τοῦ ὄντος·
τὸ γὰρ ὄν, ὥς φησιν ὁ Παρμενίδης, ἄλλα ἔχει σημεῖα. κάλλιον δὲ αὐτῶν 30

---

1 τι post ποιόν add. a   μὴ a: μὴ δὲ E: om. DF   2 τοῦ post τὸν add. aF   7 ἓν
DE cf. p. 52, 11 n.: ὂν aF   καὶ εἴη ἂν τὸ ἓν om. D   8 τὸ ἓν τὸ παρ' αὐτοῖς E: παρ'
αὐτοῖς τὸ ἓν aF   λέγον a   11 σοφία a   12 καὶ φθορᾷ om. DEF: add. a
13 δὲ (post ποτὲ) om. E   μόνην D: μόνον aEF   τὴν ἀΐδιον εἶναι D   14 ἐναρ-
γίας D   16 φθείρεται καὶ γίνεται a   17 καὶ (post ἐπειδὴ) aF: om. DE   18 τὸ
(ante φθειρόμενον) om. DE   20 μὴ DEF: οὐ a   ὅτε] ὅτι E   22 ὁ D: om. aEF
καὶ τὸ DE: τὸ καὶ aF   23 περικεχρωσμένον E²   24 καὶ (ante κυρίως) om. F
25 λέγεται ἕκαστον D   27 ὄντο μοῦ F   28 οὐκέτι] οὔπω F   29 μήποτε a
30 ἐν ταὐτῷ μένον meminit Parmenidis v. 84 K.   31 Ἡράκλειτος fr. 41 Byw.

ἀκούειν τῶν περὶ τοῦ κυρίως ὄντος ὑπ' αὐτοῦ λεγομένων καὶ ἀποδεικνυμένων. 17ʳ
μεμψάμενος γὰρ τοῖς τὸ ὂν καὶ τὸ μὴ ὂν συμφέρουσιν ἐν τῷ νοητῷ
οἷς τὸ πέλειν τε καὶ οὐκ εἶναι ταὐτὸν νενόμισται
κοὐ ταὐτόν,
5 καὶ ἀποστρέψας τῆς ὁδοῦ τῆς τὸ μὴ ὂν ζητούσης
ἀλλὰ σὺ τῆσδ' ἀφ' ὁδοῦ διζήσιος εἶργε νόημα,
ἐπάγει
μοῦνος δ' ἔτι μῦθος ὁδοῖο
λείπεται, ὡς ἔστι. ταύτῃ δ' ἐπὶ σήματ' ἔασι
10 πολλὰ μάλα·
καὶ παραδίδωσι λοιπὸν τὰ τοῦ κυρίως ὄντος σημεῖα·
ὡς ἀγένητον ἐὸν καὶ ἀνώλεθρόν ἐστιν,   35
οὖλον μουνογενές τε καὶ ἀτρεμὲς ἠδ' ἀτέλεστον,
οὐδέ ποτ' ἦν οὐδ' ἔσται, ἐπεὶ νῦν ἐστιν ὁμοῦ πᾶν
15 ἕν συνεχές· τίνα γὰρ γένναν διζήσεαι αὐτοῦ;
πῇ πόθεν αὐξηθέν; οὔτ' ἐκ μὴ ἐόντος ἐάσω
φάσθαι σ' οὐδὲ νοεῖν· οὐ γὰρ φατὸν οὐδὲ νοητὸν
ἐστὶν ὅπως οὐκ ἔστι. τί δ' ἄν μιν καὶ χρέος ὦρσεν
ὕστερον ἢ πρόσθεν τοῦ μηδενὸς ἀρξάμενον φῦν;
20 οὕτως ἢ πάμπαν πέλεναι χρεών ἐστιν ἢ οὐχί,
οὐδέ ποτ' ἐκ μὴ ἐόντος ἐφήσει πίστιος ἰσχὺς
γίνεσθαί τι παρ' αὐτό. τοῦ εἵνεκεν οὔτε γενέσθαι
οὔτ' ὄλλυσθαι ἀνῆκε δίκη χαλάσασα πέδησιν.   40
Ταῦτα δὴ περὶ τοῦ κυρίως ὄντος λέγων ἐναργῶς ἀποδείκνυσιν, ὅτι ἀγέ-
25 νητον τοῦτο τὸ ὄν· οὔτε γὰρ ἐξ ὄντος, οὐ γὰρ προϋπῆρχεν ἄλλο ὄν· οὔτε
ἐκ τοῦ μὴ ὄντος, οὐδὲ γὰρ ἔστι τὸ μὴ ὄν. καὶ διὰ τί δὴ τότε, ἀλλὰ μὴ
καὶ πρότερον ἢ ὕστερον ἐγένετο; ἀλλ' οὐδὲ ἐκ τοῦ πῇ μὲν ὄντος πῇ δὲ μὴ
ὄντος, ὡς τὸ γενητὸν γίνεται· οὐ γὰρ ἂν τοῦ ἁπλῶς ὄντος προϋπάρχοι τὸ
πῇ μὲν ὂν πῇ δὲ μὴ ὄν, ἀλλὰ μετ' αὐτὸ ὑφέστηκε. καὶ ὁ παρὰ Πλάτωνι

---

2 ταῖς D   συμφύρουσιν coni. Torstrik   3 οἷς — ταὐτόν (4) Parmen. vv. 50. 51 Karst.,
58. 59 St. cf. f. 25ʳ 54   4 κοὐ] καὶ οὐ D   6 ἀλλὰ κτλ. vv. 52—69 K., 61—75 St.
cf. f. 31ʳ 12. 48   ἀλλὰ σὺ om. (lac. x litt. rel.) F   λέγων post σὺ add. a   τῆσδ'
ἀφ' ὁδοῦ aDF: τῆδ' ἀμφ' ὁδοῦ E   διζήσεως E   8 μοῦνος DE: μδνος aF: μόνης
Stein   δ' ἔτι a: δέ τι DEF   9 ἐπίσημα τ' D   ἔασσι a   12 ἐστι F: ἕν
ἐστίν aDE   13 τε om. a   ἠδ' ἀτέλεστον D: ἠδ' ἀτέλεστον F: ἢ δι' ἀτέλεστον E:
ἠδ' ἀτέλευτον a cf. ad p. 30, 2 f. 26ʳ 22   15 γένναν recte f. 31ʳ 51   διζήσεται F
16 ἐόντος E: ὄντος aDF   17 σε libri   19 ἀρξαμένου commendabat Torstrik
φῦν E: φῦ (ie. φυὲν) F: φύναι D: φύναι a   20 πέλεναι sic libri: πέλεμεν Karsten
οὐχί sic libri: οὐχί Karsten   21 ἐκ μὴ ὄντος DE ut infra f. 31ʳ 53: ἐκ γε μὴ ὄντος aF:
ἐκ τοῦ ἐόντος Karsten: ἐκ γε πέλοντος Stein, ἐκ πῃ ἐόντος ex Simplicii paraphrasi v. 27
efficias   ἐφήσει aE   22 γίνεσθαι] γενέσθαι a   23 οὔτ' ἀπολέσθαι conieci Herm.
XV 162: οὔτε ὀλέσθαι Torstrik   πέδησιν EF Bergk: πέδῃσι aD: πέδησιν vulgo
26 οὐδὲ scripsi: οὔτε DEF: οὐ a   τὸ τὸ μὴ ὄν F   μὴ καὶ aD: καὶ μὴ EF
27 ἢ post πρότερον super add. D: om. aEF (in mrg. ζήτει F)   μὴ ὄντος] οὐκ ὄντος a

δὲ Τίμαιος "τό τε ἦν ἔσται τε, φησί, χρόνου γεγονότα εἴδη, ἀναφέροντες 17ʳ
λανθάνομεν ἐπὶ τὴν ἀίδιον οὐσίαν οὐκ ὀρθῶς. λέγομεν γὰρ δὴ ὡς ἦν ἔστι 45
τε καὶ ἔσται· τῇ δὲ τὸ ἔστι μόνον κατὰ τὸν ἀληθῆ λόγον προσήκει. τὸ
δὲ ἦν καὶ τὸ ἔσται περὶ τὴν ἐν χρόνῳ γένεσιν ἰοῦσαν πρέπε. λέγεσθαι".
5 ὥστε εἰ μὲν ὁπωσοῦν ὑφεστηκότα τὰ ἐν γενέσει καὶ διὰ τοῦτο κατα-
χρηστικῶς ὄντα λεγόμενα, κἂν πλείονι τῷ μὴ ὄντι συναναπέφυρται, βού-
λεται δεῖξαι ὁ Ἀλέξανδρος καὶ τῇ παρὰ τοῖς πολλοῖς τοῦ ὀνόματος χρήσει
ἐπαναπαύεται, οὐ πολλῶν δεήσεται λόγων. εἰ δὲ οἴεται κυρίως ὂν εἶναι τὸ 50
γινόμενον καὶ φθειρόμενον, ἐν ᾧ πλέον τοῦ ὄντος τὸ μὴ ὄν, οὔτε τοῖς ὑπὸ
10 τοῦ Παρμενίδου ῥηθεῖσι σημείοις τοῦ ὄντος παρηκολούθησεν, οὔτε τῷ Ἀρι-
στοτέλει προσέχει τὸν νοῦν καλῶς τὸ Παρμενίδειον "ὅπερ ὄν" καλέσαντι
τουτέστι κυρίως ὄν. μέμφεται δὲ ὁ Ἀλέξανδρος τοῖς περὶ Παρμενίδην καὶ
Μέλισσον καὶ ὅτι ἀκίνητον δεικνύουσι τὸ ὄν, διότι τὸ κινούμενον ἐξίστασθαι
δοκεῖ τούτου ἐν ᾧ ἐστιν· εἰ οὖν καὶ τὸ ὂν κινοῖτο, ἐκσταίη ἂν τούτου ἐν
15 ᾧ ἐστιν· ἔστι δὲ ἐν τῷ εἶναι. τὸ δὲ ἐξιστάμενον τοῦ εἶναι | φθείρεται· 17ᵛ
ἄφθαρτον δὲ τὸ ὄν. "ἀλλ' εἰ μὲν ἡ κατ' οὐσίαν, φησίν, ἦν μόνη κίνησις,
ἣν μεταβολὴν ἄν τις κυριώτερον ἀλλ' οὐ κίνησιν λέγοι, ἴσως εὐλόγως ἂν
ταῦτα αὐτοῖς ἐλέγετο. καίτοι οὐδὲ τὸ κατ' οὐσίαν τὴν αὑτοῦ μεταβάλλον
εἰς τὸ μὴ εἶναι ἁπλῶς, ἀλλ' εἰς τὸ μὴ τοῦτο εἶναι ὃ ἦν, ἄλλο δέ τι, μετα-
20 βάλλει· ἀλλ' εἴπερ ἄρα, τὸ κατ' οὐσίαν μεταβάλλον ἁπλῶς οὐ τήνδε. ἐπεὶ
δὲ πλείους εἰσὶ κινήσεις, ὧν καὶ ἡ κατὰ ποιότητα οὐκ οὖσα κατ' οὐσίαν, 5
κενόν, ὥς φησι, καὶ μάταιον τὸ δέος αὐτῶν". καὶ θαυμαστὸν ὅτι αὐτὸς
ὁμολογήσας ὅτι "τὸ κατ' οὐσίαν μεταβάλλον οὐ τήνδε ἀλλ' ἁπλῶς" εἰς
τὸ μὴ ὂν ἂν οἴχοιτο, μέμφεται τοῖς λέγουσιν, εἰ μεταβάλλοι τὸ ἁπλῶς ὂν
25 καὶ κυρίως ὄν, φθείρεσθαι. εἰ μὲν γὰρ τοιόνδε ὂν ἦν, ἐξιστάμενον τοῦ
τοιοῦδε οὐδὲν ἐκώλυε τὸ ⟨εἰς⟩ ἄλλο τοιόνδε μεταβάλλειν· ἐπεὶ δὲ ἁπλῶς ὄν,
ἐξιστάμενον τούτου τί ἂν γένοιτο; πῶς ⟨δ'⟩ ἂν ἐκεῖνο τὸ ὂν ἀλλοιοῖτο τὸ
ἀεὶ κατὰ τὰ αὐτὰ καὶ ὡσαύτως ἔχον, τὸ μήτε αὐτὸ συμβεβηκὸς ἄλλῳ μήτε 10
ἄλλο τι συμβεβηκὸς ἔχον, ἀλλ' αὐτὸ τοῦτο ὂν ὅπερ ἐστί; καλῶς οὖν ὁ
30 Παρμενίδης προδείξας διὰ τῶν πρότερον εἰρημένων ὅτι ἀγένητον καὶ ἄφθαρ-
τόν ἐστι τὸ ὄν, ἐπήγαγεν

αὐτὰρ ἀκίνητον μεγάλων ἐν πείρασι δεσμῶν

---

1 Τίμαιος p. 37ᴇ   τό F   ἔσται τε] τό τ' ἔσται Plato   ἃ δὴ φέροντες Platonis
libri   2 δὴ om. a   4 καὶ τὸ ἔσται DE: καὶ ἔσται aF: τό τ' ἔσται Plato   γέ-
νησιν E   ἰοῦσαν DE et in mrg. F: οὖσαν a et littera prima erasa F   7 περὶ comp.
E¹: corr. E²   9 τοῦ ὄντος om. aF   11 ὅπερ ὂν 186ᵃ33   καλέσαντος D
14 εἰ οὖν — ἐν ᾧ ἐστιν F   17 ἂν ταῦτα εὐλόγως D   18 τὴν αὐτοῦ EF: τὸν αὐτοῦ D:
τὴν ἑαυτοῦ a   19 εἰς prius] εἷς E   20 ante et post οὐ τήνδε lacunam IV vel V lit-
terarum reliquit F et in mrg. ζήτει tamquam si quid deesset   23 ⟨τὸ post ὅτι⟩ om. F
24 τοῖς ἀνιοῦσιν F   25 ἦν om. F   26 ἐκώλυε τὸ a: ἐκωλύετο DEF   εἰς a:
om. DEF   μεταβάλλειν E: μεταλαβεῖν DF: μεταβαλεῖν a   ἐπεὶ δὴ F   27 δ' a:
om. DEF   30 ὅτι ex ἔτι (?) corr. E²   32 αὐτὰρ κτλ. vv. 81—83 K. 87—89 St.
cf. p. 39, 27 f. 31ᵛ 6

ἐστὶν ἄναρχον ἄπαυστον, ἐπεὶ γένεσις καὶ ὄλεθρος
τῆδε μάλ' ἐπλάγχθησαν.
ἐξ οὗ καὶ δῆλον, ὅτι ἄλλο τὸ αἰσθητὸν οἶδεν, ἐν ᾧ γένεσις καὶ ὄλεθρος,
καὶ ἄλλο τὸ νοητὸν ὄν. καὶ Μέλισσος δὲ τὸ ἀκίνητον δείκνυσι προανελὼν
τὸ κενὸν τοῦ ὄντος, τουτέστι τὸ μὴ ὄν. εἰ γὰρ ἐκινεῖτο, φησί, τὸ ὄν, ἦν
ἄν τι κενὸν τοῦ ὄντος εἰς ὃ ἐκινεῖτο τὸ ὄν. ἀλλ' οὐκ ἔστι· πλῆρες γάρ
ἐστι τὸ ὄν. γράφει δὲ οὕτως "οὐδὲ κενεόν ἐστιν οὐδέν. τὸ γὰρ κενεὸν οὐ-
δέν ἐστιν· οὐκ ἂν οὖν εἴη τό γε μηδέν. οὐδὲ κινεῖται· ὑποχωρῆσαι γὰρ
οὐκ ἔχει οὐδαμῇ, ἀλλὰ πλέων ἐστίν. εἰ μὲν γὰρ κενεὸν ἦν, ὑπεχώρει ἂν
εἰς τὸ κενεόν· κενεοῦ δὲ μὴ ἐόντος, οὐκ ἔχει ὅκῃ ὑποχωρήσει". εἶτα
δείξας ὅτι οὔτε πυκνὸν οὔτε ἀραιόν ἐστιν, ἐπάγει "κρίσιν δὲ ταύτην χρὴ
ποιήσασθαι τοῦ πλέω καὶ τοῦ μὴ πλέω· εἰ μὲν οὖν χωρεῖ τι ἢ εἰσδέ-
χεται, οὐ πλέων· εἰ δὲ μήτε χωρεῖ μήτε εἰσδέχεται, πλέων. ἀνάγκη
τοίνυν πλέων εἶναι, εἰ κενὸν μὴ ἔστιν. εἰ τοίνυν πλέων ἐστίν, οὐ κινεῖται".
ταῦτα μὲν οὖν ἐπὶ πλέον ἠναγκάσθην μηκῦναι διὰ τὸ τὸν γνησιώτερον τῶν
Ἀριστοτέλους ἐξηγητῶν τὸν Ἀλέξανδρον ξηρότερον καὶ ἀφερεπόνως τῶν πα-
λαιῶν ἀκούειν δογμάτων. ὧν καὶ Ἀριστοτέλης ζηλωτὴς γενόμενος ἀκίνητον
ἀπέδειξε καὶ αὐτὸς τὸ πρῶτον.

p. 185ᵇ5   "Ἔτι ἐπεὶ καὶ αὐτὸ τὸ ἓν πολλαχῶς λέγεται.

Πολλαχῶς τὸ ὂν ὑποθέμενος καὶ ἐκ διαιρέσεως λαβὼν τὰς δόξας καθ'
ἃς οἷόν τε ἦν ἓν λέγειν τὸ ὄν, πάλιν τὸ ἓν ὡς πολλαχῶς καὶ αὐτὸ λεγό-
μενον ὑποτίθεται καὶ δείκνυσι καθ' ἕκαστον τοῦ ἑνὸς σημαινόμενον ἀδύ-
νατον τὸ ἓν λέγειν τὸ ὄν. οἰκείᾳ δὲ τοῦ ἑνὸς χρῆται διαιρέσει οὐκ ἀρε-
σκόμενος οἶμαι τοῖς ὑπὸ τοῦ Πορφυρίου λεγομένοις ἐνταῦθα· λέγει γὰρ ὅτι
"καὶ τὸ ἓν πολλὰ σημαίνει, πρῶτον μὲν ὅσα καὶ τὸ ὄν, καὶ διελομένοις τὸ
ἓν εἰς τὰ αὐτὰ τῷ ὄντι παραπλησίως ἔστιν ἐπιχειρεῖν ἀπαιτοῦντας, πῶς ἓν
λέγουσιν εἶναι τὸ ὄν, πότερον ὡς οὐσίαν ἢ ὡς ποιὸν ἢ κατά τι τῶν ἄλλων".
ἀκριβέστερον γὰρ ὁ Ἀριστοτέλης ἄλλην μὲν τοῦ ὄντος, ἄλλην δὲ τοῦ ἑνὸς
τῶν σημαινομένων οἰκείαν πεποίηται τὴν διαίρεσιν· τὸ γὰρ ἓν ἢ γένει ἢ
εἴδει ἢ ἀριθμῷ ἓν ἔσται. ἀλλὰ τὸ μὲν γένει ἢ εἴδει ἓν οὐκ ἠξίωσεν ὁ
Ἀριστοτέλης θέσθαι νῦν, ὡς προφανῶς εἰσάγοντα τὸ πλῆθος. εἰ γὰρ γένει
ἓν ἐροῦσιν εἶναι τὸ ὄν, τοῖς εἴδεσι πολλὰ ἔσται καὶ ἔτι γε μᾶλλον τῷ τῶν

---

1 ἄναρχον καὶ ἄπαυστον aF   2 τῆδε libri: τῆλε Scaliger cf. p. 40, 1 f. 31 v 7
ἐπλέχθησαν E   5 ἐκινοῖτο F   6 ὃ ἐκινεῖτο DE: ὃ ἂν ἐκινοῖτο F: ὃ ἂν ἐκινεῖτο a
7 οὕτως § 14 cf. p. 40, 12. 112, 6   οὐδὲ] οὐδὲν F   9 πλέον E   κενὸν D
11 ἀραιόν aE ut saepe   ἐπάγει cf. p. 112, 12   13 πλέον semper E   14 κενὸν
DEF: κενεὸν a cf. p. 112, 14   15 μὴ κῦναι E   20 καθ' — ὄν (21) om. a: καὶ omis-
sorum vice F   21 ὡς τὸ πολλαχῶς E   καὶ αὐτὸ om. a: post λεγόμενον ponit F
23 τὸ om. a   26 ὃν εἰς τὰ τοιαῦτα τῷ ὄντι F   28 ὁ (post γὰρ) om. F   ἔσται
libri: ἐστιν Torstrik   30 τῷ F   32 ἐροῦσιν ἓν τὸ ὄν (εἶναι om.) D   εἴδεσιν
ἔσται πολλά D   ἔσται. ἀλλὰ καὶ a   34 ἔτι aE²: εἴτι E¹: ὅτι D: εἴ F

SIMPLICII IN PHYSICORUM I 2 [Arist. p. 185 b 5]   81

καθέκαστα ἀριθμῷ. εἰ δὲ τῷ εἴδει ἕν, πρῶτον μὲν αὐτῷ τούτῳ δῆλον 17ᵛ
ὅτι πολλά· τὸ γὰρ εἶδος γένους ἐστὶν εἶδος, τὸ δὲ γένος κατὰ πλειόνων
καὶ διαφερόντων εἰδῶν ἐν τῷ τί ἐστι κατηγορεῖται· ἔπειτα καὶ εἰ τῷ εἴδει
ἕν, ἀριθμῷ ἔσται πλείονα· τὸ γὰρ ἓν εἶδος κατὰ πλειόνων τῷ ἀριθμῷ
5 κατηγορεῖται. ταῦτα μὲν οὖν ἐναργῆ καὶ τοῖς τὰ πρῶτα τῶν λογικῶν εἰση-
γμένοις, καὶ εἰκότως οὐκ ἠξίωσε μνήμης. τὸ δὲ ἓν τῷ ἀριθμῷ καὶ αὐτὸ 50
πολλαχῶς λέγεται· ἢ γὰρ ὡς τὸ συνεχές, ὡς μίαν εἴποιμι ἂν τὴν
γραμμήν, ἢ ὡς τὸ ἀδιαίρετον φύσει, ὡς τὸ σημεῖον καὶ ἡ μονάς, ἢ ὡς
τὰ τὸν αὐτὸν ἔχοντα λόγον κἂν ὀνόμασι διαφέρῃ, ὡς λώπιον καὶ
10 ἱμάτιον. κατ' ἄλλην δὲ πάλιν διαίρεσιν τὸ μὲν δυνάμει ἕν λέγεται, τὸ
δὲ ἐνεργείᾳ, καὶ οὕτως ἔχει ταῦτα πρὸς ἄλληλα ἐν τῇ γενέσει ὡς τὸ μὲν ἐνερ-
γείᾳ ἓν δυνάμει πολλὰ εἶναι, τὸ δὲ δυνάμει ἓν ἐνεργείᾳ πολλά, ὡς ἐπὶ τοῦ
κηροῦ, ὃς συνεχὴς μὲν ὢν | καὶ ἓν ἐνεργείᾳ, δυνάμει πολλά ἐστιν, ὅτι δύ- 18ʳ
ναται εἰς πολλὰ διαιρεθῆναι· διεσπασμένος δὲ καὶ πολλὰ ὢν ἐνεργείᾳ, δυ-
15 νάμει ἕν ἐστιν, ὅτι δύναται συνεχισθῆναι.

Διὰ δὴ ταῦτα εἰ μὲν ὡς συνεχὲς ἐροῦσιν ἓν τὸ ὄν, ἔσται ἐνεργείᾳ μὲν
ἕν, δυνάμει δὲ πολλὰ καὶ ἄπειρα. συνεχὲς γάρ ἐστιν οὗ τὰ μόρια συνά-
πτει πρὸς ἕνα κοινὸν ὅρον, καὶ ὃ διαιρετόν ἐστιν εἰς ἀεὶ διαιρετά. εἰ
οὖν διότι ἥνωται αὐτοῦ τὰ μόρια, διὰ τοῦτο ἓν αὐτὸ λέγουσι, διότι πολλὰ 5
20 τὰ ἡνωμένα μέρη, διὰ τοῦτο πολλὰ ἐροῦσι, καὶ διότι εἰς ἄπειρον διαιρετόν,
διὰ τοῦτο ἄπειρα φήσουσιν ἢ ἐπ' ἄπειρον πληθυνόμενον. εἰ οὖν τὸ ὂν
ἓν ὡς τὸ συνεχές, τὸ δὲ συνεχὲς πολλά, τὸ ἓν πολλὰ ἔσται. τὰ δὲ πολλὰ
οὐχ ἕν· τὸ αὐτὸ ἄρα ἕν τε καὶ οὐχ ἓν ἔσται. ἔτι δὲ ἐπεὶ πλείω τὰ συ-
νεχῆ, πῶς ἐστιν ἓν τὸ ὄν, εἴπερ ὡς συνεχές; πότερον ὡς γραμμή τις ἢ
25 ὡς ἐπιφάνεια ἢ ὡς σῶμα ἢ ὡς τόπος ἢ ὡς κίνησις ἢ ὡς χρόνος; πάντα
γὰρ ταῦτα συνεχῆ. καὶ τούτων δὲ ἑκάστου πολλὰ εἴδη. καὶ γὰρ τῶν 10
γραμμῶν αἱ μὲν εὐθεῖαι, αἱ δὲ περιφερεῖς· καὶ ἐπιφανείας ἡ μὲν ἐπίπεδος,
ἡ δὲ κοίλη, ἡ δὲ κυρτή· καὶ τῆς ἐπιπέδου πλεῖστα σχήματα· καὶ στερεῶν
δὲ σωμάτων καὶ τῶν συσχηματιζομένων αὐτοῖς τόπων πολλὰ εἴδη· ὁμοίως
30 δὲ καὶ χρόνου τὸ παρεληλυθὸς καὶ τὸ μέλλον καὶ τὸ ἐνεστηκός, καὶ ὧραι
καὶ ἡμέραι καὶ μῆνες καὶ ἐνιαυτοί· καὶ κίνησις ἡ μὲν ἐπ' εὐθείας, ἡ δὲ
κύκλῳ· καὶ πάντα ταῦτα συνεχῆ, καὶ πάντα ἅμα ἐνεργείᾳ πολλὰ καὶ ἕκαστον
δυνάμει πολλά. 15

Εἰ δὲ οὕτως ἓν τὸ ὂν ὡς ἀδιαίρετον, ἐπεὶ τὸ ἀδιαίρετον πολλα-
35 χῶς, ἢ τὸ μήπω διῃρημένον οἷόν τε δὲ διαιρεθῆναι καθάπερ ἕκαστον
τῶν συνεχῶν, ἢ τὸ μηδὲ ὅλως πεφυκὸς διαιρεῖσθαι τῷ μὴ ἔχειν μέρη εἰς

---

1 καθέκαστον E   5 τοῖς γε τὰ a   εἰσηγουμένοις E   11 πρὸς ἄλληλα ταῦτα aF
14 ἓν D (cf. v. 15): εἰς EF: εἰς a   διεσπαρμένος a   15 συνεσχισθῆναι DE   16 ἐροῦσι
τὸ ὂν ἓν a   18 ἕνα καὶ κοινὸν a   20 ἄπειρα aF   22 πολλὰ τὸ ἓν D: τὸ ὂν
πολλὰ coni. Torstrik   23 ἐπεὶ] ἐπὶ F¹   24 εἴπερ] ἤπερ D   ὡς συνεχὲς ⟨ἕν⟩
Torstrik   25 ἢ ὡς τόπος om. E   26 ταῦτα] τὰ τοιαῦτα a   ἕκαστον D   35 ἢ
DE: οἷον aF   δὲ om. D   36 ἢ ὃ μὴ ὅλως πέφυκε D

ἃ ⟨ἂν⟩ διαιρεθῇ, ὥσπερ στιγμὴ καὶ μονάς, ἢ τῷ μόρια μὲν ἔχειν καὶ μέ-
γεθος, ἀπαθὲς δὲ εἶναι διὰ στερρότητα καὶ ναστότητα, καθάπερ ἑκάστη
τῶν Δημοκρίτου ἀτόμων. εἰ μὲν ὡς τὸ συνεχὲς ἓν τὸ ὄν, πολλὰ πάλιν
ἔσται τὸ ὄν, εἰ δὲ ὡς ἡ ἄτομος, πρῶτον μὲν ἄτοπον καὶ ἀπεμφαῖνόν ἐστι
5 τὸ μίαν λέγειν ἄτομον τὰ πάντα, εἶτα καὶ αὐτὴ συνεχὴς καὶ διαιρετὴ ἐπ'
ἄπειρον καὶ διὰ τοῦτο δυνάμει πολλά. ἔτι δὲ καὶ ποσότητα ἕξει τοῦ με-
γέθους καὶ ποιότητα τοῦ σχήματος οἷον γωνίαν εὐθὺ περιφερὲς καὶ κί-
νησιν, καὶ οὕτως πάλιν πολλὰ ἔσται. εἰ δὲ ὡς μονὰς καὶ ὡς στιγμὴ ἓν
καὶ ἀδιαίρετον τὸ ὄν, οὔτε ποιόν τι ἔσται τῶν ὄντων (τὸ γὰρ ποιὸν συν-
10 διαιρεῖται τοῖς σώμασι καὶ μάλιστά γε τοῖς φυσικοῖς) οὔτε ποσόν· τὸ γὰρ
ἀδιαίρετον πέρας ποσοῦ. ὥστε οὔτε ἄπειρον τὸ ὄν, ὥσπερ Μέλισσός
φησιν, οὔτε πεπερασμένον, ὡς Παρμενίδῃ δοκεῖ. καὶ γὰρ πᾶν μὲν
ἄπειρον καὶ πεπερασμένον ποσόν τι, οὐδὲν δὲ ἀδιαίρετον κατὰ πλῆθος ἢ
κατὰ μέγεθος ποσόν· τὸ γὰρ πέρας ἀδιαίρετον, ἀλλ' οὐ τὸ πεπερα-
15 σμένον. κἀνταῦθα δὲ ὁ Ἀριστοτέλης τοῦτο μόνον τοῦ ἀδιαιρέτου τὸ ση-
μαινόμενον ἠξίωσεν ἀντιλογίας, ὡς τῶν ἄλλων εὐδιαλύτων ὄντων. καὶ πρὸς
τοῦτο δὲ οὐχ ὡς πρὸς σημεῖον ἀντεῖπεν, ὥσπερ οἱ ἐξηγηταί, ἀλλ' ὡς
πρὸς τοιοῦτον οἷον ἂν ὑπέθεντο καὶ οἱ περὶ Παρμενίδην, τὸ ἄποσόν τε
καὶ ἄποιον.
20 Εἰ δὲ οὕτως ἓν τὸ ὄν ὡς μέθυ καὶ οἶνος ἢ λώπιον καὶ ἱμάτιον ἢ
ὅλως τὰ πολυώνυμα (τοῦτο γὰρ ἔτι ὑπολείπεται τοῦ ἑνὸς σημαινόμενον),
μία πολυωνυμία γενήσεται πάντα, καὶ τὸ ποιὸν τῷ ποσῷ καὶ πάντα ἀλλή-
λοις τὰ αὐτὰ ἔσται, καὶ ὁ τοῦ Ἡρακλείτου λόγος ἀληθὴς ὁ λέγων 'τὸ ἀγαθὸν
καὶ τὸ κακὸν ταὐτὸν' εἶναι. καὶ συνδραμεῖται ἡ ἀντίφασις· ταὐτὸν γὰρ
25 ἔσται ἀγαθὸν καὶ οὐκ ἀγαθόν, εἴπερ τὸ κακὸν οὐκ ἀγαθόν. καὶ ἐπίστησον
ὅτι καὶ ἐνταῦθα ἀπὸ τῆς τοῦ ἐναντίου καταφάσεως ὡς ἐπὶ μείζονα ἀντί-
θεσιν τὴν τῆς ἀποφάσεως μετῆλθεν. ἔσται δὲ ὁ αὐτὸς καὶ ἄνθρωπος καὶ
ἵππος· ὥστε καὶ ἄνθρωπος καὶ οὐκ ἄνθρωπος, καὶ ἓν καὶ οὐχ ἕν· ὥστε
οὐκέτι περὶ τοῦ ἓν εἶναι τὸ ὄν γενήσεται ὁ λόγος καὶ ἡ ζήτησις, ἀλλὰ περὶ
30 τοῦ μηδέν, εἴπερ ὁμοίως ἐφ' ἑκάστου ἀληθὴς ἥ τε ἀπόφασις αὐτοῦ καὶ ἡ
κατάφασις, ἢ ὡς ὁ Πορφύριος συνάγει, εἴπερ τὸ ὄν οὐκ ἔστι. καὶ γὰρ ὥσπερ τὸ
ἄνθρωπος καὶ οὐκ ἄνθρωπος συναληθεύει, οὕτως καὶ τὸ ὄν καὶ οὐκ ὄν. τοῦτο
δὲ οἶμαι συνήγετο, εἴ τι τῶν πάντων ἓν ἦν τὸ ὄν ὥσπερ ἄνθρωπος· τὰ γὰρ

---

1 ἂν a: om. DEF   τῷ DE: τὸ aF   ἔχειν DEF: ἔχον a   2 εἶναι DEF: ὄν a
στερεότητα aF   καὶ ναστότητα om. E   3 μὲν οὖν corrigebat Brandis   5 αὕτη E
8 ὡς post καὶ om. D   9 συνδιαιρεῖται τοῖς σώμασιν E et in marg. D: ἐν διαιρετοῖς
σώμασιν aF: ἐν διαιρετῷ σώματι in textu D   10 καὶ συνδιαιρεῖται αὐτοῖς post σώμασι
addit a   καὶ μάλιστα γε τοῖς φυσικοῖς E et (om. γε) a: om. DF   11 ποσοῦ DE:
τοῦ ποσοῦ aF   13 δὲ] γὰρ D   15 ἀδιαιρέτου ED²: διαιρετοῦ aD¹F   16 ἀντιλογίας
ἠξίωσεν DaF   20 ἢ ὡς ὅλως D   22 τὰ πάντα a   καὶ τὸ ποιὸν τῷ ποσῷ
om. F   καὶ τὸ] κατὰ τὸ E   23 τοῦ om. D   Ἡρακλείτου fr. 57 Byw. cf.
p. 50, 10   25 καὶ post ἔσται add. a   27 ἀποφάσεως aF: ἀντιφάσεως DE
32 καὶ τὸ οὐκ aF   τὸ οὐκ ὄν a   33 συνήγετο ἂν coniciebat Torstrik   εἴτι τῶν
πάντων aEF: εἴτε τῶν ἁπάντων D   ἓν om. F

ἄλλα πάντα ἦν οὐκ ὄντα. ἁπλῶς δ' οὖν οὐδὲ οὕτως ἓν τὸ ὄν. εἰ τοίνυν κατὰ 18ʳ
μηδὲν τῶν τοῦ ἑνὸς σημαινομένων ἓν εἶναι δύναται τὸ ὄν, ὅλως οὐ χρὴ
λέγειν ἓν τὸ ὄν, ἀλλὰ πλείω τὰ ὄντα, καθάπερ τὰ φαινόμενα μαρτυρεῖ.
οὕτως μὲν οὖν τὸ ἑξῆς ἂν εἴη τῆς διαιρέσεως καὶ τῶν πρὸς τὰ τμήματα
5 τῆς διαιρέσεως ἀπαντήσεων.

   Αὐτὸς δὲ πρὸς τὸ πρῶτον τμῆμα τῆς διαιρέσεως τὸ οὕτως ἓν τὸ ὂν 45
ὡς συνεχὲς λέγον ἀπαντήσας πρὸ τοῦ τὰ λοιπὰ διαλῦσαι ἀπορίαν τινὰ
παρεμβαλὼν περὶ τοῦ ὅλου καὶ τοῦ μέρους, εἰ ταὐτόν ἢ ἕτερόν ἐστι, μᾶλλον
δὲ εἰ ἓν ἄμφω, ἀσαφέστερον τὸν λόγον πεποίηκε. τὴν δὲ ἀπορίαν ταύτην
10 Πορφύριος προβεβλῆσθαί φησιν ὥς τινων ἐνστησομένων αὐτῷ τρεῖς εἰπόντι
τρόπους τῆς τοῦ ἑνὸς ὑποστάσεως καὶ μὴ προσθέντι τὸν τέταρτον, ὅν τινες
εἰσῆγον νομίζοντες τὸ μέρος τὸ μὴ συνεχὲς ἄλλῳ μέρει καὶ τὸ ὅλον ἓν εἶναι,
οἷον τὴν χεῖρα τοῦ Σωκράτους καὶ τὸν Σωκράτη ἓν εἶναι, ὅπερ οὐδενὶ τῶν 50
εἰρημένων πρότερον τοῦ ἑνὸς τρόπων τὸ αὐτό ἐστιν. ἔλεγχε οὖν τούτους
15 πρῶτον ὡς ἀτόπως οἰομένους καὶ οὕτως ἐπὶ τὸν ἔλεγχον μεταβαίνει τοῦ
ὡς ἀδιαιρέτου ἑνός. ὁ δὲ τούτων ἔλεγχος, ὅτι 'εἰ ἡ χεὶρ τοῦ Σωκράτους
ἡ δεξιὰ καὶ ὁ Σωκράτης ἓν καὶ ἡ ἀριστερὰ πάλιν καὶ ὁ Σωκράτης ἕν,
καὶ ἡ ἀριστερὰ καὶ ἡ δεξιὰ ἓν ἔσονται· τοῦτο γάρ ἐστι τὸ εἰ καὶ τῷ
ὅλῳ ἓν ἑκάτερον ὡς ἀδιαίρετον, ὅτι καὶ αὐτὰ αὑτοῖς'. ὁ δὲ Ἀλέξανδρος
20 λῦσαι τὴν περὶ τοῦ μέρους καὶ τοῦ | ὅλου ἀπορίαν φησὶν αὐτὸν τὴν λέγουσαν 18ᵛ
τὸ μέρος τῷ ὅλῳ ταὐτὸν εἶναι, ἵνα δείξας μὴ ὂν ταὐτὸν βεβαιότερον ἔχῃ,
ὅτι οὐ μόνον διαιρεθέντα τὰ μέρη ἀπὸ τοῦ ὅλου πλείω γίνεται, ἀλλὰ καὶ
ἐν τῇ συνεχείᾳ λαμβανόμενα, εἴ γε καὶ ἀλλήλων καὶ τοῦ ὅλου ἕτερά ἐστι.
τὸ δὲ ἴσως οὐ πρὸς τὸν λόγον, καίτοι πρὸς λόγον ὄντων τῶν εἰρημένων,
25 λέγεσθαί φησι, διότι ἱκανὰ ἦν καὶ τὰ προλελεγμένα τοὺς οὕτως ἓν τὸ ὂν 5
λέγοντας ὡς συνεχὲς διελέγξαι. ἴσως δὲ καὶ ὅτι ἡ ἐφ' ἑκάτερα ἀπορία
τοῦ λόγου ἐξωτερική τις ἦν, ὡς καὶ Εὔδημός φησι, διαλεκτικὴ μᾶλλον οὖσα.

   Παραθήσομαι δὲ μετ' ὀλίγον καὶ τὴν τοῦ Εὐδήμου λέξιν ἐναργῶς τὸν
σκοπὸν τοῦ λόγου δηλοῦσαν· νῦν δὲ τὰ τοῦ Ἀλεξάνδρου προκείσθω. λέγει
30 δὲ ὅτι "ἔστω μὲν ἐπὶ τοῦ ταὐτοῦ συνηθέστερον τὸ δεδειγμένον· τὰ γὰρ τῷ
αὐτῷ ταὐτὰ καὶ ἀλλήλοις ἐστὶ ταὐτά". διὸ καὶ ὁ Εὔδημος οὕτως ἐχρήσατο
τῇ ἀποδείξει καὶ οἱ τοῦ Ἀριστοτέλους ἐξηγηταὶ τὸ ταὐτὸν ἀντὶ τοῦ ἑνὸς 10
λαβόντες. ὁ μέντοι Ἀριστοτέλης ἀκριβέστερον ὡς οἶμαι ποιῶν τὸ ἓν ἐφύ-
λαξε· πολλῷ γὰρ μᾶλλον τὰ τῷ αὐτῷ ἓν καὶ ἀλλήλοις ἕν ἐστιν ἤπερ τὰ

---

2 τὸ ὂν δύναται D   5 τῆς om. F   6 τῆς διαιρέσεως: τμῆμα D
7 λέγων D   πρὸ F: πρὸς aDE   ἀπορίαν p. 185ᵇ11   8 μᾶλλον δὲ καὶ σαφέ-
στερον F   10 αὐτῷ] τῷ ἀριστοτέλει superscr. E²   11 προστιθέντι aF   12 τῷ
ὅλῳ F   ἓν] ταὐτὸν a   13 τὸν om. DE   σωκράτην E²   16 εἰ om. a
18 τὸ om. F   εἰ καὶ DE: καὶ εἰ aF   20 λέγουσαν ὅτι τὸ F   22 μὴ μόνον F
23 ἐστὶν ἕτερα D   24 καίτι E   καίτοι πρὸς τὸν λόγον coniciebat Torstrik   λόγων
E¹   25 καὶ DF: iteravit E: om. a   26 καὶ om. aF   27 καὶ DE: ὁ F: om. a
28 Εὐδήμου λέξιν cf. p. 85, 25   29 προσκείσθω aE   30 δὲ] γὰρ a   τοῦ
αὐτοῦ F   31 ἀλλήλων D¹: corr. D²   32 ἀντὶ ἑνὸς E   33 οἶμαι] εἶναι E
34 εἴπερ F

τῷ αὐτῷ ταὐτά καὶ ἀλλήλοις ταὐτά ἐστι. διὸ καὶ ἓν ἑκάτερον ὡς ἀδιαί- 18ᵛ
ρετον εἶπεν· τὸ γὰρ ἓν τοῦ ταὐτοῦ μᾶλλον ἐνίζει ἐκεῖνα οἷς ἂν παραγίνηται.
ἔτι τε πολλὰ τὸ ἕν, εἴ γε ἕκαστον αὐτοῦ τῶν μερῶν τῷ ὅλῳ ταὐτὸν καὶ τό τε
ὅλον ἐκ πολλῶν ὅλων ἔσται συγκείμενον καὶ ἑαυτοῦ μέρος ἔσται. τὸ γὰρ μέρος
5 ὅλου μέρος· εἰ οὖν ἓν τὸ μέρος καὶ τὸ ὅλον, ἑαυτοῦ μέρος ἔσται τὸ ὅλον
καὶ τὸ μέρος δὲ ἐπεὶ ταὐτὸν τῷ ὅλῳ, ἐκ πολλῶν ὅλων καὶ αὐτὸ ἔσται, καὶ
τὸ ὅλον τοῦ μέρους μέρος ἔσται. καὶ ὅτι μὲν οὐ ταὐτὸν τὸ μέρος τῷ ὅλῳ,
ἐκ τούτων δέδεικται· ὅτι δὲ κἂν ἕτερον ὑποτεθῇ, καὶ οὕτως ἄπορος ὁ λόγος,
ἐφεξῆς δεικτέον, ἵνα ᾖ δῆλον διὰ τί προσέθηκεν ὁ Ἀριστοτέλης τὸ ἔχει
10 δὲ ἀπορίαν περὶ τοῦ μέρους καὶ τοῦ ὅλου, ἴσως οὐ πρὸς τὸν λό-
γον ἀλλ' αὐτὴν καθ' αὑτήν. εἰ γὰρ ἕτερον ὑποτεθῇ τὸ μέρος τοῦ
ὅλου, δῆλον ὡς ἕκαστον τῶν μερῶν ἕτερον τοῦ ὅλου ἔσται· ὥστε καὶ
πάντα· τὰ δὲ πάντα μέρη τὸ ὅλον· ὥστε τὸ ὅλον αὐτὸ αὑτοῦ ἕτερον ἔσται.
ἔτι τὰ ἕτερα δοκεῖ χωρίζεσθαι ἀλλήλων· τὸ δὲ ὅλον ἀχώριστον τῶν μερῶν.
15   Ἀρξάμενος δὲ ὁ Ἀριστοτέλης τῆς ἀπορίας ἀπὸ τῶν συνεχῶν μερῶν
ὁμοίαν φησὶν αὐτὴν καὶ ἐπὶ τῶν διωρισμένων· ταῦτα γάρ ἐστι τὰ μὴ συ-
νεχῆ. καὶ γὰρ ἡ πλίνθος ἤτοι ἡ αὐτή ἐστι τῇ οἰκίᾳ ἢ ἑτέρα. καὶ εἰ
μὲν ἡ αὐτή, ἔσται ἡ πλίνθος οἰκία καὶ ἡ οἰκία πλίνθος· εἰ δὲ ἑτέρα, οὕτως
δὲ καὶ τὰ πάντα μέρη ἐξ ὧν ἡ οἰκία εἴη ἂν ἄλλα τῆς οἰκίας. ἀλλὰ μὴν
20 τὰ πάντα μέρη ἡ οἰκία δοκεῖ· αὐτὴ ἄρα ἑαυτῆς ἄλλη ἔσται ἡ οἰκία. ἐπεὶ
δὲ πρόχειρον ἐννοεῖν ὅτι οὐχ ἁπλῶς τὰ μέρη τὸ ὅλον ἐστὶν ἀλλὰ μετὰ τῆς
τάξεως καὶ τῆς συνθέσεως, φιλοτίμως ὁ Ἀλέξανδρος καὶ οὕτως τὴν ἀπορίαν
ἐρωτᾷ. "εἰ ἕτερον ὁ θεμέλιος ὁ οὕτω πως ἔχων καὶ τεταγμένος τῆς οἰκίας,
ἀλλὰ καὶ ὁ ἐπὶ τῷ θεμελίῳ τοῖχος ἕτερος τῆς ὅλης οἰκίας, ἀλλὰ καὶ ἡ
25 ὀροφὴ ἡ οὕτως ἐπικειμένη τοῖς τοίχοις ἑτέρα τῆς ὅλης οἰκίας ἐστί, καὶ
ἕκαστον ἄρα τῶν μερῶν μετὰ τῆς οἰκείας τάξεως ἕτερόν ἐστι τῆς οἰκίας,
ὥστε καὶ πάντα τὰ μέρη μετὰ τῆς οἰκείας τάξεως ἕτερα τῆς οἰκίας ἐστίν.
ἀλλὰ μὴν ἡ οἰκία πάντα ἐστὶ τὰ μέρη μετὰ τῆς τοιᾶσδε αὐτῶν τάξεως.
καὶ ἡ ὅλη ἄρα οἰκία ἑτέρα ἑαυτῆς ἔσται. μήποτε δὲ οὐ μάτην τοῦτο προσέ-
30 θηκεν ὁ Ἀριστοτέλης καὶ ἐπὶ τῶν διωρισμένων μερῶν τὴν τοιαύτην εἶναι
ἀπορίαν. εἰ γὰρ καὶ ἐφ' ὧν ὁμολογουμένως ἄλλα τὰ μέρη ἐστὶ παρὰ τὸ
ὅλον καὶ πλῆθος ὁρᾶται ἡ αὐτὴ ἀπορία ἁρμόζει, οὐ χρὴ οὐδὲ ἐπὶ τῶν
συνεχῶν μερῶν διὰ τὴν ἀπορίαν τὸ πλῆθος ἀναιρεῖν. ἡ μὲν οὖν ἀπορία
οὕτως ἐφ' ἑκάτερα πρόεισιν· ἡ δὲ λύσις, ὅτι οὐχ ὑγιές ἐστι τὸ εἰ ἕκαστον
35 κατ' ἰδίαν λαμβανόμενον τῶν μερῶν ἄλλο ἐστὶ τοῦ ὅλου, ἤδη καὶ πάντα

---

2 παραγίνηται D: παραγένηται aEF   3 ἔτι τε DEF: ἀλλὰ δὴ καὶ οὕτω a   εἴγε] εἰ
coni. Torstrik   καὶ τό τε DEF: τό τε γὰρ a   4 ὅλων om. D   5 ἑαυτοῦ
om. aF   10 τοῦ ὅλου καὶ μέρους DE at cf. p. 86,14   ἴσως DEF: ἴσως δὲ a ex
Arist. at cf. p. 83, 24   11 ὑποτεθείη volebat Torstrik at cf. f. 27ᵛ 16 et ad p. 102, 26
13 μέρη — ἔσται (p. 85, 32) om. F   τὸ ὅλον αὐτοῦ αὐτή ut vid. E   17 ἤτοι]
ἢ D   ἢ μὲν ἢ E   20 δοκεῖ εἶναι Torstrik   21 ἁπλῶς ἓν τὰ μέρη καὶ τὸ a
23 εἰς ἕτερον E   οὕτως πῶς E   24 καὶ (ante ἡ) om. E   25 οἰκείας D: οἰκίας
aE sed v. 27 recte   28 μετὰ D: τὰ aE   30 εἶναι ante μερῶν D

SIMPLICII IN PHYSICORUM I 2 [Arist. p. 185 b 5]

ἅμα ληφθέντα ἕτερα γίνεσθαι τοῦ ὅλου. τὰ γὰρ πάντα ἑκάστου τῶν ἐν 18ᵛ
αὐτῷ ἕτερα, ὥσπερ καὶ τὸ ὅλον." "δύναται δέ, φησίν ὁ Ἀλέξανδρος, τοῦ
καὶ περὶ τῶν μερῶν τῶν μὴ συνεχῶν οὕτως ἀκούειν τις ὡς ἐπ' ἐκείνων
εἰρημένου τῶν τοῦ συνεχοῦς μορίων τῶν μὴ συνεχισμένων πρὸς ἄλληλα
5 οἷον χειρὸς καὶ ποδός, εἰ ταῦτα καὶ ταῦτα ἀλλήλοις ἢ οὔ. εἰ μὲν γὰρ οὐ 40
ταὐτά, ἕτερα, καὶ τὸ συνεχὲς ἂν πλείω εἴη· εἰ δὲ ταὐτὸν τὸ ἐκ τούτων
συνεχὲς λεγόμενον τοῖς τοιούτοις μέρεσι, καὶ ταῦτα ἂν ταὐτὰ ἀλλήλοις εἴη·
ὃ δοκεῖ ἄτοπον εἶναι, τὸ τὴν χεῖρα τῷ ποδὶ λέγειν τὴν αὐτήν." ὁ μέντοι
Πορφύριος τὴν ὅλην ἀπορίαν ἐπὶ τούτων λέγεσθαι νομίζει τῶν μερῶν, καί-
10 τοι σαφῶς τοῦ Ἀριστοτέλους ὡς περὶ ἄλλων ἐπάγοντος τὸ καὶ περὶ τῶν
μερῶν τῶν μὴ συνεχῶν. εἰ δέ τις λέγοι, φησὶν Ἀλέξανδρος, τῷ ὅλῳ
τὸ μέρος ἐπὶ μὲν τῶν συνεχῶν τῶν ὁμοιομερῶν ταὐτὸν εἶναι, ἐπὶ δὲ τῶν 45
ἀνομοιομερῶν μηκέτι, καὶ ἐπὶ τῶν ὁμοιομερῶν εὑρήσει μὴ ταὐτὸν ὄν, ἂν
ὡς μέρους καὶ ὅλου τὴν ταυτότητα λαμβάνῃ, καθὸ καὶ συνεχές ἐστι. καὶ
15 γὰρ εἰ μὲν καθὸ συνεχές ἐστι, κατὰ τοῦτο ἓν καὶ ταὐτὸν τοῖς ἑαυτοῦ μέ-
ρεσι τὸ ὅλον λέγει, καὶ ἐπὶ τῶν ἀνομοιομερῶν ὁ αὐτὸς ἂν εἴη λόγος· καὶ
γὰρ καὶ ταῦτα συνεχῆ· εἰ δὲ διαιρεθείη ἀπ' ἀλλήλων, ὁμολογουμένως πολλὰ
ἔσται καὶ τὰ ὁμοιομερῆ. εἰ δὲ ἐπὶ τῶν ἀνομοιομερῶν συνεχῶν ὄντων οὐ 50
λέγουσι τὰ αὐτὰ εἶναι, οὐδὲ ἐπὶ τῶν ὁμοιομερῶν τὰ αὐτὰ ἐροῦσι διὰ τὴν
20 συνέχειαν." ταῦτα μὲν ὁ Ἀλέξανδρος.

Ὁ μέντοι Εὔδημος, ὅτι μὲν διὰ τὸ δειχθῆναι τὸ συνεχὲς μὴ ὂν ἓν
εἴρηκε, σαφῶς λέγει, μερῶν δὲ καὶ αὐτὸς ποτὲ μὲν διωρισμένων ποτὲ δὲ
συνεχῶν μέμνηται. ἔχει δὲ οὕτως ἡ τοῦ Εὐδήμου λέξις· μετὰ τὸ δεῖξαι
ὅτι οὐκ ἔστι τὸ ὂν οὕτως ἓν ὡς ἀδιαίρετον, ὅπερ αὐτὸς ἄτομον ἐκάλεσεν,
25 ἐπάγει λέγων "ἀλλὰ μὴν οὐδὲ κατὰ συνέχειάν γε· τὰ γὰρ διωρισμένα τῶν
μερῶν οὐκ ἔσται τὰ αὐ|τά. ἔχει δὲ αὐτὸ τοῦτο ἀπορίαν ἐξωτερικήν. εἰ 19ʳ
μὲν γάρ ἐστι τῆς γραμμῆς τῶν μορίων ἕκαστον ταὐτὸν τῇ ὅλῃ, καὶ αὐτοῖς
ταὐτὰ ἔσται· τὰ γὰρ ἑνὶ τὰ αὐτὰ ὡσαύτως καὶ † ὅλοις τὰ αὐτά. εἰ δὲ
ἕτερον τῆς ὅλης ἕκαστον, ἆρά γε καὶ πάντα; εἰ δὲ τοῦτο, πῶς ὅλη ταῦτά
30 ἐστιν; ἀλλὰ ταῦτα μὲν ἀφείσθω." ἐν δὴ τούτοις ὅτι μὲν οὐδὲ εἰ ὡς συ-
νεχὲς λέγοιτο τὸ ὄν, οὕτως ἕν ἐστι, δείκνυσι κατ' ἄλλην ὡς οἶμαι ἐπιβο-
λήν· "τὰ γὰρ διωρισμένα, φησί, τῶν μερῶν οὐκ ἔσται τὰ αὐτά" τοῖς συ- 5
νεχέσιν. ὥστε κἂν συγχωρήσῃ τις ἓν εἶναι τὸ συνεχές, ἐπειδὴ τὰ διω-
ρισμένα μέρη ἄλλα παρὰ τὰ συνεχῆ ἐστι, πολλὰ τὰ ὄντα καὶ οὐχ ἕν. καὶ

---

1 ἐν αὐτῷ D: ἑαυτοῖς aE   2 ὁ om. D   3 καὶ οὕτως volebat Torstrik   4 συνε-
χισμένων D: συνηχισμένων E: συνεχομένων a   5 ταῦτα D: τὰ αὐτὰ aE   12 τῶν
D: τῶν μὴ aE   17 διαιρεθῇ D   20 ὁ om. a   22 εἴρηκε D: εἴρηται aE
23 Εὐδήμου fr. 6 p. 8, 11 Sp.   24 ἄτομον DE: ἄτοπον a, fortasse recte cf. p. 86, 9
25 ἐπάγει λέγων D: ἐπαγομένη E: ἐπάγει a   27 τῆς γραμμῆς τῶν D cf. Themist.
p. 112, 8: τῶν τῆς γραμμῆς aE   αὐτοῖς Spengel: αὐτοῖς a: αὐτῷ D   28 ὅλοις
aDE: αὐτοῖς Torstrik: ἀλλήλοις ego cf. v. 7. p. 88, 5 Themist. p. 112, 12   29 ἕτερον
τοῖς ὅλοις sed corr. E¹   ἆρα libri: corr. Torstrik cf. p. 74, 25   ἡ add. ante ὅλη
Torstrik   30 ταῦτα D: τοῦτο aE   32 τὰ αὐτὰ rursus incipit F

περὶ τῶν μερῶν δὲ ἀπορία τίς ἐστιν, ἣν οὗτος μὲν "ἐξωτερικὴν" καλεῖ, ὁ
δὲ Ἀριστοτέλης "οὐδὲν πρὸς τὸν λόγον" φησί. καὶ γὰρ διαλεκτικὴ
μᾶλλόν ἐστιν, ἐφ' ἑκάτερα ἐνδόξως ἐπιχειροῦσα, καὶ οὐχ ἱκανὴ τὸν τοῦ συ-
νεχοῦς λόγον ἐνοχλεῖν τὸν λέγοντα συνεχὲς εἶναι τὸ διαιρετὸν εἰς ἀεὶ διαι-
5 ρετά. εὐδιάλυτος γάρ, ὡς δέδεικται, ἡ ἀπορία· πλὴν ὁ μὲν Εὔδημος ἐπὶ
τῶν συνεχῶν μερῶν μόνων τὴν ἀπορίαν ἐκτίθεται, τὰ ἐφ' ἑκάτερα ἐπιχει-
ρήματα καὶ τὰ συναγόμενα ἀπ' αὐτῶν ἄτοπα τιθείς, ὁ δὲ Ἀριστοτέλης
καὶ ἐπὶ τῶν μὴ συνεχῶν μερῶν ἀλλὰ διωρισμένων δηλονότι τὴν αὐτὴν εἶναί
φησιν ἀπορίαν. καὶ μόνον τίθησι τὸ ἑπόμενον ἄτοπον τοῖς τὸ αὐτὸ λέγουσι
10 καὶ ἓν τὸ μέρος τῷ ὅλῳ. ὃ καὶ τὸν Πορφύριον οἶμαι πεποίηκεν εἰπεῖν,
ὅτι πρὸς τοὺς τὸν τέταρτον τρόπον τοῦ ἑνὸς εἰσάγοντας ἀπαντᾷ μεταξύ. ἔστι
δὲ οὐ τέταρτος τρόπος, ἀλλ' ἀπορίας μέρος ἓν δεῖξαι βουλόμενον τὸ συ-
νεχές. διὸ μέμνηται μὲν τῆς ὅλης ἀπορίας Ἀριστοτέλης λέγων ἔχει δὲ
ἀπορίαν περὶ τοῦ μέρους καὶ τοῦ ὅλου πότερον ἓν ἢ πλείω τὸ
15 μέρος καὶ τὸ ὅλον, μόνον δὲ τὸ ἑπόμενον ἄτοπον τοῖς ἓν λέγουσιν ἐπάγει,
ὅτι καὶ οἱ τοιοῦτοι σφάλλονται (οἱ γὰρ ἕτερα λέγοντες κατορθοῦσι) καὶ ὅτι
οὗτος ὁ λόγος ἐλέγχειν ἐδόκει τὸ πολλὰ εἶναι τὸ συνεχὲς καὶ διαιρετὸν εἰς
ἀεὶ διαιρετά.

Θαυμάζω δὲ ἔγωγε τοῦ Ἀριστοτέλους πρὸς ἐκεῖνα τοῦ ἑνὸς τὰ σημαι-
20 νόμενα ἀντειρηκότος, ἃ καὶ ὁ Παρμενίδης τῷ ἑνὶ ὄντι προσεῖναί φησι. καὶ
γὰρ συνεχὲς αὐτὸ ἀνυμνεῖ

τῷ ξυνεχὲς πᾶν ἐστιν· ἐὸν γὰρ ἐόντι πελάζει,
καὶ ἀδιαίρετόν ἐστιν,
ἐπεὶ πᾶν ἐστιν ὁμοῖον.
25 ἀλλὰ καὶ τὸ πάντων ἕνα καὶ τὸν αὐτὸν εἶναι λόγον τὸν τοῦ ὄντος ὁ Παρ-
μενίδης φησὶν ἐν τούτοις

χρὴ τὸ λέγειν τε νοεῖν τ' ἐὸν ἔμμεναι· ἔστι γὰρ εἶναι,
μηδὲν δ' οὐκ ἔστιν.
εἰ οὖν ὅπερ ἄν τις ἢ εἴπῃ ἢ νοήσῃ τὸ ὄν ἐστι, πάντων εἷς ἔσται λόγος ὁ
30 τοῦ ὄντος,

οὐδὲν γὰρ ἔστιν ἢ ἔσται [πάρεξ]
ἄλλο πάρεξ τοῦ ἐόντος, ἐπεὶ τό γε μοῖρ' ἐπέδησεν

---

1 μερῶν D: μορίων aE   οὗτος DE: αὐτὸς aF   3 ἐστιν] ὅτι D   4 λόγους F¹
5 γὰρ DE: δὲ aF   6 συνεχῶν] ἐπιμιμνόντων (?) obl. D   μόνων omittere videtur D
τὰ ante ἐφ' om. D¹: addit D²   8 εἶναί φησιν ἀπορίαν DE: ἀπορίαν εἶναι φησιν aF
10 εἰπεῖν cf. p. 83, 10   11 τὸν om. aF   12 ἓν δεῖξαι aF: ἐνδεῖξαι DE   13 ἀριστο-
τέλους D   16 ὅτι καὶ οἱ τοιοῦτοι D: καὶ ὅτι οὗτοι aEF   17 ἐδόκει] fort. δοκεῖ
20 Παρμενίδης v. 80. 77 K. 86. 83 St. cf. f. 31ᵛ5   φησὶ post παρμενίδης a   22 τῷ
aF cf. f. 31ᵛ5: τὸ DE   23 καὶ ἀδιαίρετόν ἐστι Simplicii verba, quae Parmenidea
(v. 77 K., 83 St. cf. f. 31ᵛ14) οὐδὲ διαιρετόν ἐστιν circumscribunt   26 τούτοις v. 43.
44 K., 51. 52 St. cf. f. 25ʳ49   27 τε νοεῖν libri: τὸ νοεῖν Karsten   τεὸν F: τὸ ὂν aDE
ἔμμενε D   ἔστι κτλ. cf. f. 25ʳ51   28 μηδὲν δὲ libri: μὴ δ' εἶν Heindorf, Bergk
29 εἴπῃ ἢ νοήσῃ DE: νοήσῃ (νοήσει F) ἢ εἴπῃ aF   31 οὐδὲν κτλ. v. 95—97 K. 99—101 St.
γὰρ ἔστιν corruptum cf. f. 31ᵛ11   32 πάρεξ et post ἄλλο et ante ponunt DEF

οὖλον ἀκίνητόν τ' ἔμεναι· τῷ πάντ' ὄνομ' ἔσται.

καὶ τὰ ἐπαγόμενα δὲ ὑπὸ τοῦ Ἀριστοτέλους ὡς ἄτοπα ταύταις ταῖς ὑποθέσεσι δέξαιντο ἂν οἱ ἄνδρες ἐκεῖνοι, εἴ τις εὐγνωμόνως αὐτῶν ἀκούσειεν. ἀδιαίρετον γὰρ ὂν τὸ παρ' αὐτοῖς ἓν ὂν οὔτε πεπερασμένον οὔτε ἄπειρον
5 ὡς σῶμα ἔσται· καὶ γὰρ καὶ ὁ Παρμενίδης τὰ σώματα ἐν τοῖς δοξαστοῖς τίθησι, καὶ ὁ Μέλισσος "ἓν ἐόν, φησί, δεῖ αὐτὸ σῶμα μὴ ἔχειν. εἰ δὲ ἔχοι πάχος, ἔχοι ἂν μόρια καὶ οὐκέτι ἓν εἴη." καὶ τὸ ἀδιαίρετον οὖν τὸ πέρας οὐχ ὡς πέρας ἕξει σώματος, ἀλλ' ὡς τέλος πάντων καὶ ἀρχὴν τῶν ὄντων, καὶ ἁπλῶς οὕτως ὡς καὶ Ἀριστοτέλης τὸν παρ' αὐτῷ νοῦν ἤτοι τὸ
10 πρῶτον αἴτιον ἕν τε εἶναί φησιν, "οὐκ ἀγαθὸν πολυκοιρανίη' βοῶν, καὶ ἀμέριστον δεικνὺς καὶ ἀκίνητον καὶ τέλος πάντων καὶ τὸ αὐτὸ νοῦν καὶ νοητὸν καὶ νόησιν, καὶ τοῦτο οὐ παρὰ Πλάτωνος μόνου ἀλλὰ καὶ παρὰ Παρμενίδου λαβὼν λέγοντος,

ταὐτὸν δ' ἐστὶ νοεῖν τε καὶ οὕνεκέν ἐστι νόημα.
15 οὐ γὰρ ἄνευ τοῦ ἐόντος, ἐν ᾧ πεφατισμένον ἐστίν,
εὑρήσεις τὸ νοεῖν.

ἕνεκα γὰρ τοῦ νοητοῦ, ταὐτὸν δὲ εἰπεῖν τοῦ ὄντος, ἐστὶ τὸ νοεῖν τέλος ὂν αὐτοῦ. ἀλλὰ καὶ τὸ ὅλον καὶ τὰ μέρη καὶ τὸ συνεχὲς ὡς ἐπὶ σώματος λαμβάνων ὁ Ἀριστοτέλης τὰ ἄτοπα ἐπήγαγεν. εἰ δὲ κατὰ τὴν ἐκείνων
20 ἔννοιαν λαμβάνοιντο, δέξαιντο ἂν ἐν τάξει τινὶ τοῦ ὄντος καὶ τὸ μέρη ἔχειν, εἴπερ ὅλον αὐτὸ φησιν "οὖλον μουνογενές τε" καὶ τὸ διὰ τὴν συνέχειαν ἐπ' ἄπειρον εἶναι διαιρετόν,

τῷ ξυνεχὲς πᾶν ἐστιν· ἐὸν γὰρ ἐόντι πελάζει.

σαφέστερον δὲ τοῦτο τὸ ἄτοπον ὁ παρὰ τῷ Πλάτωνι Παρμενίδης ἐπὶ τοῦ
25 ἑνὸς ὄντος προσήκατο κατὰ τὴν δευτέραν τῶν ὑποθέσεων εἰπών "Τί οὖν, τῶν μορίων ἑκάτερον τούτων τοῦ ἑνὸς ὄντος, τό τε ἓν καὶ τὸ ὄν, ἆρα ἀπολείπεσθον ἢ τὸ ἓν τοῦ εἶναι μόριον ἢ τὸ ὂν τοῦ ἑνὸς μορίου; Οὐκ ἂν εἴη. Πάλιν ἄρα καὶ τῶν μορίων ἑκάτερον τό τε ἓν ἴσχει καὶ τὸ ὄν, καὶ γίνεται τοὐλάχιστον ἐκ δυοῖν αὖ μορίοιν τὸ μόριον, καὶ κατὰ τὸν αὐτὸν λόγον οὕ-

---

1 οὖλον] ὅλον D cf. ad p. 29, 18. f. 31ʳ 18. v 12   τ' super add. D   ἔμμεναι libri
τῷ πάντ' ὄνομ' ἔσται a: τῶ πάντ' ὄνομα ἔσται F: τῶ πάντ' ὀνόμασται E cf. f. 31 v 12: τῶ
πάντ' οὔνομα ἔσται D   3 δέξαιντο (αιν ex corr. m²) E   4 ante πεπερ. spatium IV
litt. D   6 Μέλισσος § 16 p. 196 Br. cf. p. 110, 2   δὲ ἔχοι DE: δὲ ἔχει aF
7 ἓν εἴη DE: ἂν εἴη ἓν aF   οὖν τὸ] οὖν ὡς a   8 σῶμα E¹   ἀρχὴν Torstrik:
ἀρχὴ aDEF   9 ὄντων aF: πάντων DE   10 τε DE: τι aF   οὐκ ἀγαθὸν κτλ.
Hom. B 204 cf. Arist. Metaph. Λ 10 p. 1076ª 4   11 τὸ αὐτὸ corr. in τὸν αὐτὸν F¹
13 παρμενίδους D   λέγοντος v. 93—95 K., 96—98 St. cf. f. 31 v 10   14 οὕνεκεν E: οὗ
ἕνεκα D: οὗ ἕνεκεν aF   15 πεφωτισμένον DE   17 ἕνεκα D: ἕνεκε E¹: ἕνεκεν aE²: ἕνεκα—
νοεῖν om. F   ὧν E¹: ὂν corr. E²   18 τὰ D: om. aEF   19 ἐπήγεν E   20 λαμβάνοιτο coniciebat Torstrik   21 φησιν v. 59 K. 65 St.   μονογενές F   τε] ἔσται E
καὶ τὸ DE: καὶ τὰ F: καὶ (om. τὸ) a   22 εἶναι DEF cf. Ind. Arist. p. 74ᵇ 54:
ἰέναι a   23 τῷ aF: τὸ DE cf. p. 86, 22   24 Πλάτωνι Παρμενίδης p. 142 D
25 προσήκατο post παρμενίδης aF   εἰπόντι οὖν F   28 τε] γε aEF   ἰσχύει D
29 μορίοιν DE: μορίων aF

τως ἀεί, ὅτιπερ ἂν μόριον γεννᾶται, τούτῳ τῷ μορίῳ ἀεὶ ἴσχει. τό τε 19ʳ
γὰρ ὂν τὸ ἓν ἀεὶ ἴσχει καὶ τὸ ἓν τὸ ὄν. ὥστε ἀνάγκη δύο ἀεὶ γινόμενον 45
μηδέποτε ἓν εἶναι. Παντάπασι μὲν οὖν. οὐκοῦν ἄπειρον ἄν τι πλῆθος οὕτω
τὸ ἓν ὂν εἴη. "Ἔοικέ γε". ἀλλὰ καὶ τὸ πάντα ἐκεῖ ἕνα καὶ τὸν αὐτὸν λόγον
5 τὸν τοῦ ὄντος ἔχειν καὶ ἀλλήλοις εἶναι τὰ αὐτὰ οὐδὲν ἄτοπον. εἰ γὰρ αἴτιον
ἐκεῖνο πάντων καὶ ἔστι πάντα πρὸ πάντων, δῆλον ὅτι προείληπται ἐν αὐ-
τῷ τὰ πάντα κατὰ μίαν ἕνωσιν περιεχόμενα τὴν τοῦ ἑνὸς ὄντος, δι' ἣν
ἀμερίστως διακριθέντα ἕκαστον τὰ πάντα ἐστί. καὶ ταῦτα καὶ αὐτῷ οἶμαι
τῷ Ἀριστοτέλει δοκεῖ πάντων αἴτιον τὸν παρ' αὐτῷ πρῶτον νοῦν λέγοντι 50
10 καὶ διττὴν φαμένῳ τὴν τάξιν, τὴν μὲν ἐν τῷ αἰτίῳ, τὴν δὲ ἐν τῷ ἀποτε-
λέσματι. καὶ εἰ μὴ δοκῶ τισι τῶν ἐντευξομένων γλίσχρως μετάγειν, εἴποιμι
ἂν καὶ τὸν Ἀριστοτέλην τῆς τρίτης τοῦ ἑνὸς ὄντος τοῦ Παρμενίδου τάξεως
συναισθόμενον οὕτως πρὸς αὐτὴν ἀποτείνεσθαι· τὸ μὲν ἄκρον ἀδιαιρέτως
ἥνωται· τὸ δὲ μέσον εἰς συνοχὴν τὴν ἕνωσιν χαλάσαν ὅλον γέγονε καὶ
15 μέρη (διὸ καὶ Ἀριστοτέλης ἐν τῷ περὶ συνεχοῦς λόγῳ τὴν περὶ τοῦ ὅλου
τέθεικεν ἀπο|ρίαν)· τὸ δὲ δὴ τρίτον ἡνωμένως τὴν εἰδητικὴν διάκρισιν προ-19ᵛ
βαλλόμενον πάντα μὲν ἐν ἑαυτῷ προέδειξε κατ' αἰτίαν, διὰ δὲ τὸ νοητὴν
εἶναι τὴν διάκρισιν πάντα τῇ τοῦ ἑνὸς ὄντος ἑνώσει κεκράτηται, καὶ ὅπερ
ἂν λάβῃ τις ὡς διακριθέν, τοῦτο φυλάττων εὑρίσκει τὴν τοῦ ἑνὸς ὄντος
20 νοητὴν ἕνωσιν, διακρίσεως δὲ ὁπωσοῦν κατ' αἰτίαν ἀναφανείσης καὶ ἡ ἐπ'
ἄπειρον τῶν τῆς γενέσεως μερῶν πρόοδος ἐκεῖθεν ἔλαχε τὸν ἀνέκλειπτον 5
πληθυσμόν. πῶς οὖν, φαίη ἄν τις, ἀντιλέγειν τοῖς θείοις τούτοις δόγμασιν ὁ
Ἀριστοτέλης δοκεῖ; ἢ ὅτι ὡς εἰς φυσικὴν θεωρίαν προαγόμενα παραλλάττειν
δοκεῖ τῆς ἀληθείας. οὐ γὰρ ἐπιδέχεται τὴν νοητὴν ἕνωσιν ὁ αἰσθητὸς δια-
25 σπασμός, οὐδὲ ὥσπερ ἐν τοῖς νοητοῖς ἡ ἡνωμένη ὕπαρξις αἰτιωδῶς τὴν
πεπληθυσμένην περιέχει διάκρισιν, ὡς δύνασθαι καὶ ταύτην ἐκεῖ θεωρεῖν,
οὕτως ἐν τοῖς αἰσθητοῖς τὴν παντελῆ τοῦ ἑνὸς ἕνωσιν ὁρᾶν δυνατόν. τὸ
οὖν ἐνταῦθα ἀδιαίρετον καὶ τὸ συνεχὲς καὶ ἡ κατὰ τὸν ἕνα λόγον κοινωνία 10
οὐκ ἐφαρμόττει τῷ ἑνί.
30   Ὅτι δὲ οὐ διὰ φιλεριστίαν ἡ πρὸς Παρμενίδην ἀντιλογία γέγονε, δηλοῖ
καὶ Πλάτων, ἐν μὲν τῷ Παρμενίδῃ τὸ ἓν ὂν τοῦ Παρμενίδου δεχόμενος καὶ
ἀπ' ἐκείνου τὸ ὑπὲρ ἐκεῖνο ἀνευρίσκων, ὅπερ οὐδὲ ἓν καλεῖν ἀξιοῖ, καὶ τὰς
μετ' ἐκεῖνο τάξεις τοῦ ἑνὸς παραδιδούς· ἐν δὲ τῷ Σοφιστῇ σαφῶς ἀντι-

---

1 γένηται Platonis libri   τό τε F   2 ἓν τὸ ὂν ἀεὶ ἴσχει καὶ τὸ ὂν τὸ ἓν Plato
ἀεὶ om. a   3 ἂν om. aF   ἄπειρόν τι οὐκοῦν aF   τὸ πλῆθος Plato   ἂν post
οὕτως add. aD   4 ἔοικεν (om. γε) Plato   ἐκεῖ ἕνα DEF: ἐκεῖνα a   5 τὸν
post λόγον om. F   τὸν αὐτὸν ἔχειν λόγον τοῦ ὄντος (omisso τὸν) a   6 ἐκεῖνο
αἴτιον D   11 τισι add. D²   13 αὐτὴν DE: αὐτὸν aF   15 ὁ post καὶ
add. aF   16 δὴ om. a   17 πᾶν E   προσέδειξε aF   19 λάβοι F
φυλάττων E: φυλάττον aDF   20 ἕνωσιν] νόησιν a   διακρίσεως οὖν ὁπωσοῦν κατά
τι ἀναφανείσης F   21 ἔλαχον E¹   τὴν D¹: corr. D²   22 ὁ ἀριστοτέλης τοῖς
θείοις δόγμασι τούτοις ἀντιλέγειν δοκεῖ a   23 ὡς om. a   30 γέγεννε sic E
31 παρμενίδει D   32 ἓν καλεῖν D²: ἐγκαλεῖν aD¹EF   33 ἀποδιδούς F

λέγων πρὸς αὐτὸν ἓν τὸ ὂν λέγοντα, καὶ τὸ μὲν ἓν χωρίζων τοῦ ὄντος ὡς
ὑπέρτερον τοῦ ὄντος, τὸ δὲ ὂν δεικνὺς τὸ μὲν πρῶτον κατὰ μέθεξιν τοῦ
ἑνὸς ἡνωμένον, τὸ δὲ ἐφεξῆς τῇ ἑτερότητι διακρινόμενόν τε καὶ πληθυνόμενον. οὐδὲν δὲ ἴσως χεῖρον προπαρασκευῆς εἵνεκα τῶν τοῦ Πλάτωνος
ἐννοιῶν τὰ ὑπ' αὐτοῦ ῥηθέντα ἐν τῷ Σοφιστῇ παραγράψαι. "Τί δέ; παρὰ
τῶν ἓν τὸ πᾶν λεγόντων, ἆρα οὐ πευστέον εἰς δύναμιν τί ποτε λέγουσι τὸ
ὄν; Πῶς γὰρ οὔ; Τόδε τοίνυν ἀποκρινέσθωσαν. ἕν πού φατε μόνον εἶναι;
φαμὲν γάρ, φήσουσιν. ἦ γάρ; Ναί. Τί δέ; ὂν καλεῖτέ τι; Ναί. Πότερον ὅπερ
ἕν, ἐπὶ τῷ αὐτῷ προσχρώμενοι δυοῖν ὀνόμασιν, ἢ πῶς; Τίς οὖν αὐτοῖς ἡ
μετὰ τοῦτ', ὦ ξένε, ἀπόκρισις; Δῆλον, ὦ Θεαίτητε, ὅτι τῷ ταύτην τὴν ὑπόθεσιν ὑποθεμένῳ πρὸς τὸ νῦν ἐρωτηθὲν καὶ πρὸς ἄλλο δὲ ὁτιοῦν οὐ πάντων
ῥᾷστον ἀποκρίνασθαι. Πῶς; Τό τε δύο ὀνόματα ὁμολογεῖν εἶναι μηδὲν θέμενον πλὴν ἓν καταγέλαστόν που. Πῶς δὲ οὔ; Καὶ τὸ παράπαν γε ἀποδέχεσθαί του λέγοντος, ὡς ἔστιν ὄνομά τι, λόγον οὐκ ἂν ἔχον. Πῇ; Τιθείς τε τοὔνομα τοῦ πράγματος ἕτερον δύο λέγει πού τινε. Ναί. Καὶ μὴν
ἂν ταὐτόν γε αὐτῷ τιθῇ τοὔνομα ἢ μηδενὸς ὄνομα ἀναγκασθήσεται λέγειν.
εἰ δέ τινος αὐτὸ φήσει, συμβήσεται τὸ ὄνομα ὀνόματος ὄνομα μόνον, ἄλλου
δὲ οὐδενὸς ὄν. Οὕτως. Καὶ τὸ ἕν γε ἑνὸς ἓν ὂν μόνον, καὶ τοῦ ὀνόματος
αὖ τὸ ἓν ὄν. Ἀνάγκη. Τί δέ; τὸ ὅλον ἕτερον τοῦ ὄντος ἑνὸς ἢ ταὐτὸν φήσουσι τούτῳ; Πῶς γὰρ οὐ φήσουσί τε καὶ φασίν; Εἰ τοίνυν ὅλον ἐστίν,
ὥσπερ καὶ Παρμενίδης λέγει

πάντοθεν εὐκύκλου σφαίρης ἐναλίγκιον ὄγκῳ,
μεσσόθεν ἰσοπαλὲς πάντῃ· τὸ γὰρ οὔτε τι μεῖζον
οὔτε τι βαιότερον πέλεναι χρεών ἐστι τῇ ἢ τῇ,

τοιοῦτόν γε ὂν τὸ ὂν μέσον τε καὶ ἔσχατα ἔχει, ταῦτα δὲ ἔχον πᾶσα ἀνάγκη
μέρη ἔχειν· ἢ πῶς; Οὕτως. Ἀλλὰ μὴν τό γε μεμερισμένον πάθος μὲν τοῦ
ἑνὸς ἔχειν ἐπὶ τοῖς μέρεσι πᾶσιν οὐδὲν ἀποκωλύει, καὶ ταύτῃ δὴ πᾶν τε ὂν
καὶ ὅλον ἓν εἶναι. Τί δ' οὔ; Τὸ δὲ πεπονθὸς ταῦτα, ἆρα οὐκ ἀδύνατον
αὐτό γε τὸ ἓν αὐτὸ εἶναι; Πῶς; Ἀμερὲς δή που δεῖ παντελῶς τό γε ἀληθῶς

---

2 ὑπὲρ τέρου E   ὄν] ἓν ὂν a   3 ἡνωμένον τοῦ ἑνὸς (ὄντος F) aF   τὸ δὲ] τὸ
δ' F: τόδ' a   πληθυόμενον aEF   4 παρασκευῆς ἕνεκα a   5 Σοφιστῇ p. 244B
περὶ τῶν F   6 πιστέον E: idem scripturus del. πι D   7 ἓν ante ὂν add. a
ἀποκρινάσθωσαν a   πού E   8 τὸ ὂν F   καλεῖται DE   τί; ναί] τίνα E   ὅπερ
(ὅπερ om. a) ὂν ἐπὶ τὸ αὐτὸ aF   9 δυοῖν E: δυσὶν aDF   10 μετὰ τοῦ ὦ D: μετὰ
τοῦτο ὦ E: μετὰ τοῦτο aF   δῆλον ὅτι ὦ θεαίτητε τῷ a   12 ἀποκρίνεσθαι D   τό
τε] πότε F   13 γε om. a   14 λέγον DE   15 ποῦ EF   τι. ναί F
16 γε Plato: τε libri   ἢ μηδενὸς E (oblitt. D): ἢ om. aF   17 τὸ ὂν ὄνομα ὀνόματος
μόνον D   ἄλλου δὲ aD: ἀλλ' οὐδὲ E: ἀλλ' F   18 καὶ τὸ] τὸ ex καὶ corr. E
ἓν (post ἑνὸς) om. D   τοῦτο ὀνόματος Plato vulg.   ὀνόματος om. a   19 αὖ τὸ Plato:
αὐτὸ libri (αὐτοῦ F)   20 τούτῳ ex τοῦτο E   εἰ τοίνυν sqq. cf. p. 52, 25   ἐστὶν
om. E   21 Παρμενίδης vv. 102—104 K., 106—108 St. cf. p. 52, 26 f. 27 v 2. 31 r 16
23 τὸ γὰρ EF: τῷ γὰρ aD   24 ἢ τῇ] αὐτῇ E   25 τὸ ὂν om. E   ἔσχατον D
δὲ ἔχων D   26 σχεῖν D   28 Τὸ δὲ] τόδε F   29 δεῖ] δῆ F

ἓν κατὰ τὸν ὀρθὸν λόγον εἰρῆσθαι. Δεῖ γὰρ οὖν. Τὸ δὲ τοιοῦτον ἐκ πολλῶν 19ᵛ
μερῶν ὂν οὐ συμφωνήσει τῷ λόγῳ ὅλῳ. Μανθάνω. Πότερον δὴ πάθος
ἔχον τὸ ὅλον τοῦ ἑνὸς οὕτως ἕν τε ἔσται καὶ ὅλον, ἢ παντάπασι μὴ λέ- 35
γωμεν ὅλον εἶναι τὸ ὄν; Χαλεπὴν προβέβληκας αἵρεσιν. Ἀληθέστατα μέν-
5 τοι λέγεις. πεπονθός τε γὰρ τὸ ὂν ἓν εἶναί πως οὐ ταὐτὸν ὂν τῷ ἑνὶ φα-
νεῖται, καὶ πλέονα δὴ τὰ πάντα ἑνὸς ἔσται; Ναί. Καὶ μὴν ἐάν γε τὸ ὂν
ᾖ μὴ ὅλον διὰ τὸ πεπονθέναι τὸ ὑπ' ἐκείνου πάθος, ᾖ δὲ αὐτὸ τὸ ὅλον,
ἐνδεὲς τὸ ὂν ἑαυτοῦ ξυμβαίνει. Πάνυ γε. Καὶ κατὰ τοῦτον δὴ τὸν λόγον
ἑαυτοῦ στερόμενον οὐκ ὂν ἔσται τὸ ὄν. Οὕτως. Καὶ ἑνός γε οὐ πλείω τὰ
10 πάντα γίνεται, τοῦ τε ὄντος καὶ τοῦ ὅλου χωρὶς ἰδίαν ἑκατέρου φύσιν εἰ- 40
ληφότος; Ναί. Μὴ ὄντος δέ γε τὸ παράπαν τοῦ ὅλου, αὐτά τε ταῦτα
ὑπάρχει τῷ ὄντι καὶ πρὸς τῷ μὴ εἶναι μηδ' ἂν γενέσθαι ποτὲ τὸ ὄν.
Τί δή; Τὸ γενόμενον ἀεὶ γέγονεν ὅλον, ὥστε οὔτε οὐσίαν οὔτε γενομένην
οὔτε οὖσαν δεῖ προσαγορεύειν τὸ ἓν ᾗ τὸ ὅλον ἐν τοῖς οὖσι μὴ τιθέντα.
15 Παντάπασιν ἔοικε ταῦθ' οὕτως ἔχειν. Καὶ μὴν οὐδ' ὁποσονοῦν τι δεῖ τὸ
μὴ ὅλον εἶναι. ποσόν τι γὰρ ὄν, ὁπόσον ἦν τοσοῦτον ὅλον ἀναγκαῖον αὐ-
τὸ εἶναι. Κομιδῇ γε. Καὶ τοίνυν ἄλλα μυρία ἀπεράντους ἀπορίας ἕκαστον 45
εἰληφὸς φανεῖται τῷ τὸ ὂν εἴτε δύο τινὲ εἴτε ἓν μόνον εἶναι λέγοντι. Δηλοῖ
σχεδὸν καὶ τὰ νῦν ὑποφαίνοντα. συνάπτεται γὰρ ἕτερον ἐξ ἄλλου μεῖζω καὶ
20 χαλεπωτέραν φέρον περὶ τῶν ἔμπροσθεν ἀεὶ ῥηθέντων πλάνην." ἀλλὰ
ταῦτα μὲν κἂν παρέκβασίν τινα μακροτέραν ἔσχεν, κεχαρίσθω τῷ περὶ αὐτὰ
ἔρωτι· ἐπὶ δὲ τὰ ἑξῆς ἰτέον.

p. 185ᵇ25   Ἐθορυβοῦντο δὲ καὶ οἱ ὕστεροι τῶν ἀρχαίων.   50
20ʳ

Εἰπὼν ὅτι καθ' ἕκαστον τῶν τοῦ ἑνὸς σημαινομένων τὸ αὐτὸ ἓν καὶ
25 πολλὰ δείκνυται (καὶ γὰρ τὸ ὡς συνεχὲς ἐπ' ἄπειρόν ἐστι διαιρετόν, καὶ
ὅλον ὂν πλῆθος ἔχει μερῶν ἑτέρων ὄντων παρὰ τὸ ὅλον, καὶ τὰ τῷ λόγῳ 5
τὰ αὐτὰ ἓν καὶ πολλὰ δείκνυσιν ἕκαστον, εἴπερ ὁ ἄνθρωπος ἄνθρωπος ὢν
καὶ ἵππος ἐστὶ καὶ βοῦς καὶ τὰ ἄλλα τὸν αὐτὸν ἔχοντα ἐκείνοις λόγον τὸν
τοῦ ὄντος, καὶ τὸ ἀδιαίρετον δὲ καὶ ἀμερές ἐστι καὶ πέρας καὶ ἀρχὴ καὶ ἄλλα

---

1 δέ γε τοιοῦτον a   2 λόγῳ ὅλῳ aD: λόγῳ EF   3 τὸ ὂν τοῦ ἑνὸς Plato
λέγομεν aF   5 εἶναι, πῶς libri   φαίνεται Plato   6 πλέον ἆ δὴ πάντα D
7 ᾖ μὴ ὅλον EF: μὴ ὅλον ᾖ D: μὴ ᾖ ὅλον a   διὰ — τὸ ὅλον om. E
ἦν δὲ D   8 ξυμβαίνει ἑαυτοῦ D   9 στερούμενον aE   οὐ πλείω DEF:
αὖ πλείω Plato: αὖ οὐ πλείω a   10 ὄντος καὶ τοῦ ὅλου DE: ὅλου καὶ τοῦ ὄντος
aF   11 δέ γε] δὲ a   αὐτὰ EF: ταυτά a: obl. D   12 τὸ (ante ὄν) om. Plato
13 γενόμενον DE: γινόμενον F: γιγνόμενον a   οὐσίαν οὔτε γένεσιν ὡς οὖσαν δεῖ ex
Platone a   16 ποσόν τι γὰρ ἂν ὅπερ ἂν ᾖ F   18 τῷ τὸ] τοῦτο F   τινὰ D
19 καὶ (post σχεδὸν) om. F   ὑπεμφαίνοντα a   γὰρ om. E   20 περὶ τὸν E
ῥοθέντων E   21 κἂν in κατὰ mut. F²   μακροτέραν om. D   μακροτέραν — ἰτέον
om. F, in mrg. ἕως ὧδε τοῦ πλάτωνος. ζήτει F²   23 ὕστερον καθάπερ καὶ οἱ ἀρχαῖοι
κτλ. a   28 ἐκείνης a   29 καὶ ἀμερές ἐστι EF: καὶ τὸ ἀμερὲς ἐστι D: om. a
ἐστι post ἀρχή a

πολλά) ταῦτα οὖν εἰπὼν καὶ ὅτι ἀντιφάσει περιπίπτουσιν, ἐπάγει ὅτι τοῦτο 20r
τὸ ἄτοπον τὸ τοῖς ἓν τὸ ὂν λέγουσι ἑπόμενον τὸ τὸ αὐτὸ ἓν καὶ πολλὰ
εἶναι, οὐ μόνον ἐκείνους προτεινόμενον ἐθορύβει, ἀλλὰ καὶ τοὺς μετ' ἐκεί-
νους γεγονότας. κἂν γὰρ μὴ ἔλεγον ἓν τὸ ὂν οὗτοι, ἀλλὰ τιθέμενοι ἕκαστον
5 τῶν αἰσθητῶν ἓν εἶναι οἷον τὸν Σωκράτην, ἔπειτα διὰ τὰς κατηγορίας τῶν
συμβεβηκότων πολλὰ αὐτὸν λέγοντες εἶναι (καὶ γὰρ ὅτι σιμός ἐστι καὶ ὅτι
φιλόσοφος καὶ λευκὸς εἰ τύχοι), ἐθορυβοῦντο πῶς ἂν εἴη δυνατὸν τὸ αὐτὸ
ἓν ἅμα καὶ πολλὰ εἶναι. καὶ διὰ τοῦτο τῆς μὲν οὐσίας τὸ τί ἐστι κατη-
γόρουν λέγοντες Σωκράτης ἐστί, τῶν δὲ συμβεβηκότων τῇ οὐσίᾳ ἀφῄρουν
10 τὸ ἔστι· μετὰ μὲν γὰρ τῆς οὐσίας τὸ ἔστι μὴ ποιεῖν πλῆθος (αὐτὸ γὰρ περὶ
αὐτοῦ λέγεσθαι), τοῖς δὲ συμβεβηκόσι προσκείμενον τὸ εἶναι καὶ αὐτὰ ποιοῖ
καὶ οὐσιοῖ, καὶ ταῦτα μετὰ τῆς οὐσίας συμπλέκον, ὡς ὅταν εἴπω Σωκράτης
λευκός ἐστι· δύο γὰρ ὄντα γίνεται. διὸ Λυκόφρων ἀφῄρει τὸ ἔστι τῶν
κατηγορημάτων λέγων Σωκράτης λευκός, ὡς αὐτῶν καθ' αὑτὰ τῶν συμ-
15 βεβηκότων ἄνευ τοῦ ἔστι μὴ ποιούντων ὄντος προσθήκην. καίτοι εἰ μὴ
προσθήκην ἐποίει, ταὐτὸν ἂν ἦν Σωκράτης λέγειν καὶ Σωκράτης λευκός.
ἔπειτα ἡ τοιαύτη προφορὰ ἀποφαντικὸν λόγον οὐ ποιεῖ· οὔτε γὰρ ἀλήθειαν
οὔτε ψεῦδος δηλοῖ. οὐ μέντοι οὐδὲ ἄλλο εἶδος λόγου ποιεῖ, οὐδὲ λόγος
ἔσται· οὔτε γὰρ προστακτικὸς οὔτε ἐρωτηματικὸς οὔτε εὐκτικός· καὶ πρὸς
20 τῷ τὸ ἐξ ἀρχῆς ἄπορον μὴ φυγεῖν καὶ ἄλλοις περιπεπτώκασιν. ἄλλοι δὲ
ἀποφαντικὸν λόγον ποιεῖν βουλόμενοι εἰς ῥήματα μετέπλαττον τὰ κατηγο-
ρούμενα, ἄνθρωπος οὐ λευκός ἐστι λέγοντες ἀλλὰ λελεύκωται καὶ
οὐ βαδίζων ἐστὶν ἀλλὰ βαδίζει, ἵνα μὴ τὸ ἔστι προσάπτοντες
πολλὰ ποιῶσι τὸ ὄν, ἀλλ' ᾖ δῆλον, ὅτι ὑφειμένην ἔχει φύσιν τὰ συμ-
25 βεβηκότα, ὥσπερ καὶ τὸ ῥῆμα ἐνέργειαν ἢ πάθος δηλοῖ ὑφειμένα τῆς οὐ-
σίας ὄντα. καὶ δῆλον ὅτι οὐδὲ οὗτοι τὴν ἀπορίαν ἐξέφυγον, κἂν ἐκκλίνοντες
καὶ μεταρρυθμίζοντες τὴν λέξιν τὴν κατηγορίαν ἐποιοῦντο· πᾶν γὰρ ῥῆμα
εἰς μετοχὴν καὶ τὸ ἔστιν ἀναλύεται· βαδίζει, βαδίζων ἐστίν. οἱ δὲ ἐκ τῆς
Ἐρετρίας οὕτως τὴν ἀπορίαν ἐφοβήθησαν ὡς λέγειν μηδὲν κατὰ μηδενὸς
30 κατηγορεῖσθαι, ἀλλ' αὐτὸ καθ' αὑτὸ ἕκαστον λέγεσθαι, οἷον ὁ ἄνθρωπος
ἄνθρωπος, καὶ τὸ λευκὸν λευκόν. καὶ οὐδὲ οὗτοι μὲν ἐξέφυγον τὴν ἀπο-
ρίαν. καὶ γὰρ ὁ ἄνθρωπος πολλά ἐστι καὶ τὸ λευκὸν πολλά, ὡς οἱ ὁρισμοὶ
δηλοῦσι· καὶ τῷ ἑτέρῳ δὲ τῶν ἀτόπων περιπεπτώκασι τῷ τὸν ἀποφαντικὸν

---

1 παραπίπτουσιν E   2 ἓν τὸ ὂν E: ἓν τὸ ὅλον D: ἓν (transposito τὸ ὂν post
λέγουσι) aF   τὸ τῷ αὐτὸ F¹   5 ἓν om. aF   6 αὐτῶν F¹ (corr. F²)
9 ἀφῄρει F   10 post ἔστι aliquot verba iterata delevit D   11 τοῖς δὴ F   τὸ
om. DE   ποιεῖ DE: ποιοῦν et οὐσιοῦν coniecit Torstrik   12 συμπλέκον a: συμ-
πλέκων D²EF: συμπλέκω D¹: συμπλέκειν coniecit Torstrik   ὡς om. DE   σωκρά-
την D   13 ὁ λυκόφρων a   ἀφῃρεῖτο F   14 αὐτῶν] αὐτῷ E¹   καθ' αὑτὸ a
19 ἐστίν volebat Torstrik   γὰρ om. E   ἐρωματικὸς D¹   πρὸς τὸ E¹   20 τὸ
ἐξ ἀρχῆς] τῆς ἀρχῆς E   ἄλλοω E   24 τὸ ὂν DEF: τὸ ἓν ex Arist. a   ᾖ δη-
λονότι E   26 κἂν εἰ a   27 μεταρυθμίζοντες D¹E¹: μεταρτιθμίζοντες F   28 βαδίζον
ἐστίν E   29 ἐρετρείας DE. cf. Zeller IIa³ 238⁷

λόγον ἀναιροῦντι· πλὴν οὗτοι τὸ μὴ εἶναι πολλὰ ἕκαστον τῶν αἰσθητῶν τῷ 20ʳ
πολλὰ αὐτῶν κατηγορεῖσθαι οὕτως ᾤοντο διαφεύγειν οὐκ ἐννοοῦντες ὅτι οὐ
κατὰ μόνην τὴν κατηγορίαν τὸ ὂν καὶ τὸ ἓν πολλὰ γίνεται, ἀλλὰ καὶ οὕτως
μὲν ὅταν τῷ λόγῳ διαφέροντά τινα καὶ διὰ τοῦτο πολλὰ ὄντα τῷ αὐτῷ καὶ
5 ἑνὶ ὑπάρχῃ καὶ κατηγορῆται τοῦ αὐτοῦ ὑποκειμένου, καὶ κατ' ἄλλον δὲ
τρόπον τῷ τὸ συνεχὲς καὶ ὅλον ἓν ὂν ἐνεργείᾳ δυνάμει πολλὰ εἶναι τῷ 35
δύνασθαι εἰς μέρη διαιρεθῆναι πολλά, καὶ αὖ πάλιν τῷ τὰ πολλὰ καὶ διῃ-
ρημένα ἐνεργείᾳ δυνάμει ἓν εἶναι συνεχές, ὅτι δύναται συνεχίζεσθαι, ὡς οἱ
πολλοὶ κηροί. καὶ πρὸς μὲν ἐκεῖνο ἔδοξαν ἀποφυγὰς εὑρεῖν τὰς εἰρημένας·
10 πρὸς δὲ τοῦτο μηδὲν δυνάμενοι λέγειν ἐνεδίδοσαν καὶ ὡμολόγουν τὸ ἄτοπον
τὸ αὐτὸ ἓν καὶ πολλὰ εἶναι. τῆς δὲ πλάνης αὐτοῖς καὶ τοῦ τῇ ἀπορίᾳ ἐν-
δοῦναι αἴτιον τὸ μὴ συνιδεῖν ὅτι ἐνδέχεται τὸ αὐτὸ ἓν καὶ πολλὰ εἶναι, οὐ 40
κατὰ τὸ αὐτὸ δέ, ἀλλ' οὕτως ὡς τῷ μὲν ὑποκειμένῳ ἕν, πολλὰ δὲ τοῖς
συμβεβηκόσιν, ἅπερ οὐκ ἀντίκειται ἀλλήλοις, ἢ ὡς ἐνεργείᾳ μὲν ἓν δυνάμει
15 δὲ πολλά, ὡς τὸ συνεχές. οὐδὲ γὰρ τὰ ἀντικείμενα ἀλλήλοις ἐστί, διότι
οὐκ ἐπὶ τοῦ αὐτοῦ, καὶ διὰ τοῦτο δύναται συνυπάρχειν. ἀντίκειται γὰρ τὰ
τῷ αὐτῷ ἢ κατὰ τὸ αὐτὸ ἐνεργείᾳ ἄμφω ὑπάρχοντα, ὡς ὅταν τις τὸν Σω-
κράτην ἐν τῷ αὐτῷ χρόνῳ ἕνα δάκτυλον καὶ πλείονας λέγῃ ἔχειν. ἐν ἄλλῳ
γὰρ καὶ ἄλλῳ χρόνῳ κατὰ τὸ αὐτὸ μόριον οὐδὲν ἄτοπον τὸ ἓν καὶ πολλὰ 45
20 συνίστασθαι, οὐδὲ ἐν τῷ αὐτῷ χρόνῳ κατ' ἄλλο καὶ ἄλλο μόριον. τὰ μέν-
τοι δυνάμει καὶ ἐν τῷ αὐτῷ χρόνῳ καὶ κατὰ τὸ αὐτὸ δύναται συνίστασθαι.
ὁ γὰρ ἐνεργείᾳ ἄπαις δυνάμει καὶ ἓν καὶ πολλὰ τέκνα ἔχειν λέγοιτο ἄν·
διὸ οὔτε τῷ ἐνεργείᾳ ἑνὶ ἀντίκειται οὔτε ἀλλήλοις· διὸ καὶ συνυπάρχει· εἰ
γάρ τι καθεύδει καὶ ἕστηκε δυνάμει, τοῦτο ἐγρηγορέναι καὶ καθῆσθαι δυνάμει
25 λέγοιτο ἄν. τοιαύτη μὲν ἡ κατὰ τὸ πρόχειρον ἔννοια τῆς Ἀριστοτελικῆς λέ-
ξεως εἶναι δοκεῖ. τοῦ δὲ Πορφυρίου καινοπρεπῶς αὐτὴν ἐπιδραμόντος,
ἄξιον ἂν εἴη μηδὲ τὰ ἐκείνῳ δοκοῦντα παραλιπεῖν, τὰ μὲν συντέμνοντα τῶν 50
λεγομένων, τὰ δὲ ἐπ' αὐτῆς τῆς λέξεως παρατιθέντα.

Λέγει τοίνυν ὅτι 'συμπληρώσας τὰ καθ' ἕκαστον σημαινόμενον τῶν
30 ἑνὸς προσαγόμενα ἄπορα ἐπάγει ἄλλην ἀπορίαν γενομένην πρὸς ἑαυτόν. ἔφη
γὰρ ἄν τις ὅτι 'ταῦτα προσηπόρησας πολλαχῶς λέγεσθαι τὸ ἓν ὑποθέμενος

---

1 τὸ μὴ DE: τὸ aF   2 διαφυγεῖν a   οὐ add. F²   3 τὸ ἓν καὶ τὸ ὂν a   5 ἑνὶ a: ἓν δὲ E: om. DF   ὑπάρχει E: ἐνυπάρχῃ aDF   κατηγορεῖται E   6 τῷ ante τὸ om. D   7 πάλιν τοῦ a   8 καὶ post εἶναι add. D   11 καὶ ante ἓν add. a τοῦ μὴ F   in mrg. κατ' ἄλλο καὶ ἄλλο F¹   13 οὕτως om. aF   14 ἀντί-κεινται D   15 ὡς post γὰρ add. F   τά] ταῦτα coni. Torstrik   διότι — αὐτοῦ delebat Torstrik   16 συνυπάρχειν δύναται D   17 ἢ post αὐτῷ delebat Torstrik ἄμφω ἐνεργείᾳ F   τὸν σωκράτη a: τὸν σωκράτην F: τῷ σωκράτει E: obl. D   18 ἐπὶ τὸ αὐτὸ (corr. E¹ αὐτῷ) χρόνῳ E   λέγῃ a: λέγοι EF: obl. D   19 οὐδὲ — συν-ίστασθαι EF: om. a   20 ἄλλο μόριον — χρόνῳ καὶ om. D   αὐτῷ ante χρόνῳ κατ' om. E   21 ταὐτὸ F   22 καὶ (ante ἓν) om. E   23 τῷ — ἀντίκειται] τὸ ἐνεργείᾳ τῷ ἑνὶ καὶ τοῖς πολλοῖς ἀντίκειται D   27 μηδὲ] μηδὲν F   30 ἄπορα] ἄτοπα a ἂν ante πρὸς add. a   φαίη Torstrik   31 προηπόρησας coni. Torstrik   τὸ ὂν et postea τὸ ἕν E

καὶ πολλαχῶς τὸ ὄν· εἰ δὲ μὴ τοῦτο, ἴσως ἂν τὰ ἄπορα ταῦτα οὐ προσή- 20ʳ
γαγες.' πρὸς οὓς ἀπάντησιν βιαίαν ἅμα καὶ μὴ συνεωραμένην τοῖς ἐξη-
γηταῖς πᾶσι πεποίηται, λέγων ὅτι ἐὰν μὴ δεκαχῶς λέγεσθαι ὑποτεθῇ τὸ |
ὄν, οὐχ οἱ περὶ Παρμενίδην μόνοι καὶ Μέλισσον, ἀλλὰ καὶ οἱ ἄλλοι πάντες 20ᵛ
5 θορυβήσονται. ἴδωμεν γὰρ τὸ κυρίως ἓν ποδαπὸν ἡμῖν προσπίπτει. ἆρα ὁμοῦ
δῆλον ὡς ἁπλοῦν τι καὶ ἀμερὲς καὶ ἀδιαίρετον, καθόσον ἓν ἐπινοεῖται; ὅταν οὖν
λέγωσιν ὅτι τὸ ζῷον ἓν μὲν τῷ γένει εἴδει δὲ πολλά, καὶ ὁ ἄνθρωπος εἷς
τῷ εἴδει τῷ ἀριθμῷ δὲ πολλά, Σωκράτης τε ἐνεργείᾳ εἷς δυνάμει δὲ καὶ
μέρεσι καὶ συμβεβηκόσι πολλά, ἆρα οὐκ ὀνόματι μὲν τὸ ἓν ὀνομάζουσι, τῇ 5
10 δὲ ἐννοίᾳ τῇ τοῦ ἑνὸς οὐδαμῶς ὁμολογοῦσι; πολὺς γὰρ ὁ ἐπὶ τούτων ὁρώ-
μενος μερισμός, κἂν ἑνικῶς γένος ᾖ εἶδος λέγηται, ὥσπερ τὸ πλῆθος αὐτὸ
καὶ ἡ ἵππος κἂν ἑνικῶς λέγηται πλῆθος ἐμφαίνει. εἰκότως οὖν ἐπὶ τούτων
ἀπορία τις ἦν, οἷον πρῶτον ἐπὶ τῶν ὑποκειμένων καὶ τῶν συμβεβηκότων. εἰ
γὰρ Σωκράτης λευκός ἐστι, πῶς τοῦτο ἕν; ἢ γὰρ οὐδέν ἐστι τὸ λευκόν, καὶ οὐ-
15 δὲν πλέον ἔσται κατηγορεῖν αὐτὸ Σωκράτους· ἢ εἴπερ ἔστι καὶ τὸ λευκόν, διὰ
τί οὐ δύο τὸ Σωκράτης λευκός; εἰ γὰρ ὅτι κατηγορεῖται οὐδέν ἐστι, τί μᾶλλον 10
ὅτι Σωκράτης ὑπόκειται οὐδὲν ἔσται; ἑκάτερον γὰρ ἔστιν. ὁμοίως δὲ καὶ
ἐπὶ τοῦ ἐνεργείᾳ ἑνὸς δυνάμει δὲ πολλῶν. τί γὰρ δὴ φήσομεν; μηδὲν εἶναι
τὰ μέρη; καὶ πῶς οὐχὶ καὶ τὸ ὅλον οὐδέν, ὅτι ἐκ τῶν μερῶν συνέστηκε τὸ
20 ὅλον; ἀλλ' ἔστι τὰ μέρη· καὶ πῶς ὁ Σωκράτης οὐ πολλά; ἐπί τε τοῦ ὡς
γένους καὶ ὡς εἴδους. τὸ γὰρ ζῷον τῷ ἀνθρώπῳ καὶ ὁ ἄνθρωπος τῷ Σω-
κράτει πότερον ὡς οὐδὲν συμβέβηκε; καὶ πῶς τὸ ζῷον τοῦ μὴ ζῴου
διαφέρειν φαμὲν καὶ τὸν ἄνθρωπον τοῦ ἵππου; ἀλλ' ἔστι τὸ ζῷον τί· καὶ 15
πῶς οὐ πολλὰ ὁ ἄνθρωπος καὶ ζῷον ὢν καὶ ἄνθρωπος; διὰ τί δὲ τῷ Σω-
25 κράτει ὁ ἄνθρωπος συμβέβηκεν, ἀλλ' οὐχὶ τῷ ἀνθρώπῳ ὁ Σωκράτης;
πολὺς οὖν θόρυβος οὐ πρὸς τοὺς περὶ Παρμενίδην μόνον, ἀλλ' ἁπλῶς πρὸς
πάντας τοὺς συνώνυμον ὑποθεμένους τὸ ὂν καὶ ὡς ἓν μὲν αὐτὸ ὑποτιθε-
μένους, σῴζειν δὲ μὴ δυναμένους ἐπ' αὐτοῦ τὴν τοῦ ἑνὸς καθαρὰν πρό-
ληψιν. διὰ ταῦτα δὴ Λυκόφρων μὲν τὸ ἔστιν οὐ συνῆπτεν ὡς δή τινος ἐκ
30 τούτου συμβαίνοντος ἀτόπου· τινὲς δὲ εἰς ῥήματα μετέπλασσον τὰ κατη- 20
γορούμενα ἐμφαίνοντες τὸ ἐλάττονα αὐτὰ εἶναι καὶ συμβεβηκότα μᾶλλον.
οἱ δὲ ἐκ τῆς Ἐρετρίας μηδὲν κατὰ μηδενὸς κατηγορεῖσθαι λέγουσιν, ἀλλὰ
μόνον αὐτό τι καθ' αὑτοῦ, οἷον ὁ ἄνθρωπος ἄνθρωπος. ἀλλ' οὐδὲ οἱ πρό-
τεροι οὐδὲ οὗτοι ἐξέφυγον τὴν ζήτησιν. αὐτὸς γὰρ ὁ ἄνθρωπος ἐζητήθη ἄν·

---

4 μόνον a ut est infra v. 26   πάντες om. E   5 θορυβηθήσονται D   ποτα-
πὸν a   8 τῷ ante ἀριθμῷ D: om. aEF   πολλά DE: πωλλοί aF   10 ὁ
om. a   11 ὥσπερ καὶ τὸ aE   12 ἢ] ὁ E   15 καὶ (post ἔστι) om. a
16 οὐ δύο τὸ] οὐδ' οὕτω E. τί οὐ καὶ Σωκράτης ὅτι λευκός coniciebat Torstrik   εἰ γὰρ
— ἔσται transponenda videntur post Σωκράτους v. 15   17 γὰρ om. E   18 πολλὰ
DE   21 post εἴδους supple ἀπορία τις ἦν v. 7: ὡσαύτως addebat Torstrik   26 ἀλλὰ
καὶ E   27 ὑποθεμένους a   29 δὴ om. D   συνῆπτεν EF: συνῆπται aD   30 ἄτο-
πον D   μετέπλασαν aF   31 ἔλαττον E   32 ἐρετρείας E   λέγοντες E   33 οὔτε —
οὔτε coni. Torstrik

ἀλλ' οὔ φασιν ἄξιον εἶναι ζητεῖν· πολλὰ γάρ, ἐὰν διαιρεθῇ ἐνεργείᾳ· νῦν δὲ 20ᵛ
εἶναι ἕν. ἀλλ' ὁ λόγος ἦν καὶ ἡ ζήτησις περὶ τοῦ ἀδιαιρέτου ⟨καὶ⟩ τῶν
μερῶν. ἆρα ἔστι τι ᾗ οὐδέν, ἕως ἔτι ἐν αὐτοῖς ἐστιν; ὥστε οὐ λύεται ἡ 25
ζήτησις.

5   Τὴν τοίνυν τοιαύτην καὶ τηλικαύτην ἀπορίαν μόνος ὁ Ἀριστοτέλης
συνεῖδεν ὅπως λύειν χρή. τὰ γὰρ ὄντα φησὶ μὴ ὁμοίως ὄντα εἶναι· διὸ μὴ
εἶναι αὐτῶν γένος τὸ ὄν· ἀλλὰ τὸ μὲν τοιοῦτον εἶναι ὃ καὶ αὐτὸ καθ'
ἑαυτὸ ὑποστῆναι δύναται χαρακτῆρα ἐμφαῖνον ἴδιον, τὰ δὲ ὄντα μέν, οὐχ
ὁμοίως δὲ μετειληφότα τοῦ ὄντος, ἀλλὰ κατ' ἄλλον τρόπον τῷ ἐν ἐκείνοις
10 εἶναι καὶ ἠρτῆσθαι ἀπ' ἐκείνων πρὸς τὸ εἶναι. ὁ μὲν γὰρ πατὴρ καὶ ὁ
υἱὸς κατὰ τύχην ὑπέστησαν, καὶ ὁ δεσπότης καὶ ὁ δοῦλος. διὸ πολλαχῶς 30
ἔφη τὸ ὄν· πλὴν ὅτι τὰ ἄλλα ἐπὶ τῇ οὐσίᾳ συμβέβηκε, καθ' ἣν καὶ χα-
ρακτηρίζεται τὸ ὑποκείμενον. διὸ οἱ μὲν ἀνῄρουν τὰ ἄλλα, καθάπερ οἱ
ἀπὸ τῆς Στοᾶς ἐποίουν, παρὰ τὰ ἐναργῆ· ὁ δὲ ὁμοίως τῇ οὐσίᾳ καὶ
15 τἄλλ' εἰπὼν ἓν μᾶλλον ἁμαρτάνει. πολλὰ γὰρ ποιήσει τὰ ὄντα καὶ
σωρεύσει ὡς τὰ ἄτομα σώματα· ὁ δὲ πῶς μὲν λέγων εἶναι τῷ ἐπὶ τῇ
οὐσίᾳ θεωρεῖσθαι καὶ μετ' ἐκείνης εἶναι, πῶς δὲ μὴ εἶναι τῷ μὴ ἄνευ 35
αὐτῆς ὑποστῆναι δύνασθαι, οὗτος ἐπείληπται τοῦ ὀρθοῦ. ἐπιόντες τοίνυν
τοὺς τρόπους τοῦ ἑνός, οὐκέτι πολλὰ φήσομεν τὸ ἕν, διότι τὰ μέρη
20 ἄλλως καὶ οὐχ ὡς Σωκράτης ἓν λέγεται· ὁ μὲν γὰρ καθ' ἑαυτὸν
ἰδιότητα ἐμφαίνει τοῦ χαρακτῆρος, τὰ δὲ μέρη ἄνευ τοῦ ὅλου οὐκ ἂν ὑπο-
σταίη, ἀλλ' ἔστιν οὕτως ὡς σὺν τῷ ὅλῳ εἶναι. μένει τοίνυν ὁ Σωκράτης
εἷς. ὁμοίως καὶ κατὰ τὸ εἶδος οὐ πληθύνεται ἅμα καὶ ἄνθρωπος γενόμενος
τῷ τὸ εἶδος μὴ ἄν ποτε καθ' ἑαυτὸ ὑποστῆναι, μηδὲ ὑφεστάναι τὸν ἄν-
25 θρωπον οὕτως ὡς αἱ πρῶται οὐσίαι, ἀλλ' ἄλλως. ἀλλὰ μὴν οὐκ ἂν εἴποι
τις παντελῶς μηδὲν εἶναι παρὰ τὸν Σωκράτην τουτὶ τὸ πλεόνασμα, εἰ καὶ 40
μὴ τοιοῦτόν ἐστιν ὁποῖον αὐτὸς ὁ Σωκράτης, ἀλλὰ κατ' ἐκεῖνον καὶ μετ'
ἐκείνου. οὐδὲ γὰρ οὕτως ὁμώνυμον τὸ ὂν ὡς τὰ ἀπὸ τύχης, ἀλλ' ὡς τὰ
ἀφ' ἑνός. καὶ τὸ λευκὸν τότε ἐστίν, ὅταν ἄλλου ᾖ κἂν τούτῳ ἔχῃ τὸ εἶναι
30 ἐν τῷ ἄλλου εἶναι. ὥσπερ γὰρ ἡ ἐπιφάνεια σώματος οὖσα τὸ οἷον σῶμα
εἶναι ἀπὸ τοῦ σώματος ἔλαβεν, οὕτως δεῖ νοεῖν καὶ τὴν τῶν ἄλλων ὄντων
ὑπόστασιν· τῷ γὰρ ἄλλου εἶναι τὴν ὑπόστασιν ἔχει. διὸ οὐκέτι πολλὰ
ὁ λευκὸς Σωκράτης, ἢ αὐτός τε καὶ τὰ μέρη· οὐ γὰρ ἄλλα τινὰ συνελθόντα, 45
ὡς οἱ βόες εἰς τὸ ζεῦγος καὶ οἱ ἄνθρωποι εἰς τὴν χώραν, συνεστήσαντο

---

2 καὶ addidi   3 ante ἔστιν deletum quid D   6 συνεῖδεν EF: συνοῖδεν aD   7 αὐτὸ
om. DE   9 κατ' ἄλλον] κἄλλον E   τῷ] τὸ D   ἐν] ἓν F   10 τε post πατήρ
add. a   ὁ (ante υἱός) om. a   12 βέβηκεν F   14 παρὰ] πλὴν a   καὶ τἄλλ'
εἰπὼν D²: καταλιπὼν aD¹EF   15 ἓν μᾶλλον delebat Torstrik   16 ὡς DE: ὥσπερ aF
τῷ — εἶναι om. E   17 ἐκείνην libri: corr. Torstrik   18 οὗτος ex οὕτω corr. D
ἐποιόντες E   22 ὅλῳ ἓν εἶναι a   μένει] ἕν· εἰ in mrg. ζήτει F   23 πλη-
θύεται aF   25 ἄν ποτε ex v. 24 D   26 σωκράτην a   ἓν καὶ μὴ F
28 τὰ ἀπὸ a: τὸ ἀπὸ DEF   ἀλλ' ὡς τὰ aD: ὥστε EF   29 ἄλλου ᾖ] ἄλλα F
ἔχῃ a: ἔχει DE: ἔχει F   33 τινα εἰσελθόντα sic F   34 τὴν D: om. aEF

Σωκράτην, ἀλλ' ὄντος αὐτοῦ ὑποκειμένου, τὰ συμβεβηκότα αὐτῷ ἔστι ταύτῃ 20ᵛ
ἢ ὑφεστηκότα ἢ ἄλλου ἐστί, καὶ δι' ἐκεῖνο καὶ ἔστιν· ὡς εἴ γε πολλὰ καὶ
μετὰ ἑτέρου ἄλλου ἦν, λέγω δὲ τὰ συμβεβηκότα, ἔμενεν ἂν τὸ ζήτημα.
ἐκ δὲ τούτου ἀνακύπτει ἡ τοῦ ὄντος καὶ μὴ ὄντος ἀπορία. ὂν μὲν γὰρ ἡ
5 οὐσία, ὡς δ' ἐν αὐτῇ ὄντα τὰ συμβεβηκότα οὐκ ὄντα, ἄλλως δὲ καὶ ὡς
ταύτης ὄντα, ταύτῃ ἐστὶ καὶ ὄντα· καὶ τὸ αὐτὸ ἓν ἂν εἴποις καὶ πολλά, 50
ἀλλ' οὐχ ὡς τὸ ἓν οὕτως καὶ τὰ πολλά· οὐ γὰρ πεπλήθυνται ἐκ τοιούτων
ἑνάδων. ὁμοίως δὲ καὶ ἐπὶ τῶν μερῶν τοῦ Σωκράτους· οὐ γὰρ ὡς Σω-
κράτης καὶ ταῦτα ὄντα· ἀλλ' ὡς τούτου καὶ τῷ ἐκείνου εἶναι ὄντα, οὐχ
10 ὡς ἐκεῖνο οὕτως καὶ ζῷον καὶ ἄνθρωπος ὁ Σωκράτης, οὐχ ὅτι καὶ Σω-
κράτης καὶ ἄνθρωπος καὶ ζῷον· ὅπερ ἐποίουν οἱ συνώνυμον τιθέντες τὸ
ὄν, ἢ ὅπερ οἱ ἀναιροῦντες ἐκ τῶν ὄντων τὰ ἄλλα, οἱ ἓν εἰπόντες τὸ ὄν.
οὐ τρία οὖν ὁ Σωκράτης οὐδὲ ἓν μόνον. οὐ|δὲ γὰρ οὐδὲν τὰ ἄλλα ἐστίν, 21ʳ
ὅτι καὶ ταῦτα τῷ εἶναι Σωκράτους ἔστιν οὐ μὴν οὕτως ὡς Σωκράτης. καὶ
15 οὕτως πάλιν πολλὰ καὶ οὐ πολλὰ ὁ Σωκράτης ἀλλὰ ἕν, ἓν δὲ οὐκ ἐκεῖνο
ὃ παντελῶς καθαρεύει καὶ τῆς κατ' ἐπίνοιαν συθέσεως, ἀλλ' ὃ μίαν ὑφί-
στησιν ὑπόστασιν καὶ παράγει μίαν οὐσίαν, οὐχ ὡς ἡ πλίνθος μία τῷ ἓν
ὄνομα εἶναι, ἀλλὰ τῷ ἑνότητα ὑπάρχειν καὶ τὴν τοῦ τόδε δεῖξιν ἐπιδέχεσθαι.
ἓν γὰρ τὰ πολλά, ἐὰν ὁμωνύμως τις τὸ ἓν ἐξηγῆται, καθάπερ πρῶτος Ἀρι- 5
20 στοτέλης ἐνόησε. πολλὰ οὖν τὰ ὄντα πρῶτον μὲν ταῖς κατηγορίαις, οἷον
οὐσία ποιότητι ταῖς ἄλλαις, καὶ κατὰ πάσας τὰ μὲν δυνάμει, τὰ δὲ ἐνερ-
γείᾳ, καὶ ἔτι ἢ γένει ἢ εἴδει ἢ ἀριθμῷ· πρὸς δὲ τούτοις διαιρέσει ἢ λόγῳ
ἢ ὀνόματι. καὶ οὐδὲν ἄτοπον τὸ αὐτὸ κατ' ἄλλον μὲν τρόπον φαίνεσθαι
καὶ λέγεσθαι ἕν, κατ' ἄλλον δὲ πολλά, καὶ ἅμα ἓν καὶ πολλά, μὴ μέντοι
25 τὰ ἀντικείμενα. αἴτιον δὲ τὸ μήτε τὸ ὂν μήτε τὸ ἓν μοναχῶς λέγεσθαι,
ἀλλ' ἕκαστον πλεοναχῶς. ὃ μὴ συνιδόντας τοὺς πρὸ Ἀριστοτέλους θορυ- 10
βεῖσθαι, τοὺς μὲν πολλὰ καὶ ἄπειρα λέγοντας τὰ ὄντα διῃρτημένα δὲ ἀπ'
ἀλλήλων, τοὺς δὲ ἓν οὔτε ἑνὸς ὄντος ὡς τὸ ἁπλοῦν καὶ ἀδιάστατον οὔτε
πολλῶν ὡς χορός, ἀλλ', ὡς εἴρηται, καὶ ἑνὸς ὄντος καὶ οὐχ ἑνὸς ὡς ἐξη-
30 γησάμεθα.'
Ταῦτα τοίνυν αὐτὰ μὲν καθ' αὑτὰ πολλῆς οἶμαι σπουδῆς ἄξια καὶ
πρὸς τὰς φυσικὰς ζητήσεις καὶ πρὸς τὴν τῶν κατηγοριῶν διαίρεσιν καλῶς
ὁ φιλοσοφώτατος ἀνέγραψε Πορφύριος ἀφορμὴν ἴσως πρὸς ταύτην τὴν ἐπι- 15

---

1 σωκράτη a   ἔστι] ἔσται D: ἐστὶ aEF   ταυτὶ E   2 ᾗ E: ἢ aE: om. D
πολλὰ om. E   3 ἑτέρου D: ἕτερα aEF   ἄλλου DF: ἄλλα aE: ἕτερα ἄλλα a
5 δ' ἐν αὐτῇ ὄντα F: δὲ αὐτῇ ὄντα E: δὲ αὐτῇ ὂν D: δ' ἐν αὐτῇ a   ante οὐκ ὄντα
add. ὄντα a   6 ταύτῃ ἐστὶ καὶ D: ἔστιν aEF   εἴπῃς a   9 τῷ ἐκείνου εἶναι coniciebat
Torstrik   12 ἢ ὅπερ] καὶ coniciebat Torstrik   16 δ] ὅτι D   17 μίαν οὐσίαν,
⟨μίαν δὲ⟩ οὐχ ὡς coniciebat Torstrik   18 τοῦ τόδε DE: τούτου δὲ aF   19 ἓν] ὂν
aF   post πρῶτος add. ὁ a   21 ποιότητι] ἀγαθότητι a   τὰ μὲν Torstrik: τὰς
μὲν libri   τὰ δὲ D: τὰς δὲ aEF   23 ὀνόματι aF: ὀνόμασι D: ὀνόμασιν E   24 καὶ
ἅμα ἓν καὶ πολλὰ om. D   26 θορυβεῖσθαι sc. λέγει Ἀρ. p. 185ᵇ 25, συνέβη supplebat
Torstrik   28 ἁπλῶς ἀδιάστατον a

βολὴν λαβὼν τὸ ὡς μοναχῶς λεγομένου τοῦ ἑνὸς ἢ τοῦ ὄντος· πολλὰ δὲ τὰ ὄντα. ἀλλ' εἰ μὲν πολλὰ ταῖς κατηγορίαις ἐπήγαγεν, εἰκὸς ἦν τὴν τοῦ ὄντος ὡς πολλαχῶς λεγομένου διαίρεσιν εἰς λύσιν τῆς ἀπορίας παραλαμβάνειν. νῦν δὲ πολλὰ τὰ ὄντα φησὶ καὶ ἓν ἢ λόγῳ μὲν πολλὰ τῷ
5 δὲ ὑποκειμένῳ ἕν, ὡς ἐπὶ τῆς οὐσίας καὶ τῶν ἐπ' αὐτῇ συμβεβηκότων (διὸ καὶ ἄμφω τὰ τοῦ συμβεβηκότος παραδείγματα ἀπὸ ἑνὸς γένους τῆς ποιότητος ἔλαβεν) ἢ δυνάμει καὶ ἐνεργείᾳ. εἰ μέντοι τις προσηπόρησεν, εἰ καὶ ἡ οὐσία καὶ τὰ καλούμενα συμβεβηκότα ὁμοίως ὄντα ἐστί, πῶς οἷόν τε τὸ αὐτὸ κατὰ τὸ αὐτὸ ὂν ἓν καὶ πολλὰ εἶναι, ταὐτὸν δὲ εἰπεῖν ἓν καὶ οὐχ ἕν, εἰ-
10 κότως ἄν ταύτην τις τὴν ἐπίλυσιν τῆς ἀπορίας ἐπήγαγε τὴν ἀπὸ τῆς τοῦ ὄντος κατά τε τὴν οὐσίαν καὶ κατὰ τὰ συμβεβηκότα διαφορᾶς· ὅπερ ἴσως καὶ νῦν ἠνίξατο μηδὲν ἄτοπον εἰπὼν τὸ αὐτὸ ἓν καὶ πολλὰ εἶναι, πολλὰ μὲν κατὰ τοὺς τῶν πολλῶν συμβεβηκότων λόγους, ἓν δὲ κατὰ τὸ ὑποκεί-μενον καὶ τὴν οὐσίαν, ὅπερ τὸ αὐτὸ μένον ἓν πολλά ἐστι κατ' ἐκεῖνα.
15 Δυοῖν γὰρ οὐσῶν ἀποριῶν τὸ αὐτὸ ἓν καὶ πολλὰ συναγουσῶν, τῆς μὲν ἀπὸ τοῦ πλήθους τῶν τῇ μιᾷ οὐσίᾳ ὑπαρχόντων συμβεβηκότων, τῆς δὲ ἀπὸ τοῦ συνεχοῦς, ὅπερ ἓν μέν ἐστι τῷ ὅλῳ, τῇ δὲ διαιρέσει πολλά, τοῦτο μὲν ἀπὸ τῆς τοῦ δυνάμει καὶ ἐνεργείᾳ διαφορᾶς λύεται· καὶ γὰρ ἐνεργείᾳ μὲν ἕν ἐστι, δυνάμει δὲ πολλά· τὸ δὲ ἕτερον οὐ λέλυται κατὰ τοὺς ἄλλους
20 ἐξηγητάς· οὐδὲ γὰρ ὡς λύσιν τῆς ἀπορίας ἀκούουσι τὸ πολλὰ δὲ τὰ ὄντα ἢ λόγῳ. ὁ γοῦν Ἀλέξανδρος ταύτην προθεὶς τὴν ῥῆσιν εἰς ἐξήγησιν ἐπάγει τάδε· "ἤτοι αὐτὸς διαίρεσιν ποιεῖται, καθ' οὓς τρόπους ἕκαστον ἓν ἅμα καὶ πολλά ἐστι, δεικνὺς ὅτι μὴ μοναχῶς τὸ ἓν ὡς προεῖπεν ἢ πῶς Ζήνων ἕκαστον τῶν αἰσθητῶν πολλὰ εἶναι ἐδείκνυε λέγει, ὑφ' οὗ λόγου
25 ἐθορυβοῦντο. ἢ γὰρ τῷ λόγῳ μὲν πολλά ἐστι τῷ ὑποκειμένῳ ὄντα ἕν, οἷον ὁ μουσικὸς καὶ ὁ λευκὸς Σωκράτης τῷ λόγῳ μέν εἰσι πολλοί (ἄλλος γὰρ λόγος τοῦ μουσικοῦ καὶ ἄλλος τοῦ λευκοῦ), κατὰ μέντοι τὸ ὑποκείμενον εἷς ἐστιν ὁ Σωκράτης· ἢ πολλά ἐστι τὸ αὐτὸ ἅμα καὶ ἓν ὡς τὸ ὅλον καὶ τὰ μέρη· ὡς μὲν γὰρ ὅλον ἕν, ὡς δὲ μέρη ἐξ ὧν τὸ ὅλον πολλά, ἐπεὶ μὴ
30 ταὐτὸν δέδεικται τὸ μέρος τῷ ὅλῳ". ταῦτα εἰπὼν ὁ Ἀλέξανδρος ἐπάγει λοιπὸν δι' ὧν ἐνδείκνυται, ὅτι οὐ λέλυται ἡ ἀπὸ τῶν συμβεβηκότων ἀπορία, ἀλλὰ μόνη ἡ ἀπὸ τῆς διαιρέσεως, λέγων "ἐπὶ μὲν οὖν τῶν τῷ λόγῳ πολλῶν, ὡς εἴρηται, ᾤοντό τι ποιεῖν οὓς ὑστέρους εἴρηκε τῶν ἀρχαίων, οἱ μὲν ἀφαιροῦντες τὸ ἔστιν ἀπὸ τῶν συμβεβηκότων, οἱ δὲ παρεκκλίνοντες καὶ

μεταρρυθμίζοντες τὴν λέξιν· ἐπὶ δὲ τοῦ ὡς ὅλου καὶ μέρους οὐκ ἔχοντες 21ʳ τοιαύτην ἔνστασιν πρὸς τὸ σόφισμα ἐνεδίδοσαν. ἔστι δέ, φησί, τὸ ὅλον ἓν 40 τε καὶ πολλά, οὐ κατὰ ταὐτὸν δέ, ἀλλ' ἐντελεχείᾳ μὲν ἕν, δυνάμει δὲ πολλά. ὥστε εἰ μέλλοι καὶ ἡ ἀπὸ τῶν συμβεβηκότων ἀπορία λύεσθαι,
5 καλῶς ὁ Πορφύριος τὸ ὑπὸ τοῦ Ἀριστοτέλους ᾐνιγμένον διὰ τοῦ ὡς μοναχῶς λεγομένου τοῦ ἑνὸς ἢ τοῦ ὄντος· πολλὰ δὲ τὰ ὄντα ἐνόησέ τε καὶ ἐξέφηνεν, ἐνδειξαμένου μέν πως καὶ τοῦ Εὐδήμου τὸ τοιοῦτον, καὶ αὐτοῦ δὲ τὴν λύσιν εἰς τὸ δυνάμει καὶ ἐνεργείᾳ κατακλείσαντος. 45

Οὐδὲν δὲ ἴσως χεῖρον καὶ τὰ τοῦ Εὐδήμου παραθέσθαι πλείονος τῶν
10 λεγομένων ἐπιστάσεως ἕνεκεν. ἔχει δὲ ὧδε ἡ μετὰ τὰς ἀπαντήσεις λέξις τὰς πρὸς τὰ τοῦ ἑνὸς σημαινόμενα· "ἆρα οὖν τοῦτο μὲν οὐκ ἔστιν [ἕν], ἔστι δέ τι ἕν; τοῦτο γὰρ ἠπορεῖτο· καὶ Ζήνωνά φασι λέγειν, εἴ τις αὐτῷ τὸ ἓν ἀποδοίη τί ποτέ ἐστιν, ἕξειν τὰ ὄντα λέγειν. ἠπόρει δὲ ὡς ἔοικε διὰ τὸ τῶν μὲν αἰσθητῶν ἕκαστον κατηγορικῶς τε πολλὰ λέγεσθαι καὶ με-
15 ρισμῷ, τὴν δὲ στιγμὴν μηδὲ ἓν τιθέναι· ὃ γὰρ μήτε προστιθέμενον αὔξει, 50 μήτε ἀφαιρούμενον μειοῖ, οὐκ ᾤετο τῶν ὄντων εἶναι. εἰ δέ τις καὶ τὰς λοιπὰς κατηγορίας προσεπιθείη, πιστότερον ἂν κατασκευάσειεν ἔτι τὸν λόγον· οὐ φαίνεται γὰρ οὔτε οὐσίαν οὔτε ποιὸν ἡ στιγμὴ ποιοῦσα οὔτε ἄλλο τῶν κατὰ τὰς διαιρέσεις οὐδέν. εἰ δὲ ἡ μὲν στιγμὴ τοιοῦτον, ἡμῶν δὲ ἕκαστος
20 πολλὰ λέγεται εἶναι (οἷον λευκὸς μουσικὸς καὶ πολλὰ ἕτερα, ὁμοίως δὲ καὶ ὁ λίθος, ἄπειρος γὰρ ἡ θραῦσις ἑκάστου), πῶς ἂν εἴη τὸ ἕν; | πρὸς μὲν οὖν 21ᵛ τὰς κατηγορίας ἔνιοι μὲν οὐκ ᾤοντο δεῖν τὸ ἔστιν ἐπιλέγειν, ὧν καὶ Λυκόφρων ἦν, ἀλλ' ἄνθρωπον μὲν ἔλεγον εἶναι, ἄνθρωπον δὲ εἶναι λευκὸν οὐκ ἔφασαν· ὁμοίως δὲ καὶ τῶν ἄλλων ἕκαστον. οὐδαμοῦ γὰρ τὸ εἶναι
25 προσῆπτον, ἀλλ' ἑνὶ καθέκαστον. Πλάτων δὲ τὸ ἔστιν οὐκ ᾤετο σημαίνειν ὅπερ ἐπὶ τοῦ ἀνθρώπου, ἀλλ' ὥσπερ τὸ φρόνιμός ἐστι τὸ φρονεῖν καὶ τὸ καθήμενός ἐστι τὸ καθῆσθαι, οὕτω καὶ ἐπὶ τῶν ἄλλων ἔχειν, καὶ εἰ μὴ κεῖται ὀνόματα. πρὸς μὲν οὖν τὰ κατηγορικῶς πολλὰ ποιοῦντα τὸ ἓν τοῦ- 5 τον ἀπήντων τὸν τρόπον, πρὸς δὲ τὰ κατὰ μερισμὸν οὐκ εὐπόρουν. ἔστι
30 δὲ ὡς ἔοικε τὸ διορίζειν ἕκαστον, ποσαχῶς λέγεται, πρῶτον πρὸς ἀλήθειαν.

---

3 ταυτὸν μέν, ἀλλ' aF   4 μέλλει aF   λελύσθαι D   6 λεγομένου ἢ τοῦ aF
7 Εὐδήμου fr. 7 p. 10, 10 Sp.   τοιοῦτο a   9 τοῦ om. aF   10 ἕνεκα a
λέξεις D   11 πρὸς E² ex παρά E¹   ἓν om. Simpl. f. 30ʳ 24   ἓν δέ τί
ἔστι a   12 αὐτὸ F   13 ἕξειν] λέξειν aF   ἠπόρει δὲ ὡς ἔοικε om. a
14 τῶν] τί F   τε om. a   15 μηθὲν τιθέναι infra: ἕν τι εἶναι coniecit Brandis cf.
p. 99, 11. 15   17 προσηγορίας aF   19 εἰ δὲ εἰ F   21 πῶς ἂν D: πᾶν ἂν F:
πᾶν E   23 εἶναι λευκὸν D   24 εἶναι] ἔστι D   25 ἑνὶ DF: ἓν ᾗ a et F¹ mrg.:
ἢ ἑνὶ E: ἓν ἦν temptabat Spengel. immo intellege: ἄνθρωπος ἔστι dicebat, ἄνθρωπος λευκός ἔστι non item cf. v. 23   26 ὅπερ ἐπὶ τοῦ ἄνθρωπος ἔστιν haud recte
Torstrik cf. p. 99, 25   τὸ (ante φρονεῖν) om. E   27 τὸ (ante καθῆσθαι) om. EF
ἔχειν Torstrik: ἔχει libri   28 ὄνομα E   30 πρῶτον scripsi cf. Arist. Top. I 13
p. 105ᵃ 31: ἃ (i. e. ᾱ) E: μέγα a: om. D: πρῶτον — ἀλήθειαν om. F

Πλάτων τε γὰρ εἰσάγων τὸ δισσὸν πολλὰς ἀπορίας ἔλυσε πραγμάτων † ὧν 21ᵛ
νῦν οἱ σοφισταὶ καταφεύγοντες ὥσπερ ἐπὶ τὰ εἴδη, καὶ πρὸς τούτοις τοὔ
νομα τῶν λόγων ἀφώρισε. πρὸς δὲ τὴν τοῦ ἑνὸς ἀπορίαν ἄκος ἐφάνη ἡ
τοῦ ὄντος διαίρεσις. ἦν δὲ αὕτη τοῖς φιλοσοφοῦσιν ἐμπόδιος, καὶ ἐπὶ μι-
5 κρὸν ἐχρῶντο αὐτῇ· ἔστι δὲ σοφὸν τὸ καλῶς ἑκάστῳ χρῆσθαι. οἵ τε γὰρ
ταῖς ἀρχαῖς χρώμενοι οὐδὲν προάγουσιν (ἡ γὰρ ἀρχὴ πολύχουν), οἵ τε τὰς
μὴ ἀρχὰς ποιούμενοι ἀδυνατοῦσι προϊέναι διὰ τὸ μὴ ἔχειν ἀφ' οὗ. ἐνερ
γείᾳ δὲ καὶ δυνάμει ἐπιστήμονας μὲν ἔλεγον καὶ ἀνδρείους καὶ ὅσα τοιαῦτα,
ἓν δὲ οὐκ ἔλεγον οὐδὲ πολλά. φαίνεται δὲ περὶ πάντα ὡς εἰπεῖν ἡ διαί-
10 ρεσις αὕτη. εἰ γὰρ δέοι ἡμᾶς τὰ καθεύδοντα ἀριθμεῖν, ἄνθρωπον μὲν καὶ
ἵππον εὐθέως καταριθμήσομεν καίπερ πολλῶν οὐ καθευδόντων, εἰς τὴν δύ
ναμιν αὐτῶν ἀποβλέποντες. περὶ δὲ ἰχθύων ἀπορήσομεν καὶ βαδιούμεθα πρὸς
τοὺς ἁλιεῖς· ἐν δὲ τῇ οἰκίᾳ τοὺς καθεύδοντας ἀριθμοῦντες πολλοὺς παραλεί
ψομεν ἀνθρώπους καὶ ἵππους, ἂν παρῶσι καὶ μὴ καθεύδωσι. δῆλον οὖν ὡς
15 πρότερον εἰς τὴν δύναμιν, ὕστερον δὲ εἰς τὴν ἐνέργειαν ἀποβλέπομεν. οὕτω δὴ
καὶ ἕν τε καὶ πολλὰ καὶ δυνάμει καὶ ἐνεργείᾳ ἐστίν. ἐνεργείᾳ μὲν οὖν
ἄμφω οὐδέποτε τῷ αὐτῷ ὑπάρχει. τὸ δὲ ἐνεργείᾳ ἓν δυνάμει πολλὰ
ἐστιν, εἴπερ τῶν μεριστῶν ἐστιν. φαίνεται δὲ τοῦτο ἄτοπον. οὐδὲν δὲ
ἄτοπον· οὐ γὰρ ἐναντία ταῦτά ἐστιν. οὕτω δὲ καὶ ἐν τῷ αὐτῷ λίθῳ
20 πολλὰ ἔσται, οἷον Ἑρμῆς Ἡρακλῆς μυρία ἕτερα· δυνάμει γάρ ἐστι ταῦτα
πάντα ἐν τούτῳ, ἐνεργείᾳ δὲ ἓν μόνον. τὰ δὲ ἐνεργείᾳ πολλὰ οὐκ ἔστιν
ὁμοίως δυνάμει ἕν· ἀλλ' ὅσα σύγκειται τάδε, λέγω δὲ οἷον ἑστάναι κα-

---

1 Πλάτων — πραγμάτων citat Simpl. f. 53 ᵛ 8   εἰσαγαγὼν a   ἔλυσεν ἐπὶ τῶν πρα
γμάτων f. 53 ᵛ 8, quod praefero cf. Arist. de gen. et int. I 8 p. 325 ᵃ 18   ὧν νῦν
non sanum. si νῦν verum est, excidit velut ἅπτονται. tum Eudemus tangit vel Stilponem
vel Menedemum cf. p. 91, 28. 93, 32. sed pro ὧν νῦν conicio δ ἠγνόουν (scil. Megarici
τὸ δισσόν) cf. p. 120, 13   2 καταφεύγοντες DEF: καταφεύγουσι a   ὥσπερ ἐπὶ τὰ
εἴδη] cf. τοὺς τῶν εἰδῶν φίλους Plat. Sophist. p. 248A contra quos τὸ δισσόν (sc. cum
dichotomiae universam rationem tum eam quae dividit τὸ μὴ ὄν cf. Simpl. f. 53ᵛ)
demonstrat   3 πρὸς δὲ] immo πρός τε cf. v. 1 et 5. 6: πρὸς δὴ coni. Torstrik
4 αὐτὴ D   τότε ante ἐμπόδιος desiderabat Torstrik   μικρῷ D   5 δὲ (post
ἔστι) om. E   οἵ τε κτλ.] sensus: ἀρχή est exemplum τῶν πολλάκις λεγομένων. ergo
interest τὸ καλῶς ἑκάστῳ χρῆσθαι. sic ἡ τοῦ ὄντος διαίρεσις (sc. δυνάμει et ἐνεργείᾳ)
bene utenti bene procedet   6 προάγουσιν Brandis: προσάγουσιν libri   τὰς μὴ]
'aut μὴ transponendum aut τὰς delendum' opinabatur Spengel   7 post ποιούμενοι
add. ἀρχὰς Torstrik, quod cogitando suppleas   8 δὲ (post ἐνεργείᾳ) om. D
9 παρὰ E   10 τοὺς καθεύδοντας a   11 εὐθέως μὲν ἄνθρωπον καὶ ἵππον a   12 περὶ
τῶν ἰχθύων δέ a   βαδιοῦμεν εἰς a   13 παραλείψομεν EF: παραλήψομεν aD
14 παρῶσι Usener: περ ὦσι libri   καθεύδοντες temptabat Torstrik   15 πρότερον] πρῶτον
D: om. in lac. (in mrg. ζήτει) F   τὴν δυνάμει D   τὴν ἐνεργείᾳ D   17 ὑπάρ
χειν D   18 φαίνεται δὲ τοῦτο ἄτοπον post ὑπάρχει (v. 17) libri: transponenda vidit
Torstrik   20 πολλά ἐστιν volebat Torstrik   21 ἐνέργεια E¹   22 ὁμοίως
om. a   τὰ δ ᵉ DE: om. lac. IV litt. rel. F: ἐν ἑνὶ a: τάδε i. e. τὰ καθ' ἕκαστον cf.
p. 102, 5 ταδὶ δὲ συμβεβηκότα (σύγκειται cf. ind. Arist. p. 708 ᵇ 37), vix recte corrigas
τῷδε i. e. τῷ ἑνί   λέγω δὲ scripsi: λόγου δὲ DE: om. aF

θῆσθαι, δυνάμει μὲν ἅμα περὶ τὸ ἓν εἴη ἄν, ἐνεργείᾳ δὲ οὔ. εἰ δὲ παρῆν
ἡμῖν Ζήνων, ἐλέγομεν ἂν πρὸς αὐτὸν περὶ τοῦ ἑνὸς ἐνεργείᾳ ὅτι οὐκ ἔστι
πολλά· τὸ μὲν γὰρ κυρίως αὐτῷ ὑπάρχει, τὰ δὲ κατὰ δύναμιν. οὕτως οὖν
ἓν καὶ πολλὰ τὸ αὐτὸ γίνεται, ἐνεργείᾳ δὲ θάτερον μόνον, ἅμα δὲ ἄμφω
οὐδέποτε. εἰ δὲ συνεπείθομεν αὐτὸν ταῦτα λέγοντες, ἠξιοῦμεν ἂν τὴν
ὑπόσχεσιν ἀποδιδόναι."

Ἐν ᾗ ὁ μὲν τοῦ Ζήνωνος λόγος ἄλλος τις ἔοικεν οὗτος εἶναι
παρ' ἐκεῖνον τὸν ἐν βιβλίῳ φερόμενον, οὗ καὶ ὁ Πλάτων ἐν τῷ Παρμενίδῃ
μέμνηται. ἐκεῖ μὲν γὰρ ὅτι πολλὰ οὐκ ἔστι δείκνυσι βοηθῶν ἐκ τοῦ ἀντι-
κειμένου τῷ Παρμενίδῃ ἓν εἶναι λέγοντι· ἐνταῦθα δέ, ὡς ὁ Εὔδημός φησι,
καὶ ἀνῄρει τὸ ἕν (τὴν γὰρ στιγμὴν ὡς τὸ ἓν λέγει), τὰ δὲ πολλὰ εἶναι
συγχωρεῖ. ὁ μέντοι Ἀλέξανδρος καὶ ἐνταῦθα τοῦ Ζήνωνος ὡς τὰ πολλὰ
ἀναιροῦντος μεμνῆσθαι τὸν Εὔδημον οἴεται. "ὡς γὰρ ἱστορεῖ, φησίν, Εὔ-
δημος, Ζήνων ὁ Παρμενίδου γνώριμος ἐπειρᾶτο δεικνύναι, ὅτι μὴ οἷόν τε
τὰ ὄντα πολλὰ εἶναι τῷ μηδὲν εἶναι ἐν τοῖς οὖσιν ἕν, τὰ δὲ πολλὰ πλῆθος
εἶναι ἑνάδων." καὶ ὅτι μὲν οὐχ ὡς τὰ πολλὰ ἀναιροῦντος τοῦ Ζήνωνος
Εὔδημος μέμνηται νῦν, δῆλον ἐκ τῆς αὐτοῦ λέξεως· οἶμαι δὲ μηδὲ ἐν τῷ
Ζήνωνος βιβλίῳ τοιοῦτον ἐπιχείρημα φέρεσθαι, οἷον ὁ Ἀλέξανδρός φησι.
καὶ τοῦτο δὲ ἐκ τῶν εἰρημένων οἶμαι δῆλον, ὅτι καὶ ὁ Εὔδημος τὴν ἀπο-
ρίαν ἀπὸ τῆς τοῦ δυνάμει καὶ ἐνεργείᾳ διαφορᾶς ἔλυσεν. ἐνδείκνυται δὲ ἴσως
καὶ τὴν ἀπὸ τῆς τοῦ ὄντος διαφορᾶς λύσιν ὁ Εὔδημος ἐν οἷς φησι "πρὸς
δὲ τὴν τοῦ ἑνὸς ἀπορίαν ἄκος ἐφάνη ἡ τοῦ ὄντος διαίρεσις. ἦν δὲ αὕτη
τοῖς φιλοσοφοῦσιν ἐμπόδιος καὶ ἐπὶ μικρὸν ἐχρῶντο αὐτῇ", "ἐμπόδιος" ἴσως
διὰ τὸ μὴ καλῶς διελέσθαι, ἀλλ' ἐπὶ μικρὸν χρῆσθαι. καὶ ταῦτα μὲν εἴτε
οὕτως εἴτε ἄλλως ἔχει, ζητεῖν ἄξιον. τοῦ δὲ Εὐδήμου λέγοντος ὅτι Πλάτων
ἐν τῇ τῶν συμβεβηκότων κατηγορίᾳ τὸ ἔστιν οὐκ ᾤετο σημαίνειν οὐσίας
μέθεξιν, ἀλλὰ μόνον τὴν κατὰ τὸ συμβεβηκὸς διάθεσιν, ὥσπερ τὸ φρόνιμός
ἐστιν οὐδὲν ἄλλο σημαίνει ἢ τὸ φρονεῖν καὶ τὸ καθήμενός ἐστι τὸ καθῆσθαι,
ταῦτα οὖν τοῦ Εὐδήμου λέγοντος ὁ Ἀλέξανδρος Πλάτωνά φησιν εἶναι τὸν
τὴν λέξιν μεταρρυθμίζοντα τῶν συμβεβηκότων, καὶ ἴσως διότι ὁ Εὔδημος
μετὰ τοὺς ἀφαιροῦντας τὸ ἔστι ταύτης ἐμνήσθη τῆς δόξης.

Ὅτι δὲ οὐκ ἦν τῶν ἐπὶ τῇ ἀπορίᾳ θορυβηθέντων ὁ Πλάτων οὐδὲ τοῦ-
τον ὁ Ἀριστοτέλης αἰνίττεται, δῆλον ἐξ ὧν ἐν Φιλήβῳ μὲν παίδων ἐρε-

---

1 μὲν DE: γὰρ aF   ἅμα post ἓν D   εἴη] εἶναι E   2 τοῦ om. D   3 τὸ
μὲν aE: τὰ μὲν DF   τὰ δὲ aDE: τὸ δὲ F   4 ἓν om. F   6 ὑπόσχεσιν cf.
p. 97, 12   7 ἐν ᾗ] ἐν οἷς temptabat Torstrik   8 ἐν τῷ βιβλίῳ coni. Torstrik cf.
v. 17   Πλάτων Parm. p. 128   9 ἔστι πολλὰ οὐκ a   10 εἶναι post ἓν add. a
11 ὡς τὸ] μηδὲ rescribebat Torstrik, sed intellege: Zeno στιγμῆς exemplo ἀντὶ
τοῦ ἑνὸς utitur cf. p. 97, 15   13 μεμνῆσθαι om. D   ὁ εὔδημος E   16 τοῦ Ε΄:
om. aF: obl. D   17 μηδὲ Zeller H. Ph. G. 1⁴541¹ (542): μήτε libri   21 φησὶ cf.
p. 98, 3   23 μικρῷ D   25 ἄλλος D   λέγοντος p. 97, 25   27 μόνην F
28 σημαῖνον D   τὸ (post ἢ) om. a   ἐστιν οὐδὲν ἀλλ' ἢ τὸ a   καθῆσθαι καὶ
ταῦτα D   σύλλεξιν F   30 ἴσως ὅτι D   31 τῆς δόξης ταύτης ἐμνήσθη a
32 τούτων D   33 Φιλήβῳ cf. p. 53 E

σχελούντων ἀδολεσχίαν εἶναι τὴν τοιαύτην ἀμφισβήτησίν φησιν, ἐν Σοφιστῇ 21ᵛ
δὲ καὶ τὴν ὅλην ἀπορίαν σαφῶς ἐκτίθεται καὶ διαπαίζει πάνυ τοὺς ἐσπουδακότας περὶ αὐτὴν γράφων οὕτως "λέγομεν ἄνθρωπον δήπου πολλὰ ἄττα
ἐπονομάζοντες, τά τε χρώματα ἐπιφέροντες αὐτῷ καὶ τὰ σχήματα καὶ με-
5 γέθη καὶ κακίας καὶ ἀρετάς, ἐν οἷς πᾶσι καὶ ἑτέροις μυρίοις οὐ μόνον ἄνθρωπον αὐτὸν εἶναί φαμεν ἀλλὰ καὶ ἀγαθὸν καὶ ἕτερα ἄπειρα καὶ τἆλλα 50
δὴ κατὰ τὸν αὐτὸν λόγον οὕτως ἓν ἕκαστον ὑποθέμενοι πάλιν αὐτὸ καὶ
πολλοῖς ὀνόμασι λέγομεν. Ἀληθῆ λέγεις. Ὅθεν γε οἶμαι τοῖς τε νέοις καὶ
τῶν γερόντων τοῖς ὀψιμαθέσι θοίνην παρεσκευάκαμεν. εὐθὺς γὰρ † εἰ λα-
10 βέσθαι παντὶ πρόχειρον, ὡς ἀδύνατον τά τε πολλὰ ἓν καὶ τὸ ἓν πολλὰ
εἶναι, καὶ δήπου χαίρουσιν οὐκ ἐῶντες ἀγαθὸν λέγειν ἄνθρωπον, ἀλλὰ τὸν
μὲν ἀγαθὸν ἀγαθόν, τὸν δὲ ἄνθρωπον ἄνθρωπον. ἐντυγχάνεις γάρ, ὦ Θεαίτητε, ὡς ἐγᾦμαι, πολλάκις | τὰ τοιαῦτα ἐσπουδακόσι πρεσβυτέροις ἀνθρώποις, 22ʳ
καὶ ὑπὸ πενίας τῆς περὶ φρόνησιν κτήσεως τὰ τοιαῦτα τεθαυμακόσι, καὶ
15 δή τι καὶ πάνσοφον οἰομένοις τοῦτο ἀνευρηκέναι". ταύτην δὲ τὴν ἀπορίαν
αὐτὸς λύει καὶ μετέχειν ἀλλήλων τὰ εἴδη δεικνὺς καὶ αὐτὰ καθ' αὑτὰ οἰκείους ἔχειν χαρακτῆρας καὶ περιγραφὰς οἰκείας, καὶ κατὰ μὲν τὴν μέθεξιν
καὶ τὴν μῖξίν τε καὶ σύγκρασιν τὴν ἐν ἀλλήλοις ἓν γίνεσθαί τι ὅλον, ὡς 5
ἀπὸ πολλῶν γραμμάτων μιγνυμένων ἀλλήλοις ὄνομα ἢ ῥῆμα ἢ καὶ λόγον
20 ὅλον, κατὰ δὲ τὸ ἐφ' ἑαυτὸ ἕκαστον διακεχριμένον τῶν ἄλλων καὶ μὴ ὂν
ὅπερ τὰ ἄλλα, πλῆθος ποιεῖ· τῷ γὰρ ὄντι, ὅπου πλῆθος, ἐκεῖ καὶ τὸ μὴ
ὄν. διὸ καὶ ὁ Παρμενίδης ἓν βουλόμενος δεῖξαι τὸ ὄντως ὄν, τάχα δὲ καὶ
τὸ ὑπὲρ τὸ ὄν, πρῶτον ἀνεῖλε τὸ μὴ ὄν· καὶ ὁ Πλάτων δὲ δεῖξαι βουλόμενος τὸ μὴ ὂν ἐν τοῖς οὖσι καὶ οὐκ ἐν τῷ αἰσθητῷ μόνον ὄντι ἀλλὰ
25 καὶ ἐν τῷ νοερῷ, τὴν διάκρισιν πρῶτον καὶ τὸ πλῆθος τῶν εἰδῶν παρα- 10
δίδωσι· καὶ ἐν Παρμενίδῃ δὲ μηδὲν σπουδαῖον ἔχειν λέγων τὴν ἀπορίαν
τὴν ἀποροῦσαν, πῶς τὸ αὐτὸ ἓν τοῖς αἰσθητοῖς ἓν καὶ πολλά ἐστι, λύει
λέγων ἓν μὲν εἶναι διὰ τὴν τοῦ ἑνὸς μέθεξιν, πολλὰ δὲ διὰ τὴν τῶν πολλῶν.
οὐ χεῖρον δὲ αὐτῶν ἀκοῦσαι τῶν τοῦ Πλάτωνος λόγων· "εἰ δὲ ἐμὲ ἕν τις
30 ἀποδείξει ὄντα καὶ πολλά, τί θαυμαστόν, λέγων, ὅταν μὲν βούληται πολλὰ
ἀποφῆναι, ὡς ἕτερα μὲν τὰ ἐπὶ δεξιά μού ἐστιν, ἕτερα δὲ τὰ ἐπ' ἀριστερά,
καὶ ἕτερα μὲν τὰ πρόσθεν, ἕτερα δὲ τὰ ὄπισθεν, καὶ ἄνω καὶ κάτω ὡσαύ- 15

---

1 Σοφιστῇ p. 251 A   3 λέγομεν Plato: δὲ εἰ μὲν D: ///ιε· εἰ μὲν E¹: γε· εἰ μὲν E²: εἰ μὲν F: om. a, qui μὲν add. post ἄνθρωπον   ἄττα a: αὐτὰ (sed del. et in mrg. γρ. αἴτια) D: αἴτια E: αὐτ' F   4 αὐτῷ aF: αὐτῶν DE   7 αὐτὸ DF: καὶ αὐτὸ aE πολλὰ ante καὶ habet Plato: καὶ om. a   8 ἀληθῆ δὲ E   9 παρεσκάσαμεν E   εἰ λαβέσθαι DEF: ἐπιλαβέσθαι a: ἀντιλαβέσθαι Plato   11 ἐῶντες D   12 γὰρ om. a ἐσπουδακόσιν, ἐνίοτε Plato   14 θαυμακόσι E¹   16 τὰ εἴδη ἀλλήλων a   αὐτὰ] αὐτὰς D   18 σύγκρισιν E   ἓν γίνεσθαι F: ἓν γίγνεσθαι a: ἐγγίνεσθαι DE
19 πραγμάτων F   20 τὸν . . . . (lac. IV litt., in mrg. ζήτει) ἐφ' ἑαυτὸν F   ὂν F²: ὧν F¹   21 ὅποι E   22 διόπερ τὰ ἄλλα ἓν βουλόμενος E   ὄντως] ὄντος D
24 ὄντι] ὅτι E   26 τῷ παρμενίδῃ a   27 τῷ αὐτῷ E   29 λόγων Parmen. 129 c
30 πολλὰ F: πολλοὺς aE: obl. D   31 ἀποφαίνειν Plato

τως· πλήθους γὰρ οἶμαι μετέχω· ὅταν δὲ ἕν, ἐρεῖ ὡς ἑπτὰ μὲν ὄντων εἷς
εἰμι ἄνθρωπος, μετέχων καὶ τοῦ ἑνός. ὥστε ἀληθῆ ἀποφαίνει ἀμφότερα.
ἐὰν οὖν τις τοιαῦτα ἐπιχειρῇ πολλὰ καὶ ἓν ταὐτὸ ἀποφαίνειν, λίθους καὶ
ξύλα καὶ τὰ τοιαῦτα, τί φήσομεν αὐτὸν πολλὰ καὶ ἓν ἀποδεικνύναι, οὐ τὸ
5 ἓν πολλὰ οὐδὲ τὰ πολλὰ ἕν, οὐδέ τι θαυμαστὸν λέγει, ἀλλ᾽ ἅπερ ἂν πάντες
ὁμολογοῖμεν· ἐὰν δέ τις, ὃ νῦν δὴ ἐγὼ ἔλεγον, πρῶτον μὲν διαιρῆται χωρὶς
αὐτὰ καθ᾽ αὑτὰ τὰ εἴδη, οἷον ὁμοιότητά τε καὶ ἀνομοιότητα καὶ πλῆθος
καὶ ἓν καὶ στάσιν καὶ κίνησιν καὶ πάντα τὰ τοιαῦτα, εἶτα ἐν ἑαυτοῖς ταῦτα
δυνάμενα συγκεράννυσθαι καὶ διακρίνεσθαι ἀποφαίνῃ, ἀγαίμην ἂν ἔγω γε,
10 ἔφη, θαυμαστῶς, ὦ Ζήνων." ὁρᾷς οὖν ὅτι τὸ μὲν ἐν τοῖς αἰσθητοῖς τὸ
αὐτὸ ἓν καὶ πολλὰ εἶναι οὐδὲν θαυμαστόν φησιν, ὥσπερ οὐδὲ τὸ ὅμοια καὶ
ἀνόμοια· τὸ δὲ ἐν τοῖς νοεροῖς παραδείγμασι τούτων ἐπιδεῖξαι τὴν τοιαύτην
μῖξιν καὶ σύγκρασιν, ὅπερ αὐτὸς ἐν Σοφιστῇ πεποίηκε φιλοσόφου ἴδιον λέ-
γων, τοῦτο ἂν εἴη πολλοῦ λόγου ἄξιον. ἀνάγκη γὰρ τήν τε ἕνωσιν τὴν
15 ἀσύγχυτον καὶ τὴν ἀδιάσπαστον διάκρισιν τῶν εἰδῶν θεάσασθαι τὸν ταῦτα
ἀποδεικνύντα. τῆς οὖν ἀπορίας ταύτης, πῶς τὸ αὐτὸ ἓν καὶ πολλά ἐστιν,
ἔχομεν καὶ παρὰ Πλάτωνι τὰς λύσεις, τὴν μὲν ἐπὶ τῶν νοερῶν εἰδῶν ἐν
Σοφιστῇ λεγομένην καὶ τὸ μὲν ἓν κατὰ τὴν ἀντιμέθεξιν (μᾶλλον δὲ τὴν
ταυτότητα καὶ ἕνωσιν καθ᾽ ἣν ἕκαστον οὐ μόνον μετέχει τῶν ἄλλων οὐδὲ
20 μόνον ταὐτόν ἐστιν ἐκείνοις ἀλλ᾽ ἡνωμένον πρὸς αὐτά ἐστιν ἓν ἕκαστον
πάντα, ὅπερ ὁ ἐν Παρμενίδῃ Σωκράτης ἐπιδειχθῆναι βούλεται), πολλὰ δὲ
κατὰ τὴν ἑαυτοῦ ἰδιότητα ἑκάστου θεωρουμένου· ἄλλην δὲ ἔχομεν ἐπὶ τῶν
αἰσθητῶν ἐν Παρμενίδῃ λύσιν κατὰ τὴν τῶν παραδειγμάτων τοῦ τε ἑνὸς
καὶ τῶν πολλῶν ἐν τῷ αὐτῷ μέθεξιν.
25 Ἡ δὲ τοῦ Ἀριστοτέλους λύσις, ἣν ὁ Πορφύριος ἐξέφηνεν, ἔστι μὲν
ἐπὶ τῶν αἰσθητῶν καὶ αὐτή, γίνεται δὲ καὶ ἀπὸ τῆς τῶν ὄντων διαφορᾶς
οὐ συνωνύμων ὄντων ἀλλ᾽ ὡς ἀφ᾽ ἑνός. καὶ διὰ τοῦτο ἡ μὲν οὐσία καθ᾽
ἑαυτὴν ὑφεστάναι πεφυκυῖα καὶ διὰ τοῦτο ὑποκειμένη μένει ὅπερ ἐστί, καὶ
δι᾽ αὐτὴν ἓν τὸ ὅλον· τὰ δὲ συμβεβηκότα ἢ τὰ μέρη περὶ τὴν οὐσίαν καὶ
30 τὸ ὅλον ὑφεστηκότα κατὰ τὸ πλῆθος παρέχεται, οὐ τοῦ ἑνὸς πληθυνομένου,

---

1 ἓν ἐρεῖ om. in lac. (in mrg. ζήτει) F   μὲν ὄντων D: μενόντων aEF: ἡμῶν ὄντων
Plato   εἷς ἐγώ Plato   2 ἀληθῆ Plato: ἃ μὴ θῇ aDE: om. in lac. F   3 ἓν
aF: ἐν D: om. E   ταὐτῶ D: ταὐτὰ Plato sed cf. v. 11   4 τί om. Plato
ἓν — τὰ πολλὰ om. E   5 λέγειν Plato   6 ὃ δὴ F   8 καὶ ἓν om. D: καὶ τὸ
ἓν Plato   εἶτα Plato: ἢ τὰ libri   ἑαυτοῖς D: αὐτοῖς aEF   ταῦτα E
9 ἀποφαίνει E¹   ἀγαίμην E²: ἀγοίμην F(? E¹): ἄγαμαι D   ἐγὼ· εἰ γε F
10 ἔφθη D   θαυμαστῆς F   ὦ aE: ὁ DF   ὅτι om. a   11 τὸ] τὰ aF
12 τοῦτον D   14 ἕνωσιν καὶ διὰ τὴν ἀδιάσπαστον E   16 post τῆς add. αὐτῆς aF
πῶς] ὅτι aF   τὸ ἓν αὐτὸ ἓν F   17 παρὰ om. F   τὴν μὲν D: εἰ μὲν F: ἄλλην μὲν
aE   18 καὶ om. a   20 ἐστιν ἐν ἐκείνοις E   ἓν ἕκαστον D: ἕκαστον ἓν aEF
22 ἐπὶ DE: om. aF   25 ὁ aD: om. EF   26 αὕτη DE   καὶ (post δὲ) om. E
29 διὰ ταύτην a   30 πληθυομένου E¹

(οὐ γὰρ προστίθησί τι ἐκείνῳ τῷ μὴ δύνασθαι ταῦτα καθ' ἑαυτὰ ὑποστῆναι), 22ʳ
ἀλλ' οἷον ὑφειμένη τις τοῦ ὄντος ὑπόστασίς ἐστιν ἡ πεπληθυσμένη· οὐ γὰρ
πεπλήθυνται ἐκ τοιούτων ἑνάδων ἡ οὐσία. καὶ ἐπιστῆσαι ἄξιον, ὅτι ἡ λύσις
αὕτη καὶ τὴν αἰτίαν παρίστησι καλῶς, δι' ἣν οὐ περὶ τὸ ποιὸν ἡ οὐσία,
5 ἀλλὰ τὸ ποιὸν περὶ τὴν οὐσίαν, καὶ τοδὶ μὲν οὐσία, ταδὶ δὲ συμβεβηκότα.
ἀλλ' εἰ καὶ τὰ γένη καὶ τὰ εἴδη καὶ τὰ συμβεβηκότα δεύτερα τῆς ἀτόμου
οὐσίας ἐστὶν ὡς ἐν ἐκείνῃ ὑφεστῶτα, τί ἂν εἴη καθ' αὑτὴν ἡ ἄτομος οὐ-
σία χωρὶς τούτων θεωρουμένη; Σωκράτης γὰρ ἄνευ ἀνθρώπου καὶ ζῴου
καὶ τῶν ὡς Σωκράτην συμπληρούντων συμβεβηκότων πῶς ἂν εἴη, εἰ οὕτως
10 δεύτερα ταῦτα ὡς τὰ μέρη δεύτερα τοῦ ὅλου καίτοι συμπληρωτικὰ τοῦ ὅλου
ὄντα; ἔστι γὰρ καὶ ταῦτα μέρη τῆς ἀτόμου οὐσίας, συμφορητῆς οὔσης καὶ
κατὰ τοῦτο οὐσιωμένης. διὸ οὐδὲ παράδειγμα πρωτουργὸν τῆς τῶν ἀτόμων
ἐστὶν ὁλότητος, ὅτι κατὰ συμφόρησιν ὑφέστηκε ταῦτα, καὶ ἡ ψυχὴ γινώσκει
αὐτὰ κατὰ τὴν ἀπὸ τῆς αἰσθήσεως πληγὴν τὴν συνδρομὴν αὐτῶν εἰς ἑνὸς
15 νοήματος σύστασιν προβαλλομένη.

p. 186ᵃ4 Τόν τε δὴ τρόπον τοῦτον ἐπιοῦσιν ἀδύνατον φαίνεται
τὰ ὄντα ἓν εἶναι, καὶ ἐξ ὧν ἐπιδεικνύουσι, λύειν οὐ χαλεπὸν ἕως
τοῦ εἰ τὸ γενόμενον ἔχει ἀρχὴν ἅπαν, ὅτι καὶ τὸ μὴ γενόμενον
οὐκ ἔχει.

20 Τὴν καθολικὴν ἀναίρεσιν τῆς ὑποθέσεως προλαβών, ἵνα μὴ δοκῇ διὰ
σαθρότητα τῶν παρισταμέ|νων αὐτῇ λόγων ἐλέγχεσθαι, μέτεισι λοιπὸν ἐπὶ 22ᵛ
τὸ καὶ τοὺς λόγους διελέγχειν αὐτοὺς οἷς πιστεύοντες ἓν ἀπεφήναντο τὸ ὄν,
οὐ τὸ δόγμα διὰ τούτου πιστούμενος, ἀλλὰ τοὺς ἐκ τῶν λόγων ἀπορεῖν
ἀναγκαζομένους παραμυθούμενος. εἰ γὰρ καὶ καθόλου τὸ δόγμα ἀνατραπῇ
25 καὶ οἱ κατασκευάζοντες αὐτὸ λόγοι διαλυθεῖεν, ἀναντιρρήτως λοιπὸν ἡ ἀντι-
κειμένη δόξα βεβαιωθήσεται. εἰ γὰρ τῶν ἀντικειμένων τις ᾖ ἀνασκευὴ προ-
ηγουμένη, αὕτη κατασκευὴ κατὰ συμβεβηκὸς τῶν ἀντικειμένων γίνεται· ὥστε
ἀναιρεθέντος τοῦ ἓν εἶναι τὸ ὂν τὸ πολλὰ εἶναι κατασκευάζεται. οὕτως
γὰρ καὶ ὁ Ζήνωνος λόγος διὰ τοῦ δεικνύναι πολλὰ ἄτοπα ἑπόμενα τοῖς
30 πολλὰ τὰ ὄντα λέγουσι βοηθῶν τῷ Παρμενίδῃ ἓν λέγοντι τὸ ὂν οὐ διέλαθε
τὸν Σωκράτην. οὐ χαλεπὸν δὲ λύειν τοὺς λόγους αὐτῶν φησι, διότι

---

1 προτίθησι E¹   καθ' ἑαυτὰ EF: μεθ' ἑαυτὰ D: καθ' αὑτὰ a   2 πεπλήθυται aEF
5 τὸ ποιὸν περὶ τὴν οὐσίαν DE: περὶ τὴν οὐσίαν τὸ ποιὸν aF   καὶ om. F   τὸ δὲ E¹
8 σωκράτη aD   9 πληρούντων F   εἰ aF: om. D¹E: ἢ superscr. D²   11 καὶ κατὰ
ταῦτα a   οὐσίαν, sed οὔσης ex mrg. in textu corr. F¹   13 κατὰ τὴν E   14 εἰς
super add. F   15 post προβαλλομένη add. (ἀλλ' ἐπὶ τὰ ἑξῆς τοῦ) ἀριστοτέλης ἰτέον
(ἀλλ — τοῦ obl.) D. sed carent clausula aDF   17 χαλεπόν reliquo lemmate omisso F
18 εἰς τὸ E   τὸ γινόμενον DE   20 ἵνα aF: καὶ ἵνα DE   22 οἱ E   24 ἀνα-
τραπῇ libri: ἀνατραπείη Torstrik sed cf. v. 26   26 εἰ γὰρ F: ἡ γὰρ aDE   τις εἰ D:
τὶς ἡ F: τισὶν aE: correxi cf. p. 84, 11. 105, 8. 123, 23 f. 27ᵛ16, in Epict. p. 80,30
Didot.   προηγουμί sic F   27 αὐτὴ aF

δείξει τά τε λήμματα ψευδῆ καὶ τὰ σχήματα τῶν συμπλοκῶν ἀσυλλόγιστα. μᾶλλον δὲ αἰτιᾶται τὸν Μελίσσου λόγον, ὡς εἴρηται καὶ πρότερον, ἢ ὅτι πρὸς τοῖς ἄλλοις καὶ ἄπειρον οὗτος τὸ ὂν φησιν, ἢ ὅτι οὗτος μὲν καὶ τὰ λήμματα δοκεῖ λαμβάνειν ψευδῆ καὶ ἀσυλλογίστως συντιθέναι λέγων εἰ τὸ
5 γενόμενον ἀρχὴν ἔχει, τὸ μὴ γενόμενον οὐκ ἔχει ἀρχὴν δέον τὴν ἀναίρεσιν ἀπὸ τοῦ ἑπομένου ποιούμενον λέγειν 'τὸ μὴ ἀρχὴν ἔχον οὐ γέγονεν'· οὕτως γὰρ ὁ δεύτερος τρόπος τῶν ὑποθετικῶν συλλογισμῶν συμπεραίνεται. ὁ δὲ Παρμενίδης τίθησι μὲν τὰς προτάσεις ἐν τάξει, ἐπιφέρει δὲ οὐ τὸ ἑπόμενον ταῖς προτάσεσι συμπέρασμα ἀλλά τι ἄλλο λέγων 'τὸ
10 παρὰ τὸ ὂν οὐκ ὄν, τὸ οὐκ ὂν οὐδέν' καὶ μὴ ἐπάγων τὸ 'παρὰ τὸ ὂν οὐδέν', ὅπερ ἕπεται, ἀλλ' 'ἓν ἄρα τὸ ὄν'. ἀλλὰ ταῦτα μὲν ὕστερον τεύξεται βασάνου.

Νῦν δὲ τὸν Μελίσσου λόγον ἴδωμεν, πρὸς ὂν πρότερον ὑπαντᾷ. τοῖς γὰρ τῶν φυσικῶν ἀξιώμασι χρησάμενος ὁ Μέλισσος περὶ γενέσεως καὶ
15 φθορᾶς ἄρχεται τοῦ συγγράμματος οὕτως. "Εἰ μὲν μηδὲν ἔστι, περὶ τούτου τί ἂν λέγοιτο ὡς ὄντος τινός; εἰ δέ τι ἐστίν, ἤτοι γινόμενόν ἐστιν ἢ ἀεὶ ὄν. ἀλλ' εἰ γενόμενον, ἤτοι ἐξ ὄντος ἢ ἐξ οὐκ ὄντος· ἀλλ' οὔτε ἐκ μὴ ὄντος οἷόν τε γενέσθαι τι (οὔτε ἄλλο μὲν οὐδὲν ὄν, πολλῷ δὲ μᾶλλον τὸ ἁπλῶς ὄν) οὔτε ἐκ τοῦ ὄντος. εἴη γὰρ ἂν οὕτως καὶ οὐ γίνοιτο. οὐκ ἄρα
20 γινόμενόν ἐστι τὸ ὄν. ἀεὶ ὂν ἄρα ἐστίν, οὔτε φθαρήσεται τὸ ὄν. οὔτε γὰρ εἰς τὸ μὴ ὂν οἷόν τε τὸ ὂν μεταβάλλειν (συγχωρεῖται γὰρ καὶ τοῦτο ὑπὸ τῶν φυσικῶν) οὔτε εἰς ὄν. μένοι γὰρ ἂν πάλιν οὕτω γε καὶ οὐ φθείροιτο. οὔτε ἄρα γέγονε τὸ ὂν οὔτε φθαρήσεται· ἀεὶ ἄρα ἦν τε καὶ ἔσται. Ἀλλ' ἐπειδὴ τὸ γενόμενον ἀρχὴν ἔχει, τὸ μὴ γενόμενον ἀρχὴν οὐκ ἔχει,
25 τὸ δὲ ὂν οὐ γέγονεν, οὐκ ἂν ἔχοι ἀρχήν. ἔτι δὲ τὸ φθειρόμενον τελευτὴν ἔχει. εἰ δέ τί ἐστιν ἄφθαρτον, τελευτὴν οὐκ ἔχει. τὸ ὂν ἄρα ἄφθαρτον ὂν τελευτὴν οὐκ ἔχει. τὸ δὲ μήτε ἀρχὴν ἔχον μήτε τελευτὴν ἄπειρον τυγχάνει ὄν. ἄπειρον ἄρα τὸ ὄν. Εἰ δὲ ἄπειρον, ἕν. εἰ γὰρ δύο εἴη, οὐκ ἂν δύναιτο ἄπειρα εἶναι, ἀλλ' ἔχοι ἂν πέρατα πρὸς ἄλληλα. ἄπειρον δὲ τὸ
30 ὄν· οὐκ ἄρα πλείω τὰ ὄντα· ἓν ἄρα τὸ ὄν. Ἀλλὰ μὴν εἰ ἕν, καὶ ἀκίνητον. τὸ γὰρ ἓν ὅμοιον ἀεὶ ἑαυτῷ· τὸ δὲ ὅμοιον οὔτ' ἂν ἀπόλοιτο οὔτ' ἂν

---

3 εἶναι τὸ ὂν οὗτός φησιν a   τὰ om. a   4 ψευδῆ δοκεῖ λαμβάνειν D: δοκεῖ ψευδῆ λαμβάνειν E   7 συλλογισμῶν om. a   9 συμπέρασμα E(D obl.): ὁ συμπ. aF   11 τεύξεται βασάνου E (obl. D): ordine inv. aF   13 ἅπαντα E   14 Μέλισσος §§ 1—5 p. 186 Brand.   16 γινόμενον libri: γενόμενον Melisso reddendum vidit Torstrik cf. [Ar.] de M. X. G. p. 974ᵃ2 ·   17 εἰ γενόμενον D: εἰ γινόμενον aEF   οὐκ] μὴ a   18 πολλῷ δὲ μᾶλλον] concinnum erat οὔτε τὸ ἁπλῶ; ὄν   19 γίγνοιτο a   20 ἀεὶ — τὸ ὂν om. F   οὔτε γὰρ φθαρήσεται D. fortasse οὐδὲ φθαρήσεται   22 μένει γὰρ ἂν οὕτω πάλιν (om. γε) D   25 τόδε οὖν οὐ F   legendum videtur οὐκ ἄρα ἔχει ἀρχήν   26 τὸ ὂν — οὐκ ἔχει om. F   29 ἄπειρον E   30 πλεῖστα ὄντα E   31 τὸ γὰρ ἓν ὂν a   ἀπόλοιτο aF: ἀπόλλοιτο DE cf. § 11 p. 111, 20: Melisso reddendum ἀπολλύοιτο   οὔτ' ἂν] οὔτε p. 111, 20

μεῖζον γίνοιτο οὔτε μετακοσμέοιτο οὔτε ἀλγεῖ οὔτε ἀνιᾶται. εἰ γάρ τι τού- 22ʳ
των πάσχοι, οὐκ ἂν ἓν εἴη. τὸ γὰρ ἡντιναοῦν κίνησιν κινούμενον ἔκ τινος
καὶ εἰς ἕτερόν τι μεταβάλλει. οὐθὲν δὲ ἦν ἕτερον παρὰ τὸ ὄν, οὐκ ἄρα
τοῦτο κινήσεται. καὶ κατ' ἄλλον δὲ τρόπον οὐδὲν κενόν ἐστι τοῦ ὄντος.
5 τὸ γὰρ κενὸν οὐδέν ἐστιν. οὐκ ἂν οὖν εἴη τό γε μηδέν. οὐ κινεῖται οὖν τὸ
ὄν. ὑποχωρῆσαι γὰρ οὐκ ἔχει οὐδαμῇ κενοῦ μὴ ὄντος. ἀλλ' οὐδὲ εἰς
ἑαυτὸ συσταλῆναι δυνατόν. εἴη γὰρ ἂν οὕτως ἀραιότερον αὐτοῦ καὶ πυκνό-
τερον. τοῦτο δὲ ἀδύνατον. τὸ γὰρ ἀραιὸν ἀδύνατον ὁμοίως πλῆρες εἶναι 35
τῷ πυκνῷ. ἀλλ' ἤδη τὸ ἀραιόν γε κενότερον γίνεται τοῦ πυκνοῦ· τὸ δὲ κε-
10 νὸν οὐκ ἔστιν. εἰ δὲ πλῆρές ἐστι τὸ ὂν ἢ μή, κρίνειν χρὴ τῷ εἰσδέχεσθαί
τι αὐτὸ ἄλλο ἢ μή· εἰ γὰρ μὴ εἰσδέχεται, πλῆρες. εἰ δὲ εἰσδέχοιτό τι,
οὐ πλῆρες. εἰ οὖν μὴ ἔστι κενόν, ἀνάγκη πλῆρες εἶναι· εἰ δὲ τοῦτο, μὴ
κινεῖσθαι, οὐχ ὅτι μὴ δυνατὸν διὰ πλήρους κινεῖσθαι, ὡς ἐπὶ τῶν σωμάτων
λέγομεν, ἀλλ' ὅτι πᾶν τὸ ὂν οὔτε εἰς ὂν δύναται κινηθῆναι (οὐ γὰρ ἔστι
15 τι παρ' αὐτό) οὔτε εἰς τὸ μὴ ὄν· οὐ γὰρ ἔστι τὸ μὴ ὄν." 40
Ταῦτα μὲν οὖν ἀρκεῖ τῶν Μελίσσου ὡς πρὸς τὴν Ἀριστοτέλους ἀν-
τίρρησιν· τὰ δὲ λήμματα αὐτοῦ ὡς συνελόντι φάναι τοιαῦτα· 'τὸ ὂν οὐ γέ-
γονε· τὸ μὴ γενόμενον ἀρχὴν οὐκ ἔχει, ἐπειδὴ τὸ γενόμενον ἀρχὴν ἔχει·
τὸ μὴ ἔχον ἀρχὴν ἄπειρον· τὸ ἄπειρον μεθ' ἑτέρου δεύτερον οὐκ ἂν εἴη,
20 ἀλλ' ἕν· τὸ δὲ ἓν καὶ ἄπειρον ἀκίνητόν ἐστιν'. ἐν δὴ τούτοις πρῶτον εὐ-
θύνει τὸν πρῶτον λόγον τὸν λέγοντα, 'εἰ τὸ γενόμενον ἀρχὴν ἔχει, τὸ μὴ
γενόμενον ἀρχὴν οὐκ ἔχει'. κἂν τούτῳ πρῶτον μὲν ἐλέγχει τὸ ἀσυλλό- 45
γιστον, εἶτ' αὐτὸ τὸ ψεῦδος αἰτιᾶται τῶν λημμάτων· μεῖζον γὰρ ἐν συλλο-
γισμῷ πταῖσμα τὸ κατὰ τὸ σχῆμα τοῦ κατὰ τὰς προτάσεις. σημεῖον δὲ
25 τὸ ἐκ μὲν σχήματος ἡμαρτημένου μηδέποτε γίνεσθαι συλλογισμόν, ἐκ δὲ
προτάσεων ψευδῶν γίνεσθαι, ἐὰν τεθῆναι μόνον συγχωρηθῶσιν 'ὁ ἄνθρωπος
πτηνός. τὸ πτηνὸν γελαστικόν. ὁ ἄνθρωπος γελαστικός'. τὸ μὲν ἀσυλλόγιστον
ἐκ τοῦ τὴν ἀκολουθίαν ἀνάπαλιν ἤπερ ἐχρῆν λαβεῖν ᾐτιάσατο· οὐ γὰρ ἕπε-
ται τῷ 'τὸ γενόμενον ἀρχὴν ἔχει' τὸ 'τὸ μὴ γενόμενον ἀρχὴν μὴ ἔχει', 50
30 ἀλλὰ τὸ 'τὸ μὴ ἔχον ἀρχὴν οὐ γέγονεν'. ἐν γὰρ τοῖς συνημμένοις τότε ὑγιὴς
ἡ κατὰ ἀντιστροφὴν ἀκολουθία, ὅταν τὸ ἀντικείμενον τοῦ ἑπομένου λαβόντες
ἐπενέγκωμεν τὸ τοῦ ἡγουμένου ἀντικείμενον. τῆς γὰρ προτάσεως τῆς λε-

---

1 γίγνοιτο a ἀλγέοι et ἀνιῷτο Mullach 2 πάσχει E ἓν aE: om. DF
5 τό γε] μήτε E 7 αὐτοῦ a: ἑαυτοῦ D: αὐτοῦ E¹F¹ ἀραιότερον etiam in proximis
aEF αὐτοῦ D 8 εἶναι πλῆρες aF 9 κενώτερον D 12 οὖν ἐστι μὴ a
14 κινηθῆναι DE: κινεῖσθαι aF 15 εἰς τὸ aF: εἰς E: εἰς τὸ om. D οὐ γάρ —
ὄν om. F 17 τοιαῦτα] ταῦτα a 19 δευτέρου Torstrik 24 τὸ (post κατὰ)
om. a 25 μὲν ἐκ aF ἡμαρτημένον E 27 πτηνὸς τὸ πτηνὸν E: λῖθος ὁ λίθος
aF (hic locus in D oblitt.) γελαστικὸς E: γελαστικόν aF μὲν οὖν a 28 ἤπερ]
ἢ a 29 τῷ τὸ] τῶ D τὸ (post τὸ) obl. D μὴ ἔχειν libri: correxi 30 τὸ
                                                                              ὁ
τὸ a: τῶ τὸ E: τὸ DF 32 τῷ ἡγουμένῳ Torstrik cf. p. 105, 5

γούσης 'εἰ ἄνθρωπός ἐστι, καὶ ζῷόν ἐστιν' ἡ ἀντιστροφὴ 'εἰ μὴ ζῷον, οὐ-
δὲ ἄνθρωπος', τὸ δὴ πρῶτον, τὸ ἄρα δεύτερον· ἀλλ' οὐχί 'εἰ μὴ ἄνθρωπος,
οὐδὲ ζῷον'. ὥστε καὶ ἐπὶ τοῦ Μελίσσου λόγου ὑγιὴς ἂν ἦν ἡ ἀκολουθία, εἰ
τὸ ἀντικείμενον τῷ ἑπομένῳ λαβόντες 'τὸ ἀρχὴν μὴ ἔχον' συνηγάγομεν τὸ
5 ἀντι|κείμενον τῷ ἡγουμένῳ τὸ 'οὐ γέγονε'. καὶ ἦν ἂν τὸ ὅλον τοιοῦτον·
'εἰ τὸ γενόμενον ἀρχὴν ἔχει, τὸ μὴ ἔχον ἀρχὴν οὐ γέγονε' τὸ δὴ πρῶτον,
τὸ ἄρα δεύτερον. ἀλλ' οὐδὲν ἦν τοῦτο τῷ Μελίσσῳ λυσιτελές. εἰ γὰρ
προσληφθῇ πρότασις ἡ λέγουσα 'τὸ δὲ ὂν οὐ γέγονεν', ἔσται ⟨ὁ⟩ ὅλος συλ-
λογισμός 'τὸ ὂν οὐ γέγονε τὸ μὴ ἔχον ἀρχὴν οὐ γέγονε'. καὶ ἔστι τὸ
10 μὲν σχῆμα δεύτερον, ἀσυλλόγιστος δὲ ἡ συζυγία, διότι κἂν μὴ ὦσιν ἀπο-
φάσεις ἀλλ' ἐκ μεταθέσεως καταφάσεις, ἐν δευτέρῳ σχήματι ἐκ δύο ὁμοιο-
σχημόνων οὐ συνάγεταί τι ἀναγκαῖον. λαβὼν δὲ ὁ Μέλισσος ὅτι 'τὸ μὴ
γενόμενον ἀρχὴν οὐκ ἔχει' καὶ προδείξας ὅτι τὸ ὂν οὐ γέγονεν, οὔτε γὰρ
ἐξ ὄντος οὔτε ἐκ μὴ ὄντος αὐτὸ γενέσθαι δυνατόν', συνήγαγεν ὅτι 'τὸ ὂν
15 ἀρχὴν οὐκ ἔχει'. ἀλλ' ἴσως ἐρεῖ τις ὅτι καὶ ἡ ἀπὸ τοῦ ἡγουμένου ἀντιστροφὴ
ἀληθής ἐστι πολλάκις, ἐφ' ὧν ἐξισάζει τὸ ἑπόμενον τῷ ἡγουμένῳ· εἰ γὰρ
ἄνθρωπος ζῷον λογικὸν θνητόν, καὶ εἰ μὴ ἄνθρωπος, οὐ ζῷον λογικὸν
θνητόν. ἀλλ' ἐπὶ τούτων ὧν ἔλαβεν ὁ Μέλισσος οὐ δοκεῖ ἐξισάζειν· κἂν
γὰρ τὸ γενόμενον πᾶν ἀρχὴν ἔχῃ τὴν κατὰ τὸ πρᾶγμα πεπερασμένον ὄν,
20 ἀλλὰ τὸ πεπερασμένον οὐ πᾶν γέγονεν, ὡς ἥλιος καὶ σελήνη καὶ οὐρανός.
ὁ μέντοι Εὔδημος καὶ διὰ τούτων τῶν λημμάτων οὐδὲν ἄλλο δείκνυσθαί
φησιν ἢ ὅπερ ἐξ ἀρχῆς, ὅτι τὸ ὂν ἀγένητόν ἐστιν· ἡ γὰρ ὑγιὴς ἀντιστροφή
ἐστι 'τὸ μὴ ἔχον ἀρχὴν ἀγένητόν ἐστι, τὸ δὲ ὂν οὐκ ἔχει ἀρχήν'. λέγεται
δὲ οὕτως "οὐ γὰρ εἰ τὸ γενόμενον ἀρχὴν ἔχει, τὸ μὴ γενόμενον ἀρχὴν
25 οὐκ ἔχει· μᾶλλον δὲ τὸ μὴ ἔχον ἀρχὴν οὐκ ἐγένετο. οὕτω γὰρ ἐπὶ τῶν
ἀποφάσεων ἡ ἀκολούθησις γίνεται. ἀγένητον οὖν αὐτῷ γίνεται τὸ ὄν. οὐ
γὰρ ἔχει ἀρχήν".

p. 186ᵃ13. Εἶτα καὶ τοῦτο ἄτοπον τὸ παντὸς εἶναι ἀρχὴν τοῦ
πράγματος καὶ μὴ τοῦ χρόνου, καὶ γενέσεως μὴ τῆς ἁπλῆς ἀλλὰ
30 καὶ ἀλλοιώσεως, ὥσπερ οὐκ ἀθρόας γινομένης μεταβολῆς.

Δείξας τὸ τῆς συμπλοκῆς ἀσυλλόγιστον ἐφεξῆς τὸ ψεῦδος διαβάλλει
τῶν λημμάτων, τὸ συνημμένον αἰτιώμενος τὸ 'τὸ γενόμενον ἀρχὴν ἔχει',

---

1 ἡ (ante ἀντιστροφὴ) om. a   2 οὐχὶ] οὐ τὸ E   3 ἂν post ἀκολουθία a
5 τοιοῦτον] οὕτως a   7 τοῦτο E: τούτῳ D: om. aF   8 προσληφθείη Torstrik cf.
p. 102, 26   ὁ add. Torstrik   9 τὸ ὂν οὐ γέγονε bis F (in mrg. ζήτει): fortasse ante τὸ ὂν
repetendum ex v. 6 εἰ — οὐ γέγονε   10 εἰσὶν DE   ἀποφάνσεις E   12 ἀναγκαίως DE
13 προσδείξας D   15 ἡ om. D   16 ἀληθῶς D   17 οὐ] οὐδὲ D   18 ἔλαβε μέλισσος
E (oblitt. D)   20 ὁ ἥλιος καὶ ἡ σελήνη καὶ ὁ οὐρανός D   21 Εὔδημος fr. 8
p. 15, 21 Sp.   22 ἡ γὰρ aD: ἢ τὸ E: εἰ γὰρ ἡ F   23 λέγεται] λέγει a   28 τὸ
παντὸς — μεταβολῆς (30) om. F   παντὸς οἴεσθαι εἶναι ex Aristotele a   30 οὐκ] οὖν
καὶ E   γενομένης E   32 ἔχειν libri cf. p. 104, 29

ὡς ἀληθὲς ὑποτιθέμενον μὲν ἐπὶ τῆς χρονικῆς, μεταλαμβανόμενον δὲ ἐπὶ 23r
τῆς κατὰ τὸ πρᾶγμα ἀρχῆς καὶ παρὰ τὴν ὁμωνυμίαν σεσοφισμένον. δέον
γὰρ τὴν κατὰ τὸν χρόνον ἀρχὴν λαβόντα ὡς τῷ γινομένῳ παντὶ ὑπάρ-
χουσαν, ἐφ' ἧς καὶ τὸν λόγον ἐποίησατο ὁ Μέλισσος, φυλάξαι ταύτην ἐν
5 τῇ ἀποδείξει, ὁ δὲ τὴν κατὰ τὸ πρᾶγμα ἀντ' ἐκείνης ἔλαβεν, ὡς δῆλον ἐκ
τοῦ προσλαβεῖν τῷ 'τὸ μὴ ἔχον ἀρχὴν' τὸ ἄπειρον εἶναι. ἀρχὴ γὰρ ἡ
μέν τις ἰσαχῶς τῇ αἰτίᾳ λέγεται, ὡς τὸ ποιοῦν καὶ ὅθεν ἡ κίνησις καὶ τὸ 25
ἐξ οὗ καὶ ἡ ὕλη, καὶ ὡς τὸ εἶδος καὶ ὁ λόγος τῆς οὐσίας, πρὸς δὲ τούτοις
τὸ οὗ ἕνεκα καὶ τὸ τέλος. κατ' ἄλλον δὲ τρόπον ἀρχὴ λέγεται τοῦ μεγέ-
10 θους, ἣν καὶ πέρας προσαγορεύομεν· καὶ εἴ τι μὲν ἔχοι τοῦτο, πεπεράνθαι λέ-
γομεν αὐτό, εἰ δέ τι ὑποτεθείη μὴ ἔχειν, ἄπειρον εἶναί φαμεν· καὶ ἔστιν οὕτως
ἀρχὴ στιγμὴ μὲν γραμμῆς, γραμμὴ δὲ ἐπιπέδου, καὶ τοῦτο τοῦ στερεοῦ·
καὶ μέρη τὰ πρῶτα τῇ τάξει, οἷον καρδία ἢ κεφαλὴ ἢ ῥίζα· καὶ γὰρ καὶ
κατὰ ταῦτα περαίνεται. ἄλλον δὲ τρόπον ἀρχὴ λέγεται τῆς κατὰ χρόνον 30
15 ἑκάστου γενέσεως αὐτὸς ὁ χρόνος ἐν ᾧ πρώτῳ ἤρξατο γίνεσθαι, ὃν οὐδὲ
ὁρίσαι ῥᾴδιον διὰ τὸ ἐπ' ἄπειρον διαιρετὸν εἶναι τὸν χρόνον. λέγεται δὲ καὶ
κατ' ἄλλους τρόπους ἀρχή· νῦν δὲ ἀρκοῦσιν οὗτοι. τὸ τοίνυν γενητὸν λεγό-
μενον κατὰ τὴν συνήθειαν ἅπαν μὲν τὴν κατὰ τὸν χρόνον ἀρχὴν ἔχει ἀφ'
ἧς ἤρξατο γίνεσθαι, ἥτις ἐστὶ καὶ γενέσεως ἀρχή, οὐχ ἅπαν δὲ τὴν κατὰ
20 τὸ πρᾶγμα, ἀλλὰ τὰ μὲν κατ' οὐσίαν γινόμενα καὶ ἡ τούτων γένεσις (ἥ- 35
τις ἁπλῆ λέγεται διὰ τὸ καθ' αὑτὰ γίνεσθαι τῶν κατὰ τὰς ἄλλας κατη-
γορίας οὐχ ἁπλῶς λεγομένων γίνεσθαι. Σωκράτης μὲν γὰρ αὐτὸς καθ'
αὑτὸν γίνεται, θερμὸν δὲ οὐ καθ' αὑτό, ἀλλὰ θερμὸν σῶμα, καὶ φωτεινὸς
ἀήρ) τὰ μὲν οὖν κατ' οὐσίαν γινόμενα καὶ ἡ γένεσις αὐτῶν ἔχει οὐ μόνον
25 τὴν κατὰ χρόνον ἀρχήν, ἀλλὰ καὶ ἀπὸ μορίου τινὸς τοῦ πράγματος ἄρχε-
ται, ὡς ἡ μὲν τῶν ζῴων ἀπὸ ὀμφαλοῦ ἢ καρδίας, τῶν δὲ φυτῶν ἀπὸ
ῥιζῶν, τοῦ δὲ οἴκου ἀπὸ θεμελίου. ἐπειδὴ δὲ καὶ τὰ ἀλλοιούμενα γίνεσθαι
λέγεται καὶ γένεσίς τίς ἐστι καὶ ἡ ἀλλοίωσις (γίνεται γὰρ λευκὸν ἐκ μέλανος 40
καὶ θερμὸν ἐκ ψυχροῦ), ἐπὶ τούτων οὐκ ἀληθὲς ὅτι πᾶν τὸ γινόμενον ἀρχὴν
30 ἔχει τὴν κατὰ τὸ πρᾶγμα, ἀλλ' ἔνια καὶ ἀθρόως καθ' ὅλα τὰ μέρη αὐτῶν
ἄρχεται ἀλλοιοῦσθαι, ὡς ἔχει τὰ πηγνύμενα, ὧν οὐκ ἀπό τινος μέρους ἡ
κατὰ τὴν πῆξιν ἄρχεται μεταβολή, ἀλλ' ὅλα ἀθρόως ἄρχεται τῆς πήξεως
καὶ προκόπτει κατ' αὐτὴν ἀθρόως πάντα, τοῦ ἀθρόου ὡς οἶμαι οὐ τὸ

---

2 τῆς (ante κατὰ) om. E   καὶ περὶ E   ἐπωνυμίαν a   3 γενομένῳ Torstrik cf. ad
p. 103, 16   4 ἧς] οἷς D   6 ἔχειν volebat Torstrik   εἶναι ἄπειρον a   9 κατ']
καὶ a   10 ἔχοι E: ἔχει aF: locus oblitt. D   11 ὑποτεθῇ E   οὗτος F¹
13 καὶ κατὰ EF: κατὰ D: om. a   15 πρώτῳ aDF: πρώτως E   18 τὸν ante χρόνον
om. E   20 τὰ μὲν] μόνον τὰ volebat Torstrik   21 αὐτὰς D   25 τοῦ post τινος
om. E   28 λέγονται E   29 θερμὸν ἐκ ψυχροῦ καὶ λευκὸν ἐκ μέλανος a   30 καθ'
ὅλα DE: καθο F: καθόλου a   32 τὴν om. a   ἄρχεται — ἀθρόως om. F   ὅλα DE:
om. aF   τῆς πήξεως om. a

SIMPLICII IN PHYSICORUM I 3 [Arist. p. 186ᵃ 13]   107

ἄχρονον δηλοῦντος, ὡς Πορφύριος ἤκουσε, καὶ πειρᾶται ἄχρονον κατασκευάζειν 23ʳ
τὴν ἀλλοίωσιν, ἀλλὰ τὸ ὁμοῦ πάντων τῶν μερῶν. ἡ γὰρ πῆξις καὶ ὁ 45
φωτισμὸς τοῦ ἀέρος οὐκ ἄχρονος γίνεται, ἀλλ' ἔχει τὴν κατὰ τὸν χρόνον
ἀρχὴν τόδε τοῦ χρόνου τὸ μέρος, ἀθρόα δὲ πάντα πάσχει τὰ μόρια τὸ
5 πάθος· ἢ ὁτιοῦν μέρος ἀθρόως ἀλλοιοῦται καὶ αὐτὸ ἐπ' ἄπειρον ὂν
διαιρετὸν καὶ οὐ κατὰ μόριόν τι πρῶτον πάσχον, ὡς καὶ αὐτὸς Ἀριστοτέλης
ἐν τῷ Ζ ταύτης τῆς πραγματείας δείξει λέγων "οὐδὲ δὴ τοῦ μεταβεβλη-
κότος ἐστί τι πρότερον ὃ μεταβέβληκεν" ἔτι δὲ σαφέστερον ἐν τῷ τελευ- 50
ταίῳ βιβλίῳ ταῦτα γέγραφεν "ὁμοίως δὲ καὶ ἐπ' ἀλλοιώσεως ὁποιασοῦν·
10 οὐ γὰρ εἰ μεριστὸν εἰς ἄπειρον τὸ ἀλλοιούμενον, διὰ τοῦτο καὶ ἡ ἀλλοίωσις,
ἀλλ' ἀθρόα γίνεται πολλάκις ὥσπερ ἡ πῆξις".

Καὶ ὁ Θεόφραστος δὲ ἐν τῷ ᾱ Περὶ κινήσεως ταὐτὰ περὶ τούτου
δοξάζων φαίνεται. λέγει δὲ οὕτως. "ὑπὲρ δὲ τοῦ κινεῖσθαι τὸ κινούμενον
καὶ κεκινῆσθαι τὸ κεκινημένον δεῖν ἆρα γε ἐνδέχεται λέγειν, ὃ καὶ ἐπὶ τῶν
15 σωμάτων κατὰ τὴν | ἀλλοίωσιν, ὡς οὐκ ἀεὶ τὸ ἥμισυ πρῶτον ἀλλ' ἐνίοτε 23ᵛ
ἀθρόον γε". διὰ δὴ ταῦτα πάντα δοκεῖ μὴ καλῶς εἰληφέναι τὸ γενό-
μενον πᾶν ἀρχὴν ἔχειν τὴν κατὰ τὸ πρᾶγμα· ὥστε οὐκ ἀληθὴς ἡ πρόσληψις
ἡ λέγουσα 'ἀλλὰ μὴν τὸ γενόμενον ἀρχὴν ἔχει', καὶ ἡ κατὰ τὴν ἀντιστρο-
φὴν δὲ γινομένη πρότασις ἡ λέγουσα 'τὸ μὴ γενόμενον ἀρχὴν οὐκ ἔχει' οὐ
20 μόνον κατὰ τὸ εἶδος τῆς ἀντιστροφῆς ἡμαρτῆσθαι δοκεῖ ἀπὸ τοῦ ἡγου- 5
μένου γινομένη, ἀλλὰ καὶ αὐτὴ ψευδὴς εἶναι, εἴ τις πάλιν τὴν ἀρχὴν κατὰ
τὸ πρᾶγμα λάβοι ἀλλὰ μὴ κατὰ τὸν χρόνον. ἥλιος γὰρ καὶ σελήνη καὶ
οὐρανὸς καὶ τὰ ἐν οὐρανῷ καὶ αὐτὸς ὁ ὅλος κόσμος, ἀγένητα ὄντα κατὰ
τὸν χρόνον, ἔχει ὅμως ἀρχὴν τὴν κατὰ τὸ πρᾶγμα πεπερασμένα ὄντα. καὶ
25 Παρμενίδης δὲ ἀγένητον ἀποφαίνων τὸ ὂν
          μεσσόθεν ἰσοπαλὲς πάντῃ
ποιεῖ· τὸ δὲ τοιοῦτον πεπερασμένον ὂν ἀρχὴν ἔχει τὴν κατὰ τὸ πρᾶγμα.
ὥστε ἄμφω ψευδεῖς αἱ προτάσεις· δέδεικται δὲ καὶ τὸ σχῆμα ἀσυλλόγιστον. 10
Καὶ ταῦτα μὲν καλῶς ὁ Ἀριστοτέλης ἀντείρηκε, πρὸς τὸ φαινόμενον
30 ὑπαντῶν. ἐπεὶ δὲ σοφὸς ἀνὴρ Μέλισσος, ὡς τοιούτου χρὴ καὶ τῆς ἐννοίας
στοχαζόμενον τὰ ἐπαχθέντα αὐτῷ ἐγκλήματα ἀπολύσασθαι. καὶ ὅτι μὲν

---

1 ὡς ὁ πορφύριος a   ex Porphyrio etiam priora repetivisse videtur cf. p. 10, 25 sqq.
3 τὸν om. a   4 τόδε — μέρος] i. e. ἕν τι καθ' ἕκαστον μ., — ὁτιοῦν τοῦ ὅλου μέρος coniciebat
Torstrik   5 ἄπειρον ex corr. E   6 τι πρῶτον om. F¹ (add. F²)   7 Z c. 5
p. 236ᵃ 27   ταύτης — πραγματείας] τῆς φυσικῆς ἀκροάσεως F   δὴ om. D   8 ἐστί
τὸ a   δ] ὃν D   τελευταίῳ βιβλίῳ c. 3 p. 253ᵇ 23   9 ὁποιασποτοῦν Arist.   10 εἰς]
ὡς E   11 ἀλλ' om. E   12 Θεόφραστος fr. 26ᵇ III 226 Wimm. cf. Useneri Analecta
Theophr. p. 5   ᾱ libri: δεκάτῳ a: ᾱ tacite corr. Usener l. c.   ταῦτα DF: τὰ αὐτὰ E:
τὰ αὐτὰ ταῦτα a   14 ἆρα scripsi: ἄρα libri   16 πάντα ταῦτα a   γενόμενον hic
et in proximis Torstrik cf. p. 103, 24. 104, 18: γινόμενον constanter libri cf. Thuroti Alex.
d. sensu p. 426   18 γινόμενον libri   ἡ (post καὶ) aE: ἡ D²: om. F   19 γινόμενον libri
21 γινομένη D: γινόμενον aEF   22 λάβῃ a   23 ὅλος ὁ κόσμος aF   24 ὁμοίως E
25 ὂν ED cf. Parm. v. 101 K., 105 St.: ἓν aF   26 μέσσοθεν a (Parm. v. 103 K., 107 St.):
μέσοθεν DEF   ἰσοπαλὲς in corr. E (obl. loc. D)   27 τοιοῦτο a   29 ὁ (post
καλῶς) om. F

οὐ σωματικὸν ἐλάμβανε τὸ ὄν, δῆλον ἐκ τοῦ ἀκίνητον καὶ ἀδιαίρετον αὐτὸ 23ᵛ
δεικνύναι τῶν σωμάτων ἐναργῆ τὴν κίνησιν καὶ τὴν διαίρεσιν ἐμφαινόντων.
ἀλλ' ἀντὶ μὲν τοῦ αἰσθητοῦ καὶ διαστατοῦ τὸ γενητὸν παραλαμβάνει, ὥσπερ
καὶ ὁ παρὰ Πλάτωνι Τίμαιος λέγων "γέγονεν· ὁρατὸς γὰρ ἁπτός τέ ἐστι 15
5 καὶ σῶμα ἔχων", ἀντὶ δὲ τοῦ νοητοῦ καὶ ἀμεροῦς τὸ ἀγένητον, ὡς καὶ
τοῦτο πάλιν ὁ Πλάτων "τί τὸ ὂν ἀεί, γένεσιν δὲ οὐκ ἔχον". ὅταν οὖν
λέγῃ τὸ γενητὸν ἀρχὴν ἔχειν, τὸ αἰσθητόν φησι καὶ διαστατὸν ἅτε πε-
ρανθὲν ἀρχὴν ἔχειν καὶ πέρας· οὐ γάρ ἐστιν ἄπειρον σῶμα. καὶ συντί-
θεται καὶ Εὔδημος, ὅτι κἂν ἐπ' ἄλλων τινῶν ὀλίγων γενητῶν οὐκ εἰσὶν
10 ἀρχαὶ αἱ κατὰ τὸ πρᾶγμα, ἀλλ' ἐφ' οὗ σημαινομένου λαμβάνει Μέλισσός
εἰσι. γράφει δὲ οὕτως "ἀλλ' ἴσως ὀλίγων μὲν οὐκ εἰσὶν ἀρχαί, ἐφ' ὧν δὲ 20
λαμβάνει εὔλογον εἶναι. διὸ τοῦτο μὲν παραχωρητέον, τὴν δὲ ἀκολούθησιν
ἐπισκεπτέον". ὅταν δὲ ὁ Μέλισσος ἐπιφέρῃ "τὸ μὴ γενόμενον ἀρχὴν οὐκ
ἔχει", τότε λέγει ὅτι τὸ ὄντως ὂν ἀμερές ἐστι καὶ οὔτε ἀρχὴν οὔτε τελευ-
15 τὴν ἔχει· διὸ καὶ ἄπειρον. καὶ οὕτως οὐδέτερον τῶν ἀξιωμάτων ψευδῶς
εἴληπται. κἂν γάρ ἐστιν ἀθρόως γινομένη ἀλλοίωσις, μάλιστα μὲν εἰ καὶ
πάντα τὰ μέρη ἅμα ἀλλοιοῦται, ἀλλ' οὐχ ἅμα πᾶσα ἡ ἀλλοίωσις γίνεται,
ἀλλ' ἔχει καὶ αὐτὴ ἀρχὴν καὶ τελευτήν. ἔπειτα καὶ ἐν τῇ ἀλλοιώσει τὸ 25
ἀλλοιούμενον οὐχὶ ἡ λευκότης ἐστίν, ἀλλὰ τὸ σῶμα κατὰ τὴν λευκότητα.
20 τὸ δὲ σῶμα ἀρχὴν ἔχει καὶ πέρας τὸ ἀλλοιούμενον καὶ γινόμενον οὕτως
ὡς ἀλλοιούμενον. καὶ τὸ ἀγένητον δὲ κατὰ τοῦτο τὸ σημαινόμενον ἀληθῶς
εἴρηται ἀρχὴν μὴ ἔχειν, ἀδιάστατον καὶ ἀμερὲς ὑπάρχον· ὁ γὰρ οὐρανὸς
καὶ ὅδε ὁ κόσμος πολλῶν καὶ μακαρίων τετύχηκε παρὰ τοῦ γεννήσαντος,
ἀτὰρ κενοινώνηκέ γε καὶ σώματος· διὸ μέρη ἔχει καὶ ἀρχὴν καὶ τέλος. τὸ
25 δὲ ἀγένητον τὸ ὂν εἶναι καὶ Ἀριστοτέλης συγχωρεῖ καὶ αὐτὸ τὸ δόγμα 30
ἀσμενίζων καὶ τὴν Μελίσσου περὶ τοῦ δόγματος ἀπόδειξιν. καὶ Εὔδημος
δὲ τὸ ἁπλῶς ὂν ἀγένητον εἶναι συγχωρεῖ λέγων "τὸ μὲν γὰρ ἅπαν τὸ ὂν
ἀθρόον μὴ γίνεσθαι καλῶς ἔχει συγχωρεῖν, ἐπειδὴ οὐχ οἷόν τε ἐκ μὴ ὄντος
αὐτὸ γίνεσθαι· ἀλλὰ κατὰ μέρος γίνεσθαι πολλὰ καὶ φθείρεσθαι εὔλογον
30 δήπου ἐστὶ καὶ ὁρῶμεν τοῦτο". καὶ οὕτως μὲν αἱ προτάσεις ἐλήφθησαν
ἀληθῶς καὶ ἡ ἀντιστροφὴ δὲ ἐπὶ τῶν ἐξισαζόντων οὐ κωλύεται ἀπὸ τοῦ 35
ἡγουμένου γίνεσθαι· ὡς ὅταν εἴπωμεν 'εἰ ἄνθρωπός ἐστι, καὶ ζῷον λογικὸν

---

3 παραλαμβάνει] primum α add. D²   4 Τίμαιος p. 28B   6 Πλάτων Tim. p. 27D
ἔχων F¹   8 ἔστιν ἄπειρον σῶμα DE: ἐστι σῶμα ἄπειρον aF   9 ὁ εὔδημος a
κἂν DE: κἂν καὶ aF   10 ἐφ' οὗ a ex v. proximo: ἀφ' οὗ DEF   11 οὕτως fr. 9
p. 16, 21 Sp.   μὲν ὀλίγων D   13 τὸ μὴ γινόμενον ἐπιφέρῃ D   γινόμενον libri
cf. p. 103, 24   14 τὸ (post ὅτι) om. F   15 ἔχει οὔτε τελευτὴν a   καὶ (post διὸ)
om. E   οὐδὲ ἕτερον ut vid. D¹   17 ἅμα (post μέρη) E: om. aF (loc. obl. D)
ἀλλ' cf. Thuroti Alex. d. sensu p. 432, 10   ἡ om. D   21 τοῦτο τὸ] τοῦτο D¹
24 αὐτὰρ E   τὸ scripsi cf. v. 28: ὅτι libri   25 εἶναι DEF: ἐστι a   26 ἐνασμενί-
ζων a   ὁ εὔδημος a   27 λέγων fr. 9 p. 17, 14 Speng.   28 ἀθρόον DEF: ἀθρόως
a: delebat Torstrik   γενέσθαι Torstrik   ἔχει E: ἔχειν aDF   29 γίνεσθαι
(post αὐτὸ) D: γενέσθαι aEF   post αὐτὸ γενέσθαι iterat καλῶς ἔχει συγχωρεῖν deleta E
32 καὶ (post ἐστι) aF: om. DE

θνητόν ἐστι', καὶ 'εἰ μὴ ἔστιν ἄνθρωπος, οὐδὲ ζῷον λογικὸν θνητόν'. εἰ 23ᵛ
τοίνυν τὸ γενητὸν ἐξισάζει πρὸς τὸ ἀρχὴν ἔχον καὶ τέλος, οὐδὲν διαφέρει
καὶ ἀπὸ τοῦ ἡγουμένου ἀντιστρέψαι. ἐξισάζει γὰρ καὶ τὸ ἀγένητον τῷ ἀρ-
χὴν μὴ ἔχοντι, οὐκέτι τοῦ κατὰ τὸν οὐρανὸν καὶ ὅλως τὰ ἀίδια σώματα
5 παραδείγματος ἐνοχλοῦντος ἡμᾶς. ἀγένητα γὰρ ταῦτα οὐχ ὡς ἀμερῆ, ἀλλ'
ὡς μὴ ἀπ' ἀρχῆς χρόνου γεγενημένα.

Ἐγκαλεῖται δὲ ὁ Μέλισσος καὶ ὡς τῆς ἀρχῆς πολλαχῶς λεγομένης 40
ἀντὶ τῆς κατὰ τὸν χρόνον ἀρχῆς, ἥτις ὑπάρχει τῷ γενητῷ, τὴν κατὰ τὸ
πρᾶγμα λαβών, ἥτις καὶ τοῖς ἀθρόως μεταβάλλουσιν οὐχ ὑπάρχει. ἔοικε
10 δὲ αὐτὸς καὶ πρὸ τοῦ Ἀριστοτέλους τεθεᾶσθαι καλῶς ὅτι πᾶν σῶμα, καὶ
τὸ ἀίδιον, πεπερασμένον ὑπάρχον πεπερασμένην ἔχει δύναμιν καὶ ὅσον ἐφ'
ἑαυτῷ ἀεὶ ἐν τέλει χρόνου ἐστί, διὰ δὲ τὴν ἀεικίνητον τοῦ παράγοντος
ἐπιστασίαν καὶ ἐν ἀρχῇ ἀεί ἐστι καὶ ἀίδιον ὑπάρχει, ὥστε τὸ κατὰ μέγεθος
ἀρχὴν καὶ τέλος ἔχον καὶ κατὰ χρόνον ἔχει ταῦτα καὶ ἀνάπαλιν. τὸ γὰρ 45
15 ἀρχὴν ἔχον χρόνου καὶ τέλος οὐχ ἅμα πᾶν ἐστι. διὸ ποιεῖται μὲν τὴν
ἀπόδειξιν ἀπὸ τῆς κατὰ χρόνον ἀρχῆς καὶ τελευτῆς. ἄναρχον δὲ οὕτως
καὶ ἀτελεύτητον οὔ φησιν εἶναι ὃ μὴ πᾶν ἐστι, τουτέστιν ὃ μὴ ἅμα ὅλον
ἐστίν· ὅπερ τοῖς ἀμερέσιν ὑπάρχει καὶ τῷ ὄντι ἀπείροις, τῷ δέ γε ἁπλῶς
ὄντι καὶ κυριώτατα· τῷ γὰρ ὄντι πᾶν ἐκεῖνό ἐστι. λέγει δὲ ταῦτα οὕτως
20 ὁ Μέλισσος "ὅτε τοίνυν οὐκ ἐγένετο, ἔστι δέ, ἀεὶ ἦν καὶ ἀεὶ ἔσται καὶ
ἀρχὴν οὐκ ἔχει οὐδὲ τελευτήν, ἀλλ' ἄπειρόν ἐστιν. εἰ μὲν γὰρ ἐγένετο, 50
ἀρχὴν ἂν εἶχεν (ἤρξατο γὰρ ἄν ποτε γινόμενον) καὶ τελευτήν (ἐτελεύτησε
γὰρ ἄν ποτε γινόμενον)· εἰ δὲ μήτε ἤρξατο μήτε ἐτελεύτησε· ἀεί τε ἦν καὶ
ἀεὶ ἔσται, οὐκ ἔχει ἀρχὴν οὐδὲ τελευτήν· οὐ γὰρ ἀεὶ εἶναι ἀνυστὸν ὅ τι
25 μὴ πᾶν ἐστι". καὶ ὅτι μὲν τὸ "ποτὲ" χρονικόν ἐστι, δῆλον· ὅτι δὲ
"γινόμενον" τὸ κατ' οὐσίαν γενητὸν εἶπεν, ὃ ἕως ἂν ᾖ γινόμενόν ἐστι καὶ
οὐκ ὄν, δῆλον ἐκ τοῦ "ἐτελεύτησε γὰρ ἄν ποτε γινόμενον ὄν" καὶ ἐκ τοῦ
"οὐ γὰρ ἀεὶ εἶναι ἀνυστὸν ὅ τι μὴ πᾶν ἐστι", ὡς τοῦ | ἀεὶ ὄντος, ὃ καὶ 24ʳ
πᾶν ἐστιν, ἀντικειμένου τῷ γενητῷ. ὅτι δὲ ὥσπερ τὸ "ποτὲ γενόμενον"
30 πεπερασμένον τῇ οὐσίᾳ φησίν, οὕτω καὶ τὸ ἀεὶ ὂν ἄπειρον λέγει τῇ οὐσίᾳ,
σαφὲς πεποίηκεν εἰπών "ἀλλ' ὥσπερ ἔστιν ἀεί, οὕτω καὶ τὸ μέγεθος ἄπειρον
ἀεὶ χρὴ εἶναι". μέγεθος δὲ οὐ τὸ διαστατόν φησιν· αὐτὸς γὰρ ἀδιαίρετον
τὸ ὂν δείκνυσιν· "εἰ γὰρ διῄρηται, φησί, τὸ ἐόν, κινεῖται. κινούμενον δὲ
οὐκ ἂν εἴη ἅμα." μέγεθος τὸ διάρμα αὐτὸ λέγει τῆς ὑποστάσεως. ὅτι γὰρ 5

---

1 καὶ (post ἐστι) aF: om. DE   3 γὰρ τὸ a   8 τὸν E: om. aDF   10 καὶ (post σῶμα)
om. E   12 παράγοντος (ον in litura) D   13 κατὰ τὸ μέγεθος D   15 τὴν μὲν
aF   16 χρόνου a   17 ἅμα om. F   18 ἄπειρος D¹   20 Μέλισσος § 7
p. 190 Brand. cf. p. 29,22. 41, 13. 31 ἔστι τε καὶ ἀεὶ ἦν p. 29, 22   22 καὶ — γινόμενον
(23) om. D¹: in mrg. rest. sed obl. D²   τελεύτησε (τελευτῇ ἐ ●m.) E   23 γινό-
μενον aE: γινόμενον ὂν F cf. v. 27: γενόμενον Melisso hic et v. 22 (ut v. 29) reddendum cf.
ad p. 29,24. 108,16   εἰ] ὅτε p. 29, 25   24 ἔχει DE ut p. 29, 26: ἔχον aF   οὐδὲ]
οὔτε D   26 τὸ κατ'] ὑπὸ κατ' F¹   27 ἐτελεύτησεν (om. γὰρ) aF   ὂν DF: om.
aE   28 οὐ aF: om. E: supra add. (fortasse m.¹) D   32 ἀεὶ ἄπειρον D   33 φησί
§ 15 p. 196 Br.   34 ἅμα aF: ἀλλὰ E: obl. hic locus D   μέγεθος οὖν a

ἀσώματον εἶναι βούλεται τὸ ὄν, ἐδήλωσεν εἰπών "εἰ μὲν ὂν εἴη, δεῖ αὐτὸ 24ʳ ἓν εἶναι· ἓν δὲ ὂν δεῖ αὐτὸ σῶμα μὴ ἔχειν". καὶ ἐφεξῆς δὲ τῷ ἀιδίῳ τὸ ἄπειρον κατὰ τὴν οὐσίαν συνέταξεν εἰπών "ἀρχήν τε καὶ τέλος ἔχον οὐδὲν οὔτε ἀίδιον οὔτε ἄπειρόν ἐστιν" ὥστε τὸ μὴ ἔχον ἄπειρόν ἐστιν.
5 ἀπὸ δὲ τοῦ ἀπείρου τὸ ἓν συνελογίσατο ἐκ τοῦ "εἰ μὴ ἓν εἴη, περανεῖ πρὸς ἄλλο". τοῦτο δὲ αἰτιᾶται Εὔδημος ὡς ἀδιορίστως λεγόμενον γράφων οὕτως· "εἰ δὲ δὴ συγχωρήσειέ τις ἄπειρον εἶναι τὸ ὄν, διὰ τί καὶ ἓν ἔσται; οὐ 10 γὰρ δὴ διότι πλείονα, περανεῖ πῃ πρὸς ἄλληλα. δοκεῖ γὰρ καὶ ὁ παρεληλυθὼς χρόνος ἄπειρος εἶναι περαίνων πρὸς τὸν παρόντα. πάντῃ μὲν οὖν
10 ἄπειρα τὰ πλείω τάχα οὐκ ἂν εἴη, ἐπὶ θάτερα δὲ φανεῖται ἐνδέχεσθαι. χρὴ οὖν διορίσαι, πῶς ἄπειρα οὐκ ἂν εἴη, εἰ πλείω."

p. 186ᵃ16 **Ἔπειτα διὰ τί ἀκίνητον, εἰ ἕν;**

"Ὁ Μέλισσος δείξας τὸ ἄπειρον ἐκ τοῦ μήτε ἀρχὴν μήτε τέλος ἔχειν, ἐκ 15 δὲ τοῦ ἀπείρου τὸ ἓν εἶναι, ἐφεξῆς καὶ ὅτι ἀκίνητον δείκνυσιν, ὡς ὁ Ἀλέξαν-
15 δρός φησι, τῷ τὸ κινούμενον ἢ διὰ πλήρους ὀφείλειν κινεῖσθαι ἢ διὰ κενοῦ, (οὕτω δὲ καὶ ἄλλο τι ἔσεσθαι). ὅτι δὲ διὰ μὲν πλήρους οὐχ οἷόν τέ τι κινηθῆναι, κενὸν δὲ μὴ δύνασθαι ἐν τοῖς οὖσιν εἶναι (μηδὲν γὰρ εἶναι τὸ κενόν, ὄντος τε μηκέτι ἔσεσθαι ἄπειρον τὸ ὄν· εἰ γὰρ εἴη μεθίστασθαι δυνάμενον ἐν ἑαυτῷ, δῆλον ὡς μεῖζον ἂν αὐτοῦ εἴη, οὐδὲν δὲ μεῖζον τοῦ ἀπείρου)..."
20 ταῦτα μὲν οὖν οὕτως αὐτῇ λέξει φησὶν ὁ Ἀλέξανδρος, καὶ ὡς τὴν κατὰ 20 τόπον κίνησιν ἀναιροῦντος τοῦ Μελίσσου μόνην, οὐ μὴν καὶ τὴν ἀλλοίωσιν, οὕτως ποιεῖται τὴν ἐξήγησιν διὰ τὸ ὑπὸ τοῦ Ἀριστοτέλους εἰρημένον τὸ ἔπειτα ἀλλοίωσις διὰ τί οὐκ ἂν εἴη. ἐμοὶ δὲ δοκεῖ συμπεραινόμενος ὁ Μέλισσος τὰ περὶ τοῦ ὄντος εἰρημένα, ὅτι ἀγένητον καὶ ἀίδιον καὶ ἄπειρον
25 καὶ ἓν καὶ ὅμοιον, ἐκ τούτων καὶ τὰς ἄλλας πάσας κινήσεις τὰς περὶ τὴν γένεσιν ἀφαιρεῖν ἀπὸ τοῦ ὄντος, καὶ πρῶτον μὲν δεικνύναι ὅτι οὔτε ὡς ἀπολλύμενον οὔτε ὡς αὐξόμενον ἢ μειούμενον οὔτε ὡς ἀλλοιούμενον κι- 25 νεῖται τὸ ὂν ἢ ὅλως ἑτεροιούμενον, ὅπερ κοινὸν αὐξήσεως ἂν εἴη καὶ ἀλ-

---

1 εἶναι om. E   εἰπών § 16 p. 196 Br. cf. p. 87, 6   ὂν εἴη aD: οὖν εἴη EF: ὂν ἔστι desiderabat Brandis   2 δὲ μὴ ὂν F   δεῖ αὐτῶ D   3 εἰπών § 9 p. 192 Br. τε DF: δὲ aE   καὶ καὶ E   4 ὥστε — ἄπειρόν ἐστιν continuandum fortasse Melisso cf. § 2   5 ἀπὸ τοῦ ἀπείρου δὲ a   ἐκ] διὰ volebat Torstrik   εἰ μὴ κτλ. § 10 cf. § 3   εἰ aF: in lit. D: om. E   περανοῖ E   6 Εὔδημος fr. 9 p. 19, 14 Sp. 7 δὴ] καὶ malebat Torstrik   συγχωρήσειέν τι E   8 δὴ om. a   περάνει D παρεληλυθὸς D   9 ἄπειρος εἶναι DE: om. aF   10 τάχα om. F   'fort. φαίνεται' Torstrik   11 χρὴν Spengel   εἰ aE: om. DF   πλείονα D: πλεῖον E: πλείω a: om. F 12 καὶ διὰ a   14 ὁ om. E   17 κενόν τε aE   δύναται volebat Torstrik   18 μεθίστασθαι δυνάμενον propter Aristotelis κινεῖται ἐν ἑαυτῷ dictum   post δυνάμενον iteravit κενοῦ ὄντος μὲν (sic) — δυνάμενον F   19 ἐν αὐτῷ F: ἐν om. E   εἴη Torstrik: ἢ libri post ἀπείρου om. apodosin Simplicius, nisi quid post εἶναι (v. 17) intercidit librariorum culpa   21 οὐ μὴν D: om. aEF   25 περὶ a: παρὰ DEF   26 ἀφαιρεῖσθαι F

λοιώσεως. οὔτε γὰρ ἀίδιον οὔτε ἄπειρον οὔτε ἓν οὔτε ὅμοιον ἂν εἴη ταῦτα 24ʳ
πάσχον· εἶτα ὅτι οὐδὲ κενόν· τὸ γὰρ κενόν, οὐχὶ σώματος ἀλλὰ κενὸν τοῦ
ὄντος, οὐδέν ἐστι. προλαβὼν οὖν ὅτι τὸ ὂν πλέων ἐστί, ταὐτὸν δὲ εἰπεῖν
πλῆρες, καὶ δείξας ὅτι κενὸν οὐκ ἔστι, συνάγει ὅτι οὐκ ἂν κινοῖτο κατὰ
5 τόπον οὔτε ὡς εἰς ἄλλον παρ' ἑαυτὸ τόπον, οὐ γάρ ἐστί τι κενὸν τοῦ ὄντος
εἰς ὃ κινηθῇ, οὔτε εἰς ἑαυτό. ἐξ ἀραιοτέρου γὰρ πυκνότερον ἦν ἀνάγκη 30
γενέσθαι. πυκνὸν δὲ καὶ ἀραιὸν οὐκ ἂν εἴη. τὸ γὰρ ἀραιὸν κενόν τι ἔχει,
τὸ δὲ κενὸν οὐκ ἔστιν οὔτε ὅλως οὔτε ἐν αὑτῷ μάλιστα, διότι πλέων ἐστίν.
ὅτι δὲ πλέων ἐστὶ τὸ ὄν, δείκνυσιν ἐκ τοῦ μηδὲν εἰς ἑαυτὸ εἰσδέχεσθαι·
10 εἰ γὰρ εἰσδέχοιτο, κενόν τι εἶναι τοῦ ὄντος, κενὸν δὲ μὴ εἶναι.

Ὅτι δὲ οὐχ ὡς ὁ Ἀλέξανδρος ἤκουσεν, οὕτως ἡ ἀπόδειξις προῆλθεν
ἐκ τοῦ τὸ κινούμενον ἢ διὰ πλήρους ὀφείλειν κινεῖσθαι ἢ διὰ κενοῦ, ἀλλ'
ὅτι δεῖ αὐτὸ τὸ ὂν πλῆρες εἶναι, δηλοῖ καὶ ὁ Εὔδημος λέγων "ἀκίνητον δὲ 35
δὴ πῶς; ἢ ὅτι πλῆρες. πλῆρες δέ, ὅτι οὐκ ἔστιν ἄπειρον κενοῦ μετέχον."
15 ἀλλ' ἐπειδὴ κἂν ἀρχαιοπρεπῶς ἀλλ' οὐκ ἀσαφῶς ταῦτα καὶ ὁ Μέλισσος
ἔγραψε, παρακείσθω καὶ αὐτὰ τὰ ἀρχαῖα γράμματα πρὸς τὸ δύνασθαι τοὺς
ἐντυγχάνοντας ἀκριβεστέρους γίνεσθαι κριτὰς τῶν προσφυεστέρων ἐξηγήσεων.
λέγει δ' οὖν ὁ Μέλισσος οὕτως τὰ πρότερον εἰρημένα συμπεραινόμενος καὶ
οὕτως τὰ περὶ τῆς κινήσεως ἐπάγων. "Οὕτως οὖν ἀίδιόν ἐστι καὶ ἄπειρον 40
20 καὶ ἓν καὶ ὅμοιον πᾶν. καὶ οὔτ' ἂν ἀπόλοιτο οὔτε μεῖζον γίνοιτο οὔτε
μετακοσμέοιτο οὔτε ἀλγεῖ οὔτε ἀνιᾶται. εἰ γάρ τι τούτων πάσχοι, οὐκ ἂν
ἔτι ἓν εἴη. εἰ γὰρ ἑτεροιοῦται, ἀνάγκη τὸ ἐὸν μὴ ὅμοιον εἶναι, ἀλλὰ ἀπόλ-
λυσθαι τὸ πρόσθεν ἐόν, τὸ δὲ οὐκ ἐὸν γίνεσθαι. εἰ τοίνυν τριχὶ μιῇ μυ-
ρίοις ἔτεσιν ἑτεροῖον γίνοιτο τὸ πᾶν, ὀλεῖται ἂν ἐν τῷ παντὶ χρόνῳ. Ἀλλ'
25 οὐδὲ μετακοσμηθῆναι ἀνυστόν· ὁ γὰρ κόσμος ὁ πρόσθεν ἐὼν οὐκ ἀπόλλυται
οὔτε ὁ μὴ ἐὼν γίνεται. ὅτε δὲ μήτε προσγίνεται μηδὲν μήτε ἀπόλλυται 45
μήτε ἑτεροιοῦται, πῶς ἂν μετακοσμηθὲν τῶν ἐόντων τι ᾖ. εἰ μὲν γάρ τι

---

2 πάσχόν ἐστιν E   οὐ ...... (om. in lac. δὲ κενόν) F   ἀλλά] τὸ γὰρ E
fortasse κενὸν ⟨ὂν⟩ τοῦ   3 παραλαβὼν D   πλέον EF   5 τόπον — ἑαυτὸ om. F
6 ἑαυτὴν D   ἀραιοτέρου constanter libri   ἦν om. aF   7 γενέσθαι D: γίνεσθαι
aEF   8 ἐν αὐτῷ aF: ἐναυτῷ E: ἐν ἑαυτῷ D   διότι] δὲ ὅτι D   9 πλέον E
11 ὁ om. a   13 δεῖ aF¹ (corrigens δι'): δι' DE   Εὔδημος fr. 10 p. 20, 17 Sp.
14 ἔστιν DF: ἔσται aE   15 κἂν om. aF   16 γράψε E   17 προφυεστέρων E
18 Μέλισσος §§ 11—14 p. 193 sqq. Br. cf. p. 103, 31   πρότερα D   20 πᾶν
libri cf. p. 112, 1: ⟨τὸ⟩ πᾶν Brandis   ἀπόλλοιτο E: hic locus obl. D: ἀπόλοιτο aF cf. ad
p. 103, 31   οὔτ' ἂν a ex p. 103, 31   γίγνοιτο aF   21 οὐκέτι (om. ἂν) E
23 δὲ (post τὸ) om. E   τριχὶ μιῇ aD cf. p. 113, 8: τρὶ μὴ ἢ E: τριχῇ μὴ (sine acc.)
F: εἰ τοίνυν τρισμυρίοισι ἔτεσι vulgo legunt ex Brandisii interpolatione. verum recte τριχὶ
μιῇ ἑτεροῖον interpretatur Simpl. p. 113, 12 τὸ ἀλλοιούμενον καὶ τὸ ἑτεροιούμενον ὁπωσοῦν
24 γίγνοιτο a   ὀλεῖται libri: ὅλοιτο Mullach   παντί] παρόντι F   25 μετὰ τὸ
κοσμηθῆναι D   ἀπολεῖται a   27 μετακοσμηθέντων ἐόντων DF   ᾖ libri: εἴη
Melisso reddidit Mullach   γάρ a: γε DF et in lit. E

ἐγίνετο ἑτεροῖον, ἤδη ἂν καὶ μετακοσμηθείη. Οὐδὲ ἀλγεῖ· οὐ γὰρ ἂν πᾶν 24r
εἴη ἀλγέον· οὐ γὰρ ἂν δύναιτο ἀεὶ εἶναι χρῆμα ἀλγέον οὐδὲ ἔχει ἴσην δύ-
ναμιν τῷ ὑγιεῖ· οὔτ' ἂν ὅμοιον εἴη, εἰ ἀλγέοι· ἀπογινομένου γάρ τευ ἂν
ἀλγέοι ἢ προσγινομένου, κοὐκ ἂν ἔτι ὅμοιον εἴη. οὐδ' ἂν τὸ ὑγιὲς ἀλγῆσαι
5 δύναιτο· ἀπὸ γὰρ ἂν ὄλοιτο τὸ ὑγιὲς καὶ τὸ ἐόν, τὸ δὲ οὐκ ἐὸν γένοιτο.
καὶ περὶ τοῦ ἀνιᾶσθαι ωὑτὸς λόγος τῷ ἀλγέοντι. Οὐδὲ κενεόν ἐστιν οὐδέν· 50
τὸ γὰρ κενεὸν οὐδέν ἐστιν· οὐκ ἂν οὖν εἴη τό γε μηδέν. οὐδὲ κινεῖται·
ὑποχωρῆσαι γὰρ οὐκ ἔχει οὐδαμῇ, ἀλλὰ πλέων ἐστίν. εἰ μὲν γὰρ κενεὸν
ἦν, ὑπεχώρει ἂν εἰς τὸ κενόν· κενοῦ δὲ μὴ ἐόντος οὐκ ἔχει ὅκη ὑποχω-
10 ρήσει. πυκνὸν δὲ καὶ ἀραιὸν οὐκ ἂν εἴη· τὸ γὰρ ἀραιὸν οὐκ ἀνυστὸν πλέων
εἶναι ὁμοίως τῷ πυκνῷ, ἀλλ' ἤδη τὸ ἀραιόν γε κενεώτερον γίνεται τοῦ
πυκνοῦ. κρίσιν δὲ ταύτην χρὴ ποιήσασθαι τοῦ πλέω καὶ τοῦ μὴ πλέω· |
εἰ μὲν οὖν χωρεῖ τι ἢ εἰσδέχεται, οὐ πλέων· εἰ δὲ μήτε χωρεῖ μήτε εἰσ- 24v
δέχεται, πλέων. ἀνάγκη τοίνυν πλέων εἶναι, εἰ κενὸν μὴ ἔστιν. εἰ τοίνυν
15 πλέων ἐστίν, οὐ κινεῖται." ταῦτα μὲν οὖν τὰ τοῦ Μελίσσου.

Ὁ δὲ Ἀριστοτέλης αἰτιᾶται πρῶτον μὲν διὰ τί ἀνάγκη, εἰ ἓν ἐστι μὴ
κινεῖσθαι κατὰ τόπον, εἴπερ δύναται καὶ ὅλα ἐν ἑνὶ καὶ τῷ αὐτῷ τόπῳ
μένοντα κινεῖσθαι τῇ τῶν μορίων ἀντιπεριστάσει, κενοῦ τινος μὴ δεόμενα, 5
καθάπερ καὶ τόδε τὸ ὕδωρ ἐν ἑνὶ καὶ τῷ αὐτῷ μένον ἀγγείῳ δονούμενον.
20 τί οὖν κωλύει καὶ τὸ πᾶν μήτε ἀπολιμπάνον τὸν τόπον μήτε ἐπιλαμβάνον
κινεῖσθαι, τῶν ἐν αὐτῷ μορίων κινουμένων τῇ ἀντιπεριστάσει τῇ πρὸς ἄλ-
ληλα, καθάπερ καὶ ἡ ὅλη σφαῖρα περὶ μένοντας τοὺς πόλους καὶ τὸν ἄξονα
κινουμένη φαίνεται, καὶ πᾶσα σφαῖρα καὶ κῶνος καὶ κύλινδρος; δύναται
γὰρ κινεῖσθαί τι κατὰ τόπον καὶ μὴ ἀμεῖβον τόπον ἐκ τόπου, ὡς εἴρηται.
25 ὥσπερ δέ φησι μέρος ὕδατος κινεῖται ἐν ἑαυτῷ, οὕτως τί κωλύει καὶ τὸ 10
πᾶν ὄν; ἐπεὶ δὲ καὶ τὴν ἀλλοίωσιν ἀνεῖλεν ἐκ τοῦ ἓν εἶναι ὁ Μέλισσος,
διὰ τί, φησίν, οὐκ ἂν εἴη ἀλλοίωσις ἑνὸς ὄντος, εἴπερ δυνατὸν τὸ αὐ-
τὸ ἓν κατὰ τὴν οὐσίαν ὑπομένον ποιότητα ἄλλοτε ἄλλην μεταλαμβάνειν,
οἷον ἐκ θερμοῦ ψυχρὸν γενόμενον ἢ ἐκ λευκοῦ μέλαν ἢ ἐξ ὑγιαίνοντος νο-
30 σοῦν. ἔοικε δὲ ἡ τοῦ Ἀριστοτέλους βραχυλογία σφάλλειν πολλαχοῦ τοὺς
ἐξηγητάς· εἰπόντος γὰρ αὐτοῦ ἔπειτα ἀλλοίωσις διὰ τί οὐκ ἂν εἴη,
ὁ Ἀλέξανδρος οὕτως ἐξηγεῖται "ὡς Μελίσσου διὰ τοῦ δεῖξαι μὴ δυνάμενον 15
τὸ ὂν τὴν κατὰ τόπον κίνησιν κινεῖσθαι τὸ πάντῃ ἀκίνητον αὐτοῦ κατη-

---

1 ⟨τὸ⟩ πᾶν Torstrik   ἀλγεινόν a   2 ἀλγεινόν a   3 εἰ (post εἴη) om. D
                                              λοι
4 κοὺκ] οὐκ D   5 ὄλοιτο aD: ὄλυτο EF¹   6 ωὑτὸς DF: ὁ αὐτὸς aE   οὐδὲ
κτλ. cf. p. 40, 12   8 πλέον E   9 κενόν κενοῦ sic libri: κενεόν· κενεοῦ a
ἐόντος DE: ὄντος aF   10 ἄνυστον D   πλέον E   11 κενεώτερον aD: κενώτερον
F: κοινότερον E   13 οὖν om. a   πλέον E ut in proximis   14 κενεὸν a
15 τὰ] εἰσὶ τὰ D   17 ἐν ἑνὶ scripsi cf. v. 19: ἐν εἶναι libri (D obl. hic locus): ἐν trans-
ponebat post καὶ Torstrik   19 ἀγγείῳ μένον D   δονούμενον aF: δινούμενον D:
δονοῦμεν E cf. p. 113, 13   20 ἀπολιμπάνων F   21 ἀντιπεριστάει D   24 τι
post γὰρ posuit a   καὶ κατὰ τόπον D   25 τὰ μέρη τοῦ ὕδατος D   ἑαυτῷ a:
ταυτῶ αὐτῶ EF   29 γινόμενον F   ἢ ἐκ a: καὶ ἐκ DEF   32 τοῦ] τὸ aE

γοροῦντος" (ταῦτα γὰρ αὐτῇ λέξει γέγραφεν ὁ Ἀλέξανδρος), καίτοι τοῦ 24ᵛ
Μελίσσου καὶ πρὸ τῆς κατὰ τόπον κινήσεως τὰς ἄλλας ἀναιροῦντος, ὡς ἡ
προεκτεθεῖσα ῥῆσις δηλοῖ. ὡς δὲ τοῦ ἑνὸς ἀλλοιοῦσθαι καὶ ἑτεροιοῦσθαι
δυναμένου καὶ μένοντος ἔτι ἑνὸς κατὰ τὴν οὐσίαν, οὕτως νῦν ὑπήντησεν ὁ
5 Ἀριστοτέλης τὸ ἓν ὁλοσχερῶς κατὰ τὴν συνήθειαν λαβών (λέγομεν γὰρ
ἕνα καὶ τὸν αὐτὸν μένοντα Σωκράτην ὀδυνᾶσθαί τε τὸ σκέλος καὶ ἀναπαύ- 20
εσθαι), τοῦ Μελίσσου κυριώτερον τὸ ἓν λαβόντος ἀλλ' οὐχ ὁλοσχερέστερον,
ὡς δηλοῖ τά τε ἄλλα τὰ εἰρημένα καὶ οὐχ ἥκιστα τὸ "εἰ τοίνυν τριχὶ μιῇ
μυρίοις ἔτεσιν ἑτεροῖον γίνοιτο τὸ πᾶν, ὀλεῖται ἂν ἐν τῷ παντὶ χρόνῳ",
10 ὡς δέον ὂν εἰ ἕν ἐστι, καὶ ὅμοιον καὶ ἀΐδιον κυρίως· ὥστε κατὰ πάντα
μένον οὐκ ἂν ἔχοι τι καθ' ὃ μεταβολὴν ὑποδέξεται. ἀνάγκη γὰρ ἦν τὸ
ἀλλοιούμενον καὶ τὸ ἑτεροιούμενον ὁπωσοῦν ἀπ' ἄλλης διαθέσεως εἰς ἄλλην
μεταβάλλειν. κατὰ τόπον δὲ εἰ κινοῖτο περιδινούμενον ὥσπερ τὸ ὕδωρ, κενοῦ 25
μὴ ὄντος ἀνάγκη σχῆμα ἔχειν περιφερές, οἷον σφαιρικὸν ἢ κωνικὸν ἢ κυ-
15 λινδρικόν· τὰ γὰρ ἄλλα σχήματα περιδινούμενα ἄλλοτε ἄλλον τόπον ἐπι-
λαμβάνει· ἐσχηματισμένον δὲ πεπερασμένον ἂν εἴη καὶ οὐκ ἄπειρον. εἰ δὲ
ἀκίνητον πρότερον ὂν κινοῖτο ἐν τῷ αὐτῷ τόπῳ, ἀνάγκη πυκνουμένου καὶ
ἀραιουμένου μέρους τινὸς γίνεσθαι τὴν ἀρχὴν τῆς κινήσεως. ὅλως δὲ σω-
μάτων κίνησις ἡ περιδίνησις· ἀσώματον δὲ δέδεικται τὸ ὂν ὑπὸ Μελίσσου.

20 p. 186ᵃ19 Ἀλλὰ μὴν οὐδὲ τῷ εἴδει οἷόν τε ἓν εἶναι ἕως τοῦ καὶ 30
τὰ ἐναντία ἀλλήλων.

Ἐν τοῖς καθόλου λόγοις τριῶν τοῦ ἑνὸς σημαινομένων ἀφορισθέντων,
τοῦ τε κατὰ συνέχειαν καὶ τοῦ ὡς ἀδιαιρέτου καὶ τοῦ τῷ λόγῳ ἑνός, δείξας
ὅτι κατ' οὐδὲν τῶν σημαινομένων τούτων ἓν εἶναι δύναται τὸ ὂν καὶ ὑπαν-
25 τήσας καὶ πρὸς αὐτοὺς τοὺς τοῦ Μελίσσου λόγους, κοινὸν οἶμαι τοῦτον
ἐπάγει λόγον, ὅτι ὅλως τῷ εἴδει ἓν οὐχ οἷόν τε τὸ ὂν εἶναι πλὴν 35
τῷ ἐξ οὗ, τουτέστι πλὴν κατὰ τὴν ὑλικὴν αἰτίαν. "κατὰ ταύτην γὰρ, ὡς
ὁ Ἀλέξανδρος ἐξηγεῖται, δυνατὸν ἐν τῷ εἴδει λέγειν τὸ ὄν, ὥσπερ καὶ ἄλλοι
τινὲς τῶν φυσικῶν ἔλεγον, Θαλῆς μὲν καὶ Ἵππων ὕδωρ λέγοντες, Ἀναξιμένης
30 δὲ ἀέρα, Ἡράκλειτος δὲ πῦρ· αὐτὰ μέντοι τὰ ὄντα ἓν τῷ εἴδει λέγειν αὐ-
τόθεν ἄτοπον. ἂν μὲν γὰρ οὕτως τις λέγοι ἓν εἶναι τὰ ὄντα καθὸ ἐξ ἑνός

---

1 καίτοι] καί τι E   2 καὶ τῆς πρὸ E   4 ἠπήντησεν E   5 λέγωμεν a
6 σωκράτῃ D   τε (ante τὸ) om. F   8 τριχὶ μιῇ aE: τριχὶ μιᾷ D: τριχ (lac. rel.) F
cf. p. 111,23   9 ἑτεροίων γένοιτο E   10 δ'ἐὸν E. δέον ⟨τὸ⟩ ὂν εἰ ἓν ἔστι καὶ ὅμοιον
⟨εἶναι⟩ coni. Torstrik   11 μένειν libri: corr. a   13 κινεῖτο a   κενοῦν E
14 περιφερέσιν E   15 ἐπιλαμβάνει E: περιλαμβάνει aDF   16 δὲ] δέ τε D
19 κίνησις F   δὲ D: om. EF: δὲ αὐτό a   τὸ ὂν D: τοίνυν EF   20 εἶναι claudit
lemma F   22 καθό EF: καθόλοις D   25 καὶ (ante πρὸς) om. aF   26 πλὴν
τὸ EF²   28 ἐν τῶ εἴδει E: ἐν τῶ εἴδει D: τῷ εἴδει ἐν aF   30 μέντοι DE: μὲν F:
μὲν οὖν a   λέγῃ a   31 καθὸ] om. E (obl. D)

τινος καὶ μιᾶς ἀρχῆς τὰ πάντα γέγονε, λέγοι ἂν τινα λόγον καὶ ὑπὸ φυ- 24ᵛ
σικῶν τινων εἰρημένον· καθ' οὓς γὰρ ἡ ἀρχὴ τῶν ὄντων μία, κατὰ τούτους 40
ἐν τῷ λόγῳ τὰ πάντα γένοιτο ἄν, καθὸ ἐξ ἑνός, ἀλλ' οὐ καθὸ ἔστι· κατὰ
γὰρ τοῦτο διαφόρους ἔχοντα λόγους, τινὰ δὲ καὶ ἐναντίους, πῶς ἂν εἴη τὰ
5 αὐτὰ ἀλλήλοις; οἷον ἄνθρωπος καὶ ἵππος ἢ λογικὸν ζῷον καὶ ἄλογον κατὰ
μὲν τὴν ὕλην τὰ αὐτὰ ἂν εἴη, κατὰ δὲ τὸ εἶδος οὐκέτι. δῆλον δὲ ὅτι τοῦ τὰ
διάφορα τὰ αὐτὰ εἶναι μᾶλλον ἄτοπόν ἐστι τὸ τὰ ἐναντία τὰ αὐτὰ εἶναι."
ἐπιστῆσαι δὲ ἄξιον εἰς ὃ ὁ Ἀλέξανδρος ἀποβλέψας ἐν τῷ εἴδει τῷ κατὰ 45
τὴν ὕλην φησὶ δυνατὸν λέγειν τὰ ὄντα. ἢ τοῦτο μὲν βίαιον τὸ λέγειν τῷ
10 εἴδει τῆς ὕλης, ἄμεινον δὲ λέγειν ὅτι ὅλως τῷ εἴδει οὐχ οἷόν τε ἓν εἶναι,
ἀλλ' εἴπερ ἄρα, κατὰ κοινότητά τινα χρὴ λαβεῖν τὸ ἕν, οἷον τὴν ὕλην καὶ
τὸ ἐξ οὗ, ὥσπερ τινὲς τῶν φυσικῶν ἔλεγον. διὸ καὶ ἐπήγαγεν ἄνθρωπος
γὰρ ἵππου ἕτερον τῷ εἴδει καὶ τὰ ἐναντία ἀλλήλων ὡς εἶδος λέγων
τὸ καθὸ ἕκαστόν ἐστιν, ἀλλ' οὐχὶ τὸ ἐξ οὗ. δῆλον δὲ ὅτι εἰ οὕτως εἶδός
15 τις λέγει ὡς τὸ σύνθετον, οὗ καὶ ὁ ὁρισμὸς σύνθετος ἀποδίδοται, οὐκ ἂν 50
δέξαιτο Μέλισσος εἶδος εἶναι τὸ ὄν· εἰ δὲ οὕτως ὡς τὸ ἄυλον καὶ ἁπλού-
στατον, τάχα ἂν δέξαιτο· πολλὰ γὰρ αὐτοῦ καὶ αὐτὸς κατηγορεῖ, τὸ ἀγέ-
νητον, τὸ ἀκίνητον, τὸ ἄπειρον καὶ ἄλλα πολλά. ἀλλ' οὔτε οὕτως ἓν ὡς
τὸ ἐξ οὗ καὶ τὸ ὑλικὸν λέγοι ἂν Μέλισσος οὔτε ὡς οἱ φυσικοί (ἀσώματον γὰρ
20 λέγει τὸ ὄν) οὔτε κατὰ τὴν κυρίως ὕλην, εἴπερ μήτε εἰσδέχεσθαί τι λέγει
τὸ ὄν μήτε μετακοσμεῖσθαι, ἡ δὲ ὕλη καὶ εἰσδέχεται καὶ μετακοσμεῖται.
ἔτι δὲ "τοῦ ἐόντος ἀληθινοῦ, φησί, κρεῖσσον οὐδέν". ἡ δὲ ὕλη τὸ χείριστον.

p. 186ᵃ 22 Καὶ πρὸς Παρμενίδην δὲ ὁ αὐτὸς τρόπος τῶν λόγων 25ʳ
ἕως τοῦ τῇ δὲ ὅτι οὐ συμπεραίνεται.

25 Καὶ ἐν τῇ δόξῃ καὶ ἐν τῇ τῆς δόξης κατασκευῇ τὰ μέν ἐστι κοινὰ Παρ-
μενίδῃ καὶ Μελίσσῳ, τὰ δὲ ἴδια· κοινὰ μὲν ἐν τῇ δόξῃ τὸ ἓν εἶναι τὸ ὄν
καὶ ἀκίνητον, ἴδια δὲ τὸ Μέλισσον μὲν ἄπειρον λέγειν τὸ ὄν, Παρμενίδην 5
δὲ πεπερασμένον· κατὰ δὲ τὴν κατασκευὴν κοινὸν μὲν πάλιν αὐτοῖς τό τε
ἀσυλλογίστως ἐρωτᾶν καὶ τὸ ψευδεῖς λαμβάνειν προτάσεις· ἴδιον δὲ αὐταὶ αἱ
30 προτάσεις, αἷς ἑκάτερος αὐτῶν ἐχρήσατο· οὐ γὰρ διὰ τῶν αὐτῶν ἄμφω τὰς

---

1 τὰ (ante πάντα) om. DE   πάντα in litura D   2 εἰρημένων (sed corr.) E¹
τῶν πάντων F   3 τὰ πάντα DE: πάντα aF   5 ἀλλήλοις om. E   οἷον folio
verso iter. F   6 μὲν] μέντοι D   ταυτὰ a   τὰ (post τοῦ) om. F   7 post
ἔστι VI fere litterae erasae F   8 εἰς ὃ ὁ] εἰ ὡς D   9 ἢ] immo καὶ   11 τινα
om. aF   λαμβάνειν E   13 τῷ aF: om. DE   ὡς om. a   εἶδος] εἰκὸς F
14 τὸ DE: τῷ a: τοῦ F   15 λέγοι coni. Torstrik   18 καὶ ἄλλα πολλά om. a
ὡς] ὃς a   19 λέγει ut vid. E   ἡ φυσική E   20 τι λέγει om. E. cf. p. 104, 1. 10
21 καὶ (post ὕλη) DE: om. aF   22 ἔστι a   φησί Melissus § 19 cf. Simpl.
de caelo p. 250ᵇ 17 Karst. (Aristot. schol. ed. Brand. p. 509ᵇ 41)   23 lemma
plenius habet (οἵτινες pro εἴτινες varians) F¹: καὶ—τῶν λόγων iterat F²   26 post
τὰ δὲ add. ἔστιν aF   ἓν καὶ τὸ ὂν καὶ τὸ ἀκίνητον aF   27 ἴδια E   29 ἴδια F
αὗται D

ἀποδείξεις πεποίηνται. καὶ τῆς ἀντιλογίας οὖν τῆς πρὸς αὐτοὺς τὰ μὲν κατὰ 25ʳ τὸν αὐτὸν τρόπον γενήσεται, τὰ δὲ κατὰ ἄλλον καὶ ἄλλον. ὅσα μὲν γὰρ καθόλου ἀναιρετικὰ ἐρρήθη τοῦ ἓν εἶναι τὸ ὄν, ταῦτα ὁμοίως πρὸς ἑκάτερον εἴρηται, ὥσπερ καὶ ὅτι παρ' ἀμφοτέροις ὁ λόγος ἡμάρτηται καὶ ὅτι ψευδῆ
5 λαμβάνει καὶ ὅτι οὐ συμπεραίνει· καὶ γὰρ καὶ τοῦτο κοινῶς ἐπῆκται πρὸς λύσιν· ὅσα δὲ πρὸς τὰς οἰκείας ἑκατέρου προτάσεις λέγεται, ταῦτα ἰδίᾳ πρὸς ἑκάτερον ὑπαντᾷ. καὶ καθὸ δὲ ἐν τῇ δόξῃ διαφέρονται τοῦ μὲν ἄπειρον τοῦ δὲ πεπερασμένον λέγοντος τὸ ὄν, καὶ κατὰ τοῦτο διαφόρους τὰς ἀντιλογίας ἀνάγκη γίνεσθαι.

10 p. 186ᵃ24 Ψευδὴς μὲν ᾗ ἁπλῶς λαμβάνει τὸ ὂν λέγεσθαι. 15

Τὸν Παρμενίδου λόγον, ὡς ὁ Ἀλέξανδρος ἱστορεῖ, ὁ μὲν Θεόφραστος οὕτως ἐκτίθεται ἐν τῷ πρώτῳ τῆς Φυσικῆς ἱστορίας "τὸ παρὰ τὸ ὂν οὐκ ὄν· τὸ οὐκ ὂν οὐδέν· ἓν ἄρα τὸ ὄν", Εὔδημος δὲ οὕτως "τὸ παρὰ τὸ ὂν οὐκ ὄν, ἀλλὰ καὶ μοναχῶς λέγεται τὸ ὄν· ἓν ἄρα τὸ ὄν." τοῦτο δὲ εἰ μὲν ἀλλαχοῦ που γέγραφεν
15 οὕτως σαφῶς Εὔδημος, οὐκ ἔχω λέγειν· ἐν δὲ τοῖς Φυσικοῖς περὶ Παρμενίδου τάδε γράφει, ἐξ ὧν ἴσως συναγαγεῖν τὸ εἰρημένον δυνατόν· "Παρμενίδης δὲ 20 οὐ φαίνεται δεικνύειν ὅτι ἓν τὸ ὄν, οὐδὲ εἴ τις αὐτῷ συγχωρήσειε μοναχῶς λέγεσθαι τὸ ὄν, εἰ μὴ τὸ ἓν τῷ τί κατηγορούμενον ἑκάστου ὥσπερ τῶν ἀνθρώπων ὁ ἄνθρωπος. καὶ ἀποδιδομένων τῶν λόγων καθ' ἕκαστον ἐνυπάρξει ὁ τοῦ ὄντος
20 λόγος ἐν ἅπασιν εἷς καὶ ὁ αὐτὸς ὥσπερ καὶ ὁ τοῦ ζῴου ἐν τοῖς ζῴοις. ὥσπερ δὲ εἰ πάντα εἴη τὰ ὄντα καλὰ καὶ μηθὲν εἴη λαβεῖν ὃ οὐκ ἔστι καλόν, καλὰ μὲν ἔσται πάντα, οὐ μὴν ἕν γε τὸ καλὸν ἀλλὰ πολλά (τὸ μὲν γὰρ χρῶμα καλὸν ἔσται τὸ δὲ ἐπιτήδευμα τὸ δὲ ὁτιδήποτε), οὕτω δὴ καὶ ὄντα 25 μὲν πάντα ἔσται, ἀλλ' οὐχ ἓν οὐδὲ τὸ αὐτό· ἕτερον μὲν γὰρ τὸ ὕδωρ, ἄλλο
25 δὲ τὸ πῦρ. Παρμενίδου μὲν οὖν ἀγασθείη τις ἀναξιοπίστοις ἀκολουθήσαντος λόγοις καὶ ὑπὸ τοιούτων ἀπατηθέντος, ἃ οὔπω τότε διεσαφεῖτο (οὔτε γὰρ τὸ πολλαχῶς ἔλεγεν οὐδείς, ἀλλὰ Πλάτων πρῶτος τὸ δισσὸν εἰσήγαγεν, οὔτε τὸ καθ'

---

3 ἐρρέθη F   4 ἀμφοτέροις aF: ἀμφότερα DE   6 ἰδία E: ἴδια aDF   10 ψευδεῖς DF   ᾗ] εἰ F   λέγεσθαι F: continuant errore ἕως τοῦ DE   11 τὸν Παρμενίδου λόγον (post ἕως τοῦ adnexa) DE: om. aF   ὁ (post ὡς) om. E   Θεόφραστος Physic. opin. fr. 7 (Doxogr. p. 483, 8)   13 Εὔδημος fr. 11 (p. 21, 7 Sp.)   15 οὕτως σαφῶς E: οὕτω σαφῶς D: οὕτως ἀσαφῶς aF   15 ὁ εὔδημος aF   ἐν τοῖς φυσικοῖς δὲ a
16 συνάγειν aF   18 εἰ μὴ ⟨ὅτι ἓν⟩ τὸ ἓν τῷ τί temptabat Torstrik   ὥσπερ — ἄνθρωπος glossema opinabatur Torstrik   19 ἀποδιδομένων γὰρ (om. καὶ) malebat Torstrik   20 αὐτὸς ⟨ὢν⟩ coniciebat Torstrik   ὁ (ante τοῦ ζῴου) aD: om. F: superscripsit E¹   21 ὥσπερ δὲ] ὡς γὰρ infra 118, 11 sed cf. p. 121, 13   22 ἔσται] ἔστι D   23 δὴ a: δὲ D: δὲ δὴ EF. cf. Bonitz Arist. Stud. II 43   24 ταυτὸ aF
25 οὖν sic etiam p. 120, 6: οὐκ ἂν post οὖν Eudemo restituendum   ἀναξιοπίστοις F: ἂν ἀξιοπίστοις DE: ἂν ἀναξιοπίστοις a   26 οὔπω τότε aDE: οὔποτε F   διεσαφεῖτο DE ut infra p. 120, 8: διασεσάφητο F (διεσεσάφητο idem p. 120, 8) sed cf. ἔλεγεν proximum et p. 133, 28 ἐζητεῖτο   27 πολλαχῶς ⟨ὂν⟩ et συμβεβηκὸς ⟨ὂν⟩ (p. 116, 1) temptabat Karsten Parmenid. p. 163⁵³

αὐτὸ καὶ κατὰ συμβεβηκός)· φαίνεταί τε ὑπὸ τούτων διαψευσθῆναι. ταῦτα δὲ 25ʳ
ἐκ τῶν λόγων καὶ ἐκ τῶν ἀντιλογιῶν ἐθεωρήθη καὶ τὸ συλλογίζεσθαι· οὐ γὰρ 30
συνεχωρεῖτο, εἰ μὴ φαίνοιτο ἀναγκαῖον· οἱ δὲ πρότερον ἀναποδείκτως ἀπεφαί-
νοντο". καὶ μέχρι τούτου τὰ περὶ Παρμενίδου προαγαγὼν ἐπὶ Ἀναξαγόραν
5 μετέβη.

Πορφύριος δὲ καὶ αὐτὸς τὰ μὲν ἐκ τῶν Παρμενιδείων ἐπῶν ὡς οἶμαι
τὰ δὲ ἐκ τῶν Ἀριστοτέλους καὶ ὧν ἄν τις πιθανῶς ἐκθέσθαι τὴν Παρμενίδου
δόξαν βουλόμενος εἴποι γράφει ταῦτα. ἔχει δὲ αὐτοῦ ὁ λόγος οὕτως. "εἴ τι
παρὰ τὸ λευκόν ἐστιν, ἐκεῖνο οὐ λευκόν ἐστι, καὶ εἴ τι παρὰ τὸ ἀγαθόν
10 ἐστιν, ἐκεῖνο οὐκ ἀγαθόν ἐστι, καὶ εἴ τι παρὰ τὸ ὄν ἐστιν, ἐκεῖνο οὐκ ὄν ἐστι. 35
τὸ δὲ οὐκ ὂν οὐδέν· τὸ ὂν ἄρα μόνον ἐστίν· ἓν ἄρα τὸ ὄν. καὶ γὰρ εἰ
μὴ ἕν ἐστιν ἀλλὰ πλείω τὰ ὄντα, ἤτοι τῷ εἶναι διοίσει ἀλλήλων ἢ τῷ μὴ
εἶναι· ἀλλ' οὔτε τῷ εἶναι διαφέροι ἄν (κατὰ γὰρ αὐτὸ τὸ εἶναι ὅμοιά ἐστι,
καὶ τὰ ὅμοια ᾗ ὅμοια ἀδιάφορα καὶ οὐχ ἕτερα τυγχάνει ὄντα, τὰ δὲ μὴ
15 ἕτερα ἕν ἐστιν) οὔτε τῷ μὴ εἶναι· τὰ γὰρ διαφέροντα πρότερον εἶναι δεῖ, τὰ
δὲ μὴ ὄντα οὐδὲν διαφέρει ἀλλήλων· εἰ τοίνυν πλείω φησὶν ὑποτιθέμενα μήτε
τῷ εἶναι μήτε τῷ μὴ εἶναι διαφέρειν οἷόν τε καὶ ἕτερα εἶναι ἀλλήλων, 40
δῆλον ὡς ἓν πάντα ἔσται καὶ τοῦτο ἀγένητόν τε καὶ ἄφθαρτον". ὁ μέντοι
Ἀριστοτέλης ἐν τοῖς ἑξῆς ἔοικεν οὕτω πως ἀπομνημονεύειν τοῦ Παρμενιδείου
20 λόγου· εἰ ἓν σημαίνει τὸ ὂν καὶ μὴ οἷόν τε εἶναι ἅμα τὴν ἀντίφασιν, οὐκ
ἔσται οὐδὲν μὴ ὄν. ταὐτὸν δὲ καὶ οὗτος ἐννοεῖ τοῖς προτέροις. εἰ γὰρ ἓν ση-
μαίνει τὸ ὄν, τὸ παρ' ἐκεῖνο οὐκ ὂν καὶ οὐδέν ἐστι. καὶ εἰ μὴ συνυπάρχει
ἡ ἀντίφασις, ὥστε ταὐτὸν καὶ ὂν ἅμα καὶ οὐκ ὂν εἶναι, δῆλον ὅτι τὸ παρὰ
τὸ ὂν οὐκ ὂν ἔσται καὶ τὸ οὐκ ὂν οὐδέν. 45

25 Εἰ δέ τις ἐπιθυμεῖ καὶ αὐτοῦ τοῦ Παρμενίδου ταύτας λέγοντος ἀκοῦσαι
τὰς προτάσεις, τὴν μὲν τὸ 'παρὰ τὸ ὂν οὐκ ὂν καὶ οὐδὲν' λέγουσαν, ἥτις ἡ
αὐτή ἐστι τῇ τὸ ὂν μοναχῶς λέγεσθαι, εὑρήσει ἐν ἐκείνοις τοῖς ἔπεσιν·
 ἡ μὲν ὅπως ἔστι τε καὶ ὡς οὐκ ἔστι μὴ εἶναι
 πειθοῦς ἐστι κέλευθος (ἀληθείῃ γὰρ ὀπηδεῖ),
30 ἡ δ' ὡς οὐκ ἔστι τε καὶ ὡς χρεών ἐστι μὴ εἶναι
 τὴν δή τοι φράζω παναπευθέα ἔμμεν ἀταρπόν.
 οὔτε γὰρ ἂν γνοίης τό γε μὴ ἐόν (οὐ γὰρ ἀνυστόν)

---

1 φαίνεταί τε hoc loco libri: φαίνεται δὲ p. 120, 10   διαψευσθείς malebat Torstrik
2 ἐναντιολογιῶν (ex cod. sui D ad p. 120, 11 varietate) Brandis   καὶ τὸ συλλογιστικὸν
p. 120, 11   3 πρότεροι a   4 παρμενίδην a   6 οἶμαι ⟨λαβών⟩ coni. Torstrik
8 ἔχει — οὕτως suspectabat Torstrik   ὁ λόγος αὐτοῦ D   εἴ τι] ἔτι F   9 καὶ
(ante εἴ τι) om. a   περὶ (comp.) τὸ ἀγαθὸν E   10 οὐκ ἔστιν ἀγαθόν D   περὶ
(comp.) τὸ ὄν E   12 ἓν ἐστιν] ἓν εἴη malebat Torstrik   πλείω τὰ] πλεῖστα DE
13 οὔτε τῷ aF: οὔτε τὸ DE   17 τὸ εἶναι E   18 τε om. a   20 ἅμα εἶναι
aF   οὐκ ἔστιν F   22 συνυπάρχῃ E   23 παρὰ τὸ] παρ' αὐτὸ F   26 μὲν
τὸ D: μὲν (om. τὸ) aEF   27 ἔπεσιν Parm. vv. 35—40 K., 45—50 St.   28 ἠμὲν a
ἔστιν hic et 30 Stein   31 παναπευθέα aEF (cf. Hom. γ 88): παραπευθέα D: πανα-
πειθέα Proclus: παναπειθῆ Stein   ἔμμεν' DF: ἔμμεναι aE   32 ἂν om. F   ἀνυστόν
libri cf. Emped. 49 St. (Herm. XV 162): ἐφικτόν Proclus

οὔτε φράσαις.
ὅτι δὲ ἡ ἀντίφασις οὐ συναληθεύει, δι' ἐκείνων λέγει τῶν ἐπῶν, δι' ὧν
μέμφεται τοῖς εἰς ταὐτὸ συνάγουσι τὰ ἀντικείμενα. εἰπὼν γὰρ

ἔστι γὰρ εἶναι,
μηδὲν δ' οὐκ ἔστι, τά γ' ἐγὼ φράζεσθαι ἄνωγα,
πρώτης γάρ σ' ἀφ' ὁδοῦ ταύτης διζήσιος ⟨εἴργω⟩,
⟨ἐπάγει⟩
αὐτὰρ ἔπειτ' ἀπὸ τῆς, ἣν δὴ βροτοὶ εἰδότες οὐδέν
πλάττονται δίκρανοι· ἀμηχανίη γὰρ ἐν αὐτῶν
στήθεσιν ἰθύνει πλαγκτὸν νόον. οἱ δὲ φοροῦνται
κωφοὶ ὁμῶς τυφλοί τε τεθηπότες ἄκριτα φῦλα,
οἷς τὸ πέλειν τε καὶ οὐκ εἶναι ταὐτὸν νενόμισται
κοὐ ταὐτόν, πάν|των δὲ παλίντροπός ἐστι κέλευθος.

Τούτου δὴ τοῦ λόγου πρῶτον μὲν τὸ ψεῦδος ἐλέγχει τῶν προτάσεων ὁ
Ἀριστοτέλης, εἶτα τὸ ἀσυλλόγιστον. καὶ ψεύδεσθαι μέν φησιν ὅτι μοναχῶς
λαμβάνει τὸ ὂν λεγόμενον πολλαχῶς, καθ' ὅσους ἐν κατηγορίαις ἐπιδέδεικται
τρόπους λεγόμενον. τὸ γὰρ 'εἴ τι παρὰ τὸ ὂν ἔστιν, ἐκεῖνο οὐκ ὂν ἔστιν'
εἰ μοναχῶς ἐλέγετο τὸ ὄν, ἴσως ὀρθῶς ἂν ἐλέγετο, ἐπὶ δὲ τῶν πολλαχῶς
λεγομένων οὐκέτι· οἷον εἰ λέγοι τις· εἴ τι παρὰ τὸν καρκίνον ἐστίν, ἐκεῖνο οὐ
καρκίνος ἐστί· πευσόμεθα γὰρ τὸ παρὰ ποῖον καρκίνον. ὁ μὲν γὰρ παρὰ
τὸν ἔνυδρον καρκίνον οὐράνιος καρκίνος ἐστὶν ἢ ὁ τοῦ χαλκέως· καὶ ὁ παρὰ
τὸν οὐράνιον δὲ ἄλλο τι εἶδος καρκίνου οὐ κωλύεται εἶναι· ὁμοίως δὲ καὶ
εἴ τι παρὰ τὸ ὄν ἐστιν, οἱονεὶ παρὰ τὴν οὐσίαν, ἐκεῖνο οὐκ οὐσία μέν,
ποιότης μέντοι γε ἢ ποσότης εἶναι οὐ κωλύεται, καὶ εἴ τι παρὰ τὴν ποιό-
τητα, οὐ ποιότης, οὐσία μέντοι γε ἢ ποσότης. καὶ οὕτως οὐδὲν κωλύει
πολλὰ εἶναι τὰ ὄντα, καὶ αὐτό γε τὸ ὂν οὐκ ὂν εἶναι, ἀλλ' οὐχὶ τὰ ἀντι-
κείμενα. Σωκράτης γὰρ ἄνθρωπος μέν ἐστιν, ἵππος δὲ οὔ, καὶ οὐσία
μέν, ποιότης δὲ οὔ. καὶ ἄλλως δὲ ἄτοπον τὸ λῆμμα. τὸ γὰρ 'εἴ τι παρὰ
τὸ ὂν ἔστιν, οὐκ ὂν ἔστιν' ἅμα διδόντων ἐστὶν εἶναί τι τὸ αὐτὸ καὶ μὴ
εἶναι· τοῦτο δὲ ἐπὶ τοῦ καθ' αὑτὸ λεγομένου εἶναι ἄτοπον. εἴ τις δὲ οὕτω
προφέροι τὴν πρώτην πρότασιν ὡς πολλαχῶς τοῦ ὄντος λεγομένου, αὕτη
μὲν ἀληθὴς ἔσται, ἡ μέντοι ἐφεξῆς αὐτῇ οὐκέτι ἀληθὴς ἡ λέγουσα τὸ οὐκ

---

2 ἡ (post δὲ) supra add. D¹   3 ταυτὸ E: αὐτὸ D: αὐτὸν F: ταυτὸν a   εἰπὼν vv.
43—45 K., 51—53 St.   5 μηδὲν δ' a cf. p. 86,28: μὴ δὲ οἶδ' D: μὴ δέοι δ' E: μὴ
δὲ οἶδ' F   ἔστι DEF: εἶναι a   τά γ' ἐγὼ D: τά γε F: τοῦ ἐγὼ E: τά σε a: τά
σ' ἐγὼ recte Parmenidi Bergk (de Emped. prooem. p. 27) reddidit   6 σ' DEF:
om. a   post διζήσιος supplevi εἴργω, ἐπάγει: εἶργε νόημα ἐπάγει supplevit a ex
p. 78, 6   8 αὐτὰρ κτλ. vv. 46—51 K., 54—59 St.   9 πλάττονται DEF: πλά-
ζονται a   ἀμηχανίη D   10 πλακτὸν DF¹   νόον] νόμον E   11 ὅμως
EF   τε om. F   12 οἷς — κοὐ ταυτόν cf. p. 78,3   17 τόπους E   18 ἐπὶ
aE: ἐπεὶ DF   19 λέγει a   21 χαλκέος a   24 μέντοι γε DE: δὲ aF
27 γὰρ E: μὲν γὰρ aDF   μέν (ante ἐστιν) DEF: om. a   28 οὐ DE: οὐκ F: οὐκ
ἔστι a   καὶ ἄλλως] καλῶς F   30 εἶναι om. a   31 ὡς] εἰ E   αὕτη E
32 ἡ δὲ λέγουσα E

ὂν οὐδέν· ἴσον γάρ ἐστι τοῦτο τῷ 'τὸ παρὰ τὴν οὐσίαν οὐδέν ἐστι', καίτοι 25ᵛ
πολλῶν ὄντων ἃ οὐκ εἰσὶν οὐσίαι. οὕτως μὲν οὖν αἱ κατὰ Θεόφραστον 15
προτάσεις ὡς ψευδεῖς οὖσαι διελέγχονται· ὡς δὲ ἀσυμπέραντοι, ὅτι τὸ μὲν
ἀκολούθως ἐπαγόμενον συμπέρασμα ἦν 'τὸ παρὰ τὸ ὂν οὐδέν'. ὁ δὲ ἐπή-
5 γαγεν 'ἓν ἄρα τὸ ὄν'. κἂν μοναχῶς δέ τις ὑπόθηται τὸ ὂν λέγεσθαι, ὡς
μνημονεύει Εὔδημος, ψεῦδος καὶ οὗτος λαμβάνει· οὐ γὰρ μοναχῶς τὸ ὄν,
εἴ γε δεκαχῶς. ἔπειτα οὐδὲ οὕτως συμπεραίνει ὅτι ἓν τὸ ὄν. κἂν ὑπόθη-
ται δέ τις μηδὲν ἄλλο παρὰ τὴν οὐσίαν εἶναι, οὐδὲν κωλύει οὐσίας μὲν 20
εἶναι μόνας, πολλὰς δὲ ταύτας, ὅπερ καὶ ὁ Εὔδημος ἐδήλωσε διὰ τοῦ
10 "οὐδὲ εἴ τις αὐτῷ συγχωρήσειε μοναχῶς λέγεσθαι τὸ ὄν" καὶ τὸ ἑξῆς
"ὡς γὰρ εἰ πάντα τὰ ὄντα καλὰ εἴη καὶ μηθὲν εἴη λαβεῖν ὃ οὐκ ἔστι
καλόν, καλὰ μὲν ἔσται πάντα, οὐ μὴν ἕν γε τὸ καλὸν ἀλλὰ πολλά (τὸ μὲν
γὰρ χρῶμα καλὸν ἔσται τὸ δὲ ἐπιτήδευμα τὸ δὲ ὁτιδήποτε)", τὸ δὲ αὐτὸ
ἐπὶ τοῦ λευκοῦ ἔδειξεν ὁ Ἀριστοτέλης, "οὕτω δὴ καὶ ὄντα μὲν πάντα ἔσται,
15 ἀλλ' οὐχ ἓν οὐδὲ τὸ αὐτό"· καὶ ψευδὴς ἡ ἐπιφορὰ ἡ λέγουσα 'ἓν ἄρα τὸ 25
ὄν' καὶ οὐκ ἐκ τῶν κειμένων συνηγμένη. κἂν γὰρ μοναχῶς τὸ ὄν, οὐκ
ἤδη ἓν τὸ ὄν· μοναχῶς γὰρ λέγεται καὶ γένει καὶ εἴδει· ἑκατέρως δὲ
πολλά. καὶ συμβήσεται τὸ ἐπὶ τοῦ κατὰ τὸ καλὸν παραδείγματος ὑπὸ τοῦ
Εὐδήμου εἰρημένον "ὅτι καλὰ μὲν ἔσται πάντα, οὐ μὴν ἓν τὸ καλὸν" τῷ
20 ἀριθμῷ· τὰ γὰρ τῷ λόγῳ ἓν οὐκ ἤδη καὶ τῷ ἀριθμῷ ἕν. τὰ δὲ αὐτὰ
ἐπὶ τοῦ λευκοῦ συνήγαγεν ὁ Ἀριστοτέλης. εἰ δέ τις λέγοι μὴ τῷ ἀριθμῷ
συνάγειν ἓν τὸ ὄν, ἀλλὰ τῷ εἴδει ἢ τῷ γένει, οὗτος αὐτόθεν ὁμολογεῖ 30
πολλὰ λέγειν τὰ ὄντα τῷ ἀριθμῷ· τὰ δὲ κατὰ γένος ἓν καὶ τῷ λόγῳ
πολλά ἐστιν. εἰ δὲ οὕτως ἓν τὸ ὂν λέγουσι, πῶς ἔτι διὰ τὸ ἓν εἶναι ἀκί-
25 νητον ἐροῦσιν;

p. 186ᵃ25 **Ἀσυμπέραντος δέ, ὅτι εἰ μόνα τὰ λευκὰ ληφθείη.**

Κἂν συγχωρήσῃ τις αὐτῷ, φησίν, τὸ ὂν μὴ πολλαχῶς λέγεσθαι ἀλλὰ
μοναχῶς, ὡς εἶναι τὴν πρότασιν ἀληθῆ τὴν λέγουσαν 'τὸ παρὰ τὸ ὂν οὐκ
ὄν', σημαίνοι δὲ ἓν τὸ ὄν, οὐδὲ οὕτως ἓν τῷ ἀριθμῷ συνάγεται τὸ ὄν.
30 τὸ γὰρ συναγόμενόν ἐστιν ὅτι 'τὸ παρὰ τὸ ὂν οὐδὲν εἰ οὐχ ἕν'. εἰ δέ τις

---

1 τὸ om. DE   2 ἃ — οὐσίαι om. aF   3 ὡς DE: om. aF   5 ἄρα] παρὰ E
6 ὁ εὔδημος aF. cf. p. 115,17   οὗτος DE: οὕτως F: οὕτω a   7 ἓν] aF: τὸ ἓν DE
9 ὥσπερ a   10 οὐδὲ κτλ. cf. p. 115,17   συγχωρήσειε D: συγχωρήσειεν E: συγχω-
ρήσοι aF   τὸ] τοῦ coni. Torstrik   ἑξῆς δὲ a   11 ὡς γὰρ] p. 115,21 et 121,13
ὥσπερ δὲ   λαβεῖν ὃ οὐκ ἔστι iteravit E   14 λευκοῦ p. 186ᵃ27   ὁ post ἔδειξεν
om. E   15 οὐχ ἓν] οὐχ ὡσαύτως F   οὐδέ τι αὐτό E   16 συγκειμένη D   18 τὸ
ἐπὶ om. F   κατὰ add. F²   21 ὁ om. F   λέγει F   22 συνάγει DF:
συνάγει E: συναγαγεῖν a   οὕτως αὐτόθεν E: οὕτως αὐτὸς F: αὐτόθεν οὗτος D: αὐτόθεν οὗτος aF
aF   23 πολλὰ λέγειν ὁμολογεῖ D   δὲ] fort. γὰρ   26 ἀσυμπέραστος a   post
ληφθείη add. ἕως τοῦ E   27 συγχωρήσοι aF   αὐτὸ D   φησὶν αὐτῷ aF
29 σημαίνει E: nonne σημαίνῃ?   οὐδὲ — τὸ ὂν om. E   post οὕτως addebat ὡς Torstrik
sed cf. p. 119,9   30 εἰ οὐχ ἓν DEF: ἢ οὐχ ἕν a: εἰ οὐκ ὂν volebat Torstrik

τὸ ἀντίστροφον τούτῳ βούλεται συναγαγεῖν ὡς ἑπόμενον τῷ συναγομένῳ, 25ᵛ
ὅπερ δοκεῖ ποιεῖν ὁ Παρμενίδης, ἐπειδὴ σὺν ἀντιθέσει ἡ ἀντιστροφή, τὸ 40
συναγόμενον ἔσται 'τὸ ἓν ἄρα ὄν'. εἰ γὰρ ἡ ἀκολουθία ἦν 'τὸ παρὰ τὸ
ὄν, τουτέστι τὸ μὴ ὄν, οὐχ ἕν', γίνεται ἐκ τῆς ἀντιστροφῆς 'τὸ ἓν ἄρα
5 ὄν'· ὅπερ ἄλλο ἐστὶ τοῦ 'τὸ ὂν ἓν ἢ ἓν τὸ ὄν'. αὐτὸς δὲ ἐπὶ τοῦ λευκοῦ
δείκνυσι τὸ ἀσυμπέραντον νῦν μὲν ὡς συμβεβηκός τι λαμβάνων τὸ ὄν, μετ'
ὀλίγον δὲ ὡς οὐσίαν. καὶ καθ' ἑκάτερον δεικνὺς μὴ δυνάμενον ἓν εἶναι τὸ
ὄν. εἰ γὰρ μόνον εἴη τὸ λευκὸν καὶ μηδὲν ἄλλο, ὡς πᾶν τὸ παρὰ τὸ λευκὸν
μὴ ὂν εἶναι καὶ τὸ μὴ ὂν μηδέν, οὐδὲ οὕτως ἓν τῷ ἀριθμῷ δείκνυται
10 τὸ λευκόν, ἀλλ' εἴπερ ἄρα, ἢ τῷ γένει ἢ τῷ εἴδει, ὅπερ καὶ πολλά ἐστιν. 45
ὅτι δὲ οὐκ ἔστιν ἓν τῷ ἀριθμῷ, δείκνυσιν ὑπομιμνήσκων τῆς προληφθείσης
τοῦ τοιούτου ἑνὸς διαιρέσεως. εἰ γὰρ ἦν ἓν τῷ ἀριθμῷ, ἢ ὡς συνεχὲς
ἔμελλεν εἶναι ἓν ἢ ὡς ἀδιαίρετον ἢ ὡς τῷ λόγῳ τὸ αὐτό. ἀλλ' οὔτε ὡς
συνεχὲς ἀνάγκη ἓν εἶναι· δύναται γὰρ πολλὰ εἶναι καὶ διωρισμένα τὰ
15 λευκὰ τούτων κειμένων τῶν προτάσεων. οὐδὲ γὰρ τῇ συνεχείᾳ ἓν λευκόν
ἐστι χιὼν καὶ κύκνος καὶ ψιμύθιον, ἀλλὰ διῄρηται. καίτοι κἂν συνεχές
τις αὐτὸ συγχωρήσῃ, πολλὰ δέδεικται τὸ συνεχὲς τῇ διαιρέσει. καὶ ἄλλως 50
δὲ κἂν συνεχές τις εἶναι συγχωρήσῃ τὸ λευκόν, οὐκ ἔσται τῷ λόγῳ ἕν,
ἕκαστον γὰρ τῶν λευκῶν ἰδίᾳ λαμβανόμενον διαιρεῖται εἴς τε τὸ ὑποκεί-
20 μενον ὃ μετέχον λευκότητος λευκὸν λέγεται, καὶ εἰς αὐτὸ τὸ χρῶμα τὸ με-
τεχόμενον. καὶ γὰρ καὶ τοῦτο λευκὸν λέγεται καὶ λευκὸν εἶναι καὶ εἶδος
λευκότητος. καὶ ἔσται ἑκατέρου ἴδιος ὁ λόγος, τοῦ μὲν ὡς ὑποκειμένου,
οἷον τοῦ κύκνου ὅτι ἐστὶ ζῷον τοιόνδε λελευκωμένον, τοῦ δὲ ὡς καθ' ὑπο-
κειμένου ἢ ἐν ὑποκειμένῳ, ἑκατέρως | γὰρ ὑπ' αὐτοῦ λέγεται τὸ συμβε- 26ʳ
25 βηκός, ὅτι ἐστὶ χρῶμα διακριτικὸν ὄψεως. ὥστε πολλὰ ἔσται τὰ λευκὰ
καὶ μενούσης ἀληθοῦς τῆς λεγομένης προτάσεως 'παρὰ τὸ λευκὸν οὐδέν'·
ἄλλος γὰρ ἑκατέρου λόγος, καίτοι λευκῶν ἀμφοῖν λεγομένων. καὶ οὐ δεῖ
ταραχθῆναι μὴ ἀναγκασθῶμεν ἕτερον τῷ λόγῳ λέγοντες τὸ συμβεβηκὸς
παρὰ τὸ ὑποκείμενον χωριστὴν αὐτῷ δοῦναι τοῦ ὑποκειμένου τὴν ὑπόστασιν.
30 οὐ γὰρ ἀνάγκη, ὧν ὁ λόγος ἕτερος, ταῦτα καὶ καθ' ὑπόστασιν ἀλλήλων 5
κεχωρίσθαι. καὶ γὰρ τὰ συνυφιστάμενα ἀλλήλοις ἔχει λόγους οἰκείους, καὶ
ἐπέρεισιν οἰκείαν δέχεται τῆς ψυχῆς, ὡς ἐπιφάνεια καὶ σῶμα. οὐδὲ γὰρ

---

1 τοῦτο E   2 ἡ] ἢ E   3 εἰ γὰρ ἦ E   4 γίνηται E   5 τοῦ τὸ] τοῦτο F
6 συμβεβηκός τι] συμβεβηκότι ᵏᵃ D   7 ἕτερον E   8 τὸ (ante παρὰ) om. aF   9 ἕν]
ἓν a   12 ὡς (ante συνεχὲς) om. D: πῶς F   13 ὡς (ante τῷ) om. F   ὡς (ante
συνεχὲς) D: om. aEF   14 ἓν D: ἦν aF et in lit. E   15 τούτων] τοῦ τῶν D¹F
οὐδὲ γὰρ a: οὔτε γὰρ DE: om. F   16 ἐστιν ἢ χ. D   καὶ ὁ κύκνος D   ψιμύθιον
F¹: ψιμύθιον D: ψιμύθιον E¹ (ψιμύθιον E²): ψιμμύθιον aF²   διῄρηται ut vid. E¹
κἂν συνεχ om. lac. relicta F   18 δὲ κἂν] δὲ ἂν καὶ D   ἔστ. D   19 λευκῶν]
λε lacuna relicta F   21 καὶ (ante τοῦτο) om. a   εἶδος] εἰ lac. rel. F   22 ὁ
(ante λόγος) om. F   25 ὅτι ὥστε F   26 παρὰ aD: περὶ comp. E: ποτὲ F
27 ἀμφοῖν aEF: ἀμφοτέρων D   29 τὴν aF: om. E: loc. obl. D   30 ὧν] ὢν E
31 καὶ ἐπέρεισιν — ψυχῆς om. lac. rel. F

καθὸ χωριστόν, κατὰ τοῦτο λόγον οἰκεῖον ἔχει. τοῦτο δέ, φησί, Παρμενί- 26r
δης οὔπω ἑώρα, ὅτι δυνατὸν τὰ τῇ ὑποστάσει ἓν ὄντα λόγους διαφόρους
ἔχειν καὶ κατὰ τοῦτο πολλὰ εἶναι. καὶ οὐδὲν μὲν ἦν θαυμαστὸν τοὺς
κανόνας τῶν λόγων μήπω τότε διακεκρίσθαι, ἀλλὰ ὕστερον φωραθέντας ἐξ
5 αὐτῶν τῶν πραγμάτων οὕτως ἐξενεχθῆναι πρὸς πλείονα συντελοῦντας
ἀκρίβειαν· ὡς καὶ ὁ Εὔδημος μαρτυρεῖ λέγων "Παρμενίδου μὲν οὖν ἀγα-
σθείη τις ἀναξιοπίστοις ἀκολουθήσαντος λόγοις καὶ ὑπὸ τοιούτων ἀπατηθέντος
ἃ οὔπω τότε διεσαφεῖτο. οὔτε γὰρ τὸ πολλαχῶς ἔλεγεν οὐδείς, ἀλλὰ
Πλάτων πρῶτος τὸ δισσὸν εἰσήγαγεν, οὔτε τὸ καθ' αὑτὸ καὶ κατὰ συμβε-
10 βηκός· φαίνεται δὲ ὑπὸ τούτων διαψευσθῆναι. ταῦτα δὲ ἐκ τῶν λόγων καὶ
τῶν ἀντιλογιῶν ἐθεωρήθη καὶ τὸ συλλογιστικόν. οὐ γὰρ συνεχωρεῖτο, εἰ
μὴ φαίνοιτο ἀναγκαῖον· οἱ δὲ πρότερον ἀναποδείκτως ἀπεφαίνοντο." διὰ δὲ
τὴν περὶ ταῦτα ἄγνοιαν καὶ οἱ Μεγαρικοὶ κληθέντες φιλόσοφοι, λαβόντες
ὡς ἐναργῆ πρότασιν ὅτι ὧν οἱ λόγοι ἕτεροι, ταῦτα ἕτερά ἐστι, καὶ ὅτι τὰ
15 ἕτερα κεχώρισται ἀλλήλων, ἐδόκουν δεικνύναι αὐτὸν αὑτοῦ κεχωρισμένον
ἕκαστον. ἐπεὶ γὰρ ἄλλος μὲν λόγος Σωκράτους μουσικοῦ, ἄλλος δὲ
Σωκράτους λευκοῦ, εἴη ἂν καὶ Σωκράτης αὐτὸς αὑτοῦ κεχωρισμένος.
δῆλον δὲ ὅτι κατὰ μὲν τὸ ὑποκείμενον, καθ' ὃ καὶ ἔστι Σωκράτης, ὁ
αὐτός ἐστι, κατὰ δὲ τὰ συμβεβηκότα ἕτερος, ὥσπερ καὶ ἓν καὶ πολλὰ
20 κατ' ἄλλο καὶ ἄλλο. ὅτι μέντοι Παρμενίδης μάλιστα πάντων οὐκ
ἠγνόει τὴν τοιαύτην διαφορὰν δῆλον, εἴπερ ἓν λέγων τοσαῦτα κατηγόρει
αὐτοῦ. ἔστι γὰρ
    οὖλον μουνογενές τε καὶ ἀτρεμὲς ἠδ' ἀγένητον
καὶ ἀκίνητον καὶ ἀίδιον καὶ ἀδιαίρετον καὶ μυρία ἄλλα, ἅπερ διὰ τὴν ἀδιά-
25 κριτον τούτων ἐκεῖ ἕνωσιν τῶν κατηγορηθέντων αὐτοῦ ἓν πάντα ἦν ὡς
πάντων ἑνὶ αἰτίῳ τῶν μετ' αὐτὸ διακριθέντων, ἀφ' ὧν ἐπ' ἐκεῖνο τὰς δια-
κεκριμένας κατηγορίας ἀναφέρομεν. τὸν μέντοι κανόνα αὐτὸν οὐδαμοῦ Παρ-
μενίδης ἐξήνεγκεν· οὐδὲ γὰρ ἦν οἰκεῖον τὸ κανονικὸν τοῦτο τῆς τῶν ἀρχαίων
βραχυλογίας. ἀλλ' ὁ μὲν Ἀριστοτέλης βιαιότερόν πως ἐβουλήθη καὶ ἐπὶ
30 τοῦ αὐτοῦ τῇ ὑποστάσει, ὡς ἐπὶ τοῦ λευκοῦ σώματος, δεῖξαι, ὅτι τὸ λευκὸν
πολλά ἐστι τῷ λόγῳ, τό τε ὡς ὑποκείμενον καὶ τὸ ὡς ἐν ὑποκειμένῳ.

---

1 τοῦτο δέ φησι — ἑώρα quasi lemma caeruleo pinxit F   3 μὲν om. aF
4 μήπω τότε] μήποτε DE sed cf. p. 115, 26   φωραθέντας ὕστερον a   6 Εὔδημος cf.
p. 115, 25   οὖν om. D   7 ἄν τις a   ἀναξιοπίστοις aEF: ἀξιοπίστοις D
8 τότε om. F   διεσαφεῖτο DE: διασεσάφητο aF   9 πρῶτος DE¹F¹: πρῶτον aE²
καὶ τὸ κατὰ aF   11 συλλογιστικῶν F¹: συλλογικὸν E   12 φαίνοι τὸ a   οἱ δὲ]
οὐδὲ E   14 ταῦτα] 'fort. ταῦτα αὐτὰ (vel καὶ αὐτὰ)' Torstrik   15 διὰ τοῦ add.
post ἐδόκουν F   αὐτὸν E   αὑτοῦ EF itemque v. 17   16 μὲν post γὰρ
posuit E   21 ἓν om. F   κατηγόρει E: (obl. loc.) D: κατηγορεῖ aF   23 οὖλον —
ἀγένητον Parm. v. 59 K., 69 St. cf. p. 30, 2. 78, 13 ubi clauditur ἠδ' ἀτέλεστον
μονογενές D   ἠδ' aF: ἠδὲ D: ἠ δὲ E   26 ἑνὶ αἰτίῳ D: αἰτίων E: ἐν αἰτίῳ aF:
τοῦ ἑνὸς αἰτίου coni. Torstrik   ὧν ἐπ'] ὧν ἐ in lac. om. F   27 κανόνα iterat E
αὐτὸν aDE²F²: αὐτῶν E¹F¹   28 τὸ κανονικὸν om. lac. rel. F   29 ὁ μὲν om.
aF   ἠβουλήθη E   30 ὑποστάει D   ἔσται D   31 ὑπερκείμενον D

καίτοι οὐδὲ ὄνομα τούτων τὸ αὐτό. τὸ γὰρ ὑποκείμενον λευκὸν οὐκ ἔστιν 26r
οὐδὲ λέγεται καθ' αὑτό, εἰ μὴ ὅτε σὺν τῇ λευκότητι ληφθῇ· ὥστε εἴπερ
ἄρα, τὸ αὐτὸ ὄνομά ἐστιν ἐν διαφόροις λόγοις, οὐχὶ τοῦ ὑποκειμένου καὶ 30
τοῦ ἐν ὑποκειμένῳ, ἀλλὰ τοῦ συναμφοτέρου, διότι καὶ τὸ μετέχον λευκὸν
5 λέγομεν μετὰ τῆς μεθέξεως καὶ αὐτὸ τὸ χρῶμα τὸ μετεχόμενον. ἀκριβο-
λογουμένῳ δὲ οὐδὲ τούτων τὸ αὐτό ἐστιν ὄνομα, εἴπερ τὸ μὲν λευκόν, τὸ
δὲ λευκότης, καὶ τὸ μὲν ποιόν, τὸ δὲ ποιότης. διὸ καὶ ὁριζόμεθα τὴν μὲν
λευκότητα χρῶμα διακριτικὸν ὄψεως, τὸ δὲ λευκὸν σῶμα λευκότητος με-
τέχον. ταῦτα δὴ συνιδὼν ὡς ἔοικεν ὁ Εὔδημος οὐκ ἐβιάσατο ἐπὶ ταὐτοῦ
10 τῇ ὑποστάσει ἑνὸς δεῖξαι τὴν τῶν λόγων διαφοράν, ἀλλ' ἐπὶ κοινοῦ τινος 35
τοῦ καλοῦ τὴν δεῖξιν ἐποιήσατο πολλοῖς κατὰ λόγον διαφέρουσιν ἐφαρμότ-
τοντος, ὥστε πάλιν τὸ δοκοῦν ἓν εἶναι τοῦτο κατὰ τὴν κοινότητα, πολλὰ
δὲ κατὰ τοὺς λόγους. γράφει δὲ οὕτως· "ὥσπερ δὲ εἰ πάντα εἴη τὰ ὄντα
καλὰ καὶ μηθὲν εἴη λαβεῖν ὃ οὐκ ἔστι καλόν, καλὰ μὲν ἔσται πάντα, οὐ
15 μὴν ἕν γε τὸ καλὸν ἀλλὰ πολλά (τόδε μὲν γὰρ χρῶμα καλὸν ἔσται, τόδε δὲ
ἐπιτήδευμα ὁτιδήποτε), οὕτω [δὲ] δὴ καὶ ὄντα μὲν πάντα ἔσται, ἀλλ' οὐχ ἓν
οὐδὲ τὸ αὐτό· ἕτερον μὲν γὰρ τὸ ὕδωρ, ἄλλο δὲ τὸ πῦρ." ἴσως δὲ τοῦ- 40
τον παρῃτήσατο τῆς ἀποδείξεως τὸν τρόπον Ἀριστοτέλης, διότι εἰ ὡς κοινὸν
ἓν ὑπετέθη τὸ ὄν, εἴτε ὡς γένος εἴτε ὡς εἶδος εἴτε ὡς ὁμώνυμος φωνή,
20 εὐθὺς καὶ τὰ πολλὰ συνεισήγετο· τὸ γὰρ κοινὸν πλειόνων εἶναι κοινὸν
ἀνάγκη. διὸ καὶ ὡς ἀριθμῷ ἓν ὑποθέμενος, ἐπειδὴ τὸ τοιοῦτον ἓν ἢ
ὡς συνεχές ἐστιν ἢ ὡς τῷ λόγῳ τὸ αὐτὸ ἢ ὡς ἀδιαίρετον, ἔδειξεν
ὅτι οὔτε ὡς συνεχὲς οὔτε ὡς τῷ λόγῳ τὸ αὐτό, τὸ δὲ ὡς ἀδιαίρετον
ὡς ἐναργῶς ἄτοπον παρῆκεν εὐθύνειν, ὡς σωματικοῦ πέρατος ὑποτεθέντος 45
25 τοῦ ἀδιαιρέτου.

p. 186 a 32 **Ἀνάγκη δὴ λαβεῖν μὴ μόνον ἓν σημαίνειν τὸ ὄν, καθ'**
οὗ ἂν κατηγορηθῇ, ἀλλὰ καὶ ὅπερ ὄν καὶ ὅπερ ἕν.

Δυνατὸν καὶ τὰ προσεχῶς εἰρημένα καὶ ταῦτα μὴ πρὸς Παρμενίδην 26v
λέγεσθαι μόνον, ἀλλὰ καὶ πρὸς Μέλισσον. ἐπειδὴ γὰρ τῶν ὄντων τὰ μὲν

---

1 τοὔνομα a   τοῦτο F   2 εἰ DE: ἐὰν aF   ὅτε] ὅτι D   3 τοῦ ἐν ὑποκει-
μένῳ καὶ τοῦ ὑποκειμένου aF   4 τὸ (post καὶ) om. F   5 λέξομεν F   μετὰ τῆς
μεθέξεως delebat Torstrik   8 ὄψεως om. F   9 δὴ om. F   συνιδὼν DE: οὖν
ἰδὼν aF   ὁ om. a   ταὐτοῦ τῇ ὑποστάσει scripsi cf. p. 130, 28: τοῦ τῇ ὑποστάσει E:
τοῦτο ὑποστάσει D: ταύτῃ ὑποστάσει F: τοῦ ἑνὸς τῇ ὑποστάσει (om. ἑνὸς post ὑποστάσει) a
ἀπὸ aF   11 διαφέρουσαν D   12 πάλιν τὸ δοκοῦν DEF: τὸ δοκοῦν πάλιν a: conicio
πάντα δοκεῖν: πάλιν (post πολλὰ) transponebat Torstrik   13 δὲ] εἶναι a   ὥσπερ
δὲ cf. p. 115, 21. 118, 11   τὰ ὄντα om. F   14 μέν ἐστι F   15 τόδε
μὲν] τὸ μὲν supra p. 115, 22. 118, 12   ἔσται DE: ἐστι aF   τόδε δὲ] supra τὸ δὲ
16 τὸ δὲ ὁτιδήποτε supra   δὴ a: δὲ δὴ EF (obl. loc. D)   17 τὸ (ante ὕδωρ)
om. a   18 τὸν τρόπον τῆς ἀποδείξεως aF   εἰ iteravit F: om. E   19 ἓν delebat
Torstrik   ὑπετέθη DF: ὑποτεθῇ E: ὑπετίθετο a   20 εὐθὺς ἓν καὶ F   22 ἢ
ὡς ἀδιαίρετον — τὸ αὐτό om. D   23 τὸ λόγῳ (sed corr.) F¹   26 λαβεῖν τοῖς λέγουσιν
ἓν τὸ ὄν εἶναι μὴ κτλ. a   οὐ μόνον (om. ἓν) DE

οὕτως ἐστὶν ὡς συμβεβηκότα, τὰ δὲ ὡς ὑποκείμενα, οἷς τὰ συμβεβηκότα 26ᵛ
συμβέβηκε, καὶ ταῦτα οὐ μόνον τὰ αὐτὰ οὐκ ἔστιν ἀλλήλοις ἀλλὰ καὶ ὑπε-
ναντία πως, τό τε καθ' αὑτὸ ὑφεστὼς καὶ τὸ ἐν ἄλλῳ τὸ εἶναι ἔχον,
ἀνάγκη τὸ ἕτερον τούτων τὸ ὂν λέγειν ἢ τὸ συμβεβηκὸς ἢ τὸ τούτῳ ὑπο- 5
5 κείμενον. διὸ καὶ ἀρχόμενος τῆς πρὸς αὐτοὺς ἀντιλογίας "ἀρχὴ δὲ οἰκειο-
τάτη πασῶν, φησίν, ἐπεὶ πολλαχῶς λέγεται τὸ ὄν, πῶς λέγουσιν οἱ λέ-
γοντες ἓν εἶναι τὰ πάντα, πότερον οὐσίαν ἅπαντα ἢ ποσὰ ἢ ποιά". ὑποθέ-
μενος οὖν πρότερον διὰ τοῦ λευκοῦ τὴν τοῦ συμβεβηκότος φύσιν εἶναι τὸ
ὄν, ἔδειξεν ὅτι κατὰ ταύτην τὴν ὑπόθεσιν οὐ δυνατὸν ἓν εἶναι τὸ ὄν. ὧν
10 μὲν γὰρ ἕτεροι οἱ λόγοι, ταῦτα ἕτερα ἀλλήλων καὶ οὐχ ἓν ἀλλὰ πολλά.
ἕτερος δὲ ὁ λόγος τοῦ τε συμβεβηκότος καὶ ᾧ τοῦτο συμβέβηκεν, εἰ καὶ 10
ἀχώριστα ἀλλήλων. δεῖ δὲ εἶναι καὶ τὸ ὑποκείμενον, εἰ μέλλοι καὶ τὸ συμ-
βεβηκὸς εἶναι· τοιαύτη γὰρ αὐτοῦ ἡ φύσις. ἀμφοῖν δὲ ὄντων οὐκ ἔστιν
ἓν τὸ ὄν. καὶ τοῦτο μὲν δέδεικται πρότερον, προστίθησι δὲ καὶ τοιαύτην
15 τοῦ αὐτοῦ νῦν ἀπόδειξιν. εἰ γὰρ τὸ συμβεβηκός ἐστι τὸ ὄν, ἐκεῖνο ᾧ τοῦτο
συμβέβηκε καὶ ὂν ἔσται καὶ οὐκ ὂν κατὰ τὸ αὐτό. καθόσον γὰρ συμβέ-
βηκεν αὐτῷ τὸ ὂν ἕτερον ὂν τοῦ ὄντος, οὐκ ὄν ἐστι (μόνον γὰρ ἦν τὸ
συμβεβηκὸς ὄν), πάλιν δὲ καθόσον αὐτῷ συμβέβηκε τὸ ὄν, κατὰ τοῦτο ὄν 15
ἐστι· τὸ γὰρ ὑποκείμενόν τινι τὴν τοῦ συμβεβηκότος αὐτῷ κατηγορίαν ἢ
20 ὁμωνύμως ἢ παρωνύμως ἀναδέχεται. διὸ καὶ ᾧ τὸ λευκὸν συμβέβηκε,
τοῦτο λευκόν φαμεν, ὥστε καὶ ᾧ τὸ ὂν τοῦτο ἔσται. ἔσται τι ἄρα τὸ ὂν
καὶ οὐκ ὂν κατὰ ταὐτόν (διὰ γὰρ τὸ ὑποκείμενον εἶναι), ὅπερ ἄτοπον.
ὥστε ἀδύνατον τὸ ὂν λέγειν τὸ συμβεβηκός. ἅμα δὲ καὶ ἄτοπον ἦν οὕτω
κλεινοῖς ἀνδράσιν ἐγκαλεῖν ὡς ἀγνοοῦσιν ὅτι τὸ συμβεβηκὸς συνεισάγει πάν-
25 τως ἑαυτῷ καὶ ἄλλο τι ᾧ συμβέβηκε. δεῖ τοίνυν ὑποθέσθαι τὸ ὂν λέγειν 20
αὐτοὺς τὸ κυρίως ὂν καὶ μάλιστα ὄν, καὶ ὡς ἂν Πλάτων μὲν εἴποι τὸ αὐ-
τοόν, Ἀριστοτέλης δὲ τὸ ὅπερ ὄν· τοῦτο γὰρ αὐτῷ σημαίνει τὸ κυρίως ὂν
καὶ μάλιστα ὄν, ὅπερ νομίζει τὴν οὐσίαν, ὡς καὶ καθ' ἑαυτὴν ὑφεστῶσαν
καὶ τοῖς ἄλλοις τοῦ εἶναι αἰτίαν. οὔτε οὖν τὸ ὂν ὡς συμβεβηκὸς εἰκὸς
30 λέγειν αὐτοὺς οὔτε τὸ ἕν, ἀλλὰ καὶ τὸ ὂν ὅπερ ὂν καὶ τὸ ἓν ὅπερ ἕν, καὶ
τὸ συναμφότερον, εἴ τί ποτε εἴη, τοιοῦτον εἶναι, μὴ ἑτέρῳ τινὶ συμβεβηκός,
ἀλλ' αὐτὸ καθ' αὑτὸ ὑφεστώς.

Ὁ δὲ Ἄδραστος βουλόμενος δηλῶσαι, τί σημαίνει τὸ ὅπερ ὄν, παρεξ- 25
ῆλθε μὲν ὀλίγον τῶν προκειμένων· χρήσιμα δὲ ὄντα τὰ παρ' αὐτοῦ ῥη-

---

5 ἀρχὴ κτλ. p. 185ᵃ20   6 λέγεται] λέγουσι D   7 ἅπαντα DE: τὰ πάντα aF
11 ὁ (post δὲ) om. E   12 μέλλει coniecit Torstrik   13 ἡ φύσις αὐτοῦ D
ὄντοιν E (obl. D)   16 καὶ (post ἔσται) om. E   καθόσον DE: καθὸ μὲν F: καθόσον
μὲν a   17 ὂν (ante τοῦ) om. F   18 δὲ αὐτῷ F   21 τὸ (post ἄρα) om. a
22 κατὰ ταὐτόν a: καὶ κατ' αὐτὸν D: καὶ κατὰ ταυτὸν E: κατ' αὐτὸ F   διὰ] non
opus est scribere δεῖ ut v. 12   τὸ ὑποκείμενον δηλαδὴ a   24 συνάγει a   25 ὂν
ἓν λέγειν aE   26 μάλιστα τὸ ὂν a   αὐτὸ ὂν F   28 ὡς καὶ καὶ καθ' F   αὐτήν a
30 ὅπερ ἕν (om. καὶ — ὅπερ ἕν) F   31 εἴ τί] ὅ τί a   32 ἑαυτὸ DF   33 τί
σημαίνει om. aF

SIMPLICII IN PHYSICORUM I 3 [Arist. p. 186ᵃ32]   123

θέντα, ὧν καὶ Πορφύριος ἐμνημόνευσε, κάλλιον οἶμαι μὴ παραδραμεῖν. 26ᵛ
λέγει δὲ τῶν πραγμάτων ἁπάντων τὰ μὲν εἶναι ὑποκείμενα, τὰ δὲ τούτοις
ὑπάρχειν καθ' ὑποκειμένων αὐτῶν. κυρίως μὲν δὴ ὑποκεῖσθαι ἑκάστην
τῶν πρώτων οὐσιῶν, οἷον τὸν τινὰ ἄνθρωπον οἷον τὸν Σωκράτην, ἢ τόνδε
5 τὸν λίθον· κοινότερον δὲ πᾶν καθ' οὗ πέφυκεν ἕτερόν τι κατηγορεῖσθαι.
τὸ γὰρ τὶ λευκὸν καὶ ἡ τὶς γραμματικὴ καθ' αὑτὰ μὲν οὐδαμοῦ ὑπόκειται, 30
ἀλλ' ἔστιν ἐν ὑποκειμένῳ, τὸ μὲν ἐν τῷδε τῷ σώματι, ἡ δὲ ἐν τῇδε τῇ
ψυχῇ· ὑποκειμένων μέντοι καὶ αὐτὰ λόγον ἔχει, ἐπειδὰν τοῦ μὲν τὸ λευκὸν
ἢ τὸ χρῶμα κατηγορῶμεν, τῆς δὲ τὴν γραμματικὴν ἢ ἁπλῶς τὴν ἐπιστήμην.
10 ἀλλ' οὖν πάντων τῶν κατὰ τινων λεγομένων τὰ μὲν ὡς οἰκεῖα καὶ καθ' αὑτὸ
κατηγορεῖται τῶν ὑποκειμένων, τὰ δὲ ἔξωθέν πως καὶ ὡς συμβεβηκότα· καθ'
αὑτὸ μὲν καὶ οἰκείως ὅσα τὸ τί ἐστι καὶ τὴν οὐσίαν σημαίνει τῶν ὑποκειμένων,
οἷον οἱ ὅροι καὶ ὅσα συμπληρωτικὰ τῆς οὐσίας αὐτῶν ἐστι καὶ ἐν τοῖς ὅροις 35
παραλαμβάνεται, καθάπερ τὰ γένη καὶ αἱ διαφοραί· καὶ αὐτὰ δὲ τὰ εἴδη καὶ
15 τὰ ἴδια καὶ τὰ τοῖς ὀνόμασι μόνοις διαφέροντα, οἷον ἐπὶ τῶν πολυωνύμων.
ἐν πᾶσι γὰρ τούτοις τρόπον τινὰ αὐτὸ ἕκαστον αὐτοῦ κατηγορεῖται καὶ συν-
ώνυμος αὐτοῦ γίνεται ἡ κατηγορία ἐπιδεχομένου τοῦ ὑποκειμένου τό τε ὄνομα
καὶ τὸν λόγον τοῦ κατηγορουμένου, ὥστε εἶναι καὶ λέγεσθαι τὸ ὑποκείμενον
ὅπερ τὸ κατηγορούμενον. Σωκράτης γὰρ ζῷον λογικὸν θνητὸν λέγεται καὶ 40
20 ὅπερ ζῷον λογικὸν θνητόν· καὶ πάλιν Σωκράτης ζῷον προσαγορεύεται καὶ
ἔστιν ὅπερ ζῷον καὶ ὅπερ λογικὸν καὶ ἄνθρωπος καὶ ὅπερ ἄνθρωπος. καὶ
ὁμοίως τὸ λευκόν, οἷον τὸ τουδὶ τοῦ κύκνου, λευκὸν λέγεται καὶ ὅπερ λευκόν,
καὶ χρῶμα διακριτικὸν ὄψεως καὶ ὅπερ χρῶμα διακριτικὸν ὄψεως. εἰ μέντοι
τὸ λευκὸν ὡς συμβεβηκὸς καὶ κατὰ συμβεβηκὸς ἑτέρου τινὸς κατηγορηθῇ
25 οἷον τοῦ ἱματίου, τὸ ἱμάτιον τοῦτο λευκὸν μὲν ῥηθήσεται, οὐκέτι δὲ καὶ
ὅπερ λευκόν· οὐ γὰρ ἂν εἴποι τις αὐτὸ χρῶμα διακριτικὸν ὄψεως. παρα- 45
πλησίως οὐδὲ ἐπ' ἄλλου τινὸς τῶν κατὰ συμβεβηκὸς κατηγορουμένων καὶ
'ὅπερ' ἔστι κατηγορεῖν. συμβέβηκε γὰρ Σωκράτει σιμῷ εἶναι καὶ καθέ-
ζεσθαι ἢ διαλέγεσθαι καὶ ἄλλα πλείω· ἀλλὰ σιμὸς μὲν λέγεται Σωκράτης,
30 σιμότης δὲ οὐ λέγεται οὐδὲ ὅπερ σιμότης· οὐ γάρ ἐστι Σωκράτης κοιλότης
ἐν ῥινί. καὶ γραμματικὸς μὲν εἰ τύχοι λέγεται, οὐκ ἐπιδέχεται δὲ τὸν ὅρον
τῆς γραμματικῆς· οὐδέποτε γὰρ τὸ ὑποκείμενον ἐπιδέχεται τὸν τοῦ συμ-

---

1 ὁ πορφύριος a   3 ὑπάρχειν aF: ὑπάρ (i. e. ὑπάρχει) E: ὑπάρχει D   8 post
ψυχῇ add. καὶ aF   αὐτὴ (in litura, nescio unde corr.) D   14 εἴδη]
ἤδη D   16 ἐν] καὶ ἐν D   17 αὐτῷ D   18 λόγον DE cf. p. 124, 24: ὅρον aF
20 θνητὸν DF: θνητὸν λέγεται aE: θνητὸν ἔστι putabat Torstrik   21 inter ὅπερ et
λογικὸν litura asterisco expleta D   ante καὶ ἄνθρωπος fortasse intercidit καὶ ὅπερ
θνητὸν   22 οἷον τὸ τουδὶ — λέγεται om. F   ὅπερ λευκόν] ὅπερ λευκὸν libri: ὅπερ λευκὸν
λέγεται a   23 εἰ μέντοι — ὄψεως (v. 26) bis scripsit F   24 καὶ κατὰ συμβεβηκὸς
om. F   κατηγορηθείη Torstrik at cf. ad p. 102, 26. Adrasti nimirum sententiae non
verba repetuntur   25 τὸ ἱμάτιον τοῦτο DEF: τὸ λευκὸν, τοῦτο a   27 οὐδὲ] fort.
δ' οὐδὲ   28 ὅπερ ἐστὶ libri   30 οὐδὲ ὅπερ σιμότης om. F   31 δὲ (ante τὸν)
om. E   32 δέχεται F

βεβηκότος ὅρον οὐδὲ λέγεται ὅπερ τὸ συμβεβηκός'. ἐπιστῆσαι δὲ οἶμαι
χρή, μήποτε ὥσπερ τὸ τοῦ συμβεβηκότος μετέχον οὐκ ἔστιν ὅπερ τὸ συμ-
βεβηκός, διότι ὁ γραμματικὸς οὐκ ἔστιν ὅπερ ἡ γραμματική, οὕτω καὶ τὸ
τῆς διαφορᾶς μετέχον οὐκ ἔστιν ὅπερ ἡ διαφορά· τὸ γὰρ λογικὸν οὐκ ἔστιν
ὅπερ ἡ λογικότης, καὶ ὅλως τὸ παρωνύμως λεγόμενον οὐκ ἔστιν ἐκεῖνο ἀφ'
οὗ παρωνόμασται. ὁ μέντοι ἄνθρωπός ἐστιν ὅπερ τὸ ζῷον, ὅτι οὐ παρω-
νύμως λέγεται. "τῶν δὲ συμβεβηκότων, φησί, τὰ μὲν ἀεὶ πάρεστι τούτοις
οἷς ἂν ᾖ συμβεβηκότα, οἷον τὸ σιμὸν ἢ | τὸ βλαισόν· τὰ δὲ ὁτὲ μὲν πά-
ρεστιν ὁτὲ δὲ οὔ, καθάπερ τὸ κοιμᾶσθαι ἢ περιπατεῖν καὶ ὅσα ἐνδέχεταί
τινι τῷ αὐτῷ ὁτὲ μὲν ὑπάρχειν ὁτὲ δὲ μή. οὐδενὸς δὲ τῶν συμβεβηκότων
τὸν ὅρον ἐπιδέχεται τὸ ὑποκείμενον, ἀλλ' οὐδὲ ἐν τῷ ὅρῳ τῶν ὑποκειμένων
παραλαμβάνεταί τι τῶν συμβεβηκότων. ὅθεν οὐδὲ λέγεται τὸ ὑποκείμενον
ὅπερ τὸ συμβεβηκός. οὐ γὰρ λέγεται ἡ ῥὶς ὅπερ σιμότης οὐδὲ ὁ Σωκρά-
της ὅπερ διαλέγεσθαι. ἐν μέντοι τοῖς τῶν ἀεὶ συμβεβηκότων ὅροις παρα-
λαμβάνεται τὸ ὑποκείμενον οἷον ἐν τῷ τῆς σιμότητος ἡ ῥὶς καὶ ἐν τῷ τῆς
βλαισότητος τὰ σκέλη. λέγεται γὰρ ἡ μὲν σιμότης κοιλότης ἐν ῥινί, ἡ δὲ
βλαισότης κοιλότης ἐν σκέλεσιν. οὐ μέντοι οὐδὲ ἐπὶ τούτων οὔτε τὸ ὑπο-
κείμενόν ἐστιν ὅπερ τὸ κατηγορούμενον οὔτε τὸ κατηγορούμενον ὅπερ τὸ
ὑποκείμενον. ἔτι καὶ ταῦτα διοριστέον, ὡς ἁπλῶς γε πᾶς λόγος ἔκ τινων
μερῶν ἐστιν οἷον ὀνομάτων καὶ ῥημάτων· ἐν γὰρ τῷ 'Σωκράτης διαλέγεται'
μέρη ἐστὶν αὐτοῦ τὸ 'Σωκράτης' καὶ τὸ 'διαλέγεται'· καὶ ὁμοίως ὁ τοῦ
εἶναι καὶ τῆς οὐσίας λόγος· καὶ γὰρ οὗτος ἐκ τοῦ γένους καὶ τῶν διαφο-
ρῶν συμπληροῦται. καὶ ἐν μὲν τῷ ὅλῳ λόγῳ ἑκάστῳ τὰ μέρη αὐτοῦ καὶ
οἱ τούτων πάλιν λόγοι τουτέστιν ὅροι περιέχονται καὶ παραλαμβάνονται, ἐν
δὲ τοῖς μέρεσι καὶ τοῖς τούτων λόγοις οἱ τῶν ὅλων οὐκέτι. οἷον ἐν μὲν
τῷ τοῦ ἀνθρώπου ὅρῳ, λέγω δὲ τῷ ζῴῳ λογικῷ θνητῷ ἢ πεζῷ δίποδι
(τοῦτον γὰρ τίθησιν Ἀριστοτέλης ἀνθρώπου λόγον ὡς οὕτως ὁρισαμένου
Πλάτωνος), ἔνεστι καὶ ὁ τοῦ ζῴου λόγος καὶ ὁ τοῦ δίποδος, καὶ ὁμοίως
ἐπὶ τῶν ἄλλων· ἐν δὲ τῷ ζῴῳ ἢ ἐν τῷ δίποδι ἢ ἐν τοῖς τούτων ὅροις
οὐκέτι ἐνυπάρχει οὐδὲ παραλαμβάνεται ὁ τοῦ ἀνθρώπου ὅρος. παραπλήσιος
δέ ἐστι λόγος, οὐ μὴν ὁρικός γε, ὁ λέγων ὅτι Σωκράτης περιπατεῖ. καὶ
ἐν μὲν τῷ ὅλῳ τούτῳ λόγῳ ἔνεστι καὶ ὁ τοῦ Σωκράτους λόγος καὶ ὁ τοῦ
περιπατεῖν, ἐν δὲ τούτων ἑκατέρῳ οὐκέτι ὁ τοῦ ὅλου. τούτων δὴ διωρι-
σμένων δῆλον ὡς εἰ ἕν ἐστι τὸ ὄν, καθάπερ οἱ περὶ τὸν Παρμενίδην φασίν,

---

2 τὸ τοῦ E: τὸ (om. τοῦ) aDF   6 ὅπερ ζῷον aF   8 βλαισόν aF²: βλεσόν F¹: βλεσσόν DE eademque cuiusque discrepantia βλαισότητος v. 16. 17   9 ἢ τὸ aF   10 ὁτὲ aF: ποτὲ DE   ὁτὲ aF: ποτὲ DE   μή] οὔ aF   15 τὸ ὑποκείμενον aF cf. v. 17: τὰ ὑποκείμενα DE   17 ἐν τοῖς σκέλεσιν F   οὔτε aD: οὐδὲ EF   οὔτε a: οὐδὲ DEF   20 οἷον τῶν ὀνομάτων E (obl. hic loc. D)   21 καὶ ὁμοίως DE: ὁμοίως καὶ a: ὁμοίως F   24 περιλαμβάνονται D sed cf. v. 12 p. 76, 12   25 λόγοις D: ὅροις aEF cf. v. 24   27 Ἀριστοτέλης Top. Α 7 p. 103ᵃ27   ὡς οὕτως] nonne ὡσαύτως?   28 ἐπὶ τῶν ἄλλων ὁμοίως D   30 παραπλήσιος D: παραπλησίως EF παραπλησία a   31 ἐστιν ὅρος F   33 περιπατεῖ F   οὐκέτι] οὐκ ἔστιν E

SIMPLICII IN PHYSICORUM I 3 [Arist. p. 186ᵃ32]

οὐδὲν ἔσται ἕτερον ᾧ τοῦτο συμβέβηκεν, ἀλλὰ καθ' οὗ ἂν κατηγορῆται, 27ʳ
ἀνάγκη τοῦτο εὐθὺς καὶ ὅπερ ὂν λέγεσθαι καὶ ὅπερ ἕν, ὡσανεὶ αὐτοῦ καθ' 20
ἑαυτοῦ κατηγορουμένου τοῦ ὄντος. εἰ γὰρ μὴ οὕτως ἀλλ' ὡς συμβεβηκὸς
κατ' ἄλλου τινὸς ῥηθήσεται τὸ ὄν, ἔσται ἐκεῖνο ἕτερόν τι τοῦ ὄντος, καὶ
5 διὰ τοῦτο οὐκ ὂν ἅμα καὶ ὄν· ὅπερ ἄτοπον. εἶναι γάρ τι καὶ τὸ αὐτὸ μὴ
εἶναι ἀδύνατον. ὥστε εἰ ἕν ἐστι τὸ ὄν, καὶ ὅπερ ὂν ἔσται καὶ οὐθενὶ ἑτέρῳ
συμβήσεται. οὐ γὰρ ἔσται ὄντι εἶναι ἐκείνῳ ᾧ συμβέβηκεν, εἴπερ ἕτερον
τοῦ ὄντος ἐστίν, εἰ μὴ πολλὰ εἴη τὰ ὄντα οὕτως ὥστε καὶ ἕτερόν τι εἶναι 25
παρὰ τὸ ὄν, οἷον παρὰ τὴν οὐσίαν τὸ συμβεβηκός. ἀλλ' ὑπόκειται αὐτοῖς
10 ἓν σημαίνειν τὸ ὄν. λείπεται τοίνυν οὐσίαν μᾶλλον καὶ τὸ ὑποκείμενον
τῷ συμβεβηκότι εἶναι τὸ κυρίως ὄν, εἴπερ μὴ ἔστι τὸ συμβεβηκός· τοῦτο
γὰρ καὶ ἀκολουθότερον. ὃ γὰρ καὶ τοῖς ἄλλοις τοῦ εἶναι αἴτιόν ἐστι, τοῦ-
το ἂν εἴη μάλιστα ὄν· τοιοῦτον δὲ ἡ οὐσία. πάντα γὰρ τὰ ἄλλα ἤτοι καθ'
ὑποκειμένου λέγεται τῆς οὐσίας ἢ ἐν ὑποκειμένῳ αὐτῇ ἐστιν, ὡς ἐν Κα-
15 τηγορίαις μεμαθήκαμεν. ἀλλὰ καὶ ἓν ἡ οὐσία κυρίως μόνη. τῶν γὰρ 30
ἄλλων ἓν ἕκαστον κατὰ συμβεβηκὸς καλεῖται τῷ τὴν οὐσίαν ᾗ συμβέβηκε
μίαν εἶναι ταύτην. ἀλλὰ καὶ τὸ οὐσίαν εἶναι ἀδύνατον. εἰ γὰρ τὸ κυρίως
ὄν, ὃ καλοῦμεν ὅπερ ὄν, μηδενὶ ἄλλῳ συμβέβηκεν, ἀλλ' ἐκείνῳ ἄλλο τι
συμβέβηκεν, εἴπερ τὸ ὑποκείμενόν ἐστι, τί μᾶλλον τὸ ὂν τὸ ὅπερ ὂν ση-
20 μαίνει, ἀλλ' οὐχὶ τὸ μὴ ὄν; εἰ γὰρ μόνον τὸ ὑποκείμενον καὶ τὸ ὅπερ ὂν
τοῦτό ἐστιν ὄν, τὸ συμβεβηκὸς αὐτῷ οὐκ ὂν ἔσται, οἷον τὸ λευκόν. εἰ
οὖν τὸ ὅπερ ὂν καὶ λευκόν ἐστι διὰ τὸ συμβεβηκέναι αὐτῷ τὸ λευκόν, τὸ 35
δὲ συμβεβηκὸς αὐτῷ τὸ λευκὸν ὃ λευκῷ εἶναι λέγομεν, τουτέστιν ἡ λευκό-
της, οὐκ ὄν ἐστιν, οὐχὶ τὶ μὴ ὄν, ἀλλ' ἁπλῶς μὴ ὄν (οὐδὲν γὰρ ὂν ὃ
25 οὐχ ὅπερ ὄν), καὶ τὸ μετέχον ἄρα καὶ ᾧ συμβέβηκεν οὐκ ὂν ἔσται ἁπλῶς·
ᾧ γὰρ τὸ μὴ ὂν συμβέβηκεν οὐκ ὄν ἐστιν, ὥσπερ ᾧ τὸ ὂν συμβέβηκεν ὄν.
καὶ ἡ οὐσία οὖν ἤτοι τὸ ὅπερ ὂν οὐκ ὂν ἔσται ἁπλῶς, καὶ τὸ αὐτὸ κυρίως
ὂν καὶ κυρίως μὴ ὄν· ὃ γὰρ τῷ ὑποκειμένῳ συνέβαινεν, εἰ συμβεβηκὸς
ἦν τὸ ὅπερ ὄν, λέγω δὲ τὸ εἶναι ἅμα καὶ μὴ εἶναι, τοῦτο αὐτὸ τῷ ὅπερ 40
30 ὄντι συμβαίνει ἐὰν ὑποκείμενον ὑποτεθῇ· πλὴν ὅτι ἐκείνῳ μὲν τῷ ὑπο-
κειμένῳ τὸ μὲν εἶναι διὰ τὸ συμβεβηκὸς ὑπάρχει, τὸ δὲ μὴ εἶναι δι' ἑαυ-
τό, τούτῳ δὲ ἀνάπαλιν, ἐπειδὴ τὸ ὅπερ ὂν ἐνταῦθα μὲν ὑποκείμενον, ἐκεῖ
δὲ συμβεβηκὸς εἴληπται. εἰ οὖν ταῦτα ἀδύνατα καὶ ἔστιν ὂν τὸ ὅπερ ὄν

---

1 κατηγορεῖται E¹   5 οὐκ ἂν ἅμα F   τὸ αὐτὸ καὶ putabat Torstrik   τὸ (ante αὐτὸ)
om. F   6 ἔστι (post ἓν) a: ἐστι F¹: ἔσται DE   οὐθὲν F   7 ἐκείνῳ εἶναι aF   12 καὶ
(post γὰρ) om. E   13 ἔστι μάλιστα τὸ ὄν D   γὰρ om. D   καθ' ὑποκειμένης libri:
corr. a   14 αὐτῇ] ταύτῃ D   Κατηγορίαις velut l p. 1ᵃ 20 sqq.   17 ταύτην i. e.
κυρίως οὐσίαν cf. τοῦτο ὄν v. 21: delebat Torstrik   18 συμβέβηκεν — ἄλλο τι om. F
19 τὸ (ante ὅπερ) om. D   22 ὅπερ ἐστὶ καὶ λευκόν ἐστι D   αὐτῷ D   23 αὐτῷ D
ὃ λευκῷ] ᾧ λευκὸν a   24 οὐχ ὅτι μὴ ὄν F   οὐδὲν] οὐ D   26 ᾧ — ἁπλῶς
om. E   28 ὃ] ὧ̊ D¹   συμέβαινεν sic DE: συμβέβηκεν aF   29 τὸ ὅπερ ὄν
in litura E   τοῦτο αὐτῷ E

ὥσπερ ὑπόκειται, ἀνάγκη καὶ τὸ συμβεβηκὸς αὐτῷ ὂν εἶναι καὶ ὅπερ ὄν, 27ʳ
εἴπερ μηδὲν ἄλλο ἐστὶ παρὰ τὸ ὅπερ ὄν. ὥστε πλείω σημαίνει τὸ ὂν καὶ
οὐκέτι ἓν τὸ ὂν ἀλλὰ καὶ τὰ συμβεβηκότα οὐσία. καί μοι δοκεῖ διὰ τού- 45
των ὁ Ἀριστοτέλης ἐνδείκνυσθαι τῷ Παρμενίδῃ, ὅτι βουλόμενος τὸ μὴ ὂν
5 ἀνελεῖν καὶ διὰ τοῦτο ἓν τὸ ὂν ὑποτιθέμενος, ἐπειδὴ τὸ παρὰ τὸ ὂν οὐδέν
ἐστιν, οὐ μόνον εἰσάγει τι μὴ ὂν διὰ τῆς ὑποθέσεως, ἀλλὰ καὶ αὐτὸ τὸ ὂν
μὴ ὂν εἶναι δείκνυσι. καὶ τοῦτο μὲν ἤδη καὶ παρὰ τοῦ Πλάτωνος ἐν
Σοφιστῇ δέδεικται, καὶ ὅτι τὸ ὂν ἓν μέν ἐστι, πολλὰ δὲ οὐκ ἔστιν. οὔτε
γὰρ κίνησις οὔτε στάσις οὔτε ἄλλα γένη ἐστὶ τὸ ὄν· ὁ μέντοι Ἀριστοτέλης,
10 ὅτι τοῖς λέγουσιν ἓν τὸ ὂν οὐχὶ τὶ μὴ ὂν μόνον δειχθήσεται τὸ ὄν, ἀλλ' 50
ἁπλῶς μὴ ὄν. ἐν δὲ τῇ λέξει πολλὴν ἀσάφειαν ἐποίησε τὸ ὑποθέμενον
αὐτὸν οὐσίαν τὸ ὂν πάλιν ὅτι μὴ συμβεβηκὸς δεικνύναι ἐν τῷ τὸ γὰρ
συμβεβηκὸς καὶ τοῖς ἑξῆς."

p. 186ᵇ12 Οὐ τοίνυν οὐδὲ μέγεθος ἕξει τὸ ⟨ὂν εἴπερ⟩ ὅπερ ὄν·
15   ἑκατέρῳ γὰρ ἕτερον τὸ εἶναι τῶν μορίων.

Ἐφεξῆς ὅτι οὐδὲ πεπερασμένον ἢ ἄπειρον δεῖ λέγειν τὸ ἓν ὂν
δείκνυσιν, ἅμα πρὸς Παρμενίδην καὶ πρὸς Μέλισσον ὑπαντῶν. εἰ γὰρ ἓν
ἐστι, φησί, τὸ ὄν, οὐδὲ μέγεθος ἕξει. μέγεθος δὲ μὴ ἔχον, δῆλον
ὅτι οὐδὲ | πεπερασμένον οὐδὲ ἄπειρον ἔσται· ὁ δὲ Παρμενίδης καὶ μέ-27ᵛ
20 γεθος αὐτοῦ κατηγορεῖν αὐτόθεν δοκεῖ καὶ τῷ ὅλον εἶναι καὶ μέρη ἔχειν
λέγων
        πάντοθεν εὐκύκλου σφαίρης ἐναλίγκιον ὄγκῳ
        μεσσόθεν ἰσοπαλές.
ὅτι οὖν εἰ ἕν ἐστιν οὐχ ἕξει μέγεθος δῆλον, εἴπερ τὸ μὲν ἓν οὐκ ἔστι
25 πολλὰ οὐδὲ ἔχει πολλά, τὸ δὲ μέγεθος ἔχον μέρη ἔχει· τὸ δὲ μέρη ἔχον
πολλὰ ἔχει καὶ πολλά ἐστι, διότι τῶν μερῶν ἑκάστῳ ἕτερον τὸ εἶναι·
οἷς δὲ ἕτερον τὸ εἶναι, ταῦτα διαφέρουσι ἀλλήλων καὶ πολλά ἐστι. ἀλλ' 5
οὕτως μὲν ὡς πρὸς τὸ ἕτερον ἡ ἐπιχείρησις γίνεται, δεικνῦσα ὅτι πολλά
ἐστιν. ἔοικε δὲ ὁ Ἀριστοτέλης καὶ ὡς πρὸς τὸ ὅπερ ὂν ὑπαντᾶν· καὶ γὰρ
30 οὐσίαν ὑπέθετο νῦν τὸ ἓν ὄν καὶ προσέθηκεν εἴπερ ὅπερ ὄν ἐστιν, οὐδὲν
ἄλλο οἶμαι λέγων ἢ ὅτι εἰ οὐσία μόνον ἐστίν, οὐκ ἔσται διαιρετόν· τὸ γὰρ

---

3 οὐκ ἔστιν ἓν D   καὶ (ante τὰ) supra add. D   τῇ οὐσίᾳ D   4 ὁ (post τούτων)
om. D   τῷ παρμενίδῃ ἐνδείκνυσθαι a   5 ὑποθέμενος D   7 καὶ om. F
8 Σοφιστῇ cf. p. 250 sqq.   9 Ἀριστοτέλης p. 186ᵇ9   11 τὸ] τῷ a   12 γὰρ
om. D   14 ὂν εἴπερ om. DEF sed cf. v. 29: εἴπερ ὅπερ ὂν τὸ ὂν a   16 ἓν] ὂν E¹
17 ἅμα DE: ἅμα καὶ aF   ὑπαντῶν DE: ἀπαντῶν F: ἀφορῶν a   ἕν ἐστι EF: ἐστι
ἓν D: ἓν (om. ἐστι) a   18 δὲ om. E   μὴ om. a   20 καὶ τὸ ὅλον F   καὶ
om. F   λέγων vv. 102. 103 K., 106. 107 St. cf. p. 52, 23. 26. 89,22 f. 31ʳ 16   22 πάντος
sic D   23 μεσσόθεν F   24 ἓν (post εἰ) om. E   26 μεριχῶν E   ἕτερον τὸ εἶναι
aF: τὸ εἶναι ἕτερον D   27 οἷς δὲ ἕτερον τὸ εἶναι om. E   διαφέρει aF   καὶ
om. D   28 τὸ (post πρὸς) om. a   γίνεται om. F   30 νῦν ὑπέθετο E (loc.
obl. D)   ὂν om. F

εἰς πλείονα μέρη διαιρούμενον ποσοῦ μετέχει. ἐπειδὴ δὲ ἑκατέρῳ τῶν μορίων ἕτερον τὸ εἶναι εἶπεν, ὁ Ἀλέξανδρός φησιν οἰκειότερον εἶναι μὴ ὡς μεγέθους μόρια ἀκούειν, ἀλλ' ὅτι εἰ καὶ μέγεθος καὶ οὐσία δύο μέρη ἔσται τοῦ ὄντος τό τε ποσὸν καὶ ἡ οὐσία. μήποτε δὲ ἑκατέρῳ εἶπε,
5 διότι τὸ πρῶτον ἐκ μερῶν συντεθὲν ἐξ ἐλαχίστων ὤφειλε συγκεῖσθαι· ἐκ δυοῖν ἄρα καὶ οὐ πλειόνων. ἴσως δὲ τὸ ἑκάτερον εἶπε καὶ ὡς ὡρισμένου ἀριθμοῦ τοῦ δύο δηλωτικόν, καὶ διὰ τοῦτο ποσοῦ μέθεξιν σημαίνειν ἐν τῷ ὄντι ἐναργῶς. μήποτε δὲ οὐ τοῦτο αὐτοῖς ἐπάγει τὸ ἄτοπον Ἀριστοτέλης, ὅπερ οἱ πολλοὶ τῶν ἐξηγητῶν οἴονται, τὸ μὴ ἔχειν ἂν μέγεθος τὸ ὂν καί-
10 τοι ἄπειρον ἢ πεπερασμένον ὑπ' αὐτῶν λεγόμενον (οὐ γὰρ ἠγνόει ὅτι ἀμέγεθες αὐτὸ καὶ ἀδιαίρετον ἠβούλοντο εἶναι καὶ ἀπεδείκνυσαν), ἀλλ' ὅτι εἰ ἓν μόνον ὑποτεθῇ τὸ ὄν, οὐδὲν ἐν τοῖς οὖσιν ἔσται μέγεθος ἔχον οὐδὲ ὅλον καὶ μέρη. πολὺ δὲ τοῦτο παρὰ τὴν ἐνάργειάν ἐστι διὰ τὸ τὰ αἰσθητὰ καὶ φυσικὰ πάντα σώματα εἶναι μέγεθος ἔχοντα.

15 p. 186ᵇ14   Ὅτι δὲ διαιρεῖται τὸ ὅπερ ὂν εἰς ὅπερ ὄν τι ἄλλο καὶ τῷ λόγῳ φανερόν.

Ὁ Ἀλέξανδρός φησιν ὅτι "δείξας συνεισάγεσθαι καὶ τὰ συμβεβηκότα τῷ ὅπερ ὄντι νῦν δείκνυσιν ὅτι κἂν δοθῇ αὐτοῖς τὸ ὅπερ ὂν μόνον εἶναι τῷ κυρίως τοῦτο εἶναι, τὰ δὲ συμβεβηκότα ἄλλον τρόπον, καὶ οὕτως αὐτὸ
20 τὸ ὂν οὐχ ἓν ἔσται, ἀλλὰ πολλὰ ὅπερ ὄντα· ἥ τε γὰρ ὡς μεγέθους αὐτοῦ διαίρεσις, ἧς ἐμνημόνευσεν, εἰς ὅπερ ὄντα ἔσται. ἀνάγκη δὲ καὶ κατὰ τὸν λόγον διαιρεῖσθαι εἰς ὅπερ ὄντα πλείω, τουτέστι κατὰ τὸν ὁρισμόν. δείξας οὖν κατὰ τὸ μέγεθος καὶ τὴν εἰς τὰ μέρη τούτου διάληψιν πλείω καὶ ἀνομοειδῆ γινόμενον τὸ ὄν, εἴπερ ἕτερος ἑκάστου τῶν μερῶν ὁ λόγος,
25 ἐπήνεγκε λοιπὸν καὶ τὴν κατὰ τὸν ὁρισμόν". ἐν δὴ τούτοις ὡς ἀποδείξαντος τοῦ Ἀριστοτέλους μέγεθος ἔχειν τὸ ὅπερ ὂν οὕτως ὁ Ἀλέξανδρος ἐξηγήσατο, καίτοι τοὐναντίον οὐδὲ μέγεθος ἕξει, φησί, τὸ ὄν, εἴπερ ὅπερ ὄν ἐστι. μήποτε οὖν τὴν μὲν ἐκείνων ὑπόθεσιν ὑποθέμενος τὸ ἓν εἶναι τὸ ὄν, ἀναιρεῖ ἐκ ταύτης τὸ πεπερασμένον ἢ ἄπειρον
30 εἶναι ἢ

μεσσόθεν εὐκύκλου σφαίρης ἐναλίγκιον ὄγκῳ,

ὡς ὁ Παρμενίδης φησί· τὰ γὰρ τοιαῦτα μέγεθος ὄντα καὶ διαιρεθέντα πολλά ἐστι καὶ οὐχ ἕν. διὰ δὲ τοῦ καὶ τοῦτο ὅπερ ὑποτίθενται ἓν ὂν τὸ ὅπερ ὂν διαιρεῖσθαι κατὰ τὸν ὁρισμὸν εἰς ὅπερ ὄντα δείκνυσιν ὅτι οὐκ ἔστιν ἕν,
35 ὡς ἄφυκτον αὐτοῖς πανταχόθεν τὸν ἔλεγχον ποιεῖν δυνάμει συλλογιζόμενος οὕτως κατὰ τὴν σὺν ἀντιθέσει καλουμένην ἀντιστροφήν· 'εἰ ἓν ὄν ἐστιν,

---

6 δυεῖν E   7 τοῦ δύο om. F   8 ἄτοπον ὁ aF   9 ἂν om. E   11 ἠβούλοντο DF: εἰβούλοντο E: ἐβούλοντο a   14 πάντα aE: πάντα τὰ DF   εἶναι om. F   ἔχειν F   19 αὐτῷ a   22 πλείω a: πλέον EF (loc. obl. D)   24 γινόμενον Torstrik: γινόμενα libri   τὸ ὄν DE: τὸ ὅπερ ὂν aF   εἴπερ] καὶ ὅτι F   ὁ λόγος F: λόγος aDE   30 μεσσόθεν D   32 Παρμενίδης cf. p. 126, 21

οὐκ ἔχει μέγεθος, διότι οὐ διαιρεῖται. εἰ δὲ διαιρεῖται, ὥσπερ φαίνεται 27ᵛ
κατὰ τὸν ὁρισμόν, οὐκ ἔστιν ἕν'. καὶ τὸ μὲν συνημμένον ἔδειξε διὰ τοῦ
τὸ μέγεθος διαιρεῖσθαι, τὸ δὲ διαιρεῖσθαι τὸ ὅπερ ὂν διὰ τοῦ 'ὅτι δὲ δι-
αιρεῖται τὸ ὅπερ ὂν εἰς ὅπερ ὄντα πλείονα καὶ τῷ λόγῳ διαφέροντα
5 δῆλον, φησίν, ἐκ τοῦ ὁρισμοῦ'. ὡς γὰρ ἔχει ὁ ὁρισμὸς οὕτως ἔχει καὶ τὸ 45
ὁριστόν. εἰ οὖν ἀνθρώπου λόγος ὁριστικός ἐστι ζῷον πεζὸν δίπουν, καὶ
τὰ μέρη τούτου, λέγω δὲ τὸ ζῷον καὶ τὸ πεζὸν καὶ τὸ δίπουν, ὅπερ τινὰ
καὶ οὐσία ἐστὶ καὶ τοῖς λόγοις ἕτερα. ἢ γὰρ οὐσία εἰσὶν ἢ συμβεβηκότα,
τουτέστιν ἢ ἐν ὑποκειμένῳ ἢ οὐκ ἐν ὑποκειμένῳ, καὶ παρὰ ταῦτα οὐκ ἔστι.
10 καὶ εἰ συμβεβηκότα, ἤτοι αὐτῷ τῷ ἀνθρώπῳ ἢ ἄλλῳ τινί· ἄμφω δὲ ἀδύ-
νατα. εἰ γὰρ αὐτῷ συμβέβηκε τῷ ἀνθρώπῳ, ἤτοι ὡς χωριστὰ αὐτοῦ συμ-
βέβηκεν αὐτῷ, ὡς τὸ καθῆσθαι, καὶ ἔσται ποτὲ ὁ ἄνθρωπος μὴ ζῷον ἢ 50
μὴ πεζὸν ἢ μὴ δίπουν, ὅπερ ἄτοπον· ἢ ὡς ἀχώριστα· ἔστι δὲ ἀχώριστον
συμβεβηκός, οὗ ἐν τῷ λόγῳ ὑπάρχει τὸ ᾧ συμβέβηκε· τὸ γὰρ σιμὸν
15 ἀχώριστον συμβεβηκός ἐστι τῆς ῥινός· διὸ τὴν σιμότητα ὁριζόμενοι τὴν ῥῖνα
παραλαμβάνομεν· σιμότης γάρ ἐστι κοιλότης ἐν ῥινί. ταῦτα δὲ καὶ καθ'
αὑτὰ ὑπάρχειν ἐν τοῖς Ὑστέροις ἀναλυτικοῖς φησι. καὶ γάρ ἐστι καὶ συμ-
βεβηκότα καθ' αὑτὰ ὑπάρχοντα. εἰ οὖν ἐν τῷ λόγῳ τοῦ ζῴου καὶ τοῦ
πεζοῦ καὶ τοῦ δίποδος καὶ ὅλων τῶν συμ|πληρούντων τὸν ὁρισμὸν μὴ πα- 28ʳ
20 ραλαμβάνεται ὁ ἄνθρωπος (ὁριζόμενοι γὰρ τὸ ζῷον οὐ παραλαμβάνομεν τὸν
ἄνθρωπον, ἀλλ' ἀνάπαλιν τὸν ἄνθρωπον ὁριζόμενοι τὸ ζῷον παραλαμβάνομεν)
δῆλον ὅτι οὐδὲ ὡς ἀχώριστα συμβεβηκότα τοῦ ἀνθρώπου ἔσται ταῦτα. εἰ
δὲ ἄλλῳ τινὶ συμβήσεται ταῦτα, ἤδη μὲν πλείω τὰ ὄντα. καὶ γὰρ ἐκεῖνο
ᾧ συμβέβηκεν οὐσία ἔσται καὶ ὅπερ ὄν. ὁ δὲ οὐκ ἐπὶ τοῦτο ἤγαγε τὸν λόγον,
25 ἀλλ' ἐφ' ὃ προέθετο δεῖξαι, ὅτι τὸ ὅπερ ὂν εἰς ὅπερ ὄντα διαιρεῖται 5
τῷ λόγῳ. εἰ οὖν ἄλλῳ τινὶ συμβέβηκε, δῆλον ὡς καὶ τὸ ἐκ τούτων συμπλη-
ρούμενον ὅλον, τουτέστιν ὁ ἄνθρωπος, ἐκείνῳ συμβήσεται. εἰ γάρ τινι ζῴῳ
εἶναι ὑπάρχει καὶ πεζῷ καὶ δίποδι, τούτῳ καὶ ἀνθρώπῳ εἶναι ὑπάρξει.
ἀλλ' ἔστιν ὁ ἄνθρωπος οὐσία καὶ ὅπερ ὄν. τὸ δὲ ὅπερ ὂν καὶ ἡ οὐσία
30 ὑπόκειται μηδενὶ συμβεβηκός, ὥστε οὐδὲ τὰ ἐν τῷ ὁρισμῷ παραλαμβανόμενα
συμβεβηκότα ἔσται, ἀλλὰ πάντα ὅπερ ὄντα τινά. ὥστε εἰ διαιρεῖται τὸ ὂν
εἰς ὄντα, πολλὰ πάλιν οὕτως ἔσται τὰ ὄντα. εἰ δὲ μὴ πολλὰ ἀλλὰ ἓν τὸ 10
ὂν ἕκαστον, οὔτε διὰ τὴν σὺν ἀντιθέσει ἀντιστροφὴν μέγεθος ἕξει, οὔτε
ὅλον οὔτε μέρη ἔσται. ἀλλ' οὐδὲ ὁρισμὸς ἔσται τινός. οὐδὲ γὰρ ὁ λόγος
35 ἕξει μέρη, ἀλλὰ καὶ αὐτὸς ἀδιαίρετος ἔσται. ἐξ ἀδιαιρέτων ἄρα τῶν κατὰ
μέρος ὄντων οἷον ἀνθρώπου καὶ ἵππου καὶ τῶν ἄλλων ἔσται τὸ πᾶν, εἴπερ
τούτων μηδὲν διαιρετόν. καὶ δῆλον ὅτι ἀδιαίρετον καὶ αὐτὸ τὸ πᾶν ἔσται

---

1 διότι DE: ὅτι aF   2 συνημένον E   3 δὲ (post ὅτι) om. F   5 φησὶν F: φησὶ
D: φῇ E: εἰπεῖν a   6 τὸ post ἐστι add. aF   7 καὶ (post ζῷον) om. F
8 ἢ γὰρ — ἢ ἐν ὑποκειμένῳ om. E   11 αὐτῷ om. aF   13 ἢ πεζὸν (om. μὴ) E
17 Ὑστέροις ἀναλυτικοῖς velut A 22 p. 83ᵇ19   21 ὁριζόμενοι τὸν ἄνθρωπον D
23 ἐκείνῳ F   29 οὐσία] οὑτοσὶ a   30 μηδενὶ E   31 ἔσται] εἶναι a   33 ὄντα
om. a   35 ὅλον om. E   μέρη οὔτε ὅλον D   οὐδὲ] οὐ D   37 ἐστιν F

† καὶ τὸ πᾶν ὂν καὶ λεγόμενον. οὔτε γὰρ τὰ ἀδιαίρετα πολλὰ ἔσται πλή- θους μὴ ὄντος ἐν τῷ ἑνὶ ὄντι, καὶ εἰ πολλὰ δὲ εἴη, τὸ ἐξ αὐτῶν συντι-θέμενον ἀδιαίρετον ἔσται. πολλῶν γὰρ σημείων συνελθόντων ἓν γίνεται σημεῖον τὰ πάντα, ὡς καὶ αὐτὸς δείξει. ταῦτα δὲ ἄτοπα. καὶ γὰρ φαί-
5 νεται καὶ δέδεικται διαιρετὸν οὐ μόνον τὸ πᾶν, ἀλλὰ καὶ ἕκαστον τῶν ὄντων. ᾧ καὶ ἔοικεν ἐκ περιουσίας δεικνύναι, ὅτι οὐ μόνον τὸ ὅλον ὂν πολλὰ ἔσται, ἀλλὰ καὶ ἕκαστον τῶν πάντων.

Ὁ δὲ Ἀλέξανδρος τὸ ἐξ ἀδιαιρέτων ἄρα τὸ πᾶν ἀξιοῖ καὶ οὕτως ἀκούειν· ὡς ἐκ μὴ συμβεβηκότων μηδὲ χωρίζεσθαι δυναμένων ἀπ' αὐτοῦ
10 μηδὲ ἄλλης ὄντων φύσεως ἀλλὰ τῆς αὐτῆς τῷ παντί. οὐσία δὲ τὸ πᾶν καὶ τὸ ὄν, καὶ τὰ μέρη ἄρα αὐτοῦ οὐσίαι, ὡσανεὶ ἔλεγεν 'ἐξ οὐσιῶν ἄρα τὸ πᾶν'· ἐξ ὧν δέ ἐστι καὶ διαιρεῖται εἰς ταῦτα. ὥστε δέδεικται τὸ προ-κείμενον, ὅτι διαιρεῖται τὸ ὅπερ ὂν εἰς ὅπερ ὄντα. ὥστε μὴ ὡς ἄτοπον ἐπῆχθαι τὸ ἐξ ἀδιαιρέτων ἄρα τὸ πᾶν, ἀλλ' ὡς ἀκόλουθον μόνον
15 τοῖς εἰρημένοις.

Αὕτη μὲν ἡ ὅλη τῶν εἰρημένων ἔννοια. κατὰ δὲ τὴν λέξιν, ὅταν λέγῃ ὅσα ἐν τῷ ὁριστικῷ λόγῳ ἔνεστιν ἢ ἐξ ὧν ἐστι, δηλοῖ ὅτι καὶ ἐν οἷς μὴ ἔστιν ὁρισμὸς ὥσπερ ἐν ταῖς ἀτόμοις οὐσίαις, ἔστιν ὅμως τινὰ τὰ ἐξ ὧν ἐστι. τὸ δὲ καθ' οὗ ἄμφω καὶ τὸ ἐκ τούτων λεγέσθω ἤτοι
20 καθόλου τὸ ἐκ τῶν μερῶν συγκείμενον τοῦτο ἔστω καὶ λεγέσθω, ὅπερ καὶ τὰ μέρη ἄμφω καὶ [ἑκάτερον] εἰ τὰ μέρη συμβεβηκότα, καὶ τὸ ὅλον. ἢ μᾶλλον ἀνάπαλιν, ὅτι καὶ τὰ μέρη λεγέσθω τοῦτο ὃ καὶ τὸ ἐκ τῶν μερῶν· τὸ δὲ ἐκ τῶν μερῶν οὐσία ἦν καὶ ὅπερ ὂν καὶ οὐδενὶ συμβεβηκὸς ὄν· καὶ τὰ μέρη ἄρα οὐσίαι καὶ ὅπερ ὄντα καὶ οὐ συμβεβηκότα. γράφεται δὲ καὶ
25 καθ' οὗ ἄμφω καὶ ἑκάτερον καὶ τὸ ἐκ τούτων, τουτέστι καθ' οὗ ἂν λέγηται ἄμφω καὶ ἑκάτερον ἢ ἕκαστον τῶν μερῶν, κατὰ τούτου καὶ τὸ ἐκ τῶν μερῶν λεγέσθω. τούτῳ δὲ ἂν εἴη ἀκόλουθον τὸ καὶ ὁ ἄνθρωπος ἂν εἴη τῶν συμβεβηκότων. ὧν μεταξὺ παρέλαβε τὸ ἀλλὰ τὸ ὅπερ ὂν ἔστω μηδενὶ συμβεβηκός. ἐν τούτοις δὲ καὶ τοῦτο προσθετέον· ὅτι
30 τὸ διαιρούμενον νῦν ὅπερ ὂν οὔτε ὡς γένος οὔτε ὡς εἶδος διήρηται, δῆλον ἐκ τοῦ τὸν ἄνθρωπον οὐκ εἰς τοὺς ἀτόμους, ἀλλ' εἰς τὸν ὁρισμὸν διελεῖν.

Ἐπειδὴ δὲ φιλοπόνως ὁ Ἀλέξανδρος συνήγαγε τοὺς εἰς τὸν τόπον συλ-

---

1 καὶ τὸ πᾶν DE: om. F: διαιρετόν a. καὶ τὸ πᾶν iterata videntur ex p. 128, 36 ad lacunam sarciendam, in qua intercidisse puto ἓν   ὂν in lit. D   τὰ διαιρετὰ E   3 συνελ-θόντων σημείων a   4 καὶ γὰρ DF: καὶ γὰρ καὶ aE   5 τῶν ὄντων] τούτων F   6 ᾧ scripsi: ὃ aE: om. D: τῷ F   καὶ ὡς F   ὂν om. aF   ἔσται aF: ἔστιν DE   8 ἐξ ἀδιαιρέτων p. 186 ᵇ 35   12 δέ DE: om. aF   17 ὅσα — ἐστι p. 186 ᵇ 23   19 καθ' οὗ aD¹: καθόλου D²EF   καὶ ἑκάτερον ante καὶ τὸ add. ex v. 25 a   21 ἑκά-τερον aDE: ἑκατέρως (comp.) F: delevi ut ex v. 25 errore translatum   εἰ] εἰς E et ut vid. D¹   22 ὃ DE: om. F: ὅπερ a   24 καὶ (ante καθ') om. D   25 λεγέσθω post τούτων add. a   καθὸ E   26 ἄμφω om. a   καὶ om. F ἢ] ἤγουν a   28 ξυμβεβηκότων F   ἑτέρῳ post συμβεβηκότων add. a   29 τοῦτο om. F   30 διῄρηται E: (loc. obl. D) sed cf. p. 130, 4: διαιρεῖται aF   δῆλον ὡς ἐκ E

λογισμούς, φέρε καὶ ἡμεῖς αὐτοὺς ἐκθώμεθα κατὰ τὸ δοκοῦν ἔχοντας οὕτως 28ʳ
ἐξ ἀρχῆς τοῦ λόγου· "οἱ τὸ ὂν ἓν λέγοντες ἢ πολλαχῶς λέγεσθαι τὸ ὂν 35
φασιν ἢ μοναχῶς. ἀλλ' εἰ μὲν πολλαχῶς, ὁμολογήσουσι πολλὰ εἶναι τὰ ὄντα,
(καὶ γὰρ οὐσίαν καὶ ποσὸν καὶ ποιὸν καὶ τὰ ἄλλα, εἰς ὅσα διῄρηται τὸ ὄν),
5 ἀλλ' οὐχ ἕν· ὥστε οὐ πολλαχῶς· μοναχῶς ἄρα κατὰ τὸν πέμπτον καλού-
μενον ἀναπόδεικτον. εἶτα ὁ δεύτερος συλλογισμὸς μοναχῶς ὑποτεθέντος λέ-
γεσθαι τοῦ ὄντος διαιρετικὸς καὶ αὐτὸς τοιοῦτος 'τὸ ἓν ὂν ἤτοι οὐσία ἐστὶν
ἢ συμβεβηκὸς κατὰ τὴν διχῇ γενομένην ἐν κατηγορίαις τῶν ὄντων διαίρεσιν, 40
εἴς τε τὸ ἐν ὑποκειμένῳ καὶ τὸ οὐκ ἐν ὑποκειμένῳ. ἀλλὰ μὴν συμβεβηκὸς
10 οὐκ ἔστιν· οὐσία ἄρα' κατὰ τὸν πέμπτον ἀναπόδεικτον καὶ οὗτος συναχθείς.
ὅτι δὲ οὐ συμβεβηκὸς τὸ ἓν ὄν, ὁ τρίτος δείκνυσι συλλογισμὸς οὕτως· 'εἰ
συμβεβηκὸς τὸ ὄν, τὸ ὑποκείμενον αὐτῷ ἔστιν ἅμα καὶ οὐκ ἔστιν. ἀλλὰ
μὴν τοῦτο ἀδύνατον. οὐκ ἄρα συμβεβηκὸς τὸ ὄν' δευτέρῳ ἀναποδείκτῳ.
ἔδειξε δὲ τὸ συνημμένον ἐκ τοῦ τὸ ὑποκείμενον τῷ ἑνὶ καὶ μόνῳ ὄντι διὰ
15 μὲν τὸ ἄλλο παρ' αὐτὸ εἶναι μὴ ὂν εἶναι (οὐ γὰρ ἦν ἄλλό τι παρὰ τὸ ὄν), διὰ 45
δὲ τὸ ὑπάρχειν αὐτῷ τὸ ὂν καὶ αὐτὸ ὂν γίνεσθαι. ὅτι δὲ οὐδὲ ἡ οὐσία
ἐστὶ τὸ κυρίως ὄν, ἢ ὡς αὐτός φησι τὸ ὅπερ ὄν, δείκνυσι πάλιν οὕτως.
'εἰ ἡ οὐσία τὸ ὅπερ ὄν, οὐδὲν μᾶλλον ὂν σημαίνει τὸ ὅπερ ὂν ἢ μὴ ὄν.
ὥστε τὸ ὅπερ ὂν ὁμοίως ὂν καὶ μὴ ὂν ἔσται. καὶ πλείω σημαίνει τὸ ὄν,
20 ἓν μόνον ὑποτεθὲν σημαίνειν. ἀλλὰ μὴν ταῦτα ἀδύνατα· οὐκ ἄρα ἡ οὐσία
ἐστὶ τὸ ὅπερ ὄν'. ὅτι δὲ οὐδὲν μᾶλλον ὂν ἢ μὴ ὂν ἔσται τὸ ὅπερ ὄν,
δείκνυσιν οὕτως· 'εἰ τὸ ὅπερ ὂν οὐσία καὶ ὑποκείμενόν ἐστι, τῇ δὲ οὐσίᾳ
τὰ συμβεβηκότα ὑπάρχει, ἅπερ ἐστὶ μὴ ὄντα διὰ τὸ παρὰ τὸ ὂν εἶναι, ᾧ δὲ 50
τὸ μὴ ὂν ὑπάρχει μὴ ὂν τοῦτο, ἡ οὐσία καὶ τὸ ὑποκείμενον μὴ ὂν ἔσται,
25 καὶ οὐδὲ τὶ μὴ ὄν, ἀλλ' ὅλως μὴ ὄν. τοιοῦτο γὰρ ἦν μὴ ὂν τὸ ὑπάρχον
αὐτῇ συμβεβηκός'. ὅτι δὲ καὶ πλείω σημαίνει τὸ ὅπερ ὄν, δείκνυσιν οὕτως·
'εἰ ὑποκείμενόν ἐστι τὸ ὅπερ ὄν, δυνατὸν καὶ ἀπὸ τοῦ συμβεβηκότος αὐτὸ
ὀνομάζειν οἷον λευκόν. ὥστε καὶ λευκὸν ῥηθήσεται εἶναι, ἓν δὲ εἶναι καὶ
ὅπερ ὂν εἶναι (οὐ γάρ ἐστιν ἄλλό τι παρὰ τοῦτο), καὶ οὕτως πολλὰ τὸ ὂν ἔσται.'
30 ὅτι δὲ οὐδὲ μέγεθος ἕξει τὸ ἓν ὄν, δεί|κνυσιν οὕτως· 'τὸ ὅπερ ὂν αὐτὸ 28ᵛ
μόνον ὑποκείμενον πολλὰ οὐκ ἔστιν οὐδὲ ἔχει πλῆθος· τὸ μέγεθος ἔχον
πολλά ἐστι· τὸ ἄρα ὅπερ ὂν μέγεθος οὐχ ἕξει'. ὅτι δὲ τὸ μέγεθος ἔχον

---

1 τὸ (post κατὰ) om. a   2 οἱ γὰρ τὸ a   3 μὲν om. E   4 καὶ γὰρ καὶ a
οὐσίαν D: οὐσία aEF   εἰς aF et D superscr.: om. E   διαιρεῖται aF   6 ὑποτε-
θέντος DF: ὑποτιθέντος E: ὑποτιθέμενος a   7 τὸ ὂν a   διαιρετικὸς — τοιοῦτος
om. F   τὸ ἓν ὄν — γενομένην om. D¹, sed idem in mrg. restituit (partim nunc
oblitterata) D¹   ἤτοι] εἴτε F   8 τῶν ὄντων ἐν κατηγορίαις aF   9 καὶ εἰς
τὸ οὐκ aF   μὴν sup. add. D   11 (τὸ ante ἓν) om. E   οὗτος E¹   12 τὸ
ὂν om. aF   16 γίνεσθαι ὂν aF   ἡ om. D   18 εἰ ἡ οὐσία DE: ἡ οὐσία F:
εἰ οὐσία a   ἢ μὴ ὄν — ὅπερ ὄν (19) om. F   21 οὐδὲ D¹   23 τὰ post ἐστι
add. a   24 ὑπάρχοι F   οὐσία ἄρα a   25 τοιοῦτον DE: τοιοῦτο F: τοῦτο a
27 εἰ τὸ a   28 λευκὸν ῥηθήσεται εἶναι D: λευκανθήσεται εἶναι E: λευκανθήσεται F
ἓν δὲ εἶναι DEF: ἔσται δὴ καὶ τούτῳ ἓν εἶναι a   31 τὸ δὲ μέγεθος a   32 οὐχ ἕξει
DE: οὐκ ἔχει aF

SIMPLICII IN PHYSICORUM I 3 [Arist. p. 186ᵇ14]   131

πολλά ἐστι δείκνυσιν οὕτως· 'τὸ μέγεθος μέρη ἔχει· τὸ μέρη ἔχον ἕτερα 28ᵛ
τῷ λόγῳ ἔχει· τὸ ἕτερα τῷ λόγῳ ἔχον πολλὰ ἐν ἑαυτῷ ἔχει καὶ πολλά
ἐστι'. καὶ ἐπὶ τέλει λοιπὸν ὅτι τὸ ὅπερ ὂν εἰς ὅπερ ὄντα διαιρεῖται καὶ τῷ
λόγῳ διαφέροντα, δείκνυσιν ἐπί τινος ὅπερ ὄντος τὸν ὁρισμὸν αὐτοῦ λαβὼν 5
5 καὶ συναγαγὼν ὅτι τὰ τοῦ ὁρισμοῦ μέρη καὶ αὐτὰ ὅπερ ὄντα ἐστί. συνάγει
δὲ οὕτως· 'ἀνάγκη ἢ οὐσίας αὐτὰ εἶναι ἢ συμβεβηκότα. ἀλλὰ μὴν συμβεβη-
κότα οὐκ ἔστιν· οὐσία ἄρα' κατὰ τὸν πέμπτον ἀναπόδεικτον καὶ τοῦτο. εἰ
τοίνυν τὸ ἕν, ὡς εἴρηται πρότερον, ἢ ὡς συνεχές ἐστιν ἓν ἢ ὡς ὧν ὁ λόγος
ὁ αὐτὸς ἢ ὡς τὸ ἀδιαίρετον, δέδεικται δὲ τὸ ἓν ὂν μήτε μέγεθος ἔχειν
10 δυνάμενον μήτε ὁρισμὸν μήτε ἀδιαίρετον ὄν, δῆλον ὅτι κατ' οὐδὲν τῶν τοῦ
ἑνὸς σημαινομένων ἓν ἂν εἴη τὸ ὄν." 10

Ἀλλ' ἐπεὶ παρ' ὅλην τὴν ἐξήγησιν τὸ ὅπερ ὂν ὡς οὐσίαν καὶ αὐτὸς
ἐξεδεξάμην καὶ οὐσίαν τὴν ἄτομον καὶ ἀριθμῷ μίαν, τινὲς δὲ τῶν τοῦ Ἀρι-
στοτέλους ἐξηγητῶν, ὧν καὶ Ἀσπάσιός ἐστι, τὸ ὅπερ ὂν τὸ γένος τῶν ὄντων
15 λαμβάνουσι, πρὸς οὓς ἱκανῶς ἀντείρηκεν Ἀλέξανδρος ὁ Ἀφροδισιεύς, ἐπι-
τετμημένως ἐκκείσθω τὰ παρ' ἐκείνου λεγόμενα. "τινὲς γάρ, φησίν, οὕτως
ἤκουσαν τῆς λέξεως ὡς λέγοντος αὐτοῦ ἀναγκαῖον εἶναι τοῖς μοναχῶς λέ-
γουσι τὸ ὂν λέγεσθαι κοινόν τι γένος πάντων τῶν ὄντων λαμβάνειν, εἰς ὃ 15
πάντα τὰ κατὰ μέρος ὄντα χωρεῖ, καὶ τοῦτο λέγειν εἶναι τὸ ὂν καὶ οὕτως
20 ἕν, ἐπεὶ μηδὲν τῶν ὑπὸ τὸ ὂν λαμβάνοντες ἓν ἔτι τὸ ὂν δύνανται λέγειν
τῷ καὶ τὰ ἄλλα τῷ τεθέντι συνεισάγεσθαι. καὶ γὰρ τῇ οὐσίᾳ τὰ συμβεβη-
κότα καὶ τοῖς συμβεβηκόσιν ἡ οὐσία συνεισάγεται, ὡς ἔδειξε. πιστοῦται δὲ
τὸν λόγον καὶ ἀπὸ τοῦ ἐν τοῖς Τοπικοῖς τὸ ὅπερ ὂν ἐπὶ τοῦ γένους τιθέναι
λέγοντα "ὁ ἄνθρωπος ὅπερ ζῷον" ἀντὶ τοῦ ἐν γένει τῷ ζῴῳ. ὅτι δὲ οὐχ
25 οὕτως νῦν λέγει τὸ ὅπερ ὂν ἀλλὰ τὴν οὐσίαν σημαίνει, δηλοῖ ἐκ τῶν προ-
ειρημένων. κἂν γὰρ δεῖ πρὸς τὴν τοιαύτην ἀντειπεῖν ὑπόθεσιν, εἴρηκεν 20
ἤδη ἐν οἷς ἔλεγεν "εἰ μὲν γὰρ ἔσται καὶ οὐσία καὶ ποσὸν καὶ ποιόν,
καὶ ταῦτα εἴτε ἀπολελυμένα ἀπ' ἀλλήλων εἴτε μή, πολλὰ τὰ ὄντα."
πάντα γὰρ ταῦτα εἶναι τίθεται ὁ τὸ ὂν ὡς γένος λέγων. ὥστε εἰρη-
30 μένον καὶ πρὸς ταύτην τὴν δόξαν, εἴπερ ἄρα ἐδεῖτό τινος ἀντιλογίας· ἔοικε
γὰρ ὡς προφανῶς ἐναντιολόγου καταφρονῆσαι. ὁ γὰρ ἕν τι μόνον εἶναι
βουλόμενος οὕτως ὡς ἀριθμῷ ἕν, οὐκ ἂν εἴποι γένος ἓν εἶναι τοῦτο, διότι
τὸ γένος πλῆθος εὐθὺς καὶ εἰδῶν καὶ ἀτόμων ἑαυτῷ συνεισάγει. ἀλλὰ 25
πόθεν δῆλον, φαίη ἄν τις, ὅτι ὡς ἀριθμῷ ἓν ἔλεγεν ὁ Παρμενίδης; ἀλλὰ
35 καὶ ἐξ ἐκείνου δῆλον, ὅτι οὐχ ὡς γένος λέγει τὸ ὅπερ ὄν, ἀλλ' ὡς οὐσίαν.

---

1 post ἔχον habet πολλὰ a,   πολλά ἐστι δείκνυσιν οὕτως τὸ μέγεθος μέρη ἔχει E   ἕτερα
— λόγῳ ἔχον om. F   8 εἴρηται πρότερον p. 185ᵇ7   9 ὁ om. F   μήτε
ὁρισμὸν om. F   13 ἐδεξάμην F   14 τῶν ὄντων om. F   τῶν ὄντων τὸ γένος a
15 ὁ ante ἀλέξανδρος posuit E   23 Τοπικοῖς] significari videtur Γ 1 p. 116ᵃ23,
sed exemplum petitum est ex Analyt. Post. A 22 p. 83ᵃ30   24 δὲ om. D¹, add.
D²   25 δηλοῖ DF: δῆλον aF   26 τὴν om. E   ὑπόθεσιν ἀντειπεῖν aF
27 ἔλεγεν p. 185ᵃ27   29 εἶναι om. a   ὥστε εἰρημένον E: ὥστε εἰρημένου D: ὡς
τὸ εἰρημένον F: ὥστε εἴρηκε a. conicio ὥστε ⟨τὸ⟩ εἰρημένον ⟨ἀρκεῖ⟩ καὶ πρὸς κτλ.
31 προφανῶς DEF: παντελῶς a   32 εἶναι ἓν DE

δείκνυσι γὰρ ὅτι οὐκ ἔστι συμβεβηκὸς ἐκ τοῦ τὸ συμβεβηκὸς καθ' ὑποκει- 28ᵛ
μένου λέγεσθαι, ὥστε αὐτὸ οὐ καθ' ὑποκειμένου ἀλλ' ὑποκείμενον, ὅπερ
ἐστὶν οὐσία καθ' ἑαυτὴν ὑφεστῶσα καὶ μὴ δεομένη τινὸς ἄλλου πρὸς τὸ
εἶναι. τὸ δὲ γένος καὶ αὐτὸ τῶν καθ' ὑποκειμένου ἐστίν· ὥστε οὐκ ἂν
5 εἴη γένος τὸ ὅπερ ὄν, εἰ σαφῶς αὐτῷ τὸ καθ' ὑποκειμένου ἀντιδιέστειλεν.
ἔτι μετ' ὀλίγον αὐτὸς ἐρεῖ "τίς γὰρ μανθάνει αὐτὸ τὸ ὂν εἰ μὴ τὸ 30
ὅπερ ὄν τι εἶναι"· εἰ οὖν τὸ αὐτὸ ὂν μὴ τῷ γένει ἀλλὰ τῇ οὐσίᾳ προσή-
κει, οὐσία ἂν εἴη τὸ ὅπερ ὄν. πρὸς δὲ τοῦτο ἔστιν εἰπεῖν, ὅτι τὸ 'αὐτὸ'
κατὰ τῶν γενῶν ὁ Πλάτων φέρει ἀλλ' οὐχὶ τῶν ὑστερογενῶν, ἀλλὰ τῶν
10 διὰ πάντων χωρούντων κατὰ μίαν κοινὴν φύσιν. ἔτι δὲ εἰ τὸ ἀντικείμενον
τῷ συμβεβηκότι λαμβάνει, ὡς δῆλον ἐκ τοῦ ἀλλὰ τὸ ὅπερ ὂν ἔστω μη-
δενὶ συμβεβηκός, ἀντίκειται δὲ τῷ συμβεβηκότι οὐ τὸ γένος ἀλλ' ἡ
οὐσία, αὕτη ἂν εἴη τὸ ὅπερ ὄν. ἔτι ἐκ διαιρέσεως τὴν ἀντιλογίαν ποιού- 35
μενος εἰς συμβεβηκὸς καὶ τὸ ὅπερ ὂν διεῖλεν. οὐ γὰρ ἦν ἀναγκαία ἐρώ-
15 τησις τί λέγουσι τὸ ὄν, συμβεβηκὸς ἢ γένος· ἔστι γάρ τι παρὰ ταῦτα.
ὥστε εἰς οὐσίαν· οὐσία ἄρα τὸ ὅπερ ὄν. ἔτι τὸ ἓν ποσαχῶς λέγεται διαιρῶν
τὸ κατὰ τὸν ἀριθμὸν ἓν διεῖλεν. τοῦ δὲ τῷ γένει ἢ εἴδει ἑνὸς οὐκ ἐμνη-
μόνευσεν, ὡς προφανῶς εἰσάγοντος τὸ πλῆθος. ἔτι τὸ μὲν γένος δύο ἔχει
τό τε οὐσιῶδες καὶ τὸ κοινόν, ἡ δὲ οὐσία τὸ εἶναι οὐσία μόνον. εἰ οὖν
20 οὐδαμοῦ πρὸς κοινότητα ἀλλ' ὡς πρὸς οὐσίαν μόνον ἀντιλέγει, οὐ γένος 40
ἀλλ' οὐσία τὸ ὅπερ ὄν. ἔτι αὐτὸς προελθὼν λέγει "εἰ οὖν τὸ ὅπερ ὂν μη-
δενὶ συμβέβηκε", γένη δέ ἐστί τινα συμβεβηκότα, καὶ εἰ μὴ τούτοις ὧν ἐστι
γένη, ἀλλὰ τῇ γε οὐσίᾳ τῶν συμβεβηκότων γένη συμβεβηκέναι λέγεται,
οἷον ἀνθρώπῳ τὸ χρῶμα. εἰ τοίνυν ἐν μὲν τῷ γένει ἔστι τι καὶ συμβεβηκός,
25 ἐν δὲ τῇ οὐσίᾳ οὐδέν ἐστι τοιοῦτον, αὐτὸς δὲ τὸ ὅπερ ὂν ὡς ἀντικείμενον
τῷ συμβεβηκότι τίθησι, τὴν οὐσίαν ἂν λέγοι τὸ ὅπερ ὄν, οὐ τὸ γένος, ὃ
καὶ τῆς τοῦ συμβεβηκότος φύσεως ἐφάπτεται. ἔτι αὐτὸς προελθὼν λέγει "εἰ 45
οὖν τὸ ὅπερ ὂν μηδενὶ συμβέβηκεν, ἀλλ' ἐκείνῳ". εἰ οὖν ᾧ συμβέβηκε τὰ
συμβεβηκότα ἡ οὐσία ἐστὶν ἀλλ' οὐχὶ τὸ γένος, ἡ οὐσία ἂν εἴη τὸ ὅπερ
30 ὄν, οὐ τὸ γένος. ἔτι δὲ διαιρῶν τὸ ὅπερ ὂν οὐκ εἰς τὰ εἴδη καὶ τὰ ἄτομα
αὐτὸ διαιρεῖ, ᾗπερ γένους διαίρεσις, ἀλλ' εἰς τὸν ὁρισμὸν καὶ τὰ ἐν τούτῳ,
τουτέστιν εἰς γένος καὶ διαφοράς, ᾗπερ διαίρεσις οὐσίας ἂν εἴη, ἀλλ' οὐχὶ
γένους. διότι τῆς μὲν οὐσίας ἔστι γένος, τοῦ δὲ ἀνωτάτω πάντων γένους
οὐδέν ἐστιν ἐπαναβεβηκὸς γένος. ἔτι τὰ γένη καὶ τὰς διαφορὰς δείκνυσιν 50
35 ὅπερ ὄντα εἶναι, διότι μέρη τοῦ ὅπερ ὄντος ἐστίν. εἰ οὖν τὸ γένος δι'
ἄλλο τί ἐστιν ὅπερ ὄν, οὐκ ἂν εἴη αὐτὸ ὅπερ ὄν, ἀλλ' ἡ οὐσία, δι'

---

2 ὥστε — ὑποκειμένου om. sed in mrg. add. D   ἀλλ' om. F   3 αὐτὴν a
ἄλλου τινὸς D   6 μετ' ὀλίγον αὐτὸς ἐρεῖ 187ᵃ8   7 ὄντι DE: ὂν τί aF   11 ἀλλὰ
κτλ. p. 186ᵇ33   13 αὐτὴ DE   16 τὸ τὸ ἓν a   17 ἢ (ante εἴδει) om. E
18 τὸ (ante πλῆθος) om. D   19 ἡ δὲ οὐσία — μόνον om. F   21 λέγει p. 186ᵇ4
27 λέγει p. 186ᵇ4   28 ᾧ] ὅτῳ F   συμβέβηκε τὰ iteravit F   29 συμβεβη-
κότα, ἡ οὐσία a   31 ᾗπερ F   γένους ἡ διαίρεσις E   32 ἀλλ' οὐχὶ γένους
om. F   36 ἡ] ἢ E

SIMPLICII IN PHYSICORUM I 3 [Arist. p. 186ᵇ 14. 187ᵃ 1]   133

ἦν καὶ τὸ γένος τὸ τῆς οὐσίας οὐσιοῦται, ὡς τὸ τοῦ συμβεβηκότος συμβε- 28ᵛ
βηκός ἐστιν. ἔτι οὐδὲ θέσις ἂν τὸ τοιοῦτον οὐδὲ παράδοξος ὑπόληψις
ἔδοξε· πολλοῖς γὰρ δοκεῖ τῶν φιλοσόφων ἓν εἶναι τὸ ὂν ὡς γένος. ἔτι εἰ
τὸ ὅπερ ὂν γένος ὑπετίθετο, πῶς τὸ λευκὸν ἢ ἄλλο τι τῶν συμβεβηκότων
5 μὴ εἶναι ἔλεγεν; εἴδη γὰρ ταῦτα τοῦ ὄντος ὥσπερ καὶ ἡ οὐσία. αὐτὸς δὲ
μὴ εἶναι | ἐκεῖνα λαβὼν οὕτως μὴ ὂν συνήγαγε καὶ τὸ ὅπερ ὄν, ᾧ ταῦτα 29ʳ
ὑπάρχει, καὶ μὴ ὂν οὐ τὶ μὴ ὄν, ἀλλ᾽ ἁπλῶς μὴ ὄν. καίτοι πῶς ἂν ἁπλῶς
μὴ ὂν εἴη τὸ συμβεβηκός, εἰ γένος αὐτοῦ τὸ ὅπερ ὂν ἦν; ἔτι εἰ τὸ ὅπερ
ὂν γένος, διὰ τί πάντα τὰ ὑπ᾽ αὐτὸ ἢ οὐκ ὄντα ἢ ὅπερ ὄντα ἔσται; οὐ γὰρ
10 πάντα τὰ ὑπὸ τὸ γένος γένη καὶ αὐτά ἐστιν. ἔτι "εἰ γάρ, φησίν, ἔστι
τὸ ὅπερ ὂν ταὐτὸν καὶ λευκόν". καίτοι τὸ μὲν γένος οὐκ ἄν τις εἴποι λευκόν, 5
τὴν δὲ οὐσίαν τὴν μετέχουσαν λέγομεν· ἐξ οὗ δῆλον ὅτι καὶ οὐσίαν τὴν
ὡς ἄτομον λέγει, ἀλλ᾽ οὐχὶ τὴν γενικήν. ἔτι προχειρότατον ἦν δεῖξαι πολλὰ
τὰ ὄντα διὰ τοῦ ἐκθέσθαι τὸν τοῦ γένους ὁρισμόν· κατὰ πλειόνων γὰρ τὸ
15 γένος. ὁ δὲ μηδαμοῦ μνημονεύσας τούτου ἐναργῶς δεικνύντος πολλὰ εἶναι
τὰ ὄντα, δῆλός ἐστι τὸ ὅπερ ὂν μὴ ὡς γένος λαμβάνων. εἰ δέ τις διὰ
τοῦτο ἀξιοῖ τὸ ὅπερ ὂν τὸ γένος λέγειν, διότι τὸ γένος ἐν ἄλλοις ὅπερ ὂν
καλεῖ, ὥρα αὐτῷ καὶ τὴν διαφορὰν ὅπερ ὂν λέγειν. καὶ γὰρ καὶ ταύτην 10
ἐνταῦθα ὡς συμπληρωτικὴν τοῦ ὅπερ ὄντος ὅπερ ὂν καλεῖ. καὶ ἐν οἷς
20 μέντοι τὸ γένος ὅπερ ὂν καλεῖ, ὡς οὐσιωδῶς κατηγορούμενον καὶ ποιοῦν
ἐκεῖνο οὗ κατηγορεῖται ὅπερ αὐτό, οὕτως ὅπερ ὂν καλεῖ. καὶ ὁ Εὔδημος
δὲ τῷ Ἀριστοτέλει πάντα κατακολουθῶν τοῦ ὅπερ ὄντος οὐκ ἤκουσεν ὡς
γένους. ἐν γοῦν τῷ πρώτῳ τῶν Φυσικῶν περὶ Παρμενίδου λέγων ταῦτα
γέγραφεν (ὡς Ἀλέξανδρός φησιν· ἐγὼ γὰρ οὐχ εὗρον ἐν τῷ Εὐδημείῳ τὴν
25 λέξιν ταύτην)· „τὸ μὲν οὖν κοινὸν οὐκ ἂν λέγοι. οὔτε γὰρ ἐζητεῖτό πω 15
τὰ τοιαῦτα, ἀλλὰ ὕστερον ἐκ τῶν λόγων προῆλθεν, οὔτε ἐπιδέχοιτο ἂν ἃ
τῷ ὄντι ἐπιλέγει. πῶς γὰρ ἔσται τοῦτο 'μεσσόθεν ἰσοπαλὲς' καὶ τὰ
τοιαῦτα; τῷ δὲ οὐρανῷ, φασί, σχεδὸν πάντες ἐφαρμόσουσιν οἱ τοιοῦτοι
λόγοι‚‚.‟

30   p. 187ᵃ 1 Ἔνιοι δὲ ἐνέδοσαν τοῖς λόγοις ἀμφοτέροις.

Ἐλέγξας τὸν Παρμενίδου λόγον αὐτὸς ὡς καὶ τὰς προτάσεις ψευδεῖς
λαμβάνοντα (ἦν δὲ ἡ πρότασις τὸ μοναχῶς λέγεσθαι τὸ ὂν ἤτοι τὸ 'παρὰ 25

---

1 τὸ (post γένος) DF: om. aE   4 ὑπετίθεται D   7 οὐ τὶ] ὅτι F   8 τὸ
ὅπερ ἦν (om. ὂν) E   10 αὐτὰ ἔσται F   εἰ γάρ ἐστι φησί aE   φησί
p. 186ᵇ 6   11 τὸ ὅπερ ὂν ταὐτὸν DE: τὸ ὅπερ ὂν τὸ αὐτὸ a: ταυτὸ τὸ ὅπερ
ὂν F   καίτοι] καὶ a   τὸ om. E   13 ὡς om. D   τὸ ante δεῖξαι
add. aF   15 μηδαμῶς D   19 καὶ ἐν οἷς — καλεῖ (20) om. F   21 οὕτως
ὅπερ ὂν καλεῖ delevit F   Εὔδημος fr. 12 p. 25, 7 Sp.   22 post ὄντος add. ἐκεῖνος
aE   23 περὶ om. F   λόγων F²   ταῦτα] τάδε E   24 εὐδημείῳ F: εὐδημίῳ
aD: εὐδήμῳ E   27 μεσσόθεν DF   ἰσοπλατὲς E   28 φασί DF (cf. p. 143, 4):
φησί aE

τὸ ὂν οὐκ ὄν' ἢ τὸ 'οὐκ ὂν οὐδέν', ταῦτα γὰρ ἰσοδυναμεῖ) καὶ ὡς ἀσυλλο- 29ʳ
γίστως συνάγοντα (μὴ γὰρ ἀκολουθεῖν τὸ ἐπιφερόμενον συμπέρασμα), ἐνίους
φησὶν ἀμφοτέροις ἐνδοῦναι τοῖς λόγοις τῷ τε εἰρημένῳ τοῦ Παρμε-
νίδου καὶ τῷ τοῦ Ζήνωνος, ὃς βοηθεῖν ἐβούλετο τῷ Παρμενίδου λόγῳ πρὸς
5 τοὺς ἐπιχειροῦντας αὐτὸν κωμῳδεῖν ὡς εἰ ἓν ἔστι πολλὰ καὶ γελοῖα συμ-
βαίνει λέγειν τῷ λόγῳ καὶ ἐναντία αὐτῷ, δεικνὺς ὁ Ζήνων ὡς ἔτι γελοιό-
τερα πάσχοι ἂν αὐτῶν ἡ ὑπόθεσις ἡ λέγουσα πολλά ἐστιν ἤπερ ἡ τοῦ ἓν 30
εἶναι, εἴ τις ἱκανῶς ἐπεξίοι. ταῦτα γὰρ αὐτὸς ὁ Ζήνων ἐν τῷ Πλάτωνος Παρ-
μενίδῃ μαρτυρῶν φαίνεται τῷ λόγῳ· καὶ ὁ μὲν τοῦ Παρμενίδου λόγος ἐστίν,
10 ὅτι πάντα ἓν τὸ ὂν ἔστιν, εἴπερ τὸ ὂν ἓν σημαίνει. τὸ γὰρ παρ' αὐτὸ
οὐδὲν ἔσται. ὡς δὲ Θεόφραστος προήγαγε 'τὸ παρὰ τὸ ὂν οὐκ ὄν. τὸ οὐκ
ὂν οὐδέν'. καὶ τούτῳ φησὶν ἐνδοῦναι τῷ λόγῳ τινάς. ἐνδοῦναι δέ
ἐστι λόγῳ τὸ συγχωρῆσαι ταῖς προτάσεσι ταῖς κατασκευαζούσαις αὐτὸν ἢ
τῇ συμπλοκῇ. τὸν οὖν Πλάτωνά φασιν ἐνδοῦναι τῇ προτάσει τῇ λεγούσῃ 35
15 τὸ παρὰ τὸ ὂν οὐκ ὄν (καὶ γὰρ τὴν κίνησιν καὶ τὴν στάσιν καὶ ταὐτὸν καὶ
ἕτερον ἐν Σοφιστῇ ἕτερα τοῦ ὄντος εἶναί φησι), τὸ δὲ οὐκ ὂν οὐδὲν οὐκέτι
συγχωρεῖν· καὶ γὰρ τὰ ἕτερα τοῦ ὄντος, κἂν μὴ ὄντα ᾖ, ἀλλ' ὅμως εἶναί
φησι καὶ ταύτῃ τὸ μὴ ὂν εἰσάγει.

Καὶ ὁ μὲν Ἀλέξανδρός φησιν αὐτὸν τὸ μὲν εἰ ἓν τὸ ὂν συγχωρεῖν,
20 πάντα δὲ ἓν εἶναι μηκέτι συγχωρεῖν τιθέντα τῶν πάντων μὴ μόνον τὸ ὄν, ἀλλὰ
καὶ τὸ μὴ ὄν. "καὶ οὐχ οὕτως, φησί, τὸ μὴ ὂν εἶναι ἔλεγεν ὡς ὄν τι τῶν
ὑπὸ τὸ ὄν. οὐ γὰρ τὸ τὶ μὲν μὴ ὂν τὶ δὲ ὄν, οὐδὲ τὸ ἐν τῷ κειμένῳ 40
ὄντι περιεχόμενον, ἀλλὰ τὸ ἄλλην φύσιν ἔχον παρὰ τὸ ὡμολογημένον καὶ
κείμενον ἔλεγεν εἶναι δεξάμενος τὸ ὂν ἕν τε εἶναι καὶ μοναχῶς λέγεσθαι. ὁ δὲ
25 συγχωρήσας τῇ προτάσει τῇ παρὰ τὸ ὂν οὐκ ὄν, λέγων δὲ εἶναι ἄλλο τι τοῦ
ὄντος τοῦ εἰλημμένου ἐν τῇ προτάσει, εἶναι τὴν ἀντίφασιν λέγει. δοὺς γὰρ
τὸ παρὰ τὸ ὂν μὴ εἶναι λέγει πάλιν τὸ παρὰ τὸ ὂν εἶναι καὶ τῇ ἀντιφάσει
περιπίπτει τῇ τὸ μὴ ὂν ἁπλῶς εἶναι λεγούσῃ. καίτοι εἴ τις λέγοι μὲν εἶναι τὸ
μὴ ὄν, μὴ τὸ ἁπλῶς δὲ μὴ ὄν, ἀλλὰ τὸ τὶ μὴ ὄν, οὐ περιπίπτει τῇ ἀντι-
30 φάσει. τὸ γὰρ ἄλλο τι ὂν ἄλλο οὐκ ἔστιν. οὐ γὰρ ἓν κατὰ τὸν ἀριθμὸν 45
τὸ ὂν ἐδείχθη διὰ τοῦ ληφθῆναι μοναχῶς λέγεσθαι." ταῦτα μὲν οὖν ὁ
Ἀλέξανδρος.

---

3 ἐπιδοῦναι E   τῷ τε εἰρημένῳ iteravit E   τοῦ EF: τῶ D: παρὰ τοῦ F:
παρὰ a   4 Ζήνωνος] βίωνος E   6 αὐτῶ DEF   11 Θεόφραστος Phys.
Opin. fr. 7 (Doxogr. p. 483, 8) cf. p. 115, 11   παρήγαγε E   12 τοῦτο E
13 post ἐστι fortasse intercidit τῷ   14 φασιν DF: φησιν aE   16 Σοφιστῇ
p. 250 A sqq.   τοῦ ὄντος ἕτερα a   17 μὴ ὄντα ἐστὶν DE   19 εἰ
(ante ἓν) om. D   22 τὸ τὶ μὲν ὄν; μὴ ὄντι δὲ ὄν F   οὐδὲ τῷ E
23 περὶ τὸ a   24 ἓν τὸ εἶναι D   ἕν τε εἶναι (inc. f. 48 r) ἕν τε εἶναι καὶ
πολλαχῶς F   25 τῇ παρὰ] τοῦτο παρὰ F   λέγω δὲ F   27 τὸ παρὰ
τὸ ὂν μὴ εἶναι λέγει πάλιν om. DF   τὸ παρὰ τὸ ὂν aDF: παρὰ τὸ ὂν E
καὶ om. F   28 μὲν λέγοι D   30 οὐχ ἔστιν ἄλλο D   ἕν] ἂν F
31 πολλαχῶς F   οὖν om. DE   32 ἀλέξανδρός φησιν· ὁ δὲ πορφ. τὸν πλάτωνά
φησι aF

Φησὶ δὲ ὁ Πορφύριος τὸν Πλάτωνα καὶ τὸ μὴ ὂν λέγειν εἶναι, οὕτως 29ʳ
μέντοι εἶναι ὡς μὴ ὄν. τὸ μὲν γὰρ ὄντως ὂν ἀπεφήνατο εἶναι τὴν ἰδέαν καὶ
ταύτην ὄντως εἶναι οὐσίαν, τὴν δὲ ἀνωτάτω πρώτην ἄμορφον καὶ ἀνείδεον
ὕλην ἐξ ἧς τὰ πάντα ἐστὶν εἶναι μέν, μηδὲν δὲ εἶναι τῶν ὄντων. αὐτὴ γὰρ
5 ἐφ᾽ ἑαυτῆς ἐπινοουμένη δυνάμει μὲν πάντα ἐστίν, ἐνεργείᾳ δὲ οὐδέν. τὸ δὲ
ἐκ τοῦ εἴδους καὶ τῆς ὕλης ἀποτέλεσμα καθ᾽ ὅσον μὲν εἴδους μετέχει, 50
κατὰ τοῦτο εἶναί τι καὶ προσαγορεύεσθαι κατὰ τὸ εἶδος, καθ᾽ ὅσον δὲ τῆς
ὕλης καὶ διὰ ταύτην ἐν συνεχεῖ ῥύσει καὶ μεταβολῇ τυγχάνει, πάλιν μὴ
ἁπλῶς μηδὲ βεβαίως εἶναι. ἀντιδιαιρούμενος γοῦν αὐτὰ ἐν τῷ Τιμαίῳ φησί
10 "τί τὸ ὂν μὲν ἀεί, γένεσιν δὲ οὐκ ἔχον, καὶ τί τὸ γινόμενον μέν, ὂν δὲ
οὐδέποτε". καὶ τὸ μὴ ὂν εἶναι ἔφη, οὐ τὸ ὂν μὴ ὂν εἶναι, καὶ τὸ μὴ ὂν
εἶναι ὄν· οὐ μὴν τὰ κατὰ τὴν ἀντίφασιν ἀντικείμενα. τὸν μὲν γὰρ ἄν-
θρωπον οὐχ οἷόν τε ἅμα καὶ μὴ ἄνθρωπον εἶναι, μὴ ἵππον δὲ ἀλη- 55
θὲς εἰπεῖν.
15   Ἀλλὰ πρὸς μὲν τὸν Ἀλέξανδρον ἀρκεῖ τὴν Πλάτωνος παραθέσθαι |
ῥῆσιν, ἧς αὐτὸς Ἀλέξανδρος ἐμνημόνευσε, δεικνῦσαν οἶμαι σαφῶς, ὡς ὁ 29ᵛ
Πλάτων οὐ τὸ ἁπλῶς μὴ ὄν, ἀλλὰ τὸ τὶ μὴ ὂν εἰσῆγεν. ἔχει δὲ ἡ ῥῆσις
ὧδε· "Οἶσθα οὖν ὅτι Παρμενίδῃ μακροτέρως τῆς ἀπορρήσεως ἠπιστήκαμεν;
Τί δή; Πλεῖον ἢ κεῖνος ἀπεῖπε σκοπεῖν ἡμεῖς εἰς τὸ πρόσθεν ἐπιζητήσαντες
20 ἀπεδείξαμεν αὐτῷ. Πῶς; Ὅτι ὁ μὲν πού φησιν
    οὐ γὰρ μήποτε τοῦτο δαμῇ εἶναι μὴ ὄντα,
    ἀλλὰ σὺ τῆσδ᾽ ἀφ᾽ ὁδοῦ διζήσιος εἶργε νόημα. 5
Λέγει γὰρ οὖν οὕτως. Ἡμεῖς δέ γε οὐ μόνον ὡς ἔστι τὰ μὴ ὄντα
ἀπεδείξαμεν, ἀλλὰ καὶ τὸ εἶδος ὃ τυγχάνει ὂν τοῦ ὄντος ἀπεφηνάμεθα.
25 τὴν γὰρ θατέρου φύσιν ἀποδείξαντες οὖσάν τε καὶ κατακεχερματισμένην ἐπὶ
πάντα τὰ ὄντα πρὸς ἄλληλα, τὸ πρὸς τὸ ὂν ἑκάστου μόριον αὐτῆς ἀντιτι-
θέμενον ἐτολμήσαμεν εἰπεῖν ὡς αὐτὸ τοῦτό ἐστιν ὄντως τὸ μὴ ὄν. Μὴ
τοίνυν ἡμᾶς εἴπῃ τις, ὅτι τοὐναντίον τοῦ ὄντος τὸ μὴ ὂν ἀποφαινόμενοι
τολμῶμεν λέγειν ὡς ἔστιν. ἡμεῖς γὰρ περὶ μὲν ἐναντίου τινὸς αὐτῷ χαίρειν
30 πάλαι λέγομεν, εἴτε ἔστιν εἴτε μή, λόγον ἔχον ἢ καὶ παντάπασιν ἄλογον. 10
ὃ δὲ νῦν εἰρήκαμεν εἶναι τὸ μὴ ὄν, ἢ πεισάτω τις ὡς οὐ καλῶς λέγομεν

---

2 ὄντος aE   4 δὲ εἶναι om. F   5 μὲν om. D   τὸ δὲ aD: ποτὲ δὲ EF
6 τῆς ὕλης καὶ τοῦ εἴδους aF   8 πάλιν δὲ F fortasse recte ut in bipartita apodosi
(loc. obl. D)   9 τῷ om. E   Τιμαίῳ p. 27 D   10 μὲν om. Plato   οὐχ
DE: μὴ aE   γιγνόμενον ἀεί Plato   11 τὸ primum om. F   12 τὴν (post κατὰ)
om. DE   15 τὸν om. a   17 ῥῆσις Sophist. p. 258c sqq.   18 ἀπορήσεως aEF
19 δή] δεῖ D   πλέον a   ἀποζητήσαντες F: ἔτι ζητήσαντες Plato   20 αὐτῷ aF
Plato: αὐτὸ DE   φησὶν Parmen. v. 52 K., vv. 60, 61 Stein. cf. p. 143,31 f. 53ᵛ29   21 τοῦτο
δαμῇ εἶναι μὴ ὄντα E: τοῦτο μηδαμῇ εἶναι μὴ ὄντα D: in lac. om. F: τόγε μὴ ὂν οἷόν τε
εἶναι a   Parmenidi dandum μὴ ἐόντα   23 οὖν om. aF   τε om. a   24 τοῦ
μὴ ὄντος Plato   25 κατακερματισμένην D   26 τὸ πρὸς] τὸ om. D   ἑκάστου
DEF: ἕκαστον a et Simpl. f. 52ᵛ29   27 ὄντος F   τὸ post ὄντως om. E   post
τὸ μὴ ὂν Platonica Καὶ — εἰρηκέναι omisit Simplicius   29 αὐτῷ D: οὕτω F: αὐτῶ αὐτῷ
E: αὐτῷ τούτῳ a

ἐλέγξας, ἢ μέχριπερ ἂν ἀδυνατῇ, λεκτέον καὶ ἐκείνῳ καθάπερ ἡμεῖς λέ-
γομεν, ὅτι συμμίγνυταί τε ἀλλήλοις τὰ γένη καὶ τό τε ὂν καὶ θάτερον διὰ
πάντων καὶ δι' ἀλλήλων διεληλυθότε τὸ μὲν ἕτερον μετασχὸν τοῦ ὄντος
ἔστι μὲν διὰ ταύτην τὴν μέθεξιν, οὐ μὴν ἐκεῖνό γε οὗ μετέσχεν ἀλλ' ἕτερον,
5 ἕτερον δὲ τοῦ ὄντος ὂν ἔστι σαφέστατα ἐξ ἀνάγκης εἶναι μὴ ὄν. τὸ δὲ μὴ
ὂν αὖ θατέρου μετειληφὸς ἕτερον τῶν ἄλλων ἂν εἴη γενῶν. ἕτερον δὲ
ἐκείνων ἁπάντων ὂν οὐκ ἔστιν ἕκαστον αὐτῶν οὐδὲ ξύμπαντα τὰ ἄλλα πλὴν
αὐτό, ὥστε τὸ ὂν ἀναμφισβητήτως αὖ μυρία ἐπὶ μυρίοις οὐκ ἔστι, καὶ τὰ
ἄλλα δὴ καθ' ἕκαστον οὕτω καὶ ξύμπαντα πολλαχῇ μὲν ἔστι, πολλαχῇ δὲ
10 οὐκ ἔστιν." ἐκ δὴ ταύτης τῆς ῥήσεως ὁ Ἀλέξανδρος ᾠήθη τὸν Πλάτωνα
τὸ ἁπλῶς μὴ ὂν εἰσάγειν, ὡς τὸ ἁπλῶς ὂν εἰληφότα τὸ ὡς γένος ὄν. καὶ
ἤρκει μὲν αὐτοῦ τοῦ Πλάτωνος ἀκοῦσαι λέγοντος "μὴ τοίνυν ἡμᾶς εἴπῃ τις,
ὅτι τοὐναντίον τοῦ ὄντος τὸ μὴ ὂν ἀποφαινόμενοι τολμῶμεν λέγειν" καὶ
ὅτι 'ἔστι μὲν ἕκαστον διὰ τὴν τοῦ ὄντος μέθεξιν, οὐ μὴν τὸ ὄν ἐστι'. καὶ
15 πρὸ ταύτης δὲ τῆς ῥήσεως, ὁποῖον μὴ ὂν εἰσάγει, σαφῶς ἐδήλωσεν εἰπὼν
"ὁπόταν τὸ μὴ ὂν λέγωμεν, ὡς ἔοικεν, οὐκ ἐναντίον τι λέγομεν τοῦ ὄντος,
ἀλλ' ἕτερον μόνον". ἤρκει δὲ καὶ τὰ περὶ τοῦ ἁπλῶς μὴ ὄντος καὶ ἐναν-
τίου τῷ ὄντι εἰρημένα ἀκοῦσαι, ὡς καὶ τὸν ὁποιονοῦν περὶ αὐτοῦ λόγον
παραιτεῖται ὁ Πλάτων. οὐδὲ γὰρ ὁ εἶναι οὐδὲ ὁ μὴ εἶναι λέγων αὐτὸ ἀνεύ-
20 θυνος. οὐδὲ τὸ λέγειν τι περὶ αὐτοῦ ἀσφαλές. ἤρκει μὲν οὖν ὅπερ εἶπον
καὶ ταῦτα. ἐννοῆσαι δὲ χρὴ ὅτι τὸ ὑπὸ τοῦ Πλάτωνος εἰλημμένον ὄν ἐστι
τὸ κατ' αὐτὴν τοῦ εἶναι τὴν ἰδιότητα ψιλὴν θεωρούμενον, ὃ καὶ ἀντιδιῄ-
ρηται πρός τε τὰ ἄλλα γένη καὶ πρὸς τὸ μὴ ὄν· καὶ γὰρ τοῦτο γένος εἶναί
φησιν, ἀλλ' οὐχὶ τὸ παντελῶς ὂν τὸ καὶ τὰ γένη πάντα ἐν ἑαυτῷ συνῃ-
25 ρηκός· ᾧ τὸ παντελῶς μὴ ὂν ἀντικέοιτο, εἰ καὶ τὸ ἀντικεῖσθαι δυνατὸν ἐπ'
αὐτοῦ λέγειν. τὸ δὲ τοιοῦτον ὂν οὐκ ἂν εἴη γένος, εἴπερ τὰ γένη ἐναντία
διαιρέσει ἐστὶ τῇ πρὸς ἄλληλα. καὶ κατὰ μίαν ἰδιότητα περιγέγραπται δια-
κεχριμένα ἤδη ταῦτα ἀπὸ τῆς νοητῆς ἑνώσεως, ἐν ᾗ πάντα ἓν ἦν, ὡς ὁ
Παρμενίδης φησί, καὶ ὑπελθόντα πρῶτον μὲν εἰς τὴν νοερὰν διάκρισιν, ἀμε-
30 ρίστως μερισθεῖσαν καὶ εἰς τὸν αἰσθητὸν διασπασμὸν καὶ μεταξὺ τούτων
εἰς τὴν ψυχικὴν ἀλληλουχίαν. ὥστε πολλοῦ δεῖ τὸ ἁπλῶς μὴ ὂν εἰσάγειν
τὸ τῷ ἁπλῶς ὄντι ἀντικείμενον ὁ Πλάτων.

Ὁ δέ γε Πορφύριος ὅτι μὲν οὐ τὸ ἁπλῶς μὴ ὂν ὁ Πλάτων εἰσάγει,
καλῶς ἐθεάσατο, ὅτι δὲ μὴ ὂν τὸ γενητὸν ὂν ἐν Σοφιστῇ φησι παραδιδόναι,

---

1 καὶ ἡμεῖς aF   3 διεληλυθότε EF: διεληλυθότες D: ἐληλυθότα a   4 ἔστι δὲ
διὰ F   5 μὴ om. Plato   ὂν om. F   ἔστι EF (D obl.): om. a   12 μὲν]
μετ' E   αὐτῷ a   εἴποι F   14 μέν ἐστιν aF   15 ὁποῖον τὸ μὴ ὂν α
εἰπὼν Soph. p. 257 B   19 εἶναι ὁ δὲ μὴ εἶναι F   λέγον E   21 εἰλημμένον ὄν
aE: εἰλημμένον F: εἰρημένον D   22 κατὰ τὴν τοῦ εἶναι ἰδιότητα D   23 πρός (post
καὶ) om. D   24 οὐχὶ DE: οὐ aF   παντελῶς aE: παντελὲς DF   τῷ καὶ E
26 ὂν om. aF   27 διακεχριμένα D   28 ὡς ἐν ᾗ πάντα ἐν ἦν F   ἓν om. E
32 ὁ πλάτων EF: ὁ πάντων D: om. a   33 ὁ δέ γε — ὁ πλάτων om. F   34 Πορφύριος
cf. p. 135, 1 sqq.

περὶ οὗ λέγει ἐν Τιμαίῳ "καὶ τί τὸ γινόμενον μέν, ὂν δὲ οὐδέποτε", τοῦτο 29ᵛ
ἐπιστάσεως ἄξιον εἶναί μοι δοκεῖ. οὐ γὰρ ἐν τῇ τῶν αἰσθητῶν, ἀλλ' ἐν
τῇ τῶν νοερῶν εἰδῶν διακρίσει τὸ μὴ ὂν ὁ Πλάτων ἀνευρίσκειν δοκεῖ.
πότε γὰρ ἂν περὶ τῶν ἐνύλων καὶ αἰσθητῶν ἔλεγε ταῦτα "τί δὲ πρὸς Διός;
5 ὡς ἀληθῶς κίνησιν καὶ ζωὴν καὶ ψυχὴν καὶ φρόνησιν ἢ ῥαδίως πεισθη-
σόμεθα τῷ παντελῶς ὄντι μὴ παρεῖναι μηδὲ ζῆν αὐτὸ μηδὲ ϕρονεῖν, ἀλλὰ
σεμνὸν καὶ ἅγιον, νοῦν οὐκ ἔχον, ἀκίνητον ἑστὼς εἶναι;" κοινῇ δὲ πρὸς τὸν 40
Ἀλέξανδρον λέγω καὶ τὸν Πορφύριον, ὅτι οὐκ ἂν οὕτω σαφῶς τοῦ Πλάτωνος
τὸ τὶ μὴ ὂν λέγοντος εἶναι τὸ ὑπ' αὐτοῦ εἰσαγόμενον, ὡς τὸ ἁπλῶς μὴ
10 ὂν εἰσάγοντι ὁ Ἀριστοτέλης ἐνεκάλει. καὶ ἔτι μέντοι οὐκ ἂν πρὸς Πλά-
τωνα ἐν τούτοις ἀποτείνοιτο ὡς μάτην δείσαντα, εἰ τὸ παρὰ τὸ ὂν οὐκ
ὄν, μὴ πάντα ἓν εἴη, καὶ διὰ τοῦτο τὸ μὴ ὂν εἰσάγοντα. οὐ γὰρ διὰ
τοῦ τὸ μὴ ὂν εἰσαγαγεῖν πολλὰ τὰ ὄντα δείκνυσιν ὁ Πλάτων, ἀλλὰ
τοῦτο μὲν ἔδειξεν ἄλλο μὲν τὸ ἕν, ἄλλο δὲ τὸ ὂν ἀποδείξας καὶ ἐκ τοῦ
15 ὁλομελὲς εἶναι
πάντοθεν εὐκύκλου σφαίρης ἐναλίγκιον ὄγκῳ, 45
μεσσόθεν ἰσοπαλές.
τὸ δὲ μὴ ὂν ἐδεήθη † δὲ καὶ τὸν σοφιστὴν 'εἰδωλοποιὸν' εἰπών, τὸ δὲ
εἴδωλον ψεῦδός τι ἔχειν, ψεῦδος δὲ μὴ εἶναι, εἰ μὴ τὸ μὴ ὂν ἔστιν. ὁ γὰρ
20 ψευδόμενος ἢ τὸ ὂν μὴ εἶναι λέγει ἢ τὸ μὴ ὂν εἶναι.

Ταῦτα μὲν οὖν περὶ τῆς ἑτέρας ἐνδόσεως, τοῦ Ἀριστοτέλους μήτε τὸ
μοναχῶς λέγεσθαι τὸ ὂν συγχωροῦντος μήτε ἐνδιδόντος τῇ λεγούσῃ προτά-
σει τὸ παρὰ τὸ ὂν οὐκ ὄν· εἰ μή τις τὸ οὐκ ὂν λέγοι, ὡς οὐσία μὲν οὐκ
ἔστιν, ἄλλο δέ τι εἶναι οὐ κωλύεται. ὅπερ καὶ Πλάτων πρὸ τοῦ Ἀριστοτέλους 50
25 ἐβόα. δῆλος δέ ἐστι καὶ Ἀριστοτέλης συνιδὼν ὅτι τῷ πλήθει τὸ μὴ ὂν
συνεισέρχεται. οὐδὲν γὰρ κωλύει, φησί, μὴ ἁπλῶς εἶναι, ἀλλὰ μὴ
ὄν τι εἶναι τὸ μὴ ὄν. ἐφεξῆς μέντοι κἂν ἀληθής, φησίν, εἴη ἡ πρότασις,
ἡ λέγουσα τὸ παρὰ τὸ ὂν οὐκ ὄν, οὐκ ἤδη διὰ τοῦτο ἀνάγκη ἓν πάντα
εἶναι τῷ ἀριθμῷ. τὸ γὰρ αὑτόν, ὅπερ αὐτοὶ ὑποτίθενται, οὐδεὶς ἂν ἄλλο
30 τι λεγόμενον ἀκούοι ἢ τὸ ὅπερ ὄν, τουτέστι τὸ κυρίως ὄν, τουτέστι τὴν οὐσίαν.
τούτου δὲ οὕτως ἔχοντος, | δέδεικται πρότερον, ὅτι εἴτε μετέχοι τὸ ὅπερ ὂν 30ʳ
συμβεβηκότος, πολλά ἐστι τὰ ὄντα, εἴτε μὴ μετέχοι, καὶ αὐτὰ καθ' αὑτὰ τὰ ὅπερ
ὄντα πολλά ἐστι διὰ τὰ ἐν τῷ ὁρισμῷ τοῦ ὅπερ ὄντος οὐσιωδῶς παραλαμβανό-

---

1 λέγειν E   γενόμενον DE   3 εἰδῶν om. a   εὐρίσκειν D   4 ἂν om. D
ἔλεγε Soph. p. 248 E cf. f. 91ʳ 48   7 πρός om. D   11 ἀποτένοιτο D   οὐκ ὂν
om. F   12 εἰσάγειν D   16 πάντοθεν — ἰσοπαλές Parm. vv. 102. 103 K. 106. 107 St.
17 μεσόθεν D   18 δὲ καὶ DEF: om. a: fortasse δεῖξαι   εἰδωλοποιὸν Soph.
p. 239 D   19 εἰ om. F   21 μήτε τὸ a: μηδὲ τὸ DE μηδὲ F   22 μὴ δὲ ἐνδι-
δόντος E   23 λέγοι DE: λέγει aF   24 καὶ ὁ πλάτων D   26 post φησὶ add.
εἴη ἡ πρότασις ἡ λέγουσα E   ἁπλῶς a: ὡς αὐτὸ (?) D: ὡς ὄντος E: ὡς ὄντι F. an
latet ὡς ὄντως?   27 φησὶν om. F   29 ὑποτίθεται a   30 ἢ τὸ] π τὸ D
31 μετέχει aF   post ὂν add. τοῦ a   32 μετέχει aF   τὸ ὅπερ ὄντα E
33 διὰ τὰ a: διὰ τὸ DEF   παραλαμβάνεσθαι F

μενα. ἐπιστῆσαι δὲ ἄξιον, ὅτι τὸ ὅπερ ὂν καὶ αὐτοὸν κέκληκε κατὰ τὴν 30ʳ Πλατωνικὴν συνήθειαν.

Τὸν δὲ δεύτερον λόγον τὸν ἐκ τῆς διχοτομίας τοῦ Ζήνωνος εἶναί φησιν ὁ Ἀλέξανδρος λέγοντος, ὡς εἰ μέγεθος ἔχοι τὸ ὂν καὶ διαιροῖτο, πολλὰ τὸ 5
ὂν καὶ οὐχ ἓν ἔτι ἔσεσθαι, καὶ διὰ τούτου δεικνύοντος ὅτι μηδὲν τῶν ὄντων ἔστι τὸ ἕν. περὶ δὲ τοῦ λόγου τούτου καὶ διὰ τῶν ἔμπροσθεν εἰρηκέναι φησὶ τὸν Ἀριστοτέλην, ἐν οἷς ἔλεγεν "ἐθορυβοῦντο δὲ καὶ οἱ ὕστεροι τῶν ἀρχαίων", οὗ καὶ τὴν λύσιν παρέθετο διὰ τοῦ "ὥσπερ οὐκ ἐνδεχόμενον ταὐτὸν ἓν καὶ πολλὰ εἶναι, μὴ τὰ ἀντικείμενα δέ. ἔστι δὲ τὸ ὂν καὶ ἓν
10 δυνάμει καὶ ἐντελεχείᾳ". "τούτῳ δὲ τῷ λόγῳ, φησί, τῷ περὶ τῆς διχοτομίας ἐνδοῦναι Ξενοκράτη τὸν Καλχηδόνιον δεξάμενον μὲν τὸ πᾶν τὸ διαι- 10
ρετὸν πολλὰ εἶναι (τὸ γὰρ μέρος ἕτερον εἶναι τοῦ ὅλου) καὶ τὸ μὴ δύνασθαι ταὐτὸν ἕν τε ἅμα καὶ πολλὰ εἶναι διὰ τὸ μὴ συναληθεύεσθαι τὴν ἀντίφασιν, μηκέτι δὲ συγχωρεῖν πᾶν μέγεθος διαιρετὸν εἶναι καὶ μέρος ἔχειν· εἶναι
15 γάρ τινας ἀτόμους γραμμάς, ἐφ' ὧν οὐκέτι ἀληθεύεσθαι τὸ πολλὰς ταύτας εἶναι. οὕτως γὰρ ᾤετο τὴν τοῦ ἑνὸς εὑρίσκειν φύσιν καὶ φεύγειν τὴν ἀντίφασιν διὰ τοῦ μήτε τὸ διαιρετὸν ἓν εἶναι ἀλλὰ πολλά, μήτε τὰς ἀτόμους γραμμὰς πολλὰ ἀλλ' ἓν μόνον." ταῦτα τοῦ Ἀλεξάνδρου λέγοντος ἐφιστάνειν ἄξιον 15
πρῶτον μέν, εἰ Ζήνωνος οἰκεῖον τοῦτο τὸ μηδὲν τῶν ὄντων λέγειν τὸ ἕν.
20 ὅς γε τοὐναντίον πολλὰ γέγραφεν ἐπιχειρήματα τὸ πολλὰ εἶναι ἀναιρῶν, ἵνα διὰ τῆς τῶν πολλῶν ἀναιρέσεως τὸ ἓν εἶναι πάντα βεβαιωθῇ, ὅπερ καὶ ὁ Παρμενίδης ἐβούλετο. ἔπειτα ἔδει τὴν χρείαν εἰπεῖν τῆς μνήμης τοῦ Ζήνωνος λόγου καὶ τῶν μάτην ἐνδεδωκότων αὐτῷ, ὥσπερ τῶν ἐνδόντων μὲν τῷ Παρμενίδου λόγῳ, τὸ δὲ μὴ ὂν εἰσαγαγόντων ἡ χρεία δήλη ἦν· ἵνα 20
25 γὰρ πολλὰ δειχθῇ τὰ ὄντα, ὅπερ ὁ Παρμενίδης οὐκ ἐβούλετο. εἰ δὲ αὐτὸς ὁ Ζήνων ἀνῄρει τὸ ἓν πολλὰ εἶναι δεικνύς, οὐκ ἐδεῖτό τινος συνηγορίας ὁ λόγος, εἰ μὴ ἄρα λέγοι τις ὅτι ὡς ἀντιθέτου τούτου τοῦ λόγου τοῦ λέγοντος πολλὰ μόνον εἶναι τὰ ὄντα ἐμνημόνευσεν.

Ἀλλ' ἔοικεν ἀπὸ τῶν Εὐδήμου λόγων ὁ Ἀλέξανδρος δόξαν περὶ τοῦ
30 Ζήνωνος λαβεῖν ὡς ἀναιροῦντος τὸ ἕν· λέγει γὰρ ὁ Εὔδημος ἐν τοῖς Φυσικοῖς "ἆρα οὖν τοῦτο μὲν οὐκ ἔστιν, ἔστι δέ τι ἕν; τοῦτο γὰρ ἠπορεῖτο. καὶ Ζήνωνά φασιν λέγειν, εἴ τις αὐτῷ τὸ ἓν ἀποδοίη τί ποτέ ἐστιν, ἕξειν 25
τὰ ὄντα λέγειν. ἠπόρει δὲ ὡς ἔοικε διὰ τὸ τῶν μὲν αἰσθητῶν ἕκαστον

---

1 κέχληται a 3 φησιν εἶναι F 5 οὐχ ἔτι ἓν a διὰ τοῦτο E
τλ'
7 ἄριστο E ἔλεγεν p. 185ᵇ 25] εἴρηκεν D ὕστερον a 8 παρέθετο p. 186ᵃ 1
9 ταὐτὸν post πολλὰ ponit a 10 περὶ τὰς aF 11 τὸν] καὶ E χαλχηδόνιον sic libri inter Καλχηδόνιον et Χαλχηδόνιον ambigentes 12 καὶ τὸ DE: καὶ διὰ τὸ aF
14 δὲ om. a debebat συγχωροῦντα 19 εἰ] εἰς E 22 τὴν μνήμην F¹ 24 εἰσαγαγόντων DE: εἰσαγόντων aF ἦν om. D ἵνα γὰρ nempe ut cf. Vahleni adn. ad Ar. art. poet.² 115 27 λέγει F ὅτι om. a ἀντίθετα ταῦτα F 29 ἀπὸ aF: ὑπὸ DE 30 γὰρ] δὲ D Εὔδημος fr. 7 p. 14, 8 Sp. cf. p. 97, 11 ἐν om. F
τοῖς om. D 32 τί ποτέ ἐστιν, ἕξειν [ἐξ≡ν cum litura F] DEF: τί ποτέ ἐστι, λέξειν a
33 μὲν (post τῶν) om. E

κατηγορικῶς τε πολλὰ λέγεσθαι καὶ μερισμῷ, τὴν δὲ στιγμὴν μηθὲν τιθέναι.
ὃ γὰρ μήτε προστιθέμενον αὔξει μήτε ἀφαιρούμενον μειοῖ, οὐκ ᾤετο τῶν
ὄντων εἶναι". καὶ εἰκὸς μὲν ἦν τὸν Ζήνωνα ὡς ἐφ' ἑκάτερα γυμναστικῶς
ἐπιχειροῦντα (διὸ καὶ 'ἀμφοτερόγλωσσος' λέγεται) καὶ τοιούτους ἐκφέρειν
λόγους περὶ τοῦ ἑνὸς ἀποροῦντα· ἐν μέντοι τῷ συγγράμματι αὐτοῦ πολλὰ
ἔχοντι ἐπιχειρήματα καθ' ἕκαστον δείκνυσιν, ὅτι τῷ πολλὰ εἶναι λέγοντι
συμβαίνει τὰ ἐναντία λέγειν· ὧν ἕν ἐστιν ἐπιχείρημα, ἐν ᾧ δείκνυσιν ὅτι
εἰ πολλά ἐστι, καὶ μεγάλα ἐστὶ καὶ μικρά· μεγάλα μὲν ὥστε ἄπειρα τὸ
μέγεθος εἶναι, μικρὰ δὲ οὕτως ὥστε μηθὲν ἔχειν μέγεθος. ἐν δὴ τούτῳ
δείκνυσιν, ὅτι οὗ μήτε μέγεθος μήτε πάχος μήτε ὄγκος μηθείς ἐστιν, οὐδ'
ἂν εἴη τοῦτο. "εἰ γὰρ ἄλλῳ ὄντι, φησί, προσγένοιτο, οὐδὲν ἂν μεῖζον
ποιήσειεν· μεγέθους γὰρ μηδενὸς ὄντος, προσγενομένου δὲ οὐδὲν οἷόν τε
εἰς μέγεθος ἐπιδοῦναι. καὶ οὕτως ἂν ἤδη τὸ προσγινόμενον οὐδὲν εἴη. εἰ
δὲ ἀπογινομένου τὸ ἕτερον μηδὲν ἔλαττόν ἐστι, μηδὲ αὖ προσγινομένου
αὐξήσεται, δῆλον ὅτι τὸ προσγενόμενον οὐδὲν ἦν οὐδὲ τὸ ἀπογενόμενον."
καὶ ταῦτα οὐχὶ τὸ ἓν ἀναιρῶν ὁ Ζήνων λέγει, ἀλλ' ὅτι μέγεθος ἔχει ἕκαστον
τῶν πολλῶν καὶ ἀπείρων τῷ πρὸ τοῦ λαμβανομένου ἀεί τι εἶναι διὰ τὴν
ἐπ' ἄπειρον τομήν· ὃ δείκνυσι προδείξας ὅτι οὐδὲν ἔχει μέγεθος ἐκ τοῦ
ἕκαστον τῶν πολλῶν ἑαυτῷ ταὐτὸν εἶναι καὶ ἕν. καὶ ὁ Θεμίστιος δὲ τὸν
Ζήνωνος λόγον ἓν εἶναι τὸ ὂν κατασκευάζειν φησὶν ἐκ τοῦ συνεχές τε αὐτὸ
εἶναι καὶ ἀδιαίρετον "εἰ γὰρ διαιροῖτο, φησίν, οὐδὲ ἔσται ἀκριβῶς ἓν διὰ
τὴν ἐπ' ἄπειρον τομὴν τῶν σωμάτων". ἔοικε δὲ μᾶλλον ὁ Ζήνων λέγειν
ὡς οὐδὲ πολλὰ ἔσται.

Ὁ μέντοι Πορφύριος καὶ τὸν ἐκ τῆς διχοτομίας λόγον Παρμενίδου
φησὶν εἶναι ἓν τὸ ὂν ἐκ ταύτης πειρωμένου δεικνύναι. γράφει δὲ οὕτως·
"ἕτερος δὲ ἦν λόγος τῷ Παρμενίδῃ ὁ διὰ τῆς διχοτομίας οἰόμενος δεικνύναι
τὸ ὂν ἓν εἶναι μόνον καὶ τοῦτο ἀμερὲς καὶ ἀδιαίρετον. εἰ γὰρ εἴη, φησί,
διαιρετόν, τετμήσθω δίχα, κἄπειτα τῶν μερῶν ἑκάτερον δίχα, καὶ τούτου
ἀεὶ γενομένου δῆλόν φησιν, ὡς ἤτοι ὑπομενεῖ τινα ἔσχατα μεγέθη ἐλάχιστα
καὶ ἄτομα, πλήθει δὲ ἄπειρα, καὶ τὸ ὅλον ἐξ ἐλαχίστων, πλήθει δὲ ἀπείρων
συστήσεται· ἢ φροῦδον ἔσται καὶ εἰς οὐθὲν ἔτι διαλυθήσεται καὶ ἐκ τοῦ
μηδενὸς συστήσεται· ἅπερ ἄτοπα. οὐκ ἄρα διαιρεθήσεται, ἀλλὰ μενεῖ ἕν.

---

1 λέγεσθαι] γενέσθαι E   μηθὲν DE: μηδὲν aF: μηδὲ ἓν p. 97, 15   4 ἀμφοτερό-
γλωσσος a Timone apud Laert. IX 25   7 ἓν om. E   9 μηδὲν a   μέγεθος
ἔχειν E   τοῦτο E   11 εἰ γὰρ D: οὐ γὰρ EF: οὐ γὰρ εἰ a   ἄλλων E
12 προσγενομένου δὲ obl. D. δὲ deleri iussit Zeller H. Ph. Gr. I⁴ 541¹   οἴονται
εἰς F   15 οὐδὲ] οὐ διὰ E   ἀπογενόμενον a: ἀπογινόμενον DEF   16 ὅτι
εἰ a   ἕκαστον ἔχει aF   17 τῷ πρὸ — ἀεί τί εἶναι D: μέγεθος, τὸ πρὸ — ἀεί
τί εἶναι EF: οὐδὲ ἔσται ἀκριβῶς ἓν interpolate a   18 δεῖ δὲ ἓν εἶναι add. post
τομήν a   19 Θεμίστιος I 3 p. 122, 14   20 συνεχές τε E: συνεχὲς τὸ aDF
21 διαιρεῖται Themistius   οὐδὲ Themistius: οὐδὲν libri   24 καὶ τῶν E
λόγων E   25 λέγει δὲ D   δὲ super add. E   29 γενομένου DE: γινομένου
aF   ἤτοι] εἴ τι E   ὑπομενεῖ scripsi: ὑπομένει libri   31 οὐδὲν aF
32 μένει DE

καὶ γὰρ δὴ ἐπεὶ πάντῃ ὅμοιόν ἐστιν, εἴπερ διαιρετὸν ὑπάρχει, πάντῃ ὁμοίως 30ʳ
ἔσται διαιρετόν, ἀλλ' οὐ τῇ μέν, τῇ δὲ οὔ. διῃρήσθω δὴ πάντῃ· δῆλον
οὖν πάλιν ὡς οὐδὲν ὑπομενεῖ, ἀλλ' ἔσται φροῦδον, καὶ εἴπερ συστήσεται, 50
πάλιν ἐκ τοῦ μηδενὸς συστήσεται. εἰ γὰρ ὑπομενεῖ τι, οὐδέ πω γενήσεται
5 πάντῃ διῃρημένον. ὥστε καὶ ἐκ τούτων φανερόν φησιν, ὡς ἀδιαίρετόν τε
καὶ ἀμερὲς καὶ ἓν ἔσται τὸ ὄν. οἱ δὲ περὶ τὸν Ξενοκράτην τὴν μὲν πρώ-
την ἀκολουθίαν ὑπεῖναι συνεχώρουν, τουτέστιν ὅτι εἰ ἕν ἐστι τὸ ὂν καὶ
ἀδιαίρετον ἔσται, οὐ μὴν ἀδιαίρετον εἶναι τὸ ὄν. διὸ πάλιν μηδὲ ἓν
μόνον ὑπάρχειν τὸ ὄν, ἀλλὰ πλείω. διαιρετὸν μέντοι μὴ ἐπ' ἄπειρον εἶναι,
10 ἀλλ' εἰς ἄτομά τινα καταλήγειν. ταῦτα μέντοι μὴ ἄτομα εἶναι ὡς ἀμερῆ καὶ
ἐλάχιστα, ἀλλὰ | κατὰ μὲν τὸ ποσὸν καὶ τὴν ὕλην τμητὰ καὶ μέρη ἔχοντα, 30ᵛ
τῷ δὲ εἴδει ἄτομα καὶ πρῶτα, πρώτας τινὰς ὑποθέμενος εἶναι γραμμὰς
ἀτόμους καὶ τὰ ἐκ τούτων ἐπίπεδα καὶ στερεὰ πρῶτα. τὴν οὖν ἐκ τῆς
διχοτομίας καὶ ἁπλῶς τῆς ἐπ' ἄπειρον τομῆς καὶ διαιρέσεως ὑπαντῶσαν
15 ἀπορίαν ὁ Ξενοκράτης οἴεται διαλύεσθαι τὰς ἀτόμους εἰσαγαγὼν γραμμὰς
καὶ ἁπλῶς ἄτομα ποιήσας μεγέθη, φεύγων τὸ ⟨τὸ⟩ ὂν εἴπερ ἐστὶ διαιρετὸν 5
εἰς τὸ μὴ ὂν διαλυθῆναι καὶ ἀναλωθῆναι τῶν ἀτόμων γραμμῶν ἐξ ὧν
ὑφίσταται τὰ ὄντα μενουσῶν ἀτμήτων καὶ ἀδιαιρέτων." ἐν δὴ τούτοις
τοῖς ὑπὸ τοῦ Πορφυρίου ῥηθεῖσιν ὅτι μὲν πρὸς ἔπος ἡ μνήμη γέγονε
20 τοῦ ἐκ τῆς διχοτομίας λόγου διὰ τοῦ τῇ διαιρέσει ἀκολουθοῦντος
ἀτόπου τὸ ἀδιαίρετον καὶ ἓν εἰσάγοντος, εὖ ἂν ἔχοι. ἐφιστάνειν δὲ
ἄξιον, εἰ Παρμενίδου καὶ μὴ Ζήνωνός ἐστιν ὁ λόγος, ὡς καὶ τῷ
Ἀλεξάνδρῳ δοκεῖ. οὔτε γὰρ ἐν τοῖς Παρμενιδείοις λέγεταί τι τοιοῦτο 10
καὶ ἡ πλείστη ἱστορία τὴν ἐκ τῆς διχοτομίας ἀπορίαν εἰς τὸν Ζήνωνα
25 ἀναπέμπει. καὶ δὴ καὶ ἐν τοῖς περὶ κινήσεως λόγοις ὡς Ζήνωνος ἀπο-
μνημονεύεται.

Καὶ τί δεῖ πολλὰ λέγειν, ὅτε καὶ ἐν αὐτῷ φέρεται τῷ τοῦ Ζήνωνος
συγγράμματι; πάλιν γὰρ δεικνύς, ὅτι εἰ πολλά ἐστι, τὰ αὐτὰ πεπερασμένα
ἐστὶ καὶ ἄπειρα, γράφει ταῦτα κατὰ λέξιν ὁ Ζήνων· "εἰ πολλά ἐστιν, ἀνάγκη
30 τοσαῦτα εἶναι ὅσα ἐστὶ καὶ οὔτε πλείονα αὐτῶν οὔτε ἐλάττονα. εἰ δὲ το-
σαῦτά ἐστιν ὅσα ἐστί, πεπερασμένα ἂν εἴη. εἰ πολλά ἐστιν, ἄπειρα τὰ 15
ὄντα ἐστίν. ἀεὶ γὰρ ἕτερα μεταξὺ τῶν ὄντων ἐστί, καὶ πάλιν ἐκείνων
ἕτερα μεταξύ. καὶ οὕτως ἄπειρα τὰ ὄντα ἐστί." καὶ οὕτως μὲν τὸ κατὰ
τὸ πλῆθος ἄπειρον ἐκ τῆς διχοτομίας ἔδειξε. τὸ δὲ κατὰ μέγεθος, πρό-

---

2 δὴ om. aF   3 ὑπομενεῖ hic et v. 4 DE   εἴπερ] εἰ D   9 ὑπάρχειν om. a
εἶναι] fuit qui ἰέναι vellet at cf. p. 141, 25 sqq.   12 ὑποτιθέμενος aF   16 τὸ
ante τὸ addidi   17 διαλυθῆναι DE: ἀναλυθῆναι aF   καὶ διαιρεθῆναι F sed in
mrg. γρ. ἀναλωθῆναι   18 ἀτμήτων μενουσῶν aF   19 τοῖς aF: om. DE   21 εἰσα-
γαγόντος a   ἐφιστάνει E   22 μὴ om. E   24 ἱστορία aE: σπορά F: φορὰ D
25 καὶ (post δὴ) om. DE   τοῖς περὶ κινήσεως λόγοις cf. Z 9 p. 239ᵇ9 sqq.   27 δεῖ
τὰ πολλὰ D   ὅτι D   28 πάλιν γὰρ δεικνὺς DEF: δεικνὺς γὰρ a   29 ταῦτα om. D
κατὰ λέξιν — πολλά ἐστιν om. F (in mrg. ζήτει)   31 post ἂν εἴη add. καὶ πάλιν a
33 καὶ οὕτω καὶ τὸ D

τερον κατὰ τὴν αὐτὴν ἐπιχείρησιν. προδείξας γὰρ ὅτι "εἰ μὴ ἔχοι μέγεθος 30ᵛ
τὸ ὄν οὐδ' ἂν εἴη", ἐπάγει "εἰ δὲ ἔστιν, ἀνάγκη ἕκαστον μέγεθός τι ἔχειν
καὶ πάχος καὶ ἀπέχειν αὐτοῦ τὸ ἕτερον ἀπὸ τοῦ ἑτέρου. καὶ περὶ τοῦ
προὔχοντος ὁ αὐτὸς λόγος. καὶ γὰρ ἐκεῖνο ἕξει μέγεθος καὶ προέξει αὐτοῦ 20
5 τι. ὅμοιον δὴ τοῦτο ἅπαξ τε εἰπεῖν καὶ ἀεὶ λέγειν· οὐδὲν γὰρ αὐτοῦ τοι-
οῦτον ἔσχατον ἔσται οὔτε ἕτερον πρὸς ἕτερον οὐκ ἔσται. οὕτως εἰ πολλά
ἐστιν, ἀνάγκη αὐτὰ μικρά τε εἶναι καὶ μεγάλα, μικρὰ μὲν ὥστε μὴ ἔχειν
μέγεθος, μεγάλα δὲ ὥστε ἄπειρα εἶναι". μήποτε οὖν Ζήνωνος μέν ἐστιν
ὁ ἐκ τῆς διχοτομίας λόγος, ὡς Ἀλέξανδρος βούλεται, οὐ μέντοι τὸ ἓν ἀναι-
10 ροῦντος ἀλλὰ τὰ πολλὰ μᾶλλον τῷ τἀναντία συμβαίνειν τοῖς ὑποτιθεμένοις
αὐτὰ καὶ ταύτῃ τὸν Παρμενίδου λόγον βεβαιοῦντος ἓν εἶναι λέγοντα τὸ ὄν. 25
ὥστε καὶ ἡ μνήμη νῦν εὔλογος τοῦ ἐκ τῆς διχοτομίας λόγου καὶ τῶν οὐ
καλῶς ἐνδεδωκότων αὐτῷ, ὡς εἰ μὴ εἴη τινὰ ἄτμητα μεγέθη, ἀνάγκη
ἄπειρα καὶ πλήθει καὶ μεγέθεσιν εἶναι τὰ ὄντα, καὶ διὰ τοῦτο ἀτόμους
15 γραμμὰς ὑποθεμένων, ἵνα καὶ πολλὰ εἴη τὰ ὄντα καὶ μὴ ἐπ' ἄπειρον τὸ
πλῆθος καὶ τὸ μέγεθος προχωροίη. καίτοι πάλιν ἀντιφάσει δοκοῦσι περι-
πίπτειν μέγεθος ἀμέγεθες λέγοντες. διὸ ταύτην μὲν τὴν ἔνδοσιν ὁ Ἀριστο-
τέλης οὐκ ἀποδέχεται. οὐ γὰρ εἰ ἐπ' ἄπειρον διαιρετόν ἐστι τὸ μέγεθος, 30
ἤδη καὶ ἄπειρά ἐστιν αὐτοῦ ἐνεργείᾳ τὰ μέρη, ἀλλ' ἓν μὲν ἐνεργείᾳ, δυνάμει
20 δὲ πολλά. διὸ οὐ τὰ ἀντικείμενα ἢ τὴν τοιαύτην λύσιν ἐπὶ τῶν ἓν καὶ
πολλὰ τὸ αὐτὸ λεγόντων καλῶς ὁ Ἀριστοτέλης ἐπήγαγεν. ἐπὶ μέντοι τῶν
ἄπειρα δεικνύντων οὐκ ἔστιν ἀληθὲς εἰπεῖν ὅτι δυνάμει ἄπειρά ἐστι τὰ τοῦ
συνεχοῦς μέρη. ἢ γὰρ ἂν καὶ ἐνεργείᾳ ποτὲ ἐγένετο ἄπειρα, εἰ μὴ τὸ δυ-
νάμει μάτην ἔχοι. ἀλλὰ ῥητέον ὡς ὁ Πορφύριός φησιν ὅτι "ἕτερόν ἐστι
25 τὸ ἐπ' ἄπειρον εἶναι διαιρετὸν τὸ συνεχὲς καὶ ἄλλο τὸ εἰς ἄπειρα διῃρῆσθαι". 35
γίνεσθαι μὲν γὰρ ἡ διαίρεσις ἀεὶ δύναται καὶ τοῦτό ἐστι τὸ ἐπ' ἄπειρον
αὐτὴν εἶναι, γεγενῆσθαι δὲ καὶ καταλῆξαι οὐδέποτε δύναται, ἐπεὶ παυσα-
μένη γε πεπέρανται. διαφέρει γὰρ τὸ εἰς ἄπειρά τι διῃρῆσθαι καὶ τὸ ἐπ'
ἄπειρόν τι διαιρεῖν. τὸ μὲν γὰρ οὐκ ἄν ποτε γένοιτο οὐδ' ἂν συμπερανθείη,
30 τὸ δὲ οὐκ ἄν ποτε ἐπιλίποι ἀεὶ γινόμενον· διὰ γὰρ τὸ θάτερον ἀεὶ γίνεσθαι
καὶ μὴ οἷόν τε εἶναι καταλῆξαι, οὐκ ἂν θάτερον ἐπιτελεσθείη. μὴ τοίνυν
ταραττέσθω τις, πῶς τὸ ἐπ' ἄπειρον διαιρετὸν δυνάμει ἔχον τὸ διαιρεῖσθαι 40
(διαιρετὸν γὰρ τὸ δυνάμενον διαιρεῖσθαί ἐστιν) οὐδέποτε ὅμως εἰς ἄπειρα
διαιρεῖται· δόξει γὰρ μάτην ἔχειν τὸ δυνάμει, ὃ μὴ ἐκβαίνει μηδέποτε εἰς
35 ἐνέργειαν. τοῦτο οὖν μὴ ταραττέτω· τὸ γὰρ ἐπ' ἄπειρον διαιρετὸν οὐκ
ἔστι δυνάμει εἰς ἄπειρα διῃρημένον, ἀλλ' ἐπ' ἄπειρα διαιρούμενον. τοῦτο

---

1 κατ' αὐτὴν F   ἔχοι DF: ἔχει aE   12 τὸ ὂν μέγεθος aF   5 τι post αὐτοῦ
om. F   τούτῳ F   11 τὸν τοῦ παρμενίδου aF   post λόγον habet
ἀναιροῦντος F   12 καὶ om. D   16 περιπέπτειν D   17 ἀμέγεθος a
ἔχοντες F   18 ἐπ' super add. D   21 λεγόντων τὸ αὐτὸ aF   28 πεπέρανται
E (loc. obl. D): πεπέρασται aF   29 συμπερανθείη a: συμπερασθείη DEF
30 ἐπιλείποι DE   γενόμενον D   34 δείξει γὰρ μάτην ἔχει F   οὐδέποτε a   36 ἐπ'
ἄπειρον E

δὲ καὶ ἐνεργείᾳ ἀεὶ ἔχει, εἴπερ πᾶν τὸ ληφθὲν διαιρετόν ἐστι, καὶ διαιρεῖταί 30v
γε εἰ μηδὲν κωλύει, κἂν μὴ ὑφ' ἡμῶν, ὑπὸ τῆς φύσεως καὶ προστιθείσης 45
ἀεὶ καὶ διαιρούσης. ὅτι δὲ παντὸς συνεχοῦς ἐπ' ἄπειρον διαιρουμένου βε-
βαιοῦται τὸ μηδὲν εἶναι μέγεθος μήτε εἰς μεγέθη ἀδιαίρετα μήτε εἰς
5 ἀμεγέθη διαιρούμενον, δῆλον· παντὸς γὰρ τοῦ ληφθέντος συνεχοῦς ἔστι
τι μέρος καὶ αὐτὸ συνεχὲς ὄν, εἴπερ ἐπ' ἄπειρον. καὶ εἰ εἰς μεγέθη δὲ
πᾶσα διαίρεσις, δῆλον ὅτι ἐπ' ἄπειρον ἡ διαίρεσις· ὅτι δὲ εἰς μεγέθη,
φανερόν, εἴπερ τὰ σημεῖα μήτε ἅπτεσθαι ἀλλήλων δύναται μήτε διάστασιν
ποιεῖν. σημεῖον γὰρ σημείῳ προστιθέμενον σημεῖον ποιεῖ, ἀλλ' οὐ μέγε-
10 θος. οὔτε οὖν ἐκ σημείων σύγκειται οὔτε εἰς σημεῖα διαιρεῖται· ἀλλ' 50
οὐδὲ εἰς ἄπειρα μεγέθη ποτὲ διαιρεθήσεται πεπερασμένον ὑπάρχον· εἰς
ἃ γὰρ διαιρεῖται, καὶ σύγκειται ἐξ ἐκείνων· τὸ δὲ ἐξ ἀπείρων τῷ πλήθει
μεγεθῶν, ἄπειρον ἂν εἴη τῷ μεγέθει. εἰ γὰρ πεπερασμένον, δέξαιτο ἂν
προσθήκην ἄλλου τινὸς ὁμοίου τοῖς συνθεῖσιν αὐτό. καὶ οὕτως οὐκ ἦν
15 ἄπειρα τῷ πλήθει ἐκεῖνα.

Ἐπειδὴ δὲ καὶ Ξενοκράτης σοφὸς ἦν ἀνήρ, πῶς ἄρα τὰς ἀτόμους
γραμμὰς ὑπετίθετο; | οὐ γὰρ δὴ τὴν φύσιν τοῦ μεγέθους ἠγνόει, ἀλλ' οὐδὲ 31r
τῷ εἴδει διαιρετὸν ἔλεγε. τοῦτο γὰρ οὐ μόνον αἱ ἐλάχισται γραμμαὶ ἔχουσιν,
ἀλλὰ καὶ τὰ μέγιστα σώματα. μήποτε οὖν οὐ πρὸς τὴν ἐπ' ἄπειρον το-
20 μὴν ἐνίσταται ὁ Ξενοκράτης (οὐ γὰρ ἂν γεωμετρικὴν ἀρχὴν ἀνεῖλε γεω-
μετρικὸς ὢν ἀνήρ), ἀλλὰ πρὸς τὸ εἰς ἄπειρα διῃρῆσθαι ὄντων ἀεί τινων
ἀτμήτων μεγεθῶν· ἅτινα οὐδ' ὑπὸ τῆς φύσεως ἰσχύει καθ' αὑτὰ διαι-
ρεῖσθαι διὰ σμικρότητα, ἀλλ' ἑνωθέντα πάλιν ἄλλοις σώμασιν, οὕτω τοῦ 5
ὅλου διαιρουμένου, ἐν ἑαυτοῖς ἐκεῖνα δέχεται τὴν διαίρεσιν, ἣν μόνα ὄντα
25 οὐκ ἂν ὑπέμεινεν. ὡς οὖν ὁ Πλάτων ἐπίπεδα εἶπεν εἶναι τὰ πρῶτα καὶ
ἐλάχιστα σώματα, οὕτως ὁ Ξενοκράτης γραμμὰς ἀδιαιρέτους μὲν διὰ σμι-
κρότητα, διαιρετὰς δὲ καὶ αὐτὰς οὔσας τῇ φύσει.

Ἀλλ' ἐπειδὴ πρὸς πέρας ἤδη τῶν πρὸς Παρμενίδην λόγων ἀφίγμεθα,
καλῶς ἂν ἔχοι τήν τε Παρμενίδου δόξαν αὐτοῦ περὶ τοῦ ἑνὸς ὄντος ὡς
30 σύμμετρον τοῖς προκειμένοις ἀνιχνεῦσαι καὶ τὰς ἀντιλογίας πρὸς τί γεγό- 10
νασιν ἐπισκέψασθαι. ὅτι μὲν οὖν οὐ τῶν γινομένων τι καὶ φθειρομένων ὁ
Παρμενίδης τὸ ἓν ὂν τίθεται, δηλοῖ τὸ σημεῖον αὐτοῦ ἓν τὸ ἀγένητον καὶ
ἄφθαρτον λέγον, ἐν οἷς φησι

        μόνος δ' ἔτι μῦθος ὁδοῖο
35   λείπεται ὡς ἔστι. ταύτῃ δ' ἐπὶ σήματ' ἔασι
   πολλὰ μάλ', ὡς ἀγένητον ἐὸν καὶ ἀνώλεθρόν ἐστιν.

---

2 γε DF: τε aE   3 πᾶν συνεχὲς a   διαιρεῖται a   4 εἶναι μεγέθους a   εἰς (ante ἀμεγέθη) om. a   5 δῆλον om. a   6 εἴπερ] καὶ τοῦτο a   καὶ ἡ εἰς E   δὲ om. a   9 σημείῳ γὰρ σημεῖον a   14 αὐτὰ D   16 ἐπειδὴ δὲ DE: ἐπειδὴ F: ἐπεὶ δὲ a   17 οὐδὲ γὰρ ἠγνόει τὴν φύσιν τοῦ μεγέθους a. ἠγόει ante τὴν φύσιν etiam F   22 τῆς om. a   23 ἀλλήλοις E   26 τὰς γραμμὰς   31 οὖν om. E   οὐ om. F   τι om. F   32 ἓν τὸ ὂν aF   σημεῖ αὐτοῦ F   33 λέγων libri φησι vv. 56—58 K., 62—64 St. cf. p. 78, 8. 145, 1   35 ἔασσι a

οὐ μὴν οὐδὲ σωματικὸν ὅλως τὸ ἓν ὂν εἶναι βούλεται, εἴπερ ἀδιαίρετον αὐτό 31ʳ
φησὶ λέγων

   οὐδὲ διαιρετόν ἐστιν, ἐπεὶ πᾶν ἐστιν ὁμοῖον.

ὥστ' οὐδὲ τῷ οὐρανῷ ἐφαρμόττει τὰ παρ' αὐτοῦ λεγόμενα, ὥς τινας ὑπο-
5 λαβεῖν ὁ Εὔδημός φησιν ἀκούσαντας τοῦ

   πάντοθεν εὐκύκλου σφαίρης ἐναλίγκιον ὄγκῳ.

οὐ γὰρ ἀδιαίρετος ὁ οὐρανός, ἀλλ' οὐδὲ ὅμοιος σφαίρᾳ, ἀλλὰ σφαῖρά ἐστιν
ἡ τῶν φυσικῶν ἀκριβεστάτη. ὅτι δὲ οὐδὲ ψυχικὸν τὸ ἓν ὂν ὁ Παρμενίδης
λέγει, δηλοῖ τὸ ἀκίνητον αὐτὸ φάναι

10   οἷον, ἀκίνητον τελέθει· τῷ πάντ' ὄνομα εἶναι,

τῆς ψυχικῆς οὐσίας καὶ κατὰ τοὺς Ἐλεατικοὺς κίνησιν ἐχούσης. λέγει δὲ
καὶ ὁμοῦ πᾶν εἶναι τὸ ὄν

   ἐπεὶ νῦν ἐστιν ὁμοῦ πᾶν,

καὶ κατὰ τὰ αὐτὰ καὶ ὡσαύτως ἔχειν

15   ταὐτὸν ὂν ἐν ταὐτῷ τε μένον καθ' ἑαυτό τε κεῖται.

καὶ δηλονότι καὶ κατ' οὐσίαν καὶ κατὰ δύναμιν καὶ κατ' ἐνέργειαν ἔχει
τό τε 'ὁμοῦ πᾶν' καὶ τὸ 'κατὰ ταὐτά', ἅπερ ἐπέκεινα τῆς ψυχικῆς ἐστιν
ὑποστάσεως. μήποτε δὲ οὐδὲ νοερὸν αὐτό φησι· τὸ μὲν γὰρ νοερὸν κατὰ
τὴν ἀπὸ τοῦ νοητοῦ διάκρισιν καὶ τὴν πρὸς τὸ νοητὸν ἐπιστροφὴν ὑπέστη,
20 τὸ δὲ ἓν ὂν ταὐτὸν εἶναί φησι νοεῖν τε καὶ νοητὸν καὶ νοῦν δηλονότι
γράφων οὕτως,

   ταὐτὸν δ' ἐστὶ νοεῖν τε καὶ οὕνεκέν ἐστι νόημα.

   οὐ γὰρ ἄνευ τοῦ ἐόντος (τουτέστι τοῦ νοητοῦ), ἐν ᾧ πεφατι-
   σμένον ἐστίν,

25   εὑρήσεις τὸ νοεῖν.

ἔτι δὲ τὸ νοερὸν διακεχριμένον ἐστὶν εἰς εἴδη, ὥσπερ τὸ νοητὸν ἡνωμένως
τὴν τῶν εἰδῶν διάκρισιν προείληφεν. ὅπου δὲ διάκρισις, ἐκεῖ καὶ ἑτερότης·
ταύτης δὲ οὔσης καὶ τὸ μὴ ὂν παραφαίνεται. τὸ γὰρ ἕτερον οὐκ ἔστιν
ὅπερ τὸ ἕτερον, ὁ δὲ Παρμενίδης τὸ μὴ ὂν ἐκ τοῦ ἑνὸς ὄντος παντάπασιν
30 ἐξορίζει.

   οὐ γὰρ μήποτε τοῦτο δαμῇ εἶναι μὴ ὄντα,

---

3 οὐδὲ — ὁμοῖον v. 77 K., 83 St. cf. p. 86, 24   4 τινα F   ὑπολαμβάνειν aF
5 Εὔδημος fr. 13 quod eodem pertinet quo fr. 12 cf. p. 133, 28   6 πάντοθεν — ὄγκῳ
v. 102 K., 106 St. cf. p. 52, 26. 89, 22. 126, 21   7 ἀδιαίρετος EF: διαιρετὸς aD
σφαίρη F   10 οἷον — εἶναι v. 97 K., 101 St. ex Platone cf. p. 29, 18. veram formam
praebet p. 87, 1 cf. p. 146, 11: οἷον libri   πάντ' scripsi: πάντη aDF: παντὶ E   εἶναι
om. aD   11 καὶ om. a   13 ἐπεὶ — ὁμοῦ πᾶν v. 60 K., 66 St.   14 καὶ κατὰ
αὐτὰ E   καὶ ὡσαύτως — τὸ κατὰ ταὐτά iteravit F   15 ταὐτὸν — κεῖται v. 84 K.,
90 St. cf. p. 30, 6. 146, 2   τὲ κεῖται μένον E   τε κεῖται DE: κεῖται a et primum F
qui iterum τε κεῖται correctum in γε κεῖται   19 ἐπιστροφὴν DE: ὑποστροφὴν aF
22 ταὐτὸν — νοεῖν vv. 93—95 K., 96—98 St. cf. p. 87, 14.   post νοεῖν habet
καὶ νοητὸν καὶ νοῦν deleta E   οὕνεκεν F: οὗ ἕνεκεν aDE   23 πεφωτισμένον D
31 οὐ γὰρ — νόημα vv. 52 K., 60. 61 St. cf. 135, 21 f. 53ᵛ 29   τοῦτο δαμῇ DE: τούτου
οὐδαμῇ (οὐδαμὴ F) aF

ἀλλὰ σὺ τῆσδ' ἀφ' ὁδοῦ διζήσιος εἶργε νόημα.

ἀλλ' οὐδὲ κοινότητά τινα εἶναι βούλεται τὸ ἓν ὄν, οὔτε τὴν ὑστερογενῆ καὶ ἐξ ἀφαιρέσεως ἐν ταῖς ἡμετέραις ἐννοίαις ὑφισταμένην (οὔτε γὰρ ἀγένητος οὔτε ἀνώλεθρός ἐστιν αὕτη), ἀλλ' οὐδὲ ἡ ἐν τοῖς πράγμασίν ἐστι
5 κοινότης· αἰσθητὴ γὰρ αὕτη καὶ τῶν δοξαστῶν καὶ ἀπατηλῶν, περὶ ὧν ὕστερον λέγει, καὶ ἄλλη παρὰ τὰς διαφοράς ἐστιν, ὡς ἤδη πεπονθέναι τὴν ἑτερότητα καὶ τὸ μὴ ὄν. πῶς δ' ἂν ἐπὶ ταύτης ἀληθεύοι τὸ νῦν εἶναι ὁμοῦ πᾶν ἢ τὸ συνηρηκέναι ἐν ἑαυτῇ τὸν νοῦν καὶ τὸ νοητόν; ἀλλ' ἆρα μὴ οὐσίαν λέγει τὴν ἄτομον τὸ ἓν ὄν ἢ αὕτη πλέον ἀπᾴδει; καὶ γὰρ γενητὴ
10 ἡ ἄτομος οὐσία καὶ ἑτερότητι διειλημμένη καὶ ἔνυλος καὶ αἰσθητὴ καὶ ἄλλη παρὰ τὸ συμβεβηκός. ἔστι δὲ καὶ διαιρετὴ καὶ ἐν κινήσει. λείπεται οὖν τὸ νοητὸν πάντων αἴτιον, δι' ὃ καὶ ὁ νοῦς ἐστι καὶ τὸ νοεῖν, ἐν ᾧ πάντα κατὰ μίαν ἕνωσιν συνηρημένως προείληπται καὶ ἡνωμένως, τοῦτο εἶναι τὸ Παρμενίδειον ἓν ὄν, ἐν ᾧ μία φύσις καὶ τοῦ ἑνὸς καὶ ὄντος ἐστί. διὸ καὶ
15 Ζήνων ἔλεγεν, εἴ τις αὐτῷ τὸ ἓν ἐπιδείξοι, αὐτὸς ἀποδώσειν τὸ ὄν, οὐχ ὡς ἀπογινώσκων τοῦ ἑνός, ἀλλ' ὡς ἅμα τῷ ὄντι συνυφεστῶτος. τούτῳ δὴ τῷ ἑνὶ ὄντι πάντα ἁρμόττει τὰ εἰρημένα συμπεράσματα· καὶ γὰρ τὸ ἀγένητον καὶ ἀνώλεθρον καὶ τὸ ὁλόκληρον μονογενές. τῷ γὰρ ὄντι μεθ' ἑτέρου δεύτερον οὐκ ἂν εἴη τὸ πρὸ πάσης ὂν διακρίσεως. τούτῳ δὲ καὶ τὸ ὁμοῦ
20 πᾶν προσήκει καὶ τὸ μηδαμῇ χώραν ἔχειν ἐν αὐτῷ τὸ μὴ ὄν, ἔτι δὲ τὸ ἀδιαίρετον καὶ ἀκίνητον κατὰ πᾶν εἶδος διαιρέσεως καὶ κινήσεως καὶ τὸ κατὰ τὰ αὐτὰ καὶ ὡσαύτως ὄν τε καὶ πέρατι τῶν πάντων ἑστάναι. εἰ δὲ τοῦτό ἐστιν οὗ ἕνεκα τὸ νοεῖν, δῆλον ὅτι τὸ νοητόν ἐστι· τοῦ γὰρ νοητοῦ ἕνεκα καὶ τὸ νοεῖν καὶ ὁ νοῦς. εἰ δὲ ταὐτὸν ἐν ταὐτῷ καὶ τὸ νοεῖν καὶ
25 τὸ νοητόν, ἄφατος ἂν εἴη ἡ τῆς ἑνώσεως ὑπερβολή. καὶ εἴ τῳ μὴ δοκῶ γλίσχρος, ἡδέως ἂν τὰ περὶ τοῦ ἑνὸς ὄντος ἔπη τοῦ Παρμενίδου μηδὲ πολλὰ ὄντα τοῖσδε τοῖς ὑπομνήμασι παραγράψαιμι διά τε τὴν πίστιν τῶν ὑπ' ἐμοῦ λεγομένων καὶ διὰ τὴν σπάνιν τοῦ Παρμενιδείου συγγράμματος. ἔχει δὲ οὑτωσὶ τὰ μετὰ τὴν τοῦ μὴ ὄντος ἀναίρεσιν·

---

1 εἶσ γε νόημα E   post νόημα habet οὐ γὰρ ἄνευ τοῦ ἐόντος τούτεστι τοῦ νοητοῦ F
2 εἶναι βούλεται DE: βούλεται εἶναι aF   3 ἐν] καὶ D   4 οὔτε ἀνώλεθρος a: οὐδὲ ἄν. DEF   7 τὴν ἑτερότητα — ὁμοῦ πᾶν om. F   8 τὸ νοητὸν] τῶν ὄντων F
9 λέγει E et ut videtur D: λέ F: λέγοι a   ἢ αὕτη a: ἢ αὐτὴ D: ἡ αὐτὴ EF   ἀπᾴδει in lacuna om. F   11 καὶ (post δὲ) om. F   λείπετε a   12 τὸ (ante νοεῖν) om. F
15 ὁ ζήνων aF   αὐτῷ E: αὐτὸ aDF cf. p. 97, 12. 138, 32   ἐπιδείξοι aDE: ἐπιδείξει F: lege ἀποδείξοι   ἀποδώσει a   18 τὸ ὁλόκληρον καὶ μονογενές a, circumscribit Parmenidis οὖλον μουνογενές τε καὶ ἀτρεμές v. 59 K., 65 St.   19 δὲ om. D   20 αὐτῷ E: ἑαυτῷ aDF   21 καὶ τὸ ἀκίνητον a   22 τε om. a   καὶ τὸ πέρας· τέλος γὰρ ἁπάντων τοῦτο. καὶ εἰ τοῦτό ἐστιν κτλ. a   πέρατι libri: legendum πέρας τι, nam significantur vv. 84—86 K., 90—92 St. τωὐτόν τ' ἐν τωὐτῷ τε μένον καθ' ἑαυτό τε κεῖται. οὕτως ἔμπεδον αὖθι μένει· κρατερὴ γὰρ ἀνάγκη πείρατος ἐν δεσμοῖσιν ἔχει, τό μιν ἀμφὶς ἐέργει cf. v. 101 K.   24 ἐν ταυτῷ E (cf. p. 143, 15): ἐν ἑαυτῷ aDF   25 ἡ (post εἴη) om. EF   ὑπερβολὴ τῆς ἑνώσεως a   δοκεῖ F   26 μηδὲ πολλὰ ὄντα om. a
28 παρμενίδου συγγράμματος E   29 οὕτως omissis τὰ μετὰ — ἀναίρεσιν aF

SIMPLICII IN PHYSICORUM I 3 [Arist. p. 187 a 1] 145

μοῦνος δ᾽ ἔτι μῦθος ὁδοῖο
λείπεται, ὡς ἔστι. ταύτῃ δ᾽ ἐπὶ σήματ᾽ ἔασι
πολλὰ μάλ᾽, ὡς ἀγένητον ἐὸν καὶ ἀνώλεθρόν ἐστιν,
οὖλον μουνογενές τε καὶ ἀτρεμὲς ἠδ᾽ ἀτέλεστον.
5 οὐδέ ποτ᾽ ἦν οὐδ᾽ ἔσται, ἐπεὶ νῦν ἐστιν ὁμοῦ πᾶν
ἕν συνεχές· τίνα γὰρ γένναν διζήσεαι αὐτοῦ;
πῇ πόθεν αὐξηθέν; οὔτ᾽ ἐκ μὴ ὄντος ἐάσω
φάσθαι σ᾽ οὐδὲ νοεῖν· οὐ γὰρ φατὸν οὐδὲ νοητὸν
ἐστὶν ὅπως οὐκ ἔστι. τί δ᾽ ἄν μιν καὶ χρέος ὦρσεν
10 ὕστερον ἢ πρόσθεν τοῦ μηδενὸς ἀρξάμενον φῦν;
οὕτως ἢ πάμπαν πέλεναι χρεών ἐστιν ἢ οὐχί.
οὐδέ ποτ᾽ ἐκ μὴ ὄντος ἐφήσει πίστιος ἰσχὺς
γίγνεσθαί τι παρ᾽ αὐτό. τοῦ εἵνεκεν οὔτε γενέσθαι
οὔτ᾽ ὄλλυσθαι ἀνῆκε δίκη χαλάσασα πέδησιν,
15 ἀλλ᾽ ἔχει.
ἡ δὲ κρίσις περὶ τούτων ἐν τῷδ᾽ ἔνεστιν·
ἔστιν ἢ οὐκ ἔστιν· κέκριται δ᾽ οὖν ὥσπερ ἀνάγκη,
τὴν μὲν ἐᾶν ἀνόητον, ἀνώνυμον (οὐ γὰρ ἀληθὴς
ἐστὶν ὁδός), τὴν δ᾽ ὥστε πέλειν καὶ ἐτήτυμον εἶναι.
20 πῶς δ᾽ ἂν ἔπειτα πέλοι τὸ ἐόν, πῶς δ᾽ ἄν κε γένοιτο;
εἰ γὰρ ἔγεντ᾽ οὐκ ἔστ᾽ οὐδ᾽ εἴ ποτε μέλλει ἔσεσθαι.
τὼς γένεσις μὲν ἀπέσβεσται καὶ ἄπυστος ὄλεθρος.
οὐδὲ διαιρετόν ἐστιν, ἐπεὶ πᾶν ἐστιν ὁμοῖον·
οὐδέ τι τῇ μᾶλλον, τό κεν εἴργοι μιν συνέχεσθαι,
25 οὐδέ τι χειρότερον, πᾶν δ᾽ ἔμπλεόν ἐστιν ἐόντος.
τῷ ξυνεχὲς πᾶν ἐστιν· ἐὸν γὰρ ἐόντι πελάζει.
αὐτὰρ ἀκίνητον μεγάλων ἐν πείρασι δεσμῶν
ἔστιν ἄναρχον, ἄπαυστον, ἐπεὶ γένεσις καὶ ὄλεθρος

---

1 μοῦνος — ἀκούων vv. 56—88. 93—111 K. 62—115 St. cf. p. 78, 8   μοῦνος DE: μόνος aF: μόνης Stein   δέ τι libri   2 ἔασσι a   4 μονογενές E   ἠδ᾽ cf. p. 30, 2   6 γενεήν D   διζήσεαι a: διζήσεται F: διζήσεο ut vid. E (vox obl. in D)   7 μὴ ἐόντος p. 78, 16. 162, 19   ἐάσσω F   10 μηδαμῶς D   αὐξάμενον E   φῦν E: φύν D: φῦ^A (sequitur spatium III litt.) F: φῦναι a   11 πέλεναι] πέλαινε D   12 ἐκ DE: ἔκ γε aF cf. ad p. 78, 21   13 γίνεσθαι DF   14 ὀλλύσθαι E cf. ad l. c.   16 ἠδε EF   ἡ δὲ κρίσις — ἔνεστιν Simplicii esse vidit Stein in Symbola philol. p. 787   ἔνεστιν EF: ἔστι aD   17 ἔστιν (ante ἢ) om. F   18 ἀνόητον F: ἀνόνητον aDE   20 ἔπειτ᾽ ἀπόλοιτο πέλον Stein sed cf. Karsten p. 94   πέλοιτο F   ἄν] αὖ Stein   κε aF: καὶ DE   21 εἰ γὰρ ἔγεντ᾽ EF: εἰ γὰρ ἔγετ᾽ D: εἴ γε γένοιτ᾽ a: corr. Bergk   οὐκ ἔστ᾽ a: οὐκ ἔστιν DF: om. E   22 τὼς] πῶς D   ἀπέσβηται a   ἄπυστος F: ἄπτυστος DE: ἄπιστος a   23 διαιρετέον F   24 τῇ cf. v. 104 K., 108 St.: τη E: πῇ Mullach   μᾶλλον (sc. ἐόν cf. v. 107 K., 111 St. i. q. περισσόν Emped. v. 91 St.): κενεόν Stein, cui obstat χειρότερον   25 δ᾽ ἔμπλεόν DE: δὲ πλέον F: δὲ πλέων a   26 ξυνὲς E   27 ἀκινήτων D

Comment. Aristot. IX. Simpl. Phys. I.   10

τῇδε μάλ' ἐπλάγχθησαν, ἀπῶσε δὲ πίστις ἀληθής.
ταὐτόν τ' ἐν ταὐτῷ τε μένον καθ' ἑαυτό τε κεῖται.
χοὕτως ἔμπεδον αὖθι μένει· κρατερὴ γὰρ ἀνάγκη
πείρατος ἐν δεσμοῖσιν ἔχει, τό μιν ἀμφὶς ἐέργει.
5 οὕνεκεν οὐκ ἀτελεύτητον τὸ ἐὸν θέμις εἶναι.
ἔστι γὰρ οὐκ ἐπιδευές, μὴ ὂν δ' ἂν παντὸς ἐδεῖτο.
ταὐτὸν δ' ἐστὶ νοεῖν τε καὶ οὕνεχέν ἐστι νόημα.
οὐ γὰρ ἄνευ τοῦ ἐόντος, ἐν ᾧ πεφατισμένον ἐστίν,
εὑρήσεις τὸ νοεῖν. οὐδ' εἰ χρόνος ἐστὶν ἢ ἔσται
10 ἄλλο πάρεξ τοῦ ἐόντος. ἐπεὶ τό γε μοῖρ' ἐπέδησεν
οὖλον ἀκίνητόν τ' ἔμεναι. τῷ πάντ' † ὠνόμασται
ὅσσα βροτοὶ κατέθεντο πεποιθότες εἶναι ἀληθῆ,
γίγνεσθαί τε καὶ ὄλλυσθαι, εἶναί τε καὶ οὐχί,
καὶ τόπον ἀλλάσσειν διά τε χρόα φανὸν ἀμείβειν.
15 αὐτὰρ ἐπεὶ πεῖρας πύματον, τετελεσμένον ἐστὶ
πάντοθεν, εὐκύκλου σφαίρης ἐναλίγκιον ὄγκῳ,
μεσσόθεν ἰσοπαλὲς πάντῃ· τὸ γὰρ οὔτε τι μεῖζον
οὔτε τι βαιότερον πέλεναι χρεών ἐστι τῇ ἢ τῇ.
οὔτε γὰρ οὔτ' ἐὸν ἔστι, τό κεν παύῃ μιν ἱκνεῖσθαι
20 εἰς ὁμόν, οὔτ' ἐὸν ἔστιν ὅπως εἴη κεν ἐόντος
τῇ μᾶλλον τῇ δ' ἧσσον, ἐπεὶ πᾶν ἐστιν ἄσυλον·
† οἱ γὰρ πάντοθεν ἶσον, ὁμῶς ἐν πείρασι κύρει.
ἐν τῷ σοι παύω πιστὸν λόγον ἠδὲ νόημα
ἀμφὶς ἀληθείης· δόξας δ' ἀπὸ τοῦδε βροτείας
25 μάνθανε, κόσμον ἐμῶν ἐπέων ἀπατηλὸν ἀκούων.
ταῦτα μὲν οὖν τὰ περὶ τοῦ ἑνὸς ὄντος ἔπη τοῦ Παρμενίδου. μεθ' ἃ λοιπὸν
περὶ τῶν δοξαστῶν διαλέγεται ἄλλας ἀρχὰς ἐν ἐκείνοις ὑποτιθέμενος, ὧν
καὶ Ἀριστοτέλης ἐν τοῖς ἑξῆς μνημονεύει λέγων "καὶ γὰρ Παρμενίδης
θερμὸν καὶ ψυχρὸν ἀρχὰς ποιεῖ, ταῦτα δὲ προσαγορεύει πῦρ καὶ γῆν". εἰ δ'
30   εὐκύκλου σφαίρης ἐναλίγκιον ὄγκῳ
τὸ ἓν ὄν φησι, μὴ θαυμάσῃς· διὰ γὰρ τὴν ποίησιν καὶ μυθικοῦ τινος

---

1 τῇδε libri constanter cf. p. 40, 1. 80, 2: τῆλε recte Scaliger   ἐπλάγχθησαν a: ἐπλάχθησαν DEF   3 χοὕτως DF: οὐχ οὕτως E: οὕτως a ut alias   4 τό μιν DEF: τέ μιν a   5 τὸ πέλον Stein   6 μὴ ὂν cf. ad p. 30, 10   οὕνεχέν E: οὕνεχεν DF: οὗ ἕνεχεν a   9 οὐδ' εἰ χρόνος] οὐδὲν χρέος Stein cf. p. 86, 31   ἔσται] ἐστὶν D   11 ἔμεναι a: ἔμμεναι EF: ἔμμενε D   πάντ' ὠνόμασται DEF (latet πάντ' ὄνομ' ἔσται cf. p. 87, 1): πᾶν ὄνομ' ἐστὶν a   12 ὅσα D   13 οὐχί Karsten   15 ἐπεὶ] ἐὸν temptabat Stein   πείρας EF   17 τὸ γὰρ om. F   18 χρεόν E   ἐστι πῇ (?) D   19 οὔτε ἐόν D: οὔτε ὄν EF: οὐκ ἐόν recte a   παύοι DEF: παύῃ a   κινεῖσθαι F: ἱκέσθαι Stein   20 εἰς ὁμόν E: εἰς ὁμὸν aD: om. F   οὔτε ὄν libri   κεν Karsten: καὶ ἐν DEF: κενὸν a   22 οἱ γὰρ DEF: ἢ γὰρ a: conicio εἰ γὰρ vel ᾗ γὰρ   ἰσονάμως F   κύρει Stein: κυρεῖ aEF: κυροῖ D   24 βροτείους p. 147, 29   26 τὰ om. F   ἔπη om. E   28 λέγων c. 5 p. 188 a 20   30 ὄγκῳ om. DE   31 μυθολογικοῦ a

παράπτεται πλάσματος. τί οὖν διέφερε τοῦτο εἰπεῖν ἢ ὡς Ὀρφεὺς εἶπεν 31ᵛ
"ᾠὸν ἀργύφεον"; καὶ δῆλον ὅτι τινὰ μὲν τῶν εἰρημένων ὁλοσχερέστερον
λεγόμενα καὶ ἄλλοις ἐφαρμόττει τοῖς μετ' αὐτό· ὥσπερ τὸ "ἀγένητον καὶ
ἀνώλεθρον" καὶ τῇ ψυχῇ καὶ τῷ νοῒ προσήκει καὶ τὸ "ἀκίνητον καὶ ἐν ταὐ- 25
5 τῷ μένον" τῷ νοΐ· πάντα δὲ ἅμα καὶ εἰλικρινῶς ἀκουόμενα ἐκείνῳ πρέπει.
κἂν γὰρ κατά τι σημαινόμενον ἀγένητός ἐστιν ἡ ψυχὴ καὶ ὁ νοῦς, ἀλλὰ
πρὸς τοῦ νοητοῦ παρήχθη. καὶ τὸ ἀκίνητον ἔχει κυρίως, ἐν ᾧ οὐδὲ ἡ
κατὰ τὴν ἐνέργειαν κίνησις διακέκριται καὶ τὸ ἐν ταὐτῷ μένειν κυρίως τῷ
μένοντι προσήκει. ψυχὴ δὲ καὶ ὁ πολυτίμητος νοῦς ἀπὸ τοῦ μένοντος
10 προελήλυθε καὶ ἐπέστραπται πρὸς αὐτό. δῆλον δὲ ὅτι ὅσα ὑπάρχειν ἐκείνῳ
λέγεται ἡνωμένως μὲν ἐν αὐτῷ προείληπται, διακεκριμένως δὲ καὶ ὡς κατὰ 30
τὸν λόγον ἐμφαίνεται ἀπ' αὐτοῦ μετ' αὐτὸ προελήλυθε. καὶ δοκεῖ μὲν
ὡς πρῶτον αἴτιον ὑπὸ τοῦ Παρμενίδου παραδίδοσθαι, εἴπερ ἕν ἐστι "ὁμοῦ
τὸ πᾶν" καὶ "πεῖρας πύματον"· εἰ δὲ μὴ ἁπλῶς ἓν αὐτό, ἀλλὰ ἓν ὂν εἶπε,
15 καὶ εἰ "μονογενές", καὶ εἰ πέρας μὲν "τετελεσμένον" δέ, τάχα ἐνδείκνυται τὴν
ἄρρητον τῶν πάντων αἰτίαν ὑπὲρ αὐτὸ ἱδρῦσθαι. πῶς οὖν καὶ Πλάτων καὶ
Ἀριστοτέλης ἀντιλέγοντες φαίνονται πρὸς τὸν Παρμενίδην; ἢ ὁ μὲν Πλάτων, 35
διχῶς ἀντιλέγων αὐτῷ κατά τε τὸ ἓν λέγειν τὸ ὂν καὶ κατὰ τὸ τελέως
ἀναιρεῖν τὸ μὴ ὄν, ἀπὸ τοῦ νοεροῦ καὶ διακεκριμένου διακόσμου τὴν ἀντι-
20 λογίαν πεποίηται, ἐν ᾧ καὶ τὸ ὂν ἀπὸ τοῦ ἑνὸς διεκρίθη καὶ οὐκ ἔμεινεν
ἄμφω ἓν καὶ τὰ μέρη ἀπὸ τοῦ ὅλου. ἐκ τούτων γὰρ ἔδειξεν ὁ Πλάτων,
ὅτι οὐχ ἓν ἀλλὰ πλείω τοῦ ἑνὸς τὰ ὄντα· τὸ δὲ μὴ ὂν ἔδειξεν ἐκ τῆς ἐν
τοῖς διακεκριμένοις εἴδεσιν ἑτερότητος, δι' ἣν τὸ ἐκεῖ ὂν κατὰ μίαν ἰδιότητα
εἰλημμένον ὂν μέν ἐστι, κίνησις δὲ ἢ στάσις οὐκ ἔστι. καὶ τῶν ἄλλων
25 ἕκαστον ἔστι μὲν ὅ ἐστι, τὰ δὲ ἄλλα οὐκ ἔστι. καὶ δῆλον ὅτι τοῦτο ἐκεῖ πάντως 40
ἐστίν, ὅπου καὶ διάκρισις ἐξεφάνη καὶ ἑτερότης, ἐν μὲν τοῖς νοεροῖς εἰδη-
τικῶς, ἐν δὲ τοῖς αἰσθητοῖς διαστατικῶς. τοῦτο δὲ τὸ μὴ ὂν καὶ αὐτὸς
ὁ Παρμενίδης ἐν τοῖς δοξαστοῖς συγχωρῶν φαίνεται, εἴπερ ἀπατηλὸν καλεῖ
τῶν ἐπῶν τὸν κόσμον τὸν περὶ τὰς βροτείους δόξας· ὅπου δὲ ἀπάτη, ἐκεῖ
30 τὸ μὴ ὄν. ἀπατᾶται γὰρ ὁ τὸ μὴ ὂν εἶναι ἢ τὸ ὂν μὴ εἶναι ἡγούμενος.
τὸ μέντοι παντελῶς μὴ ὂν οὐχ ὁ Παρμενίδης μόνος ἀναιρεῖ, ἀλλὰ καὶ ὁ
Πλάτων, ὅς γε καὶ τὴν ζήτησιν ἀποφεύγει τὴν περὶ αὐτοῦ λέγων "μὴ τοίνυν 45
ἡμᾶς εἴπῃ τις, ὅτι τοὐναντίον τοῦ ὄντος τὸ μὴ ὂν ἀποφαινόμενοι τολμῶμεν
λέγειν ὡς ἔστιν· ἡμεῖς γὰρ περὶ μὲν ἐναντίου τινὸς αὐτῷ χαίρειν πάλαι

---

1 Ὀρφεὺς] ὁ ὀρφεὺς aF. cf. Lobecki Aglaoph. 476   2 ᾧ ἐὸν libri   ὁλοσχερέ-
στερα D   3 ἐφαρμόττει DE: ἐφαρμόσει aF   4 τῷ νῷ E   5 τῶ νῶ E
7 πρὸ F   ἐννῶ οὐδὲ F   ἡ super add. D   8 διακρίνεται D   9 scribendum
videtur ἡ ψυχὴ   πολύτιμος E   11 αὐτῶ E: ἑαυτῶ aDF   ὡς] ὅσον F
κατὰ τὸν DF: κατὰ aE   12 ἀπ'] μετ' E   13 ἐστιν ὁμοῦ καὶ πᾶν a   14 τὸ
(ante πᾶν) om. D   πύματον E cf. p. 146, 15: ἀπύματον aF (loc. oblitt. D)
19 κόσμου aF   20 καὶ τὸ ὂν EF: τὸ καὶ ὂν D: τὸ ὂν a   21 καὶ τὰ μέρη DE:
κατὰ μέρη F: τὰ μέρη a   24 ὂν om. F   25 ὅ DF: ὅτι aE   26 ὅπου καὶ
DE: ὅπου aF   30 ἢ τὸ ὂν μὴ εἶναι om. D   32 λέγων Soph. p. 258 E cf.
p. 135, 27   34 πάλιν D

λέγομεν, εἴτε ἔστιν εἴτε μή, λόγον ἔχον ἢ καὶ παντάπασιν ἄλογον. ὃ δὲ 31ᵛ
νῦν εἰρήκαμεν εἶναι τὸ μὴ ὄν, ἢ πεισάτω τις ὡς οὐ καλῶς λέγομεν ἐλέγξας,
ἢ μέχριπερ ἀδυνατεῖ, λεκτέον καὶ ἐκείνῳ καθάπερ ἡμεῖς λέγομεν". καὶ
οὐδὲν θαυμαστὸν ἐν τῷ τοιούτῳ ὄντι τῷ κατὰ μίαν ἰδιότητα ἀφωρισμένῳ
5 τὸ τοιοῦτον μὴ ὂν ἐπιδεῖξαι, ἐν τῷ ὁλοτελεῖ καὶ νοητῷ καὶ πάντα ὄντι πρὸ 50
πάντων ἡνωμένως μηδεμίαν χώραν ἔχοντος μηδὲ τοῦ τοιούτου μὴ ὄντος.
ὁ μέντοι Ἀριστοτέλης ἐκ διαιρέσεως προσαγαγὼν τὴν ἀντιλογίαν· ἢ πολλαχῶς,
φησί, λέγεται τὸ ὂν καὶ οὕτως πολλὰ ἔσται ἢ μοναχῶς, καὶ ἢ οὐσία ἢ
συμβεβηκός. καὶ δῆλον ὅτι οὐδὲν τούτων τῷ νοητῷ προσήκει, ἐν τῇ γενέσει
10 τῆς διαιρέσεως ταύτης ἀναφαινομένης καὶ εἴπερ ἄρα κατ' αἰτίαν ἐν τῇ νοερᾷ
διακρίσει προειλημμένης. μηδεὶς δὲ τῷ Πλάτωνι καὶ τῷ Ἀριστοτέλει μεμ-
φέ|σθω πρὸς ἄλλας ἐννοίας ἀντιλέγοντι. φιλανθρώπως γὰρ τὰς γενησομένας 32ʳ
παρακοὰς προαναστέλλουσιν· ἐπεὶ ὅτι σοφὸν οἴονται τὸν Παρμενίδην δη-
λοῦσιν ὁ μὲν Πλάτων "βάθος παντάπασι γενναῖον" τῇ διανοίᾳ τοῦ ἀνδρὸς
15 μαρτυρῶν, καὶ διδάσκαλον αὐτὸν τοῦ Σωκράτους τῶν ἀκροτάτων μαθημάτων
παραδιδούς, ὁ δὲ Ἀριστοτέλης ἀλλαχοῦ που βλέπειν αὐτὸν ὑπονοῶν καὶ
πρὸς τοὺς φυσικοὺς αὐτὸν ἀντιδιαστέλλων. ἐπεὶ καὶ ὁ Πλάτων τὸ ἓν ὂν 5
τοῦτο παραδέδωκεν ἐν τῷ Παρμενίδῃ τὴν ὑπεροχὴν αὐτοῦ ἀνυμνῶν καὶ
Ἀριστοτέλης ἐν τῇ Μετὰ τὰ φυσικὰ ἓν αὐτὸ εἶναι διατεινόμενος καὶ ἀνα-
20 βοῶν "οὐκ ἀγαθὸν πολυκοιρανίη" πρότερον αὐτοῦ καὶ οὗτος τὴν ἕνωσιν
ἀνυμνήσας καὶ ὅτι ταὐτὸν ἐκεῖ νοῦς καὶ νοητὸν καὶ οὐσία καὶ δύναμις καὶ
ἐνέργεια καλῶς θεασάμενος. ἀλλὰ τούτων μὲν ἅλις, μὴ καί τῳ δόξωμεν
'ὑπὲρ τὰ ἐσκαμμένα πηδᾶν' κατὰ τὴν παροιμίαν ἐν φυσικῇ πραγματείᾳ
τῶν θεολογικῶν τὰ ἀκρότατα ἐπεμβάλλοντες.   10

25   p. 187ᵃ12 Ὡς δὲ οἱ φυσικοί φασι, δύο τρόποι εἰσίν.

Ἀποσκευασάμενος τὴν δόξαν τῶν ἓν τὸ ὂν καὶ οὕτως ἓν λεγόντων ὡς 23
αὐτὸ μόνον ὂν καὶ τοῦτο δὲ ἀκίνητον, ἥτις οὐδὲ φυσικῶν ἐστι δόξα, ἀλλὰ
τῶν τὰ ὑπὲρ φύσιν σκοπούντων (εὐγνωμόνως γὰρ ὁ Ἀριστοτέλης διὰ τῆς 25
πρὸς τοὺς φυσικοὺς ἀντιδιαστολῆς καὶ πρὸς τοὺς σῶμα τὸ ὂν ποιοῦντας
30 πάλιν ὅτι μὴ περὶ φύσεως οὗτοι διαλέγονται ἐνεδείξατο, καὶ μέντοι ἐκ τοῦ

---

1 εὔλογον F 2 εἶναι — οὐ καλῶς om. F 3 ἂν ἀδυνατῇ p. 136, 1 et f. 52ᵛ12 et Plato 4 τοιοῦτο a 6 μὴ super ὄντος D 7 προσαγαγὼν aF: προαγαγὼν DE 10 ἐν τῇ κατ' αἰτίαν aF 11 προειλημμένης aE: προειλημμένως D: προει-λημμένη (lac. VI litt. in mrg. ζήτει) F 12 ἀλλήλας E ἐννοίας DE: αἰτίας aF ἀντιλέγοντι DF: ἀντιλέγοντο E: ἀντιλέγουσι a 14 Πλάτων Theaet. p. 183 E cf. p. 36, 31 16 ἀλλαχοῦ — ἀνυμνῶν om., sed in mrg. add. D ἀλλαχοῦ] nonne μᾶλλον ut apud Arist. Metaph. A 5 p. 986ᵇ27? 17 ὂν om. a 18 παρέδωκεν a 19 Μετὰ τὰ φυσικὰ cf. l. c. p. 986ᵇ18 sqq. 20 οὐκ ἀγαθὸν cf. Metaph. Λ 10 p. 1076ᵃ4 πολυκυρανίη F 23 ὑπὲρ τὰ ἐσκαμμένα πηδᾶν cf. Plat. Cratyl. p. 413 A ἐσκεμμένα E ἐν τῇ φυσικῇ aE 24 τὰ ἀκρότατα τῶν θεολογι-κῶν F 25 φασί DEF: λέγουσι ex Ar. a 27 ἀλλὰ om. E 28 σκοπούντων] ζητούντων a 30 ἐνδεδείξατο E

SIMPLICII IN PHYSICORUM I 4 [Arist. p. 187a12] 149

ταυτὸν τὸ ὂν καὶ τὴν ἀρχὴν λαμβάνειν ὅτι καὶ ἐκεῖνοι περὶ ἀρχῆς ἔλεγον 32r
δηλοῖ), δείξας οὖν ὅτι οὕτως ἓν εἶναι τὸ ὂν ἀδύνατον, ἐφεξῆς πῶς οἱ φυ-
σικοὶ ἓν λέγουσιν εἶναι τὸ ἐξ οὗ καὶ τὸ στοιχεῖον προτίθεται ζητεῖν. καὶ
γὰρ τῶν φυσικῶν οἱ μὲν ἕν, οἱ δὲ πολλὰ λέγουσι. καὶ τῶν ἓν λεγόντων
5 δύο τρόπους εἶναί φησι τῆς ἐκ τούτου τῶν ὄντων γενέσεως. πάντες μὲν 30
γὰρ σωματικόν τι τὸ ἓν ὑποτίθενται τοῦτο, ἀλλ' οἱ μὲν ἕν τι τῶν τριῶν
στοιχείων, ὥσπερ Θαλῆς μὲν καὶ Ἵππων τὸ ὕδωρ, Ἀναξιμένης δὲ καὶ Διο-
γένης τὸν ἀέρα, Ἡράκλειτος δὲ καὶ Ἵππασος τὸ πῦρ (τὴν γὰρ γῆν οὐδεὶς
ἠξίωσεν ὑποθέσθαι μόνην διὰ τὸ δυσαλλοίωτον), τινὲς δὲ ἄλλο τι τῶν τριῶν
10 ὑπέθεντο, ὅ ἐστι πυρὸς μὲν πυκνότερον, ἀέρος δὲ λεπτότερον, ἢ ὡς ἐν ἄλλοις
φησίν, ἀέρος μὲν πυκνότερον, ὕδατος δὲ λεπτότερον. καὶ ὁ μὲν Ἀλέξανδρος
Ἀναξίμανδρον οἴεται τὸν ἄλλην τινὰ φύσιν σώματος παρὰ τὰ στοιχεῖα τὴν 35
ἀρχὴν ὑποθέμενον, ὁ μέντοι Πορφύριος ὡς τοῦ Ἀριστοτέλους ἀντιδιαιροῦντος
τοὺς σῶμα τὸ ὑποκείμενον ἀδιορίστως ποιήσαντας πρὸς τοὺς ἢ τῶν τριῶν
15 τι στοιχείων ἓν ἢ ἄλλο τι τὸ μεταξὺ πυρὸς καὶ ἀέρος, σῶμα μὲν τὸ ὑπο-
κείμενον ἀδιορίστως Ἀναξίμανδρον λέγειν φησὶν ἄπειρον οὐ διορίσαντα τὸ
εἶδος εἴτε πῦρ εἴτε ὕδωρ εἴτε ἀήρ, τὸ δὲ μεταξὺ καὶ αὐτός, ὥσπερ
Νικόλαος ὁ Δαμασκηνός, εἰς Διογένην τὸν Ἀπολλωνιάτην ἀνέπεμψεν. αὐτο-
φυέστερον δέ μοι δοκεῖ κατὰ τὴν λέξιν μὴ ὡς ἀντιδιῃρημένῳ τοῦ σώματος 40
20 πρὸς τὰ στοιχεῖα καὶ τὸ μεταξὺ ἀκούειν, ἀλλ' ὡς διῃρημένου μᾶλλον εἴς
τε τὰ τρία καὶ τὸ μεταξύ· σῶμα γὰρ τὸ ὑποκείμενόν φησιν ἢ τῶν
τριῶν τι ἢ ἄλλο ὅ ἐστι πυρὸς μὲν πυκνότερον ἀέρος δὲ λεπτότερον,
καὶ μέντοι κοινῶς περὶ τῶν προειρημένων ἐπήγαγεν, ὅτι τὰ ἄλλα γεννῶσι
μανότητι καὶ πυκνότητι, καίτοι τοῦ Ἀναξιμάνδρου, ὡς αὐτός φησι, μὴ
25 οὕτως γεννῶντος, ἀλλὰ κατὰ ἔκκρισιν τὴν ἀπὸ τοῦ ἀπείρου. πῶς οὖν εἰ τοῦ-
τον ἔλεγεν εἶναι τὸν σῶμα ἀδιορίστως ὑποθέμενον κοινῶς ἐπήγαγε τὴν κατὰ 45
ἀλλοίωσιν γένεσιν; κοινωνοῦντες δὲ οὗτοι πάντες κατὰ τὸ μίαν λέγειν τὴν
ἀρχὴν διχῇ διαιροῦνται κατὰ τοὺς τρόπους τῆς γενέσεως. καὶ γὰρ οἱ
μὲν ἐκ τοῦ ὑλικοῦ ἑνὸς τὰ ἄλλα γεννῶσι μανότητι καὶ πυκνότητι, ὡς
30 Ἀναξιμένης ἀραιούμενον μὲν τὸν ἀέρα πῦρ γίνεσθαί φησι, πυκνούμενον
δὲ ἄνεμον, εἶτα νέφος, εἶτα ἔτι μᾶλλον ὕδωρ, εἶτα γῆν, εἶτα λίθους, τὰ
δὲ ἄλλ' ἐκ τούτων. ἐπὶ γὰρ τούτου μόνου Θεόφραστος ἐν τῇ Ἱστορίᾳ τὴν

---

1 καὶ (post ὅτι) om. a   5 ἐκ τούτων DE: ἐκ τοῦ F: ἐξ οὗ a: correxi   μὲν
om. E (loc. obl. in D)   6 τὸ aDF: om. E   8 γὰρ] δὲ ε   10 ἐν ἄλλοις
Metaph. A 8 p. 989a14 de caelo Γ 5 p. 303b12 Phys. Γ 4 p. 203a16, 5 p. 204b25
12 τὸν aF: τοῦτον DE cui addendum erat τὸν cf. v. 26   13 τοῦ (post ὡς) om. D
14 ἀδιόριστον aF   15 τι post στοιχείων posuit D   18 ὁ ante νικόλαος
transp. D   20 στοιχεῖα in litura D   διῃρημένου D: διαιρουμένου aEF
22 ὃ aD: ὅτι E: om. F   25 ἀπὸ E: ὑπὸ aDF   πῶς — γένεσιν, quibus Porphyrium
stringit (cf. supra v. 13), delebat Fr. Luetze Ueber das ἄπειρον Anaximanders p. 87[20]
26 ὑποθέμενον E cf. v. 13: ὑποτιθέμενον aEF   ἐπῆγε E   27 δὲ οὗτοι] οὖν
οὗτοι D fortasse recte. redit enim ad v. 5   29 γεννῶσι τὰ ἄλλα aF   32 μόνου]
πρώτου coniecit Usener Doxogr. p. 164[2]   Θεόφραστος ἐν τῇ Ἱστορίᾳ fr. 2 (Doxogr.
p. 477 n a 2)

μάνωσιν εἴρηκε καὶ πύκνωσιν. δῆλον δὲ ὡς καὶ οἱ ἄλλοι τῇ μανότητι καὶ 50
πυκνότητι ἐχρῶντο. καὶ γὰρ Ἀριστοτέλης περὶ πάντων τούτων εἶπε κοινῶς, 32r
ὅτι τὰ ἄλλα γεννῶσι πυκνότητι καὶ μανότητι πολλὰ ποιοῦντες τὰ
ἐκ τῆς μιᾶς ὕλης. εἰ δὲ ἡ μάνωσις καὶ ἡ πύκνωσις ἐναντία, ὥσπερ ἔτι
5 καθολικωτέρα ἐναντίωσις ἥ τε ὑπερβολὴ καὶ ἡ ἔλλειψις, ὡς καὶ ὁ Πλάτων
τὸ μέγα καὶ μικρὸν ἔλεγε, δῆλον ὅτι οὗτοι πάντες οὐκέτι μίαν ἔλεγον τὴν
ἀρχήν, ἀλλὰ τρεῖς, καὶ ἐναντιότητι ἐχρῶντο, ὃ καὶ αὐτὸς ποιήσει. πλὴν ὁ
μὲν Πλάτων μέγα καὶ μικρὸν τὴν ὕλην ἔλεγεν, ἐκ μιᾶς ἀντιθέσεως | πάσας 32v
αὐτῇ δυνάμει τὰς ἀντιθέσεις προσεῖναι μαρτυρῶν, οἱ δὲ ἄλλοι ἓν μὲν ἔλεγον
10 τὸ ὑποκείμενον τὴν ὕλην, τὴν δὲ μάνωσιν καὶ πύκνωσιν ἐναντία ὄντα δια-
φορὰς καὶ εἴδη. ὥστε πάντες οὗτοι τρεῖς ἔλεγον τὰς ἀρχὰς τά τε ἐναντία
καὶ ἄλλο τι ἕν. εἰ μὴ ἄρα ὁ Πλάτων οὐχ ὡς δύο ἀρχὰς μέγα καὶ μικρὸν
τὴν ὕλην ἔλεγεν, ἀλλὰ συμβολικῶς, ὥσπερ καὶ δυάδα ἀόριστον καὶ ἀσυμ-
μετρίαν, ἧς μέρη ὑπερβολὴ καὶ ἔλλειψις καὶ τὸ πολὺ καὶ ὀλίγον καὶ ἡ ἀνι- 5
15 σότης πάντα τῇ ὕλῃ προσήκοντα. ἅπερ ἴσως διὰ τοῦ μεγάλου καὶ μικροῦ
ὁ Πλάτων ἐνεδείκνυτο, ὡς τῆς ὕλης ἀσωμάτου μὲν καὶ ἀμεγέθους οὔσης
καὶ διὰ τοῦτο μικρᾶς ἂν λεγομένης, παντὸς δὲ ὄγκου καὶ πάσης διαστάσεως
αἰτίας καὶ διὰ τοῦτο μεγάλης. καὶ οὗτος μὲν εἷς τρόπος τῶν ἓν τὸ ὂν
ὑποτιθεμένων τὸ μανότητι καὶ πυκνότητι τὸ πλῆθος τῶν ὄντων ὑφιστάνειν.
20 ἕτερος δὲ τρόπος καθ᾽ ὃν οὐκέτι τὴν μεταβολὴν τῆς ὕλης αἰτιῶνται οὐδὲ 10
κατὰ ἀλλοίωσιν τοῦ ὑποκειμένου τὰς γενέσεις ἀποδιδόασιν, ἀλλὰ κατὰ ἔκ-
κρισιν· ἐνούσας γὰρ τὰς ἐναντιότητας ἐν τῷ ὑποκειμένῳ, ἀπείρῳ ὄντι
σώματι, ἐκκρίνεσθαί φησιν Ἀναξίμανδρος, πρῶτος αὐτὸς ἀρχὴν ὀνομάσας
τὸ ὑποκείμενον. ἐναντιότητες δέ εἰσι θερμὸν ψυχρὸν ξηρὸν ὑγρὸν καὶ τὰ
25 ἄλλα. καὶ ἡ μὲν ὅλη τῶν εἰρημένων ἔννοια τοιαύτη.

Ἰστέον δὲ ὅτι ὁ Ἀριστοτέλης συντρέχειν ἀξιοῖ τῷ μὲν λεπτῷ τὸ μανόν,
τῷ δὲ παχεῖ τὸ πυκνόν. διὸ τὸ πῦρ ὡς μανὸν ἅμα καὶ λεπτὸν λαμβάνει
λέγων πυρὸς μὲν πυκνότερον, ἀέρος δὲ λεπτότερον, ὡς τοῦ ἀέρος 15
παχυτέρου καὶ πυκνοτέρου ὄντος ἢ κατὰ τὸ πῦρ. Πλάτων δὲ παχύτερον
30 μὲν εἶναί φησι καὶ αὐτὸς τὸν ἀέρα τοῦ πυρὸς καὶ ἁπλῶς τὰ κατωτέρω καὶ
πρὸς τῷ κέντρῳ στοιχεῖα τῶν ἀνωτέρω καὶ πρὸς τῷ πέριξ παχυμερέστερά
φησι· διὸ καὶ † δυσκινητότερον οὐ μὴν ἔτι πυκνότερά φησι, διότι τὸ μανὸν

---

1 πύκνωσιν D: τὴν πύκνωσιν aEF   4 τῆς om. F   ἔτι] ὅτι E   5 ἥ τε] ἦγε a   ἡ (post καὶ) om. D   καὶ post ὡς om. E   6 καὶ τὸ μικρὸν contra S. morem ex Arist. aF   7 ὃ καὶ αὐτὸς ποιήσει om. a   8 τὴν ὕλην om. a   12 in mrg. plerique libri τὴν ὕλην ὁ πλάτων μέγα καὶ μικρὸν ἐκάλει   13 ἀσυμμετρίαν DE: συμμετρίαν aF   19 τῷ μανότητι a   20 ἕτερος κτλ. Theophr. Phys. Op. fr. 2 (Doxogr. p. 476 n a 10)   22 ἓν (ante τῷ) om. F   ἐν τῷ ἐν ὑποκειμένῳ E   23 σώματι DEF quod postulaverat Schleiermacher: ἀσώματι a   πρῶτος αὐτὸς cf. p. 7, 13 (Doxogr. p. 476 n a 18)   24 τὰ ἄλλα DE: αἱ ἄλλαι aF   26 μανόν] μελανόν E   29 κατὰ πῦρ D   παχύτερον aF: ταχύτερον D: παχίτερον E   31 τῷ περιξ aD: τὸ πέριξ EF   32 διὸ — πυκνότερα φησι om. a. scribendum videtur διὸ καὶ δυσκινητότερα οἷον γῆν. ἔτι πυκνότερά φησι cf. Tim. p. 55 DE

καὶ τὸ πυκνὸν ταῖς τῶν μορίων θέσεσιν ὁρίζεσθαι ἀξιοῖ, καθάπερ καὶ 32ᵛ
Ἀριστοτέλης εἶπεν ἐν Κατηγορίαις. τούτου δὲ οὕτως ἔχοντος ἀνάγκη τῶν
μὲν μειζόνων μερῶν μείζονα εἶναι τὰ μεταξὺ διαστήματα, διὸ μανότερον τὸ 20
ὅλον ὡς ἀραιότερον καὶ μὴ ἓν ὂν οἷον ἐπὶ σωροῦ λίθων ἢ καρύων· τῶν
5 δὲ ἐλαττόνων ἐλάττονα, διὸ πυκνότερον τὸ ὅλον ὡς συχνὸν οἷον ἐπὶ σωροῦ
ψάμμου. λέγει δὲ ὁ Ἀλέξανδρος ὅτι "κατὰ Πλάτωνα πάντων ἀρχαὶ καὶ
αὐτῶν τῶν ἰδεῶν τό τε ἓν ἐστι καὶ ἡ ἀόριστος δυάς, ἣν μέγα καὶ μικρὸν
ἔλεγεν, ὡς καὶ ἐν τοῖς Περὶ τἀγαθοῦ Ἀριστοτέλης μνημονεύει". λάβοι δὲ
ἄν τις καὶ παρὰ Σπευσίππου καὶ παρὰ Ξενοκράτους καὶ τῶν ἄλλων, οἳ
10 παρεγένοντο ἐν τῇ Περὶ τἀγαθοῦ Πλάτωνος ἀκροάσει· πάντες γὰρ συνέγραψαν 25
καὶ διεσώσαντο τὴν δόξαν αὐτοῦ καὶ ταύταις αὐτὸν ἀρχαῖς χρῆσθαι λέγουσι.
καὶ τὸν μὲν Πλάτωνα ἀρχὰς πάντων λέγειν τὸ ἓν καὶ τὴν ἀόριστον δυάδα
πάνυ εἰκός (Πυθαγορείων γὰρ ὁ λόγος, καὶ πολλαχοῦ φαίνεται Πυθαγορείοις
ὁ Πλάτων ἀκολουθῶν), τὸ δὲ τὴν ἀόριστον δυάδα καὶ τῶν ἰδεῶν ἀρχάς,
15 λέγοντα μέγα καὶ μικρόν, εἰπεῖν διὰ τούτων τὴν ὕλην σημαίνοντα, πῶς ἔτι
ἀκόλουθον, τὴν ὕλην ἐν μόνῳ τῷ αἰσθητῷ κόσμῳ τοῦ Πλάτωνος ἀφορί- 30
ζοντος καὶ σαφῶς ἐν Τιμαίῳ λέγοντος, ὅτι τῆς γενέσεώς ἐστιν οἰκεία, καὶ
ἐν αὐτῇ γίνεται τὸ γινόμενον; καὶ τὰς μὲν ἰδέας νοήσει γνωστὰς ἔφατο,
τὴν δὲ ὕλην 'νόθῳ λογισμῷ πιστήν'.
20 Ἐπειδὴ δὲ ἡ μὲν τῶν πλειόνων ἱστορία Διογένην τὸν Ἀπολλωνιάτην
ὁμοίως Ἀναξιμένει τὸν ἀέρα τίθεσθαι τὸ πρῶτον στοιχεῖόν φησι, Νικόλαος
δὲ ἐν τῇ Περὶ θεῶν πραγματείᾳ τοῦτον ἱστορεῖ τὸ μεταξὺ πυρὸς καὶ ἀέρος
τὴν ἀρχὴν ἀποφήνασθαι, καὶ τῷ Νικολάῳ συνηκολούθησεν ὁ πολυμαθέστατος
τῶν φιλοσόφων Πορφύριος, ἰστέον ὡς γέγραπται μὲν πλείονα τῷ Διογένει 35
25 τούτῳ συγγράμματα (ὡς αὐτὸς ἐν τῷ Περὶ φύσεως ἐμνήσθη καὶ πρὸς φυ-
σιολόγους ἀντειρηκέναι λέγων, οὓς καλεῖ καὶ αὐτὸς σοφιστάς, καὶ Μετεωρο-
λογίαν γεγραφέναι, ἐν ᾗ καὶ λέγει περὶ τῆς ἀρχῆς εἰρηκέναι, καὶ μέντοι
καὶ Περὶ ἀνθρώπου φύσεως), ἐν δέ γε τῷ Περὶ φύσεως, ὃ τῶν αὐτοῦ μόνον
εἰς ἐμὲ ἦλθε, προτίθεται μὲν διὰ πολλῶν δεῖξαι, ὅτι ἐν τῇ ὑπ' αὐτοῦ τε-
30 θείσῃ ἀρχῇ ἐστι νόησις πολλή. γράφει δὲ εὐθὺς μετὰ τὸ προοίμιον τάδε·
"ἐμοὶ δὲ δοκεῖ τὸ μὲν ξύμπαν εἰπεῖν πάντα τὰ ὄντα ἀπὸ τοῦ αὐτοῦ ἑτε- 40
ροιοῦσθαι καὶ τὸ αὐτὸ εἶναι. καὶ τοῦτο εὔδηλον. εἰ γὰρ τὰ ἐν τῷδε τῷ

---

1 διορίζεσθαι aF 2 εἶπεν DE: εἴρηκεν aF post ἐν add. ταῖς D Κατη-
γορίαις c. 8 p. 10ᵃ 21 4 οἷον ἢ ἐπὶ aF 6 Ἀλέξανδρος cf. in Metaphys.
p. 42, 22 Bon. ἀρχὴ aF 7 καὶ (post μέγα) om. a 8 καὶ (post ὡς) om.
aF Περὶ τἀγαθοῦ fr. 23 p. 1478ᵃ 27 cf. Simpl. f. 104ᵛ 15 9 παρά (ante
ξενοκράτους) om. D 10 ἐν om. EF τοῦ πλάτωνος EF 12 λέγειν πάντων a
13 τοῖς πυθαγορείοις E 14 an ἀρχήν? 15 διὰ τούτων aF: διὰ τοῦτο DE
ἔτι] τοῦτο a 17 Τιμαίῳ cf. p. 52 A, 27 D, 48 E sqq. 49 E 19 νόθῳ λογισμῷ πιστήν
cf. Tim. p. 52 B 20 πλειόνων ἱστορία intelligitur Theophrasti cf. fr. 2 (Doxogr.
p. 477, 5) 21 ἀναξιμένη aF¹ Νικόλαος cf. Roeper lect. Abulfarag. p. 37
22 Περί] τῶν D τὸν μεταξὺ E 23 πολυμαθέστατος DE: φιλομαθέστατος aF
24 μὲν om. aF 25 ὡς] putaveram ὧν 28 μετεωρολογίαν DEF: μετεωρολογίας a
27 λέγει scil. ἐν τῷ Περὶ φύσεως 30 γράφει Diog. Apoll. fr. 2 [Anaxag. fr. ed.
Schorn p. 49]

κόσμῳ ἐόντα νῦν, γῆ καὶ ὕδωρ καὶ ἀὴρ καὶ πῦρ καὶ τὰ ἄλλα ὅσα φαίνεται 32ᵛ
ἐν τῷδε τῷ κόσμῳ ἐόντα, εἰ τούτων τι ἦν ἕτερον τοῦ ἑτέρου, ἕτερον ὂν
τῇ ἰδίᾳ φύσει, καὶ μὴ τὸ αὐτὸ ἐὸν μετέπιπτε πολλαχῶς καὶ ἡτεροιοῦτο,
οὐδαμῇ οὔτε μίσγεσθαι ἀλλήλοις ἠδύνατο, οὔτε ὠφέλησις τῷ ἑτέρῳ οὔτε
5 βλάβη, οὐδ' ἂν οὔτε φυτὸν ἐκ τῆς γῆς φῦναι οὔτε ζῷον οὔτε ἄλλο γενέσθαι
οὐδέν, εἰ μὴ οὕτω συνίστατο ὥστε ταὐτὸ εἶναι. ἀλλὰ πάντα ταῦτα ἐκ τοῦ 45
αὐτοῦ ἑτεροιούμενα ἄλλοτε ἀλλοῖα γίνεται καὶ εἰς τὸ αὐτὸ ἀναχωρεῖ."
τούτοις καὶ ἐγὼ πρώτοις ἐντυχὼν ᾠήθην ἄλλο τι λέγειν αὐτὸν παρὰ τὰ
τέτταρα στοιχεῖα τὸ κοινὸν ὑποκείμενον, εἴπερ φησὶν μὴ ἀναμίγνυσθαι ταῦτα
10 μηδὲ μεταπίπτειν εἰς ἄλληλα, εἴπερ ἕν τι αὐτῶν ἦν ἡ ἀρχὴ ἰδίαν φύσιν
ἔχον, καὶ μὴ τὸ αὐτὸ πᾶσιν ὑπέκειτο, ἀφ' οὗ πάντα ἑτεροιοῦται. ἐφεξῆς
δὲ δείξας ὅτι ἐστὶν ἐν τῇ ἀρχῇ ταύτῃ νόησις πολλή ("οὐ γὰρ ἄν, φησίν,
οἷόν τε ἦν οὕτω δεδάσθαι ἄνευ νοήσιος, ὥστε πάντων μέτρα ἔχειν χειμῶνός 50
τε καὶ θέρους καὶ νυκτὸς καὶ ἡμέρας καὶ ὑετῶν καὶ ἀνέμων καὶ εὐδιῶν,
15 καὶ τὰ ἄλλα εἴ, τις βούλεται ἐννοεῖσθαι, εὑρίσκοι ἂν οὕτω διακείμενα ὡς
ἀνυστὸν κάλλιστα") ἐπάγει, ὅτι καὶ ἄνθρωποι καὶ τὰ ἄλλα ζῷα ἐκ τῆς
ἀρχῆς ταύτης, ἥτις ἐστὶν ὁ ἀήρ, καὶ ζῇ καὶ ψυχὴν ἔχει καὶ νόησιν, λέγων
οὕτως· "ἔτι δὲ πρὸς τούτοις καὶ τάδε μεγάλα σημεῖα. ἄνθρωποι γὰρ καὶ
τὰ ἄλλα ζῷα ἀναπνέοντα ζώει τῷ ἀέρι. καὶ τοῦτο αὐτοῖς καὶ ψυ|χή ἐστι 33ʳ
20 καὶ νόησις, ὡς δεδηλώσεται ἐν τῇδε τῇ συγγραφῇ ἐμφανῶς, καὶ ἐὰν τοῦτο
ἀπαλλαχθῇ, ἀποθνήσκει καὶ ἡ νόησις ἐπιλείπει." εἶτα μετ' ὀλίγα σαφῶς
ἐπήγαγε "καί μοι δοκεῖ τὸ τὴν νόησιν ἔχον εἶναι ὁ ἀὴρ καλούμενος ὑπὸ
τῶν ἀνθρώπων, καὶ ὑπὸ τούτου πάντας καὶ κυβερνᾶσθαι καὶ πάντων κρατεῖν·
† ἀπὸ γάρ μοι τοῦτο ἔθος δοκεῖ εἶναι καὶ ἐπὶ πᾶν ἀφῖχθαι καὶ πάντα
25 διατιθέναι καὶ ἐν παντὶ ἐνεῖναι. καὶ ἔστιν οὐδὲ ἓν ὅτι μὴ μετέχει τούτου· 5
μετέχει δὲ οὐδὲ ἓν ὁμοίως τὸ ἕτερον τῷ ἑτέρῳ, ἀλλὰ πολλοὶ τρόποι καὶ αὐτοῦ

---

1 καὶ ἀὴρ καὶ πῦρ DE: om. aF et vulgo immerito respuunt   τἆλλα F   2 τι cf.
v. 10: τε temptabat Schleiermacher   ἦν ἕτερον DE: ἦν τὸ ἕτερον aF. ἦν τῷ ἑτέρῳ volebat
Schleiermacher   τοῦ ἑτέρου, ἕτερον om. E   3 ἡτεροιοῦτο F: ἑτεροιοῦτο DE:
ἡταιροιοῦτο a   4 οὐδαμῇ] οὐδ' ἂν Schorn   5 βλάβη ἀπὸ τοῦ ἑτέρου γενέσθαι
Schorn, βλάβη εἶναι Mullach   6 ταυτῶ E   8 τούτου D   10 τι aF: τῇ
DE   ἡ aF: in litura om. D: om. E   ἰδίαν φύσιν ἔχον [sic F, ἔχειν D, ἔχοντα E]
DEF: om. a   12 ἐστὶν om. D   φησίν fr. 4   13 οὕτω δεδάσθαι οἷόν τε
ἦν a   νοήσεως E   ὥστε καὶ πάντων D   15 τὰ (ante ἄλλα) om. D
εὑρίσκει E¹   16 ἄνθρωποι DEF: ἄνθρωπος a·   17 ὁ ἀὴρ DE: ἀὴρ aF
18 ἄνθρωποι DEF: ἄνθρωπος a   19 τἆλλα E   καὶ (post αὐτοῖς) om. E
20 δεδηλώσεται EF: δὲ δηλώσεται D: δεδήλωται a   γραφῇ F   21 ὀλίγα DE:
ὀλίγον aF   22 καί μοι κτλ. fr. 6 p. 55 Schorn.   ὁ ἀὴρ ὁ καλούμενος D
23 πάντα coni. Schorn.   24 τοῦτο ἔθος δοκεῖ EF: τοῦτ' ἔθος δοκεῖ D: τούτου δοκεῖ
ἔθος a: αὐτοῦ γάρ μοι τούτου [immo τοῦτο] δοκεῖ ἔθος εἶναι coniecit Panzerbieter: αὐτὸ
γάρ μοι τοῦτο θεός (vel ὁ θεός) δοκεῖ εἶναι Usener cf. Menandri τὸ κρατοῦν γὰρ
πᾶν νομίζεται θεός (Fr. C. G. IV 144). de deo Diogenis cf. Theophr. de sens. 42
(Doxogr. p, 511, 12. 174. 536ᵃ12.ᵇ6nᵇ20)   25 οὐχ ἔστιν D   οὐδὲ ἓν
EF: οὐδὲν D: μὴ δὲ ἓν a   μὴ sup. add. D   μετέχοι Schorn ex Brandisii
cod. D

τοῦ ἀέρος καὶ τῆς νοήσιός εἰσιν· ἔστι γὰρ πολύτροπος, καὶ θερμότερος καὶ 33ʳ
ψυχρότερος καὶ ξηρότερος καὶ ὑγρότερος καὶ στασιμώτερος καὶ ὀξυτέρην
κίνησιν ἔχων, καὶ ἄλλαι πολλαὶ ἑτεροιώσιες ἔνεισι καὶ ἡδονῆς καὶ χροιῆς
ἄπειροι. καὶ πάντων τῶν ζῴων δὲ ἡ ψυχὴ τὸ αὐτό ἐστιν, ἀὴρ θερμότερος
5 μὲν τοῦ ἔξω ἐν ᾧ ἐσμεν, τοῦ μέντοι παρὰ τῷ ἡλίῳ πολλὸν ψυχρότερος.
ὅμοιον δὲ τοῦτο τὸ θερμὸν οὐδενὸς τῶν ζῴων ἐστίν (ἐπεὶ οὐδὲ τῶν ἀν-
θρώπων ἀλλήλοις), ἀλλὰ διαφέρει μέγα μὲν οὔ, ἀλλ᾽ ὥστε παραπλήσια
εἶναι. οὐ μέντοι γε ἀτρεκέως γε ὅμοιον οὐδὲν οἷόν τε γενέσθαι τῶν ἑτε-
ροιουμένων ἕτερον τῷ ἑτέρῳ, πρὶν τὸ αὐτὸ γένηται. ἅτε οὖν πολυτρόπου
10 ἐούσης τῆς ἑτεροιώσιος πολύτροπα καὶ τὰ ζῷα καὶ πολλὰ καὶ οὔτε ἰδέαν
ἀλλήλοις ἐοικότα οὔτε δίαιταν οὔτε νόησιν ὑπὸ τοῦ πλήθεος τῶν ἑτεροιώσεων.
ὅμως δὲ πάντα τῷ αὐτῷ καὶ ζῇ καὶ ὁρᾷ καὶ ἀκούει, καὶ τὴν ἄλλην νόησιν
ἔχει ἀπὸ τοῦ αὐτοῦ πάντα." καὶ ἐφεξῆς δείκνυσιν ὅτι καὶ τὸ σπέρμα τῶν
ζῴων πνευματῶδές ἐστι καὶ νοήσεις γίνονται τοῦ ἀέρος σὺν τῷ αἵματι τὸ
15 ὅλον σῶμα καταλαμβάνοντος διὰ τῶν φλεβῶν, ἐν οἷς καὶ ἀνατομὴν ἀκριβῆ
τῶν φλεβῶν παραδίδωσιν. ἐν δὴ τούτοις σαφῶς φαίνεται λέγων, ὅτι ὃν
ἄνθρωποι λέγουσιν ἀέρα, τοῦτό ἐστιν ἡ ἀρχή. θαυμαστὸν δὲ ὅτι κατὰ
ἑτεροίωσιν τὴν ἀπ᾽ αὐτοῦ λέγων τὰ ἄλλα γίνεσθαι ἀίδιον ὅμως αὐτό φησι
λέγων "καὶ αὐτὸ μὲν τοῦτο καὶ ἀίδιον καὶ ἀθάνατον σῶμα, τῷ δὲ τὰ μὲν
20 γίνεται, τὰ δὲ ἀπολείπει", καὶ ἐν ἄλλοις "ἀλλὰ τοῦτό μοι δῆλον δοκεῖ
εἶναι, ὅτι καὶ μέγα καὶ ἰσχυρὸν καὶ ἀίδιόν τε καὶ ἀθάνατον καὶ πολλὰ εἰδός
ἐστι". ταῦτα μὲν οὖν περὶ Διογένους προσιστορήσθω· μέτεισι δὲ λοιπὸν
ὁ Ἀριστοτέλης ἀπὸ τῶν ἓν λεγόντων ἐπὶ τοὺς ἓν καὶ πολλὰ τὴν ἀρχὴν
λέγοντας.

25 p. 187ᵃ21   Καὶ ὅσοι δὲ ἓν καὶ πολλά φασιν εἶναι, ὥσπερ Ἐμπε-
δοκλῆς καὶ Ἀναξαγόρας.

Εἰπὼν περὶ τῶν μίαν κατὰ τὸ ὑποκείμενον λεγόντων τὴν ἀρχήν, οὓς

---

1 ἀέρος κατὰ τῆς E   καὶ τῆς κινήσιος sed in mrg. γρ. κατὰ τῆς νοήσιός D   εἰσίν
aF: ἐστίν DE   2 καὶ ξηρότερος — στασιμώτερος F   3 ἔχων F   4 ἄπειροι
scil. ἑτεροιώσιες   5 εἰσμὲν D   ἐσμέν, τοῦτο (lac. x litt.) ψυχρότερος (lac. IV
litt.) ὅμοιον F   περὶ Brandisii codex c   7 παραπλήσια scil. τὰ ζῷα cf. v. 10:
παραπλήσιον Schorn   8 post εἶναι fortius distinxi cf. Anaxag. fr. 6 ἕτερον δὲ οὐδέν
ἐστιν ὅμοιον οὐδενὶ ἑτέρῳ   μέντοιγε DE: μέντοι aF   post ὅμοιον addunt γε
ὃν distinguentes ante οὐδέν aF   οἷόν τε aDE: οἴονται F   9 τῷ (post ἕτερον)
om. a   10 ἐούσης DEF: ἐνούσης a   καὶ (ante οὔτε) om. D   ἰδέα D
11 πλήθεος DE: πλήθους aF   13 ἀπὸ DEF cf. v. 18: ὑπὸ a   14 σπερματῶ-
δές F   15 βλεφῶν E   ἀνατομὴν cf. Arist. Hist. anim. Γ 2 p. 511ᵇ31
βλεφῶν E   17 ἡ ἀρχή] om. ἡ a   κατά] καὶ D   19 λέγων fr. 7   καὶ
(ante ἀίδιον) om. D   τῷ δὲ DE (i. e. τῷ ἀέρι): τὸ δὲ F: τῶν δὲ a   20 ἐν ἄλλοις
fr. 3   21 ὅτι om. D   22 προσιστορίσθω E: προσιστορείσθω aF: ἱστορήσθω D
25 τὰ ὄντα post εἶναι ex Arist. a   27 τὴν ἀρχὴν οὓς φυσικοὺς καλεῖ DE: τὴν ἀρχὴν
φυσικοὺς F: τὴν φυσικὴν ἀρχὴν a

φυσικοὺς καλεῖ, καὶ τὴν διαφορὰν παραδοὺς τὴν κατὰ τὸν διττὸν τρόπον 33r
τῆς ἐκ τοῦ ὑποκειμένου γενέσεως τόν τε κατ' ἀλλοίωσιν καὶ τὸν κατ' ἔκ- 30
κρισιν, μεταβαίνει λοιπὸν ἐπὶ τοὺς περὶ Ἐμπεδοκλέα καὶ Ἀναξαγόραν ἓν
καὶ πολλὰ τὴν ἀρχὴν λέγοντας. καὶ γὰρ Ἀναξαγόρας τὰς ὁμοιομερείας κατὰ
5 τὸ ὑποκείμενον ἀρχὰς θέμενος ἀπείρους ἔλεγε ταύτας, καὶ τὸ ποιητικὸν δὲ
αἴτιον ἓν ἔλεγεν εἶναι τὸν διακρίνοντα νοῦν. καὶ Ἐμπεδοκλῆς δὲ πλείους
κατὰ τὸ ὑποκείμενον ἀρχὰς ἔθετο τὰ τέτταρα στοιχεῖα, ἓν δὲ τὴν φιλίαν
καὶ τὸ νεῖκος, ὅτι παρὰ μέρος ἑκάτερον αὐτῶν ἐπικρατεῖ καὶ ποιεῖ καὶ οὐχ
ἅμα ἄμφω· αἰεὶ γὰρ αὐτῷ οὕτως ἓν τὸ ποιοῦν γίνεται. ἢ οὐχὶ τὸ ποιητι- 35
10 κὸν αὐτοὺς ἓν λέγειν ῥητέον, ἀλλ' αὐτὸ τὸ μῖγμα, ὃ ἦν κατὰ μὲν Ἀναξα-
γόραν ἐκ τῶν ὁμοιομερῶν ἀπείρων τῷ πλήθει μεμιγμένον, κατὰ δὲ
Ἐμπεδοκλέα ἐκ τῶν τεττάρων στοιχείων ποτὲ μὲν συγκρινομένων ὑπὸ τῆς
φιλίας καὶ ποιούντων τὸν σφαῖρον, ποτὲ δὲ διακρινομένων ὑπὸ τοῦ νείκους
καὶ ποιούντων τόνδε τὸν κόσμον. καὶ Θεόφραστος δὲ τὸν Ἀναξαγόραν εἰς
15 τὸν Ἀναξίμανδρον συνωθῶν καὶ οὕτως ἐκλαμβάνει τὰ ὑπὸ Ἀναξαγόρου
λεγόμενα, ὡς δύνασθαι μίαν αὐτὸν φύσιν λέγειν τὸ ὑποκείμενον. γράφει 40
δὲ οὕτως ἐν τῇ Φυσικῇ ἱστορίᾳ· "οὕτω μὲν οὖν λαμβανόντων δόξειεν ἂν
ποιεῖν τὰς μὲν ὑλικὰς ἀρχὰς ἀπείρους, ὥσπερ εἴρηται, τὴν δὲ τῆς κινήσεως
καὶ τῆς γενέσεως αἰτίαν μίαν. εἰ δέ τις τὴν μῖξιν τῶν ἁπάντων ὑπολάβοι
20 μίαν εἶναι φύσιν ἀόριστον καὶ κατ' εἶδος καὶ κατὰ μέγεθος, ὅπερ ἂν δόξειε
βούλεσθαι λέγειν, συμβαίνει δύο τὰς ἀρχὰς αὐτῷ λέγειν τήν τε τοῦ ἀπείρου
φύσιν καὶ τὸν νοῦν, ὥστε πάντως φαίνεται τὰ σωματικὰ στοιχεῖα παραπλη-
σίως ποιῶν Ἀναξιμάνδρῳ". εἰκότως δὲ μετὰ τοὺς μίαν λέγοντας τὴν 45
ἀρχὴν ἀκίνητον ἢ κινουμένην πρὸ τῶν πολλὰς μόνον λέγειν δοκούντων ὡς
25 τῶν περὶ Δημόκριτον τοὺς μίαν καὶ πολλὰς ἔταξε· μέσην γὰρ οὗτοι τάξιν
ἀμφοῖν ἔχουσι. κοινωνοῦσι δὲ οὗτοι τῶν μίαν λεγόντων ἐκείνοις τοῖς συγ-
κρίσει καὶ διακρίσει τὴν γένεσιν ποιοῦσιν· ὁ δὲ Ἀναξαγόρας τοῖς ἐκκρίσει
μᾶλλον οἰκειότερος. διαφέρουσι δὲ ἐκείνων μὲν τῷ μίαν μόνην λεγόντων
αὐτοὶ μίαν καὶ πολλὰς λέγειν, ἀλλήλων δὲ πρῶτον μὲν τῷ τὸν Ἀναξαγόραν
30 λέγειν ἅπαξ γενόμενον τὸν κόσμον ἐκ τοῦ μίγματος διαμένειν λοιπὸν ὑπὸ 50
τοῦ νοῦ ἐφεστῶτος διοικούμενόν τε καὶ διακρινόμενον, τὸν δὲ Ἐμπεδοκλέα
παρὰ μέρος ἀεὶ κατὰ περιόδους τινὰς ποτὲ μὲν σύγκρισιν [ὑπὸ] τῶν τεττάρων
στοιχείων ὑπὸ τῆς φιλίας γινομένην ὑποτίθεσθαι, ποτὲ δὲ διάκρισιν ὑπὸ

---

1 post διαφορὰν add. αὐτῶν E   6 καὶ (post νοῦν) DE: om. aF   7 ἐτί-
θετο E   8 ἑκατέρου ἑκάτερον E   9 αὐτὸ F   11 ὁμοιομερειῶν DE
μεμιγμένων D   13 καὶ ποιούντων — νείκους om. E: καὶ ποιούντων τὸν σφαῖρον (quod
ex D acc.) om. etiam aF   14 Θεόφραστος Phys. Opin. fr. 4 (Doxogr. 479 n b 1)
15 συνηθῶν a   15 post ὑπὸ add. τοῦ a   16 αὐτοῦ D   17 οὕτω κτλ.
fr. 4 (Doxogr. p. 479, 10) cf. p. 27, 17   18 ὥσπερ] ὡς a   19 μῖξιν τὴν
ἁπάντων E   20 καὶ (ante κατ') om. a   24 ἀρχὴν καὶ ἀκίνητον a
μόνον om. E   25 οὗτοι τάξιν ἀμφοῖν DE: οὗτοι ἀμφοῖν τάξιν F: τάξιν a   28 οἰκειο-
τέροις E   τῷ DE: τῶν aF   μίαν — πρῶτον μὲν τῷ om. E   τῷ post
λεγόντων add. aF   29 τὸν μὲν ἀναξαγόραν E   31 δοκούμενον F   32 ὑπὸ DEF:
delevit a et ipse F

τοῦ νείκους. ἔπειτα δὲ τῷ τὰ πολλὰ ἐξ ὧν τὸ πᾶν τὸν μὲν Ἀναξαγόραν 33ʳ ἄπειρα ὑποτίθεσθαι τὰς ὁμοιομερείας, τὸν δὲ Ἐμπεδοκλέα πεπερασμένα· τέτταρα γὰρ τὰ καλούμενα στοιχεῖα. καὶ τὸν μὲν ὁμοιομερείας, τὸν δὲ | στοιχεῖα. "καὶ τἀναντία δὲ προσέθηκεν ἐπὶ Ἀναξαγόρου, φησὶν Ἀλέ- 33ᵛ
5 ξανδρος, διότι αἱ ἐναντιώσεις ἐν ταῖς ὁμοιομερείαις εἰσὶν ὥσπερ καὶ αἱ διαφοραὶ πᾶσαι. διό, φησί, καὶ τὸ ἐπάνω ῥηθὲν τὸ "ἢ καὶ ἐναντίας" ἐπὶ τῆς Ἀναξαγόρου δόξης ἀκουστέον μᾶλλον". μήποτε δὲ καὶ ἐν τοῖς στοιχείοις εἰσὶν ἐναντιώσεις, θερμοῦ ψυχροῦ, ξηροῦ ὑγροῦ καὶ βαρέος καὶ κούφου καὶ τῶν τοιούτων, καὶ κοινῶς ἑκατέρᾳ δόξῃ προσήκει τὸ καὶ τἀναντία· 5
10 εἰ μὴ ἄρα ἐν μὲν τοῖς στοιχείοις τινές εἰσιν ἐναντιώσεις, ἐν δὲ ταῖς ὁμοιομερείαις ἁπαξάπαντα τὰ ἐναντία ὥσπερ καὶ πᾶσαι αἱ διαφοραί, καὶ διὰ τοῦτο μᾶλλον τῇ Ἀναξαγόρου δόξῃ προσήκει μετὰ τοῦ ἄρθρου λεγόμενον καὶ τἀναντία. ἢ ἄρα καὶ ἐν τοῖς στοιχείοις πάντα τὰ ἐναντία, εἴπερ ἀρχαὶ τὰ στοιχεῖα, ἀλλ' οὐ προσεχῶς πάντα ὡς ἐπὶ τῶν ὁμοιομερῶν. γλυκὺ
15 γὰρ καὶ πικρὸν εἰ τύχοι ἐπὶ μὲν τῆς κατὰ τὰ στοιχεῖα ὑποθέσεως οὐ πρώτως ἐνυπάρχει τοῖς στοιχείοις, ἀλλὰ διὰ θερμότητος καὶ ψυχρότητος καὶ 10 ξηρότητος καὶ ὑγρότητος, ἐπὶ δὲ τῆς τῶν ὁμοιομερῶν ὡς πρῶτα καὶ καθ' αὑτά, ὥσπερ καὶ αἱ κατὰ τὰ χρώματα ἐναντιώσεις. ἢ καὶ ἐπὶ τῶν ὁμοιομερῶν ἄλλαι πρὸ ἄλλων ἐναντιώσεις ὑπάρχουσι καὶ διὰ τὰς πρώτας αἱ
20 δεύτεραι.

Λέγει γοῦν Ἀναξαγόρας ἐν τῷ πρώτῳ τῶν Φυσικῶν "ἐκ μὲν γὰρ τῶν νεφελῶν ὕδωρ ἀποκρίνεται, ἐκ δὲ τοῦ ὕδατος γῆ, ἐκ δὲ τῆς γῆς λίθος συμπήγνυται ὑπὸ τοῦ ψυχροῦ, οὗτοι δὲ ἐκχωρέουσι μᾶλλον τοῦ ὕδατος". ὅτι δὲ Ἀναξαγόρας ἐξ ἑνὸς μίγματος ἄπειρα τῷ πλήθει ὁμοιομερῆ ἀποκρίνεσθαί 15
25 φησιν πάντων μὲν ἐν παντὶ ἐνόντων, ἑκάστου δὲ κατὰ τὸ ἐπικρατοῦν χαρακτηριζομένου, δηλοῖ διὰ τοῦ πρώτου τῶν Φυσικῶν λέγων ἀπ' ἀρχῆς "ὁμοῦ χρήματα πάντα ἦν ἄπειρα καὶ πλῆθος καὶ σμικρότητα· καὶ γὰρ τὸ σμικρὸν ἄπειρον ἦν. καὶ πάντων ὁμοῦ ἐόντων οὐδὲν ἔνδηλον ἦν ὑπὸ σμικρότητος· πάντα γὰρ ἀήρ τε καὶ αἰθὴρ κατεῖχεν ἀμφότερα ἄπειρα ἐόντα· ταῦτα γὰρ
30 μέγιστα ἔνεστιν ἐν τοῖς σύμπασι καὶ πλήθει καὶ μεγέθει". καὶ μετ' ὀλίγον 20 "καὶ γὰρ ἀήρ τε καὶ αἰθὴρ ἀποκρίνονται ἀπὸ τοῦ πολλοῦ τοῦ περιέ-

---

1 τῷ] τῶν E   5 ἐν ταῖς iteravit E   6 ἢ καὶ ἐναντίας c. 2 p. 184ᵇ22   7 ἄρ' ἐν τοῖς D   8 ὑγροῦ ξηροῦ aF   10 μὲν om. D   εἰσὶν ἐναντιώσεις τινές aF   13 ἢ] εἰ D cf. v. 18   14 τῶν om. E   15 καὶ post γὰρ om. a   μὲν om. a   τὰ om. a   16 ψυχρότητος] ψύξεως E   17 καὶ (ante καθ') om. F   18 τὰ (post κατά) aF: om. E (loc. obl. D)   19 πρό] πρός E   διὰ τῆς πρώτης a   21 Φυσικῶν fr. 9 Schorn. cf. f. 38ᵛ 30. 106ʳ 29   γὰρ om. a   22 λίθοι συμπήγνυνται f. 38ᵛ 31   24 ἐξ ἑνὸς DE: ἔκ τινος aF   25 πάντων κτλ. cf. p. 27, 7   26 Φυσικῶν fr. 1 Schorn.   27 χρήματα ἦν ἄπειρα πάντα D: πάντα χρήματα ἦν ἄπειρα p. 34, 20. 172, 2   28 ἔνδηλον EF (cf. p. 156, 5. 34, 22): εὔδηλον aD   30 ἔν ἐστιν E   31 καὶ γὰρ κτλ. fr. 2 Sch.   ἀήρ τε καὶ αἰθὴρ DE (cf. v. 29): ὁ ἀήρ τε [τε om. a] καὶ ὁ αἰθὴρ aF   ἀποκρίνεται a   ἀπὸ τοῦ πολλοῦ [πόλου F] τοῦ περιέχοντος DEF: ἀπὸ τοῦ περιέχοντος τοῦ πολλοῦ a cf. ad p. 157, 7

χοντος. καὶ τό γε περιέχον ἄπειρόν ἐστι τὸ πλῆθος". καὶ μετ' ὀλίγα 33ᵛ
"τούτων δὲ οὕτως ἐχόντων, χρὴ δοκεῖν ἐνεῖναι πολλά τε καὶ παντοῖα ἐν
πᾶσι τοῖς συγκρινομένοις καὶ σπέρματα πάντων χρημάτων καὶ ἰδέας παντοίας
ἔχοντα καὶ χροιὰς καὶ ἡδονάς. πρὶν δὲ ἀποκριθῆναι, φησί, πάντων ὁμοῦ
ἐόντων οὐδὲ χροιὴ ἔνδηλος ἦν οὐδεμία· ἀπεκώλυε γὰρ ἡ σύμμιξις πάντων
χρημάτων τοῦ τε διεροῦ καὶ τοῦ ξηροῦ καὶ τοῦ θερμοῦ καὶ τοῦ ψυχροῦ 25
καὶ τοῦ λαμπροῦ καὶ τοῦ ζοφεροῦ καὶ γῆς πολλῆς ἐνεούσης καὶ σπερμάτων
ἀπείρων πλήθους οὐδὲν ἐοικότων ἀλλήλοις. οὐδὲ γὰρ τῶν ἄλλων οὐδὲν
ἔοικε τὸ ἕτερον τῷ ἑτέρῳ". ὅτι δὲ οὐδὲ γίνεται οὐδὲ φθείρεταί τι τῶν ὁμοιο-
μερῶν, ἀλλ' ἀεὶ τὰ αὐτά ἐστι, δηλοῖ λέγων "τούτων δὲ οὕτω διακεχριμένων
γινώσκειν χρή, ὅτι πάντα οὐδὲν ἐλάσσω ἐστὶν οὐδὲ πλείω. οὐ γὰρ ἀνυστὸν
πάντων πλείω εἶναι, ἀλλὰ πάντα ἴσα ἀεί". ταῦτα μὲν οὖν περὶ τοῦ μί-
γματος καὶ τῶν ὁμοιομερειῶν. περὶ δὲ τοῦ νοῦ τάδε γέγραφε· "νοῦς δέ 30
ἐστιν ἄπειρον καὶ αὐτοκρατὲς καὶ μέμικται οὐδενὶ χρήματι, ἀλλὰ μόνος
αὐτὸς ἐφ' ἑαυτοῦ ἐστιν. εἰ μὴ γὰρ ἐφ' ἑαυτοῦ ἦν, ἀλλὰ τεῳ ἐμέμικτο
ἄλλῳ, μετεῖχεν ἂν ἁπάντων χρημάτων, εἰ ἐμέμικτό τεῳ. ἐν παντὶ γὰρ
παντὸς μοῖρα ἔνεστιν, ὥσπερ ἐν τοῖς πρόσθεν μοι λέλεκται, καὶ ἂν ἐκώλυεν
αὐτὸν τὰ συμμεμιγμένα, ὥστε μηδενὸς χρήματος κρατεῖν ὁμοίως ὡς καὶ
μόνον ἐόντα ἐφ' ἑαυτοῦ. ἔστι γὰρ λεπτότατόν τε πάντων χρημάτων καὶ 35
καθαρώτατον καὶ γνώμην γε περὶ παντὸς πᾶσαν ἴσχει καὶ ἰσχύει μέγιστον,
καὶ ὅσα γε ψυχὴν ἔχει καὶ μείζω καὶ ἐλάσσω, πάντων νοῦς κρατεῖ. καὶ
τῆς περιχωρήσιος τῆς συμπάσης νοῦς ἐκράτησεν, ὥστε περιχωρῆσαι τὴν
ἀρχήν. καὶ πρῶτον ἀπὸ τοῦ σμικροῦ ἤρξατο περιχωρεῖν, ἐπεὶ δὲ πλεῖον
περιχωρεῖ, καὶ περιχωρήσει ἐπὶ πλέον. καὶ τὰ συμμισγόμενά τε καὶ ἀπο-
κρινόμενα καὶ διακρινόμενα, πάντα ἔγνω νοῦς. καὶ ὁποῖα ἔμελλεν ἔσεσθαι
καὶ ὁποῖα ἦν καὶ ὅσα νῦν ἐστι καὶ ὁποῖα ἔσται, πάντα διεκόσμησε νοῦς, 40
καὶ τὴν περιχώρησιν ταύτην ἣν νῦν περιχωρέει τά τε ἄστρα καὶ ὁ ἥλιος
καὶ ἡ σελήνη καὶ ὁ ἀὴρ καὶ ὁ αἰθὴρ οἱ ἀποκρινόμενοι. ἡ δὲ περιχώρησις
αὕτη ἐποίησεν ἀποκρίνεσθαι. καὶ ἀποκρίνεται ἀπό τε τοῦ ἀραιοῦ τὸ πυκνὸν
καὶ ἀπὸ τοῦ ψυχροῦ τὸ θερμὸν καὶ ἀπὸ τοῦ ζοφεροῦ τὸ λαμπρὸν καὶ ἀπὸ

---

2 τούτων κτλ. fr. 3 Schorn.   ἐνεῖναι DEF cf. p. 34, 26: εἶναι a   4 φησί fr. 4 cf.
p. 34, 21   5 εὔδηλος a   οὐδεμίη a   8 ἀπείρου F   πλῆθος coni.
Schorn   9 τὸ ἕτερον τῷ ἑτέρῳ DE: τῷ ἑτέρῳ τὸ ἕτερον aF   δὲ om. D
τι post γίνεται posuit a   10 τούτων κτλ. fr. 14 Schorn   11 πάντα aF: τὰ πάντα
DE sed cf. v. 12   οὐ γὰρ] οὐδὲ a   πλείω πάντων   13 ὁμοιομερῶν E   νοῦς
κτλ. fr. 6 cf. p. 164, 24. 174, 16. 176, 32 f. 67ʳ 9   15 ἐπ' ἑωυτοῦ p. 176, 34
ἀλλὰ τεῳ a: ἀλλὰ τέῳ D: ἀλλὰ τέως E: ἀλλ' F   16 μετεῖχεν ἂν a: μετεῖχε μὲν DEF
τεῳ] τῳ F   17 πρόσθεν fr. 5 Schorn.   ἂν ἐκώλυεν D: ἀνεκώλυεν aEF   21 καὶ
(ante ὅσα) E cf. p. 177, 2: om. aDF   21 ἐλάττω a   22 περιχωρήσιος aD²F: περι-
χωρήσεως D¹E   23 τοῦ (ante σμικροῦ) om. E   μικροῦ F   ἤρξατο περιχωρεῖν
DE: ἤρξατο περιχωρῆσαι aF   ἐπεὶ δὲ πλεῖον [πλέον E] περιχωρεῖ libri: ἔπειτε πλέον
περιεχώρεε Ritter   24 καὶ τὰ κτλ. cf. p. 165, 31. 174, 7 177, 5   26 ὁποῖα ἦν
in litura D   ὅσα] ὁπόσα p. 165, 33: scribendum ἦν, ὅσα νῦν μὴ ἔστι, καὶ ὁποῖα ἔστι
cf. p. 177, 5   29 αὐτὴ Schorn   τοῦ (post τε) om. F

SIMPLICII IN PHYSICORUM I 4 [Arist. p. 187 a 21]   157

τοῦ διεροῦ τὸ ξηρόν. μοῖραι δὲ πολλαὶ πολλῶν εἰσι. παντάπασι δὲ οὐδὲν 33ᵛ
ἀποκρίνεται οὐδὲ διακρίνεται ἕτερον ἀπὸ τοῦ ἑτέρου πλὴν νοῦ. νοῦς δὲ
πᾶς ὅμοιός ἐστι καὶ ὁ μείζων καὶ ὁ ἐλάττων. ἕτερον δὲ οὐδέν ἐστιν ὅμοιον 45
οὐδενί, ἀλλ' ὅτῳ πλεῖστα ἔνι, ταῦτα ἐνδηλότατα ἓν ἕκαστόν ἐστι καὶ ἦν".
5 ὅτι δὲ διττήν τινα διακόσμησιν ὑποτίθεται τὴν μὲν νοεράν, τὴν δὲ αἰσθη-
τὴν ἀπ' ἐκείνης, δῆλον μὲν καὶ ἐκ τῶν εἰρημένων, δῆλον δὲ καὶ ἐκ τῶν-
δε· "ὁ δὲ νοῦς † ὅσα ἐστί τε κάρτα καὶ νῦν ἐστιν ἵνα καὶ τὰ ἄλλα πάντα,
ἐν τῷ πολλὰ περιέχοντι, καὶ ἐν τοῖς προσκριθεῖσι, καὶ ἐν τοῖς ἀποκεκρι-
μένοις." καὶ μέντοι εἰπὼν "ἐνεῖναι πολλά τε καὶ παντοῖα ἐν πᾶσι τοῖς
10 συγκρινομένοις, καὶ σπέρματα πάντων χρημάτων καὶ ἰδέας παντοίας ἔχοντα 50
καὶ χροιὰς καὶ ἡδονάς, καὶ ἀνθρώπους γε συμπαγῆναι καὶ τὰ ἄλλα ζῷα
ὅσα ψυχὴν ἔχει", ἐπάγει "καὶ τοῖς γε ἀνθρώποισιν εἶναι καὶ πόλεις συνημ-
μένας καὶ ἔργα κατεσκευασμένα, ὥσπερ παρ' ἡμῖν, καὶ ἥλιόν τε αὐτοῖς
ἐνεῖναι καὶ σελήνην καὶ τὰ ἄλλα, ὥσπερ παρ' ἡμῖν, καὶ τὴν γῆν αὐτοῖσι
15 φύειν πολλά τε καὶ παντοῖα, ὧν ἐκεῖνοι τὰ ὀνήιστα συνενεικάμενοι εἰς τὴν
οἴκησιν χρῶνται". καὶ ὅτι μὲν ἑτέραν τινὰ δια|κόσμησιν παρὰ τὴν παρ' 34ʳ
ἡμῖν αἰνίττεται, δηλοῖ τὸ "ὥσπερ παρ' ἡμῖν" οὐχ ἅπαξ μόνον εἰρημένον.
ὅτι δὲ οὐδὲ αἰσθητὴν μὲν ἐκείνην οἴεται, τῷ χρόνῳ δὲ ταύτης προηγησα-
μένην, δηλοῖ τὸ "ὧν ἐκεῖνοι τὰ ὀνήιστα συνενεικάμενοι εἰς τὴν οἴκησιν
20 χρῶνται". οὐ γὰρ "ἐχρῶντο" εἶπεν, ἀλλὰ "χρῶνται". ἀλλ' οὐδὲ ὡς
νῦν κατ' ἄλλας τινὰς οἰκήσεις ὁμοίας οὔσης καταστάσεως τῇ παρ' ἡμῖν.
οὐ γὰρ εἶπε "τὸν ἥλιον καὶ τὴν σελήνην εἶναι καὶ παρ' ἐκείνοις ὥσπερ καὶ 5
παρ' ἡμῖν", ἀλλ' "ἥλιον καὶ σελήνην, ὥσπερ παρ' ἡμῖν" ὡς δὴ περὶ ἄλλων
λέγων. ἀλλὰ ταῦτα μὲν εἴτε οὕτως εἴτε ἄλλως ἔχει, ζητεῖν ἄξιον.
25   Ὁ δὲ Ἐμπεδοκλῆς τὸ ἓν καὶ τὰ πολλὰ τὰ πεπερασμένα καὶ τὴν κατὰ
περίοδον ἀποκατάστασιν καὶ τὴν κατὰ σύγκρισιν καὶ διάκρισιν γένεσιν καὶ
φθορὰν οὕτως ἐν τῷ πρώτῳ τῶν Φυσικῶν παραδίδωσι·

---

2 οὐδὲ διακρίνεται om. aF cf. p. 175, 11. 176, 24. 26   τοῦ (post ἀπὸ) om. E
3 amplificavit Simplicius p. 165, 14 ἕτερον οὐδέν ἐστι ὅμοιον οὐδενὶ ἑτέρῳ ἀπείρων ὄντων
quod recipiebat Schorn   4 ἀλλ' ὅτῳ DE cf. p. 165, 3: ἄλλῳ τῷ F: ἄλλω.
ἀλλ' ὅτῳ a: ἀλλ' ὅτεων restituit Preller cf. Simpl. p. 163, 4 Doxogr. p. 479, 2
τὰ πλεῖστα F cf. p. 165, 3   ἑνὶ aE²   7 ὁ δὲ νοῦς fr. 12 Schorn.
ἔσται D   fragmentum corruptum ita legendum videtur ὁ δὲ νοῦς. ὡς ἀεί ποτε, κάρτα
καὶ νῦν ἐστιν, ἵνα καὶ τὰ ἄλλα πάντα, ἐν τῷ πολλῷ περιέχοντι (cf. p. 155, 31) καὶ ἐν
τοῖς ἀποκριθεῖσι καὶ ἐν τοῖς ἀποκρινομένοις (cf. p. 156, 28): Carus ὁ δὲ νοῦς ὅσα ἔστησε
κτλ., Schaubach ὁ δὲ νοῦς ὅσα ἐστί τε κάρτα, καὶ νῦν ἐστι, κινεῖ, καὶ τὰ ἄλλα κτλ.
9 εἰπὼν fr. 3. 10 Sch. cf. p. 34, 29   10 πάντων om. E   11 καὶ (post χροιὰς)
sup. add. D   12 συνημμένας) συνῳχημένας p. 35, 4   13 ὥσπερ DEF: ὡς a
ἥλιόν a et p. 35, 5   αὐτοῖς ἐνεῖναι DEF: αὐτοῖσιν εἶναι recte p. 35, 5: αὐτοῖς εἶναι a
14 καὶ τἆλλα aF   παρ' ἡμῖν om. E   αὐτοῖς a   15 ὀνήιστα D: ὀνηιστὰ F:
ὀνιστὰ E: ὀνηιστὰ a itemque omnes v. 19   17 παρ' om. E   21 νῦν om. a
οὔσης DEF: οὔσαις a   22 ὥσπερ καὶ παρ' ἡμῖν aF: καὶ om. DE   23 ἀλλ' —
ἡμῖν om. D   24 ἔχει aF: ἐχεῖ DE   25 τὰ (post πολλὰ) om. D   27 Φυσικῶν
v. 88—123 K. 61—95 St.

δίπλ' ἐρέω· τοτὲ μὲν γὰρ ἓν ηὐξήθη μόνον εἶναι
ἐκ πλεόνων, τοτὲ δ' αὖ διέφυ πλέον' ἐξ ἑνὸς εἶναι.
δοιὴ δὲ θνητῶν γένεσις, δοιὴ δ' ἀπόλειψις·
τὴν μὲν γὰρ πάντων σύνοδος τίκτει τ' ὀλέκει τε,
ἡ δὲ πάλιν διαφυομένων θρυφθεῖσα διέπτη.
καὶ ταῦτ' ἀλλάσσοντα διαμπερὲς οὐδαμὰ λήγει,
ἄλλοτε μὲν Φιλότητι συνερχόμεν' εἰς ἓν ἅπαντα,
ἄλλοτε δ' αὖ δίχα πάντα φορεύμενα Νείκεος ἔχθει.
ἠδὲ πάλιν διαφύντος ἑνὸς πλέον' ἐκτελέθουσι,
τῇ μὲν γίγνονταί τε καὶ οὔ σφισιν ἔμπεδος αἰών.
ᾗ δὲ διαλλάσσοντα διαμπερὲς οὐδαμὰ λήγει,
ταύτῃ δ' αἰὲν ἔασιν ἀκίνητοι κατὰ κύκλον.
ἀλλ' ἄγε μύθων κλῦθι. μέθη γάρ τοι φρένας αὔξει.
ὡς γὰρ καὶ πρὶν ἔειπα πιφαύσκων, πείρατα μύθων
δίπλ' ἐρέω. τοτὲ μὲν γὰρ ἓν ηὐξήθη μόνον εἶναι
ἐκ πλεόνων, τοτὲ δ' αὖ διέφυ πλέον' ἐξ ἑνὸς εἶναι
πῦρ καὶ ὕδωρ καὶ γαῖα καὶ ἠέρος ἄπλετον ὕψος,
Νεῖκός τ' οὐλόμενον δίχα τῶν ἀτάλαντον ἕκαστον
καὶ Φιλότης ἐν τοῖσιν ἴση μῆκός τε πλάτος τε.
τὴν σὺ νόῳ δέρκου μηδ' ὄμμασιν ἧσο τεθηπώς.
ἥτις καὶ θνητοῖσι νομίζεται ἔμφυτος ἄρθροις,
τῇ τε φίλα φρονέουσι καὶ ἄρθμια ἔργα τελοῦσι,
γηθοσύνην καλέοντες ἐπώνυμον ἠδ' Ἀφροδίτην,
τὴν οὔτις † μετ' ὅσοισιν ἑλισσομένην δεδάηκε
θνητὸς ἀνήρ. σὺ δ' ἄκουε λόγου στόλον οὐκ ἀπατηλόν.
ταῦτα γὰρ ἶσα τε πάντα καὶ ἥλικα γένναν ἔασι,
τιμῆς δ' ἄλλης ἄλλο μέδει, πάρα δ' ἦθος ἑκάστῳ.
ἐν δὲ μέρει κρατέουσι περιπλομένοιο χρόνοιο.
καὶ πρὸς τοῖς οὔτ' † ἄρτι ἐπιγίγνεται οὐδ' ἀπολήγει.
εἴτε γὰρ ἐφθείροντο διαμπερές, οὐκέτ' ἂν ἦσαν.

---

1 τό, τε E   ἐνηυξήθη F: ἐν ηὐξήνθη E   2 πλέον' a cf. p. 26,1: πλέον EF: πλέον δ' (i. e. *ΠΛΕΟΝΔ* cf. p. 25, 29) D   5 δρυφθεῖσα E   διέπτη] δρεπτή libri   6 ἀλάσσοντα D   οὐδαμᾶ aE   7 συνερχόμενα DE   8 intercidit unus versus cf. p. 33, 26   φορεύμενα E (D loc. obl.): φορούμενα aF   9 ᾗ δὲ aF: ἡ δὲ E   πλέον F   10 γίγνονται p. 34, 1: γίνεται E: γίνεται aF   ἐών a   11 οὐδαμᾶ aE   12 ἔασσιν a   ἀκίνητοι cf. ad p. 34, 3   13 μέθη aDE: μέθυ F: μάθη Empedocli reddidit Bergk   15 ἐνευξήθη F   16 τοτὲ δ' libri   πλέον' a: πλέον EF: πλέον δ' D   17 ἀέρος D   18 νεῖκός τε D   ἕκαστον cf. ad p. 26, 3   20 σὺ νόῳ DE: σὺν νῷ aF   ἧσσο D   21 καὶ φυτοῖσιν F   22 φρονέουσι F: φρονοῦσι DE: φρονέουσ' a   καὶ ἄρθμια DE: καὶ ἄρ' ὅμοια F: ἰδ' ὁμοῖα a   24 μετ' ὅσοισιν aE: μετ' ὅσσοισιν DE: γ' ὅσσοισιν Prellerus: μεθ' ὅλοισιν Panzerbieter   ἑλισσομένην E   δέδαξε D   25 λόγου DE: λόγων aF   ἀπατηλόν (superscr. ὧν F¹) F   26 γενναν DF   ἔασσι a   27 μέδει in litura D   28 est v. 138 K., 112 St.   29 ἄρτι ἐπιγίγνεται [ἐπιγίνεται D] DE: ἆρ ἐπιγίνεται aF: ἀλλ' ἐπιγίγνεται Panzerbieter cf. p. 159, 8

τοῦτο δ' ἐπαυξήσειε τὸ πᾶν τί κε καὶ πόθεν ἐλθόν;
πῇ δέ † κε καὶ κῆρυξ ἀπόλοιτο, ἐπεὶ τῶνδ' οὐδὲν ἔρημον;
ἀλλ' αὔτ' ἔστιν ταῦτα, δι' ἀλλήλων δὲ θέοντα
γίνεται ἄλλοτε ἄλλα καὶ ἠνεκὲς αἰὲν ὁμοῖα.

5 ἐν δὴ τούτοις ἓν μὲν τὸ ἐκ πλειόνων φησὶ τῶν τεττάρων στοιχείων, καὶ ποτὲ μὲν τῆς φιλίας δηλοῖ ἐπικρατούσης, ποτὲ δὲ τοῦ νείκους. ὅτι γὰρ οὐδέτερον τούτων τελέως ἀπολείπει, δηλοῖ τὸ πάντα ἴσα εἶναι καὶ ἥλικα κατὰ τὴν γένναν καὶ τὸ μηδὲν ἐπιγίνεσθαι μηδ' ἀπολήγειν. πολλὰ δὲ τὰ πλείονα ἐξ ὧν τὸ ἕν· οὐ γὰρ ἡ φιλία τὸ ἕν ἐστιν, ἀλλὰ καὶ τὸ νεῖκος εἰς
10 τὸ ἓν τελεῖ. πλείονα δὲ ἄλλα εἰπὼν ἐπάγει ἑκάστου τῶν εἰρημένων τὸν χαρακτῆρα, τὸ μὲν πῦρ ἥλιον καλῶν, τὸν δὲ ἀέρα αὐγὴν καὶ οὐρανόν, τὸ δὲ ὕδωρ ὄμβρον καὶ θάλασσαν. λέγει δὲ οὕτως·

ἀλλ' ἄγε τῶνδ' ὀάρων προτέρων ἐπιμάρτυρα δέρκευ,
εἴ τι καὶ ἐν προτέροισι λιπόξυλον ἔπλετο μορφῇ·
15 ἠέλιον μὲν θερμὸν ὁρᾶν καὶ λαμπρὸν ἀπάντῃ,
ἄμβροτα δ' † ὅσσα ἐδεῖτο καὶ ἀργέτι δεύεται αὐγῇ,
ὄμβρον δ' ἐν πᾶσι δνοφέοντά τε ῥιγαλέον τε,
ἐκ δ' αἴης προρέουσι † θέλημά τε καὶ στερεωπά.
ἐν δὲ Κότῳ διάμορφα καὶ ἄνδιχα πάντα πέλοντα.
20 σὺν δ' ἔβη ἐν Φιλότητι καὶ ἀλλήλοισι ποθεῖται.
ἐκ τούτων γὰρ πάνθ' ὅσα τ' ἦν ὅσα τ' ἔστι καὶ ἔσται
δένδρεά τ' ἐβλάστησε καὶ ἀνέρες ἠδὲ γυναῖκες
θῆρές τ' οἰωνοί τε καὶ ὑδατοθρέμμονες ἰχθῦς
καί τε θεοὶ δολιχαίωνες τιμῇσι φέριστοι.
25 αὐτὰ γάρ ἐστι ταῦτα, δι' ἀλλήλων δὲ θέοντα
γίνεται ἀλλοιωπά. † τογον διὰ κρᾶσις ἀμείβει.

καὶ παράδειγμα δὲ ἐναργὲς παρέθετο τοῦ ἐκ τῶν αὐτῶν γίνεσθαι τὰ διάφορα·

---

1 τὸ πᾶν τί κε a: τὸ παντί κε DE: τὸ πᾶν, τί (om. κε) F   2 κε καὶ κῆρυξ DE: κε κήρυξ F: κε καὶ a: in κῆρυξ ἀπόλοιτο latere καὶ ἐξαπολοίατ' vidit Stein. κε καὶ temptantis est periculum librarii   ἐπεὶ] ἐπὶ E   τῶνδε DE   αὔτ' ἐστιν a: αὐτά ἐστι DEF
4 γίνονται D   ἄλλοθεν Stein   τἆλλα E   καὶ ἠνεκὲς DE (cf. Hesych. s. v.): διηνεκὲς aF   5 τῶν τε F   8 ἐπιγενέσθαι E   10 ἕκαστον D   12 λέγει δὲ vv. 124—137 K., 96—109 St.   13 ἐπιμάρτυρα DF: ἐπὶ μάρτυρα aE   14 μορφῇ a: μορφῆ EF (loc. obl. D)   15 ὁρᾶν cf. ad p. 33, 8   16 cf. ad p. 33, 9 ἀργέτι δεύεται αὐγῇ a: ἀργετι (sine acc.) δεύεται αὐγῇ F: ἀργετοδεϳεται αὐγῇ (αὐγή E) DE   17 δνοφέοντά DEF ut p. 33, 10: δνοφόεντά a   18 αἴης] αὔης E   προρρέουσι D   θέλημά DEF: θέλιμνά a: θέλυμνά recte corr. Sturz   στερεωπά DEF: στεροπά γε a   19 πέλονται p. 33, 12   20 σὺν] γῆν D   21 πάνθ' ὅσα τ' ἦν E: παντὸς ἄτην D: πάντ' ἦν aF   ὅσσα τέ ἐστι aF: ὅσσατ' ἐστί F   22 δένδρα a   τ' ἐβλάστησε DE: τε βλάστησε F: τε βεβλάστηκε a ut libri p. 33, 15. Empedocli reddo τ' ἐβλάστηκε   24 καί τε aE: καί τοι DF   25 θέοντα aF: θέντα DE ἀλλοιωπά — ἀμείβει om. lac. relicta F   26 τογον E: τόγον D: τὰ γὰρ a: correxi τόσον Herm. xv 163, sed Simplicius fortasse τό γ' ὄν explicabat tradita   διάκρασις E: διάκρισις D: διάκρυψις a

ὡς δ' ὁπόταν γραφέες ἀναθήματα ποικίλλωσιν
ἀνέρες ἀμφὶ τέχνης ὑπὸ μήτιος εὖ δεδαῶτε,
οἵτ' ἐπεὶ οὖν μάρψωσι πολύχροα φάρμακα χερσίν,
ἁρμονίῃ μίξαντε τὰ μὲν πλέω, ἄλλα δ' ἐλάσσω,
5 ἐκ τῶν εἴδεα πᾶσιν ἀλίγκια πορσύνουσι
δένδρεά τε κτίζοντε καὶ ἀνέρας ἠδὲ γυναῖκας
θῆράς τ' οἰωνούς τε καὶ ὑδατοθρέμμονας ἰχθῦς
καί τε θεοὺς δολιχαίωνας τιμῇσι φερίστους,
οὕτω μή σ' ἀπάτα φρένα, καί νύ τῳ ἄλλοθεν εἶναι
10 θνητῶν, ὅσσα γε δῆλα γεγάασιν ἄσπετα, πηγήν.
ἀλλὰ τορῶς ταῦτ' ἴσθι θεοῦ πάρα μῦθον ἀκούσας.

καὶ ὅτι μὲν τὰ πολλὰ ταῦτα ἐν τῷ γενητῷ κόσμῳ θεωρεῖ, καὶ οὐ μόνον
τὸ νεῖκος ἀλλὰ καὶ τὴν φιλίαν, δῆλον ἐκ τοῦ καὶ δένδρα καὶ ἄνδρας καὶ
γυναῖκας καὶ τὰ θηρία ἐκ τούτων λέγειν γεγονέναι· ὅτι δὲ εἰς ἄλληλα με-
15 ταβάλλει, δηλοῖ λέγων

ἐν δὲ μέρει κρατέουσι περιπλομένοιο κύκλοιο
καὶ φθίνει εἰς ἄλληλα καὶ αὔξεται ἐν μέρει αἴσης.

ὅτι δὲ τῇ διαδοχῇ τὸ ἀίδιον ἔχει καὶ τὰ γινόμενα καὶ φθειρόμενα, ἐδή-
λωσεν εἰπών

20 ᾗ δὲ τάδ' ἀλλάσσοντα διαμπερὲς οὐδαμὰ λήγει,
ταύτῃ δ' αἰὲν ἔασιν ἀκίνητοι κατὰ κύκλον.

καὶ ὅτι διττὸν καὶ οὗτος αἰνίττεται διάκοσμον, τὸν μὲν νοητὸν τὸν δὲ αἰσθη-
τόν, καὶ τὸν μὲν θεῖον τὸν δὲ ἐπίκηρον, ὧν ὁ μὲν παραδειγματικῶς ἔχει
ταῦτα, ὁ δὲ εἰκονικῶς, ἐδήλωσε μὴ μόνον τὰ γενητὰ καὶ φθαρτὰ λέγων ἐκ
25 τούτων συνεστάναι, ἀλλὰ καὶ τοὺς θεούς, εἰ μὴ ἄρα τις τοῦτο κατὰ τὴν
Ἐμπεδοκλέους συνήθειαν ἐξηγήσαιτο. καὶ ἐκ τούτων δὲ ἄν τις τὸν διττὸν
αἰνίττεσθαι διάκοσμον οἴοιτο·

ἄρθμια μὲν γὰρ ἑαυτὰ ἑαυτῶν πάντα μέρεσσιν
ἠλέκτωρ τε χθών τε καὶ οὐρανὸς ἠδὲ θάλασσα,

SIMPLICII IN PHYSICORUM I 4 [Arist. p. 187ᵃ21. 26]   161

ὅσσα φιν ἐν θνητοῖσιν ἀποπλαγχθέν|τα πέφυκεν.   34ᵛ
ὣς δ' αὔτως ὅσα κρᾶσιν ἐπαρκέα μᾶλλον ἔασιν,
ἀλλήλοις ἔστερκται ὁμοιωθέντ' Ἀφροδίτῃ.
ἐχθρὰ πλεῖστον ἀπ' ἀλλήλων διέχουσι μάλιστα
5 γέννῃ τε κράσει τε καὶ εἴδεσιν ἐκμακτοῖσι,
πάντῃ συγγίνεσθαι ἀήθεα καὶ μάλα λυγρὰ
νεικεογεννέστησιν, ὅτι σφίσι γένναν † ὀργᾶ.

καὶ γὰρ ὅτι καὶ ἐν τοῖς θνητοῖς ἥρμοσται ταῦτα, δεδήλωκεν, ἐν δὲ τοῖς
νοητοῖς μᾶλλον ἥνωται καὶ "ἀλλήλοις ἔστερκται ὁμοιωθέντα Ἀφροδίτῃ", καὶ 5
10 ὅτι κἂν πανταχοῦ, ἀλλὰ τὰ μὲν νοητὰ τῇ φιλίᾳ ὡμοίωται, τὰ δὲ αἰσθητὰ
ὑπὸ τοῦ νείκους κρατηθέντα καὶ ἐπὶ πλέον διασπασθέντα ἐν τῇ κατὰ τὴν
κρᾶσιν γενέσει ἐν ἐκμακτοῖς καὶ εἰκονικοῖς εἴδεσιν ὑπέστησαν τοῖς νεικεο-
γενέσι καὶ ἀήθως ἔχουσι πρὸς τὴν ἕνωσιν τὴν πρὸς ἄλληλα. ὅτι δὲ καὶ
οὗτος κατὰ σύγκρισίν τινα καὶ διάκρισιν τὴν γένεσιν ὑπέθετο, δηλοῖ τὰ
15 εὐθὺς ἐν ἀρχῇ παρατεθέντα
τοτὲ μὲν γὰρ ἓν ηὐξήθη μόνον εἶναι
ἐκ πλεόνων, τοτὲ δ' αὖ διέφυ πλέον' ἐξ ἑνὸς εἶναι.   10
καὶ ἐκεῖνο μέντοι τὸ τὴν γένεσιν καὶ τὴν φθορὰν μηδὲν ἄλλο εἶναι,
ἀλλὰ μόνον μῖξίν τε διάλλαξίν τε μιγέντων,
20 καὶ "σύνοδον" διάπτυξίν τε γενέσθαι "αἴσης".

p. 187ᵃ26 Ἔοικε δὲ Ἀναξαγόρας ἄπειρα οὕτως οἰηθῆναι ἕως τοῦ
οἱ δὲ σύγκρισιν καὶ διάκρισιν.

Καὶ ἐν τούτῳ τὴν Πλάτωνος εὐγνωμοσύνην ὁ Ἀριστοτέλης ζηλῶν βού- 15
λεται μὴ ὡς πάντῃ ἄλογα λέγοντας παλαιοὺς καὶ κλεινοὺς ἄνδρας εἰσάγειν,

---

1 ὅσσα φιν libri corrupte: ὅσσα φιλ' conieci Herm. l. c. p. 165: ὁσσάκις G. Hermann, alii alia   ἀποπλαγχθέντα EF: ἀποπλαχθέντα aD   2 ὅσσα κράσιν F   ἐπαρτέα Karsten   ἔασσιν ut semper a   3 ὁμοιωθέντα DEF   4 ἔχθρα aF: ἔργα DE. intercidisse videtur δὲ   ἐπ' a   5 γένη D   κράσει a: κρἰσει DEF   super ἐκμακτοῖσι superscr. εἰκονικοῖς D¹   6 πάντῃ — ὀργᾶ (7) om. in lac. F   λυγρὰ a: δ'ὑγρὰ DE   7 νεικεογεννέστησιν libri et Simplicius ipse cf. v. 12: Νείκεος ἐννεσίῃσι restituit Panzerbieter   γένναν E: γεννᾶν D: γέννας a   ὀργᾶ libri: restitui ἔοργεν Hermae xv 164   10 πανταχοῦ] cave ne quid desideres. sententia haec est: etsi ubique νεῖκος et φιλία regnant, tamen haec magis in intelligibili, illud in sensibili   11 τὴν (ante κράσιν) om. a   12 γενέσει aF: γεννήσει D: γεννήσει E   νεικεογενέσι aF: νεικεογεννέσι DE   13 ἕνωσιν aE: in lit. D: γένεσιν F   καὶ om. F   15 ἐν ἀρχῇ vv. 88. 89 K., 61. 62 St. cf. p. 158,1   παρατεθέντα DEF: προτεθέντα a   16 τοτὲ (ante μὲν) aEF: τοτὲ [τε in lit.] D   τοτὲ δ' DF: τότε δ' aE   17 πλέον' a: πλέον EF: πλέονα D   19 ἀλλὰ μόνον κτλ v. 79 K., 38 St., nisi quod μῖξίς τε διάλλαξίς τε ibi traditur   μῖξιν τε διάλλαξιν τε DE: μίξιν τε καὶ διάλλαξιν aF   μιγέντα D   20 σύνοδον cf. v. 91 K., 64 St.   διάπτυξιν cf. Hermae vol. xv p. 163 γίνεσθαι a   αἴσης a: αἴης DEF cf. v. 139 K., 113 St. ante αἴσης ex p. 33, 20 ἐν μέρει supplebat a   21 ἄπειρα οὕτως aF   ἕως — διάκρισιν om. F   24 κλεινοὺς aF: νέους E (loc. obl. D)

μηδὲ ἐρήμην καταψηφιζομένους περιορᾶν, ἀλλὰ λογισμοὺς ἐκτίθεταί τινας, 34ᵛ
καθ' οὓς ἐπὶ τὰς ἀπεμφαίνειν δοκούσας δόξας προήχθησαν. πρῶτον δὲ
προβάλλεται τὸν Ἀναξαγόραν, διότι μετὰ τοὺς ἕν τὸ ὂν λέγοντας τοὺς ἄπειρα
τιθέντας βασανίζειν προθήσεται· ἀτοπωτέρα γὰρ ἡ δόξα δοκεῖ τῶν μίαν
5 καὶ ἀκίνητον τὴν ἀρχὴν λεγόντων διὰ τὸ καὶ ἀρχὴν καὶ φύσιν ἀναιρεῖν, 20
δευτέρα δὲ τῶν ἀπείρους τιθέντων διὰ τὸ ἀπεριόριστον καὶ ἄγνωστον. τούτων
δὲ ἐλεγχθεισῶν εἰσάγεται λοιπὸν ἡ πλείους μέν, πεπερασμένας δὲ τιθεῖσα.
τὸν δ' οὖν Ἀναξαγόραν εἰς τὴν τῶν ὁμοιομερειῶν δόξαν ὑπαχθῆναί φησι διὰ
δύο αἰτίας, ὧν μία μὲν τὸ νομίζειν ἀληθῆ τὴν κοινὴν τῶν φυσικῶν
10 εἶναι δόξαν τὴν λέγουσαν μηδὲν ἐκ τοῦ μὴ ὄντος γίνεσθαι, ἀλλὰ
πάντα τὰ γινόμενα ἐξ ὄντος τὴν γένεσιν ἔχειν. καὶ γὰρ καὶ Παρμενίδης
ὅτι ἀγένητον τὸ ὄντως ὂν ἔδειξεν ἐκ τοῦ μήτε ἐξ ὄντος αὐτὸ γίνεσθαι (οὐ 25
γὰρ ἦν τι πρὸ αὐτοῦ ὄν) μήτε ἐκ τοῦ μὴ ὄντος· δεῖ γὰρ ἔκ τινος γίνεσθαι·
τὸ δὲ μὴ ὂν οὐδέν ἐστι. τὴν δὲ αἰτίαν τοῦ δεῖν πάντως ἐξ ὄντος γίνεσθαι
15 τὸ γινόμενον, θαυμαστῶς ὁ Παρμενίδης προσέθηκεν. ὅλως γάρ, φησίν, εἰ
ἐκ τοῦ μὴ ὄντος, τίς ἡ ἀποκλήρωσις τοῦ τότε γενέσθαι, ὅτε ἐγένετο, ἀλλὰ
μὴ πρότερον ἢ ὕστερον; γράφει δὲ οὕτως·
    τίνα γὰρ γέννην διζήσεαι αὐτοῦ;
    πῇ πόθεν αὐξηθέν; οὔτ' ἐκ μὴ ἐόντος ἐάσω
20 φάσθαι σ' οὐδὲ νοεῖν· οὐ γὰρ φατὸν οὐδὲ νοητὸν
    ἐστὶν ὅπως οὐκ ἔστι. τί δ' ἄν μιν καὶ χρέος ὦρσεν 30
    ὕστερον ἢ πρόσθεν τοῦ μηδενὸς ἀρξάμενον φῦν;
καὶ Μέλισσος δὲ τὸ ἀγένητον τοῦ ὄντος ἔδειξε τῷ κοινῷ τούτῳ χρησά-
μενος ἀξιώματι. γράφει δὲ οὕτως· "ἀεὶ ἦν ὅ τι ἦν καὶ ἀεὶ ἔσται. εἰ
25 γὰρ ἐγένετο, ἀναγκαῖόν ἐστι πρὶν γενέσθαι εἶναι μηδέν. † εἰ τύχοι νῦν
μηδὲν ἦν, οὐδαμὰ ἂν γένοιτο οὐδὲν ἐκ μηδενός." τοῦτο οὖν ὡς ἀξίωμα
προλαβὼν ὁ Ἀναξαγόρας τὸ μηδὲν ἐκ τοῦ μὴ ὄντος γίνεσθαι, δοκεῖ τοιοῦτόν
τινα τῇ δυνάμει λόγον ἐρωτᾶν. τὸ γινόμενον ἢ ἐξ ὄντος γίνεται ἢ ἐκ μὴ
ὄντος· ἀλλ' ἐκ μὴ ὄντος ἀδύνατον· ἐξ ὄντος ἄρα. εἰ δὲ τοῦτο, καὶ ἐν- 35
30 υπάρχοντος τῷ ἐξ οὗ ἐστιν. οὐ γὰρ ἔξωθέν ποθεν ἐπεισιὸν φαίνεται, ὅταν
ἐξ ἵππων γεννῶνται σφῆκες ἢ ἐξ ὕδατος ἀήρ. ἔνεστιν ἄρα ἐν τῇ ὁμοιο-
μερείᾳ καὶ σὰρξ καὶ ὀστοῦν καὶ αἷμα καὶ χρυσὸς καὶ μόλυβδος καὶ γλυκὺ
καὶ λευκόν, ἀλλὰ διὰ μικρότητα ἀναίσθητα ἡμῖν ἐστιν, ὄντα πάντα ἐν πᾶσι.

---

1 ἐκτίθεσθαι a   3 μετὰ τοὺς aF et D²: μετ' αὐτοὺς D¹E   4 βασανίζειν τιθέντας D
6 fortasse δὲ ἡ   περιόριστον E   7 ἐλεγχθεισῶν EF   τεθεῖσα E
12 οὐ γὰρ — ὄν (13) om. a   13 τοῦ (ante μὴ) om. E   16 τοῦ τότε]
τοῦτο D   ὅτε] ὅταν F   17 γράφει vv. 61—65 K., 67—71 St. cf. p. 145, 6
18 γένναν recte p. 145, 6   διζήσεται F   19 ὄντος a   ἐάσσω F   20 σ'
a: σε DEF   21 οὐκ ἔστιν D   22 ἡδενὸς E   φῦν DEF: φῦναι a
24 γράφει § 6   25 εἰ τύχοι νῦν E: εἰ τύχη νῦν D: εἰ τοίνυν aF: in *ΕΙΤΥΧΟΙΝΥΝ*
latere videtur ὅτε τοίνυν cf. § 7 p. 109, 20   οὐδαμὰ DEF: οὐδαμῇ a   26 οὐδὲν
DE: μηδὲν aF   27 προσλαβὼν aF   28 ἐρωτᾶν cf. Arist. Phys. 187ᵃ31 sqq.
31 γένωνται a   32 μόλιβδος DE   post γλυκὺ add. καὶ πικρόν a
33 σμικρότητα a

πόθεν γὰρ πᾶν ἐκ παντὸς φαίνεται γινόμενον (εἰ καὶ διὰ μέσων ἄλλων), 34ᵛ
εἰ μὴ πᾶν ἦν ἐν πᾶσι; φαίνεται δὲ καὶ προσαγορεύεται ἕκαστον ἐκ τοῦ 40
μάλιστα ἐπικρατοῦντος. καὶ γὰρ εἰλικρινῶς μὲν τοῦτο λευκὸν ἢ μέλαν ἢ
γλυκὺ ἢ σάρκα ἢ ὀστοῦν μὴ εἶναι, οὗ δὲ πλεῖστον ἔχει, τοῦτο δοκεῖ ἡ
5 φύσις εἶναι τοῦ πράγματος ἀεὶ πάντων ἐν πᾶσιν ὄντων. "οὐδὲν γὰρ χρῆμα,
φησίν Ἀναξαγόρας, οὐδὲ γίνεται οὐδὲ ἀπόλλυται, ἀλλὰ ἀπὸ ἐόντων χρημάτων
συμμίσγεταί τε καὶ διακρίνεται." διὸ καὶ ἀρχόμενος εὐθὺς τοῦ συγγράμ-
ματος "ἦν ὁμοῦ πάντα χρήματα" φησί.

Τὸ δὲ καὶ τὸ γίνεσθαι τοιόνδε καθέστηκεν ἀλλοιοῦσθαι ὡς
10 πρὸς Ἀναξαγόραν ὁ Ἀλέξανδρος εἰρῆσθαί φησι, διότι καὶ ἐν τῇ Περὶ γενέ- 45
σεως ἐμέμψατο τῷ Ἀναξαγόρᾳ ὡς τὴν σύγκρισιν καὶ τὴν διάκρισιν, καθ' ἃ
λέγει γίνεσθαι τὰ γινόμενα, ἀλλοίωσιν καλέσαντι λέγων "καίτοι Ἀναξαγόρας
γε τὴν οἰκείαν φωνὴν ἠγνόησε". λέγει γοῦν ὡς τὸ γίνεσθαι καὶ τὸ
ἀπόλλυσθαι τοιόνδε καθέστηκεν ἀλλοιοῦσθαι· οὐ γὰρ οἰκείῳ ὀνόματι
15 τῷ τῆς ἀλλοιώσεως κατὰ τῆς συγκρίσεως καὶ τῆς διακρίσεως ἐχρήσατο.
Πορφύριος δὲ τὸ μὲν ἦν ὁμοῦ πάντα χρήματα εἰς Ἀναξαγόραν ἀναπέμπει,
τὸ δὲ τὸ γίνεσθαι εἶναι τὸ ἀλλοιοῦσθαι εἰς Ἀναξιμένην, τὴν δὲ σύγ- 50
κρισίν τε καὶ τὴν διάκρισιν εἰς Δημόκριτόν τε καὶ Ἐμπεδοκλέα. σαφῶς
δὲ Ἀναξαγόρας ἐν τῷ πρώτῳ τῶν Φυσικῶν τὸ γίνεσθαι καὶ ἀπόλλυσθαι
20 συγκρίνεσθαι καὶ διακρίνεσθαι λέγει γράφων οὕτως· "τὸ δὲ γίνεσθαι καὶ
ἀπόλλυσθαι οὐκ ὀρθῶς νομίζουσιν οἱ Ἕλληνες· οὐδὲν γὰρ χρῆμα γίνεται
οὐδὲ ἀπόλλυται, ἀλλ' ἀπὸ ἐόντων χρημάτων συμμίσγεταί τε καὶ διακρίνεται.
καὶ οὕτως ἂν ὀρθῶς καλοῖεν τό τε γίνεσθαι συμμίσγεσθαι καὶ τὸ ἀπόλλυσθαι
δια|κρίνεσθαι". πάντα δὲ ταῦτα καὶ τὸ ἦν ὁμοῦ πάντα χρήματα καὶ τὸ 35ʳ
25 κατ' ἀλλοίωσιν ἢ κατὰ σύγκρισιν καὶ διάκρισιν τὴν γένεσιν εἶναι εἰς πίστιν
εἴληπται τοῦ μηδὲν ἐκ μὴ ὄντος γίνεσθαι, ἀλλ' ἐξ ὄντος γίνεσθαι τὰ γινό-
μενα· ἥ τε γὰρ ἀλλοίωσις πάθος περὶ τὸ ὄν ἐστι καὶ ἡ σύγκρισις καὶ διά-
κρισις περὶ τὰ ὄντα.

p. 187ᵃ31 Ἔτι δὲ ἐκ τοῦ γίνεσθαι ἐξ ἀλλήλων τὰ ἐναντία· 5
30   ἐνυπῆρχεν ἄρα.
                                                                          10
Δευτέραν ταύτην αἰτίαν ἀποδίδωσι τοῦ τὸν Ἀναξαγόραν ἀρχὰς θέσθαι
τὰς ὁμοιομερείας. εἰ γὰρ φθαρτικὰ μὲν ἀλλήλων, ἀλλ' οὐχὶ ποιητικὰ φύσει
τὰ ἐναντία, φαίνεται δὲ ἐκ τῶν ἐναντίων τὰ ἐναντία γινόμενα, τί ἂν ἄλλο 15
τις ὑποπτεύσειεν ἢ ἐνυπάρχοντα τοῖς ἐναντίοις ἐκκρίνεσθαι τὰ ἐναντία;
35 μὴ γὰρ ἂν γίνεσθαι ἐξ ἐκείνων. καὶ δοκεῖ μὲν ἄτοπον τὸ τὰ ἐναντία τοῖς

---

3 εἰλικρινῶς DE   5 οὐδὲν γὰρ κτλ. cf. infra v. 21   γὰρ] τὸ Ε   7 ἀρχόμενος
fr. 1   10 Περὶ γενέσεως Α 1 p. 314ᵃ13   11 καθὰ DF: καθ' ἃς aE   14 ἀλλοιοῦσθαι
om. E   οὐ] εἰ Ε   15 καὶ τῆς διακρίσεως om. a   ἐχρῆτο Ε   17 τὸ (post
τὸ δὲ) F: om. aDE   18 τὴν (ante διάκρισιν) om. a   19 τῷ DE: om. aF
καὶ τὸ ἀπ. aF   20 γράφων fr. 17 Schorn.   27 καὶ ἡ διάκρισις aF   32 ἀνομοιομε-
ρείας F   οὐχὶ D: οὔτε E: οὐ aF   35 γὰρ ἂν DF: γὰρ τὸ ἂν E: γὰρ ἂν τὸ a

ἐναντίοις ἐνυπάρχειν. πολλαχοῦ δὲ σύνεστιν ἀλλήλοις τὰ ἐναντία, οὐ μόνον
κατὰ παράθεσιν, ἀλλὰ καὶ κατὰ κρᾶσιν. τὸ μέντοι γίνεσθαι τὸ ἐναντίον ἐκ
τοῦ ἐναντίου εἰ ὡς ἀπὸ ποιητικοῦ τις λέγοι γίνεσθαι, ἄτοπον αὐτόθεν ἐστί.
ποιεῖ γὰρ ἕκαστον τὸ ἑαυτῷ ὅμοιον. ἐπαγαγὼν δὲ καὶ τὴν δευτέραν ταύτην
5 αἰτίαν τῇ προτέρᾳ τοῦ τὸν Ἀναξαγόραν οὕτως ἀποδοῦναι τὴν γένεσιν, τὰ
ἐφεξῆς ταύτης εἰρημένα τὸν συλλογισμὸν καὶ τὴν ἀπόδειξιν περιέχοντα τοῦ
ἐνυπάρχοντα ἐκκρίνεσθαι τὰ δοκοῦντα γίνεσθαι ἐξ ἀμφοτέρων λέγειν συνάγει
ἔκ τε τοῦ μηδὲν ἐκ τοῦ μὴ ὄντος γίνεσθαι καὶ ἐκ τοῦ τὰ ἐναντία ἐκ τῶν
ἐναντίων δοκεῖν γίνεσθαι.

10 p. 187b7 Εἰ δὴ τὸ μὲν ἄπειρον ᾗ ἄπειρον ἄγνωστον.

Τὸ πιθανὸν πρῶτον τῆς Ἀναξαγόρου δόξης ἐκθέμενος, ἵνα μή τις οἰηθῇ
δι᾽ ἀσθένειαν συνηγορίας ἐλέγχεσθαι τὸν λόγον, ἐπὶ τὴν ἀναίρεσιν αὐτοῦ
τρέπεται. τοῦ δὲ Ἀναξαγόρου πολλὰ ἐκθεμένου συμπεράσματα ἢ ἀξιώματα,
πρὸς ἕκαστόν μοι δοκεῖ νῦν σχεδὸν ὁ Ἀριστοτέλης ἀντιλέγειν. καὶ γὰρ ὅτι
15 ἄπειρα ἦν, εὐθὺς ἀρχόμενος λέγει "ὁμοῦ πάντα χρήματα ἦν ἄπειρα καὶ
πλῆθος καὶ σμικρότητα". καὶ ὅτι οὔτε τὸ ἐλάχιστόν ἐστιν ἐν ταῖς ἀρχαῖς
οὔτε τὸ μέγιστον, "οὔτε γὰρ τοῦ σμικροῦ, φησίν, ἐστὶ τό γε ἐλάχιστον,
ἀλλ᾽ ἔλασσον ἀεί. τὸ γὰρ ἐὸν οὐκ ἔστι τὸ μὴ οὐκ εἶναι. ἀλλὰ καὶ τοῦ
μεγάλου ἀεί ἐστι μεῖζον. καὶ ἴσον ἐστὶ τῷ σμικρῷ πλῆθος, πρὸς ἑαυτὸ
20 δὲ ἕκαστόν ἐστι καὶ μέγα καὶ σμικρόν". εἰ γὰρ πᾶν ἐν παντὶ καὶ πᾶν ἐκ
παντὸς ἐκκρίνεται, καὶ ἀπὸ τοῦ ἐλαχίστου δοκοῦντος ἐκκριθήσεταί τι ἔλασσον
ἐκείνου, καὶ τὸ μέγιστον δοκοῦν ἀπό τινος ἐξεκρίθη ἑαυτοῦ μείζονος. λέγει
δὲ σαφῶς ὅτι "ἐν παντὶ παντὸς μοῖρα ἔνεστι πλὴν νοῦ, ἔστιν οἷσι δὲ καὶ
νοῦς ἔνι". καὶ πάλιν ὅτι "τὰ μὲν ἄλλα παντὸς μοῖραν μετέχει, νοῦς δέ
25 ἐστιν ἄπειρον καὶ αὐτοκρατὲς καὶ μέμικται οὐδενί". καὶ ἀλλαχοῦ δὲ οὕτως
φησί· "καὶ ὅτε δὲ ἴσαι μοῖραί εἰσι τοῦ τε μεγάλου καὶ τοῦ σμικροῦ πλῆθος,
καὶ οὕτως ἂν εἴη ἐν παντὶ πάντα· οὐδὲ χωρὶς ἔστιν εἶναι, ἀλλὰ πάντα
παντὸς μοῖραν μετέχει. ὅτε τοὐλάχιστον μὴ ἔστιν εἶναι, οὐκ ἂν δύναιτο
χωρισθῆναι, οὐδ᾽ ἂν ἐφ᾽ ἑαυτοῦ γενέσθαι, ἀλλ᾽ ὅπωσπερ ἀρχὴν εἶναι καὶ
30 νῦν πάντα ὁμοῦ. ἐν πᾶσι δὲ πολλὰ ἔνεστι, καὶ τῶν ἀποκρινομένων ἴσα

---

2 καὶ (ante κατὰ) om. a   4 ἐπάγων E   6 ταύτης] ταῦτ' F   τοῦ] τὰ D
7 ἐκκρίναι F   λέγειν aDE: om. F: fortasse λόγων   συνάγειν F   11 πρῶ-
τον ἐκ τῆς D   15 ἀρχόμενος fr. 1 Schorn.   16 σμικρότητι F¹   ἔστιν DEF:
ἦν a   17 οὔτε fr. 15 Schorn. cf. p. 166, 15   σμικροῦ DE: σμικροῦ γε
aF   18 τὸ μὴ] τομῇ coniecit Zeller I⁴884³   post εἶναι addebat οὔτε τὸ
μέγιστον Schorn cf. v. 17 et p. 166, 16   19 καὶ πρὸς D   ἑαυτῶ E   20 σμικρὸν
E: μικρὸν aDF   22 λέγει fr. 5 Schorn.   23 σαφῶς καὶ ὅτι a   μοῖρά
ἐστι E   καὶ om. E   24 ἔνι DEF: ἔνεστι a   τὰ μὲν ἄλλα fr. 6 Sch. cf.
p. 156, 13   μετέχει DE: ἔχει aF   25 ἀλλαχοῦ fr. 16 Sch.   27 καὶ ante
ἐν παντὶ add. a   28 δὲ post ὅτε add. a   δύναιτο aF: δύναται DE   29 οὐδ᾽
ἂν E: οὐ λίαν DF: οὐδ᾽ ἂν λίαν a   ἀφ᾽ ἑαυτοῦ a   ὅπωσπερ DE: ὅπως περὶ F¹:
ὅπερ περὶ aF²

πλῆθος ἐν τοῖς μείζοσί τε καὶ ἐλάσσοσι". καὶ τοῦτο δὲ ὁ Ἀναξαγόρας 35r
ἀξιοῖ τὸ ἕκαστον τῶν αἰσθητῶν ὁμοιομερῶν κατὰ τὴν τῶν ὁμοίων σύνθεσιν
γίνεσθαί τε καὶ χαρακτηρίζεσθαι. λέγει γάρ· "ἀλλ' ὅτῳ τὰ πλεῖστα ἔνι,
ταῦτα ἐνδηλότατα ἓν ἕκαστόν ἐστι καὶ ἦν." δοκεῖ δὲ λέγειν καὶ ὅτι ὁ νοῦς 45
5 ἐπιχειρῶν αὐτὰ διακρῖναι οὐ δύναται. πρὸς δὴ τὰ τοιαῦτα τοῦ Ἀναξαγόρου
ἀξιώματα ἀντιλέγων ὁ Ἀριστοτέλης πρῶτον πρὸς τὸ ἀπείρους εἶναι τὰς
ἀρχὰς ἀντείρηκε.

"Κοινὴ δὲ ἡ ἐπιχείρησις ἂν εἴη, ὥς φησι Πορφύριος, καὶ πρὸς Λεύ-
κιππον καὶ Δημόκριτον καὶ Μητρόδωρον καὶ πάντας τοὺς ἄπειρα τὰ στοιχεῖα
10 λέγοντας." διττοῦ δὲ ὄντος τοῦ ἀπείρου ἢ κατὰ ποσὸν ἢ κατὰ ποιόν, καὶ
τοῦ κατὰ ποσὸν ἢ κατὰ πλῆθος ἢ κατὰ μέγεθος, κατὰ πλῆθος μὲν ἄπειρα 50
τὰ στοιχεῖα πάντες οἱ εἰρημένοι φασί, κατὰ μέγεθος δὲ οἱ περὶ Δημόκριτον
καὶ Λεύκιππον τὸ κενὸν ἄπειρον εἶναι λέγοντες, κατ' εἶδος δὲ ἀπείρους τὰς
ὁμοιομερείας Ἀναξαγόρας δοκεῖ λέγειν, εἴγε "ἕτερον, φησίν, οὐδέν ἐστιν
15 ὅμοιον οὐδενὶ" ἑτέρῳ ἀπείρων ὄντων. εἰ τοίνυν πᾶν τὸ ἄπειρον καθὸ
ἄπειρον ἀπερίληπτόν ἐστι, τὸ δὲ ἀπερίληπτον ἄγνωστον, ἄγνωστοι ἂν εἶεν αἱ
ἀρχαὶ καὶ τὰ στοι|χεῖα ἐξ ὧν σύγκειται τὰ πάντα· ὥστε καὶ τὰ ἐκ τῶν 35v
ἀρχῶν ἄγνωστα. "τότε γὰρ οἰόμεθα γινώσκειν ἕκαστον, ὅταν τὰ αἴτια
γνωρίσωμεν καὶ τὰς ἀρχὰς τὰς πρώτας." ὥστε συμβαίνει τούτοις βουλο-
20 μένοις ἐπιστήμην τινὰ τῶν ὄντων ἐκ τῶν τοιούτων ὑποθέσεων λαβεῖν, τοὐ-
ναντίον ἀγνωσίαν περιποιήσασθαι. ὁ δὲ λόγος ὁ ἐλεγκτικός, ὃν ὁ Ἀριστο-
τέλης συντόμως τέθεικε, δυνάμει τοιοῦτός ἐστιν. αἱ ὁμοιομέρειαι καὶ κατ' 5
εἶδος καὶ κατὰ ἀριθμὸν ἄπειροι· τὸ ἄπειρον καθὸ ἄπειρον ἄγνωστον· αἱ
ὁμοιομέρειαι ἄρα ἄγνωστοι. τούτῳ ἐὰν προσλάβῃς ὅτι ἀρχαὶ τῶν ὄντων
25 αἱ ὁμοιομέρειαι, συνάξεις ὅτι τὰ ὄντα ἀρχὰς ἀγνώστους ἔχει. κἂν τούτῳ
πάλιν προσλάβῃς τὸ ὧν αἱ ἀρχαὶ ἄγνωστοι καὶ αὐτὰ ἄγνωστα, συνάξεις ὅτι
τὰ ὄντα ἄγνωστά ἐστιν, εἴπερ ἄπειροι αἱ ἀρχαὶ αὐτῶν. ὅτι δὲ ὧν αἱ ἀρχαὶ
ἄγνωστοι καὶ αὐτὰ ἄγνωστα, ἔδειξεν ἐκ τοῦ οὕτως γὰρ εἰδέναι τὸ σύν-
θετον ὑπολαμβάνομεν, ὅταν εἰδῶμεν ἐκ τίνων καὶ πόσων ἐστίν. 10
30 ὅτι δὲ ἄπειρον οὕτως εἶπεν Ἀναξαγόρας τὸ τῶν ἀρχικῶν εἰδῶν πλῆθος,
ὡς ἡμῖν ἀπερίληπτον, ἀλλ' οὐχ ὡς φύσει ἄπειρον, δηλοῖ λέγων τάδε· "καὶ
τὰ συμμισγόμενά τε καὶ τὰ ἀποκρινόμενα καὶ διακρινόμενα πάντα ἔγνω νοῦς,
καὶ ὁποῖα ἔμελλεν ἔσεσθαι καὶ ὁποῖα ἦν καὶ ὁπόσα νῦν ἔστι καὶ ἔσται,

---

1 ἐλάσσοσιν E: ἐλάττοσι aDF   3 λέγει fr. 6 extr. Schorn.   ἀλλ' ὅτῳ aDE: ἀλλὰ
τῷ F cf. p. 157, 4   τὰ DEF: om. a   9 καὶ πάντας DE: καὶ πρὸς ἅπαντας
aF   10 κατὰ τὸ ποσόν et in proximis τὸ ποιόν et τὸ ποσόν aF   12 οἱ
εἰρημένοι φασὶ πάντες a   περὶ Λεύκιππον καὶ Δημόκριτον a   14 δοκεῖ λέγειν ἀναξα-
γόρας D   ἕτερον κτλ. cf. fr. 6 extr. Schorn cf. p. 157, 3   φησὶν οὐδέν aE: οὐδέν φησιν
D: φύσιν οὐδέν F   15 καθὸ ἂν ἄπειρον E   16 ἐστι — ἄγνωστον DE: om. aF
18 τότε — πρώτας Arist. Phys. A 1 p. 184a 12   19 post γνωρίσωμεν supplevit τὰ
πρῶτα a   τούτοις DE: τοῖς aF   21 ἐλεκτικός E   24 ὅτι αἱ F   26 τὸ
ὅτι ὧν aF   29 ἴδωμεν D   31 λέγων fr. 6 med. Schorn. cf. p. 156, 24. 174, 7.
177, 3   32 τε πάντα post ἀποκρινόμενα add. (om. πάντα ante ἔγνω) aF   33 ἦν
κτλ. cf. ad p. 156, 26

πάντα διεκόσμησε νοῦς". εἰ οὖν γνωστὰ τῷ νῷ ἐστιν, οὐκ ἂν εἴη φύσει 35ᵛ
ἄπειρα, πλὴν ὅτι τὸ τοῦ Ἀριστοτέλους ἀληθές, ὡς εἰ τὰ ἀρχῶν εἴδη
ἄγνωστα, καὶ τὰ ἐξ αὐτῶν ἄγνωστα. ἰστέον δὲ ὅτι ὁ μὲν Πορφύριος κοινήν, 15
ὡς εἶπον, οἴεται τὴν ἀπάντησιν πρὸς πάντας τοὺς ἄπειρα τὰ στοιχεῖα ὑπο-
5 τιθεμένους. ὁ δὲ Ἀλέξανδρος ὡς πρὸς Ἀναξαγόραν μόνον εἰρημένην ἀκούει.
καὶ τάχα οὕτως ἀκολουθότερον. οἱ μὲν γὰρ περὶ Δημόκριτον καὶ Λεύκιππον,
εἰ καὶ ἀπείρους κατὰ πλῆθος ὑπέθεντο τὰς ἀρχάς, ἀλλὰ τὸ εἶδος αὐτῶν
καὶ τὴν οὐσίαν ἓν ὑπέθεντο καὶ ὡρισμένον. ὥστε οὐκ ἂν εἴη κατ' αὐτοὺς
ἄγνωστος ἡ ἀρχή, εἰ μὴ ἄρα σχήματα αὐτοῖς ἢ ἄλλα τινὰ κατ' εἶδος 20
10 ἄπειρα περιτεθείκασιν. Ἀναξαγόρας δὲ οὐ τῷ πλήθει μόνον ἀπείρους, ἀλλὰ
καὶ τῷ εἴδει ὑποθέμενος τὰς ἀρχάς, δέξεται τὸ δοκοῦν ἐπάγεσθαι ἄτοπον τὸ
καὶ τὰ ἐκ τῶν ἀρχῶν ἄγνωστα εἶναι.

p. 187ᵇ13   Ἔτι δὲ εἰ ἀνάγκη οὗ τὸ μόριον ἐνδέχεται
ὁπηλικονοῦν εἶναι.
25
15   Εἰπόντος τοῦ Ἀναξαγόρου ὅτι "οὔτε τοῦ σμικροῦ ἐστι τοὐλάχιστον
ἀλλὰ ἔλασσον ἀεί", οὔτε τὸ μέγιστον (ὡς καὶ αὐτὴ ἡ λέξις τοῦ Ἀναξαγόρου
δηλοῖ, καὶ μέντοι καὶ Θεόφραστος ἐν τῷ Περὶ Ἀναξαγόρου δευτέρῳ τάδε 30
γράφων "ἔπειτα τὸ διὰ τοῦτο λέγειν εἶναι πάντα ἐν παντί, διότι καὶ ἐν με-
γέθει καὶ ἐν σμικρότητι ἄπειρα, καὶ οὔτε τὸ ἐλάχιστον οὔτε τὸ μέγιστόν
20 ἐστι λαβεῖν, οὐχ ἱκανὸν πρὸς πίστιν") ἅμα μὲν ἀναιρεῖ τοῦτο ὁ Ἀριστοτέλης,
ἅμα δὲ ὡς χρήσιμον αὐτῷ τὸ εἶναι τὴν ἐλαχίστην πρὸς τὰ ἐφεξῆς σχεδὸν
ἅπαντα προαποδείκνυσι διὰ τοιοῦδέ τινος συλλογισμοῦ· εἰ τὰ μόρια ὅλου
τινὸς ἐνδέχεται ὁπηλικαοῦν εἶναι κατὰ μέγεθος καὶ κατὰ σμι-
κρότητα (τοῦτο γάρ ἐστι τὸ μήτε τὸ ἐλάχιστον ὡρίσθαι μήτε τὸ μέγιστον), 35
25 καὶ αὐτὸ τὸ ὅλον ἐνδέχεται ὁπηλικονοῦν εἶναι κατὰ μέγεθος καὶ κατὰ
σμικρότητα· ἀλλὰ μὴν τὸ ὅλον οὐκ ἐνδέχεται ὁπηλικονοῦν εἶναι· οὐδὲ τὰ
μέρη ἐνδέχεται κατὰ τὸν δεύτερον τῶν ὑποθετικῶν. καὶ τὸ μὲν συνημμένον
ὡς ἐναργὲς τέθεικε. πρόδηλον γὰρ ὅτι εἰ σύγκειταί τι ἐκ μορίων τινῶν
οἷον ποδῶν καὶ χειρῶν καὶ κεφαλῆς καὶ δυνατόν ἐστι ταῦτα καὶ μείζω ἀεὶ
30 καὶ ἐλάττονα εἶναι, δῆλον ὡς καὶ τὸ ἐν τῇ τούτων συνθέσει τὸ εἶναι ἔχον
μειζόνων μὲν ὄντων ἐκείνων μεῖζον ἔσται, ἐλαττόνων δὲ ἔλαττον. καὶ ἐπ' 40
ἄπειρον ἔσται τοῦτο, ἐπὶ τοσοῦτον τῆς κατὰ τὸ μεῖζον καὶ ἔλαττον

---

1 ἐστι τῷ νῷ E   3 ἰδέον δὲ E   4 ὡς εἶπον p. 165, 8   ἅπαντας D
9 αὐτοῖς om. E   15 οὔτε κτλ. fr. 15 Schorn. cf. p. 164, 17   ἐστιν ἐλάχιστον D
16 ἔλασσον DE: τὸ ἔλασσον aF   οὔτε τὸ μέγιστον ex sententia Anaxagorae
addidit Simplicius   17 καὶ μέντοι καὶ F (cf. f. 46ʳ22): καίτοι καὶ DE: καὶ
μέντοι a   18 γράφων cf. Doxogr. p. 479ⁿᵃ4   τὸ διὰ] τὰ διὰ a   εἶναι
om. a   20 ὁ om. D   21 χρήσιμα D   ἐλαχίστην puta σάρκα cf.
p. 169, 11 sqq.   24 τοῦτο — σμικρότητα (26) om. E   25 εἶναι post σμικρότητα
locavit a   27 ἄρα post μέρη add. a   30 καὶ super add. F   τὸ (ante ἐν)
om. E

παραλλαγῆς γινομένης, ἐφ' ὅσον καὶ τὰ μέρη μειοῦται ἢ αὔξεται. τὴν δὲ 35ᵛ
πρόσληψιν ἐκ τῶν ἐναργῶν καὶ αὐτὴν κατασκευάζει. τὰ γὰρ ἐκ τῶν ὁμοιο-
μερῶν συγκεκριμένα καὶ συγκείμενα ὅλα οἷον ζῷον ὁτιοῦν ἢ φυτὸν οὐχ
οἷόν τε ὁπηλικονοῦν εἶναι (οὐ γὰρ δυνατὸν ἄνθρωπον ἢ συκῆν κέγχρου
5 μέγεθος ἔχειν ἢ ὄρους), ἀλλ' ὥρισται αὐτῶν τὸ μέγεθος καὶ ἐπὶ τὸ μεῖζον
καὶ ἐπὶ τὸ ἔλαττον· ὥρισται ἄρα καὶ τῶν μορίων αὐτῶν ἑκάστου τὸ μέ- 45
γεθος εἰς ἃ διαιρεῖται. καὶ οὐ δυνατὸν σάρκα ὁπηλικηνοῦν λαβεῖν, εἴπερ
ζῴου μόριον ἡ σάρξ. ἔσται γὰρ καὶ τὸ ζῷον ἐκεῖνο, οὗ μόριόν ἐστιν,
ὁπηλικονοῦν. ἐκ τῶν τοιούτων δὲ ὁμοιομερῶν σύγκειται τὰ ζῷα καὶ εἰς
10 ταῦτα διαιρεῖται κατὰ Ἀναξαγόραν. οὐδὲν γὰρ τούτων ἀνωτέρω κατ' αὐτόν.
ὥρισται ἄρα καὶ τούτων τὸ μέγεθος, μέχρι που προελθὸν ἐν τῷ οἰκείῳ
εἴδει μενεῖ. εἰ δὲ λέγοι τις ὅτι πᾶν μέγεθος ἐπ' ἄπειρόν ἐστι διαιρετὸν καὶ
διὰ τοῦτο παντὸς τοῦ λαμβανομένου ἐστὶν ἔλαττον, ἴστω ὅτι αἱ ὁμοιομέρειαι 50
οὐκ εἰσὶν ἁπλῶς μεγέθη, ἀλλ' ἤδη τοιάδε μεγέθη, σάρξ καὶ ὀστοῦν καὶ
15 μόλυβδος καὶ χρυσὸς καὶ τὰ τοιαῦτα, ἅπερ οὐχ οἷόν τέ ἐστιν ἐπ' ἄπειρον
διαιρούμενα φυλάττειν τὸ εἶδος. ὡς μὲν γὰρ μεγέθη, ἐπ' ἄπειρον διαιρεῖται
καὶ ταῦτα· ὡς δὲ σὰρξ καὶ ὀστοῦν, οὐκέτι. τοιαύτας δὲ ὑπετίθετο τὰς
ἀρχὰς Ἀναξαγόρας καὶ οὐδὲ διαιρετὰς ταύτας. καὶ τὸ | ὅλον δὲ ἐξ ἐκείνων 36ʳ
σύγκειται τῶν μερῶν εἰς ἃ καὶ διαιρεῖται ἐνεργείᾳ χωριζόμενα οἷα τὰ ὁμοιο-
20 μερῆ, ἀλλ' οὐχὶ τὰ σώματα καθὸ σώματα. διὸ καὶ ὁ Ἀριστοτέλης ἀσφαλῶς
προσέθηκε λέγω δὲ τῶν τοιούτων τι μορίων, εἰς ὃ ἐνυπάρχον διαι-
ρεῖται τὸ ὅλον. οὐ γὰρ διαιρεῖται εἰς σώματα ᾖ σώματα τὸ ὅλον, ἀλλ'
εἰς σάρκας καὶ ὀστᾶ καὶ τὰ τοιαῦτα, ἃ καὶ ἄφθαρτα κατὰ Ἀναξαγόραν ἐστίν.
ὥστε οὐκ ἂν ὑπομένοι τὴν μέχρι φθορᾶς τοῦ οἰκείου εἴδους διαίρεσιν. οὐ 5
25 μέντοι οὐδὲ ἐνυπάρχει ἐνεργείᾳ τὰ γινόμενα μόρια ἐκ τῆς ἐπ' ἄπειρον
διαιρέσεως, ἀλλὰ δυνάμει μόνον. ἔτι δὲ καὶ δι' ἐκεῖνα προσέθηκε τὸ
εἰρημένον ὁ Ἀριστοτέλης, ἅτινα λέγεται μὲν μόριά τινος, οὐ μὴν διαι-
ρεθείη ἂν τὸ ὅλον εἰς αὐτά, οἷά ἐστιν ἡ ὕλη καὶ τὸ εἶδος τοῦ σώματος
μόρια λεγόμενα.
30 "Τὸ δὲ καὶ οἱ καρποὶ τῶν φυτῶν, φησὶν ὁ Ἀλέξανδρος, ἀντὶ τοῦ
τὰ σπέρματα εἶπεν· ἐκ γὰρ τούτων ἡ τῶν φυτῶν σύνθεσις εἴη ἄν. καὶ διὰ
τοῦτο μετ' ὀλίγον ἀντὶ τοῦ καρποῦ τὸ σπέρμα ἔλαβεν ὡς μόριον τοῦ φυτοῦ, 10
ἐν οἷς λέγει ὥστε οὔτε σὰρξ εἴη ⟨ἂν⟩ ὁπηλικοῦν οὔτε ὀστοῦν οὔτε

---

1 δὲ om. F: post πρόσληψιν posuit a   2 καὶ αὐτὴν ἐκ τῶν ἐναργῶν aF
4 ὁπηλικονοῦν aF: ὁπηλίκον DE   5 ὅρους DEF   αὐτοῦ D   6 αὐτοῦ ἑκάστου
καὶ τὸ μέγεθος E   8 μόριον ζώου a   9 ὁμοιομερειῶν D   10 κατὰ aF: καὶ
κατὰ DE   11 καὶ DE: om. aF   12 εἴδει DE: om. aF   μένει DE
λέγει D   13 τοῦ (post παντὸς) om. E   15 μόλιβδος DE   καὶ χρυσὸς om. F
16 διαιρούμενον DE   17 σὰρ aE   ταύτας F   ὑπέθετο D   18 καὶ οὐ διαι-
ρετὸν E   21 λέγω δὴ a   τι om. E   22 ᾖ σώματα DE: ᾖ ἀσώματα aF
24 ὑπομένη φθορᾶς τὴν μέχρι D   29 μόρια] μόνα F   30 ὁ (post φησὶν) om. E
31 φυτῶν] φυσικῶν E   32 τὸ DE: om. aF   ὥστε κτλ. haec lectio in nostris quoque
Aristotelis libris deest   33 ἂν a: om. DEF

σπέρμα τῶν φυτῶν· ἐκ τούτων γὰρ ἑκάτερα αὐτῶν σύγκειται". ἀλλὰ τὰ μὲν εἰς ἐμὲ ἐλθόντα βιβλία τοῦτο τὸ ῥησείδιον οὐκ ἔχει, ὥσπερ οὐδὲ τὸ ἕτερον ὃ παρέθετο ὁ Ἀλέξανδρος ἔχον οὕτως "εἰ οὖν τὰ ζῷα καὶ τὰ φυτὰ μήτε πηλίκα ἐστὶ μήτε ποσά, τουτέστι, φησί, μήτε ὡς συνεχῆ μήτε ὡς
5 διωρισμένα ἐπ' ἄπειρον ἔχει τὴν ἐπίδοσιν, οὐδὲ τὰ μόρια αὐτῶν ὁπηλικαοῦν ἔσται οὔτε αὔξησιν οὔτε ἐλάττωσιν ἐπ' ἄπειρον ἕξει". καὶ ὅρα ὅτι πρὸς τὸ πηλίκον ἀπεδόθη τὰ εἰρημένα μόνον, οὐκέτι δὲ καὶ πρὸς τὸ ποσόν, ὅπερ ὡς διωρισμένον ποσὸν ἀντιτεθῆναι τῷ πηλίκῳ φησὶν ὁ Ἀλέξανδρος· οὐκέτι γὰρ ἔδειξεν ἐν τούτοις, ὅτι οὐκ ἐξ ἀπείρων τῷ πλήθει σύγκειται, ἀλλὰ
10 καὶ ἀκύρως ἂν ἡρμήνευτο, εἰ ἔλεγεν εἰ οὖν τὰ ζῷα καὶ τὰ φυτὰ μήτε πηλίκα ἐστὶ μήτε ποσὰ ἀντὶ τοῦ μήτε κατὰ μέγεθος μήτε κατὰ πλῆθος εἰς ἄπειρον ἐπεδίδου. οὐ γὰρ ταὐτόν ἐστι πηλίκον εἰπεῖν καὶ ὁπηλικονοῦν, ὅπερ σημαίνει κατὰ τὸ πηλίκον εἰς ἄπειρον ἐνδιδόναι ἢ ἐπιδιδόναι. "τὸ δὲ σπέρμα, φησί, παρατίθεται, ὡς οὐσῶν τινῶν ὁμοιομερειῶν καὶ
15 τοιούτων κατὰ Ἀναξαγόραν, ἐξ ὧν πλεοναζουσῶν τὰ φυτὰ γίνεται, καὶ τῶν φυτῶν διαφοραὶ παρὰ τὴν διαφορὰν τῶν ἐν αὐτοῖς πλεοναζόντων σπερμάτων." καίτοι τὸ σπέρμα ἐξ οὗ γέγονε τὸ φυτόν, οὐκ ἔστι τῶν τοιούτων μορίων, εἰς ἃ ἐνυπάρχον διαιρεῖται τὸ ὅλον· οὐδὲ γὰρ ἐν τῷ ζῴῳ τὸ σπέρμα ἐξ οὗ γέγονε σῴζεται, ὡς διαιρεῖσθαι καὶ εἰς ἐκεῖνο τὸ ζῷον, ἀλλ' ἔοικε
20 τὰ πολλὰ τῶν ἀντιγράφων ὀρθῶς ἔχειν τὰ λέγοντα καὶ οἱ καρποὶ τῶν φυτῶν. ὡς γὰρ κλάδοι καὶ φύλλα, οὕτως καὶ καρπὸς καὶ περικάρπιον μέρη τῶν ἐγκάρπων φυτῶν ἐστι, καὶ διαιρεῖται τὸ ὅλον καὶ εἰς ταῦτα ἐνυπάρχοντα καὶ χωρίζεσθαι δυνάμενα. ἀλλὰ ταῦτα μὲν ἀρκείτω πρὸς τὸ τῆς γραφῆς παρηλλαγμένον.
25 Ἴσως δὲ φαίη ἄν τις ὑπὲρ Ἀναξαγόρου λέγων, ὡς εἰ μὲν ἕκαστον τῶν ζῴων ἢ τῶν φυτῶν ἐξ ἑκάστου εἴδους τῶν ὁμοιομερειῶν μίαν εἶχεν ὁμοιομέρειαν τὴν συντιθεῖσαν οἷον μίαν σαρκὸς καὶ μίαν ὀστοῦ καὶ μίαν αἵματος, ἀναγκαῖον ἦν τῇ τῶν ὁμοιομερῶν αὐξήσει καὶ μειώσει τὰς κατὰ μέγεθος διαφορὰς ἀκολουθεῖν τῶν τε ζῴων καὶ τῶν φυτῶν. εἰ δὲ πλῆθος ἐξ ἑκάστου
30 εἴδους τῶν ὁμοιομερῶν ἔχει οἷον σαρκία πολλά, τί ἄτοπον σάρκα μὲν ἐπ' ἄπειρον καθαιρεῖν, ζῷον δὲ μηκέτι; ἀλλ' εἰ πλείονά ἐστι σαρκία, ἢ πεπερασμένα τῷ ἀριθμῷ ἢ ἄπειρα· καὶ εἰ μὲν πεπερασμένα οἷον τρία ἢ τέτταρα ἢ μύρια, ὡρισμένον ἂν εἴη τὸ μέγεθος καὶ τοῦ ἐλαχίστου καὶ τοῦ μεγίστου, εἰ δὲ ἄπειρα τῷ πλήθει, τὸ ἐξ ἀπείρων τῷ πλήθει μεγεθῶν μέγεθος

---

3 ὁ (post παρέθετο) om. aF   4 τουτέστι] ἔστι F   6 ἕξειν F   7 μόνα D
9 τῷ εἴδει (sed in mrg. τῷ πλήθει) F   10 καὶ ἀκύρως DE: καὶ κυρίως a   ἡρμήνευτο DF: ἡρμηνεύετο aE   11 ὁπηλικαοῦν et ὁποσαοῦν a   12 ἐπεδίδου DEF: ἐπιδίδωσιν a   εἰπεῖν DE: om. a: ἐστι F   13 τὸ κατὰ τὸ a   15 κατὰ Ἀναξαγόραν DE: om. aF   16 αἱ post φυτῶν add. a   17 ex Aristotele non opus est ἔστι ⟨τι⟩ scribere   μορίων aE: μόριον DF   18 ὑπάρχον F   21 καρπὸς EF: καρποὶ a: ὁ καρπὸς D   22 καὶ εἰς] ὡς D   28 ὁμοιομερῶν DE: ὁμοιομερειῶν aF   κατὰ τὸ μέγεθος D   31 σαρκίνα E   32 post οἷον add. δύο ἢ a   33 μυρία DE εἰ δὲ post ἐλαχίστου add. E

ἄπειρον ἀνάγκη εἶναι. τὸ γὰρ πεπερασμένον εἰς πεπερασμένα διαιρεῖται, ὅπερ 36ʳ
καὶ αὐτὸς Ἀριστοτέλης ἐπάγει αὐτοῖς.

p. 187ᵇ22 Ἔτι εἰ ἅπαντα μὲν ἐνυπάρχει τὰ τοιαῦτα ἀλλήλοις
ἕως τοῦ τοῦτο δὲ ἀδύνατον.

Ὁ μὲν Ἀλέξανδρός φησι τῷ δεδειγμένῳ προσεχῶς ἐπιχειρήματι προσ-
χρώμενον τὸν Ἀριστοτέλην δεικνύναι νῦν, ὅτι οὔτε ἐκκρίσει ἡ γένεσις οὔτε
πάντα ἐν πᾶσιν, ὡς τοῖς περὶ Ἀναξαγόραν ἐδόκει. λαβὼν οὖν ἐνταῦθα
ὡς ὁμολογούμενον ὅτι ἔστιν ἐλάχιστον σῶμα διὰ τοῦ εἰπεῖν εἰ καὶ ἀεὶ
ἐλάττων ἔσται ἡ ἐκκρινομένη, ἀλλ' ὅμως οὐχ ὑπερβαλεῖ μέγεθός
τι τῇ σμικρότητι (οὐχ ὑπερβαλεῖ γὰρ τῇ σμικρότητι δηλονότι τὸ ἐλά-
χιστον), εἰ οὖν ἐξ ὕδατος φέρε εἰπεῖν τὴν ἐλαχίστην ἐκκρίνοι τις σάρκα, ἐπειδὴ
δέδεικται ὡρισμένη ἡ ἐλαχίστη, καὶ πάλιν ἄλλην ἐλαχίστην, καὶ ἀεὶ τοῦτο
ποιοίη, ἢ ἐπιλείψει ποτὲ ἡ ἔκκρισις διὰ τὸ ὡρίσθαι τὴν ἐλαχίστην καὶ οὐ-
κέτι ἕξει τὸ ὑπολειπόμενον ὕδωρ σάρκα καὶ οὕτως οὐ πᾶν ἐν παντὶ ἔσται
οὐδὲ πᾶν ἀπὸ παντὸς ἐκκριθήσεται, ἢ εἰ μὴ ἐπιλείψει ποτέ, ἕξει τοδὶ τὸ
ὕδωρ ἐξ οὗ ἡ σὰρξ ἐξεκρίθη ὡρισμένον τι μέγεθος, καὶ εἰ τοῦτο, ἄπειροι
ἐν αὐτῷ ἔσονται τὸν ἀριθμὸν ἴσαι ἀλλήλαις· αἱ γὰρ ἐλάχισται σάρκες ἴσαι
τὸ μέγεθος ἄπειροι ἐν αὐτῷ ἔσονται· τοῦτο δὲ ἀδύνατον διὰ τὸ ὡρίσθαι
τὴν ἐλαχίστην | σάρκα, ἧς οὐκέτι ἐλάττων ἂν ἐκκριθείη. δέδεικται γὰρ ἐν 36ᵛ
τῷ πρὸ τούτου ὅτι ὥρισται ἡ ἐλαχίστη, τούτου δὲ ὄντος ἀδύνατον ἐπ'
ἄπειρον ἐκκρίνεσθαι σάρκα ἐκ τοῦ ὕδατος τούτου, ἀλλ' ἀνάγκη στῆναι· ὥστε
οὐ πᾶν ἐκ παντὸς ἐκκριθήσεται. εἰ δέ γε ἀεὶ τῆς προεκκριθείσης, φησίν,
ἐλάττονα λαμβάνειν ἦν, οὐκ ἂν ἐπέλειπεν ἡ ἔκκρισις, ὡς ἐπὶ τῆς μεγίστης.
οὕτως μὲν οὖν ὁ Ἀλέξανδρος καὶ ὁ Θεμίστιος ἐξηγήσαντο.

Μήποτε δὲ δυνατὸν ἀποδεῖξαι καὶ χωρὶς τοῦ προαποδεδειγμένου συμ-
περάσματος τὸ νῦν ἐπιχείρημα, ἴσως τοῦ Ἀριστοτέλους, ὅπερ ἐκεῖ ἀπέδειξε
τὸ ἀδύνατον ὁπηλικονοῦν εἶναι μέγεθος, νῦν συγχωροῦντός πως αὐτοῖς ὑπο-
τίθεσθαι, ἐν οἷς φησιν, εἰ καὶ ἀεὶ ἐλάττων ἔσται ἡ ἐκκρινομένη, ἀλλ'
ὅμως οὐχ ὑπερβαλεῖ μέγεθός τι τῇ σμικρότητι. καὶ οὐχ ὅτι ἐπι-
λείπει ἡ ἔκκρισις ἁπλῶς δείκνυσι νῦν ὁ Ἀριστοτέλης, ὡς οἶμαι, ἀλλ' ὅτι
καὶ τῷ ἐπιλείπειν καὶ τῷ μὴ ἐπιλείπειν ἄτοπόν τι ἀκολουθεῖ τοῖς πᾶν ἐν

---

3 πάντα a ex Arist.   ἀλλήλοις DF: ἐν ἀλλήλοις aE Arist.   4 ἕως — ἀδύνατον
om. F   5 δεδεγμένῳ a   7 ἐν πάντα ἐν πᾶσιν E   ἐδόκει DE: δοκεῖ aF
8 εἰ (ante καὶ) om. E   9 ἐστὶν D   ὑπερβάλλει constanter DEF   11 ἐπειδὴ
δὲ δείκνυται E   12 ἄλλη ἐλαχίστη F   13 ἐπιλείψοι E   15 πᾶν (ante ἀπὸ)
om. a   ἐπιλείψῃ E   16 ἄπειροι ἐν αὐτῷ ἔσονται τὸν ἀριθμὸν DE: ἄπειροι τὸν
ἀριθμὸν ἔσονται aF   17 ἀλλήλοις DE   ἐλάχιστοι D   23 ἐπέλειπεν D: ἐπέλιπεν
aEF cf. p. 171,6   ὡς ἐπὶ τῆς μεγίστης F   25 καὶ ante δυνατὸν transposuerunt
aF   26 ἴσως δὲ aF   27 νῦν om. aF   χωροῦντος E   πῶς DEF
ὑποτίθεσθαι ex ὑποτίθεται corr. videtur D   28 ἐλάττων ἀεὶ aF   29 τῇ σμικρότητι
om. E   30 δείκνυσιν οὖν F: δείκνυσι νοῦν a   31 inter ἐπιλείπειν et καὶ inserit
ἡ ἔκκρισις E

παντὶ λέγουσι καὶ πᾶν ἐκ παντὸς ἐκκρίνεσθαι, ταὐτὸν δὲ εἰπεῖν γίνεσθαι 36ᵛ
ἀξιοῦσι. τῷ μὲν γὰρ ἐπιλείπειν ἀναιρεῖται ἄμφω ταῦτα τὰ ἀξιώματα. εἰ
γὰρ ἐπιλείποι ἀπὸ τουδὶ τοῦ ὕδατος ἐκκρινομένη ἡ σάρξ, οὐ πάντα ἐν παντὶ
ἔσται οὐδὲ πᾶν ἐκ παντὸς ἐκκριθήσεται. ἐν γὰρ τῷ λοιπῷ ὕδατι οὐκ ἐνυ-
5 πάρξει σάρξ· εἰ μέντοι λέγοιεν μὴ ἐπιλείπειν, ἀλλ' ἀεὶ δύνασθαι ἀφαιρεῖν,
ἐν πεπερασμένῳ μεγέθει τῷδε τῷ ὕδατι ἄπειρα τὸ πλῆθος μεγέθη ἐνέσται·
ὅπερ ἀδύνατον. δοκεῖ δέ μοι τὸ ἴσα πεπερασμένα καὶ τὸ οὐχ ὑπερ- 15
βαλεῖ μέγεθός τι τῇ σμικρότητι αἰτίαν γενέσθαι τῷ Ἀλεξάνδρῳ τῆς
τοιαύτης ἐξηγήσεως. καθ' ἑκάστην γάρ, φησίν, ἔκκρισιν ἀριθμός τις ἔσται
10 ἐκκρινόμενος τῶν ἐλαχίστων, οὕτως τε ἔσται τρόπον τινὰ ἴσα ἀεὶ τὰ ἀφαι-
ρούμενα διὰ τὸ ἐλάχιστα πάντα εἶναι. τίς δὲ ἂν εἴη ἡ ἀποκλήρωσις τὸ
καὶ τὰ ἐλάχιστα πολλὰ εἶναι, ἀλλὰ μήποτε ἴσα, ἀντὶ τοῦ μεγέθη ὄντα καὶ
αὐτὰ λέγειν; κἂν γὰρ ἀεί, φησίν, ἐλάττων ἔσται ἡ ἐκκρινομένη, ἀλλ'
οὐχ ὑπερβαλεῖ μέγεθός τι τῇ σμικρότητι. τουτέστι κἂν συγχωρήσῃ 20
15 τις αὐτοῖς τὸ τῆς ἐλάττονος ἀεὶ ἐλάττονα λαμβάνειν, οὐκ ἂν διὰ τὴν σμι-
κρότητα ὑπερβαίη τὸ εἶναι μέγεθος. καὶ γὰρ ἡ ἐπ' ἄπειρον τῶν μεγεθῶν
διαίρεσις εἰς μεγέθη γίνεται. ὁ μέντοι πάντα ἐν πᾶσι λέγων καὶ ἐνεργείᾳ
αὐτὰ ἐνεῖναι λέγει, καὶ οὐ δυνάμει, ὡς ἐπὶ τῶν ἐπ' ἄπειρον διαιρουμένων.
δυνατὸν δὲ τὸ ἴσα πρὸς τὸ πεπερασμένα ἀκούειν ἀντὶ τοῦ ὅμοια πε-
20 περασμένα. καὶ εἴπερ τὸ πεπερασμένον τοῦ ποσοῦ ἐστι πάθος, οἰκειότερον
τὸ ἴσα πεπερασμένα ἤπερ ὅμοια πεπερασμένα εἰπεῖν. ἡ οὖν ὅλη ἐπιχεί- 25
ρησις ἀναιρεῖ τὸ πᾶν ἐν παντὶ εἶναι καὶ πᾶν ἐκ παντὸς γίνεσθαι ἤτοι ἐκ-
κρίνεσθαι προλαβοῦσα ἀξίωμα, ὅτι πᾶν σῶμα πεπερασμένον ὑπὸ σώ-
ματος πεπερασμένου καταμετρεῖται καὶ δαπανᾶται, ὅπερ αὐτὸς ἀναι-
25 ρεῖται εἶπε τοῖς προχειμένοις οἰκείως. ἐὰν γὰρ τοῦ πήχεως πεπερασμένου
ὄντος ἀεί τι πεπερασμένον ἀφαιρῇς, ἀναιρεθήσεται ὁ πῆχυς. γινέσθω δὲ ἡ
ἀφαίρεσις μὴ κατὰ τὸ λόγῳ θεωρητόν (ἐπεὶ οὐδέποτε ἐκλείψει), ἀλλὰ κατὰ
τὰ ἐνεργείᾳ ἐνυπάρχοντα μόρια, κἂν τὰ ἐλάχιστα ἴσως τοιάδε. τούτου οὖν 30
προληφθέντος δείκνυσιν, ὅτι οὐκ ἐνδέχεται ἕκαστον ἐν ἑκάστῳ τουτέστι πᾶν
30 ἐν παντὶ ὑπάρχειν οὐδὲ πᾶν ἐκ παντὸς ἐκκρίνεσθαι, οὕτως· εἰ ἐκκρίνοιτο
ἐκ τοῦ ὕδατος σὰρξ καὶ πάλιν ἄλλη, κἂν ἀεὶ ἐλάττων ἔσται ἡ ἐκκρινομένη,
ὅμως μέγεθός τι ἕξει. καὶ τοῦτο δὲ ὡς ἀξίωμα προλαμβάνεσθαι χρὴ τῆς
ἀποδείξεως· ἢ οὖν στήσεται ἡ ἔκκρισις ἢ οὐ στήσεται. ἀλλ' εἰ μὲν στῇ,
οὐχ ἅπαν ἐν παντὶ ἔσται (ἐν γὰρ τῷ λοιπῷ ὕδατι οὐκ ἐνυπάρξει σάρξ),
35 εἰ δὲ μὴ στῇ, ἀλλ' ἀεὶ ἕξει ἀφαίρεσιν, ἐν πεπερασμένῳ μεγέθει ἄπειρα τὸ 35

---

1 ἐκ om. E   ἀποκρίνεσθαι aF   3 τοῦ om. a   ἡ D: om. E: transposuit post ἐπιλείποι aF   11 ἂν ᾖ ἡ ἀποκλήρωσις E   13 λέγειν D: λέγει aEF   14 τι (ante τῇ) om. DE   18 εἶναι a   19 πεπερασμένον aF   23 προσλαβοῦσα aF   ὅτι] τὸ D   25 γὰρ om. E   πήχεος aEF   26 ἀφαιρῇς DE: ἀφαιρῇ aF   γενέσθω DE sed cf. Themist. I 4 p. 128, 28 Sp.   δὲ om. E   27 τὸ λόγῳ EF: τὰ λόγῳ D: τῷ λόγῳ a   28 ὑπάρχοντα a   29 προσληφθέντος aF   31 ἔλαττον E   32 τι] ἔτι E   προσλαμβάνεσθαι aF   33 οὖν στήσηται DEF   οὐ στήσηται D   34 σάρξ om. a

πλῆθος ὁμοίως πεπερασμένα μεγέθη ἔσται· ὅπερ ἀδύνατον. τὸ γὰρ πε- 36ᵛ
περασμένον μέγεθος ἀεί τινος τῶν ἐν αὐτῷ πεπερασμένου κατὰ πεπερασμένον
ἀριθμὸν ἀναιρουμένου, ἀναιρεθήσεται καὶ αὐτὸ διὰ τὸ ἀξίωμα, ὥστε οὐκ
ἔσται ἐν πεπερασμένῳ μεγέθει ἄπειρα τὸ πλῆθος. δῆλον δὲ ὅπερ εἶπον,
5 ὅτι τὴν ἀφαίρεσιν οὐ κατὰ τὴν λόγῳ θεωρουμένην ἐπ' ἄπειρον τομὴν ποιη-
τέον. οὕτως γὰρ οὐδὲ ἐπέλιπεν ἂν οὐδὲ ἄτοπόν τι ἠκολούθει. τὸ πεπερα-
σμένον τι ἐκ τῶν ἐπ' ἄπειρον διαιρουμένων συνεστάναι· δυνάμει γὰρ ἐπὶ
τούτων τὸ ἄπειρον οὐκ ἐνεργείᾳ. ἡ δὲ κατὰ Ἀναξαγόραν ἔκκρισις τῶν ἐνερ-
γείᾳ ἐνυπαρχόντων ἀπείρων ἐστίν.

10 p. 187ᵇ35 Πρὸς δὲ τούτοις εἰ ἅπαν μὲν σῶμα ἕως τοῦ ἔσται γὰρ
ἔλαττον τῆς ἐλαχίστης.

Τὸ πᾶν ἐν παντὶ εἶναι καὶ πᾶν ἐκ παντὸς ἐκκρίνεσθαι καὶ διὰ τούτου
σαλεύει τοῦ ἐπιχειρήματος. προλαβὼν κἀνταῦθα ἐναργὲς ἀξίωμα, ὅτι πᾶν
σῶμα ἀφαιρεθέντος τινὸς ἔλαττον γίνεσθαι ἀνάγκη, ἐπειδὴ καὶ προστεθέντος
15 μεῖζον, καὶ πρὸς τούτῳ τῷ ἀξιώματι τῷ ἤδη δεδειγμένῳ χρώμενος ἐνταῦθα
τῷ μὴ ὁπηλικηνοῦν εἶναι σάρκα, ἀλλ' εἶναι τὴν ἐλαχίστην ὡρισμένην, ὥσ-
περ καὶ τὴν μεγίστην. τούτων δὲ προειλημμένων, συλλογίσαιο ἂν οὕτως·
εἰ ἐκ τῆς ἐλαχίστης σαρκὸς ἐκκρίνεταί τι, ἔσται τις σὰρξ ἀφ' ἧς ἐξεκρίθη
ἐλάττων τῆς ἐλαχίστης· ἀλλὰ μὴν τοῦτο ἀδύνατον· ἐλαχίστη γὰρ ἦν ἧς
20 ἐλάττων οὐκ ἔστι σάρξ· οὐκ ἄρα ἐκ τῆς ἐλαχίστης σαρκὸς ἐκκριθήσεταί
τι σῶμα ὁποιονοῦν. καὶ τὸ μὲν συνημμένον ἀληθὲς διὰ τὸ ἀξίωμα. ἡ δὲ
πρόσληψις ἐναργής. εἰ δὲ ἐκ τῆς ἐλαχίστης σαρκὸς ἀδύνατόν τι ἐκκρι-
θῆναι σῶμα, οὐ πᾶν ἔσται ἐν παντὶ οὐδὲ πᾶν ἐκ παντὸς ἐκκριθήσεται.
καὶ ἄλλο δὲ ἄτοπον ἕπεται τῷ ἐκ τῆς ἐλαχίστης σαρκὸς ἐκκρίνεσθαί τι.
25 οὐ γὰρ ἔτι ἔσται σὰρξ μετὰ τὴν ἔκκρισιν· | τῆς γὰρ ἐλαχίστης σαρκὸς 37ʳ
ἐλάττων οὐκ ἂν εἴη σάρξ· ἔφθαρται ἄρα ὡς σάρξ· φθαρταὶ ἄρα αἱ
ὁμοιομέρειαι, ὅπερ οὐ βούλονται· οὐκ ἄρα πᾶν ἐν παντὶ οὐδὲ πᾶν ἐκ
παντὸς γίνεται.

p. 188ᵃ2 Ἔτι δὲ ἐν τοῖς ἀπείροις σώμασιν ἕως τοῦ τοῦτο
30 δὲ ἄλογον.

Τὸν ἰσχυρότατον οἶμαι ἔλεγχον πέμπτον ἐν τούτοις ὁ Ἀναξαγόρου λόγος
ὑφίσταται, εἴ τις αὐτὸν ἐκδέχοιτο κατὰ τὸ φαινόμενον, καὶ ἔστι πρὸς πᾶσαν
τὴν ὑπόθεσιν ἡ ἐπιχείρησις τὴν λέγουσαν ἀπείρους τῷ πλήθει ὁμοιομερείας

---

6 ἐπέλιπεν a   τὸ] fortasse τῷ   9 ὑπαρχόντων DE   10 ἕως — ἐλαχίστης om. F
13 προλαβὼν DE: προσλαβὼν aF   κἀνταῦθα E: κἀντεῦθεν (sed εὖ in lit.) D: ἐνταῦθα
F: αὖθις a   14 προστιθέντος D   16 ὥσπερ — μεγίστην om. E   17 τούτων
δὴ a   συλλογίσαιτο ἄν τις a   21 τι E: τὸ F (loc. obl. D): om. a   23 ἐν παντὶ
ἔσται a   25 ἔτι om. aF   26 οὐκ ἂν εἴη ἐλάττων σάρξ aF   29 ἕως — ἄλογον
om. F   31 Τὸν] τὸ E

εἶναι τὰς ἀρχὰς καὶ πάντα ἐν πᾶσι μεμῖχθαι. ἅπερ εὐθὺς ἐν ἀρχῇ τοῦ 37ʳ συγγράμματος τίθησιν Ἀναξαγόρας λέγων "ὁμοῦ πάντα χρήματα ἦν ἄπειρα καὶ πλῆθος καὶ σμικρότητα". καὶ γὰρ τὸ σμικρὸν ἄπειρον ἦν. καὶ ὅτι "ἐν παντὶ παντὸς μοῖρα ἔνεστι πλὴν νοῦ" πολλάκις λέγει. εἰ οὖν ἀπείρων
5 οὐσῶν τῶν ὁμοιομερειῶν ἐν ἑκάστῃ πάντα ὑπάρχοι, ἐνυπάρχοι ἂν ἤδη κατ᾽ ἐνέργειαν οὖσα σὰρξ ἄπειρος καὶ αἷμα καὶ ἐγκέφαλος. ἐν ταῖς ἀπείροις γὰρ ὁμοιομερείαις σάρκες ἄπειροι τῷ πλήθει οὖσαι, ἄπειρον τῷ μεγέθει ποιοῦσι τὴν ὅλην σάρκα καὶ αἷμα ὁμοίως καὶ ἐγκέφαλον καὶ χρυσὸν δηλονότι καὶ τῶν ἄλλων ἕκαστον. ἔσται οὖν ἄπειρα μεγέθη πλείονα κατ᾽
10 ἀριθμόν, μᾶλλον δὲ ἄπειρα (καθ᾽ ἑκάστην γὰρ ὁμοιομέρειαν), ὅπερ ἄλογον· ἄπειρον γὰρ μέγεθος ἐκεῖνό ἐστιν, οὗ μηδὲν ἐκτός ἐστι μέγεθος. καὶ οὐ δυνάμει τὸ ἄπειρον, ὡς ἐπὶ τῶν ἐπ᾽ ἄπειρον γινομένων ἢ διαιρουμένων, ἀλλ᾽ ἐνεργείᾳ ἤδη τὸ ἄπειρον· ἤδη γὰρ ὑφέστηκε κεχωρισμένα ἀπ᾽ ἀλλήλων, καὶ οὐδὲν ἧττον ὄντα τῶν ἐν οἷς ἐστιν. ἔτι δὲ ἀλογώτερον
15 τὸ κεχωρισμένα ὄντα ἄπειρα ὅμως εἶναι· τὰ γὰρ κεχωρισμένα ἀπ᾽ ἀλλήλων περαίνει πρὸς ἄλληλα. κεχωρισμένα δὲ ταῦτα τὰ ἄπειρα εἶναί φησιν, οὐ μόνον ὅτι ἐν κεχωρισμένοις ἐστὶ τοῖς ἀπείροις ὁμοιομερέσιν ἡ σὰρξ καὶ τὸ ὀστοῦν καὶ τῶν ἄλλων ἕκαστον, ἀλλ᾽ ὅτι καὶ αὐτὸς Ἀναξαγόρας "ἕτερον, φησίν, οὐδέν ἐστιν ὅμοιον οὐδενί". καὶ αὐτὰ οὖν τῇ οἰκείᾳ φύσει ἀπ᾽
20 ἀλλήλων κεχώρισται. καὶ κατ᾽ ἄλλον δὲ τρόπον ἔτι ἀτοπώτερον δόξει τὸ ὑπὸ τοῦ Ἀριστοτέλους συναγόμενον. εἰ γὰρ ἄπειρα τὰ ὁμοιομερῆ καὶ πάντα ἐν πᾶσιν, ἐν ἑκάστῳ ἂν τῶν ὁμοιομερῶν ἀπείρων ὄντων πάντα ἂν εἴη. καὶ ἐν ἑκάστῳ πάντων τῶν ἐν τούτῳ ἀπείρων πάντα. καὶ οὕτως ἐν ἑκάστῃ ὁμοιομερείᾳ σάρκες τε ἂν ἄπειροι ἐνεῖεν καὶ ὀστᾶ καὶ αἷμα καὶ ἐγκέφαλος
25 καὶ πάντα τὰ ἄλλα ἄπειρα ὄντα. καὶ τοῦτο ἐπ᾽ ἄπειρον προχωροῦσιν ἀκολουθήσει ἑκάστου πάντα ἔχοντος καὶ τῶν ἐν αὐτῷ ἑκάστου πάντα, καὶ ἀεὶ τοῦτο καίτοι ἐνεργείᾳ εἶναι πάντων ὑποκειμένων, ἀλλ᾽ οὐ δυνάμει. πολλαχῶς οὖν τὸ ἄλογον ἐν τῇ τοιαύτῃ ὑποθέσει. καὶ ὅτι ἐν πεπερασμένῳ μεγέθει ἄπειρον εἶναι μέγεθος, ἄλογον, μᾶλλον δὲ ἄπειρα καὶ ἀπειράκις ἄπειρα. τὰ
30 γὰρ ἄπειρα ἔνεστιν ἐν τῷδε τῷ σαρκίῳ καὶ ἐν ἑκάστῳ τῶν ἀπείρων ἄπειρα καὶ τοῦτο ἐπ᾽ ἄπειρον. ἄλογον δὲ καὶ τὸ ἄπειρα κεχωρισμένα ἀπ᾽ ἀλλήλων εἶναι, οὐ μόνον διότι τὰ κεχωρισμένα περαίνει πρὸς ἄλληλα, ἀλλ᾽ ὅτι οὐδὲ ἄπειρόν τι μέγεθος οἷόν τε ἐκ κεχωρισμένων εἶναι μερῶν. εἴη γὰρ ἂν

---

2 ὁ ἀναξαγόρας a   λέγων fr. 1 cf. p. 155, 26   χρήματα πάντα a   3 σμικρὸν aD: μικρὸν EF   ὅτι om. aF   4 πολλάκις cf. fr. 5 Schorn. cf. p. 164, 23
5 ὁμοιομερῶν aF   ὑπάρχοι D: ὑπάρ̇ E: ὑπάρχει aF   ἤδη om. E   6 καὶ ἐγκέφαλος — καὶ αἷμα (8) om. E   ante ἐν ταῖς add. αἱ γὰρ aF   7 γὰρ post ἀπείροις om. aF   τῷ πλήθει D: τὸ πλῆθος aF   9 ἀπειράκις ante ἄπειρα ex v. 29 add. a
10 γὰρ (post ἑκάστην) aE: om. DF   ὅπερ ἄλογον om. F   11 ἐστι (post ἐκτός) E: τι aDF   13 ἐνέργεια F   ἐπ᾽ a   16 τὰ om. E: super add. D   18 Ἀναξαγόρας fr. 6 extr. Sch.   19 τῇ] τὰ D   22 ἂν εἴη DE: εἴη aF   24 τε om. a   25 προσχωροῦσιν a   27 εἶναι πάντων] ὄντων F   29 ἄλογον ἄλογον E   30 καὶ (ante ἐν) om. E

οὕτως τι τοῦ ἀπείρου μεῖζον. τὸ γὰρ διάστημα τὸ μεταξὺ τῶν κεχωρι-
σμένων τοῦ ἀπείρου μερῶν συντεθὲν τῷ ἀπείρῳ μεῖζον ἂν εἴη αὐτοῦ τοῦ
ἀπείρου. ἔτι δὲ ὅτι καὶ κατὰ πλῆθος καὶ κατὰ μέγεθος πολὺ τὸ ἀπειράκις
ἄπειρον ἔσται καὶ ἐνεργείᾳ τοῦτο, εἴπερ κεχωρισμένα ἀπ' ἀλλήλων.
5 οὐδὲν ἧττον καὶ ἄπειρον ἕκαστόν ἐστι. τοῦτο γὰρ ἐδήλωσε διὰ τοῦ
κεχωρισμένα μέντοι ἀπ' ἀλλήλων, οὐδὲν δὲ ἧττον ὄντα καὶ
ἄπειρον ἕκαστον.

"Ἀλλὰ μήποτε, φησὶν Ἀλέξανδρος, οὐχ οὕτως χρὴ τὸν λόγον εὐθύνειν·
τὸ γὰρ πάντα ἐν πᾶσι μεμῖχθαι οὐκ ἐπὶ τῶν ἀρχῶν ἴσως ἔλεγεν Ἀναξα-
10 γόρας, ὡς ἐν ἑκάστῃ τῶν ἀρχῶν πάντων ὄντων (οὕτως γὰρ οὐδὲ ἀρχαὶ
ἂν ἦσαν ἔτι, εἴπερ συγκρίματα ἦν), ἀλλ' ἐν ἑκάστῳ τῶν αἰσθητῶν σωμάτων
τῶν ἐκ τῶν ἀρχῶν συγκεχριμένων πάντα ἔλεγε μεμῖχθαι· ἐκ τούτων γὰρ
καὶ αἱ γενέσεις καὶ αἱ ἐκκρίσεις· τὰ γὰρ στοιχεῖα τὰ εἰλικρινῆ μήτε αἰσθητὰ
εἶναι τὴν ἀρχήν, ἀλλὰ μηδὲ εἶναι καθ' αὑτά· μηδὲ γὰρ διακριθῆναι ταῦτα
15 δύνασθαι· ἀλλ' ὁ ταῦτα λέγων οὐδὲν ἄλλο ἢ μεταφέρει τὸν ἔλεγχον εἰς
τὰ συγκρίματα· εἰ γὰρ ἕκαστον τῶν αἰσθητῶν μῖγμα ὂν ἐκ πάντων ἐστί,
τόδε δέ τι εἶναι δοκεῖ κατὰ τὸ ἐπικρατοῦν ἐν τῇ μίξει, ἔστι δὲ πάντα καὶ
ἐν τοῖς συγκρίμασι κατ' ἐπικράτειαν ἑκάστης τῶν ὁμοιομερειῶν χαρακτηρι-
ζόμενον ἀπείρων οὐσῶν ἄλλο κατ' ἄλλην, ἅπερ καὶ ἐκκρίνεται. εἴπερ πάντα
20 ἐκ πάντων· ἄπειρα ἄρα καὶ τὰ αἰσθητά. εἰ οὖν ἕκαστον αὐτῶν ἐκ πάντων
μέμικται, ἄπειρος ἂν εἴη ἡ σὰρξ καὶ τῷ πλήθει καὶ τῷ μεγέθει. καὶ τῶν
ἄλλων εἰδῶν ἕκαστον ἄπειρον ὁμοίως. εἰ δὲ καὶ ἐκ παντὸς αἰσθητοῦ πᾶν
γίνεται τῇ ἐκκρίσει, εἴη ἂν καὶ οὕτως ἀπειράκις τὸ ἄπειρον. ἐν γὰρ τῷ
ἐκκρινομένῳ πάλιν πάντα ἐνέσται καὶ ἐκκριθήσεται. καὶ ἐπ' ἐκείνων τῶν
25 ἐκκριμάτων τὰ αὐτὰ ῥηθήσεται. καὶ τοῦτο ἐπ' ἄπειρον· τὰ γὰρ ἐκκρινό-
μενα τὰ μικτὰ καὶ αἰσθητά ἐστι, διότι τὰ ἄμικτα τὴν ἀρχὴν οὐδὲ ἐκκρι-
θῆναι οἷά τέ ἐστιν." οὕτως μὲν τὴν δοκοῦσαν εἶναι τῷ λόγῳ βοήθειαν
ἐνεγκὼν ἀνεῖλε καὶ ταύτην ὁ Ἀλέξανδρος.

Μήποτε δὲ οὕτως μᾶλλον ἂν εἴη πιθανώτερος ὁ τοῦ Ἀναξαγόρου
30 λόγος, εἰ μὴ ἐξ ἑνὸς αἰσθητοῦ λέγοι ἐκκριθήσεσθαί τι αἰσθητόν, οἷον ἐκ τῆσδε
τῆς σαρκὸς μόνης ὀστοῦν αἰσθητὸν καὶ ἐκ τούτου πάλιν ἄλλο τι αἰσθητόν,
ἀλλ' ἐνεῖναι μὲν ἑκάστῳ τῶν αἰσθητῶν πάντα, ἀναίσθητα δέ, καὶ ἐκκρί-
νεσθαι μὲν πάντα ἀπὸ ἑκάστου τῶν αἰσθητῶν, ἀλλ' ἀναίσθητα μένειν, ἕως
ἂν ἀπὸ πλειόνων αἰσθητῶν πλείονα | τὰ ὁμοειδῆ ἐκκριθέντα συγκριθῇ καὶ
35 αἰσθητὰ γένηται, πάντων μὲν πάλιν ἐνόντων ἑκάστῳ τῶν συγκριμάτων, κατὰ
δὲ τὴν ἐπικράτειαν ἑκάστου χαρακτηριζομένου. ἀλλ' εἰ καὶ τοῦτο οὕτως
ἔλεγον, πρῶτον μὲν ἢ οὐ πᾶν αἰσθητὸν ἐκ παντὸς αἰσθητοῦ γενήσεται,

---

1 τὸ (ante μεταξὺ) om. aF   5 δ' post οὐδὲν add. a   δὲ ἧττον om. (sed statim
corr.) E¹   7 post ἕκαστον add. ἐστι τοῦτο γὰρ ἐδήλω F   8 φησὶν E: φησὶν
ὁ aF: φησὶν ἂν D   9 ἔλεγεν ὁ a   10 γὰρ] δὲ D   12 τῶν (ante ἐκ)
om. D   συγκεχριμένα D   13 αἱ (post καὶ) om. E   15 λέγων ταῦτα aF
17 δοκεῖ εἶναι a   18 ὁμοιομερῶν E   30 ἑνὸς μὲν αἰσθητοῦ a   ἐκκρίνεσθαι a
33 ἅπαντα a   αἰσθητῶν — πλειόνων om. E   35 ἀναίσθητα a   ἐνόντων] ἐν F

ὅπερ οὗτοι βούλονται, ἢ ὁμοίως τὸ ἀπειράκις ἄπειρον ἀκολουθήσει. ἔπειτα 37ᵛ
δὲ καὶ ἐπὶ τῶν στοιχείων ἀληθὲς εἰπεῖν ἀπείρων ὄντων τῷ πλήθει, εἰ ἐν 5
πεπερασμένῳ τῷ αἰσθητῷ ἐνυπῆρχον αἱ ὁμοιομέρειαι ἄπειροι τὸ πλῆθος
οὖσαι, ὁμοίως ἄλογον ἦν. εἰ μέντοι μὴ οὕτως ἄπειρα ἔλεγεν Ἀναξαγόρας
5 τὰ στοιχεῖα ὡς τῇ φύσει ἄπειρα καὶ ἀνάριθμα, ἀλλ' ὡς πρὸς ἡμᾶς ἀπε-
ρίληπτα, ἐπεὶ καθ' αὑτὰ πεπερασμένα καὶ ὡρισμένα τῷ εἴδει καὶ τῷ
ἀριθμῷ (εἴπερ, ὥς φησι, "καὶ τὰ συμμισγόμενά τε καὶ διακρινόμενα καὶ
ἀποκρινόμενα πάντα ἔγνω νοῦς, καὶ ὁποῖα ἔμελλον ἔσεσθαι καὶ ὁποῖα ἦν, ὅσα
νῦν μὴ ἔστι, καὶ ὁποῖα ἔσται, πάντα διεκόσμησε νοῦς". καίτοι εἴπερ 10
10 ἄπειρα κατὰ πλῆθος ἦν ἐνεργείᾳ τῷ εἴδει καὶ τὰ στοιχεῖα καὶ τὰ ἐκ τῶν
στοιχείων συγκρίματα, οὐκ ἂν αὐτὰ οὐδὲ ὁ νοῦς ἔγνω οὐδὲ διεκόσμησεν
ἄν· τάξις γάρ τις ἡ διακόσμησις, ἡ δὲ τάξις οὐκ ἐν ἀπείροις, καὶ ἡ γνῶσις
τοῦ νοῦ ὡρισμένη περίληψις, ἀλλ' οὐκ ἀόριστος, καὶ κατ' εἴδη ὡρισμένα
γινομένη, ἀλλ' οὐχὶ κατὰ ἄπειρα. ὅτι δὲ τὸ ἄπειρον οὐχ ὡς ἀδιεξίτητον
15 πάντῃ τῷ πλήθει λέγει, δηλοῖ καὶ τὸν νοῦν ἄπειρον εἰπὼν ἐν οἷς ἔλεγε
"νοῦς δέ ἐστιν ἄπειρον καὶ αὐτοκρατές"), εἰ οὖν μὴ ἄπειρα τῷ εἴδει τὰ 15
στοιχεῖα ἔλεγεν Ἀναξαγόρας, οὐδὲ τὰ ἐξ αὐτῶν συγκρίματα ἄπειρα ἦν,
ἀλλὰ πεπερασμένα τῷ εἴδει καὶ ἑκάστῳ πεπερασμέναι ἔσονται ὁμοιομέρειαι.

Ἀλλ' οὐδὲ πᾶν ἐκ παντὸς ἁπλῶς ἔοικεν ἐκκρίνειν ὁ Ἀναξαγόρας, κἂν
20 "ὁμοῦ πάντα χρήματα" λέγῃ εἶναι. σαφῶς γὰρ ἐν τῇ ἐκκρίσει τὰ ἐναντία
ἀπὸ τῶν ἐναντίων, ἀλλ' οὐχὶ τὰ τυχόντα ἐκκρίνεσθαι λέγει ἐν οἷς φησιν
"ἡ δὲ περιχώρησις αὕτη ἐποίησεν ἀποκρίνεσθαι. καὶ ἀποκρίνεται ἀπὸ τοῦ
ἀραιοῦ τὸ πυκνὸν καὶ ἀπὸ τοῦ ψυχροῦ τὸ θερμὸν καὶ ἀπὸ τοῦ ζοφεροῦ τὸ 20
λαμπρὸν καὶ ἀπὸ τοῦ διεροῦ τὸ ξηρόν", ὥστε οὐ τὰ τυχόντα ἀπὸ τῶν
25 τυχόντων, οὐδὲ ἐξ ὕδατος σὰρξ ἢ ἐγκέφαλος. καὶ οὕτως πάντα τὰ ἐπα-
χθέντα ἐγκλήματα διαφεύξεται Ἀναξαγόρας. εἰ γὰρ μὴ ἄπειροι αἱ ἀρχαί,
οὔτε αὐταὶ ἄγνωστοι οὔτε τὰ ἀπ' αὐτῶν, οὔτε τὸ ἄπειρον τὸ ἔλαττον οὔτε
τὸ μεῖζον ἔσται, οὔτ' ἐπ' ἄπειρον ἡ ἔκκρισις ὡς ἀπείρων ἐνυπαρχόντων
εἰδῶν, ἀλλ' εἴπερ ἄρα, ἑτέρων δεήσει πρὸς αὐτὸν λόγων, εἴπερ κατὰ ἔκ-
30 κρισιν τὴν γένεσιν λέγει. πῶς γὰρ ἐξ ὕδατος κυαθιαίου ἀὴρ ἐκκρίνοιτο 25
τοσοῦτος, εἰ μὴ ἀλλοίωσις εἴη; τί δὲ τὸ ποιοῦν ἐστιν ἐκ σαρκῶν καὶ ὀστῶν
καὶ τῶν τοιούτων ἄνθρωπον; οὐ γὰρ δὴ ἐνυπάρχει ἄνθρωπος. εἰ δὲ τὸν
ἄνθρωπον ἐκ μὴ ἀνθρώπου γινόμενον ὁρῶμεν, τί κωλύει καὶ σάρκα μὴ ἐκ

---

2 εἰ aF: οἱ E: om. D. desidero ὅτι εἰ vel εἰ γὰρ   3 ὑπῆρχον aF   ἄπειραι D
5 τῇ] τῆς E   6 καὶ ὡρισμένα om. D   7 φησι Anaxag. fr. 6 med. cf.
p. 156, 24. 165, 31. 177, 3   καὶ ἀποκρινόμενα καὶ διακρινόμενα alias   8 καὶ
ὅσα νῦν ἐστι a   10 τῷ εἴδει ex v. 18 adiectum videtur   14 τὸ ἄπειρον DE:
ἄπειρον aF   ἀδιέξητον a   15 ἔλεγε fr. 6 in. Schorn. cf. p. 156, 13
17 ἔλεγεν ὁ aF   19 ἁπλῶς DE: om. aF   ὁ om. aF   20 ὁμοῦ κτλ.
fr. 1   λέγῃ εἶναι E²F: λέγει εἶναι DE¹: λέγῃ a   21 φησιν fr. 6 med. Schorn.
cf. p. 156, 28   22 αὐτὴ a   τοῦ (ante ἀραιοῦ) om. E   27 αὗται D
τὸ (ante ἄπειρον) om. a   29 ἄρα om. F   30 ἐκκρίνοιτο aF: ἐπικρίνεται
DE   31 τοσοῦτον E   εἴη] ἢ D   32 ὁ ἄνθρωπος a   33 μὴ ἐκ libri.
fortasse ἐκ μὴ

σαρκὸς γίνεσθαι ὑπὸ τοῦ καὶ τὸν ἄνθρωπον ποιοῦντος αἰτίου, εἴτε ὁ νοῦς εἴη εἴτε ἄλλο ὁτιοῦν αἴτιον; ὅλως δὲ εἰ τὰ ἀνομοιομερῆ οἷον ζῷα καὶ φυτὰ μὴ τολμῶσιν ἐκκρίσει ποιεῖν, τίς ἀνάγκη τὰ ὁμοιομερῆ τοῦτον γίνεσθαι τὸν τρόπον; ἢ διὰ τί τὰ μὲν ὁμοιομερῆ ἀγένητα καὶ ἄφθαρτα, τὰ δὲ ἐκ τούτων 30
5 γενητὰ καὶ φθαρτά; καίτοι τὰ ὅλα τῶν μερῶν κρείττονα. ἐπιστῆσαι δὲ ἄξιον, ὅτι τὸν ἐγκέφαλον ὡς ὁμοιομερές τι παρέλαβεν ὁ Ἀριστοτέλης καίτοι ὀργανικὸν ὄντα μόριον, εἴπερ καὶ φλέβας ἔχει καὶ ἀρτηρίας τὰς συμπληρούσας αὐτὸν καὶ ὑπὸ μηνίγγων διείληπται.

p. 188 a 5 Τὸ δὲ μηδέποτε διακριθήσεσθαι οὐκ εἰδότως μὲν
10   λέγεται, ὀρθῶς δὲ λέγεται.

Εἰπόντος τοῦ Ἀναξαγόρου "οὐδὲ διακρίνεται οὐδὲ ἀποκρίνεται ἕτερον ἀπὸ τοῦ ἑτέρου" διὰ τὸ πάντα ἐν πᾶσιν εἶναι, καὶ ἀλλαχοῦ "οὐδὲ ἀποκέκοπται πελέκει οὔτε τὸ θερμὸν ἀπὸ τοῦ ψυχροῦ οὔτε τὸ ψυχρὸν ἀπὸ τοῦ θερμοῦ" (οὐ γὰρ εἶναί τι εἰλικρινὲς καθ' αὑτό), τοῦτο, φησίν, οὐκ εἰ-
15 δότως μὲν λέγεται· οὐ γὰρ διὰ τὸ πάντα ἐν πᾶσιν εἶναι συμβαίνει τὸ μὴ διακρίνεσθαι, συμβαίνει μέντοι. διὸ κἂν μὴ εἰδότως, ἀλλ' ὅμως ἀληθῶς λέγεται· τὰ γὰρ πάθη, τουτέστι τὰ συμβεβηκότα, ἀχώριστα τῆς οὐσίας ἐστίν, οἷον τὰ χρώματα καὶ αἱ ἕξεις· μεμιγμένης γὰρ τῆς οὐσίας καὶ τῶν συμβεβηκότων ἐὰν διακριθῇ τὸ συμβεβηκός, ἔσται οὐκέτι συμβε- 45
20 βηκὸς ἀλλ' οὐσία, ἅτε καθ' ἑαυτὸ ὑφεστὼς καὶ οὐκ ἐν ὑποκειμένῳ τὸ εἶναι ἔχον· ὅπερ πάλιν οὐ καθ' ὑποκειμένου ἐκάλεσεν. καὶ ὅπερ Εὔδημος καλῶς ἐπέστησεν, "οὐ μόνον τὰ πάθη τῶν οὐσιῶν οὐχ οἷόν τε χωρίσαι, ἀλλ' οὐδὲ πάντα ὁμοῦ εἶναι τὰ πάθη δυνατόν, ὥστε πάντα ἐν πᾶσιν εἶναι. οὐ γὰρ δὴ θερμὸν καὶ ἐπιστήμη, ἀλλ' ὅσα ἐνδέχεται μιχθῆναι, ὅλως δὲ ἡ
25 μῖξις ἐκ τῶν κεχωρισμένων. χωρίζεται δὲ τὰ καθ' αὑτὰ ὄντα ἢ δυνάμενά γε. τοιαῦται δὲ αἱ οὐσίαι· διὸ μίσγεται τὰ σώματα. τούτων δὲ τὰ μὲν 50 ὑγρὰ κεράννυσθαι λέγομεν, τὰ δὲ ξηρὰ μεμῖχθαι οἷον σπέρματα καὶ πρόβατα, λευκὸν δὲ καὶ ἄνθρωπον οὐ λέγομεν μεμῖχθαι οὐδὲ ἐπιστήμην καὶ ψυχήν. ὑπάρχειν δὲ μόνοις τούτοις τούτων ἕκαστα, καθ' ὧν λέγεται. ποῖα
30 δὲ μέμικται καὶ ὅπως ὁμοῦ πάντα ἦν, διώρισται βέλτιον, ἐπειδὴ οὐ πᾶν παντὶ μίσγεται, ὥσπερ οὐδὲ γίνεται πᾶν ἐκ παντός. ἐκ τοῦ λευκοῦ γὰρ οὐ γίνεται γραμμή, ἀλλὰ μέλαν ἢ φαιόν". ταῦτα γὰρ οἰκείως τῷ τόπῳ ὑπὸ Εὐδήμου λεγόμενα | παρεθέμην. ἀλλὰ πῶς βούλεται λέγεσθαι διακρῖναι

---

1 ὁ om. aF   2 εἴτι E   5 φθαρτά] ἄφθαρτα E   6 ὁμερές E
8 μηνίγκων F   11 Ἀναξαγόρου f. 6 med. Schornii   οὐδὲ etiam p. 176, 24. 26:
οὐδὲν p. 157, 1   οὐδὲ διακρίνεται om. E   12 οὐδὲ κτλ. fr. 13 Schorn.   14 τι
EF: τί D: τὸ a   15 τὸ μὴ διακρίνεσθαι om. F¹   19 οὐκέτις E¹   21 Εὔδημος
fr. 14 p. 26, 26 Sp.   23 τὰ πάθη εἶναι aF   ἀδύνατον F¹   24 δὴ om. D
26 τοιαῦτα Spengel   29 μόνοις aF: μόνον DE   καθ' ὧν a: καθὼς DEF   30 πῶς
                                                                                                                    λέγεται
πάντα ὁμοῦ E   31 ὥσπερ οὐδὲ γίνεται om. E   33 ἀλλὰ iteravit F   βούλεσθαι
sic F¹

τὰς ὁμοιομερείας ὁ νοῦς, εἴπερ ἐφέστηκε μὲν τοῖς οὖσιν ὡς διακρίνων αὐτὰ 38ʳ
καὶ τοῦτο ἔχει ἔργον, ἀδύνατον δέ ἐστι τοῦτο; τὸ γὰρ ἀδυνάτῳ ἐγχειρεῖν
ἀνοήτου μᾶλλον ἀλλ' οὐχὶ νοῦ. ἀδύνατον γὰρ καὶ ποσῷ καὶ ποιῷ διακρι-
θῆναι· ποσῷ μὲν γάρ, ὅτι οὐ φθάσει τὸ ἐλάχιστον, εἰ δὲ μή, στήσεται
5 ἡ ἔκκρισις. ἐὰν γὰρ ἐλαχίστη σὰρξ ἀποκριθῇ, ταύτης ἐλάττων οὐ δύναται 5
ἀποκριθῆναι. ποσοῦ δὲ διάκρισις ἡ ἐλαχίστου φύσις· ἕως μὲν γὰρ ἔστι
τοῦ ληφθέντος ἔλαττον λαβεῖν, οὐ διακέκριται τὸ πηλίκον· ἐὰν δὲ στῇ ἐπὶ
τὸ ἄτομον, διακέκριται. ὅπερ οὐκ ἔστιν· οὐ γὰρ στήσεται, οὐ διὰ τὴν ἐπ'
ἄπειρον τομήν, ὡς Ἀλέξανδρος ἤκουσεν, ἀλλ' ὅτι στήσεται ἡ ἔκκρισις. ἀλλ'
10 οὐδὲ κατὰ τὸ ποιὸν δύναται διακρῖναι· ἀχώριστα γὰρ τὰ πάθη τῆς ὕλης.
εἰ οὖν ἡ μὲν ποσοῦ διάκρισις ἐν ἐλαχίστῳ στάσις, ἡ δὲ ποιοῦ χωρισμὸς 10
εἴδους ἀπὸ ὕλης, ἄμφω ἀδύνατα τὸ μὲν κατὰ Ἀναξαγόραν (ἡ γὰρ ἐν ἐλα-
χίστῳ στάσις τὸ πᾶν ἐν παντὶ ἀναιρεῖ), τὸ δὲ κατὰ Ἀριστοτέλην τὰς ποιό-
τητας ἀχωρίστους νομίζοντα. ἄτοπος οὖν ὁ νοῦς ἢ τὸ ἀδύνατον ἀγνοῶν ἢ
15 γινώσκων μὲν ὅτι ἀδύνατον, ἐγχειρῶν δὲ τοῖς ἀδυνάτοις. ταῦτα μὲν πρὸς
τὴν σαφήνειαν τῶν Ἀριστοτέλους εἰρήσθω.

Οὐχ οὕτως δὲ ἄντικρυς Ἀναξαγόρας εἶπεν, ὅσον ἐμὲ εἰδέναι, ὅτι βού-
λεται μὲν διακρῖναι τὰς ὁμοιομερείας ὁ νοῦς, τοῦτο δὲ ποιῆσαι ἀδύ- 15
νατόν ἐστιν, ἀλλ' ὅτι ὁ νοῦς ἐστιν ὁ κινῶν καὶ περιάγων καὶ διακοσμῶν
20 καὶ τῆς ἐκκρίσεως πάσης αἴτιος. εἰπὼν γὰρ ὅτι τῆς περιχωρήσεώς ἐστιν
αἴτιος ὁ νοῦς, ἐπάγει "ἡ δὲ περιχώρησις αὕτη ἐποίησεν ἀποκρίνεσθαι,
καὶ ἀποκρίνεται ἀπὸ τοῦ ἀραιοῦ τὸ πυκνὸν καὶ ἀπὸ τοῦ ψυχροῦ τὸ θερμὸν
καὶ ἀπὸ τοῦ ζοφεροῦ τὸ λαμπρὸν καὶ ἀπὸ τοῦ διεροῦ τὸ ξηρόν". εἶτα
μετ' ὀλίγον ἐπάγει "οὐδὲ διακρίνεται οὐδὲ ἀποκρίνεται ἕτερον ἀπὸ τοῦ
25 ἑτέρου". δῆλον οὖν ὅτι ἄλλως μὲν εἴρηται τὸ "ἀποκρίνεται ἀπὸ τοῦ ἀραιοῦ 20
τὸ πυκνὸν" καὶ τὰ ἑξῆς, ἄλλως δὲ τὸ "οὐδὲ ἀποκρίνεται ἕτερον ἀπὸ τοῦ
ἑτέρου". καὶ τὸ μὲν ὡς ἐξ ἀλλήλων τῆς γενέσεως οὔσης οὐ πάντων (οὐ
γὰρ γραμμὴν εἶπεν ἀπὸ λευκοῦ ἀποκρίνεσθαι) ἀλλὰ τῶν ἐναντίων, τὸ δὲ ὅτι
"οὐ κεχώρισται ἀλλήλων τὰ ἐν τῷ ἑνὶ κόσμῳ οὐδὲ ἀποκέκοπται πελέκει",
30 ὡς ἐν ἄλλοις φησίν. ἀλλὰ σύνεστιν ἀλλήλοις καὶ ἐν ἀλλήλοις ἐστὶν ὡς
ἡνωμένα. καὶ διακέκριται οὖν καὶ ἥνωται κατὰ Ἀναξαγόραν τὰ εἴδη καὶ
ἄμφω διὰ τὸν νοῦν ἔχει, ὃν ἀξίως Ἀναξαγόρας ἐξύμνησε λέγων "νοῦς δέ 25
ἐστιν ἄπειρον καὶ αὐτοκρατὲς καὶ μέμικται οὐδενὶ χρήματι, ἀλλὰ μόνον αὐτὸ
ἐπ' ἑωυτοῦ ἐστι" καὶ πάλιν "ἔστι γὰρ λεπτότατόν τε πάντων χρημάτων

---

2 ἀδύνατον aE: οὐ δυνατὸν D: δυνατὸν F   ἀδυνάτῳ F: ἀδύνατον aDE   ἀδύνατον ἐγχειρεῖν οὐχὶ νοῦ iteravit a   3 οὐ νοῦ F   4 ποσῷ] ποιῷ D   5 ἐλάττων aF: ἔλαττον DE   6 ἐλαχίστη a   7 ἔλαττον] καὶ ἕτερον a   9 post ὡς add. ὁ a   10 διακρῖναι DE: διακριθῆναι aF   12 ἀδύνατον D   17 ἐμοὶ D   18 μὲν super add. D   19 ἀλλ' ὅτι ὁ νοῦς ἐστιν om. E   διάγων a   21 ἐπάγει fr. 6 med. Sch. cf. p. 174, 22   αὐτὸ aF   24 ἐπάγει f. 6 extr. cf. p. 175, 12   οὐδὲ cf. v. 26 et p. 175, 12   26 τὸ ἕτερον aF   ἀπὸ] ὑπὸ F   τοῦ om. E   27 ὡς om. a   οὔσης om. F   29 οὐ κεχώρισται fr. 13 cf. p. 175, 12   32 διὰ super add. F   λέγων f. 6 Schorn. cf. p. 156, 13   33 μόνον αὐτὸ DE: αὐτὸ μόνον aF   34 ἐπ' ἑωυτοῦ sic recte EF: ἐπ' ἑωυτοῦ D: ἐφ' ἑωυτοῦ a   πάλιν ibid. p. 25 Schorn.   λεπτώτατον E¹   τε] τι a

καὶ καθαρώτατον καὶ γνώμην περὶ παντὸς πᾶσαν ἔχει καὶ ἰσχύει μέγιστον, 38ʳ
καὶ ὅσα ψυχὴν ἔχει καὶ τὰ μείζω καὶ τὰ ἐλάσσω, πάντων νοῦς κρατεῖ.
καὶ τῆς περιχωρήσιος τῆς συμπάσης νοῦς ἐκράτησε. καὶ τὰ συμμισγόμενά
τε καὶ διακρινόμενα καὶ ἀποκρινόμενα, πάντα ἔγνω νοῦς. καὶ ὁποῖα ἔμελλον
5 ἔσεσθαι καὶ ὁποῖα ἦν, ἄσσα νῦν μὴ ἔστι, καὶ ὁποῖα ἔσται, πάντα διεκόσμησε 30
νοῦς". ὥστε οὐκ ἐβουλήθη τὰ ἀδύνατα κατὰ Ἀναξαγόραν ὁ νοῦς, ἀλλὰ
καὶ αὐτὸς τῇ νοερᾷ διακρίσει διέκρινε τὰ εἴδη τὰ ἐν τῷ κόσμῳ χωριστὸς
ὢν ἀπ᾽ αὐτῶν. καὶ τὰ ἐν τῷ κόσμῳ εἴδη διά τε τὴν ἀρχέγονον ἑαυτῶν
νοερὰν φύσιν καὶ διὰ τὴν ἐν τῇ γενέσει σύγχυσιν μέμικται ἀλλήλοις. καὶ
10 ὅπερ δὲ ὁ ἐν Φαίδωνι Σωκράτης ἐγκαλεῖ τῷ Ἀναξαγόρᾳ, τὸ ἐν ταῖς τῶν
κατὰ μέρος αἰτιολογίαις μὴ τῷ νῷ κεχρῆσθαι ἀλλὰ ταῖς ὑλικαῖς ἀποδό-
σεσιν, οἰκεῖον ἦν φυσιολογίᾳ. τοιγαροῦν καὶ αὐτὸς ὁ Πλάτων ἐν Τιμαίῳ 35
τὴν ποιητικὴν πάντων αἰτίαν ὁλικῶς παραδοὺς ἐν τοῖς κατὰ μέρος διαφορὰς
ὄγκων καὶ σχημάτων αἰτιᾶται τῆς τε θερμότητος καὶ ψυχρότητος καὶ ἐπὶ
15 τῶν ἄλλων ὡσαύτως. ὁ μέντοι Σωκράτης τὴν ἀπὸ τοῦ τελικοῦ ἀπόδοσιν
ὑποδεῖξαι βουλόμενος ἐμνημόνευσεν Ἀναξαγόρου ὡς τῇ ὑλικῇ μᾶλλον ἀλλ᾽
οὐ τελικῇ αἰτίᾳ χρωμένου. ἀλλ᾽ ἐπὶ τὰ ἑξῆς ἰτέον.

p. 188 a 13 Οὐκ ὀρθῶς δὲ οὐδὲ τὴν γένεσιν λαμβάνει τῶν ὁμοειδῶν 40
ἕως τοῦ καὶ εἰσὶ καὶ γίνονται.

20 Ὁ Ἀναξαγόρας ἐκκρίσει λέγων τὴν γένεσιν καὶ ἕκαστον ἀπὸ τοῦ ἐν
αὐτῷ πλεονάζοντος χαρακτηρίζεσθαι πάντων ἐν πᾶσιν ὄντων δῆλός ἐστι
τὴν γένεσιν ἑκάστου τῶν συνθέτων κατὰ τὴν τῶν ὁμοίων σύνθεσιν ἐπιτε- 45
λεῖσθαι βουλόμενος, διότι καὶ διαιρούμενα εἰς τὰ ὅμοια ἑώρα (σάρκα γὰρ
εἰς σάρκας καὶ ὀστοῦν εἰς ὀστᾶ), δοκεῖ δὲ ἕκαστον εἰς ἐκεῖνα διαιρεῖσθαι,
25 ἐξ ὧν σύγκειται. οὐ μέντοι ἀναγκαῖον τὴν γένεσιν ἐξ ὁμοειδῶν γίνεσθαι
καὶ μάλιστα τὴν ὡς ἐκ στοιχείων, μᾶλλον δὲ ἀναγκαῖον μὴ οὕτω γίνεσθαι.
ὅλα μὲν γὰρ ἐκ μερῶν γένοιτο ἂν τὰ ὁμοειδῆ ἐκ τῶν ὁμοειδῶν, ὥσπερ
πηλὸς ὁ μείζων ἐκ πηλῶν πλειόνων τῶν βραχυτέρων. τὸ δὲ ὡς ἐκ στοι-
χείων ἐκ τῶν ἀνομοίων καὶ ἁπλουστέρων τῇ φύσει γίνεται καὶ εἰς ταῦτα 50
30 διαιρεῖται, ὡς ὁ πλίνθος ἐκ γῆς καὶ ὕδατος καὶ ἀχύρου, εἰς ἃ διαιρεῖται.
καὶ ὅσῳ μᾶλλον εἰς στοιχεῖα γίνεται ἡ ἀνάλυσις, τοσούτῳ μᾶλλον εἰς τὸ
ἀνόμοιον καθίσταται. σαρκὸς γοῦν τὰ μὲν ὡς μέρη ὅμοια (σάρκες γάρ), τὰ

---

1 πᾶσαν περὶ παντὸς E   ἔχει — ψυχὴν om. E   2 τὰ ἐλάσσω DEF: ἐλάττω a
3 ὁ νοῦς E   καὶ om. aF   4 ἔμελλον DE: μέλλει aF: ἔμελλεν p. 156, 25   5 ἄσσα
cf. ad p. 156, 26   6 ὥστε οὐ E   ἠβουλήθη D   10 ἐν om. E   Φαίδωνι p. 97 B sqq.
12 ante οἰκεῖον add. δ DE   13 τὸ ποιητικὸν πάντων αἴτιον E   ἐν ταῖς aF   διαφο-
ραῖς aF   14 τήντε θερμότητα καὶ τὴν ψυχρότητα a   15 ἀπόδοσιν om. E   16 ἀπο-
δεῖξαι E¹   17 χρώμενον E   18 ὁμοειδῶν hic et v. 25 E cf. p. 178, 9. 11   19 ἕως
κτλ. om. F   καὶ aD: εἰ καὶ E   20 λέγων] λαμβάνων F   21 χαρακτηρίζεσθαι DEF:
χαρακτηρίζων a   23 εἰς σάρκα F   25 post ἐξ ὧν add. καὶ aE   26 ἀναγκαῖον
δὲ μᾶλλον καὶ οὕτω D   δὲ om. F   28 τῶν om. a   29 τὸ φύσει F   ταῦτα]
αὐτὰ a   30 ὡς — διαιρεῖται om. E   γῆς F: τῆς γῆς aD

δὲ στοιχειώδη οὐκέτι σάρκες, ἀλλ' αἷμα καὶ τὰ ἔτι πορρωτέρω τὰ τέτταρα 38ʳ
στοιχεῖα καὶ αἱ τούτων ποιότητες. οὐ κατὰ | σύνθεσιν οὖν ἡ γένεσις, ὡς 38ᵛ
ἡ οἰκία ἐκ πλίνθων γίνεται, οὐδὲ εἰς τὰ συντιθέντα διαιρεῖται, ὡς εἰς
πλίνθους ἡ οἰκία, ἀλλὰ ἄλλος ὁ τρόπος· κατ' ἀλλοίωσιν γὰρ ἐξ ἀλλήλων
5 ὕδωρ καὶ ἀὴρ γίνονται καὶ εἰσίν, ἀλλ' οὐχὶ κατὰ σύνθεσιν οὐδὲ κατὰ
ἔκκρισιν. ἐπεὶ πῶς ἂν ἐξ ὕδατος κυαθιαίου τοσοῦτος ἐγίνετο ἀήρ; ὥστε
οὐκ ἐκκρίσει, ὡς Ἀναξαγόρας δοκεῖ λέγειν, ἀλλὰ μεταβολῇ καὶ ἀλλοιώσει,
ὡς Ἀριστοτέλης καὶ ἄλλοι. διχῶς δὲ τὴν σύνταξιν τῆς λέξεως ὁ Ἀλέξανδρος 5
ἐξηγήσατο· "ἢ γάρ, φησί, τοῦτο λέγει, ὅτι οὐκ ὀρθῶς τῶν ὁμοιομερῶν
10 τὴν γένεσιν ποιεῖ συνθέσει, ἢ ὅτι οὐκ ὀρθῶς τὴν γένεσιν ποιεῖ ἐκ
τῶν ὁμοιομερῶν ἵνα ᾖ λεῖπον τῇ λέξει τὸ ἐκ τῶν".

p. 188ᵃ17   Βέλτιον δὲ ἐλάττω καὶ πεπερασμένα λαβεῖν, ὅπερ
ποιεῖ Ἐμπεδοκλῆς.

Εἰ καὶ ὁ τρόπος τῆς γενέσεως κοινὸς Ἐμπεδοκλεῖ καὶ Ἀναξαγόρᾳ, κα-
15 θόσον ἄμφω κατὰ σύγκρισιν καὶ διάκρισιν τὴν γένεσιν ἀποδιδόασιν, ἀλλὰ 10
κατὰ τὸ πλῆθος τῶν στοιχείων διαφέρουσι. καὶ βέλτιον ἐλάττω καὶ
πεπερασμένα λαβεῖν, ὡς Ἐμπεδοκλῆς ἔλαβεν, ἢ πλείω καὶ ἄπειρα, ὡς
Ἀναξαγόρας. τὸ γὰρ πεπερασμένον τοῦ ἀπείρου βέλτιον, ὡς καὶ αἰσθήσει
καὶ ἐπιστήμῃ ληπτόν, τὸ δὲ ἄπειρον οὔτε αἰσθητὸν οὔτε ἐπιστητόν. καὶ
20 ἄλλως δὲ ἐφ' ὧν δι' ἐλαττόνων τὴν χρείαν γίνεσθαι δυνατόν, τί δεῖ πλειό-
νων καὶ ἀπείρων; ἐπεὶ δὲ τῶν γενητῶν καὶ φθαρτῶν τὰ μὲν γεννᾶται τὰ
δὲ φθείρεται, ἀρκοῦσιν αἱ τῶν προτέρων φθοραὶ ἀρχαὶ ἄλλοις γενέσεων 15
εἶναι. καὶ ὅσοι μὲν κόσμους ἀπείρους ὑπέθεντο ὥσπερ Δημόκριτος, ἀναγ-
καίως καὶ τὰ στοιχεῖα ἄπειρά φασιν εἶναι τῷ ἀριθμῷ· τῷ γὰρ εἴδει οὐδὲ
25 οὗτοι ἄπειρα λέγειν ἀναγκάζονται. ὅσοι δὲ ἕνα τὸν κόσμον φασίν, ὥσπερ
Ἀναξαγόρας καὶ Ἐμπεδοκλῆς, οὐδεμίαν τῆς ἀπειρίας ἀνάγκην ἔχουσι· διὸ
ἄμεινον Ἐμπεδοκλῆς πεπερασμένα λέγει τὰ στοιχεῖα. καὶ γὰρ τὰ πρότερον
ἐπαχθέντα ἄτοπα τῇ ἀπειρίᾳ ἐκπέφευγεν. ἀλλ' ὅτι μὲν οὐχ οὕτως ἄπειρα 20
ὡς ἀπερίηγητα τῷ πλήθει καὶ Ἀναξαγόρας τὰ στοιχεῖά φησι, πρότερον
30 ἐπειράθην πιστώσασθαι. κἂν πεπερασμένα δὲ κατὰ τὰ εἴδη φησίν, ἀλλ'
ἀρχοειδέστερον Ἐμπεδοκλῆς ἁπλούστερα τῶν γινομένων στοιχεῖα γῆν καὶ
ὕδωρ καὶ ἀέρα καὶ πῦρ ὑπέθετο τοῦ καὶ ταῦτα ὁμοίως ἔχειν τοῖς ἐξ αὐ-
τῶν συντεθεῖσιν νομίσαντος. εἰ μὴ ἄρα καὶ Ἀναξαγόρας τὰς ἁπλᾶς καὶ
ἀρχοειδεῖς ποιότητας ὑπέθετο στοιχεῖα, ἀλλὰ τὰ σύνθετα, ἐν οἷς φησιν "ἡ

---

1 τορρωτέρω E   2 σύνθεσις F   γοῦν D   ὡς οἰκία a   3 σύνθετα a
4 ὁ ante τρόπος om. aF   7 ἐκκρίσεις F   8 διχῶς ὁ τὴν F   11 ἐκ τῶν DEF: ἐκ
fortasse recte a   12 καὶ om. F   18 αὐξήσει E   21 ἐπεὶ aE: ἐπὶ DF   22 ἀρκοῦσιν
aE: καὶ ἀρκοῦσιν DF   αἱ τῶν] αὐτῶν D   γενέσεως D   25 φησὶν a   26 ἀπορίας E
28 ἄπειρα ὅσα περ ἡγεῖτο τῷ πλήθει E   29 πρότερον cf. p. 174, 14   32 τοῦ — νομίσαντος
sc. Ἀναξαγόρου   ἔχει a   33 συντεθεῖσι DE: συντεθῖσι E: συνθεῖσι a   καὶ (post
ἁπλᾶς) om. E   34 fortasse στοιχεῖα ἄλλα, τὰ σύνθετα cf. p. 179, 7. 181, 8: στοιχεῖα, ἀλλ'
οὐ τὰ σύνθετα a   φησιν fr. 6 Schorn. cf. p. 174, 22. 176, 21. 181, 3

δὲ περιχώρησις αὕτη ἐποίησεν ἀποκρίνεσθαι, καὶ ἀποκρίνεται ἀπὸ τοῦ ἀραιοῦ τὸ πυκνὸν καὶ ἀπὸ τοῦ θερμοῦ τὸ ψυχρὸν καὶ ἀπὸ τοῦ ζοφεροῦ τὸ λαμπρὸν καὶ ἀπὸ τοῦ διεροῦ τὸ ξηρόν". καὶ μετ' ὀλίγα δὲ "τὸ μὲν πυκνόν, φησί, καὶ διερὸν καὶ ψυχρὸν καὶ τὸ ζοφερὸν ἐνθάδε συνεχώρησεν ἔνθα νῦν ⟨ἡ γῆ⟩, τὸ δὲ ἀραιὸν καὶ τὸ θερμὸν καὶ τὸ ξηρὸν ἐξεχώρησεν εἰς τὸ πρόσω τοῦ αἰθέρος". καὶ τὰ μὲν ἀρχοειδῆ ταῦτα καὶ ἁπλούστατα ἀποκρίνεσθαι λέγει, ἄλλα δὲ τούτων συνθετώτερα ποτὲ μὲν συμπήγνυσθαι λέγει ὡς σύνθετα, ποτὲ δὲ ἀποκρίνεσθαι ὡς τὴν γῆν. οὕτως γὰρ φησιν "ἀπὸ τουτέων ἀποκρινομένων συμπήγνυται γῆ· ἐκ μὲν γὰρ τῶν νεφελῶν ὕδωρ ἀποκρίνεται, ἐκ δὲ τοῦ ὕδατος γῆ, ἐκ δὲ τῆς γῆς λίθοι συμπήγνυνται ὑπὸ τοῦ ψυχροῦ". οὕτως μὲν οὖν ἐπὶ τὰ ἁπλᾶ εἴδη ἀναδραμὼν Ἀναξαγόρας ἀρχοειδέστερον δόξει τοῦ Ἐμπεδοκλέους τὰ περὶ τῶν στοιχείων φιλοσοφεῖν. τελειότερον δὲ ἴσως Ἀριστοτέλης καὶ Πλάτων καὶ πρὸ ἀμφοῖν οἱ Πυθαγόρειοι στοιχειώδεις ἀρχὰς τὴν ὕλην καὶ τὸ εἶδος ὑπέθεντο, καὶ ἔτι τελειότερον, ὅσοι τὴν κατὰ τὰ σχήματα διαφορὰν τοῦ ἀποίου σώματος προσεχεστέραν τῇ ὕλῃ νομίσαντες ὑπέθηκαν ταῖς κατὰ τὰς ποιότητας τῶν στοιχείων διαφοραῖς, πυραμίδα μὲν τῷ πυρί, ἄλλο δὲ ἄλλῳ τῶν σχημάτων· ὅπερ καὶ Δημόκριτος ἔοικε τεθεᾶσθαι καλῶς, ἐλλείπει δὲ τῷ μηκέτι εἰς εἶδος καὶ ὕλην ἀναλῦσαι τὰ ἁπλᾶ σώματα.

p. 188 a 19 Πάντες δὴ τἀναντία ἀρχὰς ποιοῦσιν ἕως τοῦ ὅτι μὲν οὖν τἀναντία πως πάντες ποιοῦσι τὰς ἀρχάς, ⟨δῆλον⟩.·

Δείξας ὅτι οὔτε μία ἡ ἀρχὴ οὔτε ἄπειροι, καὶ συναγαγὼν ὅτι ἄμεινον λέγουσιν οἱ πλείονας καὶ πεπερασμένας τιθέντες ὥσπερ Ἐμπεδοκλῆς, ὤφειλε μὲν εὐθὺς ἀποδεῖξαι, πόσαι εἰσὶν αἱ πλείους αὗται. ὁ δὲ τοῦτο παρεὶς τίνες εἰσὶ πρῶτον δείκνυσιν, οὐκ ἀλόγως τοῦτο ποιῶν, ἀλλ' ὅτι τῷ τίνες συναποδείκνυται καὶ τὸ πόσαι· εἰ γὰρ ἐναντίαι, δύο πάντως αἱ ἀνωτάτω. δείκνυσι δὲ ὅτι ἐναντίαι αἱ ἀρχαί, δηλονότι τῶν φυσικῶν πραγμάτων αἱ στοιχειώδεις, πρῶτον ἐκ τῆς πάντων σχεδὸν τῶν φυσικῶν κατὰ τοῦτο συμφωνίας, κἂν ἐν τοῖς ἄλλοις διαφωνῶσι. καὶ γὰρ οἱ ἓν τὸ ὂν καὶ ἀκίνητον λέγοντες, ὥσπερ Παρμενίδης, καὶ οὗτοι τῶν φυσικῶν ἐναντίας ποιοῦσι τὰς ἀρχάς. καὶ γὰρ οὗτος ἐν τοῖς πρὸς δόξαν θερμὸν καὶ ψυχρὸν ἀρχὰς ποιεῖ. ταῦτα δὲ προσαγορεύει πῦρ καὶ γῆν καὶ φῶς καὶ νύκτα ἤτοι σκότος. λέγει γὰρ μετὰ τὰ περὶ ἀληθείας·

---

1 αὕτη E: αὐτὴ aDF 2 ἀπὸ τοῦ ψυχροῦ τὸ θερμὸν alias 5 τὸ μὲν κτλ. fr. 8 Schorn. 4 videtur supplendum τὸ ante διερὸν et ψυχρόν τὸ (ante ζοφερὸν) om. a 5 ἡ γῆ add. a cf. Hippol. Philosoph. 8, 2 (Doxogr. p. 562, 3) unde Schorn etiam τὸ λαμπρὸν post ξηρὸν addidit 8 φησιν fr. 9 Sch. τοῦ τέων E 10 λίθοι συμπήγνυνται p. 155, 22 11 post οὖν add. ἤδη D 12 δείξει D 15 τὴν ὕλην D 16 τῶν στοιχείων om. F 17 καὶ ὁ Δ. aF 18 τῷ] τὸ D καὶ] τὴν E 19 ἁπλᾶ corr. ex κοινὰ F 20 δὴ] δὲ F ἕως κτλ. om. F 21 δῆλον a: om. DE 22 ἡ om. F 26 συναποδείκνυται F 29 διαφωνοῦσι E 31 τὸ ante θερμὸν et ψυχρὸν add. aF 33 λέγει vv. 112—118 K., 116—122 St. cf. p. 30, 23. 39, 1.

μορφὰς γὰρ κατέθεντο | δύο γνώμας ὀνομάζειν,
τῶν μίαν οὐ χρεών ἐστιν, ἐν ᾧ πεπλανημένοι εἰσίν·
ἀντία δ' ἐκρίναντο δέμας καὶ σήματ' ἔθεντο
χωρὶς ἀπ' ἀλλήλων, τῇ μὲν φλογὸς αἰθέριον πῦρ
5 ἤπιον † ἀραιὸν ἐλαφρὸν ἑαυτῷ πάντοσε τωυτόν,
τῷ δ' ἑτέρῳ μὴ τωυτόν· ἀτὰρ κἀκεῖνο κατ' αὐτὸ
τἀντία νύκτ' ἀδαῆ πυκινὸν δέμας ἐμβριθές τε.
καὶ μετ' ὀλίγα πάλιν·
αὐτὰρ ἐπειδὴ πάντα φάος καὶ νὺξ ὀνόμασται
10 καὶ τὰ κατὰ σφετέρας δυνάμεις ἐπὶ τοῖσί τε καὶ τοῖς,
πᾶν πλέον ἐστὶν ὁμοῦ φάεος καὶ νυκτὸς ἀφάντου,
ἴσων ἀμφοτέρων, ἐπεὶ οὐδετέρῳ μέτα μηδέν.
εἰ δὲ μηδετέρῳ μέτα μηδέν, καὶ ὅτι ἀρχαὶ ἄμφω καὶ ὅτι ἐναντίαι, δηλοῦται.
καὶ οἱ ἓν δὲ καὶ κινούμενον τὴν ἀρχὴν ὑποθέμενοι, ὡς Θαλῆς καὶ Ἀνα-
15 ξιμένης, μανώσει καὶ πυκνώσει τὴν γένεσιν ποιοῦντες, ἐναντίας καὶ οὗτοι
ἀρχὰς ἔθεντο τὴν μάνωσιν καὶ τὴν πύκνωσιν. ποιεῖ δὲ καὶ Δημόκριτος
τὰ ἐναντία ἀρχὰς τὸ πλῆρες καὶ τὸ κενὸν λαμβάνων, ὧν τὸ μὲν ὄν, τὸ δὲ
οὐκ ὂν ἔλεγεν. ἀλλὰ καὶ ἐν αὐταῖς ταῖς ἀτόμοις ἐναντίωσιν θεωρεῖ. δια-
φέρειν γὰρ αὐτὰς τρισὶ ταῖς ἀνωτάτω διαφοραῖς ἔλεγεν, ῥυσμῷ διαθιγῇ
20 τροπῇ, ῥυσμὸν μὲν τὸ σχῆμα λέγων, διαθιγὴν δὲ τὴν τάξιν, τροπὴν δὲ τὴν
θέσιν. διαφέρει γὰρ τὸ μὲν Α εἰ τύχοι στοιχεῖον τοῦ Ν σχήματι, τὸ δὲ
Ζ τοῦ Ν θέσει, τὸ δὲ ΑΝ τοῦ ΝΑ τάξει. ἔστι δὲ ταῦτα τὰ τρία γένη
ἐναντίων, ἡ μὲν θέσις τοῦ ἄνω καὶ κάτω δεξιὰ καὶ ἀριστερὰ ἔμπροσθεν
καὶ ὄπισθεν, τὸ δὲ σχῆμα τοῦ γεγωνιωμένου καὶ ἀγωνίου καὶ εὐθέος καὶ
25 περιφεροῦς, ἐν δὲ τάξει τὸ πρῶτον καὶ τὸ ἔσχατον ἐναντία. Ἐμπεδοκλέα
δὲ καὶ Ἀναξαγόραν παρέλιπε νῦν, τὸν μὲν ὅτι πρόδηλος κατ' αὐτὸν ἡ ἐναν-
τίωσις ἔν τε τοῖς στοιχείοις καὶ κατὰ τὸ νεῖκος καὶ κατὰ τὴν φιλίαν, καὶ
μέντοι κατὰ τὴν σύγκρισιν καὶ τὴν διάκρισιν· λέγει γὰρ ὅτι οὐδὲν ἄλλο
ἐστὶν ἡ γένεσις
30   ἀλλὰ μόνον μῖξίς τε διάλλαξίς τε μιγέντων·
Ἀναξαγόρου δὲ καὶ πρότερον ἐμνημόνευσεν ὡς τὰ ἐναντία τιθέντος ἐν ταῖς
ἀρχαῖς, ὅτε τὴν διαφορὰν αὐτοῦ τὴν πρὸς Ἐμπεδοκλέα παρεδίδου λέγων
"διαφέρουσι δὲ ἀλλήλων τῷ τὸν μὲν περίοδον ποιεῖν τούτων, τὸν δὲ ἅπαξ,

---

1 γνώμας aF¹: γνώμαις DEF² cf. p. 39, 1   5 ἠπιόν αρ) (i. e. αραιον) E: ἤπιον ἄρ DF: ἤπιον ἐστιν a cf. p. 39, 5. 30, 27   6 κατ' αὐτό aF: κατὰ ταυτό DE cf. ad p. 31, 1   αὐτὰρ κτλ. vv. 121—124 K., 125—128 St.   7 τἀντία E: τἀναντία DF: ἀντία a   νυκτάδα ἣ aF: νύκτα δ' ἀδαῆ DE   9 ὀνόμασται aF¹: ὠνόμασται DEF²   10 τὰ (post καὶ) om. E   12 ἴσον D   13 μέτα] κατὰ a   19 αὐτὰς aF: αὐταῖς DE   ἔλεγεν E: ἔλεγε D: ἔλεγον aF   διαθηγῇ E   20 λέγων DE: λέγοντες aF   διαθηγὴν E   δὲ om. D   21 γὰρ] δὲ D   στοιχεῖον εἰ τύχοι (τείχοι a) aF   τοῦ Μ libri: correxi ex Arist. Metaph. A 4 p. 985ᵇ18   23 καὶ (post δεξιὰ) om. a   24 εὐθέας D   27 κατὰ (ante τὴν) om. a   28 τὴν (ante σύγκρισιν) om. a   30 ἀλλὰ] ἀλλ' ἢ a cf. v. 38 St.   τε E: τὲ καὶ aDF   τε μιγέντων DEF: τῶν μιγέντων a   31 καὶ om. E   32 τὴν post αὐτοῦ om. a   λέγων p. 187ᵃ23   33 τούτων DE: om. aE   τῶν δὲ D

SIMPLICII IN PHYSICORUM I 5 [Arist. p. 188ᵃ19]   181

καὶ τὸν μὲν ἄπειρα τά τε ὁμοιομερῆ καὶ τὰ ἐναντία, τὸν δὲ τὰ καλούμενα 39ʳ
στοιχεῖα". σαφῶς δὲ καὶ αὐταῖς λέξεσι τὰς ἐναντιότητας ἐν τῇ γενέσει
παραδίδωσιν ὁ Ἀναξαγόρας, ἐν οἷς φησι "ἡ δὲ περιχώρησις αὕτη ἐποίησεν
ἀποκρίνεσθαι, καὶ ἀποκρίνεται ἀπὸ τοῦ ἀραιοῦ τὸ πυκνὸν καὶ ἀπὸ τοῦ
5 ψυχροῦ τὸ θερμὸν καὶ ἀπὸ τοῦ ζοφεροῦ τὸ λαμπρὸν καὶ ἀπὸ τοῦ διεροῦ
τὸ ξηρόν".

Καὶ οἱ Πυθαγόρειοι δὲ οὐ τῶν φυσικῶν μόνων ἀλλὰ καὶ πάντων ἁπλῶς 25
μετὰ τὸ ἕν, ὃ πάντων ἀρχὴν ἔλεγον, ἀρχὰς δευτέρας καὶ στοιχειώδεις τὰ
ἐναντία ἐτίθεσαν, αἷς καὶ τὰς δύο συστοιχίας ὑπέταττον οὐκέτι κυρίως ἀρ-
10 χαῖς οὔσαις. γράφει δὲ περὶ τούτων ὁ Εὔδωρος τάδε· "κατὰ τὸν ἀνωτάτω
λόγον φατέον τοὺς Πυθαγορικοὺς τὸ ἓν ἀρχὴν τῶν πάντων λέγειν, κατὰ δὲ
τὸν δεύτερον λόγον δύο ἀρχὰς τῶν ἀποτελουμένων εἶναι, τό τε ἓν καὶ τὴν
ἐναντίαν τούτῳ φύσιν. ὑποτάσσεσθαι δὲ πάντων τῶν κατὰ ἐναντίωσιν ἐπι- 30
νοουμένων τὸ μὲν ἀστεῖον τῷ ἑνί, τὸ δὲ φαῦλον τῇ πρὸς τοῦτο ἐναντιου-
15 μένῃ φύσει. διὸ μηδὲ εἶναι τὸ σύνολον ταύτας ἀρχὰς κατὰ τοὺς ἄνδρας.
εἰ γὰρ ἡ μὲν τῶνδε ἡ δὲ τῶνδέ ἐστιν ἀρχή, οὐκ εἰσὶ κοιναὶ πάντων ἀρχαὶ
ὥσπερ τὸ ἕν". καὶ πάλιν "διό, φησί, καὶ κατ' ἄλλον τρόπον ἀρχὴν ἔφασαν
εἶναι τῶν πάντων τὸ ἕν, ὡς ἂν καὶ τῆς ὕλης καὶ τῶν ὄντων πάντων ἐξ
αὐτοῦ γεγενημένων. τοῦτο δὲ εἶναι καὶ τὸν ὑπεράνω θεόν". καὶ λοιπὸν
20 ἀκριβολογούμενος ὁ Εὔδωρος ἀρχὴν μὲν τὸ ἓν αὐτοὺς τίθεσθαι λέγει, στοι- 35
χεῖα δὲ ἀπὸ τοῦ ἑνὸς γενέσθαι φησίν, ἃ πολλοῖς αὐτοὺς ὀνόμασιν προσ-
αγορεύειν. λέγει γάρ· "φημὶ τοίνυν τοὺς περὶ τὸν Πυθαγόραν τὸ μὲν ἓν
πάντων ἀρχὴν ἀπολιπεῖν, κατ' ἄλλον δὲ τρόπον δύο τὰ ἀνωτάτω στοιχεῖα
παρεισάγειν. καλεῖν δὲ τὰ δύο ταῦτα στοιχεῖα πολλαῖς προσηγορίαις·τὸ
25 μὲν γὰρ αὐτῶν ὀνομάζεσθαι τεταγμένον ὡρισμένον γνωστὸν ἄρρεν περιττὸν
δεξιὸν φῶς, τὸ δὲ ἐναντίον τούτῳ ἄτακτον ἀόριστον ἄγνωστον θῆλυ ἀριστερὸν
ἄρτιον σκότος, ὥστε ὡς μὲν ἀρχὴ τὸ ἕν, ὡς δὲ στοιχεῖα τὸ ἓν καὶ ἡ 40
ἀόριστος δυάς, ἀρχαὶ ἄμφω ἓν ὄντα πάλιν. καὶ δῆλον ὅτι ἄλλο μέν ἐστι
ἓν ἡ ἀρχὴ τῶν πάντων, ἄλλο δὲ ἓν τὸ τῇ δυάδι ἀντικείμενον, ὃ καὶ μο-
30 νάδα καλοῦσιν". ἐπιστῆσαι δὲ ἄξιον, πῶς οὐχὶ τὰ ἐναντία πάντας ποιεῖν
εἶπεν ἀρχὰς ὁ Ἀριστοτέλης, ἀλλὰ τὰ ἐναντία πως. οὐ γὰρ τὰ κυρίως
ἐναντία λέγουσιν, ἀλλ' ἅπερ ἡγοῦνται ἐναντία. οὐδὲ γὰρ τὸ κενὸν καὶ
τὸ πλῆρες ἐναντία, ἀλλὰ μᾶλλον ὡς ἕξις καὶ στέρησις ἀντίκεινται, οὔτε τὸ
γεγωνιωμένον καὶ ἀγώνιον καὶ εὐθὺ καὶ περιφερές. κἂν γὰρ σχῆμά τι τὸ 45

---

1 ἄπειρα ποιεῖν Aristotelis vulgata   2 στοιχεῖα μόνον Aristoteles   3 ὁ om. aF
Ἀναξαγόρας fr. 6 cf. p. 174, 22. 176, 21. 178, 34   αὐτὴ aF   7 μόνων E: μόνον aDF
8 ἓν] ὃν F   9 οἷς D   καὶ om. DE   10 Εὔδωρος cf. Doxogr. p. 81⁵   13 τῶν om. E
14 ἀστεῖον ἀεὶ E   16 ἡ μὲν] μὲν E   19 τοῦτο aF: τοῦτον DE   καὶ DE: om. aF
20 αὐτοὺς τὸ ἓν aF   21 ὀνόμασιν αὐτοὺς aF   22 τὸν om. F   24 καλεῖν om. E
δύο] ἄνω F   25 γνωστὸν ὡρισμένον F   26 ἀριστερὸν ἄρτιον DEF: ἄρτιον ἀριστερὸν
recte Eudoro reddidit a   28 ἀδιόριστος F   30 δὲ om. F   31 ὁ (post ἀρχὰς)
om. a   32 τἀναντία a   fortasse οὔτε   33 στέρησις καὶ ἕξις rectius a   ἀντί-
κειται D   34 καὶ τὸ ἀγώνιον a   fortasse σχῆμά τις.

εὐθὺ λέγοι, ἔδειξεν αὐτὸς ὅτι ἐν σχήμασιν οὐκ ἔστιν ἐναντίωσις. ἀλλ' ἴσως 38ʳ
οὐδὲ ἐκεῖνοι ὡς ἐναντία κυρίως ἐτίθεσαν, ἀλλ' ὡς ἀντικείμενα. καὶ γὰρ
αὐτός, ὡς μαθησόμεθα, τὰ ἐναντία λέγων ἀρχὰς τὴν πρωτίστην ἐναντίωσιν
εἶδος καὶ στέρησιν θήσεται, ἅπερ οὐχ ὡς ἐναντία ἀλλὰ κατὰ ἄλλον ἀντί-
5 κεινται τρόπον. τὸ οὖν ἐναντία πως τοῦτ' ἔστι κατὰ διαφόρους τρόπους
ἀντιθέσεως.

p. 188 a 27 Καὶ τοῦτο εὐλόγως. δεῖ γὰρ τὰς ἀρχὰς ἕως τοῦ διὰ 50
δὲ τὸ ἐναντία μὴ ἐξ ἀλλήλων.

Τὸ τὰ ἐναντία ἀρχὰς εἶναι πιστωσάμενος διὰ τῆς τῶν ἄλλων συμφω-
10 νίας, ὅπερ ἐκ τῶν κατὰ μέρος ἦν, καὶ καθόλου τὸ αὐτὸ πιστοῦται διὰ
συλλογισμοῦ τοιούτου. τὰ πρῶτα ἐναντία οὔτε ἐξ ἄλλων | οὔτε ἐξ 39ᵛ
ἀλλήλων καὶ ἐκ τούτων τὰ ἄλλα· ἃ δὲ μήτε ἐξ ἄλλων μήτε ἐξ ἀλ-
λήλων καὶ ἐκ τούτων τὰ ἄλλα, ταῦτα ἀρχαί· τὰ πρῶτα ἄρα ἐναντία ἀρχαί.
πρῶτα μὲν οὖν ἐναντία λέγει τὰ γενικώτατα. καὶ ὅτι μὲν εἴ τι πρῶτον
15 ἁπλῶς ἐστι τοῦτο οὐκ ἔστιν ἐξ ἄλλου, δῆλον· τὸ γὰρ πρῶτον καθὸ πρῶτόν
ἐστιν οὐκ ἂν εἴη ἐξ ἄλλου. καὶ ὅτι τὸ μὴ ἐξ ἄλλου ἀρχή, πρόδηλον. ὅτι
δὲ οὐκ εἰσὶν αἱ ἀρχαὶ ἐξ ἀλλήλων, καὶ τοῦτο δῆλον. "εἰ γὰρ ἔκ του ἀρχὴ 5
εἴη, φησὶν ὁ Πλάτων, οὐκ ἂν εἴη ἀρχή". καὶ ὅλως εἰ ἐξ ἀλλήλων, οὐδὲν
μᾶλλον ἀρχαί ἢ ἀπὸ ἀρχῶν εἰσίν. ἀλλὰ πῶς τὰ ἐναντία οὐκ ἐξ ἀλλήλων;
20 αὐτὸ γὰρ τοὐναντίον δειχθήσεται, ὅτι ἐξ ἀλλήλων τὰ ἐναντία. ἐκ γὰρ μέ-
λανος τὸ λευκὸν καὶ ἐξ ἀμούσου τὸ μουσικόν. ἢ ὡς μὲν μετ' ἄλληλα γι-
νόμενα ἐξ ἀλλήλων λέγοιτο, ὡς δὲ ἐκ στοιχείων καὶ ὑπομενόντων (ὡς ἐκ
ξύλου κλίνη λέγεται γίνεσθαι) οὐκ ἂν γένοιτο τὸ ἐναντίον ἐκ τοῦ ἐναντίου.
οὗτος δέ ἐστιν ὁ κυρίως ἔκ τινος τῆς γενέσεως τρόπος. οὐ γὰρ οἷόν τε 10
25 ὕλην εἶναι τῷ ἐναντίῳ τὸ ἐναντίον. οὐ γὰρ δέχεται τὸ ἐναντίον ὑπομένον
τὸ ἐναντίον. τὸ δὲ ἐκ τούτων τὰ ἄλλα ταῖς μὲν ἀρχαῖς ἀναμφιλέκτως
προσήκει· ἀπὸ γὰρ τῆς ἀρχῆς τὰ μετὰ τὴν ἀρχήν, εἴπερ ὄντως ἀρχὴ εἴη.
προσήκει δὲ καὶ τοῖς ἐναντίοις, διότι κατὰ μεταβολὴν ἡ γένεσις τῶν μετὰ
τὰς ἀρχὰς γινομένων. πᾶσα δὲ μεταβολή, ὡς δειχθήσεται, ἀπὸ τοῦ ἐναντίου
30 γίνεται εἰς τὸ ἐναντίον. ἀλλὰ πῶς τὰ ἐναντία ἀρχαί, εἴπερ αὐτὸς ἐν τῇ
Μετὰ τὰ φυσικὰ ἐνθέως ἀνεβόησε τὸ "οὐκ ἀγαθὸν πολυκοιρανίη"; ἢ φυ- 15
σικῶν πραγμάτων ἀρχὰς ζητοῦμεν νῦν καὶ ταύτας οὐ τὰς ἐξῃρημένας
ἀλλὰ τὰς στοιχειώδεις καὶ τὰς ἐξ ὧν ἐνυπαρχουσῶν γίνεται τὰ γινόμενα,

---

4 θήσεται DE: τίθεται aF   ἀντίκειται EF   7 ἕως κτλ. om. F   9 Τὸ om. E
12 τὰ ἄλλα cf. p. 184,5: πάντα Aristoteles   ἃ δὲ — ἄλλα om. E   16 καὶ ὅτι —
ἄλλου om. E   πρόδηλον] δῆλον D   17 ἐκ τῆς ἀρχῆς a   18 Πλάτων in
Phaedro p. 245 D εἰ γὰρ ἔκ του ἀρχὴ γίγνοιτο, οὐκ ἂν ἐξ ἀρχῆς γίγνοιτο cf. Simpl. f. 51 v 12.
107ʳ 36   22 addendum ἂν ante λέγοιτο   24 κύριος exc. Vatic. 1028 [Schol. Br.
338 a 15]   τρόπος τῆς γενέσεως D   25 τὸ ἐναντίον τῷ ἐναντίῳ a   ἐνδέχεται a
26 μὲν γὰρ ἀρχαῖς E   27 γὰρ τῆς] καὶ τῆς a   ὄντα E   31 Μετὰ τὰ φυσικὰ
Λ 10 p. 1076 a 4   ἀνεβόησεν (om. τὸ) aF   πολυκοιρανία E   ἢ] καὶ εἰ F
32 πραγμάτων om. F   οὐ om. E

ὡς καὶ αὐτὸς προελθὼν ἐνδείκνυται διὰ τοῦ "τὸ μὲν οὖν τρία φάναι στοι-
χεῖα εἶναι". τὰ δὲ φυσικὰ ἐν μεταβολῇ τὸ εἶναι ἔχει, πᾶσα δὲ μεταβολὴ
ἀπό τινος εἴς τι περὶ κοινὸν ὑποκείμενον γίνεται, οὐκ ἄρα μία ἂν εἴη
ἀρχή, ἀλλὰ πρὸς τῷ ὑποκειμένῳ δύο τοὐλάχιστον. ἀλλὰ μήποτε τὰ
5 μὲν πρῶτα ἐναντία πάντως ἔχει τὸ μήτε ἐξ ἄλλων μήτε ἐξ ἀλλήλων, οὐ
μόνα δέ, ἀλλὰ καὶ τὰ διάφορα μέν, οὐκ ἐναντία δέ. οὐ γὰρ πάντα τὰ
διάφορα καὶ ἐναντία, οἷον εἴ τις λέγοι τὸ ποιὸν καὶ τὸ ποσὸν ἀρχάς·
οὔτε γὰρ ἐξ ἄλλων εἴπερ ἀρχαί, οὔτε ἐξ ἀλλήλων εἴπερ ἄμφω ὁμοίως
πρῶτα. ἢ οὐ πρῶται ἀρχαὶ τὸ ποσὸν καὶ τὸ ποιόν, ἀλλὰ τὸ ἐν ὑπο-
10 κειμένῳ κοινὸν ὑπάρχον τῶν ἐννέα κατηγοριῶν καὶ τὸ οὐκ ἐν ὑποκει-
μένῳ τῇ οὐσίᾳ προσῆκον. τὰ γὰρ πρῶτα καὶ ἰσοσθενῆ ἐν ἀντιθέσει
τινὶ θεωρεῖται, διότι τὰ μὴ ἀντικείμενα ὑπάλληλά πώς ἐστιν, εἰ καὶ μὴ
εὐσύνοπτος αὐτῶν ἡ τάξις. διὸ μετὰ τὴν μίαν τῶν πάντων αἰτίαν δυάδα
πάντες ὑπέθεντο πάσης ἀντιθέσεως ἐξηγουμένην καὶ οἱ μυθικῶς καὶ οἱ
15 φιλοσόφως τὰς θείας ἐκφαίνοντες τάξεις, ἥτις ἀντίθεσις ἐν μὲν τοῖς θείοις
ὑπὸ τῆς ἑνώσεως τῆς ἐκεῖ κρατουμένη συγκέκρυπται, ἐνταῦθα δὲ πολυει-
δῶς ἀναφαίνεται.

Ὁ δὲ ἡμέτερος καθηγεμὼν Ἀμμώνιος οὐκ ἠξίου τὸ μὴ ἐξ ἀλλήλων
εἶναι τὰ ἐναντία οὕτως ἀκούειν, ὡς μὴ ἐξ ὑποκειμένων καὶ διὰ τοῦτο
20 ὑπομενόντων, ἀλλὰ καθ' ἣν ἔννοιαν εἴρηται τὸ μὴ ἐξ ἄλλων αὐτὰ εἶναι,
ὡς οὐδ' ἐνὸν τῶν πρώτων ἐναντίων ἄλλα λαμβάνειν ἀρχοειδέστερα, ἀφ' ὧν
ταῦτα διαιρεῖται, ἢ ὡς γενῶν ἢ ὡς ὅλων ἢ ὡς ἀπὸ ποιητικῶν αἰτίων
γίνεται. τῶν γὰρ πρώτων πῶς ἂν εἴη πρότερόν τι; καὶ οὐ διὰ τὸ
μὴ κεχρῆσθαι ἐκείνοις ὑποκειμένοις, ἀλλ' ὅτι οὐχ ὥσπερ τοῦ θερμοῦ
25 φέρε εἰπεῖν καὶ τοῦ ψυχροῦ πρότερά ἐστι τὸ μανὸν καὶ τὸ πυκνόν,
τούτων δὲ ὑπεροχὴ καὶ ἔλλειψις, τούτων δὲ εἶδος καὶ στέρησις, οὕτως
καὶ τούτων ἐνδέχεται πρότερα ἄλλα λαμβάνειν, ἐξ ὧν ἐροῦμεν ταῦτα
εἶναι μερικώτερα ὄντα. διὸ σαφέστερον τούτῳ χρώμενος ἐν τοῖς ἑξῆς
ἐρεῖ "ἔτι δέ ἐστιν ἄλλα ἄλλων πρότερα ἐναντία, καὶ γίνεται ἕτερα
30 ἐξ ἄλλων" ὡς ἐκ καθολικωτέρων δηλονότι. κατὰ τοῦτο οὖν ἔοικε τὸ
σημαινόμενον καὶ νῦν λέγεσθαι τὸ μὴ δεῖν ἐξ ἀλλήλων εἶναι τὰ
ἐναντία, ὡς οὐ δυνατὸν ὂν θάτερον θατέρου ἀρχοειδέστερον καὶ καθο-
λικώτερον εἶναι διὰ τὸ ἐναντία, φησίν, αὐτὰ εἶναι, τουτέστιν ἰσοσθενεῖν
ἀλλήλοις, καὶ μηδὲν ἔχειν πλέον τὸ ἕτερον αὐτῶν τοῦ ἑτέρου πρὸς τὸν
35 τῆς ἀρχῆς λόγον.

---

1 τοῦ, τὸ a: τοῦτο DF: αὐτοῦ, τὸ E   τὸ μὲν κτλ. p. 189ᵇ16   τὰ στοιχεῖα a ex Ar.
et Simpl. ipse p. 204,24   ἐπεὶ γὰρ τὰ φυσικὰ a   3 εἴη aF: εἴη ἡ D: ἦν E
4 πρὸς om. E   7 λέγει E   τὸ ποσὸν καὶ τὸ ποιὸν D   8 ἐξ (ante ἀλλήλων) aF¹: μετ'
DE et γρ. mrg. F   9 ἢ οὐ πρῶται ἀρχαὶ om. F   τὸ ἐν] τῷ ἐν E   12 διότι] διὸ
καὶ a   14 πάντως D   15 ἐμφαίνοντες a   16 κρατουμένη a: κρατουμένης DEF
19 οὕτως om. F   21 οὐδὲν ὄντων πρώτων DE: οὐδὲν ὄντων πρὸ τῶν aF: correxi
cf. v. 32   καὶ post ὧν add. F   24 ὑποκειμένοις om. F   29 ἐρεῖ p. 189ᵃ17
30 κατά] καὶ a   33 διὰ τὸ] διατοῦτο a   εἶναι αὐτὰ a   35 τῆς om. E

p.188a30   Ἀλλὰ δεῖ τοῦτο καὶ ἐπὶ τοῦ λόγου σκέψασθαι,
πῶς συμβαίνει.

Δείξας ὅτι τὰ ἐναντία ἀρχαὶ ἔκ τινος κοινῶς τοῖς τε πρώτοις ἐναντίοις
καὶ ταῖς ἀρχαῖς ὑπάρχοντος, τοῦτο δὲ ἦν τὸ "μήτε ἐξ ἄλλων μήτε ἐξ
5 ἀλλήλων καὶ τὰ ἄλλα ἐκ τούτων", βούλεται καὶ τὴν κυριωτάτην αἰτίαν
παραδοῦναι τοῦ τὰ πρῶτα ἐναντία ἀρχὰς εἶναι τῆς γενέσεως (λόγον γὰρ
οἶμαι τὴν αἰτίαν καλεῖ), ἀλλὰ καὶ ὅτι ἐν τῷ προληφθέντι συλλογισμῷ τὸ
μὲν τὰ πρῶτα ἐναντία "μήτε ἐξ ἀλλήλων εἶναι μήτε ἐξ ἄλλων" γνώ-
ριμον ἐγένετο (τὸ μὲν "μὴ ἐξ ἄλλων" ἐκ τοῦ πρῶτα, τὸ δὲ "μὴ ἐξ ἀλλή-
10 λων" ἐκ τοῦ ἐναντία), τῷ δὲ "καὶ τὰ ἄλλα ἐκ τούτων" λόγου τινὸς αἰ-
τιώδους ἔδει. ὃν νῦν προστίθησι τοῦτον· ληπτέον δὴ πρῶτον ὅτι πάν-
των τῶν ὄντων οὔτε ποιεῖν πέφυκεν οὔτε πάσχειν τὸ τυχὸν ὑπὸ
τοῦ τυχόντος ἕως τοῦ ὥστε πάντα ἂν εἴη τὰ φύσει γινόμενα ἢ
ἐναντία ἢ ἐξ ἐναντίων. προλαμβάνει ὡς ἀξιώματα καθολικὰ ἐπὶ πάσης
15 γενέσεως τεχνικῆς τε καὶ φυσικῆς ἐκ τῆς ἐναργείας δοκοῦντα πιστά, ὅτι τὸ
γινόμενον καὶ φθειρόμενον καθ' αὑτὸ πᾶν ὑπὸ ποιοῦντος γίνεται καὶ φθεί-
ρεται καὶ οὐχ ὑπὸ τοῦ τυχόντος τὸ τυχὸν ἀλλ' ὑπὸ τοῦ ἀντικειμένου ποιη-
τικοῦ αἰτίου καὶ εἰς τὸ ἀντικείμενον. ὁρᾷ γὰρ οὐ πᾶν εἰς ἅπαν, ἀλλὰ τὸ
ἀντικείμενον εἰς τὸ ἀντικείμενον οἷον τὸ θερμὸν εἰς τὸ ψυχρὸν μεταβάλλον
20 αὐτὸ ἀπὸ τῆς ἀντικειμένης ἑαυτῷ ἕξεως εἰς τὴν ἑαυτοῦ. ταῦτα μὲν οὖν
πάλιν ἐπὶ τοῦ ποιοῦντος. ἐπὶ δὲ τοῦ γινομένου, ὅτι τὸ γινόμενον οὐκ ἐκ
τοῦ μὴ ὄντος γίνεται, ἀλλ' ἐξ ὄντος μεταβάλλει εἰς ὄν καὶ τοῦτο οὐκ ἐκ
τοῦ τυχόντος εἰς τὸ τυχόν, ἀλλ' ἐκ τοῦ ἀντικειμένου εἰς τὸ ἀντικείμενον,
τουτέστιν εἰς τὸ ποιοῦν. ταῦτα προαξιώσας, εἶτα προσλαβὼν τὰ φύσει γι-
25 νόμενα καὶ φθειρόμενα, συνάγει ὅτι πάντα τὰ φύσει, ὅταν καθ' αὑτὰ γί-
νηται ἢ φθείρηται, ὑπὸ τῶν ἀντικειμένων τὰ ἀντικείμενα τοῦτο πάσχει.
ὅτι δὲ οὐδὲ ποιεῖν πέφυκε τὸ τυχὸν εἰς τὸ τυχὸν οὔτε πάσχειν ὑπὸ τοῦ
τυχόντος, ὅταν τὸ μὲν καθ' αὑτὸ ποιῇ τὸ δὲ καθ' αὑτὸ πάσχῃ, ἀλλὰ τὸ
ἀντικείμενον ὑπὸ τοῦ ἀντικειμένου, μάθοιμεν ἂν οὕτως· τὸ ποιοῦν κατὰ τὸ
30 ἐν αὐτῷ εἶδος μορφοῦν τὴν οἰκείαν ἐνέργειαν δι' αὐτῆς τῷ ὑποκειμένῳ
(τουτέστι τῷ ἐξ οὗ γίνεται τὸ γινόμενον) ἐντίθησι τὸ εἶδος, καθ' ὃ γίνεται τὸ
γινόμενον· τοῦτο δὲ ἦν τὸ ἐν τῷ ποιοῦντι, οἷον ὁ οἰκοδόμος τὴν ἐν αὑτῷ ἁρ-
μονίαν καὶ τὸ σχῆμα τῆς οἰκίας ἐντίθησι τοῖς λίθοις μεταβάλλων αὐτῶν τὴν
προτέραν διάθεσιν εἰς τὴν ἐν αὑτῷ. μεταβάλλεται δὲ οὔτε τὸ ὁμοειδὲς (ἔστι
35 γάρ) οὔτε τὸ διάφορον μέν, συνυπάρχειν δὲ δυνάμενον (τί γὰρ δεῖται λευ-

---

10 τῷ δὲ D: τὸ δὲ aEF   καὶ (ante τὰ ἄλλα) D: om. aEF   11 ἔδει DE: ἐδεῖτο aF
ὃν νῦν aE: ὧν νῦν F: καὶ νῦν D   τοῦτον EF: τοῦτο D: τοῦτο — ἐξ ἐναντίων (v. 14 cf.
Arist. p. 188a31—b26) om. a   12 οὐδὲν οὔτε Arist.   οὔτε ποιεῖν — ἐξ ἐναντίων
om. F   14 προλαμβάνων a   ἀξίωμα τὰ E   18 εἰς D: om. aEF   εἰς πᾶν E
20 μὲν οὖν πάλιν D: μὲν πάλιν EF: μὲν a   22 γίνεται DE: om. aF   24 προλαβὼν E
25 γίνεται a   26 φθείρεται E et fortasse F¹   28 καθ' αὑτὸ (post τὸ δὲ) om. aF
29 ante ὑπὸ add. καὶ aEF   30 ἐν ἑαυτῷ E   32 τὸ ἐν] τῶν D¹   34 ἐν αὑτῷ
F: ἑαυτῷ DE: αὑτῷ a   35 δεῖται DEF (cf. p. 4, 19. 5, 10. 42, 9): δεῖ τὸ a

κὸν εἰς μουσικὸν μεταβάλλειν, ὅτε δύναται συνυπάρχειν ἄμφω;), ἀλλ' ἐκεῖνα 40r
μεταβάλλει εἰς ἄλληλα, ὅσα πρὸ τοῦ μεταβάλλειν συνυπάρχειν ἀλλήλοις οὐ 30
δύναται. ταῦτα δέ ἐστιν οὐ τὰ κυρίως ἐναντία μόνα, ἀλλὰ τὰ κατὰ πᾶσαν
ἀντίθεσιν ἀντικείμενα. ὥστε ἀνάγκη πᾶν τὸ γινόμενόν τι δ μὴ πρότερον
5 ἦν, ἐξ ἀντικειμένης τῆς πρόσθεν διαθέσεως εἰς ἀντικειμένην μεταβάλλειν
ὑπὸ τοῦ ἀντικειμένου μὲν τῇ πρόσθεν διαθέσει τοῦ μεταβάλλοντος, ὁμοίου δὲ
τῇ εἰς ἣν ἡ μεταβολὴ γίνεται· ἀπὸ γὰρ τοῦ ποιοῦντος αὐτή. οὕτως τὸ ψυχρὸν
ὂν πρότερον σῶμα ὑπὸ θερμοῦ τινος γίνεται θερμόν. οὐ γὰρ ἐκ μουσικοῦ, 35
φησί, λευκὸν γίνεται καθ' αὑτό, ἀλλ' ἐκ μέλανος· κατὰ συμβεβηκὸς μέντοι
10 οὐδὲν κωλύει, ὅταν τύχῃ ὂν τὸ μουσικὸν μέλαν ἢ μὴ λευκόν, οὐ τὸ τυχόν,
ἀλλὰ τὸ μεταξύ. τὸ γὰρ λευκὸν γίνεται καθ' αὑτὸ ἐξ οὐ λευκοῦ· οὐ γὰρ
δὴ ἐκ λευκοῦ· εἴη γὰρ ἂν πρὶν γενέσθαι λευκόν. ἐξ οὐ λευκοῦ δέ, οὐχ
ὅτι καὶ ἐξ ἱπποκενταύρου, ἀλλὰ τοῦ τῷ λευκῷ ἀντικειμένου· τοῦτο δέ ἐστιν
ἢ τὸ μέλαν ἢ τῶν μεταξύ τι οἷον ξανθὸν ἢ πυρρὸν ἢ μάλιστα φαιὸν καὶ
15 ὅλως ὃ πρὸς τὸ λευκὸν τὴν μέλανος ἔχει τάξιν. καὶ τὸ μουσικὸν δὲ ἐξ 40
οὐ μουσικοῦ γίνεται, οὐ τοῦ τυχόντος, ἀλλὰ τοῦ πεφυκότος. τοιοῦτον δὲ
τὸ ἄμουσον καὶ εἴ τι μεταξὺ εἴη ἀμούσου καὶ μουσικοῦ. ζητεῖται γὰρ τὸ
μεταξὺ ἀρετῆς καὶ κακίας καὶ μουσικῆς καὶ ἀμουσίας, ἐνίων μὲν τὸ οὐδέ-
τερον λεγόντων μεταξὺ ὡς τὸ μεταξὺ τοῦ ἄρρενος καὶ τοῦ θήλεος, ἐνίων
20 δὲ ἐκ τῆς ἑκατέρου μίξεως ὡς τὸ φαιὸν τοῦ λευκοῦ καὶ τοῦ μέλανος με-
ταξύ, ἐνίων δὲ ὡς δύναμιν ἐπ' ἄμφω πεφυκυῖαν. ὁμοίως δὲ οὐδὲ φθείρεται
καθ' αὑτὸ τὸ τυχὸν εἰς τὸ τυχόν, ἀλλ' εἰς τὸ ἐναντίον καὶ εἰς τὸ μεταξύ. 45
καὶ οὐκ ἐπὶ μόνων τῶν ἁπλῶν οὕτως ἔχει οἷον λευκοῦ καὶ μουσικοῦ καὶ
τῶν τοιούτων, ἀλλὰ καὶ ἐπὶ τῶν συνθέτων οἷον οἰκίας ἀνθρώπου. καὶ
25 γὰρ τούτων ἕκαστον ἐκ τοῦ ἀντικειμένου γίνεται οὐ τοῦ τυχόντος, ἀλλὰ τοῦ
πεφυκότος εἰς ταῦτα μεταβάλλειν, καὶ φθείρεται εἰς ἐκεῖνα, λανθάνει δὲ διὰ
τὸ μὴ κεῖσθαι ἐπὶ τούτων τοῖς ἀντικειμένοις ὀνόματα ὡς ἐκεῖ τὸ ἄμουσον
καὶ τὸ λευκόν. κοινῶς δὲ ἂν ἐπὶ τῶν συνθέτων ἀντικεῖσθαι τὸ ἡρμο-
σμένον καὶ τὸ ἀνάρμοστον λέγοιτο. γίνεται γὰρ πᾶν ἡρμοσμένον ἐξ ἀναρ- 50
30 μόστου καὶ τὸ ἀνάρμοστον ἐξ ἡρμοσμένου καὶ φθείρεται εἰς ἄλληλα, οὐ τὰ
τυχόντα δὲ εἰς τὰ τυχόντα. οὐ γὰρ ἂν ἡ ἀνθρώπου ἁρμονία εἰς τὴν λύρας
ἀναρμοστίαν μεταβάλλοι, ἀλλὰ εἰς τὴν ἀνθρώπου, ἀλλ' οὐδὲ ἡ Δώριος ἁρ-
μονία εἰς τὴν Λύδιον ἀναρμοστίαν, ἀλλ' εἰς τὴν οἰκείαν.

Ταῦτα δὲ πάντα τὰ παραδείγματα οὐκ ἐκ τοῦ ποιοῦντος εἴληπται, ἀλλ'
35 ἐκ τοῦ πάσχοντος, ταὐτὸν δὲ εἰπεῖν ἐξ οὗ γίνεται τὸ γινόμενον καὶ εἰς ὃ
φθείρεται τὸ φθειρόμενον. γί|νεται δὲ ἐξ ἀμούσου τὸ μουσικὸν ὑπὸ Δάμωνος 40v

---

1 μεταβάλλειν — ἐκεῖνα om. F   5 πρόσθεν] πρώτης a   εἰς τὴν ἀντικειμένην a
7 αὐτή D   ψυχρὸν aD: ψυχρότερον EF   8 ὂν πρότερον aE: πρότερον F: utrumque
om. D   ὑπὸ] ὑπὲρ E   10 μουσικὸν τὸ μέλαν (in mrg. corr.) F   11 ἐξ οὗ aE
13 ἱπποκενταύρου DF: ὑποκεντάυρου E: ἱπποκεντάυρους a   ἀντικειμένῳ D   14 πυρρὸν
aF   15 πρὸς λευκὸν a   ἔχειν a   16 τοιοῦτο a   19 ὡς τὸ μεταξὺ om. E
20 δὲ DE: δὲ τὸ aF   24 ἐπὶ om. E   26 μεταβαλεῖν E   27 ἐκ εἴ τὸ aE:
ἐκεῖτο (ἔκειτο F) τὸ DF   28 τὸ (ante λευκὸν) om. E   29 γὰρ] δὲ E
31 τὰ (post εἰς) om. F

ποιοῦντος, καὶ ἐκ ψυχροῦ τὸ θερμὸν γίνεται ὑπὸ τοῦ θερμοῦ ποιοῦντος· καὶ 40ᵛ
φθείρεσθαι λέγεται ἕκαστον ἐκείνων εἰς ὃ μεταβάλλει καὶ ὑπ' ἐκείνου. εἰ
δέ τις νομίζοι ἁρμονίαν καὶ ἀναρμοστίαν ἐπὶ μουσικῆς λέγεσθαι μόνης,
οὐδὲν διαφέρει καὶ ἐπὶ τάξεως καὶ ἐπὶ συνθέσεως τὰ αὐτὰ λέγειν. ἡ
5 γὰρ οἰκία σύνθετόν τι οὖσα γίνεται ἐκ τοῦ διῃρημένου καὶ μὴ συγκειμένου 5
καὶ τὰ ἐσχηματισμένα ἐξ ἀσχημοσύνης, καὶ ὅσοι τοίνυν συνθέσει καὶ διαιρέσει
(ταὐτὸν δὲ εἰπεῖν συγκρίσει καὶ διακρίσει) τὴν γένεσιν ποιοῦσι, καὶ τούτοις
ἐξ ἐναντίων καὶ εἰς ἐναντία ἡ γένεσις καὶ ἡ φθορά. ὥστε συγκεφαλαιω-
θείσης τῆς ἐπαγωγῆς ἀληθὲς εἰπεῖν, ὅτι πᾶν ἂν γίνοιτο τὸ γινόμενον καὶ
10 φθείροιτο τὸ φθειρόμενον ἢ ἐξ ἐναντίων ἢ εἰς ἐναντία καὶ τὰ τούτων μεταξύ.
μεταξὺ δὲ οὐ τὰ κεχωρισμένα ἀμφοῖν, ἀλλὰ τὰ ἐξ ἀμφοῖν συνεστῶτα, ἵνα
συγγενῆ ὄντα τῶν ἐναντίων πρὸς ἑκάτερον ἔχῃ λόγον. καὶ τὰ φύσει οὖν 10
πάντα οἷον ζῷον ἐκ μὴ ζῴου τὴν γένεσιν ἔχει, μὴ ζῴου δὲ τοιούτου ὃ πέ-
φυκε πρὸς ζῴου γένεσιν.

15   Δῆλον δὲ ὅτι ὁ παρακολουθήσας τοῖς εἰρημένοις οὐχ ὑποπτεύσει πρὸς
ἑαυτὸν ἐναντιοῦσθαι τὸν Ἀριστοτέλην πρότερον μὲν εἰπόντα, ὅτι τὰ ἐναντία
οὐ γίνεται ἐξ ἀλλήλων, νῦν δὲ ὅτι ἐκ τοῦ ἐναντίου γίνεται τὸ ἐναντίον.
ἐκεῖ μὲν γὰρ ἐλέγετο μὴ γίνεσθαι ἐξ ἀλλήλων τὰ ἐναντία ὡς ἐξ ὕλης (οὐ
γὰρ ὡς ἐξ ὑπάρχοντος τοῦ λευκοῦ γίνεται τὸ μέλαν, ὡς ἐκ τοῦ ξύλου ἡ 15
20 κλίνη) ἢ μᾶλλον ὅτι οὐ γίνεται ἐξ ἀλλήλων ὡς ἀπὸ ποιητικῶν αἰτίων (οὐ
γὰρ ποιητικὰ ἀλλήλων τὰ ἐναντία)· ἐνταῦθα δὲ ὅτι τοῦ ἐναντίου ἐκστάντος
εἴδους ἐκ τοῦ ὑποκειμένου ἐπιγίνεται τὸ ἐναντίον ἐκείνῳ εἶδος ἀπὸ τοῦ
ποιοῦντος. ἀλλ' ὅτι μὲν οὐδὲν πέφυκε ποιεῖν εἰς τὸ τυχὸν οὐδὲ πάσχειν
ὑπὸ τοῦ τυχόντος, ἔστω δῆλον· πόθεν δὲ δῆλον ὅτι τὰ ἐναντία ἐστὶ τὰ πε-
25 φυκότα ποιεῖν εἰς ἄλληλα καὶ πάσχειν ὑπ' ἀλλήλων; καὶ γὰρ ψυχὴ ὑπὸ
θεοῦ ἐλλάμπεσθαι λέγεται, ἀλλ' οὐκ ἐναντία οὖσα ὑπ' ἐναντίου· ἢ ὡς ἐν- 20
δεὴς ὑπὸ πλήρους πάσχει καὶ αὐτὴ καὶ μεταβάλλει ἀπὸ τοῦ ἀθέου εἰς τὸ
ἔνθεον. ὅλως δὲ πᾶν τὸ γινόμενον οὐκ ἔστιν ὅπερ γίνεται· οὐ γὰρ ἂν ἐγί-
νετο. ὥστε ἐκ μὴ τοιούτου γίνεται οὐ παντός, ἀλλὰ τοῦ πεφυκότος. πέ-
30 φυκε δὲ τὸ αὐτὸ τῶν ἀντικειμένων εἶναι δεκτικόν. θερμοῦ γὰρ καὶ ψυχροῦ
τὸ αὐτὸ σῶμα δεκτικόν ἐστι καὶ λευκοῦ καὶ μέλανος καὶ ἡ αὐτὴ ψυχὴ
μουσικῆς καὶ ἀμουσίας. πότε οὖν ἡ ψυχὴ πέφυκεν εἰς τὸ μουσικὸν με-
ταβάλλειν; ἆρα ὅταν μουσική ἐστιν; οὐδαμῶς. οὐκοῦν ὅταν μὴ μουσική, 25
πέφυκε δὲ μουσικὴ γίνεσθαι. καὶ τὸ σῶμα πότε γίνεται λευκόν; ἆρα ὅταν
35 λευκόν ἐστιν; οὐδαμῶς. ἀλλ' ὅταν μὴ λευκὸν μέν, πεφυκὸς δὲ λευκὸν
γίνεσθαι † ὅτι. εἰ οὖν τὸ πεφυκὸς τοῦτό ἐστι τὸ τῶν ἐναντίων δεκτικόν,
μὴ ἔχει δὲ ἐκεῖνο ὃ λέγεται γίνεσθαι, δῆλον ὅτι τὸ ἀντικείμενον αὐτῷ ἔχει

---

2 ἐκείνων D: ἐκεῖνο F: εἰς ἐκεῖνο aE   3 νομίζει E   καὶ ἁρμοστίαν E   11 ἐξ ἀμφοῖν] ἐξ αὐτῶν a   12 συγγενῆ ὄντα τῶν ἐναντίων aF: συγγενὲς ὂν τὸν τοῦ ἐναντίου DE ἑκάτερα D   15 οὐχὶ F   17 γίνονται F   19 ὑπάρχοντος aD: ἐνυπάρχοντος EF   24 δὲ om. F   δῆλον aF: om. DE   26 ὑπὸ τοῦ ἐναντίου a   28 οὐκ ἔστιν om. F   30 γὰρ] δὲ F   34 γενέσθαι D   36 ὅτι. εἰ οὖν DE: δῆλον (om. ὅτι εἰ οὖν) F: δηλονότι εἰ οὖν a: immo mutatis siglis scribendum γίνεσθαί ἐστιν. εἰ οὖν cf. p. 187, 4   37 μὴ ἔχον a   λέγεσθαι F¹

ἢ τὸ μεταξύ, καὶ ἀπ' ἐκείνου μεταβάλλει εἰς ὃ γίνεται. καὶ προηγουμένως 40ᵛ
μὲν ἐκ τοῦ μὴ τοιούτου πεφυκότος δὲ ἡ γένεσις. διὸ ἀπὸ στερήσεως εἰς
ἕξιν ἡ μεταβολή, ἤδη δὲ καὶ ἐκ τοῦ ἐναντίου, καθόσον καὶ τοῦτο μὴ τοι- 30
οῦτον καὶ πεφυκός ἐστι, καὶ ὅλως ἐκ τοῦ ἀντικειμένου καθ' ὁποιανοῦν ἀν-
5 τίθεσιν. οὐ γὰρ ἀνάγκη τὸ λευκὸν ἐκ μέλανος καθὸ μέλαν γίνεσθαι, ἀλλ'
ἐκ μὴ λευκοῦ, πεφυκότος δὲ λευκοῦ γίνεσθαι. τὸ δὲ πρὸς τὸ λευκὸν πε-
φυκὸς καὶ πρὸς τὸ μέλαν πέφυκεν, ὥστε ὅταν μὴ ᾖ λευκόν, ἢ μέλαν ἢ
τὸ μεταξύ ἐστι καὶ διὰ τοῦτο ἐκ μέλανος ἢ τοῦ μεταξύ. ἐξ οὗ δὲ γίνεταί
τι, εἰς ἐκεῖνο καὶ φθείρεται.
10 Ἐπιστῆσαι δὲ χρὴ ὅτι ἄλλο μέν ἐστι σύνθεσις ἄλλο δὲ τάξις· καὶ 35
ἡ μὲν σύνθεσις ἐπὶ τῶν σύνθεσιν ἐχόντων λέγεται μετ' ἀλλήλων, πλη-
σιασμός τις οὖσα τῶν κειμένων εὐάρμοστος, κἂν μηδεμία τάξις ὑπάρχῃ,
ὡς ἐπὶ ξύλων ὅταν μὴ μέλῃ τῷ συντιθέντι, τί πρῶτον ἢ τί δεύτερον, εἰ
μόνον συναρμόζοιντο. ἡ δὲ τάξις λέγεται μὲν καὶ ἐπὶ τῶν θέσιν ἐχόντων
15 (ἐν τάξει γὰρ δεῖ κεῖσθαι τὰ τοῦ ἀνδριάντος μέρη, ὥστε τὰ μὲν πρῶτα
τὰ δὲ δεύτερα εἶναι τὰ δὲ ἐφεξῆς), λέγεται δὲ καὶ ἐπὶ τῶν μὴ ἐχόντων
θέσιν ὡς ἐπὶ τῶν ἀριθμῶν. πρώτη γὰρ τέτακται ἡ μονὰς τῆς δυάδος. 40
οὐδεμία δὲ ἢ τεχνικὴ ἢ φυσικὴ σύνθεσις ἄνευ τάξεώς ἐστι. κἂν λέγῃ οὖν
καὶ ἕκαστον τούτων τὰ μὲν τάξις, τὰ δὲ σύνθεσίς τίς ἐστιν, οὕτως
20 λέγει ὡς καὶ τῆς οἰκίας καὶ τοῦ ἀνδριάντος κατὰ μέν τι τάξεως κατὰ δέ
τι συνθέσεως μετεχόντων, ἀλλ' οὐχὶ τῆς μὲν οἰκίας κατὰ μόνην σύνθεσιν
ὑφισταμένης, τοῦ δὲ ἀνδριάντος κατὰ μόνην τάξιν. καλῶς δὲ ὁ Ἀλέξανδρος
ἐπέστησεν, ὅτι "ᾧ μηδέν ἐστιν ἐναντίον ἢ ὃ μὴ ἔστι τῶν ἐναντίων δεκτικόν,
τοῦτο ἀγένητον ἂν εἴη" καλῶς προσθεὶς τὸ δεύτερον διὰ τὴν ἄτομον οἶμαι 45
25 οὐσίαν. ταύτῃ γὰρ ἐναντίον μὲν οὐδέν ἐστι, τῶν δὲ ἐναντίων ἐστὶ δε-
κτική. καὶ διὰ τοῦτο οὐ μόνον τὸ εἶδος, ἀλλὰ καὶ τὴν στέρησιν τοῦ εἴδους
δέχεται.

p. 188ᵇ26   Μέχρι μὲν οὖν ἐπὶ τοσοῦτον σχεδὸν συνηκολουθήκασι
καὶ τῶν ἄλλων οἱ πλεῖστοι ἕως τοῦ ὥσπερ ὑπ' αὐτῆς τῆς
30   ἀληθείας ἀναγκασθέντες.

Μέχρι τοῦ ἐν ταῖς ἀρχαῖς τὰ ἐναντία τιθέναι σχεδὸν συνηκολουθήκασι 50
καὶ τῶν ἄλλων φυσικῶν οἱ πλεῖστοι. τὸ δὲ σχεδὸν ἢ πρὸς τὸ οἱ πλεῖστοι
δι' εὐλάβειαν φιλόσοφον πρόσκειται ἢ πρὸς τὸ συνηκολουθήκασιν, ὅτι

---

2 πεφυκότως F   ἀπὸ τῆς στερήσεως aF   4 ἐστι DE: om. aF   7 μὴ ᾖ aF:
μὴ ἔστι DE   10 σύνθεσις cf. p. 188ᵇ20   12 εὐάρμοστος, ευ in lit. D
13 μέλλη D   συντεθέντι F   14 ἁρμόζοιντο aF   θέσιν DF: σύνθεσιν aE
15 γὰρ supra add. E   17 θέσιν DEF: σύνθεσιν a   18 ἢ (post δὲ) D: om. aEF
λέγῃ p. 188ᵇ20   20 καὶ (post ὡς) om. F   23 ᾧ] ὧν E   25 μὲν om. F   ἐναν-
τίον F   26 ὑστέρησιν F   28 ἐπὶ τοσοῦτον DEF cf. Themist. p. 135, 21: τούτου ex
Arist. vulgata a   σχεδόν κτλ. om. F   32 φυσικῶν DE: σοφῶν aF   δὲ om. E
τὸ (post πρὸς) om. E

οὐχ ἁπλῶς οὐδὲ ἐκεῖνοι τὰ ἐναντία ὡς ἐναντία ἔλεγον ἀρχάς, ἀλλ' ἅπερ 40v
ἔλεγον, ταῦτα ἐναντία ἦν, ὡς φῶς καὶ σκότος καὶ νεῖκος καὶ φιλία καὶ
σύγκρισις καὶ διάκρισις καὶ τὰ τοιαῦτα. δηλοῖ δὲ μάλιστα τὴν αὐτοφυῆ
τοῦ δόγματος ἀλήθειαν καὶ τὴν κατὰ τὰς κοινὰς ἐννοίας | προειλημμένην 41r
5 πεποίθησιν τὸ καὶ ἄνευ λόγου, τουτέστιν ἄνευ ἀποδεικτικῆς αἰτίας, λέγοντας
αὐτοὺς ὅμως οὕτως λέγειν ὥσπερ ὑπ' αὐτῆς τῆς ἀληθείας ἐναγομένους.
ἡμεῖς μὲν γὰρ καὶ τὴν αἰτίαν προστεθείκαμεν ὑποδείξαντες, ὅτι οὐ τὸ τυ-
χὸν ἐκ τοῦ τυχόντος γίνεται, ἀλλὰ ⟨τὸ ἐναντίον⟩ ἐκ τοῦ ἐναντίου. καὶ διὰ
τοῦτο τὰ φύσει γινόμενα ἢ ἐναντία ἐστὶν ἢ ἐξ ἐναντίων. ἐκεῖνοι
10 δὲ καὶ τὴν αἰτίαν οὐ συννοοῦντες ἢ οὐ προστιθέντες ὅμως τὰ αὐτὰ λέγουσιν. 5

p. 188b30 Διαφέρουσι δὲ ἀλλήλων ἕως τοῦ τὸ δὲ μανὸν καὶ τὸ
πυκνὸν τῶν καθέκαστον κατὰ τὴν αἴσθησιν.

Δείξας τὴν τῶν παλαιῶν φυσιολόγων περὶ τὰς ἀρχὰς συμφωνίαν κατὰ 18
τὸ ἐναντίας αὐτὰς τίθεσθαι γινομένην, ἐπειδὴ τοῖς πολλοῖς διαφωνεῖν δο-
15 κοῦσι πρὸς ἀλλήλους ἄλλος ἄλλο τι λέγων τὴν ἀρχήν, καὶ τὴν διαφορὰν
αὐτῶν παραδίδωσι. καὶ ὅπως εἰς συμφωνίαν καὶ αὕτη περιάγεται, καλῶς
καὶ σαφῶς ἐπιδείκνυσι. καὶ τὴν μὲν διαφορὰν δηλοῖ τοὺς μὲν πρότερα 20
τῇ φύσει τοὺς δὲ ὕστερα λαμβάνειν εἰπών, καὶ τοὺς μὲν γνωριμώ-
τερα κατὰ τὸν λόγον, τοὺς δὲ κατὰ τὴν αἴσθησιν ἤτοι τὰ αὐτὰ
20 λέγων τά τε πρότερα τῇ φύσει καὶ τὰ γνωριμώτερα κατὰ τὸν λόγον,
καὶ αὖ πάλιν τὰ ὕστερα τῇ φύσει καὶ κατὰ τὴν αἴσθησιν γνωριμώτερα. καὶ
τῶν παραδειγμάτων τὸ μὲν περιττὸν καὶ ἄρτιον καὶ νεῖκος καὶ
φιλίαν ὡς πρότερα τῇ φύσει, καὶ κατὰ τὸν λόγον ἀλλ' οὐχὶ κατὰ τὴν
αἴσθησιν γνωριμώτερα τοῖς προτέροις προσήκοντα παρέθετο (νοητὰ γὰρ 25
25 ταῦτα· διὸ καὶ Ἐμπεδοκλῆς περὶ φιλίας λέγων
    ἀλλὰ νόῳ δέρκου, φησί, μηδ' ὄμμασιν ἧσο τεθηπώς),
τὸ δὲ θερμὸν καὶ ψυχρὸν καὶ ὑγρὸν καὶ ξηρὸν ὡς ὕστερα τῇ φύσει
καὶ κατὰ τὴν αἴσθησιν γνωριμώτερα τοῖς ὑστέροις ἀπένειμε. καὶ τὸ μὲν
θερμὸν καὶ ψυχρὸν Παρμενίδης φησί, τὸ δὲ ὑγρὸν καὶ ξηρὸν Ἀλέξανδρος
30 μὲν ἤτοι αὐτόν φησιν εἰρηκέναι τὸν τὸ θερμὸν καὶ ψυχρὸν εἰπόντα ἢ Ἐμ-
πεδοκλέα πρὸς τῷ νείκει καὶ τῇ φιλίᾳ τὰ τέτταρα στοιχεῖα ἀρχὰς θέμενον. 30
ὁ μέντοι Πορφύριος οἰκειότερον εἰς † Ἀναξιμένην τὴν δόξαν ἀνέπεμψε ταύ-
την εἰπόντα

---

2 καὶ ἐναντία aF   4 δήγματος ut videtur E   προειλημμένην D: προσειλημμένην
aEF   5 καὶ om. a   8 τὸ ἐναντίον addidit, sed post τοῦ ἐναντίου a   10 οὐ
(post ἢ) om. F   11 ἕως κτλ. om. F   τὸ δὲ πυκνὸν καὶ μανὸν κατὰ τὴν αἴσθησιν
Aristoteles sed cf. codd. FI et Simpl. p. 190, 14   13 κατὰ] καὶ F   15 ἄλλος scripsi:
ἄλλο supra add. D: om. aEF   λέγοντες a   19 τὸν (ante λόγον) om. E   ἤτοι]
ἤγουν D   20 λέγοντέ τε E   25 λέγων v. 108 K., 81 St. cf. p. 158, 20 ubi τὴν σὺ
νόῳ δέρχου   26 νόῳ aE: νῷ DF   δέρχου DF: κέρδου E: δέρχου a   28 ἀπένειμε D:
ἀπονέμει F: ἀπονέμει aE. cf. παρέθετο v. 24   30 τὸ (post τὸν) DE: om. aF   32 Ἀναξι-
μένην] recte Ξενοφάνην Philoponus d 1v 23 (schol. Br. 339 a 5)   33 εἰπόντα fr. 10 K.

γῆ καὶ ὕδωρ πάντ' ἐσθ' ὅσα γίνοντ' ἠδὲ φύονται.
τὸ δὲ περιττὸν καὶ ἄρτιον ἀρχὰς οἱ Πυθαγόρειοι τίθενται, ὥσπερ τὸ νεῖκος καὶ τὴν φιλίαν μετὰ τῶν τεττάρων στοιχείων Ἐμπεδοκλῆς. μήποτε δὲ τῶν μὲν κατὰ τὸν λόγον γνωριμωτέρων καὶ τῶν πρὸς αἴσθησιν παραδείγματα τὰ
5 εἰρημένα παρέθετο, τῶν δὲ προτέρων καὶ ὑστέρων οὐκέτι. πρότερα μὲν γὰρ δεῖ εἶναι τὰ ὁλικώτερα καὶ περιεκτικώτερα, ὕστερα δὲ τὰ μερικώτερα καὶ περιεχόμενα. τὰ δὲ ῥηθέντα οὐκ ἔχει οὕτως πρὸς ἄλληλα, ὥστε οὐκ ἂν ταύτῃ διαφέροι. ἢ ὅτι προείρηκεν ἤδη περὶ τῶν ἐναντίων τῶν κατὰ τὸ πρότερον καὶ ὕστερον διαφερόντων, ὅτε ἔλεγε "τὰ ἄλλα γεννῶσι πυκνότητι καὶ
10 μανότητι πολλὰ ποιοῦντες. ταῦτα δέ ἐστιν ἐναντία, καθόλου δὲ ὑπεροχὴ καὶ ἔλλειψις. ὥσπερ τὸ μέγα φησὶ Πλάτων καὶ τὸ μικρόν", εἰ μὴ ἄρα καὶ τούτων τὰ μὲν νοητὰ καὶ λόγῳ θεωρητὰ ὡς νεῖκος καὶ φιλία καὶ περιττὸν καὶ ἄρτιον περιέχειν λέγοιντο ἂν ἅτε ἐπὶ πάντα φθάνοντα τὰ ἄλλα, τὰ δὲ αἰσθητὰ καὶ ὑλικὰ ἅτε ὑπ' ἐκεῖνα τεταγμένα καὶ μετέχοντα αὐτῶν
15 περιεχόμενα. θερμὸν γὰρ καὶ ψυχρὸν καὶ ξηρὸν καὶ ὑγρὸν μετέχει νείκους καὶ φιλίας καὶ ἀρτίου καὶ περιττοῦ κατὰ ἕνωσιν καὶ διάκρισιν καὶ τὸ συγκριτικὸν καὶ διακριτικόν. καὶ γὰρ τὸ θερμὸν ἐν τῇ Περὶ γενέσεως ὡς τῶν ὁμοίων συγκριτικὸν κατὰ τὸ συγκριτικὸν χαρακτηρίζει. οὐ μέντοι ὑπ' ἐκείνων μετέχεται. ὁ δὲ Ἀλέξανδρος τὰ μὲν εἰδικώτερα τούτων περιέχειν
20 φησί, τὰ δὲ ὑλικώτερα περιέχεσθαι, εἰδικώτερα μὲν ἐν ταῖς προειρημέναις ἐναντιώσεσι λέγων θερμὸν ξηρὸν περιττὸν φιλίαν, ὑλικώτερα δὲ τὰ τούτοις ἀντικείμενα. καίτοι τοὺς μὲν τὰ πρότερα καὶ περιέχοντα λαμβάνειν φησί, τοὺς δὲ τὰ ὕστερα καὶ περιεχόμενα, οὐδενὸς θερμὸν καὶ ξηρὸν εἰπόντος, οὐδὲ ἄλλου πάλιν ψυχρὸν καὶ ὑγρόν, ἀλλὰ τὰ ἀντικείμενα ἅμα. οὕτως
25 γὰρ ἂν τὰ ἐναντία λέγοιεν ἀρχάς, ἀλλ' οὐκ ἐκείνως, κοινῶς μὲν ἔχοντα πάντα τὴν ἀντίθετον φύσιν, διαφέροντα δὲ τῷ τὰ μὲν πρότερα, τὰ δὲ ὕστερα εἶναι.

Διὸ καὶ οἱ τῶν δοξῶν τούτων προεστῶτες ταὐτὰ καὶ ἕτερα λέγουσιν, ἕτερα μὲν κατὰ τὸ προφαινόμενον, ὅτι ὁ μὲν νεῖκος καὶ φιλίαν ὁ δὲ
30 θερμὸν καὶ ψυχρὸν καὶ ἄλλος ἄλλην τινὰ λέγει τῶν ἀντιθέσεων, καίτοι δὲ διάφορα δοκοῦντες λέγειν τὰ αὐτὰ λέγουσι, καθόσον τὰ ἀνάλογον λαμβάνουσι. δυοῖν γὰρ οὐσῶν συστοιχιῶν ἀντικειμένων τῆς μὲν κρείττονος, ἐν ᾗ ἡ φιλία καὶ περιττὸν καὶ ὑπεροχὴ καὶ μέγα καὶ μανὸν καὶ θερμόν, τῆς δὲ χείρονος, ἐν ᾗ τὰ ἐναντία τούτων, ἐκ τῆς αὐτῆς συστοιχίας, τῆς
35 κρείττονος τὰ κρείττονα, πάντες τῆς οἰκείας ἀντιθέσεως λαμβάνουσι, καὶ

---

1 πάντ' ἐσθ' ὅσα Philoponus: πᾶν ἔστ' ὅσα E: πάντα θ' ὅσσα F: τᾶν ὅσα τε D: πάνθ' ὅσσα a   γίνονται libri   φύονται ἠδὲ γίνονται Philoponus   4 τὸν (post κατὰ) om. E   τὰ om. E   5 γὰρ om. E   8 ὅτι] δ F   τὸ om. E   9 ἔλεγε p. 187 a 15   12 θεωρητικὰ (comp.) E   16 τὴν διάκρισιν DE   17 Περὶ γενέσεως B 2 p. 329 b 26 θερμὸν γάρ ἐστι τὸ συγκρῖνον τὰ ὁμογενῆ κτλ.   20 φασὶ D   23 οὐδὲν ὡς (sed corr. in mrg.: ζῆ εἰ οὐδενὸς) F   ὡς ante θερμὸν add. a   24 ὡς post πάλιν add. aF   25 κοινῶς aF: κοινὸν DE   26 ἀντίθεσιν φύσιν D   τῷ] τὸ D   32 δυεῖν E   33 καὶ μέγα om. F   35 οἰκίας E   suspicor τὰς οἰκείας ἀντιθέσεις

ἐκ τῆς χείρονος τὰ χείρονα, εἰ καὶ οἱ μὲν ὁλικωτέρας καὶ περιεχούσας 41ᵛ
ἀντιθέσεις λαμβάνουσιν, οἱ δὲ μερικωτέρας καὶ περιεχομένας. ὑπεροχὴ
γὰρ καὶ ἔλλειψις περιεκτικὰ μεγάλου καὶ μικροῦ καὶ ταῦτα μανοῦ καὶ
πυκνοῦ καὶ ταῦτα θερμοῦ καὶ ψυχροῦ. ἀνάλογον δὲ ἔχει πρὸς ἄλ- 5
5 ληλα· ὡς γὰρ ὑπεροχὴ πρὸς ἔλλειψιν, οὕτως μέγα πρὸς μικρὸν καὶ
μανὸν πρὸς πυκνὸν καὶ θερμὸν πρὸς ψυχρόν. καὶ δῆλον ὅτι βέλτιον μὲν
λέγουσιν οἱ τὰ πρότερα καὶ περιεκτικώτερα τιθέντες ἀρχάς, χεῖρον δὲ οἱ
τὰ περιεχόμενα καὶ προσεχέστερα· κἂν γὰρ ἄλλων ὦσιν ἀρχαὶ ταῦτα, ἀλλὰ
καὶ ἀπ' ἀρχῶν εἰσι. γνωριμώτερα δὲ κατὰ μὲν τὸν λόγον λέγουσιν
10 οἱ τὰ νοητὰ καὶ ὁλικώτερα καὶ περιεκτικώτερα τιθέντες, γνωριμώτερα δὲ 10
κατὰ τὴν αἴσθησιν οἱ τὰ αἰσθητὰ καὶ μερικώτερα καὶ περιεχόμενα,
διότι τὸ μὲν καθόλου λόγῳ ληπτόν ἐστι, τὸ δὲ καθέκαστα αἰσθήσει. πῶς
δὲ τὸ μὲν μέγα καὶ τὸ μικρὸν καθόλου καὶ κατὰ λόγον ἀρχὰς
εἶναί φησι, τὸ δὲ μανὸν καὶ τὸ πυκνὸν τῶν καθέκαστον καὶ κατὰ
15 τὴν αἴσθησιν; καὶ γὰρ ἑκάτερον τούτων καὶ καθόλου ἐστὶ καὶ καθέ-
καστον. ἢ ὅτι τὸ μὲν μανὸν καὶ πυκνὸν φυσικώτερα καὶ ὑλικώτερα ὄντα
ὥσπερ καὶ τὸ θερμὸν καὶ ψυχρὸν αἰσθητὰ μᾶλλόν ἐστι καὶ διὰ τοῦτο καὶ 15
καθέκαστα, τὸ δὲ μέγα καὶ μικρὸν ἀυλότερα μᾶλλον ὡς καὶ ἐπὶ ἀσωμά-
των θεωρούμενα καὶ διὰ τοῦτο καθολικώτερά τε καὶ λόγῳ μᾶλλόν ἐστι
20 γνωστά.

p. 189ᵃ11 Ἐχόμενον δὲ ἂν εἴη λέγειν πότερον δύο ἢ τρεῖς ἢ
πλείους εἰσίν ἕως τοῦ τὰς δὲ ἀρχὰς ἀεὶ δεῖ μένειν.

Προθέμενος τὰς ἀρχὰς τῶν φυσικῶν εὑρεῖν, πόσαι τε καὶ τίνες εἰσί, 20
καὶ προβαλόμενος τὰς περὶ τούτου δόξας διαφόρους οὔσας, ἐνεῖδεν ἐν αὐταῖς
25 μίαν κοινότητα τὸ τὰ ἐναντία ἐν ταῖς ἀρχαῖς τίθεσθαι. καὶ διὰ τοῦτο τὸ
κοινὸν ὁμολόγημα εἰς πίστιν λαβών, πρῶτον τίνες αἱ ἀρχαί, ὅτι τὰ ἐν-
αντία, δείκνυσι προσκατασκευάζων αὐτὸ καὶ αὐτὸς ἀποδεικτικῶς. τούτῳ δὲ
καὶ τὸ πόσαι αἱ ἀρχαὶ συναποδείκνυται, ὅτι δύο μὲν αἱ ἐναντίαι, ἓν δὲ τὸ
τοῖς ἐναντίοις ὑποκείμενον· ὅπερ ὕστερον προσθήσει. καὶ διὰ τοῦτο οὖν 25
30 πρῶτον ἔδειξε τίνες αἱ ἀρχαί, καὶ τότε τὸ πόσαι προστίθησι. τέως δὲ καὶ
ἐκ τοῦ δειχθῆναι, ὅτι τὰ ἐναντία ἀρχαί, συνάγει πάλιν ὅτι οὔτε μίαν οἷόν
τε εἶναι τὴν ἀρχὴν οὔτε ἀπείρους· ὅτι μὲν οὐ μία, οὕτως συλλογιζόμενος·
εἰ μία, οὐκ ἐναντία· αἱ ἀρχαὶ ἐναντίαι· εἰ μία ἄρα, οὐκ ἀρχή. καὶ ὅτι

---

6 θερμὸν καὶ ψυχρόν E   7 τιθέντες γνωριμώτερα δὲ κατὰ τὴν αἴσθησιν F   οἱ om. D
8 ὦσιν aF: εἰσὶν DE   ἀλλ' οὖν καὶ D   11 καὶ κατὰ D   καὶ περιεχόμενα καὶ
μερικώτερα aF   12 καθέκαστον a   13 τὸ (ante μικρὸν) om. E (loc. obl. D)
καθόλου καὶ ignorat Aristotelis vulgata itemque τῶν καθέκαστον cf. p. 188,12   17 καὶ
τὸ ψυχρὸν aF   18 καὶ (post ὡς) om. aF   19 λόγῳ om. F   21 πρότερον E .
ἢ πλείους κτλ. om. F   22 ἕως τοῦ τὰς δὲ ἀρχὰς κτλ. immo ἕν τι γένος
p. 189ᵃ14   23 προτιθέμενος E   24 προβαλλόμενος aE   30 δείξας D
τὸ ante τίνες add. aF sed cf. v. 26   τότε om. D   31 αἱ ante ἀρχαί add. aF¹
33 εἰ μία utroque loco E: ἡ μία aDF   οὐκ ἀρχαί E

μὲν αἱ ἀρχαὶ ἐναντίαι, δέδεικται· ὅτι δὲ τὸ ἓν οὐκ ἐναντία, δείκνυσι νῦν 41v
ἐκ τοῦ ἀντιστρόφου. εἰ γὰρ τὰ ἐναντία οὐχ ἕν, τὸ ἓν οὐκ ἐναντία· εἰ γὰρ
τὸ ἐναντίον ἐναντίῳ ἐναντίον ἐστίν, οὐκ ἂν εἴη ἓν ἑνὶ τὸ ἐναντίον. ὅτι δὲ 30
οὔτε ἄπειροι αἱ ἀρχαί, δείκνυσι τῷ αὐτῷ χρησάμενος ἐπιχειρήματι, ᾧπερ
5 καὶ πρότερον. εἰ γὰρ ἄπειροι αἱ ἀρχαί, καὶ αὐταὶ ἄγνωστοι ἔσονται διὰ τὸ
ἄπειροι εἶναι καὶ τὰ ἀπ᾽ αὐτῶν ἄγνωστα ἔσται, διότι "τότε οἰόμεθα γινώ-
σκειν ἕκαστον, ὅταν τὰ αἴτια γνωρίσωμεν τὰ πρῶτα καὶ τὰς ἀρχὰς τὰς
πρώτας καὶ μέχρι τῶν στοιχείων". δευτέρῳ δὲ χρῆται ἐπιχειρήματι πρὸς
τὸ μὴ εἶναι ἀπείρους τὰς ἀρχὰς τοιούτῳ· ἡ οὐσία ἕν τι γένος· ἐν παντὶ
10 γένει ἑνὶ μία ἐναντίωσις· ἐν τῇ οὐσίᾳ ἄρα μία ἐναντίωσις· ἡ ἐναντίωσις 35
δυοῖν ἐστι μεταξὺ τῶν ἐναντίων· ἡ ἄρα οὐσία δύο περὶ αὐτὴν ἀρχὰς ἔχει
τὰ ἐναντία· οὐκ ἄρα ἄπειροι αἱ ἀρχαί, εἴπερ ἐναντίαι.

Ἐν δὴ τούτοις χρὴ ζητῆσαι πρῶτον μέν, τίς ἡ μία οὐσία καὶ τί ση-
μαίνει νῦν τὸ τοῦ γένους ὄνομα, καὶ τίς ἡ μία ἐναντίωσις ἡ περὶ τὸ γένος
15 τῆς οὐσίας θεωρουμένη, καὶ διὰ τίνα αἰτίαν πάντων κοινῶς τῶν φυσικῶν
προθέμενος τὰς ἀρχὰς εὑρεῖν τὴν οὐσίαν μόνην καὶ τὴν κατ᾽ αὐτὴν ἐναν-
τίωσιν παρέλαβε. πῶς γὰρ ταῖς κατὰ τὰς ἄλλας κατηγορίας γενέσεσιν ἐφαρ- 40
μόσει ἡ κατὰ τὴν οὐσίαν ἐναντίωσις; ὁ μὲν οὖν Ἀλέξανδρος οὐσίαν μὲν
ἀκούει τὸ ἔνυλον εἶδος, μᾶλλον δὲ τὸ σύνθετον ἐξ ὕλης καὶ εἴδους, ὅπερ
20 ἐστὶν ἓν γένος τῆς οὐσίας τριῶν ὄντων αὐτῶν τῆς τε ὕλης καὶ τοῦ εἴδους
καὶ τοῦ συνθέτου. καὶ γὰρ ἐν τούτῳ μόνῳ κατὰ τὴν οὐσίαν ἡ ἐναντίωσις
θεωρεῖται. οὐδὲ γὰρ ἐν πάσῃ τῇ οὐσίᾳ καὶ ἐν ⟨πάσαις⟩ ταῖς ἄλλαις κατη-
γορίαις ταῖς ἐχούσαις ἐναντίωσιν πολλαὶ αἱ ἐναντιώσεις· καὶ γὰρ καθ᾽
ἕκαστον τῶν ὑπὸ τὴν ποιότητα γενῶν μία ἐστὶν ἐναντίωσις, οἷον ἐν χρώ- 45
25 ματι ἑνὶ γένει ὄντι λευκὸν μέλαν, ἐν ἕξει ἀρετὴ κακία, ἐν χυμῷ γλυκὺ
πικρόν, καὶ ἐπὶ τῶν ἄλλων ὡσαύτως. οὕτως δὲ καὶ ἐν τῷ ἑνὶ γένει τῆς
οὐσίας τῷ κατὰ τὸ ἔνυλον καὶ γενητὸν εἶδος μία ἐναντίωσις ἡ τοῦ εἴδους
καὶ τῆς στερήσεως. ἓν δὲ γένος ἐκεῖνό ἐστί φησιν, οὗ ἡ τομὴ εἰς εἴδη
καὶ οὐκέτι εἰς γένη. καὶ τὸ ἔνυλον δὲ εἶδος διαιρεῖται εἰς τὰς τῶν εἰδῶν
30 διαφορὰς ὡς εἴδη πάσας. καὶ ᾗ γενητόν ἐστι, μίαν ἐναντίωσιν ἔχει τὴν
κατὰ τὸ εἶδος καὶ τὴν στέρησιν. εἰ δὲ ἐν παντὶ γένει ἑνὶ μία ἐναντίωσις, 50
ἓν δὲ γένος καὶ ἡ ἐν γενέσει τε καὶ φθορᾷ οὐσία φυσική, μία ἂν καὶ

---

5 αὗται DE   6 ἄπειρον E   τότε κτλ. Arist. p. 184 a 12   9 ἐν παντί] οὐ
παντί a   10 ἡ ἐναντίωσις in mrg. D²: μία δὲ ἐναντίωσις a: om. D¹EF   11 δυεῖν
ἐστι μεταξὺ τῶν ἐναντίων EF: δυεῖν ἐστι μηδὲν τῶν ἐναντίων D: δυοῖν ἐναντίων μεταξὺ
ἐστιν a. cf. Themist. p. 136, 23 ἐναντίωσιν γὰρ λέγω τὴν σχέσιν τῶν δυοῖν ἐναντίων
αὐτὴν aDF: αὐτήν E   14 τοῦ (post τὸ) om. D   ἡ (ante περὶ) om. E   16 προθέμενος
τῶν φυσικῶν a   17 ἐφαρμόζει E   22 οὐ γὰρ aD   καὶ ἐν ἁπάσαις ταῖς ἄλλαις
a: καὶ ἐν ..... ἐν ταῖς ἄλλαις EF: καὶ γὰρ ἐν ταῖς ἄλλαις D   23 αἱ om. a
24 ἑκάστην D   25 καὶ ante μέλαν add. a   καὶ post ἀρετῇ add. aF   καὶ post
γλυκύ add. aF   26 ἑνὶ om. F   29 καὶ οὐκέτι D: οὐκέτι E: καὶ οὐκ aF
31 ἑνὶ om. F   32 post γένος add. τὸ F   ἡ aF: εἰ E (loc. obl. D)   φυσικὴ
om. F   ἂν aF: om. E

ἐναντίωσις ἐν αὐτῇ εἴη φυσική, ἥτις ἂν ἀρχὴ εἴη τῶν γενητῶν οὐσιῶν· οὗ 41ᵛ
δὲ μία ἐναντίωσις, αὕτη δὲ αὐτὴ καὶ ἀρχή, οὐκ ἂν ἄπειροι εἶεν αἱ τῶν
φυσικῶν τε καὶ ἐν γενέσει ἀρχαί. ἀλλ' εἰ ἓν γένος τὴν οὐσίαν λέγει τὴν
ἔνυλον, πρῶτον μὲν αὐτὸς ἀπεφήνατο μὴ εἶναι ἐν τῇ οὐσίᾳ ἐναντίωσιν,
5 δεύτερον δέ, εἰ μὲν τῆς κατ' οὐσίαν μόνης μεταβολῆς τὰς ἀρχὰς ἐζητοῦ-
μεν, ἔδει μόνην τὴν ἐν | τῇ οὐσίᾳ ἐναντίωσιν ἀρχὴν τίθεσθαι, εἰ δὲ καὶ 42ʳ
τῆς κατὰ τὸ ποιὸν καὶ τῆς κατὰ τὰς ἄλλας κατηγορίας, ἄλλην ληπτέον
ἐναντίωσιν κοινήν. ἢ πρὸς μὲν τὸ μὴ εἶναί τι τῇ οὐσίᾳ ἐναντίον, χρὴ
λέγειν ὅτι ἄλλην ἐναντίωσιν ἀνεῖλεν ἐκεῖ τὴν ὡς εἰδῶν ἀμφοῖν, ἄλλην δὲ
10 ἐνταῦθα τίθησι τὴν ὡς εἴδους καὶ στερήσεως. ἴσμεν δὲ ὅτι ἡ στέρησις
οὐδὲν τῶν ὄντων εἶναι δοκεῖ ἀπουσία τις οὖσα τοῦ ὄντος. ὥστε ὀρθῶς
λέγεται καὶ τὸ οὐσίᾳ μηδὲν εἶναι ἐναντίον καὶ μία εἶναι ἀντίθεσις ἐν 5
τῇ οὐσίᾳ.

Πρὸς δὲ τὸ δεύτερον ἔλεγεν ὁ ἡμέτερος καθηγεμὼν Ἀμμώνιος, ὅτι
15 "τῆς τῶν οὐσιῶν ὑποστάσεως τὰς ἀρχὰς ζητοῦμεν, ἐν αἷς καὶ αἱ ἄλλαι
κατηγορίαι τὸ εἶναι ἔχουσιν, ὅπερ καὶ ὁ Ἀλέξανδρος ἐπέστησεν ἐξηγούμενος
τὸ ,,ἅμα δὲ καὶ ἀδύνατον πλείους εἶναι ἐναντιώσεις τὰς πρώτας· ἡ γὰρ
οὐσία ἕν τι γένος ἐστὶ τὸ αὐτό,, καθάπερ γὰρ τὸ ὂν πρώτως μὲν ἔστιν ἐν
οὐσίᾳ, δευτέρως δὲ ἀπὸ ταύτης καὶ τοῖς ἄλλοις γένεσιν ἐφῆκει κατὰ τὰ
20 ὡς ἀφ' ἑνὸς καὶ πρὸς ἕν, οὕτως καὶ τῶν ἄλλων γενῶν αἱ ἐναντιώσεις 10
παρὰ τῆς ἐν τῇ οὐσίᾳ τὸ εἶναι ἕξουσι. τὸ οὖν εἶδος καὶ τὴν στέρησιν
πρῶτον μὲν ἐπὶ τῆς κατὰ τὴν οὐσίαν ἐναντιώσεως ἁρμόσει λέγειν, κατὰ
δεύτερον δὲ λόγον καὶ ἐπὶ τῶν κατὰ τὰς ἄλλας κατηγορίας μεταβολῶν·
ἔστι γὰρ καὶ ἐπ' ἐκείνων τὸ μὲν εἶδος, τὸ δὲ στέρησις. τὸ δὲ ἐν παντὶ
25 γένει ἑνὶ οὐ περὶ τοῦ προσεχῶς εἰς εἴδη διαιρουμένου γένους λέγοιτο ἄν.
ἡ γὰρ κατὰ τοῦτο ἐναντίωσις οὐκ ἂν εἴη πρώτη, εἴπερ μηδὲ τὸ γένος
τοῦτο πρῶτόν ἐστιν· ἡ δὲ ἀρχικὴ ἐναντίωσις πρώτη ὤφειλεν εἶναι τῶν 15
ἄλλων ἐναντιώσεων."

Ἀλλ' ὁ μὲν μέγας Συριανὸς "μήποτε, φησί, γένος μὲν τὴν κατηγο-
30 ρίαν λέγει, μίαν δὲ ἔχειν ἐναντίωσιν, ἐπεὶ κἂν ὦσι πολλαί, ὑπὸ μίαν ἀνά-
γονται τὴν ὑπεροχὴν καὶ τὴν ἔλλειψιν, ἥτις καθ' ἑκάστην κατηγορίαν
οἰκείως λαμβάνεται. ἀεὶ γὰρ τὸ κρεῖττον τῶν ἐναντίων ὑπεροχή, τὸ δὲ
καταδεέστερον ἔλλειψις· ἄλλη οὖν ἐν ποσῷ ὑπεροχὴ καὶ ἄλλη ἐν ποιῷ
καὶ ἄλλη ἐν τῷ ποῦ ἢ κεῖσθαι· ,,ὁσαχῶς γάρ, φησὶν ὁ Πορφύριος, τὸ
35 ὄν, τοσαυταχῶς καὶ ἡ ὑπερβολὴ καὶ ἡ ἔλλειψις,,. ἴσως δέ, φησί, προσθείη 20

---

1 εἴη (post ἀρχὴ) om. F   2 αὕτη δὲ αὐτὴ E: αὐτὴ δὲ αὐτὴ F: ἡ αὐτὴ δὲ αὐτὴ a: αὐτὴ
δὲ D   5 κατὰ τὴν οὐσίαν a   7 τὰς om. D   8 τι om. E   in mrg. ὅρα πῶς
λέγεται κατὰ δ.... (l. διττόν) τρόπον τὸ μὴ εἶναι οὐσίᾳ ἐναντίον D   10 εἶδος E
11 οὐδὲ aF   δοκεῖ εἶναι a   12 τὸ τῇ οὐσίᾳ a   εἶναι om. E   16 ὥσπερ D
17 ἅμα κτλ. Arist. p. 189ᵇ 22   18 ἐστὶ τοῦ ὄντος Ar.   20 αἱ D: post καὶ habent aF:
om. E   22 κατ' οὐσίαν a   23 δὲ δεύτερον a   τὰς (post κατὰ) om. a   25 προ-
σεχοῦς a   γένους om. F   27 ἀρχικὴ E cf. p. 194, 12: ἀρχὴ καὶ aDF   30 λέγει
D: λέγειν aEF   ἐπεὶ κἂν lac. rel. om. F   ὦσι D: ὡς aEF   32 ὑπεροχὴ —
ποσῷ om. E   35 καὶ (post τοσαυταχῶς) om. aF   φησί Syrianus

ἄν τις, εἰ ἐπιδέχοιτο ἀντίθεσιν τοιαύτην πᾶσα κατηγορία." ὁ δὲ Ἀμμώνιος 42ʳ
ἔλεγε μὴ περὶ τοῦ κυρίως γένους λέγεσθαι νῦν, μήτε τοῦ προσεχῶς μήτε
τοῦ ἀνωτάτω (ἡ γὰρ ἐναντίωσις ἡ κατὰ τὰς διαφορὰς ὁποτέρου τούτων
ποιεῖ τὴν γένεσιν καὶ τὴν φθοράν), ἀλλ' ὅπερ, φησί, καὶ ὁ Ἀλέξανδρος πρὸς
5 τῷ τέλει τῆς τοῦ ῥητοῦ τούτου ἐξηγήσεως ἐπέστησε, γένος ἓν καλεῖ νῦν τὸ
ἓν ὑποκείμενον. ἔθος γὰρ αὐτῷ καὶ τὴν ὑποκειμένην ἑκάστῳ φύσιν γένος 25
καλεῖν. καθάπερ οὖν περὶ τὸν ἀριθμὸν θεωρεῖται μία ἐναντίωσις ἡ τοῦ
ἀρτίου καὶ περιττοῦ καὶ περὶ τὸν χυμὸν ἡ τοῦ γλυκέος καὶ πικροῦ καὶ
περὶ τὴν ἐπιφάνειαν ἡ τοῦ λείου καὶ τραχέος, οὕτω καὶ περὶ τὴν οὐσίαν
10 ἐναντίωσις μία θεωρεῖται ἡ τοῦ εἴδους καὶ τοῦ ἀνειδέου, ὃ καλεῖ αὐτὸς
στέρησιν. καθάπερ οὖν ὁ ἀριθμὸς τῷ μὲν λόγῳ ἕτερός ἐστι τοῦ ἀρτίου
καὶ περιττοῦ (οὐδὲν γὰρ τούτων πρὸς τὸν τοῦ ἀριθμοῦ λόγον παραλαμβά-
νεται), τῇ δὲ ἐνεργείᾳ μετὰ θατέρου τούτων πάντως ἐστὶ καὶ ἡ ἐπιφάνεια 30
πρὸς τὸ ὁμαλὸν καὶ τὸ ἀνώμαλον ἔχει, οὕτως ἡ ὑποκειμένη τῇ οὐσίᾳ φύσις
15 πρὸς τὸ εἶδος καὶ τὸ ἀνείδεον ἔχει.

Ἐν δὴ τούτοις πρὸς μὲν τὰ τοῦ φιλοσοφωτάτου Συριανοῦ ῥητέον, ὡς
εἰ μὲν τὴν ὑπεροχὴν καὶ τὴν ἔλλειψιν κυρίως ἀκούει, μόνης ἂν εἴη τῆς
ποσότητος οἰκεία ἡ ἐναντίωσις· καὶ γὰρ ἐν ταῖς ἄλλαις κατηγορίαις διὰ
τὴν ποσότητα ὑπάρχει. εἰ δὲ κατὰ τὸ κρεῖττον αὐτὴν καὶ καταδεέστερον
20 ἀποδέχεται, πῶς ἐφιστάνει, εἰ ταύτην πᾶσα κατηγορία ἐπιδέχεται; καὶ γὰρ
διαφοραὶ πάντως εἰσὶν ἑκάστης καὶ ἐν ταῖς διαφοραῖς ἡ μὲν κρείττων ἐστίν, 35
ἡ δὲ καταδεεστέρα. πρὸς δὲ τὰ τοῦ ἡμετέρου καθηγεμόνος μαρτυρουμένου
καὶ τὸν Ἀλέξανδρον πρῶτον μέν, πῶς ἡ τῆς οὐσίας ἐναντίωσις καὶ ταῖς
ἄλλαις ὑπάρξει κατηγορίαις, ἑκάστης οἰκείαν ὀφειλούσης ἔχειν ἐναντίωσιν
25 ὥσπερ καὶ γένος οἰκεῖον; εἰ γὰρ ἀπὸ τῆς οὐσίας ταῖς ἄλλαις καὶ τὸ εἶναι
καὶ τὸ γένος καὶ ἡ ἐναντίωσις, ἓν ἂν εἴη πρῶτον γένος ἡ οὐσία καὶ οὐκέτι
δέκα τὰ πρῶτα· οὐδὲ γὰρ οὐδὲ τὸ ὂν ἀπὸ τῆς οὐσίας ταῖς ἄλλαις ὑπάρχει, 40
ἀλλὰ πρώτῃ μὲν τῇ οὐσίᾳ πάρεστι, μετ' ἐκείνην δὲ ταῖς ἄλλαις, ὥσπερ
καὶ ἡ τάξις οὐκ ἀπὸ τοῦ πρώτου τῷ δευτέρῳ, ἀλλὰ πᾶσιν ἀπὸ τῆς κοινῆς
30 τάξεως.

Πῶς δὲ γένος ἓν τὸ ὑποκείμενον ἔλεγε νῦν καὶ τὴν ὕλην μήπω
δείξας, ὅτι δεῖ τινα τρίτην εἶναι ἀρχὴν τὴν τοῖς ἐναντίοις ὑποκειμένην, ὅπερ
μετ' ὀλίγον ποιήσει; ἀλλ' ὅτι μὲν ἐναντίωσιν τὴν κατὰ τὸ εἶδος καὶ τὴν
στέρησιν βούλεται λαβεῖν διὰ τῶν ἐφεξῆς δῆλον· αὕτη δὲ οὐ περὶ τὴν
35 οὐσίαν μόνην ὑφέστηκεν, ἀλλὰ περὶ πᾶσαν κατηγορίαν τὴν δεχομένην μετα- 45
βολήν. καὶ γὰρ ἡ λευκότης ποτὲ μὲν πάρεστι τῷ ὑποκειμένῳ, ποτὲ δὲ
ἄπεστι· καὶ παρούσης μὲν τὸ εἶδος λέγεται τῆς λευκότητος ὑπάρχειν αὐτῷ,

---

1 εἰ aDE: om. F sed cf. v. 20   2 προσεχῶς F cf. p. 192,25: προσεχοῦς aDE   3 ἡ γὰρ
DE: οὐ γὰρ ἡ aF   ὁποτέρου: immo οὐδετέρου, cf. p. 195,9   τούτων DE: τούτου
aF   5 τῆς (post τέλει) om. F   10 ἐναντίωσις om. E   14 τὸ (ante ἀνώμαλον)
aDE: om. F   οὕτω καὶ ἡ a   φύσις τῇ οὐσίᾳ a   16 φιλοσόφου a   17 εἰ]
οἱ a   μόνως aF   20 εἰ om. E   21 κρείττων aD: κρεῖττον EF   27 alterum
οὐδὲ om. D   28 πρώτῃ libri   31 τὸ γένος aE   33 μετ' ὀλίγον p. 189ᵇ 1
35 ἀλλὰ om. F

ἀπούσης δὲ ἡ στέρησις. καὶ ἐπὶ τῶν ἄλλων κατηγοριῶν ὁμοίως. μή- 42ʳ
ποτε οὖν ὅταν λέγῃ ἡ δὲ οὐσία ἕν τι γένος, οὐ τὴν οὐσίαν λέγει νῦν τὴν
ταῖς ἄλλαις κατηγορίαις ἀντιδιῃρημένην, ἀλλὰ τὴν ὅλην τῆς φυσικῆς ὑπο-
στάσεως τῆς ἐν μεταβολῇ οὔσης ὕπαρξιν, περὶ ἧς νῦν ὁ λόγος καὶ ἧς τὰς
5 ἀρχὰς ζητοῦμεν. ἐφ᾽ ἧς πάσης ἡ κατὰ τὸ εἶδος καὶ τὴν στέρησιν ἐναν- 50
τίωσις θεωρεῖται διὰ τὴν μεταβολὴν ὑπάρχουσα. ὅτι δὲ ἐν τῇ τοιαύτῃ
οὐσίᾳ μίαν εἶναι δεῖ τὴν ἀνωτάτω ἐναντίωσιν, δείκνυσι λαβών, ὅτι οἷον ἓν
γένος τί ἐστιν ἡ τοιαύτη ὕπαρξις ἡ φυσικὴ καὶ γενητὴ καὶ ἔνυλος, ὥσπερ
ἂν εἴποι ἕν τι γένος εἶναι καὶ τῆς νοητῆς καὶ ἀγενήτου καὶ ἀΰλου παντε-
10 λῶς ὑποστάσεως· εἶτα προσλαβών, ὅτι ἐν παντὶ γένει ἑνὶ μία ἐστὶν
ἐναντίωσις ἡ ἀνωτάτω, συνήγαγεν ὅτι καὶ ἐν τῷ γένει τούτῳ τῷ νῦν
ἡμῖν ὑποκειμένῳ, ἢ τῷ | τῆς φυσικῆς οὐσίας, μία ἑνὶ ἐναντίωσις ἡ ἀρχικὴ 42ᵛ
τοῦ γένους, καὶ διὰ τοῦτο οὐκ ἂν εἶεν ἄπειροι ἀρχαί. καὶ μὴ θαυμάσωμεν
τὸ τῆς οὐσίας ὄνομα κοινῶς λεγόμενον. νῦν γὰρ καὶ τὴν γένεσιν καὶ τὴν
15 φθορὰν ἀκριβολογούμενος μὲν κατ᾽ οὐσίαν μεταβολὴν ἐρεῖ, πολλαχοῦ δὲ
καὶ ἐπὶ ποιότητος αὐταῖς χρῆται λευκὸν ἐκ μέλανος γίνεσθαι λέγων καὶ
φθείρεσθαι τὸ μέλαν εἰς τὸ λευκόν. καίτοι ἐν τῷ τὸ μέλαν γίνεσθαι 5
λευκόν, οὐδεμία γίνεται κατ᾽ οὐσίαν μεταβολή, ἀλλὰ κατὰ ποιότητα. ὅτι δὲ
ἐν παντὶ γένει ἑνὶ μία ἐστὶν ἐναντίωσις ἡ πρώτη, δῆλον ἐντεῦθεν.
20 τὸ γένος κοινότητα φύσεως σημαίνει· ἡ δὲ κοινότης ἢ ἄνωθέν ἐστιν ὡς αἰτία
εἶναι τῶν διαφορῶν, ὡς ἡ οὐσία καὶ αἱ λοιπαὶ δέκα κατηγορίαι, ἢ κά-
τωθεν ὡς ὑποδέχεσθαι αὐτάς. εἴτε δὲ αἰτία, δῆλον ὅτι ἐν τῷ πλάτει τῆς
τῶν διαφορῶν ἀπογεννήσεως δύο ἄκρα παρέξει τὰ πλεῖστον ἀλλήλων διε-
στηκότα, ταὐτὸν δὲ εἰπεῖν ἐναντία· εἴτε ὑποκείμενον, ἕξει πάντως ἐν τοῖς 10
25 περὶ αὐτὸ μεταβάλλουσι τὰ πλεῖστον ἀλλήλων διεστηκότα προσεχῶς οὐ
πλέον ἢ δύο. τοῦτο δὲ καὶ ἐπ᾽ αὐτῶν φαίνεται τῶν πραγμάτων. ἐν γὰρ
τῷ ποιῷ μία ἡ ἄνω ἐναντίωσις ὅμοιον καὶ ἀνόμοιον καὶ ἐν ποσῷ ἴσον
καὶ ἄνισον, οὕτως δὲ καὶ ἐν οὐσίᾳ τῇ κοινῇ εἶδος καὶ στέρησις. ἢ οὖν
οὕτως ἀκουστέον τὴν οὐσίαν ἢ κατὰ τὸ πανταχοῦ οὐσιῶδες. καὶ γὰρ τὸ
30 χρῶμα καὶ τὸ συγκριτικὸν οὐσιωδῶς ὑπάρχειν τῷ μέλανι λέγομεν. οὕτως
δὲ καὶ ἐπὶ πάσης κατηγορίας ἐστὶ τὸ οὐσιῶδες ἑκάστης, καθ᾽ ὃ καὶ γίνε-
σθαι καὶ φθείρεσθαι λέγεται τὸ μέλαν ἢ τὸ τρίπηχυ ἢ τὸ δεξιόν. καίτοι 15
ἡ ὑποκειμένη αὐτοῖς οὐσία, τούτων γινομένων καὶ φθειρομένων οὐ λέγεται
γίνεσθαι ἢ φθείρεσθαι ἀλλὰ ἀλλοιοῦσθαι. οὐσία οὖν λέγεται νῦν, περὶ ἣν
35 γένεσις καὶ φθορά, ἐν ᾗ καὶ ἡ κυρίως οὐσία ἡ καθ᾽ ἑαυτὴν ὑφεστάναι

---

7 ἀνωτάτην D   ὅτι εἰ F   γένος ἓν D   9 καὶ τῆς γενητῆς οἷον νοητῆς^α ἀΰλου^γ καὶ
ἀγενήτου^β πάντῃ ὑποστάσεως F   10 προλαβὼν E   ἐν παντὶ — ὅτι om. E
12 ἢ τῷ DF: ἤτοι E: ἤτοι τῷ a   15 φοράν E   ἐρεῖ μεταβολήν a   16 γενέσθαι DE
17 τὸ (post τῷ) om. F   18 οὐδεμίαν E   19 ἐναντιότης a   21 καὶ αἱ λοιπαὶ
DE: καὶ ἡ ὕλη ὥσπερ αἱ aF   23 παρέξει DE: προάξει aF   26 καὶ iteravit initio
versiculi E: om. a   27 ante ὅμοιον add. τὸ DE   31 καὶ φθείρεσθαι καὶ γίνε-
σθαι a

λεγομένη καὶ ἡ τῶν συμβεβηκότων τῇ τοιαύτῃ οὐσίᾳ ὑπόστασις. καὶ γὰρ καὶ αὕτη γενέσεως μετέχει καὶ φθορᾶς.

Ποίαν οὖν ὁ Ἀλέξανδρος οὐσίαν ἐνταῦθα τὴν κατὰ τὸ ἔνυλον εἶδος ἀκούει; εἰ μὲν τὴν κυρίως οὐσίαν τὴν ταῖς ἄλλαις κατηγορίαις ἀντιδιῃρη-
5 μένην, ἐλλιπὴς ὁ λόγος, εἰ δὲ τὴν κοινῶς ἐπὶ πάντων τῶν γενητῶν εἰδῶν λεγομένην, εὖ ἂν ἔχοι. καὶ τὰ Εὐδήμου δὲ τοῦ Ῥοδίου πρὸς ταύτην μοι δοκεῖ τὴν ἔννοιαν φέρεσθαι, εἰ καὶ ἀσαφῶς εἴρηται καὶ ἐκεῖνα. ἔχει δὲ οὕτως· "εἰ δὲ ἔστιν ἐναντιότης, δύο τοὐλάχιστον ἔσται. δύο δὲ ὑποκει-μένων τῶν πρώτων ἐναντίων, τούτων μὲν οὐδέτερον οἷόν τ' εἶναι οὐσίαν,
10 ἐπειδὴ οὐκ ἔστιν ἡ οὐσία τῶν ἐναντίων· εἰ δὴ ὁ φυσικὸς μὴ περὶ πάντων σκοπεῖ. διόπερ οὐδὲ ἀριθμεῖ πάντα τὰ ὄντα οὐδὲ ἀρχὰς κοινὰς πάντων λαμβάνει, ἀλλὰ τῶν οὐσιῶν καὶ τούτων τῶν σωματικῶν οἷον γένους τινὸς ἑνός. μὴ γίνεται δὲ τὸ τυχὸν ἐκ τοῦ τυχόντος, ἀλλ' ὁμογενὲς οἷον χρῶμα ἐκ χρώματος, χυλὸς ἐκ χυλοῦ καὶ τὰ λοιπὰ ὁμοίως, οὐδ' ἂν οὐσία γίνοιτο
15 μὴ ἐξ οὐσιῶν οὐδὲ σῶμα μὴ ἐκ σωμάτων". ἐν δὴ τούτοις τὸ μὲν "οἷον γένους τινὸς ἑνός" καὶ τὸ "μὴ γίνεται δὲ τὸ τυχὸν ἐκ τοῦ τυχόντος, ἀλλ' ὁμογενὲς οἷον χρῶμα ἐκ χρώματος" οὐσίαν εἰλῆφθαι σημαίνει οὐχὶ τὴν ἐν τοῖς δέκα γένεσι πρώτην· οὐ γάρ ἐστιν οἷον γένος ἐκείνη, ἀλλὰ γένος τῷ ὄντι· περὶ ἐκείνης δὲ ἂν λέγοιτο τῆς καὶ τὰ συμβεβηκότα περιεχούσης.

20 p. 189 ᵃ 14   Καὶ ὅτι ἐνδέχεται ἐκ πεπερασμένων ἕως τοῦ ὥσπερ Ἀναξαγόρας ἐκ τῶν ἀπείρων.

Τρίτον τοῦτον κομίζει λόγον δεικτικὸν τοῦ μὴ ἀπείρους ἀλλὰ πεπε-ρασμένας εἶναι τὰς ἀρχάς. εἰ γὰρ τὰ ἄλλα τὰ αὐτά ἐστι, βέλτιόν ἐστι πε-περασμένας ἢ ἀπείρους εἶναι τὰς ἀρχάς· ἀλλὰ μὴν τὰ ἄλλα τὰ αὐτά ἐστι·
25 βέλτιον ἄρα τὸ πεπερασμένον. καὶ τὸ μὲν συνημμένον δῆλον ἐκ τοῦ πρό-τερον ἀποδειχθέντος. εἰ γὰρ αἱ ἄπειροι ἀρχαὶ καὶ αὐταὶ ἄγνωστοι καὶ τὰ ἀπ' αὐτῶν ἄγνωστα ποιοῦσιν εἶναι, δῆλον ὅτι βέλτιον τὸ πεπερασμένον καὶ μάλιστα τῶν ἄλλων τῶν αὐτῶν ὄντων ἐν ταῖς τῶν αἰτίων ἀποδόσεσιν. ὅτι δὲ καὶ πεπερασμένων οὐσῶν αἱ αἰτίαι τῶν γινομένων ἀποδίδονται, δῆλόν
30 ἐστιν, ἐξ ὧν Ἐμπεδοκλῆς πεπερασμένα λέγων τὰ στοιχεῖα πάντα οἴεται

---

2 αὕτη E: αὐτὴ aDF   3 ποίαν D et mrg. F: οἵαν F: ἐὰν aE   4 ἀκούῃ a   6 εὖ ἂν ἔχοι om. D   Εὐδήμου fr. 15 p. 27, 27 Sp.   τοῦ] τὰ D   7 σαφῶς εἴρηται ἐκεῖνα F   8 ἐστιν in lit. D   τοῦ ἐλάχιστον D   10 πάντα D   adnotat D¹ in mrg.: ὥστε τῆς μετὰ τὰ φυσικά ἐστι τὸ πάντα τὰ ὄντα διερευνᾶσθαι καὶ κοινὰς πάντων ἀρχὰς λαμβάνειν   13 γίνεται aF cf. v. 16 (cf. Ind. Arist. p. 464 ᵇ 44): γένηται DE   14 χυλοῦ aF: χυλῶν DE   καὶ om. D   ἡ ante οὐσία add. a   15 μὴ ἐξ DE: ἐκ μὴ aF: exspectes γίγνοιτ' οὐκ ἐξ itemque σῶμα οὐκ ἐκ: σῶμα ἐκ μὴ σωμάτων Spengel, sed cf. exempla Ind. Arist. p. 539 ᵃ 16: σωματικῶν ex suo cod. D Brandis   δὴ om. a   17 εἰλῆφθαι] in lit. D   19 δὲ ἂν λέγοιτο DE: οὖν λέγοιτ' ἂν aF   καὶ τὰ] κατὰ E   20 ἕως κτλ. om. F   ὥσπερ] ὅσαπερ p. 196, 1 et Arist.   22 νομίζει E   23 ἐστι om. aF   25 πεπε-ρασμένον DE cf. v. 27: πεπερασμένας aF   ἐνημμένον E   προτέρου a   26 ante ἀρχαὶ add. αἱ D   αὐταὶ aF: αὗται (sic) E: αὗται D   27 ἀπ' αὐτοῦ a   29 πεπερασμένως F

ἀποδιδόναι, ὅσαπερ Ἀναξαγόρας ἐκ τῶν ἀπείρων. τοῦτο δὲ τὸ 42ᵛ
ἐπιχείρημα καὶ ἄλλο τι χρήσιμον ἔχει. πρὸς γὰρ τοὺς εἰπόντας ἂν ὅτι ἄγνω-
στον μὲν τὸ ἄπειρον, οὐ μὴν δυνατὸν ἄλλως ὑποθέμενον τὰς αἰτίας τῶν 40
γινομένων ἀποδιδόναι, εἴπερ καὶ ἐξ ὄντος δεῖ τὰ γινόμενα γίνεσθαι καὶ
5 δοκεῖν ἐκ μὴ ὄντος, κἂν εὐσύνοπτον οὖν μᾶλλόν ἐστι τὸ πεπερασμένον, οὐ
διὰ τοῦτο δεῖ παρέντας τὸ ἀληθὲς ἄλλο τι λέγειν· οὐ γὰρ αὐτοὶ ποιηταὶ
γινόμεθα τῶν φύσει συνεστώτων, ἀλλ' ὅπως ἔχει θεωροῦμεν αὐτά. πρὸς
οὖν τοὺς ταῦτα λέγοντας τὸν Ἐμπεδοκλέα παρατίθησιν, ὃς πεπερασμένας
λέγων τὰς ἀρχὰς πάντα ἀπεδίδου, ὅσα καὶ οἱ ἀπείρους λέγοντες.

10 p. 189ᵃ17 **Ἔτι δέ ἐστιν ἄλλα ἄλλων πρότερα ἐναντία ἕως τοῦ 45
τὰς δὲ ἀρχὰς ἀεὶ δεῖ μένειν.**

Ταύτην δευτέραν αἰτίαν ὁ Ἀλέξανδρος ἐπάγεσθαί φησι τοῦ δεῖν ἐν
ταῖς ἀρχαῖς μίαν ἐναντίωσιν τιθέναι καὶ μὴ ἀπείρους. καὶ ὡς μὲν μίαν
ἐναντίωσιν τὴν ἀρχὴν δεικνῦσα δευτέρα ἂν εἴη, ὡς δὲ ὅτι οὐκ ἄπειροι αἱ
15 ἀρχαί, τετάρτη ἐστὶν ἡ ἐπιχείρησις. πρώτη μὲν γὰρ ἦν ἡ λέγουσα μὴ
οἷόν τε εἶναι "ἀπείρους, ὅτι μηδὲ ἐπιστητὸν ὄν", δευτέρα δὲ τὸ "μία 50
ἐναντίωσις ἐν παντὶ γένει ἑνί", τρίτη δὲ "καὶ ὅτι ἐνδέχεται ἐκ πεπε-
ρασμένων"· ἐφ' αἷς αὕτη τετάρτη ἅμα καὶ ἔνστασιν λύουσά τινα τὴν
λέγουσαν ὅτι κἂν τὰ ἐναντία ἀρχαί, τί κωλύει ἄπειρα τὰ ἐναντία εἶναι
20 πολλῶν ἀντιθέσεων προφερομένων. λύει δὲ δεικνῦσα, ὅτι πάντα τὰ ἐναν-
τία εἰς μίαν ἀντίθεσιν ἀνάγεται τὴν ἀνωτάτω. ἅμα δὲ καὶ προσαποδεί-
κνυσιν, ὅτι οὐ μόνον ἄπειρα οὐκ ἔστι τὰ ἐναντία, ἀλλ' οὐδὲ πλείονα δυεῖν
τὰ ἀνωτάτω καὶ ἀρχικά. κἂν γὰρ πολλά ἐστι τὰ ἐναντία, | ἀλλ' ἔστιν ἄλλα 43ʳ
ἄλλων ἀεὶ πρότερα ἐναντία καὶ τὰ μὲν περιέχοντα τὰ δὲ περιεχόμενα.
25 καὶ γίνεται ἐκ τῶν προτέρων τὰ δεύτερα καὶ ἐκ τῶν περιεχόντων τὰ περιε-
χόμενα. καὶ δῆλον ὅτι τὰ πρώτιστα καὶ περιέχοντα ταῦτα ἂν εἶεν ἀρχαί.
δεῖ γὰρ τὰς ἀρχὰς καὶ πρώτας εἶναι καὶ πάντων κοινάς. καὶ ὅτι μὲν
οὕτως ἔχει τὰ ἐναντία, ὡς τὰ μὲν περιέχειν τὰ δὲ περιέχεσθαι καὶ εἶναι
ἄλλα ἄλλων πρότερα καὶ γίνεσθαι ἕτερα ἐξ ἄλλων, καὶ πρότερον 5
30 εἶπεν, ὅτε ἔλεγε "λαμβάνουσι γὰρ ἐκ τῆς αὐτῆς συστοιχίας. τὰ μὲν πε-
ριέχει, τὰ δὲ περιέχεται τῶν ἐναντίων." τὰ γὰρ περιέχοντα καὶ πρότερα
καὶ αἴτια. καὶ νῦν δὲ διὰ τῶν παραδειγμάτων ἐνεδείξατο. τὸ γὰρ γλυκὺ
καὶ πικρὸν καὶ λευκὸν καὶ μέλαν ἐκ γῆς καὶ πυρὸς γίνονται καὶ
ταῦτα ἐκ θερμοῦ καὶ ψυχροῦ, ὥσπερ ταῦτά τινες εἰς μάνωσιν καὶ πύκνωσιν
35 ἀνέφερον καὶ ταύτας εἰς σύγκρισιν καὶ διάκρισιν. καὶ Δημόκριτος δὲ ἀπεί-

---

2 ἂν om. E   3 ἄλλως] in mrg. γρ. ἀλλ' ὡς F   4 ὄντως F¹   7 τῶν om. a   8 ταύτας F
10 ἕως κτλ. om. F   11 αἰεὶ a   12 δ' ἑτέραν F   13 ἐπ ἀπείρους F   15 ἡ (post
ἐστιν) om. a   16 leg. ⟨τὸ⟩ ὄν   17 δὲ om. a   19 τί] οὐδὲν D   23 ἀνώ-
τατα D   ἀλλ' ἔστιν ἄλλα ἄλλων DE: ἄλλα ἄλλων F: ἀλλὰ ἄλλων a   25 τῶν
περιεχόντων] τοῦ περιεχομένου F   30 ἔλεγε p. 189ᵃ1   αὐτῆς D: τοιαύτης E:
om. F   post μὲν ex Arist. γὰρ add. a   33 γίνεται a   34 τινες DE: om. aF
35 ἀπείρους om. F

ρους τὰς ἀτόμους ὑποθέμενος τὰς κατὰ ποιότητα αὐτῶν διαφορὰς ταῖς
κατὰ τὴν θέσιν καὶ τὰ σχήματα καὶ τὴν τάξιν ἐναντιότησι γεννᾷ προτέρας
ταύτας ἐκείνων ὑποτιθέμενος. δεῖ γὰρ τὰς κοινὰς πάντων ὡς ἀρχὰς λαβεῖν. ἐὰν δὲ εἴπω λευκὸν καὶ μέλαν τὰς ἀρχάς, τῶν μὲν κεχρωσμένων
5 ἔσονται ἀρχαί, τῶν δὲ ἀχρωμάτων οἷον σκληροῦ καὶ μαλακοῦ ἢ γλυκέος
καὶ πικροῦ οὐκέτι· καὶ γλυκὺ δὲ καὶ πικρὸν τῶν ἀχύμων οὐκ ἂν εἶεν
ἀρχαί. σύγκρισις δὲ καὶ διάκρισις πάντων κοιναὶ τῶν φυσικῶν καὶ πέρας
καὶ ἄπειρον καὶ ταὐτὸν καὶ ἕτερον καὶ πάντων κοινότατον καὶ ὡς φυσικὸν
κοινὸν τὸ εἶδος καὶ ἡ στέρησις. διὸ κάλλιον καὶ τὰς πολλὰς εἰς μίαν ἐν-
10 αντίωσιν ἀνάγειν. καὶ Ἐμπεδοκλῆς γοῦν καίτοι δύο ἐν τοῖς στοιχείοις
ἐναντιώσεις ὑποθέμενος θερμοῦ καὶ ψυχροῦ καὶ ξηροῦ καὶ ὑγροῦ εἰς μίαν
τὰς δύο συνεχορύφωσε τὴν τοῦ νείκους καὶ τῆς φιλίας, ὥσπερ καὶ ταύτην
εἰς μονάδα τὴν τῆς ἀνάγκης. ἀλλ' αὕτη μὲν ὡς ἕν, τὸ δὲ νεῖκος καὶ ἡ
φιλία ὡς δύο, καὶ οὐχ ὡς ποιητικὰ μόνον, ἀλλὰ καὶ ὡς στοιχειώδη ὡς
15 ἡ διάκρισις καὶ ἡ σύγκρισις· ἰσοδυναμεῖ γὰρ τούτοις. εἰ οὖν τινα τῶν ἐναντίων ἐξ ἄλλων ἐναντίων φαίνεται γινόμενα, οὐκ ἂν εἶεν πάντα τὰ ἐναντία
ἀρχαί· αἱ γὰρ ἀρχαὶ πρῶτα, τὰ δὲ πρῶτα οὔτε ἐξ ἄλλων οὔτε ἐξ ἀλλήλων. εἰ οὖν πάντα εἰς μίαν ἐναντίωσιν ἀνάγεται ἢ σύγκρισιν καὶ διάκρισιν
ἢ ὑπερέχον καὶ ὑπερεχόμενον ἢ εἶδος καὶ στέρησιν, ἄλλων κατ' ἄλλην ἐπι-
20 βολὴν τὴν πρώτην ἐναντίωσιν θεασαμένων, εἴη ἂν ἡ πρώτη ἐναντίωσις
ἀρχὴ μία οὖσα.

Ἀλλὰ πῶς τὰ ἐναντία ἀρχὰς τῶν γινομένων καὶ φθειρομένων εἰπὼν
ἐπήγαγε τὰς δὲ ἀρχὰς ἀεὶ δεῖ μένειν; ὁ μὲν οὖν Ἀλέξανδρος ἀιδίους
φησὶν εἶναι τὰς ἀρχάς· εἰ γὰρ γίνοιντο (πᾶν δὲ γινόμενον φθείρεται), φθεί-
25 ροιντο ἂν αἱ ἀρχαί, ὥστε καὶ τὰ ἐκ τῶν ἀρχῶν. οὕτω δὲ καὶ ἐπιλείψει
ποτὲ ἡ γένεσις μηδενὸς ὄντος, ἐξ οὗ τι γενήσεται· εἰ δὲ ἄτοπον τοῦτο, δεῖ
τὰς ἀρχὰς ἀεὶ εἶναι. εἶτα καὶ τὴν Πλάτωνος ἀπόδειξιν προστίθησι περὶ
τῶν ἀρχῶν. εἰ γὰρ γίνοιντο, ἐξ ἀρχῶν ἂν γίνοιντο, εἰ δὲ τοῦτο, οὐκ ἂν
ἀρχαὶ εἶεν αὐταί. "διτταὶ δέ εἰσι, φησίν, ἀρχαὶ ὡς δειχθήσεται, αἱ μὲν
30 προϋπάρχουσαί τε καὶ ἀγένητοι καὶ ἀίδιοι κατ' ἀριθμὸν ὡς τὸ ποιοῦν καὶ
ἡ ὕλη, αἱ δὲ καθ' ἃ ἡ γένεσίς τε καὶ φθορά· ἅπερ ἐστὶ τὰ ἐναντία, ἅπερ
οὔτε ἀγένητα οὔτε ἀίδιά ἐστι κατ' ἀριθμόν. ἔτι δέ, φησί, πολλῶν ἀρχῶν
οὐσῶν οὐ πᾶσαι αἱ ἀρχαὶ ἀίδιοι, ἀλλὰ αἱ ἀρχικώταται, αἱ δὲ προσεχεῖς
φθαρταί. ὥστε οὐ πᾶσα ἀρχὴ ἀίδιός ἐστιν. ἔτι ἐναντίων ὄντων τῶν μὲν
35 καθόλου τῶν δὲ καθέκαστα, τὰ μὲν καθέκαστα, ἅ ἐστι γινόμενα, καὶ φθείρεται· τὰ δὲ καθόλου ἐναντία ὑφ' ἃ πάντα τὰ ἐναντία, ἃ καὶ γενικώτατά

---

2 τὴν (post κατὰ) om. a   ἐναντιώσεσι a   3 ὑποθέμενος D   5 ἀχρωμάτων] χρωμάτων F   9 ἐναντίωσιν EF: ἐναντίως D: om. a   11 καὶ ξηροῦ καὶ ὑγροῦ καὶ ξηροῦ aF   14 ἀλλὰ] ἀλλ' ὡς F   16 γινόμενα φαίνεται aF   ἂν om. a   24 post δὲ add. τὸ aF   25 οὕτω δὲ καὶ D: οὕτως δὲ E: ὥστε aF   26 ἡ (post ποτὲ) om. E   27 προτίθησι E   28 γὰρ γίνοιτο E   29 αὐταὶ aF: αὗται D: ἀρχαὶ E   30 inter τε et καὶ inserit καὶ φθορά ἅπερ ἐστι deleta E   31 καὶ ἡ φθορά D   33 αἱ (post πᾶσαι) om. D   34 ἐστιν om. DE   35 τὰ καθέκαστα μὲν D   36 ὑφ' ἃ ἅπαντα DE

ἐστι, στέρησις καὶ εἶδος, οὐ φθείρεται. τὰ γὰρ καθόλου ἄφθαρτά ἐστι." 43ʳ
ταῦτα τοῦ Ἀλεξάνδρου καὶ ἐπ' αὐτῆς τῆς λέξεως εἰπόντος, ἄξιον ἂν εἴη καὶ
πρὸς αὐτὸν καὶ πρὸς Ἀριστοτέλην ζητεῖν, πῶς ἀρχὰς λαμβάνων τὰς προσεχεῖς
καὶ στοιχειώδεις ἀλλ' οὐχὶ τὰς ποιητικὰς καὶ ἐξῃρημένας, πῶς δὲ τὰ ἐναντία
5 ἐκ τῶν ἐναντίων γίνεσθαι λέγων καὶ φθείρεσθαι εἰς τὰ ἐναντία ταῦτα τι-
θεὶς ἀρχάς, ὅμως ἀιδίους εἶναι λέγει τὰς ἀρχάς· καίτοι καὶ αὐτὸς Ἀλέ-
ξανδρος τὰ καθ' ἃ ἡ γένεσις καὶ ἡ φθορά, ἅπερ ἐστὶ τὰ ἐναντία, οὔτε
ἀγένητα οὔτε ἀίδια κατ' ἀριθμὸν εἶναί φησι. δῆλον δὲ ὅτι περὶ τῶν ὡς
ἐναντίων ἀρχῶν ὁ Ἀριστοτέλης διαλεγόμενος ἐπήγαγε τὰς δὲ ἀρχὰς ἀεὶ
10 δεῖ μένειν. ὥστε κἂν αἱ ἀρχικώταται, ὥς φησιν, ἀρχαὶ ἀίδιοί εἰσιν, αἱ
δὲ προσεχεῖς φθαρταί, τῶν προσεχῶν ἂν εἶεν ἐναντίαι. πῶς δὲ τὰ καθόλου
ἐναντία ἀίδια λέγων, τὰ δὲ καθέκαστα φθαρτά, οὐκ ἐπέστησεν ὅτι οὐ μόνον
τῷ καθόλου εἴδει καὶ τῇ στερήσει ταῦτα ὑπάρχει, ἀλλὰ καὶ τῷ καθόλου
λευκῷ καὶ τῷ καθόλου μέλανι, ὥστε καὶ ταῦτα ἀρχαί; ὅλως δὲ πρὸς τὸ
15 μίαν δεῖξαι τὴν ἀρχικὴν ἐναντίωσιν τί συνετέλει τὸ ἀιδίους τὰς ἀρχὰς
εἰπεῖν; οὐ γὰρ εἰ ἀίδιοι, ἤδη καὶ δύο.

Μήποτε οὖν καὶ τοῦτο κάλλιον, ὡς ὁ ἡμέτερος διορθοῦται καθηγεμὼν
λέγων τὸ *ἀεὶ δεῖ μένειν* οὐ τὸ ἀίδιον σημαίνειν οὐδὲ ἀγενήτους καὶ
ἀφθάρτους δηλοῦν ταύτας τὰς ἀρχάς, περὶ ὧν ὁ λόγος· πῶς γὰρ ἔτι κατὰ
20 τὴν τούτων μεταβολὴν ἡ γένεσις ἔσται καὶ φθορά; ὅπερ ἐστὶ τὸ ζητούμενον
ἐν τούτοις· ἀλλὰ τὸ *ἀεὶ δεῖ μένειν* εἴρηται, ὡς δέον ὂν ἐπὶ ἑκάστου
τῶν γινομένων καὶ φθειρομένων εὑρίσκεσθαι πάντως ἢ εἶδος ἢ στέρησιν ἐν
τῷ μεταβάλλοντι, μᾶλλον δὲ καὶ εἶδος καὶ στέρησιν. καὶ γὰρ εἶδος ἔχει
πᾶν καὶ στέρησιν ἀπουσίαν οὖσαν ἐκείνου τοῦ εἴδους, εἰς ὃ μεταβάλλειν
25 πέφυκε. τὸ γὰρ λευκὸν σῶμα ἔχει μὲν τὸ λευκὸν εἶδος, στέρησιν δὲ τοῦ
μέλανος, εἰς ὃ μεταβάλλειν πέφυκε. καὶ εἴη ἂν τοῦτο τῆς ἀρχικῆς ὄντως
ἐναντιώσεως ἴδιον. διὸ καὶ ἐπήγαγεν αὐτὸ ὁ Ἀριστοτέλης ὡς αἰτίαν τοῦ
τὰς ἄλλας ἐναντιώσεις μὴ εἶναι ἀρχάς, εἴπερ μὴ διὰ πάντων χωροῦσι. τῶν
μὲν γὰρ μερικωτέρων ἀντιθέσεων οὐδεμίαν ἐπὶ τὰ φυσικὰ πάντα πράγματα
30 ἐκτεταμένην εὑρήσεις· οὔτε γὰρ μέλανα πάντα οὔτε λευκὰ οὔτε γλυκέα
οὔτε πικρὰ τὰ φυσικά ἐστιν, ἐν πᾶσι δέ ἐστιν εἶδος. πλὴν ἐπὶ μὲν τῶν
ἀιδίων τοῦτο μόνον, ἐπὶ δὲ τῶν γενητῶν καὶ φθαρτῶν μετὰ τοῦ εἴδους
καὶ ἡ στέρησις, οὐχὶ ἡ αὐτοῦ τοῦ εἴδους, ἀλλ' ἡ τοῦ ἀντικειμένου, εἰς ὃ
με|ταβάλλειν πέφυκεν. οὕτως οὖν ἀεὶ διαμένειν ἡ ἀντίθεσις ἡ ἀρχικὴ λέ- 43ᵛ
35 γεται, καίτοι τῶν ἄλλων ἀντιθέσεων μὴ διαμενουσῶν, ὡς εἰ καὶ τὴν ὕλην
τις τὴν πρωτίστην ἀεὶ λέγοι διαμένειν ἐν πᾶσι τοῖς ἐνύλοις ὁρωμένην, καί-
τοι τοῦ ξύλου καὶ τοῦ χαλκοῦ καὶ τῶν μερικῶν ὑλῶν οὐκ ἐν πᾶσι τῶν

---

1 ante οὐ add. ἃ D   2 καὶ ἐπ' DE: κατ' aF   4 τὰς (post οὐχὶ) om. D   post πῶς δὲ add. καὶ a   6 εἶναι om. a   7 ἡ (post καὶ) om. D   12 καθ' ἕκαστον E   13 τῇ (post καὶ) om. F   14 τὸ om. E   15 συνετέλει DE: συντελεῖ aF   21 ἀεὶ om. F   ὂν post δέον om. F   26 μεταβάλλει E   πέφυκεν εἴη F   30 πάντα aE: om. DF   31 ἐστι τὰ φυσικά aF   33 οὐχ aF   αὐτὴ F   35 ὥσπερ a   36 λέγει aE¹ (sed is corr.)

αὐτῶν ὄντων. μήποτε δὲ τὸ ἀεὶ οὐ μόνον τὴν τοῦ χρόνου παντότητα ἀλλὰ καὶ τὴν τῶν πραγμάτων δηλοῖ, ὥστε ἐπὶ τοῦ πανταχοῦ νῦν λέγεσθαι.

p. 189 a 21 Ἐπεὶ δὲ πεπερασμέναι, τὸ μὴ ποιεῖν δύο μόνον ἔχει τινὰ λόγον ἕως τοῦ ἐξ ὧν κατασκευάζουσι τὴν τῶν ὄντων φύσιν.

Δείξας ὅτι τὰ πρῶτα ἐναντία ἀρχαὶ τῶν φυσικῶν εἰσι δύο ὄντα, εἴπερ πρῶτα ἐναντία, βούλεται λοιπὸν καὶ τρίτην ἀρχὴν εἰσαγαγεῖν τὸ τοῖς ἐναντίοις ὑποκείμενον, ὅπερ ἐστὶν ἡ ὕλη. εἰσάγει δὲ αὐτὴν δεικνὺς διὰ πλειόνων ἐπιχειρημάτων μὴ ὄντα τὰ ἐναντία αὐτάρκη εἰς ἀρχῆς λόγον, μᾶλλον δὲ ὅτι οὐδὲ ἀρχαὶ ἂν εἶεν ὅλως καθ' αὑτὰς λαμβανόμενα. καὶ τὸ μὲν πρῶτον ἐπιχείρημα δείκνυσιν, ὅτι οὐκ εἰσὶν ἀρχαὶ τὰ ἐναντία καθ' αὑτὰ λαμβανόμενα, δυνάμει συλλογιζόμενον οὕτως· αἱ ἀρχαὶ ποιοῦσί τι, εἴπερ ἀρχαί· τὰ ἐναντία οὐδὲν ποιεῖ, εἴπερ καθ' αὑτὰ εἴη· τὰ ἄρα ἐναντία οὐκ ἀρχαί. ὅτι δὲ οὐδὲν ποιεῖ τὰ ἐναντία μόνα ὄντα, δῆλον ἐκ τοῦ τὸ ποιοῦν εἴς τι ποιεῖν ὑπομένον τὴν πεῖσιν ὡς τὸ μέλαν εἰς τὸ σῶμα, τὰ δὲ ἐναντία εἰ καθ' αὑτὰ εἴη εἰς μηδὲν ποιεῖν· οὐ γὰρ ὑπομένει ἄλληλα, οὐδὲ τὸ λευκὸν εἰς τὸ μέλαν τι ποιεῖ οὐδὲ ἡ φιλία εἰς τὸ νεῖκος. οὐ γὰρ τοῦ νείκους ἐστὶν ἡ φιλία συναγωγός, ἀλλὰ τῶν ὑποκειμένων στοιχείων. τὸ μὲν γὰρ ποιοῦν εἰς ὑπομένον τι ποιεῖ, τὸ δὲ ἐναντίον οὐχ ὑπομένει τὸ ἐναντίον· ἐπεὶ οὕτω γε νεῖκος μένον φιλία ἔσται. ἀλλ' ἑκατέρου αὐτῶν περὶ τὸ ὑποκείμενον ἐνεργοῦντος, ὅσῳ μᾶλλον ἐγκρατὲς γίνεται τοῦ ὑποκειμένου τὸ ἕτερον, τοσούτῳ μᾶλλον ἐξίσταται τὸ λοιπόν. πρὸς πίστιν δὲ τοῦ καὶ τρίτου δεῖν τινος τοῖς ἐναντίοις, παρέθετο τό τινας μηδὲ ἓν μόνον ποιεῖν τοῖς ἐναντίοις ὑποκείμενον ἀλλὰ πλείονα, ὡς Δημόκριτος μὲν ἀπείρους ἀτόμους τοῖς ἐναντίοις ὑποθεὶς τοῖς κατ' αὐτὸν τοῖς τε κατὰ τὸ σχῆμα καὶ τὴν θέσιν καὶ τὴν τάξιν, Ἐμπεδοκλῆς δὲ τὰ τέτταρα στοιχεῖα τῷ νείκει καὶ τῇ φιλίᾳ.

p. 189 a 27 Πρὸς δὲ τούτοις ἔτι κἂν τόδε τις ἀπορήσειεν ἕως τοῦ τὸ γὰρ ὑποκείμενον ἀρχή, καὶ πρότερον δοκεῖ τοῦ κατηγορουμένου εἶναι.

Τοῦτο τὸ ῥητὸν εἰς δύο συλλογισμοὺς ὁ Ἀλέξανδρος διεῖλε τὸ μὲν εἰ μή τις ἑτέραν ὑποθήσει τοῖς ἐναντίοις φύσιν ὡς ἕνα συνάγοντα οὔ-

---

1 ταυτότητα F   4 μόνον — λόγον om. D   5 ἕως κτλ. om. F   7 καὶ τὴν τρίτην D   8 δὲ DE: οὖν a: om. F   10 καθ' αὑτὰ a   12 συλλογιζόμενον EF: συλλογιζόμενος aD   εἴπερ ἀρχαί om. F   13 τὰ δ' a sed cf. velut p. 201,3   οὐδὲν ποιεῖ DE: οὐ ποιοῦσι F: οὐ ποιοῦσί τι a   εἴη] εἰ D   15 ὑπομένειν F¹   16 ποιεῖν DF: ποιεῖ aE   19 ὑποκείμενόν τι F   20 μένον νεῖκος a   21 ὅσον D   23 τὸ (post παρέθετο) om. aF   25 τοῖς κατ' αὐτὸν om. F   28 δὲ om. F   ἕως κτλ. om. F   29 εἶναι τοῦ κατηγορουμένου D   32 ὑποθήσει aDF: ὑποθήσῃ E: ὑποτίθησι Aristotelis vulgata. eadem varietas p. 200, 4

τως· τὰ ἐναντία οὐδενὶ ὑπόκεινται, αἱ δὲ ἀρχαὶ ὑπόκεινται, οὐκ ἄρα ἀρχαὶ
τὰ ἐναντία. τὸν δὲ δεύτερον τοιοῦτον· αἱ ἀρχαὶ οὐ καθ' ὑποκειμένου, τὰ
ἐναντία καθ' ὑποκειμένου, ὥστε τὰ ἐναντία οὐκ ἀρχαί. μήποτε δὲ τὸ μὲν
ἔτι κἂν τόδε τις ἀπορήσειεν εἰ μή τις ἑτέραν ὑποθήσει τοῖς
5 ἐναντίοις φύσιν οὐκ ἀπόδειξίς ἐστιν ἀλλὰ τὸ πρόβλημα, τὴν δὲ ἀπορίαν
ἣν ἄν τις ἀπορήσοι πρὸς τοὺς μὴ ὑποτιθέντας ἑτέραν φύσιν, ἐφεξῆς ἐπάγει.
διὸ καὶ τὸν γὰρ προσέθηκεν οὐδενὸς γὰρ ὁρῶμεν τῶν ὄντων οὐσίαν
τὰ ἐναντία, ὡς ταύτης οὔσης αἰτίας τοῦ ἀπορεῖν πρὸς τοὺς μὴ ὑποτιθέντας
ἑτέραν φύσιν τοῖς ἐναντίοις. ὁ δὲ συλλογισμὸς οἶμαι τοιοῦτος· τὰ ἐναντία
10 ἐν ὑποκειμένῳ καὶ συμβεβηκότα, αἱ ἀρχαὶ οὐ συμβεβηκότα, τὰ ἄρα ἐναντία
οὐκ ἀρχαί. καὶ ὅτι μὲν τὰ ἐναντία συμβεβηκότα, προέλαβεν ἐκ τοῦ μη-
δενὸς τῶν ὄντων ὁρᾶσθαι οὐσίαν τὰ ἐναντία· εἰ δὲ μὴ οὐσίαν, δῆλον
ὅτι συμβεβηκός. τοῦτο δὲ δῆλον ἐκ τοῦ τὰ ἐναντία μὴ καθ' αὑτὰ εἶναι,
ἀλλ' ἐν ὑποκειμένῳ τὸ εἶναι ἔχειν. διαφοραὶ γάρ τινές εἰσι τὰ ἐναντία.
15 αἱ δὲ διαφοραὶ τινὸς διαφοραί. διὸ καὶ οὐδενὸς ὁρῶμεν, φησίν, οὐσίαν
τὰ ἐναντία, ὡς ὀφείλοντα πάντως ὅτι ἂν ᾖ ἄλλου εἶναι. ὅτι δὲ ἡ ἀρχὴ
οὐ καθ' ὑποκειμένου, τουτέστιν οὐκ ἐν ὑποκειμένῳ οὐδὲ συμβεβηκός,
δείκνυσιν οὕτως· τὸ καθ' ὑποκειμένου ἀρχὴν ἔχει τὸ ὑποκείμενον· ἡ ἀρχὴ
ἀρχὴν οὐκ ἔχει· ἡ ἀρχὴ ἄρα οὐ καθ' ὑποκειμένου ἐστίν. εἰ γὰρ καθ'
20 ὑποκειμένου ἐστίν, ἔσται ἀρχὴ τῆς ἀρχῆς· ἀλλὰ μὴν ἀρχὴ ἀρχῆς οὐκ ἔστιν·
οὐδ' ἄρα τὸ καθ' ὑποκειμένου ἀρχή. τὸ δὲ συνημμένον δείκνυσιν οὕτως.
τοῦ καθ' ὑποκειμένου τὸ ὑποκείμενον προϋπάρχει· τὸ προϋπάρχον ἀρχή
ἐστι· τοῦ ἄρα καθ' ὑποκειμένου τὸ ὑποκείμενον ἀρχή ἐστιν.

p. 189 a 32 Ἔτι οὐκ εἶναί φαμεν οὐσίαν ἐναντίαν οὐσίᾳ· πῶς οὖν
25 ἐκ μὴ οὐσιῶν οὐσία ⟨ἂν⟩ εἴη; ἢ πῶς ἂν πρότερον μὴ οὐσία
οὐσίας εἴη;

Ἐν τούτοις τρεῖς μοι δοκεῖ συλλογισμοὺς ἢ τέτταρας συνελεῖν, ὧν ὁ
μὲν πρῶτος οἷον λῆμμα τῶν ἐφεξῆς ὧν δείκνυσιν, ὅτι τὰ ἐναντία οὐκ οὐσίαι
εἰσίν, οἱ δὲ ἐφεξῆς δύο συνάγουσιν, ὅτι τὰ ἐναντία οὐκ εἰσὶν ἀρχαί. καὶ
30 ὁ μὲν πρῶτος τοιοῦτος· ἡ οὐσία ἐναντίον οὐκ ἔχει· τὸ ἐναντίον ἐναντίον
ἔχει· τὸ ἄρα ἐναντίον οὐκ ἔστιν οὐσία. ὁ δὲ δεύτερος λαβών, ὅτι τὰ
ἐναντία οὐκ οὐσία, ὡς ἐκ μεταθέσεως κατάφασιν, καὶ προσλαβών, ὅτι ἡ μὴ

---

3 ante καθ' add. οὐ a   5 φύσιν] φῇ (i. e. φησίν) E   6 ἀπορήσοι sic DEF:
ὑποθήσει a   10 ἐν om. E   οὐ συμβεβηκότα F   12 μὴ οὐσίαν D: μὴ οὐσία
aEF   13 συμβεβηκότα a   14 ἔχον E   19 ἡ ἀρχὴ ἄρα τοῦ καθ' ὑποκειμένου
ἢ καὶ οὕτως. εἰ ἔστιν ἀρχὴ τῆς ἀρχῆς. ἀλλὰ κτλ. E   εἰ γὰρ — ἐστίν D: om. aF
20 ἔσται D: om. F: ἔσται γὰρ a   21 συνημμένον ἀρχή ἐστι F   24 πῶς οὖν κτλ.
om. F   25 οὐσιῶν] οὐσιν ὧν (corr. in mrg. E²) E¹   ἂν a: ante οὖν inseruit
E: om. D sed cf. p. 201, 18   27 μοι om. a   28 οἷον λῆμμα — ὁ μὲν πρῶτος om. a
ὧν] ὃν F   οὐκ (ante οὐσίαι) ἐν E²   30 τὸ ἐναντίον ἐναντίον ἔχει om. E   32 προ-
λαβὼν E

οὐσία οὐκ ἔστιν οὐσίας αἰτία, συνάγει ὅτι τὰ ἐναντία οὐσίας οὐκ ἔστιν αἴτια· 43ᵛ
τὰ δὲ οὐσίας μὴ ὄντα αἴτια οὐκ ἂν εἶεν ἀρχαὶ τῶν φυσικῶν οὐσιῶν. ὁ δὲ 50
τρίτος τοιοῦτος· τὰ ἐναντία οὐκ ἔστιν οὐσίας πρότερα· αἱ ἀρχαὶ τῆς οὐσίας
πρότεραι τῆς οὐσίας εἰσί· τὰ ἄρα ἐναντία οὐκ εἰσὶν ἀρχαὶ οὐσίας. ὅτι δὲ
5 τὰ ἐναντία οὐκ ἔστιν οὐσίας πρότερα, δείκνυσιν οὕτως· τὰ ἐναντία οὐκ
οὐσία· ἡ μὴ οὐσία διὰ τὴν οὐσίαν καὶ ἐν τῇ οὐσίᾳ τὸ εἶναι ἔχει· τὸ διὰ
τὴν οὐσίαν καὶ ἐν τῇ οὐσίᾳ τὸ εἶναι ἔχον πρότερον οὐσίας οὐκ ἔστι. ἀλλὰ
τίς ἡ οὐσία, ἣν τῶν ἐναντίων ἀποφάσκει; ὁ μὲν οὖν Ἀλέξανδρος τῷ οὐκ 55
εἶναί φαμεν οὐσίαν ἐναντίαν οὐσίᾳ προσυπακούειν φησὶ δεῖν τῇ κατὰ |
10 τὸ ὑποκείμενον. τῷ γὰρ εἴδει οὐσίᾳ ὄντι ἡ στέρησις δοκεῖ εἶναι ἐναντία. "εἰ 44ʳ
μὴ ἄρα, φησί, κοινότερον ἡ στέρησις ἐναντίον εἴρηται". θαυμάζω δὲ εἰ
τὴν ὕλην ἀκούειν χρὴ τὴν οὐσίαν νῦν· οὐδὲ γὰρ ἡ ὕλη καθ' αὑτὴν ἀρχή
ἐστιν οὐδὲ οὐσία κυρίως, ἀλλ' εἴπερ ἄρα, κατὰ τρίτον λόγον. οὐσία μὲν
γὰρ κυρίως τὸ σύνθετον ἐξ ὕλης καὶ εἴδους, δευτέρως δὲ τὸ εἶδος, καὶ
15 τρίτως ἡ ὕλη. καὶ οἶμαι ὅτι διὰ τῶν αὐτῶν ἐπιχειρημάτων ἔδειξεν ἄν τις,
ὅτι οὐδὲ ἡ ὕλη καθ' αὑτὴν ἀρχὴ ἂν εἴη, εἴπερ μὴ οὐσία καθ' αὑτήν, ἐκ 5
δὲ μὴ οὐσίας οὐσία οὐκ ἂν εἴη. καὶ τοῦτο δὲ αὐτὸ ζητήσεως ἄξιον εἶναί
μοι δοκεῖ, πῶς εἴρηται τὸ πῶς ἐκ μὴ οὐσιῶν οὐσία ἂν εἴη. καὶ γὰρ
οὐδὲ ἔδει οὐσίας εἶναι τὰ τῆς οὐσίας στοιχεῖα. εἰ γὰρ προϋπάρχει τὰ στοι-
20 χεῖα τοῦ στοιχειωτοῦ καὶ εἶεν οὐσίαι τὰ τῆς οὐσίας στοιχεῖα, πρὸ τοῦ
γενέσθαι τὴν οὐσίαν εἴη ἂν οὐσία. καὶ ὅλως πανταχοῦ τὰ στοιχεῖα οὐκ
ἔστιν, ὅπερ τὰ στοιχειωτά. οὔτε γὰρ τὰ τοῦ ἀνθρώπου στοιχεῖα ἄνθρωποι
οὔτε τὰ τῆς σαρκὸς σάρξ. μήποτε οὖν ἡ ὕλη καὶ τὸ εἶδος ἤτοι ἡ ἀντί- 10
θεσις στοιχεῖα ὄντα τῆς κυρίως οὐσίας (αὕτη δέ ἐστιν ἡ σύνθετος) οὐσία
25 μὲν καθ' αὑτὰ ἑκάτερα οὐκ εἰσίν, ἀλλ' οὐσιώδη μόνον, καὶ σώματα μὲν
οὐκ ἔστι, σωματικὰ δέ, ὡς καὶ Εὔδημος δηλοῖ "σωματοειδῆ" καλῶν τὴν
ὕλην· συνελθόντα δὲ οὐσία καὶ οὐσίας ἀποδοτικά ἐστι. διὸ οὐδέτερον καθ'
αὑτὸ οὔτε οὐσία ἐστὶν οὔτε οὐσίας ἀποδοτικόν. ἔχειν μέντοι τι δοκεῖ πλέον
εἰς οὐσίας λόγον ἡ ὕλη τῆς ἐναντιώσεως, καθ' ὅσον ἡ μὲν ὕλη δύναται
30 καθ' ἑαυτὴν εἶναι, ὅπερ ἴδιον τῆς οὐσίας ἐστίν, ἡ δὲ ἀντίθεσις ἐν ἑτέρῳ 15
πάντως ἔχει τὸ εἶναι καὶ ἐν ὑποκειμένῳ ἐστί, καὶ κατὰ τοῦτο πορρώτερον
τῆς οὐσίας ἐστί. καὶ διὰ τοῦτο ἐκ τοῦ ἐν ὑποκειμένῳ εἶναι τὰ ἐναντία

---

1 οὐσία οὐσίας οὐκ ἔστιν E   τὰ ἐ. οὐκ εἰσὶν οὐσίας αἴτια aF   2 οὐσιῶν DE: αἰτιῶν aF
4 ἐναντία οὐκ ἔστιν οὐσίας πρότερα F   5. 6 οὐκ οὐσίαι F   7 καὶ om. F   8 ἦν
om. F   9 οὐσίᾳ οὐσίαν ἐναντίαν a   δεῖ a   10 ἐναντία εἶναι aF   11 καὶ
post εἰ add. a   12 οὐδὲ γὰρ (cf. v. 16. 19) aEF: οὐ γὰρ D   13 ἄρα] ἔτι E
15 τρίτον F   18 πῶς οὖν ἐκ a   19 legendum προϋπάρχοι   20 εἶεν a: εἰ ἐν DF:
ἐν E   23 οὔτε τὰ] οὐδὲ τὰ DE   23 μήποτε] μήτε E   26 καὶ ὁ a   Εὔδημος fr. 16
p. 29, 3 Sp.   28 scholium in mrg. D¹: καὶ εἰ πλέον τι ἔχει εἰ(ς) οὐσίας λόγον, πῶς πρὸ
ὀλίγου (cf. v. 14) ἐλέγετο 'δεύτερ(ως) μὲν τὸ εἶδος τρίτως δὲ ἡ ὕλη'; μήποτε μάλιστα κρατοίη
ἂν τὰ τοῦ ἀλεξάνδρου. ἀλλ' ἐγὼ μὲν ἀντιλέγειν πρὸς σὲ οὐ τολμῶ· οὐ γὰρ οὕτως ἐμαυτόν τε
καὶ σὲ ἠγνόησα· ὑμῶν ὁ τ'ἀληθέστερα λέγων, νικώη ἄν   29 εἰς οὐσίας λόγον om. F
32 ἐστί (post οὐσίας) aF: om. E (obl. loc. D)

ἔδειξεν, ὅτι οὐκ ἀρχαί, μᾶλλον ἀρχὴν εἰπὼν εἶναι τὸ ὑποκείμενον, διότι 44ʳ
προϋπάρχει τοῦ κατηγορουμένου.

Ἀλλ' ἔτι μοι δοκεῖ ζητεῖν ὁ λόγος, τίς ὁ σκοπὸς ἂν εἴη τοῦ προχει-
μένου ῥητοῦ. ὅτι μὲν γὰρ ἔτι βούλεται δι' αὐτοῦ δεῖξαι μὴ οὖσαν αὐτάρκη
5 τὴν ἐναντίωσιν εἰς ἀρχῆς λόγον, πρόδηλον· τίς δὲ ἡ οὐσία, ἧς τὰς ἀρχὰς
ζητεῖ, καὶ πῶς μεθοδεύει τὸν λόγον, οὔπω νομίζω δῆλον ἐκ τῶν εἰρημένων 20
γεγονέναι. μήποτε οὖν τῆς συνθέτου οὐσίας, ἣν καὶ κυρίως οὐσίαν ἐν τοῖς
ἑξῆς ἐρεῖ, τὰ στοιχεῖα ζητῶν τὴν ἀντίθεσιν τοῦ εἴδους καὶ τῆς στερήσεως
οὔ φησιν ἀρχεῖν, ὅτι κἂν τὸ εἶδος οὐσία πως, ἀλλὰ τὸ ἀντικείμενον αὐτῷ
10 ἡ στέρησις οὐδαμῶς οὐσία. οὐσία γὰρ οὐσίᾳ οὐκ ἔστιν ἐναντία. χρεία οὖν
ἄλλου τινὸς ὑποκειμένου, ὥστε μετὰ τοῦ εἴδους ποιεῖν τὸ σύνθετον τῆς
στερήσεως οὐκ ἐνυπαρχούσης, ἀλλὰ πρὸς τὴν γένεσιν καὶ τὴν φθορὰν συν-
τελούσης. ὅτι δὲ οὐ τοῦτο δείκνυσιν ὅτι ἁπλῶς οὐκ εἰσὶν ἀρχαὶ τὰ ἐναν-
τία ἀλλ' οὐ καθ' αὑτὰ ἀρχαί, καὶ διὰ τῶν ἑξῆς δηλοῖ αὐτὸ τοῦτο λέγων, 25
15 ὅτι οὐκ ἄλλως δυνατὸν καὶ τὰ πρότερον καὶ τὰ νῦν συναληθεύειν, εἰ μὴ
πρὸς τοῖς ἐναντίοις καὶ τρίτον τι τοῖς ἐναντίοις ὑποκείμενον ὑποτεθῇ. διὰ
τοῦτο δὲ καὶ ἀπορίας καλεῖ τὰς νῦν εἰρημένας ὡς προσδιορισμοῦ τινος δεο-
μένας δεικνύοντος ὅτι καθ' αὑτὰ μὲν οὐκ ἔστιν ἀρχαί, τρίτῳ δέ τινι συν-
ταχθέντα ἀρχαὶ γίνονται.

20 p. 189ᵃ34 Διόπερ εἴ τις τόν τε πρότερον ἀληθῆ νομίσειεν λόγον
εἶναι καὶ τοῦτον, ἀναγκαῖον, εἰ μέλλει διασώσειν ἀμφοτέρους 30
αὐτούς, ὑποθεῖναί τι τρίτον.

Δείξας πρότερον ὅτι τῶν φυσικῶν ἀρχαὶ τὰ ἐναντία ἐκ τοῦ τὸ γινό-
μενον μὴ ἐκ τοῦ τυχόντος ἀλλ' ἐξ ἐναντίου γίνεσθαι καὶ φθείρεσθαι μὴ 35
25 εἰς τὸ τυχὸν ἀλλ' εἰς ἐναντίον, εἶτα ἄλλους ἐπαγαγὼν λόγους ἀποροῦντας
πρὸς τοῦτο καὶ τοὐναντίον δεικνύναι δοκοῦντας, ὅτι οὐκ εἰσὶν ἀρχαὶ τὰ
ἐναντία (καὶ δεικνύντας γε κατὰ συλλογιστικὴν ἀκρίβειαν, ἀλλ' οὐ σοφιζο-
μένους), εὑρίσκει μηχανήν, πῶς καὶ οἱ πρότερον λόγοι καὶ οἱ προσεχεῖς
καίτοι τἀναντία λέγειν δοκοῦντες εἰς ταὐτὸ συμφωνήσουσιν. αὕτη δ' ἐστὶ
30 τὸ ἀρχὰς μὲν εἶναι τὰ ἐναντία (τοῦτο γὰρ ἀληθῶς δέδεικται πρότερον), μὴ
μέντοι καθ' αὑτὰ ληφθέντα (καὶ γὰρ οἱ τοῦτο ἀναιροῦντες λόγοι ἀληθεῖς 40
εἰσιν), ἀλλὰ μετά τινος ἄλλου τρίτου τοῦ τοῖς ἐναντίοις ὑποκειμένου. καὶ
πάλιν εὑρίσκει συμφωνοῦντας αὐτοῦ τῷ λόγῳ τοὺς φυσικούς, οἳ μίαν φύσιν

---

3 προχειμένου] πεπερασμένου D   7 οὐσίαν] οὖσαν (in mrg. γρ. οὐσίαν) F   8 schol.
in mrg. D¹: εἰ τὰ ἐνταῦθα [sc. εἶδος et στέρησιν], θαυμαστὲ σιμπλίκιε, ἰσοσθενῆ ὀφείλει
εἶναι, ὡς καὶ αὐτὸς σὺ πολλαχοῦ ἐπέστησας καὶ ἡ ἀλήθεια βούλεται, πῶς εἰ τὸ εἶδος οὐσία
πως οὐχὶ καὶ ἡ στέρησις οὐσία πως ἐστί   14 λέγων cf. p. 189ᵃ34   15 οὐ καλῶς F¹
18 δεικνύοντος DE: δεικνὺς aF   ἔστιν] εἰσὶν D   συναχθέντα E   20 διὸ εἴπερ τις F
λόγον κτλ. om. F   20. 21 εἶναι λόγον a   21 μέλλοι E   22 αὐτοὺς E: om. D:
τοὺς λόγους a   ὑποτιθέναι ex Ar. a   24 ἐξ] ἐκ τοῦ a   27 καὶ δεικνύντας γε
D: καὶ δεικνύντάσε E: δεικνύντας γε F: δεικνύντας δὲ a   28 καὶ (post πῶς) om. a
30 τὰ ἐναντία εἶναι D

ὑποτιθέντες τοῖς ἐναντίοις, δι' ἣν ἓν τὸ πᾶν ἔλεγον, ἐκ ταύτης γεννῶσι τὰ
πάντα, ὡς Θαλῆς μὲν ὕδωρ, Ἡράκλειτος δὲ πῦρ, Ἀναξιμένης δὲ ἀέρα,
Διογένης δὲ τὸ μεταξύ. καὶ γὰρ οὗτοι πάντες τὴν μίαν ταύτην φύσιν τοῖς
ἐναντίοις ὑπετίθεσαν συγκρίσει καὶ διακρίσει ἢ μανώσει καὶ πυκνώσει τὰ
5 ἄλλα γίνεσθαι λέγοντες ἀπ' αὐτῆς. ἐπαινεῖ δὲ μᾶλλον τοὺς τὸ μεταξὺ λέ-
γοντας καὶ τὴν αἰτίαν προστίθησι. τὰ γὰρ τέτταρα στοιχεῖα μετ' ἐναντιο-
τήτων ἤδη ἐστί· πῦρ μὲν γὰρ θερμὸν καὶ ξηρόν, ἀὴρ δὲ θερμὸν καὶ ὑγρόν,
ὕδωρ δὲ ψυχρὸν καὶ ὑγρόν, ἡ δὲ γῆ ψυχρὸν καὶ ξηρόν. πάντα δὲ μετὰ
ἐναντιότητος· πάντα γὰρ ἐξ ὕλης καὶ εἴδους. τὸ δὲ μέλλον δέχεσθαι τὰ
10 ἐναντία καὶ σὺν αὐτοῖς τὰς γενέσεις τῶν ὄντων καὶ τὰς φθορὰς ἀποδιδόναι
δεῖ κατὰ τὴν ἑαυτοῦ φύσιν ἄμοιρον τῶν ἐναντίων ὑπάρχειν. εἰ γὰρ ἔχοι
τι τῶν ἐναντίων κατ' οὐσίαν, ἢ οὐ μεταβαλεῖ κατ' αὐτὸ καὶ οὐδὲν ἀπ'
αὐτοῦ ἔσται ἢ φθαρήσεται, εἰ τὸ εἶναι αὐτῷ ἐν τῷ ἑτέρῳ τῶν ἐναντίων,
ἢ ἅμα ἕξει τὰ ἐναντία. ὅλως δὲ εἰ μετ' ἐναντίου ἐστίν, οὐκέτι ἁπλοῦν
15 ἔσται, ἀλλὰ σύνθετον. τὰ γὰρ ἐναντία ἐν ὑποκειμένῳ, ὥστε οὐδὲ ἀρχή.
ἀρχαὶ γὰρ ἐκεῖνα ἐξ ὧν τοῦτό ἐστιν, ἀλλ' οὐκ αὐτό. εἰ δέ τις ὅλως ἓν
τῶν στοιχείων ἐπιθυμεῖ τὴν ἀρχὴν τίθεσθαι, ἄμεινον ἀέρα λέγειν, διότι
ὡς πρὸς τὰ ἄλλα ἀναισθήτους ἔχειν δοκεῖ τὰς διαφοράς (δόξει οὖν ὡς ἄποιον
καὶ μηδεμίαν ἔχον ἐναντίωσιν καθ' ἑαυτὸ ὑποτίθεσθαι), τῶν δὲ ἄλλων
20 πάλιν τὸ ὕδωρ εἰς τὰ ἐναντία τρέπεσθαί ἐστιν εὐφυέστερον· θερμαίνεται
γὰρ καὶ ψύχεται ῥᾳδίως καὶ δὴ καὶ | πήγνυται εἰς κρύσταλλον ὡς μηδὲ
τὴν ὑγρότητα κατ' οὐσίαν ἔχειν δοκοῦν. τὸ μέντοι πῦρ φανερὰς ἔχει τὰς
ἐναντιώσεις, θερμότητα λέγω καὶ ξηρότητα καὶ μάλιστα τὴν θερμότητα,
καὶ δέχεσθαι τὰ ἐναντία πῦρ μένον οὐ πέφυκε. τούτου δὲ αἴτιον τὸ δρα-
25 στικὸν εἶναι μᾶλλον αὐτὸ καὶ εἴδει ἀναλογεῖν, ἀλλ' οὐχὶ ὕλῃ.

p. 189 b 8 Ἀλλὰ πάντες γε τὸ ἓν τοῦτο τοῖς ἐναντίοις
σχηματίζουσιν.

Καὶ ἐκ τῆς ἀνάγκης τοῦ λόγου καὶ ἐκ τῆς τῶν ἄλλων φυσικῶν μαρ-
τυρίας τὸ ἓν εἰσαγαγών, ὅτι μηδὲ τοῦτο αὔταρκες καθ' ἑαυτό, δείκνυσι λέ-
30 γων, ὅτι μηδὲ ἐκεῖνοι μόνον ἐτίθεντο τὸ ἓν ἀλλὰ σὺν αὐτῷ τὰ ἐναντία,
τὰς τρεῖς ἀρχὰς βουλόμενος καὶ κατ' ἐκείνους συστῆσαι. καὶ λέγει ὅτι καὶ
ἐκεῖνοι τὸ ἓν τοῖς ἐναντίοις σχηματίζουσι τὰς διαφορὰς τῶν γινομένων κατὰ
τὰς τῶν ἐναντίων διαφορὰς ἀποδιδόντες, οἱ μὲν μανότητι καὶ πυκνότητι, οἱ
δὲ τῷ μᾶλλόν τε καὶ ἧττον. καὶ οἱ μανότητι καὶ πυκνότητι τὰ ἄλλα
35 γεννῶντες τῷ ἐπιτείνειν ἣν ἔχει ποιότητα ἢ ἀνιέναι ποιοῦσιν· ἡ μὲν γὰρ

---

3 καὶ post καὶ γὰρ add. F   4 ἢ πυκνώσει καὶ μανώσει D   11 ἔχοι DEF: ἔχει a
12 μεταβαλεῖ D: μεταβάλλει aEF   13 εἰ τῷ (corr. ex τὸ) εἶναι F   20 ἐστιν
om. F   24 πῦρ in lit. D   πῦρ μόνον conieci   25 ἀναλογοῦν a
οὐχὶ ὕλῃ F: οὐχὶ καὶ ὕλῃ aE: οὐχ ὕλῃ D   30 μόνου F   31 καὶ (ante κατ')
om. a   καὶ (post ὅτι) om. aF   33 πυκνότητος οἱ δὲ τοῦ F   34 καὶ οἱ scripsi:
ἢ οἱ F: οἱ DE: ἢ καὶ οἱ a   καὶ πυκνότητι iterat F

μάνωσις ἄνεσις, ἡ δὲ πύκνωσις ἐπίτασις, ὧν ἡ μὲν ἐπίτασις ὑπὸ τὸ μᾶλλον, 44ᵛ
ἡ δὲ ἄνεσις ὑπὸ τὸ ἧττον, πάντα δὲ εἰς ὑπεροχὴν ἀνάγεται καὶ ἔλλειψιν. 15
καὶ ἔοικε, φησί, μὴ ὑφ' ἡμῶν καινοτομεῖσθαι τὸ τρεῖς εἶναι τὰς ἀρχάς, ἀλλὰ
παλαιά τις εἶναι αὕτη ἡ δόξα, ὅτι τὸ ἓν καὶ ἡ ὑπεροχὴ καὶ ἔλλειψις
5 ἀρχαὶ τῶν ὄντων εἰσί. κἂν γὰρ μὴ πάντες τῷ αὐτῷ ὀνόματι ἐχρήσαντο
τῆς ὑπεροχῆς καὶ τῆς ἐλλείψεως, ἀλλ' οἱ μὲν σύγκρισιν καὶ διάκρισιν οἱ δὲ
μάνωσιν καὶ πύκνωσιν ἢ τὸ μᾶλλον καὶ ἧττον ἢ τὸ μέγα καὶ μικρὸν ἐκά-
λουν, ἀλλὰ πάντα γε ταῦτα εἰς ὑπεροχὴν ἀνάγεται καὶ ἔλλειψιν. καὶ ταύτῃ 20
γε πάντες ἀλλήλοις συμφωνοῦσιν οἱ τρεῖς λέγοντες τὰς ἀρχάς. διαφέρουσι
10 δὲ τῷ τοὺς μὲν ἀρχαιοτέρους τὰ μὲν δύο ἅπερ ἐστὶ τὰ ἐναντία ποιητικὰ
λέγειν, τὸ δὲ ἓν παθητικὸν καὶ ὑλικόν, τῶν δὲ ὑστέρων τινὰς τὸ μὲν ἓν
ποιητικόν, τὰ δὲ δύο τὰ ἐναντία παθητικὰ καὶ ὑλικά. δοκεῖ δὲ ὁ Πλάτων
οὕτως λέγειν τὸ μὲν ποιοῦν ἓν τιθείς, τὸ δὲ πάσχον ἤτοι τὴν ὕλην ὑπερ-
βολὴν καὶ ἔλλειψιν καλῶν καὶ μέγα καὶ μικρόν, καὶ ταύτῃ δύο λέγων αὐτό.
15 δῆλον δὲ ὅτι εἰ μὲν τὸ κυρίως ποιητικὸν αἴτιον ἔλεγεν ἕν, οὐκ ἦν τοῦτο 25
στοιχεῖον· εἰ δὲ τὸ εἶδος ἕν, τὴν δὲ ὕλην δύο κατὰ τὸ Πυθαγόρειον ἔθος
διὰ τῶν ἀριθμῶν σημαίνων τὰ πράγματα, εἰκότως ἓν μὲν τὸ εἶδος ἔλεγεν
ὡς ὁρίζον ὅπερ ἂν καταλάβῃ καὶ περατοῦν, δύο δὲ τὴν ὕλην ὡς ἀόριστον
καὶ ὄγκου καὶ διαιρέσεως αἰτίαν καὶ πεφυκυῖαν πρὸς τὰ ἀντικείμενα. ἐπι-
20 στῆσαι δὲ χρὴ μετ' ὀλίγον ὅτι καὶ αὐτὸς Ἀριστοτέλης τὴν στέρησιν καὶ τὴν
ὕλην εἰς ταὐτὸν ἄγει λέγων "ἔστι δὲ τὸ μὲν ὑποκείμενον ἀριθμῷ μὲν ἕν,
εἴδει δὲ δύο". καὶ δῆλον ὅτι καὶ αὐτὸς δύο μὲν ἐρεῖ τὸ ὑποκείμενον, ἓν
δὲ τὸ εἶδος.

p. 189ᵇ16   Τὸ μὲν οὖν τρία φάναι τὰ στοιχεῖα ἕως τοῦ περίεργος 30
25   ἂν ἡ ἑτέρα τῶν ἐναντιώσεων εἴη.

Πάνυ φιλανθρώπως οὐ μόνον κατὰ τὴν ἀποδεικτικὴν ἀνάγκην ἀλλὰ
καὶ κατὰ τὴν τῶν ἄλλων φιλοσόφων συμφωνίαν ἀποδείξας τὸ τρεῖς ὀφείλειν 35
εἶναι τὰς τῶν φυσικῶν στοιχειώδεις ἀρχάς, ἃς οὐδὲ ἀρχὰς ἁπλῶς ἀλλὰ
στοιχεῖα κυριώτερον ἐκάλεσαν, ἀκριβείας πλείονος ἕνεκεν καὶ ὅτι οὐ πλείω
30 τῶν τριῶν ἐστι τὰ στοιχεῖα προσαποδείκνυσιν. ἐπεὶ γὰρ ἀνάγκη καὶ ὑπο-
κείμενον εἶναί τι ἓν καὶ δύο ἐναντία παρὰ τὸ ὑποκείμενον (εἴπερ μήτε τὸ
ἐναντίον εἰς τὸ ἐναντίον δρᾷ ἀλλ' εἰς τὸ κοινὸν ὑποκείμενον, μήτε τὸ τυχὸν
ἐκ τοῦ τυχόντος γίνεται), εἴ τις ὅλως πλεονάσαι βούλεται τὰς ἀρχάς, ἢ ἄλλο

---

1 ὑπὸ (post ἐπίτασις) DE cf. p. 206, 22. 207, 21: ἐπὶ aF   2 ὑπὸ (post ἄνεσις) D: ἐπὶ aEF
καὶ post ἀνάγεται om. E   4 ἡ δόξα αὕτη D   ante ἔλλειψις add. ἡ aF   7 πύκνωσιν
καὶ μάνωσιν D   8 γε om. D   11 τινὰς DEF: τινὲς a   12 τὰ (post δύο) om. aF
17 τὸν ἀριθμὸν EF   21 λέγων p. 190ᵇ24   24 φάσκειν a   ἕως κτλ. om. F
25 εἴη post ἂν coll. a   26 φιλανθρώπως DE: φιλοσόφως aF   27 ἀποδείξεις F   28 τῶν
φυσικῶν om. aF   ἀρχὰς ἃς aF: ἀρχὰς DE   29 ἐκάλεσεν E fortasse recte
31 παρὰ a: περὶ DEF   ante εἴπερ erasa habet εἶναι — ὑποκείμενον iterata D
33 ὅλως om. E

ὑποκείμενον προσθήσει ἢ ἄλλην ἐναντίωσιν. ἀλλ' ὑποκείμενον μὲν ἀδύνατον 44ᵛ
ἕτερον προσθεῖναι. εἰ γὰρ ἡ αὐτὴ φύσις ἔσται τῶν αὐτῶν οὖσα δεκτική, 40
ἥπερ καὶ κατ' αὐτὸ τοῦτο ὑφέστηκε κατὰ τὸ ὑποδοχὴν εἶναι, μόνον ἔσται
καὶ ἓν τὸ ὑποκείμενον· εἰ δὲ διαφέρουσιν ἀλλήλων, καὶ αἱ διαφοραὶ εἴδη
5 ἔσονται. καὶ οὐκέτι ἔσται ὑποκείμενα, ἀλλὰ σύνθετα καὶ μετ' ἐναντιώσεως·
αἱ γὰρ διαφοραὶ κατ' ἀντίθεσιν ὑφίστανται. ὅλως δὲ ἁπλούστερον εἶναι
βούλεται τὸ ὑποκείμενον, ὡς περὶ ἑαυτὸ δεχόμενον τὴν μεταβολήν. προστι-
θεῖ δὲ καὶ ὅτι ὥσπερ ἡ παράγουσα τὰ πρῶτα ἐναντία ἀρχὴ μία ἦν, 45
οὕτως καὶ ἡ ὑποδεχομένη τὰ ἔσχατα μία ἔσται. τὸ γὰρ παράγον τὰ πρῶτα
10 ἐναντία κρεῖττον αὐτῶν ὑπάρχον καὶ διὰ τοῦτο ἐπὶ πλέον φθάνον ταῖς ἀπο-
γεννήσεσι μετὰ τὴν τῶν ἐσχάτων ἐναντίων ὑπόστασιν μίαν τινὰ ἀπογεννᾷ
φύσιν ἀνομοίως ἑαυτὴν μιμουμένην· ὡς γὰρ ἐκείνη κατ' αἰτίαν περιέχει τὰ
ἐναντία, οὕτως αὕτη πέφυκε πρὸς ἄμφω· καὶ ὡς αὕτη γεννητικὴ τῶν ἐναν-
τίων ἐστίν, οὕτως ἐκείνη δεκτική. ἓν οὖν εἶναι χρὴ τὸ ὑποκείμενον ἱκανὸν
15 πρὸς τὸ πάσχειν ὑπάρχον. εἰ δὲ δύο τις ἐναντιώσεις λέγοι τέτταρα τὰ 50
ἐναντία τιθεὶς ἢ καὶ ὑποκείμενα δύο θήσεται καθ' ἑκατέραν ἕν, καὶ οὕτως
οὐκέτι ἓν ἔσται τὸ ὑποκείμενον, ὅπερ δέδεικται πρότερον. καὶ μέντοι ἢ
ἐξ ἑκατέρου τῶν ὑποκειμένων ἑκατέρα τῶν ἐναντιώσεων γεννᾶν δύναται πάντα
καὶ ἔσται περιττὴ ἡ ἑτέρα (μία γὰρ οὕτως ἔσται ἐναντίωσις) ἢ ἑκατέρα ἴδιά
20 τινα καὶ ἀφωρισμένα γεννήσει καὶ οὐκέτι πάντων αἱ αὐταὶ ἀρχαὶ ἔσονται.
εἰ δὲ ἓν ὑποκείμενον ταῖς δύο ἐναντιώσεσιν ὑποτιθεὶς λέγοι δύνασθαι γεννᾶν
αὐτὰς τὰ ὄντα ἐκ τοῦ ἑνὸς ὑποκειμένου, πάλιν ἢ ἄλλα μὲν ἥδε ἄλλα δὲ 55
ἥδε ἢ τὰ αὐτὰ ἀμφότεραι, καὶ οὕτως πάλιν τὰ αὐτὰ ἔσται | ἄτοπα. εἰ μὲν 45ʳ
γὰρ ἄλλα καὶ ἄλλα, κἂν ἐκ τοῦ αὐτοῦ ὑποκειμένου, τὸ μὲν ὑποκείμενον
25 κοινὴ πάντων ἀρχὴ ἔσται, αἱ δὲ ἐναντιώσεις οὐκέτι κοιναί. εἰ δὲ ἐξ ἀλ-
λήλων πάντα γεννῶσι, περιττὴ πάλιν ἡ ἑτέρα. μία γὰρ ἔσται ἡ ἐναντίωσις.
εἰ δὲ καὶ πλείονάς τις δυεῖν ἐναντιώσεις ὑπόθηται, τὰ αὐτὰ ἄτοπα ἀκολου-
θήσει καὶ ἔτι μᾶλλον. τούτων δὲ τῶν τῆς διαιρέσεως τμημάτων καὶ τῶν
ἑπομένων αὐτοῖς ἀτόπων τὰ μὲν τέθεικε, τὰ δὲ ὡς σαφῆ παρῆκεν ὁ Ἀρι- 5
30 στοτέλης. τὸ μὲν γὰρ δύο καὶ ὑποκείμενα λέγειν τοὺς δύο τιθέντας ἐναν-
τιώσεις αὐτὸ ὡς ἄτοπον τέθεικε διὰ τὸ προειλῆφθαι ὅτι πρὸς τὸ πάσχειν
ἱκανὸν τὸ ἕν. πρὸς δὲ τὸ τὰ αὐτὰ γεννᾶν τὰς δύο ἐναντιώσεις, εἴτε ἑνὸς
εἴτε δυεῖν ὑποκειμένων ὄντων κοινὸν ἐπήγαγεν ἄτοπον τὸ περιττὴν εἶναι

---

1 προσθήσειν F   2 εἰ γὰρ ἡ αὐτὴ aF: εἰ γὰρ αὐτὴ D: ἡ γὰρ αὐτὴ E   ἔσται] ἔστι D
3 αὐτὸ om. F   ὑποδοχὴν DE: ὑποδοχὴ aF   μόνον καὶ ἓν ἔσται aF   4 αἱ (post
καὶ) om. E   7 ὥσπερ ἑαυτὸ E   προστίθει aF   8 ὥσπερ om. E   10 ὑπάρ-
χον om. E   ταῖς ἀπογεννήσεσι F: ταῖς ἀπογενήσασι aD: τις ἀπογενῆσαι σοι E
12 ἑαυτὴν aEF: αὐτὴν D   μιμουμένην aDF: μιμουμένη E   13 ὡς αὕτη D
16 καθ' ἑκατέραν aD: καὶ ἑκατέρα E: καθ' ἑτέραν F   17 οὐκέτι ἓν in lac. om. F
18 γεννᾷ E   19 ἡ ἑτέρα περιττὴ a   ἡ a: ἢ DE: καὶ F   post ἔσται add. ἡ D   ἐναν-
τιώσεις F¹   21 ὑποθεὶς a   22 ὄντα] prior syllaba corr. ex αἰῶν E   ἐκ τοῦ
αἰῶνος E   23 ἀμφότερα F   25 πάντα D   26 πάλιν] πάντως D   29 αὐτῆς a
ὡς σαφῆ DF: ὡς ἀφῆ E: ἀσαφῆ a   30 λέγειν om. E   ἐναντιώσεις τιθέντας ὡς
ἄτοπον D   33 περιττὸν D

τὴν ἑτέραν ἐναντίωσιν, καὶ ὅτι μία ἔσονται ἄμφω, καὶ ὅτι τὰ αὐτὰ γεννῶσι. 45ʳ
τὸ δὲ χωρὶς ἑκατέραν ἰδίᾳ τινὰ γεννᾶν οὐδὲ ἠξίωσε λόγου περὶ κοινῶν
ἀρχῶν διαλεγόμενος. ὁ μέντοι Πορφύριος τὸ ἐξ ἀλλήλων γεννᾶν οὕτως
ἀκούει, ὡς εἰ ἡ ἑτέρα τῶν ἐναντιώσεων τὴν ἑτέραν γεννᾷ, οἷον εἴ τις λέγοι
5 ἀραιὸν πυκνὸν θερμὸν ψυχρὸν ὡς πρῶτα, ἔπειτα τὸ μὲν θερμὸν ἐκ τοῦ
ἀραιοῦ, τὸ δὲ ψυχρὸν ἐκ τοῦ πυκνοῦ· ἀρκέσει γὰρ ἡ τοῦ ἀραιοῦ καὶ πυκνοῦ
ἐναντίωσις. καὶ εἰ μὲν ἐξ ἀλλήλων γεννᾶσθαι ἔλεγεν, εἶχεν ἄν τι ἀκόλουθον
ἡ ἐξήγησις· νῦν δὲ γεννᾶν εἶπεν ἐξ ἀλλήλων.

p. 189ᵇ22 Ἅμα δὲ καὶ ἀδύνατον πλείους εἶναι ἐναντιώσεις
                τὰς πρώτας.

Δείξας ὅτι ἐὰν ὑπόθηταί τις δύο τὰς πρώτας ἐναντιώσεις, ἢ καὶ δύο
ὕλας ὑποθήσει ἤ, εἰ μία ἡ ὕλη, περιττὴ ἔσται ἡ ἑτέρα τῶν ἐναντιώσεων,
δείκνυσι νῦν ὅπερ καὶ πρότερον ἔλεγεν, ὅτι οὐδὲ δυνατὸν πλείους εἶναι μιᾶς
τὰς πρώτας ἐναντιώσεις· συλλογιζόμενος καὶ νῦν οὕτως· ἡ οὐσία ἕν τι
15 γένος ἐστὶ τὸ αὐτό, ἐν δὲ ἑνὶ γένει μία ἐναντίωσις· ἐν ἄρα τῇ οὐσίᾳ
μία ἐναντίωσις, ἀλλὰ μὴν ἡ οὐσία πρώτη τῶν ἄλλων γενῶν ἐστιν· ἡ δὲ
ἐν τῷ πρώτῳ γένει ἐναντίωσις πρώτη τῶν ἐν τοῖς ἄλλοις γένεσιν ἐναντιώ-
σεών ἐστιν· ὥστε ἡ ἐν τῇ οὐσίᾳ ἐναντίωσις πρώτη τῶν ἐν τοῖς ἄλλοις
γένεσιν ἐναντιώσεών ἐστι. καὶ οὕτως ἂν ἔχοιεν αἱ ἐν τοῖς ἄλλοις γένεσιν
20 ἐναντιώσεις πρὸς τὴν ἐν τῇ οὐσίᾳ, ὡς αὐτὰ τὰ γένη πρὸς τὴν οὐσίαν. εἰ
οὖν ἐκείνοις παρὰ τῆς οὐσίας τὸ εἶναι, καὶ ταῖς ἐναντιώσεσιν αὐτῶν παρὰ
τῆς ἐν τῇ οὐσίᾳ ἐναντιώσεως· ὑστέρα ἄρα καὶ ὑπ' ἐκείνην· μία ἄρα ἡ
πρώτη ἡ ἐν τῇ οὐσίᾳ ἐναντίωσις καὶ ἡ ἀρχὴ αὕτη, ἐπειδὴ καὶ τὰς ἀρχὰς
τὰς τῆς οὐσίας ζητοῦμεν. εἰκότως οὖν τὰς ἐναντιώσεις πάσας εἰς τὸ εἶδος
25 καὶ τὴν στέρησιν συνεκορύφωσεν ὁ λόγος, διότι αὕτη τῆς οὐσίας μάλιστά
ἐστιν ἰδία καὶ κατὰ ταύτην γένεσις ἐπιτελεῖται καὶ φθορά. εἰ δέ τις
πλείους ἐναντιώσεις ἐν ταῖς ἀρχαῖς λαμβάνοι, οὗτος τῶν ἀρχῶν λέγοι ἂν
τὰς μὲν πρώτας εἶναι, τὰς δὲ μετ' ἐκείνας. οὕτως δὲ ὁμογενεῖς οὖσαι
κατὰ τὸ πρότερον καὶ ὕστερον διοίσουσιν. εἰ γὰρ κοινὸν γένος ἡ οὐσία,
30 γενικωτάτη ἂν εἴη ἡ τῆς οὐσίας ἐναντίωσις. τὸ δὲ πᾶσαι δὲ αἱ ἐναν-
τιώσεις ἀνάγεσθαι δοκοῦσιν εἰς μίαν ἢ καὶ ἐκ τῆς τῶν φαινομένων

---

4 εἰ om. D   γεννᾶ aF: γέννα E: ἐγέννα D   5 καὶ ante πυκνὸν add. aE   καὶ ante ψυχρὸν add. a   7 ἄν aF: om. DE   8 γεννᾶ E   12 εἰ (ante μία) om. aD¹   13 μιᾶς post ἐναντιώσεις aF   14 τι om. a   15 ἐστὶ τοῦ ὄντος Ar.   ἐν ἄρα — ἐναντίωσις (16) om. aF   16 μὴν ἡ] μὴ ἡ ἡ E   ἐστι γενῶν aF   ἡ δὲ] εἰ δὲ E   18 ἐστιν — ἐναντιώσεων (19) om. F   ἐστὶν om. E   ὥστε εἴη ἕν τι οὐσία E   19 ταῖς ἄλλαις F¹   23 ἡ (ante ἐν) om. E   24 τὰς (ante τῆς) om. a   post οὖν add. καὶ aF   25 ἀπεχορύφωσεν D   αὕτη aF: αὐτὴ D: αὐτοὶ E   26 καὶ (ante κατὰ) om. EF   27 πλείους ἀρχαῖς F   ἐν ταῖς ἀρχαῖς ἐναντιώσεις aF   λαμβάνει aE   οὗτος DF: οὕτως aE   τις post ἂν add. a   28 δὲ καὶ D   30 τῆς (post ἡ) om. F

ἐναργείας τὴν πίστιν παράγει ἐκ τῆς τῶν φυσικῶν μαρτυρίας πάντων μίαν
τὴν πρώτην τιθέντων, ἢ ἐκ τῆς ἑαυτοῦ δόξης εἰς εἶδος καὶ στέρησιν πάσας
ἀναγούσης τὰς ἐναντιότητας. καὶ γὰρ προσεχεῖς μὲν γενέσεως ἀρχαὶ κατ'
αὐτὸν δύο εἰσὶν ἐναντιώσεις, θερμότης ψυχρότης, ξηρότης ὑγρότης, ὡς ἐν τῷ
5 δευτέρῳ τῆς Περὶ γενέσεως ἔδειξεν· ἐπεὶ δὲ καὶ αὗται ὑπὸ μίαν ἀνάγονται
τὴν τῆς ἕξεως καὶ τῆς στερήσεως, διὰ τοῦτο μία ἡ ἀρχικὴ κατ' αὐτὸν ἐναν-
τίωσις. οὕτως ὁ Ἀλέξανδρος καὶ νῦν ἐξηγήσατο τὸ χωρίον· τὸ δὲ ἀεὶ γὰρ
ἐν ἑνὶ γένει μία ἐναντίωσίς ἐστιν ἐπὶ τῆς προσεχοῦς τὴν γένεσιν
ἐναντιώσεως ἀκούει. τὸ γὰρ λευκὸν καὶ μέλαν χρώματός ἐστι προσεχὴς
10 ἐναντίωσις, οὐ ποιότητος· "τὸ δὲ ποιόν, φησίν, ἢ οὐκ ἔχει προσεχῆ ἐναν-
τίωσιν, ἢ εἰ ἔχει, ὑπ' αὐτὴν ἀναχθήσεται τὸ λευκὸν καὶ μέλαν καὶ τὰ
ἄλλα ὁμοίως τὰ ἐν τῇ ποιότητι ἐναντία." ὁ μέντοι Πορφύριος οὐσίαν ἀκούει
τὴν ὕλην καὶ περὶ ταύτην μίαν λέγει ἐναντίωσιν τὴν πρώτην, διότι γένος ἡ
οὐσία, ἐν παντὶ δὲ γένει μία ἐναντίωσις ἡ πρώτη. λέγει δὲ οὕτως· "ἐν
15 παντὶ γένει μία ἐναντίωσις ἡ πρώτη. γένος δὲ καὶ ἡ οὐσία· μία ἄρα καὶ
περὶ ταύτην ἡ ἐναντίωσις. ἡ δὲ ὕλη οὐσία. ὥστε καὶ ἡ περὶ ταύτην μία
ἐναντίωσις ἡ πρώτη, κἂν ὦσι πλείους, τῷ πρότερον καὶ ὕστερον διοίσουσιν,
ἀλλ' οὐ τῷ γένει· ἀεὶ γὰρ ἐν ἑνὶ γένει μία ἐναντίωσις". καὶ ἄμεινον
οἶμαι οὕτως ἤπερ ἐπ' ἐκείνης τῆς οὐσίας ἀκούειν τῆς ὕλης τῆς τοῖς ἄλλοις
20 γένεσιν ἀντιδιῃρημένης. τὸ γὰρ λέγειν ὅτι αἱ τῶν ἄλλων γενῶν ἐναντιώσεις
ὑπὸ τὴν τῆς οὐσίας ἐναντίωσίν εἰσι, διότι καὶ αὐτὰ τὰ γένη ἀπὸ τῆς οὐσίας
ἔχει τὸ εἶναι, ἀπιθάνως εἰρῆσθαί μοι δοκεῖ. αἱ μὲν γὰρ ἄλλαι ἐναντιώσεις
ὑπὸ τὴν πρώτην οὕτως ἀνάγονται, ὡς κατηγορεῖσθαι τῶν ἄλλων τὴν πρώτην.
πᾶσα γὰρ ὑπεροχὴ καὶ ἔλλειψις, ταυτότης καὶ ἑτερότης, ἢ ὅτι ἂν ἄλλο τις
25 λέγοι τὴν πρώτην, οὐ μέντοι τὰ ἄλλα γένη οὐσίαι εἰσί. διότι γὰρ τὸ εἶναι
ἐν τῇ οὐσίᾳ ἔχουσι, δι' αὐτὸ τοῦτο οὐκ εἰσὶν οὐσίαι. κάλλιον οὖν ἴσως
οὐσίαν καὶ ἓν γένος τὸ γενητὸν πᾶν ἀκούειν κοινὸν τῶν δέκα γενῶν ὑπάρχον.
διὸ καὶ ἡ προσεχὴς αὐτῶν ἐναντίωσις κοινὴ τῶν δέκα γενῶν ἐστιν, ἡ ἕξις
λέγω καὶ ἡ στέρησις. δυνατὸν δὲ καὶ τὴν ὕλην ἀκούειν, ὡς κατ' αὐτὴν
30 ὑφεστηκότος τοῦ γενητοῦ καὶ ἐνύλου παντός, οὐ μέντοι ὅτι κυρίως οὐσία
ἐστὶν ἡ ὕλη. οὔτε γὰρ ἡ νοητὴ οὐσία ἐστὶν ἡ ὕλη οὔτε ἡ αἰσθητή. ἡ
μὲν γὰρ παντάπασίν ἐστιν ἄϋλος, ἡ δὲ καὶ αὐτὴ γένεσιν ἔχει καὶ φθορὰν
ἥ γε κυρίως γενητὴ οὐσία. τὸ δὲ γινόμενον καὶ φθειρόμενον ὑποκειμένου
δεῖται καὶ ὕλης, ὡς καὶ ἐν τοῖς ἑξῆς μαθησόμεθα. ὕλην δὲ ὕλης ποιεῖν
35 ἄλογον.

---

1 παράγει, καὶ ἐκ a   μία E   3 ἀναγούσης E: ἀναγούσας D: ἀγούσας F
γὰρ om. aD   προσεχῶς E   5 δευτέρῳ τῆς Περὶ γενέσεως c. 4 p. 331ᵃ 16 sqq.
8 τὴν D: τῆς E¹F: τοῖς aE²   11 ἔχει om. F   καὶ τὸ μέλαν aF   14 ἡ (ante
πρώτη) om. E   λέγει — ἡ πρώτη (15) om. F   16 ἡ (post ὥστε καὶ) om. aF
17 ἡ πρώτη ἐναντίωσις aEF   23 οὕτως om. F   25 λέγῃ a   27 ὑπάρχον —
δέκα γενῶν om. E   28 αὐτῶν aF: αὐτῷ D: fortasse αὐτοῦ   ἐναντίωσις D:
ἐναντιότης aF   32 ἐστιν DE: om. aF   αὐτὸ E   34 καὶ (post ὡς) om. a
35 ante ἄλογον add. πάντῃ a

p. 189ᵇ27 Ὅτι μὲν οὖν οὔτε ἓν τὸ στοιχεῖον οὔτε πλείω δυεῖν ἢ τριῶν ἕως τοῦ | οὕτω τὰ περὶ ἕκαστον ἴδια θεωρεῖν.

Δείξας ὅτι μιᾶς ἐναντιώσεως ἐν ταῖς ἀρχαῖς δεῖ καὶ ὑποκειμένου τινὸς τοῖς ἐναντίοις, συμπεραίνεται ὅτι οὔτε ἓν τὸ στοιχεῖον, εἴπερ ἐναντία καὶ
5 ὑποκείμενόν τι τοῖς ἐναντίοις, οὔτε μέντοι πλείω δυεῖν ἢ τριῶν. τό τε γὰρ ὑποκείμενον ἕν ἐστι καὶ τὰ ἐναντία οὐ πλείω δυεῖν ἐστιν. εἴτε μέντοι δύο ἀρχαὶ εἴτε τρεῖς (τοῦτο γάρ ἐστι τὸ καθάπερ εἴπομεν) ζητήσεως ἄξιόν ἐστι. καὶ γὰρ εἰ μὲν ὡς μία ἀρχὴ τὰ ἐναντία λαμβάνοιτο, δύο ἂν εἶεν ἀρχαὶ ἥ τε ὕλη καὶ τὰ ἐναντία· εἰ δὲ ὡς δύο τὰ ἐναντία, τρεῖς εἰσιν αἱ
10 ἀρχαί. ἄμεινον δὲ διὰ τὴν στέρησιν ἀμφιβόλως εἰρῆσθαι ἢ ταὐτὸν δοκοῦσαν τῇ ὕλῃ ἢ εἰ καὶ διαφέροι κατὰ συμβεβηκὸς ἀρχὴν οὖσαν. ἄπορον οὖν εἴτε δύο ἀρχαὶ τὸ εἶδος καὶ ἡ ὕλη, εἴτε τρεῖς καὶ τῆς στερήσεως προσλαμβανομένης, εἴτε πῶς μὲν δύο πῶς δὲ τρεῖς, ὅπερ καὶ ἀληθὲς φανήσεται. ταῦτα γάρ ἐστι τὰ ἐφεξῆς ὑπ' αὐτοῦ διαρθρούμενα. καὶ περὶ ταῦτά ἐστιν
15 ἡ πολλὴ ἀπορία, πότερον ὁμοίως τὰ ἐναντία ἀρχαί, ἢ τὸ μὲν καθ' αὑτό, τὸ δὲ κατὰ συμβεβηκός. καὶ δὴ καὶ συμπεραινόμενος τούτους τοὺς λόγους ἐπάγει "διὸ ἔστι μὲν ὡς δύο λεκτέον εἶναι τὰς ἀρχάς, ἔστι δὲ ὡς τρεῖς· καὶ ἔστι μὲν ὡς τὰ ἐναντία, ἔστι δὲ ὡς οὔ". ἐπειδὴ δὲ ἐκ τῆς μεταβολῆς μάλιστα καὶ τῆς γενέσεως τὰς ἀρχὰς εὑρεῖν τῶν γινομένων προέθετο, τῶν
20 δὲ γινομένων τὰ μὲν κατά τι τῶν συμβεβηκότων γινόμενα πρόδηλον ἔχει ὑποκείμενον τὴν οὐσίαν, τὰ δὲ κατ' οὐσίαν γινόμενα ἀδηλότερον ἔχει τὸ ὑποκείμενον, διὰ τοῦτο κοινῶς πρῶτον περὶ γενέσεως ποιησάμενος τὸν λόγον καὶ παραδείγματα παραθέμενος τῆς κατά τι τῶν συμβεβηκότων μεταβολῆς, ὕστερον τὴν κατ' οὐσίαν γένεσιν διακρίνει ταύτης καὶ δείκνυσι καὶ ἐπ' ἐκεί-
25 νης τὴν τοῦ ὑποκειμένου χρείαν, καὶ ὅπως ἔχει καὶ πρὸς ἐκεῖνο ἡ στέρησις. κοινότερον δὲ τὸν λόγον εἶπε, καὶ ὅτι οὐ μόνον τῇ φυσικῇ ἀλλὰ καὶ τῇ τεχνικῇ προσχρῆται γενέσει· τοιαύτη γὰρ ἡ τοῦ μουσικοῦ. ὅτι δὲ ἡ τῶν κοινῶν καὶ ὁλοσχερῶν θεωρία ὡς πρὸς ἡμᾶς προτέρα τῶν ἰδίων ἐστίν, εἴρηκεν εὐθὺς τῆς πραγματείας ἀρξάμενος. καὶ δῆλον καὶ ἐκ τῶν ἐνταῦθα λεγο-
30 μένων, ὅτι τὰ ἐκεῖ "καθόλου" εἰρημένα, ἐξ ὧν ἔλεγεν "εἰς τὰ καθέκαστα δεῖν προϊέναι", τὰ κοινὰ καὶ ὁλοσχερῆ ἦν, ἅπερ ἐστὶν ἡμῖν γνωριμώτερα.

---

1 ἢ τριῶν om. DF   2 ἕως τοῦ κτλ. om. F   5 τό τε — τρεῖς (7) om. D
6 ἐστι καὶ — δυεῖν om. F   7 ἥτε F   8 λαμβάνει τὸ E¹   9 αἱ ante ἀρχαὶ F   11 εἰ om. a   οὖσαν ἀρχὴν D   12 δύο αἱ ἀρχαὶ E   καὶ τῆς incipiente novo folio iteravit E   14 ὑφ' ἑξῆς E   17 ἐπάγει p. 190ᵇ29 λεκτέον εἶναι DE: λεχθῆναι aF   18 post τὰ ἐναντία omisit S. Aristotelea οἷον εἴ τις λέγοι τὸ μουσικὸν καὶ τὸ ἄμουσον ἢ τὸ θερμὸν καὶ τὸ ψυχρὸν ἢ τὸ ἡρμοσμένον καὶ τὸ ἀνάρμοστον   24 διακρίνει ταύτης DF: διακρίνει αὐτῆς E: αὐτῆς διακρίνει a
27 τοῦ βασιλικοῦ E   30 ἔλεγεν c. 1 p. 184ᵃ24   31 ἐστιν ἡμῖν DE: ἐστι aF

p. 189 b 32   Φαμὲν γὰρ γίνεσθαι ἐξ ἄλλου ἄλλο καὶ ἐξ ἑτέρου ἕτερον 45ᵛ
ἕως τοῦ καὶ γὰρ ἐξ ἀμούσου καὶ ὁ ἄμουσος γίνεται μουσικός. 24
διὸ καὶ ἐπὶ τοῦ συγκειμένου ὡσαύτως· καὶ γὰρ ἐξ ἀμούσου ἀν- 40
θρώπου καὶ ἄμουσος ἄνθρωπος γίγνεσθαι λέγεται μουσικός.

5   Ἐντεῦθεν καὶ τὴν τοῦ ὑποκειμένου φύσιν εὑρεῖν ἐναργέστερον προτί-
θεται, κἂν ἤδη ταύτην ὅτι ἔστιν εὑρέ τε καλῶς καὶ ἐβεβαιώσατο. καὶ μέντοι
καὶ διαφορὰν ἡμῖν τῆς στερήσεως πρὸς τὸ ὑποκείμενον παραδίδωσι, πρῶτον
μὲν ἀπὸ τοῦ λέγεσθαι διαφόρως ἐπιχειρῶν, εἶτα καὶ ἐξ αὐτῆς τῶν πραγμάτων
τῆς φύσεως. μεταχειρίζεται δὲ τὸν λόγον οὕτως· ἡ γένεσις καὶ ὅλως ἡ
10 μεταβολὴ ἡ μέν ἐστιν ἁπλῆ, ἡ δὲ σύνθετος· ἁπλῆ μὲν ὡς ὅταν τὸν ἄν- 45
θρωπον λέγωμεν γίνεσθαι μουσικόν, γινόμενον μὲν τὸν ἄνθρωπον λαβόντες,
ὃ δὲ γίνεται τὸ μουσικόν· ἢ ὅταν λέγωμεν τὸν ἄμουσον γίνεσθαι μουσικόν.
σύνθετος δέ, ὅταν τὸν μὴ μουσικὸν ἄνθρωπον λέγωμεν γίνεσθαι μουσικὸν
ἄνθρωπον. διὰ τούτων οἶμαι τέως τὴν κοινωνίαν ὑποδεικνὺς τοῦ τε ὑπο-
15 κειμένου καὶ τῆς στερήσεως (ὑποκείμενον μὲν γὰρ ὁ ἄνθρωπος, στέρησις
δὲ τὸ ἄμουσον, καὶ ἄμφω ὁμοίως λέγομεν γίνεσθαι ὅπερ τὸ εἶδος), εἶτα
λοιπὸν τὰς διαφορὰς παραδίδωσι, καὶ πρώτην πάλιν τὴν ἀπὸ τοῦ λέγεσθαι·
τούτων γάρ, φησί, τὸ μὲν ἄμουσον καὶ τὰ τοιαῦτα οὐ μόνον λέγεται 50
τόδε τι γίνεσθαι οἷον τὸ ἄμουσον μουσικόν, ἀλλὰ καὶ ἐκ τούτου,
20 οἷον ἐκ μὴ μουσικοῦ μουσικόν. ὁ δὲ ἄνθρωπος καὶ ὅλως τὰ τοιαῦτα
οὐχ ὁμοίως ἔχει· οὐ γὰρ λέγομεν ἐξ ἀνθρώπου μουσικὸν γίνεσθαι, ἀλλὰ
τὸν ἄνθρωπον μουσικόν. καὶ ἔστιν ἐν τοῖς λεγομένοις ἡ διαφορά. δευτέρα
δὲ ἐκ τῶν πραγμάτων, ὅτι τῶν γινομένων ὅπερ τὸ εἶδος τὰ μὲν ὑπομένοντα
γίνεται (ὁ γὰρ ἄνθρωπος ὑπομένων ἄνθρωπος γίνεται μουσικός), τὰ δὲ ἐξί-
25 σταται (τὸ γὰρ ἄμουσον οὐχ ὑπομένει τὸ μουσικόν). τούτων οὖν διωρισμένων
τοῦ τε διχῶς λέγεσθαι τὰ γινόμενα ἢ ὡς ἁπλᾶ ἢ ὡς σύνθετα καὶ τοῦ δια- 55
φέρειν τὸ γινόμενον κατά τε τὸ λέγεσθαι καὶ κατὰ τὸ ὑπομένειν ἢ μὴ ὑπο-
μένειν, | πανταχόθεν τοῦτό ἐστι λαβεῖν, ὅτι δεῖ τι πάντως ὑποκεῖσθαι τὸ 46ʳ
γινόμενον, τοῦτο δέ ἐστιν ἢ τὸ ἐξ οὗ λέγομεν γίνεσθαι οἷον τὸ ἄμουσον ἢ
30 τὸ λεγόμενον γίνεσθαι οἷον τὸν ἄνθρωπον· ἅπερ καὶ εἰ ἀριθμῷ ἕν ἐστι (διότι
τὸ ἕτερον καθ' ἑαυτὸ ὑποστῆναι οὐ δύναται), ἀλλὰ τῷ λόγῳ ἕτερα· οὐ γὰρ
ταὐτὸν ὁ ἄνθρωπος καὶ τὸ ἄμουσον. καὶ προσαρμόττει λοιπὸν τὰ ῥηθέντα
τῷ ὑποκειμένῳ καὶ τῇ στερήσει. καὶ πρώτην τὴν κατὰ τὸ πρᾶγμα δια-
φορὰν διανέμων λέγει, ὅτι τὸ μὲν ὑπομένον τὸ ὑποκείμενόν ἐστι, τὸ δὲ ἐξι- 5

---

1 γενέσθαι D   ἄλλο ἐξ ἄλλου D   ἐξ (post καὶ) aF: om. DE   2 ἕως κτλ.
om. F   ἄμουσος — ἀνθρώπου καὶ om. E   μουσικός — λέγεται om. D   4 μου-
σικός aD: om. E   6 ηὗρε D   ἐβεβιώσατο a   8 τῆς τῶν πραγμάτων φύσεως
aF   9 οὕτως] οὕτω καὶ a   11 γενόμενον D   12 τὸν ἄμουσον DE: τὸ ἄμουσον
(ἄμουσον F² in lit.) aF   13 σύνθετος — ἄνθρωπον (v. 14) om. F   μὴ (post τὸν)
om. E   15 στερήσεως] litterae στερ F² in lit.   26 post γινόμενα add. ἂν E
27 τὸ (post κατὰ) om. a   καὶ μὴ a   30 γίνεσθαι — λοιπὸν (v. 32) oblitt. D
οἷον τὸ ἄνθρωπον E   32 καὶ (ante προσαρμόττει) om. E   34 τὸ ὑποκείμενον
om. E

στάμενον ή στέρησις, μεγίστην ταύτην εὑρὼν διαφορὰν καὶ τὴν αἰτίαν πρό- 46r
δηλον ἔχουσαν. τὸ μὲν γὰρ ὑποκείμενον ἅτε μηδὲ ἐναντίον ὑπάρχον τῷ
εἴδει ὑπομένει προσιὸν αὐτό. ἡ δὲ στέρησις ἀντικειμένη καὶ ἀσύνακτος
οὖσα πρὸς αὐτὸ ἐξίσταται πάντως ἐπεισιόντος τοῦ εἴδους. εἶτα τὴν κατὰ
5 τὸ λέγεσθαι διαφορὰν ἐπάγει, τὸ μὲν ἐφ' οὗ τὸ τόδε καὶ τὸ ἐκ τοῦδε
λέγομεν τῇ στερήσει προσαρμόττων, τὸ δὲ ἐφ' οὗ τὸ τόδε μόνον τῷ
ὑποκειμένῳ. εἰ δέ ποτε καὶ ἐπὶ τούτου τὸ ἐκ τοῦδε λέγομεν, οἷον ἐκ 10
χαλκοῦ ἀνδριάντα λέγοντες γίνεσθαι, οὐκέτι καὶ τὸ τόδε ἐπὶ τοῦ αὐτοῦ λέ-
γομεν· οὐ γὰρ ὅτι ὁ χαλκὸς ἐγένετο ἀνδριάς. ὥστε εἰ ἡ μὲν στέρησις
10 ἀμφοτέρως λέγεται καὶ τόδε καὶ ἐκ τοῦδε, τὸ δὲ ὑποκείμενον θατέρως μόνον
καὶ ταύτῃ ἂν ἀλλήλων διαφέροι. εἰ δὲ χρὴ διορίζειν ὅλως, τὸ μὲν ἐκ τοῦδε
γίνεσθαι μᾶλλον τῷ μὴ ὑπομένοντι, τουτέστι τῇ στερήσει, προσήκει· δύναται
γὰρ καὶ τὸ μετὰ τόδε δηλῶσαι· τὸ μέντοι τόδε γίνεσθαι τόδε τῷ ὑπομέ-
νοντι μᾶλλον ἁρμόττει. μένον γάρ τι δεῖ γίνεσθαι ὅπερ γίνεται. ἀμέλει 15
15 καὶ ὅταν τὸ ἄμουσον λέγωμεν γίνεσθαι μουσικόν, κατὰ τὴν πρὸς τὸ ὑπο-
κείμενον ἀναφορὰν λέγομεν· ἐκείνῳ γὰρ ἁρμόττει. οὐ γὰρ δὴ ἡ ἀμουσία
αὐτὴ γίνεται μουσικόν, ἀλλὰ τὸ τῇ ἀμουσίᾳ ὑποκείμενον, καθ' ὃ ταύτην
ἔχει. ὥσπερ καὶ ὅταν ἐκ τοῦ χαλκοῦ λέγωμεν τὸν ἀνδριάντα γίνεσθαι,
καθ' ὃ ἐν τῷ χαλκῷ ἡ τοῦ ἀνδριάντος ἐστὶ στέρησις ἀνώνυμος, κατὰ τοῦτο
20 λέγομεν. ἐπειδὴ γὰρ ἐκ στερήσεως ἡ γένεσις, ὅταν ἀπορήσωμεν τοῦ τῆς
στερήσεως ὀνόματος, διὰ τοῦ ὑποκειμένου σημαίνομεν αὐτὴν ὡς ἐν τούτῳ 20
καὶ τῆς στερήσεως οὔσης. ὁμοίως δὲ καὶ ἐπὶ τῶν ἁπλῶν ἔχει καὶ τῶν
συνθέτων. καὶ γὰρ ἐπὶ τούτων τὸ μετὰ τῆς στερήσεως ὑποκείμενον οἷον ὁ
ἄμουσος ἄνθρωπος οὐχ ὑπομένει τὸ μετὰ τοῦ εἴδους ὑποκείμενον, τουτέστι
25 τὸν μουσικὸν ἄνθρωπον, διὰ τὸ ἀντικεῖσθαι τῷ ἀμούσῳ τὸ μουσικόν. καὶ
μέντοι καὶ ἐξ ἀμούσου ἀνθρώπου καὶ τὸν ἄμουσον ἄνθρωπον γίνεσθαι λέ-
γομεν μουσικὸν ἄνθρωπον.

Αὕτη μὲν ἡ ὅλη τῶν λεγομένων ἔννοια. ἐν δὲ τοῖς κατὰ μέρος τὸ
μὲν γινόμενον τὸ ὑποκείμενον καὶ τὴν στέρησίν φησιν οἷον τὸν ἄνθρωπον
30 καὶ τὸ ἄμουσον, τὸ δὲ ὃ γίνεται τὸ εἶδος οἷον τὸ μουσικόν. ὑποκεῖσθαι 25
δὲ τὸ γινόμενον εἶπεν, οὐ τὴν ὕλην μόνον νῦν ὑποκεῖσθαι λέγων, ἀλλ' ὅλον
τὸ γινόμενον ἐν ᾧ καὶ ἡ ὕλη καὶ ἡ στέρησις. τοῦτο οὖν, φησί, τὸ γινό-
μενον εἰ καὶ ἀριθμῷ ἐστιν ἕν (διότι συνδεδράμηκεν εἰς ταὐτὸν τό τε
ὑποκείμενον καὶ ἡ στέρησις ὡς μὴ δυναμένης τῆς στερήσεως καθ' ἑαυτὴν
35 ὑποστῆναι), ἀλλὰ τῷ εἴδει γε διαφορά ἐστιν. ἐπειδὴ δὲ μὴ κυρίως ἐπ'
αὐτῶν εἴρηται τὸ τῷ εἴδει διαφέρειν καὶ τῆς ὕλης ἀνειδέου παντελῶς οὔσης

---

1 μέγιστον F   2 ἅτε om. E   4 ἐξίσταται] ἀφίσταται (ἀφ in lit.) D   7 ἐπὶ τῷ
τούτου a   λέγοιμεν D   8 γενέσθαι DE   10 καὶ (post τόδε) om. E   ἐκ
(ante τοῦδε) om. F   θατέρα a   11 ἀλλήλως ut videtur E   διαφέρῃ E²
18 γίνεσθαι aF: om. DE   20 ἐκ τῆς στερήσεως a   22 καὶ ἐπὶ τῶν συνθέτων F
24 ἄνθρωπος om. E   26 καὶ (post μέντοι) om. E   λέγομεν om. aF   28 μὲν
οὖν ἡ D   29 post μὲν add. συγκείμενον καὶ aF   33 τότε F   35 γε om. a
36 οὔσης παντελῶς D

καὶ τῆς στερήσεως ἀπουσίας οὔσης τοῦ εἴδους, γοργῶς τὸ τῷ εἴδει οὐχ ἓν 46ʳ
μετέβαλεν εἰς τὸ τῷ λόγῳ διάφορον εἰπὼν τὸ γὰρ εἴδει λέγω καὶ λόγῳ 30
ταὐτόν. οὐ γὰρ ὁ αὐτὸς λόγος ἀνθρώπου καὶ ἀμούσου. ὅτι δὲ ἡ στέ-
ρησις καὶ ὑπάρχει τῇ ὕλῃ καὶ ὡς συμβεβηκὸς ὑπάρχει, καὶ προϊοῦσι μὲν
5 ἔσται δῆλον λεγέσθω δὲ καὶ νῦν. μὴ ὑπαρχούσης μὲν γὰρ τῆς στερήσεως
οὐκ ἂν εἴη γένεσις. ἐκ γὰρ μὴ τοιούτου ἡ γένεσις καὶ πεφυκότος· μὴ κατὰ
συμβεβηκὸς δὲ ὑπαρχούσης ἀλλὰ καθ' αὑτό, φθείροιτο ἂν τὸ ὑποκείμενον
ἐν τῇ τῆς στερήσεως ἀποβολῇ, εἴπερ τὸ εἶναι αὐτῷ σὺν τῷ ἐστερῆσθαι ἦν.
ἀλλ' εἰ τὸ ὑποκείμενον δυνάμει, τὸ δὲ δυνάμει ἐν στερήσει, πῶς οὐ τῷ 35
10 οἰκείῳ λόγῳ στέρησίς ἐστι τὸ ὑποκείμενον; ἢ φαμὲν ἐνεργείᾳ ὑποκείμενον
αὐτὸ εἶναι· οὐ γὰρ δὴ καὶ τοῦτο δυνάμει ἔχει· συμβέβηκε δὲ αὐτῷ τὸ δύ-
νασθαι κοινωνεῖν τοῖς εἴδεσιν· ὥστε καὶ ἡ στέρησις τῶν εἰδῶν, ὧν μέλλει
δέχεσθαι, συμβεβηκὸς ἂν αὐτῷ εἴη. "ὅταν γὰρ, φησὶν Ἀλέξανδρος, ὡς ὕλη
τινὸς λαμβάνηται, τότε ἐστὶ μετὰ στερήσεως· ὅταν δὲ αὐτὸ καθ' αὑτὸ τὸ
15 ὑποκείμενον, οὐ μετὰ στερήσεως". ὁ μέντοι Βόηθος ἔλεγεν ὅτι "ἄμορφος
μὲν οὖσα καὶ ἀνείδεος ὕλη λέγεται· ἡ γὰρ ὕλη πρὸς τὸ ἐσόμενον ὠνομάσθαι 40
δοκεῖ· ὅταν δὲ δέξηται τὸ εἶδος, οὐκέτι ὕλη ἀλλ' ὑποκείμενον λέγεται· ὑπο-
κεῖσθαι γάρ τι λέγεται τῷ ἤδη ἐνόντι". μήποτε δὲ ὕλη μὲν ὡς ἐσχάτη
λέγεται, ὑποκείμενον δὲ ὡς πρὸς τὸ εἶδος, εἴτε ἔχει ἤδη τὸ εἶδος εἴτε
20 μέλλει δέχεσθαι αὐτό. "ἄποιος δέ, φησὶν ὁ Ἀλέξανδρος, κατὰ τὸν ἑαυτῆς
λόγον ἡ ὕλη, οὐχ ὡς ἐν στερήσει οὖσα ποιότητος (καὶ γὰρ ἡ στέρησις
ποιότης), ἀλλ' ὡς ἐν ἀποφάσει· ὥσπερ γὰρ τοῦ εἴδους οὕτως καὶ τῆς στε-
ρήσεώς ἐστι δεκτική". ταῦτα τοῦ Ἀλεξάνδρου λέγοντος ἐπιστήσειεν ἄν τις, 45
πρῶτον μέν, εἰ ἡ στέρησις ποιότης, ἡ δὲ ποιότης εἶδός τι, παντὸς δὲ εἴδους
25 γενητοῦ ἐστι στέρησις, ἔσται καὶ τῆς στερήσεως στέρησις· εἰ δὲ ἡ στέρησις
ἀπουσία, καὶ ἀπουσίας ἔσται ἀπουσία καὶ τοῦτο ἐπ' ἄπειρον. ἔτι δὲ εἰ ὡς τοῦ
εἴδους οὕτως καὶ τῆς στερήσεώς ἐστι δεκτικὴ ἡ ὕλη, ὅταν τὸ εἶδος πάρεστι
στέρησιν ἔχει τῆς στερήσεως. ἢ οὖν τὸ εἶδός ἐστιν ἡ στέρησις τῆς στε-
ρήσεως, ὅπερ ἄτοπον, ἢ ἔσται τις ἄλλη στέρησις συνοῦσα τῷ εἴδει. καὶ τί
30 ἔσται τὸ ἐκείνῃ ἀντικείμενον εἶδος, εἴπερ πᾶσα στέρησις πρὸς εἶδος ἀντί-
κειται; μήποτε οὖν ἄλλη ἐστὶν ἡ ἐν κατηγορίαις στέρησις ἀντικειμένη τῇ 50
ἕξει ὡς ἡ τυφλότης τῇ ὄψει, ἥτις οὐδὲ ἀνακάμπτει εἰς τὴν ἕξιν μετέχουσά
πως τῆς ποιότητος καὶ αὐτὴ καὶ παρακεχρωσμένη τῷ εἴδει οὐ λέγεται στέ-
ρησις. περὶ ἧς τάδε γέγραφεν ὁ Ἀριστοτέλης· "ἐπὶ δέ γε τῆς στερήσεως
35 καὶ τῆς ἕξεως ἀδύνατον εἰς ἄλληλα μεταβολὴν γίνεσθαι. ἀπὸ μὲν γὰρ τῆς

---

1 τὸ τῷ εἴδει aF: τῶ εἴδει E¹: τὸ εἴδει DE² 2 μετέβαλεν DE: μετέλαβεν aF
εἰπών, τῷ γὰρ a 4 καὶ (post στέρησις) om. D 5 γὰρ (post μὲν) om. D 8 μετα-
βολῆ a 11 τὸ (post αὑτῷ) in lac. VII litt. om. F 12 μέλει E 18 γάρ τι
DE: γὰρ F: γάρτοι a ἤδη DEF¹: εἴδει aF² 19 ἤδη] εἴδη E 20 αὑτῆς E
23 ἐπιστήσειεν a: ἐπιστήσει E¹: ἐπιστήσοι DE²: ἐπιστῆσαι F 24 ἢ δὲ F 26 ἀπουσία
ἔσται ἀπουσίας a 30 ἔστι D 31 ἐν om. a post στέρησις add. ἢ aF cf.
p. 212, 4 32 πρὸς τὴν E 33 λέγει D 34 Ἀριστοτέλη; Categ. 10 p. 13ᵃ31
γε om. D τῆς ἕξεως καὶ τῆς στερήσεως Aristoteles 35 γενέσθαι Aristoteles
μὲν om. E

ἕξεως ἐπὶ τὴν στέρησιν γίνεται μεταβολή, ἀπὸ δὲ τῆς στερήσεως ἐπὶ τὴν 46ʳ
ἕξιν ἀδύνατον. οὔτε γὰρ τυφλὸς γενόμενός τις πάλιν ἀνέβλεψεν, οὔτε φα-
λακρὸς ὢν πάλιν κομήτης ἐγένετο, οὔτε νωδὸς ὢν πάλιν ὀδόντας ἔφυσεν". 55
ἄλλη δέ τίς ἐστιν αὕτη ἡ στέρησις ἀντικειμένη τῷ εἴδει καὶ | ἀνακάμπτουσα 46ᵛ
5 εἰς αὐτό, ὥστε κατὰ τὴν εἰς ἄλληλα τούτων μεταβολὴν ἐπιτελεῖσθαι τὴν
γένεσιν καὶ τὴν φθοράν. καὶ ἐκείνη μὲν μετὰ τὸ εἶδός ἐστι πήρωσις οὖσα
τοῦ εἴδους, αὕτη δὲ καὶ πρὸ τοῦ εἴδους καὶ μετὰ τὸ εἶδος ὡς ἀπουσία τις
μετὰ ἐπιτηδειότητος τῆς πρὸς τὸ εἶδος θεωρουμένη. ὥστε οὐδὲ στέρησις
ἂν εἴη στερήσεως, ἀλλ' εἶδος καὶ στέρησις μόνον ἀπουσία τις οὖσα τοῦ
10 εἴδους· καὶ ὅταν παρῇ τὸ εἶδος, οὐ πάρεστιν ἡ στέρησις. οὐ μέντοι οὐδὲ 5
ἀπουσία τῆς στερήσεως πάρεστιν ὡς ἄλλη στέρησις· εἴδους γὰρ ἀπουσία ἡ
στέρησις ἀλλ' οὐχὶ στερήσεως. καὶ τὸ μὲν εἶδος παρεῖναι καὶ ἀπεῖναι λέ-
γοιτο ἄν, οὔτε δὲ ἡ παρουσία παρεῖναι ἢ ἀπεῖναι, ὡς ἄλλην γίνεσθαι πα-
ρουσίαν τῆς παρουσίας, οὔτε ἡ ἀπουσία· καὶ γὰρ ὅταν συνάπτηταί τινα καὶ
15 χωρίζηται ἀπ' ἀλλήλων, οὐ λέγομεν τοῦ χωρισμοῦ χωρισμὸν εἶναι.

p. 190ᵃ31 Πολλαχῶς δὲ λεγομένου τοῦ γίνεσθαι ἕως τοῦ τὰ δὲ
 ἄλλα πάντα κατὰ τῆς οὐσίας.

Προθέμενος ἐπὶ πάσης γενέσεως τό τε ὑποκείμενον εὑρεῖν καὶ τὴν δια-
φορὰν αὐτοῦ παραδοῦναι τὴν πρὸς τὴν στέρησιν καὶ ἀπὸ τῶν εὐκολωτέρων
20 ἀρξάμενος (προφανεστέρα γὰρ ἦν ἡ τῶν συμβεβηκότων γένεσις περὶ ὑποκει- 15
μένην τὴν οὐσίαν ἐπιτελουμένη), μέτεισι λοιπὸν ἐπὶ τὸ δεῖξαι, ὅτι καὶ ἐπὶ
τῆς οὐσίας ὑποκειμένου τινὸς δεῖ καὶ στερήσεως πρός τε τὴν γένεσιν τῆς
οὐσίας καὶ πρὸς τὴν φθοράν. καὶ πρῶτον μὲν ἐπισημαίνεται, ὅτι πολλα-
χῶς λεγομένου τοῦ γίνεσθαι καὶ τοσαυταχῶς ὅσα ἐστὶ τὰ γινόμενα,
25 ἐπὶ μὲν τῶν ἐννέα κατηγοριῶν οὐ γίνεσθαι ἁπλῶς λέγομεν, ἀλλὰ τόδε τι
γίνεσθαι. τὴν γὰρ ὑποκειμένην οὐσίαν οὐ γίνεσθαι ἁπλῶς, ἀλλὰ λευκὸν
γίνεσθαι ἢ τρίπηχυ ἢ δεξιὸν λέγομεν, ἐπὶ δὲ τῆς οὐσίας οἷον τοῦ ἀνθρώπου,
ὅτι γίνεται ἄνθρωπος λέγομεν, ἀλλ' οὐ τόδε τι γίνεται. τούτου δὲ αἴτιον 20
τὸ τὴν οὐσίαν μὲν αὐτὴν καθ' αὑτὴν ὑφεστῶσαν καθ' ἑαυτὴν γίνεσθαι.
30 τῶν δὲ ἄλλων ἐν τῇ οὐσίᾳ τὸ εἶναι ἐχόντων ἡ οὐσία κατ' αὐτὰ λέγεται
γίνεσθαι, ἀλλ' οὐχ ἁπλῶς οὐδὲ καθ' ἑαυτήν. διὸ κατὰ μὲν τὰ ἄλλα
τῆς γενέσεως ἐπιτελουμένης φανερὸν ὅτι ἀνάγκη ἐστὶν ὑποκεῖσθαι τὸ
τὶ γινόμενον. δεῖ γὰρ εἶναι πάντως ὃ λέγομεν τόδε τι γίνεσθαι οἷον
λευκὸν ἢ τρίπηχυ, διότι τὰ συμβεβηκότα πάντα ἐν ὑποκειμένῃ τῇ οὐσίᾳ

---

2 τις] οὐδείς E ἔβλεψεν DE   3 πάλιν (ante ὀδόντας) om. Aristotelis libri   4 post
στέρησις add. ἡ aF   9 εἴη τῆς στερήσεως fortasse recte a   11 τῆς στερήσεως] τοῦ εἴδους F
12 μὲν om. E   13 ἢ] καὶ aF   15 τοῦ χωριστοῦ aF   χωρισμὸν τοῦ χωρισμοῦ E
εἶναι ὥστε οὐ. F   16 τοῦ λεγομένου γίνεσθαι E   ἕως κτλ. om. F   20 προ-
φανέστερον D   22 τε om. aF   25 ἐπὶ μὲν οὖν F   ἀλλὰ — δεξιὸν λέγομεν
om. E   τόδε Aristoteles: τάδε libri   29 μὲν om. aF   31 ἁπλῶς ἀλλ' F
33 τι τὸ Aristoteles   γενέσθαι D   post οἷον add. τὸ a

ἐστίν. ἐπειδὴ δὲ ἡ οὐσία οὐκ ἔστιν ἐν ὑποκειμένῳ ὥσπερ τὰ ἄλλα, οὐχ οὕτως φανερόν ἐστιν αὐτῆς τὸ κατὰ τὴν γένεσιν καὶ τὴν φθορὰν ὑποκείμενον.

p. 190 b 1   Ὅτι δὲ καὶ ἡ οὐσία ἕως τοῦ οἷον τὰ τρεπόμενα κατὰ
            τὴν ὕλην.

Ὅτι μὲν αἱ ἄλλαι κατηγορίαι ἐν ὑποκειμένῳ τῇ οὐσίᾳ οὖσαι τὸ γίνεσθαι καὶ φθείρεσθαι ἔχουσι προσεχῶς περὶ τὴν οὐσίαν ὡς ὑποκειμένην, δῆλον. καὶ αὐτὴ δὲ ἡ οὐσία ἡ γενητὴ καὶ ὅλως ὅσα παρὰ τὰ πρότερον εἰρημένα, ἃ τόδε τι εἶναι λέγομεν, ἁπλῶς ὄντα ἐστὶ καὶ οὐ τόδε τι ὄντα, τουτέστιν οὐσίαι καὶ οὐ συμβεβηκότα, κἂν μὴ ἐν ὑποκειμένῳ τὸ εἶναι ἔχῃ, ἀλλ' ἔχει τι πάντως ἐν ἑαυτοῖς ὑποκείμενον κατ' αὐτά, περὶ ὃ τὸ γίνεσθαι καὶ φθείρεσθαι συμβαίνει αὐτοῖς. τοῦτο δὲ πρῶτον μὲν δείκνυσι διὰ τῆς ἐπαγωγῆς. ἀεὶ γὰρ ἔστι τι ὑποκείμενον ταῖς γενέσεσιν ὥσπερ ἐπὶ φυτῶν καὶ ζῴων τὸ σπέρμα. τούτου γὰρ ὑπομένοντος ἅμα καὶ ἀλλοιουμένου γίνεται τὰ φυτὰ καὶ τὰ ζῷα. μετὰ δὲ τὴν ἐπαγωγὴν καθολικῇ φησιν ὁ Ἀλέξανδρος ἀποδείξει χρῆσθαι τὸν Ἀριστοτέλην δεικνύντα, ὅτι κατὰ πάντας τοὺς τοῦ γίνεσθαι τρόπους ἐξ ὑποκειμένου γίνεται τὰ γινόμενα, καὶ τῷ καθόλου συναποδεικνύντα καὶ τὸ ἐπὶ τῆς οὐσίας, εἴ γε καὶ ἡ ταύτης γένεσις ὑπὸ τοὺς ἐκτιθεμένους τρόπους ἐστί. διὸ καὶ τὰ γινόμενα ἁπλῶς ἀντὶ τοῦ καθόλου καὶ καθάπαξ ἀκούει, ὡς ἐπανιόντος αὐτοῦ πάλιν ἐπὶ τοὺς κοινοὺς τῆς γενέσεως τρόπους, ἐν οἷς καὶ ὁ κατ' οὐσίαν συνείληπται· "τῇ γὰρ ἀλλοιώσει, φησίν, ὑποτάσσεται καὶ ἡ κατ' οὐσίαν γένεσις, καὶ ἴσως εἴποι ἂν οὐχ ὅτι ἀλλοίωσίς ἐστιν, ἀλλ' ὅτι οὐκ ἄνευ ἀλλοιώσεως". οὕτως μὲν οὖν ὁ Ἀλέξανδρος. καὶ ἔοικε καὶ Συριανὸς ὁ μέγας τὴν τοιαύτην ἐξήγησιν ἀποδέξασθαι. μήποτε δὲ τῶν κατ' οὐσίαν γινομένων ἐστὶν ἡ διαίρεσις αὕτη. καὶ γὰρ τὸ σχῆμα εἶδος καὶ οὐσία τοῦ ἀνδριάντος ἐστίν, ἀλλ' οὐ ποιότης. ἄλλο γὰρ καὶ οὐκ ἀλλοῖον γίνεται τὸ εἶδος, εἰ ἐκ σφαίρας ἀνδριὰς γένοιτο. εἰ δὲ τὰ ἄλλα εἴδη παρελάμβανε, πῶς ἡ κυρίως ἀλλοίωσις κατὰ ποιότητα οὖσα μεταβολὴ μένοντος ἀτρέπτου τοῦ ὑποκειμένου κατατροπὴν αὐτοῦ ἐνταῦθα παρελαμβάνετο, ἥτις κατ' οὐσίαν ἐστί; πῶς δὲ ἦν εὔλογον μετὰ τὸ ἀποσκευάσασθαι τὰς ἄλλας γενέσεις πάλιν ἐπ' αὐτὰς ἐλθεῖν; εἰ δὲ καὶ ἐποίει τοῦτο, διὰ τί μὴ πάσας, ὧν ἔμπροσθεν ἐμνήσθη, παρέλαβεν ἐν τῇ ἀπαριθμήσει; καὶ γὰρ καὶ τοῦ πρός τι καὶ τοῦ ποτὲ καὶ τοῦ ποῦ ἐν ἐκείνοις ἐμνημόνευσε. καίτοι ἀπαράλειπτον καὶ ταύτην τὴν διαίρεσιν ὁ ἐξηγητὴς εἶναι ὁμολογεῖ. μήποτε οὖν καὶ ἐνταῦθα γινόμενα ἁπλῶς εἶπε τὰ κυρίως καὶ κατ' οὐσίαν γινόμενα. καὶ γὰρ πρότερον εἶπεν, ὅτι ἁπλῶς γί-

4 καὶ om. F   αἱ οὐσίαι Aristoteles   ἕως κτλ. om. F   8 δὲ οὐσία E
9 ἐλέγομεν E   11 ὑποκείμενον καὶ ταῦτα περὶ τὸ γίνεσθαι F   13 τι ex Arist. scripsi: τὸ libri   ἐπὶ τῶν φυτῶν a   14 τοῦτο E   17 τῷ καθόλου DE: τὸ καθόλου aF   20 καὶ (ante καθάπαξ) om. D   ἐπανιόντος] σπάνιον τὸ ὂν E   27 οὐχ (post καὶ) om. F   30 ἦν DE: καὶ aF   32 ὧν ἅμα ἔμπροσθεν a   36 πρότερον cf. p. 190 a 32

νεσθαι μόναι λέγονται αἱ οὐσίαι, τὰ δὲ ἄλλα οὐχ ἁπλῶς γίνεσθαι, ἀλλὰ 46ᵛ
τόδε τι γίνεσθαι· καὶ ἔχει οὕτως τὸ ἀκόλουθον ἡ διδασκαλία μετὰ τὴν ἐπα-
γωγικὴν πίστιν τὴν διὰ τοῦ σπέρματος καὶ ἐκ τῆς διαιρέσεως τὴν ἀνάγκην
προστιθεῖσα τοῦ ἐξ ὑποκειμένου καὶ στερήσεως μὴ μόνον τὰ συμβεβηκότα ὡς
5 δέδεικται πρότερον, ἀλλὰ καὶ αὐτὰς γίνεσθαι τὰς οὐσίας. | καὶ εἴη ἂν ἡ διαί- 47ʳ
ρεσις τοιαύτη· τῶν γινομένων κατ' οὐσίαν τὰ μὲν ὡς ἁπλᾶ γίνεται τὰ δὲ
ὡς σύνθετα. τὰ μὲν οὖν σύνθετα συνθέσει ὡς ἡ οἰκία, τῶν δὲ ἁπλῶν
τὰ μὲν διὰ βάθους τὰ δὲ ἐπιπολῆς, καὶ τὰ μὲν ἐπιπολῆς μετασχηματίσει
(καὶ γὰρ καὶ αὕτη οὐσιώδης γένεσις, ὅταν ἐκ σφαίρας ἀνδριὰς γένηται),
10 τῶν δὲ διὰ βάθους τὰ μὲν καθ' ὅλον ὡς ἄνθρωπος ἐκ σπέρματος ἀλλοιου-
μένου, τὰ δὲ κατὰ μέρος· καὶ τούτων τὰ μὲν ἐν προσθέσει ὡς τὰ αὐ- 5
ξανόμενα τὰ δὲ ἀφαιρέσει ὡς τὰ μειούμενα. καὶ γὰρ καὶ αὐξήσεις
καὶ μειώσεις γενέσεις εἰσὶ καὶ φθοραὶ μερικαί. καὶ ἐπίστησον, ὅτι οὐ πα-
ρέλαβεν ἀλλοίωσιν ἐνταῦθα τὴν κατὰ ποιότητα μόνον ἢ μεταβολήν, ἀλλὰ
15 τὴν κατὰ τροπὴν τῆς ὕλης οἷον τοῦ σπέρματος ἐπὶ τῶν φυτῶν καὶ τῶν
ζῴων, καθ' ἣν ἡ κατ' οὐσίαν γένεσις ἐπιτελεῖται. εἰ δὲ τὰς μεταβολὰς
ἀπηριθμεῖτο, πῶς τὴν κατὰ τόπον οὐ παρελάμβανε; πῶς δὲ τὴν κατὰ τὸ
σχῆμα ἀντιδιῄρει πρὸς τὴν ἀλλοίωσιν; ζητήσας δὲ ὁ Ἀλέξανδρος, πῶς ὡς
δύο τρόπους τέθεικε τόν τε μετασχηματίσει καὶ τὸν ἀλλοιώσει (εἰ 10
20 γὰρ ποιότης καὶ τὸ σχῆμα, ἀλλοίωσίς ἐστι καὶ ἡ κατὰ τὸ σχῆμα μεταβολή),
οὐχ ἁπλοῦν φησιν εἶναι τὸ τῆς ἀλλοιώσεως, "ἀλλὰ τὸ μὲν μεταχηματιζό-
μενον ἐν τῇ τῆς τάξεως καὶ θέσεως τοῦ ὑποκειμένου ἀλλαγῇ τὴν γένεσιν
ἔχει, τὸ δὲ ἀλλοιούμενον ποιότητα, φησί, τινὰ καὶ πάθος ἀλλάσσει, οὐδὲν
τοῦ ὑποκειμένου, καθό ἐστιν ὑποκείμενον, μεταπίπτοντος ἐν τῇ ἀλλοιώσει.
25 ἰδίως γὰρ ἀλλοίωσις ἡ κατὰ τὰς παθητικὰς ποιότητας μεταβολή". εἰ δὲ
ταῦτα οὕτως ἔχει, πῶς ἐπάγει ὅτι "τῇ ἀλλοιώσει ὑποτάττεται καὶ ἡ κυρίως 15
γένεσις". ἡ γὰρ κατὰ τὰς παθητικὰς ποιότητας μεταβολὴ οὐκ ἂν εἴη
κυρίως γένεσις.

p. 190ᵇ9 Πάντα δὲ τὰ οὕτως γινόμενα φανερὸν ὅτι ἐξ ὑποκειμένων
30 γίνεται ἕως τοῦ τὸν δὲ χαλκὸν ἢ ⟨τὸν⟩ λίθον ἢ τὸν χρυσὸν
τὸ ὑποκείμενον.

Εἰ πάντα μὲν τὰ κυρίως γινόμενα κατά τινα τούτων γίνεται τῶν τρόπων, 22
τὰ δὲ κατὰ τούτους γινόμενα τοὺς τρόπους ἐξ ὑποκειμένου γίνεται, δῆλον

---

4 τοῦ (post προστιθεῖσα) om. E   μὴ] οὐ a   8 ἐπὶ πολλῆς utrobique E   καὶ —
ἐπιπολῆς om. F   μὲν om. aF   9 καὶ (post γὰρ) om. a   10 καθόλον D: καθό
EF: καθόλου a   12 τὰ δὲ ἀφαιρέσει ὡς τὰ μειούμενα om. F   καὶ γὰρ — μερικαί
om. a   13 ὅτι om. F   14 μόνην (om. ἢ) E   17 ἀπαριθμεῖ aF   19 τήν τε E¹
21 εἶναι post ἀλλοιώσεως posuerunt aF   23 ἀλλάσσει a et (ασσει in lit.) D: ἀλάσσει EF
24 τοῦ DF: δὲ E: δὴ τοῦ a   26 ὑποτάττεται DE: ὑπάγεται aF   καὶ om. D
30 ἕως τοῦ κτλ. om. F   δὲ om. E   τὸν (ante λίθον) om. DE: add. a   33 κατὰ
τοὺς τρόπους τούτους γινόμενα aF

ὅτι πάντα τὰ κυρίως γινόμενα ἐξ ὑποκειμένου γίνεται. ὅτι δὲ τῶν εἰρη- 47ʳ
μένων ἕκαστον ἐξ ὑποκειμένου γίνεται, δῆλον ἔσται προχειριζομένοις ἡμῖν.
καὶ γὰρ ἐπὶ τοῦ μετασχηματιζομένου ἔστι τι ὃ μετασχηματίζεται καὶ ἐπὶ
τοῦ τῇ ἀφαιρέσει γινομένου ἔστι τι οὗ ἀφαιρεῖται καὶ ἐπὶ τῆς προσθέσεως
5 ἔστι τι ᾧ προστίθεται καὶ ἐπὶ τῆς συνθέσεως τὰ συντιθέμενά ἐστι καὶ
ἐπὶ ἀλλοιώσεως εἶναί τι χρὴ τὸ ἀλλοιούμενον. εἰ οὖν καὶ ὑποκείμενόν τί
ἐστιν ἐν πάσῃ γενέσει τῇ τε οὐσιώδει καὶ τῇ κατά τι τῶν συμβεβηκότων,
ἔστι δὲ καὶ τὸ τῷ ὑποκειμένῳ ἐπιγινόμενον, δῆλον ὅτι πᾶν τὸ γινόμενον
σύνθετόν ἐστιν ἔκ τε τοῦ γινομένου τουτέστι τοῦ εἴδους οἷον τοῦ μουσικοῦ
10 (πάλιν γὰρ τοῦτο ὡς σαφέστερον προχειρίζεται τὸ παράδειγμα, ὃ καὶ ὑπό-
νοιαν ἴσως παρέσχε τοῦ κοινῶς πάλιν περὶ πάσης λέγειν γενέσεως) καὶ ἐκ
τοῦ ὃ γίνεται. διττὸν δὲ τοῦτο, τό τε ὑποκείμενον καὶ τὸ ἀντικείμενον τῷ
εἴδει. καὶ γὰρ ὅτι ὁ ἄνθρωπος καὶ ὅτι ὁ ἄμουσος ἐγένετο μουσικὸς λέ-
γομεν. ἀντιστρόφως δὲ νῦν τῷ πρόσθεν γινόμενον μὲν τὸ εἶδος καλεῖ,
15 ὃ γίνεται δὲ τὴν ὕλην καὶ τὴν στέρησιν, ἐνδεικνύμενος οἶμαι ὅτι ἑκατέρως
καλεῖν δυνατόν. παραδείγματα δὲ παραθέμενος τῶν ἐξ ὧν γίνεται τὸ γινό-
μενον τό τε ἄμουσον καὶ τὸν ἄνθρωπον, τοῦ γινομένου οὐ παρέθετο
ὡς σαφοῦς ἐκ τοῦ ἀντικειμένου. διὸ καὶ ἀντικείμενον ἐκάλεσε τὴν στέ-
ρησιν, τὸ δὲ τῷ ἀμούσῳ ἀντικείμενον πρόδηλον ὅτι τὸ μουσικόν ἐστι.
20 καὶ τούτων δὲ τὰ παραδείγματα παρέθετο διὰ τὸ διορίσαι τοῦ ὑποκειμένου
τὴν στέρησιν.

p. 190ᵇ17 **Φανερὸν οὖν ὡς εἴπερ εἰσὶν αἰτίαι καὶ ἀρχαὶ τῶν φύσει
ὄντων ἕως τοῦ δῆλον οὖν ὡς γίνοιτ᾽ ἂν τὰ γινόμενα ἐκ τούτων.**

Δείξας ὅτι τὸ γινόμενον ἅπαν σύνθετόν ἐστι συγκείμενον ἔκ τε τοῦ
25 γινομένου καὶ τοῦ ὃ γίνεται, τουτέστιν ἔκ τε τοῦ εἴδους καὶ τοῦ ὑποκειμένου,
διὰ τούτων λοιπὸν δείκνυσιν ὅτι τὸ γινόμενον καὶ τὸ ὃ γίνεται ἀρχαὶ καὶ
στοιχεῖά εἰσι, καὶ ὅτι πῶς μὲν δύο ταῦτα, πῶς δὲ τρία, συλλογιζόμενος
οὕτως· τὸ φυσικὸν καὶ γενητὸν ἅπαν σύγκειται καθ᾽ αὑτὸ ἐκ πρώτων τοῦ
τε ὑποκειμένου καὶ τοῦ εἴδους· τὸ συγκείμενον καθ᾽ αὑτὸ καὶ μὴ κατὰ
30 συμβεβηκὸς ἐκ πρώτων τοῦ τε ὑποκειμένου καὶ τοῦ εἴδους ἀρχὰς ἔχει τό
τε ὑποκείμενον καὶ τὸ εἶδος· σύγκειται γὰρ ὁ μουσικὸς ἄνθρωπος ἐξ ἀν-
θρώπου καὶ μουσικοῦ προσεχῶς, διὸ καὶ διαλύεται εἰς ταῦτα. ἐπειδὴ δὲ
τὸ ὑποκείμενον ἀριθμῷ μέν ἐστιν ἕν εἴδει δὲ καὶ λόγῳ δύο, καὶ τὸ μὲν
καθ᾽ αὑτό ἐστιν ἡ ὕλη τὸ δὲ κατὰ συμβεβηκὸς ἡ στέρησις, συνάγεται ὅτι
35 κατὰ μέν τινα τρόπον δύο εἰσὶν αἱ ἀρχαί (εἴ τις τὰ ἀριθμητὰ καὶ καθ᾽

---

1 εἰρημένων] ὑποκειμένων D   3 σχηματιζομένου D   μετασχηματίζεται — ἔστι τι
οὗ om. D   5 ᾧ] ὃ D   6 χρή τι D   13 ὁ (post ὅτι) om. E   15 ὃ om. E
18 σαφῶς a   22 ante αἰτίαι add. αἱ D   ἀρχαὶ καὶ αἰτίαι F   τῶν φύσει ὄντων
aE: τῶν φυσικῶν F: om. D   23 ἕως τοῦ κτλ. om. F   24 πᾶν τὸ γινόμενον
ἅπαν D   30 πρώτων τοῦ τε scripsi: πρώτου τε DE: πρώτου τοῦ τε aF   33 δὲ
καὶ καὶ E   35 μὲν transl. post συνάγεται E: post ὅτι D   αἱ post εἰσὶν om. aF
τις] τε F   καὶ (post ἀριθμητὰ) om. E

αὐτὸ ἐνυπάρχοντα τῷ συνθέτῳ στοιχείῳ λαμβάνοι, ἐξ ὧν πρώτων ἐστὶ καθ᾽ 47ʳ
αὐτὸ καὶ μὴ κατὰ συμβεβηκός), κατὰ δέ τινα τρόπον τρεῖς (εἴ τις καὶ τὴν 50
στέρησιν ὡς ἀρχὴν καὶ στοιχεῖον λαμβάνοι, διότι ἦν ἐν τῷ ὑποκειμένῳ
πρὶν γένηται τὸ σύνθετον). καὶ οὐκ ἂν ἐγένετο τὸ σύνθετον μὴ πρότερον
5 ἐκστάντος ἐκείνου. ὁ γὰρ ἄνθρωπος οὐκ ἂν γένοιτο μουσικὸς μὴ πρότερον
ἄμουσος ὢν καὶ τοῦ ἀμούσου ὑποχωρήσαντος. ὥστε τὰ φυσικὰ πάντα
στοιχεῖα καὶ ἀρχὰς ἔχει καθ᾽ αὑτὸ μὲν δύο τό τε εἶδος καὶ τὴν ὕλην, κατὰ |
συμβεβηκὸς δὲ καὶ τὴν στέρησιν, ὅτι τῇ ὕλῃ συμβέβηκεν αὕτη, ἥτις καθ᾽ 47ᵛ
αὑτὸ αἴτιον ἐδείχθη· τὰ δὲ κατὰ συμβεβηκὸς αἴτια κυρίως ἐστίν. ἡ μὲν
10 οὖν ὅλη τῶν λεγομένων ἔννοια τοιαύτη. σημειωτέον δέ, ὅτι τὸ τῆς αἰτίας
καὶ ἀρχῆς ὄνομα καὶ ἐπὶ τῆς ὕλης τίθησιν ὁ Ἀριστοτέλης, ἐν οἷς φησιν,
ὡς εἴπερ εἰσὶν αἰτίαι καὶ ἀρχαὶ τῶν φύσει ὄντων. τὸ δὲ ἐξ ὧν
πρώτων εἰσὶν ἢ γεγόνασι καὶ τὰ ἑξῆς εἴρηται δηλοῦντα, ὅτι τὰς στοι- 5
χειώδεις ἀρχὰς ὁ λόγος ζητεῖ, ἐξ ὧν ἔστιν ὅτε ἔστι καὶ γέγονεν ὅτε γέγονε
15 τὰ φυσικὰ πάντα. ἐξ ὧν γὰρ γέγονεν ἐκ τούτων καὶ ἔστι, καὶ ἐξ ὧν ἔστιν
ἐκ τούτων καὶ γέγονε, μὴ κατὰ συμβεβηκὸς τὸ ἐξ ὧν λαμβανόντων
ἡμῶν ἀλλὰ κατ᾽ οὐσίαν, τουτέστιν ἐξ ὧν ἡ οὐσία συμπληροῦται τοῦ γι-
νομένου. ἐξ ὧν γὰρ οὕτως τι γέγονεν, ταῦτα ἀρχαὶ καὶ αἴτια αὐτοῦ ἐστι
κυρίως. προσέθηκε δὲ τοῦτο καὶ διὰ τὴν στέρησιν, διότι λέγεται μὲν καὶ
20 ἐκ τοῦ ἐναντίου καὶ μὴ ἐνυπάρχοντος γίνεσθαι τὸ γινόμενον, ἀλλὰ κατὰ 10
συμβεβηκὸς ἐκ τούτου, καὶ οὐχ οὕτως ὡς ἐν τῇ οὐσίᾳ αὐτοῦ εἶναι καὶ συμ-
πληροῦν αὐτοῦ τὸ εἶναι. τὸ δὲ ἕκαστον ὃ λέγεται κατὰ τὴν οὐσίαν
ὅμοιόν ἐστι τῷ ἐν Κατηγορίαις ἐπὶ τῶν ὁμωνύμων εἰρημένῳ "ὁ δὲ κατὰ
τοὔνομα λόγος τῆς οὐσίας ἕτερος". ὡς γὰρ ἐκ στοιχείων ἕκαστον σύγ-
25 κειται ἐκείνων, ἃ τῶν λεγομένων ἑκάστου καθ᾽ ὃ λέγεται συμπληροῖ τὴν
οὐσίαν. σύγκειται, δέ φησιν, ὁ μουσικὸς ἄνθρωπος ἐξ ἀνθρώπου
καὶ μουσικοῦ τρόπον τινά· οὐ γὰρ ὡς τὰ κεχωρισμένα πάντῃ καὶ κατ᾽ 15
ἰδίαν ὄντα συνετέθη, ὡς πλίνθοι καὶ λίθοι. διὸ οὐδὲ διαλύεται οὕτως, ἀλλ᾽
εἰς τοὺς λόγους καὶ εἰς τοὺς ὁρισμοὺς ἡ διάλυσις· ὥστε καὶ ἐκ
30 τούτων ἡ σύνθεσις. ἰστέον δὲ ὅτι ἄλλο ἐστὶν ὡς ἀρχὰς καὶ στοιχεῖα τῶν
φυσικῶν ζητεῖν, ἐξ ὧν πρώτως ἐνυπαρχόντων ἐστὶ καθ᾽ αὑτὸ καὶ μὴ κατὰ
συμβεβηκός, καὶ ἄλλο μεταβολῆς ἀρχὰς ζητεῖν. καὶ κατὰ μὲν τὸ πρῶτον
ἡ στέρησις κατὰ συμβεβηκὸς ἂν εἴη αἴτιον ὡς μὴ ἐνυπάρχον, κατὰ δὲ τὸ
δεύτερον καθ᾽ αὑτό. ὡς γὰρ τῆς εἰς τὸ εἶναι μεταβολῆς αἴτιον τὸ εἶδος, 20
35 οὕτως τῆς εἰς τὸ μὴ εἶναι ἡ στέρησις. αἴτιον δὲ ἡ στέρησις καὶ τῷ γι-
νομένῳ καὶ κατὰ τὴν παρουσίαν, ὅτι ἐκ μὴ τοιούτου δεῖ γίνεσθαι, καὶ κατὰ
τὴν ἀπουσίαν, ὅτι ἀπογινομένης αὐτῆς ἐπιγίνεται τὸ εἶδος.

---

1 ἐνυπάρχοντα — καθ᾽ αὑτὸ om. D   στοιχεῖα E   πρῶτον F   4 πρὶν γενέσθαι a
7 καὶ (post στοιχεῖα) om. aF   8 αὐτῇ D   12 ἀρχαὶ καὶ αἰτίαι D   13 πρῶτον a
18 γέγονεν ἐν D   23 post ἐν add. ταῖς a   Κατηγορίαις c. 1 p. 1 ᵃ 4   εἰρη-
μένων τῷ D   24 σύγκειται λόγος τῆς οὐσίας ἕτερος E   28 διὸ οὐ a   29 εἰς
(post καὶ) om. DE   30 ante ὡς add. τὸ a   τῶν φυσικῶν καὶ στοιχεῖα F¹
31 πρώτως καὶ E   33 κατὰ συμβεβηκὸς om. E   36 καὶ (post γινομένῳ) om. aF

SIMPLICII IN PHYSICORUM I 7 [Arist. p. 190 b 23]   217

p. 190 b 23   Ἔστι δὲ τὸ μὲν ὑποκείμενον ἀριθμῷ μὲν ἓν ἕως τοῦ 47ᵛ
τῶν οὕτω κατηγορουμένων.

Τὴν κοινωνίαν πάλιν ἐνταῦθα τῆς τε ὕλης καὶ τῆς στερήσεως καὶ τὴν 27
διαφορὰν αὐτῶν παραδίδωσι. καθόσον μὲν γὰρ σὺν τῇ ὕλῃ καὶ ἡ στέρησίς
5 ἐστι, πρὶν ἐπιγένηται τὸ εἶδος, καὶ σὺν αὐτῇ θεωρεῖται ὡς ὑποκείμενον,
κατὰ τοσοῦτον ἓν τῷ ἀριθμῷ ἐστι τὸ ὑποκείμενον τὸ ἐξ ὕλης καὶ στερή-
σεως· καθόσον δὲ ἡ μὲν ὕλη ὑπομένει οἷον ὁ ἄνθρωπος ἢ ὁ χρυσὸς ἐν 30
τῇ μεταπλάσει τῶν χρυσῶν σκευῶν καὶ ὑπὸ δεῖξιν πίπτει καὶ τόδε τι λέ-
γεται (χρυσοῦς γὰρ καὶ ὁ μανιάκης, χρυσοῦς καὶ ὁ δακτύλιος) ἐνυπαρχούσης
10 ἀεὶ τῷ συνθέτῳ καθ' αὑτὸ τῆς ὕλης, κατὰ τοῦτο καὶ ἀριθμητή ἐστιν
αὐτή. τὸ γὰρ καθ' αὑτὸ ὑφεστὼς καὶ ὑπὸ δεῖξιν πῖπτον ἀριθμητὸν κυρίως.
καὶ ὁ μὲν ἄνθρωπος καὶ ὁ χρυσός, τὰ ἄτομα, ἅπερ καὶ ὑποκείμενά ἐστιν,
ἁπλῶς ἀριθμητὰ καὶ τόδε τι ἕκαστον αὐτῶν· ἐπειδὴ δὲ προσέθηκε τούτοις
καὶ ὅλως ἡ ὕλη, ἡ δὲ πρώτη ὕλη οὐκέτι ὁμοίως τῷ ἀνθρώπῳ ἀριθμητή 35
15 καὶ τόδε, ἐπεὶ μηδὲ δύναται χωρὶς εἴδους ὑπὸ δεῖξιν πίπτειν, διὰ τοῦτο
προσέθηκε τῷ τόδε γάρ τι τὸ μᾶλλον. οὐ γὰρ ἁπλῶς ἡ ὕλη τόδε, ἀλλὰ
καθόσον συνεργεῖ τῷ συναμφοτέρῳ πρὸς τὸ εἶναι αὐτὸ τόδε τι οἷον γενη-
τὸν καὶ αἰσθητόν, ὑπομένουσά τε καὶ σῳζομένη ἐν αὐτῷ. ὅπερ ἐδήλωσε
διὰ τοῦ καὶ οὐ κατὰ συμβεβηκὸς ἐξ αὐτοῦ γίνεται τὸ γινόμενον.
20 καὶ ὅλως τὸ ἀριθμητὸν καὶ τόδε τι ἔχει διὰ τὸ ὑφεστάναι ἐν τῷ συνθέτῳ. 40
κἂν γὰρ ἔλαττον τοῦ εἴδους ἔχῃ τοῦτο, ἀλλὰ μᾶλλον τῆς στερήσεως. ἡ
μέντοι στέρησις οὐκ ἐνυπάρχει ἐν τῷ γινομένῳ ὥσπερ τὸ εἶδος καὶ ἡ ὕλη,
ὥστε οὐκ ἂν ἐξ αὐτῆς λέγοιτο πρώτης καὶ καθ' αὑτὸ γεγονὸς εἶναι. ἀλλ'
οὐδὲ τόδε τι διὰ ταύτην ἐστὶ τὸ σύνθετον, εἴπερ μὴ ὑπομένει καὶ εἴπερ
25 ἀπουσία μόνον ἐστίν· ὥστε οὐδὲ ἀριθμητὴ αὕτη οὐδὲ τόδε τι. οἷον γὰρ
ἀπόφασίς τίς ἐστιν ἡ στέρησις, εἰ καὶ διαφέρει πῃ τῆς ἀποφάσεως. ἡ δὲ
ἀπόφασις οὐκ ἀριθμητὴ οὐδὲ τόδε τι διὰ τὸ ἀόριστον. διαφέρει δὲ ἡ στέ-
ρησις τῆς ἀποφάσεως τῷ προσσημαίνειν τὸ ἐν ᾧ ἐστι. τὸ γὰρ ἄμουσον 45
οὐκ ἐν παντί, ἀλλ' ἐν ἀνθρώπῳ. εἰ δὲ μὴ καθ' αὑτήν ἐστιν αἴτιον ἡ
30 στέρησις, κατὰ συμβεβηκὸς ἂν εἴη, διότι συμβέβηκε τῷ καθ' αὑτὸ αἰτίῳ
τῇ ὕλῃ. καὶ γὰρ καὶ ὂν οὐ καθ' αὑτό ἐστιν, ἀλλὰ κατὰ συμβεβηκός,
εἴπερ ἀπουσία τοῦ εἴδους ἐστὶν ἐν τῷ πεφυκότι. διὸ καὶ ἀριθμῷ ἓν τὸ
ὑποκείμενον, κἂν λόγῳ δύο. καὶ τὸ εἶδος δὲ ἓν τῶν στοιχείων ἐστὶ τῶν
συμπληρούντων τὸ σύνθετον. ὥστε δῆλον γέγονεν ἐκ τῶν εἰρημένων, καὶ
35 πῶς δύο καὶ πῶς τρεῖς αἱ ἀρχαὶ δύνανται λέγεσθαι.

Ἄξιον δὲ ἐν τούτοις ἐπιστῆσαι, πῶς ἀκόλουθα τοῖς ἐν Τιμαίῳ περὶ 50

---

1 μὲν (post τὸ) exhibent DEF: om. a cum Arist.   ἕως τοῦ κτλ. om. F   9 μανιά-
κου E   10 κατὰ] κατατὰ E   11 ὑφεστηκός D   12 καὶ (post ἅπερ) om. E
ὑποκείμενα in lit. D   13 ἐπεὶ a   15 ἐπειδὴ οὐδὲ a   χωρὶς DE: καὶ
χωρὶς aF   16 τόδε τι γάρ τι E   19 δι' αὐτοῦ E¹   23 ἂν om. D
γεγονὸς εἶναι] γεγονέναι D   24 οὐδὲ] οὐ E   ὑπομένειν E   25 οἷον — τόδε τι
(v. 27) om. E   26 τις om. D   28 τὸ προσσημαίνειν τῷ (τὸ corr. E²) E   32 πε-
φηνότι a   33 ἓν] ἐκ F

τῆς ὕλης εἰρημένοις τῷ Πλάτωνι γέγραφε νῦν ὁ Ἀριστοτέλης· γέγραπται 47ᵛ
γὰρ οὕτως· "ἐν ᾧ δὲ ἐγγινόμενα ἀεὶ ἕκαστα αὐτῶν φαντάζεται καὶ πάλιν
ἐκεῖθεν ἀπόλλυται, μόνον ἐκεῖνο αὖ προσαγορεύειν τῷ τε τοῦτο καὶ τῷ
τόδε προσχρωμένους ὀνόματι." καὶ μετ' ὀλίγα "εἰ γὰρ πάντα τις σχή-
5 ματα πλάσας ἐκ χρυσοῦ μηδὲν μεταπλάττων παύοιτο ἕκαστα εἰς ἅπαντα,
δεικνύντος δή τινος αὐτῶν ἓν καὶ ἐρομένου τί ποτέ ἐστι, μακρῷ πρὸς ἀλή-
θειαν | ἀσφαλέστατον εἰπεῖν ὅτι χρυσός." ἐπειδὴ δὲ τὸ τόδε τι ποτὲ μὲν 48ʳ
κατὰ τὸ ὑπομένειν καὶ ὑπὸ δεῖξιν πίπτειν δοκεῖ λέγεσθαι, ποτὲ δὲ κατὰ τὸ
ἐφ' ἑαυτοῦ ὂν καὶ οὔτε ἐν ἄλλῳ οὔτε ἄλλου, τοιοῦτον δὲ τὸ σύνθετον,
10 ἐνταῦθα μὲν συμφώνως τῷ Πλάτωνι ἐπὶ τοῦ ὑπομένοντος αὐτῷ χρῆται.
μετ' ὀλίγον δὲ κατὰ τὸ τέλειον καὶ σύνθετον αὐτῷ χρώμενος ἀποφάσκει
αὐτὸ τῆς ὕλης.

p. 190ᵇ29   Διὸ ἔστι μὲν ὡς δύο λεκτέον τὰς ἀρχάς ἕως τοῦ καὶ 5
τῷ ἀσχηματίστῳ καὶ χαλκῷ.   10

15   Εἰπὼν πολλὴν εἶναι ἀπορίαν πότερον δύο αἱ ἀρχαὶ ἢ τρεῖς καὶ δείξας
ὅτι πῶς μὲν δύο πῶς δὲ τρεῖς εἰσι, συμπεραινόμενος τὰ εἰρημένα διό,
φησίν, ἔστι μὲν ὡς δύο λεκτέον εἶναι τὰς ἀρχὰς, ἔστι δὲ ὡς
τρεῖς, δύο μέν, εἰ τὰς κυρίως τις ἀρχὰς λαμβάνοι τό τε ὑποκείμενον καὶ
τὸ εἶδος· τρεῖς δέ, εἰ καὶ τὴν κατὰ συμβεβηκὸς ἀρχὴν ταῖς δύο προσλαμ-
20 βάνοι τὴν στέρησιν. προστίθησι δὲ καὶ ἄλλον τρόπον, καθ' ὃν ἔστι μὲν ὡς 15
δύο, ἔστι δὲ ὡς τρεῖς δυνατὸν λέγεσθαι τὰς ἀρχάς· δύο μὲν γάρ, εἴ τις
τὰ ἐναντία λέγοι ἀρχὰς τό τε εἶδος καὶ τὴν στέρησιν, διότι κατὰ τὴν εἰς
ἄλληλα τούτων μεταβολὴν ἥ τε γένεσις ἐπιτελεῖται καὶ ἡ φθορά. ἔστι δὲ
ὡς ἀδύνατον δύο λέγεσθαι· ὑπ' ἀλλήλων γὰρ τὰ ἐναντία πάσχειν ἀδύ-
25 νατον καθ' ἑαυτὰ ὄντα· οὐ γὰρ ὑπομένει ἄλληλα οὐδὲ ἐπιδέχεται οὐδὲ
γίνεται τὸ ἐναντίον ὅπερ τὸ ἐναντίον. πῶς οὖν ἐκ τῶν ἐναντίων τὰ ἄλλα,
εἴπερ μὴ πάσχει τι ὑπ' ἀλλήλων τἀναντία; ἢ λύεται τὸ ἄπορον τοῦτο 20
διὰ τοῦ τρίτην ἀρχὴν τιθέναι τὸ ὑποκείμενον, ἐν ᾧ καὶ δρᾶν εἰς ἄλληλα
τὰ ἐναντία δυνήσεται. τοῦτο γὰρ οὐκ ὂν ἐναντίον ὑπομενεῖ ἑκάτερον. καὶ
30 οὕτως οὐκέτι δύο πάλιν, ἀλλὰ τρεῖς αἱ ἀρχαί. ὥστε καὶ κατὰ τοῦτον τὸν
τρόπον ἀληθὲς εἰπεῖν, ὅτι πῶς μὲν δύο, πῶς δὲ τρεῖς εἰσιν αἱ ἀρχαί. καὶ
ἄλλως δὲ πάλιν ἔστι λέγειν ὅτι οὐ πλείους τῶν ἐναντίων αἱ ἀρχαί. ἰσά-
ριθμοι γὰρ τοῖς ἐναντίοις δύο οὖσιν αἱ κυρίως ἀρχαὶ τό τε ὑποκείμενον καὶ
τὸ εἶδος. ὥστε πάλιν τρόπον τινὰ δύο εἰσὶν αἱ ἀρχαί, οὐ παντελῶς δὲ 25
35 δύο, διότι τὸ ὑποκείμενον, κἂν ἀριθμῷ ἐστιν ἕν, τῷ λόγῳ δύο ὑπάρχει·

---

1 γέγραπται Plato Tim. 49 E cf. Arist. de gen. et int. B 1 p. 329ᵃ13   2 γὰρ] δὲ E
3 ἐκείνῳ EF   αὖ] ἂν D   4 προσχρωμένου F   μετ' ὀλίγα p. 50 A   τι E
7 τὸ (post δὲ) om. a   12 αὐτῷ E   13 λεκτέον εἶναι Aristoteles cf. v. 17
ἕως κτλ. om. F   19 καὶ (ante τὴν) om. aF   προλαμβάνοι D   21 ἔστιν,
ἔστιν F   γάρ om. D   24 πάσχειν] πάσχει εἰ E   27 πάσχῃ DE²   τἀναντία
om. E   29 τὰ ἐναντία om. F   ὂν om. E   ὑπομενεῖ scripsi: ὑπομένει libri
30 πάλιν δύο aF   35 διότι DEF: διὰ τὸ a   δύο ὑπάρχειν (ὑπάρχει F) τῷ λόγῳ aF

ἄλλος γὰρ ὡς ὕλης λόγος καὶ ἄλλος ὡς στερήσεως, κἂν ἓν ταῦτα τῷ 48ʳ
ἀριθμῷ δοκῇ. καὶ ἔοικεν ἐν τούτοις κατὰ πολλοὺς τρόπους ὁ Ἀριστοτέλης
ἐθέλειν παραδοῦναι, πῶς μὲν δύο, πῶς δὲ τρεῖς δυνατὸν λέγεσθαι τὰς
ἀρχάς, πρῶτον μὲν εἰπών, ὅτι ὡς μὲν καθ' αὑτὸ δύο, ὡς δὲ καὶ τῆς κατὰ
5 συμβεβηκὸς προστιθεμένης τρεῖς, εἶτα ὅτι ὡς μὲν τὰ ἐναντία δύο, ὡς δὲ
μετὰ τοῦ ὑποκειμένου τρεῖς, εἶτα ὡς μὲν ἰσάριθμοι τοῖς ἐναντίοις δύο, ὡς 30
δὲ τῆς ἑτέρας διχῇ τῷ λόγῳ διαιρουμένης τρεῖς. "τὸ δὲ τρόπον τινὰ
καὶ τὸ δύο ὡς εἰπεῖν εἴρηται, ὡς ὁ Ἀλέξανδρός φησι, διότι οὐ δύο κατὰ
ἀριθμὸν ἡ ὕλη καὶ τὸ εἶδος τῷ μὴ οἷόν τε εἶναι ἰδίᾳ ἑκάτερον αὐτῶν
10 ὑποστῆναι, τὰ δὲ τῷ ἀριθμῷ ἕτερα ἐπὶ ἰδίας οὐσίας κεχωρισμένα εἶναι. ἢ
εἰπὼν δύο τρόπον τινὰ ἐπήνεγκε τὸν τρόπον εἰπών ἀλλὰ δύο ὡς εἰ-
πεῖν τῷ ἀριθμῷ· ἓν γὰρ τῷ ἀριθμῷ ἡ ὕλη μετὰ τῆς στερήσεως καὶ
ἓν τὸ εἶδος, τρεῖς δὲ τῷ τὴν στέρησιν ἑτέραν εἶναι τῆς ὕλης κατὰ τὸν 35
λόγον." ἐφιστάνει δὲ ὁ Ἀλέξανδρος ὅτι "κοινότερον νῦν τὴν στέρησιν
15 ἐναντίαν τῷ εἴδει λέγει. ἀντίκειται μὲν γάρ, ἀλλ' ὡς τῇ ἠρεμίᾳ ἡ κίνη-
σις, ἥτις πῶς ἀντίκειται, εἴρηκεν ἐν τῷ πέμπτῳ τῆσδε τῆς πραγματείας,
ὅτι ὡς στέρησις ἀντίκειται τῇ κινήσει ἡ ἠρεμία. ἀπουσία γάρ ἐστι κινή-
σεως καὶ οὐδὲν ἄλλο, πλὴν ὅτι οὐκ ἐν παντί, ἀλλ' ἐν τῷ πεφυκότι
κινεῖσθαι."

20 p. 191ᵃ3 Πόσαι μὲν οὖν αἱ ἀρχαὶ τῶν περὶ γένεσιν φυσικῶν ἕως
τοῦ καὶ τὰ ἐναντία δύο εἶναι. 40

Πάνυ ἀκριβῶς εἶπε τὰς ἀρχὰς εὑρῆσθαι τῶν ἐν γενέσει φυσικῶν· οὔτε
γὰρ τῶν γινομένων ἁπλῶς ἁπάντων (οὐ γὰρ δὴ καὶ προαιρέσεως ἀρχαὶ
αὗται) οὔτε τῶν φυσικῶν πάντων· οὐ γὰρ δὴ καὶ τῶν θείων τε καὶ ἀιδίων
25 οἷον τῶν οὐρανίων· καὶ γὰρ φυσικὰ μέν ἐστιν ἐκεῖνα διὰ τὸ ἐν κινήσει
εἶναι, οὐ μέντοι γενητὰ διὰ τὸ ἀίδια δεδεῖχθαι. διὸ οὐκ εἰσὶ τούτων αἱ
παραδεδομέναι ἀρχαί. οὔτε γὰρ στέρησίς ἐστιν ἐν τοῖς οὐρανίοις ἀιδίοις 45
οὖσιν οὔτε μέντοι τοιαύτη ὕλη, εἴπερ μεταβολὴ μὴ ἔστιν ἀφ' ἧς εἰσήχθη
ἡ ὕλη. διὸ καὶ αὐτὸς ἐν τῷ Η τῆς Μετὰ τὰ φυσικὰ τάδε φησίν· "ὅταν δέ
30 τις ζητῇ τί τὸ αἴτιον, ἐπεὶ πλεοναχῶς τὸ αἴτιον λέγεται, πάσας δεῖ λέγειν
τὰς ἐνδεχομένας αἰτίας, οἷον ἀνθρώπου τίς αἰτία ὡς ὕλη; ἆρα τὰ κατα-
μήνια; τί δὲ ὡς κινοῦν, ἆρα τὸ σπέρμα; τί δὲ ὡς τὸ εἶδος; τὸ τί ἦν εἶναι.

---

1 ἄλλως E   ἐν ταῦτα] ἐν D   2 δοκεῖ a   4 ὅτι om. aF   μὲν om. a
8 καὶ τὸ] κατὰ D   ὡς (post δύο) om. E   ὁ om. E   9 τὸ εἶδος καὶ ἡ
ὕλη D   10 οὔσης F   15 ἀλλ' ὡς] ἄλλως F   16 εἴρηται aF   πέμπτῳ
c. 6 p. 229ᵇ24 ἁπλῶς μὲν γὰρ ἐναντίον κίνησις κινήσει, ἀντίκειται δὲ καὶ ἠρεμία· στέρησις
γάρ   17 τέρησις E   ἐστι om. aF   18 πεφηνότι a   20 ἕως τοῦ κτλ.
om. F   21 καὶ om. E   22 τὰς ἀρχὰς εἶπεν E   ηὑρῆσθαι D et sic con-
stanter   24 καὶ (post δὴ) om. aF   25 μέν εἰσιν D   26 ἀίδιον D
διότι a   27 στέρησις γὰρ a   οὐρανοῖς D   28 μὴ] μία D   ἀφ'] ἐφ'
aE   29 H] ὀγδόῳ a   Μετὰ τὰ φυσικὰ H 4 p. 1044ᵃ32   δεῖ] δὴ Aristoteles
30 τί D: om. aEF   τὰ αἴτια Arist.

τί δὲ ὡς τὸ οὗ ἕνεκα; τὸ τέλος. ἴσως δὲ ταῦτα ἄμφω τὰ αὐτά. δεῖ δὲ 48ʳ
τὰ ἐγγύτατα αἴτια λέγειν, τίς ἡ ὕλη, μὴ πῦρ ἢ γῆν, ἀλλὰ τὴν ἴδιον. 50
περὶ μὲν οὖν τῆς φυσικῆς οὐσίας καὶ γενητῆς ἀνάγκη οὕτως μετιέναι, εἴ
τις μέτεισιν ὀρθῶς· τὰ γὰρ αἴτια ταῦτα καὶ τοσαῦτα. καὶ δεῖ τὰ αἴτια
5 γνωρίζειν. ἐπὶ δὲ τῶν φυσικῶν μὲν ἀιδίων δὲ οὐσιῶν ἄλλος λόγος. ἴσως
γὰρ ἔνια οὐκ ἔχει ὕλην ἢ οὐ τοιαύτην, ἀλλὰ μόνον κατὰ τόπον κινητήν.
οὐδὲ ὅσα δὴ φύσει μὲν μή, οὐσίᾳ δέ, οὐκ ἔστι τούτοις ὕλη, ἀλλὰ τὸ ὑπο-
κείμενον ἡ οὐσία." καὶ μετ' ὀλίγα φησίν "οὐδὲ παντὸς ὕλη ἐστίν, ἀλλ'
ὅσων γένεσίς ἐστι καὶ μεταβολὴ εἰς ἄλληλα. ὅσα δὲ ἄνευ | τοῦ μεταβάλ- 48ᵛ
10 λειν ἐστὶν ἢ μή, οὐκ ἔστι τούτων ὕλη." εἰ δὲ καὶ στοιχειώδεις εἰσὶν αἱ
παραδεδομέναι ἀρχαί, αἱ δὲ τοιαῦται συνθέτων εἰσὶν ἀρχαί, τὸ δὲ οὐράνιον
σῶμα ἁπλοῦν ἀποδείκνυται πέμπτης ὂν ἄλλης οὐσίας ἐκφύλου παρὰ τὴν
γένεσιν, οὐκ ἂν ἔχοι ἐκεῖνο τὰς στοιχειώδεις ἀρχάς. ἀλλ' εἰ ταῦτα ἀληθῆ,
πῶς τὸν σκοπὸν τῆς πραγματείας περὶ τῶν κοινῇ πᾶσι τοῖς φυσικοῖς παρα-
15 κολουθούντων ἐλέγομεν εἶναι, εἴπερ φυσικῶν ὄντων τῶν οὐρανίων οὐκ 5
εἰσὶν ἀρχαὶ αἱ νῦν ἀποδεδειγμέναι; πῶς δὲ Φυσικὴν ἁπλῶς ἀκρόασιν ἐπέ-
γραψε τὴν πραγματείαν, εἰ μὴ ἄρα καὶ τῶν οὐρανίων εἰσὶν ἀρχαί, καθό-
σον μεταβάλλει; μεταβάλλει δὲ ἡ μὲν σελήνη κατὰ τοὺς φωτισμούς, πάντα
δὲ τὰ οὐράνια κατὰ κίνησιν τὴν κατὰ τόπον καὶ κατὰ ταῦτα μετέχει πῃ
20 τῆς στερήσεως καὶ ὑποκειμένου τοῦ κινητοῦ σώματος. τοῦτο γὰρ καὶ
Ἀριστοτέλης συνεχώρησεν. ὅλως δὲ εἰ φυσικὰ πάντα φαμέν, καθὸ μετέχει
φύσεως, ἡ δὲ φύσις ἀρχὴ κινήσεως καὶ ἠρεμίας ἐστίν, ὡς μαθησόμεθα, 10
πᾶσα δὲ κίνησις μεταβολή τίς ἐστιν, ὡς καὶ τοῦτο μαθησόμεθα, δῆλον ὅτι
τὰ παντελῶς ἀμετάβλητα, καθὸ ἀμετάβλητά ἐστιν, οὐδ' ἂν φυσικὰ ἁπλῶς
25 λέγοιτο. ὥστε καὶ εἰ καλεῖ φυσικὰ τὰ οὐράνια, κατὰ τὴν κίνησιν αὐτὰ
λέγει τὴν τοπικὴν ἀλλ' οὐ τὴν οὐσιώδη· ὥστε κατὰ μὲν τὴν οὐσίαν οὐ
περιέχεται ἐν τούτοις τὰ οὐράνια, κατὰ δὲ τὴν τοπικὴν κίνησιν, καθ' ἣν
καὶ φυσικὰ δείκνυται, περισχεθήσεται τοῖς περὶ κινήσεως λόγοις κατά τε 15
τὸ κοινὸν εἶδος τῆς τοπικῆς κινήσεως καὶ κατὰ τὸ κυκλικόν, εἰς ὃ καὶ
30 πάντες οἱ περὶ κινήσεως λόγοι κορυφοῦνται. ὥστε κοιναὶ μέν εἰσιν αὗται
πάντων τῶν φυσικῶν ἀρχαί, ἀλλὰ τῶν μὲν ἐν γενέσει καὶ φθορᾷ καὶ κατὰ
τὴν οὐσίαν καὶ κατὰ τὰ ἄλλα συμβεβηκότα, καθ' ἃ αἱ μεταβολαὶ γίνονται,
τῶν δὲ ἀιδίων κατὰ τὴν τοπικὴν κίνησιν, ἁπλῶς δὲ τῶν φυσικῶν καθὸ
φυσικά, ταὐτὸν δὲ εἰπεῖν, καθὸ κινήσεως καὶ μεταβολῆς ἀρχὴν ἔχει οὐ
35 πάσης (οὐ γὰρ δὴ καὶ τῆς προαιρετικῆς), ἀλλὰ τῆς φυσικῆς, ταὐτὸν δὲ 20

---

1 post ταῦτα inserit οἶμαι ἀλλὰ τινὰ ἴδιον (quae est varia lectio ad ἀλλὰ τὴν ἀίδιον adscripta) D   τὰ αὐτά] ταὐτὰ D: τὸ αὐτό Aristoteles   2 αἴτια E: om. aDF   ἡ post τίς om. E   ἴδιον Arist.: ἰδίαν a: ἀίδιον DE: om. in lac. F   3 οὖν om. D   τὰς φυσικὰς οὐσίας καὶ γεννητὰς Aristotelis vulgata   οὐσίας DE: αἰτίας aF   4 τὰ γὰρ αἴτια] εἴπερ ἄρα αἴτιά τε Aristoteles   δεῖ ταῦτα αἴτια F   5 δὲ (ante οὐσιῶν) δὴ D   8 ἡ om. F   φησιν] p. 1044ᵇ27   12 ἐκφύλου a   16 παρα-δεδειγμέναι E   17 ἄρα] ἔτι F   18 καὶ κατὰ DE   24 τὰ (post ὅτι) om. F   27 τοπικὴν] φυσικὴν a   29 καὶ (post ὃ) om. aF   33 post κίνησιν iterat καθ' ἣν — τῆς τοπικῆς (vv. 27—29) statim inducta F

εἰπεῖν τῆς σωματικῆς. ἡ γὰρ φύσις σωματική τίς ἐστιν ἀρχὴ κινήσεως 48ᵛ
καὶ ἠρεμίας τῆς τε ἄλλης καὶ τῆς κατὰ τόπον. ἐπειδὴ δὲ ἐν τοῖς περὶ
γένεσιν καὶ φθορὰν ἐναργεστέρα καὶ ἡ στέρησίς ἐστι καὶ τὸ ὑποκείμενον
διὰ τὴν παντοίαν μεταβολήν, ἐπὶ τούτων τὸν πλείονα ποιεῖται λόγον, καὶ
5 ἐπ' αὐτῶν φέρει τὰ παραδείγματα, ὡς καὶ περὶ αὐτῶν δοκεῖ εἶναι τὸν
σκοπόν. οὐ γὰρ ἐνταῦθα μόνον τῶν περὶ γένεσιν φυσικῶν εἶπε τὰς ἀρχὰς
εὑρῆσθαι, ἀλλὰ καὶ ἐν τῷ δευτέρῳ βιβλίῳ "ἐπειδὴ τοῦ εἰδέναι χάριν, 25
φησίν, ἡ πραγματεία, εἰδέναι δὲ οὐ πρότερον οἰόμεθα ἕκαστον, πρὶν ἂν
λάβωμεν τὸ διὰ τί περὶ ἕκαστον (τοῦτο δέ ἐστι τὸ λαβεῖν τὴν πρώτην
10 αἰτίαν), δῆλον ὅτι καὶ ἡμῖν τοῦτο ποιητέον καὶ περὶ γενέσεως καὶ φθορᾶς
καὶ πάσης τῆς φυσικῆς μεταβολῆς, ὅπως εἰδότες αὐτῶν τὰς ἀρχὰς ἀνά-
γειν πειρώμεθα τῶν γινομένων ἕκαστον". καὶ χρὴ ἐπιστῆσαι, ὅτι "περὶ
γενέσεως καὶ φθορᾶς" εἰπὼν ἐπήγαγε "καὶ πάσης τῆς φυσικῆς μεταβολῆς",
ἐν ᾗ καὶ ἡ κατὰ τὴν τοπικὴν κίνησιν περιέχεται. ὅτι δὲ μέσα πως εἶναι 30
15 βούλεται τὰ οὐράνια καὶ ἰδίας πραγματείας δεόμενα, ἐδήλωσεν ἐν τῷ δευ-
τέρῳ τῆσδε τῆς συγγραφῆς τριχῇ διαιρῶν τὰς πραγματείας· "ἡ μέν, γάρ
φησι, περὶ ἀκίνητόν ἐστιν, ἡ δὲ περὶ κινούμενον μὲν ἄφθαρτον δέ, ἡ δὲ
περὶ τὰ φθαρτά."

p. 191ᵃ5 Τρόπον δέ τινα ἄλλον οὐκ ἀναγκαῖον ἕως τοῦ τῇ ἀπου-
20 σίᾳ καὶ παρουσίᾳ τὴν μεταβολήν.

Εἰπὼν ὅτι τρεῖς αἱ ἀρχαὶ τό τε ὑποκείμενον καὶ τὰ ἐναντία, ἐφιστάνει 35
πάλιν, ὅτι καὶ δύο δυνατὸν λέγειν καὶ οὐκ ἀναγκαῖον τρεῖς. εἰ γὰρ ἡ στέ-
ρησις οὐδὲν ἄλλο ἢ ἀπουσία τοῦ εἴδους ἐστὶν ἐν τῷ πεφυκότι, ἱκανὸν φαίη
ἄν τις εἶναι τὸ εἶδος τῇ μὲν παρουσίᾳ τὸ εἶναι ποιεῖν, τῇ δὲ ἀπουσίᾳ τὸ
25 μὴ εἶναι καὶ τὴν στέρησιν καὶ τὴν φθοράν, τὸ μὲν καθ' αὑτό, τὸ δὲ κατὰ
συμβεβηκός. τὸ γὰρ τῇ ἀπουσίᾳ τῇ ἑαυτοῦ ποιοῦν τι κατὰ συμβεβηκὸς
ποιεῖ, εἰ μὴ ἄρα καὶ ἐπὶ τῆς στερήσεώς τις τὰ αὐτὰ ἀξιώσει λέγειν. καὶ
γὰρ καὶ αὕτη τῇ μὲν παρουσίᾳ τὴν φθορὰν δοκεῖ ποιεῖν καθ' αὑτό, τῇ δὲ 40
ἀπουσίᾳ τὴν γένεσιν κατὰ συμβεβηκός. ἢ ῥητέον ὅτι ἡ στέρησις οὐδὲν
30 ἄλλο ἢ ἀπουσία ἐστί. πῶς οὖν ἂν εἴη ἀπουσία ἀπουσίας; τοῦ μὲν γὰρ
ὄντος καὶ προηγουμένην ὑπόστασιν ἔχοντος εἴη ἄν τι ἡ ἀπουσία, τῆς δὲ
ἀπουσίας οὐκέτι, ἐπεὶ ἀνάγκη ἐπ' ἄπειρον ἰέναι πρὸ ἀπουσίας ἀπουσίαν
ζητοῦντας. καίτοι οὐδὲ τῆς παρουσίας παρουσίαν ζητεῖν εὔλογον. καθόσον

---

1 τῆς (post εἰπεῖν) om. a   4 τοῦτον DE   5 αὐτὸν D   φέρει τὰ EF: φέρε τὰ
D: om. a   7 δευτέρῳ βιβλίῳ Phys. B 3 p. 194ᵇ17 ἐπεὶ γὰρ τοῦ εἰδέναι κτλ.
8 ἂν om. DF   11 ἀνάγειν E   12 εἰς αὐτὰς πειρώμεθα Aristoteles   γινομένων]
ζητουμένων Aristoteles   14. 15 βούλεται εἶναι DE   15 δευτέρῳ ϲ. 7 p. 198ᵃ30
17 ἀκινήτων et κινουμένων μὲν ἀφθάρτων Aristoteli reddit Bonitz   19 post τινα ἐστὶν
add. EF   ἕως κτλ. om. F   22 post δύο add. καὶ D   24 εἶναι τὸ εἶδος — τὸ
μὴ om. E   εἶναι τὸ εἶδος D (et omittendo E): τὸ εἶδος εἶναι aF   25 στέρησιν
DEF: γένεσιν a   27 ἀξιώσει D: ἀξιώσῃ E: ἀξιώσειε aF   28 καὶ om. E
αὐτὴ D   τῇ μὲν D: μὲν E: om. aF   μὲν post παρουσίᾳ add. aF   30 ἂν
οὖν D   32 ἐπ' ἄπειρον ἀνάγκη E   33 εὔλογον D et mrg. F: εὔβουλον aEF¹

οὖν τοῦ εἴδους ἐστὶν ἡ ἀπουσία, κατὰ τοσοῦτον δυνατὸν λέγειν τὸ εἶδος τῇ 48ᵛ
αὑτοῦ ἀπουσίᾳ φθορᾶς αἴτιον ὑπάρχειν κατὰ συμβεβηκός· ἡ δὲ ἀπουσία 45
τοῦ εἴδους ἡ στέρησίς ἐστι. διὸ κατὰ συμβεβηκὸς ἡ στέρησις αἰτία. δια-
φέρει δὲ τῶν ἄλλων τῶν κατὰ συμβεβηκὸς αἰτίων, ὅτι οὐ μόνον καθόσον
5 τῇ ὕλῃ συμβέβηκεν, ἥτις καθ' αὑτὸ αἴτιόν ἐστι, κατὰ τοῦτο λέγεται αἰτία,
ἀλλὰ καὶ ὅτι ἄνευ στερήσεως οὐκ ἂν γένοιτό τι ἐκ τῆς ὕλης. καὶ γὰρ
προϋπάρχειν αὐτὴν δεῖ τῆς γενέσεως, ἵνα ἐκ μὴ τοιούτου πεφυκότος δὲ ἡ
γένεσις εἴη, καὶ ἐξίστασθαι τῷ εἴδει. οὐ γὰρ ἂν ἐπιγένοιτο τὸ εἶδος μὴ
ἐκστάσης τῆς στερήσεως. τὰ μέντοι ἄλλα τὰ κατὰ συμβεβηκὸς λεγόμενα 50
10 αἴτια οὐδὲ ὅλως συντελεῖ τι πρὸς τὰ γινόμενα. ὅταν γὰρ τὸ μουσικὸν τοῦ
λευκοῦ εἶναι αἴτιον κατὰ συμβεβηκὸς λέγωμεν, τὸ μουσικὸν οὔτε προϋπάρ-
χειν ἀνάγκη τοῦ λευκοῦ, οὔτε ἐξίστασθαι ἐπεισιόντος, ἀλλὰ καὶ συνυπάρχει·
ταῦτα. καὶ μήποτε ἄλλο μέν ἐστι τὸ ἀρχὰς τῶν φυσικῶν ὡς φυσικῶν
ζητεῖν τὰς στοιχειώδεις, ἄλλο δὲ τὸ ὡς μεταβαλλομένων· κατὰ μὲν τὸ
15 πρῶτον κατὰ συμβεβηκὸς ἂν εἴη αἴτιον ἡ στέρησις (οὐ γὰρ ὡς ἐνὑ|πάρχον) 49ʳ
κατὰ δὲ τὸ δεύτερον καθ' αὑτό. ὥσπερ ⟨γὰρ⟩ τῆς εἰς τὸ εἶναι μεταβολῆς
αἴτιον τὸ εἶδος, οὕτως τῆς εἰς τὸ μὴ εἶναι ἡ στέρησις. ἢ τάχα καὶ τῆς
εἰς τὸ εἶναι μεταβολῆς καθ' αὑτὸ αἴτιον ἡ στέρησις, εἴπερ μὴ ἐκ τοῦ
τυχόντος ἡ μεταβολή, ἀλλ' ἐκ τοῦ μὴ τοιούτου μὲν πεφυκότος δέ, ὅπερ
20 ἐστὶν ἐκ τοῦ ἐστερημένου. διὰ τοῦ ἱκανὸν γὰρ τὸ ἕτερον τῶν ἐναντίων
ποιεῖν τῇ παρουσίᾳ καὶ τῇ ἀπουσίᾳ τὴν μεταβολὴν ἐνδείκνυσθαί 5
φησιν ὁ Ἀλέξανδρος, ὅτι οὐκ ἔστιν ἡ στέρησις φύσις τις καὶ εἶδος, ἀλλὰ
ἡ ἀπουσία τοῦ πεφυκότος, ἥτις ἀπουσία οὐκ ἔστιν ἐν τῇ φύσει τοῦ ὑπο-
κειμένου. οὐ γὰρ ἔχει ἐν τῇ φύσει τὸ μὴ ἔχειν τὸ εἶδος. οὐ γὰρ ἂν
25 ἐδύνατο λαβεῖν αὐτό. ἀλλ' οὐκ ἔχει ἐν τῇ φύσει τὸ εἶδος. ἄλλο δὲ τοῦτό
ἐστι τοῦ ἔχειν ἐν τῇ φύσει τὸ μὴ ἔχειν τὸ εἶδος. καθόλου γὰρ οὐδὲν
οἷόν τε γενέσθαι, εἰ τὴν ἐκείνου στέρησιν ἔχειν δύναται ἐν τῷ οἰκείῳ
λόγῳ.

Τοῦτο δὲ τοῦ Ἀριστοτέλους τὸ ῥητὸν πάνυ τοὺς Πλατωνικοὺς ἀρέσκει,
30 διότι καὶ ὁ Πλάτων οὐ δύο ἀλλ' ἓν ποιεῖ τὸ ὑποκείμενον, κἂν τοῖς ἀντι- 10
κειμένοις αὐτὸ προσρήμασι καλῇ μέγα καὶ μικρὸν προσαγορεύων, διὰ τὴν
πρὸς τὰ ἀντικείμενα ἐπιτηδειότητα τὴν στέρησιν οὐ βουλόμενος ἐν ὑπο-
στάσει τινὶ θεωρεῖν. δῆλον δὲ ὅτι καὶ ὁ Ἀριστοτέλης οὐ προηγουμένην

---

2 αὑτοῦ DEF: ἑαυτοῦ a   5 εἴ τις E¹   6 ἀλλ' ὅτι καὶ D   7 μὴ ἐκ E
9 ἐκστάσης aD: ἱστάσης E: ἑκάστης F   10 τὸ μουσικὸν τοῦ λευκοῦ D: τοῦ μουσικοῦ
τὸ λευκὸν a: τὸ μουσικὸν λευκὸν EF   11 αἴτιον post λέγωμεν posuerunt aF: om. E
τὸ μουσικὸν D: τὸ λευκὸν aEF   12 λευκοῦ D: μουσικοῦ aEF   14 τὸ (post δὲ)
om. F   16 γὰρ add. a   17 εἶδος] εἶναιd⁰ F   20 γὰρ ἔσται Aristoteles
21 καὶ τῇ ἀπουσίᾳ DE cf. p. 223, 9: om. aF   24 γὰρ ἔχει DF: γὰρ ἔχειν aE   τὸ μὴ
ἔχειν om. a   οὐ γὰρ ἂν — ἔχειν τὸ εἶδος (26) om. F   26 τοῦ ἔχειν D: τὸ ἔχειν aE
τὸ μὴ DE: τοῦ μὴ a   27 οἷόν τε] οἴονται F   εἰ DE: εἰς a: om. F   ἔχειν om. E
29 ἀριστοτέλης F¹   τοὺς πλατωνικοὺς D: τὰς πλατωνικὰς (comp.) E: τοῖς πλατωνικοῖς
aF   30 διὸ D   31 καλεῖ E²   32 οὐ] εἰ καὶ E   33 καὶ om. E
ὁ om. a

ὑπόστασιν αὐτῇ δίδωσιν ἀπουσίαν τοῦ εἴδους λέγων ἐν τῷ πεφυκότι, δια-
κρίνει δὲ αὐτὴν τῷ λόγῳ τῆς ὕλης εἰ καὶ μὴ τῷ ἀριθμῷ διὰ τὸ ἐξ ἀντι-
κειμένων τὴν γένεσιν ἐπιτελεῖσθαι, τοῦ Πλάτωνος τὸ μὲν πεφυκέναι τῇ
ὕλῃ κατὰ τὴν αὐτῆς φύσιν διδόντος καὶ πανδεχῆ νομίζοντός τε καὶ ὀνομά-
5 ζοντος καὶ χώραν προσαγορεύοντος καὶ ἕδραν λέγοντος πᾶσι τοῖς γινομένοις
(λέγει γοῦν ἐν Τιμαίῳ "ἀλλ' ἀνόρατον εἶδός τι καὶ ἄμορφον, πανδεχές"
καὶ πάλιν "τρίτον δὲ αὖ γένος ὂν τὸ τῆς χώρας ἀεὶ φθορὰν οὐ προσδε-
χόμενον, ἕδραν δὲ παρεχόμενον ὅσα ἔχει γενέσθαι πᾶσιν"), ἀρκουμένου δὲ
λοιπὸν τῇ τε παρουσίᾳ τοῦ εἴδους καὶ τῇ ἀπουσίᾳ πρός τε τὴν γένεσιν
10 καὶ τὴν φθοράν. διὸ καὶ τὰς στοιχειώδεις ἀρχὰς δύο τίθησιν ὁ Πλάτων
τήν τε ὕλην καὶ τὸ εἶδος τὸ ἔνυλον. ἐκ γὰρ τούτων ἐνυπαρχόντων τὸ
σύνθετον γίνεσθαί φησιν, ὥσπερ καὶ Ἀριστοτέλης, πλὴν ὅτι ὁ μὲν Πλάτων
τὰ κυρίως στοιχεῖα παραδίδωσι. ταῦτα δέ ἐστιν, ἐξ ὧν καθ' αὑτὰ ἐνυπαρ-
χόντων γίνεται τὰ γινόμενα, οἷά ἐστιν ἥ τε ὕλη καὶ τὸ εἶδος. ὁ δὲ
15 Ἀριστοτέλης καὶ τὸ κατὰ συμβεβηκὸς προστιθεὶς εἰ στοιχεῖον, ὅπερ ἐστὶν
ἡ στέρησις. οὕτως δὲ καὶ ἐπὶ τοῦ ποιητικοῦ αἰτίου ὁ μὲν Πλάτων τὸ
κυρίως ποιητικὸν παραδίδωσι τὸν δημιουργικὸν νοῦν, ὁ δὲ Ἀριστοτέλης
πρὸς τούτῳ καὶ τὴν φύσιν (ἣν ὁ Πλάτων ἐν τοῖς ὀργανικοῖς τέθεικεν αἰτίοις,
ὡς κινουμένην μὲν ὑπ' αἰτίου, κινοῦσαν δὲ ἕτερα) καὶ τὰ κατὰ συμβεβη-
20 κός, οἷα ἥ τε τύχη καὶ τὸ αὐτόματον. ὁ μέντοι Πλάτων καὶ τὸ ὅθεν
πρόεισι τὸ εἶδος εἰς τὴν ὕλην προστίθησιν, ὅτι ἀπὸ τοῦ παραδείγματος διὰ
τοῦ ποιητικοῦ αἰτίου. λέγει γοῦν ἐν Τιμαίῳ "ἐν δ' οὖν τῷ παρόντι χρὴ
γένη διανοηθῆναι τριττά, τὸ μὲν γινόμενον, τὸ δὲ ἐν ᾧ γίνεται, τὸ δὲ ὅθεν
ἀφομοιούμενον φύεται τὸ γιγνόμενον. καὶ δὴ καὶ προσεικάσαι πρέπει τὸ
25 μὲν δεχόμενον μητρί, τὸ δὲ ὅθεν πατρί, τὴν δὲ μεταξὺ τούτων φύσιν
ἐκγόνῳ."

Καὶ ὁ μὲν Ἀριστοτέλης τὴν ὕλην εἰσήγαγεν ἐκ τοῦ γίνεσθαι μὲν τὰ
γινόμενα ἐξ ἐναντίων, τὰ δὲ ἐναντία μὴ δύνασθαι ποιεῖν εἰς ἄλληλα μηδὲ
πάσχειν ὑπ' ἀλλήλων καθ' ἑαυτά (δεῖν μὲν γὰρ τὸ πάσχον ὑπομένον
30 πάσχειν, τὰ δὲ ἐναντία μὴ ὑπομένειν ἄλληλα), ἔτι δὲ καὶ ἐκ τοῦ τὰ ἐν-
αντία μὴ αὐτάρκη πρὸς ἀρχῆς εἶναι λόγον, εἴπερ ἐστὶ συμβεβηκότα καὶ
οὐκ οὐσίαι. οὐ γάρ ἐστιν ἐν οὐσίᾳ ἡ ἐναντίωσις, τὰ δὲ συμβεβηκότα ὑπο-
κειμένου δεῖσθαί τινος πρὸς τὸ εἶναι. ταῦτα γάρ ἐστι τῶν εἰρημένων ὡς
οἶμαι τὰ κυριώτατα. ὁ δὲ Πλάτων εἰσήγαγε καὶ αὐτὸς τὴν ὕλην ἐκ τῆς
35 τῶν γινομένων μεταβολῆς, ὀφειλούσης πάντως περί τι κοινὸν ὑποκείμενον

---

6 γοῦν DEF: γὰρ a   Τιμαίῳ p. 51A   ἀνόρατον Plato: ἀ.όρατον (littera inter α et
o erasa) F: ἀόρατον aDE   7 πάλιν Tim. p. 52A   δὲ αὐτὸ αὖ a   αὖ] οὗ F
8 παρεχόμενον] immo παρέχον p. 225, 3 et Plato   γενέσθαι sic etiam p. 225, 3 et f. 54ʳ 9:
γένεσιν Plato   ἀρκουμένου DEF: ἀρκούμενον a   9 τε (post τῇ) om. aF
καὶ τῇ ἀπουσίᾳ D: posuit ante τοῦ εἴδους E: om. aF   τε (post πρός) om. D
10 τὴν (post καὶ) om. D   11 ἐκ] καὶ D   13 τὰ στο κυρίως F   ἐστιν τὰ ἐξ
αὐτῶν E   15 εἰ aD: εἰς EF: legendum ὡς   19 κινοῦσαν] δακοῦσαν E   τὰ
(ante κατὰ) om. D   22 γοῦν] οὖν D   Τιμαίῳ p. 50c   δ' οὖν] γοῦν F
24 ἀφομοιούμενον om. a   δὴ] δεῖ E   28 τὰ δὲ ἐναντία — πάσχειν om. E

γίνεσθαι τῆς μεταβολῆς (τῶν γὰρ μεταβαλλόντων μηδὲν ὑπομένειν), ἐναντία 49ʳ
λέγων καὶ αὐτὸς τὰ μεταβάλλοντα. εἰπὼν γὰρ ὅτι τῶν γινομένων ἕκαστον
οἷον πῦρ ἢ ὕδωρ οὐδὲν μᾶλλον αὐτὸ λέγειν δυνατὸν ἢ ἄλλο τι ἀπ' ἐκείνου
γινόμενον διὰ τὸ φεύγειν καὶ μὴ ὑπομένειν "τὴν τοῦ τόδε καὶ τοῦτο καὶ
5 πᾶσαν ὅση μόνιμα ὡς ὄντα αὐτὰ ἐνδείκνυται φάσις" ἐπήγαγεν "ἐν ᾧ δὲ 40
ἐγγινόμενα ἕκαστα αὐτῶν φαντάζεται καὶ πάλιν ἐκεῖθεν ἀπόλλυται, μόνον
ἐκεῖνο αὖ προσαγορεύειν τῷ τε τοῦτο καὶ τῷ τόδε προσχρωμένους ὀνόματι.
τὸ δὲ ὁποιονοῦν τι θερμὸν ἢ λευκὸν ἢ καὶ ὁτιοῦν τῶν ἐναντίων καὶ πάντα
ὅσα ἐκ τούτων μηδὲν ἐκεῖνο αὖ τούτων καλεῖν." ὁρᾷς οὖν ὅτι ἐκ τῶν
10 ἐναντίων καὶ αὐτὸς τὴν γένεσιν εἶναί φησι καὶ μὴ ὑπομένειν τὰ ἐναντία
καὶ διὰ τοῦτο δεῖσθαι ὑπομένοντος ὑποκειμένου. τὸ δὲ "καὶ πάντα ὅσα ἐκ
τούτων" προσέθηκεν, ἐπειδὴ οὐ μόνον τὸ θερμὸν γίνεται καὶ ξηρόν, ἀλλὰ 45
καὶ τὸ πῦρ αὐτό, καὶ ὅλως αἱ οὐσίαι ἐκ τῶν ἐναντίων συγκείμεναι κατὰ
τὴν τῶν ἐναντιοτήτων μεταβολήν. ἐκ γὰρ ὕδατος ψυχροῦ καὶ ὑγροῦ ὄντος
15 μεταβληθέντος τοῦ ψυχροῦ εἰς τὸ θερμὸν ἐγένετο ἀήρ. καὶ πάλιν τοῦ
ὑγροῦ εἰς τὸ ξηρὸν μεταβληθέντος ἐγένετο πῦρ. ἐγένετο δὲ καὶ ἄνθρωπος
ἐκ σπέρματος. καὶ οὐ ῥᾴδιον ἐπὶ τούτων τὰς ἐναντίας ἀποδοῦναι ποιότη-
τας, ὧν εἰς ἀλλήλας μεταβαλλουσῶν γίνεται οὐσία ἐξ οὐσίας. διὸ ὁ 50
Ἀριστοτέλης κοινὴν ἀντίθεσιν τοῦ εἴδους καὶ τῆς στερήσεως παρέλαβε. τὸ
20 γὰρ θερμὸν γίνεται ἐκ τοῦ ψυχροῦ· ἀληθὲς δὲ εἰπεῖν καὶ ὅτι ἐκ τοῦ μὴ
θερμοῦ. προστίθησι δὲ καὶ ἄλλην ὁ Πλάτων τὴν κυριωτάτην αἰτίαν τοῦ
δεῖν πάντως εἶναί τι τοῖς εἴδεσι τοῖς γενητοῖς ὑποκείμενον· προαποδείξας
γὰρ ὅτι ἄλλο μέν ἐστι τὸ νοητὸν εἶδος ἀρχέτυπον καὶ παραδειγματικὸν καὶ
αὐτὸ ἐφ' ἑαυτοῦ ὑπάρχον, ἄλλο δὲ τὸ αἰσθητὸν εἰκονικὴν φύσιν ἔχον καὶ
25 διὰ τοῦτο ἑτέρου ὂν ὁμοίωμα, εἰκότως συνάγει, ὅτι καὶ | ἐν ἑτέρῳ ὑπο- 49ᵛ
κειμένῳ πάντως ἔσται τοῦτο τῷ ἀφομοιουμένῳ. οὐ γάρ ἐστι καθ' αὑτὴν
ἡ ὁμοίωσις καὶ εἰκασία, ἀλλ' ἐν τῷ ὡμοιωμένῳ καὶ εἰκασμένῳ, ὅπερ ἐστὶ
τὸ ὑποκείμενον. ἴσως δὲ κάλλιον αὐτῶν ἀκούειν τῶν παγκάλων τοῦ Πλά-
τωνος ῥημάτων· "τούτων δὲ οὕτως ἐχόντων ὁμολογητέον ἓν μὲν εἶναι τὸ
30 κατὰ ταὐτὰ εἶδος ἔχον ἀγένητον καὶ ἀνώλεθρον, οὔτε αὐτὸ εἰσδεχόμενον
ἄλλο ἄλλοθεν οὔτε αὐτὸ εἰς ἄλλο ποι ἰόν, ἀόρατον δὲ καὶ ἄλλως ἀναίσθη- 5
τον τοῦτο δ δὴ νόησις εἴληχεν ἐπισκοπεῖν· τὸ δὲ ὁμώνυμον ὅμοιόν τε ἐκεί-
νῳ δεύτερον, αἰσθητὸν γενητὸν πεφορημένον ἀεὶ γινόμενόν τε ἔν τινι τόπῳ

---

1 τῆς μεταβολῆς D: τὴν μεταβολὴν E: τὸ ὑποκείμενον τῇ μεταβολῇ aF   2 εἰπὼν
cf. Tim. p. 49 D   3 post τι add. τὸ aF   4 διὰ τὸ κτλ. cf. Tim. p. 49 E φεύγει
γὰρ οὐχ ὑπομένον τὴν τοῦ τόδε καὶ τοῦτο καὶ τὴν τῷδε καὶ πᾶσαν ὅση μόνιμα ὡς ὄντα αὐτὰ
ἐνδείκνυται φάσις   post τόδε lac. v litt. rel. (in mrg. ζήτει) F   5 ὅση] ὦσι F
ὡς ὄντα] ὅσον τὰ F   φάσις E: φύσις D: φασὶν F: φάσιν a   ἐπήγαγεν p. 49 E 50 A
6 ἐγγινόμενα ἀεὶ Plato et Simpl. p. 218, 2   7 αὖ] ἂν D   προσχρώμενος F   8 ὁτι-
οῦν] ὅτι F   9 τούτων] τοῦτο E   10 μὴ om. F   13 κατὰ DF: καὶ τὰ E: καὶ κατὰ a
14 ἐναντιοτάτων D   15 ὁ ἀὴρ E   20 ὅτι καὶ aF   22 τι om. F   23 νοητὸν]
γενητὸν F¹   25 καὶ ὅτι D   26 τοῦτο τὸ E   27 ὁμοιουμένῳ E   εἰκα-
σθέντι F   28 Πλάτωνος Tim. p. 51 E 52 A cf. f. 54ʳ 4. 125 ᵛ 18   30 ταῦτα EF
οὔτε εἰς ἑαυτὸ Plato et f. 125 ᵛ 19   31 ποι ἰόν f. 125 ᵛ 19: ποιόν EF: ποιοῦν D

καὶ πάλιν ἐκεῖθεν ἀπολλύμενον, δόξῃ μετ' αἰσθήσεως περιληπτόν· τρίτον 49v
δὲ αὖ γένος ὂν τὸ τῆς χώρας ἀεί, φθορὰν οὐ προσδεχόμενον, ἕδραν δὲ
παρέχον ὅσα ἔχει γενέσθαι πᾶσιν, αὐτὸ δὲ μετ' ἀναισθησίας ἁπτὸν λογι-
σμῷ τινι νόθῳ μόγις πιστόν, πρὸς ὃ δὴ καὶ ὀνειροπολοῦμεν βλέποντες καὶ
5 φαμεν ἀναγκαῖον εἶναί που τὸ ὂν ἅπαν ἔν τινι τόπῳ καὶ κατέχον χώραν τινά. 10
τὸ δὲ μήτε ἐν γῇ μήτε που κατ' οὐρανὸν οὐδὲν εἶναι. ταῦτα δὴ πάντα
καὶ τούτων ἄλλα ἀδελφὰ καὶ περὶ τὴν ἄϋπνον καὶ ἀληθῶς φύσιν ὑπάρ-
χουσαν ὑπὸ ταύτης τῆς ὀνειρώξεως οὐ δυνατοὶ γινόμεθα ἐγερθέντες διορι-
ζόμενοι τἀληθὲς λέγειν, ὡς εἰκόνι μέν, ἐπείπερ οὐδὲ αὐτὸ τοῦτο, ἐφ' ᾧ
10 γέγονεν, ἑαυτῆς ἐστιν, ἑτέρου δέ τινος ἀεὶ φέρεται φάντασμα, διὰ ταῦτα ἐν
ἑτέρῳ προσήκει τινὶ γίνεσθαι, οὐσίας ἁμωσγέπως ἀντεχομένην, ἢ μηδὲν τὸ
παράπαν αὐτὴν εἶναι, τῷ δὲ ὄντως ὄντι βοηθὸς ὁ δι' ἀκριβείας ἀληθὴς 15
λόγος, ὡς ἕως ἄν τι τὸ μὲν ἄλλο ᾖ, τὸ δὲ ἄλλο, οὐδέτερον ἐν οὐδετέρῳ
ποτὲ γενόμενον ἓν ἅμα ταὐτὸν καὶ δύο γενήσεσθον." ἐπιστῆσαι δὲ ἄξιον
15 ὅτι κατὰ ταύτην τὴν τῆς ὕλης αἰτιολογίαν καὶ τὰ οὐράνια εἴδη ἔνυλά ἐστί
πως, εἴπερ καὶ αὐτὰ ὁμοιώματά ἐστι τῶν νοητῶν παραδειγμάτων. ὥστε
οὐδὲν σχεδὸν ἐν τοῖς περὶ τῶν στοιχείων λόγοις διάφωνον ὅ τε Πλάτων
καὶ ὁ Ἀριστοτέλης ἀπεφήναντο, πλὴν ὅτι καὶ ἑτέραν προστέθεικεν αἰτίαν
ὁ Πλάτων τοῦ δεῖν πάντως εἶναί τι καὶ ὑποκείμενον. ἀλλ' ἐπὶ τὰ ἑξῆς
20 ἰτέον.

p. 191 a 7 Ἡ δὲ ὑποκειμένη ὕλη ἐπιστητὴ κατὰ ἀναλογίαν. 20

Ἐπειδὴ τὰ παρατεθέντα τῆς ὕλης παραδείγματα οἷον ὁ ἄνθρωπος καὶ 26
τὸ σπέρμα καὶ εἴ τι τοιοῦτον, κἂν ὕλης εἶχε λόγον πρὸς τὰ γινόμενα, ἀλλ'
εἴδη τινὰ ἦν καὶ αὐτά, πᾶς ἂν ἐπιζητήσειε μαθεῖν, τί ποτε ἂν εἴη αὐτὴ
25 καθ' αὑτὴν ἡ ὑποκειμένη τοῖς εἴδεσιν ὕλη. καὶ γὰρ ἔστω τοῦ μὲν ἀνθρώ-
που ὕλη τὸ σπέρμα, τοῦ δὲ σπέρματος εἰ τύχοι τὸ αἷμα, τούτου δὲ σιτία
καὶ ποτά, τούτων δὲ τὰ τέτταρα στοιχεῖα. ἀλλ' ἐπειδὴ καὶ ταῦτα μετα- 30
βάλλει εἰς ἄλληλα κατὰ τὰς ἐναντίας ποιότητας, δεῖται πάντως καὶ αὐτὰ
κοινοῦ τινος ὑποκειμένου μηδεμίαν ἔχοντος ποιότητα τῇ ἑαυτοῦ φύσει.
30 αἱ γὰρ ποιότητες εἴδη καὶ ἀντικείμενα εἴδη. εἰ οὖν πᾶσα κατ' ἐπέρεισιν
γινομένη γνῶσις περιγεγραμμένων ἐστὶ καὶ χαρακτῆρά τινα ἐχόντων καὶ

---

2 αὖ DE: αὐτὸ aF 3 γενέσθαι cf. p. 223, 8: γένεσιν recte f. 125v 24 5 post
ὂν intercidit ἅπαν cf. f. 121v 16 6 ἐν γῇ om. E 8 οὐ om. E δυνατοὶ
γινόμεθα aF et 125v 27: δύναται γινόμεθα E: δυνάμεθα γινόμενα (in mrg. ζή) D
10 φέρεται E: φένεται D: φαίνεται aF 13 ὡς (ante ἕως) om. F ' τι] που a
ἐν οὐδετέρῳ — γενόμενον om. F 14 γενόμενον D et f. 125v 31: γινόμενον E: γεγενη-
μένον a Plato (def. F) 15 τὴν om. E 17 τῶν (post περὶ) om. aF 18 ὁ (post
καὶ) om. D προσέθηκεν E 21 ὕλη] φύσις a et Aristoteles et Themistius, sed
cf. v. 25 22 παρατεθέντα aF: παρατιθέντα D: παρετεθέντα E 23 τὰ σπέρματα aF
24 τινα] καὶ αὐτὰ F ἐπιζητήσειε scripsi cf. p. 233, 21: ἐπιζητήσει F: ἐπιζητήσοι DE
29 αὑτοῦ EF 30 πᾶσα (σα in lit.) D κατὰ ἀπέρεισιν D

κατὰ ποιότητα καὶ εἶδος ἀφωρισμένων, τὸ δὲ τοῖς εἴδεσι καὶ ταῖς ποιότησιν 49ᵛ
ὑποκείμενον ἄποιον εἶναι χρὴ πάντῃ καὶ ἀνείδεον ("ὅμοιον γὰρ ὄν, ὥς
φησι Πλάτων, τῶν ἐπεισιόντων τινὶ τὰ τῆς ἐναντίας τά τε τῆς παράπαν 35
ἄλλης φύσεως ὁπότε ἔλθοι δεχόμενον κακῶς ἂν ἀφομοιοῖ τὴν ἑαυτοῦ πα-
5 ρεμφαῖνον ὄψιν"), πῶς οὖν ἂν τὸ τοιοῦτον γνωστὸν κατὰ ἀναλογίαν
φησὶ τὴν πρὸς τὰ ἄλλα; ὡς γὰρ πρὸς ἀνδριάντα χαλκὸς ἢ πρὸς
κλίνην ξύλον ἢ πρὸς ἄλλο τι τῶν ἐχόντων μορφὴν τεχνητῶν τὸ
ἄμορφον ἔχει πρὶν λαβεῖν τὴν μορφήν, οὕτως ἡ ἐν τοῖς φυσικοῖς
πρώτη ὕλη πρὸς οὐσίαν ἔχει καὶ τὸ ὄν. καλῶς δὲ ἀπὸ τῶν τεχνη-
10 τῶν ἔλαβε τὸ παράδειγμα, ἐπειδὴ ἐν τούτοις καὶ χρόνῳ προηγεῖται τὸ
ἄμορφον καὶ καθ' ἑαυτὸ ὁρᾶται. καὶ αἱ μὲν οὐσίαι τοῖς ἄλλοις ὑπόκειν- 40
ται, ἡ δὲ ὕλη τῇ οὐσίᾳ· διὸ καὶ τοῖς ἄλλοις ἅπασιν αὕτη. ἀλλὰ τῇ μὲν
οὐσίᾳ καὶ τῷ συναμφοτέρῳ καθ' αὑτό, κατὰ συμβεβηκὸς δὲ καὶ τοῖς ἄλλοις
ὑπόκειται. διὸ καὶ αὐτὸς εἰπὼν οὕτως αὕτη πρὸς οὐσίαν ἔχει καὶ
15 τὸ τόδε τι, τουτέστι τὴν σύνθετον καὶ κυρίως οὐσίαν, διότι οὐδέπω ἡ
ὕλη τόδε τι, εἰ καὶ μᾶλλον τῆς στερήσεως.

Καὶ ἐπιστῆσαι ἄξιον, ὅτι ὁ μὲν Πλάτων κατὰ τὸ ὑπομένειν θεωρῶν
τὴν ὕλην αὐτῇ μᾶλλον τὸ τόδε τι δίδωσιν, ὡς ἐπὶ τῆς τῶν χρυσῶν σκευῶν
μεταπλάσεως ἐνεδείκνυτο. καὶ ὅταν λέγῃ "ἐν ᾧ δὲ ἐγγινόμενα ἕκαστα 45
20 αὐτῶν φαντάζεται καὶ πάλιν ἐκεῖθεν ἀπόλλυται, μόνον ἐκεῖνο αὖ προσαγο-
ρεύειν τῷ τε τοῦτο καὶ τῷ τόδε προσχρωμένους ὀνόματι". ὁ δὲ Ἀριστο-
τέλης τὸ τόδε τι κατὰ τὴν μορφὴν θεωρῶν τοῖς εἴδεσιν αὐτὸ παρέχει·
μετὰ δὲ τὸ τόδε τι ἐπήγαγε καὶ τὸ ὄν, τουτέστι πρὸς πάντα τὰ ὄντα, ὧν
τὰ μὲν οὐσίαι εἰσί, τὰ δὲ συμβεβηκότα, καὶ τὰ μὲν τόδε τι προηγουμένως,
25 τὰ δὲ δι' ἐκεῖνο τὸ τόδε τι. τὴν δὲ κατὰ ἀναλογίαν ταύτην γνῶσιν
νόθον λογισμὸν ἐκάλεσεν ὁ Πλάτων, διότι οὐ κατ' ἐπέρεισιν εἴδους ἀλλὰ 50
κατὰ ἀναγύμνωσιν καὶ ἀπόφασιν γίνεται τῶν εἰδῶν καὶ οἷον μύων ὁ λογι-
σμὸς ὁρᾷ τὴν ὕλην. καὶ ἡ περὶ αὐτῆς νόησις οὐ νόησις, ἀλλ' ἄνοια
μᾶλλον. διὸ νόθον ἂν εἴη τὸ φάντασμα αὐτῆς καὶ οὐ γνήσιον. ὡς γὰρ
30 τὰ ὑπὲρ τὸ πρῶτον εἶδος οὐ κατ' ἐπέρεισιν εἰδητικὴν γινώσκομεν, ἀλλ'
ὅτι οὐκ ἔστι πρῶτα τὰ εἴδη μαθόντες ἀπ' αὐτῆς τῆς τῶν εἰδῶν φύσεως
διακεκριμένης οὔσης καὶ ὀφειλούσης πρὸ ἑαυτῆς ἔχειν τὸ ἡνωμένον καὶ τὸ
ἕν, κατὰ τὴν τῶν εἰδῶν ἀπόφασιν γινώσκομεν | τὰ ὑπὲρ εἶδος οὐκ εἰς τὸ 50ʳ
ἀόριστον ἁπλῶς ἐκείνης τῆς ἀποφάσεως ῥιπτούσης ἡμᾶς, ἀλλ' εἰς τὸ τοῦ
35 εἴδους αἴτιον, καὶ εἰς τὸ ὑπὲρ τὸν ὅρον τὸν εἰδητικὸν ἱδρυμένον, οὕτως καὶ
τὰ τελευταῖα εἴδη θεασάμενοι εἰκονικὰ ὄντα καὶ μεταβάλλοντα εἰς ἄλληλα,
καὶ διὰ τοῦτο δεόμενα ὑποκειμένου πεφυκότος δέχεσθαι παρὰ μέρος τῶν

---

2 ὄν om. F   3 Πλάτων Tim. p. 50 E   τὰ τῆς] τά τε τῆς a   4 ἑαυτοῦ aD:
αὑτοῦ EF: αὐτοῦ Plato   παρεμφαίνων E   5 πῶς οὖν ἂν EF: πῶς ἂν οὖν D: εἴη
ἂν πως a   11 τοῖς ἄλλοις EF: ταῖς ἄλλοις D: ταῖς ἄλλαις a   14 αὐτὸς οὕτως εἶπεν
οὕτως a   15 τουτέστι — τόδε τι om. D   19 λέγῃ Tim. p. 49 E sq. cf. p. 224, 5
20 αὖ] οὖν F   26 Πλάτων cf. p. 225, 3   ἀπέρεισιν et v. 30 D   27 ante κατὰ
add. καὶ E   28 καὶ ἡ] om. ἡ E   33 ὑπὲρ τὸ εἶδος a   34 τὸ] τὴν D
35 αἰτίαν D   εἰς τὸν E   37 τῶν ἀντικειμένων παρὰ μέρος aF

ἀντικειμένων ἑκάτερον, ἐπὶ τὴν ἔννοιαν ἐρχόμεθα τῆς ὕλης κατὰ ἀπόφασιν 50ʳ
τῶν εἰδῶν τὴν εἰς τὸ ὑποδεκτικὸν ἀπάγουσαν. ὡς εἴ γε ζητοῦντες τὴν
ὕλην τόδε τι αὐτὴν ἀφωρισμένως διάφορον τῶν ἄλλων ὄντων ὑποθώμεθα,
ἄλλῳ τινὶ περιπεπτώκαμεν καὶ οὐ τῇ ὕλῃ. ἐκείνη γὰρ οὐδεμίαν ἔχει πρός
5 τι διαφοράν, εἴπερ ποιότης εἰδητικὴ πᾶσα διαφορά ἐστιν. ὥστε ἀγνωσία
μᾶλλόν ἐστιν ἡ τῆς ὕλης γνῶσις, εἴπερ τὰ περὶ αὐτὴν μεταβάλλοντα
ἔσχατα ὄντα τῶν εἰδῶν τὴν ἐσχάτην ἐπιδέχεται γνῶσιν τὴν αἰσθητικήν.
διὸ καὶ μετὰ ἀναισθησίας ἁπτὴν εἶπε τὴν ὕλην ὁ Πλάτων τὸ μὴ κατ'
ἐπέρεισιν αὐτῆς ἀντίτυπον σημαίνων, ἵνα ὥσπερ λογισμῷ νόθῳ, οὕτω καὶ
10 αἰσθήσει νόθῃ ληπτὴν οὖσαν αὐτὴν ἐνδείξηται. ἀλλὰ τὸ μὲν νόθῳ λο-
γισμῷ γνωστὴν εἶναι καὶ ἡ κατὰ ἀπόφασιν αὐτῆς ἐπιβολὴ καὶ ἡ ἀπὸ τῆς
αἰτίας ἥτις ἂν γένοιτο, ἀπὸ τῶν τῆς πρώτης εἵλκυσται φιλοσοφίας· τὸ δὲ
κατὰ ἀναλογίαν φυλάττει τὰ τῷ φυσικῷ προσήκοντα μέτρα τῆς τῶν
στοιχείων τῶν φυσικῶν γνώσεως. ὡς γὰρ τῆς γραμματικῆς περὶ τῶν εἰ-
15 κοσιτεττάρων στοιχείων ἔστιν εἰδέναι τὰ ὁλοσχερέστερα, τὴν δὲ ἀκριβῆ
γνῶσιν αὐτῶν ἡ μουσικὴ διδάσκει, οὕτως καὶ περὶ τῶν φυσικῶν στοιχείων
ὁ πρῶτος διδάξει φιλόσοφος. διὸ καὶ τὴν περὶ τοῦ εἴδους θεωρίαν μετ'
ὀλίγον εἰς ἐκεῖνο ἀναπέμπει. ἰστέον μέντοι ὅτι τὸ κατὰ ἀναλογίαν ἀπὸ
τοῦ Πυθαγορικοῦ Τιμαίου μετήγαγεν ὁ Ἀριστοτέλης, ὥσπερ ὁ Πλάτων τὸ
20 "νόθῳ λογισμῷ ληπτόν". λέγει γὰρ οὖν ὁ Πυθαγορικὸς Τίμαιος ἐν τῷ
οἰκείῳ συγγράμματι "τὰν δὲ ὕλαν λογισμῷ νόθῳ τῷ μηδέπω κατ' εὐθυω-
ρίαν νοεῖσθαι, ἀλλὰ κατὰ ἀναλογίαν".

Ἀλλ' ἐπειδή τινες καὶ οὐδὲ οἱ τυχόντες ἐν φιλοσοφίᾳ τὸ ἄποιον σῶμα
τὴν πρωτίστην ὕλην εἶναί φασι καὶ κατὰ Ἀριστοτέλην καὶ κατὰ Πλάτωνα,
25 ὥσπερ τῶν μὲν παλαιῶν οἱ Στωικοί, τῶν δὲ νέων Περικλῆς ὁ Λυδός,
καλῶς ἂν ἔχοι ταύτην ἐπισκέψασθαι τὴν δόξαν. καὶ γὰρ ὁ Ἀριστοτέλης καὶ
ὁ Πλάτων πρῶτα ἀπὸ τῆς μεταβολῆς τὴν ὕλην εἰσάγοντες τῶν μεταβαλ-
λόντων τὰς τῶν στοιχείων ποιότητας εἶναι βούλονται θερμὸν ψυχρὸν ξηρὸν
ὑγρόν. αὗται δὲ κοινὸν ὑποκείμενον ἔχουσαι τὸ σῶμα μεταβάλλονται περὶ
30 αὐτό, ὥστε τὸ σῶμα ἂν εἴη ἡ πρώτη ὕλη. ἔτι δὲ εἰ ἦν τι ἄλλο τὸ τῷ
σώματι ὑποκείμενον, ἐπειδὴ ἐξ ἐναντίων αἱ γενέσεις, ἔδει τι εἶναι τὸ τῷ
σώματι ἀντικείμενον, ὥστε τὰ ἀντικείμενα μεταβάλλειν περὶ τὸ κοινὸν ὑπο-
κείμενον. ἔτι δὲ τὸ ὑπομένον ἐν πάσῃ μεταβολῇ τοῦτο ὕλην εἶναί φαμεν·

---

6 ἐστι τῆς E   7 αἰσθητὴν E   8 Πλάτων cf. p. 225,3   κατ' ἀπείρεσιν D
9 σημαῖνον F¹   10 νόθη DE: νόθῳ aF   ληπτὴν αὐτὴν οὖσαν aF   11 γνωστὴν
DE: ληπτὴν aF   12 τῶν τῆς] τῆς τῆς F¹: τῆς E   18 ἐκεῖνο DEF: ἐκεῖνον
fort. recte a   19 πλάτων τῷ E   20 λέγει γὰρ aDF: γὰρ λέγει E: scribendum
λέγει γοῦν ὁ Π.   Τίμαιος p. 94 B Steph.   21 οἰκείῳ] πυθαγορικῷ E   τὴν δὲ
ὕλην D   τῷ μηδέπω aF: διὰ τὸ μηδέπω DE: τῷ μήπω Timaeus   22 νοῆσθαι
Timaeus   ἀλλὰ om. E   23 τινες] τινος E   24 κατὰ (ante Πλάτωνα) om. aF
25 Περικλῆς cf. Zeller H. Ph. III 2 (V)² 757³   28 θερμὸν καὶ ψυχρὸν aF   ξηρὸν
ὑγρόν DF: ὑγρὸν ξηρόν E: ξηρὸν καὶ ὑγρόν a   30 ἡ (post εἴη) om. E   ἄλλης E
τὸ (ante τῷ) om. F item v. 31   32 ἀντικείμενον DEF: ὑποκείμενον a
33 τοῦτον E

τὸ δὲ ἄποιον σῶμα ὑπομένει. οὐ γὰρ ἔστι τι εἰς ὃ φθαρῇ τὸ σῶμα. ὅτι 50ʳ
δὲ καὶ Πλάτων τὴν ὕλην φησὶ τὸ προσεχῶς ὑποκείμενον ταῖς τῶν τεττά-
ρων στοιχείων ποιότησι, τοῦτο δέ ἐστι τὸ ἄποιον σῶμα, διὰ τούτων δῆλον
"τὴν δὲ γενέσεως τιθήνην ὑγραινομένην καὶ πυρουμένην καὶ τὰς γῆς τε καὶ
5 ἀέρος μορφὰς δεχομένην" καὶ πάλιν "ὅτε δὲ ἐπεχειρεῖτο κοσμεῖσθαι τὸ πᾶν, 30
πῦρ πρῶτον καὶ ὕδωρ καὶ γῆν καὶ ἀέρα, ἴχνη μὲν ἔχοντα αὐτῶν αὐτά, παντά-
πασι μὲν διακείμενα, ὥσπερ εἰκὸς ἔχειν ἅπαν, ὅταν ἀπῇ τινος θεός, οὕτω
δὴ τότε πεφυκότα ταῦτα πρῶτον διεσχηματίσατο εἴδεσι καὶ ἀριθμοῖς". εἰ
οὖν πρῶτα τὰ τῶν στοιχείων εἴδη ἐνέθηκε τῇ ὕλῃ ὁ δημιουργός, τούτων
10 δὲ κοινὸν ὑποκείμενον τὸ σῶμα τὸ ἄποιον, τοῦτο ἂν εἴη ἡ ὕλη. καὶ κατὰ
Ἀριστοτέλην δὲ δόξει τὸ σῶμα τὸ ἄποιον εἶναι τὸ πρῶτον ὑποκείμενον καὶ
ἡ ὕλη. εἰ γὰρ τὸ σῶμα ὥσπερ τι τῶν ἄλλων εἰδῶν ἐγγίνεται τῇ ὕλῃ 35
καὶ ἀπογίνεται ἀπ' αὐτῆς, δῆλον ὅτι πρὸ τοῦ ἐγγενέσθαι τὸ σῶμα καὶ
μετὰ τὸ ἀπογενέσθαι ἡ στέρησις ἂν εἴη τοῦ σώματος περὶ τὴν ὕλην, ὅπερ
15 ἐστὶ τὸ ἀσώματον, καὶ ἔσται τις φυσικὴ οὐσία ἀσώματος· ὅπερ οὐ δοκεῖ
τῷ Ἀριστοτέλει σαφῶς λέγοντι πολλαχοῦ, ὅτι τὰ φυσικὰ σώματά ἐστι καὶ
περὶ σώματα. ἀλλ' ὅτι μὲν ὁ Πλάτων οὐ βούλεται τὸ σῶμα εἶναι τὸ
πρῶτον ὑποκείμενον, ὃ δὴ καλοῦμεν ὕλην, δῆλον ἂν εἴη ἐκ τοῦ καὶ τοῦ
σώματος οἷον στοιχεῖα τὰ ἐπίπεδα τὰ κατ' αὐτὸν προλαμβάνειν ἀρχοειδέ-
20 στερα δηλονότι ὄντα. γράφει οὖν ἐν Τιμαίῳ· "πρῶτον μὲν δὴ πῦρ καὶ 40
γῆ καὶ ὕδωρ καὶ ἀὴρ ὅτι σώματά ἐστι, δῆλόν που καὶ παντί, τὸ δὲ τοῦ
σώματος εἶδος πᾶν καὶ βάθος ἔχει. τὸ δὲ βάθος αὖ πᾶσα ἀνάγκη τὴν
ἐπίπεδον περιειληφέναι φύσιν." ἔπειτα τὸ μὲν σῶμα καὶ κατ' αὐτὸν τριχῇ
διαστατόν ἐστι· τοῦτο γὰρ σημαίνει τὸ "καὶ βάθος ἔχειν". τὸ δὲ τοιοῦτον
25 καὶ ἀριθμὸν συνουσιωμένον ἔχει καὶ σχῆμα, καὶ μάλιστα εἰ πεπερασμένον
εἴη τὸ ὅλον σῶμα, ὥσπερ καὶ τῷ Πλάτωνι δοκεῖ καὶ τῷ Ἀριστοτέλει.
οὐδὲν δὲ τούτων ἔχειν τὴν ὕλην καθ' αὑτήν φησιν, ἀλλ' ὅταν μετάσχῃ 45
τῶν εἰδῶν, τότε μετασχηματίζεσθαι εἴδεσι καὶ ἀριθμοῖς. ὅτι δὲ οὐδὲ ὁ
Ἀριστοτέλης τὸ σῶμα βούλεται εἶναι τὸ πρῶτον ὑποκείμενον, σαφῶς ἐδή-
30 λωσεν, ἐν οἷς φησιν "ἔστι γὰρ καὶ σώματος ὕλη καὶ μεγάλου καὶ μικροῦ
ἡ αὐτή". ἡ γὰρ τοῦ σώματος ὕλη οὐκ ἂν εἴη σῶμα καὶ τὸ τῷ μεγάλῳ
καὶ μικρῷ τὸ αὐτὸ ὑποκείμενον οὐκ ἂν οὔτε μέγα εἴη οὔτε μικρόν. τὸ
δὲ σῶμα καὶ μάλιστα τὸ πεπερασμένον τοσόνδε τί ἐστι, καὶ οὐκ ἂν τὸ

---

1 φθαρῇ aDF: φθαρείη E   3 τούτων aEF: τῶν τοιούτων D   4 τὴν δὲ δὴ Plato Tim. p. 52 D   καὶ τὰς Plato: καίτοι DEF: καὶ a   5 πάλιν Tim. p. 53 B   ὅτι δὲ ἐπιχειρεῖτο E   6 καὶ ὕδωρ om. a   αὐτῶν] αὐτῶν DEF   αὐτά] immo ἄττα   7 μὲν] γε μὴν Plato   8 διεσχηματίσαντο a   εἴδεσί τε καὶ Plato
9 ἔθηκε E   10 ἡ ὕλη aD: ὕ̓λη F: ὕλη E   13 ἐγγίνεσθαι E   16 παντα-χοῦ aF   17 ἀλλ' ὅτι — τὸ σῶμα om. E   19 κατ' αὐτὸν cf. v. 23   20 οὖν] γοῦν E   Τιμαίῳ p. 53 C   δὴ om. D   τὸ πῦρ aE   21 καὶ γῆ post ἀὴρ translocat a   22 αὖ om. F   23 εἰληφέναι D   25 σχῆμα D: σχήματα aEF   28 σχηματίζεσθαι a   ὁ (post οὐδὲ) om. aF   30 φησιν nescio ubi, cf. Metaph. A 6 p. 988ᵃ. Phys. Δ 2 p. 209ᵇ 35   32 καὶ τῷ μικρῷ aF

αὐτὸ ἅμα μέγα καὶ μικρὸν εἴη καθ' αὑτό. ὅλως δὲ τὸ μὲν σῶμα καὶ λόγῳ περιληπτόν ἐστι καὶ κατὰ ἐπέρεισιν γνωστόν. τὴν δὲ ὕλην ὁ μὲν Πλάτων "νόθῳ λογισμῷ ληπτήν" φησιν. ὁ δὲ Ἀριστοτέλης καὶ πρὸ αὐτοῦ Τίμαιος ὁ Πυθαγορικὸς κατὰ ἀναλογίαν μόνον. οὐκ ἄρα οἷόν τε τὸ
5 σῶμα εἶναι τὴν πρώτην ὕλην. καὶ ἐν τῷ τετάρτῳ γοῦν τῆσδε τῆς πραγματείας ὕλην τοῦ μεγέθους εἶναι βούλεται ἀόριστόν τινα διάστασιν ὁριζομένην ὑπὸ τοῦ εἰδητικοῦ μεγέθους. λέγει γοῦν "ὥστε δόξειεν ἂν τὸ εἶδος καὶ ἡ μορφὴ ἑκάστου ὁ τόπος εἶναι, ᾧ ὁρίζεται τὸ μέγεθος καὶ ἡ ὕλη ἡ τοῦ μεγέθους". εἰπὼν γὰρ τὸ μέγεθος, ἐπειδὴ καὶ εἰδητικόν ἐστι μέγεθος,
10 ἐπήγαγε καὶ ἡ ὕλη ἡ τοῦ μεγέθους τὸ | αὐτὸ ἐξηγούμενος.

Ἔτι δὲ καὶ τῷ αὐτὸ καθ' αὑτὸ σκοποῦντι τὸ πρόβλημα ἀδύνατον δόξει τὴν πρώτην ὕλην τὸ ἄποιον εἶναι σῶμα, ὡς καὶ ὁ Πλωτῖνος ἀπέδειξεν. εἰ γὰρ μηδὲν τῶν φυσικῶν εἰδῶν ὑπάρχει κατ' οὐσίαν τῇ ὕλῃ τῇ πᾶσι τοῖς φυσικοῖς ὑποκειμένῃ, δῆλον ὅτι οὐδὲ σχῆμα οὐδὲ μέγεθος αὐτῇ ὑπάρξει
15 (εἴδη γὰρ ταῦτα) καὶ ἔσται ἐσχηματισμένον καὶ μεμεγεθυσμένον, εἴπερ ἐστὶ σῶμα, καὶ οὐκέτι ἁπλοῦν ἔσται, ἀλλὰ σύνθετον ἐξ ὕλης καὶ εἴδους. ἁπλοῦν δὲ ἡ ὕλη. ὥστε καὶ συλλογίσαιο ἂν οὕτως· ἡ ὕλη οὔτε μέγεθος ἔχει οὔτε σχῆμα οὔτε ἀριθμὸν καθ' αὑτήν· τὸ σῶμα μέγεθος ἔχει καὶ σχῆμα καὶ ἀριθμὸν καθ' αὑτό· ἡ ὕλη ἄρα οὐκ ἔστι σῶμα. ἡ ὕλη οὐκ
20 ἔστι σύνθετος ἐξ ὕλης καὶ εἴδους· τὸ σῶμα σύνθετόν ἐστιν ἐξ ὕλης καὶ εἴδους. ἔτι δὲ εἰ σῶμα ἡ ὕλη μέγεθός τι ἕξει οἰκεῖον. καὶ οὐκέτι ὁ δημιουργὸς πάντα ἐξ ἑαυτοῦ προάξει τὰ εἴδη κατὰ τὴν ἑαυτοῦ βούλησιν οὐδὲ ἡ φύσις κατὰ τοὺς δημιουργικοὺς ἐν ἑαυτῇ λόγους, ἀλλὰ δουλεύειν ἀνάγκη τῷ μεγέθει τῆς ὕλης. ἔτι δὲ εἰ μέγεθος ἔχοι, καὶ σχῆμα ἔχει
25 τῷ αὐτῆς λόγῳ. οὐ μόνον οὖν ἄτοπον τοῦτο, διότι εἶδος καὶ ποιότης τὸ σχῆμα, ἀλλὰ καὶ ὅτι δύσεργος ἔσται ἡ ὕλη πρὸς τὸ πᾶν σχῆμα δέχεσθαι κεκρατημένη ἑνί τινι σχήματι ἀφωρισμένῳ. ἔτι δὲ τὸ εἰς τὴν ὕλην ἐρχόμενον εἶδος πάντα συνεπιφέρει ἑαυτῷ τὰ οἰκεῖα, ὥστε καὶ μέγεθος. ἄλλο γὰρ ἀνθρώπου μέγεθος καὶ ἄλλο ὄρνιθος καὶ ὄρνιθος τοιοῦδε. οὐκ ἄρα
30 τῆς ὕλης ἐστὶν οἰκεῖον τὸ μέγεθος οὐδὲ τὸ ποσόν. οὐκ ἄρα σῶμα ἡ ὕλη. ἔτι δὲ εἰ σῶμα ἡ ὕλη, ποσόν τι ἔσται καὶ μεμεγεθυσμένον· ἄλλο δὲ τὸ ποσὸν καὶ ἄλλο ἡ ποσότης, καὶ ἄλλο τὸ μεμεγεθυσμένον καὶ ἄλλο τὸ μέγεθος αὐτό. καὶ τὰ μέν ἐστιν εἴδη ἀσώματα ἁπλᾶ, τὰ δὲ τούτων μετέχοντα σύνθετα. εἰ οὖν σῶμα ἡ ὕλη, σύνθετόν τι ἔσται καὶ οὐχ ἁπλοῦν

---

2 ἀπέρεισιν D   3 περιληπτὴν a   4 πυθαγορικὸς (ρικὸς in lit.) D   οἷόν τε] οἴονται E   6 βούλεται εἶναι aF   7 εἰδικοῦ D   λέγει Δ 2 p. 209 b 2   8 ᾧ in lac. om. F   9 εἰδηλωτικόν E   ἐστι τὸ μέγεθος D   10 ἡ (post ὕλη) om. DE   11 καὶ τῷ] καὶ τὸ F: καὶ E   ἀδύνατον aE: οὐ δυνατὸν D: δυνατὸν F   12 Πλωτῖνος cf. Enn. II 1. IV 8. 9. 13   14 αὐτῇ F   15 μεγεθυσμένον F   16 ἔσται DE: ἐστιν aF   εἴδους καὶ ὕλης E   18 ἑαυτὴν D   19 ante καθ' αὑτὸ iterat καθ' αὑτήν — ἀριθμὸν E   20 τὸ σῶμα — εἴδους om. E   24 εἰ μέγεθος ἔχει F σχῆμα ἔχοι F   28 καὶ τὸ μέγεθος aF   30 τὸ (post οἰκεῖον) aDEF²: τῆς F¹
31 ἔτι δὲ εἰ σῶμα ἡ ὕλη om. F   33 σώμάτα E itemque p. 230, 6 σωμάτων

οὐδὲ στοιχεῖον. εἰ δὲ ταῦτα ἄτοπα, ῥητέον ὅτι μετασχεθεῖσα ἡ ποσότης 50ᵛ
ὑπὸ τῆς ὕλης ἔδωκε μέγεθος τὸ πρότερον μὴ ἐνυπάρχον, ὥσπερ καὶ ἡ
ποιότης μετασχεθεῖσα ἐποίησε ποιὸν τὸ πρὶν ἄποιον ὑπάρχον. ἔτι δὲ καὶ
ταῦτα δυνατὸν λέγειν, ὅτι ἡ ὕλη ἢ τὸ δυνάμει ἐστὶ πάντων εἰδῶν ἤ τι 20
5 καὶ τοῦ δυνάμει ἐπέκεινα τὸ ἔχον τὸ δυνάμει ἐν ἑαυτῷ. τὸ δὲ σῶμα πῶς
ἂν εἴη δυνάμει ἀσώματον; ἀνάγκη δὲ τοῦτο, εἴπερ καὶ τῶν ἀσωμάτων
εἰδῶν ἐστιν ἡ ὕλη ὑποδεκτική. εἰ δὲ ἀσώματος οὖσα δυνάμει λέγεται,
ἰστέον ὅτι καὶ τὸ ἀσώματον οὐχ ὡς ὡρισμένη τις φύσις, ἀλλ' ὡς ἀπό-
φασις τοῦ σώματος λέγεται. ἴσως δὲ ἔστιν εἰπεῖν, ὅτι οὐ πρώτως ἡ ὕλη
10 τὸ ἀσώματον εἶδος δέχεται, ἀλλὰ διὰ μέσου τοῦ σώματος. ἔτι δὲ τὸ
σῶμα ἐκ γένους καὶ διαφορῶν συνέστηκεν· οὐσία γάρ ἐστι τριχῇ διαστατή.
τὸ δὲ τοιοῦτον εἶδός ἐστιν, ἀλλ' οὐχὶ ὕλη. ἔτι δὲ τὸ σῶμα πρὸς τὰς 25
ἀσωμάτους ποιότητας ἀντιδιῄρηται, ἡ δὲ ὕλη ὁμοίως ἔχει πρὸς πάντα. ἔτι
δὲ τὸ σῶμα τρισὶν ὥρισται διαστάσεσιν, ἡ δὲ ὕλη παντελῶς ἐστιν ἀόριστος.
15 τούτων οὖν οὕτως ἑκατέρωθεν τῶν λόγων φερομένων, ὅτι μὲν εἶδος εἶναι
τὸ τοῖς εἴδεσιν ὑποκείμενον οὐ χρή, πρόδηλον. διόπερ εἰ τὸ σῶμα εἶδός
ἐστιν, οὐκ ἂν εἴη σῶμα. ὅτι δὲ τὸ κοινῇ πᾶσι τοῖς φυσικοῖς καὶ αἰσθη-
τοῖς ὑπάρχον ὡς τοιούτοις τοῦτο εἶναι χρὴ τὴν ὕλην, καὶ τοῦτο οἶμαι
τῶν προδηλοτάτων ἐστί. κοινὸν δὲ πᾶσι τὸ εἰς ὄγκον ἐκτείνεσθαι καὶ 30
20 διάστασιν. διὸ "ἡ περὶ φύσεως ἐπιστήμη, ὥς φησιν Ἀριστοτέλης, περί τε
σώματα καὶ μεγέθη καὶ τὰ τούτων ἐστὶ πάθη". μήποτε οὖν διττὸν θε-
τέον τὸ σῶμα τὸ μὲν ὡς κατὰ εἶδος καὶ κατὰ λόγον ὑφεστὼς καὶ τρισὶν
ὡρισμένον διαστάσεσι, τὸ δὲ ὡς πάρεσιν καὶ ἔκτασιν καὶ ἀοριστίαν τῆς
ἀσωμάτου καὶ ἀμερίστου καὶ νοητῆς φύσεως, οὐ τρισὶ τοῦτο διαστάσεσιν
25 εἰδητικῶς ὡρισμένον, ἀλλὰ πάντῃ παρειμένον τε καὶ ἐκλελυμένον καὶ παντα-
χόθεν ἀπὸ τοῦ ὄντος ἀπορρέον εἰς τὸ μὴ ὄν. καὶ τὴν τοιαύτην ἴσως διά-
στασιν τὴν ὕλην θετέον. ἀλλ' οὐχὶ τὸ σωματικὸν εἶδος τὸ μετρῆσαν ἤδη 35
καὶ ὁρίσαν τὸ ἄπειρον καὶ ἀόριστον τῆς τοιαύτης διαστάσεως καὶ στῆσαν
ἀποφεύγουσαν αὐτὴν ἀπὸ τοῦ ὄντος. ἐπιστῆσαι γὰρ ἄξιον, ὅτι ᾧ διαφέρει
30 τὰ ἔνυλα τῶν ἀύλων, τοῦτο εἶναι προσήκει τὴν ὕλην. διαφέρει δὲ ὄγκῳ
καὶ διαστάσει καὶ μερισμῷ καὶ τοῖς τοιούτοις, οὐ τοῖς κατὰ μέτρα ὡρισμέ-
νοις, ἀλλὰ τοῖς ἀμέτροις καὶ ἀορίστοις καὶ ὁρίζεσθαι δυναμένοις ὑπὸ τῶν
εἰδητικῶν μέτρων.

Ταύτην δὲ περὶ τῆς ὕλης τὴν ὑπόνοιαν ἐοίκασιν ἐσχηκέναι πρῶτοι
35 μὲν τῶν Ἑλλήνων οἱ Πυθαγόρειοι, μετὰ δ' ἐκείνους ὁ Πλάτων, ὡς καὶ 40
Μοδέρατος ἱστορεῖ. οὗτος γὰρ κατὰ τοὺς Πυθαγορείους τὸ μὲν πρῶτον ἓν
ὑπὲρ τὸ εἶναι καὶ πᾶσαν οὐσίαν ἀποφαίνεται, τὸ δὲ δεύτερον ἕν, ὅπερ ἐστὶ

---

1 ἄτοπα ταῦτα aF   2 καὶ (post ὥσπερ) om. aF   4 πάντων τῶν εἰδῶν D
12 οὐχὶ aF: οὐχ ἡ E: οὐχ D   14 δὲ (post ἔτι) om. E   15 μὲν οὖν F   εἶδοσ
(οσ e. corr.) εἶναι E   16 οὐ om. E   εἰ om. D   17 ἐστιν] ὄν D   18 χρὴ
εἶναι aF   19 προδήλων aF   20 Ἀριστοτέλης de caelo A 1 p. 268ᵃ 1   21 θετέον
διττὸν D   22 κατὰ (post καὶ) om. aF   23 πάρεσιν i. q. παράλυσιν infra p. 231, 19
27 ἤδη ἴσως διάστασιν F   29 γάρ] δὲ a   34 πρῶτον D   36 μοδέραστος hic ut
μοδεράστου p. 231, 6 D

τὸ ὄντως ὂν καὶ νοητόν, τὰ εἴδη φησὶν εἶναι, τὸ δὲ τρίτον, ὅπερ ἐστὶ τὸ 50ᵛ
ψυχικόν, μετέχειν τοῦ ἑνὸς καὶ τῶν εἰδῶν, τὴν δὲ ἀπὸ τούτου τελευταίαν
φύσιν τὴν τῶν αἰσθητῶν οὖσαν μηδὲ μετέχειν, ἀλλὰ κατ' ἔμφασιν ἐκεί-
νων κεκοσμῆσθαι, τῆς ἐν αὐτοῖς ὕλης τοῦ μὴ ὄντος πρώτως ἐν τῷ ποσῷ
5 ὄντος οὔσης σκίασμα καὶ ἔτι μᾶλλον ὑποβεβηκυίας καὶ ἀπὸ τούτου. καὶ 45
ταῦτα δὲ ὁ Πορφύριος ἐν τῷ δευτέρῳ Περὶ ὕλης τὰ τοῦ Μοδεράτου παρα-
τιθέμενος γέγραφεν ὅτι "βουληθεὶς ὁ ἑνιαῖος λόγος, ὥς πού φησιν ὁ Πλάτων,
τὴν γένεσιν ἀφ' ἑαυτοῦ τῶν ὄντων συστήσασθαι, κατὰ στέρησιν αὑτοῦ
ἐχώρησε τὴν ποσότητα πάντων αὐτὴν στερήσας τῶν αὑτοῦ λόγων καὶ εἰ-
10 δῶν. τοῦτο δὲ ποσότητα ἐκάλεσεν ἄμορφον καὶ ἀδιαίρετον καὶ ἀσχημά-
τιστον, ἐπιδεχομένην μέντοι μορφὴν σχῆμα διαίρεσιν ποιότητα πᾶν τὸ
τοιοῦτον. ἐπὶ ταύτης ἔοικε, φησί, τῆς ποσότητος ὁ Πλάτων τὰ πλείω ὀνό-
ματα κατηγορῆσαι "πανδεχῆ" καὶ ἀνείδεον λέγων καὶ "ἀόρατον" καὶ "ἀπο- 50
ρώτατα τοῦ νοητοῦ μετειληφέναι" αὐτὴν καὶ "λογισμῷ νόθῳ μόλις ληπτήν"
15 καὶ πᾶν τὸ τούτοις ἐμφερές. αὕτη δὲ ἡ ποσότης, φησί, καὶ τοῦτο τὸ
εἶδος τὸ κατὰ στέρησιν τοῦ ἑνιαίου λόγου νοούμενον τοῦ πάντας τοὺς λό-
γους τῶν ὄντων ἐν ἑαυτῷ περιειληφότος παραδείγματά ἐστι τῆς τῶν σω-
μάτων ὕλης, ἣν καὶ αὐτὴν ποσὸν καὶ τοὺς Πυθαγορείους καὶ τὸν Πλάτωνα
καλεῖν ἔλεγεν, οὐ τὸ ὡς εἶδος ποσόν, ἀλλὰ τὸ κατὰ στέρησιν καὶ παρά-
20 λυσιν καὶ ἔκτασιν καὶ διασπασμὸν καὶ διὰ τὴν ἀπὸ τοῦ ὄντος παράλλαξιν, 55
δι' ἃ καὶ κακὸν δοκεῖ ἡ ὕλη ὡς τὸ ἀγαθὸν ἀποφεύγουσα. καὶ | κατα-51ʳ
λαμβάνεται ὑπ' αὐτοῦ καὶ ἐξελθεῖν τῶν ὅρων οὐ συγχωρεῖται, τῆς μὲν
ἐκτάσεως τὸν τοῦ εἰδητικοῦ μεγέθους λόγον ἐπιδεχομένης καὶ τούτῳ ὁριζο-
μένης, τοῦ δὲ διασπασμοῦ τῇ ἀριθμητικῇ διακρίσει εἰδοποιουμένου". ἔστιν
25 οὖν ἡ ὕλη κατὰ τοῦτον τὸν λόγον οὐδὲν ἄλλο ἢ ἡ τῶν αἰσθητῶν εἰδῶν
πρὸς τὰ νοητὰ παράλλαξις παρατραπέντων ἐκεῖθεν καὶ πρὸς τὸ μὴ ὂν ὑπο-
φερομένων. ὅτι γὰρ ἄλλος ἐστὶν ὁ ὄγκος ὁ τῶν αἰσθητῶν οἰκεῖος καὶ 5
ἄλλο τὸ εἰδητικὸν μέγεθος, καὶ ἄλλος μὲν ὁ διασπασμὸς τῶν αἰσθητῶν
εἰδῶν, ἄλλη δὲ ἡ ἀριθμητικὴ διάκρισις, δῆλον ἐκ τοῦ ἐκεῖνα μὲν λόγους
30 εἶναι καὶ εἴδη ἀδιάστατά τε καὶ ἀμέριστα. καὶ γὰρ ὁ τοῦ τριπήχεος με-
γέθους λόγος καὶ ὁ τῆς τριάδος ἀδιάστατός τε καὶ ἀμερής ἐστι καὶ ἀσώ-
ματος. ταῦτα μέντοι τὰ τῶν αἰσθητῶν οἰκεῖα ἄλογα καὶ σωματικὰ καὶ
μεμερισμένα καὶ εἰς ὄγκον καὶ διασπασμὸν ὑπελθόντα διὰ τὴν εἰς γένεσιν
καὶ εἰς τὸ ἔσχατον πρόοδον, ταὐτὸν δὲ εἰπεῖν εἰς ὕλην. ὑποστάθμη γὰρ
35 καὶ ὕλη ὄντως ἐστὶν ἀεὶ τὸ ἔσχατον. διὸ καὶ Αἰγύπτιοι τὴν τῆς πρώτης 10
ζωῆς, ἣν ὕδωρ συμβολικῶς ἐκάλουν, ὑποστάθμην τὴν ὕλην ἔλεγον οἷον
ἰλύν τινα οὖσαν. καὶ ἔστιν οἷον χώρα αὕτη τῶν γενητῶν τε καὶ αἰσθη-

---

1 τὸ (ante ψυχικόν) om. aF   2 μετέχει D   4 κεκομῆσθαι D   6 παραθέ-
μενος a   7 Πλάτων cf. Tim. p. 48 sqq.   8 στέρησιν αὐτοῦ libri   9 τῶν αὐτοῦ
libri   10 ἄμορφον κτλ. cf. Tim. p. 51ʙ   13 ἀπορώτατα τοῦ scripsi ex Platonis
l. c.: ἀπορωτάτου F: ἀπόρραγα τοῦ aDE   14 μόγις F   16 παντὸς a   17 παρά-
δειγμά F   22 τῆς μὲν — τοῦ δὲ iter. F   23 ἐκτάσεως E   24 διπλασιασμοῦ E
27 ἄλλο E   29 εἰδῶν aF: om. DE   ἡ (post δὲ) om. E   30 ἀδιάστατέ E   31 ὁ
τῆς DE: ἡ τῆς aF   ἐστι om. E   33 καὶ (ante εἰς) super add. D   37 αὕτη D

τῶν οὐκ εἶδός τι ἀφωρισμένον ὑπάρχον, ἀλλ' ὑποστάσεως κατάστημα, 51r
ὥσπερ τὸ ἀμερὲς καὶ ἀδιάστατον καὶ ἄυλον καὶ ὄντως ὂν καὶ τὰ τοιαῦτα
κατάστημά ἐστι τῆς νοητῆς φύσεως, πάντων μὲν ὄντων τῶν εἰδῶν καὶ ἐκεῖ
καὶ ἐνταῦθα, ἀλλ' ἐκεῖ μὲν ἀύλως, ἐνταῦθα δὲ ὑλικῶς, ταὐτὸν δὲ εἰπεῖν,
5 ἐκεῖ μὲν ἀμερίστως καὶ ἀληθῶς, ἐνταῦθα δὲ μεριστῶς καὶ σκιοειδῶς. διὸ 15
καὶ ἕκαστον εἶδος ἐνταῦθα διέστη κατὰ τὴν ὑλικὴν διάστασιν.

Ἀλλὰ πῶς ταῦτα τῷ Ἀριστοτέλει συμφωνήσεται καὶ τῷ Πλάτωνι
ὑποκείμενόν τι τῇ ἐναντιώσει τὴν ὕλην εἶναι βουλομένοις; ἢ τὰ μὲν ὑπὸ
τῶν ἄλλων περὶ ὕλης λεγόμενα εἰς τὸ σῶμα ἔσχατον ἀπάγει τῷ ὄντι. οὐ
10 γάρ ἐστί τι τῷ σώματι ἀντικείμενον. καὶ οὕτως ἀγένητον ἔσται καὶ ἄφθαρτον
οὐ τὸ οὐράνιον σῶμα μόνον, ἀλλὰ καὶ τὸ ὑπὸ σελήνην. ἡ δὲ νῦν ῥηθεῖσα
ἔννοια καὶ τὴν σωματικὴν διάστασιν τῶν ὑπὸ σελήνην γινομένην καὶ φθειρο-
μένην σὺν τῷ εἴδει τῷ διεστῶτι φυλάττει οἷον ἀνθρώπῳ ἢ ἵππῳ. ἢ ὅταν 20
οὐσία ᾖ τὸ γινόμενον, καὶ ἡ μεταβολὴ περὶ τὴν ὑλικὴν γίνεται παράλλαξιν
15 μένουσαν ἀεί. τὰ μὲν γὰρ συμβεβηκότα περὶ τὰς οὐσίας μεταβάλλεται,
αἱ δὲ οὐσίαι περὶ τὸ εἰρημένον ὑπὸ τῶν Πυθαγορείων ποσὸν ἢ κατὰ στέ-
ρησιν ἤτοι περὶ τὴν ἀπὸ τοῦ ὄντος παράλλαξιν, ταὐτὸν δὲ εἰπεῖν περὶ τὴν
διάστασιν καὶ τὸν ὄγκον τὸν ὑλικόν. ἐκ γὰρ ὕδατος ἀὴρ γίνεται οὐ μόνον
τῶν ποιοτήτων μεταβαλλουσῶν, ἀλλὰ καὶ τοῦ μεγέθους τοῦ εἰδητικοῦ·
20 ἄλλο γὰρ ἑκατέρωθι μέγεθος. καὶ οὐκ ἔστι τὸ ἔλαττον μέρος τοῦ μείζονος, 25
ἀλλ' εἶδος ἀφωρισμένον ἑκάτερον, † κἂν ἐκμενούσης δὲ τῆς ὑλικῆς διαστά-
σεως ἑκατέρωθι. ὑλικὰ γὰρ ὁμοίως ἄμφω καὶ ὁμοίως μεριστὰ καὶ αἰσθητὰ
καὶ ἀδιάφορα κατὰ τὴν ὕλην. αἱ γὰρ διαφοραὶ κατὰ τὰ εἴδη θεωροῦνται.
ὅτι δὲ καὶ αὐτὸς Ἀριστοτέλης τοιαύτην ἔχει περὶ τῆς ὕλης ἔννοιαν οἵαν
25 καὶ οἱ Πυθαγόρειοι τὴν κατὰ διάστασιν καὶ τὸ ἀόριστον ποσόν, ἀπὸ τῶν
ἐν τῷ τετάρτῳ βιβλίῳ τῆσδε τῆς πραγματείας λεγομένων ἔστι μαθεῖν.
λέγει γὰρ ἐν ἐκείνοις· "ᾗ δὲ δοκεῖ ὁ τόπος εἶναι τὸ διάστημα τοῦ με-
γέθους, ταύτῃ ἡ ὕλη δόξει· τοῦτο γὰρ ἕτερον τοῦ μεγέθους· τοῦτο δέ ἐστι 30
τὸ περιεχόμενον ὑπὸ τοῦ εἴδους καὶ ὡρισμένον οἷον ὑπὸ ἐπιπέδου καὶ
30 πέρατος. ἔστι δὲ τοιοῦτον ἡ ὕλη καὶ τὸ ἀόριστον." ὅσοι δὲ κατὰ τὸ ὂν
τὸ χεῖρον τῶν εἰδῶν ἢ κατὰ τὸ ἓν τὸ τοῦ πρωτίστου ἑνὸς ἀπήχημα τὴν
ὕλην νοεῖν ἀξιοῦσιν, οὐκ οἶδα ὅπως κατορθοῦσι. τὸ μὲν γὰρ ἓν καὶ τὸ ὂν
ὅταν μηδὲν ἄλλο ᾖ ἓν καὶ ὂν θεωρῶνται, κυρίως ἐστὶν ὅπερ λέγονται καὶ
πρώτως· ἡ δὲ ὕλη τὸ ἔσχατόν ἐστι καὶ τοῦ ὄντος ἐκβαῖνον καὶ πολλῷ
35 μᾶλλον τοῦ ἑνὸς καὶ ἐν τῇ παραλλάξει καὶ παρεκτροπῇ τῇ πρὸς τὸ ὂν 35

---

2 καὶ ἀδιάστατον om. aF   4 καὶ (post ἐκεῖ) om. F   6 ἐνταῦθα om. F
7 συμφωνήσεται τῷ ἀριστοτέλει aF   συμφωνήσει D   καὶ om. E   8 βουλό-
μενος E   εἶτα F¹   10 τι τῷ om. F   11 ὑποσέληνον E   11. 12 ἔννοια ῥη-
θεῖσα DE   16 εἰρημένων F   21 κἂν ἐκμενούσης (ἐκμελλούσης E) non sanum
24 post αὐτὸς add. ὁ a   οἵαν (om. F) καὶ οἱ πυθαγόρειοι DEF: om. a   26 τετάρτῳ
c. 2 p. 209ᵇ6   βιβλίῳ om. D   ἔστι aD: om. EF   28 ταύτῃ et δόξει om.
Aristoteles   ἡ om. E   29 ὑπὸ (post οἷον) D et in mrg. F²: ἀπὸ E: ἐπὶ F¹: ἀπὸ
τοῦ a   31 ἀπήχημα DEF: ἀπόσχημα a   32 ἐν (post γὰρ) om. aD   33 ἐστὶν]
immo εἰσὶν

ὑφέστηκεν, ἐπειδὴ διὰ τὴν γόνιμον τοῦ ὄντος δύναμιν ἔδει καὶ τὴν ἔμφασιν 51ʳ
τοῦ ὄντος ὑποστῆναι. ἀλλὰ ταῦτα μὲν διὰ τὴν κρατοῦσαν περὶ τῆς ὕλης
ἔννοιαν οὐκ ἀρεστὴν ἐμοὶ ἐπὶ πλέον μηχῦναι προήχθην. κατὰ δὲ τὴν λέξιν
τὸ μία δὲ ἢ ὁ λόγος σημαίνει μὲν τὸ μία ἄλλην εἶναι τὴν κατὰ τὸν
5 λόγον καὶ κατὰ τὸ εἶδος ἀρχήν, ἀσάφειαν δὲ ποιεῖ τὸ ἢ τῷ ὁ λόγος
προσκείμενον καὶ θηλυκὸν ἄρθρον τῷ ἀρσενικῷ συντεταγμένον. συντέ-
τακται δὲ οὐ τῷ ὁ λόγος, ἀλλὰ τῇ ἀρχῇ, ὡς εἶναι ἴσον τῷ μία δὲ ἡ 40
κατὰ τὸν λόγον, ἢ μᾶλλον μία ἀρχὴ ὁ λόγος καὶ τὸ εἶδος. γράφεται δέ,
ὥς φησιν Ἀλέξανδρος, καὶ χωρὶς τοῦ ἢ, τινῶν ἴσως διὰ τὴν ἀσάφειαν ἀφε-
10 λόντων αὐτό, καίτοι μετ' αὐτοῦ τῆς ἑρμηνείας ἀρχαιοπρεπεστέρας οὔσης.

p. 191ᵃ18 Καὶ πῶς ἔχουσιν αἱ ἀρχαὶ πρὸς ἀλλήλας, καὶ τί τὸ
ὑποκείμενον.

Πῶς ἔχουσιν αἱ ἀρχαὶ ἢ τὰ ἐναντία λέγει, ὅτι ἀπουσίᾳ τῆς ἑτέρας 45
ἡ ἑτέρα, καὶ τί τὸ ὑποκείμενον, ὅτι τὸ κατὰ ἀναλογίαν λαμβανόμενον
15 καὶ ὃ μὴ ἔχει ἐναντίον. εἴρηκε δὲ αὐτῶν τὰς διαφοράς, ὅτι ἄλλο μὲν τὸ
ὃ γίνεται, ἄλλο δὲ τὸ γινόμενον καὶ ἄλλο τὸ ἐξ οὗ. καὶ ὅτι ἡ μὲν ὕλη
ὑπομένει καὶ ἐνυπάρχει ἐν τῷ γινομένῳ ἡ δὲ στέρησις οὔ. καὶ δῆλον ἐκ
πάντων τῶν εἰρημένων, ὅτι ἡ στέρησις οὐκ ἔστι φύσις τις κατὰ Ἀριστο-
τέλην, ἀλλ' ἀπουσία ἐν τῷ πεφυκότι. ὅταν οὖν συμβεβηκὸς τῇ ὕλῃ λέγη-
20 ται ἡ στέρησις, οὐχ ὡς εἶδος λέγεται, ἀλλ' ὡς ἐμοὶ συμβέβηκε τὸ μὴ 50
εἶναι ἐν ἀγορᾷ. εἰ δέ ἐστι τοιοῦτον ἡ στέρησις, ἐπιζητήσειεν ἄν τις εὐλό-
γως, ὑπὸ ποίαν κατηγορίαν ταχθήσεται. ἢ εἰ τὸ εἶδος οὐσία, καὶ ἡ στέ-
ρησις οὐσία ἔσται· ὑφ' ὃ γὰρ τὸ ἕτερον τῶν ἀντικειμένων, ὑπὸ τοῦτο καὶ
τὸ ἕτερον. οὐχ ὡς τὰ ἐναντία μέντοι (ταῦτα γὰρ ὄντα τι) ὑπὸ τὸ αὐτὸ
25 γένος ἐστίν, ἀλλ' ὅτι αἱ στερήσεις τινῶν ἐν τοῖς αὐτοῖς εἰσι γένεσιν ἐκεί-
νοις. εἰδοποιοῦνται γάρ πως καὶ αὐταὶ καὶ χαρακτηρίζονται ἀπὸ τῶν
εἰδῶν. διὸ καὶ αὐτὸς εἰς τοῦτο βλέψας "εἶδος γάρ πως καὶ ἡ στέρησις" 55
φησίν. |

p. 191ᵃ19 Πότερον δὲ οὐσία τὸ εἶδος ἢ τὸ ὑποκείμενον, οὔπω 51ᵛ
30   δῆλον.

Ἐν μὲν τῷ τῶν δέκα Κατηγοριῶν βιβλίῳ τὴν οὐσίαν ὁ μὲν Ἀριστο-
τέλης εἴς τε τὴν πρώτην οὐσίαν καὶ τὴν δευτέραν διεῖλε, τουτέστιν εἴς τε

---

2 μὲν om. aF   3 οὐκ ἀρεστὴν ἐμοὶ DE: οὐ γὰρ ἔστιν ἐμή aF   4 μὲν post τὸ
add. a   ἢ ὁ λόγος] variant editores vel ᾗ vel ἣ vel ⟨τὸ εἶδος⟩ ἢ ὁ λόγος   μία
(ante ἄλλην) D: μίαν aEF   ἄλλην om. a   7 οὐ τῷ] αὐτῷ E   9 ὥς om. a
ὁ post φησιν add. a   13 ἢ om. a   17 γινομένω aD: γενομένῳ EF   ἡ δὲ στέρησις
οὔ DE: om. aF   καὶ (ante δῆλον) om. E   18 τις] τῆς D   20 μὴ ἐν ἀγορᾷ εἶναι
aF   21 εἰ δέ ἐστι aDE: ἔστι δὲ F   ἀλόγως E   23 οὐσίας D   26 πως om. aF
αὐταὶ E   27 πως om. aF   28 φησιν cf. Phys. B 1 p. 193ᵇ19 καὶ γὰρ ἡ στέρησις
εἶδός πώς ἐστιν   31 μὲν (post ἐν) om. a   κατηγοριῶν βιβλίῳ c. 5 p. 2ᵃ11 sqq.
μὲν ante Ἀριστοτέλης om. aF   32 καὶ τὴν D: καὶ E: καὶ εἰς τὴν aF

τὴν ἄτομον καὶ τὴν εἰδικήν τε καὶ γενικήν, ὁ δὲ Ἀρχύτας εἴς τε τὴν ὕλην 51ᵛ
καὶ τὸ εἶδος καὶ τὸ σύνθετον, ᾧ καὶ Ἀριστοτέλης ἐν τῇ Μετὰ τὰ φυσικὰ 5
συνακολουθήσας ἀκριβέστερον ἔδοξε καὶ αὐτὸς τριχῇ διελεῖν καὶ λέγει
μάλιστα μὲν οὐσίαν τὸ συναμφότερον ἐπὶ τῶν γενητῶν, δευτέρως δὲ τὸ εἶδος
5 καὶ τὴν ὕλην, ἐξ ὧν τὸ συναμφότερον συνέστηκε. τούτων δὲ κατὰ μὲν τὸ
ἀίδιον καὶ ὑποκεῖσθαι τὴν ὕλην μᾶλλον οὐσίαν φησί· καθόσον δὲ τὸ εἶναι
ἑκάστῳ τοῦτο ὅ ἐστι κατὰ τὸ εἶδός ἐστι, καθ᾿ ὃ καὶ διαφέρον τῶν ἄλλων
ἐπ᾿ οἰκείας ἐστὶ φύσεως, κατὰ τοῦτο μᾶλλον οὐσία τὸ εἶδος αὐτῷ δοκεῖ. 10
ταύτην οὖν ἐνδείκνυται νῦν τὴν σύγκρισιν ἀρκούμενος ἐν τῷ περὶ τῶν φυσι-
10 κῶν ἀρχῶν λόγῳ, πόσαι καὶ τίνες εἰσὶν αἱ ἀρχαί, παραδοῦναι.

"'Ἀλλ᾿ εἰ φθείρεται, φησὶν Ἀλέξανδρος, τὸ εἶδος, πῶς ἀρχὴ τοῦτο;
ἄφθαρτος γὰρ ἡ ἀρχὴ δοκεῖ εἶναι. „ἀρχῆς γὰρ ἀπολομένης, ὥς φησι
Πλάτων, οὔτε αὐτὴ ἔκ του οὔτε ἄλλο ἐξ ἐκείνης γενήσεται,,". λύει δὲ τὴν
ἀπορίαν ὁ Ἀλέξανδρος λέγων ὅτι "οὐ πᾶσα ἀρχὴ τῶν ἐν γενέσει καὶ φθορᾷ
15 ἄφθαρτος εἶναι δύναται· οὐ γὰρ δὴ καὶ ἡ στοιχειώδης· οὐ γὰρ ἂν ἔτι
γένεσις εἴη καὶ φθορά. ἀλλ᾿ εἶναι μέν τινα καὶ ἄφθαρτον δεῖ, οὐ μὴν 15
οἷόν τε πᾶσαν. καὶ τὸ εἶδος δέ, φησί, κἂν τῷ ἀριθμῷ φθαρτόν ἐστιν,
ἀλλὰ τῷ γε εἴδει ἄφθαρτον. ἀεὶ γάρ ἐστι θερμὸν καὶ ψυχρόν, οὐκ ἀεὶ
δὲ ταὐτὸν κατ᾿ ἀριθμόν· οὐ γὰρ ἂν ἦν γένεσις ἐν τοῖς οὖσιν." ἀλλὰ
20 ταῦτα μὲν εἴρηται μετρίως. ὁ δὲ Πλάτων οὐ τὴν στοιχειώδη τῶν σωμά-
των ἀρχὴν τὴν κατὰ τὸ εἶδος ἀγένητον εἶπεν ἐν Φαίδρῳ, ἀλλὰ τὴν 'ἀρχὴν
καὶ πηγὴν τῆς κινήσεως', ἥτις ἦν τὸ αὐτοκίνητον, καὶ ὅλως τὴν πρωτουρ-
γὸν ἐν πᾶσιν ἰδιότητα ποιητικὴν οὖσαν ἀρχὴν ἀλλ᾿ οὐ στοιχειώδη. ἐπάγει 20
δὲ ὁ Ἀλέξανδρος καὶ ταῦτα· "ἢ οὐδὲ τὸ εἶδος φθείρεται· φθείρεται γὰρ
25 τὸ γινόμενον· γίνεται δὲ οὔτε ἡ ὕλη οὔτε τὸ εἶδος, ἀλλὰ τὸ συναμφότε-
ρον· καὶ φθείρεται ἄρα τοῦτο. ὥστε αἱ ἀρχαὶ ἄφθαρτοι. ἀλλ᾿ οὐκ εἰ
ἄφθαρτον, ἤδη καὶ ἀίδιον τὸ κατ᾿. ἀριθμὸν εἶδος· φθείρεται μὲν γὰρ τὸ
συναμφότερον, ἡ δὲ φθορὰ αὐτοῦ κατὰ τὸ ἀποβάλλειν τὸ εἶδος." ταῦτα
δὲ δοκεῖ μὲν εἰρῆσθαι φυσικῶς ὑπὸ τοῦ Ἀλεξάνδρου. ἀπορίαν δὲ παρέχει,
30 πῶς ὃ πρότερον μὴ ὂν ὕστερον ἔστιν, οὐκ ἂν λέγοιτο γίνεσθαι, καὶ ὃ πρό- 25
τερον ὂν ὕστερον οὐκ ἔστιν, οὐκ ἂν λέγοιτο φθείρεσθαι. πῶς δὲ τὸ μὲν
σύνθετον φθείρεσθαι λέγομεν, διότι ἀποβάλλει τὸ εἶδος οὐχὶ σφζόμενον
οὐδὲ ὑφιστάμενον μετὰ τὴν ἀποβολήν, ἀλλ᾿ εἰς τὸ μὴ ὂν ἀπιόν, (τὸ δὲ

---

1 ante τὴν εἰδικήν add. εἰς aF   εἰδητικήν E   ὑλικήν D   2 ante τὸ εἶδος add.
εἰς aF   Μετὰ τὰ φυσικὰ Z 2 p. 1029 ᵃ 2 sqq.   μεταφυσικά E   3 ἀκολουθήσας D
συνακολουθήσας ἐν τῇ μετὰ τὰ φυσικὰ aF   διελεῖν E: διελὼν aD: διεῖλε F   8 φύσεως,
καὶ τοῦτο a   αὐτῷ εἶδος D   9 τὴν σύγκρισιν ἐνδείκνυται νῦν D   11 φησὶν ὁ a
12 γὰρ Alexander etiam f. 294ʳ 21: γὰρ δὴ Plato   ἀπολομένης F et Plato: ἀπολουμένης
aDE   13 Πλάτων Phaedr. p. 245 D   αὐτή ποτε Plato   17 ἐστιν DE: εἴη aF
18 ἐστιν ὡς θερμὸν D   19 ἦν ἡ γένεσις aF   20 ὁ δὲ] δὲ E   21 Φαίδρῳ
p. 245 c ... καὶ τοῖς ἄλλοις ὅσα κινεῖται τοῦτο πηγὴ καὶ ἀρχὴ κινήσεως   22 τὸ (post
ἦν) om. a   24 ἢ] εἰ F   alterum φθείρεται omissum in mrg. suppl. F   29 δὲ
(ante δοκεῖ)] δὴ EF   ἀπὸ E   30 ἔστιν μὴ λέγοιτο φθείρεσθαι (31) ceteris omissis F
33 ἀπιόν] ἄποιον F   τὸ δὲ εἶδος a: om. DEF

εἶδος) (οὐ γάρ ἐστι χωριστὸν οὐδὲ τὸ εἶδος δι' ὃ τὸ σύνθετον ἐφθάρη) 51ᵛ
οὐκ ἂν λέγοιτο φθαρτόν; πῶς δὲ εἰ ἄφθαρτον, οὐχὶ καὶ ἀίδιον; κάλλιον
οὖν οἶμαι μὴ ὑπεραττικίζειν. ἀλλὰ καὶ τὸ εἶδος τὸ ἄτομον καὶ ἐν γενέσει
φθαρτὸν λέγομεν καὶ τὸ σύνθετον κατὰ τὸ εἶδος. οὐ γὰρ ἀνάγκη τῶν 30
5 φθαρτῶν τὰς στοιχειώδεις ἀρχὰς ἀφθάρτους ὑποτίθεσθαι οὐδὲ εὐλαβού-
μενον τὸ εἶναί τινα εἰς τὸ μὴ ὂν φθειρόμενα τὰ νῦν μὲν ὄντα αὖθις δὲ
μὴ ὄντα λέγειν ἄφθαρτα. οὐδὲ γὰρ ταῦτα εἰς τὸ μὴ ὂν ἁπλῶς φθείρεται,
ἀλλ' ἔστι τι ἄλλο πάντως εἶδος τὸ τὴν φθορὰν τοῦ φθειρομένου εἴδους
διαδεχόμενον.

10 p. 191ᵃ23 **Ὅτι δὲ μοναχῶς οὕτως λύεται καὶ ἡ τῶν ἀρχαίων
ἀπορία λέγομεν μετὰ ταῦτα ἕως τοῦ ὑποκεῖσθαι γάρ τι δεῖ.**

35
Ὅτι καλῶς πρὸς τῇ ὕλῃ καὶ τὴν στέρησιν ἐν ταῖς ἀρχαῖς ἔθετο, δεί- 40
κνυσιν ἐκ τοῦ τινὰς τῶν ἀρχαίων φιλοσόφων μὴ ἐννοήσαντας αὐτὴν ἀναι-
ρεῖν τὴν γένεσιν καὶ τὴν φθορὰν ὑπὸ ἀπορίας τινὸς ἡττηθέντας καὶ ἄλλοις
15 ἀτόποις περιπεσεῖν. πρώτους δὲ κατὰ φιλοσοφίαν λέγει οὐ μόνον
τοὺς τῷ χρόνῳ προειληφότας, ἀλλὰ τοὺς πρώτως τὴν ἀλήθειαν ἐζητηκότας.
οὐ περὶ πάντων δὲ λέγει νῦν, ἀλλὰ περὶ ἐκείνων ὅσοι γένεσιν ἀνῄρουν.
διῄρηνται δὲ οὗτοι διχῇ, μᾶλλον δὲ τριχῇ. οἱ μὲν γὰρ αὐτῶν ἓν τὸ ὂν 45
ἔλεγον καὶ ἀγένητον τοῦτο, οἱ δὲ πολλὰ μέν, ἐνυπάρχοντα δὲ ἐκκρίνεσθαι
20 ἔλεγον, τὴν γένεσιν ἀναιροῦντες ὡς Ἀναξίμανδρος καὶ Ἀναξαγόρας, οἱ δὲ
συγκρίσει καὶ διακρίσει τῶν πρώτων στοιχείων τὴν γένεσιν ἐποίουν, ὡς
Δημόκριτος καὶ Ἐμπεδοκλῆς. οὐ γάρ ἐστι γένεσις, φησίν,
    ἀλλὰ μόνον μῖξίς τε διάλλαξίς τε μιγέντων.
Ἀνεῖλον δὲ οὗτοι τὴν γένεσιν φησὶν ὑπό τινος συσχεθέντες ἀπορίας,
25 ἣν διαλῦσαι οὐκ ἴσχυσαν. λύεται δὲ τῶν ἀρχῶν τῶν φυσικῶν τοιούτων ὑπο-
τεθεισῶν, οἵας ἡμεῖς ὑπεθέμεθα. θεὶς δὲ πρῶτον τὴν ἀπορίαν, ὑφ' ἧς 50
ἀπωσθέντες τῆς ἐπὶ τὴν ἀλήθειαν ἀγούσης ὁδοῦ τὴν γένεσιν ἀνῄρουν, καὶ
τὸ τῇ ἀπορίᾳ ἑπόμενον ἄτοπον, τότε τὴν λύσιν ἐπάγει. καὶ ἔστιν ἡ
ἀπορία τοιαύτη· τὸ γινόμενον ἀνάγκη ἢ ἐξ ὄντος ἢ ἐκ μὴ ὄντος γίνεσθαι·
30 εἰ οὖν ἄμφω ἀδύνατα, οὐκ ἂν εἴη γένεσις· ὅτι δὲ ἄμφω ἀδύνατα, δῆλον·
οὔτε γὰρ ἐξ ὄντος τὸ ὂν γίνεσθαι (εἶναι γὰρ ἤδη τὸ ὂν πρὸ τοῦ γενέσθαι)
οὔτε ἐκ μὴ ὄντος (δεῖ γὰρ εἶναί τι τὸ ἐξ οὗ) καὶ ὅλως τὸ μὴ ὂν οὐδέν

---

1 οὐ (ante γάρ) om. F   οὐδὲ τὸ εἶδος δι' ὃ DE: οὐ δὲ τὸ εἶδος διὰ F: εἰ διὰ a
3 οὖν om. D   μὴ D: ἢ EF: ἀληθεύειν ἢ a   5 οὐδὲ D: ὁ δὲ aEF   εὐλαβού-
μενον scripsi: εὐλαβούμενος aDEF   7 λέγειν DEF: λέγει a   9 διαδεχόμενος ut
videtur E   11 λέγομεν μετὰ ταῦτα om. D   ἕως κτλ. om. F   15 λέγει
om. F   16 ἀλλὰ καὶ τοὺς a   πρώτους F   17 λέγω νῦν D   ἀλλὰ καὶ
περὶ E   19 δὲ (post ἐνυπάρχοντα) om. E   20 ὡς Ἀναξίμανδρος καὶ Ἀναξαγόρας
om. F   21 τὴν γένεσιν τῶν πρώτων στοιχείων a   23 ἀλλὰ μόνον Emped. v. 79 K.,
38 St.   διάλλαξίς τε DE: καὶ διάλλαξις τε aF   24 ἀνεῖλον aEF: ἀνῄρουν D
27 καὶ τὸ] καὶ F   29 ἀνάγκη ἐκ μὴ ὄντος ἢ ἐξ ὄντος γίνεσθαι a   ἢ (ante ἐξ)
om. F   γίνεσθαι aF: γενέσθαι DE

ἔστι. καὶ ἡ μὲν ἀπορία τοιαύτη. τὸ δὲ ἐφεξῆς συμβὰν ἐπάγει καὶ 51ᵛ
οὕτω δὴ τὸ ἐφεξῆς συμβαῖνον ἕως τοῦ ἐκεῖνοι μὲν ταύτην ἔλα- 55
βον τὴν δόξαν διὰ τὰ εἰρημένα. ὑπὸ τῆς ἀπορίας ἡττηθέντες, ὥς δο-
κοῦσί τινες, εἰς ἣν ἐξήγα|γεν ἡ τοῦ ὄντος καὶ μὴ ὄντος ἔννοια τὸ κυρίως 52ʳ
5 ὂν καὶ κυρίως μὴ ὂν μόνον εἶναι καὶ μὴ εἶναι εἰδυῖα, καὶ ἐπὶ τὸ ἑξῆς
συμβαίνειν δοκοῦν ἡ ἀπορία προῆλθε. τοῦτο δέ ἐστι τὸ ἓν εἶναι τὸ ὄν,
ὥσπερ Μέλισσος καὶ Παρμενίδης ἔλεγον τὸ παρὰ τὸ ὂν οὐκ ὂν λέγοντες.
εἰ γὰρ πολλὰ εἴη τὰ ὄντα, δῆλον ὅτι καὶ διαφέροντά ἐστιν ἀλλήλων καὶ
ἔσονται παρὰ τὸ ὂν αἱ διαφοραί, εἰ δέ τι παρὰ τὸ ὂν εἴη, ἢ ὂν ἔσται ἢ
10 οὐκ ὄν· ἀλλ' οὔτε ὂν εἶναι τὸ παρὰ τὸ ὂν δυνατὸν οὔτε τὸ οὐκ ὂν εἶναι. 5
ὡς ἀτοπώτερον δὲ τοῦ μὴ εἶναι γένεσιν τὸ ἓν εἶναι τὸ ὂν ἀπὸ τῆς ἀπο-
ρίας καὶ τοῦτο αὐτοῖς ἐπελθὸν ἐπήγαγεν.

p. 191ᵃ34—191ᵇ26   Ἡμεῖς δὲ λέγομεν ἕως τοῦ τὸ γὰρ ἐκ μὴ ὄντος
εἴρηται ἡμῖν, τί σημαίνει, ὅτι ᾗ μὴ ὄν.

15   Οἱ μὲν ἀρχαῖοι διὰ τὸ μήτε ἐξ ὄντος μήτε ἐκ μὴ ὄντος δύνασθαι 23
γενέσθαι τὸ ὂν ἀνῄρουν τὴν γένεσιν. αὐτὸς δὲ τὴν ἀπορίαν λύει διωρι-
σμένως δεικνὺς ὅτι ἀνάγκη τὸ γινόμενον ἐξ ὄντος καὶ μὴ ὄντος γίνεσθαι, 25
τουτέστι πῇ μὲν ὄντος πῇ δὲ μὴ ὄντος. τοῦτο δὲ διχῶς δυνατὸν λέγειν.
ἢ γὰρ τῷ καθ' αὑτὸ καὶ κατὰ συμβεβηκὸς διαφέρει ταῦτα ἢ τῷ δυνάμει
20 καὶ ἐνεργείᾳ. οἱ μὲν οὖν λέγοντες μήτε ἐξ ὄντος μήτε ἐκ μὴ ὄντος δυνα-
τὸν εἶναι γίνεσθαι, ὂν μὲν ἔλεγον τὸ αὐτὸ τῷ γινομένῳ (ἤδη γάρ, φασίν,
ἔστι τοῦτο), μὴ ὂν δὲ τὸ πάντῃ μὴ ὄν. εἶναι γὰρ δή φασι τὸ ἐξ οὗ.
καὶ τῷ ὄντι οὕτως οὔτε ἐξ ὄντος οὔτ' ἐκ μὴ ὄντος δυνατὸν γίνεσθαι τὸ
γινόμενον. εἰ μέντοι τις τὴν στέρησιν μὴ ὂν οὖσαν ἐν ταῖς ἀρχαῖς ἐκ
25 ταύτης λέγοι γίνεσθαι τὸ γινόμενον μὴ καθ' αὑτὸ ἀλλὰ κατὰ συμβεβηκός 30
(οὐ γὰρ τῷ ἐνυπάρχειν, ἀλλὰ τῷ μὴ ἐνυπάρχειν τὴν στέρησιν ἐξ αὐτῆς
γίνεται τὸ γινόμενον), οὕτως ἐκ τοῦ καθ' αὑτὸ μὴ ὄντος οὐ καθ' αὑτό,
ἀλλὰ κατὰ συμβεβηκὸς λέγει γίνεσθαι ὄν. οὐ καθὸ οὖν ὂν ἡ ὕλη, γίνεται
ἐξ αὐτῆς τὸ ὄν, ἀλλὰ κατὰ συμβεβηκός, διότι συμβέβηκεν αὐτῇ μὴ εἶναι
30 τοῦτο τὸ ὂν ὃ γίνεται τῆς στερήσεως αὐτῇ τοῦ ὄντος ὃ γίνεται παρούσης.
ὥστε οὔτε ἐξ ὄντος καθὸ ὂν οὔτε τὸ ὂν καθὸ ὂν γίνεται, ἀλλ' ἐξ ὄντος
κατὰ συμβεβηκός. καὶ ἐκ τοῦ τινὸς ὄντος τὸ τὶ ὄν. οὕτως οὖν οὐκ ἐξ 35
ὄντος οὐδὲ ἐκ μὴ ὄντος καθ' αὑτὸ ἡ γένεσις, ἀλλὰ κατὰ συμβεβηκὸς καὶ

---

1 συμβαῖνον D   καὶ οὕτω δὴ — εἰρημένα om., pro quo ὅπως inseruit a   καὶ (ante
οὕτω) EF: om. D   2 ἕως τοῦ — εἰρημένα om. F   3 ὑπὸ ταύτης τῆς a
5 εἶναι καὶ μὴ εἶναι D: om. aEF   6 δοκοῦν ἡ ἀπορία προῆλθε DF: ἡ ἀπορία
δοκοῦν προῆλθεν E: δοκοῦν τῇ ἀπορίᾳ προῆλθον a   9 ἢ (ante ὄν) om. E   13 ἕως
κτλ. om. F   16 λύων D   17 δείκνυσι D   19 διαφέρειν D   ταῦτα
om. D   21 γίνεσθαι scripsi: γενέσθαι libri   γενομένῳ DE   24 ἐν] μὲν DE
25 γίνεσθαι τὸ γινόμενον λέγοι (λέγει F) aF   27 οὕτως DE: οὗτος aF   28 τὸ
ὂν a   οὖν om. F   29 αὐτῇ] αὕτη E   αὐτῆς τοῦ ὄντος E   33 ἀλλὰ κατὰ
συμβεβηκός om. a

ἐκ τοῦ πῆ μὲν ὄντος πῆ δὲ μὴ ὄντος. ἡ γὰρ ὕλη ἔστι μέν, οὐκ ἐκεῖνο 52ʳ
δὲ ὃ γίνεται. ὁ μέντοι Ἀριστοτέλης ἐπὶ τὰ σαφέστερα καὶ καθολικώτερα
μεταγαγὼν τὸν λόγον, οὕτως λύει τὴν ἀπορίαν· τὸ γὰρ ἐξ ὄντος, φησί,
γίνεσθαι ἴσον ἐστὶ τῷ τὸ ὂν γίνεσθαι καὶ τὸ ἐκ μὴ ὄντος γίνεσθαι τῷ τὸ
5 μὴ ὂν γίνεσθαι. ταὐτὸν γάρ ἐστιν εἰπεῖν ἐξ ἀμούσου γίνεσθαι μουσικὸν
καὶ ἄμουσον γίνεσθαι μουσικόν. εἶτα καθολικώτερον ἐπήνεγκεν, ἐν οἷς 40
περιέχεται καὶ ταῦτα, τὸ ἢ τὸ ὂν ἢ τὸ μὴ ὂν ποιεῖν τι ἢ πάσχειν.
κοινότερον γὰρ τὸ μὲν ποιεῖν τι ἢ πάσχειν τοῦ πάσχειν μόνου καὶ τὸ ὁτιοῦν
τόδε γίνεσθαι κοινότερόν ἐστι τοῦ κυρίως γίνεσθαι· καὶ γὰρ τὸ λευκὸν γι-
10 νόμενον καὶ περιπατοῦν καὶ ὁτιοῦν ἄλλο περιέχεται ἐν τούτῳ. ταῦτα οὖν,
φησί, τὸ ἐξ ὄντος ἢ ἐκ μὴ ὄντος ἢ τὸ ὂν ἢ τὸ μὴ ὂν γίνεσθαι ἢ ποιεῖν
ἢ πάσχειν, ἅπερ ἐπὶ παραδείγματος ἐκτιθέμενος λέγει μηδὲν διαφέρειν τοῦ
τὸν ἰατρὸν ποιεῖν τι ἢ πάσχειν ἢ ἐξ ἰατροῦ εἶναί τι ἢ γίνεσθαι.
ταῦτα οὖν διχῶς λέγεσθαί φησι, διότι τῶν πλεοναχῶς λεγομένων ἐστί. καὶ 45
15 πρῶτον ἐπὶ τοῦ ἰατροῦ τὸ διττὸν δείκνυσιν, εἶθ' οὕτως ἐπὶ τὸ μὴ ὂν καὶ
τὸ ὂν μεταφέρει τὸν λόγον. ὁ γὰρ ἰατρὸς ποιεῖν τι λέγεται ἢ πάσχειν ἢ
καθὸ ἰατρός ἐστιν ἢ κατὰ συμβεβηκός· καθὸ μὲν ἰατρὸς ποιεῖ ὅταν ἰατρεύῃ
καὶ θεραπεύῃ, πάσχει δὲ καθὸ ἰατρὸς ὅταν ἀνίατρος γίνηται· κατὰ συμβε-
βηκὸς δὲ ποιεῖ ὅταν οἰκοδομῇ, διότι τῷ ἰατρῷ συμβέβηκεν οἰκοδόμῳ εἶναι,
20 πάσχει δὲ κατὰ συμβεβηκὸς ὅταν λευκὸς ἐκ μέλανος γίνηται, διότι τῷ 50
ἰατρῷ συμβέβηκε τὸ μέλανι εἶναι. καὶ δῆλον ὅτι κυρίως ποιεῖν ἢ πάσχειν
τὸν ἰατρὸν λέγομεν, ὅταν καθὸ ἰατρὸς ποιῇ τι ἢ πάσχῃ. οὕτως οὖν καὶ
τὸ ἐκ μὴ ὄντος γίνεσθαί τι διχῶς λέγεται· ἢ γὰρ ἐκ μὴ ὄντος καθὸ μὴ
ὂν ἢ ἐκ μὴ ὄντος κατὰ συμβεβηκός, ὅτι τῷ ἐξ οὗ γίνεται οἷον τῇ ὕλῃ
25 συμβέβηκε τὸ μὴ ὄν, τουτέστιν ἡ στέρησις· οὐ γὰρ ἐκ παντός, ἀλλ' ἐκ
τοῦ μὴ τοιούτου πεφυκότος δὲ γίνεται τὸ γινόμενον. καὶ δῆλον ὅτι ὥσπερ
ἐπὶ τοῦ ἰατροῦ κυρίως τότε λέγομεν τὸν ἰατρὸν ποιεῖν τι ἢ πάσχειν, ὅταν 55
καθὸ ἰατρὸς ποιῇ τι ἢ πάσχῃ, οὕτω καὶ ἐπὶ τοῦ μὴ ὄντος κυρίως τότε
λέγομεν ἐκ μὴ ὄντος | γίνεσθαί τι, ὅταν ᾗ μὴ ὂν λαμβάνηται. οἱ οὖν ἀρ- 52ᵛ
30 χαῖοι μονοτρόπως τὸ μὴ ὂν κατὰ τὸ κυρίως καὶ καθὸ μὴ ὂν λαβόντες καὶ
μὴ διελόντες τό τε καθ' αὑτὸ καὶ ᾗ μὴ ὂν καὶ τὸ κατὰ συμβεβηκὸς
ἀπέστησαν τοῦ γίνεσθαί τι ἐξ ὄντος ἢ ἐκ μὴ ὄντος· καὶ διὰ τὴν
ἄγνοιαν τοῦ καθ' αὑτὸ καὶ τοῦ κατὰ συμβεβηκὸς προσηγνόησαν καὶ
ἄλλα, ὥστε μηδὲν οἴεσθαι γίνεσθαι, εἴπερ ἐκ μὴ ὄντος ᾗ μὴ ὂν μηδὲν
35 γίνεται· εἶναι γὰρ δεῖ τὸ ἐξ οὗ. δῆλον δὲ ὅτι οὐδὲ ἐξ ὄντος ᾗ ὄν· ἤδη 5

---

1 ἐκ om. E   ἡ γὰρ aD: om. EF   6 καὶ τὸ ἄμουσον DE   μουσικὸν γίνεσθαι D
7 τὸ ἢ om. F   8 μόνου om. E   9 τοῦ κυρίως γίνεσθαι om. F   11 γίνεσθαι DE
cf. Arist. p. 191 ᵃ 35. 191 ᵇ 7: om. aF   12 ἐπὶ] ἐπεὶ E   ἐκθέμενος a   μηδὲν
διαφέρειν om. F   τοῦ τὸν] τοῦτον F   13 γίνεσθαι a: γενέσθαι DEF   18 ἀνία-
τρος] ἰατρός F   γένηται E   19 συμβέβηκεν — τῷ ἰατρῷ om. D   20 γίνηται
scripsi: γένηται libri   21 τὸ μέλαν a   23 τὸ μὴ ἐκ μὴ D   ἐκ (post γὰρ)
om. D   24 τὸ ἐξ οὗ E   26 post γίνεται add. ἡ στέρησις F   27 τὸν ἰατρὸν
τότε λέγομεν aF   30 λαμβάνοντες D   32 γενέσθαι F   33 τοῦ (post καὶ)
om. F

γὰρ ἔστι. καὶ ἔτι μέντοι προσηγνόησαν τὸ μηδὲν εἶναι τῶν ἄλλων, 52ᵛ
ἀλλ' ἓν εἶναι τὸ ὄν, εἴπερ μὴ γίνεταί τι ἐκ τοῦ ὄντος. ἡμεῖς δὲ τὸ μὲν
ἁπλῶς ἐκ μὴ ὄντος, τουτέστι καθὸ μὴ ὄν, μὴ γίνεσθαί τι ὁμολογοῦμεν,
κατὰ συμβεβηκὸς δὲ λέγομεν γίνεσθαι ἐκ μὴ ὄντος· ἐκ γὰρ τῆς ὕλης,
5 καθόσον ἐνυπάρχει αὐτῇ στέρησις, ἥτις ἐστὶ καθ' αὑτὸ μὴ ὄν, γίνεταί τι. 8
  Ταύτην μὲν οὖν ἐγκρίνει τὴν ἐξήγησιν ὁ Ἀλέξανδρος τὴν τὸ μὴ ὂν 16
διαιροῦσαν εἴς τε τὸ μὴ ὄν, τουτέστι τὸ κυρίως μὴ ὄν, καὶ εἰς τὸ κατὰ
συμβεβηκός, προστίθησι δὲ καὶ ἄλλην. "δύναται γάρ, φησί, τις καὶ ἐκ
τῶν λεγομένων ἀκούειν, ὅτι καὶ τὸ μὴ ὂν μοναχῶς λέγεται κατὰ τὸ κυρίως
10 καὶ ᾗ μὴ ὄν. ἀλλὰ τὸ ἐκ τούτου γίνεσθαι διχῶς δυνατὸν λέγειν· ἢ γὰρ
καθ' αὑτὸ ἢ κατὰ συμβεβηκός· καὶ γὰρ ἡμεῖς ἐκ τῆς στερήσεως, ἥτις 20
ἐστὶ καθ' αὑτὸ μὴ ὄν, λέγομεν γίνεσθαι, ἀλλὰ κατὰ συμβεβηκός· οὐ γὰρ
διὰ τὸ ἐνυπάρχειν αὐτὴν τῷ γινομένῳ, ἀλλὰ διὰ τὸ μὴ ἐνυπάρχειν. ἐξ
ὧν δὲ καθ' αὑτὸ γίνεταί τι, ταῦτα ἐνυπάρχειν τῷ γινομένῳ". καὶ δῆλον
15 ὅτι κἂν καθ' αὑτὸ λέγηται μὴ ὂν ἡ στέρησις, ἀλλ' ἔχει τὴν ὁποιανοῦν
ὑπόστασιν. εἰ γὰρ τὸ μηδαμῇ μηδαμῶς ἦν, οὐκ ἂν οὐδὲ κατὰ συμβεβη-
κός τι ἐγένετο ἐξ αὐτῆς. ὥστε καὶ τὸ ἡμεῖς δὲ καὶ αὐτοί φαμεν γί-
νεσθαι μὲν μηθὲν ἁπλῶς ἐκ μὴ ὄντος διχῶς ἀκουστέον· ἢ γὰρ
μηδὲν ἐκ τοῦ ἁπλῶς μὴ ὄντος γίνεσθαι ἢ μηθὲν κυρίως καὶ ἁπλῶς 25
20 γίνεσθαι ἐκ μὴ ὄντος. κυρίως γὰρ καὶ ἁπλῶς ἔκ τινος γίνεται τὸ ἐξ ὑπο-
μένοντος γινόμενον. οὕτως δὲ ἐκεῖνοι ᾤοντο ὀφείλειν γίνεσθαι τὸ ἐκ μὴ
ὄντος καὶ ἐνυπάρχοντος τῷ γινομένῳ. τοῦτο δὲ ἀδύνατον. ὅτι δὲ καὶ
Πλάτων διττὸν οἶδε τοῦ μὴ ὄντος τὸ σημαινόμενον πρὸ τοῦ Ἀριστοτέλους
δηλοῖ τὰ ἐν τῷ Σοφιστῇ δεδειγμένα, οἷς ἐπήγαγε "τὴν γὰρ θατέρου φύσιν
25 ἀποδείξαντες οὖσάν τε καὶ κατακεχερματισμένην ἐπὶ πάντα τὰ ὄντα πρὸς
ἄλληλα, τὸ πρὸς τὸ ὂν ἕκαστον μόριον αὐτῆς ἀντιτιθέμενον ἐτολμήσαμεν 30
εἰπεῖν, ὡς αὐτὸ τοῦτό ἐστιν ὄντως τὸ μὴ ὄν. Καὶ παντάπασι μὲν ἔδοξε
τἀληθέστατά μοι δοκοῦμεν εἰρηκέναι. Μὴ τοίνυν ἡμᾶς εἴπῃ, ὅτι τὸ ἐν- 9
αντίον τοῦ ὄντος τὸ μὴ ὂν ἀποφαινόμενοι τολμῶμεν λέγειν ὡς ἔστιν. 10
30 ἡμεῖς γὰρ περὶ μὲν ἐναντίου τινὸς αὐτῷ χαίρειν πάλαι λέγομεν εἴτε ἔστιν

---

3 τι] τις E   4 γίνεσθαι λέγομεν a   5 τι] τις E   post γίνεταί τι translata sunt
in libris v. 31 (Ald.) ὅτι τὸ ἐναντίον — 35 τῇ ὕλῃ συνυπάρχει, quae in suum ordinem
(p. 238, 28—239, 7) redegi. turbas interpolando celaverat a. nam post γίνεταί τι addiderat
καὶ πλάτων δὲ περὶ αὐτῆς φησι μὴ τοίνυν ἡμᾶς εἴπῃ τις atque v. 31 in Platonico loco iterum
ὅτι — λέγομεν supplevit addito ταυτὶ μὲν ὁ πλάτων. ὁ δὲ ἀριστοτέλης ἐπάγει. ὡσαύτως κτλ.
6 ἐκκρίνει E   8 καὶ (post τὶς) om. aF   11 post συμβεβηκός add. ἔσται aF   13 γινο-
μένῳ] λεγομένῳ a   ἐνυπάρχειν D: ἐνυπάρ Ε: ἐνυπάρχει aF   16 οὐδ' ἂν οὐδὲ D
17 ἐγίνετο D: ἐγένετο aEF   καὶ αὐτοὶ om. aF   19 μηδὲν ἐκ EF   ὄντως D
ἢ μηδὲν aEF   22 ἀδύνατον] hic paraphrasis interrumpitur Aristoteleorum (p. 191 b 17),
quae continuatur ὡσαύτως (cf. p. 191 b 17) p. 239, 8   καὶ ὁ πλάτων aF   24 τὰ ἐν
τῷ Σοφιστῇ δεδειγμένα significat p. 258 B sq. cf. p. 244, 13   ἐπήγαγε Sophist. p. 258 D
25 ἀποδείξαντες om. aF   26 ἕκαστον DEF: ἑκάστου a   27 μὲν ἔδοξε DEF: om. a:
γε ὦ ξένε Plato   28 δοκοῦμεν om. F   εἴπῃ libri: εἴπῃ τις a Plato   ὅτι — συνυπάρχει
p. 239, 7 ex v. 9 sqq. (Aldinae) huc transposui cf. ad v. 5   ὅτι] οὐχ ὅτι D   τὸ ἐναντίον
DF: τοὐναντίον a: τε ἐναντίον E   30 μὲν om. E   πάλαι Plato: πάλιν DF: πολλὰ aE

εἴτε μή, λόγον ἔχον ἢ καὶ παντάπασιν ἄλογον· ὃ δὲ νῦν εἰρήκαμεν εἶναι 52ᵛ
τὸ μὴ ὄν, ἢ πεισάτω τις ὡς οὐ καλῶς λέγομεν ἐλέγξας ἢ μέχριπερ ἂν
ἀδυνατῇ, λεκτέον καὶ ἐκείνῳ καθάπερ ἡμεῖς λέγομεν." καὶ ἔστι μὲν καὶ
τὸ ὑπὸ τοῦ Πλάτωνος διωρισμένον, πῇ μὲν ὂν πῇ δὲ μὴ ὂν καὶ καθ'
5 αὐτὸ μὲν μὴ ὄν, κατὰ συμβεβηκὸς δὲ ὄν, ὅτι τῷ ὄντι συμβέβηκε. πλὴν
διαφέρει τὸ κατὰ ἑτερότητα μὴ ὂν τοῦ κατὰ στέρησιν, καθόσον τὸ μὲν 15
εἰδῶν ἐστι πρὸς ἄλληλα, τὸ δὲ καὶ τῇ ὕλῃ συνυπάρχει.

Ὡσαύτως δὲ οὐδὲ ἐξ ὄντος, φησίν, οὐδὲ τὸ ὂν καθὸ ὂν δύνα- 35
τὸν γίνεσθαι (ἤδη γὰρ ἔσται πρὶν γενέσθαι τὸ ὄν), ἐξ ὄντος μέντοι κατὰ
10 συμβεβηκὸς οὐδὲν κωλύει γίνεσθαι καὶ τὸ τὶ ὄν. ὡς γὰρ ὁ λέγων ἐκ ζῴου
ζῷον γίνεσθαι, οὐ τοῦτο λέγει ὅτι ᾗ ζῷον· οὐδὲ γὰρ τὸ ζῷον καθὸ ζῷον
μεταβάλλον εἰς ζῷον ἂν μεταβάλλοι. ἀλλ' οὐδὲ τὸ γινόμενον ζῷον, ἐὰν
καθὸ ζῷον γίνηται, ἐκ ζῴου ἂν γίνοιτο, ἀλλ' ᾗ ἐκ σπέρματος. εἰ δὲ καθὸ
τὶ ζῷον καὶ ἐκ ζῴου, ᾧ συμβέβηκε ζῴῳ εἶναι, μεταβάλλοντος γίνεταί τι, 40
15 ᾧ καὶ αὐτῷ τὸ ζῴῳ εἶναι ὑπάρχει, τοῦτο δὲ κατὰ συμβεβηκός ἐστιν ἐκ
ζῴου ζῷον γίνεσθαι. οὐ γὰρ καθὸ ζῷον μεταβάλλον εἰς ζῷον ᾗ ζῷον
μεταβάλλει, ἀλλὰ καθὸ τὶ ζῷον εἰς ἄλλο τι ζῷον ποιεῖται τὴν μεταβολήν·
οἷον εἰ κύων ἐξ ἵππου γίνοιτο ἢ μᾶλλον σφῆκες ἐξ ἵππου ἢ μέλισσαι ἐκ
ταύρου (ἵπποι γὰρ σφηκῶν γένεσις, ταῦροι δὲ μελισσῶν), λέγοιτο μὲν ἂν
20 ζῷον ἐκ ζῴου γίνεσθαι, οὐ μὴν καθὸ ζῷον, ἀλλὰ κατὰ συμβεβηκός. ἐκ
γὰρ ἄλλου τινὸς ζῴου ἄλλο τι ζῷον, ὃ μὴ ἔστι, μεταβάλλοντος γίνεται. 45
ἀμφοτέροις δὲ τῷ τε μεταβάλλοντι καὶ τῷ γινομένῳ ὑπάρχει τὸ ζῴοις
εἶναι, ὥστε κατὰ συμβεβηκὸς ζῷον ἐκ ζῴου. οὐ γὰρ περὶ τοῦ ποιητικοῦ
αἰτίου, ἀλλὰ περὶ τοῦ ὑλικοῦ ὁ λόγος, ἐφ' οὗ οὐχ οἷόν τε ἵππον εἶναι τὴν
25 ἵππου ὕλην. ὅταν μέντοι ἐκ σπέρματος γίνηται ζῷον, οὐκέτι κατὰ συμβε-
βηκὸς ἐκ ζῴου γίνεται, ἀλλ' ἐκ μὴ ζῴου μόνον. οὕτως οὖν καὶ εἴ τι ὂν
μὴ κατὰ συμβεβηκός, ἀλλὰ καθ' αὐτὸ γίνοιτο, ἐξ οὐκ ὄντος ἂν γίνοιτο.

Γράφεται δὲ καὶ οὕτως· οἷον εἰ κύων ἢ ἵππος. κἂν γὰρ ἔκ τινος
ζῴου τὶ ζῷον γίνοιτο, οἷον εἰ κύων ἐκ κυνὸς ἢ ἵππος ἐξ ἵππου, οὐχ ᾗ 50
30 κύων οὐδὲ ᾗ ἵππος γίνεται, ἀλλ' ᾗ τὶς κύων καὶ τὶς ἵππος· εἰ δὲ καθὸ

---

3 καὶ (post μὲν) om. F   5 inter δὲ et ὄν habet μὴ F   τῷ ὄντι scripsi cf.
p. 242, 7: τοιόν τι E: τοιοῦτον F: τοιοῦτό τι a: vox oblitt. in D   7 εἰδῶν sc. ἑτερότης
cf. Plato Soph. 258ᴮ καὶ τῆς τοῦ ὄντος πρὸς ἄλληλα ἀντικειμένων ἀντίθεσις   καὶ (post
τὸ δὲ) om. aF   8 δὲ om. F   φησίν EF (scil. Aristoteles p. 191ᵇ 17): om. aD
9 ἐξ ὄντος — καὶ τὸ τὶ ὄν om. F   μέντοι] μένων τὸ E   11 γενέσθαι D
13 γίνηται aF²: γένηται DEF¹   γένοιτο F¹   ᾗ F: ἢ aDE   14 καὶ (ante ἐκ
ζῴου) om. a   15 αὐτῷ τὸ scripsi cf. v. 22: αὐτῷ τῷ DE: αὐτῷ aF   δὲ om. E
fortasse recte. alioqui scribes δὴ   17 καθὸ ζῷον τὶ E   18 γίνοιτο EF: γένοιτο
D: om. a   19 γὰρ] δὲ F   μὲν DE: om. aF   21 ἔστι DEF: om. a   28 post
κύων [κείων a] add. ἐκ κυνὸς a idemque add. (supra κύων) E¹ errore. nam supplendum
erat v. 29. neque enim dubium quin interpolata haec fuerit lectio εἰ κύων ἵππος γί-
νοιτο. genuina autem quam supplendo restituerunt Aristoteli lectio κύων ⟨ἐκ κυνὸς ἢ
ἵππος⟩ ἐξ ἵππου antiquis interpretibus nota non fuit   29 τι om. D: τὸ F
γένοιτο D   ἐκ κυνὸς om. E cf. ad v. 28   ἢ] εἰ F   30 καὶ (post τὶς κύων)
DEF: ἢ a

ζῷόν τι ἔμελλε γίνεσθαι καὶ μὴ κατὰ συμβεβηκός, οὐκ ἐκ ζῴου ἂν ἐγέ- 52ᵛ
νετο, ἀλλ' ἐκ μὴ ζῴου οἷον ἐκ σπέρματος, καὶ ᾗ σῶμα οὐκ ἐκ σώματος,
ἀλλ' ἐξ ἀσωμάτου. οὕτως δὲ καὶ εἴ τι ὂν γίνοιτο μὴ κατὰ συμβεβηκὸς
ἀλλὰ καθ' αὑτό, οὐκ ἐξ ὄντος ἂν γίνοιτο, οὐ μέντοι οὐδὲ ἐκ μὴ ὄντος
5 καθὸ μὴ ὄν, ἤδη γὰρ τοῦτο δέδεικται. εἰ οὖν τὸ ὂν ᾗ ὂν οὔτε ἐξ ὄντος
γίνεται οὔτε ἐκ μὴ ὄντος, τὸ ὂν ᾗ ὂν οὐ γίνεται ὅλως, οὐδὲ αἱ γενέσεις
τῶν γενητῶν ᾗ ὄντα ἐστίν, ἀλλ' ᾗ πῦρ καὶ ᾗ ἀήρ. μήποτε οὖν οὕτως 55
ἔλεγον καὶ οἱ ἀρχαῖοι μηδὲν τῶν ὄντων ᾗ ὂν γίνεσθαι μηδὲ | ἀπόλλυσθαι. 53ʳ
τὰ γὰρ ὄντα τὰ εἴδη ἐστίν, οἷον ἄνθρωπος λευκόν. οὐδὲν δὲ τούτων γί-
10 νεται οὐδὲ ἀπόλλυται, ἀλλὰ τὰ ἄτομα.

p. 191ᵇ26   Ἔτι δὲ καὶ τὸ εἶναι ἅπαν ἢ μὴ εἶναι οὐκ
ἀναιροῦμεν.

Ἐπειδὴ τὸ γινόμενον ἐδείχθη μήτε ἐξ ὄντος ἁπλῶς μήτε ἐκ μὴ ὄντος
γινόμενον, ἀλλ' ἐκ τοῦ ὄντος ἅμα καὶ μὴ ὄντος, πάντως ἦν ἐφιστάνειν,
15 πῶς τὸ αὐτὸ εἶναί τε καὶ μὴ εἶναι λέγοντες, ἐξ οὗ λέγομεν γίνεσθαι τὸ 5
γινόμενον, οὐκ ἀναιροῦμεν τὸ τῆς ἀντιφάσεως ἀξίωμα, ἢ πῶς λέγοντες ἔκ
τινος γίνεσθαι τὸ γινόμενον οὐκ ἀναγκαζόμεθα ἢ ἐξ ὄντος ἢ ἐκ μὴ ὄντος
αὐτὸ λέγειν γίνεσθαι. λέγει οὖν ὅτι οὐκ ἀναιροῦμεν. οὐ γὰρ κατὰ τὸ
αὐτὸ εἶναί τι καὶ μὴ εἶναι λέγομεν, ἀλλ' ἐκ τοῦ καθ' αὑτὸ μὲν ὄντος,
20 κατὰ συμβεβηκὸς δὲ μὴ ὄντος τὴν γένεσίν φαμεν· τοιοῦτον γὰρ ἡ ὕλη.
δυνατὸν δὲ τὸ οὐκ ἀναιροῦμεν τὸ εἶναι ἅπαν ἢ μὴ εἶναι εἰπεῖν
δηλοῦντα, ὅτι τὴν μὲν διαίρεσιν οὐδὲ ἡμεῖς ἀθετοῦμεν τὴν λέγουσαν τὸ
γινόμενον πᾶν ἢ ἐξ ὄντος ἢ ἐκ μὴ ὄντος γίνεσθαι (ἴσμεν γὰρ ὅτι ἐπὶ παν- 10
τὸς ἀληθὲς ἢ τὸ εἶναι ἢ τὸ μὴ εἶναι), ἀλλὰ καὶ τηροῦντες τοῦτο σῴζομεν
25 ἅμα γένεσιν καὶ φθορὰν τῷ καθ' αὑτὸ καὶ τῷ κατὰ συμβεβηκὸς διελόντες
τὸ ὂν καὶ τὸ μὴ ὄν. καὶ οὕτως μὲν καθ' ἕνα τρόπον ἡ ἀπορία λυθήσε-
ται· τὸν δὲ ἕτερον ἐφεξῆς ἐπάγει.

p. 191ᵇ27   Ἄλλος δὲ ὅτι ἐνδέχεται ταὐτὰ λέγειν ἕως τοῦ τοῦτο
δὲ ἐν ἄλλοις διώρισται δι' ἀκριβείας μᾶλλον.

30   Εἰπὼν πρὸ ὀλίγου ὅτι "τὸ ἐξ ὄντος ἢ ἐκ μὴ ὄντος γίνεσθαι ἕνα μὲν 15
τρόπον οὐδὲν διαφέρει ἢ τὸ τὸν ἰατρὸν ποιεῖν τι ἢ πάσχειν," ὅπερ διχῶς
λέγεται ἢ καθ' αὑτὸ ἢ κατὰ συμβεβηκός, καὶ συμπερανάμενος διὰ τοῦ

---

1 γίνεσθαι om. E   ἐγένετο] immo ἐγίνετο   2 ᾗ σῶμα] μὴ σῶμα F   3 καὶ (post δὲ) om. aF   7 ἐστὶν DE: εἰσὶν aF   8 καὶ (post ἔλεγον) om. D   9 εἴδη] ἤδη a   τούτων DEF: τῶν ὄντων a   11 ἢ μὴ] ἢ τὸ μὴ a   14 πάντως DF: παντὸς aE   15 λέγοντος E   16 ἀναιροῦμεν ex ἀναγκαζόμεθα correxit E¹   18 λέγειν αὐτὸ aF   οὖν] γοῦν a   19 εἶναί τι DE: εἶναί τε aF   22. 23 πᾶν τὸ γινόμενον aF   26 καὶ μὴ τὸ ὄν E   28 ταὐτὰ E: ταῦτα aDF   ἕως κτλ. om. F   30 πρὸ ὀλίγου p. 191ᵃ34   ἕνα μὲν — διαφέρει om. a   32 καὶ ὁ F

SIMPLICII IN PHYSICORUM I 8 [Arist. p. 191 b 27. 30]

"εἷς μὲν τρόπος οὗτος" ἐστὶ τῆς λύσεως, ἐπάγει λοιπὸν τὸν ἄλλον. οὗτος 53ʳ
δέ ἐστιν ὅτι τὸ ὂν ἐνδέχεται δυνάμει καὶ ἐνεργείᾳ λέγειν, ὁμοίως δὲ καὶ
τὸ μὴ ὄν. ὅταν οὖν εἴπωμεν 'τὸ γινόμενον ἐξ ὄντος γίνεται', ἐκ τοῦ δυνά-
μει ὄντος φαμὲν τὸ ἐνεργείᾳ γίνεσθαι· οὐ γὰρ δὴ ἐκ τοῦ ἐνεργείᾳ· ἤδη
5 γάρ ἐστι τοῦτο. ἀνάπαλιν δὲ καὶ ὅταν λέγωμεν ἐκ τοῦ μὴ ὄντος, οὕτως 20
λέγομεν ὡς ἐκ τοῦ ἐνεργείᾳ μὴ ὄντος, ὅπερ δυνάμει εἶναι οὐ κωλύεται.
ἐκ μὲν γὰρ τοῦ δυνάμει μὴ ὄντος ὡς ἐκ στοιχείου οὐδὲν ἂν γένοιτο. δεῖ
γὰρ πεφυκέναι τὸ ἐξ οὗ γίνεται τὸ γινόμενον. ἐκ δὲ τοῦ δυνάμει μὲν ὄν-
τος ἐνεργείᾳ δὲ μὴ ὄντος τὰ γινόμενα γίνεται. λύεται οὖν οὕτως ἡ τῶν
10 ἀρχαίων ἀπορία ἡ μήτε ἐξ ὄντος μήτε ἐκ μὴ ὄντος γίνεσθαί τι συναναγκά-
ζουσα. γίνεται γὰρ ἐκ τοῦ δυνάμει μὲν ὄντος ἐνεργείᾳ δὲ μὴ ὄντος· ἡ γὰρ
ὕλη δυνάμει μέν ἐστιν ὅπερ γίνεται, ἐνεργείᾳ δὲ οὔ. καὶ εἴληπται μὲν ἀπὸ 25
τῆς ὕλης οὗτος ὁ διορισμός· αὕτη γάρ ἐστιν ἡ δυνάμει μὲν οὖσα, ἐνεργείᾳ
δὲ μὴ οὖσα τοῦτο ὅπερ γίνεται. αἰτία δὲ τῇ ὕλῃ τῆς τοιαύτης φύσεως
15 ἐστιν ἡ στέρησις ἀπουσία οὖσα ἐν τῷ πεφυκότι καὶ διὰ μὲν τὸ ἀπουσία
εἶναι ποιεῖ μὴ εἶναι ἐνεργείᾳ, διὰ δὲ τὸ ἐν τῷ πεφυκότι τὸ δυνάμει εἶναι
παρέχεται. διώρισται δὲ περὶ τοῦ δυνάμει καὶ ἐνεργείᾳ τελεώτερον ἐν τῷ
Θ τῶν Μετὰ τὰ φυσικά.

p. 191 b 30   Ὥστε (ὅπερ ἐλέγομεν) αἱ ἀπορίαι λύονται, δι' ἃς 30
20   ἀναγκαζόμενοι ἀναιροῦσι τῶν εἰρημένων ἔνια.

Ὁ μὲν Ἀλέξανδρος τουτὶ τὸ ῥησείδιον ἀνεξήγητον οἶμαι καταλέλοιπεν,
ὁ δὲ μέγας Συριανὸς τῶν εἰρημένων ἔνια ἀναιρεῖν φησιν αὐτοὺς διὰ
τὴν ἀπορίαν, ἐπειδὴ γένεσιν ἀναιροῦντες δι' αὐτὴν καὶ τὴν ὕλην καὶ τὴν
στέρησιν συναναιροῦσιν, ἅπερ ἔνια τῶν εἰρημένων ἀρχῶν ἐστι. διὰ γὰρ
25 τὴν ἀπορίαν ἀναιροῦντες τὴν γένεσιν προϋπάρχειν λέγουσι τὰ ὄντα ἢ τὸ 35
ὂν ἓν εἶναι. καὶ διὰ τοῦτο μήτε ὕλην εἶναι μήτε στέρησιν, ἐξ ὧν ἂν γέ-
νοιτο τὰ γινόμενα. καὶ ὅτι ταῦτα λέγει τῶν εἰρημένων ἔνια δηλοῖ καὶ
τὰ ἑξῆς ἐπαγόμενα. δυνατὸν δὲ ἴσως τῶν εἰρημένων ἔνια μὴ τῶν ἀρ-
χῶν ἀκούειν (καὶ γὰρ καὶ τὸ εἶδος ἀναιροῦσιν οἱ οὕτως λέγοντες τὸ μετα-
30 βαλλόμενον, ὥστε οὐκ ἔνια τῶν ἀρχῶν) ἀλλὰ τῶν περὶ φύσεως εἰρημένων,
ὧν ἡ γένεσις καὶ ἡ φθορά. ταύτας γὰρ προσεχῶς ἀναιρεῖν ἐδόκουν ὑπὸ
τῆς ἀπορίας συμποδιζόμενοι τῆς λεγούσης ἐξ ὄντος ἢ ἐκ μὴ ὄντος γίνε- 40
σθαι τὸ γινόμενον καὶ ἑκάτερον ἀδύνατον δεικνύσης. ἀλλ' ἡ στέρησις
ἐπινοηθεῖσα καὶ τὸ καθ' αὑτὸ καὶ κατὰ συμβεβηκὸς καὶ δυνάμει καὶ
35 ἐνεργείᾳ τὴν ἀπορίαν ταύτην διέλυσαν καὶ χώραν τῇ γενέσει καὶ τῇ

---

1 εἷς — οὗτος p. 191 b 27   ἐστὶ τῆς λύσεως οὗτος D   τὸ ἄλλον E   3 τοῦ
δυνάμει τοῦ ὄντος DE   6 ὡς (ante ἐκ) om. E   8 ἐκ δὲ] οὐδὲ E   13 οὕτως
F   ὁ ὁρισμός D   15 ἀπουσία δὲ aF   καὶ (ante διὰ) om. a   τὸ (post μὲν)
ex τὴν ut videtur E   19 ἐλέγομεν aF : λέγομεν DE   αἱ ἐν ἀπορίᾳ E   21 κατέ-
λιπεν a   22 αὐτοὺς φησιν D   27 εἰρημένων αἰτία ἔνια (om. δηλοῖ — ἔνια v. 28) F
34 καὶ τὸ κατὰ συμβεβηκὸς F   καὶ (ante δυνάμει) om. E

φθορᾷ δεδώκασιν, ἅπερ ἀνῄρουν ἐκεῖνοι. δηλοῖ δὲ ταῦτα καὶ τὰ ἐφεξῆς 53ʳ
εἰρημένα.

p. 191ᵇ33   **Αὕτη γὰρ ἂν ὀφθεῖσα ἡ φύσις ἅπασαν ἔλυσεν
            αὐτῶν τὴν ἄγνοιαν.**

"Τὴν στέρησίν φησιν ὀφθεῖσαν πάσης τῆς κατὰ τὸν λόγον ἀπορίας
λύσιν ἔχειν. εἰ γὰρ τὸ κατὰ συμβεβηκὸς ὂν καὶ μὴ ὂν διὰ τὴν στέρησιν 45
(κατὰ συμβεβηκὸς μὲν γὰρ ὂν ἡ στέρησις, διότι συμβέβηκε τῷ ὄντι, κατὰ
συμβεβηκὸς δὲ αὖ πάλιν μὴ ὂν ἡ ὕλη, διότι συμβέβηκεν αὐτῇ ἡ στέρησις
οὖσα μὴ ὂν καθ' αὑτὴν καὶ τὸ δυνάμει δὲ ὂν διὰ τὴν στέρησιν), τούτοις
διέλυσε τοῖς δύο τὴν ἀπορίαν". οὕτως μὲν ὁ Ἀλέξανδρος ἐξηγήσατο. μή-
ποτε δὲ **αὕτη ὀφθεῖσα ἡ φύσις** εἶπεν οὐχὶ ἡ τῆς στερήσεως μόνον,
ἀλλὰ καὶ ἡ τῆς ὕλης (τοῦτο γὰρ καὶ αὐτὸς ὁ Ἀλέξανδρος προϊὼν ἐφιστά-
νει) καὶ μέντοι καὶ ἐκείνη, περὶ ἧς ἔλεγε προσεχῶς, ἥ τε τοῦ καθ' αὑτὸ 50
καὶ κατὰ συμβεβηκὸς καὶ ἡ τοῦ δυνάμει καὶ ἐνεργείᾳ.

p. 191ᵇ35   **Ἡμμένοι μὲν οὖν καὶ ἕτεροί τινές εἰσιν αὐτῆς ἀλλ'
            οὐχ ἱκανῶς ἕως τοῦ ἢ Παρμενίδην ὀρθῶς λέγειν.**

Εἴτε ἡ τῆς στερήσεως φύσις ἐστὶ καὶ τῆς ὕλης, ἥτις ὀφθεῖσα πᾶσαν
ἂν διέλυσεν ἀπορίαν εἴτε ἡ τοῦ καθ' αὑτὸ καὶ κατὰ συμβεβηκὸς καὶ τοῦ
δυνάμει καὶ ἐνεργείᾳ εἴτε ἡ συναμφότερος (διὰ γὰρ τὴν ἑτέραν ἡ ἑτέρα), 55
ταύτης, φησί, τῆς φύσεως οἱ μὲν οὐδὲ ὅλως ἐφήψαντο, ὅσοι τὸ ὂν ἓν
ποιοῦσιν ἢ ὅσοι πάντα | ἐνεργείᾳ προϋπάρχειν λέγουσι καὶ ἁπλῶς ὅσοι 53ᵛ
γένεσιν ἀναιροῦσι, τινὲς δὲ αὐτῆς ἥψαντο μὲν ἀλλ' οὐχ ἱκανῶς. καὶ
δοκεῖ ταῦτα πρὸς Πλάτωνα ἀποτεινόμενος λέγειν· αὐτὸς γὰρ ἐν Τιμαίῳ
λέγων μηδὲν τῶν ὄντων ἐνεργείᾳ τὴν ὕλην εἶναι, ἐν οἷς φησιν ὅτι τὸ τοῖς
εἴδεσιν ὑποκείμενον οὐκ ἂν εἴη "παρεσκευασμένον εὖ πλὴν ἄμορφον ὂν
ἐκείνων πασῶν τῶν ἰδεῶν, ὅσας μέλλει δέχεσθαί ποθεν", ἐφάψασθαί πως
δοκεῖ καὶ τῆς ὕλης καὶ τῆς στερήσεως· τὸ γὰρ πεφυκὸς μὲν δέχεσθαι καὶ 5
μή, μὴ ἔχον δέ, ἐστερῆσθαι ἂν λέγοιτο δικαίως. καὶ τὸ δυνάμει δὲ καὶ
ἐνεργείᾳ καὶ τὸ καθ' αὑτὸ καὶ κατὰ συμβεβηκὸς πρῶτος φαίνεται διορίσας
ὁ Πλάτων καὶ τὸ πῇ μὲν ὂν πῇ δὲ μὴ ὄν, ὡς εἴρηται πρότερον. καὶ γὰρ

---

3 πᾶσαν D ut Aristoteles   4 ἄνοιαν a   5 ὀφθεῖσαν φησὶν E   τὸν (post κατὰ)
om. a   6 εἰ γὰρ DEF: τῷ γὰρ a   8 διὰ τὸ συμβεβηκέναι αὐτῇ τὴν στέρησιν
οὖσαν a   9 καὶ τὸ] τὸ om. a   10 διέλυσε aF cf. v. 18: δὲ ἔλυσε DE   μὲν
οὖν a   11 οὐχ aF   12 ἡ (ante τῆς ὕλης) om. F   ὁ (post αὐτὸς) om. aF
14 καὶ κατὰ DE: καὶ τοῦ κατὰ aF   16 ἕως κτλ. om. F   ἢ E   17 Εἴτε] ἤ
τε E   Εἴτε — ἀπορίαν (18) om. F   19 εἴτε] ἤ τε E   20 μὲν οὖν F
21 πάντα om. F   ὅσα a   23 ἀποτεινόμενος πρὸς πλάτωνα a   Τιμαίῳ p. 50D
24 τὸ (post ὅτι) DE: om. aF   26 ἰδεῶν] εἰδῶν E   μέλλοι Plato   ποθεν
om. a   ἅψασθαι D   πως aF: om. DE   27 μὲν om. aF   28 μὴ (post
μή) om. DE   ἂν post λέγοιτο iteravit D   δὲ (post δυνάμει) om. aF   29 αὐτὸ
καὶ τὸ κατὰ F   30 μὲν p. 239, 4: δὲ hic libri   πότερον E

καὶ ἐπὶ τῶν ἄλλων ὁ Πλάτων τὰ πολλαχῶς λεγόμενα διεστείλατο, ὡς καὶ 53ᵛ
ὁ Εὔδημος ἐν τοῖς Φυσικοῖς μαρτυρεῖ λέγων "Πλάτων τε γὰρ εἰσάγων τὸ
δισσὸν πολλὰς ἀπορίας ἔλυσεν ἐπὶ τῶν πραγμάτων". διὰ ταῦτα μὲν οὖν
ἠμμένος ἂν εἴη καὶ ὁ Πλάτων τῆς τοιαύτης φύσεως. οὐχ ἱκανῶς δὲ αὐτῆς 10
5 ἦφθαι δοκεῖ κατὰ δύο τρόπους ὧν ὁ ἕτερος, καθὸ ἀποδέχεται Παρμενί-
δην ἓν τὸ ὂν λέγοντα. κατὰ τοῦτο γὰρ ἐκ τοῦ ἁπλῶς μὴ ὄντος καὶ ᾗ μὴ
ὂν τὴν γένεσιν ποιεῖ. οὐ γὰρ οἷόν τέ ἐστιν ἑνὸς ὄντος τοῦ ὄντος ἄλλο τι
εἶναι καθ' αὑτὸ μὲν ὄν, κατὰ συμβεβηκὸς δὲ μὴ ὄν, καὶ δυνάμει μὲν ὄν,
ἐνεργείᾳ δὲ μὴ ὄν, ἐξ οὗ ἔσται τὰ γινόμενα. πᾶν γὰρ ὃ μὴ ἐκεῖνό ἐστιν
10 ἁπλῶς οὐκ ἔστι. τὸ γὰρ παρὰ τὸ ὂν οὐκ ὄν· τὸ δὲ οὐκ ὂν οὐδέν· μόνον
δὲ ἐκεῖνο ὄν, ὥστε ἐπαινέσας Παρμενίδην ὡς ἓν τὸ ὂν εἰπόντα ἐκ τοῦ
ἁπλῶς μὴ ὄντος φαίνεται ποιῶν αὐτὸς τὴν γένεσιν. 15

Καὶ οὕτως μὲν σχεδόν τι πάντες οἱ ἐξηγηταὶ τὴν λέξιν ἐξηγήσαντο,
ὡς τοῦ Πλάτωνος ἀποδεχομένου Παρμενίδην ἓν τὸ ὂν λέγοντα. καὶ θαυ-
15 μάζω τοῦτο· σαφῶς γὰρ ἐν Σοφιστῇ πρὸς τὸν Παρμενίδου λόγον ὑπήντησε
διὰ πολλῶν ἐπιχειρημάτων τὸν ἓν τὸ ὂν λέγοντα καὶ τὰ μὲν ἐπιχειρήματα
πρότερον ἐν τοῖς πρὸς Παρμενίδην λόγοις παραγέγραπται, τὸ δὲ συμπέρασμα
αὐτῶν ὑπομνήσεως ἕνεκεν ἐκκείσθω καὶ νῦν ἔχον οὕτως· "καὶ τοίνυν ἄλλα
μυρία ἀπεράντους ἀπορίας ἕκαστον εἰληφὸς φανεῖται τῷ τὸ ὂν εἴτε δύο τινὲ 20
20 εἴτε ἓν μόνον εἶναι λέγοντι." οὐ μέντοι οὐδὲ ὁ Ἀριστοτέλης εἶπεν ὅτι
ὁμολογοῦσιν ἁπλῶς γίνεσθαι ἐκ μὴ ὄντος, καθὸ Παρμενίδην
ὀρθῶς λέγειν ὁμολογοῦσι. μήποτε οὖν ἐκείνῳ μᾶλλον ἐπισκήπτει τῷ δέ-
χεσθαι τὴν ἐλάττονα τοῦ Παρμενίδου πρότασιν τὴν λέγουσαν τὸ παρὰ τὸ
ὂν οὐκ ὂν καὶ ταύτῃ τὸ μὴ ὂν εἶναι συγχωρεῖν. τὸ γὰρ ἕτερον τοῦ καλοῦ
25 παρὰ τὸ καλὸν ὂν οὐ καλὸν εἶναί φησι καὶ τὸ ἕτερον τοῦ μεγάλου παρὰ
τὸ μέγα ὂν οὐ μέγα εἶναι λέγει καὶ ἄλλα τοιαῦτα προσθεὶς ἐπάγει· "οὐ- 25
κοῦν, ὡς ἔοικεν, ἡ τῆς θατέρου μορίου φύσεως καὶ τῆς τοῦ ὄντος πρὸς
ἄλληλα ἀντικειμένων ἀντίθεσις οὐθὲν ἧττον, εἰ θέμις εἰπεῖν, αὐτοῦ τοῦ
ὄντος οὖσά ἐστιν, οὐκ ἐναντίον ἐκείνῳ σημαίνουσα, ἀλλὰ τοσοῦτον μόνον
30 ἕτερον ἐκείνου; Σαφέστατά γε. Τίνα οὖν αὐτὴν προσείπωμεν; Δῆλον ὅτι
τὸ μὴ ὄν, ὃ διὰ τὸν σοφιστὴν ἐζητοῦμεν, αὐτό ἐστι τοῦτο". δῆλον δὲ ὅτι
ὁ μὲν Παρμενίδης εἰς τὸ ἁπλῶς μὴ ὂν ἀποβλέπων ἀνῄρει τὸ μὴ ὂν
λέγων·

---

2 Εὔδημος fr. 7 p. 11, 13 Spengelii, qui prioris loci (p. 98, 1) immemor tamquam novum fr. 17 p. 29 recenset   εἰσαγαγὼν a   3 ἔλυσεν ἐπὶ τῶν πραγμάτων DEF: ἔλυσε πραγμάτων a ut p. 98, 1 ubi vide   5 καθὸ DE cf. v. 21: καθ' ὃν aF   6 κατὰ γὰρ τοῦτο E   7 ποιῶν E   τοῦ ὄντος om. F   10 δὲ (ante οὐκ) aF: om. DE   11 ἐπαινέσας aD: ἐπαινήσας E: ἐπινοήσας F   14 τὸν παρμενίδην D   καὶ θαυμάζω — λέγοντα (16) om. F   16 τὸν (ante ἓν) om. aF   17 πρότερον p. 89, 5   18 ἕνεκα a   καὶ τοίνυν Sophist. p. 245 DE   19 ἀπεράντους] ἅπερ ἂν τῆς D   τινὲ D: τινὲς E: τινὰ aF   20 ὁ (post οὐδὲ) om. E   εἰπὼν F   22 ἐπισκέπτει E   25 παρὰ (post καλοῦ) om. F¹   26 ἐπάγει Soph. p. 258 B   28 ἄλληλα] ἄλλα E   29 οὖσα] οὐσία Plato   ἀλλὰ τὸ τοσοῦτον E   30 ἐκείνου DE: κἀκείνου aF¹   31 τὸν σοφιστὴν DF: τὴν σοφιστικὴν aE   32 εἰς DE: om. aF   33 λέγων vv. 60. 61 St. (52 K.) cf. p. 135, 21. 143, 31

οὐ γὰρ μήποτε τοῦτο δαμῇ εἶναι μὴ ὄντα
ἀλλὰ σὺ τῆσδ' ἀφ' ὁδοῦ διζήσιος εἶργε νόημα.

ὁ μέντοι Πλάτων πρὸς τὸ κατὰ ἑτερότητα μὴ ὄν βλέπων τῇ ἐλάττονι
προτάσει συνεχώρει, πρὸς δὲ τὴν μείζονα ἐνίστατο τὴν τὸ οὐκ ὄν εἶναι
λέγουσαν οὐδέν. ἀλλ' εἰ καὶ τοῦτο οὕτως ἔχοι, οὐκ ἂν ἐνεκάλει τῷ Πλά-
τωνι νῦν Ἀριστοτέλης ὡς ἐκ τοῦ παντελῶς μὴ ὄντος τὴν γένεσιν λέγοντι,
ἐπειδὴ Παρμενίδην ὀρθῶς λέγειν ὁμολογεῖ. οὔτε γὰρ ὁ Πλάτων τὸ
παντελῶς μὴ ὄν εἶναι συγχωρεῖ οὔτε πολλῷ μᾶλλον ὁ Παρμενίδης. μή-
ποτε δὲ καὶ βιαζόμεθα λέγοντες, ὅτι Πλάτων ἀποδέχεται Παρμενίδην τὸ
μὴ ὄν εἶναι λέγοντα. κἂν γὰρ συγχωρῇ τῇ ἐλάττονι προτάσει τῇ λεγούσῃ
τὸ παρὰ τὸ ὄν οὐκ ὄν, ἀλλ' οὐχ ὡς Παρμενίδου τὸ μὴ ὄν τιθέντος.
ἐπάγει γὰρ ἐκεῖνος τὸ μὴ ὄν οὐδέν. καὶ ὅλως ἐν Σοφιστῇ ὡς πρὸς Παρ-
μενίδην ἀντιλέγων ἀδιορίστως ἀναιροῦντα τὸ μὴ ὄν, αὐτὸς εἰσάγει τὸ μὴ
ὄν. ἵνα οὖν καὶ οἱ ἐξηγηταὶ μὴ παρὰ θύρας ἐξηγῶνται, τάχα λέγωμεν ὅτι
πρὸς τὰ ἐν τῷ διαλόγῳ τῷ Παρμενίδῃ παρὰ τοῦ Πλάτωνος εἰρημένα ἀπε-
τείνατο νῦν ὁ Ἀριστοτέλης, ἐν οἷς τὸ ἓν ὄν ὑποτιθέμενον τὸν Παρμενίδην
καὶ ἀποδεικνύντα θαυμάζειν ἔοικεν ὁ Πλάτων. δῆλον δὲ ὅτι καὶ πολλὰ
δείκνυσι τὸ ἓν ὄν ἐκεῖνο κατ' ἄλλην καὶ ἄλλην αὐτὸ τάξιν θεωρῶν. ταῦτα
μὲν οὖν ὑπὸ ἀπορίας ἐγὼ περιφερόμενος γέγραφα· εἰ δέ τις προσφυέστερον
ἀπολογίζοιτο, πῶς ἐκ τοῦ μὴ ὄντος λέγει τὴν γένεσιν ὁ Πλάτων, διότι
Παρμενίδην ὀρθῶς λέγειν ὁμολογεῖ, φίλος ὢν οὗτος ἀλλ' οὐκ ἐχθρὸς κρατεῖ.

p. 192ᵃ1 Εἶτα φαίνεται αὐτοῖς, εἴπερ ἐστὶν ἀριθμῷ μία, καὶ
δυνάμει μίαν εἶναι μόνον. τοῦτο δὲ διαφέρει πλεῖστον.

Ἕνα τρόπον εἰπών, καθ' ὃν καὶ οἱ ἁψάμενοι τῆς εἰρημένης φύσεως
οὐχ ἱκανῶς ἥψαντο, τὸν ἕτερον ἐπάγει. λέγει δὲ νῦν ὁ Ἀλέξανδρος ὅτι
"ἐκ τῶν νῦν εἰρημένων δῆλον γέγονεν, ὡς καὶ τὸ ἡμμένοι μὲν οὖν καὶ
ἕτεροί τινές εἰσιν αὐτῆς, ἐπὶ τῆς ὕλης εἴρηκεν οὐ τῆς στερήσεως·
περὶ γὰρ τῆς ὕλης λέγει τὸ φαίνεται αὐτοῖς ὡς τῷ ἀριθμῷ μία, οὕτω
δὲ καὶ τῇ δυνάμει· οὐ γὰρ ἡ στέρησις ἀριθμῷ μία. ἤ, φησί, τὸ μὲν πρῶ-
τον εἰρημένον τὸ ἡμμένοι μὲν οὖν καὶ ἕτεροί τινές εἰσιν αὐτῆς
ἐπὶ τῆς στερήσεως εἴρηται, τὸ δὲ νῦν λεγόμενον ἐπὶ τῆς ὕλης ἣν ἐν τῇ
οἰκείᾳ φύσει τὴν στέρησιν ἔχειν ὑπολαμβάνουσι. διὸ καὶ ὥσπερ ἀριθμῷ
ἓν τὸ συναμφότερον, οὕτω δὲ καὶ τῷ λόγῳ καὶ τῇ δυνάμει ἓν ἐδόκει αὐτοῖς

---

1 τοῦτο δαμῇ E: τοῦτο μηδαμῇ D: τοῦτ' οὐδαμῇ F: τόγε μηδαμῇ a   ὄντι a
3 ἐν F   4 εἶναι om. aF   5 ἔχοι DE: ἔχει aF   ἂν ἀνεκάλει E   6 τοῦ
(post ἐκ) om. E   παντελοῦς D   10 εἶναι om. aF   καὶ γὰρ συγχωρεῖ aF
11 τὸ (ante παρὰ) om. E   13 ἐνεργοῦντα E   14 λέγωμεν aF   16 ὁ (post νῦν)
om. E   17 καὶ θαυμάζειν F   18 αὐτῷ E   19 οὖν om. D   20 ἀπολογί-
ζοιτο DE: ἀπολογίσοιτο F: ἀπολογήσοιτο a   21 ἀλλ' om. E   23 μίαν εἶναι μόνον
DEF: μόνον εἶναι a: μία μόνον εἶναι Aristoteles   24 εἰπὼν ἕνα τρόπον a   ἕνα
μὲν τρόπον F   26 νῦν om. E   27 τινές] πάντες F¹   28 ὡς τῷ E: ὡς τὸ
aDF   29 δὲ (cf. v. 33) om. aF   31 ἣν DF: ἵν' aE   32 ὑπολαμβάνωσι aE

καὶ οὐ διωρισμένα τῷ λόγῳ, ὥσπερ ἡμεῖς τὴν ὕλην καὶ τὴν στέρησιν 53ᵛ
ἕτερα τῷ λόγῳ φαμέν." ῥητέον δὲ πρὸς τὸν Ἀλέξανδρον, ὅτι ἄμεινον
καὶ πρότερον καὶ νῦν περὶ τῆς ὑποκειμένης ἀκούειν φύσεως, ἐξ ἧς ἡ γένε-
σις, ἥτις ἐστὶν ἡ ὕλη μετὰ τῆς στερήσεως. ὅτι γὰρ περὶ τῆς αὐτῆς καὶ
5 τὰ πρότερα λέγει καὶ τὰ νῦν, δηλοῖ ἡ τῶν λεγομένων συνέχεια. καὶ μέν-
τοι ἀριθμῷ μὲν ἓν λόγῳ δὲ δύο οὐκ ἂν εἴη καθ' αὑτὴν ἡ ὕλη, ἀλλ' ἢ
μετὰ τῆς στε|ρήσεως. εἰ δὲ πρὸς Πλάτωνα ἀποτεινόμενος ὁ Ἀριστοτέλης 54ʳ
λέγει τὸ μὴ διορίζειν τῷ λόγῳ τὴν ὕλην καὶ τὴν στέρησιν, διὰ τοῦτο λέγει,
ὅτι ὁ Πλάτων δύο τὰ στοιχεῖα παραδίδωσι, τὴν ὕλην καὶ τὸ εἶδος, προ-
10 τάξας τῶν δύο τὸ ἐξῃρημένον καὶ παραδειγματικὸν ἅμα καὶ ποιητικὸν
αἴτιον. λέγει γὰρ ἐν τῷ Τιμαίῳ ταυτί· "τούτων δὲ οὕτως ἐχόντων ὁμο-
λογητέον ἓν μὲν εἶναι τὸ κατὰ ταὐτὰ εἶδος ἔχον, ἀγένητον καὶ ἀνώλεθρον,
οὔτε αὐτὸ εἰσδεχόμενον ἄλλο ἄλλοθεν οὔτε αὐτὸ εἰς ἄλλο ποι ἰόν. ἀόρα-
τον δὲ καὶ ἄλλως ἀναίσθητον τοῦτο δ δὴ νόησις εἴληχεν ἐπισκοπεῖν· τὸ
15 δὲ ὁμώνυμον ὅμοιόν τε ἐκείνῳ δεύτερον αἰσθητὸν πεφορημένον ἀεὶ γινό-
μενόν τε ἔν τινι τόπῳ καὶ πάλιν ἐκεῖθεν ἀπολλύμενον, δόξῃ μετ' αἰσθή-
σεως περιληπτόν· τρίτον δὲ αὖ γένος ὂν τὸ τῆς χώρας ἀεὶ φθορὰν οὐ
προσδεχόμενον, ἕδραν δὲ παρέχον ὅσα ἔχει γενέσθαι πᾶσιν, αὐτὸ δὲ μετὰ
ἀναισθησίας ἁπτὸν λογισμῷ τινι νόθῳ μόγις πιστόν." ἀλλ' ὅτι μὲν οἶδε
20 περὶ τὴν ὕλην τὴν στέρησιν ὁ Πλάτων, ταὐτὸν δὲ εἰπεῖν τὴν ἀπουσίαν τῶν
πεφυκότων γίνεσθαι ἐν αὐτῇ εἰδῶν, δηλοῖ καὶ πανδεχῆ λέγων τὴν ὕλην,
ὅπερ τῷ πεφυκότι πάντα δέχεσθαι προσήκει, καὶ ἄμορφον ἐκείνων ἁπασῶν
τῶν ἰδεῶν, ὅσας μέλλει δέχεσθαι, ὅπερ τὴν ἀπουσίαν τῶν εἰδῶν σημαίνει.
οὐ μέντοι ἠξίωσεν ἐν τοῖς στοιχείοις θεῖναι τὴν στέρησιν καὶ τὸ κατ' αὐ-
25 τὴν μὴ ὄν, διότι ἀπουσία μόνον ἐστὶ τοῦ πεφυκότος οὐδὲν ἄλλο ἑαυτῇ
συνεισάγουσα. ἠρκέσθη οὖν τῷ εἴδει μόνῳ καὶ αὐτὸς τῇ παρουσίᾳ τῇ
ἑαυτοῦ καὶ τῇ ἀπουσίᾳ δυναμένῳ τὴν γένεσιν καὶ τὴν φθορὰν ἀποδιδόναι,
ὅπερ καὶ Ἀριστοτέλης πρὸ ὀλίγων ὁμολογεῖ λέγων "ἱκανὸν γάρ ἐστι τὸ
ἕτερον τῶν ἐναντίων ποιεῖν τῇ ἀπουσίᾳ καὶ παρουσίᾳ τὴν μεταβολήν."
30 καίτοι τὸ κατὰ τὴν ἑτερότητα μὴ ὂν ὡς εὐθὺς εἰσάγον τι ὄν. ἡ γὰρ κί-
νησις οὐκ οὖσα ὅπερ τὸ ταὐτόν, οὐκ ἔστι μὲν ταὐτόν, ὂν δέ τί ἐστι· τὸ
τοιοῦτον ὂν μὴ ὂν τοῖς εἴδεσιν ἐν Σοφιστῇ συνηρίθμησε λέγων "οὕτω δὲ

---

3 ἐξ ἧς ἡ γένεσις] om. E   5 καὶ μέντοι] ὁ μέντοι E   6 μὲν (ante ἓν) om. D
καθ' αὑτὸν D   8 τὸ μὴ DE: τῷ μὴ aF   9 ὁ μὲν πλάτων D   προστάξας E
11 αἴτιον om. D   τῷ om. E   Τιμαίῳ p. 51 E 52 AB cf. p. 224, 29   13 οὔτ'
εἰς ἑαυτὸ Plato   αὐτὸ (ante εἰς) om. E   ποι ἰόν Plato et a: ποιόν DEF
14 ὅλως a   15 αἰσθητὸν γενητὸν πεφορημένον Plato (cf. supra p. 224, 33)   17 αὖ
τὸ γένος F   τὸ (ante τῆς) om. D   18 γενέσθαι cf. p. 223, 8. 225, 3   δὲ (post
αὐτὸ) om. a   19 τιννὶ E: τι a   21 πεφυκότων om. D   εἰδῶν δυναμένων D
26 συνάγουσα E   οὖν DE: om. F: δὲ a   28 post καὶ add. ὁ aF   πρὸ ὀλίγων
E: προάγων aDE   λέγων (cf. p. 191 a 6): om. aF   ἔσται Aristoteles   29 τῶν]
τῷ E   τῇ ἀπουσίᾳ καὶ παρουσίᾳ DE: τῇ ἀπουσίᾳ καὶ τῇ παρουσίᾳ F: τῇ παρουσίᾳ καὶ
τῇ ἀπουσίᾳ a   30 ὡς DE: om. aF   εἰσάγει a   31 ὂν δέ τί ἐστι· τὸ τοιοῦτον
νῦν E: οὐδὲ τί ἐστι τὸ τοιοῦτον ὂν D¹F: ἄλλο δέ τι ἐστι τὸ τοιοῦτον (deleto ὂν) D²: ἔστι
δέ τι a   31. 32 τὸ δὴ τοιοῦτον a   32 Σοφιστῇ p. 258 C

καὶ τὸ μὴ ὂν κατὰ ταὐτὸν ἦν τε καὶ ἔστι μὴ ὄν, ἐνάριθμον τῶν πολλῶν 54r
ὄντων εἶδος ἕν". οὐ μόνον δὲ διὰ τὰ εἰρημένα τὴν στέρησιν τοῖς στοι- 20
χείοις οὐ συνηρίθμησεν, ἀλλὰ καὶ ὅτι τὰ μὲν στοιχεῖα ἐνυπάρχειν χρὴ τῷ
στοιχειωτῷ, ἡ δὲ στέρησις οὐ τῇ παρουσίᾳ, ἀλλὰ τῇ ἀπουσίᾳ ἑαυτῆς τὴν
5 γένεσιν ποιεῖ, καὶ μέντοι ὅτι τὰ μὲν στοιχεῖα καθ' αὑτὸ αἴτια χρὴ εἶναι,
ἡ δὲ στέρησις, εἴπερ ἄρα, κατὰ συμβεβηκός ἐστιν αἰτία. τοὐναντίον οὖν ἂν
τις εὐθύνοι τὸν στοιχειώδεις μὲν ἀρχὰς τῶν φυσικῶν ζητοῦντα, ἐν αὐταῖς
δὲ τὴν στέρησιν τάττοντα. ἣν καὶ αὐτὸς ὁμολογεῖ μὴ τῷ ἐνυπάρχειν
αἰτίαν εἶναι, ἀλλὰ τῷ μὴ ἐνυπάρχειν, καὶ μὴ καθ' αὑτό, ἀλλὰ κατὰ συμ- 25
10 βεβηκός. εἰ μὴ ἄρα ὁ μὲν Πλάτων τὰ καθ' αὑτὸ αἴτια ζητῶν τά τε
κυρίως αἴτια καὶ τὰ στοιχειώδη τὰ ἐνυπάρχοντα, τὴν στέρησιν εἰκότως οὐ
συνέταξεν. ὁ δὲ Ἀριστοτέλης μεταβολῆς ζητῶν αἰτίας καὶ τὴν στέρησιν
εἰκότως συνέταξεν ὡς ἄλλο τι τῆς ὕλης τῷ λόγῳ διαφέρουσαν αὐτῆς. καὶ
γὰρ αἴτιον μὲν κατὰ συμβεβηκὸς οὐδὲν κωλύει λέγειν, στοιχεῖον δὲ κατὰ
15 συμβεβηκὸς οὐδὲ πλάσαι ῥᾴδιον, εἴπερ τὸ στοιχεῖον ἐνυπάρχειν χρὴ καὶ
συμπληροῦν καθ' αὑτὸ τὸ στοιχειωτόν. 30

p. 192 a 3 Ἡμεῖς μὲν γὰρ ὕλην καὶ στέρησιν ἕτερον εἶναί φαμεν
ἕως τοῦ τὴν γὰρ ἑτέραν παρεῖδεν. 35

Τὴν διαφορὰν τῆς ἑαυτοῦ δόξης πρὸς τὴν Πλάτωνος περὶ τῆς ὕλης
20 καὶ τῆς στερήσεως ἐκτιθέμενος, ἡμεῖς μέν, φησί, τὴν ὕλην καὶ τὴν
στέρησιν ἕτερά φαμεν εἶναι τῷ λόγῳ· καὶ τούτων τὴν μὲν ὕλην κατὰ
συμβεβηκὸς οὐκ ὂν εἶναι, διότι συμβέβηκεν αὐτῇ ἡ στέρησις, τὴν δὲ στέ-
ρησιν καθ' αὑτὸ μὴ ὄν. καὶ πάλιν τὴν μὲν ὕλην ἐγγὺς οὐσίαν πως· 40
τὴν δὲ στέρησιν οὐδαμῶς οὐσίαν. τοῦτο δέ, διότι κυρίως μὲν καὶ
25 πρώτως οὐσία ἐστὶν ἡ σύνθετος. ἤδη δὲ καὶ τὰ ταύτης μέρη. ὥστε ἡ
μὲν ὕλη ἐπειδὴ μέρος τῆς οὐσίας ἐνυπάρχον ἐστίν, ἐγγὺς ἂν εἴη οὐσία
καθ' αὑτήν, ὅτι συμπληρωτικὴ τῆς κυρίως οὐσίας ἐστίν· ἡ δὲ στέρησις
ἀπουσία μόνον οὖσα, πόρρω τῆς οὐσίας ἐστίν. ἔτι δὲ εἰ πρώτως μὲν καὶ
κυρίως οὐσία ἡ σύνθετός ἐστι, δευτέρως δὲ τὸ εἶδος, δεκτικὴ δὲ τούτου
30 ἐστὶν ἡ ὕλη, ἐγγὺς ἂν εἴη οὐσία, ἡ δὲ στέρησις ἀπουσία τοῦ εἴδους οὖσα
καὶ κατὰ τοῦτο πόρρω ἂν εἴη τῆς οὐσίας. ἔτι ἡ οὐσία κατὰ τὸ ὑποκείμενον 45
λέγεται ἀπ' αὐτοῦ, ὑποκείμενον δέ πως καὶ ἡ ὕλη κἂν εἰ ὡς μέρος τοῦ
συναμφοτέρου λαμβάνηται, ὅπερ τῷ κυρίως ὑποκειμένῳ οὐχ ὑπάρχει. ἐγγὺς

---

1 ἐνάριθμον DE: ὂν ἀριθμῷ F: ἐν ἀριθμῷ a   4 οὐ τῇ corr. ex αὐτῇ F   ἑαυτῆς
DE: αὐτῆς aF   5 χρὴ αἴτια D   6 εἴπερ ἄρα scripsi: εἶπε ἄρα D: ὅπερ E: om.
aF   7 ante στοιχειώδεις add. τὰς aF   αὐταῖς] ταύταις E   8 ὑπάρχειν (ante
αἰτίαν) aF   9 αἰτίαν — ἐνυπάρχειν om. E   10 καθ' αὐτὰ D   11 post στοιχειώδη
add. καὶ a   14 κωλύοι a   15 πλάσαι] πᾶσαι E   τὸ DE: om. aF   ἐνυπάρ E
καὶ om. a   17 φαμὲν εἶναι Aristoteles cf. v. 21   18 ἕως κτλ. om. F   22 στέ-
ρησιν — πως· τὴν δὲ om. E   27 συμπληρωτικὴ F   30 ἡ ὕλη om. F   31 ἔτι]
ὅτι E   32 post λέγεται add. μήποτε ἢ F   ὑπ' αὐτοῦ E   μέρος] μὲν (lac. VI
litt., in mrg. ζήτει) F   33 λαμβάνεται E

ἄρα οὐσίας ἡ ὕλη. ἔτι δὲ εἰ ὁ τῆς οὐσίας ὁρισμὸς ὁ λέγων οὐσίαν εἶναι τὸ ταὐτὸν καὶ ἓν ἀριθμῷ τῶν ἐναντίων δεκτικὸν ὑπάρχει καὶ τῇ ὕλῃ, οὐσία ἂν εἴη καὶ ἡ ὕλη ἢ μᾶλλον ἐγγὺς οὐσία, ὅτι καθ' αὑτὴν τὸ ἓν ἀριθμῷ οὐκ ἔχει· ἀλλὰ καὶ τὸ μηδὲν εἶναι αὐτῇ ἐναντίον, ὡς ἴδιον τῆς οὐσίας
5 ἀποδεδομένον, ἐπειδὴ κατὰ τὸ ὑποκεῖσθαι τὴν οὐσίαν ἀποδέδοται, καὶ τῇ ὕλῃ προσήκει ὡς καὶ αὐτῇ ὑποκειμένῃ. καὶ δῆλον ὅτι ἡ μὲν ὕλη κατὰ συμβεβηκὸς γίνεται μὴ ὂν τῷ μετέχειν τῆς στερήσεως, ἡ δὲ στέρησις κατὰ συμβεβηκὸς ὂν τῷ ἐν ὕλῃ εἶναι. καὶ αὕτη μὲν ἡ τοῦ Ἀριστοτέλους δόξα περὶ ὕλης τε καὶ στερήσεως.

10 Ὁ δὲ Πλάτων τὸ μήπω ὂν ὅπερ γίνεται, τουτέστι τὸ ἐξ οὗ ἡ γένεσις, οὐχ ὕλην λέγει καὶ στέρησιν, ἀλλὰ μέγα καὶ μικρὸν εἴτε συναμφότερον ὁμοῦ εἴτε χωρὶς ἑκάτερον αὐτοῦ κατηγορῶν. ὅπως δὲ ἂν ἔχῃ, οὐχὶ τὸ μὲν μέγα ἡ ὕλη κατ' αὐτόν, τὸ δὲ μικρὸν ἡ στέρησις ἢ ἔμπαλιν, ἀλλ' ἀμφότερα ἡ ὕλη. ὥστε παντελῶς | ἕτερος ὁ τρόπος τῆς τε Ἀριστοτέλους
15 τῶν στοιχείων τριάδος εἶδος καὶ στέρησιν τἀναντία λέγοντος καὶ τὸ κοινὸν ἀμφοτέροις ὑποκείμενον τὴν ὕλην καὶ τῆς Πλάτωνος ἓν μὲν λέγοντος τὸ εἶδος, δύο δὲ τὸ ὑποκείμενον τό τε μέγα καὶ τὸ μικρόν. ὥστε τὸ μὲν ὑποκεῖσθαί τινα φύσιν, ἐξ ἧς ἡ γένεσις, συμφωνοῦσιν ἡμῖν πλείονες, κἂν οἱ μὲν καὶ ὀνόματι ἑνὶ χρῶνται ἐπ' αὐτῆς, οἱ δὲ δύο μὲν ὀνόμασι καθ' ἑνὸς
20 δὲ τοῦ αὐτοῦ φερομένοις. διαφωνοῦσι δὲ πρὸς ἡμᾶς, ὅτι τὴν στέρησιν οὐ διορίζουσι τοῦ ὑποκειμένου τῷ λόγῳ· κἂν γὰρ δυσί τις ὀνόμασιν ἐπὶ τοῦ ὑποκειμένου χρῆται, ὥσπερ ὁ μέγα καὶ μικρὸν λέγων, ἀλλ' ὡς ἐφ' ἑνὸς αὐτοῖς χρῆται τῆς ὕλης παριδὼν τὴν τῆς στερήσεως φύσιν, ὥστε τὸ αὐτὸ καὶ οὗτος ἐκείνοις ποιεῖ τοῖς ἓν λέγουσι καὶ ὁμοίως τὴν στέρησιν παρορᾷ.
25 "ὅτι δέ, φησὶν ὁ Ἀλέξανδρος, τὸ ἡμμένοι μὲν οὖν καὶ ἕτεροί τινές εἰσιν αὐτῆς ἐπὶ τῆς ὕλης εἴρηκε, δῆλον καὶ ἐντεῦθεν. εἰ γὰρ παριδεῖν αὐτοὺς λέγει τὴν στέρησιν, οὐ ταύτης ἥψαντο." εἶτα ἐπικρίνει καλῶς ὅτι "δυνατὸν ἦν ταῦτα λέγειν, καὶ εἰ μὴ τελέως τὴν στέρησιν παρεῖδον, ἀλλ' εἰ ὡς αὐτὴν τινα φύσιν ἐπ' αὐτῆς οὖσαν οὐ διώρισαν."

30 Ἐπειδὴ πολλαχοῦ μέμνηται τοῦ Πλάτωνος ὁ Ἀριστοτέλης ὡς τὴν ὕλην μέγα καὶ μικρὸν λέγοντος, ἰστέον ὅτι ὁ Πορφύριος ἱστορεῖ τὸν Δερκυλλίδην ἐν τῷ ιαˊ τῆς Πλάτωνος φιλοσοφίας, ἔνθα περὶ ὕλης ποιεῖται τὸν λόγον, Ἑρμοδώρου τοῦ Πλάτωνος ἑταίρου λέξιν παραγράφειν ἐκ τῆς περὶ Πλάτωνος αὐτοῦ συγγραφῆς, ἐξ ἧς δηλοῦται ὅτι τὴν ὕλην ὁ Πλάτων κατὰ
35 τὸ ἄπειρον καὶ ἀόριστον ὑποτιθέμενος ἀπ' ἐκείνων αὐτὴν ἐδήλου τῶν τὸ

---

2 οὐσία ἂν εἴη καὶ ἡ ὕλη om. a   3 ἢ (ante μᾶλλον) om. E   inter οὐσία et ὅτι habet post lac. III litt. οὗ F   5 ἀποδεδομένων a   6 αὐτῇ ὑποκειμένῃ a   7 τῆς (post μετέχειν) om. E   8 μὲν ἡ] μὴ sic E   10 post Πλάτων add. καὶ aF   12 εἴτε καὶ χωρὶς a   ἔχοι D   13 τὸ δὲ] οὐδὲ τὸ D   14 ἕτερον F¹   ὁ (ante τρόπος) om. D   17 τὸ μὲν aD: τῷ μὲν EF   23 αὑτῆς E   24 οὗτος aD²F: οὕτως D¹E   τοῖς supra add. F   post τοῖς add. τὸ aF   29 εἰ (post ἀλλ') om. D   οὖσαν om. D   διώρισαν D   31 δερχυλλίδην aF (cf. p. 256,34. Albini q. v. isag. c. 4): δερχυλίδην E: δερχελλύδην D   33 λέξιν ex λέγον E   περιγράφειν D

μᾶλλον καὶ τὸ ἧττον ἐπιδεχομένων, ὧν καὶ τὸ μέγα καὶ τὸ μικρόν ἐστιν. 54ᵛ εἰπὼν γὰρ ὅτι "τῶν ὄντων τὰ μὲν καθ' αὑτὰ εἶναι λέγει ὡς ἄνθρωπον καὶ ἵππον, τὰ δὲ πρὸς ἕτερα, καὶ τούτων τὰ μὲν ὡς πρὸς ἐναντία ὡς ἀγαθὸν κακῷ, τὰ δὲ ὡς πρός τι, καὶ τούτων τὰ μὲν ὡς ὡρισμένα, τὰ δὲ ὡς
5 ἀόριστα" ἐπάγει "καὶ τὰ μὲν ὡς μέγα πρὸς μικρὸν λεγόμενα πάντα ἔχειν τὸ μᾶλλον καὶ τὸ ἧττον, † ἔστι μᾶλλον εἶναι μεῖζον καὶ ἔλαττον εἰς ἄπειρον φερόμενα· ὡσαύτως δὲ καὶ πλατύτερον καὶ στενότερον καὶ βαρύτερον καὶ κουφότερον καὶ πάντα τὰ οὕτως λεγόμενα εἰς ἄπειρον οἰσθήσεται. τὰ δὲ ὡς τὸ ἴσον καὶ τὸ μένον καὶ τὸ ἡρμοσμένον λεγόμενα οὐκ ἔχειν τὸ
10 μᾶλλον καὶ τὸ ἧττον, τὰ δὲ ἐναντία τούτων ἔχειν. ἔστι γὰρ μᾶλλον ἄνισον ἀνίσου καὶ κινούμενον κινουμένου καὶ ἀνάρμοστον ἀναρμόστου. ὥστε † αὐτῶν ἀμφοτέρων τῶν συζυγιῶν πάντα πλὴν τοῦ ἑνὸς στοιχείου τὸ μᾶλλον καὶ τὸ ἧττον δεδεγμένον. ὥστε ἄστατον καὶ ἄμορφον καὶ ἄπειρον καὶ οὐκ ὂν τὸ τοιοῦτον λέγεσθαι κατὰ ἀπόφασιν τοῦ ὄντος. τῷ τοιούτῳ δὲ οὐ προσήκειν
15 οὔτε ἀρχῆς οὔτε οὐσίας, ἀλλ' ἐν ἀκρισίᾳ τινὶ φέρεσθαι. δηλοῖ γὰρ ὡς ὃν τρόπον τὸ αἴτιον κυρίως καὶ διαφέροντι τρόπῳ τὸ ποιοῦν ἐστιν, οὕτως καὶ ἀρχή, ἡ δὲ ὕλη οὐκ ἀρχή. διὸ καὶ τοῖς περὶ Πλάτωνα ἐλέγετο μία, ὅτι ἡ ἀρχή". ἀλλὰ τοῦ μὲν μὴ εἶναι ἀρχὴν τὴν ὕλην κατὰ Πλάτωνα ὀλίγον ὕστερον δεησόμεθα· πῶς δὲ μέγα καὶ μικρὸν καὶ μὴ ὂν ἔλεγε τὴν ὕλην
20 ὁ Πλάτων, ἐκ τούτων οἶμαι δῆλον γεγονέναι.

p. 192ᵃ13   Ἡ μὲν γὰρ ὑπομένουσα συναιτία τῆς μορφῆς τῶν γινομένων ἐστὶν ὥσπερ μήτηρ.

Μεμψάμενος τὸ μὴ διορίζειν τὴν ὕλην τῆς στερήσεως εἶπε μὲν ἤδη πολλὰς διαφορὰς τῆς τε ὕλης καὶ τῆς στερήσεως ἔκ τε τῶν πραγμάτων
25 ἐπιχειρῶν καὶ ἐκ τῆς λεκτικῆς συνηθείας. καὶ νῦν δὲ ἄλλην αὐτῶν προστίθησι διαφορὰν λέγων τὴν μὲν ὕλην ὑπομένουσαν σὺν τῇ μορφῇ αἰτίαν εἶναι τῶν γινομένων ὥσπερ μητέρα. καὶ γὰρ τὴν ὕλην παρέχει τῷ γινομένῳ ὥσπερ ἡ μήτηρ καὶ ὑποδοχή ἐστι τοῦ ἐγγινομένου εἰς αὐτὴν εἴδους

---

1 τὸ (ante ἧττον) om. aF   5 ἐπάγει Hermodorus cf. Zeller de Hermodoro p. 20 sqq. et Hist. philos. II 1³ 589⁶·⁷   ἔχειν sc. λέγει Πλάτων   6 ἔστι μᾶλλον E: ἔστι μᾶλλον γὰρ D: ἔστι ... μᾶλλον (lacuna trium litterarum in medio relicta) F: ἔστι γὰρ μᾶλλον a. suspicor ὡς τῷ μᾶλλον εἶναι μεῖζον κτλ. cf. Bonitzii ind. Aristot. p. 402ᵇ53   7 δὲ (post ὡσαύτως) om. D   inter καὶ et πλατύτερον lituram habet D   βαθύτερον a   8 ἄπειρα E   οἰσθήσεται DEF: om. a. fortasse οἰσθήσεσθαι   9 τὸ (ante μένον) om. D¹   τὸ (ante ἡρμοσμένον) om. aF   11 ὥστε αὐτῶν ἀμφοτέρων DE: ὥστε ἀμφοτέρων αὐτῶν aF: αὐτῶν delebat aut in τούτων mutabat Zeller, sed vera totius enuntiati forma nondum recuperata   12 πάντα libri: ⟨κατὰ⟩ πάντα Zeller δεδεγμένων corrigens   τὸ (ante ἧττον) aD: om. EF   13 δεδεγμένον E ὥστε DE: om. aF   ἄστατον p. 256, 35: ἄστακτον libri   καὶ ἄπειρον καὶ ἄμορφον aE   17 μία ὅτι DEF: ὡς μία a   18 ἡ ἀρχή DEF: εἴη ἀρχή a et p. 257, 4   21 τῆς μορφῆς DEF: τῇ μορφῇ a et Aristoteles   22 ἡ μήτηρ F cf. v. 28   23 τῷ μὴ E   27 ὕλην mire hic sensu vulgari positum   τῶν γινομένων F

ἐκ τοῦ πατρὸς τῶν ὅλων. διὸ καὶ ὁ Πλάτων ποτὲ μὲν μητέρα ποτὲ δὲ 54ᵛ
χώραν αὐτὴν καλεῖ· ἀναλογεῖν δ' ἂν μητρὶ λέγοις καὶ καθόσον διαστατικὴ
καὶ διαιρετικὴ τῶν εἰδῶν ἐστιν ἡ ὕλη, ὥσπερ τῶν πατρικῶν σπερμάτων
αἱ μητέρες καὶ τῶν βρεφῶν τρέφουσαι καὶ αὔξουσαι αὐτὰ εἰς μείζονα
5 ὄγκον. διὸ καὶ τιθήνην αὐτὴν ὁ Πλάτων καλεῖ. καὶ τοιαύτη μὲν ἡ ὕλη 40
αἰτία τοῦ εἶναι οὖσα· ἡ δὲ στέρησις, ἣν ἑτέραν μοῖραν τῆς ἐναντιώ-
σεως ἐκάλεσε, τῷ πρὸς τὸ κακοποιὸν καὶ φθοροποιὸν αὐτῆς ἀφορῶντι,
εἴπερ ἀπουσία ἐστὶ τοῦ εἴδους καθ' ὃ ἑκάστῳ τὸ εἶναι καὶ τὸ ἀγαθόν, οὐδὲ
εἶναι ὅλως τι τῶν ὄντων δόξει. τί γὰρ ἂν εἴη ἡ ἀπουσία ἢ ἡ τοῦ ὄντος
10 φθορὰ καὶ τὸ μὴ εἶναι. διὸ οὐδὲ ὑπομένει αὐτὴ ἐν τῷ συνθέτῳ τῆς ὕλης
ὑπομενούσης· τοῦ γὰρ εἴδους παρόντος πῶς ἂν ὑπομένοι ἡ ἀπουσία αὐτοῦ.
καὶ λέγει ὁ Ἀλέξανδρος ὅτι "αὕτη καὶ τῶν κακῶν αἰτία. κἂν γὰρ ἡ ὕλη 45
δοκῇ τῶν κακῶν αἰτία, ἀλλὰ καὶ αὕτη διὰ τὴν στέρησιν οὐ δυναμένη τὴν
τῶν ἀιδίων εὐταξίαν ἐπιδέχεσθαι." κἂν λέγοιτο δὲ κακὸν ἡ στέρησις, ἡ ὕλη
15 μετὰ τῆς στερήσεως οὐχ οὕτως ἐστὶ κακὸν ὡς τὴν οὐσίαν κακὴν ἔχον οὐδὲ
ὡς οἱ λέγοντες ἀρχὴν ἀγένητον ἀντίξουν τῷ ἀγαθῷ τὴν τοῦ κακοῦ. καὶ
γὰρ ἡ ὕλη καὶ ἡ στέρησις, ἥτις ποτέ ἐστιν, αὕτη θεόθεν παρήχθη καὶ ἐκ
τοῦ ἀγαθοῦ ὑπέστη, καὶ πολλὴν χρείαν τῇ δημιουργίᾳ παρέχονται καὶ ἀγαθά
ἐστιν ἐσχάτην μοῖραν ἐν τοῖς ἀγαθοῖς ἔχοντα. ἔσχατα δέ ἐστιν ἀγαθά,
20 οὐχὶ τὰ κακά, ἀλλὰ τὰ ἀναγκαῖα ὑπὸ τῶν φιλοσόφων καλούμενα, ἅπερ 50
προηγουμένως μὲν οὐκ ἔστιν ἐφετά, διά τι δὲ ἀγαθὸν ὑπέστη, ὅπερ οὐκ ἂν
ἐγένετο χωρὶς ἐκείνου, ὡς τὸ φλεβότομον καὶ ἡ καῦσις ἡ ἰατρική. τὰ γὰρ
τοιαῦτα οὔτε προηγούμενά ἐστιν ἀγαθά (οὐδεὶς γὰρ ἂν αὐτὰ καθ' αὑτὰ
ἕλοιτο ταῦτα) οὔτε μέντοι κακὰ διὰ τὴν ὑγίειαν ἀγαθὸν οὖσαν παραλαμβα-
25 νόμενα καὶ τοσαύτην τοῖς τοιούτοις ἀγαθοῖς παρεχόμενα χρείαν, ὡς μηδὲ
ὑποστῆναι δύνασθαι τούτων χωρίς. οὕτως δὲ καὶ ἡ ὕλη καὶ ἡ στέρησις 55
οὐχ ὡς κακὰ ἀλλ' ὡς ἀναγκαῖα παρήχθησαν ὑπὸ τοῦ δημιουργοῦ συντε-
λοῦντα | πρὸς τὴν τοῦ παντὸς τελειότητα. συντελεῖ μὲν γὰρ προσεχῶς τῇ 55ʳ
τῶν γενητῶν καὶ φθαρτῶν ὑποστάσει ἥ τε ὕλη καὶ ἡ στέρησις. ἡ μὲν ὑπο-
30 κειμένη τῇ μεταβολῇ, ἡ δὲ αὐτῆς τῆς μεταβολῆς αἰτία. τὰ δὲ γενητὰ καὶ
φθαρτὰ μέρος ὄντα τοῦ παντὸς τοῦ ὑπὸ σελήνην εἴπερ μὴ ὑπέστη, ἀτελὴς
ἂν ἦν ὁ κόσμος. τούτων γὰρ μὴ γενομένων, ὡς καὶ Πλάτων φησίν, ἀτελὴς
ἂν ὁ οὐρανὸς ἦν πρῶτα μόνα καὶ μέσα ἔχων. καὶ ἦν ἂν ἔσχατα καὶ 5
ἄγονα καὶ ὕλῃ τῷ ὄντι τὰ θειότατα τῶν ἐν τῷ κόσμῳ μετὰ τοῦ τοσαύτην
35 τοῦ παντὸς μοῖραν, κατὰ μὲν τὰς ὁλότητας ἀίδιον οὖσαν, κατὰ δὲ τὰ μέρη
ὑφεστῶσαν ἐφ' ὅσον δυνατὸν ἐκείνοις χρόνον, μὴ παρελθεῖν εἰς τὰ ὄντα.
ὅπερ οὐκ ἄξιον τῆς θείας ἀγαθότητος τῆς μὴ τὰ πρῶτα μόνον ἀγαθὰ καὶ

---

1 μητέρα Plat. Tim. p. 50 D   2 χώραν ibid. p. 52 A   ἀναλογεῖν — καλεῖ (v. 5)
om. D   5 τιθήνην Tim. p. 49 A 52 D   7 κακοποιὸν aD: κακὸν EF   φθορο-
ποιῶν E¹   8 καθὸ] εἴπερ F   10 τὸ μὴ DE: τοῦ μὴ F: τοῦ a   αὐτὴν E
17 ἥτις] εἴ τί E   18 τῷ δημιουργῷ D   παρέχονται sc. ἡ ὕλη καὶ ἡ στέρησις
22 ἡ (ante ἰατρική) om. E   24 ὑγίειαν EF   26 δὲ iterat E   32 Πλάτων Tim.
p. 41 B τούτων δὲ μὴ γενομένων οὐρανὸς ἀτελὴς ἔσται   33 ἂν ὁ D: καὶ E: ὁ aF
36 ὑφ' ὅσον E

τὰ μέσα, ἀλλὰ καὶ τὰ ἔσχατα καὶ ὅσα πρὸς τὰ ἀγαθὰ τείνει παράγειν 55ʳ
ὀφειλούσης. ἀλλὰ ταῦτα μὲν διὰ τοὺς τὰς ἀσεβεῖς ἑαυτῶν δόξας τοῖς ἀρ-
χαίοις περιάπτοντας εἰρήσθω παρ' ἡμῶν. ὅτι δὲ κἂν δοκῇ τισι μὴ εἶναι 10
ἡ στέρησις διὰ τὸ ἀπουσία εἶναι ἔστιν ὅμως καὶ ὑπόστασιν ἔχει καὶ τῷ
5 λόγῳ τῆς ὕλης διορίζεται, ἐφεξῆς δείκνυσιν.

p. 192ᵃ16 Ὄντος γὰρ τινος θείου καὶ ἀγαθοῦ καὶ ἐφετοῦ ἕως τοῦ 15
πλὴν οὐ καθ' αὑτὸ αἰσχρόν, ἀλλὰ κατὰ συμβεβηκὸς οὐδὲ
θῆλυ, ἀλλὰ κατὰ συμβεβηκός.

Τὴν διαφορὰν τῆς ὕλης καὶ τῆς στερήσεως παραδοὺς καὶ κατὰ τὴν
10 πρὸς τὸ εἶδος ἀμφοῖν σχέσιν παραδίδωσιν αὐτήν· θεῖον γὰρ καὶ ἀγαθὸν
καὶ ἐφετόν ἐστι τὸ εἶδος, καὶ τούτου ἐφίεται μὲν ἡ ὕλη κατὰ τὴν αὑτῆς
φύσιν· ὑπεναντίον δέ ἐστιν ἡ στέρησις καὶ οὐκ ἂν ἐφίοιτο τῆς ἑαυτοῦ φθορᾶς.
καὶ εἰ μὲν θεῖον καὶ ἀγαθὸν καὶ ἐφετὸν τὸ πρῶτον εἶδος λέγοι τὸ χωρι- 20
στόν, ὃ καὶ νοῦν καὶ πρῶτον αἴτιον καλεῖ, τῷ ὄντι πάντα τὰ κατὰ φύσιν
15 συνιστάμενα ἐφίεται τούτου, ὑπ' αὐτῆς τῆς φύσεως θείου καὶ αὐτῆς οὔσης
αἰτίου οὕτως κατεσκευασμένα, ὡς ἕκαστον καθ' ἣν ἔχει δύναμιν ἐφίεσθαι
τῆς πρὸς ἐκεῖνο ὁμοιώσεως. ὁμοίωσις δὲ αὐτοῖς ἡ οἰκεία τελειότης· τε-
λειότης δὲ τοῖς μὲν συνθέτοις ἡ κατὰ τὸ εἶδος στάσις, τῇ δὲ ὕλῃ ἡ τοῦ
εἴδους μέθεξις ἐφ' ὃ καὶ νένευκε καὶ πρὸς ὃ ἐπιτηδείως ἔχει. ἢ τάχα
20 ἀνεπιτηδείως μὲν παράλλαξίς τις οὖσα καὶ παρατροπὴ τοῦ εἴδους, ἀπηρτη- 25
μένη δὲ ὅμως ἀπ' αὐτοῦ καὶ σῳζομένη τῇ πρὸς ἐκεῖνο παρυποστάσει. διὸ
καὶ ἐφίεσθαι ἂν αὐτοῦ λέγοιτο. ὃ γάρ ἐστιν ὄρεξις ἐν τοῖς ἐμψύχοις, τοῦτο
ἐν τοῖς ἀψύχοις φυσικοῖς δὲ ἔφεσις. εἰ οὖν ἡ μὲν ὕλη ἐφίεται τοῦ εἴδους,
ἡ δὲ στέρησις ἐναντίον ἐστὶ τῷ εἴδει, πολλὴ ἂν εἴη ἀμφοῖν πρὸς ἄλληλα
25 διαφορά. ἀλλὰ πῶς τῷ πρώτῳ εἴδει ἐναντίον ἡ στέρησις, εἴπερ μηδὲν
ἐκείνῳ ἐναντίον ("οὐ, γάρ, ἀγαθὸν πολυκοιρανίη" φησὶν Ἀριστοτέλης) καὶ
εἴπερ πάντα τὰ ὁπωσοῦν ὄντα ἐκείνου ἐφίεται; καὶ γὰρ καὶ ἡ στέρησις
εἴπερ ἔστι τι ὅλως ἐφίοιτο ἂν ἐκείνου. ἀλλ' οὐδὲ ἔστιν ἐκείνου στέρησις, 30
εἴπερ ἡ στέρησις ἀπουσία τοῦ παρεῖναι πεφυκότος ἐστὶ καὶ περὶ μόνα
30 θεωρεῖται εἴδη τὰ μεταβάλλοντα. ἢ λέγοιτο ἂν ἐναντία εἶναι τῷ πρώτῳ
εἴδει ἡ στέρησις, καθόσον ἐναντία ἐστὶ τῷ εἴδει τῷ διὰ τὴν ἔφεσιν τοῦ
πρώτου εἴδους ἐγγινομένῳ. ἢ θεῖον καὶ ἀγαθὸν καὶ ἐφετὸν καλεῖ

---

4 ἀπουσίαν D   5 διώρισται D   6 καὶ ἐφετοῦ κτλ. om. F   7 οὐδὲ θῆλυ — συμβεβηκός aD: om. E   9 παραδοὺς DE: παραδιδοὺς aF   12 τῆς ἑαυτοῦ φθορᾶς D: τῆς ἑαυτοῦ (αὐτοῦ E) φθορᾶς post ἐφετόν inseruit EF: om. a   13 λέγοιτο χωριστόν E   15 post οὔσης inseruit καὶ a   17 αὐτῆς E   18 τῆς μὲν F   ἡ (ante κατὰ) super add. F   19 ἐπιτηδείῳ D   ἀνεπιτήδειος D   τις] τε F   20 ἀπηρτημένη D (cf. p. 94, 10): ἀπηρτισμένη aE: ἀπηρτισμένου F   22 ἂν post αὐτοῦ transposuit aF   23 ἢ (ante μὲν) om. E   24 ἐναντίον ἐστὶ EF: ἐναντία ἐστὶ D: ἐναντίον (om. ἐστι) a   26 post φησὶν add. ὁ E   Ἀριστοτέλης Metaph. Λ 10 p. 1076ᵃ4 ex Hom. Β 204 cf. Simpl. p. 87, 10   27 καὶ γὰρ om. a   32 ἐφετὸν καὶ ἀγαθὸν F

τὸ προσιὸν αὐτὸ τῇ ὕλῃ εἶδος, ὡς τῆς θείας μοίρας ἔκγονον ὑπάρχον. κατὰ 55ʳ
τοῦτο γὰρ καὶ τοῦ πρώτου εἴδους ἐφίεται ἡ ὕλη, καὶ τοῦτό ἐστιν οὗ ἔχει
τὸ δυνάμει καὶ πρὸς ὃ πέφυκε. πρὸς τοῦτο δὲ τὸ εἶδος καὶ ἡ στέρησις 35
ἠναντίωται. ἀλλ' εἰ μὲν διακρίνοι τις, φησί, τὴν ὕλην τῆς στερήσεως,
5 ὥσπερ τῷ ἀριθμῷ οὕτως δὲ καὶ τῷ λόγῳ, σαφῶς εὑρήσει τὸ μὲν ἐφιέμενον
τοῦ εἴδους τὴν ὕλην, τὸ δὲ ἐναντίον τὴν στέρησιν.

  Εἰ δέ τις εἰς ταὐτὸν ἄγοι τὴν ὕλην καὶ τὴν στέρησιν, συμβήσεται
λέγειν αὐτῷ τὴν ὕλην τῆς οἰκείας ἐφίεσθαι φθορᾶς ἐφιεμένην τῆς τοῦ εἴδους
παρουσίας. φθορὰ γὰρ παντὶ ἐναντίῳ ἡ τοῦ ἐναντίου παρουσία. οὐδὲν δὲ
10 τῆς ἑαυτοῦ φθορᾶς ἐφίεσθαι θέμις. οὔτε οὖν τὸ ἐναντίον τοῦ ἐναντίου
ἐφίεται, ὅπερ ἂν συνέβαινεν εἰ ἡ ὕλη τῇ στερήσει ταὐτὸν ἦν, οὔτε τὸ 40
εἶδος ἑαυτοῦ ἐφίεται· ἐκείνου γὰρ ἐφίεται ἕκαστον οὗ ἐστιν ἐνδεές· οὐδὲν
δὲ αὐτὸ ἑαυτοῦ ἐνδεές ἐστιν. εἰ οὖν μήτε οὗ ἔχει τι ἐφίεται ἀνενδεὲς ὂν
τούτου, μήτε τοῦ ἐναντίου, διότι φθαρτικόν ἐστι τὸ ἐναντίον, δῆλον ὅτι τὸ
15 ἐφιέμενον τοῦ εἴδους οὔτε τὸ εἶδός ἐστιν οὔτε ἡ στέρησις, ἀλλ' ἔστιν ἡ
ὕλη ἄλλο οὖσα ἑκατέρου τῶν ἐναντίων καὶ ἐφιεμένη τοῦ εἴδους ὥσπερ
θῆλυ ἄρρενος, τουτέστι τὸ ἐνδεὲς τοῦ αὐτάρκους καὶ ἀόριστον. τοιαύτην
γὰρ αὐτὴν ἔχουσι περὶ αὐτῆς ἐρίζοντες ἔννοιαν καὶ οἱ μητέρα καὶ τιθή-
νην αὐτὴν λέγοντες. κατὰ οἰκειότητα οὖν ἡ ἔφεσις καὶ οὐχ ὡς ἐναντίου, 45
20 ὅπερ ἂν ἦν, εἰ ἡ ὕλη στέρησις ἦν, ἢ ταὐτὸν τῇ στερήσει. ἐφίεται δὲ
καὶ ὡς αἰσχρὸν καλοῦ ἡ ὕλη τοῦ εἴδους καὶ οὐδὲ οὕτως τοῦ ἐναντίου
ἐφίεται. οὐ γὰρ ὡς αἰσχρότης καὶ καθ' αὐτὸ αἰσχρὸν ἐφίεται τοῦ
καλοῦ (οὕτως γὰρ ἂν τῆς ἑαυτῆς ἐφίετο φθορᾶς), ἀλλ' ὡς συμβεβηκυίας
μὲν αὐτῇ τῆς αἰσχρότητος, ἥτις ἐστὶ τοῦ καλοῦ στέρησις, ἐπιτηδείως δὲ
25 πρὸς τὸ καλὸν ἔχουσα. ὡς εἴ γε ἡ στέρησις ἦν τοῦ καλοῦ ἡ ὕλη, οὐκ ἂν
ἐφίετο τοῦ καλοῦ, καὶ εἰ ταὐτὸν ἦν τῇ στερήσει ἡ ὕλη, οὐκ ἂν ἐσῴζετο 50
ἐν τῷ τινὸς εἴδους μεταλαμβάνειν. εἰ δὲ λέγοι τις ὅτι συνουσίωται ἀεὶ τῇ
ὕλῃ ἡ στέρησις, διότι κἂν ἄλλου τινὸς εἴδους μετέχῃ, ἄλλου τινὸς πάντως
ἐστέρηται, ἐννοεῖν ἐχρῆν, ὅτι οὐδεμία στέρησις αὐτῇ συνουσίωται, εἴπερ
30 παντὸς εἴδους μετέχειν πέφυκεν. ὅλως δὲ εἰ μίαν τις αὐτῇ στέρησιν συν-
ουσιῶσθαι λέγοι, καὶ πάσας ἐρεῖ. ὥστε οὑτινοσοῦν εἴδους παρόντος αὐτῇ
ἔφθαρται αὐτῆς ἡ οὐσία, εἴπερ καὶ ἡ στέρησις. εἰ δὲ λέγοι τις ὅτι καὶ
ἐν τῷ μετέχειν εἴδους συνουσίωται τῇ ὕλῃ καὶ ἡ τοῦ εἴδους ἐκείνου στέ- 55
ρησις, διότι τὸ εἶναι τῇ ὕλῃ ἐν τῷ ἀνειδέῳ ἐστίν, οὐ φυλάττει τὸ τῆς

---

1 αὐτὸ DEF: αὐτῇ a   ἔγγονον E   3 καὶ (ante ἡ) om. E   4 ἐναντίωται E
διακρίνει a   5 ὥσπερ τῷ λόγῳ. οὕτω δὲ καὶ τῷ ἀριθμῷ a   οὕτως δὲ EF:
οὕτω δὲ aD   7 ἄγοι EF: ἄγει aD   10 φθορᾶς] παρουσίας E   θέμις DEF:
θέλει a   τοῦ ἐναντίου τὸ ἐναντίον aF   11 εἰ aD: εἰ E: ἡ F   13 ἐστιν
(ante εἰ) om. aF   οὗ] ὃ D   τι D: τις aEF   ἀνενδεὲς ὂν DEF: ἀνενδεὴς ὢν a
16 ἄλλο] ἀλλ' a   17 καὶ ἀόριστον τοῦ αὐτάρκους καὶ ὡρισμένου a. fortasse post ἀόρι-
στον intercidit τοῦ ὡρισμένου   τοιαύτην DE: τὴν αὐτήν (sic) F: τὴν a   19 κατὰ]
καὶ τὰ E   20 εἰ ἡ ὕλη aD: εἰ ὕλη E: εἰ ἥλη F   22 καθ' αὑτὸν E   25 ἡ
ὕλη — στερήσει om. F   28 μετέχει E¹   29 χρὴ F   31 λέγει aE¹

στερήσεως | σημαινόμενον. ἄλλο γάρ ἐστιν ἡ ἑτερότης, καθ' ἣν καὶ τὸ 55ᵛ εἶδος ἄυλόν ἐστι, καὶ ἄλλο ἡ τοῦ εἴδους ἀπουσία, ἥτις οὐ δύναται τῇ παρουσίᾳ συνυπάρχειν. ἀλλ' ὅτι μὲν οὔτε ἡ στέρησις οὔτε τὸ εἶδος ἐφίεται τοῦ εἴδους, καὶ ἄλλως δέδεικται, καὶ ὅτι τὸ ὑποκείμενον καὶ πεφυκὸς μετα-
5 λαμβάνειν τοῦ εἴδους καὶ κοσμεῖσθαι ἀπ' αὐτοῦ τοῦτό ἐστι τὸ ἐφιέμενον τοῦ εἴδους, ἐκ τούτων δὲ καὶ ὅτι ἄλλο τῆς ὕλης ἡ στέρησις συνῆκται. οὐ μέντοι διὰ τοῦτο ἐν ταῖς στοιχειώδεσιν ἀρχαῖς ἀριθμηθήσεται ἡ στέ- 5 ρησις. τὸ γὰρ στοιχεῖον ἐνυπάρχουσά ἐστιν ἀρχή, ἀλλ' οὐχὶ τῇ ἀπουσίᾳ ποιοῦσα. ἀλλὰ πῶς θῆλυ κατὰ συμβεβηκὸς ἡ ὕλη, εἴπερ τῷ αὐτῆς
10 λόγῳ ἐνδεὴς τοῦ εἴδους ἐστὶ καὶ ὀρέγεται αὐτοῦ καὶ ὑποδέχεται καὶ διαστάσεως αὐτῷ καὶ ἐκτάσεώς ἐστιν αἰτία; ἢ διὰ τὴν ἀπουσίαν ἐνδεής ἐστι καὶ ὀρέγεται, ὡς εἴ γε ἀεὶ μετεῖχε τοῦ εἴδους ὡς ἐν τοῖς οὐρανίοις, οὔτε ἐνδεὴς ἂν ἦν οὔτε ὠρέγετο, ἀλλὰ μία τις ἐξ ἀμφοῖν ἀεὶ φύσις ἦν συνουσιωμένη.

15 p. 192ᵃ25 Φθείρεται δὲ καὶ γίνεται ἔστι μὲν ὡς, ἔστι δ' ὡς οὔ. 10
ἕως τοῦ ἀλλ' ἄφθαρτον καὶ ἀγένητον ἀνάγκη αὐτὴν εἶναι.

Δείξας καὶ ὅτι ἔστιν ἡ ὕλη καὶ ὁποία τίς ἐστι καὶ τίνι τρόπῳ γνώσεως ληπτὴ καὶ ὅτι διαφέρει τῆς στερήσεως, κἂν ἀδιόριστος δοκῇ πρὸς αὐτήν, ἐφεξῆς καὶ ὅτι ἄφθαρτος καθ' αὑτήν ἐστι δείκνυσιν, εἰ καὶ κατὰ
20 συμβεβηκὸς φθείρεται, τῷ τὸ συμβεβηκὸς αὐτῇ, τοῦτο δέ ἐστιν ἡ στέρησις, καθ' αὑτὸ φθείρεσθαι. ἔστι δέ τις καὶ αὕτη διαφορὰ τῆς τε ὕλης καὶ 15 τῆς στερήσεως, ᾗ ἡ μὲν ὕλη κατὰ συμβεβηκός, ἡ δὲ στέρησις καθ' αὑτὸ φθείρεται. καλεῖ δὲ τὸ συμβεβηκὸς αὐτῇ τὸ ἐν ᾧ ἀντὶ τοῦ τὸ ἐν αὐτῇ· συμβεβηκότος γὰρ αὕτη φύσις τὸ ἔν τινι εἶναι. καὶ κυρίως μὲν τὸ ἐν ᾧ
25 τὸ ὑποκείμενον δηλοῖ (ἄλλο γὰρ τὸ ἐν ᾧ τί ἐστι καὶ ἄλλο τὸ ἐν ἐκείνῳ ὄν), κατεχρήσατο δὲ αὐτῷ ἐπὶ τοῦ ἐν ὑποκειμένῳ. ἀντὶ δὲ τοῦ εἰπεῖν 'ὡς δὲ κατὰ τὴν αὐτῆς φύσιν οὐ φθείρεται καθ' αὑτὸ' ὡς δὲ κατὰ τὴν δύναμιν εἶπε, διότι τῇ ὕλῃ τὸ εἶναι ὕλῃ τὸ δύνασθαί ἐστι· κατὰ γὰρ τὸ δυνάμει οὐσίωται. εἰ δὲ τοῦτο οὕτως ἔχει, καὶ ὅταν ἐνεργείᾳ παρῇ τὸ εἶδος, 20
30 μένει τὸ δυνάμει τῆς ὕλης καὶ οὐ μεταβάλλει τοῦτό ποτε εἰς τὸ ἐνεργείᾳ, ἵνα μὴ φθαρῇ ἡ ὕλη κατὰ τὸ δυνάμει οὐσιωμένη. οὐκ ἀλλοιοῦται οὖν ἡ ὕλη, ἀλλὰ μένουσα, ὅπερ ἐστί, δέχεται τὸ εἶδος. εἰ δὲ τοῦτο, οἰκειότερον τοῦ ἐξ ὕλης καὶ εἴδους λέγειν τὸ σύνθετον τὸ εἶδος ἐν ὕλῃ λέγειν. ἀλλ' εἰ καὶ τὸ εἶδος συμβέβηκε τῇ ὕλῃ καὶ ἔστι καὶ αὐτὸ φθαρτόν, διὰ
35 τί μὴ κατὰ τοῦτο φθαρτὴν κατὰ συμβεβηκὸς λέγει τὴν ὕλην, ἀλλὰ διότι

---

4 ὅτι om. E   5 ἀπ'] ὑπ' a   9 αὐτῆς DE: ἑαυτῆς aF   11 καὶ ἐκτάσεως αὐτῷ aF   ἐκστάσεως E   13 ἂν om. DE   16 ἕως κτλ. om. F   ἀλλὰ φθαρτὸν E ἀναγκαῖον D   17 καὶ (ante ὅτι) om. aF   19 ἐστι καθ' αὑτὴν aF   23 τὸ (post ἀντὶ τοῦ) aED²: om. FD¹   27 τὴν om. E¹ ut Aristoteles sed cf. p. 253,14   28 εἶναι ὕλην E   τὸ (post ὕλῃ)] ἐστὶ τῷ D   32 οἰκειότερον ὕλη λέγειν praemisso ὅτι in mrg. repetivit D   33 εἴδους καὶ ὕλης E   post ἐν add. τῇ a   35 μὴ καὶ κατὰ E

τὸ φθειρόμενόν ἐστιν ἐν τούτῳ ἡ στέρησις; ἢ πρῶτον μὲν οὐχ ὁμοίως ἐν-
ὑπάρχει τῇ ὕλῃ τό τε εἶδος καὶ ἡ στέρησις, ἀλλὰ τὸ μὲν ὡς ἐν ὕλῃ εἶδος
τὴν σύνθετον οὐσίαν ποιεῖ μετὰ τῆς ὕλης μέρος αὐτῆς γινόμενον μετ' ἐκείνης, καὶ διαφέρει ταύτῃ τοῦ ὡς συμβεβηκότος ἐν οὐσίᾳ· τοῦτο γὰρ οὐ
5 ποιεῖ τι σύνθετον μετὰ τῆς οὐσίας, ἡ δὲ ἐν τῇ ὕλῃ στέρησις ὡς ἐν ὑποκειμένῳ ἐστὶ τῇ ὕλῃ οὐ ποιοῦσά τινα μετ' αὐτῆς οὐσίαν οὐδὲ μέρος συνθέτου οὐσίας γινομένη. διὸ ἡ μὲν στέρησις συμβεβηκὸς λέγεται τῆς ὕλης,
τὸ δὲ εἶδος οὔ. καὶ ἡ μὲν τῆς στερήσεως φθορὰ κατὰ συμβεβηκὸς καὶ
τῆς ὕλης λέγεται, ἡ δὲ τοῦ εἴδους οὐκέτι. τοῦ γὰρ εἴδους φθειρομένου
10 τότε μάλιστα ἡ ὕλη διαφαίνεται. στερήσεως δὲ φθειρομένης καὶ εἴδους
ἐπιγινομένου κρύπτεται ἡ ὕλη, καὶ φθείρεσθαι καὶ αὕτη δοκεῖ. μήποτε δὲ
καὶ ὁ Ἀριστοτέλης τὴν ὕλην ἐκ τοῦ δυνάμει καὶ τῆς ἐν τούτῳ στερήσεως
θεασάμενος κατὰ μὲν τὸ ἐν ᾧ τουτέστι κατὰ τὴν στέρησιν, φθείρεσθαι
τὴν ὕλην καθ' αὑτό φησι, κατὰ δὲ τὴν δύναμιν ἄφθαρτον εἶναι καὶ
15 ἀγένητον. οὕτως δὲ οἶμαι καὶ ἡ λέξις καταλληλοτέρα φανήσεται ἡ λέγουσα ὡς μὲν γὰρ τὸ ἐν ᾧ, εἰ ὡς ἐπὶ τῆς ὕλης λέγοιτο, ὅτι κατὰ μὲν
τὴν στέρησιν καθ' αὑτὸ φθείρεται, κατὰ δὲ τὸ δυνάμει ἄφθαρτος καὶ ἀγένητός ἐστι. καὶ γὰρ οὐδὲ εἶπεν ὅτι κατὰ συμβεβηκὸς φθείρεται ἡ ὕλη, ἀλλ'
ὅτι ὡς μὲν στέρησις καθ' αὑτὸ φθείρεται, ὡς δὲ τὸ δυνάμει οὔτε γίνεται
20 οὔτε φθείρεται. οἱ δὲ ἐξηγηταὶ κατὰ συμβεβηκὸς αὐτὴν φθείρεσθαι λέγουσι, διότι τὸ ἐν αὐτῇ ὂν ἡ στέρησις φθείρεται, ὡς τὸν ἀμφορέα φθείρεσθαί φαμεν, ὅταν ὁ ἐν αὐτῷ οἶνος φθαρῇ. καίτοι τίς ἂν εἴποι τὸν
ἀμφορέα ἐφθάρθαι τοῦ οἴνου φθαρέντος; κἂν πολὺν δὲ λόγον κατέτεινεν ὁ
Ἀριστοτέλης διορίζων τὴν ὕλην τῆς στερήσεως, δύναται ὡς κατὰ τὸ δυνά-
25 μει μάλιστα τὴν ὕλην θεωρῶν ἐκείνοις κεχρῆσθαι τοῖς λόγοις. ἀλλ' ὅπως
δείκνυσιν ἄφθαρτον καὶ ἀγένητον κατὰ τὸ δύναμει τὴν ὕλην, ἐφεξῆς
ἴδωμεν.

p. 192ᵃ29 Εἴτε γὰρ γίνεται, ὑποκεῖσθαί τι δεῖ πρῶτον ἕως τοῦ
ὥστε ἐφθαρμένη ἔσται πρὶν φθαρῆναι.

30 Τέτταρα δυνάμει προλαβὼν ἐναργῆ ἀξιώματα διὰ μὲν τῶν δύο δείκνυσιν
ὅτι ἀγένητος ἡ ὕλη, διὰ δὲ τῶν δύο ὅτι ἄφθαρτος. ἔστι δὲ δύο μέν, ὅτι
τε τὸ γινόμενον ἔκ τινος γίνεται ὑποκειμένου πρώτου καὶ ὅτι τὸ γινόμενον
οὐδέπω ἐστὶ τοῦτο ὃ γίνεται. καὶ τὰ λοιπὰ δὲ δύο τούτοις ὅμοια, ὅτι πᾶν
τὸ φθειρόμενον εἰς τοῦτο φθείρεται, ἐξ οὗ πρώτου γίνεται, καὶ ὅτι τὸ
35 φθειρόμενον ὅτε φθείρεται οὐδέπω ἔφθαρται. πρὸς τούτοις καὶ τὸν ὁρισμὸν

---

1 ἐν τούτῳ ἔστιν E ἢ om. E post μὲν add. οὖν EF 4 post ταύτῃ add.
ἡ F ἐνουσία DF 6 συνθέτου om. aF 8 οὔ. καὶ] οὐδὲ E 11 αὐτὴ
DE 14 δύναμιν D 16 γὰρ om. a 18 ἐστι καὶ ἀγένητος aF 20 αὐτὴν
om. aF 21 ὂν om. E 24 ὡς καὶ κατὰ D 28 γὰρ γίνεται EF: παραγίνεται
D: γὰρ ἐγένετο a Aristoteles ἕως κτλ. om. F 32 τε om. F 35 καὶ τὸν
om. E

τῆς ὕλης ὡς ἀξίωμα προσλαμβάνει. ἐξ ὧν δείκνυσι πρῶτον ὅτι ἀγένητος 55ᵛ
ἡ ὕλη οὕτως· εἰ γίνεται ἡ ὕλη (τὸ δὲ γινόμενον πᾶν ἐξ ὑποκειμένου γί-
νεται πρώτου καθ' αὑτὸ ἐνυπάρχοντος, τὸ δὲ ἐξ οὗ γίνεταί τι πρώτου
καθ' αὑτὸ ἐνυπάρχοντος τοῦτό ἐστιν ἡ ὕλη), εἰ οὖν γίνεται ἡ ὕλη, ἐξ ὕλης
5 γίνεται προϋπαρχούσης. ἔστιν ἄρα ἡ ὕλη πρὶν γενέσθαι. εἰ δὲ τοῦτο ὡς
ἀδύνατον ἠξίωται τὸ τὸ γινόμενον εἶναι πρὶν γενέσθαι, δῆλον ὅτι καὶ τὸ
ἡγούμενον ἀδύνατόν ἐστι τὸ γίνεσθαι τὴν ὕλην. καὶ συνῆκται ταῦτα ἔκ
τε τῶν ἄλλων τῶν προηξιωμένων καὶ ἐκ τοῦ τῆς ὕλης ὁρισμοῦ. τὸ δὲ ἐξ 55
οὗ γίνεταί τι ἐνυπάρχοντος μὴ κατὰ συμβεβηκὸς πρὸς ἀντιδια|στολὴν 56ʳ
10 εἴρηται τῆς στερήσεως· κἂν γὰρ λέγηται καὶ ἐκ ταύτης γίνεσθαι τὸ γινό-
μενον, ἀλλ' οὔτε ἐνυπαρχούσης, οὔτε καθ' αὑτὸ ἐκ ταύτης, ἀλλὰ κατὰ
συμβεβηκός. τῷ γὰρ ἀπεῖναι αὐτὴν ἐξ αὐτῆς λέγεται γίνεσθαι τὸ γινόμενον.
"ἤ, φησὶν ὁ Ἀλέξανδρος, τὸ μὴ κατὰ συμβεβηκὸς πρόσκειται, ὅτι ἐνυ-
πάρχει μὲν τῷ γινομένῳ καὶ τὰ τῷ ὑποκειμένῳ συμβεβηκότα οἷον τῷ ἀν-
15 δριάντι τὸ χρῶμα τὸ συμβεβηκὸς τῷ χαλκῷ, ἀλλ' οὐ καθ' αὑτὸ ὑπάρχει, 5
ἀλλὰ κατὰ συμβεβηκός· διὸ οὐδὲ ὕλη ἐστὶν αὐτοῦ οὐδὲ συντελεῖ τι τῷ ἀν-
δριάντι πρὸς τὸ εἶναι. δείξας δὲ ὅτι οὐ γίνεται ἡ ὕλη, ἐφεξῆς ὅτι οὐδὲ
φθείρεται δείκνυσι. πᾶν γὰρ τὸ φθειρόμενον οὐ τῷ εἰς τὸ μὴ ὂν ἀνα-
λύεσθαι λέγεται φθείρεσθαι, ἀλλὰ τῷ εἰς τοῦτο ἐξ οὗ ἐνυπάρχοντος
20 πρώτου γέγονε μὴ κατὰ συμβεβηκός, τοῦτο δέ ἐστιν ἡ ὕλη. εἰ οὖν
φθείρεται ἡ ὕλη, εἰς τὸ τοιοῦτον ἀναλύεται ὅ ἐστιν αὐτή, καὶ ἔσται
ἐφθαρμένη ἡ ὕλη οὖσα· ὕλη δέ ἐστι πρὸ τοῦ φθείρεσθαι· ὥστε ἐφθαρ-
μένη ἔσται πρὸ τοῦ φθαρῆναι. ὥστε εἴτε γίνεται, δεῖ ὑποκεῖσθαι πρὸς 10
τὴν γένεσιν αὐτῆς τὴν τοιαύτην φύσιν ἥτις ἐστὶν αὐτή, ἔσται οὖν πρὸ
25 τοῦ γενέσθαι· εἴτε φθείρεται, δεῖ εἰς τοῦτο αὐτὴν φθαρῆναι ὅ ἐστιν
αὐτή, καὶ ἔσται ἐφθαρμένη πρὸ τοῦ φθαρῆναι.

Καὶ τὸ ἄφθαρτον δὲ τῆς ὕλης ἀπὸ τοῦ Πλάτωνος καὶ τῶν Πυθαγορείων
ὁ Ἀριστοτέλης παρέλαβε. λέγει γοῦν ὁ τοῦ Πλάτωνος Τίμαιος "τρίτον δὲ
αὖ τὸ γένος ὂν τὸ τῆς χώρας ἀεὶ φθορὰν οὐ προσδεχόμενον, ἕδραν δὲ πα-
30 ρέχον ὅσα ἔχει γενέσθαι πᾶσιν, αὐτὸ δὲ μετ' ἀναισθησίας ἁπτὸν λογισμῷ
τινι νόθῳ μόγις πιστόν". ἤρτηται δὲ ἡ πᾶσα τοῦ Ἀριστοτέλους ἀπόδειξις 15
ἐκ τοῦ φυσικοῦ ἀξιώματος τοῦ λέγοντος μήτε γίνεσθαί τι ἐκ τοῦ ἁπλῶς μὴ
ὄντος μήτε φθείρεσθαί τι εἰς τὸ ἁπλῶς μὴ ὄν. τοῦτο δὲ τὸ ἀξίωμα αὐτὸς
ἐπιστώσατο ἐν ἀρχῇ δεικνὺς ὅτι ἐκ τοῦ ἐναντίου γίνεται τὸ γινόμενον καὶ

---

1 ὡς om. a   προλαμβάνει D   πρώτως aF   2 τὸ δὲ — ἐνυπάρχοντος (4) om. F
6 τὸ τὸ F et ex τοῦτο corr. E: τὸ simplex aD   9 ante μὴ add. τὸ D   10 καὶ
(ante ἐκ) om. E   13 προσκεῖσθαι aF   14 μὲν om. a   καὶ τὰ] κατὰ D
τῷ ὑποκειμένῳ] ὑπὸ τῶ κειμένω E   16 τι ante πρὸς posuit F: om. a   18 οὐ τῷ
om. F   19 λέγεται καὶ φθείρεσθαι aF   τὸ εἰς F   21 φθείρεται D cf. v. 25
Aristoteles: φθείροιτο aEF   23 εἴτε] εἰ a   24 ἥτις E: εἴτε aF: obl. D   αὕτη
libri   οὖν om. F   25 αὐτὴ D: αὕτη aEF   27 καὶ (ante τὸ) om. a
28 γοῦν] οὖν D   Πλάτωνος Τίμαιος p. 52 A   τρίτου F   29 αὖ τὸ D: αὐτὸ E et
f. 125ᵛ 23: αὐτὸ τὸ F: αὖ a et p. 223, 7 et Plato   δὲ (post ἕδραν) om. D   33 τι
(post φθείρεσθαι) om. DE

φθείρεται εἰς τὸ ἐναντίον. καὶ δεῖ τι εἶναι τὸ τοῖς ἐναντίοις ὑποκείμενον, 56ʳ
ὅπερ πῶς μὲν ὄν ἐστιν, πῶς δὲ οὐκ ὄν, ἐξ οὗ πρώτως ἐνυπάρχοντος καθ'
αὐτὸ γίνεται τὰ γινόμενα. ὁ μέντοι Πλάτων, ὡς εἴρηται πρότερον, κατ'
ἄλλον τρόπον ἔδειξεν, ὅτι ἐξ ὑποκειμένου τινὸς γίνεται τὸ γινόμενον· ἐπειδὴ 20
5 γὰρ εἰκών ἐστι τὸ γινόμενον τοῦ ὄντος, πᾶσα δὲ εἰκὼν ὡμοίωται πρὸς τὸ
παράδειγμα, τὸ δὲ ὡμοιωμένον ὁμοιώσεως μεθέξει ἀπὸ τοῦ παραδείγματος
ὡμοίωται πρὸς αὐτό, ἄλλο μέν ἐστι τὸ μετέχον, ἄλλο δὲ τὸ μετεχόμενον
καὶ ἡ μέθεξις καθ' ἣν ὁμοιοῦται ἡ εἰκών. τὸ ἄρα μετέχον τοῦτό ἐστι
τὸ ἐν ᾧ καὶ ἐξ οὗ γίνεται ἡ εἰκών, ὅπερ ἐστὶ τὸ γινόμενον (λέγει γοῦν
10 ὁ Πλάτων ἐν Τιμαίῳ· "ἐν δ' οὖν τῷ παρόντι χρὴ γένη διανοηθῆναι
τριττά, τὸ μὲν γινόμενον, τὸ δὲ ἐν ᾧ γίνεται, τὸ δὲ ὅθεν ἀφομοιούμενον 25
φύεται τὸ γινόμενον"), καὶ εἴπερ ἀληθῆ τὰ πρότερον ὑπ' ἐμοῦ ῥηθέντα,
τοῦτό ἐστιν ἡ ἀπὸ τοῦ ὄντος ἐκτροπὴ καὶ παράλλαξις καὶ εἰς τὸ μὴ ὂν ὑπο-
φορά, ἣν ἡ τοῦ ὄντος μέθεξις καταλαμβάνουσα ἵστησιν ὡς δυνατὸν καὶ εἰ-
15 κόνα ποιεῖ τοῦ ὄντως εἶναι καὶ ἀντὶ τοῦ ὄντως μὴ εἶναι, ὅπερ ἔσχεν ἂν
εἰς τὸ μὴ ὂν τελέως ὑπενεχθεῖσα οὐκ ὄντως εἶναι ποιοῦσα.

Ἀλλὰ πῶς ἀγένητος καὶ ἄφθαρτος ἡ ὕλη; πότερον τῇ ἑαυτῆς κοινό-
τητι; ἢ τοῦτο καὶ τοῖς εἴδεσι προσήκει· οὐδενὸς γὰρ εἴδους κοινότης φθεί-
ρεται ἐκ τοῦ παντός, ἀλλὰ καὶ ἄνθρωπος ἀεί ἐστι καὶ ἵππος καὶ λευκὸν 30
20 καὶ ἀρετὴ καὶ τῶν ἄλλων εἰδῶν ἕκαστον διὰ τὸ μένειν τὴν κοινότητα
ἑκάστων. ἀλλ' ἄρα καὶ κατὰ τὸ ἄτομον ἑαυτῆς ἡ ὕλη ἀγένητος καὶ ἄφθαρτός
ἐστιν, ὥστε τὴν ἐμὴν ὕλην οὐ καθὸ ὕλη (τοῦτο γὰρ τῆς κοινότητός ἐστιν),
ἀλλὰ καθὸ ἐμὴ ὕλη καὶ τοιάδε ὕλη ἀγένητον εἶναι καὶ ἄφθαρτον; καὶ πῶς
οὐ μάτην ἔσται αὐτὴ τοῦ ἐμοῦ φθαρέντος εἴδους; οὐδὲ γὰρ ἔσται ἄλλου
25 ὕλη, καθὸ ἐμοῦ ἐστι. πῶς δὲ οὐκ ὄντως κρείττων ἔσται τῶν εἰδῶν ἡ ὕλη
καὶ οὐσιωδεστέρα, εἴπερ τῶν ἀτόμων εἰδῶν φθειρομένων ἡ ἄτομος ὕλη
μένει; μήποτε οὖν οὐδέ ἐστιν ἄτομος ὕλη καθ' αὑτήν, ἀλλ' ὑπὸ τῶν ἀτό- 35
μων εἰδῶν ἀτομοῦται, ὥσπερ καὶ μορφοῦται ὑπὸ τῶν εἰδῶν. τὰ γὰρ ἄτομα
τῷ ἀριθμῷ διαφέροντα διαιρέσεσι πληθύνεται καὶ διαφοραῖς συμβεβηκότων.
30 οὔτε δὲ διαίρεσις οὔτε ἀριθμὸς οὔτε τὰ συμβεβηκότα τῆς ὕλης ἴδιά ἐστιν,
ἀλλὰ τῶν εἰδῶν. αὕτη οὖν ἡ ἀπὸ τοῦ ὄντος κοινὴ παράλλαξις, ἢ ὅτι ποτέ
ἐστιν ἡ ὕλη, ἀγένητος καὶ ἄφθαρτός ἐστιν. ἡ δὲ τοιάδε παράλλαξις καὶ ἡ
τοιάδε ὕλη κατειλημμένη λοιπὸν ὑπὸ τοῦ εἴδους καὶ ἠτομωμένη γίνεται καὶ

---

2 μέν ἐστιν ὂν a   πρώτου aF   4 τὰ γινόμενα aF   7 ἐστι τὸ — ὁμοιοῦται ἡ εἰκών om.
DF   8 τὸ ἄρα] ἄρα τὸ D   9 γίνεται] ἐστιν F   post γίνεται ἡ εἰκὼν omissa illa ἔστι
τὸ μετέχον — ὁμοιοῦται ἡ εἰκὼν falso loco supplent DF, sed ita ut F errore τὸ ἄρα — ὁμοιοῦ-
ται ἡ εἰκὼν continuando iteret. idem facturus τὸ ἄρα μετέχον scripserat statim expuncta E
γοῦν] οὖν D   10 ἐν Τιμαίῳ [p. 50C] om. F   γένει F   12 ὑπ'] ἀπ' E
14 καὶ (ante εἰκόνα) D: om. E: ante ὡς posuerunt aF   15 ὄντως bis scripsi: ὄντος
libri   μὴ post ἀντὶ τοῦ collocat a   ἔσχες E   16 οὐκ ὄντως EF: οὐκ ὄντος D:
ὄντος a   20 ἄλλων om. a   ἕκαστόν ἐστι aF   21 ἑκάστου aF   καὶ (ante
κατά) om. a   ἐστι ante καὶ ἄφθαρτος D   23 ὕλη ἐμὴ aF   24 αὕτη] ἡ
αὐτή D   post ἄλλου add. ἡ E   25 δὲ ὄντος οὐ F   28 ἀτιμοῦται D   καὶ (post
ὥσπερ) om. aF   29 διαιρέσει aF   32 τοιαύτη D   ἡ (post καί) om. E
33 ἠτομωμένη EF: ἀτομωμένη D: ἠτιμωμένη a

φθείρεται ὥσπερ καὶ τὸ εἶδος τὸ ἄτομον. κἂν γὰρ τὸ πρῶτον σῶμα λέγοι 56ʳ
τις εἶναι τὴν ὕλην, καὶ ἐκεῖνο κατὰ τὴν κοινότητά ἐστιν ἄφθαρτον. τὸ γὰρ 40
τοῦ ὕδατος σῶμα μετὰ τῶν τοῦ ὕδατος ποιοτήτων εἰς τὸ τοῦ ἀέρος σῶμα
καὶ εἰς τὰς ἐκείνου μεταβάλλει ποιότητας, οὐχ ᾗ σῶμα μέντοι (κατὰ γὰρ
5 τοῦτο οὐ μεταβάλλει), ἀλλ' ᾗ τοιόνδε σῶμα εἰς τοιόνδε. ἐπειδὴ οὖν ἡ ὕλη
τὸ κοινὸν ἔχει μόνον καθὸ ὕλη, διὰ τοῦτο ταύτῃ τὸ ἀγένητον καὶ ἄφθαρτον
προσήκει. καὶ ἡ Ἀριστοτέλους ἀπόδειξις περὶ τοῦ ἀγένητον καὶ ἄφθαρτον
εἶναι τὴν ὕλην ἀσάλευτος μένει. ἡ γὰρ τὶς ὕλη γίνεται ἐκ τῆς τινὸς καὶ 45
ἡ τοῦ ἀέρος ἐκ τῆς τοῦ ὕδατος, καὶ οὐκ ἔστιν ἡ τοῦ ἀέρος πρὶν γενέσθαι
10 (ὕδατος γὰρ ἦν ἐκείνη καὶ φθείρεται εἰς τὴν τοῦ ὕδατος ἡ τοῦ ἀέρος) καὶ
οὐκ ἔφθαρται ἡ τοῦ ἀέρος πρὶν φθαρῆναι· οὐ γὰρ ἦν ὕδατος πρὶν γενέσθαι
ὕδωρ. ἐπειδὴ δὲ τὸ τὶς ὕλη κατὰ τὸ εἶδος ἔχει, διὰ τοῦτο ἀδιορίστως
ἀγένητον καὶ ἄφθαρτον εἶπε τὴν ὕλην ὁ Ἀριστοτέλης.

Ἀλλ' εἰ ἀγένητος, φασί τινες, καὶ ἄφθαρτος ἡ ὕλη, πῶς οὐκ ἀρχή τίς
15 ἐστι πρώτη καὶ αὕτη ὥσπερ καὶ ὁ θεός. εἰ γὰρ ἐκ θεοῦ παρήχθη, οὐκ
ἂν ἀγένητος ἦν. ἀλλ' ὅτι μὲν ὁ Ἀριστοτέλης ἀγένητον οὐχὶ τὸ μὴ ἀπ' 50
αἰτίας ἠρτημένον λέγει, ἀλλὰ τὸ μὴ ἀπ' ἀρχῆς χρόνου γενόμενον, δηλοῖ
καὶ τὴν κίνησιν ἐν τοῖς τέλεσι ταύτης τῆς πραγματείας, ἀγένητον καὶ
ἄφθαρτον δεικνύς, καίτοι πᾶν τὸ κινούμενον ὑπό τινος κινεῖσθαι φήσας.
20 ἔτι δὲ ὁμοίως ἂν ἀγενήτους λέγοι καὶ τὰς τῶν εἰδῶν κοινότητας, ὥστε
πολλὰς ἂν ἀρχὰς λέγοι πρώτας. καίτοι γε αὐτός ἐστιν ὁ βοῶν "οὐκ ἀγαθὸν
πολυκοιρανίη". ὅλως δὲ ὁ μὲν Ἀριστοτέλης ὡς στοιχειώδη ἀρχὴν ὑπο-
τίθεται τὴν ὕλην, ἥτις οὐκ ἂν ἀντίθους εἴη πρὸς τὸ ποιητικὸν ἢ τελικὸν 55
αἴτιον, εἴπερ καὶ ἐφίεται τοῦ ἐκεῖθεν κόσμου "ὡς | θῆλυ ἄρρενος, καὶ ὡς 56ᵛ
25 αἰσχρὸν καλοῦ". οἱ δὲ ἑτερόδοξοι τὴν ὕλην εἶναι τὸ κακὸν λέγοντες καὶ
ἀντίξουν αὐτὴν ἀρχὴν τῷ ἀγαθῷ τιθέντες ὡς ποιητικὴν ἀρχὴν ἀντιτιθέασι.
τοιγαροῦν γενέσεις ἀπ' αὐτῆς παραδιδόασι καὶ στρατηγίας αὐτῆς καὶ βουλάς,
καὶ θριάμβους κατὰ τοῦ ἀγαθοῦ ληρῳδοῦσιν. ὁ μέντοι Πλάτων ἐν Τιμαίῳ
μὲν τά τε κυρίως αἴτια καὶ τὰ συναίτια τῆς τοῦ κόσμου ὑποστάσεως παρα-
30 διδοὺς τὴν ὕλην τοῖς συναιτίοις συντάττει καὶ ἄφθαρτον αὐτὴν ὥσπερ καὶ 5
τὸν ὅλον κόσμον φησίν. ὅτι δὲ ὡς πρώτην αὐτὴν ἀρχὴν οὐκ ἀξιοῖ λέγειν,
ἐδήλωσεν Ἑρμόδωρος ὁ τοῦ Πλάτωνος ἑταῖρος ἐν τῷ περὶ Πλάτωνος βιβλίῳ
τὰ δοκοῦντα τῷ Πλάτωνι ἔν τε τοῖς ἄλλοις καὶ περὶ τῆς ὕλης γράφων, ὡς
ὁ Δερκυλλίδης ἱστόρησε. τὸ δὲ συμπέρασμα ἐγὼ τῶν εἰρημένων παραθή-
35 σομαι· "ὥστε ἄστατον καὶ ἄμορφον καὶ ἄπειρον καὶ οὐκ ὂν τὸ τοιοῦτον
λέγεσθαι κατὰ ἀπόφασιν τοῦ ὄντος. τῷ τοιούτῳ δὲ οὐ προσήκει οὔτε

---

3 τοῦ ὕδατος (post μετὰ τῶν) om. aF   4 κατά] καὶ a   7 ἡ τοῦ aF   8 καὶ (post τινὸς) om. DE   11 ἡ — πρὶν iterat F   14 καὶ ἄφθαρτος φασί τινες ἡ ὕλη aF   15 καὶ αὕτη πρώτη aF   17 γινόμενον D   21 καίτοι γε DE: καίτοι aF βοῶν cf. ad p. 250, 26   ἀγαθόν ἐστι aF   23 ἂν om. aF   24 ὡς θῆλυ κτλ. p. 192ᵃ 23   25 ὕλην] ἕλην a   27 καὶ βουλὰς post θριάμβους iterat D   29 μὲν om. aF   32 Ἑρμόδωρος cf. p. 247, 30 sqq.   ὁ (ante τοῦ) om. aF   33 τοῖς (post τε) om. aD   34 Δερκυλλίδης cf. p. 247, 30 sqq.

SIMPLICII IN PHYSICORUM I 9 [Arist. p. 192ᵃ29. 34]   257

ἀρχῆς οὔτε οὐσίας. ἀλλ' ἐν ἀκρισίᾳ τινὶ φέρεσθαι, δηλοῖ γὰρ ὡς ὃν 56ᵛ
τρόπον τὸ αἴτιον κυρίως καὶ διαφέρον τρόπῳ τὸ ποιοῦν ἐστιν, οὕτω καὶ
ἀρχή. ἡ δὲ ὕλη οὐκ ἀρχή. ὃ καὶ τοῖς περὶ Πλάτωνα ἐλέγετο μία ὅτι
εἴη ἀρχή."

5 p. 192ᵃ34 Περὶ δὲ τῆς κατὰ τὸ εἶδος ἀρχῆς ἕως τοῦ ἐν τοῖς
ὕστερον δεικνυμένοις ἐροῦμεν.

Εἰπὼν περὶ τῆς ὑλικῆς ἀρχῆς, ὅτι ἀνάγκη εἶναί τι πρῶτον ὑποκείμενον,
ἐξ οὗ γίνεται ἕκαστα ἐνυπάρχοντος καθ' αὑτὸ καὶ οὐ κατὰ συμβεβηκός,
καὶ ὅτι ἕτερον τῆς στερήσεως ἡ ὕλη, καὶ ὅτι ἀγένητος καὶ ἄφθαρτος, ὤφειλε
10 λοιπὸν καὶ περὶ τῆς κατὰ τὸ εἶδος ἀρχῆς εἰπεῖν. τοῦτο γὰρ ἀκόλουθον
ἦν τῷ τρεῖς μὲν εἰπόντι τὰς στοιχειώδεις ἀρχάς, ὕλην καὶ στέρησιν καὶ
εἶδος, περὶ δὲ τῶν δύο διδάξαντι. ἀλλ' ἡ μὲν ὕλη ἐνταῦθα τὴν πρώτην
ἑαυτῆς ὑπόστασιν ἔχει καὶ στοιχεῖον ὅλης τῆς γενέσεώς ἐστι, τὸ δὲ εἶδος
τὸ μέν ἐστι πρῶτον καὶ ἀρχικὸν ὄντως, ὅπερ νοῦν ἐν ἄλλοις καὶ ἀγαθὸν
15 καὶ πρῶτον αἴτιον καλεῖ ποιητικὸν καὶ τελικὸν ὑπάρχον, καὶ ἓν αὐτὸ
καὶ πολλὰ λέγει· μετὰ γὰρ τὸν ἕνα νοῦν τὸ πλῆθος ὑφεστάναι δεῖ, δι'
ἃ καὶ κυκλοφορητικὰ σώματα. τὸ δέ τί ἐστι εἶδος φυσικὸν καὶ φθαρτόν,
στοιχεῖον τοῦτο τῶν γινομένων καὶ φθειρομένων καὶ προσεχὲς αἴτιον ὑπάρχον.
καὶ δῆλον ὅτι ἡ κατὰ τὸ εἶδος κυρίως ἀρχὴ ἐκείνη ἐστὶν ἡ πρώτη καὶ
20 χωριστή, ἀφ' ἧς καὶ τὸ ἐνταῦθα εἶδος τὸ εἶναι ἔχει. διὰ τοῦτο περὶ μὲν
τῆς κυρίως κατὰ τὸ εἶδος ἀρχῆς τῆς χωριστῆς καὶ νοητῆς καὶ ἀκινήτου,
εἴτε μία ἐστὶν ἢ πολλαί, ἢ ὅπερ ἀληθέστερον καὶ μία καὶ πολλαί, καὶ
τίς ἢ τίνες, ὅτι ἄυλοι καὶ νοηταὶ καὶ πάντῃ τέλειοι τῇ οὐσίᾳ οὖσαι ἐνέρ-
γειαι, ταῦτα οὖν δι' ἀκριβείας τῆς πρώτης φιλοσοφίας ἔργον ἐστὶ
25 διορίσαι, ταὐτὸν δὲ εἰπεῖν, τῆς ὑπὲρ τὰ φυσικὰ πραγματείας, ἣν αὐτὸς
μετὰ τὰ φυσικὰ καλεῖ.

Περὶ δὲ τῶν φυσικῶν καὶ φθαρτῶν καὶ ὅλως ἐν κινήσει καὶ μετα-
βολῇ θεωρουμένων εἰδῶν, ἅπερ ἀρχαὶ στοιχειώδεις καὶ προσεχῆ αἴτια
εἰδικὰ τῶν φυσικῶν εἰσιν, ὕστερον, φησίν, ἐροῦμεν. τοῦτο γάρ ἐστι τὸ
30 εἶδος, ὃ καὶ ἐνυπάρχει τοῖς φυσικοῖς ὡς στοιχεῖον καὶ πρὸς ὃ ἡ στέρησις
ἀντίκειται, ἐξ οὗ καὶ τῆς ὕλης τὰ φυσικὰ πάντα συνέστηκε. καὶ διαλύεται
εἰς ταῦτα τὸ συναμφότερον, εἰς μὲν τὴν ὕλην καὶ ὑπομένουσαν, εἰς δὲ τὸ
εἶδος οὐχ ὑπομένον. λέγει δὲ περὶ τοῦ τοιούτου εἴδους εὐθὺς ἐν τῷ ἐφεξῆς
βιβλίῳ διχῶς αὐτὸ θεωρῶν, κατά τε τὴν φύσιν, ἣν καὶ ὡς ποιητικὸν

---

1 ἀκρισίᾳ E: ἀκρασίᾳ aF: obl. D   ὡς ὃν aF: ὅσον DE   2 τρόπῳ] τρόπον F
καὶ ἡ ἀρχή aF   3 ὃ] διὸ supra p. 248,17   4 εἴη aDF: εἴη ἡ E: ἡ supra p. 248,18
5 ἕως κτλ. om. F   7 τι εἶναι D   8 ἐνυπάρχοντα E   12 τὴν πρώτην ἐνταῦθα F
13 ὅλη DE   15 καὶ ἓν αὐτὸ DE: ἐν αὐτῷ aF   16 γὰρ om. D   δι' ἃ om. F
17 ἃ δὴ καὶ D   κυκλοφορικὰ E   φυσικὸν εἶδος D   20 ἐφ' ἧς] ἐφ' ἧ E
21 post κυρίως iterat τῆς D   22 ἢ (ante πολλαί) DE: εἴτε aF   23 τέλειοι DF:
τέλεαι aE   οὖσαι τῇ οὐσίᾳ aF   29 εἰσιν] ἔστιν D   30 καὶ (post ὃ) om. aF
32 καὶ (post ὕλην) om. F   34 ποιητικὸν om. aF

προσεχὲς αἴτιον παραδώσει (διὸ καὶ ἐν ἐκείνοις φυλάττει τὸν περὶ αὐτοῦ λόγον 56ʳ
καὶ δι' ἄλλας αἰτίας τὰς ἐκεῖ ῥηθησομένας), θεωρεῖ δὲ αὐτὸ καὶ κατὰ τὸ 35
ἐφαπλωθὲν τῇ ὕλῃ. καὶ τὰ δύο πάλιν εἰς ἓν ἄγει κατὰ τὸ στοιχειῶδες
τῶν φυσικῶν εἶδος, ὅπερ μάλιστα ἡ προκειμένη πραγματεία ζητεῖ. τάχα
δὲ δυνατὸν λέγειν, ὅτι περὶ τῆς κατὰ τὸ εἶδος ἀρχῆς οὐχὶ τῆς χωριστῆς
εἶπε νῦν, ἀλλὰ τῆς στοιχειώδους. καὶ γὰρ τὰ στοιχεῖα τῶν φυσικῶν
πραγμάτων μετὰ ἀκριβείας παραδοῦναι οὐ τοῦ φυσιολόγου ἐστίν, ἀλλὰ τοῦ
πρώτου φιλοσόφου, ὥσπερ οὐδὲ τὴν τῶν τεττάρων στοιχείων θεωρίαν τοῦ
ἰατροῦ, ἀλλὰ τοῦ πρώτου φυσιολόγου· περὶ μέντοι τῶν φυσικῶν εἰδῶν, οὐχ
ὡς εἰδῶν ἁπλῶς ἀλλ' ὡς γινομένων καὶ φθειρομένων, τοῦ φυσικοῦ ἐστιν 40
εἰπεῖν. καὶ δὴ καὶ ἐρεῖ περὶ τούτων ἐν τοῖς Περὶ γενέσεως καὶ φθορᾶς,
ἅπερ ὕστερον δείκνυσθαί φησιν ὡς μετὰ ταύτην τεταγμένα τὴν πραγματείαν.
καλλίων δὲ ἡ προτέρα ἐξήγησις, ὅτι ποιητικὸν τοῦ οὐρανοῦ οἶδεν Ἀριστοτέλης.
ἐπειδὴ δέ τινες οἴονται ποιητικὸν αἴτιον τοῦ παντὸς μὴ λέγειν τὸν Ἀριστοτέλην,
ἀλλὰ μόνον τελικὸν καὶ τοῦτο καὶ τὸν Ἀλέξανδρον ἀρέσκειν νομίζουσιν, ἀναγ-
καῖον δοκεῖ μοι τῶν ἐνταῦθα λεγομένων ὑπὸ Ἀλεξάνδρου τοῦ γνησιωτάτου τῶν
Ἀριστοτέλους ἐξηγητῶν ἀκούειν αὐτοὺς ἐχόντων οὕτως· "τὸ δὲ πρῶτον εἶδος 45
καὶ ὡς ποιητικὸν ἂν εἴη αἴτιον. λέγει γὰρ ἐν τοῖς Μετὰ τὰ φυσικά, ὅτι
τοῦτο τὸ κινούμενον ὑπ' αὐτοῦ, τοῦτο δέ ἐστι τὸ πέμπτον σῶμα, τὰ ἄλλα
κινεῖ τὰ ἐν γενέσει καὶ φθορᾷ. οὕτως μὲν οὖν ποιητικόν. καθόσον δὲ
πάντα τῇ τούτου ἐφέσει τῆς οἰκείας τελειότητος τυγχάνει, ὡς καὶ μικρῷ
πρόσθεν εἴρηται, καὶ καθόσον, ὡς αὐτὸς εἴρηκε πάλιν ἐν τοῖς Μετὰ τὰ φυ-
σικά, ,,κινεῖ δὲ ὡς ἐρώμενον,,, εἴη ἂν ὡς τὸ τέλος καὶ τὸ οὗ χάριν αἴτιον.
τοιοῦτον γὰρ τὸ ὀρεκτόν." ἰδοὺ σαφῶς καὶ κατά τι μὲν ὡς ποιητικὸν κατά 50
τι δὲ ὡς τελικὸν αἴτιον ὑπέθετο τὸν νοῦν, αὐτὸς παρέστησεν.

p. 192 b 2 Ὅτι μὲν οὖν εἰσὶν ἀρχαὶ καὶ τίνες καὶ πόσαι τὸν ἀριθμὸν
ἕως τοῦ τέλους.

Τὸ μὲν γὰρ εἶναι τῶν φυσικῶν ἀρχὰς ὡς ἐναργὲς ἔδοξε παραλαμβάνειν
φυλάττων τὰ προσήκοντα τῷ φυσικῷ μέτρα, τὸ δὲ τίνες καὶ πόσαι διορι-
σάμενος καὶ ὅτι εἰσὶν ἀρχαὶ παρέστησε μέχρι τούτων τὸ πρῶτον κατα- 55
κλείσας βιβλίον.

---

3 εἰς ἓν ἄγει om. F   5 ὅτι καὶ περὶ D   8 φιλοσόφου] γρ. φυσιολόγου mrg. F, qûi scilicet verba ὥσπερ — πρώτου φυσιολόγου (v. 9) omisit, eademque om. a   τὴν (post οὐδὲ) om. D   13 οὐρανοῦ aDE: om. F   οἶδεν ὁ aD   14 τοῦ παντὸς in lac. om. F   15 post μόνον add. τὸ D   18 εἴη ἂν E   Μετὰ τὰ φυσικὰ cf. v. 22   19 τῷ κινουμένῳ DE   20 δὲ (post καθόσον) om. D   21 καὶ (post ὡς) om. a μικροῦ D   22 Μετὰ τὰ φυσικὰ Λ 7 p. 1072 b 3 sqq.   23 ἐρώμενον in lac. om. F   24 καὶ] fortasse ὡς   25 τὸν νοῦν ὑπέθετο aF   26 τὸν ἀριθμὸν om. D   28 περι- λαμβάνειν F   29 τὰ τῷ φυσικῷ προσήκοντα aF   30 ἐνκαταχλείσας E   post βιβλίον addit τέλος σὺν θεῷ τοῦ α τῆς φυσικῆς ἀκροάσεως: σιμπλικίου rubr. F

ΣΙΜΠΛΙΚΙΟΥ ΦΙΛΟΣΟΦΟΥ ΕΙΣ ΤΟ B̄ ΤΗΣ ΑΡΙΣΤΟΤΕΛΟΥΣ ΦΥΣΙΚΗΣ ΑΚΡΟΑΣΕΩΣ ΥΠΟΜΝΗΜΑ Ο ΕΣΤΙ ΔΕΥΤΕΡΟΝ

Προθέμενος ἐν ταύτῃ τῇ πραγματείᾳ τὰς ἀρχὰς καὶ αἰτίας τῶν φύσει συνεστώτων παραδοῦναι, ἐπειδὴ τῶν ἀρχῶν αἱ μέν εἰσι στοιχειώδεις αἱ δὲ ποιητικαὶ αἱ δὲ τελικαί, πρῶται δὲ προσπίπτουσιν ἡμῖν αἱ στοιχειώδεις, διότι τὸ γνωστὸν πρὸς τὴν ζήτησιν τῶν ἑαυτοῦ αἰτίων ἀνερεθίζει τὸν γινώσκοντα ἐκ τῆς οἰκείας φύσεως καὶ τῆς οἰκείας συστάσεως, ἣν τὰ ἐνυπάρχοντα αὐτῷ στοιχεῖα συνίστησι, διὰ τοῦτο ἐν τῷ πρώτῳ βιβλίῳ μετὰ τὸ τὰς δόξας ἱστορῆσαί τε καὶ διαβασανίσαι τῶν φυσικῶν, τὰς στοιχειώδεις ἀρχὰς ἀνευρίσκει πρώτας δεικνὺς ἐκ τῶν ἐναντίων εἶναι τὰς γενέσεις, ὧν κοινότατον τό τε εἶδος καὶ ἡ στέρησις, καὶ ἔτι ἐκ τοῦ τοῖς ἐναντίοις ὑποκειμένου, καὶ δὴ καὶ περὶ τῆς ὕλης ὅτι τέ ἐστιν ἀποδείξας καὶ ὅτι ὑποκείμενον τοῖς ἐναντίοις καὶ ἐνυπάρχουσα τῷ συνθέτῳ καὶ τίνι τρόπῳ γνώσεως τῷ φυσικῷ ληπτὴ καὶ κατὰ τί διαφέρει τῆς στερήσεως καὶ ἔτι ὅτι ἀγένητος καὶ ἄφθαρτος, καὶ ὅσα ἄλλα τῶν τοῦ φυσικοῦ μέτρων ἦν περὶ αὐτῆς εἰπεῖν. ὁμοίως δὲ καὶ περὶ τῆς στερήσεως ὅτι τέ ἐστιν ἀποδείξας καὶ ὅτι ἀπουσία τοῦ εἴδους ἐν τῷ πεφυκότι καὶ ὅτι καθ' αὑτὸ μὲν μὴ ὄν, κατὰ συμβεβηκὸς δὲ ὄν, καὶ ὅτι οὐχ ὡς ἐνυπάρχον αἴτιόν ἐστιν αὕτη, ἀλλὰ κατὰ συμβεβηκός (τῷ γὰρ ἀπεῖναι), καὶ ὅτι γενητὴ καὶ φθαρτή· ταῦτα οὖν πάντα δείξας καὶ μέλλων ἀκολούθως καὶ περὶ τῆς κατὰ τὸ εἶδος ἀρχῆς λέγειν τῆς στοιχειώδους τὰ σύμμετρα τῷ φυσικῷ καὶ οὕτως ἐπὶ τὸ ποιητικὸν καὶ τελικὸν αἴτιον μεταβαίνειν, ἐπειδὴ τὸ εἶδος καὶ ὡς στοιχεῖον ἐνυπάρχει τῷ συνθέτῳ καὶ ὡς ποιητικὸν αἴτιον κατὰ τὴν φύσιν καὶ τὸν λόγον θεωρούμενον, εἰκότως καὶ περὶ τοῦ εἰδικοῦ καὶ περὶ τοῦ ποιητικοῦ αἰτίου διδάσκειν ὀφείλων περὶ τῆς

---

1 Inscribunt Σιμπλικίου φιλοσόφου εἰς τὸ βῆτα τῆς ἀριστοτέλους φυσικῆς ἀκροάσεως ὑπόμνημα E: item omissis φιλοσόφου et ἀριστοτέλους et ὑπόμνημα D: Σιμπλικίου μεγάλου φιλοσόφου ὑπόμνημα εἰς τὸν β̄ λόγον τῆς ἀριστοτέλους φυσικῆς ἀκροάσεως F: Σιμπλικίου ὑπόμνημα εἰς τὸ δεύτερον τῆς ἀριστοτέλους φυσικῆς ἀκροάσεως a cf. ad p. 1,1   7 τῆς οἰκείας (ante συστάσεως) om. aF   ἣν] οὗ F   9 βασανίσαι a   10 τε (post τό) om. F   12 καὶ ὅτι] καὶ ἔτι D   14 κατὰ τί DEF: ὅτι a   ἔτι om. D   `15 τῶν τοῦ φυσικοῦ μέτρων ἦν περὶ αὐτῆς εἰπεῖν DE: τῷ φυσικῷ σύμμετρον ἦν εἰπεῖν περὶ αὐτῆς aF   17 μὲν D: om. aEF   18 αὕτη] αὐτὴ D   22 supra στοιχεῖον scriptum ἤτοι ὡς εἶδος D   ὑπάρχει aF   23 τὴν om. aF

φύσεως ἐν ἀρχῇ διαλέγεται, ἣν καὶ ὡς εἶδος καὶ ὡς ποιοῦν αἴτιον οὖσαν 57r
ἀποδείξει. δεύτερον δὲ ἐπειδὴ οἱ μὲν τὴν ὕλην οἱ δὲ τὸ εἶδος ἔλεγον εἶναι
τὴν φύσιν καὶ κυριώτερον μᾶλλον λέγουσιν οἱ τὸ εἶδος λέγοντες, ἀναγκαίως
πρὸς τὴν τοῦ εἴδους ἀπὸ τῆς ὕλης διάκρισιν τὴν τῆς φύσεως θεωρίαν προ-
5 λαμβάνει. καὶ τρίτον εἰ ἡ μὲν ὕλη καὶ ἡ τοῖς φυσικοῖς καὶ ἡ τοῖς τεχνητοῖς 25
ὑποκειμένη τὴν αὐτὴν ἔχει θεωρίαν, τὸ δὲ εἶδος τὸ μὲν τεχνητὸν ἔξωθεν
ἔχει πᾶσαν τὴν τῆς κινήσεως ἀρχήν, τὸ δὲ φυσικὸν ἔνδοθεν, ἔδει τὸν μέλ-
λοντα περὶ φυσικοῦ λέγειν εἴδους τὰ φύσει τῶν μὴ φύσει πρῶτον διορίζειν.
καὶ ἄλλως δὲ οἰκεῖος ἦν ἐν τούτοις ὁ περὶ τῆς φύσεως λόγος. ἐν μὲν γὰρ
10 τῷ πρώτῳ βιβλίῳ κοινὰς ἀρχὰς πάσης ἐζήτει μεταβολῆς. διὸ καὶ τῶν
κατὰ τέχνην μεταβολῶν παραδείγματα παρελάμβανε τὸ μουσικὸν καὶ ἄμουσον
τιθείς, ἐντεῦθεν δὲ λοιπὸν τὰ φύσει πρὸς τὰ μὴ φύσει διορίσας, περὶ τῶν 30
φυσικῶν διαλέγεται τὰ τεχνικὰ παρείς. ἀναγκαίως οὖν περὶ φύσεως καὶ τῶν
φύσει καὶ τῶν κατὰ φύσιν ὄντων λέγει χωρίσας αὐτὰ πρῶτον τῶν μὴ
15 φύσει. καὶ γὰρ ἐν τῷ τέλει τοῦ πρώτου βιβλίου περὶ τῶν φυσικῶν καὶ
φθαρτῶν εἰδῶν ἐρεῖν ἐφεξῆς ἐπηγγείλατο. ὅλως δὲ τῷ περὶ τῶν φυσικῶν
πραγματευομένῳ ἀναγκαία ἡ γνῶσις τῆς τε φύσεως καὶ τοῦ φύσει καὶ κατὰ
φύσιν καὶ τοῦ φύσιν ἔχειν, τί τέ ἐστιν ἕκαστον αὐτῶν καὶ τί διαφέρουσιν
ἀλλήλων. τούτων δὲ πάντων ἡ τῆς φύσεως γνῶσις προηγεῖται. διὸ καὶ 35
20 περὶ πρώτης αὐτῆς διδάσκει τὸ μὲν εἰ ἔστιν οὐκ ἀξιῶν ζητεῖν διὰ τὸ ἐναργῆ
τὴν ὑπόστασιν αὐτῆς εἶναι, ὡς αὐτὸς μετὰ τὸ τί ἐστιν ἀπολογήσεται
πλείονα περὶ τούτου λέγων, τί δέ ἐστιν ἡ φύσις ἀποδείκνυσι καὶ τούτῳ τὸ
εἰ ἔστι συναποδείκνυται. καὶ ἐπειδὴ τῶν ὑπὸ φύσεως διοικουμένων ἐφά-
πτεται καὶ μαθηματικὸς καὶ ἰατρὸς καὶ ὁ οὕτως καλούμενος φυσικός, τὴν
25 τούτων πρὸς ἀλλήλους παρίστησι διαφοράν, μεταξὺ τὰ περὶ τῶν αἰτίων ἀνα-
καθαιρόμενος ποσαχῶς τε λέγεται καὶ καθ' ἕκαστον σημαινόμενον παρα- 40
δείγματα προστιθείς. ἐπειδὴ δέ τινες καὶ τὴν τύχην καὶ τὸ αὐτόματον
αἴτια λέγουσι, ὅσοι ἐκ τύχης καὶ ἐκ ταὐτομάτου γίνεσθαί τινά φασι, καὶ
οἷς ἀκολουθεῖ τοῦτο ἐξ ὧν λέγουσι, κἂν μὴ συναισθάνωνται τῆς ἀκολουθίας,
30 ὡς τοῖς δύο τὰς ἀνωτάτω ἀρχὰς ποιοῦσιν (εἴτε γὰρ θεὸν καὶ ὕλην λέγουσι,
πῶς συνέδραμε τὸ τὸν μὲν ποιεῖν, τὴν δὲ πάσχειν, μὴ ὄντος ἄλλου τινὸς
τῆς συνδρομῆς αἰτίου; ἐκ τύχης οὖν καὶ ἐκ ταὐτομάτου τὸ τοιοῦτον καὶ 45
οὐδὲ ἐπακολουθούντων ἀλλὰ προϋπαρχόντων τούτων· καὶ οἱ τὸ ἀγαθὸν δὲ
καὶ τὸ κακὸν ἀρχὰς λέγοντες τήν τε εἰς τὰ ἐναντία διάστασιν ἐκ τύχης
35 ἢ ἐκ ταὐτομάτου ἐροῦσι καὶ τὴν ἐξ ἀρχῆς αὐτοῖς τοῦ τόπου γενομένην
διανέμησιν), διὰ τοῦτο τοίνυν καὶ περὶ τύχης καὶ περὶ αὐτομάτου διαρθροῖ,

---

1 οὖσαν om. F   2 οἱ μὲν τὸ εἶδος οἱ δὲ τὴν ὕλην aF   5 εἰ om. a   καὶ ἡ τοῖς τεχνη-
τοῖς post ὕλη transp. a   8 διορίζει F¹   9 ἄλλως aF: ἄλλος DE   τῆς om. aF
γὰρ om. F   10 πάσας a   13 διαλέξεται D   οὖν DE: οὖν καὶ aF   16 τῶν
(ante φυσικῶν) om. aF   17 τε om. a   18 τοῦ φύσιν (ι ex ει corr.) E
20 ἄξιον F   ἐναργῆ] ἐν ἀρχῇ E   21 τὴν ὑπόστασιν iterat F   τί (post τὸ)
om. EF   22 τούτῳ] τοῦτο E¹   23 ἐπειδὴ] ἐπεὶ D   26 ποσαχῶς — σημαινόμενον
om. E   27 ἐξ αὐτομάτου aF   28 φησί E   32 οὖν om. E   33 οὐδὲ DE:
οὐδὲν aF   34 τὸ (post καὶ) om. aF   post διάστασιν add. καὶ a

φιλοκάλως ἐν τούτοις ἐπισκήπτων τοῖς πρὸ αὐτοῦ, διότι καὶ ὡς αἴτια ταῦτα 57ʳ
παραλαμβάνοντες οὐδὲν περὶ αὐτῶν εἶπον. σαφεστέρᾳ δὲ τῇ διδασκαλίᾳ ἐν
τούτῳ χρῆται τῷ βιβλίῳ κατά τε τὴν τάξιν τῶν προβλημάτων καὶ κατὰ 50
τὴν λέξιν εὐπαρακολουθήτως διαγινόμενος.

5 p. 192ᵇ8 Τῶν ὄντων τὰ μέν ἐστι φύσει, τὰ δὲ δι' ἄλλας αἰτίας
ἕως τοῦ καὶ τὰ τοιαῦτα φύσει φαμέν. |

Πρὸ τῶν ἄλλων ἁπάντων τί ποτέ ἐστιν ἡ φύσις ζητεῖ τε καὶ ἀπο- 57ᵛ
δείκνυσιν· οὔτε γὰρ τὸ φύσει οὔτε τὸ κατὰ φύσιν οὔτε ἄλλο τι τῶν φυσικῶν
καθὸ φυσικὰ γνῶναι δυνατὸν τῆς φύσεως ἀγνοουμένης. εὑρίσκει δὲ τί ποτέ
10 ἐστιν ἡ φύσις ἀπὸ τῆς διαφορᾶς τῶν φύσει πρὸς τὰ μὴ φύσει. φύσει
δὲ λέγει τὰ διὰ φύσιν ὑφεστῶτα, οὐ φύσει δὲ τὰ δι' ἄλλας αἰτίας, ἐπειδὴ
πολλὰ καὶ ἄλλα τῶν γινομένων ἐστὶν αἴτια. καὶ γὰρ νοῦς καὶ λόγος πρα- 5
κτικὸς ἢ ποιητικός, ὃς μετὰ μὲν ὀρέξεως προαίρεσις γινόμενος τὰ κατὰ ἀρε-
τὴν καὶ κακίαν ἀποδίδωσιν οἷον δικαίαν πρᾶξιν καὶ ἄδικον, χωρὶς δὲ ὀρέξεως
15 τὰ κατὰ τέχνην οἷον κλίνην οἰκίαν αὔλησιν. γίνεται δέ τινα καὶ διὰ τύχην
ὥσπερ θησαυροῦ περίπτωσις, καὶ ἐκ ταὐτομάτου ὡς τέρατος γένεσις ἢ λίθου
καταπτωσις εἰς καθέδρας θέσιν. λαβὼν οὖν ὡς ἐναργὲς τὸ γίνεσθαί τινα
καὶ δι' ἄλλας αἰτίας, τίνα ἐστὶ τὰ φύσει λοιπὸν ἐφεξῆς ἐπάγει, φύσει
λέγων εἶναι τά τε ζῷα καὶ τὰ φυτὰ καὶ τὰ τούτων μέρη καὶ τὰ 10
20 ἁπλᾶ τῶν σωμάτων. οὔτε γὰρ προαίρεσις τούτων αἰτία, εἴπερ ἀόριστος
μὲν ἡ προαίρεσις, ὡρισμένη δὲ ἡ τούτων γένεσις· οὔτε ἀπὸ τύχης ἢ ἐκ
ταὐτομάτου· τὰ γὰρ τοιαῦτα ἐπ' ἔλαττον, τὰ δὲ διὰ φύσιν ὡς ἐπὶ πλεῖστον·
οὔτε ἀπὸ τέχνης· τὰ γὰρ ἀπὸ τέχνης ἔξωθεν γίνεται, ταῦτα δὲ ἔνδοθεν.
δῆλον δὲ ὅτι πάντα ταῦτα φύσει λέγεται ὁμοίως, καθ' ὅσον ἔχει τι κοινόν.
25 οὔτε οὖν κατὰ τὴν αἴσθησιν (αὕτη γὰρ τῶν ζῴων ἰδία) οὔτε κατὰ τὸ τρέ-
φεσθαι καὶ αὔξεσθαι καὶ γεννᾶν ὅμοια, ἀλλὰ κατὰ τὰς φυσικὰς ἰδίως κα- 15
λουμένας κινήσεις τάς τε κατὰ τόπον χωρὶς ψυχικῆς ὁρμῆς γινομένας καὶ
τὰς κατὰ ἀλλοίωσιν καὶ γένεσιν καὶ φθορὰν καὶ αὔξησίν τινα καὶ μείωσιν.
εἰπὼν δὲ καὶ τὰ ζῷα, προσέθηκε καὶ τὰ τούτων μέρη, "διότι, φησὶν
30 Ἀλέξανδρος, τῶν φύσει ὄντων καὶ τὰ μέρη φύσει· τῶν μὲν γὰρ τεχνητῶν
τὰ μέρη οὐ πάντα τεχνητά (τῆς γὰρ οἰκίας οὔσης κατὰ τέχνην τὰ μὲν
τῶν μερῶν διὰ τέχνην ἐστί, τὰ δὲ διὰ φύσιν, πλίνθοι μὲν καὶ θύραι διὰ 20
τέχνην, λίθοι δὲ καὶ ξύλα φυσικά), τῶν δὲ φυσικῶν τὰ μέρη καὶ αὐτὰ διὰ
φύσιν εἰσί. καὶ τοῦτο εἰκότως· ταῖς μὲν γὰρ τέχναις ὑπόκειται τὰ φυσικὰ
35 σώματα (διὸ τῶν κατὰ τέχνην γινομένων καὶ ταῦτα μέρη), τοῖς δὲ φύσει
γινομένοις καὶ τὰ ὑποκείμενα φυσικά· διὸ καὶ τὰ τούτων μέρη φυσικὰ

---

3 τε] γε aF   5 ἐστι om. F   6 ἕως — φαμέν om. F   φαμὲν εἶναι D
12 πολλὰ καὶ ἄλλα EF: καὶ ἄλλα D: καὶ ἄλλα πολλὰ a   καὶ γὰρ καὶ E   14 ἀπο-
δίδωσιν] καὶ ἀπόδοσιν E   15 διὰ τέχνην ὥστε θησαυροῦ E   17 γενέσθαί E
19 εἶναι λέγων D   21 οὔτε οὐκ ἀπὸ E   27 post χωρὶς add. τῆς aF   28 post
γένεσιν add. τινα a   29 post φησὶν add. ὁ aF   32 μὲν γὰρ καὶ aF   33 καὶ
αὐτὰ om. F   34 εἰσί] ἐστί F   35 post διὸ add. καὶ D

πάντα". μήποτε δὲ ἐπιστῆσαι χρὴ τοῖς εἰρημένοις. καὶ γὰρ εἰ μὲν μέρη 57ʳ
λέγομεν τὰ κυρίως, καὶ τῶν τεχνητῶν τὰ μέρη τεχνητά ἐστι. καὶ γὰρ τοῦ
ἀνδριάντος ἡ κεφαλὴ καὶ οἱ πόδες τεχνητά ἐστι καὶ τοῦ οἴκου τὰ μέρη
ἀνδρῶνες καὶ γυναικωνίτιδες καὶ στοαί. εἰ δὲ μέρη καὶ τὰ στοιχεῖα κα- 25
5 λοῦμεν, οἷά ἐστι ξύλα καὶ λίθοι καὶ τὰ τοιαῦτα τῶν οἴκων, καὶ ἐπὶ τῶν
φυσικῶν τὰ πρῶτα στοιχεῖα οὐκ ἔστι φυσικά· οὐδὲ γὰρ ἡ ὕλη φυσικὴ καθ'
αὑτὴν ἀκίνητος οὖσα. ἀλλ' ἴσως ἔστι τις καὶ ἐν τούτοις διαφορά· καὶ γὰρ
ἐπὶ μὲν τῶν τεχνητῶν καὶ τὰ προσεχῆ στοιχεῖα φυσικά ἐστι καὶ οὐ τεχνητά
οἷον ἐπὶ ἀνδριάντος χαλκὸς καὶ ἐπὶ οἴκου ξύλα καὶ λίθοι, ἐπὶ δὲ τῶν φυ-
10 σικῶν εἰ καὶ τὸ ἔσχατον ὑποκείμενον μὴ ἔστι φυσικὸν οἷον ἡ ὕλη, ἀλλὰ τὰ
προσεχῆ φυσικά ἐστιν ὡς τὰ τέτταρα στοιχεῖα· καὶ εἴη ἄν τις οὕτως κατὰ 30
τοῦτο τῶν φύσει καὶ τῶν μὴ φύσει διαφορά.

Ἀλλὰ πῶς τὰ ζῷα καὶ τὰ φυτὰ φύσει καὶ διὰ φύσιν εἶναί φησιν ἔμ-
ψυχα ὄντα ταῦτα καὶ διὰ ψυχὴν ὄντα ἅπερ ἐστί; καὶ γὰρ τὸ ζῷον ὁρι-
15 ζόμενοι οὐσίαν ἔμψυχον αἰσθητικὴν αὐτό φαμεν, καὶ τὸ φυτὸν ὑπὸ τῆς
φυτικῆς ἐψύχωται ψυχῆς τῆς τρέφεσθαι καὶ αὔξεσθαι καὶ γεννᾶν ὅμοια
ποιούσης. καὶ τὸ θαυμαστὸν ὅτι προελθὼν ὀλίγον αὐτὸς ὁ Ἀριστοτέλης τὰ
κατὰ αὔξησιν καὶ φθίσιν ἤτοι μείωσιν κινούμενα ὡς φυσικὰ τοῦτο πάσχειν 35
φησὶ καίτοι ἐν τῇ Περὶ ψυχῆς τῇ φυτικῇ ψυχῇ προσήκειν λέγων τὸ τρέ-
20 φειν καὶ αὔξειν καὶ μειοῦν. καὶ ἔτι προελθὼν δὲ τὰ φυτευόμενα ξύλα βλα-
στάνειν διὰ τὴν φύσιν τὴν ἑαυτῶν φησι, καίτοι τῆς βλάστης καὶ πάσης
γεννήσεως διὰ ψυχὴν ὑπαρχούσης. καὶ ὁ ἀποδοθεὶς τῆς ψυχῆς ὁρισμὸς ὁ
λέγων αὐτὴν "ἐντελέχειαν εἶναι σώματος φυσικοῦ ὀργανικοῦ δυνάμει ζωὴν
ἔχοντος" καὶ τοῖς φυτοῖς ἁρμόττει καὶ τοῖς ζῴοις, οὐκέτι δὲ τοῖς ἁπλοῖς
25 τῶν σωμάτων οἷον γῇ καὶ πυρὶ καὶ τοῖς λοιποῖς· οὐ γάρ ἐστιν ὀργανικὰ 40
ταῦτα. πῶς οὖν ἐνταῦθα βουλόμενος τὴν διαφορὰν εὑρεῖν τῶν φύσει πρὸς
τὰ μὴ φύσει, ὡς ταύτης οὔσης τῆς φύσεως, τὰ ζῷα καὶ τὰ φυτὰ ὡς φύσει
ὄντα παραλαμβάνει καίτοι κατὰ ψυχὴν χαρακτηριζόμενα; μήποτε οὖν φυσικὰ
μὲν μόνα τὰ ἁπλᾶ τῶν σωμάτων ἐστί, κἂν ἔχῃ δὲ καὶ ψυχὴν τὰ ζῷα καὶ
30 τὰ φυτὰ τὰ μὲν φυτικὴν τὰ δὲ ὀρεκτικήν, ἀλλὰ καὶ φύσιν ἔχει τὴν ἐν-
ταῦθα ζητουμένην, ἣν καὶ τὰ ἁπλᾶ τῶν σωμάτων ἔχει. καὶ γὰρ τὰ τε-
λειότερα τῶν σωμάτων τελειοτέρας ἔχοντα ζωὰς καὶ τὰς καταδεεστέρας ἔχει 45
(οἷον ἄνθρωπος μὲν καὶ λογικὴν καὶ ὀρεκτικὴν καὶ φυτικὴν καὶ τὴν ἐνταῦθα

---

3 ἐστι om. aF   τοῦ οἴκου om. aF   post τὰ μέρη add. τῆς οἰκίας a   6 οὐ-
δὲν E   8. 9 τεχνικά, οἷον DE: τεχνητά (om. οἷον) aF   9 οἰκίας aF   10 καὶ
τό] κἂν E   11 φυσικὰ προσεχῇ E $\overset{\beta}{}\overset{a}{}$ ἐστιν in lit. E   13 ἄψυχα E¹   15 post
αἰσθητικὴν add. τὸ aF   16 ἐψύχωται EF: ἐμψύχωται aD   ψυχῆς F   τῆς τε F
19 φησί] δοκεῖ F qui καίτοι — ἑαυτῶν φησι primo omiserat   Περὶ ψυχῆς significat
fortasse B 4 p. 416 a 8 sqq.   φυσικῇ E   τρέφειν] γράφειν D   20 δὲ προελθὼν
collocat a   21 φησί p. 193 b 9 sqq.   23 λέγων cf. p. 263, 5   φυσικοῦ] ψυχοῦ
sic E   25 καὶ (post γῇ) om. aF   27 τὰ φυτὰ καὶ τὰ ζῷα E   28 παραλαμ-
βάνοι a   29 καὶ (post δὲ) om. a   30 τὰ μὲν (τὰ δὲ F¹) φυτικὴν τὰ δὲ ὀρεκτικὴν
aF   31 ἣν aF: om. DE

SIMPLICII IN PHYSICORUM II 1 [Arist. p. 192 b 8]

ζητουμένην φύσιν), τὸ δὲ ἄλογον ζῷον πλὴν τῆς λογικῆς τὰς λοιπὰς καὶ 57ᵛ
τὸ φυτὸν τὴν φυτικὴν καὶ τὴν φύσιν, τὰ δὲ ἁπλᾶ τῶν σωμάτων καὶ τὰ
σύνθετα ἐκ τούτων, ὡς σώματα μόνον σύνθετα οἷον λίθοι καὶ ξύλα καὶ ὀστᾶ
καὶ ὅλως τὰ νεκρὰ σώματα τὴν φύσιν μόνην ὅτι ποτέ ἐστιν ἡ φύσις. καὶ
5 τοῦτο ἀναγκαίως· εἴπερ ἡ ψυχὴ φυσικῷ σώματι ἐπιγίνεται ἐντελέχεια οὖσα 50
σώματος φυσικοῦ ὀργανικοῦ, ὡς αὐτὸς ἐν τῇ Περὶ ψυχῆς ὡρίσατο. ἔτι δὲ
εἰ ἡ φύσις τοῖς ἁπλοῖς ὑπάρχει τῶν σωμάτων, οὐ καθὸ ὀργανικὰ ἀλλὰ
καθὸ σύνθετα ἐξ ὕλης καὶ εἴδους, ταῦτα δὲ καὶ τοῖς φυτοῖς ὑπάρχει καὶ
τοῖς ζῴοις, εἴπερ καὶ ταῦτα ἐκ τῶν τεττάρων σύγκειται στοιχείων, δῆλον
10 ὅτι καὶ τὰ τῶν ζῴων καὶ τὰ τῶν φυτῶν σώματα πρὸ τοῦ ζῴων καὶ φυτῶν
εἶναι φυσικὰ πάντως ἐστί. καὶ διὰ τοῦτο ἴσως καὶ τὰ μέρη αὐτῶν προσέ-
θηκε· τὸ γὰρ ὀστοῦν καὶ τὸ ξύλον ὄρεξιν μὲν ἢ φυτι|κὴν ψυχὴν οὐκέτι 58ʳ
ἔχει, φύσιν δὲ ἔχει. καὶ τὴν διαφορὰν οὖν αὐτῶν τὴν πρὸς τὰ τεχνητὰ
ἐνεδείξατο καὶ παρέλαβεν αὐτὰ καθὸ φυσικά, τὴν δὲ αὔξησιν προσεῖναι τοῖς
15 φυσικοῖς εἶπεν ἢ ὡς οὔπω διορισθεῖσαν τίνων οἰκεία ἐστὶν ἢ ὡς καὶ τῶν
κυρίως φυσικῶν τισιν ὥσπερ τῷ πυρὶ συγχωρουμένην ὑπάρχειν ὑπό τινων,
νῦν παρέλαβεν ὡς φυσικήν.

Καὶ ὅτι τὰ ζῷα καὶ τὰ φυτὰ οὐ καθὸ ζῷα καὶ φυτὰ παρέλαβεν ἐν 5
τούτοις ὁ Ἀριστοτέλης ὡς φύσει ὄντα, ἀλλὰ καθὸ καὶ αὐτὰ φυσικά, δηλοῖ
20 καὶ Εὔδημος ἐν τῷ πρώτῳ τῶν Φυσικῶν τάδε γράφων· "ἐπεὶ δὲ λέγομεν
πολλὰ φύσει εἶναι (καὶ γὰρ ἵππον καὶ ἄνθρωπον καὶ πᾶν ζῷον καὶ τὰ
τούτων μόρια ἔτι δὲ ἐλαίαν καὶ πᾶν φυτὸν καὶ τὰ μόρια αὐτῶν, καὶ πόαν
καὶ ὅλως τὰ φυόμενα, ἔτι δὲ γῆν καὶ πῦρ καὶ πολλὰ τῶν ἀψύχων), τί πᾶσι
τούτοις ὑπάρχει; ἡ μὲν γὰρ αἴσθησις ἴδιός ἐστι τῶν ζῴων καὶ πολλὰ ἕτερα,
25 ἡ δὲ αὔξησις τῶν ζωτικῶν, κινεῖται δὲ πάντα ὡς εἰπεῖν (καὶ γὰρ ξύλον καὶ 10
χαλκὸς καὶ πῦρ καὶ ὅλως πᾶν σῶμα), οὐχ ὁμοίως δὲ πάσας τὰς κινήσεις·
οἷον ὁ λίθος καὶ πάντα ὅσα βάρος ἔχει ἄνω μὲν καὶ εἰς τὸ πλάγιον ὑφ'
ἑτέρου, κάτω δὲ ὑφ' ἑαυτοῦ, τὸ δὲ πῦρ κάτω μὲν ὑφ' ἑτέρου, ἄνω δὲ καθ'
αὐτό. καὶ τὸ μὲν ξύλον καθ' αὑτὸ κινεῖται κάτω, ἡ δὲ κλίνη ᾗ ξυλίνη,
30 οὐχ ᾗ κλίνη. πτερίνη γὰρ γενομένη οὐκ οἰσθήσεται κάτω." εἰ δὴ τὰ μὲν
τεχνητὰ οὐ κινεῖται καθ' αὑτά, ἀλλ' ᾗ ἐκ τοιούτων ἐστί, τὰ δὲ φυσικά,
ταῦτα δὲ τὰς μὲν ὑφ' ἑτέρου τῶν κινήσεων κινεῖται, τὰς δὲ καθ' αὑτά, 15
καὶ τὰς μὲν ὑφ' ἑτέρου παρὰ φύσιν φαμὲν αὐτοῖς εἶναι, τὰς δὲ ὑφ' αὑτῶν
κατὰ φύσιν, τὸ δὲ κινεῖσθαι κατὰ φύσιν αὐτοῖς ἂν εἴη μὴ οὐκ ἔξωθεν τοῦ

---

3 καὶ (post λίθοι) om. D   4 νεκρὰ σώματα D (cf. f. 63 ᵛ 26): νεκρώματα aEF
ἐστι φύσις D   6 Περὶ ψυχῆς B 1 p. 412 ᵃ 27. ᵇ 5   9 τῶν (post ἐκ) om. D
10 τὰ (ante τῶν φυτῶν) om. aF   12 ὀστοῦν μὲν F   ψυχὴν om. E   15 εἶπεν]
fortasse εἰπὼν   18 τὰ (ante φυτά) om. aF   20 Φυσικῶν fr. 18 p. 30, 19 Sp.
21 καὶ γὰρ καὶ E   28 αὐτοῦ E   29 αὐτὸ E: αὐτὸ D: ἑαυτοῦ aF   30 ᾗ ξυλίνη
D: ἡ ξυλίνη aEF   πτερίνη aF: πετρίνη E: πτερωτὴ D   γινομένη aF   εἰ δὴ
κτλ. Eudemo continuat a, Simplicio vindicant Victorius et Spengel   31 ᾗ om. F
τοιούτων DEF: τούτων a   post φυσικά intercidisse puto ἢ φυσικά   32 ἑαυτά aF
34 δὲ (post τὸ) DEF: δὴ a

αἰτίου ὄντος ἀλλ' ἐν αὐτοῖς, ἆρα οὖν τὴν τοιαύτην ἀρχὴν τῆς κινήσεως 58ʳ
φατέον τὴν φύσιν εἶναι, ἐπειδὴ πᾶσι τοῖς κατὰ φύσιν ὑπάρχουσα τυγχάνει;
εἰ δὲ οὕτως, ἡ φύσις γίνεται ἀρχὴ κινήσεως ἐν αὐτοῖς καὶ καθ' αὐτά.

p. 192b12 **Πάντα δὲ ταῦτα φαίνεται διαφέροντα πρὸς τὰ μὴ φύσει
συνεστῶτα ἕως τοῦ τὰ δὲ κατ' ἀλλοίωσιν.**

Προθέμενος εὑρεῖν, τί ποτέ ἐστιν ἡ φύσις, πάνυ ἐμμεθόδως τὴν δια- 22
φορὰν εὑρὼν τῶν φύσει ὄντων πρὸς τὰ μὴ φύσει ἀλλὰ διά τινας ἄλλας
αἰτίας, ταύτην εἶναι τὴν φύσιν συλλογίζεται. διαφέρει δὲ τὰ φύσει τῶν μὴ
φύσει οὐδενὶ ἄλλῳ ἢ τῷ ἐξ αὐτῶν ἀρχὴν ἔχειν κινήσεως καὶ στάσεως.
ἀρχὴν δὲ τὴν ὡς ποιητικὴν αἰτίαν λέγει. ὥσπερ δὲ ἔνδοθεν ἐξ ἑαυτῶν 25
κινούμενα φαίνεται τὰ φυσικὰ τὰ μὲν κατὰ τόπον (οἷον ἡ γῆ ἐπὶ τὸ κάτω
καὶ ἐπὶ τὸ ἄνω τὸ πῦρ) τὰ δὲ κατὰ αὔξησιν καὶ φθίσιν (ὡς αὐτὸ τὸ
πῦρ καὶ εἴ τινες πέτραι ἱστοροῦνται καθ' ὅλον τὸν ὄγκον ἐπιδιδοῦσαι ἢ
μειούμεναι, τοῦτο γάρ ἐστιν αὔξησις καὶ φθίσις), τὰ δὲ κατὰ ἀλλοίωσιν
(ὡς τὸ θερμαινόμενον καὶ λεπτυνόμενον ὕδωρ), οὕτως δὲ καὶ στάσιν τῆς
τοιαύτης κινήσεως ἔνδοθεν ἔχουσιν. οὔτε γὰρ ἔξωθεν οὔτ' ἐπ' ἄπειρον ἡ
κίνησις ἢ ἡ στάσις, ἀλλὰ πρὸς τὸ μέτρον τοῦ οἰκείου εἴδους προελθόντα 30
ἵσταται. ἐφιστάνει δὲ ὁ Ἀλέξανδρος, ὅτι "τούτων ἕκαστον εἶπεν ἐν ἑαυ-
τῷ ἔχειν ἀρχὴν κινήσεως καὶ στάσεως, ἃ προείρηκε, τουτέστι τὰ
ζῷα καὶ τὰ φυτὰ καὶ τὰ ἁπλᾶ τῶν σωμάτων, ἀλλ' οὐχὶ πάντα τὰ φυσικά·
καὶ γὰρ τὸ κυκλοφορητικὸν σῶμα φυσικὸν καὶ αὐτὸ ὂν κινήσεως μὲν ἀρχὴν
ἔχει ἐν ἑαυτῷ, στάσεως δὲ οὐκ ἔχει ἀπαύστως κινούμενον." μήποτε δὲ
καὶ τὰ οὐράνια, κἂν μὴ μεταβάλλῃ ἀπὸ κινήσεως εἰς στάσιν, ἀλλ' ὅμως
ἔχει στάσιν καὶ αὐτὰ κατὰ τὸ κέντρον κατὰ τὸν ἄξονα κατὰ τοὺς πόλους 35
κατὰ τὴν ὁλότητα. καὶ εἴπερ ἡ κίνησις αὐτῶν φυσική, καὶ ἡ στάσις ἂν
εἴη τοιαύτη. ἀλλ' οὐ πᾶσα στάσις ἠρεμία ἐστίν, ἀλλ' ἡ μετὰ κίνησιν.
κάλλιον οὖν ὁ Πορφύριος ἐφιστάνει "μήποτε ἐν τῷ „ἀρχῆς τινος καὶ αἰτίας
τοῦ κινεῖσθαι καὶ ἠρεμεῖν„ τὸ „καί„ ἀντὶ τοῦ „ἤ„ παρείληπται διὰ τὸ
τινὰ τῶν φύσει κινεῖσθαι μὲν ἀεί, μηδέποτε δὲ ἠρεμεῖν. καὶ οὐ λέγω, φησί,
τὸ θεῖον σῶμα (ἐξῄρηται γὰρ τῶν γενητῶν), ἀλλὰ τὸ πῦρ οὐδέποτε ἠρεμεῖ·
ἢ γὰρ ἐπὶ τὸ ἄνω κάτω ἢ κύκλῳ κινεῖται. τινὰ δὲ τοῦ συναμφοτέρου τὴν 40
φύσιν ἔχει." τὰ τοίνυν φυσικὰ ἔνδον ἔχει ἐν ἑαυτοῖς τὴν αἰτίαν τῆς κινή-
σεως καὶ στάσεως καὶ οὐκ ἔξωθεν ὥσπερ τὰ τεχνητὰ καὶ τὰ δι' ἄλλας

---

3 καί (ante καθ') om. E   4 ταῦτα DEF (cf. p. 266, 24): τὰ ῥηθέντα ex Arist. a   φαίνεται
corr. ex γίνεται E¹   5 ἕως κτλ. om. F   7 μὴ DFE²: καὶ aE¹   9 ἑαυτῶν F
ἔχειν ἀρχὴν aD   11 γῆ ἐπὶ τὸ ἄνω καὶ ἐπὶ τὸ κάτω F   12 τὸ (ante πῦρ) om. D
τὰ δὲ — τὸ πῦρ (13) om. E   13 εἴ τινες EF: οἵτινες D: τινες a   15 τὸ λεπτυνόμενον
καὶ θερμαινόμενον a: τὸ λεπτυνόμενον καὶ λεπτυνόμενον καὶ θερμαινόμενον F   τῆς τῆς
τοιαύτης F   18 ἐν ἑαυτῷ aF: ἐν αὐτοῖς DE   21 κυφορητικὸν E¹   23 μεταβάλλει F
25 ἡ (post καὶ) om. aF   26 στάσις] στέρησις F   27 ἀρχῆς—ἠρεμεῖν Arist. p. 192b21
28 τὸ (ante καί) aD: ὁ EF   31 ἢ ἐπὶ τὸ κάτω aF   33 καὶ τῆς στάσεως a

αἰτίας γινόμενα. ὅταν δὲ λέγῃ ὁ Ἀλέξανδρος, ὅτι τὰ μὲν ἁπλᾶ τῶν σω- 58r
μάτων μόνης τῆς κατὰ τόπον κινήσεως ἴσως ἂν ἐν αὑτοῖς τὴν ἀρχὴν ἔχοι,
τὰ δὲ ζῷα πασῶν, τὰ δὲ φυτὰ παρὰ τὴν κατὰ τόπον τῶν ἄλλων, ἀξιώσομεν
αὐτὸν ἢ μὴ τὴν ζῴων ὡς ζῴων μηδὲ τὴν φυτῶν ὡς φυτῶν κίνησιν ἐνταῦθα
5 παραλαμβάνειν ἀλλὰ τὴν ὡς φυσικῶν σωμάτων, ἢ ὡς ὁλοσχερῶς τούτων 45
εἰρημένων ἐκδέχεσθαι.

p. 192b15   Κλίνη δὲ καὶ ἱμάτιον καὶ εἴ τι τοιοῦτον ἄλλο γένος
ἕως τοῦ ὅσα κατὰ συμ|βεβηκὸς αἴτια γένοιτο ἂν ἑαυτοῖς.   58v

Ὑποδείξας ἐκ τῶν ἐναργῶς φαινομένων, ὅτι τὰ φυσικὰ ἀρχὴν ἔχει ἐν
10 ἑαυτοῖς κινήσεως καὶ στάσεως, τῇ παραθέσει τῶν μὴ φύσει δείκνυσιν ὅτι
καὶ ἴδιον τοῦτό ἐστι τῶν φύσει ·συνεστώτων. καὶ τὰ μὴ φύσει γάρ, κα-
θόσον μὲν ταῦτα λέγεται, ἅπερ ἐστὶ κατὰ τέχνην οἷον κλίνη ἢ ἱμάτιον
(τοῦτο γάρ ἐστι τὸ καθόσον τετύχηκε τῆς κατηγορίας) οὐδεμίαν 5
ἀφ' ἑαυτῶν ὁρμὴν εἰς μεταβολὴν ἔχει· ὁρμὴν δὲ κυρίως τὴν ἔνδοθεν
15 ἀρχὴν ἐκάλεσε τῆς κινήσεως. τινὲς δὲ ἀντὶ τοῦ ὁρμὴν ἀρχὴν γράφουσι·
τὰ γὰρ φυσικὰ τὴν αἰτίαν τῆς κινήσεως ἐν ἑαυτοῖς ἔχει, τὰ δὲ τεχνητὰ
ἔξωθεν. οὐ γὰρ ἐν ἑαυτοῖς ὁ τεχνίτης οὐδὲ ἡ τέχνη. φέρεται μὲν γὰρ
ἐπὶ τὸ κάτω ἡ βῶλος οὐκ ἔξωθεν κινουμένη, σχηματίζεται δὲ ἡ κλίνη
ἔξωθεν. καὶ ἡ στάσις δὲ ὁμοίως τῇ μὲν βώλῳ καταλαβούσῃ τὴν ἑαυτῆς
20 ὁλότητα ἔνδοθεν, τῷ δὲ σχηματισμῷ τῆς κλίνης ἔξωθεν ἀπὸ τοῦ τεχνίτου. 10
καὶ ἐν τοῖς κατὰ φύσιν γὰρ καὶ ἐν τοῖς κατὰ τέχνην, ὅθεν ἡ κίνησις, ἐκεῖθεν
καὶ ἡ στάσις. καὶ γὰρ τὰ κατὰ τόπον φυσικῶς κινούμενα καὶ τὰ κατὰ
αὔξησιν καὶ κατὰ ἀλλοίωσιν, τὰ μὲν εἰς τὸν οἰκεῖον τόπον ἐλθόντα, τὰ δὲ
εἰς τὸ οἰκεῖον μέγεθος, τὰ δὲ εἰς τὸ οἰκεῖον εἶδος ἵσταται φυσικῶς. καὶ
25 οὔτε ἐπ' ἄπειρον μεταβάλλει οὔτε ἔξωθεν αὐτοῖς ἡ τῆς στάσεως αἰτία, ἀλλ'
ἀφ' ἑαυτῶν. ἡ μέντοι κλίνη καὶ τὸ ἱμάτιον καὶ ὅλως τὰ τεχνητά, καθόσον
μὲν τεχνητά, ἔξωθεν ἔχει καὶ τὴν τῆς κινήσεως καὶ τὴν τῆς στάσεως ἀρχήν, 15
καθόσον μέντοι καὶ τούτων ἑκάστῳ τὸ ὑποκείμενον σῶμα φυσικόν ἐστιν ἢ
ξύλον ἢ ἔριον ἤ τι ἄλλο σῶμα ἁπλοῦν ἢ μικτόν, κατὰ τοσοῦτον καὶ ταῦτα
30 ἐν ἑαυτοῖς ἔχει τήν τε τῆς κινήσεως καὶ τὴν τῆς στάσεως ἀρχήν. εἰ οὖν
καὶ τὰ φυσικὰ πάντα ἐν ἑαυτοῖς ἔχει τοῦτο καὶ τὰ τεχνητὰ καθὸ μὲν τε-

---

2 ἐν αὑτοῖς DEF: ἐν ἑαυτοῖς a   3 ante τόπον add. τὸν D   4 αὐτὸν om. D
ἢ μηδὲ D   τῶν inter τὴν et ζῴων habet a   τὴν φυτῶν DF: τῶν φυτῶν E: τὴν τῶν
φυτῶν a   5 ὡς (post ἢ) om. aF   6 ἐνδέχεσθαι E   8 ἕως τοῦ κτλ. om. F
9 ἔχει ἐν ἑαυτοῖς E: ἐν (ἐν om. F) ἑαυτοῖς ἔχει aF: ἔχει post στάσεως traiecit D   11 ἐστὶ
τοῦτο aF   12 μὲν DE: καὶ a et superscr. F   13 καθόσον] ᾗ μὲν Arist.   τέτυχε
E   16 ἑαυτοῖς aE: αὑτοῖς D: ἑαυτῆς F   17 ἑαυτοῖς aD: αὑτοῖς EF   τέχνην E
                                                                      λ β
19 καταβαλούσῃ E   25 ante ἐπ' addunt εἰς a et F²   26. 27 καθόσον μὲν τεχνη-
τὰ om., sed καθόσον τεχνητά in mrg. supplevit D   28 ἐστιν om. aF   29 ἁπλοῦν
DE: ἁπλῶς F: ἁπλῷ a   30 τὴν (post καὶ) om. DE   31 καὶ τὰ τεχνητὰ DE; om.
F: τὰ δὲ τεχνητὰ a   post μὲν add. τὰ E

χνητὰ οὐκ ἔχει, καθὸ δὲ φυσικὰ καὶ ταῦτα ἔχει, ἴδιον ἂν εἴη τοῦτο τῶν 58ᵛ
φυσικῶν καθὸ φυσικὰ τὸ ἔχειν ἐν ἑαυτοῖς ἀρχὴν κινήσεως. ὥστε ἐκ τού-
των δῆλον, ὅτι ἡ φύσις οὐδὲν ἄλλο ἐστὶν ἢ ἀρχὴ κινήσεως καὶ ἠρεμίας 20
ἐν ᾧ ἐστι πρώτῳ καθ' αὑτὸ καὶ μὴ κατὰ συμβεβηκός.

5   Καὶ ἔοικεν ἐν πρώτῳ σχήματι τοῦτο συνῆχθαι συλλογιστικῶς οὕτως·
φύσις ἐστὶν ᾧ διαφέρει τὰ φύσει τῶν μὴ φύσει· διαφέρει τὰ φύσει τῶν
μὴ φύσει τῷ ἀρχὴν καὶ αἰτίαν κινήσεως καὶ ἠρεμίας ἐνυπάρχουσαν ἔχειν
πρώτως καθ' αὑτὸ καὶ μὴ κατὰ συμβεβηκός· φύσις ἄρα ἐστὶν ἀρχὴ κινή-
σεως καὶ ἠρεμίας, ἐν ᾧ ἐστι πρώτως καθ' αὑτὸ καὶ μὴ κατὰ συμβεβηκός.
10 δύναται δὲ καὶ ἐν τρίτῳ σχήματι ἠρωτῆσθαι οὕτως· τὰ φύσει τῶν μὴ φύσει 25
διαφέρει τῷ φύσιν ἔχειν· τὰ φύσει τῶν μὴ φύσει διαφέρει τῷ ἀρχὴν κι-
νήσεως ἐν αὑτοῖς καὶ στάσεως ἔχειν καθ' αὑτὸ καὶ μὴ κατὰ συμβεβηκός·
τὰ ἄρα φύσιν ἔχοντα ἀρχὴν ἔχει κινήσεως καὶ τὰ ἑξῆς. ἡ φύσις ἄρα
ἀρχὴ κινήσεώς ἐστι καθ' αὑτὸ καὶ μὴ κατὰ συμβεβηκός. καὶ ἔστιν ὅμοιος
15 τούτῳ ὁ συλλογισμός· πᾶν γελαστικὸν ἄνθρωπός ἐστι· πᾶν γελαστικὸν ζῷον
λογικὸν θνητόν ἐστι· καὶ συνάγεται τὸ πάντα ἄνθρωπον ζῷον λογικὸν
θνητὸν εἶναι διὰ τὴν ὕλην ἔχον τὸ καθόλου, κἂν τὸ σχῆμα μερικῶν ἐστι 30
συμπερασμάτων συναγωγόν. αἱ γὰρ τὰ ἴδια καὶ τοὺς ὁρισμοὺς κατηγορού-
μεναι ἔχουσαι προτάσεις καθόλου οὖσαι καταφατικαὶ ἀντιστρέφουσι διὰ τὴν
20 τῆς ὕλης ἰδιότητα καθόλου. διόπερ ἐν τῷ τρίτῳ σχήματι κἂν παρὰ τοῦ
σχήματος ἔχωσι τὸ συνάγειν τὸ ἐπὶ μέρους διὰ τὴν ὕλην ὅμως καὶ τὸ
καθόλου ἀληθὲς ἔσται, ὡς εἶπεν αὐτὸς ἐν τοῖς Ἀναλυτικοῖς. εἴη δὲ ἂν ἡ
πρότασις ἡ λέγουσα 'τὰ φύσει τῶν μὴ φύσει διαφέρει ἀρχῇ καὶ αἰτίᾳ κι-
νήσεως καὶ ἠρεμίας' δι' ἐκείνων δηλουμένη τῶν ῥητῶν "πάντα δὲ ταῦτα 35
25 φαίνεται διαφέροντα πρὸς τὰ μὴ φύσει συνεστῶτα" καὶ τῶν ἑξῆς. "δύ-
ναται δέ, ὡς καὶ ὁ Ἀλέξανδρός φησι, καὶ ὑποθετικῶς ὁ λόγος ἠρωτῆσθαι
ἐξ ἀκολουθίας ὢν κατασκευαστικὸς οὕτως· εἰ τὰ φύσει καὶ φύσιν ἔχοντα
διαφέρει τῶν μὴ φύσει τῷ ἀρχὴν καὶ αἰτίαν κινήσεως ἐν ἑαυτοῖς ἔχειν
καθ' αὑτὰ καὶ μὴ κατὰ συμβεβηκός, ἡ φύσις ἂν εἴη ἀρχὴ κινήσεως, ἐν
30 οἷς ἐστι καθ' αὑτὸ καὶ οὐ κατὰ συμβεβηκός, τὸ δὲ πρῶτον, τὸ ἄρα δεύ-
τερον. ὅτι δὲ τούτῳ διαφέρει τὰ φύσιν ἔχοντα τῶν μὴ ἐχόντων, ἐπιστώ- 40
σατο διὰ τῆς ἐπαγωγῆς τὰ τεχνητὰ παραθέμενος."

Πάνυ δὲ ἀναγκαίως πρόσκειται τὸ ἐν ᾧ ὑπάρχει πρώτως καθ'

---

2 ἀρχὴν τῆς κινήσεως E   4 πρώτῳ DE: πρω F: πρώτως recte a. sed promiscue ut
Themistius utraque forma utitur   6 διαφέρει τὰ φύσει τῶν μὴ φύσει alterum om. E¹F¹
διαφέρει alterum post μὴ φύσει traicit a   post διαφέρει alterum add. δὲ E²
8 καθ' αὑτὸ] desideres καθ' αὑτὰ ut v. 29, sed neglegentior etiam in proximis est usus
cf. p. 271, 2. 267, 11   ἐν ᾧ ἐστι πρώτως iteravit F   11 τῷ φύσιν ἔχειν — διαφέρει
om. E   12 ἑαυτοῖς aE   ἔχει E   καθ' αὑτὸ καὶ om. aF   14 μὴ] οὐ E
18 post γὰρ litura deletum quid D   post καὶ add. αἱ aE   22 αὐτὸς om. aF
Ἀναλυτικοῖς nescio ubi   23 ἡ (ante λέγουσα) om. F   διαφέρει D: διαφέρειν
aEF   αἰτίαν E   24 ῥητῶν p. 192ᵇ12   ταῦτα DEF: τὰ ῥηθέντα a
25 τῶν DE: τὰ aF   26 ὡς καὶ ὁ D: ὡς καὶ E: καὶ ὡς ὁ F: καὶ ὡς a   ὑπο-
θετικὸς E   29 αὐτὰ DE: ἑαυτὸ F: αὑτὰ a   30 οὐ DEF: μὴ a   31 τούτῳ]
τοῦτο F   33 πρώτῳ DEF: πρώτως a

αὐτὸ καὶ μὴ κατὰ συμβεβηκός. καὶ γὰρ καὶ ἡ κλίνη ἀρχὴν ἔχει 58ᵛ
κινήσεως καὶ ἠρεμίας ἐν ἑαυτῇ· ἀφεθεῖσα γοῦν ἐπὶ τὸ κάτω φέρεται, καὶ
ὅμως οὐ λέγεται φυσικὴ οὐδὲ φύσιν ἔχειν ὡς κλίνη, διότι ἡ ἀρχὴ τῆς
κινήσεως οὐ τῇ κλίνῃ πρώτως ὑπάρχει, ἀλλὰ τῷ ξύλῳ, δι' ἐκεῖνο δὲ καὶ
5 τῇ κλίνῃ. ἀναγκαία οὖν ἡ τοῦ πρώτως προσθήκη. καὶ τὸ καθ' αὑτὸ 45
δὲ καὶ μὴ κατὰ συμβεβηκὸς ὅτι ἀναγκαίως παρείληπται, αὐτὸς ὁ Ἀρι-
στοτέλης ἐξηγήσατο. δεῖ γάρ, εἰ μέλλοι φυσικὸν εἶναι καθὸ ἐστί, κατὰ
τοῦτο ἐν ἑαυτῷ ἔχειν τὴν ἀρχὴν τῆς κινήσεως, οἷον ἡ γῆ καθὸ γῆ ἐστιν
ἀρχὴν ἔχουσα τῆς ἐπὶ τὸ κάτω φορᾶς φύσιν ἔχειν λέγεται. εἰ μέντοι τις
10 νοσῶν ἰατρὸς ἑαυτὸν ὑγιάζοι, ὑγιάζεται μὲν ἐξ ἑαυτοῦ (ἐν ἑαυτῷ γὰρ ἔχει
τὴν τῆς κινήσεως ἀρχήν), οὐ καθ' αὑτὸ δὲ ἀλλὰ κατὰ συμβεβηκός· οὐ
γὰρ ᾗ ἰατρὸς ὑγιάζεται ὑφ' ἑαυτοῦ ὁ ἰατρός, ἀλλ' ᾗ νοσῶν. ὑγιάζει μὲν 50
γὰρ καθὸ ἰατρός, ὑγιάζεται δὲ καθὸ νοσεῖ. ἄλλο δὲ τὸ ἰατρῷ καὶ ἄλλο
τὸ νοσοῦντι εἶναι. διὸ καὶ χωρίζεται ἀλλήλων. οὔτε γὰρ πᾶς ἰατρὸς
15 νοσεῖ οὔτε πᾶς νοσῶν ἰατρός ἐστιν, ὥστε ὁ ὑφ' ἑαυτοῦ ὑγιαζόμενος ἰατρὸς
οὐχ ᾗ νοσῶν ἐστι κατὰ τοῦτο ἐν ἑαυτῷ τὴν τῆς κινήσεως ἀρχὴν ἔχει· εἰ
γὰρ ᾗ νοσῶν, πᾶς ἂν ἑαυτὸν ὑγίαζεν ὁ νοσῶν· ὑγιάζεται μὲν γὰρ ᾗ νοσῶν.
τὴν δὲ ἀρχὴν τῆς κινήσεως καὶ τοῦ ὑγιάζειν ἐξ ἑαυτοῦ οὐχ ᾗ νοσῶν ἔχει.
καλῶς δὲ τὸ κατὰ συμ|βεβηκὸς ἐδήλωσε διὰ τοῦ εἰπεῖν διὸ καὶ χωρίζε- 59ʳ
20 ταί ποτε ἀπ' ἀλλήλων. τὸ μὲν γὰρ καθ' αὑτὸ ὑπάρχον τινὶ ἀχώ-
ριστον ἐκείνου, τὸ δὲ χωριζόμενον οὐ καθ' αὑτὸ ὑπάρχει ἀλλὰ κατὰ συμ-
βεβηκός. διαφέρει δὲ τὸ πρώτως τοῦ καθ' αὑτὸ καὶ οὐδὲ τὸ καθ' αὑτὸ
πᾶν πρώτως ἐστὶν οὐδὲ τὸ πρώτως καθ' αὑτό. καὶ γὰρ ὅταν τι καθ' αὑτὸ
ὑπάρχῃ τινὶ καὶ ἐκεῖνο πάλιν ἄλλῳ τινὶ καθ' αὑτὸ ὑπάρχῃ, καὶ τὸ πρῶτον 5
25 τῷ τρίτῳ καθ' αὑτὸ μὲν ὑπάρχει, οὐ πρώτως δέ, οἷον τῷ τριγώνῳ καθ'
αὑτὸ ὑπάρχει τὸ τὰς τρεῖς γωνίας δυσὶν ὀρθαῖς ἴσας ἔχειν καὶ τὸ τρίγωνον
τῷ ἰσοσκελεῖ καθ' αὑτὸ ὑπάρχει. διὸ καὶ τῷ ἰσοσκελεῖ τὸ τὰς τρεῖς δυσὶν
ὀρθαῖς ἴσας ἔχειν καθ' αὑτὸ ὑπάρχει. καὶ γὰρ ᾗ ἰσοσκελὲς τρίγωνόν ἐστι
καὶ ᾗ τρίγωνον δυσὶν ὀρθαῖς ἴσας ἔχει, καὶ ἀχώριστα τοῦ ἰσοσκελοῦς ἐστι
30 τό τε τρίγωνον καὶ τὸ δυσὶν ὀρθαῖς ἴσας ἔχειν. οὐ μέντοι πρώτῳ τῷ
ἰσοσκελεῖ τὸ δυσὶν ὀρθαῖς ἴσας ἔχειν ὑπάρχει, ἀλλὰ διὰ μέσου τοῦ τριγώ- 10
νου. πάλιν δὲ τὸ λευκὸν τῇ ἐπιφανείᾳ πρώτως ὑπάρχει καὶ ἡ ἀρετὴ τῇ
ψυχῇ· οὐ γὰρ δι' ἄλλου τινὸς μέσου. οὐ μέντοι καθ' αὑτὸ ὑπάρχει

---

1 καὶ (post γὰρ) om. D   3 ἔχει D   4 πρώτως DEF: πάντως a   7 ἐξηγή-
ξατο a   8 ἔχειν iteravit E   11 αὐτὸ cf. ad p. 266, 8   12 ὑφ' αὑτοῦ E
14 τῷ νοσοῦντι E¹   16 ante κατὰ add. καὶ a   ἐν ἑαυτῷ DE ἐξ ἑαυτοῦ aF
εἰ γάρ] οὐ γὰρ D   17 αὐτὸν aF   18 τοῦ (post καὶ) D: τὸ aEF   19 δὲ καὶ
τὸ D   20 ποτε] πάντη a   22 καὶ οὐδὲ DEF: οὐδὲ γὰρ a   24 ὑπάρχῃ τινὶ
aE: ὑπάρχει τινὶ D: ὑπάρχοι (in lit.) τινὶ F   ὑπάρχῃ a: ὑπάρ͍ E: ὑπάρχει D: ὑπάρ-
χοι F   25 ὑπάρ͍ item 26 E   πρώτως] πρω F   τῷ] τὸ F   26 καὶ τὸ
τρίγωνον DE: ἢ τῷ τριγώνῳ F: ἢ τριγώνω. καὶ τὸ τρίγωνον a   28 ἔχει E
30 τε (post τό) om. D   οὐ μέντοι — ἔχειν om., sed in mrg. suppl. D   31 ὑπάρχει
om. aF   ante ἀλλὰ iteravit οὐ μέντοι πρω τῶ ἰσοσκελεῖ F

ταῦτα· οὔτε γὰρ συμπληρωτικὰ τῆς οὐσίας τῶν ὑποκειμένων ἐστὶν οὔτε
ἐν τῷ ὁρισμῷ παραλαμβάνεται. καὶ χωρίζεσθαι πέφυκε τό τε λευκὸν τῆς
ἐπιφανείας καὶ ἡ ἀρετὴ τῆς ψυχῆς. ἔστι δὲ ὅτε καὶ συντρέχει εἰς ταὐτὸν
ἄμφω, ὅταν καὶ συμπληρωτικὰ τῆς οὐσίας ᾖ καὶ ἀμέσως ὑπάρχῃ, ὡς τὸ
5 λογικὸν τῷ ἀνθρώπῳ καὶ καθ' αὑτὸ καὶ πρώτως ὑπάρχειν λέγοιτο ἂν καὶ
τὸ δυσὶν ὀρθαῖς ἴσας ἔχειν τῷ τριγώνῳ καὶ τὸ τρίγωνον τῷ ἰσοσκελεῖ. εἰ
δὲ ἡ ναῦς ἐν ἑαυτῇ τὸν κινοῦντα κυβερνήτην ἔχει, ἀλλ' οὐ καθ' αὑτήν.
οὐδὲ γὰρ συμπληροῖ τὴν αὑτῆς φύσιν, ἐπεὶ πᾶσα ἂν ναῦς εὐθὺ τῷ εἶναι
ναῦς οὐκ ἂν ἐδεῖτο ἔξωθεν τοῦ κινήσοντος, οὔτ' ἂν ἦν χωριστὸς αὐτῆς ὁ
10 κυβερνήτης. οὐδὲν γὰρ τῶν καθ' αὑτὸ ὑπαρχόντων τινὶ σῳζομένου ἐκείνου
χωρίζεται ἀπ' αὐτοῦ. κἂν κινῇ δὲ ἑαυτὸν ὁ κυβερνήτης κινῶν τὴν ναῦν
οὔτε καθ' αὑτὸ οὔτε πρώτως κινεῖ· οὐ συγχωρητέον δὲ τῷ Ἀλεξάνδρῳ
οὕτως λέγοντι κινεῖν ἑαυτὴν τὴν ψυχὴν ὡς τὸν κυβερνήτην τῷ κινεῖν τὸ
σῶμα ἐν ᾧ ἐστιν ὡς ὁ κυβερνήτης τὴν ναῦν· τὴν μὲν γὰρ κατὰ τόπον κίνησιν
15 τῆς ψυχῆς τάχα ἄν τις οὕτως γίνεσθαι συγχωρήσειεν, αἱ δὲ βουλήσεις καὶ
διανοήσεις καὶ δοξάσεις καὶ αἱ ὁρμαὶ πᾶσαι, αὐτῆς εἰσιν ἑαυτὴν κινούσης
πρώτως (οὐ γὰρ δι' ἄλλου τινός) καὶ καθ' αὑτό· οὐσία γὰρ αὐτῆς τὸ αὐ-
τοκίνητον. ἀλλ' οὐδὲ ἐκεῖνα λέγοντα αὐτὸν ἀποδεκτέον. "σημειωτέον γάρ,
φησίν, ὅτι καὶ τὴν ψυχὴν περιείληφε τῷ τῆς φύσεως λόγῳ, εἴπερ ἡ μὲν
20 ψυχὴ κατ' αὐτὸν ἐντελέχειά ἐστιν σώματος φυσικοῦ ὀργανικοῦ, ἡ δὲ φύσις
κυρίως καὶ πρώτως ἐν τοῖς ἁπλοῖς ἐστι σώμασι καὶ οὐ τοῖς ὀργανικοῖς."
καὶ ἡ μὲν ψυχὴ ἐντελέχεια φυσικοῦ σώματός ἐστι, ἡ δὲ φύσις οὐκ ἂν εἴη
φυσικοῦ σώματος, καὶ ἡ μὲν ἄλλων, ἡ δὲ ἄλλων κινήσεων ἀρχή. καὶ
εἴπερ ἡ μὲν φύσις ἐν ὑποκειμένῳ ἐστὶ τῷ σώματι κατὰ τὸν Ἀριστοτέλην
25 (τὸ γὰρ ἐν ᾧ ἐστι πρώτῳ ὡς ἐν ὑποκειμένῳ εἴρηται), οὐ πᾶσα δὲ ψυχὴ
ἐν ὑποκειμένῳ (ὁ γὰρ νοῦς χωριστὸς ὡς αὐτὸς ἐν τῇ Περὶ ψυχῆς βοᾷ),
κἂν ὁ Ἀλέξανδρος μὴ περὶ τοῦ ψυχικοῦ νοῦ ἀλλὰ περὶ τοῦ θείου βούλη-
ται ἀκούειν, πάνυ ἀπιθάνως ἐκείνους τοὺς λόγους τῇ ἑαυτοῦ περὶ ψυχῆς
δόξῃ συναρμόττει φιλονεικῶν. ἀλλ' ὅτι μὲν ἀρχὴ κινήσεως καὶ ἡ ψυχὴ
30 καὶ κυριωτέρα τῆς φύσεως ἀρχὴ καὶ οὐκ ἀρχὴ μόνον ἀλλὰ καὶ πηγή, καὶ
ἡμεῖς φαμεν, οὐ μέντοι ὡς ἐν ὑποκειμένῳ οὖσα τῷ κινουμένῳ. τὸ δὲ ἐν

---

2 τε (post τὸ) om. E   4 συμπλωρητικὰ F   7 κινοῦντα] κυβερνῶντα D   8 ἑαυτῆς
aE   ἂν om. F   εὐθὺς a   τῷ εἶναι D: τὸ εἶναι aEF   9 κινήσαντος a
ὅταν ἦν χωρὶς ταύτης F   10 post κυβερνήτης addit καὶ μὴν οὐκ ἔστιν ἣ κυβερνήτης E
τινὶ] τισὶ D   14 ὁ (post ὡς) om. E   15 οὕτω γενέσθαι a   16 αἱ (post καὶ) om.
aF   ὁρμαὶ αὐτῆς πᾶσαι αὗται εἰσὶν αἱ αὐτὴν κινοῦσαι D   ἑαυτὴν κινούσης E (cf. D):
κινούσης ἑαυτὴν aF   17 οὐδὲ γὰρ aF   19 post λόγῳ in contextu habet διὰ τί
οὐκ ἀποδεκτέον ἀλεξάνδρῳ δή φησιν· οὐ γὰρ ἀλέξανδρος ἀλλὰ συμπλ^v ἀνατρεπτικὰ τοῦ περιει-
λῆφθαι τὴν ψυχὴν τῷ ὁρισμῷ τῆς φύσεως E   20 κατ' αὐτὸν om. E   ἐστὶν ἐντε-
λέχεια aF   22 ἐντελέχειά ἐστι σώματος φυσικοῦ ὀργανικοῦ aF   φύσις κυρι F
23 φυσικοῦ σώματος D: σώματος φυσικοῦ aF: φυσικοῦ (om. σώματος) E   26 τῇ DE: τῷ
aF   Περὶ ψυχῆς Γ 5 p. 430ᵃ 17. 4 p. 429ᵇ 5 alias   27 μὴ supra add. F
νοῦ om. a   βούληται aF: βούλεται DE   29 συναρμόττει E: συναρμόττειν aDF
30 καὶ (post ψυχὴ) om. E   31 τῷ δὲ E¹

ὑποκειμένῳ τῇ φύσει προσεῖναι βούλεται λέγων "ὑποκείμενον γάρ τι καὶ ἐν ὑποκειμένῳ ἡ φύσις". δηλοῖ δὲ τοῦτο τὸ χωριστὰς ἔχειν τὴν ψυχὴν τοῦ σώματος ἐνεργείας, ὡς καὶ Ἀριστοτέλης ἐχρήσατο ἐν τῇ Περὶ ψυχῆς, χωριστὴν αὐτὴν τοῦ σώματος καὶ τὴν οὐσίαν ἔχειν ἀποδεικνύς.

5 Ποιούμενα δὲ εἶπε τὰ κατὰ τέχνην γινόμενα, διότι ἡ τέχνη "ἕξις ἐστὶ μετὰ ἀληθοῦς λόγου ποιητική", ὡς ὡρίσατο αὐτὸς ἐν τοῖς Ἠθικοῖς. καὶ ἐν τῷ Ζ δὲ τῆς Μετὰ τὰ φυσικὰ λέγει τὸ μὲν γίνεσθαι κυρίως ἐπὶ τῶν φύσει γινομένων λέγεσθαι, τὰς δὲ ἄλλας ποιήσεις λέγεσθαι. πάντα οὖν τὰ κατὰ τέχνην γινόμενά τε καὶ ποιούμενα ἢ ἔξωθεν τὸ κινοῦν ἔχει ἢ 10 εἰ ἐν αὐτοῖς κατὰ συμβεβηκός. ἐφιστάνει δὲ ὁ μέγας Συριανὸς ὅτι "ὁ ἀποδοθεὶς οὗτος τῆς φύσεως ὁρισμὸς πᾶσι σχεδὸν ἁρμόσει τοῖς τῆς φύσεως σημαινομένοις οἰκείως ἐφ' ἑκάστῳ λαμβανόμενος. ὥσπερ γὰρ τὸ ὄνομα ἡ φύσις ὁμωνύμως κατηγορεῖται ὕλης τε καὶ εἴδους καὶ τῆς οἷον ἐκ φύσεως κατὰ τῆς οἷον αἰτίας ἐπὶ τῶν φυσικῶν σωμάτων κυρίως ταττόμενον, οὕτως 15 καὶ ὁ ὁρισμὸς ἐπὶ μὲν τῆς κυρίως καλουμένης φύσεως αὐτόθεν ἀκούεται, κατὰ ἀναλογίαν δὲ καὶ ἐπὶ τῶν ἄλλων ἀρχῶν· ἀρχαὶ γὰρ κινήσεων καὶ αἱ ἄλλαι φύσεις, ἀλλ' οὐχ ὡσαύτως.

p. 192ᵇ32 Φύσις μὲν οὖν ἐστι τοῦτο ἕως τοῦ καὶ τί τὸ φύσει καὶ κατὰ φύσιν ἐστίν.

20 Ὁρισάμενος τὴν φύσιν καὶ τὰ ἀσαφῆ τοῦ ὁρισμοῦ διαρθρώσας ἐπάγει ὅτι φύσιν ἔχει ὅσα τοιαύτην ἔχει ἀρχήν. καίτοι τὰ φύσιν ἔχοντα ἐκ τῆς ἐνεργείας ὑποδείξας ἐκ τούτων τί ποτέ ἐστιν ἡ φύσις συνήγαγε. πῶς οὖν πάλιν ὡς ἑπόμενον τὸ τοιοῦτόν τι εἶναι τὴν φύσιν ἐπάγει τὸ φύσιν ταῦτα ἔχειν ὅσα τοιαύτην ἔχει ἀρχήν; ἢ τοῦτο οὐχ ὡς ἀπό- 25 δειξιν ἐπήγαγεν, ἀλλ' ὡς ἐναργὲς μὲν παρείληπται, χρείαν δὲ παρέχεται αὐτῷ νῦν ἀναληφθέν. ἢ πρὸς τὸ διορίσαι, τί τὸ φύσιν ἔχειν καὶ τί τὸ κατὰ φύσιν, ὅπερ ἐφεξῆς ποιεῖ, ἢ πρὸς τὸ συναγαγεῖν, ὅτι τὸ φυσικὸν πᾶν οὐσία ἐστὶ σύνθετος ἔχουσα μέν τι ὑποκείμενον τὸ ἐν ᾧ ἐστιν ἡ φύσις, εἴπερ ἡ φύσις ἀρχὴ καὶ αἰτία ἐστὶν ἐν ᾧ ἐστι καθ' αὐτό, ἔχουσα δὲ καὶ 30 ἐν ὑποκειμένῳ τι τὴν φύσιν αὐτήν. διὸ ὡς ἀκόλουθον τούτοις ἐπάγει τὸ συνθέτου ὄντος τοῦ φυσικοῦ τινὰς μὲν τὸ ὑποκείμενον λέγειν τὴν φύσιν, ἐξ οὗ γίνεται τὰ γινόμενα ἐνυπάρχοντος, τινὰς δὲ τὸ εἶδος. καὶ διαιτᾷ τοῖς λόγοις ἀμφοτέροις. διορίζει δὲ τὸ φύσιν ἔχον καὶ τὸ κατὰ φύσιν, εἰπὼν

---

1 λέγων p. 192ᵇ33   2 ἡ φύσις ἐστὶ a   3 Περὶ ψυχῆς cf. B 4 p. 415ᵇ 7 sqq.
4 οὐσίαν aEF: αἰτίαν D   ἔχειν om. a   5 ἡ τέχνην E   6 αὐτὸς om. D
Ἠθικοῖς Nicom. Z 4 p. 1140ᵃ10   7 Z] ἑβδόμῳ aD   Μετὰ τὰ φυσικὰ Z 7
p. 1032ᵃ25, unde puto ante ποιήσεις in Simplicio γενέσεις intercidisse   9 κινούμενον D
10 αὐτοῖς DEF: ἑαυτοῖς a   11 ἁρμόττει a   12 ἑκάστων ut vid. E   13 τῆς
ταῖς F   14 ἐπὶ D: κατὰ a: om. EF   17 αἱ om. E   18 τοῦτο DEF: τὸ
ῥηθὲν ex Arist. a   ἕως κτλ. om. F   19 ἐστὶν DE: om. a cum Arist.   22 ἀπο-
δείξας E   23 τῷ τοιοῦτόν DE   25 μὲν] μὴ E   26 ἢ om. D   27 ἢ om.
aF   28 μέν τι a: μέντοι DEF   29 ἐστὶ τοῦ ἐν ᾧ aF

τὸ φύσιν ἔχον οὐσίαν εἶναι σύνθετον ἐξ ὑποκειμένου τοῦ ἔχοντος καὶ τῆς ἐν ἐκείνῳ φύσεως. τὸ γὰρ ἔχον φύσιν ὑποκείμενόν τί ἐστι καὶ ἡ ἐν ὑποκειμένῳ φύσις. καὶ εἰσὶ πάντα ταῦτα τὰ ἔχοντα φύσιν οὐσίαι. καὶ γὰρ οὐσία μέν πως εἴρηται καὶ ἡ ὕλη καὶ τὸ ὑποκείμενον ἐν τῷ πρώτῳ, οὐσία
5 δὲ καὶ τὸ ἐν ὑποκειμένῳ, ὅπερ ἐστὶ τὸ εἶδος. κυριωτέρα δὲ οὐσία τὸ συναμφότερον. δεικτικὸν οὖν τοῦ τὰ ἔχοντα φύσιν οὐσίας εἶναι τὸ ὑποκείμενόν τι εἶναι καὶ ἐν ὑποκειμένῳ, οὐσίαν δὲ ἑκάτερον εἶναι καὶ μᾶλλον τὸ συναμφότερον. ἢ τὸ καὶ πάντα ταῦτα οὐσία ἀκουστέον, ὅτι καὶ τὸ ἔχον φύσιν, τουτέστι τὸ ὑποκείμενον, οὐσία ἐστὶ καὶ ἡ φύσις οὐσία, καὶ πολὺ
10 πλέον δηλονότι τὸ συναμφότερον οὐσία· ἔστι γὰρ ὑποκείμενόν τι καὶ ἐν ὑποκειμένῳ. ἢ εἰπὼν ὅτι εἰσὶ πάντα ταῦτα οὐσίαι, τουτέστι τό τε ὑποκείμενον καὶ τὸ ἐν ὑποκειμένῳ, τοῦτο δείκνυσι διὰ μέσης τῆς φύσεως, λέγων ὅτι ἡ φύσις ὑποκείμενόν τι καὶ ἐν ὑποκειμένῳ ἐστὶν ἀεί. εἰ οὖν ἡ φύσις οὐσία, τὸ δὲ ὑποκείμενον φύσις καὶ τὸ ἐν ὑποκειμένῳ φύσις,
15 τουτέστιν ἡ ὕλη καὶ τὸ εἶδος, οὐσία ἂν εἶεν ταῦτα πάντα. καὶ ταύτῃ δοκεῖ τῇ ἐννοίᾳ συνᾴδειν καὶ τὸ μετ' ὀλίγον ζητούμενον, πότερον ἡ ὕλη καὶ τὸ ὑποκείμενόν ἐστιν ἡ φύσις ἢ τὸ εἶδος καὶ τὸ ἐν ὑποκειμένῳ. ἀμείνων δὲ ἡ προτέρα ἐξήγησις καὶ διὰ τὰ ἐφεξῆς ἐπαγόμενα καὶ ὅτι οὐκ ἂν τὸ ὑποκείμενον καὶ τὸ ἐν ὑποκειμένῳ δύο ὄντα πάντα ὁ Ἀριστοτέλης ἐκάλει, ὅς
20 γε ἐν τῇ Περὶ οὐρανοῦ τάδε γέγραφε· "τὰ γὰρ δύο ἄμφω μὲν λέγομεν καὶ τοὺς δύο ἀμφοτέρους, πάντας δὲ οὐ λέγομεν, ἀλλὰ κατὰ τῶν τριῶν ταύτην τὴν κατηγορίαν φαμὲν πρῶτον." διὸ καὶ τὰς λοιπὰς ἐξηγήσεις τοῦ Ἀλεξάνδρου εἰς τοῦτον τεινούσας τὸν νοῦν παρατρέχω. πάντα οὖν τὰ ἔχοντα φύσιν οὐσία, διότι ὑποκείμενόν τι τὸ ἔχον καὶ ἐν ὑποκειμένῳ τὸ ἐχόμενον,
25 τουτέστιν ἡ φύσις, ταὐτὸν δὲ εἰπεῖν, ὕλη ἐστὶ καὶ εἶδος, ὅπερ ἐστὶν ἡ κυρίως οὐσία. σημειοῦται δὲ ὁ Ἀλέξανδρος ὅτι καὶ τὸ εἶδος καὶ τὴν φύσιν καίτοι οὐσίας εἶναι βουλόμενος ἐν ὑποκειμένῳ λέγει, ἐν Κατηγορίαις εἰπὼν μηδεμίαν οὐσίαν ἐν ὑποκειμένῳ εἶναι. καὶ παραμυθεῖται τὴν ἔνστασιν λέγων ἤτοι τῶν ἐκεῖ εἰρημένων οὐσιῶν μηδεμίαν ἐν ὑποκειμένῳ εἰρῆσθαι (οὐ
30 γὰρ περὶ τῆς κατὰ τὸ εἶδος οὐσίας ἐκεῖ τὸν λόγον πεποίηται, ἀλλὰ περὶ τῆς συναμφοτέρου, ᾗτινι μηδὲ ἐναντίον τι εἶναί φησιν), ἢ οὐ τὸ κυρίως λεγόμενον ἐν ὑποκειμένῳ νῦν λέγει, οὗ ἐν Κατηγορίαις ἐμνημόνευσεν, ἀλλὰ τὸ ὑποκειμένου τινὸς πρὸς τὸ εἶναι χρῇζον ἐν ὑποκειμένῳ νῦν λέγει, ὥσπερ ἐν πολλοῖς πάλιν τὸ συμβεβηκὸς καθ' ὑποκειμένου.
35 Τοιαῦτα οὖν εἰπὼν τὰ ἔχοντα φύσιν ἐπάγει λοιπὸν τίνα τὰ κατὰ φύσιν ἐστὶ καὶ ὅτι ἐπὶ πλέον ἐστὶ τῶν φύσιν ἐχόντων. καὶ γὰρ καὶ τὰ ἔχοντα φύσιν κατὰ φύσιν λέγεται ὡς κατὰ τὴν ἐν ἑαυτοῖς φύσιν χαρακτηρι-

ζόμενα καὶ ὄντα ἅπερ λέγεται. οὐ μόνον δὲ ταῦτα κατὰ φύσιν εἶναι λέ-
γεται, ἀλλὰ καὶ ὅσα τούτοις ὑπάρχει καθ' αὑτό. καὶ γὰρ τὸ πῦρ
φύσιν ἔχει ἐν ἑαυτῷ ἀρχὴν ἔχον καὶ αἰτίαν τῆς ἐπὶ τὸ ἄνω κινήσεως,
κατὰ φύσιν δέ ἐστι καὶ φύσει τῷ πυρὶ ἡ ἄνω φορά. καὶ οὐκέτι φύσιν
5 ἔχει τὸ φέρεσθαι ἄνω οὐδὲ ἔστι τοῦτο φύσις· οὐδὲ γὰρ οὐσία, ἀλλὰ δύ-
ναμις καὶ ἐνέργεια κατὰ τὸν τῆς φύσεως λόγον ὑπάρχουσα τῷ πυρὶ καὶ
οὕτως λεγομένη κατὰ φύσιν. καὶ φύσει δὲ τὸ αὐτὸ λέγεται. διὰ γὰρ
τὴν ἑαυτοῦ φύσιν καὶ τὸ πεφυκέναι οὕτως ἔχει τὴν τοιαύτην δύναμιν καὶ
ἐνέργειαν. καὶ τῷ μὲν πυρὶ τὸ φέρεσθαι ἄνω καὶ φύσει καὶ κατὰ φύσιν
10 ἐστίν· οὐ μέντοι ταὐτόν ἐστι τὸ φύσει καὶ τὸ κατὰ φύσιν, ἀλλ' ἐπὶ
πλέον ἐστὶ τὸ φύσει τοῦ κατὰ φύσιν· καὶ γὰρ κατὰ φύσιν λέγομεν εἶναι
τῶν φύσει τὰ τὴν οἰκείαν ἔχοντα τελειότητα. ἔστι δέ τινα φύσει μὲν
ὡς κατὰ φύσεως ἐνέργειαν γινόμενα, οὐ μέντοι κατὰ φύσιν, ὡς ἔχει τὰ ἐκ
γενετῆς πηρώματα καὶ ὅλως τὰ ἐν τῇ στερήσει. καὶ γὰρ ταῦτα τῷ πε-
15 φυκέναι τοιαῦτά ἐστι, διότι ἡ στέρησις ἀπουσία ἐστὶν ἐν τῷ πεφυκότι. καὶ
τὸ μὲν φύσει ῥηθείη ἂν ἐπὶ παντὸς τοῦ παρακολουθοῦντος καὶ συμβαίνοντος
τῇ φυσικῇ οὐσίᾳ καθὸ τοιαύτη, οἷον καὶ τὸ κεχρῶσθαι τῷ σώματι καὶ τὸ
νοσεῖν, τὸ δὲ κατὰ φύσιν ἐπὶ μόνου λέγεται τοῦ κατὰ τὸ βούλημα τῆς
φύσεως ἀποβαίνοντος. διὸ κατὰ φύσιν μὲν τὸ ὑγιαίνειν λέγομεν, τὸ δὲ
20 νοσεῖν φύσει προσεῖναι παρὰ φύσιν ὄν. ὅταν οὖν λέγῃ ὁ Ἀριστοτέλης ὅτι
τὰ φύσει καὶ κατὰ φύσιν ἐστίν, οὐχ ὅτι ταὐτόν ἐστι ταῦτα λέγει, ἀλλ'
ὅτι ἐπὶ τοῦ πυρὸς τὰ ἄνω φέρεσθαι αὐτῷ φύσει καὶ κατὰ φύσιν ἐστίν.

p. 193ᵃ3 Ὡς δὲ ἔστιν ἡ φύσις πειρᾶσθαι δεικνύναι ἕως τοῦ νοεῖν
δὲ μηδέν. |

25 Ἐπειδὴ πρὸ τοῦ τί ἐστι προβλήματος ἔστι τὸ ζητεῖν εἰ ἔστιν ὅλως τὸ
περὶ οὗ ἡ ζήτησις, ὡς ἐν δευτέρῳ διδάσκει τῶν Ὑστέρων ἀναλυτικῶν (μὴ
γὰρ ὄντος ὅλως τοῦ προβληθέντος ζητεῖν τί ἐστι περιττῆς ἂν εἴη σχολῆς·
οὐδὲ γὰρ ἂν εἴη τοῦ μὴ ὄντος ὁρισμός), ἐπειδὴ οὖν τοῦτο οὕτως ἔχει, αὐ-
τὸς δὲ μὴ δείξας ὅτι ἔστιν ἡ φύσις τὸν ὁρισμὸν αὐτῆς παραδέδωκεν, ὅτι
30 εὐλόγως παρῆκε τὸ εἰ ἔστι διδάσκει. τὰ γὰρ ἐναργῆ τὴν ὑπόστασιν ἔχοντα
οὐ δεῖται τῆς τοῦ ὅτι ἔστιν ἀποδείξεως, ὡς καὶ τοῦτο αὐτὸς ἐν τῷ δευτέρῳ
τῶν Ὑστέρων ἀναλυτικῶν, εἴ τι μέμνημαι, προσδιωρίσατο. φανεροῦ οὖν
ὄντος, φησίν, ἐκ τῆς ἐναργείας τοῦ εἶναί τινα ἔχοντα ἐν ἑαυτοῖς ἀρχὴν κι-
νήσεως, ὅπερ ἐστὶν ἡ φύσις, τὸ πειρᾶσθαι δεικνύναι ὅτι ἔστιν ἡ φύσις

---

2 αὐτό] immo αὐτά sed. cf. supra p. 266, 8   6 τῆς (post τὸν) om. E   10 ἐπὶ τὸ
πλέον E   11 εἶναι λέγομεν D   13 γενόμενα DE   ἔχει DE: ἔστι aF
14 γενητῆς E   16 συμβαίνοιτο E   17 καὶ (post σώματι) om. E   21 τὰ
(post ὅτι) D: om. aEF   22 αὐτῷ aF: αὐτὸ DE   23 ἕως κτλ. om. F
23. 24 μηδὲν δὲ νοεῖν a ex Arist.   25 προβλήματα E   26 ἐν DE: ἐν τῷ aF
Ὑστέρων ἀναλυτικῶν Β 1 p. 89ᵇ21 sqq.   27 ὅλως ὄντος D   28 ὁρισμένος a
31 ἐν τῷ δευτέρῳ τῶν Ὑστέρων ἀναλυτικῶν nescio quo loco. Brandis schol. p. 346ᵇ20
immerito significat c. 8   32 διωρίσατο aF   οὖν om. E

γελοῖον. τὸν γὰρ τὸ φανερὸν βουλόμενον ἀποδεῖξαι ἀναγκασθῆναι πρὸς 60ʳ
πίστιν ἀγνωστότερόν τι λαβεῖν τοῦ δεικνυμένου, πρῶτον μὲν ἀγνοοῦντός ἐστι
τὸν τῆς ἀποδείξεως τρόπον, ὅτι "πᾶσα διδασκαλία καὶ πᾶσα μάθησις ἀπο- 10
δεικτικὴ ἐκ προϋπαρχούσης γίνεται γνώσεως", ὡς αὐτὸς διδάσκει. ἔπειτα
5 μὴ δυναμένου κρίνειν ἐστὶ τὸ δι' αὐτὸ καὶ μὴ δι' αὐτὸ γνώριμον,
καὶ διὰ τοῦτο τὴν φύσιν δι' ἑαυτὸ γνώριμον οὖσαν ὡς μὴ δι' ἑαυτὸ γνώ-
ριμον οὖσαν δι' ἄλλων ἀποδεικνύναι σπουδάζοντος. καὶ τὸ χεῖρον, εἰ δι'
ἀγνωστοτέρων, ὅπερ ἀνάγκη πάσχειν ἐπὶ τῶν λίαν φανερῶν. καὶ ἀναιρεῖ
δὲ τελέως ἀπόδειξιν ὁ βουλόμενος εἰς ἅπαντα χρῆσθαι τῇ ἀποδείξει. εἰ γὰρ
10 δεῖ μὲν ἀρχὴν ἀποδείξεως εἶναι τὸ ἐναργές, ὁ τὰ ἐναργῆ νομίζων ἀποδείξεως 15
δεῖσθαι οὐκέτι συγχωρεῖ ἐναργές εἶναί τι οὐδὲ ἀρχὴν ἀποδείξεως ἀπολιμ-
πάνει, ὥστε οὐδὲ ἀπόδειξιν.

Ὅτι δὲ τὸ τὰ φανερὰ διὰ τῶν ἀφανῶν πειρᾶσθαι δεικνύναι συμ-
βαίνει τοῖς τὸ κριτήριον τῶν φανερῶν ἀπολέσασι, τὸν τυφλὸν ποιεῖται μάρ-
15 τυρα τὸν περὶ χρωμάτων συλλογιζόμενον. φανερῶν γὰρ ὄντων καὶ αὐτο-
πίστων τῶν χρωμάτων τοῖς δυναμένοις ὁρᾶν ὁ τὴν ὁρατικὴν δύναμιν
ἀπολέσας τὴν τὸ φανερὸν τῶν χρωμάτων κρίνουσαν, εἶτα συλλογιζόμενος 20
περὶ χρωμάτων, καὶ ἀγνωστοτέροις χρήσεται πρὸς πίστιν ἅτε τὸ φανερὸν
ἀγνοῶν καὶ περὶ ὀνομάτων ποιήσεται τὸν λόγον μηδὲν νοῶν. ἐξ ὧν γὰρ
20 ἀκούει, ἀλλ' οὐκ ἐξ ὧν συναισθάνεται, ποιεῖται τὸν συλλογισμὸν ἅτε τὴν
σύστοιχον τῶν αἰσθητῶν γνῶσιν ἀπολέσας, ἧς χωρὶς οὐδὲ ὁ λογισμὸς τι
περὶ χρωμάτων νοεῖν δυνήσεται. οὕτως δὴ καὶ ὁ τὰ φανερὰ πειρώμενος
ἀποδεικνύναι ἀγνοεῖ τὴν φύσιν τῶν ἐξ αὐτῶν γνωρίμων τῷ μὴ ἔχειν τὴν
δύναμιν ᾗ ταῦτα κρίνεται· τοῦτο δέ ἐστιν ὁ νοῦς. νοῦς γάρ ἐστι, φησίν, 25
25 ᾧ τοὺς ὅρους τῶν προτάσεων γινώσκομεν αὐτοπίστους ὄντας καὶ φανεροὺς
καὶ ἁπλοῦς. τάχα δὲ καὶ τοὺς ὁρισμοὺς φανεροὺς ὀφείλοντας εἶναι καὶ
αὐτοπίστους καὶ ἄνευ συλλογισμοῦ γνωρίμους, ὡς ἐξ ἐναργοῦς διαιρέσεως
εἰλημμένους, ὁ νοῦς ἐστιν ὁ γνωρίζων. καὶ τὰ προβλήματα δὲ τὰ δι' ἑαυτὰ
φανερά, οἷον ὅτι τὸ ἀγαθὸν ὠφέλιμον καὶ ὅσα τοιαῦτα οἷον ὅροι τινές εἰσιν οὐ
30 δεόμενοί τινος ἄλλου δι' οὗ ἀποδειχθήσονται, ὥσπερ αἱ ἀμφίβολοι προτάσεις.
συλλογίσαιτο δὲ ἂν περὶ χρωμάτων ὁ ἐκ γενετῆς τυφλὸς ἐξ ὧν ἀκούει, ἀλλ' οὐκ 30
ἐξ ὧν συναισθάνεται, ὅτι τὸ φαιὸν σύμμετρόν ἐστι τῇ ὄψει, λέγων 'τὸ φαιὸν
σύγκειται ἐκ διακριτικοῦ τοῦ λευκοῦ καὶ συγκριτικοῦ τοῦ μέλανος· τὸ τοιοῦ-
τον σύμμετρον τῇ ὄψει.' καίτοι οὔτε διακρίνοντος οὔτε συγκρίνοντος τὴν
35 ὄψιν οὔτε συμμέτρως ἔχοντός τινος πρὸς αὐτὴν συναισθάνεται, ἀλλ' ὀνόματα

---

1 τὸ (post γὰρ) om. E   ἀνάγκη D   2 πιστουμένου δεικνυμένου F   ante πρῶτον
add. δ D   3 πᾶσα κτλ. initium Analyticorum post. A 1 p. 71ᵃ 1   ἀποδεικτικὴ
DE: om. aF: διανοητικὴ Aristoteles   5 μὴ δι'] μηδ' E   6 ἑαυτὸ (post φύσιν δι')
DE: αὐτὸ aF   ὡς μὴ δι' αὐτὸ aF   7 ἀλλήλων D   8 ἀνάγκη DE: συμβαίνει
aF   9 εἰς ἅπαντα ἀποδείξει χρῆσθαι aF   14 ἀποτελέσασι E   15 περὶ τῶν
χρωμάτων aF   16 χρημάτων D   21 ἀποτελέσας E   22 νοεῖν om. F
δὴ aF: δὲ DE   28 ὁ (ante νοῦς) om. E   29 οἷον — ὠφέλιμον om. aF   31 δὲ
om. E   γενετῆς E   32 λέγων ὅτι τὸ a   33 τὸ δὲ τοιοῦτον a   34 καίτοι
οὐδὲ E   τὴν ὄψιν om. a

μόνον προφέρει. ἐπιστῆσαι δὲ χρὴ ἐκ τῶν εἰρημένων, ὅτι εἰκότως καὶ 60r παρῆκε τὴν τοῦ εἰ ἔστι ζήτησιν καὶ τὴν αἰτίαν τῆς παραλείψεως οὐκ ἐξ ἀρχῆς ἀλλὰ νῦν εἶπεν, ὅτε τί ἐστι φανερὰν οὖσαν αὐτὴν ἀπέδειξε· καὶ γὰρ 35 πάντα τὰ σώματα πρὸς τὸ κινεῖσθαι πέφυκε.

5 p. 193 a 9 Δοκεῖ δὲ ἡ φύσις καὶ ἡ οὐσία τῶν φύσει ὄντων ἕως τοῦ τὰ δὲ ἄλλα γίνεσθαι καὶ φθείρεσθαι ἀπειράκις.

Εἰπὼν πρότερον ὅτι τὰ φύσιν ἔχοντα οὐσίαι εἰσί, διότι ὑποκείμενόν τί ἐστι τὸ ἔχον καὶ ἐν ὑποκειμένῳ ἡ φύσις ἡ ἐχομένη, ἢ διότι ἡ φύσις ὑποκείμενόν τί ἐστι καὶ ἐν ὑποκειμένῳ, ὡς ἤκουε κατὰ μίαν ἐξήγησιν ὁ Ἀλέ- 50
10 ξανδρος, εἰκότως τὰς δόξας παρατίθεται τῶν τε τὴν φύσιν τὸ ὑποκείμενον λεγόντων καὶ τῶν τὸ ἐν ὑποκειμένῳ, καὶ τὰς κατασκευὰς τὰς ἑκατέρων τοῦ οἰκείου λόγου προτίθησι, καὶ οὕτως αὐτῶν τὴν ἐπίκρισιν ποιεῖται, ἅμα δὲ καὶ τὰ σημαινόμενα τῆς φύσεως πολλαχῶς λεγομένης παραδίδωσιν, ὡς καὶ αὐτὸς ἐπὶ τέλει τοῦ λόγου πεποίηκε δῆλον λέγων "ἐπεὶ δὲ διώρισται πο-
15 σαχῶς ἡ φύσις λέγεται" καὶ ἐγὼ κατ' ἐκεῖνο τὸ χωρίον ἐπιστήσω. εἰπὼν δὲ δοκεῖ δὲ ἡ φύσις ἐπήγαγε καὶ ἡ οὐσία | τῶν φύσει ὄντων, 60v διότι τῶν φύσει ὄντων τὸ εἶναι καὶ ἡ οὐσία κατὰ τὴν φύσιν ἐστί. πρῶτον δὲ λέγει περὶ τῶν τὴν ὕλην φύσιν ἑκάστου νομιζόντων, ὅπερ ἐστὶ τὸ πρῶτον ὑπάρχον ἐν ἑκάστῳ ἀρρύθμιστον καθ' αὑτό, οἷον κλί-
20 νης φύσις τὸ ξύλον, ἀνδριάντος δὲ ὁ χαλκός. πρῶτον δὲ ἀρρύθμιστον εἶπε, διότι ἐν ἑκάστῳ τῶν συνθέτων πλείονα πολλάκις ἐστὶν ὑποκειμένων ἔχοντα λόγον, ὡς ἐν τοῖς τῶν ζῴων σώμασι προσεχῶς μὲν 5 τῷ ὅλῳ εἴδει ὑπόκειται τὰ ὀργανικά, ἐκείνοις δὲ τὰ ὁμοιομερῆ καὶ ἐκείνοις τὰ τέτταρα καλούμενα στοιχεῖα καὶ ἐκείνοις ἡ πρώτη ὕλη, ἥπερ ἐστὶ τὸ
25 πρῶτον ἀρρύθμιστον καθ' αὑτό. τὰ μὲν γὰρ ἄλλα πρός τι ἀρρύθμιστά ἐστιν ἔχοντα οἰκεῖα εἴδη, οἷον τὰ ὀργανικὰ ἢ τὰ ὁμοιομερῆ ἢ τὰ στοιχεῖα (πρὸς γὰρ τὸ ἐπιγινόμενον ἐκείνοις εἶδος), ἡ δὲ πρώτη ὕλη καθ' αὑτὸ ἀρρύθμιστός ἐστιν· ἀνδριάντος μὲν γὰρ ὕλη χαλκὸς καὶ κλίνης ξύλον εἰδοπεποιημένα ὄντα καὶ πρός τι ἀρρύθμιστα, ἡ δὲ κοινὴ πάντων ὕλη καθ' αὑτὸ ἀρρύθμιστος. 10
30 καὶ ὁ χαλκὸς δὲ καὶ τὸ ξύλον ἀναλογίαν ἔχουσι πρὸς τὴν πρώτην ὕλην· ὡς γὰρ ταῦτα πρὸς ἀνδριάντα καὶ κλίνην, οὕτως ἐκείνη πρὸς πάντα τὰ εἰδοπεποιημένα. τοῦτο οὖν τὸ πρῶτον καθ' αὑτὸ ὑπάρχον ἐν ἑκάστῳ ἀρρύθμιστον τὴν πρώτην καὶ κοινὴν φύσιν εἶναί φασιν ὥσπερ τὸ προσεχὲς τὴν προσεχῆ, οἷον ἀνδριάντος μὲν χαλκός, κλίνης δὲ ξύλον.

35 Σημεῖον δὲ τοῦ τὸ ὑποκείμενον ἀλλ' οὐχὶ τὸ εἶδος εἶναι τὴν φύσιν ὁ Ἀντιφῶν ὁ σοφιστὴς ἐποιεῖτο τὸ φύσιν μὲν εἶναι τὴν φύουσαν ἤτοι τὴν 15

---

2 παραλήψεως E   3 ἐπέδειξε F   5 ἡ οὐσία ἡ aF   ἕως τοῦ κτλ. om. F
9 ante ὡς iterat ἡ φύσις ἡ ἐχομένη E   12 fortasse προστίθησι   14 λέγων c. 2
p. 193b 22   16 δὲ om. aF   17 τὴν (post κατὰ) om. E   19 ὑπάρχον om. a
ἐν ἑκάστῳ post καθ' αὑτό collocat F   22 ὑποκειμένου aF   27 αὐτὸ aF: ἑαυτὸ sic
E: αὐτὴν D sed cf. v. 29   33 φύσιν om. F   35 οὐχὶ DE: οὐ aF

ἔκφυσιν καὶ διανάστασιν οὖσαν εἰς κίνησιν καὶ τοῦ ὁμοίου ἀπογέννησιν. ἐπὶ γὰρ 60ᵛ τῶν τεχνητῶν εἴ τις κατορύξειε κλίνην καὶ λάβοι δύναμιν ἡ σηπεδὼν ὥστε ἀνεῖναι βλαστόν, οὐκ ἂν γενέσθαι κλίνην, ἀλλὰ ξύλον. τοῦτο δὲ συμβαίνει, διότι τὸ μὲν εἶδος καὶ [ἡ] κατὰ τρόπον καὶ κατὰ νόμον, τουτέστι
5 κατὰ τὸ ταῖς τέχναις νενομισμένον καὶ πρὸς τὸ κατὰ φύσιν ἀντιδιαστελλόμενον, ὡς κατὰ συνθήκην ὂν κατὰ συμβεβηκὸς ὑπάρχον γίνεται καὶ ἀπογίνεται, ἡ δὲ ὕλη παραμένει, διότι οὐσία καὶ φύσις ἐστὶν αὕτη τοῦ πράγματος. 20 οὐσίας γὰρ ἴδιον τὸ ἐπιμένειν. τῶν δὲ φυσικῶν κατὰ τὴν φύσιν ἐστὶν ἡ οὐσία. ὥστε καὶ συλλογίσαιο ἂν οὕτως· ἡ ὕλη καὶ τὸ ὑποκείμενον τὸ παρα-
10 μένον καὶ ἀναφύον ἐν τοῖς φυσικοῖς ἐστι· τὸ τοιοῦτον οὐσία τῶν φυσικῶν ἐστιν· ἡ οὐσία τῶν φυσικῶν ἡ φύσις ἐστίν· ἡ ἄρα ὕλη ἡ φύσις ἐστὶν ἐν τοῖς φυσικοῖς, ὥστε καὶ ἡ φύσις ὕλη. ἀντιστρέφουσι γὰρ οἱ ὁρισμοί. ἐπεὶ δὲ τῶν προσεχῶν ὑποκειμένων ἕκαστον εἶδος ἔχει τι ὑποκείμενον, εἰκότως προσέθηκεν εἰ δὲ καὶ τούτων ἕκαστον πρὸς ἕτερόν τι ὑπο- 25
15 κείμενον αὐτῷ ταὐτὸν πέπονθεν, ὥστε τὸ μὲν εἶδος μεταβάλλειν, τὸ δὲ ὑποκείμενον μένειν, οἷον εἰ ὁ μὲν χαλκὸς καὶ ὁ χρυσὸς πρὸς ὕδωρ τοῦτο πέπονθε, τὰ δὲ ὀστᾶ καὶ ξύλα πρὸς γῆν καὶ τῶν ἄλλων ὁτιοῦν πρὸς τὸ ἐν αὐτῷ ὑποκείμενον, τὸ ὑποκείμενον ἂν εἴη ἡ φύσις καὶ ἡ οὐσία αὐτῶν. καὶ διὰ τοῦτο ὅπερ ἕκαστον ὑπέθετο τὸ πρῶτον ὑποκείμενον εἴτε ἓν εἴτε πλείω
20 τοῦτο τὴν φύσιν καὶ τὴν οὐσίαν εἶναι τῶν ὄντων ἐνόμισεν. ὥστε ὁ μὲν Ἀντιφῶν κοινῶς ἐῴκει λέγειν τὸ ὑποκείμενον τὴν φύσιν, τῶν δὲ ἄλλων 30 ἕκαστος ὅπερ ἔλεγε πρῶτον ὑποκείμενον, τοῦτο καὶ φύσιν ἐκάλει τῶν ὄντων εἴτε ἓν ἦν τοῦτο, ὥσπερ Θαλῆς μὲν ὕδωρ ἔλεγεν, Ἀναξιμένης δὲ ἀέρα, Ἡράκλειτος δὲ πῦρ, εἴτε πλείονα, ὡς Παρμενίδης πῦρ καὶ γῆν, εἴτε τὰ
25 τέτταρα, ὡς Ἐμπεδοκλῆς· γῆν δὲ μόνην οὐδεὶς εἶπεν, ἀλλὰ τῇ συνεκδρομῇ τῶν ἄλλων καὶ ταύτην τέθεικεν ὁ Ἀριστοτέλης.

Τὰ δὲ περὶ τὸ ὑποκείμενον οἷον γενέσεις καὶ φθορὰς καὶ ἀλλοιώσεις οὐκέτι φύσεις ἔλεγον (οὐδὲ γὰρ οὐσίας), ἀλλὰ συμβεβηκότα καὶ πάθη τῆς 35 οὐσίας, ὧν τὰ μὲν εὐαπόβλητα διαθέσεις ἐκάλουν, τὰ δὲ μόνιμα ἕξεις.
30 καὶ τὸ μὲν ὑποκείμενον, ὅπερ ἄν τις ὑπέθετο, ἀίδιον ἔλεγον. εἰ γὰρ ἡ φθορὰ μεταβολή ἐστιν ἔκ τινος εἴς τι περὶ ὑποκείμενον γινομένη, οὐκ ἂν ἐκ τῆς ἑαυτοῦ φύσεως εἰς ἄλλο μεταβάλλοι τὸ ὑποκείμενον· ὥστε οὐκ ἂν ὑπομένοι φθοράν, ἀλλ' ἀίδιόν ἐστιν. εἰ καὶ φθείρεται δέ, τὰ μεταβάλλειν δυνάμενα φθείρεται. ταῦτα δέ ἐστι τὰ πάθη περὶ τὸ ὑποκείμενον μετα-
35 βάλλοντα, ἅπερ οὐκέτι φύσεις καλοῦνται. καὶ ἔστι καὶ τοῦτο κατασκευαστικὸν 40

---

1 ὁμοίου ὥσπερ γέννησιν F   2 ἐπὶ γὰρ D: ἐπὶ δὲ aE: ἐπεὶ δὲ F   ante εἴ τις add. τῶν E   λάβῃ EF   σηπεδὼν F   3 ἀνεῖναι aF: ἀφεῖναι DE   4 ἡ (post καὶ) DEF: τὸ a: delevi   5 κατὰ τὸ ταῖς τέχναις DE: τὸ κατὰ ταῖς τέχναις F: τὸ κατὰ τὰς τέχνας a   7 αὕτη E   8 ante κατὰ add. καὶ aF   τὴν om. a   13 ἐπεὶ δὲ aE: ἐπὶ δὲ D: ἐπειδὴ F   προσεχῶς D   ὑποκειμένων] ὑπομ, (i. e. ὑπομένων) E   14 ἕτερόν τι ταὐτὸ τοῦτο πέπονθεν Arist.   τι aF: τι τὸ E: τι om. D¹   20 εἶναι om. E   τῶν ὄντων DE: τούτων aF   24 τὰ (ante τέτταρα) om. D   27 περὶ a: παρὰ DEF   32 εἰς ἄλλο om. aF   μεταβάλοι F   33 ὑπομένη F   35 καὶ (post ἔστι) om. D

τοῦ τὴν ὕλην εἶναι τὴν φύσιν, εἴ γε ταύτην ἀίδιον καὶ ἀμετάβλητον πάντες 60ᵛ
ὑποτίθενται· τὴν γὰρ φύσιν καὶ οὐσίαν τῶν πάντων τὸ μόνιμον ἔχειν
προσήκει. αὕτη μὲν οὖν ἡ πᾶσα τῶν εἰρημένων ἔννοια. τινὲς δὲ ἀντὶ τοῦ
κατὰ νόμον διάθεσιν τὴν κατὰ ῥυθμὸν γράφουσι. καὶ ἔστι τοῦτο
5 γνωριμώτερον· ῥυθμὸς γὰρ ἡ μορφὴ λέγεται.

p. 193 a 28   Ἕνα μὲν οὖν τρόπον οὕτως ἡ φύσις λέγεται ἕως τοῦ
ἀρχὴν κινήσεως καὶ μεταβολῆς.   45

Εἰπὼν καθ' ἕνα τρόπον φύσιν λέγεσθαι τὴν πρώτην ἐν ἑκάστῳ ὑπο-
κειμένην ὕλην προσέθηκε τῶν ἐχόντων ἐν αὐτοῖς ἀρχὴν κινήσεως
10 καὶ μεταβολῆς. ἔστι γὰρ καὶ ἐν τοῖς τεχνητοῖς καθὸ τεχνητὰ πρώτη
τις ὑποκειμένη ὕλη οἷον τῷ ἀνδριάντι ὁ χαλκὸς ἢ τῇ οἰκίᾳ λίθοι καὶ ξύλα.
ἀλλὰ ταῦτα καθὸ τεχνητοῖς ὑπόκειται καὶ οὐκ ἂν εἴη φύσις, ἐπειδὴ οὐδὲ
φυσικὸν ἀλλὰ τεχνητόν ἐστι τὸ λαμβανόμενον. δεῖ δὲ τὴν φύσιν ἐν τοῖς 50
φυσικοῖς εἶναι· ὥστε ἡ ἐν τοῖς φυσικοῖς ὑποκειμένη ὕλη καθ' ἕνα τρόπον
15 τῶν εἰρημένων εἴη ἂν φύσις κατὰ τοὺς οὕτως ὑποτιθεμένους. ὅλως δὲ
οὐδὲ ὑπόκειται ἐν τοῖς τεχνητοῖς ἡ πρώτη ὕλη, ἣν εἶναι βούλονται τὴν
φύσιν. ὥστε οὐδὲ ἐν τοῖς φυσικοῖς ἡ τυχοῦσα ὕλη ἐστὶν ἡ φύσις, ἀλλ' ἡ
πρώτη ὑποκειμένη. ταύτην δὲ καὶ ἔσχατον ὑποκείμενον καλοῦσιν, ὃ πᾶσιν
ὑπόκειται αὐτὸ μηδὲν ἔχον ὑποκείμενον. καὶ γὰρ ἐν τοῖς ζῴοις ὑπόκειται
20 μὲν τὰ ὀργανικὰ καὶ τὰ ὁμοιομερῆ καὶ | τὰ στοιχεῖα. ἀλλ' οὐδὲν τούτων 61ʳ
ἐστὶ φύσις κυρίως, ὅτι μηδὲν αὐτῶν πρῶτόν ἐστιν ὑποκείμενον. καὶ ἔστι
μὲν καὶ ἐν τοῖς τεχνητοῖς τὸ ἔσχατον ὑποκείμενον ἡ ὕλη, ἀλλ' οὐχ ὡς
τεχνητοῖς ἀλλ' ὡς φυσικοῖς ὑπόκειται αὕτη. διὸ καλῶς εἴρηται φύσις εἶναι
ἡ πρώτη ἑκάστῳ ὑποκειμένη ὕλη τῶν ἐχόντων ἐν αὐτοῖς ἀρχὴν
25 κινήσεως, τουτέστιν ἐν ἑκάστῳ τῶν φυσικῶν. καὶ γὰρ αἱ ἐν τοῖς συλλο-
γισμοῖς προτάσεις ὑποκείμεναί εἰσιν ὡς ὕλη, οὐ μὴν φύσις αὗται, ὅτι μηδὲ 5
φυσικὸς ὅλως ὁ συλλογισμός· σωματικὰ γὰρ τὰ φυσικὰ πάντα. ἀλλ' οὐδὲ
ἐν ταῖς συλλαβαῖς τὸ πρῶτον ὑποκείμενον, τουτέστι τὰ στοιχεῖα, φύσις
ἐστίν. ὥστε οὐδὲ τὸ τυχόν ἐστιν ὑποκείμενον ἡ φύσις, ἀλλὰ τὸ πρῶτον,
30 οὐδὲ ἐν τῷ τυχόντι, ἀλλὰ τῷ φυσικῷ.

p. 193 a 30   Ἄλλον δὲ τρόπον ἡ μορφὴ καὶ τὸ εἶδος ἕως τοῦ   10
ἀλλ' ἢ κατὰ τὸν λόγον.   15

Συμπληρώσας τὴν ὑπόθεσιν τὴν λέγουσαν φύσιν εἶναι τὸ ὑποκείμενον
ἀφεὶς μεταβέβηκεν ἐπὶ τὴν τὸ εἶδος λέγουσαν εἶναι φύσιν. τῆς δὲ φύσεως

2 τῇ γὰρ φύσει καὶ οὐσία E   ἔχειν om. DE   3 post τοῦ add. τὴν E   6 ἡ φύσις
οὕτως a   ἕως τοῦ κτλ. om. F   8 λέγεσθαι τὴν φύσιν aF   11 ἢ om. D
12 ἐπειδὴ δὲ οὐδὲ E   15 τὸν εἰρημένον a   16 βούλεται E   18 καὶ om. aF
20 μὲν om. E   στοιχειώδη E   22 καὶ om. D   23 εἶναι] ἐστὶν D   24 ἐν
ἑκάστῳ a   26 οὐ καὶ E   φύσεις a   27 ὅλως aD: ὅλος EF   30 ἀλλὰ DE:
ἀλλ' ἐν aF   34 ἀφεὶς DE: καὶ ἀφεὶς ταύτην aF

καὶ κοινωνούσης τῇ τέχνῃ κατὰ τὸ εἰδοποιὸν καὶ διαφερούσης, καθόσον ἡ 61ʳ
φύσις τὸ κατὰ τὴν ὕλην τῆς τέχνης εἶδος ποιεῖ τῆς μὲν κλίνης τὸ ξύλον,
τοῦ δὲ ἀνδριάντος τὸν χαλκόν, οἱ μὲν τὴν ὕλην εἶναι τὴν φύσιν βουλόμενοι
ἀπὸ τῆς διαφορᾶς ταύτης ἐπεχείρησαν τὴν κατορυττομένην κλίνην κατὰ τὸ 20
5 ξύλον ἐμφαίνειν τὴν φύσιν λέγοντες καὶ οὐ κατὰ τὴν μορφήν, οἱ δὲ τὸ
εἶδος ἀπὸ τῆς εἰδοποιοῦ κοινωνίας τῆς τε φύσεως καὶ τῆς τέχνης τὴν συνη-
γορίαν· τῆς οἰκείας ἐπιχειρήσεως ἐποιήσαντο ὧδέ πως· ὡς ἐπὶ τῶν κατὰ
τέχνην γεγονότων τέχνη λέγεται τὸ κατὰ τέχνην γεγονὸς καὶ τὸ
τεχνικόν (θαυμαστὴν γὰρ τέχνην τοῦ ἀνδριάντος τὴν μορφὴν αὐτοῦ λέ-
10 γομεν), οὕτως καὶ ἐπὶ τῶν φύσει καὶ διὰ φύσιν ὄντων φύσις ἂν εἴη τὸ
κατὰ φύσιν τε καὶ φυσικόν. θαυμαστὴν γὰρ εἰ τύχοι καὶ τοῦ ξύλου 25
φύσιν λέγομεν τὴν κατὰ τὸ εἶδος. ἀνάλογον γὰρ ὡς ἡ τέχνη πρὸς τὸ κατὰ
τέχνην, οὕτως ἡ φύσις ἔχει πρὸς τὸ κατὰ φύσιν καὶ ἐναλλάξ, φασὶ γεω-
μετρῶν παῖδες. ἔν τε γὰρ τῷ κατὰ τέχνην ὄντι ἡ τέχνη καὶ ἐν τῷ κατὰ
15 φύσιν ἡ φύσις. ἀλλὰ μὴν ἐν τοῖς κατὰ τέχνην οὔπω κατὰ τέχνην λέγεται
τὸ μηδέπω τὸ εἶδος ἀπολαβόν, ἀλλ' ἔτι δυνάμει μόνον ὄν. διὸ οὐδὲ ἔστιν
ἐν αὐτῷ τέχνη· ἡ γὰρ τέχνη ἐν τῷ εἴδει. οὐ γὰρ ὁ χαλκὸς ἡ τέχνη
τοῦ ἀνδριάντος, ἀλλὰ τὸ εἶδος. οὐδὲ ἄρα ἐν τοῖς φύσει γινομένοις τὸ δυ- 30
νάμει μόνον ὂν ἤδη κατὰ φύσιν ἐστὶν οὐδὲ ἔχει φύσιν. οὔτε γὰρ ἡ δυνά-
20 μει σὰρξ οὔτε τὸ δυνάμει ὀστοῦν τὴν σαρκὸς ἢ ὀστοῦ φύσιν ἔχει πρὸ τοῦ
τὸ εἶδος λαβεῖν. εἰ οὖν ἐν τῷ τὸ εἶδος λαβεῖν ἐν τούτῳ ἐστὶ τὸ τὴν αὐ-
τῶν ἔχειν φύσιν, τὸ εἶδος ἂν ἡ φύσις εἴη. καὶ συλλογίσαιο ἂν οὕτως· οὗ
τῇ παρουσίᾳ τὰ φύσει ὄντα φύσει ἐστί, τοῦτό ἐστι φύσις· τῇ δὲ τοῦ εἴδους
παρουσίᾳ τὰ φύσει ὄντα φύσει ἐστίν. ἐπειδὴ δὲ διττόν ἐστι τὸ εἶδος τὸ
25 μὲν κατὰ τὴν μορφὴν τὸ δὲ κατὰ τὸν λόγον ὄν, ὁριζόμενοι τί ἐστιν ἕκαστον 35
ἀποδίδομεν τὸ μὲν κατὰ τὴν μορφὴν μόνην τὸ κατὰ τὸ ἐπιπολῆς σχῆμα
καὶ χρῶμα καὶ μέγεθος, τὸ δὲ κατὰ τὸν λόγον τὸ κατὰ τὸν μονοειδῆ τύπον
τοῦ ἀνειλιγμένου ὁρισμοῦ, ὃ καὶ συντρέχει τῷ ὁρισμῷ, ὥσπερ καὶ τὸ ὄνομα,
τοῦτο δὲ καὶ τὴν μορφὴν περιέχει· τοῦτο οὖν τὸ εἶδος τὸ κατὰ τὸν
30 λόγον ἢ τὴν τοιαύτην μορφὴν εἶναι τὴν φύσιν λέγει. διὸ καὶ προστίθησι
τῷ εἴδει τὴν μορφὴν λέγων ἄλλον δὲ τρόπον ἡ μορφὴ καὶ τὸ εἶδος
καὶ πάλιν ἡ μορφὴ καὶ τὸ εἶδος οὐ χωριστὸν ὄν. καὶ ἐν τῇ τέχνῃ 40
δὲ κατὰ ἄλλον τρόπον ἡ μορφὴ καὶ τὸ εἶδος ταὐτόν ἐστιν, ὅτι κατὰ τὴν
μορφὴν ὁ τοῦ τεχνητοῦ λόγος. καὶ ἔστι καὶ τοῦτο δεικτικὸν τοῦ τὴν φύσιν
35 τὸ εἶδος εἶναι. εἰ γὰρ ἡ φύσις ἡ ἑκάστου ἐν τῷ εἶναι ἑκάστου, τὸ δὲ

---

1 κοινωνούσης ex κονούσης corr. D   3 φύσιν λέγοντα F   4 ταύτην F
12 τέχνη] τέλη E   15 post φύσιν add. ὄντι aF   οὔπω κατὰ τέχνην om. E
16 τὸ (ante εἶδος) om. F   19 ὂν om. aF   20 ὀστοῦν τῆς σαρκὸς ἢ τοῦ ὀστοῦ
aF   21 τὸ (post τῷ) om. D   22 ἂν om. F   23 τοῦτό ἐστιν ἡ φύσις E
24 ἐπεὶ δὲ a   25 ὂν aF: ὃν DE   ὁριζόμενον E   26 τὴν (post κατὰ)
om. E   τὸ κατὰ τὸ D: τὸ κατὰ E: τὸ aF   28 ἀνειλιγμένου D: ἀνηλιγμένου aF:
ἀνειδιγμένου E   ὁρισμὸν E   30 ἢ] ἤτοι a   32 οὐ aF: οὐ τὸ DE
34 τεχνήτου aDE   καὶ (post ἔστι) om. D

εἶναι ἑκάστου ἐν τῷ κατὰ τὸν λόγον καὶ τὸν ὁρισμὸν εἴδει ἐστί (διὸ καὶ 61ʳ
ἀντιστρέφουσιν οἱ ὁρισμοὶ πρὸς τὰ ὁριστά), ἡ φύσις τὸ εἶδος ἂν εἴη. ὥστε
κατὰ μὲν τοὺς προτέρους λόγους ἡ ὕλη ἂν εἴη ἡ φύσις ἐν τοῖς φυσικοῖς,
κατὰ δὲ τὸν νῦν ῥηθέντα τὸ εἶδος, ὅπερ ἀχώριστόν ἐστι τοῦ ὑποκειμένου 45
5 λόγῳ μόνῳ χωρίζεσθαι δυνάμενον ἀπ' αὐτοῦ. χωριστὰ γὰρ ταῦτα λέγε-
ται, ὅσα καὶ χωρισθέντα ὧν χωρίζεσθαι λέγεται μένει τὴν αὑτῶν ἔχοντα
φύσιν· ὧν δὲ ὁ χωρισμὸς φθορά ἐστι, ταῦτα οὐκ ἔστι χωριστά. τοιοῦτον
δὲ τὸ ἐν τῇ ὕλῃ εἶδος· κατὰ γὰρ τοῦτο τὸ εἶναι τοῖς φυσικοῖς, ἀλλ' οὐχὶ
κατὰ τὸ χωριστὸν εἶδος.

10 p. 193ᵇ5   Τὸ δὲ ἐκ τούτων φύσις μὲν οὐκ ἔστι, φύσει δέ, οἷον 49
ἄνθρωπος.

Εἰπὼν ὅτι κατά τινα τρόπον ἡ ὕλη φύσις ἂν εἴη, κατ' ἄλλον δὲ τὸ 54
εἶδος ἀκολούθως ἐπάγει περὶ τοῦ | συνθέτου, ὅτι τὸ ἐξ ὕλης καὶ εἴδους 61ᵛ
φύσις μὲν οὐκ ἔστι (φύσις γὰρ ἡ ὕλη καὶ τὸ εἶδος), φύσει δέ. τὸ γὰρ
15 δυνάμει τι ὂν ὅταν ἐνεργείᾳ γένηται κατὰ φύσιν, φύσιν ἔχει καὶ φύσει
ἔστιν. οὐδεὶς γὰρ ἔτι τοῦτο φύσιν λέγει. τὸ γὰρ εἶδος ἔχον ὅπερ ἦν ἡ
φύσις τοῦτο κατὰ φύσιν λέγεται καὶ φύσει οἷον ὁ ἄνθρωπος ὁ ἐξ ὕλης καὶ
εἴδους· οὐ γάρ ἐστι φύσις οὗτος, ἀλλὰ φύσει. εἰπὼν δὲ μεταξὺ περὶ τοῦ
συνθέτου ἐπάγει τὰ λοιπὰ περὶ τοῦ εἴδους καὶ μᾶλλον αὕτη φύσις τῆς 5
20 ὕλης ἕως τοῦ γίνεται γὰρ ἐξ ἀνθρώπου ἄνθρωπος. περὶ τοῦ εἴδους
ταῦτα πάλιν ἐπάγει βουλόμενος εἶναι μὲν καὶ τὴν ὕλην φύσιν, εἶναι δὲ καὶ
τὸ εἶδος, μᾶλλον δὲ τὸ εἶδος. καὶ τὰς αἰτίας ἐπάγει, δι' ἃς μᾶλλον τὸ
εἶδος τῆς ὕλης φύσιν εἶναι βούλεται, κατὰ πολλοὺς τρόπους ἀποδεικνὺς
τοῦτο. ὁ μέντοι Πορφύριος τὸ καὶ μᾶλλον αὕτη φύσις τῆς ὕλης περὶ
25 τοῦ συνθέτου ἀκούει, ὅπερ κἂν εἰ μὴ φύσις ἐστὶ κυρίως ἀλλὰ φύσει, ἀλλ'
ὅμως μᾶλλον φύσις ἐστὶ τῆς ὕλης, διότι τὸ εἶδος μᾶλλον φύσις ὂν ἐν
ἑαυτῷ ἔχει. ἔστι δὲ τὸ πρῶτον ἐπιχείρημα τοιοῦτον· ἡ φύσις αἰτία ἐστὶ 10
ἑκάστῳ τῶν φυσικῶν τοῦ εἶναι τοῦτο ὅπερ λέγεται, τὸ δὲ αἴτιον τοῦ εἶναι
ὅπερ λέγεταί ἐστι τὸ αἴτιον τοῦ ἐντελεχείᾳ εἶναι καὶ μὴ μόνον δυνάμει, τὸ
30 δὲ αἴτιον τοῦ ἐνεργείᾳ εἶναι τοῦτο ὅπερ λέγεται τὸ εἶδός ἐστιν· ἡ φύσις
ἄρα τὸ εἶδός ἐστιν. ὁ δὲ Ἀλέξανδρος οὕτω συνήγαγε τὸν λόγον· ἕκαστον
τῶν ὄντων τότε ἐστὶν ὅ ἐστιν, ὅταν ἐντελεχείᾳ ᾖ· ὥστε καὶ τὸ φύσει φύσει
ἐστίν, ὅταν ᾖ ἐντελεχείᾳ· ἐντελεχείᾳ δέ ἐστι πᾶν ὅταν τὸ εἶδος ἔχῃ καὶ

---

3 ἡ (post εἴη) om. a   ἐν om. aF   5 γὰρ DE: δὲ aF   6 λέγονται aF
8 οὐχὶ] οὖ E   13 ἀκολούθως om. F   15 φύσιν (post φύσιν) om. DE   19 καὶ
μᾶλλον — ταῦτα πάλιν ἐπάγει om. a   αὕτη φύσις E: αὕτη ἡ φύσις D: φύσις αὕτη F
20 ἕως — ἄνθρωπος om. F   24 καὶ μᾶλλον DEF: κατὰ μᾶλλον a   26 inter
                                    ὃν ἐν ἑαυτῷ ἔχει. ἔστι δὲ
alterum φύσις et τὸ (v. 27) habet ἐστι τῆς ὕλης διότι E   φύσιν ὂν F   28 τοῦτο
— εἶναι om. F   31 ἄρα E²: ἔστι E¹   συνῆξε F   32 ὅταν ᾖ ἐντελεχείᾳ aF
ὅταν ex ὅτι corr. E   ὥστε καὶ — ᾖ ἐντελεχείᾳ om. aF   33 δέ om. E   καὶ
τὰ φύσει — ὅταν τὸ εἶδος ἔχῃ (p. 278, 1) om. aE

τὰ φύσει ἄρα φύσει ἐστίν, ὅταν τὸ εἶδος ἔχῃ· ἀλλὰ μὴν οὐ παρουσίᾳ τὰ
φύσει φύσει ἐστί τοῦτό ἐστι φύσις, τῇ δὲ τοῦ εἴδους παρουσίᾳ τὰ φύσει
φύσει ἐστί· τὸ εἶδος ἄρα φύσις. τὸ δὲ μᾶλλον προσθεὶς ἐδήλωσεν ὅτι
καὶ τὰ δυνάμει ὄντα, εἰ καὶ μὴ ὁμοίως τοῖς ἐντελεχείᾳ, ἀλλ' ὅμως λέγε-
ται καὶ αὐτά, ὥστε καὶ ἡ ὕλη φύσις εἰ καὶ ἧττον τοῦ εἴδους. τὸ δὲ τῆς
ἐντελεχείας ὄνομα λέγεται μὲν αὐτοῦ τοῦ Ἀριστοτέλους ἴδιον· σημαίνει δὲ
τὸ εἶδος τὸ ἐνεργείᾳ ὄν, παρόσον κατὰ τοῦτό ἐστιν ἡ τοῦ ἑνὸς τέλους ἀπό-
ληψις ἤτοι ἡ τοῦ ἓν καὶ τέλειον εἶναι ἀπόληψις ἤτοι ἡ τοῦ ἐντελοῦς συνέ-
χεια, τουτέστιν ἡ κατὰ τὸ ἐντελὲς ἕξις.

Ἔτι δέ, φησίν, οἱ τὴν ὕλην ἀλλ' οὐχὶ τὸ εἶδος λέγοντες εἶναι τὴν
φύσιν εἰ διὰ τοῦτο λέγουσι, διότι κλίνης κατορυχθείσης, εἰ γένοιτο βλά-
στησις, οὐ κλίνη ἂν βλαστήσειεν ἀλλὰ ξύλον ἐκ ξύλου, ἐπειδὴ καὶ ἄνθρωπος
ἐξ ἀνθρώπου γίνεται, ἔστι δὲ ὁ ἄνθρωπος ἄνθρωπος κατὰ τὸ εἶδος, εἴη
ἂν τὸ εἶδος ἡ φύσις. κἂν μὴ γίνηται οὖν κλίνη ἐκ κλίνης, ἀλλὰ ἄνθρωπος
ἐξ ἀνθρώπου γίνεται ὥσπερ ξύλον ἐκ ξύλου, καὶ ὅλως τὰ μὲν τεχνητὰ οὐ
γίνεται ἐξ ἀλλήλων, τὰ δὲ φυσικὰ γίνεται. καὶ εἴπερ ἄρα, ἐκ τῶν φυσι-
κῶν κανονίζοντα ἐχρῆν τὸ εἶδος λέγειν τὴν φύσιν, ἀλλ' οὐχὶ ἐκ τῶν τεχ-
νητῶν ἀπογινώσκειν. ἡ γὰρ τέχνη οὐ ποιεῖ γόνιμα τῶν ὁμοίων τὰ εἴδη
ὥσπερ ἡ φύσις. καὶ γὰρ τὸ ξύλον κἂν ὕλη τῆς κλίνης, ἀλλὰ φυσικὸν εἶδός
ἐστι καὶ κατὰ τοῦτο ἔχει καὶ τοῦτο τὴν τοῦ ὁμοίου γέννησιν. προαναφωνη-
θὲν δὲ τὸ οἷον συμπέρασμα τὸ γίνεται ἄνθρωπος ἐξ ἀνθρώπου ἀσά-
φειαν ἐνεποίησε τῷ λόγῳ. ἔστι δὲ ἡ ἐπιδρομὴ τοῦ λόγου τοιαύτη· γίνεται
ἄνθρωπος ἐξ ἀνθρώπου φυσικὸν εἶδος ἐκ φυσικοῦ, οὐ μέντοι τεχνητὸν ἐκ
τεχνητοῦ· εἰς ὃ ἀποβλέψαντες ἐκεῖνοι λέγουσι μὴ εἶναι τὸ εἶδος φύσιν.
καίτοι ἔδει μᾶλλον εἰς τὰ φυσικὰ ἀποβλέψαι τὰ ὅμοια τῷ εἴδει γεννῶντα
καί, εἴπερ τοῦτο φύσεως ἴδιον, τὸ εἶδος φύσιν λέγειν· εἰ γὰρ τῷ διαμένειν
τὴν ὕλην ἐν τῇ ξύλου ἀπὸ ξύλου γεννήσει ἡ ὕλη φύσις αὐτοῖς δοκεῖ, καὶ
τῷ διαμένειν τὸ εἶδος φύσις αὐτοῖς δοκείτω τὸ εἶδος. ἐπιστῆσαι δὲ ἄξιον,
ὅταν ἄνθρωπος ἐξ ἀνθρώπου γίνηται, εἰ τὸ εἶδος ἐκ τοῦ εἴδους γίνεται,
ἀλλὰ μὴ τὸ συναμφότερον ἐκ τοῦ συναμφοτέρου. ἢ διὰ τοῦτο εἶπεν· εἰ
δὲ ἄρα τοῦτο, καὶ ἡ μορφὴ φύσις, ὡς ἐν τῷ συνθέτῳ καὶ τῆς μορφῆς
γινομένης.

p. 193ᵇ12   Ἔτι δὲ ἡ φύσις ἡ λεγομένη ἕως τοῦ ἡ ἄρα μορφὴ
             φύσις.

Τρίτον τοῦτο τίθησιν ἐπιχείρημα δεικτικὸν τοῦ τὴν φύσιν τὸ εἶδος
εἶναι πάνυ ἐντρεχῶς προαχθέν. ἡ γὰρ φύσις ἡ ὡς ἔκφυσις καὶ γένεσις

---

1 φύσει ἄρα φύσει F: κατὰ φύσιν ἄρα φύσει D   2 τὰ (post παρουσίᾳ) aF: τὸ DE
3 ἄρα (post εἶδος) E²: ἔστι E¹   10 φήσει F   11 εἰ DE: om. aF   γίνοιτο D
12 ἐπεὶ δὲ a   14 γίνηται aD: γένοιται E: γίνεται F   κλίνην ἐκ κλίνης E
17 οὐχὶ ἀπὸ D   18 τέχνην E   22 ἐποίησε aF   25 ἔδει] εἴδει D   26 εἰς]
εἰ E   27 τῇ τοῦ ξύλου a   28 δὲ om. E   29 γίνεται DE¹   εἰ — γίνεται
om. F   30 ἢ καὶ διὰ E   εἶπεν cf. p. 193ᵇ18   33 ἕως τοῦ κτλ. om. F

SIMPLICII IN PHYSICORUM II 1 [Arist. p. 193 b 12]   279

λεγομένη φύσις ὁδός ἐστιν εἰς τὴν φύσιν προϊοῦσα τοῦ γινομένου καὶ εἰς 61ᵛ
αὐτὴν τελευτῶσα· ὥσπερ οὖν ἐπὶ τῶν τεχνητῶν πᾶν τὸ γινόμενον τοῦτο
λέγεται γίνεσθαι τὸ ἐφ' ὅ ἡ πρόοδος καὶ οὐχὶ τὸ ἀφ' οὗ (ὅταν γὰρ ἐκ
ξύλου βάθρον ὁ τέκτων ποιῇ, γίνεσθαι λέγεται οὐ τὸ ξύλον, ἀλλὰ τὸ βάθρον
5 ὑπὸ τοῦ τέκτονος), ὁμοίως δὲ καὶ ἐπὶ τῶν φυσικῶν (ὅταν γὰρ ὕδωρ εἰς
ἀέρα μεταβάλλῃ, οὐχ ὕδωρ λέγομεν γίνεσθαι ἀλλ' ἀέρα), οὕτως οὖν καὶ τὸ 45
φυόμενον ἐπειδὴ εἰς φύσιν ἔρχεται, λέγεται φύεσθαι, ἀλλ' οὐχ ὅτι ἀπὸ
φύσεως. ἔρχεται δὲ ἐπὶ τὸ εἶδος· τὸ εἶδος ἄρα ἡ φύσις· καὶ ἔστιν ἡ συν-
αγωγὴ τοῦ λόγου τοιαύτη· φύσις ἐστὶν ἐφ' ὅ τὸ φυόμενόν τε καὶ γινόμενον
10 σπεύδει. τὸ δὲ φυόμενον καὶ γινόμενον ἐπὶ τὸ εἶδος σπεύδει καὶ οὐκ ἐπὶ
τὴν ὕλην. ἡ φύσις ἄρα τὸ εἶδός ἐστιν. ἐπειδὴ δέ τινα τῶν γινομένων
οὐκ ἀπὸ τούτων ὀνομάζεται ἐφ' ἃ σπεύδει, ἀλλ' ἀπὸ τῶν ἐμποιούντων τὸ
εἶδος, ἐφ' ὅ ἡ πρόοδος τῷ γινομένῳ ὡς ἡ ἰάτρευσις (αὕτη γὰρ ὁμοίως 50
μὲν λέγεται κατὰ τὸ σχῆμα τῆς λέξεως τῇ φύσει τῇ ὡς γενέσει, οὐ μὴν
15 ὡς ἡ φύσις ἐπὶ φύσιν ἐστὶν ὁδός, οὕτως καὶ ἡ ἰάτρευσις ἐπὶ ἰατρικήν, ἀλλ'
ἐπὶ ὑγίειαν, ἧς ποιητικὴ ἡ ἰάτρευσις· τὸ γὰρ ἰατρευόμενον ὑγιάζεται), διὰ
τοῦτο διεστείλατο τὰ τοιαῦτα δεικνύς, ὅτι ἡ φύσις πρὸς τὴν φύσιν ἡ ὡς
ὁδὸς πρὸς τὴν ὡς τέλος οὐχ οὕτως ἔχει ὡς ἡ ἰάτρευσις πρὸς τὴν ὑγίειαν.
αἴτιον δὲ τῆς τοιαύτης τῶν ὀνομάτων διαφορᾶς τὸ ἐν μὲν ταῖς πλείστοις
20 ὁ|μώνυμον εἶναι τῷ ποιοῦντι τὸ γινόμενον· τὸ γὰρ θερμὸν θερμὸν ποιεῖ 62ʳ
καὶ ἡ μεταξὺ ὁδὸς θέρμανσις. ἐν δέ τισιν ἑτερώνυμον, ὡς ἰατρικὴ ὑγίειαν.
μήποτε δὲ εἴ τις ἀντὶ τῆς ἰατρεύσεως τὴν ὑγίανσιν λάβοι, καὶ ἐπὶ τούτων
ὁμοίως ἕξει. ὡς γὰρ ἡ φύσις ἡ ὡς γένεσις ὁδός ἐστιν εἰς τὴν φύσιν τὴν
ὡς τέλος (φύσις γάρ ἐστιν ἐφ' ὅ τελευτᾷ τὰ φυόμενα), οὕτως καὶ ἡ ὑγίαν-
25 σις εἰς ὑγίειαν. καὶ ἔστι φυόμενον ἡ ὕλη. ὅ δὲ φύεται τὸ εἶδος καὶ τὸ 5
εἰς ὅ, ἀλλ' οὐχὶ τὸ ἐξ οὗ. εἰ οὖν τὸ φυόμενον εἶδος λαμβάνει, καὶ αὖ
πάλιν τὸ φυόμενον φύσιν λαμβάνει· τὸ ἄρα εἶδος φύσις ἐστίν, ἐν τρίτῳ
σχήματι γινομένης τῆς συναγωγῆς καὶ εὐλόγως ἐπὶ μέρους· ἔστι γὰρ εἶδος
καὶ οὐ φυσικόν. ὁ μέντοι Ἀριστοτέλης εἰπὼν ὅτι ὅ φύεται, οὐχὶ τὸ ἐξ
30 οὗ ἐστιν ἀλλὰ τὸ εἰς ὅ, παρεὶς ἐπαγαγεῖν ὅτι τὸ εἰς ὅ εἶδός ἐστι καὶ φύσις
διὰ τὸ σαφῆ εἶναι, ὁ δὲ ἐπήγαγε τὸ συμπέρασμα ἡ ἄρα μορφὴ φύσις.
εἰπὼν δὲ ἔκ τινος εἴς τι ἔρχεται προσέθηκεν ᾖ φύεται ἐνδεικνύμενος, 10
ὅτι ἴσον ἐστὶ τὸ ἔκ τινος εἴς τι ἔρχεται τῷ ἔκ τινος εἴς τι φύεσθαι.
ἐφ' ὅ γὰρ ἔρχεται, ὅ φύεταί ἐστιν, ἀλλ' οὐχὶ τὸ ἐξ οὗ οὔτε τὸ ὡς ὑποκεί-
35 μενον, οὔτε τὸ ὡς ἀντικείμενον· ἄμφω γὰρ ἐξ οὗ.

---

1 ἰοῦσα D   3 post ὅ add. ὁ E   4 οὐ ante γίνεσθαι traicit a   6 οὐχ DE:
οὐχὶ F: οὐχὶ τὸ a   9 ἐφ' ᾧ F²   φαινόμενον E   10 σπεύδει (σπ m.²
add.) F   τὸ δὲ φυόμενον καὶ γινόμενον DE: om. aF   δὲ post ἐπὶ add. aF²
11 post εἶδος add. τὸ τοιοῦτο aD (?) F²   12 σπεύδει om. D   15 ὁδός ἐστιν a
ἰατρευτικὴν D   16 ὑγείαν DF atque similiter in proximis   21 post ὡς add. ἡ F
22 ἰατεύσεως E   ὑγίανσιν] ὑγίειαν E et F¹   26 λαμβάνοι hic et v. 27 aF   27 τὸ
ἄρα a: τί ἄρα DEF   31 ὁ δὲ] fortasse ᾧδε   ἄρα E²: ἔστι E¹   32 ᾖ D: ἣ
aEF   ἐνδεικνύμενος DE: δεικνὺς aF   33 φύεται F   34 ἐφ' ᾧ E   οὔτε τὸ
ὡς ὑποκείμενον om. F

p. 193ᵇ18   Ἡ δὲ μορφὴ καὶ ἡ φύσις διχῶς λέγεται ἕως τοῦ   62ʳ
ὕστερον ἐπισκεπτέον.

Εἰπὼν ὅτι ἡ φύσις ἡ ὡς ὁδὸς εἰς φύσιν καὶ εἶδος τελευτᾷ, ἐπειδὴ
διττή ἐστιν ἡ ὁδός, ἡ μὲν ἀπὸ στερήσεως εἰς εἶδος ἡ δὲ ἀπὸ εἴδους εἰς 15
5 στέρησιν, διττὴ ἂν εἴη καὶ ἡ τοιαύτη φύσις ἡ κατὰ τὴν ὁδόν, ὥστε διττὰ
καὶ τὰ τέλη τὸ μὲν εἶδος τὸ δὲ στέρησις. εἰ οὖν τὸ τέλος εἶδος καὶ φύσις
ἐστί, πῶς ἂν εἴη ἡ στέρησις τέλος ἀντικειμένη τῷ εἴδει; ἔτι δὲ τὰ στοι-
χεῖα τῶν ἐν γενέσει τὴν ὕλην ἔθετο καὶ τὰ ἀντικείμενα· ἐπεὶ οὖν τὸ ἕτε-
ρον τῶν ἀντικειμένων ἔθετο νῦν τὴν φύσιν, πρόχειρον ἦν ἀπορεῖν, πῶς
10 αἴτια μὲν ἄμφω, φύσις δὲ θάτερον. διὸ καὶ τῇ στερήσει κατὰ τοσοῦτον
τῆς φύσεως μεταδέδωκε καθ᾽ ὅσον καὶ τοῦ εἴδους εἰπὼν καὶ γὰρ ἡ στέ- 20
ρησις εἶδός πώς ἐστιν. ἔστι δὲ εἶδός πως ἤτοι ὡς πρὸς τὸ ὑποκείμε-
νον ἀντιδιαστελλομένη, διότι ἐν ὑποκειμένῳ οὖσα καὶ αὐτὴ ὥσπερ τὸ εἶδος
μορφή τις καὶ αὐτὴ καὶ εἶδος γίνεται τοῦ ὑποκειμένου. τὰ γὰρ συμβεβηκότα
15 μορφαί πώς εἰσι τῶν οἷς συμβέβηκεν. ἢ ὅτι οὐχ ἁπλῶς ἀπουσία ἐστὶν ἡ
στέρησις, ἀλλ᾽ ἐν τῷ πεφυκότι. παράχρωσις οὖν εἴδους ἐστὶν ἡ πρὸς τοῦτο
ἐπιτηδειότης. διὸ καὶ διατίθησί πως τὸ ὑποκείμενον, ὅπερ εἴδους ἴδιόν
ἐστιν. ἢ λέγοιτο ἂν εἶδός πως ἡ στέρησις οὐ πᾶσα, ἀλλ᾽ ἡ κατὰ τὸ χεῖρον 25
τῶν ἐναντίων θεωρουμένη· τοῦτο γὰρ ὑπὸ τὴν στέρησιν τὸ εἶδος, ὡς ἐν
20 τοῖς Περὶ γενέσεως ἀποδείκνυσι, καὶ ἔστιν ἡ οὕτως λαμβανομένη στέρησις
εἶδος. ἤδη δὲ καὶ θάτερον τῶν ἐναντίων, ὁπότερον ἂν ληφθῇ, θατέρου
στέρησιν ἐν ἐκείνοις εἶναί φησιν. εἰ οὖν καὶ ἡ στέρησις εἶδός πώς ἐστι
καὶ φύσις ἄλλο οὖσα τοῦ ὑποκειμένου καὶ τῆς ὕλης, κἂν ἐν ἐκείνῃ τὸ εἶναι
ἔχῃ, λέγοιτο ἂν φύσει καὶ τὰ ἐν στερήσει, οὐ μὴν ἔτι κατὰ φύσιν, διότι
25 τὸ τέλος καὶ οὗ ἐφίεται τὸ ὑποκείμενον τοῦτό ἐστι τὸ κατὰ φύσιν, ἐφίεται 30
δὲ τοῦ εἴδους. διὸ καὶ ἐπὶ πλέον τὸ φύσει. τοῦ κατὰ φύσιν διὰ τὴν στέ-
ρησιν. ἀλλὰ πῶς ἡ ἐπὶ τὴν στέρησιν ὁδὸς φύσις λέγοιτο ἂν οὐκ οὖσα ἔκ-
φυσις; φθορὰ γάρ ἐστι καὶ οὐχὶ γένεσις. ἢ καθόσον ἡ στέρησις εἶδός πως,
κατὰ τοσοῦτον καὶ αὐτὴ φύσις καὶ ἡ ἐπ᾽ αὐτὴν ἄγουσα ὁδὸς φύσις. ἀλλ᾽
30 εἰ ἡ στέρησις εἶδός πώς ἐστι, δῆλον ὅτι ἐξ εἴδους εἶδος ἂν γίνηται καὶ
οὐκέτι ἡ ἀνωτάτω ἐναντίωσις εἴδους ἐστὶ καὶ στερήσεως, ὡς ἐλέγετο ἐν τῷ
πρώτῳ βιβλίῳ. ἀλλ᾽ ὅτι μὲν κἂν ἐξ εἴδους γίνηται εἶδος, οὐχ ὡς ἐξ εἴ- 35
δους ἀλλ᾽ ὡς ἐκ στερήσεως καὶ ἐκ τοῦ μὴ τοιοῦδε πεφυκότος δέ, πρόδηλον
καὶ ἐν τῷ πρώτῳ βιβλίῳ διακέκριται. εἰ δὲ καὶ ἡ στέρησις εἶδός
35 πως, οὐκέτι μόνον ὡς στέρησις ἀντικείσεται πρὸς τὸ εἶδος, ἀλλὰ καὶ ὡς
ἐναντίον. ἡ γὰρ τῶν μὴ δυναμένων συνυπάρχειν εἰδῶν ἀντίθεσις, ὡς

---

1 Ἡ δέ γε ex Arist. a   11 μετέδωκε a   12 ἔστι δὲ — ἤτοι om. F
13 αὕτη D   16 τοῦτο] τὸ εἶδος E   17 εἴδους — λέγοιτο ἄν (18) om. E   20 Περὶ
γενέσεως cf. Α 3 p. 318ᵇ17   22 φησιν DE: φασὶν aF   καὶ (post οὖν) om. aF
23 ἄλλου E   24 ἔχοι F   ἔτι καὶ κατὰ aF   29 καὶ αὕτη aE   30 γίνοιτο vir
quidam doctus veri similiter in Ambros. Q 114 inf.; similiter erratum f. 65ᵛ38
31 ἐν τῷ πρώτῳ βιβλίῳ cf. c. 7 sqq.   32 γίνεται E   36 μὴ (post τῶν) om. F

SIMPLICII IN PHYSICORUM II 1 [Arist. p. 193 b 18] 281

ἐναντίων ἐστὶ καὶ οὐχ ὡς ἕξεως καὶ στερήσεως. εἰ δὲ τοῦτο, πᾶσα γένεσις 62ʳ
οὐκ ἐκ τοῦ μὴ τοιούτου μόνον, ἀλλ' ἐξ ἐναντίων ἔσται εἰδῶν. εἰ δὲ τοῦτο
ἢ οὐκ ἔσται γένεσις τῆς οὐσίας καὶ ἔσται πᾶσα οὐσία ἀγένητος καὶ ἄφθαρ- 40
τος, καίτοι τῆς κυρίως οὐσίας κατ' αὐτὸν τῆς ἀτόμου γινομένης καὶ φθει-
5 ρομένης ἐν τοῖς φυσικοῖς καὶ τῆς κυρίως γενέσεως κατ' οὐσίαν οὔσης
μεταβολῆς, ἢ εἰ γίνοιτο οὐσία, καὶ ταύτην ἐξ ἐναντίου γίνεσθαί τινος
ἀνάγκη. δοκεῖ δὲ αὐτῷ τῇ οὐσίᾳ μηδὲν εἶναι ἐναντίον. ταύτην οὖν τὴν
ζήτησιν, εἰ τῆς στερήσεως εἴδους πως λεγομένης ἔσται στέρησις περὶ τὴν
ἁπλῆν οὐσίαν ἐναντίον τι εἶδος οὖσα ἢ μὴ ἔστιν, ἑκατέρωθεν ἀπορουμένην
10 ἀναβάλλεται νῦν. καὶ γὰρ εἰ μὲν μὴ ἔστιν, ἐπειδὴ πᾶσα γένεσις ἐκ τοῦ 45
ἐναντίου, ἀναιρεθήσεται ἡ τῆς οὐσίας γένεσις, ἥτις μόνη κυρίως γένεσίς
ἐστι κατ' αὐτόν· εἰ δὲ ἔστιν οὐσίας γένεσις, ἔστι τι τῇ οὐσίᾳ ἐναντίον,
ὅπερ ἐν Κατηγορίαις ἀπέφησε. λύει δὲ τὰς ἀπορίας ταύτας ἐν ἄλλοις λέ-
γων εἶναι μὲν οὐσίαν, ἧς ἡ γένεσις δοκεῖ τὸ συναμφότερον τὸ ἐξ ὕλης καὶ
15 εἴδους συνεστώς, ταύτην δὲ μὴ ἁπλῶς ἀλλὰ κατά τι γίνεσθαι. κατὰ μὲν
γὰρ τὸ ὑποκείμενον ἀγένητός ἐστιν (ἡ γὰρ ὕλη οὔτε γίνεται οὔτε φθείρε-
ται, ὡς ἔδειξεν ἐπὶ τέλει τοῦ πρώτου βιβλίου), γίνεται δὲ κατὰ τὸ συναμ- 50
φότερον, τουτέστιν ἡ οὐσία κατὰ τὸ εἶδος, ὅ ἐστιν ἐν ὑποκειμένῃ τῇ ὕλῃ.
ὥσπερ δὲ ἔχει τὸ γίνεσθαι ἡ οὐσία, οὕτως καὶ ἐναντίον ἐστί τι αὐτῇ. ἔχει
20 δὲ τὸ γίνεσθαι οὐ κατὰ τὸ ὑποκείμενον, ἀλλὰ κατὰ τὸ ἐν ὑποκειμένῳ εἶδος.
κατὰ τοῦτο οὖν καὶ ἐναντίον τί ἐστιν αὐτῇ οὐ καθὸ ὑποκείμενόν ἐστιν,
ἀλλὰ καθὸ ἐν ὑποκειμένῳ. τῷ γὰρ πυρὶ καθὸ μὲν συναμφότερόν τι καὶ
οὐσία τοιαύτη οὐδέν ἐστιν ἐναντίον, κατὰ δὲ τὸ εἶδος. κατὰ γὰρ τὴν θερ-
μότητα καὶ ξηρότητα καὶ τὴν ἐπὶ τὸ ἄνω ῥοπὴν κατὰ ταῦτα ἐναντία ἔχει,
25 καὶ ἡ γένεσις αὐτῷ | κατὰ ταῦτα. ὅταν οὖν λέγῃ ἐν Κατηγορίαις τῇ οὐσίᾳ 62ᵛ
μηδὲν εἶναι ἐναντίον, οὕτως ἀκουστέον ὅτι τῇ συναμφοτέρῳ. ταύτης γὰρ
καὶ μόνης ἐκεῖ ὡς οὐσίας μνημονεύει καὶ τῶν ταύτης εἰδῶν καὶ γενῶν.
διὸ τῇ μὲν οὐσίᾳ ἁπλῶς καθὸ οὐσία οὐδέν ἐστιν ἐναντίον, οὐδὲ γίνεται ἡ
οὐσία καθὸ οὐσία. γένοιτο γὰρ ἂν ἐκ μὴ οὐσίας καὶ τοῦ ἁπλῶς μὴ ὄντος.
30 καθὸ δὲ ἥδε τίς ἐστιν ἡ οὐσία καὶ καθὸ διάφοροι αἱ οὐσίαι, κατὰ τοῦτο 5

---

1 ἐναντίων F: ἐναντίον aED   πᾶσα — εἰ δὲ τοῦτο (2) om. E   2 margini adscriptum
habet D scholion hoc: ἐνταῦθα ζητεῖ εἰ πᾶσα γένεσις ἐξ ἐναντίων, κυρίως δὲ γένεσις ἡ κατ'
οὐσίαν. ἢ οὐδαμοῦ γένεσις τῆς οὐσίας ἐσεῖται ἢ καὶ ταύτῃ τι ἐναντίον φανήσεται. ἀλλὰ μὴν
εἴρηκεν ἐν κατηγορίαις ἀριστοτέλης, ὅτι τῇ οὐσίᾳ οὐδέν τι ἔσται ἐναντίον. ταῦτα ζητήσας. ἐπι-
λύεται εἰπών. περὶ ποίας οὐσίας εἴρηται ἐκεῖ τὸ μή τι εἶναι αὐτῇ ἐναντίον   4 καίτοι] καὶ
τὸ F   6 post εἰ add. οὐ E   ἡ οὐσία, καὶ αὐτὴν a   11 ἡ τῆς οὐσίας itera-
vit F   κυρίως μόνη a   13 ἐν Κατηγορίαις c. 5 p. 3 b 24   ἀπέφυσε a
14 γίνεσθαι δὲ post γένεσις super add. E²   15 συν in συνεστώς erasum F   16 γὰρ
superscr. D   17 ἐπί] ἐν τῷ a   τέλει τοῦ πρώτου βιβλίου p. 192 a 25 sqq.
κατά (post δὲ) om. D   18 ἐν ὑποκειμένῃ τῇ ὕλῃ E: ἐν ὑποκειμένῃ (τῇ add.) ὕλῃ D:
ἐν ὑποκειμένῳ τῇ εἶδος ὕλη F et (om. εἶδος) a   19. 20 ἔχει δὲ τὸ γίνεσθαι om. aF
20 κατὰ τὸ DE: καθὸ aF   ὑποκείμενον — οὐ καθὸ (21) om. F   21 ἐστιν (ante
ἀλλὰ) om. a   23 δὲ (post κατά) om. D¹   27 εἰδῶν] εἰδῶ μὴ E   29 ἂν
om. F   30 ἥδε τίς] εἶδος (in mrg. ὅδε τις ἔστιν) D   τίς om. in lacuna F
ἡ (ante οὐσία) et καὶ (post οὐσία) om. F

καὶ ἔστιν ἐναντίωσις ἐν αὐταῖς· καὶ γὰρ ἡ γένεσις κατὰ τοῦτο· κατὰ τὰ
εἴδη δὲ ταῖς οὐσίαις αἱ διαφοραί. ἐν τούτοις ἄρα ἡ ἐναντίωσις.

"Ἢ, φησὶν Ἀλέξανδρος, οὐδὲ τῇ κατὰ τὸ εἶδος οὐσίᾳ ἐναντίον τί
ἐστιν. ἡ γὰρ στέρησις οὐ κυρίως ἐναντίον, ἐξ ἧς ἡ γένεσις τῷ εἴδει.
ἢ εἰ τὸ ἕτερον τῶν ἐναντίων στέρησις, καὶ ἡ στέρησις ἂν ἐναντίον εἴη."
ταῦτα μὲν ὁ Ἀλέξανδρος. μήποτε δὲ οὐκ ἐκ τῆς τοιαύτης στερήσεως
κυρίως ἡ γένεσις, τῆς κατὰ τὸ χεῖρον ἐναντίον λεγομένης. κἂν γὰρ
ἐξ ἐναντίου εἴδους ἡ γένεσις, οὐ καθὸ εἶδος, ἀλλὰ καθὸ σύνεστιν ἐκείνῳ
ἡ τοῦ ἐναντίου στέρησις, ἀπουσία οὖσα ἐν τῷ πεφυκότι. πέφυκε δὲ τὸ
αὐτὸ πρὸς ἑκάτερον τῶν ἐναντίων. ὡς γὰρ γένος κοινὸν τῶν ἐναντίων
προηγεῖται, οὕτως αὐτὰ καὶ ὑποκείμενον κοινὸν ὑποδέχεται. μήποτε οὖν
κατ' ἄλλον τρόπον οὐκ ἔστι τῇ κατὰ τὸ εἶδος οὐσίᾳ ἐναντίον, καθόσον τὰ μὲν ἐναντία ἐν τῇ τῶν διαφορῶν ἀντιθέσει τῇ πρὸς ἀλλήλας
θεωρεῖται, τὸ δὲ εἶδος οὐκ ἔστι διαφορά, ἀλλὰ διαφορῶν σύλληψις μετὰ
τοῦ γένους. καὶ τὰ μὲν ἐναντία ποιότητές εἰσι, τὸ δὲ εἶδος οὐσία. εἰ
οὖν μηδέν ἐστι τῷ εἴδει ἐναντίον, πῶς γίνεται τὸ εἶδος; ἢ οὖν οὐ γίνεται
καὶ ἔστι μετὰ τῆς ὕλης ἀγένητον καὶ τὸ συναμφότερον ἀγένητον καὶ πάντα
ἀγένητα, ἢ οὐ πάντα τὰ γινόμενα ἐξ ἐναντίων γίνεται. μήποτε οὖν οὐδὲ
τὸ εἶδος καθ' αὑτὸ γίνεται ἢ φθείρεται. τὸ γὰρ πῦρ οὐ μόνον κατὰ τὸ
σύνθετον ἀγένητόν ἐστιν, ὡς εἴρηται πρότερον, καὶ κατὰ τὴν ὕλην, ἀλλὰ
καὶ κατὰ τὸ εἶδος· γίνεται δὲ κατὰ τὰς συνιστώσας αὐτὸ διαφοράς, ἐν αἷς
καὶ ἐναντιώσις θεωρεῖται. θερμότης γὰρ καὶ ξηρότης καὶ ἡ ἐπὶ τὸ ἄνω
φορὰ καθ' αὑτὸ μὲν οὐδὲν τούτων ἐστὶ τὸ εἶδος τοῦ πυρός, ἀλλὰ διαφοραὶ
ταῦτα· πάντα δὲ ἅμα συνδραμόντα τὸ πῦρ ποιεῖ. κατὰ οὖν τὴν τούτων
ἐκ τῶν ἐναντίων γένεσιν καὶ εἰς τὸ ἐναντίον φθορὰν γίνεται καὶ φθείρεται
τὸ πῦρ. οὕτως δὲ καὶ ἐπὶ τῶν ἄλλων εἰδῶν ἑκάστου ἡ γένεσις καὶ ἡ
φθορὰ οὐ καθ' αὑτὸ τοῦ εἴδους ἐστίν, ἀλλὰ κατὰ τὰς τοῦ εἴδους διαφοράς·
φθειρομένων γὰρ ἐκείνων ὑπ' ἀλλήλων συμφθείρεται τὸ εἶδος, ὥσπερ καὶ
συντρεχουσῶν ἐπιγίνεται.

p. 193ᵇ22 Ἐπεὶ δὲ διώρισται ποσαχῶς ἡ φύσις λέγεται.

Ὅτι πρὸς τοῦτο τέταται πᾶς ὁ τοῦ λόγου σκοπὸς πρὸς τὸ διελέσθαι
τὰ τῆς φύσεως σημαινόμενα, διότι πολλαχῶς λεγομένης αὐτῆς ἄλλος κατ'
ἄλλο τι τῶν σημαινομένων ἐξεδέχετο τὴν φύσιν, σαφὲς πεποίηκεν αὐτὸς
οὕτως τὸν λόγον συμπερανάμενος ἐπεὶ δὲ διώρισται ποσαχῶς ἡ φύσις
λέγεται. τὸ δὲ ποσαχῶς λεγόμενον κατὰ διαφόρων τῷ ὑποκειμένῳ τάτ-

---

1 καὶ (ante ἔστιν) om. F   2 ἡ (post ἄρα) om. EF   9 τὸ (ante αὐτὸ) super add. D   10 αὐτὸ iteravit E   12 κατ' iter. E   18 ἀγένητα ἢ οὐ πάντα om. F   18 οὐ (post ἢ) om. a   20 πρότερον p. 281, 22: πότερον E   21 καὶ (ante κατὰ) om. DE   αἷς] ᾧ E   22 ἡ (post καὶ) om. aF   23 τούτων οὐδέν a   26 καὶ ἡ] μὴ F   28 post καὶ add. αὐτῶν D   31 τέτακται πᾶν a   32 τὰ περὶ τῆς a ποσαχῶς E   33 σαφῶς D   34 οὕτως F: οὗτος DE   πολλαχῶς itemque v. 35 E   35 διαφόρως ποσαχῶς F

τεται πραγμάτων. ἀλλ' ἐπειδὴ τὰ μὲν ἄλλα σημαινόμενα σαφῶς παραδέ- 62ᵛ
δωκε, τὸ δὲ κυρίως συνέκρυψε, καλῶς ἂν ἔχοι συντόμως πᾶσιν ἐπελθεῖν
τοσοῦτον προειπόντα, ὅτι τοῦ φυσικοῦ σώματος ἔχοντος καὶ ὕλην καὶ εἶδος
καὶ τὸ συναμφότερον καὶ γενητοῦ ὄντος καὶ διὰ τοῦτο κίνησίν τε ἔχοντος
5 τὴν ἐπὶ γένεσιν καὶ πρὸ πάντων τὸ τῆς κινήσεως αἴτιον (κινήσεως γὰρ 40
οὔσης ἔστι τι πάντως τὸ κινοῦν) πενταχῶς λέγεται ἡ φύσις· καθ' ἕνα μὲν
τρόπον ἡ ἐν ἑκάστῳ ὕλη, αὕτη δέ ἐστι τὸ πρώτως ἐν ἑκάστῳ τῶν φυσικῶν
ὑπάρχον ἀρρύθμιστον ὡς ἐπὶ τῶν τεχνητῶν ἐν ἀνδριάντι μὲν χαλκός, ἐν
νηῒ δὲ ξύλον, ἐν δὲ τῷ φυσικῷ παντὶ σώματι ἡ πρώτη ὕλη ὡς κάτωθεν
10 εἰπεῖν, ἤτοι τὸ ἔσχατον ὑποκείμενον ὡς ἄνωθεν ἀρχόμενοι καλοῦσι. δοκεῖ
δὲ αὕτη φύσις εἶναι, διότι χρὴ τὴν ἑκάστου φύσιν ἐν ταῖς παντοίαις αὐτοῦ
μεταβολαῖς τὴν αὐτὴν μένουσαν ὁρᾶσθαι. φύσις γοῦν ἀνθρώπου ἐστίν, 45
ἥτις καὶ καθεύδοντος καὶ ἐγρηγορότος καὶ κινουμένου καὶ ἑστῶτος καὶ τὰς
ἄλλας τροπὰς ὑπομένοντος ἡ αὐτὴ πανταχοῦ φαίνεται ὁρωμένη. οὕτως
15 οὖν καὶ ἐπὶ τοῦ παντὸς φυσικοῦ σώματος τὸ ὑπομένον ἐν ταῖς παντοίαις
μεταβολαῖς τὸ αὐτὸ τοῦτο ἂν εἴη φύσις. ὑπομένει δὲ ἡ ὕλη. ὁ δὲ Ἀντι-
φῶν τὴν τῆς ὕλης ὑπομονὴν καὶ ἀπὸ τῆς τοῦ ὁμοίου βλαστήσεως ἐπειράθη
δεικνύναι, καίτοι τῆς βλαστήσεως μᾶλλον εἶδος ἐξ εἴδους ἢ ὕλην ἐξ ὕλης 50
γίνεσθαι δηλούσης. ἄνθρωπος γὰρ ἐξ ἀνθρώπου καὶ ξύλον ἐκ ξύλου γίνε-
20 ται. εἶδος δὲ καὶ τὸ ξύλον, κἂν ὕλης ἔχῃ πρὸς τὴν κλίνην λόγον.

Κατὰ δεύτερον δὲ σημαινόμενον φύσις λέγεται τὸ περὶ τὴν ὕλην εἶδος.
ὡς γὰρ οὔπω λέγεται κατὰ τὸ τῆς τέχνης ὄνομα ἀνδριάς, ἐὰν μὴ ἀπολάβῃ
τὸ κατὰ τὴν τέχνην εἶδος, οὕτως καὶ ἡ ὕλη οὔπω λέγεται κατὰ τὸ φυσικὸν
ὄνομα, ἐὰν μὴ ἀπολάβῃ τὸ εἶδος. ἡ γὰρ ὕλη δυνάμει μόνον ἐστὶν ἐκεῖνο
25 οὗ ἐστιν ὕλη, οἷον τὸ σπέρμα δυνάμει ζῷον, ἕκαστον δὲ κατὰ τὸ | ἐνεργείᾳ 63ʳ
χαρακτηρίζεται. τοῦτο δέ ἐστι τὸ εἶδος. εἰκότως ἄρα μᾶλλον τῆς ὕλης
τὸ εἶδος φύσις δοκεῖ.

Κατὰ δὲ τρίτον σημαινόμενον φύσις λέγεται τὸ ἐκ τῆς ὕλης καὶ τοῦ
εἴδους συγκείμενον οἷον ὁ ἄνθρωπος. ὡς γὰρ ἡ οὐσία τριχῶς ἥ τε ὕλη
30 καὶ τὸ εἶδος καὶ τὸ συναμφότερον, οὕτως καὶ ἡ φύσις τριχῶς λέγοιτο ἄν.
ὁ μέντοι Ἀριστοτέλης τὸ ἐξ ἀμφοῖν φησι "φύσις μὲν οὐκ ἔστι, φύσει δέ".
εἰ γὰρ ἑκάτερον τῶν συντιθέντων αὐτὸ φύσις ἐστίν, ἄλλο δὲ παρ' ἑκάτερόν 5
ἐστι τὸ σύνθετον κατ' ἐκεῖνα ὑφεστώς, φύσις μὲν οὐκ ἂν εἴη κυρίως, φύσει
δέ. εἰ μέντοι τὸ "μᾶλλον αὕτη φύσις τῆς ὕλης" ἐπὶ τῆς συνθέτου εἴρηται,
35 ὡς ἤκουσεν ὁ Πορφύριος, δῆλον ὅτι κυρίως μὲν φύσις οὐκ ἔστι τὸ σύνθε-
τον (οὐδὲ γὰρ τῶν ἁπλῶν οὐδὲν κυρίως φύσις), μᾶλλον δὲ τῆς ὕλης φύσις
ἐστί, διότι ἔχει ἐν ἑαυτῷ τὸ εἶδος, ὃ μᾶλλον τῆς ὕλης φύσις ἐστί. καὶ

---

2 κυρίως DF: κυριώτατον aE   συντόμως post ἐπελθεῖν iterabat, sed delevit E
6 τι (post ἔστι) om. F   11 αὕτη ἡ φύσις D   12 γοῦν DE: οὖν aF   15 τοῦ
παντὸς φυσικοῦ σώματος D: ἐπὶ τοῦ παντὸς τοῦ φυσικοῦ σ. F: ἐπὶ τοῦ φυσικοῦ παντὸς σώματος
φυσικοῦ E: ἐπὶ π. τ. φυσ. σώματος a   τὸ ὑποκείμενον D .   22 ἀπολάβῃ — ἐὰν μὴ (24)
om. D   26 τῆς ὕλης τὸ εἶδος φύσις δοκεῖ DE: τὸ εἶδος τῆς ὕλης χαρακτηρίζεται aF
28 ἐκ τοῦ εἴδους καὶ τῆς ὕλης F   31 φησι p. 193ᵇ5   33 ἂν om. a   34 μᾶλλον
κτλ. p. 193ᵇ6

κατὰ τὸν Ἀντιφῶντος δὲ διορισμόν, ἐπειδὴ ἄνθρωπος ἐξ ἀνθρώπου γίνεται 63ʳ
σύνθετον ἐκ συνθέτου, εἴη ἂν φύσις καὶ τὸ σύνθετον. ἀλλὰ ταῦτα μὲν τὰ 10
τρία σημαινόμενα τῆς φύσεως τό τε σύνθετόν ἐστι καὶ τὰ στοιχεῖα τοῦ
συνθέτου.

5 Κατὰ δὲ τέταρτον σημαινόμενον λέγεται φύσις ἡ οἷον ἔκφυσις καὶ
γένεσις καὶ κίνησις, καθ' ἣν ὑπὸ τοῦ φύοντος φύεται τὸ φυόμενον. ὡς γὰρ
ἐπὶ ἱματίου τό τε ὑφαῖνόν ἐστιν ὁ ὑφάντης καὶ τὸ ὑφαινόμενον τὸ ἱμάτιον
καὶ τρίτον ἡ ὕφανσις κίνησίς τις οὖσα ἀπὸ τοῦ ποιοῦντος ἐπὶ τὸ γινόμενον,
οὕτως καὶ ἐπὶ τοῦ φυσικοῦ τό τε φυόμενόν ἐστι καὶ τὸ φύον καὶ μεταξὺ 15
10 ἀμφοῖν ἡ φύσις ἡ τοιαύτη ἡ ὡς κίνησις τῆς ποιούσης φύσεως, ὡς ἡ
ἰάτρευσις τῆς ἰατρικῆς.

Κατὰ πέμπτον δὲ σημαινόμενον τὸ κυριώτατον φύσις ἐστὶ τὸ τοῦ
κινεῖσθαι τοῖς φυσικοῖς αἴτιον. ὥσπερ τέχνη τὸ ποιητικὸν τῶν τεχνητῶν
καὶ ἡ ταύτης κίνησις, φύσις λεγομένη ἄρχεται μὲν ἀπὸ τῆς κατὰ τὴν ὕλην
15 φύσεως, λήγει δὲ εἰς τὴν κατὰ τὸ εἶδος φύσιν ἀποδιδοῦσα τὴν κατὰ τὸ
συναμφότερον φύσιν. καὶ ταύτῃ μὲν κοινωνεῖ τῇ τέχνῃ ἡ ποιητικὴ φύσις,
διαφέρει δὲ αὐτῆς τῷ τὴν μὲν τέχνην ἐκτὸς οὖσαν ἄρχεσθαι μὲν ἐκ τῶν 20
οἰκείων θεωρημάτων, τελευτᾶν δὲ εἰς ἄλλο τι παρ' αὐτὴν οὖσαν τὸ ἀπο-
τέλεσμα. οὕτως γὰρ ἡ ἰατρικὴ εἰς ὑγίειαν τελευτᾷ, ἡ μέντοι φύσις ἐν-
20 υπάρχουσα τῷ φυομένῳ διὰ τῆς οἷον ἐκφύσεως ἐπὶ τὴν τοῦ ἀποτελουμέ-
νου φύσιν τελευτᾷ φύσις εἰς φύσιν διὰ φύσεως. εἰ μὴ ἄρα καὶ ἡ τέχνη
διὰ τῆς τεχνικῆς κινήσεως εἰς τὸ τεχνητὸν τὸ ὁμοειδὲς τελευτῶσα σῴζει
κατὰ τοῦτο τὴν πρὸς φύσιν ὁμοιότητα, ἀλλὰ κατά γε τὸ ἐνυπάρχειν καὶ
ἔνδοθεν εἶναι τὴν ἐνέργειαν τῆς φύσεως διαφέρει τῆς τέχνης ἡ φύσις. 25

25 Πολλῶν δὲ ὄντων τῶν σημαινομένων τῆς φύσεως τὸ μὲν ὄνομα κυριώ-
τερον τῇ φύσει τῇ ὡς κινήσει καὶ ἐκφύσει προσήκει (τῇ γὰρ ἰατρεύσει
καὶ ὑφάνσει καὶ ὅλως κινήσει ἀναλογεῖ), ἡ δὲ ἔννοια τοῦ ὀνόματος τῇ κυρίως
φύσει μᾶλλον προσήκει τῇ ὡς ποιητικῇ τῶν φυσικῶν. ὁ μέντοι ὁρισμὸς
πᾶσι τοῖς σημαινομένοις ἐφαρμόσει οἰκείως ἐφ' ἑκάτερα λαμβανόμενος· καὶ
30 γὰρ ἡ μὲν κυρίως φύσις ἀρχὴ καὶ αἰτία κινήσεώς ἐστι καὶ ἠρεμίας, ἡ δὲ
ὡς κίνησις φύσις ὡς ὀργανική· διὰ γὰρ ταύτης ἡ ποιητικὴ φύσις τὴν ἐν 30
τοῖς φυσικοῖς κίνησιν καὶ ἠρεμίαν ἀποτελεῖ, ὡς ὁ ἰατρὸς διὰ τῆς ἰατρεύ-
σεως τὴν ὑγίειαν. ἡ δὲ ὕλη καὶ τὸ εἶδος ἀρχαὶ τῆς κατὰ φύσιν ἀποδι-
δομένης ἐνεργείας εἰσὶν ὡς στοιχειώδεις. καὶ λέγει ὁ Εὔδημος ὅτι ἐπιδέ-
35 χεται καὶ ταῦτα τὸν λόγον τὸν τῆς φύσεως· ἀρχὴ γὰρ δοκεῖ κινήσεως

---

1 δὲ om. D   ἐξ ἀνθρώπου om. E   2 καὶ τὸ σύνθετον φύσις aF   μὲν om. a
5 δὲ post τέταρτον traiecit aF   τὸ ante τέταρτον add. D   οἷον ἡ traiecerat, sed
corr. D   6 γέννησις F   ὥσπερ a   7 ante τὸ ἱμάτιον add. μὲν E   10 ἀμφοῖν
om. aF   13 τεχνητῶν aE¹F: τεχνικῶν DE²   14 post φύσις add. δὲ a   18 οὖσαν
vix sanum   22 τεχνικῆς] τεχνητῆς D   24 τὴν] τῆς E   26 ἐκφύσει] φύσει E
29 in mrg. habet D: ὅρα δὲ -ὅπως ὁ ὁρισμὸς τῆς φύσεως πᾶσι τοῖς τῆς φύσεως σημαινομέ-
νοις ἐφαρμόζει   ἑκάτερα aF: ἑκάστων DE   34 καὶ λέγει καὶ E   Εὔδημος
fr. 19 p. 32, 9 Sp. qui quousque Eudemea pertineant non distinxit neque ego distinguo
35 ταῦτα δὲ E   τὸν (ante τῆς) om. a   κινήσεως δοκεῖ aF

εἶναι καὶ ἡ ὕλη καὶ τὸ οὗ ἕνεκα. τοῦ γὰρ ἴεσθαι κάτω τὸν μόλυβδον τὴν 63ʳ
ὑποκειμένην ὕλην αἰτιώμεθα· ὅτι γὰρ ἐκ τοιαύτης ἐστὶ κάτω φέρεται. ἔχει
δὴ κινήσεως ἀρχὴν ἐν ἑαυτῷ καὶ καθ' ἑαυτόν, ᾗ γὰρ μόλυβδός ἐστι. τὸ 35
δὲ εἶδος ἀρχὴ ἂν εἴη καὶ ὡς τέλος· εἰς τοῦτο γὰρ βλέπουσα ἡ φύσις
5 πάντα πραγματεύεται τὰ ἐν τοῖς φυσικοῖς. ἀλλὰ πῶς τὸ σύνθετον ἀρχὴ ἂν
εἴη καὶ αἰτία ἀποτέλεσμα μόνον ὑπάρχον; ἢ καὶ τοῦτο ὡς τέλος ἂν εἴη
ἀρχή. εἴτε γὰρ εἶδος ἐν ὕλῃ τὸ σύνθετον εἴτε ἐξ ὕλης καὶ εἴδους, τούτου
ποιητική ἐστιν ἡ φύσις καὶ οὐχ ὡς καθ' ἑαυτὸ ὄντος τοῦ εἴδους. μήποτε
δὲ τὸ σύνθετον καὶ ὡς ποιητικὸν αἴτιόν ἐστιν ἀρχὴ κινήσεως καὶ ἠρεμίας,
10 εἴπερ αἱ ἐνέργειαι κινήσεις οὖσαι κατὰ τὸ σύνθετον ἀποδίδονται καὶ αἱ τῶν 40
ἐνεργειῶν παῦλαι. ἡ γὰρ τοῦ πυρὸς οὐσία ἀρχὴ ἂν εἴη καὶ αἰτία θερ-
μάνσεως καὶ τῆς ἐπὶ τὸ ἄνω φορᾶς. ἀλλὰ ταῦτα μὲν οὕτως.

Ἄξιον δέ μοι δοκεῖ ζητεῖν, πῶς ἐν τῇ ἀπαριθμήσει τῶν τῆς φύσεως
σημαινομένων τὸ κυριώτατον τῆς φύσεως σημαινόμενον τὴν ποιητικὴν τῶν
15 φυσικῶν αἰτίαν ὁ Ἀριστοτέλης παραλέλοιπε τὴν ὕλην εἰπὼν καλεῖσθαι
φύσιν καὶ τὸ εἶδος, καὶ εἴπερ ἄρα, καὶ τὸ σύνθετον καὶ τὴν οἷον ἔκφυσιν
καὶ κίνησιν τὴν ἐπὶ τὸ εἶδος, τῆς δὲ ὡς ποιητικῆς αἰτίας μὴ μνημονεύσας. 45
καὶ λεκτέον οἶμαι πρὸς τοῦτο, ὅτι εὐθὺς ἀρξάμενος τοῦ περὶ τῆς φύσεως
λόγου τὴν κυρίως φύσιν τὴν ποιητικὴν αἰτίαν παραδέδωκεν καὶ ταύτην
20 ὡρίσατο. διὸ καὶ τὸ κατὰ συμβεβηκὸς ἐξηγούμενος ἰατρὸν ἔλαβεν ἑαυτὸν
ἰατρεύοντα ὡς δὴ καὶ τὸ καθ' αὑτὸ αἴτιον ποιητικὸν ζητῶν τὸ ἀνάλογον
τῷ οἰκίαν ποιοῦντι καὶ τὰ ἄλλα τὰ χειρόκμητα. ἐκεῖ οὖν τὴν κυρίως
φύσιν ἀποδοὺς ἐνταῦθα λοιπὸν τὰ ἄλλα σημαινόμενα τοῦ τῆς φύσεως ὀνό-
ματος παραδίδωσι. μήποτε δὲ τὴν κυρίως φύσιν οὐδὲ ἐνταῦθα παρῆκεν, 50
25 ἀλλ' ἐνεδείξατο εἰπὼν ἀπὸ ἰατρικῆς μὲν οὐκ εἰς ἰατρικὴν εἶναι ὁδὸν τὴν
ἰάτρευσιν, ἀλλ' εἰς ὑγίειαν, τὴν δὲ φύσιν τὴν ὡς κίνησιν ἀπὸ φύσεως εἰς
φύσιν. ἡ δὲ ἀναλογοῦσα τῇ ἰατρικῇ φύσις ἡ ποιητική ἐστι καὶ οὐδεμία
ἄλλη τῶν κατὰ τὰ τέτταρα σημαινόμενα. ἐρεῖ δέ τι οἶμαι περὶ τῆς ποιη-
τικῆς φύσεως καὶ μετ' ὀλίγον, ὅταν τὰ αἴτια διορίζηται.

30 Ἀλλ' ἐπειδὴ τὰ περὶ τῆς φύσεως εἰρημένα τέλος ἔχειν δοκεῖ, καλῶς
ἂν ἔχοι τὸν λόγον ἀναλαβεῖν καὶ ζητῆ|σαι, τίς ἡ κατὰ τὸν Ἀριστοτέλην 63ᵛ
φύσις καὶ τίνα ἔχουσα δύναμιν ἐν τοῖς οὖσι. καλῶς μὲν γὰρ ἀπὸ τῆς
διαφορᾶς τῶν φύσει πρὸς τὰ μὴ φύσει τὴν εὕρεσιν αὐτῆς ἐποιήσατο. καὶ
γὰρ τὴν ψυχὴν οὕτω καὶ αὐτὸς καὶ ὁ Πλάτων ἀνεῦρεν ἀπὸ τῆς τῶν
35 ἀψύχων πρὸς τὰ ἔμψυχα διαφορᾶς, ἐν οἷς ἔλεγεν ἐν Φαίδρῳ "πᾶν γὰρ

---

1 ἴεσθαι DE   μόλιβδον aDF itemque v. 3   3 γὰρ cf. Vahlen ad Ar. poet.² p. 93
7 τὸ (ante σύνθετον) om. aF   8 ποιητικὸν E   9 ἀρχὴν E   10 ἀποδίδοται D
15 παραλέλοιπε DF: παρέλειπε E: παρέλοιπε a   τὴν φύσιν εἰπὼν καλεῖσθαι φύσιν
(m.¹, ὕλην m²) E   16 καὶ (ante εἴπερ) om. E   17 τὴν ἐπὶ] τῆς ἐπὶ E   αἰτίας
aF: φύσεως DE   18 τῆς (post περὶ) om. aF   20 τὸ κατὰ συμβεβηκὸς ἐξηγούμενος
p. 192ᵇ22   ἰατρικὸν E   20. 21 ἰατρεύοντα ἑαυτὸν aF   21 ποιητικὸν αἴτιον E
ἀναλογοῦν E   25 εἰπὼν cf. p. 193ᵇ12 sqq.   εἰς οὐκ ἰατρικὴν Ξ   28 τὰ (post
κατὰ) om. F   29 διορίζεται E   30 τῆς DE: om. aF   32 ἐν τοῖς οὖσι δύναμιν a
34 ἀνεῦρον E   35 ἐμψύχων πρὸς τὰ ἄψυχα D   Φαίδρῳ p. 245 E

σῶμα, ᾧ μὲν ἔξωθεν τὸ κινεῖσθαι, ἄψυχον, ᾧ δὲ ἔνδοθεν αὐτῷ ἐξ ἑαυτοῦ 63ᵛ
ἔμψυχον, ὡς ταύτης οὔσης φύσεως ψυχῆς. καὶ ἐν τοῖς Νόμοις δὲ τὸ ἔν-
δοθεν κινούμενον, φησί, ζῆν λέγομεν. καὶ τούτῳ διαφέρει τὸ ἔμψυχον τοῦ
ἀψύχου, ὅπερ καὶ ὁ Ἀριστοτέλης ἐν τῷ δευτέρῳ τῆς Περὶ ψυχῆς ἐπ' αὐ-
5 τῶν σχεδὸν εἶπε τῶν ὀνομάτων "λέγομεν οὖν ἀρχὴν λαβόντες τῆς σκέψεως
διωρίσθαι τὸ ἔμψυχον τοῦ ἀψύχου τῷ ζῆν." τὰ δὲ μὴ φύσει διττά· τὰ
μὲν ὑπὲρ φύσιν ὡς τὰ ἄυλα καὶ ἀσώματα καὶ χωριστὰ τῶν σωμάτων ἐν
καθαροῖς εἴδεσιν ἱδρυμένα, τὰ δὲ χείρονα τῶν φυσικῶν ὡς τὰ ὑπὸ τῆς
ἀνθρωπίνης τέχνης γινόμενα κλίνη καὶ ἱμάτιον καὶ τὰ τοιαῦτα ἔνυλα σω-
10 ματικά. κοινὸν δὲ καὶ τοῖς ὑπὲρ φύσιν καὶ τοῖς μετὰ τὴν φύσιν τὸ ἀκί-
νητον ἐξ ἑαυτῶν καὶ ἀμετάβλητον, κἂν τοῖς μὲν κατὰ τὸ κρεῖττον τοῖς δὲ
κατὰ τὸ χεῖρον. τὰ οὖν φυσικὰ μέσα ἀμφοῖν ὄντα διὰ μὲν τὸ πᾶσαν τὴν
ἄυλον καὶ ἀσώματον οὐσίαν ὑποβεβηκέναι ἔνυλά τέ ἐστι καὶ σωματικά, διὰ
δὲ τὸ μὴ ὑπ' ἀνθρωπίνης γίνεσθαι τέχνης, ἀλλ' ὥσπερ ἀφ' ἑαυτῶν φύε-
15 σθαι καὶ ἀναβλαστάνειν ἀφανοῦς οὔσης αἰσθήσει τῆς δημιουργικῆς αὐτῶν
αἰτίας φυσικὰ λέγεται, διὰ δὲ τὴν πρὸς ἄμφω διαφορὰν ἀρχὴν ἐν ἑαυτοῖς
κινήσεως ἔχει καὶ μεταβολῆς· εἰκότως οὖν τοῦτον χαρακτῆρα τῆς φύσεως
καὶ τῆς οὐσίας αὐτῆς ἀποδέδωκεν ὁ Ἀριστοτέλης τῷ ἀρχὴν φάναι κινή-
σεως καὶ μεταβολῆς εἶναι καὶ τῆς ὁριζούσης τὴν τοιαύτην μεταβολὴν ἠρεμίας.
20 Ἀλλὰ καὶ ἡ ψυχὴ κινήσεώς ἐστιν ἀρχὴ καὶ μεταβολῆς τοῖς ἐμψύχοις
σώμασι καὶ κατὰ Πλάτωνα καὶ κατ' αὐτὸν τὸν Ἀριστοτέλην. τίς οὖν ἡ
διαφορά; ὅτι γὰρ καὶ ἡ ἐσχάτη ψυχὴ ἡ φυτικὴ καλουμένη ἄλλη καὶ κατὰ
τὸν Ἀριστοτέλην ἐστὶ παρὰ τὴν φύσιν, εἴρηται μέν τι καὶ πρότερον, λεγέ-
σθω δὲ καὶ νῦν, κἂν πολλάκις φύσιν καλῶσι τὴν φυτικὴν ψυχὴν ὡς ἐγγὺς
25 οὖσαν τῆς φύσεως. πᾶσα ψυχὴ καὶ ἡ ἐσχάτη ἐντελέχεια σώματος φυσι-
κοῦ ὀργανικοῦ λέγεται παρ' αὐτῷ, ὥστε φύσιν ἔχοντι σώματι ὑπάρχει ἡ
φυτικὴ ψυχὴ ἄλλη δηλονότι οὖσα παρὰ τὴν φύσιν. ἀλλ' οὐδὲ μόνα τὰ
ὀργανικὰ σώματα φύσιν ἔχει, ἀλλὰ καὶ τὰ ὁμοιομερῆ καὶ τὰ τέτταρα στοι-
χεῖα. ἔτι δὲ ἔμψυχα μὲν λέγομεν τὰ ἔχοντα αἰτίαν ἐν ἑαυτοῖς τοῦ τρέφε-
30 σθαι καὶ αὔξεσθαι καὶ γεννᾶν ὅμοια, φυσικὰ δὲ καὶ τὰ μὴ τοιαῦτα οἷον
λίθους καὶ τὰ ἄλλα μέταλλα καὶ τὰ νεκρὰ σώματα καὶ τὰ ἁπλᾶ. ἔτι δὲ
πᾶν σῶμα φύσιν ἔχει (καὶ γὰρ τὰ τῶν τεχνητῶν οἷον τὸ τοῦ ἀνδριάντος)
καὶ φυσικόν ἐστιν ὥσπερ καὶ τὸ τῆς κλίνης ξύλον. οὐ πᾶν δὲ σῶμα
ἔμψυχόν ἐστιν. ὥστε οὐκ ἂν εἴη ψυχὴ ἡ φύσις. δῆλον δὲ ὅτι χείρων
35 ἐστὶν ἡ φύσις τῆς φυτικῆς ψυχῆς, εἴπερ ὡς εἶδος ὕλῃ τῷ φυσικῷ σώματι
ἡ τοιαύτη ψυχὴ ἐπιγίνεται. πῶς οὖν ὁ Ἀριστοτέλης τὴν πρὸς ψυχὴν

---

1 ἄψυχον om. D   2 Νόμοις nempe X p. 895 c cf. f. 280ʳ 19   3 τούτῳ] τοῦτο a   4 Περὶ ψυχῆς Β 2 p. 413ᵃ 20   6 διώρισται DE   7 ante ἀσώματα add. τὰ aF   8 ὑπὸ τῆς] ὑπ' D   9 ante κλίνη add. οἷον a   ἱμάτιον καὶ] ἡ πρὸς E   11. 12 κατὰ τὸ χεῖρον τοῖς (τῆς a) δὲ κατὰ τὸ κρεῖττον aF   14 ἀφ'] ὑφ' F   15 ἀναλαμβάνειν F   16 διὰ δὲ τῆς E et F¹   17 ἔχειν a   τοῦτον τὸν a   18 τῷ aF: τὸ DE   23 μέν τι DE: μέντοι aF   24 νῦν] νοῦς E¹   καλοῦσι E   φυσικὴν E   25 ἡ om. D   26 λέγεται DE: εἴρηται aF   27 φυτικὴ ex φυσικὴ corr. E   29 μὲν om. D   31 λίθους aF: λίθοις E: λίθοι D   ἔτι] ὅτι E   34 χεῖρον aE   35 φυσικῆς E   φυσικῷ] φυτικῷ DE   36 ὁ om. E

αὐτῆς διαφορὰν ἀποδέδωκεν; ἐγὼ μὲν οἶμαι καὶ τὸ "ἐν ᾧ ἔστιν" ἀρκεῖν 63ᵛ
πρὸς τοῦτο καὶ τὸ ἐφεξῆς σαφέστερον εἰρημένον τὸ "ἐν ὑποκειμένῳ" εἶναι
τὴν φύσιν. ψυχὴ γὰρ πᾶσα κινητικὴν ἔχουσα κυρίως δύναμιν ἐξῄρηται
τοῦ κινουμένου. εἰ δὲ μὴ ἀρκεῖ τοῦτο τοῖς ἡγουμένοις καὶ τὴν φυτικὴν
5 ψυχὴν καὶ τὴν ἄλογον ἐν ὑποκειμένοις τοῖς σώμασιν, ἀλλ᾽ ἐκεῖνό γε ἀρ-
κέσει τὸ κυριώτατον καὶ εἰς κατανόησιν τῆς φυσικῆς ὑποστάσεως καὶ εἰς
διορισμὸν αὐτῆς τὸν πρὸς τὴν ψυχήν· ἀρχὴν γὰρ κινήσεως τοῖς σώμασι 35
τὴν φύσιν οὐχ οὕτως ὁ Ἀριστοτέλης λέγει, ὡς καὶ αὐτὸς καὶ ὁ Πλάτων
λέγουσι τὴν ψυχήν· ἡ μὲν γὰρ ψυχὴ κινητικὴ τῶν σωμάτων ἐστὶ κατ᾽
10 ἀμφοτέρους, ἡ δὲ φύσις ἀρχὴ κινήσεώς ἐστιν οὐ κατὰ τὸ κινεῖν ἀλλὰ κατὰ
τὸ κινεῖσθαι καὶ ἠρεμίας οὐ κατὰ τὸ ἠρεμίζειν ἀλλὰ κατὰ τὸ ἠρεμίζεσθαι.
διὸ τὰ φυσικὰ οὐ λέγεται ὑφ᾽ ἑαυτῶν κινεῖσθαι. ἐδύνατο γάρ, φησὶν ὁ
Ἀριστοτέλης, καὶ ἱστάναι ἑαυτά, εἴπερ κινεῖν ἑαυτὰ ἐδύνατο. ἀλλ᾽ ἐπιτη-
δειότης τις ἔοικεν εἶναι πρὸς τὸ κινεῖσθαι καὶ διακοσμεῖσθαι οἷον κάτωθεν 40
15 ἄνω φυομένη καὶ τῇ ἑαυτῆς εὐφυΐᾳ προκαλουμένη τὰ διακοσμητικὰ αἴτια.
εἰ γὰρ κινήσεως ἦν ἀρχὴ ὡς κινοῦσά τι, κατὰ τοῦτο οὐ διέφερε τῆς ψυχῆς
καὶ τοῦ πρώτως κινοῦντος αἰτίου. ἀλλ᾽ ἐπειδὴ τὰ σώματα πόρρω δια-
στάντα τῆς ἀμερίστου καὶ ἀδιαστάτου οὐσίας καὶ κατ᾽ αὐτὸ τὸ εἶναι ζωῆς
ὑπαρχούσης νεκρὰ γέγονε καὶ ἀπνεύμονα καθ᾽ αὑτὰ καὶ πρὸς πᾶσαν ζωὴν
20 ἀπεψυγμένα, ἔσχατόν τι ζωῆς εἶδος ἔσχεν ἐν αὐτοῖς τὸ κατὰ δύναμιν καὶ
κατ᾽ ἐπιτηδειότητα, ταύτην ἣν καλοῦμεν φύσιν, δι᾽ ἣν καὶ τὰ νεκρὰ δύνα- 45
ται κινεῖσθαι καὶ μεταβάλλεσθαι, καὶ αὐτὸ δὴ τοῦτο φύεσθαι, καὶ εἰς
ἄλληλα παθητικὰ ἐνεργεῖν. οὐ γὰρ εἰλικρινεῖς εἰσιν αἱ τούτων ἐνέργειαι,
ἀλλὰ παθητικαί. διὸ πάντα τὰ φυσικὰ κινούμενα κινεῖ. καίτοι τὸ κυρίως
25 ἀκίνητον ὂν αὐτὸ κινεῖ, ὥς φησιν ὁ Ἀριστοτέλης.

Ὅτι δὲ ἀρχὴν κινήσεως οὐ τοῦ κινεῖν ἀλλὰ τοῦ κινεῖσθαι ὁ Ἀριστο-
τέλης ἀφορίζεται τὴν φύσιν, δηλοῖ μὲν καὶ ἐνταῦθα λέγων "ὡς οὔσης τῆς
φύσεως ἀρχῆς τινος καὶ αἰτίας τοῦ κινεῖσθαι καὶ ἠρεμεῖν" καὶ ὅτι ἐν ὑπο- 50
κειμένῳ ἐστὶν ἡ φύσις. τὸ δὲ ἐν ὑποκειμένῳ οὐκ ἂν ἀρχὴ εἴη κυρίως
30 κινητικὴ τοῦ ὑποκειμένου. ἐν μέντοι τῷ τελευταίῳ βιβλίῳ ταύτης τῆς
πραγματείας περὶ τῶν στοιχείων λέγων τῶν τεττάρων "ὅτι μὲν τοίνυν,
φησίν, οὐδὲν τούτων κινεῖ ἑαυτό, δῆλον. ἀλλὰ κινήσεως ἀρχὴν ἔχει οὐ
τοῦ ποιεῖν οὐδὲ τοῦ κινεῖν, ἀλλὰ τοῦ κινεῖσθαι". διὸ καὶ ζητεῖ ὑπὸ τίνος
κινεῖται τὰ στοιχεῖα, ὡς ὑφ᾽ ἑαυτῶν μὴ κινουμένων αὐτῶν· ζῴων γὰρ
35 ἴδιον εἶναι τοῦτο βούλεται τῶν ψυχὴν ἐχόντων ἣν ἀρχὴν | κινητικὴν ἀφο- 64ʳ

---

1 αὐτῇ E   ἐν ᾧ ἔστιν i. e. ἐν ᾧ ὑπάρχει Arist. p. 192ᵇ22   2 ἐν ὑποκειμένῳ
p. 192ᵇ34   4 φυσικὴν EF   5 εἶναι τοῖς E   6 φυτικῆς D   9 γὰρ om. E
11 καὶ] ὡς E   12 ἠδύνατο E   ὁ Ἀριστοτέλης nescio ubi   13 ἑαυτὰ DE: καὶ
αὐτὰ aF   14 εἶναι om. a   16 οὐ om. EF   17 πρώτου E   κινοῦντος om. E
20 ἔσχεν εἶδος D   αὐτοῖς a: αὐτοῖς DF: ἑαυτοῖς E   23 παθητικὰ DE: παθητικῶς F:
παθητικά πως a   25 ὁ Ἀριστοτέλης velut Phys. Θ 6. 260ᵃ3   26 ἀρχὴ E
27 καὶ om. a   λέγων p. 192ᵇ20   28 καὶ τοῦ ἠρεμεῖν aF   30 ταύτης τῆς DE:
τῆς τοιαύτης aF   31 λέγων Θ 4 p. 255ᵇ29   32 τούτων αὐτὸ κινεῖ ἑαυτό αὐτὸ Arist.
33 τοῦ κινεῖν οὐδὲ τοῦ ποιεῖν Arist.   κινεῖσθαι] πάσχειν Aristoteles

ρίζεται. καὶ πρὸ ταύτης δὲ τῆς ῥήσεως "καὶ κινητὸν δέ, φησίν, ὡσαύτως 64ʳ
φύσει τὸ δυνάμει ποιὸν ἢ ποσὸν ἢ ποῦ, ὅταν ἔχῃ τὴν ἀρχὴν τὴν τοιαύτην
ἐν αὑτῷ" τὴν φύσιν δηλονότι λέγων. ἐν δὲ τῷ δευτέρῳ τῆς Περὶ οὐρα-
νοῦ τάδε γέγραφε· "τῶν γὰρ ἀψύχων ἐν οὐδενὶ ὁρῶμεν ὅθεν ἡ ἀρχὴ τῆς
5 κινήσεως. τὰ μὲν γὰρ ὅλως οὐ κινεῖται, τὰ δὲ κινεῖται μὲν ἀλλ' οὐ παν-
ταχόθεν ὁμοίως, οἷον τὸ πῦρ ἄνω μόνον καὶ ἡ γῆ ἐπὶ τὸ μέσον". εἰ οὖν 5
φυσικὰ τὰ τέτταρα στοιχεῖα καὶ μὴ ἔχει ἐν ἑαυτοῖς τὸ ὅθεν ἡ ἀρχὴ τῆς
κινήσεως, τουτέστι τὸ κινοῦν αἴτιον, δῆλον ὅτι οὐχ οὕτως ἀρχὴ κινήσεως
λέγεται ἡ φύσις ὡς κινητική, ἀλλ' ὡς τοῦ κινεῖσθαι ἀρχή. εἰ δὴ τοιαύτη
10 τίς ἐστιν ἡ φύσις ὡς τὸ δυνάμει καὶ ἡ ἐπιτηδειότης ἡ πρὸς τὸ κινεῖσθαι,
πῶς ποιητικὴν πολλαχοῦ τὴν φύσιν λέγομεν; καὶ αὐτὸς ὁ Ἀριστοτέλης ἀνά-
λογον αὐτὴν εἶναι τῇ τέχνῃ φησὶν ἐν τούτῳ τῷ βιβλίῳ καὶ πρὸς τῷ τέλει
ἕνεκά του ποιεῖν τὴν φύσιν ἀποδείκνυσιν. καὶ συμπεραινόμενος ἐκεῖνον τὸν 10
λόγον "ὅτι μὲν οὖν, φησίν, αἰτία ἡ φύσις οὕτως ὡς ἕνεκά του, φανερόν.
15 ἐν δὲ τῷ πρώτῳ τῆς Περὶ οὐρανοῦ σαφῶς τῇ θείᾳ ποιήσει τὴν ποίησιν
αὐτῆς συντάττων "ὁ θεός, φησί, καὶ ἡ φύσις οὐδὲν μάτην ποιοῦσι."

Καὶ πρὸς τοῦτο δὲ οἶμαι ῥητέον, ὅτι τὸ γινόμενον πᾶν ἐξ ὑποκειμέ-
νου τε γίνεται τινὸς δυνάμει ὄντος τοῦτο ὅπερ μέλλει γίνεσθαι καὶ ὑπὸ τοῦ
ποιοῦντος ἐνεργείᾳ ὄντος. καὶ χρεία ἀμφοῖν πρὸς τὸ ἀποτέλεσμα. καὶ
20 διὰ τοῦτο ἡ φύσις, κἂν ἐπιτηδειότης ἐστὶ τοῦ ὑποκειμένου, λέγεται ποιεῖν 15
ὡς συντελοῦσα πρὸς τὸ ἀποτέλεσμα, καὶ ὅταν λέγῃ αὐτὴν ἕνεκά του ποιεῖν,
ὡς τῆς τῶν φυσικῶν γενέσεως εἰς τέλος ὡρισμένον ὁρώσης λέγει καὶ μὴ
ἀπὸ τύχης ἢ ἐκ ταὐτομάτου γινομένων, ἀλλ' ὡς πεφυκότων οὕτω γίνεσθαι
ὡς γίνονται. λέγει γοῦν ἐν τούτῳ τῷ βιβλίῳ ὅτι "ἐν οἷς τέλος τί ἐστι,
25 τούτου ἕνεκα πράττεται τὸ ἕτερον καὶ τὸ ἐφεξῆς. οὐκοῦν ὡς πράττεται,
οὕτως πέφυκε, καὶ ὡς πέφυκεν οὕτω πράττεται ἕκαστον, ἐὰν μή τι ἐμπο-
δίσῃ". ὁρᾷς οὖν ὅτι τὸ πεφυκὸς τοῦτο λέγει εἶναι τὸ φυσικόν. κἂν λέγῃ 20
οὖν ὅτι "ὁ θεὸς καὶ ἡ φύσις οὐδὲν μάτην ποιοῦσιν", οὕτως λέγει ὡς τῆς
μὲν τὴν ἐπιτηδειότητα κάτωθεν παρεχομένης εἰς τέλος τὸ ἀγαθὸν βλεπού-
30 σαν, τοῦ δὲ τὸ ἐνεργείᾳ τοιοῦτον ἄνωθεν ἐπιλάμποντος. ἀλλ' ὁ μὲν Ἀρι-
στοτέλης οὕτως ἐκ τῆς διαφορᾶς τῶν φύσει πρὸς τὰ μὴ φύσει τὴν τῆς
φύσεως εὗρεν ὑπόστασιν.

Οἱ δὲ παλαιότεροι φαίνονται μὲν καὶ αὐτοὶ τοιαύτην τινὰ τῆς φύσεως
ἔννοιαν ἐσχηκότες ὡς κατὰ τὴν ἐπιτηδειότητα τὴν πρὸς κίνησιν ἑκάστων 25
35 θεωρουμένης, καθ' ἣν χαρακτηρίζεται τὰ φυσικὰ πράγματα, ἐχόντων δὲ

---

1 καὶ κινητὸν κτλ. Θ 4 p. 255ᵃ24   κινητικὸν E   3 ἐν αὑτῷ F: ἐν αὐτῷ D: ἑαυτῷ E: ἐν ἑαυτῷ a   Περὶ οὐρανοῦ B 2 p. 284ᵇ33   4 γέγραφε DE: γράφει aF   7 ἔχει om. D   9 ἡ φύσις ὡς E: ἡ φύσεως ἢ D: ἡ φύσις ἡ aF   11 ποιητι-κὸν E   12 ἐν τούτῳ τῷ βιβλίῳ c. 8 p. 199ᵃ19 sqq.   14 λόγον c. 8 extr. p. 199ᵇ32   καὶ οὕτως Aristoteles   15 Περὶ οὐρανοῦ A 4 p. 271ᵃ33   18 καὶ (ante ὑπὸ) om. D   20 κἂν aE: κἂν F: ἢ D   23 οὕτω om. F   24 ἐν οἷς κτλ. Phys. B 8 p. 199ᵃ8   ἐν ὅσοις Aristoteles, sed cf. f. 85ʳ16. 22   ἔστι τι Arist.   25 ἕτερον] πρότερον Arist.   26 μή τις a   ἐμποδίζῃ Arist.   29 εἰς τὸ τέλος aF   34 ἐσχολακότες E

πάντων τῶν φυσικῶν καὶ ὕλην καὶ εἶδος οἱ μὲν τῇ ὕλῃ τὴν τοιαύτην δύ-
ναμιν ἀποδεδώκασι, φύσιν μὲν λέγοντες καθ' ἣν κινεῖσθαι πέφυκε τὰ
φυσικά, ὁρῶντες δὲ κατὰ τὴν ὕλην μάλιστα μεταβάλλοντα, ὡς ἡ κλίνη
κατὰ τὸ ξύλον· οἱ δὲ φύσιν λέγοντες καθ' ἣν ἔχει τὸ εἶναι τὰ φυσικά,
5 ἐπειδὴ τὸ εἶδός ἐστιν ὁ ἑκάστου χαρακτὴρ καθ' ὃν ὑφέστηκέ τε ἕκαστον
καὶ εἶναι λέγεται τοῦτο ὅπερ ἐστί, διὰ τοῦτο τὸ εἶδος εἶναι τὴν φύσιν ἔλε-
γον. διὰ γὰρ ταύτην τὴν ἔννοιαν τῆς φύσεως τὴν κατὰ τὸν ἑκάστου χα-
ρακτῆρα καὶ ἐπὶ πάντων χρώμεθα τῷ ὀνόματι αὐτῆς, καὶ ψυχῆς φύσιν καὶ
νοῦ μὴ παραιτούμενοι λέγειν ἤδη δὲ καὶ θεοῦ. ἀλλ' ὁ Ἀριστοτέλης οὔτε
10 τὴν ὕλην καθ' ἑαυτὴν ἠξίωσε λέγειν φύσιν (ὑποκείμενον γὰρ ἀδρανὲς καθ'
αὑτήν ἐστιν ἡ ὕλη) οὔτε τὸ εἶδος (φυσικὸν γὰρ τοῦτό ἐστι καὶ οὐ φύσις),
ἀλλὰ τὴν ἐπιτηδειότητα τὴν πρὸς τὴν οἰκείαν κίνησιν καὶ μεταβολὴν τῆς
ὕλης, ὅταν ἐκ τοῦδε τοῦ εἴδους εἰς τόδε μεταβάλλῃ, φύσιν εἶπε. καὶ γὰρ
καὶ ἡ ἀποβολὴ καὶ ἡ μετάληψις τοῦ εἴδους κατὰ τὴν φυσικὴν ἐπιτηδειό-
15 τητα γίνεται τῇ ὕλῃ. καὶ τὸ εἶδος δὲ κατὰ τὴν ἑαυτοῦ φύσιν καὶ γίνεται
ἐκ τοῦ ἀντικειμένου καὶ γενόμενον σῴζεται καὶ κινεῖται πάσχον τε καὶ
ποιοῦν, μᾶλλον δὲ παθητικῶς ἐνεργοῦν. ὥστε καὶ ἡ ὕλη καὶ τὸ εἶδος φυ-
σικὰ μέν ἐστι, φύσις δὲ οὐδέτερον, ὁμοίως δὲ οὐδὲ τὸ σύνθετον. μᾶλλον
δὲ τῆς ὕλης εἴη ἂν τὸ εἶδος φύσις διὰ τὸν χαρακτῆρα καὶ τὴν δύναμιν.
20 καὶ τὸ σύνθετον δὲ μᾶλλον τῆς ὕλης διὰ τὸ εἶδος, ἐπειδὴ φυσικὸν ὅλως
τότε γίνεται τόδε ἢ τόδε, ὅταν ἀπολάβῃ τὸ εἶδος. ἡ γὰρ ὕλη καθ' αὑτὴν
ἀδιόριστός ἐστιν, ἐπιτηδειότης δὲ οὖσα πρὸς τὴν τοῦ εἴδους ὑπόστασιν ἡ
φύσις προϋπάρχει μέν πως τοῦ εἴδους εἰκότως δυνάμει οὖσα ἐν τῇ ὕλῃ,
προϋποφαίνει δὲ ἐν ἑαυτῇ τὸ εἶδος φύσις οὖσα αὐτοῦ καὶ οἷον ἔκφυσις
25 καὶ ἀναβλάστησις ἀπὸ τῆς ὕλης. διὸ καὶ οἱ ζωὴν ἐσχάτην λέγοντες τὴν
φύσιν καλῶς λέγουσιν. ὡς γὰρ ἡ ἀπὸ τοῦ πρώτου ὄντος οἷον ἀνάζεσις εἰς
διάκρισιν τῆς εἰδητικῆς ὑποστάσεως καὶ ἡ ἀπὸ τοῦ εἶναι εἰς τὸ ἐνεργεῖν
ἔκστασις ἡ πρώτη ἐστὶ δύναμις καὶ ἡ πρώτη ζωὴ κατὰ τὴν πρώτην τοῦ
ὄντος κίνησιν ὑποστᾶσα, οὕτως ἡ ἀπὸ τῆς ὕλης τοῦ ἐνύλου εἴδους ἔκφυσις
30 καὶ ἡ ἐπ' αὐτὸ κίνησις κατὰ τὸ δυνάμει τοῦ εἴδους θεωρουμένη ἡ ἐσχάτη
δύναμίς ἐστι καὶ ἡ ἐσχάτη ζωή. καὶ διὰ τοῦτο ἄνω μὲν τὸ ὂν ὑπὲρ τὴν
ζωήν ἐστι, κάτω δὲ ἡ ὕλη μετὰ τὴν φύσιν, ὅτι τὰ ὑπέρτερα αἴτια ἐπὶ
πλέον φθάνει τῶν καταδεεστέρων. ζωὴ δὲ οὖσα τοῦ εἴδους ἡ φύσις οὐ
μόνον ἔκφυσίς ἐστιν αὐτοῦ, ἀλλὰ καὶ γενομένου ἤδη συνοχὴ καὶ διανά-
35 στασις πρὸς τὸ ποιεῖν καὶ πάσχειν ἃ πέφυκε.

---

1 καὶ (ante ὕλην) om. D   2 φύσιν aE: om. DF   4 κατὰ] καὶ D   7 τὴν
κατὰ τὴν ἑκάστου E   10 ἠξίωσε καθ' ἑαυτὴν D   12 ante τῆς add. καὶ F
13 μεταβάλῃ E   14 καὶ (post γὰρ) om. D   16 γινόμενον aF   17 ἐνερ-
γοῦσαι E   19 τὸ εἶδος τῆς ὕλης εἴη ἂν aF   23 post εἰκότως add. δ E
26 ἡ ἀπὸ aD: ἀπὸ EF   28 ἔκτασις E   29 ἡ (post οὕτως) om. D
30 ἐπ' αὐτῷ E   33 τοῦ εἴδους ἡ φύσις E: ἡ φύσις τοῦ εἴδους aF: τοῦ ζῴου ἡ
φύσις D   34 καὶ (post ἀλλὰ) om. D   καὶ (post συνοχὴ) om. D   καὶ διανά-
στασις om. F

p. 193b23   Μετὰ τοῦτο θεωρητέον τίνι διαφέρει ὁ μαθηματικὸς 64r
            ἕως τοῦ οὐδὲ γίνεται ψεῦδος χωριζόντων.

Βούλεται μὲν τὴν διαφορὰν τοῦ φυσικοῦ πρὸς τὸν μαθηματικὸν παρα-
δοῦναι εἰκότως, διότι περὶ τὰ αὐτὰ καταγίνεσθαι δοκοῦσι. καὶ γὰρ ὁ
5 μὲν φυσικὸς περὶ φυσικὰ σώματα καταγίνεται. ταῦτα δὲ ἐπίπεδα ἔχει
καὶ στερεὰ καὶ μήκη καὶ στιγμάς, περὶ ὧν σκοπεῖ ὁ μαθηματι-
κός. εἰ οὖν ταῦτα ἐν τοῖς φυσικοῖς ἐστι, φυσικὸς ἂν εἴη καὶ ὁ μαθημα-
τικός, καὶ ἡ μαθη|ματικὴ μέρος ἂν εἴη τῆς φυσικῆς φυσικῶν οὖσα καὶ 64v
αὐτὴ θεωρητική. ὁμοίως δὲ καὶ τὴν πρὸς ἀστρολογίαν διαφορὰν τῆς
10 φυσικῆς παραδίδωσι, διότι καὶ αὐτὴ κοινωνεῖν δοκεῖ καὶ μάλιστα ὅτι περὶ
κινούμενα καὶ ὁ ἀστρολόγος καταγίνεται ὥσπερ ὁ φυσικός, καὶ οὐχὶ περὶ
ἀκίνητα ὡς ὁ γεωμέτρης. διὸ περὶ τῶν αὐτῶν δοκοῦσι λέγειν ὅ τε φυσικὸς
καὶ ὁ ἀστρολόγος. κἂν γὰρ ὁ φυσικὸς περὶ τῆς οὐσίας διαλέγηται τῶν 5
ἄστρων, ὁ δὲ μαθηματικὸς περὶ τῶν συμβεβηκότων οἷον κινήσεως αὐτῶν
15 καὶ σχήματος καὶ μεγέθους καὶ τῆς πρὸς ἄλληλα καὶ τὴν γῆν διαστάσεως,
ἀλλὰ καὶ ὁ φυσικὸς καὶ περὶ τούτων διαλέγεται. ἄτοπον γὰρ τὸ ταῦτα
ἀγνοεῖν τὸν δοκοῦντα τὴν τῶν ὄντων φύσιν ἐπεσκέφθαι. καὶ φαίνονται μέν-
τοι οἱ περὶ φύσεως πραγματευσάμενοι καὶ περὶ σχήματος ἡλίου καὶ
σελήνης λέγοντες, καὶ ὅτι σφαιροειδὴς ἡ γῆ καὶ ὁ κόσμος ὅλος
20 δεικνύντες. καὶ δὴ καὶ αὐτὸς ἐν τῇ Περὶ οὐρανοῦ καὶ ὁ Πλάτων ἐν Τιμαίῳ 10
περὶ τούτων ἀπέδειξαν φυσικαῖς ἀποδείξεσι προσχρησάμενοι. εἰ οὖν ὁ μὲν
φυσικὸς καὶ περὶ οὐσίας τῶν ἄστρων καὶ περὶ τῶν συμβεβηκότων αὐτοῖς
ἐπισκοπεῖ, ὁ δὲ ἀστρολόγος περὶ μόνων τῶν συμβεβηκότων, μέρος ἂν δόξῃ
τῆς φυσικῆς καὶ ἡ ἀστρολογία. οὕτως μὲν οὖν σύνεγγυς ἂν εἴησαν τῇ
25 φυσικῇ ἥ τε μαθηματικὴ καὶ ἡ ἀστρολογία, καὶ διὰ τοῦτο τὴν διαφορὰν
αὐτῶν ἔδει παραδοῦναι.

Διαφέρει δὲ ὁ μαθηματικὸς τοῦ φυσικοῦ πρῶτον μὲν ὅτι ὁ φυσικὸς
οὐ περὶ τῶν συμβεβηκότων μόνον τοῖς φυσικοῖς σώμασι λέγει, ἀλλὰ καὶ 15
περὶ τῆς ὕλης, τοῦ μαθηματικοῦ μηδὲν περὶ ὕλης πολυπραγμονοῦντος.
30 ἔπειτα καὶ περὶ τῶν συμβεβηκότων, περὶ ὧν ἀμφότεροι λέγουσιν, οὐ κατὰ
τὸν αὐτὸν λέγουσι τρόπον, ἀλλ' ὁ μὲν φυσικὸς περὶ ἐπιπέδων λέγει καὶ
γραμμῶν καὶ σημείων ὡς περὶ περάτων τοῦ φυσικοῦ καὶ κινητοῦ σώματος.
ὁ δὲ μαθηματικὸς οὔτε τὴν κίνησιν προσποιεῖται τὴν ἔμφυτον οὔτε ὡς
πέρατα φυσικοῦ σώματος παραλαμβάνει. οὐδὲ γὰρ τὸ στερεὸν αὐτῷ φυσι-

---

1 μετὰ δὲ a   2 ἕως κτλ. om. F: τοῦ a   3 τοῦ μαθηματικοῦ πρὸς τὸν φυσικὸν a
5 post περὶ add. τὰ a   6 καὶ (post ἔχει) om. D   7 εἰ οὖν — ὁ μαθηματικός om.
aF   8 ante μέρος add. δὴ a   9 αὐτῆ a   10 αὐτὴ F   13 γὰρ om. D
ὁ (post γὰρ) om. E   διαλέγεται E   15 μεγέθους καὶ σχήματος aF   καὶ τὴν γῆν]
τούτων D   16 καὶ (post φυσικὸς) om. D   17 ὄντων] ὅλων D   22 οὐσίας
om. D   23 δόξῃ] immo δόξειε   24 καὶ (ante ἡ) D: ἢ E: om. aF   καὶ
οὕτω D   28 σώμασι om. a   32 ὡς] καὶ D   33 οὔτε DE: οὐ aF   οὔτε
ὡς aF: οὐδὲ ὡς DE   34 οὐδὲ] οὐ D

κὸν ὑπόκειται, ἀλλ' αὐτὸ τοῦτο μόνον τὸ τριχῇ διεστώς, ὡς εἰ καὶ καθ' ἑαυτὰ ἦν τοιαῦτα· περὶ γὰρ τὰ τῇ νοήσει χωριστὰ καταγίνονται. διὸ καὶ χωρίζουσιν αὐτά, καὶ οὐδὲν ἀκολουθεῖ ψεῦδος. χωρίσας γὰρ αὐτὰ τῇ νοήσει τῶν φυσικῶν σωμάτων καὶ πάσης κινήσεως οὕτω τὰ συμβεβηκότα
5 τοῖς οὕτω ὑποτεθεῖσι σκοπεῖ. ὥστε εἰ μήτε ὡς περὶ φυσικῶν λέγει μήτε ὡς φυσικοῖς ὑπαρχόντων, οὔτε φυσικὸς ἂν εἴη ὁ μαθηματικὸς οὔτε μέρος ἡ μαθηματικὴ τῆς φυσικῆς. ἀλλ' οὐδὲ ἡ ἀστρολογία· καὶ γὰρ καὶ αὕτη τὰ συμβεβηκότα τοῖς φυσικοῖς σκοπεῖ, οὐχ ᾗ τοῖς φυσικοῖς συμβέβηκεν, ἀλλ' ὁποῖα ἂν ᾖ τὰ ἐσχηματισμένα καὶ κινούμενα σώματα· ὥστε καὶ ὁ
10 ἀστρολόγος κἂν λέγῃ περὶ τῶν καθ' αὑτὰ ὑπαρχόντων τοῖς φυσικοῖς σώμασιν, ἀλλ' οὐχ ᾗ φυσικοῖς ὑπάρχει ταῦτα ζητεῖ, οὐδὲ ὅτι τῇ τοιαύτῃ φύσει τὰ τοιαῦτα σχήματα καὶ μεγέθη καὶ κινήσεις προσήκουσιν ἀποδείκνυσιν. ὥσπερ ἐπὶ τοῦ οὐρανίου σώματος ὅτι σφαιροειδές, ὁ μὲν φυσικὸς ἀπὸ τοῦ πρῶτον καὶ ἁπλοῦν καὶ τέλειον καὶ μονοειδὲς τοῦτο μόνον εἶναι τῶν
15 στερεῶν σχημάτων (τὰ γὰρ εὐθύγραμμα σύνθετά τε ἐκ πλειόνων καὶ δεύτερα) καὶ διὰ τοῦτο τῷ πρώτῳ τῶν σωμάτων προσήκειν, ὡς Ἀριστοτέλης ἀποδείκνυσιν, ὁ δὲ ἀστρολόγος ἐκ τοῦ τῶν ἰσοπεριμέτρων ἐν τοῖς στερεοῖς πολυχωρητοτέραν εἶναι τὴν σφαῖραν. οὕτως μὲν οὖν ὁ Ἀριστοτέλης διὰ βραχέων ἐνεδείξατο τὴν διαφορὰν τῆς φυσιολογίας πρός τε τὴν μαθηματικὴν
20 καὶ τὴν ἀστρολογίαν.

Ὁ δὲ Ἀλέξανδρος φιλοπόνως λέξιν τινὰ τοῦ Γεμίνου παρατίθησιν ἐκ τῆς ἐπιτομῆς τῶν Ποσειδωνίου Μετεωρολογικῶν ἐξηγήσεως τὰς ἀφορμὰς ἀπὸ Ἀριστοτέλους λαβοῦσαν. ἔχει δὲ ὧδε· "τῆς μὲν φυσικῆς θεωρίας ἐστὶ τὸ σκοπεῖν περί τε οὐσίας οὐρανοῦ καὶ ἄστρων καὶ δυνάμεως καὶ ποιότητος
25 γενέσεώς τε καὶ φθορᾶς καὶ νὴ Δία τούτων περὶ μεγέθους καὶ σχήματος καὶ τάξεως ἀποδεικνύναι δύναται· ἡ δὲ ἀστρολογία περὶ τοιούτου μὲν οὐδενὸς ἐπιχειρεῖ λέγειν, ἀποδείκνυσι δὲ τὴν τάξιν τῶν οὐρανίων κόσμον ὄντως ἀποφήνασα τὸν οὐρανόν, περί τε σχημάτων λέγει καὶ μεγεθῶν καὶ ἀποστημάτων γῆς τε καὶ ἡλίου καὶ σελήνης καὶ περὶ ἐκλείψεων καὶ συνά-
30 ψεων τῶν ἄστρων καὶ περὶ τῆς ἐν ταῖς φοραῖς αὐτῶν ποιότητος καὶ ποσότητος. ὅθεν ἐπειδὴ τῆς περὶ ποσὸν καὶ πηλίκον καὶ ποιὸν κατὰ σχῆμα

---

1 τὸ (ante τριχῇ) om. DE   εἰ καὶ DE: εἰ aF   2 τὰ (ante τῇ) om. F
3 χωρίζουσιν] χωρίζονται F   χωρίσας] χωρίζουσι, sed in mrg. γρ. χωρίσας F   4 συμβεβηκότα DE²: συμβαίνοντα aEF¹   8 ante οὐχ add. ἀλλ' a   τοῖς om. F
9 ᾗ aE: εἴη DF   11 ταῦτα] τὰ τοιαῦτα a   τῇ (post ὅτι) om. D   12 καὶ αἱ
κινήσεις aE   14 πρώτου E   15 σωμάτων (σχημάτων) F   16 ὡς DF: ὁ E: ὡς ὁ a
Ἀριστοτέλης de caelo B 4 p. 286ᵇ 10sqq.   17 τοῦ (post ἐκ) om. E   21 Γεμίνου
cf. Priscianus Lydus post Didoti Plotinum p. 553   τῶν] fortasse ⟨τῆς⟩ τῶν
22 Ποσειδωνίου cf. Posidonii rel. coll. Bake p. 60sqq.   23 ἀπὸ DEF: παρὰ a   24 τὸ
om. D   τε DE: τῆς aF   post οὐσίας add. τοῦ aF   25 νὴ Δία ⟨διὰ⟩ scribebat
Bake   28 post οὐρανὸν add. καὶ aF   μεγέθους a   30 καὶ ποσότητος om. D
31 post περὶ add. τὸ D   post ποσὸν add. καὶ ποιὸν (ex ποσὸν corr.), etsi καὶ ποιὸν post
πηλίκον iteravit E

θεωρίας ἐφάπτεται, εἰκότως ἀριθμητικῆς τε καὶ γεωμετρίας ἐδεήθη ταύτῃ. 64ᵛ
καὶ περὶ τούτων, ὧν ὑπισχνεῖτο μόνων λόγον ἀποδώσειν, δι' ἀριθμητικῆς
τε καὶ γεωμετρίας συμβιβάζειν ἰσχύει. πολλαχοῦ τοίνυν ταὐτὸν κεφάλαιον
ἀποδεῖξαι προθήσεται ὅ τε ἀστρολόγος καὶ ὁ φυσικός, οἷον ὅτι μέγας ὁ 45
5 ἥλιος, ὅτι σφαιροειδὴς ἡ γῆ, οὐ μὴν κατὰ τὰς αὐτὰς ὁδοὺς βαδιοῦνται.
ὁ μὲν γὰρ ἀπὸ τῆς οὐσίας ἢ τῆς δυνάμεως ἢ τοῦ ἄμεινον οὕτως ἔχειν ἢ
ἀπὸ τῆς γενέσεως καὶ μεταβολῆς ἕκαστα ἀποδείξει, ὁ δὲ ἀπὸ τῶν συμβε-
βηκότων τοῖς σχήμασιν ἢ μεγέθεσιν ἢ ἀπὸ τῆς ποσότητος τῆς κινήσεως
καὶ τοῦ ἐφαρμόττοντος αὐτῇ χρόνου. καὶ ὁ μὲν φυσικὸς τῆς αἰτίας πολ-
10 λαχοῦ ἄψεται εἰς τὴν ποιητικὴν δύναμιν ἀποβλέπων, ὁ δὲ ἀστρολόγος ὅταν
ἀπὸ τῶν ἔξωθεν συμβεβηκότων ἀποδεικνύῃ, οὐχ ἱκανὸς θεατὴς γίνεται τῆς 50
αἰτίας, οἷον ὅτε σφαιροειδῆ τὴν γῆν ἢ τὰ ἄστρα ἀποδίδωσιν, ἐνιαχοῦ δὲ
οὐδὲ τὴν αἰτίαν λαβεῖν ἐφίεται, ὡς ὅταν περὶ ἐκλείψεως διαλέγηται· ἄλλο-
τε δὲ καθ' ὑπόθεσιν εὑρίσκει τρόπους τινὰς ἀποδιδούς, ὧν ὑπαρχόντων
15 σωθήσεται τὰ φαινόμενα. οἷον διὰ τί ἀνωμάλως ἥλιος καὶ σελήνη καὶ οἱ
πλάνητες φαίνονται κινούμενοι; ὅτι εἰ ὑποθώμεθα ἐκκέντρους αὐτῶν τοὺς
κύκλους ἢ κατ' ἐπίκυκλον πολούμενα τὰ ἄστρα, σωθήσεται ἡ φαινομένη
ἀνωμαλία αὐτῶν, δεή|σει τε ἐπεξελθεῖν, καθ' ὅσους δυνατὸν τρόπους ταῦτα 65ʳ
ἀποτελεῖσθαι τὰ φαινόμενα, ὥστε ἐοικέναι τῇ κατὰ τὸν ἐνδεχόμενον τρόπον
20 αἰτιολογίᾳ τὴν περὶ τῶν πλανωμένων ἄστρων πραγματείαν. διὸ καὶ παρελθών
τίς φησιν Ἡρακλείδης ὁ Ποντικός, ὅτι καὶ κινουμένης πως τῆς γῆς, τοῦ
δὲ ἡλίου μένοντός πως δύναται ἡ περὶ τὸν ἥλιον φαινομένη ἀνωμαλία
σῴζεσθαι. ὅλως γὰρ οὐκ ἔστιν ἀστρολόγου τὸ γνῶναι, τί ἠρεμαῖόν ἐστι 5
τῇ φύσει καὶ ποῖα τὰ κινητά, ἀλλὰ ὑποθέσεις εἰσηγούμενος τῶν μὲν με-
25 νόντων, τῶν δὲ κινουμένων σκοπεῖ, τίσιν ὑποθέσεσιν ἀκολουθήσει τὰ κατὰ
τὸν οὐρανὸν φαινόμενα. ληπτέον δὲ αὐτῷ ἀρχὰς παρὰ τοῦ φυσικοῦ, ἁπλᾶς
εἶναι καὶ ὁμαλὰς καὶ τεταγμένας κινήσεις τῶν ἄστρων, δι' ὧν ἀποδείξει
ἐγκύκλιον οὖσαν τὴν χορείαν ἁπάντων τῶν μὲν κατὰ παραλλήλους, τῶν δὲ
κατὰ λοξοὺς κύκλους εἰλουμένων". οὕτως μὲν οὖν καὶ ὁ Γέμινος ἤτοι ὁ
30 παρὰ τῷ Γεμίνῳ Ποσειδώνιος τὴν διαφορὰν τῆς τε φυσιολογίας καὶ τῆς 10
ἀστρολογίας παραδίδωσιν ἀπὸ τοῦ Ἀριστοτέλους τὰς ἀφορμὰς λαβών.

Κατὰ δὲ τὴν λέξιν ἄτοπον φησὶ τὸ τῶν καθ' αὑτὰ συμβεβηκό-
των τοῖς φυσικοῖς μηδὲν εἰδέναι τὸν φυσιολόγον εἰκότως, διότι ἀνάγκη

---

2 μόνων DF: μόνον aE   δι' om. D   4 ἀποδείξας aE   προσθήσεται D¹
ὁ (ante φυσικός) om. aF   6 τῆς οὐσίας ἢ om. D   τῆς (post ἢ) om. E   8 τῆς
(post ἀπὸ) om. D   9 τῆς αἰτίας πολλαχοῦ ἄψεται D: τὰς αἰτίας πολλαχοῦ ὄψεται aEF
11 ante οὐχ add. ἢ D   12 αἰτίας DEF: οὐσίας a   13 οὐδὲ om. D   15 ὁ
ἥλιος καὶ ἡ σελήνη D   16 πλανήτης (om. οἱ) aF   17 πολούμενα aF: πηλούμενα
D: πολούμεθα E   τὰ ἄστρα om. D   21 Ἡρακλείδης cf. Zeller H. Ph. IIa³ 888¹
post Ποντικὸς interpolat ἔλεγεν a   ὅτι supra add. E   22 πῶς δύναται DEF
ἀνωμαλία φαινομένη F   23 γὰρ] δὲ aF   ἠρεμαῖον E: ἠρέμιον aDF   25 σκοπεῖ]
σιωπεῖ D   25. 26 κατ' οὐρανὸν a   26 περὶ E   30 περὶ E   καὶ τῆς ἀστρολο-
γίας om. F   31 τοῦ om. D¹   32 τὴν om. D   καθ' αὑτὰ DE: καθαυ F: καθ'
αὐτὸ a

τὸν εἰδότα τι κατὰ τρόπον καὶ τὰ ἴδια αὐτοῦ εἰδέναι καὶ τὰς προσεχεῖς
διαφοράς. εἰ γὰρ μὴ ταῦτα εἰδείη, οὐδὲ εἰ τῶν ὁμογενῶν διαφέρει εἴσεται.
τοῦτο δὲ μὴ εἰδὼς πάντα ἂν τὰ ὁμογενῆ ταὐτὰ ἀλλήλοις ὑπολήψεται, ὥστε
εἰ οὕτω τύχοι καὶ τἀναντία. εἰ οὖν τὰ σχήματα καὶ μεγέθη καὶ αἱ τοιαίδε
5 κινήσεις τῶν ἄστρων ἴδια τοῦ θείου σώματός ἐστιν, ἀνάγκη καὶ ταῦτα εἰ-
δέναι τὸν φυσικόν. περὶ δὲ τὴν τῶν ὀνομάτων χρῆσιν ἐπισημήνασθαι ἄξιον,
ὅτι μαθηματικὸν νῦν τὸν γεωμέτρην ἔοικε καλεῖν· οὗτος γάρ ἐστιν ὁ περὶ
ἐπίπεδα καὶ στερεὰ καὶ μήκη καὶ στιγμὰς ἔχων, καίτοι τῆς κυρίως μαθη-
ματικῆς καὶ τὴν ἀριθμητικὴν καὶ τὴν ἀστρολογίαν ἤτοι σφαιρικὴν καὶ τὴν
10 ἁρμονικὴν ἤτοι κανονικὴν περιεχούσης. καὶ τὸ τῆς ἀστρολογίας ὄνομα οἱ
μὲν παλαιοὶ μήπω τότε τῆς ἀποτελεσματικῆς εἰς τοὺς Ἕλληνας, ὡς ἔοικεν,
ἐλθούσης ἐπὶ τῆς νῦν καλουμένης ἀστρονομίας ἔφερον, οἱ δὲ νεώτεροι διε-
λόντες τοὔνομα τὴν μὲν τὰς κινήσεις τῶν οὐρανίων ἐπισκοποῦσαν ἀστρονο-
μίαν καλοῦσι, τὴν δὲ περὶ τὰ ἀποτελούμενα ἐξ αὐτῶν διατρίβουσαν ἀστρο-
15 λογίαν ἰδίως ἐπονομάζουσι.

p. 193ᵇ35 Λανθάνουσι δὲ τοῦτο ποιοῦντες καὶ οἱ τὰς ἰδέας λέ-
γοντες ἕως τοῦ ἀλλ᾽ οὐχ ᾗ μαθηματικὴ ἀλλ᾽ ᾗ φυσική.

Εἰπὼν τοὺς μαθηματικοὺς τὰ τῇ ὑποστάσει ἀχώριστα χωρίζοντας κατ᾽
ἐπίνοιαν οὕτως ποιεῖσθαι περὶ αὐτῶν τοὺς λόγους, διότι τὰς τρεῖς διαστά-
20 σεις ἀπὸ τοῦ φυσικοῦ σώματος ἀφαιροῦσι, καὶ ἀπὸ τῶν τριῶν τὰς δύο
ἐπίπεδον καθ᾽ αὑτὸ λαμβάνοντες, καὶ ἀπὸ τῶν δύο τὴν μίαν ὅταν τὴν
γραμμὴν πολυπραγμονῶσι, τὸ αὐτό φησι λανθάνειν ποιοῦντας καὶ τοὺς τὰς
ἰδέας λέγοντας, μᾶλλον δὲ ἀτοπώτερόν τι ποιεῖν. οἱ μὲν γὰρ μαθηματικοὶ
γραμμὰς καὶ ἐπίπεδα καὶ τὰ τοιαῦτα χωρίζουσιν ἀπὸ τῶν φυσικῶν σωμά-
25 των, ἅπερ εἰ καὶ τῇ ὑποστάσει ἀχώριστά ἐστιν, ἀλλὰ τῇ γε ἐπινοίᾳ χωρι-
ζόμενα οὐδὲν ἀδύνατον ἑπόμενον ἔχει. οὗτοι δὲ τὰ φυσικὰ εἴδη χωρίζειν
ἐπιχειροῦσιν οἷον ἄνθρωπον καὶ σάρκα καὶ τὰ τοιαῦτα, ἅπερ ἧττόν ἐστι
χωριστὰ τῶν μαθηματικῶν. τὸ δὲ ἧττον δοκεῖ δι᾽ εὐλάβειαν λέγειν φιλό-
σοφον, καίτοι βουλόμενος αὐτὰ μηδαμῶς εἶναι μηδὲ τῇ ἐπινοίᾳ χωριστά.
30 καὶ παραδίδωσι κανόνα τῶν τε τῇ ἐπινοίᾳ δυναμένων χωρίζεσθαι καὶ τῶν
μή. καὶ γὰρ ὅταν μὲν ταῦτα ἃ χωρίζομεν ὁριζόμενοι μὴ παραλαμβάνωμεν
ἐν τῷ ὁρισμῷ ἐκεῖνα, ὧν χωρίζομεν αὐτά, μηδὲ τῇ ἐννοίᾳ συναναφέρωμεν,
ἀλλ᾽ αὐτὰ καθ᾽ αὑτὰ ὁριζώμεθα καὶ ἐννοῶμεν (ὡς τὸ μαθηματικὸν σῶμα
ὁριζόμενοι λέγομεν τὸ τὰς τρεῖς ἔχον διαστάσεις οὐδαμοῦ τὴν ὕλην ἢ τὴν
35 κίνησιν τοῦ φυσικοῦ σώματος συναναφέροντες καὶ τὸ ἐπίπεδον τὸ μῆκος

---

2 διαφέρειν a   5 ἴδια E   6 δὲ post ὀνομάτων transiecit a   τῶν om. E
7 περὶ om. a   10 ἤτοι τὴν κανονικὴν aF   τῆς ἀστρολογίας] ἀστρονομίας E   οἱ μὲν
παλαιοὶ om. aF   11. 12 ἐλθούσης ὡς ἔοικεν aF   12 ἀστρονομίας] ἀστρολογίας
D¹   13 οὐρανῶν D   14 περὶ] ἐπὶ D   διατρίβουσαν om. aF   16 οἱ
om. D   17 ἕως τοῦ κτλ. om. F   18 χωρίζοντες E   19 ὑποστάσεις E
22 ποιοῦντες F¹   25 εἰ καὶ] κἂν E   28 δοκεῖν D   29 βουλόμενον E   34 τὰς
(post τὸ) om. a   ἢ om. F

καὶ πλάτος μόνον ἔχον καὶ ἐπὶ ἀριθμῶν ὁμοίως), τότε χωριστὰ λόγῳ 65r
καὶ ἐπινοίᾳ τὰ τοιαῦτα λέγομεν εἶναι. ὅταν δὲ βουλομένοις ὁρίσασθαι τὰ
χωριζόμενα συνεμφαίνηται πάντως ἐκεῖνα, ὧν χωρίζεται, καὶ μηδὲ δύνη-
ται χωρὶς ἐκείνων νοεῖσθαι, τότε καὶ τῇ νοήσει καὶ ἐπινοίᾳ τὰ τοιαῦτα
5 ἀχώριστα λέγομεν. τοιαῦτα δὲ σὰρξ καὶ ὀστοῦν καὶ ἄνθρωπος. οὐ μόνον
γὰρ φυσικὸν ἕκαστον τούτων ἐστὶν καὶ ἔνυλον καὶ συναμφότερον, ἀλλὰ καὶ
ὡς σύνθετον ἐπινοεῖται. καὶ τὴν διαφορὰν παρέστησεν ἐπὶ σχήματος, ποτὲ 50
μὲν καθ' αὑτὸ νοεῖσθαι δυναμένου, ὅταν καθ' αὑτὸ λέγηται ὡς τὸ κυρτὸν
ἢ μᾶλλον τὸ κοῖλον σχῆμα, ποτὲ δὲ μὴ δυναμένου, ὡς ἐπὶ τοῦ σιμοῦ. καὶ
10 γὰρ ἡ σιμότης κοιλότης ἐστίν, ἀλλ' οὐχ ἡ τυχοῦσα, ἀλλ' ἡ ἐν ῥινὶ κοιλό-
της. διὸ σιμότητα ἄνευ ῥινὸς ἐπινοῆσαι ἀδύνατον. καὶ τὸν ὁρισμὸν ἀπο-
διδόντες σιμότητα λέγομεν εἶναι κοιλότητα ἐν ῥινί. εἰ τοίνυν καὶ τὸν ἄνθρωπον
ὁριζόμενοι ζῷον λογικὸν θνητὸν λέγομεν τὸ κατὰ τὴν ἰδέαν παράδειγμα
τοῦ ἀνθρώπου λε|γόμενον, ἤτοι ἄλλο τι ὂν λέγεται ἄνθρωπος (καὶ οὐκ ἂν 65v
15 εἴη κοινωνοῦν τῷ φυσικῷ ἀνθρώπῳ κατὰ τὴν οὐσίαν οὐδὲ παράδειγμα
αὐτοῦ) ἢ εἴπερ καὶ αὐτὸ ζῷον λογικὸν θνητόν ἐστι καὶ παρ' αὐτοῦ ὁ τῇδε
ἄνθρωπος τὸ εἶναι τοιοῦτος ἔχει τῇ πρὸς αὐτὸ ὁμοιότητι, καὶ ἐκεῖνο μετὰ
κινήσεως ἀνάγκη νοεῖσθαι καὶ σώματος. τὸ γὰρ ζῷον οὐσία ἐστὶν ἔμψυχος
αἰσθητικὴ καὶ κατὰ τόπον κινητική. πῶς οὖν ἂν εἴη ζῷον τὸ ἐκεῖ ἢ πῶς 5
20 θνητόν, χαλεπὸν καὶ πλάσαι, ἢ πῶς ὅλως τὰ φυσικὰ καὶ ἔνυλα καὶ ἐν
κινήσει οἷον καὶ σάρξ ἐστι καὶ ὀστοῦν καὶ ἄνθρωπος καὶ τῶν ἄλλων
ἕκαστον. ὅτι δὲ οὐ πάντα δυνατὸν χωρίσαι τῶν φυσικῶν, δείκνυσι καὶ διὰ
τοῦ τῶν μαθημάτων καίτοι χωρίζειν πεφυκότων ὅμως τὰ φυσικώτερα καὶ
κινήσει προσχρώμενα (οἷά ἐστιν ἥ τε ὀπτικὴ καὶ ἡ ἁρμονικὴ καὶ ἡ ἀστρο-
25 λογία αἰσθήσεσιν ἤδη προσχρώμεναι καὶ κινουμένοις ὑποκειμένοις) μὴ
δύνασθαι χωρίσαι ταῦτα τῆς ὕλης καὶ τῆς φύσεως. καὶ γὰρ ἡ ὀπτικὴ 10
γραμμὰς ὥσπερ ὁ γεωμέτρης λαμβάνει, καὶ ἡ ἁρμονικὴ λόγους ἀριθμητι-
κοὺς ἐπόγδοον καὶ ἡμιόλιον καὶ ἐπίτριτον καὶ διπλάσιον ὡς ἡ ἀριθμητική,
καὶ ἡ ἀστρολογία σφαίρας καὶ κύκλους ὡς ἡ σφαιρική· καὶ ὅμως οὐ δύ-
30 νανται ταῦτα αὗται τῶν φυσικῶν καὶ κινουμένων καὶ ἐνύλων χωρίσαι, ὥσπερ
ἐκεῖναι χωρίζουσι καὶ ἐφ' ἑαυτῶν ὁρίζονται καὶ ὡς κεχωρισμένοις χρῶν-
ται. καίτοι τὰς ἀρχὰς ὁ μὲν ὀπτικὸς ἀπὸ τοῦ γεωμέτρου λαμβάνει, ὁ δὲ
ἁρμονικὸς ἀπὸ τοῦ ἀριθμητικοῦ, ὁ δὲ ἀστρολόγος ἀπὸ τοῦ σφαιρικοῦ. καὶ 15
εἰσὶν ὑπ' αὐτοὺς οὗτοι ὡς ὁ ἰατρὸς ὑπὸ τὸν φυσικόν. ὅτι δὲ οὔτε ὁ

---

1 ἐπὶ τῶν ἀριθμῶν a   ἀριθμὸν F   3 συνεκφαίνηται a   μηδὲ a: μήτε DEF
δύναται a   4 καὶ τῇ ἐπινοίᾳ aF   6 ἐστὶν post φυσικὸν traiecit a et F, sed
hic ἐστὶ etiam post τούτων servat   11 τὴν σιμότητα a   12 λέγομεν εἶναι om. E
εἰ om. F   13 λέγομεν aE: om. DF   τὸ iterat E   16 ἢ] ἢ ἢ E
ὁ τῇδε aD¹: ὅτι δὲ D²EF   17 τοιοῦτον D   18 ἐστὶν om. aF   19 κινητὴ F
20 καὶ (ante ἔνυλα) om. a   21 καὶ (ante σάρξ) om. a   ἐστι post ἐν κινήσει
traiecit a   τῷ ἄλλῳ E   22 δὲ οὐ] οὐδὲ D   24 προχρώμενα E¹
τε om. aF   ἡ (ante ἀστρολογία) om. E   25 προσχρώμεναι DE: προσχρώμενα aF
27 ἡ (post καὶ) om. F   28 καὶ (post ἐπόγδοον) om. aF   διαπλάσιον E
ὥσπερ a   31 κεχωρισμένοις a: κεχωρισμέναις DEF   34 ὑπὸ] ἀπὸ F¹

ὀπτικὸς οὔτε ὁ ἁρμονικὸς οὔτε ὁ ἀστρολόγος δύναται χωρίζειν ἀπὸ τῶν 65ᵛ
φυσικῶν τὰ ἑαυτοῖς ὑποκείμενα, δῆλον γίνεται, ὅταν εἰς χρείαν ἄγηται
ἕκαστος ὡς ἐνεργὸς θεωρούμενος. τότε γὰρ καὶ ἀνάπαλιν ἔχουσι τρόπον
τινὰ πρὸς τὰς ἀρχικωτέρας. ἡ μὲν γὰρ γεωμετρία περὶ γραμμῆς
5 φυσικῆς σκοπεῖ τῆς ὡς πέρατος, ἀλλ' οὐχ ᾗ φυσική. ἡ δὲ ὀπτικὴ
μαθηματικὴν μὲν λαμβάνει γραμμὴν (ὡς γὰρ μῆκος μόνον ἀπλατές), 20
ἀλλ' οὐχ ᾗ μαθηματικὴ σκοπεῖ, ἀλλ' ᾗ φυσική. ὅτι δὲ μαθηματι-
κὴν λαμβάνει, δηλοῖ τὰ ὀπτικὰ διαγράμματα. εἰ οὖν γραμμὰς καὶ ἀριθμοὺς
καὶ κύκλους καίτοι τῷ λόγῳ πεφυκότα χωρίζεσθαι οὐκ ἀεὶ δυνατὸν χωρί-
10 ζειν, πόσῳ μᾶλλον τὰ φυσικὰ αὐτὰ καὶ σύνθετα, ὧν καὶ οἱ ὁρισμοὶ ὡς
συνθέτων καὶ φυσικῶν ἀποδίδονται;

Ταῦτα καλῶς Ἀριστοτέλης πρὸς τὰς δημώδεις περὶ τῶν ἰδεῶν ἐν-
νοίας ἀντείρηκεν, ὅσαι τῶν μὲν ἐκεῖ μηδενὸς συναισθάνονται, τὰ δὲ ἔνυλα 25
εἴδη μηδὲ ἀποδύουσαι τελέως τῆς ὕλης ἐν τῷ δημιουργικῷ νῷ προϋπάρ-
15 χειν φαντάζονται, πάντων ἁπλῶς τῶν ἐνταῦθα καὶ τῶν μετὰ τῆς ὕλης
θεωρουμένων καὶ μετὰ τοῦ τρόπου τῆς τῶν τῇδε ὑποστάσεως λαμβανομέ-
νων ἰδέας εἶναι νομίζουσαι καὶ μέντοι καὶ τὴν ὁμοιότητα οὐχ ὡς εἰκόνων
πρὸς παραδείγματα τῶν τῇδε πρὸς ἐκεῖνα, ἀλλ' ὡς ταυτότητα νοοῦσαι. καὶ
γὰρ τῷ ὄντι εἰ ἄνθρωπος ὁ ἔνυλος οὗτός ἐστιν ὁ αἰσθήσει καὶ κινήσει
20 χρώμενος καὶ σωματικὸς καὶ θνητὴν ἔχων τὴν ἑαυτοῦ σύστασιν, οὐκ ἂν 30
εἴη ἐκεῖ ἄνθρωπος· εἰ δὲ γενητὰ μὲν τὰ ἐνθάδε, τὸ δὲ γενόμενον ὑπ'
αἰτίας ἀνάγκη γενέσθαι καὶ οὐχὶ κοινῆς μόνον, ἀλλ' ἀφωρισμένης καὶ τοῦ-
δέ τινος οἰστικῆς, δεῖ πάντως προϋπάρχειν ἐν τῷ δημιουργικῷ νῷ τὰς
τῶν γινομένων κατ' εἶδος διακεκριμένας αἰτίας, ὡς καὶ ἐν τῷ οἰκοδόμῳ
25 ἄλλον μὲν τοίχου τεχνικὸν λόγον, ἄλλον δὲ ὀροφῆς. τὰ δὲ ὀνόματα μετα-
φέροντες ἐντεῦθεν ἐκεῖ, εἰ μὲν ὡς αἰτίας τούτων ἀφωρισμένας καὶ τοῦτον
ἐχούσας ἐκεῖ τὸν λόγον, ὃν ἐνταῦθα ἔχει τὰ ἀποτελούμενα τοῖς αὐτοῖς 35
ὀνόμασι καλοῦμεν, οὐδὲν οἶμαι ἄτοπον. καὶ γὰρ καὶ αὐτὸς Ἀριστοτέλης
διττὴν ἔφατο τὴν τάξιν τὴν μὲν ἐν τῷ κόσμῳ, τὴν δὲ ἐν τῷ αἰτίῳ τοῦ
30 κόσμου, ὥσπερ τὴν μὲν ἐν τῷ στρατοπέδῳ, τὴν δὲ ἐν τῷ στρατηγῷ. καί-
τοι εἴ τις τὴν ἐνταῦθα τάξιν ὡς ἐνταῦθα οὖσαν ὁρίζοιτο, οὐκ ἂν ὁ ὁρισμὸς
ἐφαρμόσῃ τῇ ἐν τῷ νῷ τάξει, ὥστε οὐδὲ τὸ ὄνομα. καὶ γὰρ εἰ ὁρισμός
τις εἴη τῆς Σωκράτους εἰκόνος ὡς εἰκόνος, οὐκ ἂν οὗτος ἐφαρμόσῃ τῷ
παραδείγματι· εἰ μέντοι τὴν ὁμοιότητα τῆς εἰκόνος πρὸς τὸ παράδειγμα 40
35 ὁρισμῷ περιλαμβάνοι οἷον τὸ σιμὸν τὸ φαλακρὸν τὸ ἐξόφθαλμον παρεὶς

---

1 ἁρμονικὸς] ἀριθμητικὸς E   χωρίσαι a   2 ἀνάγηται D   4 ἀρχηγικωτέρας E
5 τῆς] τι D   7 μαθηματικὴν et φυσικὴν a   8 λαμβάνει om. E   δῆλον D
12 καλῶς ὁ aF   περὶ om. D   ἐννοιῶν ἰδέας F   14 post ὕλης add. καὶ D   17 νομί-
ζουσι F   20 σωματικῶς D   θνητὸν E   21 post δὲ add. τὰ aF   25 τοίχου
E   supra τὰ δὲ superscr. εἰ τὰ E²   26 εἰ μὲν — ἐκεῖ om. E   30 κόσμῳ νῷ
sic E   31 ὁρισμὸς DE: κόσμος aF   32 ἐφαρμόσῃ hic et v. 33 libri: immo ἐφαρ-
μόσειε cf. p. 280, 30   33 εἴη] εἴς a   ὡς εἰκόνος aF: om. DE   35 περιλαμβάνοι
aF: παραλαμβάνοι DE, sed tum ἐν ὁρισμῷ dicendum erat cf. p. 76, 12. 124, 12

τὴν ὑποκειμένην ὕλην, οὐδὲ τότε μὲν ὁ ὁρισμὸς ἐφαρμόσει τῷ Σωκράτει, 65ʳ
ὅμοιος μέντοι ἔσται τῷ ἐκείνου ὁρισμῷ. οὐδὲ γὰρ ἡ σιμότης ἡ ἐν τῇ
εἰκόνι ἡ αὐτὴ τῇ τοῦ Σωκράτους ἐστίν, ἀλλ' ὁμοία καὶ εἰκὼν ἐκείνης.
ἀλλ' ὅτι μέν εἰσι τῶν φυσικῶν αἰτίαι καὶ λόγοι προϋπάρχοντες ἐξ ὧν ταῦτά
5 ἐστιν, οὔτε Ἀριστοτέλης οὔτε οἱ τὰ Ἀριστοτέλους τιμῶντες ἀμφισβητοῦσιν.
οἱ δὲ τὰς ἰδέας τιθέμενοι, οὐκ αἰτίας μόνον λέγουσιν αὐτὰς τῶν τῇδε ἀλλὰ 45
καὶ παραδείγματα, ὡς κατὰ τὴν πρὸς ἐκεῖνα ὁμοιότητα τῶν ἐνταῦθα ὑφιστα-
μένων. διὸ καὶ ὀνόμασι χρῶνται τοῖς αὐτοῖς ἐφ' ἑκατέρων, ὅπερ οὐκ ἂν
ἔχοι λόγον, εἰ μὴ καὶ τὰ φυσικὰ εἴδη τῇ ἐπινοίᾳ χωρίζοιτο.
10   Ἐπιστῆσαι οὖν ἄξιον, ὅτι καὶ ὁ Ἀριστοτέλης ἄλλο μὲν τὸ σύνθετον τὸ
ἐξ ὕλης καὶ εἴδους οἶδεν, ἄλλο δὲ τὸ εἶδος αὐτό. καὶ δὴ καὶ ὁρισμὸν ἄλλον
μὲν τῆς ὕλης ἑκασταχοῦ, ἄλλον δὲ τοῦ εἴδους, ἄλλον δὲ τοῦ συνθέτου φη-
σὶν ἀποδίδοσθαι. καὶ ἐν τούτοις δὲ τὸ εἶδος θεωρεῖ καθ' αὑτό, ὅταν λέγῃ 50
τὸ εἶδος καὶ τὴν μορφὴν εἶναι τὴν φύσιν. οὐ γὰρ τὸ σύνθετον λέγει τότε,
15 ὅταν εἴπῃ "τί οὖν φύεται; οὐχὶ ἐξ οὗ, ἀλλ' εἰς ὅ. ἡ ἄρα μορφὴ φύσις."
καὶ δῆλον ὅτι ὁ τούτου τοῦ εἴδους ὁρισμὸς οὐ κατὰ τὸ σύνθετον ἀποδίδο-
ται οὐδὲ τὴν ὕλην προσπαραλαμβάνει, ἀλλ' ἔστιν ἐξ ἀφαιρέσεως τῆς ἀπὸ
τοῦ συνθέτου. καὶ οὐδὲν ἄτοπον καὶ ἐπὶ τούτων διαλύειν τὸν τοῦ συνθέ-
του λόγον εἰς τοὺς τῶν ἁπλῶν λόγους, ὡς αὐτὸς ἐν ἄλλοις φησίν. ὥστε
20 οὐ μόνον τὰ μαθηματικὰ | εἴδη χωρίζειν τῇ ἐπινοίᾳ δυνατόν, ἀλλὰ καὶ τὰ 66ʳ
φυσικά, εἴπερ καὶ ἰδίους ὁρισμοὺς τῶν εἰδῶν ἄνευ τῆς ὕλης ἔστιν ἀποδι-
δόναι. οὐ τοῦτο δέ ἐστι τὸ παράδειγμα τὸ κατ' ἐπίνοιαν, ἀλλὰ χωρισθεὶς
ὁ κατὰ τὸ εἶδος λόγος δύναταί πως ἐφαρμόττειν τῷ παραδείγματι, εἴ τις
αὐτὸν ὡς ὅμοιον καὶ μὴ ὡς τὸν αὐτὸν ἐκλαμβάνοι καὶ ὡς εἰκόνος πρὸς
25 παράδειγμα ὡμοιωμένης. ζῷον γὰρ καὶ τὸ παράδειγμα καλεῖ Πλάτων, 5
"ᾗπερ οὖν νοῦς ἐνούσας ἰδέας τῷ ὅ ἐστι ζῷον" λέγων ἐν Τιμαίῳ. καὶ
δῆλον ὅτι οὐ φυσικὸν ἐκεῖνο ζῷον, ἀλλὰ νοερὸν τοῦ φυσικοῦ ζῴου παρά-
δειγμα. ὥσπερ καὶ ὁ Σωκράτης οὐ γεγραμμένος Σωκράτης, ἀλλὰ τοῦ γε-
γραμμένου παράδειγμα καὶ κυρίως Σωκράτης τῆς ὁμοιότητος τῇ εἰκόνι οὐ
30 κατὰ τὴν ὕλην ὑπαρχούσης, ἀλλὰ κατὰ τὴν μορφὴν τὴν τῆς ὕλης τῇ ἐν-
νοίᾳ χωριζομένην.
  Ὅτι δὲ τὰ τῶν ἐνταῦθα εἰδῶν αἴτια διωρισμένα καὶ παραδείγματά 10
ἐστιν αὐτῶν, δυνατὸν οἶμαι δεικνύναι ταῖς Ἀριστοτέλους χρώμενον ὑποθέ-
σεσι. τὰ γὰρ φυσικὰ ἐξ ὕλης καὶ εἴδους μεθέξεως εἶναί φαμεν τῆς ὕλης

---

1 ὁ (post μὲν) om. F   2 ὁμοίως D   οὐδὲ] οὐ aF   3 τῇ (post αὐτὴ) om. aF
ἐκείνοις F   5 οὔτε Ἀριστοτέλης om. aF   οὐδὲ οἱ a   6 τιθέμενοι καὶ οὐκ
αἰτίας μόνον λέγοντες D   7 πρὸς ἐκεῖνα E: πρὸς ἐκεῖνο D: ἐκείνων aF   9 χωρί-
ζοντο ut vid. F   10 οὖν DE: δὲ aF   11 εἶδεν D   12 ἄλλον δὲ τοῦ εἴδους
om. F   14 λέγῃ E   15 ὅταν εἴπῃ om. a   τῇ] εἰς τί Aristoteles
p. 193ᵇ 17   18 καὶ (ante ἐπὶ) om. aF   21 ἰδίους aD²E: δι' οὓς D¹: τοὺς F
τῶν εἰδῶν om. a   22 ἀλλὰ] ἀλλ' ὅ E   23 τὸ εἴδωλον F   24 ὡς ὁμώνυμον
aE   ὡς ταὐτὸν aF   24 πρὸς om. F   25 ᾗπερ aE: εἴπερ DF   26 Τιμαίῳ
p. 39 E   28 γεγραμμένος] γεγραμμένου F   29 ante καὶ iterat ὥσπερ καὶ ὁ σωκρά-
της, sed deleta E   τῆς om. F

μετεχούσης τοῦ εἴδους κατὰ τὴν ἐν αὐτῇ μέθεξιν. πᾶσα δὲ μέθεξις μέση τοῦ 66ʳ
μετέχοντός ἐστι καὶ τοῦ μετεχομένου ἐνδιδομένη τῷ μετέχοντι ἀπὸ τοῦ μετε-
χομένου. καὶ ἔστιν ὁμοειδὴς ἡ μέθεξις τῷ μετεχομένῳ, ὡς ἡ ἐν τῷ σώ-
ματι τῷ θερμαινομένῳ ὑπὸ πυρὸς θερμότης καὶ πύρωσις ὁμοειδής ἐστι τῷ
5 θερμαίνοντι. ἕκαστον γὰρ ὃ ἔχει τοῦτο μεταδίδωσι τοῖς μετέχουσιν· ὥστε 15
τὸ ἐνταῦθα εἶδος ἐπειδὴ μέθεξίς ἐστι τοῦ χωριστοῦ εἴδους ὅμοιόν ἐστι τῷ
χωριστῷ εἴδει. τὸ δὲ ὅμοιον τῷ χωριστῷ εἴδει καὶ πρὸς αὐτὸ γεγονὸς
καὶ εἰκὼν αὐτοῦ ὑπάρχον παράδειγμα ἔχει τὸ χωριστὸν εἶδος. καλεῖ δὲ
καὶ Ἀριστοτέλης τὰς χωριστὰς αἰτίας εἴδη. καὶ εἴπερ μεθέξεις ἐκείνων
10 τὰ τῇδε, ὁμοειδῆ ἂν εἴη πάντως αὐτοῖς, καὶ οὐδὲν ἴσως ἄτοπον καὶ τῆς
αὐτῆς τυγχάνειν ἐπωνυμίας. ἀλλ᾽ ἴσως οὐ συγχωρήσει τις μέθεξιν εἶναι
τὰ ἐνταῦθα εἴδη, ἀλλὰ προηγουμένην ὑπόστασιν. οὐδὲ γὰρ εἶναι ἄνθρωπον 20
ἐκεῖ ἢ ἵππον, ἀλλ᾽ αἰτίας τούτων ἐν ἄλλοις μὲν εἴδεσιν ὑφεστώσας, τούτων
δὲ οἰστικάς, ὡς ἐκ θεοῦ γίνεται ἄνθρωπος καὶ ἐξ ἀκινήτου τὸ κινούμενον
15 οὐχ ὁμοειδῶς. τοὺς δὴ ταῦτα λέγοντας ἐρωτητέον, εἰ μηδὲ καλὸν μηδὲ
ἀγαθὸν μηδὲ οὐσίαν ἢ ζωὴν ἢ γνῶσιν ἢ ἐνέργειαν ἢ ἀριθμὸν ἤ τι τῶν
οὕτω σεμνῶν ἐκεῖ τίθενται. καὶ ὅτι μὲν ὁ Ἀριστοτέλης εἶναι ταῦτα συγ-
χωρεῖ καὶ ἐκεῖ, δηλοῖ σαφῶς ἐφετὸν ἐκεῖνο πᾶσι λέγων καὶ τῇ οὐσίᾳ
ἐνέργειαν εἶναι τὸν νοῦν καὶ τὴν οὐσίαν καὶ τὴν ζωὴν καὶ τὸν νοῦν εἰς 25
20 ταὐτὸν ἄγων καὶ τὸ καλὸν καὶ ἀγαθὸν αὐτοῖς ἀνατιθεὶς καὶ ἰσάριθμα τοῖς
οὐρανίοις σώμασι τὰ ἀκίνητα λέγων αἴτια. ἀλλὰ δῆλός ἐστιν Ἀριστοτέλης
ταύτας τῶν ἰδεῶν τὰς ἐννοίας δυσχεραίνων, ὅσαι μετὰ τῶν ἐνταῦθα ὀνο-
μάτων καὶ τοὺς ὁρισμοὺς ἐφέλκονται τοὺς τὸ φυσικὸν καὶ ὑλικὸν τῶν τῇδε
συνειληφότας. διό τινὰ μὲν τῶν ὀνομάτων δυσχεραίνει, τινὰ δὲ οὐκ ἀπα-
25 ξιοῖ καὶ τοῖς ἐκεῖ προσφέρειν τὰ καθαρώτερα, καλὸν καὶ ἀγαθὸν καὶ οὐσίαν
καὶ ζωὴν καὶ νοῦν καὶ ἐνέργειαν. εἰ οὖν λέγοι τις εἶναι μὲν καὶ ἐκεῖ 30
ταῦτα, μὴ τοιαῦτα δὲ οἷα τὰ τῇδε, καὶ ἡμεῖς ὁμολογήσομεν τοῦτο, ἀξιώ-
σομεν δὲ αὐτὸν καὶ ἐπὶ ἀνθρώπου καὶ ἵππου καὶ τῶν τοιούτων τὰ αὐτὰ
λέγειν. οὐδὲ γὰρ ἡμεῖς νομίζομεν τὸν ἐκεῖ ἄνθρωπον σωματικὸν εἶναι,
30 εἴπερ μηδὲ ὁ ἐν τῷ φυσικῷ λόγῳ σωματικός ἐστιν, εἶναι δέ τινα τοῦ σω-
ματικοῦ ἀνθρώπου πρὸς τὸν ἀσώματον ὁμοιότητα ὡς τοῦ σωματικοῦ καλοῦ
πρὸς τὸ ἀσώματον καλόν. ὅλως δὲ εἰ γενητὰ τὰ ἐνταῦθα εἴδη, πᾶν δὲ
τὸ γινόμενον ὑπ᾽ αἰτίας ἀνάγκη γίνεσθαι προειληφυίας τὸν τοῦ γινομένου 35
λόγον, ἵνα μὴ ἀλόγως γίνηται μηδὲ ἐπ᾽ ἄπειρον, καὶ πρὸς τὸν λόγον ἀφο-
35 μοιοῦται τὸ γινόμενον, οὗτος ἂν εἴη τὸ τῶν γινομένων παράδειγμα. ἔτι

---

1 ἑαυτῇ EF: αὐτῇ aD   2 τοῦ (post καὶ) om. a   ἐνδιδομένη — μετεχομένου om. E
4 τῷ (post σώματι) om. D   5 τοῦτο DE: τούτου aF   7 καὶ (ante πρὸς) iterat E
9 καὶ ὁ ἀριστ. a   χωριστὰς om. aF   13 αἰτίαν F   εἴδεσιν om. F   15 εἰ
μηδὲν aF   18 λέγων cf. Metaph. Λ 7, p. 1072ᵇ20. 10 p. 1075ᵃ11 sqq.   20 καὶ
τὸ ἀγαθὸν a   21 λέγων cf. Metaph. Λ 8 p. 1073ᵃ23 sqq.   post ἐστιν add.
ὁ aF   22 ὀνομάτων] ὁμο͞ητ´ E   25 καὶ ἀγαθὸν καὶ ἀγαθὴν D   26 καὶ νοῦν
om. F   λέγει F   καὶ (post μὲν) om. a   27 τοῦτο aDE: τούτω F   28 καὶ
(ante ἐπὶ) om. D   32 πρὸς τὰ a   35 οὕτως D

δὲ εἰ πρὸ τῶν ἀιδίως κινουμένων εἶναι δεῖ τὸ ἀκίνητον αἴτιον τῆς ἀνεκ-
λείπτου κινήσεως καὶ οὐχὶ κοινὸν μόνον, ἀλλὰ καὶ καθ' ἕκαστον ἰδίως
ἀφωρισμένον, ὡς αὐτὸς δείκνυσιν ὁ Ἀριστοτέλης ἐνταῦθά τε καὶ ἐν τῇ
Περὶ οὐρανοῦ πραγματείᾳ, ἕκαστον δὲ τῶν ἐνταῦθα εἰδῶν ἀΐδιον ἔχει τὴν
κατὰ τὰ ἄτομα μεταβολήν, δῆλον ὅτι εἴη ἂν ἑκάστου προϋπάρχον ἀκίνη-
τον αἴτιον ἀφωρισμένον οἷον ἄνθρωπος ἑστώς, ἵνα καὶ ὁ μεταβάλλων
ἀνέκλειπτον ἔχῃ τὴν μεταβολήν. ἔτι δὲ πολλαχοῦ τὴν φύσιν ἀπεικάζει τῇ
τέχνῃ ὁ Ἀριστοτέλης, ὥσπερ καὶ πρὸ ὀλίγου ἐν οἷς ἔλεγεν "ὥσπερ γὰρ
τέχνη λέγεται τὸ κατὰ τέχνην καὶ τὸ τεχνικόν, οὕτως καὶ φύσις τὸ κατὰ
φύσιν καὶ τὸ φυσικόν". εἰ οὖν ἡ τέχνη κατὰ λόγους ποιεῖ ὁμοιοῦσα τοῖς
τεχνικοῖς λόγοις τὰ γινόμενα, δῆλον ὅτι καὶ ἡ φύσις οὕτως ποιεῖ, διὸ
οὐδὲν μάτην ποιεῖ. εἰ οὖν μὴ πρῶτον αἴτιον ἡ φύσις, ἄλλο δέ τι τὸ
πάντων αἴτιον ὥσπερ ἡ φύσις τῶν φυσικῶν, δῆλον ὅτι καὶ ἐκεῖνο πάντων
τοὺς λόγους τῶν γινομένων καὶ τὰς αἰτίας προείληφε. καὶ πρὸς ἐκείνους
τοὺς λόγους ἐξομοιοῖ τὰ γινόμενα. ταῦτα μὲν οὖν καὶ ἄλλα πλείω λέγειν
δυνατὸν καὶ κατὰ τὰς Ἀριστοτέλους ὑποθέσεις δεικνύντα τῶν γινομένων
προϋπάρχουσαν τὴν παραδειγματικὴν αἰτίαν.

Ἄλλοι δέ τινές εἰσι πολλοὶ καὶ καλοὶ λόγοι δεικνύντες ὅτι πᾶν εἶδος
διακεχωρισμένην ἔχον ὑπόστασιν ἀρχή τίς ἐστιν ἀγένητος καὶ ἀκίνητος. καὶ
οὔτε τὸ ἐν τῇ ὕλῃ πρῶτον ἂν εἴη μέθεξις ὂν καὶ πάθος τῆς ὕλης οὔτε
τὸ ἐν τῇ φύσει ἐν ὑποκειμένῳ καὶ τοῦτο ὑφεστὼς οὔτε τὸ ἐν τῇ ψυχῇ.
κἂν γὰρ χωριστὸν τοῦτο, ἀλλ' αὐτοκίνητον ὑπάρχον διπλόην ἔχει τινά, καὶ
οὐδὲν μᾶλλον κινεῖ ἢ κινεῖται, οὐδὲ ἀρχὴ μᾶλλον ἢ ἀπ' ἀρχῆς. δεῖ οὖν
εἶναι τὴν ἀρχὴν ἀκίνητον καὶ ἀγένητον καὶ ποιητικὴν μόνως, ἀλλ' οὐχὶ
καὶ γινομένην. τοιαῦτα δὲ τὰ ἐν τῷ νῷ εἴδη πρώτως δια|κεκριμένα καὶ
ἀκίνητα καὶ ἀγένητα καὶ κυρίως ὄντα, ἅπερ λέγεται καὶ αἴτια τῶν γινομέ-
νων, πρὸς ἃ ἀφωμοίωται τὰ γινόμενα. εἰ μέντοι τινά ἐστιν ὀνόματα μὴ
τῶν εἰδῶν ὄντα τῶν ἐνταῦθα ἀλλὰ τῶν συνθέτων, οὐ χρὴ τούτων ἐπέκεινα
μεταφέρειν τὴν ὁμοιότητα, διότι αἱ μὲν ἰδιότητες ἄνωθεν ἄχρι τῶν ἐσχά-
των, αἱ αὐταὶ προέρχονται κατὰ ὕφεσιν. οἱ δὲ τρόποι τῶν ὑποστάσεων
οἷον ὁ ἀκίνητος ἢ ὁ αὐτοκίνητος ἢ ἔνυλος ἐν τοῖς οἰκείοις μένουσι τόποις
οὐ μεταδιδόμενοι. εἰ οὖν εἴη τι ὄνομα εἴδους ὂν μετὰ τῆς ὕλης, οὐ χρὴ
τούτου παράδειγμα ζητεῖν. εἰδῶν γὰρ ἀλλ' οὐχ ὕλης ἐστὶ τὰ παραδείγματα.
ἡ μὲν γὰρ σιμότης τὴν ῥῖνα συναναφέρουσα, ἐπειδὴ καὶ ἡ ῥὶς εἶδός τί

---

1 εἰ] ἐ D   4 Περὶ οὐρανοῦ cf. B 12 p. 292ᵃ 18 sqq.   5 τὰ (post κατὰ) om. D
7. 8 τῇ τέχνῃ ἀπεικάζει aF   8 πρὸ ὀλίγου B 1 p. 193ᵃ 31   9 τοῦ τεχνικοῦ D
οὕτως καὶ EF: οὕτως ἡ a: οὕτω καὶ ἡ D   11 τὰ γινόμενα om., sed supra add. D
12 οὐδὲν] οὐδὲ E   post μάτην ποιεῖ add. ὅτι πάντα κατὰ λόγους ποιεῖ E   13 πάντων
αἴτιον] πρῶτον αἴτιον πάντων a   14 καὶ (ante τὰς)] δὲ D   15 πλείω ἄλλα aF
20 ἐν ὕλῃ ἂν εἴη πρῶτον D   21 ἐν (post φύσει) om. E   24 τὴν ἀρχὴν εἶναι D
καὶ (post ἀκίνητον) om. D   27 ὠμοίωται D   μέντοι E: μὲν DF: μὲν οὖν a
29 μέχρι aF   30 post κατὰ add. τὴν D   32 ὄνομα DE: παράδειγμα aF   ὂν
D: ὃ aEF   ὕλης ἐστίν a   33 εἰδῶν] ἐνύλων D   τὰ (post ἐστὶ) om. a

ἐστιν, οὐδὲν θαυμαστὸν εἴ τι ἔχοι παράδειγμα τῶν κατὰ φύσιν, ἀλλ' οὐχὶ τῶν κατὰ πάθος σιμῶν αἴτιον. εἰ δέ τι εἶδος μετὰ τῆς ὕλης λαμβάνοιτο καὶ συναναφέροι τὴν ὕλην μετὰ τοῦ εἴδους τὸ ὄνομα καὶ ἡ κατὰ τοὔνομα νόησις, οὐ χρὴ τούτου παράδειγμα ζητεῖν, πρὸς ὃ μάλιστά μοι ὁ Ἀριστο-
5 τέλης δοκεῖ διαμάχεσθαι. ὥστε καὶ τὸ τοῦ ζῴου εἶδος εἰ μὲν αὐτὸ καθ' αὑτό τις ἐννοεῖν δύναιτο χωρίζων τῆς ὕλης τὴν μεθεκτικὴν ἰδιότητα, οὐδὲν οἶμαι ἄτοπον καὶ κατὰ Ἀριστοτέλην λόγον αὐτοῦ προϋποτίθεσθαι παρεκτικὸν τῇ ὕλῃ τῆς ἑαυτοῦ ὁμοιότητος. καὶ ἐπὶ ἀνθρώπου δὲ εἰ μὲν ἔστι τι εἶδος ἄνθρωπος ὑπὸ τῆς ὕλης μετεχόμενον, οὐδὲν κωλύει τὴν ὁμοιότητα
10 αὐτοῦ ἀνάγειν ἐκεῖ. εἰ δὲ τὸ ὄνομα τοῦτο καὶ τὸ πρᾶγμα μετὰ τῆς ὕλης μόνως ὑφέστηκεν ὡς ἡ σιμότης, ὁ πειρώμενος αὐτὸ ἀνάγειν ἐκεῖ τὰς Ἀριστοτέλους εὐθύνας ὑπομενέτω.

p. 194ᵃ12 Ἐπεὶ δὲ ἡ φύσις διχῶς, τό τε εἶδος καὶ ἡ ὕλη ἕως τοῦ
οὔτε κατὰ τὴν ὕλην.

15 Εἰπὼν ὅτι τῶν μαθηματικῶν ἐπιστημῶν αἱ μὲν χωρίζουσαι τῆς ὕλης τά τε πέρατα καὶ τὰ συμβεβηκότα οὕτως αὐτὰ σκοποῦσιν (ὡς ἡ γεωμετρία περὶ γραμμῆς φυσικῆς ζητεῖ ἀλλ' οὐχ ᾗ φυσική), αἱ δὲ τοῖς χωριστοῖς μὲν τῆς ὕλης χρῶνται (οἷον μαθηματικῇ γραμμῇ, ἀλλ' οὐχ ᾗ μαθηματική, ἀλλ' ᾗ φυσική) ὥσπερ ἡ ὀπτική, εἰκότως ἐπάγει πῶς ἡ φυσικὴ γινώσκει
20 τὰ φυσικά. καί φησιν ὅτι ὡς σύνθετα μὲν αὐτὰ ἐξ ὕλης καὶ εἴδους γινώσκει, ἀλλ' οὐχὶ κατὰ τὴν ὕλην ἀλλὰ κατὰ τὸ εἶδος, ὡς ὁ τὸ σιμὸν γινώσκων γινώσκει μὲν μετὰ τῆς ῥινός, ἀλλὰ κατὰ τὴν κοιλότητα. καὶ τοῦτο εἰκότως. ὁ γὰρ φυσικὸς τῆς φύσεώς ἐστι θεωρός. διχῶς δὲ ἡ φύσις κατά τε τὴν ὕλην καὶ κατὰ τὸ εἶδος, καὶ κυριώτερον κατὰ τὸ εἶδος. εἰκότως οὖν
25 τὸ συναμφότερον γινώσκει κατὰ τὸ εἶδος. καὶ εἴπερ ἡ μὲν ὕλη κατὰ ἀναλογίαν ἐστὶ γνωστή, τὸ δὲ εἶδος κατὰ ἐπέρεισιν, εἰκότως κατὰ τὸ εἶδος ἡ τοῦ συνθέτου γνῶσις ἐπιτελεῖται.

p. 194ᵃ15 Καὶ γὰρ δὴ καὶ περὶ τούτου ἀπορήσειεν ἄν τις ἕως τοῦ
ἀλλὰ τὸ βέλτιστον.

30 Εἰπὼν ὅτι διχῶς ἡ φύσις καὶ ὅτι περὶ ἀμφοῖν εἰπεῖν τοῦ φυσικοῦ,

---

1 εἴ τι] ἔτι F   ἔχει aF   2 τῶν (post οὐχὶ) aE: om. DF   σιμὸν D   εἰ δέ τι εἶδος] εἶδε D   τῆς om. a   3 τὸ ὄνομα om. D   κατ' οὔνομα DE   4 μοι DE: μὲν F: om. a   6 τις om. a   δύναιτο EF: δύναται D: δύνατο a   τὸ χωρίζον D   μεθεκτικὴν a: μεθεκτὴν DEF   7 καὶ om. D   αὐτοῦ F   9 τῆς om. a   10 τῆς (post μετὰ) om. DE   11 ἀνάγειν αὐτὸ aF   13 ἐπεί] ἐπειδὴ a   ἡ φύσις] τὸ εἶδος F   ἕως τοῦ κτλ. om. F   16 ἡ om. a   17 φυσικῆς γραμμῆς aF   τοῖς corr. ex τῆς F   18 ᾗ μαθηματικῇ et 19 ᾗ φυσικῇ aDF   20 ante τὰ φυσικά add. καὶ F   ὕλους F   23. 24 κατά τε τὸ εἶδος καὶ τὴν ὕλην D   24 καὶ κυριώτερον κατὰ τὸ εἶδος om. E   26 εἶδος καὶ τὰ ἐπέρεισιν E   28 post τούτου add. διχῶς ex suo Aristotele a   ἕως κτλ. om. F

κατὰ τὴν κυριωτέραν μέντοι, καὶ τοῦτο ἀποφηνάμενος ἄνευ ἀποδείξεως, 66ᵛ
ὡς ἂν τῷ ἐπιπολαίως ἀκούοντι δόξειεν, ἐπεὶ αὐτὸς τὴν ἀπόδειξιν ἐνεδείξατο 40
(εἰ γὰρ διχῶς ἡ φύσις, καὶ ἡ ἑτέρα τῆς ἑτέρας κυριωτέρα καὶ γνωριμω-
τέρα), περὶ ἀμφοῖν ἂν εἴη τοῦ φυσικοῦ λέγειν κατὰ τὴν κυριωτέραν, πλὴν
5 ὡς ἀναποδείκτως εἰρημένου ἀπορίας ἄξιον εἶναί φησιν, εἴπερ δύο αἱ φύσεις
αἱ στοιχειώδεις, περὶ ποτέρας ἂν εἴη τοῦ φυσικοῦ. καὶ ἐκ διαιρέσεώς
πως προάγει τὴν ζήτησιν. ἢ γὰρ περὶ τῆς ἑτέρας ἢ περὶ ἑκατέρας ἢ περὶ
τοῦ ἐξ ἀμφοῖν. καὶ εἰ περὶ τοῦ ἐξ ἀμφοῖν δῆλον ὅτι καὶ περὶ ἑκα-
τέρας. ἀδύνατον γὰρ τὸ σύνθετον γινώσκειν ἀγνοοῦντα τὰ ἁπλᾶ. εἰ δὲ 45
10 περὶ ἑκατέρας τῆς τε ὕλης καὶ τοῦ εἴδους, ἆρα τῆς αὐτῆς ἐστιν ἑκατέραν
γνωρίζειν ἢ ἑτέρας καὶ ἑτέρας, ἐν δὴ τῇ τοιαύτῃ διαιρέσει τὸ ἑκατέρας
τμῆμα καθ' αὑτὸ παρῆκεν ὡς μέλλων αὐτὸ μετὰ τοῦ συναμφοτέρου παρα-
διδόναι. οὕτως οὖν τὴν ζήτησιν διελὼν δείκνυσιν ὅτι οἱ ἀρχαῖοι φυσικοὶ
περὶ τὴν τοῦ ἑτέρου ζήτησιν διέτριβον τοῦ κατὰ τὴν ὕλην, ἐπὶ σμικρὸν
15 τοῦ Ἐμπεδοκλέους καὶ τοῦ Δημοκρίτου τῆς κατὰ τὸ εἶδος φύσεως ἁψαμέ-
νων. Ἐμπεδοκλῆς μὲν γὰρ τὸ νεῖκος καὶ τὴν φιλίαν ὡς εἰδοποιοὺς αἰτίας 50
ἐν ταῖς ἀρχαῖς ἀποθέμενος, Δημόκριτος δὲ τὸ σχῆμα καὶ τὴν θέσιν καὶ
τὴν τάξιν, τὸ εἶδος οἶμαι κατὰ τὸν λόγον ἀφορίζει, καθ' ὃν ἕκαστα ἐποίουν·
καὶ γὰρ λόγῳ τινὶ ποιεῖ σάρκας καὶ ὀστοῦν καὶ τῶν ἄλλων ἕκαστον. λέγει
20 γοῦν ἐν τῷ πρώτῳ τῶν Φυσικῶν·

ἡ δὲ Χθὼν ἐπίηρος ἐν εὐτύκτοις χοάνοισι
τὰ δύο τῶν ὀκτὼ μερέων λάχε Νήστιδος αἴγλης,
τέτταρα δ' Ἡφαίστοιο. τὰ δ' ὀστέα λευκὰ γένοντο
Ἁρμονίης κόλλῃσιν ἀρηρότα θεσπεσίηθεν,

25 τουτέστιν ἀπὸ τῶν θείων αἰτίων καὶ μά|λιστα τῆς Φιλίας ἤτοι Ἁρμονίας· 67ʳ
ταῖς γὰρ ταύτης κόλλαις ἁρμόζεται.

"Ἀναξαγόρου δέ, φησὶν Ἀλέξανδρος, οὐκ ἐμνημόνευσε καίτοι τὸν νοῦν
ἐν ταῖς ἀρχαῖς τιθέντος, ἴσως, φησίν, ὅτι μὴ προσχρῆται αὐτῷ ἐν τῇ γε-
νέσει". ἀλλ' ὅτι μὲν προσχρῆται, δῆλον, εἴπερ τὴν γένεσιν οὐδὲν ἄλλο ἢ
30 ἔκκρισιν εἶναί φησι, τὴν δὲ ἔκκρισιν ὑπὸ τῆς κινήσεως γίνεσθαι, τῆς δὲ
κινήσεως αἴτιον εἶναι τὸν νοῦν. λέγει γὰρ οὕτως Ἀναξαγόρας· "καὶ ἐπεὶ 5
ἤρξατο ὁ νοῦς κινεῖν, ἀπὸ τοῦ κινουμένου παντὸς ἀπεκρίνετο, καὶ ὅσον ἐκί-
νησεν ὁ νοῦς, πᾶν τοῦτο διεκρίθη· κινουμένων δὲ καὶ διακρινομένων ἡ

---

2 καὶ αὐτὸς aF   4 εἴη] ἐπὶ E   5 εἰρημένον aF   ἄξιον ἀπορίας aF   αἱ
(post δύο) om. a   7 τῆς (ante ἑτέρας) om. D   ἢ περὶ ἑκατέρας om. F   10 ἑκα-
τέρας E   11 δὴ] δὲ D   τῇ om. a   16 γὰρ om. a   18 τὸν (post κατὰ)
om. D   ἀφορίζει] putabam ἀφώριζον. sed iam v. 19 iterum variat ποιεῖ   καθὼ D¹
19 καὶ post γὰρ add. a   σάρκα D   λέγει Emped. v. 199 — 202 St., 211 — 214 K.
20 οὖν D   τῷ (post ἐν) om. E   21 εὐτύκτοις aEF: εὐστέρνοις (ex Aristotele de
anima A 5 p. 410ᵃ4) D   22 τὰ aF: τὰς (ex Arist. cod. W?) DE: τὼ restitui Empe-
docli Herm. xv 166 sq.   μερέων aF: μοιράων DE (ex Arist. codd. VYW?)
23 ἡφαιστος F   25 ἤτοι τῆς aF   26 ταύταις E   28 post τιθέντος praecepit
φησὶ τὴν δὲ — κινήσεως (30) sed delevit F   29 post ἢ add. ὅτι E   31 Ἀναξαγόρας
fr. 7 Schorn.   καὶ DE: om. aF

περιχώρησις πολλῷ μᾶλλον ἐποίει διακρίνεσθαι." ἀλλὰ διὰ τοῦτο τοῦ 67ʳ
Ἀναξαγόρου οὐκ ἐμνήσθη, ὅτι τὸν νοῦν ὁ Ἀναξαγόρας οὐκ ἔλεγεν εἶδος
ἔνυλον, οἷον ἦν τὸ νῦν ζητούμενον, ἀλλὰ διακριτικὸν καὶ κοσμητικὸν αἴτιον
χωριστὸν ἀπὸ τῶν κοσμουμένων καὶ ἄλλης ὂν ὑποστάσεως παρὰ τὰ κοσμού-
5 μενα. "νοῦς, γάρ φησιν, ἐστὶν ἄπειρον καὶ αὐτοκρατὲς καὶ μέμικται οὐδενὶ 10
χρήματι, ἀλλὰ μόνος αὐτὸς ἐφ' ἑαυτοῦ ἐστι." καὶ τὴν αἰτίαν τούτου
προστίθησι. μήποτε δὲ καὶ διὰ τοῦτο οὐκ ἐμνημόνευσεν Ἀναξαγόρου, ὅτι
ὁ παρ' αὐτῷ νοῦς οὐ ποιεῖν ἀλλὰ διακρίνειν ὄντα τὰ εἴδη δοκεῖ. δῆλον δὲ
ὅτι ἡ ἀπὸ τῆς ἡνωμένης ὑποστάσεως, καθ' ἣν ὁμοῦ πάντα χρήματα ἦν,
10 διάκρισις ἡ νοερὰ ποίησις ἦν.

Ταῦτα δ' οὖν εἰπὼν ἐπάγει λοιπὸν ἀποδεικτικοὺς λόγους τοῦ δεῖν τὸν
φυσικὸν ἀμφοτέρας γνωρίζειν τὰς φύσεις τήν τε κατὰ τὴν ὕλην καὶ
τὴν κατὰ τὸ εἶδος, καὶ οὐ μόνον τὴν κατὰ τὴν ὕλην, ὡς οἱ πολλοὶ τῶν 15
φυσικῶν ἐνόμιζον. καὶ ἔστιν ὁ πρῶτος λόγος ἀπὸ τῆς τῶν τεχνῶν ἐπα-
15 γωγῆς. εἰ γὰρ ἡ τέχνη μιμεῖται τὴν φύσιν, καὶ ἔστι τῆς αὐτῆς
τέχνης τό τε εἶδος γινώσκειν καὶ τὴν ὕλην, καὶ τῆς φυσικῆς ἂν
εἴη τὸ γνωρίζειν ἀμφοτέρας τὰς φύσεις. καὶ ὅτι μὲν ἡ τέχνη μι-
μεῖται τὴν φύσιν ὡς ἐναργὲς παρέλαβεν, ὅτι δὲ τῆς αὐτῆς ἐστι τέχνης
τήν τε ὕλην γινώσκειν καὶ τὸ εἶδος, ἔκ τε τῆς ἰατρικῆς καὶ τῆς οἰ-
20 κοδομικῆς ἐπιστώσατο. δευτέρῳ δὲ χρῆται ἐπιχειρήματι τοιούτῳ· εἰ τῆς 20
αὐτῆς ἐστιν ἐπιστήμης τὸ τέλος καὶ τὸ οὗ ἕνεκα γινώσκειν καὶ τὰ πρὸς
τὸ τέλος, οἷον οἰκοδομικῆς τὴν ὀροφὴν καὶ τοὺς τοίχους, ἡ δὲ φύσις καὶ
τὸ εἶδος τέλος ἐστὶ καὶ τὸ οὗ ἕνεκα, δῆλον ὅτι καὶ τῆς φυσικῆς ἂν
εἴη μὴ μόνον τὴν ὕλην γινώσκειν, ὡς οἱ παλαιοὶ φυσικοὶ λέγουσιν, ἀλλὰ
25 καὶ τὸ εἶδος· ἢ μὴ μόνον τὸ εἶδος, ὅπερ ἐστὶν ἡ κυρίως φύσις, ἀλλὰ καὶ
τὴν ὕλην· οὕτως γὰρ ὁ Ἀλέξανδρος ἀκούει. δυνατὸν δὲ ἀμφοτέρως. ἀλλ' ἡ
μὲν ἀπόδειξις τοῦ καὶ τοῦ εἴδους εἶναι τὴν φυσικὴν ὀρθῶς ἔχει ὡς πρὸς
τοὺς φυσικοὺς λεγομένη, ἡ δὲ τοῦ καὶ τῆς ὕλης πρὸς τὰ ἐφεξῆς ἐπα- 25
γόμενα.

30 Ὁ δὲ ὅλος σκοπὸς τῶν λεγομένων ἔοικε τείνειν εἰς τὸ καὶ τοῦ εἴδους
καὶ τῆς ὕλης εἶναι γνωστικὴν τὴν φυσικήν. ὅτι δὲ τὸ εἶδος καὶ ἡ κατὰ
τοῦτο φύσις τέλος ἐστὶ τῆς ὕλης, δείκνυσι δυνάμει οὕτως· ἡ ὕλη καὶ ἡ
φυσικὴ κίνησις τῆς ὕλης συνεχής ἐστι· τῆς συνεχοῦς κινήσεώς ἐστί τι τέλος
τὸ εἶδος, οὗ ἕνεκα ἡ κίνησις, καὶ εἰς ὃ ἐλθοῦσα παύεται. ἡ ἄρα ὕλη καὶ
35 ἡ φυσικὴ ταύτης κίνησις τέλος ἔχει τὸ εἶδος. καὶ γὰρ ἡ ὕλη τῆς μορφῆς
ἕνεκα πέφυκε καὶ οὐχ ἡ μορφὴ τῆς ὕλης. τελειοῦται γὰρ τὸ ὑποκείμενον 30

---

3 κοσμικὸν D¹   5 φησιν fr. 6 cf. p. 156, 13. 174, 16. 176, 32   5 γάρ φησιν
ἐστὶν D   11 δ' om. aF   τοὺς δεῖν E   12 κατὰ τὴν — οὐ μόνον τὴν
om. DF   14 ἔστιν] ὅτι E   τῶν om. E   15 τῆς iterat F   16 τό τε
τὸ E   18 ἐστι om. D   τέχνης τὸ γινώσκειν τὴν ὕλην καὶ τὸ εἶδος a
23 καὶ (ante τῆς) E: obl. D: om. aF   24 εἴη ἂν aF   27 τοῦ (post ἀπόδειξις)
οὗ
om. F   28 ἡ δὲ τοῦ καὶ τῆς ὕλης a: ἡ δὲ†καὶ τὴν ὕλην D: καὶ τοῦ καὶ τὴν ὕλην
E: καὶ τοῦ τὴν ὕλην F

καὶ ἔστι κυρίως, ἐπειδὰν τὸ εἶδος λάβῃ. ὅτι δὲ ἡ συνεχὴς κίνησις εἴς τι 67r
τέλος βλέπει, δῆλον ἐξ ὧν ἡ ἄσκοπος κίνησις καὶ μὴ εἰς τέλος ὡρισμένον
βλέπουσα, οὐκ ἔστι συνεχὴς ἀλλὰ διακεκομμένη καὶ ἄτακτος. ἐπειδὴ δὲ
οὐ πᾶν πέρας καὶ ἔσχατόν τινος τὸ οὗ ἕνεκά ἐστιν, ἀλλὰ τὸ βέλτιστον
5 μόνον (καὶ γὰρ τῆς ἀσκόπου κινήσεως καὶ τῶν κατὰ ἀσθένειαν φύσεως γι-
νομένων ἔστι τι τέλος ὡς ἔσχατον, ἀλλ' οὐκ ἤδη τοῦτο τὸ οὗ ἕνεκά ἐστιν),
εἰκότως καὶ τοῦτο διορίζεται. καὶ γελοῖον εἶναί φησι τὸν εἰπόντα ποιητήν· 35
ἔχει τελευτὴν ᾗσπερ οὕνεχ' ἐγένετο.
καὶ γὰρ ἡ τοῦ βίου τελευτὴ ἔσχατον μέν ἐστι καὶ πέρας, οὐ μέντοι τέλος
10 ὡς τὸ οὗ ἕνεκα. οὐ γὰρ ἡ γένεσις καὶ αὔξησις τοῦ θανάτου ἕνεκα ἐγέ-
νετο, ἀλλὰ τοῦ εἴδους καὶ τῆς τελειότητος τοῦ αὐξομένου, ἐφ' ἣν τὸ
αὐξόμενον κινεῖται συνεχῶς, καὶ γενόμενον ἐν αὐτῇ παύεται τῆς εἰς τὸ
πρόσθεν προόδου. καίτοι εἰ εἰς τέλος τὸν θάνατον ἔβλεπεν ἡ φύσις, ἅμα
τῷ πληρωθῆναι τὸ ζῷον ἐφθάρη ἄν. νῦν δὲ καὶ μετὰ τὸ ἀπολαβεῖν τὸ
15 οἰκεῖον μέγεθος σῴζεται πολλάκις. εἰ μὴ ἄρα πρόχειρον λέγειν, ὅτι οὐ 40
μόνον τῆς διαπλάσεως ἀλλὰ καὶ τοῦ φυσικοῦ βίου τέλος ἐστὶν ὁ θάνατος.
πλὴν ὁ θάνατος τέλος καὶ ἔσχατον οὐχ ὡς σκοπός, ἀλλ' ὡς ἀναγκαῖον
σύμπτωμα τῆς τοιαύτης οὐσίας. ὁ δὲ Ἀλέξανδρος ἄμεινόν φησι γεγράφθαι
ὧν γὰρ συνεχοῦς τῆς κινήσεως οὔσης ἔστι τι ἔσχατον, τοῦτο
20 τέλος καὶ οὗ ἕνεκα, ἐπεὶ μὴ πᾶν ἔσχατον τέλος. καίτοι καὶ αὐτὸς Ἀρι-
στοτέλης ὁμολογεῖ, μὴ πᾶν τὸ ἔσχατον εἶναι τέλος. μήποτε οὖν μεταγρά-
φειν οὐκ ἀνάγκη τὴν λέξιν. ὧν γὰρ συνεχοῦς, φησί, οὔσης τῆς κινήσεως, 45
τουτέστι τεταγμένης καὶ εἰς σκοπὸν βλεπούσης, ἔστι τι τέλος ὡς πέρας καὶ
ἔσχατον, τοῦτο τὸ ἔσχατον τέλος ἐστὶν ὡς τὸ οὗ ἕνεκα καὶ οὐχ ἁπλῶς
25 ἔσχατον, οἷον ἂν εἴη καὶ τῆς ἀορίστου κινήσεως.

p. 194a33 Ἐπεὶ καὶ ποιοῦσιν αἱ τέχναι τὴν ὕλην αἱ μὲν ἁπλῶς
αἱ δὲ εὐεργόν.

Ταῦτα δοκεῖ συνηγορεῖν τῷ καὶ τὰ πρότερον εἰρημένα δεικτικὰ εἶναι
τοῦ καὶ τῆς ὕλης γνωστικὴν ὀφείλειν εἶναι τὴν φυσικήν. μήποτε δὲ πάντα
30 τὰ λεγόμενα, ὡς καὶ πρότερον εἶπον, εἰς τοῦτο τείνει εἰς τὸ τὴν φυσικὴν 50
πραγματείαν καὶ τῆς ὕλης καὶ τοῦ εἴδους εἶναι θεωρὸν καὶ τοῦ συναμφο-
τέρου κατὰ τὸ εἶδος. ὡς γὰρ ὁμολογούμενον ἔχων ὅτι περὶ τοῦ εἴδους,
οὕτως νῦν ὅτι καὶ περὶ τῆς ὕλης εἰπεῖν τοῦ φυσικοῦ ἀπὸ τῆς τῶν τεχνῶν

---

3 διακεχρημμένη ut vid. E   4 ἀλλὰ — ἕνεκά ἐστιν (6) om. F   7 ποιητὴν Comic.
Fr. V 123 (395) Meineke. Euripidi tribuit Philoponus ad h. l.   8 οὕνεχ' F: οὕνεκα
aD: οὗ ἕνεκα E   9 βίου DE: βιβλίου aF   10 ὡς τὸ] αὐτὸ E   ἢ post καὶ
add. aF   ἐγένοντο aF   11 αὐξανομένου et (12) αὐξανόμενον D   12 ἐπ' αὐτῇ D
13 εἰ (ante εἰς) om. F   14 συμπληρωθῆναι aF   21 τέλος εἶναι D   22 φησὶ
συνεχοῦς aF   24 ὡς] ὅσον E   28 τὰ om. D¹   29 post ὕλης add. καὶ τοῦ εἴδους E
εἶναι τὴν φυσικὴν ὀφείλειν a   30 τὰ (post πάντα) om. D   πρότερον cf. p. 301, 26
alias   32 ἔχων DE: ἔχον aF   ὅτι (ante περὶ) om. F   33 νῦν οὕτως F

πάλιν ὁμοιότητος κατασκευάζει καὶ ἐκ τοῦ μᾶλλον τὴν ἐπιχείρησιν ποιού- 67r
μενος. εἰ γὰρ αἱ τέχναι μιμούμεναι τὴν φύσιν οὐ μόνον γινώσκουσι τὴν
ὕλην, ἀλλὰ καὶ παρασκευάζουσιν αἱ μὲν καὶ ποιοῦσαι αὐτὴν ἁπλῶς ὡς ἡ
οἰκοδομικὴ τὰς πλίνθους καὶ ἡ ἰατρικὴ τὰ φάρμακα | καὶ ἡ κεραμευτικὴ 67v
5 τὸν πηλὸν καὶ ἡ γραφικὴ τὰ μικτὰ τῶν χρωμάτων, αἱ δὲ εὔεργον ποιοῦ-
σαι ὡς ἡ πλαστικὴ μαλάττουσα τὸν κηρὸν καὶ ἡ ἀνδριαντοποιητικὴ τὸν
χαλκοῦν εὔρουν ποιοῦσα καὶ ἡ οἰκοδομικὴ τὰς πλίνθους προσχηματίζουσα,
πολλῷ μᾶλλον τὸν φυσικὸν ἀνάγκη θεωρὸν γοῦν εἶναι τῆς ὑποβεβλημένης
ὕλης τοῖς φυσικοῖς, εἴπερ αἱ τέχναι μιμούμεναι τὴν φύσιν, οὕτως γνωρί-
10 ζουσι τὴν ὕλην ὡς καὶ παρασκευάζειν αὐτήν. ἢ εἰ ἐν ταῖς ποιητικαῖς 5
τέχναις ἡ ποιοῦσα τὸ εἶδος τέχνη καὶ τὴν ὕλην ποιεῖ, καὶ ἐν ταῖς θεωρη-
τικαῖς ἡ τοῦ εἴδους τοῦ ἐνύλου θεωρητικὴ ἐπιστήμη εἴη ἂν καὶ τῆς ὑπο-
βεβλημένης αὐτῷ ὕλης. τάχα δὲ καὶ τὸ μᾶλλον ἡ ἐπιχείρησις ἂν ἔχοι,
εἰ λέγοιμεν ὅτι εἰ μᾶλλον ἡ φύσις τὴν ὕλην ποιεῖ ἤπερ ἡ τέχνη, μᾶλλον
15 ὤφειλεν ὁ φυσικὸς γνωρίζειν τὴν ὕλην ἤπερ ὁ τεχνίτης. δεῖξαι οὖν προ-
θέμενος ἐκ τοῦ συνηρτῆσθαι ἀλλήλαις τὰς γνώσεις τοῦ τέλους καὶ τῶν
πρὸς τὸ τέλος, ὅτι καὶ τοῦ εἴδους καὶ τῆς ὕλης ἐστὶν ἡ φυσικὴ θεωρός, ὅτι 10
μὲν τέλος ὡς τὸ οὗ ἕνεκα τὸ εἶδός ἐστιν, ἔδειξε διὰ ⟨τὸ⟩ τὴν συνεχῆ κί-
νησιν τῆς φύσεως εἰς τὸ εἶδος τελευτᾶν, ὅτι δὲ πρὸς τὸ εἶδος ὡς πρὸς
20 τέλος ἡ ὕλη, μετ' ὀλίγον ὑπομιμνήσκει. νῦν δὲ ὅτι καὶ τῆς ὕλης θεωρὸς
ἐκ τοῦ μᾶλλον ἔδειξεν, ὡς εἴρηται, οὐκ ἀρκεσθεὶς τῇ τῶν ἀρχαίων
μαρτυρίᾳ.

p. 194a34 **Καὶ χρώμεθα ὡς ἡμῶν ἕνεκα πάντων ὑπαρχόντων
ἕως τοῦ εἴρηται δὲ ἐν τοῖς Περὶ φιλοσοφίας.** 15

25 Ὅτι συνήρτηται ἀλλήλοις τὸ τέλος καὶ τὰ πρὸς τὸ τέλος, δείκνυσι καὶ
ἐκ τοῦ ἡμᾶς τέλη ὄντας χρῆσθαι ἐκείνοις τοῖς ἡμῶν ἕνεκα παραλαμβανο-
μένοις. καὶ δῆλον ὅτι καὶ τὸ ἐπὶ τῶν τεχνῶν εἰρημένον καὶ τὸ ἐπὶ τῶν
τελῶν κατ' ἐπίτασιν δείκνυσι τὸ προκείμενον· περιττεύει γὰρ τὸ ποιεῖν καὶ
χρῆσθαι τοῦ γινώσκειν μόνον. ἀλλὰ πῶς ἡμεῖς τέλη καὶ πῶς χρώμεθα
30 πᾶσιν; ἢ ὅτι διχῶς τὸ τέλος τὸ μὲν ὡς τὸ οὗ ἡ ἔφεσις (ὅπερ σκοπὸν 20
οἱ νεώτεροι καλοῦσιν, οἷον ἡ ὑγίεια ἧς ὁ ἰατρὸς στοχάζεται) τὸ δὲ ἐν ᾧ
τοῦτό ἐστι καὶ ᾧ περιγίνεται, ὥσπερ ὁ ὑγιαίνων. τοῦτό ἐστι τέλος ὡς τὸ
ᾧ, ὃ καὶ ἡμεῖς ἐσμεν. τέλος γὰρ τοῦ ἰατροῦ ὁ ἄνθρωπος οὐχ ὡς τὸ οὗ

---

1 καὶ (ante ἐκ) EF: om. aD   τοῦ] τούτου D   3 οἱ μὲν a   ποιοῦσιν F¹   ἁπλῶς
αὐτὴν D   4 οἰκοδομητικὴ aF   τὰς πλίνθους aF: τοὺς πλίνθος D: τὰς πλήθους E
ἡ (ante ἰατρικὴ) om. E   6 τὸν κηρὸν om. F   ἀνδριαντοποιϊκὴ a   7 χαλκοῦν] immo
χαλκὸν   οἰκοδομητικὴ aF   τοὺς πλίνθους E   8 τῆς] τοῖς F¹   9 τοῖς]
τῆς F¹   φύσιν] τέχνην E   14 εἰ (post ὅτι) om. F   ἡ φύσις μᾶλλον a
ἤπερ] εἴπερ a   τέχνη ex τεχνίτης corr. E   15 ὤφελεν E   τεχνίτης DE:
τεχνικός aF   17 ἐστὶν (ante ἡ) om. aF   18 τὸ ante τὴν add. a: om. DEF
24 ἕως τοῦ κτλ. om. F   τοῖς DE: τῷ a   25. 26 δείκνυσιν ἐκ τοῦ καὶ aF   29 γινώ-
σκει a   30 post οὗ add. ἕνεκα aE   32 τοῦτο γάρ ἐστι a   33 ἄνθρωπος] ὑγιαίνων a

στοχάζεται οἷον ἡ ὑγίεια, ἀλλ' ὡς τὸ ᾧ βούλεται αὐτὴν περιποιῆσαι. γέ- 67ᵛ
γονε δὲ ἡ διαίρεσις αὐτῷ ἐν τοῖς Νικομαχείοις ἠθικοῖς, ἃ Περὶ φιλοσο-
φίας καλεῖ φιλοσοφίαν ἰδιαίτερον καλῶν πᾶσαν τὴν ἠθικὴν πραγματείαν.
διχῶς οὖν τοῦ τέλους λεγομένου τοῦ τε οὗ καὶ τοῦ ᾧ δείξας ἐπὶ τοῦ προ- 25
5 τέρου τὴν τῆς ὕλης γνῶσιν συνημμένην τῇ τοῦ τέλους γνώσει, νῦν ἔδειξε
καὶ ἐπὶ τοῦ ἑτέρου τέλους τοῦ ᾧ τοῦτο οὕτως ἔχον. ἡμεῖς γὰρ ὄντες
οὕτως τέλη οὐ μόνον ἴσμεν τὰ ἡμῶν χάριν ὄντα, ἀλλὰ καὶ χρώμεθα αὐ-
τοῖς. πάντα δὲ ἡμῶν ἕνεκα ὑπάρχειν λέγει, οὐχὶ τὰ ὄντα πάντα, ἀλλὰ
τὰ πρὸς τὴν σωτηρίαν τὴν ἡμετέραν πάντα, οἷά ἐστι τὰ τῶν τεχνῶν ἀπο-
10 τελέσματα. τούτοις γὰρ χρώμεθα. καὶ ἐσμὲν τέλη τῶν κατὰ τὰς τέχνας
γινομένων ἡμεῖς ὡς ἡμῖν ὑπαρχόντων καὶ ἐφ' ἡμᾶς τὴν ἀναφορὰν ἐχόν- 30
των καὶ συνέζευκται ταῦτα τοῖς τέλεσι. καὶ οὐ μόνον ἴσμεν αὐτά, ἀλλὰ
καὶ χρώμεθα αὐτοῖς, ὅπερ ἐπὶ πλέον ἐστί. καὶ καθόλου οὐ τὸ τέλος γινώ-
σκειν ἐστί, τούτου καὶ τὰ τοῦ τέλους ἕνεκεν· ὥστε εἰ τοῦ φυσικοῦ ἐστι τὸ
15 εἶδος ὡς τέλος γινώσκειν, τοῦ αὐτοῦ ἂν εἴη καὶ τὸ τοῦ εἴδους ἕνεκεν γι-
νώσκειν, ὅπερ ἐστὶν ἡ ὕλη. εἰ γὰρ "τῶν πρός τι ἐστὶ πρὸς τὸ εἶδος ἡ
ὕλη," ὡς αὐτὸς ἐρεῖ, τῶν δὲ πρός τι ἅμα ἡ γνῶσις, δῆλον ὅτι καὶ τούτων
ὁ τὸ ἕτερον εἰδὼς εἴσεται καὶ τὸ ἕτερον.

p. 194ᵃ36   Δύο δὴ αἱ ἄρχουσαι τῆς ὕλης καὶ αἱ γνωρίζουσαι 35
20   τέχναι ἕως τοῦ ἄλλῳ γὰρ εἴδει ἄλλη ὕλη.

Εἰπὼν ὅτι ἔνιαι τῶν τεχνῶν καὶ ποιοῦσι τὴν ὕλην, καὶ οὐ μόνον γνω- 40
ρίζουσι, νῦν δείκνυσιν ὅτι καὶ αἱ ἀρχιτεκτονικαὶ τῶν τεχνῶν αἱ μάλιστα
δοκοῦσαι πρὸς τὸ εἶδος ὁρᾶν οὐδὲ αὐταὶ τὴν ὕλην ἀγνοοῦσι. δύο δέ φησιν
εἶναι τὰς ἀρχιτεκτονικάς. τὴν χρωμένην οἷον τὴν κυβερνητικήν, ἥτις
25 ὁποῖόν τι τὸ εἶδος εἶναι χρὴ τοῦ πηδαλίου γνωρίζει, τό τε σχῆμα καὶ τὸ
μέγεθος ἐπιτάττων καὶ τὴν ὕλην ὁρίζων, ὅτι καὶ ξύλον εἶναι χρὴ μήτε
ἀπόσκληρον μήτε πάνυ λυγιζόμενον. ἑτέρα δέ ἐστιν ἀρχιτεκτονικὴ τῶν 45
κατὰ μέρος ποιητικῶν τεχνῶν τά τε εἴδη καὶ τὰς ὕλας ὁρίζουσα, οἵα ἡ
κοινῶς λεγομένη ναυπηγικὴ πολλῶν περὶ τὴν ναῦν τεχνῶν ἀσχολουμένων
30 αὐτὴ πρὸς τὴν τοῦ ὅλου χρείαν πάντα ἀναφέρουσα τό τε εἶδος τοῦ ξύλου
ἀφ' οὗ χρὴ γενέσθαι τὸ πηδάλιον ὁρίζει, ὅτι ἀπὸ κυπαρίσσου εἰ τύχοι τὰς

---

1 νικομαχείοις ἠθικοῖς aD et F (in contextu): νικομαχείοις φυσικοῖς ἠθικοῖς E et F in mrg.,
qui addit ὅπερ ὡς μὴ δοκοῦν ⊙ ὃ ἀντιτεθέ ᵀ ᾧ παρελείφ|||ν [l. ὅπερ (sc. vocem φυσικοῖς) ὡς μὴ
δοκοῦν(?) ὀρθῶς ἀντιτεθὲν φωνῇ(?) παρελείψαμεν(?)]   Περὶ φιλοσοφίας cf. Heitz *Die verlorenen
Schriften des Ar.* p. 180 sqq.   14 ἐστι — γινώσκειν (15) om. DF   17 ἐρεῖ p. 194ᵇ 8
19 δύο δὴ αἱ DF: δύο δὲ καὶ E: δύο δὲ καὶ αἱ a   αἱ (ante γνωρίζουσαι) om. F
20 ἕως — ὕλη E: om. F: lemma plenum exhibet D (quem morem hinc constanter servat
D): plenum lemma ut solet sed extremis ἔτι τῶν πρός τι — ὕλη propter p. 305, 24 omis-
sis a   22 αἱ (post καὶ) om. D   23 αὗται E: αὐταὶ aDF   24 ἥτις] ἥτις]
in mrg. εἴ τις F   25 εἶναι χρὴ τὸ εἶδος a   26 post εἶναι add. τι F: idem post καὶ a
27 λυγιζόμενον E: λυττόμενον D¹F: ἀλύγιστον D²: λογιζόμενον a   31 χρὴ om. aF
post πηδάλιον intercidisse puto καὶ τὴν ὕλην

τοίας καὶ τοίας κινήσεις ὑπομενούσης, ὡς ὥρισεν ὁ κυβερνήτης. ἀλλ' εἰ ὁ 67ᵛ
κυβερνήτης ὁποῖόν τι τὸ εἶδος τοῦ πηδαλίου γνωρίζει καὶ ἐπιτάττει, πῶς ἄρχειν καὶ τῆς ὕλης λέγεται; ὁ μὲν οὖν Ἀλέξανδρός φησιν ὅτι 50
"ἀναγκαῖον καὶ τούτῳ γνωρίζειν τὴν ὕλην χρωμένῳ τῇ νηὶ οὐχ ἁπλῶς
5 εἴδει οὔσῃ ἀλλὰ μετὰ ὕλης τοιᾶσδε". μήποτε δὲ καὶ τὸ εἶδος καὶ ἡ ὕλη
τοῦ πηδαλίου ὕλη τοῦ χρωμένου ἐστί. διὸ τὸ εἶδος τοῦ πηδαλίου γνωρίζοντα καὶ ἐπιτάττοντα τῆς ὕλης ἄρχειν αὐτόν φησι. δυνατὸν δὲ καὶ ὅτι
κἂν τὸ προσεχὲς μὴ οἶδεν, ὅτι κυπαρίττινον εἶναι χρὴ τὸ πηδάλιον, ἀλλὰ
τό γε κοινότερον οἶδεν, ὅτι εὔκαμπὲς ἀλλ' οὔτε ἀπόσκληρον οὔτε εὐλύγιστον
10 εἶναι χρὴ τὸ ξύλον τοῦ πηδαλίου. | εἰδὼς οὖν καὶ ἐπιτάττων τοῦτο εἰκό- 68ʳ
τως ἄρχειν καὶ οὗτος τῆς ὕλης λέγεται. καὶ τὴν χρωμένην ἀρχιτεκτονικήν πως εἶναί φησι, καθ' ὅσον ἐπιτάττει καὶ αὕτη, ὁποῖον εἶναι χρὴ
τὸ πηδάλιον. ἡ γὰρ ἐπιτάττουσα ἀρχιτεκτονικὴ τῆς ποιούσης ἐστί. καὶ ὁ
χρώμενος οὖν οὐ μόνον τὴν χρείαν οἶδε τέλος οὖσαν, ἀλλὰ καὶ τὰ πρὸς
15 τὴν χρείαν, οἷα ἐστὶν ἡ ὕλη, καὶ ὁποῖον τὸ τέλος, τουτέστι τὸ εἶδος· καὶ
οὗτος τὰ πρὸς τὸ τέλος γινώσκει προσεχέστερον. εἰπὼν δὲ ὅτι τινὲς τέ- 5
χναι καὶ ποιοῦσι τὴν ὕλην, ἐπέστησε καλῶς, ὅτι ὡς ἐν τοῖς κατὰ τέχνην
ἡ ὕλη ὑπὸ τῆς τέχνης γίνεται, οὕτως καὶ ἐφ' ὧν οὐ γίνεται ἀλλ' ἔστιν,
ὡς ἐπὶ τῶν φυσικῶν, τοῦ εἴδους ἕνεκέν ἐστι. μήποτε δὲ οὐ τοῦτο λέγει,
20 ὅτι ἐν μὲν τοῖς κατὰ τέχνην ἡ τέχνη τὴν ὕλην ποιεῖ, ἐν δὲ τοῖς φυσικοῖς
οὐ ποιεῖ (μᾶλλον γὰρ ἡ φύσις τὴν ὕλην ποιεῖ ἤπερ ἡ τέχνη), ἀλλ' ὅτι ὁ
φυσιολόγος οὐ ποιεῖ τὴν ὕλην, ἀλλ' οὖσαν θεωρῶν ἀνάγεται καὶ αὐτὸς
πρὸς τὸ εἶδος ὥσπερ οἱ ποιοῦντες αὐτήν.

p. 194ᵇ8 Ἔτι τῶν πρός τι ἡ ὕλη· ἄλλῳ γὰρ εἴδει ἄλλη ὕλη. 10

25   Καὶ ἐκ τοῦ πρός τι εἶναι τὴν ὕλην πρὸς τὸ εἶδος δείκνυσιν, ὅτι τοῦ
αὐτοῦ ἐστι τό τε εἶδος καὶ τὴν ὕλην γνωρίζειν. καὶ ὅτι μὲν πρός τι ἡ
ὕλη δείκνυσιν ἐκ τοῦ ἄλλην ἄλλου εἴδους εἶναι κατὰ οἰκειότητα τὴν πρὸς
τὸ εἶδος τῆς ὕλης λαμβανομένης, ὥστε ἥδε ἂν ἡ ὕλη τοῦδε τοῦ εἴδους
εἴη ὕλη καὶ τόδε τὸ εἶδος τῆσδε τῆς ὕλης εἶδος. εἰ δὲ τοῦτο, ἀναγκαῖον
30 τῷ τὸ ἕτερον εἰδότι καὶ θάτερον εἰδέναι. ἀλλὰ πῶς ἄλλη ὕλη ἄλλῳ 15
εἴδει, εἴπερ μία ἡ κοινὴ πάντων ὕλη; ἢ δῆλον ὅτι ἡ προσεχὴς ἄλλη.
ὡς δὲ ἑκάστη τούτων ἔχει πρὸς τὸ καθ' αὑτὴν εἶδος, οὕτως ἡ κοινὴ πάντων πρὸς τὸ ἁπλῶς εἶδος. ὁ οὖν τὸ εἶδος τὸ φυσικὸν ὡς φυσικὸν εἰδὼς
καὶ γνωρίζων καὶ τὴν ὕλην εἴσεται τὴν τῷ τοιούτῳ εἴδει τῷ ἐνύλῳ ὑποκειμένην.
35 ἔστιν ἄρα καὶ περὶ τὸ εἶδος καὶ περὶ τὴν ὕλην ἡ φυσική, ἀλλὰ
μὴν καὶ περὶ τὴν στέρησιν· τῆς αὐτῆς γὰρ τὰ οὕτως ἀντικείμενα.

---

1 post καὶ add. τὰς aF   4 τούτῳ aD: τοῦ F: τοῦτον E   9 ἀπόσκηρον E
εὐλύγιστον] πάνυ ἀλύγιστον a   10 ἐπιτάττω E   τοῦτο εἰκότως corr. ex τούτωϛ||||ϛ F
11 καὶ οὕτως EF¹   καὶ (ante τὴν)] ὁ E   15 ὁποίων DF   16 οὕτως E   27 κατὰ
τὴν D   28 ἂν ἡ ὕλη τοῦδε ἂν εἴη τοῦ εἴδους ὕλη E   29 εἶδος (post ὕλης) om. aF
30 ἄλλη] ὕλη a   35 περὶ τὴν ὕλην καὶ περὶ τὸ εἶδος a

p. 194 b 9   Μέχρι δὴ πόσου τὸν φυσικὸν δεῖ εἰδέναι ἕως τοῦ
φιλοσοφίας ἔργον διορίσαι τῆς πρώτης.

Δείξας ὅτι τοῦ φυσικοῦ ἐστι καὶ τὸ εἶδος γινώσκειν καὶ τὴν ὕλην, εἰκότως ἐφεξῆς προείλετο λέγειν μέχρι πόσου τούτων ἑκάτερον ἔδει τὸν
5 φυσικὸν ζητεῖν. ἀλλὰ περὶ μὲν τῆς ὕλης ἤδη δοκεῖ διωρικέναι, ὅτι μέχρι
τοσούτου ὁ φυσικὸς ἐπισκέψεται, ὥστε τὴν περὶ αὐτὴν θεωρίαν εἰς τὸ
εἶδος ἐπαναφέρειν. διὸ λοιπὸν μέχρι πόσου τὸ εἶδος καὶ τὸ τί ἐστι δεῖ
εἰδέναι ζητεῖ. ἀλλὰ καὶ εἰπὼν τῷ φυσικῷ τὸν περὶ τοῦ εἴδους λόγον
προηγούμενον ἔσεσθαι, οὐκ ἄνευ μέντοι τῆς ὕλης, εἰκότως νῦν διαπορεῖ,
10 μέχρι πόσου τῷ φυσικῷ ὡς φυσικῷ ἡ τοῦ εἴδους γνῶσις προσήκει δηλον-
ότι τοῦ φυσικοῦ. ἔστι γάρ τινα εἴδη καὶ ὑπὲρ τὰ φυσικά, περὶ ὧν οὐκ
ἔστιν εἰπεῖν τοῦ φυσικοῦ. καὶ λέγει ὅτι ὁ φυσικὸς περὶ τοῦ φυσικοῦ εἴδους
ὡς φυσικὸς μέχρι τόσου ἐρεῖ, μέχρις ὅσου καὶ ὁ χαλκεὺς περὶ χαλκοῦ καὶ
ὁ ἰατρὸς περὶ νεύρου. ἑκάτερος δὲ τούτων ἐρεῖ μέχρι τοσούτου, μέχρις
15 ὅσου χρήσιμον ἕκαστον τούτων εἰς τὴν οἰκείαν τέχνην ἐστί, τὰς πρώτας
ἀρχὰς τοῦ νεύρου καὶ τοῦ χαλκοῦ οὐδέτερος αὐτῶν πολυπραγμονῶν. καὶ
ὁ φυσικὸς οὖν περὶ τοῦ φυσικοῦ εἴδους ἐρεῖ, μέχρι τίνος τόδε τι τοῦτό
ἐστι. καὶ γὰρ ἕκαστον τῶν φύσει γινομένων τινὸς ἕνεκα καὶ γίνεται καὶ
ἔστιν, ὅπερ τέλος ἐστὶ τοῦ πράγματος. καὶ ὁ τοῦτο εὑρὼν εἰς τέλος ἦλθε
20 τῆς θεωρίας τῆς περὶ τῶν φυσικῶν εἰδῶν περὶ ταῦτα τὴν σκέψιν ποιού-
μενος, ἅ ἐστι χωριστὰ μὲν τῷ λόγῳ εἴδη, ἔνυλα δέ· ὥστε καὶ περὶ τοῦ
ἐνύλου εἴδους, ἀλλ' οὐχὶ παντὸς εἴδους, καὶ μέχρι τοῦ τίνος ἕνεκα ἔστι τοῦτο
ἢ γίνεται, ὁ φυσικὸς ἐπισκέψεται. καί μοι δοκεῖ κατάλληλος ἡ λέξις φαίνε-
σθαι, ἐὰν καὶ ἐπὶ μὲν τοῦ μέχρι τίνος βαρύνωμεν τὸ τίνος (ταὐτὸν γάρ ἐστι
25 τῷ μέχρι πόσου) καὶ ἐπὶ τοῦ τίνος γὰρ ἕνεκα ἕκαστον βαρυτόνως
προενέγκωμεν τὸ τίνος (δηλοῖ γὰρ τὸ ἄχρι τοῦ τέλους τὸ ἄχρι τοῦ τίνος
ἕνεκα)· καὶ δὴ καὶ εἰ γράφοιτο μέχρι τίνος ἕνεκα, τινὸς γὰρ ἕνεκα
ἕκαστον (λέγει γὰρ καὶ τοιαύτην γραφὴν ὁ Ἀλέξανδρος) τὸ μὲν πρῶτον
τίνος βαρυνοῦμεν, τὸ δὲ δεύτερον ὀξυνοῦμεν. εἰπὼν δὲ ὅτι περὶ τὰ ἔνυλα
30 εἴδη ὁ φυσικὸς ἕξει καὶ τοῦτο μέχρι τοῦ τέλους προβήσεται, ὅτι ἔνυλα τὰ
φυσικὰ εἴδη ἐστί, δείκνυσιν ἐκ τοῦ καὶ τὰ αἴτια αὐτῶν τά τε προσεχῆ καὶ
τὰ ἀναβεβηκότα καὶ αὐτὰ ἔνυλα εἶναι. καὶ γὰρ τὸ προσεχῶς γεννῶν τὸν

---

1 ἕως τοῦ — ἔργον E: om. F: lemma plenum habet D cf. ad p. 309,32 2 ἔργον
διορίσαι τῆς πρώτης E cf. infra p. 308,36: τῆς πρώτης διορίσαι ἔργον aD 4 ἐφεξῆς
om. a   μέχρι που aE   13 τοσούτου E   μέχρις (ante ὅσου) E: μέχρι DF:
μέχρι om. a   14 μέχρι τοσούτου aE: om. DF   μέχρι ὅσου a et sic constanter
15 τούτων om. a   17 οὖν om. aF   τίνος E cf. v. 22: τινὸς aDF   τόδε τι scripsi:
τὸ δέ, τί libri   18 inter καὶ et γὰρ add. ἔστι aDF: om. E   24 μὲν (post ἐπὶ) om. a
neque ego praesto   μέχρι τινὸς hic et post βαρύνωμεν DF   ἔστι τῷ] ἔστι τὸ DE
26 προσενέγκωμεν F   τὸ τινὸς DF   τὸ (post τέλους) DEF: καὶ a   27 καὶ
δὴ καὶ εἰ γράφοιτο scripsi: εἰ δὴ καὶ ἐγγράφοιτο (ἐγ in corr.) E: δή· καὶ εἰ γράφοιτο D:
δή· καὶ εἰ ἐγγράφοιτο F   μέχρι τίνος ἕνεκα cf. p. 307,35   τινὸς ante γὰρ iterat a
30 τοῦ (ante τέλους) om. a

ἄνθρωπον ἄνθρωπός ἐστιν ἔνυλος καὶ αὐτὸς ὤν, καὶ τὸ ἐπαναβεβηκὸς τού- 68ʳ
των ποιητικῶν πάντων τῶν γινομένων κατὰ φύσιν αἴτιον ὁ ἐμφανὴς ἥλιος
εἶδος καὶ αὐτὸς ἔνυλον. "καθόλου δέ, φησὶν ὁ Ἀλέξανδρος, τὸ γινόμενον 45
φύσει δοκεῖ αὐτὸ ὑπὸ τοῦ αὐτοῦ γίνεσθαι ἢ εἴδει ἢ γένει ἢ ὅλως ὑπὸ
5 ἐνεργείας. ὑπὸ ἡλίου γοῦν οὕτως τὰ γινόμενα γίνεται ὡς ὑπὸ ἐνεργείας·
θερμαινόμενα γὰρ καὶ ψυχόμενα ὑπὸ τῆς ἐνεργείας τῆς ἐκείνου. καὶ δῆλον
μὲν ὅτι καὶ τὰ κατὰ τέχνην γινόμενα, ὑπὸ ἐνεργείας γίνεται ἀλλ' οὐ φυ-
σικῆς". μήποτε δὲ ἄνθρωπος μὲν ἐξ ἀνθρώπου ὑπὸ τοῦ αὐτοῦ τῷ εἴδει
γίνεται, ὑφ' ἡλίου δὲ ὑπὸ τοῦ αὐτοῦ τῷ γένει, ὡς ἔνυλος ἐξ ἐνύλου. ση-
10 μειοῦται δὲ ὁ Ἀλέξανδρος καὶ ἐκ τῶν ἐνταῦθα λεγομένων, ὅτι κατὰ Ἀρι-
στοτέλην συνῆπται τῷ θείῳ σώματι ἡ τῶν ἐνταῦθα γένεσις καὶ οὐκ ἀπήρ- 50
τηται ἀπ' αὐτοῦ.

Ἀλλὰ πῶς ζητῶν μέχρι πόσου τὸν φυσικὸν δεῖ εἰδέναι τὸ εἶδος καὶ
τὸ τί ἐστι μέχρι τινός, φησίν, ὥσπερ ἰατρὸν νεῦρον, ἢ χαλκέα
15 χαλκόν; ὁ γὰρ χαλκὸς ὡς ὕλη τῷ χαλκεῖ ὑποβέβληται καὶ τὸ νεῦρον τῷ
ἰατρῷ. τούτοις γὰρ ἐπάγουσι τὰ ἀπὸ τῆς τέχνης εἴδη, ὁ μὲν χαλκεὺς τῷ
χαλκῷ τὸ τοῦ ἀμφορέως εἰ τύχοι, ὁ δὲ ἰατρὸς τῷ νεύρῳ τὸ τῆς ὑγιείας.
πῶς οὖν μέχρις ὅσου περὶ τῆς ὕλης οἱ τεχνῖται ζητοῦσι, μέχρι | τοσούτου 68ᵛ
περὶ τοῦ εἴδους τὸν φυσικὸν φησι ζητεῖν; ταύτην δὴ τὴν ἔνστασιν ἐννοήσας
20 ὁ Ἀλέξανδρος καὶ ἄλλην ἐξήγησιν ἐπάγει γράφων οὕτως· 'ἢ εἰπὼν πρῶτον
μέχρι τινὸς ἐρεῖ ὁ φυσικὸς περὶ τῆς ὕλης ὥσπερ καὶ οἱ τεχνῖται (καὶ γὰρ
οὗτοι μέχρι τινὸς περὶ τῆς ὑποκειμένης ὕλης αὐτοῖς θεωροῦσιν) ἑξῆς πάλιν
περὶ τοῦ εἴδους λέγει, μέχρι πόσου καὶ περὶ ποίου εἴδους ὁ φυσικὸς θεωρεῖ.
τίνος γὰρ ἕνεκα ἕκαστον τῶν φύσει γινομένων γίνεται, ὃ ἐστι τὸ φυσικὸν 5
25 εἶδος καὶ ἡ τῶν φύσει γινομένων τελειότης, θεωρεῖ· περὶ τοῦ τοιούτου οὖν
εἴδους, οὗ χάριν ἕκαστον τῶν γινομένων ὑπὸ τῆς φύσεως γίνεται, καὶ περὶ
τούτων τῶν εἰδῶν, ἅ ἐστι χωριστὰ μὲν τῷ λόγῳ τῆς ὕλης, ἐν ὕλῃ μέντοι
ἡ ὑπόστασις αὐτοῖς, οὐκέτι τὴν γνῶσιν ἐκτείνων ἐπὶ τὰ ἄϋλα καὶ χωριστὰ
εἴδη". καὶ εἶχεν ἂν καλῶς ἡ ἐξήγησις, εἰ μέχρι τινὸς περὶ τῆς ὕλης ὁ
30 φυσικὸς θεωρεῖ προθέμενος εἰπεῖν ἐπήγαγε 'μέχρις ὅσου ὁ χαλκεὺς περὶ 10
χαλκῶν καὶ ὁ ἰατρὸς περὶ νεύρων'. νῦν δὲ εἰπὼν μέχρι δὴ πόσου τὸν
φυσικὸν δεῖ εἰδέναι τὸ εἶδος καὶ τὸ τί ἐστιν ἐπήγαγεν ἢ ὥσπερ
ἰατρὸν νεῦρον ἢ χαλκέα χαλκόν. καὶ ἄλλην δὲ ἐξήγησιν πρὸς τὴν
τοιαύτην ἔνστασιν ὑπαντῶσαν ἐπάγει ὡς ἁρμόδιον τῇ γραφῇ τῇ λεγούσῃ
35 ἢ ἰατρὸν νεῦρον ἢ χαλκέα χαλκὸν μέχρι τίνος ἕνεκα. "εἴη γὰρ
ἄν, φησί, τὸ λεγόμενον· ὡς ὁ ἰατρὸς καὶ ὁ χαλκεὺς μέχρι τοσούτου περὶ

---

1 ante τούτων add. δὲ a   3 αὐτὸ E   ὁ (post φησὶν) om. E   4 αὐτὸ (post
δοκεῖ) D: αὐτῷ F: αὐτῷ aE   ὅλως (ὁ ex καὶ corr.) F   5 οὖν ε   τὰ (post οὕτως)
om. a   ante ὡς add. καὶ aF   6 τῆς (ante ἐκείνου) om. D   10 δὲ om. DF   14 ἢ]
καὶ aF   17 τὸ τοῦ] τῷ τοῦ F   τὸ τῆς] τῷ τῆς F   19 ἔνστασιν om. E
21 ὁ φυσικὸς ἐρεῖ a   22 αὑτοῖς ὕλης E   24 τίνος F   26 εἴδους sc. λέγει cf.
v. 23   30 θεωρεῖ] ἐρεῖ E   31 ὁ (ante ἰατρὸς) om. E   δὴ om. F
33 ἢ χαλκὸς χαλκὸν E   35 τίνος E: τινος aDF

εἴδους λέγουσι καὶ περὶ τούτου, οὗ ἕνεκέν ἐστιν ἡ ὕλη περὶ ἣν καταγίνον- 68ᵛ
ται (περὶ γὰρ τοῦ εἴδους τούτου λέγουσιν, οὗ χάριν ὁ μὲν περὶ νεῦρα καὶ 15
σάρκας ὁ δὲ περὶ χαλκὸν καταγίνεται, τοῦ γὰρ ἐν τούτοις γινομένου εἴδους
ἀλλ' οὐ περὶ ἄλλου τινός), οὕτως χρὴ καὶ τὸν φυσικὸν περὶ τοῦ τοιούτου
5 εἴδους λέγειν, οὗ ἐστιν ἡ ὕλη ὕλη καὶ οὗ χάριν ἐστί. τοῦτο δέ ἐστι τὸ
ἔνυλον. καὶ περὶ ταῦτα ἅ ἐστι χωριστὰ μὲν εἴδη ἐν ὕλῃ δέ, του-
τέστι καὶ περὶ τῶν τοιούτων εἰδῶν, πραγματεύσεται καὶ τὰ τοιαῦτα θεω-
ρήσει". δοκεῖ δέ μοι ἐν τούτοις μὴ ἀποδοῦναι, μέχρι πόσου οἱ τεχνῖται
περὶ τοῦ εἴδους λέγουσιν, οὗ ἕνεκέν ἐστιν ἡ ὕλη περὶ ἣν καταγίνονται. εἰ 20
10 μὴ ἄρα βούλεται εἰπεῖν μέχρι τοῦ ἔνυλα εἶναι. τοῦτο γὰρ ἐπὶ τοῦ φυσι-
κοῦ σαφέστερον εἶπε. καὶ ἔοικε καὶ ὁ Θεμίστιος οὕτω νοῆσαι· παραφράζων
γὰρ τουτὶ τὸ χωρίον "περὶ δὲ αὐτοῦ τοῦ εἴδους φησὶν ἄχρι τίνος, ἢ ὥστε
μὴ χωρίζειν αὐτὸ τῆς ὕλης, ἀλλ' ὥσπερ ὁ ἰατρὸς νεῦρον ἐξετάζει, οὕτως
ὁ φυσικὸς ἄνθρωπον". μήποτε οὖν οὐ συμφωνεῖ τούτῳ τὸ ἑξῆς ἐπαγόμενον
15 τὸ τινὸς γὰρ ἕνεκα ἕκαστον. οὐ γὰρ τείνει τοῦτο εἰς τὴν ὡς ἐνύλου
γνῶσιν, ἀλλὰ περὶ εἴδους μέν ἐστιν ἡ ζήτησις, μέχρι πόσου δεῖ εἰδέναι τὸ 25
φυσικὸν εἶδος τὸν φυσικόν, περὶ ὃ καταγίνεται. λέγει δὲ ὅτι μέχρις ὅσου
τὸν χαλκὸν οἶδεν ὁ χαλκεὺς καὶ τὸ νεῦρον ὁ ἰατρός, οὐχ ὡς ὕλην ταῦτα
τῶν τεχνῶν τούτων παραθείς, ἀλλ' ὡς εἴδη περὶ ἃ καταγίνονται αἱ τέχναι,
20 ὡς ἡ φυσικὴ περὶ τὸ φυσικὸν εἶδος. καταγίνονται δὲ αἱ μὲν τέχναι πρα-
κτικῶς, ἡ δὲ φυσικὴ γνωστικῶς περὶ τὸ οἰκεῖον ὑποκείμενον. ὡς οὖν αἱ
τέχναι τὰ ὑποκείμενα αὐταῖς περὶ ἃ ἐνεργοῦσι μέχρι τοσούτου γινώσκουσι,
μέχρι τῆς χρείας ἣν παρέχονται τοῖς ἀποτελέσμασι, δι' ἃ παραλαμβάνον- 80
ται, οὕτως καὶ ἡ φυσικὴ μέχρις ἐκείνου γνώσεται τὸ φυσικὸν εἶδος, μέχρι
25 τῆς χρείας ἧς ἕνεκα γίνεται καὶ ἔστι. καὶ γὰρ πᾶσα μὲν ἐκ τῶν αἰτίων
γνῶσις οἰκειοτάτη πρὸς ἐπιστήμην ἐστίν, ἡ δὲ ἐκ τοῦ τελικοῦ αἰτίου πα-
σῶν ἐστι κυριωτάτη. καὶ ἔοικε τῷ ἐν Φαίδωνι Σωκράτει κατακολουθῶν
Ἀριστοτέλης μέχρι τοῦ τελικοῦ αἰτίου προστάττειν τῷ φυσικῷ προάγειν τὴν
τῆς αἰτίας ζήτησιν. λέγει γὰρ ἐν ἐκείνοις ὁ Σωκράτης· "εἰ οὖν τις βού-
30 λοιτο τὴν αἰτίαν εὑρεῖν περὶ ἑκάστου, ὅπῃ γίνεται καὶ ἀπόλλυται ἢ ἔστι, 35
τοῦτο δεῖν περὶ αὐτοῦ εὑρεῖν, ὅπῃ βέλτιστον αὐτῷ ἐστιν ἢ εἶναι ἢ ἄλλο
ὁτιοῦν πάσχειν ἢ ποιεῖν". τοῦτο δέ ἐστι τὸ οὗ ἕνεκα γίνεται ἢ ἔστιν
ἕκαστον. εἰπὼν δὲ ὅτι ὁ φυσικὸς περὶ τὰ τῷ λόγῳ μὲν χωριστὰ τῇ δὲ
ὑποστάσει ἔνυλα πραγματεύεται, εἰκότως ἐπάγει ὅτι· τὸ τῇ ὑποστάσει χω-
35 ριστὸν εἶδος πῶς ἔχει πρὸς τὸ ἔνυλον εἶδος καὶ καθ' αὑτό· καὶ τί ἐστι,
φιλοσοφίας ἔργον ἐστὶ διορίσαι τῆς πρώτης, ἣν ἐν τῇ Μετὰ τὰ
φυσικὰ πραγματείᾳ παραδιδώσιν.

---

1 οὗ ἕνεκα a   3 τοῦ γὰρ mire pro περὶ γὰρ τοῦ dictum   γινομένου DE: γενο-
μένου aF   4 περὶ εἴδους τοῦ τοιούτου E   6 μὲν εἴδει Aristoteles   7 πρα-
γματεύεται aF   8 δὲ aF: δὴ DE   11 ὁ om. a   Θεμίστιος I 170, 6 Sp.
12 ἄχρι τινὸς DEF   15 ὡς] τοῦ a   19 τῶν τεχνῶν τούτων ταῦτα aF   22 μέχρι
τοσούτου γινώσκουσι E (cf. v. 24): om. aDF   25 μὲν ἡ ἐκ a   27 Φαίδωνι p. 97 c
28 ὁ ἀριστοτέλης a   30 καὶ] ἢ Plato   31 αὐτῷ aE: αὐτό DF   32 ἢ ποιεῖν
aE: om. DF   35 τί ἐστι E: ὅτι aDF

p. 194ᵇ16   Διωρισμένων δὲ τούτων ἐπισκεπτέον περὶ τῶν αἰτίων. 68ᵛ

Τῆς πραγματείας οὔσης περὶ τῶν ἀρχῶν καὶ αἰτίων τῶν φυσικῶν, 45
διότι ὡς αὐτὸς ἀρχόμενος εἶπε "τότε οἰόμεθα γινώσκειν ἕκαστον, ὅταν τὰ
αἴτια γνωρίσωμεν τὰ πρῶτα καὶ τὰς ἀρχὰς τὰς πρώτας καὶ μέχρι τῶν
5 στοιχείων", περὶ τῶν ἀρχῶν τῶν ὡς στοιχείων πρῶτον προέθετο σκοπεῖν
καὶ τάς τε τῶν παλαιῶν δόξας περὶ τούτων προὔβάλετο καὶ τὰ ἑαυτῷ
δοκοῦντα προέθηκε, συμφωνοῦντας αὐτῷ τρόπον τινὰ καὶ τοὺς παλαιοὺς
φυσιολόγους ἀποδείξας, διότι καὶ ἐκεῖνοι τἀναντία ἐτίθεντο ἀρχάς· οὕτω τε 50
τὴν ὕλην καὶ τὸ εἶδος καὶ τὴν στέρησιν ὡς στοιχειώδεις ἀρχὰς ὑποθέμε-
10 νος τῶν φυσικῶν, καὶ τί ἐστιν ἡ φύσις ἀποδείξας, ὅτι ἀρχὴ ὅθεν ἡ κίνη-
σις, καὶ τί τὸ φύσει καὶ κατὰ φύσιν, καὶ διορίσας ποσαχῶς ἡ φύσις λέ-
γεται, καὶ ὅτι τὸ εἶδος καὶ ἡ ὕλη φύσις, καὶ ὅτι περὶ ἀμφοῖν πρόκειται
τῷ φυσικῷ ζητεῖν, καὶ μέχρι πόσου ὅτι μέχρι τοῦ τελικοῦ αἰτίου, καὶ
συμπληρώσας τὸν ὅλον περὶ τῶν αἰτίων λόγον, εἴπερ καὶ περὶ τῶν ὡς
15 στοιχείων εἶπε τῆς τε ὕλης καὶ τοῦ εἴδους, | καὶ περὶ τοῦ ποιητικοῦ, ὅπερ 69ʳ
ἦν ἡ φύσις, καὶ περὶ τοῦ τελικοῦ, ἐπειδὴ πολλὰ μεταξὺ τῆς τῶν αἰτίων
πρὸς ἄλληλα συντάξεως ἐρρήθη, ἀναλαβὼν τὸν λόγον ἐφεξῆς αὐτὰ ἀπα-
ριθμήσεται τοὺς προσήκοντας ἑκάστοις ἐπάγων διορισμοὺς καὶ μετὰ τὰ καθ'
αὑτὸ αἴτια καὶ τὰ κατὰ συμβεβηκὸς ὑπ' ὄψιν ἄγων. κἀνταῦθα δὲ τὴν
20 χρείαν πάλιν ἡμᾶς τοῦ περὶ τῶν ἀρχῶν ὑπομιμνῄσκει λόγου συλλογιζόμενος 5
καὶ νῦν δυνάμει οὕτως· ἡ φυσικὴ πραγματεία θεωρητικὴ ἐστιν, ἀλλ' οὐχὶ
πρακτικὴ ὡς ἡ ἠθική· ἡ θεωρητικὴ τέλος ἔχει τὸ εἰδέναι· ἡ τέλος ἔχουσα
τὸ εἰδέναι τὴν τῶν αἰτίων γνῶσιν προλήψεται, εἰς ἃ ἕκαστα ἀναφέρουσα
ἕξει τὴν γνῶσιν αὐτῶν· ὥστε τῇ φυσικῇ πραγματείᾳ οἰκεῖος ὁ περὶ τῶν
25 αἰτίων λόγος, ὅπως ἂν καὶ περὶ γενέσεως καὶ φθορᾶς καὶ πάσης τῆς ἄλλης
φυσικῆς μεταβολῆς τῆς τε κατὰ τόπον καὶ κατὰ ἀλλοίωσιν, ἴσως δὲ καὶ
τῆς κατὰ αὔξησιν, περὶ ὧν τῷ φυσικῷ πρόκειται σκοπεῖν, ἀποδιδόναι τὰς 10
αἰτίας δυνώμεθα. διὰ τί γὰρ τοῦτον ἔχει τὸν τρόπον ἕκαστον τῶν κατ'
αὐτὰ ζητουμένων, λύομεν ἀνάγοντες εἰς τὰς αἰτίας αὐτῶν καὶ τὰς ἀρχάς.
30 ἢ γὰρ διότι ἐκ τοιοῦδε ἢ διότι τοιόνδε ἢ διότι ὑπὸ τοιοῦδε ἢ διότι οὕτως
ἄμεινον δεικνύντες ἀποδιδόναι τὰς αἰτίας δόξομεν.

p. 194ᵇ23   Ἕνα μὲν οὖν τρόπον αἴτιον λέγεται τὸ ἐξ οὗ ἕως τοῦ
          καὶ τὰ τούτων γένη.   15

35   Τέτταρας τρόπους αἰτίων ἀποδόσεως τοὺς πάντας λέγων πρῶτον ἀπο-

---

1 αἰτίων F: αἰτίων ἕως τοῦ sic E: αἰτίων — ζητουμένων ἕκαστον aD   3 ἀρχόμενος A 1
p. 184ᵃ12   5 πρώτων E   προσέθετο F   7 προσέθηκε a   συμφωνοῦντας
om. E   αὐτῷ libri   11 φύσει] φυσικὸν aF   13 τελικοῦ] φυσικοῦ aF
17 ἐρρήθη E   18 ἑκάστῳ a   19 κἂν ταῦτα E   21 οὐχὶ] οὐ D   25 τῆς
ἄλλης μεταβολῆς τῆς φυσικῆς a   26 καὶ τῆς κατὰ ἀλλοίωσιν D   27 τῆς (post δὲ
καὶ) om. a   28 διατί γὰρ ineunte novo folio iterat F   30 post ἐκ add. τοῦ aE
32 αἴτιον om. F   ἕως τοῦ—γένη E: lemma plenum D: lemma ab ἕως omissum F quem
codicum morem abhinc adnotare supersedebo   35 αἰτίων a   ἀποδόσεως EF: obl.
D: ἀποδεδωκὼς a   λέγω a

δίδωσι τὸ ἐξ οὗ γίνεταί τι ἐνυπάρχοντος. τοῦτο δέ ἐστι τὸ ὑλικὸν 69ʳ
καὶ ὑποκείμενον, ὅπερ κατὰ μὲν τὸ ἐξ αὐτοῦ γίνεσθαί τι τῇ στερήσει ἐπι-
κοινωνεῖν δοκεῖ, κατὰ δὲ τὸ ἐνυπάρχοντος τούτου διαφέρει· ἐξ ἐκείνης μὲν
γὰρ ὡς μετ' ἐκείνην καὶ ὡς ἐξισταμένης ἐκείνης γίνεται τὸ γινόμενον, ἐκ
5 δὲ τῆς ὕλης ὡς ἐνυπαρχούσης καὶ μεταβαλλούσης ἐξ ἄλλης διαθέσεως εἰς 20
ἄλλην· ὥστε ὁμώνυμον εἶναι τὸ ἐξ οὗ. τοῦ δὲ εἴδους ἡ ὕλη διαφέρει καὶ
αὐτοῦ ἐνυπάρχοντος, ὅτι οὐκ ἐκ τοῦ εἴδους γίνεται τὸ γινόμενον· οὔτε γὰρ
ἐξισταμένου οὔτε μεταβάλλοντος, ἀλλὰ κατὰ τὸ εἶδος. πρώτην δὲ αὐτὴν
ὠνόμασεν ἐν τοῖς αἰτίοις, διότι πάντων ὡς εἰπεῖν οἱ ἀρχαιότεροι τὰς αἰ-
10 τίας εἰς τὴν ὕλην ἀναφέροντες ἀπεδίδοσαν. κάτω γὰρ ἔφασαν τὸν κύβον
φέρεσθαι, ὅτι χαλκοῦς· καὶ πολυχρονιώτερον εἶναι τὸν λέβητα τοῦ κεράμου,
διότι ὁ μὲν χαλκοῦς, ὁ δὲ ὀστράκινος. καὶ διὰ τοῦτο δὲ πρώτην ὠνόμα- 25
σεν, ὅτι κάτωθεν ἐπὶ τὸ ἄνω τὴν πρόοδον ἐποιήσατο. οὐ μόνον δὲ ἡ
προσεχὴς ὕλη αἰτία τοῦ γινομένου ἐστίν, ἀλλὰ καὶ τὰ ταύτης γένη. οὐ
15 γὰρ μόνον ὅδε ὁ χαλκὸς τοῦ ἀνδριάντος αἴτιος καὶ ὅδε ὁ ἄργυρος τῆς φιά-
λης, ἀλλὰ καὶ χαλκὸς ἁπλῶς καὶ ἄργυρος. καὶ εἰ ὕδωρ ταῦτά ἐστι, καὶ
τὸ ὕδωρ καὶ ἀνωτέρω τὸ σῶμα.

p. 194ᵇ26 **Ἄλλον δὲ τὸ εἶδος καὶ τὸ παράδειγμα ἕως τοῦ καὶ τὰ** 30
μέρη τὰ ἐν τῷ λόγῳ.

20 Δεύτερον αἴτιον τὸ κατὰ τὸ εἶδος παραδίδωσιν· αἴτιον γὰρ ἡ ἐνυπάρ-
χουσα ὑγίεια τοῦ ὑγιαίνειν καὶ ἡ συμμετρία τοῦ σύμμετρον εἶναι. εἶδος
δὲ οὐ τὸ κατὰ τὴν ἐπιπόλαιον μορφὴν μόνον, ἀλλὰ τὸ κατὰ τὸν λόγον.
καλεῖ δὲ παράδειγμα τὸ εἶδος οὐχ ὡς οἱ τὰς ἰδέας λέγοντες αὐτὴν καθ'
αὑτὴν εἰδικὴν οὐσίαν ὑποτιθέμενος, πρὸς ἣν τὰ ἐνθάδε ἀφομοιοῦται.
25 "οὐδὲ γὰρ τὰ φύσει ποιοῦντα, φησὶν Ἀλέξανδρος, πρῶτον νοήσαντα ἃ ποιεῖ 35
οὕτως ποιεῖ, ἵνα τις εἴπῃ τὸ νόημα παράδειγμα τῶν γινομένων κατ' αὐτόν,
ὡς ἐπὶ τῶν τεχνῶν ἔχει, ἀλλὰ τὸ γινόμενον περὶ τῇ ὕλῃ εἶδος τοῦτο καλεῖ
παράδειγμα διὰ τὸ τὴν φύσιν τούτου ἐφιεμένην ποιεῖν ἃ ποιεῖ πάντα. δῆ-
λον δὲ ἐκ τοῦ γενομένου τούτου παύεσθαι τῆς ποιήσεως, ὡς ὡρισμένου
30 τινὸς ὄντος τοῦ εἴδους καὶ οἷον σκοποῦ προχειμένου, εἰς ὃν τέταται ἡ φύ-
σις, καὶ παράδειγμα διὰ τοῦτο λεγομένου. οὐχ ὁμοίως δέ, φησὶν Ἀλέξανδρος,
ἐν τοῖς ἕνεκά του ποιοῦσι πᾶσιν ἔχει τὸ τέλος καὶ τὸ παράδειγμα, ἀλλ' 40
ὅσα μὲν κατὰ προαίρεσιν καὶ τέχνην καὶ λόγον ποιεῖ, ἐπὶ τούτων τὸ τέλος
ἀνάγκη οὗ χάριν τὰ ἄλλα γίνεται πρῶτον νοηθὲν ὑπὸ τοῦ ποιοῦντος τοῦτο
35 σκοπὸν ἐκκεῖσθαι καὶ παράδειγμα τῶν ἐσομένων, ἐπὶ δὲ τῶν φύσει γινομέ-
νων οὐχ ὁμοίως. οὐ γὰρ κατὰ προαίρεσιν ἡ φύσις ἐργάζεται οὐδὲ κατὰ

---

8 ἐξαμένου sic E   10 ἀποδίδοσαν F   10. 11 φέρεσθαι τὸν κύβον E   11 χαλκοῦς —
ὁ μὲν (12) om. E   13 ἐπὶ τὸ ἄνω om. E   18 ἄλλο aE   22 τὸ (post οὐ)
om. E   ἀλλὰ καὶ τὸ a   23 post καθ' αὑτὴν add. τινα E   24 εἰδητικὴν DF
ἀφωμοίωται a   25 νοήσαντα aED²: ποιήσαντα D¹F   26 ἵνα εἴ τις F   εἴποι a
αὐτόν (sc. Aristotelem?) DEF: αὐτὴν a   30 τέτακται aE

τὸν ἐν αὐτῇ λόγον. ἄλογος γάρ, φησί, δύναμις ἡ φύσις. ἀλλ' ἀρχῆς 69ʳ
καταβληθείσης τῆς πρώτης ἐν ὕλῃ τῇ δεκτικῇ καὶ τῆς ἀρχῆς καὶ τῶν ὑπ'
αὐτῆς τε καὶ ἐξ αὐτῆς ἐσομένων, τοῦτο τὸ πρῶτον αὐτὸ καταβληθὲν αὐτὸ 45
μὲν ἐποίησε τοῦτο, οὗ ἐστιν αὐτὸ ποιητικὸν ὄντος ὡρισμένου, τὸ δὲ ἐκ
5 τούτου γενόμενον ἄλλο· ἕκαστον γὰρ αὐτῶν τοῦ μεθ' ἑαυτὸ ποιητικόν τε
καὶ κινητικόν ἐστι, εἰ μηδὲν ἐμποδίζοι· καὶ τοῦτο μέχρι τέλους τινὸς καὶ
εἴδους τοῦ φυσικοῦ, οὗ ἦν ἀρχὴ τὸ πρῶτον ἐν τῇ ὕλῃ καταβληθέν, ὥσπερ
ἐν τοῖς νευροσπαστουμένοις τὴν ἀρχὴν τῆς κινήσεως ἐνδόντος τοῦ τεχνίτου
τῷ πρώτῳ τοῦτο τοῦ μετ' αὐτὸ κἀκεῖνο τοῦ ἐφεξῆς κινητικὸν γίνεται, ἕως 50
10 ἂν διὰ πάντων ἡ κίνησις διέλθῃ, ἂν μή τι ἐμποδίσῃ, οὐ κατὰ λόγον τινὰ
καὶ προαίρεσιν τὴν ἐν ἑαυτοῖς τοῦ πρὸ αὐτοῦ τὸ μετ' αὐτὸ κινοῦντος.
οὕτως δὲ καὶ ἡ συγκαταβληθεῖσα τῷ σπέρματι φύσις τε καὶ δύναμις ἐν τῇ
οἰκείᾳ ὕλῃ γενομένη κινητικὴ ταύτης οὖσα κινεῖ καθάπερ πέφυκε τὸ μὲν
κινεῖν, ἡ δὲ κινεῖσθαι. ἡ δὲ ἐγγενομένη δύναμις ἐκ τῆς πρώτης κινήσεως
15 ἄλλην πάλιν κίνησιν ἐμποιεῖ καὶ δύναται, ἕως οὗ ὅμοιον ποιήσῃ τῷ ἀφ'
οὗ κατεβλήθη, καὶ ταὐτὸν ἢ εἴδει ἢ γένει. ὡς ἐπὶ τῶν ἐξ ἀνομοίων |
ζῴων γεννωμένων, ὁποῖαι αἱ ἡμίονοι. τῷ γὰρ γένει αἱ αὐταὶ τοῖς ποιή- 69ᵛ
σασι. καὶ αὕτη ἡ διαδοχὴ κατά τινας ἀριθμοὺς καὶ τάξιν γίνεται μέχρι
τοῦ τελειωθῆναι κατὰ τὸ εἶδος τὸ γινόμενον, εἰ μή τι γένοιτο ἐμποδών.
20 τοῦτο δὲ οὐ κατὰ λόγον καὶ προαίρεσιν τὴν ἐν τοῖς κινοῦσί τε καὶ ποιοῦ-
σιν, ὡς προείρηται. ἀλλ' οὐκ ἐπεὶ μὴ τοῦτο, διὰ τοῦτο ἤδη κατὰ τύχην
ποιεῖ, καὶ οὐχὶ ἕνεκά του. τὸ γὰρ ἕνεκά του οὐ λογικῆς καὶ προαιρετικῆς 5
γενέσεώς ἐστιν ὄνομα, ἀλλὰ πᾶν τὸ γινόμενον κατὰ τάξιν τινὰ καὶ ἄλλου
χάριν ἕνεκά του γίνεται. καὶ τοῦτο ὁμοίως, ἄν τε κατὰ προαίρεσιν καὶ λό-
25 γον ἄν τε καὶ χωρὶς λόγου, ὡς ἐπὶ τῆς φύσεως ἡμεῖς λέγομεν. κἂν γὰρ
ἐπακολουθῇ τοῖς φυσικοῖς τινα κατὰ τὰς ὑλικὰς ἀνάγκας οὐκ ἔχοντα τὴν
ἀναφορὰν ἐπί τι (ὡς ἐπὶ τῶν μασχαλῶν λέγονται τρίχες, εἴπερ μὴ καὶ
αὗται χρείαν παρέχονταί τινα), οὐ δεῖ διὰ ταῦτα τὸ μὴ ἕνεκά του ποιεῖν
τὴν φύσιν κατασκευάζειν. παράδειγμα οὖν τὸ εἶδος, διότι ἐπὶ τοῦτο νένευ- 10
30 κεν ἡ φύσις οὐ προαιρέσει, ἀλλὰ μᾶλλον ὡς τὰ νευροσπαστούμενα. εἴη
δὲ ἄν, φησί, παράδειγμα ἐν τοῖς φύσει γινομένοις καὶ τὸ τοῦ ποιοῦντος εἶ-
δος ταὐτὸν ὂν τῷ τοῦ γινομένου εἴδει ἢ γένει. καὶ καθόλου ἐπεὶ οἱ πρὸς
παράδειγμα ποιοῦντες πρὸς ὡρισμένον τι ποιοῦσι, καὶ ἔστιν ἴδιον τοῦ πρὸς
παράδειγμα γινομένου τὸ πρὸς ὡρισμένον τε γίνεσθαι καὶ ὅμοιον ἐκείνῳ,
35 καὶ εἴ τι πρὸς ὡρισμένον γίνεται καὶ ὅμοιον ἐκείνῳ, πρὸς παράδειγμα ἂν
εἴη γινόμενον· οὕτως δὲ γίνεται τὰ γινόμενα φύσει· πρὸς παραδεί- 15
γματα ἄρα".

---

1 ἐν αὐτῇ] ἑαυτῇ E¹   2 τῆς δεκτικῆς a   3 αὐτὸ (post πρώτον) om. E   4 τὸ
δὲ — κινητικόν ἐστι (6) om. F   5 γενόμενον DE (cf. p. 312, 21): γινόμενον aF
6 ἐμποδίζει E¹   7 ἦν] ἡ F   ὥσπερ iterat F   post ὥσπερ add. γὰρ aF
11 ἐν αὐτοῖς aF   12 οὕτως τε καὶ D   καταβληθεῖσα aF   13 κινητικὴ — καθάπερ
om. DF   14 τὸ δὲ κινεῖσθαι a   ἐγγενομένη DF: ἐγγινομένη a: γενομένη E   15 τῷ]
τοῦ E   17 γενομένων a   26 τινὰ τοῖς φυσικοῖς E   27 post ὡς add. αἱ a
29 τούτῳ E

Ταῦτα τοῦ Ἀλεξάνδρου λέγοντος, ὅτι μὲν παράδειγμα τὸ εἶδος καλεῖ 69ᵛ οὐ τὸ κατὰ τὴν ἰδέαν ὁ Ἀριστοτέλης, πρόδηλον. τὸ γὰρ ἔνυλον εἶδος ὡς αἴτιον λαμβάνει, καθὸ τὸ τί ἦν εἶναι ἔχει τὸ σύνθετον. δηλοῖ δὲ καὶ ἐν τοῖς ἑξῆς τὴν ὕλην καὶ τὸ εἶδος τοῦτο ἐν τοῖς στοιχείοις καταριθμῶν.
5 πῶς δὲ περὶ τοῦ στοιχειώδους εἴδους λέγοντος αὐτοῦ καὶ τοῦτο παράδειγμα καλέσαντος δυνατὸν παράδειγμα τὸ τοῦ ποιοῦντος εἶδος ἀκούειν νῦν; κἂν γὰρ τὸ αὐτό πώς ἐστι τῷ γινομένῳ, διότι ἄνθρωπος ἐξ ἀνθρώπου, ἀλλὰ τὸ γινόμενον νῦν καλεῖ παράδειγμα, καὶ οὐχὶ τὸ ποιοῦν. τὸ γὰρ γινόμενόν ἐστι τὸ στοιχειῶδες εἶδος, καθὸ τὸ τί ἦν εἶναι ἔχει τὸ σύνθετον. πρός τι
10 δὲ ὡρισμένον καὶ ὅμοιον γίνεται τὸ φυσικόν. εἰ μὲν γὰρ πρὸς τὸ ποιοῦν, τὸ ποιοῦν ἂν εἴη τὸ παράδειγμα. καὶ πρῶτον μέν, ὅπερ εἶπον, οὐκ ἐκεῖνο ἐκάλεσε παράδειγμα ὁ Ἀριστοτέλης, ἀλλὰ τὸ γινόμενον. ἔπειτα πῶς ἔτι δυνατὸν λέγειν, ὅτι τὰ φυσικὰ οὐ γίνεται πρὸς παράδειγμα, εἴπερ συγχω- ροῦμεν παράδειγμα τὸ ποιοῦν εἶναι τοῦ γινομένου ὡς πρὸς ἐκεῖνο γινομέ-
15 νου ὡρισμένον τε καὶ ὅμοιον ὑπάρχον τῷ γινομένῳ. εἰ δὲ διὰ τοῦτο λέγεται παράδειγμα τὸ εἶδος διὰ τὸ τὴν φύσιν τούτου ἐφιεμένην ποιεῖν πάντα, τέλος ἂν εἴη διὰ τοῦτο καὶ οὐ παράδειγμα· τὸ γὰρ ἐφετὸν καὶ οὗ ἕνεκα γίνεται τὰ γινόμενα τέλος ἂν εἴη καὶ οὐ παράδειγμα. ἔτι δὲ καὶ τὰ περὶ τῆς γενέσεως τῶν φυσικῶν εἰρημένα ἐπιστάσεως ἄξιά μοι δοκεῖ.
20 εἰ γὰρ τὸ πρῶτον καταβληθὲν αὐτὸ μὲν ἐποίησε τοῦτο οὗ ἐστιν αὐτὸ ποιητικόν, τὸ δὲ ἐκ τούτου γενόμενον ἄλλο, καὶ ἕκαστον τοῦ μεθ' ἑαυτὸ ποιητικόν ἐστι καὶ κινητικὸν μέχρι τοῦ τέλους καὶ τοῦ εἴδους τοῦ φυσικοῦ, οὗ ἦν ἀρχὴ τὸ πρῶτον ἐν τῇ ὕλῃ καταβληθέν, εἰ οὖν οὕτως ἡ γένεσις ἀποτελεῖται, πρῶτον μὲν εἰ ὁ πυρὸς τὴν βοτάνην ποιεῖ καὶ ἡ βοτάνη τὴν κα-
25 λάμην καὶ ἡ καλάμη τὸν ἄσταχυν, πῶς τὰ ἀτελέστερα ποιητικὰ τῶν τελειοτέρων; ἀτελεστέρα γὰρ ἡ βοτάνη τῆς καλάμης καὶ ἡ καλάμη τοῦ ἀστάχυος. ἔπειτα τί τὸ τοῦ ὅλου αἴτιον, οὐκ ἔχομεν λέγειν. ἑνὸς δὲ ὄντος τοῦ εἴδους ἔδει καὶ ἓν αἴτιον εἶναι πρὸ τῶν κατὰ μέρος. ὅλως δὲ εἰ ἀλλοιουμένων τῶν προτέρων γίνεται τὰ ἐφεξῆς, ὑλικὰ ἂν εἴη μᾶλλον τὰ
30 πρότερα καὶ οὐ ποιητικά· οὐδέποτε γὰρ τὸ ποιητικὸν αἴτιον ἀλλοιούμενον γίνεται τὸ ἀποτέλεσμα. ἔτι δὲ εἰ μὴ τὸ τυχὸν ἐκ τοῦ τυχόντος γίνεται, ἀλλ' ἐκ τοῦ δυναμένου, δῆλον ὅτι ἡ βοτάνη δυνάμει καλάμη ἐστί· πᾶν δὲ τὸ δυνάμει ὑλικόν ἐστιν ἀλλ' οὐ ποιητικόν· ὥστε ὕλη μὲν τῆς καλάμης εἰκότως ἂν λέγοιτο ἡ βοτάνη, ποιητικὸν δὲ αἴτιον οὐδαμῶς. ἔπειτα πᾶν
35 τὸ ἐκ τοῦ δυνάμει γενόμενον ἐνεργείᾳ ὑπὸ τοῦ ἐνεργείᾳ προάγεται εἰς τὸ ἐνεργείᾳ. εἰ οὖν ἡ βοτάνη ἐνεργείᾳ καλάμη οὐκ ἔστιν, οὐκ ἂν ποιήσοι

---

1 post καλεῖ habet λόγον δὲ τοῦ τί ἦν εἶναι τὸν ὁρ̅ι̅ deleta F   2 ὁ (post ἰδέαν) om. aF   3 καὶ (post δὲ) om. aF   11 τὸ ποιοῦν om. DF   τὸ (post εἴη) om. a καὶ] ἀλλὰ a   12 ἔτι] ἐστι a   17 οὗ (post καὶ) aE: om. DF   τὸ γὰρ — παράδειγμα (18) om. a   19 εἰρημένα cf. p. 310, 36 inprimis p. 311, 3   26 γὰρ καὶ ἡ καλάμη τῆς βοτάνης E   27 τὸ (post τί) om. E   ἑνὸς γὰρ ὄντος a   30 τοῦ ποιητικοῦ αἰτίου ἀλλοιουμένου fortasse rectius E   32 post ὅτι add. καὶ aF   33 ἀλλ' οὐχὶ E   35 γενόμενον F: γινόμενον aDE   36 ποιήσοι DE: (cf. p. 313, 4): ποιήσῃ aF

τὴν ἐνεργείᾳ καλάμην. ὅλως δὲ εἰ ἡ ἑκάστου φύσις ἀρχὴ οὖσα καὶ αἰτία 69ᵛ
κινήσεως ποιητική ἐστι τοῦ ἑαυτῇ ὑποκειμένου καὶ οὐκ ἄλλου, δῆλον ὅτι
ἡ μὲν τοῦ σπέρματος φύσις τὸ σπέρμα ποιήσει, ἡ δὲ τοῦ ἀνθρώπου τὸν
ἄνθρωπον. πῶς δὲ ἂν ποιήσοι κυρίως ἄνθρωπον ἡ ἐν τῷ σπέρματι ἡ
5 μήπω οὖσα ἀνθρώπου φύσις πρὶν γενέσθαι τὸν ἄνθρωπον; ἢ, ὡς εἴρηται
πρότερον, ἅμα τῷ καὶ αὐτὴ γίνεσθαι ποιεῖ διὰ τὸ εὐφυέστερον καὶ διὰ τὸ 45
ζωή τις εἶναι ἐξανισταμένη καὶ διανισταμένη εἰς εἶδος, ἐπεὶ τὸ τοῦ ἄρρενος
σπέρμα καὶ τὸ τῆς θηλείας φύσιν ἔχει τὴν τοῦ σπέρματος μεταβολὴν καὶ
τελειοῦσθαι πεφυκυῖαν εἰς ζῷον. τὸ δὲ ποιητικὸν κυρίως καὶ προσεχῶς
10 αἴτιον ἐπὶ μὲν τῶν ζῴων ἡ μητρικὴ φύσις ἐστὶ καὶ ἡ πατρική, ἐπὶ δὲ τῶν
φυτῶν ἡ τοῦ πυροῦ καὶ τῆς γῆς, τοῦ εἴδους ἐνεργείᾳ προϋπάρχοντος ἔν τε
τῷ πατρὶ καὶ τῇ μητρὶ καὶ ἐν τοῖς τῆς γῆς κατ' ἐνέργειαν ἑστῶσι λόγοις,
καθ' οὓς τὰ δυνάμει εἰς ἐνέργειαν ἄγεται. καὶ οὕτως ἡ μὲν τοῦ γινομέ- 50
νου φύσις, εἰ ποιητικὴ λέγοιτο, οὕτως ἂν εἴη ποιητικὴ ὡς καὶ αὐτὴ γινο-
15 μένη. ἡ δὲ κυρίως ποιητικὴ ἡ τοῦ ἐνεργείᾳ τοιούτου ἐστί· τοῦ γὰρ ὁμοίου
ἐστὶν ἡ φύσις γεννητικὴ καὶ τὰ μεταξὺ πάντα ἐκείνου ἕνεκα προλαμβάνει
καί, κἂν ἀλλοιῶται ἐν τῷ μεταξὺ ἡ φύσις τελειουμένη καὶ γινομένη ἅμα
καὶ ποιοῦσα, ἀλλὰ καὶ ἕνα εἱρμὸν ἀποσῴζει μέχρι τοῦ τέλους, εἰς ὃ καὶ
ἐλθοῦσα παύεται τῆς ποιήσεως. λέγει δὲ καὶ ὁ Ἀριστοτέλης, ὅτι φύσει
20 ἐστὶν ὅσα ἀπό τινος ἐν αὐτοῖς ἀρχῆς | συνεχῶς κινούμενα ἀφικνεῖται εἰς 70ʳ
τι τέλος, ἐν ᾧ καὶ παύεται τῆς κινήσεως. ὥστε ἐν τῷ ἀνθρώπῳ ὁ τοῦ
γεννωμένου λόγος προείληπται καὶ κατ' ἐκεῖνον γίνεται τὸ γινόμενον, τοῦ
μὲν πατρὸς ἐνδόντος τὴν ἀρχὴν καὶ τὴν μέχρι τέλους κίνησιν διὰ τοῦ
σπέρματος (ὡς ἐπὶ τῶν νευροσπαστουμένων ὁ τεχνίτης ἐνδίδωσι τὴν ἀρχὴν
25 τῆς κινήσεως καὶ τὴν ἐπὶ τὸ τέλος ὁρμήν) κατὰ τὸν ἐν ἑαυτῷ προϋπάρ-
χοντα λόγον τῆς ὅλης τεταγμένης κινήσεως, τῆς δὲ μητρικῆς φύσεως καὶ 5
προσεχέστερον εἰδοποιούσης. πῶς δὲ ἄλογον δύναμιν τὴν φύσιν λέγει καί-
τοι τέλους ἕνεκά τινος ποιοῦσαν καὶ τεταγμένως προϊοῦσαν κατ' ἀριθμοὺς
καὶ μέτρα ἀφωρισμένα; ἢ διττὸς ὁ ποιητικὸς λόγος, ὁ μὲν γνωστικῶς ποιῶν,
30 ὃν καὶ μόνον λόγον ὁ ἐξηγητὴς οἴεται, ὁ δὲ ἄνευ μὲν γνώσεως καὶ τῆς
εἰς ἑαυτὸν ἐπιστροφῆς, τεταγμένως δὲ καὶ ὡρισμένως, καὶ προηγουμένου
τινὸς τέλους ἕνεκεν. καὶ ὥσπερ τὸ μὴ γινῶσκον ἄλογόν ἐστιν ὡς πρὸς 10
τὸν γνωστικὸν λόγον, οὕτως τὸ εἰκῇ καὶ ἀτάκτως ποιοῦν ἄλογόν ἐστιν ὡς
πρὸς τὸ τεταγμένως καὶ ὡρισμένως καὶ ἕνεκά του ποιοῦν. ὡς οὖν κατὰ
35 λόγον τοιοῦτον γίνεται τὰ φύσει γινόμενα, οὕτως καὶ κατὰ παράδειγμα οὐχ
ὡς γνωστὸν προκείμενον τῷ ποιοῦντι, ἀλλ' ὡς τοῦ ποιοῦντος τῷ εἶναι καὶ
οὐχὶ τῷ προαιρεῖσθαι πρὸς ἑαυτὸ ἀφομοιοῦντος τὸ γινόμενον, ὡς ὁ δακτύ-
λιος τὴν σφραγῖδα. καὶ αὐτὸς δὲ ὁ Ἀριστοτέλης ἐν τῷ δευτέρῳ τῆς Περὶ

---

4 πῶς — ἄνθρωπον om. F   5 μήπου F   εἴρηται πρότερον cf. p. 287,14
7 ἐπεὶ DF: ἐπὶ aE   8 σπέρμα om. E   ante φύσιν add. καὶ aE   τοῦ (post
τὴν) om. E   12 ἱστῶσι E   17 ἀλλοιοῦται aE   19 λέγει cf. p. 194ᵃ29
22 γεννωμένου DEF: γινομένου a   25 ἐν om. aF   27 λέγει p. 311,1   29 γνω-
στῶς D   31 τεταγμένος δὲ καὶ ὡρισμένος aE   33 οὕτω καὶ τὸ aF   38 δευτέρῳ
Περὶ γενέσεως c. 6 p. 333ᵇ11

γενέσεως πρὸς Ἐμπεδοκλέα ἀποτεινόμενος τὴν φύσιν λόγον εἶναι συγχωρεῖ. 70ʳ ἀλλὰ πῶς ἄνευ γνώσεως τοῦ ποιοῦντος ἔστι τάξις καὶ ὡρισμένον τέλος ἐν τῇ ποιήσει; καὶ γὰρ τὰ φυσικὰ τοιάνδε ἔχει σύστασιν, ὥστε καὶ ἄνευ γνώσεως αὐτῷ τῷ εἶναι φυλάττειν τὴν ἐν τῇ γενέσει τάξιν καὶ τὸν εἱρμὸν καὶ εἰς ὡρισμένον καταντᾶν τέλος, ὡς ἡ τῶν νευροσπαστουμένων κίνησις ἔχει. ἀλλ' εἰ ⟨μὴ⟩ ἐκ ταὐτομάτου τοιαῦτα τὰ φυσικά ἐστιν, ὅπερ ἄτοπον, ἢ ἑαυτὰ ὑπέστησε τοιαῦτα ἢ ἐξ ἄλλου τινὸς ὑπέστη· ὅπως δὲ ἂν ἔχῃ τοῦτο, γνωσθεῖσα πάντως ἡ ὑπόστασις τοιαύτη γέγονε· τὸ γὰρ συμμετρῆσαν τὴν δύναμιν πρὸς τὰ γινόμενα γινῶσκον ἄμφω τοῦτο ἐποίει. διὸ καλῶς ἔχει τὴν μὲν φύσιν συναίτιον λέγειν μᾶλλον, αἴτια δὲ προσεχῆ τῶν ἐν γενέσει καὶ φθορᾷ τὰς τῶν οὐρανίων κινήσεις, καθ' ἃς τρέπεται τὰ τῇδε. ἀνωτέρω δὲ τοὺς ψυχικοὺς τῶν κινήσεων λόγους καὶ ἔτι τούτων ἀνωτέρω τὰ νοερὰ εἴδη, ἐξ ὧν πρώτων ἐνδίδοται πᾶσιν ἡ τῶν εἰδῶν ἔλλαμψις κατὰ τὴν τῶν δεχομένων ἐπιτηδειότητα.

Παράδειγμα δὲ τὸ ἔνυλον εἶδος ὁ Ἀριστοτέλης καλεῖ ἴσως μὲν καὶ ὡς σκοπὸν τῆς φύσεως, εἰς ὃν οὐ γνωστικῶς ἀλλ' οὐσιωδῶς ἀποτεινομένη πάντα ποιεῖ, ἴσως δὲ καὶ ὡς παράδειγμα τέχνης γινόμενον, εἴπερ τὰ μὲν φυσικὰ μὴ βούλεται πρὸς παράδειγμα γίνεσθαι, τὰ δὲ τεχνικὰ δεῖσθαι τοῦ παραδείγματός φησι. καὶ πολλὰ προειπὼν περὶ τοῦ τὴν τέχνην μιμεῖσθαι τὴν φύσιν εἰκότως νῦν ὑπέμνησεν, ὅτι τὸ φυσικὸν εἶδος παράδειγμα τῆς τέχνης ἐστί. δῆλον δὲ ὅτι εἴπερ ὁ νοῦς ἐστι τὸ κυρίως ποιητικὸν αἴτιον κατὰ τὰ ἐν αὐτῷ εἴδη ἐξομοιῶν πρὸς αὐτὰ τὰ γινόμενα, εἴη ἂν κυρίως παραδείγματα τὰ ἐν νῷ εἴδη. ἀλλὰ τούτων μὲν ἅλις. λόγον δὲ τοῦ τί ἦν εἶναι τὸν ὁρισμὸν εἶπεν. ὁ δὲ ὁρισμὸς τοῦ εἴδους δηλωτικός ἐστιν.

p. 194ᵇ27 **Καὶ τὰ τούτου γένη ἕως τοῦ καὶ τὰ μέρη τὰ ἐν τῷ λόγῳ.**

Ὡς ἐπὶ τοῦ ὑλικοῦ αἰτίου εἶπεν αἴτιον εἶναι οὐ μόνον τὴν προσεχῆ ὕλην ἀλλὰ καὶ τὰ ταύτης γένη, οὕτως καὶ ἐπὶ τοῦ εἰδικοῦ. τῆς γὰρ διὰ πασῶν συμφωνίας ἐν διπλασίῳ λόγῳ οὔσης, εἶδός τι τοῦ διπλασίου ἐστὶ τὸ διὰ πασῶν, οὗ γένος τὸ διπλάσιον. καὶ τούτου γένος ὁ ἀριθμός. καὶ ταῦτα οὖν, φησίν, εἰδικὰ ἂν εἴη αἴτια ὡς συνεπιφερόμενα τῷ εἴδει. ὁμοίως δὲ καὶ τὰ ἐν τῷ ὁρισμῷ τοῦ εἴδους παραλαμβανόμενα μέρη, καὶ αὐτὰ ἂν εἴη εἰδικὰ αἴτια ὡς συμπληρωτικὰ τοῦ εἴδους. εἰ γὰρ τὸ ζῷον λογικὸν θνητὸν αἴτιόν ἐστιν ἀνθρώπου ὡς εἶδος, καὶ ἕκαστον τῶν ἐν τῷ ὁρισμῷ μερῶν συναίτιον ἂν εἴη κατὰ τὸν αὐτὸν τοῦ αἰτίου τρόπον καθ' ὃν καὶ τὸ

---

2 τέλος om. a   3 καὶ γὰρ DF: κἂν γὰρ E: οὐ γὰρ a   ἔχῃ E   5 καταντᾶν E   6 εἰ] ἢ E   μὴ add. a: om. DEF   τοιαῦτα om. a   τὰ φυσικά ἐστιν, ἄτοπον γάρ, ἢ ἑαυτά a   13 εἰδώλων F   15 δὲ om. F   ἴσως μὲν om. D   18 πρὸς τὰ (τὰ om. a) παραδείγματα aF   18 τοῦ (post δεῖσθαι) om. a   22 αὐτῷ a   24 δηλωτικόν a   27 οὐ om. a   29 ἐν om. aF   32 post παραλαμβανόμενα add. εἰδικὰ αἴτια καὶ εἴδη F   33 post ζῷον add. τὸ F

ὅλον, τουτέστι τὸν εἰδητικόν. εἰκότως δὲ τὰ μέρη τὰ ἐν τῷ λόγῳ εἶπε καὶ οὐχὶ τὰ ἐν τῷ εἴδει, ἐπειδὴ ἕκαστον τῶν ἐν τῷ λόγῳ μερῶν δι' ὅλου τείνει τοῦ εἴδους.

p. 194 b 29   Ἔτι ὅθεν ἡ ἀρχὴ τῆς μεταβολῆς ἕως τοῦ καὶ τὸ μετα-
5   βάλλον τοῦ μεταβαλλομένου.

Τρίτον ἐν τοῖς αἰτίοις παραδίδωσι τὸ ποιητικόν, διότι προσπίπτει μὲν ἡμῖν πρῶτον τὸ γινόμενον καὶ τὰ τούτου στοιχεῖα, γενητὸν δὲ εὑρόντες αὐτὸ ποιητικὸν αἴτιον ζητοῦμεν, τότε τὴν αἰτίαν, ἧς ἕνεκα ποιεῖ τὸ ποιοῦν καὶ γίνεται τὸ γινόμενον. καλεῖ δὲ τὸ ποιοῦν ὅθεν ἡ πρώτη τῆς μετα-
10 βολῆς ἀρχὴ ἢ τῆς ἠρεμήσεως βουλόμενος τὸ κυρίως ποιητικὸν αἴτιον κεχωρισμένον εἶναι καὶ ἐξῃρημένον τοῦ γινομένου. τὸ γὰρ ἐνυπάρχον αἴτιον ὥσπερ τὸ εἶδος καὶ ἡ φύσις τῆς κατὰ τὸ εἶδος ἀρχῆς ἔχεται. καὶ δεῖ μεμνῆσθαι, ὅτι ἐνταῦθα ὁ Ἀλέξανδρος ὁμολογεῖ μὴ εἶναι κυρίως ποιητικὸν αἴτιον τὴν φύσιν, ἀλλ' εἰδικὸν μᾶλλον διὰ τὸ μὴ εἶναι πρῶτον ἐν τοῖς
15 ποιητικοῖς. καὶ τὰ ὄργανα δὲ δοκεῖ κινήσεως αἴτια γίνεσθαι, ἀλλ' οὐδὲ ταῦτα κυρίως ποιητικά ἐστιν, ὅτι μὴ πρώτως ἀλλὰ κινούμενα κινεῖ. καὶ τούτου δὲ χρὴ μεμνῆσθαι, ὅτι συγχωρεῖ ὁ Ἀλέξανδρος καὶ τὸ ὄργανον αἴτιόν πως εἶναι· εἰ καὶ μὴ κυρίως ποιητικόν, ἀλλ' αὐτὸ τοῦτο ὀργανικόν. ἐπειδὴ δὲ τῶν γινομένων τὰ μὲν κινούμενα γίνεται τὰ δὲ ἱστάμενα καὶ τὸ
20 κινοῦν τὰ κινούμενα καὶ τὸ ἱστῶν τὰ ἱστάμενα, ποιητικὸν ἂν εἴη αἴτιον τὸ μὲν κινήσεως, τὸ δὲ στάσεως. | διὸ εἰπὼν ὅθεν ἡ ἀρχὴ τῆς μετα- βολῆς προσέθηκεν ἢ τῆς ἠρεμήσεως ἡ πρώτη. ὥστε ὁ βουλεύσας τι ἢ ἀγαθὸν ἢ κακὸν τοῦ πράξαντος κυριώτερον ἂν εἴη ποιητικὸν αἴτιον. ἡ γὰρ πρώτη ἀρχὴ ἀπὸ τοῦ βουλεύσαντος. κἀνταῦθα δὲ τὰ γενικὰ προστί-
25 θησιν ὡς ἐπὶ τοῦ ὑλικοῦ καὶ τοῦ εἰδικοῦ αἰτίου. ὁ γὰρ πατὴρ καὶ τὸ τέκνον ὑπὸ τὸ ποιοῦν καὶ ποιούμενον καὶ ταῦτα ὑπὸ τὸ μεταβάλλον καὶ μεταβαλλόμενον· καὶ γὰρ ἡ μὲν ποίησις οὐσιώδης δοκεῖ, ἡ δὲ μεταβολὴ καὶ ἐπὶ τῆς τῶν ἄλλων λέγεται κινήσεως.

p. 194 b 32   Ἔτι ὡς τὸ τέλος ἕως τοῦ τὰ μὲν ἔργα, τὰ δὲ ὄργανα.

30 Τέταρτον αἴτιον προστίθησι τὸ τελικόν, τοῦτο δέ ἐστιν ὃ ἀποκρινό- μεθα ἐρωτηθέντες, τίνος ἕνεκα γίνεται τὸ γινόμενον. ἐρωτηθέντες γὰρ διὰ τί περιπατεῖ, φαμὲν ἵνα ὑγιαίνῃ. καὶ τοῦτο εἰπόντες, αὐτάρκως οἰόμεθα τὸ αἴτιον ἀποδεδωκέναι (αἴτιον γὰρ τοῦ περιπατεῖν ἡ ὑγίεια ἢ τοῦ φάρμακον πιεῖν) κατ' οὐδένα τρόπον τῶν πρότερον εἰρημένων
35 αἰτίων, ἀλλ' ὅτι ἕνεκα τῆς ὑγιείας περιπατεῖ ἢ φαρμακεύεται. ἐπειδὴ

---

1 τὸν aF: τὸ DE   7 τὸ γινόμενον πρῶτον F   8 post αὐτὸ addendum τὸ   καὶ τότε a   τὸ om. D¹   9. 10 ἀρχὴ τῆς μεταβολῆς E   15 τὰ om. aF   19 ἐπεὶ a   26 τὸ (ante ποιοῦν) om. E   28 τῆς om. E   λέγεται] γίνεται D   κινήσεων E   29 ἔτι δ' ὡς a   31 ἐρωτηθέντος E   34 ποιεῖν E   οὐδένα δὲ a   ὑγείας ut saepe a

δὲ ἑνός τινος ἐμνημόνευσε τοῦ περιπατεῖν, οὗ αἴτιόν ἐστι τὸ ὑγιαίνειν ὡς 70ᵛ
τέλος, ἐπεσημήνατο ὅτι καὶ πάντα τὰ μεταξὺ τοῦ τε ποιητικοῦ αἰτίου καὶ
τοῦ τέλους, οἷον τοῦ ἰατροῦ καὶ τῆς ὑγιείας. ταῦτα δέ ἐστι φάρμακον, καὶ
ἡ τοῦ φαρμάκου πόσις καὶ κάθαρσις καὶ ἰσχνασία καὶ ἐπὶ τὸ τέλος ἀναφέ-
5 ρεται καὶ ἕνεκα ἐκείνου γίνεται. καὶ αἴτιον αὐτοῖς τοῦ γίνεσθαι τὸ τέλος
ἐστί. διαφέρει δὲ ἀλλήλων ταῦτα τῷ τὰ μὲν αὐτῶν ἔργα εἶναι ὡς ὁ περί-
πατος καὶ ἡ κάθαρσις, τὰ δὲ ὄργανα ὡς φάρμακα καὶ σμιλία, ὧν πάντων
ἡ ὑγίεια εἴη ἂν αἴτιον τελικόν. αὐτὰ δὲ τῆς ὑγιείας, ὡς μὲν ὁ Ἀλέξαν- 20
δρός φησι, "ποιητικὰ αἴτια." μήποτε δὲ ὀργανικὰ λέγειν ἄμεινον ταῦτα. καὶ
10 γὰρ καὶ αὐτὸς ὁμολογεῖ τὰ μὴ πρῶτα τῆς κινήσεως αἴτια ὀργανικὰ εἶναι,
ἀλλ' οὐχὶ ποιητικὰ κυρίως. κἀνταῦθα δὲ πρῶτον μὲν τῆς κατὰ τὴν ὑγίειαν
κινήσεως αἴτιον ὁ ἰατρός. τὰ δὲ μεταξὺ οὐ πρῶτα. ἔστι δὲ τῆς μὲν
ὑγιείας αἴτιον ἡ ἰατρικὴ καὶ τὰ μεταξύ, ἡ μὲν ὡς ποιοῦσα, τὰ δὲ ὡς ὄρ-
γανα. τῆς δὲ ἰατρικῆς καὶ τῶν μεταξὺ τελικὸν αἴτιον ἡ ὑγίεια. δύναται 25
15 δὲ οἶμαι καὶ ὑλικὰ ταῦτα λέγεσθαι αἴτια τῆς ὑγιείας. ὁ δὲ Ἀλέξανδρος
οἶμαι ποιητικὰ εἶπεν εἰς τὰ μετ' ὀλίγον ὑπὸ τοῦ Ἀριστοτέλους λεγόμενα
ἀπιδών, ἐν οἷς τὸ πονεῖν ποιητικὸν τῆς εὐεξίας φησί. καὶ λέγεται ταῦτα
ὑγιεινὰ τάξιν ἔχοντα πρὸς ἄλληλα, " δι' ὧν, φησὶν Ἀλέξανδρος, ἐνεδείξατο
ἡμῖν Ἀριστοτέλης τὴν τῶν ὑγιεινῶν ὁμωνυμίαν· οἷς πᾶσιν αἴτιον τοῦ
20 τοιούτοις εἶναι ὡς τέλος ἡ ὑγίεια."

p. 195ᵃ3 Τὰ μὲν οὖν αἴτια σχεδὸν τοσαυταχῶς.

Τὸ σχεδὸν πρόσκειται ἢ ὅτι τὰ κυρίως αἴτια τοσαυταχῶς πολλῶν
ὄντων καὶ κατὰ συμβεβηκὸς αἰτίων, ὡς ἐρεῖ, ἢ δι' εὐλάβειαν εἴρηται, τοῦ
Πλάτωνος τὸ μὲν παραδειγματικὸν αἴτιον τοῖς κυρίως αἰτίοις συναριθμήσαν-
25 τος τῷ τε ποιητικῷ καὶ τῷ τελικῷ, τὸ δ' ὀργανικὸν τοῖς συναιτίοις τῷ
τε ὑλικῷ καὶ τῷ εἰδικῷ. εἰ δὲ τοσαύτη τάξις ἐστὶν ἐν τοῖς αἰτίοις, ὡς τὰ
μὲν φύσει πρῶτα εἶναι τό τε ποιοῦν καὶ τὸ τέλος καὶ κυρίως αἴτια, τὰ δὲ 35
συναίτια μᾶλλον ὡς ἡ ὕλη καὶ τὸ εἶδος, εἰκότως τῶν πολλαχῶς λεγομένων
ἐστὶ τὰ αἴτια, ἀλλ' οὐχὶ τῶν ὡς ἀφ' ἑνὸς γένους διῃρημένων. ὅτι δὲ
30 τοσοῦτοί εἰσιν οἱ τῶν αἰτίων τρόποι καὶ οὔτε πλείονες οὔτε ἐλάττονες, τάχα
ἄν τις καὶ ἐκ διαιρέσεως συλλογίσαιτο, τοσοῦτον προειπὼν ὅτι αἴτια ἐκεῖνά
ἐστι δι' ἃ ἔστι τε τὸ ὂν οἷόν ἐστι καὶ γίνεται τὸ γινόμενον, καὶ ἅπερ ἐρω-
τηθέντες τὸ διὰ τί ἀποδίδομεν. τὰ τοίνυν φυσικὰ σύνθετα ὄντα ἐξ ὕλης
καὶ εἴδους ἔστιν ἅπερ ἐστὶ καὶ γίνεται ἅπερ γίνεται ἢ διὰ τὰ συμπληροῦντα 40
35 αὐτὰ ἢ διὰ τὰ ἔξωθεν ὁπωσοῦν αὐτοῖς ἐπικοινωνοῦντα. συμπληροῖ δὲ

---

2 ὑπεσημήνατο D   4 καὶ (ante ἐπὶ) om. E   5 γενέσθαι E   6 ὡς ὁ περίπατος
καὶ ἡ κάθαρσις om. aF   8 τελικὸν αἴτιον D   ὁ (post μὲν) om. aE   12 δὲ
D: om. EF: μὲν οὖν a   15 αἴτια ταῦτα λέγεσθαι a   16 λεγόμενα p. 195ᵃ9
17 ἐνεξίας E   19 post ἡμῖν add. ὁ a   21 post τοσαυταχῶς add. λέγεται aD
22 πρόσκει sic F   25 τῷ τε (τε om. a) τελικῷ καὶ τῷ ποιητικῷ aF   26 immo τοιαύτη
31 τροσοῦτον E   αἴτια] α sic F   ἐκεῖνα αἴτια E   33 ἀποδίδαμεν D

αὐτὰ ἡ ὕλη καὶ τὸ εἶδος. καὶ διὰ ταῦτά ἐστιν ἔνυλα καὶ φυσικά. καὶ 70ᵛ
ἐρωτηθέντες, διὰ τί διαστατά ἐστι τὰ τῇδε τῶν νοητῶν ἀδιαστάτων ὄντων,
λέγομεν διότι ἔνυλά ἐστι ταῦτα· διὰ τί δὲ εὐκίνητος οὕτως ὁ οὐρανός, ὅτι
σφαιρικὸς ὢν "ἐπὶ σμικροτάτου ποδὸς" βαίνει κατὰ τὸν Πλάτωνα. καὶ
5 εἰσὶν αὗται τῶν αἰτίων αἱ ἀποδόσεις ἀπό τε τῆς ὕλης καὶ ἀπὸ τοῦ εἴδους,
εἰς ἃ πάντα ἀνάγεται τὰ στοιχειωδῶς συμπληροῦντα τὸ σύνθετον. ἐπεὶ 45
δὲ τὰ φυσικὰ πάντα γινόμενά ἐστι καὶ κατὰ τὸν Ἀριστοτέλην, τὸ δὲ γινό-
μενον πᾶν αἴτιον ἔχει τῆς γενέσεως, τὸ ποιοῦν δεῖ εἶναι καὶ τὸ ποιητικὸν
αἴτιον τῶν γινομένων, ὅθεν ἡ πρώτη τῆς κινήσεως ἀρχή. διττὴ δὲ ἡ τῆς
10 κινήσεως ἀρχὴ ἡ μὲν αὐτοκίνητος, ἡ δὲ ἀκίνητος· τὸ μὲν γὰρ ἑτεροκίνη-
τον προδήλως οὐκ ἂν εἴη ἀρχὴ κινήσεως ἄλλο πρὸ ἄλλου λαμβανόντων
ἡμῶν ἑτεροκίνητον. τὸ δὲ αὐτοκίνητον ἀρχὴ μὲν ἂν εἴη κινήσεως ὡς ἐν
ἑαυτῷ τὸ κινοῦν ἔχον, οὐ κυρίως δὲ ἀρχή, ὅτι τὸ αὐτὸ καὶ κινούμενόν 50
ἐστιν. ἡ δὲ κυρίως τῆς κινήσεως ἀρχὴ κινοῦν ἀλλ' οὐ κινούμενον εἶναι
15 βούλεται, ὥστε τὸ μὲν κυριώτατον ποιητικὸν τῶν γινομένων αἴτιον τὸ ἀκί-
νητον ἂν εἴη καὶ αἰώνιον καὶ ἀεὶ κατὰ τὰ αὐτὰ καὶ ὡσαύτως ἔχον· τοιοῦ-
τος δὲ ὁ πολυτίμητος νοῦς. μετ' ἐκεῖνον δὲ ἡ ψυχή· κἂν γὰρ κινῆται
αὕτη, ἀλλ' ἐν ἑαυτῇ τὸ κινοῦν ἔχει. διὸ καὶ ἀκίνητον αὐτὴν μᾶλλον ὁ
Ἀριστοτέλης καλεῖν ἀξιοῖ μόνα κινούμενα τὰ σωματικῶς μεταβάλλοντα νο-
20 μίζων. ἐπεὶ δὲ | τὰ γινόμενα καὶ φθειρόμενα τῶν φυσικῶν προσεχῶς ὑπὸ 71ʳ
τῶν ἀιδίων καὶ κυκλοφορητικῶν γίνεται ("ἄνθρωπος γὰρ ἄνθρωπον γεννᾷ
καὶ ἥλιος"), δῆλον ὅτι τὸ κυρίως ποιοῦν οὐκ ἀμέσως πελάζον τοῖς γινομέ-
νοις καὶ φθειρομένοις ποιεῖ, ἀλλὰ διὰ μέσων τῶν ἀιδίων. καὶ οὕτως ἡμῖν
ἀνεφάνη τὸ ὀργανικὸν αἴτιον, ὅπερ ἐστὶ κινούμενον μὲν ὑπ' ἄλλου, κινοῦν
25 δὲ ἕτερον. καὶ σαφῶς ἐπὶ τῆς τεχνικῆς ποιήσεως ὁρᾶται· τὸ γὰρ σκέ- 5
παρνον συναίτιόν ἐστι, διότι κινούμενον κινεῖ. τοιαύτη δὲ καὶ ἡ φύσις ἥ
τε ὅλη καὶ ἡ μερική, ὡς καὶ Ἀλέξανδρος ὁμολογεῖ καλῶς ἐπιστήσας, ὅτι
τὸ κυρίως ποιητικὸν αἴτιον χωριστὸν εἶναι χρὴ καὶ ἐξῃρημένον. πάλιν δὲ
ἐπειδὴ τὸ φυσικὸν καὶ γεννητὸν εἶδος μέθεξίς ἐστιν εἴδους ἐν ὕλῃ, πᾶσα
30 δὲ μέθεξις ὁμοίωμα τοῦ μετεχομένου ἐστίν, ἀφ' οὗ καὶ μετεχόμενον καὶ
πρὸς ὃ τὸ μετέχον ἀφομοιοῦται, δεῖ πάντως εἶναι καὶ παραδειγματικὸν τῶν
ἐνύλων αἴτιον. τὸ δὲ ποιοῦν ἢ εἰκῇ καὶ ὡς ἔτυχε ποιεῖ ἢ εἴς τινα προη- 10
γούμενον ἀφορᾷ σκοπόν. καὶ τέλος τίθεται τῆς ποιήσεως, οὗ ἕνεκεν καὶ
τὸ ποιοῦν ποιεῖ καὶ τὸ γινόμενον γίνεται. ἀλλ' εἰ τὸ πρώτως καὶ κυρίως
35 ποιοῦν εἰκῇ καὶ ὡς ἔτυχε ποιεῖ, τί ἂν εἴη τῶν ποιούντων τοῦ ἀγαθοῦ ἕνε-

---

3 ἀκίνητος E   4 κατὰ τὴν a   Πλάτωνα Politic. 270 A   8 ἔχει aE: ἐστι DF
δεῖ aE: δὲ DF   9 δὲ] γὰρ aF   12 μὲν om. F   13 τὸ (post ὅτι) om. a
15 κυριώτατον a: κυριώτᾱ F: κυριώτατα ͞DE   16 τοιοῦτος δὲ incipiente nova pagina
iteravit F   17 ἐκεῖνο a   19 μεταβάλλοντα aF: μεταβάλλον D: μεταβάλλοντος E
21 κυκλοφορικῶν ἀιδίων καὶ aF   κυκλοφορητικῶν E   ἄνθρωπος — ἥλιος
Ar. c. 2 p. 194ᵇ 13   22 ὅτι κυρίως οὐκ ἀμέσως F   24 ἀπ' ἄλλου F   25 ἐπὶ E:
ὑπὸ aDF   26 διότι] ὅτι aF   καὶ (post δὲ) om. F   29 καὶ (post φυσικὸν)] ἢ E
32 προηγούμενον om. a

κεν ποιοῦν; δεῖ ἄρα τὸ πρῶτον ποιοῦν ἕνεκά του ποιεῖν, καὶ τέλος ἔχειν 71ʳ
τὸ οὗ ἕνεκα. καὶ οὕτως ἡμῖν καὶ τὸ τελικὸν αἴτιον ἀναφαίνεται ἀπὸ τοῦ
πρώτου ποιοῦντος καὶ τοῖς ἄλλοις ποιητικοῖς αἰτίοις ὡς ἐφετοῦ προτεθέντος.
καὶ ὅτι μὲν ταῦτα αἴτια τῶν γινομένων ἐστί, δῆλον. ὅτι δὲ καὶ μόνα 15
ταῦτα, ἐκ τῆς διαιρέσεως ἐπιβλεπτέον. καὶ γὰρ τὸ γινόμενον, ὃ φυσικὸν καὶ
σύνθετόν φαμεν, ὑποκείμενόν τί ἐστι καὶ ἐν ὑποκειμένῳ καὶ παρὰ ταῦτα
οὐδέν, καὶ ἢ αὐθυπόστατον ἢ ἑτέρωθεν τὸ εἶναι ἔχον. εἰ οὖν αὐθυπόστα-
τον ἀδύνατον εἶναι τὸ ἐν μέρει χρόνου γινόμενον καὶ σωματικὸν καὶ διεστὼς
ἔχει τι ποιητικὸν αἴτιον ἄλλο παρ' ἑαυτό. καὶ ἤτοι κινούμενον τοῦτο ἢ
ἀκίνητον· καὶ εἰ κινούμενον, ἢ ὑφ' ἑαυτοῦ ἢ ὑπ' ἄλλου. ἀλλὰ τὸ μὲν
ὑπ' ἄλλου οὐ πρώτως κινοῦν, τὸ δὲ ὑφ' ἑαυτοῦ ἢ ἄλλο μὲν κινεῖ ἄλλο 20
δὲ κινεῖται, ἢ καθ' ὅλον ἑαυτὸ κινεῖ καὶ κινεῖται, ὡς ἡ ψυχὴ κατὰ Πλά-
τωνα. τοῦτο δὲ κινήσεως μέν ἐστιν ἀρχὴ καὶ γενέσεως, τὸ δὲ ἀνέκλειπτον
οὐ παρέχει καθὸ κινεῖται οὐδὲ ἀρχηγικὸν τελέως ἐστίν, καθὸ διπλόην ἔχει
τινὰ τοῦ κινοῦντος καὶ τοῦ κινουμένου. πρῶτον ἄρα τὸ ἀκίνητον ποιητικὸν
κυρίως καὶ κινητικὸν αἰώνιον ὑπάρχον. τὸ δὲ ποτὲ γινόμενον καὶ κινούμε-
νον ὑπὸ τοῦ αἰωνίου καὶ ἀκινήτου γίνεσθαι καὶ κινεῖσθαι προσεχῶς ἀδύνα-
τον (ἀϊδίων γάρ ἐστιν ἐκεῖνο ποιητικὸν καὶ κινητικόν) τὸ δὲ ἀϊδίως ὑπ' 25
ἐκείνου κινούμενον κατὰ τὰς διαφόρους ἑαυτοῦ διαθέσεις τῶν ποτὲ γινομέ-
νων καὶ κινουμένων ἐστὶν αἴτιον ὀργανικόν, ὅτι κινούμενον κινεῖ. καὶ εἰ τὸ
ἔνυλον εἶδος ἢ πρῶτόν ἐστιν ἢ ἀπὸ πρώτου καὶ πρὸς πρῶτον, πρῶτον δὲ
οὐδὲν τῶν ἐνύλων μέθεξις ὄν, ἔστι τι ἄρα πρῶτον πρὸς ὃ ὡμοίωται. καὶ
εἰ τὸ κυρίως ποιοῦν ἢ εἰκῇ καὶ ὡς ἔτυχε ποιεῖ ἢ εἰς ὡρισμένον σκοπὸν
βλέπον, ἀδύνατον δὲ τὸ εἰκῇ, ἀνάγκη καὶ τέλος τι καὶ τὸ οὗ ἕνεκα
ἀεὶ εἶναι.

p. 195ᵃ4   Συμβαίνει δὲ πολλαχῶς λεγομένων τῶν αἰτίων ἕως τοῦ 30
οὗ ἦν ἡ παρουσία αἰτία τῆς σωτηρίας. 35

Πολλὰς τῶν αἰτίων διαφορὰς παραδούς, ἵνα μὴ νομίσῃ τις ἄλλα ἄλλων
εἶναι αἴτια (οἶον τὸ μὲν ὑλικὸν ἄλλου, τὸ δὲ εἰδικὸν ἢ ποιητικὸν ἄλλου),
καλῶς ἐπεσημήνατο, ὅτι ἐκ τῶν εἰρημένων συμβαίνει τὸ τοῦ αὐτοῦ
πολλὰ εἶναι αἴτια. εἰπὼν δὲ συμβαίνει τοῦτο, ἵνα μὴ ποτὲ μὲν οὕτως
ἔχειν ποτὲ δὲ ἄλλως ὑπονοήσωμεν, ἐπήγαγεν οὐ κατὰ συμβεβηκός, 40
ἀλλὰ καθὸ τοιοῦτόν ἐστι τὸ γινόμενον· καθὸ γὰρ φυσικὸν ἢ τεχνητόν ἐστι
καὶ ὕλην ἔχει καὶ εἶδος καὶ ποιητικὸν αἴτιον καὶ τελικόν. τὸ δὲ οὐ καθ'
ἕτερόν τι ἀλλ' ἢ ἀνδριὰς εἴρηται ἀντὶ τοῦ οὐ κατὰ συμβεβηκὸς ἀλλὰ

---

1 τὸ πρῶτον — ἡμῖν iter. F   3 προτεθέντος scripsi: προτιθέντος DEF: προστιθεμέ-
νου a   4 τῶν γινομένων ἐστί, δῆλον· ὅτι δὲ aE: om. DF   5 ταῦτα aE: om. DF
8 τὸ ἐν] καὶ ἐν E   σωματικὸν a: σωμάτων DEF   10 ἢ ὑφ' — ἑαυτοῦ (11)
om. E   12 καθόλον aE: καθόλου DF   13 τοῦτο aE: τοῦ DF   14 ἀρχηγικὸν DE:
ἀρχηγὸν aF   14. 15 τινὰ ἔχει a   15 ἀεικίνητον E   20 ὀργανικὸν E: ὄργανον DF:
ὡς ὄργανον a   24 βλέπων ἀνάγκη δὲ τὸ εἰκῇ κτλ. D   25 ἀεὶ om. E   32 ἔχειν
post ἄλλως transiecit a   33 τεχνικὸν E   34 ἔχοι E   τελικόν] ὑλικόν a

καθ' αὐτό. εἰ γὰρ καθ' αὐτό, δῆλον ὅτι οὐ κατὰ συμβεβηκός, ἐπειδὴ 71r
ἀνάγκη τούτων θάτερον ὑπάρχειν. προστίθησι δὲ καὶ ὅτι οὐ μόνον τοῦ γι-
νομένου αἴτιά ἐστι ταῦτα, ἀλλὰ καὶ ἀλλήλων αἴτια τό τε ποιητικὸν
αἴτιον καὶ τὸ τέλος. καὶ γὰρ τὸ πονεῖν αἴτιον τῆς εὐεξίας ὡς ποιητι- 45
5 κὸν καὶ ἡ εὐεξία τοῦ πονεῖν αἰτία ὡς τέλος, ἐπειδὴ ταύτης ἕνεκα τὸ πονεῖν.
μήποτε δὲ καὶ ποιητικὸν αἴτιόν ἐστιν ἡ εὐεξία τοῦ πονεῖν. ὁ γὰρ εὐεκτῶν
πονεῖν δύναται καὶ ἐνεργεῖν. εἰπὼν δὲ ὅτι πάντα τοῦ αὐτοῦ καὶ ἀλλήλων
ἐστὶν αἴτια, προστίθησιν ὅτι καὶ τὸ αὐτὸ τῶν ἐναντίων, ἀλλ' οὐχ ὡσαύ-
τως ἔχον ἀλλ' ἐναντίως διακείμενον. ὃ γὰρ παρὸν σωτηρίας ἐστὶν αἴτιόν
10 τινι ὡς ὁ κυβερνήτης τῇ νηί, τοῦτο ἀπὸν ἀνατροπῆς. καὶ δῆλον ὅτι
παρὸν μὲν καθ' αὐτὸ αἴτιόν ἐστιν, ἀπὸν δὲ κατὰ συμβεβηκός. οὕτως δὲ 50
ἔλεγεν ἐν τῷ πρώτῳ, τὸ εἶδος τῇ παρουσίᾳ καὶ ἀπουσίᾳ τῆς γενέσεως εἶναι
καὶ τῆς φθορᾶς αἴτιον.

p. 195a15 Ἅπαντα δὲ τὰ νῦν εἰρημένα αἴτια ἕως τοῦ | καὶ ἡ σύν- 71v
15 θεσις καὶ τὸ εἶδος.

Ἐν τῇ τῶν αἰτίων παραδόσει καὶ τὰ γένη τῶν αἰτίων ὡς αἴτια παρα-
δοὺς καὶ τὰ μεταξὺ τοῦ τε ποιοῦντος καὶ τοῦ γινομένου ἢ τοῦ τέλους,
εἰκότως συγκεφαλαιούμενος τέτταρας εἶναί φησι τοὺς τῶν αἰτίων τρό-
πους, εἰς οὓς πάντα τὰ εἰρημένα ἀνάγεται. καὶ προθέμενος αὐτὰ συντό-
20 μως ἀπαριθμήσασθαι καὶ πρῶτον τὸ ὑλικὸν προβαλόμενος καὶ διὰ παρα- 5
δείγματος αὐτὸ σαφηνίσαι βουληθεὶς καὶ τὰς διαφορὰς αὐτοῦ ἐκθέσθαι,
πλείονος σαφηνείας ⟨ἕνεχεν⟩ καὶ ἐκεῖνα ὧν ἐστιν ὑποκείμενον παρέλαβεν
εἰπὼν τὰ μὲν γὰρ στοιχεῖα τῶν συλλαβῶν καὶ ἡ ὕλη τῶν σκευα-
στῶν καὶ τὰ ἐφεξῆς. ἐν οἷς ὑπόκειται μὲν τὰ στοιχεῖα καὶ ἡ ὕλη τῶν
25 τεχνητῶν, οἷον ξύλα ἢ κηρὸς καὶ ἔλαιον τοῦ φαρμάκου καὶ πῦρ καὶ γῆ
καὶ τὰ λοιπά, καὶ τὰ μέρη καὶ αἱ ὑποθέσεις. εἴδη δὲ αἱ συλλαβαὶ καὶ τὸ
βάθρον ἢ τὸ φάρμακον καὶ τὸ ζῷον καὶ τὸ ὅλον καὶ τὸ συμπέρασμα. συν- 10
τάξας οὖν τὰ εἴδη τοῖς ὑποκειμένοις εἰκότως ἐπήγαγε τούτων δὲ τὰ μὲν
αἰτιά ἐστιν ὡς τὸ ὑποκείμενον, οἷον τὰ μέρη, τὰ δὲ ὡς τὸ εἶ-
30 δος. καὶ οὕτως τὸ ποιητικὸν προστίθησι καὶ τὸ τελικόν. διαφορὰς δὲ τοῦ
ὑποκειμένου παραδίδωσι, καθόσον ἄλλως μὲν ἡ κυρίως ὕλη τοῖς ἐξ αὐτῆς
ὑπόκειται καὶ γίνεται ἐξ αὐτοῦ τὰ γινόμενα, καὶ ἄλλως τὰ στοιχεῖα ταῖς
συλλαβαῖς καὶ τὰ μέρη τῷ ὅλῳ, καὶ ἄλλως αἱ προτάσεις, ἃς ὑποθέσεις

---

1 κατὰ (post δῆλον ὅτι οὐ) om. F   2 θάτερον τούτων a   4 αἴτιον om. E
τὸ ποιεῖν E   5 ἕνεκα τοῦ E   12 πρώτῳ cf. c. 7 p. 191a6 ἱκανὸν γὰρ ἔσται τὸ
ἕτερον τῶν ἐναντίων ποιεῖν τῇ ἀπουσίᾳ καὶ παρουσίᾳ τὴν μεταβολήν   τῇ ἀπουσίᾳ καὶ
παρουσίᾳ a   13 post καὶ add. τῇ F   14 ἅπαντα aDF (sed is ā atro, πάντα rubro
colore): πάντα E   17 γινομένου] ποιουμένου D   20 προβαλόμενος F: προβαλλόμε-
νος aDE   22 σαφηνίας πλείονος E   ἕνεχεν add. a: om. DEF   23 γὰρ om.
aF   σκευαστῶν aE: σκευῶν F et (ut in lemmate) D   24 τὰ ἐφεξῆς a   26 καὶ
τὰ λοιπά om. E   32 ἐξ αὐτοῦ a: ἐξ αὐ (videtur αὐτοῦ solvendum) E: om. DF

ἐκάλεσε, τῷ συμπεράσματι. "ἡ μὲν γὰρ ὕλη κατὰ ἀλλοίωσιν, ὥς Ἀλέ- 71ᵛ ξανδρός φησι, τὸ εἶδος ἀναλαμβάνει, τὰ δὲ στοιχεῖα καὶ τὰ μέρη κατὰ 15 σύνθεσιν (καὶ ἡ συλλαβὴ γὰρ ὡς ἐκ μερῶν γίνεται τῶν στοιχείων), τὰ μέντοι σώματα τὰ πρῶτα καὶ ἁπλᾶ, ἅπερ καὶ στοιχεῖα τῶν συνθέτων κα-
5 λεῖται σωμάτων, ὡς γῆ ὕδωρ ἀὴρ πῦρ, καὶ κατὰ σύνθεσιν καὶ κατὰ ἀλ-λοίωσιν ἀποτελεῖται ἀπ' αὐτῶν σώματα. ἀλλὰ ταῦτα μὲν πάντα ἐνυπάρ-χοντα τῷ ἐξ αὐτῶν αἴτια γίνεται. αἱ δὲ προτάσεις οὐκ ἐνυπάρχουσι τῷ συμπεράσματι, ἀλλὰ τούτου μὲν ποιητικαὶ μᾶλλόν εἰσιν, ἐν δὲ τῷ παντὶ 20 συλλογισμῷ ὑπάρχουσι καὶ ὕλης ἔχουσιν ἐν αὐτῷ λόγον, τὸ δὲ συμπεπε-
10 ρασμένον εἴδους. μήποτε δὲ καὶ ἐν τῷ συμπεράσματι τρόπον τινά εἰσιν αἱ προτάσεις καὶ ἕν ἐστιν.

Εἷς μὲν τρόπος αἰτίων οὗτος ποικίλος, ὡς δέδεικται, ἄλλος δὲ ὡς τὸ τί ἦν εἶναι καὶ τὸ εἶδος. τοιαῦτα δὲ ἅπερ μετὰ τῶν ὑλικῶν αἰτίων παρέ-θετο τό τε ὅλον οὐχὶ τὸ σὺν τοῖς μέρεσιν, ἀλλὰ τὸ ἐπὶ τοῖς μέρεσιν
15 ἐπιγινόμενον. τοιοῦτον δὲ καὶ ἡ σύνθεσις. καὶ γὰρ αὕτη ἄλλη οὖσα παρὰ τὰ συντιθέμενα ἐκείνοις ἐπιγίνεται ὡς εἶδος, ὡς ἐπὶ τοῖς στοιχείοις τοῖς μὲν 25 τοῦ λόγου ἡ συλλαβή, τοῖς δὲ τῶν σωμάτων τὸ κατὰ τὴν σύνθεσιν εἶδος οἷον ἀνθρώπου ἢ συχῆς. καὶ δῆλον ὅτι πᾶσι τούτοις ἐφαρμόζει ἡ τοῦ εἴδους προσηγορία. οἰκειότερον δὲ ἐπὶ τῶν τὴν κυρίως λεγομένην ὕλην
20 ὑποκειμένην ἐχόντων. μεμνῆσθαι δὲ χρή, ὅτι τὴν ὕλην κατὰ ἀλλοίωσιν ἀνα-λαμβάνειν τὸ εἶδος ὁ Ἀλέξανδρός φησι. διὸ καὶ ἐξ ὕλης καὶ εἴδους τὸ σύνθετον οἱ Περιπατητικοὶ λέγουσιν ὡς συνεξαλλοιουμένων ἀλλήλοις τῶν ἁπλῶν ἐν τῇ τοῦ συνθέτου γενέσει. οἱ δὲ Πλατωνικοὶ τὴν ὕλην ἄτρεπτον 30 λέγουσι τοῖς ἐν Τιμαίῳ λεγομένοις ἀκολουθοῦντες, ἐν οἷς φησιν "ὁ αὐτὸς
25 δὴ λόγος καὶ περὶ τῆς τὰ πάντα δεχομένης σώματα φύσεως· ταὐτὸν αὐτὴν ἀεὶ προσρητέον· ἐκ γὰρ τῆς ἑαυτῆς τὸ παράπαν οὐκ ἐξίσταται δυνάμεως." καὶ δῆλον ὅτι οὐδὲ ἀλλοιοῦται. μήποτε οὖν οἱ μὲν Πλατωνικοὶ περὶ τῆς πρώτης ὕλης λέγοντες τῆς ἀποίου οὐ συγχωροῦσιν αὐτὴν ἀλλοιοῦσθαι. ἀλλοιοῦται γὰρ τὸ πεποιωμένον ὡς ἄλλην μὲν ποιότητα ἀποβάλλον, ἄλλην
30 δὲ προσλαμβάνον. τὸ δὲ ἄποιον πῶς ἂν ἀλλοιωθείη; διὰ τοῦτο οὖν οὐκ 35 ἐξ ὕλης καὶ εἴδους φασὶν εἶναι τὸ σύνθετον ὡς μὴ συναλλοιουμένων ἀλλή-λοις, ἀλλ' εἶδος ἐν ὕλῃ. οἱ δὲ ἀπὸ τοῦ Περιπάτου τὴν προσεχῆ λαμβά-νοντες ὕλην ὡς τὰ τέτταρα στοιχεῖα ἢ τὸ σπέρμα καὶ τὸ καταμήνιον, εἰ-κότως καὶ ἀλλοιοῦσθαι ταύτην φασί, καὶ ἐξ ὕλης καὶ εἴδους λέγουσι τὸ
35 σύνθετον τῆς τε ὕλης εἰς τὸ εἶδος μεταβαλλούσης καὶ τοῦ εἴδους ὑλου-μένου.

---

1 post γὰρ iterat ἡ E   κατὰ ἀλλοίωσιν E (cf. v. 20 et Themist. p. 172, 9): om. aDF   2 τὸ εἶδος φησὶ E   4 καὶ (post ἅπερ) om. aF   καλεῖται τῶν συνθέτων a   5 ἀὴρ aE: καὶ D: om. F   6 ἀποτελεῖται DEF: ἀποτελεῖται τὰ a: fort. ἀποτελεῖ τὰ   12. 13 τὸ τί a: ὅτι D: ὅτι F: ὁ τὸ τί E   15 καὶ (post δὲ) om. a   17 τὴν (post κατὰ) om. a   20 ἀναλαμβάνει E¹   24 Τιμαίῳ p. 50B   ὁ (ante αὐτὸς) om. E   25 αὐτὴν aE: om. DF   26 αὐτῆς DF   27 οὐδὲ om. E¹: οὐκ add. E²   29 ἀποβάλλων et προσλαμβάνων F

p. 195ᵃ21 Τὸ δὲ σπέρμα καὶ ὁ ἰατρὸς καὶ ὁ βουλεύσας ἕως τοῦ 71ᵛ
ὅθεν ἡ ἀρχὴ τῆς μεταβολῆς ἢ στάσεως.   40

Τρίτον πάλιν ἀπαριθμεῖται τὸ ποιητικὸν αἴτιον παραδείγματα καὶ ἐν
ταῦθα παρατιθείς, δι' ὧν ὡς οἶμαι καὶ τὰς τοῦ ποιητικοῦ αἰτίου διαφοράς,
5 ὡς τὰς τοῦ ὑλικοῦ καὶ τὰς τοῦ εἴδους πρότερον, ἐνεδείξατο· ἄλλως γὰρ ὁ
βουλεύσας ποιεῖ καὶ ἄλλως ὁ ἰατρὸς καὶ ἄλλως τὸ σπέρμα. ὁ μὲν γὰρ
βουλεύσας τὴν ἀρχὴν ἐνδίδωσι τῆς ποιήσεως οὐκ ἐφαπτόμενος αὐτὸς τοῦ 45
ἔργου, ὁ δὲ ἰατρὸς αὐτὸς ἐργαζόμενος ποιεῖ, τὸ δὲ σπέρμα μέσον πως τοῦ
τε ποιητικοῦ καὶ τοῦ ὑλικοῦ ἐστιν, εἴπερ τῇ ἑαυτοῦ μεταβολῇ καὶ γινόμε
10 νον ἅμα ποιεῖ, τοῦ κυρίως ποιοῦντος, ὡς καὶ Ἀλέξανδρος ὁμολογεῖ, ἐξῃρῆ
σθαι τοῦ γινομένου ὀφείλοντος. τὸ δὲ πάντα οὐ χρὴ συντάξαι τῷ τὸ
ποιοῦν, ἀλλὰ ἀπολύτως ἀναγινώσκοντα περὶ τῶν τριῶν τρόπων τοῦ ποιη
τικοῦ αἰτίου ἐκδέχεσθαι.

p. 195ᵃ23 Τὰ δὲ ὡς τέλος καὶ ἀγαθὸν ἕως τοῦ τὰ μὲν οὖν αἴτια 50
15   ταῦτα καὶ τοσαῦτά ἐστι τῷ εἴδει.

Τέταρτον καὶ τελευταῖον τοῖς ἄλλοις τὸ τελικὸν αἴτιον ἐπάγει λέγων
τὸ δὲ ὡς τέλος καὶ ἀγαθὸν τῶν ἄλλων. καί φησιν ὁ Ἀλέξανδρος τὸ
ἀκόλουθον εἶναι κατὰ τὴν λέξιν τὸ δὲ ὡς τέλος τῶν ἄλλων καὶ | τἀγα-72ʳ
θόν, τῶν ἄλλων, δηλονότι ὧν ἐστι τέλος. μήποτε δὲ καλῶς κατὰ κοινοῦ
20 καὶ τῷ τέλει καὶ τῷ ἀγαθῷ ἐπῆκται τὸ τῶν ἄλλων. τὸ γὰρ τελικὸν
αἴτιον οἷον ἡ ὑγίεια ὡς ἔστι τέλος τῶν ἄλλων τῶν ἕνεκα αὐτοῦ λαμβανο
μένων οἷον περιπάτου καὶ φαρμακοποσίας καὶ τῶν τοιούτων, οὕτως καὶ
ἀγαθὸν ἐκείνων ἐστί. διὰ τί δὲ τὸ τέλος καὶ τὸ οὗ ἕνεκα ἀγαθόν ἐστι,
προσέθηκε τὸ γὰρ οὗ ἕνεκα βέλτιστον εἰπών· τὸ γὰρ οὗ ἕνεκα τοῦτό 5
25 ἐστιν, οὗ ἐφιέμενοι τὰ ἄλλα πράττομεν· τὸ δὲ ἐφετὸν τὸ ἀγαθόν ἐστι.
καὶ τὸ μᾶλλον ἐφετὸν καὶ μᾶλλον τέλος τοῦτο καὶ μᾶλλον ἀγαθὸν καὶ
βέλτιστον τῶν ἄλλων. καὶ γὰρ τοῦ μὲν γυμνάζεσθαι τέλος ἡ ὑγίεια, τῆς δὲ
ὑγίειας ἡ εὐδαιμονία. διὸ καὶ τέλος κυρίως αὕτη καὶ βέλτιστον τῶν ἄλλων.
εἰπὼν δὲ τὸ τέλος καὶ τὸ οὗ ἕνεκα ἀγαθὸν εἶναι, ἐπειδὴ ὡς ἀρχόμενος
30 εἶπε τῶν Νικομαχείων ἠθικῶν "πᾶσα τέχνη καὶ πᾶσα μέθοδος, ὁμοίως δὲ
πρᾶξίς τε καὶ προαίρεσις, ἀγαθοῦ τινος ἐφίεσθαι δοκεῖ," οὐ πάντως δὲ καὶ
ἀληθῶς ἀγαθόν ἐστι τὸ οὗ ἕνεκα τὰ πραττόμενα πράττομεν, φαινόμενον δὲ

---

2 post στάσεως ex Aristotele vulgato add. ἢ κινήσεως aD   12 ἀλύτως E   14 τὸ τέλος καὶ τἀγαθὸν aD ex Arist., sed cf. v. 17   15 καὶ τοσαῦτα om. (errore opinor) E   17 καὶ τὸ ἀγαθόν a   18 τὸ δὲ] τὰ δὲ E   τἀγαθὸν DEF: τὸ ἀγαθόν a   19 καλῶς DEF: κοινῶς a   21 ὡς ἔτι E   23 διὰ τί δὲ novo folio inc. iteravit F   διατί δὲ τῷ τὸ τέλος καὶ τὸ ἀγαθόν, τὸ οὗ ἕνεκα προσέθηκε a   24 τὸ γάρ] ἢ ὅτι a   25 ἀγαθόν ἐστι. καὶ τὸ μᾶλλον τέλος καὶ μᾶλλον ἀγαθὸν ceteris omissis a   26 τοῦτο post ἐφετὸν posuit F   27 καὶ γάρ — τῶν ἄλλων (28) om. a   30 εἶπε post ἠθικῶν E   Νικομαχείων ἠθικῶν A 1 p. 1094ᵃ2   32 οὗ ἕνεκα πράττομεν ἃ πράττομεν E

πάντως ἐστὶν ἀγαθόν (φαινόμενον δὲ λέγω τὸ δοκοῦν εἴτε ἔστιν εἴτε μή), 72ʳ
διὰ τοῦτο προσέθηκε διαφερέτω δὲ μηδὲν ἀγαθὸν αὐτὸ εἰπεῖν ἢ 10
φαινόμενον ἀγαθόν. οὕτως γὰρ ἀγαθὸν τὸ οὗ ἕνεκα εἴρηται ὡς φαι-
νόμενον ἀγαθόν. κινεῖ γὰρ ἡμᾶς οὐ τὰ ἀγαθὰ αὐτά, ὡς εἴθε γε, ἀλλὰ
5 τὰ δόγματα ὅτι ἀγαθά. διὸ καὶ ἡ ἡδονὴ ἐφετὸν καὶ τέλος δοκεῖ, οὐχ ὅτι
ἀγαθόν (οὐ γὰρ ἂν ἦν βλαβερόν), ἀλλ' ὅτι δοκεῖ ἀγαθόν. τοσούτων δ' οὖν
ὄντων τῶν αἰτίων λέγει ὁ Εὔδημος ὅτι "τὸ μὲν ὑποκείμενον καὶ τὸ κινοῦν
πρώτως πάντες ᾐτιῶντο, τὴν δὲ μορφὴν πολλοί, τὸ δὲ οὗ ἕνεκα ἐλάττονες
καὶ ἐπὶ μικρόν". ἡμῖν δὲ τῶν πλείστων φαίνεται τοῦτο αἴτιον. φαίνεται 15
10 γὰρ πολύχουν εἶναι. καὶ γὰρ αἱ ἡμέτεραι πράξεις σχεδὸν ἅπασαι τινὸς ἕνεκα
γίνονται καὶ τοῦ ἀγαθοῦ. εἰ γάρ ποτε πυρετὸν ὁ ἰατρὸς παρασκευάζει κα-
κὸν ἁπλῶς ὄν, ἀλλ' ὅτε γε παρασκευάζει, ὡς ἀγαθὸν ποιεῖ. ὁμοίως δὲ
καὶ ὁ δι' εὐλάβειαν μειζόνων κακῶν ἔλαττον αἱρούμενος τἀγαθὸν πορίζε-
ται, ὥσπερ ὁ τὸν θάνατον ἀνθ' ἑτέρων κακῶν αἱρούμενος. τοιαῦτα γάρ
15 τινες σοφίζονται. λύειν δὲ αὐτὰ βέλτιον ἴσως καὶ ῥᾴδιόν ἐστι. 20

p. 195ᵃ27 Τρόποι δὲ τῶν αἰτίων ἕως τοῦ οἷον, εἰ ὁ λευκὸς καὶ ὁ
μουσικὸς αἴτιος λέγοιτο τοῦ ἀνδριάντος.

Πρότερον μὲν ὅτε ἔλεγεν "ἕνα μὲν οὖν τρόπον αἴτιον λέγεται τὸ ἐξ
οὗ γίνεταί τι ἐνυπάρχοντος", τρόπους ἔλεγε τὰς πρὸς ἄλληλα τῶν πρώτων 30
20 αἰτίων διαφοράς, νῦν δὲ τρόπους λέγει τὰς καθ' ἕκαστον τῶν αἰτίων δια-
φοράς οἷον τὰς τῆς ὕλης μόνης καὶ τοῦ εἴδους μόνου καὶ τῶν ἄλλων
αἰτίων, αἵτινες τῶν ὁμοειδῶν εἰσι. καὶ λέγει, ὅτι καὶ οἱ καθ' ἕκαστον
τῶν αἰτίων τρόποι ἀριθμῷ μέν εἰσι πολλοί, συγκεφαλαιοῦνται δὲ καὶ οὗτοι
εἰς ἓξ τὰς καθ' ἕκαστον αἴτιον διαφοράς. καὶ γὰρ καθ' ἕκαστον εἶδος
25 τῶν αἰτίων οἷον κατὰ τὴν ὕλην ἢ κατὰ τὸ εἶδος ἢ καθ' αὑτὸ λέγομεν τὸ
αἴτιον ἢ κατὰ συμβεβηκός. ἔτι προτέρως καὶ ὑστέρως ἄλλο ἄλλου 35
λαμβάνεται αἴτιον, οἷον κατὰ τὸ ποιητικὸν αἴτιόν ἐστι τοῦ αὐτοῦ οἷον τῆς
ὑγιείας πρότερα καὶ ὕστερα ποιητικὰ λαμβάνειν αἴτια, πάντα καθ' αὑτὸ λαμ-
βάνοντα, ὡς ἰατρὸν καὶ τεχνίτην, ⟨καὶ⟩ κατὰ τὸ εἰδικὸν τοῦ διὰ πασῶν
30 συμφώνου τὸ διπλάσιον καὶ ἀριθμόν, καὶ ἁπλῶς τὰ περιέχοντα καὶ
περιεχόμενα. ἢ τὰ κοινὰ καὶ καθ' ἕκαστα πανταχοῦ, προτέρων μὲν ὄντων
τῶν προσεχεστέρων, ὑστέρων δὲ τῶν πορρωτέρων. προσεχέστερα δὲ παν-

---

2 ἀγαθὸν αὐτὸ εἰπεῖν DE: αὐτὸ ἀγαθὸν εἰπεῖν F: εἰπεῖν αὐτὸ ἀγαθὸν ex Arist. a   3 εἴρηται
τὸ οὗ ἕνεκα E   5 δόγματα DF: δύο δόγματα τὰ E: δόξαντα a   6 δ' om. a   7 Εὔδημος
fr. 20 p. 33, 1   13 τἀγαθὸν—αἱρούμενος (14) om. D   15 βέλτιον in lac. om. E
16 τῶν om. D   ἕως το (sic) relicta lacuna, quae capiat omissa οἷον εἰ ὁ λευκὸς καὶ
(expleta a nobis ex aD) E   18 Πρότερον p. 194ᵇ 23   μὲν ὅτε ἔλεγεν ἕνα om. E
ante τὸ add. τι aF   19 post ἐν om. ὑπάρχοντος τρόπους E   πρώτων aE:
om. DF   20 νῦν δὲ—διαφοράς om. a   νῦν δὲ τρόπους om. E   22 post
αἰτίων habet νῦν δὲ τρόπους τὰς διαφορὰς τῶν μερικῶν αἰτίων φησίν a   23 αἰτίων]
ἰδίων F   26 ἔτι a: ἔστι DF: ἔστι. καὶ ἢ E   27 ἔστι γὰρ τοῦ a   29 καὶ (ante
κατὰ) add. a   30. 31 καὶ περιεχόμενα—περιέχοντα (p. 322, 1) om. F

ταχοῦ τὰ καθ' ἕκαστα, διότι οὐκέτι κοινὰ ταῦτα ὥσπερ τὰ περιέχοντα αὐτά. καὶ ἐπὶ τοῦ ὑλικοῦ αἰτίου προσεχέστερον μὲν ὅδε ὁ χαλκός, πορρωτέρω δὲ χαλκὸς ἢ ὕδωρ ἢ σῶμα, καὶ ἐπὶ τοῦ τελικοῦ προσεχὲς μὲν ἥδε ἡ ὑγίεια, πορρωτέρω δὲ καὶ κοινότερον ὑγίεια καὶ ἕξις καὶ ποιότης. καὶ εἴρηται καὶ πρότερον ἡ τοιαύτη διαφορά, ὅτε ἔλεγε καὶ τὰ τούτων γένη. θεωρήσας οὖν ἐν τοῖς καθ' αὐτὸ λεγομένοις αἰτίοις τὰς δύο ταύτας διαφορὰς τοῦ τε καθ' ἕκαστα καὶ τοῦ γένους τὰς αὐτὰς διαφορὰς καὶ ἐπὶ τῶν κατὰ συμβεβηκὸς λεγομένων αἰτίων παραδίδωσι, πρῶτον τίνα ἐστὶ τὰ κατὰ συμβεβηκὸς αἴτια διδάσκων. τοῦ γὰρ ἀνδριάντος καθ' αὐτὸ μὲν αἴτιος ὁ ἀνδριαντοποιός, κατὰ συμβεβηκὸς δὲ ὁ Πολύκλειτος, ὅτι συνέβη τῷ ἀνδριαντοποιῷ Πολυκλείτῳ εἶναι. ὥστε τὰ συμβεβηκότα τοῖς καθ' αὐτὸ αἰτίοις κατὰ συμβεβηκός ἐστιν αἴτια, καὶ τὰ γένη τὰ τῷ συμβεβηκότι καθ' αὐτὸ ὑπάρχοντα, καθ' ὅσον τῷ κατὰ συμβεβηκὸς αἰτίῳ ὑπάρχει, καὶ αὐτὰ κατὰ συμβεβηκὸς αἴτια γίνεται, οἷον ὁ Πολύκλειτος κατὰ συμβεβηκὸς αἴτιος τοῦ ἀνδριάντος, τῷ δὲ Πολυκλείτῳ καθ' αὐτὸ ὑπάρχει ὁ ἄνθρωπος. καὶ ὁ ἄνθρωπος ἄρα κατὰ συμβεβηκὸς αἴτιος τοῦ ἀνδριάντος ἐστίν. ὁμοίως δὲ καὶ τὸ ζῷον. δείξας οὖν οὕτως τίνα τὰ κατὰ συμβεβηκὸς αἴτια διῃρῆσθαι καὶ ταῦτά φησιν εἴς τε τὸ ἐγγύτερον καὶ πορρώτερον, ὥσπερ καὶ τὰ καθ' αὐτὸ ἐδείκνυτο πρότερον διαιρούμενα. καὶ γὰρ εἰ κατὰ συμβεβηκὸς αἴτιον τοῦ ἀνδριάντος καὶ ὁ Πολύκλειτος καὶ ὁ λευκὸς καὶ ὁ μουσικός, ἀλλ' ἐγγυτέρω μὲν ὁ Πολύκλειτος αἴτιος, πορρωτέρω δὲ ὁ λευκὸς καὶ | ὁ μουσικός, διότι ταῦτα τῷ Πολυκλείτῳ συμβέβηκεν.

Ἐπιστῆσαι δὲ οἶμαι χρή, ὅτι ἐπὶ μὲν τοῦ καθ' αὐτὸ τὸ πορρώτερον καὶ ἐγγύτερον ἔλαβε κατὰ τὰ περιέχοντα καὶ περιεχόμενα ὡς τὰ γένη καὶ τὰ εἴδη, ἐπὶ δὲ τοῦ κατὰ συμβεβηκὸς ἔλαβε μὲν καὶ τοῦτο εἰπὼν ἔτι δὲ ὡς τὸ συμβεβηκὸς καὶ τὰ τούτων γένη, ἀλλὰ ταῦτα συνέταξε τῷ συμβεβηκότι. ἄλλο δὲ πορρώτερον καὶ ἐγγύτερον ἔλαβεν ἐν τοῖς κατὰ συμβεβηκὸς καὶ αὐτῷ τῷ συμβεβηκότι ὑπάρχουσιν. ὁ γὰρ λευκὸς ἢ ὁ μουσικὸς κατὰ συμβεβηκὸς αἴτιος τοῦ ἀνδριάντος πορρώτερον, ἔτι Πολυκλείτῳ συνέβη λευκῷ εἶναι τῷ κατὰ συμβεβηκὸς ἐγγυτέρῳ. δύο οὖν τούτων οὐσῶν δυάδων διαφορᾶς (τῆς μὲν ἐν τοῖς καθ' αὐτὰ αἰτίοις, τῆς δὲ ἐν τοῖς κατὰ συμβεβηκός) ἄλλην τρίτην μετ' ὀλίγον προστίθησι μεταξύ τινα εἰπὼν αὐτός. ἔστι δὲ αὕτη καθ' ἣν τὰ καθ' αὐτὰ καὶ τὰ κατὰ συμβεβηκὸς αἴτια ἢ ὡς ἀπολελυμένα ἀλλήλων λέγεται, ὅταν εἴπω ποιητικὸν τοῦ ἀνδριάντος ποτὲ μὲν τὸν ἀνδριαντοποιόν, ποτὲ δὲ τὸν Πολύκλειτον, ἢ συμ-

---

4 post κοινότερον add. ἡ a   5 καὶ (post εἴρηται) om. F   12 αἴτια om. E
13 καθ' ὅσον om. E   15 τοῦ ἀνδριάντος om. XII litt. spatio rel. E   post ἀνδριάντος add. ἐστὶν a   τῷ δὲ — ἐστιν (17) om. F   16 ante καὶ add. καὶ τὸ
ζῷον. οὐκοῦν a   ἄνθρωπος ἄρα κατὰ om. XV litt. relicto spatio E   ἄρα D:
om. a   17 οὕτως οὖν δείξας E   18 καὶ (ante ταῦτα) om. a   20 καὶ prius
om. aF   26 ἔτι] ἔστι a   30 αἴτιον F   31. 32 οὐσῶν τούτων a   33 ὀλίγα
aF   34 τὰ (post καὶ) om. D   34. 35 συμβεβηκότα a   36 ποτὲ μὲν — ἀνδριάντος (p. 323, 1) om. F

συμπεπλεγμένως, ὅταν εἴπω τοῦ ἀνδριάντος αἴτιον οὐ Πολύκλειτον μόνως
οὐδὲ ἀνδριαντοποιὸν μόνως, ἀλλὰ Πολύκλειτον ἀνδριαντοποιόν. καὶ ὅτι ἡ
τρίτη αὕτη δυὰς συντέτακται ταῖς δύο ταῖς προτέραις, ἐδήλωσεν αὐτὸς
Ἀριστοτέλης τὰς τρεῖς ἐφεξῆς θεὶς μετ' ὀλίγα.

5 p. 195 b 3 Παρὰ πάντα δὲ καὶ τὰ οἰκείως λεγόμενα καὶ τὰ κατὰ
συμβεβηκὸς ἕως τοῦ ἢ οἰκοδομῶν οἰκοδόμος.

Κοινήν τινα διαφορὰν ἐπάγει πᾶσι τοῖς εἰρημένοις αἰτίοις τοῖς τε
καθ' αὑτὸ καὶ τοῖς κατὰ συμβεβηκός, τοῖς τε ἀπολελυμένοις δηλονότι καὶ
τοῖς συμπεπλεγμένοις, τὴν κατὰ τὸ δυνάμει καὶ ἐνεργείᾳ, ὥστε ἐξ οὐσῶν
10 τῶν διαφορῶν καὶ διπλασιαζομένων τῷ δυνάμει καὶ ἐνεργείᾳ δώδεκα γίνε-
σθαι τὰς πάσας, ἃς καὶ αὐτὸς σαφῶς ἀπαριθμεῖται, ἐν οἷς φησιν "ἀλλ'
ὅμως ἅπαντα ταῦτα τὸ μὲν πλῆθός ἐστιν ἕξ, λεγόμενα δὲ διχῶς". καὶ
ποῖα τὰ ἓξ ἐπάγει "ἢ γὰρ ὡς τὸ καθ' ἕκαστον", τὸ καθ' αὑτὸ δηλονότι,
"ἢ ὡς τὸ γένος" αὐτοῦ, καὶ πάλιν "ἢ ὡς τὸ συμβεβηκός", τὸ καθ' ἕκα-
15 στον δηλονότι, ἢ ὡς τὸ γένος τοῦ συμβεβηκότος" καὶ "ἢ ὡς συμπλεκόμενα
ταῦτα, ἢ ἁπλῶς λεγόμενα. πάντα δὲ" διχῶς λέγεται "ἢ ὡς ἐνεργοῦντα
ἢ κατὰ δύναμιν". τοῦ γὰρ οἰκοδομεῖσθαι οἰκίαν ποιητικὸν αἴτιόν ἐστι
δυνάμει μὲν ὁ οἰκοδόμος κἂν μὴ οἰκοδομῇ, ἐνεργείᾳ δὲ ὁ οἰκοδομῶν οἰ-
κοδόμος.

20 p. 195 b 6 Ὁμοίως δὲ λεχθήσεται καὶ ἐφ' ὧν αἴτια τὰ αἴτια τοῖς
εἰρημένοις ἕως τοῦ πάντα δὲ ἢ ἐνεργοῦντα ἢ κατὰ δύναμιν.

Τὸ μὲν ἑξῆς τῆς λέξεως ὁμοίως τοῖς εἰρημένοις λεχθήσεται καὶ ἐφ'
ὧν αἴτια τὰ αἴτια, τουτέστιν ἐπὶ τῶν αἰτιατῶν. τούτων γὰρ αἴτια τὰ
αἴτια. καὶ ἐπὶ τούτων οὖν τὰς αὐτὰς εἶναι διαφορὰς φησιν, αἵτινες καὶ
25 ἐπὶ τῶν αἰτίων εἰσίν. ἔστι γὰρ αὐτῶν τὰ μὲν προσεχέστερα αἰτιατά, τὰ
δὲ πορρώτερον, καὶ τὰ μὲν καθ' αὑτό, τὰ δὲ κατὰ συμβεβηκὸς οἷον αἰτια-
τὸν ὁ ἀνδριάς ἐστιν ὅδε προσεχῶς οἷον ὁ Μίλωνος, πορρώτερον δὲ ἀνδριὰς
ἁπλῶς, καὶ ἔτι τούτου πορρώτερον ἡ εἰκών. καὶ ὁ χαλκὸς δέ (οὐχ ὡς
ὑλικὸν αἴτιον παραλαμβανόμενος, ἀλλ' ὡς αἰτιατὸν τοῦ μεταλλέως) καὶ
30 αὐτὸς ὁ μὲν προσεχῶς ἐστιν αἰτιατὸς ὡς ὅδε ὁ χαλκός, ὁ δὲ πορρώτερον
ὡς χαλκὸς ἁπλῶς ἢ σῶμα ἢ ὕλη. ὁμοίως δέ φησιν ἔχει καὶ ἐπὶ τῶν
συμβεβηκότων τοῖς αἰτιατοῖς. τὰ γὰρ τοῖς αἰτιατοῖς συμβεβηκότα καὶ
αὐτὰ κατὰ συμβεβηκὸς αἰτιατά ἐστι καὶ ὁμοίως καὶ ἐπὶ τούτων τὰ μὲν

---

1 συμπεπλεγμένως DE: ὡς συμπεπλεγμένα a   αἴτιον omisit a   μόνος hic et v. 2 a
2 ante οὐδὲ addidit ποιητικόν a   5 παρὰ om. Aristoteles   τὰ (ante οἰκείως)
om. F   9 ὥστε — ἐνεργείᾳ (10) om. F   11 φησιν p. 195 b 12   12 ἐστι post
ταῦτα Aristoteles   16 ante ἁπλῶς habet ὡς Aristoteles   18 ὁ (post μὲν) aD:
om. E et F¹   21 ἢ (post δὲ) om. D: ἡ a   23 τουτέστιν — τὰ αἴτια (24) om. E
24 διαφορὰς εἶναι aF   27 ὁ (ante ἀνδριάς) om. a   μύλωνος E   30 πορρω-
τέρω a   32 post γὰρ add. τὰ E   33 καὶ ὁμοίως DE: ὁμοίως F: ὁμοίως δὲ a

ἐγγυτέρω ἐστὶν αἰτιατά, τὰ δὲ πορρωτέρω. ἐγγυτέρω μὲν αἰτιατὰ κατὰ 72ʳ
συμβεβηκός ἐστι τὰ τοῖς ἐγγυτέρω καθ' αὐτὰ αἰτιατοῖς συμβεβηκότα, του-
τέστι τοῖς καθ' ἕκαστα, πορρωτέρω δὲ τὰ τούτων εἴδη ἢ γένη. τόδε μὲν
γὰρ τὸ ἐρυθρόν, εἴπερ ὁ χαλκὸς ὁ γινόμενος τοιοῦτον ἔχει χρῶμα, ἐγγυ-
5 τέρω αἰτιατὸν κατὰ συμβεβηκός ἐστι, πορρωτέρω δὲ τὸ ἐρυθρὸν καὶ ὅλως
τὸ χρῶμα. καὶ τὰ αἰτιατὰ δὲ ὥσπερ τὰ αἴτια οὐ μόνον ἀπολελυμένα,
ἀλλὰ καὶ συμπλεκόμενα ῥηθήσεται. εἰπὼν γὰρ τὰς τῶν αἰτίων καὶ τῶν 45
αἰτιατῶν διαφορὰς ἐπήγαγεν ἔτι δὲ συμπλεκόμενα καὶ ταῦτα κἀ-
κεῖνα λεχθήσεται, τουτέστι καὶ τὰ αἰτιατὰ καὶ τὰ αἴτια.
10   Ἀλλ' ἐγὼ μὲν τὰς ἐξ τῶν αἰτίων εἰπὼν διαφοράς, οὕτως καὶ τὰς τῶν
αἰτιατῶν ἴσας οὔσας ἐπήγαγον τῇ τάξει τῇ ἐν τοῖς ἑξῆς ὑπὸ τοῦ Ἀριστο-
τέλους λεγομένῃ, αὐτὸς δὲ μετὰ τὴν τῶν καθ' αὐτὸ καὶ κατὰ συμβεβηκὸς
καὶ δυνάμει καὶ ἐνεργείᾳ διαφορὰν τῶν αἰτίων, τὰς αὐτὰς διαφορὰς καὶ ἐν
τοῖς αἰτιατοῖς θεασάμενος, τὰς διαφορὰς τοῦ κατὰ συμπλοκὴν καὶ τοῦ ἀπο- 50
15 λελυμένου κοινῶς ἐπήγαγε τοῖς τε αἰτίοις καὶ τοῖς αἰτιατοῖς. καὶ οὕτως
τὴν ἀπαρίθμησιν τῶν ἑξ τρόπων ποιησάμενος ἐπί τε τῶν αἰτίων καὶ τῶν
αἰτιατῶν πάντας τῷ τε δυνάμει καὶ τῷ ἐνεργείᾳ διαιρεῖ. ἐν δὲ τῷ συμ-
πλέκειν δυνατὸν μὲν ἢ τὰ κύρια τοῖς κυρίοις συμπλέκειν ἢ τὰ συμβεβηκότα
τοῖς συμβεβηκόσιν ἢ ἐναλλάξ, καὶ τούτων ἢ τὰ προσεχῆ τοῖς προσεχέσιν ἢ τὰ
20 πόρρω τοῖς πόρρω ἢ ἐναλλάξ. αὐτὸς μέν|τοι μόνην ἔοικε συμπλοκὴν παρα- 73ʳ
λαμβάνειν τὴν τῶν κυρίων πρὸς τὰ συμβεβηκότα, οἷον ἂν ῥηθῇ ἀνδριαντο-
ποιὸς Πολύκλειτος. συμπλέκεται γὰρ τὸ καθ' αὐτὸ αἴτιον ὁ ἀνδριαντο-
ποιὸς τῷ κατὰ συμβεβηκὸς αἰτίῳ τῷ Πολυκλείτῳ. Πολύκλειτος δὲ οὗτός
ἐστιν ὁ ἀνδριαντοποιός, οὗ καὶ Γαληνὸς ἐμνημόνευσεν, ὃς τὸν ἀνδριάντα
25 ἐδημιούργησε πᾶσαν ἔχοντα μελῶν συμμετρίαν καθ' αὐτά τε καὶ πρὸς 5
ἄλληλα, ὡς διὰ τοῦτο τὸν Πολυκλείτου καλεῖσθαι κανόνα.

p. 195ᵇ16   Διαφέρει δὲ τοσοῦτον ἕως τοῦ φθείρεται γὰρ οὐχ ἅμα
ἡ οἰκία καὶ ὁ οἰκοδόμος.

Εἰπὼν τοὺς ἑξ τρόπους διχῇ διῃρῆσθαι τῷ τε δυνάμει καὶ τῷ ἐνεργείᾳ
30 τὴν διαφορὰν τῶν δυνάμει καὶ ἐνεργείᾳ παραδίδωσι λέγων ὅτι τὰ μὲν ἐνεργείᾳ 10
ὄντα αἴτια καὶ αἰτιατὰ ἅμα ἔστι καὶ οὐκ ἔστιν. εἰπὼν δὲ τὰ ἐνεργοῦντα
προσέθηκε καὶ τὰ καθ' ἕκαστον, οὐχ ὡς ἄλλα παρὰ τὰ ἐνεργοῦντα
λέγων, ἀλλ' ὅτι τὰ ἐνεργοῦντα τὰ καθέκαστά ἐστι. ταῦτα γὰρ ἐνεργεῖ καὶ
ποιεῖ καὶ πάσχει, ἀλλ' οὐ τὰ τούτων εἴδη καὶ γένη· οὐδὲ γὰρ ὑφέστηκέ
35 τι τῶν οὕτως κοινῶν καθ' αὐτό. τὰ δὲ ἐνεργείᾳ καθέκαστα ὄντα καὶ

---

1 ἐστιν αἰτιατὰ τὰ δὲ πορρωτέρω om. E   3 ἢ] καὶ a   9 ῥηθήσεται a
10 τὰς post αἰτιατῶν (11) transposuit E   12 τῶν καθ' αὐτὰ aF: τῶν καθ' αὐτὰ E: καθ'
αὐτὰ D   καὶ κατὰ συμβεβηκὸς aE: συμβεβηκό lac. rel. F: συμβεβηκυῖαν D   17 τε om.
E   τῷ (post καὶ) om. aF   22 συμπλέκεται aD: συππέπλεκται (sic) EF   24 Γαλη-
νὸς de Placitis Hippocr. et Plat. p. 426 Müll. [V 449 Kuehn]   26 πολύκλειτον a
29 διαιρεῖσθαι aF   τῷ τε δυνάμει iter. D   31 αἴτια καὶ αἰτιατὰ DE: καὶ αἴτια τὰ
aF   35 καθ' ἕκαστον aF

συνυφέστηκεν ἀλλήλοις, οἷον ὅδε ὁ οἰκοδομῶν, ἕως ἂν οἰκοδομῇ, ἅμα 73ʳ
τῷ οἰκοδομουμένῳ ἐστί. τὰ δὲ κατὰ δύναμιν οὐκ ἀεὶ ἅμα. καὶ τού- 15
του τεκμήριον ἐναργὲς παρέθετο τὸ μὴ ἅμα φθείρεσθαι τὸν οἰκοδόμον καὶ
τὴν οἰκίαν. πολυχρονιωτέρα γὰρ ὡς ἐπίπαν ἡ οἰκία τοῦ οἰκοδόμου ἐστίν.
5 οἰκοδομοῦντος δέ τινος πάντως οἰκοδομεῖταί τι καὶ οἰκοδομουμένου τινὸς
πάντως οἰκοδομεῖ τι, καὶ μὴ οἰκοδομοῦντος οὐκ οἰκοδομεῖται καὶ μὴ οἰκο-
δομουμένου οὐκ οἰκοδομεῖ· ὥστε ἅμα εἶναι καὶ μὴ εἶναι. λέγει δὲ νῦν
δυνάμει οὐκ ἐπὶ τοῦ οἷόν τε γενέσθαι. οὐκέτι γὰρ οἷά τε γενέσθαι τὰ
ἤδη γεγονότα (τοιοῦτος δὲ ὁ οἰκοδομήσας οἰκοδόμος καὶ ἡ οἰκοδομηθεῖσα 20
10 οἰκία) ἀλλ' ἁπλῶς τὰ ἀντικείμενα τοῖς ἐνεργοῦσι. ταῦτα δέ ἐστι τὰ οὐκ
ἐνεργοῦντα. οὐκ ἐνεργεῖ δὲ τά τε οἷά τε ἐνεργῆσαι καὶ τὰ πεπαυμένα τῆς
ἐνεργείας.

p. 195ᵇ21   Δεῖ δὲ ἀεὶ τὸ αἴτιον ἑκάστου τὸ ἀκρότατον ζητεῖν ἕως
τοῦ ἔστω ἡμῖν διωρισμένα ἱκανῶς.   26

15   Ἀκρότατον μὲν λέγει αἴτιον τὸ κυριώτατον λεγόμενον, ὃ ἄλλοι συν-
εκτικὸν ὀνομάζουσιν. σαφὲς δὲ αὐτὸ διὰ τοῦ παραδείγματος ἐποίησε.
διὰ τί γὰρ ἄνθρωπος οἰκοδομεῖ ἐρωτῶντες ἀκούομεν ὅτι οἰκοδό-
μος. διὰ τί δὲ οἰκοδόμος; ὅτι κατὰ τὴν οἰκοδομικήν. καὶ ἐν τού-
τοις παύεται ἡ τοῦ διὰ τί ζήτησις. διὸ καὶ ἀκρότατον τοῦτο καλεῖ, ὅτι 30
20 μέχρι τούτου ἀναβαίνοντες ἱστάμεθα. τὸ γὰρ κυριώτατον αἴτιον τῆς οἰκο-
δομίας ἡ οἰκοδομικὴ τέχνη ἐστί. δεῖ δέ, ὥσπερ ἐπὶ τῶν ἄλλων ἁπάντων
τὸ κυρίως κατὰ τοὔνομα λεγόμενον ἀκούομεν, οὕτως καὶ ἐπὶ τῶν αἰτίων.
καὶ γὰρ δραχμὴν τὴν κυρίως δραχμὴν ἀκούομεν, οὐ τὴν κίβδηλον, καὶ
ἄνθρωπον τὸν κυρίως, οὐ τὸν νεκρόν. οὕτως καὶ αἴτιον τὸ κυρίως αἴτιον
25 ληπτέον. ὁ δὴ ταῦτα λέγων οὐκ ἂν τὴν φύσιν κυρίως ποιητικὸν αἴτιον τῶν
σωμάτων ὑπόθοιτο. κἂν γὰρ κινῇ τὰ σώματα αὕτη, κινουμένη καὶ αὐτὴ 35
κινεῖ. ἔστιν οὖν τι τὸ καὶ ταύτην κινοῦν, καὶ εἰ μὲν κινούμενον, καὶ ἐκεί-
νου ζητήσομεν τὸ κινητικόν, διότι πᾶν τὸ κινούμενον ὑπὸ κινοῦντος κινεῖ-
ται, ὡς αὐτὸς ἐν τῷ Η τῆσδε τῆς πραγματείας ἀπέδειξεν. εἰ δὲ ἀκίνητον,
30 τοῦτο ἂν εἴη τὸ ἄκρον καὶ κυρίως τῆς κινήσεως αἴτιον. προστίθησι δὲ καὶ
ὅτι τὰ μὲν γένη τῶν γενῶν αἴτια χρὴ λέγειν καὶ ταῦτα ἀλλήλοις ἀντιτιθέ-
ναι, τὰ δὲ καθέκαστα τῶν καθέκαστα, οἷον ἀνδριαντοποιὸν μὲν ἀνδριάντος,
τόνδε δὲ τοῦδε. ὁμοίως δὲ τὰ μὲν κατὰ δύναμιν πρὸς τὰ δυνάμει, τὰ δὲ 40
κατ' ἐνέργειαν πρὸς τὰ κατ' ἐνέργειαν. ἐφιστάνει δὲ ὁ Ἀλέξανδρος ἐν
35 τούτοις, ὡς εἰ ἀποδιδοῖτο τὸ δυνάμει πρὸς τὸ δυνάμει, ἅμα ἂν καὶ ἡ ἐπι-

---

1 ὁ (post ὅδε) om. E   ἅμα] ἀλλὰ E¹   3 τὸ (ante μὴ) om. E   4 ὡς ἐπίπαν
post οἰκοδόμου coll. E   6 καὶ μὴ οἰκοδομοῦντος οὐκ οἰκοδομεῖται post οἰκοδομεῖταί
τι (5) transposuit a   οὐκ (post οἰκοδομοῦντος) om. D   9 ἤδη] εἴδη E¹F   10 τὰ
(post ἁπλῶς) aE: om. DF   16 σαφὲς scripsi: ἀσαφὲς libri   17 post ὅτι add. ὁ E
18 post δὲ add. ὁ E   τούτῳ E   19 καλεῖ ante τοῦτο iterabat, sed delevit F
21 οἰκοδομητική F   22 τοὔνομα primo τοῦτο scribebat F   29 H c. 1 cf.
p. 241ᵇ24 sqq.   35 ἀποδίδοιτο D: ἀποδιδεῖτο E: ἀποδίδοι aF

στήμη τῷ ἐπιστητῷ εἴη καὶ ἡ αἴσθησις τῷ αἰσθητῷ καὶ αὐτὰ τῶν πρός 73ʳ
τι ὄντα, εἴ γε λέγοιτο τὸ δυνάμει ἐπὶ τοῦ οἵου τε γενέσθαι, καὶ μὴ ἁπλῶς
ἐπὶ τοῦ μὴ ἐνεργοῦντος, ὡς ἐχρήσατο πρὸ ὀλίγου αὐτῷ οἰκοδόμον εἰπὼν
δυνάμει τὸν ᾠκοδομηκότα καὶ μηκέτι οἰκοδομοῦντα. καὶ οὕτως ἡ ἐν
5 κατηγορίαις ἀπορία λυθήσεται ἡ ἐπὶ τοῦ ὀστράκου τοῦ ἐν τῷ βυθῷ, εἰ τὸ 45
δυνάμει λέγοιτο ἐπὶ τοῦ οἵου τε γενέσθαι.

p. 195ᵇ31 Λέγεται δὲ καὶ ἡ τύχη καὶ τὸ αὐτόματον ἕως τοῦ | ἀλλ' 73ᵛ
ὡς ἔοικεν, οὐδὲν ᾤοντο οὐδὲ ἐκεῖνοι εἶναι ἀπὸ τύχης.

Εἰπὼν τίνα τε καὶ πόσα τὰ αἴτια, καὶ τίνες τρόποι καὶ διαφοραὶ θεω- 5
10 ροῦνται καθ' ἕκαστον, ἐπειδὴ λέγεται καὶ ἡ τύχη καὶ τὸ αὐτόματον
αἴτια καὶ πολλὰ καὶ εἶναι καὶ γίνεσθαι διὰ τύχην καὶ τὸ αὐτό-
ματον, ἀκόλουθον ἦν ζητεῖν εἰ ἔστι, τί ἐστι καὶ ὑπὸ τί τῶν εἰρημένων
αἰτίων ἀνάγεται ταῦτα. ἀλλ' ὅτι μὲν οὐ μάτην εἶπεν ὁ Ἀριστοτέλης λέ-
γεσθαι ταῦτα *. καὶ γὰρ οἱ μὲν πολλοὶ καὶ αὐτόθεν οἴονται πολλῶν αἰτίαν
15 εἶναι τὴν τύχην καὶ τὸ αὐτόματον, οἱ δὲ φυσιολόγοι κἂν μὴ λέγωσί τι
περὶ αὐτῆς, ἀλλ' οὖν ὡς οὔσῃ χρῶνται καὶ ὀνομάζουσι. καὶ γὰρ Ἐμπε- 10
δοκλῆς ἐν οἷς φησιν
    οὕτω γὰρ συνέκυρσε θέων τότε, πολλάκι δ' ἄλλως,
καὶ πάλιν
20   ὅπη συνέκυρσεν ἅπαντα,
τὴν τύχην αἰτιᾶσθαι δοκεῖ. καὶ οἱ θεὸν ἢ ὕλην τὰς ἀρχὰς λέγοντες ἢ
ἀγαθὸν καὶ κακὸν τὴν διάτασιν αὐτῶν καὶ τὸν μερισμὸν τῶν τόπων καὶ
τὰ τοιαῦτα ἐκ τύχης ἢ ἐκ ταὐτομάτου λέγειν ἀναγκασθήσονται. ἀλλὰ καὶ
Δημόκριτος ἐν οἷς φησι "δεῖνον ἀπὸ τοῦ παντὸς ἀποκριθῆναι παντοίων
25 εἰδέων" (πῶς δὲ καὶ ὑπὸ τίνος αἰτίας μὴ λέγει) ἔοικεν ἀπὸ ταὐτομάτου 15
καὶ τύχης γεννᾶν αὐτόν. καὶ Ἀναξαγόρας δὲ τὸν νοῦν ἐάσας, ὥς φησιν
Εὔδημος, καὶ αὐτοματίζων τὰ πολλὰ συνίστησι. καὶ τῶν ποιητῶν δὲ ἔνιοι
πάντα σχεδὸν εἰς τὴν τύχην ἄγουσιν, ὥστε καὶ τῆς τέχνης οἰκείαν αὐτὴν
ποιεῖν λέγοντες
30   τέχνη τύχην ἔστερξε καὶ τύχη τέχνην.

---

2 εἴσε D   3 οἰκοδόμου E   4 post μηκέτι add. τὸν a   5 ὀστράκου cf. Simpl. in l. de anima p. 17, 29   7 lemmati titulum praeponit ΤΜΗΜΑ ΔΕΥΤΕΡΟΝ ΠΕΡΙ ΤΥΧΗΣ ΚΑΙ ΑΥΤΟΜΑΤΟΥ a   11 γενέσθαι DF   12 post εἰ ἔστι add. καὶ a   13 ἀλλ' ὅτι μὲν om. a   οὐ μάτην δὲ a   14 post ταῦτα intercidisse puto δῆλον   16 Ἐμπεδοκλῆς v. 204 K., 167 St. cf. f. 81ʳ 25   18 θέων DEF: θέον a   20 ὅπη κτλ. v. 236 K. 255 St. cf. Simpl. de caelo p. 262ᵃ 32 Karst., ubi ἕκαστα   21 λέγοντος E   22 αὐτὸν a   τόπων DF: πόνων aE   23 post τοιαῦτα add. ὡς a   ἢ aE: ὡς DF   λέγει F   24 δεῖνον scripsi vocem Democriteam: δεινὸν DEF: δεῖν a: aliter Zeller H. Ph. I⁴ 818²   τοῦ om. a   ἀποκριθῆναι E: ἀποκρίνεσθαι aDF at spectat hoc fr. sine dubio ad cosmogoniam cf. p. 330, 16   25 ἀπὸ τίνος F   λέγων scribebat Spengel   26 αὐτόν DEF: αὐτὰ a   27 Εὔδημος fr. 21 p. 34, 4 Sp.   29 λέγοντας E   30 τέχνη κτλ. Agathon in Ethic. Nicom. Z 4 p. 1140ᵃ 19   post τύχη add. καὶ E

τὸν εὐτυχοῦντα δὲ καὶ φρονεῖν φασι. πρὸς δὲ τούτοις ὁρῶμεν ἔνια τῶν
ἀπὸ τέχνης γινομένων καὶ ἀπὸ τύχης γινόμενα· καὶ γὰρ ὑγίεια καὶ ἀπὸ
τύχης δοκεῖ γίνεσθαι ὥσπερ ἀπὸ τέχνης. διψήσας γὰρ καὶ πιών τις ψυ-
χρὸν ὕδωρ γέγονεν ὑγιής. ἀλλ' ἴσως οὔ φησι Δημόκριτος τὴν τύχην
5 αἰτίαν εἶναι ἀλλὰ τὸ διψῆσαι. ἀλλὰ καὶ οἱ πολλοὶ πάντα τύχην φασὶν εἶναι
καὶ τοῖς θεοῖς εὐτυχεῖν εὔχονται. εἰ οὖν λέγεται καὶ ταῦτα αἴτια, τὸν περὶ
αἰτίων τελείως ἀποδεδωκέναι δοκοῦντα χρὴ ζητεῖν, τίνι τῶν εἰρημένων
τεττάρων αἰτίων ἡ τύχη καὶ τὸ αὐτόματον συνταχθήσονται καὶ κατὰ τίνα
τῶν ἀποδεδομένων ἑκάστου τρόπων, καὶ πρὸ τούτου πότερον ἡ τύχη καὶ
10 τὸ αὐτόματον τὰ αὐτά ἐστιν ἢ ἕτερα, καὶ εἰ ἕτερα, τίνι διαφέρετον ἀλλή-
λων. τούτου δὲ προηγεῖται τὸ τί ἐστιν ἑκάτερον τούτων· μὴ γὰρ δειχθεί-
σης τῆς ἑκατέρου φύσεως οὐδ' ἂν ἡ διαφορὰ δήλη γένοιτο. ἀλλὰ καὶ τοῦ
τί ἐστιν ἑκάτερον προηγεῖται τὸ εἰ ἔστιν ὅλως. οὐ γὰρ ἀναμφίλεκτος ἡ
τούτων ὑπόστασις. οὕτως οὖν ἐν τάξει τὰ προβλήματα ἐκθέμενος ἀναλυ-
15 τικῶς ἀπὸ τοῦ ἐσχάτου κατὰ τὴν ἀνάλυσιν εὑρεθέντος προβλήματος, τοῦτο
δὲ ἦν εἰ ἔστιν ὅλως ἡ τύχη καὶ τὸ αὐτόματον, ἀπὸ τούτου ἄρχεται τῆς
ἀποδείξεως. καὶ πρῶτον τὰς ἐφ' ἑκάτερα ἐπιχειρήσεις ἐκτίθεται προτάτ-
των δύο ἐπιχειρήματα τῶν μὴ ἡγουμένων ἐν τοῖς αἰτίοις δεῖν τετάχθαι
τὴν τύχην καὶ τὸ αὐτόματον (μὴ γὰρ εἶναί τινος αἴτια), ὧν τὸ μὲν πρῶ-
20 τον ἀποδεικτικόν ἐστι, τὸ δὲ δεύτερον ἔνδοξον. καὶ ἔστι τὸ πρῶτον τοιοῦ-
τον· πάντων τῶν γινομένων καὶ ὅσα λέγομεν ἀπὸ τύχης ἢ ἐκ ταὐτομάτου
γίνεσθαι αἴτια ὡρισμένα ἐστίν· οὐδενός, ὧν ἐστιν αἴτια ὡρισμένα, αἴτια
ἂν εἴη τύχη ἢ τὸ αὐτόματον, διότι κἂν αἴτια ταῦτα λέγωσιν, ἀλλ' ἀόριστα
πάντες ὁμολογοῦσιν αὐτά· οὐδενὸς ἄρα τῶν γινομένων αἴτια ἂν εἴη τύχη
25 ἢ τὸ αὐτόματον. οὕτως μὲν ἐν πρώτῳ σχήματι κατὰ τὸν δεύτερον τῶν
ἀναποδείκτων ἔστι συναγαγεῖν. ἔστι δὲ καὶ ἐν δευτέρῳ σχήματι συναγα-
γεῖν οὕτως· πάντων τῶν γινομένων τὰ αἴτια ὡρισμένα ἐστίν· ἡ τύχη
καὶ τὸ αὐτόματον οὐδενός ἐστιν αἴτια ὡρισμένα· οὐδενὸς ἄρα τῶν γινομέ-
νων ἡ τύχη αἰτία οὐδὲ τὸ αὐτόματον. καὶ ὅτι μὲν πάντων τῶν γινομέ-
30 νων, καὶ ὅσα λέγομεν ἀπὸ ταὐτομάτου γίνεσθαι ἢ τύχης, ἔστι τι αἴτιον
ὡρισμένον, ἔδειξε διὰ τοῦ παραδείγματος. ἐλθὼν γάρ τις εἰς ἀγορὰν διὰ
τὸ ἀγοράσαι, τουτέστιν ἐν ἀγορᾷ διατρῖψαι ἢ καὶ ὠνήσασθαι, κατέλαβεν
ἐκεῖ τὸν χρεώστην, ὃν ἐβούλετο μὲν καταλαβεῖν, οὐκ ᾤετο δὲ καταλήψε-
σθαι, καὶ ἀπέλαβε τὸ ἀργύριον. τοῦτο πάντες κατὰ τύχην ἢ ἐκ ταὐτο-
35 μάτου γεγονέναι φαμέν. καὶ ὅμως ἔστι καὶ τούτου ποιητικὸν αἴτιον
ὡρισμένον τὸ βούλεσθαι ἀγοράσαι ἐλθόντα. διὰ τοῦτο γὰρ καὶ κατέλαβε
τὸν χρεώστην καὶ ἀπέλαβε τὸ ἀργύριον. ὁμοίως δὲ καὶ ἐπὶ τῶν ἄλλων

---

3 τις] τες (sic) D   5 καὶ aE: om. DF   6 περὶ τῶν αἰτίων E   9 ἀποδε-
δυομένων E   10 εἰ om. E   12 τῆς om. a   22 post οὐδενὸς add. δὲ a
22. 23 αἰτία ἂν εἴη ἡ τύχη a   24 πάντως a   γινομένων E: ὡρισμένων aDF
αἰτία aDF   ἡ τύχη aF   26 συναγαγεῖν alterum E: συνάγειν aDF   30 λεγό-
μενα E   τύχη DF   αἴτιον om. DF   31 διὰ τοῦ παραδείγματος ἔδειξεν E
προελθὼν aE sed cf. v. 36 et Arist. ἐλθεῖν

τῶν ἀπὸ τύχης ἔστι τι ἀεὶ λαβεῖν αἴτιον ὡρισμένον καὶ οὐ τὴν τύχην. ὅτι 73ᵛ
δὲ καὶ εἴπερ ἦν αἴτιον ἡ τύχη ἀόριστον ἦν, οὐδὲ ἀποδεῖξαι ἠξίωσε· τοιαύ- 45
την γὰρ παρὰ πᾶσιν ἔννοιαν ἔχουσιν ἥ τε τύχη καὶ τὸ αὐτόματον. ὁ δὲ
δεύτερος λόγος τοιοῦτος ἂν εἴη· εἰ ἔστι τῶν γινομένων αἴτιον ἡ τύχη καὶ
5 τὸ αὐτόματον, ἄτοπον ἄν τι καὶ ἄπορον ἀκολουθήσοι, τί δή ποτε οἱ πάλαι
σοφοὶ τὰς αἰτίας τῆς γενέσεως καὶ φθορᾶς λέγοντες τούτων οὐκ ἐμνημό-
νευσαν. ᾧ δὲ ἄτοπόν τι ἀκολουθεῖ, τοῦτο καὶ αὐτὸ ἄτοπον ἂν εἴη. ὥστε
ἄτοπον ἂν δόξοι τὸ εἶναι τῶν γινομένων ἑνός τινος αἰτίαν τὴν τύχην ἢ τὸ 50
αὐτόματον. δυνατὸν δὲ καὶ οὕτως συνάγειν· εἰ μηδὲ τῶν ἀρχαίων σοφῶν
10 τις αἰτία τὴν τύχην καὶ τὸ αὐτόματον ἐνόμιζεν, οὐδὲ εἶναι αὐτὰ αἴτια εἰ-
κός. ἀλλὰ μὴν τὸ ἡγούμενον, τὸ ἄρα λῆγον. ὅτι δὲ οὐδεὶς τῶν ἀρχαίων
ἐνόμιζε, δείκνυσιν οὕτως· εἰ ἐνόμιζον οἱ τὰ αἴτια περὶ γενέσεως καὶ φθο-
ρᾶς εἰπόντες αἴτιον εἶναι τὴν τύχην καὶ τὸ αὐτόματον, διώρισαν ἂν περὶ
αὐτῶν· ἀλλὰ μὴν οὐ διώρισαν. ᾐτιάσατο δὲ ὁ Ἀλέξανδρος τὴν λέξιν ὡς
15 ἀκατάλληλον τὴν λέγουσαν τί δήποτε οὐδεὶς περὶ τύχης οὐδὲν διώ- 74ʳ
ρισεν. ἔδει γάρ, φησίν, ἐπενεγκεῖν περὶ τύχης τι διώρισεν, διότι πρό-
κειται τὸ ἀποφατικὸν ἐν τῷ οὐδείς. καὶ δῆλον ὅτι πολλῷ μᾶλλον ἂν
μέμψαιτο τῷ Πλάτωνι λέγοντι "οὐδεὶς εἰς οὐδὲν οὐδενὸς ἂν γένοιτο ἄξιος".
ἀλλὰ καὶ θαυμάσαι μᾶλλον ἔδει τὸ χωρίον καὶ σαφῶς καὶ ἀκριβῶς καὶ
20 ἐντρεπτικῶς ἡρμηνευμένον.

p. 196ᵃ11—ᵇ5 Ἀλλὰ καὶ τοῦτο θαυμαστόν· πολλὰ γὰρ καὶ ἔστιν 5
καὶ γίνεται ἕως τοῦ τοὐναντίον γενέσθαι. 22

Πρὸς τοὺς δύο λόγους τοὺς δεικνύντας μὴ εἶναι τὴν τύχην καὶ τὸ
αὐτόματον ἀντιλέγει, καὶ πρότερον πρὸς τὸν πρῶτον, ὃς ἀναιρεῖ τὴν τύ-
25 χην διὰ τὸ ὡρίσθαι πάντων τὰ αἴτια, τὴν δὲ τύχην ἀόριστον εἶναι. ἀντι- 25
λέγει δὲ τοὐναντίον ἢ βούλεται δεικνὺς τὸν τοιοῦτον λόγον περαίνοντα.
βούλεται μὲν γὰρ ἀναιρεῖν τὴν τύχην, λανθάνει δὲ αὐτὴν μᾶλλον κρατύ-
νων. εἰ γὰρ ἔχοντες ἅπαντα τὰ γινόμενα εἰς ὡρισμένας αἰτίας ἀνάγειν
καὶ τοῦτο οὐκ ἀγνοοῦντες, ὅμως οὐχ ἅπαντα εἰς ταύτας ἀνάγομεν, ἀλλὰ
30 καὶ δοκεῖ ἡμῖν ἀπὸ τύχης γίνεσθαι λέγεσθαί τινα καὶ ἐκ ταὐτομάτου, δῆ-
λον ὡς αἴτιόν τι παρὰ τὴν ὡρισμένην αἰτίαν ἡ τύχη καὶ τὸ αὐτόματον.
εἰ γὰρ μηδέποτε ἀποροῦμεν ὡρισμένης ἀρχῆς, αἰτιώμεθα δὲ ἐπ' ἐνίων οὐ 30
τὴν ὡρισμένην καὶ πρόδηλον ἀρχὴν ἀλλὰ τὴν τύχην, δῆλον ὅτι ὡς ἕτερον
παρ' ἐκείνην οὖσαν αἰτιώμεθα. διὰ τί γὰρ Ἀχιλλεὺς μὲν ἐκ προαιρέσεως
35 λέγεται ἀνῃρηκέναι τὸν Ἕκτορα, Ἄδραστος δὲ ἀπὸ τύχης τὸν Κροίσου

παῖδα; καίτοι καὶ οὗτος εἰ μὴ προείλετο ἀφεῖναι τὸ δόρυ, οὐκ ἂν ὁ τοῦ 74ʳ
Κροίσου παῖς ἀνῃρέθη. ἀλλὰ προείλετο μὲν ἀφεῖναι τὸ δόρυ, προείλετο
δὲ οὐ κατὰ τοῦ Κροίσου παιδός, ἀλλὰ κατὰ τοῦ θηρίου. τῆς μὲν οὖν
ἀφέσεως αἰτίαν τὴν προαίρεσιν ῥητέον, τοῦ φόνου δὲ οὐδαμῶς. πῶς γὰρ 35
5 προείλετο, ὃ εἰ προῄδει συμβησόμενον οὐκ ἂν ἔπεμψε τὸ ἀκόντιον; ὥστε
καλῶς ἀπὸ τύχης λέγεται καὶ οὐκ ἀπὸ προνοίας ὁ τοιοῦτος φόνος. διὸ
καὶ συγγνώμης ἐπὶ τοῖς τοιούτοις τυγχάνουσιν, ὡς τῶν γινομένων ὑφ'
ἡμῶν τῶν μὲν ἀπὸ τύχης ὄντων, τῶν δὲ ἀπὸ προαιρέσεως. καὶ ἔδει διὰ
τοῦτο ὡς οὖσαν τὴν τύχην μνήμης τινὸς τυχεῖν. νῦν δὲ οὐ φαίνονται
10 μνημονεύσαντες· οὐδὲ γὰρ τύχην ὀνομάζοντες φαίνονται, οὐδέ τι τῶν ὑπ'
αὐτῶν ὀνομαζομένων τὸ αὐτὸ τῇ τύχῃ δοκεῖ, οἷον φιλία ἢ νεῖκος ἢ νοῦς 40
ἢ πῦρ ἢ ἄλλο τι τῶν τοιούτων (ταῦτα μὲν γὰρ ὥρισται τὰ αἴτια), δι' οὗ
ὧν μὲν ἀνὰ μέρος, τοῦ δὲ νοῦ ἀεὶ ἡ ἐπικράτεια. τοῦτο δὲ πᾶν καὶ πρὸς
τὸν δεύτερόν πως ὑπαντᾷ λόγον. τὸ δὲ καθάπερ ὁ παλαιὸς λόγος ὁ
15 ἀναιρῶν τὴν τύχην πρὸς Δημόκριτον ἔοικεν εἰρῆσθαι· ἐκεῖνος γὰρ κἂν
ἐν τῇ κοσμοποιίᾳ ἐδόκει τῇ τύχῃ κεχρῆσθαι, ἀλλ' ἐν τοῖς μερικωτέροις
οὐδενός φησιν εἶναι τὴν τύχην αἰτίαν ἀναφέρων εἰς ἄλλας αἰτίας, οἷον τοῦ
θησαυρὸν εὑρεῖν τὸ σκάπτειν ἢ τὴν φυτείαν τῆς ἐλαίας, τοῦ δὲ καταγῆναι 45
τοῦ φαλακροῦ τὸ κρανίον τὸν ἀετὸν ῥίψαντα τὴν χελώνην, ὅπως τὸ χελώ-
20 νιον ῥαγῇ. οὕτως γὰρ ὁ Εὔδημος ἱστορεῖ.

Πρὸς δὲ τὸν δεύτερον λόγον τὸν λέγοντα, ἄτοπόν τι καὶ ἄπορον
ἀκολουθεῖν τοῖς τιθεῖσι τὴν τύχην τὸ τοὺς προτέρους φυσιολόγους μηδὲν
περὶ αὐτῆς εἰπεῖν, πρὸς τοῦτον οὖν ὑπαντῶν τὸ ἄτοπόν φησιν οὐ τοῖς λέ-
γουσιν αἴτιον τὴν τύχην ἀκολουθεῖν, ἀλλὰ τοῖς πάλαι φυσιολόγοις. εἴτε
25 γὰρ μὴ ὑπελάμβανον αἴτιον εἶναι τὴν τύχην οὕτως ἐναργῶς οὖσαν, 50
ἄτοπον, καὶ ὅτι σοφοὺς οἰομένους εἶναι καὶ περὶ τῶν ὅλων σκοπεῖσθαι δυ-
νατοὺς τοῦτο διελάνθανε καὶ ὅτι μὴ ὑπολαμβάνοντες εἶναι ὅμως οὐκ ἔπει-
θον τοὺς ἀνθρώπους ὅτι ἐπὶ κενὸν ὄνομα καταφέρονται, εἴτε ὑπολαμβάνον-
τες εἶναι παρέλειπον διδάξαι, τίς ἐστι καὶ τίνα ἔχει δύναμιν ἡ τύχη, καὶ
30 τοῦτο ἄτοπον τὴν περὶ τῶν αἰτίων γνώμην ἀποφηναμένους περὶ τούτου
παραλιπεῖν. ὅτι δὲ εἶχον ἔννοιάν τινα περὶ τῶν κατὰ τύχην συμβαινόντων,
δηλοῖ τὸ χρῆσθαι ἐνίοτε τῷ ὀνόματι, ὥσ|περ Ἐμπεδοκλῆς οὐκ ἀεὶ τὸν 74ᵛ
ἀέρα ἀνωτάτω ἀποκρίνεσθαί φησιν, ἀλλ' ὅπως ἂν τύχῃ. λέγει
γοῦν ἐν τῇ κοσμοποιίᾳ ὡς
35   οὕτω συνέκυρσε θέων τότε, πολλάκι δ' ἄλλως,

---

1 καὶ (post καίτοι) om. F   5 προέπεμψεν ἀκόντιον aF   7 καὶ (post διὸ) om. E
9 οὐ om. E et D¹   12 δι' οὗ ὧν DEF: διὸ ὧν a: fortasse διότι τῶν. nam additur
causa cur neque illa neque hic τύχη sit cf. Arist. p. 196ᵇ13   14 δεύτερον cf.
v. 21   15 κἂν aF: ἂν D: om. E   16 ἐδώκει F   χρῆσθαι a   19 φα-
λακλοῦ D   τὸν ἀετὸν] τόνδε τὸν D   τὸ om. F   20 Εὔδημος fr. 22 p. 35,8
23 ἀπαντῶν a   27 εἶναι om. a   οὐκ ἔπειθον DEF: ἀνέπειθον a   29 παρέ-
λιπον libri   τίς] τί a   ἔχειν E   31 post κατὰ add. τὴν D   33 τύχοι
aF   λέγει v. 204 K., 167 St.   35 οὕτω] οὕτω γὰρ p. 327,18   θέον a

καὶ ἐν ἄλλοις

ὅπῃ συνέκυρσεν ἅπαντα,

καὶ τὰ μόρια τῶν ζῴων ἀπὸ τύχης γενέσθαι τὰ πλεῖστά φησιν,
ὡς ὅταν λέγῃ

ἡ δὲ χθὼν τούτοισιν ἴση συνέκυρσε μάλιστα,

καὶ πάλιν

ἡ δὲ φλὸξ ἰλάειρα μινυνθαδίης τύχε γαίης,

καὶ ἐν ἄλλοις

Κύπριδος ἐν παλάμῃσι πλάδης τοιῆσδε τυχόντα.

καὶ πολλὰ ἄν τις εὕροι ἐκ τῶν Ἐμπεδοκλέους Φυσικῶν τοιαῦτα παραθέσθαι, ὥσπερ καὶ τοῦτο·

τῇδε μὲν οὖν ἰότητι Τύχης πεφρόνηκεν ἅπαντα.

καὶ μετ' ὀλίγον

καὶ καθ' ὅσον μὲν ἀραιότατα ξυνέκυρσε πεσόντα.

ἀλλ' οὗτος μὲν ἐπὶ σμικροῖς τῇ τύχῃ καταχρῆσθαι δοκῶν ἥττονος ἂν εἴη ἐπιστάσεως ἄξιος, τί ποτ' ἔστιν ἡ τύχη μὴ παραδούς, οἱ δὲ περὶ Δημόκριτον διχῶς ἄτοπόν τι πεπονθέναι δοκοῦσι, πρῶτον μὲν ὅτι καὶ οὐρανοῦ τοῦδε, τί λέγω τοῦδε τοῦ οὐρανοῦ, ὅτι καὶ τῶν κόσμων ἁπάντων πολλῶν ἢ καὶ ἀπείρων ὄντων κατ' αὐτοὺς αἰτιώμενοι τὸ αὐτόματον (ἀπὸ ταὐτομάτου γάρ φασι τὴν δίνην καὶ τὴν κίνησιν τὴν διακρίνασαν καὶ καταστήσασαν εἰς τήνδε τὴν τάξιν τὸ πᾶν), ὅμως οὐ λέγουσι τί ποτέ ἐστι τὸ αὐτόματον. δεύτερον δὲ θαυμάσαι ἄξιον αὐτῶν, πῶς τὰ μὲν ζῷα καὶ τὰ φυτὰ διατείνονται μήτε εἶναι μήτε γίνεσθαι ἀπὸ τύχης, ἀλλ' ἢ φύσιν ἢ νοῦν ἤ τι τοιοῦτον ἕτερον εἶναι τὸ αἴτιον αὐτῶν ὡρισμένον καὶ οὔτε ἄτακτον οὔτε ἄλογον (πρόδηλον γὰρ τοῦτο ἦν, εἴπερ μὴ τὸ τυχὸν ἐκ τοῦ τυχόντος γίνεται, ἀλλ' ἐξ ἀνθρωπείου μὲν σπέρματος ἄνθρωπος, ἐκ δὲ ἐλαίας ἐλαία, καὶ οὐδεὶς ἀπὸ τύχης φησὶν ἵππον ἐξ ἵππου τετέχθαι· οὐ γὰρ ἀπὸ τύχης τὸ τεταγμένον καὶ ἀεὶ ἢ ὡς ἐπὶ τὸ πλεῖστον ὁμοίως ἔχον), τὰ δὲ μέγιστα καὶ τὰ θειότατα τῶν αἰσθητῶν τὸν οὐρανὸν καὶ τὴν τῶν ἄστρων χορείαν, ἐν οἷς οὐδὲν ἀόριστον οὐδὲ ἄτακτόν ἐστι, ταῦτα εἰς τὸ αὐτόματον ἀνάγουσι καὶ τὴν τύχην μηδεμίαν αὐτοῖς αἰτίαν τοιαύτην ἐφιστάνοντες, οἵαν τῶν ζῴων ἢ τῶν φυτῶν ἔλεγον εἶναι ὡρισμένην καὶ κατὰ λόγους καὶ

---

2 ὅπῃ κτλ. cf. p. 327, 20 post ὅπῃ add. καὶ F   5 ἡ δὲ χθὼν κτλ. v. 215 K., 203 St.   7 v. 193 K., 152 St.   ἡ δὲ aF: ἡ δὴ D: ἤδη E   φλὸξ om. E   ἰλάειρα D¹EF   τύχε E: ψύχε aDF   τύχεν αὐγῆς Stein   9 v. 231 K., 218 St.   παλάμης a   πλάδης Simpl. de caelo p. 237ᵃ20 Karst.: πλάσης E: πλάσιος a: om. IV litt. lac. rel. D: πλάδης — τυχόντα om. lac. XXV litt. rel. F   τοιῆσδε Simpl. de caelo: τοίης τι aDE   10 παραθέσθαι aE: παρενθέσθαι DF   12 τῇδε κτλ. v. 312 K., 195 St.   οὖν DE: om. aF   13 ὀλίγα E   14 καὶ κτλ. v. 314 K., 196 St.   ἀραιότατα libri   16 δὲ post οἱ E: post Δημόκριτον aDF   17 fortasse τοὐρανοῦ ut Arist.   19 ἢ (ante καὶ) om. F   post ὄντων add. τῶν aE   21 τήνδε] ταύτην Arist.   23 αὐτῶν E: αὐτὸν D: αὐτοὺς aF   29 καὶ (ante ἀεὶ) om. D   30 ἄστρων E (cf. Them. p. 177, 26): ἀστέρων aDF   33 καὶ κατὰ τάξιν καὶ κατὰ λόγους aF   λόγον E

κατὰ τάξιν ποιοῦσαν. καὶ ὅμως οὐδὲν περὶ τύχης ἢ αὐτομάτου λέγουσι. 74ᵛ καίτοι κἂν ἔλεγόν τι, τοῦτ' αὐτῶν ἄξιον εἶναι ἐπιστάσεως, εἰ τὰ τοιαῦτα ἔδει τῇ τύχῃ καὶ τῷ αὐτομάτῳ ἐπιτρέπειν, καὶ καλῶς ἔχει λεχθῆναί τι περὶ τούτου. πρὸς γὰρ τῷ ἄτοπον εἶναι τὸ τὰ θειό-
5 τατα τῶν ἐν τῷ κόσμῳ ὑπὸ ἀορίστων αἰτίων διοικεῖσθαι ἔτι ἀτοπώτερόν ἐστι τὸ λεγόμενον, εἰ κατὰ σύγκρισίν τις αὐτὰ σκοποίη, ὁρῶν ἐν μὲν τῷ οὐρανῷ πάντα τεταγμένα καὶ μηδὲν ἀορίστως μηδὲ ἀπὸ τύχης 25 ἢ ἐκ ταὐτομάτου γινόμενον, ἐν δὲ τοῖς ὑπὸ σελήνην, ἃ λέγουσιν οὗτοι μὴ ἀπὸ τύχης γίνεσθαι, πολλὰ συμβαίνοντα ἀπὸ τύχης.
10 καίτοι κατὰ τὴν τούτων ὑπόθεσιν τοὐναντίον εἰκὸς ἦν, τὸν μὲν οὐρανὸν ἀτάκτως κινεῖσθαι, τὰ δὲ ἐν γενέσει τεταγμένην ἔχειν πᾶσαν τὴν ἑαυτῶν φύσιν. καὶ τὰ μὲν οὐράνια ὀλιγοχρονιώτερα ἂν ἦν (τοιαῦτα γὰρ τὰ ἀπὸ τύχης), τὰ δὲ ἐν γενέσει πολυχρονιώτερα. ὁρῶμεν δέ, ὅτι πολλῷ πλέον τῇ τάξει καὶ τῷ χρόνῳ τὰ οὐράνια τῶν τῇδε διαφέρει ἤπερ τῷ 30
15 μεγέθει.

Ἀπολογεῖται δὲ ὁ Εὔδημος ὑπὲρ τῶν παραλιπόντων ἐν τοῖς αἰτίοις τὴν τύχην λέγων "εὐλόγως δὲ αὐτὴν παρέλιπον κατὰ συμβεβηκὸς οὖσαν· τὰ γὰρ τοιαῦτα οὐδὲ εἶναι δοκεῖ, ἀλλὰ τὰ καθ' αὑτά." ἐν δὴ τούτοις πᾶσι τοῖς χωρίοις ὁ μὲν Ἀριστοτέλης σαφῆ καὶ τεταγμένην ἐποιήσατο τὴν
20 παράδοσιν. τὰ δὲ τοῦ Ἀλεξάνδρου ὑπομνήματα καὶ ἐλλιπέστερά πως ἐν τούτοις καὶ ὑποσυγκεχυμένα μοι δοκεῖ, τάχα τοῦ μεταγραψαμένου τὴν τάξιν τῶν εἰρημένων ταράξαντος. ἀξιῶ δὲ τοὺς ἐγκαλοῦντας Ἀριστοτέλει ὡς 35 ποιητικὸν αἴτιον τοῦ οὐρανοῦ μὴ λέγοντι τῶν ἐνταῦθα λεγομένων εὐγνωμόνως ἀκούειν. εἰ γὰρ μέμφεται τοῖς λέγουσι τὸν οὐρανὸν καὶ τὰ θειό-
25 τατα τῶν φανερῶν ἀπὸ ταὐτομάτου γενέσθαι, τοιαύτην δὲ αἰτίαν μηδεμίαν εἶναι οἵαν τῶν ζῴων καὶ τῶν φυτῶν, δῆλον ὅτι καὶ γίνεσθαι αὐτὰ βούλεται, εἰ καὶ μὴ ἐν μέρει χρόνου, καὶ ἀπὸ ποιητικοῦ πάντως αἰτίου ὡρισμένου τούτου καὶ τεταγμένου, εἴπερ μέμφεται τοῖς ἐκ ταὐτομάτου λέγουσι γίνεσθαι, καὶ εἴπερ τὸ γινόμενον πᾶν ὑπὸ ποιοῦντος 40
30 γίνεται. καὶ εἴη ἂν τὸ ποιοῦν νοῦς ἤ τι καὶ τοῦ νοῦ κρεῖττον, εἴπερ καὶ τῶν ζῴων καὶ τῶν φυτῶν ἢ φύσιν ἢ νοῦν ἤ τι τοιοῦτον ἕτερον εἶναι τὸ αἴτιον συγχωρεῖ.

p. 196 b 5   Εἰσὶ δέ τινες οἷς δοκεῖ μὲν εἶναι αἰτία ἡ τύχη ἕως τοῦ καὶ πῶς εἰς τὰ διωρισμένα αἴτια ἐμπίπτουσι.   45

35   Τινὲς μὲν εἰ καὶ μὴ διαρρήδην λέγουσιν εἶναι τὴν τύχην, ἀλλ' ἐξ ὧν

---

1 ψυχῆς E   2 καίτοι κἂν ἔλεγόν τι iteravit F   αὐτὸ Arist.   εἶναι DE: ἦν aF   4 αὐτοῦ τούτου Arist.   4 τῷ aE: τὸ DF   5 μὴ ὑπὸ ἀρίστων E
7 μηδὲ DE: ἢ aF   8 τοῖς] ταῖς E   9 οὗτοι πολλὰ F   γενέσθαι E   10 καὶ τοὐναντίον a   12 ἂν ἦν — πολυχρονιώτερα (13) aF: om. DE   16 Εὔδημος fr. 22 p. 35, 8 Sp.   παραλειπόντων E   28 παντὸς E   τεταγμένον E   τοῖς] τῆς E
30 τοῦ (ante νοῦ) om. a   καὶ (post εἴπερ) om. E   33 μὲν post εἶναι collocat a: post αἰτία Aristoteles   34 εἰς] ἐν E

λέγουσιν ἀναγκάζονται τὴν ὑπόστασιν αὐτῆς συγχωρεῖν, τινὲς δὲ καὶ αὐτό- 74ʳ
θεν ὁμολογοῦσιν εἶναι τὴν τύχην καὶ αἰτίαν αὐτὴν εἶναι λέγουσι· τί δέ
ἐστιν, οὐκ ἔχουσι λέγειν ἄδηλον αὐτὴν ἀνθρωπίνῃ διανοίᾳ νομίζοντες ὡς
θεῖόν τι οὖσαν καὶ δαιμόνιον καὶ διὰ τοῦτο τὴν ἀνθρωπίνην γνῶσιν ὑπερ-
5 βαῖνον, ὥσπερ οἱ Στωικοὶ δοκοῦσι λέγειν. καὶ ὅτι μὲν πολλοὶ ταύτης γε- 50
γόνασι τῆς δόξης, δῆλον ἐκ τοῦ προσκυνεῖν τὴν Τύχην ὡς θεὸν καὶ ἱερὰ
οἰκοδομεῖν αὐτῆς καὶ ὕμνους εἰς αὐτὴν ᾄδειν. ἔοικε δὲ ἡ μὲν ὡς περὶ
θείου τινὸς τῆς Τύχης οὖσα δόξα καὶ πρὸ τοῦ Ἀριστοτέλους εἶναι παρὰ
τοῖς Ἕλλησι καὶ οὐχ ὑπὸ πρώτων νομισθῆναι τῶν Στωικῶν, ὥς τινες
10 οἴονται· καὶ γὰρ Πλάτων ἐν τοῖς Νόμοις "ὡς θεὸς μὲν πάντα καὶ μετὰ
θεοῦ, φησί, Τύχη καὶ Καιρὸς τὰ ἀνθρώπινα διακυβερνῶσι ξύμπαντα". τὸ
δὲ καί τινας τῶν πόλεων Τύχας τιμᾶν καὶ ναοὺς | οἰκοδομεῖν ὕστερον 75ʳ
ἔοικε νομισθῆναι. οὐ γὰρ ἔχομεν παρὰ τοῖς παλαιοῖς Τυχῶν πόλεων ἱερὰ
ἱστορημένα ἢ ἑορτὰς ἀναγεγραμμένας, καίτοι τὸ τῆς Τύχης ὄνομα καὶ παρὰ
15 τοῖς παλαιοῖς τιμώμενον ἴσμεν· ἐν Δελφοῖς δὲ καὶ προκατῆρχεν ἐν ταῖς
ἐρωτήσεσιν "ὦ Τύχη καὶ Λοξία, τῷδέ τινι θεμιστεύεις;" καὶ παρ' Ὀρφεῖ
δὲ μνήμης τετύχηκεν. εἰ οὖν οἱ μὲν τῶν θειοτέρων ἐν τῷ παντὶ σωμά-
των τὴν αἰτίαν τῆς τύχης ἐξῆψαν, κἂν οὐ προσεποιήθησαν ὡς οὖσάν τι 5
τὴν τύχην, οἱ δὲ τοῦ ὀνόματος ἐμνήσθησαν, κἂν μὴ ἐποιήσαντό περὶ αὐ-
20 τῆς λόγον, οἱ δὲ καὶ θεῖόν τι ὑπέλαβον αὐτήν, διὰ πάντα ταῦτα δῆλον
γέγονεν ὅτι ἔστι. καὶ ζητεῖν ἄξιον, τί ἐστιν ἡ τύχη καὶ τὸ αὐτόματον καὶ
εἰ ἕτερα ἀλλήλων καὶ πῶς εἰς τὰ διωρισμένα αἴτια ἐμπίπτουσι,
τουτέστι πότερον τῶν ὑλικῶν ἢ τῶν εἰδικῶν ἐστιν αἰτίων ἢ μᾶλλον τῶν
ποιητικῶν ἢ τελικῶν καὶ πότερον τῶν καθ' αὑτὰ ἢ τῶν κατὰ συμ-
25 βεβηκός.

p. 196ᵇ 10   Πρῶτον μὲν οὖν ἐπειδὴ ὁρῶμεν τὰ μὲν ἀεὶ ὡσαύτως 10
ἕως τοῦ τά τε γὰρ τοιαῦτα ἀπὸ τύχης καὶ τὰ ἀπὸ τύχης
τοιαῦτα ὄντα ἴσμεν.

Περὶ τύχης καὶ αὐτομάτου προθέμενος εἰπεῖν καὶ πρῶτον τὸ εἰ ἔστιν 31
30 ἢ μὴ ἔστι προβαλόμενος ζητεῖν καὶ δείξας ὅτι ἔστιν ἀπὸ τῆς πάντων κοι-
νῆς μαρτυρίας οὐ μόνον ἐκ τῶν θεῖον ἢ δαιμόνιον αὐτὴν λεγόντων αἴτιον
καὶ ἐκ τῶν μνημονευσάντων τῆς τύχης ὡς αἰτίας, κἂν μὴ διήρθρωσάν τι
περὶ αὐτῆς, ἀλλὰ καὶ ἐκ τῶν ἀνελεῖν αὐτὴν πειραθέντων (καὶ γὰρ καὶ
οὗτοι βεβαιοῦντες μᾶλλον τὴν τύχην ἐφάνησαν), ὥρμησε μὲν ἐπὶ τὰ ἑξῆς 35
35 προβλήματα, τί τέ ἐστιν ἑκάτερον εἰς ζήτησιν προβαλόμενος καὶ τί διαφέ-
ρετον ἀλλήλοιν καὶ πῶς εἰς τὰ διωρισμένα αἴτια ἀναχθήσονται. ἐπιχειρή-

---

3 ἔχουσιν ἢ δῆλον (om. λέγειν) E   7 αὐτῆς DE: αὐτῇ aF   8 οὔσης D
10 Νόμοις IV p. 709 B   11 τύχην E   12 καί τινας om. DF   14 τῆς (post
τὸ) om. a   16 Ὀρφεῖ hymn. 71   20 ταῦτα πάντα E   23 αἰτίων DE: αἴτιον
aF   24 τῶν (post ἢ) om. E   30 προβαλλόμενος aEF   31 τῶν] τοῦ a
34 τὰ ἐφεξῆς E   35 προβαλλόμενος aEF   36 ἀλλήλοιν aE: ἀλλήλων DF

ματι δὲ πρώτῳ χρῆται, ἅμα μὲν πάλιν ὅτι ἔστιν ἡ τύχη καὶ τὸ αὐτόμα- 75ʳ
τον οὐ μόνον ἀπὸ τῆς κοινῆς μαρτυρίας, ἀλλὰ καὶ ἀπὸ τῶν πραγμάτων
δεικνύς (συμπεραινόμενος γοῦν τοῦτον τὸν λόγον φανερόν φησιν, ὅτι
ἔστιν ἡ τύχη καὶ τὸ αὐτόματον), ἅμα δὲ καὶ τῇ ἀποδείξει τῇ περὶ
5 τοῦ τί ἐστιν ἀρχὴν παρεχόμενος. ὁ δὲ λόγος οἶμαι τοιοῦτος αὐτῷ γέγονε· 40
λαβὼν ὁμολογούμενον τὸ γινομένου τινὸς αἰτιατοῦ εἶναι πάντως καὶ τὸ
ποιοῦν αἴτιον αὐτοῦ, δείκνυσιν ὅτι τὰ ὡς ἐπ' ἔλαττον ὄντα καὶ ἔστιν ἐν τῇ
φύσει τῶν ὄντων καὶ ἀπὸ τύχης καὶ ἐκ ταὐτομάτου γίνονται. εἰ οὖν τὰ
ὡς ἐπ' ἔλαττον γινόμενα ἔστιν ἐν τῇ φύσει καὶ ἀπὸ τύχης καὶ ἐκ ταὐτο-
10 μάτου, φανερόν, ὅτι ἔστιν ἡ τύχη καὶ τὸ αὐτόματον. καὶ ὅτι μὲν
ἔστι τὰ ἐπ' ἔλαττον γινόμενα, δείκνυσιν ἐκ τῆς τῶν γινομένων διαιρέσεως.
οὐ γὰρ δὴ ἐν τοῖς ἀγενήτοις εἴη ἂν τὸ ἐπ' ἔλαττον γινόμενον. τῶν γὰρ 45
γινομένων τὰ μὲν ἀεὶ ὡσαύτως γίνεται ὡς τὸ ἀνατέλλειν καὶ δύνειν τὸν
ἥλιον, τὰ δὲ οὐκ ἀεὶ ὡσαύτως. τούτων δὲ τὰ μὲν ὡς ἐπὶ τὸ πολὺ ὡς τὰ
15 κατὰ φύσιν ἐν τοῖς ὑπὸ σελήνην γινομένοις τὸ ἄνθρωπον ἐξ ἀνθρώπου καὶ
ἵππον ἐξ ἵππου καὶ τὸν ἕνεκά του προϊόντα εἰς ἀγορὰν ἐκείνου τυγχάνειν
οὗ ἕνεκα προῆλθεν, τὰ δὲ οὐχ ὡς ἐπὶ τὸ πολύ, ἀλλ' ἢ ἐπ' ἴσης ἢ ἐπ' ἔλατ-
τον· καὶ τὸ ἐπ' ἴσης δὲ ἐπ' ἔλαττόν ἐστι τῶν τε ἀεὶ καὶ τῶν ὡς ἐπὶ τὸ
πολύ. καὶ διὰ τοῦτο οἶμαι καὶ Ἀριστοτέλης τό τε ἐπ' ἴσης καὶ τὸ ὡς 50
20 ἐπ' ἔλαττον κοινῶς παρὰ τὸ ὡς ἐπὶ τὸ πολὺ διετέλεσε λέγων. ὅτι δὲ τὰ
παρὰ τὸ ὡς ἐπὶ τὸ πολὺ ἀπὸ τύχης καὶ ἐκ ταὐτομάτου γίνεται, δῆλον ἐκ
τοῦ πάντας μὴ μόνον λέγειν ἀλλὰ καὶ γινώσκειν, ὅτι τὰ τοιαῦτα ἀπὸ τύ-
χης γίνεται. καὶ οὐ τοῦτο μόνον, ἀλλὰ καὶ τὸ ἀντίστροφον, ὅτι τὰ ἀπὸ
τύχης γινόμενα τοιαῦτά ἐστιν. οὔτε γὰρ ἐν τοῖς ἀγενήτοις τοῖς ὄντως
25 οὖσιν ἡ τύχη (οὐδεὶς γὰρ τὸν νοῦν ἢ ὅλως τὰ ἀκίνητα αἴτια ἀπὸ τύχης
φη|σίν) οὔτε ἐν τοῖς γινομένοις μέν, ἀεὶ δὲ ὡσαύτως γινομένοις, οὔτε ἐν 75ᵛ
τοῖς ὡς ἐπὶ τὸ πολὺ γινομένοις, ἀλλ' ἐν τοῖς ἐπ' ἔλαττον. διὸ ταῦτα δείξας
ὄντα ὅτι ἔστιν ἡ τύχη συνήγαγε καὶ ὅτι ἐν τούτοις. καὶ γὰρ καὶ τῶν
τεχναστῶν καὶ τῶν φυσικῶν ἐν τοῖς ἐλλείμμασίν ἐστιν ἡ τύχη, οἷον ἐπὶ
30 ἰατρικῆς, οὗ μὴ διϊκνεῖται ἡ τέχνη, ἐνταῦθα παρεισδύεται ἡ τύχη. διὸ
παρὰ μὲν τοῖς φαύλοις τεχνίταις πολὺ τὸ ἀπὸ τύχης, παρὰ δὲ τοῖς ἀρί- 5
στοις ἐλάχιστον καὶ τῶν τεχνῶν ἐν ταῖς μάλιστα ἀπηκριβωμέναις. τῶν δὲ
κατὰ φύσιν ἐν μὲν τοῖς πρώτοις καὶ τιμιωτάτοις οὐκ ἔστιν (ἀεὶ γὰρ κατὰ
φύσιν ἔχουσι καὶ ὡσαύτως), ἐν δὲ τοῖς γινομένοις καὶ φθειρομένοις, καθό-
35 σον ἐλλείπει ἡ φύσις καὶ ᾗ ἐλλείπει. δῆλον δὲ ὅτι μήπω διακρίνας τὴν
τύχην καὶ τὸ αὐτόματον, κἂν τὴν τύχην μόνην ὀνομάζῃ, περὶ ἀμφοτέρων

---

1 πρώτῳ DF: πρῶτον aE   3 φανερὸν E (cf. v. 10): om. aDF   4 ἔστιν cf. v. 10 ἔστι τι Aristoteles   6 γινομένου DF: γινόμενον οὗ aE   8 γίνεται E   13 ὡς DF: ὥσπερ aE   14 τούτων aE: τοῦ DF   15 τὸ ἄνθρωπος E   16 καὶ τὸν D: ἢ καὶ τὸν E: καὶ τὸ τὸν F: ἢ τὸ τὸν a   19 τοῦτο τὸ a   20 διετέλεσε — ἐπὶ τὸ πολὺ om. E   23 μόνως ut videtur E   26 οὔτε ὡς (post φησιν) F   28 ὄντα om. F   29 ἐλλήμασιν a   ἐστιν] ἢ E   33 τοῖς] τῶν E   34 καὶ (post ἔχουσι) om. E   36 κἂν E: καὶ DF: om. a   ὀνομάζῃ (ex ὀνομάζει) E: ὀνομάζει καὶ aDF

ποιεῖται τὸν λόγον. κἂν δοκῇ δὲ καὶ ἐνταῦθα ἀπὸ τῆς τῶν πολλῶν 75ᵛ
μαρτυρίας κατασκευάζειν τὸν λόγον εἰπὼν καὶ ταῦτα πάντες φασὶν 10
εἶναι ἀπὸ τύχης, ἀλλ' ὡς ἐναργοῦς ὄντος εἶπε νῦν. διὸ καὶ τοῖς μὲν
ἐπήγαγε τῶν δὲ γινομένων τὰ μὲν ἕνεκά του γίνεται, τὰ δὲ οὔ.
5 καὶ ἐκ τοῦ εἶναι τὰ ἐπ' ἔλαττον καὶ ἐκ τοῦ περὶ ταῦτα τὴν τύχην εἶναι
καὶ τὸ αὐτόματον δείξας ὅτι ἔστι ταῦτα, ἐφεξῆς λοιπὸν τὸν τρόπον προστι-
θείς, καθ' ὃν ἡ τύχη τούτων αἰτία καὶ τὸ αὐτόματον, ὅτι ὡς τοῖς κατὰ
προαίρεσιν καὶ φύσιν γινομένοις παρυφιστάμενον κατὰ συμβεβηκὸς οὕτως
αἰτία ἐστίν, ἐκ τούτων καὶ τὸ τί ἐστι δείκνυσι. πρὸς μὲν γὰρ τὸ εἰ ἔστιν 15
10 ἤρκει τὸ εἶναι τὰ αἰτιατά, πρὸς δὲ τὸ τίνα τὰ αἴτιά ἐστι, χρεία τοῦ τρό-
που τῆς τῶν αἰτιατῶν ὑποστάσεως.

Διελὼν οὖν πάλιν τὰ γινόμενα πάντα κατὰ ἐπιδιαίρεσιν εἴς τε τὰ
ἕνεκά του γινόμενα καὶ τὰ μὴ τοιαῦτα, πολλὰ γὰρ καὶ ἀσκόπως γίνεται
(ὡς διὰ συνήθειαν κακήν τινες τὰς τρίχας ἐκτίλλουσιν ἢ τοὺς ἑαυτῶν
15 ὄνυχας μηδὲ ηὐξημένους τοῖς ὀδοῦσιν ἀποκόπτουσιν ἢ τὰς ῥῖνας ψηλαφῶ-
σιν), ὅταν ἐπὶ μηδὲν τὴν ἀναφορὰν ἔχῃ γινόμενα, καὶ εἰπών, τίνα ἐστὶ τὰ
ἕνεκά του, ὅτι τὰ κατὰ προαίρεσιν οἷα καὶ τὰ κατὰ τέχνην καὶ τὰ 20
κατὰ φύσιν (καὶ γὰρ ἡ προαίρεσις ἕνεκά του ποιεῖ καὶ ἡ φύσις, ὡς προϊὼν
διὰ πολλῶν δείξει, καὶ οὐκ ἔστιν ἡ προαίρεσις ἡ διὰ τῆς τέχνης ὡς ἐν
20 τοῖς Τοπικοῖς καὶ τοῖς Ἠθικοῖς εἴρηται), καλῶς δὲ εἶπε τὰ ἕνεκά του
ὅσα ἀπὸ διανοίας ἂν πραχθείη καὶ ὅσα ἀπὸ φύσεως, κἂν μὴ
οὕτως ἐπράχθη, ἠδύνατο δὲ πραχθῆναι οὕτως (οἷον τὸ ἀπελθεῖν εἰς ἀγο-
ρὰν καὶ τοῦ ἀπολαβεῖν τὸ χρέος ἕνεκα δυνατὸν ἦν. κἂν μὴ τούτου οὖν
ἕνεκα ἀπῆλθεν, ἐν τοῖς ἕνεκά του λέγεται εἶναι ἡ ἀπόληψις), τοιούτων οὖν 25
25 ὄντων τῶν ἕνεκά του ἄμφω ἥ τε τύχη καὶ τὸ αὐτόματον ἐν τοῖς ἕνεκά
του. εἰ οὖν καὶ πρότερον δέδεικται, ὅτι ἡ τύχη καὶ τὸ αὐτόματον ἐν τοῖς
ἐπ' ἔλαττον, συνάγεται ἐν τρίτῳ σχήματι τὸ τινὰ τῶν ὡς ἐπ' ἔλαττον
ἕνεκά του γίνεσθαι, ὅπερ ἐσήμανεν αὐτὸς διὰ τοῦ ὥστε δῆλον ὅτι καὶ
ἐν τοῖς παρὰ τὸ ἀναγκαῖον καὶ τὸ ὡς ἐπὶ τὸ πολὺ ἔστιν ἔνια
30 περὶ ἃ ἐνδέχεται ὑπάρχειν τὸ ἕνεκά του. καὶ τὸ ὥστε δηλον-
ότι συμπερασματικὸν εἰπών, ἐν οἷς ἐπήγαγεν ὅτι τὰ τοιαῦτα ἀποτελέσματα 30
ἐν τοῖς ἐπ' ἔλαττον ἕνεκά του, ὅταν κατὰ συμβεβηκὸς γένηται, ἀπὸ τύχης
φαμὲν εἶναι. καὶ ὅτι μὲν τὰ ἕνεκά του ἔλαβεν οὐ πάντως ἃ ἕνεκά του

---

1 κἂν δοκῇ E: δοκεῖ aDF   τῆς ἐναργοῦς F   3 τοῖς μὲν DEF vix recte: om. a
4 τὰ δὲ οὔ. καὶ ἐκ τοῦ aE: τὰ δὲ οὐχ ἕνεκά του DF   7 ὡς ἐν τοῖς a   9 τού-
του a   10 τὰ (post εἶναι)] καὶ E   αἰτιατά] αἴτια τὰ a   17 τε (ante κατὰ φύσιν)
om. D   18 ἡ προαίρεσις om. F   19 ἡ (om. a) διὰ τῆς τέχνης libri: fortasse ἰδίᾳ
τῆς τέχνης i. e. διανοίας, quae opponi videtur τῇ φυσικῇ, quod utrumque genus contra
Aristotelis (Eth. Nic. Z 7 p. 1139ᵃ34. Top. Γ 1 p. 116ᵃ11?) morem προαιρέσεως esse
v. 17 dixerat   20 δὲ εἶπε DEF: om. a, qui ante καλῶς interpolat ἐπάγει et post καλῶς,
ὅτι   post του add. εἰσὶν a   21 ἂν post διανοίας E: post ὅσα aDF   πραχθείη E:
πραχθῇ aDF   φύσεώς τε κἂν E   23 τοῦ] τὸ a   ἕνεκά του δυνατὸν a
24 οὖν] ἢ E   28 ἐσήμαινεν a   δῆλον εἶναι ὅτι a   29 ἐπὶ πολὺ Aristoteles   31 ἐν
οἷς D: οἷς EF: ἐν τοῖς Aristoteles: om. a   33 πάντως τὰ δυνάμενα (om. ἃ — δυνάμενα) E

πράττομεν, ἀλλὰ τὰ δυνάμενα ἕνεκά του πραχθῆναι, δῆλον πεποίηκε μετ' 75ᵛ
ὀλίγα λέγων αὐτὸς νῦν δὲ τοῦτο ἔστω φανερόν, ὅτι ἄμφω ἐν τοῖς
ἕνεκά τού ἐστιν, οἷον ἕνεκα τοῦ ἀπολαβεῖν τὸ ἀργύριον ἦλθεν
ἂν κομιζομένου τὸν ἔρανον, εἰ ᾔδει· ἦλθε δὲ οὐ τούτου ἕνεκα,
5 συνέβη δὲ ἐλθεῖν καὶ ποιῆσαι τοῦτο τοῦ κομίσασθαι ἕνεκα. 35
"τοῦτο, δέ φησιν Ἀλέξανδρος, οὐ τὸ ἀπὸ τύχης ἁπλῶς, ἀλλὰ ἀγαθῆς τύ-
χης ἐστὶ παράδειγμα." ὅτι δὲ καὶ τὸ ἄμφω δὲ ἐν τοῖς ἕνεκά του τὸ
πρότερον εἰρημένον, οὐ περὶ τῶν κατὰ προαίρεσιν εἴρηται, ὥς τινες ὑπέ-
λαβον, ἀλλὰ περὶ τῆς τύχης· καὶ τοῦ αὐτομάτου, δηλοῖ τὸ ἐν τῇ προσεχῶς
10 ἐκτεθείσῃ ῥήσει διὰ τῶν αὐτῶν συλλαβῶν προαχθέν· νῦν δέ, φησί, τοῦτο
ἔστω φανερόν, ὅτι ἄμφω ἐν τοῖς ἕνεκά τού ἐστι τὰ περὶ ὧν ἦν
ὁ λόγος. ἦν δὲ περὶ τῆς τύχης καὶ τοῦ αὐτομάτου, ὧν τὴν διαφορὰν 40
ὕστερον διορίζειν ἐπηγγείλατο. ἀλλὰ καὶ εἴ τις ἐπὶ τῶν κατὰ προαίρεσιν
καὶ μὴ τοῦτο ἤκουσεν, οὐκ ἠκολούθει τὸ ἐπαχθὲν συμπέρασμα. οὐ γὰρ
15 ἐκ τοῦ τὰ ἀπὸ τύχης καὶ κατὰ φύσιν ἐν τοῖς ἕνεκά του ἀκολουθεῖ τὸ εἰ-
ρημένον συμπέρασμα. οὐ γὰρ ἕξει συνάφειαν ὁ λόγος. εἰκότως δὲ δείξεως
ἠξίωσε τὸ ἔν τισι τῶν ἐπ' ἔλαττον ὑπάρχειν τὸ ἕνεκά του, διότι τὰ ἐπ'
ἔλαττον ἄσκοπα ἂν ἔδοξέ τισι, καὶ μὴ δειχθέντος τούτου οὐ συνήγετο, ὅτι
τὰ ἀπὸ τύχης ἐν τοῖς ἐπ' ἔλαττον ἕνεκά τού ἐστιν.
20   Ὁ δὲ Εὔδημος οὕτως δείκνυσιν ὅτι ἡ τύχη ἐν τοῖς ἕνεκά του· "ἐν 45
οἷς, φησί, τὸ εὐτυχεῖν καὶ τὸ ἀτυχεῖν, ἐν τούτοις ἐστὶν ἡ τύχη· ταῦτα δὲ
ἐν οἷς ἀγαθοῦ ἐπίτευξις καὶ ἀπότευξις καὶ τὸ ἕνεκά του· πᾶς γὰρ ὁ ἕνεκά
του πράττων ἀγαθοῦ ἐφίεται". ὁ δὲ λόγος οὗτος τὴν τύχην μόνην ἐν
τοῖς ἕνεκά του τέθεικεν, οὐκέτι δὲ καὶ τὸ αὐτόματον. ὅταν δὲ τὰ ἕνεκά
25 του γινόμενα, ταῦτα δέ ἐστι τά τε ἀπὸ διανοίας καὶ τὰ ἀπὸ φύσεως, ἐν
τοῖς ἐπ' ἔλαττον κατὰ συμβεβηκὸς γένηταί τινος αἴτια, τότε τὰ γινόμενα
ἀπὸ τύχης τε καὶ ἐκ ταὐτομάτου φαμὲν γίνεσθαι. τὸ δὲ ἕνεκά του θεω- 50
ρεῖται, οὐχ ὅτι ἕνεκά τινος ἐγένετο ἡ πρόοδος οἷον τοῦ ἀγοράσαι, ὡς Πορ-
φύριός φησιν, ἀλλ' ὅτι καὶ τούτου ἂν ἕνεκα τοῦ τέλους ἐγένετο. ἦλθε
30 γὰρ ἄν, φησί, κομιζομένου τὸν ἔρανον, εἰ ᾔδει. κατὰ συμβεβηκὸς
δὲ γίνεται αἰτιατὰ ἀπὸ διανοίας καὶ ἀπὸ φύσεως, ὅταν μὴ ὧν χάριν γίνε-
ται ταῦτα γίνηται, ἀλλά τινα ἄλλα, οἷον προέρχομαι μὲν διὰ τὸ ἀγοράσαι,
περιτυχὼν δὲ τῷ χρεώστῃ ἀπέλαβον τὸ χρέος. καὶ καταφέρεται μὲν ὁ
λίθος διὰ τὸ καταλαβεῖν | τὴν οἰκείαν ὁλότητα, κατὰ κεφαλῆς δέ τινος 76ʳ
35 ἐνεχθεὶς ἐτραυμάτισεν ἢ τοιῶσδε πεσὼν βάθρον ἐγένετο.

---

2 ὀλίγα DE: ὀλί̄ F: ὀλίγον a   3 ἐστιν om. F   οἷον D: ἢ οἷον E: οἷον εἰ aF
4 κομιζομένου E (cf. v. 30 et p. 338, 29 et Philoponus ad h. l.): κομιζόμενος DF: κομι-
σόμενος a   5 ἀλλὰ συνέβη Aristoteles   τοῦτο aE: τὸ DF   6 ἀπὸ τύχης —
ἐν τοῖς om. D   9 τῆς (post περὶ) om. E   13 τῶν] τῷ D   14 ἐμπαχθὲν E
15 καὶ κατὰ φύσιν om. aF   16 συμπέρασμα] σύμπαν D   17 τῷ ἕν τινι E
19 τὸ ἀπὸ E   20 Εὔδημος fr. 23 p. 36, 8 Sp.   ἐν τοῖς a: ἐν τῷ DEF   21 τὸ
ἀτυχεῖν καὶ τὸ εὐτυχεῖν a   24 θήσεται E   28 ἕνεκά τινος DEF: ἕνεκά του a
29 ἂν om. F   30 κομιζομένου E (cf. v. 4): κομισόμενος aDF   31 αἰτία τὰ aE
32 γένηται E   33 καὶ om. F

SIMPLICII IN PHYSICORUM II 5 [Arist. p. 196ᵇ 10]

Εἰπὼν δὲ τὰ ἀπὸ διανοίας καὶ φύσεως οἷον τὴν πρόοδον ἢ τὴν πτῶσιν, 76ʳ ὅταν κατὰ συμβεβηκὸς αἴτια γένηταί τινος, τότε τὰ ἀπ' αὐτῶν γενόμενα ἀπὸ τύχης καὶ ἐκ ταὐτομάτου λέγεσθαι γίνεσθαι, διότι οὐ κατὰ τὸν ἐκείνων ἐγένετο λόγον, εἰκότως ἐφεξῆς δείκνυσιν, ὅτι ἔστιν ὅλως τινὰ κατὰ συμβε-
5 κὸς αἴτια, ὅπερ εἶπε μὲν καὶ πρότερον, ὑπομιμνήσκει δὲ καὶ νῦν διὰ τοῦ τῆς οἰκίας παραδείγματος· ἧς καθ' αὑτὸ μὲν αἴτιον ἡ τέχνη ἡ οἰκοδομικὴ καὶ ὁ κατ' αὐτὴν τεχνίτης, κατὰ συμβεβηκὸς δὲ ὁ λευκὸς ἢ ὁ μουσικός. "ὡς γὰρ ὂν φησι τὸ μέν ἐστι καθ' αὑτὸ τὸ δὲ κατὰ συμβεβηκός (λέγει δὲ ὂν καθ' αὑτὸ μὲν τὴν οὐσίαν, κατὰ συμβεβηκὸς δὲ τὰ τῇ
10 οὐσίᾳ συμβεβηκότα), οὕτως καὶ τὸ αἴτιον τὸ μέν ἐστι καθ' αὑτὸ τὸ δὲ κατὰ συμβεβηκός", ὥς φησιν Ἀλέξανδρος. μήποτε δὲ καὶ ἁπλοϊκώτερον ἀκουστέον τὸ ὂν πᾶν τὸ αἰτιατόν, ἵνα ᾖ λέγων, ὡς αἰτιατὸν τὸ μὲν καθ' αὑτὸ τὸ δὲ κατὰ συμβεβηκός, οὕτως καὶ αἴτιον. καὶ γὰρ καὶ αἱ παρὰ τὴν οὐσίαν κατηγορίαι συμβεβηκότα μέν εἰσιν ὡς ἀεὶ ἐν τῇ οὐσίᾳ, οὐ κατὰ
15 συμβεβηκὸς δὲ ἀεὶ ὑπάρχουσι. διαφέρει δὲ τῶν ἄλλων τῶν κατὰ συμβεβηκὸς αἰτίων ἡ τύχη, διότι ἐκείνων μὲν ἕκαστον κατὰ συμβεβηκὸς αἴτιον λέγεται, διότι τῷ καθ' αὑτὸ αἰτίῳ συμβέβηκεν, οἷον τὸ λευκὸν κατὰ συμβεβηκὸς αἴτιον τῆς οἰκίας, ὅτι τῷ καθ' αὑτὸ αἰτίῳ τῆς οἰκίας τῷ οἰκοδόμῳ συμβέβηκε τὸ λευκῷ εἶναι. ἐπὶ δὲ τῆς τύχης ἡ αὐτὴ πρᾶξις καὶ μία
20 ἄλλου μὲν καθ' αὑτὴν αἰτία, ἄλλου δὲ κατὰ συμβεβηκός. τὸ γὰρ ὀρύξαι τοῦ μὲν φυτεῦσαι καθ' αὑτὸ αἴτιον, τοῦ δὲ τὸν θησαυρὸν εὑρεῖν κατὰ συμβεβηκός ἐστιν αἴτιον. διὸ ἐκεῖ μὲν ἐν τοῖς αἰτίοις ἡ διαφορά (τὸ μὲν γὰρ καθ' αὑτό, τὸ δὲ κατὰ συμβεβηκός), ἐνταῦθα δὲ τὸ μὲν αἴτιον τὸ αὐτό, τὰ δὲ τέλη διάφορα, τὸ μὲν καθ' αὑτὸ ἀκόλουθον, τὸ δὲ κατὰ συμ-
25 βεβηκός. μήποτε δὲ καὶ τὸ αἴτιον κἂν τὸ αὐτὸ δοκῇ εἶναι, οἷον τὸ ὀρύξαι, ἀλλ' ἄλλως μὲν τοῦ φυτεῦσαι ὡς καθ' αὑτὸ αἴτιον, ἄλλως δὲ τοῦ θησαυρὸν εὑρεῖν ὡς κατὰ συμβεβηκός. τὸ δὲ κατὰ συμβεβηκὸς ἐνταῦθα οὐκ ἐπὶ τοῦ ποιητικοῦ μόνον αἰτίου θεωρεῖται ὡς ἐπὶ τῶν ἄλλων, ἀλλὰ καὶ ἐπὶ τοῦ τέλους· ὡς γὰρ τὸ ὀρύξαι ἐπὶ φυτείᾳ εἰ τύχοι κατὰ συμβεβηκὸς αἴτιόν
30 ἐστι τοῦ θησαυρὸν εὑρεῖν, οὕτως καὶ τὸ εὑρεῖν τέλος ἐστὶ κατὰ συμβεβηκὸς τοῦ ἐπὶ φυτείᾳ ὀρύξαι. καὶ τὸ μὲν τέλος κατὰ συμβεβηκὸς ἀπὸ τύχης λέγεται, τὸ δὲ τῷ ποιητικῷ συμβεβηκὸς τύχη. ἔχει μέντοι γε τὸ ἀόριστον οὐδὲν ἧττον εἰ μὴ καὶ μᾶλλον τῶν ἄλλων τῶν κατὰ συμβεβηκὸς αἰτίων ἡ τύχη. τὸ γὰρ εὑρεῖν τὸν θησαυρὸν πολλοῖς ἂν καὶ ἀπείροις αἰτίοις ἐπι-
35 συμβαίη ἄλλου τινὸς χάριν γινομένοις. καὶ γὰρ ὀρύττει τις καὶ τοῦ φυτεῦσαι χάριν καὶ τοῦ θεμέλιον καταβαλεῖν καὶ ὕδωρ εὑρεῖν ἢ διοχετεῦσαι ἢ

---

2 γενόμενα DE: γινόμενα aF   3 λέγεται aEF   ἐκείνου a   5 καὶ (post δὲ) om. E   6 ante ἡ add. ἢ a   οἰκοδομητικὴ aF   11 φησιν ὁ Ἀ. a   καὶ om. E   12 ᾖ] ὁ E 13 καὶ (post γὰρ) om. a   14 κατηγορίαις E   post κατὰ iterat τὴν οὐσίαν (13) — ἐν τῇ οὐσίᾳ D   17 post διότι add. ἐν a   18 ὅτι τὸ καθ' D   19 ἐπὶ κτλ. cf. Themist. p. 181,14   τὸ λευκὸν εἶναι aF   25 δοκεῖ F¹   28 μόνου a   30 οὕτως καὶ τὸ εὑρεῖν om. D   κατὰ om. a   32 τῷ ποιητικῷ aE: τοῦ ποιητικοῦ DF   γε om. D, sed cf. Them. p. 181,21   ἄριστον F   34 ἐπισυμβαίη DE: ἐπισυμβαίνει F: ἐπισυμβαίνοι a

σιρὸν ἢ τάφον ποιῆσαι καὶ μυρίων ἄλλων ἕνεκεν. ὡς εἴ γε μὴ ἀόριστον
ἀλλὰ τεταγμένον εἴη τὸ γινόμενον, οὐκέτι ἀπὸ τύχης τοῦτο οὐδὲ τὸ ποιοῦν
τύχη.

Ἔοικε δὲ καὶ ὁ Δημόκριτος καίτοι διαφερόμενος συμφέρεσθαι ταῖς
περὶ τύχης ἐννοίαις. φησὶ γὰρ οὐκ ἀπὸ τύχης εὑρεῖν τὸν θησαυρόν, ἀλλ᾽
ὅτι ὤρυττε φυτεῦσαι ἢ ὕδωρ εὑρεῖν ἢ ἄλλο τι τοιοῦτον, ἐφ᾽ ὧν ἂν εὗρεν.
καὶ ἕκαστον τούτων ὡσαύτως αἴτιον ἂν εἴη καὶ γένοιτο. πολλῶν οὖν ὄν-
των ἃ γένοιτο ἂν αἴτια κατὰ τὸν Δημόκριτον, ἀόριστος ἂν εἴη ἡ αἰτία καὶ
οὕτως, καὶ οὐ καθ᾽ αὑτὴν ἀλλὰ κατὰ συμβεβηκός. σύμπτωμα γάρ ἐστιν
ἑτέρων τινῶν, ὧν χάριν ἡ ὄρυξις. εἰ οὖν ἀόριστόν τί ἐστι τὸ ἀπὸ τύχης
καὶ ἡ τύχη ἀόριστος, δῆλον ὅτι οὔτε ἐν τοῖς ἀγενήτοις ἂν εἴη τοῖς ἀεὶ
κατὰ τὰ αὐτὰ καὶ ὡσαύτως τὸ ἀκίνητον καὶ ἀμετάβλητον ἔχουσι οὔτε ἐν
τοῖς γινομένοις μὲν ἀναγκαίως δὲ γινομένοις, ἀλλ᾽ οὐδὲ ἐν τοῖς ὡς ἐπὶ τὸ
πολύ (καὶ γὰρ καὶ ταῦτα ὥρισται μᾶλλον), ἀλλ᾽ ἐν τοῖς ἐπ᾽ ἔλαττον. καὶ
εἰ παρακολούθημά τινός ἐστι προηγουμένης κινήσεως, πᾶσα δὲ κίνησις ἐν
τοῖς ὡς ἐπὶ τὸ πολύ, ἢ ἀπὸ διανοίας ἐστὶν ἢ ἀπὸ φύσεως καὶ ἑκατέρα
τούτων ἕνεκά του γίνεται, πάντως εἰκότως ἐν τοῖς ἕνεκά του γινομένοις
ἐτάχθη οὐ τοῖς καθ᾽ αὑτό, ἀλλὰ τοῖς κατὰ συμβεβηκός, εἴπερ ἀόριστά
ἐστιν. ὡς γὰρ τὰ καθ᾽ αὑτὰ αἴτια ὡρισμένα, οὕτως τὰ κατὰ συμβεβηκὸς
ἀόριστα. ὁ μὲν γὰρ οἰκοδόμος ὡρισμένως τῆς οἰκίας αἴτιος, τῶν δὲ κατὰ
συμβεβηκὸς οὐδὲν μᾶλλον ὁ λευκὸς ἢ ὁ μουσικός. ὥστε εἰ μὲν τὰ καθ᾽
αὑτά τις αἴτια μόνα εἶναι νομίζοι, οὐδὲν ἂν γένοιτο ἀπὸ τύχης· εἰ δὲ καὶ
τὰ κατὰ συμβεβηκὸς παραδέχοιτο, γένοιτο ἄν τι καὶ ἀπὸ τύχης.

Ὁποῖον δὲ τοῦτό ἐστιν, ἐδήλωσε διὰ τοῦ παραδείγματος. ὃ γὰρ ἐπη-
κολούθησε πράξει τινί, ἥτις ἐπράχθη μὲν ἂν καὶ διὰ τὸ ἀκολουθῆσαν, οὐ
μέντοι τότε διὰ τοῦτο ἐπράχθη, τοῦτο ἀπὸ τύχης εἶναί φαμεν. καὶ γὰρ
προῆλθεν ἄν τις καὶ ἐπὶ τῷ τὸ χρέος ἀπολαβεῖν. ἀλλ᾽ εἰ διὰ τοῦτο
προελθὼν ἀπολάβοι, οὐ κατὰ τύχην ἀπέλαβεν, ἀλλ᾽ ὅταν ἄλλου ἕνεκα
προελθὼν εὕροι τὸν χρεώστην κομιζόμενον τὸν ἔρανον, καὶ ἀπολάβοι τὸ
ἀργύριον. τοῦτο δὲ τὸ παράδειγμα οὐχ ἁπλῶς τύχης ἐστίν, ἀλλ᾽ ἀγαθῆς.
ὅταν γὰρ ἀπαντήσῃ τῇ πράξει τῇ κατὰ προαίρεσιν γινομένῃ τέλος τοιοῦ-
τον, δι᾽ ὃ κἂν προηγουμένως ἐπράχθη ἡ πρᾶξις, δῆλον ὡς βουλητὸν καὶ
προαιρετόν ἐστι τὸ ἀπαντῆσαν. ἔστι δὲ ὅτε καὶ φαῦλόν τι καὶ ἀβούλητον
ἀπαντᾷ μὴ τούτου ἕνεκα πραττόντων ἢ πραξάντων ἄν, καὶ ἔστι καὶ τοῦτο
ἀπὸ τύχης οὐδὲν ἔλατ|τον ἐκείνου καὶ τύχη τὸ αἴτιον, ἀλλὰ κακή. ἀπροαί-
ρετον γὰρ καὶ φευκτὸν τὸ τέλος. "καὶ εἴη ἄν, φησὶν Ἀλέξανδρος, τύχης
ὑπογραφὴ τὸ τῷ κατὰ προαίρεσιν καὶ ἕνεκά του πραττομένῳ ἀπαντῆσαν

---

1 σιρὸν D: σειρὸν E: σιρρὸν aF   2 τὸ ποιοῦν τύχην F   5 τύχαις E   6 ἢ τι
ἄλλο E   7 ante πολλῶν add. ὧν γένοιτο ἂν αἴτιον a   8 ἃ (ex corr.) γένοιτο ἂν
αἴτια E: om. aDF   9 οὐ om. E   12 ἔχουσι καὶ ἀμετάβλητον aF   15 εἰ aE:
εἰς DF   ἐν τοῖς om. DF   16 καὶ E: καὶ εἰ DF: om. a   post ἑκατέρα add. δὲ a
17 πάντων E   22 καὶ τὰ E: καὶ D: om. aF   27 καὶ (ante ἐπὶ) om. aF
τῷ] τὸ εἰς E   31 τῇ (ante πράξει) om. DF   33 ἔστι (ante τὸ) om. aF   34 καὶ
(post ἔστι) om. aF   37 τὸ τῷ πραττομένῳ (om. πραττομένῳ post του) F

ἄλλο ὂν ἐκείνου, οὗ χάριν ἐπράττετο προηγουμένως κατὰ προαίρεσιν." τοῦτο 76ᵛ
δὲ οὐκ ἔστι τύχη, ἀλλ' ἀπὸ τύχης. ἡ δὲ τύχη, ὡς αὐτὸς Ἀριστοτέλης
ὁρίζεται, αἰτία κατὰ συμβεβηκός ἐστιν ἐν τοῖς κατὰ προαίρεσιν.
καὶ δῆλον ὅτι ποιητικὴ αἰτία ἐστὶν ἡ τύχη, ὡς ῥηθήσεται, ἀλλὰ κατὰ συμ-
5 βεβηκὸς ποιητική, ὥσπερ καὶ τὸ ἀπὸ τύχης τέλος κατὰ συμβεβηκός. δεῖ
δέ, φησί, τοῦτο τὸ κατὰ συμβεβηκὸς αἴτιον γινόμενον τοῦ ἀπὸ τύχης οἷον
τὸ εἰς ἀγορὰν ἐλθεῖν μήτε τῶν ἐξ ἀνάγκης εἶναι μήτε τῶν ὡς ἐπὶ τὸ
πολύ. τῷ γὰρ ἐξ ἀνάγκης ἢ ὡς ἐπὶ τὸ πολὺ καθ' ἡμέραν εἰς ἀγορὰν
φοιτῶντι τὸ ἀπαντῆσαί ποτε τὸν χρεώστην οὐκ ἀπὸ τύχης ἐστίν· ἔδει
10 γάρ ποτε καὶ τοῦτο ἀπαντῆσαι καὶ ἦν εὔλογον. ἀλλ' εἰ σπανίως καὶ ἅπαξ
που ἐπί τι ἄλλο προελθόντι ἀπήντησε, τότε ἀπὸ τύχης. καὶ εἰκότως
τοῦτο προσέθηκε τῇ τοῦ ὁρισμοῦ συναγωγῇ, ἐπειδὴ ἐν τοῖς ἐπ' ἔλαττον
ἔκειτο ἡ τύχη.

Τὸ δὲ τέλος, φησίν, ὅπερ ἐστὶ τὸ ἀπὸ τύχης, οἷον ἡ κομιδὴ τοῦ
15 ἀργυρίου, οὐ τῶν ἐν αὐτῷ αἰτίων, ἀλλὰ τῶν προαιρετῶν καὶ ἀπὸ
διανοίας· οὐ γὰρ τῶν τοιούτων ἐστὶ τελικῶν αἰτίων τῶν ἐνυπαρχόντων,
οἷά ἐστι τὰ τῶν φύσει γινομένων τέλη, ὧν χάριν τὰ πρὸ αὐτῶν ἐν αὐτῷ
τῷ πράγματι γίνεται τῷ κατὰ φύσιν γινομένῳ, ἀλλ' ἔστι τῶν ἔξωθεν προσ-
γινομένων· τοιαῦτα γὰρ τὰ ἀπὸ τύχης τε καὶ προαιρέσεως γινόμενα· οἶδε
20 δὲ καὶ τοιαύτην γραφὴν ὁ Ἀλέξανδρος ἀλλὰ τῶν ἀπροαιρέτων καὶ οὐκ
ἀπὸ διανοίας. "κἂν οὕτως εἴη, φησί, γεγραμμένον, λέγοι ἂν τότε ἀπὸ
τύχης εἶναι τὸ τέλος, ὅταν μὴ προελομένοις ἡμῖν μηδὲ διανοηθεῖσι περὶ
αὐτοῦ μηδὲ τούτου χάριν τὰ πρὸ αὐτοῦ ποιήσασιν ἀπαντήσῃ, ἐπεὶ ὅτι γε
τὸ ἀπὸ τύχης γινόμενον τῶν ὑπὸ προαίρεσίν τε καὶ διάνοιαν πιπτόντων
25 ἐστίν, ὀλίγῳ πρόσθεν εἴρηκα". δοκεῖ δὲ τῇ γραφῇ ταύτῃ καὶ τὸ ἐπαγό-
μενον συνᾴδειν τὸ εἰ δὲ προελόμενος τούτου ἕνεκα· πρὸς γὰρ τὸ
ἀπροαίρετον ἐπῆχθαι δοκεῖ τὸ εἰ δὲ προελόμενος. ἡ δὲ προτέρα γραφὴ
τὸ ἀπὸ τύχης τέλος διορίζει τοῦ φυσικοῦ· τὰ γὰρ φυσικὰ τέλη οὐκ ἔστι
προαιρετὰ οὐδὲ ἔξωθεν, ἀλλ' ἐν αὐτοῖς τοῖς τὴν φύσιν ἔχουσιν. ἔστι μὲν
30 γὰρ καὶ ἐν τοῖς φύσει γινομένοις ταῖς ἄλλου χάριν γινομέναις φυσικαῖς κι-
νήσεσι μὴ τὸ οὗ χάριν, ἀλλά τι ἄλλο τέλος ἀπαντῆσαι, ὡς τὸ ἐξαδάκτυλον
ἐπὶ ἀνθρώπου ἢ βούπρωρον. ἀλλ' οὐκ ἀπὸ τύχης τὰ τοιαῦτα. φαμὲν δὲ
ὅτι τὸ ἀπὸ τύχης ἐν τοῖς κατὰ προαίρεσιν ἀπαντᾷ καὶ ἔξωθεν περιγίνεται
οὐκ ὂν ἡμῶν τι. τὸ γὰρ τὸ ὀφειλόμενον κομίσασθαι οὐ φύσει τῷ κομι-
35 ζομένῳ ἐνυπάρχει· οὐδὲ γὰρ τὸ προελέσθαι καὶ ἐλθεῖν εἰς τόνδε τὸν τό-
πον φύσει. κἂν φύσει προαιρετικὸς ᾖ ὁ ἄνθρωπος, οὐ μὴν τὸ προαιρεῖσθαι

---

2 Ἀριστοτέλης p. 197ᵃ5   6 φησὶ p. 196ᵇ36   οἷον τοῦ F   8 εἰς τὴν ἀγο-
ρὰν a   11 ἀπήντησε a: ὑπήντησε DE: ἠπάντησε F   post τύχης add. μὲν E
19 τε om. aF   26 προελομένου a   ante τούτου habet καὶ Aristoteles
τὸ μὲν οὖν in mrg. F²   28 ὁρίζει aF   29 τοῖς om. D   ἔστι] ἔτι ut vide-
tur E   31 ὑπαντῆσαι E   ὡς τὸ aE: ὥστε D: ὣς F   33 ἀπαντᾷ scripsi:
ὑπαντᾷ libri   περιγίνεται DEF: παραγίνεται a   34 ὂν] ὃ D   οὐ φύσει — ἐν-
υπάρχει aE: om. DF   36 post κἂν add. γὰρ a   ᾖ] ἔστιν E

τόδε τι φυσικόν. δύναται δὲ καὶ οὕτως ἀκούεσθαι τὸ λεχθέν, ὅτι τὸ τέλος, 76ʳ ὅπερ ἐστὶν ἡ κομιδή, οὐ τῶν ἐν αὐτῷ αἰτίων ἀποτέλεσμα καὶ τέλος, ἔστι δὲ ἐν αὐτῷ αἴτιον ἡ φύσις· ἡ γὰρ φύσις ἀρχὴ κινήσεως, ἐν ᾧ ὑπάρχει 30 πρώτῳ. ὥστε τὸ ἀπὸ τύχης γενόμενον οὐκ ἔχει ποιητικὸν αἴτιον τὴν
5 φύσιν, ἀλλὰ διάνοιαν καὶ προαίρεσιν· διὸ περὶ τὸ αὐτὸ διάνοια καὶ τύχη· περὶ γὰρ προαίρεσιν καὶ πρᾶξιν ἡ τύχη, ὡς δειχθήσεται, ἡ δὲ προαίρεσις οὐκ ἄνευ διανοίας.

p. 197 a 8   Ἀόριστα μὲν οὖν τὰ αἴτια ἀνάγκη εἶναι ἕως τοῦ καὶ ἄδηλος ἀνθρώπῳ.

10   Εἰπὼν τί ἐστιν ἡ τύχη καὶ δι' ὁρισμοῦ παραδοὺς αὐτήν, ὃν ἐκ τῶν 35 ἀποδεδειγμένων συνήγαγεν, ὅτι ἔστιν ἡ τύχη αἰτία, ὅπερ ὡς γένος παρέλαβε, καὶ "αἰτία κατὰ συμβεβηκὸς ἐν τοῖς κατὰ προαίρεσιν ἕνεκά του", εἰ δὲ κατὰ συμβεβηκός, καὶ ἐπ' ἔλαττον, ταῦτα οὖν εἰπὼν ἐφεξῆς οἶμαι βούλεται κατὰ τὸ σύνηθες συμψήφους ἑαυτῷ δεῖξαι καὶ τοὺς ὁτιοῦν περὶ τύχης λέ-
15 γοντας. τοῦτο δὲ ποιεῖ τὴν ἀποδεδομένην τῆς τύχης ἔννοιαν ἐφαρμόζουσαν τοῖς περὶ αὐτῆς λεγομένοις δεικνύς. καὶ γὰρ ὑπό τινων μὲν λέγεται 40 αἰτία μέν, τοῦ δὲ ἀορίστου αἰτία ἡ τύχη. ὑπὸ δέ τινων μηδὲ εἶναι ὅλως αἰτία τῶν γινομένων ἡ τύχη, ὑπὸ δέ τινων εἶναι μέν, "ἄδηλος δὲ ἀνθρωπίνη διανοίᾳ". λέγεται δὲ καὶ παράλογος ἡ τύχη πρός τινων. ταῦτα
20 οὖν, φησί, πάντα ὀρθῶς λέγεται, καὶ συνᾴδει τοῖς παρ' ἡμῶν εἰρημένοις. ἐπειδὴ γὰρ κατὰ συμβεβηκὸς αἴτιον ἡ τύχη, τὰ δὲ κατὰ συμβεβηκὸς αἴτια ἀόριστά ἐστι, καὶ ταύτῃ τῶν καθ' αὑτὰ διαφέρει, καθὸ ἐπ' ἐκείνων ἔστιν ὁρίσαντας εἰπεῖν τόδε τοῦδε αἴτιον εἶναι, ἐπὶ δὲ τῶν κατὰ συμβεβηκὸς οὐ- 45 κέτι. τοῦ γὰρ κομίσασθαι τὸ ἀργύριον ἐλθόντα μὴ τούτου ἕνεκεν, ὅπερ
25 ἀπὸ τύχης φαμέν, ἄπειρα τὰ αἴτια δύναται εἶναι· καὶ γὰρ ἰδεῖν τινα βουλόμενος ἔλθοι ἂν καὶ διώκων καὶ φεύγων καὶ θέαν τινὰ ὀψόμενος. καὶ μυρία ὅσα αἴτια δύναται γίνεσθαι τοῦ εἰς τόνδε ἐλθεῖν τὸν τόπον, ἅπερ πάντα κατὰ συμβεβηκὸς αἴτια γίνεται τοῦ κομίσασθαι τὸ ἀργύριον. καὶ οὐδὲν μᾶλλον τόδε τοῦδε. μόνον γὰρ καθ' αὑτὸ αἴτιον τοῦ κομίσασθαι τὸ
30 ἀργύριον ἐλθόντα εἰς ἀγορὰν τὸ τούτου χάριν ἐλθεῖν. "μήποτε δέ, φησὶν 50 ὁ Ἀλέξανδρος, οἰκειότερόν ἐστι τοῖς προειρημένοις [κατὰ συμβεβηκὸς] διὰ τοῦτο λέγειν τὸ ἕνεκά [τὸ ἕνεκα] τινος γινόμενον κατὰ συμβεβηκὸς αἴτιον εἶναι τούτου, οὗ | οὐκ ἐγένετο χάριν, ὅτι ἓν μέν ἐστι τὸ οὗ χάριν γίνεται, 77ʳ

---

2 ἡ (post ἐστιν) om. aF   4 πρώτῳ DE: πρώ̄ F: πρώτως a   5 τὸ om. a
6 δὲ aDE: γὰρ F   11 post αἰτία add. οὐ κατὰ συμβεβηκὸς D: κατὰ συμβεβηκὸς F
12 αἰτία κατὰ κτλ. p. 197 a 5   ante ἕνεκα add. τῶν a   15 ἀποδεδειγμένην E   16 περὶ
αὐτὴν a   17 τοῦ δὲ DEF: ἀλλὰ τοῦ a   μηδὲ — ὑπὸ δέ τινων om. E   18 ἡ τύχη
τῶν γινομένων aE   post γινομένων add. τινὸς F   ἄδηλος — διανοίᾳ p. 196 b 6
19 post τινων habet τί φασι περὶ τύχης ἔνιοι in contextu D: in mrg. rubro F
20 πάντα φησὶν a   27 τὸν] τὰ (lacuna relicta) D   30 τοῦδε χάριν a   31 ὁ
om. E   κατὰ συμβεβηκός DEF: recte delevit a   διὰ E: τὸ διὰ aDF   32 τὸ
ἕνεκα alterum DEF: del. a   33 ἐγένοντο E

ἄπειρα δὲ αὐτῷ ἀπαντῆσαι δύναται καὶ συμβῆναι τὰ ὧν χάριν οὐ γίνεται, 77ʳ
ὧν ἐστι καὶ τὸ κομίσασθαι". οἰκειότερον δὲ τοῦτό φησι, διότι τοῦ ἀορί-
στου αἰτία εἴρηται ἡ τύχη. καὶ δῆλον δὲ ὅτι ἡ τοιαύτη ἐπιβολὴ ἀόρι-
στον τὸ ὡς τέλος αἴτιον λαμβάνει, ὅπερ ἐστὶ τὸ ἀπὸ τύχης. ὁ δὲ Ἀρι-
5 στοτέλης ἀόριστα αἴτια οὐ τὰ τελικὰ τῆς τύχης φησὶν ἀλλὰ τὰ ὡς 5
ποιητικά. ταῦτα γάρ ἐστι τὰ ἀφ' ὧν ἂν γένοιτο τὰ ἀπὸ τύχης. καὶ
πρὸς τοῦτο τὰ παραδείγματα ἐφεξῆς ἐπάγει λέγων ἄπειρα τὸ πλῆθος τὰ
κατὰ συμβεβηκὸς αἴτια τοῦ εἰς ἀγορὰν ἐλθόντα κομίσασθαι τὸ ἀρ-
γύριον. εἰ τοίνυν ἀόριστα τὰ αἴτια, φησίν, ἐστὶν ἀφ' ὧν ἂν γέ-
10 νοιτο τὸ ἀπὸ τύχης, εἰκότως ἀόριστος οὖσα ἡ τύχη, εἴπερ κατὰ τὰ
ἀόριστα αἴτια θεωρεῖται, ἀορίστου τέλους αἰτία ἔστι τε καὶ λέγεται. εἰ δὲ
καὶ τὸ ἀπὸ τύχης ἀόριστον καὶ ἡ τύχη ἀόριστος, εἰκότως "ἄδηλός ἐστιν
ἀνθρωπίνῃ διανοίᾳ". τὰ γὰρ ἀόριστα ἀπερίληπτα τῷ λογισμῷ ἐστιν. ἐπι- 10
στῆσαι δὲ ἄξιον, ὅτι πρότερον 'ἄδηλον ἀνθρωπίνῃ διανοίᾳ' τὴν τύχην
15 ἔλεγε δοκεῖν τισιν, οὐ διὰ τὸ ἀόριστον ἀλλὰ διὰ τὸ 'θεῖόν τι εἶναι ἢ δαι-
μόνιον'. ἀλλ' ἴσως καὶ τοῦτο ὑπενόουν ἐκεῖνοι διὰ τὸ μὴ ἔχειν τι ὡρι-
σμένον προφανὲς αἴτιον τῶν οὕτω γινομένων ἀποδιδόναι.

p. 197ᵃ10   Καὶ ἔστιν ὡς οὐδὲν ἀπὸ τύχης δόξειεν ἂν γίνεσθαι 14
ἕως τοῦ καὶ φεύγων καὶ θεασάμενος. 18

20   Τρίτον τοῦτο προστίθησιν, ὅτι καὶ οἱ λέγοντες μηδὲν ἀπὸ τύχης γί-
νεσθαι λέγοιεν ἂν κατά τινα τρόπον ὀρθῶς. εἰ γάρ τις τὰ κυρίως λεγόμενα 20
καὶ καθ' αὑτὰ αἴτια μόνα λέγοι, μηκέτι δὲ καὶ τὰ κατὰ συμβεβηκός, οὐ
δόξει τινὸς αἰτία εἶναι ἡ τύχη· ἐν γὰρ τοῖς κατὰ συμβεβηκὸς λεγομένοις
αἰτίοις ἐστὶν αὕτη. πάντα οὖν φησι τὰ εἰρημένα περὶ τῆς τύχης, ὅτι ἄδη-
25 λος ἀνθρώπῳ, ὅτι οὐδενὸς αἰτία, ὅτι ἀορίστων αἰτία, ὀρθῶς λέγεται, διότι
ἔχει τὸν εἰκότα λόγον καὶ συνᾴδει τῷ ἀποδεδομένῳ τῆς τύχης ὁρισμῷ.
καὶ δῆλον ὅτι ἡ πάντων συμφωνία κατασκευαστικὴ καὶ αὐτή ἐστι τοῦ
εἶναι τὴν τύχην. ἐφεξῆς δὲ παράδειγμα ἐπάγει δεικτικὸν καὶ τοῦ τὴν τύ- 25
χην ὡς μὲν κατὰ συμβεβηκὸς αἰτίαν εἶναι, ὡς δὲ καθ' αὑτὸ μηδαμῶς, καὶ
30 τοῦ ἀόριστον αἴτιον εἶναι τὴν τύχην, εἴπερ τοῦ ἐλθόντα κομίσασθαι
τὸ ἀργύριον μὴ τούτου ἕνεκα ἐλθόντα, ἄπειρα τὸ πλῆθος αἴτια
δύναται εἶναι. εἰπὼν δὲ κατὰ συμβεβηκὸς μὲν αἴτιον εἶναι τὴν τύχην,

---

1 ἄπειρα—γίνεται iteravit D   2 ἀρίστου F   3 ἄριστον F¹   5 ἀλλὰ τὰ ὡς
DE: ἄλλως τὰ F: ἀλλὰ τὰ ὡς τὰ a   6 ἂν γένοιτο E: γένοιτο ἂν aDF   7 ante ἐφεξῆς
add. τὰ E   8 αἴτια DE: αἰτιά φησιν ἐστὶ F: αἴτια ἐστὶ a   9 ἂν γένοιτο E: γένοιτο ἂν
aDF   14 πρότερον p. 196ᵇ6   15 δοκεῖ E   16 ἐπενόουν a   17 διδομέ-
νων F   19 καὶ φεύγων καὶ θεασάμενος E (cf. p. 340, 26 et Themistius p. 183, 13 Sp.):
καὶ θεασάμενος καὶ φεύγων aD cf. Arist. codd. FI et Philoponus   22 λέγοι μόνα aF
τὰ (post καὶ) om. DE   23 ἡ τύχη εἶναι a   24 παρὰ F   26 ἀποδιδομένῳ E
27 αὕτη aDF   28 τὴν (post τοῦ) om. E   30 τοῦ (post καὶ) om. E   31 ἕνε-
κεν a   32 εἶναι δύναται a

ἁπλῶς δὲ οὐδενός, παράδειγμα ἐπάγει καθ' αὑτὸ αἰτίου καὶ κατὰ συμβεβηκὸς λέγων οἷον οἰκίας οἰκοδόμος μὲν αἴτιος καθ' αὑτὸ δηλονότι καὶ κυρίως, κατὰ συμβεβηκὸς δὲ αὐλητής. καὶ τότε τοῦ ὡς ἀπὸ τύχης κατὰ συμβεβηκὸς ἐπάγει τὸ παράδειγμα τὸ ἐλθόντα κομίσα-
5 σθαι τὸ ἀργύριον μὴ τούτου ἕνεκα ἐλθόντα. ἐπιστῆσαι οὖν ἄξιον, ὅτι οὐ πᾶν τὸ κατὰ συμβεβηκὸς αἴτιον, κἂν προαιρετικὸν εἴη καὶ ἐπ' ἔλαττον καὶ ἕνεκά του ποιῇ, τύχης ἐστίν, ὡς οὐδὲ πᾶν τὸ κατὰ συμβεβηκὸς ἀποτέλεσμα ἀπὸ τύχης. ἀλλ' ἀπὸ τύχης μέν ἐστι τὸ [δὲ] ἀπὸ τοῦ καθ' αὑτὸ αἰτίου προαιρετικοῦ μὴ καθ' αὑτὸ γινόμενον, τύχη δὲ αὐτὸ τὸ καθ'
10 αὑτὸ αἴτιον μὴ ὡς καθ' αὑτὸ λαμβανόμενον. τὸ γὰρ προελέσθαι προελθεῖν τοῦ ἀσπάσασθαι τὸν φίλον ἕνεκεν κατὰ συμβεβηκὸς αἴτιον γινόμενον τοῦ ἀπολαβεῖν τὸ ἀργύριον τύχη γίνεται καὶ τὸ ἀπολαβεῖν ἀπὸ τύχης. τὸ μέντοι ⟨τῷ⟩ καθ' αὑτὸ αἰτίῳ συμβεβηκὸς ἄλλο τι παρ' αὐτὸ ὂν οἷον ὁ αὐλητὴς τῷ οἰκοδόμῳ, εἰ οὐκ ἔστι τύχη, οὐδὲ τὸ ἀπὸ τούτου ἀπὸ τύχης
15 λέγεται. οὐ γὰρ ἄλλο τι προείλετο ὁ οἰκοδόμος καὶ ἄλλο ἠκολούθησεν, ὅπερ δεῖ ἐν τοῖς ἀπὸ τύχης ὁρᾶσθαι.

p. 197 a 18 Καὶ τὸ εἶναι φάναι τὴν τύχην παράλογον ὀρθῶς ἕως τοῦ καὶ ἡ τύχη ἀόριστον.

Καὶ τὸ παράλογον εἶναι τὴν τύχην ὀρθῶς φησι λέγεσθαι περὶ
20 αὐτῆς. ὁ γὰρ λόγος τῶν ὡρισμένων ἐστίν, ὥστε τὰ ἀόριστα παράλογα. εἰ οὖν ἡ τύχη ἀόριστος, τὸ δὲ ἀόριστον παράλογον, ἡ τύχη παράλογος εἰκότως λέγεται. ὅτι δὲ ἡ τύχη ἀόριστος, ὑπομιμνήσκει ἐκ τοῦ ἐν τοῖς ἐπ' ἔλαττον εἶναι τὴν τύχην· εἰ γὰρ ἡ τύχη ἐν τοῖς ἐπ' ἔλαττον αἰτίοις, τὰ δὲ ἐπ' ἔλαττον ἀόριστα, ἡ τύχη ἀόριστος.

25 p. 197 a 21 Ὅμως δὲ ἐπ' ἐνίων ἀπορήσειεν ἄν τις ἕως τοῦ ἔστι γὰρ ἄλλα ἄλλων ἐγγύτερα τῶν κατὰ συμβεβηκὸς αἰτίων.

Εἰπὼν ὅτι ἀόριστον αἴτιόν ἐστιν ἡ τύχη, ἀπορίας ἄξιον εἶναί φησιν, εἰ τὰ τυχόντα ὁμοίως αἴτια ἂν γένοιτο τῆς τύχης, τουτέστι τοῦ ἀπὸ τύχης, καὶ μὴ ἄλλα ἄλλων μᾶλλον αἴτιά ἐστιν, ὥσπερ καὶ ἐπὶ τῶν ἄλλων τῶν
30 κατὰ συμβεβηκὸς αἰτίων. καὶ γὰρ τοῦ ἀνδριάντος προσεχέστερον αἴτιόν ἐστιν ὁ Πολύκλειτος ἤπερ ὁ ἄν|θρωπος. ὡς καὶ ἐν τοῖς καθ' αὑτὸ αἰτίοις προσεχέστερον ἦν αἴτιον ὁ ἀνδριαντοποιὸς τοῦ τεχνίτου. ὅταν γὰρ νοσοῦν-

---

1 post ἐπάγει add. τοῦ a   αἴτιον DF   2 οἰκείας a   μὲν οἰκοδόμος aF
3 καὶ (ante τότε) om. E   6 εἴη] ᾖ emendator Ambros. Q 114 inf.   7 οὐδὲ]
δὲ D   8 δὲ (post τὸ) delevit a   11 ἀσπάσεσθαι aF   ἕνεκεν DF: ἕνεκε E:
ἕνεκα a   γενόμενον D   12 τὸ μέντοι τῷ a: τὸ μέντοι E: τῷ μέντοι DF
14 εἰ DF: ἢ E: ᾖ a. deletum malim   15 οὐ DE: οὐδὲ aF   εἵλετο aF
17 φάναι τι [hoc add. ex Arist.] παράλογον τὴν τύχην a   20 ὥστε καὶ τὰ a
24 post τύχῃ add. ἄρα a   27 ἐστιν αἴτιον D   εἶναί om. aF   29 μᾶλλον
om. a   30. 31 ἐστιν αἴτιον E   31 ἐστιν—αἴτιον (32) om. D   ἤπερ F: εἴπερ aE

τός τινος καὶ ἀποκαρέντος διὰ τὴν τῶν τριχῶν ἀπόθεσιν ἢ πνεῦμα ἐπιγέ- 77ᵛ
νηται διαφορητικὸν ἢ εἴλησις, τουτέστιν ἀπὸ ἡλίου θέρμη (εἴλη γὰρ ἡ τοῦ
ἡλίου αὐγή, ὅθεν καὶ τὸ εἰληθερεῖν), καὶ ἀκολουθήσῃ ἡ ὑγίεια, ἆρα τῆς
κατὰ τύχην ὑγιείας ὁμοίως αἴτιόν ἐστι τὸ πνεῦμα ἢ ἡ εἴλησις ἢ τὸ ἀπο- 5
5 κεκάρθαι, ἢ μᾶλλον τὸ πνεῦμα ἢ ἡ εἴλησις; ἀλλ' οὐ τὸ ἀποκεκάρθαι, εἴ-
περ ἐστὶν ἄλλα ἄλλων ἐγγύτερα καὶ τῶν κατὰ συμβεβηκὸς αἰτίων. εἰ γὰρ
τοῦτο, οὐχ ἁπλῶς ἀόριστον τὸ ἀπὸ τύχης οὐδὲ ἀόριστον αἴτιον ἁπλῶς ἡ
τύχη· ὥρισται γὰρ τὸ προσεχέστερον αἴτιον. ἡ μὲν οὖν ἀπορία τοιαύτη,
ὡς οἶμαι, τὴν λύσιν ἡμῖν καταλιποῦσα ζητεῖν, ἥτις εἴη ἂν καὶ αὐτὴ
10 τοιαύτη. ὅταν μὲν λαβόντες τὰ κατὰ συμβεβηκὸς αἴτια συγκρίνωμεν, τό-
τε οὐ τὰ τυχόντα αἴτια τῶν γινομένων ἀπὸ τύχης ὁμοίως, ἀλλὰ μᾶλλον
τὰ προσεχέστερα· ὅταν δὲ ἁπλῶς ζητῶμεν, τί ἂν αἴτιον γίνοιτο τῶν ἀπὸ 10
τύχης, τότε οὐκ ἔστιν ὁρίσαντας εἰπεῖν τόδε τι· ἄπειρα γὰρ καὶ ἀόριστα
ληφθῆναι δύναται. ζητεῖ δὲ ὁ Ἀλέξανδρος, εἰ κατὰ συμβεβηκὸς αἴτιον ἡ
15 τύχη, κατὰ συμβεβηκὸς δὲ αἴτιόν ἐστι τὸ τῷ καθ' αὑτὸ αἰτίῳ συμβεβηκός,
ἔσται τι καὶ καθ' αὑτὸ αἴτιον τοῦ ἀπὸ τύχης, ὡς εἶναι τὸ τούτῳ συμβε-
βηκὸς τύχην. καὶ λέγει ὅτι ἐστὶ τὸ ἐλθεῖν καθ' αὑτὸ μὲν τοῦ δι' ὃ ἦλθεν
αἴτιον, κατὰ συμβεβηκὸς δὲ τοῦ ἀπαντήσαντος, ὅ ἐστι τὸ ἀπὸ τύχης· καὶ
τότε τὸ ἐλθεῖν ὡς αἴτιον τύχη, ὅταν μὴ ὡς καθ' αὑτὸ ἁπλῶς, κατὰ 15
20 συμβεβηκὸς δὲ αἴτιον ληφθῇ.

p. 197ᵃ25 Τύχη δὲ ἀγαθὴ μὲν λέγεται ἕως τοῦ τὸ γὰρ παρὰ
μικρὸν ὥσπερ οὐδὲν ἀπέχειν δοκεῖ.

Ἡ τῆς ἀγαθῆς καὶ κακῆς τύχης διαίρεσις σαφὴς καὶ τῆς εὐτυχίας
καὶ δυστυχίας. καὶ γὰρ πανταχοῦ τὸ εὖ τὸ μέγεθος καὶ τὸ ἐκπρεπὲς προστί-
25 θησιν. ὥσπερ εὐκλεῆ λέγομεν οὐ τὸν ὁπωσοῦν ἐπίδοξον, ἀλλὰ τὸν πάνυ,
καὶ εὐμαθῆ ὁμοίως. ὁμοίως δὲ καὶ τὸ δυς μόριον τὸ ἀντικείμενον μέγεθος
σημαίνει. ὅτι δὲ ἐν μεγέθει ἡ εὐτυχία ἐστί, δείκνυσιν οἶμαι δυνάμει συλλο-
γιζόμενος οὕτως. ἡ εὐτυχία καὶ δυστυχία κἂν παρὰ μικρὸν ἔχωσι τὸ μέ- 25
γιστον ἀγαθὸν καὶ κακόν, εὐτυχία καὶ δυστυχία εἰσί· τὰ παρὰ μικρὸν
30 ἔχοντα οὐδὲν ἧττόν ἐστι τοῦτο ὅπερ λέγεται· ταῦτα δὲ ἐν μεγέθει ἐστί,
διότι ἐν τοῖς μεγέθεσι τὸ παρὰ μικρὸν οὐδὲν ἀπέχειν δοκεῖ τοῦ ὅλου. ἡ
ἄρα εὐτυχία καὶ δυστυχία ὡς μέγεθος ἔχοντα λέγεται οὕτως. καὶ μᾶλλον
ὁ Πορφύριος οὕτως ἐπέβαλε καὶ Ἀλέξανδρος κατὰ πρώτην ἐξήγησιν, τοῦ

---

3 αὐγή DE: θέρμη aF   ἀκολουθήσει aE   4 ἢ τὸ DEF: ἀλλ' οὐ τὸ a   5 ἢ
μᾶλλον—ἀποκεκάρθαι om. a   ἢ μᾶλλον EF: εἰ μᾶλλον D   τὸ πνεῦμα om. E
ἡ (post ἢ) om. F   7 ἀόριστον DEF: τὸ αἴτιον a   αἴτιον om. a   8 ὡρίσθαι a
οὖν om. F   9 καλλιποῦσα F   ἂν εἴη E   αὕτη aF   12 δὲ E: δὲ τὰ aDF
γένοιτο a   τοῦ ἀπὸ Them. p. 184, 2   16 αἴτιον (ante τοῦ) om. E   18 ἀπαντῆ-
σαι a   19 ὡς post αἴτιον transiecit E   ἁπλῶς] ἀλλ' ὡς E   20 δὲ om. E
22 δοκῶ E   24 καὶ τῆς δυστυχίας aF   τὸ εὖ aE: τῷ εὖ DF   εὐπρε-
πὲς D   26 ὁμοίως alterum om. DF   26. 27 σημαίνει μέγεθος aF   28 ἔχουσι E

παρὰ μικρὸν ἐνταῦθα οὐκ ἐπὶ τοῦ παρὰ μικρὸν ἐλθόντος τοῦ τυχεῖν καὶ 77ᵛ
ἐμποδισθέντος ἀκουομένου, ἀλλ' ἐπὶ τοῦ τὸ ὅλον κακὸν καὶ ἀγαθὸν παρὰ 30
μικρὸν λαβόντος, διότι καὶ τὸν τὸ μέγιστον ἀγαθὸν παρὰ μικρὸν λαβόντα
εὐτυχῆ καλοῦμεν ὁμοίως τῷ τὸ ὅλον μέγεθος λαβόντι καὶ τὸν τὸ μέγιστον
5 κακὸν παρὰ μικρὸν δυστυχῆ ὡς τοῦ μικροῦ μηδὲν ὄντος.

Καὶ ἄλλως δὲ δυνατὸν ἀκούειν τοῦ εἰρημένου· εἰ γὰρ τὸ παρὰ μι-
κρὸν ἐπὶ μεγέθους εἴωθε λέγεσθαι, λέγομεν δὲ δυστυχεῖν ἐκείνους, ὅσοι
παρὰ μικρὸν κακὸν ἄν τι μέγα ἔλαβον, καὶ εὐτυχεῖν ἐκείνους, ὅσοι παρὰ
μικρὸν ἀγαθόν τι μέγα ἔλαβον, δῆλον ὅτι ἐν μεγέθει τὸ εὐτυχεῖν καὶ 35
10 δυστυχεῖν ἐστι. καὶ ἐτίμων τοὺς Παρὰ μικρὸν καλουμένους θεοὺς οἱ Λακε-
δαιμόνιοι ὡς σωτῆρας, ὅτι τοὺς μέλλοντας κινδυνεύειν τὸ παρὰ μικρὸν τοῦ
κινδυνεῦσαι διδόντες ἔσφζον. καὶ ταύτῃ μᾶλλον τῇ ἐξηγήσει τίθεται ὁ
Ἀλέξανδρος. τὸ δὲ ἐπαγόμενον ὅτι ὡς ὑπάρχοντα λέγει ἡ διάνοια·
τὸ γὰρ παρὰ μικρὸν ὥσπερ οὐδὲν ἀπέχειν δοκεῖ μᾶλλον τῇ προ-
15 τέρᾳ συνᾴδει ἐξηγήσει. πῶς γὰρ ὡς ὑπάρχον λέγει ἡ διάνοια τὸ παρὰ
μικρὸν ἂν γενόμενον; εἰ δὲ καὶ λέγοι, ὁ παρὰ μικρῷ μεγάλῳ κακῷ περι- 40
πεσὼν εἴη ἂν δυστυχής, εἴπερ τὸ μικρὸν τὸ ἐλλεῖψαν ἐν οὐδενὶ λόγῳ ἐστί.
καίτοι εὐτυχῆ φαμεν αὐτόν. καὶ ὁ παρὰ μικρὸν μέγα ἀγαθὸν λαβὼν εἴη
ἂν εὐτυχής. καίτοι δυστυχῆ φαμεν αὐτόν, ὅτι μεγάλου ἀγαθοῦ ἀπεστε-
20 ρήθη, ὅπερ ἐστὶ μέγα κακόν. ὅλως δὲ τὸ τοιοῦτον μέγεθος, ἐν ᾧ τὸ
τοιοῦτον παρὰ μικρὸν θεωρεῖται, οὐχ ὡς μέγα λέγεται μέγεθος, ἀλλ' ὡς
τῷ γενομένῳ καὶ τὸ μέγα καὶ τὸ μικρὸν θεωρεῖται. μήποτε οὖν οὐ διὰ
τὸ παρὰ μικρὸν ἐν μεγέθει λέγει εἶναι τὸ εὐτυχεῖν καὶ τὸ δυστυχεῖν, ἀλλ'
ἀπὸ τοῦ καὶ τοὺς παρὰ μικρὸν ἐλθόντας ἐμπεσεῖν εἰς μέγα κακὸν ἢ μέγα 45
25 ἀγαθόν, ὡς πλησιάσαντας μὲν παρὰ μικρὸν [οὐδέν], πλησιάσαντας δὲ με-
γάλῳ κακῷ ἢ μεγάλῳ ἀγαθῷ καὶ μὴ λαβόντας τοὺς μὲν εὐτυχεῖς, τοὺς
δὲ δυστυχεῖς καλοῦμεν, ὥσπερ καὶ τοὺς ἀφαιρεθέντας. καὶ ὅτι οὕτως εἶπε
δηλοῖ λέγων διὸ καὶ τὸ παρὰ μικρὸν κακὸν ἢ ἀγαθὸν λαβεῖν μέγα
ἢ εὐτυχεῖν ἢ ἀτυχεῖν ἐστιν, ὅτι ὡς ὑπάρχον λέγει ἡ διάνοια καὶ
30 ἀποδέδωκε τῷ μὲν τὸ μέγα κακὸν παρὰ μικρὸν λαβεῖν τὸ εὐτυχεῖν, τῷ δὲ
τὸ μέγα ἀγαθὸν τὸ ἀτυχεῖν. δείξας γὰρ πρότερον ἀπὸ τῶν ἤδη ἐχόντων 50
ταῦτα καὶ ἀπὸ τῶν παρὰ μικρὸν ὡς ἀποβαλόντων αὐτὰ τὸ αὐτὸ δείκνυσι.
καὶ τὸ ἀβέβαιον δὲ τὴν εὐτυχίαν λέγεσθαι συνᾴδειν φησὶ ταῖς ἀποδεδομέ-
ναις περὶ τῆς τύ|χης ἐννοίαις. εἰ γὰρ ἡ τύχη ἀβέβαιος, δῆλον ὅτι 78ʳ
35 καὶ ἡ εὐτυχία ἀβέβαιος. ὅτι δὲ ἡ τύχη ἀβέβαιος, δῆλον ἐκ τοῦ μήτε ἐν

---

2 τοῦ τὸ F: τοῦτο aDE   4 ὅλον a: ἄλλο DEF   καὶ τὸν] καὶ τοῦ E   7 εἴωθε
λέγεσθαι DF: οἴεσθαι λέγεσθαι E: λέγεσθαι εἴωθε a   8 ἔλαβεν E   9 καὶ δυστυ-
χεῖν om. D   10 θεοὺς nimirum Dioscuros, sed Παρὰ μικρὸν θεοὺς nominatos
esse alibi non legi   13 ὑπάρχοντα DEF: ὑπάρχον a cf. v. 29   16 ἂν λεγό-
μενον D   καὶ om. a   18 ἀγαθὸν μέγα E   24 τοῦ om. DF   25 οὐδέν
DEF (ex v. 14 glossema adscriptum): del. a   27 εἶπε] εἶναι E   29 ἢ ἀτυχεῖν
om. a   30 τῷ δὲ] ὡς δὲ E   34 εἰ] ἡ DE   ἀβέβαιον E¹   δῆλον—
ἡ τύχη ἀβέβαιος (35) in mrg. E¹   ante δῆλον habet καὶ F   35 εὐτυχία] τύχη E
τοῦ μήτε a: τοῦ μηδὲ DEF

τοῖς ἀεὶ οὖσι μητ' ἐν τοῖς ὡς ἐπὶ τὸ πολὺ εἶναι τὸ ἀπὸ τύχης, ἀλλ' ἐν 78ʳ
τοῖς ὡς ἐπ' ἔλαττον. πάντα οὖν τὰ εἰρημένα περὶ τῆς τύχης παρίστησιν,
ὅτι τοιαύτη ἦν τῆς τύχης ἔννοια παρὰ τοῖς ἀνθρώποις, οἵαν ὁ ἀποδοθεὶς
ὑπὸ τοῦ Ἀριστοτέλους λόγος διήρθρωσεν.

5 p. 197ᵃ32 Ἔστι μὲν οὖν ἄμφω ἕως τοῦ καὶ τούτων ὅσα ἂν γέ-
νοιτο ἕνεκά του.

Μετὰ τὸν περὶ τύχης λόγον ἀκόλουθον ἦν περὶ τοῦ αὐτομάτου διδάξαι
λοιπόν, τί τέ ἐστι καὶ τί τῆς τύχης διαφέρει. πρῶτον δὲ τὴν κοινωνίαν
αὐτῶν παραδίδωσιν, ὅτι ἔστιν ἄμφω κατὰ συμβεβηκὸς αἴτια ἐν τοῖς ἐπ'
10 ἔλαττόν τε καὶ ἐνδεχομένως γινομένοις, ἀλλ' οὐ τοῖς ἁπλῶς, τουτέστιν
ἀναγκαίως, οὐδὲ τοῖς ὡς ἐπὶ τὸ πολὺ καὶ τῶν ἐπ' ἔλαττον ἐν τοῖς
ἕνεκά του γινομένοις. ἐπεὶ δὲ τὸ ἐνδεχόμενον καὶ κατὰ τοῦ ἀναγκαίου
καὶ κατὰ τοῦ ὡς ἐπὶ τὸ πλεῖστον κατηγορεῖται (ὁμώνυμον γάρ ἐστι), εἰ-
πὼν τὴν τύχην ἐν τοῖς ἐνδεχομένοις εἶναι, διορίζων τὸ πῶς ἐνδεχο-
15 μένοις προσέθηκε τὸ μὴ μόνον ὡς ἁπλῶς, μηδὲ ὡς ἐπὶ τὸ πολύ,
ἵνα τοῦ ἐνδεχομένου νῦν ὡς ἐπ' ἔλαττον λεγομένου ἀκούσωμεν.

p. 197ᵃ36 Διαφέρει δὲ ὅτι τὸ αὐτόματον ἐπὶ πλέον ἐστίν· ἕως
τοῦ ἄλλως δὲ οὐκ ἔστιν.

Εἰπὼν τὴν κοινωνίαν τῆς τύχης καὶ τοῦ αὐτομάτου τὴν διαφορὰν αὐ-
20 τῶν ἐφεξῆς παραδίδωσιν, ἐπὶ πλέον λέγων τὸ αὐτόματον τῆς τύχης, διότι
τὸ μὲν ἀπὸ τύχης πᾶν καὶ ἀπὸ ταὐτομάτου, τὸ δὲ ἀπὸ ταὐτομάτου οὐ πᾶν
ἀπὸ τύχης. ἡ μὲν γὰρ τύχη ἐν μόνοις ἐστὶ τοῖς πρακτοῖς, ἅπερ ἐστὶ
κατὰ προαίρεσιν, ὡς ἐν τοῖς Ἠθικοῖς ἐδιδάχθημεν. διὸ καὶ ἔλεγε τὴν τύ-
χην ἐν τοῖς ἀπὸ διανοίας εἶναι καὶ προαιρέσεως, τὸ δὲ αὐτόματον καὶ ἐν
25 τούτοις καὶ ἐν τοῖς ἄλλοις, ὅσα ἕνεκά του γινόμενα μάτην μὲν ὅσον ἐπ'
ἐκείνῳ ἐγένετο, ἄλλο δέ τι τέλος ἔσχε τοῖς προηγησαμένοις ἀκολουθοῦν,
εἴτε ἐν φυσικοῖς εἴτε ἐν ἀλόγοις εἴτε ἐν προαιρετικοῖς τοῦτο συμβαίη. ὅτι
δὲ ἐν προαιρέσει καὶ πράξει ἡ τύχη, δείκνυσιν ἐκ τοῦ ἐν τούτοις εἶναι τὴν
τύχην, ἐν οἷς καὶ ἡ εὐτυχία, καὶ τὴν εὐτυχίαν ἐν τοῖς πρακτικοῖς καὶ περὶ
30 πρᾶξιν λαμβάνεσθαι. καὶ τοῦτο δὲ πάλιν δείκνυσιν ἐκ τοῦ τὴν εὐτυχίαν εἰς
ταὐτὸν ἰέναι τῇ εὐδαιμονίᾳ ἢ ἐγγύς, τὴν δὲ εὐδαιμονίαν πρᾶξίν τινα καὶ
εὐπραξίαν εἶναι. εἰ οὖν ἡ τύχη ἐν οἷς καὶ ἡ εὐτυχία, ἡ δὲ εὐτυχία ἐν
οἷς καὶ ἡ εὐδαιμονία, διότι τῇ εὐδαιμονίᾳ ⟨ἡ αὐτή⟩ πώς ἐστιν, ἡ δὲ

---

1 ὡς om. E   2 τῆς om. E   3 οἵαν] οἵτη sic E   5 post γένοιτο add. ἐν
τοῖς a   7 περὶ τῆς τύχης E   10 γινομένοις—ἕνεκά του (12) om. F   12 κατὰ τοῦ
aE: κατ' αὐτοῦ DF   15 μόνον om. a   19 αὐτομάτως E   21 τὸ (post διότι)
om. D   22 πρακτέοις aF   23 Ἠθικοῖς Nicom. A 1 p. 1094ᵃ19 alias
26 ἐκείνῳ EF: ἐκείνων aD   28 ἐκ τοῦ om. aF   29 καὶ (ante τὴν) om. E
fortasse ἐν τοῖς πρακτοῖς cf. v. 22   30 εὐτυχίαν a cf. Them. p. 184,27: τύχην
DEF   32 εἶναι E   33 ἡ αὐτή add. a

εὐδαιμονία ἐν πράξει, διότι εὐπραξία τίς ἐστι, καὶ ἡ τύχη ἐν πράξει ἐστίν. 78ʳ
οὐ καλῶς δὲ δοξάζουσιν οἱ τὴν εὐτυχίαν εὐδαιμονίαν οἰόμενοι. ἀλλ' ἔστι 35
μέν τι τῶν πρὸς τὴν εὐδαιμονίαν, οὐ μὴν ταὐτὸν οὐδὲ ὅμοιον, εἴπερ ἡ μὲν
εὐτυχία ἀβέβαιος, ἡ δὲ εὐδαιμονία μονιμωτάτη. διώρισται δὲ περὶ τούτων
5 ἐν τοῖς Ἠθικοῖς.
   Ὅτι δὲ ἐν προαιρέσει καὶ πράξει ἡ τύχη, δείκνυσι καὶ ἐκ τοῦ ἀντι-
κειμένου. εἰ γὰρ ἐν οἷς πρᾶξις οὐκ ἔστιν, ἐν τούτοις οὐδὲ τὰ ἀπὸ τύχης,
δῆλον ὅτι ἐν οἷς τὰ ἀπὸ τύχης ἐστίν, ἐν τούτοις καὶ πρᾶξις, καὶ περὶ
πρᾶξιν καὶ προαίρεσιν ἡ τύχη. ὅτι δὲ ἐν οἷς πρᾶξις οὐκ ἔστιν, οὐδὲ τὰ 40
10 ἀπὸ τύχης, ὑπομιμνήσκει ἐκ τῶν ἀψύχων καὶ τῶν θηρίων καὶ τῶν παι-
δίων. ταῦτα γὰρ οὔτε πράττειν λέγεται, διότι οὐκ ἔχει προαίρεσιν, οὔτε
ἀπὸ τύχης τι ποιεῖν. οὐδὲ εὐτυχία οὐδὲ ἀτυχία ὑπάρχει τούτοις, εἰ μὴ
καθ' ὁμοιότητά τινα καὶ ἀναλογίαν. διὸ κἂν λέγῃ Πρώταρχος εὐτυ-
χεῖς εἶναι τοὺς λίθους, ἐξ ὧν οἱ βωμοί, διότι τιμῶνται, οἱ δὲ
15 ὁμόζυγες αὐτῶν καταπατοῦνται, οὕτως ἀκουστέον τοῦ λεγομένου ὡς
καθ' ὁμοιότητα τὴν πρὸς εὐτυχίαν. ὅμοιον γὰρ ἔχουσι τὸ μηδὲν μηδὲ 45
αὐτοὶ συντελέσαι πρὸς τὸ γενέσθαι βωμοί, ὥσπερ οὐδὲ ἐκεῖνό τι συνε-
τέλεσε προηγουμένως εἰς τὸ τέλος, ὃ μὴ προελομένοις αὐτοῖς κατὰ τύχην
ὑπαντιάσαι λέγομεν. τί οὖν οὐδαμῶς ἐστιν ἐν τούτοις τὸ ἀπὸ τύχης; ἢ
20 ποιητικὸν μὲν αἴτιον τῶν ἀπὸ τύχης οὐ δύναται ταῦτα εἶναι, διότι ἡ τύχη
προαιρέσει παρυφίσταται καὶ πράξει, πάσχειν δὲ ἀπὸ τύχης δύναται καὶ
ταῦτα, ὅταν ὁ πράττων, ᾧ τὸ ἀπὸ τύχης ἀκολουθεῖ, πράξῃ τι περὶ αὐτὰ 50
ἀπὸ τύχης, οἷον ὁ τὸν τύραννον Προμηθέα πλήξας μὲν ἐπὶ τῷ ἀνελεῖν,
διακόψας δὲ τὸ φῦμα καὶ ἰασάμενος. εὐτυχὲς γὰρ ἂν οὕτω λέγοιτο τὸ ξί-
25 φος καὶ τάχα ἂν καὶ προσκυνοῖτο ὑπὸ τοῦ θεραπευθέντος. καὶ ζωγράφου
δέ ποτε γράφοντος ἵππον καὶ ῥίψαντος ἀκουσίως τὴν σπογγιὰν ἀφρὸς ἐν τῷ
στόματι τοῦ γραφομένου ἵππου κατὰ τύχην ἀπετυπώθη. εἰ δὲ καὶ ξύων τις
λίθον, ἵνα τι ἄλλο ποιήσῃ, βωμὸν εἰργάσατο κατὰ τύχην, κατὰ τύχην ἂν
εἴη γεγονὼς ὁ βωμός. μήποτε | δὲ ταῦτα οὐ τῶν ἀψύχων εἰσὶ τυχαῖα, 78ᵛ
30 ἀλλὰ τῶν ἐνεργούντων περὶ αὐτά. τῷ γὰρ ζωγράφῳ καὶ τῷ λιθοξόῳ ἄλλο
τι ποιοῦντι ἄλλο συνέβη. καὶ τούτοις δὲ ἴσως καθ' ὁμοιότητα, ὅτι ἐπ'
ἄλλῳ γενομένοις ἄλλο ἀπήντησε.

p. 197ᵇ 13   Τὸ δὲ αὐτόματον καὶ τοῖς ἄλλοις ζῴοις καὶ πολλοῖς
    τῶν ἀψύχων ἕως τοῦ ὅσα ἀπὸ ταὐτομάτου γίνεται τῶν
    προαιρετῶν τοῖς ἔχουσι προαίρεσιν.

35   Ὁ Ἀλέξανδρος καὶ τοῖς ἀλόγοις ζῴοις γράφει καὶ τοῖς ἀψύχοις, 10

---

1 διότι — ἐν πράξει om. D   3 μέντοι a   ἡ μὲν] εἰ μὲν D   5 Ἠθικοῖς H 14
p. 1153ᵇ 21 sqq.   6 τάξει F   8 δῆλον — τύχης (10) om. F   11 οὐδὲ ἀπὸ E
13 λέγει a   14 βωμοί DE: βωμοὶ γίνονται aF   17 ἐκεῖνο aE: ἐκεῖνα DF   21 προαι
ρέσει iteravit F   22 ᾧ] ὡς E   ἀκολουθῇ E   πράξῃ DF: πράξειε E: πράξει a
αὐτὸ a   23 Προμηθέα DF cf. Plut. de inimic. utilit. c. 6 p. 89 et Themistius p. 185,13
(quo utitur Simpl.): προμϋθέα E: προμηθεία a   25 προσκυνεῖτο E   27 ζωγραφομέ-
νου E   28 κατὰ τύχην alterum om. E   29 τύχαι E   30 περὶ] εἰσὶν F¹ περὶ
   35 ὁ om. a

οὐδὲν διάφορον σημαινούσης τῆς γραφῆς. ἀπόδειξις δὲ τοῦτό ἐστι τοῦ τὸ 78ᵛ
αὐτόματον ἐπὶ πλέον εἶναι τοῦ ἀπὸ τύχης, εἴπερ τοῦτο μὴ μόνον ἐν ἀν-
θρώποις, ἀλλὰ καὶ ἐν τοῖς ἄλλοις ζῴοις ἐστὶ καὶ ἐν τοῖς ἀψύχοις. πιστοῦ-
ται δὲ αὐτὸ διὰ παραδειγμάτων. ὁ γὰρ ἵππος ὁ ληφθεὶς ὑπὸ τῶν
5 πολεμίων εἶτα διψήσας καὶ ἐλθὼν ἐπὶ τοὺς προτέρους τόπους τοῦ πιεῖν
ἕνεκα καὶ ἀναληφθεὶς ὑπὸ τοῦ δεσπότου αὐτόματος ἦλθε, φαμέν, του-
τέστιν αὐτόματος ἐσώθη ἐλθών, ὅτι ἐσώθη μὲν ἐλθών, οὐ τοῦ σωθῆ- 15
ναι δὲ ἕνεκεν ἦλθε. καὶ ὁ τρίπους ὁ πεσὼν καὶ στὰς οὕτως ὥστε
κάθισμα γενέσθαι, αὐτόματος λέγεται πεσεῖν οὕτως, διότι ἔπεσε μὲν εἰς
10 κάθισμα, οὐ τούτου δὲ ἕνεκα ἔπεσε τοῦ κάθισμα γενέσθαι, ἀλλὰ τοῦ τὸν
οἰκεῖον καταλαβεῖν τόπον. καὶ καθόλου ὅταν ἐν τοῖς ἕνεκά του γινο-
μένοις μὴ τοῦ συμβάντος ἕνεχεν, οὗ ἔξω τὸ αἴτιον, γένηται τὸ
ἕνεκά του, ἀλλά τι ἄλλο ἀκολουθήσει παρ' ἐκεῖνο, οὗ ἕνεκα ἐγένετο, τότε
κοινῶς ἀπὸ ταὐτομάτου ταῦτα λέγομεν γίνεσθαι. καλῶς δὲ τὸ ἀπαντῆ- 20
15 σαν τέλος ἔξωθεν εἶναι δεῖν φησι καὶ οὐκ ἐν τῇ φύσει τοῦ πράγματος,
εἴπερ ἐκ ταὐτομάτου γίνοιτο. εἰ γὰρ ὁ πεσὼν λίθος κυβικὸν ἔχοι τὸ σχῆμα,
οὐκ ἐκ ταὐτομάτου ἂν λέγοιτο πρὸς καθέδραν ἐπιτηδείως καταπεσεῖν. ἐν
τῇ φύσει γὰρ ἦν αὐτοῦ τὸ πάντως, εἰ πίπτοι, τοῦτον τὸν τρόπον καταπε-
σεῖν. διὰ τοῦτο οὐδὲ τὸ πῦρ ἀπὸ ταὐτομάτου κινεῖται ἄνω· φύσις γὰρ
20 αὕτη τοῦ πυρὸς ἔνδοθεν οὕτω κινοῦσα. διὰ τοῦτο δὲ ἐρεῖ, ὅτι μηδὲ τὰ
παρὰ φύσιν αὐτομάτως, ὅτι μὴ ἔξω αὐτῶν τὸ αἴτιον ἢ τὸ ποιητικὸν ἢ τὸ 25
τελικὸν ἢ τάχα καὶ ἄμφω, ὥσπερ ἐπὶ τῶν ἐκ ταὐτομάτου γινομένων καὶ
τὸ ποιητικὸν ἔξω καὶ ἀφανὲς εἶναι χρὴ καὶ τὸ τέλος· ὡς τοῦ πατάξαι τὸν
λίθον καὶ τὸ πατάξαι ἔξωθεν, ὅπερ ἐστὶ τὸ τέλος (οὐ γὰρ ἐνυπάρχει τῷ
25 λίθῳ) καὶ τὸ ποιητικὸν αἴτιον τῆς πληγῆς. διὸ καὶ ἀπὸ ταὐτομάτου τοῦτο.
καὶ ταῦτα μὲν τὰ κοινῶς ἀπὸ ταὐτομάτου λεγόμενα.

Τούτων δὲ ἀπὸ τύχης ἐστί φησιν, ὅσα τῶν προαιρετῶν
ἀπὸ ταὐτομάτου γίνεται ἐν τοῖς ἔχουσι προαίρεσιν. καὶ καλῶς 30
προσέθηκε τὸ ἐν τοῖς ἔχουσι προαίρεσιν. τούτῳ γὰρ τὰ ἀπὸ τύχης
30 ἐχώρισε τῶν ἐκ ταὐτομάτου· τὸ γὰρ αὐτόματον ἐν τοῖς προαιρετοῖς, κἂν
μὴ προαίρεσιν ἔχῃ ταῦτα οἷς συμβαίνει. τὸ γὰρ ἐλθεῖν τὸν ἵππον προαι-
ρετὸν ἦν τῷ δεσπότῃ, οὐ μὴν κατὰ προαίρεσιν ὁ ἵππος ἦλθε. καὶ ὁ τρί-
πους οὕτως ἂν κατὰ προαίρεσιν ὑπό τινος ἐτέθη, οὐ μέντοι κατὰ προαίρεσιν
κατέπεσεν οὕτως. λέγει δὲ καὶ αὐτὸς ὁ Ἀριστοτέλης περὶ τοῦ αὐτομάτως

---

3 ἄλλοις aDF: ἀλόγοις E recte si Alexandrea continuantur   6 καὶ ἀναληφθεὶς DE:
εἶτα ληφθεὶς aF   7 ὅτι ἐσώθη μὲν ἐλθών om. a   8 ὁ (ante πεσὼν) om. a   9 ὅτι
aF   10 ἕνεκεν E   11 τόπον] hinc deficit D   ἐν τοῖς aF: om. E
12 ἔξωθεν a   τοῦ ἕνεκα του E   14 καλῶς κτλ. ex Themistio p. 185, 23 ad verbum
fere translata   16 ἔχει E (cf. p. 352, 23): ἔχει aF   17 καταπεσεῖν E: πεσεῖν aF
18 αὐτοῦ τὸ Themistius: αὐτοῦ τοῦ E: αὐτοῦ aF   20 πυρός ἐστιν E   κινοῦσαν E
22 ἐπὶ] ἐκ E   23 ὡς τοῦ — τέλος (24) om. E   24 καὶ τὸ πατάξαι a: καὶ τοῦ
πατάξαι F   28 καὶ καλῶς — προαίρεσιν (29) om. F   29 τοῦτο F   30 τὸ γὰρ E:
καὶ γὰρ τὸ aF   31 τὸ γὰρ τὸ aF   34 ὁ om. aF

πατάξαντος λίθου "ὅτι πέσοι ἂν ὑπό τινος καὶ τοῦ πατάξαι ἕνεκα", ὅταν 78ᵛ
τις τοῦτο προελόμενος βάλῃ. διὰ τοῦτο οὖν καὶ τοῦτο προαιρετὸν καὶ ἐν 35
τοῖς ἕνεκά του. ὥστε τῶν ἕνεκά του καὶ ἐκ ταὐτομάτου τὰ μὲν ἁπλῶς
αἱρετά, τὰ δὲ καὶ κατὰ προαίρεσιν ἅπερ ἐστὶν ἀπὸ τύχης. κατὰ προαίρεσιν
5 δέ, οὐχ ὅτι ἐκεῖνο προείλετο τὸ ἀκολουθῆσαν (οὐ γὰρ ἂν ἦν ἀπὸ τύχης),
ἀλλ' ὅτι προαιρέσει ἐπ' ἄλλῳ τινὶ προβληθείσῃ ἐπεγένετο. "οὐ πάντως δέ,
φησὶν Ἀλέξανδρος, ἐν οἷς παρὰ τὴν προαίρεσιν ἄλλο τι ὑπήντησεν, εὐθέως
τύχη τοῦτο καὶ ἀπὸ τύχης, ἀλλ' ἂν τὸ τοιοῦτον ᾖ οἷον μὴ ἀναγκαίως 40
μηδὲ ὡς ἐπὶ τὸ πολὺ ἀκολουθεῖν τῷ ἄλλου χάριν γινομένῳ· τῷ γὰρ
10 ἰσχύος χάριν γυμνασαμένῳ πλείω καὶ διὰ κόπον πυρέξαντι ἀπροαίρετον
μὲν τὸ πυρέξαι, οὐκ ἀπὸ τύχης μέντοι· εἴωθε γὰρ ἐπὶ τῶν πλείστων τῶν
ἀσυμμέτρων γυμνασίων κόπος ἐπιγίνεσθαι, ἐπὶ δὲ τούτῳ πυρετός. καὶ τῷ
χειμῶνος πλέοντι πολλάκις ναυάγιον ἀκολουθεῖ οὐ κατὰ προαίρεσιν μέν, οὐ
μὴν ἀπὸ τύχης."

15 p. 197ᵇ22 Σημεῖον δὲ τὸ μάτην ἕως τοῦ ὅτι πέσοι ἂν ὑπό τινος 45
καὶ ἕνεκα τοῦ πατάξαι. 50

Εἰπὼν ὅτι κοινῶς ἀπὸ ταὐτομάτου τότε λέγομέν τι γίνεσθαι, ὅταν
τῷ ἕνεκά του γινομένῳ μὴ τὸ οὗ ἕνεκα ἐγένετο ἀκολουθήσῃ, ἀλλά τι ἄλλο
παρὰ τοῦτο οὗ οὐκ ἦν ἔνδον ἡ ἀρχή, σημεῖον τοῦ τοῦτο οὕτως ἔχειν ποιεῖ-
20 ται τὸ καὶ τὸ μάτην παρ' ὃ γέγονε τὸ αὐτόματον τοιοῦτον εἶναι. καὶ γὰρ
μάτην λέγεταί τι | γενέσθαι, ὅταν τὸ ἕνεκα ἄλλου γινόμενον μὴ ἐκεῖνο 79ʳ
σχῇ τέλος, οὗ ἕνεκα ἐγίνετο. οἷον εἴ τις βαδίζοι διὰ λάπαξιν τῆς γαστρός,
εἰ μὴ ἀκολουθήσει τοῦτο βαδίσαντι, μάτην φαμὲν βαδίσαι καὶ ἡ βάδισις
μάταιος. τοῦτο γάρ ἐστι τὸ μάτην τὸ πεφυκὸς ἄλλου ἕνεκα, ὅταν
25 μὴ περαίνῃ ἐκεῖνο, οὗ ἕνεκα ἦν ἢ ἐπεφύκει. τοιγαροῦν εἴ τις φαίη
λελοῦσθαι μάτην, ὅτι οὐκ ἐξέλιπεν ὁ ἥλιος, γελοίως ἂν λέγοι· οὐ γὰρ
ἕνεκα τοῦ ἐκλιπεῖν τὸν ἥλιον ἐλούετο. διττὸν δὲ τὸ μάτην, μᾶλλον δὲ 5
τριττόν. ἢ γὰρ οὐδὲν ἕτερον ἀκολουθεῖ τῷ μάτην γινομένῳ, ἀλλὰ μόνον
τοῦ οἰκείου τέλους ἡμάρτηκεν ὡς ἡ βάδισις τοῦ τὴν γαστέρα λαπαχθῆναι·.
30 ἢ ἕτερόν τι ἀκολουθεῖ τέλος παρ' ἐκεῖνο, οὗ ἕνεκεν ἐγένετο τὸ προγεγονός·
ἢ καὶ ἐκεῖνο ἀκολουθεῖ τὸ οὗ ἕνεκα καὶ ἄλλο τι παρ' ἐκεῖνο. κατέπεσε
γὰρ ὁ λίθος οὐ τοῦ πατάξαι ἕνεκεν, ἀλλ' ἵνα τὸν οἰκεῖον καταλάβῃ
τόπον. διὸ ἀπὸ ταὐτομάτου μὲν οὕτως κατέπεσεν ὡς πλῆξαι, καθ' αὑτὸ

---

1 ὅτι κτλ. p. 197ᵇ31   τοῦ πατάξαντος F   ἕνεκεν a   2 τοῦτο τις aF   βάλῃ a: βάλοι F: λάβῃ E   4 προαιρετά E   καὶ om. F   κατὰ E: καὶ κατὰ aF   5 ἂν om. E   6 ἐπεγίνετο aF   πάντων E   8 τὸ (post ἂν) E: om. aF   ᾖ] ἦν F   10 γεγυμνασμένῳ F   13 πολλάκις post ἀκολουθεῖ transiecit E   16 ἕνεκά του πατάξαι E cf. p. 349,3: τοῦ πατάξαι ἕνεκα ex Arist. a   18 οὗ] οὖν E   19 περὶ E   ἡ (post ἔνδον) om. a   τοῦ τοῦτο F: τούτου τὸ E: τοῦτο a   20 τὸ (ante καὶ) om. E   22 οἷον iteravit F   βαδίζει F   23 ἀκολουθήσει aF: ἀκολουθήσοι E   τούτῳ F   30 τι om. F   τέλος ἀκολουθεῖ aF   31 ἢ καὶ ἐκεῖνο a: ἢ ἐκεῖνο E: καὶ ἐκεῖνο F   post ἕνεκα add. ἢ E   τι om. aF

δὲ ὡς τὸν οἰκεῖον τόπον καταλαβεῖν. μάτην δὲ ὡς πρὸς τὸ πλῆξαι κατέ- 79r
πεσε καὶ ἡ πληγὴ ἀπὸ ταὐτομάτου. ὅτι πέσοι μὲν ἂν ὑπό τινος βλη- 10
θεὶς ἕνεκα τοῦ πατάξαι, καὶ διὰ τοῦτο ἐν τοῖς ἕνεκά τού ἐστιν, οὐ
μέντοι διὰ τοῦτο τότε ἔπεσεν. ἔστι δὲ καὶ ἄλλη γραφὴ τῆς ἐν ἀρχῇ λέ-
5 ξεως τοιαύτη· σημεῖον δὲ τὸ μάτην, ὅτι λέγεται ὅταν μὴ γένη-
ται τὸ οὗ ἕνεκα, ἀλλ᾽ ὃ ἐκείνου ἕνεκα. τὸ δὲ αὐτὸ καὶ αὕτη δηλοῖ·
μάτην γὰρ λέγεταί τι γίνεσθαι, ὅταν μὴ γένηται τὸ οὗ ἕνεκα ἄλλο ἄν
τι προεγένετο δι᾽ ἐκεῖνο τὸ προγενόμενον, ἀλλά τινι ἄλλῳ τὸ γενόμενον 15
ἀκολουθήσῃ τῷ κατὰ συμβεβηκὸς αἰτίῳ. τὸ γὰρ πλῆξαι, ὅταν μὴ γένηται
10 ἕνεκά του δι᾽ αὐτὸ βαλόντος, ἐκ ταὐτομάτου λέγεται γίνεσθαι, ὅτι τῷ μά-
την ὡς πρὸς τὸ πλῆξαι προγενομένῳ ἠκολούθησε. τοῦτο δὲ ἦν ἡ ἐπὶ τὸν
οἰκεῖον τόπον φορά, ἥτις οὐ τοῦ πλῆξαι ἕνεκεν ἐγένετο.

Ἄξιον δὲ οἶμαι τοῖς ἐνταῦθα λεγομένοις ὑπὸ τοῦ Ἀλεξάνδρου ἐπιστῆ-
σαι. "οὐ γὰρ λέγει, φησίν, ὁ Ἀριστοτέλης ταὐτὸν εἶναι τὸ αὐτόματον καὶ
15 τὸ μάτην, ὥς τινες ᾠήθησαν, ἀλλ᾽ ᾧ διαφέρει τύχη καὶ τὸ ἀπὸ τύχης,
τούτῳ καὶ τὸ μάτην τοῦ αὐτομάτου. τύχη μὲν γὰρ ἦν τὸ ποιητικὸν 20
αἴτιον κατὰ συμβεβηκός, τὸ ἀπὸ τύχης δὲ τὸ τῷ τοιούτῳ αἰτίῳ ἐπακο-
λουθῆσαν καὶ τελικὸν αἴτιον τοῦ τοιούτου ποιητικοῦ. οὕτως οὖν καὶ μάτην
μὲν τὸ ποιητικὸν ἂν εἴη κατὰ συμβεβηκὸς αἴτιον γινόμενόν ποτε τῷ αὐτο-
20 μάτῳ, αὐτόματον δὲ τὸ ἐπακολουθῆσαν τῷ μάτην γινομένῳ. διαφέρει δὲ
τοῦ ἀπὸ τύχης, ὅτι οὐ πάντῃ τῷ μάτην ἀεὶ τὸ αὐτόματον ἐπακολουθεῖ,
τῇ δὲ τύχῃ τὸ ἀπὸ τύχης ἀεί. ἀλλ᾽ ὅταν ἐπακολουθήσῃ, τὴν αὐτὴν τάξιν
ἔχουσι τό τε ἀπὸ τύχης καὶ τὸ αὐτόματον. ἠπάτησε δέ τινας, ὡς ταὐτὸν 25
Ἀριστοτέλους τὸ μάτην καὶ τὸ αὐτόματον λέγοντος, τὸ ἐπενεχθὲν παρά-
25 δειγμα οὐκ οἰκείως ῥηθέν. κατέπεσε γάρ, φησίν, οὐ τοῦ πατάξαι
ἕνεκεν ὁ λίθος. ἀπὸ ταὐτομάτου ἄρα κατέπεσεν ὁ λίθος, ὅτι
πέσοι ἂν ὑπό τινος καὶ τοῦ πατάξαι ἕνεκεν. ἀκαταλλήλως γὰρ ἔχει
τὸ παράδειγμα. μάτην μὲν γὰρ ἂν λέγοιτο πεπτωκέναι ὁ λίθος, εἰ οὗ
χάριν ἔπιπτε μὴ ἐγένετο· τοῦτο γὰρ εἴρηκεν εἶναι τὸ μάτην. αὐτόματον
30 δὲ ἂν ἐγεγόνει τὸ πληγῆναί τινα ὑπ᾽ αὐτοῦ, εἰ ἄλλου χάριν καταφερόμενος 30
τοῦτο μὲν οὐκ ἐποίησεν, ἐπάταξε δέ τινα. δεῖ οὖν προσυπακούειν τῷ ἀπὸ
ταὐτομάτου ἄρα κατέπεσε τὸ 'καὶ ἔπληξεν'. ἀπὸ ταὐτομάτου μὲν γὰρ
ἔπληξε, κατέπεσε δὲ μάτην. ὅτι γὰρ τοῦτο βούλεται, ἐδήλωσε δι᾽ οὗ ἐπι-
φέρει λέγων ὅτι πέσοι ἂν ὑπό τινος καὶ τοῦ πατάξαι ἕνεκα. ὡς
35 γὰρ τοῦ πατάξαι αὐτὸν αὐτομάτως γεγονότος λέγει, οὐ τοῦ καταπεσεῖν".

Ταῦτα τοῦ Ἀλεξάνδρου λέγοντος αὐτοῖς ⟨τοῖς⟩ ῥήμασι. τὸ μὲν μὴ εἶναι
τὸ μάτην καὶ τὸ αὐτόματον τὸ αὐτὸ καλῶς εἰρῆσθαί μοι δοκεῖ. καὶ γὰρ 35

---

1 καταλαβών E   ὡς τὸ F   4 τότε om. F   ἔστι EF: ἔτι a   6 τὸ οὗ
ἕνεκα aF: τοῦ οὗ ἕνεκα E   ἀλλ᾽ ὃ aF: ἄλλο E   7 ἄλλο E: ἀλλ᾽ ὃ aF
8 ἀλλά τινι — τὸ γενόμενον E: om. aF   9 ἀκολουθήσῃ E: ἀκολουθήσει aF¹   10 τὸ
μάτην F   11 προγενόμενον F   ἠκολούθηκε E   13 τοῦ (post ὑπὸ) om. aF
16 τοῦτο F   17 αἴτιον τοῦτο οὐ τοῦ ποιητικῶς F   22 τὸ ἀπὸ E: τὰ ἀπὸ aF
31 τὸ ἀπὸ F   33 ἔπληξεν — μὲν γὰρ om. F   36 τοῖς post αὐτοῖς add. a

μάτην μὲν καὶ ἐκεῖνο λέγομεν ᾧ μηδὲν ἀκολουθεῖ, ὡς μάτην βαδίσαι λέ- 79ʳ
γομεν τὸν λαπάξεως μὲν ἕνεκα τῆς γαστρὸς βαδίσαντα, μὴ λαπαχθέντα δέ.
τὸ δὲ αὐτόματόν ἐστιν, ᾧ πάντως μὲν ἀκολουθεῖ τι, κατὰ συμβεβηκὸς δέ,
ὡς αὐτὸ τὸ προηγησάμενον ὅσον ἐπὶ τῷ ἀκολουθήσαντι μάτην προγεγονέ-
5 ναι καὶ διὰ τοῦτο καλεῖσθαι αὐτόματον. τὸ μέντοι τούτῳ διαφέρειν τὸ
μάτην καὶ τὸ αὐτόματον, ᾧ διαφέρει ἥ τε τύχη καὶ τὸ ἀπὸ τύχης, καὶ
τὸ ποιητικὸν μὲν εἶναι τὸ μάτην τοῦ αὐτομάτου, τὸ δὲ τέλος καὶ τὸ ἐπα- 40
κολουθοῦν εἶναι τὸ αὐτόματον, οὐκέτι ὀρθῶς εἰρῆσθαί μοι δοκεῖ. τῇ γὰρ
τύχῃ οὐ τὸ μάτην, ἀλλὰ τὸ αὐτόματον ἀναλογεῖ, τῷ δὲ ἀπὸ τύχης τὸ
10 ἀπὸ ταὐτομάτου. καὶ ποιητικὸν μὲν τὴν τύχην καὶ τὸ αὐτόματόν φησιν
ὁ Ἀριστοτέλης ἀλλ' οὐχὶ τὸ μάτην, τελικὰ δὲ τὸ ἀπὸ τύχης καὶ τὸ ἀπὸ
ταὐτομάτου, ἀλλ' οὐχὶ τὸ αὐτόματον. καὶ γὰρ ἀρχόμενος μὲν τοῦ λόγου
φησίν· ἔστι "δὲ καὶ ἡ τύχη καὶ τὸ αὐτόματον τῶν αἰτίων", καὶ μετ'
ὀλίγα "ἔστι μὲν οὖν ἄμφω αἴτια, καθάπερ εἴρηται, καὶ ἡ τύχη καὶ τὸ 45
15 αὐτόματον", περὶ δὲ τῶν τελῶν "τὸ μὲν γὰρ ἀπὸ τύχης πᾶν, φησίν, ἀπὸ
ταὐτομάτου" καὶ πάλιν "ἀπὸ τύχης δὲ τούτων ὁπόσα ἀπὸ ταὐτομάτου".
τὸ δέ γε μάτην οὔτε τὸ αὐτὸ τῷ αὐτομάτῳ φησίν (ἀλλὰ παρώνυμον τὸ
αὐτόματον ἀπὸ τοῦ μάτην, διότι αὐτὸ τὸ προγεγονὸς μάτην προγέγονεν
ὅσον ἐπὶ τῷ ἀκολουθήσαντι) οὔτε ποιητικὸν τοῦ αὐτομάτου. ἀλλὰ καθ'
20 ὅσον ἄπρακτον τὸ ὅσον ἐφ' ἑαυτῷ, κατὰ τοσοῦτον ἐδεήθη αὐτοῦ, πρὸς
πίστιν τῆς τοῦ αὐτομάτου ἀποδόσεως καὶ αὐτοῦ τοιούτου ὄντος. ὅλως δὲ 50
τὸ μάτην καθὸ μάτην οὐδὲ ἔστι ποιητικὸν αἴτιον, ὥσπερ ἡ τύχη καὶ τὸ
αὐτόματον. τῷ γὰρ μάτην οὐκ ἀκολουθεῖ τὸ τέλος, ὥστε οὐ ποιητικὸν
οὐδὲ κατὰ συμβεβηκός, ἀλλὰ τὸ αὐτόματόν ἐστι τὸ ποιητικόν, ᾧ τὸ ἐκ
25 ταὐτομάτου ἀκολουθεῖ, ὅσον μὲν ἐπὶ τῷ ἀκολουθήσαντι μάτην προγενομέ-
νου τοῦ προγεγονότος, κατὰ συμβεβηκὸς δὲ γενομένης τῆς ἀκολουθίας. ἀλλ'
οὐδὲ τὸ παράδειγμα τὸ ἐπὶ τοῦ λίθου ἀνοικείως ἐρρήθη. ὡς γὰρ εἶπεν
ἀπὸ ταὐτομάτου ἐλθεῖν τὸν ἵππον, τουτέστιν ἀποσωθῆναι τῷ δεσπότῃ, 79ᵛ
οὕτως καὶ πεσεῖν ἀπὸ ταὐτομάτου φησὶ τὴν πληκτικὴν πτῶσιν. ἔστιν οὖν
30 αὐτόματον μὲν τὸ κατὰ συμβεβηκὸς αἴτιον τῆς πληγῆς, ἀπὸ ταὐτομάτου δὲ
ἡ πληγή. τὸ δέ γε μάτην οὐχ ὅτι οὐκ ἔτυχε τοῦ τέλους τοῦ οἰκείου ὁ
λίθος, ἀλλ' ὅτι ὡς πρὸς τὸ πλῆξαι αὐτὸ τοῦτο ἡ πτῶσις μάτην ἐγένετο·
οὐ γὰρ τοῦ πλῆξαι ἕνεκεν, ἀλλὰ τοῦ τὸν οἰκεῖον τόπον καταλαβεῖν. ὡς 5

---

2 γαστρὸς βαδίσαντος F   3 πάντων compend. E   4 αὐτὸ aF: ἑαυτῶ E
6 post αὐτόματον iteravit καλῶς (349, 37) — ἀκολουθεῖ (350, 1) punctis deleta F
11 ὁ om. F   οὐχὶ E: οὐ aF   τὸ (post καὶ) E: om. aF   13 φησίν B 4
p. 195ᵇ 31   14 ὀλίγα B 5 p. 197ᵃ 32   ἄμφω addidit Simpl.   post εἴρηται
om. κατὰ συμβεβηκὸς Simpl.   15 τὸ μὲν κτλ. B 6 p. 197ᵃ 36   γὰρ om. E
16 ὅσα E Aristoteles: ὁπόσα aF   23 τῷ γὰρ μάτην F: τὸ γὰρ μάτην ᾧ aE
ὥστε om. a   25 μὲν om. F   προγενομένου τοῦ προγεγονότος E: προγεγονότος τοῦ
προγενομένου (προγεγενημένου a) aF   26 ante κατὰ inserit καὶ E   28 ἵππον cf.
Arist. p. 197ᵇ 15   29 ἀπὸ (post πεσεῖν) E: ἐκ aF   πληκτικὴν aF: πληθυντικὴν E
πτῶσιν in lacuna om. F   30 μὲν ante οὖν transiciunt aF   31 οὐχ E: οὐκέτι
aF   33 καταβαλεῖν E

εἴ γε ἔπεσεν ὑπό τινος βληθεὶς ἐπὶ τῷ πλῆξαι, οὐκ ἂν ἦν ἡ πληγὴ ἀπὸ 79ᵛ ταὐτομάτου.

Ἐκείνῳ δὲ καλῶς ἐπέστησεν ὁ Ἀλέξανδρος ὅτι "καὶ τὸ ἀπὸ ταὐτομάτου ἐν τοῖς προαιρετοῖς καὶ τοῖς ἕνεκά του δεῖξαι βουλόμενος προσέθηκε
5 τὸ ὅτι πέσοι ἂν ὑπό τινος καὶ τοῦ πατάξαι ἕνεκα." ὅταν γὰρ τὸ ἐπιγενόμενον τῷ μάτην ὡς πρὸς τὸ ἐπιγενόμενον προγενομένῳ τοιοῦτον ᾖ, ὡς κἂν αὐτοῦ χάριν τι γενέσθαι, μὴ μέντοι τότε τούτου χάριν τὰ πρὸ αὐτοῦ γέγονε, τότε αὐτομάτως τοῦτο γέγονεν. "ὅτι δέ, φησὶν ὁ Ἀλέξαν- 10 δρος, τὸ αὐτόματον τὸ γινόμενον λέγει, δῆλόν ἐστιν ἐκ τοῦ ὑποτάσσειν αὐ-
10 τὸν καὶ τὸ ἀπὸ τύχης τῷ αὐτομάτῳ καὶ ἐπὶ πλέον λέγειν τὸ αὐτόματον τοῦ ἀπὸ τύχης γεγονέναι. τὸ γὰρ ἀπὸ τύχης τὸ ἐπὶ τέλους λέγεται, καὶ τὸ σωθῆναι τὸν ἵππον τοιοῦτον". καὶ εἴη ἂν ὑποτάσσων τὸ ἀπὸ τύχης τῷ αὐτομάτῳ, ἐν οἷς φησι "διαφέρει δὲ ὅτι τὸ αὐτόματον ἐπὶ πλέον ἐστίν". ἀλλ' ἔδει καὶ τὸ ἐφεξῆς ἐννοεῖν· ἐπάγει γάρ· "τὸ μὲν γὰρ ἀπὸ τύχης πᾶν
15 ἀπὸ ταὐτομάτου," ὥστε καὶ πρότερον τὸ ἐπὶ πλέον τοῦ ἀπὸ τύχης, ὅπερ 15 ἐκάλεσεν αὐτόματον, τὸ ἀπὸ ταὐτομάτου ἔλεγε. τοῦτο γὰρ τῷ ἀπὸ τύχης ἀναλογεῖ. τὸν δὲ ἵππον αὐτόματον φησιν ἐλθεῖν κυρίως λέγων, εἴπερ αὐτόματον μὲν τὸ ἐλθεῖν, ἀπὸ ταὐτομάτου δὲ ἐλθόντα σωθῆναι. εἰ δέ ποτε καὶ τῷ αὐτομάτῳ ἀντὶ τοῦ ἐκ ταὐτομάτου χρῆται, θαυμαστὸν οὐδέν. καὶ
20 γὰρ Ὅμηρος οὕτως χρῆται ἐν οἷς φησιν,

αὐτόματος δὲ οἱ ἦλθε βοὴν ἀγαθὸς Μενέλαος.
καὶ

αὐτόματοι δὲ πύλαι μύκον οὐρανοῦ, ἃς ἔχον Ὧραι,

τὸ ἐκ μὴ προηγησαμένης αἰτίας προφανοῦς ἀποτέλεσμα αὐτόματον λέγων, 20
25 ὅπερ ἐκ ταὐτομάτου λέγοιτο ἂν κυριώτερον, ἀναλογοῦν τῷ ἀπὸ τύχης. εἰ γὰρ αὐτόματον τὸ ἀποτέλεσμά ἐστιν, τὸ ἐκ ταὐτομάτου τί ἂν εἴη; καὶ τὸ ἀπὸ τύχης δὲ τύχην ἐκάλεσεν ὁ Ἀριστοτέλης ἐν οἷς ἔλεγεν "ὅμως δὲ ἐπ' ἐνίων ἀπορήσειεν ἄν τις, ἆρα οὖν τὰ τυχόντα αἴτια γένοιτο ἂν τῆς τύχης." καὶ Πλάτων δὲ τὸ ἀπὸ τύχης τύχην καλεῖ λέγων ἐν Φαίδωνι "τύχη τις
30 αὐτῷ, ὦ Ἐχέκρατες, συνέβη" ἀντὶ τοῦ ἀπὸ τύχης τι αὐτῷ συνέβη.

p. 197ᵇ 32 Μάλιστα δέ ἐστι χωριζόμενον τὸ ἀπὸ τύχης ἕως τοῦ 25 καὶ τί διαφέρουσιν ἀλλήλων.

Διαφορὰν εἰπὼν τῶν ἀπὸ τύχης καὶ ἐκ ταὐτομάτου τῷ τὰ μὲν ἀπὸ

---

3 ἐκεῖνο a   4 προαιρετοῖς προσέθηκεν F   καὶ E: καὶ ἐν aF   5 τὸ (ante ὅτι) om. aF   6 τοιοῦτον a: τοσοῦτον F: τοιὸν E   8 ὁ (post φησιν) om. aF
10 καὶ (ante ἐπὶ) om. a   11 post ἐπὶ add. τοῦ aF   12 φησι p. 197ᵃ 36
21 αὐτόματος κτλ. B 408   23 αὐτόματοι κτλ. E 749   μύκον E: μῦκον F: μύκου a
25 τῷ] τὸ E   27 ἔλεγεν p. 197ᵃ 21   28 ἀπορήσει E   οὖν E: οὐ F: om. a   ἂν γένοιτο Aristoteles   τῆς om. a   29 ἐν Φαίδωνι p. 58 A
30 αὐτῷ aF: αὐτοῦ E   post alterum συνέβη add. ἀντὶ τοῦ ἀπὸ deleta (cf. v. 31) E
31 ante μάλιστα add. τύχης (cf. v. 30) nec delevit E   33 καὶ om. E   post ταὐτομάτου add. εἶναι aF

τύχης καὶ ἐκ ταὐτομάτου εἶναι, τὰ δὲ ἐκ ταὐτομάτου μὴ πάντα ἀπὸ τύ- 79ᵛ
χης, ἐπειδὴ αὕτη ἡ διαφορὰ ὡς ὅλον τι καὶ μέρος λαμβάνουσα μετὰ 30
πλείονος τῆς κοινωνίας ἦν περιεκτικὸν τοῦ ἐκ τύχης τὸ ἐκ ταὐτομάτου δει-
κνῦσα, καὶ μέντοι καὶ ὅσα τῶν ἐκ ταὐτομάτου γινομένων ἐδόκει μὴ γίνε-
5 σθαι ἀπὸ τύχης, ὥσπερ τὰ ἐν τοῖς ἀλόγοις ζῴοις καὶ τοῖς ἀψύχοις, ἐπειδὴ
εἰ προαιρετὰ ἦν ἐγίνετο ἂν καὶ ἀπὸ τύχης. καὶ γὰρ ὁ ἵππος ἐσώθη ἂν
καὶ ἀπὸ τύχης, ἀπολόμενος μὲν ἀπὸ τύχης τοῦ πολεμίου ἐπὶ πότον ἐξαγα-
γόντος ἀποφυγών, σωθεὶς δὲ ἀπὸ τύχης τῷ δεσπότῃ ἐπ' ἄλλῃ χρείᾳ τῆς 35
παρεμβολῆς προελθόντι, καὶ ὁ τρίπους ῥιφεὶς ὑπὸ τοῦ κλέπτου διωκομένου
10 κατὰ τύχην εἰς καθέδραν κατέπεσεν. ἄλλον οὖν τινα χωρισμὸν τῶν ἐκ
ταὐτομάτου πρὸς τὰ ἀπὸ τύχης ἐπιχειρεῖ παραδοῦναι νῦν ἐν τοῖς φύσει
γινομένοις καὶ τούτων ἐν τοῖς παρὰ φύσιν. τὰ γὰρ παρὰ φύσιν γινό-
μενα ἀπὸ τύχης μὲν οὐκ ἔστιν (οὐ γάρ ἐστιν ἐν τοῖς κατὰ προαίρεσιν),
ἀλλὰ μᾶλλόν φησιν ἀπὸ ταὐτομάτου γεγονέναι φαμέν. καὶ τὴν
15 αἰτίαν τοῦ μᾶλλον καὶ μὴ ἁπλῶς αὐτὸς προσέθηκεν εἰπὼν ἔστι γὰρ καὶ 40
τοῦτο ἕτερον. μᾶλλον μὲν γὰρ αὐτομάτως γίνεσθαι ῥηθήσεται τὰ παρὰ
φύσιν ἢ ἀπὸ τύχης. οὐ μὴν οὐδὲ ἐκ ταὐτομάτου κυρίου ἐστὶ ταῦτα. καὶ
τὴν αἰτίαν τούτου πάλιν προστίθησιν, ὅτι ἐπὶ μὲν τῶν ἐκ ταὐτομάτου γι-
νομένων ἐκτός ἐστι τὸ αἴτιον, ᾧ ὡς κατὰ συμβεβηκὸς αἰτίῳ ἕπεται τὸ ἐκ
20 ταὐτομάτου γινόμενον. τοῦ γὰρ καθέδραν γενέσθαι τὸν τρίποδα αὐτομά-
τως γινόμενον τὸ ποιητικὸν αἴτιον ὅτι ποτ' ἂν ᾖ, ὅπερ καλοῦμεν αὐτόμα-
τον καὶ τύχην ἐπὶ τῶν κατὰ προαίρεσιν, ἔξωθεν εἶναι χρὴ τῆς τοῦ τρίπο- 45
δος φύσεως. ἀμέλει ὅπερ πρότερον ἔλεγεν ὅτι εἰ κύβος ἦν τὸ κατενεχθέν,
οὐκ ἦν ἔξωθεν τῆς φύσεως αὐτοῦ τὸ καθέδραν γενέσθαι, διὰ τοῦτο οὐδὲ ἐκ
25 ταὐτομάτου τότε ἂν λέγοιτο γίνεσθαι. δεῖ γὰρ τὸ ἐκ ταὐτομάτου ἀκολου-
θοῦν μὴ ἐνυπάρχοντι μηδὲ φανερῷ τινι αἰτίῳ ἀκολουθεῖν. ἐπεὶ οὐκ ἂν
εἴη ἐκ ταὐτομάτου οὐδὲ ἀπὸ τύχης, εἰ φανερὸν εἴη τὸ ποιητικὸν αἴτιον,
ᾧ καθ' αὑτὸ τὸ γεγονὸς ἠκολούθησε. τὸ οὖν ἔξωθεν σημαίνοι μὲν ἂν
καὶ τὸ ἔξω τῆς τοῦ πράγματος φύσεως, σημαίνοι δὲ ἂν καὶ τὸ ἀφανὲς καὶ 50
30 ἄδηλον· κυριώτερον δὲ εἰ ἀμφότερα σημαίνοι. οὔτε γὰρ ἐνυπάρχειν οὔτε
ὅλως φανερὸν εἶναι τὸ αἴτιον χρὴ ἐπὶ τῶν ἀπὸ τύχης καὶ ἐκ ταὐτομάτου.
ἐπὶ μέντοι τῶν παρὰ φύσιν γινομένων ἐντός τί ἐστι τὸ αἴτιον τοῦ τοιόνδε
γίνεσθαι τὸ γινόμενον, ὥσπερ καὶ ἐπὶ τῶν κατὰ φύσιν. ἔστι γάρ τι ὃ καθ'
αὑτὸ αἴτιόν ἐστι τοῦ παρὰ φύσιν· ἢ γὰρ θλῖψις ἢ δυσκρασία ἢ πλεονα-
35 σμὸς ὕλης ἢ ἔνδεια ἤ τι ἄλλο τῶν τοιούτων αἴτιον καθ' αὑτὸ τοῦ παρὰ

---

1 καὶ E: om. aF   5 ζῴοις καὶ ἐν aF   6 εἰ om. E   ἐγένετο E   9 ῥιφθεὶς a
10 εἰς om. E   οὖν τινα E: om. a: οὖν F   τῶν F: τὸν aE   17 οὐδὲ EF:
δὲ a   κυρίου E: om. aF: immo κυρίως   21 γενόμενον E   23 ἔλεγεν ὅτι E: εἶπον
aF cf. p. 347, 16 ubi Themistius excerptus. ἔλεγεν tamen quasi Aristotelis verba ipsa,
non illius paraphrasin afferret, dictum   24 καὶ διὰ aF   25 ἂν τότε aF   26 ἢ
μὴ F   τινι EF: om. a   28 post οὖν iterat τὸ E   ἔξωθεν] ἔξω Aristoteles
31 καὶ (ante ἐκ) om. F   32 τί om. a   33 γενέσθαι E   34 παρά] περὶ E.
etiam in proximis παρὰ φύσιν variant libri   ἡ γὰρ F

φύσιν γίνεται. ἡ ἔξω τὸ αἴτιον ἐν τοῖς αὐτομάτως γινομένοις λέγει τὸ ὡς 79ᵛ τέλος, ὡς καὶ | πρότερον εἶπεν, οὐ τὸ ὡς ποιητικόν. τὸ γὰρ πατάξαι 80ʳ ἔξωθέν ἐστιν ἐπιγινόμενον καὶ τὸ σωθῆναι τὸν ἵππον. ἐπὶ δὲ τῶν παρὰ φύσιν τὸ τέλος ἐν αὐτοῖς ἐστι καὶ οὐκ ἔξωθεν, ὥστε ταῦτα μὲν οὐκ ἂν
5 εἴη ἀπὸ ταὐτομάτου. τῶν δὲ φύσει καὶ οὐ κατὰ προαίρεσιν τὰ ἔξωθεν ἔχοντα τὴν αἰτίαν τήν τε ποιητικὴν καὶ τὴν τελικὴν ταῦτα ἂν εἴη οὐκ ἀπὸ τύχης μέν, ἐκ ταὐτομάτου δέ, διότι κοινῶς μὲν ἐκ ταὐτομάτου πάντα, 5 ὅσα μὴ τοῖς προηγησαμένοις αἰτίοις ἀκολουθεῖ, τούτων δὲ ἀπὸ τύχης μὲν τὰ τοῖς κατὰ προαίρεσιν ἐπισυμβαίνοντα, ἐκ ταὐτομάτου δὲ εἰδικώτερον τὰ
10 τῇ φύσει συνεπακολουθοῦντα, φύσιν δὲ τὴν ἄλογον πᾶσαν ἀκουστέον ζωήν. ἐπὶ δὴ τούτοις συμπεραινόμενος τὰ εἰρημένα καὶ τί ἐστιν ἡ τύχη, φησί, καὶ τὸ αὐτόματον εἴρηται καὶ τίνι διαφέρουσιν ἀλλήλων.

p. 198ᵃ2   Τῶν δὲ τρόπων τῆς αἰτίας ἕως τοῦ ἀλλὰ τούτων τὸ   10
πλῆθος ἀόριστον.

15   Δείξας τί ἐστιν ἡ τύχη καὶ τί τὸ αὐτόματον καὶ τί διαφέρουσιν ἀλλήλων, ἀκολούθως λοιπὸν ὑπὸ τί τῶν ἀπηριθμημένων αἰτίων ἀνάγεται προστίθησι καὶ λέγει, ὅτι ὑπὸ τὸν ποιητικὸν τῆς αἰτίας τρόπον ἀνάγεται ἑκάτερον αὐτῶν. οὗτος γάρ ἐστιν ὅθεν ἡ ἀρχὴ τῆς κινήσεως, οὕτως μέντοι, ὡς κατὰ συμβεβηκὸς αὐτὰ αἴτια ποιητικὰ λέγειν. διὰ τοῦτο γὰρ προσέ-
20 θηκεν τὸ ἀλλὰ τούτων τὸ πλῆθος ἀόριστον ἀντὶ τοῦ ἀλλὰ ταῦτα 15 κατὰ συμβεβηκός. ὧν γὰρ τὸ πλῆθος ἀόριστον, ταῦτα κατὰ συμβεβηκός ἐστιν, ἐπειδὴ καὶ τῶν μὴ κατὰ συμβεβηκός, ἀλλὰ καθ' αὑτὸ αἰτίων τὸ πλῆθος ὡρισμένον ἐστίν. ἀπόδειξιν δὲ τοῦ ποιητικὰ εἶναι αἴτια ταῦτα ποιεῖται ἐκ τοῦ καὶ τὰ καθ' αὑτὰ αἴτια, οἷς ταῦτα συμβέβηκε, τῶν ποιητι-
25 κῶν αἰτίων εἶναι. ἢ γὰρ τῶν φύσει ἢ τῶν ἀπὸ διανοίας τι αἰτίων ἀεί ἐστιν, οἷς ἡ τύχη καὶ τὸ αὐτόματον παρυφίσταται. φύσις δὲ καὶ διάνοια τῶν ποιητικῶν ἐστιν αἰτίων. καὶ γὰρ εἰ μὲν κατενεχθεὶς ὁ λίθος 20 διὰ τὸ βάρος ἐπάταξέ τινα, φύσις ἦν τὸ καθ' αὑτὸ ποιητικὸν αἴτιον τοῦ κατενεχθῆναι, τὸ δὲ αὐτόματον τοῦ πληγῆναι. καὶ εἰ θεμέλιόν τις ὀρύσσων
30 θησαυρὸν εὗρε, διάνοια μὲν τὸ καθ' αὑτὸ ποιητικὸν αἴτιον, τύχη δὲ τὸ κατὰ συμβεβηκός, ὅταν μὴ τοῦ εὑρεῖν θησαυρὸν ἕνεκα ὀρύττῃ, ἀλλὰ θεμελίου ἢ ἄλλου τινός. ὥστε εἰ ἡ τύχη καὶ τὸ αὐτόματον ἐν τοῖς ἕνεκά του γινομένοις ἐστὶ κατὰ συμβεβηκὸς αἴτια, τούτων δὲ ἀεί τι αἴτιον καθ' αὑτὸ ἢ τῶν φύσει ἢ τῶν ἀπὸ διανοίας, ταῦτα δὲ ποιητικά, δῆλον ὅτι καὶ 25
35 ἐκεῖνα ποιητικὰ ἂν εἴη τὰ τούτοις παρυφιστάμενα.

---

1 λέγει τὸ E: λέγοιτο aF   2 καὶ τὸ πρότερον aF   πρότερον cf. p. 197ᵇ19   3 ἐπιγενόμενον E   καὶ E: ὡς καὶ aF   8 τοῦτο δὲ F   10 post φύσει add. καὶ E
11 ἐπειδὴ τούτοις E   12 τίνι] τί Aristoteles   13 τῶν δὲ τρόπων E: τὸν δὲ τρόπον aF
cf. Aristotelis libri   16 ἀνάγεται om. F   17 ὅτι om. E   19 post αὐτὰ add. τὰ a
20 τὸ (ante ἀλλὰ) om. aF   22 μὴ om. E   ἀλλὰ τῶν aF   23 αἴτια om. aF
28 αἴτιον ποιητικὸν aF   in mrg. φύσις καὶ διάνοια ποιητικὰ αἴτια E

p. 198a5 Ἐπεὶ δέ ἐστιν ἡ τύχη καὶ τὸ αὐτόματον αἴτια ἕως τοῦ 80ʳ
καὶ ἄλλων πολλῶν καὶ τοῦδε τοῦ παντός.

Δείξας ὅτι ἡ τύχη καὶ τὸ αὐτόματον, κἂν ἔστιν αἴτια, κατὰ συμβεβη-
κός ἐστιν αἴτια, καὶ τούτων ἐστὶν αἴτια κατὰ συμβεβηκός, ὧν καθ' αὑτὸ
5 νοῦς καὶ φύσις αἴτιά ἐστιν, εἴπερ ἐν τοῖς ἕνεκά του γινομένοις ἐδείχθη, λαβὼν
δὲ καὶ ὅτι οὐδὲν τῶν κατὰ συμβεβηκὸς πρότερόν ἐστι τοῦ καθ'
αὑτὸ καὶ διὰ τοῦτο οὐδὲ τὸ αἴτιον τὸ κατὰ συμβεβηκὸς πρότερόν
ἐστι τοῦ καθ' αὑτὸ αἰτίου (καὶ γὰρ τὸ κατὰ συμβεβηκὸς αἴτιον ἕν τι τῶν
κατὰ συμβεβηκός), ἀλλ' οὐδὲ ἰσόστοιχόν ἐστι τὸ κατὰ συμβεβηκὸς τῷ καθ'
10 αὑτό, εἴπερ ἐκείνῳ προηγουμένῳ ἐπισυμβαίνει, ἐκ δὴ τούτων συνάγει ὅτι
νοῦς καὶ φύσις πρότερά ἐστι τύχης καὶ αὐτομάτου. ἡ δὲ συναγωγὴ τοῦ
λόγου τοιαύτη· νοῦς καὶ φύσις καθ' αὑτὰ αἴτια· τὰ καθ' αὑτὰ αἴτια
πρῶτα τῶν κατὰ συμβεβηκὸς αἰτίων ἐστί, τὰ δὲ πρῶτα τῶν κατὰ συμ-
βεβηκὸς αἰτίων πρῶτα τύχης καὶ αὐτομάτου ἐστίν· νοῦς ἄρα καὶ φύσις
15 πρῶτα τύχης καὶ αὐτομάτου ἐστίν. ἐπειδὴ δὲ τὰ κατὰ συμβεβηκὸς αἴτια
ὕστερα τῶν καθ' αὑτά ἐστι καὶ προϋπαρχόντων ἐκείνων ἐπιγίνεται ταῦτα,
δῆλον ὅτι ἐν οἷς ἐστι τὰ κατὰ συμβεβηκὸς αἴτια, ἐν τούτοις χρὴ προϋπάρ-
χειν τὰ καθ' αὑτά· ἐν οἷς ἄρα τύχη καὶ τὸ αὐτόματον αἴτια κατὰ συμ-
βεβηκός, ἐν τούτοις νοῦν καὶ φύσιν προϋπάρχειν ἀνάγκη· ὥστε ὅσοι τύχην
20 καὶ αὐτόματον τοῦ οὐρανοῦ καὶ τοῦδε τοῦ παντὸς νομίζουσιν αἴτια, τούτοις
ἀκολουθεῖν ἐξ ὧν λέγουσιν αἴτια πρῶτα τούτων τίθεσθαι νοῦν καὶ φύσιν,
"διότι, ὥς φησιν Ἀλέξανδρος, τὰ πρῶτα αἴτια τῶν πρώτων ἐν τοῖς οὖσίν
ἐστι ποιητικὰ καὶ τὰ πρῶτα τῶν ὄντων ὑπὸ τῶν πρώτων αἰτίων γέγονεν,
ἅπερ ἐστὶ νοῦς καὶ φύσις. εἰ δὲ ὅλως ἐστὶν αἴτιά τινων νοῦς καὶ φύσις,
25 τούτων ἂν εἴη οἷς μάλιστα τὸ κατὰ νοῦν ὑπάρχει, οἷος ὁ οὐρανός ἐστι
καὶ τόδε τὸ πᾶν." μήποτε δὲ πρὸς πίστιν τοῦ ἀπὸ νοῦ καὶ φύσεως γε-
γονέναι τὸν οὐρανὸν οὐ χρεία τοῦ τὰ πρῶτα αἴτια τῶν πρώτων ἐν τοῖς
οὖσιν εἶναι ποιητικά. δεῖται γὰρ αὕτη ἡ βοήθεια πάλιν ἄλλης δεικνύσης,
ὅτι πρῶτος τῶν ὄντων ὁ οὐρανός. ἀλλ' ἔστιν αὐτοβοήθητος ὁ τοῦ Ἀρι-
30 στοτέλους λόγος οὐχ ἁπλῶς δείξας, ὅτι πρὸ τύχης καὶ αὐτομάτου αἴτιά ἐστι
νοῦς καὶ φύσις, ἀλλ' ὅτι ἐφ' ὧν τύχη καὶ τὸ αὐτόματον αἴτιόν ἐστιν, ἐπὶ
τούτων πρὸ τούτων νοῦς καὶ φύσις ἐστὶ τὰ αἴτια, καθ' αὑτὰ μὲν τοῦ καθ'
αὑτὸ ἀποτελουμένου, κατὰ συμβεβηκὸς δὲ τοῦ κατὰ συμβεβηκός. τὸ γὰρ

                                                       καὶ τὸ   ον
1 τὸ αὐτόματον καὶ ἡ τύχη a ex Ar. sed cf. v. 3   3 ἐκ ταὐτομάτου E   5 νοῦς
E: ὁ νοῦς aF   ἡ φύσις a   8 γὰρ E: γάρ τι F: γάρ τοι a   9 post συμβε-
βηκός add. ἐστιν aF   οὐδ' ἴσως σύστοιχόν ἐστι τῷ καθ' αὑτὸ τὸ κατὰ συμβεβηκός F
10 ἐκείνῳ ἧ E   συμβαίνει F   13 ἐστὶν αἰτίων aF   14 νοῦς — ἐστίν (15)
om. F   15 τὰ om. E   18 αἴτια om. F   21 ἀκολουθεῖν E: ἀκόλου F: ἀκο-
λουθεῖ a   τιθέναι a   22 post φησιν add. ὁ aF   24 post φύσις alterum iteravit
εἰ δὲ ὅλως ἐστὶν αἴτια E   25 ὑπάρχειν E   29 ὁ (ante οὐρανός) om. F   30 αἴτιά
E: om. aF   31 αὐτομάτου F¹   post αὐτόματον habet ἐστι νοῦς καὶ φύσις F
32 τοῦ καθ' αὑτοῦ F¹

αὐτὸ αἴτιον οἷον ἡ διὰ τὸν φίλον πρόοδος καὶ τοῦ ἀσπάσασθαι τὸν φίλον 80ʳ αἰτία καὶ τοῦ εὑρεῖν τὸν χρεώστην, ἀλλὰ τοῦ μὲν καθ' αὑτό, τοῦ δὲ κατὰ συμβεβηκός, ὅτε καὶ τύχῃ λέγεται καὶ αὐτόματον ἐπὶ τῶν φυσι|κῶν. καὶ 80ᵛ τοῦ αὐτοῦ πάλιν ἀποτελέσματος καὶ καθ' αὑτὸ ἂν εἴη αἴτιον ὁ νοῦς ἤτοι
5 ἡ προαίρεσις καὶ κατὰ συμβεβηκός. καὶ γὰρ εὕροι ἂν τὸν χρεώστην ἐν ἀγορᾷ καὶ τοῦτο προελόμενός τις, καὶ ὁ ἵππος καὶ ἐκ προνοίας ἂν σωθείη. ὥστε καὶ ὁ οὐρανός, εἰ ὑπὸ τύχης γίνεται καὶ αὐτομάτου, πολλῷ πρότερον ὑπὸ νοῦ καὶ φύσεως. λέγει δὲ ἄλλων πολλῶν καὶ τοῦδε τοῦ παντός, διότι τῶν ἀιδίων μάλιστα αἴτιον εἶναι τὸν νοῦν βούλεται ὡς τεταγμένων 5
10 καὶ ὡρισμένων. ἔστι δὲ ἀίδιον καὶ τὸ πᾶν τόδε, ὡς ἐν τῇ Περὶ οὐρανοῦ ἔδειξε, καὶ τῶν ἐν τῷ παντὶ πολλά, οὐρανοὶ καὶ ἄστρα καὶ τῶν στοιχείων αἱ ὁλότητες.

Ἐν δὴ τούτοις ὁ Ἀλέξανδρος "ὅπερ, φησίν, ὁ Πλάτων ἐν τῷ δεκάτῳ τῶν Νόμων βούλεται δεῖξαι καὶ διὰ πολλῶν αὐτὸ δείκνυσι, τοῦτο διὰ
15 βραχέων ὁ Ἀριστοτέλης ἔδειξεν ἐνταῦθα, τὴν τῆς τύχης φύσιν ἥτις ποτέ ἐστιν ὁρισάμενος καὶ δείξας ὅτι ὑστέρα· ἃ γὰρ γένοιτο ἂν κἂν ὑπὸ νοῦ ἢ φύσεως, ταῦτα ἀπὸ τύχης καὶ αὐτομάτου λέγεται, ὅταν τι τῶν κατὰ συμ- 10 βεβηκὸς αἴτιον γένηται". ἰστέον δὲ ὅτι ὁ Πλάτων οὐ νοῦ καὶ φύσεως ὑστέραν δείκνυσι τὴν τύχην, ἀλλὰ τύχην καὶ φύσιν ὕστερα τῆς ψυχῆς ὄντα
20 ἀποδείκνυσι τῶν παλαιῶν φυσιολόγων ἐπιτελείων τὰς δόξας, ὅσοι περὶ τῶν ὑλικῶν αἰτίων μάλιστα διαλεγόμενοι ὡς πρώτων προσπιπτόντων εἰς γνῶσιν, περὶ τῶν ποιητικῶν οὔπω τινὰ ἐποιοῦντο λόγον. λέγει δὲ ὁ Πλάτων, ὡς εἶπον, οὐχ ὅτι φύσεως καὶ νοῦ ἡ τύχη ἐστὶν ὑστέρα, ἀλλ' ὅτι φύσεως καὶ 15 τύχης προτέρα ἐστὶν ἡ ψυχὴ καὶ ἡ τέχνη, γράφων οὕτως· "ὧδ' ἔτι σαφέ-
25 στερον ἐρῶ· πῦρ καὶ ὕδωρ καὶ γῆν καὶ ἀέρα φύσει πάντα εἶναι καὶ τύχῃ φασί, τέχνῃ δὲ οὐδὲν τούτων, καὶ τὰ μετὰ ταῦτα αὖ σώματα, γῆς τε καὶ ἡλίου καὶ σελήνης ἄστρων τε πέρι, διὰ τούτων γεγονέναι παντελῶς ὄντων ἀψύχων· τύχῃ δὲ φερόμενα τῇ τῆς δυνάμεως ἑκάστων ᾗ συμπέ- πτωκεν ἁρμόττοντα οἰκείως πως θερμὰ ψυχροῖς ἢ ξηρὰ πρὸς ὑγρὰ καὶ
30 μαλακὰ πρὸς σκληρά, καὶ πάντα ὁπόσα τῇ τῶν ἐναντίων κράσει κατὰ τύ- 20 χην ἐξ ἀνάγκης συνεκεράσθη, ταύτῃ καὶ κατὰ τὰ αὐτὰ οὕτως γεγεννηκέναι τόν τε οὐρανὸν ὅλον καὶ πάντα ὁπόσα κατ' οὐρανὸν καὶ ζῷα αὖ καὶ φυτὰ ξύμπαντα, ὡρῶν πασῶν ἐκ τούτων γενομένων, οὐ διὰ νοῦν, φησίν, οὐδὲ

---

2 τὸν (post εὑρεῖν) om. aF   3 ὅτε aF: ὅταν E   6 τοῦτο E: τοῦ F: om. a καὶ (ante ἐκ) om. aF   7 ὁ (post καὶ) om. F   9 τεταγμένον καὶ ὡρισμένον ut videtur E   10 καὶ (post ἀίδιον) super add. E   13 ὃ φησιν F   14 Νόμων x p. 888 sq. cf. v. 24   15 τὴν super add. E   17 καὶ (post τύχης) om. E 18 οὐ νοῦ aE: οὐνοῦ (i. e. οὐρανοῦ) F   21 πρῶτον F   23 φύσεως om. E 24 γράφων Legg. x p. 889ᴮ   ὧδέ τι E: ὅδέ ἐστι aF   25 εἶναι πάντα a   26 τὰ (ante μετά) om. E   28 ἑκάστων E: ἑκαστον F: ἑκάστῳ a: ἕκαστα ἑκάστων Plato 30 σκηρά E   31 συνεκράθη a   τὰ αὐτά aF: αὐτά E: ταῦτα Plato   γεγενη- κέναι libri ut p. 366, 3   32 ὅλον οὐρανὸν aF   ὅσα E   post φυτὰ add. καὶ aF   33 φασίν a et Plato   οὐδὲ] οὐ F

διὰ θεὸν οὐδὲ διὰ τέχνην, ἀλλ' ὃ λέγομεν, φύσει καὶ τύχῃ. τέχνην δὲ 80ᵛ ὕστερον ἐκ τούτων ὑστέραν γενομένην αὐτὴν θνητὴν ἐκ θνητῶν, ὕστερα γεγεννηκέναι παιδιάς τινας ἀληθείας οὐ σφόδρα μετεχούσας". ἐπὶ δὴ τούτοις ἀποδείξας "ψυχὴν μὲν προτέραν γεγονέναι σώματος ἡμῖν, σῶμα δὲ 25
5 δεύτερόν τε καὶ ὕστερον ψυχῆς ἀρχούσης ἀρχόμενον κατὰ φύσιν", ἐπάγει "μεμνῆσθαί γε μὴν ὁμολογήσαντες ἐν τοῖς πρόσθεν, ὡς εἰ ψυχὴ φανείη πρεσβυτέρα σώματος οὖσα, καὶ τὰ ψυχῆς τῶν τοῦ σώματος ἔσοιτο πρεσβύτερα". δῆλον οὖν ἐκ τῶν εἰρημένων, ὅτι τὴν μὲν τύχην τῇ φύσει συνέταξεν ἐν τούτοις ὁ τοῦ Πλάτωνος λόγος τοὺς παλαιοὺς φυσιολόγους ὑποκρι-
10 νόμενος. τούτων δὲ ἀμφοῖν προτέραν τὴν ψυχὴν ἀποδείκνυσιν, ἐν τούτῳ πολλῶν δεηθεὶς λόγων, ἵνα τὴν αὐτοκίνητον οὐσίαν, ἥτις ἐστὶ ψυχή, 30 δείξῃ πάσης κινήσεως ἀρχὴν οὖσαν. τύχην δὲ ὁ Πλάτων ἔοικεν ἐν τούτοις καλεῖν τὴν ἄνευ προφανοῦς αἰτίας τῶν φυσικῶν δυνάμεων τεῦξιν τῆς πρὸς ἀλλήλας συναρμογῆς. τοῦτο γὰρ οἶμαι σημαίνειν τὸ "τύχῃ δὲ φε-
15 ρόμενα τῇ τῆς δυνάμεως ἑκάστων ᾗ ξυμπέπτωκεν ἁρμόττοντα οἰκείως". ὁ δὲ Εὔδημος τὴν μὲν φύσιν τῆς τέχνης, τὴν δὲ τέχνην τῆς τύχης προτέραν δείκνυσιν.

Ἄξιον δὲ πάλιν τοῖς ἐνταῦθα λεγομένοις ὑπὸ τοῦ Ἀριστοτέλους ἐφιστάνειν τοὺς οἰομένους τὸ ποιητικὸν αἴτιον τοῦ παντὸς μὴ λέγειν τὸν 35
20 Ἀριστοτέλην. εἰ γὰρ ἀνάγκη πρότερον νοῦν αἴτιον καὶ φύσιν εἶναι καὶ ἄλλων πολλῶν καὶ τοῦδε τοῦ παντὸς καὶ οὕτως αἴτιον ὡς ἐλέγετο παρά τινων τὸ αὐτόματον καὶ ἡ τύχη, ταῦτα δὲ ἐν τοῖς ὅθεν ἡ ἀρχὴ τῆς κινήσεως, τουτέστιν ἐν τοῖς ποιητικοῖς αἰτίοις κατατέτακται, δῆλον ὅτι καὶ νοῦς καὶ φύσις ποιητικὰ ἂν εἴη τοῦ παντὸς αἴτια. καὶ οἶδα
25 μὲν ὅτι φιλονεικῶν ἄν τις εἴποι ἐξ ὑποθέσεως συνάγεσθαι τὸν λόγον, ὡς εἰ τύχη καὶ τὸ αὐτόματον αἴτιον τοῦ οὐρανοῦ, πρὸ τούτων ἂν εἴη νοῦς καὶ 40 φύσις. ἀλλὰ δεῖ μνημονεῦσαι καὶ τῶν ὑπ' Ἀλεξάνδρου λεγομένων, ὅτι τὰ πρῶτα αἴτια τῶν πρώτων ἂν εἴη ποιητικά. ἔστι δὲ πρῶτα μὲν αἴτια νοῦς καὶ φύσις, πρῶτα δὲ τῶν ὄντων, μᾶλλον δὲ τῶν ὁπωσοῦν γενομένων κἂν
30 μὴ ἀπ' ἀρχῆς χρόνου, οὐρανὸς καὶ τόδε τὸ πᾶν.

Ἀλλ' ἐπειδὴ μέχρι τοῦδε τοῖς περὶ τύχης καὶ αὐτομάτου λεγομένοις ὑπὸ τοῦ Ἀριστοτέλους παρακολουθήσας ὡς δυνατὸν ἦν ἐμοὶ τῶν εἰρημένων ἕκαστα διήρθρωσα, καλῶς ἂν ἔχοι συντόμως ἐκθέμενον τὰ τῷ Ἀριστοτέλει 45 δοκοῦντα περὶ τούτων, οὕτως τὰ τοῖς νεωτέροις φιλοσόφοις δεδογμένα

---

1 διὰ τινα θεὸν Plato   ὃ] ἃ E¹   τέχνην aE: τέχνη F   2 ὕστερον F: ὑστέρων E: ὑστέραν a   ὑστέραν F: ἑτέραν aE   3 παιδιάς — μετεχούσας in lacuna om. F   4 ψυχὴν μὲν κτλ. p. 896 C   6 μεμνήμεθά γε Plato   εἰ] ἡ F
7 πρεσβυτέραν σώματος E   9 τοῦ om. aF   10 τούτων E: τούτοιν aF
11 ἐστὶν ἡ ψυχή aF   14 συναρμολογῆς E   τύχη δὲ EF (cf. p. 355, 28): τύχη a
15 ἑκάστων E: ἕκαστον F: ἑκάστῳ a   16 Εὔδημος fr. 24 p. 37, 4   18 ἄξιον] in mrg. add. καὶ ἀξιῶ F   19 τὸ om. E   21 αἴτιον (ante ὡς) om. aF
26 αἴτια F   27 λεγομένων cf. p. 354, 22   28 εἴη Ληπτικὰ (Λ rubro) F   29 δὲ (post πρῶτα) om. E   31 λεγομένοις EF: λόγοις a   32 ὑπ' ἀριστοτέλους aF παρηκολούθησας E   33 καὶ τὰ τῷ aF

προσθεῖναι καὶ δεῖξαι μηδὲν τῆς παλαιᾶς παραδόσεως διαφέροντα. ὁ μὲν 80ᵛ
οὖν Ἀριστοτέλης τῶν ἐν τοῖς φυσικοῖς γινομένων τὰ αἴτια ζητῶν, ἐπειδὴ
καὶ ἐκ ταὐτομάτου καὶ ἀπὸ τύχης εὑρίσκει τινὰ λεγόμενα γίνεσθαι, τὰ ση-
μαινόμενα τούτων κατὰ τὴν ἐπιπολάζουσαν ἔννοιαν διαρθρῶσαι προτίθεται.
5 ἐπεὶ οὖν χρὴ μὲν εἶναι παντὸς τοῦ γινομένου ποιητικὸν αἴτιον καὶ παντὸς
ἀποτελέσματος προηγεῖσθαί τινα, οἷς ἐπιγίνεται τὸ γινόμενον, τούτων δὲ τὰ 50
μὲν ἕνεκα τοῦ γινομένου προενεργεῖ καὶ τὸ γινόμενον οἰκείως ἀκολουθεῖ τῷ
προενεργοῦντι (ὡς ὅταν τις τῆς ἐντεύξεως ἕνεκεν τοῦ φίλου προελθὼν ἐν-
τύχῃ τῷ φίλῳ ἢ ὅταν λίθος τοῦ καταλαβεῖν ἕνεκα τὸν οἰκεῖον τόπον
10 καταπεσὼν καταλάβῃ), ποτὲ δὲ τὸ ἐπιγινόμενον οὔτε τῷ προενεργηθέντι
ἀκολουθεῖ καθὸ τοιοῦτον οὔτε τὸ προενεργηθὲν εἰς ἐκεῖνο τελευτᾷ τὸ
τέλος, οὗ ἕνεκα προεγένετο, ἀλλ' εἴς τι ἕτερον τὴν ἄλλως | ἐπισυμβὰν 81ʳ
καὶ οὐ κατὰ τὸν προηγησάμενον τῆς ἐνεργείας σκοπόν, ὡς τὸ προελθεῖν
τοῦ ἀσπάσασθαι τὸν φίλον ἕνεκα, ὅταν μὴ γένηται τοῦτο ἀλλὰ τὸ ἀπολα-
15 βεῖν τὸ χρέος, ἄλλο τι ἐπισυμβὰν ἔσχε τέλος καὶ οὐκ ἐκεῖνο οὗ ἕνεκα
ἐγένετο. καὶ ὁ κατενεχθεὶς λίθος διὰ τὸ καταλαβεῖν τὸν οἰκεῖον τόπον,
ὅταν κάθισμα γένηται, ἔσχε τι καὶ ἄλλο τῇ πτώσει τέλος ἀκολουθῆσαν, οὗ
χάριν οὐκ ἐγένετο ἡ πτῶσις. πάντα δὴ τὰ τοιαῦτα, ἐν οἷς ἄλλο τι τέλος 5
τοῖς ἄλλου ἕνεκα προενεργηθεῖσιν ἐπισυμβαίνει, ἐκ ταὐτομάτου λέγομεν γί-
20 νεσθαι, διότι γίνεται μὲν ἐκ τοῦ προενεργηθέντος, εἴπερ ἐκείνου μὴ
προηγησαμένου οὐκ ἂν ἐγένετο (μὴ προελθὼν γὰρ οὐκ ἂν εὗρε τότε τὸν
χρεώστην ἐν ἀγορᾷ, καὶ μὴ πεσόντος τοῦ λίθου οὐκ ἂν ἐγένετο τὸ κά-
θισμα), ἀλλ' ἐπειδὴ τὸ προηγησάμενον, οὗ μὲν ἕνεκα ἐγένετο τοῦτο οὐκ
ἔσχεν ἀκολουθοῦν καὶ διὰ τοῦτο αὐτὸ μάτην ἐγένετο, τοῦ δὲ ἀκολουθή-
25 σαντος ἕνεκα οὐκ ἐγένετο καὶ διὰ τοῦτο πάλιν αὐτὸ ὅσον ἐπὶ τῷ ἀκολού- 10
θήσαντι μάτην ἐγένετο, εἰκότως αὐτόματον ὠνομάσθη ὡς αὐτὸ μάτην
προενεργηθὲν ἐπὶ τοῦ τοιούτου τέλους. αἴτιον δὲ ὅμως λέγεται, διότι μὴ
προηγησαμένου οὐκ ἂν ἐγένετο, καὶ ὅτι ἄλλο αἴτιον οὐχ ὁρῶμεν φυσικῶς
σκοποῦντες· αἴτιον μέντοι οὐ καθ' αὑτὸ τοῦ τοιούτου τέλους, ἀλλὰ κατὰ
30 συμβεβηκός. τῶν δὲ ἐκ ταὐτομάτου τὰ μὲν ταῖς κατὰ προαίρεσιν ἐνερ-
γείαις ἐπισυμβαίνοντα ἀπὸ τύχης γίνεσθαί φασι καὶ τύχην τὴν τῇ προαι- 15
ρέσει καὶ τῇ κατὰ προαίρεσιν ἐνεργείᾳ παρυφισταμένην αἰτίαν, οἷον τῇ
προόδῳ τῇ διὰ τὸν φίλον, ὅταν μὴ ἐκεῖνο τὸ τέλος οὗ ἕνεκα ἐγένετο ἀκο-
λουθήσῃ, ἀλλά τι ἄλλο παρ' αὐτό, τὰ δὲ λοιπὰ τῶν ἐκ ταὐτομάτου τὰ
35 ταῖς ἀλόγοις καὶ φυσικαῖς ἐνεργείαις ἐπισυμβαίνοντα τῷ τοῦ κοινοῦ ὀνό-
ματι πάλιν ἐκ ταὐτομάτου καλοῦσι καὶ αὐτόματον τὸ προηγησάμενον

---

2 γινομένοις E   5 τοῦ γινομένου — παντὸς om. F   8 τις om. a   ἕνεκα
a   9 ἕνεκα (post καταλαβεῖν) om. aF   post τόπον add. ἕνεκεν aF   10 πε-
σών E   οὔτε] οὐ E   14 τοῦτο γένηται aF   ἀλλ' ἀπολάβῃ F   18 δὴ E:
δὲ F: δὲ (post τοιαῦτα transiectum) a   τοσαῦτα E   19 ἄλλον ἕνεκα E
21 τότε E: om. aF   22 post ἐν add. τῇ aF   ἐγένετο — ἕνεκα (23) om. F
23 τοῦτο E: τοῦτο δ F: om. a   25 πάλιν αὐτὸς F   27 αἴτιον — τέ-
λους (29) iteravit F   31 τύχην τῇ τῇ F   32 καὶ τὴν κατὰ F   33 παρό-
δῳ a

αἴτιον, ᾧ μὴ καθ' αὑτὸ τὸ τέλος, ἀλλὰ κατὰ συμβεβηκὸς ἠκολούθησε. τὰ 81ʳ
μὲν οὖν τοῦ Ἀριστοτέλους τοιαῦτα τὴν συνήθειαν τῶν ὀνομάτων διαρθρῶ- 20
σαι προθυμηθέντα κατὰ τὰ προσήκοντα μέτρα τῇ φυσικῇ περὶ τῶν αἰτίων
διδασκαλίᾳ.

5 Ἀξιῶ δὲ πρῶτον ἐφιστάνειν, μήποτε οὐ μόνον τὰ ταῖς προαιρετικαῖς
κινήσεσιν ἐπισυμβαίνοντα ἀπὸ τύχης ἔλεγον οἱ παλαιοί, ἀλλὰ καὶ τὰ ταῖς
φυσικαῖς ῥοπαῖς ἐπακολουθοῦντα. ἵνα γὰρ τὰς πολλὰς περὶ τούτου παρα-
λείπω χρήσεις, ὧν τινας ἐκ τῶν Ἐμπεδοκλέους παρεθέμην πρότερον,
ἀρκεῖ καὶ ἡ ὑπὸ τοῦ Ἀριστοτέλους παρατεθεῖσα. περὶ γὰρ τοῦ ἀέρος λέ-
10 γων Ἐμπεδοκλῆς

ὡς οὕτω συνέκυρσε θέων τότε, φησί, πολλάκι δ' ἄλλως. 25

καὶ ὁ Πλάτων δὲ τὰς τῶν προτέρων φυσικῶν δόξας περὶ τῶν ἀπὸ τύχης
ἱστορῶν ἐν τοῖς στοιχείοις καὶ ταῖς τῶν στοιχείων κράσεσι τὴν τύχην αὐ-
τοὺς αἰτιᾶσθαί φησιν ἐν οἷς λέγει "πῦρ καὶ ὕδωρ καὶ γῆν καὶ ἀέρα φύσει
15 πάντα εἶναι καὶ τύχῃ φασί" καὶ ἐν τοῖς ἑξῆς τούτων ἃ πρὸ ὀλίγου παρέ-
γραψα. πολλαχοῦ δὲ καὶ τὰ ταῖς προαιρέσεσιν ἐπισυμβαίνοντα αὐτόματα
καὶ ἐκ ταὐτομάτου καλοῦσιν οἱ παλαιοί· τοιοῦτον γὰρ τὸ παρ' Ὁμήρῳ

αὐτόματος δέ οἱ ἦλθε βοὴν ἀγαθὸς Μενέλαος. 30

τῇ γὰρ τῶν ἄλλων ἀριστέων κλήσει τοῦ Ἀγαμέμνονος κατὰ προαίρεσιν γε-
20 νομένῃ ἐπισυνέβη ἡ τοῦ Μενελάου ἄφιξις. εἰ οὖν ἐπὶ τῶν αὐτῶν ἀδια-
φόρως τὴν τύχην καὶ τὸ αὐτόματον τάττουσι τὴν μὲν τύχην οὐ κατὰ τὴν
τοῦ τυχεῖν ἔννοιαν, ἀλλὰ κατὰ τὴν τοῦ ὡς ἔτυχε λαμβάνοντες, ὅταν μὴ
ἔχωσιν αἰτίαν ἀποδιδόναι, τὸ δὲ αὐτόματον αὐτόθεν κατὰ τὸ ἀναίτιον τι-
θέντες (ἐφ' ὧν γὰρ οὐδέν ἐστιν ὡρισμένον αἴτιον, ἐπὶ τούτων καὶ τὸ ὡς
25 ἔτυχε καὶ τὸ αὐτόματον λέγειν εἰώθαμεν), καὶ τὸ "συνέκυρσε" ταύτης τῆς 35
ἐννοίας ἐστί. καὶ ἔστι μὲν καὶ αὕτη ἡ ἔννοια ἀπὸ τοῦ τυχεῖν παρηγμένη,
ἀλλὰ τυχεῖν οὐ κατὰ λόγον οὐδὲ κατὰ προηγούμενον σκοπὸν ἀλλ' εἰκῇ καὶ
ὅπως ἄν· τοῦτο γὰρ τὸ ὡς ἔτυχε σημαίνει. ταῦτα μὲν οὖν περὶ τῆς τῶν
ὀνομάτων διαφορᾶς διορίζομαι.

30 Καὶ εἰ ἐν τοῖς κατὰ προαίρεσιν μόνοις ἡ τύχη, ζητεῖν ἀξιῶ, καὶ μέν-
τοι εἰ ἐν τοῖς ἐπ' ἔλαττον μόνοις. εἴπερ γὰρ τὸ τυχεῖν καὶ ἐπιτυχεῖν
ἀπὸ τῆς τύχης λέγεται πάντως, λέγομεν δὲ καὶ τὸν ἄριστον τοξότην τυγχά- 40
νειν τοῦ σκοποῦ καὶ τὸν ἄριστον γραφέα ἐπιτυγχάνειν γράφοντα καὶ τὸν
φαῦλον ἀποτυγχάνειν, οὐκ ἐπ' ἔλαττον, ἀλλ' ἐπὶ πλέον. καὶ Εὔδημος δὲ
35 "ἂν μὲν τὸ κατὰ τὴν τέχνην, φησίν, ἐπιτελέσῃ, εὐτυχία λέγεται, ἂν δὲ

---

1 ἀλλὰ μὴ F   3 προθυμηθέντος a   μέτρα E: om. aF   5 προορατικαῖς F
7 παραλίπω F   9 λέγει a   10 Ἐμπεδοκλῆς 204 K., 167 St.   11 ὡς οὕτω
ex Aristotele p. 196ᵃ22: οὕτω γὰρ alibi cf. p. 327, 18. 330, 35   φησί E: om. aF
14 λέγει Legg. x p. 889ᴮ   15 πρὸ ὀλίγου p. 355, 24   17 Ὁμήρῳ B 408
20 συνέβη E   22 τοῦ τύχην F   27 οὐ κατὰ λόγον om. E   28 post ὅπως
ἄν add. verisimiliter τύχῃ emendator cod. Ambros. Q 114 inf.   σημαίνει τὸ ὡς ἔτυχε
aF   30 post μέντοι add. καὶ a   31 ἀ^{ἐπι}ποτυχεῖν F   32 τῆς om. a   λέγεται
EF: λέγομεν a   34 Εὔδημος fr. 25 p. 37, 6 Sp.   35 ἐπιτελέσῃ EF: ἀποτελέσῃ a

τὸ παρὰ ταύτην ἀτυχία". ἀλλὰ καὶ τὸν προθέμενον ὁτιοῦν πράττειν, 81ʳ
ὅταν πράξῃ τὸ προτεθέν, τυγχάνειν τοῦ οἰκείου τέλους φαμέν, ὥσπερ καὶ
ἀποτυγχάνειν ὅταν διαμαρτάνῃ. ὥστε οὐδὲ κατὰ συμβεβηκὸς ἡ τεῦξις,
ὅταν τυγχάνῃ καὶ ὁ προθέμενος. εἰ τοίνυν ὥσπερ τῶν ἄλλων πάντων 45
5 ἰδιωμάτων οἷον κάλλους ὑγιείας νίκης θείας τινὰς προϋπάρχειν αἰτίας νομί-
ζομεν, ἀφ' ὧν αἱ μεθέξεις μεταδίδονται τοῖς μετέχουσι, καὶ τὰς αἰτίας
καλεῖν τολμῶμεν τοῖς ὀνόμασι τῶν ἐνδιδομένων ἀπ' αὐτῶν ἀγαθῶν, ἐπειδὴ
καὶ τὸ τυχεῖν τοῦ ἐπιβάλλοντος ἀγαθοῦ μέγα τί ἐστι καὶ τῆς θείας δόσεως
ἄξιον, πῶς οὐκ ἀναγκαῖον τὴν τοῦ τυχεῖν αἰτίαν θείαν ἀγαθότητα καλεῖν
10 τύχην; καὶ καλῶς τισιν ἔδοξεν "αἰτία μὲν εἶναι ἡ τύχη, ἄδηλος δὲ ἀνθρω-
πίνῃ διανοίᾳ, ὡς θεῖόν τι οὖσα καὶ δαιμονιώτερον". εἰ δὲ ἐν ἐκείνοις 50
μάλιστα τὴν τύχην αἰτίαν φαμέν, ἐν οἷς μηδὲν ἄλλο αἴτιον καθ' αὑτὸ
συνεγνωσμένον ὁρῶμεν, οὐ διὰ τοῦτο χρὴ νομίζειν τὸ καθ' αὑτό τινος
αἴτιον, ὅταν ἄλλου κατὰ συμβεβηκὸς αἴτιον γένηται, τότε καλεῖσθαι τύχην
15 μὲν τὸ αἴτιον, τὸ δὲ ἀποτέλεσμα ἀπὸ τύχης, ἀλλὰ τὸ μὲν καθ' αὑτὸ
αἴτιον ἐκείνου νομίζειν αἴτιον, ὅπερ καὶ γίνεται· οἷον τὸ προελθεῖν εἰς
ἀγορὰν τοῦ φίλου ἕνεκεν αἴτιόν ἐστι τοῦ ἐν ἀγορᾷ γενέσθαι, τοῦ δὲ τῷ
χρεώστῃ περιτυχεῖν συναιτία μὲν | καὶ ἡ προαίρεσις καὶ ἡ πρόοδος, 81ᵛ
κυριώτατον δὲ αἴτιον ἡ τύχη, ἥτις καὶ διὰ τοῦτο προελθόντα ἐποίησεν ἂν
20 τυχεῖν, ἀλλὰ συνεργούσης τότε καὶ τῆς προαιρέσεως, μὴ διὰ τοῦτο δὲ
προελθόντος, ἡ τύχη μόνη αἰτία δοκεῖ, καὶ τότε μὲν συνεργούσης τῆς
προαιρέσεως κατὰ τὸ προελθεῖν ὅλως, τῷ δὲ μὴ ἐπὶ τούτῳ προελθεῖν
δεομένης ἐναργῶς τοῦ κατευθύνοντος αἰτίου. ὁ μέντοι Ἀριστοτέλης, ὡς
πολλάκις εἶπον, φυσικὴν ποιούμενος τὴν διάκρισιν τὸ μὲν ἀφανὲς αἴτιον 5
25 τοῖς θεολόγοις παραδιδόναι καταλιμπάνει, τὸ δὲ συνεγνωσμένον αἴτιον, ὅταν
ἄλλου τυγχάνῃ τέλους παρ' ὃ προτίθεται, τοῦτο τύχην καλεῖ καὶ τὸ τέλος
ἀπὸ τύχης.

Ἐν τίσι δέ ἐστιν ἡ τῆς τύχης ἐπικράτεια ζητοῦντες εὑρήσομεν, ⟨ὅτι
ἐν⟩ πᾶσι τοῖς δεομένοις τοῦ τυχεῖν· δεῖται δὲ τὰ μετασχεῖν δεόμενά τι-
30 νος· μετέχει δὲ τὰ διακριθέντα ἀπ' ἀλλήλων. ὥστε καὶ ἐν τῇ διακρίσει τῶν
νοερῶν εἰδῶν χρεία τῆς τύχης, ἵνα τυγχάνωσι τὰ διακριθέντα τῆς ἀλλήλων 10
μεθέξεως. εἰ δὲ ἡ διάκρισις ἐκείνη ἀδιάκριτος καὶ ἡ μέθεξις οὐ μέθεξις
ἀλλὰ μᾶλλον συνυπόστασις, δῆλον ὅτι καὶ ἡ τῆς τύχης ἰδιότης οὐδέποτε
ἐν ἐκείνοις ἐστὶν ἐκφανής, ἐν δὲ τῷ σωματοειδεῖ κόσμῳ, ἐν ᾧ τελέα διά-
35 κρισις ἤδη καὶ διασπασμός πως γενομένη· ἐν τούτῳ καὶ ἡ μέθεξις καὶ ἡ
τεῦξις ἐναργής, καὶ ἡ τύχη προφανεστέραν τὴν ἑαυτῆς δύναμιν ἐπιδείκνυται.

---

1 καὶ (post ἀλλά) E: om. aF   2 τέλος F   10 ἔδοξεν θείαν F   αἰτία κτλ. cf. Arist.
p. 196ᵇ6   11 οὖσα καὶ EF: οὖσαν a   12 φαμὲν αἰτίαν aF   καθ' ἑαυτὸ aF
15 τὸ δὲ ἀποτέλεσμα — αἴτιον (16) om. E   20 post τυχεῖν add. συναιτία μὲν ἡ
προαίρεσις καὶ ἡ πρόοδος F   25 καταλιμπάνειν, sed corr. E¹   26 τέλος E
28 ὅτι ἐν post εὑρήσομεν addidi   30 δὲ (post μετέχει) om. F   32 ἡ διάκρισις a:
διάκρισις EF   post ἐκείνη add. ἡ F   33 οὔποτε F   34 ἐν ἐκείνοις a: ὡς
ἐκείνοις EF   35 γενομένη EF (ad διάκρισις principalem notionem referendum): γε-
νόμενος a

καὶ γὰρ διὰ τὴν τύχην ὁ ἥλιος καὶ τῶν πλανωμένων ἕκαστος ἀστέρων 81ᵛ
τυγχάνει τῆς καθ' ἕκαστον τῶν ζῳδίων οἰκήσεως, τυγχάνουσι δὲ καὶ τῶν
πρὸς ἀλλήλους σχηματισμῶν, καὶ ἡ σελήνη τοῦ ἡλιακοῦ φωτός, πάντες
δὲ οἱ κατ' οὐρανὸν ἀστέρες τῆς τῶν ἄλλων ἀκτινοβολίας τυγχάνουσιν.
5 ἀλλ' ἐν τῷ οὐρανῷ διὰ τὸ ἀναγκαῖον τῆς τάξεως οὐχ οὕτως πάλιν ἐστὶν
ἡ τῆς τύχης δύναμις ἐκφανής, ἐν μέντοι τῷ ὑπὸ σελήνην, ἐν ᾧ πολὺς
κίνδυνος μηδὲ τυχεῖν διὰ τὴν τῶν πολλῶν καὶ ἀορίστων αἰτίων συνδρομήν,
ἐνταῦθα μάλιστα ἡ τύχη τὴν ἑαυτῆς ἐπικράτειαν ἐπιδείκνυται, συνάγουσα
πάντα τὰ αἴτια πρὸς τὸ μὴ διαμαρτεῖν ἀλλὰ τυχεῖν ἕκαστον τοῦ ἑαυτῷ
10 κατὰ τὸ δίκαιον ἐπιβάλλοντος, ταὐτὸν δὲ εἰπεῖν κατὰ τὴν ἑαυτοῦ ἀξίαν.
καὶ γὰρ Ὑγεία θεὸς ἐν τούτοις μάλιστα διαφανής ἐστιν, ἐν οἷς καὶ νοσή-
ματα παρεισέρχεται, καὶ ἔτι μᾶλλον ἐν οἷς τὰ μερικώτερα αἴτια οὐ πάρεστι.
καὶ τῆς μὲν κατ' ἀξίαν διανομῆς τὴν δίκην λέγομεν αἰτίαν, τοῦ δὲ τυχεῖν
τοῦ κατ' ἀξίαν τὴν τύχην. καὶ τότε μάλιστα φαίνεται, ὅταν μήτε διά-
15 νοια μήτε ἄλλο τι προφανὲς αἴτιον ὁρᾶται· ἔστι μὲν γὰρ καὶ ἐφ' ὧν
ἄλλα αἴτια ἐνεργεῖ τοῦ τυχεῖν ἡ τύχη αἰτία, ἐφ' ὧν δὲ μηδὲν ἄλλο
αἴτιον συνεγνωσμένον ἐστίν, ἐπὶ τούτων μάλιστα ὁρᾶται. καὶ ἔστιν ἀπὸ
τύχης μὲν ὡς ἀπὸ τῆς θεοῦ ταύτης γινόμενον, ἐκ ταὐτομάτου δέ, ἐπειδὴ
μερική τις καὶ φαινομένη αἰτία οὐκ ἔστιν αὐτοῦ. οὔτε οὖν ἐν τοῖς ἐπ'
20 ἔλαττον ἡ τύχη μόνως (ὡς ἐπὶ τὸ πολὺ γὰρ οἱ τῶν πλουσίων παῖδες
πλούσιοι καὶ εὐτυχεῖς γίνονται) οὔτε κατὰ συμβεβηκὸς αἴτιον· κυριωτάτη
γάρ ἐστιν αἰτία τῆς τῶν ἐπιβαλλόντων ἑκάστοις ἐντεύξεως. καὶ δουλεύουσι
χρῆται τοῖς θνητοῖς πᾶσιν αἰτίοις τοῖς τε καθ' αὑτὸ καὶ τοῖς κατὰ συμ-
βεβηκός. ἐὰν δὲ λέγωσιν ὅτι ἐν τοῖς ἀτάκτοις ἡ τύχη καὶ τοῖς ἐπ'
25 ἔλαττον, ‧πῇ μὲν αὐτῶν οὐκ ἀποδεχόμεθα (οὐ γὰρ ἄτακτα πάντῃ τὰ τῇδε,
ἀλλὰ μεταλαγχάνει τινὸς τάξεως, οὔτε ἐν μόνοις τοῖς ἐπ' ἔλαττον ὡς εἴ-
ρηται), πῇ δὲ φήσομεν εὖ λέγειν. καὶ γὰρ ἡ τῆς Τύχης ἐπικράτεια τὴν
ὑπὸ σελήνην μάλιστα τοῦ παντὸς μοῖραν διακοσμεῖ, παρ' ᾗ καὶ ἡ τοῦ ἐν-
δεχομένου φύσις, ἣν ἄτακτον οὖσαν καθ' ἑαυτὴν ἡ Τύχη μετὰ τῶν ἄλλων
30 ἀρχηγικῶν αἰτίων κατευθύνει καὶ τάττει καὶ κυβερνᾷ. διὸ καὶ πηδάλιον
αὐτῇ διδοῦσι κρατεῖν ὡς κυβερνώσῃ τὰ ἐν τῷ πόντῳ τῆς γενέσεως πλέοντα
καὶ τὸ πηδάλιον ἐπὶ σφαίρας ἱδρύουσιν, ὡς τὸ ἄστατον τῆς γενέσεως
κατευθυνούσης· κέρας δὲ Ἀμαλθείας ἐν τῇ ἑτέρᾳ ταῖν χεροῖν καρπῶν
πλῆρες, ὡς τοῦ τυχεῖν πάντων τῶν θείων καρπῶν αἰτία. διὰ τοῦτο δὲ
35 καὶ πόλεων καὶ οἴκων καὶ ἑνὸς ἑκάστου τιμῶμεν Τύχας, ὅτι πόρρω δια-
στάντες τῆς θείας ἑνώσεως κινδυνεύομεν διαμαρτεῖν τῆς ἐπιβαλλούσης με-
θέξεως. καὶ δεόμεθα πρὸς τὸ τυχεῖν τῆς τε θεοῦ Τύχης καὶ τῶν ἐν τοῖς

---

2 ζώων F   3 ἡλιακοῦ EF: σεληνιακοῦ a   5 ἀναγκαῖον post τάξεως ponunt aF
τάξεως a: τεύξεως EF   οὐχ οὕτως iteravit E   7 διὰ τῆς E   9 ἑαυτῷ E:
αὐτῷ aF   11 ἐν] εἰ F   12 μᾶλλον om. F   16 post τοῦ add. δὲ a. sed videtur
τοῦ — αἰτία delendum   ἄλλο (post μηδὲν) om. F   21 αἴτιον om. F   22 τῆς
E: om. aF   ἑκάστης F   ἐντεύξεως EF: τεύξεως probabiliter a   25 πάντῃ aE:
πάντα F   26 post ἔλαττον iterabat πῇ μὲν — ἀποδεχόμεθα, sed del. E   31 ὡς
τὸ E: ὥς τι aF   33 ἐν] καὶ E   34 τῶν (post πάντων) om. aF

κρείττοσι γένεσι τὴν αὐτὴν ἐχουσῶν ἰδιότητα. καὶ ἔστι μὲν πᾶσα τύχη 81ᵛ
ἀγαθή· καὶ γὰρ ἡ πᾶσα τεῦξις ἀγαθοῦ τινός ἐστιν. οὐ γὰρ ὑπέστη τι κα-
κὸν ὑπὸ τοῦ θεοῦ. τῶν δὲ ἀγαθῶν τὰ μέν ἐστι προηγούμενα τὰ δὲ
κολαστικὰ ἢ τιμωρά, ἅπερ καὶ κακὰ λέγειν εἰθίσμεθα. καὶ διὰ τοῦτο καὶ
5 τύχην τὴν μὲν ἀγαθὴν ὀνομάζομεν ἥτις τοῦ τυχεῖν τῶν προηγουμένων
ἀγαθῶν αἰτία ἐστί, τὴν δὲ κακήν, ἥτις κολάσεως ἢ τιμωρίας ἡμᾶς παρα-
σκευάζει τυχεῖν. ταύτην καὶ ὁ Πλάτων τὴν ὅλην τύχην τῷ δημιουργῷ 45
συντεταγμένην παραδίδωσιν ἐν Νόμοις, ὅταν φησίν "ὡς θεὸς μὲν πάντα
καὶ μετὰ θεοῦ Τύχη καὶ Καιρὸς τὰ ἀνθρώπινα διακυβερνῶσι ξύμπαντα".
10 ἀλλ' ἐπὶ τὰ ἑξῆς λοιπὸν τῶν ὑπὸ τοῦ Ἀριστοτέλους λεγομένων μετέλ-
θωμεν.

p. 198 a 14   Ὅτι δέ ἐστιν αἴτια καὶ ὅτι τοσαῦτα τὸν ἀριθμὸν ἕως
τοῦ ὅτι μὲν οὖν τὰ αἴτια ταῦτα καὶ τοσαῦτα.

Ζητήσας ὅπερ ἐν ἀρχῇ προὔθετο φανερὸν τὸ περὶ τῶν αἰτίων, τίνα
15 τε καὶ πόσα τὸν ἀριθμόν ἐστιν, καὶ δείξας ὅτι πάντα εἰς τέτταρας τρόπους
πίπτει τοὺς φανερωτάτους, καὶ ὅτι ἡ τύχη καὶ τὸ αὐτόμα|τον ὑφ' ἕνα τού- 82ʳ
των ἀνάγεται τὸν ὅθεν ἡ ἀρχὴ τῆς κινήσεως, ἐπειδὴ μέγα τὸ ἐγχείρημα
τὸ πλῆθος τοσοῦτον τῶν κατὰ μέρος αἰτίων εἰς οὕτως ἐλάχιστα γένη
συναγαγεῖν, εἰκότως παραμυθίας ἀξιοῖ τὸν λόγον, καὶ ὅτι τοσαῦτα τὸν
20 ἀριθμὸν κατὰ γένος ἐστὶ τὰ αἴτια δείκνυσι δυνάμει οὕτως. αἴτιά ἐστιν ἃ
ἐρωτώμενοι τὸ διὰ τί ἀποδίδομεν· ἐρωτώμενοι δὲ τὸ διὰ τί ἀποδίδομεν
τέτταρα ἢ τὸ εἶδος ἢ τὸ ποιοῦν ἢ τὸ τέλος ἢ τὴν ὕλην. τέτταρα ἄρα 5
ταῦτα αἴτια. καὶ παραδίδωσι τὴν εἰς ἕκαστον τούτων ἀναγωγὴν διὰ παρα-
δείγματος. ἢ γὰρ εἰς τὸ εἶδος ἔσχατον ἀνάγεται τὸ διὰ τί ὡς ἐν τοῖς
25 μαθηματικοῖς. ταῦτα γὰρ ἀκίνητα καλεῖ πρὸς ἀντιδιαστολὴν τῶν φυσι-
κῶν, οἷς ἐν κινήσει τὸ εἶναι. διὰ τί γὰρ εὐθεῖα ἥδε; ὅτι ἐλαχίστη τῶν
τὰ αὐτὰ πέρατα ἐχουσῶν. καὶ διὰ τί σύμμετρος ἡ τοῦ ἑξαγώνου πλευρὰ
τῇ διαμέτρῳ; ὅτι τῷ αὐτῷ μετροῦνται τῇ ἐκ τοῦ κέντρου. διὰ τί δὲ ἐν
κύκλῳ αἱ ἐκ τοῦ κέντρου ἴσαι ἐρωτηθέντες ἐροῦμεν, διότι κύκλος ἐστὶ 10
30 σχῆμα ἐπίπεδον ὑπὸ μιᾶς γραμμῆς περιεχόμενον, πρὸς ἣν ἀφ' ἑνὸς ση-
μείου τῶν ἐντὸς τοῦ σχήματος κειμένων πᾶσαι αἱ προσπίπτουσαι πρὸς τὴν
περιφέρειαν εὐθεῖαι ἴσαι ἀλλήλαις εἰσί· τοῦτο γὰρ εἰπόντων οὐδεὶς ἔτι οὐ-
δὲν ἄλλο αἴτιον ἐπιζητεῖ. ἐρωτηθέντες δέ, διὰ τί ἐπολέμησαν Φωκεῦσι
Θηβαῖοι, ἐροῦμεν διότι ἐσύλησαν οἱ Φωκεῖς τὸν νεών, τὸ ποιητικὸν αἴτιον
35 οὕτως ἀποδιδόντες· καὶ διὰ τί ἐπολέμησε τοῖς Ἕλλησι βασιλεύς; διὰ τὸ

---

1 γένεσι aF: γενέσει E   2 οὐ γάρ] οὐ δὲ a   8 ἐν Νόμοις IV p. 709 B cf.
p. 333, 10   10 ὑπὸ τοῦ E: ὑπ' aF   12 αἴτια καὶ αἴτια καὶ E   13 post
τοσαῦτα add. φανερόν a   17 μέγα aE: μετὰ F   23 ταῦτα E: τὰ aF   28 τῇ
ἐκ] τῷ ἐκ a   29 διότι E: ὅτι aF   32 οὐδὲν E: om. aF   33 δὲ] γὰρ F
34 ὅτι] διότι a   34. 35 οὕτως αἴτιον aF   καὶ διὰ τί — ἀποδιδόντες om. aF   ἐπο-
λέμησε Themistius p. 189, 1: ἐπολέμησαν E

ἄρξαι τῶν Ἑλλήνων ἐροῦμεν, τὸ οὗ ἕνεκα καὶ τὸ τέλος ἀποδιδόντες. ἐν 82ʳ
δὲ τοῖς ἐνύλοις ἅπερ γεννώμενα καλεῖ (γεννᾶται γὰρ τὰ φυτὰ καὶ τὰ ζῷα
καὶ τὰ τούτων μέρη, ἅπερ πάντα ἔνυλά ἐστιν) ἐν τούτοις οὖν τὸ διὰ τί
καὶ εἰς τὴν ὕλην ἀνάγομεν πολλάκις. διὰ τί γὰρ ἐσάπη τὸ βάθρον; ὅτι
5 ξύλινον ἦν. ἢ διὰ τί τετραδάκτυλος ὁ ἄνθρωπος; διότι ἐπέλιπε, φαμέν,
ὕλη. διὰ τί δὲ ἄνθρωπος τὸ γεννηθέν; ὅτι ἐκ σπέρματος ἀνθρώπου καὶ
καταμηνίου. καὶ ἐπὶ τοῦ αὐτοῦ δέ ἐστιν εἰς πάντα τὰ αἴτια ἀνάγειν. διὰ
τί γὰρ ἄνθρωπος ἀποθνῄσκει; ὅτι ζῷον λογικὸν θνητόν, καὶ ὅτι τὸ ποιητι-
κὸν αὐτοῦ πρόσεισι καὶ ἄπεισι, καὶ ὅτι ἐξ ὕλης ἐστὶ φθαρτῆς, καὶ ὅτι
10 βέλτιον αὐτῷ τὸ ἀποθνῄσκειν.

Λέγει δὲ ὁ Πορφύριος ὅτι "τὸ μὲν διὰ τί τετραχῶς ἔστιν ἀποδοῦναι,
τὸ δὲ τίνος ἕνεκα ἐπὶ τοῦ τελικοῦ μόνον ἐρωτᾶται. τίνος γὰρ ἕνεκα
ἐπολέμησαν; ἵνα ἄρξωσι". φυλάττων δὲ τὸ καὶ πρότερον εἰρημένον ὑπ'
αὐτοῦ ὁ Ἀλέξανδρος τὸ τὰ μαθηματικὰ μὴ ἔχειν τελικὸν αἴτιον καὶ τὸ
15 εἰρημένον ἐνταῦθα ὑπὸ τοῦ Ἀριστοτέλους, ὅτι τὸ διὰ τί εἰς τὸ τί
ἐστιν ἔσχατον ἀνάγεται ἐν τοῖς ἀκινήτοις οἷον ἐν τοῖς μαθήμα-
σιν, αὐτὸς ἐξηγεῖται "ἐπειδὴ γὰρ οὐκ ἔστι, φησίν, ἐν τοῖς μαθήμασιν ἄλλο
τοῦ εἴδους τὸ οὗ ἕνεκεν (ἐκεῖνο γὰρ ἂν ἦν τελικὸν ἐν αὐτοῖς καὶ ἔσχατον
αἴτιον), διὰ τοῦτο ἔσχατον ἐν αὐτοῖς γίνεται τὸ εἶδος καὶ ὁ ὁρισμός". καὶ
20 ὅτι μὲν ἔστι τι τῶν μαθημάτων τέλος, καὶ πρότερον εἶπον καὶ νῦν ἐρῶ.
καὶ γὰρ εὑρέθη τοῦ διαβιβάζειν τὴν ψυχὴν ἕνεκεν ἀπὸ τῶν αἰσθητῶν εἰς
τὰ νοητά· τοῖς μέντοι μαθηματικοῖς ὡς μαθηματικοῖς οὐκ ἔστι γνώριμον
τὸ τοιοῦτον αὐτῶν τέλος, ὡς οὐδὲ τοῖς φυσιολόγοις τὸ ἀπὸ φυσιολογίας
εἰς τὴν θεωρητικὴν φιλοσοφίαν ὄφελος. εἰκότως εἰς τὸν ὁρισμὸν ἔσχατον
25 ἀνάγουσιν οὗτοι τὸ διὰ τί· καὶ γὰρ ἀρχὴν τὸν ὁρισμὸν ἔχουσιν, ἔξω δὲ
τῆς ἀρχῆς οὐχ οἷοί τε βαδίζειν εἰσίν. ἐπειδὴ δὲ τὸ γινόμενον ἄλλο τι δι'
ἄλλο τῶν αὐτοῦ αἰτίων ἔχει τὸ μὲν διὰ τὴν ὕλην τὸ δὲ διὰ τὸ εἶδος τὸ
δὲ διὰ τὸ ποιοῦν καὶ ἄλλο διὰ τὸ τέλος, εἰκότως ἐρωτώμενοι τὸ διὰ τί
εἰς τὸ οἰκεῖον αἴτιον ἀνάγομεν. πολλάκις δὲ καὶ τοῦ αὐτοῦ διαφόρους
30 αἰτίας ἀποδίδομεν. διὰ τί γὰρ κάθημαι; ὅτι πολὺ καὶ τὸ γεῶδες ἔχει
μου τὸ σῶμα καὶ τὸ πύριον, διὸ καὶ κεῖται καὶ ἀνέστηκε τοῦτο· ἀπὸ τῆς
ὕλης. καὶ ὅτι τοιῶσδε συγκέκαμπταί μου τὰ κῶλα· ἀπὸ τοῦ εἴδους. καὶ
ὅτι οὕτως μου προείλετο ἡ ψυχή· ἀπὸ τοῦ ποιοῦντος. καὶ ὅτι οὕτως
ἡγησάμην ἄμεινον· ἀπὸ τοῦ τέλους. ἆρα δὲ ὁ ἐρωτώμενος, διὰ τί σιμή

---

2 γεννώμενα E: γινόμενα aF, quae est Alexandri lectio cf. p. 363, 16   φυτά] φυσικὰ F
4 ὅτι (post βάθρον) EF: διότι a   5 ξύλον F   ἢ om. F   διότι ἐπέλιπε E:
ὅτι ἐπέλιπε aF   7 καὶ ἐπὶ aF: οὐκ ἐπὶ E   9 πρόσεισι Themistius p. 189, 8
13 τὸ καὶ E: καὶ τὸ aF   ὑπ'] παρ' F   πρότερον videtur ad B 2 referendum esse
cf. supra p. 14, 1 sqq.   14 τὸ τὰ aF: τῷ τὰ E   16 ἐστιν E: om. aF   17 γὰρ
οὐκ ἔστι, φησίν E: γάρ φησιν οὐκ ἔστι F: φησιν οὐκ ἔστιν a   18 ἐν αὐτοῖς τελικὸν aF
20 μαθηματικῶν a   24 εἰς EF: δὲ a: desideres εἰς γὰρ   25 ἕξουσιν E   26 οἷοί τε
scripsi: οἷόν τε libri   εἰσίν EF: om. a   27 αὐτοῦ E: ἑαυτοῦ aF   ἔχει τὸ εἶναι
τὸ μὲν a   εἶδος τὸ μὲν διὰ τὸ μὴ ποιοῦν E   29 δὲ om. E   30 ὅτι om. E
καὶ (post πολὺ) E: om. aF   32 συγκέχαπται E   33 ἀπὸ τοῦ ποιητικοῦ a

ἔστιν ἡ τοῦ Σωκράτους εἰκών, εἰς τί ἂν ἄλλο τὴν αἰτίαν ἀναγάγοι ἢ εἰς 82ʳ
τὸ παράδειγμα; οὐδὲ γὰρ εἰς τὴν ὕλην οἶμαι οὐδὲ εἰς τὸ εἶδος οὐδὲ εἰς
ἄλλο τι τῶν τεττάρων, ἀλλ' ὅτι σιμὸς ἦν ὁ Σωκράτης. ὥστε εἰ καὶ εἰς
παράδειγμα ἀνάγομεν τὸ διὰ τί, εἴη ἂν καὶ τὸ παράδειγμα αἴτιον. διὸ τοῦ
5 ἕνα τὸν κόσμον εἶναι τὴν αἰτίαν εἰς τὸ παράδειγμα ἀνέπεμψεν ὁ Πλάτων
εἰπών "πότερον οὖν ὀρθῶς ἕνα οὐρανὸν προσειρήκαμεν, ἢ πολλοὺς καὶ 40
ἀπείρους λέγειν ἦν ὀρθότερον; ἕνα, εἴπερ κατὰ τὸ παράδειγμα δεδημιουρ-
γημένος ἔσται". ὅλως δὲ εἰ τὰ ἐν ὕλῃ εἴδη μεθέξεις εἰσὶ πρωτουργῶν εἰ-
δῶν, πρὸς ἐκεῖνα ὡμοιωμέναι εἰκόνες εἰσίν. πᾶσα οὖν εἰκὼν πρὸς παρά-
10 δειγμα ἀναφέρεται. τὴν δὲ ἀνάγκην τοῦ τοσαῦτα καὶ τοιαῦτα εἶναι τὰ
αἴτια ἐκ διαιρέσεως πρότερον ἐπειράθην εὑρεῖν· διὸ περιττὸν νῦν πάλιν
τὰ αὐτὰ λέγειν· τοσοῦτον δὲ νῦν προσκείσθω, ὅτι τὸ φυσικὸν πᾶν ἐξ ὕλης
καὶ εἴδους γινόμενόν ἐστιν, ἀλλ' οὐκ ὄν, τὸ δὲ γινόμενον ὑπ' αἰτίου διά τι 45
ἀγαθὸν γίνεται. πάντα οὖν ὅσα ἔχει τὸ τοιοῦτον ἢ διὰ τὴν ὕλην ἢ διὰ τὸ
15 εἶδος ἔχει ἢ διὰ τὸ ποιοῦν ἢ διὰ τὸ τέλος. ἐπειδὴ δὲ ὁ Ἀλέξανδρος ἢ ἐν
τοῖς γινομένοις ἡ ὕλη γράφει, καὶ τῆς τούτου ἐξηγήσεως ἀκουστέον.
"ἢ, γάρ, πρὸς ἀντιδιαστολήν, φησί, τὴν πρὸς τὰ ἀγένητα εἶπεν ὡς οὐκ
οὔσης ἐν τοῖς ἀιδίοις ὕλης, ἢ ὅτι ἐπὶ τῶν κυρίως γινομένων ἔστιν εὑρεῖν
τὴν ὕλην, ταῦτα δὲ αἱ οὐσίαι· τῶν γὰρ κατὰ συμβεβηκὸς γινομένων τε
20 καὶ ὄντων οὐκ ἔστιν ὕλη καθ' αὑτά, ἀλλὰ κατὰ τὴν ἀναφορὰν τὴν ἐπὶ τὴν 50
οὐσίαν ἐν τούτοις ἡ ὕλη.

p. 198ᵃ22 **Ἐπεὶ δὲ αἰτίαι τέτταρες ἕως τοῦ | ἡ δὲ περὶ τὰ**   82ᵛ
φθαρτά.

Εἰπὼν ὅτι τέτταρές εἰσιν αἱ τῶν φυσικῶν αἰτίαι, ἐπειδὴ αἰτίαι εἰσὶν
25 ἃς τὸ διὰ τί ἐρωτηθέντες ἀποκρινόμεθα, ἀκολούθως ἐπάγει ὅτι ὁ φυσικὸς
εἰς τὰς τέτταρας ἀνάγων ἀποδώσει τὸ διὰ τί φυσικῶς ἀποδιδούς. 5
ἔστι γὰρ καὶ τὸν φυσικὸν μὴ φυσικῶς ἀποδοῦναι ὡς καὶ τὸν γεωμετρικὸν
μὴ γεωμετρικῶς, ὅταν μὴ ἀπὸ τῶν οἰκείων ἀρχῶν. ἐπεὶ οὖν τὸ φυσικὸν
σῶμα ἔχει μὲν ὕλην, ἔχει δὲ εἶδος, ἔχει δὲ καὶ τὸ ποιοῦν αἴτιον, εἴπερ
30 γενητόν ἐστι, καὶ τὸ οὗ ἕνεκα ποιεῖ τὸ ποιοῦν, δῆλον ὅτι τὸν φυσικὸν χρὴ
πάντα τὰ αἴτια τοῦ φυσικοῦ σώματος εἰδότα εἰς ἕκαστον οἰκείως ἀναπέμπειν
τὸ διὰ τί. πολλάκις δέ, φησί, τὰ τρία αἴτια εἰς ἓν ἔρχεται τὸ εἶδος
τὸ τέλος τὸ ὅθεν ἡ ἀρχὴ τῆς κινήσεως. καὶ ἔστιν αὕτη ἡ ἐπίστασις
οἰκεία τῷ περὶ τοῦ πλήθους τῶν αἰτίων λέγοντι, ὅτι τῶν τεττάρων τὰ 10

---

2 παραδειγματικὸν a   εἶδος οὔτε EF   5 Πλάτων Tim. p. 31 A   7 post ἀπείρους
interpolat δεῖ a   ἦν Plato: ἢ libri   8 τὰ ἔνυλα εἴδη a   μέθεξις E et F¹ sed
corr. ead. manu   9 εἰσὶν εἰκόνες aF   οὖν aF: δὲ E   πρὸς τὸ παράδειγμα aF
11 νῦν om. a   12 προκείσθω E   19 αἱ om. a   22 δὲ ex τὲ E   δ' αἱ αἰτίαι
Aristoteles sed cf. Alexander p. 366, 17, Philoponus ad h. l. et ipsius Aristotelis codd.
FI   de extremis loci verbis cf. supra p. 221, 17   24 εἰσὶν αἰτίαι τῶν φυσικῶν,
ἐπειδὴ aF   25 ὁ φυσικὸς aE: φυσικῶς F   30 τὸ (ante οὗ) om. E   31 εἰς
(ante ἕκαστον) om. aF

τρία εἰς ταὐτὸν ἔρχεται. καὶ μέντοι τῷ εἰς τὰς αἰτίας ἀνάγοντι φυσικῷ 82ᵛ
χρήσιμον τοῦτο γινώσκειν, ἵνα τὸ διὰ τί εἰς τὸ εἶδος ἢ τὸ τέλος ἀνάγειν
πειρώμενος μὴ ἄλλο τι καὶ ἄλλο πάντως ζητῇ, εἰς ὃ ἀνάξει ⟨τὸ⟩ εἶδος, ὅτι
πολλάκις τὸ αὐτὸ τὸ εἶδος καὶ τέλος ἐστίν. ἕνεκα γὰρ τοῦ εἴδους ἡ φύσις
5 μηχανᾶται πάντα τὰ ἔμπροσθεν. καὶ ἔστι ταῦτα τὰ δύο κατὰ μὲν τὸν
ἀριθμὸν καὶ τὸ ὑποκείμενον ἕν, δύο δὲ κατὰ τὸν λόγον. εἰ γὰρ πέπανσίς
ἐστι καρποῦ τὸ δύνασθαι τὰ ἐν τῷ περικαρπίῳ σπέρματα ἀποτελεῖν τοιοῦ- 15
τον ἕτερον, τὸ εἶδος εὐθὺς καὶ τέλος ἐστί. τὸ δὲ ὅθεν ἡ ἀρχὴ τῆς κινή-
σεως καὶ ὅτι ταὐτόν γεγένηται τούτοις, οὐ κατὰ τὸ ὑποκείμενον οὐδὲ τῷ
10 ἀριθμῷ ταὐτόν ἐστιν, ἀλλὰ τῷ εἴδει μόνον. ἄνθρωπος γὰρ ἄνθρωπον
γεννᾷ, καὶ ἔστιν αἴτιος ὁ πατὴρ τῷ γεννωμένῳ ταὐτὸν ὢν αὐτῷ κατὰ τὸ
εἶδος. καὶ ὅλως, φησίν, ὅσα κινούμενα κινεῖ, τουτέστιν ὅσα φυσικὰ
ὄντα καὶ ἀρχὴν ἔχοντα κινήσεως ἐν ἑαυτοῖς ποιεῖ· περὶ γὰρ τοῦ τοιού-
του ποιητικοῦ ὁ λόγος. ταῦτα οὖν ἐὰν ᾖ τὰ αὐτὰ τοῖς γινομένοις, τῷ 20
15 εἴδει ταὐτά ἐστιν. ὅσα δὲ μὴ κινούμενα κινεῖ, ταῦτα οὐδὲ ἔστιν ὅλως
τῆς φυσικῆς πραγματείας ἐπισκοπεῖν, ἀλλὰ τῆς θεολογικῆς. οὐ γὰρ ἔχει
ἐν ἑαυτοῖς ταῦτα ἀρχὴν κινήσεως, εἴπερ μὴ κινεῖται· ὥστε οὐκ ἔστι φυ-
σικὰ τὰ ἀκίνητα αἴτια. ἀλλ' οὐδὲ ἀρχὴ κινήσεώς ἐστιν ὡς ἡ φύσις·
αὕτη γὰρ κινουμένη κινεῖ· ὥστε οὐδὲ φυσικοῦ τὸ περὶ τούτων λέγειν.
20 μήποτε δὲ διὰ τοῦ καὶ ὅλως ὅσα κινούμενα κινεῖ πόρρωθεν ἐνίσταται
πρὸς τοὺς τὰς ἰδέας ὁμοειδεῖς αἰτίας τῶν τῇδε νομίζοντας ἀκινήτους οὔσας· 25
τὸ γὰρ ὁμοειδὲς συνώνυμον, ταῦτα δὲ ὁμώνυμα ἢ ὡς ἀφ' ἑνός. οὕτως
μὲν οὖν ἄν τις ἐξηγήσαιτο, εἰ πάντα τὰ ποιητικὰ τὰ αὐτὰ τοῖς εἰδικοῖς τῷ
εἴδει νομίζοι εἶναι, ἐὰν κινούμενα κινῇ. καὶ ὁ ἥλιος δὲ κινούμενος μὲν
25 κινεῖ καὶ ποιεῖ, οὐ μὴν ὁ αὐτός ἐστι τοῖς γινομένοις. οὐδὲ γὰρ τὰ γινό-
μενα ὑπ' αὐτοῦ πάντα ἀλλήλοις ἐστὶν ὁμοειδῆ, εἰ μὴ ἄρα καθὸ ἔνυλον
εἶδος καὶ τὸ ποιοῦν καὶ τὰ γινόμενα, τῆς ὕλης κοινῶς κατὰ τοῦ ὑποκει-
μένου λεγομένης. κἂν γὰρ ὕλη μὴ ᾖ ἐν οὐρανῷ κατὰ Ἀριστοτέλην διὰ τὸ
μὴ μεταβάλλειν ἀπ' ἄλλων εἰς ἄλλα, ἀλλ' ὑποκείμενόν γε καὶ ἐν ἐκείνοις 30
30 ἐστί, διότι κινητὰ κατὰ τόπον, ὡς ἐν τῷ Α τῆς Μετὰ τὰ φυσικά φησι.
μήποτε δὲ καὶ ὁ κατὰ τοὺς ἐν αὐτῷ ποιῶν λόγους ὁμοιώματα τῶν λόγων
ποιεῖ. δυνατὸν δὲ τὸ καὶ ὅλως ὅσα κινούμενα κινεῖ ἐπὶ τοῦ προσεχοῦς
ποιητικοῦ φυσικῶς αἰτίου ἀκούειν, ὅπερ ἐστὶν ἡ φύσις. αὕτη γὰρ πολλὴν
ἔχει πρὸς τὸ εἶδος κοινωνίαν, ὡς καὶ ἐν τοῖς ἔμπροσθεν εἴρηται. ὁ γὰρ

---

1 αἰτίας om. E   2 ἢ εἰς τὸ aF   3 πάντως EF: πρώτως a   ζητεῖ aE¹
τὸ (post ἀνάξει) add. a: om. EF   4 καὶ μὴ F   5 τὰ (post ταῦτα) om. F
7 τὰ ἐν] καὶ ἐν E   8 ἐστίν. ἕνεκα γὰρ τοῦ εἴδους ἡ φύσις μηχανᾶται (cf. v. 4) F
9 ὅτι] ὅταν a   γένηται aF   19 αὐτὴ EF   γὰρ κινουμένη aF: παρακινου-
μένη E   23 οὖν om. a   εἰ iteravit F   post πάντα τὰ addebat ὄντα F
τῷ εἴδει om. F   24 νομίζει E   28 ᾖ aF: ἔστιν (comp.) E   29 ἀπ' ἀλλήλων
εἰς ἄλληλα a   30 διότι E: διὸ aF   Α F: πρώτῳ a: om. E: fortasse Λ cf. 1
p. 1069ᵇ 25. 1071ᵇ 21   31 λόγους ποιῶν aF   32 δὲ καὶ τὸ καὶ F

ἥλιος οὐ προσεχές ἐστιν αἴτιον, κἂν κινούμενον κινῇ. καὶ τούτῳ ἴσως καὶ 82ᵛ
τὰ ἐπαγόμενα συνᾴδει. ὅτι γὰρ τὰ κινοῦντα καὶ ποιοῦντα αἴτια τριττά 35
ἐστι, τὰ μὲν ἀκίνητα, τὰ δὲ κινούμενα, καὶ τούτων τὰ μὲν προσεχῆ τὰ δὲ
πορρωτέρω, δείκνυσιν ἐκ τοῦ καὶ τὰς πραγματείας τριχῇ διῃρῆσθαι τὰς
5 περὶ τῶν ὄντων, μᾶλλον δὲ τὰς περὶ τῶν ὄντων ἀρχὰς καὶ αἰτίας. καὶ
γὰρ ἡ μέν ἐστι περὶ τοῦ κινητικοῦ μὲν αἰτίου ἀκινήτου δέ, οἷά ἐστιν ἡ
μετὰ τὰ φυσικὰ πραγματεία, ἡ δὲ περὶ τῶν κινουμένων μὲν αἰτίων ἀφθάρ-
των δέ, οἵα ἡ περὶ οὐρανοῦ, ἡ δὲ περὶ τῶν ἐν γενέσει καὶ φθορᾷ πάντως
καὶ αὐτῶν κινουμένων, ἃ καὶ προσεχῆ ἐστιν αἴτια· τοιαύτη δὲ ἥ τε περὶ 40
10 γενέσεως καὶ φθορᾶς καὶ ἡ τῶν μετεώρων πραγματεία καὶ ἡ περὶ ζῴων
καὶ φυτῶν τὰς τοιαύτας αἰτίας ζητοῦσαι. δῆλον δὲ ὅτι ἡ προκειμένη
πραγματεία τὰς ἀρχὰς τῶν φυσικῶν ζητοῦσα περὶ κινουμένων αἰτίων κοινῶς
ποιεῖται τὴν ζήτησιν.

Ἐπιστῆσαι δὲ ἄξιον, πῶς τὸ ὅθεν ἡ κίνησις πρῶτον, τουτέστι τὸ
15 ποιητικόν, τῷ εἴδει ταὐτὸν εἶπεν, ἀλλ᾽ οὐχὶ τῷ ὑποκειμένῳ καὶ τῷ
ἀριθμῷ, ὡς τὸ τελικὸν καὶ τὸ εἰδικὸν εἰχέτην πρὸς ἄλληλα. καὶ γὰρ ἡ
φύσις ποιητικὸν οὖσα αἴτιον καὶ εἰδικὸν ἐδείκνυτο πρότερον, ἀλλ᾽ ἴσως τῇ 45
μὲν φύσει τὸ καὶ ἀριθμῷ ἓν εἶναι μετὰ τοῦ εἴδους ὑπῆρχε. πᾶσι δὲ
ἁπλῶς τοῖς ποιητικοῖς αἰτίοις τοῖς προσεχέσι τῷ εἴδει ταὐτὸν εἶναι ὑπάρ-
20 χει. καὶ ἐκ τούτων δὲ πάλιν οἶμαι δυνατὸν συνιδεῖν, ὅτι τὸ ἀκίνητον καὶ
πρῶτον αἴτιον οὐ μόνον τελικὸν ἀλλὰ καὶ ποιητικὸν οἶδεν ὁ Ἀριστοτέλης.
τὸ γὰρ ὅθεν ἡ κίνησις πρῶτον, τουτέστι τὸ ποιητικὸν αἴτιον, τοῦτο
διαιρεῖ εἴς τε τὸ ἀκίνητον καὶ τὸ κινούμενον, ὅσα μὲν κινούμενα κινεῖ
φυσικῆς λέγων πραγματείας, ὅσα δὲ ἀκίνητα ὄντα κινεῖ οὐκέτι φυσικῆς, 50
25 τὸ κινεῖν ἀντὶ τοῦ ποιεῖν λαμβάνων. καὶ ὁ Ἀλέξανδρος δὲ ἐν τούτοις "τῆς
φυσικῆς, φησίν, ἐστὶ καὶ περὶ ποιητικοῦ αἰτίου εἰπεῖν, οὐ περὶ παντὸς μέν-
τοι, ἀλλὰ τούτων μόνων, ὅσα κινούμενα αὐτὰ κινητικὰ καὶ ποιητικά ἐστί
τινων, ὡς ἂν εἰ ἔλεγεν 'ὅλως δὲ ὅσα κινούμενα τῶν ποιητικῶν', ὡς δηλον-
ότι καὶ ἀκινήτων ὄντων τῶν ποιητικῶν κατ᾽ αὐτόν".

30 p. 198ᵃ31   Ὥστε τὸ διὰ τί καὶ εἰς τὴν ὕλην ἀνάγοντι ἕως τοῦ |
καὶ οὕτως τὸ ἐφεξῆς ⟨ἀεί⟩.   83ʳ

Εἰ τὸ τελικὸν καὶ τὸ εἰδικὸν εἰς ἓν τῷ ἀριθμῷ πολλάκις ἔρχεται,
εἰκότως τὸ διὰ τί ποτὲ μὲν εἰς τὴν ὕλην ἀνάγοντι ἀποδίδοται,
ποτὲ δὲ εἰς τὸ εἶδος, ὃ ταὐτὸν καὶ τέλος ἐστί, ποτὲ δὲ εἰς τὸ ποιητικόν.
35 τούτου γὰρ ἔοικεν ἐνδεικτικὸν εἶναι τὸ παραλιπεῖν ἐν τῇ ἀπαριθμήσει 5

---

2 in mrg. rubro Σημεῖον ὅτι αἱ περὶ τῶν ὄντων πραγματεῖαι τρεῖς F: item τὰ ποιοῦντα καὶ
κινοῦντα αἴτια τριττὰ E   6 κινητικοῦ EF: κινοῦντος a   8 post οὐρανοῦ add. πραγμα-
τεία a   πάντων E¹   12 κοινοποιεῖται F   16 εἰχέτην—εἰδικὸν (17) om. E   εἰχέτην]
εἶχε τὴν aF   18 post ἀριθμῷ add. ἡ E   20 τὸ (post ὅτι) om. aF   24 post
λέγων add. εἶναι aF   26 εἰπεῖν, οὐ aE: ·εἴπερ νοῦ· F   27 κινητὰ E   31 ἀεί ex
p. 366, 23 addidi: om. (propter insequens εἰ) E: add. post οὕτως ex Arist. a   32 τῷ
ἀριθμῷ E: om. aF   33 ἀπάγοντι E   34 ποτὲ (post ἐστί) aE: τοτὲ F

τὸ τελικὸν αἴτιον. ἅμα δοκεῖ μοι πόρρωθεν καὶ τὴν αἰτίαν ἐνδείκνυσθαι, 83ʳ
δι' ἣν τὸ τελικὸν αἴτιον παρελίμπανον οἱ φυσιολόγοι. διότι γὰρ ἔοικεν
εἰς ταὐτὸν ἔρχεσθαι τὸ εἶδος καὶ τὸ τέλος, διὰ τοῦτο περὶ τοῦ εἴδους
λέγοντες ἀρκοῦνται. διὸ καὶ εὐθέως ἐπήγαγε, πῶς τὰς αἰτίας τῆς γενέσεως
5 σκοποῦντες εἰς ταῦτα τὰ αἴτια ἀνῆγον. ὅταν μὲν γὰρ τί μετὰ τί γίνεται
ζητῶσι, τὸ εἰδικὸν αἴτιον ζητοῦσι (τοῦτο γάρ ἐστι τὸ γινόμενον), ὅταν δὲ
τί πρῶτον ἐποίησε, τὸ κυρίως ποιητικὸν ἀνιχνεύουσιν, ὥσπερ ὅταν τὸ 10
παθὸν ζητῶσι, τὸ ὑλικὸν αἴτιον πολυπραγμονοῦσιν. ἡ γὰρ ὕλη τὸ πάσχον
ὑπὸ τοῦ ποιοῦντός ἐστι, τὸ δὲ εἶδος τὸ ἐγγινόμενον πάθος. δύναται δὲ
10 τοῦτο δεικτικὸν εἶναι καὶ τοῦ τὸν φυσικὸν μάλιστα εἰς ταῦτα ἀναφέρειν τὰ
αἴτια ζητοῦντα, τί πρῶτον καὶ τί ὕστερον ποιεῖ, καὶ τί τὸ πάσχον ἐστίν,
ὅτι ἡ ὕλη, καὶ τί τὸ γινόμενον. ταῦτα γὰρ περὶ τὰ φυσικὰ ὄντα τῷ
φυσιολόγῳ προσήκει, τοῦ πρώτου φιλοσόφου περὶ τὸ ἀκίνητον ἔχοντος
αἴτιον, καὶ τὴν ἄυλον καὶ ἀπαθῆ οὐσίαν καὶ γενέσεως ἐξῃρημένην, ἅπερ 15
15 ἀντίθετα τοῖς προειρημένοις ἐστί. "δύναται δέ, φησὶν Ἀλέξανδρος, ἡ λέξις
ἡ λέγουσα περὶ γενέσεως γὰρ μάλιστα ἀκολουθεῖν τοῖς ἀνωτέρω εἰρη-
μένοις, ἐν οἷς ἔλεγεν „ἐπεὶ δὲ αἰτίαι τέτταρες, περὶ πασῶν εἰδέναι τοῦ
φυσικοῦ, καὶ εἰς πάσας ἀνάγων τὸ διὰ τί ἀποδώσει, τὴν ὕλην τὸ εἶδος τὸ
κινῆσαν τὸ οὗ ἕνεκα„· περὶ γενέσεως γὰρ μάλιστα τοῦτον τὸν
20 τρόπον τὰς αἰτίας ζητοῦσι, τῶν μεταξὺ παρεμβεβλημένων εἰς διορι-
σμὸν τῆς ταυτότητος τῶν αἰτίων καὶ τοῦ ποιητικοῦ αἰτίου τῆς διαφορᾶς.
εἴπερ τὸ μὲν ἀκίνητόν ἐστι τὸ δὲ κινούμενον, καὶ τούτου τὸ μὲν ἄφθαρτον 20
τὸ δὲ φθαρτόν." τὸ δὲ καὶ οὕτως τὸ ἐφεξῆς ἀεί δύναται μὲν λέγειν,
ὅτι βοτάνη πρῶτον ἀπὸ πυροῦ καὶ ἐφεξῆς καλάμη καὶ ἐπὶ ταύτῃ ἄσταχυς,
25 δύναται δέ, ὡς ὁ Ἀλέξανδρος ἀκούει, τοῦτο ἐπῆχθαι, ὅτι μετὰ τὸ πρῶτον
ποιῆσαν ἐπὶ τὸ προσεχὲς ποιητικὸν μετέρχονται καὶ μετὰ τὴν πρώτην
ὕλην ἐπὶ τὴν προσεχῆ καθ' ὁμοιότητα, οὐκ ἐπ' ἄλλο τι εἶδος αἰτίου τὸ
οὗ ἕνεκα μεταβαίνοντες, μᾶλλον δὲ ὅτι ἐπὶ ἑκάστου αἰτίου τὸ ἐφεξῆς ζη-
τοῦσι.

30 p. 198ᵃ35 Διτταὶ δὲ αἱ ἀρχαὶ αἱ κινοῦσαι φυσικῶς ἕως τοῦ 25
τέλος γὰρ καὶ οὗ ἕνεκα.

Ἤδη μὲν καὶ πρότερον διαίρεσιν ἐποιήσατο τοῦ ποιητικοῦ λέγων, ὅτι
τὰ μὲν κινούμενα κινεῖ, τὰ δὲ ἀκίνητα ὄντα. καὶ νῦν δὲ τὴν αὐτὴν ποιεῖ-
ται λέγων διτταὶ δὲ αἱ ἀρχαὶ αἱ κινοῦσαι φυσικῶς, τὸ φυσικῶς
35 προσθεὶς πρὸς ἀντιδιαστολὴν τῶν γινομένων κατὰ τέχνην ἢ προαίρεσιν. καὶ 30

---

1 ἅμα δὲ a   δείκνυσθαι a   2 ἔοικεν praefixo ὡς post ταὐτὸν coll. aF   3 ἔρχεσθαι
scripsi: ἔρχεται libri   6 ζητῶσι aF: ζητοῦσι E   7 παθὼν a   8 πολυπραγμο-
νῶσιν E   15 ἡ om. E   16 ἀνωτέρω p. 198ᵃ22 cf. supra p. 363, 24   εἰρημένα
E   18 πᾶσαν F   post ἀποδώσει add. φυσικῶς Aristoteles   τὸ εἶδος τὴν ὕλην a
20 ζητοῦσι cf. v. 28: σκοποῦσι Aristoteles   21 αἰτίων] ποιητικῶν (compend.) E
22 ἐστι om. aF   24 στάχυς F   25 ὁ om. a   26 μετέρχονται aF: ἔρχονται E
32 λέγων cf. p. 198ᵃ27. 29   33 δὲ om. a   35 ἢ μὴ προαίρεσιν E

μήποτε διὰ τοῦτο πάλιν τὴν τοῦ ποιητικοῦ αἰτίου διαίρεσιν ἀνέλαβεν, ἵνα
διορίσῃ τελέως τὸ πρώτως κινοῦν τῶν κατὰ τέχνην ἢ προαίρεσιν κινούν-
των. πρῶτον μὲν γὰρ διέκρινεν ἀπ' ἀλλήλων τά τε ὅσα κινούμενα κινεῖ
καὶ ὅσα ἀκίνητα ὄντα, καὶ ἔλαβεν ἀκινήτως κινοῦν τὸ πρῶτον αἴτιον. νῦν
5 δὲ ἐπειδὴ καὶ ἡ τέχνη καὶ ἡ προαίρεσις ἀκίνητος οὖσα τὰς φυσικὰς κινή-
σεις κινεῖ (οὐδὲ γὰρ αὔξεται οὐδὲ ἀλλοιοῦται οὐδὲ κατὰ τόπον μεταβαίνει),
διορίζει πρῶτον μὲν τὰς τέχνας καὶ τὴν προαίρεσιν τῆς τε φύσεως καὶ τοῦ
πρώτου αἰτίου τῷ ταῦτα μὲν φυσικῶς, ταὐτὸν δὲ εἰπεῖν ἔνδοθεν κινεῖν,
ἐκεῖνα δὲ ἔξωθεν. καὶ οὕτως τὸ πρῶτον κινοῦν τῆς μὲν φύσεως διορίζει
10 ἤτοι τῶν κατὰ φύσιν κινούντων (οὐ γὰρ καθ' αὑτὴν ἡ φύσις κινεῖ, ἀλλὰ
μετὰ τοῦ σώματος ἐν ᾧ ἐστι), τούτων μὲν διορίζει τῷ ταῦτα μὲν ἀρχὴν
κινήσεως ἐν ἑαυτοῖς ἔχειν, ἐκεῖνο δὲ μὴ ἔχειν. οὐ γάρ ἐστι φυσικὴ ἐκείνη
ἀρχή, ἀλλὰ φυσικῶν· εἰ δὲ εἶχεν ἀρχὴν κινήσεως ἐν ἑαυτῇ, φυσικὴ ἂν
ἦν. τῶν δὲ κατὰ τέχνην καὶ προαίρεσιν κινούντων διορίζει τὴν πρώτην
15 ἀρχὴν τῷ ἐκεῖνα μέν, κἂν καθ' αὑτὰ ᾖ ἀκίνητα τὰς φυσικὰς κινήσεις,
ἀλλὰ κατὰ συμβεβηκὸς κινεῖσθαι ἐν τοῖς φυσικοῖς. τοιαῦται γὰρ αἱ τῆς
ψυχῆς ἐνέργειαι κατὰ τόπον μεταβαίνουσαι καὶ ἀπὸ ἄλλων εἰς ἄλλα μεθι-
στάμεναι ἔν τε τῷ προαιρεῖσθαι καὶ ἐν τῷ τεχνάζεσθαι, τὸ δὲ πάντων
πρῶτον παντελῶς ἀκίνητόν ἐστι καὶ καθ' αὑτὸ καὶ κατὰ συμβεβηκός.
20 καὶ καθ' ὅσον δὲ πάντων πρῶτόν ἐστι τῶν κινούντων διαφέρει τῶν τε
κατὰ τέχνην καὶ κατὰ προαίρεσιν κινούντων. καὶ οὐκ ἐκ παραλλήλου κεῖται
τό τε παντελῶς ἀκίνητον καὶ τὸ πάντων πρῶτον, ἀλλ' ὡς καθ' ἑκά-
τερα δεικνυμένης τῆς πρὸς τὰ ἀκινήτως κινοῦντα διαφορᾶς. πρῶτον δὲ
ἐκεῖνο κατὰ πάντας τοὺς τοῦ πρώτου τρόπους μετ' ὀλίγον δείξει. εἰ τοίνυν
25 ὀρθῶς λέγομεν τοῦτον ἔχειν σκοπὸν τὰ εἰρημένα, οὐ παρελκόντως πάλιν ἡ
τοῦ ποιητικοῦ γέγονε διαίρεσις. καὶ εἴπερ ποιητικοῦ ἐστιν ἡ διαίρεσις, ὡς
καὶ Ἀλέξανδρος ὁμολογεῖ, δῆλον ὅτι καὶ ποιητικὸν οἴεται τὸ πρῶτον ὁ
Ἀριστοτέλης. εἰ δὲ κινητικοῦ μόνον ἐστὶ διαίρεσις, δύναται τὸ πρῶτον καὶ
ὡς τέλος κινεῖν. εἰπὼν δὲ ἀκίνητον τὸ πρῶτον ἐπισημαίνεται, ὅτι καὶ τὸ
30 εἶδος καὶ ἡ μορφὴ ἀκίνητόν ἐστιν, ὅταν ὡς τέλος λαμβάνηται καὶ τὸ οὗ
ἕνεκα. ἀκίνητον γὰρ δεῖ τὸ τέλος εἶναι καὶ ὡρισμένον· τὸ γὰρ κινούμε-
νον ἕνεκά του κινεῖται. εἰ δὲ κινοῖτο, οὐδὲ τὸ ποιοῦν ἐλθὸν εἰς αὐτὸ στή-
σεται. τὸ δὲ εἶδος οὐχ ὡς ἔτυχε λαμβανόμενον τέλος ἐστίν, ἀλλ' ὅταν
οὕτως λαμβάνηται, ὅτι βέλτιον οὕτως. "ταύτῃ γάρ, φησὶν Ἀλέξανδρος,
35 διαφέρει τὸ μαθηματικὸν εἶδος τοῦ ἐν τοῖς φυσικοῖς, ὅτι τοῦτο μὲν καὶ
ὡς τέλος καὶ οὗ ἕνεκα λαμβάνεται, ὅτι βέλτιον οὕτως. ἄμεινον γὰρ ἦν

---

1 διαίρεσιν aF: διαίρε Ε   2 τὸ πρώτως τελέως E   προαιρεσι.ν ἢ τέχνην aF
3 τά τε] τόν τε E   5 ἀκίνητος aF: αὐτοκίνητος E   10 αὑτὴν E: αὑτοῦ F:
αὑτὸ a   11 τούτω E   μέν] οὖν a   12 ἐκεῖνα a   13 εἶχον E   15 μὲν
καθ' αὑτὰ ἀκίνητά ἐστι τὰς E   18 καὶ om. F   20 τε om. a   21 προαιρε Ε
22 ἑκάτερα a: ἕτερα E: ἕτερον F   24 ἐκεῖνο F: ἐκεῖ τὸ E: ἐκεῖνο τὸ a   διδάξει a
28 δυνατὸν a   30 καὶ (post εἶδος) om. E   32 εἰ κινοῖτο οὐ τὸ ποιοῦν F   34 φησὶν
ὁ aF

τοιόνδε τὸ εἶδος, οἷον τὸ ὄρ|θιον καὶ μὴ ἀλλοῖον, ἐπὶ δὲ τῶν μαθηματι- 83ᵛ
κῶν οὐδὲν ζητεῖται τοιοῦτον· λῆρος γὰρ δοκεῖ, εἴ τις ἐπιχειροίη δεικνύναι,
ὅτι τῷ μὲν κύκλῳ βέλτιον ἦν τὸ τὰς ἐκ τοῦ κέντρου γραμμὰς ἴσας ἔχειν,
τῷ δὲ τετραγώνῳ τὰς περιεχούσας αὐτό." μήποτε δὲ εἴ τις τὸν ὁρισμὸν
5 τοῦ κύκλου καὶ τοῦ τετραγώνου λάβοι οὕτως ὡς καὶ τὸν τοῦ ἀνθρώπου
μὴ κατὰ τὴν μορφὴν ἀλλὰ κατὰ τὴν δύναμιν, εὑρήσει καὶ τὴν μορφὴν οἰ- 5
κείαν τῷ τοιούτῳ λόγῳ, ὡς ἐπὶ τοῦ ἀνθρώπου τὸ ὄρθιον.

p. 198 b 4 Ὥστε ἐπεὶ ἡ φύσις ἕνεκά του ἕως τοῦ ἀλλὰ τὸ πρὸς
τὴν ἑκάστου οὐσίαν.

10 Ἐπειδὴ τὸ φυσικὸν εἶδος τέλος ἐστὶ καὶ οὗ ἕνεκα, δῆλον ὅτι ἡ φύσις 10
ἡ ποιητικὴ τοῦ εἴδους ἕνεκα τοῦ εἴδους πάντα ποιεῖ. εἰ οὖν ἕνεκά του
καὶ μὴ μάτην ποιεῖ ἡ φύσις, δεῖ τὸν φυσικὸν καὶ τὴν φύσιν εἰδέναι φυσι-
κὸν ὄντα καὶ τὰς αἰτίας τῶν γινομένων ἀποδιδόναι πάντως. οὕτως μὲν οὖν
ἐὰν εἰς τὸ ἕνεκά του ὑποστίξωμεν, καὶ τῷ πάντως πρόσκειται ὁ καὶ
15 σύνδεσμος. εἰ μέντοι μὴ πρόσκειται οὗτος, ὡς ἔν τισιν ἀντιγράφοις φέρε-
ται, εἰς τὸ καὶ ταύτην εἰδέναι δεῖ ὑποστικτέον, ἵνα λέγῃ αἴτιον τοῦ τὸ
διὰ τί ἀποδιδόναι τὸ τὴν φύσιν δεῖν εἰδέναι ἕνεκά του ποιοῦσαν. τὰς δὲ 15
αἰτίας ἀποδοτέον τήν τε ποιητικὴν ⟨καὶ τὴν ὑλικήν⟩. ταύτην γὰρ σημαί-
νει διὰ τοῦ ὅτι ἐκ τοῦδε ἀνάγκη τόδε· τὸ δὲ ἐκ τοῦδε ἢ ἁπλῶς
20 ἢ ὡς ἐπὶ τὸ πολύ. καὶ γὰρ ἐν μὲν τοῖς ἀϊδίοις καὶ θείοις ἁπλῶς ποιεῖ
τὸ ποιοῦν· ὁ γὰρ τοιόσδε τῆς σελήνης σχηματισμὸς τοιόνδε πάντως ποιεῖ
τὸν φωτισμὸν αὐτῆς. ἐν δὲ τοῖς ἐν γενέσει ὡς ἐπὶ τὸ πολύ· ὁ γὰρ ὕπνος
ὡς ἐπὶ τὸ πλεῖστον θρέψιν ποιεῖ σχολαζούσης τότε τῆς φύσεως. διὰ δὲ
τοῦ εἰ μέλλει τόδε ἔσεσθαι ὥσπερ ἐκ τῶν προτάσεων τὸ συμπέ- 20
25 ρασμα τοῦ ὑλικοῦ μέμνηται, ὅπερ καὶ ἀναγκαῖόν ἐστι τὸν τῶν ⟨ὧν⟩ οὐκ
ἄνευ λόγον ἐπέχον. εἰ γὰρ δεῖ τοιόνδε ἀκολουθῆσαι συμπέρασμα, δεῖ τοιάσδε
προειλῆφθαι προτάσεις ὕλης ἐχούσας λόγον ἐν τῷ συλλογισμῷ. εἴ τις οὖν
ἔροιτο, διὰ τί τοιόνδε τὸ συμπέρασμα, εἰς τὴν ὕλην ἀνάγοντες τὸ διὰ τί
ἀποδώσομεν· διότι γὰρ τὸ τοιαίδε αἱ προτάσεις. καὶ ἐν τοῖς φυσικοῖς, εἰ
30 μέλλοι τόδε ἔσεσθαι τὸ εἶδος ὑπὸ τῆς φύσεως, δεῖ τήνδε τὴν ὕλην
προϋπεστρῶσθαι, οἷον εἰ μέλλοι ναῦς ἔσεσθαι ⟨ἐκ⟩ τοιοῦδε ξύλου, δεῖ τὴν
ὕλην παραληφθῆναι, ἵνα καὶ εὖ πλέῃ καὶ εὐτόνως συνέχηται. διὰ δὲ τοῦ 25
ὅτι τοῦτο ἦν τὸ τί ἦν εἶναι τὴν κατὰ τὸ εἶδος αἰτίαν ἐνδείκνυται, διὰ

---

1 τὸ (post οἷον) om. E   ἐπεὶ δὲ a   2 λῆρος κτλ. cf. Themistius p. 190, 29
3 τοῦ om. a   4 αὐτῶ F   6. 7 τῷ τοιούτῳ λόγῳ οἰκείαν a   10 post καὶ add.
τὸ a   12 καὶ τὴν — φυσικὸν om. F   15 μὴ superscr. F¹   μὴ πρόσκειται]
ut in Aristotelis cod. E   18 ἀποδοτέον EF: ἀποδιδόναι a   καὶ τὴν ὑλικήν om.
libri. addidi conl. v. 25   19 ἀνάγκη ἐκ τοῦδε a   20 ἢ γὰρ E   23 πλεῖστον
E: πολὺ aF   24 μέλλοι τὸ δὲ a   25 ὧν addidi cf. f. 88ʳ 30   28 τοιόνδε
EF: τοιοῦτον a   29 τὸ (post γὰρ) om. F   30 τήνδε τὴν EF: τὴν τε a
31 μέλλει E   ἐκ τοιοῦδε a: om. E: τοιοῦδε (ἐκ om.) F   δεῖ om. F   32 εὖ
aF: ἐπὶ E

δὲ τοῦ καὶ διότι βέλτιον οὕτως τοῦ τελικοῦ μέμνηται αἰτίου. καὶ γὰρ 83ᵛ
καὶ Πλάτων καὶ Ἀριστοτέλης τῷ φυσικῷ προσήκειν φασὶ τήνδε διττὴν
αἰτίαν ἀποδιδόναι, τὴν μὲν τοῦ ἀναγκαίου, τὴν δὲ τοῦ εὖ. καὶ ἔστιν ἡ
μὲν τοῦ ἀναγκαίου κατὰ τὴν ὕλην καὶ ὅλως τὸ σωματικόν, οἷον ὅτι δεῖ ἐκ
5 θερμῶν καὶ ψυχρῶν καὶ ξηρῶν καὶ ὑγρῶν γίνεσθαι, ἡ δὲ τοῦ εὖ, καθ᾽ ἣν
δείκνυται ὅτι βέλτιόν ἐστιν οὕτως ἢ ἄλλως ἔχειν. τὸ δὲ βέλτιον οὐ τὸ 30
ἁπλῶς ληπτέον, ἀλλὰ τὸ πρὸς τὴν ἑκάστου φύσιν οἰκεῖον. τὸ γὰρ ἁπλῶς
καὶ τὸ πάντων ἄριστον οὐδὲ ὑπάρχειν δυνατὸν τῇ θνητῇ φύσει, ἀλλ᾽ εἴπερ
ἄρα, τῇ ἀιδίῳ καὶ θείᾳ. ἔπειτα καὶ ἓν ἂν ἦν πάντων τὸ αὐτὸ τέλος· ἓν
10 γὰρ τὸ ἄριστον. τὸ δὲ πρὸς τὴν ἑκάστου φύσιν, οἷον ὅτι τοῖς ἀερίοις καὶ
ἀναγκαῖα τὰ πτερὰ καὶ λυσιτελῆ καὶ τοῖς τοιοῖσδε τὰ τοιάδε, τοῖς δὲ πεζοῖς
οἱ πόδες, τοῖς δὲ ἰλυσπωμένοις ἡ κοιλία, ὥσπερ τοῖς ἰχθύσι τὰ βράγχια.
καὶ ἔστι τοιαύτη πραγματεία τῷ Ἀριστοτέλει ἡ Περὶ ζῴων μορίων, ἔνθα 35
κατὰ τὸν διττὸν τρόπον φυσιολογεῖ κατά τε τὸ ἀναγκαῖον καὶ κατὰ τὸ εὖ.

15 p. 198ᵇ10 **Λεκτέον δὴ πρῶτον μὲν διότι ἡ φύσις ἕως τοῦ ὁ δὲ
τὸν νοῦν.**

Δύο προτίθεται προβλήματα ἐν τούτοις, ἓν μὲν ὅτι τῶν ἕνεκά του 40
ποιούντων αἰτίων ἡ φύσις ἐστὶν ἀποδεῖξαι, διότι πολλάκις ἐχρήσατο τούτῳ
ἀντιλογίαν ἔχοντι· δεύτερον δὲ περὶ τοῦ ἀναγκαίου, πῶς ἔχει ἐν τοῖς
20 φυσικοῖς, ἐπειδὴ πάντες οἱ φυσιολόγοι εἰς τὸ ἀναγκαῖον ἀνάγουσι τὰς
αἰτίας, ἐξ ἀνάγκης τόδε τοιῶσδε λέγοντες γίνεσθαι. ἀνάγουσι δὲ εἰς τὴν
ὕλην ὡς ταύτην οὖσαν τὴν ἀνάγκην, ἐκ τῆς τοιᾶσδε τῶν ὑποκειμένων
ποιότητος τοιόνδε γίνεσθαι ἐξ ἀνάγκης λέγοντες. οἷον ἐπειδὴ τὸ θερμὸν
κοῦφον καὶ ἀνωφερές ἐστι, τὸ δὲ ψυχρὸν βαρὺ καὶ κατωφερές, διὰ τοῦτο 45
25 ὁ κόσμος οὕτω συνέστη τῆς μὲν γῆς κάτω γενομένης, τοῦ δὲ οὐρανοῦ ἄνω.
κἂν γὰρ ἄλλην αἰτίαν εἴπωσιν, ὡς Ἐμπεδοκλῆς ποιητικὴν φιλίαν καὶ νεῖκος
καὶ Ἀναξαγόρας τὸν νοῦν, ὅσον ἐφάψασθαι μόνον αὐτῆς λέγουσιν ἐν ταῖς
τῶν αἰτίων ἀποδόσεσιν οὐ προσχρώμενοι. τοῦτο δὲ καὶ ὁ ἐν τῷ Φαίδωνι
Σωκράτης ἐγκαλεῖν τῷ Ἀναξαγόρᾳ δοκεῖ. διὰ τοῦτο οὖν περὶ τοῦ κατὰ
30 τὴν ὕλην ἀναγκαίου χρὴ διορίσασθαι, πῶς ἔχει ἐν τοῖς φυσικοῖς,
τουτέστι τίς ὁ τρόπος τῆς τοιαύτης αἰτίας. ἆρα διὰ ταύτην γίνεται τὸ 50
γινόμενον; ἢ οὐκ ἄνευ μὲν ταύτης, οὐ μὴν διὰ ταύτην ἁπλῶς, καὶ διὰ
τοῦτο ἀναγκαία καὶ ὄντως ἀναγκαία. ταῦτα γὰρ μετ᾽ ὀλίγον ἡμᾶς περὶ
αὐτῆς διδάξει.

35 Τὸ δὲ δεῖξαι ὅτι ἡ φύσις ἕνεκά του ποιεῖ, χρήσιμόν ἐστι πολλαχῶς

---

1 καί (post τοῦ) om. aF   2 τήνδε E: τὴν aF: fortasse τήνδε τὴν   5 ὑγρῶν
καὶ ξηρῶν aF   6 ἐστιν om. F   ἔχειν EF: ἔχον a   8 ἀόριστον hic et
v. 10 E   12 οἱ] ὡς F   βράγχεα F   13 ἡ om. E   14 τῶν διττῶν
E¹   τε om. a   κατά (post καὶ) om. aF   20 τὸ ἀναγκαῖον aF: τὴν ἀνάγκην E
23 τοιόνδε iterat initio paginae F   ἐπεὶ F   26 νεῖκος καὶ φιλίαν aF   27 ἐν
om. F   28 ἀποδόσεσιν E: παραδόσεσιν aF   Φαίδωνι p. 97 B

πρὸς τελειότητα τοῦ περὶ τῶν αἰτίων λόγου. εἰ γὰρ διὰ τοῦτο μάλιστα 83ᵛ
ἀναγκαῖον τὰς αἰτίας εἰδέναι, ἵνα εἰς ταύτας ἀνάγοντες τὸ διὰ τί ἀποδι-
δῶμεν, τοῦτο δὲ χρήσιμόν ἐστι, διότι ἡ φύσις ἕνεκά του ποιεῖν ὑπόκειται
καὶ οὐκ εἰκῇ καὶ ὡς ἔτυχεν, ἔδει ταύτην δειχθῆναι τὴν ὑπόθεσιν. ἔτι 55
δὲ εἰ τὸ εἶδος τελικὸν αἴτιον καὶ οὗ ἕνεκα ὑπε|τέθη, ὡς ἕνεκα τούτου 84ʳ
τῆς φύσεως ποιούσης πάντα ἃ ποιεῖ, χρὴ τοῦτο δειχθῆναι, ὅτι ἕνεκά
του ποιεῖ ἡ φύσις. ἔτι δὲ τῶν παλαιῶν φυσιολόγων οἱ μὲν τύχην καὶ τὸ
αὐτόματον ᾐτιῶντο τῶν γινομένων ὡς ποιητικὰ αἴτια, μᾶλλον δὲ ὡς ἀναι-
τίων ὄντων τῶν γινομένων, οἱ δὲ τῇ ὑλικῇ ἀνάγκῃ ἠρκοῦντο. δείξας οὖν
ὅτι ἡ τύχη καὶ τὸ αὐτόματον κατὰ συμβεβηκός ἐστιν αἴτια, δεῖ δὲ εἶναι
πρὸ τοῦ κατὰ συμβεβηκὸς αἰτίου καὶ μάτην ὅσον ἐπὶ τῷ ἀποτελέσματι 5
προσγενομένου τὸ καθ᾽ αὑτὸ καὶ ἕνεκά του ποιοῦν τι, ἐδεῖτο δεῖξαι τί
τοῦτό ἐστι. καὶ ἄλλως δὲ ἐκ τῆς τῶν αἰτίων ἐφόδου παραδείξας, ὅτι ἔστι
τὸ ποιητικὸν αἴτιον τῶν φυσικῶν καὶ τοῦτο εἰπὼν εἶναι τὴν φύσιν διαφέ-
ρουσαν τῆς τύχης καὶ τοῦ αὐτομάτου τῷ προηγουμένως καὶ ἕνεκά του
ποιεῖν, ἐδεῖτο λοιπὸν τοῦτο αὐτὸ δεῖξαι, ὅτι ἡ φύσις ἕνεκά του ποιεῖ, καὶ
περὶ τοῦ ἀναγκαίου τῆς ὕλης διαλεχθῆναι. ἔτι δὲ ἐν ὅλῳ τῷ βιβλίῳ περὶ
αἰτίων διαλεχθεὶς καὶ ταῦτα τοῖς αἰτίοις οἰκεῖα προστίθησι, τὸ μὲν ὅτι τὸ 10
ποιητικόν, ὅπερ ἐστὶν ἡ φύσις, οὐκ εἰκῇ καὶ ὡς ἔτυχεν ἀλλ᾽ ἕνεκά του
ποιεῖ καὶ τὸ οὗ ἕνεκα τὸ εἶδός ἐστι, τὸ δὲ ὅτι τὸ ἐπὶ τῆς ὕλης λεγόμενον
ἀναγκαῖον, οὐχ οὕτως λέγεται ὡς δι᾽ αὐτὴν γινομένου (τοῦτο γὰρ τῷ
τέλει προσήκει), ἀλλ᾽ ὡς οὐκ ἄνευ αὐτῆς· ὅπερ ἐστὶ τὸ κυρίως ἀναγκαῖον,
ὡς κατὰ ἀνάγκην, ἀλλ᾽ οὐχὶ προηγουμένως παρειλημμένον.

p. 198ᵇ16—34 Ἔχει δὲ ἀπορίαν, τί κωλύει τὴν φύσιν μὴ ἕνεκά
του ποιεῖν ἕως τοῦ ὁ μὲν οὖν λόγος, ᾧ ἄν τις ἀπορήσειεν, 23
οὗτος, καὶ εἴ τις ἄλλος τοιοῦτός ἐστιν.

Προβαλλόμενος ὁ Ἀριστοτέλης δεῖξαι, ὅτι ἡ φύσις ἕνεκά του ποιεῖ, 25
πρῶτον ὥσπερ εἴωθε καὶ αὐτὸς καὶ ὁ διδάσκαλος αὐτοῦ Πλάτων κρατύνει
τὸν ἐναντίον λόγον, οὕτως αὐτῷ παριστάμενος ὡς ὁμολογήσων ⟨ᾧ⟩ οἱ τῶν
λόγων πατέρες παρέστησαν. τοῦτο δὲ χρήσιμόν ἐστι πρὸς τὸ μηδεμίαν
ἔνστασιν καταλιπεῖν τοῖς ἐνίοτε καὶ εὐφυέστερον δυναμένοις ἐνίστασθαι. καὶ
νῦν οὖν συνηγορεῖ πρῶτον τοῖς λέγουσι μὴ ἕνεκά του τὴν φύσιν ποιεῖν
μηδὲ ὅτι βέλτιον οὕτως· ἐπειδὴ γὰρ οἱ ἕνεκά του ποιεῖν τὴν φύσιν
βουλόμενοι πιστοῦνται τοῦτο ἐκ τῆς χρείας μάλιστα τῶν ἐν τοῖς ζῴοις 30
μορίων (εἰ γὰρ οἱ μὲν ἐμπρόσθιοι ὀδόντες ὀξεῖς γεγόνασι πρὸς τὸ τέμνειν

---

1 τοῦ (ante περὶ) om. E   2 ταῦτα E   ἀποδίδομεν E   6 πάντα ποιούσης aF
7 ἡ φύσις ποιεῖ aF   8 ᾤοντο F   ἂν αἰτίων F   12 προγενομένης E   τὸ
E: τῷ aF   αὐτῷ a   ποιοῦντι libri   17 ἔτι] ὅτι E   18 προτίθησι E
27 Προβαλόμενος a   28 καὶ ὁ τούτου διδάσκαλος aF   29 οὕτως EF: τούτῳ a
αὐτὸ a   παριστάμενον F   ὡς scripsi: ᾧ aF: om. E   ὁμολογήσων ⟨ᾧ⟩ scripsi: ὡμο-
λόγησαν EF: ὁμολογήσαντες a   30 χρήσιμον δὲ τοῦτο ἐστὶ aF   35 μὲν om. a

τὴν τροφήν, οἱ δὲ γομφίοι πλατεῖς πρὸς τὸ λεαίνειν, δῆλον ὅτι οὐκ εἰκῇ 84ʳ
καὶ ὡς ἔτυχε γεγόνασιν, ἀλλὰ τοῦ ποιοῦντος πρὸς τὸ χρήσιμον καὶ τὸ
βέλτιον ἀφορῶντος), ταῦτα οὖν ἐκείνων λεγόντων, οἱ βουλόμενοι μὴ ἕνεκά του
ποιεῖν τὴν φύσιν γίνεσθαι μὲν ἐξ ἀνάγκης φυσικῆς ἢ ὑλικῆς λέγουσι τὰ
5 γινόμενα, χρήσιμα δὲ καὶ ἐπωφελῆ κατὰ συμβεβηκὸς ἀποβαίνειν τῆς φύσεως
οὐ τούτου ἕνεκα ποιούσης· ἀλλ' ὥσπερ ὁ Ζεὺς ὕσειεν ἂν καὶ ἐν θέρει, 35
οὐχ ἵνα δὲ τὸν σῖτον τὸν ἐν τῇ ἅλῳ ἀπολέσῃ, ἀλλὰ ὕσαντος συνέβη τὸν
σῖτον ἀπολέσθαι, οὕτω τί κωλύει λέγειν μὴ ὕειν μέν, ἵνα ὁ σῖτος αὐξηθῇ,
ἄλλως δὲ ὑετοῦ γενομένου καὶ τὸν σῖτον αὐξάνεσθαι συμβαίνειν, γίνεσθαι
10 δὲ τὸν ὑετὸν φύσει καὶ ὑλικῇ ἀνάγκῃ; τὴν γὰρ ἀνενεχθεῖσαν ἀτμίδα
ψυχθεῖσαν καὶ ὕδωρ γενομένην διὰ τὸ βάρος καταφέρεσθαι καὶ τοῦτο εἶναι
τὸν ὑετόν. καὶ ἄλλως δὲ φαῖεν ἂν μηδέποτε τὸ βέλτιον τοῦ χείρονος ἕνεκα
γίνεσθαι μήτε ὑπὸ νοῦ μήτε ὑπὸ φύσεως. ὥστε οὐδὲ ἡ τοῦ ἡλίου κίνησις, 40
ἥτις ψύχουσα καὶ ἀλέας καὶ ὄμβρων καὶ τῶν τοιούτων αἰτία ἐστί, τῶν
15 καρπῶν ἕνεκα γίνεται, ἀλλ' ἐπισυμβαίνει καὶ ἡ τούτων τροφὴ ὥσπερ καὶ
ἄλλα πολλά, ὡς εἰ τούτων ἕνεκα ποιήσει ὁ ἀκριβέστατος νοῦς. οὕτως οὖν
τί κωλύει καὶ τὰ μόρια τῶν ζῴων καὶ τῶν φυτῶν ἐξ ἀνάγκης μὲν ὑλικῆς
γίνεσθαι, οὐ μὴν τοῦ εὖ καὶ τοῦ ὠφελίμου στοχαζομένης τῆς φύσεως οὐδὲ
ἕνεκά του ποιούσης. καὶ γὰρ οἱ μὲν ἐμπρόσθιοι ὀδόντες ὀξεῖς γεγόνασιν,
20 οἱ δὲ γομφίοι πλατεῖς οὐ διὰ τὴν χρείαν, ἀλλὰ διὰ τὴν φυσικὴν ἀνάγκην. 45
ἡ γὰρ τοῦ φατνώματος, εἴποι τις ἄν, περιφέρεια πυκνοτέρα γέγονε τῶν
ἑαυτῆς περάτων διὰ τὴν καμπήν· τὰ γὰρ καμπτόμενα πυκνοῦται κατὰ τὴν
κοίλην καὶ κατὰ τὴν κυρτὴν ἐπιφάνειαν τῆς μὲν τεινομένης τῆς δὲ συμπι-
λουμένης κατ' ἐκείνου, καθ' οὗ τὸ περιφερὲς μάλιστα γίνεται. διὰ δὲ τοῦ
25 πυκνοτέρου τὰ διιόντα ὀξύνεται καὶ τὰ ὀξέα μᾶλλον δίεισι. τούτων δὲ
οὕτω γινομένων διὰ τὴν ἀνάγκην τὴν ὑλικὴν συνέβη ἄλλως εἰς ὠφέλειαν
αὐτὰ γενέσθαι τῶν ζῴων, ὡς εἰ καὶ ταύτης ἕνεκα ἐγένετο. διὰ τί γὰρ 50
ἄλλα μὲν ἀπόλλυται ὑπὸ τῶν οἰκείων μορίων, ὡς ἀετοὶ τοῦ ῥάμφους ἐπι-
καμπτομένου λιμώττοντες, ἄλλα δὲ σῴζεται, εἰ μὴ ἐκ ταὐτομάτου ταῦτα
30 οὕτως συνέτρεχε. καὶ ὅπου μὲν οὕτως πάντα συνέβη συνδραμεῖν,
ὥσπερ καὶ εἰ ἕνεκά του ἐγίνετο, ταῦτα, κἂν ἐκ ταὐτομάτου συνέστη,
ἐπειδὴ ἐπιτηδείως συνέστη, διεσώθη· ὅσα δὲ μὴ οὕτως, ἀπώλετο
καὶ ἀπόλλυται. ὥσπερ Ἐμπεδοκλῆς κατὰ τὴν τῆν φιλίας ἀρχὴν φησι
γενέσθαι ὡς ἔτυχε μέρη πρῶτον τῶν ζῴων, οἷον κεφαλὰς καὶ χεῖρας καὶ 55
35 πόδας, ἔπειτα συνιέναι ταῦτα

---

1 γόμφιοι F¹   2 πρὸς τὸ βέλτιστον καὶ τὸ χρήσιμον a   6 ὕσειεν aF: ὕσει μὲν E
7 ἵνα δὲ aF: ἵνα καὶ E   τὸν (ante ἐν) om. E   9 γενομένου E: γινομένου aF
συμβαίνει E   11 ψυγεῖσαν aF   12 μηδέποτε EF: μήποτε a   13 οὐδὲ a:
οὔτε EF   16 an ποιήσειε?   18 μὴν E: μέντοι aF   19 πρόσθιοι E
20 γόμφιαι F   τὴν alterum om. F   ὑλικὴν ex v. 17 coniecit emendator Ambros.
Q 114 inf.   21 πατνώματος F   22 κατὰ aF: διὰ E   24 μάλιστα τὸ περι-
φερὲς a   25 ὀξέα EF: ὀξύτερα a   26 γενομένων E   ἄλλως εἰς iteravit F
30 οὕτως συνέτρεχε E: συνέτρεχε F: συνέτρεχεν οὕτω a   31 ὥσπερ κἂν εἰ Aristo-
teles   ἐγίνετο E: ἐγένετο aF   32 δὲ om. E   34 γενέσθαι φησὶν aF

βουγενῆ ἀνδρόπρωρα, τὰ δ' ἔμπαλιν ἐξανατέλλειν
"ἀνδρογενῆ" δηλονότι "βούπρωρα", τουτέστιν ἐκ βοὸς καὶ ἀνθρώπου. καὶ ὅσα μὲν οὕτω | συνέστη ἀλλήλοις ὥστε δύνασθαι τυχεῖν σωτηρίας, ἐγένετο ζῷα καὶ ἔμεινεν διὰ τὸ ἀλλήλοις ἐκπληροῦν τὴν χρείαν, τοὺς μὲν ὀδόντας τέ-
5 μνοντάς τε καὶ λεαίνοντας τὴν τροφήν, τὴν δὲ γαστέρα πέττουσαν, τὸ δὲ ἧπαρ ἐξαιματοῦν. καὶ ἡ μὲν τοῦ ἀνθρώπου κεφαλὴ τῷ ἀνθρωπίνῳ σώματι συνελθοῦσα σῴζεσθαι ποιεῖ τὸ ὅλον, τῷ δὲ τοῦ βοὸς οὐ συναρμόζει καὶ διόλλυται· ὅσα γὰρ μὴ κατὰ τὸν οἰκεῖον συνῆλθε λόγον, ἐφθάρη. τὸν αὐτὸν δὲ τρόπον καὶ νῦν πάντα συμβαίνει. ταύτης δοκοῦσι τῆς δόξης
10 τῶν μὲν ἀρχαίων φυσικῶν ὅσοι τὴν ὑλικὴν ἀνάγκην αἰτίαν εἶναι τῶν γινομένων φασί, τῶν δὲ ὑστέρων οἱ Ἐπικούρειοι. "ἡ δὲ πλάνη γέγονεν αὐτοῖς, ὥς φησιν Ἀλέξανδρος, ἀπὸ τοῦ ἡγεῖσθαι πάντα τὰ ἕνεκά του γινόμενα κατὰ προαίρεσιν γίνεσθαι καὶ λογισμόν, τὰ δὲ φύσει μὴ οὕτως ὁρᾶν γινόμενα. τὰ δὲ οὐχ οὕτως ἔχει, φησίν, ὡς ἤδη προειρήκαμεν, πάντως
15 ὅτε ἔλεγεν, ὅτι ἡ φύσις ἕνεκά του μὲν ποιεῖ, οὐ κατὰ λόγους δέ." μήποτε δὲ εἰ μὲν πρῶτον ἦν καὶ κυριώτατον αἴτιον ἡ φύσις, προορῶσαν, οὗ ἕνεκα ποιεῖ, οὕτως ἔδει ποιεῖν, ἄλλῳ δὲ ὑπηρετοῦσα τῷ κυρίως καὶ ἕνεκά του ποιοῦντι καὶ αὐτὴ μὲν ἕνεκά του ποιεῖ, οὐ μέντοι προλογιζομένη. ὁπότε καὶ τὸ σκέπαρνον ἕνεκά του πελεκᾷ, ἀλλ' οὐ προλογιζόμενον, ἀλλὰ
20 τῷ προλογιζομένῳ ὑπηρετοῦν.

p. 198b 34   Ἀδύνατον δὲ τοῦτον ἔχειν τὸν τρόπον ἕως τοῦ ἔστιν ἄρα τὸ ἕνεκά του ἐν τοῖς φύσει γινομένοις καὶ οὖσι.

Συνηγορήσας τῷ λέγοντι λόγῳ, ὅτι κατὰ συμβεβηκὸς ἀκολουθεῖ τοῖς φύσει γινομένοις τὸ χρειῶδες καὶ ὠφέλιμον, οὐ τούτου ἕνεκα τῆς φύσεως
25 ποιούσης, νῦν δείκνυσιν ὅτι ἀδύνατον τοῦτο οὕτως ἔχειν λαβὼν ἐναργὲς ὃν ὃ ὕστερον ἐπάγει, ὅτι τὰ γινόμενα ἢ κατὰ προωρισμένον σκοπὸν καὶ ἕνεκά του ἢ ἐκ τύχης ἢ ἐκ ταὐτομάτου γίνεται, καὶ ὅτι ταῦτα μὲν τὰ μόρια τῶν ζῴων καὶ ὅλως πάντα τὰ φύσει ἢ ἀεὶ ὡς ἐπὶ τῶν ἀιδίων ἢ ὡς ἐπὶ τὸ πολὺ γίνεται, τὰ δὲ ἀπὸ τύχης καὶ ἐκ ταὐτομάτου ἐδείχθη ἐν τοῖς ἐπ'
30 ἔλαττον, καὶ συλλογιζόμενος λοιπὸν οὕτως· τὰ φύσει ἢ ἀεὶ οὕτως γίνεται ἢ ὡς ἐπὶ τὸ πολὺ (ἄνθρωπος γὰρ ἐξ ἀνθρώπου καὶ ἵππος ἐξ ἵππου), καὶ τῶν ὀδόντων ἡ φύσις ὡς ἐπὶ τὸ πλεῖστον ὁμοίως καὶ τῶν ἄλλων μερῶν· τὰ δὲ ἀπὸ τύχης καὶ ταὐτομάτου ἢ ὅλως κατὰ συμβεβηκὸς οὔτε ἀεὶ οὔτε

---

1 βουγενῆ κτλ. cf. v. 258. 259 St., 239. 240 K.   ἐξανατέλλειν] ἐξανέτελλον Karsten
2 ἀνδρογενῆ βούπρωρα etiam p. 381,7 habet Simplicius: ἀνδροφυῆ βούκρανα Aelianus H. A. XVI 19   3 συνέστη emendator Ambrosiani: σύνεστιν libri   ἐγίνετο a
4 ἔμεινεν F²a: ἔμειναν E et F¹   6 ἐξαιματεῖ E   7 σώζεσθαι om. F   8 μὴ om. E   9 post ταύτης add. δὲ a   11 οἱ om. E   ἡ δὲ] εἰ δὲ a   12 ἡγεῖσθαι] κεῖσθαι F   15 ἔλεγεν cf. Phys. B 5 p. 196b 21   ποιεῖν E   λόγον a
16 post φύσις iteravit ἕνεκά του — φύσις ex v. 15 F   17 ἄλλο a   18 αὐτὴ EF   21 post δὲ inseruit ταῦτα a   25 οὕτως ἔχειν τοῦτο aF   27 γίνεται E: γίνονται aF   33 καὶ ἐκ ταὐτομάτου a

ὡς ἐπὶ τὸ πολύ (ἐν γὰρ τοῖς ἐπ' ἔλαττον ἐδείχθη ταῦτα γινόμενα)· οὐκ 84ᵛ
ἄρα τὰ φύσει ἀπὸ τύχης ἢ ἐκ ταὐτομάτου ἢ ὅλως κατὰ συμβεβηκός. καὶ
ἔστιν ὁ συλλογισμὸς ἐν δευτέρῳ σχήματι συναχθείς, οὗ τὰς μὲν προτάσεις
τέθεικεν ὁ Ἀριστοτέλης, τὸ δὲ συμπέρασμα ὡς σαφὲς οὐκ ἐπήγαγε. τὴν 30
5 δὲ μείζονα τῶν προτάσεων τὴν λέγουσαν 'τὰ ἀπὸ τύχης καὶ ἐκ ταὐτομά-
του οὔτε ἀεὶ οὔτε ὡς ἐπὶ τὸ πολύ' ἔδειξεν ἐκ τοῦ ἀντικειμένου· τὰ γὰρ
ὡς ἐπὶ τὸ πολὺ γινόμενα, οἷον τὸ ὕειν πολλάκις χειμῶνος ἢ τὸ καῦμα γί-
νεσθαι ὑπὸ κύνα, οὐκ ἀπὸ τύχης οὔτε ἀπὸ συμπτώματος λέγομεν, ἀλλ'
ὅταν ὑπὸ κύνα μὲν ὕῃ πολλάκις ἢ χειμῶνος καύματα ποιῇ, καὶ ὅλως ἐν
10 τοῖς ἐπ' ἔλαττον. δυνατὸν δὲ καὶ ἐν πρώτῳ σχήματι συναγαγεῖν τὸν συλλο-
γισμὸν οὕτως· τὰ φύσει ὡς ἐπὶ τὸ πολύ· οὐδὲν τῶν ὡς ἐπὶ τὸ πολὺ κατὰ 35
συμβεβηκός· οὐδὲν ἄρα τῶν φύσει κατὰ συμβεβηκός. δείξας οὖν ὅτι οὐδὲ
τὰ ὠφέλιμα καὶ χρειώδη ἐν τοῖς φύσει κατὰ συμβεβηκὸς γίνεται, εἴπερ ὡς
ἐπὶ τὸ πολὺ γίνεται, δείκνυσι λοιπὸν ὅτι ἕνεκά του ταῦτα γίνεται. καὶ ἔστι
15 τὸ διαιρετικὸν ὃ προσέλαβε τοιοῦτον· τὰ γινόμενα ἢ κατὰ συμβεβηκὸς καὶ
ἀπὸ συμπτώματος γίνεται ἢ ἕνεκά του· ἀλλὰ μὴν ταῦτα οὐκ ἀπὸ συμ-
πτώματος, ὡς δέδεικται· ἕνεκά του ἄρα. τὸ δὲ διαιρετικὸν ἀναγκαῖον
δοκεῖ, διότι καὶ ἐκεῖνοι ὡς ἀναιρετικὸν τοῦ ἕνεκά του τὸ ἀπὸ συμπτώματος 40
ἔλεγον. ὡς γὰρ ὀφείλοντος πάντως τοῦ γινομένου ἢ οὕτως ἢ ἐκείνως γί-
20 νεσθαι, τῷ δεῖξαι ὅτι κατὰ συμβεβηκὸς ἀναιρεῖν ᾤοντο τὸ ἕνεκά του. καὶ
οὕτως μὲν εἴ τις ἐν ἀρχῇ λαμβάνει τὰ φύσει ἢ ἀεὶ ἢ ὡς ἐπὶ τὸ πολὺ
γίνεσθαι, συνάγει διά τε τῶν λημμάτων καὶ τοῦ διαιρετικοῦ, ὅτι τὰ φύσει
ἕνεκά του καὶ ἐν δευτέρῳ καὶ ἐν τρίτῳ σχήματι. αὐτὸς δὲ ἐπὶ τῶν μο-
ρίων τῶν ζῴων καὶ τῶν τοιούτων μάλιστα προαγαγὼν τὸν λόγον ὡς ἐναρ-
25 γῶς ἐχόντων τὸ ἐπὶ πολὺ γίνεσθαι καὶ δείξας, ὅτι τῶν μορίων ⟨αἱ⟩ 45
εὐχρηστότητες διὰ τὸ μὴ κατὰ συμβεβηκὸς γίνεσθαι ἕνεκά του γίνονται,
καὶ προσλαβών, ὅτι φύσει ἐστὶ πάντα τὰ τοιαῦτα, ὡς κἂν αὐτοὶ
φαῖεν ἂν οἱ ταῦτα λέγοντες (φύσεως γὰρ ἔργα τά τε ζῷα καὶ τὰ
φυτὰ καὶ τὰ τούτων μέρη, ἐν οἷς οὐδὲν περιττὸν οὐδὲ ἐλλεῖπον) καὶ ὑπο-
30 κείμενον ποιήσας τὰ μόρια τῶν ζῴων καὶ τὰ τοιαῦτα καὶ κατηγορήσας
αὐτῶν τό τε ἕνεκά του καὶ τὸ φύσει, μερικὸν συμπέρασμα συνάγει ἐν τρίτῳ
σχήματι, ὅτι τινὰ τῶν ἕνεκά του φύσει ἐστί. καλῶς γὰρ ὁ Ἀλέξανδρος
ἐπέστησεν ὅτι "οὐκ ἐν πρώτῳ σχήματι ἀλλ' ἐν τρίτῳ μᾶλλον γίνεται ἡ 50
συναγωγὴ μερικὸν συμπέρασμα συνάγουσα τὸ λέγον ὅτι τινὰ τῶν ἕνεκά
35 του γινομένων φύσει γίνεται. καὶ γὰρ ἡ ἐν πρώτῳ σχήματι συναγωγὴ
συνάγει, ὅτι πάντα τὰ ἕνεκά του φύσει ἐστὶν οὐκ ὂν ἀληθές. τὰ μὲν γὰρ

---

5 τὴν (ante λέγουσαν) om. E 7 οἷον τοῦ F γενέσθαι F 8 οὐκ EF:
οὔτε a οὔτε] immo οὐδὲ ἀπὸ τοῦ F 10 ἐν τῷ πρώτῳ a συνάγειν E
14 ταῦτα δείκνυσι F γίνεται. καὶ ἔστι τὸ E: καὶ γίνεται καὶ ἔστι. τὸ δὲ a: καὶ ἔστι
καὶ γίνεται. τὸ δὲ F 19 ὡς γὰρ iterat F 21 λαμβάνοι FE(?) 22 συνάγοι E(?)
τε om. a 23 αὐτὸς — σχήματι (33) om. F 25 αἱ a: om. E 26 εὐχρηστότητες
aE: fort. εὐχρηστίαι cf. p. 374, 3 27 φύσει γ' ἐστὶ τὰ τοιαῦτα πάντε Aristoteles
28 ἂν om. Aristoteles 31 καὶ φύσει a 34 συνάγουσα συμπέρασμα aF τινὰ
post γινομένων traiciunt aF 35 τρίτῳ F 36 συνάγει post ἐστὶν traicit a

φύσει πάντα ἕνεκά του, τὰ δὲ ἕνεκά του οὐ πάντα φύσει. καὶ γὰρ τὰ 84ᵛ
κατὰ προαίρεσιν καὶ τὰ κατὰ τέχνην ἐν τοῖς ἕνεκά τού ἐστι. συνάγει γοῦν
οὕτως· ἐπειδὴ τὰ ζῷα καὶ τὰ φυτὰ καὶ τὰ τούτων μόρια καὶ ἡ εὐχρη-
στία αὐτῶν ὡς ἐπὶ τὸ πλεῖστον οὕτως γίνεται, τὰ δὲ ὡς ἐπὶ τὸ πλεῖστον 55
5 ἕνεκά του, ἐὰν προσλάβωμεν ἄλλην πρότασιν τὴν λέγουσαν τὰ ζῷα καὶ τὰ
φυτὰ καὶ τὰ τούτων μέρη φύσει, ὅπερ καὶ ὑπ' ἐκείνων ὁμολογεῖται, συνα-
χθήσεται | τὸ τινὰ τῶν ἕνεκά του γινομένων φύσει γίνεσθαι, ὅπερ ἐδή- 85ʳ
λωσε καὶ αὐτὸς διὰ τοῦ ἔστιν ἄρα τὸ ἕνεκά του ἐν τοῖς φύσει
γινομένοις καὶ οὖσι. καὶ γὰρ εἰ ἔστιν ἐν τοῖς φύσει γινομένοις τὸ
10 ἕνεκά του, τὰ μὲν φύσει ἕνεκά τού ἐστι πάντως, οὐ πάντα δὲ τὰ ἕνεκά
του φύσει. ὥσπερ ἐπειδὴ ἔστι τὸ τρέφεσθαι καὶ αὔξεσθαι ἐν τοῖς ζῴοις,
τὰ μὲν ζῷα τρέφεται καὶ αὔξεται, οὐ πᾶν δὲ τὸ τρεφόμενον καὶ αὐξό-
μενον ζῷόν ἐστι." μήποτε δὲ καὶ συντόμως μὲν τὸ προκείμενον συνελο- 5
γίσατο καὶ καθόλου εἰπὼν ὅτι πάντα τὰ φύσει ἢ ἀεὶ ἢ ὡς ἐπὶ τὸ πολὺ
15 καὶ προσλαβὼν ὅτι τὰ ἐκ τύχης οὐκ ἀεὶ καὶ συναγαγὼν ἐν δευτέρῳ καὶ ἐν
πρώτῳ σχήματι, ὡς εἴρηται πρότερον. καὶ μέντοι ὡς ἐπὶ τῶν μορίων
προαγαγὼν τὸν λόγον διὰ τὸ ἐναργὲς ἐν τρίτῳ σχήματι μερικὸν συμπέ-
ρασμα συνήγαγεν. εἰ τοίνυν ὁ σῖτος ὑπὸ τοῦ ὑετοῦ αὔξεται κατὰ φύσιν
καὶ ὡς ἐπὶ τὸ πολύ, δῆλον ὅτι οὐ κατὰ συμβεβηκὸς αὔξεται ὁ σῖτος ὑπὸ
20 τοῦ ὑετοῦ, ὥστε καὶ ἕνεκά του γίνεται ὁ ὑετὸς τοῦ αὔξεσθαι τὸν σῖτον, 10
ὥσπερ καὶ ἄλλων πολλῶν ἕνεκα γίνεται, ἅπερ οὐ κατὰ συμβεβηκὸς ἕπεται
τῷ ὑετῷ. τὸ γὰρ αὐτὸ πολλῶν ἕνεκα γίνεται καὶ μικρῶν καὶ μεγάλων.
ἆρα οὖν καὶ τοῦ σαπῆναι ἕνεκα τὸν σῖτον; ἢ τοῦτο οὐκ ἔστι τῶν ὡς ἐπὶ
τὸ πολὺ τῷ ὑετῷ ἀκολουθούντων, ἀλλὰ τῶν ὡς ἐπ' ἔλαττον· διὸ κἂν
25 φύσει γίνεται, ἀλλὰ κατὰ ἀποτυχίαν τοῦ σκοποῦ τῆς φύσεως ὥσπερ τὰ
τέρατα. πλὴν καὶ εἰ ἕνεκα τοῦ σαπῆναι τὸν σῖτον γίνεται ὁ ὑετός, ἀλλ'
οὐχ ὑπὸ τῆς φύσεως ἕνεκα τούτου γίνεται, ἀλλ' ὑπὸ τοῦ τῇ φύσει χρω- 15
μένου δημιουργοῦ θεοῦ τοῦ πάντα κατὰ δίκην ἀπευθύνοντος.

p. 199 a 8 Ἔτι ἐν οἷς τέλος ⟨τί⟩ ἐστὶν ἕως τοῦ ἕνεκα ἄρα θατέρου 20
30   θάτερον.

Δεύτερον τοῦτο ἐπιχείρημα. ὁ δὲ Ἀλέξανδρος οὕτως ἐξηγεῖται τὸ
χωρίον· "δείξας, φησίν, ὅτι τὰ φύσει ἕνεκά του (ἔστι γὰρ ἐν αὐτοῖς τέ-
λος τι οὗ ἕνεκα), προσλαμβάνει τοῦτο ὡς ἑπόμενον, ἐν οἷς τέλος τί ἐστιν
ἕνεκά του, τούτου χάριν τὰ πρὸ αὐτοῦ πράσσεται· ᾧ ἕπεται τὸ καὶ ἐν

---

2 τὰ (post καὶ) om. F   κατὰ τέχνην] κ/τέχνην E   6 συναχθήσαιτο E
7 ante φύσει add. καὶ aF   8 διὰ τὸ F   ἐν τοῖς — ἔστιν (9) om. E
15 προλαβὼν E   ἐν alterum om. aF   16 πρότερον p. 373, 2 et 10   17 διὰ]
ἐπὶ F¹ sed in mrg. corr.   20 καὶ τοῦ ἕνεκα γίνεται E   22 τὸ γὰρ αὐτὸ aE:
ὁ γὰρ ὑετὸς F   23 ἢ] εἰ F   25 post ὥσπερ add. καὶ a   26 εἰ om. E
29 ἐν οἷς] sic etiam p. 288, 24   τί ἐστι a (cf. p. 377, 26 et p. 288, 24): ἐστὶν EF:
ἐστί τι Aristoteles (praeter FI)   32 ἐν (post γὰρ) om. F   33 ἐστιν E: ἐστι καὶ
aF cf. p. 377, 22

τοῖς φύσει γινομένοις τοῦ τέλους ἕνεκα γίνεσθαι τὰ πρὸ τοῦ τέλους". ἐγὼ 85ʳ
δὲ ἔοικα μὴ νοεῖν τὸ λεγόμενον· δοκεῖ γάρ μοι λέγειν οὐδὲν ἄλλο ἢ ὅτι 25
λαβὼν ὅτι τὰ φύσει ἕνεκά του, συνάγει ὅτι τὰ φύσει ἕνεκά του· τὸ γὰρ
"ἐν τοῖς φύσει γινομένοις τοῦ τέλους ἕνεκα γίνεσθαι τὰ πρὸ τοῦ τέλους" τί
5 ἄλλο ἐστί; "πάλιν δὲ λαβών, φησί, τὸ ἐν οἷς τέλος τί ἐστι τοῦ τέλους
χάριν τὰ πρὸ αὐτοῦ πράσσεσθαι ὡς ὁμολογούμενον, προσλαμβάνει αὐτῷ τὸ
ὡς πράσσεται οὕτως καὶ πεφυκέναι πράσσεσθαι, καὶ ὡς πέφυκεν οὕτω
πράσσεσθαι· ἐξ ὧν συνάγει τὸ μὴ μόνον εἶναι ἐν τοῖς φύσει τὸ ἕνεκά του,
ἀλλὰ καὶ πεφυκέναι αὐτὰ ἕνεκά του. τοῦτο δὲ προσαπέδειξεν, ἵνα μή τις
10 λέγῃ εἶναι μὲν ἐν τοῖς φύσει γινομένοις τὸ ἕνεκά του, οὐ μὴν καὶ τούτου 30
χάριν τὴν φύσιν αὐτὰ ποιεῖν." καίτοι πῶς εἶχε λόγον, μὴ δι' ὅ ἐστι διὰ
τοῦτο ποιεῖν αὐτὸ τὸ ποιοῦν; ὅλως δὲ εἰ προείληπται ὡς ὁμολογούμενον
τὸ ἐν οἷς τέλος τί ἐστι τοῦ τέλους χάριν τὰ πρὸ αὐτοῦ πράσσεσθαι, προεί-
ληπται τὸ τούτου χάριν γίνεσθαι ὑπὸ τοῦ ποιοῦντος. μήποτε οὖν ἡ μὲν
15 πρώτη ἀπόδειξις τοιαύτη ἐστίν· ἐν οἷς τῶν γινομένων τέλος τί ἐστι τὸ ὡς
πέρας, εἰς ὃ περατοῦται ἡ κίνησις καὶ προϊοῦσα συνεχῶς τελευτᾷ, ἐν τού-
τοις ἅπαντα τὰ πρὸ τοῦ τέλους τοῦ τέλους ἕνεκεν γίνεται· ἐν δὲ τοῖς φύσει 35
γινομένοις ἔστι τι τέλος· συνεχῶς γὰρ κινεῖται καὶ πρόεισιν ἀδιαλείπτως
μέχρι τοῦ τὸ τέλος ὁλόκληρον περιποιήσασθαι. καὶ γὰρ ἡ πέα καὶ ἡ κα-
20 λάμη καὶ ὁ ἄσταχυς καὶ ⟨αἱ ποικίλαι καὶ⟩ παμπληθεῖς αὗται μορφαὶ
πρόασι μέχρι τοῦ πυροῦ, εἶτα ἐντεῦθεν στάσις ἤδη καὶ ἠρεμία. ταύταις
ταῖς δύο προτάσεσι τεθείσαις ἀκολουθεῖ συμπέρασμα τὸ ἐν τοῖς φύσει γι-
νομένοις ἕνεκα τοῦ τέλους ἀεὶ πράττεσθαι τὸ πρότερον καὶ τὸ ἐφεξῆς, ὅπερ
ἐστὶ τὸ ἕνεκά του ποιεῖν τὴν φύσιν· τοῦτο δὲ ἦν τὸ προκείμενον. τῶν δὲ 40
25 δύο τὴν πρώτην εἰρημένην μόνην πρότασιν τέθεικε λέγων ἐν οἷς τέλος
τί ἐστι, τούτου ἕνεκα πράττεται τὸ πρότερον καὶ τὸ ἐφεξῆς.
τὴν δὲ δευτέραν καὶ τὸ συμπέρασμα ὡς πρόδηλα ἀφῆκεν.

Ὅτι δὲ ἀληθεῖς αἱ δύο προτάσεις, δῆλον. ὅπου γάρ ἐστι τέλος τι
καὶ συνεχὴς καὶ τεταγμένη ἡ ἐπ' αὐτὸ ὁδός, φανερὸν ὅτι τούτου ἕνεκα
30 πάντα τὰ ἔμπροσθεν πράττεται. οἷον ἐν τοῖς τεχνητοῖς ἐστι τέλος ἡ
ὑγίεια· ταύτης ἕνεκα τὰ ἔμπροσθεν ποιεῖ πάντα ὁ ἰατρός. καὶ ὅτι ἐν τοῖς 45
φυσικοῖς τέλος ἐστὶ τὸ εἶδος. καὶ τούτου ἕνεκα πάντα πράττεται, τοῦ εἰ-
δοποιηθῆναι τῶν φυσικῶν ἕκαστον καὶ ἀπολαβεῖν τὴν οἰκείαν μορφήν. τοι-
γαροῦν εἰς τοῦτο ἐλθοῦσα παύεται ἡ τῆς φύσεως ἐνέργεια. τούτων δὲ
35 κειμένων ἀληθὲς ἂν εἴη τὸ ἐν τοῖς φυσικοῖς πάντα τὰ ἔμπροσθεν ἕνεκα
τοῦ τέλους πράττεσθαι. οὐκοῦν εἰ τοῦτο οὕτως ἔχει, οὐκ ἐπισυμβαίνει

---

3 συνάγει — ἕνεκά του om. E   ὅτι (post συνάγει) F: τὸ a   6 πράσσεται F   7 οὕτω
καὶ πεφυκέναι πράσσεσθαι om. E   7. 8 οὕτως πράσσεται E   8 εἶναι om. aF   9 καὶ
τὸ πεφυκέναι aF   10 λέγῃ E (cf. p. 376,11): λέγοι aF   17 alterum τοῦ τέλους om. F
ἕνεκα a   19 ποιήσασθαι a   20 post καὶ add. αἱ a, adieci ποικίλαι καὶ ex
Themistio p. 193, 8   21 προϊοῦσι E   25 πρώτην ἠρεμίαν F   30 post πράτ-
τεται add. τὸ πρότερον καὶ τὸ ἐφεξῆς τὸ δὲ συμπέρασμα, tum delevit F   31 fortasse
⟨ὅτι⟩ ταύτης   32 πάντα E: om. aF   35 ἕνεκε E ut saepius

τὸ τέλος τοῖς πρὸ τοῦ τέλους, ἀλλ' ἐκείνου ἕνεκα πέφυκε γίνεσθαι, καὶ 85r
ὡς πράττεται, οὕτως πέφυκε, καὶ ὡς πέφυκεν, οὕτως πράττεται 50
ἕκαστον, ἂν μή τι ἐμποδίσῃ· ὥστε εἰ πράττεται τοῦ τέλους ἕνεκα,
καὶ πέφυκε τούτου ἕνεκα. μήποτε δὲ τὸ οὐκοῦν ὡς πράττεται οὕτω
5 πέφυκε καὶ τὰ ἑξῆς οὐ τοῦ μὴ ἐπισυμβαίνειν τὸ τέλος ἐστὶ δεικτικά. εἰ
γὰρ τὸ πράττεσθαι ἕνεκά του ὁμολογούμενον λαβὼν ὡς ἀκόλουθον τούτῳ
ἐπάγει τὸ καὶ πέφυκεν ἕνεκά του, τὸ δὲ ἕνεκά του πραττόμενον ἐκεῖνο
οὗ ἕνεκα πράττεται οὐκ ἔχει ἐπισυμβαῖνον, δῆλον ὅτι οὐδὲν ἔσχε πλέον
τὸ μεταλαβεῖν τὸ ἕνεκά του πραττόμενον εἰς τὸ πεφυκέναι ἕνεκά του. ὁ 55
10 δὲ Ἀλέξανδρος, ὡς εἴρηται, τὸ καὶ πεφυκέναι οὕτως προσαποδεδεῖχθαί φησιν,
"ἵνα μή τις λέγῃ εἶναι μὲν ἐν τοῖς φύσει γινομένοις τὸ ἕνεκά του (ὡς
ἐπὶ τῶν ὀδόντων ἐλέ|γετο), οὐ μὴν τούτου χάριν τὴν φύσιν αὐτὰ ποιεῖν, 85v
ἀλλ' ἐπισυμβαίνειν τὴν χρείαν. ἔτι δέ, φησὶν ὡς καὶ προελθὼν ὑπομνή-
σει, ἔστι καὶ ἐν τοῖς ἀπὸ τύχης γινομένοις τό τε οὗ ἕνεκα καὶ τὸ ἐκείνου
15 χάριν. ἀλλ' οὐ τοῦ τέλους χάριν ἐστὶ τὰ πρὸ αὐτοῦ. δείξας οὖν ὅτι τὰ
φύσει ἕνεκά του, νῦν προσαπέδειξεν ὅτι οὐχ οὕτως ἕνεκά του ὡς ἐν τοῖς
κατὰ τύχην, ἀλλ' ὅτι πέφυκεν οὕτως". μήποτε δὲ οὐ διὰ τὴν πρὸς ⟨τὰ⟩
κατὰ τύχην ἀντιδιαστολὴν τὸ πεφυκέναι προσέθηκεν. ἐπὶ γὰρ τῶν κατὰ 5
τύχην τὸ πραττόμενον ὅσον ἐπὶ τῷ τέλει μάτην πράττεται. νῦν δὲ τὸ
20 πράττεσθαι ἕνεκα τοῦ τέλους ὁμολογούμενον λαβὼν ἐκ τούτου τὸ πεφυκέναι
οὕτως κατεσκεύασεν. ὥστε οὐδὲ ἡ πρώτη ἐξήγησις τοῦ Ἀλεξάνδρου δόξει
λόγον ἔχειν. εἰ γὰρ ὁμολογούμενον ἐλήφθη τὸ ἕνεκα τοῦ τέλους πράττεσθαι
τὸ πραττόμενον ἐν τοῖς φυσικοῖς, οὐδεὶς ἂν εἶπεν εἶναι μὲν ἐν τοῖς φύσει
τὸ ἕνεκά του, τὴν δὲ φύσιν μὴ τοῦ τέλους ἕνεκα ποιεῖν. ἀλλ' ἴσως πρὸς
25 ἀντιδιαστολὴν εἴρηται τῶν κατὰ τέχνην. ἐν γὰρ τούτοις τὸ πραττόμενον 10
ἕνεκα τοῦ τέλους πράττεται, οὐ μέντοι κατὰ φύσιν πράττεται. δείξας οὖν
κοινῶς ὅτι ἐν οἷς τέλος τί ἐστι τούτου ἕνεκα πράττεται τὸ
πρότερον καὶ τὸ ἐφεξῆς, ὅπερ καὶ ἐπὶ τῶν τεχνητῶν καὶ ἐπὶ τῶν
κατὰ προαίρεσιν ἁρμόττει, νῦν δείκνυσιν ὅτι ἐπὶ τῶν φυσικῶν κατὰ φύσιν
30 ἐστὶ τοῦτο. καὶ ἡ φύσις ἐστὶν ἡ ἕνεκά του ποιοῦσα. τοῦτο γὰρ τὸ πε-
φυκέναι οὕτως σημαίνει. ὅτι δὲ ταύτην ἔχει τὴν ἔννοιαν, τεκμαίρομαι ἐκ
τοῦ ἐπαγομένου οἷον εἰ ἡ οἰκία τῶν φύσει γινομένων ἦν καὶ τῶν 15
ἑξῆς. δι' ὧν οὐδὲν ἄλλο δείκνυσιν ἢ ὅτι ὡς ἐπὶ τῶν κατὰ τέχνην τοῦ
τέλους ἕνεκα πράττεται τὸ πραττόμενον τεχνικῶς, τουτέστι τῆς τέχνης
35 ποιούσης ἤτοι τοῦ τεχνίτου κατὰ τὴν τέχνην, οὕτως καὶ ἐπὶ τῶν φύσει

---

1 πρό] πὸ E   3 μήτις a   εἰ] καὶ a   4 καὶ om. F   9 τῷ μεταλαβεῖν
probabiliter emendator Ambrosianus   10 εἴρηται p. 375, 9 sqq.   12 καὶ τούτου
τοῦ
supra l. c.   14 οὗ ἕνεκα, νῦν προσαπέδειξεν ὅτι E   17 ἀλλ' ὅτι — τύχην (18)
om. E   τὰ addidi: τὸ add. emendator Ambrosianus   22 ἔχει a   23 ἐν
(post μὲν) om. a   φύσει E: φυσικοῖς aF   26 post τέλους πράττεσθαι (sic E¹)
iterabat τὸ πραττόμενον (33) — ποιεῖν E   27 post τὸ addebat τέλος F   28 πότερον
hic et p. 377, 3 E   30 τὸ πεφυκέναι οὕτως cf. p. 199 a 10   32 γενομένων a
33 ὅτι om. aF

γινομένων ὑπὸ τῆς φύσεως ἕνεκα τοῦ τέλους πράττεται τὸ πραττόμενον. 85ᵛ
εἰ γὰρ ἡ οἰκία τῶν φύσει γινομένων ἦν, οὕτως ἂν ἕνεκα τοῦ τέλους
τὸ πρότερον καὶ τὸ ἐφεξῆς τῶν ἐν αὐτῇ πραττομένων ἐπράττετο ὑπὸ τῆς
φύσεως, ὡς νῦν ὑπὸ τῆς τέχνης καὶ οὐκ ἄλλως. ἀλλ' οὐδὲ εἰ ἡ τέχνη
5 ζῷον ἐποίει, ἄλλως ἂν ἐποίησεν ἢ ὡς ἡ φύσις ποιεῖ. ἐποίησε δ' ἂν
ἕνεκα τοῦ τέλους τὰ πρὸ αὐτοῦ. τοῦτο γάρ ἐστι τὸ ἕνεκα ἄρα θατέ-
ρου θάτερον. τοῦτο δὲ προσέθηκε τὸ ἀντίστροφον δεικνύς, ὅτι καὶ εἴ τι
τῶν φύσει γινομένων καὶ κατὰ τέχνην γίνοιτο, ὁμοίως ἂν γίνοιτο. καὶ
καλῶς τὴν οἰκίαν παράδειγμα παρέθετο πρότερον καὶ φύσει γινομένην ὑπὸ
10 τῶν ἀλόγων ζῴων καὶ τέχνῃ ὑπ' ἀνθρώπων. εἰ οὖν καὶ κατὰ τέχνην
ὁμοίως ἂν γίνοιτο ὥσπερ καὶ κατὰ φύσιν, ἐν δὲ τοῖς κατὰ τέχνην ἐναργῶς
τοῦ τέλους ἕνεκα γίνεται τὰ πρὸ τοῦ τέλους, καὶ ἐν τοῖς κατὰ φύσιν ὁμοίως
ἔχει.

Ὅταν δὲ λέγῃ ἐν οἷς τέλος τί ἐστι, τούτου ἕνεκα πράττεται τὸ
15 πρότερον καὶ τὸ ἐφεξῆς, τέλος λέγει οὐχ ἁπλῶς τὸ οὗ ἕνεκεν (τοῦτο
γὰρ ἦν τὸ ζητούμενον, εἰ ἕνεκά του ποιεῖ ἡ φύσις), ἀλλ' ὅπερ τὸ πρότε-
ρον καὶ τὸ ἐφεξῆς, ἁπλῶς τὴν ἐν τάξει πρόοδον συμπεραίνει καὶ ὃ
τελειοῖ τὴν κίνησιν, συνεχεῖ οὔσῃ αὐτῇ τελευταῖον ἐπιγινόμενον καὶ περα-
τοῦν αὐτήν. ὁ μέντοι Ἀλέξανδρος "τέλος, φησί, λέγει οὐχ ἁπλῶς τὸ
20 ὕστερον ἐπιγινόμενον, ἐπεὶ καὶ τοῖς αὐτομάτως γινομένοις ὕστερόν τι
ἀπαντᾷ, ἀλλ' ὡς τὸ οὗ ἕνεκα." καὶ ἐπάγει ὅτι "τοῦτο βουλόμενος καὶ νῦν
ἐνδείξασθαι προσέθηκε τὸ ἔτι ἐν οἷς τέλος ἐστὶ τὸ ἕνεκά του· οὐ
γὰρ ἁπλῶς ἠρκέσθη τέλος εἰπών, ἀλλὰ προσέθηκε τὸ ἕνεκά του δεικνὺς
ὁποῖον τὸ τέλος εἶναι βούλεται". καὶ ταῦτα ἐπιστάσεως ἄξιά μοι δοκεῖ,
25 πρῶτον ὅτι οὐχ οὕτως ἔχει ἡ γραφὴ τῶν ἐμοὶ συνεγνωσμένων ἀντιγράφων
πάντων, ἀλλ' οὕτως ἔτι ἐν οἷς τέλος τί ἐστι, τούτου ἕνεκα πράτ-
τεται τὸ πρότερον· ἔπειτα ὅτι τὸ ἕνεκά του οὐκ ἔστι τέλος, ἀλλὰ τὸ
οὗ ἕνεκα. βουληθεὶς δὲ οὕτως συντάξαι ἔτι ἐν οἷς τὸ ἕνεκά του τέλος
τί ἐστιν εὑρίσκω μὴ προχωροῦσαν τὴν σύνταξιν διὰ τὸ ἑνικὸν ἄρθρον τῷ
30 ἕνεκά του προσκείμενον. ὅλως δέ, ὅπερ εἶπον, τοῦτο ἦν τὸ ζητούμενον,
εἰ ἕνεκά του ποιεῖ ἡ φύσις. ὅπερ ἐνδείκνυσι διὰ τοῦ ἐφεξῆς καὶ ἐν τάξει
τὴν ὁδὸν ποιουμένην εἰς πέρας τι καταντᾶν· τὸ δὲ τοιοῦτον πέρας οὗ
ἕνεκά ἐστι. φύσει δὲ τὸ οὕτως ὁδεῦον, ὡς καὶ πρότερον εἶπε καὶ ἐφεξῆς
δηλώσει λέγων "φύσει γάρ, ὅσα ἀπό τινος ἐν αὐτοῖς ἀρχῆς συνεχῶς κι-
35 νούμενα ἀφικνεῖται εἰς τέλος".

---

1 τῆς om. a   3 τῆς (ante φύσεως) om. aF   4 τῆς (ante τέχνης) om. a
5 ἄλλως aF: ἄλλο E   ἐποίησεν aF et Themistius p. 193,20: ἐποίει E
ἢ ὡς E Themistius: ἢ aF   8 ὁμοίως ἂν γίνοιτο F: om. aE   11 γένοιτο E
καὶ (post ὥσπερ) om. E   18 συνεχεῖ F: συνεχῆ aE   20 ἐπὶ a   22 ἕνεκά
του δεικνύς F   24 τὸ (post ὁποῖον) iteravit F   27 ὅτι om. F   28 ἔτι
EF: ὅτι a   τὸ E: τῶν F: om. a   29 διὰ τὸ aE: διὰ τὸ τὸ F   31 ἐνδεί-
κνυσι E: ἐνδείκνυται aF   33 εἶπε] εἴπερ E   34 λέγων p. 199ᵇ15   αὑτοῖς
libri   35 εἴς τι τέλος Aristoteles

p. 199 a 15   Ὅλως τε ἡ τέχνη τὰ μὲν ἐπιτελεῖ ἕως τοῦ καὶ ἐν τοῖς
κατὰ φύσιν τὰ ὕστερα πρὸς τὰ πρότερα.

Ἀπὸ τῆς τέχνης ὡς καὶ παρ' ἐκείνοις ὁμολογουμένως ἕνεκά του ποιούσης δείξας ὅτι καὶ ἡ φύσις ἕνεκά του ποιεῖ, ὅτι οἰκείως ἐχρήσατο τῇ ἀποδείξει πιστοῦται τὴν ὁμοιότητα δεικνὺς τῆς τέχνης πρὸς τὴν φύσιν, καὶ τὴν πρὸς αὐτὴν κοινωνίαν. ὧν τὴν μὲν κοινωνίαν δηλοῖ τῷ συνεργαζομένην τῇ φύσει τὴν τέχνην ἀναπληροῦν ὅσα ἡ φύσις ἀδυνατεῖ καθ' αὑτὴν ποιεῖν, οἷον ὑγείαν καὶ σάρκωσιν ἰατρική, ὅταν ἡ φύσις καθ' αὑτὴν ταῦτα ποιεῖν ἀδυνατῇ. μιμεῖται δὲ ἡ τέχνη τὴν φύσιν γράφουσα καὶ πλάττουσα παντοίων ζῴων καὶ φυτῶν ἰδέας. ἤδη δέ τινες καὶ ἐξ ᾠῶν νεοττιὰς γεννῶσι χωρὶς ὀρνίθων τῇ πρὸς ἐκείνας μιμήσει τῇ τέχνῃ χρώμενοι. εἰ οὖν συνεργὸς καὶ μιμητικὴ τῆς φύσεώς ἐστιν ἡ τέχνη καὶ ἔστι τὰ κατὰ τέχνην ἕνεκά του, δῆλον ὅτι καὶ τὰ κατὰ φύσιν. ὁμοίως γὰρ ἔχει τὸ τέλος καὶ τὰ πρὸς τὸ τέλος καὶ ἐν τοῖς κατὰ τέχνην καὶ ἐν τοῖς κατὰ φύσιν, εἴπερ μιμεῖται ἡ τέχνη τὴν φύσιν καὶ κοινωνός ἐστιν αὐτῆς. εἰ οὖν ἐν τοῖς κατὰ τέχνην τὰ πρότερα τῶν ὑστέρων ἕνεκα γίνεται, καὶ ἐν τοῖς κατὰ φύσιν ὁμοίως ἕξει. ὁ μέντοι Πορφύριος ἐκ τοῦ μᾶλλον καὶ ἧττον γίνεσθαι τὴν ἐπιχείρησιν ἐνταῦθά φησιν· "εἰ γὰρ ἡ τέχνη χείρων οὖσα τῆς φύσεως, ὥσπερ καὶ ἡ εἰκὼν τοῦ παραδείγματος, τὰ πρὸ τοῦ τέλους ἕνεκα τοῦ τέλους ποιεῖ, πολὺ μᾶλλον ἡ φύσις κρείττων οὖσα τῆς τέχνης οὕτως ποιήσει." πῶς δ' ἂν λέγοι χείρονα τῆς φύσεως τὴν τέχνην, εἴπερ ἐκεῖνά φησιν ἐπιτελεῖν τὴν τέχνην, ἅπερ ἡ φύσις ἀδυνατεῖ | ἀπεργάσασθαι; εἰ μὴ ἄρα τοῦτο οὕτως εἶπεν, ὡς τῆς τέχνης τὸ λεῖπον ἀναπληρούσης (τοῦτο δὲ καὶ τὸ χεῖρον ποιεῖν δυνατόν) ἢ καὶ ὡς μιμουμένης.

p. 199 a 20   Μάλιστα δὲ ἐπὶ τῶν ζῴων τῶν ἄλλων ἕως τοῦ ἔστιν ἡ
αἰτία ἡ τοιαύτη ἐν τοῖς φύσει γινομένοις καὶ οὖσιν.

Ὅτι τὰ κατὰ φύσιν γινόμενα ἕνεκά του γίνεται ὁμοίως τοῖς κατὰ τέχνην καὶ προαίρεσιν καὶ νοῦν, δείκνυσι καὶ ἐκ τῶν ἀλόγων ζῴων πάνυ ἐμμεθόδως ἐπιχειρῶν. οἱ γὰρ ἀράχναι καὶ οἱ μύρμηκες οὔτε τέχνῃ οὔτε προαιρέσει, ἀλλ' ἀλόγως καὶ κατὰ φύσιν ποιοῦντες προφανὲς ἔχουσι τὸ ἕνεκά του ποιεῖν οὕτως, ὡς καὶ ἀμφισβητεῖσθαι, μήποτε νῷ ἢ τέχνῃ καὶ προλογισμῷ ἐργάζονται· οὕτως πάντα τοῦ χρειώδους ἕνεκα καὶ ὠφελίμου

---

1 ὅλος F   6 τῷ] τὸ F   8 ὅταν aF cf. Themistius p. 193, 24: ὅτι E   καθαυτὴν E: om. aF   10 παντοίας Themistius   11 νεοττείας (corr. ex νεοττεῖας) F: νεωττίας E: νεοττούς a   13 κατὰ τὴν τέχνην F   τὰ (post καὶ) om. EF¹
14 τέλος (ante καὶ τὰ) aF: γένος E   15 αὑτῆς ἐστιν a   18 ἡ γὰρ ἡ a   19 τῆς φύσεως χείρων οὖσα aF   20 πολλῷ a   22 ἀποτελεῖν aF   23 εἰ] καὶ E
24 καὶ (post δὲ) om. E   25 post δὲ add. φανερὸν a ex Aristotele. videri possit post τῶν ἄλλων locum habuisse in Simplicii exemplari   27 γενόμενα E   γίνονται a
29 αἱ γὰρ F   31 νῷ ἢ τέχνῃ ἢ προλογισμῷ a

ποιοῦσιν ὡς τὰ νῷ καὶ προλογισμῷ χρώμενα, οἱ μὲν ἀράχναι διὰ τὴν τῶν 86ʳ
μυῶν ἄγραν δίκτυα ἀσφαλῆ καὶ ἐπὶ πολὺ διικνούμενα διατείνοντες, οἱ δὲ
τὴν τροφὴν θησαυρίζοντες καὶ θαυμασταῖς χρώμενοι μεθόδοις πρὸς ὁλκὴν 15
τῶν μειζόνων βαρῶν καὶ ὑγρανθεῖσαν πολλάκις τὴν τροφὴν ἀνάγοντες ὑπὸ
5 τὸν ἥλιον καὶ διαψύχοντες καὶ τάξιν ἐν τῇ πορείᾳ φυλάττοντες. τὸ δὲ ἔτι
τούτων θαυμασιώτερον, ὅτι τοὺς ἑαυτῶν φωλεούς, οὓς χειὰς καλοῦμεν,
τριχῇ διαιροῦντες ἐν μὲν τῷ ἑνὶ μέρει διαιτῶνται, ἐν δὲ τῷ ἑτέρῳ τὰς
τροφὰς ἀποτίθενται, καὶ ἐν τῷ τρίτῳ θάπτουσι τοὺς νεκρούς. καὶ ἡ χελι-
δὼν δὲ καὶ ἡ ἀηδὼν οἰκοδομεῖ τὴν νεοττιὰν πηλόν τε τὸν εὐεργότατον
10 ἐκλεξαμένη, ὡς καὶ τοὺς ἰατροὺς αὐτῷ ἀντὶ τῶν ξηραντικωτάτων χρῆσθαι 20
φαρμάκων, καὶ κάρφεσι συνδέουσα τὸν πηλὸν κατὰ σχῆμα πολυχωρητότα-
τον καὶ ἰσχυρότατον. καὶ ἡ μέλιττα ⟨θαυμαστὴ⟩ τῆς τῶν ἑξαγώνων χω-
ρημάτων συνθέσεως· τῆς δὲ ἀλκυόνος τὴν καλιὰν ἐν ὕδατι γινομένην
ἥκιστα ἂν ὕδωρ λυμαίνοιτο. καὶ πολλὰ ἄν τις εἴποι τὸ τεχνοειδὲς τῆς
15 τῶν ἀλόγων ζῴων ποιήσεως ἐπιδεικνύς. εἰ δέ τῳ δοκεῖ τὰ ἄλογα ζῷα
λογισμῷ τινι ποιεῖν, ὁράτω κατὰ μικρὸν διὰ τῶν λογικῶν καὶ ἀλόγων τὸ
ἕνεκά του καὶ ἐπὶ τὰ φυτὰ προϊόν, ἐν οἷς οὔτε ἀπορία τις ὑπολείπεται,
μήποτε νῷ ποιοῦσιν ἢ τέχνῃ· καὶ ὄψεται καὶ ἐν ἐκείνοις τὴν φύσιν ἕνεκά 25
του ποιοῦσαν. τά τε γὰρ φύλλα καὶ τὰ περικάρπια τοῦ καρποῦ ἕνεκα γί-
20 νεται καὶ αἱ ῥίζαι ἕνεκα τῆς τροφῆς. ἐπεὶ διὰ τί οὐκ ἄνω μὲν αἱ ῥίζαι,
κάτω δὲ οἱ κλάδοι; διὰ τί δὲ οὕτως ἀμφιέννυσι τὰ σπέρματα ἀσφαλῶς, εἰ
μὴ πολλὴν εἶχε πρόνοιαν τῆς ἐξ ἀλλήλων παλιγγενεσίας;

Καὶ εἴη ἂν ἡ συναγωγὴ τοῦ λόγου τοιαύτη· τὰ ἐν τοῖς ἀλόγοις ζῴοις
καὶ μάλιστα τὰ ἐν τοῖς φυτοῖς κατὰ φύσιν γινόμενα ὁμοίως γίνεται τοῖς
25 κατὰ νοῦν καὶ τέχνην γινομένοις· τὰ κατὰ νοῦν καὶ τέχνην γινόμενα ἕνεκά 30
του γίνεται· τὰ δὲ ἐν τοῖς ἀλόγοις ζῴοις ἄρα καὶ ἐν τοῖς φυτοῖς γινόμενα
ἕνεκά του γίνεται· ἡ φύσις ἄρα ἕνεκά του ποιεῖ. ἐν δὲ τούτοις πάλιν
ἀξιῶ ἐφιστάνειν, ὅτι τὰ ἄλογα ζῷα καὶ τὰ φυτὰ ὡς φυσικὰ λαμβάνει ὁ
Ἀριστοτέλης, καίτοι ἔμψυχα ὄντα καὶ ὑπὸ ψυχῆς διοικούμενα, τῶν ἀλόγων
30 ζῴων καὶ φαντασίᾳ καὶ αἰσθήσει χρωμένων καὶ ὀρέξει ἐν ταῖς οἰκείαις
ἐνεργείαις. εἰ δὲ ἐβούλετο ἐπὶ τῶν κυρίως φύσει ὄντων καὶ μόνως φύσει
τὸ ἕνεκά του ἰδεῖν, παρέλαβεν ἂν τὴν κατὰ τόπον τῶν στοιχείων κίνησιν
γινομένην ἕνεκα τοῦ τὴν οἰκείαν ὁλότητα καταλαβεῖν καὶ τὴν τῶν ἐναντίων 35
ποιοτήτων μάχην ἕνεκα τῆς ἐν τῷ ὑποκειμένῳ σωτηρίας καὶ τῶν ἐν τῇ
35 ἑκάστου γενέσει γινομένων τροπῶν ἀεὶ τὴν προτέραν τῆς ἐφεξῆς ἕνεκα

---

1 ἀράχναι conlato οἱ δὲ v. 2 delendum videatur   2 ἰκνούμενα F   7 τῷ (post μὲν) om. E   8 ὑποτίθενται aF   ἡ (ante χελιδὼν et ἀηδὼν) E cf. Themistius p. 194,1: om. aF   10 ξηραντικωτέρων a   11 κατά] καὶ E eodem quo apud Themist. p. 194,3 vitio   12 θαυμαστὴ om. libri: addidi ex Themistio p. 194,4
14 λυμαίνοιτο scripsi (id quod in Themistii λυμάνοιτο [sic] latere videtur): λυμαίνετο E: λυμήναιτο aF   17 προϊών F   οὔτε] immo οὐδὲ   18 φύσιν] τέχνην F
19 περικάρδια E   20 ἐπειδὴ οὐκ ἄνω διὰ τί μὲν E   23 τὰ δὲ ἐν E   24 τὰ (post μάλιστα) om. a   κατὰ φύσιν — καὶ τέχνην (25) om. F   γινόμενα E: om. a   26 τὰ δὲ — γίνεται (27) E: om. aF   27 ἐν δὴ a   30 ante αἰσθήσει add. τῇ a

προγινομένην· ἀπὸ γὰρ ὕδατος πῦρ γίνεται διὰ μέσου ἀτμοῦ καὶ ἀέρος. 86ʳ μήποτε οὖν φύσιν ὁ Ἀριστοτέλης καλεῖ καὶ τῆς ψυχῆς πᾶν τὸ περὶ σώματα καταγινόμενον. διὸ καὶ τὴν περὶ ψυχῆς πραγματείαν τὰ πολλὰ περὶ τὴν τοιαύτην ψυχὴν πραγματευομένην τῆς φυσικῆς θεωρίας ὑπολαμβάνουσιν.

p. 199 a 30 Καὶ ἐπεὶ ἡ φύσις διττὴ ἕως τοῦ αὕτη ἂν εἴη ἡ αἰτία 40
ἢ οὗ ἕνεκα.

Δείξας ὅτι τὰ φύσει γινόμενα ἕνεκά του γίνεται, βούλεται δεῖξαι τί τοῦτο τὸ οὗ ἕνεκά ἐστιν. ἐπεὶ οὖν σύνθετά ἐστι τὰ φυσικὰ ἐξ ὕλης καὶ εἴδους καὶ ἑκάτερον τούτων φύσις λέγεται, ὡς δέδεικται πρότερον, καὶ μᾶλλον τὸ εἶδος τῆς ὕλης, καὶ ἔστιν ἐν τῷ γινομένῳ τέλος τοῦτο, τοῦ τέλους δὲ ἕνεκα τὰ πρὸ τοῦ τέλους, ἡ μορφὴ ἂν εἴη τὸ οὗ ἕνεκα τὰ ἄλλα, ὅπερ 45 καὶ πρότερον ἔδειξεν, ὅτε τὸ εἶδος καὶ τὸ τέλος εἰς ταὐτὸν ἦγε. "δοκεῖ δέ μοι, φησὶν ὁ Ἀλέξανδρος, διὰ τούτου ἐνδείκνυσθαι, ὅτι κυριωτέρα αἰτία τὸ εἶδός ἐστι καὶ οὐχὶ ἡ ὕλη, ὡς οἱ ἀρχαῖοι λέγειν ἐδόκουν εἰς τὴν ὑλικὴν αἰτίαν πάντα ἀνάγοντες· εἰ γὰρ καὶ ἡ ὕλη τοῦ εἴδους χάριν ἐστί, κυριωτέρα ἂν εἴη αἰτία τῆς ὕλης τὸ εἶδος".

p. 199 a 33 Ἁμαρτία δὲ γίνεται καὶ ἐν τοῖς κατὰ τέχνην ἕως τοῦ 49
καὶ τὸ "οὐλοφυὲς μὲν πρῶτα" σπέρμα ἦν. | 55

Πρὸς τοὺς λέγοντας ἕνεκά του ποιεῖν τὴν φύσιν ἔνστασις ἦν ἀπὸ τῶν 86ᵛ τεράτων. τίνος γὰρ ἕνεκα τὰ "βουγενῆ ἀνδρόπρωρα" γίνοιτο ἂν τὰ κατὰ Ἐμπεδοκλέα; λύει οὖν καὶ ταύτην τὴν ἔνστασιν νῦν λέγων, ὅτι οὐ πάντα τὰ ἕνεκά του γινόμενα ἐξ ἀνάγκης κατωρθωμένα γίνεται, ἀλλὰ καὶ ἁμαρτάνεταί τινα πολλάκις ἐν τούτοις. καὶ γὰρ ἐν τοῖς κατὰ τέχνην καίτοι ἕνεκά του γινομένοις, ὡς πάντες ὁμολογοῦσιν, ἁμαρτάνεταί τινα. καὶ οὐχ 5 ἕνεκα μὲν τῆς ἁμαρτίας ἡ τέχνη ἐποίει, ἕνεκα δέ τινος ἐκείνου οὗ διήμαρτεν. οὕτως δὴ καὶ ἡ φύσις ποιεῖ μὲν ἕνεκά τινος, ἁμαρτάνεται δὲ πολλάκις τὸ οὗ ἕνεκα καὶ ἀποβαίνει ἄλλο τι παρὰ τὸ οὗ ἕνεκα. ὥσπερ οὖν κἂν μὴ κατορθώσῃ τὸ φάρμακον ἐκεῖνο, οὗ ἕνεκα παρὰ τοῦ ἰατροῦ ἐδόθη, ἀλλ' ἕνεκά του πάντως ἐδόθη, καὶ ὁ γραμματικὸς κἂν μὴ ὀρθῶς ἔγραψεν, ἀλλ' ἕνεκα τοῦ ὀρθῶς γράφειν ἔγραψεν, οὕτως καὶ ἡ φύσις, κἂν μὴ ἄνθρωπον ποιήσῃ, ἀλλ' ἕνεκά γε τοῦ ἄνθρωπον ποιεῖν ἐποίει· ἀπετεύχθη δὲ ὥσπερ καὶ ἐν τοῖς κατὰ τέχνην. καὶ τὰ τέρατα οὖν ἁμαρτήματα ἐκεί- 10

---

2 φύσιν E: φησὶν F: φύσι, sed post ἀριστοτέλης conlocat a   σῶμα a   4 ὑπολαμβάνουσα E   5 ἐπεὶ aF: ἐπειδὴ E   6 ἡ οὗ] ἢ οὗ E   7 post γινόμενα add. καὶ aF   12 ἔδειξεν p. 198ᵃ 26   13 ὁ om. F   Ἀλέξανδρος cf. Themistius p. 194, 19   τούτων aF   13. 14 ἐστὶ τὸ εἶδος a   18 καὶ οὐλοφυὲς μὲν πρότερον a   σπέρμα a cf. p. 382, 6: σπέρματα EF   21 Ἐμπεδοκλέα cf. p. 372, 1   23 καίτοι ἕνεκα γινομένοις E: γινομένοις ἕνεκά του aF   26 ποιεῖ — ἡ φύσις (30) om. F   29 κἂν E: κἂν εἰ a   30 οὕτω δὲ καὶ a   31 ἀπετεύχθη a: ἀποτεύχθη E: ἀπετέχθη F

SIMPLICII IN PHYSICORUM II 8 [Arist. p. 199 a 33]

νου τοῦ οὗ ἕνεκά ἐστι. διὸ οὐδὲ ἐκτοπίζεταί που μακρὰν τοῦ οὗ ἕνεκα. 86ᵛ
ἀλλὰ μάλιστα μὲν ἐκ σπέρματος ἀνθρωπείου ἄνθρωπος, εἰ δὲ μὴ ζῷον,
συκῆ δὲ ἢ πλάτανος οὐδέποτε. τοιαῦτα δὲ καὶ Ἐμπεδοκλέους "βουγενῆ
ἀνδρόπρωρα". ὅταν δὲ λέγῃ ὁ Ἀριστοτέλης καὶ ἐν τοῖς φυσικοῖς τὰ
5 τέρατα, ἁμαρτήματά φησιν εἶναι τοῦ ἕνεκά του ποιοῦντος. εἰπὼν δὲ
ὅτι τὰ τέρατα ὁμοίως γίνεται τοῖς ἐπὶ τῶν τεχνῶν ἁμαρτανομένοις ἐπιση-
μαίνεται, ὅτι καὶ τὰ παρὰ τῷ Ἐμπεδοκλεῖ "βουγενῆ ἀνδρόπρωρα" ἢ "ἀν- 15
δρογενῆ βούπρωρα", εἰ ἐγίνετο τὰ τοιαῦτα, κατὰ ἁμαρτίαν ἐγίνετο τῶν
ἀρχῶν, ἐξ ὧν ἡ γένεσις τῶν τε ποιητικῶν καὶ τῶν ὑλικῶν, ὡς καὶ νῦν
10 κατὰ τὴν περὶ τὸ σπέρμα ἁμαρτίαν τὰ τέρατα ἀποβαίνει ἐξασθενοῦντος
τοῦ σπέρματος καὶ διαφθειρομένης ἀρχῆς. καὶ οὐχ ἱκανὰ τὰ τοιαῦτα
παραδείγματα δεῖξαι, ὅτι ἡ φύσις οὐχ ἕνεκά του ποιεῖ. συγχωρήσας δὲ
τὸ πρῶτον τῷ Ἐμπεδοκλεῖ ἀπ᾽ ἀρχῆς τερατώδη ζῷα λέγοντι τὰ "βουγενῆ
ἀνδρόπρωρα" καὶ τούτου δοθέντος, λύσας τὴν ἔνστασιν ἐκ τοῦ καὶ ἐκεῖνα 20
15 διαφθειρομένης ἀρχῆς γίνεσθαι, ἐφεξῆς καὶ τὴν αἰτίαν τῆς τοιαύτης
ἐνστάσεως τῆς ἀπὸ τῶν Ἐμπεδοκλέους τεράτων ἀναιρεῖ ἀσύστατον δεικνὺς
τὴν ἀπ᾽ ἀρχῆς τῶν τερατωδῶν ζῴων γένεσιν, ὡς εἰ ἔλεγε μάλιστα μὲν καὶ
εἰ ἐγίνετο τερατώδη ζῷα ἀπ᾽ ἀρχῆς, οὐκ ἀναιρεῖται ἐκ τούτου τὸ τὴν
φύσιν ἕνεκά του ποιεῖν. τῆς γὰρ φύσεως ἕνεκά του ποιούσης ἁμαρτία τις
20 ἢ περὶ τὸ ποιοῦν ἢ περὶ τὴν ὕλην γενομένη ἄλλο τι ἀποβῆναι ἐποίησε καὶ
οὐχὶ ἐκεῖνο τὸ οὗ ἕνεκα τὸ ποιοῦν ἐποίει. ἔπειτα δὲ οὐδὲ ἀληθής ἐστιν 25
ἡ τῆς ἐνστάσεως ὑπόθεσις. οὐ γὰρ δυνατὸν ἦν ζῷα ἐξ ἀρχῆς γενέσθαι,
ἀλλὰ σπέρμα πρὸ τῶν ζῴων, εἴπερ ἀνάγκη πᾶν ζῷον καὶ τὸ κατωρθω-
μένον καὶ τὸ τερατῶδες ἐκ σπέρματος γενέσθαι οἰκείου, ἀλλ᾽ οὐκ εὐθὺς
25 ἡμιτόμων τῶν ζῴων ἡμιτόμοις συγκολλωμένων. εἰ δὲ ἀναγκαῖον ἀπὸ σπέρ-
ματος οἰκείου τὴν ἀρχὴν ἕκαστον τῆς γενέσεως λαβεῖν, δῆλον ὅτι τάξις τίς
ἐστιν ἐν τῇ γενέσει καὶ τὸ πρῶτον καὶ τὸ δεύτερον, καὶ τὸ πρῶτον τοῦ
δευτέρου χάριν. ἐν δὲ τοῖς τοιούτοις τὸ ἕνεκά του πάντως θεωρεῖται.

Εἰπόντος δὲ τοῦ Ἐμπεδοκλέους ἐν τῷ δευτέρῳ τῶν Φυσικῶν πρὸ 30
30 τῆς τῶν ἀνδρείων καὶ γυναικείων σωμάτων διαρθρώσεως ταυτὶ τὰ ἔπη
    νῦν δ᾽ ἄγ᾽, ὅπως ἀνδρῶν τε πολυκλαύτων τε γυναικῶν
    ἐννυχίους ὅρπηκας ἀνήγαγε κρινόμενον πῦρ,
    τῶνδε κλύ᾽· οὐ γὰρ μῦθος ἀπόσκοπος οὐδ᾽ ἀδαήμων·
    οὐλοφυεῖς μὲν πρῶτα τύποι χθονὸς ἐξανέτελλον
35   ἀμφοτέρων ὕδατός τε καὶ εἴδεος αἶσαν ἔχοντες,

---

1 που Themistius p. 195, 7: πολὺ libri   τοῦ οὗ] τῆς οὗ E   7 Ἐμπεδοκλεῖ cf.
p. 372, 1   8 τὰ (ante τοιαῦτα) om. E   10 ἐξ ἀσθενοῦντος F sed cf. Themistius
p. 195, 22   11 ἀρχῆς E: τῆς ἀρχῆς aF: ἀρχῆς τινος Aristoteles cf. Themistius l. c.
13 post βουγενῆ add. καὶ a   15 τῆς ἀρχῆς ut v. 11 aF   16 ἀναιρεῖ om. E
18 ἐγένετο a   20 γινομένη aF   26 τὴν ἀρχὴν iteravit F   27 καὶ τὸ δεύτερον
καὶ τὸ πρῶτον om. a   29 Φυσικῶν vv. 248—255 K., 262—239 St.   30 διαρ-
θρώσεως om. E   ταῦτα aF   31 ἄγε πῶς F   32 ἐννυχίους libri: ἐμμυχίους
Panzerbieter   33 τῶνδ᾽ ἔκλυ᾽ E   35 εἴδεος (i. e. ἴδεος) libri itaque legit quamvis
inepte interpretans Simplicius cf. p. 382, 7: οὔδεος coniciebat Sturz

τοὺς μὲν πῦρ ἀνέπεμπε θέλον πρὸς ὁμοῖον ἱκέσθαι,
οὔτε τί πω μελέων ἐρατὸν δέμας ἐμφαίνοντας,
οὔτ' ἐνοπὴν † οἶα τ' ἐπιχώριον ἀνδράσι γυῖον·
ταῦτα οὖν εἰπόντος τοῦ Ἐμπεδοκλέους ἐφίστησιν, ὅτι καὶ αὐτὸς ὡς ἔοικε
σπέρμα πρὸ τῶν ζῴων γεγονέναι φησί. καὶ τὸ "οὐλοφυὲς μὲν πρῶτα"
παρ' αὐτοῦ εἰρημένον σπέρμα ἦν οὔπω "μελέων ἐρατὸν δέμας" ἐμφαῖνον,
διότι ὕδωρ μὲν ἦν ἐνεργείᾳ ὑγρὸν ὄν, δυνάμει δὲ τὸ εἶδος τοῦ ἀνθρώπου.
μήποτε δὲ οὔτε ζῷα πρὸ σπέρματος οὔτε σπέρμα πρὸ τῶν ζῴων ὑποστῆ-
ναι δυνατὸν ἦν. ὡς γὰρ πᾶν ζῷον καὶ φυτὸν ἐξ οἰκείου γίνεται σπέρμα-
τος, οὕτως καὶ πᾶν σπέρμα ἐξ οἰκείου γίνεται ζῴου καὶ φυτοῦ. ἐφιστάνοι
οὖν ἂν ὁ Ἀριστοτέλης, ὅτι μὴ ἀεὶ πρὸ τοῦ ζῴου τὸ σπέρμα ὑφεστάναι
φησὶν Ἐμπεδοκλῆς. καὶ δῆλον ὅτι καὶ πρὸ τοῦ σπέρματος τὸ ζῷον. καὶ
διορθῶν τὴν ἐπίστασιν ἐπήγαγε καὶ τὸ "οὐλοφυὲς μὲν πρῶτον"
σπέρμα ἦν, ὡς καὶ αὐτοῦ τοῦ Ἐμπεδοκλέους τοῦτο συνεωρακότος, ὅτι
σπέρμα προϋπάρχειν ἔδει τῆς τῶν ζῴων γενέσεως. εἰ δὲ τὸ σπέρμα ἦν,
θαυμαστῶς μοι δοκεῖ τὸ "οὐλοφυὲς" αὐτῷ ἐπιτρέπειν. οὐλοφυὲς γὰρ
ἐκεῖνο κυρίως ἐστίν, ὃ καθ' ὅλον ἑαυτὸ πᾶν ἐστιν ὅπερ ἄν ἐστι μήπω γε-
νομένης ἐν αὐτῷ διακρίσεως. πᾶν γὰρ μέρος τοῦ σπέρματος τὰ πάντα
τοῦ σώματος μόριά ἐστιν. οὐδὲν δὲ τοῦ σώματος μέρος ἐστὶ τὰ ἄλλα
μέρη διακρίσεως ἤδη γενομένης ἐν αὐτοῖς καὶ διασπασθέντος τοῦ οὐλο-
φυοῦς.

p. 199 b 9 Ἔτι καὶ ἐν τοῖς φυτοῖς ἔστι τὸ ἕνεκά του ἕως τοῦ καὶ
ἐν τοῖς σπέρμασι γίνεσθαι ὅπως ἔτυχε.

Καὶ τοῦτο πρὸς τὴν ἀπὸ τῶν Ἐμπεδοκλέους ὁρμωμένην ἔνστασιν εἴρη-
ται. ἐπειδὴ γὰρ καὶ ἐν τοῖς φυτοῖς προφανές ἐστι τὸ ἕνεκά του, ὡς ἐλέ-
γετο πρότερον, τῶν μὲν φύλλων ἕνεκα τοῦ περικαρπίου καὶ τῶν ῥιζῶν
κάτω διὰ τὸ ἕλκειν τὴν τροφήν, ἆρα καὶ ἐν τούτοις ὥσπερ καὶ ἐν τοῖς
ζῴοις ἔστι τινὰ τερατώδη ἐξ ἀμπέλου καὶ ἐλαίας ἀμπελογενῆ ἐλαιό-
πρωρα, ὥστε καὶ ἀπὸ τούτων ἐνίστασθαι πρὸς τὸ ἕνεκά του τὴν φύσιν
ποιεῖν, ἢ οὔ; εἰ μὲν γὰρ ἔστιν, ἀτόπως αὐτὰ παραλέλοιπεν Ἐμπεδοκλῆς,
εἰ δὲ μὴ ἔστι, πῶς ἐπὶ μὲν τῶν ζῴων ἔστιν, ἐπὶ δὲ τῶν φυτῶν οὐκ ἔστι;
"δοκεῖ δέ μοι, φησὶν ὁ Ἀλέξανδρος, τῷ ἔτι καὶ ἐν τοῖς φυτοῖς | ἔνεστι
τὸ ἕνεκά του προσκείμενον τὸ ἧττον δέ ἐπιχείρησίν τινα ἀπὸ τοῦ
μᾶλλον καὶ ἧττον ἐνδείκνυσθαι τοιαύτην· εἰ ἐν οἷς ἧττον φανερὸν τὸ τέλος

---

3 οἶα τ' E: οὔτ' F: οὔτ' αὖ a: rescripsi οἷόν τ' Hermae vol. XV p. 169, 3   ἐπιχωρί (i. e. ἐπιχωρίοις compendio confuso) E   γυῖον Stein: γύων EF: γήρυν a   4 τοῦ om. aF   13 πρῶτον hic libri   17 κυρίως ἐκεῖνο a   καθ' ὅλον EF: καθ' ὅ ἐστιν a   ἄν ἐστι] fortasse ἄν ἦν   19 μόριά E: μέρος F: μέρη a   20 ὀλοφυοῦς F   22 ἔνεστι a   24 τὴν om. F   τῶν] τοῦ F   ὁρμωμένην scripsi: ὁρμωμένων EF: ὡρμημένην a   25 ἐν (post καὶ) om. E   26 πρότερον (p. 199 a 24): πότερον E   τῶν μὲν iteravit F   27 καὶ (ante ἐν) om. E   30 αὐτὸ F   31 μὲν ἐπὶ F

ἐστὶ γινομένοις φύσει ταῦτα οὐχ ὡς ἔτυχε γίνεται ἀλλ' ἕνεκά του, ἐν δὲ 87ʳ
τοῖς φυτοῖς, ἐν οἷς ἧττον διήρθρωται τὸ τέλος, οὐ γίνεται ἀπὸ τύχης τὰ
γινόμενα οὐδὲ ἀμπελογενῆ ἐλαιόπρωρα, οὐδὲ ἐν τοῖς ζῴοις, ἐν οἷς
μᾶλλον διήρθρωται τὸ ἕνεκά του, γίνεται τὸ ἀπὸ τύχης ὥστε οὐδὲ βου- 5
5 γενῆ ἀνδρόπρωρα συνίσταται". ἔτι δέ, φησίν, ἔδει καὶ ἐν τοῖς
σπέρμασι γίνεσθαι ὅπως ἔτυχεν, εἴπερ τὰ φύσει κατὰ σύμπτωμα
καὶ κατὰ τύχην ἐγίνετο· οἷον ἐκ τοῦδε τοῦ σπέρματος ἔδει διαφόρως ποτὲ
μὲν ἵππον ποτὲ δὲ ἄνθρωπον γίνεσθαι ποτὲ δὲ ἄλλο τι τῶν ζῴων. νῦν
δὲ ὥρισται ὡς ἐπίπαν ἡ ἐκ τοῦ σπέρματος γένεσις· ἐκ γὰρ τοῦ ἀνθρω-
10 πείου ἄνθρωπος καὶ ἐκ τοῦ ἱππείου ἵππος. οὐκ ἄρα κατὰ τύχην οὐδὲ
ὅπως ἔτυχεν, ἀλλὰ κατὰ τάξιν καὶ ἀκολουθίαν καὶ ἕνεκα τοῦ ἐφεξῆς τὸ 10
πρότερον γίνεται.

p. 199ᵇ14   Ὅλως τε ἀναιρεῖ ὁ οὕτως λέγων ἕως τοῦ ἀεὶ μέντοι
ἐπὶ τὸ αὐτό, ἐὰν μή τι ἐμποδίσῃ.

15   Ὥσπερ πρότερον ἔλεγεν, ὅτι οἱ τὴν κίνησιν ἀναιροῦντες οὐδὲ φυσικοί
εἰσιν αὐτὴν ἀναιροῦντες τὴν φύσιν, εἴπερ ἡ φύσις ἀρχὴ κινήσεως καὶ ἠρε- 15
μίας ὑπόκειται, οὕτω καὶ νῦν δείκνυσιν, ὅτι οἱ ἀναιροῦντες τὸ ἕνεκά του
τὴν φύσιν ποιεῖν καὶ αὐτὴν τὴν φύσιν ἀναιροῦσι καὶ τὰ φύσει συνεστηκότα.
ἀλλ' οὐχὶ τηροῦντες αὐτὰ λέγουσιν ὅπως ἔτυχε γίνεσθαι. δείκνυσι δὲ αὐτὸ
20 ἀπὸ τῆς ἐννοίας, ἣν ἔχομεν περὶ τῶν φύσει καὶ τῆς φύσεως. εἰ γὰρ ἡ
φύσις ἀρχὴ κινήσεώς ἐστι καὶ ἠρεμίας ἐν ᾧ ἐστι καὶ τὰ φύσει ταῦτά
ἐστιν, ὅσα ἀπό τινος ἐν αὐτοῖς ἀρχῆς συνεχῶς κινούμενα ἀφι-
κνεῖται ἐπί τι τέλος, οὐ τὸ αὐτὸ ἀπὸ πάσης ἀρχῆς (οὐ γὰρ ἐκ τῆς 20
τοῦ ἀνθρώπου ἀρχῆς οἷον τοῦ ἀνθρωπείου σπέρματος ἡ κίνησις εἰς κύνα
25 τελευτᾷ, εἰς ὃν τελευτᾷ ἡ ἀπὸ τοῦ κυνείου σπέρματος κίνησις), ἀεὶ μέντοι
ἀφ' ἑκάστης ἀρχῆς ἡ κινήσεως ἐπὶ τὸ αὐτὸ καταντᾷ τέλος τὸ οἰκεῖον, ἂν
μή τι ἐμποδίσῃ (ἀπὸ γὰρ τῆς τοῦ ἀνθρώπου εἰς ἄνθρωπον καὶ ἀπὸ
τῆς τοῦ ἵππου εἰς ἵππον), ὥστε οὔτε ταὐτὸν ἀπὸ τῶν πασῶν καὶ τῶν
διαφόρων οὔτε τὸ τυχὸν ἀφ' ἑκάστης. εἰ οὖν τοιαῦτά ἐστιν, ὡς ἐπί
30 τι τέλος ὡρισμένον ἀφικνεῖσθαι συνεχῶς κινούμενα, ὡς ἀεὶ τὴν δευτέραν
κίνησιν ἕπεσθαι τῇ προτέρᾳ, δῆλον ὅτι ἕνεκα τοῦ δευτέρου τὸ πρότερον 25
ἀεὶ γίνεται ἐν τοῖς τοιούτοις· εἰ οὖν τὰ φύσει ἕνεκά του, τὰ μὴ ἕνεκά
του οὐ φύσει· καὶ ὅλως εἰ μὴ τοιαύτην ἔννοιαν ἔχομεν τῶν φύσει ὡς

---

1 ταῦτα superscripsit m.¹ E   post ἕνεκά του add. οὐδὲ ἐν οἷς μᾶλλον ὡς ἔτυχε γίνε-
ται a   3 post ζῴοις add. ἄρα a   4 οὐ γίνεται ἀπὸ τύχης E   7 ἀδιαφόρως a
9 ἀνθρωπείου aF (cf. v. 24): ἀνθρώπου E   10 ἐκ τοῦ om. aF   ἱππείου aF:
ἵππου E   11 καὶ (post τάξιν) om. E   13 τε EF: δὲ a ut Aristoteles   μέντοι γε a
15 πρότερον cf. Arist. p. 184ᵇ25. Alexander supra p. 46,11   22 ἀφικνεῖται om.
aF   23 ἐπί τι libri (cf. v. 29) et Themistius p. 196, 2 : πρός τι Alexander p. 384, 5: εἰς
τι Aristoteles   24 post κίνησις add. ἀεὶ μέντοι ἀφ' ἑκάστης ἀρχῆς E   25 (post ὃν)
τελευτᾷ a: τελευτᾷ F: ἐτελεύτα E   28 τῶν (post ἀπό) om. E   29 διαφορῶν E
31 ἕπεσθαι κίνησιν aF   32 ἕνεκά του — τὰ φύσει (32) om. E

ἕνεκά του γινομένων, οὐδὲ φύσει ὄντα ἐννοοῦμεν. ἀναιρεῖται γὰρ ἡ φύσις 87r
ἀναιρεθείσης τῆς εἰς ὡρισμένον τέλος κινήσεως· τοιαύτης γὰρ κινήσεως
ἀρχὴ καὶ οὐ τῆς τυχούσης. καὶ συλλογιστικῶς δὲ ἐκτίθεται τὴν ἀπόδειξιν
ὁ Ἀλέξανδρος οὕτως· "τὰ φύσει ἀπό τινος ἀρχῆς ἐν αὐτοῖς οὔσης
5 συνεχῶς κινούμενα ἀφικνεῖται πρός τι τέλος· τὰ μὴ ἕνεκά του 30
γινόμενα οὐκ ἀπ' ἀρχῆς τινος συνεχῶς κινούμενα ἀφικνεῖται πρός τι τέλος·
οὐκ ἄρα τὰ μὴ ἕνεκά του γινόμενα φύσει, ὥστε οἱ τὰ φύσει γινόμενα μὴ
ἕνεκά του, ἀλλ' ὡς ἔτυχε λέγοντες γίνεσθαι ἀναιροῦσι τὰ φύσει καὶ ⟨τὴν⟩
φύσιν."

10 p. 199 b 18   Τὸ δὲ οὗ ἕνεκα καὶ ὃ τούτου ἕνεκα ἕως τοῦ ἐν δὲ τοῖς
φυσικοῖς ἀεὶ οὕτως, ἂν μή τι ἐμποδίσῃ.

Ἐπειδὴ καὶ ἐν τοῖς ἀπὸ τύχης εἶναι δοκεῖ τὸ οὗ ἕνεκα καὶ τὸ ἕνεκά
του, ὅταν λέγωμεν ὅτι ἀπὸ τύχης ἦλθεν ὁ ξένος καὶ λυτρωσάμενος
τὸν αἰχμάλωτον, ὡς ὁ παρὰ Μενάνδρῳ Δημέας τὴν Κράτειαν, ἀπῆλθεν
15 ἢ ἀφῆκε (γράφεται γὰρ ἀμφοτέρως, ὥσπερ καὶ ἀντὶ τοῦ λυτρωσάμενος 40
τὸ λουσάμενος), καὶ πράξῃ τοῦτο ὥσπερ ἕνεκα τούτου ἐλθών, κἂν μὴ
διὰ τοῦτο ἔλθῃ· τοῦτο γὰρ κατὰ συμβεβηκὸς αἴτιον, καὶ διὰ τοῦτο ἀπὸ
τύχης λέγεται καὶ θεωρεῖταί πως καὶ ἐν τούτῳ τὸ οὗ ἕνεκα καὶ τὸ τούτου
ἕνεκα. ἀλλ' ἔστι τις διαφορὰ τούτου τε καὶ τοῦ κυρίως τοιούτου τοῦ τῇ
20 φύσει προσήκοντος. τὸ γὰρ ἀεὶ ἢ ὡς ἐπὶ τὸ πολὺ οὐ κατὰ συμβε-
βηκὸς οὐδ' ἀπὸ τύχης. ἐπ' ἔλαττον γὰρ τοῦτο. ἐν δὲ τοῖς φυσικοῖς
ἀεὶ οὕτως, ἂν μή τι ἐμποδίσῃ. ὥστε διαφέρει τὸ οὗ ἕνεκα καὶ ἕνεκά 45
του τὰ ἐν τοῖς ἀπὸ τύχης τῶν ἐν τοῖς φυσικοῖς τῷ τὰ μὲν ἐν τοῖς κατὰ
τύχην κατὰ συμβεβηκὸς καὶ ὡς ἐπ' ἔλαττον, τὰ δὲ ἐν τοῖς φυσικοῖς ὡς
25 ἐπὶ τὸ πλεῖστον. ἀλλὰ πῶς ὅλως ἐν τούτοις τὸ οὗ ἕνεκα καὶ τὸ ἕνεκά
του, εἴπερ μὴ τοῦ λυτρώσασθαι ἕνεκα ἦλθεν; ὅτι τὸ μὲν οὗ ἕνεκα γέ-
νοιτ' ἂν ἀπὸ τύχης, ὅτι τέλος ὡς λυσιτελὲς ἠκολούθησε τῇ ἀφίξει τοῦ
λυτρώσασθαι, κἂν μὴ τούτου ἕνεκα ἦλθε· καὶ ἔστι τοῦτο οὗ κυρίως μὲν
οὗ ἕνεκα, ἀλλ' ὡς οὗ ἕνεκα. καὶ τὸ ἕνεκά του δὲ οἷον τὸ ἐλθεῖν τὸν 50
30 ξένον ὡσεὶ ἕνεκα τούτου, κἂν μὴ ἕνεκα τοῦ λυτρώσασθαι ἦλθεν. οὕτως

---

2 τοιαυ F   6 ἀφικνεῖται om. E   7 ἄρα] ἔτι E   8 γίνεσθαι λέγοντες aF
τὴν addidi. τὴν φύσιν τε καὶ τὰ φύσει collocat a   11 ἐὰν E sed cf. v. 22 a
12 τὸ οὗ ἕνεκα om. F   14 Μενάνδρῳ fr. inc. 501 [F. C. G. IV 331 Meineke]
τὴν κράτειαν libri: τὸν κράτην excerpta cod. Paris. 1853 [nullius auctoritatis] 'recte
nisi id Κρατῆτα scribendum' putabat Meineke addens 'finxerat igitur Menander Demeam
casu in nescio quem locum devenisse ibique Cratetem captivum vinculis solvisse.'
15 λυτρωσάμενος τὸ om. F   16 λουσάμενος aE: λυσάμενος F [sic etiam exc.
Paris. 1853], eadem varietas in Aristotelis codicibus et Philopono   πράξει a
18 πως E: πῶς F: πάντως a   22 ἐὰν a   23 ὑπὸ E   24 ὡς
om. F   25 καὶ] ἢ aF   26 τοῦ om. F   ὅτι τὸ] fortasse ⟨ἢ⟩ ὅτι
τὸ   ante γένοιτο add. ἢ τὸ ἕνεκά του F   30 ὡς εἰ εἰ F   τούτου EF:
του a

SIMPLICII IN PHYSICORUM II 8 [Arist. p. 199 b 18. 26] 385

μὲν οὖν ὁ Ἀριστοτέλης ἐνδέχεται. ἢ κἂν ὁ ξένος δὲ μὴ τούτου ἕνεκα 87ʳ
ἦλθεν, ἀλλ' ἡ τύχη τούτου ἕνεκα τὴν ἄφιξιν γενέσθαι παρεσκεύασε καὶ
τοῦτο τέλος τῇ ἀφίξει παρέσχε. διὸ τοῦτο μὲν συνεχώρησεν ὁ Ἀριστοτέ-
λης τὸ εἶναι καὶ ἐν τοιούτῳ τὸ οὗ ἕνεκα καὶ τὸ ἕνεκά του, κἂν μὴ τῇ
5 προαιρέσει τὸ τοιοῦτον τέλος ἀκολουθῇ. τὴν δὲ διαφορὰν αὐτῶν κατὰ τὸ
ὡς ἐπὶ τὸ πλεῖστον καὶ κατὰ τὸ ὡς ἐπ' ἔλαττον παραδέδωκεν. |

p. 199 b 26 Ἄτοπον δὲ τὸ μὴ οἴεσθαι καὶ ἕνεκά του γίνεσθαι ἕως 87ᵛ
τοῦ ὅτι μὲν οὖν αἰτία ἡ φύσις καὶ οὕτως ὡς ἕνεκά του,
φανερόν.

10 Πολυειδῶς ἀποδεικνὺς τὸ προκείμενον καὶ τὴν ἔννοιαν διορθοῖ νῦν, δι' 5
ἣν οὐ βούλονται τὴν φύσιν ἕνεκά του ποιεῖν. οἴονται γὰρ τὰ ἕνεκά του
ποιοῦντα προβουλευσάμενα καὶ προορίσαντα τὸ τέλος οὕτως ποιεῖν ἐκείνου
στοχαζόμενα, ἀπὸ τῶν κατὰ τὰς τέχνας γινομένων ταύτην τὴν ἔννοιαν λαμ-
βάνοντες. ὑπαντᾷ οὖν ἀπ' αὐτῶν τῶν τεχνῶν, ἀφ' ὧν ἡ διάστροφος ἔν-
15 νοια γέγονεν. οὐδὲ γὰρ ἡ τέχνη, φησί, βουλεύεται. οὐ γὰρ βουλῆς
δεῖ τοῖς τεχνίταις εἰς τὸ πρᾶξαι τὸ κατὰ τέχνην· ὥρισται γὰρ ἕκαστον 10
τῶν γινομένων, ὅταν κατὰ τέχνην ἐνεργῆται. τί γὰρ δεῖται βουλῆς ὁ
γραμματικός, ἵνα οὕτως γράψῃ τὸ Δίωνος ὄνομα ὡς γράφει; ἀλλ' ἐν ταῖς
στοχαστικαῖς μόναις χώραν ἔχει τὸ βουλεύεσθαι. καὶ εἴη ἂν ἡ συναγωγὴ
20 τοῦ λόγου τοιαύτη. εἰ ἡ τέχνη ἕνεκά του ποιεῖ καὶ μὴ προβουλευομένη,
πολλῷ μᾶλλον τὴν φύσιν οὐκ ἔστιν ἀνάγκη προβουλευομένην ἕνεκά του
ποιεῖν· ἀλλὰ μὴν τὸ πρῶτον, τὸ ἄρα δεύτερον. τὴν δὲ ὁμοιότητα τῆς
φύσεως δηλοῖ πάλιν πρὸς τὴν τέχνην διὰ τοῦ καὶ εἰ ἐνῆν ἐν τῷ ξύλῳ 15
ἡ ναυπηγική, ὁμοίως ἂν ἐποίει ναῦν ὡς εἰ καὶ ἡ φύσις ἐποίει ναῦν,
25 ὡς κατ' οὐδὲν ἄλλο διαφερόντων τῶν φύσει ἢ τέχνῃ γινομένων ἢ κατὰ τὸ
τὰ μὲν φύσει ἔνδοθεν γίνεσθαι τὰ δὲ τέχνῃ ἔξωθεν. διὸ καὶ ἐπ' ἄλλο τι
παράδειγμα προσεχέστερον μεταβὰς μάλιστα, φησί, δήλη ἡ πρὸς τὴν
φύσιν τῆς τέχνης ὁμοιότης, ὅταν τις ἰατρεύῃ αὐτὸς ἑαυτόν· τούτῳ
γὰρ ἔοικεν ἡ φύσις ὡς ἔνδον ἔχοντι τὸ αἴτιον. ἡ δὲ πρὸς τὴν φύσιν καὶ
30 τοῦ τοιούτου διαφορὰ εἴρηται πρότερον ὑπ' αὐτοῦ, ὅτι ἐν μὲν τούτοις κατὰ
συμβεβηκός ἐστιν ἡ τῆς κινήσεως ἀρχή (οὐ γὰρ ᾗ ἰατρὸς ὑφ' ἑαυτοῦ 20
ἰατρεύεται, ἀλλ' ᾗ συνέβη νοσεῖν αὐτόν), ἐπὶ δὲ τῶν φύσει καθ' αὑτό.
καθὸ γὰρ φύσει, ἔνεστιν ἡ τῆς κινήσεως ἀρχή. πλὴν ἐν τοῖς τοιούτοις

---

1 locus corruptus. ἐνδέχεται non explicem i. q. ἀποδέχεται, de quo usu cf. Vahlen ad
poet.² 213   ἢ (εἰ F) κἂν ὁ ξένος δὲ EF: δὲ τὸν ξένον (distincto ante ἐνδέχεται), unde
in proximis ἐλθεῖν, ἀλλὰ τὴν τύχην et παρασκευάσαι et παρασχεῖν mutavit a   4 τοιούτῳ
EF: τοιούτοις a   τὸ (ante οὗ) om. E   5 τὸ (ante τοιοῦτον) om. aF   6 τὸ
(post ἐπὶ) om. F   παραδέδωκεν E: παρέδωκεν F: προέθηκεν a   7 καὶ om. Ari-
stoteles: post δὲ transiecit a   10 διορθοῖ νῦν aE: διορθοῦται F   12 ἐκείνου]
ἐκεῖνα οὗ F   16 κατὰ τὴν τέχνην F   20 προβουλευσαμένην a   21 ἕνεκά του
om. aF   22 τὸ δεύτερον ἄρα E   24 ὡς εἰ καὶ — ναῦν E: om. aF   25 τῶν]
τῇ E   26 τὰ (ante μὲν) om. E

μάλιστά ἐστιν ἡ τῶν τεχνῶν πρὸς τὴν φύσιν ὁμοιότης, ἐν οἷς ἔνδοθεν 87ᵛ
ὁπωσοῦν ἡ κίνησις δοκεῖ.

p. 199b 34   Τὸ δὲ ἐξ ἀνάγκης πότερον ἐξ ὑποθέσεως ἕως τοῦ τὸ
δὲ οὗ ἕνεκα ἐν τῷ λόγῳ.   32

Μετὰ τὸ συμπληρῶσαι τὴν περὶ τῶν αἰτίων * δύο προὔθετο ζητή-
ματα οἰκεῖα τῷ περὶ τῶν αἰτίων λόγῳ· διαρθροῖ γὰρ τὰ περί τε τοῦ ποιη-
τικοῦ καὶ ὑλικοῦ αἰτίου ἀδιαρθρώτως παρά τισιν ὑπονοηθέντα καὶ πρῶτον 35
μὲν ὅτι ἡ φύσις τῶν ἕνεκά τού ἐστιν αἰτίων καὶ οὐ τῶν εἰκῇ καὶ ὡς
ἔτυχε ποιούντων, ὅπερ ἐδόκει τισί, δεύτερον δὲ πῶς τὸ ἐξ ἀνάγκης διὰ
τὴν ὕλην λεγόμενον ὑπάρχει τοῖς φυσικοῖς. ἆρα ὡς διὰ τὴν ὕλην ἐξ
ἀνάγκης ἑπομένων τῶν ἐφεξῆς καὶ διὰ ταύτην τοῦ τέλους τοῦ κατὰ τὸ
ὠφέλιμον ἐπιγινομένου, ὥσπερ ἐδόκουν οἴεσθαί τινες κυριώτατον καὶ μόνον
αἴτιον τὴν ὕλην ὑπολαμβάνοντες, ὡς δηλοῖ τὸ πάντων τῶν γινομένων τὰς
αἰτίας κατὰ τὴν ὕλην ἀποδιδόναι, ἆρα οὖν οὕτως ἐξ ἀνάγκης ἡ ὕλη τοῖς 40
φυσικοῖς ὑπάρχει, ὅπερ ἁπλῶς καλεῖ, ἢ μᾶλλον ἐξ ὑποθέσεως ὑποτε-
θέντι τῷ τέλει ἕπεσθαι τὸ τῆς ὕλης ἀναγκαῖον; ὥστε εἰ οἶκος μέλλοι γε-
νέσθαι, τουτέστιν ἀσφάλειά τις τῶν ἐνόντων, ἀνάγκη ὀροφὴν γενέσθαι καὶ
τοίχους καὶ θεμέλιον ὑποβληθῆναι· οὐ μέντοι εἰ οὕτω πέφυκεν ἡ ὕλη,
ὥστε τὰ μὲν βαρέα κάτω βρίθειν τὰ δὲ κοῦφα ἐπιπολάζειν, ἤδη διὰ τοῦτο
γίνεται ὁ οἶκος. τούτων οὖν ὄντων τῶν ζητουμένων τὸ μὲν ἁπλῶς ἀναγ-
καῖον ἀποδοκιμάζει ὡς ἐδόκουν λέγειν οἱ ἀπὸ τῆς ὕλης τὰς αἰτίας ἀποδι- 45
δόντες· ἐπεὶ τὸ θερμὸν ἀνωφερὲς καὶ κοῦφον, τὸ δὲ ψυχρὸν βαρὺ καὶ
κατωφερές, διὰ τοῦτο οὕτω συνέστη ὁ κόσμος καὶ ἐγένετο κάτω μὲν ἡ γῆ,
ἄνω δὲ τὸ πῦρ, ἢ ὅτι διὰ τὸν δῖνον μέσον ἡ γῆ κρατεῖται. καὶ γὰρ ἐκεί-
νως μὲν Ἐμπεδοκλῆς, οὕτω δὲ Ἀναξαγόρας ἐλεγέτην, οὐκέτι τὸ εὖ καὶ τὸ
οὗ ἕνεκα αἰτιώμενοι, ἀλλὰ τὴν ὕλην μόνην, ἀναγκαίως ἕπεσθαι ταύτῃ τὸ
τέλος καὶ τὸ χρειῶδες νομίζοντες. οὕτω δὲ καὶ τὸν τοῖχον ἐξ ἀνάγκης τις
ἂν γεγενῆσθαι νομίζοι, ὅτι τὰ μὲν βαρέα κάτω πέφυκε φέρεσθαι, τὰ δὲ 50
κοῦφα ἐπιπολάζειν. τοῦτο οὖν ἀποδοκιμάζει τὸ ἀναγκαῖον ἐπὶ τῆς ὕλης
λεγόμενον, ἐγκρίνει δὲ τὸ ἐξ ὑποθέσεως. δι' οὗ δείκνυσιν ὅτι οὐκ ἄνευ
μὲν τῆς ὕλης γίνεται τὰ γινόμενα, οὐ μέντοι διὰ τὴν ὕλην ὡς διά τινα
κυρίως αἰτίαν, ἀλλ' ὡς δι' ὕλην μόνον καὶ δι' ὑλικὴν αἰτίαν. τὰ γὰρ ἐξ
ὑποθέσεως ὡς ὕστερα τῶν προϋποτιθεμένων καὶ ἧττον αἴτιά ἐστι, τὸ δὲ
κυρίως αἴτιον τὸ τέλος ἐστὶ καὶ τὸ οὗ ἕνεκα. τοῦ γὰρ οἴκου ἢ τοῦ τοίχου

---

2 ἡ κίνησις ὁπωσοῦν aF   5 αἰτίων om. (lac. v litt. rel., in mrg. ζήτει) F   post
αἰτίων intercidit velut ζήτησιν   6. 7 τοῦ ὑλικοῦ καὶ ποιητικοῦ αἰτίου aF   13 τὸ
iteravit initio versus E   15 ὑπάρχει scripsi: παρέχει libri   19 βραχέα E   21 ἐδό-
κουν E cf. v. 9: δοκοῦσι aF   24 ἐκείνως ad proxime praecedens placitum videtur
referendum (cf. Simplic. de caelo p. 235ᵇ 40), etsi de Anaxagora non minus valebat cf.
Wyttenbach ad Plat. Phaedonem p. 261. 262. Zeller H. Ph. I⁴ 898¹   27 οὕτω δὲ aE:
om. F   28 ἂν om. F   32 δι' (post καὶ) om. aF   33 προτιθεμένων aF

κυρίως αἴτιον οὐ τὰ βαρέα καὶ ἐπιπολάζοντα, ἀλλὰ | τὸ κρύπτειν καὶ 88r
σῴζειν τὰ ἐνόντα ἢ ἀνέχειν τὴν ὀροφήν. ἡ δὲ ὕλη ἐξ ὑποθέσεως τὸ
ἀναγκαῖον ἔχει. ὑποτεθέντος γὰρ τοῦ τέλους καὶ τοῦ οὗ ἕνεκα ἀκολουθεῖ
τὸ ἀναγκαῖον τῆς ὕλης. ὥστε τοῦτό ἐστιν, οὗ χωρὶς ἀδύνατον τὸ ἀποτέ-
5 λεσμα γενέσθαι· οἷον εἰ ἔσται οἰκία, δεῖ λίθους ἐξ ἀνάγκης εἶναι καὶ ξύλα,
οὐ μέντοι εἰ ταῦτα, ἤδη οἰκίαν εἶναι ἀναγκαῖον. οὕτως δὲ καὶ ἐπὶ τῶν
φύσει γινομένων τὸ οὕτως ἀναγκαῖον οὐκ ἐν τῷ τέλει θετέον, ἀλλ' ἐν τῇ 5
ὕλῃ. οὐχ ὅτι ἕνεκα ταύτης, οὐδ' ὅτι ἐξ ἀνάγκης ἕπεται ταύτῃ τὸ χρειῶ-
δες, ἀλλ' ὅτι οὐκ ἄνευ ταύτης. οὐ γὰρ οἱ λίθοι καθ' αὑτοὺς οὐδὲ αἱ
10 πλίνθοι καὶ τὰ ξύλα κινούμενα ὡς ἐπεφύκει κατασκευάζουσιν οἰκίαν, ἀλλ'
ἡ σύνθεσις ἡ τοιάδε καὶ ἡ μορφὴ καὶ ἡ τέχνη τοῦ τέλους ἕνεκα πάντα
ποιοῦσα, οὐκ ἄνευ μέντοι τῆς ὕλης. καὶ γὰρ ἔστι μὲν καὶ ἡ ὕλη τῶν καθ'
αὑτὰ αἰτίων, ὥσπερ εἴρηται, ἀλλὰ κυριωτέρα γε ἡ μορφὴ καὶ ὁ λόγος καὶ
τὸ τί ἦν εἶναι. καὶ οὐ τοῦτο ταῖς ἐκείνης κινήσεσιν ἐξ ἀνάγκης ἀκολου- 10
15 θεῖ, ἀλλ' ἐκείνη μᾶλλον τούτῳ πέφυκε προϋποτιθεμένη συναρμόζεσθαι. οὐ
γὰρ ἐπειδὴ σίδηρός ἐστι, διὰ τοῦτο ἐξ ἀνάγκης πρίων, ἀλλὰ πρίονος ὑπο-
κειμένου εἰς ποίησιν δεῖ σίδηρον ἐξ ἀνάγκης παραληφθῆναι, ὥστε ἡ ὕλη
τὸ ἀναγκαῖον οὕτως ἔχει οὐ δι' ἑαυτήν, ἀλλὰ διὰ τὴν μορφήν. τῇ μὲν
γὰρ ὕλῃ οὐδὲν ἐξ ἀνάγκης ἀκολουθεῖ, αὐτὴ δὲ ἐξ ἀνάγκης ὀφείλει προϋ-
20 ποκεῖσθαι τῷ εἴδει. οὐ τὸ τέλος οὖν ἐξ ἀνάγκης ὑλικῆς ἀκολουθεῖ τοῖς
πρὸ αὐτοῦ, ἀλλ' ὑποθεμένοις τοῦτο διὰ τὴν ὑπόθεσιν ταύτην τὸ ἀναγκαῖον 15
ἕπεται τῆς ὕλης, ἐπεὶ τό γε τοῦ τέλους ἀναγκαῖον, καθ' ὃ ἀνάγκη τὸ τέ-
λος τοῖς προϋπηργμένοις ἀκολουθεῖν, ἂν μή τι ἐμποδίσῃ, δι' αὐτὸ τὸ τέλος
ἐστίν. οὗ ἕνεκα καὶ τὰ προϋπηργμένα τοιαῦτα καὶ κατὰ τὴν τοιαύτην
25 τάξιν παραλαμβάνεται. ὥστε ἡ ὕλη τὸ ἀναγκαῖον διὰ τὸ τέλος ἔχει, ἀλλ'
οὐχὶ τὸ τέλος διὰ τὴν ὕλην. ἕνεκα γὰρ τοῦ τέλους γίνεται τὰ γινόμενα,
οὐκ ἄνευ μέντοι τῆς ὕλης, πλὴν οὐχ ὡς διὰ τὴν κυριωτάτην αἰτίαν τὴν
ὕλην, ἀλλὰ διὰ τὴν ἧς οὐκ ἄνευ. τὸ δὲ ὅπως τοδὶ καὶ ἕνεκα τουδὶ 20
σημαίνει τό τε εἶδος καὶ τὸ τέλος τοῦ πρίονος. ὥστε οἱ μὲν μόνην αἰτίαν
30 τὴν ὕλην εἶναι τιθέμενοι καὶ ταῖς ἐκείνης φυσικαῖς κινήσεσιν ἕπεσθαι τὰ
γινόμενα λέγοντες ἁπλῶς ἂν ἐξ ἀνάγκης γίνεσθαι τὰ γινόμενα λέγοιεν.
ἐπεὶ δὲ ἀποδέδεικται ἡμῖν ἄλλη παρὰ τὴν ὕλην αἰτία κυριωτέρα τὸ εἶδος
καὶ ταύτης ἕνεκα παριοῦσα ἡ ὕλη, ἀλλ' οὐχὶ ἡ ὕλη παράγουσα τὴν μορ-

---

1 τὸ (post ἀλλὰ) om. E   9 κατ' αὐτοὺς a   οὐδὲ] οὐ γὰρ F   9. 10 οἱ
πλίνθοι aF   10 ἐπεφύκει cf. Themist. p. 197, 26   12 οὐκ ἄνευ μέντοι EF: οὐ
μέντοι χωρὶς a   15 τούτῳ] τῷ λόγῳ Themist. p. 198, 6   προϋποτιθεμένη (cf.
v. 19) E: προϋποτιθεμένῳ aF   16 πρίονος E   19 αὐτὴ E (cf. Themist.
p. 198, 28): αὕτη aF   21. 22 ἕπεται τὸ ἀναγκαῖον a   24 καὶ (ante κατὰ)
om. E   τὴν E: om. aF   25 τάξιν] λέξιν F   27 μέντοι a: μὲν EF
τὴν (post διὰ) om. aF   29 τό τε E: τοῦ τὸ F: τὸ a   εἰ μὲν F   30 εἶναι
τὴν ὕλην a   ἐκείν (compendio eraso) E   32 ἐπεὶ δέδεικται E cf. Themist.
p. 199, 10   παρὰ om. F   κυριωτέρα αἰτία aF sed cf. Them. p. 199, 11
33 ἡ (post οὐχὶ) om. F

φήν, οὐκ ἂν οὐδὲ ἡ ὕλη ἁπλῶς ἀναγκαία λέγοιτο, ἀλλ' ἐξ ὑποθέσεως. 88ʳ
ὑποθεμένοις γὰρ τὸ εἶδος οὕτως εὑρίσκεται τῆς ὕλης τὸ ἀναγκαῖον. ἔστιν 25
οὖν ἐν τῇ ὕλῃ τὸ ἀναγκαῖον· τὸ δέ, οὗ ἕνεκα τὸ ἀναγκαῖον, τοῦτο ἐν τῷ
εἴδει, ὅπου καὶ τέλος ἐστὶ καὶ κυρίως αἴτιον. καὶ γὰρ εἰ τοῦτο γένοιτο
5 ἡμῖν, τὰ ἄλλα ἂν πάντα παραλίποιμεν, καὶ τούτου γενομένου τέλος ἔχουσιν
αἱ πράξεις, ὅπερ ἀρχῇ μάλιστα καὶ αἰτίᾳ προσήκει. καὶ ὅλως ἀρχὴ ἡ
πρόθεσίς ἐστι· τοιοῦτον δὲ τὸ τέλος. ὥστε συγχωρεῖ μὲν καὶ αὐτὸς τὸ
ἀναγκαῖον τῇ ὕλῃ, ἀλλ' οὐχ ὡς τοῦ εἴδους ἐξ ἀνάγκης ἀκολουθοῦντος, ἀλλ' 30
ὡς τῶν ὧν οὐκ ἄνευ λόγον ἐχούσης τῆς ὕλης· οὐ γὰρ τὸ τέλος ἐξ ἀνάγκης,
10 ἀλλὰ διὰ τὸ τέλος τὸ ἐξ ἀνάγκης.

Καὶ ἐν τούτῳ δὲ τῷ κεφαλαίῳ Πλατωνικῶς ὁ Ἀριστοτέλης ἀναστρε-
φόμενος φαίνεται. λέγει γὰρ καὶ ὁ Πλάτων ἐν Τιμαίῳ· "ταῦτα δὴ πάντα
τότε ταύτῃ πεφυκότα ἐξ ἀνάγκης ὁ τοῦ καλλίστου τε καὶ ἀρίστου δημιουρ-
γὸς ἐν τοῖς γινομένοις παρελάμβανεν, ἡνίκα τὸν αὐτάρκη τε καὶ τελεώτατον
15 θεὸν ἐγέννα, χρώμενος μὲν ταῖς περὶ ταῦτα αἰτίαις ὑπηρετούσαις, τὸ δὲ εὖ
τεκταινόμενος ἐν πᾶσι τοῖς γινομένοις αὐτός. διὸ δὴ χρὴ δύο αἰτίας εἴδη 35
διορίζεσθαι τὸ μὲν ἀναγκαῖον τὸ δὲ θεῖον, καὶ τὸ μὲν θεῖον ἐν ἅπασι ζη-
τεῖν κτήσεως ἕνεκα εὐδαίμονος βίου, καθόσον ἡμῶν ἡ φύσις ἐνδέχεται, τὸ
δὲ ἀναγκαῖον ἐκείνων χάριν, λογιζόμενον ὡς ἄνευ τούτων οὐ δύναται αὐτὰ
20 ἐκεῖνα, ἐφ' οἷς σπουδάζομεν, κατανοεῖν οὐδὲ αὖ λαβεῖν οὐδὲ ἄλλως πως
μετασχεῖν." τὰ αὐτὰ δὲ περὶ τούτων τῶν διττῶν αἰτίων καὶ ἐν Φαίδωνι
διώρισται σαφῶς ἐν οἷς φησι· "τὸ γὰρ μὴ διελέσθαι οἷόν τε εἶναι, ὅτι ἄλλο
μέν τί ἐστι τὸ αἴτιον τῷ ὄντι, ἄλλο δὲ ἐκεῖνο, οὗ ἄνευ τὸ αἴτιον οὐκ ἂν 40
ποτε εἴη αἴτιον. ὃ δή μοι φαίνονται ψηλαφῶντες οἱ πολλοὶ ὥσπερ ἐν
25 σκότει ἀλλοτρίῳ ὀνόματι προσχρώμενοι ὡς αἴτιον αὐτὸ προσαγορεύειν. διὸ
δὴ καὶ ὁ μέν τις δίνην περιτιθεὶς τῇ γῇ ὑπὸ τοῦ οὐρανοῦ μένειν δὴ ποιεῖ
τὴν γῆν, ὁ δὲ ὥσπερ καρδόπῳ πλατείᾳ βάθρον τὸν ἀέρα ὑπερείδει· τὴν
δὲ τοῦ ὡς οἷόν τε βέλτιστα αὐτὰ τεθῆναι δύναμιν οὕτω νῦν κεῖσθαι, ταύ-
την οὔτε ζητοῦσιν οὔτε τινὰ οἴονται δαιμονίαν ἰσχὺν ἔχειν." ἄλλα δὲ πρὸ
30 τούτων τῶν ῥητῶν διὰ μακροτέρων ὁ Σωκράτης συνεπεράνατο. 45

Εἰπὼν δὲ ὁ Ἀριστοτέλης ὅτι καὶ ἐν τοῖς ἄλλοις πᾶσιν τὸ
ἕνεκά τού ἐστιν, οὐκ ἄνευ μὲν τῶν ἀναγκαίαν ἐχόντων τὴν

---

1 οὐκ ἂν οὐδὲ in nova pagina iteravit F: οὐδ' ἂν ἁπλῶς αἰτία λέγοιτο οὐδ' ἂν ἁπλῶς ἀναγκαία (sed οὐδ' ἂν ἁπλῶς — λέγοιτο om. A) Themist. p. 199, 12, unde conicias οὐκ ἂν οὐδ' ἁπλῶς αἰτία ἡ ὕλη οὐδ' ἁπλῶς ἀναγκαία λέγοιτο   2 καὶ τῆς ὕλης Themist. l. c.
4 ὅπου E: ὅπου γε aF   5 παραλείποιμεν E   9 ὡς τὸν ὧν F   12 Τιμαίῳ p. 68 E   14 πλάμβανεν E   16 αἰτίας εἴδη EF: αἰτίῳ ἤδη a   19 δυνατὰ Plato   20 μόνα κατανοεῖν Plato   21 Φαίδωνι p. 99 B   22 μὴ διελέσθαι Plato: μὴ ἐλέσθαι E: διελέσθαι aF   23 μέν τι E: μέν aF   οὗ ἄνευ aF: οὗ E: ἄνευ οὗ Plato   25 σκότῳ Plato   26 δὴ (ante καὶ) om. a   ante τῇ γῇ add. καὶ F   ποιεῖν E   27 καρδόπῳ] superscr. ἡ μάκτρα τοῦ ἐλαίου E¹   ὑπερειδειν (sine acc.) F   29 τινὰ οἴονται E: οἴονται τινὰ a: οἴονται τινὰ δύναμιν F
31 post πᾶσιν habet ἐν ὅσοις Aristoteles   32 τὴν om. E

φύσιν, οὐ μέντοι διὰ ταῦτα, (ἐπειδὴ τὸ διὰ τί αἰτίας ἐστὶ δηλωτικόν, 88ʳ
ἔστι δὲ καὶ ἡ ὕλη αἰτία, καὶ κατὰ τοῦτο καὶ διὰ ταύτην εἴη ἄν), εἰκότως
προσέθηκε τὸ πλὴν ὡς δι' ὕλην· αἴτια γὰρ ταῦτα, οὐ μὴν τοῦ τὴν
οἰκίαν εἶναι ἁπλῶς αἴτια, ἀλλὰ τὸ τέλος μᾶλλον. ἀπορῶ δὲ ἔγωγε, πῶς ὁ
5 Ἀλέξανδρος τὸ ἁπλῶς ἀναγκαῖον ἀναιρετικὸν τοῦ ἕνεκά του λέγει εἶναι. 50
"ἁπλῶς γὰρ τὸ ἀναγκαῖον, φησίν, ἐν οἷς ἐξ ἀνάγκης τοῖς πρὸ αὐτῶν τὸ
τέλος ἀκολουθεῖ". καίτοι ἐν τοῖς ἀϊδίοις καὶ ἐξ ἀνάγκης ἀκολουθεῖ τοῖς
πρὸ αὐτοῦ τὸ τέλος (οἷον τῇ ἀνατολῇ τοῦ ἡλίου ἡ κατάδυσις αὐτοῦ, καὶ
τῷ χειμῶνι τὸ ἔαρ καὶ τούτῳ τὸ θέρος) καὶ ὅμως ἕνεκά του τούτων
10 ἕκαστον· καὶ γὰρ τοῦ ἔαρος ἕνεκα προηγεῖται ὁ χειμὼν καὶ ἡ ἀνατολὴ τῆς
δύσεως. ἀλλ' ἴσως ἐπὶ τοῦ ὑλικοῦ μόνου τὸ ἀναγκαῖον ἀκούων καὶ τῆς
κατὰ τὴν ὕλην ἀκολουθήσεως εἰκότως εἶπεν ὅτι | τὸ ἀναγκαῖον ἀναιρεῖ τὸ 88ᵛ
ἕνεκά του. εἰ γὰρ διὰ τὴν ὕλην μόνον γίνεται τὸ γινόμενον, οὐκ ἔστι τι
τὸ οὗ ἕνεκα, ὥστε οὐδὲ τὸ ἕνεκά του. ἐπεὶ καὶ ἐν τοῖς φυσικοῖς τὸ ἀεὶ
15 οὕτως, ἂν μή τι κωλύσῃ, ἀναγκαῖον ὂν οὐκ ἀναιρεῖ τὸ ἕνεκά του.

p. 200ᵃ15   Ἔστι δὲ τὸ ἀναγκαῖον ἔν τε τοῖς μαθήμασιν ἕως τοῦ
οὐδὲ γὰρ ἐκεῖ αἱ ἀρχαί, εἰ μὴ τὸ τρίγωνον δύο ὀρθαῖς.

Ὁποῖόν ἐστι τὸ ἐξ ὑποθέσεως ἀναγκαῖον, καὶ διὰ τῆς ἐν τοῖς μαθήμασιν
ἀκολουθίας ὑπομιμνήσκει. ἔστι γὰρ καὶ ἐν τοῖς μαθήμασι τὸ ἐξ ὑποθέ- 15
20 σεως ἀναγκαῖον, πλὴν οὐχ ὁμοίως ἐν τούτοις καὶ ἐν τοῖς φύσει γινομένοις.
διὸ προσέθηκε τὸ τρόπον τινὰ παραπλησίως. ἐπὶ μὲν γὰρ τῶν μα-
θημάτων, ἐὰν ὦσιν αἱ ὑποθέσεις, ἔστι τὸ ἐξ αὐτῶν συναγόμενον συμπέ-
ρασμα. οἷον ἐπεὶ εὐθύ, φησί, τοδί ἐστι, τουτέστιν ἐπεὶ εὐθύγραμμον
τοιονδὶ οἷον τρίγωνον, ἀνάγκη τὸ τρίγωνον τὰς τρεῖς γωνίας δυσὶν
25 ὀρθαῖς ἴσας ἔχειν, καὶ εἰ μὴ ἔχει, οὐδὲ εὐθύγραμμον τοδί ἐστιν. εἰ
μέντοι τὰς τρεῖς δυσὶν ὀρθαῖς ἴσας ἔχει, οὐκ ἀνάγκη τοδὶ εὐθύγραμμον 20
εἶναι· δυνατὸν γὰρ καὶ τετραπλεύρου τὰς τρεῖς γωνίας δυσὶν ὀρθαῖς ἴσας
εἶναι καὶ οὐ μόνον τὰς τοῦ τριγώνου. ἐναργέστερον δὲ ἐπὶ ἀριθμῶν ἔστιν
ἰδεῖν. εἰ γὰρ $\bar{ε}$ καὶ $\bar{ε}$ δέκα γίνεται, εἰ δὲ δέκα, οὐ πάντως $\bar{ε}$ καὶ $\bar{ε}$· καὶ
30 γὰρ $\bar{θ}$ καὶ $\bar{α}$ καὶ $\bar{η}$ καὶ $\bar{β}$ καὶ $\bar{ζ}$ καὶ $\bar{γ}$ καὶ $\bar{ς}$ καὶ $\bar{δ}$ δέκα ποιεῖ, εἰ μέντοι
μὴ δέκα οὐδὲ $\bar{ε}$ καὶ $\bar{ε}$. ὅλως γὰρ ἐν ταῖς τοιαύταις ἀκολουθίαις τῇ μὲν
θέσει τοῦ ἡγουμένου ἕπεται ἡ θέσις τοῦ ἑπομένου, τῇ δὲ θέσει τοῦ ἑπο-
μένου οὐχ ἕπεται ἡ θέσις τοῦ ἡγουμένου, ἀλλὰ τῇ ἀναιρέσει τοῦ ἑπομένου 25
ἡ ἀναίρεσις τοῦ ἡγουμένου. οὐ γὰρ δείκνυται ἐκ τῶν ὑστέρων τὰ πρότερα,
35 ἀναιρεῖται δὲ ἐξ αὐτῶν. καὶ ἐν τοῖς φυσικοῖς γινομένοις εἰ ἔσται ἢ ἔστιν

---

1 οὐ μέντοι γε Aristoteles (praeter cod. F)   ἐστὶ om. a   2 ἂν εἴη a
3 πλὴν] ἀλλ' ἢ Aristoteles   αἰτία EF   5 αἱρετὸν E   6 τε (post γὰρ) om. a
τὸ τέλος — αὐτοῦ (8) om. E   8 immo πρὸ αὐτῶν   ἡ κατάδυσις αὕτη F   13 εἰ]
οὐ E   μόνως F   τι om. F   18 τοῖς E: om. aF   22 εἰσὶν E   25 ἴσας
ἔχει a   26 post τοδὶ add. τὸ E   29 γίνονται a   32 ἕπεται — ἡγουμένου (33) om.
hic E cf. ad v. 33   33 inter ἀλλὰ τῇ ἀναιρέσει et iterata eadem verba intulit ἕπεται—
ἡγουμένου v. 32 omissa E   35 ἔσται ἢ [εἰ E] ἔστιν EF: ἔστιν ἢ ἔσται a

οἰκία, ἀνάγκη ὕλην τοιάνδε εἶναι, καὶ εἰ μὴ ἔστιν ὕλη τοιάδε, οὐκ ἂν εἴη 88ᵛ
οἰκία· οὐ μέντοι εἰ ἔστιν ὕλη τοιάδε, ἀνάγκη οἰκίαν εἶναι. καὶ κατὰ
τοῦτο μὲν τὸ σχῆμα ἔοικε τὸ ἐξ ὑποθέσεως ἀναγκαῖον ἔν τε τοῖς μαθή-
μασιν εἶναι καὶ ἐν τοῖς φυσικοῖς γινομένοις.

Διαφέρει δὲ ὅτι ἐπὶ μὲν τῶν μαθημάτων τὸ συνημμένον ἐστίν, εἰ τὰ 30
πρότερα καὶ τὰ ὕστερα. πρότεραι γὰρ αἱ προτάσεις ἢ αἱ ὑποθέσεις τοῦ
συμπεράσματος, καὶ εἰ μὴ τὰ ὕστερα, οὐδὲ τὰ πρότερα. ἐπὶ δὲ τῶν γινο-
μένων ἔμπαλιν. εἰ γάρ ἐστι τὸ τέλος ἐξ ἀνάγκης, καὶ τὰ πρὸς τὸ τέλος·
οὐ μέντοι εἰ τὰ πρὸς τὸ τέλος, ἤδη καὶ τὸ τέλος. εἰ γὰρ οἶκος, καὶ λίθοι,
οὐ μέντοι εἰ λίθοι, καὶ οἶκος. ἔχοι δὲ ἂν ὁμοιότητα ἡ ἀκολουθία, εἴ τις
τὸ τέλος ὡς πρῶτον νομίζοι τῇ φύσει, διότι τούτου ἕνεκα καὶ ἡ ὕλη.
τοῦτο δὲ καὶ αὐτὸς συστήσει πάλιν ἀπὸ τῶν τεχνῶν. λαβὼν γάρ τις εὐ- 35
θὺς ἐν ἀρχῇ ἐν τῷ λογισμῷ τὴν χρείαν τῆς οἰκίας καὶ τὴν ὠφέλειαν καὶ
προαναζωγραφήσας τὸ σχῆμα, οὕτως τὴν ὕλην παρατίθεται. καὶ ἔστιν ἡ
τοῦ τέλους ἔννοια ἀρχὴ τῆς θεωρίας, ἀλλ' οὐχὶ τῆς πράξεως. διττὴ γὰρ
ἡ ἀρχή, ἡ μὲν τῆς θεωρίας, ἡ δὲ τῆς πράξεως. καὶ γίνεται τῆς θεωρίας
ἀρχὴ ἡ τοῦ τέλους ἔννοια. ἐπειδὴ γὰρ σκέπης χρεία, ὀροφὴν ποιητέον,
οὐκοῦν καὶ τοίχους καὶ θεμέλια καὶ ὄρυξιν. τὸ δὲ τέλος τῆς θεωρίας
ἀρχὴ γίνεται τῆς πράξεως. ἀλλ' ἐπὶ τῶν μαθημάτων, ἐφ' ὧν πρᾶξις οὐκ 40
ἔστι, μία ἐστὶν ἀρχὴ ἡ κατὰ τὴν θεωρίαν οὐ τὸ τέλος οὖσα οὐδὲ τὸ οὗ
ἕνεκα, ἀλλὰ τὰ δεικτικὰ τοῦ συμπεράσματος. ἐγγυτέρω δὲ ἔτι προσήγαγε
τὴν ὁμοιότητα τῶν φύσει πρὸς τὰ ἐν τοῖς μαθήμασιν. ὡς γὰρ ἐν τοῖς
μαθήμασι τοῦ τέλους ὑποτεθέντος, τουτέστι τοῦ συμπεράσματος ὃ ἦν ἐπὶ
ταῖς προτάσεσιν ἐξ ἀνάγκης κειμέναις, αἱ προτάσεις αἵτινές εἰσιν ἀρχαὶ ἐν
ἐκείναις οὐκ ἦσαν ἐξ ἀνάγκης τῷ δύνασθαι καὶ δι' ἄλλων τὸ αὐτὸ δείκνυ-
σθαι, οὕτως οὐδὲ ἐν τοῖς φυσικοῖς τῷ ἀναγκαίῳ τῆς ὕλης ἀκολουθοῦσιν 45
αἱ κατὰ τὸν λόγον ἀρχαί· οὐ γὰρ τῇ ὕλῃ ἀκολουθεῖ τὸ τέλος. ἐν ἀμφο-
τέροις οὖν τῷ ἀναγκαίῳ ὑποτεθέντι οὐχ ἕπονται αἱ κατὰ τὸν λόγον ἀρχαί
(εἰσὶ δὲ ἐν μὲν τοῖς μαθήμασιν αἱ κατὰ τὸν λόγον ἀρχαὶ αἱ προτάσεις, ἐν
δὲ τοῖς φυσικοῖς τὸ τέλος), οἷς τεθεῖσιν ἕπεται τὰ μετὰ ταῦτα ἐν μὲν τοῖς
μαθήμασι τὸ συμπέρασμα, ἐν δὲ τοῖς γινομένοις ἡ ὕλη.

Ἐπειδὴ δὲ ἀσαφῶς εἴρηται τὸ τοῦ τριγώνου παράδειγμα ἐνδειξαμένου
μόνον αὐτοῦ τὴν ἀπόδειξιν, ἰστέον ὅτι δέδεικται παντὸς εὐθυγράμμου τὰς 50
ἐκτὸς πάσας γωνίας τέτρασιν ὀρθαῖς ἴσας εἶναι, καὶ ὅτι αἱ τοῦ τριγώνου
πᾶσαι γωνίαι αἱ ἐντὸς καὶ ἐκτὸς ϛ ὀρθαῖς εἰσιν ἴσαι. ἐπεὶ οὖν τὸ τρίγω-
νον εὐθύγραμμόν ἐστιν, ὅπερ εἶπεν αὐτὸς εὐθὺ τοδί, τούτου δὲ αἱ ἐντὸς
καὶ ἐκτὸς ϛ ὀρθαῖς ἴσαι εἰσίν, ὧν αἱ ἐκτὸς τέτρασι, λοιπαὶ αἱ ἐντὸς δυ-

---

1 εἴη ἡ οἰκία aF 3 μὲν τοῦτο a 4 εἶναι om. E 6 ἢ αἱ E: καὶ αἱ aF
13 ἐν om. E 14 οὕτως EF: οὕτω καὶ a 17 ἡ] καὶ E 21 προήγαγε a
26 post ὕλης add. οὐκ a 27 τὸ γένος E 28 τὸν (ante λόγον) om. E 29 τὸν
(ante λόγον) om. a 30 τοῖς μαθήμασι — ἐν δὲ (31) om. aF 31 post ἡ ὕλη add.
ἐν δὲ τοῖς μαθήμασι τὸ συμπέρασμα a 34 ἐκτός] ὀκτὼ a 35 ante ἐκτός add.
αἱ a ϛ F: καὶ E: ἓξ a εἰσὶν ἴσαι F: εἰσὶν E: ἴσαι εἰσὶν a 37 ante ἐκτός
add. αἱ a ϛ F: καὶ E: ἓξ a

σὶν ὀρθαῖς ἴσαι εἰσίν· εἰ δὲ μὴ τοῦτο, οὐδὲ αἱ ἐκτὸς τέτρασιν, εἴπερ πᾶσαι ϛ. ὥστε οὐδὲ εὐθύγραμμον τοδί. εἰ δὲ δυσὶν ὀρθαῖς ἴσαι γ̄ αἱ ἐντός, οὐ πάντως τρίγωνον. |

p. 200ᵃ30   Φανερὸν δὲ ὅτι τὸ ἀναγκαῖον ἐν τοῖς φυσικοῖς.

5 Δείξας ὅτι τὸ ἀναγκαῖον τὸ ἐν τοῖς φυσικοῖς ἔστι μὲν ἐν τῇ ὕλῃ, ὡς καὶ τοῖς φυσιολόγοις ἐδόκει, καὶ ἐν ταῖς ταύτης μεταβολαῖς καὶ ἀλλοιώσεσιν, οὐχ ἁπλῶς δέ, ὥστε τῇ ὕλῃ τὸ εἶδος καὶ ὅλως τὸ τέλος ἐξ ἀνάγκης ἀκολουθεῖν, ἀλλ᾽ ἐξ ὑποθέσεως, ὡς εἴρηται, καὶ συμπερανάμενος τοῦτο ἐπάγει λοιπόν, ὅτι ἄμφω μὲν αἱ αἰτίαι λεκτέαι τῷ φυσικῷ, μᾶλ-
10 λον δὲ ἡ κατὰ τὸ τέλος. κυριωτέρα γὰρ αὕτη, εἴπερ καὶ τῆς ὕλης αὕτη αἰτία. ᾧ γὰρ τεθέντι ἐξ ἀνάγκης τὸ λοιπὸν ἕπεται, τοῦτο αἴτιον ἐκείνῳ. εἰ οὖν τῇ μὲν ὕλῃ τεθείσῃ οὐκ ἐξ ἀνάγκης τὸ τέλος ἀκολουθεῖ, τῷ δὲ τέλει τεθέντι ἐξ ἀνάγκης ἡ ὕλη ἀκολουθεῖ, τὸ τέλος αἴτιον ἂν εἴη τῆς ὕλης. αἴτιον δὲ καὶ τοῦ εἴδους ἐστὶ τὸ τέλος, ἐφ᾽ ὧν ἄλλο παρὰ τὸ τέλος τὸ
15 εἶδός ἐστιν. εἰ οὖν τὸ τέλος αἴτιον τῇ ὕλῃ τοῦ εἶναι, εἰκότως ὁ φυσικὸς περὶ αἰτίων ποιούμενος τὸν λόγον περὶ τοῦ τέλους μᾶλλον ἤπερ περὶ τῆς ὕλης ποιήσεται. εἰπὼν δὲ τὴν ὕλην μὴ εἶναι αἰτίαν τοῦ τέλους, ποίου τέλους δηλῶν, προσέθηκε τὸ οὗ ἕνεκα τὸ πρὸ αὐτοῦ· τοῦτο γὰρ τὸ αἴτιον καὶ ἡ ἀρχή, ἀλλ᾽ οὐχὶ τὸ ὡς ἔσχατον. ἐπειδὴ δὲ ἐν τοῖς πλείστοις τὸ
20 οὗ ἕνεκα τὸ εἶδός ἐστι, τοῦτο δηλῶν ἐπήγαγεν ὅτι τὸ οὗ ἕνεκα, καὶ ὅτι τὸ τοιοῦτον τέλος καὶ ἀρχὴ ἡ ἀπὸ τοῦ ὁρισμοῦ καὶ τοῦ λόγου λαμβανομένη ἐστίν, ὅπερ ἐστὶ τὸ εἶδος. καὶ γὰρ αὕτη αἰτία τῆς ὕλης ἐστὶν ὡς ἐν τοῖς κατὰ τέχνην. τὸ γὰρ εἶδος τῆς οἰκίας ὁρισάμενοι, ὅτι ἐστὶ σκέπη πρὸς ἀπαλέξησιν ἀνέμου καὶ ὄμβρου καὶ καύματος, πρὸς τοῦτον τὸν
25 ὁρισμὸν τὴν ὕλην παρασκευάζομεν. οὕτως δὲ καὶ ἐν τοῖς κατὰ φύσιν. εἰ γὰρ ἔσται ἄνθρωπος, δεῖ σπέρμα ἀνθρώπου καὶ καταμήνια ἐν μήτρᾳ γυναικὸς συνελθεῖν. καὶ εἰ ἄλλο τι ζῷον ἢ φυτόν, δεῖ τὴν πρὸς ἐκεῖνο ἐπιτηδείαν ὕλην παρεσκευάσθαι. τοῦτο γὰρ σημαίνει τὸ εἰ δὲ ταδί, ταδί. πάλιν δὲ κἀνταῦθα ταῖς ἐπιστημονικαῖς ἐννοίαις ἐφεπόμενος ὁ Ἀριστοτέλης
30 εἰς ταὐτὸν αὐτοφυῶς τῷ διδασκάλῳ συνέδραμε. λέγει γὰρ ἐκεῖνος ἐν Τιμαίῳ τῶν διττῶν τούτων ἀρχῶν τὰς διαφορὰς παραδιδοὺς τῆς τε ὑλικῆς καὶ τῆς κατὰ νοερὰν πρόορασιν ἀποτελουμένης· "τὰ μὲν οὖν παρεληλυθότα τῶν εἰρημένων πλὴν βραχέων ἐπιδέδεικται τὰ διὰ νοῦ δεδημιουργημένα· δεῖ δὲ καὶ τὰ δι᾽ ἀνάγκης γινόμενα τῷ λόγῳ παραθέσθαι. μεμιγμένη γὰρ
35 ἡ τοῦδε τοῦ κόσμου γένεσις ἐξ ἀνάγκης καὶ νοῦ συστάσεως ἐγεννήθη· νοῦ

---

4 δὲ EF: δὴ ex Arist. a   post ἐν τοῖς φυσικοῖς videtur ἕως τοῦ κτλ. omisisse E cf. ad v. 5   5 δείξας — ἐν τοῖς φυσικοῖς propter homoeoteleuton om. E   τὸ ἀναγκαῖον iteravit F   8 καὶ ὡς a   10 κυριωτέρα iteravit E   αὕτη (post ὕλης) aF: αὐτὴ E   13 ἀκολουθεῖ ἡ ὕλη, αἴτιον ἂν εἴη τὸ τέλος aF   14 ἐφ᾽ ὧν] ἀφ᾽ ὧν E   16 ἤπερ EF: ἢ a   18 τὸ πρὸ αὐτοῦ EF: τῷ πρὸ αὐτοῦ a   20 fortasse ὅτι τὸ ⟨τέλος τὸ⟩ οὗ ἕνεκα   26 ἐν μήτρᾳ EF: καὶ μήτραν a   31 Τιμαίῳ p. 47ᴇ   35 τε καὶ νοῦ Plato   νοῦ δὲ a: οὐδὲ EF

δὲ ἀνάγκης ἄρχοντος τῷ πείθειν αὐτὴν τῶν γινομένων τὰ πλεῖστα ἐπὶ τὸ 89r
βέλτιον ἄγειν, ταύτῃ κατὰ ταὐτά τε δι' ἀνάγκης ἡττωμένης ὑπὸ πειθοῦς
ἔμφρονος, οὕτως κατ' ἀρχὰς συνίστατο τόδε τὸ πᾶν. εἴ τις οὖν ᾗ γέγονε 30
ταῦτα κατὰ ταῦτα ὄντως ἐρεῖ, μικτέον καὶ τὸ τῆς πλανωμένης αἰτίας
5 εἶδος".

p. 200 b 4   Ἴσως δὲ καὶ ἐν τῷ λόγῳ ἐστὶ τὸ ἀναγκαῖον ἕως τοῦ
τέλους.

Εἰπὼν τὸν ὁρισμὸν καὶ τὸν λόγον ἀρχὴν εἶναι καὶ αἰτίαν τῆς ὕλης, 35
ἥτις ἦν τὸ ἀναγκαῖον καὶ ἐν τοῖς αἰτίοις, ἐπειδὴ ἐν πολλοῖς ὁρισμοῖς ἐμπερι-
10 λαμβάνεται καὶ ἡ ὕλη ποτὲ μὲν δυνάμει ἐν τῷ τοῦ εἴδους ὁρισμῷ, ὡς
αὐτὸς παρατίθεται, ποτὲ δὲ ἐνεργείᾳ ὡς ἐν τῷ συνθέτῳ, καὶ τότε δῆλον
ὅτι οὐκέτι ὁ ὁρισμὸς ἀρχὴ καὶ αἰτία τῆς ὕλης ἔσται ἐμπεριέχων αὐτὴν ἐν
ἑαυτῷ, διὰ τοῦτο προσέθηκεν ὅτι ἴσως καὶ ἐν τῷ λόγῳ ἐστὶ τὸ ἀναγ-
καῖον· τότε γὰρ τὸ μὲν τέλος καὶ τὸ εἶδος ἔσται ἀρχὴ καὶ αἰτία τῆς
15 ὕλης. ὁ δὲ τοιοῦτος ὁρισμὸς τοῦ συναμφοτέρου δηλωτικὸς ὑπάρχων, ὥστε 40
τὸ λεγόμενον ἔστιν, ὅτι περὶ ἀμφοτέρων τὸν λόγον τῶν αἰτίων ὁ φυσικὸς
ποιήσεται, μᾶλλον δὲ περὶ τοῦ τέλους. τοῦτο δέ ἐστιν ἐν τοῖς φυσικοῖς τὸ
εἶδος καὶ ὁ ὁρισμός. ὥστε περὶ τοῦ εἴδους καὶ τοῦ ὁρισμοῦ τὸν πλεῖστον
ποιήσεται λόγον· ἐνίοτε μέντοι καὶ ἐν τῷ ὁρίζεσθαι περὶ ἀμφοτέρων τῶν
20 αἰτίων ἐρεῖ, ἐφ' ὧν ὁρισμῶν καὶ λόγων καὶ ἡ ὕλη συμπεριείληπται. ὡς
γὰρ αὐτὸς ἐν ἄλλοις λέγει, τῶν φυσικῶν οἱ τέλειοι ὁρισμοὶ γίνονται μὲν 45
κατὰ τὸ εἶδος, ἐμπεριέχουσι δὲ καὶ τὴν ὕλην· τῷ γὰρ φυσικῷ εἴδει τὸ
εἶναι σὺν ὕλῃ ἐστὶ καὶ ὑποκειμένῳ. καὶ διὰ τοῦτο ποτὲ μὲν ἀπὸ τῆς ὕλης
λαμβάνονται οἱ ὁρισμοὶ ὡς ὅταν εἴπωμεν ὀργὴν εἶναι ζέσιν τοῦ περικαρ-
25 δίου αἵματος, ποτὲ δὲ ἀπὸ τοῦ εἴδους ὡς ὅταν εἴπωμεν ὀργὴν εἶναι ὄρεξιν
ἀντιλυπήσεως, ποτὲ δὲ ἀπὸ τοῦ συναμφοτέρου ὡς ὅταν εἴπωμεν ὀργὴν
εἶναι ζέσιν τοῦ περικαρδίου αἵματος δι' ὄρεξιν ἀντιλυπήσεως. καὶ ἐπιστῆσαι
χρή, ὅτι ἀπὸ τοῦ ὁρισμοῦ καὶ τῆς ἀποδόσεως τῆς οὐσίας καὶ ἡ ὕλη τὴν 50
ἀνάγκην εἴληφε τῆς παρόδου. καὶ γὰρ ἐν ταῖς τέχναις ἀπὸ τῶν νοημάτων
30 τοῦ τεχνίτου, ἃ δὴ κατὰ τὸν ὁρισμὸν τοῦ εἴδους τὴν ἔννοιαν ὑφίστησι τοῦ
μέλλοντος εἴδους, οὕτως καὶ ἡ ὕλη ὑφίσταται. διὸ καὶ αὐτοὶ ἐκλέγονται
αὐτὴν ἀπὸ τῆς κατὰ τὸ εἶδος ἐννοίας τὴν ἐπιτηδειότητα αὐτῆς κρίνοντες.
τῆς γὰρ οἰκίας ὥσπερ ὁρισμὸν πρῶτον λαμβάνει, ὅτι ἐστὶ σκέπη πρὸς τὰς

---

2 βέλτιστον F Plato   κατὰ ταυτα sic EF   4 ταῦτα prius om. Plato   κατὰ ταὐτὰ aE
ὄντως aE: οὕτως F   μικτέον — εἶδος (5) om. F   5 post εἶδος add. ᾗ φέρειν πέφυ-
κεν a   9 καὶ om. aF   12 ὁ ὁρισμὸς οὐκέτι a   15 fortasse ὑπάρχει   16 λεγόμενον
p. 200 a 32   τῶν λόγων F   18 ὁ (post καὶ) om. E   τοῦ prius om. F; alterum E
21 ἄλλοις cf. Metaph. Z 11 p. 1036 a 29 sqq.   μὲν γὰρ κατὰ F   24 λαμβάνοντες E
ζέσιν — εἶναι (25) om. E   περικαρδίου scripsi (cf. v. 27 et Simplic. de anima p. 21, 31
et Themist. Phys. II 9 p. 201, 19): περὶ τὴν καρδίαν F: περὶ καρδίαν a et Arist. de
Anima I 1 (p. 403 a 31)   27 περικαρδίου E: περὶ τὴν καρδίαν F: περὶ καρδίαν a
30 τοῦ prius om. E   31 ἐφίσταται E   33 λαμβάνειν E

χρείας τῶν ἀνθρώπων δεομένη πρὸς κατασκευὴν ξύλων καὶ λίθων, καὶ 89ʳ
οὕτως ἔρχεται ἐπὶ τὴν | ὕλην· ὥστε ἡ ὕλη διὰ τὸ εἶδος καὶ ὕστερον ὡς 89ᵛ
ὕλη. καὶ εἰ πρίονα ὁρίζοιτό τις καὶ λέγοι· πρίων ἐστὶν ὄργανον διαιρε-
τικὸν τοιωσδὶ ξύλων ἢ λίθων ὀδοῦσι τοιοῖσδε κατεσκευασμένον, συναναφαί-
5 νεται ὅτι ἐκ σιδήρου δεῖ τοὺς ὀδόντας εἶναι. καὶ ὁ ἰατρὸς ὑποθέμενος τὸ
τέλος, ὅπερ ἐστὶν ἡ ὑγίεια, ὅπερ ἐστὶ συμμετρία θερμῶν καὶ ψυχρῶν καὶ
ξηρῶν καὶ ὑγρῶν, τὴν πρὸς τοῦτο ὕλην ἐκλέγεται. οὕτως δὲ καὶ ἐπὶ τῶν 5
φυσικῶν. καὶ ἔοικε καὶ διὰ τούτου δεικνύναι, ὅτι τὸ εἶδος ἤτοι τὸ τέλος
αἴτιον τῆς ὕλης ἐστίν, εἴπερ διὰ τοῦ ὁρισμοῦ τοῦ εἴδους καὶ ἡ τῆς ὕλης
10 ἔννοια ἀναφαίνεται. κἂν σαφῶς δὲ λέγηται, ἡ ὕλη ἐν τῷ ὁρισμῷ ἔσται,
καὶ τότε τὸ μόριον ἐκείνου ὡς ὕλη τοῦ ὁρισμοῦ, ἀλλ' οὐχὶ ὡς κύριον
αἴτιον. καὶ μέχρι τοῦδε συμπεπεράνθωσαν ἡμῖν αἱ εἰς τὸ δεύτερον τῆς
Ἀριστοτέλους Φυσικῆς ἀκροάσεως σχολαί.

---

1 καὶ λίθων om. F   4 ἢ] καὶ F   6 καὶ (post θερμῶν) om. a   7 ὑγρῶν
καὶ ξηρῶν aF   οὕτως E: ὁμοίως aF   8 τούτου aE²: τοῦτο E¹F   9 ἡ (ante)
τῆς om. aF   10 λέγεται a   12 συμπεράνθωσαν F   post τῆς add. τοῦ
θείου a   13 post σχολαί add. τέλος τοῦ β τῆς ἀριστοτέλους φυσικῆς ἀκροάσεως F

ΣΙΜΠΛΙΚΙΟΥ ΦΙΛΟΣΟΦΟΥ ΕΙΣ ΤΟ Γ͞ ΤΗΣ ΑΡΙΣΤΟΤΕΛΟΥΣ ΦΥΣΙΚΗΣ ΑΚΡΟΑΣΕΩΣ ΥΠΟΜΝΗΜΑ Ο ΕΣΤΙ ΤΡΙΤΟΝ.

Ἐν τῷ πρὸ τούτου βιβλίῳ περὶ τῶν αἰτίων διαλεχθεὶς καὶ ποιητικὸν αἴτιον τὴν φύσιν εἰπὼν καὶ ὁρισάμενος αὐτὴν ἀρχὴν κινήσεως εἰκότως ἐφεξῆς περὶ κινήσεως διδάσκει. εἰ γὰρ ἐν τούτῳ τὸ εἶναι ἔχει ἡ φύσις ἐν τῷ ἀρχὴ κινήσεως εἶναι, δεῖ πάντως τὸν εἰσόμενον τὴν φύσιν ὅτι ποτέ ἐστι καὶ τὴν κίνησιν ἐγνωκέναι ἐν τῷ ὁρισμῷ τῆς φύσεως παρειλημμένην. ἔτι δὲ εἰ ἡ τῶν πρός τι γνῶσις ἅμα ἐστί, πρός τι δὲ ἡ ἀρχὴ καὶ τὸ οὗ ἐστιν ἀρχή, καὶ ἔστιν ἀρχὴ κινήσεως ἡ φύσις, ἀδύνατον τὴν φύσιν γινώσκειν τὸν ἀγνοοῦντα τὴν κίνησιν. εἰ οὖν ἀνάγκη τὸν φυσιολόγον εἰδέναι τί ποτέ ἐστιν ἡ φύσις, τὸν δὲ τὴν φύσιν εἰσόμενον ἀνάγκη τὴν κίνησιν ἐγνωκέναι, ἀναγκαῖος εὐθὺς μετὰ τὸν περὶ τῆς φύσεως ὁ περὶ τῆς κινήσεως λόγος ἐν τῷ ὁρισμῷ τῆς φύσεως, ὡς εἶπον, παρειλημμένος. διὰ δὲ τὴν αὐτὴν ἀκολουθίαν, ἐπειδὴ ἡ κίνησις ἐν τῷ συνεχεῖ καὶ συνεχές τί ἐστιν ἡ κίνησις καὶ ἐν τῷ λόγῳ τῆς κινήσεως παρείληπται τὸ συνεχές, ἀναγκαῖον καὶ περὶ τοῦ συνεχοῦς διαλεχθῆναι· οὐ γὰρ ἔστι γνῶναι τὸ ὁριστὸν ἀγνοοῦντα τῶν ἐν τῷ ὁρισμῷ παρειλημμένων ἕκαστον. πάλιν δὲ ἐπειδὴ τὸ συνεχὲς ὁριζόμενοι προσχρώμεθα τῷ ἀπείρῳ συνεχὲς εἶναι λέγοντες τὸ ἐπ' ἄπειρον διαιρετόν, ἀνάγκη καὶ περὶ ἀπείρου διαλεχθῆναι τῷ τὴν κίνησιν εἰσομένῳ καὶ τὴν ἀρχὴν τῆς κινήσεως τὴν φύσιν. ἐπειδὴ δὲ πᾶν τὸ φυσικὸν σωματικόν, πᾶν δὲ σῶμα καὶ ἡ σωματικὴ κίνησις, περὶ ἧς ὁ λόγος, ἐν τόπῳ καὶ ἐν χρόνῳ γίνεται, ἀναγκαῖος καὶ ὁ περὶ τόπου καὶ χρόνου λόγος τῷ φυσικῷ τῷ περὶ κινήσεως καὶ φύσεως εἰσομένῳ. τισὶ δὲ ἡ κατὰ τὸν οὐρανὸν κίνησις ὁ χρόνος εἶναι δοκεῖ καὶ ἄλλοις εἰκὼν αἰώνιος κινητή, ὥστε κατὰ πάντα συγγενὴς ὁ χρόνος τῇ κινήσει. τινῶν δὲ τὸν

---

1 titulum ex E descripsi addens *Ο ΕΣΤΙ ΤΡΙΤΟΝ* cf. p. 1, 1; Σιμπλικίου μεγάλου φιλοσόφου ὑπόμνημα — ἀκροάσεως F et omissis μεγάλου φιλοσόφου a   4 ὁρισάμενος E (cf. p. 269, 20): διορισάμενος aF   6 ἀρχῇ F   9 γινώσκειν E: εἰδέναι aF   11 ἡ κινήσις φύσις F   12 ἀναγκαίως E   τῆς (post τὸν περὶ) om. F   13 παρειλημμένος scripsi cf. v. 7. 15. 17: περιειλημμένος libri sed cf. ad p. 295, 35   20 ἐπεὶ δὲ πᾶν a   21 σῶμα EF: σωματικόν a   περὶ ἧς ὁ λόγος om. F   24 εἶναι E: om. aF   εἰκὼν αἰώνιος κινητὴ aE: ἡ οὐράνιος κίνησις F

SIMPLICII IN PHYSICORUM III Prooemium. 1 [Arist. p. 200ᵇ12]

τόπον τὸ κενὸν ὑπολαμβανόντων καὶ τὴν κίνησιν ἐν κενῷ γίνεσθαι πάντως
λεγόντων, ὥσπερ Δημόκριτος, ἀναγκαῖον καὶ περὶ κενοῦ ζητεῖν, εἰ ἔστιν
ὅλως ἢ μὴ ἔστιν. καὶ εἰ ἐν τῷ κενῷ ὡς ἐν τόπῳ κινεῖται τὰ κινούμενα,
καὶ διὰ ταῦτα οὖν περὶ κινήσεως καὶ συνεχοῦς καὶ ἀπείρου καὶ τόπου καὶ
5 χρόνου καὶ κενοῦ ζητεῖν ἀνάγκη τὸν φυσικόν. καὶ μέντοι ὅτι κοινὰ πάντων ἐστὶ ταῦτα τῶν φυσικῶν καὶ καθόλου πᾶσιν ὑπάρχει, καὶ δεῖ προηγεῖσθαι τὴν πραγματείαν τὴν τὰ κοινῇ πᾶσιν ὑπάρχοντα παραδιδοῦσαν, οἵα ἐστὶν ἡ προκειμένη νῦν, εἰς ἐπίσκεψιν τῶν ἄλλων πραγματειῶν τῶν τὰ ἰδίως ἑκάστοις ὑπάρχοντα διδασκουσῶν. καὶ γὰρ πᾶν σῶμα φυσικὸν κίνη-
10 σιν ἔχει, καὶ ἢ πεπερασμένον ἐστὶν ἢ ἄπειρον, καὶ ἐν τόπῳ κινεῖται ἢ καθ' ὅλον ἢ κατὰ μόρια, ὡς ἡ ἀπλανής, καὶ ὑπὸ χρόνου μετρεῖται ἡ κίνησις· κοινὰ οὖν ταῦτα. κοινὸς δὲ καὶ ὁ περὶ τοῦ κενοῦ λόγος, ὅτι τὸν τόπον κενόν τινες ὑπολαμβάνουσι καὶ τὸ κενὸν τόπον σώματος ἐστερημένον. ταῦτα μὲν οὖν ὁ Ἀριστοτέλης καὶ σαφέστερον τῶν ἐξηγητῶν παραδέδωκεν
15 ἀρχόμενος εὐθὺς τοῦ τρίτου βιβλίου· διδάσκει δὲ ἐν αὐτῷ περὶ κινήσεως καὶ περὶ ἀπείρου, ἐν δὲ τῷ τετάρτῳ περὶ τόπου καὶ περὶ κενοῦ καὶ περὶ χρόνου. τὸ γὰρ συνεχὲς παρῆκε νῦν, ὅτι καὶ τοῦ συνεχοῦς χωρὶς ἀναγκαῖός ἐστιν ὁ περὶ τοῦ ἀπείρου λόγος τῷ φυσικῷ, διότι τὰ φυσικὰ σώματα καὶ τὰς φυσικὰς κινήσεις ἀνάγκη ἢ ἄπειρα εἶναι ἢ πεπερασμένα. ὕστερον
20 μέντοι καὶ περὶ τοῦ συνεχοῦς διαλέξεται. ἰστέον δὲ ὅτι ἐν πολλοῖς χωρίοις διάφορος ἡ γραφὴ τούτου φέρεται τοῦ βιβλίου. ἀλλ' ἐπὶ τὰ κατὰ μέρος τῆς λέξεως ἰτέον.

p. 200ᵇ12 Ἐπεὶ δὲ ἡ φύσις μέν ἐστιν ἀρχὴ κινήσεως καὶ μεταβολῆς. |

25 Κίνησιν οὖν καὶ μεταβολὴν ἐκ παραλλήλου νῦν τέθεικε καὶ διὰ τὸ μήπω διηρῆσθαι τί διαφέρει κίνησις μεταβολῆς, καὶ ὅτι κοινότερον μὲν ἡ κίνησις, εἰδικώτερον δὲ ἡ μεταβολή, ὅπερ ἀρχόμενος τοῦ πέμπτου βιβλίου ⟨φανερὸν⟩ ποιεῖ. μήποτε δὲ κίνησιν καὶ μεταβολὴν οἰκείως τοῖς ὕστερον διαιρεθησομένοις προήγαγεν· ἐρεῖ γὰρ τὴν μὲν κατ' οὐσίαν μεταβολὴν εἶναι
30 καὶ οὐ κίνησιν, τὴν δὲ κατὰ ποσότητα καὶ ποιότητα καὶ τόπον ταύτας κινήσεις εἶναι. κυρίως οὖν τὴν φύσιν ἀρχὴν κινήσεως καὶ μεταβολῆς εἶπεν, ἐπειδὴ καὶ τῆς κατ' οὐσίαν καὶ τῶν ἄλλων αἰτία ἐστί. σημειοῦται δὲ ὁ Ἀλέξανδρος ὅτι "τὴν κίνησιν συνεχῆ λέγων ἐν τῷ ποσῷ πάντως αὐτὴν τίθησι (τοῦ γὰρ ποσοῦ ἐστιν εἴδη τὸ συνεχὲς καὶ τὸ διωρισμένον), ἐν μέν-

---

1 πάντως γίνεσθαι aF   2 post εἰ add. ὅλως ἢ μὴ E   3 τύπῳ E   4 καὶ ἀπείρου post χρόνου posuerunt aF   καὶ χρόνου post κενοῦ posuit E   8 τῶν (ante τὰ) om. E   9 ἑκάστῳ aF   11 καθόλου F   μόρια E: μέρος aF   16 περὶ super ἀπείρου add. E   καὶ (post τόπου) om. E   17 post νῦν add. καὶ aF   18 τοῦ ἀπείρου λόγος E: ἀπείρου λόγος a: κενοῦ τόπος F   21 τοῦ βιβλίου φέρεται aF   25 οὖν E: μὲν οὖν F: μὲν a   τέθεικε νῦν aF   26 διηρῆσθαι a: διηρίσθαι E: διαιρῆσαι F   τί E: τίνι aF   27 μεταβολὴ et κίνησις inter se mutata aF   28 φανερὸν a: om. EF   30 οὐ om. F

τοι ταῖς Κατηγορίαις οὐ τίθησιν αὐτὴν ἐν τῷ ποσῷ, καὶ ἐνταῦθα δὲ μετ' 90ʳ
ὀλίγον ὑπὸ τὸ πρός τι τὴν κίνησιν ὑπάξει. ἤτοι οὖν, φησί, διὰ τοῦτο οὕτως
εἶπε δοκεῖ δὲ ἡ κίνησις εἶναι τῶν συνεχῶν, ὡς οὐκ ἀρεσκόμενος
τούτῳ, ἢ μᾶλλον ἡ κίνησις πῶς μὲν καὶ ποσόν ἐστι καὶ συνεχές, πῶς δὲ 15
5 πρός τι, κατ' ἄλλο καὶ ἄλλο λαμβανομένη, αὐτὴ μὲν ἡ κίνησις ποσόν, τὸ
δ' ἐν κινήσει πρός τι ἅτε ἐν σχέσει τινὶ ὑπάρχον τῇ πρὸς τὸ κινοῦν. τὸ
δὲ δοκεῖ, φησί, σημεῖόν ἐστι τοῦ ἀπὸ τῶν φαινομένων καὶ ἐναργῶν ἄρχε-
σθαι." εἰπὼν δὲ τὸ ἄπειρον ἐμφαίνεσθαι πρῶτον ἐν τοῖς συνεχέσι δηλοῖ
διὰ τοῦ πρῶτον, ὅτι κυρίως καὶ καθ' αὑτὸ καὶ οὐ δι' ἄλλου μέσου τὸ
10 ἄπειρον ἐμφαίνεται ἐν τῷ συνεχεῖ. καθ' αὑτὰ γὰρ ὑπάρχει ταῦτα,
ὅσα τε ἐν τῷ ὁρισμῷ αὐτὰ παραλαμβάνεταί τινων καὶ ὧν αὐτὰ τὸν ἐκεί- 20
νων ὅρον συμπληροῖ. ἀλλὰ καὶ ὅσα κατὰ τὴν πρὸς τὰ ὁμογενῆ σύγκρισιν
ἀποτέμνεταί τι οἰκεῖον τῶν κοινῶς ὑπαρχόντων τῷ γένει παντί, πρώτως
τοῦτο καθ' αὑτό τε ὑπάρχει τούτων ἑκάστῳ, καὶ ἔστιν ἄλλος οὗτος ὁ
15 τρόπος τοῦ καθ' αὑτό. οὕτω τῷ πυρὶ καθ' αὑτὸ τὸ ποιητικὸν ὑπάρχει,
ἐπειδὴ παντὶ σώματι φυσικῷ τὸ ποιεῖν ἢ τὸ πάσχειν. τὸ δὲ πολλάκις
προσέθηκεν, ὅτι οὐκ ἀεὶ τὸ συνεχὲς οὕτως ὁριζόμεθα συνεχὲς λέγοντες τὸ
εἰς ἄπειρον διαιρετόν, ἀλλὰ καὶ ἄλλος τίς ἐστιν ὁρισμός, ὃν αὐτὸς τέ- 25
θεικεν ἐν Κατηγορίαις συνεχὲς λέγων οὗ τὰ μόρια πρός τινα κοινὸν ὅρον
20 συνάπτει. "οὐκέτι δέ, φησὶν Ἀλέξανδρος, καὶ τὸ διωρισμένον ποσὸν ὁριζό-
μενοι προσχρώμεθα τῷ ἀπείρῳ." ὥστε καὶ κατὰ τοῦτο πρῶτον εὐλόγως
εἶπεν ἐν τῷ συνεχεῖ αὐτὸ ἐμφαίνεσθαι, ἢ ὅτι καὶ τὸ ἐν τῷ διωρισμένῳ
ἄπειρον ἀπὸ τοῦ συνεχοῦς ἔχει τὴν γένεσιν. ἡ γὰρ εἰς ἄπειρον τοῦ συνε-
χοῦς τομὴ τὴν εἰς ἄπειρον αὔξησιν τῷ διωρισμένῳ παρέχεται, οὐκέτι μέν-
25 τοι τὸ συνεχὲς ἐκ τοῦ διωρισμένου τὸ ἄπειρον ⟨ἔχει⟩. οὐ γὰρ ἄπειρόν
ἐστι τὸ διωρισμένον τῷ ἐξ ἀπείρων συγκεῖσθαι, ἐπεὶ οὐδὲ ἔστιν ἄπειρα 30
ἐνεργείᾳ διωρισμένα, ἀλλὰ τῇ ἀεὶ προσθέσει τὸ ἄπειρον ἔχει. ἡ δὲ ἀεὶ
πρόσθεσις ἐκ τοῦ ἀνεκλείπτου τῆς τοῦ συνεχοῦς τομῆς γίνεται. οὐδὲ γὰρ
τὸ συνεχὲς ἐνεργείᾳ τὸ ἄπειρον ἔχει, ἀλλὰ τῇ ἐπ' ἄπειρον διαιρέσει. οὐ-
30 δὲν γὰρ ἄπειρον ἐνεργείᾳ ἐστίν, ἀλλὰ τὸ ἐπ' ἄπειρον. διὰ τί οὖν τὸ μὲν
διωρισμένον ἐκ τοῦ συνεχοῦς τὸ ἄπειρον ἔχει, τὸ δὲ συνεχὲς οὐκέτι ἐκ τοῦ
διωρισμένου; ἢ ὅτι τὸ μὲν διαιρούμενον ἐπ' ἄπειρον τοῦτο δύναται παρέχειν
τῷ διωρισμένῳ τὴν ἐπ' ἄπειρον αὔξησιν, τὸ δὲ αὐξόμενον ἐπ' ἄπειρον 35
ἐν διορισμῷ οὐκέτι τῷ συνεχεῖ τὸ ἐπ' ἄπειρον δίδωσιν. ὅταν δὲ λέγῃ πρὸς

---

4 καὶ συνεχές ἐστι καὶ ποσὸν aF   5 μὲν γὰρ aF   7 τοῦ om. E   9 ante
καθ' habet οὐ F   12 ὅσα] fortasse ὅσων   13 τι] τὸ F¹   πρώτως om. a
15 οὕτω — αὐτὸ om. F   18 ἄπειρα aF   19 Κατηγορίαις c. 6 p. 4 ᵇ 20 sqq.
20 φησὶν ὁ aF   καὶ om. F   ὁριζόμεθα συνεχὲς λέγοντες τὸ εἰς ἄπειρα διαιρετὸν
μενοι (cf. v. 21) προσχρώμεθα F   22 ἢ ὅτι καὶ EF: ἢ ὅτι a: fortasse καὶ ὅτι   τὸ
om. F¹   23 εἰς ἄπειρον — τὴν (24) om. F   24 αὔξησις F   25 ἔχει ex v. 31
add. a   26 ἔστιν (post οὐδὲ) om. E   28 ἀνεπιλήπτου E   29 διαιρέσει
ἐνεργείᾳ τὸ ἄπειρον ἔχει F   30 γὰρ] δὲ a   32 τῷ διωρισμένῳ παρέχειν aF
34 δὲ (post ὅταν) om. E

δὲ τούτοις ἄνευ τόπου καὶ κενοῦ καὶ χρόνου κίνησιν ἀδύνατον εἶναι, οὐχ ὡς αὐτῷ δοκοῦν τοῦτο λέγει, ἀλλ' ὡς τῶν πρὸ αὐτοῦ φυσιολόγων τοῖς περὶ Δημόκριτον ἀρέσαν τὸ διὰ κενοῦ τὴν κίνησιν γίνεσθαι καὶ τὸ κενὸν εἶναι τόπον ἐστερημένον σώματος. ὥστε καὶ τῷ περὶ τόπου λόγῳ
5 ἀναγκαῖος ὁ περὶ κενοῦ. τοῖς τε οὖν εἶναι τὸ κενὸν λέγουσι καὶ τοῖς μὴ εἶναι ἀναγκαῖος ὁ περὶ αὐτοῦ λόγος.

Εἰκότως δὲ πρῶτον περὶ κινήσεως διαλαμβάνει, διότι μετὰ τὴν φύσιν ὁ περὶ τῆς κινήσεως ἐκδέχεται λόγος ἐν τῷ ὁρισμῷ τῆς φύσεως παρειλημμένος, καὶ ὅτι χρόνος καὶ τόπος διὰ τὴν κίνησιν. δεῖ γὰρ εἶναι χρόνον,
10 ἐπεὶ τὸ κινούμενον ποτὲ κινεῖται, καὶ τόπον, ἐπεὶ τὸ κινούμενον ποῦ κινεῖται· οὐ μέντοι ἀνάγκη κίνησιν εἶναι, ἐπειδὴ χρόνος ἐστὶν ἢ τόπος. τὸ δὲ κενὸν οὐδὲ ὂν ὅλως δειχθήσεται. τὸ δὲ ἄπειρον ἅμα μὲν οὐδὲ ὑφέστηκε, τῷ δὲ γίνεσθαι ὑφεστὼς περὶ τὴν κίνησιν καὶ αὐτὸ τὸ εἶναι ἔχει. ἔτι δὲ σπουδῆς ἄξιος ὁ περὶ κινήσεως λόγος, καὶ ὅτι ἠμέληται τοῖς παλαιοτέροις,
15 ὀλίγα περὶ αὐτῆς τοῦ Πλάτωνος εἰρηκότος. ἔτι δὲ πάντα τὰ ὄντα ἢ κινήσεις εἰσὶν ὡς γένεσις καὶ ἀλλοίωσις, ἢ ἀρχαὶ κινήσεως ὡς θεὸς ψυχὴ φύσις, ἢ κινούμενα ὡς τὰ σώματα τά τε ἁπλᾶ καὶ τὰ σύνθετα, ἢ δι' ἃ τὰ κινούμενα ὡς χρόνος καὶ τόπος. ἐπιστῆσαι δὲ ἄξιον, εἰ μὴ ἀνάγκη ὥσπερ κινήσεως οὔσης ἔστι χρόνος, οὕτως χρόνου ὄντος εἶναι κίνησιν, εἴπερ
20 ἀριθμὸς κινήσεώς ἐστιν ὁ χρόνος. ἀλλ' οὐ διὰ τὸν χρόνον ἡ κίνησις, ἀλλ' ὁ χρόνος διὰ τὴν κίνησιν. καὶ νῦν μὲν τὴν οὐσίαν τῆς κινήσεως ἥτις ποτέ ἐστιν ὑπογράφει. ὅσα δὲ ἀκολουθεῖ τῷ λόγῳ τῆς κινήσεως θεωρήματα πολλὰ ὄντα καὶ ποικίλα ἐν τοῖς τέτρασι τοῖς τελευταίοις βιβλίοις διαπεραίνεται.

25 p. 200b26 Ἔστι δή τι τὸ μὲν ἐντελεχείᾳ μόνον ἕως τοῦ καὶ τῶν ἄλλων τῶν τοῦ ὄντος κατηγοριῶν ὁμοίως. |

Μέλλων δεικνύναι τί ἐστιν ἡ κίνησις καὶ τὸν ὁρισμὸν αὐτῆς ὡς δυνατὸν συνάγειν, καὶ ἐν τίνι ἐστὶν ὅτι ἐν τῷ κινουμένῳ, καὶ τρίτον ὅτι τῶν πολλαχῶς λεγομένων ἐστὶν ἡ κίνησις, καὶ τέταρτον ὅτι ἕκαστον εἶδος κινήσεως
30 εἰς ἀντίθετα εἴδη διαιρεῖται (οἷον τὸ κατ' οὐσίαν εἰς γένεσιν καὶ φθοράν, τὸ κατὰ χρῶμα εἰς λεύκανσιν καὶ μέλανσιν, καὶ ὅλως τὸ κατὰ ποιότητα εἰς τὰς ἀντικειμένας ἀλλήλαις ποιότητας, τὸ κατὰ ποσότητα εἰς αὔξησιν καὶ μείωσιν, τὸ κατὰ τόπον εἰς ἀνάβασιν καὶ κατάβασιν καὶ τὰ λοιπά), μέλλων οὖν ταῦτα περὶ κινήσεως διδάσκειν ὡς καὶ τῶν ἄλλων εἰς τὸν περὶ τοῦ τί
35 ἐστι λόγον συντελούντων καὶ ὡς αὐτάρκη τέως εἰς τὴν ὁλοσχερῆ περὶ αὐτῆς γνῶσιν ἀξιώματα τέτταρα προλαμβάνει, ὧν ἕκαστον εἰς ἕκαστον τῶν

---

1 ἄνευ χρόνου καὶ κενοῦ καὶ τόπου aF 4 καὶ τὸ E 8 τῆς (post περὶ) F: τῶ E: om. a ὁρισμένῳ a τῆς φύσεως aF: τῶ φύσεως E 9 τόπος καὶ χρόνος a
15 κίνησις F 16 γενέσεις καὶ ἀλλοιώσεις E 17 δι' ἃ F: διὰ E: ἐν οἷς a 23 βιβλίοις τοῖς τελευταίοις a 25 ἐντελέχεια hic et p. 398 itentidem E post καὶ add. ἐπὶ a, sed cf. p. 398, 3 27 ἡ om. a 35 αὐτάρκως a

εἰρημένων συντελεῖ κατὰ τάξιν. καὶ τὸ μὲν πρῶτον ἐκ διαιρέσεως εἴληπται 90ᵛ
τοιοῦτον. τῶν ὄντων τὰ μέν ἐστιν ἐντελεχείᾳ μόνον, τὰ δὲ δυνάμει
καὶ ἐντελεχείᾳ, τὸ μὲν τόδε τι, τὸ δὲ τοιόνδε, τὸ δὲ τοσόνδε 10
καὶ τῶν ἄλλων τῶν τοῦ ὄντος κατηγοριῶν. τὸ μὲν οὖν ἐντελεχείᾳ
5 μόνον κατὰ τὰς οὐσίας τῶν ἀγενήτων ὑπάρχει καὶ τὰς οὐσιώδεις αὐτῶν
ἐνεργείας, τὸ δὲ δυνάμει καὶ ἐντελεχείᾳ κατὰ πάσας τὰς κατηγορίας
ἐν τοῖς γενητοῖς. καὶ ἔτι ἁπλῶς μὲν ἐντελεχείᾳ μόνον τὰ ἄυλα καὶ πρῶτα
εἴδη (οὐδὲν γὰρ ἄλλο γενέσθαι δύναται παρ' ἃ ἔστιν ἐξ ἀρχῆς), ἐντελεχείᾳ δὲ
καὶ δυνάμει τὰ σύνθετα ἐξ ὕλης καὶ εἴδους, ἐντελεχείᾳ μὲν καθ' ὅσον ἔχει
10 τινὰ ἤδη μορφὴν καὶ διάθεσιν ἐνεργείᾳ ὥσπερ ὁ χαλκός, δυνάμει δὲ ὅτι 15
καὶ ἑτέραν οἷά τε δέξασθαι τὴν τοῦ ἀνδριάντος. τὸ δὲ αἰθέριον σῶμα κατὰ
μὲν τὴν οὐσίαν ἐντελεχείᾳ μόνον ἐστίν (οὐ γὰρ ἂν μεταβάλοι ποτὲ κατ'
οὐσίαν), μετέχει δέ πως καὶ τοῦ δυνάμει διὰ τὴν τοπικὴν κίνησιν καὶ τὰς
κατ' αὐτὴν γινομένας διαφόρους ἀλλήλων μετέξεις· οὐ γὰρ πανταχοῦ ἅμα
15 ἐστὶν οὐδὲ ἀεὶ ὁμοία ἡ πάντων σύγκρασις, ὡς δηλοῖ τὰ ἀπὸ τῶν διαφόρων
σχηματισμῶν ἀποτελούμενα διάφορα ὄντα. καὶ ἔστιν ἄφυκτος ἡ διαίρεσις. 20
τὸ μὲν γὰρ τέλειον ἦν ὅτι τῶν ὄντων τὰ μὲν ἐντελεχείᾳ μόνον, τὰ δὲ
δυνάμει μόνον, τὰ δὲ δυνάμει καὶ ἐντελεχείᾳ. ἀλλ' οὐδέν ἐστιν ὃ δυνάμει
μόνον ἐστὶ κατὰ ὑπόστασιν. πᾶν γὰρ τὸ δυνάμει ἐνεργείᾳ τι ὂν ἐστιν ἐν
20 αὐτῷ δύναμιν ἔχον ἀτελῆ, καθ' ἣν δύναταί τι ἄλλο παρ' ἑαυτὸ προσλαβεῖν,
ὥσπερ τὸ δυνάμει λευκὸν ἐνεργείᾳ σῶμα ὂν δυνάμει λευκόν ἐστιν, ὡς μήπω
μὲν ὂν λευκόν, πεφυκὸς δὲ μεταβάλλειν εἰς τὸ λευκὸν καὶ διὰ τοῦτο δυνάμει
λεγόμενον λευκόν, κἂν τῇ ὑποστάσει δὲ ἓν τὸ τοιοῦτόν ἐστιν, ἀλλὰ τῷ γε 25
λόγῳ ἄλλο μέν ἐστι τὸ ὑποκείμενον, ὃ λέγομεν δύνασθαι καὶ πεφυκέναι
25 οἷον τὸ χρῶμα, ἄλλο δὲ ἡ ἀτελὴς ἐν αὐτῷ δύναμις, ὅπερ ἐστὶν αὐτὸ τὸ
δυνάμει ὥσπερ τὸ ὁρατὸν εἶναι, εἴπερ τὸ μέν ἐστι ποιόν, τὸ δὲ πρός τι.
οὕτως δὲ ἄλλο μὲν τὸ χιόνι εἶναι, ἄλλο δὲ τὸ τηκτῷ εἶναι. εἰ γὰρ ταὐ-
τόν ἐστι ταῦτα, εἴη ἂν ταὐτὸν καὶ τὸ χιόνι εἶναι καὶ τηκτῷ εἶναι. τὰ δὲ
τῷ αὐτῷ ταὐτὰ καὶ ἀλλήλοις ταὐτά, ὥστε καὶ τὸ τμητῷ εἶναι τῷ τηκτῷ
30 εἶναι ταὐτὸν ἂν εἴη, ὥστε καὶ τὸ τετμῆσθαι τῷ τετῆχθαι ταὐτὸν ἂν εἴη.
ὡς γὰρ τὰ δυνάμει, οὕτως καὶ τὰ ἐνεργείᾳ. 80

Καὶ ὁ Πλωτῖνος δὲ ἐν ἀρχῇ τοῦ βιβλίου δ Περὶ τοῦ δυνάμει καὶ ἐνερ-
γείᾳ ἐπέγραψε τὸ αὐτὸ δείκνυσι λέγων· "δεῖ τοίνυν τὸ δυνάμει τι ὂν ἄλλο
μεθ' αὑτὸ δύνασθαι, ἤτοι μένον μετὰ τοῦ ἐκεῖνο ποιεῖν ἢ παρέχον ἑαυτὸ
35 ἐκείνῳ ὃ δύναται, καὶ φθαρὲν αὐτὸ δυνάμει λέγεσθαι. ἄλλως γὰρ δυνάμει

3 καὶ τὸ μὲν aF   5 μόνον in mrg. add. F   τῶ ἀγενήτων F¹   6 ἐνεργείας
aE: οὐσίας F   7 καὶ ἔτι ἁπλῶς μὲν aF: ἔτι μὲν ἁπλῶς E   11 τὴν (ante τοῦ)
om. F   12 μὲν om. E   ἐνδελεχείᾳ F¹   μεταβάλλοι a et Themist. p. 203, 16
15 ἀεὶ om. F   19 ὃν ἔστιν ἐν αὐτῶ δύναμιν ἔχει E quod recepi ἔχον correcto: ὃν
ἔχει δύναμιν ἐν ἑαυτῷ aF   20 ἀτελῆς E   22 καὶ διὰ τοῦτο — λευκὸν (23) om. F
24 ὃ λέγομεν om. F   28 ταὐτὸν καὶ E: καὶ F: ταὐτὸν καὶ om. a   29 καὶ (post
ταῦτα) om. E   τὸ τμητῷ a: τῶ τμητῶ EF   30 καὶ τῷ [τὸ F²] τηκτῷ εἶναι F¹
34 μετ' αὐτὸ aF: μετ' αὐτὸ E   τοῦ] immo τὸ   ἐκεῖνο om. E   35 καὶ (ante
φθαρὲν) om. aF   λέγεται a

ἀνδριὰς ὁ χαλκός, ἄλλως τὸ ὕδωρ δυνάμει χιὼν καὶ ὁ ἀὴρ πῦρ. καὶ 90ᵛ ὅλως, ὥς αὐτός φησι, τὸ δυνάμει δεῖ μὴ ἁπλῶς λέγεσθαι. οὐ γὰρ ἔστι τὸ δυνάμει μηδενὸς εἶναι οἷον δυνάμει ἀνδριὰς ὁ χαλκός. εἰ γὰρ μηδὲν 35 ἐξ αὐτοῦ μηδὲ ἐπ' αὐτῷ μηδὲ ἔμελλε μηδὲν ἔσεσθαι μεθ' ὃ ἦν μηδὲ ἐνε-
5 δέχετό τι γίνεσθαι, ἦν ἂν ὃ ἦν μόνον. ὃ δὲ ἦν, ἤδη παρῆν καὶ οὐκ ἔμελλε. τί οὖν ἐδύνατο ἄλλο μετὰ τὸ παρὸν αὐτό; τί οὖν ἂν ἦν μόνον δυνάμει;" ὁ δὲ ταῦτα εἰπὼν ἐπὶ τέλει τοῦ βιβλίου τὴν ὕλην δυνάμει μόνον εἶναί φησι μηδὲν οὖσαν ἐνεργείᾳ τῶν ὄντων. μήποτε δὲ τὸ πρῶτον ὃν εἶδος εἶναι βουλόμενος μέχρι τῶν εἰδῶν βούλεται φθάνειν τὸ ὄν, διὸ τὴν
10 ὕλην τῶν εἰδῶν ἐκπεπτωκυῖαν ἐκριφῆναι καὶ τοῦ ὄντος, καὶ διὰ τοῦτο μὴ 40 ὂν οὖσαν δυνάμει μόνον εἶναι ὅ ἐστι. καίτοι καὶ τὸ δυνάμει καὶ τὸ οὕτως μὴ ὂν οὔπω τελέως τοῦ ὄντος ἐκπέπτωκεν. ὅλως δὲ εἰ μὲν οὕτως δυνάμει ὡς μεταβάλλειν εἰς τὸ ἐνεργείᾳ ὡς τὸ ὕδωρ εἰς ἀέρα, φθείροιτο ἂν ἡ ὕλη, ὅπερ οὐ βούλεται· εἰ δὲ ὡς μένον δέχεσθαι τὸ ἐνεργείᾳ ὡς ὁ χαλκὸς τὸ
15 τοῦ ἀνδριάντος σχῆμα, ἄλλο τι οὖσα ἐνεργείᾳ πέφυκε δέχεσθαι τὰ εἴδη. εἰ δὲ μηδὲν ἄλλο οὖσα δέχοιτο τὸ ἐνεργείᾳ, ταὐτὸν ἂν εἴη τὸ δυνάμει καὶ τὸ ἐνεργείᾳ, ὅπερ οὐ βούλεται. καὶ γὰρ οὐδὲ δυνάμει εἶδός ἐστιν ἡ ὕλη, 45 ἀλλὰ μένουσα ὅ ἐστιν ἐνεργείᾳ πέφυκε δέχεσθαι τὰ εἴδη.

Ὁ δὲ Πορφύριος οὐκ ἀποδέχεται τὸν Ἀλέξανδρον οὕτω στίξαντα ὡς
20 τῷ ἐντελεχείᾳ μόνον ἀντιδιῃρῆσθαι τὸ δυνάμει καὶ ἐντελεχείᾳ. "εἰπὼν γάρ, φησίν, ὅτι τὰ μὲν ἐντελεχείᾳ τὰ δὲ δυνάμει, ἀναλαβὼν τὰ ἐντελεχείᾳ, καὶ ἐντελεχείᾳ φησὶ τὸ μὲν τόδε τι τὸ δὲ τοσόνδε καὶ τὰ ἑξῆς. τὸ δὲ δυνάμει οὐ διαιρεῖται εἰς τὰς κατηγορίας· οὐ γάρ ἐστι τὸ δυνάμει δεκαχῶς ἀλλ' ἐνιαχῶς· ἡ γὰρ ἀνωτάτω ὕλη, ἥπερ ἐστὶ τὸ δυνάμει, 50
25 μία. εἴτε δὲ τὸ ἐντελεχείᾳ λαμβάνει, ὅπερ ἐστὶ τὸ σύνθετον οἷον ἀνδριάντα, εἴτε τὴν ἐντελέχειαν, ὅπερ ἐστὶ τὸ ἁπλοῦν οἷον τὸ εἶδος, δεκαχῶς ἑκάτερον. καὶ μήποτε φησὶ καὶ τὸ δυνάμει δεκαχῶς. προελθὼν γὰρ αὐτὸς ὁ Ἀριστοτέλης οὕτως εἶπε· "διῃρημένου δὲ καθ' ἕκαστον γένος τοῦ μὲν ἐντελεχείᾳ τοῦ δὲ δυνάμει,," ταῦτα μὲν οὖν ὁ Πορφύριος τῷ δυνάμει
30 τὸ ἐντελεχείᾳ μόνον βουλόμενος ἀντιτεθῆναι παρὰ τοῦ Ἀριστοτέλους, ἀλλ' οὐχὶ τῷ δυνάμει καὶ ἐντελεχείᾳ. | καὶ ἴσως ἐκ τούτου τοῦ ῥητοῦ 91ʳ ταύτην ἔσχε τὴν ὑπόνοιαν τοῦ λέγοντος "διῃρημένου δὲ καθ' ἕκαστον γένος τοῦ μὲν ἐντελεχείᾳ τοῦ δὲ δυνάμει". ἀλλ' εἰ μὲν ὡς τὰ πολλὰ τῶν ἀντιγράφων φέρεται, οὕτως ἔχει καὶ ἡ ἀρχαία γραφή· ἔστι δή τι τὸ μὲν ἐν-
35 τελεχείᾳ μόνον τὸ δὲ δυνάμει καὶ ἐντελεχείᾳ, τὸ μὲν τόδε τι, τὸ δὲ τόσονδε καὶ τὰ ἑξῆς, σαφῶς τὸ μόνον προσκείμενον δηλοῖ τὴν διαίρεσιν τοῦ ἐντελεχείᾳ μόνως πρὸς τὸ ἐντελεχείᾳ ἅμα καὶ δυνάμει γεγε- 5

---

1 post χαλκὸς add. καὶ a   χιὼν scripsi: χαλκὸς libri   2 ὡς om. aF   δεῖ τὸ δυνάμει aF
5 γίνεσθαι a: γενέσθαι EF   9 εἶναι] ἔστι E   11 εἶναι] ἔστιν E ·   15 δέχεται a
16 μηδὲ E   17 post βούλεται iteravit εἰ δὲ ὡς μένον (14) — εἴδη (15) F   ante
εἶδος add. τὸ a   24 ἐνιαχῶς] immo ἐναχῶς   28 ὁ ἀριστοτέλης αὐτὸς a   εἶπε
p. 201ᵃ9   29 τῶ δυνάμει τὸ ἐντελεχεία EF: τὸ δυνάμει τῷ ἐντελεχεία a   31 τῷ
δυνάμει E¹: τὸ δυνάμει aE²F   32 ἔσχεν ὑπόνοιαν F

νῆσθαι, ὡς ὁ Ἀλέξανδρος καὶ ὁ Θεμίστιος ἐξεδέξαντο. εἰ γὰρ τῷ ἐντελε-
χείᾳ τὸ δυνάμει μόνον ἀντετίθει, μηδαμοῦ τὸ συναμφότερον παραλαμβάνων,
διὰ τί προσετίθει τὸ μόνον ἐπὶ τοῦ ἐντελεχείᾳ; πῶς δὲ κατάλληλος ἂν
ἦν ἡ ἑρμηνεία μετὰ ἀποστάσεως λέγουσα, τὸ μὲν τόδε τι, τὸ δὲ το-
5 σόνδε; εἰ μέντοι ὥς τινα τῶν βιβλίων γέγραπται οὕτως ἔχει τὸ ῥητὸν·
ἔστι δή τι τὸ μὲν ἐντελεχείᾳ τὸ δὲ δυνάμει, καὶ ἐντελεχείᾳ τὸ
μὲν τόδε τι, τὸ δὲ τοσόνδε, δύναται μὲν καὶ οὕτως στίζεσθαι ὡς ὁ
Πορφύριος ἐξεδέξατο.

Διὰ τί δὲ τὸ ἐντελεχείᾳ μόνον εἰς τὰς δέκα διαιρεῖ κατηγορίας, καίτοι
10 καὶ τοῦ δυνάμει ἐν πάσαις θεωρουμένου, ὡς καὶ αὐτὸς ὁ Πορφύριος ὡμο-
λόγησε, καὶ τὴν Ἀριστοτέλους παραθέμενος ῥῆσιν τὴν λέγουσαν "διῃρη-
μένου δὲ καθ' ἕκαστον γένος τοῦ μὲν ἐντελεχείᾳ τοῦ δὲ δυνάμει"; μήποτε
οὖν ἡ μὲν ἐξ ἀρχῆς διαίρεσις εἰς τὸ ἐντελεχείᾳ μόνον γέγονε καὶ τὸ
ἐντελεχείᾳ καὶ δυνάμει, καὶ τοῦτο διῃρῆσθαί φησιν εἰς τὰς δέκα κατη-
15 γορίας. τῷ γὰρ ἐντελεχείᾳ μόνῳ, ὅπερ ἐστὶ τὸ ἄυλον καὶ νοητὸν εἶδος,
οὔτε τὸ ποῦ οὔτε τὸ ποτὲ οὔτε τὸ κεῖσθαι συναρμόττει, τὸ δὲ δυνάμει καὶ
ἐντελεχείᾳ καθ' ἕκαστον γένος θεωρούμενον, οἷον ἐν ποιότητι ποτὲ μὲν ἐν-
εργείᾳ λευκόν ἐστιν ἢ θερμόν, ὅτε ἤδη τὸ εἶδος ἀπέλαβε, ποτὲ δὲ δυνάμει,
ὅτε οὔπω μὲν ἔστι, δύναται δὲ γενέσθαι. τούτου οὖν οὕτως ἔχοντος εἰκό-
20 τως εἶπε "διῃρημένου δὲ καθ' ἕκαστον γένος τοῦ μὲν ἐντελεχείᾳ τοῦ δὲ
δυνάμει". διὰ τοῦτο γὰρ καὶ ἐν ἀρχῇ τῆς διαιρέσεως τὸ ἐνεργείᾳ ἅμα
καὶ δυνάμει ἐν πάσαις ἔλεγε θεωρεῖσθαι ταῖς κατηγορίαις, τὸ ἐνεργείᾳ μόνον
οὐ λέγων εἰς τὰς δέκα διῃρεῖσθαι κατηγορίας οὐδὲ παραλαμβάνων αὐτὸ
νῦν πλὴν τοῦ τελείου τῆς διαιρέσεως ἕνεκεν. ἰστέον δὲ ὅτι οὐχ ὡς γένος
25 τὸ ὂν διαιρεῖ εἰς τὸ ἐντελεχείᾳ καὶ εἰς τὸ δυνάμει καὶ ἐντελεχείᾳ, ἀλλ' ὡς
ὁμώνυμον φωνήν, καὶ ὅτι ἄλλο μέν ἐστι τὸ δυνάμει, ἄλλο δὲ ἡ δύναμις.
καὶ τῷ μὲν δυνάμει ἀντίκειται τὸ ἐνεργείᾳ, τῇ δὲ δυνάμει ἡ ἐνέργεια. καὶ
δύναμις μέν ἐστι παρασκευὴ τελεία τῆς οὐσίας καὶ ἑτοιμότης ἀκώλυτος
πρὸς τὸ ἐνεργεῖν οἰστικὴ τῆς ἐνεργείας, τὸ δυνάμει δὲ ἐπιτηδειότης ἀτελὴς
30 πρὸς ὃ λέγεται δυνάμει τὸ ἐνεργείᾳ παρ' ἄλλου δεχομένη καὶ οὐκ ἀφ'
ἑαυτῆς προβάλλουσα· τὸ δὲ ἐνεργείᾳ τοῦτό ἐστιν, ὃ ἐνεργεῖν ἤδη δύναται
κατ' ἐκεῖνο καθ' ὃ λέγεται. ἐνεργείᾳ γὰρ ἄνθρωπος ὁ ἤδη κατὰ τὸ ἀν-
θρώπινον εἶδος ἐνεργῶν. ἐνέργεια δέ ἐστιν ἡ τῇ δυνάμει ἀντικειμένη καὶ
ἡ ἀπὸ τῆς δυνάμεως προβαλλομένη ἐνεργὸς κίνησις· ἐνεργὸς δὲ καὶ ἡ ἐν
35 τῷ ἔργῳ· ἔργον δὲ ἥ τε ποίησίς ἐστι καὶ ἡ πρᾶξις. καὶ ἀπὸ μὲν τῆς
δυνάμεως τῆς ἔνδον μενούσης καὶ μὴ ἐκφανοῦς τὸ τοῦ δυνάμει ὄνομα πα-
ρήχθη ἐν ἐπιτηδειότητι μόνῃ τῆς οὐσίας θεωρούμενον, αὐτῆς ὂν τῆς οὐσίας
οἷον διάθεσις· ἀπὸ δὲ τῆς ἐνεργείας τὸ ἐνεργείᾳ κατὰ τῆς οὐσίας πάλιν

ὡς ἐνεργοῦ θεωρουμένης. χρησιμεύει δὲ αὐτῷ, ὡς εἶπον, τὸ λῆμμα τοῦτο 91ʳ
τὸ διαιροῦν τὰ ὄντα εἴς τε τὰ ἐντελεχείᾳ καὶ εἰς τὰ δυνάμει καὶ ἐντελε-
χείᾳ πρὸς τὴν ἀπόδοσιν τοῦ τῆς κινήσεως ὁρισμοῦ, ὡς προϊόντες εἰσό-
μεθα.

5 p. 200ᵇ 28 Τοῦ δὲ πρός τι τὸ μὲν καθ' ὑπεροχὴν λέγεται καὶ 35
ἔλλειψιν ἕως τοῦ καὶ τὸ κινητὸν ⟨κινητὸν⟩ ὑπὸ τοῦ κινητικοῦ.

Δεύτερον τοῦτο λῆμμα προσλαμβάνει χρήσιμον ὑπάρχον αὐτῷ πρὸς τὸ
δεῖξαι ἐν τίσιν ἐστὶν ἡ κίνησις, ὅτι ἐν τοῖς κινητοῖς. διαίρεσιν δὲ ἐν αὐτῷ
τοῦ πρός τι ποιεῖται, οὐ πάντα τὰ εἴδη τοῦ πρός τι διαιρούμενος, ἀλλὰ 40
10 τούτων μόνων μνημονεύων τοῦ τε κατὰ ὑπεροχὴν καὶ ἔλλειψιν καὶ
τοῦ κατὰ τὸ ποιητικὸν καὶ παθητικόν, διότι αὐτὸς μὲν ἐν τῷ ποιη-
τικῷ καὶ παθητικῷ τὴν κίνησιν οἴεται εἶναι, ἄλλοι δέ τινες ἐν ὑπεροχῇ
καὶ ἐλλείψει, οὓς προϊὼν διελέγχειν πειράσεται. καὶ γὰρ ἔστι μὲν ἡ κίνη-
σις ἐν τῷ πρός τι, ἀλλ' ὁ μὲν Πλάτων ἐν ὑπεροχῇ καὶ ἐλλείψει αὐτὴν
15 ἐτίθετο ἀνισότητα λέγων καὶ ἀνομοιότητα καὶ ἑτερότητα τοῦ κινοῦντος πρὸς
τὸ κινούμενον τὰ τῆς κινήσεως αἴτια. ὁ δὲ Ἀριστοτέλης οὐκ ἐν τούτῳ τῷ 45
εἴδει, ἀλλ' ἐν τῷ ποιητικῷ καὶ παθητικῷ καὶ ὅλως τῷ κινητικῷ καὶ κι-
νητῷ. ἐν πολλοῖς γὰρ ἡ τοῦ κινοῦντος ἐνέργεια ποίησις οὖσα πάθησις
ἔσται, εἰς ὃ ἡ ἐνέργεια δρᾶται, οἷον ἡ τοῦ τύπτοντος ἐνέργεια ἡ κατὰ τὸ
20 τύπτειν ἐν τῷ τυπτομένῳ ἐστὶ πάθος τὸ τύπτεσθαι. πρός τι δὲ καὶ ταῦτα·
καὶ ἔστι τὸ τύπτειν πρὸς τὸ τύπτεσθαι καὶ τὸ ποιητικὸν πρὸς τὸ παθητι-
κὸν καὶ τὸ κινητικὸν πρὸς τὸ κινητόν. τὰ δὲ δυνάμει ἔλαβεν ἐν οἷς ἡ
κίνησις, ὅτι ἡ τούτων ἐντελέχεια καθὸ κινητὰ ἡ κίνησίς ἐστιν, ὡς δειχθή-
σεται. ἀντιθεὶς δὲ τῷ ποιητικῷ τὸ παθητικὸν κατὰ τὴν συνήθειαν τῶν 50
25 ὀνομάτων, ἐπειδὴ κατὰ τὸ σχῆμα τῆς λέξεως τῷ μὲν ποιητικῷ τὸ ποιητὸν
ἀντίκειται, τῷ δὲ παθητικῷ τὸ παθητόν, οὐκ ὠνόμασται δὲ τὸ παθητικὸν
ἐπὶ τοῦ πάθος ἐμποιοῦντος, ἀλλ' ἐπὶ τοῦ αὐτοῦ τῷ παθητῷ, ἐπὶ τὰ σαφέ-
στερα καὶ τοῖς προκειμένοις οἰκειότερα μετῆλθεν ἐπὶ τὸ κινητικὸν τοῦ κινη-
τοῦ, ἐν οἷς τὸ μὲν ἐνεργητικόν ἐστι σαφῶς, τὸ δὲ παθητικὸν καὶ κατὰ τὴν
30 λέξιν. ὅτι δὲ τὸ καθ' ὑπεροχὴν καὶ ἔλλειψιν τῶν πρός τί ἐστι, δηλοῖ
τὸ μέγα καὶ τὸ μικρόν. καὶ ἄλ\λα δὲ εἴδη πολλὰ τοῦ πρός τί ἐστι, τὰ μὲν 91ᵛ
ἐν ἰσότητι, τὰ δὲ ἐν ὁμοιότητι, τὰ δὲ κατὰ κρίσιν, ὡς τὸ ὁρατικὸν καὶ
ὁρατὸν καὶ ἐπιστήμη καὶ ἐπιστητόν. αὐτὸς δὲ ταῦτα μόνον τοῦ πρός τι
εἴδη τὰ νῦν αὐτῷ χρειώδη πρὸς τὴν κίνησιν παρέλαβεν, ἐξ ὧν δείκνυσιν,
35 ὅτι οὐκ ἐν ὑπεροχῇ καὶ ἐλλείψει ἐστὶν ἡ κίνησις, ὥς τισιν ἐδόκει, ἀλλ' ἐν

---

1 immo θεωρούμενον   ὡς λεῖπον E   2 τὸ (post τοῦτο) om. E   τὰ ἐντελεχείᾳ
a: τὰ δυνάμει EF   5 καὶ ἔλλειψιν λέγεται a   κινητὸν alterum om. E
7 προλαμβάνει F   9 τῶν πρός τι a   14 Πλάτων cf. Tim. p. 57 E sq.   16 τὰ
τῆς κινήσεως αἴτια om. F   19 ἔσται] ἐστὶν a   ὃ E: ὃν aF   21 τὸ τύπτεσθαι
E: τῷ τύπτεσθαι aF   πρός τι — τύπτεσθαι E: om. aF   23 καθὸ κινητὰ om. E
30 τὸ (post δὲ) om. E   33 καὶ (post ἐπιστήμη) om. E

τῷ κινητικῷ καὶ κινητῷ, ἢ τῷ ποιητικῷ καὶ παθητικῷ, καὶ ὅλως ἐν τοῖς 91ᵛ
ἀπὸ τοῦ δυνάμει εἰς τὸ ἐνεργείᾳ ὑπὸ τοῦ ἐνεργείᾳ ὄντος μεταβάλλουσιν.
ὅτι δὲ τῶν πρός τι ἐστὶ τὸ κινητικὸν καὶ τὸ κινητόν, διὰ τῆς ἀντιστροφῆς
ἔδειξεν εἰπών· τὸ γὰρ κινητικὸν κινητικὸν τοῦ κινητοῦ καὶ τὸ κι-
5 νητὸν κινητὸν ὑπὸ τοῦ κινητικοῦ.

p. 200ᵇ 32   Οὐκ ἔστι δέ τις κίνησις παρὰ τὰ πράγματα ἕως τοῦ
   ὥστε οὐδὲ [ἡ] κίνησις οὐδὲ μεταβολὴ οὐδενὸς ἔσται παρὰ
   τὰ εἰρημένα.

   Τρίτον τοῦτο λῆμμα προσλαμβάνει, ὅτι οὐκ ἔστι τις κίνησις παρὰ
10 τὰ κινούμενα πράγματα, δι' οὗ συνίστησι μὲν καὶ τὸ προειρημένον, ὅτι
ἐν τοῖς κινητοῖς ἢ κινητικοῖς ἡ κίνησις. εἰ γὰρ μὴ ἔστι κίνησις παρὰ τὰ
πράγματα, ἐν τοῖς κινουμένοις ἢ κινοῦσίν ἐστιν ἡ κίνησις καὶ οὐκ ἂν εἴη
κίνησις καθ' ἑαυτήν οὔτε ὡς ἰδέα κινήσεως αὐτὸ τοῦτο κίνησις οὖσα,
μηδενὸς δὲ κίνησις (ὡς δοκεῖ λέγειν ὁ Πλάτων καὶ ἐν Σοφιστῇ καὶ ἐν
15 Παρμενίδῃ) οὔτε οὐσία τις κίνησις αὐτὸ τοῦτο οὖσα, ὡς ὁ Πλάτων ὁρίζε-
ται τὴν ψυχὴν κίνησιν αὐτοκίνητον λέγων. εἰ γὰρ ἐν τοῖς κινουμένοις
πράγμασιν ἢ τοῖς κινοῦσίν ἐστιν ἡ κίνησις, συμβεβηκός τί ἐστιν ἡ κίνησις
καὶ οὐχὶ οὐσία καθ' ἑαυτὴν θεωρουμένη· δείξει δὲ ὅτι ἐν τοῖς κινουμένοις.
καὶ ταῦτα οὖν διὰ τοῦ εἰρημένου λήμματος συνίστησι, καὶ ἔτι προφανέστε-
20 ρον καὶ εἰδικώτερον, ὅτι ὁμώνυμός ἐστιν ἡ κίνησις. καὶ οὐκ ἔστι κοινὸν
γένος παρὰ τὰ καθ' ἕκαστον ἢ αὐτὸ τοῦτο γενικὴ κίνησις, εἴπερ ἐν αὐτοῖς
μόνοις τοῖς πράγμασίν ἐστιν ἡ κίνησις τετραχῶς ὑφεστῶσα κατὰ οὐσίαν
κατὰ ποιότητα κατὰ ποσότητα κατὰ τόπον. τούτων δὲ οὐδέν ἐστι κοινὸν
γένος, εἴπερ αὐτὰ ταῦτα πρῶτα γένη νενόμισται. καὶ διὰ τούτου δέ, ὡς
25 ἔφαμεν, ὑπομιμνῄσκει τοῦ δεδεῖχθαι μὴ εἶναι κοινὸν γένος τῶν δέκα κατη-
γορημάτων τὸ ὄν. εἰ γὰρ ἦν τι κοινὸν ἐκείνων ἐν οἷς ἡ κίνησις, ἦν ἂν
καὶ ἡ κίνησις πρῶτον ἐν ἐκείνῳ τῷ κοινῷ καὶ αὐτὴ γένος ἂν ἦν τῶν ὑπ'
αὐτὴν κινήσεων καὶ οὐκέτι τῶν πολλαχῶς λεγομένων ἡ κίνησις ἦν. οὕτως
γὰρ ἂν ἔχοι ἡ κίνησις ὡς καὶ τὰ ἐν οἷς ἐστιν, ἐπεὶ μὴ ἔστιν ἔξω τῶν
30 πραγμάτων.

   Ὅτι δὲ οὐκ ἔστι παρὰ τὰ πράγματα ἡ κίνησις οὐδὲ ἔξω αὐτῶν
θεωρουμένη, δείκνυσιν ἐκ τῆς ἐπαγωγῆς. μεταβάλλει γάρ, φησί, τὸ
μεταβάλλον ἢ κατ' οὐσίαν ἢ κατὰ ποσὸν ἢ κατὰ ποιὸν ἢ κατὰ

---

1 καὶ τῷ κινητῷ aF   ἢ τῷ E: ἤτοι F: ἤτοι τῷ a   3 τὸ (post καὶ) om. E
4 κινητικὸν post κινητοῦ transposuit a   6 δέ τις E (ut Arist. cod. I cf. Simpl. v. 9
et 404,18): δὲ a ex Arist. vulg.   7 ἡ ante κίνησις E: om. a   οὔτε μεταβολὴ a:
οὐδὲ ἡ μεταβολὴ E   9 προσλαμβάνει a: προλαμβάνει E: ὑπολαμβάνει F   11 ἐν
κινητοῖς ἢ ἐν κινητικοῖς E   12 ἔστιν om. aF   13 οὔτε ὡς aF: οὐδὲ μὴν E
14 ὡς om. E   Σοφιστῇ cf. p. 405,29   15 Παρμενίδῃ cf. p. 138ᴮ sq. 162ᴱ sq.
17 ἡ κίνησις aF: ἐκείνοις E   19 ἔτι a: ὅτι EF   25 δεδόχθαι E   27 πρῶτον
om. F   αὕτη aF   29 καὶ om. a   post ἐν οἷς add. ἡ κίνησις a   32 γὰρ
ἀεὶ Aristoteles et p. 405,1: ἀεὶ om. etiam p. 404,29

τόπον. καὶ οὐδὲν οἷόν τε ἐπινοῆσαι μεταβάλλον μέν, μὴ κατά τι δὲ τού- 91v
των. ἀλλ' ὅτι μὲν οὐ πρὸς τὸν ὁρισμὸν ἀποτείνεται νῦν τῆς ψυχῆς ὁ 30
Ἀριστοτέλης τὸν κίνησιν αὐτὴν αὐτοκίνητον λέγοντα οὐδὲ πρὸς τὴν ἰδέαν
τῆς κινήσεως, δῆλον ἂν γένοιτο τῷ ἐφιστάνοντι, ὅτι τὴν ὡς γένος κίνησιν
5 ἀναιρῶν δείκνυσι τῶν πολλαχῶς λεγομένων εἶναι τὴν κίνησιν. οὔτε δὲ ἡ
ἰδέα τῆς κινήσεως οὔτε ἡ ψυχὴ γένος ἐστὶ κινήσεως κατὰ τὸ Περιπατη-
τικὸν σημαινόμενον τοῦ γένους, εἴπερ τὰ γένη συμπληρωτικὰ τῶν εἰδῶν
ἐστι καὶ εἴπερ ἐπ' ἴσης αὐτοῖς ὑπάρχει. μήποτε δέ τινων ᾐσθάνετο καὶ
τότε τὴν κίνησιν ἡδέως ταῖς κατηγορίαις συναριθμούντων, ὥσπερ ὁ Πλωτῖ- 35
10 νος ὕστερον. καὶ διὰ τούτους λέγει μὴ εἶναι γένος τὴν κίνησιν. εἰ δὲ
πᾶσα κίνησις ὑπὸ τὸ πρός τι ἐν τῷ κινητικῷ καὶ κινητῷ θεωρουμένη,
πῶς ὑφ' ἓν γένος αἱ κινήσεις οὖσαι οὐχὶ συνώνυμοί εἰσιν, ἀλλ' ὁμώνυ-
μοι; "ἢ οὐδὲν κωλύει, φησὶν Ἀλέξανδρος, τινὰ ὑπὸ ἕν τι γένος ὄντα ὁμώ-
νυμα ἀλλήλοις εἶναι. οἱ γοῦν Ἀλέξανδροι ὄντες ὑπὸ τὴν οὐσίαν καὶ τὸ
15 ζῷον καὶ τὸν ἄνθρωπον ὅμως ὁμώνυμοί εἰσιν ἀλλήλοις. καὶ τὸ ἴσον ὑπὸ
τὸ πρός τι ὂν ὁμώνυμόν ἐστι τὸ ἐν τῷ συνεχεῖ τῷ ἐν τῷ διωρισμένῳ. 40
οὕτως δὲ καὶ ἡ κίνησις ἔστι μὲν ὑπὸ τὸ πρός τι τῷ ἑκάστην αὐτῶν πρὸς
ἄλλο εἶναι. ὁμώνυμοι μέντοι αἱ κινήσεις τῷ μηδὲ ἔχειν κοινὸν ὡς γένος
τὰ ἐν οἷς εἰσιν, ἀλλ' εἶναι διαφέροντα γένη. ἄλλο γὰρ οὐσία, ἐν ᾗ γένεσις
20 καὶ φθορά, καὶ ἄλλο ποιότης, ἐν ᾗ ἀλλοίωσις, καὶ ἄλλο ποσότης, ἐν ᾗ
αὔξησις καὶ μείωσις, καὶ ἄλλο ἡ ποῦ κατηγορία, ὑφ' ἣν ἡ κατὰ τόπον
μεταβολή. ὥστε καὶ τῶν κινήσεων τῶν ἐν αὐτοῖς διαφέροντες οἱ λόγοι 45
γενήσονται." ταῦτα μὲν οὖν ὁ Ἀλέξανδρος καλῶς ἐπιστήσας, ὅτι οὐ ποιεῖ
συνώνυμον τὸ ὑπὸ τὸ αὐτὸ γένος εἶναι, ἀλλὰ τὸ ὑπὸ τὸ αὐτὸ εἶδος ἐκεῖνο
25 τὸ ὑπὸ τοῦ κοινοῦ ὀνόματος σημαινόμενον. τούτου γὰρ χάριν καὶ Ἀριστο-
τέλης προσέθηκε τὸ "ὁ δὲ κατὰ τοὔνομα λόγος" ἐν Κατηγορίαις. διὸ
ἄνθρωπος μὲν ἀνθρώπῳ συνώνυμος, κίνησις δὲ ἡ ἐν οὐσίᾳ τῇ ἐν ποιότητι
οὐ συνώνυμος. ἀξιῶ δὲ ἐφιστάνειν, ὡς εἰ διὰ τοῦτο ὁμώνυμοι αἱ κινήσεις,
διότι τὰ ἐν οἷς ἐστιν οὐδὲν ἔχει κοινὸν γένος, δῆλον ὅτι ἐν οἷς τὸ αὐτὸ 50
30 ὑπάρχει τοῖς ὑφ' ἓν γένος τεταγμένοις, κἂν ἀπ' ἄλλου γένους εἴη, οὐδὲν
κωλύεται συνώνυμα εἶναι κατ' ἐκεῖνο. τὸ οὖν ἴσον ἐν τῷ συνεχεῖ καὶ ἐν
τῷ διωρισμένῳ θεωρούμενον, ἅπερ ἄμφω ὑπὸ τὸ ποσόν, τί κωλύει συνώ-
νυμον εἶναι; πῶς δὲ ἡ κίνησις, διότι ἐν πλείοσίν ἐστι γένεσιν, ὁμώνυμός
ἐστιν; οὕτως γὰρ καὶ τὸ πρός τι ἐπειδὴ καὶ ἐν οὐσίᾳ καὶ ἐν ποσῷ καὶ
35 ἐν ποιῷ θεωρεῖται, φωνὴ ἂν εἴη ὁμώνυμος καὶ οὐχὶ γένος.

Εἰπὼν δὲ ὅτι κοινὸν οὐδὲν ἔστι λαβεῖν τῶν διαφόρων κινήσεων,

---

1 τόπον E: τὸ ποῦ aF   2 τῆς ψυχῆς ἀποτείνεται νῦν aF   6 τῆς κινήσεως EF:
τῶν κινήσεων a   ἐστὶ κινήσεων E   10 τοῦτο a   11 καὶ ἐν τῷ κινητῷ aF ut
p. 402, 1   15 ante ὅμως add. καὶ E   16 τὸ (post ἐν) E²: τῷ aE¹ et add. F
post συνεχεῖ add. καὶ ex v. 31 a   18 μηδὲν E   21 post τόπον iteravit κατηγορία —
τόπον E   22 αὐτοῖς E: αὐτῇ aF   23 ὅτι om. E   25 γὰρ om. aF   post
καὶ add. ὁ aF   26 ἐν Κατηγορίαις c. 1 p. 1ᵃ 6 συνώνυμα δὲ λέγεται ὧν τό τε ὄνομα
κοινὸν καὶ ὁ κατὰ τοὔνομα λόγος τῆς οὐσίας ὁ αὐτός   32 διωρισμένῳ F   τί κωλύει
iteravit F   33 γένος E   34 καὶ (ante ἐν οὐσίᾳ) om. E

ὁποῖόν ἐστι | τὸ κοινὸν δ ἀποφάσκει, ἐδήλωσεν εἰς τὰς κατηγορίας ἐν αἷς 92ʳ
ἡ κίνησις τὸν λόγον μεταγαγὼν εἰπών· δ οὔτε τόδε ἐστὶν οὔτε ποσὸν
οὔτε ποιόν. τοιοῦτον δέ ἐστι κοινὸν τὸ γένος καὶ τὸ εἶδος. οὐ γὰρ τῷ
περιέχειν πάντα τὰ ὑφ' ἑαυτὰ λέγεται ταῦτα κοινά, ἀλλὰ τῷ μηδὲν εἶναι
5 τῶν κατὰ μέρος, ἐμφαίνεσθαι δὲ πᾶσι τοῖς κατὰ μέρος, οἷον ἡ τέχνη οὐ
τῷ θεωρητικὴ εἶναι καὶ πρακτικὴ καὶ ποιητικὴ ταύτῃ γένος ἐστὶ τῶν κατὰ 5
μέρος, ἀλλὰ τῷ μηδὲν εἶναι τῶν κατὰ μέρος, ἐμφαίνεσθαι δὲ πᾶσι τοῖς
κατὰ μέρος. ἀλλ' εἰ ὁμώνυμος ἡ κίνησις, πῶς ὁρίζεται αὐτήν; τῶν γὰρ
ὁμωνύμων οὐκ εἰσὶν ὁρισμοί, ἢ καὶ ὁ ὅρος ὁμώνυμος γίνεται τῶν ὁμωνύ-
10 μων. καὶ γὰρ τῆς ἀρχῆς ὁμωνύμου οὔσης ὁμώνυμος ὁ ὅρος ἀρχὴν λέγων
εἶναι τὸ ἑκάστου πρῶτον. καὶ ἡ ἐντελέχεια τοίνυν τοῦ κινητοῦ ᾗ κινητὸν
ὁμώνυμος ἔσται. δι' ὁμωνύμων γὰρ τὸ ὁμώνυμον ἀποδοθείη ἄν. ἀναγ-
καίως οὖν καὶ τοῦτο προσέλαβε τὸ λῆμμα, ἵνα μή τις οἰηθείη τὸν ὁρισμὸν 10
τῆς κινήσεως ἀκούων, ὅτι ὡς γένους αὐτῆς ὁ ὁρισμὸς ἀποδίδοται, ἀλλ' ᾗ
15 δῆλον ὅτι ὡς ὁμωνύμου φωνῆς δι' ὁμωνύμων ἡ ἀπόδοσις γίνεται.

Ἐπειδὴ δὲ ὁ ἐκ τῆς Λυκίας φιλόσοφος ἐν τοῦτο καὶ μόνον διάφωνόν
φησι τὸ δόγμα περὶ κινήσεως τοῦ Ἀριστοτέλους καὶ τοῦ Πλάτωνος, τοῦ
μὲν λέγοντος οὐκ ἔστι δέ τις κίνησις παρὰ τὰ πράγματα καὶ ἀναι-
ροῦντος τὸ γένος εἶναι τὴν κίνησιν, τοῦ δὲ γένος ἓν τοῦ ὄντος τὴν κίνησιν
20 λέγοντος ὡς τὴν οὐσίαν ὡς τὸ ταὐτὸν ὡς τὸ ἕτερον, κάλλιον εἴ που δυνα- 15
τὸν τὴν ἐν τῇ δοκούσῃ διαφωνίᾳ συμφωνίαν ἐπιδεικνύναι. καὶ πρόχειρον
μὲν εἰπεῖν, ὅτι ὁ μὲν Πλάτων τὰ παρ' αὐτῷ λεγόμενα γένη τοῦ ὄντος ἐν
τῷ νοερῷ διακόσμῳ θεωρῶν ὡς πρώτας διακεκριμένας τῶν ὄντων αἰτίας,
εἰκότως καὶ κίνησιν καὶ στάσιν καὶ ταὐτότητα καὶ ἑτερότητα καὶ τὰ ἄλλα
25 ὡς αὐτὰ ἐφ' ἑαυτῶν ὄντα ἐμφαίνει. ὥσπερ γὰρ ἕνωσις ἄφραστός ἐστιν ἐν
ἐκείνοις, οὕτως καὶ καθαρότης ἀσύγχυτος. ὁ δὲ Ἀριστοτέλης περὶ τῆς
φυσικῆς καὶ ἐνύλου κινήσεως ζητῶν εἰκότως ἐν τοῖς κινουμένοις τὴν τοιαύ- 20
την κίνησιν θεωρεῖ. οὐ γάρ ἐστιν ἐνταῦθα καθ' ἑαυτὴν κίνησις. διὸ καὶ
ἐπάγει μεταβάλλει γὰρ τὸ μεταβάλλον ἢ κατ' οὐσίαν ἢ κατὰ πο-
30 σὸν ἢ κατὰ ποιὸν ἢ κατὰ τόπον. ὅτι δὲ ἐν τοῖς γενητοῖς αἱ μετα-
βολαὶ καὶ αἱ κατηγορίαι κυρίως, δέδεικται σαφῶς τοῖς περὶ αὐτῶν πεφρον-
τικόσι. καὶ ἐκ τούτων δὲ δῆλον, εἴπερ τὴν κίνησιν ἐν τοῖς τὸ δυνάμει
ἔχουσιν ἀποτίθεται.

Προσεχέστερον δὲ ἔτι καὶ τοῖς προκειμένοις οἰκειότερον δυνατὸν οἶμαι 25
35 λέγειν, ὅτι πάνυ θαυμαστῶς καὶ κατ' αὐτὸ τοῦτο τὴν τῆς κινήσεως ἰδιό-
τητα ὁ Ἀριστοτέλης ἐθεάσατο. τιθεὶς γὰρ αὐτὴν ἐνεργείᾳ καὶ πάθει
εἰκότως εἶπε μὴ εἶναι κίνησιν παρὰ τὰ πράγματα, τουτέστι παρὰ τὰ γένη

---

3 τῷ] τὸ E   5 οἷον ἡ τέχνη — μέρος (8) om. F   9 ὁ (post καὶ) om. E
12 γὰρ] δὲ a   13 προσέλαβε scripsi (cf. p. 401, 7. 402, 9): προέλαβε libri   οἰηθείη
a: οἰηθεῖ (?) E: οἰηθῇ F   14 γένους EF: γένος a   ὁ om. F   ᾗ scripsi: ᾖ
libri   15 ὡς E: ὡς ὡς F: ὡς om. a   ὁμώνυμος φωνὴ a   ἡ (ante ἀπόδοσις)
om. a   16 ἐπεὶ a   ὁ ἐκ τῆς Λυκίας φιλόσοφος] Proclus   μόνον aF: πρῶ-
τον E   21 τὴν om. E   22 παρ' αὐτὸ E   27 κινήσεως E: φύσεως aF
30 κατὰ (ante ποιὸν) om. E   32 δὲ om. F   τὸ (post τοῖς) om. F

τοῦ ὄντος. διὸ ἐπήγαγε μεταβάλλει γὰρ ἀεὶ τὸ μεταβάλλον ἢ κατ' 92r
οὐσίαν ἢ κατὰ ποσὸν καὶ τὰ ἑξῆς. πῶς γὰρ οἷόν τε ἐνέργειαν ἢ πάθος
αὐτὰ καθ' αὑτὰ θεωρεῖν χωρὶς τοῦ ἐνεργοῦντος ἢ πάσχοντος; οἶδε δὲ καὶ
ὁ Πλάτων τὴν τοιαύτην τοῖς οὖσι διαφοράν, καθ' ἣν τὰ μέν ἐστι καθ' 30
5 αὑτά, τὰ δὲ μετ' ἄλλων καὶ ἐν ἄλλοις θεωρεῖται.

Ἐκ δὲ τρίτων λεγέσθω, ὅτι τὸ προκείμενόν ἐστι δεῖξαι μὴ ὂν γένος
τὴν κίνησιν, ὥσπερ οὐδὲ τὸ ὂν οἴεται γένος εἶναι, διότι μὴ πᾶσι τοῖς οὖσιν
ὁμοίως ἐφαρμόττει. ὅπερ καὶ οἱ τοῦ Πλάτωνος ὁμολογοῦσι φίλοι ὡς ἀφ'
ἑνὸς καὶ αὐτοὶ τὸ ὂν πᾶσι τοῖς οὖσι ἐφήκειν λέγοντες, ὥσπερ καὶ Ἀριστο-
10 τέλης. διὸ καὶ ἄλλο μέν ἐστι τοῦτο τοῦ γένους σημαινόμενον τὸ εἰς εἴδη
διαιρούμενον ἐπ' ἴσης μετέχοντα τοῦ γένους, ὅπερ ἀναιρεῖ τὴν κίνησιν ὁ 35
Ἀριστοτέλης, διότι αἱ πολλαὶ κινήσεις καὶ βαθμῷ τῆς κινήσεως διαφέρουσιν
ἀλλήλων· ἄλλο δέ ἐστι τοῦ γένους σημαινόμενον, καθ' ὃ γένη τοῦ ὄντος
ὁ Πλάτων καλεῖ τὰ διὰ πάντων τῶν ἐφεξῆς διήκοντα, κἂν μὴ ἐπ' ἴσης
15 μηδὲ κατὰ τὴν αὐτὴν ἰδιότητα πᾶσιν ὑπάρχῃ τοῖς ἑξῆς. οὐδὲν οὖν θαυ-
μαστόν, εἰ ὁ μὲν Πλάτων γένος καλεῖ τὴν κίνησιν κατὰ τοῦτο τοῦ γένους
τὸ σημαινόμενον. ὁ δὲ Ἀριστοτέλης ἀναιρῶν τὸ εἶναι γένος κατὰ τὸ ἕτε-
ρον βούλεται μὴ εἶναι κίνησιν ὡς γένος. καίτοι καὶ τὰ γένη τὰ παρ' αὐτῷ 40
οὐ βούλεται καθ' αὑτὰ ὑπάρχειν οὐδὲ εἶναι τῶν εἰδῶν χωρὶς ὑφεστῶτα
20 οὐδὲ τὰ εἴδη τῶν ἀτόμων χωρίς, ὅταν αὐτὰ ὡς εἴδη καὶ γένη, ταὐτὸν δὲ
εἰπεῖν ὡς στοιχεῖα τῶν ἀτόμων, θεωρῇ, ἀλλὰ μὴ ὡς αἰτίας ἐξῃρημένας.
τότε γὰρ προϋπάρχειν βούλεται τῶν ἀπ' αὐτῶν τῆς αὐτῆς μεταλαμβανόντων
ἰδιότητος.

Τέταρτον δὲ ἐφιστάνειν ἀξιῶ τοὺς φιλοσοφοῦντας, ὅτι ἄλλη μέν ἐστιν
25 ἡ κίνησις, ἣν ὁ Πλάτων ὡς ἓν γένος τίθησι τοῦ ὄντος κατ' ἄλλο σημαινό-
μενον αὐτὴν θεωρῶν, ἄλλη δὲ αὕτη καὶ ἄλλην ἔννοιαν ἔχουσα, περὶ ἧς 45
νῦν ὁ Ἀριστοτέλης διδάσκει. καὶ γὰρ ἐκείνη μὲν ἡ κίνησις τὴν ἀπὸ τοῦ
ὄντος πρώτην ἐξανάστασιν εἰς δυνάμεις τε καὶ ἐνεργείας ζωτικάς τε καὶ
νοερὰς σημαίνει παντελῶς οὖσαν ἀμετάβλητον, ὡς δηλοῖ τὰ ἐν Σοφιστῇ
30 λεγόμενα, ἐξ ὧν ἡ κίνησις ηὑρῆσθαι δοκεῖ· "Τί δὲ πρὸς Δ.ός; ὡς ἀλη-
θῶς κίνησιν καὶ ζωὴν καὶ ψυχὴν καὶ φρόνησιν ἢ ῥᾳδίως πεισθησόμεθα
τῷ παντελῶς ὄντι μὴ παρεῖναι, μηδὲ ζῆν αὐτὸ μηδὲ φρονεῖν, ἀλλὰ σεμνὸν
καὶ ἅγιον, νοῦν οὐκ ἔχον, ἀκίνητον ἑστὼς εἶναι; Δεινὸν μέντ' ἄν, ὦ ξένε, 50
λόγον συγχωροῖμεν. Ἀλλὰ νοῦν μὲν ἔχειν, ζωὴν δὲ μὴ φῶμεν; Καὶ πῶς;
35 Ἀλλὰ ταῦτα μὲν ἀμφότερα ἐνόντα αὐτῷ λέγομεν, οὐ μὴν ἐν ψυχῇ γε
φήσομεν αὐτὸ ἔχειν αὐτά; Καὶ τίνα ἂν ἕτερον ἔχοι τρόπον; Ἀλλὰ δῆτα
νοῦν μὲν καὶ ζωὴν καὶ ψυχήν, ἀκίνητον μέντοι τὸ παράπαν ἔμψυχον ὂν

---

6 ἐκ δὲ τρίτων] scribendum ἔτι δὲ τρίτον   9 πᾶσιν ἐφήκειν τοῖς οὖσι aF   post
Ἀριστοτέλης iteravit ὅτι αἱ πολλοὶ — κινήσεως (12) F   11 τοῦ om. a   τὴν κίνησιν
E: τῆς κινήσεως aF   12 διότι E: ὅτι aF   15 ὑπάρχει F   τοῖς ἐφεξῆς a
17 τὸ σημαινόμενον τοῦ γένους aF, sed cf. v. 10   18 καὶ τὰ aF: αὐτὰ E
20 δὲ om. F   28 πρώτην] παρὰ τὴν F   29 ἐν τῷ a   Σοφιστῇ p. 248 E
30 εὑρῆσθαι aF   31 ἢ] ἢ F: om. aE   33 καὶ om. F   34 συγχωροῖμεν aE:
συγχωρῶμεν F   ἀλλὰ E: ἄν. F: ἄν. ἀλλὰ a   36 ἔχοι] ἔχῃ F

ἑστάναι; Πάντα ἐμοὶ γελοῖα ταῦτα εἶναι φαίνεται. Καὶ τὸ κινούμενον δὴ 92ʳ
καὶ κίνησιν ξυγχωρητέον ὡς ὄντα. ξυμβαίνει γοῦν, ὦ Θεαίτητε κι|νητῶν 92ᵛ
ὄντων νοῦν μηδενὶ περὶ μηδενὸς εἶναι μηδαμοῦ." καὶ ὅρα ὅτι καὶ αὕτη
ἡ κίνησις, ἣν ὁ Πλάτων εὗρε καὶ τοῖς ἄλλοις γένεσι συγκαταριθμεῖ, ὡς ἐν
5 τοῖς οὖσιν ἐθεωρήθη κατὰ τὴν ζωὴν καὶ φρόνησιν τοῦ παντελοῦς ὄντος
ἀναφανεῖσα. ἐπεὶ δὲ ἐκεῖ πάντα, ὅπερ καὶ πρότερον εἶπον, μετὰ τῆς ἀσυγ-
χύτου ἑνώσεως καὶ τὴν ἀδιάσπαστον καὶ αὐτοτελῆ διάκρισιν ἔχει, διὰ τοῦτο
καὶ καθ' αὑτὴν τὴν κίνησιν ἐξεγένετο θεωρεῖν καὶ ὡς γένος αὐτὴν τοῦ 5
ὄντος τιθέναι. ἡ μέντοι ἐνταῦθα παραδιδομένη κίνησις μεταβολή ἐστιν ἀεὶ
10 ῥέουσα καὶ τοῦ δυνάμει μένοντος δυνάμει ἐνέργεια. διὸ καὶ χρόνῳ μετρεῖ-
ται ὥσπερ ἐκείνη τῷ αἰῶνι. καὶ καταπέποται ἐν τοῖς κινουμένοις οὐκ
ἔχουσα τὴν καθ' ἑαυτὴν ὑπόστασιν. αἴτιον δὲ οἶμαι τῆς διαφόρου ταύτης
ἐπιβολῆς τὸ τὸν μὲν Πλάτωνα ἀξιοῦν τὰ παραδειγματικὰ τῶν τῇδε αἴτια
τοῖς αὐτοῖς ὀνόμασι καλεῖσθαι, τὸν δὲ Ἀριστοτέλη τὴν τοιαύτην ὁμωνυμίαν 10
15 εὐλαβηθῆναι ὡς κατὰ τὸ ὄνομα καὶ τὴν ἔννοιαν ὁμοίαν προβαλλομένην ἐν
ἡμῖν. ἀλλὰ τούτων μὲν ἅλις· ἐπὶ δὲ τὰ ἑξῆς ἰτέον.

p. 201 a 3 **Ἕκαστον δὲ διχῶς ὑπάρχει πᾶσιν ἕως τοῦ ὥστε κινή-** 15
σεως καὶ μεταβολῆς ἐστιν εἴδη τοσαῦτα ὅσα τοῦ ὄντος.

Τέταρτον ἀξίωμα προλαμβάνει, ὅτι ἕκαστον τῶν εἰρημένων ἐν οἷς ἡ
20 κίνησις, τουτέστιν ἥ τε οὐσία καὶ τὸ ποιὸν καὶ τὸ ποσὸν καὶ τὸ ποῦ, δι-
χῶς ὑπάρχει τοῖς ἔχουσι πᾶσι. καὶ γὰρ τὸ μετέχον οὐσίας ἢ ὡς εἶδος ἔχον 20
ἢ ὡς ἐστερημένον εἴδους μετέχει, καὶ τὸ ποιοῦ μετέχον κατὰ θάτερον
ἑκάστης μετέχει τῶν ἐν τῇ ποιότητι ἀντιθέσεων· καὶ γὰρ κατὰ μὲν τὸ
χρῶμα ἢ λευκοῦ ἢ μέλανος, κατὰ δὲ τοὺς χυμοὺς ἢ γλυκέος ἢ πικροῦ,
25 κατὰ δὲ τὰς ἁπτὰς ποιότητας θερμοῦ ἢ ψυχροῦ· καὶ ἐπὶ τοῦ ποσοῦ δὲ
καὶ τοῦ ποῦ ὁ αὐτὸς λόγος, δηλονότι τῶν μεταξὺ πάντων τὴν τοῦ ἐναν-
τίου τάξιν ἐχόντων πρὸς τὸ ἐναντίον. τὸ γὰρ φαιὸν πρὸς μὲν τὸ μέλαν
λευκόν ἐστι, πρὸς δὲ τὸ λευκὸν μέλαν. οἱ δὲ ἐξηγηταὶ τὸ εἶδος καὶ τὴν 25
στέρησιν οὐχ ὡς ἐπὶ τῆς οὐσίας μόνης εἰρημένα ἀποδέχονται, ἀλλὰ καὶ ἐπὶ
30 ποσοῦ καὶ ποιοῦ καὶ τοῦ ποῦ, διότι ἐπὶ πάντων τὸ χεῖρον τῶν ἐναντίων
στέρησις εἶναι δοκεῖ. 'ὡς γὰρ ἐπὶ τῆς οὐσίας εἶδος μὲν ὁ ἀνδριάς, στέρησις
δὲ ἡ ἀμορφία τοῦ χαλκοῦ. οὕτως ἐπὶ τοῦ ποιοῦ εἶδος μὲν τὸ λευκόν, στέ-
ρησις δὲ τὸ μέλαν, καὶ εἶδος μὲν ἡ ἀρετή, στέρησις δὲ ἡ κακία, καὶ ἐπὶ
τοῦ ποσοῦ τὸ τέλειον καὶ τὸ ἀτελές, καὶ ἐπὶ τόπου τὸ μὲν ἄνω καὶ τὸ
35 κοῦφον εἶδος, τὸ δὲ κάτω καὶ τὸ βαρὺ στέρησις. διὸ καὶ τὰ χείρονα τῆς 30

---

1 ἐμοὶ γελοῖα EF: ἔμοιγε γελοῖα a: ἔμοιγε ἄλογα Plato   2 post ὄντα om. Platonica Πῶς
δ' οὔ   γοῦν] δ' οὖν Plato   ἀκινήτων τε ὄντων Platonis libri   5 τὴν om. a
παντελῶς a   6 πρότερον cf. p. 404, 25   8 καὶ ὡς — ἐστιν (9) om. E   13 ἐπι-
βουλῆς E   15 τὸ om. a   ἐν om. a   20 καὶ τὸ ποιὸν om. F: post ποσὸν collo-
cavit a   21 ἔχουσι EF: οὖσι a   25 ἁπτὰς] αἰτίας F   τοῦ (post ἐπὶ) om. E
28 τὸ (ante εἶδος) om. F   29 εἰρημένον F   30 ante ποιοῦ add. ἐπὶ aF
32 ποιοῦ] ποσοῦ F   34 τοῦ (ante ποσοῦ) om. E   τὸ (ante ἀτελές) om. E

τοῦ κάτω καὶ βαρέος ἐστὶ φύσεως καὶ τὸ γῆρας κάμπτει καὶ ἡ νόσος βα-
ρύνει καὶ τὰ θεῖα ἄνω τὰ δὲ θνητὰ κάτω. καὶ ἡ ἀρετὴ ἀπὸ τοῦ αἴρειν
ἄνω λέγεται, ἡ δὲ κακία ἀπὸ τοῦ κλᾶν, ἡ δὲ κλάσις καὶ τὸ κλώμενον
κάτω." τοιαῦτα μὲν οὖν ὁ Πορφύριος φιλολογεῖ. μήποτε δὲ κυριώτερον ὁ
5 Ἀριστοτέλης ἐπὶ μὲν τῆς οὐσίας εἶδος τέθεικε καὶ στέρησιν, ἐπὶ δὲ τῶν
ἄλλων τὰ ἐναντία παρατέθεικε. καὶ γὰρ τὸ ἀτελὲς ἢ ὡς ἔλαττον ἀντιτέθεικε
τῷ τελείῳ ἢ ὡς μεῖζον τῷ συμμέτρῳ κατὰ τὸ ποσὸν ἄμφω λέγων καὶ κατὰ
τὸ ποιὸν καὶ τὴν φορὰν τὰ οἰκεῖα λαβών. εἰ μέντοι λέγοι τις ἐν ἑκάστῃ
τῶν ἀντιθέσεων οἰκειότερον εἶναι τὸ μὲν κρεῖττον τῷ εἴδει, τὸ δὲ χεῖρον
10 τῇ στερήσει, οὐκ ἀπεικότως ἐρεῖ. ἐπεὶ ὅτι τὸ εἶδος καὶ ἡ μορφὴ τῇ οὐ-
σίᾳ μάλιστα προσήκει, παντὶ πρόδηλον. ἐπεὶ οὖν διττή τίς ἐστι καθ'
ἕκαστον γένος τῶν ἐν οἷς ἡ κίνησις, διττὴ καὶ ἡ ἐν ἑκάστῳ τούτων κίνησις
ἔσται καὶ μεταβολὴ ἀφ' ἑκατέρου τῶν ἀντικειμένων εἰς τὸ ἀντικείμενον γι-
νομένη. καὶ γὰρ τῆς κατ' οὐσίαν κινήσεως ἡ μὲν γένεσίς ἐστιν ἡ δὲ
15 φθορά, καὶ τῆς κατὰ τὸ ποσὸν ἡ μὲν αὔξησις ἡ δὲ μείωσις, καὶ τῆς κατὰ
τὸ ποιὸν λεύκανσις καὶ μέλανσις, καὶ ἐπὶ τῶν ἄλλων κατὰ ποιότητα μετα-
βολῶν ἀπὸ τῶν ποιοτήτων αἱ κινήσεις ὀνομασθήσονται, καὶ κατὰ τόπον ἡ
μὲν ἐπὶ τὸ ἄνω ἀνάβασις, ἡ δὲ ἐπὶ τὸ κάτω κατάβασις. πανταχοῦ δὲ ἡ
μὲν ἐπὶ τὸ κρεῖττον τῶν ἀντικειμένων ὁδὸς τὸ εἴδους ἔχον λόγον εἴδει καὶ
20 αὐτὴ ἀναλογήσει, ἡ δὲ ἐπὶ τὸ χεῖρον καὶ στερητικὸν στερήσει.

"Δείξας δέ, φησὶν ὁ Ἀλέξανδρος, ὅτι τῶν ἐν οἷς ἡ κίνησις ἕκαστον
διχῶς ὑπάρχει πᾶσιν, εἰκότως ἐπήνεγκεν ὥστε καὶ κινήσεως καὶ με-
ταβολῆς εἴδη τοσαῦτα ὅσα τοῦ ὄντος. εἰ γὰρ μὴ ἔστι κίνησις παρὰ
τὰ πράγματα, εἰκότως συνδιαιροῖτο ἂν ἡ κίνησις τοῖς πράγμασιν ἐν οἷς
25 ἐστι. μᾶλλον δὲ εἰ ἐνέργειά τίς ἐστιν ἡ κίνησις ἀφ' ἑκατέρου τῶν ἐν
ἑκάστῳ γένει πρὸς θάτερον, δῆλον ὅτι διττὴ ἂν εἴη καὶ αὕτη. ἦν δέ,
φησίν, οἰκειότερον ἡ λέξις αὕτη κειμένη πρὸ τῆς ἕκαστον δὲ διχῶς
ὑπάρχει, συντεταγμένη τῇ „οὐκ ἔστι δὲ κίνησις παρὰ τὰ πράγματα,,." μή-
ποτε δέ, εἰ προὔκειτο νῦν αὐτῷ τὴν διπλόην παραλαβεῖν τῶν κινήσεων,
30 καλῶς πρότερον δείξας ἐν τοῖς γένεσι τοῦ ὄντος ἐν οἷς ἡ κίνησις τὴν δι-
πλόην οὖσαν καὶ κατὰ ταύτην διπλασιάσας τὰ γένη, τότε ἐπήγαγεν ὥστε
καὶ κινήσεως καὶ μεταβολῆς εἴδη τοσαῦτα ὅσα τοῦ ὄντος, του-
τέστι διπλασιαζόμενα καὶ ταῦτα. ἐπεὶ γὰρ ἐν τῇ οὐσίᾳ εἶδός ἐστι καὶ στέ-
ρησις, καὶ κινήσεις εἰσὶν ἐν αὐτῇ διπλαῖ, | ἡ μὲν ἐπὶ τὸ εἶδος γένεσις, ἡ
35 δὲ ἐπὶ τὴν στέρησιν φθορά, καὶ ἐπὶ τῶν ἄλλων ὡσαύτως. εἰ δέ, ὡς ὁ
Ἀλέξανδρος ἠξίου, ταύτην ἔδει τὴν λέξιν προτετάχθαι τῆς λεγούσης ἕκαστον

---

3 τοῦ (ante κλᾶν) om. E   καὶ (post κλάσις) om. F   5 δὲ] τε E   6 ὡς
(post ἀτελὲς) F: καὶ E: καὶ ὡς a   7 ἢ] καὶ a   8 ante τὴν add. κατὰ a
λέγει E   11 πρόδηλον E cf. f. 96ʳ 10: που δῆλον aF   διττὸς ut videtur E
ante καθ' καὶ add. a   12 τούτων om. E   13 γενομένη E   15 τὸ (post
κατὰ) om. E   18 τὰ ἄνω et τὰ κάτω ut videtur E   22 καὶ (post ὥστε) om.
Aristoteles et Simplicius p. 406,17 et p. 408,11   25 ἡ ἐνέργεια F   26 καὶ
αὕτη a   28 οὐκ ἔστι κτλ. p. 200ᵇ 32   29 παραλαβεῖν aF: προλαβεῖν E
33 διπλασιζόμενα E

δὲ διχῶς ὑπάρχει, τί ἔτι χρεία ἦν ἐκείνης ἐπαγομένης; εἴδη δὲ λέγει 93r
νῦν κινήσεως καὶ μεταβολῆς οὐχ ὡς ἐξ ἑνὸς γένους διαιρεθέντα, ἀλλ'
ὡς διαφόρους ἰδιότητας. καλῶς δὲ οὐ κινήσεως μόνης εἶπεν, ἀλλὰ καὶ 5
μεταβολῆς, διότι περὶ τῆς κατ' οὐσίαν, ἥτις ἐστὶ γένεσις καὶ φθορά, ὕστε-
5 ρον ζητεῖ, μήποτε οὐκ ἔστι κίνησις ἀλλὰ μεταβολή. εἰ οὖν ἀπορεῖ τις,
πῶς κινήσεως καὶ μεταβολῆς εἴδη τοσαῦτα εἶπεν εἶναι ὅσα τοῦ
ὄντος, εἴπερ ἐν τέτρασι μόναις κατηγορίαις εἶναι τὴν κίνησιν ἀποδείξει τῇ
οὐσίᾳ τῇ ποιότητι τῇ ποσότητι τῷ ποῦ, ἴστω ὅτι εἰπὼν ἕκαστον τῶν γε-
νῶν ἢ εἰδῶν ἐν οἷς ἡ κίνησις διχῶς ὑπάρχει πᾶσι κατὰ τὴν ἐν ἑκάστῳ
10 ἀντίθεσιν, ἐπειδὴ τοσαυταχῶς ἐστιν ἡ κίνησις, ὁσαχῶς τὰ ἐν οἷς ἡ κίνησις, 10
εἰκότως ἐπήγαγεν ὥστε κινήσεως καὶ μεταβολῆς ἐστιν εἴδη το-
σαῦτα ὅσα τοῦ ὄντος οὐ πᾶν τὸ ὂν λαβών, ἀλλὰ τὸ πρὸς τὴν κίνησιν
ἰσοστοιχοῦν. τοῦτο δὲ ἦν τὸ ἐν ᾧ ἡ κίνησις. τοῦτο δὲ ἦν τὸ ἐν τοῖς
τέτρασι γένεσι τοῦ ὄντος.
15   Ἀλλ' ἄξιον ζητεῖν, διὰ τί τοῦ δυνάμει καὶ ἐντελεχείᾳ ἐν πᾶσιν ὄντος
τοῖς γένεσι τοῦ ὄντος, καὶ τῆς κινήσεως οὔσης ἐνεργείας τοῦ δυνάμει ᾗ
τοιοῦτόν ἐστιν, ἐν τέτρασι μόνοις γένεσι τοῦ ὄντος τῇ οὐσίᾳ καὶ τῷ ποιῷ
καὶ τῷ ποσῷ καὶ τῷ ποῦ ἐστιν ἡ κίνησις (ὡς καὶ ἐν Κατηγορίαις διῄρη- 15
ται καὶ ἐν τῷ πέμπτῳ ταύτης τῆς πραγματείας σπουδάσει δεῖξαι), ἐν δὲ
20 τοῖς ἄλλοις οὐκέτι, καίτοι ἐν πᾶσίν ἐστιν ἡ τοῦ δυνάμει ἐνέργεια μένοντος
δυνάμει· καὶ γὰρ ἡ τοῦ δεξιοῦ πεφυκότος δὲ ἀριστεροῦ γίνεσθαι ἐπὶ τὸ
ἀριστερὸν μεταβολὴ τοῦ δυνάμει ἐστὶν ἐνέργεια μένοντος δυνάμει, ἕως ὅτε
μεταβάλλει. καὶ ὁ καθήμενος πεφυκὼς δὲ καὶ ἀνακλίνεσθαι καὶ μεταβάλ-
λων ἀπὸ θατέρου ἐπὶ θάτερον μένοντος τοῦ δυνάμει ἐν τῇ μεταβολῇ ὑπο- 20
25 πίπτει τῷ ὁρισμῷ τῆς κινήσεως κατὰ τὴν τοιαύτην μεταβολήν. καὶ ἐπὶ
τῶν ἄλλων κατηγοριῶν εὐπορήσομεν τὰς γινομένας ἐπὶ τὰ διάφορα εἴδη
τὰ ὑπὸ ⟨τὸ⟩ γένος μεταβολὰς ὑποτάττειν τῷ ὁρισμῷ τῆς κινήσεως. ἀλλ' ὁ
μὲν Ἀριστοτέλης ἐν τῷ πέμπτῳ τῆσδε τῆς πραγματείας τὰς αἰτίας λέγει
τοῦ τὴν κίνησιν ἐν μόναις ταῖς τέτρασιν ἢ ταῖς τρισὶ κατηγορίαις ὑφίστα-
30 σθαι, καὶ οἱ ἐξηγηταὶ τοῦ Ἀριστοτέλους εἰς ἐκεῖνον ἀναβάλλονται τὸν τό- 25
πον τὴν τῆς ἀπορίας ταύτης λύσιν. οὐδὲν δὲ ἴσως χεῖρον καὶ νῦν συντόμως
τὰς ἐκεῖ λεγομένας αἰτιολογίας ἐπισκέψασθαι διὰ τοὺς μὴ ῥᾳδίως εἰς ἄλλον
καιρὸν ἀναβαλλομένους τὰς τῶν ἀποριῶν διαλύσεις.
    Ἀξιώσας τοίνυν ὁ Ἀριστοτέλης τὰς κινήσεις καὶ μεταβολὰς ἐκ τῶν
35 ἐναντίων γίνεσθαι εἰς τὰ ἐναντία ἢ ἐκ τῶν μεταξὺ τῶν ἐναντίων λόγον

---

1 ἔτι] ἐστι E   ἦν ἡ χρεία a   6 εἶναι εἶπε aF   9 ἢ] καὶ F   post ἢ add. τῶν a   10 ἐστιν E: ἐστι καὶ aF   ὁσαχῶς — κίνησις om. aF   14 γένος E   17 ἐστιν om. E   μόνοις om. E   18 καὶ (post ὡς) om. E   Κατηγορίαις c. 14? δέδεικται a   19 πέμπτῳ] Phys. E 1 p. 225 b 5 sqq.   τῆς iteravit F   τῆς πραγματείας ταύτης aF   21 καὶ γὰρ — δυνάμει (22) om. F   22 ἐνέργεια scripsi: ἐνεργείᾳ E: ἐνέργειαν aF   23 πεφυκὸς F   καὶ (post δὲ) om. a   μεταβάλλον F   25 κατὰ — κινήσεως (27) om. F   26 εὐπορήσομεν scripsi: ὑπορήσομεν (sic) E: οὐκ ἀπορήσομεν a   27 τὰ (ante ὑπὸ) E: om. a   τὸ a: om. E   31 οὐδὲ E   33 ἀπόρων E   34 ἀξιώσας cf. p. 225 b 2 sqq.   35 post μεταξὺ add. τὸν E

ἐχόντων, διὰ τοῦτό φησι· 'κατ' οὐσίαν μὲν οὐκ ἔστι κίνησις διὰ τὸ μηδὲν 93r
εἶναι τῶν ὄντων οὐσίᾳ ἐναντίον· οὐ μέντοι οὐδὲ ἐν τῷ πρός τι· ἐνδέχε- 30
ται γὰρ θατέρου μεταβάλλοντος ἀληθεύεσθαι θάτερον μηδὲν μεταβάλλον',
οἷον ὁ πρότερον δεξιὸς ἑστὼς μεταβαίνοντος τοῦ ἀριστεροῦ εἰς τὸ δεξιὸν
5 ἔσται ἀριστερὸς αὐτὸς μηθὲν μεταβάλλων. ὥστε κατὰ συμβεβηκὸς ἡ
τοιαύτη κίνησις. οὐδὲ δὴ τοῦ ποιοῦντος καὶ πάσχοντος οὐδὲ παντὸς κινου-
μένου καὶ κινοῦντος, ὅτι οὐκ ἔστι κινήσεως κίνησις οὐδὲ ὅλως μεταβολῆς
μεταβολή.' τούτων οὖν τῶν κατηγοριῶν οὕτως ἀποδοὺς τοὺς λογισμοὺς ὁ 35
Ἀριστοτέλης τὸ κεῖσθαι καὶ τὸ ἔχειν καὶ τὴν ποτὲ κατηγορίαν παρῆκε.
10 καὶ ὅτι μὲν ἐπὶ τῆς οὐσίας, κἂν κίνησις μὴ ᾖ ὅτι μηδὲ ἐναντίωσις, ἀλλὰ
μεταβολή γέ ἐστιν, αὐτὸς σαφῶς ὁμολογεῖ καὶ τὰ εἴδη τῆς μεταβολῆς γέ-
νεσιν καὶ φθορὰν λέγων· ἐπὶ δὲ τῶν πρός τι διὰ τί οὐκ ἂν εἴη κίνησις
καὶ ἐναντιώσεως οὔσης, ὡς καὶ αὐτὸς Ἀριστοτέλης ἐν Κατηγορίαις ὁμο-
λογεῖ λέγων "ὑπάρχει δὲ καὶ ἐναντιότης ἐν τοῖς πρός τι, οἷον ἀρετὴ κακίᾳ 40
15 ἐναντίον, ἑκάτερον τῶν πρός τι ὄν, καὶ ἐπιστήμη ἀγνοίᾳ". κἂν γὰρ τοῦ
δεξιοῦ κινηθέντος ὁ πρότερον ἀριστερὸς ὢν μὴ κινηθεὶς αὐτὸς γένηται δεξιὸς
καὶ διὰ τοῦτο κατὰ συμβεβηκὸς μεταβάλλῃ, ἀλλὰ πρῶτον μὲν ὁ δεξιὸς
πρότερον ἑστὼς καὶ κινηθεὶς οὐ κατὰ συμβεβηκὸς ἀλλὰ καθ' αὐτὸν μετέ-
βαλε μετὰ τοῦ τόπου καὶ τὴν τοῦ δεξιοῦ σχέσιν ἀριστερὸς γενόμενος. καὶ
20 ὁ μὴ κινηθεὶς δέ, ἐπειδὴ ἡ σχέσις οὐκ ἐν τῷ ἑνί ἐστιν ἀλλ' ἐν ἀμφοτέ-
ροις, τὴν ἐν αὐτῷ σχέσιν οὐ κατὰ συμβεβηκὸς ἀλλὰ καθ' αὐτὸ συγκινου- 45
μένην ἔσχε τῇ τοῦ μεταβεβηκότος. ὥσπερ εἴ τις ῥάβδου τὸ ἕτερον πέρας
ἐπὶ τὸ κάτω ὠθῶν τὸ ἕτερον ἐπὶ τὸ ἄνω ποιεῖ κινεῖσθαι οὐ κατὰ συμβε-
βηκὸς ἀλλὰ καθ' αὐτό, διότι μία κίνησις ἀμφοῖν τοῖν περάτοιν ἐστίν. ὅτι
25 δὲ ταῦτα καὶ τῷ Ἀλεξάνδρῳ ἀρέσκει, ἄκουσον οἷα μετ' ὀλίγον φησὶν ἐξη-
γούμενος τὴν λέξιν τὴν λέγουσαν "διὸ ἡ κίνησις ἐντελέχεια τοῦ κινητοῦ
ᾗ κινητόν". λέγει γάρ· "ἢ καὶ ἐπὶ τοῦ πρός τι τὸ μὲν δυνάμει διπλά-
σιον οὐ κεκίνηται, τὸ μέντοι δυνάμει ἥμισυ ἐκινήθη, ἵνα τοῦτο διπλάσιον 50
γένηται. οὐκ ἦν δὲ ἄλλη δύναμις ἡ τοῦ δυνάμει διπλασίου καὶ ἡ τοῦ
30 δυνάμει ἡμίσεος, ὥστε κατὰ τὴν ἐνέργειαν τῆς δυνάμεως καὶ ἐν ἐκείνοις
ἡ κίνησις μιᾶς τῆς κατὰ τὸ ὑποκείμενον δυνάμεως οὔσης καὶ τὰς διαφόρους
τῶν πρός τι σχέσεις ἐποίει."

---

1 φησί paraphrastae more citatur E 2 p. 225ᵇ10   μὲν] δ' Aristoteles   2 οὐσίᾳ
post εἶναι habet Aristoteles et Simpl. f. 196ᵛ1   οὐ μέντοι οὐδὲ ἐν] οὐδὲ δὴ Aristo-
teles cf. Simpl. l. c.   3 μηδὲν Aristoteles: μηδὲ E: οὐδὲν aF   5 ἡ κίνησις αὐτῶν
Aristoteles   6 τοῦ EF: om. Arist.: ἐπὶ τοῦ a   οὐδὲ παντὸς] ἡ Aristoteles
7 post κίνησις om. Aristotelea οὐδὲ γενέσεως γένεσις   7. 8 μεταβολὴ μεταβολῆς Aristo-
teles   8 οὖν om. E   ἀποδιδοὺς a   9 καὶ (post κεῖσθαι) om. aF   13 ἐν
Κατηγορίαις c. 7 p. 6ᵇ15   13. 14 ὁμολογεῖ λέγων ἐν κατηγορίαις aF   14 ἀρετὴ καὶ
κακία ἐναντία ἑκάτερα τῶν πρός τι (ὂν om.) F   15 ὂν post ἑκάτερον habet Aristoteles
ἄγνοια E sed cf. f. 192ʳ26   17 καὶ διὰ τοῦτο — ὁ δεξιὸς om. E: καὶ διὰ τοῦτο — μετα-
βάλλῃ om. a   18 μετέβαλλε E   20 ὁ om. F   οὐκ om. F¹   22 μετα-
βεβηκότος aF: συμβεβηκότος E: fortasse μεταβεβληκότος   25 τοῦτο a   τὸν ἀλέξανδρον
aF   26 λέξιν Γ 2 p. 202ᵃ7 cf. Simplic. f. 100ʳ17   καὶ om. E   28 post
ἐκινήθη add. καὶ ἐγένετο ἐνεργείᾳ Simpl. f. 100ʳ18   30 καὶ om. E

Εἰ δὲ τὸ ποιεῖν καὶ τὸ πάσχειν κινήσεις, καὶ διὰ τοῦτο οὐκ ἔστιν ἐν 93ʳ ταῖς κατηγορίαις ταύταις κίνησις, ἐπειδὴ κινήσεως κίνησις οὐκ ἂν εἴη, ἵνα μὴ ἐπ' ἄπειρον ἴοιμεν, πρῶτον μὲν εἰ καὶ τὸ ποιεῖν καὶ τὸ πά|σχειν ἐπι- 93ᵛ δέχεται ἐναντιότητα, ὡς εἴρηται ἐν Κατηγορίαις· "τὸ γὰρ θερμαίνειν,
5 φησί, τῷ ψύχειν ἐναντίον καὶ τὸ θερμαίνεσθαι τῷ ψύχεσθαι, καὶ τὸ ἥδεσθαι τῷ λυπεῖσθαι", καὶ ἔστι μεταβάλλειν ἀπὸ θατέρου τῶν ἐναντίων εἰς θάτερον· ὁ γὰρ ἡδόμενος ἐπὶ σιτίῳ ἐμφορηθεὶς καὶ ἐμφραγεὶς λυπηθείη ἂν καὶ ὁ θερμαινόμενος ψυχθείη καὶ ὁ πρότερον θερμαίνων ἀὴρ ἐπὶ τὸ ψύχειν μεταβάλοι. εἰ οὖν ταῦτα οὕτως ἔχει, διὰ τί οὐκ ἂν εἴη τῆς κατὰ 5
10 τὸ ποιεῖν καὶ τὸ πάσχειν κινήσεως μεταβολή, οὐκ ἐπ' ἄπειρον ἰόντων ἡμῶν, εἴπερ εἰς εἴδη καὶ ἐξ εἰδῶν αἱ μεταβολαί; οὐδὲ γὰρ ἐπ' ἄπειρον θερμαινόμεθα ἢ ψυχόμεθα. εἰ δὲ γίνοιτο καὶ φθείροιτο ἡ βάδισις, πῶς οὐκ ἂν εἴη μεταβολὴ μεταβολῆς; καὶ γὰρ μεταβολή τις καὶ ἡ βάδισις, καὶ ἡ τῆς βαδίσεως γένεσις καὶ φθορὰ μεταβολαί τινές εἰσι καὶ αὐταί. ἢ εἰ τοῦτο,
15 ἐπειδὴ καὶ αὗται αἱ μεταβολαὶ μὴ πρότερον οὖσαι ποτὲ γίνονται καὶ φθεί- 10 ρονται, πάλιν ἔσονται καὶ τούτων μεταβολαί, καὶ τοῦτο ἐπ' ἄπειρον. καὶ εἴπερ τοῦτο ἄτοπόν ἐστι, μήποτε οὐ λύεται τῷ μὴ εἶναι μεταβολῆς μεταβολήν. τοῦτο γὰρ ἔτι ἀτοπώτερον, εἴπερ ἐναργῶς φαίνοιτο τὸ οἰκοδομεῖν καὶ τὸ βαδίζειν καὶ τὸ θερμαίνεσθαι ἐν ἐμοὶ χθὲς μὲν εἰ τύχοι μὴ ὄντα,
20 σήμερον δὲ ὄντα, ὅπερ ἄνευ μεταβολῆς οὐ συμβαίνει. κἂν γὰρ ἐγὼ ὦ ὁ μεταβάλλων κατ' ἐκεῖνα, ἀλλὰ καὶ αὐτὰ εἴδη τινὰ ὄντα καὶ ὥσπερ ὑποκείμενα ἀπὸ τοῦ μὴ εἶναι εἰς τὸ εἶναι μεταβάλλει καὶ ἀπὸ τοῦ εἶναι εἰς 15 τὸ μὴ εἶναι. οὐκέτι μέντοι καὶ αἱ τούτων μεταβολαὶ ὡς ὑποκείμενα ληπτέαι. ἢ οὐδὲ κινήσεως ἁπλῶς ἐστιν αὕτη κίνησις καθὸ κίνησις. τὸ
25 μὲν γὰρ ποιοῦν οὐδὲ κινεῖται καθὸ ποιεῖ, τὸ δὲ πάσχον εἰ κινοῖτο ἐξ ἄλλου πάθους εἰς ἄλλο, καθὸ τοιάδε κίνησις, ἀλλ' οὐχὶ καθὸ ἁπλῶς κίνησις μεταβάλλει. καὶ εἴπερ λέγει τι ὁ λόγος οὗτος, ἐν μὲν τῷ ποιεῖν καὶ πάσχειν καὶ ἐναντίωσίς ἐστι καὶ κίνησις ἤτοι μεταβολὴ ἀπὸ τῶν ἑτέρων εἰς τὰ ἕτερα. οὐκέτι μέντοι καὶ ἐν τῇ μεταβολῇ τούτων μεταβολὴ διὰ τὸ μὴ 20
30 εἶναι ὡς ὑποκείμενα εἴδη τὰς τοιαύτας μεταβολάς, ἀλλὰ μόνον μεταβολὰς μηδὲ ὡς κινήσεως εἶναι κίνησιν, ἀλλ' ὡς τοιᾶσδε κινήσεως. τοῦτο δὲ καὶ ἐπὶ πλέον διακριτέον.

Ἀλλ' ἐν τῇ ποτὲ κατηγορίᾳ διὰ τί οὐκ ἂν εἴη κίνησις ἢ μεταβολή; ὡς γὰρ ἀπὸ λευκοῦ μεταβάλλω εἰς τὸ μέλαν καὶ ἀπὸ τόπου εἰς τόπον,
35 οὕτως ἀπὸ τοῦ πέρυσιν εἰς τὸ τῆτες καὶ εἰς νέωτα. τί δὲ τοῦτο διαφέρει τοῦ ἀπὸ Λυκείου εἰς Ἀκαδημίαν; κἂν γὰρ τὰ μέρη τοῦ χρόνου φθείρηται, οὐδὲν παρὰ τοῦτο. οὐδὲ γὰρ εἰ τὸ Λύκειον ἐφθείρετο βαδίζοντος εἰς Ἀκα- 25

---

1 post ἐν add. αὐταῖς, om. ταύταις post κατηγορίαις E   3 immo ἴωμεν   4 ἐν ταῖς a   Κατηγορίαις c. 9 p. 11ᵇ 1   τῷ γὰρ θερμαίνειν φησὶ τὸ ψύχειν et similiter porro aF   7 ἐμφορηθεὶς καὶ om. F   9 μεταβάλοι F: μεταβάλλει E: μεταβάλλοι a   10 τὸ (post καὶ) om. E   15 αὗται EF   17 τῷ E: τὸ F: om. a   20 δὲ om. E
29 διὰ τὸ aF: δια (i. e. διὰ τί) E   30 ὡς ὑποκείμενα — εἶναι (31) om. E   33 ἢ] ἡ E   34 τοῦ λευκοῦ aF   εἰς τὸ (τὸ om. F) μέλαν μεταβάλλω aF   ἀπὸ τοῦ τόπου E

δημίαν, ἤδη διὰ τοῦτο οὐκ ἦν κατὰ τόπον ἡ κίνησις. καὶ γὰρ καὶ τὸ 93ᵛ
λευκὸν φθείρεται, ὅταν ἀπὸ λευκοῦ μεταβάλλω εἰς μέλαν. εἰ δὲ λέγοι
τις, ὅτι ἡ μὲν κατὰ τόπον κίνησις φορά τίς ἐστι διὰ τόπου καὶ διέξοδος,
διὰ δὲ τοῦ χρόνου οὐδὲν φέρεται, ἀλλὰ φερομένων συμπαρέρχεται καὶ ὁ
5 χρόνος (τὸ γὰρ γῆρας καὶ τὰ τοιαῦτα πάντα ἀλλοιώσεις εἰσὶ καὶ πάθη τῶν
σωμάτων περὶ ἑαυτὰ καὶ ἐν ἑαυτοῖς, ὁ δὲ χρόνος ἄλλως συνδιέρχεται), εἰ 30
τις οὖν ταῦτα λέγοι, πολλῇ δοκεῖ μοι τῇ αἰσθήσει χρῆσθαι καὶ διὰ τοῦτο
τὸ δραστήριον τοῦ χρόνου μὴ συννοεῖν, ἀλλὰ τὴν μὲν κατὰ τόπον μετα-
βολὴν ἅτε ὑπ' αἴσθησιν τοῦ τόπου πίπτοντος ὁμολογεῖν, τὴν δὲ κατὰ χρό-
10 νον ἀπαγορεύειν ὡς οὐχ ὁρωμένου τοῦ χρόνου. καίτοι χρῆν ἐννοεῖν, ὅτι
δρᾷ τι ἑκάστοτε εἰς ἡμᾶς ὁ χρόνος, καὶ ὥσπερ ἀπὸ λευκοῦ εἰς μέλαν με-
ταβαλλομένων, οὕτως ἀπὸ τοῦ περυσινοῦ πάθους εἰς τὸ τητινὸν οὐ καθὸ
ἀπὸ πάθους εἰς πάθος ἡ μεταβολή, οἷον ἀπὸ νεότητος εἰς γῆρας, κατὰ 35
τὴν τοῦ σώματος ἀλλοίαν διάθεσιν, ἀλλὰ κατὰ τὴν χρονικὴν συνέμφασιν
15 τοῦ περυσινοῦ καὶ τοῦ τητινοῦ. μαρτυρεῖ δὲ τῷ λόγῳ καὶ Εὔδημος ὁ
γνησιώτατος τῶν Ἀριστοτέλους ἑταίρων λέγων ἐν τῷ δευτέρῳ τῶν Φυσικῶν
μετὰ τὸ εἰπεῖν τὰς ἄλλας τέτταρας κινήσεις· "καὶ γὰρ τὸ ποτὲ τοῖς δυνα-
τοῖς ᾗ δύναται συμβαίνει κινουμένοις. πάντα γὰρ ἐν χρόνῳ κινεῖται." εἰ
μὴ ἄρα λέγοι τις ἐν χρόνῳ εἶναι ἀλλὰ μὴ κατὰ χρόνον τὴν κίνησιν. ση-
20 μεῖον δέ φασί τινες τοῦ μηδεμίαν εἶναι κατὰ χρόνον ἰδίως κίνησιν καὶ τὸ 40
μηδεμίαν εἶναι κατὰ χρόνον ἠρεμίαν· οὐδὲ γὰρ χρόνος οὐδεὶς οὐδενὶ ὁ
αὐτός, ἀλλ' ἀεὶ ὁ ἐπιὼν ἕτερος. ὥστε οὐκ ἔσται τὸ διαμένον ἐν τῷ αὐτῷ
χρόνῳ, τὸ δὲ ἐν τῷ αὐτῷ τόπῳ ἔστι καὶ ἐν τῇ αὐτῇ ποιότητι. ἀλλ'
ἐπισκεπτέον, μήποτε τοῦτο τοῦ ἐναντίου σημεῖόν ἐστιν. εἰ γὰρ χρόνος οὐ-
25 δεὶς οὐδενὶ ὁ αὐτός, ἀλλ' ἀεὶ ὁ ἐπιὼν ἕτερος, δῆλον ὅτι ὁ χρόνος ἐν τῷ
γίνεσθαι καὶ φθείρεσθαι τὸ εἶναι ἔχει. πῶς οὖν τὸ ἐν τῷ χθεσινῷ χρόνῳ,
ὅταν ἐν τῷ σημερινῷ γίνηται, οὐκ ἂν λέγοιτο κατὰ χρόνον μεταβάλλειν, 45
κἂν ἔφθαρται ὁ χθεσινὸς χρόνος;

Ἀλλὰ δὴ καὶ κατὰ τὸ κεῖσθαι, εἴπερ τοῦ κεῖσθαι διαφοραὶ τὸ ὕπτιον
30 καὶ τὸ πρηνὲς καὶ ταῦτα ἐναντία ἀλλήλοις, διὰ τί μὴ λέγοιτο ἂν κατὰ
θέσιν μεταβάλλειν τὸ ἐξ ὑπτίου εἰς τὸ πρηνὲς μεθιστάμενον, ἄλλης μὲν
οὔσης ἐν αὐτῷ τῆς κατὰ τὸν περιέχοντα τόπον μεταβολῆς, ἄλλης δὲ τῆς
κατὰ τὴν θέσιν καὶ τὸ σχῆμα τῆς θέσεως; ὁμοίως δὲ καὶ ὁ ἀπὸ τοῦ
ὡπλίσθαι ἐπὶ τὸ ἄοπλον μεταβαλὼν διὰ τί μὴ κατὰ τὸ ἔχειν λέγοιτο ἂν
35 μεταβάλλειν; καὶ ἐν αἷς μὲν κατηγορίαις ἐστὶν ἐναντίωσις, διὰ τί μὴ καὶ 50
κινεῖσθαι λέγοιτο ἂν κατ' ἐκείνας τὸ ὑποκείμενον; ἐν αἷς δὲ μὴ ἔστι, μάλιστα

---

1 ἡ (post τόπον) om. aF   5 τὰ inc. nov. f. iter. F   6 ἄλλος E   7 λέγει a
10 χρῆν a: χρῇ F: χρὴ E   13 εἰς πάθους F   15 τοῦ (post καὶ) om. E
Εὔδημος fr. 26 p. 39, 12 Sp.   20 τὸ (post καὶ) om. a   21 post γὰρ add. ὁ aF
22 οὐχ] οὐδὲν E   23 τόπῳ sc. διαμένον   25 ὁ (ante χρόνος) om. E   27 γίνοι-
ται E: γένηται aF   λέγοιτο] γένοιτο F   29 διαφορά a   30 τὸ (ante πρηνὲς)
om. E   33 ὁ (ante ἀπὸ) om. E   34 ὁπλίζεσθαι E   λέγοιτο ἂν κατὰ ἔχειν μετα-
βάλλειν aF   post λέγοιτο habet κινεῖσθαι F   35 καὶ (post μὴ) om. E   36 ἐν
αἷς — ὑποκείμενον (412, 1) om. E

μὲν αἱ στερήσεις ὡς ἐναντιώσεις περὶ τὸ ὑποκείμενον ὑφίστανται, ὡς τὸ 93ᵛ ψιλὸν τῷ ὡπλίσθαι ἀντικείμενον. ἔπειτα κἂν μὴ ἡ ἀντίθεσις, ἀλλ' ἤρκει τὸ εἶναι ἢ μὴ εἶναι τὸ κατὰ τὴν κατηγορίαν. καὶ γὰρ ἐν οὐσίᾳ ἔστι μεταβολὴ καίτοι ἐναντιώσεως μὴ οὔσης. ἀρκεῖ γὰρ ἡ κοινὴ πάντων τῶν
5 γενῶν ἐναντίωσις ἡ κατὰ τὸ εἶδος καὶ τὴν στέρησιν. οὕτως δὲ καὶ ὁ πρότερον ὡπλισμένος, ἐὰν ψιλωθῇ, μετέβαλεν ἀπὸ τοῦ ἔχειν | ὅπλα εἰς τὸ 94ʳ μὴ ἔχειν, ὁπότε δυνατὸν καὶ ἀπὸ βαρυτέρας ὁπλίσεως εἰς κουφοτέραν μεταβαλεῖν.

Κοινῶς δὲ ἐπιστῆσαι ἄξιον, ὅτι πᾶσαι αἱ κατηγορίαι ἐν τῇ γενέσει θεω-
10 ρούμεναι καὶ ἐν τοῖς καθ' ἕκαστα ὑφεστηκυῖαι μεταβολὴν ὑπομένουσιν. ὡς γὰρ ἡ οὐσία γενητὴ καὶ φθαρτή ἐστιν ἡ ἐνταῦθα, οὕτως καὶ ποιότητες καὶ ποσότητες καὶ αἱ ἄλλαι κατηγορίαι. ὥσπερ οὖν ἡ οὐσία κἂν κινεῖσθαι μὴ λέγοιτο διὰ τὸ μὴ ἐξ ὑποκειμένου εἰς ὑποκείμενον εἶναι τὴν μετάστασιν, 5 τοῦ κινουμένου πάντως ὑποκειμένου τινὸς εἶναι βουλομένου, ἀλλὰ μεταβάλ-
15 λειν καὶ ἡ οὐσία συγχωρεῖται καθ' αὑτὸ καὶ οὐ κατὰ συμβεβηκός, οὕτως καὶ ἑκάστη τῶν ἄλλων κατηγοριῶν καθ' αὑτὴν ἂν μεταβάλλειν συγχωροῖτο ὡς γινομένη καὶ φθειρομένη, οἷον ἡ λευκότης καὶ τὸ τρίπηχυ καὶ ἡ δεξιότης. καὶ τὸ ὑποκείμενον ἄρα τὸ τούτων μετέχον κινεῖσθαι ἂν λέγοιτο κυρίως κατὰ ταῦτα, εἴπερ ὑπομένοντος ἐκείνου γίνεται καὶ φθείρεται περὶ αὐτὰ 10
20 ταῦτα, ὅπερ ἴδιον τῶν κινουμένων ὁ Ἀριστοτέλης φησίν. εἰ δὲ καὶ ἐν πάσαις ταῖς κατηγορίαις ἐστὶ τὸ δυνάμει, δείκνυται δὲ ἡ κίνησις ἐντελέχεια τοῦ δυνάμει ᾗ τοιοῦτόν ἐστι, πῶς οὐκ ἂν εἴη κίνησις ἐν πάσαις; ὅλως δὲ ὅτι μὲν μεταβάλλει ὁ ἐκ δεξιοῦ λαιὸς γινόμενος καὶ ἐξ ἐχθροῦ φίλος, ἔτι δὲ ὁ ἐκ τοῦ θερμαίνειν εἰς τὸ ψύχειν μεθιστάμενος καὶ ὁ ἐκ τοῦ θερμαί-
25 νεσθαι εἰς τὸ ψύχεσθαι, οὐ κατὰ τὴν ποιότητα μόνον ἀλλὰ καὶ κατὰ τὸ διάφορα καὶ ὑπεναντία πάθη πάσχειν, παντὶ δῆλον· ἔτι δὲ ὁ ἐκ τοῦ πέ- 15 ρυσιν εἰς τὸ τῆτες προελθὼν καὶ ὁ ἐκ τοῦ πρηνοῦς μετατεθεὶς εἰς τὸ ὕπτιον καὶ ⟨ὁ⟩ ἐξ ὡπλισμένου ψιλωθείς. ἐπειδὴ δὲ ἑκάστη μεταβολὴ κατά τι γίνεται τῶν ὄντων, τὰ δὲ ὄντα ταῖς κατηγορίαις συνδιῄρηται, λεγέτω τις ἑκάστη
30 τῶν εἰρημένων μεταβολῶν κατὰ τίνα τῶν κατηγοριῶν ἄλλην γίνεται, εἰ μὴ κατὰ τὴν οἰκείαν. καὶ οἶδα μὲν ὅτι προπετὲς εἶναι δοκεῖ τὸ τὴν ἐναντίαν ἀφιέναι τῷ Ἀριστοτέλει φωνήν, ἕως δ' ἂν γνῶναι δυνηθῶμεν ἀκριβῶς τὴν αἰτίαν τῆς τοιαύτης αὐτοῦ διατάξεως, ἀρχούμεθα πρὸς παραμυθίαν τῇ 20 τε Εὐδήμου συνηγορίᾳ ἐπὶ τῆς ποτὲ κατηγορίας ῥηθείσῃ καὶ ἔτι μᾶλλον τῇ
35 Θεοφράστου σαφῶς τὴν κίνησιν καὶ μεταβολὴν ἐν πάσαις ταῖς κατηγορίαις

---

1 ὑφιστάμεναι F   2 ὡπλίζεσθαι F   κἂν] ἂν a   ἀλλ'] ἄλλη E   6 μετέβαλλεν E   11 ἡ (ante ἐνταῦθα) om. E   12 αἱ (post καὶ) om. E   19 εἴπερ — ταῦτα (20) om. F   αὐτὸ a   21 ταῖς om. aF   δείκνυται p. 20ᵃ10   22 ἐν πάσαις om. F   23 post καὶ add. ὁ a   25 τὸ] τὰ a   26 διάφορον E   ὁ (post δὲ itemque (27) post καὶ) om. E   περυσιν (sine acc.) E:′περυσινοῦ aF   27 ὁ (ante ἐξ) addidi   τι E: τινα aF   29 διήρηται F   λεγέτω τις EF: λεγέσθω τις a: λεγέσθω τίς Brandis. fortasse λεγέτω τις tuearis, si ἑκάστην mutaveris   34 Εὐδήμου fr. 26 p. 40, 5 Sp. cf. supra p. 411, 17

θεωροῦντος. λέγει γοῦν ἐν τῷ δευτέρῳ τῶν Περὶ κινήσεως· "οἰκειότερον 94ʳ
δέ (ὅπερ καὶ λέγομεν καὶ ἔστιν) ἐνέργειαν τοῦ δυνάμει κινητοῦ ᾗ κινητὸν
κατὰ γένος ἕκαστον τῶν κατηγοριῶν οἷον οὐσίας ποιοῦ ποσοῦ φορητοῦ τῶν
ἄλλων. οὕτω γὰρ ἀλλοίωσις αὔξησις φορὰ γένεσις καὶ αἱ ἐναντίαι ταύταις." 25
5 ἐν τῷ τρίτῳ δὲ ἔτι σαφέστερον οἶμαι τάδε γέγραφεν· "ἐν μὲν τῷ ἀφο-
ρισμῷ τῆς κινήσεως τοσαῦτά φαμεν αὐτῆς εἴδη, ὅσαι κατηγορίαι· τὴν γὰρ
τοῦ δυνάμει ὄντος ᾗ τοιοῦτον ἐντελέχειαν κίνησιν." καὶ τοῦτο δὲ ἐν τῷ
αὐτῷ βιβλίῳ φησί· "τοῦ δὲ πρός τι κίνησις τοῦ μὲν κατὰ λόγον οὐκ ἔστι,
τοῦ δὲ κατὰ δύναμιν ἔστιν. ἡ γὰρ ἐνέργεια κίνησίς τε καὶ καθ' αὑτό."
10 ἀλλὰ ταῦτα μὲν καὶ ἐπὶ πλέον ζητητέον τὴν Ἀριστοτέλους γνώμην ἀνι-
χνευόντων ἡμῶν.

p. 201ᵃ9   Διῃρημένου δὲ καθ' ἕκαστον γένος τοῦ μὲν ἐντελε- 30
χείᾳ, τοῦ δὲ δυνάμει, τὴν τοῦ δυνάμει ὄντος ἐνέργειαν,
ᾗ τοιοῦτόν ἐστι, λέγω κίνησιν εἶναι.

15 Προλαβὼν τὰ χρήσιμα λήμματα πρὸς τὴν περὶ τῆς κινήσεως θεωρίαν
τῷ πρώτῳ ληφθέντι πρὸς τὸν ὁρισμὸν εὐθὺς συγκέχρηται τῆς κινήσεως,
μᾶλλον δὲ μέρει τινὶ ἐκείνου. τὸ μὲν γὰρ διαιρετικὸν ἦν, ὅτι ἔστι τὸ μὲν
ἐντελεχείᾳ μόνον, τὸ δὲ δυνάμει καὶ ἐντελεχείᾳ, ὅπερ καθ' ἑκάστην εἶναι
κατηγορίαν εἴρηται. τούτου οὖν φησι τοῦ δυνάμει καὶ ἐντελεχείᾳ καθ' 35
20 ἕκαστον γένος θεωρηθέντος καὶ διακριθέντος εἰς τὸ δυνάμει καὶ ἐντελεχείᾳ
τὴν τοῦ δυνάμει ὄντος ἐνέργειαν, ᾗ τοιοῦτόν ἐστι, λέγω κίνησιν.
καὶ γὰρ ἐν οὐσίᾳ ἐστὶ τὸ μὲν δυνάμει ἄνθρωπος οἷον τὸ σπέρμα, τὸ δὲ
ἐντελεχείᾳ οἷον ὁ Σωκράτης, καὶ ἐν ποσῷ δυνάμει τι δίπηχυ καὶ ἐντελε-
χείᾳ, καὶ ἐν ποιῷ δυνάμει λευκὸν καὶ ἐντελεχείᾳ. ὁμοίως δὲ καὶ ἐπὶ τῶν
25 λοιπῶν γενῶν. ὅτι δὲ θαυμασίως ὡρίσατο τὴν κίνησιν, μάθοιμεν ἂν ἐν-
τεῦθεν. τὸ μὲν γὰρ ἐνεργείᾳ ὄν, ὅπερ λέγεται, ἕως ἂν οὕτως ἔχῃ, οὐκ
ἂν λέγοιτο κατὰ τοῦτο κινεῖσθαι· οἷον ἄνθρωπος, ἕως ἂν ἄνθρωπος ᾖ, 40
οὐκ ἂν κινοῖτο κατὰ τὸ ἀνθρώπειον, ἀλλ' οὐδὲ εἰ λευκὸς εἴη ἐνεργείᾳ, ἕως
ἂν λευκὸς ᾖ, κινεῖται κατὰ λευκότητα. ἐὰν δὲ λευκὸς ὢν ἄνθρωπος ἐνερ-
30 γείᾳ δυνάμει μέλας ᾖ, ὡς δυνάμενος μελαίνεσθαι, ὅταν ἔκστασις ἀπὸ λευ-
κότητος αὐτῷ γένηται ἐπὶ μελανίαν καθὸ ἐπεφύκει, τουτέστι κατὰ τὸ
δυνάμενον γενέσθαι μέλαν, ἐνεργοῦντι, τότε λέγεται κινεῖσθαι ἐπὶ τὸ μέλαν.
καὶ πάλιν ὅταν γένηται μέλας, τότε ἵσταται ἐν αὐτῷ καὶ οὐκέτι κινεῖται

---

1 Περὶ κινήσεως cf. f. 201ʳ24 et Useneri Anal. Theophr. p. 5   2 ἐνέργειαν ex verbo
antea posito aptum putes   3 ποσοῦ ποιοῦ a   5 δὲ οἶμαι σαφέστερον ταῦτα γέγρα-
φεν a   τάδε E: ταῦτα aF   7 κίνησιν 'excidit λέγομεν vel simile quid' Spengel
p. 40¹⁷   12 δὲ om. E   13 ἡ τοῦ δυνάμει ὄντος ἐντελέχεια, ᾗ τοιοῦτον, κίνησίς
ἐστιν a ex vulgari Aristotele (cf. p. 414, 19): quam exhibet E formam confirmat Physicorum
excerptum insertum Metaphys. K 9 p. 1065ᵇ15 cf. v. 19   19 καθ' ἕκαστον — ἐντελε-
χείᾳ (20) F: om. aE   20 post διακριθέντος supplendum videtur ἑκάστου γένους
23 ὁ om. a   26 ἔχοι F   27 post οἷον add. ὁ aF   ἂν (post ἕως) om. F
30. 31 αὐτῷ ἀπολευκότητος a   33 γένηται E: λέγηται a et F (sed eadem manu corr.)

κατὰ τὸ μέλαν, ἀλλ' ἔστιν ἐνεργείᾳ μέλας. οὕτως ἄρα καθὸ ἐνεργείᾳ ἐστὶν
οὐδὲν κινεῖται· οὐ μέντοι οὐδὲ καθὸ δυνάμει, μένον δυνάμει καὶ ἐν μόνῃ
τῇ ἐπιτηδειότητι, οὐκ ἂν λέγοιτο κινεῖσθαι· ἀλλ' ὅταν ἀπὸ τοῦ δυνάμει
μεταβάλλῃ εἰς τὸ ἐνεργείᾳ μένοντος ἐν αὐτῷ τοῦ δυνάμει, τότε λέγεται
5 κινεῖσθαι. εἰκότως οὖν προσέθηκεν ᾗ τοιοῦτον, ἵνα ἡ ἐνέργεια τοῦ δυνάμει
μένοντος ἐπιτελῆται· παυσαμένου γὰρ τοῦ δυνάμει οὐκέτι ἐστὶ κίνησις. τὸ
γὰρ ἐνεργείᾳ γενόμενον καθόσον ἐνεργείᾳ ἐν στάσει καὶ μονῇ ἐστιν, ἀλλ'
οὐκ ἐν κινήσει. οὐ μέντοι οὐδὲ εἴ τι τῇ δυνάμει ἐστὶ μόνον, τοῦτο ἤδη
κινεῖται. τὸ γοῦν οἰκοδομητόν, ὅπερ ἐστὶ τὸ δυνάμενον οἰκοδομηθῆναι, ἕως
10 μὲν ἀνενέργητον μένει κατὰ τὸ οἰκοδομητόν, ἀκίνητόν ἐστιν· ὅταν δὲ καθὸ
οἰκοδομητόν ἐστι κατὰ τοῦτο ἐνεργῇ ἔτι ἔχον ἐν τῷ ἐνεργεῖν τὸ οἰκοδομη-
τόν, τότε κινεῖται, τουτέστιν ὅταν οἰκοδομῆται. καὶ ἡ οἰκοδόμησις ἐνέργεια
οὖσα τοῦ οἰκοδομητοῦ τότε κίνησίς ἐστι. μέχρι γὰρ ἂν οἰκοδομῆται οἰκο-
δομητόν ἐστι καὶ κατὰ τὸ δυνά|μει ἐνεργεῖ καὶ κινεῖται.
15 Ἐπιστῆσαι δὲ ἄξιον, ὅτι ὁ μὲν Ἀριστοτέλης ὁριζόμενος τὴν κίνησιν ἐν
ἀρχῇ ἐνέργειαν αὐτὴν εἶπε τοῦ κινητοῦ ᾗ τοιοῦτον, Ἀλέξανδρος δὲ καὶ
Πορφύριος καὶ Θεμίστιος καὶ οἱ ἄλλοι τὸν ὁρισμὸν ἐξηγούμενοι ἀκούσαντες
μετ' ὀλίγα τοῦ Ἀριστοτέλους καὶ ἐντελέχειαν καλοῦντος αὐτήν, ἔν τισιν
ἀντιγράφοις οὕτως εὑρηκότες τὴν γραφὴν ἢ τοῦ δυνάμει ὄντος ἐντελέ-
20 χεια ᾗ τοιοῦτον κίνησίς ἐστιν, εἰς ἐντελέχειαν τὴν ἐνέργειαν ἐν τῷ
ὁρισμῷ τῆς κινήσεως μεταλαμβάνουσιν ὡς ταὐτὸν ὂν παρὰ Ἀριστοτέλει.
μήποτε δὲ τὴν ἐντελέχειαν ὁ Ἀριστοτέλης ἐπὶ τῆς τελειότητος ἀκούει. καὶ
εἴ ποτε ἐπὶ ἐνεργείας αὐτὴν τίθησιν, οὐ τῆς τυχούσης ἀλλὰ τῆς τελείας,
καθ' ὅτι ἔχει τέλειον, διότι ἕκαστον τότε ἐν τῇ ἑαυτοῦ τελειότητι ἔχεται,
25 ὅτε τὰς κατὰ φύσιν ἑαυτοῦ ἐνεργείας ἀποδίδωσι. διὸ καὶ τὴν ψυχὴν ἐντε-
λέχειαν ὡρίσατο τοῦ φυσικοῦ καὶ ὀργανικοῦ καὶ δυνάμει ζωὴν ἔχοντος
σώματος, οὐχ ὅτι ἐνέργειά ἐστιν ἡ ψυχή, ἀλλ' ὅτι κατ' ἐκείνην ἡ τελειότης
αὐτῷ. τὴν μέντοι κίνησιν ἀτελοῦς οὖσαν, οὐ μάτην ἐνέργειαν εὐθὺς
ἀλλ' οὐχὶ ἐντελέχειαν ἐκάλεσε. τούτῳ γὰρ καλῶς ἐπέστησε καὶ ὁ Ἀλέ-
30 ξανδρος, ὅτι καὶ τοῦ δυνάμει εἰ λέγοιτο ἐντελέχεια ὑπὸ τοῦ Ἀριστοτέλους
ἡ κίνησις, κατὰ τοῦτο ἐντελέχεια λέγεται, καθόσον τελειότης ἐστὶ τοῦ δυνάμει
ἡ κατ' αὐτὸ ἐνέργεια, ὥσπερ ἐπὶ τῶν ἕξεων τελειότης τῆς ἕξεώς ἐστιν ἡ
κατ' αὐτὴν ἐνέργεια. ἀλλ' ἐπὶ μὲν τῆς ἕξεως ἡ ἐνέργεια οὐκ ἀπόλλυσι
τὴν ἕξιν, ἀλλὰ τελειοτέραν αὐτὴν ἀπεργάζεται, ἡ δὲ τοῦ δυνάμει κατὰ τὸ
35 δυνάμει ἐνέργεια εἰς τὸ ἐνεργείᾳ τελευτῶσα καὶ ἀπόλλυσι τὸ δυνάμει. οὐκ
ἂν οὖν εἴη κυρίως ἐντελέχεια τοῦ δυνάμει. ὡς γὰρ εἶπον, τὸ τῆς ἐντελε-
χείας ὄνομα τὴν τοῦ ἐντελοῦς συνέχειαν δηλοῖ, καὶ ὅταν ἐπὶ ἐνεργείας

---

2 οὐδὲν aF: οὐδὲ E   οὐδὲ aE: οὐ F   3 τῇ (post μόνῃ) om. F   οὐκ abun-
dat cf. v. 8   5 post ἵνα add. μὴ E   7 καὶ ἐν μονῇ aF   8 τῇ om. F
10 μένῃ a   14 καὶ (post ἐνεργεῖ) om. E   15 ἐπιστήσει — τοιοῦτον (16) om. F
21 παρὰ τῷ a   24 ἑαυτοῦ aF: αὐτοῦ E   25 ἑαυτοῦ E: αὐτοῦ aF   26 ὡρίσατο
de anima B 1 p. 412ᵃ27ᵇ5   29 καὶ om. E   30 τὸ δυνάμει F   32 κατ' αὐτὸ
a: κατὰ ταὐτὸ E: καθ' αὐτὸ F   τῆς (ante ἕξεως) om. aF   35 καὶ om. a   36 οὖν
om. F   εἶπον] supra p. 278, 8   37 συνέχειαν scripsi cf. l. c.: ἔχειαν libri

κυρίως λέγηται, οὐκ ἐπὶ τῆς τυχούσης, ἀλλ' ἐπὶ τῆς τοῦ τελείου καὶ κατὰ 94ᵛ τὸ ἐνεργείᾳ ἱσταμένου καὶ ἐντελεχείᾳ ὄντος ἀποδιδομένης. διττὴ οὖν ἡ κυρίως ἐντελέχεια, ἡ μὲν ὡς εἶδος τέλειον ἠρεμοῦν, ὡς ἡ ψυχὴ λέγεται ἐντελέ- 20 χεια, ἡ δὲ ἡ κατὰ τοῦτο ἐνέργεια. εἰ δέ ποτε καὶ ἁπλῶς ἡ ἐνέργεια λέ-
5 γοιτο ἐντελέχεια, καὶ αὐτὴ καθόσον ἕκαστον ἐνεργοῦν κατὰ τὴν ἑαυτοῦ φύσιν τὰς ἐνεργείας ἀποδίδωσιν, εἴτε ἀτελὴς ἡ φύσις, εἴτε τελεία. ὁ δὲ Πορφύριος τὴν κίνησιν ἐντελέχειαν μὲν ἀτελῆ φησιν εἶναι, ἐνέργειαν δὲ τελείαν. καίτοι εἰ τοῦ δυνάμει ἐστὶν ἐνέργεια, τὸ δὲ δυνάμει ἀτελές, πῶς ἡ τοῦ ἀτελοῦς ἐνέργεια τελεία ἂν εἴη ἐνέργεια; ὅλως γὰρ εἰ ἔστιν ἀτελὴς
10 ἐνέργεια, ἡ τοῦ ἀτελοῦς ἂν εἴη. καὶ αὐτὸς δὲ ὁ Ἀριστοτέλης μετ' ὀλίγα 25 "ἥ τε κίνησις, φησίν, ἐνέργεια μὲν εἶναί τις δοκεῖ, ἀτελὴς δέ". προσεκτέον δὲ ὅτι τὸ τῆς ἐνεργείας νῦν ὄνομα κοινῶς τέθεικεν ὁ Ἀριστοτέλης ἐπί τε τοῦ ποιοῦντος καὶ τοῦ πάσχοντος· κοινῶς γὰρ ἐπ' ἀμφοῖν ἡ ἀπὸ τοῦ δυνάμει ἐπὶ τὸ ἐνεργείᾳ διανάστασις κίνησίς ἐστι. κἂν τὸ παράδειγμα οὖν
15 ἐπὶ τοῦ οἰκοδομητοῦ τέθεικεν, ἀλλὰ καὶ ἐπὶ τοῦ οἰκοδομικοῦ ἀληθὲς εἰπεῖν, ὅτι ἡ τοῦ δυνάμει ἐνέργεια κίνησίς ἐστιν. ὁ γὰρ οἰκοδόμος ἐν τῷ ἀργεῖν δυνάμει ὤν, ὅταν ἐνεργῇ τότε κινεῖται κατὰ τὸ οἰκοδομικόν. καὶ ἔστιν ἡ 30 κίνησις ἡ οἰκοδόμησις τοῦ μὲν οἰκοδόμου ἐνέργεια οὖσα, τῆς δὲ οἰκίας πάθος. ἄμφω δὲ κοινῷ ὀνόματι ἐνέργειαν ὁ Ἀριστοτέλης ἐκάλεσε, καθόσον
20 τὸ δυνάμει ἑκατέρωθεν διεγείρεται πρὸς τὸ ἐνεργείᾳ. μήποτε δὲ καὶ τὸ ποιοῦν, ὅταν ἀπὸ τοῦ δυνάμει εἰς τὸ ἐνεργείᾳ μεταβάλλῃ, ὡς πάσχον κινεῖται καὶ οὐχ ὡς ποιοῦν. καὶ διὰ τοῦτο παθητικὰ τὰ παραδείγματα πάντα ὁ Ἀριστοτέλης παρέθετο. ἡ γὰρ τοῦ ποιοῦντος ὡς ποιοῦντος ἐνέργεια τελεία ἐστίν.

25 p. 201ᵃ11 Οἷον τοῦ μὲν ἀλλοιωτοῦ ᾗ ἀλλοιωτὸν ἀλλοίωσις ἕως
τοῦ τοῦ δὲ φορητοῦ φορά.

Ὅτι μὴ συνωνύμως ἡ κίνησις κατηγορεῖται τῶν πολλῶν κινήσεων, ἀλλὰ τῶν πολλαχῶς λεγομένων ἐστίν, εἴρηται πρότερον· τοιαύτης δὲ οὔσης αὐ- 40 τῆς δεῖ καὶ τὸν ὁρισμὸν αὐτῆς ὁμωνύμως εἰλῆφθαι. τοῦτο οὖν ἐνδεικνύμενος
30 ἑκάστην παρέθετο κίνησιν λέγων οἷον τοῦ μὲν ἀλλοιωτοῦ ᾗ ἀλλοιωτὸν ἀλλοίωσιν καὶ τὰ ἑξῆς. πολλαχοῦ δὲ τῶν ὀνομάτων ἐπιλειπόντων ἐπισημαίνεται καλῶς ὁ Ἀριστοτέλης, ὅτι ἐπὶ μὲν τοῦ ποιοῦ ἐστί τι κοινὸν ὄνομα κείμενον τὸ τῆς ἀλλοιώσεως· κἂν γὰρ ἀπὸ λευκοῦ εἰς μέλαν, κἂν ἀπὸ μέλανος εἰς λευκόν, κἂν ἀπὸ θερμοῦ εἰς ψυχρόν, κἂν ἀπὸ ψυχροῦ εἰς
35 θερμόν, καὶ ἐπὶ τῆς τῶν ἄλλων πασῶν ποιοτήτων μεταβολῆς ὄνομα κεῖται 45 κοινὸν τὸ τῆς ἀλλοιώσεως. ὁμοίως δὲ καὶ ἐπὶ τῆς κατὰ τόπον μεταβολῆς

---

1 τελείως E   4. 5 ἐντελέχεια λέγοιτο aF   7 ἀτελῆ μὲν ἐντελέχειαν aF   10 μετ' ὀλίγα] p. 201ᵇ31   13 ἀπὸ om. a   14 κἂν] καὶ aF   15 οἰκοδομητοῦ] p. 201ᵃ16   17 ἔστιν ἡ E: ἔστι aF   19 ἐνεργείᾳ F   22 καὶ (ante διὰ) om. E   23 ὡς ποιοῦντος iteravit F   25 ἀλλοίως a   29 δεικνύμενος E
30 οἷον om. aF   31 ἐφεξῆς E   33 ἀπὸ τοῦ λευκοῦ a   34 ἀπὸ τοῦ μέλανος a

κοινὸν ὄνομα κεῖται ἡ φορά. ἐπὶ μέντοι τοῦ ποσοῦ καὶ ἐπὶ τῆς οὐσίας 94ᵛ
οὐκέτι κοινὸν ὄνομα κεῖται ταῖς ἐφ᾽ ἑκάτερα μεταβολαῖς, ἀλλ᾽ ἐπὶ τοῦ
ποσοῦ τὴν μὲν ἐξ ἐλάττονος εἰς μεῖζον ἐπίδοσιν αὔξησιν καλοῦμεν, τὴν δὲ
ἐναντίαν μείωσιν, ἢ ὡς αὐτὸς ὀνομάζει φθίσιν, οὐ ταὐτὸν τῇ φθορᾷ σημαί-
5 νων τῇ εἰς τὸ μὴ ὂν ἀπαγούσῃ, ἀλλὰ τὴν μείωσιν δηλῶν· ἐπὶ δέ γε τῆς
οὐσίας ἡ μὲν ἐκ τοῦ μὴ ὄντος εἰς τὸ ὂν γένεσις ἁπλῶς λέγεται, ἡ δὲ 50
ἐναντία φθορά.

p. 201 ᵃ 15   Ὅτι δὲ τοῦτό ἐστιν ἡ κίνησις ἕως τοῦ ἅδρυνσις.

Ἐφαρμόσας τὸν τῆς κινήσεως ὁρισμὸν ταῖς πολλαχῶς λεγομέναις κινή-
10 σεσιν ἐφεξῆς, ὅτι καλῶς ὁ | ὁρισμὸς ἀπεδόθη, δείκνυσι διὰ συλλογισμοῦ 95ʳ
ἐναργῆ τὰ λήμματα ἔχοντος καὶ μόνης δεόμενα τῆς διὰ παραδειγμάτων
χειραγωγίας. καὶ ἔστιν ὁ συλλογισμὸς τοιοῦτος· ἡ ἐνέργεια τοῦ οἰκοδο-
μητοῦ καθὸ οἰκοδομητὸν καὶ τὸ ἐνεργείᾳ αὐτοῦ ἡ οἰκοδόμησίς ἐστιν· ἡ δὲ
οἰκοδόμησις κίνησις· ἡ τοῦ οἰκοδομητοῦ ἄρα καθὸ οἰκοδομητὸν ἐνέργεια
15 κίνησίς ἐστι. λέγεται μὲν γὰρ οἰκοδομητὸν καὶ τὸ ἤδη ᾠκοδομημένον, ἀλλ᾽ 5
ἡ ἐκείνου ἐνέργεια καὶ τὸ ἐνεργείᾳ τὸ τέλειόν ἐστιν εἶδος καὶ ἡ κατ᾽ αὐτὸ
ἐνέργεια. καὶ οὐκέτι κυρίως οἰκοδομητὸν τὸ τοιοῦτον, ἀλλὰ κατὰ ἀναφορὰν
μόνον. λέγεται δὲ κυρίως οἰκοδομητὸν τὸ ἔτι δυνάμει ὂν καὶ ἕως ἂν ᾖ
δυνάμει. τοῦτο οὖν ὅταν ἐνεργῇ κατὰ τὸ δυνάμει, ὅπερ ἐστὶν ἐνεργείᾳ εἶναι
20 οἰκοδομητόν (τὸ γὰρ ἐνεργοῦν κατά τι ἐνεργείᾳ κατ᾽ ἐκεῖνο λέγεται), τότε
καὶ ἡ ἐνέργεια αὕτη ἥτις ἐστὶν ἡ οἰκοδόμησις κίνησίς ἐστιν. ὁμοίως δὲ
καὶ ἐπὶ τῶν ἄλλων τῶν δυνάμει. καὶ καθόλου ἄρα ἀληθὲς εἰπεῖν, ὅτι ἡ 10
τοῦ δυνάμει καθὸ δυνάμει ἐστὶν ἐνέργεια κίνησίς ἐστι. σκληρότερον δὲ
δοκεῖ τὸ τὸ δυνάμει ἐνεργείᾳ λέγειν, ὅταν ἐνεργῇ κατὰ τὸ δυνάμει. ἀλλ᾽
25 ἐπειδὴ ὅλως ἐνεργοῦν ὑπόκειται, τὸ δὲ ἐνεργοῦν ἐνεργείᾳ λέγεται, διὰ τοῦτο
καὶ τὸ δυνάμει ἐνεργείᾳ εἶπεν.

Ὁ δὲ Ἀλέξανδρος "δύναταί τις, φησίν, ἐκ τῶν εἰρημένων μεταλαβὼν
λέγειν κίνησιν εἶναι τὴν τοῦ δυνάμει ὄντος πρώτην μεταβολὴν ἢ πρώτην
ἐντελέχειαν· ὑστάτη μὲν γάρ ἐστιν ἡ εἰς τὴν τελειότητα μεταβολή, καθ᾽ 15
30 ἣν ἐνεργείᾳ γενόμενον τοῦτο ὅπερ ἦν δυνάμει ἠρεμεῖ κατὰ τοῦτο λοιπόν·
πρώτη δὲ ὁδὸς ἡ ἐπ᾽ ἐκεῖνο". ταῦτα τοῦ Ἀλεξάνδρου λέγοντος αὐτῇ λέξει
ἀποδεκτέον μέν, εἰ μὴ αὐτῆς τῆς ἀτελοῦς δυνάμεως πρώτην λέγοι μετα-
βολὴν τὴν κίνησιν, ὑστέραν δὲ τὴν εἰς τὸ εἶδος, ἀλλ᾽ αὐτοῦ τοῦ δυναμένου
καὶ πεφυκότος· τοῦτο γὰρ διὰ κινήσεως ἐκ τοῦ ἀτελοῦς μεταβάλλει εἰς τὸ
35 τέλειον καὶ ἐνεργεῖ κατὰ τὴν τοιαύτην μεταβολὴν ἀτελῆ οὖσαν ἐνέργειαν,
ἕως ἂν ἀτελὲς μένῃ. καὶ γὰρ ἡ κίνησις ἐλέγετο οὐ τῆς δυνάμεως ἤτοι 20

---

1 ἐπὶ (post καὶ) om. aF   2 ante τοῦ add. μὲν a   3 ἐξ om. E   4 σημαῖ-
νον F   5 ἀπαγαγούσῃ a   8 ἅδρυνσις a: ἀνδρυνσις E. cum ἅδρυνσις ultima sit
lemmatis vox, nescio an Metaphysicorum K 9 p. 1065ᵇ 20 posita γήρανσις ἅδρυνσις in
Simplicii quoque exemplari fuerit. sed cf. p. 95ʳ 38   13 ἡ (post αὐτοῦ) et ἐστίν
om. F   14 post οἰκοδομητὸν add. ἐστιν aF   17 κυρίως οἰκοδομεῖται a
31 τοῦ aE: οὖν F   36 ἀτελὲς EF: ἀτελὴς a

SIMPLICII IN PHYSICORUM III 1 [Arist. p. 201ᵃ15. 19]   417

τῆς ἐπιτηδειότητος, ἀλλὰ τοῦ ἐπιτηδείου καθὸ τοιοῦτον. ζητητέον δὲ ὅμως, 95ʳ
πῶς περὶ τῆς ἁπλῶς κινήσεως ὄντος τοῦ λόγου πρώτην μεταβολὴν φησιν
εἶναι αὐτήν. εἰ μὲν γὰρ ταὐτόν ἐστι κίνησις καὶ μεταβολή, δι' ἑαυτῆς ἂν
εἴη ἀποδεδομένη ἡ κίνησις, ὡς εἴ τις ζητῶν τί ἐστιν κίνησις ἀποδιδοίη
5 λέγων· ἡ πρώτη κίνησις. εἰ δὲ κοινοτέρα καὶ οἷον γένους ἔχουσα λόγον
ἐστὶν ἡ μεταβολὴ τῆς κινήσεως διὰ τὸ τὴν γένεσιν καὶ τὴν φθορὰν μετα-
βολὰς μὲν εἶναι, κινήσεις δὲ οὔ, πρῶτον μὲν οὔπω διῄρηται τοῦτο· ἀλλὰ 25
ἐν ταύτῃ καὶ τὴν γένεσιν καὶ τὴν φθορὰν θεωρεῖ, ἐν δὲ τῷ πέμπτῳ βιβλίῳ
διαιρεθήσεται. ἔπειτα ἡ ζητουμένη νῦν κίνησις ἡ κοινή ἐστιν ἡ καὶ τὴν
10 μεταβολὴν καὶ τὴν κίνησιν περιέχουσα. ἐκείνης γὰρ ἀρχὴ τῆς κινήσεως
ἡ φύσις ἐστί, ζητεῖ δὲ ταύτην ἧς ἡ φύσις ἀρχή. εἰ οὖν μέρος ἢ εἶδος
τῆς τοιαύτης κινήσεως ἡ μεταβολή, διὰ τοῦ μέρους τὸ ὅλον ἀποδοθήσεται,
ὡς εἴ τις ζητῶν τί ἐστι ζῷον λέγοι ἄνθρωπος. ὅλως δὲ ὁ πρώτην μὲν
τοῦ δυνάμει ὄντος μεταβολὴν τὴν κίνησιν λέγων, ὑστάτην δὲ τὴν εἰς τελειό- 30
15 τητα μεταβολήν, ἐπειδὴ τὸ μεταβάλλον πᾶν ἀπό του εἴς τι μεταβάλλει, ἆρα
ἡ πρώτη αὕτη μεταβολὴ ἀπό τινος εἴς τι ἐστίν; ἀπὸ μὲν γὰρ τοῦ ἀτελοῦς
εἰς τὸ τέλειον οὐκ ἔστιν· ἡ γὰρ ὑστάτη ἦν αὕτη. εἰ δὲ ἡ ἀπὸ τοῦ μὴ
κινεῖσθαι εἰς τὸ κινεῖσθαι, ἔσται πρὸ τῆς ἁπλῶς κινήσεως κίνησις, ὅπερ
ἄτοπον. ἆρα δὲ ἡ μὲν πρώτη μεταβολὴ κίνησίς ἐστιν, ἡ δὲ ὑστάτη ἡ εἰς
20 τὴν τελειότητα οὐκ ἔστι κίνησις μεταβολὴ οὖσα καὶ αὐτή; καίτοι καὶ πᾶσα
μεταβολὴ κίνησίς ἐστι κατὰ τὴν ζητουμένην νῦν κίνησιν, καὶ ἡ ἐξ ἀτελείας 35
δὲ εἰς τελειότητα μεταβολὴ διὰ κινήσεως γίνεται. ἐπιστῆσαι δὲ ἄξιον, ὅτι
τὰ ἐκτεθέντα παραδείγματα τῶν εἰδῶν ἐστι τῆς κινήσεως μάθησις μὲν καὶ
ἰάτρευσις ἀλλοίωσίς τις, ἡ μὲν περὶ ψυχὴν ἡ δὲ περὶ σῶμα· κύλισις δὲ
25 καὶ ἅλσις φορά, ἡ μὲν ἀφ' ἑαυτῶν ἡ δὲ ἔξωθεν· ἅδρυνσις δὲ ἡ κατὰ πο-
σότητα καὶ γήρανσις ἡ κατ' οὐσίαν, ἡ μὲν αὔξησις ἡ δὲ φθορά, ὧν καὶ
τὰ ἀντικείμενα δέδωκεν ἐννοεῖν. δύναται δὲ ἡ μὲν οἰκοδόμησις τῆς οὐσίας 40
εἶναι, ἡ δὲ ἅδρυνσις καὶ γήρανσις τοῦ ποσοῦ.

p. 201ᵃ19 Ἐπεὶ δὲ ἔνια ταὐτὰ καὶ δυνάμει καὶ ἐντελεχείᾳ ἐστίν
30   ἕως τοῦ πᾶν γὰρ τὸ τοιοῦτο κινεῖ κινούμενον καὶ αὐτό.

Εἰπὼν ὅτι ἡ κίνησις ἐνέργεια τοῦ δυνάμει ἐστὶν ἢ τοιοῦτον, καλῶς 45
προστίθησι τὸ ἑπόμενον τῷ λόγῳ. ἐπειδὴ γὰρ τὰ φυσικὰ καὶ δυνάμει ἐστὶ
καὶ ἐνεργείᾳ, εἰ καὶ μὴ κατὰ τὸ αὐτό, ἀλλὰ κατ' ἄλλο καὶ ἄλλο, δυνάμει
μὲν εἰ τύχοι ψυχρόν, ἐνεργείᾳ δὲ θερμόν, ἢ εἰ κατὰ τὸ αὐτὸ καὶ δυνάμει

---

2. 3 εἶναι φησίν aF   4 post ἐστιν add. ἡ aF   6 ἐστὶν om. aF   τὸ (post διὰ)
om. E   post γένεσιν habet καὶ τὴν γένεσιν F   9 fortasse τὴν κατὰ μεταβολὴν
κίνησιν περιέχουσα   15 ἀπό του εἴς τι aE: ἀπὸ τοῦ οὗ ἐστι F   μετέβαλλεν a
ἆρα scripsi: ἄρα libri (ut v. 19 E)   16 αὐτή E   εἴς τι om. E   17 ἡ (post δὲ)
om. a   αὕτη aF   24 ψυχῆς F¹   25 ἀνδρυνσις (ut v. 28 E) a   δὲ καὶ
ἡ F   26 post αὔξησις add. οὖσα F   29 ἔνια τούτων καὶ δυνάμει καὶ ἐνεργείᾳ
ἐστίν F   ταῦτα E   31 post δυνάμει add. τοιου F   34 εἰ καὶ κατὰ a

καὶ ἐνεργείᾳ οἷον κατ' ἄμφω θερμόν, ἀλλ' οὐχ ἅμα, ἀλλὰ νῦν μὲν δυνάμει, 95ʳ
αὖθις δὲ ἐνεργείᾳ ἢ ἀνάπαλιν, ἐπειδὴ οὖν οὕτως ἔχουσι τὰ φυσικά, διὰ
τοῦτο οὔτε κινεῖται μόνως ὥσπερ ἡ ὕλη οὔτε κινεῖ μόνως ὡς τὰ ἀσώ- 50
ματα, ἀλλὰ καὶ κινεῖται καθὸ δυνάμει, καὶ κινεῖ καθὸ ἐνεργείᾳ ἐστίν. ἔχει
5 μὲν οὖν καὶ ταύτην, ὡς εἶπον, τὴν χρείαν τὰ εἰρημένα τὴν αἰτίαν λέγοντα
τοῦ μὴ μόνον κινεῖσθαι ἀλλὰ καὶ κινεῖν τὰ φυσικά. καὶ ἀπορίαν δέ τινα
πρὸς τὸν τῆς κινήσεως ὁρισμὸν ὑποφερομένην διαλύει καλῶς. ἡ δὲ ἀπορία
τοιαύτην ἔχει τὴν ἐρώτησιν ἐν πρώτῳ σχήματι· τινὰ κινούμενα καὶ αὐτὰ
κινεῖ· πάντα τὰ κινοῦντα ἐνεργείᾳ ἐστὶν οὐ δυνάμει· τινὰ ἄρα κινούμενα
10 ἐνεργείᾳ ἐστὶν οὐ δυνάμει· | ὥστε οὐ πᾶσα κίνησις τοῦ δυνάμει ἐστὶν ἐνέρ- 95ᵛ
γεια ᾗ τοιοῦτον. λύεται οὖν αὕτη ἡ ἀπορία διὰ τοῦ κινεῖσθαι μὲν πᾶν τὸ
κινούμενον καὶ πάσχειν καθὸ δυνάμει ἐστί, κινεῖν δὲ καὶ ποιεῖν καθὸ ἐνερ-
γείᾳ· ἄλλο γὰρ αὐτῷ τὸ δυνάμει καὶ ἄλλο τὸ ἐνεργείᾳ εἶναι. διὸ καὶ ἄλλο
ἡ καθ' ἑκάτερον ἐνέργεια, εἴπερ μὴ μόνον τὸ ποιεῖν ἀλλὰ καὶ τὸ πάσχειν
15 ἐνέργεια λέγεται. καίτοι γὰρ ἐν τῷ κινουμένῳ τὴν κίνησιν εἶναι βουλό- 5
μενος ἐνέργειαν αὐτὴν εἶπεν εἶναι τοῦ κινητοῦ ᾗ τοιοῦτον. ὅτι δὲ πάσχει
μὲν τὸ δυνάμει καθὸ δυνάμει καὶ κινεῖται, ποιεῖ δὲ καὶ κινεῖ τὸ ἐνεργείᾳ
καθὸ ἐνέργεια, δῆλον ἐκ τοῦ μὴ ἐπὶ τὸ αὐτὸ εἶναι τὴν ἐνέργειαν ἑκατέρου,
ἀλλὰ τοῦ μὲν δυνάμει οὐκ ἐφ' ὅ ἐστιν, ἀλλ' ἐφ' ὃ πέφυκε. τὸ γὰρ ψυχρὸν
20 θερμαίνεται, διότι οὐκ ἔστι θερμὸν ἀλλὰ ψυχρόν, πέφυκε δὲ θερμαίνεσθαι.
τὸ δὲ θερμὸν θερμαίνει, διότι καθό ἐστιν ἐνεργεῖ, ἀλλ' οὐχὶ καθὸ οὔπω
μέν ἐστι πέφυκε δὲ ἐνεργεῖσθαι ὡς τὸ πάσχον. καθὸ γὰρ πέφυκεν ἐνερ- 10
γούμενον ψύχεται, ἀλλ' οὐχὶ θερμαίνει. ὥστε ὅσα κινούμενα κινεῖ διὰ μὲν
τὸ δυνάμει εἶναι κινεῖται, διὰ δὲ τὸ ἐνεργείᾳ εἶναι κινεῖ. τὸ γὰρ ψυχρὸν
25 θερμαίνεται μὲν ὡς δυνάμει, ἀντιψύχει δὲ ὡς ἐνεργείᾳ. καὶ εἴπερ μὴ ἦν
τὸ δυνάμει ἀλλ' ἐνεργείᾳ μόνον, οὐκ ἂν ἐκινεῖτο οὐδὲ μετέβαλλεν εἰς ἄλλο,
ἀλλ' ἔμενεν ἐν ᾧ ἦν· οὐ γὰρ ἐπεφύκει πρὸς ἄλλο· μόνον δὲ ἐνήργει καὶ
ἐποίει καθὸ ἦν, οὐ μέντοι ἔπασχεν. εἰ δὲ δυνάμει μόνον ἦν τι καὶ μὴ
εἶχέ τι καὶ ἐνεργείᾳ, οὐκ ἂν ἐνήργει οὐδὲ ἐποίει τι οὐδὲ ἐκίνει (οὐ γὰρ 15
30 εἶχέ τι καθ' ὃ ποιήσει), μᾶλλον δὲ οὐδὲ ἦν ὅλως. ὅπερ γάρ ἐστιν ἕκαστον,
ἐνεργείᾳ ἐστί. διὸ τὴν ὕλην οὐδὲ εἶναί τινες οἴονται, ἐπειδὴ πάσχειν μόνον
δοκεῖ καὶ μὴ ποιεῖν μηδὲ ἐνεργεῖν. τὸ δὲ μὴ ἐνεργοῦν οὐδὲ ἔστι τι ἐνερ-
γείᾳ, καθὸ ἦν ἐνεργεῖν ἀνάγκη. ἔχει μὲν οὖν, ὅπερ εἶπον, καὶ ταύτας τὰς
χρείας τὸ προκείμενον ῥητόν.
35 Μήποτε δὲ προσθεῖναί τι βούλεται τῷ λόγῳ τῆς κινήσεως. ἐπειδὴ
γὰρ ἐντελέχεια τοῦ δυνάμει ὄντος ἡ κίνησις ἀποδέδοται, ἵνα μὴ νομίσῃ τις

---

3 οὔτε κινεῖται μόνως E: οὐ κινεῖται μόνον aF   4 καὶ (post ἀλλὰ) om. aF   8 καὶ αὐτὰ — κινούμενα (9) om. E   10 ἐστὶν ἐνεργείᾳ a, sed cf. p. 413, 13   11 ᾗ] ὡς F   12 πάσχει F   κινεῖ δὲ καὶ ποιεῖ F   15 καίτοι EF: καίπερ a   κινουμένῳ τὴν om. F   εἶναι om. a   17 τὸ (post μὲν)] τῇ F   21 διότι om. a ἐνεργεῖ E: ἐνέργεια aF   22 ἐνεργεῖσθαι aE: ἐνεργεῖται F   28 μὴ E: οὐκ aF   29 καὶ (post τι) om. aF   32 καὶ μὴ] μηδὲ E   33 ὅπερ εἶπον post χρείας collocat a   35 τι om. aF

ὅτι μόνον δυνάμει ἐστὶ τὸ τοιοῦτον, προσθήσει μετ' ὀλίγον 'τὸ ἐνεργείᾳ ὂν 95ᵛ
ἄλλο τι καὶ ἄλλο δυνάμει ὅταν κατὰ τὸ δυνάμει ἢ αὐτὸ ἐνεργῇ ἢ ὑπ' 20
ἄλλου ἐνεργῆται, ἡ τοιαύτη ἐνέργεια κίνησίς ἐστιν'. εἰκότως οὖν προλαμ-
βάνει ὅτι τὰ φυσικά, ἐν οἷς ἡ κίνησις, καὶ δυνάμει καὶ ἐνεργείᾳ ἐστὶ καὶ
5 ποιεῖ καὶ πάσχει. καλῶς δὲ ἔνια εἶπε τὰ αὐτὰ καὶ δυνάμει καὶ ἐντελεχείᾳ
εἶναι. οὐ γὰρ πάντα τοιαῦτά ἐστι. τὰ γὰρ νοερὰ καὶ θεῖα οὐδὲν ἔχει
δυνάμει, διότι τῇ οὐσίᾳ εἰσὶν ἐνεργείᾳ, ὡς αὐτός φησι. τὰ μέντοι οὐράνια
σώματα καὶ σώματα ὄντα κατὰ μὲν τὴν οὐσίαν οὐκ ἔχει τὸ δυνάμει γενέ- 25
σεως καὶ φθορᾶς ἐξῃρημένα, κατὰ δὲ τὴν τοπικὴν κίνησιν (οὐ τῷ ἐξ ἀκι-
10 νησίας εἰς κίνησιν μεταβάλλειν, ἀλλὰ τῷ μὴ πάντα ἅμα πανταχοῦ εἶναι
τὰ μόρια, ἀλλὰ ἄλλοτε ἀλλαχοῦ) τὸ δυνάμει ἔχει καὶ αὐτά. ἴσως δὲ καὶ
κατὰ τὰς διαφόρους πρὸς ἄλληλα σχέσεις τε καὶ συγκράσεις ἀλλοίωσιν ὑπο-
μένει τινὰ καὶ πάσχει κατά τι ἐνυπάρχον αὐτοῖς δυνάμει. ἄλλη γὰρ διά-
θεσις αὐτοῖς ἀπὸ συμπαρουσίας καὶ ἄλλη ἀπὸ τριγωνικῆς ἢ ἑξαγωνικῆς
15 ἢ τετραγωνικῆς αὐτῆς στάσεως ἐγγίνεται καὶ ἄλλη ἀπὸ τῆς ἀσχηματίστου 30
πρὸς ἄλληλα διαστάσεως, ὡς δηλοῖ τὰ διάφορα τῶν τοιούτων διαφορῶν
ἀποτελέσματα. ἀλλ' εἰ καὶ κινούμενα ταῦτα ὑπὸ τῶν πρώτως κινούντων
αἰτίων κινεῖ τὰ ὑπὸ σελήνην, ἀλλ' οὐκ ἀντικινεῖται ὑπ' αὐτῶν. καὶ κατὰ
τοῦτο διαφέρει τῶν ὑπὸ σελήνην. ταῦτα γὰρ κινοῦντα ἀντικινεῖται ὑπὸ
20 τῶν κινουμένων διὰ τὸ ἐκ τῶν αὐτῶν συγκεῖσθαι στοιχείων καὶ τῆς αὐτῆς
ὕλης ὁμοίως πεφυκυίας πρὸς τὰ ἀντικείμενα. τοιγαροῦν πάσχει μὲν κατὰ 35
τὴν ὕλην ἕκαστον, καθ' ἣν τὸ δυνάμει ἔχει, δρᾷ δὲ κατὰ τὸ εἶδος, καθ'
ὃ ἐνεργείᾳ ἐστὶν ὅ ἐστι. τὰ γὰρ θερμαίνοντα ἀντιψύχεται καὶ τὰ ψύχοντα
ἀντιθερμαίνεται. τοῦτο δὲ ἴσως καὶ τὰ οὐράνια πάσχει πρὸς ἄλληλα
25 ποιοῦντα εἰς ἄλληλα καὶ πάσχοντα ὑπ' ἀλλήλων· τὸ μέντοι κινητὸν ἐπὶ
τῶν οὐρανίων κοινότερον λέγεσθαί φησιν ὁ Ἀλέξανδρος, διότι κυρίως κινη-
τόν ἐστι τὸ οἷόν τε κινεῖσθαι καὶ μή. ὅταν οὖν λέγῃ ὥστε καὶ τὸ κι-
νοῦν φυσικῶς, οὐ περὶ παντὸς λέγει φυσικοῦ. φυσικὸν γὰρ καὶ τὸ οὐ- 40
ράνιον· ἀλλ' οὔτε ἀντικινεῖται τοῦτο ὑπὸ τοῦ κινουμένου οὔτε κινητόν ἐστιν.
30 εἰ μὴ ἄρα καὶ τοῦτο πρὸς τὰ σύστοιχα ἄμφω ἔχει. ἀντιπάσχον γὰρ καὶ
ἀντικινούμενον κατ' ἄλλο καὶ ἄλλο πάθος καὶ ἄλλοτε ἄλλην κίνησιν, δῆλον
ὅτι καὶ κινητόν ἐστιν. οὐ μέντοι ὡς δυνάμενον καὶ κινεῖσθαι καὶ μή, ἀλλ'
ὡς πεφυκὸς κατά τινα, καθ' ἃ οὔπω πάσχει. ἡ γὰρ σελήνη συνοδεύουσα
τῷ ἡλίῳ οὔπω πάσχει τὸ ἐπὶ τῇ διαμέτρῳ πάθος καίτοι πεισομένη γε καὶ
35 κινησομένη κατ' ἐκεῖνο τὸ πάθος, ὥστε καὶ κινητή ἐστι κατὰ τοῦτο.

---

1 μετ' ὀλίγον cf. p. 201 ᵃ 27 sq. Themistius p. 208, 1 sq.   7 φησι cf. de Anima
Γ 5 p. 430 ᵃ 17 καὶ οὗτος ὁ νοῦς χωριστὸς καὶ ἀπαθὴς καὶ ἀμιγὴς τῇ οὐσίᾳ ὢν ἐνεργείᾳ
12 τὰς (post κατὰ) om. a   ὑπομένειν F   15 ἢ τετραγωνικῆς om. E
αὐτῆς om. a   ἀπὸ τοῦ σχήματος τῆς πρὸς F   17 αὐτὰ F   18 ἀλλ' —
σελήνην (19) om. F   20 διὰ τὰ ἐκ E   28 φυσικῶς aF: φυσικός· ὅταν — κι-
νοῦν φυσικῶς (emendata lectione cum enuntiato suo repetita) E   34 ante ἐπὶ habet
κατά τινα οὔπω πάσχει F

p. 201ᵃ25   Δοκεῖ μὲν οὖν τισι πᾶν κινεῖσθαι τὸ κινοῦν ἕως τοῦ 95ᵛ
ἔστι γάρ τι τῶν κινούντων καὶ ἀκινήτων τι.

Εἰπὼν ὅτι ἔνια καὶ δυνάμει ἐστὶ καὶ ἐνεργείᾳ καὶ διὰ τοῦτο κινούμενα
κατὰ τὸ δυνάμει κινεῖ κατὰ τὸ ἐνεργείᾳ, οὐ μέντοι πάντα τοιαῦτά ἐστι τὰ
5 ὄντα, ἀλλ' ἔστι τινὰ μόνως ἐνεργείᾳ ὄντα καὶ οὐ δυνάμει, ἅπερ δηλονότι 50
μόνως κινοῦντά ἐστι καὶ οὐχὶ κινούμενα, εἰκότως ἐπήγαγεν ὅτι τισὶ δοκεῖ
μὴ εἶναί τι κινοῦν ἀκίνητον, ἀλλὰ πᾶν τὸ κινοῦν κινεῖσθαι, οὗπερ αὐτὸς
ἐν τῷ πέρατι τῆσδε τῆς πραγματείας τὸ ἐναντίον ἀποδείξει, εἰς ὃ καὶ ἀνε-
βάλετο τὴν περὶ τούτου ζήτησιν.   καὶ δῆλον ὅτι ταύτης εἰσὶ τῆς δόξης
10 τῶν τε παλαιῶν φυσιολόγων ὅσοι σωματικὴν ἢ μίαν ἢ πλείους ὑπέθεντο
τὴν ἀρχήν, καὶ τῶν νέων οἱ Στωικοί, κατὰ γὰρ τὴν τῶν ἀρχῶν διάκρισιν
ἢ σύγκρισιν ἢ ἀλλοίωσιν ἔλεγον οἱ πάλαι γίνεσθαι τὰ γινόμενα.   ὁ δὲ
Ἀλέξανδρος | Πλάτωνος εἶναι τὴν δόξαν φησί.   καὶ ὅτι μὲν τὸ ἓν καὶ 96ʳ
τἀγαθὸν καὶ ὅλως τὸ πρῶτον αἴτιον, κινοῦν πρὸς ἑαυτὸ πάντα ὡς ἐφετόν,
15 ἀκίνητον εἶναί φησιν ὁ Πλάτων, δηλοῖ σαφῶς τὰ κατὰ τὴν πρώτην ὑπό-
θεσιν τοῦ Παρμενίδου λεγόμενα· μετὰ γὰρ τὸ ἑκάστην τῶν κινήσεων ἀνε-
λεῖν ἀπ' αὐτοῦ ἐπάγει "κατὰ πᾶσαν ἄρα κίνησιν τὸ ἓν ἀκίνητον".   καὶ
τὰς ἰδέας δὲ αὐτὸς Ἀλέξανδρος ὁμολογεῖ ἀκινήτους λέγειν τὸν Πλάτωνα · 5
διὸ καὶ σύγκρισίν τινα τῶν Πλατωνικῶν λόγων οἴεται ἀποδεικνύναι.   "εἰ
20 γὰρ τὸ νοεῖν, φησί, κινεῖσθαί ἐστι κατὰ τοὺς Πλατωνικοὺς τὸ νοεῖσθαι
κινεῖν ἐστιν· εἰ οὖν νοοῦνται αἱ ἰδέαι, κινοῦσιν· εἰ οὖν πᾶν τὸ κινοῦν καὶ
κινεῖται, ἔσονται καὶ αἱ ἰδέαι κινούμεναι. καίτοι ἀκινήτους αὐτὰς ὑποτίθεν-
ται."   ἀλλ' ὅτι μὲν τὸ νοεῖν κατ' οὐδὲν λέγεται εἶδος τῶν φυσικῶν κινήσεων
κινεῖσθαι εἶναι, ἀλλὰ κατὰ τὸ ἐνεργεῖν, ὅπερ καὶ Ἀριστοτέλης μαρτυρεῖ τῷ
25 νῷ, τῇ οὐσίᾳ ἐνέργειαν αὐτὸν εἶναι λέγων, παντὶ πρόδηλον.   καὶ γὰρ ἐν 10
Τιμαίῳ πᾶν τὸ ὂν ὁ Πλάτων ἀεὶ κατὰ τὰ αὐτὰ καὶ ὡσαύτως ἔχειν φησίν·
οὐδὲν δὲ τῶν κινουμένων ἢ κατ' οὐσίαν ἢ κατὰ ποσότητα ἢ κατὰ ποιό-
τητα ἢ κατὰ τόπον ἀεὶ κατὰ τὰ αὐτὰ καὶ ὡσαύτως ἔχειν δύναται. ὥστε
καὶ ὅταν ἐν Νόμοις λέγῃ "κατὰ ταὐτὰ καὶ ὡσαύτως καὶ περὶ τὰ αὐτὰ καὶ
30 πρὸς τὰ αὐτὰ καὶ ἕνα λόγον καὶ τάξιν μίαν ἄμφω κινεῖσθαι νοῦν τήν τε
ἐν ἑνὶ φερομένην κίνησιν σφαίρας ἐντόρνου ἀπεικασμένα φοραῖς", οὐ μετα-
βατικὴν κίνησιν μαρτυρεῖ τῷ νῷ οὔτε καθ' ὅλον οὔτε κατὰ μέρη, ἀλλ' 15
ἐνεργητικήν,   κίνησιν δὲ ὅλως λεγομένην κατὰ τὴν ζωτικὴν ἀπὸ τοῦ εἶναι

---

1 τισιν ἅπαν a   2 ἔστι γάρ τι κινοῦν καὶ ἀκίνητον a ex Aristot. lectio quam dedi ex E haud scio an librarii errori sit tribuenda   3 ἔστι καὶ δυνάμει aF   6 οὐχὶ E: οὐ aF   8 καὶ om. E   ἀνεβάλλετο E   12 ἢ (post διάκρισιν) aE: καὶ F   τὰ γινόμενα λεγόμενα F   17 ἐπάγει Parmen. p. 139 A   21 αἱ] καὶ αἱ F   22 καὶ (post ἔσονται) om. a   23 νοεῖν] κινεῖν a   26 Τιμαίω p. 28 A ἀεὶ κατὰ τὰ αὐτὰ ὂν   27 δὲ om. F   κατά (ante ποιότητα) om. E   29 Νόμοις X p. 898 A   ταὐτὰ δή που Plato   post ὡσαύτως habet καὶ ἐν τῷ αὐτῷ Plato   30 κινεῖσθαι λέγοντες Plato   31 ἐντόρνου Plato: ἐντορνίου F: καὶ τόρνου aE   ἀπεικασμένην a   μεταβατὴν (compendio punctis diacriticis carente) E

πρὸς τὸ ἐνεργεῖν διανάστασιν. ὥστε τὸ ἀκίνητον εἶναι τὸν νοῦν κατὰ τὰς 96ʳ
φυσικὰς κινήσεις παρὰ τοῦ Πλάτωνος ὁ Ἀριστοτέλης ἔχει μαθών".
  Ἀλλ' εἴπερ ἄρα πρὸς Πλάτωνα ὁ λόγος τείνει, εἰς τὴν περὶ ψυχῆς
αὐτοῦ δόξαν ἀποβλέπειν ἔοικεν. ὁ γὰρ Πλάτων ἑτεροκίνητα νομίζων τὰ
5 σώματα, ὥσπερ καὶ Ἀριστοτέλης, ὑπὸ ψυχῆς αὐτὰ προσεχῶς αὐτοκινήτου 20
κινεῖσθαί φησι. καὶ ὅτι μὲν ὑπὸ ψυχῆς κινεῖται καὶ τὰ οὐράνια πάντα
προσεχῶς, ὁμολογεῖ καὶ Ἀριστοτέλης σαφῶς ἔμψυχα λέγων αὐτὰ ἐν τῷ
δευτέρῳ τῆς Περὶ οὐρανοῦ, ἐν οἷς ἀπορήσας τινὰ περὶ τῶν ἄστρων βαθέως
μέλλων λύειν τὴν ἀπορίαν "ἡμεῖς, φησίν, ὡς περὶ σωμάτων αὐτῶν καὶ
10 μονάδων τάξιν μὲν ἐχόντων, ἀψύχων δὲ πάμπαν διανοούμεθα· δεῖ δὲ ὡς
μετεχόντων ὑπολαμβάνειν πράξεως καὶ ζωῆς". λέγει δὲ αὐτὰ μετὰ τοῦ
ὅλου οὐρανοῦ κινεῖσθαι ἐνδεδεμένα ἐν αὐτῷ. τὴν δὲ ζωὴν μετὰ τὴν ἐμψύ- 25
χίαν ὁ Ἀριστοτέλης εἰδὼς τὰ ζῶντα ζῷα οἶδεν. ἀλλ' ὁ μὲν Ἀριστοτέλης
ἀκίνητον εἶναί φησι τὴν ψυχὴν τὰς φυσικὰς πάσας αὐτῆς ἀναιρῶν κινήσεις.
15 καὶ ὁ Πλάτων δὲ αὐτοκίνητον αὐτὴν ἀποδείκνυσιν ὡς κινουμένην μὲν ὑφ'
ἑαυτῆς, ταῖς δ' ἑαυτῆς κινήσεσι κινοῦσαν τὰ σώματα οὐχὶ φυσικαῖς οὔσαις
ἀλλ' ἐνεργείαις ψυχῆς μεταβατικαῖς, διὸ καὶ κινουμέναις. ὅτι γὰρ οὐ κατὰ
φυσικὴν κίνησιν κινεῖσθαί φησι ὁ Πλάτων τὴν ψυχήν, ἄκουε τῶν ἐν τῷ
δεκάτῳ τῶν Νόμων εἰρημένων· "ἄγει μὲν δὴ ψυχὴ πάντα τὰ κατ' οὐ- 30
20 ρανὸν ταῖς ἑαυτῆς κινήσεσιν, αἷς ὀνόματά ἐστι βούλεσθαι ἐπιμελεῖσθαι σκο-
πεῖσθαι βουλεύεσθαι δοξάζειν ὀρθῶς ἐψευσμένως." ὥστε καὶ ἡ ψυχὴ
ἀκίνητός ἐστιν ἐκείνην τὴν κίνησιν ἣν κινεῖ. καὶ ὁ Ἀριστοτέλης τῷ Πλά-
τωνι κατακολουθῶν τὸ πρώτως κινοῦν ἀκίνητον εἶναί φησι, τὴν μὲν ψυχὴν
ὡς ἀκίνητον ἣν κινεῖ κίνησιν, τὸν δὲ νοῦν ὡς καὶ κατὰ τὰς ἐνεργείας ἀμε-
25 τάβατον. ἐπειδὴ γὰρ δεῖ πρὸ μὲν τοῦ ἑτεροκινήτου εἶναι τὸ αὐτοκίνητον
προσεχὲς αἴτιον τοῦ ἑτεροκινήτου, πρὸ δὲ τοῦ ὁπωσοῦν κινουμένου ⟨τὸ⟩ 35
οὔτε ὑπ' ἄλλου οὔτε ὑφ' ἑαυτοῦ, τὸ ἀκίνητον αἴτιον καὶ τῷ αὐτοκινήτῳ
τοῦ εἶναι καὶ κινεῖσθαι, διότι τὸ αὐτοκίνητον διπλόην ἔχον καὶ τὸ ποιεῖν
μετὰ τοῦ πάσχειν ἐμφαῖνον οὐκ ἔστιν ἱκανὸν εἰς ἀρχῆς λόγον, εἴτε ἡ ψυχὴ
30 τὸ πρώτως κινοῦν ἐστιν, ἀκίνητος δείκνυται καὶ αὕτη κατὰ πᾶσαν κίνησιν
ἣν κινεῖ, εἴτε ὁ νοῦς, ἀκίνητός ἐστιν οὗτος κατὰ πᾶσαν μεταβατικὴν κίνη-
σιν. καὶ οὐδὲν ἐν τούτοις ἐστὶ διάφωνον Πλάτωνι καὶ Ἀριστοτέλει πλὴν
τοῦ ὀνόματος τοῦ αὐτοκινήτου, ὅτι ὁ μὲν Πλάτων αὐτοκίνητον τὴν ψυχὴν 40

---

2 ὁ ἀριστοτέλης παρὰ τοῦ πλάτωνος a   5 ὑπὸ] ἀπὸ F   post προσεχῶς add. ὁμο-
λογεῖ καὶ ἀριστοτέλης (cf. v. 7) E   6 καὶ (post κινεῖται) om. E   8 Περὶ οὐρανοῦ
B 12 p. 292ᵃ18   9 αὐτῶν μόνον Aristoteles   10 διανοούμεθα aE: διαιρού-
μεθα F   11 post μετεχόντων add. αὐτῶν aF   12 τὴν (post μετὰ) om. a
16 ταῖς δ' ἑαυτῆς om. E   ἑαυτῆς a (et omittendo E): ἑαυταῖς F   18 τὴν ψυχὴν ὁ
πλάτων aF   19 δεκάτῳ τῶν Νόμων p. 896 E   οὐρανὸν καὶ γῆν καὶ θάλατταν Plato
cf. Simpl. f. 290ᵛ16   20 ἑαυταῖς F   σκοπεῖσθαι ἐπιμελεῖσθα collocat Plato at
cf. Simpl. l. c.   21 ὀρθῶς ἢ a   22 ἐκείνης, tum lac. X litt. κινεῖ F   24 ὡς
ἀκίνητον om. F   26 πρὸ δὲ iteravit E   τὸ (ante οὔτε) a: om. EF   28 ante
κινεῖσθαι add. τοῦ a   29 post εἴτε add. δὴ a   30 αὕτη E: αὐτὴ aF
31 οὗτος E: om. aF   33 ὁ μὲν ὁ E

καλεῖ, ὁ δὲ Ἀριστοτέλης τὸ ζῷον κινοῦν μὲν κατὰ τὴν ψυχὴν ἀκίνητον 96ʳ
οὖσαν ἣν κινεῖ κίνησιν, κινούμενον δὲ κατὰ τὸ σῶμα. καὶ ἀκόλουθόν ἐστι
τοῦτο τῷ Ἀριστοτέλει μὴ ἀξιοῦντι κίνησιν ἄλλην ὀνομάζειν πλὴν τῶν φυ-
σικῶν. διὸ οὐδὲ τὰς μεταβατικὰς ἐνεργείας τῆς ψυχῆς κινήσεις ἀξιοῖ
5 καλεῖν, τοῦ Πλάτωνος πρῶτον μὲν λέγοντος εἶδος κινήσεως, ὡς κάτωθεν
εἰπεῖν, τὸ πλημμελὲς καὶ ἄτακτον κατὰ τὴν προέμφασιν τῶν εἰδῶν διασειο-
μένης τῆς γενέσεως, δεύτερον δὲ τὸ τῶν φυσικῶν, καὶ τρίτον τὸ μεταβα- 40
τικὸν τῶν ψυχικῶν ἐνεργειῶν, τέταρτον τὸ τοῦ νοῦ ἀμετάβατον μέν, εἰς
ἐνέργειαν δὲ ἀπὸ τοῦ εἶναι διανιστάμενον.

10 p. 201ᵃ27 **Ἡ δὲ τοῦ δυνάμει ὄντος, ὅταν ἐντελεχείᾳ ὂν ἐνεργῇ**
ἕως τοῦ κίνησίς ἐστι.

Διὰ τῶν προειρημένων καὶ τὴν ἔνστασιν λύσας τὴν φερομένην πρὸς
τὴν πρώτην ἀπόδοσιν τῆς κινήσεως καὶ προϋπομνήσας, ὅτι τὰ φυσικὰ οὐ 50
μόνον ἐστὶ δυνάμει ἀλλὰ καὶ ἐνεργείᾳ, τελειότερον ἀποδίδωσι τὸν ὁρισμὸν
15 προστιθείς, ὅτι τὸ δυνάμει ἐκεῖνο οὗ ἐστιν ἐνέργεια ἡ κίνησις οὐ μόνον
δυνάμει ἐστίν, ἀλλ᾽ ἔστι μέν τι πάντως καὶ ἐνεργείᾳ, εἴπερ ἔστι τις τῶν
ὄντων φύσις ὡρισμένη, ἡ δὲ κίνησις ἐνέργεια αὐτοῦ ἐστιν, οὐ καθὸ ἐνερ-
γείᾳ ἐστίν. ἠρεμεῖ γὰρ κατὰ τοῦτο. καὶ κινεῖ μᾶλλον, ἀλλ᾽ οὐχὶ κινεῖται
ἢ μεταβάλλεται. διχῶς δὲ φέρεται ἡ τῆς λέξεως ταύτης γραφὴ κατὰ μὲν
20 τὸν Ἀσπά|σιον καὶ Θεμίστιον καὶ τὰ πολλὰ τῶν ἀντιγράφων οὕτως· ἡ δὲ 96ᵛ
τοῦ δυνάμει ὄντος, ὅταν ἐντελεχείᾳ ὂν ἐνεργῇ, οὐχ ᾗ αὐτὸ ἀλλ᾽
ᾗ κινητόν, κίνησίς ἐστι. κατὰ δὲ Ἀλέξανδρον καὶ Πορφύριον οὕτως·
ἡ δὴ τοῦ δυνάμει ὄντος, ὅταν ἐντελεχείᾳ τι ὂν ἐνεργῇ, ἤτοι
αὐτὸ ἢ ἄλλο, ᾗ κινητόν, κίνησίς ἐστιν. οἶδε δὲ καὶ τὴν Ἀσπασίου
25 γραφὴν ὁ Ἀλέξανδρος, ἀλλ᾽ ἀρέσκεται ταύτῃ μᾶλλον, ὡς προστιθείσῃ τινὰ
καὶ διαφορὰν τῆς κινήσεως. τὸ γὰρ αὐτὸ ἢ ἄλλο προσκείμενον δηλωτι- 5
κόν ἐστι τοῦ τινὰ μὲν κίνησιν ἐξ ἑαυτοῦ ἐνέργειαν εἶναι κατὰ τὸ δυνάμει,
ὡς τὴν αὔξησιν καὶ μείωσιν ἔνδοθεν οὖσαν, καὶ τὴν κατὰ τόπον φυσικὴν
φορὰν καὶ τὴν καθ᾽ ὁρμὴν τῶν ζῴων μετάβασιν· ὑπ᾽ ἄλλου δέ, ὡς τὰ
30 βίᾳ κινούμενα καὶ τὰ κατὰ τέχνην πάντα γινόμενα. καὶ ἔστι τὸ μὲν ἐνερ-
γεῖν τὸ δὲ ἐνεργεῖσθαι. κοινὸν δὲ ἐπ᾽ ἀμφοῖν ἡ ἐνέργεια ἡ κατὰ τὸ δυνά-
μει, ἥτις οὐδὲν ἧττον πάθος ἐστὶν ἢ ἐνέργεια. ἐπιστῆσαι δὲ ἄξιον, μήποτε
ἡ βίαιος καὶ ἡ κατὰ τέχνην οὐκ ἔστι φυσικὴ κίνησις, νῦν δὲ περὶ τῆς 10
φυσικῆς ἐστιν ὁ λόγος, ἧς ἀρχὴ ἡ φύσις. καὶ γὰρ ἡ βίαιος κίνησις οἷον
35 ἡ ἐπὶ τὸ ἄνω τῆς βώλου οὐδὲ κατὰ τὸ δυνάμει καὶ πεφυκὸς γίνεται· οὐ

---

1 τὴν om. E   2 τὸ (ante σῶμα) om. E   5 καλεῖν] λέγειν a   7 δὲ om. E
8 scribendum ⟨καὶ⟩ τέταρτον   10 δὲ] γὰρ F   ὄντος ἐντελέχεια, ὅταν ἐντελε-
χείᾳ a   ὅταν om. E   13 προϋπομνήσας EF¹: προσυπομνήσας aF²   14 ἐνερ-
γείᾳ aF   20 Θεμίστιον p. 208,1 ὅταν δή τι ἄλλο ὂν ἐνεργείᾳ δυνάμει ἄλλο ᾗ, ἡ ἐνέργεια
αὐτοῦ ᾗ καθὸ δυνάμει ἐστί, κίνησίς ἐστιν   23 ἡ δὴ EF: ἡ δὲ a   27 κατὰ τὸ
δυνάμει om. F   30 post τέχνην add. καὶ F   34 ἧς ἡ ἀρχὴ a   35 οὐδὲ]
οὐ a   post καὶ add. τὸ a

γὰρ ἂν ἦν βίαιος, εἰ μὴ ἄρα ἔστι τι καὶ πρὸς τὸ βίᾳ δυνάμει καὶ πεφυκός. 96ᵛ
οὐδὲ γὰρ βιάζεσθαι πᾶν εἰς πᾶν δύναται. μήποτε δὲ τὰ ἐξ ἑαυτῶν κινού-
μενα οὐκ ἔστι κινούμενα μόνως, ἀλλὰ διπλᾶ ὄντα τὸ μὲν κινοῦν ἐν ἑαυτοῖς
ἔχει τὸ δὲ κινούμενον· ὡς ἐπὶ τῆς τῶν ζῴων καθ᾽ ὁρμὴν μεταβατικῆς 15
5 κινήσεως σαφῶς ὁρᾶται κινοῦσα μὲν ἡ ψυχὴ καὶ ἀκίνητος οὖσα, κινούμενον
δὲ τὸ σῶμα. οὕτως δὲ καὶ τὸ αὐξόμενον καὶ τὸ κατὰ τόπον μεταβάλλον
ἄλλο μὲν ἔχει τὸ αὖξον καὶ μεταφέρον, εἴτε τὴν φύσιν τὴν αὐξητικὴν καὶ
κατὰ τόπον κινητικήν, εἴτε καὶ ἄλλο τι ὃ καὶ τὴν φύσιν συναύξει καὶ συμ-
μετατίθησιν, εἴπερ καὶ αὕτη κινεῖται οὐχ ὑφ᾽ ἑαυτῆς. καὶ εἰ ταῦτα κρα-
10 τοίη, πάντως τὸ κινούμενον ἐξ ἄλλου κινεῖται καὶ οὐκ ἐξ ἑαυτοῦ. καὶ
μάλιστα κατὰ τοὺς μὴ βουλομένους τὸ αὐτοκίνητον ἐφ᾽ ἑνὸς τοῦ αὐτοῦ 20
θεωρεῖν, ἀλλὰ μερίζοντας εἰς τὸ κινοῦν καὶ κινούμενον. καὶ ἴσως ἀσφαλε-
στέρα ἐστὶν ἡ τοῦ Ἀσπασίου γραφή. εἰ δὲ ἔχει τινὰ λόγον καὶ ἡ κατὰ
τὸν Ἀλέξανδρον προσθήκη, τὸ ἐξ ἑαυτοῦ οὐχ ὡς ἐφ᾽ ἑνὸς ἀκουστέον, ἀλλ᾽
15 ὡς ἔνδον ἔχοντος τὸ κινοῦν αἴτιον, εἰ καὶ ἄλλο παρὰ τὸ κινούμενόν ἐστιν,
ὡς ἡ ψυχὴ καὶ ἡ φύσις. καὶ ἀντιδιαιρεῖται τοῦτο τῷ ἐξ ἄλλου καὶ ἔξωθεν
ἐναργῶς, ὡς ἐπὶ τῶν βίᾳ καὶ τῶν τεχνικῶς κινουμένων ὁρᾶται. μήποτε
δὲ τὸ ἐξ ἄλλου οἰκειότερόν ἐστιν ἐπὶ τῶν ἔξωθεν μὲν ἀλλὰ φυσικῶς κι- 25
νουμένων, οἷον ὅταν ἐξ ὕδατος πυρουμένου ἀὴρ γίνηται καὶ πῦρ, καὶ ἐπὶ
20 τῶν ἀλλοιουμένων. οὐκ οἶδα μέντοι, διὰ τί οἴεται ὁ Ἀλέξανδρος ταύτῃ
μᾶλλον τῇ γραφῇ συνᾴδειν τὰ ἐφεξῆς λεγόμενα ἢ τῇ ἑτέρᾳ· οὐδαμοῦ γὰρ
οἶμαι τὸ ἐξ αὐτοῦ ἐν τοῖς παραδείγμασι διαφαίνεσθαι τεχνικοῖς οὖσιν, εἰ
καὶ ἡ ὑγεία καὶ ἡ νόσος ἔχει τι φυσικόν.

p. 201ᵃ29 Λέγω δὲ τὸ ᾗ ὧδε ἕως τοῦ εἴτε ὑγρότης εἴτε αἷμα 29
25   ταὐτὸν καὶ ἕν.

Καὶ ὅτι τὸ κινούμενον κατὰ τὸ ἐν αὐτῷ δυνάμει κινεῖται καὶ ὅτι ἔστι 36
τι καὶ ἐνεργείᾳ ἐν τῷ κινουμένῳ καὶ οὐ κατ᾽ ἐκεῖνο κινεῖται τὸ κινούμενον,
σαφῶς δείκνυσι διὰ τῶν παραδειγμάτων ἅμα προσαποδεικνύς, ὅτι κἂν τῷ
ὑποκειμένῳ ταὐτὸν ᾖ τό τε ἐνεργείᾳ κατά τι ὂν καὶ τὸ κατ᾽ ἄλλο τι δυ-
30 νάμει, ἀλλὰ τῷ γε λόγῳ ἕτερα καὶ οὐ ταὐτά ἐστι ταῦτα. καὶ τὸ μὲν εἰ
ταὐτὸν ἦν ἁπλῶς εἶπεν ἀντὶ τοῦ παντοίως, ὥστε μὴ μόνον τῷ ὑποκει- 40
μένῳ ἓν εἶναι, ἀλλὰ καὶ τῷ λόγῳ. εἰ δὲ οὕτως εἶχε, φησίν, ἄτοπον ἄν
τι ἐναργὲς ἠκολούθει τῷ λέγοντι τὴν κατὰ τὸ δυνάμει ἐνέργειαν τοῦ ἐνερ-
γείᾳ ὄντος ταύτην εἶναι κίνησιν τὸ τὴν τοῦ ἐνεργείᾳ ὄντος ἐνέργειαν κατὰ
35 τὸ ἐνεργείᾳ κίνησιν εἶναι, εἴπερ ταὐτὸν ἦν τῷ λόγῳ τὸ ἐνεργείᾳ καὶ τὸ

---

1 ἂν om. F   πρὸς τὸ aE: πρὸς τῶ (sed eadem m. corr.) F   3 οὐκ ἔστι
κινούμενα om. E   6 δὲ om. aF   τὸ (ante κατὰ) om. E   8 συναύξει]
αὔξη a   8. 9 μετατίθησιν aF   14 τὸ ἐξ ἑαυτοῦ cf. p. 422, 27   18 δὲ καὶ τὸ a
19 ὕδατος] ὃ sic E   γίνεται E   24 ὧδε aE et Arist. Metaphys. K 9 p. 1065ᵇ23:
ὡδὶ F cum Aristotelis Phys. vulgata   27 post κινεῖται add. καὶ F   35 εἴπερ
aF: ὅπερ E

δυνάμει. τὸ δὲ ἄτοπον, διότι τὸ ἐνεργείᾳ καθὸ ἐνεργείᾳ ἐστὶν ἀμεταβλή- 96ᵛ
τους ἔχει τὰς οἰκείας ἐνεργείας. ὁ γὰρ χαλκὸς εἴ τι ὡς χαλκὸς ἐνεργεῖ,
ἀλλὰ μὴ καθὸ ἄλλο τι δυνάμει ἐστίν, ἀμεταβλήτως ἐνεργεῖ καὶ ἀκινήτως. 45
δοκεῖ δὲ τῇ ἀναιρέσει τοῦ ἡγουμένου ἀναιρεῖν τὸ ἑπόμενον διὰ τοῦ οὐκ
5 ἔστι δὲ ταὐτὸν ὥσπερ εἴρηται. οὐ μέντοι οὕτως συνήγαγεν, ἀλλ' ὡς
ἑπόμενον τοῦτο τῷ τὴν τοῦ χαλκοῦ ᾗ χαλκὸς ἐντελέχειαν κίνησιν εἶναι.
ὅτι δὲ οὐ ταὐτὸν τῷ λόγῳ τὸ ἐνεργείᾳ καὶ τὸ δυνάμει, δείκνυσιν ἐπὶ τῶν
ἐναντίων δυνάμεων οὕτως· τὸ ἐνεργείᾳ ὂν καὶ ταῖς ἐναντίαις δυνάμεσιν
ὑποκείμενον ὥσπερ τὸ σῶμα τῷ δύνασθαι ὑγιαίνειν καὶ δύνασθαι κάμνειν
10 τὸ αὐτό ἐστι καὶ οὐχ ἕτερον· αἱ δυνάμεις οἷον τὸ δύνασθαι ὑγιαίνειν καὶ 50
δύνασθαι νοσεῖν οὐχ αἱ αὐταὶ ἀλλ' ἕτεραι· τὸ ἄρα ἐνεργείᾳ ὂν οὐ ταὐτόν
ἐστι ταῖς ἐν αὐτῷ δυνάμεσιν, ἀλλ' ἕτερον· πάντα γὰρ ἢ ταὐτὰ ἢ ἕτερα.
ἐν δὲ τῷ δευτέρῳ σχήματι ἡ ἐρώτησις. τὸ δὲ οὐκ ἔστι δὲ ταὐτὸν
ὥσπερ εἴρηται ὑπομιμνήσκει τῶν περὶ τούτου πρότερον εἰρημένων. εἶπε
15 δέ· "ἐπειδὴ ἔνια ταὐτὰ καὶ δυνάμει καὶ ἐντελεχείᾳ ἐστίν, οὐχ ἅμα δὲ ἢ
οὐ κατὰ τὸ αὐτό" καὶ διὰ τοῦ οὐ γὰρ ταὐτὸν χαλκῷ τε εἶναι καὶ
δυνάμει τινί. δείκνυσι δὲ | ὅτι ἕτεραι αἱ δυνάμεις τοῦ ὑγιαίνειν καὶ 97ʳ
κάμνειν ἐκ τοῦ τὰς ἐνεργείας ἑτέρας εἶναι. προλαβὼν γὰρ δυνάμει, ὅτι
ὡς ἔχει τὰ ἐνεργείᾳ ἀντικείμενα ἑτερότητος ἕνεκεν καὶ ταὐτότητος, οὕτως
20 ἔχει καὶ τὰ δυνάμει, συλλογίζεται ὑποθετικῶς κατὰ τὸν δεύτερον τρόπον
οὕτως σὺν ἀντιθέσει ἀντιστρέφων· εἰ μὴ τὰ δυνάμει ἕτερα ἀλλὰ ταὐτά,
καὶ τὰ ἐνεργείᾳ ταὐτὰ ἔσται, ὅπερ ἄτοπον· τὰ γὰρ ἐνεργείᾳ προφανῶς 5
ἕτερά ἐστιν, ὥστε καὶ τὰ δυνάμει. καὶ δῆλον ὅτι αἴτια μὲν τὰ δυνάμει
τῶν ἐνεργείᾳ ὡς προϋποκείμενα· δεῖ γὰρ πεφυκέναι καὶ οὕτως ἐνεργεῖν.
25 προφανέστερα δὲ τῶν δυνάμει τὰ ἐνεργείᾳ. διὸ ἐκ τούτων ἔδειξεν ἐκεῖνα
εἰπὼν καὶ γὰρ ἂν καὶ τὸ κάμνειν καὶ τὸ ὑγιαίνειν ταὐτὸν ἦν. εἰ
γὰρ ταὐτὸν τὸ δύνασθαι, ταὐτὸν καὶ τὸ ἐνεργείᾳ, ὅπερ ἐναργῶς ἄτοπον
φαίνεται. εἰ οὖν αἱ μὲν δυνάμεις ἕτεραι, τὸ δὲ ὑποκείμενον ταῖς δυνάμεσι
τὸ αὐτό, οὐκ ἂν εἴη ταὐτὸν τὸ ἐνεργείᾳ ταῖς δυνάμεσιν, ὅπερ προέκειτο 10
30 δεῖξαι.

Τὸ δὲ εἴτε ὑγρότης εἴθ' αἷμα τὸ ὑποκείμενον, ὅπερ ἐστὶ τὸ ὑγιαῖ-
νον καὶ νοσοῦν, εἶπεν, ἐπειδὴ νῦν οὐ τοῦτο προὔκειτο ζητεῖν, ἐν τίνι τὸ
ὑγιαίνειν καὶ νοσεῖν πρώτως, ὥσπερ ἐζήτουν τινές, ἆρα ἐν ὑγρότητι καὶ ἐν
χυμοῖς ἁπλῶς ἢ ἐν αἵματι ὡς καὶ τοὺς ἄλλους ἔχοντι χυμούς, ἢ ἐν πνεύ-
35 ματι ὡς οἱ πολλοὶ τῶν παλαιῶν ἰατρῶν, ἢ ἐν τοῖς στερεοῖς, ἢ ἐν τῇ συμ-
μετρίᾳ τῶν πρώτων ποιοτήτων· πολλαὶ γὰρ περὶ τούτου γεγόνασι δόξαι,

---

1 ἀμεταβλήτας a   2 ὁ γὰρ E: καὶ γὰρ ὁ aF   3 ἐνεργεῖ E: ἐστὶ aF   5 ἀνή-
γαγεν E   6 τοῦτο τῷ E et in corr. F: τούτῳ, τὸ a   8 καὶ] ἐν E   13 δὲ τῷ
om. E   15 ἐπεὶ δὲ Aristoteles p. 201ᵃ 19 cf. supra p. 417, 29   ταὐτά] ταῦτα E:
τούτων aF   16 τὸ αὐτὸ τὸ Aristoteles Phys., sed cf. Metaphys. l. c.   17 τινὶ
κινητῷ Arist. Phys., sed cf. Metaph. l. c.   17. 18 τοῦ (in ras. F) κάμνειν καὶ ὑγιαίνειν
aF   18 προσλαβὼν a   21 εἰ μὴ iteravit F   25 τῶν δυνάμει τὰ aE: τὰ δυνάμει
τῶν F   26 καὶ (post ἂν) om. Aristoteles   29 ταὐτὸν E: τὸ αὐτὸ aF   32 ante
νοσοῦν add. τὸ hic et (ante νοσεῖν) v. 33 a

τῶν μὲν τοῖς προσεχεστέροις ὡς πρώτοις προσβαλόντων, τῶν δὲ τοῖς μέσοις, τῶν δὲ καὶ μέχρι τῶν κυρίως πρώτων ἀναβεβηκότων, οἷος Ἱπποκράτης καὶ οἱ ἀπ' αὐτοῦ εἰς τὰς πρώτας ποιότητας τῶν πρώτων στοιχείων ἀναδραμόντες. ἔστιν οὖν ὁ ὅλος συλλογισμός, ᾧ χρῆται δεικνὺς ὅτι ἄλλο τὸ ὑποκείμενον καὶ ἄλλο τὸ δυνάμει, κατηγορικὸς μὲν ἐν δευτέρῳ σχήματι τοιοῦτος καὶ ἐπὶ τῶν ἐναντίων ἐναργῶς συλλελογισμένος· τὸ ὑποκείμενον τοῖς ἐναντίοις δυνάμει ἕν ἐστι καὶ οὐχ ἕτερον· ἃ δύναται, ἀλλήλων ἕτερα, εἴπερ καὶ τὰ ἐνεργείᾳ· τὸ ἄρα ὑποκείμενον καὶ ἐνεργείᾳ ὂν οὐκ ἔστι ταὐτὸν οἷς δύναται· εἰ δὲ μὴ ταὐτόν, ἕτερον· πᾶν γὰρ ὃ μὴ ταὐτόν, ἕτερον. καὶ ὑποθετικῶς δὲ οὕτως ἔστι συνάγειν· εἰ τῶν ἐναντίων δυνάμει τῶν ἐν ἑνὶ ὑποκειμένῳ ἑκάτερον τῷ ὑποκειμένῳ ταὐτόν, καὶ ἀλλήλοις ἂν εἴη τὰ αὐτά· τὰ γὰρ τῷ αὐτῷ ταὐτὰ καὶ ἀλλήλοις ἂν εἴη ταὐτά. εἰ δὲ ἄτοπον τὸ τὰ ἐναντία τὰ αὐτὰ εἶναι, καὶ τὸ ἡγούμενον ἄτοπον τὸ τῷ ὑποκειμένῳ τὸ αὐτὸ εἶναι ἑκάτερον τῶν ἐναντίων.

Ὅτι δὲ οὐ ταὐτόν ἐστι τῷ λόγῳ τό τε δυνάμει καὶ τὸ δυνάμενον, κἂν τῷ ὑποκειμένῳ ταὐτὸν ᾖ, δείκνυσι καὶ διὰ παραδείγματος τοῦ χρώματος καὶ τοῦ ὁρατοῦ. τούτων γὰρ ἓν μὲν τὸ ὑποκείμενον, οἱ δὲ λόγοι διάφοροι. ἄλλο γὰρ τὸ ἐνεργείᾳ ὂν ἐν αὐτῷ τὸ χρῶμα, καὶ ἄλλο τὸ δυνάμει τὸ ὁρατόν. καὶ γάρ ἐστι χρῶμα μὲν τὸ κινητικὸν τοῦ κατ' ἐνέργειαν διαφανοῦς, δι' οὗ ὁρᾶται τὰ χρώματα, ἢ τὸ πέρας τοῦ διαφανοῦς ᾖ διαφανές, ὡς αὐτὸς ὡρίσατο. ἡ γὰρ ὄψις περαιωθεῖσα τὸ διαφανὲς τῷ χρώματι συμβάλλει. ὁρατὸν δέ ἐστι τὸ οἷόν τε ὁραθῆναι. καὶ ἔστι τοῦτο τῷ χρώματι συμβεβηκός. οὐκ ἔστι δὲ τὸ συμβεβηκὸς ταὐτὸν ᾧ συμβέβηκε. διὸ καὶ οἱ ὁριζόμενοι τὸ χρῶμα ἴδιον αἰσθητὸν ὄψεως ἀπὸ τοῦ συμβεβηκότος ὁρίζονται. οὐ γάρ ἐστιν αὕτη χρώματος οὐσία, ἀλλ' ὁρατοῦ ὃ συμβέβηκε τῷ χρώματι. ὅτι δὲ οὐ ταὐτόν ἐστιν ὁρατῷ εἶναι καὶ χρώματι εἶναι, δῆλον καὶ ἐκ τοῦ τὸ μὲν ὁρατόν, εἰ καὶ χρῶμά ἐστιν, ἀλλ' οὐ καθὸ χρῶμα λαμβάνεσθαι, ἀλλὰ κατὰ τὸ δυνάμενον ὁρᾶσθαι, τὸ δὲ χρῶμα οὐ κατὰ τὸ δυνάμει χρῶμα (οὔπω γὰρ ἐκεῖνο χρῶμα), ἀλλὰ κατὰ τὸ ἐνεργείᾳ. οὐ μέντοι οὐδὲ ᾗ ὁρᾶται τὸ ἐνεργείᾳ χρῶμα ἴσχει. ὁμοίως γάρ ἐστι τὸ λευκὸν κατὰ τὴν αὐτοῦ φύσιν ὁρώμενόν τε καὶ μή. ἔτι δὲ τὸ μὲν ὁρατὸν πρός τι (πρὸς γὰρ τὸ ὁρᾶν δυνάμενον), τὸ δὲ χρῶμα οὐ πρός τι, ἀλλὰ καθ' αὑτό. οὐκ ἄρα τὸ χρῶμα καθὸ χρῶμα ὁρατόν ἐστιν, ἀλλ' ἴδιον αὐτοῦ τὸ ὁρατόν, οὐ μέντοι ὁρισμός. ὁμοίως δὲ ἁμαρτάνουσι καὶ οἱ τὴν φωνὴν τὸ ἴδιον αἰσθητὸν ἀκοῆς ὁριζόμενοι· ἀκουστοῦ γὰρ οὗτος ὁρισμός, ὃ συμβέβηκε τῇ φωνῇ· οὐδὲ γὰρ αὕτη μόνη ἀκουστή, εἴγε καὶ ὁ ψόφος ἄλλος

1 προσβαλλόντων aF   2 οἷον a   3 ποιότητας τὰς τῶν E   ἀνδραμόντες F   4 ὅλος E: λόγος F: om. a   5 μὲν om. a   6 καὶ E: om. aF   συλλελογισμένος EF: συλλογιζόμενος a   17 ὁρατοῦ] intercidit ὁρ E   19 γὰρ om. a   χρῶμα κτλ. cf Ar. de Anima B 7 p. 418ᵃ31. Themist. p. 209,1   20 πέρας Arist. de Sensu 3 p. 439ᵇ11 χρῶμα ἂν εἴη τὸ τοῦ διαφανοῦς ἐν σώματι ὡρισμένῳ πέρας   21 ἡ γὰρ extremo folio iteravit F   συμβάλλει EF: προσβάλλει a   24 τοῦ (post ἀπὸ) om. E   27 τοῦ τὸ τὸ F   31 αὑτοῦ EF: ἑαυτοῦ a   35 Αἰσθαισθητὸν F   οὗτος ὁ aF   36 γὰρ om. E

ὧν παρὰ τὴν φωνὴν ἀκουστός ἐστι. καὶ οἱ ἀέρα δὲ πεπληγμένον τὴν 97r
φωνὴν ἀποδιδόντες, ὥσπερ Διογένης ὁ Βαβυλώνιος, ἁμαρτάνουσι· σῶμα γὰρ
οὕτως ἔσται ἡ φωνή, εἴπερ ἐν γένει τῷ ἀέρι ἐστί, καὶ τὸ πεπονθός, του-
τέστι τὸν πεπληγμένον ἀέρα, ἀντὶ τοῦ πάθους, ὅπερ ἐστὶν ἡ πληγή, ἀπο-
5 διδόασι. καίτοι εἴπερ ἄρα κατὰ τὴν πληγὴν ἡ φωνή ἐστιν, ἀλλ' οὐχὶ κατὰ
τὸ πεπληγμένον. καὶ ἔστιν ἡ φωνή, ὡς ὁ Ἀλέξανδρός φησι, "πληγὴ
προαιρετικὴ τοῦ ἐκπνεομένου ἀέρος διὰ τῶν φωνητικῶν ὀργάνων". μήποτε
δὲ οὐχ ἡ πληγή, ἀλλ' ὁ ἀπὸ τῆς πληγῆς ἦχος. εἰ οὖν ταῦτα ἀληθῆ, οὐ 45
ταὐτόν ἐστι τὸ χαλκῷ τε εἶναι καὶ δυνάμει ἀνδριάντι, ἀλλ' ἓν μὲν τὸ
10 ὑποκείμενον, διάφοροι δὲ οἱ λόγοι. ὥστε καλῶς ἀποδέδοται ἡ τοῦ δυνατοῦ
κινεῖσθαι καθὸ δυνατὸν κινεῖσθαι ἐνέργεια κίνησις οὖσα. καὶ οὐδὲν ἡμᾶς
ἡ ἔνστασις ἐνοχλήσει λοιπὸν ἡ ἀπὸ τοῦ τῶν κινουμένων τινά, εἴπερ καὶ
κινοῦντα φαίνεται, ἐνεργείᾳ εἶναι. δέδεικται γὰρ κἂν τῷ ὑποκειμένῳ ταὐτὸν
ᾖ τὸ δυνάμει καὶ τὸ ἐνεργείᾳ, καὶ κατὰ τὸ δυνάμει τὴν κίνησιν γίνεσθαι· 50
15 ὥστε εὐλόγως πρόσκειται τὸ ᾗ.

p. 201 b 5   Ὅτι μὲν οὖν ἐστιν αὕτη ἕως τοῦ | ἀλλὰ μὴν ὁ αὐτὸς 97v
ἐφαρμόσει λόγος καὶ ἐπὶ τῶν ἄλλων κινήσεων.

Εἰπὼν ὅτι ἡ τοῦ δυνάμει ὄντος ἐνέργεια κίνησίς ἐστιν, ἐπειδὴ δοκεῖ
τὸ δυνάμει ἐν ἀτελεῖ ἐπιτηδειότητι μόνῃ θεωρεῖσθαι, ἡ δὲ ἐνέργεια τῶν
20 τελείων εἶναι, προτίθεται δεῖξαι ὡς ἐπὶ τοῦ οἰκοδομητοῦ δυνάμει ὄντος, καὶ 5
ὅτι ἔστιν αὐτοῦ ἐνέργεια καὶ ὅτι οὐκ ἄλλη τις εἰ μὴ ἡ οἰκοδόμησις,
ὅτι ἡ οἰκοδόμησις κίνησίς ἐστι. πρὸ δὲ τοῦ τὰς ἀποδείξεις ταύτας διαρ-
θρῶσαι τοσοῦτον πάλιν προρρητέον, ὅτι ἡ τοῦ δυνάμει ὄντος ἐνέργεια πάθος
μᾶλλόν ἐστιν ἢ ἐνέργεια. λέγει δὲ αὐτὴν ἐνέργειαν, ὅτι κατ' ἐκεῖνο ἐνεργεῖται
25 ὑπὸ τοῦ ἐνεργοῦντος καὶ κινεῖται ὑπὸ τοῦ κινοῦντος, καὶ ὅτι ἐπὶ τὸ ἐνεργείᾳ ὁδός
ἐστι, καὶ ὅτι πρότερον ἀργοῦν καὶ ἐν μόνῃ ἐπιτηδειότητι ὂν ἀνακινεῖται πρὸς
τὸ ἐνεργείᾳ, τάχα δὲ καὶ ὅτι αἱ φυσικαὶ κινήσεις ἔνδοθεν οὖσαι ταὐτόν πως 10
ἔχουσι τὸ κινοῦν καὶ κινούμενον. καὶ διὰ τοῦτο τὸ τοιοῦτον πάθος ἐνεργη-
τικόν πως δοκεῖ. πρώτη γὰρ ἡ φύσις πάσχουσα διατίθησι τὸ σῶμα. καὶ
30 ὅτι μὲν ἔστι τις ἐνέργεια τοιαύτη ἐν τῷ δυνάμει, δείκνυσι διὰ τοῦ ἐνδέ-
χεται γὰρ ἕκαστον ὁτὲ μὲν ἐνεργεῖν ὁτὲ δὲ μή, οἷον τὸ οἰκο-
δομητόν. καὶ ὅτι μὲν ἕκαστον λέγει τῶν κινητῶν καὶ ἐν οἷς ἐστι τὸ
δυνάμει, δῆλον. ἐν γὰρ τοῖς ἀεὶ κινουμένοις οὐκ ἔστι τὸ ποτὲ μὲν ἐνεργεῖν
ἤτοι κινεῖσθαι, ποτὲ δὲ μή· ἀεὶ γὰρ κινεῖται, εἰ καὶ ἄλλοτε ἄλλην κίνη- 15
35 σιν. ὅτι δὲ ἀναγκαῖόν ἐστι τὸ δυνάμει, εἰ μὴ μάτην εἴη δυνάμει, μετα-
βάλλειν εἰς τὸ ἐνεργείᾳ ποτέ, καὶ τοῦτο πρόδηλον, καὶ ὅτι ἀναγκαῖον οὕτως
ἔχειν. διὰ τί οὖν ἐνδέχεσθαι εἶπεν; ἢ διότι πολλὰ τῶν δυνάμει πρὸ τοῦ

---

5 τὴν om. F   9 τὸ (post ἐστι)] τῷ E   11 prius κινεῖσθαι om. F   14 καὶ (ante
κατά) om. a   15 πρόκειται F   ᾗ sc. in verbis ᾗ δυνατόν p. 201 b 5   22 ἐστι
κίνησις a   23 πάθος μᾶλλόν ἐστιν ἢ ἐνέργεια om. F   25 ἀπὸ E   28 ἐνεργητικοῦ
F¹   34 ἤτοι κινεῖσθαι aE: ποτὲ δὲ μή: ᾗ ὅτι μὲν κινεῖσθαι F   ἀεὶ γὰρ — κίνησιν
iteravit F   κινεῖται E: κινοῦνται aF   36 ἀναγκαίως E   37 διότι E: ὅτι aF

μεταβάλλειν εἰς τὸ ἐνεργεία καὶ κατὰ τοῦτο ἐνεργεῖν ἢ ἐνεργεῖσθαι φθείρε- 97ᵛ
ται. πολλοὶ γὰρ πρὸ τοῦ ὀδοντοφυῆσαι ἢ γενειᾶσαι ἢ γεννῆσαι διεφθάρη-
σαν δυνάμει μὲν ἔχοντες ταῦτα, οὐκ ἐνεργήσαντες δὲ κατὰ τὸ δυνάμει.
ἴσως δὲ καὶ ὅτι τὰ κυρίως δυνάμει, ἅπερ ἐστὶ τὰ ἐν γενέσει καὶ φθορᾷ, καὶ 20
5 ὅταν ἐνεργήσῃ κατὰ τὸ δυνάμει, ἐνδεχομένως ἐνεργεῖ καὶ οὐκ ἀναγκαίως.
ἀρκεῖ δὲ ὅμως πρὸς τὸν λόγον, κἂν μὴ πάντα τὰ δυνάμει ἀλλὰ τινὰ μετα-
βάλλῃ εἰς τὸ ἐνεργείᾳ. ἐν τούτοις γὰρ φανήσεται ἡ κίνησις.
  Οὕτως οὖν καὶ τὸ οἰκοδομητὸν ὅ ἐστι δυνάμει, ποτὲ μὲν ἐνεργοῖ ἂν
ὡς οἰκοδομητόν, ὅταν οἰκοδομῆται, ποτὲ δὲ οὔ, οἷον εἰ κέοιντο ἁπλῶς οἱ
10 λίθοι καὶ ὁ πηλὸς μήπω κινούμενοι ὑπό του οἰκοδόμου. τίς δέ ἐστιν ἐπὶ
τοῦ οἰκοδομητοῦ ἡ ἐνέργεια, λέγει ὅτι ἡ τοῦ οἰκοδομητοῦ ἐνέργεια ἡ 25
οἰκοδομητὸν οἰκοδόμησίς ἐστι. καὶ ὅτι αὕτη ἐστίν, ἐκ διαιρέσεως
δείκνυσιν. ἢ γὰρ αὐτό ἐστι τὸ δυνάμει πρὸ τοῦ μεταβάλλειν ἡ ἐνέργεια
αὐτοῦ, οἷον οἱ λίθοι καὶ ὁ πηλὸς κατὰ τὸ δυνάμει αὐτῶν ἐνέργεια, ὅπερ
15 ἄτοπον (ἐκεῖνα γὰρ ἦν καὶ πρὸ τοῦ ἐνεργείᾳ καὶ ὅλως ἄλλα ἐστὶ τὰ δυ-
νάμει καὶ ἄλλα ἡ ἐνέργεια αὐτῶν), ἢ τὸ ἐνεργείᾳ ἐστὶν ἡ ἐνέργεια αὐτοῦ,
οἷον ἡ οἰκία. ἀλλὰ καὶ τοῦτο ἀδύνατον δείκνυσι δυνάμει οὕτως· ἡ ἐνέρ-
γεια τοῦ οἰκοδομητοῦ ἐστι μένοντος τοῦ οἰκοδομητοῦ. ἡ ἄρα ἐνέργεια τοῦ 30
οἰκοδομητοῦ οὐκ ἔστιν ἡ ἐνεργείᾳ οἰκία. εἰ οὖν μήτε πρὸ τοῦ οἰκοδομεῖ-
20 σθαί ἐστιν ἡ ἐνέργεια τοῦ οἰκοδομητοῦ μήτε μετὰ τὸ ᾠκοδομῆσθαι, οἰκο-
δομεῖται δὲ τὸ οἰκοδομητὸν μεταξὺ τοῦ δυνάμει καὶ τοῦ ἐνεργείᾳ, δῆλον ὅτι
ἡ ἐνέργεια τοῦ οἰκοδομητοῦ ἐν τῷ οἰκοδομεῖσθαί ἐστιν, ἡ δὲ ἐν τῷ οἰκο-
δομεῖσθαι ἐνέργεια τοῦ οἰκοδομητοῦ ἡ οἰκοδόμησίς ἐστι· ἡ ἄρα τοῦ δυνάμει
ἐνέργεια μένοντος δύναμει οἰκοδόμησίς ἐστιν· ὅτι δὲ ἡ οἰκοδόμησις κίνησίς
25 ἐστι, ὥσπερ ἡ βάδισις καὶ ἡ ἀνάγνωσις, πρόδηλον. ὥστε ἀποδέδεικται τῶν
λημμάτων ἕκαστον. καὶ συνῆκται καλῶς ἐπὶ τοῦ οἰκοδομητοῦ, ὅτι ἡ τοῦ 35
οἰκοδομητοῦ ἐνέργεια ἡ οἰκοδομητὸν κίνησίς ἐστι. κἂν τὸ συμ-
πέρασμα παρέλιπεν ὡς σαφὲς ὁ Ἀριστοτέλης, ἀποδείξας δὲ ἐφ᾽ ἑνὸς τοῦ
οἰκοδομητοῦ καὶ τῆς οἰκοδομήσεως τὸ τὴν κίνησιν εἶναι ἐνέργειαν τοῦ δυ-
30 νάμει μένοντος δυνάμει, εἰκότως ἐπήγαγεν ὅτι ὁ αὐτὸς ἐφαρμόσει λόγος
καὶ ἐπὶ τῶν ἄλλων κινήσεων. οὐ γὰρ ἔχει τι διάφορον τὸ οἰκοδομη-
τὸν καὶ ἡ οἰκοδόμησις πρὸς τὰ ἄλλα δυνάμει καὶ τὰς ἐνεργείας αὐτῶν.
ὥστε πᾶσα κίνησις ἐνέργεια ἔσται τοῦ κινητοῦ ᾗ κινητόν. 40
  Ἐφιστάνει δὲ ὁ Ἀλέξανδρος ὅτι ἔν τισιν ἀντιγράφοις οὐ φέρεται αὕτη
35 ἡ λέξις, "ἴσως, φησί, τινῶν παραιτησαμένων αὐτὴν διὰ τὴν ἀσάφειαν, καὶ
ὅτι τὰ φθάνοντα εἰρῆσθαι δι᾽ αὐτῆς λέγεται". ἀλλ᾽ ὅτι μὲν οὐκ ἀποδέ-

---

  γ°
8 ἐνερ (i. e. ἐνεργῇ) E ut cod. A Themist. p. 209,12 quocum consentit hic Simpl.
13 ἡ ἐνέργεια F 14 κατὰ] καὶ F 16 ἡ E: ἡ aF 17 ἀδύνατον δείκνυσι EF:
ἀδύνατον. δείκνυσι δὲ τοῦτο a 19 ἡ (post ἐστιν) om. aF 20 ἡ (post ἐστιν)
om. F μετὰ τὸ οἰκοδομεῖσθαι a 23 ἡ ἄρα — οἰκοδόμησίς ἐστιν (24) om. a
24. 25 ἐστι κίνησις a 26 ὅτι iteravit E 27 ἐνέργεια a: ἐνερ [i. e. ἐνεργείᾳ]
                                                              γα'
EF 30 ἐφαρμόσει EF: ἁρμόσει a 31 ἐπὶ] περὶ E 32 καὶ τὰς iteravit F
35 αὐτὴν διασάφειαν E

δεικται πρότερον οὕτως ἐναργῶς τὰ ἐν τῷ ὁρισμῷ τῆς κινήσεως παραλη- 97ᵛ
φθέντα, πρόδηλον. ὅτι δέ, εἰ τὰ ἀσαφῆ διαγράψαιμεν, πολλὰ ἂν τῶν Ἀρι-
στοτέλους διαγραφείη, καὶ τοῦτο προδηλότερον. ἰστέον μέντοι ὅτι καὶ ὁ
Θεμίστιος καὶ ὁ Πορφύριος ἐξηγούμενοι τὸν τόπον καὶ τοῦτο τὸ ῥητὸν 45
5 ἐξηγήσαντο. ἰστέον δὲ ὅτι ὁ Πλάτων μὲν πᾶσαν ἐνέργειαν κίνησιν εἶναί
φησι κατὰ τὴν ἀπὸ τῆς οὐσίας ἐξανάστασιν τοῦ ἐνεργοῦντος θεωρῶν τὴν
ἐνέργειαν· Ἀριστοτέλης δὲ καὶ οἱ τούτου φίλοι τὴν μὲν κίνησιν ἐνέργειαν
λέγουσιν, οὐ πᾶσαν δὲ ἐνέργειαν κίνησιν· οὐ γὰρ δὴ καὶ τὴν τελείαν·
ἀτελῶν γὰρ ἡ ἀτελή, διότι τῶν δυνάμει καὶ τῶν μήπω ὄντων ἀλλ' ἐσομέ-
10 νων ἡ κίνησις. καὶ δῆλον ὅτι κατὰ τὸ ὄνομα μόνον ἡ διαφορά, τῶν μὲν
τὴν μεταβολικὴν μόνην ἐνέργειαν ἀξιούντων κίνησιν καλεῖν, τῶν δὲ πᾶσαν 50
τὴν ἀπὸ τῆς οὐσίας ἐκτένειαν.

p. 201ᵇ16—202ᵃ2 **Ὅτι δὲ καλῶς εἴρηται, δῆλον καὶ ἐξ ὧν οἱ
ἄλλοι περὶ αὐτῆς λέγουσι ἕως τοῦ | χαλεπὴν μὲν ἰδεῖν,** 98ʳ
15 **ἐνδεχομένην δὲ εἶναι.** 10

Εἰπὼν τὴν ἑαυτοῦ δόξαν καὶ ἐπὶ τὰς τῶν προτέρων περὶ κινήσεως
μεταβέβηκεν ἐπισκεπτόμενος ἐκείνας. καὶ ὁ μὲν Ἀλέξανδρος καὶ τὰ ἄλλα
μὲν οὐκ οἶδα ὅπως ἑρμηνεύει τῶν ἐνταῦθα λεγομένων καὶ τὸ ἐν ἀρχῇ λε-
γόμενον τὸ ὅτι δὲ καλῶς εἴρηται, δῆλον καὶ ἐξ ὧν οἱ ἄλλοι περὶ
20 αὐτῆς λέγουσι καὶ τὸ μὴ ἐν ἄλλῳ γένει τὴν κίνησιν εἶναι δυνατόν.
"πιστοῦται δέ, φησίν, ἐκ τῆς τῶν ἄλλων δόξης, οἵτινες ἔξω τῆς τοιαύτης 15
ἐνεργείας τὴν κίνησιν τιθέμενοι οὐδὲν εἶπον ὑγιὲς περὶ αὐτῆς." μήποτε δὲ
εὐγνωμονέστερον ἔστιν ἀκούειν, ὅτι τὴν μὲν ὁλοσχερεστέραν ἐκδοχὴν τῶν
τοῖς ἀρχαίοις εἰρημένων διελέγχει, δηλοῖ δὲ καὶ ἐκ τῆς ἐκείνων ἐννοίας,
25 ὅτι καλῶς αὐτὸς ὡρίσατο τὴν κίνησιν. καὶ ἐκεῖνοι γὰρ εἰς ἑτερότητα καὶ
ἀνισότητα καὶ τὸ μὴ ὂν τιθέασιν, ὅτι ἀόριστόν τι δοκεῖ ἡ κίνη-
σις· δύο γὰρ οὐσῶν συστοιχιῶν παρὰ τοῖς Πυθαγορείοις, ὧν ἐν τῇ ἑτέρᾳ
ἐστὶν ἡ κίνησις τῇ τὰς ἀρχὰς ἐχούσῃ στερητικὰς καὶ ἀορίστους, ἐν αἷς καὶ 20
ἑτερότης καὶ ἀνισότης καὶ τὸ μὴ ὄν (αἱ γὰρ δέκα ἀντιθέσεις ὡς ἀρχαὶ
30 παρελήφθησαν), εἰκότως ἀόριστόν τι δοκεῖ ἡ κίνησις καὶ ἐκείνοις, ὥσπερ
καὶ ἡμῖν. πλὴν ὅτι ἐκείνοις μὲν δοκεῖ ἐν στερητικῇ καὶ ἀορίστῳ συστοιχίᾳ
κεῖσθαι διὰ τὴν πρὸς τὸ ὡρισμένον τῆς στάσεως ἀντίθεσιν, ἡμῖν δὲ διὰ τὸ
μήτε ἐν τῷ δυνάμει μήτε ἐν τῷ ἐνεργείᾳ δυνατὸν εἶναι τιθέναι αὐτήν.
καὶ γὰρ τὸ δυνάμει μόνον οὔπω κινεῖται καὶ τὸ ἐνεργείᾳ οὐκέτι κινεῖται. εἰ
35 οὖν μήτε τὸ δυνάμει ἐστὶ μήτε τὸ ἐνεργείᾳ μήτε, ὅπερ μάλιστα δοκεῖ εἶναι, 25

---

2 διαγράψοιμεν E   3 διαγραφοίη aF   4 Θεμίστιος p. 209, 10—24 Sp.   5 ὁ
(post ὅτι) om. E   8 καὶ (post δὴ) om. F   11 τὴν μεταβολικὴν κίνησιν ἐνέργειαν
ἀξιούντων καλεῖν F   14 Αὐαὐτῆς F   16 προτέρων περὶ] προτάσεων [comp.] παρὰ
[comp.] E   19 τὸ ὅτι a: τὸ δὲ ὅτι F: καὶ ὅτι E   21 δέ] γάρ a   ἄλλων E:
om. lac. XII litt. relicta F: ἀρχαίων a   οἵτινες λέγουσι F   24 δὲ καὶ a: δὲ ὅτι
καὶ F: δὲ E   25. 26 εἰς ἀνισότητα καὶ ἑτερότητα a   26 τι om. E   27 περὶ E
30 παρελείφθησαν F   τι om. E   34 post γὰρ add. καὶ F   post μόνον add. ὂν E

ἐνέργεια μηδὲ τοῦτο ᾖ (ἀτελὴς γὰρ ἐνέργειά ἐστιν ἡ κίνησις, διότι ἀτελὲς 98ʳ
τὸ δυνατὸν οὗ ἐστιν ἐνέργεια ἡ κίνησις), εἰκότως ἀόριστος δοκεῖ ἡ κίνησις.
στερητικὰς δὲ τῆς ἑτέρας συστοιχίας τῶν ἐναντίων εἶπε τὰς ἀρχάς, δηλον-
ότι τὰς δέκα ἃς ἀναγράφουσι, διότι κατ' αὐτὸν ἀρχαὶ τῶν ἐναντίων εἶδος
5 καὶ στέρησις. καὶ αἱ μὲν ἐν τῇ κρείττονι συστοιχίᾳ δέκα ἀρχαὶ ὑπὸ τὸ
εἶδος ἔσονται, αἱ δὲ ἐν τῇ χείρονι ὑπὸ τὴν στέρησιν. ἴσως δὲ πρὸ αὐτοῦ
καὶ ἐκεῖνοι τὴν μὲν εἰδητικήν, τὴν δὲ στερητικὴν ἔλεγον. τὰς δὲ δέκα 30
συστοιχίας αὐτὸς ὁ Ἀριστοτέλης οὕτως ἐν ἄλλοις ἱστορεῖ·

	ἀγαθόν	κακόν
10	πέρας	ἄπειρον
	περιττόν	ἄρτιον
	ἕν	πλῆθος
	δεξιόν	ἀριστερόν
	φῶς	σκότος
15	ἄρρεν	θῆλυ
	ἠρεμοῦν	κινούμενον
	εὐθύ	καμπύλον
	τετράγωνον	ἑτερόμηκες

Καὶ λέγεται στερητικὰ τὰ ἕτερα, οὐχ ὅταν ὡς εἴδη θεωρῆται, ἀλλ'
20 ὅταν ὡς ἐκπεπτωκότα. διὸ οὔτε τόδε οὔτε τοιόνδε. αἱ γὰρ στερήσεις
κἂν ἐν ταῖς αὐταῖς κατηγορίαις ὦσιν, ἀλλ' ὡς παρυφεστηκυῖαι. καὶ ἐγὼ
μὲν οἶμαι ταῦτα πρὸς ἐκεῖνο ἀποδεδόσθαι τὸ λέγον ὅτι δὲ καλῶς εἴρη-
ται, δῆλον καὶ ἐξ ὧν οἱ ἄλλοι περὶ αὐτῆς λέγουσιν. ὁ δὲ Ἀλέ-
ξανδρος τούτῳ μέν φησι μηδὲν ἀκόλουθον ἀποδιδόναι, τῷ δὲ δευτέρῳ τῷ
25 λέγοντι καὶ ἐκ τοῦ μὴ ῥᾴδιον εἶναι διορίσαι ἄλλως αὐτὴν ἐπῆ-
χθαί φησι τὸ οὔτε γὰρ τὴν κίνησιν καὶ μεταβολὴν ἐν ἄλλῳ γένει 40
τιθέναι δύναιτο ἄν τις. καὶ ἀσάφειαν καὶ ἀκαταλληλίαν ἐγκαλεῖ τῇ
λέξει, διότι τῷ προσεχῶς εἰρημένῳ οὐκ ἐπήγαγε τὸ 'οὔτε τῶν εἰρημένων
τι περὶ αὐτῆς ὑπὸ τῶν ἄλλων ὑγιῶς εἴρηται'· "τούτῳ γὰρ προρρηθέντι,
30 φησίν, ἀκόλουθόν ἐστιν ὃ ἐπιφέρει τὸ δῆλον δὲ σκοποῦσιν, ὡς τιθέα-
σιν αὐτὴν ἔνιοι ἑτερότητα ἕως τοῦ χαλεπὴν μὲν ἰδεῖν, ἐνδεχο-
μένην δὲ εἶναι." καὶ κατ' ἄλλον δὲ τρόπον τὸ ῥητὸν ἐκδεχόμενος "ἢ 45
ἄμεινον, φησί, τὸ οὔτε γὰρ τὴν κίνησιν καὶ μεταβολὴν ἐν ἄλλῳ
γένει τιθέναι δύναιτ' ἄν τις ὡς εἰρημένου ἀντὶ τοῦ ἐν ἄλλῃ φύσει
35 ⟨ἀκούειν⟩." καὶ εἴη ἂν ἑπόμενον αὐτῷ τὸ δῆλον δὲ σκοποῦσιν ὡς τι-

---

1 τοῦτό ἐστιν emendator Ambros.   ἐστιν — ἐνέργεια (2) om. E   8 ἄλλοις] Metaph.
A 5 p. 986 ᵃ 22   9—18 praescripsit α'—ι' a   19 θεωρῆται libri   24 μηδὲν
E: οὐδὲν aF   παραδιδόναι F   26 ante μεταβολὴν habet τὴν Aristoteles
γένει scripsi ex v. 34: τινὶ libri   27 τιθέναι] θεῖναι Aristoteles   καὶ (ante ἀσάφειαν)
om. E   28 post οὔτε add. περὶ E   31 αὐτὴν om. E   τοῦ om. E   ἐνδε-
χομένην iteravit E   32 ἢ om. a   33 τὸ οὔτε] τοῦ οὔτε E: τοῦ ὅτε F   34 ὡς
εἰρημένου [εἰρημένῳ E¹] EF¹: om. a   35 ἀκούειν a: om. EF   ὡς τιθέασιν iteravit F

θέασιν αὐτὴν ἔνιοι ἑτερότητα. ἐν πολλοῖς δὲ οὐδὲ φέρεσθαι λέγει 98ʳ
ταύτην τὴν λέξιν καὶ διὰ τοῦτο μηδὲ ὑπεμνηματίσθαι. καὶ αὐτὸς δὲ ὡς
ἐμοὶ δοκεῖ συγκεχυμένως αὐτῆς τὸν ὑπομνηματισμὸν ἐποιήσατο.

Πολλὰ δὲ ἀντεῖπεν ὡς ἑτερότητος παρὰ τῷ Πλάτωνι λεγομένης τῆς 50
5 κινήσεως, ὧν τὰ κυριώτερα ταῦτα νομίζω, τάχα δὲ καὶ πάντα· αὐτὰ γὰρ
στρέφει περὶ αὑτά. "ἢ γὰρ τὴν πρὸς ἄλλο, φησίν, ἑτερότητα λέγει τὴν
κίνησιν ἢ τὴν ἐν αὑτῷ ἢ τὴν ἑτεροίωσιν καὶ μεταβολήν. ἀλλ' οὔτε τὸ
πρὸς ἄλλο ἕτερον κινεῖται πάντως οὔτε τὸ ἐν αὑτῷ ἑτερότητα ἔχον οἷον
θερμότητα καὶ λευκότητα, ὁπότε οὔτε τὸ δυνάμει ὂν πάντως κινεῖται οὔτε
10 τὸ ἐνεργοῦν πᾶν. εἰ δὲ τὴν ἑτερότητα ἑτεροίωσιν καὶ μεταβολὴν λέγουσιν,
οὐδὲν ἄλλο ἢ τὴν κίνησιν κίνησιν εἶναι λέγουσι. καὶ μὴ | ὂν δέ, φησί, 98ᵛ
τὴν κίνησιν ὁ Πλάτων λέγει ἐν Σοφιστῇ". ἐάσας δὲ τὸ σαφῶς ὑπὸ τοῦ
Πλάτωνος λεγόμενον ἐκ συλλογισμοῦ πειρᾶται δεικνύναι. ἐπεὶ γὰρ τῶν ὄντων
τὰ μὲν εἶπε κινεῖσθαι, τὰ δὲ ἑστηκέναι, ἔλαβε τοῦ ὄντος διαφορὰν εἶναι
15 κίνησίν τε καὶ στάσιν. εἰ δὲ διαφοραὶ τοῦ ὄντος ταῦτα, τὸ δὲ γένος κατὰ
τῶν ἰδίων διαφορῶν οὐ κατηγορεῖται, οὐδ' ἂν τὸ ὂν κινήσεώς τε καὶ στά-
σεως κατηγοροῖτο, εἰ δὲ τοῦτο, μὴ ὄντα ταῦτα. καὶ δῆλον μὲν ὅτι εἰ καὶ 5
μὴ οὕτως ὡς τοῖς εἴδεσιν, ἀλλ' οὖν ὑπάρχει καὶ ταῖς διαφοραῖς τὰ γένη.
ζῷον γάρ ἐστι τὸ λογικὸν καὶ τὸ ἄλογον, κἂν μὴ ζῷα. οὕτως οὖν καὶ ἡ
20 κίνησις καὶ ἡ στάσις, εἴπερ εἶεν διαφοραὶ τοῦ ὄντος, οὐκ ἂν εἶεν ἔξω τοῦ
ὄντος. σαφῶς δὲ ὁ Πλάτων λέγει μὴ ὂν τὴν κίνησιν ἐν οἷς φησιν "ἔστιν
ἄρα ἐξ ἀνάγκης τὸ μὴ ὂν ἐπί τε κινήσεως εἶναι καὶ κατὰ πάντα τὰ γένη".
λέγει δὲ αὐτὴν μὴ ὂν οὐ κατὰ τὸ μηδαμῇ μηδαμῶς ὄν, ὃ καὶ ἀνώνυμόν
ἐστι κυρίως, ἀλλὰ κατὰ τὴν ἑτερότητα τὴν πρὸς τὸ ὄν, ὅπερ ἓν εἶναι τῶν 10
25 γενῶν φησι κατὰ διωρισμένην ἰδιότητα νοούμενον, ἀλλ' οὐ κατὰ τὴν πάν-
των τῶν ὄντων περιοχήν. ὥσπερ δὲ μὴ ὂν λέγει τὴν κίνησιν κατὰ τὴν
ἑτερότητα τὴν πρὸς τὸ τοιοῦτο ὄν, οὕτως καὶ ὂν αὐτήν φησι κατὰ τὴν τοῦ
ὄντος μέθεξιν. λέγει δὲ οὕτως· "οὐκοῦν δὴ σαφῶς ἡ κίνησις ὄντως οὐκ
ὄν ἐστι καὶ ὄν, εἴπερ τοῦ ὄντος μετέχει;" εἰπὼν δὲ ταύτης εἶναι τῆς δόξης
30 τῆς τὴν κίνησιν μὴ ὂν λεγούσης καὶ τοὺς Πυθαγορείους ἐκείνων εὐγνωμόνως
ὑπεραπολογεῖται λέγων, ὅτι οὐκ ἄντικρυς ἴσως οὐδὲ ταύτῃ φερόμενοι ὡς περὶ 15
μὴ οὔσης τέλεον ἔλεγον, ἀλλ' ὡς τοῦ κινουμένου μηδέπω τοῦτο κατ' ἐνέργειαν
ὄντος, ἐφ' ὃ κινεῖται, ἀλλ' ἔτι ἐν ἀτελεῖ καθεστῶτος· τοιοῦτον γὰρ τὸ δυνάμει.
ταῦτα δὲ καὶ Ἀριστοτέλει περὶ τῆς κινήσεως ἀρέσκει. "ταῦτα δέ, φησί,
35 τὴν ἑτερότητα καὶ ἀνισότητα καὶ τὸ μὴ ὂν εἰ μὲν ὡς αἴτια κινήσεως

---

2 μηδὲ aF: μὴ E   4 ἑτερότητα E   7 αὑτῷ scripsi: αυ E: ἑνὶ aF   ἀλλ'
οὔτε a: ἀλλ' οὐδὲ EF   8 ἑτερότητα λέγει τὴν κίνησιν F   10 ἐνεργοῦν aF: ἐνερ-
γὸν E   12 ἐν Σοφιστῇ p. 256 D   14 εἶπε cf. Soph. p. 250 A   15 ταῦτα τοῦ
ὄντος aF   17 κατηγοροῖτο EF: κατηγορεῖτο a   18 ὑπάρχουσι EF   19 ἄλογον EF:
ἀργὸν a   post μὴ add. ὡς τὰ a   20 οὐκ — ὄντος (21) om. F   21 φησιν Soph.
p. 256 D cf. v. 11   23 μηδαμῇ μηδαμῶν a   27 τὴν πρὸς τὸ τοιοῦτο a: τῶν πρὸς
τὸ τοιοῦτο E: τὴν πρὸς τοῦτο μὴ F   28 λέγει Soph. p. 256 D ante l. c. v. 21
29 ἐπείπερ Plato   32 τοῦτο] immo τούτου   33 τοιοῦτον — δυνάμει om. a
35 τὴν ἀνισότητα aF

ἔλεγον ὅ τε Πλάτων καὶ οἱ Πυθαγόρειοι, δυνατὸν μὲν ἦν, οὐ μέντοι αὔ- 98ᵛ
ταρκες τῷ περὶ κινήσεως λόγῳ. οὐ γὰρ ταὐτὸν τὸ αἴτιον τῷ αἰτιατῷ.
καὶ οἱ μὴ ὂν δὲ λέγοντες, εἰ καὶ ἀληθές τι εἶπον, ἀλλ' οὖν συμβεβηκός τι 20
τῆς κινήσεως ἀπέδοσαν, οὐχ ὅ ἐστιν ἡ κίνησις." καὶ ὅτι μὲν ὡς αἴτιον
5 τὴν ἀνισότητα ὁ Πλάτων εἶπε, μετ' ὀλίγον ἔσται δῆλον, ὅταν τὴν Πλάτωνος
παραθῶμεν ῥῆσιν. νῦν δὲ τοσοῦτον ἰστέον, ὅτι καὶ Εὔδημος πρὸ τοῦ
Ἀλεξάνδρου ἱστορῶν τὴν Πλάτωνος περὶ κινήσεως δόξαν καὶ ἀντιλέγων
αὐτῇ τάδε γράφει· "Πλάτων δὲ τὸ μέγα καὶ μικρὸν καὶ τὸ μὴ ὂν καὶ τὸ
ἀνώμαλον καὶ ὅσα τούτοις ἐπὶ ταὐτὸ φέρει τὴν κίνησιν λέγει. φαίνεται δὲ 25
10 ἄτοπον αὐτὸ τοῦτο τὴν κίνησιν λέγειν· παρούσης γὰρ δοκεῖ κινήσεως κινεῖ-
σθαι τὸ ἐν ᾧ. ἀνίσου δὲ ὄντος ἢ ἀνωμάλου προσαναγκάζειν ὅτι κινεῖται,
γελοῖον· βέλτιον γὰρ αἴτια λέγειν ταῦτα ὥσπερ Ἀρχύτας." καὶ μετ' ὀλίγον
"τὸ δὲ ἀόριστον, φησί, καλῶς ἐπὶ τὴν κίνησιν οἱ Πυθαγόρειοι καὶ ὁ Πλά-
των ἐπιφέρουσιν (οὐ γὰρ δὴ ἄλλος γε οὐδεὶς περὶ αὐτῆς εἴρηκεν)· ἀλλὰ
15 γὰρ † ὥρισται οὐκ ἔστι, καὶ τὸ ἀτελὲς δὴ καὶ τὸ μὴ ὄν· γίνεται γάρ,
γινόμενον δὲ οὐκ ἔστι."

Καὶ Ἀριστοτέλης δὲ ὡς ἑτερότητα καὶ ἀνισότητα καὶ τὸ μὴ ὂν 30
φασκόντων εἶναι τὴν κίνησιν εὐθύνει τὸν λόγον. ἔδει γάρ, φησί, τὰ
ἕτερα ἢ τὰ ἄνισα ἢ τὰ μὴ ὄντα εὐθὺς καὶ κινεῖσθαι. νῦν δὲ οὐ φαίνεται
20 καθὸ τοιοῦτον οὐδὲν κινούμενον. πάντα γὰρ τὰ ὄντα ἕτερα ἀλλήλων, καὶ
ὅμως οὐ κινεῖται πάντα. ἐπὶ δὲ τοῦ μὴ ὄντος ἔτι ἀτοπώτερον, εἰ τὸ μὴ
ὂν κινεῖται. εἰ δέ τις λέγοι ὅτι εἰς ταῦτα τὰ κινούμενα κινεῖται ἢ ἐκ τού-
των, καὶ διὰ τοῦτο δοκεῖ ταῦτα ἡ κίνησις, προλαμβάνων τὴν τοιαύτην ἔν-
στασιν οὐδὲ ἡ μεταβολή, φησίν, οὐδὲ εἰς ταῦτα οὐδὲ ἐκ τούτων
25 μᾶλλόν ἐστιν ἢ τῶν ἀντικειμένων, καὶ εἰς τὰ ἀντικείμενα δηλονότι, 35
οἷον ἐκ ταυτότητος καὶ ἰσότητος, καὶ τοῦ ὄντος καὶ εἰς ταῦτα. "δύναται
δέ, φησὶν ὁ Ἀλέξανδρος, τὸ οὐδὲν μᾶλλον ἐξ ἑτερότητος καὶ εἰς ἑτερότητα
γίνεσθαι τὴν κίνησιν ἢ ἐκ ταυτότητός τε καὶ εἰς ταυτότητα εἰρῆσθαι, ὅτι
εἰ καὶ ὅτι μάλιστα τὸ κινούμενον ἐξ ἑτέρου τινὸς εἰς ἕτερόν τι κινεῖται,
30 ἀλλ' αὐτά γε τὰ κινούμενα οἷον τὸ λευκαινόμενον ἢ μελαινόμενον ὁμογενῆ
ἐστιν ἀλλήλοις ποιὰ ὄντα καὶ κατὰ τοῦτο τὰ αὐτά. ὁμοίως δὲ καὶ τὰ
καθ' ἃ ἡ αὔξησις καὶ μείωσις ποσὰ καὶ ἐπὶ τῶν ἄλλων". εἰπὼν δὲ ὁ 40
Ἀλέξανδρος, ὅτι διὰ τοῦτο ἀόριστον ἡγοῦντο τὴν κίνησιν, διότι ἐν οὐδενὶ
τῶν ὡρισμένων ἐδύναντο αὐτὴν θεῖναι (τῶν γὰρ ὄντων τε καὶ ὡρισμένων
35 τὰ μὲν δυνάμει ἐστί, τὰ δὲ ἐνεργείᾳ, ἐν οὐδετέροις δὲ τούτων ἡ κίνησις)

---

4 ὅ EF: ὅτι a   6 ante ῥῆσιν habet τὴν a   Εὔδημος fr. 27 p. 41, 18 Sp.
πρὸ aE: πρὸς [comp.] F   8 καὶ μικρὸν] καὶ μικρὸν καὶ τὸ μικρὸν E   10 ἄτοπον
om. F   λέγει E   12 γὰρ EF: δὲ a   αἴτιον ταῦτα om. E   13 ὁ
(ante Πλάτων) om. E   14 ἀλλὰ γὰρ ὥρισται οὐκ ἔστι E: ἀλλὰ γὰρ ὥρισται καὶ οὐκ ἔστι
F: οὐ γὰρ ὥρισται a: conicio ἀλλὰ γὰρ ὁριστὴ οὐκ ἔστι   17 καὶ ὁ Ἀριστοτέλης aF
τὸ om. aF   19 φαίνεται τοιοῦτον καθὸ κινούμενον F   23 προλαμβανόντων E
24 οὐδὲ (post φησίν) E: οὐδὲν aF: οὔτε (et postea item) recte Aristotelis libri   25 post
ἢ habet ἐκ Aristoteles praeter FI Phys. et ET Metaph.   29 τι om. aF   32 καὶ
ἡ μείωσις aF   δὲ καὶ ὁ aF

ταῦτα οὖν μόγις εὐγνωμόνως εἰπὼν ἀναιρεῖ πάλιν αὐτὰ ἐπάγων· "διὰ 98ᵛ
τούτων δὲ ἅμα, ὡς εἶπον, καὶ ὅτι μὴ ῥᾴδιον ἄλλως ἢ ὡς αὐτὸς εἶπε περὶ
κινήσεως διορίσαι δείκνυσι". καίτοι διὰ τούτων ⟨ὅτι⟩ καὶ οἱ ἀόριστον λέ- 45
γοντες τῆς κατὰ τὴν κίνησιν ἐννοίας ἐστοχάζοντο, δηλοῖ, καὶ τὴν αἰτίαν
5 τοῦ ἀορίστου καὶ τῆς χαλεπότητος τοῦ περὶ αὐτῆς λόγου καλῶς παραδεί-
κνυσι, ποτὲ μὲν εἰπὼν ὅτι οὔτε τὸ δυνάμει ἐστὶν οὔτε τὸ ἐνεργείᾳ οὔτε
ἐνέργεια τελεία ἐν οἷς πάντα περιέχεται τὰ ὄντα, ποτὲ δὲ ὅτι ἢ εἰς στέ-
ρησιν αὐτὴν ἀναγκαῖον θεῖναι, ἐπειδὴ αἱ ἕξεις μόνιμοι, ἢ εἰς δύνα-
μιν, ἐπειδὴ τὸ ἐνεργείᾳ ἀκίνητον, ἢ εἰς ἐνέργειαν, ἐπειδὴ τὸ ἐνεργείᾳ
10 * δοκεῖ. ἀλλ' οὔτε στέρησιν ἁπλῶς· ἡ γὰρ στέρησις εἴδους. τίνος δὲ
εἴδους στέρησις ἡ κίνησις; εἰ γὰρ τῆς ἠρεμίας, διὰ τί μὴ μᾶλλον ἡ ἠρε-
μία στέρησις τῆς κινήσεως; οὔτε δύναμις. ἀκίνητος γὰρ ἡ δύναμις καὶ 50
τὸ δυνάμει καθ' αὑτά. οὐ μὴν οὐδὲ ἁπλῆ καὶ τελεία ἐνέργεια ἐστιν, ἀλλ'
ἀτελής, διότι ἀτελοῦς τοῦ δυνάμει. καὶ διὰ τοῦτο χαλεπὴ μὲν ἰδεῖν, ὅτι
15 τῶν τελείων ἡ γνῶσις, οὐ μέντοι ἀδύνατος εἰς ὑπόστασιν. εἰ δὲ τοιαύτη
τίς ἐστιν ἡ κίνησις, καλῶς ὁ Ἀριστοτέλης οὐκ ἐν τοῖς γένεσιν αὐτὴν ἔθετο
τοῦ ὄντος, ὥσπερ ὁ Πλωτῖνος. τὰ γὰρ γένη καὶ αἱ κατηγορίαι τελείων
εἰσὶ καὶ ὡρισμένων, ἡ δὲ κίνησις ἐν πᾶσι θεωρεῖται τοῖς γένεσι, κατὰ τὴν
ἀπὸ | τοῦ δυνάμει εἰς τὸ ἐνεργείᾳ μεταβολήν. 99ʳ
20 Ἀλλὰ καιρός μοι λοιπόν ἐστι τὴν Πλάτωνος παραθέσθαι ῥῆσιν τὴν ἐν
Τιμαίῳ γεγραμμένην, πρὸς ἣν καὶ Ἀριστοτέλης καὶ οἱ ἐξηγηταὶ τοῦ Ἀρι-
στοτέλους ἀντειρηκέναι δοκοῦσιν· "ἐν μὲν ὁμαλότητι μηδέποτε ἐθέλειν
κίνησιν εἶναι. τὸ γὰρ κινησόμενον ἄνευ τοῦ κινήσοντος ἢ τὸ κινῆσον ἄνευ
τοῦ κινησομένου χαλεπόν, μᾶλλον δὲ ἀδύνατον εἶναι. κίνησις δὲ οὐκ ἔστι
25 τούτων ἀπόντων. ταῦτα δὲ ὁμαλὰ εἶναί ποτε ἀδύνατον. οὕτω δὴ στάσιν 5
μὲν ἐν ὁμαλότητι, κίνησιν δὲ εἰς ἀνωμαλότητα ἀεὶ τιθῶμεν. αἰτία δὲ
ἀνισότης αὖ τῆς ἀνωμάλου φύσεως. ἀνισότητος δὲ γένεσιν μὲν διεληλύ-
θαμεν. πῶς δέ ποτε οὐ κατὰ γένη διαχωρισθέντα ἕκαστα πέπαυται τῆς
δι' ἀλλήλων κινήσεως καὶ φορᾶς, οὐκ εἴπομεν". εἰπὼν οὖν ὅπως διὰ τὴν
30 τοῦ παντὸς πρὸς ἑαυτὸ σύννευσιν τὰ λεπτομερέστερα εἰσιόντα εἰς τὸ παχυ-
μερέστερα ἐκεῖνα μὲν διακρίνει αὐτὰ δὲ συγκρίνεται, συμπεραινόμενος τὰ 10
εἰρημένα ἐπάγει· "οὕτω δὴ διὰ ταῦτά τε ἡ τῆς ἀνωμαλότητος διασῳζο-
μένη γένεσις ἀεὶ τὴν ἀεὶ κίνησιν τούτων οὖσαν ἐσομένην τε ἐνδελεχῶς
παρέχεται." ἐν δὴ τούτοις ὅτι μὲν ἑτερότητος οὐκ ἐμνημόνευσεν ὁ Πλά-
35 των, παντὶ δῆλον. εἰ δὲ καὶ Πλάτων ἢ οἱ Πυθαγόρειοι λέγουσι, τριῶν
ὄντων τούτων τῆς τε ἑτερότητος αὐτῆς κατὰ τὸ εἶδος θεωρουμένης καὶ τοῦ
ἑτέρου κατὰ τὸ μετέχον τῆς ἑτερότητος καὶ τῆς ἑτεροιώσεως, τὴν ἑτεροίω-

---

2 ἢ ὡς E: ἢ aF   3 δείκνυσι διορίσαι collocavit F¹   ὅτι a: om. EF   4 δὲ
post δηλοῖ add. E, post αἰτίαν a   7 ποτὲ δὲ ὅτι δὲ ἢ E   εἰς τὴν στέρησιν a
8 αἱ ἕξεις — ἐνέργειαν, ἐπειδὴ (9) om. aF   10 ante δοκεῖ intercidisse videtur λοιπόν: οὐ
add. a   δὲ corr. ex γὰρ F¹   12 desideres οὔτε δύναμιν   14 χαλεπὴ F:
χαλεπὸν aE   20 ἐστι EF: ἤδη a   ἐν τῷ a   21 Τιμαίῳ p. 57 E sq.
23 ἐνεῖναι Plato   25 εἶναι ποτε aF: εἶναί sic E   27 αὖ] οὖν aF   28 ποτε
om. F   30 λεπτομερέστατα F   31 αὐτὰ aF: αὐτὸς E   32 ἐπάγει p. 58 c

σιν ἔλεγον κίνησιν τὴν ὡς ἀλλοίωσιν καὶ ὡς ἐνέργειαν λαμβάνοντες. ὁ 99ʳ
μέντοι Ἀριστοτέλης εἰς τὴν ἑτερότητα τὴν ὡς εἶδος μετέλαβεν, ἧς κατὰ 15
μέθεξιν γίνεται τὸ ἕτερον. διὸ καὶ εἰς ἀπεμφαῖνον ἤγαγε τὸν λόγον εἰπὼν
ὧν οὐδὲν ἀναγκαῖον κινεῖσθαι, οὔτ᾽ ἂν ἕτερα ᾖ οὔτ᾽ ἂν ἄνισα
5 οὔτ᾽ ἂν οὐκ ὄντα. εἰ γὰρ ἦν ἡ ἑτερότης κίνησις, τὰ μετέχοντα τῆς ἑτε-
ρότητος εὐθὺς ἂν ἐκινεῖτο, ἅπερ ἐστὶ τὰ ἕτερα. καὶ οὐ χρὴ τῷ Ἀριστο-
τέλει ἐγκαλεῖν ὡς κακοσχόλως μηδὲ τὴν ἑτερότητα τὴν ὡς εἶδος ἀξιώσαντι
λαβεῖν ὡς κίνησιν κατ᾽ αὐτούς, ἀλλὰ τὸ ἕτερον, καὶ διὰ τοῦτο εἰς ἀπέμφασιν 20
ἔτι τὸν λόγον ἀγαγόντι, ἐν οἷς φησιν ὧν οὐδὲν ἀναγκαῖον κινεῖσθαι
10 οὐδ᾽ ἂν ἕτερα ᾖ. οὐ γὰρ ὡς κίνησιν λεγόμενον τὸ ἕτερον ἐπήγαγε τῷ
λόγῳ, ἀλλ᾽ ὡς μετέχον ἑτερότητος, ἥτις εἰ κίνησις ἦν κινήσεως μετέχον
τὸ ἕτερον ἔδει πάντως κινεῖσθαι.

Καὶ ὅ γε Εὔδημος σαφέστερον ἐξέθετο τὴν Ἀριστοτέλους ἀπόδειξιν,
ἐν οἷς πρὸ ὀλίγου παρεθέμην διὰ τοῦ "παρούσης γὰρ δοκεῖ κινήσεως κινεῖ-
15 σθαι τὸ ἐν ᾧ. ἀνίσου δὲ ὄντος ἢ ἀνωμάλου προσαναγκάζειν ὅτι κινεῖται,
γελοῖον". ὁμοίως δὲ οὐδὲ τὴν ἀνισότητα οὐδὲ τὸ μὴ ὂν οὐδὲ τὰ τούτων 25
μετέχοντα κίνησιν εἰκὸς λαμβάνειν, ἀλλὰ τὴν ἀνίσωσιν καὶ οὐσίωσιν ἢ
ἀνουσίωσιν. αὗται γάρ εἰσι κινήσεις, μεταβολαί τινες καθ᾽ ἕκαστον γένος
ἰδιότροποι ἀπὸ τοῦ δυνάμει εἰς τὸ ἐνεργείᾳ. οὐ γὰρ ἑτερότητά φασι τὴν
20 ἤδη ἀφωρισμένην καὶ μένουσαν ἐν τῷ εἴδει. καὶ ἀνισότης δὲ καὶ ἀνω-
μαλία τοῦ χείρονος πρὸς τὸ κρεῖττον ἤτοι τοῦ κινουμένου πρὸς τὸ κινοῦν,
σπεύδουσα μὲν εἰς τελειότητα ἄγειν τὸ ἀτελές, ἐντιθεῖσα δὲ τῷ δυνάμει
τὴν ἐνέργειαν, ἀπὸ τοῦ βελτίονος τὴν αἰτίαν ἐμποιεῖ τὴν πρώτην τῆς κι- 30
νήσεως. ἔστι δὲ καὶ ἀπὸ τῆς τοῦ κινοῦντος πρὸς τὸ κινούμενον ἀνομοιό-
25 τητος τὴν ἀνισότητα καὶ ἀνωμαλίαν καὶ ἑτερότητα καταμαθεῖν. ἄλλο γὰρ
ἐστι τὸ κινοῦν καὶ ἄλλο τὸ κινούμενον, καὶ ἄνισα ταῦτα καὶ ἀνώμαλα.
καὶ διὰ ταῦτα συνίσταται ἡ κίνησις περὶ τὸ κινούμενον ἀπὸ τοῦ κινοῦντος,
κατ᾽ αὐτὴν τὴν ἀνωμαλότητα παραγομένη οὐκ ἐν τῷ ὡρίσθαι κατὰ τὴν
ἀνωμαλότητα, ἐν δὲ τῷ ἀορίστως κατὰ τὸ μᾶλλον προϊέναι ἐν τῇ ἀνωμα-
30 λότητι· σύμμιξις γὰρ ἀπὸ τοῦ ὡρισμένου καὶ ἀορίστου τὴν κίνησιν ὑφίστησιν. 35
ἀρχὴ γὰρ ἐγγίνεται τῆς μεταβολῆς ἡ ἀνωμαλία καὶ διαφορὰ τοῦ μὲν κι-
νοῦντος πρὸς τὸ κινούμενον, τῆς δὲ ἐνεργείας πρὸς τὴν δύναμιν, τῆς δὲ
ἀρχῆς πρὸς τὰ μέσα καὶ τὴν τελευτήν, πάντων δὲ τούτων πρὸς ἅπαντα
διαφόρως ἐπὶ τῆς κινήσεως διακειμένων. καὶ γὰρ ἕως μένῃ τι τὸ αὐτὸ
35 καὶ ἕν, οὐ πέφυκε κινεῖσθαι. ὥστε εἰκότως τὰ μὲν ἕτερα καὶ ἄνισα καὶ
μὴ ὄντα τὰ ἤδη ἑστηκότα ἐν τούτῳ οὐ κινεῖται, τὰ δὲ ἑτεροιούμενα καὶ 40
ἀνισούμενα καὶ οὐσιούμενα ταῦτα κινεῖται σπεύδοντα πρὸς τὸ διάφορον ἀεὶ

---

3 εἰπὼν om. F   7 ὡς κακοσχόλως E: om. aF   10 τὸ ἕτερον] τῷ λόγῳ F
13 Εὔδημος fr. 27 p. 42, 13 Sp. cf. p. 431, 10   14 κινήσεως δοκεῖ aF
16 ὁμοίως E: ὅμως F: ὅλως a   17 ὑπολαμβάνειν aF   καὶ οὐσίωσιν videtur
delendum   21 τοῦ (post ἤτοι) om. E   24 ἔτι δὲ a   34 μένῃ] μὲν
ᾖ F   36 τὰ εἴδη E   ἐν τούτῳ om. F   37 οὐσιωμένα F   σπεύδοντα
om. F

καὶ ἕτερον. κἂν εἰς τὰ ἄνισα οὖν ἐκ τῶν ἴσων γίνηται ἡ μεταβολὴ κατὰ 99ʳ
τὸ ἀορισταίνειν, παρὰ τὸ ἴσον καὶ τὸ ἀνισοῦσθαι καὶ τὸ ἀφίστασθαι ἀπὸ
τοῦ ἴσου γίνεται ἡ μεταβολή. ἐπεὶ καθόσον γε ἕστηκεν αὕτη ἡ ποιότης
τοῦ ἴσου, οὐ κινεῖται ἀπὸ τοῦ ἴσου ᾖ εἰς τὸ ἴσον. ἔπειτα οὐ καθ' ἓν ἡ
5 μεταβολὴ θεωρεῖται τὸ ἀπό τινος ἢ εἴς τι, κατὰ τὸ συναμφότερον δὲ τὸ
ἀπό τινος ἅμα καὶ εἴς τι. καὶ ἡ καθ' ἑτεροίωσιν ἄρα ἐνέργεια τὰ δύο 45
συνείληφεν. ἀλλὰ μὴν ἥ γε τῶν ἄκρων σύλληψις ἀνομοίων ἐστὶ καὶ δια-
φερόντων περιοχή. καὶ ἕως ἂν αὕτη παρῇ, κινεῖσθαι ἀνάγκη τὸ ταύτης
μετέχον. οὕτω δὴ οὖν ἡ κίνησις ἀόριστος οὖσα εἰς τὰ στερητικὰ τίθεται.
10 ἔστι δὲ τοῦ μὲν ὁμαλοῦ τὸ ἀνώμαλον, τοῦ δὲ ἴσου τὸ ἄνισον, τοῦ δὲ ταὐ-
τοῦ τὸ ἕτερον, τοῦ δὲ ὄντος τὸ μὴ ὂν στερητικά. ὥστε εἰκότως ἐν τούτοις
ἡ κίνησις θεωρεῖται. καθ' ὅσον γὰρ ἐστέρηται τοῦ εἴδους καὶ ἐφίεται αὐτοῦ
καὶ σπεύδει εἰς αὐτὸ ἐφικέσθαι, κατὰ τοσοῦτον κινεῖται τὰ κινούμενα. εἰ- 50
κότως ἄρα ἐν τῇ στερήσει τὴν κίνησιν ὑποτίθενται οἱ Πυθαγόρειοι. καὶ
15 ἀόριστον δὲ αὐτὴν λέγουσιν ὡς μήτε ὕλην οὖσαν καθ' αὑτὴν μήτε εἶδος
μήτε δύναμιν μήτε ἐνέργειαν, σύμμικτον δέ τι ἀπὸ τούτων καὶ μεταξὺ καὶ
μέσον ὑπάρχον τοιοῦτον οἷον μηδέτερον εἶναι. καὶ τὸ μὴ ὂν οὕτως αὐτῇ
ὑπάρχει ὡς ἂν μήτε δυνάμει οὔσῃ μήτε ἐνεργείᾳ, ὁδευούσῃ δὲ ἀπὸ θατέρου
εἰς θάτερον. καὶ τὸ ἀτελὲς οὖν ἐν τῇ περὶ αὐτὴν ἐνεργείᾳ τοιοῦτον ἂν
20 εἴη, ὡς μηδέπω τὴν ἐνέρ|γειαν καὶ τὸ εἶδος ἔχειν. καὶ τὸ πάντων αὐτῆς 99ᵛ
ἐφαπτόμενον καὶ ἐν ὅλοις μέσον τοιοῦτον ἂν εἴη, ὡς μήτε εἶδος εἶναι μήτε
στέρησις μήτε δύναμις μήτε ἐνέργεια τελεία. δύσληπτος δέ τις περὶ ταῦτα
πάντα ἐνέργεια, χωριστὴ πάντων τούτων καὶ ἄλλον τρόπον μετὰ πάντων
ὑπάρχουσα καὶ ἐν τῷ δυνάμει παροῦσα καὶ ἕως ἐστὶν ἡ δύναμις, παυσα-
25 μένου δὲ αὐτοῦ μηκέτι μηδαμῶς ὑφεστῶσα. ἀλλ' εἰ μήτε ἐν δυνάμει 5
μήτε ἐνεργείᾳ, πῶς ἐνέργεια λέγεται ἡ κίνησις; ἢ οὐχ ἁπλῶς ἐνέργεια, ἀλλ'
ἐνέργεια ἀτελής, οὐχ ὡς μεταβολὴ ἀτελής, ἀλλ' ἐντελέχεια ἀτελὴς καὶ εἶ-
δος ἀτελές. διαφέρει δὲ ἡ κίνησις τοῦ τε ἐνεργείᾳ καὶ τῆς τελείας ἐνερ-
γείας, ὅτι ἐπὶ μὲν τούτων ἔφθαρται τὸ δυνάμει, ἐπὶ δὲ τῆς κινήσεως
30 μένοντος τοῦ δυνάμει ἡ τῆς κινήσεως ἐνέργεια ἐπιτελεῖται. ἀλλ' ἐπὶ τὰ
ἑξῆς ἰτέον.

p. 202ᵃ2 Κινεῖται δὲ καὶ τὸ κινοῦν ἕως τοῦ ὥστε ἅμα καὶ πάσχει. 10

Εἰπὼν πρότερον ὅτι τὸ κινοῦν φυσικῶς καὶ αὐτὸ κινητόν ἐστι (πᾶν
γὰρ τὸ τοιοῦτον κινεῖ κινούμενον), βούλεται νῦν ἅμα μὲν τεκμήρια παρα- 15
35 θέσθαι ἐναργῆ τῶν ἐν τῷ κινεῖν ἀντικινουμένων, ἅμα δέ, ὥς φησιν Ἀλέ-
ξανδρος, καὶ χωρίσαι τὸ θεῖον σῶμα τοῦ ἀντικινεῖσθαι καὶ ἀντιπάσχειν. ἑνὶ

---

1 γίνηται F: γένηται aE   κατὰ — μεταβολὴ (3) om. F   3 αὐτὴ E   6 καὶ (post ἅμα) om. E   8 αὐτὴ E   11 τὸ μὴ aF: καὶ μὴ E   13 ἀφικέσθαι a   16 post μεταξὺ add. δὲ aF   20 εἶδος om. F   22 περὶ ταῦτα πάντα ἐνέργεια E: παρὰ πάντα ταῦτα ἐνέργεια F: ἐνέργεια περὶ πάντα ταῦτα a   26 post μήτε add. ἐν a   30 ἐπιτελειοῦται a   33 τὸ ex τὰ corr. F   34 post κινεῖ add. τὸ E   36 καὶ χωρίσαι a: χωρίσαι E: κεχώρισται F

δὲ τεκμηρίῳ ἔοικε χωρίζειν τὸ φυσικῶς κινοῦν καὶ ἀντικινούμενον ἐν τῇ 99ᵛ
γενέσει τοῦ τε ἀκινήτως κινοῦντος, ὥσπερ τῆς πρώτης καὶ νοερᾶς οὐσίας,
καὶ τοῦ ἀεικινήτως, ὥσπερ τῶν οὐρανίων. καὶ γὰρ τὸ μὲν φυσικῶς κινοῦν
δυνάμει ὂν κινητὸν κινεῖ (διὸ καὶ ἀντικινεῖται), καὶ οὐ κινητὸν μόνον δυνάμει
5 ἐστίν, ἀλλὰ καὶ κινητικόν. ἡ δὲ πρώτη οὐσία παντελῶς τοῦ δυνάμει κα-
θαρεύει καὶ κατὰ τὸ κινεῖσθαι καὶ κατὰ τὸ κινεῖν. καὶ οὔτε κινητόν ἐστιν
ὅλως παντάπασιν ἀκίνητον ὂν οὔτε κινητικὸν δυνάμει· πάσης γὰρ ἀτελείας
καὶ τοῦ δυνάμει παντὸς ἐξῄρηται. οὐδέποτε οὖν δυνάμει κινητικὴ ἔσται,
οὐδὲ ποτὲ μὲν ποτὲ δὲ οὔ, οὐδὲ τοῖς μὲν τοῖς δὲ οὔ. καὶ τούτῳ οὖν διο-
10 ρίζεται τοῦ ἀκινήτως κινοῦντος τὸ φυσικῶς κινοῦν, καὶ ἔτι μέντοι τῷ κἂν
ἀκίνητόν ποτε μένῃ τὸ φυσικῶς κινοῦν καὶ δυνάμει κινητόν, μὴ ὁμοίαν εἶναι
τὴν ἀκινησίαν τούτου τε καὶ τῆς πρώτης οὐσίας. ἀλλ' ἐπὶ μὲν τῶν φυσι-
κῶν ὡς ποτὲ κινουμένων εἶναι τὴν ἀκινησίαν καὶ διὰ τοῦτο ἠρεμίαν λέγε-
σθαι. ᾧ γὰρ ἡ κίνησις ὑπάρχει, τούτου ἡ ἀκινησία ἠρεμία
15 ἐστίν. ἐπὶ δὲ τῆς πρώτης οὐσίας ἀκινήτου παντάπασιν οὔσης ἡ ἀκινησία
οὐκ ἔστιν ἠρεμία, ἀλλὰ ταὐτότης καὶ ἀμετάβλητος ἀεὶ κατάστασις. καὶ
τῶν οὐρανίων δὲ τοῖς αὐτοῖς τεκμηρίοις διακρίνοι ἂν τὰ ἐν γενέσει καὶ
φθορᾷ, οὔτε γὰρ ἀντικινεῖται ἐκεῖνα κινοῦντα. κἂν γὰρ κινῆται καὶ αὐτὰ
ὑπὸ τῶν ἀκινήτων αἰτίων, ἀλλ' οὐχ ὑπὸ τῶν κινουμένων ὑπ' αὐτῶν ἀντι-
20 κινεῖται. καὶ οὐδὲ δυνάμει κινητά ἐστιν ἀεὶ κινούμενα, εἰ μὴ πρὸς ἄλλην
τις καὶ ἄλλην κίνησιν τὸ δυνάμει λαμβάνοι, διότι ἄλλοτε ἐν ἄλλῳ τόπῳ
κινοῦνται. ἀλλ' οὐδὲ ἠρεμεῖ ταῦτα, ὥσπερ οὐδὲ αἱ πρῶται οὐσίαι, πλὴν
ὅτι ἐκεῖναι μὲν οὐχ ἠρεμοῦσι, διότι οὐδὲ κινεῖσθαι πεφύκασιν. ᾧ γὰρ ἡ
κίνησις ὑπάρχει, τούτου ἡ ἀκινησία ἠρεμία ἐστί. ταῦτα δὲ οὐκ ἠρεμεῖ,
25 διότι ἀεικίνητά ἐστιν. ὅτι δὲ ᾧ ἡ κίνησις ὑπάρχει, τούτου ἡ ἀκινησία
ἠρεμία ἐστί, καὶ οὐχὶ ἡ τῶν πάντῃ ἀκινήτων ἀκινησία, δείκνυσιν οἶμαι ἐκ
τοῦ τὸ κινεῖν ἐνεργεῖν εἶναι τὸ κινητικὸν πρὸς τὸ κινητὸν ᾗ κινητόν, του-
τέστι καθό ποτε πρὸ τοῦ ἐνεργεῖσθαι δυνάμει μόνον ὂν ἀκίνητον καὶ ἠρε-
μοῦν ἐστι, καθ' ἣν μέλλει κινεῖσθαι κίνησιν. τὸ γὰρ ἠρεμοῦν οὕτως ἀκί-
30 νητον, ὡς καὶ κινούμενόν ποτε. τὸ δὲ οὕτως πρὸς τοῦτο ἐνεργοῦν φυσικὸν
καὶ σωματικὸν ὑπάρχον θίξει κινεῖ, διότι αἱ ἐν τούτοις τοῖς σώμασι δρα-
στικαὶ καὶ παθητικαὶ ποιότητες ἐν ὑποκειμένοις οὖσαι τοῖς σώμασιν ἀχω-
ρίστως αὐτῶν ἐνεργοῦσιν. ἔχον δὲ καὶ αὐτὸ ἐν ἑαυτῷ τὸ δυνάμει κατὰ
μὲν τὸ ἐνεργείᾳ ποιεῖ, κατὰ δὲ τὸ δυνάμει πάσχει. διὸ καὶ ἀντικινεῖται τὸ
35 οὕτως κινοῦν. τῆς γὰρ αὐτῆς ὕλης ὄντα καὶ τῆς ὑπὸ τὸ αὐτὸ προσεχὲς
γένος ἐναντιώσεως. καὶ τὸ μὲν τῶν ἐναντίων ἐνεργείᾳ ἔχον ἑκάτερον, τὸ

---

5 καὶ (post ἀλλὰ) iteravit E   ἡ δὲ — καθαρεύει] εἰ δὲ προκαθαρεύει F   6 καὶ
(ante οὔτε) om. F   8 κινητικὸν E   9 οὐδέποτε μὲν libri   10 καὶ ἔτι —
κινοῦν (11) iteravit E   14 τούτου] τούτῳ Aristoteles   19 οὐχ ὑπὸ E: οὐχὶ aF
21 λαμβάνει a   22 ἠρεμεῖ ut in proximis E   23 ἐκεῖναι a: ἐκεῖνα E: ἐκεῖ F
26 post ἠρεμία ἐστὶ iteravit ταῦτα δὲ — ὑπάρχει partim deleta F   οὐχ ἡ a
28 ὂν om. F   31 τούτοις om. E   33 ἔχων δὲ καὶ αὐτὸς F   34 μὲν
om. E   τὸ (ante οὕτως) om. F   35 ὄντα] supplendum videtur τό τε κινοῦν
ἐστι καὶ τὸ ἀντικινούμενον   36 ἔχων F

δὲ δυνάμει, θερμαίνει μὲν τὸ ἐνεργείᾳ μὲν θερμὸν δυνάμει δὲ ψυχρόν, 99ᵛ
θερμαίνεται δὲ ὑπὸ τούτου τὸ ἐνεργείᾳ μὲν ψυχρὸν δυνάμει δὲ θερμόν· διὸ 45
καὶ αὐτό, καθόσον ἐνεργείᾳ μὲν ψυχρόν ἐστι δυνάμει δὲ θερμόν, ἀντιψύχει
θερμαινόμενον. εἰ οὖν ἡ κίνησις ἀποδέδοται ἐνέργεια τοῦ δυνάμει καθὸ
5 δυνάμει, ἐνεργεῖται δὲ ὑπὸ τοῦ ἐνεργείᾳ θιγγάνοντος καὶ ἔχοντός τι καὶ
αὐτοῦ δυνάμει, δῆλον ὅτι τὸ ποιοῦν οὕτως καὶ πάσχει καὶ τὸ κινοῦν ἀντι-
κινεῖται. δυνατὸν δὲ καὶ συλλογιστικῶς προαγαγεῖν τὸν λόγον οὕτως· τὸ
φυσικῶς ἤτοι γενητῶς κινοῦν διὰ μὲν τὸ μὴ ἀεὶ ἐνεργείᾳ εἶναι ὅπερ ἐστὶ 50
δυνάμει κινητόν ἐστι, διὰ δὲ τὸ σωματικὸν εἶναι θίξει κινεῖ· τὸ δὲ δυνάμει
10 κινητὸν καὶ θίξει κινοῦν ἀντιπάσχει καὶ ἀντικινεῖται, τὸ μὲν λεπτομερέστερον
διακρῖνον μὲν τὸ παχυμερέστερον, συγκρινόμενον δὲ ὑπ' αὐτοῦ, τὸ δὲ πα-
χυμερέστερον τοὐναντίον.

Ἰστέον δὲ ὅτι ὁ μὲν Ἀσπάσιος οὕτως γράφει τὴν λέξιν· κινεῖται
δὲ καὶ τὸ κινοῦν, ὥσπερ εἴρηται, πᾶν τὸ δυνάμει ὂν κινητικόν.
15 καὶ συνᾴδει τούτῳ τὸ | μετ' ὀλίγον ἐπαγόμενον οὕτω· τὸ γὰρ πρὸς 100ʳ
τοῦτο ἐνεργεῖν, ᾗ τοιοῦτον, αὐτὸ τὸ κινεῖν ἐστι· τοῦτο δὲ ποιεῖ
θίξει, ὥστε ἅμα καὶ πάσχει. δυνάμει γὰρ ὂν κινητικὸν καὶ θίξει
κινοῦν, ὅταν κινῇ, καὶ ἀντικινεῖται· τοιαῦτα γὰρ τὰ ἐν γενέσει καὶ φθορᾷ.
ὁ δὲ Ἀλέξανδρος οἶδε μὲν καὶ ταύτην τὴν γραφὴν καὶ ἐξηγεῖται προσφόρως
20 αὐτὴν ὡς ὑφ' ἑτέρων νομιζομένην, πρώτην δὲ τίθησι τὴν ἑτέραν τὴν λέ- 5
γουσαν κινεῖται δὲ καὶ τὸ κινοῦν, ὥσπερ εἴρηται, πᾶν τὸ δυνάμει
ὂν κινητόν. καὶ σαφεστέρα ἐστὶν αὕτη διορίζουσα ποῖα τῶν κινούντων
ἀντικινεῖται, ὅτι οὐ πάντα. οὔτε γὰρ τὰ πάντῃ ἀκίνητα οὔτε τὰ ἐνεργείᾳ
ἀεὶ κινούμενα, ἀλλ' ὅσα κινοῦντα δυνάμει, δυνάμει καὶ αὐτὰ κινητά ἐστιν.
25 Εἰπὼν δὲ ταῦτα συνεπεράνατο πάλιν τὸν ὁρισμὸν τῆς κινήσεως διὰ
τοῦ διὸ ἡ κίνησις ἐντελέχεια τοῦ κινητοῦ ᾗ κινητόν. "καὶ δοκεῖ,
φησὶν Ἀλέξανδρος, σαφέστερον νῦν λέγειν τί ποτέ ἐστιν ἡ κίνησις ἤπερ ὅτε 10
ἔλεγεν αὐτὴν ἐντελέχειαν τοῦ δυνατοῦ ᾗ δυνατόν. καὶ γὰρ τὸ μὲν δυνάμει
ἐν πάσαις ἐστὶ ταῖς κατηγορίαις· οὐ πᾶσα δὲ ἡ τοῦ δυνατοῦ ᾗ δυνατὸν
30 ἐντελέχεια κίνησίς ἐστι. τὰ γοῦν πρός τι δυνάμει μέν ἐστι, καθὸ δυνάμει
ἐνεργείᾳ γίνεται, οἷον διπλάσιον δυνάμει ὂν ἐνεργείᾳ γίνεται, καὶ οὐκ ἀνάγκη
αὐτὸ κινεῖσθαι, ἀλλὰ τῷ οὗ διπλάσιόν ἐστι παρατίθεσθαι αὐτῷ. καὶ οὕτως
γίνεται ἐκ τοῦ δυνάμει ἐνεργείᾳ, οὐ μὴν κινεῖται. πᾶν μέντοι εἴ τι κινεῖ- 15
ται, τοῦτο ἐκ τοῦ δυνάμει ἐπὶ τὸ ἐνεργείᾳ παραγίνεται. καὶ κατὰ τοῦτο
35 ἐπὶ πλέον ἂν εἴη ἡ τοῦ δυνατοῦ ᾗ δυνατὸν ἐντελέχεια τῆς κινήσεως."
ταῦτα δὲ εἰπὼν ὁ Ἀλέξανδρος ἐφιστάνει καλῶς λέγων, ἅπερ καὶ πρότερον

---

1 μὲν (ante θερμὸν) aF: ὂν E   2 δὲ om. F¹   3 διὸ καὶ — ψυχρόν ἐστι itera-
vit E   ἐστι om. aF   ἀντιψύχει] αὐτὸ ψύχει a   4 τοῦ om. F   11 μὲν
τὸ — ὑπ' αὐτοῦ om. F   15 καὶ (ante συνᾴδει) om. E   16 αὐτοκινεῖν F
18 ἀντικινῆται E   20 αὐτὴν E: ταύτην a: om. F   21 καὶ τὸ κινοῦν E: τὸ κινούμε-
νον aF   24 δυνάμει alterum om. F   27 φησὶν ὁ aF   28 ἔλεγεν p. 201ᵇ4
29 ταῖς κατηγορίαις ἐστὶν aF   ᾗ δυνατὸν E: iteravit F: om. a   30 ante καθὸ
habet καὶ deletum vel evanidum E   31 οἷον — γίνεται om. F   32 αὐτὸ] αὐ-
τὰ F   τῷ E: τὸ aF   35 ἡ τοῦ δυνατοῦ om. F   36 πρότερον cf. p. 409,27

παρεθέμην· "ἢ καὶ ἐπὶ τοῦ πρός τι τὸ μὲν δυνάμει διπλάσιον οὐ κεκίνη-
ται. τὸ μέντοι δυνάμει ἥμισυ ἐκινήθη καὶ ἐγένετο ἐνεργείᾳ, ἵνα τοῦτο
διπλάσιον γένηται. οὐκ ἦν δὲ ἄλλη δύναμις ἡ τοῦ δυνάμει διπλασίου καὶ
ἡ τοῦ δυνάμει ἡμίσεος. ὥστε κατὰ τὴν ἐνέργειαν τῆς δυνάμεως καὶ ἐν
5 ἐκείνοις ἡ κίνησις μιᾶς τῆς κατὰ τὸ ὑποκείμενον δυνάμεως οὔσης, ἢ τὰς
διαφόρους τῶν πρός τι σχέσεις ἐποίει." ταῦτα τοίνυν αὐτῇ λέξει τοῦ Ἀλε-
ξάνδρου γράφοντος ἀξιῶ μεμνῆσθαι τῶν πρότερον εἰρημένων παρ' ἐμοῦ, ὅτε
καὶ κατὰ τὰ πρός τι κίνησιν ἔλεγον γίνεσθαι καὶ μὴ μόνον κατὰ τὰς τέττα-
ρας κατηγορίας. σαφῶς γὰρ ἐν τούτοις ὁ Ἀλέξανδρος ὁμολογεῖ, κἂν τὸ
10 ἕτερον τῶν πρός τι κινηθῇ, κινεῖσθαι καὶ θάτερον διὰ τὸ μίαν εἶναι τὴν
σχέσιν. ὁ δὲ Θεμίστιος καὶ ἐνταῦθα ἀξιοῖ μὴ εἶναι κίνησιν κατὰ τὰ πρός
τι, διότι ἡ κατὰ τὰ πρός τι ἐνέργεια οὐ διασῴζει τὸ δυνάμει, ἀλλὰ ἀθρόως
γίνεται ἡ μεταβολὴ ἐκ τοῦ δυνάμει εἰς ἐντελέχειαν. οὐ γὰρ κατ' ὀλίγον
γίνεται δεξιόν, ἀλλ' ἀθρόως. "δεῖ, οὖν φησι, πρῶτον δεικνύναι τὴν ἐνέρ-
15 γειαν τὴν ἀτελῆ καὶ οὕτως τὸν ὅρον ἐλέγχειν." ἀλλ' εἰ μὲν ἄχρονος ἡ
ἐκ τοῦ δυνάμει εἰς τὸ ἐνεργείᾳ μεταβολή, τί ἄτοπον καὶ τὴν κίνησιν ἄχρονον
εἶναι τὴν κατὰ τὸ πρός τι; εἰ δὲ ἐν χρόνῳ γίνεται τὰ ἐν γενέσει καὶ συνή-
ρηται ὁ χρόνος, οὐ παρὰ τοῦτο ἀπώλετο ἡ κίνησις. "ἢ οὖν, φησὶν Ἀλέ-
ξανδρος, τὸ δυνάμει ὡς εἰς σαφέστερον τὸ κινητὸν μετέλαβεν ἢ εἴ τις βιάζοιτο
20 ἐπὶ πλέον εἶναι τὸ δυνάμει ἐν πάσαις ὂν ταῖς κατηγορίαις, εὐλόγως δόξει
ἐπὶ τὸν ἰδιαίτερον λόγον τῆς κινήσεως μετεληλυθέναι τοῦ κινητοῦ ἢ κι-
νητὸν ἐντελεχείᾳ λέγων." καὶ ἄλλην δὲ χρείαν λέγει τῆς εἰς τὸ κινη-
τὸν μεταλήψεως ὁ Ἀλέξανδρος. "ἐπειδὴ γὰρ βούλεται μὲν δεῖξαι τὴν κίνησιν
ἐν τῷ κινουμένῳ, καὶ τὸ κινοῦν δὲ φυσικῶς δυνάμει ὂν κινητικὸν ἐντελε-
25 χείᾳ γίνεται τοιοῦτον, ὅταν ἐνεργῇ πρὸς τὸ κινητόν, ἀλλ' οὐκ ἔστι κινού-
μενον οὐδὲ ἡ κίνησις ἐν αὐτῷ, εἰκότως τὸ κινητὸν ἔλαβεν ἐν ᾧ ἡ κίνησίς
ἐστι, καὶ οὐχὶ τὸ κινητικόν, ὑφ' οὗ ἡ κίνησις ἐν τῷ κινητῷ ἐγγίνεται.
καὶ ἐξισάζοντα τὸν ὅρον ἐποίησε μεταλαβὼν τὸ δυνάμει εἰς τὸ κινητόν."

Τινὲς δὲ αἰτιῶνται τὸν ὅρον τῆς κινήσεως, διότι τῷ κινητῷ ὄντι, ὥς
30 φασιν, ὁμοίως ἀδήλῳ τῇ κινήσει καὶ γνωριζομένῳ διὰ τῆς κινήσεως
προσκέχρηται. ἀπολογεῖται δὲ ὁ Ἀλέξανδρος λέγων ὅτι "εἰ ἡ κίνησις τῶν
πρός τί ἐστι (τοῦ γὰρ κινητοῦ ἡ κίνησις), τοῖς δὲ πρός τι τὸ εἶναι ταὐτόν
ἐστι τῷ πρός τι πως ἔχειν, εἰκότως τὴν κίνησιν ὁριζόμενος παρέλαβε τὸ
κινητόν, πρὸς ὃ τὸ εἶναί ἐστιν αὐτῆς. ὅλως δὲ οὐδὲ ἤρτηται τοῦ κινητοῦ
35 ἡ τῆς κινήσεως γνῶσις, ἀλλὰ τοσοῦτον μόνον ἐνδείκνυται τὸ κινητόν, ὅτι
τοῦ πεφυκότος ἐστὶν ἐνέργεια καθὸ πέφυκε, πεφυκότος δὲ κινεῖσθαι, καὶ

---

2 ἐκινήθη om. a   καὶ ἐγένετο iteravit F   τοῦτο E: τούτων aF   5 ἢ —
ἐποίει (6) cf. p. 409, 31   7 πρότερον p. 409, 12   11 Θεμίστιος p. 214, 11 sqq.
12 διότι — πρός τι om. E   ἀλλὰ E: ἀλλ' a: iteravit F   14 φησι] p. 214, 19 ὅλως
γὰρ ἐπὶ τῶν τοιούτων δεικνύναι δεῖ πρῶτον τὴν ἐνέργειαν τὴν ἀτελῆ κτλ.   15 τὴν (ante
ἀτελῆ) om. F   16 ἐκ aF: ἀπὸ E   18 φησὶν ὁ a   19 ὡς om. F
μετέλαβε] μετέβα scribere coeperat E   22. 23 κινητὸν aF: κοινὸν E   27 ἐν evani-
dum E   γίνεται F   29. 30 ὁμοίως ὄντι ὥς φασιν aF   31 προσχρῆται F
32 ταὐτόν ἐστι F: om. aE   33 τῷ scripsi: τὸ libri   35 μόνην a

οὐ κατ' ἄλλο τι. τὸ γὰρ οἰκοδομητὸν ὅταν ἐνεργῇ καθὸ πέφυκε, μένοντος 100ʳ
τοῦ πεφυκέναι οἰκοδομεῖται. οὕτως δὲ καὶ τὸ κινητὸν κινεῖται πᾶν. μή-
ποτε δὲ μετὰ τὴν πολυειδῆ τοῦ ὁρισμοῦ διάπτυξιν εἰς σαφεστέραν παρά-
δειξιν οὐδὲν ἄτοπον ἦν αὐτὸν καὶ οὕτως προαγαγεῖν ἀντὶ τοῦ δυνατοῦ τὸ
5 κινητὸν τιθέντα. τὴν δὲ ἐνέργειαν ταύτην θίξει τοῦ κινητικοῦ πρὸς τὸ
κινητὸν γίνεσθαί φησι. καὶ ἐπὶ μὲν τῶν φυσικῶς καὶ σωματικῶς κινου- 50
μένων ἀλλήλων ἅπτεσθαί φησι τό τε κινοῦν καὶ τὸ κινούμενον. ἐπὶ δὲ
τῆς ἀπὸ τοῦ ἀσωμάτου κινήσεως τὸ μὲν κινοῦν ἀσώματον ὂν ἅπτεσθαι
λέγει τοῦ κινουμένου, κοινότερον τὴν ἁφὴν ἐπὶ ἀσωμάτου λέγων, ὡς λέ-
10 γομεν ἦφθαι τὴν λοιδορίαν ἡμῶν, οὐκέτι μέν|τοι καὶ τὸ κινούμενον σῶμα 100ᵛ
ἦφθαι τοῦ κινοῦντος· οὐδὲ γὰρ ἡμεῖς ἅπτεσθαι τῆς λοιδορίας λεγόμεθα.
εἰ δὲ καὶ τὸ κινοῦν καθὸ δυνάμει ἐστὶν ἀντικινεῖται, καὶ διὰ τοῦτο δείκνυ-
ται βεβαιότερον ὅτι ἡ κίνησις ἐντελέχεια τοῦ κινητοῦ ἐστιν ᾗ κινητόν.

p. 202ᵃ9   Εἶδος δὲ ἀεὶ οἴσεταί τι τὸ κινοῦν ἕως τοῦ ποιεῖ ἐκ τοῦ 5
15   δυνάμει ὄντος ἀνθρώπου ἄνθρωπον.

Δείξας ὅτι τὸ κινούμενον, ἕως ἂν κινῆται, φυλάττει τὸ ἀτελὲς καὶ τὸ
δυνάμει, εἰκότως ἐπισημαίνεται περὶ τοῦ κινοῦντος, ὅτι τοῦτο τέλειον εἶναι
χρὴ καὶ εἶδος ἔχειν. τὰ γὰρ κατὰ φύσιν καὶ προσεχῶς κινοῦντά τε καὶ
ποιοῦντα ὅμοια ἑαυτοῖς ποιεῖ καὶ εἰς τὸ οἰκεῖον εἶδος ἄγει τὰ κινούμενα ὑφ' 10
20 ἑαυτῶν. διὸ εἰ μὲν κατ' οὐσίαν κινεῖται τὸ κινούμενον, οὐσίαν χρὴ εἶναι
τὸ κινοῦν, εἰ δὲ κατὰ ποιότητα, ποιόν, εἰ δὲ κατὰ ποσότητα, ποσόν. οἷον
ὁ ἐντελεχείᾳ ἄνθρωπος ποιεῖ ἐκ τοῦ δυνάμει ὄντος ἀνθρώπου
ἄνθρωπον. τέλειον γὰρ ὂν τὸ κινητικὸν ἀρχὴ καὶ αἴτιον ποιητικόν ἐστι
τῆς κινήσεως. ἀλλὰ πῶς ἐπὶ τοῦ κατὰ τόπον κινητικοῦ; οὐ γὰρ τόπος
25 οὐδὲ ἐν τόπῳ ἔσται τὸ κατὰ τόπον κινοῦν, ὥσπερ οὐσία τὸ κατ' οὐσίαν
καὶ ποιὸν τὸ κατὰ ποιόν. ἢ ἐν τελειότητι μὲν ἀνάγκη καὶ ἐπ' ἐκείνων 15
εἶναι τὸ κινοῦν, οὐ μὴν καὶ ἐν τόπῳ. ἡ γοῦν ψυχὴ κινεῖ μὲν τὸ σῶμα
τοπικὴν κίνησιν, οὐ μὴν ἐν τόπῳ οὖσα. καὶ ἴσως διὰ τοῦτο ὁ Ἀριστοτέλης
ἀσφαλέστερον ποιῶν οὐκ εἶπεν ὅτι εἶδος οἴσεται τὸ κινοῦν οἷον καὶ τὸ
30 κινούμενον, ἀλλ' ἤτοι τόδε ἢ τοιόνδε ἢ τοσόνδε. εἰ μὴ ἄρα πάντως μὲν
τὸ αὐτὸ εἶδος εἶναι χρὴ ἀπὸ τοῦ ποιοῦντος τῷ γινομένῳ ἐντιθέμενον, ἀλλ'
οἰκείως ἐν ἑκατέρῳ. καὶ γὰρ ὁ οἰκοδόμος οἰκοδομεῖ κατὰ τὴν ἐν ἑαυτῷ
οἰκίαν, καὶ ἡ ψυχὴ κινεῖ κατὰ τόπον, οὐ κατὰ τὴν τυχοῦσαν ἐν ἑαυτῇ 20
αἰτίαν, ἀλλὰ κατὰ τὴν ἐν ἑαυτῇ αἰτίαν τῆς τοπικῆς κινήσεως ἔχουσαν τὸ
35 αὐτὸ εἶδος ὡς ἐν ἐκείνῃ.

---

1 οὐ κατ' F: οὐκ aE   2 κινητικὸν (comp.) E   9 ἐπὶ τοῦ a   10 οὐκέτι]
οὐ F   13 ἡ κίνησις om. aF   14 τι τὸ a et Simpl. de anima p. 36, 12 Hayd.:
τὸ τὸ E: τὸ F   18 ποιοῦντα τε καὶ κινοῦντα a   19 ἑαυτοῖς E: αὐτοῖς a: αὐ-
τοῖς F   23 ἐστι ποιητικόν aF   26 κατὰ τὸ ποιόν a   τελειότητι μὲν] τελ
ceteris extremo folio evanidis E   30 ἤτοι EF: ὅτι a   33 κινεῖ E: κινεῖται F:
κινεῖ τὰ a   34 ἀλλὰ — αἰτίαν om. F

p. 202ᵃ13 Καὶ τὸ ἀπορούμενον δὲ φανερόν ἕως τοῦ καὶ ἐπὶ τοῦ 100ᵛ
κινοῦντος καὶ κινουμένου.

Μετὰ τὸ ἀποδοῦναι τὸν τῆς κινήσεως ὁρισμὸν καὶ τὴν προσήκουσαν
αὐτοῦ διάρθρωσιν ποιήσασθαι μεταβαίνει λοιπὸν ἐπὶ τὸ δεύτερον τῶν περὶ
5 κινήσεως προβλημάτων ζητῶν καὶ διακαθαίρων, ἐν τίνι ἐστὶν ἡ κίνησις,
πότερον ἐν τῷ κινοῦντι ἢ ἐν τῷ κινουμένῳ, ἢ ἀπὸ τοῦ κινοῦντος ἐν τῷ
κινουμένῳ, ὡς ἔχει ἡ τῶν πρός τι σχέσις. διὰ τοῦτο καὶ τὴν τοῦ πρός
τι σχέσιν διέλαβεν. ἐπειδὴ γὰρ συμβεβηκός τί ἐστιν ἡ κίνησις, ἀνάγκη
πάντως ἔν τινι αὐτὴν εἶναι οὐσίᾳ. ἐπεὶ οὖν καὶ ἐν τῷ τοῦ κινοῦντος ὀνό-
10 ματι καὶ ἐν τῷ τοῦ κινουμένου ἐμφαίνεται ἡ κίνησις, ἀπορίας ἄξιον ἐδόκει,
πότερον ἐν τῷ κινοῦντί ἐστιν ἢ ἐν τῷ κινουμένῳ ἢ ἐν ἀμφοτέροις. ἢ
ἐπειδὴ τὸ μὲν κινοῦν ποιοῦν τί ἐστι, τὸ δὲ κινούμενον πάσχον, διαιρουμένης
τῆς κινήσεως εἴς τε ποίησιν καὶ εἰς πάθησιν ἡ μὲν ποίησις ἐν τῷ ποιοῦν-
τί ἐστιν, ἡ δὲ πάθησις ἐν τῷ πάσχοντι. λέγει οὖν ὅτι καὶ τὸ ἀπορούμενον
15 ἐν τούτοις λέλυται ἐκ τοῦ τῆς κινήσεως ὁρισμοῦ. φανερὸν γὰρ ὅτι ἐν τῷ
κινητῷ ἐστιν ἡ κίνησις, εἴπερ ἐντελέχειά ἐστι τοῦ κινητοῦ ὑπὸ
τοῦ κινητικοῦ. "ὑπεναντιοῦσθαι δέ, φησὶν Εὔδημος, τοῖς λέγουσιν ἐν
τῷ πάσχοντι καὶ κινουμένῳ εἶναι τὴν κίνησιν τὸ περὶ τὰς αἰσθήσεις· λέ-
γομεν γὰρ ὁρᾷ ὁρᾶται ὅρασις, ἀκούει ἀκούεται ἄκουσις· δοκεῖ οὖν ἡ ὅρασις
20 ἐν τῷ ὁρῶντι εἶναι, καὶ ἡ ἄκουσις ἐν τῷ ἀκούοντι· ὁμοίως καὶ αἱ γεύσεις
καὶ αἱ λοιπαί. ταῦτα δὲ ἐν τῇ τοῦ ποιοῦντος καὶ κινοῦντος εἶναι δοκεῖ
συστοιχίᾳ. ἀπατώμεθα δέ, φησί, τῇ λέξει ἐπακολουθοῦντες καὶ μὴ ἐννοοῦν-
τες ὅτι τὸ αἰσθανόμενον πάσχει." ἀλλὰ διὰ τί οὐκ ἔστιν ἐνέργεια καὶ τοῦ
κινοῦντος; εἰ γὰρ πρότερον κινητικὸν ὂν τοῦτο δυνάμει κινοῦν ἐστιν, ἀνάγκη,
25 ὅταν κινοῦν ἐνεργείᾳ γένηται, τότε κινεῖν καὶ ἐνεργεῖν κατὰ τὸ κινεῖν.
διὰ τί οὖν ἡ τοῦ κινητοῦ ἐνέργεια κίνησίς ἐστι καὶ μὴ μᾶλλον ἡ τοῦ κι-
νοῦντος; ἢ οὐκ ἄλλη ἐστὶν ἡ τοῦ κινητικοῦ ἐνέργεια. ἔστι γὰρ κινητικὸν
ἐνεργητικὸν τοῦ κινητοῦ.

Μία οὖν ἡ ἀμφοῖν ἐνέργεια, ὡς μὲν ἀπὸ τοῦ κινοῦντος ἐνέργεια
30 λεγομένη κυριώτερον, ὡς δὲ ἐν τῷ κινουμένῳ πάθος μᾶλλον ἤπερ ἐνέρ-
γεια. ἐνέργεια δὲ ἴσως καὶ αὕτη λέγεται, καθόσον κἂν ἔξωθεν ἔχῃ τὴν
ἀρχήν, ἀλλ' ὑπὸ τῆς ἐν αὐτῷ φύσεως ἔχει τὸ κινεῖσθαι κατὰ τὴν οἰκείαν
ἐπιτηδειότητα. ὡς οὖν τὸ διάστημα τοῦ ἑνὸς πρὸς δύο καὶ δύο πρὸς
ἓν καὶ τὸ ἄναντες καὶ τὸ κάταντες ἓν μέν ἐστι τῷ ὑποκειμένῳ, δύο
δὲ κατὰ τὸν λόγον, ἀπὸ μὲν τοῦ ἑνὸς πρὸς τὰ δύο ἥμισυ, ἀπὸ δὲ τῶν
35 δύο πρὸς τὸ ἓν διπλάσιον, οὕτως ἔχει καὶ ἐπὶ τοῦ κινοῦντος καὶ κινουμέ-
νου ἡ κίνησις, μία μὲν οὖσα τῷ ὑποκειμένῳ, ἄλλως δὲ ὡς ἀπὸ τοῦ κι-

---

6 ἢ ἀπὸ — κινουμένῳ (7) om. F   7 post ἔχει add. καὶ a   9 ὀνόματα a
10 δοκεῖ a   16 τοῦ κινητοῦ] τούτου Aristotelis vulgata cf. p. 440, 14   17 Εὔδη-
μος fr. 28 p. 43, 8 Sp.   19 ὁρᾷ EF: om. a   ἀκούει delebat Spengel, ὁρᾶται et
ἀκούεται melius delevit emendator Ambrosiani   22 συστοιχίαν E   καὶ μὴ ite-
ravit F   24 post πρότερον add. τὸ aF   ὂν] ἂν F

νοῦντος καὶ | ἄλλως ὡς ἐν τῷ κινουμένῳ θεωρουμένη. δῆλον δὲ ὅτι 101ʳ
καὶ τὸ κινητικόν, ὅταν ἀπὸ τοῦ δυνάμει μεταβάλλῃ εἰς τὸ ἐνεργείᾳ ὑπὸ
τοῦ ἐνεργείᾳ, τότε ὡς κινουμένῳ ἔνεστιν ἡ κίνησις ἀπὸ τοῦ κινοῦντος ἄλλη
οὖσα παρὰ τὴν κίνησιν, ἣν αὐτὸ ἐνεργείᾳ ἤδη καὶ τέλειον γενόμενον κινεῖ
5 τὸ ὑπ' αὐτοῦ κινούμενον. ἓν οὖν ἐστι τῷ ὑποκειμένῳ ἡ ἐνέργεια καὶ τὸ
πάθος ἀρχομένη μὲν ἀπὸ τοῦ ἐνεργοῦντος, καὶ ἐκεῖθεν τὸ εἶδος ἐπιφέ- 5
ρουσα, ἐνστηριζομένη δὲ τῷ πάσχοντι, καὶ διατιθεῖσα τοῦτο κατὰ τὴν ἀπὸ
τοῦ ποιοῦντος τοῦ εἴδους ἔνδοσιν οἷον πνοὴν εἰς ἄλλο, ὡς μήτε ἀπηλλά-
χθαι τοῦ ποιοῦντος μήτε ἐν αὐτῷ εἶναι, ἀλλ' ἐξ ἐκείνου μέν, ἐν ἐκείνῳ δὲ
10 οὐκ ἀποτετμημένην. καὶ εἰ μὲν ἀπὸ τοῦ ποιοῦντος καὶ κινοῦντος ἀρχοί-
μεθα, ποιεῖν καὶ κινεῖν ἐστιν, εἰ δὲ ἀπὸ τοῦ πάσχοντος καὶ κινουμένου,
πάσχειν καὶ κινεῖσθαι. ἰστέον δὲ ὅτι ἐν τούτῳ τῷ χωρίῳ οἱ μὲν πολλοὶ
σαφέστερον οὕτω γράφουσι ταύτην τὴν λέξιν· ἐντελέχεια γάρ ἐστι 10
τούτου ὑπὸ τοῦ κινητικοῦ, ὁ δὲ Ἀνδρόνικος οὕτως· ἐντελέχεια γάρ
15 ἐστι τοῦ κινητοῦ καὶ ὑπὸ τούτου. καὶ ἐξηγεῖται ὅτι κἂν ἔξωθεν ᾖ
τὸ κινοῦν, ἐκ τῆς ἐνούσης δυνάμεως εἰς ἐνέργειαν ἀγόμενον, ὑφ' ἑαυτοῦ
κινεῖσθαι δοκεῖ τὸ κινούμενον.

p. 202ᵃ21 Ἔχει δ' ἀπορίαν λογικὴν ἕως τοῦ ὁμώνυμος ἂν εἴη.

Εἰπὼν πρότερον τὰ ἑαυτῷ δοκοῦντα περὶ τῆς κινήσεως, ὅτι μία ἐστὶν
20 ἀπὸ τοῦ κινοῦντος ἐν τῷ κινουμένῳ, ἐφεξῆς τὴν περὶ τούτου ἀπορίαν
ἐνοχλοῦσαν τοῖς μὴ οὕτως ἐκδεχομένοις, ὡς αὐτὸς εἶπε, διαρθροῖ. ἣν 20
λογικὴν καλεῖ, ἢ ὡς ἐξ ἐνδόξων προϊοῦσαν ἢ ὡς ἐν λόγῳ μόνῳ τὸ πιθα-
νὸν ἔχουσαν καὶ οὐκ ἀπὸ τῶν πραγμάτων βεβαιουμένην (οὕτως γὰρ λόγοι
λέγονται οἱ τοῦ Ζήνωνος οἱ πιθανῶς ³τὴν κίνησιν ἀναιροῦντες), ἢ λογι-
25 κὴν λέγει τὴν κοινοτέραν καὶ οὐ προσεχῆ οὐδὲ ἰδίαν τοῦ προκειμένου οὐδὲ
ἐξ οἰκείων ἀρχῶν· ἡ μὲν γὰρ ἐκ τῶν οἰκείων ἐπιχείρησις οὐ λογική, ὡς
ἡ τὴν ψυχὴν ἀθάνατον ἐκ τοῦ αὐτοκινήτου δεικνῦσα (ἀπὸ γὰρ τῆς οὐσίας
τῆς ψυχῆς βούλεται προϊέναι, ὥς φησιν ὁ Ἀλέξανδρος), ἡ δὲ ἐκ τοῦ τὰ 25
ἐναντία ἐκ τῶν ἐναντίων γίνεσθαι τὸ ἀθάνατον δεικνῦσα λογική· οὐ γὰρ
30 ἐξ οἰκείων καὶ προσεχῶν τῆς ψυχῆς πρόεισιν, ἀλλὰ διὰ κοινῶν, δι' ὧν
καὶ ἄλλο ἂν δειχθείη τι οὕτως ἔχον καὶ μὴ ὁμογενὲς τῇ ψυχῇ. κἂν γὰρ
καθολικῆς δεῖ προτάσεως ἐν ταῖς ἀποδείξεσιν, ἀλλ' οὐχ οὕτως εἶναι χρὴ
κοινήν, ὅταν τὰ ἰδίως ὑπάρχοντα δεικνύωμεν, ὥστε καὶ τοῖς ἀνομογενέσιν
ἁρμόττειν. τὰ μὲν οὖν παραδείγματα καλῶς ἐφήρμοσεν ὁ Ἀλέξανδρος.
35 ἐκεῖνο δὲ ἐπισημαίνομαι διὰ τοὺς ἀληθείας ἐρῶντας, ὅτι ὁ ἀπὸ τῶν ἐναν- 30
τίων ἐν Φαίδωνι λόγος οὐ τὴν ἀθανασίαν αὐτόθεν ἐπαγγέλλεται καταδεῖξαι

---

2 μεταβάλῃ F ὑπὸ τοῦ ἐνεργείᾳ om. F 3 κινουμένη E ἄλλην F 8 post
ποιοῦντος repetiit τοῦ εἴδους — ποιοῦντος E 12 τοῦτο a 13 ἐστι — γάρ (14) om. F¹
17 τὸ κινούμενον om. F 19 τῆς om. aF 22 προϊοῦσαν ἐξ ἐνδόξων a 23 καὶ
om. F 26 ὡς κτλ. Alexandri esse apparet ex v. 28 et 34 27 δεικνῦσα ἐκ τοῦ
αὐτοκινήτου a 28 ὁ om. a 29 ἐναντία ἐκ τῶν om. F 33 ὁμογενέσιν E
36 ἐν om. a Φαίδωνι cf. p. 70 E καταδεῖξαι a: καταδεῖσθαι E: καταδεῖσθαι F

τῆς ψυχῆς, ἀλλὰ τὸ προϋπάρχειν μόνον τοῦ τῇδε βίου τὴν ψυχὴν καὶ τὸ 101ʳ
ἐπιδιαμένειν.

Τὴν δὲ ἀπορίαν ἐκτίθεται πρῶτον διορίζων, ὅτι ἔστι τις ἐνέργεια καὶ
τοῦ κινοῦντος καὶ τοῦ κινουμένου, ἤτοι τοῦ ποιητικοῦ καὶ τοῦ παθη-
5 τικοῦ, ὡς εἶναι δύο ἐνεργείας. ὁ πρώην μὲν ὡς ἐναργὲς ἔλαβεν εἰπὼν
δεῖν εἶναι ἐντελέχειαν ἀμφοῖν, νῦν δὲ ἐκ τῆς ἑτερότητος τῶν ὀνομάτων, 35
ὧν ἔχουσιν αἱ ἐνέργειαι. εἰ γὰρ ἡ μὲν ποίησις λέγεται, ἡ δὲ πάθησις,
δύο ἂν εἶεν ἐνέργειαι. καὶ εἰ τὰ ἔργα αὐτῶν, καὶ τὰ τέλη τοῦ μὲν ποίημα
τοῦ δὲ πάθος, ταῦτα δὲ διαφέροντα ἀλλήλων. ὧν δὲ τὰ ἔργα καὶ τὰ τέλη
10 ἕτερα, τούτων καὶ αἱ ἐνέργειαι ἕτεραι ἐφ' αἷς τὰ τέλη. διορίσας οὖν
ταῦτα, ἄρχεται λοιπὸν τῆς διαιρέσεως τῆς τὴν ἀπορίαν ἀναπλούσης οὕτως·
εἰ ἄμφω κινήσεις εἰσὶν ἥ τε τοῦ κινοῦντος καὶ ἡ τοῦ κινουμένου, ἢ ἕτεραι 40
τελέως αὗται ἢ οὐχ ἕτεραι· καὶ εἰ ἕτεραι, ἐπειδὴ συμβεβηκότα εἰσὶν αἱ
κινήσεις, πάντως ἔν τινί εἰσιν οὐσίᾳ. ἐν τίνι οὖν δύο οὖσαι; ἢ γὰρ ἄμφω
15 ἐν τῷ πάσχοντι καὶ ποιουμένῳ ἤτοι κινουμένῳ, ἢ ἡ μὲν ποίησις ἐν τῷ
ποιοῦντι, ἡ δὲ πάθησις ἐν τῷ πάσχοντι. εἰ δέ τις καὶ τὴν πάθησιν ποίη-
σιν βούλοιτο καλεῖν, διότι ἐνέργεια λέγεται καὶ αὕτη (ἐντελέχεια γὰρ τοῦ
κινητοῦ), καλείτω μέν, ἀλλ' ἴστω ὅτι ὁμωνύμως αὕτη λέγεται ποίησις
τῇ τοῦ ποιοῦντος ποιήσει, μενούσης τῆς ἑτερότητος κἂν τὰ ὀνόματα τὰ 45
20 αὐτὰ εἴη.

Τὸ δὲ τρίτον τμῆμα τῆς διαιρέσεως τὸ λέγον 'ἢ ἄμφω ἐν τῷ κινοῦντι'
παραλέλοιπε καὶ ὡς ἐναργῶς ἄτοπον, διότι συνέβαινε τὸ κινούμενον μὴ
κινεῖσθαι, εἰ μηδεμίαν ἔχει κίνησιν ἐν ἑαυτῷ, τὸ δὲ κινοῦν δύο ἔχον κινή-
σεις διπλῆν κινεῖσθαι κίνησιν, καὶ μέντοι διότι τὰ αὐτὰ συμβαίνει ἄτοπα
25 καὶ τούτῳ τῷ τμήματι τῆς διαιρέσεως (καὶ ἔτι μᾶλλον) ἅπερ τῷ ἀμφοτέ-
ρας τὰς κινήσεις ἐν τῷ κινουμένῳ τιθέντι. καὶ ἄλλως δὲ δείξει προϊών, 50
ὅτι καὶ τὴν ἑτέραν τῶν κινήσεων ἐν τῷ κινοῦντι λέγειν τὴν οἰκείαν αὐτῷ
δοκοῦσαν ἄτοπον, εἰ δὲ τοῦτο ἄτοπον, πολὺ ἀτοπώτερον τὸ ἀμφοτέρας ἐν
αὐτῷ τιθέναι. διὰ ταῦτα μὲν οὖν παρῆκεν ἐκεῖνο τὸ τμῆ|μα τῆς διαιρέ- 101ᵛ
30 σεως, ὡς ἐν τοῖς πλείοσι γέγραπται τῶν ἀντιγράφων. ἔν τισι δὲ καὶ
τοῦτο πρόσκειται τῆς γραφῆς ἐχούσης οὕτως· ἢ γὰρ ἄμφω ἐν τῷ πά-
σχοντι καὶ ποιουμένῳ ἢ ἐν τῷ ποιοῦντι καὶ διατιθέντι, ἢ ἡ μὲν
ποίησις ἐν τῷ ποιοῦντι ἡ δὲ πάθησις ἐν τῷ πάσχοντι. περιττὴ
δὲ ἡ προσθήκη, εἴπερ μηδὲ ἀντιλέγει πρὸς ἐκείνην τὴν θέσιν ὁ Ἀρι-
35 στοτέλης.

Ἀλλὰ καὶ τέταρτόν ἐστι τμῆμα τῆς διαιρέσεως τὸ τῷ δευτέρῳ ῥη- 5
θέντι ἀντικείμενον τὸ λέγον 'ἢ ἡ μὲν ποίησις ἐν τῷ πάσχοντι, ἡ δὲ πάθησις
ἐν τῷ ποιοῦντι', ὅπερ ὡς ἐναργῶς ἄτοπον παραλέλοιπεν. ὁ μέντοι πιθανὸς

---

5 εἰπὼν p. 202ᵃ15   6 δέον F   7 εἰς γὰρ a   8 αἱ ἐνέργειαι E   καὶ (ante
τὰ) om. F   12 ἡ (post καὶ) om. aF   17 αὕτη aF   19 ποιήσει] κινήσει a
22 καὶ ante ὡς deleverim   συνέβαινε] fortasse συμβαίνει ut v. 24   τὸ κινούμενον
μὴ E (cf. Themist. p. 217,8): τῷ κινουμένῳ τὸ F: τῷ κινουμένῳ τὸ κινούμενον μὴ a
25 τῷ (post τούτῳ) om. a   28 εἰ δὲ τοῦτο ἄτοπον om. E·   δὲ F: δὴ a
30 καὶ om. F   36 τὸ τῷ] τῶ F¹

Θεμίστιος τὸ εἰ δὲ δεῖ καὶ ταύτην ποίησιν καλεῖν, ὁμώνυμος ἂν εἴη, πρὸς ἔνδειξιν τούτου τοῦ τμήματος εἰρῆσθαι νομίζει, ὡς εἰ μετὰ τὸ εἰπεῖν ἢ ἡ μὲν ποίησις ἐν τῷ ποιοῦντι, ἡ δὲ πάθησις ἐν τῷ πάσχοντι ἐπῆγεν· "ἀνάπαλιν γὰρ οὐκ ἐνδέχεται οἷον τὴν ποίησιν ἐν τῷ
5 πάσχοντι εἶναι, εἰ μή τις τὴν τοῦ πάσχοντος ἐνέργειαν ὁμωνύμως ποίησιν ὀνομάζειν ἐθέλοι". καίτοι εἰ τούτου ἕνεκεν εἴρητο, ἀνάγκη ἦν καὶ τὴν πάθησιν ἐν τῷ ποιοῦντι ὁμωνύμως λέγεσθαι. ὅπερ οὐκ εἴρηται ἐπιπόλαιον ὄν.

p. 202ᵃ28 Ἀλλὰ μὴν εἰ τοῦτο ἕως τοῦ καὶ εἰς ἓν εἶδος; ἀλλὰ
10 ἀδύνατον.

Πρὸς τὸ προσεχῶς ἐπαχθὲν τμῆμα τὸ λέγον "ἡ μὲν ποίησις ἐν τῷ ποιοῦντι, ἡ δὲ πάθησις ἐν τῷ πάσχοντι" πρῶτον ὑπαντᾷ, καὶ λαβὼν ὅτι κατὰ ταύτην τὴν ὑπόθεσιν, ὥσπερ ἐν τῷ κινουμένῳ ἐστὶν ἡ κίνησις ἡ οἰκεία, οὕτως καὶ ἐν τῷ κινοῦντι ἡ αὐτοῦ οἰκεία (ὁ γὰρ αὐτὸς λόγος ἐπ'
15 ἀμφοῖν) ἐπάγει, ὅτι δυεῖν ἀτόποιν θάτερον ἀνάγκη κατὰ ταύτην τὴν ὑπόθεσιν ὁμολογεῖν. ἢ γὰρ πᾶν τὸ κινοῦν καὶ κινήσεται, εἴπερ τὸ κινοῦν ἔχει κίνησιν, τὸ δὲ ἔχον κίνησιν κινεῖται· ἄτοπον δὲ τὸ πᾶν τὸ κινοῦν κινεῖσθαι καὶ οὔτε δοκοῦν αὐτῷ, εἴπερ τὸ πρώτως κινοῦν ἀκίνητον οἴεται οὔτε τοῖς πράγμασι συνᾷδον (πολλὰ γὰρ τῶν κινούντων ἀκίνητα μένει οἷον
20 χρῶμα κάλλος εὐρυθμία)· ἢ ἔχον τι κίνησιν ἐν ἑαυτῷ οὐ κινεῖται, ὅπερ πάντων ἐστὶν ἀλογώτατον, ὡς τὸ ἔχον τι λευκὸν μὴ λελευκάνθαι. ᾧ γὰρ πάρεστι κίνησις, τοῦτο πάντως κινεῖται καὶ τὸ κινούμενον παρουσίᾳ κινήσεως κινεῖται. τοῦτο δὲ δείξας ἄτοπον μεταβέβηκεν ἐπὶ τὸ ἕτερον τμῆμα τῆς διαιρέσεως τὸ πρῶτον ῥηθέν, καὶ τὰ ἄτοπα λοιπὸν ἐπάγει τοῖς
25 ὑποτιθεμένοις ἄμφω ἐν τῷ κινουμένῳ καὶ πάσχοντι, τήν τε ποίησιν καὶ τὴν πάθησιν καὶ τὴν δίδαξιν καὶ τὴν μάθησιν. ἄτοπον δὲ πρῶτον μὲν τὸ τὴν ἑκάστου ἐνέργειαν μὴ ἐν τῷ ἐνεργοῦντι αὐτὴν εἶναι, ἀλλ' ἐν ἄλλῳ τινί, εἴπερ ἡ τοῦ ποιοῦντος ἐνέργεια ἐν τῷ κινουμένῳ ἔσται. δεύτερον δὲ ἄτοπον τὸ τὸ αὐτὸ δύο κινήσεις διαφόρους καὶ ἐναντίας ἅμα
30 κινεῖσθαι καθ' ἓν εἶδος. εἰ γὰρ τὸ κινοῦν ἀλλοιοῖ φέρε εἰπεῖν καὶ τὸ κινούμενον ἀλλοιοῦται, οὐ δυνατὸν τὸ κινούμενον καθὸ ἀλλοιοῦται ἀλλοιοῦν. διαφόρου γὰρ οὔσης τῆς ἐνεργείας διάφορα ἂν εἴη καὶ τὰ ἀποτελέσματα, ὥσπερ οὐ δυνατὸν καθὸ ἀλλοιοῖ καὶ αὔξεσθαι. ὑπὸ γὰρ αὔξοντος αὔξεταί τι καὶ ὑπὸ ἀλλοιοῦντος ἀλλοιοῦται. γοργῶς οὖν ἐπηπόρησε ταύτῃ τῇ
35 ὑποθέσει· τίνες γὰρ ἔσονται ἀλλοιώσεις δύο καὶ ἑνὸς τοῦ κινουμένου καὶ εἰς ἓν εἶδος φερομένου; ἔτι γὰρ ἀτοπώτερον τὸ καὶ δύο οὔσας τὰς κινήσεις, ἃς ἀλλοιώσεις ἐκάλεσεν, εἰς ἓν εἶδος φέρεσθαι. ὅτι γὰρ εἰς ἓν εἶδος τελευτᾷ ἡ τοῦ κινοῦντος καὶ κινουμένου ἐνέργεια, δῆλον ἐκ τοῦ,

---

1 Θεμίστιος p. 216, 16 Sp.   2 τοῦ iteravit initio versiculi E   4 ἐπήγαγεν E
11 λέγον p. 202ᵃ26   14 ἐν τῷ κινοῦν a   20 χρῶμα om. F   27 ἐν (post μὴ) om. F   35 γὰρ] δὲ a

ὅταν παύσηται τὸ κινοῦν καὶ κινούμενον, εἰς ἕν τι μεταβεβληκὸς φαίνεσθαι 101ᵛ
τὸ κινούμενον, ὥστε εἰς τοῦτο καὶ ἐκινεῖτο. ἀδύνατον οὖν καὶ τὸ δύο εἶναι
ἐν τῷ κινουμένῳ καθ' ἓν εἶδος γινομένης τῆς κινήσεως ἢ θερμὸν ἢ λευκὸν
ἢ τι τοιοῦτον, καὶ τὸ δύο οὔσας ἐναντίας ἅμα τῷ αὐτῷ ὑπάρχειν, καὶ
5 ἔτι τὸ δύο οὔσας ἐναντίας εἰς ἓν εἶδος τελευτᾶν· μιᾶς μὲν γὰρ ὑποτιθε-
μένης τῷ ὑποκειμένῳ τῆς ἀμφοτέρων ἐνεργείας οὐδὲν κωλύει τὸ καὶ δύο
εἶναι τῷ λόγῳ καὶ εἰς ἓν τελευτᾶν εἶδος, δυοῖν δὲ ὑποτιθεμένων ἀδύνατος 45
καὶ ἡ ὑπόθεσις ἑνὸς ὄντος εἴδους· κἂν τῇ ὑποθέσει τις συγχωρήσῃ, τὸ
ἑπόμενον ἀδύνατον τὸ εἰς ἓν εἶδος τελευτᾶν.
10 "Δυνατὸν δέ, φησὶν Ἀλέξανδρος, καὶ ἄλλως ἀναγινώσκειν ὀξύνοντας,
ἀλλὰ μὴ βαρύνοντας τὸ τινές· εἰ γὰρ δύο αἱ κινήσεις ἅμα, δύο τινὲς
ἔσονται καὶ ἐναντίαι ἀλλοιώσεις τοῦ ἑνὸς καὶ εἰς ἓν εἶδος, ἅπερ ἀδύνατα.
δυνατὸν δέ, φησί, καὶ ὑπερβιβάσαντας σαφεστέραν ποιῆσαι τὴν λέξιν οὕτως· 50
εἶτα ἄτοπον τὸ δύο κινήσεις ἅμα κινεῖσθαι καὶ εἰς ἓν εἶδος,
15 καὶ οὐ μόνον ἄτοπον ἀλλὰ καὶ ἀδύνατον τοῦτο, εἶτα ἐπὶ τούτοις τὸ
τίνες γὰρ ἔσονται ἀλλοιώσεις τοῦ ἑνός· διὰ τοῦτο γὰρ ἀδύνατα,
ὅτι οὐχ οἷόν τε λαβεῖν, τίνες ἔσονται ἀλλοιώσεις τοῦ ἑνός. καὶ ἄλλως δὲ |
ἑκατέρῳ τῶν ἀτόπων ἴδιόν τι δηλωτικὸν ἐπήνεγκε, φησὶν Ἀλέξανδρος, τοῦ 102ʳ
ἀτόπου· ἔστι δὲ τὰ ἄτοπα τό τε δύο κινήσεις ἅμα κινεῖσθαι καὶ τὸ
20 τὰς δύο εἰς ἓν εἶδος. τῷ μὲν γὰρ εἶτα ἄτοπον τὸ δύο κινήσεις
ἅμα κινεῖσθαι ἐπήγαγε τὸ τίνες γὰρ ἔσονται. διὰ γὰρ τοῦτο ἄτοπον
διὰ τὸ ἄπορον εἶναι τίνες ἔσονται. τῷ δὲ καὶ δύο εἰς ἓν εἶδος ἐπήνεγκε
τὸ ἀλλὰ ἀδύνατον· ἀδύνατον γὰρ τοῦτο. διὰ τί δὲ ἀδύνατον; ἢ ὅτι 5
πᾶσα μεταβολὴ ἐξ ἐναντίου εἰς ἐναντίον, ἓν δὲ ἑνὶ ἐναντίον. ἀδύνατον
25 οὖν τὰς δύο κινήσεις δύο οὔσας μεταβολὰς καὶ ἐκ δυεῖν δηλονότι (οὐ γὰρ
ἂν ἐξ ἑνὸς δύο ἦσαν) εἰς ἐναντίον τελευτᾶν. ἔτι δὲ μᾶλλον τὸ ἀδύνατον
φανήσεται, ἐὰν ἐννοήσωμεν, ὅτι καὶ αἱ δύο κινήσεις τοῦ τε κινοῦντος καὶ
τοῦ κινουμένου ἢ ποιοῦντος καὶ πάσχοντος ἅμα ἐν τῷ αὐτῷ ἔσονται καὶ
ἀλλήλαις ἐναντίαι οὔσαι καὶ ἐκείνῳ μόνῳ εἰς ὃ ἡ μεταβολή. ἀδύνατον δὲ
30 τὰ ἐναντία ἅμα περὶ τὸ αὐτὸ εἶναι." μήποτε δὲ Ἀριστοτέλης ἀρκεῖν οἰό- 10
μενος πρὸς ἐσχάτην ἀτοπίαν τὸ δύο εἶναι τὰς κινήσεις ἑνὸς εἴδους τοῦ
ἐναντίας εἶναι οὐκ ἐμνημόνευσε. διὸ δύο τὰ ἄτοπα ἐπήγαγε τό τε δύο
ὅλως εἶναι ἑνὸς εἴδους καὶ τὸ δύο οὔσας διαφόρους εἰς ἓν φέρεσθαι, κἂν
μὴ ὦσιν ἐναντίαι. ἐπιτείνει δὲ τὸ ἄτοπον ἡ ἐναντίωσις. ὁ μέντοι Ἀλέ-
35 ξανδρος ἐνδίδωσιν ἐνταῦθα καὶ δύο ἑνὶ ἐναντία εἶναι ἐπὶ τῆς ὑπερβολῆς καὶ
τῆς ἐλλείψεως μόνης. ταῦτα γὰρ δοκεῖ καὶ τῷ μεταξὺ καὶ ἀλλήλοις εἶναι 15

---

2 εἰς] εἰ E   ἐκινεῖτο] ἐκεῖνο F   8 δέ τις a   10 post φησὶν add. ὁ a   13 τὴν
λέξιν ποιῆσαι a   14 τὸ (post ἄτοπον cf. v. 20) om. Aristotelis codd. praeter F   15 καὶ
(ante οὐ) om. F   μόνην a   καὶ ἀλλὰ καὶ F   16 διὰ τοῦτο — τοῦ ἑνός om. E
18 φησὶν ὁ aF   20 τὰς δύο EF: τὰ δύο a   post εἶδος add. εἶναι a   τῷ]
τὸ F   20. 21 ἅμα κινήσεις aF   23 ἢ om. F   24 ἓν — ἐναντίον om. F
28 τοῦ add. ante ποιοῦντος idemque ante πάσχοντος a   29 ἐναντίαι οὔσαι E: ἐναν-
τιοῦσαι aF   μόνῳ aF¹: μόνον EF²   30 δὲ ὁ aF   31 ἔσχατον a   τὸ]
τοῦ E   36 τῆς om. a   καὶ (post μεταξὺ) om. E

ἐναντία. ἀλλ' ἐπιστῆσαι ἄξιον, ὅτι τῷ μεταξὺ ὡς ἓν ἄμφω ἐστὶν ἐναντία· 102r
ὡς γὰρ ἀσύμμετρα συμμέτρῳ καὶ ὡς ἄνισα ἴσῳ· ὥστε οὐδὲ ὑπὸ τούτου
σαλεύεται ὁ κανὼν ὁ λέγων ἐν ἑνὶ εἶναι ἐναντίον. εἰπὼν δὲ ὁ Ἀριστοτέλης
τὰ συμβαίνοντα ἄτοπα τοῖς ἄμφω τὰς κινήσεις ἐν τῷ κινουμένῳ καὶ πά-
5 σχοντι τιθεῖσι δέδωκεν ἐννοεῖν, ὅτι τὰ αὐτὰ ἀκολουθήσει καὶ τοῖς ἐν τῷ
κινοῦντι καὶ ποιοῦντι τιθεῖσιν ἀμφοτέρας, καὶ ἔτι μᾶλλον, εἴπερ ἐν τῷ κι-
νοῦντι ἡ κίνησις. διὸ καὶ παρῆκε τοῦτο τὸ τμῆμα τῆς διαιρέσεως 'κινή- 20
σεται γὰρ τὸ κινούμενον μὴ κινούμενον'.

p. 202a36 Ἀλλὰ μία ἔσται ἡ ἐνέργεια ἕως τοῦ καὶ τὸν ποιοῦντα
10   πάσχειν.

Τὸ πρῶτον διαιρετικὸν ἦν· ἢ ἕτεραι αἱ κινήσεις ἢ οὐχ ἕτεραι, ἀλλὰ 25
μία δηλονότι, ὅπερ ἐνεδείξατο διὰ τοῦ "εἰ μὲν ἕτεραι, ἐν τίνι", ὡς ὀφει-
λοντος ἐπάγεσθαι καὶ τοῦ 'εἰ δὲ μὴ ἕτεραι'. ἀποδοὺς οὖν πρότερον ἑπό-
μενα ἄτοπα τοῖς ἑτέρας λέγουσι μεταβέβηκε λοιπὸν ἐπὶ τοὺς μίαν ὑποτιθε-
15 μένους. καὶ λέγει καὶ ταύτῃ τῇ δόξῃ τὰ δοκοῦντα ἕπεσθαι ἄτοπα, ἅπερ
καὶ λύσει μετ' ὀλίγον τὴν ἀπορίαν παραμυθούμενος τῷ διορισμῷ. τί οὖν
τὸ ἑπόμενον ἄτοπον τοῖς μίαν λέγουσι κίνησιν τὴν ποίησιν καὶ τὴν πάθησιν 30
καὶ τὴν δίδαξιν καὶ τὴν μάθησιν; τὸ δύο, φησίν, ἑτέρων τῷ εἴδει τὴν
αὐτὴν καὶ μίαν ἐνέργειαν εἶναι. καὶ ὅτι μὲν ἕτερα τῷ εἴδει τὸ κινοῦν
20 καὶ κινούμενον, δῆλον, εἴπερ τὸ μὲν ποιοῦν ἐνεργείᾳ ἐστὶν ὅπερ ἐστί, τὸ
δὲ πάσχον δυνάμει τοιοῦτον ὄν, ἐνεργείᾳ τὸ ἀντικείμενόν ἐστι τούτῳ, ὃ
δύναται, ἐπείπερ αἱ μεταβολαὶ ἐξ ἐναντίων. ὥστε οὐ μόνον ἕτερα ἀλλὰ
καὶ ἐναντία. ὡς οὖν ἄτοπον λευκοῦ καὶ μέλανος διαφερόντων τῷ εἴδει,
καὶ τοῦ μὲν διακρίνοντος τὴν ὄψιν, τοῦ δὲ συγκρίνοντος, μίαν λέγειν τὴν 35
25 ἐνέργειαν οὕτω ποιοῦντος καὶ πάσχοντος ἑτέρων ὄντων τῷ εἴδει, ἀτόπῳ δὲ
ὄντι τῷ δυεῖν ἑτέρων τῷ εἴδει μίαν εἶναι ἐνέργειαν, ἐπειδὴ χρὴ ἑκάστου
εἴδους οἰκείαν εἶναι ἐνέργειαν, ἀτόπῳ δ' οὖν ὄντι τούτῳ ἄλλο τι ἐναργέ-
στερον ἄτοπον ἀκολουθεῖ. εἰ γὰρ ἡ δίδαξις καὶ ἡ μάθησις καὶ ἡ
ποίησις καὶ ἡ πάθησις τὸ αὐτὸ καὶ ἕν ἐστιν, ἔσται καὶ τὸ διδάσκειν
30 τῷ μανθάνειν τὸ αὐτό. τὸ δὲ ἐναργέστερον τῆς ἀτοπίας ὄψει, ἐὰν τὸν
διδάσκοντα αὐτὸν μεταλάβῃς, ὥστε τὸν διδάσκοντα πάντα μανθάνειν
ὅσα διδάσκει καὶ τὸν ποιοῦντα πάντα πάσχειν ὅσα ποιεῖ. τριῶν γὰρ 40
τούτων ὄντων διδάξεως τοῦ διδάσκειν τοῦ διδάσκοντος, ἡ μὲν δίδαξις αὐτή
ἐστιν ἡ ἐνέργεια, τὸ δὲ διδάσκειν τὴν διδάσκουσαν οὐσίαν κατὰ τὴν ἐνέρ-
35 γειαν ἐνδείκνυται, τὸ ⟨δὲ⟩ διδάσκον τὴν οὐσίαν μετὰ τῆς ἐνεργείας. διὸ

---

7 τὸ τμῆμα τοῦτο a   9 ἡ om. a   12 εἰ μὲν — τίνι p. 202a25   μὲν ἑτέρα F
13 μὴ ἑτέρα F   17 λέγουσαν F¹   20 καὶ τὸ κινούμενον a   21 ὂν τοιοῦτον
aF   τούτῳ aE: τοῦτο F   22 μόνοι a   24 καὶ τοῦ μὲν — εἴδει (25) om. F
25 ἀτόπῳ — εἴδει (26) EF: ἄτοπον ceteris interceptis a   26 post εἶναι add. τὴν a
27 τούτῳ om. a   29 ἔσται καὶ τὸ μανθάνειν καὶ τὸ διδάσκειν τὸ αὐτό aF   32 πάντα
(ante πάσχειν) E cf. p. 447,15: om. aF   34 τὴν ἐνέργειαν E: τὸ ἐνεργεῖν aF
35 δὲ (ante διδάσχον) add. a

φαίνεται μὲν καὶ ἐπὶ τῆς διδάξεως τὸ ἄτοπον, ἔτι δὲ μᾶλλον ἐπὶ τοῦ δι-
δάσκειν διὰ τὴν τῆς οὐσίας παρέμφασιν τῆς τὴν ἐναντίωσιν ἐχούσης, ἔτι
δὲ τούτων ἐναργέστερον ἐπ' αὐτῆς τῆς οὐσίας. ἀναιρεθέντος δὲ διὰ τῶν
εἰρημένων λόγων καὶ τοῦ δύο ἁπλῶς εἶναι τὰς ἐνεργείας, καὶ τοῦ μίαν
5 ἁπλῶς δειχθήσεται, ὅτι πῇ μὲν μία, πῇ δὲ δύο, μία μὲν τῷ ὑποκειμένῳ,
δύο δὲ τῷ λόγῳ.

p. 202b5 **Ἢ οὔτε τὴν ἄλλου ἐνέργειαν ἐν ἑτέρῳ εἶναι ἄτοπον
ἕως τοῦ ἀλλὰ τοῦδε ἐν τῷδε.**

Ἐντεῦθεν ἄρχεται λύειν τὰς ἀπορίας οὐ πάσας, ἀλλ' ὅσαι πρὸς τὴν
10 ἀληθῆ δόξαν ἐνίστανται τὴν λέγουσαν μίαν μὲν εἶναι τῷ ὑποκειμένῳ τὴν
κίνησιν, δύο δὲ κατὰ τὸν λόγον. διὸ τὰς μὲν πρὸς τὸ μίαν εἶναι τὴν
κίνησιν ἀπορίας ἃς ὕστερον τέθεικε πάσας διαλύει, τὰς δὲ πρὸς τὸ δύο
εἶναι τὰς κινήσεις οὐ πάσας, ἀλλ' ὅσαι δύνανται καὶ πρὸς τὴν μίαν καὶ ἐν
τῷ κινουμένῳ οὖσαν ὑπαντᾶν. καὶ τοῦτο εἰκότως· αὗται γὰρ αἱ ἀπορίαι
15 ἥπτοντο μάλιστα τοῦ τῆς κινήσεως ὁρισμοῦ ἐντελέχειαν λέγοντος τοῦ κινη-
τοῦ ᾗ κινητόν. πρώτην οὖν ἔνστασιν λύει τὴν λέγουσαν 'εἰ ἄμφω αἱ
ἐνέργειαι ἐν τῷ κινουμένῳ καὶ πάσχοντι, ἡ ἑκάστου ἐνέργεια οὐκ ἐν
ἑκάστῳ ὑπάρξει, ἀλλ' ἐν ἑτέρῳ'. λύει δὲ αὐτὴν ὡς δυναμένην λέγεσθαι
καὶ πρὸς τὴν δόξαν τὴν λέγουσαν μίαν ἐν τῷ κινουμένῳ κατὰ τὸ ὑποκεί-
20 μενον γίνεσθαι τὴν ἀμφοτέρων ἐνέργειαν. ἡ δὲ λύσις τὸ ἐπαχθὲν ὡς
ἄτοπον τῇ ὑποθέσει δεικνύναι πειρᾶται μὴ ὂν ἄτοπον. οὐδὲ γὰρ ἄτοπον
τὸ τὴν ἄλλου ἐνέργειαν ἐν ἑτέρῳ εἶναι, μᾶλλον δὲ ἀναγκαῖον ἐπὶ τοῦ
κινοῦντος καὶ κινουμένου καὶ ὅλως τοῦ ποιοῦντος καὶ πάσχοντος. εἰ γάρ
ἐστιν ὑπὸ τοῦ ποιοῦντος ἐν τῷ πάσχοντι ἡ δίδαξις, οὔτε ἐν τῷ διδάσκοντί
25 ἐστιν οὔτε καθ' ἑαυτὴν ἀποτετμημένη τοῦ μανθάνοντος οὔτε ἐν τῷ μαν-
θάνοντι οὕτως, ὡς δύνασθαι καὶ ἄνευ τοῦ διδάσκοντος ἐν αὐτῷ ὑφίστασθαι,
ἀλλὰ τοῦ κινοῦντος παρόντος καὶ ἐνεργοῦντος ἐγγίνεται τῷ κινουμένῳ. ὡς
γὰρ ἡ διαπλαστικὴ τοῦ κηροῦ ἐνέργεια τοῦ πλάστου οὖσα ἐν τῷ κηρῷ
ἐστιν αὐτὴ ἡ διάπλασις, καθ' ἣν ὁ μὲν πλάττει τὸ δὲ πλάττεται, καὶ οὐκ
30 ἔστι δύο λαβεῖν τὰς ἐνεργείας, οὕτως ἔχει καὶ ἐπὶ τῆς διδάξεως μιᾶς οὔσης
αὐτῆς καὶ τῆς μαθήσεως τῷ ὑποκειμένῳ. μὴ πλανήσῃ δὲ ἡμᾶς ἡ ἀπὸ
τῆς κινήσεως ἐγγινομένη διάθεσις οἷον τὸ σχῆμα τῷ κηρῷ ἢ τῇ ψυχῇ ἡ
γνῶσις· οὐ γάρ ἐστι ταῦτα κινήσεις, ἀλλ' ἀποτελέσματα τῶν κινήσεων.
ἄλλο γάρ ἐστι τὸ πλάττεσθαι καὶ μανθάνειν ἤτοι διδάσκεσθαι καὶ ἄλλο τὸ
35 πεπλάσθαι ἢ δεδιδάχθαι. καὶ τοῦτο μὲν ἀποτέλεσμά ἐστιν ἐν τῷ κινου-

---

1 καὶ (post μὲν) om. E   3 δέ τι F   5 μίαν utroque loco a   μὲν ἐν
τῷ F   7 post οὔτε add. τὸ ex Aristotele a   9 τὰς ἀπορίας οὐ πάσας ἐντεῦθεν
ἄρχεται λύειν a   τὴν om. a   12 ἀπορίας] ἁπάσας E   14 οὐσίαν F
15 ὁρισμοῦ p. 202ª7   λέγοντος] λόγος a   τοῦ τοῦ F   16 λύει ἔνστασιν aF
20 γίνεσθαι corr. ex λέγεσθαι E   ἐνέργειαν ἀμφοτέρων aF   21 δεικνύναι aE: δια-
λῦσαι F   22 ἑτέρῳ] ἄλλῳ aF   24 ἡ δίδαξις om. a   25 οὔτε (post ἐστιν)
om. F   35 ἢ] καὶ E

μένῳ καὶ χωρὶς τοῦ κινοῦντος ὑφεστηκὸς καὶ ἀναλογοῦν τῇ ἕξει καὶ τῷ 102ᵛ
λόγῳ τοῦ διδάσκοντος, ὃς καὶ αὐτὸς χωριστός ἐστι τοῦ διδασκομένου, ἡ
μέντοι κατὰ τὸ διδάσκειν καὶ διδάσκεσθαι ἐνέργεια μία τῷ ὑποκειμένῳ ἐστί,
κἂν τῷ λόγῳ διάφορος, ἡ μὲν ὡς ἀπὸ τοῦ ποιοῦντος, ἡ δὲ ὡς ἀπὸ τοῦ
5 πάσχοντος λαμβανομένη. καὶ γὰρ μέση οὖσα ἀμφοῖν ἡ κίνησις ἐφάπτεται
καὶ τοῦ ποιοῦντος καὶ τοῦ πάσχοντος οὐκ ἀποτετμημένη. ἐὰν δὲ τοῦδε
μόνον ᾖ ἐν τῷδε μόνον ὂν ληφθῇ, οὐκέτι διασώσει τὸ μέσον. καὶ διὰ
τοῦτο ὅταν μὲν κατὰ ἀποτομὴν αὐτὴν ὁρῶμεν ἐν τῷ κινουμένῳ θεωροῦντες
αὐτήν, ἐπειδὴ ἐν ἐκείνῳ ὑφέστηκεν, ἐντελέχειαν λέγομεν τοῦ κινητοῦ ᾗ
10 κινητόν· ὅταν δὲ κατὰ συμπλοκὴν ἀπὸ τοῦ κινοῦντος ἀρξάμενοι, λέγομεν
ἐνέργειαν τοῦ κινητικοῦ ἐν τῷ κινουμένῳ, ὡς ὁριεῖται ἐπὶ τέλει τοῦ περὶ
κινήσεως λόγου. φερομένης δὲ καὶ τοιαύτης γραφῆς ἔστι μέντοι καὶ
οὐχ ἀποτετμημένως, ἀλλὰ τοῦδε ἐν τῷδε, ὁ Ἀλέξανδρος "οὐχ
ἁπλῶς, φησί, καὶ ἀποτετμημένως ἔν τινι, ἀλλ' ἐν ὡρισμένῳ τινὶ καὶ τούτῳ
15 πρὸς ὃ λέγεται· λέγεται δὲ πρὸς τὸ μαθηματικόν". καὶ θαυμαστὸν ἔμοιγε
δοκεῖ, πῶς τὸ οὐκ ἀποτετμημένως ἀντὶ τοῦ οὐκ ἀορίστως ἤκουσε, καί-
τοι πρότερον καλῶς τὸ ἔν τινι μέντοι καὶ οὐκ ἀποτετμημένη ἐξηγή-
σατο δηλῶν, ὅτι οὐ κεχωρισμένη τοῦ μανθάνοντος οὔτε ὡς ἐν τῷ διδά-
σκοντι μόνῳ οὖσα οὔτε ὡς καθ' ἑαυτήν· καὶ ἐπὶ ταύτης γὰρ τῆς γραφῆς
20 τὸ αὐτὸ ἂν σημαίνοι τὸ ἐπίρρημα.

p. 202ᵇ 8 Οὔτε μίαν δυεῖν κωλύει οὐθὲν τὴν αὐτὴν εἶναι ἕως τοῦ
ἀλλ' ὡς ὑπάρχει τὸ δυνάμει πρὸς τὸ ἐνεργοῦν.

Τοῖς μίαν λέγουσι τὴν ἀμφοῖν κίνησιν ὡς ἄτοπον ἐπήγετο τὸ δύο δια-
φόρων τῷ εἴδει τοῦ τε ποιοῦντος καὶ τοῦ πάσχοντος μίαν εἶναι καὶ τὴν
25 αὐτὴν ἐνέργειαν. λέγει οὖν μηδὲ τοῦτο ἄτοπον εἶναι ὡς δοκεῖ. μηδὲν
γὰρ κωλύειν τὴν δίδαξιν καὶ τὴν μάθησιν καὶ ὅλως τὴν ποίησιν καὶ πά-
θησιν μίαν εἶναι ἐνέργειαν, μίαν δὲ τῷ ὑποκειμένῳ, εἰ καὶ τῷ λόγῳ διά-
φορον. ὁ γὰρ δίδαξιν εἰπὼν οὐκ ἄλλο τι λέγει ἢ τὸ ἐκ τοῦ διδάσκειν καὶ
μανθάνειν γινόμενον, ὧν ἀδύνατον θάτερον χωρὶς θατέρου εἶναί τε καὶ γί-
30 νεσθαι, καὶ ὁ τὴν μάθησιν δὲ λέγων τὸ αὐτὸ πάλιν λέγει. ἓν οὖν κατὰ
τὸ ὑποκείμενον, εἰ καὶ τῷ λόγῳ διάφορα, ὡς ἓν τὸ διάστημα τὸ μεταξὺ
δυεῖν καὶ τεττάρων, οἱ δὲ λόγοι διάφοροι, ὁ μὲν τῶν τεττάρων πρὸς τὰ
δύο διπλάσιος, ὁ δὲ τοῖν δυοῖν πρὸς τὰ τέτταρα ἥμισυς. αὐτὸς δὲ ἔτι ἐν-

---

7 ὂν om. F   10 λέγωμεν F   11 κινητικοῦ aF: κινητοῦ E   ἐπὶ τέλει cf.
p. 103ᵛ 14 et Arist. p. 202ᵃ 13   14 τούτῳ E: τοῦτο aF   18 δηλῶν a
οὔτε — οὖσα (19) om. F   20 σημαίνοι τὸ a: σημαίνοιτο E: σημαίνοι F   21 Ὀουδε-
μίαν a   οὔτε μίαν δυοῖν τὴν αὐτὴν εἶναι κωλύει Aristotelis vulgata (praeter FI)
22 ὑπάρχει ante πρὸς collocat a   δυνάμει E (cf. p. 447,2): δυνάμει ὂν a ex Aristotelis
vulgata   23 Τοῖς] τὴν E   ἐπήγετο E: ἐπῆγαγε aF   26 κωλύει a
27 εἰ om. F   διάφοροι E   31 ἓν τῷ διαστήματι F   32 τῶν (post μὲν) om.
aF   τεττάρων scripsi: ὃ EF: τέσσαρα a   τοῖν EF: τοῦ a   33 ἐναργεστέ-
ρων E

ἀργεστέρῳ παραδείγματι ἐχρήσατο εἰπὼν οὕτως εἶναι τῷ μὲν ὑποκειμένῳ 102ᵛ
ἕν, τῷ δὲ λόγῳ διάφορα, ὡς τὸ δυνάμει πρὸς τὸ ἐνεργοῦν. ἐνεργοῦν 40
δὲ λέγει τὸ ἐνεργείᾳ τελέως ὄν. τοῦτο γὰρ ἤδη καὶ ἐνεργεῖ. εἰ γὰρ ὃ
γέγονεν ἐνεργείᾳ τοῦτο ἦν δυνάμει καὶ οὐκ ἄλλο, καὶ ὃ δυνάμει ἦν τοῦτο
5 γέγονεν ἐνεργείᾳ, ἕν ἐστιν ἄμφω καὶ τὸ αὐτὸ τῷ ὑποκειμένῳ, οἱ δὲ λόγοι
διάφοροι. τὸ μὲν γὰρ δυνάμει τοῦτό ἐστιν, ὃ δύναται γενέσθαι τοῦτο δ'
λέγεται δυνάμει, τὸ δὲ ἐνεργείᾳ, ὃ ἤδη ἐστὶ τοῦτο ὃ λέγεται ἐνεργείᾳ. 45

p. 202ᵇ 10 Οὔτε ἀνάγκη τὸν διδάσκοντα μανθάνειν ἕως τοῦ τὸ γὰρ
τοῦδε ἐν τῷδε, καὶ τόδε ὑπὸ τοῦδε ἐνέργειαν εἶναι, ἕτερον 53
10 τῷ λόγῳ.

Δεύτερον ἄτοπον ἐπήγετο τοῖς μίαν λέγουσιν ἐνέργειαν τοῦ τε κινοῦντος
καὶ τοῦ κινουμένου τὸ ἀ|κολουθεῖν τὴν δίδαξιν τῇ μαθήσει ταὐτὸν εἶναι, 103ʳ
τούτου δὲ τεθέντος ἀκολουθεῖν τὸ διδάσκειν τῷ μανθάνειν τὸ αὐτὸ εἶναι,
καὶ τούτῳ ἐναργὲς ἄτοπον ἕπεσθαι ἐδόκει τὸ τὸν διδάσκοντα κατ' αὐτὸ τὸ
15 διδάσκειν πάντα μανθάνειν ἃ διδάσκει καὶ τὸν μανθάνοντα κατ' αὐτὸ τὸ
μανθάνειν πάντα διδάσκειν ὅσα μανθάνει. τοιούτων οὖν ὄντων τῶν προσα-
γομένων δείκνυσι πάσας τὰς ἀκολουθίας μηδὲν ἀναγκαῖον ἐχούσας ἀπὸ τῆς 5
τελευταίας ἀρξάμενος τῆς λεγούσης εἰ τὸ ποιεῖν καὶ τὸ πάσχειν ταὐ-
τόν ἐστιν ἤτοι τὸ διδάσκειν καὶ μανθάνειν, ἀνάγκη τὸν διδάσκοντα
20 τῷ μανθάνοντι τὸν αὐτὸν ὄντα ἐν τῷ διδάσκειν μανθάνειν. λύει δὲ ταύ-
την τὴν ἔνστασιν ἐκ τοῦ μὴ πᾶσιν, οἷς ἐστι ταὐτόν, τούτοις πάντα τὰ
αὐτὰ ἀκολουθεῖν, ἀλλ' ἐκείνοις μόνοις οἷς ὁ λόγος ὁ αὐτός ἐστι. καὶ πα-
ρατίθεται παραδείγματα τῶν μὲν λόγον τὸν αὐτὸν ἐχόντων διαφόρων ὀνο-
μάτων τὸ λώπιον καὶ ἱμάτιον (τούτων γὰρ ὁ αὐτός ἐστιν ὁρισμός· διὸ 10
25 πάντα αὐτοῖς τὰ αὐτὰ ἕπεται), τῶν δὲ τῷ ὑποκειμένῳ μὲν τῶν αὐτῶν
ὄντων, μὴ μέντοι λόγον τὸν αὐτὸν ἐχόντων τὴν ὁδὸν τὴν Θήβηθεν Ἀθή-
ναζε καὶ Ἀθήνηθεν Θήβαζε. τοιαύτη δὲ καὶ ἡ ἀνάβασις καὶ κατάβασις.
ἐπὶ γὰρ τούτων μιᾶς οὔσης τῆς διαστάσεως καὶ θέσεως τῆς αὐτῆς οὔσης
ἄλλα τὰ ἀφ' ὧν ἐστι καὶ ἄλλα τὰ εἰς ἅ· ὥστε καὶ τὸ ὅλον εἶδος ἄλλο·
30 διὸ οὐδὲ τὰ αὐτὰ ἀκολουθεῖ. ἄλλη γὰρ τῷ ἀναβαίνοντι καὶ ἄλλη τῷ
καταβαίνοντι διάθεσις. καὶ ἄλλα μὲν τὰ πρῶτα, ἄλλα δὲ τὰ δεύτερα 15
ὑπαντᾷ τῷ Θήβηθεν Ἀθήναζε ἰόντι καὶ Ἀθήνηθεν Θήβαζε· διὸ ὁ εἰς
Ἀθήνας ἀπιὼν οὐκ ἄπεισιν εἰς Θήβας. οὐδὲ ἕπεται τὸ αὐτὸ τοῖς κατὰ
μόνον τὸ ὑποκείμενον τοῖς αὐτοῖς, ἀλλὰ μόνοις τοῖς κατὰ λόγον τοῖς αὐτοῖς

---

1 παραδείγματα aE   τῷ μὲν E: τῶ F: μὲν τῷ a   6 δυνάμει] immo ἐνεργείᾳ   7 λέ-
γεται ἐνεργείᾳ E: λ. δυνάμει aF   9 τόδε E (cf. p. 103ʳ 49): τὸ τοῦδε ex Aristotele a
11 ἐπήγαγε F   τοῖς] τὴν E   14 κατ' αὐτὸ EF: κατὰ a   15 ἃ] immo ὅσα
cf. p. 448, 3 et 444, 32   16 ὅσα E: ἃ aF   18 εἰ καὶ τὸ F¹   20 δὲ] δὴ οὖν a
25 τῶν αὐτῶν E: ταυτῶν aF   27 ante κατάβασις add. ἡ aF   28 τῆς (post οὔσης)
om. aF   31 τὰ μὲν collocavit E   δὲ in corr. E   τὰ (post δὲ) om. F
32 ἰόντι — Θήβαζε om. F   ὁ (post διὸ) om. F   33 τὰ αὐτὰ a   34 μόνον
E: om. F: post ὑποκείμενον coll. a   τοῖς αὐτοῖς aE: ταυτοῖς (ut paulo post) F

καὶ οἷς τὸ εἶναι καὶ ὁ ὁρισμὸς ὁ αὐτός. οὕτως οὖν κἂν τὸ διδάσκειν καὶ 103ʳ
μανθάνειν ταὐτὸν ᾖ τῷ ὑποκειμένῳ μόνον, ἀλλὰ μὴ καὶ τῷ λόγῳ, οὐκ
ἔστιν ἀνάγκη τὸν διδάσκοντα αὐτῷ τῷ διδάσκειν μανθάνειν ὅσα διδάσκει.
τότε γὰρ ἂν εἴπετο τοῦτο, εἰ τοῦ διδάσκειν καὶ μανθάνειν τῶν αὐτῶν ὄντων
5 κατὰ τὸν λόγον ὁ διδάσκων καὶ ὁ μανθάνων οἱ αὐτοὶ ἂν ἦσαν κατὰ τὸν
λόγον. ἀνάγκη γὰρ ἦν τότε τὸν διδάσκοντα εἶναι μανθάνοντα ἑνὸς ὄντος
τοῦ λόγου τοῦ κατὰ τὸ διδάσκειν καὶ μανθάνειν.

Εἶτα ἐφεξῆς τὴν πρὸ ταύτης ῥηθεῖσαν ἐν τῇ ἀπορίᾳ ἀκολουθίαν διε-
λέγχει ὡς οὐκ οὖσαν ἀναγκαίαν. ἦν δὲ ἡ λέγουσα εἰ ἡ δίδαξις τῇ
10 μαθήσει ταὐτὸν καὶ τὸ διδάσκειν τῷ μανθάνειν ταὐτόν. ὅτι οὖν
οὐκ ἀνάγκη τοῦτο οὕτως ἔχειν, δείκνυσι πάλιν διὰ τοῦ αὐτοῦ πως παρα-
δείγματος, τῇ μὲν διδάξει καὶ μαθήσει ἀνάλογον λαβὼν τὴν διάστασιν
ἤτοι τῶν τόπων ἢ τῶν ἀριθμῶν, τῷ δὲ διδάσκειν καὶ μανθάνειν τὸ διίστα-
σθαι ἔνθεν ἐκεῖ καὶ ἐκεῖθεν ὧδε· ὡς γὰρ δίδαξις καὶ μάθησις, οὕτω διά-
15 στασις, καὶ ὡς τὸ διδάσκειν καὶ μανθάνειν, οὕτω τὸ διίστασθαι ἢ Ἀθήνηθεν
εἰς Θήβας ἢ Θήβηθεν εἰς Ἀθήνας ἢ ἀπὸ τεττάρων εἰς δύο ἢ ἀπὸ δύο εἰς
τέτταρα. ὡς οὖν ἐπὶ τούτων μία μὲν τῷ ὑποκειμένῳ ἡ διάστασις, οἱ δὲ
λόγοι διάφοροι, καὶ διὰ τοῦτο οὐκ ἀνάγκη τὸ διίστασθαι τὸ αὐτὸ εἶναι,
οὕτως καὶ ἐπὶ τῆς διδάξεως καὶ μαθήσεως, ἐπειδὴ τῷ ὑποκειμένῳ ἓν αὐτή
20 καὶ οὐ τῷ λόγῳ, διὰ τοῦτο καὶ τὸ διδάσκειν καὶ μανθάνειν τῷ ὑποκειμένῳ
τὰ αὐτά ἐστι, ἀλλ' οὐχὶ τῷ λόγῳ. "δύναται δέ, φησὶν ὁ Ἀλέξανδρος, τὸ
οὐ μὴν ἀλλ' οὐδὲ εἰ ἡ δίδαξις τῇ μαθήσει ταὐτόν καὶ τὰ ἑξῆς
ὡς ἐκ περιουσίας εἰρῆσθαι, ὡς εἰ ἔλεγε, καὶ εἰ δοθείη ἡ δίδαξις τῇ μα-
θήσει ταὐτὸν εἶναι, οὐκ ἀνάγκη καὶ τὸ μανθάνειν τῷ διδάσκειν ταὐτόν·
25 οὐδὲ γὰρ ἐπεὶ ἡ διάστασις μία τῶν διεστηκότων, ἤδη καὶ τὸ διίστασθαι
ἐνθένδε ἐκεῖσε ἢ ἐκεῖθεν ἐνθάδε ἓν καὶ ταὐτόν ἐστιν."

Εἶτα ἐπὶ τὸ πρῶτον ἀκόλουθον ἀναδραμών, ἀφ' οὗ πάντα ἤρτητο,
διελέγχει καὶ τοῦτο. ἦν δὲ ἐκεῖνο 'εἰ μία ἡ ἀμφοῖν ἐνέργεια, ἡ δίδαξις
τῇ μαθήσει ταὐτόν. λέγει οὖν ὅτι ὅλως οὐδὲ ἡ ἀρχὴ τῶν ἀκολούθων
30 ἀναγκαίως ἔχει. οὐ γὰρ εἰ ἡ κίνησις μία, ἤδη καὶ τὰ ὑπάρχοντα τῇ κινή-
σει τὴν δίδαξιν καὶ τὴν μάθησιν ἤτοι τὴν ποίησιν καὶ τὴν πάθησιν ἀνάγκη
τὰ αὐτὰ εἶναι κυρίως, διότι ἑτέρα τῷ λόγῳ ἐστὶν ἥ τε ἀπὸ τοῦ ποιοῦντος
πρὸς τὸ γινόμενον σχέσις καὶ ἡ ἀπὸ τοῦ γινομένου πρὸς τὸ ποιοῦν. ἀλλὰ
πῶς ἡ κίνησις μία καὶ κυρίως μία, εἴπερ εἴρηται πολλάκις ὅτι τῷ ὑποκει-
35 μένῳ μία ἐστίν, ἀλλ' οὐ τῷ λόγῳ; ἢ μία ἡ κίνησις οὐ τῷ ὑποκειμένῳ
μόνον, ἀλλὰ καὶ τῷ λόγῳ, ἐν τῷ κινουμένῳ οὖσα ὑπὸ τοῦ κινοῦντος. διὸ

---

2 μόνῳ F¹ sed cf. v. 36   3 διδάσκειν E   5 ὁ διδάσκων καὶ ὁ in corr. E
ἂν om. a   6 εἶναι om. E   7 τοῦ κατὰ initio paginae iteravit F   9 ὡς
εἰ δίδαξις F   15 ante τὸ διίστασθαι add. καὶ a   ἢ (post διίστασθαι) aF:
καὶ E   16 ἀπὸ δύο aE: ἀπὸ β̄ F   18 τὸ (post ἀνάγκη) aF: τῷ E
19 αὐτὴ E   20 διὰ τοῦτο — λόγῳ (21) om. F   22 εἰ om. F   24 τὸ αὐτὸ
(post μαθήσει) E   τῷ μανθάνειν τὸ διδάσκειν, sed corr. F¹   post διδάσκειν ταὐτὸν add.
εἶναι aF   25 οὐδὲ E: οὐ aF   ἐπειδὴ ἡ F   26 ἐνθέδε E   32 ἕτερα EF¹
33 γενόμενον F   ἡ (post καὶ) om. E   35 ἢ om. F

καὶ εἷς ὁ λόγος ἐντελέχεια τοῦ κινητοῦ ᾗ κινητόν, καὶ οὐδὲ μεμέρισται 103ʳ
ἐπ' αὐτῆς τὸ ὑπὸ τοῦδε καὶ τὸ ἐν τῷδε, ἀλλ' ἄμφω συμπληροῦ τὴν κίνη-
σιν. ἡ μέντοι ποίησις καὶ ἡ πάθησις μερίζονται, ἡ μὲν περὶ τὴν ἀπὸ τοῦ 45
ποιοῦντος σχέσιν, ἡ δὲ περὶ τὴν ἀπὸ τοῦ γινομένου. ὁ μέντοι Ἀλέξανδρος
5 κατὰ τὸν αὐτὸν τρόπον τοῖς πρότερον ἐξηγεῖται καὶ τοῦτο. "οὐ γὰρ εἰ
μία, φησίν, ἡ ἀμφοῖν ἐνέργεια κατὰ τὸ ὑποκείμενον, ἕπεται ἤδη τὴν δίδαξιν
τῇ μαθήσει ταὐτὸν εἶναι, ἀλλὰ τὸ μὲν ὑποκείμενον ἀμφοτέροις τῇ τε δι-
δάξει καὶ τῇ μαθήσει ταὐτόν ἐστιν (ἓν γάρ τι ὑπ' ἀμφοῖν γίνεται τὸ μαν-
θάνειν), οὐ μὴν ἡ δίδαξις ταὐτὸν τῇ μαθήσει"· καὶ ἔοικε τὸ γὰρ τοῦδε
10 ἐν τῷδε καὶ τόδε ὑπὸ τοῦδε ἐπὶ τῆς κινήσεως ἀκούειν· ἐγὼ μέντοι 50
ἐπὶ τῆς ποιήσεως καὶ τῆς παθήσεως εἰρῆσθαι νομίζω καὶ τοῦτο καὶ τὸ
ἕτερον τῷ λόγῳ. πῶς δὲ καὶ μίαν τῷ ὑποκειμένῳ λέγει εἶναι τὴν δί-
δαξιν καὶ τὴν μάθησιν; διότι ἓν ὑπ' ἀμφοῖν γίνεται τὸ μανθάνειν. γί-
νεται γὰρ καὶ τὸ διδάσκειν. καὶ ὅλως οὐχ ὅσα ἑνός ἐστι αἴτια ἕν ἐστι
15 τῷ ὑποκειμένῳ, ἐπεὶ οὕτως καὶ πατὴρ καὶ μήτηρ, ἀλλ' ἕν ἐστι ταῦτα τῷ
ὑποκειμένῳ, ὅτι μία ἡ διάστασις καὶ ἀπὸ τοῦ ποιοῦντος ἐν τῷ πάσχοντι
τὸ αὐτό. |

p. 202ᵇ23   Τί μὲν οὖν ἐστι κίνησις ἕως τοῦ τὸν αὐτὸν δὲ λεχθή- 103ᵛ
σεται τρόπον καὶ περὶ τῶν ἄλλων κινήσεων ἑκάστης.

20   Συμπεραινόμενος ἤδη τοὺς περὶ τῆς κινήσεως λόγους ὑπομιμνήσκει 5
τῆς ἀποδοθείσης ὑπογραφῆς, καθ' ἣν ποτὲ μὲν ἐλέγετο ἐντελέχεια τοῦ δυ-
νατοῦ ᾗ δυνατόν, ποτὲ δὲ ἐντελέχεια τοῦ κινητοῦ ᾗ κινητόν. καί φησιν
οὐ μόνον τῇ καθόλου κινήσει ταύτην ἐφαρμόττειν τὴν ἀπόδοσιν, ἀλλὰ καὶ
ταῖς κατὰ μέρος. οὐ γὰρ ἄδηλόν φησιν, ὡς τούτῳ τῷ ὁρισμῷ καὶ
25 τῶν εἰδῶν αὐτῆς ἕκαστον ὁρισθήσεται. εἴδη δὲ λέγε. οὐχ ὡς ἀπὸ
τοῦ γένους τῆς κινήσεως διαιρεθείσης (οὐ γὰρ γένος ἡ κίνησις), ἀλλ' ὡς
διαφόρους ἰδιότητας. ἐφ' ἑνὸς δὲ καὶ τῶν κατὰ μέρος εἰδῶν τῆς ἀλλοιώ- 10
σεως ὑποδείξας ὅπως χρὴ τὸν καθόλου λόγον ἐφαρμόττειν τοῖς κατὰ μέρος
εἴδεσιν ἄλλον τρίτον ὁρισμὸν τῆς κινήσεως προστίθησιν, ὃν καὶ γνωριμώ-
30 τερόν φησιν ὡς συμπλέκοντα τῷ παθητικῷ τὸ ποιητικόν· κίνησις γάρ
ἐστι, φησίν, ἐντελέχεια τοῦ δυνάμει ποιητικοῦ καὶ παθητικοῦ ᾗ
τοιοῦτον. ἐπειδὴ γὰρ δέδεικται ἐκ τῆς ἀμφοῖν ἐνεργείας τοῦ τε κινοῦντος
καὶ κινουμένου ἀποτελουμένη ἡ κίνησις, εὐλόγως ἐν τῷ λόγῳ αὐτῆς καὶ
τὴν τοῦ κινητικοῦ ἐνέργειαν, οὐ μόνον τοῦ κινητοῦ παραλαμβάνει. ἀλλὰ 15
35 πῶς τὴν τοῦ δυνάμει ποιητικοῦ ἐνέργειαν εἶπε; τὸ γὰρ δυνάμει ποιητικὸν
καὶ κινητικὸν οὔπω ἐνεργείᾳ ἐστὶ κινητικόν, τὸ δὲ κινοῦν ἐνεργείᾳ ἐστί.

---

2 ὑπ' αὐτῆς F¹   τὸ (post καὶ) om. F¹   6 τὸ (post κατὰ) om. E   7 ἀμφοτέροις
F: ἀμφοτέραις a: om. E   8 ἔσται E   9 καὶ om. E   10 post καὶ add. τὸ a
16 ἓν] καὶ a   18 ἐστιν ἡ a   20 τῆς E: τοὺς F: om. a   λόγων F   21 τῆς
initio folii iteravit F   26 τοῦ om. aF   διαιρεθείσας comp. F   27 καὶ (post
δὲ) om. F   33 ἐν om. a   34 κινητοῦ iteravit F   36 κινοῦν ἐνέργεια E

καὶ ὅλως τὸ δυνάμει καθὸ δυνάμει ἐνεργοῦν κινεῖται μᾶλλον ἀλλ' οὐχὶ 103ᵛ
κινεῖ, εἴπερ καλῶς ὁ τῆς κινήσεως ὁρισμὸς ἀποδέδοται. μήποτε οὖν τοῦ
δυνάμει ποιητικοῦ εἶπε τὸν διορισμὸν ἐνδεικνύμενος τῆς ἀπὸ τῶν ἀκινή-
των αἰτίων ἐνδιδομένης κινήσεως πρός τε τὴν φυσικὴν καὶ τὴν τεχνικὴν
5 κίνησιν. πάντα μὲν γὰρ τὰ κινοῦντα καθὸ ἐνεργείᾳ ἐστὶ κινεῖ ἀκίνητα 20
ὄντα κατὰ τοῦτο. ἀλλὰ τὸ μὲν ἀκίνητον ἰδίως καλούμενον αἴτιον κατὰ
πάντα ἐστὶν ἀκίνητον, ἅτε κατὰ πάντα ἐνεργείᾳ ὂν καὶ αἰωνίως ὑφεστώς.
τὰ δὲ φυσικῶς καὶ τεχνικῶς κινοῦντα κινεῖ μὲν καθὸ ἐνεργείᾳ ἐστὶ κατὰ
τὴν ἕξιν τέλεια ὄντα κατ' ἐκείνην. ἀνάγκη γὰρ τὸ κινοῦν εἶδός τι ὂν ἤδη
10 τοῦτο ἐνδιδόναι τῷ κινουμένῳ. κινεῖται δὲ καὶ αὐτά, καθόσον ἡ πρότερον
ἠρεμοῦσα ἕξις εἰς τὴν τοῦ κινεῖν ἐνέργειαν διεγείρεται κατὰ τὸ ὡς πρὸς
ἐνέργειαν δυνάμει, ὅπερ πάντα ἔχει τὰ μὴ ἅμα ὅλην ἀποδιδόντα τὴν οἰ- 25
κείαν ἐνέργειαν· ὅπερ τοῖς αἰωνίως ἐνεργοῦσι πρόσεστι μόνοις. διὸ παρ'
ὅλον τὸν τοῦ κινεῖν χρόνον ἄμφω ἐστὶν ἐν αὐτοῖς τό τε δυνάμει καὶ τὸ
15 ἐνεργείᾳ, καὶ κατὰ μὲν τὴν ἐξ ἀτελοῦς προκοπὴν κινοῦνται, κατὰ δὲ τὸ τέ-
λειον καὶ τῆς ἕξεως καὶ τῆς ἐνεργείας κινοῦσιν. ἡ δὲ φύσις καὶ προδια-
τιθεμένη διατίθησι τὸ ὑποκείμενον ἔνδοθεν καθ' ἕκαστον κινήσεως εἶδος, ὡς
καὶ ὁ Ἀνδρόνικος ἔλεγε. κἂν γὰρ θερμαίνηται ὑπὸ πυρὸς τὸ ὕδωρ, ἀλλ' 30
ἡ ἐν τῷ ὕδατι φύσις πρώτη θερμὴ γενομένη, οὕτως θερμαίνει ἢ συνθερ-
20 μαίνει τὸ ὑποκείμενον. δυνάμει οὖν κινητικὸν εἶπεν, ὡς δυνάμει κινητὸν
ἔλεγε πρότερον τὸ μένοντος τοῦ δυνάμει κινούμενον, οὕτως οὖν τὸ μένοντος
τοῦ δυνάμει κινοῦν. καὶ δῆλον ὅτι κατὰ τοῦτον τὸν λόγον τὰ οὕτως κινοῦντα
ἀληθὲς εἰπεῖν καὶ ὅτι καθὸ κινεῖ οὐ κινεῖται· κινεῖ γὰρ καθὸ τέλεια·
καθὸ δὲ τέλεια μένει καὶ οὐ κινεῖται. καὶ αὖ πάλιν καθὸ κινεῖ κινεῖται.
25 κατὰ γὰρ τὸ αὐτὸ εἶδος ἡ μὲν φύσις αὐξομένη αὔξει, ἡ δὲ τέχνη ἀπὸ τῆς 35
ἕξεως ἠρεμούσης πρόεισιν εἰς τὸ ἐνεργεῖν.

Ἀποδοὺς δὲ καὶ τὸν τρίτον ὅρον ἀξιοῖ καὶ ἀπὸ τούτου τὰς κατὰ μέ-
ρος κινήσεις ὑπογράφειν, ἃς καθ' ἕκαστον οὐ κυρίως ἐκάλεσεν. οὐ γὰρ
περὶ τῆς μιᾶς κατ' ἀριθμὸν λέγει, ἀλλὰ περὶ τῶν κατ' εἶδος διαφερουσῶν.
30 ὁ μέντοι Ἀλέξανδρος τὴν γνωριμωτέραν ἀπόδοσιν μετάληψιν οἴεται τοῦ τῆς
ἀλλοιώσεως λόγου ἀπιθάνους οἶμαι λέγων ἀπολογισμούς. φαίνεται δὲ καὶ
ὡς τρίτον ὅρον τῆς κινήσεως ἀποδεχόμενος, κἂν ὡς ἀπὸ παραγραφῆς ἡ 40
λέξις προστεθεῖσα συγκεχύσθαι ἐν τῷ βιβλίῳ δοκῇ. τὴν δὲ οἰκοδόμησιν
καὶ τὴν ἰάτρευσιν ὡς ἀλλοιώσεις παραγαγὼν ἐπήγαγεν ὅτι τὸν αὐτὸν λε-
35 χθήσεται τρόπον καὶ περὶ τῶν ἄλλων κινήσεων. καλῶς γὰρ ὁ
Ἀλέξανδρος ἐπισημαίνεται, ὅτι πᾶσαι σχεδὸν αἱ τεχνικαὶ κινήσεις κατ'

---

3 ἐνδεικνύμενος τὸν ὁρισμὸν aF   4 ἐνεδομένης F   καὶ τὴν τεχνικὴν om. F
6 αἴτιον] ἀίδιον sed ead. m. corr. F¹   7 ὂν] ἀίδιον F   11 ὡς om. a   12 ἅμα]
ὄντ' ἅμα F   15 τέλειον] τε E   21 κινουμένου F   οὕτως — κινητικὸν (22) om. F
οὖν E: αὖ a   22 post κινοῦν add. δυνάμει κινητικὸν a   23 οὐ ex εἰ videtur corr. E:
om. F   post κινεῖται add. κατὰ γὰρ τὸ αὐτὸ εἶδος E   κινεῖ] κινεῖται F
27 καὶ (post δὲ) om. a   29 ἀλλὰ τῶν περὶ conlocavit E   32 κἂν] καὶ F
33 δοκεῖ F

ἀλλοίωσίν εἰσι μάλιστα. τοιούτων ὄντων τῶν καθόλου περὶ κινήσεως ἐν-
ταῦθα τῷ Ἀριστοτέλει ῥηθέντων ἐξ αὐτῶν οἶμαι δῆλον ἔσται τοῖς ἐπισκε-
πτομένοις, ὅτι οὐ περὶ τὸ αὐτὸ τῆς κινήσεως σημαινόμενον διηνέχθη πρὸς
τὸν ἑαυτοῦ καθηγεμόνα, ἀλλ' ὁ μὲν τὴν κίνησιν ἐν φυσικῇ μεταβολῇ
5 θεωρεῖ οὐκ ἀξιῶν κινεῖσθαι τὰ ὡσαύτως ἔχοντα, ὁ δὲ καὶ ἐπὶ τὴν ἀπὸ
τοῦ εἶναι εἰς ἐνέργειαν ἔκστασιν τιθεὶς τὴν κίνησιν οὐ παραιτεῖται καὶ τῷ
νῷ προσάπτειν αὐτήν, οἰκείως ἑκάτερος τῇ ἑαυτοῦ φιλοσοφίᾳ. καὶ γὰρ ὁ
μὲν Ἀριστοτέλης ἀεὶ τὰ προφανῆ καὶ ἐναργῆ λαμβάνει, ὁ δὲ Πλάτων καὶ
τὰ ὁπωσοῦν τοιαῦτα. |

10 p. 202ᵇ30 Ἐπεὶ δὲ ἔστιν ἡ περὶ φύσεως ἐπιστήμη ἕως τοῦ καὶ
            εἰ ἔστι, τί ἐστι.

Περὶ τῶν κοινῶς πᾶσι τοῖς φυσικοῖς πράγμασι παρακολουθούντων οὔ-
σης τῆς πραγματείας, ἐπειδὴ τὰ φυσικὰ σώματά ἐστι καὶ μεγέθη κινού-
μενα ἐν χρόνῳ, ἀνάγκη δέ ἐστι καὶ τὸ σῶμα καὶ τὴν κίνησιν καὶ τὸν
15 χρόνον μεγέθη ὄντα ἢ πεπερασμένα ἢ ἄπειρα εἶναι, ἔστι δὲ καὶ συνεχῆ
τὰ εἰρημένα, ἐν δὲ τῷ συνεχεῖ τὸ ἄπειρόν ἐστι, διότι συνεχές ἐστι τὸ ἐπ'
ἄπειρον διαιρετόν, εἰκότως ὁ περὶ τὴν φύσιν πραγματευόμενος καὶ περὶ
ἀπείρου τι διαλέξεται. καὶ ὅτι μὲν περὶ σώματά ἐστιν ἡ φυσικὴ πραγμα-
τεία, δῆλον ἐκ τοῦ τὰ φύσει πάντα συνεστῶτα σώματα εἶναι· ὅτι δὲ καὶ
20 περὶ κίνησιν, δῆλον ἐκ τοῦ τὰ φυσικὰ σώματα ταῦτα εἶναι τὰ ἔχοντα ἐν
ἑαυτοῖς ἀρχὴν κινήσεως. δηλοῖ γὰρ καὶ αὐτὸς ἐν ἀρχῇ τῆς Περὶ οὐρανοῦ
γράφων "ἡ περὶ φύσεως ἐπιστήμη σχεδὸν ἡ πλείστη φαίνεται περί τε σώ-
ματα καὶ μεγέθη καὶ τὰ τούτων οὖσα πάθη καὶ τὰς κινήσεις". ὅτι δὲ
καὶ περὶ χρόνον, δῆλον ἐκ τοῦ πᾶσαν κίνησιν ἐν χρόνῳ εἶναι καὶ μέτρον
25 εἶναι κινήσεως τὸν χρόνον, ὡς δειχθήσεται. εἰπὼν δὲ ὧν ἕκαστον ἀναγ-
καῖον ἢ ἄπειρον ἢ πεπερασμένον εἶναι, εἰκότως ἐπέστησεν, ὅτι οὐκ
ἀντιφατική τίς ἐστιν αὕτη τῶν ὄντων ἢ τῶν φυσικῶν πάντων διαίρεσις,
[διαιρεῖ ἐπὶ πάντων τὸ ἀληθὲς καὶ τὸ ψεῦδος], ἀλλ' ὡς ἕξεως καὶ
στερήσεώς ἐστι τοῦ πέρατος πρὸς τὴν ἀπειρίαν ἀντίθεσις, ἥτις οὐκ ἐπὶ
30 πάντων διαιρεῖ τὸ ἀληθὲς καὶ τὸ ψεῦδος, ἀλλ' ἐπὶ τῶν πεφυκότων δέχε-
σθαι αὐτὴν καὶ ὅτε πέφυκεν. ὅτι δὲ οὐκ ἐπὶ πάντων, ἐκ δυοῖν πιστοῦται
καὶ τοῦ πάθους καὶ τῆς στιγμῆς. οὔτε γὰρ αἱ παθητικαὶ κληθεῖσαι ὑπ'
αὐτοῦ ἐν Κατηγορίαις ποιότητες οἷον λευκότης μελανία θερμότης ψῦξις
καὶ τὰ τοιαῦτα καθ' αὑτὰ ἢ ἄπειρα ἢ πεπερασμένα ἐστί (δῆλον δὲ ἐκ

---

9. 10 superscribit *ΤΜΗΜΑ . Β'. ΠΕΡΙ ΑΠΕΙΡΟΥ* a: περὶ ἀπείρου in mrg. F, in con-
textu E   12 παρακολουθούντων om. F   18 τι scripsi: τί libri   21 ἀρχὴν
κινήσεως ἐν ἑαυτοῖς a   γὰρ] δὲ aF   Περὶ οὐρανοῦ A 1 p. 268ᵃ1
24 χρόνου aF   δῆλον om. E   26 ἢ ἄπειρον om. E   εἶναι om. F   27 αὕτη
τῷ (sic) ὄντων sup. add. F¹   ἢ a: ἢ F: om. E   28 διαιρεῖ E: διαιρεῖν F: διαι-
ροῦσα a. delevi glossema cf. v. 29   ἀληθές τε καὶ ψεῦδος E   ἀλλ' ὡς—ψεῦδος (30)
om. F   31 ὅτ' ἐπέφυκει a   ἐκ] καὶ evanidum E   33 Κατηγορίαις c. 8
p. 9ᵃ28   34 πεπερασμένα ἐστὶν ἢ ἄπειρα a   ἢ (post ἄπειρα) om. aF

τοῦ τὸ μὲν ἄπειρον καὶ τὸ πεπερασμένον κατὰ ποσῶν λέγεσθαι, ταῦτα δὲ μὴ εἶναι ποσά)· ἀλλ' οὐδὲ ἡ στιγμὴ τῷ πεπερασμένῳ ἢ ἀπείρῳ ὑποβέβληται, διότι ἄπειρον μὲν οὐκ ἔστιν ὅτι ἀδιαίρετον, πεπερασμένον δὲ οὐκ ἔστιν, ὅτι πέρας ἐστὶν αὐτὸ τῆς γραμμῆς. τάχα δὲ καὶ ἡ μονὰς τοιαύτη·
καὶ γὰρ αὕτη ἀδιαίρετος καὶ ἀρχὴ ἀριθμοῦ. τὸ δὲ ἴσως προσέθηκε τῷ μηδὲν τούτων ἀναγκαίως ἐν θατέρῳ εἶναι ἢ τῇ ἀπειρίᾳ ἢ τῷ πέρατι, διότι τὰ πάθη οἷον τὸ λευκὸν ἢ τὸ θερμὸν κἂν αὐτὰ καθ' αὑτὰ οὔτε ἄπειρα οὔτε πεπερασμένα ἦ (οὐδὲ γὰρ ποσὰ ταῦτα καθ' αὑτά ἐστι, κατὰ ποσῶν δὲ τὸ ἄπειρον λέγεται καὶ τὸ πεπερασμένον), κατὰ συμβεβηκὸς μέντοι καὶ αὐτὰ γίνεται ποσά, καθόσον ποσὰ τὰ ὑποκείμενα αὐτοῖς ἐστιν. ὁ δὲ φυσικὸς καὶ περὶ τὰ πάθη ἔχει, καθόσον πάθη τῶν σωμάτων ἐστί. διὸ τῆς Περὶ οὐρανοῦ ἀρχόμενος "ἡ περὶ φύσεως ἐπιστήμη, φησί, σχεδὸν ἡ πᾶσα περί τε μεγέθη καὶ τὰ τούτων πάθη τυγχάνει καὶ τὰς κινήσεις". ὥστε καὶ κατὰ τὰ πάθη ἐπισκέψεται ὁ φυσικὸς τὸ πεπερασμένον καὶ τὸ ἄπειρον, κἂν κατὰ συμβεβηκὸς ὑπάρχῃ ταῦτα τοῖς πάθεσι. δεῖ οὖν τὸν περὶ φύσεως πραγματευόμενον περὶ ἀπείρου θεωρῆσαι, πρῶτον μὲν εἰ ἔστιν ἄπειρον ἢ οὐκ ἔστι, καὶ εἰ ἔστι, τί ἐστιν. αὕτη γὰρ ἡ τῶν προβλημάτων τάξις, ὡς ἐν τοῖς Ἀναλυτικοῖς ἐδιδάχθημεν.

p. 202 b 36   **Σημεῖον δὲ ὅτι ταύτης τῆς ἐπιστήμης οἰκεία ἡ θεωρία ἡ περὶ αὐτοῦ ἕως τοῦ καὶ ἐν ἐκείναις εἶναι.**

Ὅτι οἰκεία τῇ περὶ φύσεως ἐπιστήμῃ ἡ τοῦ ἀπείρου θεωρία μετὰ τὴν ἀπὸ τῶν πραγμάτων πίστιν καὶ ἀπὸ τῆς τῶν κλεινοτέρων φυσιολόγων δόξης βεβαιοῦται, ὥσπερ εἴωθε, δεικνὺς ὅτι οὐχ οἱ τυχόντες, ἀλλ' οἱ ἀξιολόγως ἁψάμενοι φυσιολογίας, καὶ οὗτοι οὐ παρέργως ἐζήτησαν περὶ τοῦ ἀπείρου, ἀλλὰ πάντες ὡς ἀρχήν τινα τῶν ὄντων τιθέασι τὸ ἄπειρον, ὥστε τοῖς περὶ φυσικῶν ἀρχῶν πραγματευομένοις ἀναγκαῖον καὶ περὶ ἀπείρου διαλεχθῆναι. ἐφεξῆς δὲ καὶ τὰς διαφοράς, ἃς ἔσχον οἱ πρότεροι περὶ τὰς τοῦ ἀπείρου δόξας, ἐκτίθεται, καὶ τὴν κοινότητα. καὶ λέγει πρώτην διαφοράν, καθ' ἣν οἱ μὲν οὐσίαν τινὰ καθ' αὑτὴν τὸ ἄπειρον ὑπέθεντο καὶ οὐ συμβεβηκὸς ἑτέρῳ, ὥσπερ οἱ Πυθαγόρειοι καὶ ὁ Πλάτων κοινωνοῦντες ἀλλήλοις κατὰ τοῦτο. συμβεβηκὸς δέ τινι τὸ ἄπειρον ἐποίουν οἱ πλεῖστοι τῶν φυσικῶν, οἱ μὲν ἀέρα ἄπειρον ὑποτιθέντες ὡς Ἀναξιμένης καὶ Διογένης, οἱ δὲ ὕδωρ ὡς Θαλῆς, οἱ δὲ τὸ μεταξὺ ὡς Ἀναξίμανδρος·

---

1 ποσοῦ comp. E   δὲ om. E   4 ἐστὶν om. aF   6 ἢ (post εἶναι) om. E
7 ἢ E: καὶ aF   κἂν E: καὶ aF   8 ἦ EF: om. a   δὲ γὰρ F¹   9 δὲ E: γὰρ
aF   11 ἐστὶ τῶν σωμάτων a   12 Περὶ οὐρανοῦ cf. supra p. 451, 21   φησί]
ἐστὶ a   πᾶσα hic EF: πλείστη φαίνεται a   13 post τε add. σώματα καὶ a
πάθη τυγχάνει EF: οὖσα πάθη a   14 post φυσικὸς add. καὶ a   τὰ πεπερασμένα
καὶ τὰ ἄπειρα, sed ead. m. corr. F¹   τὸ πεπερασμένον sed corr. F   15 περὶ τὸν
τῆς φύσεως E   18 Ἀναλυτικοῖς cf. Anal. post. B 1 p. 89 b 23 sqq.   20 ἡ περὶ
om. F   ἐκείνοις a   23 εἴπερ E   27 καὶ λέγει πρώτην διαφορὰν iteravit F
31 Ἀναξιμένης — μεταξὺ ὡς (32) omisit correcto ἀναξίμανδρος ex ἀναξιμένης E

SIMPLICII IN PHYSICORUM III 4 [Arist. p. 202ᵇ36]   453

καὶ οὗτοι μὲν καὶ οἱ τοιοῦτοι μεγέθει τὸ ἄπειρον λέγοντες. οἱ δὲ περὶ 104ʳ
Ἀναξαγόραν καὶ Δημόκριτον τῷ πλήθει τῶν ἀρχῶν τὸ ἄπειρον συμ|βεβη- 104ᵛ
κέναι φασίν, ὁ μὲν τῶν ὁμοιομερειῶν, ὁ δὲ τῶν ἀτόμων. πλὴν ὅτι καὶ
μεγέθει τὸ ἄπειρον οὗτοι λέγειν ἀναγκάζονται. διαφέρουσι δέ, φησίν, ὅ τε
5 Πλάτων καὶ οἱ Πυθαγόρειοι, καθόσον οἱ μὲν Πυθαγόρειοι ἐν τοῖς αἰσθητοῖς
ἐτίθεντο τὸ ἄπειρον καὶ οὐ χωριστόν (καὶ γὰρ ἐν τοῖς ἀριθμοῖς τὸ ἄπει-
ρον εἶναι λέγουσι), τὸν δὲ ἀριθμὸν καὶ ὅλως τὰ μαθηματικὰ νοεῖσθαι μὲν
καθ' ἑαυτά φασι, μὴ ὑφεστάναι δὲ καθ' ἑαυτά, ἀλλ' ἐν τοῖς αἰσθητοῖς 5
εἶναι καὶ ἴσως ἐκεῖνον τὸν ἀριθμόν, ἐν ᾧ τὸ ἄπειρον ἢ τὸ ἐπ' ἄπειρον
10 θεωροῦσιν, ἐν τοῖς αἰσθητοῖς εἶναί φασιν. οὐ γὰρ δὴ καὶ ἐκεῖνον, ὃν
ὑμνοῦντες λέγουσι

κέκλυθι κύδιμ' ἀριθμέ, πάτερ μακάρων, πάτερ ἀνδρῶν,

οὐδὲ ὅνπερ Ἵππασος ἀφωρίσατο παράδειγμα πρῶτον ὑπάρχειν τῆς κοσμο-
ποιίας. εἶναι δέ, φησίν, ἐτίθεντο καὶ ἔξωθεν τοῦ οὐρανοῦ τὸ ἄπειρον, δη-
15 λονότι οὐκ αἰσθητόν, εἴπερ αὐτὸς ὁ Τίμαιος λέγει μηδὲν σῶμα ἔξωθεν
ὑπολειφθῆναι τοῦ κόσμου. ἐοίκασιν οὖν διττὸν λέγειν καὶ τὸν ἀριθμὸν καὶ
τὸ ἐν τῷ ἀριθμῷ ἄπειρον, ὅπερ ἔλεγον εἶναι τὸ ἄρτιον, τὸ μὲν αἰσθητὸν 10
τὸ δὲ νοητόν, ὅπερ ἔξωθεν τοῦ οὐρανοῦ ἔλεγον.

Ὁ μέντοι Πλάτων ἔξωθεν τοῦ οὐρανοῦ οὐδὲν τίθεται σῶμα λέγων ἐν
20 Τιμαίῳ σαφῶς περὶ τοῦ κόσμου, ὃν ἔξωθεν περιέχει ὁ οὐρανός "ἐκ γὰρ πυ-
ρὸς παντὸς ὕδατός τε καὶ ἀέρος καὶ γῆς ξυνέστησεν αὐτὸν ὁ συνιστὰς μέρος
οὐδὲν οὐδενὸς οὐδὲ δύναμιν ἔξωθεν ὑπολιπών". ἀλλ' οὐδὲ τὰς ἰδέας
ἔξω τοῦ οὐρανοῦ φησιν εἶναι διὰ τὸ μηδέ που εἶναι αὐτὰς μηδὲ ὅλως
ἐν τόπῳ, τὸ μέντοι ἄπειρον καὶ ἐν τοῖς αἰσθητοῖς εἶναί φησι καὶ 15
25 ἐν ταῖς ἰδέαις. ἀρχὰς γὰρ καὶ τῶν αἰσθητῶν τὸ ἓν καὶ τὴν ἀόριστόν φασι
δυάδα λέγειν τὸν Πλάτωνα, τὴν δὲ ἀόριστον δυάδα καὶ ἐν τοῖς νοητοῖς
τιθεὶς ἄπειρον εἶναι ἔλεγε, καὶ τὸ μέγα δὲ καὶ τὸ μικρὸν ἀρχὰς τιθεὶς
ἄπειρον εἶναι ἔλεγεν ἐν τοῖς Περὶ τἀγαθοῦ λόγοις, οἷς Ἀριστοτέλης καὶ
Ἡρακλείδης καὶ Ἑστιαῖος καὶ ἄλλοι τοῦ Πλάτωνος ἑταῖροι παραγενόμενοι
30 ἀνεγράψαντο τὰ ῥηθέντα αἰνιγματωδῶς, ὡς ἐρρήθη, Πορφύριος δὲ διαρθροῦν
αὐτὰ ἐπαγγελλόμενος τάδε περὶ αὐτῶν γέγραφεν ἐν τῷ Φιλήβῳ· "αὐτὸς 20
τὸ μᾶλλον καὶ τὸ ἧττον, καὶ τὸ σφόδρα καὶ τὸ ἠρέμα τῆς ἀπείρου φύσεως
εἶναι τίθεται. ὅπου γὰρ ἂν ταῦτα ἐνῇ κατὰ τὴν ἐπίτασιν καὶ ἄνεσιν
προϊόντα, οὐχ ἵσταται οὐδὲ περαίνει τὸ μετέχον αὐτῶν, ἀλλὰ πρόεισιν εἰς
35 τὸ τῆς ἀπειρίας ἀόριστον. ὁμοίως δὲ ἔχει καὶ τὸ μεῖζον καὶ τὸ ἔλαττον
καὶ τὰ ἀντ' αὐτῶν λεγόμενα ὑπὸ Πλάτωνος τὸ μέγα καὶ τὸ μικρόν. ὑπο-
κείσθω γάρ τι μέγεθος πεπερασμένον οἷον πῆχυς, οὗ δίχα διαιρεθέντος εἰ

---

1 λέγουσιν a   2 τῷ om. E   9 καὶ ἴσως—εἶναι (10) E: om. aF   10 φησιν a   11 λέ-
γουσι om. F   14 φησιν ⟨οἳ⟩ Brandis   15 Τίμαιος Locr. c. 3 p. 95ᴮ   16 ὑποληφθῆναι
EF   διττὸν om. F   19 τίθεται E: ὑποτίθεται aF   20 Τιμαίῳ Platonico p. 32ᶜ
21 τε om. aF   ξυνιστὰς a   23 διὰ τὸ] διὰ (quod solet esse διὰ τί) E   25 καὶ
(post γὰρ) om. a   28 ἄπειρα a   Περὶ τἀγαθοῦ cf. supra p. 151, 6 sqq.   οἷς ὁ a
29 ἄλλοι om. E   32 ἄπειρον a   33 τίθεται E: βούλεται aF

τὸ μὲν ἕτερον ἡμίπηχυ ἄτμητον ἐάσαιμεν, τὸ δὲ ἕτερον ἡμίπηχυ τέμνοντες 104ᵛ
κατὰ βραχὺ προστιθοῖμεν τῷ ἀτμήτῳ, δύο ἂν γένοιτο τῷ πήχει μέρη, τὸ 25
μὲν ἐπὶ τὸ ἔλαττον προϊόν, τὸ δὲ ἐπὶ τὸ μεῖζον ἀτελευτήτως. οὐ γὰρ ἂν
εἰς ἀδιαίρετόν γε ἔλθοιμέν ποτε μέρος τέμνοντες· συνεχὲς γάρ ἐστιν ὁ
5 πῆχυς. τὸ δὲ συνεχὲς διαιρεῖται εἰς ἀεὶ διαιρετά. ἡ δὴ τοιαύτη ἀδιά-
λειπτος τομὴ δηλοῖ τινα φύσιν ἀπείρου κατακεκλεισμένην ἐν τῷ πήχει,
μᾶλλον δὲ πλείους, τὴν μὲν ἐπὶ τὸ μέγα προϊοῦσαν τὴν δὲ ἐπὶ τὸ μικρόν.
ἐν τούτοις δὲ καὶ ἡ ἀόριστος δυὰς ὁρᾶται ἔκ τε τῆς ἐπὶ τὸ μέγα καὶ τῆς 30
ἐπὶ τὸ μικρὸν μονάδος συγκειμένη. καὶ ὑπάρχει ταῦτα τοῖς τε συνεχέσι
10 σώμασι καὶ τοῖς ἀριθμοῖς· ἀριθμὸς μὲν γὰρ πρῶτος ἡ δυὰς ἄρτιος, ἐν δὲ
τῇ φύσει τοῦ ἀρτίου τό τε διπλάσιον ἐμπεριέχεται καὶ τὸ ἥμισυ, ἀλλὰ τὸ
μὲν διπλάσιον ἐν ὑπεροχῇ, τὸ δὲ ἥμισυ ἐν ἐλλείψει. ὑπεροχὴ οὖν καὶ
ἔλλειψις ἐν τῷ ἀρτίῳ. πρῶτος δὲ ἄρτιος ἐν ἀριθμοῖς ἡ δυάς, ἀλλὰ καθ'
αὑτὴν μὲν ἀόριστος, ὡρίσθη δὲ τῇ τοῦ ἑνὸς μετοχῇ. ὥρισται γὰρ ἡ δυὰς 35
15 καθ' ὅσον ἕν τι εἶδός ἐστι. στοιχεῖα οὖν καὶ ἀριθμῶν τὸ ἓν καὶ ἡ δυάς,
τὸ μὲν περαῖνον καὶ εἰδοποιοῦν, ἡ δὲ ἀόριστος καὶ ἐν ὑπεροχῇ καὶ ἐλλείψει."
ταῦτα ὁ Πορφύριος εἶπεν αὐτῇ σχεδὸν τῇ λέξει, διαρθροῦν ἐπαγγειλάμενος
τὰ ἐν τῇ Περὶ τἀγαθοῦ συνουσίᾳ αἰνιγματωδῶς ῥηθέντα, καὶ ἴσως ὅτι σύμ-
φωνα ἐκεῖνα ἦν τοῖς ἐν Φιλήβῳ γεγραμμένοις. καὶ ὁ Ἀλέξανδρος δὲ καὶ
20 αὐτὸς ἐκ τῶν Περὶ τἀγαθοῦ λόγων τοῦ Πλάτωνος ὁμολογῶν λέγειν, οὓς
ἱστόρησαν Ἀριστοτέλης τε καὶ οἱ ἄλλοι τοῦ Πλάτωνος ἑταῖροι, τάδε γέ- 40
γραφε· "ζητῶν γὰρ τὰς ἀρχὰς τῶν ὄντων ὁ Πλάτων, ἐπεὶ πρῶτος ὁ
ἀριθμὸς ἐδόκει αὐτῷ τῇ φύσει εἶναι τῶν ἄλλων (καὶ γὰρ τῆς γραμμῆς τὰ
πέρατα σημεῖα, τὰ δὲ σημεῖα εἶναι μονάδας θέσιν ἐχούσας, ἄνευ τε γραμ-
25 μῆς μήτε ἐπιφάνειαν εἶναι μήτε στερεόν, τὸν δὲ ἀριθμὸν καὶ χωρὶς τού-
των εἶναι δύνασθαι), ἐπεὶ τοίνυν πρῶτος τῶν ἄλλων τῇ φύσει ὁ ἀριθμός,
ἀρχὴν τοῦτον ἡγεῖτο εἶναι καὶ τὰς τοῦ πρώτου ἀριθμοῦ ἀρχὰς καὶ παντὸς
ἀριθμοῦ ἀρχάς. πρῶτος δὲ ἀριθμὸς ἡ δυάς, ἧς ἀρχὰς ἔλεγεν εἶναι τό τε 45
ἓν καὶ τὸ μέγα καὶ τὸ μικρόν. καθὸ γὰρ δυάς ἐστι, πλῆθος καὶ ὀλιγότητα
30 ἔχειν ἐν ἑαυτῇ· καθὸ μὲν τὸ διπλάσιον ἔστιν ἐν αὐτῇ, πλῆθος (πλῆθος
γὰρ καὶ ὑπεροχὴ καὶ μέγεθός τι τὸ διπλάσιον), καθὸ δὲ ἥμισυ, ὀλιγότητα.
διὸ ὑπεροχὴν καὶ ἔλλειψιν καὶ μέγα καὶ μικρὸν εἶναι ἐν αὐτῇ κατὰ ταῦτα.
καθὸ δὲ ἑκάτερόν τε αὐτῆς τῶν μορίων μονὰς καὶ αὕτη ἕν τι εἶδός ἐστι
τὸ δυαδικόν, μονάδος αὐτὴν μετέχειν. διὸ ἀρχὰς τῆς δυάδος ἔλεγε τὸ ἓν
35 καὶ τὸ μέγα καὶ τὸ μικρόν. ἀόριστον δὲ δυάδα ἔλεγεν αὐτὴν τῷ μεγάλου 50
καὶ μικροῦ μετέχουσαν ἤτοι μείζονος καὶ ἐλάττονος τὸ μᾶλλον καὶ τὸ ἧττον

---

1 ἐάσωμεν a   δέ om. E   2 προστιθοῖμεν E: προστίθεμεν aF   4 ἔλθοιμέν ποτε
μέρος E: μέρος ποτὲ ἔλθοιμεν a et F qui tum iterat ποτὲ μέρος   5 δή] δέ a
7 προϊοῦσαν om. aF   τὴν] τό F   9 καὶ (ante ὑπάρχει) om. E   13 ἐν ἀρι-
θμοῖς] ἀριθμοῖς F   16 τὸ δὲ ἀόριστον F   19 Φιλήβῳ cf. p. 14ᴅ sqq.   20 οὓς]
οἷς ut videtur F   21 τάδε aE: ταδὶ F   28 post ἀριθμοῦ add. εἶναι aF
30 ἔχειν EF: ἔσχεν a   αὐτῇ E: ἑαυτῇ aF   32 ἐν ἑαυτῇ E   33 τῶν μορίων
αὐτῆς aF   καὶ αὕτη aF: δὲ αὐτὴ E   36 τὸ (ante ἧττον) om. a

ἔχειν. κατὰ γὰρ ἐπίτασιν καὶ ἄνεσιν προϊόντα ταῦτα οὐχ ἵσταται, ἀλλ' 104ᵛ
ἐπὶ τὸ τῆς ἀπειρίας ἀόριστον προχωρεῖ. ἐπεὶ οὖν πρῶτος ἀριθμῶν ἡ δυάς,
ταύτης δὲ ἀρχαὶ τὸ ἓν καὶ τὸ μέγα καὶ μικρόν, καὶ παντὸς ἀριθμοῦ ταύτας
ἀρχὰς εἶναι ἀνάγκη. οἱ δὲ ἀριθμοὶ στοιχεῖα τῶν ὄντων πάντων. ὥστε
5 καὶ πάντων ἀρχαὶ τὸ ἓν καὶ τὸ μέγα | καὶ μικρὸν ἤτοι ἡ ἀόριστος δυάς. 105ʳ
καὶ γὰρ ἕκαστος τῶν ἀριθμῶν καθόσον μὲν ὅδε τίς ἐστι καὶ εἷς καὶ ὡρι-
σμένος, τοῦ ἑνὸς μετέχει, καθόσον δὲ διαιρεῖται καὶ πλῆθός ἐστι, τῆς ἀορί-
στου δυάδος. ἔλεγε δὲ καὶ τὰς ἰδέας ὁ Πλάτων ἀριθμούς. εἰκότως ἄρα
τὰς ἀρχὰς τοῦ ἀριθμοῦ καὶ τῶν ἰδεῶν ἀρχὰς ἐποίει. τὴν δὲ δυάδα τοῦ
10 ἀπείρου φύσιν ἔλεγεν, ὅτι οὐχ ὥρισται τὸ μέγα καὶ μικρὸν ἤτοι τὸ μεῖζον 5
καὶ ἔλαττον, ἀλλ' ἔχει τὸ μᾶλλον καὶ ἧττον, ἅπερ εἰς ἄπειρον πρόεισιν."
οὕτως οὖν εἰπὼν ὁ Ἀριστοτέλης ἐν τίσι μὲν οἱ Πυθαγόρειοι, ἐν τίσι δὲ ὁ
Πλάτων ἐτίθετο τὸ ἄπειρον, ἐφεξῆς ἱστορεῖ τί τὸ ἄπειρον ἔλεγον οἱ Πυθα-
γόρειοι καὶ διὰ τί.

15 p. 203ᵃ10 Καὶ οἱ μὲν τὸ ἄπειρον εἶναι τὸ ἄρτιον ἕως τοῦ Πλάτων 11
δὲ δύο τὰ ἄπειρα, τὸ μέγα καὶ τὸ μικρόν.

Εἰπὼν ἐν τίσιν ἔλεγον τὸ ἄπειρον οἵ τε Πυθαγόρειοι καὶ ὁ Πλάτων,
ὅτι οἱ μὲν ἐν τῷ αἰσθητῷ καὶ ἔξω τοῦ οὐρανοῦ, ὁ δὲ ἐν τοῖς αἰσθητοῖς
καὶ ἐν ταῖς ἰδέαις, νῦν τί ἑκάτερος αὐτῶν τὸ ἄπειρον λέγει προστίθησι,
20 πρῶτον περὶ τῶν Πυθαγορείων λέγων. οὗτοι δὲ τὸ ἄπειρον τὸν ἄρτιον ἀριθ-
μὸν ἔλεγον "διὰ τὸ πᾶν μὲν ἄρτιον, ὥς φασιν οἱ ἐξηγηταί, εἰς ἴσα διαι- 15
ρεῖσθαι, τὸ δὲ εἰς ἴσα διαιρούμενον ἄπειρον κατὰ τὴν διχοτομίαν· ἡ γὰρ
εἰς ἴσα καὶ ἡμίση διαίρεσις ἐπ' ἄπειρον· τὸ δὲ περιττὸν προστεθὲν πε-
ραίνει αὐτό· κωλύει γὰρ αὐτοῦ τὴν εἰς τὰ ἴσα διαίρεσιν". οὕτως μὲν οὖν
25 οἱ ἐξηγηταὶ τῷ ἀρτίῳ τὸ ἄπειρον ἀνατιθέασι κατὰ τὴν εἰς ἴσα διαίρε-
σιν, καὶ δῆλον ὅτι οὐκ ἐπ' ἀριθμῶν ἀλλ' ἐπὶ μεγεθῶν λαμβάνουσι τὴν ἐπ'
ἄπειρον τομήν. οἱ γὰρ ἀριθμοὶ καὶ οἱ ἄρτιοι οὔτε πάντες εἰς ἴσα ἐπὶ 20
πολὺ διαιροῦνται, καὶ οἱ διαιρούμενοι μέχρι τῆς μονάδος καταντήσαντες ἱστῶσι
τὴν τομήν, ἐπὶ δὲ μεγεθῶν τί κωλύει τὸ καταλειπόμενον ἀεὶ διαιρεῖσθαι,
30 κἂν μὴ εἰς ἴσα γίνηται ἡ διαίρεσις; τὸ γὰρ τρίτον εἰ τύχοι τοῦ ληφθέντος
πάλιν εἰς δίμοιρον καὶ τρίτον διελεῖν δυνατόν. καὶ τοῦτο ἐπ' ἄπειρον καὶ
ἐν τῇ διαιρέσει καὶ ἐν τῇ τῶν διαιρεμάτων προσθέσει γίνεσθαι δυνατόν.
ὅλως δὲ οὐδὲ ὁ Ἀριστοτέλης φαίνεται τὴν εἰς ἴσα διαίρεσιν αἰτιασάμενος
τοῦ ἀπείρου. μήποτε οὖν ἐν πάσῃ τομῇ τὸ ἄρτιον αἴτιόν ἐστι πάσης διαι- 25

---

2 ἀπορίας E   post ἀριθμῶν interpolatum habent ἀρτίων aF (at cf. p. 454, 28), sed in
mrg. adnotat τὸ ἀρτίων οὐκ εἶχε τὸ ἀντίγραφον καὶ ζήτει F¹   3 ἀρχαὶ EF: ἀρχὴ a
ante μικρὸν add. τὸ aF   3. 4 ἀρχὰς ταύτας aF   5 ἀρχαὶ EF: ἀρχὴ a   ante
μικρὸν add. τὸ aF   6 γὰρ om. E   8 ἀριθμούς· εἰκότως ἄρα τὰς om. F
10 ante μικρὸν et ἔλαττον (11) add. τὸ a   13 ἄπορον F   24 γὰρ om. E   25 ἀν-
τιτιθέασι E   ante ἴσα add. τὰ a   28 τῆς om. E   καταντήσαντες om. F
29 τί κωλύει iteravit initio paginae F   31 πάλιν E: om. aF   καὶ (post ἄπειρον)
om. a   32 διαιρημάτων a   προσθέσεων F   33 εἰς om. F

ρέσεως· πᾶσα γὰρ τομὴ μία οὖσα εἰς δύο διαιρεῖ τὸ τεμνόμενον ἤτοι
ἴσα ἢ ἄνισα. ἐπειδὴ οὖν ἡ τομὴ εἰς δύο ἀεὶ γινομένη τὸ ἐπ' ἄπειρον ποιεῖ,
ἀρχὴ δὲ τοῦ ἀρτίου ἡ δυάς, διὰ τοῦτο τὸ ἄπειρον κατὰ τὸ ἄρτιον ἔλεγον.
ὁμοίως δὲ καὶ τῆς προσθήκης τὸ ἄρτιον αἴτιον· ἓν γὰρ ἑνὶ προστίθεται.
5 διὰ τοῦτο δὲ καὶ ὁ Ἀριστοτέλης τὸ ἄρτιον ἐναπολαμβανόμενον καὶ
ὑπὸ τοῦ περιττοῦ περαινόμενον παρέχειν φησὶ τοῖς οὖσι τὴν
ἀπειρίαν. καὶ γὰρ τὸ διαιρετὸν εἶναι ἐπ' ἄπειρον διὰ τὸ ἄρτιον ἔχει ἕκα-
στον τῶν σωμάτων ἐναπειλημμένον καὶ οἷον ὑποκεκρυμμένον ἐν ἑαυτῷ·
δυνάμει γὰρ καὶ οὐκ ἐνεργείᾳ ἔχει τὰς τομὰς τὰς ἐπ' ἄπειρον· διὸ καὶ
10 ἐναπειλῆφθαί φησι τὸ ἄρτιον καὶ παρέχειν τοῖς οὖσι τὴν ἀπειρίαν.
καθόσον δὲ ἕκαστον τῶν διαιρεμάτων ἕν τισίν ἐστι, καὶ αὐτὸ ἕκαστον ὅπερ
ἐστὶν ὑπὸ τοῦ περιττοῦ ἀεὶ περαίνεται [ἡ τοῦ ἀρτίου ἀπειρία] καὶ ἐν τῷ
σωματοειδεῖ παντὶ τῶν αἰσθητῶν ἕκαστον, κατὰ μὲν τὴν ὕλην καὶ τὸ ὑπο-
κείμενον διαιρετόν ἐστι καὶ ταύτῃ ἄρτιόν τε καὶ ἄπειρον, κατὰ δὲ τὸ εἶναι
15 τόδε τι ὥρισταί τε καὶ ἀδιαίρετόν ἐστι καὶ ταύτῃ περιττόν.

Σημεῖον δὲ τοῦ τὸν μὲν περιττὸν ἀριθμὸν εἰδοποιὸν καὶ περατωτικὸν εἶναι,
τὸν δὲ ἄρτιον ὑλικὸν καὶ ἀπειροειδῆ, οἱ Πυθαγόρειοι ποιοῦνται τὸ συμβαῖνον
ἐπὶ τῆς τῶν ἀριθμῶν προσθέσεως· οἱ μὲν γὰρ περισσοὶ προστιθέμενοι ἑξῆς
τῷ τετραγώνῳ ἀριθμῷ φυλάσσουσιν αὐτὸν τετράγωνον καὶ ἰσάκις ἴσον κατὰ
20 δὲ τὸ ποσὸν μόνον ηὐξημένον, ὁ δὲ ἄρτιος προστιθέμενος ἀεὶ τῷ τετρα-
γώνῳ ἐναλλάσσει τὸ εἶδος ἑτερομήκη ποιῶν, ἄλλοτε κατ' ἄλλην πλευρὰν
παρηυξημένον. ἐκκείσθωσαν γὰρ οἱ ἀπὸ μονάδος ἑξῆς ἀριθμοὶ ἄχρι τῆς
δεκάδος $\bar{α}$ $β$ $\bar{γ}$ $\bar{δ}$ $\bar{ε}$ $\bar{ς}$ $\bar{ζ}$ $\bar{η}$ $\bar{θ}$ $\bar{ι}$. τούτων δῆλον ὅτι ἡ μονὰς
πρῶτος περισσὸς καὶ τετράγωνος πρῶτος (ἅπαξ γὰρ ἓν ἕν), τῶν δὲ ἐκκει-
25 μένων περισσοὶ μὲν κατὰ τὴν μονάδα οἱ $\bar{γ}$ $\bar{ε}$ $\bar{ζ}$ $\bar{θ}$, ἄρτιοι δὲ οἱ $β$ $\bar{δ}$
$\bar{ς}$ $\bar{η}$ $\bar{ι}$. ἐὰν οὖν προσθῶμεν τῇ μονάδι πρώτῃ οὔσῃ τετραγώνῳ τὰ $\bar{γ}$,
γίνεται ὁ $\bar{δ}$ τετράγωνος ἀπὸ πλευρᾶς τῶν δύο. καὶ πάλιν τῷ $\bar{δ}$ τετρα-
γώνῳ ἐὰν προσθῶμεν τὸν ἐφεξῆς περιττὸν $\bar{ε}$, γίνεται ὁ $\bar{θ}$ καὶ αὐτὸς τε-
τράγωνος. εἰ δὲ καὶ τούτῳ τὸν $\bar{ζ}$ προσθῶμεν, ὁ ἐφεξῆς τετράγωνος ὁ
30 $\bar{ις}$ γίνεται, κἂν τούτῳ τὸν $\bar{θ}$, γίνεται ὁ $\bar{κε}$. πάντες ἑξῆς τετράγωνοι καὶ
ἰσάκις ἴσοι. ἐὰν δὲ τῇ μονάδι τετραγώνῳ προσθῶμεν τὸν $β$, γίνεται
ὁ $\bar{γ}$ οὐκέτι τετράγωνος, κἂν τῇ τετράδι τετραγώνῳ οὔσῃ προσθῶμεν ἢ
τὸν $\bar{δ}$ ἢ τὸν $\bar{ς}$, γίνεται ὁ $\bar{η}$ ἢ ὁ $\bar{ι}$ ἑτερομήκεις ὄντες. δὶς γὰρ $\bar{δ}$ ἢ
δὶς $\bar{ε}$ αἱ πλευραί. καὶ δῆλον ὅτι τὸ μὲν φυλάττειν τὸ αὐτὸ εἶδος καὶ τὸ
35 ἰσάκις ἴσους ποιεῖν πρὸς τοῦ πέρατός ἐστι, τὸ δὲ μὴ φυλάσσειν τὸ αὐτὸ
εἶδος καὶ τὸ ἑτερομήκη ποιοῦντα [ἀλλὰ] ἄλλοτε κατ' ἄλλο παραυξάνειν εἶδος

---

1 ἤτοι] ἢ a   post ἤτοι et ἢ (2) add. εἰς a   9 οὐκ om. E   11 ἕν τισιν aF: ἕν
τί E   12 ἡ τοῦ ἀρτίου ἀπειρία delevi   16 μὲν om. aF   εἰδοποιὸν primo ante
ἀριθμὸν collocaverat F   19 κατὰ δὲ — ηὐξημένον (20) om. a   20 ὁ δὲ ἄρ-
τιος — παρηυξημένον (22) om. F   23 $\bar{ς}$ om. F   25 post μὲν add. οἱ aF
κατὰ] fortasse μετὰ   26 $\bar{ς}$ et $\bar{ι}$ om. F   πρώτω F   τὰ $\bar{γ}$] suspicor τὸν $\bar{γ}$
28 post προσθῶμεν habet ἢ τὸν $\bar{δ}$ ἢ τὸν $\bar{ς}$ F   31 τὴν $\bar{β}$ E   36 ἀλλὰ E: ἀλλ' F:
delevit a   ante εἶδος add. τὸ a

πρὸς τῆς ἀπειρίας ἐστί. γνώμονας δὲ ἐκάλουν τοὺς περιττοὺς οἱ Πυθαγό- 105ʳ
ρειοι, διότι περιτιθέμενοι τοῖς τετραγώνοις τὸ αὐτὸ σχῆμα διαφυλάττουσιν,
ὥσπερ καὶ οἱ ἐν γεωμετρίᾳ γνώμονες. τὰ γὰρ δύο παραπληρώματα σὺν
τῷ ἑνὶ τῶν περὶ τὴν αὐτὴν διάμετρον παραλληλογράμμων γνώμονα καλοῦ-
5 σιν, ὃς τῷ ἑτέρῳ τῶν περὶ τὴν αὐτὴν διάμετρον πα|ραλληλογράμμων 105ᵛ
προστιθέμενος ὅμοιον τὸ ὅλον ποιεῖ ἐκείνῳ, ᾧ προσετέθη. γνώμονες οὖν
καὶ οἱ περιττοὶ ἀριθμοὶ λέγονται, ὅτι προστιθέμενοι τοῖς ἤδη οὖσι τετρα-
γώνοις τηροῦσιν ἀεὶ τὸ τετράγωνον. περιτιθεμένων οὖν περὶ τὸν ἕνα ἀρι-
θμὸν τὸν τετράγωνον ποτὲ μὲν χωρὶς τῶν γνωμόνων, τουτέστι τῶν μονά-
10 δων κατὰ τὸ ἑξῆς † περιττὸν ἀριθμῶν (οὗτοι γὰρ ἦσαν γνώμονες), ποτὲ δὲ
χωρὶς τῶν ἀρτίων, ὅτε μὲν οὗτοι προστεθῶσιν, ἄλλο ἀεὶ γίνεται τὸ εἶδος 5
παρὰ τὸ ἐξ ἀρχῆς, ὅτε δὲ οἱ γνώμονες, ἓν τὸ αὐτὸ τῷ προτέρῳ. καλῶς δὲ
καὶ οὕτως ἐπέβαλε τῇ ἐξηγήσει ὁ Ἀλέξανδρος, ὅτι τὸ μὲν περιτιθεμέ-
νων τῶν γνωμόνων τὴν κατὰ τοὺς περιττοὺς ἀριθμοὺς σχηματογραφίαν
15 ἐνδείκνυται, τὸ δὲ καὶ χωρὶς τὴν ἀριθμητικὴν προσθήκην χωρὶς περι-
θέσεως σχηματικῆς γινομένην ἐπὶ τῶν ἀρτίων· καὶ γὰρ ἔθος ἐστὶ τοῖς
Πυθαγορείοις σχηματογραφεῖν. καὶ κατὰ τὰς τῶν μονάδων περιθέσεις οὑ- 10
τωσί πως γράψαντες τὸ ᾱ στοιχεῖον περιτιθέασιν αὐτῷ τρία α γνωμονικῶς,
καὶ γίνεται δ̄ τετραγωνικῶς ἐσχηματισμένα οὕτως·

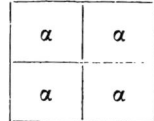

20 Εἶτα πάλιν τούτοις πέντε α περιτιθέντες ἀντὶ πέντε μονάδων γνω-
μονικῶς μεῖζον. ποιοῦσι τετράγωνον τρία τὴν πλευρὰν ἔχον.

α	α	α
α	α	α
α	α	α

Ἡ δὲ τῶν ἀρτίων περίθεσις οὐ ποιεῖ τὸ σχῆμα ὡρισμένον. διὸ τοὺς
ἀρτίους ⟨οὐ⟩ περιτίθεσθαι βούλεται ὡς τοὺς περιττοὺς ἐν καταγραφῇ, ἀλλ'
ἀριθμητικῶς προστίθεσθαι. ὥστε τὸ καὶ χωρὶς ἀντὶ τοῦ καὶ χωρὶς περι-
25 θέσεως κατὰ προσθήκην ἐπὶ τῶν ἀρτίων ἀκούειν. μήποτε δὲ ἄμφω περὶ 15

---

2 προστιθέμενοι a   3 δύο om. F   4 τῶν] τὸν E   5 τῶν] τὴν E
8 τηροῦσιν] ποιοῦσιν a   ἕνα om. F   10 τὸ ἑξῆς EF: τὸν ἑξῆς a. fortasse κατὰ
τὸ ἑξῆς ⟨τῶν⟩ περιττῶν ἀριθμῶν cf. v. 17   ἀριθμῶν EF: τῶν ἀριθμῶν a
οἱ post ἦσαν add. a   11 ὅτε EF: ὅταν a itemque paulo post   13 καὶ om. a
ἐπέβαλλε E   14 τὴν (ante κατὰ) om. F   15 τὴν] καὶ a   16 γινομένων
comp. E   17 οὕτως E   οὑτωσὶ προγράψαντες a   τὸ πρῶτον στοιχεῖον E
18 προστιθέασιν a   post α add. α α aF   20 ἄλφα προστιθέντες a   23 οὐ post
ἀρτίους addidi: post περιτίθεσθαι a   24 ὥστε καὶ τὸ χωρὶς a

ἀμφοῖν ἀκούειν δυνατὸν καὶ τὸ περιτιθεμένων τῶν γνωμόνων καὶ τὸ 105ᵛ
χωρὶς περί τε τῶν περιττῶν καὶ τῶν ἀρτίων, ἵνα ᾖ λέγων, ὅτι καὶ ἐν
ταῖς γνωμονικαῖς περιθέσεσι καὶ πάλιν χωρὶς ἐν ταῖς ἀριθμητικαῖς συνθέ-
σεσι καὶ τῶν περιττῶν καὶ τῶν ἀρτίων ἔστιν ἰδεῖν τοὺς μὲν περιττοὺς
5 ὅμοια φυλάττοντας, τοὺς δὲ ἀρτίους ἀνόμοια ποιοῦντας. κἂν γὰρ μὴ κυρίως
γνώμονες οἱ ἄρτιοι λέγωνται ὡς οὐ φυλάττοντες τὸ αὐτὸ εἶδος, ἀλλ' οὖν 20
περιτιθέμενοι ὡς γνώμονες καὶ ἐν τῇ σχηματογραφίᾳ τὸ ἀνόμοιον δηλοῦσι.
περὶ τὸ ἓν δὲ περιτιθεμένων τῶν γνωμόνων εἶπεν ἢ ὅτι περὶ μο-
νάδα ἡ πρώτη περίθεσις γίνεται ἢ ὅτι ὡς περὶ ἕνα ἀριθμὸν γίνεται ἀεὶ ἡ
10 τῶν πλειόνων μονάδων περίθεσις. εἰπὼν δὲ τί τὸ ἄπειρον ἔλεγον οἱ Πυθα-
γόρειοι, ὅτι τὸ ἄρτιον, ἐπάγει καὶ τί ὁ Πλάτων ἔλεγεν, ὅτι τὸ μέγα καὶ
μικρὸν ἤτοι τὸ μεῖζον καὶ ἔλαττον· ἐπ' ἄπειρον γὰρ ἑκάτερον αὐτῶν
πρόεισιν. οὐ μέντοι ἰδίᾳ ἑκάτερον ἐλάμβανεν, ἀλλ' ἅμα μέγα καὶ μικρὸν 25
τὸ αὐτὸ λέγων, ἣν καὶ ἀόριστον δυάδα ἐκάλει, εἴτε τὴν ὕλην οὕτως καλῶν
15 εἴτε τὴν τοῦ ἀπείρου συστοιχίαν. διὸ καὶ ἐν ταῖς ἰδέαις αὐτὴν ὡς ἐν ἀρι-
θμοῖς καὶ τούτοις ἐτίθετο.

p. 203ᵃ16   Οἱ δὲ περὶ φύσεως πάντες ὑποτιθέασιν ἑτέραν τινὰ
φύσιν ἕως τοῦ τῇ ἁφῇ συνεχὲς τὸ ἄπειρον εἶναί φασι.   31

Φυσικοὺς εἴωθε καλεῖν ὁ Ἀριστοτέλης τοὺς περὶ τοῦτο τὸ μόριον τῆς
20 φιλοσοφίας καταγινομένους τὸ φυσικόν, καὶ τούτων ἐξαιρέτως τοὺς τῇ ὑλικῇ
ἀρχῇ ἢ μάλιστα ἢ μόνῃ χρησαμένους. οὗτοι οὖν οἱ φυσικοὶ τὴν ὕλην
ὑποτιθέντες τοῖς γινομένοις καὶ περὶ αὐτὴν τὸ ἄπειρον θεωροῦντες, εἰκότως
οὐκέτι ὡς οὐσίαν ἀλλ' ὡς συμβεβηκὸς ἔλεγον τὸ ἄπειρον. τούτων δὲ οἱ 35
μὲν ἕν τι στοιχεῖον ὑποτιθέντες τοῦτο ἄπειρον ἔλεγον τῷ μεγέθει, ὥσπερ
25 Θαλῆς μὲν ὕδωρ, Ἀναξιμένης δὲ καὶ Διογένης ἀέρα, Ἀναξίμανδρος δὲ τὸ
μεταξύ, οἱ δὲ ἄπειρα τῷ πλήθει τιθέντες ὥσπερ Ἀναξαγόρας καὶ Δημό-
κριτος αὐτῷ τε τῷ πλήθει τὸ ἄπειρον εἰσῆγον καὶ ἔτι τῷ μεγέθει. τὰ
γὰρ ἄπειρα τῷ πλήθει τῇ ἁφῇ συνεχιζόμενα, ἀλλ' οὐχὶ τῇ ἑνώσει ἄπει-
ρον ποιεῖν μέγεθος. ὅσοι δὲ τῷ πλήθει πλείονα μὲν ἑνός, πεπερασμένα
30 δὲ λέγουσι τὰ στοιχεῖα τῷ ἀριθμῷ ὥσπερ Ἐμπεδοκλῆς, οὗτοι οὔτε κατὰ 40
μέγεθος τὸ ἄπειρον εἰσάγουσιν οὔτε ἐν ἑνὶ οὔτε ἐν πλείοσιν οὔτε ἐν τῷ ἐκ
πάντων. εἰ γὰρ καὶ τῷ πλήθει πεπερασμένα καὶ ἕκαστον τῷ μεγέθει πε-
περασμένον, πόθεν ἂν ἔχοι τὸ ἄπειρον; λεγόμενα δὲ στοιχεῖα τὰ τέτταρά
φησι πῦρ καὶ ἀέρα καὶ ὕδωρ καὶ γῆν. εἰπὼν δὲ ὕδωρ ἢ ἀέρα ὡς ὄντα
35 τῶν πολυθρυλήτων στοιχείων ἐπήγαγεν· ἤ τι μεταξὺ τούτων τοῦ τε

---

6 λέγονται a   8 τὸ (post περὶ) om. a   11 ὅτι τὸ ἄρτιον om. F   καὶ τί E:
τί καὶ aF   καὶ τὸ μικρὸν ex Arist. aF   12 καὶ τὸ ἔλαττον aF   14 εἴτε (post
ἐκάλει) aF: οὔτε E   16 τούτοις] immo ταύταις   17 πάντες EF (cf. p. 459, 8): ἅπαν-
τες ἀεὶ ex Arist. vulgata a   20 καταγινομένους om. F   τούτων aF: τούτους
(comp.) E   25 δὲ καὶ] δὲ ἢ E   29 ποιεῖ a cf. p. 460, 3   30 οὔτε (ante
κατὰ) a: οὐδὲ EF   31 ἐκ om. E   35 πολυθρυλλήτων E: πολυθρυλλήτων aF
ἤ τι libri: ἢ τὸ Aristoteles

ὕδατος καὶ τοῦ ἀέρος, ὅπερ Ἀναξίμανδρος ἐτίθετο. μήποτε δὲ τὸ τῶν λε-
γομένων στοιχείων οὐ περὶ τῶν τεττάρων εἴρηται τῶν νῦν καθωμιλημένων,
ἀλλὰ περὶ τῶν ὑπὸ τῶν φυσικῶν τεθέντων εἴτε ὕδωρ εἴτε ἀὴρ εἴτε τι με-
ταξὺ τούτων, ὃ στοιχεῖον τῶν γινομένων ἐτίθεντο. καὶ ἄλλως δὲ τὸ τῶν
λεγομένων ὁ Ἀλέξανδρος ἐξηγεῖται ἀντὶ τοῦ τῶν λεγομένων καὶ δοκούν-
των μόνον στοιχείων, οὐκ ὄντων δέ, διότι ταῦτα σύνθετα καὶ ἐκ στοιχείων
ἐστὶ τῆς τε ὕλης καὶ τοῦ εἴδους.

Οἱ δὲ περὶ φύσεως πάντες εἶπεν οὐχ ἁπλῶς, ἀλλὰ τούτων οἱ
ἄπειρον εἶναί τι λέγοντες, ἐπεὶ καὶ τοὺς πεπερασμένα ποιοῦντας φυσικοὺς
οἶδε καλουμένους, ὥσπερ τὸν Ἐμπεδοκλέα. μήποτε δέ, ὡς καὶ πρότερον
εἴρηται, κυρίως φυσικοὺς οἴεται τοὺς ἐν τῷ ὑλικῷ αἰτίῳ διατρίβοντας, οἷς
οὐκ ἂν ἀξιώσοι κυρίως τὸν Ἐμπεδοκλέα συντάττειν ποιητικὰ αἴτια τὸ νεῖκος
καὶ τὴν φιλίαν εἰσάγοντα· ἴσως δὲ οὐδὲ τὸν Ἀναξαγόραν λέγοντα τὸν νοῦν
διακρίνειν τὰς ὁμοιομερείας, εἰ μὴ ἄρα καθόσον ἐν ταῖς τῶν αἰτίων ἀπο-
δόσεσιν, ὡς δοκεῖ, καὶ αὐτὸς οὐ τῷ νῷ προσχρῆται, ἀλλὰ ταῖς ὑλικωτέ-
ραις αἰτίαις. ὅσοι δέ, φησί, πλήθει | ἄπειρα ποιοῦσι τὰ στοιχεῖα,
ὥσπερ Ἀναξαγόρας ἀπείρους τῷ πλήθει τὰς ὁμοιομερείας ὑποτιθέμενος,
Δημόκριτος δὲ τὰς ἀτόμους, οὗτοι κατὰ μὲν τὸ πλῆθος προφανῶς εἰσάγουσι
τὸ ἄπειρον, ὅπερ ἐνεδείξατο ὁ Ἀριστοτέλης εἰπὼν ὅσοι δὲ ἄπειρα
ποιοῦσι τὰ στοιχεῖα· ὅτι δὲ καὶ κατὰ μέγεθος δείκνυσι λέγων τῇ ἁφῇ
συνεχὲς τὸ ἄπειρον εἶναί φασι καὶ οὐ τῇ ἑνώσει, ὡς οἱ ἓν ἄπειρον
λέγοντες τὸ στοιχεῖον. ὅτι δὲ τῇ ἁφῇ συνεχὲς ἄπειρόν τι, καὶ ἐκ τούτων
γίνεται δῆλον· τὰ γὰρ ἄπειρα τῷ πλήθει μέγεθος ἔχοντα καὶ ὁμοειδῆ ὄντα,
ὥστε καὶ ἅπτεσθαι ἀλλήλων ἄπειρον ποιεῖ μέγεθος τῇ ἁφῇ συνεχές. διὸ
καὶ Εὔδημος ἐν τῷ δευτέρῳ τῶν Φυσικῶν "τὸ κατὰ πλῆθος, φησίν, ὁμοει-
δὲς ἄπειρα λέγειν οὐδὲν διαφέρει ἢ κατὰ τὸ μέγεθος ἄπειρον". πανσπερ-
μίαν δὲ σχημάτων εἶπε τὴν τῶν Δημοκριτείων ἀτόμων, ἐπειδὴ ἀπείρους
ὑπετίθετο τῶν ἀτόμων καὶ τὰς κατὰ τὸ σχῆμα διαφοράς.

p. 203ᵃ 23   Καὶ ὁ μὲν ὁτιοῦν μόριον ὁμοίως εἶναι ἕως τοῦ καὶ ἄρ-
ξασθαί ποτε κινούμενα.

Ἐπειδὴ τῶν φυσικῶν οἱ μὲν ἓν ἔλεγον τὸ στοιχεῖον, οἱ δὲ πλείονα
μὲν πεπερασμένα δὲ τῷ ἀριθμῷ, οἱ δὲ τῷ ἀριθμῷ ἄπειρα, εἰπὼν ὅτι οἱ
μὲν ἓν λέγοντες ὡς συμβεβηκὸς ἐκείνῳ κατὰ μέγεθος τὸ ἄπειρον ἔλεγον,
οἱ δὲ πεπερασμένα καὶ τῷ πλήθει καὶ τῷ μεγέθει τὰ στοιχεῖα τιθέντες
οὔτε κατὰ πλῆθος οὔτε κατὰ μέγεθος τὸ ἄπειρον ἔλεγον, ἐφεξῆς περὶ τῶν

---

4 δ aF: ὡς E   5 ἀντὶ τοῦ τῶν scripsi: ἀντὶ τοῦ aF: ἀντὶ τῶν E   6 μόνων F
8 εἶπον F   9 τι λέγοντες εἶναι a   10 πρότερον p. 458, 20   16 ποιοῦσι om. F
21 καὶ οὐ — ἄπειρόν (22) om. E   25 Εὔδημος fr. 39 p. 44, 15 Sp.   ἐν β̅ E
26 ἄπειρον a   κατὰ μέγεθος F   29 μόριον] τῶν μορίων Aristoteles   εἶναι
ὁμοίως collocat a: εἶναι μῖγμα ὁμοίως Aristoteles cf. infra p. 460, 32   31 οἱ μὲν ite-
ravit F   33 συμβεβηκὼς a   34 τιθέντας ut videtur E

ἄπειρα ποιούντων τῷ πλήθει τὰ στοιχεῖα λέγει ὅτι οὐ μόνον τῷ πλήθει 106r
τὸ ἄπειρον εἰσάγουσιν οὗτοι, ἀλλὰ καὶ τῷ μεγέθει. τὰ γὰρ ἄπειρα τῷ
πλήθει μεγέθη ἐνεργείᾳ ὄντα καὶ τῇ ἁφῇ συνεχιζόμενα ἄπειρον ποιεῖ καὶ
τὸ μέγεθος, ὡς εἴρηται πρότερον. ἐπειδὴ δὲ ὁ μὲν Ἀναξαγόρας τὰς ὁμοιο-
5 μερείας, ὁ δὲ Δημόκριτος τὰς ἀτόμους ἀπείρους ἑκάτερος τῷ πλήθει ὡς
ἀρχὰς ὑποτίθεται, τὴν Ἀναξαγόρου πρῶτον ἱστορῶν δόξαν καὶ τὴν αἰτίαν 25
ἡμᾶς διδάσκει, δι᾽ ἣν εἰς τοιαύτην ἦλθεν ὁ Ἀναξαγόρας ὑπόνοιαν, καὶ
δείκνυσιν ὅτι οὐ μόνον τὸ ὅλον μῖγμα ἄπειρον ἀνάγκη τῷ μεγέθει λέγειν
αὐτόν, ἀλλὰ καὶ ἑκάστην ὁμοιομέρειαν ὁμοίως τῷ ὅλῳ πάντα ἔχουσαν
10 ἐνυπάρχοντα, καὶ οὐδὲ ἄπειρα μόνον ἀλλὰ καὶ ἀπειράκις ἄπειρα. ἀλλ᾽ εἰς
μὲν τὴν τοιαύτην ἔννοιαν ὁ Ἀναξαγόρας ἦλθεν ἡγούμενος μηδὲν ἐκ τοῦ μὴ
ὄντος γίνεσθαι καὶ πᾶν ὑπὸ ὁμοίου τρέφεσθαι. ὁρῶν οὖν πᾶν ἐκ παντὸς
γινόμενον, εἰ καὶ μὴ ἀμέσως ἀλλὰ κατὰ τάξιν (καὶ γὰρ ἐκ πυρὸς ἀὴρ καὶ 30
ἐξ ἀέρος ὕδωρ καὶ ἐξ ὕδατος γῆ καὶ ἐκ γῆς λίθος καὶ ἐκ λίθου πάλιν πῦρ),
15 καὶ τροφῆς δὲ τῆς αὐτῆς προσφερομένης οἷον ἄρτου πολλὰ καὶ ἀνόμοια
γίνεται, σάρκες ὀστᾶ φλέβες νεῦρα τρίχες ὄνυχες καὶ πτερὰ δὲ εἰ οὕτω
τύχοι καὶ κέρατα, αὔξεται δὲ τὸ ὅμοιον τῷ ὁμοίῳ)· διὸ ταῦτα ἐν τῇ
τροφῇ ὑπέλαβεν εἶναι καὶ ἐν τῷ ὕδατι, εἰ τούτῳ τρέφοιτο τὰ δένδρα, ξύ-
λον καὶ φλοιὸν καὶ φύλλα καὶ καρπόν. διὸ πάντα ἐν πᾶσιν ἔλεγε μεμῖχθαι
20 καὶ τὴν γένεσιν κατὰ ἔκκρισιν γίνεσθαι. πρὸς τοῦτο δὲ ἐνῆγεν ἴσως καὶ 35
τὸ μενόντων τινῶν γίνεσθαι ἀπ᾽ αὐτῶν ἄλλα ὥσπερ ἐκ λίθου πῦρ καὶ ἐξ
ὕδατος πομφολυγίζοντος ἀέρα. ὁρῶν οὖν ἀφ᾽ ἑκάστου τῶν νῦν διακεκρι-
μένων πάντα ἐκκρινόμενα οἷον ἀπὸ ἄρτου σάρκα καὶ ὀστοῦν καὶ τὰ ἄλλα,
ὡς πάντων ἅμα ἐνυπαρχόντων αὐτῷ καὶ μεμιγμένων ὁμοῦ, ἐκ τούτων ὑπε-
25 νόει καὶ πάντα ὁμοῦ τὰ ὄντα μεμῖχθαι πρότερον πρὶν διακριθῆναι. διὸ
καὶ οὕτως ἤρξατο τοῦ συγγράμματος· "ἦν ὁμοῦ πάντα χρήματα", ὥστε 40
ὁτιοῦν οἷον τὸν ἄρτον τόνδε καὶ σαρκὸς τῆσδε καὶ τοῦδε τοῦ ὀστοῦ μῖ-
γμα εἶναι ὁμοίως τῷ παντί. ἀπὸ μὲν γὰρ τῆς ἑκάστου μίξεως ἐπὶ
τὴν πάντων ἦλθε μῖξιν. προφανέστερα γὰρ καὶ τῇ αἰσθήσει γνωριμώτερα
30 τὰ καθέκαστα τῶν ὅλων. ὁμοιότητα δὲ λοιπὸν ἑκάστου πρὸς τὸ πᾶν ἐθεά-
σατο ἐπί τε τῆς μίξεως καὶ τῆς ὡς ἀπὸ ἀρχῆς διακρίσεως τῆς τε αἰτιώ-
δους καὶ τῆς χρονικῆς. ὥσπερ οὖν ἐν ἑκάστῳ ἀρχὴ γίνεταί ποτε τῆς
διακρίσεως, οὕτως καὶ ἐν τῷ παντί. καὶ ὥσπερ ἀπὸ ἑκάστου φαίνεταί τις
γένεσίς ποτε γινομένη, οὕτως ἐπειδὴ καὶ πάντων ἐστὶ γένεσις, ἀπὸ τοῦ 45
35 πάντων μίγματος ἡ πάντων γένεσις ἐξεκρίθη, εἰ καὶ μὴ ἅμα. σώματα δὲ
ὄντα καὶ ἑτεροκίνητα καὶ ὁμόστοιχά πως ἀλλήλοις ἀρχῆς καὶ αἰτίας ἐδεῖτο

---

1 τῷ πλήθει — μόνον om. spatio relicto F   4 πρότερον p. 458, 27   ἐπειδὴ δὲ E:
ἐπειδὴ F: ἐπεὶ δὲ a   12 ὑπὸ τοῦ ὁμοίου a   14 ἐξ ὕδατος γῆς F   16 γίνεται]
αὔξεται E   δὲ (post πτερά) om. a   17 διὰ a: διὸ EF   18 τρέφοντο ut vide
tur E   19 ἐν πᾶσιν E: om. aF   20 κατὰ τὴν ἔκκρισιν aF   22 οὖν E: om.
F: δὲ a   25 πρὶν om. F   26 συγγράμματος fr. 1   28 μὲν om. a
31 ὡς E: om. aF   32 τῆς (ante χρονικῆς) om. aF   33 καὶ ἐν τῷ παντί itera-
vit E   36 καὶ (post ὄντα) EF: ἢ a

τινος κρείττονος, ἣν Ἀναξαγόρας καλεῖ νοῦν. ἔδει γὰρ τὸ τὰ συνηρημένα 106ʳ
διακρῖνον καὶ προάγον ἐν τάξει τὴν διάκρισιν ἀπὸ τῆς συναιρέσεως αὐτὸ
συνηρημένην ἔχον τὴν οὐσίαν πρώτως ἀναφαίνειν ἐν ἑαυτῷ τὴν διάκρισιν.
τοιοῦτος δὲ ὁ νοῦς, ὃν ἀπ' ἀρχῆς τινος ἐνόησεν ἐργαζόμενον, ἐν οἷς 50
5 λέγει ἄρξασθαι τὸν νοῦν διακρίνειν. ἡ μὲν οὖν ἔννοια, καθ' ἣν εἰς ταύτην
ἦλθε περὶ τῶν ἀρχῶν τὴν ὑπόθεσιν ὁ Ἀναξαγόρας, οὕτως φανερὰ γέγονεν.
ἐκ δὲ τῶν εἰρημένων πρόχειρον συννοεῖν, ὅτι εἰ πᾶν ἐκ παντὸς ἐκκρίνεται
καὶ πάντα ἐν πᾶσίν ἐστιν, οὐ μόνον τὸ πᾶν ἀλλὰ καὶ ἕκαστον, οὐ τῷ πλή-
θει μόνον ἀλλὰ καὶ τῷ μεγέθει ἀπειράκις ἄπειρον ἔσται.

10   Ὅτι δὲ ὁ μὲν Ἀριστοτέλης τὸ προφαινόμενον ἱστορεῖ τῆς Ἀναξαγόρου
δόξης, ὁ δὲ Ἀναξαγόρας σοφὸς ὢν διττὴν ἠνίττετο τὴν διακόσμησιν, τὴν
μὲν ἡνωμένην | καὶ νοητὴν προϋπάρχουσαν οὐ χρόνῳ (οὐ γὰρ ἔγχρονος 106ᵛ
ἐκείνη), ἀλλ' ὑπεροχῇ οὐσίας καὶ δυνάμεως, τὴν δὲ διακεκριμένην ἀπὸ
ταύτης καὶ κατὰ ταύτην ὑφίστασθαι ὑπὸ τοῦ δημιουργικοῦ νοῦ, εἴρηται καὶ
15 ἐν ταῖς εἰς τὸ πρῶτον σχολαῖς, ἐν αἷς τὰς πίστεις ἀπ' αὐτῶν ἐπειράθην
παραγράψαι τῶν Ἀναξαγόρου ῥημάτων. εἰκότως δὲ καὶ τῶν αἰσθητῶν
ἕκαστον κοινωνεῖ πᾶσι καὶ μετέχει πάντων· "ξύρροια γὰρ μία, σύμπνοια
μία, πάντα συμπαθέα", ὡς Ἱπποκράτης φησί, διὰ τὴν ἀρχέγονον ἐν τοῖς 5
νοητοῖς αὐτῶν προϋπάρχουσαν ἕνωσιν· καὶ διακρινόμενα γὰρ ταῦτα οὐκ ἀπέ-
20 σπασται πάντῃ ἀπ' ἀλλήλων. διό φησιν Ἀναξαγόρας μηδ' ἐνδέχεσθαι
πάντα διακριθῆναι· οὐ γὰρ παντελὴς διασπασμός ἐστιν ἡ διάκρισις. διὸ
οὐχ οἷόν τε βάδισιν ἢ χρόαν ἢ ὅλως τὰ πάθη καὶ τὰς ἕξεις χωρισθῆναι
τῶν ὑποκειμένων. τὸ δὲ χρονικὴν δοκεῖν λέγεσθαι τὴν τῆς διακρίσεως
ἀρχὴν σύνηθες ἦν τοῖς πάλαι φυσιολόγοις τε καὶ θεολόγοις συγκαταβαίνουσι 10
25 τῇ ἀσθενείᾳ τῆς ἡμετέρας νοήσεως· οὐ γὰρ δυνάμεθα τῇ ἀϊδίῳ παρατάσει
συμπαρατείνειν τὴν νόησιν, ἀλλ' ἀπαιτοῦμεν ἀρχῆς τινος ὑποτιθεμένης ἐφε-
ξῆς θεωρεῖν τὰ ἀκόλουθα.

p. 203ᵃ33   Δημόκριτος δὲ οὐδὲν ἕτερον ἐξ ἑτέρου ἕως τοῦ δῆλον
ἐκ τούτων. 15

30   Εἰπὼν ὅπως ἠκολούθησε τῷ Ἀναξαγόρᾳ τὸ καὶ κατὰ μέγεθος ἄπειρον
ἀρχὴν τιθέναι ἐκ τοῦ κατὰ πλῆθος ἀπείρους λέγειν ἀρχὰς σωματικὰς οὔ-
σας τὰς ὁμοιομερείας δείκνυσιν, ὅτι καὶ ὁ Δημόκριτος κἂν μὴ κατὰ ἔκκρισιν
ἐποίει τὴν γένεσιν μηδὲ πάντα ἔλεγεν ἐν πᾶσιν ἐνυπάρχειν ὡς Ἀναξαγόρας,
ἀλλ' οὖν καὶ οὗτος ἀρχὰς τιθεὶς τὰς ἀτόμους ἀπείρους οὔσας τῷ πλήθει

---

1 post ἣν add. ὁ aF   γὰρ om. a   προσάγον a   4 ὁ (ante νοῦς) om. E
5 λέγει cf. fr. 7 Schorn. supra p. 300, 31   10 μὲν om. aF   12 μὲν] τε F
οὐ χρόνῳ scripsi: οὐ χρόμο sic E: om. aF   13 ἐκείνως (comp.) E   ὑπεροχῇ E:
ὑπεροχὴ aF   διακεχριμένως (comp.) E   15 ἐν ταῖς εἰς τὸ πρῶτον σχολαῖς
p. 34, 18 sqq.   18 Ἱπποκράτης cf. Alexander Trall. I p. 595 ed. Puschmann
19 ἀπέσπαται παν̅τ̅ F   20 φησιν ὁ a   22 ἢ (ante χρόαν) om. aF   25 ἀϊδία
aF   27 τὰ καθόλου E   33 post ὡς add. ὁ a   34 ἀρχὰς aF: τὰς ἀρχὰς E

καὶ τὸ κενὸν οὐδὲν ἧττον Ἀναξαγόρου καὶ αὐτὸς οὐ μόνον τῷ πλήθει, ἀλλὰ καὶ τῷ μεγέθει ἄπειρον ἔλεγε εἶναι τὴν ἀρχὴν τῇ ἁφῇ, καὶ κατὰ τοῦτον συναφοῦς τοῦ ἀπείρου γινομένου. τὰ γὰρ ἄπειρα τῷ πλήθει μέγεθός τι ἔχοντα καὶ ὁμογενῆ ὄντα, ὥστε καὶ ἅπτεσθαι ἀλλήλων, ἄπειρόν τι ποιεῖ μέγεθος, ὡς εἴρηται πολλάκις. καὶ ὅτι μὲν μέγεθος ἔχουσιν αἱ ἄτομοι κατὰ Δημόκριτον ἔδειξεν ἐκ τοῦ λέγειν αὐτὸν μεγέθει καὶ σχήματι διαφέρειν αὐτάς. τί δὲ ἂν μεγέθει διαφέροι μὴ ἔχον μέγεθος; τί δὲ ἂν σχήματι μὴ ἐσχηματισμένον ὑπὸ γραμμῶν ἢ ἐπιπέδων; τὸ δὲ ὑπὸ γραμμῶν ἢ ἐπιπέδων περιεχόμενον πάντως ⟨δῆλον⟩ ὅτι μέγεθός ἐστι. τὸ δὲ ἅπτεσθαι ἀλλήλων τὰ τῷ πλήθει ἄπειρα τῷ μὲν Ἀναξαγόρᾳ αὐτόθεν εἵπετο, εἴπερ, ὥς φησιν. "ἦν ὁμοῦ πάντα χρήματα", τῷ δὲ Δημοκρίτῳ, καθόσον τὸ κοινὸν σῶμα τὸ τῶν ἀτόμων ἓν πάντων ἔλεγε τὴν διαφορὰν αὐτῶν κατὰ μέγεθος καὶ σχῆμα τιθείς, ἀλλ' οὐ κατὰ τὸ ὑποκείμενον σῶμα· τούτῳ δὲ ἀκολουθεῖ τὸ ὁμοειδεῖς λέγειν αὐτάς, τούτῳ δὲ τὸ ἅπτεσθαι. τὰ γὰρ ὁμοειδῆ μὴ κωλυόμενα εἰς ταὐτὸ χωρεῖ καὶ ἅπτεται ἀλλήλων, τὸ δὲ κενὸν οὐ διείργει τὴν ἁφήν. εἴη γὰρ ἂν οὕτως τοῦ ἀπείρου σώματος ἀπειρότερον τὸ κενὸν καὶ σὺν αὐτῷ ὂν καὶ χωρίς, ἔνθα διείργει. τοῦ δὲ ἀπείρου ἀπειρότερον οὐκ ἔστιν. ὅλως δὲ οὐδὲ ἔχει δύναμιν πρὸς τὸ διείργειν τὸ κενόν. εἰ τοίνυν καὶ πάντες σχεδὸν οἱ φυσικοὶ τὸ κατὰ μέγεθος ἄπειρον παρεδέξαντο καὶ ὡς ἐν ἀρχῆς λόγῳ (ἐν γὰρ τῇ ἀρχῇ), δῆλον ὅτι οἰκεῖος ἂν ὁ περὶ τοῦ ἀπείρου λόγος εἴη τῷ περὶ τῶν φυσικῶν ἀρχῶν διαλεγομένῳ.

p. 203 b 4 **Εὐλόγως δὲ καὶ ἀρχὴν αὐτὸ τιθέασι πάντες ἕως τοῦ εἴη γὰρ ἂν αὐτοῦ πέρας.**

Εἰπὼν ὅτι τὸ ἄπειρον εἰσάγοντες οἱ πάλαι φυσιολόγοι ὡς ἀρχὴν εἰσῆγον αὐτὸ δείκνυσι νῦν οὐχ ὅτι ἔστι τὸ ἄπειρον, ἀλλ' ⟨ὅτι⟩ οἱ τιθέντες ὅλως αὐτὸ εὐλόγως ἐν ἀρχῆς λόγῳ ἐτίθεντο. καὶ δείκνυσιν ἐκ διαιρέσεως· πᾶν γὰρ τὸ ὁπωσοῦν ὂν ἢ κατὰ συμβεβηκός ἐστι καὶ μάτην οἷα τὰ ἐκ ταὐτομάτου ἢ καθ' αὑτό· καὶ εἰ καθ' αὑτό, ἢ ἀρχὴ ἢ ἀπὸ ἀρχῆς· εἰ οὖν μήτε μάτην μήτε ἀπ' ἀρχῆς τὸ ἄπειρον, δῆλον ὅτι ἀρχή ἐστι. καὶ ὅτι μὲν οὐ μάτην οὐδὲ ἐκ ταὐτομάτου, δῆλον, εἴπερ πᾶν μὲν τὸ τοιοῦτον ἐπ' ἔλαττον, τὸ δὲ ἄπειρον πανταχοῦ ὂν καὶ πάντα ὂν οὐκ ἐπ' ἔλαττον· ἔτι δὲ εἰ καὶ ἀίδιον τὸ ἄπειρον, ὡς δειχθήσεται ἐκ τοῦ ἀγένητον αὐτὸ εἶναι, οὐκ ἂν εἴη μάτην οὐδὲ ἐκ ταὐτομάτου· οὐδὲν γὰρ τῶν τοιούτων

---

2 ἔλεγε post ἀφῇ collocat aF   3 συναφοῦς E: συνεχοῦς aF, sed in mrg. a m.¹ γρ. συναφοῦς· ἀλλὰ ζήτει εἰ οὕτως F   8 ὑπὸ γραμμῶν ἢ ἐπιπέδων (ante τὸ δὲ) om. E τὸ δὲ — ἐπιπέδων (9) om. F   9 δῆλον quod haud raro in libris intercidit addidi ὅτι EF: om. a   11 φησιν cf. p. 460, 26   12 πάντων EF: πάντως a   13 σχήματα E   18 ἔχειν F   20 post λόγῳ continuaverat ἐτίθεντο — ἀρχῆς (vv. 27—29), sed tum induxit F   21 τοῦ (post περὶ) om. aF   22 λεγομένῳ E   25 παλαιοὶ a   26 ὅτι alterum add. a   29 ἢ ἀπὸ τῆς ἀρχῆς a

ἀίδιον. ἀλλὰ μὴν οὐδὲ ἐξ ἀρχῆς τὸ ἄπειρον οὐδὲ ἔστιν ἀρχὴ τοῦ ἀπεί- 106ᵛ
ρου. εἴη γὰρ ἂν αὐτοῦ πέρας, ὥς φησιν, ὥστε οὐκέτι ἄπειρον. τοῦτον
τὸν λόγον οἴονται παραλογισμὸν ἔχειν νομίσαντες τὸν Ἀριστοτέλην λέγειν,
ὡς εἰ ἔχοι ἀρχὴν τὸ ἄπειρον (ἡ δὲ ἀρχὴ ἡ κατὰ τὸ μέγεθος καὶ πέρας
5 ἐστίν), ἔχοι ἂν καὶ πέρας· ὥστε οὐκ ἄπειρον ἀλλὰ πεπερασμένον ἔσται·
καὶ γίνεσθαί φασι τὴν παραγωγὴν παρὰ τὴν τῆς ἀρχῆς ὁμωνυμίαν. ὡς 50
γὰρ ἐν τῷ πρώτῳ βιβλίῳ διῄρηται, ἡ ἀρχὴ σημαίνει μὲν καὶ τὴν τοῦ
πράγματος ἀρχήν, ὥσπερ νῦν ἐξεδέξαντο, σημαίνει δὲ καὶ τὴν αἰτιώδη·
ἀρχὴ γὰρ καὶ ἡ ὕλη καὶ τὸ εἶδος καὶ τὸ ποιοῦν καὶ τὸ τέλος. προτεθέν-
10 τος οὖν τοῦ δεῖξαι ὅτι οὐκ ἔχει ἀρχὴν τὴν ὡς αἰτίαν τὸ ἄπειρον, ἀλλ'
αὐτό ἐστιν ἀρχή, μετελήφθη ἡ αἰτιώδης ἀρχὴ εἰς τὴν κατὰ τὸ πρᾶγμα,
ἐφ' ἧς ἀληθὲς τὸ εἰ ἀρχὴν ἔχει καὶ πέρας ἔχειν. ἐπὶ γὰρ τῆς αἰτιώδους
οὐκέτι ἀληθές, ὡς εἰ ἔχει ἀρχὴν τὴν ὡς αἰτίαν, πέρας ἔχει τὸ κατὰ τὸ |
πρᾶγμα. οὐ γὰρ ἀκολουθεῖ τοῦτο τὸ πέρας ἐκείνῃ τῇ ἀρχῇ. ἀλλὰ τὸ 107ʳ
15 μὲν λέγειν, ὅτι κατὰ τὸ πιθανὸν πειρᾶται συστῆσαι τὴν δόξαν αὐτῶν, ἀπί-
θανον ὄντως μοι δοκεῖ. φαίνεται γὰρ ἀναγκαίως ἕπεσθαι λέγων τὸ εἰ
ἔχει ἀρχὴν τὸ ἄπειρον καὶ πέρας ἔχειν.

Ἐκεῖνα οὖν μᾶλλον καλῶς ὑπὸ τοῦ Ἀλεξάνδρου λέγεται, ὅτι καθ'
οἱονδήποτε τρόπον ἀρχῆς ἂν ὑποτεθῇ ἐξ ἀρχῆς γενόμενον τὸ ἄπειρον, πάν-
20 τως πέρας ἔχει τὸ κατὰ τὸ μέγεθος, ὥστε μηκέτι ἄπειρον εἶναι. εἴτε γὰρ 5
ἀπὸ χρονικῆς ἀρχῆς γίνοιτο, οὐκ ἂν οὐσία ὂν ἀθρόον γίνοιτο, ἀλλὰ ἀπό
τινος τῆς κατὰ τὸ μέγεθος ἀρχῆς, ὡς τὰ ζῷα ὡς τὰ φυτὰ ὡς τὰ τεχνητὰ
πάντα ὁρᾶται γινόμενα. ἔχον δὲ τὴν κατὰ τὸ μέγεθος ἀρχήν, καὶ πέρας
ἂν αὐτὴν ἔχοι. ἀλλὰ καὶ εἰ ὡς στοιχειώδη ἀρχὴν ἔχοι, καὶ ἐξ ἐκείνης
25 εἴη τῆς ἀρχῆς, οἷον ἐκ τῆς ὕλης, εἰ μὲν πεπερασμένην ἀρχὴν ἐν ἑαυτῷ
τὴν ὕλην ἔχει τὸ ἄπειρον, ἔσται καὶ αὐτὸ πεπερασμένον. εἰ δὲ ἄπειρον,
τὸ ἄπειρον ἀρχὴ γίνοιτο. ὁμοίως δὲ καὶ εἰ τὴν κατὰ τὸ εἶδος ἀρχὴν ἔχοι 10
τὸ ἄπειρον. εἰ γὰρ τοῦ συνθέτου ἀρχὴ τὸ εἶδος, εἰ μὲν ἄπειρον τὸ εἶδος,
ἀρχὴ τὸ ἄπειρον, εἰ δὲ πεπερασμένον, κατὰ τὴν ὕλην ἂν εἴη τὸ ἄπειρον
30 ἐν τῷ συνθέτῳ· ἀρχὴ δὲ καὶ ἡ ὕλη. ἀρχὴ ἄρα τὸ ἄπειρον καὶ κατὰ
τοῦτο. τὸ γὰρ σύνθετον, οὗ ἀρχὴ τὸ εἶδος, οὐδὲν ἄλλο ἐστὶ πλὴν ὕλης καὶ
εἴδους. κἂν τὴν ποιητικὴν δὲ ἀρχὴν ἔχῃ τὸ ἄπειρον, σῶμα πάντως, ὅτι
καὶ τὴν κατὰ τὸ πρᾶγμα ⟨ἀρχὴν ἔχει⟩, ὅθεν ἤρξατο τῆς γενέσεως, ἥτις
καὶ πέρας ἂν εἴη. καὶ ἄλλως δὲ εἴη ἂν γεγονὸς καὶ πέρας ἂν ἔχοι, εἰς 15
35 ὃ ἡ γένεσις ἐπαύσατο. εἰ δὲ ἀρχὴν ἔχοι τὴν ὡς τέλος καὶ τὸ οὗ ἕνεκα

---

2 ante πέρας add. τὸ a: καὶ F   3 οἴονται cf. Alexander v. 18   ἔχειν] εἶναι a
4 ἔχοι ex corr. E¹: ἔχει aF   τὸ (ante μέγεθος) om. a   7 πρώτῳ cf. supra
p. 10,8sqq.   8 ἐξεδέξατο a   9 προστεθέντος E   10 ἄπειρον] πέρας E   11 ἡ
(ante αἰτιώδης) om. E   12 ἐφ' ἧς] εἰ F   ἔχειν scripsi: ἔχει libri   13 πέρας
ἔχειν libri: correxi   14 πέρας] πρᾶγμα F   16 fortasse γὰρ ⟨ὡς⟩   τὸ εἰ]
τῷ εἰ F   20 μηκέτι E: μὴ ἔτι F: μὴ a   24 ἔχοι (post ἀρχήν) E: ἔχει aF
25 ante εἴη intercidisse videtur ἂν   27 post ἀρχή veri similiter add. ἂν a
30 ἄρα] δὲ F   καὶ (ante κατὰ) om. E   31 post σύνθετον repetiit καὶ κατὰ τοῦτο —
εἶδος (31) deleta F   32 ὅτι om. a   33 ἀρχὴν ἔχει add. a   35 ἔχει a

τὸ ἄπειρον μέγεθος, πρῶτον μὲν οὐδὲν κωλύει τοιαύτην ἀρχὴν ἔχον καὶ 107ʳ
αὐτὸ ἀρχὴν εἶναι. τὸ γὰρ ὡς τέλος ἀρχὴ καὶ τοῦ ποιοῦντός ἐστι καὶ τῶν
στοιχείων. καὶ γὰρ καὶ ὁ Πλάτων τελικὴν ἀρχὴν τῆς ποιήσεως τοῦ κό-
σμου ζητῶν τὴν ἀγαθότητα τοῦ ποιοῦντος εὑρίσκει, ἐν οἷς φησι "λέγωμεν
5 δὴ δι' ἣν τινά ποτε αἰτίαν γένεσιν καὶ τὸ πᾶν τόδε ὁ ξυνιστὰς συνέστησεν·
ἀγαθὸς ἦν." ἔπειτα τὸ ἄπειρον μέγεθος ἀόριστον ὂν πῶς ἂν εἰς ὡρισμέ- 20
νον τι τέλος ἀναφέροιτο; ἀλλ' εἴπερ ἔχοι τι τέλος ὡρισμένον μέγεθος ὄν,
δεῖ καὶ αὐτὸ ὡρισμένον εἶναι ὡς μέγεθος. μεγέθους δὲ ὅρος ἡ περιγραφὴ
καὶ τὸ σχῆμα. ὅτι δὲ ὁ Ἀριστοτέλης ὡς ἀκόλουθον συνάγει τῷ εἶναι τὸ
10 ἄπειρον μέγεθος τὸ μὴ ἔχειν αὐτὸ ἀρχὴν οὐ μόνον τὴν στοιχειώδη, ἀλλ'
οὐδὲ τὴν ποιητικὴν ἢ τελικήν, δῆλόν ἐστιν ἐξ ὧν φησι τοὺς μὴ ποιοῦντας
παρὰ τὸ ἄπειρον ἄλλας αἰτίας οἷον νοῦν ἢ νεῖκος καὶ φιλίαν ἤ τι τοιοῦτον 25
αὐτὸ λέγειν τὸ ἄπειρον "περιέχειν πάντα καὶ πάντα κυβερνᾶν", ὡς εἴπερ
εἴη ἄπειρον, μὴ ἔχειν ποιητικὴν ἢ τελικὴν αἰτίαν. δῆλον ἄρα γέγονε τὸ
15 ῥηθέν, ὡς εἴπερ εἴη ἀρχὴ τοῦ ἀπείρου μεγέθους ἡ οἱαδήποτε, εἴη ἂν
αὐτοῦ καὶ πέρας ὡς μεγέθους.

p. 203ᵇ7 Ἔτι δὲ καὶ ἀγένητον καὶ ἄφθαρτον ἕως τοῦ ὥσπερ 31
φησὶν Ἀναξίμανδρος καὶ οἱ πλεῖστοι τῶν φυσιολόγων.

Εἰπὼν ὅτι οἱ τὸ ἄπειρον τιθέντες εὐλόγως ἀρχὴν αὐτό φασιν (ἢ γὰρ
20 μάτην ἐστὶν ἢ ἀπ' ἀρχῆς ἢ ἀρχή, ἀναιρεθέντων δὲ τῶν λοιπῶν περιλείπε-
ται τὸ ἀρχὴν εἶναι), προστίθησι καὶ ἄλλο τι τῶν προσεῖναι λεγομένων τῷ 35
ἀπείρῳ τὸ τῇ ἀρχῇ πρέπον τὸ ἀγένητον καὶ ἄφθαρτον λέγεσθαι τὸ
ἄπειρον, εἴπερ ἔστιν ὅλως. τοῦτο δὲ καὶ τοῦ μὴ μάτην εἶναι κατασκευα-
στικόν ἐστιν, εἴπερ τὸ μὲν ἀγένητον καὶ ἄφθαρτον ἀίδιον, τὸ δὲ μάτην
25 οὐκ ἀίδιον κατὰ συμβεβηκὸς ὂν καὶ ἐπ' ἔλαττον. καὶ ὅτι μὲν προσήκει
τῇ ἀρχῇ τὸ ἀγένητον καὶ ἄφθαρτον, σαφῶς ἐδίδαξεν ὁ ἐν Φαίδωνι Σωκρά-
της· "εἰ γὰρ ἔκ του ἀρχὴ γίνοιτο, φησίν, οὐκ ἂν ἐξ ἀρχῆς γίνοιτο," καὶ
ὅτι "ἀρχῆς ἀπολομένης οὔτε αὐτή ποτε ἔκ του οὔτε ἄλλο ἐξ ἐκείνης γενή- 40
σεται". ὅτι δὲ καὶ τῷ ἀγενήτῳ τὸ ἀρχικόν, δῆλον· εἰ γὰρ μὴ ἀρχή,
30 ἀπ' ἀρχῆς γινόμενον. ὅτι δὲ τὸ ἄπειρον, εἴπερ ἔστιν, ἀγένητόν ἐστι καὶ
ἄφθαρτον, δείκνυσιν οὕτως· εἰ γὰρ γέγονεν, ἀνάγκη τέλος εἰληφέναι τὴν
γένεσιν αὐτοῦ ποτε, ἢ οὐκ ἂν εἴη γεγονός· εἰ οὖν μὴ ἀθρόα ἐστὶν ἡ γέ-
νεσις αὐτοῦ, δῆλον ὅτι ἔστι τις καὶ ἀρχὴ τοῦ μεγέθους, ἀφ' ἧς γίνεσθαι
ἄρχεται, καὶ τελευτὴ αὐτοῦ, εἰς ὃ τελευτᾷ ἡ γένεσις καὶ ἧς συμπληρωθείσης

---

3 τελικὴν ἀρχὴν aF: αἰτίαν τελικὴν E   τῆς τοῦ κόσμου ποιήσεως aF   4 φησι Tim.
p. 29 E   λέγομεν δὲ a   5 ποτε om. Plato cf. supra p. 26, 16   6 post ἀγαθὸς
add. γὰρ aF   7 ἔχοι EF: ἔχει a   9 ὁ E: καὶ F: καὶ ὁ a   τῷ] τὸ F   11 οὐδὲ
aE: οὐ F   post ἢ add. τὴν a   φησι p. 203ᵇ11   12 περὶ E   14 ἔχειν ex
ἔχον corr. E: ἔχον aF   δῆλάρα sic E   18 φασὶν ὁ ἀναξίμανδρος a   19 θέντες
aF   26 ἐδειξεν aF   Φαίδωνι] immo Φαίδρῳ p. 245 D   27 γίνοιτο Plato: γένοιτο
libri   γίνοιτο alterum EF: γένοιτο a   28 ἀπολουμένης a   αὐτό ποτε a
31 ἀνάγκη om. E   32 ἐστὶν om. aF   33 γίνεται F   34 ἧς] ἢ E

οὐκέτι γίνεται, ἀλλὰ γέγονε. κἂν φθείρηται δέ ποτε τὸ μέγεθος, ἔσται 107ʳ
ποτὲ καὶ ἐφθαρμένον. ὥστε ἔσται τι πέρας αὐτοῦ, οὗ ἐσχάτου φθαρέντος 45
ἐφθαρμένον ἔσται τὸ ὅλον. ὥστε εἴπερ ἔστι τὸ ἄπειρον, ἀνάγκη ἀγένητον
αὐτὸ καὶ ἄφθαρτον εἶναι, ὅπερ τῆς ἀρχῆς, ἀλλ' οὐ τοῦ ἀπ' ἀρχῆς ἐστιν
5 ἴδιον. διὸ οἱ τὸ ἄπειρον μόνον τιθέντες ὡς ἀρχὴν καὶ μὴ προσλογιζόμενοί
τινας ἄλλας αἰτίας, ὥσπερ Ἀναξαγόρας μὲν τὸν νοῦν, Ἐμπεδοκλῆς δὲ φιλίαν
καὶ νεῖκος, ἠρκέσθησαν πρὸς τὴν πάντων γένεσιν τῇ τοῦ ἀπείρου φύσει
καὶ τῇ ὑλικῇ ταύτῃ ἀρχῇ, ὡς διὰ τὴν ἀνεπίλειπτον τούτου χορηγίαν ἀεὶ 50
γενέσεως ἐσομένης καὶ περιεχομένων πάντων ὑπὸ τούτου καὶ κυβερνωμέ-
10 νων. ὡς γὰρ ἀρχὴ τοῦτο μόνον ὑποτεθὲν τὴν τῆς ἀρχῆς αὐτοῖς παρέχε-
ται χρείαν οὐ τῆς ὑλικῆς μόνον, ἀλλὰ καὶ τῆς ποιητικῆς τε καὶ τελικῆς.
ἣν Ἀναξαγόρας μὲν τῷ νῷ, Ἐμπεδοκλῆς δὲ τῇ φιλίᾳ καὶ τῷ νείκει καὶ
τῇ ἀνάγκῃ ἀνατίθησι. θεῖον δὲ τὸ αἴτιον καὶ ὡς ἀρχὴν λέγουσι καὶ ὡς
ἀγένητόν τε καὶ ἄφθαρτον· τοιοῦτον Ἀναξίμανδρος τὸ μεταξὺ πυρὸς καὶ
15 ἀέρος ἄπειρον ἀρχὴν ἐτίθει. καὶ οὐδὲν ἄτο|πον εἰ θεῖον ἐκάλει, μᾶλλον 107ᵛ
δὲ καὶ ἀναγκαῖον. ἐκ τούτου γὰρ ἐδείκνυτο τὸν θεὸν ὑπὲρ αὐτὸ εἶναι· θεῖον
γὰρ τὸ τοῦ θεοῦ μετέχον ἐστίν. ὁ δὲ λόγος τοῖς τοιούτοις περὶ τῶν φυσι-
κῶν ἀρχῶν ἐγίνετο, ὥσπερ καὶ τῷ Ἀριστοτέλει ἐν ταύτῃ τῇ πραγματείᾳ,
ἀλλ' οὐχὶ περὶ τῶν ὑπὲρ φύσιν. εἰ δὲ καὶ περιέχειν ἔλεγον καὶ κυβερ-
20 νᾶν, οὐδὲν θαυμαστόν· τὸ μὲν γὰρ περιέχειν ὑπάρχει τῷ ὑλικῷ αἰτίῳ
ὡς διὰ πάντων χωροῦντι, τὸ δὲ κυβερνᾶν ὡς κατὰ τὴν ἐπιτηδειότητα αὐτοῦ 5
τῶν ἀπ' αὐτοῦ γινομένων.

p. 203ᵇ15 Τοῦ δὲ εἶναι τὸ ἄπειρον ἡ πίστις ἕως τοῦ τὸ γὰρ ἐνδέ-
χεσθαι τοῦ εἶναι οὐδὲν διαφέρει ἐν τοῖς ἀιδίοις. 15

25 Δείξας τὸν περὶ τοῦ ἀπείρου λόγον ἀναγκαῖον τῷ φυσικῷ καὶ ἀπ' αὐ-
τῆς τῆς τοῦ ἀπείρου ἐννοίας καὶ ἀπὸ τῆς τῶν προτέρων φυσιολόγων δόξης,
μεταβαίνει λοιπὸν ἐπὶ τὴν περὶ αὐτοῦ ζήτησιν φυλάττων τὴν τάξιν τῶν
προβλημάτων καὶ πρῶτον ζητῶν εἰ ἔστι τὸ ἄπειρον ἢ μή. πρὸς δὲ τοῦτο
χρήσιμον ᾠήθη τὰς ἐννοίας ἀνιχνεῦσαι πρῶτον, ἀφ' ὧν ἦλθόν τινες ἐπὶ
30 τὸ θέσθαι τὸ ἄπειρον, ἵνα εἰ μὲν φαίνοιντο κατὰ πράγματος φερόμεναί τι- 20
τος, ὁμολογήσωμεν καὶ ἡμεῖς αὐταῖς· εἰ δὲ κενεμβατοῦσαι φωραθεῖεν καὶ
τῷ ἀορίστῳ τῆς ἡμετέρας φαντασίας ἑπόμεναι, τοῦτο διελέγξαντες ἡμεῖς
ἀνυπόστατον τὸ ἄπειρον δείξωμεν. πέντε δὲ εἶναί τινά φησιν, ἐξ ὧν εἶναι
τὸ ἄπειρον οὐ τὸ κατὰ μέγεθος μόνον, ἀλλὰ καὶ τὸ ὁποιονοῦν ἄπειρον πι-
35 στεύομεν. ἀρξάμενος γὰρ ὅλως τὰς ἐννοίας ἀνιχνεύειν, ἀφ' ὧν τὸ ἄπειρον
ὑπεθέμεθα, πάσας παραγυμνοῖ τὰς οὐ μόνον κατὰ τὸ σωματικὸν μέγεθος,

---

4 τοῦ F: τῆς E: τοῦ τῆς a   6 ἀνταξαγόρας E   9 ἐσομένης E: γινομένης aF
11 καὶ (ante τῆς) om. F   16 καὶ (post δὲ) om. aF   ἐνεδείκνυτο E   21 ὡς
διὰ aF: καὶ διὰ E   23 τὸ (post εἶναι) EF: τι a ex Aristotele   25 τοῦ om. aF
28 τὸ E: τι τὸ F: τι a   30 μὲν om. aF   32 διελέξαντες libri   34 κατὰ τὸ
collocat a   post ἀλλὰ καὶ add. κατὰ a   36 τὰς om. a   τὸ post κατὰ om. aF

ἀλλὰ καὶ κατὰ πᾶν μέγεθος καὶ κατὰ πλῆθος ἄπειρον ἀναπλαττούσας ποτὲ 107ᵛ
μὲν ἀληθῶς, ποτὲ δὲ ψευδῶς. πρώτην δὲ τῆς ἀπειρίας ἔννοιαν τίθησι τὴν 25
ἐκ τοῦ χρόνου ἀπείρου τῷ ὄντι τυγχάνοντος· εἰ γὰρ μὴ ἔστιν ἄπειρος
ὁ χρόνος, ἦν ὅτε οὐκ ἦν χρόνος καὶ ἔσται ὅτε οὐκ ἔσται· τὸ δὲ ἦν καὶ
τὸ ἔσται χρόνου πάλιν ἔσται μόρια, ὥστε καὶ ὅτε οὐκ ἔστι χρόνος, ἔστι
χρόνος· ἀεὶ οὖν ἔστι χρόνος· ἄπειρος ἄρα ὁ χρόνος.

  Δευτέρα δὲ πίστις τοῦ εἶναι τὸ ἄπειρον ἐκ τῆς ἐν τοῖς μεγέθεσι
διαιρέσεως, ἢ ὡς Εὔδημός φησιν, ἐν τοῖς συνεχέσι. δοκεῖ γὰρ οὐχ
ὑπολείπειν. ἀπείρου δὲ τὸ μὴ ὑπολείπειν. χρῶνται δὲ τῇ τῶν μεγεθῶν 30
τομῇ καὶ οἱ μαθηματικοὶ ποτὲ μὲν ὡς ἀξίωμα λαμβάνοντες (πᾶν γὰρ μέ-
γεθος καὶ πᾶσαν γραμμὴν τῷ τυχόντι λόγῳ τέμνουσι τὴν δοθεῖσαν λαμβά-
νοντες ὁπόση ἂν εἴη, ὡς ἐπ᾽ ἄπειρον οὔσης τῆς τῶν μεγεθῶν τομῆς), ποτὲ
δὲ καὶ ἀποδεικνύντες. εἰ γάρ, ὥς φασι, μηδέποτε ἡ ἐγγραφομένη εἰς τὸν
κύκλον εὐθεῖα ἴση γίνεται τῇ περιφερείᾳ, δῆλον ὅτι τὸ ἀπολαμβανόμενον
ἐπίπεδον ὑπό τε τῆς εὐθείας καὶ τῆς περιφερείας ἐπ᾽ ἄπειρον τέμνεται.
παυσαμένης γὰρ τῆς τομῆς ἡ εὐθεῖα τῇ περιφερείᾳ ἐφαρμόττει. εἰ δὲ καὶ 35
τοῦ τριγώνου αἱ δύο πλευραὶ ἀεὶ τῆς λοιπῆς μείζονές εἰσιν, ἐὰν ἐν ἰσοσκε-
λεῖ ὀρθογωνίῳ τριγώνῳ, ἐν ᾧ ἡ βάσις ἑκατέρας ἐστὶ τῶν πλευρῶν μείζων,
ἀπ᾽ ἀμφοῖν τῶν πλευρῶν ἴσην ἀφελόντες τῇ βάσει διὰ τῶν γενομένων ση-
μείων παράλληλον ἀγάγωμεν τῇ βάσει, τρίγωνον ἔλαττον ποιήσομεν ὅμοιον
τῷ ὅλῳ ὀρθογώνιόν τε καὶ ἰσοσκελές· καὶ τοῦτο ἀεὶ ποιεῖν δυνησόμεθα.
οὔτε γὰρ τρίγωνον ἀεὶ βραχύτερον ποιοῦντες παυσόμεθα οὔτε τὰς δύο 40
πλευρὰς τῆς λοιπῆς μείζονας εὑρίσκοντες, ὥστε ἀπ᾽ ἀμφοῖν ἴσην ἀφαιρεῖν
τῇ βάσει καὶ διὰ τῶν σημείων παράλληλον ἄγειν. εἰ δὲ τοῦτο ἐπ᾽ ἄπει-
ρον ποιεῖν δυνατόν, ἐπ᾽ ἄπειρον τέμνεται τὸ τοῦ τριγώνου ἐπίπεδον. εἰ
δὲ ἔστιν ἡ εἰς ἄπειρον τομή, ἔστι τὸ ἄπειρον ἐν τῷ μεγέθει. οὐ γὰρ ἂν
εἰ μὴ ἄπειρον ἦν, ἐτέμνετο ἐπ᾽ ἄπειρον.

  Τρίτον δέ φησι τῶν ἐναγόντων εἰς τὸ ἄπειρον τὸ οὕτως ἂν μόνως
μὴ ἐπιλείπειν τὴν γένεσιν, εἰ ἄπειρον εἴη τὸ ἀφ᾽ οὗ ἀφαιρουμένου ἀεὶ
ἐπ᾽ ἄπειρον γίνεται τὰ γινόμενα. τοῦτο γὰρ καὶ τῶν φυσικῶν ἔπεισέ τι- 45
νας ἄπειρον ὑποθέσθαι τὸ στοιχεῖον. τέταρτον δὲ καὶ δυσαντίβλεπτον τὸ
φαίνεσθαι πᾶν τὸ πεπερασμένον ἀεὶ πρός τι περαῖνον. εἰ γὰρ πᾶν τὸ πε-
περασμένον πρὸς ἄλλο τι ἔξωθεν αὐτοῦ ὂν περαίνει, τὸ ἔξωθεν ἐκεῖνο πρὸς
ὃ περαίνει, ἢ ἄπειρόν ἐστιν ἢ πεπερασμένον. καὶ εἰ μὲν ἄπειρον, ἔχομεν
αὐτόθεν ὅτι ἔστι τὸ ἄπειρον· εἰ δὲ πεπερασμένον οἷον ἡ γῆ, καὶ αὐτὸ πρὸς
ἄλλο περαίνει, καὶ τοῦτο ἐπ᾽ ἄπειρον. εἰ δὲ ἐπ᾽ ἄπειρον, ἔστι τὸ ἄπειρον. οὐ-
δὲν γὰρ τελευταῖον ληφθήσεται πέρας, εἴπερ καὶ τοῦτο πρὸς ἄλλο τι περαίνει. 50

---

4 τὸ δὲ ἦν — μόρια (5) om. a   5 καί (post ὥστε) super add. E¹   8 Εὔδημος
fr. 30 p. 45, 6 Sp.   9 ἀπείρου—ὑπολείπειν om. F   10 πᾶν — λαμβάνοντες (11)
om. F   17 ἐν (post ἐὰν) om. F   18 μείζων, ἀπ᾽ ἀμφοῖν τῶν πλευρῶν om. F
20 post βάσει: add. τὸ a   20 ποιήσομεν E   23 ὥστε iteravit F   24 ἄγειν
aF: λέγειν E   25 ποιεῖ F   τοῦ (post τὸ) om. aF   29 ὑπολείπειν Aristotelès
cf. v. 9   εἴη om. aF   32 ἅπαν aF   34 post πεπερασμένον ex v. 35 οἷον —
ἄλλο (36) iterata delevit E   ἐχόμενον E

"τούτῳ δὲ [μάλιστα] τῷ λόγῳ ὡς μάλιστα, ὥς φησιν ὁ Ἀλέξανδρος, οἱ 107ᵛ
περὶ Ἐπίκουρον πιστεύοντες ἄπειρον ἔλεγον εἶναι τὸ πᾶν, διότι πᾶν τὸ πε-
περασμένον παρά τι περαινόμενον ἔξωθέν τι ἔχει". ὁ δὲ Ἀριστοτέλης ὡς
ἀρχαιοτέρου μέμνηται τοῦ λόγου.

  Πέμπτον δὲ ὃ μάλιστα καὶ κυριώτατόν φησιν Ἀριστοτέλης, καὶ
κοινὴν ἀπορίαν ποιοῦν πᾶσιν, ἡ τῆς νοήσεως ἤτοι φαντασίας τῆς
ἡμετέρας δύναμις ἀεί τι καὶ προστιθέναι καὶ ἀφαιρεῖν | ἰσχύουσα καὶ μηδέ- 108ʳ
ποτε ἡττωμένη καὶ ὑπολείπουσα. διὰ γὰρ τοῦτο καὶ ὁ ἀριθμὸς ἐπ' ἄπειρον
αὔξεσθαι δοκεῖ, ὅτι παντὶ τῷ προτιθεμένῳ ἀριθμῷ δυνάμεθα προσθεῖναι
μονάδα ἢ ἀριθμόν, καὶ τὰ μαθηματικὰ μεγέθη ἐπ' ἄπειρον διαιρεῖσθαι καὶ
αὔξεσθαι, ὅτι πᾶν τὸ λαμβανόμενον δυνατὸν τεμεῖν καὶ τὸ τμῆμα προσθεῖ-
ναι τῇ ἐπινοίᾳ, οὐ γὰρ δὴ τῇ αἰσθήσει. ἐπειδὴ δὲ ἡ ἐπίνοια κατὰ τὰ 5
πράγματα δοκεῖ γίνεσθαι, οἰόμεθα τὰ πράγματα οὕτως ἔχειν ὡς φανταζό-
μεθα. τὸ αὐτὸ δὲ πάσχομεν καὶ περὶ τὸ ἔξω τοῦ οὐρανοῦ· ἀεὶ γὰρ
τοῦ ληφθέντος ἔξω τι ἐπινοοῦμεν, καὶ οὕτως ἄπειρον δοκεῖ τὸ ἔξω. καὶ
εἰ μὲν κενόν, ὡς ἐδόκει λέγειν Δημόκριτος, ἄπειροι ἂν εἶεν καὶ οἱ κόσμοι·
τί γὰρ μᾶλλον τοῦ κενοῦ ἐνταῦθα ἢ ἐνταῦθα; ὥστε εἴπερ μο-
ναχοῦ καὶ πανταχοῦ ἂν εἶναι τὸν σωματικὸν ὄγκον, ὥστε καὶ αὐτὸν·
ἄπειρον εἶναι. καὶ ἄλλως εἰ τὸ κενὸν τόπος ἐστὶ δυνάμενος δέξασθαι σῶμα, 10
ἐπὶ δὲ τῶν ἀιδίων τὸ δυνατὸν γενέσθαι πάντως ἂν καὶ γένοιτο, ὡς εἰ μὴ
γένοιτο οὐδὲ ἐνδεχόμενον γενέσθαι (ἐπὶ μὲν γὰρ τῶν φθαρτῶν οὐδὲν κω-
λύει φθαρῆναι, πρὶν εἰς ἔργον ἐκβῆναι τὸ ἐνδεχόμενον, ἐπὶ δὲ τῶν ἀιδίων
ἀδύνατον), διὸ ἐν τοῖς ἀιδίοις οὐκ ἔστι τὸ ἐνδεχόμενον, ἀλλ' ἐν μόνοις
τοῖς γενητοῖς καὶ φθαρτοῖς, ὥστε εἰ ἄπειρον τὸ κενόν, καὶ τόπος ἄπει-
ρος ἔσται, καὶ σῶμα ἄπειρον, ὃ πέφυκε δέχεσθαι ὁ ἄπειρος τόπος.

  "Ἀρχύτας δέ, ὥς φησιν Εὔδημος, οὕτως ἠρώτα τὸν λόγον· ἐν τῷ 15
ἐσχάτῳ οἷον τῷ ἀπλανεῖ οὐρανῷ γενόμενος, πότερον ἐκτείναιμι ἂν τὴν
χεῖρα ἢ τὴν ῥάβδον εἰς τὸ ἔξω, ἢ οὔ; καὶ τὸ μὲν οὖν μὴ ἐκτείνειν ἄτο-
πον· εἰ δὲ ἐκτείνω, ἤτοι σῶμα ἢ τόπος τὸ ἐκτὸς ἔσται. διοίσει δὲ οὐδὲν
ὡς μαθησόμεθα. ἀεὶ οὖν βαδιεῖται τὸν αὐτὸν τρόπον ἐπὶ τὸ ἀεὶ λαμβα-
νόμενον πέρας, καὶ ταὐτὸν ἐρωτήσει, καὶ εἰ ἀεὶ ἕτερον ἔσται ἐφ' ὃ ἡ
ῥάβδος, δῆλον ὅτι καὶ ἄπειρον. καὶ εἰ μὲν σῶμα, δέδεικται τὸ προκείμε-
νον· εἰ δὲ τόπος, ἔστι δὲ τόπος τὸ ἐν ᾧ σῶμά ἐστιν ἢ δύναιτ' ἂν εἶναι, 20
τὸ δὲ δυνάμει ὡς ὂν χρὴ τιθέναι ἐπὶ τῶν ἀιδίων, καὶ οὕτως ἂν εἴη σῶμα
ἄπειρον καὶ τόπος". μήποτε δὲ οὗτος ὁ λόγος καὶ πρὸς ἡμᾶς ἀπορήσει
δριμέως τοὺς λέγοντας μηδὲν εἶναι ἔξω τοῦ οὐρανοῦ, ὡς τοῦ κοσμικοῦ σώ-
ματος, οὗ πέρας ὁ οὐρανός, τὴν ὅλην χώραν κατειληφότος. εἰ οὖν ἐν τῷ

---

1 μάλιστα (post δὲ) EF: del. a 2 Ἐπίκουρον] cf. Laert. X 42 4 ἀρχαιότε
ρον E 5 φησιν ὁ aF καὶ (ante κοινὴν) om. aF 6 ἤτοι τῆς aF
9 προστιθεμένῳ a 17 ὥστε] ὥσπερ F 19 εἰ] δὲ F 21 γὰρ om. E
24 τὸ (ante κενὸν) delendum videtur καὶ ὁ τόπος a 25 ὃ E: ὅπερ
aF 26 Εὔδημος fr. 30 p. 46, 1 Sp. 27 οἷον] ἤγουν a οὐρανοῦ a
28 ἢ οὔ. καὶ τὸ scripsi: ἢ οὔ. καὐτὸ F: ἢ οὐκ ἂν. τὸ aE 29 δὲ (post διοίσει)
om. F ὡς aF: om. E ἀεὶ οὖν aE: εἰ οὖν F 31 ἐφ' ᾧ E

νώτῳ τοῦ οὐρανοῦ γενόμενος ἐκτείνοι τὴν χεῖρα, ποῦ ἂν ἐκταθείη; οὐ
γὰρ δὴ εἰς τὸ μηδέν· οὐδὲν γὰρ τῶν ὄντων ἐν τῷ μὴ ὄντι. ἀλλ' οὐδὲ
κωλυθήσεται ἐκτεῖναι· ὑπὸ γὰρ τοῦ μηδενὸς οὐ δυνατὸν κωλυθῆναι.

Οὕτως μὲν οὖν ὁ Ἀριστοτέλης ἐκ πέντε μάλιστα τὴν πίστιν εἶναί
φησι τοῦ εἶναι τὸ ἄπειρον, ὁ δὲ Εὔδημος δι' αἰτίας ἓξ φησιν. ὧν πρώτην
εἰπὼν τὴν ἐν τῷ συνεχεῖ διαίρεσιν ἐπ' ἄπειρον γινομένην ταύτης ἀντί-
στροφόν φησι τὴν κατὰ πρόσθεσιν ἐν τοῖς ἀριθμοῖς θεωρουμένην. οὐδὲ
ταύτην δὲ τὴν αἰτίαν ὁ Ἀριστοτέλης παρῆκεν ἐν τοῖς διὰ τὴν ἐπίνοιαν
νομιζομένοις ἀπείροις θεὶς αὐτήν, ὅτε ἔλεγε καὶ ὁ ἀριθμὸς δοκεῖ ἄπει-
ρος εἶναι καὶ τὰ μαθηματικὰ μεγέθη διαιρεῖσθαι ἐπ' ἄπειρον δῆλον.
ἴσως δὲ ἄν τις ἀπορήσοι, πῶς κατ' ἐπίνοιαν λέγει τὴν ἐπ' ἄπειρον τοῦ
ἀριθμοῦ πρόσθεσιν καὶ τοῦ μεγέθους ἀφαίρεσιν. καὶ γὰρ ἐπ' αὐτῆς φαί-
νεται τῆς τῶν πραγμάτων ἀληθείας. ποίῳ γὰρ ἀριθμῷ οὐκ ἔστι προσθεῖ-
ναι, καὶ ποῖον μέγεθος οὐκ ἔστι διαιρετόν, εἴπερ μὴ ἐκ σημείων συνέστηκε
τὸ μέγεθος; ἢ οὐ τὸ ἐπ' ἄπειρον ἀλλὰ τὸ ἄπειρον κατ' ἐπίνοιάν φησιν ἐκ
τοῦ ἐπ' ἄπειρον τῆς αὐξήσεως καὶ τῆς μειώσεως ἐπινοουμένου. τὸ μὲν
γὰρ ἐπ' ἄπειρον ἐφ' ἑκάτερα καὶ ἐν ὑποστάσει ἐστί, τὸ δὲ ἄπειρον οὐκέτι,
ὡς δειχθήσεται. οὔτε γὰρ ἀριθμός ἐστιν ἄπειρος οὔτε μέγεθος.

p. 203ᵇ30 Ἔχει δὲ ἀπορίαν ἡ περὶ τοῦ ἀπείρου θεωρία ἕως τοῦ
καὶ ἄπειρα τῷ πλήθει.

Εἰπὼν ἐκ πόσων καὶ τίνων ἐνήγοντο πρὸς τὸ τιθέναι τὸ ἄπειρον οἱ
τιθέντες καὶ μέλλων μετ' ὀλίγον δεικνύναι, πῶς μὲν οὐκ ἔστι, πῶς δὲ ἔστι
τὸ ἄπειρον, μεταξύ φησιν ἐφ' ἑκάτερα ἀπορίας ἀπαντᾶν τοῖς τε μὴ εἶναι καὶ
τοῖς εἶναι τὸ ἄπειρον λέγουσι. καὶ εἴ τί ἐστι, τοῖς ὡς οὐσίαν καὶ τοῖς
ὡς συμβεβηκὸς τιθεμένοις ἢ μηδέτερον μὲν τούτων, οὐδὲν δὲ ἧττον καὶ
πλήθει καὶ μεγέθει τὸ ἄπειρον λέγουσι. τοῦτο γὰρ ἀπαιτεῖ τὸ ἀνέλλιπὲς
τῆς διαιρέσεως καὶ τῷ ἐπ' ἄπειρον μάλιστα προσήκει. τίνα οὖν ἐνδείκνυ-
ται τὰ ὑπαντῶντα ἄπορα τοῖς μὴ εἶναι τὸ ἄπειρον λέγουσιν; ἢ ἀναιρεῖσθαι
τὴν ἐπ' ἄπειρον τῶν συνεχῶν τομὴν ἀνάγκη· ταύτης δὲ ἀναιρουμένης
ἀναιρεῖται μὲν γεωμετρία ἀρχῇ ταύτῃ χρωμένη, εἰσάγεται δὲ τὸ ἐξ ἀτόμων
καὶ σημείων συνεστάναι τὰ μεγέθη καὶ ἐκ τῶν νῦν τὸν χρόνον, ὅπερ διὰ
πολλῶν ἐλεγχθήσεται· ἀναιρεῖται δὲ καὶ ἡ ἐπ' ἄπειρον τῶν ἀριθμῶν αὔξη-
σις ἐναργῶς φαινομένη. τίς γάρ ἐστιν ἀριθμὸς τῶν ἤδη γεγονότων ἀν-
θρώπων ἢ ἐσομένων, ᾧ μὴ δυνατὸν προσθεῖναι; ἀναιρεῖται δὲ καὶ ἡ ἐπ'

---

1 ἐκτανθείη aF   2 ἐν τῷ] εἰς τὸ F   4 ἐκ πέντε μᾶλλον aF   εἶναι τὴν πίστιν φησὶ a   5 Εὔδημος fr. 30 p. 46, 23 Sp.   ἓξ aF: ἔξω E   6 ταύτην E   8 δὲ om. E   11 ἐπ' om. F   16 καὶ τῆς in extr. pag. iteravit F   17 ἐστί om. F   20 καὶ E ut Arist. codd. FI: ἢ a ex Arist. vulg.   21 τίνων καὶ πόσων a   22 ἔστι τὸ E: τὸ om. aF   24 τί ἐστι E: ἐστι aF   τοῖς (post καὶ) om. a   25 καὶ πλήθει om. F   28 τὰ ὑπαντῶντα ἄπειρα a   ἢ ἀναιρεῖσθαι iteravit F   29 τῶν (post ἄπειρον) om. E   31 τῶν χρόνων F¹   32 ἐλεχθήσεται F ἀναφεῖ E   33 γεγονότων EF: γενομένων a   34 ἀναιρεῖ E

ἄπειρον πρόοδος τοῦ χρόνου, ταύτῃ δὲ ἡ τοῦ παντὸς ἀιδιότης συναναιρεῖται 108ʳ
διὰ πολλῶν καὶ ἀκριβῶν λόγων καὶ ὑπὸ Πλάτωνος καὶ ὑπὸ Ἀριστοτέλους
ἀποδειχθεῖσα. πάλιν δὲ εἴ τις λέγοι τὸ | ἄπειρον εἶναι, ἀναιρεῖται ἡ τοῦ 108ᵛ
ἄνω καὶ ἡ τοῦ κάτω διαφορὰ καὶ ἡ τοῦ μέσου καὶ ἡ τοῦ πέριξ καὶ ἡ
5 φυσικὴ τῶν σωμάτων ῥοπὴ καὶ κίνησις. μὴ γὰρ ὡρισμένων τῶν ἐφ' ἃ
ἡ κίνησις, οὐδὲ αἱ κινήσεις ἔσονται ὡρισμέναι. εἰ δέ τις εἶναί τι τὸ ἄπει-
ρον λέγοι εἴτε ὡς οὐσίαν εἴτε ὡς συμβεβηκός, πόσα καὶ ποῖα ἕπεται ἀδύ-
νατα μετ' ὀλίγον μαθησόμεθα. εἰ δὲ μηδέτερόν τις λέγοι τούτων, εἶναι δὲ 5
ὅμως ἄπειρον, ἄτοπον αὐτόθεν δοκεῖ τὸ εἶναί τι, ὃ μήτε οὐσία μήτε συμ-
10 βεβηκός ἐστι. καὶ ἄλλως δὲ ὁ Ἀλέξανδρος ἐξηγεῖται τὸ μηδετέρως, οὐχ
ὡς τὸ πρὸς πᾶν συμβεβηκὸς ἀντιδιαιρούμενον, ἀλλὰ πρὸς τὸ καθ' αὑτὸ
φύσει τινὶ ὑπάρχον· ὡς εἰ ἔλεγεν 'ἢ οὐδὲ ὡς οὐσία οὐδὲ ὡς καθ' αὑτὸ
συμβεβηκός, ἀλλ' ἄλλως πως συμβεβηκός'.

p. 204ᵃ1 **Μάλιστα δὲ φυσικοῦ ἐπισκέψασθαι, εἰ ἔστι μέγεθος**
15 **αἰσθητὸν ἄπειρον.**

Διὰ πάντων τῶν προειρημένων συστήσας, ὅτι οἰκεία τῷ φυσικῷ ἐστιν 10
ἡ περὶ τοῦ ἀπείρου ζήτησις ἔκ τε τῶν ὑποκειμένων αὐτῷ, εἴπερ μεγέθη
ἐστὶ κινούμενα κατὰ χρόνον καὶ ἐκ τοῦ τοὺς πάλαι φυσιολόγους οὐ παρέρ-
γως διαλεχθῆναι περὶ αὐτοῦ, ἀλλ' ἀρχὴν αὐτὸ θεμένους καὶ ἔτι μέντοι ἐκ
20 τοῦ καὶ τιθεμένοις εἶναι τὸ ἄπειρον καὶ μὴ καὶ οὐσίαν αὐτὸ λέγουσι καὶ
συμβεβηκὸς καὶ οὐδέτερον πολλὰ ἄπορα ὑπαντᾶν, διὰ τούτων οὖν δείξας
ὅτι τῷ φυσικῷ οἰκεῖος ὁ περὶ τοῦ ἀπείρου λόγος, εἰκότως ἐπάγει· περὶ τοιού- 15
των ἀπείρων ὁ λόγος οἰκεῖος ἔσται τῷ φυσικῷ, ὅτι οὐ περὶ νοητοῦ τινος
οἷον τοῦ μαθηματικοῦ ἢ εἴ τι ὑπὲρ τοῦτο, ἀλλὰ περὶ αἰσθητοῦ. ἐπιστή-
25 μονος γάρ ἐστι τὸ οἰκείους ποιεῖσθαι τοὺς λόγους ταῖς προκειμέναις ὑπο-
θέσεσιν.

p. 204ᵃ2 **Πρῶτον οὖν διοριστέον, ποσαχῶς λέγεται τὸ ἄπειρον**
ἕως τοῦ ἢ κατὰ πρόσθεσιν ἢ κατὰ διαίρεσιν ἢ ἀμφοτέρως. 21

Εἰπὼν περὶ ποίου μάλιστα ἀπείρου τῷ φυσικῷ πρόκειται σκοπεῖν, εἰ
30 ἔστιν, ὅτι περὶ μεγέθους αἰσθητοῦ, ὅπερ καὶ ἀποδείξει μὴ ὄν, ἀλλὰ τινα
τοῦ ἀπείρου σημαινόμενα βουλόμενος εἶναι, ἐπειδὴ τῶν πολλαχῶς λεγομέ-
νων τὸ ἄπειρόν ἐστι, διαιρεῖται πρῶτον αὐτοῦ τὰ σημαινόμενα. οὕτω γὰρ 25

---

1 ταύτῃ EF: τούτῳ a   2 καὶ (post λόγων) om. a   3 ἀναιρεῖ E   4 ἡ (ante
τοῦ πέριξ) om. aF   6 τις εἶναί τι aF (cf. p. 468, 24): εἶναί τις E   9 ὅπερ aF
10 μηδετέρως] οὐδετέρως Aristoteles   12 ὑπάρχον om. F   14 ἐπισκέψασθαι E
(sic etiam Themistius p. 225, 10): ἔστι σκέψασθαι a ex Aristotele   16 εἰρημένων
aF   18 ἐστὶ καὶ a   19 καὶ ἔτι sic EF: ἔτι a   ἐκ τοῦ καὶ EF: καὶ ἐκ
τοῦ a   21 ἄπορα E: ἄπειρα aF   τούτων EF: τοῦτο a   27 οὖν] δὲ F
28 διαίρησιν libri   29 τῷ φυσικῷ ἀπείρου E   post φυσικῷ iteravit μάλιστα F
30 ὅτι aE: ὅπερ F   32 διαιρεῖ F

ἂν μάθοιμεν κατὰ τίνα μὲν τῶν σημαινομένων ἀδύνατον εἶναι τὸ ἄπειρον, 108ᵛ κατὰ τίνα δὲ δυνατόν. κοινῶς μὲν οὖν ἄπειρον εἶναι δοκεῖ τὸ ἀδιαπόρευτον καὶ ἀπεράτωτον, ὃ μὴ ἔστι διεξοδεύειν, τούτου δὲ τὸ μὲν οὕτως λέγεται ἄπειρον, ὡς μηδ' ὅλως φύσιν ἔχον διεξοδευτὴν ἢ διαπορευτήν, οἷον ἂν
5 εἴη καὶ τὸ σημεῖον καὶ πᾶν ὅλως ὃ μὴ ἔστι ποσόν. τὸ γὰρ μὴ ποσὸν οὐκ ἔχει διέξοδον ὅλως, ὥστε οὔτε ἀτελεύτητον διέξοδον. οὕτως δὲ καὶ ἡ φωνὴ ἀόρατος λέγεται κατὰ ἀπόφασιν ὡς μὴ πεφυκυῖα ὁρᾶσθαι, 30 διότι οὐδὲν χρῶμα ἔχει. κατὰ πολλοὺς δὲ τρόπους ἡ τοιαύτη ἀπόφασις λέγεται ἡ κατὰ τὸ μὴ πεφυκέναι. ἄλλως γὰρ ἄπους ὁ τοῖχος καὶ ἰχθὺς
10 καὶ δρεπανίς, ὁ μὲν ὅτι οὐδὲ ὅλως ἐν γένει τοῦ ὑπόποδος οἷον τῷ ζῴῳ, ὁ δὲ ἰχθὺς ὅτι διαφορὰν ταύτην ἔχει πρὸς τὰ ὁμογενῆ (τῶν γὰρ ζῴων ἢ τῶν ἐνύδρων τὰ μὲν ὑπόποδα τὰ δὲ ἄποδά ἐστιν), ἡ δὲ δρεπανὶς (ὄρνεον δὲ τοῦτό ἐστιν, ὃ καὶ κεγχρίδα καλοῦσιν) ἄπουν λέγεται, ὅτι μικροὺς καὶ 35 φαύλους ἔχει τοὺς πόδας. ἀλλ' οὐ κατὰ τοῦτο τὸ σημαινόμενον τοῦ ἀπείρου
15 τὸ κατὰ ἀπόφασιν ζητοῦμεν, εἰ ἔστι τι ἄπειρον αἰσθητόν.

Δεύτερον δὲ σημαινόμενον τοῦ ἀπερατώτου ἀπείρου ἐκτίθεται τὸ δίοδον μὲν ἔχον διότι ποσόν, ἀτελεύτητον δὲ ταύτην καὶ ἄπειρον καὶ ἀδιεξίτητον. καὶ τούτου διαφοραί εἰσιν. ἢ γὰρ διὰ κατασκευήν ἐστι τοιοῦτον ποτὲ μὲν διὰ τὸ σχῆμα, ὡς ὁ δακτύλιος ὁ μὴ ἔχων σφενδόνην ἄπειρος ὅτι
20 καὶ πᾶς κύκλος, ποτὲ δὲ διὰ τὸ μὴ δοῦναι ἔξοδον, ὡς ὁ παρὰ Λακεδαιμο- 40 νίοις ἦν κεάδας, εἰς ὃν τοὺς καταχρίτους ἐνέβαλλον, ἢ διὰ μεγέθους ὑπερβολήν, ἐφ' οὗ σημαινομένου ἡ πλείστη τοῦ ἀπείρου ἔννοιά ἐστι.

Τρίτον δὲ τοῦ ἀπείρου σημαινόμενον τὸ μόγις ἔχον διέξοδον ἢ διὰ μέγεθος ἢ διὰ κατασκευήν, ὡς ὁ λαβύρινθος καὶ ὁ κεάδας ὕστερον. ὅτι γὰρ ἔσχε
25 μόγις, ἐδήλωσεν ἡ ἀλώπηξ ἡ τὸν Μεσσήνιον Ἀριστομένην διεξοδεύσασα.

Τέταρτον δὲ τοῦ ἀπείρου σημαινόμενόν ἐστιν ὃ πεφυκὸς ἔχειν διέξοδον ἀδιεξίτητόν ἐστι. τοιαύτη δὲ ἡ διὰ τῆς κεχαυμένης ὁδὸς ἢ τῆς 45 κατεψυγμένης, διεξιτητὴ μὲν οὖσα τῷ ὡρίσθαι τὸ μέγεθος αὐτῶν, κωλυομένη δὲ ὑπὸ τῆς τοῦ ἀέρος ἀσυμμετρίας. ἐν τῷ τοιούτῳ καὶ τὸν λαβύ-
30 ρινθον τέθεικεν ὁ Ἀλέξανδρος τὸν οὕτω κατεσκευασμένον ὡς ἀδιέξοδον εἶναι καὶ τὸν ἄπειρον δακτύλιον, ὡς διεξίτητα μὲν τῇ ἑαυτῶν φύσει τῷ πεπερασμένα εἶναι, διὰ δὲ τὴν ποιὰν κατασκευὴν ἀδιέξοδα. μήποτε δὲ ὁ μὲν λαβύρινθος, εἰ καὶ μόγις, ἀλλ' εἶχεν ὅμως διέξοδον, διὸ ἐν τοῖς μόγις τακτέος, ὁ δὲ δακτύλιος, ὥσπερ καὶ πᾶς κύκλος οὐδὲ πέφυκεν ὅλως ἔχειν 50
35 πέρας ἀλλ' οὐ διὰ τὸ μέγεθος ἀλλὰ διὰ τὸ σχῆμα.

Πέμπτον δὲ τοῦ ἀπείρου τίθησι σημαινόμενον τὸ κατὰ πρόσθεσιν,

---

4 ἔχον φύσιν aF   διοδευτὴν F   5 ὅλως πᾶν aF   6 δὲ om. aF   8 post τρόπους add. καὶ aF   12 ἐστιν ἄποδα, τὰ δὲ ὑπόποδα aF   13 δὲ om. aF   καὶ (post δ) om. aF   καλοῦμεν a   14 φαύλως E   τοῦ ἀπείρου om. a   16 δίοδον] fortasse διέξοδον   17 διότι E: ὅτι aF   21 κεάδας cf. Paus. IV 18, 4 sqq.   24 λαβυρίνθιος F   25 ἀριστομένη E   26 ἐστιν ὃ] ἐστι, τὸ a   27 διαχεχαυμένης E   28 αὐτῶν E: αὐτῆς aF   29 συμμετρίας E   34 τακτέον E καὶ om. a   35 ἀλλ' om. a   τὸ (ante μέγεθος) om. a   36 δὲ om. aF πρόθεσιν E

ὅπερ ἐπὶ τοῦ ἀριθμοῦ θεωρεῖται (παντὶ γὰρ τῷ προτιθεμένῳ ἀριθμῷ ἔστι 108ᵛ
προσθεῖναι), καὶ τὸ κατὰ διαίρεσιν, εἴπερ πᾶν συνεχὲς ἐπ' ἄπειρόν ἐστι
διαιρετόν. ἐπειδὴ δὲ ἐπὶ μὲν τῶν ἀριθμῶν κατὰ πρόσθεσιν μόνως ἐστὶ τὸ
ἄπειρον, | (ἡ γὰρ διαίρεσις εἰς μονάδα ἱσταμένη οὐκέτι ἐπ' ἄπειρον 109ʳ
5 προχωρεῖ), ἐπὶ δὲ τῶν μεγεθῶν καὶ κατὰ διαίρεσιν, ὅταν πᾶν τὸ λαμβα-
νόμενον τέμνηται, καὶ κατὰ πρόσθεσιν δέ, ὅταν καὶ τέμνηται ἐπ' ἄπειρον
καὶ τὰ τμήματα εἰ προστιθοῖτο, διὰ τοῦτο εἶπεν ἢ κατὰ πρόσθεσιν ἢ
κατὰ διαίρεσιν ἢ ἀμφοτέρως. οὕτως δὲ καὶ ὁ χρόνος καὶ προσθέσει
ἄπειρός ὁ μέλλων καὶ ἀφαιρέσει ὁ παρεληλυθώς. τὸ δὲ ἅπαν προσέθη- 5
10 κεν, οὐχ ὅτι πᾶν τὸ λεγόμενον ἄπειρον, ἀλλ' ὅτι πᾶν τὸ κυρίως λεγόμενον
ὅπερ ἐστίν, οὐχ ὅτι τὸ ἅμα ὂν ἄπειρον (δειχθήσεται γὰρ μηδὲν ὂν τοιοῦ-
τον μήτε κατὰ πλῆθος μήτε κατὰ μέγεθος), ἀλλὰ τὸ ἐπ' ἄπειρον, τοῦτο
δέ ἐστι τὸ ἐν τῷ γίνεσθαι τὸ εἶναι ἔχον.

p. 204ᵃ8 Χωριστὸν μὲν οὖν εἶναι τὸ ἄπειρον ἕως τοῦ ἀλλ' ὡς
15   ἀδιεξίτητον.   11

Πρότερα μὲν ἦν περὶ τοῦ ἀπείρου προβλήματα, εἰ ἔστιν ἢ μὴ ἔστι,
καὶ οὕτως πότερον οὐσία ἐστὶν ἢ συμβεβηκός, αὐτὸς δὲ εὐθὺς ἀρξάμενος
τῆς ζητήσεως ζητεῖ πρότερον, εἰ οὐσία ἢ συμβεβηκὸς τοῦτο, διὰ συντομίαν
ἴσως. ἐὰν γὰρ δειχθῇ ὅτι οὔτε οὐσία οὔτε συμβεβηκὸς φύσει τινί, ἔσται
20 δεδειγμένον ὅτι οὐδὲ ἔστιν ὅλως ὡς ὑπάρχον τὸ ἄπειρον. πᾶν γὰρ τὸ 15
ὑπάρχον ἢ οὐσία ἐστὶν ἢ συμβεβηκός. ὅτι οὖν οὐκ ἔστιν οὐσία τὸ ἄπει-
ρον, δείκνυσιν οὕτως· εἰ οὐσία ἐστίν, ἀδιαίρετον ἔσται, εἰ δὲ ἀδιαί-
ρετον, οὐκ ἄπειρον· ἀλλὰ μὴν ἄπειρον ὑπόκειται· οὐκ ἄρα οὐσία.
καὶ ὅτι μὲν ἀδιαίρετόν ἐστιν ἡ οὐσία, δείκνυσιν οὕτως· εἰ οὐσία, οὐ συμ-
25 βεβηκός, εἰ μὴ συμβεβηκός, οὐ ποσόν, εἰ μὴ ποσόν, οὔτε μέγεθος οὔτε
πλῆθος, εἰ μήτε μέγεθος μήτε πλῆθος, οὐ διαιρετόν· ταῦτα γὰρ τὰ διαι-
ρετά. εἰ δὲ ἀδιαίρετον, οὐκ ἄπειρον· τὸ γὰρ ἄπειρον διαιρετόν· 20
ἀλλὰ μὴν ἄπειρον ὑπόκειται, οὐκ ἄρα οὐσία. εἰ δὲ οὐσία ὂν ἀδιαίρετον
λέγοιτο, οὕτως λέγεται ὡς τὸ μὴ πεφυκὸς κατὰ ἀπόφασιν μόνην, ὡς ἡ
30 φωνὴ ἀόρατος. οὐκ ἔστι δὲ τὸ νῦν ζητούμενον ἄπειρον, τὸ οὕτως λεγό-
μενον, ἀλλὰ τὸ ἀδιεξίτητον. χωριστὴν δὲ τὴν οὐσίαν λέγει, ὡς καθ'
ἑαυτὴν ὑφεστῶσαν καὶ μὴ ἐν ἄλλῳ ὡς τὰ συμβεβηκότα.

p. 204ᵃ14 Εἰ δὲ κατὰ συμβεβηκός ἐστι τὸ ἄπειρον ἕως τοῦ καίτοι 25
           ἡ φωνή ἐστιν ἀόρατος.

35 Τὸ κατὰ συμβεβηκὸς οἱ ἐξηγηταὶ ἀντὶ τοῦ συμβεβηκὸς εἰρῆσθαι

---

1 προστιθεμένῳ E   7 καὶ τὰ] κατὰ F   προστιθεῖτο a   10 πᾶν (post οὐχ ὅτι)
aF: παρὰ (comp.) E   13 γενέσθαι F   15 ἀδιεξίτητον E cf. v. 31 et Themistius
p. 226, 12: ἀδιέξοδον Aristoteles   17 πρότερον F   18 εἰ om. E   19 γὰρ om. E
                                                γρ. ἡ
22 εἰ οὐσία] ἡ οὐσία E   24 ἡ] εἰ F   δείκνυται E   εἰ οὐσία FE (sed hic εἰ ex
ἡ corr.): ἡ οὐσία a   29 post πεφυκὸς add. τὸ aF   31 διεξίτητον F   χωρι-
στὸν F   32 ἐν om. E   33 εἰ δὲ] ἔτι Aristoteles cod. E   καίτοι] οὐκέτι E

λέγουσιν, ἵνα ᾖ λέγων 'εἰ δὲ μὴ οὐσία, ἀλλὰ συμβεβηκὸς εἴη τὸ ἄπειρον, 109ʳ
οὐκέτι ἂν εἴη στοιχεῖον τῶν ὄντων τὸ ἄπειρον', ὡς ἔλεγον καὶ οἱ Πυθα-
γόρειοι καὶ ὁ Πλάτων καὶ ἔτι μᾶλλον οἱ φυσικοὶ οἱ ὕδωρ ἢ ἀέρα ἢ πῦρ
ἢ τὸ μεταξὺ τὸ στοιχεῖον λέγοντες. εἴη γὰρ ἂν στοιχεῖον καὶ ἀρχὴ ἐκεῖνο,
5 ᾧ συμβέβηκεν ἀπείρῳ εἶναι, ὥσπερ ἐπὶ τῆς φωνῆς ἔχει· καὶ γὰρ αὕτη 30
ἀρχὴ καὶ στοιχεῖόν ἐστι τῆς διαλέκτου, καὶ συμβέβηκεν αὐτῇ ἀοράτῳ εἶναι·
καὶ οὐκ ἄν τις εἴποι τοῦτο ἀρχὴν ἢ στοιχεῖον τῆς διαλέκτου· οὕτως μὲν
οὖν, ὥσπερ εἶπον, σχεδόν τι πάντες οἱ ἐξηγηταὶ τὸ χωρίον ἐξηγοῦνται.
μήποτε δὲ τὸ κατὰ συμβεβηκὸς οὐκ ἀντὶ τοῦ συμβεβηκός, ἀλλὰ κυρίως
10 εἶπεν ὁ Ἀριστοτέλης οὔπω μετελθὼν ἀπὸ τῆς οὐσίας εἰς τὸ ζητεῖν, εἰ συμ-
βεβηκὸς τὸ ἄπειρόν ἐστιν, ἀλλὰ μετὰ τὸ δεῖξαι ὅτι οὐκ ἔστιν οὐσία καθ'
αὑτὸ τὸ ἄπειρον οὐδὲ ταὐτόν ἐστι τὸ ἀπείρῳ καὶ οὐσίᾳ εἶναι, δείκνυσιν ὅτι
οὐδὲ κατὰ συμβεβηκὸς ὑπάρχει τῷ ἀπείρῳ τὸ οὐσίᾳ εἶναι, ὅπερ ἄν τις 85
ὑπενόησεν ὁρῶν ἐν τῇ φυσικῇ οὐσίᾳ τὸ ποσόν. λέγει οὖν ὅτι εἰ κατὰ
15 συμβεβηκός ἐστιν οὐσία τὸ ἄπειρον, οὐκ ἂν εἴη στοιχεῖον τῶν
ὄντων τὸ ἄπειρον, ἀλλ' ἡ οὐσία ἡ κατὰ συμβεβηκὸς τῷ ἀπείρῳ ὑπάρ-
χουσα, ὡς ἐπὶ φωνῆς ἔχει καὶ διαλέκτου. καὶ γὰρ ἐπειδὴ ἡ φωνὴ τῷ
ἀοράτῳ κατὰ συμβεβηκὸς ὑπάρχει (συνέβη γάρ τι ἀόρατον φωνὴν εἶναι,
ἀλλ' οὐχὶ τὴν φωνὴν ἀόρατον εἶναι συνέβη· καθ' αὑτὸ γὰρ αὐτῇ ὑπάρχει
20 τοῦτο), οὐχὶ τὸ ἀόρατόν ἐστι τῆς διαλέκτου στοιχεῖον, ἀλλ' ἡ φωνὴ ἡ 40
τῷ ἀοράτῳ κατὰ συμβεβηκὸς ὑπάρχουσα. εἰ γὰρ καὶ ἡ φωνή ἐστιν ἀόρα-
τος, δῆλον ὅτι μετ' ἄλλων καὶ ἡ φωνή, ὥστε τι ἀόρατον φωνή ἐστιν.
ὥστε ἡ φωνή ἐστιν ἡ τῷ ἀοράτῳ κατὰ συμβεβηκὸς ὑπάρχουσα, ὡς ἡ
οὐσία τῷ ἀπείρῳ. ὅτι γὰρ τῷ ἀπείρῳ τὸ ἀόρατον ἀναλογεῖ, δῆλον. καὶ
25 οἶδα μὲν ὅτι δυνατὸν ἦν καὶ οὕτως ἐξηγεῖσθαι, ὡς πρότερον εἴρηται· καὶ
γὰρ προϊὼν τὸ συμβεβηκὸς κατὰ συμβεβηκὸς καλεῖ· ἐνάγει δέ με πρὸς
ταύτην τὴν ἐξήγησιν τὸ ἔτι καὶ ἄλλα τιθέναι ἐπιχειρήματα πρὸς τὸ μὴ 45
εἶναι οὐσίαν τὸ ἄπειρον, εἰς δὲ τὸ συμβεβηκὸς μεταβεβηκέναι, ἐν οἷς φησιν
"κατὰ συμβεβηκὸς ἄρα ὑπάρχει τὸ ἄπειρον", καὶ ἀναιρεῖ μὲν καὶ ἐκεῖ
30 τοῦτο ἐκ τοῦ μὴ εἶναι ἀρχήν. δῆλον δὲ καὶ ἐκ τοῦ τῇ αὐτῇ πως ἐπι-
χειρήσει χρῆσθαι, ὅτι οὐχ ἡ τοῦ συμβεβηκότος ἐστὶν ἐνταῦθα ὑπόθεσις
(οὐ γὰρ ἂν δὶς τὰ αὐτὰ ἔλεγεν), ἀλλ' ἡ τοῦ κατὰ συμβεβηκὸς τῷ ἀπείρῳ
τὴν οὐσίαν ὑπάρχειν μετὰ τὸ καθ' αὑτὸ τιθεῖσα.

p. 204ª17   Ἔτι πῶς ἐνδέχεται ἕως τοῦ ἢ τὸν ἀριθμὸν ἢ τὸ   50
35   μέγεθος.

Ὁμολογεῖ ὁ Ἀλέξανδρος καὶ τοῦτο ἔτι δεικτικὸν εἶναι τοῦ ὅτι οὐκ

---

1 post ἀλλὰ add. κατὰ F   6 αὐτῇ ex αὐτὴν E   8 ὥσπερ aF: ὅπερ E   σχεδὸν
οἱ πάντες ἐξηγηταὶ a   12 οὐδὲ] οὔτε a   τὸ (ante ἀπείρῳ) aF: τῷ E   15. 16 τῶν
ὄντων στοιχεῖον a   19 συνέβη (post εἶναι) E: συμβαίνει aF   27 post ἄλλα add.
τινὰ a   28 μεταβεβηκεν aF   φησιν p. 204ª29   post φησιν add. οὐ E
31 χρήσασθαι E   32 οὐ γὰρ — τιθεῖσα (33) om. a   34 ἢ (ante τὸ) a: καὶ E

οὐσία τὸ ἄπειρον αὐτὸ καθ' αὑτό. ἡ δὲ ἐπιχείρησις ἐκ τοῦ μᾶλλον καὶ 109r ἧττον. εἰ γὰρ τὸν ἀριθμὸν καὶ τὸ μέγεθος, ὧν ἐστι πάθος τὸ ἄπειρον, μὴ οἷόν τε καθ' αὑτὰ εἶναι, τουτέστιν οὐσίας, διότι ποσὰ καὶ ἐν ὑποκειμένῳ, πολ|λῷ ἄρα μᾶλλον τῷ ἀπείρῳ οὐχ ὑπάρχει τοῦτο. ἧττον ἄρα τὸ ἄπειρον 109v
5 οὐσία ἤπερ τὸ μέγεθος καὶ ὁ ἀριθμός. εἴπερ γὰρ ἦν, ἐν τῷ ὑποκειμένῳ ἂν ἦν. ἧττον γὰρ τὸ ὑποκείμενον ἀναγκάζεται ἐν ἄλλῳ εἶναι ἤπερ τὸ ἐν αὐτῷ συμβεβηκός, ἐπειδὴ καὶ μᾶλλον τὸ ὑποκείμενόν τινι καθ' αὑτὸ εἶναι δύναται τοῦ ἐν αὐτῷ συμβεβηκότος, εἰ δὲ μὴ καθ' αὑτό, οὐδὲ οὐσία.

p. 204 a 20 Φανερὸν δὲ καὶ ὅτι οὐκ ἐνδέχεται ἕως τοῦ ποσὸν γάρ 5
10   τι εἶναι ἀναγκαῖον.   10

Καὶ τοῦτο τὸ ἐπιχείρημα ἀνασκευαστικόν ἐστι τοῦ οὐσίαν καθ' αὑτὴν εἶναι τὸ ἄπειρον. πρότερον γὰρ δείξας ὅτι εἰ οὐσία τὸ ἄπειρον καὶ μὴ συμβεβηκός, ἀμερὲς καὶ ἀδιαίρετον ἔσται καὶ διὰ τοῦτο οὐκ ἄπειρον, ἐπειδὴ πᾶσα οὐσία ἢ ἀδιαίρετός ἐστιν ἢ διαιρετή, εἰπὼν ἀκολουθεῖν τῷ ἀδιαι-
15 ρέτῳ εἶναι τὸ μὴ εἶναι ἄπειρον, ἐπάγει τὸ ἄτοπον νῦν τῷ ὑποτιθεμένῳ οὐσίαν διαιρετὴν εἶναι. ἔσται γὰρ καὶ ἕκαστον αὐτοῦ τῶν μορίων ἄπειρον. 15 καὶ ἡ μὲν ὅλη ἐπιχείρησίς ἐστι τοιαύτη· εἰ ἀρχὴ ὑπόκειται καὶ οὐσία ἐνεργείᾳ τὸ ἄπειρον, ταὐτὸν ἂν εἴη τὸ ἄπειρον ἐπ' αὐτοῦ καὶ ἀπείρῳ εἶναι, διότι τὸ εἶναι αὐτοῦ ἐστιν ἄπειρον· ἁπλοῦν ἄρα· εἰ δὲ ἁπλοῦν, πάντῃ
20 ὅμοιον· εἰ δὲ τοῦτο, ἢ ἀδιαίρετον καὶ οὐκέτι ἄπειρον ἢ διαιρετὸν ὅλως καὶ εἰς ἄπειρα διαιρεθήσεται· εἰς ὅμοια γὰρ ὡς τὰ ὁμοιομερῆ. πολλὰ ἄρα ἄπειρα τὸ αὐτὸ ἔσται. καίτοι κἂν μὴ τὸ αὐτό, ἀλλ' ὅλως εἶναι πολλὰ 20 ἄπειρα σώματα ἀδύνατον. εἰ οὖν μήτε ὡς ἀδιαίρετος οὐσία ἐστὶ μήτε ὡς διαιρουμένη, οὐκ ἔστιν οὐσία.

25 Ἐν δὲ τούτοις τὸ μὲν ἐνεργείᾳ ὂν εἶπεν, εἰ οὕτως οὐσία ὡς ἐνεργείᾳ τόδε τι οὖσα, αὐτὸ καθ' αὑτὸ ὑφεστάναι δυνάμενον, καὶ μὴ οὕτως ἔχον ὡς τὰ σύνθετα ἄλλο μὲν τὸ καθ' ὑποκειμένου ἄλλο δὲ τὸ ὑποκείμενον ἔχοντα (ταῦτα γὰρ οὐχ ἁπλᾶ), μηδὲ ὡς τὰ συμβεβηκότα τοῖς σώμασιν (οὐδὲ γὰρ ταῦτα ἁπλᾶ συναναπεφυρμένα τοῖς ὑποκειμένοις· ἄλλο γὰρ τὸ 25
30 λευκὸν καὶ ἄλλο τὸ λευκῷ εἶναι), ἀλλ' ὡς ἁπλοῦν· οὕτως γὰρ ὂν ἀρχὴ ἂν εἴη ὡς ἀξιοῦσιν. ἢ τὸ ἐνεργείᾳ πρὸς ἀντιδιαστολὴν εἴρηται τοῦ δυνάμει, ἐπειδὴ δυνάμει γε ὂν δειχθήσεται τὸ ἄπειρον. ἐντελεχείᾳ οὖν εἶπεν ἀντιτιθεὶς αὐτὸ πρὸς τὸ δυνάμει, ὅπερ οὐδὲν κωλύει εἶναι διὰ τὸ ἐπ' ἄπειρον. ἀντέθηκε δὲ τὸ ἐνεργείᾳ ὑφεστὼς καὶ πρὸς τὸ μόνον ἐννοούμενον·
35 λέγει οὖν * * * . τάχα δὲ τὸ ἐνεργείᾳ ὑφεστὼς σῶμα ἄπειρον καὶ πρὸς

---

1 αὐτὸ καθ' αὑτὸ a: αὐτὸ καθ' αὑτήν F: αὐτὴ καθ' αὑτόν E   4 πολλοῦ E   6 ἤπερ] εἴπερ E   7 ἐπειδὴ δὲ E   8 ἐν αὐτῷ E: καθ' αὑτὸ aF   12 πότερον E post μὴ add. κατὰ aF   16 τῶν μορίων αὐτοῦ aF   20 post ἢ add. εἰ aF 21 καὶ om. aF   25 οὐσία om. a   28 μηδὲ E: οὐδὲ aF   29 συναπεφυρού- μενα E   33 διὰ] πρὸς F   35 λέγει οὖν EF: om. a   lacunam indicavi, qua Aristotelis locus haustus videtur

τὴν ὕλην ἀντέθηκεν, ἥτις ἄπειρος μέν, ἀλλ' οὐκ ἐνεργείᾳ σῶμά ἐστιν ἀλλὰ
δυνάμει. δὶς δὲ τῷ οὐσίαν χρησάμενος ἅπαξ μὲν ἐν τῷ λέγειν οὐκ ἐν-
δέχεται οὐσίαν εἶναι τὸ ἄπειρον, δεύτερον δὲ ὅταν λέγῃ καὶ ὡς οὐ-
σίαν καὶ ἀρχήν, τὸ μὲν πρῶτον ἀντὶ τοῦ φύσιν εἶπέ τινα οὕτως ὡς
5 ἐνεργείᾳ οὖσαν· τὸ γὰρ τῆς οὐσίας ὄνομα κοινῶς κατὰ πάντων κατηγορεῖ-
ται, καθὸ λέγομεν οὐσίαν ποσοῦ ἢ ποιοῦ καὶ ὅλως συμβεβηκότος· τὸ δὲ
δεύτερον ἐπὶ τῆς κυρίως οὐσίας. μήποτε δὲ κάλλιον ἐπὶ τῆς κυρίως οὐ-
σίας ἄμφω ἀκούειν· εἰπὼν γὰρ ὡς ἐνεργείᾳ ὂν ἐπήγαγε καὶ ὡς οὐ-
σίαν, ἵνα δηλώσῃ πῶς τὸ ἐνεργείᾳ εἶπε.

10 Τὸ δὲ εἴπερ οὐσία τὸ ἄπειρον καὶ μὴ καθ' ὑποκειμένου εἶπε,
διότι εἰ μὲν ἀριθμόν τις ἢ μέγεθος ἢ ὅλως τι τῶν ἐν ὑποκειμένῳ λέγοι
τὸ ἄπειρον, οὐκ ἀκολουθήσει τούτῳ καὶ τὰ μέρη τοῦ τοιούτου ἀπείρου
ἄπειρα ποιεῖν· ὑποτίθησι γὰρ τῷ ἀπείρῳ ἑτέραν φύσιν καὶ οὐδὲν κωλύει
τὸ μέρος τούτου ἀριθμὸν μὲν εἶναι, ἄπειρον δὲ μή· οὐ γὰρ ταὐτὸν ἀρι-
15 θμῷ τε εἶναι καὶ ἀπείρῳ εἶναι. ἀριθμὸς μὲν γάρ ἐστι τὸ ἐκ μονάδων
συγκείμενον πλῆθος, ἄπειρον δὲ ποσὸν ἀδιεξίτητον. εἰ δὲ τὸ ἄπειρον ὡς
οὐσία καὶ ἀρχὴ ἁπλοῦν ἐστι, πάντων δὲ τῶν ἁπλῶν ταὐτὸν τὸ τόδε καὶ
τὸ τῷδε εἶναι ὡς ψυχὴ καὶ τὸ ψυχῇ εἶναι, ἐπὶ δὲ τῶν συνθέτων τόδε μὲν
τὸ σύνθετον τὸ δὲ τῷδε εἶναι κατὰ τὸ εἶδος, ὁ οὖν οὕτως λέγων τὸ ἄπει-
20 ρον οὐσίαν ὡς ἐν τῷ λόγῳ τοῦ ἀπείρου τὸ εἶναι ἔχουσαν, ὡς τὰ μέρη
τῆς οὐσίας οὐσίας λέγει, οὕτως καὶ τὰ μέρη τοῦ ἀπείρου ἄπειρα. ὡς γὰρ
ἀέρος ἀὴρ μέρος καὶ ὕδατος ὕδωρ καὶ παντὸς ἁπλοῦ τὸ μέρος ὅμοιον
τῷ ὅλῳ, οὕτως καὶ τοῦ ἀπείρου τὸ μέρος ἄπειρον, τάχα δὲ καὶ τὰ τοῦ
μέρους μέρη. τὸ δὲ πολλὰ δὲ εἶναι ἄπειρα τὸ αὐτὸ ἀδύνατον εἶ-
25 πεν, οὐχ ὡς δυνατοῦ ὄντος τοῦ ἄλλο καὶ ἄλλο ἄπειρα εἶναι, ἀλλ' ὡς ἐν-
αργεστέρου τούτου ὄντος τοῦ ἀτόπου. ἄτοπον δὲ οὐ μόνον ὅτι πολλὰ καὶ
τὸ αὐτὸ ἄπειρα, ἀλλὰ καὶ ὅτι δοκεῖ ἀπὸ παντὸς ἀπείρου πεπερασμένον
ἀφαιρεῖσθαι καὶ οὐχὶ ἄπειρον. καὶ ἄλλο δέ τι τοῖς ὡς οὐσίαν καὶ ἀρχὴν
ὑποτιθεμένοις τὸ ἄπειρον ὡς ἄτοπον ἑπόμενον ὁ Εὔδημος ἐπάγει· "εἰ γὰρ
30 ἔστι, φησί, στοιχεῖον τὸ ἄπειρον καὶ κινεῖταί τι ἐξ αὐτοῦ, ἔσται ἐν τῷ γι-
νομένῳ πεπερασμένον τι· οὐ γὰρ δὴ πάντα γε τὰ γινόμενα ἔσται ἄπειρα.
συμβήσεται οὖν τὸ ἄπειρον ἐν τῷ πεπερασμένῳ εἶναι." |

---

3 οὐσίαν (post ἐνδέχεται) om. Aristoteles codd., sed cf. discrepantia codicis E   4 ὡς (post οὕτως) om. E   5 κοινῶν a   κατηγορεῖσθαι F   10 μὴ om. aF qui tamen habet in iteratis post ἀπείρου v. 12   11 ἀριθμός F   τι om. a   τῶν ἐν — τοιούτου (12) om. E   λέγοι τὸ scripsi: λέγοιτο F: λέγει τὸ a: λέγει Themist. p. 227, 10, unde pleraque haec a Simplicio sunt tralata   12 post ἀπείρου iteravit καὶ μὴ — ἐν ὑποκειμένῳ (10. 11) punctis notata F   13 κωλύσει Themistius   14 μέρος] μέγεθος Themistius   18. 19 μὲν τὸ σύνθετον τὸ δὲ om. E   20 post ἄπειρον add. ὡς aF, sed cf. Themistius p. 227, 17   24 δὲ (ante εἶναι) om. a   εἶναι post τὸ αὐτὸ collocat Arist. vulgata, post ἄπειρα collocant codd. FI cf. Metaph. K 10 p. 1066ᵇ 15   25 τοῦ ἄλλο a: τὸ ἄλλο EF   28 δέ τι E: δὲ aF   29 Εὔδημος fr. 31 p. 47, 11 Sp.

p. 204ᵃ29 Κατὰ συμβεβηκὸς ἄρα ὑπάρχει τὸ ἄπειρον ἕως τοῦ 110ʳ
ἅμα γὰρ οὐσίαν ποιοῦσι τὸ ἄπειρον καὶ διαιροῦσι.

Δείξας ὅτι οὐκ ἔστιν οὐσία τὸ ἄπειρον οὔτε ὡς ἀδιαίρετος οὔτε ὡς
διαιρετὴ ἐφεξῆς ὅτι οὐδὲ συμβεβηκός ἐστι δείκνυσι τῇ αὐτῇ δείξει χρώμε- 5
νος, ᾗ ἐχρήσατο καὶ οὐσίαν κατὰ συμβεβηκὸς ὡς ἀρχὴν τὸ ἄπειρον ὑπο-
θέμενος. πάλιν γὰρ λέγει, ὅτι εἰ συμβεβηκός, οὐκ ἐνδέχεται αὐτὸ λέγειν
ἀρχὴν καὶ στοιχεῖον, ἀλλ' ἐκεῖνο, ᾧ συμβέβηκεν, εἴτε ἀήρ ἐστιν, ὡς Διο-
γένης ἔλεγεν, εἴτε τὸ ἄρτιον ὡς οἱ Πυθαγόρειοι. οὐ τὸ ἄπειρον οὖν ἀρχή,
ἀλλὰ τὸ ᾧ ὑπάρχει τὸ ἄπειρον. εἴτε οὖν κατὰ συμβεβηκὸς ὑπάρχει τῷ
ἀπείρῳ ἡ οὐσία, εἴτε τὸ ἄπειρον τῇ οὐσίᾳ συμβέβηκε, κατ' ἄμφω ἑτέρων
ὄντων αὐτῶν ἡ οὐσία ἐστὶν ἀρχὴ καὶ οὐχὶ τὸ ἄπειρον. ἀτόπως οὖν λέ- 10
γουσιν οἱ ἀρχὴν λέγοντες τὸ ἄπειρον ὥσπερ οἱ Πυθαγόρειοι. οὔτε γὰρ
συμβεβηκὸς ὂν δύναται ἀρχὴ εἶναι, ὡς δέδεικται νῦν, κἂν οὐσίαν ὑποθῶν-
ται οἱ Πυθαγόρειοι, ἀναγκάζονται μεριστὴν αὐτὴν ὑποτίθεσθαι τὸ ἄρτιον
εἶναι λέγοντες τὸ ἄπειρον. δέδεικται δὲ ὅτι ἀδύνατον καὶ ἀρχὴν εἶναι καὶ
μεριστὴν οὐσίαν τὸ ἄπειρον, διότι ἀνάγκη εἰς ἄπειρα διαιρεῖσθαι. ὅλως δὲ
οὐδὲ οὐσία τὸ ἄπειρον, εἴπερ ἄρτιον· τὸ γὰρ ἄρτιον ἀριθμός· ὁ δὲ ἀρι-
θμὸς ποσὸν καὶ οὐκ οὐσία. ἀλλ' οὐδὲ εἰς ὅμοια διαιρεῖται, ὅπερ τῇ ἀρχῇ 15
προσήκει· οὐ γὰρ ἄρτια πάντως τὰ τοῦ ἀρτίου μέρη.

p. 204ᵃ34 Ἀλλ' ἴσως αὕτη μέν ἐστι καθόλου ἡ ζήτησις ἕως τοῦ 20
ἢ οὐκ ἔστι σῶμα ἄπειρον ἐπὶ τὴν αὔξησιν.

Μνησθεὶς τῶν Πυθαγορείων εὐγνωμόνως ἐπέστησεν ὅτι ἐκεῖνοι μὲν
κοινὰς ἀρχὰς καὶ ἐν νοητοῖς καὶ ἐν αἰσθητοῖς καὶ ἐν τοῖς μέσοις τούτων
τοῖς διανοητοῖς καὶ μαθηματικοῖς ἔλεγον τὸ πέρας καὶ τὸ ἄπειρον ὡς ἑνώ-
σεως καὶ διακρίσεως αἴτια. ἡμεῖς δὲ νῦν φυσιολογοῦντες περὶ τῶν αἰσθη-
τῶν ἐπισκοποῦμεν, εἰ ἔστιν ἐν αὐτοῖς ἢ οὐκ ἔστι σῶμα ἄπειρον οὐχ ὡς
ἐπ' ἄπειρον διαιρούμενον (τοῦτο γὰρ καὶ τῶν μαθηματικῶν οἰκεῖον), ἀλλ'
ὡς ἐπ' ἄπειρον ηὐξημένον, ὅπερ ἐν μόνοις ἂν ὑπάρχοι τοῖς φυσικοῖς, εἴπερ
ὅλως ὑπάρχει. τὸ δὲ καὶ ἐν τοῖς μηδὲν ἔχουσι μέγεθος καὶ αὐτὸ περὶ 25
τῶν νοητῶν εἶπε διὰ τοῦ μηδὲν τὸ μήτε φυσικὸν μήτε μαθηματικὸν ση-
μήνας. εἴρηται δὲ καὶ πρότερον ὅτι ἐπιστήμης ἴδιόν ἐστι τὸ οἰκείους τοῖς
προχειμένοις ποιεῖσθαι τοὺς λόγους.

Ὁ δὲ Ἀλέξανδρος καθόλου ταύτην λέγεσθαι τὴν ζήτησίν φησι, διότι
δυνατὸν ταύτῃ χρωμένους μὴ μόνον ἐπὶ τῶν φυσικῶν, ἀλλὰ καὶ ἐπὶ τῶν

---

2 διαιροῦσι E: μερίζουσιν a ut Aristoteles 3 οὔτε γὰρ διαιρετὴ οὔτε ἀδιαίρετος a et F, qui addidit οὔτε συμβεβηκός· οὐ γὰρ ἂν εἴη ἀρχή· καὶ τοῖς πυθαγορείοις ὡς ἐπισκήψας ex p. 476, 14, sed punctis ea induxit 5 ἐχρῆτο E 7 ὡς ὁ διογένης aF 10 ἡ (ante οὐσία) om. F 16 διότι — ἄπειρον (17) om. F 21 οὐκ ἔτι E 25 διακρίσεως E: διαιρέσεως aF 29 καὶ (post δὲ) om. aF 30 μαθηματικὸν aE: σωματικὸν F 31 καὶ (post δὲ) om. aF 34 μόνων F

ἄλλων ζητεῖν· εἰ γάρ ἐστιν ἐν ταῖς ἰδέαις τὸ ἐνεργείᾳ ἄπειρον, ἢ ὡς οὐ- 110ʳ
σία ἔσται ἢ ὡς συμβεβηκός. ἐπιστῆσαι δὲ χρή, ὅτι οὐ προσήκει ταῖς ἰδέαις 30
ἡ τοιαύτη διαίρεσις, σαφῶς τοῦ Πλάτωνος οὐσίας τὰς ἰδέας λέγοντος καὶ
μηδὲ τὰ ἐνταῦθα συμβεβηκότα οἷον δικαιοσύνην καὶ σωφροσύνην καὶ ἐπι-
5 στήμην συγχωροῦντος ἐν ἄλλῳ εἶναι ἐκεῖ. λέγει γοῦν ἐν Φαίδρῳ, ὅτι ἡ
ἀναχθεῖσα εἰς τὸ νοητὸν ψυχὴ "καθορᾷ μὲν δικαιοσύνην, καθορᾷ δὲ σω-
φροσύνην, καθορᾷ δὲ ἐπιστήμην, οὐχ ᾗ γένεσις πρόσεστιν οὐδὲ ᾗ ἐστιν
ἑτέρα ἐν ἑτέρῳ οὖσα". ὅλως δὲ τὴν καθόλου ζήτησιν εἶπεν, οὐχὶ εἰ ὡς
οὐσία ἢ συμβεβηκός ἐστι τὸ ἄπειρον, ἀλλ' εἰ ἐνδέχεται αὐτὸ καὶ ἐν
10 τοῖς μαθηματικοῖς εἶναι καὶ ἐν τοῖς νοητοῖς, ὡς ἔλεγον οἱ Πυθα- 35
γόρειοι.

p. 204 b 4 **Λογικῶς μὲν οὖν σκοπουμένοις ἐκ τῶν τοιῶνδε ἕως τοῦ
καὶ διεξελθεῖν ἂν εἴη δυνατὸν τὸ ἄπειρον.**

Δείξας ὅτι οὔτε οὐσία ἐστὶ τὸ ἄπειρον (οὔτε γὰρ διαιρετὴ οὔτε ἀδιαί- 40
15 ρετος) οὔτε συμβεβηκός (οὐ γὰρ ἂν εἴη ἀρχή) καὶ τοῖς Πυθαγορείοις ἐπι-
σκήψας, ὅτι καὶ οὐσίαν λέγουσι τὸ ἄπειρον, εἴπερ ἀρχὴν καὶ μεριστὴν
λέγουσιν αὐτὴν εἴπερ τὸ ἄρτιον, ἐφιστάνει λοιπὸν ὅτι ἡ τοιαύτη ζήτησις ἡ
καὶ τὰς Πυθαγορικὰς ὑποθέσεις περὶ τοῦ ἀπείρου εὐθύνουσα τὰς τὸ ἄρτιον
λεγούσας τὸ ἄπειρον καὶ κατὰ τὸ διαιρετὸν καὶ ἀδιαίρετον ἐπιχειροῦσα καὶ
20 τὸ ἀρχὴν εἶναι ἢ μή, κοινή ἐστι καὶ καθολικὴ καὶ ἐπὶ τῶν μαθηματικῶν 45
καὶ ἐπὶ τῶν νοητῶν ἁρμόττειν δυναμένη. καὶ γὰρ καὶ ἐπ' ἐκείνων ἁρμότ-
τειν λέγει, ὅτι ἢ οὐσία ἢ συμβεβηκός ἐστι τὸ ἄπειρον, καὶ εἰ οὐσία, ἢ
διαιρετὴ ἢ ἀδιαίρετος. ἐπαναγαγὼν οὖν πάλιν τὸν λόγον εἰς τὴν περὶ τῶν
αἰσθητῶν καὶ φυσικῶν ζήτησιν, ἆρα ἔστιν ἐν αὐτοῖς τὸ ἄπειρον ἢ οὔ,
25 πρῶτον μὲν λογικῶς ἔτι ἐπιχειρεῖ, τουτέστι πιθανῶς καὶ ἐνδόξως, καὶ ἔτι
κοινότερόν πως καὶ διαλεκτικώτερον. ἡ γὰρ διαλεκτικὴ ἡ Ἀριστοτέλους κοινή
ἐστι μέθοδος περὶ παντὸς τοῦ προτεθέντος ἐξ ἐνδόξων συλλογιζομένη, ὡς 50
αὐτὸς ἀρχόμενος τῶν Τοπικῶν φησι. τὸ γὰρ λογικὸν ὡς κοινὸν ἀντιδιαστέλ-
λειν εἴωθε τῷ οἰκείῳ καὶ κατὰ τὴν φύσιν τοῦ πράγματος καὶ ἀποδεικτικῷ.
30 ὅτι γὰρ ἔτι κοινοτέρα πώς ἐστι καὶ αὕτη ἡ ἀπόδειξις, ἐδήλωσε διὰ τοῦ
εἰπεῖν **οὐκ ἂν εἴη σῶμα ἄπειρον οὔτε νοητὸν οὔτε αἰσθητόν**. καὶ
ἔοικε διορίσας τὴν φυσικὴν ἀπὸ τῆς κοινῆς ζητήσεως τοῦτο μὲν τὸ ἐπιχεί-
ρημα ὡς παράδειγμα τῆς κοινῆς παρατιθέναι, ἐφεξῆς δὲ λοιπὸν τὴν τῷ
φυσικῷ προσήκουσαν ποιεῖσθαι ζήτησιν, ὅταν λέγῃ "**φυσικῶς δὲ μᾶλλον**

---

3 τὰς ἰδέας οὐσίας aF   5 post εἶναι add. ἢ F   ἡ (post ὅτι) om. E
ἐν Φαίδρῳ p. 249 D   6 εἰς τὸν E   καθορᾷ δὲ σωφροσύνην om. a   7 οὐδὲ ἢ
ἐστιν a   ἐστιν om. E   8 εἰ (post οὐχὶ) om. F   9 οὐσία ἢ aE: οὐσιωδῶς F
αὐτῷ F   21 ἁρμόττειν λέγει scripsi: ἁρμόττειν λέγειν E: ἁρμόττει aF   25 ἔτι
om. a   28 Τοπικῶν A 1 p. 100 a 18   τὸ (ante γὰρ) om. E   29 κατὰ τὴν E:
κατὰ aF   33 περιτιθέναι E   34 ζήτησιν ποιεῖσθαι aF   λέγῃ p. 204 b 10
φυσικῶν a

θεωροῦσι". | καὶ γὰρ ἡ εἰς ἁπλοῦν καὶ σύνθετον διαίρεσις φυσικῶν ἂν εἴη 110ᵛ πραγμάτων οἰκεία. δύναται δὲ δεύτερον διαιρετικὸν εἶναι τοῦτο δεικνύον καὶ αὐτὸ ὅτι οὐκ ἔστι τὸ ἄπειρον. ὡς γὰρ πρότερον ἔδειξεν, ὅτι εἰ μήτε οὐσία μήτε συμβεβηκὸς οὐκ ἔστιν ὅλως τὸ ἄπειρον, καὶ μετ' ὀλίγον δείξει,
5 ὅτι εἰ μήτε ἁπλοῦν μήτε σύνθετον οὐκ ἔστιν ὅλως, οὕτως νῦν εἰ μήτε μέγεθος μήτε ἀριθμὸς ἅπερ δοκεῖ ἄπειρα οὐκ ἔστιν ὅλως. ἡ μὲν οὖν ὅλη 5 τάξις καὶ ἀκολουθία τῶν προκειμένων λόγων τοιαύτη τις εἶναί μοι δοκεῖ.

Ἐπειδὴ δὲ ἐν τοῖς πιστουμένοις εἶναι τὸ ἄπειρον λόγοις ἦν τις ἀπὸ τῆς ἐννοίας καὶ φαντασίας τῆς ἡμετέρας εἰλημμένος διὰ τὸ ταύτην καὶ τοῖς
10 μεγέθεσιν ἀεὶ καὶ τοῖς ἀριθμοῖς προστιθέναι τοῖς τε φυσικοῖς καὶ τοῖς μαθηματικοῖς, πρὸς ἐκεῖνον ἔοικε τὸν λόγον λογικῶς ἐπικεχειρημένον τοῦτον ἀντιπαραβάλλειν. λέγει γὰρ ὅτι οὔτε μέγεθος οὔτε ἀριθμός ἐστιν ἄπειρα. εἰ γὰρ διότι ἐννοοῦμεν ἀεὶ πρόσθεσιν καὶ μεγέθους καὶ ἀριθμοῦ, διὰ τοῦτο 10 ἄπειρά ἐστιν, ἐπειδὴ πᾶν μέγεθος ἅμα τῷ μέγεθος ἐννοηθῆναι ἐπιπέδοις
15 πεπερασμένον ἐννοεῖται, καὶ πᾶς ἀριθμός, ὃν ἂν λάβωμεν ὡς ὑπάρχοντα, ἀριθμητός ἐστι καὶ διεξιτητός, δῆλον ὅτι πεπερασμένα ἂν εἴη τό τε μέγεθος καὶ ὁ ἀριθμός. καὶ ἐπὶ μὲν τοῦ σώματος τοιοῦτός ἐστιν ὁ συνάγων λόγος· εἰ σώματος ὅρος ἐστὶ τὸ ἐπιπέδοις ὡρισμένον, τὸ δὲ ἄπειρον οὐχ ὥρισται ἐπιπέδοις (ταύτην δὲ ὡς ἐναργῆ παρῆκεν), οὐδὲν ἄρα σῶμα
20 ἄπειρόν ἐστι. καὶ ἔστι κοινὸς ὁ λόγος ἐπί τε τῶν μαθηματικῶν σωμάτων 15 καὶ τῶν φυσικῶν. καθὸ γὰρ σῶμα, τουτέστι καθὸ τριχῇ διαστατόν, εἴληπται, ἀλλ' οὐ καθὸ φυσικόν. καὶ ὁ ἐπὶ τοῦ ἀριθμοῦ δὲ συλλογισμὸς κοινός ἐστιν ἐπί τε τοῦ αἰσθητοῦ καὶ ἐπὶ τοῦ μαθηματικοῦ ἀριθμοῦ ἔχων οὕτως· ὁ ἀριθμὸς ἀριθμητόν. οὐ γὰρ ἔστι κεχωρισμένος ἀριθμός, ὥς
25 τινες οἴονται τὴν κοινότητα ταῖς ἐννοίαις ἀφαιροῦντες, ἀλλ' ἔστιν ἐν τοῖς μετέχουσι· διὸ ἀριθμητόν. τὸ δὲ ἀριθμητὸν ἐνδέχεται ἀριθμῆσαι, τὸ τοιοῦτον ἐνδέχεται διεξελθεῖν, τὸ τοιοῦτον πεπερασμένον. ὁ ἄρα ἀρι- 20 θμὸς πεπερασμένος ἐστὶ καὶ οὐκ ἄπειρος, ὡς ἐδόκει λέγειν ἡ φαντασία. κἂν δυνατὸν οὖν τὸν ἀεὶ λαμβανόμενον ἀριθμὸν αὔξειν, ἀλλ' ὅ γε ληφθεὶς
30 πεπερασμένος ἐστί. κἂν γὰρ μὴ ἀριθμητόν τις λέγῃ τὸν ἀριθμόν, ἀλλὰ τό γε ἔχον ἀριθμὸν ἀριθμητὸν καὶ πεπερασμένον ὑπάρχον διὰ τὴν τοῦ ἀριθμοῦ μέθεξίν ἐστι τοιοῦτον. ὅπερ γὰρ ἂν ἀριθμὸς καταλάβῃ, τοῦτο ἀριθμεῖσθαι ποιεῖ, ὥσπερ καὶ τὸ μέτρον μετρεῖσθαι. εἰ δὲ ἄπειρος ἦν, οὐκ ἂν τὸ μετέχον αὐτοῦ τῷ μετέχειν ἐποίει πεπερασμένον, ἀλλ' ἢ πεπε- 25
35 ρασμένον ἐστὶν ὁ ἀριθμὸς ἢ πέρας. τάχα δὲ καὶ αὐτὸς ὁ ἀριθμὸς ἀριθμητόν ἐστι καὶ διεξιτητόν. ἡ γὰρ τριὰς ἀπὸ τριῶν μονάδων συνέστηκε. καὶ διὰ τοῦτο εἶπεν ἀριθμητὸν γὰρ ὁ ἀριθμὸς ἢ τὸ ἔχον ἀριθμὸν

---

14 ἅμα τῷ] ἅμα τὸ E   18 ἐπιπέδῳ Aristoteles cf. Themistius p. 228,11   20 μαθηματικῶν aF: σωματικῶν E   24 ἀριθμητὸν E ut Aristoteles: ἀριθμητὸς aF
26 διὸ ἀριθμητός a   27 ὁ ἄρα — πεπερασμένος (28) a   29 τὸν ἀεὶ aF: ἀεὶ τὸ E   30 ἀριθμητὸν aF: ἀριθμὸν E   32 ἀριθμὸς ἂν aF   34 μετέχειν ut videtur E   αὐτοῦ a: αὑ F: αὐτῶ E   37 ὁ (post γὰρ) É cf. v. 24: om. aF

παραδιαζευκτικῷ τῷ ἢ χρησάμενος. καὶ τὸ μὲν ἐπ' ἄπειρον οὐδὲν κωλύει 110ᵛ
καὶ ἐν τῷ ἀριθμῷ εἶναι [καὶ] κατὰ τὴν πρόσθεσιν καὶ ἐν τῷ μεγέθει κατά
τε τὴν διαίρεσιν καὶ τὴν πρόσθεσιν, τὸ δέ γε καθ' αὑτὸ ὑφεστὼς καὶ ἐνερ-
γείᾳ ὂν ἄπειρον ἐν οὐδετέρῳ.

5 p. 204ᵇ10 **Φυσικῶς δὲ μᾶλλον θεωροῦσιν ἐκ τῶνδε ἕως τοῦ ὥστε** 30
τὸ ἄπειρον σῶμα πανταχῇ ἔσται εἰς ἄπειρον διεστηκός. 36

Οὐχὶ λογικῶς καὶ κοινῶς, ἀλλ' ἀποδεικτικῶς μᾶλλον καὶ τοῖς προκει-
μένοις οἰκείως. δείκνυσι γὰρ διά τε τῆς οὐσίας αὐτῶν, εἰ μήτε σύνθετον
μήτε ἁπλοῦν εἶναι δύναται τὸ ἄπειρον, καὶ διὰ τῶν δυνάμεων, ἃς ἔχει τὰ
10 φυσικὰ φυσικῶς κινούμενα, καὶ διὰ τῶν τόπων ἐν οἷς μένειν ἢ ἐφ' οὓς
κινεῖσθαι πεφύκασι. καὶ ἡ μὲν ἐκ τῆς οὐσίας ἀπόδειξίς ἐστιν, ὅτι οὔτε 40
σύνθετον οὔτε ἁπλοῦν ἐνδέχεται σῶμα φυσικὸν ἄπειρον εἶναι· οἰκεῖον γὰρ
φυσικῷ σώματι τὸ ἁπλοῦν τε καὶ σύνθετον. λέγει οὖν ὅτι, εἰ ἔστιν ὅλως
ἄπειρόν τι σῶμα φυσικόν, δεῖ αὐτὸ ἢ σύνθετον ἢ ἁπλοῦν εἶναι· καὶ εἰ
15 σύνθετον, ἐκ πλειόνων πάντως (διὸ καὶ αὐτὸς προσέθηκεν ἀνάγκη γὰρ
πλείω εἶναι) καὶ τῷ εἴδει διαφερόντων. ἀνάγκη δὲ τὰ πλείω ταῦτα ἢ
πεπερασμένα εἶναι τῷ ἀριθμῷ ἢ ἄπειρα. οὐδὲ γὰρ τοῦτο παρῆκε τὸ τμῆμα,
ὡς οἴεται ὁ Ἀλέξανδρος, ὡς δεδειχὼς αὐτὸ καὶ δείξων, ἀλλὰ καὶ αὐτὸς 45
ἐλέγξει ἐν οἷς φησιν "εἰ δὲ ἄπειρα καὶ ἁπλᾶ"· καὶ γὰρ ὅτι οὐκ ἔστιν ἓν
20 τὸ στοιχεῖον ἔδειξε, καὶ ὅμως τοῦ τελείου τῆς ἀποδείξεως ἕνεκεν καὶ
ἁπλοῦν τὸ ἄπειρον ὑποτίθεται. εἰ οὖν σύνθετον ἐκ πεπερασμένων τῷ ἀρι-
θμῷ, ἢ πάντα καὶ τῷ μεγέθει πεπερασμένα ἐστίν, ἢ πάντα ἄπειρα, ἢ τὰ
μὲν οὕτως τὰ δὲ ἐκείνως. ἀλλ' εἰ μὲν πάντα τῷ μεγέθει πεπερασμένα,
ἐπειδὴ καὶ τῷ πλήθει πεπερασμένα, καὶ τὸ ὅλον ἔσται τῷ μεγέθει πεπε-
25 ρασμένον καὶ οὐκ ἄπειρον. τοῦτο δὲ ὡς σαφὲς τὸ τμῆμα διελέγχειν παρῃ- 50
τήσατο. εἰ δὲ τὰ μέν ἐστι πεπερασμένα τὰ δὲ ἄπειρα, ἢ καὶ ἓν μόνον
ἐν αὐτοῖς ἄπειρον (ἀρκεῖ γὰρ καὶ ἓν λαβεῖν πρὸς τὴν ἀπόδειξιν), μεταβα-
λεῖ πάντα εἰς ἑαυτὸ τὸ ἄπειρον. καὶ οὐκέτι ἔσται πολλὰ τὰ στοιχεῖα, ἀλλ'
ἕν, οὐδὲ σύνθετον τὸ ἄπειρον ἀλλ' ἁπλοῦν, ὅπερ ὀλίγον ὕστερον ἐλέγξει·
30 δεῖ γὰρ ἐξισάζειν καὶ ἰσοσθενῆ εἶναι τὰ στοιχεῖα, εἰ μέλλοι σῴζεσθαι. εἰ
δὲ ὁ μὲν ἀὴρ εἰ τύχοι ἄπειρος εἴη, τὸ δὲ πῦρ πεπερασμένον, κρα|τηθήσε- 111ʳ
ται τὸ πῦρ ὑπὸ τοῦ ἀέρος καὶ μεταβληθήσεται εἰς αὐτόν. ἀλλ' ἐρεῖ τις
ἴσως, ὅτι εἰ ὁ πλείων ἀὴρ τοῦ ἐλάττονος πυρός ἐστιν ἀσθενέστερος, τί
κωλύει μὴ ἡττᾶσθαι τὸ πεπερασμένον πῦρ ὑπὸ τοῦ ἀπείρου ἀέρος; ταύτην
35 οὖν λύει τὴν ἔνστασιν λέγων, ὅτι ἐὰν τὸ ἴσον πῦρ τοῦ ἴσου ἀέρος ἰσχυρό-

---

1 διαζευκτικῷ a   τῷ ἢ E   2 ἐν τῷ ἀριθμητῷ F   καὶ (ante κατά) EF: om. a
κατά τε E: κατὰ aF   6 διεστηκὸς εἰς ἄπειρον a ut Aristoteles   8 οἰκεία a   9 δύ-
ναται εἶναι aF   12 post γὰρ add. τῷ a   13 τε om. aF   14 εἶναι ἢ ἁπλοῦν aF
15 γὰρ om. a   16 πλείονα E   18 αὐτὸ iteravit F   19 ἐλέγξει] ἔλεγε scriptum
erat, sed correxit E   φησιν p. 205ᵃ29   20 ἔδειξε aE: ἤλεγξε F   ὅλως a
22 καὶ (post πάντα) om. a   27 μεταβάλλει aF   30 μέλλει F   31 ὁ post μὲν
iteravit E   35 τὸν (post ἐὰν) a: τὸ F: om. E

τερον ὑπάρχον ἐν ἀριθμῷ τινι καὶ λόγῳ τὴν ὑπεροχὴν ἔχῃ τῆς δυνάμεως 111ʳ ὁποιφοῦν οἷον μυριονταπλασίῳ, ἐὰν μυριονταπλάσιον τοῦ ἐξ ἀρχῆς λάβωμεν 5 ἀέρα, ἰσοσθενὴς ἔσται τῷ ἐξ ἀρχῆς ληφθέντι πυρί· κἂν ἀφέλωμεν οὕτως πολλάκις, τὸ μὲν πῦρ ἐπιλείψει πεπερασμένον ὑποτεθέν, ὁ δὲ ἀὴρ οὐκ ἐπι-
5 λείψει ἄπειρος ὑπάρχων, ὥστε καὶ τῇ δυνάμει ὑπερβάλλων φθερεῖ τὸ πῦρ. δῆλον δὲ ὅτι εἰ πλείονα τῷ ἀριθμῷ τὰ ἄπειρα εἴη, ἔτι πλέον ὑπὸ τῶν πλειόνων ἐπικρατηθήσεται τὰ λοιπά. εἰ δὲ πάντα ἄπειρα τῷ μεγέθει ὑπο- τεθείη τὰ στοιχεῖα πεπερασμένα ὄντα τῷ ἀριθμῷ, ἐπειδὴ σῶμα μὲν ἁπλῶς 10 ἐστιν τὸ τριχῇ διαστατὸν καὶ πανταχῇ διεστηκός, ἄπειρον δὲ σῶμα τὸ
10 πανταχῇ μέν, ἀπεράντως δὲ διεστηκός, δῆλον ὅτι ἑνὸς ὄντος ἀπείρου σώματος οὐκ ἄν τι ἄλλο σῶμα ⟨εἴη⟩ παρ' αὐτό. περαίνοι γὰρ ἂν πρὸς ἐκεῖνο. πολλῷ δὲ μᾶλλον τὸ ἀδύνατον ἀκολουθεῖ, εἰ πάντα ἄπειρα ὑπο- τεθείη τὰ πεπερασμένα τῷ ἀριθμῷ, τῷ δὲ μεγέθει ἄπειρα. καὶ διὰ τοῦτο ἴσως δυνάμενον τὸ ἄτοπον τοῦτο καὶ τῇ πρὸ ταύτης ὑποθέσει ἐπαγαγεῖν τῇ
15 ἐν ᾗ πλείω μὴ πάντα δὲ ἄπειρα τῷ μεγέθει τιθείσῃ, ἐκείνην μὲν διὰ τῶν 15 δυνάμεων ἤλεγξε, ταύτην δὲ διὰ τῶν διαστάσεων, ὡς ἔτι μᾶλλον ταύτῃ τοῦ ἀτόπου τούτου ἑπομένου. εἰ δὲ ὅπερ λοιπόν ἐστι τῆς διαιρέσεως, ἄπειρα τῷ πλήθει τὰ ἁπλᾶ ἐξ ὧν τὸ ἄπειρον σύνθετον ὑποτεθὲν λέγει τις, ἤδη μὲν ἐλήλεγκται ἡ ὑπόθεσις ἐν τῷ πρώτῳ βιβλίῳ, ἐν οἷς ἐδείκνυτο
20 ὅτι οὔτε ἓν οὔτε ἄπειρα τὰ στοιχεῖα, ἀλλὰ πλείω μὲν ἑνός, πεπερασμένα δὲ τῷ πλήθει καὶ οὐκ ἄπειρα. ἐλέγξει δὲ καὶ μετ' ὀλίγον αὐτήν, ὅταν λέγῃ "εἰ δὲ ἄπειρα καὶ ἁπλᾶ" ἐκ τοῦ τὰς δυνάμεις, καθ' ἃς εἰδοποιεῖται 20 τὰ φυσικὰ καὶ ἁπλᾶ σώματα, ὡρισμένας εἶναι τοῖς εἴδεσι. ταῖς γὰρ πρώταις τῶν ἁπλῶν ἐναντιώσεσιν εἰδοποιεῖται καὶ τὰ πρῶτα στοιχεῖα, αἵ
25 εἰσι δύο θερμότης ψυχρότης καὶ ξηρότης ὑγρότης. ὧν δὲ τὰ εἴδη κατὰ πλῆθος ὥρισται, ταῦτα ἀνάγκη καὶ αὐτὰ ὡρισμένην ἔχειν τὴν κατὰ τὸ πλῆ- θος διαφοράν.

p. 204ᵇ22—205ᵃ7 Ἀλλὰ μὴν οὐδὲ ἓν καὶ ἁπλοῦν ἕως τοῦ οἷον ἐκ 35
θερμοῦ εἰς ψυχρόν.

30 Δείξας ὅτι οὐδὲν σῶμα φυσικὸν σύνθετον ἐκ πολλῶν δύναται εἶναι ἄπειρον, δείκνυσιν ἐφεξῆς, ὅτι οὐδὲ ἓν καὶ ἁπλοῦν σῶμα ἄπειρον εἶναι δυνατόν. εἰ γὰρ εἴη τι ἁπλοῦν ἢ ἓν τῶν τεττάρων στοιχείων ἐστὶν ἢ ἄλλο τι παρὰ ταῦτα, ὡς λέγουσιν οἱ περὶ Ἀναξίμανδρον τὸ παρὰ τὰ στοιχεῖα, ἐξ οὗ τὰ στοιχεῖα γεννῶσι. καὶ ὅτι οὐδὲν τῶν στοιχείων εἶναι δύναται τὸ

---

2 μυριοπλάσιος est apud Themistium p. 229, 26   ἐὰν E: ἐὰν τὸ F: ἐὰν τὸν a
5 φθείρει F   8. 9 ἐστὶν ἁπλῶς aF   9 διαστατὸν sic F   καὶ πανταχῇ habet, sed καὶ παν correcta ex διεστηκὸς E   10 δῆλον E: δῆλον δὲ F: δῆλον δὴ a
11 εἴη a: om. E: om. lacuna xxv litterarum relicta F   παρ' aE: πρὸς F   περαί- νει a   14 δυνάμενος aF: δυνάμενον E   18 λέγει EF: λέγον (volebat λέγοι) a
20 ὅτι] εἴτι a   πλείονα a   22 λέγῃ p. 205ᵃ29   23 ὡρισμένα E   24 καὶ (ante τὰ) aF: om. E   25 καὶ (post ψυχρότης) om. E   32 στοιχεῖον F   34 ἐξ οὗ τὰ στοιχεῖα iteravit F   post ὅτι add. μὲν aF   δύναται εἶναι aF

ἄπειρον, δῆλον μὲν καὶ ἐξ ὧν Ἀναξίμανδρος ἄπειρον εἶναι τὸ στοιχεῖον 111r
βουλόμενος οὐκ ἀέρα ἢ πῦρ ἤ τι τῶν τεττάρων στοιχείων ἔθετο αὐτὸ διὰ 40
τὸ ταῦτα ἔχειν πρὸς ἄλληλα ἐναντίως, καὶ εἴπερ ἦν τι τούτων ἄπειρον,
φθαρῆναι ἂν ὑπ' αὐτοῦ τὰ ἐναντία. ὅτι δὲ καὶ τὸ παρὰ τὰ στοιχεῖα λε-
5 γόμενον ἄπειρον ὡς ἀρχή, οὐ μόνον ἄπειρον οὐκ ἔστιν, ἀλλ' οὐδὲ ἔστιν
ὅλως, δείκνυσι προλαβών, ὅτι πᾶν τὸ γινόμενον ἔκ τινος εἰς τοῦτο καὶ δια-
λυόμενον φαίνεται. εἰ οὖν ἐξ ἐκείνου ἡ γένεσις, ἦν ἄν τι ἐνταῦθα παρὰ
τὰ τέτταρα, εἰς ὃ ἡ διάλυσις ἐγίνετο. φαίνεται δὲ οὐδὲν ἐνταῦθα τοιοῦτον. 45
ἀλλ' ἴσως ἐρεῖ τις, ὅτι καὶ κατ' αὐτὸν ἐξ ὕλης καὶ εἴδους ἐστὶ τὸ σύνθε-
10 τον, ὥστε καὶ τὴν ἀνάλυσιν εἰς ταῦτα γίνεσθαι, καὶ ὅμως οὐδέποτε φαί-
νεται ἐνταῦθα γυμνὴ ἡ ὕλη, ἀλλ' οὐδὲ τὸ εἶδος καθ' ἑαυτό. ἢ τούτου
αἴτιον τὸ ἀεὶ μὲν ἔχειν τὴν ὕλην εἶδος ἐν ἑαυτῇ ἄλλοτε ἄλλο, τὴν δὲ γέ-
νεσιν ἐκ τῶν ἐναντίων εἰδῶν εἶναι καὶ τὴν φθορὰν εἰς τὰ ἐναντία εἴδη.
ἐπειδὴ οὖν τὸ ἔνυλον ψυχρὸν ἐκ τοῦ ἐνύλου θερμοῦ ἐγένετο, ὅταν φθαρῇ
15 τὸ ἔνυλον ψυχρόν, εἰς τὸ ἔνυλον θερμὸν φθείρεται καὶ ὁρᾶται τοῦτο. κἂν 50
λέγηται οὖν καὶ ἐξ ὕλης καὶ ἐκ τοῦ ἐναντίου εἴδους γίνεσθαι τὰ γινόμενα,
ἀλλ' ἐκ μὲν τῆς ὕλης ὡς ἀεὶ ἐνυπαρχούσης, ἐκ δὲ τοῦ ἐναντίου εἴδους ὡς
μεταβάλλοντος εἰς τὸ ἐναντίον. ἔοικε δὲ καὶ ὁ Εὔδημος ὡς ἀπορήσας τὴν
ἀπορίαν ταύτην οὕτω πως λύειν. εἰπὼν γὰρ ὅτι ἐνταῦθα φαίνεται παρὰ
20 τὰ Ἐμπεδόκλεια καὶ τὰ ἐκ τούτων οὐδὲν ἐπάγει "τοῖς δὲ τὸ ἄμορφον λέ-
γουσιν ἐνδέχεται. τὸ γὰρ τούτοις ὑποκείμενον".

Δείξας οὖν ὅτι οὔτε τῶν τεττάρων στοιχείων ἕν τι τὸ ἄπειρόν ἐστιν,
οὔτε τὸ παρὰ τὰ | στοιχεῖα ἔστιν ὅλως, δείκνυσιν ἐφεξῆς κατὰ κοινὴν ἀπό- 111v
δειξιν, ὅτι οὐδὲν σῶμα τῶν ἁπλῶν οὔτε τῶν στοιχείων οὔτε τὸ παρὰ τὰ
25 στοιχεῖα ἄπειρόν ἐστιν, ἐκ περιουσίας πρῶτον δεικνύς, ὅτι οὐδὲ εἶναι ὅλως
δυνατὸν ἕν τι στοιχεῖον τῶν ὄντων. εἰ δὲ μὴ ἔστιν ἓν στοιχεῖον ὅλως, οὐδ'
ἂν ἄπειρον εἴη οὐδὲ πεπερασμένον. ἔλεγε γὰρ Ἡράκλειτος ἐκ πυρὸς πεπε-
ρασμένου πάντα εἶναι καὶ εἰς τοῦτο πάντα ἀναλύεσθαι. εἶεν δ' ἂν καὶ οἱ 5
Στωικοὶ ταύτης τῆς δόξης. ἡ γὰρ ἐκπύρωσις τοιοῦτόν τι αἰνίττεται, καὶ
30 πᾶν σῶμα πεπερασμένον εἶναι λέγουσιν. ἀδύνατον δέ φησι κἄν τε πεπε-
ρασμένον τις τὸ πᾶν λέγῃ, ἕν τι στοιχεῖον εἶναι αὐτοῦ καὶ μίαν τινὰ φύσιν,
ὡς ἢ εἶναι τὸ ὂν ταύτην μόνην, ἢ ἐκ ταύτης γίνεσθαι καὶ μεταβάλλειν εἰς
ταύτην, ὡς Ἡράκλειτος εἰς πῦρ λέγων καὶ ἐκ πυρὸς πάντα. ὅτι δὲ οὔτε
τῶν τεττάρων τι ἓν μόνον στοιχεῖον τῶν ὄντων ἐστὶν οὔτε ἐκεῖνο τὸ παρὰ
35 τὰ τέτταρα, δείκνυσιν ὑπομιμνῄσκων τῆς ἐν τῷ πρώτῳ βιβλίῳ ἀποδείξεως, 10

---

2 ἢ τι] ἤτοι E   14 ante ἐγένετο habet φθείρεται F   15 εἰς τὸ initio folii iterat F   16 καὶ (ante ἐξ) E: om. aF   καὶ τοὐναντίου aF   18 καὶ (post δὲ) aF: om. E   Εὔδημος fr. 32 p. 48,14 Sp.   20 τοῖς δὲ a: τοῖσδε F: τοῖς γὰρ E λέγουσιν ἐνδέχεται E   21 τὸ γὰρ] fortasse τοῦτο γάρ. ceterum adnotat Spengelius: haec integra non sunt; exciderunt quaedam quae sententiam a Simplicio supra indicatam explerent. etiam F in mrg. habet ζήτει suum   25 ὅλως E: om. aF   27 εἴη ἄπειρον a ἔλεγε δὲ F   30 τε delendum videtur   31 λέγῃ EF: λέγοι a   32 ἢ (post ὡς) om. a   μόνην E: μόνον aF   33 post πυρὸς add. τὰ a   34 τι aE: τὸ F ἐστι τῶν ὄντων aF   35 πρώτῳ βιβλίῳ cf. A 5 sqq.

καθ' ἣν ἀπέδειξεν, ὅτι πᾶν τὸ μεταβάλλον ἐξ ἐναντίου εἰς ἐναντίον μετα- 111ᵛ
βάλλει· ὥστε τὸ μὲν παρὰ τὰ τέτταρα οὐκ ἂν εἴη στοιχεῖον, ὅτι πρὸς
οὐδὲν ἐναντιοῦται. ὥστε οὐδὲ μεταβάλλοι ἂν εἴς τι οὐδ' ἂν γίνοιτό τι ἐξ
αὐτοῦ οὔτε τῶν στοιχείων οὔτε ἄλλο τι. εἰ δὲ τοῦτο, οὐκ ἔσται στοιχεῖον.
5 ἐκ δὲ τῶν τεττάρων στοιχείων οὐ δύναται ἕν τι στοιχεῖον εἶναι, διότι εἰ
μέλλοι τι ἐξ αὐτοῦ ἔσεσθαι, δεῖ μεταβάλλειν εἰς αὐτό, καὶ δῆλον ὅτι εἰς
ἐναντίον. εἰ δὲ μεταβάλλοι, καὶ φθείροιτο ἂν εἰς ἐκεῖνο, εἰς ὃ μεταβάλλει,
καὶ γίνοιτο ἂν ἐξ ἐκείνου. εἰς ὃ γὰρ φθείρεται, καὶ γίνεται ἐξ ἐκείνου. εἰ
δὲ τοῦτο, οὐκέτι ἕν τι τούτων εἴη στοιχεῖον. τί γὰρ μᾶλλον τοῦτο στοι-
10 χεῖον ἐκείνων τῶν γινομένων ἐξ αὐτοῦ ἢ ἐκεῖνα ἐξ ὧν τοῦτο γίνεται; ὥστε
δεήσει ἐναντίας ἀρχὰς εἶναι καὶ συνυπάρχειν. εἰ δέ τις λέγοι, ὅτι φυλάτ-
τον τὴν ἐναντίωσιν, ἐν ᾗ τὸ εἶναι αὐτῷ ἐστι, μεταβάλλει εἰς τὸ ἐναντίον
αὐτῇ, εἴη ἂν ἅμα ἐν τοῖς ἐναντίοις, ὃ ἀδύνατον. καὶ ἔσται περὶ τὸ ἓν
στοιχεῖον τὰ ἐναντία. ἔτι δὲ εἰ εἰς τὸ ἐναντίον ἡ μεταβολὴ καὶ ἓν τὸ στοι-
15 χεῖον πάντων, πάντα ἔσται τῷ ἑνὶ ἐναντία, ἵνα εἰς αὐτὰ μεταβάλλειν δύ-
νηται. ἀλλ' ἓν ἑνὶ κεῖται ἐναντίον. ἔτι δὲ οὐκ ἔσται γένεσις, εἴ γε κατὰ
τὴν εἰς τὸ ἐναντίον μεταβολὴν ἡ γένεσις. οὐκ ἔστι δὲ τὸ ἓν τῶν ἐναντίων
ἑνὸς ὄντος καὶ ἁπλοῦ τοῦ στοιχείου.

Ἐπιστῆσαι δὲ χρή, ὅτι οἱ ἄλλο τι παρὰ τὰ τέτταρα στοιχεῖα ταῦτα
20 τὸ στοιχεῖον λέγοντες τῶν ὄντων ὡς ὕλην ἐτίθεσαν αὐτό, οὐ θεωροῦντες
ἐν αὐτῷ ποιότητας ἐναντίας. διὸ καὶ τὰ τέτταρα στοιχεῖα ἐξ ἐκείνου λέ-
γουσι γίνεσθαι εἰδοποιουμένου ταῖς τούτων ποιότησι. καὶ οἱ τὸ ἓν δὲ τῶν
στοιχείων ἀρχὴν λέγοντες οὐχ ὡς μεταβάλλον ἐκεῖνο λέγουσιν ἀρχήν, ἀλλ'
ὡς ἐν πᾶσι θεωρούμενον, ὥσπερ ἡ ὕλη. διὸ τὰ εὐτύπωτα τῶν στοιχείων
25 ὑποτίθενται ἀρχάς. δῆλον δὲ ὅτι τὴν μὲν τοῦ συνθέτου ἀναίρεσιν ἀπ' αὐ-
τῆς τῆς οὐσίας ἐποιήσατο τῆς ἐπὶ πᾶν ἐκτεινομένης, εἰ ἄπειρος εἴη, καὶ
τῶν δυνάμεων τῶν μεταβλητικῶν, τὴν δὲ τοῦ ἁπλοῦ ἀπὸ τῶν δυνάμεων
τῶν φυσικῶν, ἐν αἷς ἡ ἐναντίωσις. καὶ τοῦτο δὲ ἄξιον ἐπισημήνασθαι
κατὰ ταύτην τὴν λέξιν, ὅτι ἐν τοῖς τῶν στοιχείων παραδείγμασι τὸν μὲν
30 ἀέρα ψυχρὸν εἶπε, τὸ δὲ ὕδωρ ὑγρόν, ὅπερ οὐκ εἴωθε· τὸν γὰρ ἀέρα
ὑγρὸν καλεῖ ὡς μᾶλλον ἔχοντα τὸ τοῦ ὑγροῦ ἴδιον τὸ τῷ ἰδίῳ μὲν ὅρῳ
δυσόριστον, ἀλλοτρίῳ δὲ εὐόριστον. εἰ μὴ ἄρα καὶ ἐνταῦθα ἢ κατεφρό-
νησεν ὡς διὰ μόνην τὴν ἐναντίωσιν χρώμενος τῷ παραδείγματι, ἢ γραφικὸν
συνέβη πταῖσμα.

---

2 τὸ μὲν aF: τὰ μὲν E   3 γένοιτο aF   4 ἔσται] ἔται E   6 μέλ-
λει F   εἰς (ante αὐτό) om. E   9 οὐκέτι aE: οὐκ ἔστιν F   τούτων
om. F   στοιχεῖ*ν (post τοῦτο) ω eraso F   11 ἐναντίας E: τὰ ἐναντία
aF   λέγει F   ὅτι iteravit E   φυλάττων E   13 ὃ EF:
ὅπερ a   καὶ EF: ἔσται ἔσται γὰρ a   14 ἔτι] ὅτι E   εἰ] ἡ E   μετα-
βαλη sic F   15 ἐναντίον E   20 τῶν ὄντων λέγοντες aF   21 ποιότητος
ἐναντιότητας F   23 ἀρχὴν om. aF   25 ἀναίρεσις (comp.) E   28 ἐν
αἷς E: ἐξ ὧν aF   32 εὐόριστον] ἀόριστον a   33 τὴν (post μόνην)
om. aF

p. 205ᵃ7—205ᵇ1   Δεῖ δὲ περὶ παντὸς καὶ ἐκ τῶνδε σκοπεῖν ἕως 111ᵛ
τοῦ ἢ σῶμα οὐδαμοῦ πεφυκὸς εἶναι.   50

Εἰπὼν καὶ δείξας ποτὲ μὲν ὅτι σύνθετόν τι σῶμα φυσικὸν ἄπειρον
οὐχ οἷόν τε εἶναι, ποτὲ δὲ ὅτι ἁπλοῦν οὐχ οἷόν τε, νῦν προτίθεται κοινῶς
5 περὶ παντὸς φυσικοῦ ὑπὸ σελήνην τέως σώματος καὶ ἁπλοῦ καὶ συνθέτου
τὴν ἀπόδειξιν ποιήσασθαι, εἰ ἐνδέχεται ἢ οὐκ ἐνδέχεται εἶναι ἄπει-
ρον εἰς ὁμοιομερὲς αὐτὸ καὶ ἀνομοιομερὲς διελών, ὥσπερ πρότερον εἰς 112ʳ
ἁπλοῦν καὶ σύνθετον. ὥσπερ δὲ πρότερον ἀπό τε τῆς οὐσίας καὶ ἀπὸ
τῶν δυνάμεων τῶν φυσικῶν ἐποιεῖτο τὰς ἐπιχειρήσεις, οὕτω νῦν ἀπὸ τῶν
10 τόπων τῶν φυσικῶν ποιήσεται τὴν ἐπίβλεψιν. ποιεῖται δὲ νῦν τὸν λόγον
περὶ τοῦ ἐν γενέσει καὶ φθορᾷ, ὅτι τοιοῦτον σῶμα ἄπειρον οὐκ ἔστι δει-
κνύς· περὶ γὰρ τοῦ θείου καὶ κυκλοφορητικοῦ ἐν τοῖς Περὶ οὐρανοῦ δείξει
ὅτι μὴ ἄπειρον. προσλαμβάνει δὲ οἷον ἀξιώματά τινα, ὅτι πᾶν σῶμα 5
αἰσθητὸν γενητόν τε ὂν καὶ φθαρτόν (περὶ γὰρ τούτων ὁ λόγος νῦν, ὡς
15 δηλοῖ ἡ τῶν κινήσεων ἀφ' ὧν ἐπιχειρεῖ διαφορὰ τοῖς ὑπὸ σελήνην στοι-
χείοις προσήκουσα) πᾶν οὖν τοιοῦτο σῶμα ἐν τόπῳ ἐστίν, ὅπως ἂν ὁ τό-
πος ληφθῇ, εἴτε ὡς τὸ διάστημα, εἴτε ὡς 'Αριστοτέλει δοκεῖ τὸ πέρας τοῦ
περιέχοντος. εἰ μὲν γὰρ τὸ διάστημα ὁ τόπος, καὶ πᾶν σῶμα φυσικὸν ἐν
τόπῳ ἐστίν· εἰ δὲ τὸ πέρας τοῦ περιέχοντος, οὐ πᾶν· οὐ γὰρ δὴ καὶ ἡ
20 ἀπλανής. διὰ τοῦτο οὖν ὁ 'Αριστοτέλης ἐπὶ τοῦ ὑπὸ σελήνην ποιούμενος 10
τὸν λόγον, τούτῳ χρῆται τῷ ἀξιώματι τῷ πᾶν αἰσθητὸν σῶμα ἐν τόπῳ
εἶναι. δεύτερον δὲ ὅτι ἕκαστον τῶν φυσικῶν σωμάτων ἔχει οἰκεῖόν τινα
τόπον, καὶ τρίτον ὅτι ἐπὶ τῶν ὁμοιομερῶν ὁ αὐτὸς τοῦ μορίου καὶ ὅλου,
οἷον ὅλης τε τῆς γῆς καὶ βώλου μιᾶς καὶ πυρὸς καὶ σπινθῆρος.
25 ὁ αὐτὸς δὲ τῷ εἴδει, οὐ τῷ ποσῷ. ἐφ' ὃν γὰρ ἡ βῶλος φέρεται τόπον,
ἐπὶ τοῦτον ἂν καὶ ἡ πᾶσα γῆ ἐνεχθείη, εἰ φέροιτο· καὶ ἐν ᾧ μένει, ἐν
τούτῳ καὶ τὰ μόρια αὐτῆς μένει κατὰ φύσιν.   15

Ταῦτα οὖν προλαβών, καὶ ὅτι πᾶν σῶμα φυσικὸν ἢ ὁμοιομερές ἐστιν
ἢ ἀνομοιομερές, ἄλλην ταύτην διαίρεσιν παρὰ τὴν εἰς τὸ ἁπλοῦν καὶ σύν-
30 θετον διαιροῦσαν. δύναται γὰρ καὶ σύνθετόν τι ὂν ὁμοιομερὲς εἶναι, ὡς
σὰρξ καὶ ὀστοῦν καὶ τὰ τοιαῦτα. καὶ ἄλλως δὲ οὐκ ἦν ἄξιον τῆς 'Αριστο-
τελικῆς εὐρύτητος τῇ αὐτῇ πάλιν διαιρέσει χρήσασθαι. καὶ τὰ λεγόμενα
δὲ οὐχ ὡς περὶ ἁπλοῦ καὶ συνθέτου εἴρηται, ἀλλ' ὡς περὶ ὁμοιομεροῦς καὶ
ἀνομοιομεροῦς, ἅπερ ὁμοειδὲς καὶ ἀνομοειδὲς ὀνομάζει. κἂν γὰρ ἁπλοῦν 20
35 που καλῇ ἐν οἷς λέγει εἰ δὲ ἄπειρα καὶ ἁπλᾶ, ὡς οἰκειότερον τὸ ἁπλοῦν
τῷ ὁμοιομερεῖ τίθησι διὰ τὴν πρὸς τὰ ὀργανικὰ σύνθετα ὄντα παραβολήν.

---

1 περὶ] κατὰ Aristotelis codd. praeter FI   3 φυσικὸν σῶμα aF   4 ante νῦν
iteravit εἶναι — οἷόν τε E   προστίθεται E   κοινῶς E: ἁπλῶς aF   6 εἰ
om. E   8 τε E: om. aF   9 δυναμένων a   ἐποίει a   12 Περὶ οὐρανοῦ
A 7 p. 274ᵇ26   21 τῷ πᾶν] τὸ πᾶν E   23 ἐπὶ om. aF   24 ὅλης] ὅσης
om. τῆς γῆς F   τε om. a   26 ἂν E: om. aF   30 διαιροῦσαν] fortasse
intercidit οὖσαν. apodosis differtur in p. 483, 5   32 εὐρύτητος vix sanum
34 ἀνομοειδές libri cf. p. 483, 26: ἀνόμοιον Aristoteles p. 205ᵃ19   35 καλεῖ a

παραιτησόμεθα οὖν τὸν Ἀλέξανδρον ἐνταῦθα τὸ ἁπλοῦν καὶ τὸ ὁμοειδὲς καὶ 112
τὸ σύνθετον καὶ ἀνομοειδὲς ὡς ταὐτὸν τιθέντα καὶ λέγοντα ὅτι καὶ νῦν
οὕτω διεῖλεν ὡς διεῖλεν ἤδη, ὅτε εἰς ἁπλοῦν καὶ σύνθετον ἐποιεῖτο τὴν
διαίρεσιν.

5   Ἐπὶ τούτοις οὖν τοῖς λήμμασι δείκνυσιν, ὅτι οὐκ ἔστι σῶμα φυσικὸν 25
οὔτε ὁμοιομερὲς ἤτοι ὁμοειδὲς οὔτε ἀνομοιομερὲς ἤτοι ἀνομοειδὲς ἄπειρον,
ὥστ' οὐδ' ὅλως ἔστιν, εἴπερ πᾶν σῶμα φυσικὸν ἢ ὁμοιομερὲς ἢ ἀνομοιο-
μερές ἐστιν, οὐδέτερον δὲ τούτων ἄπειρον εἶναι δυνατόν. καὶ δείκνυσι
πρῶτον, ὅτι οὐδὲν ὁμοιομερὲς σῶμα φυσικὸν ἄπειρόν ἐστιν. εἰ γάρ ἐστιν,
10 εἰλήφθω τι μόριον αὐτοῦ, οἷον εἰ γῆ εἴη, βῶλος. ἐπεὶ οὖν ὁ αὐτὸς τόπος
ἐπὶ τῶν ὁμοιομερῶν τοῦ τε μορίου καὶ τοῦ ὅλου, ποῦ ἡ βῶλος ἐνεχθήσε- 30
ται ἢ ποῦ μενεῖ; τοῦ γὰρ ἀπείρου ἄπειρος ὁ τόπος, ὡς δειχθήσεται. εἰ
οὖν ἄπειρος ἡ γῆ καὶ ἄπειρος ὁ τόπος αὐτῆς καὶ οἰκεῖος ὁ αὐτὸς καὶ τῆς
βώλου, ποῦ ἐνεχθήσεται πότερον ἄνω ἢ κάτω; ὁμοίως γὰρ ὁ ὅλος οἰκεῖος·
15 οὐδὲν οὖν μᾶλλον τῇδε ἢ τῇδε. εἰ δὲ πανταχοῦ, διότι πρὸς πᾶν τοῦ τό-
που μέρος οἰκείως ἔχει, διασπασθήσεται ἅμα ὁμοῦ φερομένη. εἰ δὲ μὴ
κινήσεται, ποῦ μενεῖ μὴ ἔχουσα τόπον ἀφωρισμένον; οὐκ ἄρα μενεῖ. οὔτε
οὖν μένει οὔτε κινεῖται. εἰ γὰρ ἐν τῷ παντὶ μένει, οὐ κινηθήσεται· καὶ
εἰ ἐν τῷ παντὶ κινεῖται, οὐ μενεῖ ἀπείρου ὄντος τοῦ παντὸς τόπου καὶ πρὸς 35
20 πάντα ᾠκειωμένης τῆς βώλου διὰ τὸ τοῦ μέρους καὶ τοῦ ὅλου τὸν αὐτὸν
εἶναι τῷ εἴδει τόπον, εἰ καὶ μὴ τῷ μεγέθει. εἰ δὲ μήτε κινήσεται μήτε
ἠρεμήσει, οὐκ ἂν εἴη φυσικὸν μὴ ἔχον ἐν ἑαυτῷ φύσιν, ἥτις ἐστὶν ἀρχὴ
κινήσεως καὶ ἠρεμίας. καὶ οὕτως οὖν ἀδύνατον, καὶ ἄλλως δὲ ἄτοπον τὸ
εἶναί τι σῶμα μήτε μένειν μήτε κινεῖσθαι δυνάμενον. ἀναιρεῖται οὖν τὸ
25 οὕτως εἶναι τὸ ἄπειρον ἁπλοῦν σῶμα ὡς ὁμοιομερές.

Ἀλλὰ μὴν οὐδὲ ἀνομοιομερὲς ἢ ἀνομοειδὲς εἶναι δυνατὸν αὐτὸ ἄπει- 40
ρον ὑποτιθέμενον. προλαμβάνει δὲ κἀνταῦθα ὡς ἐναργῆ, ὅτι εἰ ὡς ἀνο-
μοιομερές ἐστι τὸ πᾶν, ἀνόμοιοι καὶ οἱ τόποι. οἰκεῖος γὰρ ἑκάστῳ τῶν
σωμάτων ἀφώρισται τόπος. εἰ δὲ ἀνόμοια καὶ τὰ σώματα καὶ οἱ τόποι,
30 οὐ συνεχὲς ἔσται τὸ ἕν, ἀλλ' ἐξ ἁπτομένων ἀλλήλων τῶν μορίων. τοῦτο
δὲ οὐχ ὡς ἄτοπον ἐπήγαγε (καὶ νῦν γὰρ ἐξ ἁπτομένων ἐστὶ τῶν μορίων
ἡ μία τοῦ παντὸς σύστασις, καὶ οὐκ ἐκ συνεχῶν, ὡς δηλοῦσιν αἱ διάφοροι
κινήσεις), ἀλλ' ἔλαβεν τοῦτο, ἵνα ἔχῃ ὅτι πολλά ἐστιν ἐνεργείᾳ τὰ τοῦ ἀνο-
μοειδοῦς μέρη. οὗ προληφθέντος χρῆται λοιπὸν διαιρετικῷ τούτῳ· εἰ 45
35 πολλά ἐστι τὰ εἴδει διαφέροντα μόρια, ἢ πεπερασμένα κατ' ἀριθμὸν ἔσται
ἢ ἄπειρα· καὶ εἰ μὲν πεπερασμένα τῷ ἀριθμῷ, τοῦ ὅλου κατὰ μέγεθος
ἀπείρου ὄντος, ἀνάγκη πάλιν ἓν ἢ πλείω ἄπειρα εἶναι. εἰ γὰρ πάντα πε-

---

6 ἤτοι ὁμοειδὲς atque ἀνομοιομερὲς ἤτοι om. F   ἀνομοιοειδὲς F   8 σῶμα
ἐστιν E   10 εἴη] ἦ F   12 ἦ] καὶ a   13 ἡ γῆ] ὡς γῆ F   14 ὁμοῖος F
16 ὁμοῦ aF: πανταχοῦ E   μὴ om. F   17 ποῦ] πᾶν E   18 κινήσεται a
19 οὐ μενεῖ aF: μένει E   23 δὲ E: οὖν aF   26 ἀνομοιοειδές F   31 ἁπτο-
μένων ἀλλήλων τῶν μορίων ἐστιν a   33 τοῦτο ἵνα ἔχῃ om. a   ἀνομοιοειδοῦς
EF   34 τούτῳ E: τοιούτῳ aF   35 τὰ (post ἐστι) om. F

περασμένα, καὶ τὸ ὅλον ἔσται πεπερασμένον καὶ οὐκ ἄπειρον· εἰ δὲ ἔστι 112r
τι ἄπειρον, ἥξει πάλιν ὁ πρότερον ῥηθεὶς λόγος, ὅτι καταφθαρήσεται τὰ ἄλλα
ὑπὸ τοῦ ἀπείρου καὶ κατὰ τὸ εἶδος καὶ κατὰ τὸν τόπον ὑποκειμένου δια-
φέρειν· αἱ δὲ κατὰ τόπον διαφοραὶ καὶ ἐναντιώσεις ἔχουσι πρὸς ἀλλήλας 50
5 τῶν τε τόπων αὐτῶν καὶ τῶν ἐν τοῖς τόποις σωμάτων πρὸς ἄλληλα. καὶ
ὅτι ἀδύνατον ἀφωρισμένων τῶν τόπων εἶναί τι ἓν ἄπειρον, ὡς ἐναντιώσεως
εὐθὺς οὔσης καὶ φθορᾶς τῶν λοιπῶν, δείκνυσι καὶ ἐκ τῆς τῶν ἄλλων
φυσιολόγων ὑπονοίας τῶν ἓν ἄπειρον λεγόντων τὸ στοιχεῖον. οὐδεὶς γὰρ
τούτων ἢ πῦρ ἢ γῆν ἄπειρον εἶπε τὸ στοιχεῖον, διότι ἀφωρισμένους ταῦτα
10 τόπους ἔχοντα καὶ ἄπειρα ὄντα ἔφθειρε πάντως τὰ ἐν τοῖς ἀντικειμένοις
ἀντικειμένην ἔχοντα | τὴν φύσιν, ἀλλ' ὕδωρ, ὡς Θαλῆς, ἢ ἀέρα ὡς Ἀνα- 112v
ξιμένης, ἢ τὸ μεταξὺ ἐκεῖνο ὡς Ἀναξίμανδρος, διότι ταῦτα ἐπαμφοτερίζειν
δοκοῦντα τοῖς τόποις καὶ ἄνω καὶ κάτω δυνάμενα εἶναι οὐκ ἦν φθαρτικὰ
ὡς μηδ' ἐναντία κατὰ τοὺς τόπους. καὶ ἄλλως δὲ προχειρότερον ἔστιν
15 ἀκούειν, ὅτι οὐδεὶς τὸ ἓν καὶ ἄπειρον ἐν ἀφωρισμένῳ τόπῳ ἐποίει. ὁ γὰρ
ἀφωρισμένος τόπος οὐκ ἦν ὁ ὅλος· τοῦ δὲ ἀπείρου ὁ ὅλος ἂν εἴη τόπος· 5
καὶ εἴη ἂν τοῦτο οὐκ ἀπὸ τοῦ φθαρτικοῦ δεικνύων τὸ ἀδύνατον τῆς ὑπο-
θέσεως, ἀλλ' ἀπὸ τοῦ προληφθέντος τῶν τόπων ἀφορισμοῦ. δῆλον δὲ ὅτι
καὶ ἄλλως ἀδύνατος ἡ ὑπόθεσις ἡ ἓν τῶν πολλῶν ἄπειρον ὑποτιθεμένη.
20 πῶς γὰρ δώσει χώραν ἄλλῳ τοῦ εἶναι ἢ πῶς οὐ περανεῖ πρὸς αὐτό; ἀλλ'
ὡς σαφῆ ταύτην τὴν ἀνασκευὴν παρῆκεν αὐτὸς εἰπεῖν.

Μεταβὰς δὲ ἐπὶ τὸ ἕτερον τμῆμα τὸ ἄπειρα τῷ ἀριθμῷ τὰ μέρη
ὑποτιθέμενον (εἰ δὲ ἄπειρά φησι καὶ ἁπλᾶ, τουτέστιν αὐτὰ ὁμοιομερῆ, τὸ 10
γὰρ ἀνομοιομερὲς τὸ πρῶτον ἐξ ὁμοιομερῶν πάντως μερῶν σύγκειται τῷ
25 ὅλῳ, ὡς καὶ ἡ χεὶρ εἰ τύχοι ἡ ἡμετέρα ἀπὸ σαρκῶν καὶ ὀστῶν καὶ νεύρων),
εἰ οὖν ἄπειρα κατὰ τὸ πλῆθος καὶ τὸ εἶδος τὰ ἐξ ὧν σύγκειται τὸ ἀνο-
μοιομερὲς ἄπειρον, ἔσονται καὶ οἱ τόποι ἄπειροι καὶ ⟨αἱ⟩ τῶν τόπων δια-
φοραί. εἰ δὲ οἱ τόποι καὶ αἱ τῶν τόπων διαφοραὶ πεπερασμέναι, ὡς δείξει,
καὶ τὰ σώματα τὰ ἁπλᾶ πεπερασμένα ἔσται κατὰ εἶδος καὶ κατὰ ἀριθμόν,
30 ὥστε καὶ τὸ ὅλον πεπερασμένον ἔσται τῷ μεγέθει. καὶ ὅτι μὲν ἡ πρόλη- 15
ψις ἀληθὴς καὶ εἰσὶν οἱ τόποι πεπερασμένοι, δῆλον ἐκ τῶν τοπικῶν ἀντι-
θέσεων· αἱ γὰρ διαφοραὶ τῶν τόπων ἓξ εἰσι, τὸ ἄνω καὶ κάτω, δεξιὰ καὶ
ἀριστερά, ἔμπροσθεν καὶ ὄπισθεν, καὶ παρὰ ταῦτα οὐκ ἔστιν· ὅτι δὲ καὶ
τὸ συνημμένον καὶ ἐὰν οἱ τόποι ὡρισμένοι καὶ τὰ σώματα τὰ ἐν αὐτοῖς
35 ὡρισμένα ἔσται καὶ πεπερασμένα, δείκνυσιν ἐκ τοῦ δεῖν ἐξισάζειν πάντως
τὸν τόπον καὶ τὸ σῶμα. εἴτε γὰρ ὁ τόπος ὑπερβάλλει, δύο ἀδύνατα ἀκο- 20
λουθήσει, καὶ ὅτι κενὸν ἀνάγκη εἶναι, ὅπερ δειχθήσεται μὴ ὄν (τὸ γὰρ
κενὸν οἱ λέγοντες τόπον λέγουσιν ἐστερημένον σώματος), ἔτι δὲ καὶ ὅτι εἰ

---

2 διαφθαρήσεται a   τὰ ἄλλα E: ἄλλα aF: τἆλλα a   7 εὐθὺς om. aF
9 ταῦτα] πάντα a   12 ἐκείνων a   16 ὁ (post ἦν) om. a   18. 19 καὶ ὅτι
collocat a   24 μερῶν iteravit E: om. F   τῷ ὅλῳ F: τὸ ὅλον aE   27 αἱ
addidi post καὶ, post τόπων a   28 δείξω E   29 τὰ (ante ἁπλᾶ) om. F
30 πρόληψις a: πρόσληψις EF

μείζων ⟨ὁ⟩ τόπος εἴη τοῦ σώματος, οὐκ ἂν εἴη τὸ σῶμα ἄπε:ρον· οὐδὲν 112ᵛ
γὰρ τοῦ ἀπείρου μεῖζον. εἰ δὲ τὸ σῶμα ὑπερβάλλειν τις λέγει τὸν τόπον,
ἔσται τι σῶμα μὴ ὂν ἐν τόπῳ, ὅπερ οὐδὲ τῶν φυσικῶν τοῖς πλείστοις
ἀρέσκει πᾶν σῶμα ἐν τόπῳ εἶναι τιθεμένοις.

5 Τὸ δὲ καὶ ἔσται ἄπειρα τὰ στοιχεῖα δύναται μὲν καὶ ὡς ἐπὶ
τῆς ὑποθέσεως εἰρῆσθαι, ᾗ ἐπάγεται τὸ εἰ δὲ τοῦτο ἀδύνατον· καὶ εἴη 25
ἂν στοιχεῖα λέγων τὰ ἁπλᾶ καὶ ὁμοιομερῆ τοῦ ἀπείρου ἀνομοιομεροῦς μέρη..
δύναται μέντοι καὶ ὡς ἑπόμενον ἄτοπον τῇ ὑποθέσει καὶ αὐτὸ λέγεσθαι·
ἐπειδὴ γὰρ τὸ ἀνομοιομερὲς ἄπειρον σύγκειται ἐξ ἁπλῶν ἀπείρων τῷ εἴδει
10 κατὰ τὴν ὑπόθεσιν, στοιχεῖά ἐστι ταῦτα· δέδεικται δὲ ἐν τῷ πρώτῳ βιβλίῳ,
ὅτι ἀδύνατον ἄπειρα τῷ ἀριθμῷ εἶναι τὰ στοιχεῖα. ἔοικε δὲ νῦν πρὸς τὴν
πρώτην ἐξήγησιν ἀποδεδωκέναι τὸ εἰ δὲ τοῦτο ἀδύνατον, ὡς δηλοῖ ἡ 30
τοῦ ἀδυνάτου αἰτία ἀπὸ τῶν τόπων ἐπαγομένη.

p. 205ᵇ1   Ἀναξαγόρας δὲ ἀτόπως λέγει ἕως τοῦ ἅμα δὲ δῆλον,
15   ὅτι κἂν ὁτιοῦν δέοι μέρος μένειν.   41

Προσεχῶς ὡς ἀδύνατον ἐπαγαγὼν τὸ "ἢ σῶμα οὐδαμοῦ πεφυκὸς εἶναι" 45
διὰ τὸ δεῖν πᾶν σῶμα ποῦ εἶναι, καὶ πρότερον δὲ ὡς ἀξίωμα λαβὼν τὸ
ἑκάστῳ τῶν σωμάτων κατὰ φύσιν εἶναί τινα τόπον, καὶ εἰς τοῦτον φέρε-
σθαι τὸ μόριον ἐπὶ τῶν ὁμοιομερῶν, εἰς ὃν καὶ τὸ πᾶν καὶ ἐν τούτῳ μένειν
20 ἐν ᾧ καὶ τὸ πᾶν, ἐπὶ τούτοις οὖν ὡς ὁμολογουμένοις τὰ προειρημένα συμ-
περανάμενος εὑρίσκει τὸν Ἀναξαγόραν ἀντιφθεγγόμενον. ἐκεῖνος γὰρ ἀκί-
νητον λέγων τὸ ἄπειρον τῶν ὁμοιομερῶν μῖγμα, αἴτιον λέγει τῆς ἀκινησίας 50
οὐ τὸ ἐν τῷ οἰκείῳ εἶναι τόπῳ (οὐδὲ γὰρ ὅλως εἶναι ἐν τόπῳ διὰ τὸ
ἄπειρον ὂν μὴ περιέχεσθαι ὑπό τινος, ὡς δὴ τοῦ περιέχοντος μείζονος
25 ὀφείλοντος εἶναι τοῦ περιεχομένου, τοῦ δὲ ἀπείρου μηδὲν ὀφείλοντος ἔχειν
ἑαυτοῦ μεῖζον), διὰ τοῦτο οὖν οὐ τὸν τόπον καὶ τὴν πρὸς τὸν τόπον οἰκειό-
τητα αἰτιᾶται τοῦ μένειν, ἀλλ' ὅτι ἐν αὑτῷ ὂν στηρίζει αὐτὸ ἑαυτό. ταύτην
οὖν τὴν δόξαν εὐθύνει ὡς οὐ καλῶς οἰομένου τοῦ Ἀναξαγόρου, ὅτι ὅπου ἂν
τι ᾖ, ὡς πεφυκὸς εἶναι ἐκεῖ, οὕτως ἐστί, καὶ | διὰ τοῦτο ἐν ἑαυτῷ ὂν τὸ 113ʳ
30 μῖγμα, ἀλλ' οὐκ ἐν τόπῳ, ὡς πεφυκὸς εἶναι ἐν ἑαυτῷ, οὕτως μένει. τοῦτο
γὰρ οὐκ ἀληθές. εἴη γὰρ ἂν τί που καὶ βίᾳ, ὥσπερ ὁ ἀπὸ παττά-
λου ἠρτημένος λίθος ἐστί, καὶ μένει ἔνθα μὴ πέφυκε. κἂν μὴ κινῆται
οὖν τὸ ὅλον ἐν ἑαυτῷ στηριζόμενον, διότι τὸ ἐν ἑαυτῷ στηριζόμενον
καὶ ἐν ἑαυτῷ ὂν ἀκίνητον εἶναι ἀνάγκη, οὐκ αὔταρκες τοῦτο τὸ
35 ἀναγκαῖον καὶ βίαιον ἐνίοτε εἰς ἀπόδοσίν φησι τῆς τοῦ μένειν φυσικῆς 5
αἰτίας. ἀλλὰ χρὴ ζητεῖν φυσικὴν τοῦ μένειν αἰτίαν. δυνατὸν γὰρ ἦν ἐνίοτε

---

1 ὁ (ante τόπος) add. a   2 λέγει aF   6 ὑποὑποθέσεως E   8 δύνανται F
10 πρώτῳ βιβλίῳ c. 6   11 ὅτι om. aF   12 τὸ E: τοῦτο aF   15 lemma 205ᵇ19—24
om. E   16 ἐπαγαγὼν p. 205ᵇ1   17 πρότερα ut videtur E   19 καὶ (post ὂν)
om. aF   25 εἶναι ὀφείλοντος aF   27 αὐτῷ a: αὐτῷ F: ἑαυτῷ E   αὐτὸ ἑαυτῷ F
29 ἐκεῖ εἶναι a   36 αἰτίαν τοῦ μένειν aF

μένειν, οὐχ ὅτι πέφυκεν οὕτως, ἀλλ' ὅτι οὐκ ἔχει τι ἄλλο ὅπου κινήσεται 113ʳ
ὡς ἄπειρον, καίτοι πεφυκὸς ἐνίοτε κινεῖσθαι μᾶλλον ἢ μένειν. οὕτως οὐκ
ἀρκεῖ τὸ λέγειν μένειν που ἢ ἐν ἑαυτῷ ἢ ἐν ἄλλῳ πρὸς τὸ δηλοῦν καὶ
ὅτι πέφυκεν οὕτως. οὐδὲ γὰρ ταὐτόν ἐστι τὸ ὅτι καὶ τὸ διότι. τὸ μὲν
5 γὰρ μένειν τὸ ὅτι δηλοῖ, ὁ δὲ τὴν αἰτίαν τοῦ μένειν ζητῶν οὐκ ἀρκεῖται
τῷ μένειν. δείκνυσι δὲ τοῦτο οὕτως ἔχον καὶ ἐπὶ τοῦ κατὰ τὴν γῆν παρα- 10
δείγματος· κἂν γὰρ ἄπειρόν τις αὐτὴν ὑπόθηται (ἵνα μὴ διὰ τοῦτο νομίσῃ
τι συμβαίνειν, ἀλλ' οἷον ἔμενεν ἂν καὶ ἐστήριζεν ἑαυτήν), ἀλλ' οὐ διὰ
τοῦτο ἔμενεν, ὅτι οὐκ εἶχέ που ἐνεχθῆναι ὡς ἄπειρος, οὐδὲ ὅτι στηρίζει
10 ἑαυτήν, ἀλλ' ὅτι ὑπὸ τῆς τοῦ μέσου δυνάμεως, ἐν ᾧ πέφυκεν εἶναι, ὑπὸ
ταύτης εἴργεται κινεῖσθαι· εἰ οὖν μηδὲ ἐπὶ τῆς γῆς, κἂν ἄπειρόν τις αὐτὴν
ὑπόθηται, αἴτιον τοῦ μένειν τὸ στηρίζειν ἐστὶν ἢ τὸ μὴ ἔχειν ἄλλο ὅπου
οἰσθήσεται, ἀλλὰ ἄλλη τις αἰτία φυσική (διότι γὰρ βάρος ἔχει, τὸ δὲ 15
βαρὺ μένει ἐπὶ τοῦ μέσου, διὰ τοῦτο ἡ γῆ μένει ἐπὶ τοῦ μέσου),
15 ὁμοίως ἂν καὶ τὸ ἄπειρον μῖγμα εἰ μένοι ἐν ἑαυτῷ, διά τινα ἄλλην
αἰτίαν φυσικὴν ἂν μένοι. καὶ οὐχ ὅτι ἄπειρον ὂν οὐκ ἔχει ἄλλο
ὅπου οἰσθήσεται, οὐδὲ ὅτι στηρίζει αὐτὸ ἑαυτό. ὁ γὰρ ταῦτα λέγων
οὐ τὴν φυσικὴν αἰτίαν τῆς μονῆς λέγει, ἀλλὰ τὴν βίαιον καὶ ἐξ ἀνάγκης,
καὶ οὐ τὴν τῆς γῆς ὡς γῆς, ἀλλὰ τοῦ μεγέθους αὐτῆς. διὰ γὰρ τοῦτο
20 ἄπειρον ὑποτεθὲν οὐκ ἔχει ἄλλο οὗ κινηθήσεται.

Οὕτως μὲν οὖν ἤλεγξε τὴν Ἀναξαγόρου τῆς μονῆς αἰτίαν· ἔτι δὲ 20
μᾶλλον αὐτὴν ἀπὸ τῶν μερῶν ἐλέγχει. εἰ γὰρ ὁμοειδὲς τῷ ὅλῳ ἀπείρῳ
μίγματι τὸ μέρος, διότι πᾶν ἐν παντί, τῶν δὲ ὁμοειδῶν ὁμοειδεῖς οἱ τόποι,
καὶ τὸ ὅλον καὶ ἄπειρον μῖγμα ἐν ἑαυτῷ μένει στηρίζον, δῆλον ὅτι
25 κἂν ὁτιοῦν ληφθῇ μέρος αὐτοῦ ἐν ἑαυτῷ μένει καὶ αὐτὸ στηρίζει.
ὡς γὰρ ἐν τόπῳ, οὕτως καὶ ἐν ἑαυτῷ. ἐν ᾧ τὸ ὅλον, ἐν τούτῳ καὶ τὸ
μέρος, ὅταν ὁμοειδῇ ᾖ. καὶ γὰρ ὅλης τῆς γῆς καὶ βώλου μιᾶς ὁ αὐτὸς
τόπος τὸ κάτω, καὶ πυρὸς ὅλου καὶ σπινθῆρος τὸ ἄνω. ὥστε εἰ τοῦ 25
ἀπείρου τόπος τὸ ἐν ἑαυτῷ, καὶ τοῦ μέρους ὁ αὐτός. μένει ἄρα
30 καὶ τὸ μέρος καὶ οὐ κινήσεται. ὅπερ ἐναργῶς ἐστι παρὰ τὰ φαινόμενα·
κινεῖται γὰρ τὰ μέρη πάντα. εἰ δὲ ἐν οἰκείοις ἦν τόποις, ἠρεμεῖν ἀνάγκη.
τὸ δὲ ἐν ἑαυτῷ ὡς ἐν οἰκείῳ τόπῳ λαμβάνων Ἀναξαγόρας διὰ τοῦτο μέ-
νειν ἔλεγε τὸ ὅλον μῖγμα, ὅτι ἐν ἑαυτῷ στηρίζει. ὅλως δὲ εἰ διὰ τὸ ἐν
ἑαυτῷ εἶναι μένει, τοῦτο δὲ τὸ ἐν ἑαυτῷ εἶναι καὶ τοῖς ὅλοις ὑπάρχει καὶ
35 τοῖς μέρεσι καὶ τοῖς πεπερασμένοις καὶ τοῖς ἀπείροις, πάντα ἂν μένοι καὶ 30
οὐδὲν ἂν κινοῖτο. ἀλλ' οὐδὲ τῷ ὅλῳ μίγματι ὡς ἀπείρῳ τὸ μένειν ὑπάρ-

---

1 ἀλλ' ὅτι aF: ἀλλ' ὅστιν E   3 ἐν (post ἢ) om. F   4 οὐδὲ] οὐ a   6 τῷ aF: τὸ E   κατὰ om. F   8 ἔμεινεν E   ἑαυτὴν aF: αὐτὴν E   11 μηδὲ E: οὐδὲ aF   12 ὅπου E: ὅποι aF   13 οἰσθήσεται E   βαρέως a   15 εἰ μένει F   16 φυσικὴν E: φυσικῶς aF   17 ὅποι aF   αὐτὸ ἑαυτῶ E   19 τῆς E: om. aF   τοῦτο EF: τὸ a   23 μίγματι τῷ ὅλῳ F   25 στηρίζον E   26 post ἐν ᾧ add. γὰρ a   27 ὅταν] εἰ F   30 κινηθήσεται a   32 τόπῳ om. E   33 τὸ μῖγμα ὅλον a   34 ὅλοις E: ἄλλοις aF

·χει, εἴπερ διὰ τὸ ἐν ἑαυτῷ εἶναι καὶ μένει. δῆλον δὲ ὅτι εἰ κατὰ φύσιν 113ʳ
μηδὲν κινεῖται, οὐδὲ παρὰ φύσιν τι κινηθήσεται· παρὰ φύσιν γὰρ κινήσεις
εἰσὶν αἱ τῶν κατὰ φύσιν ἐναντίαι. οὐδαμῶς ἄρα οὐδὲν κινηθήσεται τῶν
φυσικῶν σωμάτων καὶ ταῦτα τῆς φύσεως ἀρχῆς κινήσεως οὔσης. ποιησά-
5 μενος δὲ τὸν λόγον ἐπὶ ἑνὸς μορίου, ἵνα μὴ νομίσῃ τις ὡς ἐφ' ἑνὸς συνῆ-
χθαι τὸ λεγόμενον, ἐπήγαγεν ἅμα δὲ δῆλον ὅτι κἂν ὁτιοῦν δέοι μέρος 35
μένειν. εἰ γὰρ ἔν τινι τῶν μορίων τοῦ ἀπείρου κατὰ φύσιν ἐστὶ τὸ ἐν
ἑαυτῷ στηρίζειν καὶ διὰ τοῦτο καὶ τὸ μένειν, καὶ πᾶσιν ὁμοίως. καὶ οὕτως
οὐδὲν τῶν σωμάτων κατὰ φύσιν κινηθήσεται. ἀλλ' οὐδὲ παρὰ φύσιν, ὡς
10 ἐν τῷ τετάρτῳ δείξει. ὕστερον γὰρ τὸ παρὰ φύσιν τοῦ κατὰ φύσιν. τοῦτο
δὲ καὶ ἀτοπώτατον καὶ τῇ δόξῃ τῇ Ἀναξαγόρου μαχόμενον οὐδὲ κατὰ τὸ
φαινόμενον ἀκίνητα τὰ ὄντα λέγοντος. τὸ δὲ ζητεῖν εἰ ἔστι τι αὐτὸ ἐν
ἑαυτῷ καὶ εἰ δύναταί τι αὐτὸ ἑαυτοῦ τόπος εἶναι, τῆς περὶ τόπου σκέψεως 40
οἰκεῖον ὑπάρχον, ἐν τοῖς περὶ τόπου λόγοις προβάλλεται κατ' ἀρχὰς τοῦ
15 Δ βιβλίου· δῆλον δὲ ὅτι ἐπὶ μὲν τοῦ ὅλου διελέγχει τὸν λόγον ὡς μὴ
φυσικὴν αἰτίαν τῆς μονῆς ἀποδιδόντα, ἐπὶ δὲ τῶν μερῶν ὡς τῇ ῥηθείσῃ
αἰτίᾳ ἀδυνάτου τινὸς ἑπομένου τοῦ μηδὲν τῶν φυσικῶν κινεῖσθαι.

Οὕτως μὲν οὖν πρὸς τὸ φαινόμενον τῆς Ἀναξαγόρου δόξης ὑπήντησεν
ὁ Ἀριστοτέλης· εἰ δὲ ἀληθῶς πρότερον ἔλεγον, ὅτι διττὸν ἐνδείκνυται
20 κόσμον ὁ Ἀναξαγόρας, τὸν μὲν νοητὸν τὸν δὲ αἰσθητόν, καὶ τὸν μὲν ἡνω- 45
μένον τὸν δὲ διακεχριμένον, τὸ μὴ εἶναι ἐν τόπῳ ἀλλ' ἐν ἑαυτῷ καὶ στη-
ρίζειν ἐν ἑαυτῷ πάνυ οἰκείως εἴρηται περὶ τοῦ νοητοῦ ὥσπερ καὶ τὸ
ἄπειρον. τὰ μὲν γὰρ σώματα πεπερασμένα ταῖς ἐπιφανείαις ὄντα οἷον
ἐξεχύθη διαστάντα καὶ ὑποδοχῆς ἑτέρας ἐδεήθη καὶ στηριγμοῦ, ἅπερ ὁ
25 τόπος αὐτοῖς παρέχεται ἐκπεσοῦσιν ἀφ' ἑαυτῶν καὶ τοῦ ἐν ἑαυτοῖς εἶναι,
καὶ ἐν τόπῳ γενομένοις ὥσπερ καὶ ἐν ὕλῃ· τὰ μὲν γὰρ ἀμερῆ καὶ ἀδιά-
στατα ἐν ἑαυτοῖς ἐστι καὶ στηρίζεται ὑφ' ἑαυτῶν ἅτε συνῃρημένα, τὰ δὲ 50
διαστάντα καὶ ἄλλο ἀλλαχοῦ τῶν μορίων διαρρίψαντα τῷ ἀλλαχοῦ καὶ μὴ
ἐν τούτῳ τὸ ὅλον τόπου δέεται καὶ εὐθετισμοῦ τῆς τοιαύτης διαρρίψεως.
30 ἀλλ' ἐπὶ τὰ ἑξῆς ἰτέον.

p. 205ᵇ24   Ὅλως δὲ φανερόν, ὅτι ἀδύνατον ἄπειρον ἅμα λέγειν
σῶμα καὶ τόπον ἕως τοῦ | ἢ ἔσχατον καὶ μέσον;   113ᵛ

Τὸν Ἀναξαγόρου λόγον εὐθύνας ἀντὶ τοῦ ἐν τόπῳ τὸ ἐν ἑαυτῷ ὡς ἐν
τόπῳ θέμενον ἐφιστάνει καλῶς, ὅτι ἀκόλουθον τῷ ἄπειρον λέγοντι σῶμα τὸ 5
μὴ λέγειν τόπον τινὰ εἶναι τοῖς σώμασι, καὶ τῷ τὸν τόπον ὁμολογοῦντι

---

1 εἶναι καὶ om. E   6 ὅτι om. aF   10 ὕστερον — παρὰ φύσι· in novo folio itera-
vit F   11 καὶ (post δὲ) om. E   τῇ (post δόξῃ) EF: τοῦ a   13 αὐτὸ E:
om. aF   περισκέψεως a   14 λόγος a   19 πρότερον p. 34, 21 sqq.   21 καὶ
om. E   22 εὔρηται a   24 ἐξεχύθη a: ἐξεχέθη EF   26 καὶ — γενομένοις
om. aF   μὲν γὰρ EF: δὲ a   29 num ἐν ἑαυτῷ ⟨εἶναι⟩?   δέηται E
31 ἅμα ἄπειρον a ex Aristotele   λέγει a   32 καὶ μέσον E cf. p. 488, 33. ἢ
μέσον a et Aristoteles   33 εὐθύνας om. a   35 post εἶναι add. ἐν aF

τὸ μὴ εἶναι σῶμα ἄπειρον. δῆλον δὲ ὅτι καὶ πρὸς τὴν ἐξ ἀρχῆς προτε- 113ᵛ
θεῖσαν τοῦ ἀπείρου ἀναίρεσιν ἡ ἀπόδειξις αὕτη συντελεῖ. ὡς γὰρ ἀπ'
αὐτοῦ τοῦ ἀπείρου πρότερον ἐπιχειρῶν ἐδείκνυ, ὅτι οὔτε οὐσία οὔτε συμ-
βεβηκὸς οὔτε ἁπλοῦν οὔτε σύνθετον οὔτε ὁμοιομερὲς οὔτε ἀνομοιομερές,
5 οὕτω νῦν ἀπὸ τῶν τόπων καὶ τῆς πρὸς αὐτοὺς σχέσεως ἐπιχειρεῖ. καὶ
πρῶτον ὅτι εἰ ἄπειρον, οὐκ ἐν τόπῳ. ἡ δὲ ἐπιχείρησις ἀπὸ τῶν δυνάμεων
γίνεται τῶν φυσικῶν σωμάτων. εἰ γὰρ πᾶν σῶμα αἰσθητὸν ἢ βάρος 10
ἔχει ἢ κουφότητα, καὶ κατὰ τὰς ῥοπὰς ταύτας τοῖς σώμασιν ὑπάρχει ἡ
ἀπὸ τῶν τόπων καὶ ἐπὶ τοὺς τόπους κίνησις καὶ ἡ ἐν αὐτοῖς μονή, ἀδύ-
10 νατον δὲ τὸ ἄπειρον σῶμα βάρος ἔχειν ἢ κουφότητα, ὡς δείξει, ἀδύνατον
ἄπειρόν τι σῶμα ἐν τόπῳ εἶναι. ἀλλὰ μὴν τὸ πρῶτον, τὸ ἄρα δεύτερον.
καὶ τὸ μὲν πᾶν σῶμα αἰσθητὸν βάρος ἔχειν ἢ κουφότητα ὡς ἐναργὲς
παρῆκε. δεῖ γὰρ πάντως ὁποτερανοῦν ἔχειν τούτων τῶν ἀντικειμένων ποιο-
τήτων, τὰ μὲν ἁπλᾶ καθ' αὑτὴν ὁποτερανοῦν, τὰ δὲ μικτὰ ⟨κατὰ τὴν⟩ 15
15 μῖξιν αὐτὴν ἢ κατὰ τὸ ἐπικρατοῦν. ὅτι δὲ εἰ ἄπειρόν τί ἐστι σῶμα, ἀδύ-
νατον αὐτὸ βάρος ἔχειν ἢ κουφότητα ἢ ἄνω ἢ κάτω εἶναι, ἔδειξε διὰ τοῦ
εἰπεῖν ἀδύνατον δὲ ἢ πᾶν ὁποτερονοῦν ἢ τὸ ἥμισυ ἑκάτερον πε-
πονθέναι. τούτων δὲ δυοῖν ὄντων τῷ μὲν ἅπαν ὁποτερονοῦν πεπονθέναι
οὐκ ἐπήνεγκε τὸ ἑπόμενον ἄτοπον ὡς ἐναργές· εἰ γὰρ ἅπαν ἢ ἄνω ἢ
20 κάτω, ἐπειδὴ ἑκάτερον τούτων πεπέρανται, εἴ γε ἄνω μέν ἐστι τὸ πρὸς
τῷ ἐσχάτῳ, κάτω δὲ τὸ πρὸς τῷ μέσῳ, ἔσται τὸ ἄπειρον σῶμα ἐν πεπε- 20
ρασμένῳ τόπῳ, ὅπερ ἀδύνατον. ἔτι δὲ εἰ ἐν τῷ ἑτέρῳ τούτων τὸ ἄπειρον,
ὁ συναμφότερος τόπος μείζων ἔσται τοῦ ἀπείρου, εἴ γε αὐτὸ ἴσον ἐστὶ τῷ
ἑτέρῳ ἐν ᾧ ἐστι, τοῦ δὲ ἀπείρου μεῖζον οὐδέν ἐστιν. ταῦτα μὲν οὖν ὡς
25 πρόδηλα τῷ λόγῳ αὐτὸς προσάγειν οὐκ ἠξίωσε. τῷ δὲ τὸ ἥμισυ ἑκάτερον
πεπονθέναι τὸ ἑπόμενον ἐπήνεγκεν εἰπὼν πῶς γὰρ διελεῖς; ἢ πῶς
τοῦ ἀπείρου ἔσται τὸ μὲν ἄνω τὸ δὲ κάτω; ἀδύνατον γὰρ δίχα διε-
λεῖν τὸ ἄπειρον. ἢ γὰρ ἄπειρον ἑκάτερον καὶ ἔσται τὸ ὅλον μεῖζον ἑκα- 25
τέρου ἀπείρων ὄντων, ἢ πεπερασμένον καὶ ἔσται τὸ ὅλον πεπερασμένον ἐκ
30 δυεῖν πεπερασμένων συγκείμενον. πῶς δὲ τοῦ ἀπείρου τὸ μὲν ἄνω
ἔσται τὸ δὲ κάτω; ἔσται γὰρ ἐν πεπερασμένοις τόποις τὰ δύο τοῦ ἀπεί-
ρου μέρη. ὥστε καὶ αὐτὰ πεπερασμένα ἔσται καὶ τὸ ὅλον πεπερασμένον.
τὸ δὲ πεπερασμένον τοῦ ἄνω καὶ κάτω ἐνεδείξατο διὰ τοῦ ἢ ἔσχατον
καὶ μέσον. ὁ γὰρ ἔσχατον καὶ μέσον ἔχει, πεπέρανται· περάτων γὰρ
35 ὀνόματα τὸ ἔσχατον καὶ μέσον. ἔσται δὲ ἔσχατον μὲν τοῦ ἀπείρου τὸ ἄνω, 30
μέσον δὲ τὸ κάτω. εἰ δὲ τὸ μὲν ἄνω ἔσχατον, τὸ δὲ κάτω μέσον καὶ
ἑκάτερον πεπέρανται καὶ διὰ τοῦτο ἀδύνατον ἐν αὐτοῖς εἶναι τὰ τοῦ ἀπεί-
ρου μέρη, δῆλον ὅτι πολλῷ μᾶλλον τὸ ὅλον ἄπειρον ἐν ὁποτερῳοῦν εἶναι

---

3 οὔτε οὐσία om. a 8 ἔχει om. E 10 post κουφότητα iteravit καὶ κατὰ
τὰς (8) — κίνησις (9) punctis deleta F δείξω E 14 τὰ δὲ] τὰ μὲν E
κατὰ τὴν add. a 18 ὄντων E: ὄντοιν aF 19 ἐπήνεγκε E: ἐπήγαγε aF
20 πεπέρανται E: πεπέραται F: πεπέρασται a eademque varietas v. 34 εἴγε E: εἴτε
F: εἴπερ a 26 διελεῖς EF: ἂν διέλῃς a 29 ἀπείρου E¹

τούτῳ ἀδύνατον. ὥστε διὰ τῆς αὐτῆς δείξεως ἄμφω δέδειχε, καὶ ὅτι ἀδύ- 113ᵛ
νατον πᾶν ὁπότερον, καὶ ὅτι ἀδύνατον τὸ ἥμισυ ἑκάτερον πεπονθέναι.

p. 205 ᵇ 31   **Ἔτι πᾶν σῶμα αἰσθητὸν ἐν τόπῳ, ἕως τοῦ ἀδύνατον** 36
δὲ ἐν τῷ ἀπείρῳ σώματι εἶναι ταῦτα.

Ἀπὸ τῶν φυσικῶν δυνάμεων τοῦ φυσικοῦ σώματος καὶ τῶν κατὰ ταύ-
τας φυσικῶν αὐτοῦ ῥοπῶν, τουτέστιν ἀπὸ τοῦ βάρους αὐτῶν καὶ τῆς κου-
φότητος, δείξας ὅτι οὐκ ἂν εἴη τὸ ἄπειρον ἐν τόπῳ, νῦν ἀπὸ τῶν τοῦ τόπου
διαφορῶν ἀναιρεῖ τὸ δύνασθαι ἐν αὐταῖς εἶναί τι ἄπειρον σῶμα. προέκειτο
γὰρ δεῖξαι, ὅτι ἀδύνατον ἄπειρον ἅμα λέγειν σῶμα καὶ τόπον τινὰ εἶναι 40
τοῖς σώμασι. δείξας οὖν ὅτι εἰ ἄπειρον, οὐκ ἔσται ἐν τόπῳ, νῦν δείκνυσιν
ὅτι εἰ ἐν τόπῳ, οὐκ ἔσται ἄπειρον. εἰ γὰρ πᾶν σῶμα αἰσθητὸν ἐν
τόπῳ, ἀδύνατον ἄπειρον εἶναι σῶμα. τόπου δὲ εἴδη καὶ διαφοραὶ
τὸ ἄνω καὶ κάτω καὶ ἔμπροσθεν καὶ ὄπισθεν καὶ δεξιὸν καὶ
ἀριστερόν. καὶ ταῦτα οὐ μόνον πρὸς ἡμᾶς καὶ θέσει ἐστίν, ὡς
δειχθήσεται, ἀλλὰ καὶ ἐν τῷ ὅλῳ κατὰ φύσιν διώρισται. δῆλον οὖν
ὅτι ὡρισμένα καὶ πεπερασμένα ἐστίν, ὡς δηλοῖ καὶ ἡ πρὸς ἄλληλα δια- 45
φορὰ αὐτῶν. καὶ τὸ ἐν αὐταῖς ἄρα σῶμα φυσικὸν πεπερασμένον ἔσται.
ἐξισάζει γὰρ τῷ τόπῳ τὸ ἐν αὐτῷ σῶμα, ὡς δέδεικται πρότερον. ἀδύ-
νατον ἄρα τὰς τῶν τόπων διαφορὰς ἀπείροις σώμασιν ὑπάρχειν, ὥστε τὸ
ἐν τόπῳ ὂν ἄπειρον εἶναι. τὸ δὲ καὶ φύσει εἶναι τὰς τοῦ τόπου ταύτας
διαφορὰς αὐτὸς μὲν ἐν τῇ Περὶ οὐρανοῦ δείκνυσιν, ὁ δὲ Ἀλέξανδρος ἐν
τοῖς πρὸς τὸν Ἐπικούρειον Ζηνόβιον ἀντιγεγραμμένοις. δείκνυσι δὲ θαυμα-
σίως ὁ Ἀριστοτέλης, ὅτι οὐκ ἂν ἦν ταῦτα πρὸς ἡμᾶς καὶ κατὰ σχέσιν, εἰ 50
μὴ ἐν τῷ παντὶ πρότερον ἦν καὶ κατὰ φύσιν.

p. 205 ᵇ 35   **Ἁπλῶς δὲ εἰ ἀδύνατον τόπον ἄπειρον εἶναι ἕως τοῦ**
τούτων δὲ ἕκαστον πέρας τί ἐστιν. |

Ἀπὸ τῶν διαφορῶν τῶν τόπων δείξας ὅτι οὐχ οἷόν τε τὸ ἄπειρον ἐν 114ʳ
τόπῳ εἶναι οὐδὲ τὸ ἐν τόπῳ ἄπειρον, ἵνα μή τις λέγῃ ὅτι ἐν μερικῷ μὲν
τόπῳ οὐκ ἔστι τὸ ἄπειρον, ἐν τῷ ὅλῳ δὲ καὶ ἐν τῷ ἁπλῶς τόπῳ ἀπείρῳ
ὄντι τί κωλύει εἶναι ἄπειρον σῶμα, πρὸς τὴν τοιαύτην ἔνστασιν λέγει ὅτι εἰ
ἀδύνατον τόπον ἄπειρον εἶναι, ἐν τόπῳ δὲ πᾶν σῶμα, ἀδύνατον
ἄπειρον εἶναι σῶμα. ἀλλὰ μὴν τὸ ἡγούμενον, τὸ ἄρα ἑπόμενον. καὶ 5

---

1 τούτῳ E: τοῦτο F: om. a   ante ἄμφω add. καὶ aF   2 fortasse ὁποτερονοῦν
4 σώματι om. cum Aristotelis vulgata a   5 τοῦ (post δυνάμεων) iteravit F
6 φυσικῶν (post ταύτας) om. aF   8 αὑταῖς E (cf. v. 17): ἑαυταῖς aF   9 ἀδύνατον
ἅπαν σῶμα F   τόπων a   13 καὶ τὸ κάτω καὶ τὸ ἔμπροσθεν pariterque dein-
ceps aF   14 ταύτῃ F   καὶ τῇ θέσει aF   17 αὐτῶν διαφορὰ aF   αὐταῖς]
αὐτοῖς a   21 Περὶ οὐρανοῦ Δ 1   25 εἰ F: καὶ εἰ E: om. a   εἶναι ἄπειρον a
27 τῶν διαφόρων τόπων E   30 ἄπειρον εἶναι aF   λέγειν F   31 εἶναί τι vel
τι εἶναι Aristoteles

τὸ μὲν συνημμένον κατασκευάζειν ὡς πρόδηλον παρῆκε, τὴν δὲ πρόσληψιν 114ʳ
τὴν λέγουσαν ἀλλὰ μὴν ἀδύνατον τόπον ἄπειρον εἶναι τίθησι καὶ
κατασκευάζει διὰ τοῦ δεῖξαι ὅτι οὐκ ἔστιν ἐν τόπῳ εἶναι τὸ μὴ ἕν τινι
τόπῳ ὄν, τοῦτο δὲ διότι τῶν κοινῶν ἡ ὕπαρξις ἐν τοῖς καθέκαστά ἐστιν.
5 οὗ γὰρ γένος τι κατηγορεῖται ἐν ὑπάρξει ὄντος, τοῦτο καὶ ἄτομόν τί ἐστιν,
οἷον εἰ ἄνθρωπος, καὶ τὶς ἄνθρωπος. οὕτως δὲ καὶ τὸ ποῦ οἷον τὸ ἄνω
ἢ τὸ κάτω τοῦτο καὶ ἐν τόπῳ ἐστὶ καὶ τὸ ἐν τόπῳ πάντως ποῦ,
τουτέστιν ἢ ἄνω ἢ κάτω ἢ ἁπλῶς ἔν τινι ἀτόμῳ τόπῳ. διὰ τοῦτο γὰρ 10
οὐδὲ ποσὸν ἁπλῶς ἐστι τὸ ἄπειρον, ὅτι ἀνάγκη καὶ τὶ ποσὸν ἀφωρισμένον
10 αὐτὸ εἶναι οἷον δίπηχυ ἢ τρίπηχυ, εἴπερ τὸ κοινὸν ἐν τῷ ἀτόμῳ ἔχει
τὴν ὕπαρξιν. ὁ μέντοι Εὔδημος καὶ ὁμολόγως ἔχειν φησὶ τὸ μὲν τὶ πρὸς
τὸ τόδε, τὸ δὲ ποιὸν πρὸς τὸ οἷον, τὸ δὲ ποσὸν πρὸς τὸ ὅσον, τὸ δὲ ποῦ
πρὸς τὸ οὗ, καὶ τὰ μὲν εἶναι καθόλου τὰ δὲ καθέκαστα, οἷον τὸ μὲν ποῦ
ἐν τόπῳ, τὸ δὲ οὗ Ἀθήνησιν. ὁ μέντοι Ἀριστοτέλης ἔοικε τὸ ποῦ ἀντὶ
15 τοῦ καθέκαστον λαμβάνειν.

Καὶ ἄμεινον δὲ οἶμαι καὶ τὸ ἐν τῷ εἰ οὖν μηδὲ ποσὸν καὶ τὸ ἐν 15
τῷ ποσὸν γάρ τι ἔστιν ἑκάτερον ποσὸν ὀξύνειν καὶ μὴ βαρύνειν τὸ εἰ
οὖν μηδὲ πόσον, ὡς Ἀλέξανδρος βούλεται· τὸ γὰρ ὡρισμένον, ὅπερ τὸ
βαρύτονον δηλοῖ, ἐπὶ τοῦ πόσον γάρ τι ἀκουστέον· τὸ γὰρ τὶ προσκεί-
20 μενον τὸ ὡρισμένον δηλοῖ. δυνατὸν δὲ καὶ κατὰ τὸν Ἀλέξανδρον ἀκούειν·
εἰ οὖν μηδὲ ὡρισμένον ποσὸν δύναται εἶναι τὸ ἄπειρον, διότι μερικόν τι
ποσὸν γίνεται οὕτως οἷον δίπηχυ ἢ τρίπηχυ, οὐδὲ ἐν τόπῳ δύναται εἶναι,
ὅτι ἕν τινι τόπῳ ἔσται οἷον τῷ ἄνω ἢ κάτω ἢ ἄλλῃ τινὶ διαστάσει τοπικῇ
ἐξ οὐσῶν τῶν τοπικῶν διαστάσεων· ἐν τούτων δέ τινι εἶναι οὐ δύναται, 20
25 διότι πέρας ἐστὶν ἑκάστη. οὕτως δὲ εἶπε καὶ τὸ ἀλλὰ μὴν τό γε ποῦ
ἐν τόπῳ καὶ τὸ ἐν τόπῳ ποῦ, τὸ ποῦ ἀντὶ τοῦ ἕν τινι τόπῳ εἰπὼν
οἷον ἄνω ἢ κάτω, ὡς ἐδήλωσε μετ' ὀλίγον εἰπὼν οὕτω καὶ τὸ ἐν τῷ
τόπῳ ὅτι ποῦ· τοῦτο δὲ ἢ ἄνω ἢ κάτω. κάλλιον οὖν ἴσως, εἴπερ
βαρυτονεῖν χρὴ τὸ ἕτερον πόσον, οὐχὶ τὸ πρῶτον ἀλλὰ τὸ δεύτερον βαρυ-
30 τονεῖν τὸ πόσον γάρ τι ἔστιν, ἵνα ᾖ τὸ μὲν πόσον βαρυτόνως τὸ ὡρι-
σμένον δηλοῦν τὸ δὲ τὶ τὸ δίπηχυ ἢ τρίπηχυ. καὶ ἐντεῦθεν δὲ δῆλον 25
ὅτι οὐκ ἀναιρεῖ τὴν τῶν κοινῶν ὑπόστασιν ὁ Ἀριστοτέλης, ἀλλ' ἐν τοῖς
πολλοῖς καὶ διαφόροις αὐτὴν ὑφεστάναι λέγων τὸ καθ' αὑτὴν εἶναι ἀναιρεῖ,
τῆς ἡμετέρας ἐννοίας ἔργον οἰόμενος τὸ τὴν ἐν τοῖς πολλοῖς ὑφεστῶσαν

---

4 τῷ κοινῷ F   5 ἄτοπον E   6 post δὲ καὶ add. εἰ a   10 αὐτὸ (sed ante ἀφωρισμένον collocatum) aF: αὑτῷ E   ἀτόμῳ] τόπῳ F   11 τὴν ὕπαρξιν ἔχει aF Εὔδημος fr. 33 p. 49, 14 Sp.   καὶ om. aF   12 ποῖον E   πόσον E   πρὸς τὸ initio paginae iteravit F   15 καθέκαστα E   16 δὲ om. a   οἶμαι om. F post ἐν τῷ spatium reliquit v litterarum ariolans in mrg.: μήποτε ἢ ἐν τόπῳ F   17 ἔσται F ut Aristoteles sed cf. v. 30   ποσὸν (ante ὀξύνειν) om. F   18 ὡς ὁ a   22 ποσὸν γίνεται E: τὸ ἄπειρον γίνεται aF   ἢ om. F   23 οἷον τῷ E: οἷον aF   25 μὲν a   26 τὸ (ante ποῦ) aF: καὶ E   28 ἢ ante ἄνω om. E   30 ἵνα ᾖ E: ᾖ F: ἵν' ᾖ a   31 δηλοῖ F   ἢ (post δίπηχυ)] καὶ aF   33 ἀναιρεῖ E: ρεῖ (sic) F: ἀνερεῖ a

κοινότητα χωρίζειν. διὸ καὶ ὑστερογενῆ αὐτὴν καλεῖ, τὸ δὲ ἐξῃρημένον, 114r ἀφ' οὗ ἡ ἐνυπάρχουσα κοινότης, οὐκ ἂν λέγοιτο δικαίως κοινότης.

p. 206 a 7   Ὅτι μὲν ἐνεργείᾳ οὐκ ἔστι σῶμα ἄπειρον ἕως τοῦ πῶς μὲν ἔστι, πῶς δὲ οὔ.   32

Εἰπὼν πρότερον ἐπιχειρήματα, ἐξ ὧν εἶναί τις πιστεύσειε τὸ ἄπειρον, εἶτα διὰ πλειόνων δείξας ὅτι οὐκ ἔστι σῶμα ἄπειρον ἐνεργείᾳ, συγκρούει λοιπὸν τοὺς λόγους καί φησιν, ὅτι εἰ καὶ τοῖς τιθεῖσι τὸ ἄπειρον ἐνεργείᾳ 35 ἄτοπά τινα ἀκολουθεῖ καὶ τοῖς ἁπλῶς ἀναιροῦσι τὸ ἄπειρον ἀδύνατα συμβαίνει, δῆλον ὅτι τοῦ διαιτήσοντος χρεία καὶ δείξοντος, πῶς μὲν ἔστι πῶς δὲ οὐκ ἔστι τὸ ἄπειρον. εἰ γὰρ τῷ δεικνύντι μὴ εἶναι ἄτοπα ἀκολουθεῖ, δῆλον ὅτι ἀνάγκη εἶναι, καὶ πάλιν εἰ τῷ δεικνύντι εἶναι ἀδύνατα συμβαίνει, ἀνάγκη μὴ εἶναι· εἰ οὖν μὴ συναληθεύει ἡ ἀντίφασις, ἀνάγκη πῶς μὲν εἶναι, πῶς δὲ μὴ εἶναι. ἐπειδὴ δὲ τὰ ἑπόμενα ἄτοπα τοῖς ἀναιροῦσι τελέως τὸ ἄπειρον πρὸ πολλοῦ τέθηκε, διὰ τοῦτο καὶ νῦν αὐτῶν ὑπομιμνήσκει τὰ κυριώτατα φέρων εἰς μέσον. εἰ γὰρ μὴ ἔστιν ἄπειρος ὁ 40 χρόνος, ἔσται τις ἀρχὴ χρόνου καὶ τελευτή, εἰ δὲ τοῦτο, ἦν ὅτε οὐκ ἦν χρόνος, καὶ ἔσται ὅτε οὐκ ἔσται· τὸ δὲ ἦν καὶ ἔσται χρόνου μόρια, ὥστε ἦν χρόνος ὅτε οὐκ ἦν χρόνος, καὶ ἔσται ὅτε οὐκ ἔσται. καὶ κίνησις δὲ ἀνέκλειπτος ἀναιρεθήσεται, ἧς ἀριθμὸς ὁ χρόνος. καὶ τὸ πᾶν δὲ οὐκ ἔσται ἀίδιον. δεύτερον δὲ ἀπείρου μὴ ὄντος ὅλως ἡ τῶν συνεχῶν διαίρεσις στήσεται καὶ ἡ τοῦ ἀριθμοῦ αὔξησις.

p. 206 a 14   Λέγεται δὴ εἶναι τὸ μὲν δυνάμει, τὸ δὲ ἐντελεχείᾳ 45 ἕως τοῦ λείπεται οὖν δυνάμει εἶναι τὸ ἄπειρον.

Μέλλων δεικνύναι, πῶς μὲν ἔστι πῶς δὲ οὐκ ἔστι τὸ ἄπειρον, προλαμβάνει τινὰ χρήσιμα αὐτῷ πρὸς τὴν δεῖξιν ἐσόμενα, ἓν μὲν ὅτι τῶν εἶναι λεγομένων τὰ μὲν ὡς δυνάμει ὄντα λέγεται εἶναι τὰ δὲ ὡς ἐνεργείᾳ (τοῦτο δὲ ὡς ἐναργὲς καὶ σύνηθες καὶ πολλάκις ὑπ' αὐτοῦ δεδειγμένον 50 προέλαβεν), ἕτερον δὲ τὸ προσθέσει τε καὶ διαιρέσει εἶναι τὸ ἄπειρον. καὶ τοῦτό γε ἐναργές, εἴ γε ἄτοπον τὸ ἀρχὴν καὶ τελευτὴν εἶναι τοῦ χρόνου καὶ τὰ μεγέθη μὴ εἰς μεγέθη διαιρεῖσθαι καὶ τὸ μὴ πάντα τὸν ληφθέντα ἀριθμὸν οἷόν τε εἶναι ἐπαύξειν. εἰ τοίνυν εἶναι μὲν τὸ ἄπειρον ἀνάγκη, καὶ προσθέσει διὰ τὸν χρόνον καὶ διὰ τὸν ἀριθμόν, καὶ διαιρέσει διὰ τὴν τῶν μεγεθῶν τομήν, οὐδὲν δὲ κατ' ἐνέργειαν ἄπειρον μέγεθος, ὡς δέδεικται προσεχῶς, ἀνάγκη ἄρα δυνάμει εἶναι καὶ διαιρέσει τὸ μέγεθος ἄπειρον, εἴπερ 55 πᾶν τὸ ὂν ἢ δυνάμει ἐστὶν ἢ ἐνεργείᾳ. δυνάμει | ἄρα τὸ ἄπειρον ἐν τῇ 114v

---

3 μὲν οὖν a ex Aristotele τελευτὴ τοῦ χρόνου aF Aristoteles: δὲ τὸ a 33 μέγεθος Ε: om. aF   12 ἀνάγκη — πῶς δὲ (13) om. F   18 ὅτε (post χρόνος) aF: ὥστε Ε   29 γε (post τοῦ τό) om. a   35 ἢ (post ὄν) om. Ε   16 ἀρχὴ καὶ   22 δὴ EF: δὴ τὸ   31 εἶναι Ε: om. aF

τοῦ μεγέθους διαιρέσει. ὥστε ἐπ' ἄπειρον εἶναι διαιρετὸν τὸ μέγεθος. καὶ 114v
γὰρ τὸ ἀνελεῖν, φησί, τὰς ἀτόμους γραμμάς, αἵτινες δοκοῦσι τῇ ἐπ' ἄπειρον
διαιρέσει ἐνίστασθαι, χαλεπὸν οὐδέν. καὶ γὰρ καὶ γέγραπται βιβλίον αὐτῷ
πρὸς τὰς ἀτόμους γραμμάς, καὶ ἐν ταύτῃ δείξει τῇ πραγματείᾳ, ὅτι οὐκ
5 ἐξ ἀμερῶν σύγκειται τὰ μεγέθη. δῆλον δὲ τοῦτο καὶ ἐκ τῶν μαθημάτων.
εἰ γάρ, ὡς ἐν τῷ ἕκτῳ τῶν Εὐκλείδου Στοιχείων δέδεικται, πᾶσαν γραμ- 5
μὴν ἔστι τὸν αὐτὸν λόγον τῇ ἤδη τετμημένῃ διελεῖν, οὐκ ἂν ἄτομος εἴη
γραμμή. ἔτι δὲ εἰ ἄτομοι, οὐδὲ δίχα διαιρεθήσεται πᾶσα γραμμή, ὡς ἐδόκει
ποιεῖν ὁ προβαλλόμενος τὴν δοθεῖσαν εὐθεῖαν δίχα τεμεῖν, καὶ οὐ τὴν
10 ἄτομον μόνον γραμμὴν οὐκ ἔστι δίχα τεμεῖν, ἀλλὰ καὶ τὴν ἐκ περιττῶν
ἀτόμων συγκειμένην, ὥσπερ οὐδὲ ὁ περιττὸς ἀριθμὸς δίχα διαιρεῖται.

p. 206ᵃ18 **Οὐ δεῖ δὲ τὸ δυνάμει ὂν λαμβάνειν ἕως τοῦ καὶ τῷ
δύνασθαι καὶ τῷ γίνεσθαι.** 12

Εἰπὼν δυνάμει εἶναι τὸ ἄπειρον ἐν τῇ τῶν μεγεθῶν διαιρέσει κατὰ
15 τὸ ἐπ' ἄπειρον, ἐπειδὴ καὶ τὸ δυνάμει πᾶν ἐκβῆναι δεῖ ποτε εἰς ἐνέργειαν,
εἰ μὴ μάτην εἴη, ἐὰν δὲ γένηται ἐνεργείᾳ ἄπειρα διαιρέματα μεγέθη ἔχοντα, 15
καὶ μέγεθος ἄπειρον ἂν γένοιτο (τὸ γὰρ ἐξ ἀπείρων τῷ πλήθει μεγεθῶν
ἄπειρον ἔσται μέγεθος, ὡς εἴρηται πολλάκις), ἀποδέδεικται δὲ διὰ πολλῶν
μὴ ὂν ἄπειρον μέγεθος, καὶ ταύτην λύων τὴν ἔνστασιν καὶ τὴν φύσιν τοῦ
20 ἀπείρου παραδεικνὺς ἐναργέστερον, φησὶν ὅτι διχῇ διαιρεῖται τὸ δυνάμει
κατὰ τὴν τοῦ ἐνεργείᾳ διαίρεσιν· ἐπειδὴ γὰρ τὸ δυνάμει πρὸς τὸ ἐνεργείᾳ
λέγεται, ὁσαχῶς τὸ ἐνεργείᾳ τοσαυταχῶς καὶ τὸ δυνάμει ῥηθήσεται. τὸ
δὲ ἐνεργείᾳ διχῶς· ἢ γὰρ ὡς τὸ ὑφεστὼς ὅλον τοῦτο ὅπερ ἐστίν, ὥσπερ
ἄνθρωπος ἢ οἰκία, ἢ ὡς τὸ ἐν τῷ γίνεσθαι τὸ εἶναι ἔχον, ὡς ὁ ἀγὼν καὶ 20
25 ἡ ἡμέρα· καὶ γὰρ καὶ ταῦτα εἶναι λέγομεν ἐνεργείᾳ, ὅταν ᾖ. διττὸν ἄρα
καὶ τὸ δυνάμει, τὸ μὲν ὡς πρὸς τὸ ὅλον ἅμα ὑφιστάμενον, ὡς λέγομεν τὸν
χαλκὸν δυνάμει ἀνδριάντα, ὅτι ἐκβαίνει ποτὲ εἰς τὸ εἶναι ἀνδριάς, ὃς ὅλος
ὁμοῦ ὑφέστηκε, τὸ δὲ πρὸς τὸ ἐν τῷ γίνεσθαι τὸ εἶναι ἔχον. δυνάμει οὖν
τὸ ἐν τῇ διαιρέσει τῶν μεγεθῶν ἄπειρον, οὐχ ὅτι διαιρεῖταί ποτε εἰς
30 ἄπειρα τὰ μεγέθη, ἀλλ' ὅτι ἐπ' ἄπειρον διαιρεῖται, τουτέστιν ὅτι ἀεὶ δύνα-
ται διαιρεῖσθαι. τὸ γὰρ ἐπ' ἄπειρον οὐ κατὰ τὸ ἐνεργείᾳ, ἀλλὰ κατὰ τὸ 25
δυνάμει ἔχει τὸ ἄπειρον· ἐν γὰρ τῷ δύνασθαι ἀεὶ τέμνεσθαι καὶ μηδαμοῦ
καταλήγειν τὴν τομὴν τὸ ἄπειρόν ἐστι. τὸ μὲν γὰρ τμηθὲν ἀεὶ πεπέραν-
ται, διότι δὲ πᾶν τμῆμα δύναται πάλιν τμηθῆναι, διὰ τοῦτο ἐπ' ἄπειρον.

---

1 εἶναι om. a   3 καὶ (post γὰρ) om. a   6 ἕκτῳ scripsi (cf. Euclid. El. VI 10.
Simpl. f. 119ʳ 31): ιε̄ E: ῑ F: δεκάτῳ a   7 ἐστι] κατὰ a   ἄτοπος E¹
εἴη aE: ἢ F   8 εἰ om. E   οὐδὲ EF: οὐ a   9 καὶ οὐ — τεμεῖν (10) om. F
13 post δύνασθαι add. τὸν ἀγῶνα γίνεσθαι ex Arist. a   15 καὶ (ante τὸ) om. E
16 διαιρέματα E   18 post ἔσται habet τὸ a et punctis deletum F   20 φησὶν
ὅτι F: om. aE   διαιρεῖται E: διαιρεῖ aF   22 λέγεται, ὁσαχῶς τὸ ἐνεργείᾳ
om. F   25 ταῦτα ἐνεργείᾳ λέγομεν (om. εἶναι) a   33 πεπέραται F

εἰ δὲ καὶ ἐπὶ τῆς διαιρέσεως καὶ ἐπὶ τῆς προσθέσεως ἀεί τί ἐστιν ἔξω, 114v
ἐπὶ μὲν τῆς διαιρέσεως τὸ διαιρεθησόμενον, ἐπὶ δὲ τῆς προσθέσεως τὸ
προστεθησόμενον, κατὰ τὸ δυνάμει ἐστὶ τὸ ἄπειρον. ἐν γὰρ τῷ διαιρετῷ
ἐστιν, ἀλλ' οὐκ ἐν τῷ διαιρουμένῳ. τοιγαροῦν κἂν μὴ διαιρῆται, ἐπ' 30
5 ἄπειρόν ἐστι διαιρετόν. εἰ δὲ καὶ ἐν τῷ διαιρεῖσθαι θεωρεῖται τὸ ἐπ'
ἄπειρον, μή τι θαυμάσῃς. τὸ γὰρ τοιοῦτον ἐνεργείᾳ τὸ ἐν τῷ γίνεσθαι τὸ
εἶναι ἔχον σύνεστιν ἀεὶ τῷ δυνάμει, καὶ διὰ τοῦτο ἔχει ἀεὶ τὴν ἐν τῷ
γίνεσθαι παράτασιν, ὅτι οὐδαμοῦ τοῦ δυνάμει ἀπολύεται· ἀπολυθὲν γὰρ
ἐστιν ὅπερ ἐστὶν καὶ πέρας ἔχει καὶ οὐδὲν ἄπειρον. διὸ τὰ ἐνεργείᾳ
10 μόνως ὄντα ὅλα ἅμα ἐστί, καὶ οὔτε τὸ δυνάμει ἐστὶν ἐν αὐτοῖς οὔτε τὸ
ἐπ' ἄπειρον. διὸ οὐδὲ χρόνος ὁ κατ' ἀριθμὸν κινούμενος, ἀλλ' αἰὼν ὁ ἐν
ἑνὶ μένων. 35

Εἰκότως ἄρα ἐν τῷ δυνάμει λέγεται εἶναι τὸ ἄπειρον καὶ οὐκ ἐν τῷ
ἐνεργείᾳ· τὸ μὲν γὰρ μερισθὲν ὥρισται ἀεί, ὥς φησιν ὁ Εὔδημος, καὶ οὐκ
15 ἔστιν ἄπειρον· πεπερασμένῳ γὰρ πεπερασμένον προστίθεται, ἡ δὲ διαίρεσις
οὐχ ὑπολείπει· ὃ γὰρ γένοιτ' ἂν οὐχ ὥρισται, τὸ δὲ ἀόριστον ποσὸν ἄπειρον.
ἐντεῦθεν δὲ ἔοικε καὶ Πλάτων τὸ μέγα καὶ τὸ μικρὸν ἄπειρον λέγειν,
ὅτι ἐφ' ἑκάτερόν ἐστιν ἡ ἀπειρία δυνάμει. ἐνεργείᾳ γὰρ οὔτε πλῆθος οὔτε
μέγεθός ἐστιν ἄπειρον. καὶ ἔοικεν ἐπὶ τοῦ ἀπείρου ταὐτὸν εἶναι τὸ δυνάμει
20 καὶ τὸ ἐνεργείᾳ. ἡ γὰρ τοῦ ἀπείρου ἐνέργεια ὡς ἀπείρου τὸ δύνασθαι ἀεὶ 40
τι πλέον, ἐπεὶ εἴ τις ἐντελέχειαν ἐπιζητοίη ἐπὶ τοῦ ἀπείρου οἷον στάσιν
τινὰ καὶ εἶδος, οὗτος οὐδὲν ἄλλο ἢ πέρας ἐπιζητεῖ τοῦ ἀπείρου, ταὐτὸν δὲ
εἰπεῖν φθοράν· τοῦτο δὲ ἀδύνατον. πᾶσα γὰρ ἐντελέχεια σῴζειν ὀφείλει
τὸ ὑποκείμενον. καὶ ὥσπερ ἡ τοῦ κινητοῦ ἐντελέχεια φυλάττουσα τὸ δυνά-
25 μει κίνησις ἦν, οὕτως καὶ ἡ τοῦ ἀπείρου. ὥσπερ γὰρ τὰ ἐν τῷ γίνεσθαι
τὸ εἶναι ἔχοντα ἀπολέσαντα τὸ γίνεσθαι ἀπόλλυσι καὶ τὸ εἶναι, οὕτως καὶ
τὰ ἐν τῷ δύνασθαι ἕως τότε ἐστίν, ἕως ὅτε ἐστὶ τὸ δύνασθαι. εἰ δέ τις, 45
φησί, καὶ τὸ καθ' αὑτὸ δυνάμει ζητεῖ ἐπὶ τούτων, λαμβανέτω ἐκεῖνο τὸ
ὅτε μήπω διαιρεῖται τὸ μέγεθος καὶ ὅτε δύναται ὁ ἀγὼν ἐπιτελεῖσθαι μήπω
30 τελούμενος. ἐνεργείᾳ δὲ τὸ ἐν τῷ ἐπιτελεῖσθαι συνὸν τῷ δυνάμει, ἀλλ'
οὐχὶ τὸ ἐν τῷ ἐπιτετελέσθαι ὡς ἐπὶ ἀνδριάντος. οὐ γὰρ ὅλον, ἀλλὰ κατὰ
μέρος τὸ ἐπ' ἄπειρον.

Ἀλλ' ἔστω μὲν δυνάμει τὸ ἄπειρον ἐν τῇ τῶν μεγεθῶν διαιρέσει κατὰ
τὴν ἐπ' ἄπειρον τομήν. πῶς δὲ ὅλως διαιρεῖταί τι ἐπ' ἄπειρον ἢ τί τὸ

---

1 προσθέσεως — ἐπὶ δὲ τῆς (2) om. E   προσθέσεως scripsi: προθέσεως aF
4 κἂν] γὰρ E   διαιρεῖται E   6 μή τι F: μήτοι E: μὴ a   7 σύνεστιν ἀεὶ
τῷ δυνάμει aE: οὖν ἐστιν τοῦ δυνάμει ἀεὶ F   ἀεί·(post ἔχει) aF: om. E   8 οὐδα-
μοῦ EF: οὐδαμῶς a   11 ὁ (post χρόνος) om. F   14 ὁ (post φησιν) om. aF
Εὔδημος fr. 34 p. 50, 9 Sp.   15 πεπερασμένον γὰρ πεπερασμένῳ aF   20 τὸ (post
καὶ) om. E   21 πλέων F   22 πέρας τι ζητεῖ Themistius p. 239, 13   26 τὸ
(ante εἶναι) om. a   28 καὶ (post φησί) om. a   29 post καὶ ὅτε add. μήπω a
31 τὸ (post οὐχὶ) om. E   ἐπιτετελέσθαι emendator Ambrosianus: ἐπιτελεῖσθαι EF:
ἐπιτελέσθαι a   post ἐπὶ add. τοῦ a   32 τὸ (ante ἐπ') om. E

διαιροῦν ἐστι; τέχνη μὲν γὰρ οὐκ ἂν ἐπ' ἄπειρον τέμνοι (καὶ ὁ βίος γὰρ 114ᵛ
ἀπαγορεύσει τοῦ τεχνίτου καὶ τὰ ὄργανα οὐκ ἰσχύσει), ἡ δὲ φύσις εἰ ἐπ' 50
ἄπειρον τέμνοι τι μέγεθος, πολλὰ ἂν ἤδη τμήματα ἄχρηστα πρὸς σύστασιν
ἐποίησε διὰ σμικρότητα. εἰ δὲ πρὸ τοῦ εἰς ἐλάχιστον καὶ ἄχρηστον κατα-
5 τεμεῖν πάλιν αὐτὰ συντίθησιν, οὐκ ἔσται ἡ ἐπ' ἄπειρον τομή. μήποτε οὖν
ῥητέον ὅτι ἡ φύσις ποιεῖται μὲν τὰς διαιρέσεις μέχρι τῆς χρείας, τεμοῦσα
δὲ δύο τμήματα, εἰ τύχοι τὰ ἐλάχιστα, καὶ αὖθις αὐτὰ συντιθεῖσα, εἰ πάλιν
δέοι τεμεῖν, οὐ πάντως κατὰ τὴν συμβολὴν τέμνει, ἀλλὰ καὶ κατ' ἄλλο 55
μέρος οὐδὲν ἄτομον ἀπολιμπά|νουσα, εἰ καὶ ἄλλοτε κατ' ἄλλα μέρη διαιρεῖ. 115ʳ
10 καὶ οὕτως ἡ ἐπ' ἄπειρον τομὴ καὶ ἐνεργουμένη φανήσεται, καὶ οὐδὲν ἴσως
ἄτοπον ἀκολουθήσει.

p. 206 ᵃ 25   Ἄλλως δὲ ἔν τε τῷ χρόνῳ ἕως τοῦ οὕτως ὥστε μὴ
ἐπιλείπειν.   9

Δείξας τὸ ἄπειρον ὑπάρχον κατὰ τὸ ἐπ' ἄπειρον ἔν τε τῇ τῶν μεγε- 10
15 θῶν διαιρέσει καὶ τῇ τῶν ἀριθμῶν αὐξήσει καὶ τῇ τοῦ χρόνου παρατάσει,
πρότερον δὲ καὶ ἐν τῷ ἀνεκλείπτῳ τῆς γενέσεως, κοινὰ μὲν πᾶσιν εἶναί
φησι τὸ ἐν τῷ γίνεσθαι τὸ εἶναι ἔχειν καὶ διὰ τοῦτο μὴ ἀθρόον, ἀλλ' ἀπὸ
μέρους εἶναι, καὶ τὸ ἄλλο καὶ ἄλλο ἀεὶ τὸ λαμβανόμενον εἶναι καὶ τοῦτο
πεπερασμένον. διαφέρειν δέ φησιν ἐπὶ τῆς τῶν μεγεθῶν διαιρέσεως καὶ
20 τοῦ χρόνου, ὅτι ἐπὶ μὲν τοῦ χρόνου τὸ ληφθὲν ἀεὶ μέρος ἔφθαρη (ἀεὶ γὰρ
τὸ παρεληλυθὸς ἔφθαρται), ἐπὶ δὲ τῆς διαιρέσεως ὑπομένει τὸ ληφθέν. 15
οὔτε δὲ χρόνος ἀπαγορεύει πρὸς γένεσιν οὔτε μέγεθος πρὸς διαίρεσιν. αἴτιον
δὲ τῆς τοῦ ἀπείρου ὑποστάσεως εἰπὼν τὸ ἀεὶ ἄλλο καὶ ἄλλο λαμβά-
νεσθαι καὶ μὴ ἀθρόον καὶ διὰ τοῦτο ὑφίστασθαι τὸ ἐπ' ἄπειρον, προστί-
25 θησι καὶ τὴν ἑτέραν. εἰ μὲν γὰρ πάντα τὸ εἶναι εἶχεν ἐν τῇ ἀθρόᾳ
ἑαυτῶν ὑποστάσει, οὐκ ἂν ἦν ἐν τῇ γενέσει τὸ ἐπ' ἄπειρον· ἐπεὶ δέ τινα
ἐν τῷ γίνεσθαι τὸ εἶναι ἔχοντα κατὰ μέρος ὑφίσταται ὡς ἡ ἡμέρα καὶ ὁ
ἀγών, τὸ μὲν ληφθὲν ἀεὶ πεπερασμένον ἔχει, ἕτερον δὲ καὶ ἕτερον,
ἅπερ ἀνέκλειπτα ὄντα τὸ ἐπ' ἄπειρον ποιεῖ διαφέρον, ὡς εἴρηται, ἐπὶ τῆς τοῦ 20
30 μεγέθους διαιρέσεως καὶ τῆς τῶν γινομένων καὶ φθειρομένων παρατάσεως,
ἐν οἷς ἐστι καὶ ὁ χρόνος καὶ τὸ μὴ ἐπιλεῖπον τῆς τῶν ἀνθρώπων διαδοχῆς,
τῷ ἐπὶ μὲν τοῦ μεγέθους ὑπομένειν τὰ διαιρέματα, ἐπὶ δὲ τῶν ἄλλων οὐ-
κέτι. κἂν ὑπομένῃ δέ, ἐν τῷ γίνεσθαι τὸ εἶναι ἔχει ἡ ἐπ' ἄπειρον διαί-
ρεσις, ἀλλ' οὐκ ἀθρόα ὑφέστηκε. τὰ δὲ μὴ ὑπομένοντα οὐκ ἐν τῷ γίνε-
35 σθαι μόνον, ἀλλὰ καὶ ἐν τῷ φθείρεσθαι ἔχει τὴν ἐπ' ἄπειρον πρόοδον.

---

1 ἄπειρον εἴη τέμνοι F   2 εἰ a: ἡ EF   6 μὲν om. E   μέχρι E: ἄχρι aF
7. 8 δέοι πάλιν aF   8 πάντως E: πάλιν aF   καὶ (post ἀλλά) om. aF   9 post
μέρος add. καὶ a   13 ὑπολείπειν a   16 πότερον E   εἶναι om. F   20 τὸ
τμηθὲν Themistius p. 240, 24   24 τὸ ἐπ' ἄπειρον — ὑφίσταται (27) om. F   26 τὸ
(ante ἐπ') om. a   27 ὑφίσταται a: ὑφίστασθαι E   28 δὲ om. aF   29 ἀνέ-
κληπτα E   τὸ (post ὄντα) om. F   32 διαιρήματα E et sic etiam infra

SIMPLICII IN PHYSICORUM III 6 [Arist. p. 206 a 25. b 3]   495

τοῦτο δὲ τὸ ἐν τῷ γίνεσθαι ἔχον τὸ εἶναι ἀντέθηκε τῷ εἶναι, ὅπερ ὡς 115ʳ
οὐσία γέγονεν οἷον ἄνθρωπος ἢ οἰκία, ἀθρόας ὑφισταμένης ποτὲ τῆς γενο- 25
μένης οὐσίας καὶ μὴ ἀεὶ κατὰ μέρος, ὥσπερ τῶν ἐπ' ἄπειρον τὸ μὲν ἀεὶ
λαμβανόμενον πεπέρανται, τῷ δὲ δύνασθαι ἀεί τι ἄλλο προσλαμβάνεσθαι ἡ
5 ἀπειρία ὑπάρχει.

   Δοκεῖ δὲ δίς πως τὰ αὐτὰ λέγεσθαι ἀπὸ τοῦ ἔτι τὸ εἶναι πλεο-
ναχῶς λέγεται τῶν αὐτῶν πάλιν ἐπαγομένων καὶ ἐπ' αὐτῆς λέξεως τῶν
πλειόνων. ἀλλ' εἰ μέν, ὡς καὶ πολλὰ τῶν ἀντιγράφων ἔχει καὶ ὁ Ἀλέ-
ξανδρος καὶ ταύτην οἶδε τὴν γραφήν, μετὰ τὸ καὶ τὸ λαμβανόμενον μὲν 30
10 ἀεὶ πεπερασμένον εἶναι συνῆπται τὸ ἀλλ' ἀεί γε ἕτερον καὶ ἕτε-
ρον, οὐ τὸ προσεχές, ἀλλὰ τὸ κατωτέρω, γεγενημένων τῶν μεταξὺ πάν-
των ἐξῃρημένων, ἁπλοῦς ἂν εἴη καὶ σαφὴς ὁ λόγος. εἰ δὲ πρόσκειται τὸ
ἔτι τὸ εἶναι πλεοναχῶς λέγεται καὶ τὰ ἑξῆς, μήποτε τὸ ἔτι οὐκ
ἄλλης ἐστὶν ἐπιχειρήσεως δηλωτικόν, ἀλλὰ σαφεστέραν τῆς αὐτῆς ἔκθεσιν
15 ποιεῖται, ὅπερ οὐ πάνυ τῷ Ἀριστοτέλει συνείθισται βραχυλογίαν τιμῶντι,
εἰ μὴ ἄρα τὴν αἰτίαν τοῦ ἀπείρου προσθεὶς τὸ ἐν τῷ γίνεσθαι τὸ εἶναι 35
ἔχειν συμφαίνει τὰ ἐφεξῆς.

p. 206 b 3 Τὸ δὲ κατὰ πρόσθεσιν τὸ αὐτό πώς ἐστιν ἕως τοῦ
         δυνάμει τε καὶ ἐπὶ καθαιρέσει.   41

20   Εἰπὼν πρότερον ὅτι τὸ ἄπειρόν ἐστι μὲν κατὰ πρόσθεσιν, ἔστι δὲ καὶ
κατὰ διαίρεσιν, καὶ παραδοὺς τὸν τρόπον καθ' ὃν ἐν τῇ διαιρέσει τὸ ἄπει-
ρον ὑφέστηκε, λέγει ὅτι καὶ τὸ κατὰ πρόσθεσιν ταὐτό πώς ἐστι τῷ
κατὰ διαίρεσιν πλὴν ἀντεστραμμένως. ὡς γὰρ τὸ ἀεὶ ληφθὲν πεπερα-
σμένον διαιρεῖται, οὕτως καὶ τῷ ἀεὶ ληφθέντι ἀτμήτῳ καὶ πεπερασμένῳ 45
25 προστίθεται τὰ διαιρέματα τοῦ διαιρουμένου. καὶ ἐπὶ τοσοῦτον προστίθε-
ται, ἐφ' ὅσον τὸ ἕτερον διαιρεῖται. τὸ δὲ ἀντεστραμμένως δύναται
μὲν καὶ κατὰ τοῦτο λέγεσθαι, ὅτι ἀντίστροφός ἐστι τῇ διαιρέσει ἡ πρόσθε-
σις, δύναται δὲ καὶ ὅτι κατὰ θάτερον μέρος τὸ μὴ τεμνόμενον γίνεται ἡ
πρόσθεσις. ἔτι δὲ ἀμφότεραι ὁμοίως τὸ ἄπειρον ἔχουσιν ἥ τε διαίρεσις
30 καὶ ἡ πρόσθεσις καὶ ἐκ τῶν αὐτῶν, ἀλλ' ἡ μὲν τῇ συνθέσει, ἡ δὲ τῇ
διαιρέσει. τὴν δὲ διαφορὰν ἀμφοῖν σαφέστερον αὐτὸς ἐν τοῖς ἑξῆς παρα- 50
δώσει. εἰπὼν δὲ πῶς καὶ ἡ διαίρεσις καὶ ἡ πρόσθεσις τὸ ἐπ' ἄπειρον
ἔχουσι, προστίθησι καλῶς ὅτι οὐ πᾶσα διαίρεσις καὶ πρόσθεσις τὸ ἐπ'
ἄπειρον ἔχουσιν· ἂν μὲν γὰρ ἴσα τις τὰ διαιρέματα λαμβάνῃ, οἷον εἰ
35 δακτυλιαῖον ἀεί, πληρώσει καὶ διεξελεύσεται τὸ μέγεθος καὶ οὐκέτι ἔσται

─────────

4 πεπέραται F   9 τὸ (post καὶ) om. E   μὲν om. aF   11 τὸ (post ἀλλὰ)
om. E   κατωτέρω scilicet p. 206 a 33   γεγενημένων τῶν E: γενομένων aF
13 πλεοναχῶς a cf. v. 6: πολλαχῶς EF   17 συνφαίνει a   18 ἐστί πως Aristoteles
19 τε] γὰρ a   21 διαίρεσιν πλὴν F   22 ταὐτό πως ε: τὸ ἀτόπως E: ταυ
πῶς F   28 γίνεται] γ et in mrg. ζήτει F   29 ἀμφότερα aF   32 τὸ ἐπ'
aF: τὰ ἐπ' E   33 προστίθησι — ἔχουσιν (34) iteravit E   35 διεξελάσεται a

ἄπειρον διὰ τὸ πᾶν τὸ πεπερασμένον δαπανᾶσθαι, καὶ ὑπὸ ἐλαχίστου ὡρι- 115ʳ
σμένου δὲ καταμετρούμενον· ἐὰν δὲ μὴ τῷ μεγέθει ὡρισμένα λαμβάνῃ
τὰ διαιρούμενα καὶ τὰ προστιθέμενα, ἀλλὰ τῷ λόγῳ, οἷον ἥμισυ ἢ τρίτον 55
ἤ τι τοιοῦτον μέρος τοῦ ἀεὶ ὑπολειπομένου, οὐκ ἐπιλείψει ἡ διαίρεσις καὶ
5 διὰ τοῦτο οὐδὲ | ἡ πρόσθεσις. αὕτη μὲν ἡ τῶν λεγομένων ἔννοια.   115ᵛ

Κατὰ δὲ τὴν λέξιν τὸ μὲν ἐν γὰρ τῷ πεπερασμένῳ μεγέθει δο-
κοῦν μάτην ἔχειν τὸν αἰτιολογικὸν σύνδεσμον τοιοῦτόν ἐστιν· εἰπὼν διαι-
ρεῖσθαι καὶ προστίθεσθαι ἐπ' ἄπειρον αἰτίαν ἐπάγει τούτου τὴν ἐν λόγῳ
ὡρισμένῳ ἀλλ' οὐκ ἐν μεγέθει ὡρισμένῳ γινομένην διαίρεσιν, ὡς εἰ ἔλεγεν,
10 ἐὰν γάρ τις τοιῶσδε ποιήσηται τὴν διαίρεσιν, ἀλλὰ μὴ τοιῶσδε, εἰς ἄπειρον
διελεῖ. τὸ δὲ τῷ αὐτῷ λόγῳ, μὴ τὸ αὐτό τι τοῦ ὅλου μέγεθος 5
περιλαμβάνων εἰ μὲν οὕτως εἴη γεγραμμένον, σαφῆ παρέχεται τὴν ἔν-
νοιαν· εἰ γὰρ ὁ μὲν λόγος ὁ αὐτὸς εἴη ἐν ἑκάστῳ τῶν τμημάτων, οἷον
παντὸς τοῦ ἀεὶ λαμβανομένου τὸ ἥμισυ ἢ τὸ τρίτον, μὴ τὸ αὐτὸ δὲ ᾖ
15 μέγεθος τὸ ἀφ' ἑκάστου ὅλου τοῦ ἀεὶ προτιθεμένου εἰς διαίρεσιν ἀφαιρού-
μενον, οἷον δακτυλιαῖον, οὐ διέξεισι τὸ πεπερασμένον· εἰ δέ, ὡς ἔν τισι
φέρεται, μὴ τὸ αὐτό τι τοῦ λόγου μέρος περιλαμβάνων, ἀσαφέ-
στερον μέν ἐστι τὸ λεγόμενον, σημαίνοι δ' ἂν τὸ αὐτὸ τῷ πρότερον εἰρη- 10
μένῳ· μὴ τὸ αὐτὸ γὰρ τοῦ λόγου μέρος λέγει οὐχ ὡς μεριζομένου
20 τοῦ λόγου, ὥσπερ τοῦ ὅλου, ἀλλ' ἀντὶ τοῦ μὴ τὸ αὐτὸ ὡρισμένον μέγεθος
ἀπὸ τοῦ λόγου ἀφορισθὲν περιλαμβάνων, ὅπερ ἦν καὶ ἐν τῷ ἐξ ἀρχῆς
προκειμένῳ εἰς διαίρεσιν μέρος τοῦ λόγου, οἷον εἴ τι τρίπηχυ ἦν τὸ διαι-
ρούμενον καὶ τῷ τοῦ τρίτου λόγῳ διῃρέθη, τὸ δ' ἀφορισθὲν διπηχυαῖον,
τῷ μὲν αὐτῷ λόγῳ διαιρεῖσθαι χρὴ τῷ τρίτῳ, μὴ μέντοι τῷ αὐτῷ τοῦ
25 λόγου μέρει τοῦ ἐν τῷ προτέρῳ τμήματι οἷον τῷ πηχυαίῳ (οὕτω γὰρ
ἀπαρτισθήσεται τὸ ὅλον), ἀλλὰ τοῦ ἀεὶ λαμβανομένου τῷ αὐτῷ λόγῳ, μὴ 15
τῷ αὐτῷ δὲ τῷ ἐξ ἀρχῆς· μεγέθει.

Ἀλλὰ διὰ τί χρὴ ἐν τῷ αὐτῷ λόγῳ γίνεσθαι τὴν διαίρεσιν; τί γὰρ
κωλύει τὸ τοῦ μὲν ἐξ ἀρχῆς μεγέθους τὸ ἥμισυ λαμβάνειν, τοῦ δὲ ἡμίσεος
30 τὸ τρίτον; ἕως γὰρ ἂν ὑπολειφθῇ τι μέγεθος, διαιρετὸν ἐστι, καὶ οὐχ
ἵσταται ἡ διαίρεσις. ἢ οὐ μάτην εἴρηται τὸ ἐν τῷ αὐτῷ λόγῳ. τοῦτο
γὰρ αἴτιον γίνεται τοῦ μὴ τὸ αὐτὸ λαμβάνεσθαι ἀεὶ μέγεθος. τὸ γὰρ τρί-
τον εἰ τύχοι τοῦ μείζονος καὶ τοῦ ἐλάττονος μεγέθους, κἂν ἐν τῷ αὐτῷ
λόγῳ ᾖ, ἀλλ' οὐκ ἔστι τὸ αὐτό, ἐὰν δὲ ἕτερος καὶ ἕτερος ᾖ ὁ τῆς διαι- 20
35 ρέσεως λόγος, οὐδὲν κωλύει μέγεθος τὸ αὐτὸ λαμβάνεσθαι ἐπὶ τοῦ μείζονος
καὶ ἐλάττονος. τοῦ γὰρ ἐξ ἀρχῆς ἓξ ὄντος δακτύλων ἐὰν τὸ ἕκτον ἀφέ-
λωμεν καὶ τοῦ καταλειφθέντος τὸ πέμπτον εἶτα πάλιν τοῦ καταλειφθέντος

---

3 τὰ διαιρούμενα E: om. aF   6 ἐν E: om. aF   τῷ (post γὰρ) om. F
9 ὡς εἰ — διαίρεσιν (10) om. E   10 ποιήσηται (ex ποιήσεται corr.) F: ποιήσεται a
11 μὴ — μέγεθος om. F   μέγεθος a: μέρος E at cf. v. 15.   post μέγεθος iteravit
τοῦ ὅλου a   12 παραλαμβάνων, similiterque in proximis, compendiose E
17 αὐτό τι aF: αὐτόθι E   23 τρίτου] τριγώνου E   δ' om. E   26 ἀπαρτι-
θήσεται E   30 ὑποληφθῇ EF   36 ἕξ om. E   37 πέμπτον] scripserat primo
τέταρτον E   εἶτα — τέταρτον (497, 1) καὶ om. E

SIMPLICII IN PHYSICORUM III 6 [Arist. p. 206ᵇ 3. 13]   497

τὸ τέταρτον, καὶ ἐφεξῆς οὕτως δάκτυλον καθ' ἑκάστην διαίρεσιν ἀφαιροῦντες 115ᵛ
δαπανήσομεν τὸ ὅλον, καὶ οὐκ ἔσται ἐπ' ἄπειρον ἡ διαίρεσις. διὰ τοῦτο
οὖν ἐν τῷ αὐτῷ λόγῳ χρὴ γίνεσθαι τὴν διαίρεσιν. οὕτως γὰρ οὐδέποτε
τὸ αὐτὸ ληφθήσεται μέγεθος, ὥστε ἀπαρτίσαι. καὶ τοῦτό ἐστιν ὃ ἐδήλωσε 25
5 διὰ τοῦ ἂν δὲ οὕτως αὔξῃ τὸν λόγον, ὥστε ἀεὶ τὸ αὐτὸ περιλαμ-
βάνεσθαι μέγεθος, διέξεισι. τὸ γὰρ πέμπτον, ὡς εἴρηται, τοῦ ἕκτου
μεῖζόν ἐστι καὶ τὸ τέταρτον τοῦ πέμπτου, καὶ ἑξῆς τοῦ αὐτοῦ ἀεὶ περι-
λαμβανομένου μεγέθους τοῦ δακτυλιαίου καθ' ἕκαστον. τὸ δὲ ἐπὶ καθαι-
ρέσει ἐπὶ διαιρέσει καὶ ἐπὶ μειώσει εἴρηται. ἠρχέσθη δὲ τῇ καθαιρέσει,
10 ἐπειδὴ ἐκ ταύτης καὶ ἡ πρόσθεσις ἔχει τὸ ἄπειρον.

p. 206ᵇ13 Καὶ ἐντελεχείᾳ δέ ἐστιν ἕως τοῦ ἀλλ' ἢ ὥσπερ εἴρη-
ται ἀντεστραμμένως τῇ διαιρέσει.   36

Εἰπὼν ὅπως τὸ ἄπειρόν ἐστιν ἐν τῇ διαιρέσει τῶν μεγεθῶν, ὅτι τῷ
δύνασθαι διαιρεῖσθαι καὶ ὅλως τῷ δυνάμει, λέγει ὅτι καὶ ἐνεργείᾳ τὰ αὐτά
15 ἐστιν οὐχ ὡς τὰ ἀθρόα ὑφεστῶτα, ἀλλ' ὡς τὰ ἐν τῷ γίνεσθαι τὸ εἶναι
ἔχοντα καὶ ἀπὸ μέρους ὑφεστῶτα, οἷά ἐστιν ὅ τε ἀγὼν καὶ ἡ ἡμέρα. καὶ
ταῦτα γὰρ συμμεμιγμένον ἔχει τὸ δυνάμει τῷ ἐνεργείᾳ. καὶ τὸ ἐνεργείᾳ 40
αὐτῶν ἕως τότε ἐστίν, ἕως ὅτε τὸ δυνάμει ἐνυπάρχει αὐτοῖς, ὡς ἐπὶ τῆς
κινήσεως εἴρηται. ὁποῖον δέ ἐστι τὸ δυνάμει τοῦτο τὸ ἐνυπάρχον, ἐνδεί-
20 κνυται διὰ τοῦ τῆς ὕλης παραδείγματος. ὡς γὰρ ἡ ὕλη δυνάμει οὖσα καὶ
ἐνυπάρχουσα τοῖς συνθέτοις καὶ γενητοῖς πράγμασι, μετέχουσα μὲν ἄλλοτε
ἄλλου εἴδους ἐνεργείᾳ ἐστὶ καθὸ ἂν ληφθῇ, κατὰ δὲ τὸ δυνάμει ἄλλοτε
πρὸς ἄλλο πεφυκυῖα εἶδος ἀνέκλειπτον ποιεῖ τὴν γένεσιν, οὕτως καὶ ἐν τῇ
διαιρέσει τὸ μὲν ληφθὲν ἀεὶ ἐνεργείᾳ ἐστί, τῷ δὲ πᾶν τὸ ληφθὲν ἀεὶ δύ- 45
25 νασθαι διαιρεῖσθαι ἀνέκλειπτον φυλάττει τὴν διαίρεσιν. καὶ ὥσπερ ἡ ὕλη
οὐ καθ' ἑαυτὴν μεμόρφωται, ἀλλὰ τῷ μετέχειν εἴδους, οὕτως καὶ τὸ ἐν
τῇ διαιρέσει δυνάμει οὐ κατὰ τὴν ἑαυτοῦ φύσιν πεπέρανται, ἀλλὰ κατὰ
ταύτην μὲν ἄπειρόν ἐστι καὶ τοῦ ἐπ' ἄπειρον δύνασθαι διαιρεῖσθαι τῷ με-
γέθει αἴτιον, καθόσον δὲ πᾶν τὸ ληφθὲν ἐνεργείᾳ ἐστί, κατὰ τοῦτο πεπέ-
30 ρανται. οὐ μόνον δὲ ἐν τῷ κατὰ διαίρεσιν τὸ δυνάμει τοῦ ἀπείρου αἴτιόν
ἐστιν, ἀλλὰ καὶ ἐν τῷ κατὰ πρόσθεσιν. προστιθέντες γὰρ ἐνεργείᾳ μὲν 50
οὐδέποτε ληψόμεθα τὸ ἄπειρον, ἀλλ' ἀεὶ τὸ ἐνεργείᾳ λαμβανόμενον πεπε-
ρασμένον, τῷ δὲ ἀεὶ δύνασθαί τι προστίθεσθαι τούτῳ τὸ ἄπειρόν ἐστιν
ἐν τῇ προσθέσει ἀπὸ τῶν ἐπ' ἄπειρον γινομένων διαιρεμάτων.
35 Εἰπὼν δὲ ὅτι ταὐτὸν λέγομεν τρόπον τινὰ τὸ κατὰ πρόσθεσιν ἄπει-

---

4 καὶ] κἂν F   5 ἀεί τι τὸ αὐτὸ Aristoteles   6 πέμπτον ὡς] ἕως F   τοῦ
ἕκτου] τὸ ϛ F   15 post ἐστιν add. ἀλλ' F   ὑφεστῶτα om. F   18 τὸ (post
ὅτε) om. F   ἐνυπάρχει a: ἐνυπάρ̇ E: ἐνυπάρχοι F   19 δέ om. F
24 ἐνεργείᾳ — ἀεὶ iteravit E   27 πεπέραται F   διαιρεῖσθαι δύνασθαι aF
31 ἐν τῷ om. F   μὲν γὰρ F   35 εἰπών] deest verbum finitum   δὲ om. F
προσθήκην a

Comment. Aristot. IX. Simpl. Phys. I.   32

ρον τῷ κατὰ διαίρεσιν, καὶ ὅτι κοινὸν ἀμφοτέροις τὸ ἀεί τι εἶναι ἔξω 115ᵛ
λαμβάνειν. καὶ γὰρ ἐπὶ τῆς διαιρέσεως διὰ τοῦτο ἐπ' ἄπειρον ἡ διαί-
ρεσις, ὅτι ἀεὶ ἔστι τι ὃ διαιρεθήσεται, καὶ ἐπὶ τῆς προσθέσεως, ὅτι ἔστι
τι ἀεὶ ὃ προστεθήσεται τοῦτο ἐκεῖνο, ὅπερ ἐκ τῆς ἀεὶ διαιρέσεως ἐγίνετο, 55
5 καὶ τοῦτό ἐστιν ὃ δυνατὸν ἔξω ὂν διαιρεῖν ἢ προστιθέναι | κοινὸν ἀμφο- 116ʳ
τέροις ὑπάρχον. διαφέρει δὲ ἀλλήλων, ὅτι ἐπὶ μὲν τοῦ κατὰ διαίρεσιν
παντὸς τοῦ ληφθέντος μεγέθους ἔστιν ἔλαττον μέγεθος λαβεῖν, ἐπὶ δὲ τοῦ
κατὰ πρόσθεσιν οὐ παντὸς μεγέθους ἔστι τι μεῖζον λαβεῖν· οὐ γὰρ παντὸς
μεγέθους ἔστι τι ἐκτός, εἴπερ ὁ κόσμος πεπέρανται καὶ οὐδέν ἐστιν ἐκτὸς
10 αὐτοῦ, ὡς δέδεικται ἐν τῷ πρώτῳ τῆς Περὶ οὐρανοῦ, ἀλλ' ἐκείνου τοῦ
μεγέθους ἔστι τι ἐκτός, ὃ τεμνόμενον ἐπὶ θάτερα ὑπὸ τῶν τοῦ ἑτέρου 5
τμημάτων ηὐξάνετο. τὸ μέντοι κατὰ πρόσθεσιν ὑπερβάλλειν ἀεὶ παντὸς τοῦ
ληφθέντος οὐδὲ δυνάμει ἔστιν, ὥσπερ ἦν ἐπὶ τῆς ἑτέρας προσθέσεως καὶ
τῆς διαιρέσεως. τότε γὰρ ἂν ἦν τι δυνάμει, ὅτε ἦν τι σῶμα, ᾧ συμβέ-
15 βηκεν εἶναι ἀπείρῳ, διότι παντὸς τοῦ ληφθέντος πεπερασμένου ἦν τι ἔξω,
ἀφ' οὗ δυνατὸν ἦν αὐτῷ προστιθέναι, οἷον εἶναι λέγουσί τινες τῶν φυσι-
κῶν. εἰκότως δὲ τῶν κατὰ συμβεβηκὸς ἐνεργείᾳ τὸ ἄπειρον εἶναι λεγόντων,
ἀλλ' οὐχὶ τῶν ὡς οὐσίαν μνημονεύει, ἢ ὅτι τὸ κατὰ πρόσθεσιν καὶ διαί- 10
ρεσιν ποσὸν εἶναι δεῖ, ᾧ συμβέβηκε τὸ ἀπείρῳ ἢ πεπερασμένῳ εἶναι, ἢ
20 ὅτι περὶ φυσικῶν ὁ λόγος. τὸ δὲ φυσικὸν ἄπειρον, εἴπερ ἦν, σῶμά τι ἦν,
ᾧ συμβεβήκει τὸ ἄπειρον, ἢ ὅτι τὸ ὡς οὐσία ἄπειρον, οὐ τῇ προσθέσει
τὴν ἀπειρίαν λαμβάνει, ἀλλὰ τῇ φύσει αὐτοῦ τὸ ἄπειρον ἔχει, ὡς καὶ τῶν
μορίων αὐτοῦ ἕκαστον εἴπερ ἔχοι μόριον ἄπειρον εἶναι. εἰ οὖν δέδεικται
πρότερον, ὅτι οὐκ ἔστι σῶμα ᾧ συμβέβηκεν ἀπείρῳ ⟨εἶναι⟩, οὐδὲ δυνάμει
25 ἐστὶ τὸ παντὸς τοῦ δοθέντος μεγέθους μεῖζον λαβεῖν· ἀλλ' οὕτως μόνον 15
ἐστὶ τὸ ἐπ' ἄπειρον ἐπὶ τῆς προσθέσεως, ὡς εἴρηται πρότερον, τῷ τὰ ⟨τοῦ⟩
ἑτέρου τμήματος διαιρέματα προστιθέναι τῷ ἑτέρῳ, ὅπερ ἦν τὸ ἀντεστραμ-
μένως. ἀπορήσοι δ' ἄν τις, πῶς εἰ μή ἐστιν ἐνεργείᾳ σῶμα αἰσθητὸν
ἄπειρον, οὐδὲ δυνάμει ἂν εἴη τὸ ἄπειρον κατὰ πρόσθεσιν. ἰδοὺ γὰρ οὐδὲ
30 ἀριθμός ἐστιν ἐνεργείᾳ ἄπειρος, καὶ ὅμως ἔστιν ἐπὶ τῶν ἀριθμῶν ἡ ἐπ'
ἄπειρον πρόσθεσις· ἀλλ' ἐν τοῖς ἑξῆς πάλιν τοῦτο λεγόμενον ζητηθήσεται.

p. 206 ᵇ 27   Ἐπεὶ καὶ Πλάτων διὰ τοῦτο ἕως τοῦ μέχρι γὰρ
δεκάδος ποιεῖ τὸν ἀριθμόν.

Πάνυ μέλει τῷ Ἀριστοτέλει εἰ μὲν δυνατὸν καὶ κατὰ τὸ φαινόμενον

---

1 εἶναι om. a   5 ante ἔξω add. τὸν a   6 διαίρεσιν om. E   10 Περὶ οὐρανοῦ
A 5 sqq.   14 τι om. E   17 εἰκότως — λεγόντων om. F   18 οὐσία F
19 τὸ F: τῷ aE   20 φυσικὸν] σωματικὸν F   21 συμβέβηκε aF   οὐσίαν a
τῇ (post οὐ) om. F   22 ἔχει a   23 μόριον EF: μόρια a   24 εἶναι add. a
25 μόνως E   26 ἐπ' a et manu prima add. E: om. F   τοῦ (post τὰ) a: om.
EF   28 ἀπορήσοι E: ἀπορήσει F: ἀπορήσειε a   εἰ μή] οὐχ F   30 ἔστιν ἡ
τῶν ἀριθμῶν ἐπ' ἄπειρον πρ. F

συμφώνους τοῖς κλεινοῖς ἀνδράσι τοὺς ἑαυτοῦ λόγους ἐπιδεικνύναι, εἰ δὲ
τοῦτο μὴ δυνατόν, ταῖς ἐννοίαις γοῦν τῶν παλαιῶν ὁμολογοῦντας αὐτοὺς
ἀποδιδόναι. τὸν γοῦν Πλάτωνά φησιν ὑπὸ τῶν αὐτῶν ἐννοιῶν κινηθέντα
ποτὲ μὲν ἀόριστον δυάδα ποιῆσαι τὸ ἄπειρον, αἰνιττόμενον τὸ ἀορίστως καὶ
ἐπ' ἄπειρον προϊὸν τῆς τε διαιρέσεως καὶ τῆς συνθέσεως, ποτὲ δὲ μέγα
καὶ μικρὸν αὐτὸ λέγειν, τὴν μὲν ἐπὶ τὸ ἔλαττον γινομένην ἐπ' ἄπειρον
διαίρεσιν διὰ τοῦ μικροῦ δηλοῦντα, τὴν δὲ ἐπὶ τὸ μεῖζον κατὰ πρόσθεσιν
διὰ τοῦ μεγάλου. εἰπὼν δὲ τὴν τῶν ἐννοιῶν κοινωνίαν, καὶ τὴν παραλλα-
γὴν ἐφεξῆς προστίθησι τοῦ φαινομένου τοῦ Πλάτωνος ἐν ἄλλοις λόγου
πρὸς τὴν νῦν ῥηθεῖσαν ἔννοιαν. τὸ γὰρ ἄπειρον ἐν ταῖς ἀρχαῖς τιθεὶς ὁ
Πλάτων καὶ ἀρχὰς λέγων τοὺς ἀριθμούς, εἴπερ ἀρχὰς τῶν ὄντων τὰς
ἰδέας, τὰς δὲ ἰδέας ἀριθμοὺς ἔλεγεν, οὔτε τὸ κατὰ τὴν διαίρεσιν ἄπειρον
ἐν αὐτοῖς ἐδύνατο θεωρεῖν (ἀδιαίρετος γάρ ἐστιν ἡ μονὰς καὶ μέχρι ταύτης
ἡ διαίρεσις περαίνεται) οὔτε τὸ κατὰ πρόσθεσιν. μέχρι γὰρ δεκάδος τὴν
αὔξησιν ἐποίει τῶν ἀριθμῶν, ὥσπερ καὶ οἱ Πυθαγόρειοι τέλειον ἀριθμὸν
τὴν δεκάδα λέγοντες καὶ τὸν ὅλον ἀριθμόν. μετὰ γὰρ τὴν δεκάδα λοιπὸν
ἀνακύκλωσις τῶν αὐτῶν ἐπιτελεῖται καὶ οἷον ἀνάκαμψις, ὅπερ ἐπ' οὐδενὸς
τῶν ἐντὸς τῆς δεκάδος συμβαίνει· ἀλλ' οὐδὲ ἐπί τινος τῶν ἐκτός, ἀλλ'
ἀπὸ τῆς δεκάδος. καὶ γὰρ ὁ $\overline{κ}$ καὶ $\overline{λ}$ καὶ $\overline{ρ}$ καὶ $\overline{α}$ καὶ τῶν
τοιούτων δεκάδων σύνθεσίς εἰσιν. ἀλλὰ τὸ μὲν ἐπὶ τὴν καθαίρεσιν
ἄπειρον εἴη ἂν ἐπὶ τῶν μεγεθῶν, τὸ δὲ ἐπὶ τὴν αὔξησιν καὶ πρόσθεσιν
ἁπλῶς οὐκ ἔστιν ἐπὶ μεγεθῶν. οὐδὲ γὰρ παντὸς τοῦ λαμβανομένου μεγέ-
θους ἔστι μεῖζον λαβεῖν. ἀλλὰ κατ' ἐκεῖνον μόνον προχωρεῖ τὸν τρόπον ἡ
ἐπ' ἄπειρον πρόσθεσις τὸν προστιθέντα τὰ τμήματα τῆς ἐπ' ἄπειρον διαι-
ρέσεως. ἀλλ' εἴπερ ἄρα, ἐπὶ τῶν ἀριθμῶν ἡ ἐπ' ἄπειρόν ἐστιν αὔξησις,
διότι δυνατὸν παντὸς τοῦ προτεθέντος ἀριθμοῦ μείζονα λαβεῖν. εἰ δὲ μέχρι
τῆς δεκάδος μόνης ὁ ἀριθμὸς προχωρεῖ, οὐδὲ ἐπὶ τοῦ ἀριθμοῦ τὴν κατὰ
πρόσθεσιν ἀπειρίαν δυνατὸν λαβεῖν. οὕτω μὲν οὖν κατὰ τὸ φαινόμενον
ἀναιρεῖσθαι δοκεῖ τὸ ἄπειρον ὑπὸ τῶν ἀρχὰς τοὺς ἀριθμοὺς τιθέντων καὶ
μέχρι δεκάδος προαγόντων αὐτούς. εἰ δὲ ἀρχὰς τῶν ὄντων τοὺς ἀριθμοὺς
λέγοντες τὴν μὲν μονάδα πέρας ἐτίθεντο, τὴν δὲ ἀόριστον δυάδα τὸ ἄπει-
ρον, ἀρχικῶς καὶ ταῦτα, δῆλον ὅτι οὐκ ἀνῄρουν τὸ ἄπειρον. ὅλως δὲ εἰ
μὲν μὴ ἔλεγον αὔξησιν ἀριθμοῦ μετὰ τὴν δεκάδα, τάχα ἄν τις εἶπε τὸ
κατὰ πρόσθεσιν ἄπειρον αὐτοὺς ἐν τῷ ἀριθμῷ μὴ καταλιμπάνειν, εἰ δὲ
δευτερῳδουμένας καὶ τριτῳδουμένας μονάδας τιθέασι καὶ συνθέσεις ἴσασι
δεκάδων καὶ χιλιετεῖς καὶ τρισχιλιετεῖς καὶ μυριετεῖς περιόδους ψυχῶν ὁ
Πλάτων ἀπαριθμεῖται καὶ δυωδεκάδα τιμᾷ θεῶν, δῆλον ὅτι τοὺς ἀρχικοὺς

---

1 συμφώνως a   5 προϊὸν E.   6 αὐτὸ E: om. aF   ἔλαττον γινομένην aF: ἐλάχιστον γενομένην E   12 τὰς δὲ ἰδέας om. F   16. 17 ἀνακύκλωσις λοιπὸν aF   17 καὶ (ante οἷον) om. aF   19 ἀπὸ] immo ἐπὶ   καὶ ὁ $\overline{λ}$ aF $\overline{α}$] $\overline{δ}$ F
21 τὸ δὲ — μεγεθῶν (22) om. F   22 τοῦ] που F   23 προχωρεῖ a   24 τὰ om. F   25 τῷ ἀριθμῷ E   ἐστιν ἡ ἐπ' ἄπειρον aF   30 προαγόντων] πραγμά-
των E   31 πέρας om. E   34 εἰ δὲ καὶ a

ἀριθμοὺς μέχρι τῆς δεκάδος ἱστῶν οὐ κωλύει τὴν τοῦ ἀριθμοῦ πρόσθεσιν 116ʳ
ἐπ' ἄπειρον αὔξεσθαι.

p. 206ᵇ33—207ᵃ18   Συμβαίνει δὲ τοὐναντίον ἄπειρον εἶναι ἕως
τοῦ | οὐ γὰρ λίνον λίνῳ συνάπτειν ἔστι τῷ παντὶ καὶ ὅλῳ τὸ 116ᵛ
ἄπειρον.

Ὑποδείξας τὴν τοῦ ἀπείρου φύσιν ἐν διαιρέσει καὶ προσθέσει τὴν ὑπό-
στασιν ἔχουσαν καὶ κατὰ τὸ ἐπ' ἄπειρον θεωρουμένην, καὶ τὰς ἀδιορθώ-
τους ἐννοίας τὰς περὶ τοῦ ἀπείρου ἐφεξῆς διορθῶσαι προτίθεται. εἰ γὰρ
καλῶς ἡμεῖς τὸ ἄπειρον ἐθέμεθα, συμβαίνει τοὐναντίον εἶναι τὸ ἄπει-
ρον ἢ ὡς βούλονταί τινες. ἐκεῖνοι μὲν γὰρ ἄπειρον εἶναι λέγουσιν, οὗ
μηδέν ἐστιν ἔξω λαβεῖν, ἡμεῖς δὲ οὗ πάντως ἔστι τι λαβεῖν ἔξω. καὶ γὰρ
κατὰ τὴν διαίρεσιν δεῖ τι εἶναι πάντως τὸ διαιρεθησόμενον καὶ κατὰ τὴν
πρόσθεσιν τὸ προστεθησόμενον. καὶ μή τις ἡμᾶς ἀπεμφαίνοντα λέγειν
οἰέσθω ἄπειρον λέγοντας, οὗ πάντως ἔστιν ἔξω τι λαβεῖν. οἶδε γὰρ καὶ
ἡ συνήθεια τὸ τοιοῦτον ὄνομα, εἴπερ ἀπείρους λέγουσι δακτυλίους τοὺς
σφενδόνην μὴ ἔχοντας, διότι ἔστι τι ἀεὶ λαβεῖν ἔξω τοῦ λαμβανομένου. καὶ
τοῦτο μὲν ὅμοιον ἔχει τῷ ἀπείρῳ ὁ κρικωτὸς δακτύλιος ἤτοι ὁ κύκλος, ὡς
ὕστερον ὀνομάσει· διαφέρει δὲ καθόσον ἐπὶ τοῦ κύκλου, κἂν ἀεί τι ἕτερον
λαμβάνωμεν, ἀλλὰ καὶ πάλιν τὸ αὐτὸ κατὰ τὴν περιστροφήν, ἐπὶ δὲ τοῦ
ἀπείρου ἀεὶ μὲν ἕτερον, οὐδέποτε δὲ τὸ αὐτό. οἷον γὰρ κατ' εὐθεῖάν ἐστιν
ἡ τοιαύτη ἀπειρία καὶ οὐ κατὰ ἀνακύκλωσιν ὡς ἐπὶ τῶν κύκλων, ὧν αἱ
στροφαὶ καὶ ὑπ' ἀριθμὸν πίπτουσι διὰ τὸ πάλιν ἀπὸ τοῦ αὐτοῦ ἄρχεσθαι,
καὶ οὐ κυρίως ἔχουσι τὸ ἄπειρον, ἀλλὰ καθ' ὁμοιότητα μόνον τινά,
καθόσον ἀεί τι ἔξω ἐν ἑκατέρῳ. τῷ δὲ ἀπείρῳ προσεῖναι δεῖ καὶ τὸ μη-
δέποτε τὸ αὐτὸ λαμβάνεσθαι, ὥστε καλῶς ὁριζόμενοι λέγομεν οὐχὶ οὗ
μηδὲν ἔστιν ἔξω λαβεῖν, ἀλλ' οὗ κατὰ τὸ ποσὸν λαμβάνουσιν ἀεί τί
ἐστιν ἔξω. καὶ δῆλον ὅτι κατὰ τὸ ποσὸν εἰπὼν καὶ τὸ κατὰ τὸ συνεχὲς
καὶ τὸ κατὰ τὸ διωρισμένον ἄπειρον περιέλαβε· ποσὸν γάρ ἐστιν ἑκάτερον.
μήποτε δὲ διὰ τοῦ κατὰ τὸ ποσὸν τὴν διαφορὰν τὴν πρὸς τοὺς κύκλους
τοῦ κυρίως ἀπείρου ἐνεδείξατο· ἐπὶ μὲν γὰρ τοῦ κύκλου, ὅταν συμπεράναν-
τες αὐτὸν πάλιν ἀπὸ τοῦ αὐτοῦ ἀρχώμεθα, οὐκ ἔστι τι κατὰ τὸ ποσὸν ἔξω
(οὐ γὰρ προστίθεταί τι τῷ κύκλῳ), ἐπὶ δὲ τοῦ κυρίως ἀπείρου ἀεί τι τοῦ
εἰλημμένου ποσοῦ ἐστιν ἔξω ἢ ἐπὶ τὸ μεῖζον, ὡς ἐπὶ τῆς προσθέσεως, ἢ
ἐπὶ τὸ ἔλαττον, ὡς ἐπὶ τῆς διαιρέσεως, ἔστι δὲ καὶ διαίρεσις ἔξω καὶ
πρόσθεσις ἀεὶ τῆς λαμβανομένης. καὶ ἄλλως δὲ τὸ κατὰ τὸ ποσὸν οἰ-
κείως πρόσκειται, διότι οὐ κατὰ τὸ εἶδος, ἀλλὰ κατὰ τὸ ποσόν ἐστιν ἡ

---

1 μέχρι om. F   δεκάδος E: μονάδος aF   3 εἶναι ἄπειρον a ut Aristoteles
4 ἐστὶ συνάπτειν a   παντὶ E: ἅπαντι a Aristoteles   7 ἀδιορθώτους a et F¹ qui
primo ἀδιαρθρώτους habuerat: ἀδιαρθρώτους E   13 super ἡμᾶς scripsit περὶ τὴν ἐνάρ-
γειαν λέγοντας E   ἀπεμφαίνοντας E   15 τὸ τοιοῦτον aE: τοιοῦτο F
16 λαβεῖν ἀεί τι aF   21 ἀνακύκλησιν E   22 ἀπὸ] ὑπὸ a   26 ποσοῦν E
31 πάλιν om. E   32 οὐ γὰρ — ἔξω (33) om. F   35 τὸ (post κατὰ) om. a

προσθήκη· ὡς γὰρ σώματι οὐ προστίθεται, ἀλλ' ὡς τοσῷδε σώματι. ὁ 116ᵛ
δὲ Ἀλέξανδρος τὸ κατὰ τὸ ποσὸν καὶ οὕτως ἐξηγεῖται· "ὃ γὰρ ζητοῦ-
μεν, φησί, καὶ περὶ οὗ λέγομεν ἄπειρον, τὸ ἐν ποσῷ ἐστιν· εἰ δὲ τὸ ἐν
ποιῷ ἦν, ἐλέγομεν ἄν, οὐ κατὰ τὸ ποιὸν λαμβάνουσιν ἀεί τί ἐστιν ἔξω".
5 μήποτε δὲ τὸ ποιὸν καθὸ μὲν ποιὸν οὐκ ἄν μετέχοι τῆς τοῦ πεπερασμέ-
νου καὶ ἀπείρου διαφορᾶς, καθὸ δὲ τοῦ ποσοῦ μετέχει τὸ ποιόν, κατὰ τοῦτο
καὶ αὐτὸ πεπερασμένον ἢ ἄπειρον ὁπωσοῦν ἐλέγετο.

Δείξας δὲ ὅτι τῷ ἀπείρῳ προσήκει μᾶλλον τὸ οὗ ἀεί τι λαβεῖν ἔστιν
ἔξω, δείκνυσιν ἐφεξῆς ὅτι τὸ παρ' ἐκείνων λεγόμενον τὸ οὗ μηδέν ἐστιν
10 ἔξω οὐ προσήκει τῷ ἀπείρῳ, ἀλλὰ μᾶλλον τῷ πεπερασμένῳ, δυνάμει συλ-
λογιζόμενος οὕτως· τὸ οὗ μηδέν ἐστιν ἔξω, τὸ ὅλον ἐστίν· ὅλον γάρ ἐστιν
οὗ τῶν μερῶν μηδὲν ἄπεστι· τὸ δὲ ὅλον καὶ τὸ τέλειον ἢ ταὐτόν
ἐστιν ἢ σύνεγγυς, τὸ δὲ τέλειον τὸ τέλος ἔχον, τὸ δὲ τέλος ἔχον πέρας
ἔχει, τὸ δὲ πέρας ἔχον πεπερασμένον ἐστί. καὶ ἔστιν ἡ δεῖξις ἀπὸ τοῦ
15 ὁρισμοῦ, ὃν ἐκεῖνοι μὲν ὡς τοῦ ἀπείρου λαμβάνουσιν, ἡ δὲ χρῆσις τοῦ
ὅλου καὶ παντὸς οἶδεν. ὑπομνήσας δὲ ἐκ τῶν καθ' ἕκαστα τῶν τε φυσι-
κῶν καὶ τῶν τεχνικῶν οἷον ἀνθρώπου καὶ κιβωτίου, ὅτι ὅλον ἐστὶν οὗ
μηδὲν ἄπεστιν, ἐπήγαγεν, ὅτι ὡς ἐπὶ τῶν καθέκαστα ὅλον ἐστὶν ἕκαστον
οὗ μηθὲν τῶν μερῶν ἄπεστιν, οὕτως καὶ ἐπὶ τοῦ κυρίως καὶ ἁπλῶς ὅλου.
20 κυρίως δὲ ὅλον ἐστὶ τὸ ὂν ὅλον· τῶν μὲν γὰρ μερικῶν ὅλων ἕκαστον οὐκ ἔστι
κυρίως ὅλον, διότι μέρος ἐστὶ τοῦ ὅλου ὄντος, καὶ τόδε μέν ἐστι, τόδε δὲ οὐκ
ἔστι· τὸ δὲ ὂν ὅλον κυρίως ὅλον ἐστίν, ὅτι οὐδενός ἐστι μέρος πάντα ἐν ἑαυτῷ
τὰ ὄντα συνειληφός. δύναται δὲ τάχα τὸ κυρίως καὶ ἐπὶ τοῦ καθόλου
τοῦ παρ' αὐτῷ λαβεῖν· πρὸς γὰρ τοῦτο μᾶλλον τὸ καθέκαστον ἀντιδιαιρεῖ-
25 ται. εἴτε δὲ οὕτως εἴτε ἐκείνως, ἐπιστῆσαι ἄξιον, ὅτι οὐ τὸ καθέκαστα
κυρίως ἐστὶ παρ' αὐτῷ· τοῦτο οὖν κυρίως οὗ μηδὲν ἄπεστι.

Καλῶς δὲ τὸ ὅλον καὶ τέλειον ἢ τὸ αὐτὸ πάμπαν ἢ σύνεγγυς
τὴν φύσιν εἶπε· καὶ γὰρ τῷ μὲν ὑποκειμένῳ τὸ αὐτό ἐστι, τῷ δὲ λόγῳ
διάφορα μέν, σύνεγγυς δὲ ἀλλήλων. τέλειον μὲν γάρ ἐστι τὸ ἀρχὴν καὶ
30 μέσον καὶ τέλος ἔχον, ὅλον δὲ τὸ μετὰ συνοχῆς τούτων θεωρούμενον.
συνεχὲς γάρ τι τὸ ὅλον. ὡς ὅταν γε διωρισμένον ᾖ τι πλῆρες, πᾶν λέγε-
ται κυρίως καὶ οὐχὶ ὅλον. καὶ προλαμβάνει μὲν τὸ τέλειον ἔχον τινὰ διορι-
σμὸν ἐπὶ τῆς ἀρχῆς καὶ τοῦ μέσου καὶ τοῦ τέλους· ἐπιγίνεται δὲ τὸ ὅλον
ἑνοειδέστερον ὑπάρχον καὶ συνέχον τὰ ἑαυτοῦ μέρη, ὡς μήτε ἡνῶσθαι
35 τελέως (οὐ γὰρ ⟨ἄν⟩ ἦν ἔτι μέρη τὰ δι' ἀλλήλων χωροῦντα, ἀλλ' εἴπερ ἄρα
στοιχεῖα), μήτε διακεκρίσθαι τελέως (εἴδη γὰρ ἄν ἦν, καὶ οὐχὶ μέρη), ἀλλ'
ἐν τῷ διακρίνεσθαι τὸ εἶναι ἔχειν καὶ εἶναι διακρινόμενα. τὸ οὖν ὅλον ἐν

---

5 μετέχοι] μέχρι F   8 τὸ οὗ om. E   16 καθ' ἕκαστον τεχνητῶν καὶ φυσικῶν
οἷον aF   19 τῶν μερῶν μηθὲν a   22 post ὅλον iteravit διότι μέρος (21) — κυρίως
ὅλον (22) E   23 post τάχα verisimiliter add. τις a   24 μᾶλλον E: μάλιστα aF
καθέκαστον E: καθόλου ἀντὶ ἕκαστον F: καθόλου ἕκαστον a   25 τὸ καθέκαστα EF:
τὰ καθ' ἕκαστα a: fortasse τὸ καθέκαστον   28 εἶπε] εἶναί φησι ε   30 τέλος καὶ
μέσον aF   συνεχῆς a   31 ante συνεχὲς habet οὐ F   33 ἐπὶ F: ἔτι aE
35 τελείως item v. 36 aF   ἄν ἦν a cf. v. 36: ἦν EF   36 ἦν ἄν E

τοῖς μετέχουσι πάντως καὶ τέλειόν ἐστι πρότερον. οὐ γὰρ οἷόν τέ τι ὅλον 116ᵛ γενέσθαι μὴ συμπληρωθὲν πρότερον ἀρχῇ καὶ μέσῳ καὶ τέλει. ὥστε καὶ εἰκότως ἀπὸ τοῦ ὅλου ἡ τοῦ τελείου μετάληψις γέγονεν. εἰ δὲ τὸ ὅλον καὶ τέλειον πεπερασμένον ἐστί, βέλτιον Παρμενίδης Μελίσσου περὶ τοῦ ὄντος 55
5 ἀπεφήνατο. Μέλισσος μὲν | γὰρ ἄπειρον εἰπὼν τὸ ὂν καὶ ὅλον αὐτό φησιν 117ʳ εἶναι. Παρμενίδης δὲ ὅλον λέγων αὐτό, ὡς δηλοῖ τὸ μεσόθεν ἰσοπαλές (τὸ γὰρ ἔχον μέσον καὶ πάντη ἴσον ἀπ' αὐτοῦ διεστηκὸς πάντως ἔχει καὶ ἔσχατον), ὅλον οὖν λέγων καὶ πεπερασμένον εἰκότως αὐτό φησιν. ὁ δὲ Μέλισσος τὰ ἀντικείμενα συνάγει. εἰ γὰρ τὸ ἄπειρον ὅλον, τὸ δὲ ὅλον πε-
10 περασμένον, τὸ ἄπειρον ἂν εἴη πεπερασμένον. ὥστε οὐ τὰ συγκλώθεσθαι πεφυκότα συγκλώθει ὁ τὸ ἄπειρον ὅλον καὶ πᾶν λέγων· ἐπὶ τούτων γὰρ 5 λέγεται ἡ παροιμία.

p. 207ᵃ18 Ἐπεὶ ἐντεῦθέν γε λαμβάνουσι τὴν σεμνότητα ἕως τοῦ καὶ τὸ ἀόριστον περιέχειν καὶ ὁρίζειν. 13

15 Εἰπὼν ὅτι τὸ οὗ μηδέν ἐστιν ἔξω τῷ ὅλῳ προσῆκον ἐπὶ τὸ ἄπειρον μεταφέρουσιν αἴτιον εἶναί φησι τοῦ σεμνύνειν αὐτοὺς τὸ ἄπειρον ὡς πάντα 15 περιέχον τὸ ὡς ὅλον αὐτὸ ἐννοεῖν, διότι τὸν τοῦ ὅλου ὁρισμὸν ἐπ' αὐτὸ μεταφέρουσι. καὶ ἴσως ἔχει τινὰ πρόφασιν ὁ παραλογισμός. ἔχει γὰρ τινα ὁμοιότητα τὸ ἄπειρον πρὸς τὸ ὅλον. εἰ δὲ μὴ ἔστιν ὅλον, οὐδ' ἂν τὰ
20 τοῦ ὅλου ἔχοι πλεονεκτήματα. πῶς δὲ ἂν εἴη ὅλον τὸ ἄπειρον, εἴπερ ὅλον μέν ἐστιν οὗ μηδέν ἐστιν ἔξω, ἄπειρον δὲ οὗ ἀεί τι λαβεῖν ἔστιν ἔξω. ἐμφερὲς δὲ εἶναι δοκεῖ τῷ ὅλῳ τὸ ἄπειρον, ὅτι ἔστι φησὶ τὸ ἄπειρον τῆς τοῦ μεγέθους τελειότητος ἡ ὕλη. σύνθετον γὰρ ὂν τὸ τέλειον 20 καὶ ὅλον μέγεθος ἐξ ὕλης καὶ εἴδους κατὰ μὲν τὴν ὕλην ἔχει τὸ ἄπειρον,
25 κατὰ δὲ τὸ εἶδος πεπέρανται. διότι δὲ δυνάμει ἐστὶν ἡ ὕλη ὅπερ τὸ σύνθετον καὶ ἔχει τινὰ τὸ δυνάμει πρὸς τὸ ἐνεργείᾳ ὁμοιότητα, διὰ τοῦτο τὸ ἄπειρον ὅμοιόν πως εἶναι λέγεται τῷ ὅλῳ, ὅπερ ἦν τὸ σύνθετον. καὶ οὕτως λοιπὸν τὰ τῷ ὅλῳ ὑπάρχοντα τοῦ ἀπείρου κατηγοροῦσι τὸ περιέχειν πάντα καὶ πάντα ἐν ἑαυτῷ ἔχειν. ἄπειρος δὲ ἡ ὕλη, καὶ ὅτι κατὰ τὸν
30 αὐτῆς λόγον ἀόριστος καὶ ἀπεράτωτος τοῦ εἴδους ἐπάγοντος τὸ πέρας καὶ 25 τὸν ὅρον, καὶ ὅτι κατὰ τὴν ὕλην καὶ ἡ ἐπ' ἄπειρον τομὴ τοῦ μεγέθους καὶ ἡ ἐπ' ἄπειρον αὔξησις γίνεται τοῦ εἴδους τοῦ αὐτοῦ μένοντος. εἰ δὲ καὶ ἀεί τί ἐστιν ἔξω τῆς ὕλης τὸ εἶδος, καὶ κατὰ τοῦτο ἄπειρος ἡ ὕλη καθ' αὑτήν, κατὰ δὲ τὸ εἶδος ἔχει τὸ πεπερασμένον καὶ ὅλον εἶναι. ὥστε
35 οὐ περιέχει τὸ ἄπειρον, εἴπερ κατὰ τὴν ὕλην θεωρεῖται, ἀλλὰ περιέχεται

---

2 συμπληροῦν F   καὶ (post ὥστε) om. E   6 λέγων αὐτὸν F   μεσόθεν] μεσόθεν ἰσοπαλὲς πάντῃ Parm. v. 103 K., 107 St.   7 πάντῃ aE: πάντως F   πάντως ͫ om. aF   8 ἔσχατα E   φησιν αὐτό a   10 ἄπειρον aE: ὅλον F   15 τὸ ex οὗ correctum E: om. aF   16 post αὐτοὺς add. εἰς a   18 ἔχοι in litura F
20 ἔχοι] ἔχει F   25 πεπέρασται F   26 καὶ ἔχει — σύνθετον (27) iteravit F
28 κατηγορεῖται a   33 τὸ (ante εἶδος) om. a

μᾶλλον. τὸ γὰρ περατοῦν περιέχει τὸ περατούμενον καὶ τὸ εἶδος τὴν ὕλην. 117ʳ
εἰ δὲ πᾶσα μὲν γνῶσις ὅρος τις οὖσα καὶ περίληψις κατὰ τὸ εἶδος γίνεται, 30
ἡ δὲ ὕλη τῷ ἑαυτῆς λόγῳ οὔτε ἔστιν εἶδος οὔτε ἔχει εἶδος, καὶ ἔστι τὸ
ἄπειρον ἡ ὕλη, εἰκότως ἄγνωστον τὸ ἄπειρον λέγεται. καὶ γὰρ καὶ ἐν τοῖς
5 περὶ τῆς ὕλης λόγοις ἐλέγετο, ὅτι κατὰ ἀναλογίαν μόγις ἐστὶν ἡ ὕλη γνωστή.
εἰ δὲ τὸ μὲν ἄπειρον κατὰ τὴν ὕλην θεωρεῖται, τὸ δὲ ὅλον κατὰ τὸ σύν-
θετον, καὶ ἔστι μέρος τοῦ συνθέτου καὶ ὅλου ἡ ὕλη, ὥσπερ ὁ χαλκὸς
τοῦ χαλκοῦ ἀνδριάντος, δῆλον ὅτι ἐν μορίου ἂν εἴη λόγῳ τὸ ἄπειρον
εἴπερ ἐν ὅλῳ.

10   Δείξας δὲ ὅτι περιέχεται μᾶλλον τὸ ἄπειρον ἤπερ περιέχει καὶ ὅτι 35
ἄγνωστόν ἐστι τῇ αὑτοῦ φύσει, τὴν ἐπιπόλαιον ἐκδοχὴν ἐλέγχει τῶν Πλά-
τωνος λόγων. τοῦ γὰρ Πλάτωνος ἐν τοῖς Περὶ τἀγαθοῦ λόγοις εἰπόντος
τὸ μέγα καὶ τὸ μικρὸν τὴν ὕλην, ἣν καὶ ἄπειρον ἔλεγε, καὶ περιέχεσθαι
ὑπὸ τοῦ ἀπείρου πάντα τὰ αἰσθητὰ καὶ ἄγνωστα εἶναι διὰ τὸ ἔνυλον καὶ
15 ἄπειρον καὶ ῥευστὴν ἔχειν τὴν φύσιν, ἀκόλουθόν φησι δοκεῖν τῷ τοιούτῳ
λόγῳ καὶ ἐν τοῖς νοητοῖς τὸ ἐκεῖ μέγα καὶ μικρόν, ὅπερ ἐστὶν ἡ ἀόριστος
δυάς, ἀρχὴ καὶ αὐτὴ οὖσα μετὰ τοῦ ἑνὸς παντὸς ἀριθμοῦ καὶ πάντων τῶν 40
ὄντων· ἀριθμοὶ γὰρ καὶ αἱ ἰδέαι. ἀκόλουθον οὖν τὸ καὶ ἐν τοῖς νοητοῖς
ὑπὸ τοῦ ἐκεῖ ἀπείρου καὶ ἀγνώστου περιέχεσθαι καὶ ὁρίζεσθαι τὰ νοητὰ
20 γνωστὰ ὄντα φύσει καὶ ὡρισμένα ἅτε εἴδη ὄντα. αὕτη μὲν ἡ κατὰ τὸ
φαινόμενον ἀτοπία τοῦ λόγου. ἐπιστῆσαι δὲ χρὴ ὅτι τὰ μὲν ἔνυλα εἰκό-
τως ὑπὸ τῆς ὕλης καὶ τῆς ὑλικῆς ἀπειρίας λέγει περιέχεσθαι οὐχ ὡς ὁρι-
ζούσης αὐτά, ἀλλ' ὡς διὰ πάντων χωρούσης καὶ οἷον εἰδοποιούσης, καὶ
τὸ ἄγνωστον τοῖς τῇδε εἰκότως ἡ ὑλικὴ ἀπειρία παρέχεται· τὰ μέντοι
25 νοητὰ ἄϋλα ὄντα καὶ καθαρὰ εἴδη ὑπὸ τῆς ἐκεῖ ἀΰλου ἀπειρίας περιέχεται 45
τὴν διάκρισιν τῶν εἰδῶν ἐργαζομένης κατὰ τὴν δυάδα καὶ τὸ μᾶλλον καὶ
ἧττον ἐν ὑπεροχῇ καὶ ἐλλείψει παρεχομένης διὰ τῆς ἐκεῖ τάξεως καὶ τὸ
τῆς δυνάμεως ἀνέκλειπτον. καὶ οὐκ ἂν εἴη κατ' ἐκείνην τὴν περιοχὴν
ἄγνωστα. καὶ γὰρ καὶ τὸ ἐνταῦθα ἄπειρον ὡς ὑλικὸν ἄγνωστα τὰ τῇδε
30 ἐποίει, ἐκεῖνο δὲ ὑπὸ τοῦ ἑνὸς καὶ τοῦ πέρατος κρατούμενον ὁ πλοῦτος καὶ
ἡ γονιμότης τῶν εἰδῶν ἐστιν. εἰ δὲ κατὰ τὴν ἐκεῖ ἀπειρίαν ἡ εἰς τὸ ὂν
καὶ τὴν νοητὴν ἕνωσιν ἀνάχυσις γίνεται τῶν ἐκεῖ εἰδῶν, οὐδὲν θαυμαστὸν 50
κατὰ ταύτην καὶ τὴν γνωστὴν ὑπερδραμεῖν φύσιν τὰ εἴδη. τὸ γὰρ γνωστὸν
πρὸς τοῦ πέρατος μᾶλλόν ἐστι, τὸ δὲ ἄγνωστον καὶ ἀπόρρητον πρὸς τῆς
35 ἀπειρίας.

---

3 εἶδός ἐστιν aF   5 τῆς om. a   λόγοις cf. p. 191ᵃ7   μόλις a   8 post ἐν
μορίου add. μᾶλλον F   9 εἴπερ] ἤπερ F   11 ἑαυτοῦ aF: αὐτοῦ E   τῶν τοῦ aF
12 Περὶ τἀγαθοῦ cf. Aristotelis fr. 23 ed. Acad. V 1478ᵃ18 sqq. Simpl. supra p. 453, 28 sqq.
15 ἄπειρα a   16 λόγω E: λόγω τὸ F: τὸ a   τὸ ἐκεῖ F: ὑπὸ (ex v. 19) τὸ E: ὑπὸ
τοῦ a   μεγάλου καὶ μικροῦ a   17 αὕτη aF   18 αἱ om. F   καὶ (ante ἐν)
om. a   21 ἔνυλα aE: ὑλικὰ F   23 εἶδος ποιούσης F   24 περιέχεται F   25 εἴδη]
εἴη F   26 καὶ τὸ ἧττον E   27 διὰ τὸ τῆς F   28 περιοχὴν EF: ὑπεροχὴν a
31 ἀπορίαν F   32 θαυμαστόν] δυνατὸν F   34 καὶ post ἄγνωστον om. F
πρὸς] ὑπὸ F

p. 207a33   Κατὰ λόγον δὲ συμβαίνει καὶ τὸ κατὰ πρόσθεσιν ἕως 117r
             τοῦ περιέχει δὲ τὸ εἶδος.

Δείξας ὅτι οὐ περιέχει τὸ ἄπειρον ἀλλὰ περιέχεται ἐν τοῖς μεγέθεσιν
αἴτιον τοῦτό φησι τοῦ ἐν τῷ ἀπείρῳ ἀνομοίου, διότι τὸ μὲν ἐπὶ τὴν πρόσθε- 55
σιν οὐκ ἔστιν ἄπειρον οὕτως ὥστε παντὸς ὑπερβάλλειν μεγέθους, τὸ δὲ ἐπὶ
τὴν διαίρεσίν ἐστιν ὥστε παντὸς ἐλλείπειν. τούτου δὲ αἴτιον τὸ περιέχε-
σθαι μὲν τὴν ὕλην ἐντὸς | ἄπειρον οὖσαν καὶ τῆς ἀπειρίας αἰτίαν, περιέ- 117v
χειν δὲ τὸ εἶδος. διὸ μικρότερον μὲν ποιεῖν ἐπ' ἄπειρον βουλομένοις
δίδωσι τὴν χορηγίαν ἐνυπάρχουσα κατὰ τὴν ἀπειρίαν ἡ ὕλη. διὰ ταύτην
10 δὲ καὶ ἡ ἀπὸ τῶν διαιρεμάτων πρόσθεσις ἐπ' ἄπειρον γίνεται, τὸν δὲ τοῦ
εἴδους περιορισμὸν πέρατος ὄντος ὑπερπεσεῖν ἀδύνατον. ἢ οὕτω γε καὶ τὸ
εἶδος αὔξεσθαι συμβήσεται· οὐ γίνεται δὲ τὸ εἶδος οὔτε μεῖζον οὔτε ἔλατ-
τον. εἰ μὲν γὰρ ἦν τὸ ἄπειρον κατὰ πρόσθεσιν οὕτως ὥστε παντὸς 5
ὑπερβάλλειν, ἦν ἂν τὸ ἄπειρον κατὰ τὸ περιέχον καὶ ὁρίζον καὶ περα-
15 τοῦν (ἡ γὰρ προσθήκη κατὰ τοῦτο)· τὸ δὲ περατοῦν ἐστι τὸ εἶδος. καὶ
ἦν ἂν οὕτως κατὰ τὸ εἶδος ἡ ἀπειρία. τοῦτο δὲ ἄτοπον· πέρατος γὰρ
ἀλλ' οὐκ ἀπειρίας αἴτιον τὸ εἶδος, ἐπειδὴ δὲ ἐπὶ τὴν διαίρεσιν ἡ ἀπειρία,
οὐδὲν ἄτοπον. ἡ γὰρ ὕλη τὸ ἄπειρον οὖσα περιέχεται, καὶ ἡ διαίρεσις καὶ
ἡ κατὰ τὴν διαίρεσιν πρόσθεσις κατὰ τὸ περιεχόμενον γίνεται. δόξει δὲ
20 τὴν ὕλην κατὰ τὸν αὐτῆς λόγον μέγεθος ποιεῖν, εἴ γε ἡ διαίρεσις κατ' αὐ- 10
τήν. ἢ οὐ τὴν ὕλην διαιρεῖσθαι λέγοι ἄν, ἀλλὰ τὸ μέγεθος κατὰ τὴν ὕλην,
ἥτις ἐστὶ τὸ ἐν αὐτῷ ἄπειρον.

p. 207b1   Εὐλόγως δὲ καὶ τὸ ἐν μὲν τῷ ἀριθμῷ ἕως τοῦ ὥσπερ
            καὶ ὁ χρόνος καὶ ὁ ἀριθμὸς τοῦ χρόνου.   18

25   Εἰπὼν τὴν αἰτίαν τῆς ἐν τῷ μεγέθει κατὰ τὴν ἀπειρίαν διαφορᾶς,
καθ' ἣν ἐπὶ μὲν τὸ ἔλαττον ἔστιν ἀεὶ τοῦ ληφθέντος ὑπερβάλλειν, ἐπὶ δὲ 20
τὸ μεῖζον οὐκ ἔστι, νῦν τὴν αἰτίαν παραδίδωσι τῆς ἐν τῇ ἀπειρίᾳ διαφορᾶς
τοῦ τε ἀριθμοῦ καὶ τοῦ μεγέθους, διὰ τί ἐν μὲν τῷ ἀριθμῷ ἐπὶ τὸ ἔλατ-
τον οὐκ ἔστιν ἐπ' ἄπειρον προϊέναι (καταλήγομεν γὰρ εἰς πέρας τὴν μο-
30 νάδα), ἐπὶ δὲ τὸ πλέον ἔστι (τὸν γὰρ προτιθέμενον πάντα ἀριθμὸν ἔστιν
αὐξῆσαι)· ἐπὶ δὲ τῶν μεγεθῶν τοὐναντίον ἐπὶ μὲν τὸ ἔλαττον ἔστι παν-
τὸς ὑπερβάλλειν μεγέθους, ἐπὶ δὲ τὸ μεῖζον οὐκ ἔστι. καὶ πρώτην
ἀποδίδωσιν τὴν αἰτίαν τοῦ μὴ ἐπ' ἄπειρον προϊέναι τὴν τοῦ ἀριθμοῦ διαί-
ρεσιν. αὕτη δέ ἐστι τὸ τὸν ἀριθμὸν ἐκ πλειόνων ἑνῶν συγκεῖσθαι, τὸ δὲ 25
35 ἐξ ἑνῶν συγκείμενον εἰς ἕνα καὶ διαιρεῖσθαι, τὸ δὲ ἓν καθὸ ἓν ἀδιαίρετον

---

13 γὰρ] οὖν a   οὕτω κατὰ πρόσθεσιν a   16 ἡ om. E   20 αὑτῆς a: αὐτῆς
EF   22 αὐτῷ a: αὐ F: αὐτοῖς E   23 ἐν EF: ἓν a   25 αἰτίαν τῆς E: om. aF
διαφορᾶς EF: διαφορὰν a   31 αὐξῆσαν (comp.) E   πάντως a   33 ἀποδίδωσιν
τὴν E: δίδωσιν aF   34 τὸν] τῶν F   ἑνῶν E: ἕνων F: ἑνώσιν a   δὲ]
γὰρ a   35 ἑνῶν scripsi: ἕνων aF: ἑνὸς E   καὶ (post ἕνα) om. E .

ὑπάρχειν. πῶς οὖν οἷόν τε ἐπ' ἄπειρον γίνεσθαι τὴν διαίρεσιν; ἐλθόντες 117ᵛ
γὰρ εἰς τὰς ἑνάδας ἀδιαιρέτους οὔσας ἱστάμεθα. καὶ ὅτι μὲν ἐξ ὧν σύγ-
κειται ἕκαστον πρώτων, εἰς ταῦτα διαιρεῖται ἔσχατα, καὶ ἤδη εἴρηται καὶ
προφανές ἐστιν. ὅτι δὲ τὸ ἓν ἀδιαίρετόν ἐστιν, ὑπέμνησε διὰ τοῦ οἷον
5 ἄνθρωπος εἷς ἄνθρωπος καὶ οὐ πολλοί. καθὸ γὰρ ἄνθρωπος, ἀδιαί-
ρετος· εἰς ἀνθρώπους γὰρ ἂν διῃρεῖτο. ἡ γὰρ εἰς κεφαλὴν καὶ χεῖρας
καὶ πόδας διαίρεσις οὐχ ὡς ἀνθρώπου ἐστίν, ἀλλ' ὡς ἐκ μορίων συγκει- 30
μένου. τὸ δέ γε ἓν εἶδος ὂν ὥρισται, τὸ δὲ ὡρισμένον ὂν καθὸ ὥρισται
ἀδιαίρετόν ἐστιν. ἀμέλει καὶ τῶν ἀριθμῶν ἕκαστος κατὰ τὸ ἑαυτοῦ εἶδος
10 εἷς ὢν ἀδιαίρετός ἐστι, διαιρεῖται δὲ κατὰ τὰς ἐνυπαρχούσας ἑνάδας οἷον
ὕλης λόγον ἐχούσας ἐν αὐτῷ. αὕτη δὲ ἡ ἑνὰς ἢ μονὰς οὐκ ἔχουσα ὕλην
οὐδὲ ἄλλο τι οὖσα ἢ εἶδος ἀδιαίρετός ἐστιν. ὅλως δὲ εἰ διαιροῖτο τὸ ἕν,
εἰς τί ἂν διαιρεθείη; ἢ πάντως εἰς ἡμίση. ἀλλὰ καὶ τούτων ἕκαστον ἓν
καὶ οὐδὲ ἔλαττον τοῦ ἐξ ἀρχῆς· τὸ γὰρ ἓν ἦν τὸ ἐν ἀριθμῷ ἐλάχιστον. 35
15 πῶς οὖν ἂν διαιρεθείη; ὅτι δὲ ὁ ἀριθμὸς ἐξ ἑνῶν σύγκειται, ὑπέμνησε διὰ
τοῦ ὁ δὲ ἀριθμός ἐστιν ἕνα πλείω καὶ ποσά ἄττα· τὰ γὰρ δύο
καὶ τρία παρώνυμα ὀνόματά ἐστιν. εἰ οὖν ὁ ἀριθμὸς μηδὲν ἄλλο
ἐστὶν εἰ μὴ πλείονα ἕνα, ἅτινα ποσά τινά ἐστι, καὶ ἕκαστος τῶν ἀριθμῶν
ἐκ τῶν ἐν ἑαυτῷ μονάδων ὠνόμασται (δύο γὰρ τὰ ἐκ δυεῖν μονάδων καὶ
20 τρία τὰ ἐκ τριῶν), δῆλον ὅτι ἐκ τούτων σύγκειται ὁ ἀριθμός. εἰ οὖν ἀδιαί-
ρετος ἡ μονὰς καὶ σύγκειται ἐκ μονάδων ὁ ἀριθμός, ἐξ ὧν δὲ σύγκειται
εἰς ταῦτα καὶ διαιρεῖται, ἀνάγκη στῆναι ἐπὶ τὸ ἀδιαίρετον, τουτέστιν 40
ἐπὶ τὸ ἐλάχιστον καὶ τὴν μονάδα.

Εἰπὼν δὲ τὴν αἰτίαν τῆς ἐπὶ τὸ ἀδιαίρετον στάσεως ἐπάγει λοιπὸν
25 τὴν αἰτίαν τῆς ἐπὶ τὸ πλέον ἐν τοῖς ἀριθμοῖς ἐπ' ἄπειρον προκοπῆς λέγων
τοῦτο τὸ ἐπ' ἄπειρον ἀπὸ τοῦ ἐν τοῖς μεγέθεσι γίνεσθαι. τῷ γὰρ ἐκεῖνα
ἐπ' ἄπειρον τέμνεσθαι διὰ τὴν περιεχομένην ἐν αὐτοῖς τῆς ὕλης ἀπειρίαν,
τούτῳ καὶ ἡ ἐν τοῖς ἀριθμοῖς ἐπ' ἄπειρον αὔξησις γίνεται. καὶ ἔστιν ἀμφο-
τέροις παρὰ τῆς ὕλης τὸ ἄπειρον. διὸ καὶ αὐτὸς ἐπήγαγεν ἀλλ' οὐ χω- 45
30 ριστὸς οὗτος ὁ ἀριθμός. ἀλλ' ἔνυλος δηλονότι, ὡς διὰ τὴν ὕλην καὶ
ἐπὶ τούτου τῆς ἀπειρίας συμβαινούσης. ἀλλ' ἡ ἀπὸ τῶν ἐπ' ἄπειρον γινο-
μένων διαιρεμάτων τοῦ μεγέθους πρόσθεσις μεγέθους ἐστὶν ἐπ' ἄπειρον
αὔξησις καὶ οὐκ ἀριθμοῦ· εἰ οὖν τὸν μοναδικὸν ἀριθμὸν λάβοιμεν μὴ
προσποιούμενοι μέγεθος, ἆρα οὐκ ἀνάγκη καὶ ἐπὶ τούτου παντὶ τῷ λαμβα-
35 νομένῳ τοιούτῳ δυνατὸν εἶναι προσθεῖναι μονάδα; ὅλως δὲ ἡ ἀεὶ γινομένη
πρόσθεσις ἐπὶ τοῦ τῶν ἀνθρώπων ἢ τῶν ἄλλων τῶν ἐν γενέσει ἀριθμοῦ 50
ἀπὸ ποίας προστίθεται διαιρέσεως; ὁ δὲ ἀριθμὸς τῆς οὐρανίας κινήσεως

---

1 οὖν om. E   3 πρώτως E   4 δὲ aF: δὲ καὶ E   5 ἄνθρωπος (post εἰς) om. E
7 ὡς (post ἀλλ') om. E   8 ὂν (post ὡρισμένον) om. E   11 ἔχουσα E   αὕτη a
13 διαιρεθῇ E   ἡ om. aF   ἀλλὰ om. aF   14 τὸ ἐν E: τῷ aF   15 ἀπέ-
μνησε E¹   16 δύο καὶ τρία Aristoteles cf. Simpl. v. 19: τρία καὶ δύο libri   17 μηδὲν]
οὐδὲν a   20 ἐκ (post τὰ) om. E   22 καὶ om. a   post στῆναι add. τὴν F
28 τοῦτο E   ἐπαύξησις (om. ἄπειρον) F   30 ὁ ἀριθμὸς οὗτος Aristoteles   31 ἀλλ'
εἰ ἡ a   ἀπὸ E: ἐπὶ aF   33 ἀριθμῷ E   35 προσεῖναι aF   36 ἤ] ἡ a

καὶ τοῦ χρόνου ἀπὸ ποίας προσγινομένης διαιρέσεως αὔξεται; μήποτε οὖν
οὐ παντὸς ἀριθμοῦ τὴν ἐπ' ἄπειρον αὔξησιν ἀπὸ τῆς τοῦ μεγέθους διαιρέ-
σεως γίνεσθαί φησιν, ἀλλὰ τοῦ ἐν ὑποστάσει ὄντος καὶ ὑπομένοντος. πῶς
γὰρ οἷόν τε αὔξεσθαι ἢ πρόσθεσιν δέχεσθαί τινα τὸ μὴ ὑφεστὼς μηδὲ
5 ὑπομένον; ὥστε οὐδὲ τὸν μοναδικὸν ἀριθμὸν αὔξεσθαι ῥητέον (ἐν ἐπινοίᾳ
γὰρ οὗτος μόνῃ τὸ εἶναι ἔχει) οὔτε τὸν τῶν ἀνθρώπων ἢ τῆς κινήσεως ἢ
τοῦ χρόνου ἢ ὅλως τῶν γινομένων καὶ φθειρομένων. οἱ γὰρ τούτων ἀρι-
θμοὶ ἐν τῷ φθείρεσθαι τὰ πρότερα | τὸ εἶναι ἔχουσι. καὶ οὐχ ὑπομένει
τὰ πρότερα, ὥστε προστίθεσθαι τὰ ἐφεξῆς καὶ τὸν ἐξ ἀρχῆς ἀριθμὸν αὔξε-
10 σθαι, πλὴν εἰ μὴ ἐν τῇ ἡμετέρᾳ φαντασίᾳ οὐδὲ αὐτῇ ὑπομενούσῃ, ἀλλὰ
μόνως ἂν τοῦτο συμβαίνοι ἐπὶ τῆς τῶν ἐκ τοῦ μεγέθους διαιρεμάτων
προσθέσεως, ποτὲ μὲν ὡς μεγεθῶν, ποτὲ δὲ ὡς μονάδων λαμβανομένων,
καὶ διὰ τοῦτο ποτὲ μὲν ὡς μέγεθος ἐπ' ἄπειρον αὐξανόντων, ποτὲ δὲ ὡς
ἀριθμόν. τοῦτο δέ ἐστι τὸ ἐνεργείᾳ μηδέποτε τὸ ἄπειρον ἀπολαβεῖν μήτε
15 τὸ μέγεθος μήτε τὸν ἀριθμόν, δυνάμει δὲ ἐνυπάρχειν τὸ δύνασθαι ἐπ' ἄπει-
ρον ἀεὶ προχωρεῖν διὰ τὸ δυνάμει καὶ τὸ ἄπειρον τῆς ἐνυπαρχούσης ὕλης,
δι' ἣν καὶ ἐν τῇ προσθέσει τῶν ἐνύλων ἀριθμῶν τὸ ἐπ' ἄπειρον ὑφέστη-
κεν. ἔοικε δὲ καὶ ὁ Ἀριστοτέλης ἐνδείκνυσθαι τὴν ὑπ' ἐμοῦ ῥηθεῖσαν
λύσιν διὰ τοῦ ἀεὶ μὲν ὑπερβάλλειν τὰ λαμβανόμενα παντὸς ὡρι-
20 σμένου πλήθους. ἀλλ' οὐ χωριστὸς οὗτος ὁ ἀριθμός. ἀλλ'
οὐδὲ μένει ἡ ἀπειρία, ἀλλ' ἀεὶ γίνεται ὥσπερ καὶ ὁ χρόνος καὶ
ὁ ἀριθμὸς τοῦ χρόνου. λέγει γὰρ ὅτι κἂν ἀεὶ ὑπερβάλλῃ τὰ λαμβα-
νόμενα παντὸς ὡρισμένου πλήθους, ἀλλ' οὐκ ἐπὶ χωριστοῦ τινος ἀριθμοῦ
καὶ ἐν ἐπινοίᾳ κειμένου τοῦτο θεατέον, ἀλλ' ἐπὶ τοῦ σωματικοῦ, ἐφ' οὗ
25 καὶ ἡ διαίρεσις ἡ τῆς προσθέσεως αἰτία τοῖς ὑπομένουσι διὰ τὴν ὕλην ἔχει
τὸ ἐπ' ἄπειρον. οὐ γὰρ ἕστηκεν ἡ ἀπειρία, ἀλλ' ὡς ἐπὶ τῆς κινήσεως καὶ
τοῦ χρόνου καὶ τοῦ ταῦτα μετροῦντος ἀριθμοῦ οὐ μένει ἡ ἀπειρία ἀλλ'
ἀεὶ γίνεται, πλὴν ὅτι ἐπὶ μὲν τῆς ἐκ τῶν διαιρεμάτων προσθέσεως ὑπο-
μένον τὸ πρότερον δέχεται τὸ ἐπιόν, κἂν τὸ ἄπειρον καὶ ἐπὶ ταύτης οὐχ
30 ὑπομένῃ, ἀλλ' ἐν τῷ γίνεσθαι τὸ εἶναι ἔχῃ, ὡς καὶ ἐπὶ κινήσεως καὶ χρό-
νου καὶ τοῦ μοναδικοῦ ἀριθμοῦ. διάφορον δὲ ἔχει ταῦτα τὸ γίνεσθαι τὸ
ἄπειρον τοῦ πρώτου φθειρομένου καὶ μηδὲ πρόσθεσιν δεχομένου. ἀλλὰ τί
καὶ τούτοις αἴτιόν ἐστι τῆς ἐπ' ἄπειρον προόδου ὥσπερ τοῖς ὑπομένουσι
τὰ τῶν μεγεθῶν ἔνυλα διαιρέματα; ἢ τὸ ἀεὶ ἐνυπάρχον δυνάμει, ὑλικὸν
35 καὶ αὐτὸ ὄν, τὸ ἀεὶ δύνασθαι παρέχεται, ἀριθμὸς δὲ χρόνου τὸ πρότερον
καὶ ὕστερον, ὃ ἐπ' ἄπειρον λαμβάνεται τῷ ἄλλο καὶ ἄλλο γίνεσθαι.

αι
4 οἷόν τε] οἴοντ sic E   5 post μοναδικὸν add. καὶ a   10 αὐτῇ aF: αὐτοὶ E
15 τῷ δύνασθαι aF   17 ἐν τῇ] ἔν τινι F   19 μὲν om. Aristoteles   ὑπερ-
βάλλειν] immo ὑπερβάλλει ut Aristoteles   τὸ λαμβανόμενον Aristoteles   20 ἀλλ']
τῆς διχοτομίας Aristoteles   21 ὥσπερ καὶ ὁ χρόνος om. a   23 τοῦ παντὸς a
25 προθέσεως E   26 ἐπ' E: om. aF   ἀλλ' — ἡ ἀπειρία (27) om. E   30 ὑπο-
μένει F   ἔχει E   καὶ (post ὡς) om. E   31 ταῦτα τῷ γίνεσθαι a   32 ἀλλὰ
καὶ τί καὶ E   34 ὑπάρχον F   35 τὸ πρότερον — χρόνου (507, 1) om. E

ἀριθμὸν δὲ χρόνου λέγει, καθ' ὃν καὶ ἀριθμεῖ καὶ ἀριθμεῖται ὁ 118ʳ
χρόνος.   20

p. 207ᵇ15   Ἐπὶ δὲ τῶν μεγεθῶν τοὐναντίον ἐστίν ἕως τοῦ εἴη γὰρ
            ἄν τι τοῦ οὐρανοῦ μεῖζον.

Τοῦ ἐν τοῖς μεγέθεσιν ἐπὶ μὲν τὴν διαίρεσιν εἶναι τὸ ἄπειρον, ἐπὶ
δὲ τὴν πρόσθεσιν μὴ εἶναι, πρότερον μὲν ἀπεδίδου αἰτίαν τὸ τὴν μὲν ὕλην 25
τὸ ἄπειρον οὖσαν καὶ ἐντὸς περιεχομένην χώραν διδόναι τῇ ἐπὶ τὸ ἔλαττον
ἐπ' ἄπειρον προόδῳ, τὸ δὲ εἶδος πέρας ὂν καὶ ἐκτὸς περιέχον μὴ δέχεσθαι
τὴν ἐπ' ἄπειρον πρόσθεσιν, νῦν δὲ τοῦ μὲν ἐπὶ τὸ ἔλαττον ἀεὶ προχωρεῖν
τὸ συγκεῖσθαι μὲν ἐκ συνεχῶν τὸ συνεχὲς καὶ ἐκ μεγεθῶν τὸ μέγεθος,
διαιρεῖσθαι δὲ πᾶν εἰς ἐκεῖνο ἐξ οὗ σύγκειται. μέρη γὰρ ἔχον τὸ μέγεθος
μεγέθη τὴν διαίρεσιν καὶ τομὴν εἰς ταῦτα ὑπομένει ὥσπερ τὴν ἀνάλυσιν
εἰς τὰ στοιχεῖα. κοινὸν δὲ ἐπ' ἀμφοῖν τὸ ἐξ ὧν σύγκειταί τι εἰς ταῦτα καὶ 30
διαιρεῖσθαι· ἀλλ' εἰ μὲν τεμνόμενον, εἰς τὰ μέρη πάντως ἡ τομή, εἰ δὲ ἀνα-
λυόμενον, εἰς τὰ στοιχεῖα ἡ ἀνάλυσις γίνεται. ὅτι δὲ ἐκ μεγεθῶν τὸ μέγεθος
ἐν τῷ ἕκτῳ βιβλίῳ δείξει διὰ τοῦ ἢ ἐξ ἀμερῶν ἢ ἐκ μεριστῶν εἶναι, τὰ δὲ
ἀμερῆ συντιθέμενα διάστασιν μὴ ποιεῖν. τοῦ δὲ μὴ ἐπ' ἄπειρον αὔξεσθαι
τὸ μέγεθος αἴτιόν φησιν εἶναι τὸ προχωροῦσιν ἡμῖν ἐπὶ τὸ μεῖζον τὸ ὅλον
ὑπαντᾶν καὶ τὸ πᾶν, ὅπερ ἐστὶν ὡρισμένον, ὥσπερ ἐν τοῖς ἀριθμοῖς ἐπὶ
τὸ ἔλαττον προχωροῦσιν ὑπαντήσασα ἡ ἑνὰς ὡρισμένη οὖσα ἵστησι τὴν ἐπ' 35
ἄπειρον πρόοδον. εἰ δὲ ἦν δυνατὸν προστιθέναι παντὶ σώματι, οὐδὲν ἂν ἦν
πᾶν οὐδὲ ὅλον, ἀλλ' οἷον οἱ φυσιολόγοι λέγουσιν αἰσθητόν τι σῶμα ἄπειρον
ἐνεργείᾳ, ὅπερ δέδεικται μὴ ὄν. εἰ δὲ ἦν ἐπ' ἄπειρον πᾶν μέγεθος αὔξε-
σθαι δυνάμενον, ὥστε δυνάμει εἶναι τὸ ἀεὶ ὑπερβάλλον, ἦν ἂν καὶ ἐνερ-
γείᾳ τοσοῦτον· ὅσον γὰρ ἐνδέχεται δυνάμει εἶναι, καὶ ἐνεργείᾳ
ἐνδέχεται· ὥστε ἐπειδὴ ἄπειρον οὐδέν ἐστιν ἐνεργείᾳ μέγεθος
αἰσθητὸν ὡς δέδεικται, οὐδ' ἐπ' ἄπειρον προϊόντας ἐνδέχεται παντὸς
ὑπερβάλλειν ὡρισμένου μεγέθους, ἵνα μηδὲν ᾖ ἐνεργείᾳ τοῦ κόσμου 40
μεῖζον, ὅσπερ ἐστὶ τὸ ὅλον καὶ πᾶν μέγεθος οὐ κατὰ Πλάτωνα μόνον ἀλλὰ
καὶ κατὰ Ἀριστοτέλην. καλοῦσι δὲ ἄμφω καὶ τὸν ὅλον κόσμον οὐρανὸν ἢ
ἐκ τοῦ ἐν αὐτῷ κυριωτέρου καὶ πλείστου τὸ ὅλον προσαγορεύοντες, ἢ ὅτι
τὸ πρὸς τὸν ἑαυτοῦ δημιουργὸν ἐστράφθαι καὶ ὁρᾶν ἄνω, ἀφ' οὗ καὶ οὐρα-
νὸς καλεῖται, οὐ τῷ ἀιδίῳ μόνῳ σώματι ὑπάρχει, ἀλλὰ καὶ τῷ παντὶ
κόσμῳ. ὅτι δὲ οὐδέν ἐστιν τοῦ κόσμου μεῖζον μέγεθος οὐδέ τι ἔξω τοῦ
οὐρανοῦ, δείξει μὲν ἐν τῇ Περὶ οὐρανοῦ προηγουμένως, δέδεικται δὲ ὡς οἶμαι 45

---

1 λέγει E: φησὶ aF   καὶ (post ὃν) om. a   6 πρότερον μὲν E: πότερον δὲ F¹: πρότερον
aF²   7 τὸ (post ὕλην) om. aF   9 προχωρεῖν ἀεὶ E   12 εἰς ταῦτα EF: ἐνταῦθα a
13 τοῦτο E   14 πάντων a   16 ἕκτῳ a: ϛ F: καὶ E   21 προστιθέναι E (cf.
p. 508, 5 et Themistius p. 246, 13): προστεθῆναι aF   23 αὔξεσθαι E: ἐπαύξεσθαι F:
ἐπαύξεσθαι a   24 ἂν καὶ] καὶ ex ἂν corr. F   26 μέγεθος αἰσθητὸν — ἐνεργείᾳ (28)
iteravit F   29 ὥσπερ F   τὸ ὅλον καὶ πᾶν aF: καὶ τὸ πᾶν E   34 τοῦ οὐρανοῦ
om. F   35 τῇ] τοῖς a   Περὶ οὐρανοῦ A 9 p. 278ᵇ21 sqq.   ὡς om. a

καὶ ἤδη διὰ τῶν τὸ ἄπειρον μέγεθος ἀναιρούντων λόγων. εἰ γὰρ ἦν ἔτι 118r
τοῦ κόσμου μεῖζον ἀόριστον λοιπὸν ὑπάρχον, ἄπειρον ἂν ἦν.

Ἀλλὰ πῶς φησιν ὅσον γὰρ ἐνδέχεται δυνάμει εἶναι, καὶ ἐνεργείᾳ ἐνδέχεται τοσοῦτον εἶναι; οὐδὲ γὰρ ἐπειδὴ παντὶ ἀριθμῷ δυ-
5 νατὸν προσθεῖναι, ἤδη καὶ ἐνεργείᾳ ἐστὶν ἄπειρος ἀριθμός, οὐδὲ ἐπειδὴ μὴ
ἔστιν ἐνεργείᾳ ἄπειρος ἀριθμός, ἤδη διὰ τοῦτο κωλύεται ἡ ἐπ' ἄπειρον τοῦ
ἀριθμοῦ πρόσθεσις· παντὶ γὰρ τῷ λαμβανομένῳ προσθεῖναι δυνατόν. ὥστε 50
φαίη ἄν τις, ·κἂν ἄπειρον ἐνεργείᾳ μέγεθος μὴ ᾖ, τί κωλύει δυνάμει εἶναι
τῷ δύνασθαι ἐπ' ἄπειρον αὔξεσθαι; καὶ γὰρ τὸ ἐν τῇ διαιρέσει δυνάμει τῷ
10 δύνασθαι ἀεί τι λαμβάνειν ἔλαττόν ἐστιν, οὐχ ὅτι ληφθήσεταί ποτε τὸ ἐλάχιστον. τί οὖν κωλύει καὶ τὸ ἐν τῇ προσθέσει δυνάμει οὕτως εἶναι, ὡς
δύνασθαί τι ἀεὶ λαμβάνειν μεῖζον, μηδέποτε δὲ καταντᾶν εἰς τὸ μέγιστον;
εἰ δὲ τοῦτο οὕτως ἔχει, οὐ χρὴ ἐκ τοῦ μὴ εἶναι ἄπειρον ἐνεργείᾳ μέγεθος
αἰσθητὸν ἀναιρεῖν τὴν ἐπ' ἄπειρον πρόσθεσιν. μήποτε οὖν ὥσπερ ἐπὶ τῶν 55
15 μεγεθῶν, διὰ τοῦτο οὐ δυνατὸν παντὸς ὑπερβάλλειν τοῦ ληφθέντος μεγέθους,
ὅτι μὴ | ἔστιν ἐνεργείᾳ μέγεθος ἄπειρον αἰσθητόν, οὕτως ἔχει καὶ ἐπὶ 118v
τῶν ἀριθμῶν. καὶ γὰρ ἐπ' ἐκείνων διότι μὴ ἔστιν ἐνεργείᾳ ἄπειρος ἀριθμός,
οὐ δυνατὸν παντὸς τοῦ δοθέντος ὑπερβάλλειν πλὴν τῇ ἐπινοίᾳ. αὕτη δὲ
ὅτι κενεμβατεῖ πολλάκις μετ' ὀλίγον δειχθήσεται. πῶς οὖν ἀντιπεπονθέναι
20 κατὰ τοῦτο τὸν ἀριθμὸν ἐλέγομεν τῷ μεγέθει, καθόσον ὁ μὲν ἀριθμὸς ἐπὶ
τὸ πλέον ἀεὶ τὸ ἄπειρον ἔχει, τὸ δὲ μέγεθος ἐπὶ τὸ ἔλαττον; ἢ τοῦτο οὐκ 5
ἐπὶ παντός ἐστιν ἀριθμοῦ κατὰ ὑπόστασιν, ἀλλ' ἐπὶ μόνου τοῦ ἐκ τῆς διχοτομίας, τοῦ μεγέθους ἐπ' ἄπειρον αὐξομένου διὰ τὴν τῆς διχοτομίας ἐπ'
ἄπειρον πρόοδον. ὥσπερ οὖν ὑπερβάλλειν μὲν παντὸς μεγέθους ἀδύνατον,
25 ἐπειδὴ μὴ ἔστιν αἰσθητὸν μέγεθος ἄπειρον, ἔστι δ' ἐπ' ἄπειρον προστιθέναι
μέγεθος μεγέθει τὰ ἀπὸ τῆς διχοτομίας διαιρέματα ἐπ' ἄπειρον γινομένης
προστιθέντας ἐπ' ἄπειρον, οὕτως ὑπερβάλλειν μὲν παντὸς ἀριθμοῦ ἀδύνατον
πλὴν τῇ ἐπινοίᾳ, ἐπειδὴ μὴ ἔστιν ἐνεργείᾳ ἄπειρος ἀριθμός. μόνῳ δὲ τῷ 10
ἐκ τῆς ἀεὶ γινομένης διχοτομίας ἀριθμῷ προστιθέναι ἀεὶ δυνατὸν κατὰ τὴν
30 ἐνυπάρχουσαν τῆς ὕλης ἀπειρίαν οὐκ ἐπὶ χωριστοῦ ἀριθμοῦ τοῦτο ποιοῦντας, ἀλλ' ἐπὶ τοῦ τῇ διχοτομίᾳ συμπροϊόντος. καὶ δόξομέν τι λέγειν ἴσως
τοῦτο λέγοντες. τάχα δὲ οὐδὲν λέγομεν, διότι τὸ μὲν μέγεθος κἂν ἐπ'
ἄπειρον ἴσχῃ τὴν ἀπὸ τῆς διαιρέσεως προσθήκην, ἀλλ' οὐχ ὑπερβάλλει παντὸς
μεγέθους τὸ τὴν προσθήκην δεχόμενον· ἀπὸ γὰρ τῆς διαιρέσεως ἔχει τὴν
35 ἀπειρίαν, ἔνδον δὲ ἐκείνῃ καὶ οὐκ ἔξω πρόεισιν. ὁ μέντοι ἀριθμὸς ὁ ἐν 15
τῇ διχοτομίᾳ τῇ ἐπ' ἄπειρον γινομένῃ ἐπ' ἄπειρον καὶ αὐτὸς προϊὼν διὰ
τί μὴ παντὸς ὑπερβάλλει, καίτοι μὴ ὄντος ἀπείρου ἀριθμοῦ κατ' ἐνέργειαν;
πάλιν οὖν ἡμῖν εἰς ταὐτὸν περιελήλυθεν ἡ ἀπειρία, πῶς λέγει διὰ τοῦτο μὴ

---

3 ὅσον] οἷον aF   4 τοιοῦτον aF   8 κἂν E: καὶ F: κἂν ἐπ' a   post μέγεθος
add. ἂν F   9 τῷ aF: τὸ E   12 τὸ om. a   13 post χρὴ add. ἀεὶ λαμβάνειν
μεῖζον (12) deleta F   17 ὅτι a   23 αὐξομένου F: αὐξαμένου E: αὐξανομένου a
30 ποιοῦντος F   32 καὶ ἐπ' ἄπειρον ἂν F   37 ἀριθμοῦ ἀπείρου aF   38 οὖν
ἡμῖν E: μὲν οὖν aF   εἰς iteravit E   ἀπορία F

εἶναι ὑπερβολὴν παντὸς ὡρισμένου μεγέθους, ὅτι μὴ ἔστιν ἐνερ- 118ᵛ
γείᾳ μέγεθος αἰσθητὸν ἄπειρον, εἴπερ καὶ μὴ ὄντος ἐνεργείᾳ ἀπείρου ἀρι-
θμοῦ τὸν ἀπὸ τῆς ἐπ' ἄπειρον γινομένης διχοτομίας ἀνάγκη παντὸς ὑπερ-
βάλλειν ἀριθμοῦ. μήποτε οὖν ἐπὶ μὲν τοῦ μεγέθους ἀδύνατον ἦν παντὸς
5 ὑπερβολὴν εἶναι ὡρισμένου μεγέθους, εἰ μὴ ἦν μέγεθος ἄπειρον· 20
τὸ γὰρ ὡρισμένον πᾶν πεπερασμένον. εἰ οὖν τοῦ μεγίστου τῶν ὡρισμένων
μεῖζον ἦν λαβεῖν, ἀόριστον ἀνάγκη καὶ ἄπειρον εἶναι τὸ λαμβανόμενον.
ἐπὶ δὲ τῆς τοῦ ἀριθμοῦ προσθέσεως καὶ μὴ ὄντος ἀπείρου ἀριθμοῦ ἀνάγκη
τὴν ἐκ τῆς διχοτομίας πρόσθεσιν ἐπ' ἄπειρον γίνεσθαι καὶ παντὸς τοῦ λαμ-
10 βανομένου ἀριθμοῦ εἶναι πλείονα, ἐπειδὴ καὶ ἡ διχοτομία ἐπ' ἄπειρον
γίνεται μηδέποτε καταντῶσα εἰς τὸ ἐλάχιστον, ὥσπερ ἡ τῶν μεγεθῶν αὔξη-
ξις καταντᾷ εἰς τὸ μέγιστον τὸ ὅλον καὶ τὸ πᾶν. τί οὖν οὐχὶ καὶ ἐπὶ 25
τούτου ἀληθές, ὅτι ὡρισμένος πᾶς ἀριθμὸς πεπερασμένος ἐστίν; εἰ οὖν τοῦ
μεγίστου ὡρισμένου καὶ πεπερασμένου μείζονα θελήσαιμεν λαβεῖν, ἀνάγκη
15 εἰς ἄπειρον ἐκπεσεῖν. τοῦ γὰρ μεγίστου ὡρισμένου καὶ πεπερασμένου μείζων
ὁ ἄπειρός ἐστιν. ὥστε οὐκ ἐνδέχεται οὐδὲ ἀριθμοῦ παντὸς ὡρισμένου ὑπερ-
βολὴν εἶναι, εἰ μὴ ἔστιν ἄπειρος ἀριθμός. πῶς οὖν ἡ ἐπ' ἄπειρον τοῦ
ἀριθμοῦ πρόσθεσις, πῶς δὲ ἡ ἐπ' ἄπειρον τοῦ μεγέθους διαίρεσις, εἰ μὴ
ἔστι μέγεθος ἐλάχιστον, εἰ ἀληθὲς τὸ ῥηθέν, ὅτι ὅσον ἐνδέχεται δυνά- 30
20 μει εἶναι, καὶ ἐνεργείᾳ ἐνδέχεται τοσοῦτον εἶναι;

p. 207ᵇ21 Τὸ δὲ ἄπειρον οὐ ταὐτὸν ἕως τοῦ ὅτι πᾶν μέγεθος εἰς
μεγέθη διαιρετόν.

Εἰπὼν τὸ ἄπειρον ἐν πλείοσιν εἶναι (καὶ γὰρ καὶ ἐν μεγέθει καὶ ἐν 35
ἀριθμῷ καὶ ἐν κινήσει καὶ ἐν χρόνῳ καὶ ἐν πᾶσι κατὰ τὸ ἐπ' ἄπειρον)
25 ἐφιστάνει καλῶς, ὅτι τὸ ἄπειρον ὑπάρχον συνεχέσι τῷ μεγέθει καὶ τῇ κινή-
σει καὶ τῷ χρόνῳ οὐχ ὡς τὸ αὐτὸ ὑπάρχει οὐδ' ὡς μία τις φύσις καὶ
γένος ἓν κατὰ πάντων τῶν εἰρημένων. οὐ γὰρ ἐπ' ἴσης αὐτῶν κατηγορεῖ-
ται, ὅπερ προσήκει τοῖς γένεσιν, ἀλλὰ τοῦ μὲν προτέρου, τοῦ δὲ ὑστέρου.
ἐπειδὴ γὰρ κατὰ τὸ συνεχὲς ὑπάρχει τούτοις τὸ ἄπειρον, διότι τὸ συνεχὲς
30 ἐστι τὸ ἐπ' ἄπειρον διαιρετόν, πρώτως δὲ συνεχὲς τὸ μέγεθος, καὶ πρώτως 40
τοῦτο διαιρεῖται εἰς μεγέθη ἅτε καὶ ἐκ μεγεθῶν συγκείμενον, καὶ διὰ τοῦτο
διαιρεῖται ἐπ' ἄπειρον. διὰ δὲ τὸ μέγεθος ἡ κίνησις ἔχει τὸ συνεχές· τῷ
γὰρ ἐπὶ συνεχοῦς γίνεσθαι τοῦ μεγέθους συνεχὴς καὶ αὐτὴ καὶ ἐπ' ἄπειρον
διαιρετή. διὰ δὲ τὴν κίνησιν ὁ χρόνος· κινήσεως γάρ τί ἐστιν· ἀριθμὸς
35 γὰρ κινήσεως ὁ χρόνος. ὥστε οὐκ ἐπ' ἴσης οὐδὲ ὡς γένος κατηγορεῖται,

---

2 καὶ (ante μὴ) om. F   ἀπείρου ἐνεργείᾳ aF   3 γενομένης F   5 post ἦν
add. μέγεθος ἄπειρον τὸ γὰρ ὡρισμένον deleta E   11 μήποτε F   14 μείζονα —
πεπερασμένον (15) om. sed add. eadem m. E¹   15 εἰς τὸ F   γὰρ om. E
καὶ (post ὡρισμένου) om. E   16 οὐδὲ a: οὔτε EF   19 εἰ om. F   21 δὲ aF:
om. E   ὅτι E: διότι a   22 διαιρετέον E   23 καὶ (post γὰρ) om. E
29 κατὰ τὸ extrema pagina iteravit F   33 αὐτὴ aF

ἀλλ' ἀεὶ τοῦ δευτέρου διὰ τὸ πρότερον, καὶ διὰ τοῦτο πρότερον καὶ ὕστε- 118ᵛ
ρον. ἡ δὲ ὡς προτέρου καὶ ὑστέρου κατηγορία ἔστι μὲν καὶ ἐν τοῖς ὁμω-
νύμοις (οὕτως γὰρ ὁμώνυμος ὁ ἔγγονος εἰ τύχοι τῷ πάππῳ), ἔστι δὲ καὶ 45
ἐν τοῖς ἀφ' ἑνός. καὶ τοιαύτη μᾶλλόν ἐστιν ἡ τοῦ ἀπείρου κατηγορία. ὅτι
5 δὲ παρὰ τοῦ μεγέθους τῇ κινήσει τὸ συνεχές, νῦν μὲν ὑπέμνησε βραχέως
εἰπὼν κίνησις μὲν ὅτι τὸ μέγεθος ἐφ' οὗ κινεῖται ἢ ἀλλοιοῦται ἢ
αὐξάνεται, τὸ ἐφ' οὗ κινεῖται ἀντὶ τῆς τοπικῆς κινήσεως παραλαβὼν
καὶ διὰ τῶν κατ' εἶδος κινήσεων ὑπομιμνήσκων, ὅτι πᾶσαι αἱ κινήσεις
μεγεθῶν εἰσι καὶ ἐν μεγέθεσι καὶ τὸ συνεχὲς ἔχουσι διὰ τὰ μεγέθη. ἀλλὰ
10 νῦν μέν, ὅπερ εἶπον, βραχέως ὑπέμνησε τοῦτο, προϊὼν δὲ καὶ ὅτι τὸ μέ- 50
γεθος πρώτως ὂν συνεχὲς εἰς μεγέθη διαιρεῖται, ἅτε ἐκ μεγεθῶν συγκείμενον.
καὶ διὰ τοῦτο πρῶτον ἔχει τὴν ἐπ' ἄπειρον διαίρεσιν, διὰ δὲ τὸ μέγεθος ἡ
κίνησις, καὶ διὰ τὴν κίνησιν ὁ χρόνος. τὸ δὲ τί ἐστι περὶ μὲν κινήσεως
εἴρηται, περὶ δὲ χρόνου καὶ μεγέθους ῥηθήσεται.

15 p. 207ᵇ27   Οὐκ ἀφαιρεῖται δὲ ὁ λόγος ἕως ⟨τοῦ⟩ | τὸ δὲ εἶναι ἐν 119ʳ
τοῖς οὖσιν ἔσται μεγέθεσιν.

Ἐπιστήμονος ἀνδρός ἐστι τὸ μὴ δι' ὧν εἰσηγεῖται ἀναιρεῖσθαί τι τῶν
τοῖς σοφοῖς τετιμημένων. ἐπειδὴ οὖν τετίμηται μὲν γεωμετρία δικαίως, τὰ
δὲ ἐν αὐτῇ θεωρήματα δεικνύουσιν οἱ γεωμέτραι, ὡς ὄντος ἀπείρου μεγέ-
20 θους ἀδιεξιτήτου ἐπὶ τὴν αὔξησιν, εἴπερ καὶ ἐν τοῖς αἰτήμασι λαμβάνουσι
τὸ πεπερασμένην εὐθεῖαν κατὰ τὸ συνεχὲς ἐπ' εὐθείας ἐκβάλλειν, εἰ δὲ 5
τοῦτο, πάσης τῆς δοθείσης ὑπερβάλλειν δυνατόν, εἰ δὲ τοῦτο, ἄπειρον ἐνερ-
γείᾳ μέγεθος ἀνάγκη εἶναι, ὅπερ διὰ πολλῶν ἀνεῖλον οἱ φθάσαντες λόγοι,
πολλάκις δὲ καὶ ἐν ταῖς δείξεσιν ἀπείρους ὑποτίθενται γραμμάς, δόξει οὖν
25 τισιν ἀναγκαῖον ἢ εἶναί τι μέγεθος ἄπειρον ἐνεργείᾳ ἢ ἀναιρεῖσθαι γεωμε-
τρίαν (καὶ δῆλον ὅτι πάντα ἂν τις μᾶλλον ἀνὴρ σοφὸς συγχωρήσειεν ἢ τὸ
ἀναιρεῖσθαι γεωμετρίαν· πρὸς γὰρ τοῖς ἄλλοις ἀγαθοῖς καὶ τοῦτο ἔχει μέ-
γιστον, ὡς ὁ Πλάτων φησί, "πρὸς πάσας μαθήσεις, ὥστε κάλλιον ἀποδέχε- 10
σθαι" τὸν ἀψάμενον γεωμετρίας τοῦ μὴ ἀψαμένου)· τοῦτον οὖν τὸν φόβον
30 παραμυθούμενός φησι τὸν λόγον τὸν ἀναιροῦντα τὸ ἐνεργείᾳ ἄπειρον μὴ ἀφαι-
ρεῖσθαι τοὺς μαθηματικοὺς τὴν θεωρίαν. οὐδαμοῦ γὰρ τῷ κατ' ἐνέργειαν
ἀπείρῳ μεγέθει χρῶνται οἱ μαθηματικοί, ἀλλὰ πάντα τὰ δεικνύμενα διὰ
πεπερασμένων περαίνουσι γραμμῶν καὶ ἐπιπέδων· ὥστε οὐδὲ δέονται
τοῦ κατ' ἐνέργειαν ἀπείρου μεγέθους, ἀλλ' ὑπὲρ τοῦ ἔχειν, ὅσην ἂν
35 βούλωνται, τὰς ἀπείρους γραμμὰς ὑποτίθενται. κἂν αἰτῶσιν οὖν εὐθεῖαν 15
ἐπ' εὐθείας εἰς ἄπειρον ἐκβαλεῖν, διὰ τὸ μὴ ἐνοχλεῖσθαι ὡς οὐκ οὔσης

---

3 ἔγχρονος a   5 μὲν om. E   7 αὔξεται aF   8 ὑπομνήσκων a   12 διὰ
δὲ τῷ μεγέθει sic E   14 καὶ μεγέθους om. a   εἰρήσεται a   15 τοῦ addidi:
om. E   τὸ δὲ] τοῦτο δὲ E at cf. p. 511,25   16 οὖσιν ἔσται] οὐ συνιέναι sic E
23 fortasse ἀνάγκην   24 καὶ (post δὲ) om. E   δοξοῦν sic E   26 καὶ δῆλον
ὅτι — γεωμετρίαν (27) om. F   28 Πλάτων Rep. VII p. 527 c   28 δέχεσθαι E

ἔτι εὐθείας, ἐξ ἧς ἀφαιρήσονται, ἢ καθ' ἣν ἐπιζευγνύουσιν ἢ ἐκβάλλουσιν, 119ʳ ἀλλ' ἐν ἑτέρῳ μέρει τοῦ ἐπιπέδου τῆς ἐπιζεύξεως ἢ τῆς τομῆς πιπτούσης, πεπερασμένῃ ἀεὶ χρῶνται τῇ εὐθείᾳ. εἰ οὖν μὴ δεῖται τῆς ἀπείρου τὰ μαθήματα, ὁ ἀναιρῶν αὐτὴν οὐδὲν ἀναιρεῖ τῶν μαθημάτων. ὅτι δὲ οὐ
5 δέονται τοῦ ἀπείρου διὰ τὰς τομὰς καὶ τὰς ἐπιζεύξεις, οὐ μόνον διὰ τῆς ἐπαγωγῆς ἔδειξεν ὑπομνήσας ἡμᾶς, ὅτι πανταχοῦ πεπερασμένοις χρῶνται 20 μεγέθεσιν, ἀλλὰ καὶ γεωμετρικῶς ἀποδείκνυσιν. εἰ γὰρ ἀποδέδεικται, ὅτι τὴν δοθεῖσαν εὐθεῖαν ἄτμητον κἂν ἐλαχίστην τις λάβῃ, δυνατὸν τεμεῖν τῷ αὐτῷ λόγῳ τῇ τετμημένῃ κἂν μεγίστη τυγχάνῃ τις, οὐκ ἀνάγκη ἐπ' ἐκείνης
10 ποιεῖσθαι τὴν δεῖξιν, ἣν οὐκέτι προσεκβαλεῖν δυνατόν, εἴ γε πρὸς τὸ δεῖξαι τὸ προκείμενον μηδὲν διαφέρει. ὁ γὰρ ἐπὶ μεγίστης δεικνὺς εὐθείας, ὃ δυνατὸν καὶ ἐπ' ἐλάττονος, καὶ διὰ τὸ μεγίστην εἶναι μὴ δυνάμενος προσεκβάλλειν ἐφ' ὅσον δεῖται, αὐτὸς ἑαυτῷ τῆς στενοχωρίας καὶ τοῦ μὴ δύνα- 25 σθαι δεῖξαι τὸ προκείμενον αἴτιος, ἀλλ' οὐχ ὁ τὴν ἐνεργείᾳ ἄπειρον ἀναιρῶν.
15 οὐ μόνον δὲ τὴν ἄπειρον ἀλλ' οὐδὲ τὴν μεγίστην λαμβάνουσι καταγράφοντες· τίς γὰρ τὴν τοῦ κόσμου διάμετρον ἐν τοῖς διαγράμμασι παραλαμβάνει; καλῶς δὲ ἐπὶ τῆς ἀναλόγου τομῆς ἔδειξε τὸ μὴ δεῖσθαι τῆς ἀπείρου, ἐξ ἧς δείκνυται παρὰ τοῖς γεωμέτραις τὸ ἐπὶ τὴν διαίρεσιν ἄπειρον· ὡς εἰ ἔλεγεν, ὅτι καὶ ἐξ ὧν αὐτοὶ δεικνύουσι τῆς μὲν ἐνεργείᾳ καὶ ἐπὶ τὴν αὔξησιν
20 ὑπερβαλλούσης ἀπείρου οὐ δέονται, τῇ δὲ ἐπὶ τὴν διαίρεσιν ἀπειρίᾳ χρῶν- 30 ται, καὶ ταύτην ἀποδεικνύουσιν· ἅπερ ἄμφω δι' ἑνὸς τοῦ παρ' αὐτοῖς θεωρήματος δείκνυται τοῦ ἐν τῷ ἕκτῳ τῶν Στοιχείων, οὗ ἐστιν ἡ πρότασις τοιαύτη· "τὴν δοθεῖσαν ἄτμητον εὐθεῖαν τῇ δοθείσῃ τετμημένῃ ἀνάλογον τεμεῖν." εἰπὼν δὲ ὅτι πρὸς τὴν ἀπόδειξιν οὐδὲν διοίσει τὸ ἐπ' ἐλάττονος
25 γραμμῆς ἣν καὶ ἐκβάλλειν δυνατὸν ποιήσασθαι τὴν δεῖξιν, ἐπήγαγε τὸ δὲ εἶναι ἐν τοῖς οὖσιν ἔσται μεγέθεσι, τουτέστι κἂν τὴν ἀπόδειξιν δυνατὸν ὁμοίως καὶ ἐπὶ τῶν μὴ ὄντων ἀλλ' ἐπινοουμένων μεγεθῶν ποιεῖσθαι, ἀλλὰ 35 τά γε ὑφεστῶτα σχήματα οὐκ ἐν πᾶσι μεγέθεσιν· οὐ γὰρ δὴ καὶ ἐν τοῖς ἐπινοουμένοις ἀλλ' ἐν τοῖς οὖσίν ἐστι.

30 Ζητήσας δὲ ὁ Ἀλέξανδρος, πῶς οὐκ ἀναιρεῖται τὸ πρῶτον θεώρημα τῶν Εὐκλείδου Στοιχείων, εἴπερ μὴ καὶ ἔξω τοῦ παντὸς δυνατὸν εὐθεῖαν ἐκβάλλειν ἢ κύκλον γράφειν (εἰ γὰρ δύναται μὲν ἡ δοθεῖσα εὐθεῖα πεπερασμένη, ἐφ' ἧς δεῖ τὸ ἰσόπλευρον τρίγωνον συστήσασθαι, ἡ διάμετρος εἶναι τοῦ κόσμου, ἀδύνατον δὲ ἐπὶ ταύτης τρίγωνον ἰσόπλευρον συστήσασθαι, εἰ
35 μηδὲν εἴη τοῦ κόσμου ἐκτός· ἡ γὰρ διάμετρος τοῦ παντὸς ἐκ τοῦ κέντρου 40

---

3 ante ἀεὶ add. δὲ F   5 καὶ (post τομὰς) om. E   7 ἀποδεικνύουσιν E   8 post τις add. αὐτὴν aF   λάβοι F   9 τῇ τετμημένῃ scripsi cf. p. 492, 7: τῆς τετμημένης libri   11 διαφέροι F   post ἐπὶ add. τῆς aF   14 ἐνέργειαν E   17 ἀπὸ τῆς emendator Ambrosianus   21 ἄμφω om. a   22 ἕκτῳ cf. Euclid. El. VI 10 cf. Simpl. p. 492, 6   ἕκτῳ a: ϛ F: ἑκάστω E   οὗ ἡ πρότασίς ἐστι aF
23 ἀνάλογον] ὁμοίως Euclides   25 ἐκβαλεῖν E   ἐπήγαγε E: ἐπήνεγκε aF
26 ἐστὶ E   28 καὶ (ante ἐν) om. a   31 Εὐκλείδου cf. I Αἰτήματα α—ζ
32 εἰ] οὐ E   33 δεῖ aE cf. Themistius p. 247, 6: δύναται F

γίνεται τῶν κύκλων, ὧν ἀπὸ τῆς κοινῆς τομῆς αἱ ἐπὶ τὰ πέρατα τῆς δοθεί- 119ʳ
σης ἐπιζευγνύμεναι τὸ ἰσόπλευρον τρίγωνον μετ' αὐτῆς ποιοῦσι), τοῦτο οὖν
ζητήσας λύει λέγων· "ἐπειδὴ ἄπειρόν ἐστιν, οὐ κατὰ ποσὸν λαμβάνουσιν
ἀεί τι λαβεῖν ἔστιν ἔξω, ὡς δέδεικται, δῆλον ὅτι οἱ μαθηματικοὶ καὶ ἃς
5 ἀπείρους γραμμὰς ὑποτίθενται, τοιαύτας ὑποτίθενται, ὥστε δυνατὸν αὐτὰς
αὐξῆσαι. ὧν γάρ ἐστιν ἐκτός τι, αὗται ἄπειροι· τὴν δὲ διάμετρον τοῦ
κόσμου οὐκ ἔστιν αὐξῆσαι· ἐλάττονα οὖν ὑποτίθενται τῆς διαμέτρου, εἴπερ 45
πεπερασμένην ὑποτίθενται, ὁπότε καὶ ἄπειροι αὗταί εἰσιν, αἷς προσθεῖναι
δύνανται καὶ ἃς ἐκβάλλειν."
10   Ἐπιστῆσαι δὲ ἄξιον, ὅτι ὁ μὲν Ἀριστοτέλης εἰς τοὐναντίον περιτρέπων
τὸν λόγον, ἀπέδειξεν ὅτι ἄπειρόν ἐστιν, οὗ ἀεί τι ἔστι λαβεῖν ἔξω, ἄλλην
ταύτην ἔννοιαν τοῦ ἀπείρου εἰσάγων, ἐπ' ἄλλου ἀπείρου ἀληθεύουσαν τοῦ
ἐπ' ἄπειρον. οἱ μέντοι τὸ ἐνεργείᾳ ἄπειρον τιθέντες εἴτε ἐν γραμμαῖς εἴτε
ἐν τοῖς ἄλλοις μεγέθεσι τοῦτο ἔλεγον ἄπειρον, οὗ μηδέν ἐστι λαβεῖν ἔξω.
15 ἄμεινον οὖν λέγειν, πρῶτον μὲν ὅτι τοιαύτην ᾔτησαν πεπερασμένην, ὡς 50
δύνασθαί τις καὶ ἔξωθεν λαβεῖν, ἀφ' οὗ τὰς δύο τὰς λοιπὰς ἐπιζεύξουσιν
ἴσας τῇ ἐξ ἀρχῆς. ὥστε εἰ μὲν ἔστι τι τοῦ παντὸς ἔξω, οὐκ ἐμποδίζεται
καὶ ἐπὶ τῆς διαμέτρου συστῆναι τὸ θεώρημα· εἰ δὲ μηδέν ἐστιν ἔξω, οὐκ
ἔστιν αὕτη ἡ δοθεῖσα. ἔπειτα εἰ μὲν αἱ μαθηματικαὶ γραμμαὶ φυσικαί
20 τινες ἦσαν ἐν τόπῳ οὖσαι, ἔδει τινὰ τόπον ἔξω τοῦ παντὸς ἀπαιτεῖν, εἰ
δὲ ἐν ἐπινοίᾳ τὴν ὑπόστασιν ἔχουσι, τόπος αὐτῶν ἐστιν ἡ τοῦ θεωροῦντος
διάνοια, καὶ οὐχὶ φυσικὸς τόπος. διὰ τοῦτο γὰρ καὶ ἐξ ἀφαιρέσεως λέγον- 55
ται τὰ μαθηματικά, διότι ἀφε|λόντες ὅσα τοῖς φυσικοῖς μεγέθεσιν ὑπάρχει, 119ᵛ
τόπον ποιότητα χρόνον τὸ ποιεῖν τὸ πάσχειν, αὐτὰ μόνον τὰ διαστήματα
25 καὶ τὸ ὡς συνεχὲς ποσὸν ἐξετάζομεν. ὥστε ὁ τὸν τόπον ἡμῶν τὸν ἔξω τοῦ
παντὸς ἀφαιρούμενος οὐ συναφαιρεῖται τὴν ἀπόδειξιν· οὐ γὰρ ὡς τῇδε ἢ
τῇδε τῶν γραμμῶν κειμένων γράφομεν καὶ ἀποδείκνυμεν τὰ διαγράμματα.
ὥσπερ οὖν Δημόκριτος κατασκευάζειν ἐπιχειρῶν, ὅτι τὰ χρώματα οὐ συν- 5
υπάρχει φύσει τοῖς σώμασιν, ἀλλὰ νόμῳ καὶ θέσει τῇ πρὸς ἡμᾶς ἔχει τὸ
30 εἶναι, οὐδὲν ἂν βλάπτοι γεωμετρίαν, ἐπεὶ μὴ χρῆται ὅλως πρὸς τὰς ἀπο-
δείξεις τοῖς χρώμασιν, οὕτως ὁ τὸν ἄπειρον τόπον ἀναιρῶν καὶ ὅλως τόπον,
οὐδὲν ἐμποδὼν γίνεται ταῖς γραμμικαῖς ἀποδείξεσιν· ἀφαιρεῖται γάρ τι, οὗ
μὴ δέονται οἱ ἀποδεικνύντες. ὅτι γὰρ οὐκ ἔστιν ἐν τόπῳ τὰ μαθηματικά,
ἐν τῷ ἐφεξῆς βιβλίῳ δειχθήσεται. ἐμποδίζει δὲ γεωμετρίαν ὁ τὰ ἀμερῆ καὶ
35 ἐλάχιστα ἀρχὰς καὶ στοιχεῖα ὑποτιθέμενος· τὴν γὰρ εἰς ἄπειρον τομὴν ἀναιρεῖ, 10
ἢ συναναιρεῖται πολλὰ τῶν νῦν προχείρως δεικνυμένων ἐν τοῖς μαθήμασιν.

---

1 τῆς δοθείσης ἐπιζευγνύμεναι a: τῆς δοθείσης om. E: ἐπιζευγνύμεναι om. F   3 ποσὸν
aE: τόπον F   5 ὑποτίθενται alterum om. E   8 αὗταί εἰσιν E: εἰσιν αὗται a:
εἰσιν F   10 παρατρέπων E   11 λαμβάνειν a   12 τοῦ ἐπ' aF: τὴν ἐπ' E
13 ἢ μέντοι E   16 τις] immo τι   17 τῇ] τὸ E   18 καὶ om. E
συστῆναι aF: οὐ στῆναι ut videtur E   23 τὰ om. a   25 καὶ om. F at cf.
Themistius p. 248, 1   29 διαθέσει τοῖς πρὸς F   30 ἐπεὶ μὴ E et Themist.
p. 248, 11: ἐπειδὴ F: ἐπειδὴ μὴ a   34 γεωμετρίαν a cf. Themist. p. 248, 18: γεωμε-
τρία EF   35 καὶ στοιχεῖα om. a   36 νῦν om. F

SIMPLICII IN PHYSICORUM III 7 [Arist. p. 207ᵇ34]   513

p. 207ᵇ34   Ἐπεὶ δὲ τὰ αἴτια διήρηται τετραχῶς ἕως τοῦ ἀλλὰ μὴ 119ᵛ
τὸ περιεχόμενον.

Δείξας ὅτι, ὡς μὲν οἱ πολλοὶ νομίζουσιν, οὐκ ἔστι τὸ ἄπειρον, ἄλλον
δὲ τρόπον ἔστι κατὰ τὸ ἐπ' ἄπειρον, καὶ ὅτι τὸ δυνάμει ἔστι καὶ οὗ ἀεί 15
5 τι λαβεῖν ἔστιν ἔξω, ἐπειδὴ καὶ οἱ τιθέντες τὸ ἄπειρον ἀρχὴν ἔλεγον αὐτὸ
καὶ αὐτὸς δὲ ἔδειξεν ὅτι, εἴπερ ὅλως ἔστι τὸ ἄπειρον, ἀρχὴ ἂν εἴη καὶ οὐκ
ἀπ' ἀρχῆς, καὶ ἄλλως δὲ νῦν περὶ φυσικῶν ἀρχῶν ἐστιν ὁ λόγος καὶ δεῖ
πάντα τὰ ἐνταῦθα προβαλλόμενα εἰς αὐτὰς ἀναφέρεσθαι, εἰκότως καὶ τὸ
ἄπειρον δείκνυσι τίνι τῶν φυσικῶν ἀρχῶν καὶ αἰτίων προσήκει. καὶ δὴ
10 τῆς εἰς τέτταρα τῶν αἰτίων διαιρέσεως ἡμᾶς ὑπομνήσας εἰς τὸ ὑλικὸν εἰς
τὸ εἰδικὸν εἰς τὸ ποιητικὸν εἰς τὸ τελικόν, φανερόν φησιν, ὅτι τὸ ἄπειρον 20
ὡς ὕλη ἂν εἴη αἴτιον, διὰ τοῦ φανερὸν τὴν ἐπαγωγὴν ἡμῖν ὑπ' ὄψιν
ἀγαγών. τίς γὰρ ἂν ἢ τὸ τέλος καὶ τὸ οὗ ἕνεκα πέρας ὂν λέγοι τὸ ἄπει-
ρον ἢ τὸ ποιοῦν ⟨τὸ⟩ ἐκ τοῦ οἰκείου ὅρου ὡρισμένα ποιοῦν ἢ τὸ εἶδος
15 πέρας ὂν ἐναργῶς τοῦ συνθέτου; μᾶλλον οὖν ὡς ὕλη, οὐχ ὅτι ἡ ὕλη κατὰ
τὸν αὐτῆς λόγον καὶ καθὸ ὑποκείμενόν ἐστι τὸ ἄπειρον, ἀλλ' ὅτι συμβέβηκεν
αὐτῇ πρὸ τοῦ δέξασθαι τὸ εἶδος ἡ στέρησις, ἥτις ἐστὶν ἡ ἀπειρία, καὶ ὅτι
μὲν ἑτέρα παρὰ τὴν ὕλην ἡ στέρησις δέδεικται πρότερον ἐκ τοῦ τὴν μὲν
ὕλην ὑπομένειν τὸ εἶδος οὐκ οὖσαν ἐναντίαν αὐτῷ, τὴν δὲ στέρησιν ἅτε 25
20 ἐναντίαν μὴ ὑπομένειν. ὅτι δὲ τὸ ἄπειρον ἐν τῇ ὕλῃ ἡ στέρησις, δῆλον
ἐκ τοῦ τὸ εἶδος εἶναι τὸ πέρας τοῦ συνθέτου· διὸ καὶ καταντήσασα εἰς
αὐτὸ ἡ φύσις ἵσταται. ἡ δὲ στέρησις ἐναντία τῷ εἴδει καὶ ὡς ἀπειρία
πέρατι. διὸ οὐχ ὑπομένει τὸ εἶδος, ὥστε ἐν στερήσει τὸ εἶναι τῷ ἀπείρῳ,
οὐ κατὰ τὸ ἀδιεξίτητον θεωρουμένου τοῦ ἀπείρου ἐπὶ τῆς στερήσεως καὶ
25 τῆς ὕλης, ἀλλὰ κατὰ τὸ ἄμορφον καὶ ἀσχημάτιστον καὶ ταύτῃ πέρατα μὴ
ἔχον καὶ κατὰ τὸ δυνάμει καὶ ἐπ' ἄπειρον, ἅπερ διὰ τὴν στέρησιν τοῦ 30
εἴδους ἐνυπάρχει. τοιγαροῦν ἐγγενομένου τοῦ εἴδους, καὶ τὸ ἐπ' ἄπειρον
ἵσταται καὶ τὸ ἀτελές. καὶ οὕτως δυνατὸν οἶμαι λέγειν, ὅτι οὐχ ἡ στέ-
ρησις ἁπλῶς ἐστιν ἀπειρία (ἄλλη γὰρ στερήσεως ἔννοια καὶ ἄλλη ἀπειρίας),
30 ἀλλ' ὑπάρχει τῇ στερήσει τὸ ἄπειρον, ὥσπερ τῷ εἴδει τὸ πέρας. εἰ μὴ
ἄρα λέγει τις, καλῶς οἶμαι λέγων, ὅτι καὶ τὸ πέρας συμπληρωτικὸν τοῦ
εἴδους ἐστὶ καὶ οὐκ ἔξωθεν αὐτῷ ποθεν ἐπισυμβαῖνον, καὶ τὸ ἐπ' ἄπειρον
(οὐχ ὡς εἶδος, ἀλλὰ στερητικὸν τὸ τοιοῦτον λεγόμενον) συμπληρωτικόν ἐστι
τῆς στερήσεως. στέρησις γὰρ τοῦ εἰδητικοῦ πέρατος τὸ ἄπειρόν ἐστι τοῦτο, 35

---

2 παρεχόμενον comp. E   4 ἀεί om. F   5 ἔστι λαβεῖν aF   τὸ (post τιθέντες)
                αὐτὰς
om. aF   8 ἀρχᾶς F   11 τὸ (ante εἰδικὸν) om. E   13 ἄγων a   τέλος ἢ τὸ F
14 τὸ ἐκ a: καὶ E: ἐκ F   15 ὕλη καὶ κατὰ a   18 ἑτέραν a   20 ἡ (post ὕλῃ)
om. E   21 τὸ (post τοῦ) om. aF   24 τὸ (post κατὰ) add. E¹   ἀδιεξίτητον F:
δια... εξίτητον (III litteris erasis) E: ἀδεξίτητον a   στερήσει E   26 τὸ (post κατὰ)]
                                                                            γ
τῷ E   καὶ (ante ἐπ') om. F   28 οἶμαι aF: εἶναι E   31 λέγει scripsi : λε E:
λέγοι aF   32 ποθεν αὐτῷ a   34 τῇ στερήσει E   ἐστι τὸ ἄπειρον aF

Comment. Aristot. IX. Simpl. Phys. I.   33

καὶ στέρησις τοιαύτη ὡς ἀπουσία ἐν τῷ πεφυκότι δέχεσθαι τὸ πέρας καὶ 119ᵛ
τὸ εἶδος· πλὴν ὅτι ὡς μὲν στέρησις εἴδει ἀντίκειται, ὡς δὲ ἄπειρον
πέρατι.

Ἀλλὰ τί τὸ ἐφεξῆς ὅ φησι τὸ δὲ καθ' αὑτὸ ὑποκείμενον τὸ
5 συνεχὲς καὶ αἰσθητόν; εἰ γὰρ ἡ ὕλη ἐστὶ τὸ τῇ στερήσει καὶ ἀπειρίᾳ
ὑποκείμενον, τὸ δὲ τῇ στερήσει καὶ ἀπειρίᾳ τῆς ἐπ' ἄπειρον διαιρέσεως ὑπο-
κείμενον καθ' αὑτὸ τὸ συνεχές ἐστι καὶ αἰσθητόν, τοῦτο δέ ἐστι τὸ φυσικὸν
σῶμα, συνάγεσθαι δοκεῖ λαμπρῶς ὅτι ἡ ὕλη τὸ σῶμά ἐστιν, ὅπερ τινὲς 40
δεύτερον ὑποκείμενον λέγουσιν. ἢ οὐ μάτην πρόσκειται τῷ ὑποκειμένῳ τὸ
10 καθ' αὑτό. οὐ γὰρ ἡ ὕλη μόνη ὑπόκειται τῇ εἰς ἄπειρα διαιρέσει καὶ
τῇ κατ' αὐτὴν στερήσει, ἀλλὰ τοῦτο ἤδη τὸ συνεχὲς σῶμα καὶ αἰσθητόν·
δεῖ γὰρ ἐνεργείᾳ διεστὼς τὸ διαιρεθησόμενον εἶναι καὶ μὴ δυνάμει μόνον
ὥσπερ ἡ ὕλη. πῶς οὖν λέγεται περὶ τὴν ὕλην τὸ ἐν τῇ διαιρέσει ἄπειρον;
ἢ ὅτι τοῦ συνθέτου σώματος εἰς ἄπειρα τεμνομένου, ἐπειδὴ μὴ κατὰ τὸ
15 εἶδος ἡ τομὴ γίνεται (μένει γὰρ ἐκεῖνο τὸ αὐτὸ εἴτε ὕδωρ εἴτε ἀὴρ εἴτε 45
σὰρξ εἴτε ὀστοῦν), ἀνάγκη κατὰ τὴν ὕλην γίνεσθαι τὴν διαίρεσιν. ὡς οὖν
ἡ πρώτη ἀπειρία ἡ πρὸς τὸ πέρας τοῦ ἁπλοῦ εἴδους λεγομένη ἐν τῇ πρώτῃ
στερήσει ἐστὶ τῇ κατὰ τὴν πρώτην ὕλην, οὕτως ἡ κατὰ τὴν διαίρεσιν
ἀπειρία ἐν στερήσει ἐστὶ τῇ ἐν τῷ αἰσθητῷ σώματι· τοῦτο γάρ ἐστι τὸ
20 διαιρούμενον. ἀλλὰ πῶς τὸ μὲν εἶναι τῷ ἀπείρῳ στέρησίς ἐστιν, ὥς φησιν,
αἴτιον δὲ τὸ ἄπειρον ὡς ὕλη λέγεται, καὶ οὐχ ὡς στέρησις; ἢ ὅτι ἡ στέ-
ρησις μετὰ τῆς ὕλης ἐν τοῖς αἰτίοις ἐθεωρήθη. ἅτε μὴ καθ' αὑτὸ ἀλλὰ 50
κατὰ συμβεβηκὸς οὖσα αἴτιον· τῷ γὰρ ἀπεῖναι· εἰκότως οὖν τὰ στερητικὰ
πάντα ἐπὶ τὸ ὑλικὸν αἴτιον ἀναφέρεται. εἰ δὲ ἡ συνέχεια εἶδος, ἡ δὲ
25 διαίρεσις καὶ ἡ τομὴ λύει τὴν συνέχειαν, πῶς λέγομεν μένειν τὸ εἶδος ἐν
τῷ διαιρεῖσθαι; ἢ οὐ τὴν συνέχειαν λύει (καὶ γὰρ τὰ τμήματα μένει
συνεχῆ), ἀλλὰ τὴν τοσήνδε συνέχειαν, ἀλλὰ καὶ τὸ τοσόνδε εἶδος. εἰ οὖν
κατὰ τοῦτο ἡ διαίρεσις, κατὰ τὸ εἶδος ἂν εἴη καὶ οὐ κατὰ τὴν ὕλην. ἢ
οὐ κατὰ τοσόνδε τὸ εἰδικόν (ὡς γὰρ εἰδικὸν ἀδιαίρετον καὶ τοσόνδε), ἀλλὰ
30 κατὰ μόνην τὴν ὑλικὴν διάστασιν τὴν ἀπὸ τοῦ ἀδιαστάτου τῆς ἀΰλου ἀμε- 55
ρείας παρατραπεῖσαν. δείξας δὲ ὅτι τῷ ὑλικῷ μᾶλλον αἰτίῳ προσήκει τὸ 120ʳ
ἄπειρον, ᾧ καὶ ἡ στέρησις, πιστοῦται πάλιν τὸν λόγον καὶ ἐκ τῆς τῶν ἄλλων
δόξης τῶν καὶ εἶναι καὶ ἀρχὴν εἶναι τὸ ἄπειρον ὑποθεμένων. καὶ γὰρ
ἐκεῖνοι ὡς ὕλην ἐτίθεντο οἱ μὲν ἀέρα οἱ δὲ ὕδωρ οἱ δὲ τὸ μεταξὺ λέγον-
35 τες αὐτό, καὶ ἐκ τούτου τὰ ἄλλα οὐχ ὡς ἐκ ποιητικοῦ αἰτίου γεννῶντες,
ἀλλ' ὡς ἐξ ὑλικοῦ. ἐκ τούτου γὰρ πρῶτον γίνεσθαι τὰ γινόμενά φασι καὶ 5

---

5 post ἀπειρίᾳ habet συγκείμενον F   7 ἐστι (ante καὶ) om. aF   14 ἄπειρα aE cf.
Themist. p. 249, 11: ἄπειρον F   19 pro ἐν στερήσει ἐστὶ τῇ iteravit ἡ πρὸς τὸ πέρας (17) —
πρώτην (v. 18) E   23 ἀπεῖναι] ἄπειρα εἶναι F   24 ἐπὶ a: ὑπὸ E: ἀπὸ F   τοῦ
ὑλικοῦ αἰτίου aF   εἰ δὲ ἡ aE: ἡ δὲ F   25 ἡ (post καὶ) om. F   27 ἀλλὰ (ante
καὶ) om. a   28 τὸ (ante εἶδος) om. E   τὴν (ante ὕλην) om. E   29 οὐ] οὐδὲ E
καὶ οὐ τοσόνδε a   32 τῶν (post τῆς) om. E   34 τὸ om. E   λέγοντες ite-
ravit F   35 ἐκ om. F   γεννῶνται E¹   36 ἐξ om. F

εἰς αὐτὸ ἔσχατον ἀναλύεσθαι. αἰτιᾶται δὲ αὐτοὺς ὡς ἀσυμφώνως ἑαυτοῖς
λέγοντας, ὅτε τὸ ἄπειρον ὡς περιεκτικὸν ὑποτίθενται. οἱ γὰρ ἐν τῇ ὕλῃ
λέγοντες τὸ ἄπειρον περιέχεσθαι μᾶλλον ἢ περιέχειν αὐτὸ λέγειν ὤφελον·
ἡ γὰρ ὕλη περιέχεται καὶ ὁρίζεται ὑπὸ τοῦ εἴδους. εἰ μὴ ἄρα περιέχειν
5 οὕτως ἔλεγον ὡς ἐν πᾶσι θεωρούμενον τοῖς σώμασι καὶ πάντα χαρακτηρίζον τὰ ὑλικά.

p. 208 a 5 *Λοιπὸν δὲ ἐπελθεῖν, καθ' οὓς λόγους τὸ ἄπειρον εἶναι
δοκεῖ ἕως τοῦ πεπερασμένου ὄντος τοῦ παντός.*

Δείξας ἐν δυνάμει τὸ ἄπειρον καὶ οὐκ ἐνεργείᾳ, καὶ τὰ οἰκεῖα πάντα
10 τούτῳ τῷ λόγῳ διαρθρώσας προβλήματα, βούλεται λοιπὸν λῦσαι τοὺς λόγους τοὺς προεκτεθέντας, ὅσοι τὸ ἐνεργείᾳ ἄπειρον κατεσκεύαζον· πέντε
γὰρ ὄντων ἐξ ἀρχῆς, εἴ τι μεμνήμεθα, τῶν τὸ ἄπειρον τιθέντων λόγων
(ἀπό τε τοῦ χρόνου καὶ τῆς ἐν τοῖς μεγέθεσι διαιρέσεως καὶ προσθέσεως
καὶ τοῦ οὕτως ἂν μόνως μὴ ἐπιλείπειν γένεσιν καὶ φθοράν, εἰ ἄπειρον εἴη
15 ὅθεν ἀφαιρεῖται τὸ γινόμενον, καὶ διὰ τὸ τὸ πεπερασμένον ἀεὶ πρός τι
περαίνειν, καὶ μάλιστα καὶ κυριώτατον διὰ τὸ ἐν τῇ νοήσει μὴ ἐπιλείπειν),
πέντε δ' οὖν τούτων ὄντων τοὺς μὲν δύο τοὺς πρώτους καὶ αὐτὸς ἔδειξεν
ἀναγκαίως τιθέντας τὸ ἄπειρον (τὸ γὰρ δυνάμει καὶ τὸ ἐν τῷ γίνεσθαι τὸ
εἶναι ἔχον, τὸ ἄπειρον καὶ τὸ ἐπ' ἄπειρον, οὗτοι τιθέασι), τοὺς δὲ λοιποὺς
20 διελέγχειν πειράσεται τοὺς ὡς ἀφωρισμένον καὶ ἐνεργείᾳ τιθέντας. οὕτως
γὰρ ἂν εἴη τέλειος ὁ λόγος, εἰ μὴ μόνον ἀποδείξαιμεν τὸ προκείμενον, ἀλλὰ
καὶ τοὺς τἀναντία λέγοντας διελέγξαιμεν. λέγει οὖν ὅτι τούτων τῶν λόγων
ὁ μὲν ἐλεγχθήσεται, ὡς μάτην ἀναγκαῖον εἶναι λέγων τὸ ἄπειρον τῷ τῆς
γενέσεως ἀνεκλείπτῳ, οἱ δὲ ὑπ' ἄλλων λόγων ἀληθεστέρων ἐνισταμένων
25 αὐτοῖς ὑπαντηθήσονται· ἀναγκαῖον μὲν γάρ ἐστι τὸ μὴ δυνάμενον ἄλλως
ἔχειν. ἡ δὲ γένεσις τὸ ἀνέκλειπτον ἔχειν δύναται καὶ τοῦ ἀπείρου κατ'
ἐνέργειαν μὴ ὄντος. ἐνδέχεται γὰρ τὴν ἄλλου φθορὰν ἄλλου γένεσιν εἶναι
τοῦ παντὸς ὄντος πεπερασμένου κατὰ μέγεθος, καὶ εἰ τοῦτο, ἀνέκλειπτος
ἂν εἴη ἡ γένεσις. τίς γὰρ ἂν εἴη παῦλα τῷ τοιούτῳ μηχανήματι; καὶ
30 οὐ δεησόμεθα τοῦ κατ' ἐνέργειαν ἀπείρου. ὥστε οὐκ ἀναγκαῖος ὁ λόγος
ὡς ἐξ ἀνάγκης ἑπόμενον λαμβάνων τὸ μὴ πάντως ἑπόμενον. οὐδὲ γὰρ
εἰ ἔστιν ἀνέκλειπτος ἡ γένεσις, ἄπειρον εἶναι χρὴ μέγεθος ἐνεργείᾳ. οὐδὲ
ὑγιὲς τὸ τοιοῦτον συνημμένον οὐδὲ ἀναγκαῖόν ἐστιν. ὥστε οὐδὲ ἡ πρόσληψις καὶ ἡ ἐπαγομένη αὐτῇ ἐπιφορὰ ἡ λέγουσα 'ἀλλὰ μὴν ἀνέκλειπτος ἡ
35 γένεσις, ἔστιν ἄρα τὸ ἐνεργείᾳ ἄπειρον' ἀναγκαίως ἐπάγεται λοιπόν.

---

3 ὤφελον E: ὤφειλον aF   6 ὑλικά aE: λοιπά F   12 εἴ τι μεμνήμεθα om. a
15 τι E: ἄλλο aF   17 δ' οὖν E: γοῦν aF   18 ἀναγκαίως] εἶναι, καὶ ὡς F
post τὸ ἄπειρον add. καὶ ὡς τιθέντας postea deleta F   19 δὲ] γάρ F   21 ἂν
om. E   ἀποδείξωμεν a   22 διελέγξωμεν a   · 24 ἀνισταμένων F   30 οὐ
δεησόμεθα a: οὐδὲ ἠσόμεθα sic F: οὐ δεηθησόμεθα E   31 πάντως aF: παντελῶς
(comp.) E

p. 208ᵃ11 Ἔτι τὸ ἅπτεσθαι καὶ τὸ πεπεράνθαι ἕως τοῦ οὐδὲ 120ʳ
ἅψασθαι τῷ τυχόντι τοῦ τυχόντος ἔστιν.

Οὗτός ἐστιν ὁ τέταρτος τῶν ἐκεῖ κειμένων λόγων ὁ παντὸς πεπερασμένου λέγων τι εἶναι ἔξω, πρὸς ὃ περαίνει, καὶ τούτου ἀεὶ γινομένου τὸ 35
ἐνεργείᾳ ἄπειρον εἰσάγων· εἰ γὰρ μὴ ἦν τι ἄπειρον ἐνεργείᾳ, οὐκ ἂν ἦν
ἀεί τι ἔξω τοῦ πεπερασμένου πρὸς ὃ περαίνει. ἀλλὰ κατηντήσαμεν ἂν εἴς
τι πεπερασμένον, ὃ μὴ πρὸς ἄλλο περαίνει· πρὸς τοῦτον οὖν τὸν λόγον
ἀληθῶς ἐνίστασθαι δυνατὸν λέγοντας ὅτι ἕτερόν ἐστι τὸ πεπεράνθαι τοῦ
ἅπτεσθαι· τὸ μὲν γὰρ ἅπτεσθαι τῶν πρός τι (τὸ γὰρ ἁπτόμενον τινὸς
ἅπτεται ἁπτομένου καὶ ἄλλου παρ' αὐτὸ ὄντος), τὸ δὲ πεπεράνθαι ἐν τῷ
ποσῷ ἐστιν· εἰ οὖν ἄλλου γένους ἑκάτερον, τὸ πεπερασμένῳ εἶναι οὐκ ἐν 40
τῷ ἅπτεσθαί τινός ἐστιν. οὐ γὰρ πρός τι, ἀλλὰ πρὸς ἑαυτὸ τὸ πεπεράνθαι. καὶ δύναται μὲν πεπερασμένα τινὰ καὶ πρός τι περαίνειν καὶ ἅπτεσθαί τινος. τοῦτο δὲ συμβέβηκεν ἐκείνοις, ὅσα οὐχ ὅλα μόνον ἐστίν, ἀλλὰ
καὶ μόρια τοῦ παντός, οὐ μέντοι καθὸ πέρας ἔχει, ἀλλὰ καθὸ μέρη σὺν
ἄλλοις ἐστίν. εἰ δέ τι μόνον ὅλον ἐστὶ καὶ πᾶν τοῦτο, διὰ τί πρὸς ἕτερον
περαίνει; ἀλλ' ἐοίκασιν οἱ ταῦτα λέγοντες ἀπὸ τῶν ἁπτομένων ἠπατῆσθαι
τὸ ἅπτεσθαι καὶ πεπεράνθαι ταὐτὸν οἰόμενοι. εἰ δέ τις λέγοι καὶ τὸ πέρας 45
πρός τι εἶναι (τὸ γὰρ πέρας τινός ἐστι πέρας), ἀλλ' οὐ πρὸς ἄλλο ἐστίν,
ἀλλὰ πρὸς αὐτό. τοῦ γὰρ πεπερασμένου πέρας ἐστίν, ἀλλ' οὐκ ἐκείνου
πρὸς ὃ περαίνει. εἶτα καὶ ἄλλην ἐπιχείρησιν προσάγει τῷ λόγῳ διορίζουσαν τὸ πεπεράνθαι τοῦ ἅπτεσθαι. εἰ γὰρ πεπεράνθαι μὲν πρὸς ἅπαντα
ἔστιν, ἅπτεσθαι δὲ οὐ πρὸς ἅπαντα, δῆλον ὅτι οὐ ταὐτὸν τὸ πεπεράνθαι
καὶ τὸ ἅπτεσθαι. καὶ γὰρ ἀριθμὸς οἷον ὁ δέκα καὶ φωνὴ ἡ ὑπὸ σιγῆς
ὁρισθεῖσα πεπέρανται μέν, τίνος δὲ ἂν ἅπτεσθαι λέγοιτο; οὐ γὰρ δὴ τῆς
σιγῆς. ἀλλὰ καὶ ἡ πεπερασμένη ἐν τῷ ἐπιπέδῳ γραμμὴ πεπέρανται μὲν 50
σημείοις, ἅπτεσθαι δὲ οὐδενὸς λέγεται, εἰ μὴ γραμμή τις αὐτῇ προστεθείη.
οὐ γὰρ τὸ τυχὸν τοῦ τυχόντος ἅπτεσθαι πέφυκεν· οὐ γὰρ καὶ φωνὴ γραμμῆς, καίτοι πεπέρανται ἑκάτερον.

Θαυμαστὸν δὲ τοῦτο δοκεῖ λέγειν ὁ Ἀλέξανδρος ὅτι "οὐκ ἀληθὲς τὸ
πεπερασμένον πέρας ἔχειν καθὸ πεπέρανται. ὁ γοῦν ἀριθμὸς πεπέρανται
μέν, οὐ μὴν πέρας ἔχει". καίτοι πῶς οἷόν τε πεπεράνθαι τι μὴ ἔχον
πέ|ρας; ἀλλ' ἔοικεν ἀπὸ τῆς πρὸς τὰ μεγέθη ὁμοιότητος πέρας τι ζητεῖν 120ᵛ
τοῦ πεπερασμένου, ὃ μὴ ἔστι μέρος αὐτοῦ, ἀλλὰ καὶ μιᾷ λείπεται διαστάσει. οὐδὲν δὲ κωλύει καὶ τοῦ ἀριθμοῦ πέρατα εἶναι τὰς ἄκρας μονάδας
κατ' ἄλλο μὲν μέρη οὔσας, κατ' ἄλλο δὲ πέρατα, καθὸ καὶ ἀνάλογον τοῖς
σημείοις ἐστί. λέγεται γοῦν τὸ σημεῖον μονὰς θέσιν ἔχουσα. μήποτε δὲ ὁ
μὲν ἀριθμὸς αὐτὸς καθ' αὑτὸν πέρας ἐστὶ τοῦ διωρισμένου ποσοῦ, καὶ οὐκ 5
ἐχρῆν ἄλλο τι πέρας αὐτοῦ ζητεῖν.

6 ἀλλὰ—περαίνει (7) om. E   10 καὶ ἄλλου aF: καὶ ἄλλο E   19 πρός τι εἶναι—
πέρας om. E   20 πρὸς αὐτὸ EF   22 μὲν πρὸς — πεπεράνθαι (23) om. E
25 λέγοιτο a   26 ἡ om. aF   32 post ἔοικεν habet τῆς deletum F   34 δὲ
om. E   καὶ iteravit E   37 μὲν om. a   38 τι om. a

p. 208ᵃ14 Τὸ δὲ τῇ νοήσει πιστεύειν ἄτοπον ἕως τοῦ τοῦτο δὲ 120ᵛ
συμβέβηκε.

Πέμπτος ἦν ὁ ἀπὸ τῆς νοήσεως καὶ τῆς φαντασίας λόγος, ὃν μάλιστα
ἐνάγειν φησὶ πρὸς τὸ τιθέναι τὸ ἐνεργείᾳ ἄπειρον. διὰ γὰρ τὸ ἐν τῇ νοή-
σει μὴ ὑπολείπειν καὶ ὁ ἀριθμὸς δοκεῖ εἶναι καὶ τὰ μαθηματικὰ μεγέθη
καὶ τὸ ἔξω τοῦ οὐρανοῦ. λύει δὴ καὶ τοῦτον τὸν λόγον συντόμως καὶ
σαφῶς. ἡ γὰρ ὑπεροχή, φησίν, ἡ τοιαύτη οὐκ ἐν τοῖς πράγμασίν ἐστιν,
ἀλλ' ἐν τῇ νοήσει τὰ πράγματα. οὐ γὰρ εἴ τι νοοῦμεν καὶ φανταζόμεθα
καὶ ὀνειροπολοῦμεν, ἤδη τοῦτο καὶ ἔστιν· οὕτως γὰρ ἂν καὶ τραγέλαφος
εἴη καὶ πολλὰ ἕτερα, ὧν οὐδὲν οὔτε ἔστιν οὔτε ἐνδέχεται εἶναι. ὥσπερ
γὰρ οἱ γραφεῖς πολλὰ νοοῦσι καὶ γράφουσιν οὐ μόνον εἴδη, ἀλλὰ καὶ μικρὰ
ἀντὶ μεγάλων καὶ μεγάλα ἀντὶ μικρῶν, οὕτω καὶ ἡ φαντασία γράφει ἐν
αὑτῇ καὶ πλάττει μυρία τῶν μὴ ὄντων. οὕτω δὲ καὶ Διάρη χιλίων
σταδίων ἔστι φαντάζεσθαι ἢ τῆς πόλεως μείζω καὶ τὸ ὑπερέχον αὐτοῦ
ἐκτὸς τῆς πόλεως· κάλλιον γὰρ οἶμαι τὸ ἔξω τοῦ ἄστεος οὕτως ἀκούειν,
ὡς ὁ Εὔδημος ἐνόησε τὰ τοῦ καθηγεμόνος, ὡς μείζονα τῆς πόλεως τὸν
Διάρη φανταζομένων, καὶ μὴ ὡς ὁ Ἀλέξανδρος ἐξηγεῖται, ὅταν ἡμᾶς
αὐτοὺς ἔνδον ὄντας τοῦ ἄστεος ἔξω νοήσωμεν ἢ πολλαπλασίους κατὰ τὸ
μέγεθος, ὡς τοῦ ἔξω τοῦ ἄστεος κατὰ τὸν τόπον μόνον ἔχοντος τὴν παραλ-
λαγήν. καὶ ἔοικεν οὕτως ἐξηγεῖσθαι διὰ τὸ ἐπ' ἄλλου καὶ ἄλλου ἀκοῦσαι
τὸ ἀλλ' οὐ διὰ τοῦτο ἔξω τοῦ ἄστεός τί ἐστι καὶ τὸ ἢ τοῦ τηλι-
κούτου μεγέθους ὃ ἔχομεν· εἴρηται δὲ ἑκάτερον ἐπὶ τῆς τοῦ μεγέ-
θους παραυξήσεως ἢ ὡς τὸ ἄστυ ὑπερβάλλοντος ἢ ἁπλῶς ὃ ἔχομεν· οὕτω
γὰρ καὶ οἰκεία ἔσται ἡ φαντασία τῇ περὶ τοῦ ἀπείρου. τὸ γὰρ ἐν ἄλλῳ
τόπῳ φαντασθῆναι τὸ αὐτὸ τοσοῦτον μόνον δείκνυσιν, ὅτι παραλλάττει τὰ
πράγματα ἡ φαντασία, οὐ μέντοι ὡς ἐπὶ τοῦ ἀπείρου δείκνυσιν. ὥστε οὐχ
ὅτι νοεῖται τοιάδε τὰ πράγματα, διὰ τοῦτο καὶ εἴη ἂν τοιάδε, ἀλλ' ὅτι ἔστι.
τὸ δὲ νοεῖσθαι αὐτὰ ἢ ὡς ἔστιν ἢ ὡς οὐκ ἔστι συμβέβηκεν αὐτοῖς. κἂν
γὰρ ὡς ἔστι νοῆται, οὐ διὰ τὸ νοεῖσθαι ἔστιν, ἀλλὰ συμβέβηκεν αὐτοῖς τὸ
νοεῖσθαι. εἰ οὖν καὶ συμβεβηκός ἐστι τὸ νοεῖσθαι, καὶ οὐκ ἀεὶ συνᾴδει
τοῖς πράγμασιν ἡ νόησις, οὐ δεῖ περὶ τῶν πραγμάτων ἀπὸ νοήσεως ἤτοι
φαντασίας ἀποφαίνεσθαι. ὥστε οὐδὲ τοῦ οὐρανοῦ ἔστι τι ἐκτός, ἐπειδὴ
νοεῖται, εἴπερ ἐστὶν οὗτος τὸ πᾶν καὶ ὅλον.

---

6 τὸ (ante ἔξω) E: τὰ aF   δὴ] δὲ a   11 γὰρ om. E   μόνων F
13 ἑαυτῇ E   καὶ (ante πλάττει) aF: om. E   δὲ (post οὕτω) om. a
Διάρη cf. Arist. de Anima B 6 p. 418ᵃ21   14 ἢ om. aF   15 ἔξω] ἔστω E
16 Εὔδημος fr. 35 p. 50,26 Spengelii, cuius adnotationem vide p. 51³   τὸν aF:
τῶν E   17 ὁ (post ὡς) om. a   18 τοῦ (post ὄντας) om. aF   19 τοῦ
(post ὡς) aF: τὸ E   ἔχοντος μόνον aF   20 καὶ (ante ἔοικεν) om. E
21 τὸ δὴ ἀλλ' F   τίς ἐστι Aristoteles   τηλικοῦδε Aristoteles   23 ὡς
καὶ τὸ F   24 καὶ (post γὰρ) om. E   τῇ E: ἡ aF   31 τοῖς πράγμασιν
aF: τὰ πράγματα E   33 τὸ πᾶν EF: καὶ πᾶν a

p. 208 a 20 Ὁ δὲ χρόνος καὶ ἡ κίνησις ἄπειρά ἐστι ἕως τοῦ τέλους. 120ᵛ

Τῶν τιθέντων τὸ ἄπειρον λόγων λύσας τοὺς τὸ ἐνεργείᾳ ἄπειρον
εἰσάγοντας μετὰ τοῦτο τοὺς δύο τοὺς πρώτους τόν τε ἀπὸ τῆς τοῦ
χρόνου ἀπειρίας καὶ τὸν ἀπὸ τῆς τῶν μεγεθῶν ἐπ' ἄπειρον διαιρέσεως
5 προσ   τυχόντας καὶ   οὖσιν ἄπειρος   εις ἧς
ἀριθμο   πρότερον καὶ ὕστερον   ἐνεργείᾳ τὸ ἄπειρον
ε   καὶ πᾶν. οὐ γάρ τ   νόντι τὸ μετὰ   ἀλλ'
ἐν τῷ γίνεσθαι   μέρος ἀεὶ ὑφεστηκὼς κ   Ἀλέξανδρος
ὥς τοι   κίνησιν οὕτως καὶ τῇ   γίνεσθαι τὸ εἶναι
10 ἔχει   ἄπειρον οὕτως καὶ τῶν ἀιδίων καὶ θείων.   οὐ
γὰρ ὑπομένει φασὶ   νοήματα   μήποτε   κ ἐπ'
αὐτῆς νοήσεως εἰρημένον ἀκούειν. ἀλλ'   ἀπὸ τῆς νοήσεως,
εἰ   λόγος τ   ἄπειρον εἰς   καὶ ἡ κίνη-
σις   τῆς ἀπειρίας αὐτῶν καὶ ἀπὸ τῆς νοήσεως αὐτῶν μαρτύρεται.
15 καὶ γὰρ καὶ ἡ νόησις οὐχ ὡς ὅλου ἅμα, οὐδὲ ὡς ὑπομένοντος τοῦ λαμ-
βανομένου, ἀλλ' ὡς ἐν τῷ γίνεσθαι τὸ εἶναι ἔχοντος, οὕτως ἀντιλαμβά-
νεται. ὅλως γὰρ ἐὰν ἅμα περιλάβῃ αὐτό, πέρας αὐτῷ περιτίθησιν· ἀλλὰ
τῷ ἀεὶ πεπερασμένῳ προστίθησιν. ἄτοπον δὲ τὸ καὶ ἐν ταῖς τῶν ἀιδίων
καὶ   νοήσεσι λέγειν μὴ ὑπομένειν   ρόντος πάντα
20 ἀμ   τὴν ψυχὴν δὲ αὖ   τῇ. οὐδὲ αὐτὴν   προτέ-
ρων γινο   ἡμετέρων   διὰ τὸ καὶ τὴν ψυ⟨χὴν⟩
ρᾶν φθείρειν   τῆς. ἀλλ' ἐπὶ τῷ   ποιήσασθαι τὸν
λόγον   ἄλλου ἂν εἴη λόγου   οὔτε ἐπὶ τὴν καθ
τὴν αὔξησιν ἐνερ   ὡς ὅλον ἅμα ὁ   εἰ καὶ κατὰ μέρος
25 νοη   λέγει τῇ κατ' ἐπίνοιαν γ   οὐδὲν οὖν μέγε-
θος   εἰς ἀπε   ἀναιρεῖται. εἴη γὰρ ἂν καὶ συγκείμενον
ἐξ ἀπείρων καὶ ἄπειρον ἐνεργείᾳ. οὐ μέντοι ἀναγκάζεται στῆναι ἡ τομὴ
εἰς τὰ ἤδη εἰλημμένα τμήματα. τὸ δὲ πῶς ἔστι καὶ πῶς οὐκ ἔστιν, ὅτι
ἐνεργείᾳ μὲν καὶ ὅλον ἅμα οὐκ ἔστιν, δυνάμει δὲ κατὰ μέρος ἐστί, τί δέ
30 ἐστιν ὅτι τοῦτό ἐστιν οὐ κατὰ τὸ ποσὸν λαμβάνουσιν ἀεί τι λαβεῖν ἔστιν
ἔξω . . .

---

2 post ἐνεργείᾳ add. τὸ a   3 post πρώτους usque ad libri finem omisit sesquialtera pagina vacua relicta F   4 τῶν μεγεθῶν E: τῶν μεγέθους a   8 ὑφεστὼς a
19 post καὶ supplendum videtur ex v. 10 καὶ θείων   19 ροντος a: ροῦ E   20 αὐτὴν sine acc. E: αὕτη a   προτέρων E: πρότερον a   21 ψυχὴν] ψυ libri   22 ρᾶν E: ρας a   25 οὐδὲν E: οὐδὲ a   26 ἀναιρεῖται E: ἀναιρεῖσθαι a   γὰρ E: τοῦ a   27 ἀπείρων E: ἄπειρον a   31 post ἔξω add. τέλος τοῦ τρίτου λόγου E

ΣΙΜΠΛΙΚΙΟΥ ΦΙΛΟΣΟΦΟΥ ΕΙΣ ΤΟ $\overline{\Delta}$ ΤΗΣ ΑΡΙΣΤΟΤΕΛΟΥΣ ΦΥΣΙΚΗΣ ΑΚΡΟΑΣΕΩΣ ΥΠΟΜΝΗΜΑ Ο ΕΣΤΙ ΤΕΤΑΡΤΟΝ.

Περὶ τῶν φυσικῶν ἀρχῶν καὶ αἰτίων τὴν πραγματείαν ἐνστησάμενος καὶ τῶν κοινῇ πᾶσι τοῖς φυσικοῖς παρακολουθούντων εἶπεν ἐν τῷ πρώτῳ περὶ τῶν ἀρχῶν τῶν ὡς στοιχείων τῆς ὕλης τοῦ εἴδους καὶ τῆς τούτοις συνυπαρχούσης στερήσεως, καὶ ἐν τῷ δευτέρῳ περὶ τοῦ ποιητικοῦ καὶ τελικοῦ αἰτίου, καὶ τίνα δοκεῖ μέν τισι καὶ αὐτὰ εἶναι αἴτια ποιητικά, ἔστι δὲ οὐ καθ' αὑτὰ ποιητικά, ὥσπερ ἡ τύχη καὶ τὸ αὐτόματον, ἀλλὰ κατὰ συμβεβηκός. δείξας δὲ ποιητικὸν αἴτιον τὴν φύσιν καὶ ὁρισάμενος αὐτὴν ἀρχὴν κινήσεως τοῖς σώμασιν, ἐπειδὴ τοῖς φυσικοῖς ὑπάρχει καθὸ φυσικὰ πᾶσιν ἡ κίνησις καὶ αὐτὴ συστατικὴ οὖσα τῶν φυσικῶν σωμάτων καὶ ἐν τῷ ὁρισμῷ τῆς φύσεως παραληφθεῖσα, εἰκότως εὐθὺς ἐν ἀρχῇ τοῦ τρίτου βιβλίου διελέχθη περὶ κινήσεως. ἐπειδὴ δὲ πᾶν σῶμα φυσικὸν καὶ πᾶσαν κίνησιν ἀνάγκη ἢ ἄπειρα ἢ πεπερασμένα εἶναι καὶ τὸ σῶμα καὶ ἡ κίνησις συνεχῆ ὄντα ἐπ' ἄπειρόν ἐστιν διαιρετά, καὶ μέντοι ἐπειδή τινες τῶν φυσικῶν ἀρχὴν τὸ ἄπειρον ἔλεγον, εἰκότως καὶ περὶ ἀπείρου διελέχθη. καὶ συμπληρώσας τὸν περὶ τῶν στοιχείων καὶ τῶν ἄλλων αἰτίων λόγον καὶ ἔτι τὸν περὶ τὰς ἀρχὰς ὑποδυομένων, ἐφεξῆς λοιπὸν περὶ τῶν ἔξωθεν ὑπαρχόντων τοῖς φυσικοῖς σώμασιν ἢ τοιαῦτα ζητεῖ τε καὶ παραδίδωσιν, οἷός ἐστιν ὅ τε τόπος καὶ ὁ χρόνος· πᾶν γὰρ φυσικὸν σῶμα ἐν τόπῳ ἐστὶ καὶ κατὰ τόπον κινεῖται καὶ ἠρεμεῖ ἐν τόπῳ, τὰ δέ γε ἁπλᾶ σώματα καὶ εἰδοποιεῖται τῇ ἐπὶ τοὺς οἰκείους τόπους φορᾷ. ἐπεὶ δὲ πᾶσα κίνησις χρόνῳ μετρεῖται, ἔδει καὶ περὶ χρόνου διδάξαι, εἴπερ ἀριθμὸς πάσης κινήσεως ὁ χρόνος, ὡς μαθησόμεθα· εἰκότως δὲ περὶ προτέρου λέγει τοῦ τόπου· προηγεῖται γὰρ ὁ τόπος οὐ μόνον τοῦ χρόνου, ἀλλὰ καὶ τῆς κινήσεως καὶ αὐτοῦ τοῦ σώματος· ἔστι γὰρ τὸ μὲν σῶμα ἐν τόπῳ, ἡ δὲ κίνησις ἐν τῷ

---

1 Inscripsi ad normam p. 1, 1 expositam: Σιμπλικίου ἐξήγησις εἰς τὸ τέταρτον τῆς ἀριστοτέλους φυσικῆς ἀκροάσεως aE: εἰς τὸ $\overline{\delta}$ τῆς ἀριστοτέλους φυσικῆς ἀκροάσεως σιμπλικίου F 6 ante τελικοῦ add. τοῦ F 8 καθ' αὑτό F 13 διελέχθη hic et v. 16 aE πᾶν om. F 18 τῶν ἀρχῶν F¹ suspicor ὑποδυόμενον 22 φορᾷ E: διαφορᾷ aF ἐπειδὴ F

σώματι, ὁ δὲ χρόνος ἐν τῇ κινήσει. ἀλλ' ἐπειδὴ ἡ φυσικὴ προηγουμένως 121ʳ
οὐσία τὸ σῶμά ἐστι τὸ φυσικόν, τὰ δὲ ἄλλα τούτου τινά ἐστι τὸ μὲν ὑπο- 25
δοχὴ τὸ δὲ κίνησις τὸ δὲ μέτρον τῆς κινήσεως, εἰκότως τὰ στοιχεῖα τοῦ
φυσικοῦ σώματος τήν τε ὕλην καὶ τὸ εἶδος πρῶτα παραδέδωκεν, εἶτα τὸ
5 ποιητικὸν αὐτοῦ καὶ τελικὸν αἴτιον καὶ τὴν κίνησιν τὴν ἐν τῷ ὁρισμῷ τῆς
φύσεως παραληφθεῖσαν. καὶ οὕτως ἐν τοῖς ἔξωθεν ὑπάρχουσι τοῦ χρόνου
τὸν τόπον προέταξεν. ἀλλ' ἐπειδὴ περὶ τὰ κινούμενα ὁ φυσικὸς τὴν πραγ-
ματείαν ἔχει, ὥσπερ περὶ τὰ ἀκίνητα ὅ τε μαθηματικὸς καὶ ὁ θεολόγος, 30
τῶν δὲ ἀκινήτων ὁ τόπος, ὡς δειχθήσεται, πῶς ἂν εἴη φυσικοῦ τὸ περὶ
10 τόπου σκέμμα; ἢ ὅτι εἰ καὶ ἀκίνητον ἀλλὰ σώματός γε κινουμένου δεκτι-
κὸν καὶ σώματος κινουμένου πέρας, καθὸ καὶ κινεῖται, κἂν μὴ καθ' αὑτὸ
κινῆται ὁ τόπος. ἐπειδὴ δέ τινες καὶ τὸ κενὸν ἐν ταῖς ἀρχαῖς τιθέντες
ἔλεγον αὐτὸ τόπον σώματος ἐστερημένον, εἰκότως μετὰ τοὺς περὶ τόπου
λόγους καὶ περὶ κενοῦ διαλέγεται. καὶ οὕτως τὰ περὶ χρόνου προβλήματα 35
15 διαρθρώσας περατοῖ τὸ προχείμενον βιβλίον καὶ τὸν περὶ τῶν πᾶσι κοινῶς
τοῖς φυσικοῖς προσηκόντων λόγον, ὅς ἐστιν ὁ περὶ τῶν φυσικῶν ἀρχῶν.

p. 208ᵃ27 **Ὁμοίως δὲ ἀνάγκη καὶ περὶ τόπου τὸν φυσικὸν ὥσπερ
καὶ περὶ ἀπείρου γνωρίζειν, εἰ ἔστιν ἢ μή, καὶ πῶς ἐστι,
καὶ τί ἐστι.**

20 Τὰ περὶ τόπου προβλήματα διορίζεται κατὰ τὴν ὁμοιότητα τῶν περὶ
ἀπείρου ζητήσεων. εἰκότως· ὡς γὰρ καὶ εἶναι καὶ μὴ εἶναι τὸ ἄπειρον ὑπο- 40
τιθεμένοις ἡμῖν ἄτοπα ἀκολουθεῖν ἐδόκει, οὕτως καὶ εἰ ἔστιν ὁ τόπος ζη-
τοῦσι διὰ τὸ τοῦ προβλήματος ἄτριπτον ἐφ' ἑκάτερα ἐπιχειρεῖν ἀνάγκη.
καὶ ἔστιν ἀρχὴ καὶ τῶν περὶ τόπου προβλημάτων τὸ εἰ ἔστι ζητεῖν ἢ μὴ
25 ἔστιν, ὥσπερ καὶ ἐπὶ τοῦ ἀπείρου. μετὰ δὲ τὸ εἰ ἔστιν ἐν τοῖς Ἀπο-
δεικτικοῖς ἐμάθομεν τὸ τί ἐστι ζητεῖν. ὅπερ τὴν φύσιν καὶ οὐσίαν καὶ
τὸν ὁριστικὸν τοῦ προτιθεμένου λόγον ἀνευρίσκει. μετὰ δὲ τοῦτο τὸ ὁποῖόν
τί ἐστιν ἕπεται πρόβλημα τὸ τὰ ὑπάρχοντα τῷ πράγματι δηλοῦν, ᾧ συγγε- 45
νές ἐστι τὸ πῶς ἐστι. καὶ γὰρ ὡς ἐπὶ τοῦ ἀπείρου ἐλέγομεν, ὅτι δυνάμει
30 καὶ κατὰ μέρος καὶ ἐν τῷ γίνεσθαι, οὕτως ἐπὶ τοῦ τόπου τὸ πῶς ἐστι
ζητοῦμεν, ἆρα καθ' αὑτό τι, ὡς οἱ διάστημα ἢ κενὸν λέγοντες τὸν τόπον,
ἢ ἐν σχέσει, καὶ πότερον πρὸς τὸ εἶναι συντελεῖ τι τοῖς σώμασιν ἢ οὐδέν.
ταῦτα γὰρ περὶ τὰ ὑπάρχοντα καὶ περὶ τὸν τρόπον στρέφεται τῆς ὑποστά-
σεως. ἀλλὰ διὰ τί τὸ πῶς ἐστι προέταξεν; ἢ ὅτι πολλάκις ἐκ τῶν ὑπαρ-

---

2 τούτων F¹   τὸ μὲν — κίνησις (3) om. F   ὑποδοχὴ aF   10 τοῦ τόπου
aF   14 προβλήματος E   18 περὶ τοῦ ἀπείρου aF   γνωρίζειν post φυσικὸν
transiecit F   ἔστιν a cf. v. 24: ἔστι τί EF   20 τοῦ τόπου aF   21 τοῦ
ἀπείρου aF   post ὡς add. καὶ F   ὑποθεμένοις aF   24 καὶ (post
ἀρχὴ) om. a   περὶ τοῦ a   25 ἐπὶ om. E   26 μάθομεν τί ἐστι E
30 πῶς] τί a   31 οἱ om. E   ἢ (post διάστημα) F: om. aE   33 τρέφε-
ται E

χόντων τὴν οὐσίαν τοῦ πράγματος εὑρίσκομεν, ὥσπερ καὶ ἐπὶ τοῦ τόπου 121ʳ
νῦν φανήσεται.

p. 208 a 29   Τά τε γὰρ ὄντα πάντες ὑπολαμβάνουσιν εἶναί που ἕως
τοῦ ἣν καλοῦμεν φοράν.

Διορίσας ἐν ἀρχῇ τὰ περὶ τόπου προβλήματα κατὰ τὴν πρὸς τὰ περὶ
ἀπείρου ὁμοιότητα, | καὶ ἐφεξῆς ὅτι ἀναγκαῖος ὁ περὶ τοῦ τόπου λόγος 121ᵛ
τῷ φυσικῷ διὰ δυεῖν δείκνυσιν ἐπιχειρημάτων, ὧν τὸ μὲν ἔνδοξον εἶναι
δοκεῖ ἀπὸ τῆς κοινῆς ὑπολήψεως εἰλημμένον, τὸ δὲ ἀποδεικτικὸν ἀπ' αὐτῶν
τῶν πραγμάτων ὁρμώμενον. καὶ τὸ μὲν ἀπὸ τῆς κοινῆς ὑπολήψεως τὸν
ὑπὸ τῶν παλαιῶν προτεινόμενον ὑποθετικὸν συλλογισμὸν παρατίθεται ἔχοντα
οὕτως· εἰ τὸ μὴ ὂν οὐδαμοῦ, τὸ ὂν πού· εἰ δὲ τὸ ποῦ τὴν ἐν τόπῳ
σχέσιν δηλοῖ, δῆλον ὅτι ἔστιν ὁ τόπος. "αὕτη δὲ ἡ ἐρώτησις, ὡς ὁ
Ἀλέξανδρός φησιν, οὐ πάντων ἁπλῶς ἐστιν, ἀλλὰ τῶν μόνα τὰ σώματα
ἡγουμένων εἶναι καὶ μόνα τὰ ἔνυλα, ἀναιρούντων δὲ τὴν ἀσώματον φύσιν."
καὶ κατά γε τὸ φαινόμενον ἀμεθόδως τὴν ἀντιστροφὴν ἐποιήσατο· τῷ
γὰρ 'εἰ τὸ μὴ ὂν μηδαμοῦ' ἕπεται κατὰ τὸν δεύτερον τῶν ὑποθετικῶν τὸ
ποῦ ὄν, ἀλλ' οὐχὶ τὸ ὂν πού, ὅπερ ζητεῖται τοῖς τὸν τόπον εἰσάγουσιν.
ἢ οὖν ὑπερβιβαστέον τὴν λέξιν λέγοντας τὸ οὐδαμοῦ ὂν μὴ εἶναι καὶ οὕτω
λοιπὸν λέγοντας τὸ ὂν ποῦ εἶναι, ἢ ὅπερ πιθανώτερον κατὰ τὴν τῶν ἐρω-
τησάντων δόξαν μόνα τὰ σώματα οἰομένων εἶναι ῥητέον ἐξισάζειν τῷ
ἡγουμένῳ τὸ ἑπόμενον. εἰ γὰρ μὴ ἔστιν ἄλλο τι εἰ μὴ τὰ σώματα, δῆλον
ὅτι τὸ μηδαμοῦ ὂν οὐδὲ ἔστιν ὅλως καὶ τὸ μὴ ὂν οὐδαμοῦ ἐστιν, ἐπειδὴ
τὰ σώματα πού ἐστιν. ἐπὶ δὲ τῶν ἐξισαζόντων ἀδιάφορος ἡ ἀντιστροφή,
εἴτε ἀπὸ τοῦ ἡγουμένου γίνοιτο εἴτε ἀπὸ τοῦ ἑπομένου· ἔοικε δὲ τὴν ἐν
Τιμαίῳ τοῦ Πλάτωνος ῥῆσιν παρῳδεῖν ὁ Ἀριστοτέλης, ἐν οἷς φησιν ἐκεῖνος
"πρὸς ὃν δὴ καὶ ὀνειροπολοῦμεν βλέποντες καί φαμεν ἀναγκαῖον εἶναί που
τὸ ὂν ἅπαν ἔν τινι τόπῳ καὶ κατέχον χώραν τινά, τὸ δὲ μήτε ἐν γῇ μήτε
που κατ' οὐρανὸν οὐδὲν εἶναι." ὁρᾷς γὰρ ὅτι αὐτὸς ἄντικρυς ὁ λόγος ἐστὶ
καὶ ἀκολούθως οὗτος ἀντιστρέψας. διότι γὰρ τὸ μηδαμοῦ ὂν οὐδὲ ἔστι,
διὰ τοῦτο τὸ ὂν ἅπαν πού ἐστι. καὶ ὁ Πλάτων δὲ οὐχ ὡς ἀποδεχόμενος
τὸν λόγον ταῦτα εἶπεν, ἀλλ' ὅτι ἀπὸ τῆς εἰς τὰ ἔνυλα ὀνειρατικῆς ἐμβλέ-
ψεως, οἷς ὑπάρχει τοῦτο, περὶ πάντων αὐτὸ τῶν ὄντων λέγομεν.

Ὅτι δὲ τὸ μὴ ὂν οὐδαμοῦ, δείκνυσιν ὁ Ἀριστοτέλης διὰ τοῦ ποῦ
γάρ ἐστι τραγέλαφος ἢ σφίγξ; οὐδαμοῦ γάρ, ἐπειδὴ μὴ ἔστιν ὅλως.
καὶ οὐκ ἔστιν ὅλως, ἐπειδὴ οὐδαμοῦ ἐστι. δῆλον δὲ ὅτι ὑγιὴς μέν ἐστιν
ἡ ἀκολουθία οὕτω ληφθεῖσα, οὐκέτι δὲ καὶ ἀληθής. οὔτε γὰρ τὸ ὂν πᾶν

---

5 περὶ τοῦ aF   15 ἐποιήσαντο a   18 τὸ] τοῦ E   21 εἰ μὴ E: ἢ
aF   22 τὸ (post ὅτι) om. F   οὐδαμοῦ] μηδαμοῦ F   23 σώματα
om. F   25 Τιμαίῳ p. 52 B   26 ὄν] ὃ Plato et Simplicius f. 126 v 16 alias
29 οὗτος EF²: οὕτως aF¹   31 ἀπό E: ὑπό aF   ὀρειραχτικῆς E   35 ἐστιν
om. aF

ἐν τόπῳ (οὐδὲν γὰρ τῶν ἀσωμάτων ἐστὶν ἐν τόπῳ τῶν κυρίως μάλιστα 121ᵛ
καὶ χωριστῶν) οὔτε τὸ μηδαμοῦ ὄν, τουτέστιν μὴ ἐν τόπῳ ὄν, οὐκ ὄν ἐστι.
πολλὰ γάρ ἐστιν, ὡς εἴρηται, μὴ ἐν τόπῳ ὄντα. τὸ δὲ ζητούμενον ὁ λόγος 25
ἐνεδείξατο, ὅτι ἀναγκαῖος ὁ περὶ τόπου λόγος τῷ φυσικῷ, εἴπερ οἱ παλαιό-
5 τεροι πάντα τὰ ὄντα ἐν τόπῳ οἴονται· εἰ δὲ παλαιοῖς ἀνδράσι μὴ μάτην
δεῖ ἐπισκήπτειν, εἰκός ἐστι τὸ ποῦ οὐ τὴν ἐν τόπῳ τούτῳ τῷ νῦν ζητου-
μένῳ σχέσιν δηλοῦν, ἀλλὰ τὸν τῆς τάξεως ἀφορισμόν, καθὸ σημαινόμενον
καὶ ὑπερουράνιον τόπον οἶδεν ὁ Πλάτων, καὶ τὸν νοῦν ἐν τῷ νοητῷ λέ-
γομεν· οὕτως οὖν δείξας ἀπὸ τῶν παλαιῶν φυσιολόγων, ὅτι ἀναγκαῖος ὁ
10 περὶ τόπου λόγος, ἐν τῷ δευτέρῳ ἐπιχειρήματι ἀπ' αὐτῶν τῶν πραγμάτων 30
τὸ αὐτὸ δείκνυσιν οὕτως· εἰ ἡ κοινὴ πάντων τῶν φυσικῶν σωμάτων κίνη-
σις κατὰ τόπον ἐστί, δῆλον ὅτι ἔστιν ὁ τόπος ἐν τοῖς φυσικοῖς· καὶ
ἀναγκαῖός ἐστι τῷ φυσικῷ ὁ περὶ τοῦ τόπου λόγος. ἀλλὰ μὴν τὸ ἡγού-
μενον, τὸ ἄρα ἑπόμενον. καὶ κοινὴν μὲν ταύτην ἐκάλεσε τὴν κίνησιν ἢ
15 ὡς κοινῶς ὑπὸ πάντων ὁμολογουμένην (πάντες γὰρ τῆς κατὰ τόπον κινή-
σεως μᾶλλον ἢ τῶν ἄλλων αἰσθανόμεθα. τοιγαροῦν καὶ φθορὰν ἀνεῖλόν
τινες, ὡς οἱ περὶ Ἀναξαγόραν, καὶ ἀλλοίωσιν, ὡς οἱ "νόμῳ χροιῇ" λέγον- 35
τες, τὴν δὲ κατὰ τόπον κίνησιν οὐδεὶς σπουδῇ λέγων· ἐάσθω γὰρ ἡ
Ζήνωνος ἀπορία), ἢ κοινὴν αὐτὴν εἶπεν ὡς ταύτην μόνην πᾶσι τοῖς φυσι-
20 κοῖς σώμασιν ὑπάρχουσαν· τὰ γὰρ οὐράνια πασῶν τῶν ἄλλων κινήσεων
ὑπερέχοντα ταύτην ὅμως κινεῖται. διὸ καὶ κυριωτάτην αὐτὴν καλεῖ· κυριω-
τάτη γὰρ ἡ τῶν πρωτίστων καὶ ἀρχηγικωτάτων. καὶ μέντοι ἀποδείξει
προϊών, ὅτι πρώτη τῶν κινήσεών ἐστιν ἡ φορὰ καὶ χρόνῳ καὶ φύσει καὶ
αἰτίᾳ, κυριωτάτη δὲ εὐλόγως ἡ τοιαύτη. ἔν τισι δὲ τῶν ἀντιγράφων μετὰ
25 τοῦ κοινὴ καὶ πρώτη γέγραπται, ἔν τισι δὲ ἀντὶ τοῦ κοινὴ πρώτη, 40
καὶ οὕτως γράφει καὶ ὁ Εὔδημος.

p. 208ᵃ32 **Ἔχει δὲ πολλὰς ἀπορίας τί ποτέ ἐστιν ὁ τόπος ἕως τοῦ
οὔτε προηυπορημένον περὶ αὐτοῦ.**

Δείξας ὅτι ἀναγκαῖος τῷ φυσικῷ ὁ περὶ τόπου λόγος, ἐφεξῆς δείκνυσιν
30 ὥσπερ καὶ ἐπὶ τῶν ἄλλων, ὅτι χαλεπὸν τὸ πρόβλημα καὶ διὰ τοῦτο συν- 45
τόνου δεόμενον ἀντιλήψεως καὶ συγγνώμης, εἰ τοῖς πρώτοις αὐτὸν ἐμμε-
θόδως ζητοῦσι μὴ εὐθὺς ἀναφανείη τὸ ἀκριβές. ὥστε καὶ πρὸς τὸν μαν-
θάνοντα καὶ τὸν διδάσκοντα χρήσιμος ἡ τῆς χαλεπότητος ἐπίδειξις. τὸ δὲ
χαλεπὸν αὐτοῦ δείκνυσι πρῶτον μὲν ἐκ τοῦ δεῖν μὲν τοὺς ὁρισμοὺς τῶν

---

1 ἐν τόπῳ ἐστί a   2 χωριστῶς a   4 ἐνεδείξατο — λόγος om. F   ἐνεδεί-
ξετο E   τῶν φυσικῶν F   5 τὰ iteravit F   εἰ δὲ aF: οὐδὲ δεῖ (om. δεῖ post
μάτην) E   10 περὶ τοῦ τόπου E   15 κοινῶς E: κοινὴν F: κοινῇ a   17 οἱ
"νόμῳ χροιῇ" cf. Democritus supra p. 512,28   20 τῶν ἄλλων πασῶν aF
21 ταύτην ὅμως aF: αὐτὴν ὁμοίως E   22 ἀποδείξει F: ὡς δείξει aE, quod si verum
est, delendum ὅτι   24 ἔν τισι iteravit F   τῶν ἀντιγράφων E: om. aF   μετὰ
E: ἀντὶ aF   25 καὶ om. aF   γέγραπται — πρώτη om. aF   26 Εὔδημος fr. 36
p. 51, 20 Sp.   29 περὶ τοῦ τόπου aF   32. 33 διδάσκοντα καὶ τὸν μανθάνοντα aF

ζητουμένων πραγμάτων ἐκ τῶν καθ' αὑτὰ ὑπαρχόντων αὐτοῖς συνάγειν, ὡς 121ᵛ
ἀρχόμενος τῶν Περὶ ψυχῆς εἶπε, τὰ δὲ καθ' αὑτὰ ὑπάρχειν δοκοῦντα
τῷ τόπῳ μὴ ἐπὶ τὴν αὐτὴν φύσιν καταντᾶν. καθὸ μὲν γὰρ τὸ περιεκτικὸν 50
ὑπάρχει αὐτῷ, δόξει τὸ εἶδος εἶναι τὸ ἑκάστου ὁ τόπος. τοῦτο γάρ ἐστι
5 τὸ πρῶτον ὁρίζον καὶ περιέχον, καθὸ δὲ δεκτικὸν εἴδους τινὸς καὶ χώρα
αὐτοῦ δοκεῖ, τῇ ὕλῃ μᾶλλον ᾤκείωται. διὸ καὶ ὁ Πλάτων, ὅσα δοκεῖ λέ-
γειν ὡς περὶ χώρας καὶ τόπου, περὶ τῆς ὕλης λέγει. καθὸ δὲ ὁ αὐτὸς
τόπος ἄλλοτε ἄλλου σώματός ἐστι δεκτικός, ἄλλος ἂν εἴη παρὰ τὸ ἐν τόπῳ,
ὥστε καὶ παρὰ τὴν ὕλην αὐτοῦ καὶ παρὰ τὸ εἶδος. οὕτως ἐπ' ἄλλο καὶ
10 ἄλλο | φέροντα τὰ καθ' αὑτὸ τῷ τόπῳ ὑπάρχοντα δύσκολον αὐτοῦ ποιεῖ 122ʳ
τὴν κατάληψιν. δεύτερον δὲ ἄλλο τῆς περὶ αὐτοῦ χαλεπότητος αἴτιον
παραδίδωσι τὸ μηδένα περὶ αὐτοῦ προαπορῆσαι ἢ προευπορῆσαι. τοῦτο
γὰρ καὶ σημεῖον καὶ αἴτιον γίνεται τῆς δυσκόλου κατανοήσεως· σημεῖον
μὲν ὅτι διὰ τὴν χαλεπότητα τοῦ προβλήματος ἀπέστησαν τῆς περὶ αὐτοῦ
15 ζητήσεως, αἴτιον δὲ ὅτι χαλεπὸς ἔτι μᾶλλον ἡμῖν ὁ λόγος γίνεται μηδένα 5
κοινωνὸν ἔχουσι τῆς ζητήσεως μηδὲ ἀρχὴν ὅλως τινὰ προκαταβεβλημένην
αὐτῆς εὑρηκόσι· κἂν γὰρ ἔδοξεν Ἡσίοδος λέγειν
  ἤτοι μὲν πρώτιστα χάος γένετο,
μυθική ἐστι ἀλλ' οὐκ ἀποδεικτικὴ ἡ τοῦ Ἡσιόδου παράδοσις. καὶ τοσοῦτον,
20 εἴπερ ἄρα, ἐνεδείξατο καλῶς, ὅτι δεῖ τι προϋπάρχειν ἐν ᾧ τὰ γινόμενα ἔσται.
καὶ ὁ Πλάτων δὲ ἐν τῷ Τιμαίῳ ὅσα περὶ τόπου δοκεῖ λέγειν, περὶ τῆς ὕλης εἴρη-
κεν. ὁ δὲ Εὔδημος τῆς δυσκολίας τοῦ περὶ τόπου προβλήματος καὶ τοῦτο
αἴτιον εἶναί φησι τὸ μὴ ῥᾴδιον εἶναι ἐπιλαβέσθαι τοῦ τόπου, δι.ότι ὑποφεύγει 10
πάντως ἐξαιρουμένου τοῦ ἐν τόπῳ σώματος, καὶ καθ' αὑτὸ μὲν οὐκ ἔστιν
25 αὐτὸν νοῆσαι, εἴπερ δὲ ἄρα, μεθ' ἑτέρου, ὥσπερ τοὺς τῶν ἀφώνων καλου-
μένους φθόγγους· μετὰ γὰρ τοῦ ᾱ ὁ τοῦ β̄ καὶ ὁ τοῦ γ̄ δῆλος. οὐ
μέντοι διὰ τὴν δυσχέρειαν ἀποστατέον τοῦ προβλήματος οὕτως ὄντος οἰκείου
καὶ ἀναγκαίου τῷ φυσικῷ. κἂν γὰρ μηδὲν ἄλλο ἐπὶ τῶν δυσλήπτων, ἀλλὰ
τό γε ἀπορῆσαι περὶ αὐτοῦ καλῶς ἱκανὸν τῷ φιλομαθεῖ, ὡς ἐν ἄλλοις
30 αὐτὸς ὁ Ἀριστοτέλης διδάσκει.   15

p. 208ᵇ1 Ὅτι μὲν οὖν ἔστιν ὁ τόπος ἕως τοῦ εἰς ἣν καὶ ἐξ ἧς 20
          μετέβαλε.

Καὶ τὸ ἀναγκαῖον καὶ τὸ χαλεπὸν δείξας τῆς περὶ τοῦ τόπου ζητή-

---

2 τῶν E: ἐν τῷ aF   Περὶ ψυχῆς] ex c. 1 accurate nihil respondere videtur
8 ἐστὶ δεκτικὸς σώματος aF   12 παραδίδωσι E: δίδωσι aF   15 χαλεπὸν a
ὁ λόγος om. aF   16 post ζητήσεως iteravit αἴτιον δὲ — λόγος γί (15) punctis
deleta E   17 αὐτῆς E: ἐν τοῖς aF   Ἡσίοδος Theog. 116 cf. Arist. Phys. Δ 1
p. 208 b 29   ἐγένετο F   18 post γένετο add. καὶ aF   ἀλλ' E: καὶ aF
19 εἴπερ ἄρα a: εἶπεν ἄρα E: ἄρα εἴπερ F   21 ἐν τῷ E: ἐν aF   περὶ τοῦ
τόπου a: εἰρήκαμεν F   22 Εὔδημος fr. 37 p. 52, 5 Sp.   23 εἶναι aF: om. E
25 αὐτὸν Brandis: αὐτὸ libri   26 ᾱ] ἄλφα E   β̄] βῆτα E   28 post ἄλλο add.
καὶ E   32 μετέβαλε E cf. p. 524, 29: μετέβαλλον a: μετέβαλον Aristoteles

σεως μέτεισι λοιπὸν ἐπὶ τὰ οἰκεῖα αὐτοῦ προβλήματα, ὧν πρῶτον τὸ εἰ 122ʳ
ἔστιν ὁ τόπος. καὶ τοὺς λόγους δι' ὧν ὁ τόπος τῶν ὄντων εἶναι δοκεῖ
παρατίθεται προτέρους, εἶτα ἐφεξῆς καὶ τοὺς ἀναιροῦντας αὐτόν. καὶ τοὺς
μὲν τιθέντας τὸν τόπον λόγους τέτταρας ἐκτίθεται. πρῶτον μὲν τὸν ἐκ τῆς
5 ἀντιμεταστάσεως. εἰ γὰρ ἐν ᾧ πρότερον ἦν ὕδωρ ἐκρυέντος τοῦ ὕδα- 25
τος ἀὴρ ἔνεστι νῦν, ὥσπερ καὶ ἐν τοῖς ἀγγείοις, δῆλον ὅτι ἔστι τι τὸ δεχό-
μενον ἑκάτερον ἄλλο τὸ ὂν παρ' ἑκάτερον. δεύτερον δὲ ἐκ τῆς κατὰ φύσιν
τῶν στοιχείων φορᾶς. τούτων γὰρ ἑκάτερον εἰδοποιεῖται τὸ μὲν τῇ ἐπὶ
τὸ ἄνω, τὸ δὲ τῇ ἐπὶ τὸ κάτω φορᾷ· αὗται δὲ διαφοραὶ τόπου. τρίτον
10 δὲ ἀπὸ τῶν μαθηματικῶν δείκνυσθαί φησιν ὁ Ἀλέξανδρος, οὐ καλῶς οἶμαι
λέγων. τὸ γὰρ ἀπὸ τῶν μαθημάτων ἐπιχείρημα τοῦ δευτέρου μέρος
ἐστὶ τοῦ ἀπὸ τῆς φυσικῆς τῶν στοιχείων φορᾶς, ὡς μαθησόμεθα. ἀλλὰ
τρίτον ἐστὶ τὸ ἀπὸ τοῦ κενοῦ ἐπιχείρημα. εἰ γὰρ τὸ κενὸν τόπος ἐστὶν 30
ἐστερημένος σώματος, οἱ λέγοντες εἶναι κενὸν πάντως εἶναι καὶ τόπον ἐροῦσι.
15 τέταρτον δὲ ἐπὶ τούτοις προστίθησι καὶ τὴν Ἡσιόδου μυθοποιίαν οὐ μόνον
εἶναι τὸν τόπον ἀλλὰ καὶ δύναμιν ἔχειν μεγάλην ἐνδεικνυμένην. καὶ δῆλον
ὅτι τὰ μὲν πρότερα δύο ἐπιχειρήματα πραγματειώδη τὴν ἀνάγκην προΐσχε-
ται, τὰ δὲ λοιπὰ ἀπὸ δόξης εἴληπται τῶν οὕτως ὑποτιθεμένων. ἀλλ'
ἐπειδὴ συνοπτικῶς εἴρηται τὰ ἐπιχειρήματα, καθ' ἕκαστον ἀναλαβόντες
20 αὐτῶν τὴν ἔννοιαν κατὰ τὸ δυνατὸν διαρθρώσωμεν. 35

Ἡ μὲν οὖν ἀπὸ τῆς ἀντιμεταστάσεως δεῖξις ὡδέ πως γέγονεν· ὁ τόπος
δεκτικός ἐστι παρὰ μέρος διαφερόντων τινῶν ὁ αὐτὸς μένων· ὃ δὲ δεκτι-
κόν ἐστι τινῶν διαφερόντων παρὰ μέρος τὸ αὐτὸ μένον, τοῦτο ἔστι τι καὶ
ἄλλο ἐκείνων ἐστίν, εἴ γε τοῦτο μὲν ἀεὶ ταὐτόν, ἐκεῖνα δὲ διαφέροντα καὶ
25 ἄλλοτε ἄλλα· ὁ τόπος ἄρα ἔστι τι καὶ ἄλλο τῶν ἐν αὐτῷ. ὅτι δὲ δεκτι-
κὸς ὁ τόπος ἄλλοτε ἄλλων ὁ αὐτὸς μένων, ἐδήλωσεν ἐκ τῆς ἀντιμεταστά-
σεως τῶν σωμάτων εἰπὼν ἐν ᾧ γὰρ ἀήρ ἐστιν νῦν, ὕδωρ ἐν τούτῳ 40
πρότερον ἦν. ἐξ οὗ δῆλον ὅτι καὶ ἕτερόν τί ἐστιν ἡ χώρα, εἰς ἣν καὶ
ἐξ ἧς μετέβαλε τὰ ἐν αὐτῇ σώματα. εἰ δὲ ἕτερον, δῆλον ὅτι καὶ ἔστι
30 καὶ ἄξιον ζητεῖν αὐτόν. ἐνάργειαν δὲ τῇ ἀποδείξει τοῦ καὶ εἶναι καὶ ἄλλο
τι εἶναι τὸ δεκτικὸν τῶν παρὰ μέρος ἐγγινομένων παρέσχετο ἡ τοῦ ἀγγείου
παράθεσις· τοῦτο γὰρ καὶ ἔστι τι καὶ ἕτερον τῶν ἐν αὐτῷ ἐστιν, ὅπερ εἰς
πίστιν παρείληπται τῆς μείζονος τῶν προτάσεων.

p. 208ᵇ8 Ἔτι αἱ φοραὶ τῶν φυσικῶν σωμάτων ἕως τοῦ οὐκ 44
35 ἔχοντα φύσει τούτων ἕκαστον. | 51

Ἔτι δεύτερον ἐπιχείρημα τοῦ εἶναι τὸν τόπον ποιεῖται ἀπὸ τῆς τῶν 122ᵛ

---

3 ἐφεξῆς καὶ a: ἐφεξῆς E: καὶ ἐφεξῆς καὶ F   6 ἔνεστι EF cf. Aristoteles et The-
mistius p. 254,11: ἔστι a   καὶ (post ὥσπερ) om. aF   7 ἄλλο—ἑκάτερον
om. aF   9 τὸ (post ἄνω) aF: τῇ E   11 ἀπὸ E: ἐπὶ aF   μέρος E:
μέρους aF   14 πάντες F   22 ὃ δὲ EF: ὃ a   23 τινῶν ἐστι aF   δια-
φερόντων om. F   25 ἔστι τι aF: ἔστι τε τὶ E   27 ἐστὶν ἀὴρ aF   29 ἐξ ἧς
καὶ εἰς ἣν a   34 ἔτι EF: ἔτι δὲ καὶ a: ἔτι δὲ Aristoteles

σωμάτων κατὰ φύσιν κινήσεως. συναποδείκνυται δὲ τούτῳ καὶ ὅτι δύναμίν 122ᵛ
τινα ἔχει κατὰ τὴν αὑτοῦ φύσιν ὁ τόπος, ὥστε καὶ διὰ τοῦτο ἄξιος εἶναι
ζητήσεως. δείκνυσι δὲ ὅτι ἔστι τι ὁ τόπος καὶ δύναμιν ἔχει οὕτως· εἰ
ἕκαστον τῶν φυσικῶν καὶ ἁπλῶν σωμάτων μὴ κωλυόμενον ἐπὶ τὸν οἰκεῖον
5 φέρεται τόπον (τὸ μὲν πῦρ ἐπὶ τὸ ἄνω, ἡ δὲ γῆ ἐπὶ τὸ κάτω, τὰ δὲ μέσα 5
ἐπὶ τὸ μέσον, καὶ τὸ κύκλῳ δὲ κινούμενον περὶ τὸ μέσον κινεῖται), καὶ
κατὰ τοῦτο ἕκαστον εἰδοποιεῖται, τὸ δὲ ἄνω καὶ τὸ κάτω καὶ αἱ λοιπαὶ
διαστάσεις τόπου μέρη καὶ εἴδη ἐστί, δῆλον ὅτι καὶ ἔστι τι ὁ τόπος καὶ
δύναμιν ἔχει. οὐ γὰρ ἂν εἰδοποιοὶ ἦσαν αἱ διαφοραὶ αὐτοῦ τῶν ἁπλῶν
10 σωμάτων. τὸ δὲ δεξιὰ καὶ ἀριστερὰ καὶ ἔμπροσθεν καὶ ὄπισθεν ὑπάρχει
μὲν καὶ τῇ οὐρανίᾳ κινήσει, ὡς ἐν τῇ Περὶ οὐρανοῦ δείκνυται, ὑπάρχει δὲ
καὶ τοῖς ἐν γενέσει ζῴοις κατὰ τὴν σύνθετον αὐτῶν φύσιν. καὶ ὅρα ὅτι
θερμότης μὲν καὶ μαλακότης καὶ τὰ τούτοις ὅμοια ἴσως ἂν καὶ ἄνευ τόπου 10
εἴη, κουφότητα δὲ καὶ βαρύτητα οὐ δυνατὸν ἄνευ τόπου εἶναι· ὥρισται γὰρ
15 ταῦτα φορᾷ τῇ τε ἄνω καὶ τῇ κάτω. ἐπειδὴ δὲ τὸ ἄνω καὶ κάτω καὶ αἱ
ἄλλαι τοῦ τόπου διαφοραὶ φαίνονται καὶ κατὰ σχέσιν οὖσαι, ἠπόρησεν ἄν
τις μήποτε οὐ φύσει ἐστὶν ὁ τόπος, ἀλλὰ κατὰ τὴν σχέσιν τὴν πρὸς ἡμᾶς
τὸ εἶναι ἔχει. ἡ γοῦν ὀροφὴ τοῖς μὲν ἐν τῷ οἴκῳ ἄνω ἐστί, τοῖς δὲ ἐν
τῷ κεράμῳ κάτω. καὶ εἰ κατὰ σχέσιν εἴη τὴν πρὸς ἡμᾶς, δῆλον ὅτι οὔτε
20 δύναμιν ἔχει τινὰ κατὰ τὴν ἡμετέραν θέσιν ὑφεστὼς οὔτε ἀναγκαῖος ἂν 15
εἴη τῷ φυσικῷ ὁ περὶ αὐτοῦ λόγος. ταύτην οὖν λύων τὴν ἔνστασιν δεί-
κνυσιν, ὅτι οὐ σχέσει μόνον ἀλλὰ καὶ φύσει τὸ ἄνω καὶ κάτω ἐστί. δείκνυσι
δὲ οὕτως· τὰ φύσει ἄνω καὶ κάτω ἀεὶ ταὐτά ἐστιν. ἄνω γὰρ ἐφ᾽ ὃ τὰ
κοῦφα φέρεται καὶ κάτω ἐφ᾽ ὃ τὰ βαρέα. τὰ δὲ πρὸς ἡμᾶς τὸ εἶναι
25 ἔχοντα οὐκ ἀεὶ τὰ αὐτά, ἀλλ᾽ ὡς ἂν στραφῶμεν, οὕτω καὶ αὐτὰ μετατί-
θεται· ὁ γὰρ νῦν δεξιός μου κίων μεταστραφέντος ἢ κινηθέντος ἀριστερὸς
γίνεται καὶ ἡ ὀροφή, ὡς εἴρηται πρότερον. ὥστε τὰ φύσει ἄνω καὶ κάτω 20
οὐ πρὸς ἡμᾶς οὔτε κατὰ σχέσιν ἔχει τὸ εἶναι οὔτε τῇ θέσει τῇ πρὸς ἡμᾶς
διαφέρει μόνον, ἀλλὰ καὶ τῇ δυνάμει. οὐ γὰρ ἂν ἦν διαφερόντων δεκτικὰ
30 καὶ εἰδοποιὰ τῶν ἐπ᾽ αὐτὰ ἰόντων. τοῦτο δὲ τὸ ὅτι οὐ τῇ πρὸς ἡμᾶς
σχέσει μόνον, ἀλλὰ καὶ κατὰ φύσιν εἰσὶν αἱ τῶν τόπων διαφοραί, καὶ ἄλλαι
μὲν αἱ κατὰ φύσιν ἄλλαι δὲ αἱ κατὰ θέσιν, δείκνυσι καὶ ἐκ τῶν μαθημα-
τικῶν. εἰ γὰρ τὰ κατὰ τὴν πρὸς ἡμᾶς σχέσιν μόνην ἔχοντα τὸ δεξιὸν
καὶ ἀριστερὸν καὶ ἄνω καὶ κάτω ὥσπερ τὰ μαθηματικὰ οὐκ ἔστιν ὅλως 25
35 ἐν τόπῳ κατὰ τὴν ἑαυτῶν φύσιν, τὰ ἐν τόπῳ ὄντα οὐ κατὰ σχέσιν μόνην
τὴν πρὸς ἡμᾶς, ἀλλὰ καὶ κατὰ φύσιν ἔχει τὰς τοῦ τόπου διαφοράς. ἔοικε
δὲ ὁ Ἀριστοτέλης τὸ συνημμένον θεῖναι μόνον ἐν τῷ λέγειν οὐκ ὄντα
γὰρ ἐν τόπῳ ὅμως κατὰ τὴν θέσιν τὴν πρὸς ἡμᾶς ἔχει δεξιὰ

---

2 αὑτοῦ a: αὐτοῦ EF ὡς a 10 fortasse τὰ δὲ 11 ὡς om. E Περὶ
οὐρανοῦ B 2 12 post καὶ add. ἐν E γένεσι F αὐτοῦ aF 15 καὶ τὸ
κάτω καὶ αἱ aF 17 ἡμᾶς om. F 21 λύων E: λύει aF qui emittunt δείκνυσιν
23 τὰ αὐτά E: ταυτά a: ταὐτά F 33 τὰ (post γὰρ) om. F πρὸς om. E
μόνον a 35 μόνον a 37 μόνον καὶ ἐν F

καὶ ἀριστερά, ὡς εἰ ἔλεγε 'τὰ μαθηματικὰ κατὰ τὴν πρὸς ἡμᾶς σχέσιν 122ᵛ
μόνην ἔχει τὸ δεξιὸν καὶ ἀριστερὸν διὰ τὸ μὴ εἶναι φύσει ἐν τόπῳ'· ὡς
εἴ γε ἦν, οὐκ ἂν κατὰ θέσιν μόνον, ἀλλὰ καὶ κατὰ φύσιν εἶχε τὰς τοιαύ-
τας διαφοράς. καὶ προελθὼν δὲ αὐτὸ πάλιν ἐξηγεῖται διὰ τοῦ ὡς τὰ 30
5 μόνον λεγόμενα διὰ θέσιν οὐκ ἔχοντα φύσει τούτων ἕκαστον
τῶν τοῦ τόπου διαφορῶν. δῆλον δὲ ἐκ τούτου τοῦ λόγου ὅτι ἕτερος ὁ
κατὰ σχέσιν τόπος, καὶ ἕτερος ὁ κατὰ φύσιν, καὶ ὁ μὲν κατὰ σχέσιν καὶ
τοῖς μὴ ἐν τόπῳ οὖσι δυνάμενος προσεῖναι διὰ τὴν ἡμετέραν ἐπίνοιαν
(δεξιὸν γὰρ τοδὶ τὸ θεώρημα καὶ ἀριστερὸν ὡς πρὸς ἐμὲ τόδε γράφω καὶ
10 ἄνω καὶ κάτω καὶ τὰ μέρη ἑκάστου ὁμοίως), ὁ δὲ κατὰ φύσιν τόπος τοῖς
ἐν τόπῳ οὖσι μόνοις προσήκει. πάντα δὲ ἐν τόπῳ καὶ τὰ φυσικὰ καὶ τὰ 35
τεχνητά. ἀλλὰ τὰ μὲν τεχνητὰ καθὸ τεχνητὰ κατὰ συμβεβηκὸς ἐν τόπῳ
ἐστί, καθὸ δὲ φυσικὰ καθ' αὑτό. ἐν δὲ τοῖς φυσικοῖς τῶν μὲν ἁπλῶν
ἕκαστον οἰκεῖον φύσει τόπον ἔχει, τῶν δὲ συνθέτων τόπος ἐστὶν ἑκάστου
15 οἰκεῖος κατὰ τὴν τῶν ἐν αὐτῷ ἁπλῶν ἐπικράτειαν.

Ὁ δὲ Ἀλέξανδρος τὴν λέξιν τὴν λέγουσαν ὡς τὰ μόνον λεγόμενα
διὰ θέσιν οὐκ ἔχοντα φύσει τούτων ἕκαστον οὕτως μεταγράφει
ὥστε μόνον νοεῖσθαι αὐτῶν τὴν θέσιν. "εἰπὼν γάρ, φησίν, ὅτι τὰ
μαθηματικὰ κατὰ τὴν πρὸς ἡμᾶς θέσιν ἔχει τὰ δεξιὰ καὶ ἀριστερά, ποίαν 40
20 θέσιν προσέθηκεν, ὅτι τὴν κατ' ἐπίνοιαν· εἰ γὰρ τὴν ἀρχὴν μηδὲ ἔστι καθ'
αὑτά, οὐδ' ἂν θέσιν ἔχοι καθ' αὑτά." ἐνταῦθα δὲ σαφῶς ὁ Ἀλέξανδρος
ὁμολογεῖ τὸ ἀπὸ τῶν μαθημάτων παράδειγμα μὴ εἶναι ἴδιον ἐπιχείρημα,
ἀλλ' εἰς πίστιν εἰλῆφθαι τοῦ κατὰ φύσιν διωρίσθαι τὰς τῶν τόπων δια-
φοράς, εἴπερ τὰ μὴ κατὰ φύσιν διωρισμένους ἔχοντα τοὺς τόπους, ὥσπερ
25 τὰ μαθηματικὰ οὐδὲ ἔστιν ὅλως ἐν τόπῳ. μήποτε δὲ δύναται καὶ ἴδιον
ἐπιχείρημα εἶναι τοῦτο, ὥσπερ ᾠήθη πρότερον ὁ Ἀλέξανδρος, τὸ τρίτον 45
ἐπιχείρημα τῶν εἶναι τὸν τόπον δεικνύντων τὸ ἀπὸ τῶν μαθημάτων εἶναι
λέγων. ἔχοι δὲ ἂν οὕτως· εἰ τὰ μαθηματικὰ καίτοι μὴ ὄντα φύσει ἐν
τόπῳ ὅμως κατὰ τὴν πρὸς ἡμᾶς θέσιν ἔχει τὰς τοῦ τόπου διαφοράς,
30 δῆλον ὅτι ἔστι τι ὁ τόπος· τὰ γὰρ θέσει ἀπὸ τῶν φύσει μετάγεται, ὡς τὰ
φανταστὰ ἀπὸ τῶν αἰσθητῶν.

p. 208ᵇ25 Ἔτι οἱ τὸ κενὸν φάσκοντες εἶναι ἕως τοῦ διὰ τούτων 50
ἄν τις ὑπολάβοι.

Τρίτον τοῦτο ὑποτίθησιν ἐπιχείρημα δεικνύων εἶναι τὸν τόπον κατ'

---

2 μόνον a   5 λεγόμενα διὰ θέσιν EF: νοούμενα κατὰ θέσιν a   7 καὶ (ante ὁ μὲν) om. aF   καὶ τοῖς aF: ἐν τοῖς E   9 τοδὶ E: τουτὶ aF   10 τὰ (ante μέρη) om. aF   11 καὶ (post τόπῳ) om. a   τὰ φυσιτὰ sic E   11. 12 καὶ τὰ χνητὰ sic E   ἀλλὰ—καθὸ τεχνητὰ om. a   ἀλλὰ τὰ μὲν τεχνητὰ om. F   ἐν τόπῳ ἐστὶ κατὰ συμβεβηκὸς F   13 post ἐστὶ add. καθὸ τεχνητὰ a   15 τῶν (post τὴν) om. E   ἁπλῶς ut videtur F   21 ἔχει E¹   25 μαθηματικὰ a: μαθήματα EF   ὅλως ἐστὶν a   27 τῶν τόπων F   34 τοῦτο om. aF   δεικνύων E: δεικνύον aF

οἰκείαν φύσιν. οἱ γὰρ τὸ κενὸν λέγοντες οὐδὲν ἄλλο λέγουσιν αὐτὸ ἢ τό- |122ᵛ
πον ἐστερημένον σώματος. εἰ οὖν ἄλλο τι παρὰ τὸ σῶμα ἔστιν, ὡς καὶ
ἄνευ σώματος ὑφεστάναι, δῆλον ὅτι ἔχει τινὰ φύσιν οἰκείαν. οὐχ ὡς ἀρέ-
σκον δὲ αὐτῷ τίθησι τὸ ἐπιχείρημα, ἀλλ' ὡς δεικτικὸν τοῦ καὶ παρὰ τοῖς
5 προτέροις ἔννοιαν εἶναι τοῦ τόπου, διότι, φησίν, οἱ τὸ κενὸν ϲάϲκοντεϲ |
εἶναι τόπον λέγουσι. διάκεινται οὖν καὶ ὡς ὄντος καὶ ὡς ἔχοντός 123ʳ
τινα φύσιν ἀφωρισμένην καὶ τάχα καὶ κυριωτέραν τοῦ σώματος, εἴπερ σῶμα
μὲν ἄνευ τόπου ἀδύνατον εἶναι, ὁ δὲ τόπος ὑφέστηκε καὶ σώματος χωρίς.
δείξας δὲ ἀποδεικτικῶς μὲν διὰ τῶν δύο τῶν προτέρων ἐπιχειρημάτων,
10 δοξαστικῶς δὲ διὰ τοῦ νῦν εἰρημένου συμπεραίνεται τὸν λόγον, ὡς δεδειγ-
μένου καὶ ὅτι ἔστιν ὁ τόπος καὶ ὅτι ἄλλος παρὰ τὰ σώματα, ὡς ἔχων 5
τινὰ φύσιν καὶ δύναμιν οἰκείαν, καὶ μὴ κατὰ τὴν ἡμετέραν θέσιν θεωρού-
μενος. πᾶν δὲ σῶμα αἰσθητὸν ἐν τόπῳ εἶπε διὰ τὰ μαθηματικά,
ἅτινα οὐ καθ' αὑτὰ ἔχει τὸ εἶναι ἐν τόπῳ.

15 p. 208ᵇ29 Δόξειε δ' ἂν καὶ Ἡσίοδος ὀρθῶς λέγειν ἕως τοῦ οὐ
γὰρ ἀπόλλυται ὁ τόπος τῶν ἐν αὐτῷ φθειρομένων. 11

Τοῦ Ἡσιόδου ἐν τῇ Θεογονίᾳ λέγοντος
ἤτοι μὲν πρώτιστα χάος γένετο,
καὶ τοῦ χάος ἀπὸ τοῦ χῶ ῥήματος δοκοῦντος γεγονέναι καὶ διὰ τοῦτο τὸ
20 χωρητικὸν δηλοῦν, ὅπερ ταὐτόν ἐστι τῷ τοπικῷ, ἐκ τούτου δύο συλλογί-
ζεται ὁ Ἀριστοτέλης· καὶ ὅτι ἔστι τι ὁ τόπος κατὰ τὸν Ἡσίοδον, καὶ ὅτι
προτέρα πάντων ἡ τούτου δύναμις κατ' αὐτὸν καὶ ἀρχηγική, ὥστε καὶ 15
οἰκεία τῷ περὶ τῶν ἀρχῶν λόγῳ. διὰ τοῦτο δέ φησιν αὐτὸν εἰρηκέναι
πρῶτον γενέσθαι τὸ χάος διὰ τὸ νομίζειν μέν, ὥσπερ οἱ πολλοὶ τὴν
25 ἀσώματον φύσιν ἀγνοοῦντες, μόνα δὲ εἶναι τὰ σώματα λέγοντες, πάντα
εἶναί που καὶ ἐν τόπῳ. εἰ δὲ τοῦτο, δεῖν προϋπάρξαι χώραν ἐν ᾗ
ἔσται τὰ ὄντα. καὶ διὰ τοῦ εἰπεῖν ὥσπερ οἱ πολλοὶ ἐνεδείξατο ὅτι οὐκ
ἀρέσκεται τῇ δόξῃ. τοῦ δὲ δοκεῖν ὀρθῶς λέγειν τὸν Ἡσίοδον αἰτίαν ἐπή-
γαγε τὸ ὡς δέον πρῶτον ὑπάρξαι χώραν τοῖς οὖσιν. εἰ δέ ἐστιν 20
30 ἀληθὲς τὸ δοξαζόμενον ὑπὸ Ἡσιόδου τὸ πρώτην χώραν γενέσθαι ἤτοι τόπον,
θαυμαστή τις ἂν εἴη ἡ τοῦ τόπου φύσις πρωτουργός τις οὖσα καὶ
ἀρχηγική. εἰ γὰρ τόπου μὲν ὄντος οὐκ ἀνάγκη εἶναι σῶμα, σώματος δὲ
ὄντος ἀνάγκη εἶναι τόπον, εἰ πάντα ἀνάγκη εἶναί που καὶ ἐν τόπῳ, τὸ δὲ
συναναιροῦν μὲν μὴ συναναιρούμενον δὲ πρῶτόν ἐστι τῇ φύσει, δῆλον ὅτι
35 πρωτουργὸς καὶ ἀρχηγικὸς ἂν εἴη ὁ τόπος. οὐ γὰρ εἰ τόδε τὸ σῶμα οἷον

2 τι] τὸ τι E   3 ἀρέσχων E   6 οὖν E: γοῦν aF   10 δὲ] καὶ E   τοῦ
om. E   17 Θεογονίᾳ v. 116. Simplicius vulgarem, non Aristotelis versus formam
sequitur   19 καὶ τὸ χάος E   χωρήματος E   20 χωρηστικὸν F   25 ἀσώ-
ματον aF: ἀσωμάτων E   26 τὴν χώραν aF   30 δοξαζόμενον E: δεδοξασμένον aF
post ὑπὸ add. τοῦ aF   πρῶτον a   31 τις E cf. Aristoteles et Themistius
p. 255, 25   32 post ἀνάγκη add. μὲν F   33 εἰ πάντα EF: ἅπαντα a   35 ὁ
τοῦ τόπος φύσις F

τὸ πῦρ ἢ ὁ ἀὴρ φθαρείη, ἀνάγκη καὶ τὸν τόπον ἐφθάρθαι τὸν αὐτοῦ. εἰ 123r
δὲ καὶ κενὸν εἴη, καθάπερ τινὲς ἔλεγον, ὁ τόπος, ἔτι μᾶλλον ἀναγκαῖον τὸ 25
μὴ συναναιρεῖσθαι τοῖς σώμασιν, εἴπερ τὸ κενὸν τόπος ἐστὶν ἐστερημένος
σώματος. κατὰ μὲν γὰρ τὴν Ἀριστοτέλους περὶ τόπου δόξαν τὴν λέγουσαν
5 τόπον εἶναι τὸ πέρας τοῦ περιέχοντος, ὡς μαθησόμεθα, κἂν μὴ συμφθεί-
ρηται ὁ τόπος τῷ ἐν τόπῳ, ἀλλ᾽ οὖν ἀνάγκη, εἰ τόπος ἐστί, καὶ σῶμα
εἶναι, καὶ εἰ μὴ τὸ αὐτὸ ἀεί, ἀλλὰ σῶμά γε πάντως. εἰ δὲ πρῶτος γέ-
γονεν ὁ τόπος καὶ εἰ κενὸν εἴη, δῆλον ὅτι καὶ σώματος μὴ ὄντος ἔσται
τόπος. ταῦτα δὲ ἐνδόξως λέγεται λυσιτελοῦντα πρὸς τὸ δεῖξαι, ὅτι ἀρχῆς 30
10 λόγον ἔχειν τισὶν ὁ τόπος δοκεῖ ὥσπερ καὶ τὸ ἄπειρον. καὶ διὰ τοῦτο καὶ
ὁ περὶ τόπου λόγος ἀναγκαῖος τῷ περὶ ἀρχῶν προθεμένῳ διασκοπῆσαι.

Ἔοικε δὲ τοιαύτη τις τότε τῶν Ἡσιόδου ἐπῶν ἐπιπολάζειν ἐξήγησις
τὸ χάος εἰς χώραν μεταλαμβάνουσα. δηλοῖ δὲ οὐ χώραν ἀλλὰ τὴν ἀπει-
ροειδῆ καὶ πεπληθυσμένην τῶν θεῶν αἰτίαν, ἣν Ὀρφεὺς "χάσμα πελώριον"
15 ἐκάλεσε. μετὰ γὰρ τὴν μίαν τῶν πάντων ἀρχήν, ἣν Ὀρφεὺς χρόνον 35
ἀνυμνεῖ ὡς μέτρον οὖσαν τῆς μυθικῆς τῶν θεῶν γενέσεως, αἰθέρα καὶ τὸ
"πελώριον χάσμα" προελθεῖν φησι, τὸν μὲν τῆς περατοειδοῦς προόδου τῶν
θεῶν αἴτιον, τὸ δὲ τῆς ἀπειροειδοῦς. καὶ λέγει περὶ αὐτοῦ
  οὐδέ τι πεῖραρ ὑπῆν, οὐ πυθμήν, οὐδέ τις ἕδρα·
20 καίτοι πῶς ἄν τις περὶ τόπου ταῦτα λέγοι τοῦ καὶ τἄλλα περαίνοντος καὶ
ἑδράζοντος; ὁ μέντοι Ἡσίοδος τὴν πρώτην τῶν πάντων αἰτίαν σιγῇ τιμῶν
ᾐνίξατο μόνον αὐτὴν διὰ τοῦ εἰπεῖν γενέσθαι τὸ χάος (παντὶ γὰρ γενομένῳ
ὑπ᾽ αἰτίου τινὸς ἀνάγκη τὴν γένεσιν σχεῖν, ὡς ὁ Πλάτων φησί), τὴν δὲ 40
πληθοειδῆ πρόοδον τῶν θεῶν ἐκφῆναι βουλόμενος διὰ τῆς ἀπειροειδοῦς
25 συστοιχίας προήγαγε τὴν θεογονίαν τὸ χάος πρῶτον εἰπὼν καὶ μετ᾽
αὐτὸ γῆν.

p. 209 a 2 Οὐ μὴν ἀλλ᾽ ἔχει γε ἀπορίαν εἰ ἔστι ἕως τοῦ ζητητέον
  γὰρ τὸ γένος αὐτοῦ πρῶτον.

Ἐν μὲν τοῖς περὶ τοῦ ἀπείρου λόγοις ἐκθέμενος πέντε ἐπιχειρήματα, 45
30 δι᾽ ὧν εἶναι δοκεῖ τὸ ἄπειρον, ἐπήγαγε τούτοις ἐκεῖνα, δι᾽ ὧν μὴ εἶναι
φανήσεται, ἵν᾽ οὕτως ὁ διαιτητὴς τῶν λόγων καὶ ἀληθεῖς ἀμφοτέρους εὑρί-
σκων καὶ τὰ ἐναντία λέγειν δοκοῦντας, πῇ μὲν εἶναι πῇ δὲ μὴ εἶναι τὸ
ἄπειρον ἐπιψηφίζηται, ὅπερ καὶ τὸ ἀληθὲς ἔχει. ἐνταῦθα δὲ οὐ πῇ μὲν
εἶναι πῇ δὲ μὴ εἶναι τὸν τόπον βουλόμενος, ἀλλ᾽ εἶναι μόνως διὰ τὴν κοι-
35 νὴν περὶ αὐτοῦ ἔννοιαν (τίς γὰρ οὐ λέγει τόπον εἶναι;), οὐκ ἀντέθηκεν εὐθὺς

---

2 καί (post δὲ) om. E   3. 4 σώματος ἐστερημένος E   4 περὶ τοῦ τόπου aF
5 μαθησόμεθα velut Δ 4 p. 212 a 20   10 ἔχει a   12 ἐπῶν iteravit E
14 Ὀρφεὺς cf. Syrianus in Metaph. p. 859 b 31 sqq. Aglaophamus Lobeckii p. 472 sqq.
post Ὀρφεὺς add. καὶ aF   17 τὸν μὲν a: τὸ EF   19 πεῖραρ EF: πείρας a:
πείρας Procl. in Parm. L. VI 101   ὑπῆν E Proclus l. c.: ἦν F: ἔην a   οὐ EF:
οὐδὲ a   29 πέντε aF: τὰ E   30 τούτοις δι᾽ ὧν F   33 ἐπιψηφίζεται aF:
ἐπιψηφίζῃ E   οὐ aE: μὴ F   34 μόνος a

ἐπιχειρήματα δεικνύντα μὴ εἶναι, ἀλλ' εἰπὼν τὰ ἐπιχειρήματα δι' ὧν ὁ 123ʳ
τόπος εἶναι πιστεύεται μεταβαίνειν μὲν δοκεῖ ἐπὶ τὸ ἑξῆς πρόβλημα τὸ τί 50
ἔστιν ὁ τόπος, δείκνυσι δὲ ὅτι οὔτε σῶμα οὔτε ἀσώματον εἶναι δύναται
οὔτε στοιχεῖον οὔτε ἐκ στοιχείων. καὶ ἄλλα ἐπιχειρήματα ἐπάγει, δι' ὧν
5 συνήγαγεν ὅτι οὐ μόνον τί ἐστιν ὁ τόπος, ἀλλὰ καὶ εἰ ἔστιν ὅλως ἀπορεῖν
ἀνάγκη, οὐ τὸ πῇ μὲν εἶναι πῇ δὲ μὴ εἶναι διὰ τούτου εἰσάγων, ἀλλὰ τὴν
χαλεπότητα τοῦ λόγου διὰ τὴν ἐφ' ἑκάτερα ἀπορίαν κοινὴν ἐπὶ τοῦ τί
ἐστι καὶ τοῦ εἰ ἔστιν ὑποδεικνύς. εἰ γὰρ | ἀνάγκη μὲν εἰ ἔστιν ὅλως ἢ 123ᵛ
σῶμα εἶναι ἢ ἀσώματον ἢ στοιχεῖον ἢ ἐκ στοιχείων, μηδέτερον δὲ εἶναι
10 δύναται, καὶ τὸ τί ἐστι καὶ τὸ εἰ ἔστιν ἄπορον φανήσεται. καὶ τὸ χαλεπὸν
τῆς εὑρέσεως αὐτοῦ πιθανωτέρας ποιεῖ τὰς πρὸς τὸ μὴ εἶναι ἐπιχειρήσεις,
κἂν δοκῶμεν πάντες ἐννοεῖν ὅτι ἔστιν ὁ τόπος. καὶ ὅρα ὅπως ἐμμεθόδως
ἐχρήσατο τῷ λόγῳ. βουλόμενος γὰρ ἐκ πάντων τῶν προβλημάτων δεῖξαι
τὴν χαλεπότητα τοῦ ζητήματος, ἐν μὲν τῷ εἰ ἔστιν οὐκ ἀνεσκεύασε τοῦτο 5
15 διὰ τὴν κοινὴν περὶ αὐτοῦ πρόληψιν, ἀλλὰ διέβαλεν εὐφυῶς διὰ τῆς τοῦ
κενοῦ θέσεως καὶ τοῦ μυθικοῦ χάους εἰσαγόμενον τὸν τόπον· ἐν δὲ τῷ τί
ἐστι καὶ τῷ ὁποῖόν τί ἐστι καὶ τὸ εἶναι τὸν τόπον συναναιρεῖ. ὅτι γὰρ
καὶ πρὸς τοῦτο αὐτῷ τείνει τὰ ἐπιχειρήματα, δηλοῖ νῦν μὲν τῷ ὑποθετι-
κῶς εἰπεῖν εἰ ἔστιν. ἐπειδὴ κἂν ἐρρέθησάν τινες λόγοι πιστούμενοι τὸ
20 εἶναι, οὔπω τελέως ἐδείχθη ὅτι ἔστι, δειχθήσεται δὲ προϊόντος τοῦ λόγου.
ἐν δὲ τῷ συμπεράσματι τοῦ ὁποῖόν τί ἐστι σαφῶς καὶ τὸ εἶναι ἄπορον 10
εἶπε· ζητεῖ δὲ πρῶτον ἐν τίνι γένει χρὴ τιθέναι τὸν τόπον· ἀρχὴ γὰρ
τοῦ τί ἐστι καὶ τοῦ ὁρισμοῦ τὸ γένος ἐστί. πότερον οὖν σῶμα ἢ ἀσώμα-
τον ὁ τόπος; εἰκότως δὲ οὐκ εἶπεν ἢ ἀσώματον, ἀλλ' ἤ τις ἑτέρα φύσις,
25 ἐπειδὴ οὐ πάντῃ σώματος αὐτὸν ἐκτὸς εἶναι τίθησι πέρας λέγων αὐτὸν
σώματος, ὡς μαθησόμεθα.

p. 209ᵃ4 Διαστήματα μὲν οὖν ἔχει τρία ἕως τοῦ ἐν τῷ αὐτῷ 15
γὰρ ἂν εἴη δύο σώματα.

Ὁ μὲν Ἀλέξανδρος δύο συλλογισμοὺς ἀναλύει ἐν τούτῳ τῷ ῥητῷ ἀντι-
30 κειμένους ἀλλήλοις· "καὶ ἔστιν ὁ μὲν πρῶτος τοιοῦτος· ὁ τόπος διαστή-
ματα ἔχει τρία· τὸ δὲ τρία διαστήματα ἔχον σῶμα· ὁ τόπος ἄρα σῶμα."
καίτοι κἂν τὸ σῶμα τρία ἔχει διαστήματα, οὐ πᾶν τὸ τρία ἔχον διαστή-
ματα ἤδη σῶμά ἐστι. καὶ γὰρ καὶ τὸ κενὸν οἱ λέγοντες εἶναι τριχῇ διε-
στάναι φασὶν αὐτό. "ὁ δὲ δεύτερος συλλογισμὸς ἀντικείμενος τῷ προτέρῳ 20
35 ὑποθετικὸς ἐξ ἀκολουθίας ἀνασκευαστικός, ὃν καὶ δεύτερον ἀναπόδεικτον
καλοῦσιν· εἰ σῶμα ὁ τόπος, ἐν ταὐτῷ δύο σώματα ἔσται ὅ τε τόπος καὶ

---

2 τί om. F   8 τοῦ (ante εἰ) om. F   ὑποδεικνύς E: ἀποδεικνύς aF   10 τὸ
(ante εἰ) om. E   12 ὅπως E: πῶς aF   15 διέβαλλεν E   17 καὶ τὸ
ὁποῖον E   18 τῷ aF: τὸ E   19 ἐρρέθησαν aF   20 δὲ καὶ προϊόντος a
25 αὐτὸν ἐκτὸς E: ἐκτὸς αὐτὸν aF   27 τῷ om. a   29 μὲν E: μὲν οὖν aF
32 ἔχει E: ἔχοι aF   οὐ — διαστήματα om. E   34 φασὶν aF: φησὶν E   35 ἀπό-
δεικτον E

τὸ ἐν αὐτῷ· ἀλλὰ μὴν ἀδύνατον ἐν ταὐτῷ δύο σώματα εἶναι· οὐκ ἄρα 123ᵛ
σῶμα ὁ τόπος. εἰ δὲ δοκεῖ μὲν σῶμα εἶναι, ἀδύνατον δὲ αὐτὸν σῶμα εἶναι,
οὐδ' ἂν εἴη τι ὅλως." οὕτως μὲν οὖν ὁ Ἀλέξανδρος. μήποτε δὲ ἐκ
διαιρέσεως ποιεῖται τὴν ἀνασκευὴν τοῦ εἶναι τὸν τόπον. εἰ γὰρ ἔστιν ὅλως,
5 ἢ ἐν τῷ τοῦ ἀσωμάτου γένει ἐστὶν ἢ ἐν τῷ τοῦ σώματος· ἀλλὰ μὴν 25
οὔτε ἀσώματός ἐστι μῆκος ἔχων καὶ πλάτος καὶ βάθος, οἷς ὁρίζεται πᾶν
σῶμα, οὔτε σῶμα, ἵνα μὴ δύο σώματα ἐν ταὐτῷ εἴη. τὰ οὖν τμήματα
τῆς διαιρέσεως καλῶς ἀπέδειξεν ὁ Ἀλέξανδρος.

Τὸ δὲ σῶμα διὰ σώματος χωρεῖν οἱ μὲν ἀρχαῖοι ὡς ἐναργὲς ἄτοπον
10 ἐλάμβανον, οἱ δὲ ἀπὸ τῆς Στοᾶς ὕστερον προσήκαντο ὡς ἀκολουθοῦν ταῖς
σφῶν αὐτῶν ὑποθέσεσιν, ἃς ἐνόμιζον παντὶ τρόπῳ δεῖν κυροῦν· σώματα
γὰρ πάντα λέγειν δοκοῦντες καὶ τὰς ποιότητας καὶ τὴν ψυχὴν καὶ διὰ παν-
τὸς ὁρῶντες τοῦ σώματος καὶ τὴν ψυχὴν χωροῦσαν καὶ τὰς ποιότητας ἐν 30
ταῖς κράσεσι συνεχώρουν σῶμα διὰ σώματος χωρεῖν. ὅτι δὲ ἀδύνατον
15 τοῦτο, δείκνυσι μὲν καὶ δι' ἀφωρισμένου συγγράμματος, δείκνυσι δὲ καὶ ἐν
τοῖς ὑπομνήμασι διὰ πλειόνων ἐπιχειρημάτων ὁ Ἀλέξανδρος. πρῶτον μὲν
γὰρ εἰ σῶμα διὰ σώματος χωρεῖ, καὶ πᾶν διὰ παντὸς χωρήσει, εἴπερ καθὸ
σώματα, ἀλλὰ μὴ καθὸ θερμὰ ἢ ψυχρὰ ἤ τινα ἄλλην ἔχοντα διαφορὰν
χωρεῖ δι' ἀλλήλων. εἰ οὖν σῶμα διὰ σώματος χωρεῖ, καὶ ἐν τῷ μικρο-
20 τάτῳ χωρηθήσεται τὸ μέγιστον· ὁμοίως γὰρ ἕξει δεξάμενόν τε καὶ πρὸ
τοῦ δέξασθαι. οὐ γὰρ δὴ τότε μὲν κενά τινα καὶ πόρους εἶχε, νῦν δὲ οὐ- 35
κέτι. οὐδὲ γὰρ αἰτιῶνται κενὰ οἱ δι' ἀλλήλων λέγοντες χωρεῖν. δύναται
οὖν καὶ δεύτερον καὶ τρίτον ὁμοίως δέξασθαι. οὕτως δὲ ἐν τῇ κέγχρῳ,
φησὶν Ἀριστοτέλης, ὁ οὐρανὸς χωρηθήσεται καὶ ἡ θάλασσα ἐν κυάθῳ. ἔτι
25 δὲ εἰ σῶμα διὰ σώματος χωρεῖ καὶ διὰ τοῦ παχυτέρου τὸ λεπτότερον, τί
δήποτε ὁ χρυσὸς χαλκὸν μὲν δέχεται, ὕδωρ δὲ οὔ. ἄπορον δὲ καὶ διὰ τί
δεξάμενος τὸν χαλκὸν ὁ χρυσὸς μείζονα τὸν ὄγκον ἔσχε, καὶ ὅλως διὰ τί
αὔξεταί τινα τῶν μιγνυμένων, εἰ τὰ ἴσα ἀλλήλοις δι' ὅλων ἀλλήλοις συμ-
παρεκτείνεται ὡς τὴν αὐτὴν ἔχειν ἐπιφάνειαν; κυάθου γὰρ κυάθῳ μιχθέν- 40
30 τος εἰ δι' ἀλλήλων χωρεῖ τὸ ὅλον ἔδει κυαθιαῖον γίνεσθαι.

Καὶ ὁ Εὔδημος καὶ τοῦτο προστίθησιν ὅτι οὐκ ἐνδέχεται δύο

---

1 εἶναι σώματα aF   2 σῶμα (ante ὁ) aF: σώματα E   3 οὖν om. E   δὲ
om. E   6 βάθος καὶ πλάτος E   10 ἀκολουθοῦν ταῖς aF: ἀκολουθοῦντες E   11 post
ἐνόμιζον add. ἐν aF   12 λέγειν πάντα a   15 δείκνυσι — Ἀλέξανδρος (16) om. a
συγγράμματος cf. Themistius p. 256, 17 τοῦτο δὲ (scil. τὸ σῶμα διὰ σώματος χωρεῖν) Χρυ-
σίππῳ μὲν καὶ τοῖς ἀπὸ Ζήνωνος ⟨ἐν⟩ δόγμασίν ἐστιν, οἱ παλαιοὶ δὲ ἀπάγουσιν ὡς εἰς ἀδύνατον
ἐναργῶς, καὶ πολλοὶ παρίστανται τῷδε τῷ λόγῳ γενικῶς ὅ τε Ἀφροδισιεὺς Ἀλέξανδρος ἐν
τῷ Περὶ κράσεως [l. κράσεων] γράμματι καὶ τοῖς ὑπομνήμασι τοῖς φυσικοῖς καὶ ἄλλοι
τινὲς κτλ.   19 ἀλλήλων E: ἀδήλων aF   21 οὐ γὰρ — δέξασθαι (23) om. F
22 οὐδὲ γὰρ — χωρεῖν E: om. a   24 φησὶν ὁ aF   Ἀριστοτέλης Phys. Δ 12
p. 221ᵃ 22 πάντα τὰ πράγματα ἐν ὁτῳοῦν ἔσται καὶ ὁ οὐρανὸς ἐν τῇ κέγχρῳ
ὁ οὐρανὸς aE: ἐν τῷ οὐρανός F   25 τὸ (ante λεπτότερον) om. E   26 διὰ
om. F   28 τὰ ἴσα — ὅλων om. F   31 καὶ ὁ E: ὁ δὲ aF   Εὔδημος fr. 38
p. 53, 18 Sp.

σώματα ἅμα εἶναι οὔτε αἰσθητὰ ὄντα οὔτε θάτερον μαθηματικόν. πρὸς γὰρ 123ᵛ
τῷ ἅμα δύο εἶναι σώματα καὶ ποῦ ἔσται τὸ μαθηματικόν· ὅπερ οὐ δοκεῖ.
ἀλλ' εἰ τῶν οὐρανῶν ἕκαστος σφαῖρα τελεία ἐστὶ μέχρι τοῦ κέντρου χω-
ροῦσα, δῆλον ὅτι καὶ δι' ἀλλήλων χωροῦσιν οἱ οὐρανοὶ καὶ διὰ τῶν ἀστέ-
5 ρων καὶ διὰ τοῦ ὑπὸ σελήνην παντός. μήποτε οὖν τὰ μὲν ὑπὸ σελήνην 45
ἅτε ὑλικώτατα καὶ ἀντίτυπα καὶ φύσει ἀλλήλων διεσπασμένα οὐ χωρεῖ δι'
ἀλλήλων (διὸ καὶ μιγνύμενα μεῖζόν τι ποιεῖ), τὰ δὲ οὐράνια οὐχ οὕτως.
ὥστε καὶ ἄτοπος ἡ τοῦ οὐρανοῦ καὶ τῆς κέγχρου ὑπόθεσις, εἴπερ ἀδιαίρε-
τος ὁ οὐρανός. εἰ δὲ μὴ σῶμά ἐστι τὸ τὰς τρεῖς ἔχον διαστάσεις, λόγου
10 δεήσει· πεισθῆναι γὰρ οὐ ῥᾴδιον εἶναί τι ἀσώματον τρεῖς ἔχον διαστάσεις.

p. 209 a 7 Ἔτι δὲ εἴπερ ἐστὶ σώματος τόπος ἕως τοῦ οὐδ' ἔστι 52
τι παρ' ἕτερον τούτων ὁ τόπος.

Καὶ οὗτος ὁ λόγος δοκεῖ μὲν πρὸς τὸ τί ἐστιν ἐνίστασθαι, ὅτι οὐκ ἔστι
σώματος χώρα ὁ τόπος. ἀναιρεῖ δὲ καὶ τὸ εἶναι ὅλως τὸν τόπον δεικνύς,
15 ὅτι οὐδὲ ἔστιν ὅλως τόπος ἢ χώρα σώματος. καὶ ἡ μὲν ὅλη τοῦ λόγου |
ἀγωγὴ τοιαύτη· εἰ ἔστι σώματος τόπος καὶ χώρα, ἔσται καὶ τῶν περάτων, 124ʳ
ὥστε καὶ ἐπιφανείας καὶ γραμμῆς καὶ στιγμῆς· ἀλλὰ μὴν στιγμῆς οὐκ
ἔστι τόπος, ὡς δείξει· οὐδὲ ἄρα σώματος. καὶ τὸ μὲν συνημμένον ὅτι
ἀληθές, δείκνυσιν ἐκ τοῦ λόγου τοῦ εἰσαγαγόντος ὅλως τὴν τοῦ τόπου ἔννοιαν.
20 εἰ γὰρ ἐκ τοῦ ἔνθα πρότερον ἦν ὕδωρ ἐνταῦθα γίνεσθαι ἀέρα καὶ εἶναί τι
τὸν τόπον καὶ ἕτερον τοῦ ἐν αὐτῷ λέγομεν, δῆλον ὅτι καὶ ὅπου πρότερον
ἦν ἡ τοῦ ὕδατος ἐπιφάνεια, νῦν ἐστιν ἡ τοῦ ἀέρος. τὰ γὰρ ἑκάστου πέρατα 5
τῷ περατουμένῳ συμμεθίσταται. ὁμοίως οὖν καὶ γραμμὴ καὶ σημεῖον, ὥστε
καὶ σημείου ἂν εἴη τόπος τῷ αὐτῷ λόγῳ ᾧπερ καὶ σώματος. ὅτι δὲ οὐκ
25 ἔστι τόπος σημείου οὐδὲ ἔχομεν διαφορὰν στιγμῆς καὶ τόπου στιγμῆς,
δείξαις ἂν οὕτως· εἰ ἴσος ὁ τόπος τῷ ἐν τόπῳ, καὶ τοῦ σημείου τόπος
ἔστιν, οὗ μέρος οὐδέν· τὸ δὲ οὗ μέρος οὐδὲν σημεῖον· καὶ ὁ τόπος ἄρα
τοῦ σημείου σημεῖον. δύο δὲ σημεῖα ἐὰν ἐφαρμόττῃ ἀλλήλοις ἓν γίνεται
σημεῖον ἐνεργείᾳ καὶ οὐκέτι δύο, ὥστε οὐκ ἄλλο τὸ σημεῖον καὶ ἄλλος ὁ τοῦ 10
30 σημείου τόπος. ἔδει δὲ διαφορὰν εἶναι τοῦ τόπου καὶ τοῦ ἐν τόπῳ, εἴπερ
ἔστι τι ὁ τόπος. ὁμοίως δὲ οὐδὲ γραμμῆς οὐδὲ ἐπιφανείας ἔσται τόπος,
ὥστε τῷ τῆς ἀντιμεταστάσεως λόγῳ πρότερον μὲν χρώμενοι εἶναι τὸν τό-
πον ἐδείκνυμεν, νῦν δὲ μὴ εἶναι.

---

1 ἅμα εἶναι σώματα aF   οὔτε αἰσθητὰ — σώματα (2) om. F   post μαθηματικὸν
fortasse excidisse ὂν adnotat Spengel   πρὸς γὰρ κτλ. intellegc: *nam praeter eam
difficultatem quae in corporum simul existentium copulatione consistit alia quoque inde oritur
quod alicubi sit necesse est* τὸ μαθηματικόν, *quod fieri non potest*.   ποῦ interrogativum
vult esse Spengel, id quod proximis vetatur   8 ὥστε aF: ὣς sic E   ἄτοπος]
ὁ τόπος F   11 δὲ om. a Aristoteles   12 ἕτερον E: ἕκαστον a Aristoteles
18 δείξει aF: δείξω E   19 εἰσάγοντος F   26 εἰ γὰρ a   τῷ E: τοῦ aF
28 ἐὰν ἐφαρμόττῃ aF: ἐφαρμοστὰ E   σημεῖον γίνεται aF   30 εἶναι τοῦ τόπου E:
τόπου εἶναι aF   32 λόγῳ aF: om. E

p. 209ᵃ13 Τί γὰρ ἂν καὶ θείημεν εἶναι τὸν τόπον; ἕως τοῦ ἐκ δὲ
τῶν νοητῶν στοιχείων οὐδὲν γίνεται μέγεθος.

Ἐπειδὴ τὰ ὄντα πάντα ἢ σώματά ἐστιν ἢ ἀσώματα καὶ ἢ στοιχεῖα
ἢ ἐκ στοιχείων, ταὐτὸν δὲ εἰπεῖν ἢ ἁπλᾶ ἢ σύνθετα, δείξας ὅτι οὔτε σῶμα
οὔτε ἀσώματός ἐστιν ὁ τόπος, νῦν δείκνυσι καὶ τὸ ἕτερον διαιρετικόν, ὅτι
οὔτε στοιχεῖον οὔτε ἐκ στοιχείων ἐστὶν ὁ τόπος τοιαύτην ἔχων φύσιν,
ὥστε μέγεθος μὲν ἔχειν, εἴπερ ἴσος τῷ ἐν τόπῳ, σῶμα δὲ μὴ εἶναι, εἰ
μὴ δυνατὸν δύο σώματα ἐν ταὐτῷ εἶναι. τῷ μὲν γὰρ μὴ εἶναι σῶμα οὐκ
ἂν εἴη τῶν αἰσθητῶν τι καὶ σωματικῶν οὔτε ὡς ἐκ στοιχείων οὔτε ὡς
στοιχεῖον. τῶν γὰρ συνθέτων σωμάτων καὶ τὰ στοιχεῖα σώματα. πῦρ
γὰρ καὶ ἀὴρ καὶ ὕδωρ καὶ γῆ τὰ προσεχῆ τῶν συνθέτων σωμάτων στοι-
χεῖα ἢ ἄτομοι, ὡς Δημόκριτος, ἢ ὁμοιομέρειαι, ὡς Ἀναξαγόρας. ἀλλ' οὔτε
τῶν νοητῶν τι ἂν εἴη οὔτε ὡς ἐκ στοιχείων οὔτε ὡς στοιχεῖον. οὔτε γὰρ
τὰ νοητὰ στοιχεῖα μέγεθός τι ἔχει, οὔτε ἐκ νοητῶν στοιχείων ἀμεγεθῶν
ὄντων γένοιτ' ἄν τι μέγεθος. εἰ οὖν μέγεθος ὁ τόπος ἔχει, οὐκ ἂν οὔτε
ἐκ νοητῶν εἴη στοιχείων οὔτε νοητὸν στοιχεῖον, ὥστε οὐδ' ἂν εἴη ὅλως,
εἴπερ πᾶν τὸ ὂν ἢ στοιχεῖόν ἐστιν ἢ ἐκ στοιχείων.

Ἐπιστῆσαι δὲ ἄξιον, πῶς εἶπε τὰ τῶν αἰσθητῶν στοιχεῖα σώ-
ματα εἶναι· ἡ γὰρ ὕλη καὶ τὸ εἶδός ἐστι τὰ πρῶτα στοιχεῖα τῶν αἰσθη-
τῶν ἀσώματα ὄντα ἄμφω. μήποτε οὖν οὐ μάτην εἶπε τὰ μὲν τῶν
αἰσθητῶν στοιχεῖα σώματα, ἵνα δείξῃ ποῖα λαμβάνει σύνθετα, ὅτι οὐ
τὰ ἐξ ὕλης καὶ εἴδους προσεχῶς, ἀλλὰ τὰ ἐκ τῶν ἁπλῶν σωματικῶν στοι-
χείων τῶν τεττάρων, ἅτινα οὐκ ἔστιν αἰσθητὰ καθ' ἑαυτά· οὐδὲ ἔστιν ὅλως
καθ' ἑαυτά· οὐδὲ γὰρ τὰ αἰσθητήρια ἁπλᾶ ἐστιν, ἀλλὰ σύνθετα. καὶ ἡ
γῆ αὐτὴ καὶ τὸ ὕδωρ καὶ ὁ ἀὴρ καὶ τὸ πῦρ αἰσθητά ἐστι, διότι οὐκ
ἔστιν ἁπλᾶ, ἀλλὰ κατ' ἐπικράτειαν λέγεταί τε καὶ ἔστι· καί μοι δοκεῖ
συναισθόμενος ὁ Ἀριστοτέλης, ὅτι οὐ πάντων τῶν στοιχείων ἐποιήσατο τὴν
ἀναίρεσιν (οὐ γὰρ δὴ τῆς ὕλης καὶ τοῦ εἴδους), ἀλλὰ μόνων τῶν σωματι-
κῶν, καὶ διὰ τοῦτο ἐπάγειν τὸ ἑξῆς ἐπιχείρημα, ἐν ᾧ δείξει ὅτι οὔτε ὡς
ὕλη οὔτε ὡς εἶδός ἐστιν ἀρχὴ ἢ στοιχεῖον ὁ τόπος.

p. 209ᵃ18 Ἔτι δὲ καὶ τίνος ἄν τις θείη τοῖς οὖσιν αἴτιον ἕως τοῦ
οὔτε κινεῖ τὰ ὄντα.

Τὸ μὲν δεῖξαι ὅτι οὔτε ὡς ὕλη οὔτε ὡς εἶδός ἐστιν ὁ τόπος τὸ ἐλλεῖ-
πόν ἐστιν ἀναπληρῶσαι τοῦ προτέρου θεωρήματος, ἐν ᾧ ἐδείκνυ ὅτι οὔτε
στοιχεῖόν ἐστιν ὁ τόπος οὔτε τῶν αἰσθητῶν οὔτε τῶν νοητῶν. πρότερον
μὲν γὰρ ἔδειξεν, ὅτι οὐκ ἔστιν αἰσθητὸν στοιχεῖον τῶν αἰσθητῶν· νῦν δὲ

---

1 ἄν ποτε καὶ a   9 ὡς (ante στοιχεῖον) om. E   11 σωμάτων συνθέτων E
15 ἔχει om. aF   16 εἴη om. aF   18 αἰσθητῶν σωμάτων στοιχεῖα Aristoteles
23 τεττάρων] δ^τε quod videtur legendum δευτέρων E   26 κατ' om. E   27 τῶν
(post πάντων) om. E   29 fortasse καὶ (ante διὰ) delendum   ὅτι om. F

SIMPLICII IN PHYSICORUM IV 1 [Arist. p. 209ᵃ18] 533

ὅτι οὔτε ὡς ὕλη ἢ εἶδος. ἐπειδὴ δὲ ἡ ὕλη καὶ τὸ εἶδος καὶ αἰτίά ἐστι, 124ʳ
κοινὴν λοιπὸν ποιεῖται τὴν ἀπόδειξιν, ὅτι οὐδὲν τῶν αἰτίων ἐστὶν ὁ τόπος, 40
οὔτε ὡς ὕλη ἢ εἶδος οὔτε ὡς τὸ ποιοῦν οὔτε ὡς τέλος. καὶ ὅτι μὲν ὡς
ὕλη οὐκ ἔστι στοιχεῖον οὐδὲ ἀρχὴ ὅλως οὐδὲ αἴτιον τῶν ὄντων, ἔδειξεν
5 οὕτως· ὕλη ἐστὶν ἐξ ἧς συνίσταταί τι· τὰ γὰρ ἔνυλα ἐκ ταύτης· τόπος
ἐστὶν ἐξ οὗ οὐδὲν συνίσταται· ἡ ἄρα ὕλη τόπος οὐκ ἔστιν· ὅτι δὲ οὔτε
εἶδος οὔτε ποιητικὸν οὔτε τελικὸν αἴτιον ὁ τόπος, αὐτὸς μὲν παρῆκε δει-
κνύναι. δείξαις δὲ ἂν ὅτι μὲν εἶδος οὐκ ἔστιν ἐκ τοῦ ἄλλων λέγεσθαι τὸν
τόπον παρὰ τὸ ἐν τόπῳ. καὶ ἐν ταῖς ἀντιμεταστάσεσι τὰ μὲν εἴδη μεθί- 45
10 στασθαι, τὸν δὲ τόπον μένειν. ἀλλ' οὐδὲ ποιητικὸν αἴτιόν ἐστιν ὁ τόπος.
δεκτικὸς γὰρ τοῦ ἤδη γεγονότος ἐστίν, ἀλλ' οὐχὶ ποιητικὸς τοῦ μὴ ὄντος.
οὐ μέντοι οὔτε κινεῖ οὔτε μεταβάλλει τὸ ἐν αὐτῷ ὁ τόπος, ἀλλὰ τὸ ἐναν-
τίον, εἴπερ ἄρα ἠρεμεῖν ποιεῖ. τὸ γὰρ ἐν τῷ οἰκείῳ τόπῳ γενόμενον ἠρε-
μεῖ. διὸ καὶ ὁ Εὔδημος ἐν τρίτῳ τῶν Φυσικῶν παρακολουθῶν τοῖς ἐν-
15 ταῦθα λεγομένοις καὶ ὡς ὁμολογούμενον ἕκαστον τῶν αἰτίων ἀφαιρῶν τοῦ
τόπου "ἀλλ' ἆρά γε, φησίν, ὡς τὸ κινῆσαν; ἢ οὐδὲ οὕτως ἐνδέχεται, ὦ
Δημόκριτε· δεῖ γὰρ κινητικὸν εἶναι καὶ ἔχειν τινὰ δύναμιν". τὸ γὰρ κενὸν 50
τόπον εἶπεν ὁ Δημόκριτος, ὅπερ τῇ ἑαυτοῦ φύσει κενὸν ὄντως καὶ ἀδύνατον
καὶ ἀδρανὲς ἂν ἦν. μήποτε οὖν ὡς τέλος. τοῦτο γὰρ δοκεῖ διὰ τὴν ἐπ'
20 αὐτὸν τῶν σωμάτων φορὰν καὶ τὴν ἔφεσιν τῆς τοῦ οἰκείου τόπου κατα-
λήψεως, εἰς ὃν καὶ ἐλθόντα ἠρεμεῖ τὰ σώματα. τέλους δὲ τοῦτο ἴδιον τὸ
ἐν αὐτῷ γενόμενον ἠρεμεῖν καὶ ἀναπαύεσθαι. ἀλλ' εἰ ἄλλο ὁ τόπος καὶ
ἄλλο τὸ ἐν τόπῳ εἶναι, ὡς δηλοῖ καὶ ἡ ποῦ κατηγορία ἄλλη οὖσα παρὰ
τὸν τόπον αὐτὸν ἐν τῷ ποσῷ τεταγμένον, τὸ δὲ τέλος τοῖς σώμασίν ἐστιν, 55
25 εἴπερ ἄρα, τὸ ἐν τῷδε τῷ τόπῳ εἶναι, οὐκ ἂν εἴη ὁ τόπος τὸ τέλος. ὅλως
δὲ τὸ τέλος καὶ τὸ οὗ ἕνεκα οὐκ ἔστι τι καθ' ἑαυτό, ἀλλ' ἐκείνου τελειό-
της ἐστίν, οὗ λέγεται τέλος. οὕτως γὰρ καὶ ἡ εὐδαιμονία καὶ ἡ πρὸς
θεὸν | ὁμοίωσις τέλος ὡς ἐνυπάρχουσα τῷ εὐδαίμονι καὶ τῷ ὁμοιουμένῳ, 124ᵛ
ἀλλ' οὐχ ὡς καθ' ἑαυτά, ὡς εἶναι λέγεται ὁ τόπος. τοῦτο δὲ μάλιστα
30 ῥητέον, ὅτι εἰ ὁ τόπος ᾗ τόπος τέλος ἐστίν, ὅθεν δὲ ἔξεισιν ὕδωρ ἐκεῖ
γίνεται ἀήρ, ἔσται τῶν διαφόρων σωμάτων τὸ αὐτὸ τέλος. τοῦτο δὲ καὶ
ἔτι ζητητέον προχείρως αὐτὸ παραδραμόντων τῶν ὑπομνηματιστῶν· ἡ δὲ
ἐπιχείρησις αὕτη συντελεῖ μὲν καὶ πρὸς τὸ μηδὲν εἶναι τῶν ὄντων τὸν
τόπον, μήτε ἀρχὴν μήτε ἀπ' ἀρχῆς, διὸ καὶ πρὸς τὸ μὴ εἶναι ὅλως, εἴπερ 5
35 πᾶν τὸ ὂν ἢ ἀρχή ἐστιν ἢ ἀπ' ἀρχῆς· μάλιστα δὲ τείνει πρὸς τὸ μὴ

---

3 ποιοῦν οὔτε E: ποιοῦν ἢ aF   4 οὔτε ἀρχὴ aF   5 τὰ γὰρ—συνίσταται] τὸ
δὲ ἐξ οὗ συνίσταται τόπος οὐκ ἔστιν aF   8 δείξας F   ὅτι om. F   9 παρὰ
τὰ aF: παρὰ τὸ E   14 Εὔδημος ἐν τρίτῳ [ἐν τῷ τρίτῳ aF] τῶν Φυσικῶν fr. 39
p. 54, 25 Sp.   17 ἔδει volebat Brandis   κινητικὸν] νοητικὸν F   20 αὐτὸν aE¹F:
αὐτῶν E²   22 ὁ τόπος om. F   24 ἐστιν—εἶναι om., pro quibus verbis supplevit
οἰκεῖον a   26 τὸ (ante οὗ) om. aF   καὶ (post γὰρ) om. E   28 ὁμοίως E:
τελείωσις (sed ead. m. corr. ὁμοίωσις) F: τελειότης a   fortasse ὡμοιωμένῳ
32 ζητητέον ἔτι a   33 καὶ (post μὲν) om. a   34 μήτε ἀρχὴν aF: μήποτε
ἀρχὴν E   διὸ καὶ—ἀπ' ἀρχῆς (35) om. aF

εἶναι ἀρχὴν αὐτόν, ὅπερ ἐδόκουν λέγειν οἱ τὸ Ἡσιόδου χάος καὶ τὸ κενὸν 124ᵛ
τοῦ Δημοκρίτου προφέροντες καὶ τὴν φυσικὴν τῶν σωμάτων κίνησιν ὡς
ἀπ' αἰτίας τοῦ τόπου γινομένην.

p. 209a23   Ἔτι δὲ καὶ αὐτός, εἰ τῶν ὄντων ἐστί, ποῦ ἔσται; ἕως
5   τοῦ καὶ τοῦτο εἰς ἄπειρον πρόεισιν.

Καὶ τοῦτο τὸ ἐπιχείρημα ἀνασκευαστικόν ἐστι τοῦ εἶναι ὅλως τὸν
τόπον. καὶ πρὸς ἐκεῖνον ὑπαντᾷ τὸν λόγον τὸν λέγοντα πᾶν τὸ ὂν εἶναι 10
ποῦ, ἐπειδὴ τὸ μηδαμοῦ ὂν οὐδὲ ἔστιν ὅλως, ὑπαντᾷ δὲ τῇ Ζήνωνος
ἀπορίᾳ χρώμενος. εἰ γὰρ πᾶν τὸ ὂν ποῦ ἐστιν, ἐπειδὴ καὶ ὁ τόπος
10 τῶν ὄντων, καὶ αὐτὸς ποῦ ἂν εἴη· τὸ δὲ ποῦ ἐν τόπῳ· καὶ ὁ τόπος ἄρα
ἐν τόπῳ. καὶ ἔσται τοῦ τόπου τόπος καὶ ἐκείνου τόπος καὶ τοῦτο ἐπ'
ἄπειρον, ὅπερ ἀδύνατον. εἰ οὖν τὸ ἀδύνατον ἠκολούθησε τῷ εἶναι τὸν
τόπον τῶν ὄντων, δῆλον ὅτι οὐκ ἔστιν ὂν ὁ τόπος. ὥστε εἰ μὴ λυθείη 15
ἡ Ζήνωνος ἀπορία (ὅπερ σημαίνει τὸ ζητεῖν τινα λόγον αὐτήν), δῆλον ὅτι
15 ἀναιρεῖται τὸ εἶναι τόπον.

p. 209a26   Ἔτι ὥσπερ ἅπαν σῶμα ἐν τόπῳ ἕως τοῦ ἀλλὰ καὶ εἰ
             ἔστιν, ἀπορεῖν ἀναγκαῖον.

Εἰ ὁ μὲν τόπος ἔστι, τὸ δὲ κενὸν οὐκ ἔστιν, ὡς δειχθήσεται, ἀκολου-
θήσει τῷ πᾶν σῶμα εἶναι ἐν τόπῳ τὸ καὶ ἐν παντὶ τόπῳ σῶμα εἶναι.
20 εἰ οὖν τοῦτο ἀληθές, ἴσον ἀνάγκη εἶναι τὸν τόπον τῷ ἐν τόπῳ. ἐπεὶ οὖν
τῶν αὐξομένων σωμάτων ἀνάγκη τὸν τόπον συναύξεσθαι, τίς ἡ τοῦ τόπου 20
αὔξησις; ἢ τίς γένεσις καὶ πόθεν; τὰ γὰρ γινόμενα ἐκ τῶν ἐναντίων
γίνεται. εἰκότως δὲ προέλαβε καὶ τὸ ἐν παντὶ τόπῳ σῶμα εἶναι· εἰ γὰρ
ἦν κενόν, τὸ αὐξόμενον εἰς ἐκεῖνο ηὔξετο. δῆλον δὲ ὅτι εἴτε γίνεται καὶ
25 φθείρεται τὸ σῶμα, ἄλλου φθειρομένου ἄλλο γίνεται, εἴτε τὸ αὐτὸ μένει·
καὶ οὐ χρεία τόπου γενέσεως. καὶ τοῦτο δὲ τὸ ἐπιχείρημα ὥρμηται μὲν
ἀπὸ τοῦ τί ἐστιν ὁ τόπος, δεικνύον δὲ ὅτι οὐκ ἔστιν ἡ ὑποδοχὴ τοῦ
σώματος, ἅμα ὅτι οὐκ ἔστιν ὅλως ὁ τόπος συναποδείκνυσιν. ἐπὶ δὴ τού- 25
τοις τοῖς ἐπιχειρήμασιν εἰκότως συμπεραίνεται, ὅτι διὰ τούτων οὐ μόνον
30 τί ἐστιν, ἀλλὰ καὶ εἰ ἔστιν ὅλως ἀπορεῖν ἀναγκαῖον. εἰ γὰρ μήτε
σῶμα μήτε ἀσώματον μήτε στοιχεῖον μήτε ἐκ στοιχείων μήτε ἀρχή τις
ἢ αἰτία μήτε ἴσον τοῦ ἐν τόπῳ, ἅπερ δοκεῖ εἶναι, δῆλον ὅτι καὶ τὸ τί
ἐστι καὶ τὸ εἰ ἔστιν ὅλως ἄπορον ἂν εἴη.

---

1 ἐδόκει E   4 εἰ ἔστι τῶν ὄντων a: εἰ ἔστι τι τῶν ὄντων Aristoteles   6 τὸ
(post τοῦτο) om. E   9 ποῦ ἐστιν hic et f. 131ʳ15: ἐν τόπῳ Aristoteles et
f. 131ʳ24   16 ἔτι εἰ a   18 Εἰ] καὶ E   19 τῷ aE: τὸ F   ἐν τόπῳ
εἶναι aF   τὸ καὶ — σῶμα εἶναι om. F   21 ἡ τοῦ aF: οὖν E   26 καὶ
(ante οὐ) om. a   27 δεικνύων F   •   28 τούτοις ex τούτων corr. E   30 εἰ
γὰρ] εἴπερ a   32 fortasse ἴσον τῷ   δῆλον δὴ ὅτι a   33 εἴη E: ἦν aF

p. 209ᵃ31 Ἐπεὶ δὲ τὸ μὲν καθ' αὑτὸ τὸ δὲ κατ' ἄλλο λέγεται 124ᵛ
ἕως τοῦ οὕτω μὲν οὖν σκοποῦσιν ὁ τόπος τὸ ἑκάστου
εἶδός ἐστιν. 33

Ἐν τοῖς περὶ ἕκαστον προβλήμασι μετὰ τὸ εἰ ἔστι καὶ τί ἐστι τρίτον
5 τὸ ὁποῖόν τί ἐστι προβαλλόμεθα· τὸ δὲ ὁποῖον τί ἐστιν ἐκ τῶν καθ' αὑτὸ
ὑπαρχόντων τῷ ὑποκειμένῳ γνωρίζομεν· καὶ ἐπὶ τοῦ τόπου τοίνυν μετὰ 35
τὸ εἰ ἔστι καὶ τὸ τί ἐστιν ἐπὶ τὸ ὁποῖόν τί ἐστι μεταβὰς καὶ τὰ ὑπάρχοντα
τῷ τόπῳ πολυπραγμονῶν εὑρίσκει καὶ ἐκ τούτων τὴν τοῦ προβλήματος
χαλεπότητα, ὅταν τὸ μὲν τῶν ὑπάρχειν αὐτῷ λεγομένων εἰς τὸ εἶδος
10 ἐπάγῃ τὴν ἔννοιαν ὡς τοῦ εἴδους ὄντος τοῦ τόπου, τὸ δὲ εἰς ὕλην ὡς κατ'
αὐτὴν ὑφεστῶτος αὐτοῦ. διὸ καὶ συμπεραινόμενος τὸν λόγον ἐπήγαγεν
"εἰκότως δὲ ἐκ τούτων σκοπουμένοις δόξειεν ἂν εἶναι χαλεπὸν γνωρίσαι τί
ἐστιν ὁ τόπος". ἐπειδὴ οὖν ὑπάρχειν δοκεῖ τῷ τόπῳ τὸ πρώτως περιέχον,
ἐκ τούτου δείκνυσιν ὅτι ὁ τόπος τὸ εἶδός ἐστι δυνάμει συλλογιζόμενος 40
15 οὕτως· ὁ ἴδιος ἑκάστου τόπος τὸ πρώτως περιέχον ἐστί· τὸ πρώτως πε-
ριέχον τὸ πέρας τὸ οἰκεῖόν ἐστι· τοῦτο δὲ τὸ εἶδός ἐστι. καὶ ὅτι μὲν ὁ
κυρίως τόπος τὸ πρώτως περιέχον ἐστίν, ἔδειξεν ἐκ τοῦ τὸν μέν τινα λέ-
γεσθαι κοινῶς τόπον, ἐν ᾧ πάντα ἢ πλείονα σώματά ἐστι, οἷον ἐν τῷ
κόσμῳ (τὸν γὰρ οὐρανὸν ἀντὶ τοῦ κόσμου νῦν λέγει) ἢ ἐν ἀέρι ἢ ἐν γῇ·
20 ἐν τούτων γάρ τινι ὡς ἐν κοινῷ τόπῳ εἰμί, διότι καὶ ἄλλα ἐστὶν ἐν αὐτῷ
σώματα. ὅταν δὲ οὕτως ἐν γῇ λέγωμαι ἢ ἐν οἴκῳ ὡς ἐν τῷδέ τινι τῷ
τόπῳ, ὃς περιέχει οὐδὲν ἄλλο ἢ ἐμέ, τότε ἴδιος ὁ τόπος ἐστὶν οὗτος ἐμός, 45
ἐν ᾧ πρώτως περιέχομαι. ὁ δὲ ἴδιος ὁ κυρίως ἂν εἴη περιεκτικὸς ἐμοῦ.
βουλόμενος δὲ διορίσαι τὸ προσεχῶς καὶ πρώτως περιεκτικὸν ἀπὸ τοῦ
25 κοινοῦ καὶ πόρρωθεν καὶ κατ' ἄλλο λεγομένου καθόλου πρῶτον εἶπεν, ὅτι
τῶν ὄντων τὸ μὲν καθ' αὑτὸ τὸ δὲ κατ' ἄλλο λέγεται, τὸ καθ'
αὑτὸ ἀντὶ τοῦ πρώτως εἰπών. ἀντίκειται γὰρ κυρίως τῷ μὲν καθ' αὑτὸ
τὸ κατὰ συμβεβηκός, τῷ δὲ πρώτως τὸ κατ' ἄλλο. καὶ λέγεται καθ' αὑτὸ
μὲν ὑπάρχειν ὅσα ἐν τῇ οὐσίᾳ ἐστὶν ἐκείνων, οἷς ὑπάρχειν λέγεται οἷον ὁ 50
30 ἀριθμὸς τῷ ἀρτίῳ καὶ περιττῷ· καὶ ὅλως τὰ γένη τοῖς εἴδεσι καθ' αὑτὰ
ὑπάρχει, ὅτι συμπληρωτικὰ τῆς οὐσίας ἐστὶν αὐτῶν καὶ καθὸ αὐτὰ ὑπάρ-
χει αὐτοῖς· καθ' αὑτὰ δὲ καὶ τὰ εἴδη τοῖς γένεσιν ὑπάρχει διαιρετικὰ τῆς
οὐσίας ὄντα τῶν γενῶν· καθὸ γὰρ ἀριθμός, ὁ μὲν περιττός ἐστιν, ὁ δὲ
ἄρτιος. τὸ δὲ πρώτως τὸ προσεχὲς δηλοῖ. καὶ ποτὲ μὲν συντρέχει ταῦτα,
35 ὥστε τὸ αὐτὸ καὶ καθ' αὑτὸ καὶ πρώτως ὑπάρχειν ὡς τὸ ζῷον τῷ ἀν-

---

5 κατ' αὐτὸ a   7 τὸ (ante τί) om. aF   10 ἐπάγῃ E: ἀπάγῃ aF   11 ἐπή-
γαγεν p. 209ᵇ17   12 γνωρίσαι om., sed in mrg. add. F   13 post περιέχον itera-
vit τὸ πέρας—εἶδός ἐστι (v. 16) deleta F   16 ὁ E: οὐ F: om. a   17 τόπος
αἴτιον F   19 τοῦ (post ἀντὶ) om. a   20 ἄλλα] ἄ" sic F   23 ὁ (post ἴδιος)
super add. F   26 ἄλλου F   31 αὐτῶν E: om. aF   καθὸ αὐτὰ (quatenus ipsa
εἴδη exsistunt) E: καθ' αὐτὰ aF   32 καθ' αὑτὸ δὲ E   35 ὑπάρχειν aF: ὑπάρ̆ E

θρώπῳ, ποτὲ δὲ διέστηκεν, ὥστε καθ' αὑτὸ μέν, μὴ πρώτως δέ. ὡς ἡ 124ᵛ
οὐσία καθ' αὑτὸ τῷ ἀνθρώπῳ ὑπάρχει καὶ τὸ ποσὸν τῷ περιττῷ. τῶν 55
γὰρ εἰδῶν οὐ μόνον τὰ γένη καθ' αὑτὰ κατηγορεῖται, ἀλλὰ καὶ τὰ τῶν
γενῶν γένη, οὐ μέντοι πρώτως οὐδὲ προσεχῶς, ἀλλὰ διὰ μέσων τῶν προσε-
5 χῶν γενῶν. πρώτως δὲ λευκαίνεται ἡ ἐπιφάνεια, οὐ μέντοι καθ' αὑτό,
ἀλλὰ κατὰ συμβεβηκός. ἀλλὰ ταῦτα μὲν τῆς ἐν τοῖς λογικοῖς | ἔστω 125ʳ
σχολῆς ἴδια· ὅτι δὲ τὸ καθ' αὑτὸ νῦν ἀντὶ τοῦ πρώτως εἶπε, δηλοῖ μὲν
καὶ ἡ πρὸς τὸ κατ' ἄλλο ἀντίθεσις, δηλοῖ δὲ μετ' ὀλίγον καὶ αὐτὸς εἰς
τὸ πρώτως μεταλαβών, ὅταν λέγῃ καὶ τόπος ὁ μὲν κοινὸς ἐν ᾧ
10 ἅπαντα τὰ σώματά ἐστιν, ὁ δὲ ἴδιος ἐν ᾧ πρώτῳ. καὶ ὅλως τοῦ
προσεχοῦς δεῖται νῦν μάλιστα. τὸ δὲ προσεχὲς τὸ πρῶτόν ἐστιν, ἀλλ' οὐ
τὸ καθ' αὑτό. μήποτε δὲ οὐχ ὡς ἔτυχε καὶ καθ' αὑτὸ καὶ πρώτως εἶπε
τὸν ἴδιον καὶ ἐξισάζοντα τόπον, καὶ ὅτι οὐ μόνον πρώτως ἀλλὰ καὶ καθ' 5
αὑτό ἐστιν οὗτος, ὥσπερ ὁ ὁλικώτερος κατὰ συμβεβηκός. διὰ τοῦτο γὰρ ἐν
15 τῷ οἴκῳ καὶ τῇ πόλει, ὅτι συμβέβηκε τὸν τόπον ἐν ᾧ πρώτως εἰμὶ ἐν
τῷδε εἶναι τῷ οἴκῳ καὶ τὸν οἶκον ἐν τῇ πόλει. ὁ δὲ ἴσος καὶ συνεσχη-
ματισμένος καὶ καθ' αὑτό μου τόπος. ἐπειδὴ δὲ ἕκαστον κατὰ τὸ περιέχον
αὐτὸ προσεχῶς καὶ πρώτως κατ' ἐκεῖνο περατοῦται, τὸ περιέχον ἄρα πρώτως
ἕκαστον τοῦτο πέρας ἐστίν· ἦν δὲ τὸ περιέχον πρώτως καὶ προσεχῶς ὁ
20 ἑκάστου τόπος ἴδιος· ὁ τόπος ἄρα πέρας ἐστί. τὸ δὲ περιεκτικὸν προσε- 10
χῶς ἑκάστου καὶ πέρας αὐτοῦ τὸ εἶδός ἐστι τὸ ἑκάστου· τοῦτο γάρ ἐστι
τὸ περατοῦν καὶ ὁρίζον ἕκαστον τῶν σωμάτων. τὸ οἰκεῖον ἄρα εἶδος ἑκά-
στου τὸ ὡς μορφὴ πέρας ἑκάστου καὶ τόπος ἐστί.

Τὸ δὲ ᾧ ὁρίζεται τὸ μέγεθος εἶπεν ἀντὶ τοῦ τὸ ὑλικὸν διάστημα,
25 ἐπειδὴ τὸ μέγεθος διττόν, τὸ μὲν ἀόριστον καὶ ὑλικὸν κατὰ τὴν ἔκτασιν
καὶ χύσιν θεωρούμενον, τὸ δὲ ὡρισμένον καὶ εἰδικὸν κατὰ μορφὴν καὶ
μέτρον ἀφωρισμένον. καὶ διὰ τοῦτο ἐπήγαγε καὶ ἡ ὕλη ἡ τοῦ μεγέθους,
οὐχ ὡς ἄλλο τι λέγων παρὰ τὸ πρότερον εἰρημένον, ἀλλ' ὡς σαφέστερον 15
δηλῶν, ὅτι καὶ πρότερον τὸ ὁριζόμενον μέγεθος τὸ ὑλικὸν εἶπε τὸ ἐν τῷ
30 μεγέθει. τὸ δὲ καὶ ἐν τῷ ἀέρι ὅτι καὶ ἐν τῇ γῇ εἶπεν ἀντὶ τοῦ ὅτι
ἐν τῷ περὶ τὴν γῆν ἀέρι· διὰ γὰρ τοῦτον καὶ ἐν τῷ ὅλῳ ἀέρι. καὶ
εἰκότως ὁ κυρίως ἑκάστου τόπος ὁ περιγεγραμμένος καὶ ἴδιός ἐστι· διὰ
γὰρ τοῦτον καὶ ἐν τῷ ὁλικωτέρῳ ἐστίν. ἐν γὰρ τῇ οἰκίᾳ, ὅτι ἐν τῷδε
αὐτῆς τῷ τόπῳ, ὅς σοι ἐφαρμόζει, καὶ ἐν τῇ πόλει, ὅτι ἐν τῇ οἰκίᾳ, καὶ ἐν
35 τῇ γῇ, ὅτι ἐν τῇ πόλει. εἰ δὲ εἰς τὸ προσεχῶς περιέχον περατοῦται τὰ
σώματα καὶ εἰς πρῶτον τοῦτο (οὐ γὰρ εἰς ἄλλο τι πρὸ αὐτοῦ οὐδὲ ἔστι τι 20
μεταξύ), τὸ εἶδος ἂν εἴη πέρας τὸ ἑκάστου καθ' ἕν τι τῶν ὑπαρχόντων τῷ

---

1 καθ' αὑτῶ τῶ ἀνθρώπω E: τῷ ἀνθρώπῳ καθ' αὑτὸ aF   2 ποσὸν ἐν τῷ aF
8 καὶ αὐτὸς μετ' ὀλίγον aF   9 καὶ (ante τόπος) aF: ὁ E   ὁ (ante μὲν) om.
aF   κοινῶς in litura F   10 ἀίδιος E   12 μήποτε — καθ' αὑτὸ om. F
13 τὸ ἴδιον E   καὶ (post ἀλλὰ) om. E   14 οὗτος aE: αὐτὸς F   15 οἴκῳ καὶ
τῇ πόλει cf. v. 34 et Themistii exempla p. 258,19 Speng.   16 συνεσχηματισμὸς a
19 ἦν δὲ — ἐστὶ (20) om. E   30 ὅτι καὶ] δὲ ὅτι Aristoteles (sed δὲ omisso FGI)
32 κύριος a

τόπῳ τὸ περιέχειν προσεχῶς. κατ' ἄλλο δέ τι ἡ ὕλη φανήσεται, ὡς ἐκ 125ʳ
τῶν ἑξῆς δῆλον. καὶ ὁ παραλογισμὸς γίνεται κατὰ τὴν τοῦ προσεχοῦς δια-
φοράν. τῶν γὰρ προσεχῶς περιεχόντων τὸ μὲν συμφυές ἐστιν ὡς τὸ εἶδος,
τὸ δὲ ἔξωθεν ὡς ὁ τόπος.

5 p. 209ᵇ6 **Ἧι δὲ δοκεῖ ὁ τόπος εἶναι τὸ διάστημα ἕως τοῦ λείπε-**
ται οὐδὲν παρὰ τὴν ὕλην.

Εἰπὼν ἕν τι τῶν ὑπαρχόντων τῷ τόπῳ, καθ' ὃ τὸ εἶδος εἶναι δοκεῖ
τῶν σωμάτων ὁ τόπος, νῦν ἄλλο τι τῶν ὑπαρχόντων αὐτῷ λέγει, καθ' ὃ
οὐκέτι τὸ εἶδος, ἀλλ' ἡ ὕλη τοῦ ἐν τόπῳ φανήσεται ὁ τόπος. εἰ γὰρ δοκεῖ,
10 φησίν, ὁ τόπος εἶναι τὸ διάστημα τὸ τοῦ μεγέθους, οὐκέτι τὸ εἶδος ἔσται
ὁ τόπος ἀλλ' ἡ ὕλη. δοκεῖ μὲν γὰρ ὁ τόπος τὸ διάστημα εἶναι τὸ τοῦ
μεγέθους δεκτικόν· λέγεται μὲν γὰρ ἐν τόπῳ εἶναι μέγεθος τὸ εἰδοπεποιη-
μένον ἤδη, ἐν δὲ τούτῳ τὸ μέν ἐστι διάστημα ἀόριστον κατὰ ἀφαίρεσιν
τοῦ πέρατος καὶ τῶν ἄλλων συμβεβηκότων ὧν ἐστι δεκτικὸν στερητικῶς
15 θεωρούμενον, τὸ δέ ἐστι πέρας καὶ ὅρος τοῦ ἀορίστου διαστήματος ὁριστικόν
τε καὶ περιεκτικόν, καὶ τοῦτο μέν ἐστι τὸ εἶδος, τὸ δὲ μετὰ τὴν ἀφαίρεσιν
τούτου περιλειπόμενον οὐδὲν ἄλλο ἐστὶ πλὴν τῆς ὕλης, ταὐτὸν δὲ εἰπεῖν
τοῦ διαστήματος. εἰ οὖν ὁ τόπος τὸ διάστημα τοῦ μεγέθους, τὸ δὲ διά-
στημα τοῦ μεγέθους ἡ ὕλη, δῆλον τὸ συναγόμενον· θαυμαστὸν δὲ ὅτι κατὰ
20 τὸ διάστημα τὴν ὕλην ἐξωμοίωσε τῷ τόπῳ καὶ οὐ κατὰ τὸ ὑποδεκτικόν.
ἀλλ' ἴσως τοῦτο τῷ Πλάτωνι παρῆκεν, ὡς μαθησόμεθα. ἢ μᾶλλον τὸ
διάστημα ὡς ὑποδεκτικὸν ἐθεάσατο. ἀλλ' εἰ τὸ διάστημα τοῦ μεγέθους
ποσόν τί ἐστι καὶ μετρεῖται, τὸ δὲ ποσὸν εἶδος, πῶς ὕλη λέγεται τὸ τοῦ
μεγέθους διάστημα; ἢ τὸ ὑλικὸν διάστημα οὐκ ἔστι ποσὸν μεμετρημένον
25 οὐδὲ εἶδος, εἰ μὴ μετάσχῃ τοῦ κατὰ τὸ ποσὸν καὶ τὸ μέγεθος εἴδους, ἀλλ'
ἔστι χύσις ἀόριστος. δηλοῖ δὲ καὶ Ἀριστοτέλης τοιαύτην ἔχων ἔννοιαν
περὶ αὐτοῦ ἐν οἷς φησιν ἔστι δὲ τοιοῦτον ἡ ὕλη καὶ τὸ ἀόριστον.
καὶ ὅταν οὖν λέγῃ ᾗ δὲ δοκεῖ ὁ τόπος εἶναι τὸ διάστημα τοῦ με-
γέθους, κατὰ τοῦτο ὕλη ἐστὶν ὁ τόπος, διάστημα μεγέθους λέγει τὸ ὑπο-
30 κείμενον ἀόριστον, ὃ καὶ ἄπειρον ἔλεγε πρότερον· ὃ καὶ εἶπεν ὅτι ἔστι τὸ
διάστημα τῆς τοῦ μεγέθους τελειότητος ὕλη.

Μηδεὶς οὖν οἰέσθω τὴν σωματικὴν διάστασιν τὴν ὡς μέγεθος καὶ
ποσὸν ἢ τὴν κατὰ τὸν ἀριθμὸν ὡρισμένην τοῦ πλήθους διάκρισιν ἀπὸ τῆς
ὕλης τοῖς σώμασιν ὑπάρχειν, ἀλλὰ μόνον τὸν ἐν τούτοις διασπασμὸν καὶ

---

2 καὶ ὁ E: ὁ δὲ aF   5 τὸ aEF hic et v. 28 et supra p. 232, 27: om. Aristoteles
9 οὐκέτι] οὐκ ἔστι E   10 τὸ διάστημα — τὸ διάστημα εἶναι (11) om. aF   12 μὲν
(post λέγεται) om. aF   13 ἤδη] εἴδη a   14 τοῦ iteravit folii initio F   15 post
ἀορίστου add. τοῦ E   17 παραλειπόμενον E   22 ὡς om. a   25 μετάσχῃ aF:
μετάσχοι E   28 καὶ ὅταν—ἐστὶν ὁ τόπος (29) om. a   ὅταν—λέγῃ om. F
29 διάστημα δὲ μεγέθους a   30 πρότερον cf. Γ 6 p. 207ᵃ 21 ἔστι γὰρ τὸ ἄπειρον τῆς τοῦ
μεγέθους τελειότητος ὕλη   33 post ἀριθμὸν add. ὅτι ἐνταῦθα τὰ κυριώτατα περὶ τῆς ὕλης
ἐκφαίνει F

τὴν ἔκχυσιν καὶ τὴν ἀοριστίαν, καθ' ἃ διαφέρει τὰ ἔνυλα εἴδη τῶν ἀύλων. 125ʳ
καί μοι δοκεῖ ταῦτα μάλιστα ταῖς περὶ τῆς ὕλης ὀρθαῖς ἐννοίαις προσήκειν.
ὁ μέντοι Ἀλέξανδρος καίτοι πολλὰ εἰπὼν πρὸς τὸ διορίσαι τὴν διάστασιν
τὴν ὑλικὴν ἀπὸ τοῦ μεγέθους, θράττεσθαι ὅμως ἔοικεν ὡς πάσης διαστά-
5 σεως μεγεθικῆς καὶ πεποσωμένης εἰδητικῆς οὔσης. διὸ καὶ προήχθη ἐπάγειν 45
τοῖς εἰρημένοις τάδε· "ἢ τῶν νῦν λεγομένων περὶ τῆς ὕλης οὕτως ἀκούειν
χρή, ὡς οὐκ ἀκριβῶς λεγομένων, ἀλλὰ πρὸς τὴν χρείαν τοῦ δειχθῆναι
προκειμένου", καίτοι, ὅπερ εἶπον, σαφῶς τοῦ Ἀριστοτέλους διορίσαντος τῷ
ἀορίστῳ καὶ ἀπερατώτῳ τὴν ὑλικὴν διάστασιν τῆς μεγεθικῆς, καὶ ἐναργῶς
10 εἰπόντος ὅτι τὸ διάστημα τοῦτο ἕτερον τοῦ μεγέθους ἐστὶ καὶ ὕλη τῆς τοῦ
μεγέθους τελειότητος καὶ περιέχεται ὑπὸ τοῦ εἴδους ὡς ὑπὸ ἐπιπέδου καὶ
πέρατος καὶ ἔστιν ἀόριστον τῇ ἑαυτοῦ φύσει· χρὴ γάρ, ὅπερ εἶπον, οὐχ
ὡς μέγεθος νοεῖν τὴν διάστασιν τῆς ὕλης, ἀλλ' ὡς † παραίνεσιν καὶ ἔκχυσιν 50
τῆς εἰδητικῆς ἀμερείας καὶ συστροφῆς. ζητήσας δὲ ὁ Ἀλέξανδρος ποῖον
15 εἶδός ἐστι τὸ ὁρίζον τὴν ὕλην "ἐδήλωσε, φησίν, ὁ Ἀριστοτέλης εἰπὼν
οἷον ὑπὸ ἐπιπέδου καὶ πέρατος. τὸ γὰρ ὡς μορφὴ λεγόμενον εἶδος,
τοῦτό ἐστι τὸ ὁρίζον καὶ περιγράφον τὴν ὕλην καὶ περατοῦν, οὐ τὸ ὡς
δύναμις καὶ λόγος. οὐ γὰρ ὁ μόλυβδος ὑπὸ τῆς βαρύτητος ὁρίζεται καὶ
τοῦτο εἶδος αὐτοῦ, ἀλλ' ὡς σώματος οὐ τοῦτο, ἀλλὰ τὸ ἐπιπέδῳ ὡρι-
20 σμένον". ταῦτα μὲν οὖν ὁ Ἀλέξανδρος. μήποτε δὲ ὡς μὲν εἶδος ὁρι- 55
στικὸν τῆς ὕλης τὸ ὅλον ληπτέον τὸ μετὰ τῶν ποιοτήτων. οὕτω γὰρ καὶ
ὁ Ἀριστοτέλης ἔοικεν ἐννοῶν λέγειν· ὅταν γὰρ ἀφαιρεθῇ τὸ πέρας καὶ
τὰ πάθη τῆς σφαίρας, λείπεται οὐδὲν παρὰ τὴν ὕλην. καὶ με-
γέθους δὲ ὡς μεγέθους τοῦ συνθέτου ἐξ ὕλης καὶ εἴδους εἴ τις ἐθέλοι τὸ
25 τὸ εἶδος ζητεῖν, οὐχὶ | τὰ ἐπίπεδα καὶ τὸ περιέχον ἔξωθεν πέρας εὑρήσει. 125ᵛ
ταῦτα γὰρ πέρας ἐστὶν εἴδους, ἀλλ' οὐχὶ εἶδος, καὶ ἐπιφάνεια, ἀλλ' οὐχὶ
τὸ στερεόν. καὶ εἰ ἦν δὲ ἄπειρον σῶμα καθ' ὑπόθεσιν, τὸ μὲν εἶδος τοῦ
σώματος εἶχε πάντῃ διεστώς, ὑπὸ δὲ ἐπιπέδων οὐκ ἐπερατοῦτο. τὸ γὰρ
εἶδος τοῦ συνεχοῦς ποσοῦ καθὸ τοιοῦτον οὐχὶ ἡ ἐπιφάνειά ἐστιν, ἀλλ' ἡ
30 δι' ὅλου αὐτοῦ χωροῦσα φύσις. κἂν αὐτὸς ἐν τῷ πρὸ τούτου βιβλίῳ πᾶν
ὃ ἂν ᾖ ποσὸν καὶ πόσον τι εἶναί φησιν (τὸ μὲν ὀξυτόνως τὸ δὲ βαρυ- 5
τόνως ἀναγινωσκόντων ἡμῶν), τὸ δὲ βαρυτονούμενον πόσον ὡρισμένον εἶναι.
ὃ γὰρ μηδέν ἐστι τῶν καθέκαστα ποσῶν, ὅλως οὐδὲ ποσόν ἐστι. τοῦτο
δὲ ἀληθὲς μέν, εἰ τὸ κοινὸν ἐν τοῖς καθέκαστα τὴν ὑπόστασιν ἔχει, οὐδὲν
35 δὲ ἧττον τὸ τοῦ συνεχοῦς ποσοῦ εἶδος καὶ ἐν τῷ κοινῷ θεωρεῖται ὅσον
τοῖς ὡρισμένοις ἐστὶ κοινὸν οὐδὲν ἧττον ὑπάρχον. ὁ μέντοι Ἀριστοτέλης

---

4 θράττεσθαι ὅμως F: ταράττεσθαι θράττεσθαι ὁμοίως E: ταράττεσθαι ὅμως a   10 τῆς (ante τοῦ) om. F   12 καὶ ἔστιν — πέρατος (16) om. F   13 παραίνεσιν aE: fortasse πάρεσιν ut p. 230, 23   17 παραγράφον E   18 οὐ γὰρ EF: εἰ γὰρ a μολίβδος EF   19 ἀλλὰ F: ἀλλὰ ὡς E: ἀλλ' ὡς a   22 ὁ om. aF   ὅταν γὰρ F: ὅτι γὰρ E: ὅτι ὅταν a   26 γὰρ πέρας aF: γὰρ πέρατα E   30 ἐν τῷ πρὸ τούτου βιβλίῳ cf. Simpl. p. 490, 16 sqq.   32 τὸ δὲ βαρυτονούμενον πόσον [ποσὸν E] om. aF   εἶναι om. a   35 τὸ τοῦ συνεχοῦς — ἧττον (36) F: om. aE

οὐκ ἔοικεν ἁπλῶς τὴν κατὰ τὸ ἐπίπεδον περιγραφὴν μόνην τῷ εἴδει ἀπο- 125ᵛ
διδόναι, ἀλλ' εἶπε μὲν τὸ προφανὲς ὡς ἐν παραδείγματι (διὸ καὶ τὸ οἷον
προσέθηκεν) οἷον ὑπὸ ἐπιπέδου καὶ πέρατος, προελθὼν δὲ ἀκριβέ-
στερον εἶπεν ὅταν γὰρ ἀφαιρεθῇ τὸ πέρας καὶ τὰ πάθη τῆς σφαί-
5 ρας, λείπεται οὐδὲν παρὰ τὴν ὕλην.

p. 209 b 11 Διὸ καὶ Πλάτων τὴν ὕλην καὶ τὴν χώραν ἕως τοῦ
τί δέ ἐστιν οὗτος μόνος ἐπεχείρησεν εἰπεῖν.

Εἰπὼν ὅτι καθόσον ὑπάρχει τῷ τόπῳ τὸ διαστήματι εἶναι εἰς τὴν
ὕλην ἀπαχθησόμεθα ζητοῦντες τί ἐστιν ὁ τόπος, ὑπεμνήσθη καὶ τοῦ Πλά-
10 τωνος ἐν Τιμαίῳ τὴν ὕλην χώραν καὶ τόπον τῶν ἐνύλων εἰδῶν καλέσαντος.
ἐν γὰρ Τιμαίῳ τὴν ὕλην πάσης εἶναι γενέσεως ὑποδοχὴν οἷον τιθήνην
φησίν. ἔτι δὲ προελθὼν σαφεστέραν ποιεῖ τὴν τῶν λεγομένων ἔννοιαν. καὶ
οὐδὲν ἴσως κωλύει καὶ πλείονα παραθέσθαι τῶν τοῦ Πλάτωνος ῥημάτων·
"τούτων δὲ οὕτως ἐχόντων ὁμολογητέον ἓν μὲν εἶναι τὸ κατὰ ταὐτὰ εἶδος
15 ἔχον, ἀγένητον καὶ ἀνώλεθρον, οὔτε εἰς αὑτὸ εἰσδεχόμενον ἄλλο ἄλλοθεν
οὔτε αὐτὸ εἰς ἄλλο ποι ἰόν, ἀόρατον δὲ καὶ ἄλλως ἀναίσθητον τοῦτο δ δὴ
νόησις εἴληχεν ἐπισκοπεῖν· τὸ δὲ ὁμώνυμον ὅμοιόν τε ἐκείνῳ δεύτερον,
αἰσθητὸν γενητὸν πεφορημένον ἀεὶ γινόμενόν τε ἔν τινι τόπῳ καὶ πάλιν
ἐκεῖθεν ἀπολλύμενον, δόξῃ μετ' αἰσθήσεως περιληπτόν· τρίτον δὲ αὖ
20 γένος ὂν τὸ τῆς χώρας ἀεὶ φθορὰν οὐ προσδεχόμενον, ἕδραν δὲ παρέχον
ὅσα ἔχει γένεσιν πᾶσιν, αὐτὸ δὲ μετὰ ἀναισθησίας ἁπτὸν λογισμῷ τινι
νόθῳ μόγις πιστόν, πρὸς ὃ δὴ καὶ ὀνειροπολοῦμεν βλέποντες καὶ φαμὲν
ἀναγκαῖον εἶναί που τὸ ὂν ἅπαν ἔν τινι τόπῳ καὶ κατέχον χώραν τινά· τὸ
δὲ μήτε ἐν γῇ μήτε που κατ' οὐρανὸν οὐδὲν εἶναι. ταῦτα δὴ πάντα καὶ
25 τούτων ἄλλα ἀδελφὰ καὶ περὶ τὴν ἄυπνον καὶ ἀληθῶς φύσιν ὑπάρχουσαν
ὑπὸ ταύτης τῆς ὀνειρώξεως οὐ δυνατοὶ γινόμεθα διεγερθέντες διοριζόμενοι
τἀληθὲς εἰπεῖν, ὡς εἰκόνι μέν, ἐπείπερ οὐδὲ αὐτὸ τοῦτο, ἐφ' ᾧ γέγονεν,
αὐτῆς ἐστιν, ἑτέρου δέ τινος ἀεὶ φέρεται φάντασμα, διὰ ταῦτα ἐν ἑτέρῳ
προσήκει γίνεσθαι, οὐσίας ἀμωσγέπως ἀντεχομένην, ἢ μηδὲν τὸ παράπαν
30 αὐτὴν εἶναι, τῷ δὲ ὄντως ὄντι βοηθὸς ὁ δι' ἀκριβείας ἀληθὴς λόγος, ὡς
ἐάν τι τὸ μὲν ἄλλο ᾖ, τὸ δ' ἄλλο, οὐδέτερον ἐν οὐδετέρῳ γενόμενον ἓν
ἅμα ταὐτὸν καὶ δύο γενήσεσθον. οὗτος μὲν οὖν δὴ παρὰ τῆς ἐμῆς ψήφου

---

2 τὸ (post μὲν) om. F   6 καὶ ὁ Πλάτων a   8 τὸ (post τόπῳ) om. F   διαστή-
ματι F: διάστημά τι aE   9 ὑπαχθησόμεθα aF   10 ἐν Τιμαίῳ p. 52 A   11 γε-
νέσεως εἶναι aF   12 φησίν p. 52 D   14 τούτων κτλ. p. 51 E   μὲν] μὴ F
ταῦτα a: ταῦτα EF   15 οὔτε E: αὐτὸ F: οὔτε αὐτὸ a ut Simplicius ipse p. 224, 30.
245, 13   αὑτὸ Plato: αὐτὸ libri   16 ποι ἰόν aE: ποι ὂν F   19 αὑτὸ hic libri:
αὖ p. 223, 7. 225, 2. 245, 17   δόξει E   21 γένεσιν sic libri hoc loco   23 καὶ
(ante κατέχον) om. E   26 ἐγερθέντες p. 225, 8 et Plato   27 εἰπεῖν hic libri: λέγειν
p. 225, 9 et Plato   28 αὑτῆς libri   29 προσήκει τινὶ 225, 11 et Plato   30 ὡς
ἕως ἄν τι p. 225, 13 et Plato   31 οὐδετέρῳ ποτὲ p. 225, 14 et Plato   γεγενημέ-
νον Plato

λογισθεὶς ἐν κεφαλαίῳ δεδόσθω λόγος, ὅν τε καὶ χώραν καὶ γένεσιν εἶναι 125ᵛ τρία τριχῇ, καὶ πρὶν οὐρανὸν γενέσθαι".

Ταῦτα καὶ ἄλλα τοιαῦτα τοῦ Πλάτωνος λέγοντος ὁ μὲν Ἀριστοτέλης κἀνταῦθα πρὸς τὸ φαινόμενον ἀποβλέψας τοῦ λόγου καὶ τὸν Πλάτωνά φησι
5 τὴν ὕλην καὶ τὴν χώραν ταὐτὸν λέγειν, ὡς καὶ οἱ ἀπὸ τοῦ διαστήματος ἐπιχειροῦντες. καὶ ἐν οἷς κατὰ τὸ πάρεργον ἐγκαλεῖν τῷ Πλάτωνι 35 δοκεῖ, οὐ τοῦτο ἐνεκάλεσεν ὅτι τὴν ὕλην τόπον ὁ Πλάτων εἶπεν τῶν εἰδῶν (ᾔδει γὰρ καὶ αὐτὸς ἄλλο σημαινόμενον τοῦ τόπου τοῦ τῶν εἰδῶν δεκτικοῦ, ὅτε ἔλεγεν ἐν τῇ Περὶ ψυχῆς "καὶ εὖ γε οἱ λέγοντες τὴν ψυχὴν τόπον
10 εἰδῶν, πλὴν οὐκ ἐντελεχείᾳ ἀλλὰ δυνάμει τὰ εἴδη", καὶ ἄλλο σημαινόμενον τοῦ τόπου τοῦ τῶν σωμάτων δεκτικοῦ, περὶ οὗ νῦν ὁ λόγος ζητεῖ), ἀλλὰ τοσοῦτον μόνον λέγει πρὸς τὸν Πλάτωνα· εἰ τὴν ὕλην τόπον λέγει, τὰ δὲ εἴδη καὶ οἱ ἀριθμοὶ καὶ κατ' αὐτὸν ἐν ὕλῃ (μετέχει γὰρ τούτων ἡ ὕλη), 40 πῶς λέγει μὴ εἶναι ἐν τόπῳ τὰ εἴδη; διὸ μηδὲ εἶναι τόπον ἔξω τοῦ
15 οὐρανοῦ, ὡς ἔλεγεν ἐν τοῖς περὶ τοῦ ἀπείρου λόγοις. καὶ μήποτε οὐδὲ τοῦτο ἐγκαλοῦντός ἐστι τῷ Πλάτωνι, ἀλλ' ἐνδεικνυμένου τοῖς συνιέναι δυναμένοις, ὅτι οὐ κατὰ τὸ νῦν ζητούμενον τοῦ τόπου σημαινόμενον τὴν ὕλην ἔλεγε τόπον ὁ Πλάτων. οὐ γὰρ ἂν ἀπέφησε τὰ εἴδη καὶ τοὺς ἀριθμοὺς ἐν τόπῳ εἶναι, εἴπερ μεταλαμβάνειν αὐτῶν ἐβούλετο τὴν ὕλην. ἀλλ' ὁ μὲν
20 Ἀριστοτέλης οὕτως. ὁ δὲ Ἀλέξανδρος ὁμολογεῖ μὲν καὶ αὐτὸς κατ' ἄλλο σημαινόμενον τὴν ὕλην χώραν ἐν Τιμαίῳ κληθῆναι, εὐλόγως δέ φησι λαμ- 45 βάνεσθαι τὸν Ἀριστοτέλην τοῦ Πλάτωνος· διότι κἂν μεταφορικῶς τις αὐτὸν λέγῃ τὴν ὕλην τόπον καλεῖν, ἔδει τὸν μεταφορικῶς χρώμενον πρῶτον ἔχειν κείμενον τί ἐστιν ὁ κυρίως τόπος· εἰ δὲ μηδαμοῦ φαίνοιτο λέγων ἀλλαχοῦ
25 περὶ τόπου, ἄξιος δοκεῖ αὐτῷ ἐπιτιμήσεως, ὅτι μὴ εἰπὼν περὶ τοῦ κυρίως τόπου πρότερον τῷ κατὰ μεταφορὰν χρῆται. ἀλλ' ὅτι μὲν εἰδῶν τόπον τὴν ὕλην ἀλλ' οὐχὶ σωμάτων ὁ Πλάτων λέγει, πρόδηλον ἐκ τῶν παρατεθέντων αὐτοῦ ῥημάτων ἐστίν. ὅτι δὲ οὐχ ἁπλῶς μεταφορική ἐστιν ἡ 50 τοιαύτη χρῆσις, ἀλλὰ κατά τι κοινὸν τοῦ τόπου σημαινόμενον εἴληπται τὸ
30 ὑποδεκτικόν, καθὸ καὶ Ἀριστοτέλης τὴν ψυχὴν τόπον εἰδῶν ἀξιοῖ καλεῖν, καὶ τοῦτο δῆλον ἐκ τῶν εἰρημένων. εἰ γὰρ τὸ μεταλαμβάνον τινὸς καὶ ὁριζόμενον ὑπ' αὐτοῦ δέχεται ἐκεῖνο ὃ μεταλαμβάνει, τὸ δὲ δεχόμενόν τε καὶ χωροῦν αὐτὸ χώρα γίνεται τοῦ ἐγγινομένου, ἡ δὲ χώρα τόπος νενόμισται, μεταλαμβάνει δὲ τῶν εἰδῶν ἡ ὕλη, τόπος ἂν εἴη τῶν εἰδῶν πλὴν

---

2 καὶ (ante πρὶν) om. a   3 ταῦτα δὲ ἄλλα E   7 ἐνεγκάλεσεν F   εἶπεν ὁ πλάτων aF   9 ὅτε—δεκτικοῦ (11) om. F   Περὶ ψυχῆς Γ 4 p. 429ᵃ 27 καὶ εὖ δὴ οἱ λέγοντες τὴν ψυχὴν εἶναι τόπον εἰδῶν, πλὴν ὅτι οὔτε ὅλη ἀλλ' ἡ νοητική, οὔτε ἐντελεχείᾳ ἀλλὰ δυνάμει τὰ εἴδη   13 ὁ ἀριθμός a   μετέχει EF: μέχρι a   15 τοῦ (post περὶ) om. a   18 ὁ πλάτων τόπον a   21 ἐν τιμαίῳ χώραν aF   22 τὸν ἀριστοτέλην (ἀριστοτέλη a) λαμβάνεσθαι aF   23 λέγοι aF   τὸν μεταφοραῖς χρώμενον a   24 τί aF: τίς E   25 περὶ τοῦ τόπου F   αὐτῷ δοκεῖ aF   26 κατὰ φορὰν E   32 τε] τι E   33 αὐτῶ E   τοῦ om. E   τόπος om. aF

οὐχ ὡς σωμάτων· ἄλλος γὰρ ὁ τῶν σωμάτων τόπος· καὶ ἐνταῦθα μὲν τὸ μεταληπτικὸν τόπον ἔθετο.

Ἔοικε δὲ καὶ ἄλλο τι τούτου περιεκτικώτερον εἰδέναι τοῦ τόπου σημαινόμενον ὁ Πλάτων τὸ ἀφοριστικὸν τῆς οἰκείας τάξεως· εἴτε γὰρ κατὰ
θέσιν γίνεται τοῦτο ὡς ἐπὶ τῶν | σωμάτων εἴτε κατὰ μετάληψιν ὡς ἐπὶ τῶν δυνάμει καὶ ἐνεργείᾳ εἴτε κατὰ μόνης τάξεως ἀφορισμόν, τόπος δοκεῖ. διότι καὶ ἡ τάξις κατὰ θέσιν δοκεῖ γίνεσθαί τινα· τὸ γὰρ ἐν τῇδε τῇ τάξει ἀφωρισμένον κεῖσθαι ἐν αὐτῇ δοκεῖ· κεῖται δὲ πάντα ἐν τόπῳ. κατὰ τοῦτο δὴ τὸ κοινὸν σημαινόμενον τοῦ τόπου τὸ τῆς τάξεως ἀφοριστικὸν
καὶ ὑπερουράνιον τόπον ὁ Πλάτων ὀνομάζει λέγων ἐν Φαίδρῳ "τὸν δὲ ὑπερουράνιον τόπον οὔτε τις ὕμνησε ποιητὴς τῶν τῇδε οὔτε ὑμνήσει κατ' ἀξίαν"· ὥστε τὰ μὲν περὶ τῆς ὕλης ὡς περὶ τόπου λεγόμενα οὐχ ὡς τόπου σωμάτων ἀλλ' ὡς εἰδῶν μεταληπτικοῦ ἀποδεκτέον. περὶ δὲ τοῦ τῶν σωμάτων τόπου τίνα ἔχει φύσιν οὔτε ζητήσαντα προηγουμένως οἶδα τὸν
Πλάτωνα οὔτε ἀποφηνάμενον. πῶς γὰρ ἂν ἡ ὕλη τόπος εἴη σωμάτων, εἴπερ τὰ σώματα σύνθετά ἐστιν ἢ ὡς ἐξ ὕλης καὶ εἴδους ἢ ὡς εἶδος ἐν ὕλῃ; ἔσται γὰρ ἡ ὕλη οὐκέτι τοῦ εἴδους μόνον, ἀλλὰ καὶ ὕλης δεκτική. ὅλως δὲ εἰ μεθίσταται τὸ σῶμα ἀπὸ τόπου εἰς τόπον, ἀπὸ δὲ ὕλης οὐ μεθίσταται, οὐκ ἂν εἴη ἡ ὕλη τόπος. καὶ αὐτοῦ τοῦ Ἀριστοτέλους ἀκου-
σόμεθα ταύτην τὴν ὑπόθεσιν ἀναιροῦντος αὐτίκα μάλα. ὅτι δὲ διάφορα παρὰ τῷ Πλάτωνι τοῦ τόπου τὰ σημαινόμενα, καὶ ἄλλο μὲν τὸ ἐπὶ τῆς ὕλης, ἄλλο δὲ τὸ ἐπὶ τῶν νοητῶν ἐν Φαίδρῳ ῥηθέν, δηλοῖ τὸ τὸ ἐπὶ τῆς ὕλης σημαινόμενον τοῦ τόπου τὸ ὡς ὑποδεκτικὸν καὶ ὁριζόμενον καὶ ἕν τι μετὰ τοῦ ἐν αὐτῷ ποιοῦν ἀποφάσκειν σαφῶς τῶν νοητῶν, οἷς ἐν Φαίδρῳ
τὸν ὑπερουράνιον τόπον ἀφώρισεν. εἰπὼν γὰρ περὶ τῆς ὕλης ὡς περὶ τόπου καὶ χώρας καὶ ὑποδοχῆς καὶ ἕδρας τῶν εἰδῶν καὶ τὸν τρόπον τῆς γνώσεως αὐτῆς παραδούς, ὅτι "μετὰ ἀναισθησίας ἁπτόν" ἐστιν καὶ "λογισμῷ τινι νόθῳ μόγις πιστόν", ἐπάγει "πρὸς ὃ δὴ καὶ ὀνειροπολοῦμεν βλέποντες" καὶ τὰ ἑξῆς τῶν πρὸ βραχέος παρατεθέντων.

Ἀλλ' εἰ μηδὲν περὶ τοῦ τῶν σωμάτων δεκτικοῦ τόπου φαίνεται λέγων ὁ Πλάτων, πῶς ὁ Ἀριστοτέλης τὸν Πλάτωνα μόνον ἐπιχειρῆσαί φησιν εἰπεῖν τί ἐστιν ὁ τόπος; ἢ ὅτι περὶ τούτου τοῦ τόπου τοῦ κατὰ τὴν ὕλην, ὃν τόπον ἐκάλεσεν, ὡς ὑποδοχὴν φαίνεται λέγων ὁ Πλάτων, ὅτι ἀίδιον, ὅτι ἕδρα τῶν γενητῶν εἰδῶν, ὅτι μετὰ ἀναισθησίας ἁπτὸν καὶ νόθῳ λογισμῷ
πιστὸν καὶ ὅσα ἄλλα περὶ αὐτῆς λέγει, καθόσον τόπον καὶ χώραν αὐτὴν καλέσας λέγει τι περὶ αὐτῆς, κατὰ τοσοῦτον αὐτὸν εἰρηκέναι φησίν. ἴσως

---

3 σημαινον F   10 Φαίδρῳ p. 247c   11 ὕμνησέ πω τῶν τῇδε ποιητής οὔτε ποθ' ὑμνήσει κτλ. Plato   τῶν τῇδε a et Simpl. p. 546, 1: τόδε E   οὔτε ὑμνήσει κατ' ἀξίαν om. aF   13 σωμάτων] ὀνομάτων F   17 ὕλης] εἴδους F   18 ἀπὸ τοῦ τόπου E   22 ante ἐν add. τὸ a   τὸ τὸ F: τὸ E: τὸ γὰρ a   24 ἀποφάσκει a   27 παραδούς cf. p. 539, 21 sqq.   28 καὶ initio paginae iteravit F
33 ἀίδιον EF: ἀίδιος a   ἁπτὸν EF: ἁπτὸς a   55 πιστὸν EF: πιστὸς a   post καθόσον add. οὖν a

δὲ καλῶς ἐπέστησεν αὐτὸς πάντων μάλιστα τὸ βάθος τῆς Πλάτωνος σοφίας 126ʳ
ἐγνωκώς, ὅτι κἂν ἀφωρισμένως μὴ φαίνηται τὸ περὶ τόπου ζήτημα προβαλ-
λόμενος, ἀλλ' ἐπειδὴ μετὰ τῶν σωμάτων ἔχει τὴν ὑπόστασιν ὁ τόπος, καὶ 25
τὴν θεωρίαν αὐτοῦ μετ' αὐτῶν ἐποιήσατο. λέγει γοῦν ἐν Τιμαίῳ περὶ τῆς
5 τόπου δυνάμεως· "καὶ δὴ κατὰ ταῦτα τὰ παθήματα διαμείβεται τὰς χώρας
ἅπαντα· διέστηκε μὲν γὰρ ἐκ τοῦ γένους ἑκάστου τὰ πλήθη κατὰ τόπον
ἴδιον διὰ τὴν τῆς δεχομένης κίνησιν, τὰ δὲ ἀνομοιούμενα ἑκάστοτε ἑαυτοῖς,
ἄλλοις δὲ ὁμοιούμενα φέρεται διὰ τὸν σεισμὸν πρὸς τὸν ἐκείνων οἷς ἂν
ὁμοιωθῇ τόπον." ἄλλον δὲ τρόπον ἐν Τιμαίῳ τὴν ὕλην καὶ ἄλλον ἐν ταῖς
10 ἀγράφοις συνουσίαις ὀνομάσαι φησίν· ἐν Τιμαίῳ μὲν γὰρ τὸ μεταληπτικὸν
αὐτήν φησι (μεταλαμβάνει γὰρ "ἀπορώτατά πῃ τοῦ νοητοῦ"), ἐν δὲ ταῖς 30
ἀγράφοις συνουσίαις μέγα καὶ μικρὸν ἐκάλει· ὅτι δὲ τὸ εἶναι τὸν τόπον
πάντες ὡμολόγουν δῆλον ἐκ τοῦ πάντας χρῆσθαι ταῖς τοῦ τόπου δια-
φοραῖς.

15 p. 209ᵇ17 Εἰκότως δὲ ἐκ τούτων σκοπουμένοις ἕως τοῦ καὶ χωρὶς
ἀλλήλων οὐ ῥᾴδιον γνωρίζειν. 35

Εἰπὼν ὅτι τινὲς μὲν τῶν περὶ τοῦ τόπου λόγων πείθουσι τὸ εἶδος
καὶ τὴν μορφὴν εἶναι τὸν τόπον, τινὲς δὲ τὴν ὕλην καὶ τὸ ὑποκείμενον,
συνάγει καὶ ἐκ τούτου ὅτι χαλεπός ἐστιν ὁ περὶ τοῦ τόπου λόγος. καὶ γὰρ ὁ
20 περὶ τῆς ὕλης χαλεπώτατος καὶ καθ' αὑτήν, εἴπερ κατὰ μὲν τὸν Ἀριστο-
τέλην οὕτως ἄγνωστος ἡ ὕλη, ὡς κατὰ ἀναλογίαν μόνην εἶναι γνωστή, κατὰ
δὲ Πλάτωνα νόθῳ λογισμῷ μόγις πιστή. ἡ δὲ τοῦ εἴδους γνῶσις καὶ ζωῆς 40
δεῖται κεκαθαρμένης καὶ γνώσεως ἀκριβοῦς. καὶ ὅ γε ἓν εἶδος βουλόμενος
μαθεῖν τῆς πάντων δεῖται γνώσεως διὰ τὴν ταυτότητα καὶ ἑτερότητα τὴν
25 πρὸς ἄλληλα τῶν εἰδῶν· εἰ δὲ καὶ ἀρχαί εἰσιν ἥ τε ὕλη καὶ τὸ εἶδος,
αἱ ἀρχαὶ τὴν ἀκροτάτην ἔχουσι θεωρίαν· καὶ μέντοι χωρὶς ἀλλήλων ἀδύ-
νατον αὐτὰ γνωρίζειν· καὶ γὰρ ἡ ὕπαρξις αὐτῶν μετ' ἀλλήλων. διὰ
πάντα οὖν ταῦτα χαλεπὸν τὸ γνῶναι τί ἐστιν ὁ τόπος, εἴπερ ἢ ὕλη ἢ
εἶδος ἢ ἀμφότερά ἐστιν.

30 p. 209ᵇ21 Ἀλλὰ μὴν ὅτι ἀδύνατον ὁποτερονοῦν τούτων εἶναι ἕως 45
τοῦ τὸ δὲ ἀγγεῖον οὐδὲν τοῦ πράγματός ἐστιν.

Εἰπὼν ἐκ τίνων ἄν τις ὕλην ἢ εἶδος ὑπονοήσοι τὸν τόπον εἶναι,

---

2 κἂν] ἂν sic F   4 ἐν Τιμαίῳ p. 57c   post τῆς add. τοῦ aF   5 κατὰ
τὰ αὐτὰ F   6 ἐκ om. Plato   8 ἄλλοις δὲ ὁμοιούμενα om. a   τὸν ἐκεῖνον F
11 μεταλαμβάνειν a. μεταλαμβάνον δὲ ἀπορώτατά πῃ τοῦ νοητοῦ· Plato Tim. p. 51 A
ἀπορώτατά πῃ EF: τὴν ἀπειρότητα a   16 αὐτὰ γνωρίζειν a   17 πείθουσι lac.
rel. om. F   20 Ἀριστοτέλην Phys. Γ 6 p. 207ᵃ26. Δ 7 p. 191ᵃ8   21 μόνον a
(et F?)   γνωστή E: γνωστὴν F: γνωστὰ a   26 αἱ δὲ ἀρχαὶ E   ἀδύνατα E
28 πάντας a   ἢ ὕλη] ἡ ὕλη F   30 ὅτι γε a ex Aristotele   32 ὑπονοήσοι
corr. ex ὑπονοήσει E   post ὑπονοήσοι habet τὸ γένος F

δείκνυσι διὰ ἑπτὰ ἐπιχειρημάτων, ὅτι οὐδέτερον τούτων δυνατὸν εἶναι τὸν 126ʳ
τόπον· καὶ πρῶτον δείκνυσιν ἐν δευτέρῳ σχήματι συλλογιζόμενος οὕτως· 50
τὴν ὕλην καὶ τὸ εἶδος οὐκ ἐνδέχεται χωρίζεσθαι τοῦ πράγματος οὗ ἐστιν·
ὁ δὲ τόπος χωρίζεται· ἡ ἄρα ὕλη ἢ τὸ εἶδος οὐκ ἔστιν ὁ τόπος. καὶ
5 ὅτι μὲν ἡ ὕλη καὶ τὸ εἶδος οὐ χωρίζεται τῶν συνθέτων, ἕως ἂν ᾖ, πρόδη-
λον· ἐν τούτοις γὰρ ἔχει τὸ εἶναι τὰ σύνθετα. ὅτι δὲ τὸν τόπον ἐνδέχε-
ται χωρίζεσθαι καὶ ὄντος καὶ σῳζομένου τοῦ ἐν τόπῳ, διὰ τῆς κατὰ τὴν
ἀντιμετάστασιν ἐπαγωγῆς ἔδειξεν· ἐν ᾧ γὰρ ἀὴρ ἦν, ἐν τούτῳ πάλιν
ὕδωρ. καὶ ὅτι ἐπακτικὸς ὁ λόγος, ἐδήλωσε διὰ τοῦ καὶ τῶν ἄλλων
10 σωμάτων ὁμοίως. |

p. 209ᵇ27   Ὥστε οὔτε μόριον οὔτε ἕξις ἕως τοῦ τὸ δὲ ἀγγεῖον 126ᵛ
ὀυδὲν τοῦ πράγματός ἐστιν.

Δείξας ὅτι χωριστός ἐστι τοῦ πράγματος ὁ τόπος εἰκότως συνήγαγεν
ἄλλο συμπέρασμα, ὅτι οὔτε μόριόν ἐστιν ὁ τόπος τοῦ ἐν τόπῳ. εἰ γὰρ
15 μόριον ὂν ἐχωρίζετο, οὔτε αὐτὸ μόριον ἔτι ἦν χωρισθὲν οὔτε ἐκεῖνο ἔμενεν
ὅλον, οὗ ἐχωρίσθη τὸ μόριον. οὐ μέντοι οὐδὲ ἕξις εἶναι δύναται χωριζο-
μένη. ἡ γὰρ ἕξις οὐχ ὑπομένει χωρισθεῖσα, ἀλλὰ φθείρεται, ὁ δὲ τόπος 5
ὑπομένει. καὶ δύναται μέν τις τὸ μὲν μόριον ἐπὶ τῆς ὕλης ἀκούειν, τὴν
δὲ ἕξιν ἐπὶ τοῦ εἴδους, ἵνα ᾖ· ἡ δὲ ὕλη καὶ τὸ πάθος μόριον καὶ ἕξις,
20 ὅπερ πρόκειται· ἕξις δέ ἐστι τὸ ὡς τελειότης συμβεβηκός, οἷόν ἐστι τὸ
εἶδος· ὥστε οὔτε ὕλη οὔτε εἶδός ἐστιν ὁ τόπος. δυνατὸν δὲ καὶ καθολι-
κώτερον ἀκούειν τὸ μὲν μόριον ἐπὶ πάντων τῶν οὐσιωδῶς συμπληρούντων,
τὴν δὲ ἕξιν ἐπὶ τῶν συμβεβηκότων· οὔτε γὰρ πάθος οὔτε δύναμις οὔτε
ἄλλο τι τοῦ ἐν τόπῳ ὁ τόπος μέρος ἐστίν· ἆρα οὖν οὐδὲ συμβεβηκός 10
25 ἐστιν ὁ τόπος τοῦ ἐν τόπῳ; ἢ τὸ μὲν ἐν τόπῳ εἶναι συμβέβηκε καὶ ἀχω-
ρίστῳ τῷ σώματι, ὁ δὲ τόπος οὐ τῷ ἐν τόπῳ συμβέβηκεν, ἀλλ᾽ εἰ ἄρα,
ἐκείνῳ οὗ πέρας καὶ ἐπιφάνειά ἐστι.

p. 209ᵇ28   Καὶ γὰρ δοκεῖ τοιοῦτό τι εἶναι ὁ τόπος οἷον τὸ
ἀγγεῖον ἕως τοῦ οὐδὲν τοῦ πράγματός ⟨ἐστιν⟩.

30   Τοῦτο οἱ ἐξηγηταὶ συνάπτουσι τῷ προσεχῶς εἰρημένῳ δευτέρῳ συμ-
περάσματι. τὸ αὐτὸ δὲ δείκνυσι καὶ ἐκ τῆς τοῦ ἀγγείου πρὸς τὸν τόπον 15
ὁμοιότητος· καὶ γὰρ τὸ ἀγγεῖον χωρητικόν ἐστι τοῦ ἐν αὐτῷ, καὶ ὁρίζον-
ται αὐτὸ τόπον μεταφορητόν. ὡς οὖν τὸ ἀγγεῖον οὐδὲν τοῦ πράγματός
ἐστιν, οὕτως οὐδὲ ὁ τόπος. ἡ δὲ ὕλη καὶ τὸ εἶδος τοῦ πράγματος. καὶ

---

1 διὰ τῶν...... ἐπιχειρημάτων lac. vi litt. interiecta F   3 οὗ ἐστι...... χωρίζεται ὁ
τόπος. ἡ ἄρα κτλ. F   5 ἡ ὕλη ἢ τὸ εἶδος E   8 ἦν om. E   11 τὸ μόριον F
19 ἐπὶ] ὑπὸ F   ἡ δὲ EF: δὲ a: ἥ τε Brandis   πάθος aF (cf. v. 23 et Them.
p. 260, 11): εἶδος E   24 ἐν τῷ τόπῳ F   μέρος E (cf. Them. p. 260, 11): om. aF
25 ἀχωρίστως F   26 εἰ] ἢ F   29 ἐστιν hic om. E   32 ὁμοιότητα a

δύναται μὲν τρία εἶναι τὰ συμπεράσματα, δύναται δὲ καὶ ἓν εἶναι. τῶν 126ᵛ δὲ ἄλλων δύο τὸ μὲν πρὸς κατασκευὴν εἰλῆφθαι τῆς ἐλάττονος προτάσεως τῆς λεγούσης τὸν τόπον ἐνδέχεσθαι χωρίζεσθαι, τὸ δὲ ἀπὸ τοῦ μορίου καὶ τῆς ἕξεως τῆς ἑτέρας προτάσεως. δύναται δὲ καὶ δύο εἶναι τοῦ τρίτου 20
5 ῥηθέντος ἰδίου ὄντος. καὶ οὕτω μᾶλλον ἐκδέχονται.

p. 209ᵇ 30 Ἧι μὲν οὖν χωριστὸς τοῦ πράγματος ἕως τοῦ ταύτῃ γε
ἕτερος τῆς ὕλης.

Ἡ ὕλη καὶ τὸ εἶδος τὸ μὲν ἀχώριστα εἶναι τοῦ συνθέτου κοινὸν ἔχουσι, καὶ ἐκ τούτου πρότερον κοινῶς ἐπ' ἀμφοῖν ἔδειξεν, ὅτι οὔτε ἡ ὕλη, οὔτε
10 τὸ εἶδος ὁ τόπος ἐστί· τὸ μέντοι περιέχεσθαι ἀλλὰ μὴ περιέχειν ἴδιόν ἐστι τῆς ὕλης διάφορον πρὸς τὸν τόπον. βουλόμενος οὖν μηδὲ τοῦτο παρεῖ- 25 ναι τὴν μὲν ὕλην ἐχώρισε τοῦ τόπου κατὰ τὸ τὴν μὲν ὕλην περιέχεσθαι, τὸν δὲ τόπον περιέχειν. τὸ δὲ εἶδος κατὰ τὴν αὐτὴν πάλιν ἐπιβολήν, καθ' ὅσον ὁ μὲν τόπος χωριστός, τὸ δὲ εἶδος ἀχώριστον· εἰ μὴ ἄρα οὐ κατὰ
15 τὴν αὐτὴν ἔννοιαν εἴληπται νῦν ἁπλῶς τὸ ἀχώριστον τοῦ εἴδους, καθ' ἣν ἐλήφθη πρότερον. περιττὸν γὰρ ἂν εἴη δὶς παρὰ πόδας τὸ αὐτὸ κατὰ τὴν αὐτὴν ληφθὲν ἔννοιαν. ἀλλ' ἐνεδείξατο διὰ τούτου, ὅτι τὸ εἶδος κατὰ μὲν 30 τὸ περιεκτικὸν κοινωνεῖ τῷ τόπῳ καίτοι τῆς ὕλης καὶ κατὰ τοῦτο διαφερούσης αὐτοῦ. τὸ δὲ περιεκτικὸν οὕτως ἔχει τὸ εἶδος ὡς συμφυῶς καὶ
20 ἀχωρίστως περιέχον, ἀλλ' οὐχὶ χωριστῶς ὥσπερ ὁ τόπος. καλῶς δὲ καὶ ὁ Ἀλέξανδρος ἐπιβάλλει τῷ χωρίῳ λέγων· "νῦν γὰρ ἀπὸ τοῦ μάλιστα ἑκατέρῳ ὑπάρχοντος, τῷ τε εἴδει φημὶ καὶ τῇ ὕλῃ, τὴν πρὸς τὸν τόπον λαμβάνει διαφοράν. τῷ μὲν γὰρ ἐνύλῳ εἴδει μάλιστα ὑπάρχει τὸ ἀχώριστον· ὁ γὰρ χωρισμὸς τούτου φθορὰ τούτου ἐστίν. ἡ δὲ ὕλη εἰ καὶ ἀχώριστός
25 ἐστιν εἴδους, ἀλλὰ τοῦδέ γε τοῦ εἴδους χωριστή. τοῦ γὰρ ἀνθρώπου φέρε 35 εἰπεῖν τοῦ ἐν γενέσει τὸ μὲν εἶδος ἅμα τῷ χωρισθῆναι ἔφθαρται, τὸ δὲ ὑποκείμενον μένει ἄλλο μεταλαβὸν εἶδος. εἰκότως οὖν τὸ μὲν εἶδος ἔδειξε μὴ ὂν τόπον ἀπὸ τοῦ μὴ χωρίζεσθαι, τὴν δὲ ὕλην ἐπειδὴ χωριστὴ πώς ἐστιν, οὐκέτι ἀπὸ τούτου, ἀλλ' ἀπὸ τοῦ περιέχεσθαι. ἀδύνατον γὰρ αὐτὴν

---

1 post εἶναι praecepit ex v. 4 τοῦ τρίτου — ὄντος (5) deleta E προσχατασχευὴν a
3 ἐνδέχεται E   4 προτάσεως om. aF   6 adscribunt haec schemata

E { ὕλη ἢ εἶδος πᾶν △ οὐδὲν μέρος ἢ ἕξις / οὐδὲν χωρίζεται τοῦ πράγματος οὐδὲν ἀγγεῖον / πᾶν △ πᾶν τόπος.

et F { χωρίζεται τοῦ πράγματος οὐδὲν △ πᾶν / ὕλη καὶ εἶδος οὐδὲν τόπος   χωρίζεται τοῦ πράγματος οὐδὲν △ πᾶν / μόριον οὐδὲν τόπος   ὑπομένει χωρισθῆναι οὐδὲν △ πᾶν / ἕξις τόπος οὐδὲν

Ἧι] ἦν sic E   χωριστός ἐστι a ex Arist.   ταύτην E   γὲ E: om. a: δ'
Arist.   13 ἐπιβολὴν πάλιν a   16 εἴη E: ἦν aF   δὶς a: ex διὸ corr. E:
διὸ F   post αὐτὸ add. καὶ aF   18 καίτοι om. aF   καὶ (ante κατὰ)
om. aF   20 περιέχων a   χωριστῆς F   23 λαμβάνειν F   24 τούτου
E: αὐτοῦ aF   26 ἅμα τὸ E   27 μεταλαβὼν E

ἄλλως ἐν ὑποστάσει εἶναι καὶ κρατεῖσθαι ἐν τῷ ὄντι μὴ ὑπὸ τοῦ εἴδους 126v ὁριζομένην."

p. 209 b 32   Δοκεῖ δὲ ἀεὶ τὸ ὄν που αὐτό τε εἶναί τι καὶ ἕτερόν τι 40 ἐκτὸς αὐτοῦ.

5   Τὸ μὲν οὖν λεγόμενον δῆλον, ὅτι καὶ ἐκ τῆς ἐναργείας καὶ ἐκ τῆς κοινῆς ὑπολήψεως τοῦτο προφανές, ὡς ἄλλο μέν τι τὸ ἐν τόπῳ, ἄλλο δὲ ὁ τόπος· τοῦτο δὲ οἱ μὲν ἐξηγηταὶ ὡς ἄλλο τέταρτον ἐπιχείρημα τιθέασιν ἀπὸ τοῦ ἄλλο μὲν εἶναι τὸ ἐν τόπῳ ἄλλο δὲ τὸν τόπον τὸ ἐν ᾧ ἐκτὸς ὂν τοῦ ἐν αὐτῷ· εἰ οὖν τὸ ἐν τόπῳ ἡ ὕλη καὶ τὸ εἶδός ἐστιν, ἄλλο ἂν εἴη παρὰ
10 ταῦτα ὁ τόπος. δύναται δὲ καὶ κοινὸν συμπέρασμα εἶναι τῶν πρὸ αὐτοῦ 45 ἐπιχειρημάτων ἀπὸ τῆς ἐναργείας εἰλημμένον. καὶ τῇ γε τοιαύτῃ ἐννοίᾳ συνᾴδει μᾶλλον ἡ τοιαύτη γραφὴ αἰτιολογικὸν ἔχουσα τὸν γὰρ· δοκεῖ γὰρ ἀεὶ τὸ ὄν που, ἔν τισιν ἀντιγράφοις οὕτως φερομένη. ἐπειδὴ γὰρ δοκεῖ ἄλλο μὲν εἶναι τὸ ἐν τόπῳ ἐξ ὕλης καὶ εἴδους ὄν, ἄλλο δὲ ὁ τόπος,
15 εἰκότως ἄλλο μὲν ὁ τόπος, ἄλλο δὲ τὸ εἶδος καὶ ἡ ὕλη ἐστίν.

p. 209 b 33   Πλάτωνι μέντοι λεκτέον ἕως τοῦ ὥσπερ ἐν τῷ Τιμαίῳ 51 γέγραφεν.

Ἐν τοῖς περὶ τοῦ ἀπείρου λόγοις ἔλεγεν, ὅτι ὁ Πλάτων ἔξω τοῦ οὐρανοῦ "οὐδὲν εἶναι σῶμα" ἐβούλετο "οὐδὲ τὰς ἰδέας διὰ τὸ μηδέ που εἶναι
20 αὐτάς." ἐν δὲ τούτοις ἐμνημόνευσεν ὡς τὴν ὕλην τὸ μεθεκτικὸν τῶν εἰδῶν τόπον εἰπόντος. συγκρούει οὖν κατὰ τὸ φαινόμενον τοὺς λόγους. εἰ γὰρ τὸ μεθεκτικὸν τῶν εἰδῶν | ὁ τόπος ἐστί, διὰ τί μὴ ἐν τῷ τόπῳ τὰ εἴδη 127r ἅπερ καὶ ἀριθμοὺς ἔλεγε; τὸ δὲ μεθεκτικὸν ἐν μὲν ταῖς ἀγράφοις ταῖς Περὶ τἀγαθοῦ συνουσίαις μέγα καὶ μικρὸν ἐκάλει, ἐν δὲ τῷ Τιμαίῳ ὕλην,
25 ἣν καὶ τόπον καὶ χώραν ὠνόμαζε. καὶ δῆλον ὅτι φαινομένη τίς ἐστιν ἐναντίωσις αὕτη· οὐ μέντοι ἐστὶν ἐναντία· τὴν μὲν γὰρ ὕλην τόπον ἔλεγε τῶν ἐνύλων εἰδῶν ὡς ὑποδοχὴν αὐτῶν, τὰ δὲ εἴδη τὰ χωριστὰ τῆς ὕλης ἤτοι τὰς ἰδέας ἔλεγε μὴ εἶναι ἐν τόπῳ. οὔτε γὰρ ὡς ἔνυλα εἴδη ἐν τῇ ὕλῃ ἐστὶν ὡς ἐν τόπῳ ἐκεῖνα, οὔτε ὡς σώματα ἐν τῷ τῶν σωμάτων
30 δεκτικῷ. ἐναργεστέρα δὲ ἂν ἔδοξεν ἡ ἐναντίωσις, εἴ τις τῷ λέγοντι τὰς ἰδέας μὴ εἶναι ἐν τόπῳ μηδὲ ἔξω τοῦ οὐρανοῦ τὰ ἐν Φαίδρῳ προήγαγεν,

---

3 ἀεὶ om. F   τι om. F   4 αὐτοῦ om. F   5 οὖν om. a   καὶ (post ὅτι) om. aF   ἐκ (post alterum καὶ) om. E   6 μέν τι] μέντοι E   ἄλλο δὲ ὁ τόπος om. E   8 τοῦ ἐν ᾧ ἐκτὸς ὄντος aF   10 κοινῶν F   11 ἐναργείας E¹   εἰλημμένων E   14 ἄλλος δὲ aF   15 ἄλλος μὲν aF   16 ὥσπερ] καθάπερ a   18 ἔλεγεν Γ 4 p. 203 a 8   τοῦ (post περὶ) super add. E   20 τὸ μὲν δεκτικὸν E¹   22 διατί aF: διὰ τὸ E   τῷ om. F   24 Περὶ τἀγαθοῦ cf. supra p. 453, 28   25 χώραν καὶ τόπον aF   27 εἰδῶν om. aF   28 εἶναι aF: οὖν E   30 δὲ aE: om. F   ἔδοξεν aF: ἔδειξεν E   31 Φαίδρῳ p. 247 c cf. p. 541, 10

ἐν οἷς φησι "τὸν δὲ ὑπερουράνιον τόπον οὔτε τις ὕμνησε ποιητὴς τῶν
τῇδε οὔτε ὑμνήσει κατ' ἀξίαν. ἡ γὰρ ἀχρώματός τε καὶ ἀσχημάτιστος καὶ
ἀναφὴς οὐσία ὄντως οὖσα ψυχῆς κυβερνήτῃ μόνῳ θεατή, περὶ ἣν τὸ τῆς
ἀληθοῦς ἐπιστήμης γένος, τοῦτον ἔχει τὸν τόπον". ἐν δὲ τούτῳ φησίν
5 "καθορᾷ μὲν αὐτὴν δικαιοσύνην, καθορᾷ δὲ σωφροσύνην, καθορᾷ δὲ ἐπιστή-
μην, οὐχ ᾗ γένεσις πρόσεστιν, οὐδὲ ᾗ ἐστί που ἑτέρα ἐν ἑτέρῳ οὖσα, ὧν
ἡμεῖς νῦν ὄντων καλοῦμεν, ἀλλὰ τὴν ἐν τῷ ὅ ἐστιν ὄντως ἐπιστήμην οὖ-
σαν, καὶ τὰ ἄλλα ὡσαύτως τὰ ὄντα ὄντως". ἰδοὺ γὰρ σαφῶς ἐν τόπῳ
τὰς ἰδέας εἶναί φησι τὴν τῆς δικαιοσύνης καὶ σωφροσύνης καὶ ἐπιστήμης·
10 αὐτὸ γὰρ ἕκαστον ἡ ἰδέα ἐστί. λέγει δὲ καὶ ἔξω τοῦ οὐρανοῦ τοῦτον εἶναι
τὸν τόπον. ἀλλὰ δῆλον ὅτι ἄλλον μὲν τόπον ἀπέφασκε τῶν ἐκεῖ τὸν ὑπο-
δεκτικὸν τῶν ἐνύλων εἰδῶν ἢ τῶν σωμάτων, ἄλλον δὲ ἐξυμνεῖ τὸν ἀφο-
ριστικὸν τῆς ἐκεῖ τάξεως· θαυμαστὸν δὲ πῶς ὁ Ἀλέξανδρος καίτοι συννοή-
σας, ὅτι εἴδη λέγει τὰς ἰδέας νῦν ὁ Ἀριστοτέλης, ὅμως ἀναγκάζεσθαι νομίζει
15 τὸν Πλάτωνα ἐν τόπῳ λέγειν τὰς ἰδέας, καίτοι ἀΰλους αὐτὰς λέγοντα,
ἐπειδὴ τόπον καὶ χώραν τῶν ἐνύλων εἰδῶν εἶπε τὴν ὕλην· παρέκβασιν δὲ
καλεῖ τὸν λόγον, ἐπειδή, ὅσον μὲν ἐν τοῖς προχειμένοις, ἤρκει δεῖξαι, ὅτι
οὐκ ἔστιν ὕλη ὁ τόπος, ὡς ἐδόκει λέγειν ὁ Πλάτων· τῷ δὲ μὴ ἁπλῶς τό-
πον ἀλλ' εἰδῶν τόπον εἰπόντι ἀκολουθεῖ τὸ ἐναντίον τοῖς ὑπ' αὐτοῦ λεγο-
20 μένοις ἐν ἄλλοις τὸ τὰ εἴδη ἐν τόπῳ εἶναι. διὸ παρεκβῆναι τοῦ προχει-
μένου ὁμολογεῖ τοῦτο ἐπάγων τὸ ἄτοπον.

p. 210ᵃ2 Ἔτι πῶς ἂν φέροιτο εἰς τὸν αὑτοῦ τόπον ἕως τοῦ ὥστε
ζητητέος ἐν τοῖς τοιούτοις ὁ τόπος.

Πέμπτον τοῦτο ἐπιχείρημα δεικτικὸν τοῦ τὸν τόπον μήτε τὴν ὕλην
25 εἶναι μήτε τὸ εἶδος τοιαύτην ἔχον καὶ τοῦτο τὴν τοῦ λόγου ἀγωγήν· εἰ ὁ
τόπος ἡ ὕλη ἢ τὸ εἶδος, οὐδὲν ἂν τῶν κινουμένων ἐπὶ τὸν αὑτοῦ τόπον
φέροιτο· ἀλλὰ μὴν πᾶν τὸ κινούμενον κατὰ φύσιν ἐπὶ τὸν αὑτοῦ φέρεται
τόπον, τὰ μὲν βαρέα κάτω, τὰ δὲ κοῦφα ἄνω· οὐκ ἄρα ὁ τόπος ἡ ὕλη ἢ
τὸ εἶδός ἐστιν. οὐδὲ γὰρ φέρεται ἐπὶ τὴν ὕλην ἢ τὸ εἶδος, διότι σὺν αὐ-
30 τοῖς καὶ ἐν αὐτοῖς ἐστι τούτων ἑκάτερον τοῖς φερομένοις. τί γὰρ ἄλλο
ἐστὶ τὸ φερόμενον ἢ ὕλη καὶ εἶδος; τὸ δὲ ἐφεξῆς λεγόμενον τὸ ἀδύνατον

---

1 τῶν] τὸν E   2 post ἀξίαν Platonica ἔχει δὲ—λέγοντα om. Simplicius   ἤ] εἰ E
3 ψυχῆς οὖσα colloc. Plato   θεατῇ libri: θεατὴ νῷ Plato   4 τούτῳ] τοῦτο E   φησί
p. 247 D   φησί post μὲν traiecit a   5 καθαρᾷ δὲ σωφροσύνη E   6 πρόσεστιν
in πρός τι corr. E   ᾗ ἐστί] ὕλη E   ἑτέραν a   ὧν E: ἣν aF   7 ἐστιν ὂν
ὄντως Plato   8 ὄντως ὄντα a   post ὄντα habet ἐπί F   ἰδὸν a   10 αὐτο-
ἕκαστον γὰρ F   12 ἢ τῶν E: ἢ τὸν F: ἢ τὸν τῶν a   14 τὰς ἰδέας λέγει aF
16 παρέκβασιν, scilicet παρεκβάντας lemmatis explicat   17 ἐν τοῖς προχειμένοις aF: ἐπὶ
τῆς προχειμένης E   18 post ἐστιν add. ἡ aF   19 τι ἐναντίον aF   21 ἐπάγειν E
24 πέμπτον E: ἕτερον aF   ἐπιχείρημα om. E   δεικτικὸν τοῦ] μὴ δεικνύων τὸν F
26 ἢ (post ὕλη) om. E   post εἶδος habet ἐστιν—τὴν (ex v. 29) F   αὑτοῦ hic et
similibus deinceps locis scripsi: αὐτοῦ E: ἑαυτοῦ aF   31 τὸ (post λεγόμενον) om. aF

γὰρ οὗ μὴ κίνησις μηδὲ τὸ ἄνω ἢ κάτω τόπον εἶναι ἄλλον λόγον 127ʳ
ὁ Ἀλέξανδρός φησι συνημμένον τῷ πρὸ αὐτοῦ τοιοῦτον· ἐφ' ᾧ μὴ ἔστι
κίνησις, τοῦτο τόπος οὐκ ἔστιν· ἐπὶ δὲ τὴν ὕλην καὶ τὸ εἶδος οὐκ ἔστι
κίνησις· οὐδὲ ἄρα ἡ ὕλη ἢ τὸ εἶδος τόπος ἐστί. "δύναται δέ, φησί, καὶ
5 τὸ τούτῳ συγκείμενον ἄλλος εἶναι λόγος τοιοῦτος· ὃ μὴ ἔχει διαφορὰς τήν
τε ἄνω καὶ τὴν κάτω, τοῦτο οὐκ ἔστι τόπος· ἡ δὲ ὕλη καὶ τὸ εἶδος οὐκ
ἔχει διαφορὰς τὸ ἄνω καὶ τὸ κάτω· οὐκ ἄρα ἡ ὕλη καὶ τὸ εἶδος τόπος. 35
αὐτὸς δέ, φησί, πάντα συνθεὶς ὡς ἕνα ἠρώτηκε λόγον προσθεὶς τὸ 'πῶς
ἂν φέροιτο ἔτι τὰ κινούμενα εἰς τοὺς αὑτῶν τόπους, εἰ ἡ ὕλη ἢ τὸ εἶδος
10 τόπος'· ὡς ὂν τοῦτο ἐναργές, ὅτι οὐδὲν ἐπὶ τὸ ἴδιον εἶδος ἢ τὴν ὕλην
κινεῖται". οὕτως μὲν οὖν ὁ Ἀλέξανδρος καὶ ὁ Ἀσπάσιος. μήποτε δὲ εἷς
μὲν ἔστιν ὁ ὅλος λόγος, ὡς καὶ Ἀλέξανδρος ἐπέστησε συνημμένον ἔχων τὸ
πρότερον ῥηθὲν τοιοῦτον· εἰ ὁ τόπος ἡ ὕλη ἢ τὸ εἶδός ἐστιν, οὐδὲν ἂν
τῶν κινουμένων ἐπὶ τὸν αὑτοῦ τόπον φέροιτο· ἀλλὰ μὴν πᾶν τὸ κινού-
15 μενον κατὰ φύσιν ἐπὶ τὸν αὑτοῦ τόπον φέρεται. ἐν δὴ τούτῳ τὴν μὲν 40
πρόσληψιν ὡς σαφῆ παρῆκε, τὸ δὲ συνημμένον ἀποδείκνυσι διὰ τοῦ ἀδυ-
νάτου γὰρ οὗ μὴ κίνησις μηδὲ τὸ ἄνω ἢ κάτω τόπον εἶναι. εἰ
γὰρ ἐπὶ τὴν ὕλην ἢ τὸ εἶδος οὐκ ἔστι κίνησις, ἀλλ' οὐδὲ τὸ ἄνω ἢ κάτω,
ἐφ' ἃ γίνονται αἱ φυσικαὶ κινήσεις, ὕλης ἢ εἴδους εἰσὶ διαφοραὶ τόπου
20 οὖσαι διαφοραί, ἐξ ἀμφοῖν δῆλον ὅτι, εἰ τὸ εἶδος ἢ ἡ ὕλη τόπος, οὐδὲν ἂν
τῶν κινουμένων ἐπὶ τὸν αὑτοῦ τόπον φέροιτο, τουτέστιν τὸν ἄνω ἢ τὸν
κάτω· ἐνάγει δέ με πρὸς τὴν τοιαύτην τῶν εἰρημένων ἀποδοχὴν καὶ ὁ γὰρ
αἰτιολογικὸς σύνδεσμος· ὡς γὰρ αἰτίαν ἐπάγων τοῦ μὴ ἂν φέρεσθαι εἰς 45
τὸν αὑτοῦ τόπον ἕκαστον, εἰ τόπος εἴη ἡ ὕλη ἢ τὸ εἶδος, οὕτως ἐπῆκται.
25 εἰ οὖν ἀληθῆ τὰ εἰρημένα, οὐκ ἐν τῇ ὕλῃ ἢ τῷ εἴδει χρὴ τὸν τόπον
ζητεῖν, ἀλλ' ἐν ἐκείνῳ οὗ διαφορὰ τὸ ἄνω καὶ τὸ κάτω ἐστίν. ἐπὶ γὰρ
ταῦτα οἷόν τε φέρεσθαι τὰ κινούμενα, οὐκ ἐπὶ τὴν ὕλην καὶ τὸ εἶδος.
δυνατὸν δὲ καὶ κατηγορικῶς οὕτως ἐρωτᾶν τὸν λόγον ἐν δευτέρῳ σχήματι·
τόπος ἐστὶν ἐφ' ὃν ἕκαστον τῶν κατὰ φύσιν κινουμένων ἐπὶ τὸν αὑτοῦ τό-
30 πον κινεῖται· εἰς δὲ τὴν ὕλην ἢ τὸ εἶδος οὐδὲν κινεῖται· οὐκ ἄρα τὸ εἶδος 50
ἢ ἡ ὕλη τόπος ἐστίν. ὅλως δὲ εἰ τὴν ὕλην καὶ τὸ εἶδος ἔχει ἀεὶ τὰ σώ-
ματα τόπον ὄντα, πῶς ἂν ἔτι κινοῖτο ἐπὶ τὸν οἰκεῖον τόπον;

p. 210ᵃ5 Εἰ δὲ ἐν αὐτῷ ὁ τόπος, δεῖ γὰρ ἕως τοῦ ὥστε τοῦ
τόπου ἔσται τόπος. |

35   Ἕκτον τοῦτο ἐπιχείρημα ὡς οἶμαι δεικνύον ὅτι οὔτε τὸ εἶδος οὔτε ἡ 127ᵛ

---

1 τὸ (post μηδὲ) om. E   ἢ aF: μὴ δὲ E   κάτω ἐστί Aristoteles   5 ἄλλος
aF: ἄλλο E   6 τὴν (post καὶ) om. E   τοῦτο om. aF   8 φησὶ πάντα συνθεὶς
E: συνθεὶς φησὶ πάντα F: φυσὶ (!) συνθεὶς πάντα a   9 αὐτῶν a: αὑτῶν EF
11 μὲν οὖν scripsi: μὲν E: οὖν aF   καὶ (post Ἀλέξανδρος) om. E   12 καὶ (post
ὡς) om. E   14 ἀλλὰ μὴν — φέρεται (15) om. a   17 ἢ τὸ κάτω aF   19 εἰσὶ
διαφοραὶ ἢ εἴδους aF   20 ἡ (post ἢ) om. F   21 ἢ] καὶ a   22 ἀπόδοσιν F
23 μὴ ἀναφέρεσθαι E   24 οὕτως οὖν (om. οὖν post εἰ) aF   29 post φύσιν habet
εἰρημένων F   30 ἢ (post ὕλην) E: καὶ aF

ὕλη τόπος ἐστὶ διὰ τῆς εἰς ἀδύνατον ἀπαγωγῆς καὶ τοῦτο· λέγει δέ· εἰ ἐν 127ᵛ
αὐτῷ τῷ πράγματι ὁ τόπος ἐστίν, ἔσται τοῦ τόπου τόπος· ἀλλὰ μὴν τοῦτο
ἀδύνατον, καὶ δι' αὐτὸ μὲν τοῦτο διὰ τὸ τὸν τόπον σώματος εἶναι ἀλλ' οὐ
τόπου καὶ διὰ τὴν ἐπ' ἄπειρον δὲ προχώρησιν τόπον ἀεὶ πρὸ τόπου τιθέν-
5 των ἡμῶν· οὐκ ἄρα ἐν αὐτῷ τῷ πράγματι ὁ τόπος ἐστί. τοῦ δὲ ὑποθε- 5
τικοῦ τόπου τούτου τὴν μὲν ὑπόθεσιν βεβαιοῦται διὰ τοῦ δεῖ γάρ, εἴπερ
ἡ μορφὴ ἢ ἡ ὕλη. εἰ γὰρ εἶδος ἢ ὕλη ἐστὶν ὁ τόπος, ἀνάγκη ἐν αὐτῷ
εἶναι τῷ πράγματι τῷ ἐξ ὕλης καὶ εἴδους συνεστηκότι· τὸ δὲ συνημμένον
ἀποδείκνυσιν ὑγιὲς ἐκ τοῦ μεταβάλλει γὰρ ἅμα τῷ πράγματι καὶ
10 κινεῖται καὶ τὸ εἶδος καὶ τὸ ἀόριστον, τουτέστιν ἡ ὕλη. τοῦ γὰρ
πράγματος μεθισταμένου τοῦ συνθέτου συμμεθίσταται καὶ τὸ εἶδος καὶ ἡ
ὕλη, ἐξ ὧν ἐστι τὸ σύνθετον, καὶ ἐκεῖ ἐστιν ἔνθα ἂν ᾖ τὸ σύνθετον. εἰ
οὖν ταῦτα ὁ τόπος, δῆλον ὅτι μέτεισιν ὁ τόπος τούτων μετιόντων καὶ μέ- 10
τεισιν ἀπὸ τόπου εἰς τόπον· ὥστε ἐν τόπῳ ἔσται ὁ τόπος. ὅτι δὲ τὰ
15 φυσικὰ σώματα τὰ ἐξ ὕλης καὶ εἴδους κινεῖται κατὰ τόπον καὶ μεταβάλλει
τοὺς τόπους, πρόδηλόν ἐστι τοῖς αἰσθανομένοις. καὶ δῆλον ὅτι καὶ αὐτὸ
τοῦτο ἄτοπόν ἐστι τὸ κινεῖσθαι τοὺς τόπους· κατὰ τόπον γὰρ καὶ εἰς τό-
πον ἀνάγκη κινεῖσθαι τὸ κινούμενον. ἀπορεῖ δὲ ὁ Ἀλέξανδρος ἐν τούτοις·
"μήποτε οὐκ ἀνάγκη, εἴ τι ἔστιν ἐν τόπῳ, καὶ τὰ ἐν αὐτῷ ὄντα ἐν τόπῳ
20 εἶναι, εἰ μὴ ἄρα κατὰ συμβεβηκός· ἰδοὺ γὰρ τὰ μέρη τῶν ἐν τόπῳ ὄντων 15
καὶ αἱ ἐν αὐτοῖς ποιότητες οὐκ εἰσὶν ἐν τόπῳ καθ' αὑτά, ὥστε κἂν τὸ
σύνθετον ἐν τόπῳ ᾖ, οὐκ ἀνάγκη τὸ εἶδος ἢ τὴν ὕλην ἐν τόπῳ εἶναι,
πλὴν εἰ μὴ κατὰ συμβεβηκός. ὥστε καὶ εἰ τόπος εἴη τὸ εἶδος ἢ ἡ ὕλη,
οὐκ ἂν εἴη ἐν τόπῳ πλὴν εἰ μὴ κατὰ συμβεβηκός· οὕτως δὲ οὐδὲν ἄτοπον
25 καὶ τὸν τόπον ἐν τόπῳ εἶναι· καὶ γὰρ αὐτὸς λέγων εἶναι τόπον τὸ τοῦ
περιέχοντος πέρας, ἐν τῷ αὐτῷ εἶναι τόπῳ φησὶ τό τε τοῦ περιέχοντος
πέρας καὶ τὸ τοῦ περιεχομένου· αἱ γὰρ ἐπιφάνειαι ἁπτόμεναι ἀλλήλων 20
ἐν τῷ αὐτῷ εἰσι". λύων δὲ τὴν ἀπορίαν "εἰ ἔστι, φησί, τὸ εἶδος ἢ ἡ
ὕλη τόπος τοῦ συνθέτου, ἴσα αὐτῷ ἐστιν· ὁ γὰρ τόπος ἴσος τῷ ἐν τόπῳ.
30 ἐπεὶ οὖν τὸ σύνθετον ἴσον ἐστὶ καὶ τῷ τόπῳ, ἐν ᾧ κινηθὲν ἐγένετο, τὰ
δὲ τῷ αὐτῷ ἴσα καὶ ἀλλήλοις ἐστὶν ἴσα, ἴσος ἂν εἴη καὶ τῷ εἴδει καὶ τῇ
ὕλῃ ὁ τόπος ἐν ᾧ ἐγένετο τὸ σύνθετον σῶμα· τὸ δὲ ἐν τόπῳ ἴσον τῷ
τόπῳ καθ' αὑτὸ ἐν τόπῳ ἐστὶ καὶ οὐ κατὰ συμβεβηκός· καθὸ γὰρ διέστηκε
τὸ ὄν, ἐν τόπῳ. εἰ οὖν ἡ ὕλη ἢ τὸ εἶδος τόπος ὂν τοῦ συνθέτου καὶ συν- 25
35 διεστὼς αὐτῷ ἐν τόπῳ ἐστίν, ἐν ᾧ γίνεται τὸ σύνθετον, καὶ ἴσον τῷ τόπῳ,
καθ' αὑτὸ ἂν εἴη ἐν τόπῳ. ἄτοπον δέ, φησὶν ὁ Ἀλέξανδρος, καὶ τὸ δύο
τόπους εἶναι ἅμα τοῦ αὐτοῦ πρώτως, εἴ γε ἀμφότεροι ἴσοι τῷ ἐν αὐτῷ, ὅ

---

3 post τοῦτο add. καὶ a   5 ὁ τόπος E: τόπος aF   6 τόπου om. F: post τούτου
transposuit a   μὲν om. aF   7 ἢ μορφὴ ἢ ὕλη Aristoteles (praeter G)
13 καὶ (post μετιόντων) om. E   15 τὰ (ante ἐξ) om. aF   18 τὸν κινούμενον F
26 παρέχοντος compend. E   30 ἐπεὶ E: εἰ aF   καὶ (post ἐστὶ) om. aF   31 ἴσα
E: καὶ F: ἴσα, καὶ a   καὶ (post εἴη) om. E   32 fortasse ἴσον ⟨ὂν⟩   34 τὸ
ὂν EF: ἔστιν a   τόπος om. a   37 τῷ] τοῦ F

τε ἐν ᾧ ἐγένετο καὶ τὸ εἶδος ἢ ἡ ὕλη· καὶ ταῦτα γὰρ ἴσα τῷ συνθέτῳ, 127ᵛ
εἴπερ τόπος αὐτοῦ ἐστι. καὶ δῆλον ὅτι οἱ δύο ἅμα τοῦ αὐτοῦ τόποι πρώ-
τως ἔσονται καὶ καθ' αὑτό, ἀλλ' οὐ κατὰ συμβεβηκὸς καὶ κατ' ἄλλο."

p. 210 a 9 Ἔτι ὅταν ἐξ ἀέρος ὕδωρ γένηται, ἀπόλωλεν ὁ τόπος
5   ἕως τοῦ περὶ τῆς οὐσίας αὐτοῦ εἴρηται.

Τοῦτο τὸ ἐπιχείρημα δυνατόν φασι καὶ ἀπορίαν ἰδίαν ἔχειν περὶ τό-
που, ὅτι δοκεῖ ἀπόλλυσθαι ὁ ἑκάστου τόπος τῶν σωμάτων, ὅταν εἰς ἄλλο
σῶμα μεταβολὴ αὐτοῖς γένηται· τοῦ δὲ ἀπολωλέναι τὸν τόπον σημεῖον, ὅτι
οὐκέτι εἰσὶν ἐν τῷ αὐτῷ τόπῳ. ἀλλ' ἄτοπον· τίς γὰρ ἂν γένοιτο τόπου
10 φθορά; μήποτε δὲ τὸ ἔτι προσκείμενον δηλοῖ περὶ τὸ αὐτὸ τῷ προσεχῶς
εἰρημένῳ προβλήματι στρέφεσθαι τὸ ἐπιχείρημα. εἴπερ δὲ ἄρα ἄλλην ἔχει
ἀπορίαν, οὕτως μᾶλλον αὐτὴν ἐκδεκτέον, ὡς ὁ Ἀσπάσιος ἐνδείκνυται· ὅταν
γὰρ ἐξ ἀέρος ὕδωρ γένηται, τουτέστιν ἐκ μείζονος σώματος ἔλαττον, ἀπόλ-
λυται τοῦ τόπου μέρος· οὐ γὰρ τοσοῦτός ἐστιν ὁ τοῦ γινομένου ὕδατος
15 τόπος, ὅσος ἦν ὁ τοῦ ἀέρος τοῦ εἰς αὐτὸ μεταβαλόντος. τίς δὲ τόπου
φθορὰ πάνυ χαλεπὸν ἀποδοῦναι, ὡς μαθησόμεθα. καὶ εἴη ἂν τοῦτο συγ-
γενὲς ἐκείνῳ τῷ ἐπιχειρήματι τῷ ἀπὸ τῆς αὐξήσεως τοῦ τόπου· ἐν ᾧ
ἔλεγε "πῶς οὖν περὶ τῶν αὐξανομένων ἐροῦμεν"· ὡς γὰρ ἐκεῖ ἐδείκνυτο,
ὅτι εἰ ἔστιν ὁ τόπος, ἀνάγκη αὔξεσθαι τὸν τόπον, οὕτως ἐνταῦθα ἀνάγκη
20 φθείρεσθαι τὸν τόπον. ἄπορον δὲ πῶς ἂν αὐξηθείη ἢ μειωθείη τόπος.
πῶς γὰρ τὸ πρότερον ἀληθές; οὐδὲ γάρ ἐστι σημεῖον τοῦ ἀπολωλέναι τὸν
τόπον τὸ μηκέτι ἐν τῷ αὐτῷ εἶναι· δύναται γὰρ καὶ ὅταν ἐξ ἀέρος μετα-
βαλὸν τὸ ὕδωρ κάτω γένηται, μένειν ὁ αὐτὸς ἄνω τόπος, κἂν μὴ ὁ αὐτὸς
ἀὴρ ᾖ ἐν αὐτῷ. κάλλιον δὲ τοῦ αὐτοῦ προβλήματος εἶναι τὸ ἐπιχείρημα
25 δεικνύοντος, ὅτι οὔτε ἡ ὕλη οὔτε τὸ εἶδος τόπος ἐστί. καὶ μᾶλλον ἐπὶ τοῦ
εἴδους ἀποδείκνυσθαί φησιν ὁ Ἀλέξανδρος οὕτως ἐκδεχομένων ἡμῶν· "ὅταν
τῶν σωμάτων αἱ μεταβολαὶ εἰς ἄλλα σώματα γένωνται, ἀπόλωλεν αὐτῶν
τὸ εἶδος (οὐ γὰρ ταὐτὸν ὕδατος καὶ ἀέρος)· εἰ δὴ τὸ εἶδος τόπος, ἀπόλ-
ωλεν αὐτῶν ὁ τόπος· ὥστε οὐκέτι εἰσὶν ἐν τῷ αὐτῷ τόπῳ. ἀλλὰ μὴν
30 ἄπορον τίς τοῦ τόπου φθορά. ὥστε εἰ τοῦ μὲν εἴδους φανερὰ ἡ φθορά,

---

1 ἡ (post ἢ) om. E   3 καὶ (ante κατ') om. E   5 αὐτοῦ περὶ τῆς οὐσίας a et
Aristoteles   6 δυνατόν] ἕτερον a   8 ὅτι in folii principio iteravit F
12 ὁ (post ὡς) om. a   ἐνδείκνυται EF: ἐκδέχεται a   14 τόπου] πυρός F
15 ὁ (post ἦν) om. a   αὐτῷ aF   μεταβαλόντος E   τίς κτλ. cf. Themistius
p. 261, 15   18 ἔλεγε p. 209 a 27   19 αὔξεσθαι — ἀνάγκη om. F   20 αὐξη-
θείη ἢ μειωθείη F: αὐξηθῇ ἢ μειωθῇ aE   21 πῶς EF: οὐδὲ a   post ἀληθές
add. οὔτε μὴν τὸ δεύτερον a   22 μεταλαβὼν F   23 τὸ (ante ὕδωρ) om. a
γενήσεται E   25 τοῦ δεικνύοντος aF   τόπος E cf. p. 548, 1: ὁ τόπος aF   26 ἡμῶν
om. F   ὅταν γὰρ τῶν a   30 ἄπορον EF: ἄτοπον a   ὥστε εἰ τοῦ μὲν εἴδους
φανερὰ ἡ φθορά F cf. p. 550, 5: om. aE

εἰ δὲ ὁ τόπος φθείρεσθαι δύναται ἀπορίαν ἔχει, οὐκ ἔστι ταὐτὸν τῷ τόπῳ 127ᵛ
τὸ εἶδος. εἰ δὲ τὴν ὕλην τις λέγει τόπον, ἐν τῇ τῶν σωμάτων εἰς ἄλληλα
μεταβολῇ, ὁ μὲν τόπος οὐκέτι ὁ αὐτός, ἡ δὲ ὕλη ἡ αὐτή· μένουσαν γὰρ
αὐτὴν φαμεν δέχεσθαι τὰ διαφέροντα εἴδη. ὥστε οὐκ ἔστιν ἡ ὕλη τόπος".
5 καὶ τῷ μὲν Ἀλεξάνδρῳ μᾶλλον δοκεῖ ἐπὶ τοῦ εἴδους ἀληθεύεσθαι τὸν λό-
γον. πῶς δὲ τὸ μὲν εἶδος | τόπον ὑποθέμενος ἔλεγεν ὅτι "τοῦ μὲν εἴδους 128ʳ
φανερὰ ἡ φθορά, εἰ δὲ ὁ τόπος φθείρεσθαι δύναται ἀπορίαν ἔχει" καὶ
οὕτω συνῆγεν ὅτι ὁ τόπος οὐκ ἔστι τὸ εἶδος, ἐπὶ δὲ τῆς ὕλης τὸν τόπον
φησὶ μὴ εἶναι τὸν αὐτόν, τὴν δὲ ὕλην τὴν αὐτὴν εἶναι, καίτοι τοῦ Ἀριστο-
10 τέλους εἰς ἓν μόνον ἄτοπον ἀπαγαγόντος τὸ ἀπόλωλεν ὁ τόπος; μήποτε
οὖν ἐν ἀμφοῖν ὁμοίως ἀληθεύεται, ἐν ταῖς μεταβολαῖς τῶν σωμάτων τὸ
ἀπολωλέναι τὸν τόπον, εἴπερ ἡ ὕλη ἢ τὸ εἶδός ἐστιν ὁ τόπος· εἰ γὰρ μὴ 5
μάτην τὴν ἐξ ἀέρος εἰς ὕδωρ μεταβολὴν παρέθετο καὶ ὅλως τὴν ἐκ μείζο-
νος εἰς ἔλαττον, ἀλλ' ἵνα τὴν συστολὴν τοῦ μεγέθους δηλώσῃ οὐ μόνον
15 κατὰ τὸ εἶδος γινομένην, ἀλλὰ καὶ κατὰ τὴν διάστασιν τὴν ὑλικήν, δῆλον
ὅτι καὶ ἐπὶ τῆς ὕλης τὸ ἄτοπον συνάγεται καὶ εἴη ἂν ὁ συλλογισμὸς τοιοῦ-
τος· εἰ ὁ τόπος τὸ εἶδος ἢ ἡ ὕλη, ἐν τῇ μεταβολῇ τῶν σωμάτων τῇ ἐκ
μείζονος εἰς ἔλαττον ἀπόλωλεν ὁ τόπος· ἀλλὰ μὴν τοῦτο ἀδύνατον· τίς γὰρ
ἂν εἴη φθορὰ τόπου; καὶ τὴν μὲν πρόσληψιν ὡς ἐναργῆ παραλέλοιπε. τί 10
20 γὰρ ἂν εἴη τῷ τόπῳ ἐναντίον εἰς ὃ ἂν φθαρείη ὁ τόπος ἢ ἐξ οὗ ἂν γέ-
νοιτο; τὸ δὲ συνημμένον δείκνυσι διὰ τοῦ οὐ γὰρ ἐν τῷ αὐτῷ τόπῳ τὸ
γενόμενον σῶμα. καὶ γὰρ εἰ μὲν τὸ εἶδος ὑποτεθείη ὁ τόπος, ἄλλος ἐξ
ἄλλου τελέως εὑρεθήσεται· εἰ δὲ ἡ ὕλη, ἐλάττων ἐκ μείζονος ὁ τόπος.
καὶ πάλιν οὐκ ἐν τῷ αὐτῷ τόπῳ. ὅτι δὲ καὶ ἀπὸ τῆς μερικῆς ἀπωλείας
25 τοῦ τόπου γέγονεν ἡ ἐπιχείρησις, δηλοῖ οἶμαι σαφῶς τὸ οὐδὲ γὰρ ἐν τῷ
αὐτῷ τόπῳ τὸ γενόμενον σῶμα. καὶ ὅτι εἰς ἄτοπον ἀπάγει τὴν τοῦ
τόπου φθοράν, δηλοῖ τὸ τίς οὖν ἡ φθορά. τοῦτο δὲ καὶ ἐκ τῆς κοινῆς
περὶ τοῦ τόπου ἐννοίας, ὅτι οὐ συμφθείρεται τοῖς ἐν τόπῳ ὁ τόπος, ὥσπερ 15
οὐδὲ τὰ ἀγγεῖα τοῖς ἐν αὐτοῖς, ἀλλὰ μενόντων τούτων ἄλλοτε ἄλλων εἰς
30 αὐτὰ μετάστασις γίνεται· καὶ ἐκ τοῦ τὰ σώματα μεταβάλλειν κατὰ τοὺς
τόπους, οὐ μέντοι τοὺς τόπους εἰς ἀλλήλους. οὐ γὰρ ὁ ἄνω τόπος εἰς
τὸν κάτω μεταβάλλει (πῶς γὰρ οἷόν τε;), ἀλλὰ τὰ ἄνω σώματα εἰς τὰ
κάτω. ὁ δὲ Εὔδημος δεικνὺς ὅτι οὐκ ἔστιν ὁ τόπος ἡ ὕλη καὶ τοῦτο
προστίθησιν· "ἔτι δὲ ἡ μὲν ὕλη κινεῖται· ὁ δὲ τόπος ἀκίνητος". δῆλον
35 δὲ ὅτι καὶ τῷ εἴδει ἐφαρμόττει ὁ αὐτὸς διορισμός· καὶ γὰρ καὶ αὐτὸ 20
κινεῖται.

---

1 οὐκ EF: εἰ a   3 οὐκέτι EF: οὐκ ἔστιν a   12 post εἴπερ add. ἢ a   16 τὸ (ante ἄτοπον) om. aF   24 ὅτι δὲ — τόπῳ (26) E: om. aF   ἀπωλείας scripsi: λώ, ἀπω sic (ω in litura) E   25 οὐδὲ] οὐ v. 21 et Aristoteles   26 ἀπάγει aF: ἐπάγει E.   29 τούτων εἰς F   30 τοὺς (post κατὰ) om. E   33 Εὔδημος fr. 40 p. 55, 15 Sp. cf. supra p. 533, 14

p. 210 a 14 Μετὰ δὲ ταῦτα ληπτέον, ποσαχῶς ἄλλο ἐν ἄλλῳ λέ-
γεται ἕως τοῦ πάντων δὲ κυριώτατον τὸ ὡς ἐν ἀγγείῳ
καὶ ὅλως ὡς ἐν τόπῳ.

Συμπερανάμενος τοὺς λόγους, ἐξ ὧν τε ἀναγκαῖον εἶναί τι τὸν τόπον
5 δοκεῖ, καὶ πάλιν ἐξ ὧν ἀπορήσειεν ἄν τις περὶ τῆς οὐσίας αὐτοῦ τί ποτέ
ἐστιν ὁ τόπος, καὶ εἰ ἔστιν ὅλως (εἰ γὰρ ἃ δοκεῖ εἶναι ὁ τόπος μὴ ἔστιν,
ἀνάγκη καὶ εἰ ἔστιν ὅλως ἀπορεῖσθαι), τούτοις οὖν συμπερανάμενος τοὺς
λόγους καὶ τὰς συγκεχυμένας ἐν ἡμῖν δόξας διακρίνας ἐπὶ τὴν εὕρεσιν
λοιπὸν τῆς τοῦ τόπου φύσεως παρασκευάζεται. ἐπειδὴ δὲ ἀπὸ τοῦ ἐν τόπῳ
10 ὄντος εἰς ἔννοιαν ἐρχόμεθα τοῦ τόπου, τὸ δὲ ἐν τόπῳ ἔν τινί ἐστι, διαι-
ρεῖται πρῶτον πολλαχῶς λεγόμενον τὸ ἔν. τινι. χρησιμεύσει δὲ αὐτῷ μά-
λιστα ἡ διαίρεσις καὶ εἰς τὴν λύσιν τοῦ ἐν τόπῳ τὸν τόπον ἔσεσθαι κατὰ
τὴν Ζήνωνος ἀπορίαν, ἣν εἶπε ζητεῖν τινα λύσιν· ἔλεγε γὰρ ὁ Ζήνων· "εἰ
πᾶν τὸ ὂν ἐν τόπῳ, δῆλον ὅτι καὶ τοῦ τόπου τόπος ἔσται, καὶ τοῦτο ἐπ'
15 ἄπειρον πρόεισι". λυθήσεται οὖν ὁ λόγος οὗτος ἐκ τοῦ πλεοναχῶς τοῦ ἔν
τινι λεγομένου μὴ εἴ τί ἐστιν ἔν τινι καὶ ἐν τόπῳ εἶναι. διὸ καὶ εἰς τοῦτο
συνεπληρώθη πᾶς ὁ λόγος ὁ περὶ τοῦ ἔν τινι. τὰ οὖν ἔν τινι κατὰ ὀκτὼ
ἢ ἐννέα τρόπους λέγεσθαί φησιν· ἔν τινι γάρ ἐστιν ἢ ὡς μέρος ἐν ὅλῳ
ὡς ὁ δάκτυλος ἐν τῇ χειρὶ ἢ ἐν τῷ ὅλῳ σώματι, ἐν μὲν τῇ χειρὶ ὡς
20 μέρος, ἐν δὲ τῷ ὅλῳ σώματι ὡς μέρους μέρος, ὃ καὶ μόριον καλοῦσιν.
ἢ ὡς τὸ ὅλον ἐν τοῖς μέρεσιν ὡς τὸ πρόσωπον ἐν ὀφθαλμοῖς καὶ
ῥινὶ καὶ τοῖς τοιούτοις. οὐ γάρ ἐστι φησὶ παρὰ τὰ μέρη τὸ ὅλον.
κἂν γὰρ ἄλλο τὸ εἶδος ᾖ τοῦ ὅλου παρὰ τὸ τῶν μερῶν εἶδος, καθὸ καὶ
ὅλον καὶ μέρη φαμὲν εἰδητικῶς ἀντιτιθέντες, ἀλλὰ τό γε ὑποκείμενον τὸ
25 αὐτό· οὐ γὰρ ἀπέσπασται τὸ ὅλον τῶν μερῶν. ἄλλον δὲ τρόπον τὸ ἔν
τινι ὡς τὸ εἶδος ἐν τῷ γένει, ὡς λέγομεν ἐν τῷ ζῴῳ τὸν ἄνθρωπον· καὶ
ἄλλον ὡς τὸ γένος ἐν εἴδει, ὡς ζῷον ἐν ἀνθρώπῳ καὶ ἵππῳ καὶ τοῖς
ἄλλοις, ὅτι ἐν τῷ ἑκάστου τῶν εἰδῶν λόγῳ περιέχεται. διὸ εἴδει εἶπεν,
οὐκ εἴδεσιν· ὅτι γὰρ ἄλλως ἔν τινί ἐστι τὸ ὡς μέρος ἐν ὅλῳ καὶ ἄλλως τὸ
30 ὡς εἶδος ἐν γένει, δῆλον ἐκ τοῦ τὸ μὲν ὅλον μηκέτι ὅλον εἶναι ἑνὸς ἀφαι-
ρεθέντος μέρους, τὸ δὲ γένος μηδὲν κωλύεσθαι ἔτι εἶναι γένος ἑνὸς εἴδους
ἀφαιρεθέντος. καὶ τὸ μὲν γένος πᾶν συνωνύμως πάντων τῶν εἰδῶν κατη-
γορεῖται, τὸ δὲ ὅλον μόνων τῶν ὁμοιομερῶν, καὶ τούτων οὐ καθὸ ὅλον.
ἔτι δὲ τὸ μὲν ὅλον ἐν πᾶσίν ἐστι τοῖς μέρεσι, τὸ δὲ γένος καὶ ἐν ἑνί. διὸ

---

1 λέγεται] γίνεται a 3 ὅλως ὡς E: ὅλως τὸ a ex Aristotele 4 εἶναί τι ante ἀναγκαῖον iteravit F 6 ὅλως εἰ ἔστιν aF εἶναι om. F 10 post ἐν τόπῳ add. ὂν aF 11 καὶ post μάλιστα traiecit E 13 εἶπε p. 209 a 24 14 ἐπ'] εἰς Aristoteles 16 ἐστι post ἔν τινί posuerunt aF 17 ὁ λόγος πᾶς aF 18 λέγεσθαι aE: γίνεσθαι F 20 μέρος μέρους aF 21 ἢ om. F 24 εἰδητικῶς a: εἰδητικοῦ F idemque compendio significasse videtur E 25 ἀπέσπασται a: ἀπέπασται E: ἀπέσπαται F 27 καὶ (post ἀνθρώπῳ) om. aF 30 γένει] γενέσει E 31 κολύεσθαι a ἔτι εἶναι γένος om. aF 32 ἀφαιρεθέντος εἴδους aF 33 καθὸ ὅλων F¹ 34 ὅλον aF: om. E

καὶ ὁ Ἀριστοτέλης ὅπου μὲν ὅλον ἐν μέρεσιν εἶπεν, ὅπου δὲ γένος ἐν εἴδει. 128ʳ πρὸς δὲ τούτοις τὸ μὲν γένος μέρος γίνεται τοῦ λόγου τοῦ εἴδους, καὶ οὕτως 50 τὸ γένος ἐν τῷ εἴδει· τὸ δὲ ὅλον οὐκ ἔστι μέρος τοῦ λόγου τοῦ μέρους. καὶ ταῦτα εἰκότως, εἴπερ γένος μέν ἐστι κοινότης τοῖς ἤδη διακεκριμένοις
5 ἐπ' ἴσης ὑπάρχουσα, ὅλον δὲ συνοχὴ τῶν ἔτι διακεκριμένων πρὸς ἄλληλα. πέμπτον δέ ἐστι τοῦ ἔν τινι σημαινόμενον ὡς τὸ εἶδος ἐν τῇ ὕλῃ, ὡς ἡ ὑγίεια ἐν θερμοῖς καὶ ψυχροῖς. ἐν ᾧ ἔοικε σημαινομένῳ πάντα τιθέναι τὰ ἐν ὑποκειμένῳ. ἕκτον δέ ἐστιν ὡς τὰ | τῶν ἀρχομένων ἐν 128ᵛ τῷ ἄρχοντι, ὡς ἐν βασιλεῖ τὰ τῶν Ἑλλήνων ἐλέγετο πράγματα. καὶ
10 ὅλως ἐν τῷ πρὸ τοῦ κινοῦντι καὶ ποιοῦντι ὡς ἐν ἐξουσίᾳ καὶ δυνάμει καὶ διοικήσει, ὡς καὶ παρ' Ὁμήρῳ τὸ
    Διὸς δ' ἐν γούνασι κεῖται.
ἕβδομον δὲ ὡς ἐν τῷ ἀγαθῷ καὶ ὅλως ἐν τῷ τέλει τὰ τοῦ τέλους ἕνεκεν, ὡς ἐν τῷ πλουτεῖν ἢ ὑγιαίνειν τὰ αὐτῶν εἶναι, οὗ δὴ ἕνεκα πάντα
15 πρακτέον, ἢ ὡς ἐν τῇ εὐδαιμονίᾳ αἱ ἀρεταί. ὄγδοον δὲ τὸ ὡς ἐν ἀγγείῳ. 5 ἐπειδὴ δὲ τὸ ἀγγεῖον τόπος λέγεται μεταφορητός, εἰκότως ἐπήγαγε καὶ ὅλως ἐν τόπῳ, εἴτε ὡς ἓν σημαινόμενον εἴτε καὶ ὡς δύο λαμβάνων.

"Σημειωτέον δέ, φησὶν ὁ Ἀλέξανδρος, ὅτι τοῦ ἐν ὑποκειμένῳ παράδειγμα τὴν ὑγείαν παραθέμενος ἐπήγαγε καὶ ὅλως τὸ εἶδος ἐν τῇ ὕλῃ ὡς τοῦ
20 εἴδους ἐν ὑποκειμένῳ ὄντος. καίτοι τὸ μὲν ἐν ὑποκειμένῳ συμβεβηκός ἐστι, τὸ δὲ εἶδος οὐσία, φαίη ἄν. καὶ τὸ μὲν ἐν ὑποκειμένῳ οὐκ ἔστι μέρος τοῦ συνθέτου (ὡς αὐτὸς ἐν Κατηγορίαις ὡρίσατο λέγων "ὃ ἔν τινι μὴ ὡς 10 μέρος ὂν ἀδύνατον χωρὶς εἶναι τοῦ ἐν ᾧ ἐστι"), τὸ δὲ εἶδος μέρος ἐστὶ τοῦ ἐξ ὕλης καὶ εἴδους." καὶ Εὔδημος δὲ τούτοις παρακολουθῶν καὶ εἰπὼν
25 "ἄλλως δὲ τὰ πάθη καὶ αἱ ἕξεις ἐν ταῖς οὐσίαις" ἐπήγαγεν· "ἐπισκεπτέον δὲ εἰ οὕτως καὶ τὸ σχῆμα καὶ ὅλως ἡ μορφὴ ἐν τῇ ὕλῃ" καὶ αὐτὸς δηλονότι τὴν διαφορὰν ἐνδεικνύμενος· ἔοικεν οὖν ὡς ἓν λαμβάνειν τό τε ὡς εἶδος ἐν ὕλῃ καὶ τὸ κυρίως ἐν ὑποκειμένῳ κατὰ κοινήν τινα φύσιν τοῦ μορφωτικοῦ. ἄμφω γὰρ μορφωτικὰ τοῦ ὑποκειμένου ἐστί. κυριώτατον 15
30 δὲ τὸ ὡς ἐν ἀγγείῳ καὶ ὅλως ἐν τόπῳ ὁ Ἀλέξανδρος ἀκούει, διότι τὸ ἔν τινι κοινῶς τὸ ποῦ σημαίνει, τὸ δὲ ποῦ τὸ ἐν τόπῳ μάλιστα. κυριώτατον οὖν ὡς καὶ τῶν ἄλλων κοινόν· καὶ γὰρ τὸ μέρος ἐν τῷ ὅλῳ ὂν ποῦ ἐστι, καὶ τὰ ἄλλα τὰ εἰρημένα ὁμοίως. ἰδίως δὲ τὸ ποῦ ἔξωθεν ἐπὶ τῶν ἐν τόπῳ καὶ τῶν ἐν ἀγγείῳ λέγεσθαι. μήπω δὲ εἰρηκὼς τίνι διαφέρει ὁ
35 τόπος τοῦ ἀγγείου ὡς ἴσον δυναμένοις αὐτοῖς χρῆται.

---

1 ὅλον om. E   2 πρὸς δὲ aF: om. E   4 τοῖς εἴδη a   5 τῶν ἔτι E: τῶν ἤδη aF
10 πρὸ τοῦ EF: om. a: suspicor πρώτῳ ut cum Aristotele habet Themistius p. 262, 7
11 καὶ (post ὡς) om. E   12 Διὸς 'immo θεῶν' Spengel ad Themistium quem describit
Simplicius   13 τέλει] μέλει (sed ελ in litura) F   14 πάντα om. aF   18 ὅτι]
ὅ F   20 ἐν ὑποκειμένῳ ὄντος EF: ὑποκειμένου ὄντος a   ἐν (post μὲν) om. E
21 οὐσία E: οὐσίαν aF   post ἂν add. τις a   καὶ τὸ aF: καὶ τῷ E   22 ὡς] καὶ E
κατηγορίαι E   λέγων Categ. c. 2 p. 1ᵃ 24   23 ὂν] ὑπάρχον Aristoteles   εἶναι χωρὶς
aF   μέρος om. E   24 Εὔδημος fr. 41 p. 56, 4 Sp.   26 ὅλως aF: om. E
32 ὡς καὶ aF: καὶ ὡς E   34 καὶ τῶν E: καὶ aF   35 αὐτῆς a

Ταῦτα μὲν ἐνταῦθα τοῦ ἔν τινι σημαινόμενα παραδέδοται ὀκτὼ ἢ 128ᵛ
ἐννέα. εἰ δὲ ἐν Κατηγορίαις ἐνδεκαχῶς οἱ ἐξηγηταὶ τὸ ἔν τινι ἀπαριθμοῦν- 20
ται, ἀναμνηστέον ὅτι ἐκεῖ ἄλλο μὲν τὸ ὡς εἶδος ἐν ὕλῃ, ἄλλο δὲ τὸ ὡς
συμβεβηκὸς ἐν οὐσίᾳ καὶ ὅλως ἐν ὑποκειμένῳ λέγουσι, καὶ ἄλλο μὲν τὸ ἐν
5 τόπῳ ἄλλο δὲ τὸ ἐν ἀγγείῳ, ἐκ τῶν ἐνταῦθα λεγομένων τὰ δέκα σημαινό-
μενα διακρίνοντες καὶ ἄλλο τι παρὰ ταῦτα προστιθέντες τὸ ἐν χρόνῳ (οἷον
ὅτι Ἀριστοτέλης ἐγεννήθη ἐπὶ τῆς τοσῆσδε ὀλυμπιάδος), ὃ νῦν ἴσως οὐ
προσέθηκε διὰ τὸ μήπω διδάξαι ὅλως τι περὶ τοῦ χρόνου. λέγεται δὲ ἔν 25
τινι καὶ τὸ ὑποκείμενον ἐν τῷ συμβεβηκότι, ὡς λέγομεν τὸ σῶμα ἐν νόσῳ
10 εἶναι καὶ τὸν ἄνθρωπον ἐν περιστάσει. εἰκὸς δὲ καὶ ἄλλα εἶναι τοῦ ἔν τινι
σημαινόμενα. δῆλον δὲ ὅτι πολλαχῶς λέγεται τὸ ἔν τινι καὶ ὁμώνυμός
ἐστιν ἡ φωνή. τῶν δὲ ὁμωνύμως λεγομένων τὰ μὲν ἐπ' ἴσης ὑπάρχει
ὡς τὸ ἐρῶ κατὰ τοῦ φιλῶ καὶ κατὰ τοῦ λέξω (οὐδὲν γὰρ κυριώτερον ἐν
τῷ ἑτέρῳ μᾶλλον ἢ ἐν τῷ ἑτέρῳ), τὰ δὲ ⟨οὐκ ἐπ' ἴσης⟩ ὡς τὰ μὲν κυριώ-
15 τερον τὰ δὲ ἀκυρότερον λέγεσθαι, ὡς ποὺς καὶ κορυφὴ κυριώτερον μὲν ἐπὶ 30
τῶν ζῴων, ἀκυρότερον δὲ καὶ μεταφορικώτερον ἐπὶ τοῦ ὄρους.

p. 210ᵃ25 Ἀπορήσειε δ' ἄν τις εἰ ἄρα καὶ αὐτό τι ἕως τοῦ ὅ τε 35
γὰρ καὶ ἐν ᾧ ἀμφότερα τοῦ αὐτοῦ μόριά ἐστι.

Ἀπαριθμησάμενος τοὺς τοῦ ἔν τινι τρόπους ἀπορίας ἄξιόν φησιν, εἰ
20 ἔστι τις καὶ ἄλλος τρόπος καθ' ὃν αὐτό τι ἐν ἑαυτῷ ἐστιν. εἰ μὲν γὰρ
ἔστιν, ἢ λείπει τοῖς εἰρημένοις τρόπος ἢ ὑπό τινα τῶν εἰρημένων ὑπαχθή-
σεται· εἰ δὲ μὴ ἔστι, χρὴ τοῦτο δειχθῆναι. καὶ μάλιστα δι' Ἀναξαγόραν
αἴτιον τῆς τοῦ ἀπείρου μονῆς λέγοντα τὸ αὐτὸ αὑτὸ στηρίζειν, τοῦτο δὲ
ὅτι ἐν αὑτῷ· ἄλλο γὰρ οὐδὲν περιέχει. ταύτην δὲ τὴν δόξαν ἐκεῖ μὲν 40
25 ἀνεῖλεν ἀπὸ τῆς τοῦ ἀπείρου ἐννοίας (εἰ γὰρ ὅμοιόν φησι τῷ ὅλῳ τὸ μέ-
ρος, καὶ τὸ μέρος ἂν ἐν ἑαυτῷ στηρίζοι, καὶ ἔσται πάντα ἀκίνητα. καὶ
ἄλλα δὲ κατὰ τὴν αὐτὴν ἔφοδον τίθησιν ἐπιχειρήματα), ἐνταῦθα δὲ περὶ
τοῦ ἔν τινι προελόμενος εἰπεῖν ἀπὸ τοῦ ἐν ἑαυτῷ οἰκείως πανταχοῦ τοῖς
προχειμένοις ποιούμενος τοὺς λόγους καὶ δεικνὺς ὅτι ἀδύνατόν τι αὐτὸ ἐν
30 ἑαυτῷ εἶναι. ὡς εἰκὸς δὲ καὶ εἰς τὸ μὴ εἶναι τὸν τόπον ἐν τόπῳ χρη-
σιμεύσει τι ἡ προχειμένη ἀπόδειξις. εἰ γάρ ἐστιν ὁ τόπος ἐν τόπῳ καθὸ 45
τόπος, αὐτό τι ἐν ἑαυτῷ ἔσται. εἰ οὖν τοῦτο ἀδύνατον, οὐδὲ ὁ τόπος ἐν
τόπῳ ἔσται. ζητῶν δὲ εἴ τι αὐτὸ ἐν ἑαυτῷ δύναται εἶναι, ἐπειδὴ τὸ μὲν
καθ' αὑτό τι λέγοιτο ἂν εἶναι ἐν ἑαυτῷ, τὸ δὲ καθ' ἕτερον, τὸ μὲν καθ'

---

2 ἐνδεκαχῶς οἱ ἐξηγηταί cf. Simpl. ad Categ. p. 88 Δ v. 5 Basil. 1551   ἀπαριθμοῦνται
τὸ (τῷ F) ἔν τινι aF   3 ὡς ἢ εἶδος F   6 τὸ (post δὲ) om. F   8 ὅλως περὶ
χρόνου aF   13 ἐρῶ καὶ κατὰ a   14 ἐν (post ἢ) om. E   οὐκ ἐπ' ἴσης a: om.
E: οὐκ ἐπ' ἴσης — τὰ δὲ (15) om. F   15 κυριώτερον a: κυριώτερα E   16 καὶ
(post δὲ) om. F   17 εἰ om. Aristotelis libri   18 ἐστι om. a Aristoteles   19 τοῦ
om. aF   23 αὐτὸ aF (cf. Arist. p. 205ᵇ2): αὑτῷ E   24 ἐν αὑτῷ scripsi: ἐν
αὐτῷ libri   δὲ E: μὲν aF   25 τοῦ (post τῆς) om. aF   30 ὡς om. E
χρησιμεύσει — ἐν τόπῳ (31) om. E

ἕτερον αὐτό τι ἐν αὑτῷ εἶναι συγχωρεῖ. δύναται γὰρ κατὰ μόριον. ὅταν 128ᵛ γὰρ φησὶν μόρια ᾖ τὸ ἐν ᾧ οἷον ὁ ἀμφορεὺς καὶ τὸ ἐν τούτῳ οἷον ὁ οἶνος (μέρη γὰρ ταῦτα τοῦ συναμφοτέρου), τότε δυνατὸν καὶ τὸ συναμφότερον καὶ ὅλον ἐν ἑαυτῷ λέγειν, ὅτι μέρος αὐτοῦ ἐν μέρει. καὶ ὅτι λέ-
5 γεταί τινα κατὰ τὰ μέρη πιστοῦται ἐκ τοῦ καὶ λευκὸν λέγεσθαι σῶμα, 50 ὅτι ἡ ἐπιφάνεια λευκή, καὶ ἐπιστήμονα ἄνθρωπον, ὅτι ἐν τῷ λογιστικῷ ἡ ἐπιστήμη. εἰ τοίνυν καθ' ἑκάτερον τῶν μερῶν τὸ ὅλον θεωρηθείη, ἔσται τὸ ὅλον αὐτὸ καὶ τὸ ἐν ᾧ οἷον ὁ ἀμφορεὺς καὶ τὸ ἐν τούτῳ οἷον ὁ οἶνος, καὶ διὰ τοῦτο αὐτὸ ἐν ἑαυτῷ. ὁ μὲν οὖν ἀμφορεὺς οὐκ ἔσται ἐν ἑαυτῷ
10 οὐδὲ ὁ οἶνος ἐν ἑαυτῷ, ὁ δὲ τοῦ οἴνου ἀμφορεὺς ἐν ἑαυτῷ ἔσται, εἴ τις μὴ φροντίζει τοῦ καταχρῆσθαι τοῖς ὀνόμασι τὰ ἑκατέρῳ τῶν μερῶν ἰδίᾳ προσόντα | συνάγων εἰς τὸ ὅλον· εἰ δὲ τὴν ἐπιφάνειαν μέρος λέγει τοῦ 129ʳ λευκοῦ σώματος καίτοι πέρας οὖσαν αὐτοῦ, πρῶτον μὲν ἐπιστῆσαι χρὴ ὅτι καὶ τὸ λευκὸν μέρος καλεῖ τοῦ λευκοῦ σώματος καίτοι, ὡς ὁ ὁρισμὸς τῶν
15 συμβεβηκότων λέγει, μὴ ὡς μέρος ὄν. ἔοικε γὰρ μέρη τὰ ὁπωσοῦν συμπληροῦντα καλεῖν. ἔπειτα εἰ τὸ σῶμα ἐκ τῶν τριῶν διαστάσεων συνέστηκέ, μία δὲ τῶν διαστάσεων ἡ ἐπιφάνεια, ὥς φησιν Ἀλέξανδρος, διὰ τί μὴ 5 μέρος ἂν λέγοιτο τοῦ σώματος; ἀλλὰ πῶς μία τῶν τριῶν διαστάσεών ἐστιν ἡ ἐπιφάνεια, εἴπερ ἐπιφάνειά ἐστι τὸ μῆκος καὶ πλάτος ἔχον; δῆλον δὲ
20 ὅτι καὶ οὕτως μέρος. κἂν ὡς πεπερασμένον δέ τις λάβῃ σῶμα, τί κωλύει τὸ πέρας μέρος ὡς συμπληρωτικὸν εἶναι τοῦ πεπερασμένου σώματος; οὐκ ἀνάγκη δὲ οἶμαι, ὡς Ἀλέξανδρος ἐπέστησε, τὸ καθ' αὑτὸ ἀντὶ τοῦ πρώτως ἀκούειν· κυριωτάτη γὰρ ἀντίθεσις τοῦ καθ' αὑτὸ πρὸς τὸ καθ' ἕτερον οἷον τὸ κατὰ μέρος, ὡς νῦν, ἤ τι ἔξωθεν, ὅτε τὸ κυρίως κατὰ συμβεβηκὸς ποιεῖ. 10
25 οὕτως δὲ καὶ τὸ πρώτως τῷ δευτέρως ἀντίκειται κυρίως. αὐτὸς δὲ τὸ κατ' ἄλλο ἀντέθηκεν.

p. 210ᵃ33 **Οὕτω μὲν οὖν ἐνδέχεται αὐτό τι ἐν αὑτῷ εἶναι ἕως τοῦ ᾗ τε ἐπιφάνεια καὶ τὸ λευκόν.** 17

Δείξας ὅτι κατ' ἄλλο δυνατὸν αὐτό τι ἐν ἑαυτῷ εἶναι καὶ ὅτι κατ'
30 ἄλλο ἀδύνατον, ἐφεξῆς δείξει ὅτι πρώτως καὶ καθ' αὑτὸ ἀδύνατον· ἵνα δὲ σαφὴς ᾖ ἡ διαφορά, διδάσκει πρῶτον τί ἐστι τὸ πρώτως καὶ τί τὸ κατ' ἄλλο. τὸ γὰρ χρῶμα ἐν μὲν τῷ σώματι κατ' ἄλλο, ἐν δὲ τῇ ἐπιφανείᾳ 20

---

1 αὐτό] τό F   εἶναι ἐν ἑαυτῷ aF   2 ᾗ μόρια Aristoteles   3 καὶ (ante τὸ) om. F
5 τὰ (post κατὰ) om. a et Aristoteles   λέγεσθαι aF: γενέσθαι E   7 ἑκάτερον aE¹F: ἕτερον corr. E²   8 τὸ ὅλον (post ἔσται) om. aF   9 διὰ τοῦτο ἐν αὑτῷ (om. αὐτὸ) F
10 οὐδὲ ὁ οἶνος ἐν ἑαυτῷ om. F   11 καταχεχρῆσθαι aF   14 ὁ om. F   15 μέρος ὄν EF: μέρη ὄντα δεῖ νοεῖν a   17 post ἐπιφάνεια iterabat εἴπερ — ἔχον (19) deleta E   φησιν ὁ aF   18 ἐστι διαστάσεων aF   19 εἴπερ ἐπιφάνεια om. F   ᾗ δηλονότι a   20 λάβῃ σῶμα] σωματικῶς λάβοι F   21 τοῦ] ποῦ libri   22 ὡς ὁ aF   24 τὸ (post οἷον) om. E   ὅτε] ὅπερ a   25 τὸ πρώτως EF¹: τῷ πρώτως aF²   τῶ δευτέρως EF¹: τὸ δευτέρως aF²   27 αὐτό om. E   ἐν αὑτῷ libri
29 τι om. E   καὶ ὅτι — ἀδύνατον (30) om. aF

πρώτως. καὶ ἡ ἐπιστήμη πρώτως μὲν ἐν τῷ λογιστικῷ, ἐν δὲ τῇ ψυχῇ καὶ 129ʳ
τῷ ἀνθρώπῳ κατ' ἄλλο. ἐπειδὴ οὖν ἡ ἐπιφάνεια λευκή, μέρος δὲ ἡ ἐπιφάνεια,
κατὰ μέρος δὲ αἱ προσηγορίαι, τὸ σῶμα προσαγορεύεται λευκὸν οὐ πρώτως
οὐδὲ καθ' αὑτό, ἀλλὰ κατ' ἄλλο, καὶ ὁ ἄνθρωπος ἐπιστήμων. ὡς ὅταν γε ἡ
5 ψυχὴ ἢ τῆς ψυχῆς τὸ λογιστικὸν ἐπιστῆμον λέγηται, ἀλλὰ μὴ ἐν ἀνθρώπῳ,
οὐκέτι κατὰ μόριον ἢ κατ' ἄλλο, ἀλλὰ καθ' αὑτὸ καὶ πρώτως ἡ κατηγορία γί- 25
νεται. διὸ καὶ ἐπήγαγε τὸ ὥς γε ἐν ἀνθρώπῳ. οὕτω δὲ καὶ ὁ ἀμφορεὺς
τοῦ οἴνου λέγεται ἐν ἑαυτῷ κατ' ἄλλο, διότι μέρος ἐν μέρει. τοιγαροῦν ὅταν
καθ' αὑτὸν μὲν ὁ οἶνος ᾖ, καθ' αὑτὸν δὲ ὁ ἀμφορεύς, οὐ λέγεται ἐν ἑαυτῷ ὁ
10 τοῦ οἴνου ἀμφορεύς· ὅταν δὲ συνέλθῃ, τότε ἐν ἑαυτῷ λέγεται. διότι ὅταν
μὲν καθ' αὑτὰ ᾖ ταῦτα, οὐκ ἔστιν ἑνὸς μέρη, καὶ διὰ τοῦτο οὐκ ἔστι τὸ
κατὰ ταῦτα λεγόμενον· ὅταν δὲ λέγηται μέρη, ἐπειδὴ δέδοκται καὶ κατὰ
μέρη ὀνομάζειν τὸ ὅλον, ἔσται αὐτὸς ἐν ἑαυτῷ ὁ τοῦ οἴνου ἀμφορεὺς κατ' 30
ἄλλο, ὡς τὸ λευκὸν ἐν σώματι κατὰ τὴν ἐπιφάνειαν, ἐν δὲ τῇ ἐπιφανείᾳ
15 οὐ κατ' ἄλλο ἀλλὰ πρώτως. οὐ μὴν ἐπειδὴ πρώτως ἡ ἐπιφάνεια λευκή,
ταὐτόν ἐστιν ἐπιφάνειά τε καὶ λευκόν, ὡς διὰ τοῦτο δύνασθαι αὐτό τι ἐν
ἑαυτῷ κυρίως εἶναι· ἄλλος γὰρ ἐπιφανείας καὶ ἄλλος λευκοῦ λόγος καὶ
ἄλλη φύσις ἑκατέρου. ὥστε τὸ πρώτως ἔν τινι οὐκ ἐν ἑαυτῷ ἀλλ' ἐν ἄλλῳ.
τοῦτο δὲ ἐκ τῶν παρατεθέντων παραδειγμάτων συνενόησε, κυριώτατον εἰς
20 ἀπόδειξιν ὂν τοῦ μηδὲν αὐτὸ ἐν ἑαυτῷ εἶναι πρώτως καὶ καθ' αὑτό, ὡς
μαθησόμεθα.
35

p. 210ᵇ8 Οὔτε δὴ ἐπακτικῶς σκοποῦσιν ἕως τοῦ ἄλλος γὰρ ὁ 41
λόγος ⟨ὁ⟩ τοῦ ἐν ᾧ καὶ ὁ τοῦ ἐν τούτῳ.

Δείξας ὅτι πρώτως μὲν καὶ καθ' αὑτὸ ἀδύνατόν τι αὐτὸ ἐν ἑαυτῷ
25 εἶναι, κατ' ἄλλο δὲ καὶ κατὰ μέρος δυνατόν, καὶ παράδειγμα τὸν ἀμφορέα
τοῦ οἴνου παραθέμενος, καὶ ὡς πόρισμά τι συναγαγὼν ἐκ τῶν ἐκτεθέντων
παραδειγμάτων, ὅτι ἕτερα τῷ εἴδει τό τε ἐν ᾧ καὶ τὸ ἐν ἐκείνῳ, καὶ ἄλλην
φύσιν ἔχει ἑκάτερον ἥ τε ἐπιφάνεια καὶ τὸ λευκόν, βούλεται ἡμᾶς μὴ μό- 45
νον ἄλλα παραδείγματα τῷ λόγῳ ἐπάγειν ὡς τὸν ἐν τῷ ἀμφορεῖ οἶνον ἢ
30 τὸ ἐν τῇ ἐπιφανείᾳ λευκὸν δεικνύντας, ὅτι πρώτως μὲν οὐ δυνατὸν αὐτό τι
ἐν ἑαυτῷ εἶναι, κατ' ἄλλο δὲ δυνατόν, ἀλλὰ καὶ τὰ ἀπαριθμηθέντα τοῦ ἔν
τινι σημαινόμενα παρατιθέντας καθ' ἓν ἐκ τῆς ἐκείνων ἐπαγωγῆς σκοπεῖν,
εἰ δυνατὸν καθ' οἱονδήποτε τῶν εἰρημένων τοῦ ἔν τινι διορισμῶν αὐτό τι
ἐν ἑαυτῷ εἶναι, καὶ μετὰ τοῦτο κοινῇ τῷ λόγῳ σκοπεῖν, εἰ δύναταί τι 50

---

1 καὶ τῷ E: ἢ τῷ aF   5 λέγεται E   6 κατὰ τὸ μόριον aF   7 διὸ καὶ aF:
διὸ E   τὸ ὥς γε om. E   12 κατὰ ταῦτα aE: κατ' αὐτὰς F   δέδεικται a
13 ἔσται αὐτῷ F   ἀναφορεὺς E   18 ἡ (post ἄλλη) om. aF   ἑκάστου a
                δ
20 ἀπόδειξιν E: ἀπό F: ἀπόδοσιν a   23 post λόγος om. ὁ E cf. p. 557, 1 (sed cf.
ibid. v. 16): add. a   ὁ utrumque om. Aristoteles   26 συνάγων F   ἐκτεθέν-
των aF : τεθέντων E: fortasse παρατεθέντων ut v. 19   29 ἐπαγαγεῖν E   34 καὶ
μετὰ — ἐν ἑαυτῷ εἶναι (p. 556, 1) om. F

αὐτὸ ἐν ἑαυτῷ εἶναι πρώτως, πανταχοῦ δήλου γενομένου ἡμῖν τοῦ ἄλλο 129ʳ
μὲν εἶναι τὸ ἐν ᾧ, ἄλλο δὲ τὸ ἐν ἐκείνῳ. οὔτε γὰρ τὸ μέρος ἐν τῷ ὅλῳ
ὂν ἐν ἑαυτῷ ἐστιν (ἄλλο γὰρ τὸ μέρος τοῦ ὅλου) οὔτε τὸ ὅλον ἐν τοῖς
μέρεσιν ὂν καθὸ μέρη ἐν ἑαυτῷ ἐστιν, εἴπερ τὰ μὲν μέρη πολλὰ καὶ δια-
5 φέροντα, τὸ δὲ ὅλον ἕν. κἂν γὰρ μὴ ᾖ παρὰ τὰ μέρη τὸ ὅλον, ἀλλὰ ἄλλο
μὲν τὸ ὅλῳ εἶναι, ἄλλο δὲ τὸ μέρεσιν· οὐ μέντοι οὐδὲ τὸ ὡς ἐν γένει τινὶ
ὂν ἐν ἑαυτῷ δύναται εἶναι. οὐδὲν γὰρ αὐτὸ αὐτοῦ γένος, εἴπερ ἄλλο τὸ
γένος τοῦ εἴδους. | ἀλλ᾽ οὐδὲ ὅταν ὡς γένος ἐν εἴδεσιν ᾖ, ἐν ἑαυτῷ ἐστιν. 129ᵛ
τὸ γὰρ γένος μέρος γίνεται τοῦ λόγου τοῦ εἴδους, καὶ ἀδύνατόν τι τὸ αὐτὸ
10 καὶ μέρος καὶ ὅλον εἶναι. ἀλλ᾽ οὐδὲ τὸ εἶδος ἐν τῇ ὕλῃ ὂν ἐν ἑαυτῷ
ἐστιν· ἑαυτοῦ γὰρ ἀποστὰν ἐν ὕλῃ γίνεται. ἀλλὰ καὶ ὅταν ἐν βασιλεῖ ἢ
Λακεδαιμονίοις λέγωμεν τὰ τῶν Ἑλλήνων εἶναι πράγματα, αὐτὸ τοὐναντίον
λέγομεν, ὅτι οὐκ ἐν ἑαυτοῖς ἀλλ᾽ ἐν ἐκείνοις ἔχουσι τὴν ἑαυτῶν διοίκησιν. 5
οὕτω δὲ καὶ τὰ ἐν τέλει διακέκριται, ὡς τῶν πρὸ αὐτοῦ πάντων ἐκείνου
15 ἀπηρτημένων ὡς ἄλλων ὄντων αὐτοῦ. τὸ δὲ ἐν ἀγγείῳ ἤδη εἴρηται. τὸ
γὰρ ἐν τόπῳ ἔτι ζητεῖται εἰ ἔστι τόπος ἐν τόπῳ. καὶ οὕτω μὲν ἐκ τῆς
ἐπαγωγῆς τῶν τοῦ ἔν τινι τρόπων ἔστιν ἰδεῖν, ὅτι κατ᾽ οὐδένα τούτων τῶν
τοῦ ἔν τινι τρόπων δύναταί τι αὐτὸ ἐν ἑαυτῷ εἶναι.

Καὶ ἐκ τοῦ λόγου δὲ δυνατὸν τὸ αὐτὸ γνῶναι· χρεία γὰρ καὶ τῆς
20 λογικῆς ἀποδείξεως μάλιστα, ὅτι μὴ ἐκ διαιρέσεως ἀναγκαστικῆς ἐλήφθη
τὰ τοῦ ἔν τινι σημαινόμενα, ἵνα τῇ καθ᾽ ἕκαστον αὐτῶν ἐφόδῳ θαρρήσω- 10
μεν, καὶ ὅτι δυνατὸν λέγειν τὰ τοῦ ἔν τινι σημαινόμενα ἐπ᾽ ἐκείνων εἰ-
λῆφθαι μόνων τῶν ἐν ἑτέρῳ ὄντων. ὅτι οὖν ἀδύνατον αὐτό τι ἐν ἑαυτῷ
εἶναι, κατὰ τὸν δεύτερον τῶν ὑποθετικῶν τρόπον δείκνυσιν οὕτως· εἰ ἔστι
25 τι αὐτὸ ἐν ἑαυτῷ, οἱ διάφοροι ὁρισμοὶ ἑνὶ ⟨καὶ⟩ τῷ αὐτῷ ὑπάρξουσιν· ἀλλὰ
μὴν τοῦτο ἀδύνατον· οὐκ ἄρα ἔστι τι αὐτὸ ἐν ἑαυτῷ. καὶ τὸ μὲν συνημ-
μένον δείκνυσιν διὰ τοῦ τὸν ἀμφορέα ἀγγεῖόν τε καὶ οἶνον εἶναι καὶ
τὸν οἶνον οἶνόν τε καὶ ἀμφορέα, εἴπερ ἐνδέχεταί τι αὐτὸ ἐν 15
ἑαυτῷ εἶναι. εἰ γὰρ ὁ ἀμφορεὺς αὐτὸ τὸ σκεῦος ἐν ἑαυτῷ λέγοιτο εἶναι,
30 ἐπειδὴ τὸ ἐν τῷ ἀμφορεῖ ὁ οἶνός ἐστιν, ἔσται ὁ ἐν ἑαυτῷ ἀμφορεὺς καὶ
ἀμφορεὺς καὶ οἶνος. καὶ πάλιν εἰ ὁ οἶνος ἐν ἑαυτῷ ἐστιν, ἐπειδὴ τὸ ἐν ᾧ
ὁ οἶνος ὁ ἀμφορεύς ἐστι, κατὰ μὲν τὸ ἐν ᾧ ἀμφορεὺς ἔσται ὁ οἶνος, κατὰ δὲ
τὸ ἐν τούτῳ οἶνος. καὶ οὕτως τὸ αὐτὸ ἀμφοτέρους ἕξει τοὺς λόγους τοὺς

---

1 πανταχοῦ γὰρ δῆλον ἔσται ἡμῖν ἄλλο κτλ. a   γινομένου E   3 ἄλλο — ἐν ἑαυτῷ
ἐστιν (4) om. E   8 ἀλλ᾽ οὐδὲ — εἴδους (9) iteravit sed in mrg. adnotavit ταῦτα ἐν
πολλοῖς οὐ φέρεται F   12 εἶναι post λέγωμεν posuit aF   14 πρὸ αὐτοῦ aE: πρὸς
αὐτὸ F   15 ἄλλων aF: ὅλων E   τὸ γὰρ E: iteravit F: τὸ δὲ a   16 ἔτι
ζητεῖται aF: ἐπιζητεῖται E   17 τῶν prius om. E   τῶν τοῦ ἔν τινι τρόπων
F: τοῦ ἔν τινι τῶν τρόπων E: om. a   19 καὶ (ante ἐκ) om. F   23 μόνον a
24 τρόπων a   25 καὶ (post ἑνὶ) add. a   26 ἔσται τι E   27 διότι διὰ F
28 αὐτό τι Aristoteles   29 αὐτὸ aF: αὐτ (αὐτὸς?) E   31 καὶ οἶνος aF: ὁ
οἶνος E   32 ὁ (post ἐν ᾧ) om. aF   ἔσται ὁ οἶνος E: ἔσται οἶνος F: ἔσται a
33 τοὺς (post λόγους) om. E

διαφέροντας τόν τε ἐν ᾧ καὶ τὸν ἐν τούτῳ. ὅτι δὲ τοῦτο ἀδύνατον, πρόδη- 129ᵛ
λον. ᾧ γὰρ οἱ διάφοροι ὁρισμοὶ ἐφαρμόττουσι, τοῦτο καὶ αὐτὸ διάφορον 20
ἔσται· αὐτὸ δὲ ἑαυτοῦ τι καθ' ὅλον ἑαυτὸ διάφορον εἶναι ἀδύνατον· καὶ
πάνυ καλῶς ἐπὶ τοῦ αὐτοῦ παραδείγματος ἐποιήσατο τὸν λόγον, ἐφ' οὗ τὸ
5 κατ' ἄλλο ἐν ἑαυτῷ εἶναι δυνατὸν ἔδειξεν· ἵνα ᾖ σαφὲς ἐπὶ τοῦ αὐτοῦ,
ὅτι οὕτως μὲν ἐν ἑαυτῷ, ὡς καὶ τὸν οἶνον ἐν ἑαυτῷ καὶ τὸν ἀμφορέα ἐν
ἑαυτῷ καὶ οὕτως τὸν ἀμφορέα τοῦ οἴνου ἐν ἑαυτῷ ἀδύνατον εἶναι. εἰ δὲ
ὡς ἄν τις ὅλως δύναιτο λέγειν (τοῦτο γάρ ἐστι τὸ εἰ ὅτι μάλιστα ἐν
ἀλλήλοις ἂν εἶεν), οὐχ ὅτι ἑκάτερον ἐν τῷ ἑτέρῳ, ἀλλ' ὅτι τὸ ἕτερον 25
10 ἐν τῷ ἑτέρῳ (ὁ γὰρ οἶνος ἐν τῷ ἀμφορεῖ), καὶ ὁ μὲν ἀμφορεὺς δέξε-
ται τὸν οἶνον οὐ γινόμενος οἶνος οὐδὲ δεχόμενος τὸν τοῦ οἴνου λόγον,
ἀλλ' ᾗ οἶνον δεχόμενος τὸν οἶνον, ὁ δὲ οἶνος ἔσται ἐν τῷ ἀμφορεῖ,
οὐχ ᾗ ἀμφορεὺς αὐτός, ἀλλ' ᾗ αὐτὸς μὲν οἶνος, ὁ δὲ δεχόμενος ἀμφο-
ρεύς ἐστι· μένει γὰρ ἑκάτερον ἐπὶ τῆς οἰκείας φύσεως φυλάττοντα τὴν
15 πρὸς ἄλληλα διαφοράν. ὡς ἐκ τούτων δῆλον εἶναι, ὅτι ἕτερα κατ' οὐσίαν
ἐστί, καὶ ἕτερος ἑκατέρου λόγος τοῦ τε ἐν ᾧ καὶ τοῦ ἐν τούτῳ. ᾧ
ἀκολουθεῖ ἐναργῶς τὸ μὴ αὐτό τι ἐν ἑαυτῷ εἶναι. εἰ γὰρ ἕτερον τὸ ἐν ᾧ 30
καὶ ἕτερον τὸ ἐν τούτῳ, πῶς ἂν εἴη αὐτὸ ἐν ἑαυτῷ; καὶ οὕτως ἔδειξεν
ὅτι πρώτως καὶ καθ' αὑτὸ οὐδέν ἐστιν ἐν ἑαυτῷ. καὶ μή τις οἰέσθω διὰ
20 τοῦτο συνῆχθαι τὸ ἄτοπον τὸ δύο ὁρισμοὺς τῷ αὐτῷ ἐφαρμόττειν διὰ τὸ
διπλοῦν ἐναργῶς ὑποτεθῆναι τὸν ἐν αὐτῷ ἀμφορέα οἴνου. κἂν γὰρ ἕν τι
ὑποτεθῇ τὸ ἐν αὐτῷ, ἄλλον μὲν ἔχει λόγον καθόσον δεκτικόν, ἄλλον δὲ
καθόσον αὐτό ἐστιν ὃ δέχεται τὸ δεχόμενον.

p. 210ᵇ 18 · Ἀλλὰ μὴν οὐδὲ κατὰ συμβεβηκός ἕως τοῦ ὅτι μὲν οὖν 35
25 ἀδύνατον ἐν ἑαυτῷ τι εἶναι πρώτως δῆλον.

Δείξας ὅτι πρώτως μὲν καὶ καθ' αὑτὸ οὐκ ἐνδέχεται αὐτό τι ἐν ἑαυτῷ
εἶναι, κατ' ἄλλο δὲ δυνατὸν λέγεσθαι, ὅταν μέρους ὄντος ἐν μέρει τὸ ὅλον
λέγηται κατὰ τὸ μέρος, ἐπειδὴ τῷ καθ' αὑτὸ καὶ πρώτως ἀντικεῖσθαι δοκεῖ 40
τὸ κατὰ συμβεβηκός, ὑπώπτευσεν ἄν τις ὡς κατὰ μέρος, οὕτω δὲ
30 καὶ κατὰ συμβεβηκὸς δύνασθαί τι αὐτὸ ἐν ἑαυτῷ εἶναι· διὸ καὶ δείκνυσιν
ὅτι οὐδὲ κατὰ συμβεβηκὸς αὐτό τί ἐστιν ἐν ἑαυτῷ. οὐ γὰρ ταὐτὸν τὸ
κατὰ μέρος καὶ τὸ κατὰ συμβεβηκὸς ἀκριβολογουμένοις. κἂν γὰρ κοινὸν
αὐτοῖς τὸ κατ' ἄλλο, ἀλλ' ἔστιν αὐτῶν διαφορά. τὸ γὰρ κατὰ συμβεβηκὸς

---

6 καὶ (ante τὸν οἶνον) om. E   7 καὶ οὕτως om. a   τοῦ εἶναι οἴνου F   ἀδύνα-
τον post οἴνου iteratum exhibet E   8 ὅλως om. F   ὅτι] ἐστι E   9 ἂν om.
Aristoteles   οὐχ ὅτι] hiat oratio   τὸν ἕτερον aF   10 οἶνος] οἶνον E   μὲν
om. aF   12 ἐνέσται Aristoteles   13 αὐτὸς ἀμφορεὺς Aristoteles   δὲ om. E
14 φυλάττοντα E   18 αὐτὸ E: αὐτὸς aF   19 ὅτι τὸ πρώτως F   21 τὸν]
τὸ F   26 αὐτό τι E: αὐτό τε F: αὐτό a   28 τὸ καθαυτῷ E¹   30 δύνασθαι
om. aF   διὸ καὶ E: διὸ F: om. anacoluthiam sublaturus a   31 ὅτι δὲ κατὰ
οὐ a   τί om. aF   32 καὶ τὸ aF: καὶ E   post γὰρ add. τὸ F

δύναται καὶ καθ' ὅλον εἶναι. καὶ γὰρ ὁ ἐν τῇ νηὶ πλωτὴρ κατὰ συμβεβη- 129ᵛ
κὸς μὲν λέγεται κινεῖσθαι, οὐ μὴν κατὰ μέρος· οὐ γάρ ἐστιν αὐτοῦ μέρος 45
ἡ ναῦς. πάλιν δὲ κατὰ μέρος μέν τις ὁρᾶν λέγεται ὡς κατὰ τοὺς ὀφθαλ-
μοὺς ὁρῶν, οὐ μὴν κατὰ συμβεβηκός· καθ' αὑτὸ γὰρ ὑπάρχει τὸ τοῖς
5 ὀφθαλμοῖς ὁρᾶν. ἀλλὰ καὶ ἀπ' ἐναντίας πως ἔχει τὸ κατὰ μέρος τῷ κατὰ
συμβεβηκός. τὸ μὲν γὰρ κατὰ μέρος, ὅταν ὅλον λέγηται κατὰ τὸ μέρος,
ὡς εἰ λέγοιτο ἡ ναῦς τρίζειν διότι ὁ ἱστός, καὶ τὸ ἐπὶ τοῦ ἀμφορέως τοῦ
οἴνου πρότερον εἰρημένον· κατὰ συμβεβηκὸς δέ, ὅταν τὸ μέρος κατὰ τὸ
ὅλον, ὡς ὅταν ὁ πλωτὴρ κινεῖσθαι λέγηται, διότι ἡ ναῦς, καὶ τὸ σιμόν, 50
10 διότι ὁ Σωκράτης. τὸ γὰρ μέρος καὶ τὸ πάθος τῷ ὅλῳ συμβέβηκεν, ἀλλ'
οὐχὶ τὸ ὅλον τούτοις. κατὰ συμβεβηκὸς οὖν κινεῖται τὸ συμβεβηκὸς καὶ
τὸ μέρος, οὐχ ὅταν αὐτὸ καθ' αὑτὸ κινῆται, οἷον ὅταν τὸ λευκὸν γίνηται
μέλαν ἢ ὁ πλωτὴρ ἐν τῇ νηὶ περιπατῇ, ἀλλ' ὅταν ἐκεῖνο ᾧ συμβέβηκε
κινῆται. λέγεται δὲ καὶ ὁ σίδηρος κατὰ συμβεβηκὸς καίειν, ὅταν τὸ ἐν
15 αὐτῷ πῦρ καίῃ, ἀλλὰ κατὰ μέρος μᾶλλον ἢ κατὰ συμβεβηκός. κοινὸν δὲ
ὡς εἶπον τὸ κατ' ἄλλο τῷ τε κατὰ | μέρος καὶ τῷ κατὰ συμβεβηκός. ὡς 130ʳ
οὖν ἐπὶ τῶν ἄλλων οὕτω καὶ ἐπὶ τοῦ ἔν τινι κατὰ συμβεβηκὸς ἔν τινι λέ-
γομεν εἶναι ἐκεῖνο, ὃ συμβεβηκὸς ἢ μέρος ἐστὶ τοῦ καθ' αὑτὸ ἔν τινι
ὄντος. τότε γὰρ τὸ συμβεβηκὸς ἢ τὸ μέρος τοῦ καθ' αὑτὸ ἐνόντος κατὰ
20 συμβεβηκὸς λέγεται εἶναι ἐν ἐκείνῳ, ἐν ᾧ τὸ καθ' αὑτό ἐστιν. οὕτω γοῦν
τὰ τῷ σώματι συμβεβηκότα κατὰ συμβεβηκός ἐστιν ἐν τόπῳ οἷον λευκότης 5
καὶ θερμότης τῷ τὸ σῶμα ἐν ᾧ ἐστι ταῦτα καθ' αὑτὸ εἶναι ἐν τόπῳ· οὕτως
οὖν καὶ εἴ τι ἐν ἑαυτῷ κατὰ συμβεβηκὸς εἴη, ἀνάγκη συμβεβηκέναι μέρος εἶναι
τοῦ καθ' αὑτὸ ἐν ἑαυτῷ ὄντος. τούτῳ δὲ ἀκολουθεῖ τὸ εἰ ἔστι τι κατὰ
25 συμβεβηκὸς ἐν ἑαυτῷ, δεῖν πάντως εἶναι πρὸ τούτου τὸ καθ' αὑτὸ ἐν ἑαυ-
τῷ, ὅπερ ἀδύνατον ἀποδέδεικται ἤδη. διὸ νῦν τοῦτο παρῆκε τὸ ἄτοπον
ἐπάγειν.

Ἀκολουθεῖ δὲ καὶ τὸ ἅμα δύο ἐν τῷ αὐτῷ εἶναι, σώματα δηλον-
ότι· περὶ γὰρ τούτων ὁ λόγος. εἰ γάρ τις λέγοι τὸν ἀμφορέα ἐν ἑαυτῷ 10
30 κατὰ συμβεβηκὸς εἶναι, ἐπειδὴ ἐκεῖνό ἐστιν κατὰ συμβεβηκὸς ἔν τινι ᾧ τῷ
καθ' αὑτὸ ἔν τινι συμβέβηκεν, ἐπειδὴ ὁ οἶνος ἐν τῷ ἀμφορεῖ καθ' αὑτό,
ἐὰν ὁ ἀμφορεὺς ἐν τῷ οἴνῳ κατὰ συμβεβηκὸς ᾖ, ἔσται ὁ ἀμφορεὺς ἐν ἑαυτῷ
κατὰ συμβεβηκός, καὶ ὁ οἶνος εἰ οἴνου ἐστὶν ἀμφορεὺς ἐν ἑαυτῷ καθ' αὑτό.
οὕτως μὲν οἶμαι ὁ Ἀσπάσιος. ὁ δὲ Ἀλέξανδρος γράφει οὕτως "οἷον εἰ ὁ
35 οἶνος ἐν τῷ ἀμφορεῖ εἴη, ὡς συμβεβηκὸς αὐτῷ ἢ ὡς μέρος αὐτοῦ, ὁ δὲ
ἀμφορεὺς ἐν τῷ οἴνῳ καθ' αὑτό. οὕτως γὰρ ἂν ὁ οἶνος αὐτὸς ἐν ἑαυτῷ 15
κατὰ συμβεβηκὸς εἴη, ὅπερ τοῦ καθ' αὑτὸ ἐν ἑαυτῷ ὄντος οὐδὲν διαφέρει".
ἀγνοῶ δὴ πῶς τὸν οἶνον ἐν ἑαυτῷ κατὰ συμβεβηκὸς εἶπε τοῦ Ἀριστοτέλους

---

4 post μὴν add. καὶ aF   5 τῷ E: πρὸς τὸ aF   6 ὅλον] fortasse τὸ ὅλον
7 εἰ] ἡ E   διότι] ὅτι a   ἀπὸ F   10 τὸ μέρος F: τὸ κατὰ μέρος aE   41 καὶ
om. E   18 ἐκεῖνο om. F   δ ex τὸ corr. E   23 συμβεβηκέναι] συμβεβηκὸς ἢ
emendator Ambrosianus   29 post λέγοι add. τὸ F   33 ἐν αὐτῷ a   34 ὁ
ἀλέξανδρος δὲ aF   ὁ (post εἰ) om. E

ἀκούων λέγοντος αὐτός τε γὰρ ἐν ἑαυτῷ ὁ ἀμφορεὺς ἔσται· ὅλως 130ʳ
δὲ οὐδὲ δύναται ὁ οἶνος ἐν ἑαυτῷ κατὰ συμβεβηκὸς εἶναι, εἰ μὴ συνεβεβή-
κει τινὶ τῷ καθ' αὐτὸ ὑπάρχοντι αὐτῷ. τί δὲ ἂν εἴη ἀκολουθότερον τὸν
οἶνον ἐν τῷ ἀμφορεῖ καθ' αὐτὸ εἶναι ἢ τὸν ἀμφορέα ὡς λέγει ἐν τῷ οἴνῳ;
5 τὸ δὲ εἰ οὗ ἡ φύσις δεκτική, τοῦτο ἐνδέχεται ἐν ἑαυτῷ εἶναι 20
ἀσάφειαν μὲν ἐποίησε τῷ λόγῳ μεταξὺ παραληφθέν. ἄτοπον δέ τι ἄλλο τῇ
τοιαύτῃ ὑποθέσει ἀκολουθοῦν ἐνεδείξατο τὸ οὗ ἡ φύσις δεκτική ἐστι, τοῦτο
ἔν τινι γίνεσθαι, ἀλλὰ μὴ ἄλλο ἐν αὐτῷ· συμβαίνει γὰρ τοῦτο τῷ λέγοντι
τὸν ἀμφορέα αὐτὸν ἐν ἑαυτῷ εἶναι. δῆλον δὲ ὅτι κἂν τὸν οἶνόν τις ἐν
10 ἑαυτῷ λέγῃ, συμβήσεται τὸ οὗ ἡ φύσις ἐν ἄλλῳ εἶναί ἐστι, τοῦτο δεκτικὸν
εἶναι· ἀλλ' ἴσως ἐρεῖ τις ὅτι παρὰ τὴν ὑπόθεσιν τοῦτο τὸ ἄτοπον συμβέ-
βηκε, διότι ἀμφορεὺς οἴνου ἐστὶν ὁ ὑποτεθείς, δεκτικὸς δὲ ὁ ἀμφορεύς. τὸ 25
δὲ οὐχ οὕτως ἔχει. ἀλλ' ἐπειδὴ τὸ κατὰ συμβεβηκὸς ἐν ἑαυτῷ ὂν τῷ καθ'
αὐτὸ ἐν ἑαυτῷ ὄντι συμβέβηκε, τὸ μὲν καθ' αὐτὸ δεκτικόν ἐστι, τὸ δὲ
15 συμβεβηκὸς τούτῳ ἐν δεκτικῷ πέφυκεν εἶναι. τὸ δὲ ἅμα γὰρ δύο ἐν τῷ
αὐτῷ ἔσται ὅτι μὲν ὡς ἄτοπον εἴρηται καὶ ἀδύνατον δῆλον. δοκεῖ δὲ
ἀδύνατον εἶναι τὸ δύο ἅμα σώματα ἐν ταὐτῷ εἶναι, καὶ πάντες οἱ ἐξηγη-
ταί, οἷς ἐγὼ προστυχὴς γέγονα, τὸ ἀδύνατον ὡς ἐπὶ σωμάτων ἀκούουσι.
μήποτε δὲ οὐ μάτην οὐκ ὠνόμασε σώματα ὁ Ἀριστοτέλης, ἀλλ' ἁπλῶς 30
20 εἶπεν ἅμα γὰρ δύο ἐν τῷ αὐτῷ ἔσται τό τε δεκτικὸν καὶ τὸ ὑποδεχθέν,
"ἕτερα τῷ εἴδει" ὄντα κατ' αὐτὸ τοῦτο καὶ "ἄλλην φύσιν" ἔχοντα, ὡς
ἔλεγε πρότερον· καὶ ὑπάρξουσι τῷ αὐτῷ οἱ διαφέροντες λόγοι ὅ τε τοῦ
δεκτικοῦ καὶ τοῦ ἐν αὐτῷ, ὅπερ ἀδύνατον· ὧν γὰρ διάφοροι οἱ λόγοι, ταῦτα
καὶ αὐτὰ διάφορα.
25   Ἀπορεῖ δὲ ὁ Ἀλέξανδρος "πῶς λέγεται μήτε καθ' αὑτό τι μήτε κατὰ
συμβεβηκὸς ἐν ἑαυτῷ εἶναι. εἰ γὰρ τὸ ὅλον ἐν τοῖς μέρεσι, τὰ δὲ μέρη ἐν
τῷ ὅλῳ, ἔσται τὸ ὅλον ἐν τῷ ὅλῳ, τουτέστιν ἐν ἑαυτῷ. ἀλλ' οὐ συνάγε- 35
ται, φησίν· οὐ γάρ ἐστιν ὁ μέσος ὅρος ὁ αὐτός. ἄλλος γὰρ ὁ πρῶτός
ἐστιν, ὅτε ἐλέγομεν τὸ ὅλον ἐν τοῖς μέρεσι, καὶ ἄλλος ὅτε ἐλέγομεν τὰ μέρη
30 ἐν τῷ ὅλῳ. ἔτι δέ, φησί, τὸ ἔν τινι ὡς ὁμώνυμον διῄρηται εἰς τὰ σημαι-
νόμενα, οὐχ ὡς γένος εἰς εἴδη. δεῖ οὖν διορίσαι πῶς ἐστιν ἑκάτερον, καὶ
ὅτι τὸ μὲν ὅλον ἐν τοῖς μέρεσιν ἀθρόως, τὰ δὲ μέρη ἐν τῷ ὅλῳ ὡς καθ'
ἕκαστον. πάντα γὰρ ἅμα οὐκ ἐν τῷ ὅλῳ, ἀλλὰ τὸ ὅλον ἐστί". καὶ εἴρη-
ται μετρίως ταῦτα. τοῦ μὲν γὰρ τῆς ἐλάττονος προτάσεως ὅλου κατηγο- 40
35 ρήθη τὸ ἐν τοῖς μέρεσιν εἶναι, τῷ δὲ ἐν τῇ μείζονι προτάσει ὅλῳ ὑπετέθη
τὰ μέρη. εἰ οὖν ἄλλο τὰ μέρη καὶ ἄλλο τὸ εἶναι ἐν τοῖς μέρεσι, δῆλον
ὅτι μὴ ὄντος τοῦ μέσου τοῦ αὐτοῦ οὐ συνάγεται τὰ ἄκρα· ἐπεὶ ὅ γε τοιοῦ-

---

1 ὁ ἀμφορεὺς — ἐν ἑαυτῷ (2) om. E   2 συμβεβήκει aE   7 τὸ οὗ E: τὸ εἰ οὗ F:
εἰ οὗ a   8 ἐν ἑαυτῷ aF   12 post διότι add. ὁ aF   14 post συμβέβηκε
iteravit διότι — ὁ ἀμφορεὺς (12) punctis deleta F   22 πρότερον p. 210 ᵇ 6   25 τι
om. aF   27 ἔσται — ἐν τῷ ὅλῳ om. F   29 λέγομεν τὸ F   32 ἀθρόοις E
ἐν τῷ ὅλῳ om. F   34 κατηγορήθη E et (ex κατηγορεῖται ut videtur corr.) F: κατη-
γορεῖσθαι a

τος τοῦ παραλογισμοῦ τρόπος καὶ τὸ γένος ἐν ἑαυτῷ ἔδειξεν ἂν εἶναι καὶ τὸ εἶδος καὶ τὴν οὐσίαν καὶ τὸ συμβεβηκός. λέγομεν γὰρ τὸ γένος ἐν τῷ εἴδει ⟨καὶ⟩ τὸ εἶδος ἐν τῷ γένει, καὶ πάλιν τὸ εἶδος ἐν τῷ ἀτόμῳ καὶ τὸ ἄτομον ἐν τῷ εἴδει, καὶ τὸ συμβεβηκὸς ἐν τῇ οὐσίᾳ καὶ ἡ οὐσία ἐν
5 τῷ συμβεβηκότι. ἀλλ' οὐδαμοῦ ὁ αὐτὸς ὅρος λαμβάνεται, καὶ διὰ τοῦτο οὐ συνάγεται τὰ ἄκρα. τὸ δὲ λέγειν ὅτι "τὰ μέρη ἐν τῷ ὅλῳ καθ' ἕκαστον" ἐστιν, ἀλλ' οὐχὶ πάντα, πῶς ἔχει λόγον; ἢ ὅτι ἡ τῶν μερῶν ἄθροισις τῷ ὄντι τὸ ὅλον ἐστί. τότε οὖν ἐν τῷ ὅλῳ λέγεται τὰ μέρη, ὅταν ὡς καθέκαστα μὲν ληφθῇ, οὐ πάντῃ δὲ ἀπεσπασμένα· οὐ γὰρ ἂν
10 ἔτι μέρη εἴη.

Ἀλλ' ὁ μὲν Ἀλέξανδρος, καίτοι εἰωθὼς καὶ ἐφ' ᾧ μηδὲν πρὸς ἔπος τὸν Πλάτωνα παράγειν εἰς ἐξέτασιν, οὐκ οἶδα ὅπως ἐνταῦθα τοῦ Πλάτωνος ἐπελάθετο μᾶλλον. ἔστι δὲ ὁ δεικνὺς τὸ ὅλον ἐν ἑαυτῷ λόγος ἐκ τοῦ Παρμενίδου ἔχων οὕτως περὶ τοῦ ἑνὸς τοῦ ὅλου δειχθέντος· "Ἆρα οὖν
15 οὕτως ἔχον οὐκ αὐτό τε ἐν ἑαυτῷ ἔσται καὶ ἐν ἄλλῳ; Πῶς; Τῶν μερῶν που ἕκαστον ἐν τῷ ὅλῳ ἐστὶ καὶ οὐδὲν ἐκτὸς τοῦ ὅλου. Οὕτως. Πάντα δὲ τὰ μέρη ὑπὸ τοῦ ὅλου περιέχεται; Ναί. Καὶ μὴν τά γε πάντα μέρη τὰ αὐτοῦ τὸ ἕν ἐστι καὶ οὔτε τι πλέον οὔτε ἔλαττον ἢ πάντα. Οὐ γάρ. Οὐκοῦν καὶ τὸ ὅλον τὸ ἕν ἐστι; Πῶς δὲ οὔ; Εἰ ἄρα πάντα τὰ μέρη ἐν ὅλῳ
20 τυγχάνει ὄντα, ἔστι δὲ τά τε πάντα τὸ ἓν καὶ αὐτὸ τὸ ὅλον, περιέχεται δὲ ὑπὸ τοῦ ὅλου τὰ πάντα, ὑπὸ τοῦ ἑνὸς ἂν περιέχοιτο τὸ ἕν, καὶ οὕτως ἂν ἤδη τὸ ἓν αὐτὸ ἐν ἑαυτῷ εἴη." ἔστι δὴ τὸ συλλελογισμένον ἐν τούτοις, ὅτι τὸ ὅλον πάντα τὰ μέρη ἐστί, καὶ ὅτι πάντα τὰ μέρη περιέχεται ἐν τῷ ὅλῳ, καὶ ὅτι τὰ περιεχόμενα ἐν τῷ ὅλῳ ἐν τῷ ὅλῳ ἐστίν, ὥστε τὸ ὅλον
25 ἐν τῷ ὅλῳ, τουτέστιν ἐν ἑαυτῷ ἐστι. καὶ οἱ μέσοι ὅροι οἱ αὐτοὶ ἐλήφθησαν καὶ οὐχ ἕτεροι. ἐπειδὴ δὲ τὸ ἕν ἐστι τὸ δειχθὲν ὅλον, συμπεραίνεται εἰκότως, ὅτι τὸ ἓν τὸ ὡς ὅλον ἐν ἑαυτῷ ἐστι. καὶ δῆλον ὅτι αἱ μὲν ἄλλαι προτάσεις ἐναργεῖς εἰσι, καὶ ὅτι πάντα τὰ μέρη περιέχεται ἐν τῷ ὅλῳ, καὶ ὅτι τὰ περιεχόμενα ἐν τῷ ὅλῳ ἐστίν· ἡ δὲ ἐλάττων πρότασις ἡ κυριω-
30 τέρα ἐν τῷ συλλογισμῷ ἐστιν ἡ λέγουσα 'τὸ ὅλον πάντα τὰ μέρη ἐστίν', ἣν καὶ αὐτὸς ὁ Ἀριστοτέλης ὁμολογεῖ λέγων "οὐ γάρ ἐστι παρὰ τὰ μέρη τὸ ὅλον". εἰ τοίνυν καὶ Ἀριστοτέλης καὶ Πλάτων ὀρθῶς συνελογίσαντο, ὁ μὲν Ἀριστοτέλης ὅτι ἀδύνατον ἐν ἑαυτῷ τι εἶναι πρώτως, ὁ δὲ Πλάτων ὅτι τὸ ἓν ὅλον ἐν ἑαυτῷ ἐστι, δῆλον ὅτι ὁ μὲν Ἀριστοτέλης ἐπὶ τῶν
35 σωματικῶν ἔδειξεν. εἰ γὰρ χρὴ τὸ ἐν ἑαυτῷ κυρίως ὂν μὴ κατὰ μέρος εἶναι, ἀλλ' ὅλον ἐν ὅλῳ, σῶμα δὲ τὸ διῃρημένα ἔχον τὰ μέρη, πῶς τοῦτο ἂν ὅλον ἐν ὅλῳ εἴη; διὸ καὶ τὰ παραδείγματα ἐποιήσατο, ὡς ἐπὶ διάφορα

---

2 καὶ τὸ συμβεβηκός aE: ὡς συμβεβηκός F   3 καὶ (post εἴδει) addidi   8 τὰ μέρη om. aF   14 Παρμενίδου p. 145 B   17 ναί. καὶ μὴν E: ναί. μήν. καὶ F: τί μήν. καὶ a   18 οὔτέ τι ἔλαττον aF   19 τὸ (ante ἓν) om. a   21 post πάντα habent καὶ (καὶ om. F) ὑπὸ τοῦ ἑνός aF   22 δὴ EF: δὲ a   πάντα (post τὸ ὅλον) om. aF   26 συμπεραίνει aF   29 τῷ ὅλῳ iteravit E   31 αὐτὸς ὁ aF: αὐτὸς E   λέγων p. 210 a 17 οὐ γάρ ἐστιν ὅλον παρὰ τὰ μέρη cf. infra p. 561, 35   35 ἐν αὐτῷ E   36 διερριμμένα E

τὰ μέρη ἔχοντος οἷον τοῦ ἀμφορέως τοῦ οἴνου. εἰ δὲ μὴ ὅλον ἐν ὅλῳ, 130ᵛ
οὐδ' ἂν αὐτὸ ἐν ἑαυτῷ εἴη κυρίως. εἰ δέ τι ἀσώματον ὅλον εἴη μέρη
μὲν ἔχον οὐ μεμερισμένα δέ, ἀλλ' ἀμερίστοις διαφοραῖς διακϽινόμενα, ὧν
ἑκάστη δι' ὅλου χωρεῖ, ἀληθὲς ἐπὶ τούτου λέγειν, ὅτι ὅλον ἐν ὅλῳ καὶ
5 αὐτὸ ἐν ἑαυτῷ ἐστιν. ἐπὶ τούτου δὲ καὶ ἐπαληθεύει κυρίως τὸ τὸ ὅλον
πάντα τὰ μέρη εἶναι, διότι μένει ἐν τῇ συνοχῇ τοῦ ὅλου τὰ μέρη, ὥστε
ἕκαστον διὰ τὴν ἀμέριστον ἕνωσιν ὅπερ τὸ ὅλον ὁρᾶσθαι, ἐπὶ μέντοι τῶν
σωμάτων φεῦγον ἕκαστον εἰς τὴν οἰκείαν περιγραφὴν ἀποσπᾶται τοῦ ὅλου.
ὥστε κἂν μὴ ὑποκείμενα διάφορα ᾖ τοῦ τε ὅλου καὶ τῶν μερῶν, ἀλλ' οὐδὲ 20
10 ταὐτόν ἐστιν ἁπλῶς τὸ ὅλον καὶ τὰ μέρη διὰ τὸν μερισμόν.

Διττὸν δὲ τὸ μὴ ἐν ἑαυτῷ τὸ μὲν κατὰ τὸ χεῖρον τοῦ ἐν ἑαυτῷ, τὸ
δὲ κατὰ τὸ κρεῖττον. καὶ τὸ μὲν κατὰ τὸ χεῖρον, καθόσον ἐπὶ τῶν μερι-
στῶν οὐ δύνανται τῷ ὅλῳ ἐφαρμόττειν οἱ διάφοροι ὁρισμοὶ ὅ τε τοῦ δεκτι-
κοῦ καὶ ὁ τοῦ ἐν αὐτῷ ἤτοι τοῦ περιέχοντος καὶ τοῦ περιεχομένου, ὡς
15 ὁ Ἀριστοτέλης ἀπέδειξε, κατὰ δὲ τὸ κρεῖττον, ὅτι ἡ τοῦ ἑνὸς ἁπλότης
οὐδὲ τὴν ἀμέριστον διαφορὰν τοῦ περιέχοντος καὶ περιεχομένου ἐπιδέχεται, 25
ὡς καὶ τοῦτο ἔδειξεν ὁ Πλάτων ἐν τῇ πρώτῃ τῶν ἐν Παρμενίδῃ ὑποθέσεων
λέγων "'Ἀλλὰ μὴν αὐτό γε ἐν ἑαυτῷ ὄν, κἂν ἑαυτῷ εἴη περιέχον, οὐκ
ἄλλο ἢ αὐτό, εἴπερ καὶ ἐν ἑαυτῷ εἴη· ἔν τῳ γὰρ τι εἶναι μὴ περιέχοντι
20 ἀδύνατον. Ἀδύνατον γάρ. Οὐκοῦν ἕτερον μὲν ἄν τι εἴη αὐτὸ τὸ περιέχον,
ἕτερον δὲ τὸ περιεχόμενον. οὐ γὰρ ὅλον γε ἄμφω ταὐτὸν ἅμα πείσεται
καὶ ποιήσει. καὶ οὕτω τὸ ἓν οὐκ ἂν εἴη ἔτι ἓν ἀλλὰ δύο". καὶ δῆλον
ὅτι εἰ μὴ περὶ ἄλλου ταῦτα ἑνὸς καὶ περὶ ἄλλου τὰ πρότερον ἐκτεθέντα 30
ἐλέγετο, σαφῶς ἂν ἦν ἐναντία. καὶ οὐκ ἦν εἰκὸς παρὰ πόδας οὕτως τὰ
25 ἐναντία περὶ τῶν αὐτῶν λέγειν ἐν τῇ ᾱ καὶ β̄ τῶν ὑποθέσεων, ὅπου μὲν
ἀποφάσκοντα πάντα τοῦ ἑνός, ὅπου δὲ καταφάσκοντα. ὁ μέντοι Ἀριστο-
τέλης σωματικὴν φύσιν ἔδειξε μὴ οὖσαν ἐν ἑαυτῇ καὶ περὶ ταύτης συνεπε-
ράνατο. ὅτι μὲν οὖν ἀδύνατον ἐν ἑαυτῷ τι εἶναι πρώτως, δῆλον· καὶ γὰρ
οὔτε τὸ μὴ ἔχον ὅλως διπλόην ὥσπερ τὸ ἓν εἴη ἂν αὐτὸ ἐν ἑαυτῷ, οὔτε
30 τὸ ἔχον μεμερισμένην τὴν διπλόην ὥσπερ τὰ σώματα, ἀλλὰ τὰ διπλόην 35
ἔχοντα μετὰ ἁπλότητος, ὅτι καὶ τὸ αὐτὸ ἐν ἑαυτῷ τοιοῦτον ἁπλοῦν τι ἅμα
καὶ διπλοῦν ὄν. ἀλλὰ πῶς ἡ τοῦ Πλάτωνος ἀπόδειξις οὐχ ἁρμόσει καὶ τῷ
Ἀριστοτέλει, ὥστε καὶ κατ' αὐτὸν τὸ ὅλον ἐν ἑαυτῷ εἶναι; ἢ ὅτι ἡ ἐλάτ-
των πρότασις διάφορος. ὁ μὲν γὰρ Πλάτων τὸ ὅλον πάντα τὰ μέρη φησὶν
35 εἶναι διὰ τὴν ἀμέριστον ἕνωσιν, ὁ δὲ Ἀριστοτέλης "οὐ γάρ ἐστι, φήσας,
παρὰ τὰ μέρη τὸ ὅλον", ἐν τῷ ὑποκειμένῳ θεωρεῖ τὴν ταυτότητα.

---

5 καὶ om. E   τὸ τὸ E: τὸ aF   10 τὸ (post ἁπλῶς) om. aF   14 καὶ ὁ aF:
καὶ E   15 ὁ om. E   17 Παρμενίδῃ p. 138 A   18 ἐν αὐτῷ F   ἑαυτῷ
(post κἂν) E: ἑαυτὸ (ex αὐτὸ corr.) F: αὑτὸ a   19 ἢ αὐτὸ libri   ἔν τῳ Plato: ἐν
τῷ libri   γάρ τι μὴ F   20 τὸ (post αὐτὸ) om. aF   22 εἴη ἔτι aF: ἔτι εἴη E
23 πρότερον aF²: πρότερα EF¹   24 ἦν EF: εἴη a   25 τῶν (post περὶ) om. a   post
λέγειν add. καὶ aF   27 ante σωματικὴν add. τὴν aF   ταύτας a   28 αὑτῷ F
29 αὑτὸ om. aF   31 καὶ om. E   35 φήσας cf. supra p. 560, 31

p. 210ᵇ22 Ὁ δὲ Ζήνων ἠπόρει ἕως τοῦ ὥστε οὐκ ἀνάγκη εἰς
ἄπειρον ἰέναι.

Ὁ Ζήνωνος λόγος ἀναιρεῖν ἐδόκει τὸ εἶναι τὸν τόπον ἐρωτῶν οὕτως·
"εἰ ἔστιν ὁ τόπος, ἔν τινι ἔσται· πᾶν γὰρ ὂν ἔν τινι· τὸ δὲ ἔν τινι καὶ
ἐν τόπῳ. ἔσται ἄρα καὶ ὁ τόπος ἐν τόπῳ καὶ τοῦτο ἐπ' ἄπειρον· οὐκ ἄρα
ἔστιν ὁ τόπος." μέλλων οὖν ἐπὶ τὴν εὕρεσιν τοῦ τόπου χωρεῖν λύει πρῶτον
ταύτην τὴν ἀπορίαν ἐκ τῆς τοῦ ἔν τινι διαιρέσεως, ἣν προέλαβεν εἰκότως.
εἰκότως δὲ καὶ τὸ μηδὲν εἶναι ἐν ἑαυτῷ προαπέδειξεν, ἵνα μή τις οἰηθείη
τὸν Ζήνωνος λύειν λόγον λέγων τὸ μὲν σῶμα ἐν τόπῳ, τὸν δὲ τόπον ἐν
ἑαυτῷ, καὶ οὕτως τὸ ἐπ' ἄπειρον ἱστάνειν. μᾶλλον οὖν ἐκ τῆς τῶν ἔν
τινι διαφορᾶς λύει οὕτως. εἰ μὲν γὰρ μοναχῶς τὸ ἔν τινι ἐπὶ τοῦ ἐν τόπῳ
ἐλέγετο, ἄλυτος ἂν ἦν ἡ τοῦ Ζήνωνος ἀπορία, εἴπερ πᾶν τὸ ὂν εἴτε τὸ
ἁπλῶς ὂν εἴτε τὸ σωματικὸν ἔν τινί ἐστιν, ὡς οἱ παλαιοὶ πάντες ἐδόξαζον
ὀνειροπολοῦντες τὴν ἐν τῇ ὕλῃ, ὡς ὁ Πλάτων φησί, τῶν εἰδῶν ὑπόστασιν·
ἐπεὶ δὲ πολλαχῶς λέγεται τὸ ἔν τινι, οὐδὲν κωλύει τὸν τόπον, ἐν ᾧ ἐστι
τὸ σῶμα, εἶναι μὲν καὶ αὐτὸν ἔν τινι, οὐ μὴν ἐν τόπῳ· οὐδὲν γὰρ κωλύει
τὸ μὲν ἐν ἄλλῳ, τὸ δὲ ἐν ἄλλῳ εἶναι. ἡ γὰρ ὑγεία ἐν θερμοῖς ἀλλ'
ὡς ἕξις, τὸ δὲ θερμὸν ἐν σώματι ἀλλ' ὡς πάθος· τὸ δὲ σῶμα ἐν
τόπῳ. δια|φέρει δὲ ἡ ἕξις τοῦ πάθους, καθόσον ἡ μὲν τελειότης καὶ εἶδός
ἐστιν, ὡς καὶ πρότερον ἐμνημόνευσε, τὸ δὲ διάθεσίς τις εὐαπόβλητος καὶ
οὐκ οὐσιοποιός. τοιαῦται γὰρ καὶ ἐν Κατηγορίαις αἱ παθητικαὶ ποιότητες
ἐλέγοντο. οὕτω δὲ οὐδὲν κωλύει τὸ μὲν σῶμα ἐν τόπῳ εἶναι, τὸν δὲ τό-
πον ἐν ἄλλῳ τινί, ὡς τὸ πέρας ἐν τῷ οὗ ἐστι πέρας καὶ ἡ ἐπιφάνεια ἐν
τῷ σώματι. ἀλλὰ καλῶς ὁ Ἀλέξανδρος ζητεῖ κατὰ τίνα τῶν προειρημένων
τοῦ ἔν τινι τρόπων ἡ ἐπιφάνειά ἐστιν ἐν τῷ σώματι καὶ ὅλως τὸ πέρας ἐν
τῷ περατουμένῳ, πότερον ὡς πάθος ἢ ἕξις ἢ ὅλως ὡς ἐν ὑποκειμένῳ ἢ
μᾶλλον ὡς μέρος ἐν ὅλῳ. μέρος γάρ πως ἡ ἐπιφάνεια ἡ μὲν ὡς πέρας
τοῦ πεπερασμένου σώματος, ἡ δὲ κατὰ μῆκος καὶ πλάτος ἀφωρισμένη μέρος
ἐστὶ τοῦ σώματος τοῦ κατὰ τὰς τρεῖς διαστάσεις οὐσιωμένου, πρώτως δὲ
τόπον εἶπε τὸν προσεχῶς περιέχοντα, ἐπειδὴ καὶ ὁ ἀὴρ σῶμα ὢν λέγεται
τόπος εἶναί τινος, ὅταν ᾖ τούτου πέρας ὁ προσεχῶς περιέχων τόπος.

Ἐν δὴ τούτοις ἄξιά μοι δοκεῖ ζητήσεως, πρῶτον μὲν πῶς λύεται ὁ
Ζήνωνος λόγος ἀπὸ τῆς τοῦ ἔν τινι διαφορᾶς, εἴπερ πᾶν τὸ ὂν ἔν τινί ἐστιν
ἑτέρῳ· κἂν γὰρ τὸ σῶμα ἔν τινι ὡς ἐν τόπῳ, ὁ δὲ τόπος ἔν τινι ὡς
πέρας, καὶ ἐκεῖνο πάλιν ἔν τινι ἔσται, καὶ τοῦτο ἐπ' ἄπειρον· δεύτερον δὲ

---

2 ἰέναι ex εἶναι corr. E   3 Ζήνωνος λόγος cf. Zeller H. Ph. I⁴544.3   τὸ εἶναι
E: om. aF   5 καὶ (post ἄρα) om. E   8 καὶ (post δὲ) om. E   οἰηθῇ a
10 τὸ (post οὕτως) om. E   11 ἐπὶ] ὑπὸ F   13 ὂν om. a   14 Πλάτων cf.
Tim. 52ᴃ   16 αὐτὸ F   17 εἶναι post τὸ μὲν ἐν ἄλλῳ posuerunt aF
20 πρότερον nescio ubi   τις om. aF   21 αἱ aF: om. E   Κατηγορίαις cf.
c. 14 p. 15ᵃ 21sqq.   26 ἢ ἕξις] ἡ ἕξις E   30 ὢν] ὂν E   31 εἶναι τόπος aF
35 καὶ (ante ἐκεῖνο) om. E   καὶ τοῦτο E: καὶ ἐκεῖνο F: καὶ ἐκεῖνο καὶ οὕτως a

πῶς ἐνταῦθα μὲν τὸν Ζήνωνος λύει λόγον ἐκ τῆς τῶν ἔν τινι διαφορᾶς, ὡς τοῦ 131ʳ
Ζήνωνος ἐρωτῶντος οὕτως· εἰ ὁ τόπος ἔστι τι, ἔν τινι ἔσται· πρότε-
ρον δὲ ἔλεγεν "ἡ γὰρ Ζήνωνος ἀπορία ζητεῖ τινα λόγον· εἰ γὰρ πᾶν τὸ
ὂν πού ἐστι, δῆλον ὅτι καὶ τοῦ τόπου τόπος ἔσται". εἰ γὰρ μὴ ἔν τινι
5 ἀλλ' ἐν τόπῳ ἔλεγε τὸ ὂν ἄντικρυς, πῶς ἔτι δυνατὸν ἦν διὰ τῆς τῶν ἔν
τινι διαφορᾶς λῦσαι τὴν ἀπορίαν λέγοντα, ὡς νῦν εἴρηται, ὅτι τὸ μὲν σῶμα
ἐν τόπῳ, ὁ δὲ τόπος ἐν ἄλλῳ, εἴπερ καὶ αὐτὸς διὰ τὸ τῶν ὄντων εἶναι ἐν
τόπῳ ἐστί. καὶ πρὸς μὲν τοῦτο ῥητέον, ὅτι ἔοικεν ἐν μηδετέρῳ τούτων τῶν
χωρίων ἐπ' αὐτῆς θεῖναι τῆς λέξεως τὸν Ζήνωνος λόγον, ἀλλ' ἐκείνου
10 μέσον τι εἰπόντος, ὅπερ ἐδύνατο καὶ εἰς τὸ ἐν τόπῳ μεταλαμβάνεσθαι καὶ
εἰς τὸ ἔν τινι, αὐτὸς τὴν μὲν ἀπορίαν ἐπιτιμῶν εἰς τὸ ἐν τόπῳ μετέλαβε,
τῇ δὲ λύσει συνεργῶν εἰς τὸ ἔν τινι. τί οὖν τοῦτο τὸ μέσον ἐστίν; ἢ τὸ
ποῦ· τοῦτο γὰρ ὡς ἔοικε καὶ τὸ ἐν τόπῳ καὶ τὸ ἔν τινι σημαίνει. καὶ
αὐτὸς Ἀριστοτέλης ἐμνήσθη τοῦ ποῦ πρὸ τοῦ θεῖναι τὸν ἕτερον λόγον εἰπών
15 "ἔτι δὲ καὶ αὐτὸς εἰ ἔστι τῶν ὄντων, ποῦ ἔσται". τὸν δὲ λόγον ἐρωτῶν
εἰς τὸ ἐν τόπῳ τὸ ποῦ μετέλαβεν εἰπών "εἰ γὰρ πᾶν τὸ ὂν ἐν τόπῳ".

Ὁ Εὔδημος δὲ οὕτως ἱστορεῖ τὴν Ζήνωνος δόξαν λέγων· "ἐπὶ ταὐτὸ
δὲ καὶ ἡ Ζήνωνος ἀπορία φαίνεται ἄγειν. ἄξιον γὰρ πᾶν τὸ ὂν πού εἶναι·
εἰ δὲ ὁ τόπος τῶν ὄντων, ποῦ ἂν εἴη; οὐκοῦν ἐν ἄλλῳ τόπῳ, κἀκεῖνος
20 δὴ ἐν ἄλλῳ, καὶ οὕτως εἰς τὸ πρόσω". καὶ ὁρᾷς ὅτι καὶ ὁ Εὔδημος πρὸς
τὸ τῆς ἀπορίας χρήσιμον τὸ ποῦ εἰς τὸ ἐν τόπῳ μετέλαβεν. ὅπως δὲ καὶ
αὐτὸς ἐξέλαβε τὸ ποῦ, καὶ ὅτι κατὰ κοινὸν σημαινόμενον, δῆλον γίνεται ἐν
οἷς λύει καὶ αὐτὸς τὸν τοῦ Ζήνωνος λόγον γράφων οὕτως· "πρὸς δὲ Ζήνωνα
φήσομεν πολλαχῶς τὸ ποῦ λέγεσθαι· εἰ μὲν οὖν ἐν τόπῳ ἠξίωκεν εἶναι τὰ
25 ὄντα, οὐ καλῶς ἀξιοῖ· οὔτε γὰρ ὑγείαν οὔτε ἀνδρίαν οὔτε ἄλλα μυρία
φαίη τις ἂν ἐν τόπῳ εἶναι. οὐδὲ δὴ ὁ τόπος τοιοῦτος ὢν οἷος εἴρηται.
εἰ δὲ ἄλλως τὸ ποῦ, κἂν ὁ τόπος εἴη ποῦ· τὸ γὰρ τοῦ σώματος πέρας
ἐστὶ τοῦ σώματος ποῦ· ἔσχατον γάρ". καὶ ὁ Ἀλέξανδρος δὲ ἐξηγούμενος
πρότερον ἐκεῖνο τὸ χωρίον τὸ λέγον "πάντων δὲ κυριώτατον τὸ ὡς ἐν
30 ἀγγείῳ καὶ ὅλως ἐν τόπῳ" σαφῶς λέγει ὅτι ἰσοδυναμεῖ τὸ ἔν τινι τῷ ποῦ.
"τὸ γὰρ ποῦ, φησί, κοινὸν μέν ἐστι καὶ τῶν ἄλλων· καὶ γὰρ τὸ μέρος ἐν
τῷ ὅλῳ ὂν πού ἐστιν. ἰδίως δὲ καὶ μάλιστα εἴωθε τὸ ποῦ ἐπὶ τῶν ἐν
τόπῳ ὄντων καὶ τῶν ἐν ἀγγείῳ λέγεσθαι". πρὸς δὲ τὴν πρώτην ἀπορίαν
ῥητέον, ὅτι πρὸς μὲν τὸν Ζήνωνος λόγον εἰς ἄτοπον ἀπάγοντα τὸ τὸν τόπον
35 ἐν τόπῳ εἶναι αὐτάρκης ἐστί λύσις ἡ ἀπὸ τῆς τοῦ ἔν τινι ἤτοι τῆς τοῦ

---

1 μὲν om. F   λύει om. F   2 οὕτως ἐρωτῶντος aF   πρότερον p. 209 a 23 cf.
p. 534, 9   3 λόγον] λύσιν F   4 ποῦ ἐστι] ἐν τόπῳ Aristoteles   5 τῆς τῶν aF:
τὴν E   9 αὐτῇ F   11 μετέλαβε a et ex μετέβαλε corr. E: ἔλαβε F   14 αὐτὸς
E: αὐτὸς ὁ aF   πρότερον λόγον E   εἰπών p. 209 a 23   15 ἔστι τι Aristoteles
16 εἰπών p. 209 a 24 cf. v. 3   17 ὁ E: καὶ ὁ aF   Εὔδημος fr. 42 p. 58, 17 Sp.
18 ἀξιοῖ Eudemo reddidit Spengel cf. Zeller I⁴ 544¹   20 οὕτος mut. in οὕτως F   καὶ
ὁ aF: ὁ E   23 τὸν τοῦ E: τῶν aF   26 ἂν om. E   27 τὸ γὰρ τοῦ aE: τοῦ
γὰρ F   29 λέγον p. 210 a 24   τὸ (ante ὡς) om. E   31 καὶ (post ἐστι) om. aF
34 εἰς aF: om. E   ἐπάγοντα E   35 post ἤτοι iteraverunt ἀπὸ aF

ποῦ διαφορᾶς. οὐ γὰρ ἔτι ὁ τόπος ἐν τόπῳ ἔσται, ὅπερ ἄτοπον ἐπήγαγεν 131ʳ
ὁ Ζήνων. πρὸς δέ γε τὴν ὑπ' ἐμοῦ ῥηθεῖσαν ἀπορίαν τὴν λέγουσαν, ὅτι
κἂν μὴ ἐν τόπῳ, ἀλλὰ ποῦ καὶ ἐν ἑτέρῳ καὶ τοῦτο ἐν ἑτέρῳ καὶ εἰς 40
ἄπειρον, ὁ Ἀριστοτέλης αὐτὸς ὑπαντήσει ἐν τῷ τέλει τοῦ περὶ τοῦ τόπου
5 προβλήματος πρὸς αὐτὴν τὴν ἀρχὴν τῆς ἐρωτήσεως ἐνιστάμενος. οὐ γὰρ
συγχωρεῖ τὸν οὐρανὸν ἢ τὸ πᾶν ποῦ εἶναι ἢ ἔν τινι ὅλως, ὥστε εἶναί τι
παρ' αὐτὸ ἄλλο. καὶ ἀκουσόμεθα λέγοντος αὐτοῦ "τὸ δὲ πᾶν οὔ που".
τὸ γὰρ ποῦ αὐτό τε ἔστι τι καὶ ἔτι ἄλλο τι δεῖ εἶναι παρὰ τοῦτο ἐν ᾧ
περιέχεται. παρὰ δὲ τὸ πᾶν καὶ ὅλον οὐδέν ἐστιν, οὐδὲ ἔστιν ἔξω οὐδὲν
10 τοῦ παντός· καὶ διὰ τοῦτο ἐν τῷ οὐρανῷ πάντα· ὥστε τῶν μὲν τοῦ παντὸς 45
μερῶν ἄλλο ἐν ἄλλῳ οὐδὲν κωλύει εἶναι, τὸ δὲ πᾶν οὐκ ἂν εἴη ἐν ἑτέρῳ.
οὐ γὰρ ἔστι τι παρὰ τὸ πᾶν, εἰ μὴ ἄρα ὡς ὅλον ἐν τοῖς μέρεσι τοῖς
ἑαυτοῦ. καὶ οὕτως ἡ εἰς ἄπειρον προχώρησις ἵσταται.

p. 210ᵇ27 Ἐκεῖνο δὲ φανερόν, ὅτι ἐπεὶ οὐδὲν τὸ ἀγγεῖον ἕως
15   τοῦ ταῦτα μὲν οὖν ἔστω διηπορημένα.   50

Ὁ μὲν τοῦ Ζήνωνος λόγος ἐκ τοῦ τὸν τόπον ἐν τόπῳ εἶναι τὸ ἐπ'
ἄπειρον ἐπειρᾶτο δεικνύναι, αὐτὸς δὲ τὸ ἄλλο ἐν ἄλλῳ συγχωρήσας, οὐ
μέντοι τὸν τόπον ἐν τόπῳ, καὶ ἐκ τούτου λύσας τὴν ἀπορίαν ὥσπερ πό-
ρισμα ἀναφαινόμενον ἐθεάσατο ἐκ τοῦ ἄλλο ἐν ἄλλῳ τὸ μήτε τὴν ὕλην
20 μήτε τὸ εἶδος τόπον εἶναι, ὡς εἰ ἔλεγε· 'λέλυται μὲν ἡ Ζήνωνος ἀπορία
ἐκ τοῦ ἄλλο ἐν ἄλλῳ κατ' ἄλλον εἶναι τρόπον, ἐκ δὲ τοῦ | ἄλλο ἐν ἄλλῳ 131ᵛ
φανερόν, ὅτι οὔτε ἡ ὕλη οὔτε τὸ εἶδος τόπος ἐστίν'. ἕτερον γὰρ τό τε
ἐν ᾧ καὶ τὸ ἐν τούτῳ· οὕτως γὰρ ἔχειν ἐλέγετο ἥ τε ἐπιφάνεια πρὸς τὸ
χρῶμα καὶ ἡ ψυχὴ πρὸς τὴν ἐπιστήμην. εἰ οὖν ἕτερον τό τε ἐν ᾧ καὶ
25 τὸ ἐν τούτῳ, τὸ δὲ ἀγγεῖον καὶ ὁ τόπος δεκτικὰ τῶν ἐν αὐτοῖς γινομένων
πρώτως ἐστίν, ἕτερα αὐτῶν ἐστι. καὶ τὸ μὲν ἀγγεῖον ἀντὶ τοῦ τόπου παρέ-
λαβεν ὡς προφανὲς τῇ αἰσθήσει καὶ ἐναργῶς ἕτερον τῶν ἐν αὐτῷ, διὰ δὲ
τὸ ἕτερον εἶναι τῶν ἐν αὐτῷ οὐδὲν τῶν ἐν αὐτῷ ἐστιν. εἰ δὲ τοῦτο, οὐκ
ἂν εἴη οὔτε ὕλη οὔτε εἶδος ὁ τόπος, ἀλλ' ἕτερον. τοῦ γὰρ ἐν τόπῳ ὄντος 5
30 ἔστι ταῦτα. παρατίθεται δὲ τοῦτο καὶ νῦν μέλλων προλαμβάνειν τὰ καθ'
αὑτὸ ὑπάρχοντα τῷ τόπῳ, ὡς κυριώτατον ὂν τῶν ὑπαρχόντων αὐτῷ τὸ
ἕτερον τῶν ἐν αὐτῷ εἶναι· πανταχόθεν δὲ στρέψας τοὺς περὶ τόπου λό-
γους ἐπάγει ταῦτα μὲν οὖν ἔστω ἡμῖν διηπορημένα, οὐχ ὅτι μηδὲν
τῶν μέχρι νῦν εἰρημένων ἀποδεικτικῶς εἴρηται (πολλὰ γὰρ οὕτως ἐρρέθη),

---

1 ἐπῆγεν F(?)   6 ἢ om. F   ἔν τινι ἄλλως F   τι E: τὸ aF   7 αὐτὰ
aF   λέγοντος Δ 5 p. 212ᵇ14   9 ἔστιν] περιέχεται F   ἔξω οὐδὲν E: οὐδὲν
F: οὐδὲ ἔξω a   13 post οὕτως habet οὐ γὰρ—καὶ οὕτως (12. 13) iterata (addito τι
post πᾶν et omisso ἄρα) F   13 καὶ γὰρ F   19 ἀναφαινόμενον om. a   21 ἄλλο
prius] ἄλλῳ E   κατ'] καὶ E   23 οὕτως — ἐν τούτῳ (25) om. aF   26 ἐστι
(post αὐτῶν) om. aF   31 ὂν (ante τῶν) om. E   33 οὖν om. aF   ἔστω
ἡμῖν E: ἡμῖν ἔστω aF: ἡμῖν om. Aristoteles, Themistius et lemma Simplicii v. 15
34 εἰρημένον a

ἀλλ' ὡς ἀπόρου καὶ τοῦ εἶναι τὸν τόπον φανέντος διὰ τὸ δυσκατάληπτον 131ᵛ
τῆς οὐσίας αὐτοῦ.

p. 210b32 Τί δέ ποτέ ἐστιν ὁ τόπος, ᾧδ' ἂν γένοιτο φανερόν
ἕως τοῦ τοῦτο δὲ ποιεῖν ἢ ἄνω ἢ κάτω.

Ἐπὶ τὴν τοῦ τόπου εὕρεσιν λοιπὸν τραπείς, ἐπειδὴ δύσκολος ἐφάνη
πανταχόθεν ὁ λόγος, ὥσπερ ἔθος ἐπὶ τῶν μὴ αὐτόθεν φαινομένων ὁρισμῶν,
ἀπὸ τῶν καθ' αὑτὸ ὑπαρχόντων τῷ τόπῳ τὸν ὁρισμὸν αὐτοῦ συνάγειν
πειράσεται· καὶ προλαμβάνει ἀπὸ τῶν περὶ τόπου κοινῶν ἐννοιῶν ἕξ τινα
ἀξιώματα καὶ διὰ τῶν ἤδη ῥηθέντων ὑποδειχθέντα. ὧν πρῶτον ὅτι περιέχει
ὁ τόπος τὰ ἐν τόπῳ. τοῦτο γὰρ καὶ ἐκ τῆς πρὸς τὸ ἀγγεῖον ὁμοιότητος
αὐτοῦ φανερὸν γίνεται· καὶ μέντοι καὶ διὰ τῶν παραδειγμάτων ὑπέδειξε
τὸν κυρίως τόπον νομίζεσθαι τὸ πρώτως περιέχον· ὅλως δὲ τὸ ἔν τινι πᾶν
περιέχεσθαι δοκεῖ ὑπ' ἐκείνου τοῦ ἐν ᾧ ἐστι. δεύτερον τὸ μηδὲν εἶναι
τὸν τόπον τοῦ ἐν τόπῳ. καὶ τοῦτο γὰρ ὑπέμνησται δι' ὧν ἐδείκνυτο, ὅτι
μήτε ἡ ὕλη μήτε τὸ εἶδος τόπος ἐστί. τρίτον τὸ τὸν πρῶτον τόπον μήτε
μείζονα μήτε ἐλάττονα τοῦ ἐν τόπῳ εἶναι, ἀλλ' ἴσον· εἴτε γὰρ μείζων εἴη,
οὐκ αὐτοῦ μόνου ἔσται τόπος, εἴτε ἐλάττων, οὐχ ὅλου αὐτοῦ. τέταρτον
τὸ μήτε ἀπολείπεσθαι ἑκάστου καὶ χωριστὸν εἶναι, τουτέστι μήτε
εἶναί ποτε καθ' αὑτὸν ἐκτὸς σώματος, καὶ ὅμως μετὰ σώματος ὄντα χωρι-
στὴν τοῦ ἐν ἑαυτῷ σώματος ἔχειν τὴν ὑπόστασιν. τὸ δὲ μὴ εἶναι ἐκτὸς
σώματος ἴσως τῇ τοῦ κενοῦ ἀναιρέσει θαρρῶν ἠξίωσε. καὶ ἔστιν αὕτη ἡ
γραφὴ καὶ πλέον τι δηλοῦσα καὶ καινοπρεπέστερον τὰ ἀντικεῖσθαι δοκοῦντα
συνάγουσα. ἔστι καὶ ἄλλη τοιαύτη ἔτι ἀπολείπεσθαι ἑκάστου καὶ χω-
ριστόν. καὶ ἔστιν αὕτη σαφής· ἴσον γὰρ τὸ ἀπολείπεσθαι τῷ χωρι-
στόν. καὶ λέγοι ἂν τοιοῦτον εἶναι τὸν τόπον, ὡς μεταχωροῦντος τοῦ ἐν
αὐτῷ αὐτὸν ὑπολείπεσθαι καὶ χωρίζεσθαι. πέμπτη περὶ τόπου ἔννοια τὸ
διαφορὰς ἔχειν τὸ ἄνω καὶ κάτω· οὐχ ὅτι πᾶς ὁ ληφθεὶς ἄμφω ἔχει
ταῦτα (τοῦτο γὰρ ἀδύνατον τὸ συνδραμεῖν εἰς ταὐτὸν τὰ ἀντικείμενα)·
ἀλλ' ἢ τῷ καὶ συνδέσμῳ συμπλεκτικῷ ὄντι ἀντὶ διαζευκτικοῦ τοῦ ἢ ἐχρή-
σατο, ἵνα ᾖ λέγων πάντα τόπον ἔχειν τὸ ἄνω ἢ τὸ κάτω, ὥσπερ Ὅμηρος
τοὐναντίον τῷ ἢ ἀντὶ τοῦ καὶ ἐχρήσατο λέγων

ἢ νέος ἠὲ παλαιός

ἀντὶ τοῦ καὶ νέος καὶ παλαιός, ἢ πάντα τόπον εἶπεν ἀντὶ τοῦ τὴν τοῦ

---

1 τὸν τόπον a: τοῦ τόπου E: τὸν (om. τόπον) F   3 γένοιτο] φαίνοιτο F   5 τοῦ
om. a   8 πειράσεται] προσάγεται F¹   9 ῥηθέντων] ἀποδειχθέντων F¹   ὑπο-
δειχθέντα E cf. v. 11: ἀποδειχθέντα aF   περιέχει aF: παρέχει E   10 τὰ]
τὸ F   12 τὸ κυρίως τὸν τόπον aF   13 fortasse δοκεῖν   15 ἡ om. a
16 μείζων] μεῖζον F   19 post σώματος iteravit καὶ ὅμως — ἐκτὸς σώματος (20)
21 αὕτη iteravit E¹   23 desideres ἔστι δὲ καὶ   24 τῷ χωριστὸν aF¹: τῶν χωριστὸν
E: τὸ χωριστὸν F²   25 λέγοιτο F   ἐν αὐτῶν E   26 ἀπελείπεσθαι a   περὶ
om. aF   27 διαφοροὺς E   28 τοῦτο] τοῦ a   29 τῶν καὶ συνδεσμῶν συμπληκτι-
κῶν E   30 Ὅμηρος Ξ 108   33 καὶ νέος E: νέος aF

τόπου φύσιν, διῃρῆσθαι τῷ ἄνω καὶ κάτω, οὐχὶ ἕκαστον· ἀλλὰ διὰ τί τού-
των μόνων ἐμνήσθη τῶν τοῦ τόπου διαφορῶν καίτοι αὐτὸς εἰπὼν πρότερον
"ταῦτα δέ ἐστι τόπου μέρη καὶ εἴδη τό τε ἄνω καὶ τὸ κάτω καὶ αἱ
λοιπαὶ τῶν ἓξ διαστάσεων". ἢ ὅτι τὸ ἄνω καὶ κάτω ἐξαιρέτως διαφοραί
5 εἰσι τοῦ τῶν φυσικῶν σωμάτων ὡς φυσικῶν δεκτικοῦ τόπου, ἐπεὶ αἵ γε
ἄλλαι κυρίως τῶν ζῴων εἰσὶ τῶν καὶ ἐν τοῖς τοῦ σώματος μέρεσι κατ'
οὐσίαν ἐχόντων τὸ ἔμπροσθεν καὶ ὄπισθεν καὶ τὸ δεξιὸν καὶ ἀριστερὸν καὶ
τὰς ὁρμὰς τῆς κινήσεως ἐπὶ ταῦτα ἐχόντων. ἕκτον δὲ ἐπὶ πᾶσιν ἀξιοῖ τὸ
τὰ φυσικὰ σώματα καὶ φέρεσθαι φύσει ἐπὶ τοὺς οἰκείους τόπους καὶ
10 μένειν ἐν αὐτοῖς· τὸ δὲ φύσει τουτέστι κατὰ τὴν αὐτῶν φύσιν. καὶ τοῦτο
γὰρ ἐναργές, ὅτι ἡ μὲν βῶλος ἐπὶ τὸ κάτω φέρεται, ὅταν μὴ βίᾳ ἀλλὰ
κατὰ τὴν ἑαυτῆς κινῆται φύσιν καὶ τὸν οἰκεῖον καταλαβοῦσα τόπον μένῃ
κάτω καὶ τὸ πῦρ ὁμοίως ἄνω. τὸ γὰρ ἄνω καὶ τὸ κάτω οἰκεῖαι τῶν
φυσικῶν σωμάτων διαφοραὶ διὰ τὴν εἰρημένην αἰτίαν καὶ ὅτι, ὡς ἐν τῇ
15 Περὶ γενέσεως λέγεται, πτώσεις μᾶλλόν εἰσιν αὗται τῶν φυσικῶν σωμάτων
καὶ μὴ ἐχόντων τὴν καθ' ὁρμὴν τῆς ψυχῆς κίνησιν. τούτων οὖν, φησί,
προληφθέντων καὶ προϋποκειμένων τὰ ἐφεξῆς θεωρητέον κανόσι τοῖς ῥηθη-
σομένοις χρωμένων ἡμῶν. ἰστέον δὲ ὅτι καὶ Θεόφραστος καὶ Εὔδημος ἐν
τοῖς περὶ τόπου ἀξιώμασι καὶ τὸ ἀκίνητον εἶναι τὸν τόπον προλαμβάνουσι.
20 διὰ τί δὲ ὁ Ἀριστοτέλης τοῦτο παρῆκε, δῆλον γενήσεται ὅτε τὴν δια-
φορὰν τοῦ τόπου πρὸς τὸ ἀγγεῖον ἀποδίδωσι.

p. 211 a 7 Δεῖ δὲ πειρᾶσθαι τὴν σκέψιν οὕτω ποιεῖσθαι ἕως τοῦ
οὕτω γὰρ ἂν κάλλιστα δεικνύοιτο ἕκαστον. |

Μετὰ τὴν πρόληψιν τῶν κατὰ τὰς κοινὰς ἐννοίας ὑπάρχειν δοκούντων τῷ
25 ζητουμένῳ πράγματι, τριῶν χρεία τούτων εἰς τὴν ἀναμφίλεκτον τοῦ τί ἐστιν
ἀπόδοσιν, ἑνὸς μὲν τοῦ τὰ κατὰ τὰς κοινὰς ἐννοίας ἀξιωθέντα ὑπάρχοντα
τῷ ὁρισμῷ τῷ προκειμένῳ φαίνεσθαι, ἑτέρου δὲ τοῦ λύεσθαι ἐξ αὐτοῦ τὰ
πρὸς τὴν ὕπαρξιν τὴν τοιαύτην ἀπορηθέντα, καὶ τρίτου τοῦ τὸ τῆς δυσκο-
λίας αἴτιον τοῦ προβλήματος καταφανὲς ἐκ τοῦ ἀποδοθέντος ὁρισμοῦ γενέ-
30 σθαι, εἴπερ εἴη δύσκολον. τεκμήριον γὰρ ἐναργὲς καὶ τοῦτο γίνεται τοῦ
πᾶσαν αὐτοῦ τὴν φύσιν εἰρῆσθαι.

---

1 τῷ] τὸ F   2 πρότερον Δ 1 p. 208 b 12   3 ante καὶ αἱ add. οὐχὶ ἕκαστον F
4 καὶ τὸ κάτω aF   5 δεκτικαὶ a   6 τῶν καὶ ἐν τοῖς initio paginae iteravit F
14 ὅτι] ἔτι a   15 Περὶ γενέσεως significat fortasse B 6 p. 333 b 26 sqq.
18 ἡμῖν F   Θεόφραστος cf. f. 136 r 15. 141 v 39   Εὔδημος fr. 43 p. 59, 4 cf.
infra l. c.   21 παραδώσει a   23 κάλλιστα a et Aristoteles: μάλιστα E cf. f. 139 r 22
24 δοκούντων om. a   25 χρεία om. F   τουτέστιν primum scripserat E
26 τὰ aF²: om. F¹: κατὰ primum scripserat E   28 τρίτον E   29 τοῦ προβλή-
ματος om. aF   31 εἰρῆσθαι F

p. 211ᵃ12 Πρῶτον μὲν οὖν δεῖ κατανοῆσαι ἕως τοῦ ἐν ᾧ
ὑπάρχουσι μεταβάλλει.

Προλαβὼν τὰς περὶ τόπου κοινὰς ἐννοίας καὶ ὁποῖον εἶναι χρὴ τὸν ἀποδιδόμενον τοῦ τόπου ὁρισμὸν διδάξας ἡμᾶς, ἐφεξῆς ὁποῖα τὰ ἐν τόπῳ κυρίως εἶναι νομίζομεν ὑπομιμνήσκει πρῶτον, καὶ τότε ὁποῖος ὁ τόπος. τὰ δὲ ἐν τόπῳ κυρίως ἀπὸ τῶν κατὰ τόπον κυρίως κινουμένων εὑρίσκεται. τὰ γὰρ κινούμενα κατὰ τόπον κυρίως, ταῦτα καὶ ἔστι κυρίως ἐν τόπῳ. ἀπὸ γὰρ τῆς ἀντιμεταστάσεως τῶν σωμάτων τὴν περὶ τόπου ἔννοιαν ἔσχομεν, καὶ ἀπὸ τῶν κατὰ τόπον κινουμένων τὰς περὶ τόπου ἐννοίας συνηγάγομεν, ὅτι ἄλλος παρὰ τὸ ἐν τόπῳ καὶ ὅτι ἴσος καὶ ὅτι χωριστὸς καὶ ὅτι διαφορὰς ἔχει τὸ ἄνω καὶ κάτω, ἐφ' ἃ ἡ μετάστασις καὶ ἡ μονή. ὥστε τὰς πολλὰς ταύτας ἐννοίας εἰς τὴν αἰτίαν αὐτῶν μίαν τὴν κατὰ τόπον κίνησιν συνήγαγεν. ὑπέδειξε δὲ καὶ τὰ εἴδη τῆς ὁπωσοῦν κατὰ τόπον κινήσεως δύο ὄντα, τήν τε φοράν, ἥτις μόνως καὶ τελέως κατὰ τόπον κίνησίς ἐστι, καὶ τὴν αὔξησιν καὶ φθίσιν. καὶ γὰρ ἐν τούτοις, ὃ πρότερον ἦν ἐνταῦθα οἷον σπιθαμὴν ἀνέχον τῆς γῆς, τοῦτο μεθίσταται εἰς ἔλαττον ἢ μεῖζον τοῦ τόπου διάστημα, ἐπὶ μὲν τῆς αὐξήσεως δηλονότι εἰς μεῖζον, ἐπὶ δὲ τῆς φθίσεως εἰς ἔλαττον. καὶ ἀπὸ τούτων τῶν τριῶν μεταστάσεων ἡμῖν ἡ περὶ τοῦ τόπου γέγονεν ἔννοια. τῷ γὰρ ὄντι, εἰ πάντα ἠρέμει καὶ μὴ μεθίστατο τὰ σώματα μηδὲ ἐπελάμβανεν ἢ ἀπελίμπανε χώραν, τίς ἂν ἡμῖν ἔννοια περὶ τοῦ τόπου ἐγένετο; βουλόμενος οὖν ἐκ τῶν κατὰ τόπον κινουμένων τὸν τόπον εὑρεῖν διαιρεῖται πρῶτον τά τε καθ' αὑτὸ κινούμενα καὶ τὰ κατὰ συμβεβηκός, τὰ καθ' αὑτὸ καὶ ἐνεργείᾳ λέγων, οἷον ἕκαστον τῶν σωμάτων ὅλον ἐστὶν ἀπολελυμένον ἀπ' ἄλλου τόπου μεταβαῖνον εἰς ἕτερον, οἷον τὸ ἐμὸν ὅταν βαδίζω καὶ ἡ ναῦς πλέουσα. τὰ δὲ κατὰ συμβεβηκὸς ταὐτά ἐστι τὰ τοῖς καθ' αὑτὸ κινουμένοις ὑπάρχοντα ἢ ὡς μέρη οἷον ἡ ἐμὴ χεὶρ καὶ ὁ τοῦ πλοίου ἧλος, ἢ ὡς συμβεβηκότα οἷον ἡ λευκότης καὶ ἡ ἐπιστήμη. διαφορὰ δὲ καὶ τούτων ἐστί. τὰ μὲν γὰρ μόρια κἂν μὴ κινῆται καθ' αὑτὰ ἐν τῷ ὅλῳ ὄντα, διότι χρὴ τὰ καθ' αὑτὰ κινούμενα καὶ μεταβαίνοντα τόπον ἐκ τόπου ἀπολελυμένα εἶναι πάντῃ, ἀλλ' ἐνδέχεταί γε ἀπολυθέντα τοῦ ὅλου κινεῖσθαι καθ' αὑτά. ὥστε ὅταν μετὰ τοῦ ὅλου κινῆται, τὸ μὲν κατὰ συμβεβηκὸς κινεῖσθαι ἐνεργείᾳ ἔχειν, τὸ δὲ καθ' αὑτὸ δυνάμει. τὰ μὲν γὰρ συμβεβηκότα τοῖς καθ' αὑτὸ κινουμένοις οὐδὲ ἐνδέχεται καθ' αὑτὸ κινεῖσθαι οὐδὲ δυνάμει ἔχει τοῦτο, οἷον ἡ λευκότης ἢ ἡ ἐπιστήμη. οὐ γὰρ δύναται ταῦτα χωρισθέντα καθ' αὑτὰ κινηθῆναι, ὅτι οὐδὲ ὅλως χωριστά. ἀλλ' οὕτως ἀεὶ ταῦτα κινεῖται καὶ μεταβάλλει, ὅτι ἐν ᾧ ὑπάρχουσι μεταβάλλει τοῦτο, ἄλλως δὲ οὔ, οὔτε ἐνεργείᾳ οὔτε δυνάμει.

---

10 συνηγάγομεν E: συνεισάγομεν aF   ἄλλως F¹   11 καὶ τὸ κάτω a   14 εἴ τις F   μόνως aF: μόνη E   20 ἀπελάμβανεν aF   22 καθ' αὑτὸν F   24 ὅλον om. F   26 καθ' αὑτὸ E: καθ' αὑτὰ aF   27 καὶ ὁ] ἢ ὁ E   31 γε om. aF   32 ἔχει a   35 ἡ (post ἢ) om. a

Τούτου οὖν οὕτως ἔχοντος ἐκ τῶν καθ' αὑτὸ κατὰ τόπον κινουμένων 132r
ἑλεῖν χρὴ τὸν τόπον, ἀλλ' οὐκ ἐκ τῶν κατὰ συμβεβηκός, εἰ μὴ ἄρα δυνάμει 40
καὶ ταῦτα ἔχοντα τὸ καθ' αὑτὸ κινεῖσθαι γένηται ἐνεργείᾳ ποτέ, ὡς τὰ
διακριθέντα μέρη τῆς ὁλότητος καὶ καθ' ἑαυτὰ περιγραφέντα· τότε δὲ καὶ
5 καθ' αὑτὸ γίνεται ἐν τόπῳ. καὶ ἔστι καὶ κατὰ τοῦτο χρήσιμος ἡ τῶν
κατὰ συμβεβηκὸς κινουμένων διαίρεσις. ὡς γὰρ κινεῖται κατὰ τόπον, οὕτω
καὶ ἔστιν ἐν τόπῳ. τὰ μὲν γὰρ δυνάμει τὸ καθ' αὑτὸ ἔχοντα, ὥσπερ τὰ
μέρη, δύναταί ποτε καὶ κινηθῆναι καθ' αὑτὰ καὶ ἐν τόπῳ εἶναι καθ' αὑτά,
τὰ δὲ κατὰ συμβεβηκὸς μόνως κινούμενα οὐδὲ κινεῖσθαι ἂν λέγοιτο κυρίως 45
10 κατὰ τόπον οὐδὲ ἐν τόπῳ εἶναι οὐδέποτε, ἀλλ' ἐκεῖνα μόνα ὅσα ἀπολελυ-
μένα ἅπτεταί τινων οὐκ ὄντα αὐτοῖς συνεχῆ· ταῦτα γὰρ καθ' ἑαυτὰ κινεῖ-
ται. καὶ ὅτι μὲν ἀπολελυμένα χρὴ εἶναι τὰ καθ' αὑτὸ κινούμενα καὶ καθ'
αὑτὸ ὄντα ἐν τόπῳ πρόδηλον. † δὲ ὅτι καὶ ἅπτεσθαί τινος. ἢ ὅτι εἰ
μὴ τὸ πᾶν εἴη, τὸ ἐξωτάτω ἀνάγκη πάντως ἅπτεσθαί τινος, εἰ δὲ τὸ
15 πᾶν, οὐδ' ἂν μεταβαίνοι τόπον ἐκ τόπου. τὸ δὲ πανταχόθεν ἁπτόμενον 50
περιέχεται ὑπ' ἐκείνου μὴ συνεχοῦς ὄντος αὐτῷ. ἔστιν οὖν τὸ πρώτως
ἐν τόπῳ ὂν τὸ ὅλον καθ' αὑτὸ κινούμενον κατὰ τόπον καὶ ἀπολελυμένον
καὶ ἁπτόμενόν τινος περιέχοντος ἴσου ἑαυτῷ. ἵνα δὲ προλαβὼν εἴπω, καὶ
ἐκ τῶν ἐν τόπῳ καθ' αὑτὸ κινουμένων καὶ ὄντων δυνατὸν συνάγειν τὸν τοῦ
20 τόπου ὁρισμόν· τὸ γὰρ τοῦ ἁπτομένου πέρας ἴσον περιέχει τὰ κινούμενα
τοπικῶς· ὑφ' οὗ δὲ τὰ κινούμενα τοπικῶς περιέχεται, τοῦτο τόπος. τὸ ἄρα
τοῦ ἁπτομένου καὶ περιέχοντος τὰ τοπικῶς κινούμενα | πέρας ὁ τόπος. 132v
καὶ ἡ κατὰ τὸ ποσὸν δὲ κίνησις τοπική τις οὖσα καὶ αὐτὴ ὁμοίως ἔχει,
οὐ πάντα μὲν ἀλλάσσοντος τὸν τόπον τοῦ αὐξομένου ἢ μειουμένου, προσεπι-
25 λαμβάνοντος δέ τινα ἢ ἀπολείποντος. διὸ καίτοι κατὰ τόπον οὖσα καὶ αὐτὴ
οὐ λέγεται ὅμως τοπικὴ διὰ τὸ μὴ πάντα ἀμείβειν τὸν τόπον. αὕτη μὲν
ἡ τῶν λεγομένων ἔννοια. καὶ τὸν οὐρανὸν δέ, φησί, διὰ τοῦτο οἰόμεθα ἐν
τόπῳ, ὅτι κινούμενος ἄλλοτε ἄλλο τῶν μορίων κατ' ἄλλην καὶ ἄλλην θέσιν 5
ἀμείβει.

30 p. 211ᵃ23 Ἐπεὶ δὲ λέγομεν εἶναι ὡς ἐν τόπῳ ἕως τοῦ ἐν γὰρ τῷ 11
αὐτῷ τὰ ἔσχατα τῶν ἁπτομένων.

Μέχρι τοῦδε διορίσας τὰ καθ' αὑτὸ κινούμενα κατὰ τόπον, ἅπερ καθ'
αὑτὸ καὶ ἐν τόπῳ ἐστί, διότι καὶ οὐσίας εἶναι χρὴ σωματικὰς καὶ ὅλας

---

2 ἐκ aF: καὶ E   4 ἑαυτὰ E: ἑαῦ F: αὐτὰ a   καὶ (post δὲ) om. aF
5 καὶ (post ἐστι) om. a   9 συμβεβηκότα E¹   μόνος a   11 οὐκ ὄντα EF
cf. Themistius p. 267,4: οὐκοῦν τὰ a   13 δῆλον. πρόδηλον δὲ καὶ ὅτι ἅπτεσθαι a.
sed propter insequens ἢ praestat emendatoris Ambrosiani coniectura πρόδηλον. ⟨πῶς δὲ
δῆλον⟩ ὅτι, nisi mavis ⟨διὰ τί⟩ δὲ (sc. δῆλον) ὅτι κτλ.   14 εἴη τὸ aF: εἴη ἢ τῶ E
18 καὶ (ante ἁπτόμενον) om. E   21 ὑφ' οὗ δὲ — τοπικῶς om. E   22 περιέχοντος
post κινούμενα transiecerunt aF   25 τινα om. aF   καὶ αὕτη aF   26 τὸν
(ante τόπον) om. a   28 ἄλλο aF: ἄλλων E

καὶ ἀπολελυμένας τῆς πρὸς ἀλλήλας συνεχείας καὶ περιεχομένας ὑπ' ἄλλου, 132ʳ
ὁμοίως καὶ ἀπὸ τοῦ ὁλοσχερεστέρως λεγομένου τόπου ἐπὶ τὸν κυρίως καὶ
πρώτως λεγόμενον προάγει τὸν λόγον, ἵνα τούτῳ δείξῃ λοιπὸν ὑπαρχούσας
τὰς περὶ τόπου προληφθείσας ἐννοίας. λέγομεν τοίνυν ὡς ἐν τόπῳ εἶναι
5 ἐν τῷ οὐρανῷ, τουτέστι τῷ κόσμῳ, ὅτι περιεχόμεθα ὑπ' αὐτοῦ, ὡς τοῦ
περιέχειν σωματικῶς οἰκειοῦντος τῷ τόπῳ. οὐ μέντοι προσεχῶς ἐν τῷ
οὐρανῷ ἐσμεν, οὐδὲ κυρίως ἡμῶν οὗτός ἐστι τόπος, ἀλλὰ διότι ἐν τῷ
ἀέρι, οὗτος δὲ ἐν τῷ οὐρανῷ. διὰ τὰ αὐτὰ δὲ καὶ ἐν τῷ ἀέρι, οὐχ
ὅτι ἐν ἅπαντι τῷ ἀέρι, ἀλλὰ διὰ τὸ ἔσχατον αὐτοῦ καὶ προσεχῶς ἡμᾶς
10 περιέχον· διὰ γὰρ τοῦτο καὶ ἐν τῷ ἀέρι. ὅτι γὰρ οὐχ ὅλος ὁ ἀήρ ἐστιν
ἡμῶν τόπος, δῆλον, εἴπερ ἴσον δεῖ τὸν τόπον τῷ ἐν τόπῳ εἶναι, καὶ εἰ
μὴ ἴσος εἴη, μὴ εἶναι τόπον. ἴσον δέ ἐστι τὸ ἔσχατον τοῦ περιέχοντος
ἡμᾶς τὸ πρὸς ἡμᾶς, ἐν ᾧ πρώτως ἐσμέν. ἆρα οὖν τοῦτο ὁ τόπος τὸ τοῦ
περιέχοντος ἔσχατον τὸ προσεχὲς τῷ περιεχομένῳ; ἢ καὶ ἄλλης δεῖ τινος
15 προσθήκης τῷ λόγῳ, ἣν καὶ προστίθησι. τὸ περιέχον ἢ συνεχές ἐστι τῷ
περιεχομένῳ ἢ διῃρημένον ἀπ' αὐτοῦ· καὶ εἰ μὲν συνεχές ἐστιν, οὐχ ὡς
ἐν τόπῳ λέγεται τῷ περιέχοντι, ἀλλ' ὡς ἐν ὅλῳ μέρος· ὅταν δὲ διῃ-
ρημένον εἴη καὶ ἁπτόμενον, ἔστι καὶ ἐν πρώτῳ τῷ ἐσχάτῳ τοῦ
περιέχοντος ὡς ἐν τόπῳ. καὶ δείκνυσιν ἐν τούτῳ τὴν διαφορὰν τῶν τε
20 ὡς ἐν ὅλῳ ὄντων καὶ τῶν ὡς ἐν τόπῳ, ὥσπερ μετ' ὀλίγον τὴν διαφορὰν
τῶν ὡς ἐν τόπῳ κινουμένων καὶ τῶν μετὰ τοῦ ὅλου κινουμένων.

Ὁ μέντοι Ἀλέξανδρος οἴεται διὰ τούτων δείκνυσθαι, ὅτι μὴ ἔστι τὰ
συνεχῆ μέρη τοῦ ὅλου τοῦ ὄντος ἐν τόπῳ καθ' αὑτὰ ἐν τόπῳ, ἀλλ' ἐν
ὅλῳ τῷ ἐν τόπῳ. καίτοι σαφῶς περὶ τῆς τοῦ περιέχοντος διαιρέσεως οἶμαι
25 καὶ συνεχείας πρὸς τὸ ἐν αὐτῷ λέγει γράφων ὅταν μὲν οὖν μὴ διῃρη-
μένον ᾖ τὸ περιέχον ἀλλὰ συνεχὲς καὶ πάλιν ὅταν δὲ διῃρημέ-
νον ᾖ καὶ ἁπτόμενον. συμφωνότερον οὖν οἶμαι καὶ τῇ λέξει καὶ τοῖς
προκειμένοις ἔστιν ἀκούειν, ὅτι ὅταν μὲν συνεχὲς ᾖ τὸ περιέχον τῷ περιε-
χομένῳ, τότε ὡς μέρος ἐν ὅλῳ ἐστὶ τὸ περιεχόμενον ἐν τῷ περιέχοντι·
30 ὅταν δὲ διῃρημένον, τότε ὡς ἐν τόπῳ τῷ ἐσχάτῳ τοῦ περιέχοντος τὸ περιε-
χόμενον καὶ ἐν πρώτῳ τούτῳ. καὶ τούτῳ ἐφαρμόττει τὰ προληφθέντα περὶ
τόπου ἀξιώματα τό τε μηδὲν εἶναι τοῦ ἐν τόπῳ (ἔξωθεν γὰρ αὐτοῦ ἐστι)
καὶ τὸ ἴσον αὐτῷ εἶναι, ὃ ἔδειξε διὰ τοῦ ἐν γὰρ τῷ αὐτῷ τὰ ἔσχατα
τῶν ἁπτομένων, τουτέστι τὰ πέρατα τοῦ τε περιέχοντος καὶ τοῦ περιε-
35 χομένου. ἀλλ' εἰ μὲν ἐν τῷ αὐτῷ ὡς ἐν τόπῳ λέγοι, δῆλον ὅτι κατὰ
συμβεβηκὸς ἂν εἴη λέγων· οὐ γὰρ δὴ αἱ ἐπιφάνειαι καθ' αὑτὸ ἐν τόπῳ.
ἀλλ' οὐδὲ ὡς ἐν ὑποκειμένῳ τῷ αὐτῷ· ἑκατέρα γὰρ ἐπιφάνεια ἐν τῷ
οἰκείῳ ἐστίν. ἀλλ' οὐδὲ κατ' ἄλλο τι τοῦ ἔν τινι σημαινόμενον αἱ ἐπιφά-
νειαι ἐν τῷ αὐτῷ εἰσι. "μᾶλλον οὖν ἐν τῷ αὐτῷ ἀκουστέον ἀντὶ τοῦ

---

1 ἄλληλα E 6 οἰκείου ὄντος a 7 ἐστιν ὁ (ὁ delevit F) aF 8 οὗτος δὲ —
ἐν τῷ ἀέρι om. E 10 ὅλως F 11 δεῖ] δὴ F 20 ὄντα E 27 ᾖ om.
aF 36 καθ' αὑτὰς a 39 μᾶλλον κτλ. Alexandri sunt cf. p. 570, 7 οὖν E:
om. F: δὲ a

ἅμα. ἐν τῷ αὐτῷ γὰρ λέγεται εἶναι καὶ ταῦτα, ὧν μηδέν ἐστι μεταξύ. 132ʳ
καὶ ἔοικε καὶ οὗτος ὁ τρόπος τοῦ ἔν τινι παραλελεῖφθαι ἐν τῇ ἀπαριθμήσει τῶν τοῦ ἔν τινι σημαινομένων. τὰ γὰρ ἐφαρμόζοντα ἀλλήλοις καὶ μήτε ὄγκον ποιοῦντα μήτε ἔχοντά τι μεταξὺ ἐν τῷ αὐτῷ ἐστιν. ἓν γὰρ γίνεται
5 τὸ ἀμφοῖν πέρας ἐπὶ τῶν ἁπτομένων συμπιπτόντων αὐτῶν διὰ τὸ μὴ ἔχειν 45
ἐπ' ἐκεῖνο διάστασιν. ὥσπερ ἐπὶ τῶν συνεχιζομένων ἀπόλλυται καὶ τὸ ἕν.
συνεχῆ γὰρ ἐστιν, ὧν οὐδέν ἐστι μεταξὺ πέρας ἐνεργείᾳ". οὕτω μὲν οὖν
ὁ Ἀλέξανδρος τὸ ἐν τῷ αὐτῷ κατὰ τὸ ἅμα ἀκούει ἄλλο τι τοῦτο λέγων
παρὰ τὰ ἀπαριθμηθέντα τοῦ ἔν τινι σημαινόμενον. ὁ δὲ Ἀσπάσιος ἐν τῷ
10 αὐτῷ μὲν ὡς ἐν τόπῳ ἀκούει, οὕτω μέντοι ὡς ὁ ἀμφορεὺς τοῦ οἴνου ἐν
ἑαυτῷ ἐλέγετο, διότι μέρος ἐν μέρει, καὶ ἡ ἐπιφάνεια τοῦ ἐν τόπῳ ἐν τῷ
τόπῳ μιᾶς γινομένης τῆς ἐπιφανείας διὰ τὸ ἀβαθές· ἀλλ' εἰ μία, πῶς ἔν 50
τινι; ἢ ὡς ἐν τῷ τοῦ περιέχοντος σώματι.

p. 211ᵃ34 Καὶ συνεχὲς μὲν ὂν οὐκ ἐν ἐκείνῳ κινεῖται ἕως τοῦ
15 τὸ δὲ ὕδωρ ἐν τῷ κάδῳ. |

Καὶ τοῦτο δεικτικὸν οἶμαι τοῦ δεῖν τὸ ἐν τόπῳ μὴ εἶναι συνεχὲς 133ʳ
πρὸς τὸν τόπον, ἀλλὰ ἀπολελυμένον. δείκνυσι δὲ ἀπὸ τῆς ἐν τόπῳ κινήσεως, εἴ γε τὸ μὲν ἐν τόπῳ ἐν τῷ τόπῳ κινεῖται τῷ περιέχοντι αὐτό, τὸ
δὲ συνεχὲς οὐ κινεῖται ἐν τῷ περιέχοντι αὐτό, ἀλλὰ μετ' ἐκείνου. ὅταν
20 οὖν διαιρεθῇ, τότε ἐν τόπῳ ἐστί· τότε γὰρ ἐν τῷ περιέχοντι κινεῖται,
κἄν τε κινῆται τὸ περιέχον ὥσπερ τὸ ἀγγεῖον, κἄν τε μὴ ὡς ὁ κυρίως 5
τόπος. ὁ μέντοι Ἀσπάσιος τὸ ἐν τόπῳ μένον ἢ κινούμενον ὡς τὸ κλυδαζόμενον ἢ κυκλοτερῶς περιφερόμενον ὕδωρ ἐξεδέξατο. δῆλον δὲ ὅτι τὸ
ἀγγεῖον οὐχ ὅλον τόπος ἐστίν, ἀλλ' ἡ κοίλη ἐπιφάνεια τοῦ κάδου ἢ τοῦ
25 κεράμου· ὁ μέντοι Ἀλέξανδρος "καὶ τοῦτο δεικτικόν, φησί, τοῦ τὰ μέρη
τὰ συνεχῆ μὴ εἶναι ἐν τόπῳ, εἴ γε τὸ μὲν ἐν τόπῳ ὂν ἐν τούτῳ κινεῖται,
τὸ δὲ ἐν ὅλῳ ὂν (τοιοῦτον δὲ τὸ συνεχὲς μέρος) οὐκ ἐν ἐκείνῳ ἀλλὰ σὺν
ἐκείνῳ κινεῖται". οὕτω δὲ ἐξηγούμενος τὰ ἐφεξῆς ἀπὸ τοῦ ἔτι ὅταν μὴ 10
διῃρημένον ᾖ ἕως τοῦ ἤδη τοίνυν φανερὸν τί ἐστιν ὁ τόπος τὰ
30 αὐτὰ τοῖς προειρημένοις εἶναί φησι καὶ διπλῆν αἰτιᾶται γραφήν, ὡς εἴ γε
τὰ πρότερα τὰ ἀπὸ τοῦ "ὅταν μὲν οὖν μὴ διῃρημένον ᾖ" περὶ τῆς διαφορᾶς ἤκουε τῶν ἐν τόπῳ ὄντων πρὸς τὰ ἐν ὅλῳ, τὰ δὲ ἐφεξῆς τὰ ἀπὸ
τοῦ συνεχὲς μὲν ὂν οὐκ ἐν ἐκείνῳ κινεῖται περὶ τῆς διαφορᾶς τῶν ἐν
τόπῳ κινουμένων πρὸς τὰ μέρη τὰ μετὰ τοῦ ὅλου κινούμενα. δύναται
35 ταῦτα συντόμως μετὰ παραδειγμάτων περὶ τῶν αὐτῶν λέγειν, τὰ μὲν πρῶτα
περὶ τῶν ἐν ὅλῳ ἢ ἐν τόπῳ, τὰ δὲ ἐφεξῆς περὶ τῶν μετὰ τοῦ ὅλου ἢ ἐν 15

---

5 αὐτῶν om. aF   7 οὐδὲν aF: μηδὲν E   9 σημαινόμενον aE: σημαινόμενα F
10 ὡς om. aF   11 ἐν τῷ τόπῳ EF: ἐν τόπῳ a   12 ἀβαθές E   13 ὡς
(post ἢ) om. E   18 ἐν τῷ EF: ἐν a   22 κλυδονιζόμενον a   27 ὂν EF:
οὗ a   28 ὅταν — ᾖ (29) om. aF   29 φανερὸν ἐκ τούτων τί Aristoteles
τί E: ὅτι aF   30 καὶ (post φησι) om. F   31 πρότερα p. 211ᵃ29

τόπῳ κινουμένων. τὰ μὲν γὰρ συνεχῆ ὡς ἕν τινι ἂν εἴη, ὅτι ὡς μέρος 133ʳ
ἐν ὅλῳ λέγεται ὡς ἐν τῷ ὀφθαλμῷ ἡ ὄψις ἢ ἐν τῷ σώματι ἡ χείρ, τὰ
δὲ διῃρημένα ὡς ἐν τόπῳ ἢ ὡς ἐν ἀγγείῳ, κἂν ἄμφω τὰ παραδείγματα
ἀγγείων παρέθετο κάδου καὶ κεράμου. τάχα δὲ τὸν μὲν οἶνον ἐν τῷ κε-
5 ράμῳ παράδειγμα τοῦ ἐν τόπῳ ὄντος παρατίθεται, τὸ δὲ ὕδωρ ἐν τῷ κάδῳ
παράδειγμα τοῦ ἐν τόπῳ κινουμένου. ἐν γὰρ τῇ ἀνιμήσει κινεῖται τὸ ὕδωρ 20
ἐν τῷ κάδῳ, ὥστε ποτὲ μὲν τὰ ὄντα ἐν τόπῳ πρὸς τὰ ὄντα ἐν ὅλῳ πα-
ρατίθησιν ἀλλήλοις, ποτὲ δὲ τὰ κινούμενα. τοῦτο δέ, ἵνα κατ᾽ ἄμφω διο-
ρισθῇ τὰ ἐν τόπῳ πρὸς τὰ ἐν ὅλῳ. καὶ ὁ Ἀσπάσιος δὲ τελέως παρῆκε
10 τὰ ὕστερα.

p. 211 b 5 Ἤδη τοίνυν φανερὸν ἐκ τούτων, τί ἐστιν ὁ τόπος ἕως
τοῦ τούτων δέ ὅτι τὰ τρία οὐκ ἐνδέχεται εἶναι φανερόν. 25

Ἀγαγὼν τὴν περὶ τόπου ἔννοιαν εἰς τὸ τοῦ περιέχοντος πέρας τὸ πρὸς
τῷ περιεχομένῳ ἀπολελυμένον αὐτοῦ, διότι καὶ περιεκτικὸν τοῦτο τοῦ ἐν
15 αὐτῷ ἐστι καὶ ἴσον καὶ ἄλλο παρ᾽ αὐτό, ἅπερ κυριώτατα τῶν περὶ τόπου
ἀξιωθέντων ἐστίν, ἤδη φανερὸν ἐκ τῶν εἰρημένων εἶναί φησι, τί ἐστιν
ὁ τόπος, ὅτι τὸ πέρας τοῦ περιέχοντος καθὸ περιέχει τὸ περιεχόμενον.
ὅτι δὲ τοῦτό ἐστιν, ἐφεξῆς καὶ ἐκ διαιρέσεως πειρᾶται δεικνύναι, καὶ χρῆ- 30
ται τῷ διὰ πλειόνων λεγομένῳ διαιρετικῷ ὄντι τοιούτῳ· ἤτοι τὸ ᾱ ἔστιν
20 ἢ τὸ β̄ ἢ τὸ γ̄ ἢ τὸ δ̄· ἀλλ᾽ οὔτε τὸ ᾱ οὔτε τὸ β̄ οὔτε τὸ γ̄· τὸ δ̄
ἄρα. καί φησιν ὅτι τέτταρά ἐστιν, ὧν ἀνάγκη τὸν τόπον ἕν τι
εἶναι. ἢ γὰρ τὸ εἶδος τοῦ ἐν τόπῳ ἢ ἡ ὕλη αὐτοῦ ἢ τὸ διάστημα τὸ
μεταξὺ τῶν ἐσχάτων τοῦ περιέχοντος τὸν τόπον ἀνάγκη εἶναι (ὃ τινες καὶ
τῶν προτέρων ὡς οἱ περὶ Δημόκριτον καὶ τῶν ὑστέρων ὡς οἱ περὶ Ἐπί-
25 κουρον καὶ οἱ Στωικοί, τινὲς δὲ καὶ κατὰ Πλάτωνα τοῦτο τὸν τόπον εἶναι 35
ἐνόμισαν) ἢ τὰ ἔσχατα τοῦ περιέχοντος. εἰ οὖν μηδὲν τῶν τριῶν ἐστιν,
ὡς δείξει, ἀνάγκη τὸ λειπόμενον εἶναι τὸν τόπον· τὸ δὲ διάστημα τοῦτο
οἱ μὲν περὶ Δημόκριτον καὶ Ἐπίκουρον κενὸν εἶναι λέγουσιν οὕτως ὥστε
ποτὲ μὲν πληροῦσθαι σώματος ποτὲ δὲ καὶ κενὸν ἀπολείπεσθαι, οἱ δὲ
30 Πλατωνικοὶ καὶ οἱ Στωικοὶ εἶναι μὲν ἄλλο παρὰ τὰ σώματά φασιν, ἀεὶ δὲ
σῶμα ἔχειν, ὡς μηδέποτε κενὸν ἀπολείπεσθαι. ἀλλ᾽ αὐτὸς μὲν ἅτε μὴ
προσθεὶς τὴν ἀνάγκην τῆς διαιρέσεως τὸ σχεδὸν προέταξεν, ἐπειδὴ δὲ ἐὰν 40
μὴ ἀνελλιπὴς ἡ διαίρεσις φανῇ, σαθρὰ δοκεῖ ἡ ἀπόδειξις, πειρατέον τὴν
ἀνάγκην εὑρεῖν· οὕτω γὰρ καὶ τὸ σχεδὸν οὐκ ἀορίστου ἐννοίας, ἀλλ᾽
35 εὐλαβείας φιλοσόφου δειχθήσεται. εἰ τοίνυν τὸ κινούμενον κατὰ τόπον με-
ταβάλλει κατὰ τόπον, ἀνάγκη τὸν τόπον ἐκεῖνο εἶναι, καθὸ μεταβάλλει τὸ

---

3 κἂν εἰ a   5 παραδείγματα F   13 τοῦ (post τὸ) om. aF   16 φησὶν
εἶναι a   17 ὅτι om. F   19 διὰ E: ἐκ aF   ἐστὶν om. aF   22 ἢ
ὕλη F   23 ὃ τινὲς aE: τινὲς F   24 ὕστερον E   25 εἶναι E: om. aF
30 ἀεὶ] δεῖ F   31 ἔχει F   32 τὴν] τῆς E   προέταξεν E: προσέταξεν aF
33 ἀνελιπὴς libri   35 τὸ] αὐτὸ a

κατὰ τόπον κινούμενον· μεταβάλλει δὲ τὸ κατὰ τόπον κινούμενον ἢ κατά 133ʳ
τι τῶν ἐν αὐτῷ ἢ κατά τι τῶν προσεχῶς περὶ ἑαυτό· ἀλλὰ τὰ μὲν ἐν
τῷ κινουμένῳ ὕλη καὶ εἶδός ἐστι καὶ παρὰ ταῦτα οὐδέν· τὰ δὲ περὶ αὐτὸ
προσεχῶς τό τε πέρας τοῦ περιέχοντος αὐτὸ καὶ τὸ μεταξὺ τοῦ πέρατος 45
5 ἐκείνου διάστημα, εἴπερ ἔστι τοιοῦτον, καὶ ἄλλο οὐδὲν παρὰ ταῦτα· ὥστε
καὶ ἀποφήναιτο ἄν τις ὅτι τῶν τεττάρων τι ἓν ἔσται ὁ τόπος. ἐὰν οὖν
δειχθῇ ὅτι τῶν τριῶν οὐδὲν οἷόν τε εἶναι, οὔτε τὴν ὕλην οὔτε τὸ εἶδος
οὔτε τὸ διάστημα, δῆλον ὅτι τὸ πέρας ἂν εἴη τοῦ περιέχοντος ὁ τόπος.
πῶς δὲ οὐκ εἶπεν 'ἢ τὰ ἔσχατα, εἰ μηδέν ἐστι τῶν τριῶν', ἀλλ' εἰ μὴ
10 ἔστι μηδὲν διάστημα παρὰ τὸ τοῦ ἐγγινομένου σώματος μέγε-
θος; ἢ ὅτι τῶν δύο τῶν ἄλλων αὕτη πιθανωτέρα δοκεῖ ἡ ὑπόθεσις τῆς 50
τε τὸ εἶδος καὶ τῆς τὴν ὕλην λεγούσης εἶναι τὸν τόπον. ἢ μᾶλλον ὅτι τὰ
δύο διὰ πολλῶν ἔφθασεν ἀνελεῖν δείξας πρότερον, ὅτι οὔτε ἡ ὕλη οὔτε τὸ
εἶδος ὁ τόπος ἐστίν. ὥστε εἰ τὸ διάστημα ἀναιρεθείη, κἂν μηδὲν προστεθῇ
15 περὶ τῶν ἄλλων, λείπεται τὸ ἔσχατον τοῦ περιέχοντος εἶναι τὸν τόπον.

p. 211ᵇ10 Ἀλλὰ διὰ μὲν τὸ περιέχειν ἕως τοῦ | τὸ τυχὸν   133ᵛ
μετεμπίπτει σῶμα τῶν μεθισταμένων καὶ ἅπτεσθαι
πεφυκότων.   5

Τὰς αἰτίας λέγει, δι' ἃς ἕκαστον τῶν τριῶν τῶν ἄλλων ὑπενοήθη
20 τόπος εἶναι, καὶ τοῦ μὴ ὀρθῶς ὑπονοηθῆναι πάλιν διδάσκει τοὺς τρόπους,
τὰς διαφορὰς ὑποδεικνύων. καὶ πρῶτον περὶ τοῦ εἴδους. ἐπειδὴ γὰρ
περιέχειν δοκεῖ ὁ τόπος τὸ ἐν τόπῳ σῶμα, δοκεῖ δὲ καὶ τὸ εἶδος περιέχειν
τὸ οὗ ἐστιν εἶδος, δοκεῖ τὸ εἶδος εἶναι τόπος. καὶ μάλιστα ὅτι ἐν ταὐτῷ
δοκεῖ τό τε εἶδος εἶναι πέρας ὂν τοῦ περιεχομένου καὶ τὸ τοῦ περιέχοντος 10
25 πέρας· καὶ γὰρ καὶ συντιθέμενα ταῦτα διὰ τὸ ἀβαθῆ εἶναι οὐδὲν ποιεῖ
πλέον. ὅτι δὲ διάφορα ταῦτα τό τε εἶδος τοῦ ἐν τόπῳ καὶ τὸ πέρας τοῦ
περιέχοντος, δῆλον, εἴ γε τὸ μὲν πέρας ἐστὶ τοῦ ἐν τόπῳ, τὸ δὲ πέρας
τοῦ περιέχοντος. εἰ οὖν ἄλλος ὁ τόπος παρὰ τὸ ἐν τόπῳ, ἄλλο ἂν εἴη τὸ
εἶδος τοῦ ἐν τόπῳ καὶ ἄλλος ὁ τόπος. διὰ πλειόνων δὲ πρότερον δείξας,
30 ὅτι τὸ εἶδος οὐκ ἔστι τόπος, ἠρκέσθη νῦν δεῖξαι τὴν τῶν περάτων τοῦ τε
περιέχοντος καὶ τοῦ περιεχομένου διαφοράν. ἐφεξῆς δὲ πάλιν τὴν αἰτίαν 15
προστίθησι τοῦ τὸ διάστημα τὸ μεταξὺ τῶν τοῦ περιέχοντος περάτων νομί-
ζεσθαι τὸν τόπον. ἐπειδὴ γὰρ εἰς ἔννοιαν ἤλθομεν τοῦ τόπου ἀπὸ τῆς
ἀντιμεταστάσεως τῶν σωμάτων τῷ ἄλλοτε ἄλλα ἐν τῷ αὐτῷ γίνεσθαι τόπῳ,
35 δοκεῖ τι διάστημα ὁ τόπος εἶναι ἄλλο παρὰ τὸ μεθιστάμενον σῶμα μεταξὺ
τῶν τοῦ περιέχοντος περάτων οἷον τῆς κοίλης ἐπιφανείας τοῦ κεράμου, ὡς
κενούμενον καὶ δεχόμενον τὰ ἀντιμεθιστάμενα σώματα χωριστόν τι ὂν

---

3 περὶ αὐτὸ E: om. aF   6 ἀποφήνητο E   14 εἰ om. F   16 διὰ om.
aF   17 μετεμπίπτει E: ἐκπίπτει a: ἐμπίπτει Aristoteles   21 ante τὰς add. καὶ
aF   22 ἐν τόπῳ E: ἐν αὐτῷ aF   23 post εἶναι add. ὁ aF   28 ὁ τρόπος F
32 ὁρίζεσθαι F   34 ἄλλα] ἄλλως a   35 τι E: τὸ F: τι τὸ a

αὐτῶν. καὶ γὰρ καὶ τοῦτο ὑπάρχειν δοκεῖ τῷ τόπῳ. εἶτα τὴν αἰτίαν τῆς
ἀπάτης προστίθησι. καὶ οὕτως ἐλέγχει τὸν λόγον δεικνὺς μηδὲν εἶναι
τοιοῦτον διάστημα. αἴτιον δὲ τῆς ἀπάτης φησὶ τὸ ἐξιόντος τινὸς σώματος
ἄλλο πάντως ἀντεισιέναι καὶ αὐτὸ διάστημα ἔχον. καὶ μεταφέρουσι τὸ τῶν
5 σωμάτων διάστημα ἐπὶ τὸν τόπον ὡς αὐτὸν ὄντα τὸ διάστημα, ὡς εἴ γε
μὴ ἀντεισῄει πάντως ἄλλο σῶμα, ἀλλὰ συνέπιπτεν ἐν τῇ ἐξόδῳ τοῦ προτέ-
ρου τὸ δεχόμενον ἀγγεῖον, ὡς ἐπὶ τῶν ἀσκῶν ὁρῶμεν οἳ συμπίπτουσι
κενούμενοι, οὐκ ἂν εἶναί τι τὸ μεταξὺ διάστημα ἐνομίζομεν. τοιγαροῦν ἐπὶ
τοῦ ἀέρος οὐχ ὁμοίως φανταζόμεθα ὑπομένειν τὸ διάστημα τοῦ ἐμοῦ σώ-
10 ματος. συγχεῖται γὰρ εὐθὺς κινηθέντος ἡ περιέχουσά με ἐπιφάνεια καὶ
ἑνοῦται πρὸς ἑαυτήν· νῦν δὲ τῷ ἄλλο τι ἀντεισιέναι διαστατόν, ἅπτεσθαι
δυνάμενον τοῦ περιέχοντος, ἀλλὰ μὴ ἡνωμένον πρὸς αὐτό, δοκεῖ μένειν τὸ
διάστημα (διὰ τοῦτο γὰρ προσέθηκε τὸ τῶν ἅπτεσθαι πεφυκότων),
ἀλλὰ μὴ ἑνοῦσθαι· τὰ γὰρ ἑνούμενα οἷον ἀὴρ πρὸς ἀέρα καὶ ὕδωρ πρὸς
15 ὕδωρ οὐκέτι ὡς ἐν τόπῳ ἐστὶν οὐδὲ ὡς ἐν ἀγγείῳ τούτῳ πρὸς ὃ συνε-
χίζεται, οὐδὲ μένει ἔτι ὁ τόπος διῃρημένος ἀπὸ τοῦ ἐν τόπῳ. ὅτι δὲ
ἀντεισέρχεται πάντως τι ἀεὶ σῶμα, δηλοῖ τὰ στεγανὰ τῶν ἀγγείων καὶ αἱ
καλούμεναι κλεψύδραι μὴ ἐκρέουσαι τὸ ἐνυπάρχον ὕδωρ, εἰ μὴ χώραν
εἰσρύσεως ἐν αὐτοῖς ὁ ἀὴρ λάβοι. "ἀλλ᾽ ὑποθώμεθα, φησὶν ὁ Γαληνός,
20 ἐξαιρεθέντος τοῦ ὕδατος ἐκ τοῦ κεράμου μηδὲν ἕτερον εἰσρυῆναι σῶμα·
μένει τοίνυν τὸ μεταξὺ τῆς ἐπιφανείας τοῦ ἀγγείου διάστημα κεχωρισμένον".
ἀλλὰ ἄλογος ἡ ὑπόθεσις. τὸ γὰρ ζητούμενον ὑποτίθεται· ζητούντων γὰρ
ἡμῶν, εἰ δύναται εἶναι διάστημα κεχωρισμένον, ὑποτίθεται εἶναι διάστημα
κεχωρισμένον οὐχ ὅτι ἔστι δεικνύς, ἀλλ᾽ ἑαυτῷ πλάττων καὶ ἀναζωγραφῶν,
25 ὅλως δὲ ἀδύνατα ὑποτίθεται ὁ ταῦτα λέγων. ὡς γὰρ ἀδύνατον σώματος
ὄντος μὴ εἶναι διάστημα, οὕτως ἀδύνατον διαστήματος ὄντος μὴ εἶναι σῶμα·
τὸ γὰρ διάστημα ἐν τούτῳ. διὸ καὶ ὁ ὑποτιθέμενος μὴ εἶναι μὲν σῶμα
ἐν τῷ ἀγγείῳ, εἶναι δὲ ἐν αὐτῷ διάστημα ὑποτίθεται καὶ μὴ εἶναι σῶμα
ἐν αὐτῷ καὶ εἶναι. ὑποτιθέσθω δέ, εἰ δοκεῖ, τὰ αὐτὰ ἐπὶ τῶν ἁπτομένων
30 σωμάτων καὶ μὴ κοίλων, ἀφαιρεθέντος τοῦ ἁπτομένου μηδὲν ἅπτεσθαι
αὐτῶν σῶμα. δῆλον ὅτι ὁ τοῦτο λέγων αἰτεῖται κενὸν εἶναι, οὐ μέντοι
ἀποδείκνυσιν. οὕτως οὖν καὶ ἐπὶ τῶν κοίλων, ἅ ἐστι ἀγγεῖα. καὶ γὰρ καὶ
τούτων ἐστὶν ἀεί τι τὸ ἁπτόμενον. οὐ γὰρ διότι τὸ σχῆμα τοιαῦτά ἐστι,
διὰ τοῦτο ἠλλάγη τὴν φύσιν. ὡς οὖν ἐπὶ τούτου λέγομεν, ὅτι εἰ ἐδύνατο

---

5 ὡς] καὶ E   6 ἐξόδου F   7 ὁρῶ omissis μεν—ἐνομίζομεν (8) E   8 τι F: om. a
11 τῷ aF²: τὸ EF¹   13 τῶν non habet Aristoteles cf. p. 572, 17   14 πρὸς
ὕδωρ om. aF   16 οὐδὲ E: οὐ γὰρ aF   19 εἰσρύσεως scripsi idque compendiose
exhibere videtur E: εἰσρυήσεως aF: εἰς ῥύσιν falso Themistius p. 269, 26   αὐτοῖς a
λάβῃ a   Γαληνός] nescio ubi   20 ἐκ τοῦ F: καὶ τοῦ E: ἐκ a   21 διάστη
sic E   23 ἔστι scripsi (ὑπάρχει Them. p. 270, 16): ἐστὶ aF   ὑποτίθεται — κεχω-
ρισμένων (sic) F: om. E: transiecit post ἀναζωγραφῶν correcto κεχωρισμένον a
24 πλάτων aE   27 ὁ (post καὶ) om. aF   28 διάστημα om. F   31 δῆλον
οὖν ὅτι a   post μέντοι habet οὐκ F   33 ἐστὶν E: om. aF   34 διὰ τοῦτο
aF: om. E   λέγοιμεν E   εἰ om. E

τοῦτο γίνεσθαι ὡς εἶναί τι διάστημα χωρὶς σώματος, ἦν ἂν κενόν, ἐπεὶ δὲ 133ᵛ
μὴ ἔστιν, ὡς δειχθήσεται, ἀδύνατον ὑποχωρήσαντος τοῦ τέως ἁπτομένου 45
μὴ ἄλλο τι ἀντ' ἐκείνου ἐλθὸν ἅπτεσθαι τοῦ αὐτοῦ σῶμα, οὕτω καὶ ἐπὶ
τοῦ ἀγγείου. ὅλως δὲ ἡ τοῦ καθ' αὑτὸ διαστήματος ἐπίνοια γίνεται ἀφαι-
5 ρούντων ἡμῶν τῇ φαντασίᾳ τὰς ποιότητας, καθ' ἃς τὸ μέν ἐστιν ὕδωρ τὸ
δὲ οἶνος τὸ δὲ ἄλλο τι, καὶ λαμβανόντων τὸ τῶν ἴσων σωμάτων διάστημα,
ὡς ἄλλο μὲν ἐκείνων ἑκάστου ὂν ἐν οἷς ἦν αὐτῷ τὸ εἶναι, ταὐτὸν δὲ αὐτῷ
εἶναι διὰ τὴν ἰσότητα, καὶ τὸ χωρὶς ἐκείνων αὐτὸ λαμβάνειν μεθ' ὧν ἦν,
τὸ μὲν ὡς οἴνου τὸ δὲ ὡς ὕδατος διάστημα. ἀλλ' ὅτι μὲν ὁ ὑποτιθέμενος 50
10 ἐξαιρουμένου τοῦ ἐνόντος σώματος μηδὲν ἀντεισάγεσθαι αἰτεῖ τι κενὸν εἶναι
ἐν ὑποστάσει, πρόδηλον. εἰ μέντοι τις λέγοι εἶναι μὲν τὸ διάστημα ἐν
παντὶ τῷ κόσμῳ, οὐ μέντοι κενὸν εἶναί ποτέ τι ἐν αὐτῷ οὔτε γίνεσθαι,
ἀλλ' ἐξιόντος σώματος ἀντεισάγεσθαί τι ἄλλο πάντως καὶ δι' αὐτὸ τοῦτο
τὸ μηδὲν εἶναι κενὸν καὶ εἶναι τοῦτο τὸ διάστημα τὸν τόπον, ἄλλη τίς
15 ἐστιν αὕτη ἡ ὑπόθεσις καὶ ἀλλοίων ἐλέγχων προσδεομένη, καὶ φαίνεται
πρὸς ταύτην μάλιστα τὴν ὑπόθεσιν ὁ Ἀριστοτέλης ἐνιστάμενος. |

p. 211ᵇ19 Εἰ δὲ ἦν τι διάστημα τὸ πεφυκὸς καὶ μένον ἕως τοῦ 134ʳ
ὅς ἐστι τόπος ὅλου τοῦ οὐρανοῦ.   6

Εἰπὼν τὰ πείσαντα διάστημα νομίσαι τὸν τόπον καὶ τὰς αἰτίας τῆς
20 ἀπάτης προσθεὶς ἐπὶ τὸν ἔλεγχον νῦν τρέπεται τῆς ὑποθέσεως ἀσαφέστε-
ρόν πως ἑρμηνεύσας τὸ ἐπιχείρημα. ἔχει δὲ οὕτως ἐξ ἀκολουθίας ἀνα-
σκευαστικὸν ὑπάρχον κατὰ τὸν δεύτερον ἀναπόδεικτον τρόπον, καθ' ὅν ἐστι
τὸ συνημμένον τοιοῦτον· εἰ ἔστιν ὁ τόπος διαστήματός τις φύσις ὑπομέ- 10
νοντος καθ' αὑτὸ καὶ μὴ ἐν σώματι ὄντος, τρία ἄτοπα ἀκολουθήσει· καὶ
25 γὰρ ἄπειροι ἔσονται τόποι, καὶ ὁ τόπος ἔσται μεταβάλλων κατὰ τόπον,
ὥστε τοῦ τόπου ἔσται ἄλλος τόπος, καὶ πολλοὶ τόποι ἅμα ἔσονται· ἀλλὰ
μὴν ταῦτα ἀδύνατα· οὐκ ἄρα ἔσται τοιοῦτον διάστημα. φανήσεται δὲ τὸ
συνημμένον ἀληθές, ἐὰν ὑποθώμεθα ἀγγεῖον ὕδωρ ἔχον ἢ ἀέρα μεταφερό-
μενον ἀπὸ τόπου εἰς τόπον οὕτως, ὥστε καὶ τὸ ἐν αὐτῷ κινεῖσθαι οἰκείαν
30 κίνησιν κλυδαζόμενον ἢ κύκλῳ περιφερόμενον. εἰ οὖν κεχώρηκε δι' ὅλου 15
τοῦ ὕδατος τὸ διάστημα, μεθισταμένου φησὶ τοῦ ὕδατος καὶ τοῦ
ἀέρος ταὐτὸν ποιήσει τὰ μόρια πάντα ἐν τῷ ὅλῳ, ὅπερ ἅπαν τὸ
ὕδωρ ἐν τῷ ἀγγείῳ. ὥσπερ γὰρ ἐπὶ τῆς ἀντιμεταστάσεως τῶν σωμά-
των, ὅταν ἐν ᾧ ἔστιν ὕδωρ ἐν αὐτῷ γένηται ἀήρ, ἐνοήσαμεν τὸν τόπον,

---

6 τῶν ἴσον F   7 ἕκαστον a   10 ἐνόντος E: ἐντὸς aF   fortasse αἰτεῖται κενὸν
ut p. 573, 31   13 δι' αὐτὸ τοῦτο τὸ scripsi: καὶ δι' αὐτὸ τοῦτο καὶ διὰ τὸ E: διὰ τοῦτο
αὐτὸ τὸ F: δι' αὐτὸ τοῦτο a   15 ἡ om. a   16 τοιαύτην a   17 τι E (cf. Simpl.
f. 145ʳ 24): τὸ aF: τι τὸ a cf. Aristoteles   τὸ aE: ποτὲ F   ὅς] δ E   19 διά-
στημα E: διάστημα εἶναι (sed εἶναι del. F) aF   τὸν τόπον νομίσαι aF   20 ἀπά-
της E   21 ἀναγκαστικὸν a   27 ἔσται aF: ἔστι E   τοιοῦτον εἰ ἔστιν F
φανήσεται δὲ τὸ iteravit initio folii F   28 ὑποθώμεθα ἀγγεῖον om. F   34 γένη-
ται EF: γίνηται a

SIMPLICII IN PHYSICORUM IV 4 [Arist. p. 211ᵇ19] 575

ὡς εἴρηται πρότερον, οὕτως ἀντιμεθισταμένων ἀλλήλοις τῶν μορίων τοῦ 134ʳ
ὕδατος ἐν τῷ κλυδασμῷ ἔσται ἕκαστον μόριον ἐν μέρει τοῦ διαστήματος,
τουτέστιν ἐν τόπῳ καθ' αὑτό, εἴπερ ὅλον δι' ὅλου κεχώρηκε τοῦ ὕδατος 20
τὸ διάστημα. οἱ μὲν γὰρ τὸ πέρας τοῦ περιέχοντος τόπον εἶναι λέγοντες
5 τὸ μὲν ὅλον καθ' αὑτό φασιν ἐν τόπῳ, τὰ δὲ μόρια κατὰ συμβεβηκός,
ἐπειδὴ οὐδὲ περιέχεται ταῦτα ὑπ' αὐτοῦ προσεχῶς, οἱ δὲ τὸ διάστημα τὸ
διὰ πάντων χωροῦν οὗτοι προσεχεῖς καὶ καθ' αὑτὸ τῶν μορίων λέγουσι
τοὺς τόπους· καὶ γὰρ ἐν διαστήματι καθ' αὑτό ἐστιν ἕκαστον. τὰ δὲ
προσεχῶς ἐν τόπῳ ὄντα διωρισμένα ἐστίν, ὡς δέδεικται πρότερον· διωρι-
10 σμένοι δὲ καὶ οἱ τόποι. εἰ οὖν διωρισμένα ἐστὶ τὰ μόρια τοῦ συνεχοῦς, 25
ὡς δῆλον καὶ ἐκ τοῦ καθ' αὑτὰ κινεῖσθαι καὶ καθ' αὑτὰ ἐν τόπῳ εἶναι,
ἄπειρα ἂν εἴη τὰ μόρια καὶ ἄπειροι οἱ τόποι. ἀντὶ δὲ τοῦ εἰπεῖν, ὅτι καὶ
τὰ μέρη οὐκέτι ἔσται συνεχῆ τῷ ὅλῳ, ἀλλὰ καθ' αὑτὰ ἔσται ἐν τόπῳ,
εἶπεν ὅτι πάντα τὰ μόρια τὰ ἐν τῷ ὅλῳ τοῦτο ποιήσει, ὅπερ τὸ ὅλον
15 ὕδωρ ἐν τῷ ἀγγείῳ. τὸ δὲ ὅλον ὕδωρ καθ' αὑτὸ μεθίστατο καὶ καθ'
αὑτὸ ἦν ἐν τόπῳ διωρισμένον· ὥστε τὸ διάστημα τόπος ὑποτεθὲν αἴτιον
γέγονε τοῦ τὰ μόρια καθ' αὑτὸ κινεῖσθαι κατὰ τόπον καὶ ἐν τόπῳ εἶναι, 30
τοῦτο δὲ τοῦ διωρίσθαι τὰ μόρια καὶ τοὺς τόπους, τοῦτο δὲ τοῦ καὶ τὰ
μόρια ἄπειρα εἶναι ἐνεργείᾳ καὶ τοὺς τόπους. ἐπειδὴ δὲ περὶ τόπου νῦν ὁ
20 λόγος, τὴν τῶν τόπων ἀπειρίαν νῦν καὶ οὐχὶ τὴν τῶν μορίων ὡς ἄτοπον
ἐπήνεγκεν. εἰ δὲ ἄπειροι τῷ πλήθει κατ' ἐνέργειαν διαστήματα ὄντες οἱ
τόποι, καὶ ἐν τῷ κυάθῳ ἔσται καὶ τὸ μέγεθος ἄπειρον. ὁμοίως δὲ καὶ
ἐπὶ τῶν μορίων τῶν ἐν τοῖς ἀπείροις τόποις ἀπείρων ῥητέον· τὸ γὰρ ἐξ
ἀπείρων τῷ πλήθει μεγεθῶν ὁπηλικονοῦν ἔσται καὶ τῷ μεγέθει ἄπειρον. 35
25 οὕτω μὲν οὖν συνάγεται, εἰ ἔστι τὸ διάστημα, ἐν τῷ αὐτῷ οἷον ἐν κυάθῳ
ἀπείρους εἶναι τόπους.

Ἀκολουθεῖ δὲ καὶ τὸ δεύτερον ῥηθὲν ἄτοπον τὸ ἅμα δὲ καὶ ὁ τό-
πος ἔσται μεταβάλλων ὥστε τοῦ τόπου ἔσται τις ἄλλος τόπος·
εἰ γὰρ μεταστάίη τὸ ἀγγεῖον ἔχον ἐν ἑαυτῷ διάστημα, ἔσται τὸ διάστημα
30 τοῦτο ἐν τῷ διαστήματι ἐν ᾧ τὸ ἀγγεῖον γέγονε, καὶ οὕτως ἔσται τοῦ τό-
που τόπος, ὅπερ ἄτοπον. καὶ τὸ τρίτον δέ, ὅτι πολλοὶ τόποι ἅμα
ἔσονται· μεταφερομένου γὰρ τοῦ ἀγγείου συμμεταφέρεται καὶ τὸ μεταξὺ
τῶν περάτων αὐτοῦ διάστημα καὶ γίνεται ἐν ἄλλῳ ἴσῳ διαστήματι, ὥστε 40

---

1 πρότερον p. 572, 33   πρότερον εἴρηται aF   5 φησὶν a   6 post προσεχῶς
habet ἐν τόπῳ — ἐστιν ex v. 9, sed deleta E   8 τοὺς om. E   11 καθ' αὑτὰ
(post τοῦ) F: καθ' αὑτὸ aE   καὶ καθ' αὑτὰ ἐν τόπῳ εἶναι om. aF   16 τόπος E:
τό F: τόπου a   18 τοῦ (ante καὶ) om. E   19 εἶναι καὶ τοὺς τόπους ἐνεργείᾳ aF
δὲ om. E   20 ἀπορίαν om. νῦν a   τὴν (post οὐχὶ) om. aF   22 καὶ (post
ἔσται) E: om. aF, sed cf. v. 24 καὶ τῷ μεγέθει ἄπειρον   23 τῶν (ante ἐν) om. E
24 ὁπηλικονοῦν a: ὁπηλικωνοῦν F: ὁπηλίκων εἶναι E   25 τὸ aF: τῶ E: conicias
τόπος τὸ cf. p. 576, 31   27 ἄτοπον aF: om. E   28 ὥστε ἔσται τοῦ τόπου τ'
ἄλλος τόπος Aristoteles   31 τὸ (post καὶ) om. aF   32 συμμεταφέρεται E:
μεταφέρεται aF

τὰ ἐν τοῖς ἀγγείοις ἔσται ἔν τε τοῖς ἐξ ἀρχῆς διαστήμασιν, ἅπερ ἐλέγοντο 134r
τόποι, καὶ ἐν τούτοις εἰς οὓς μεταστάντα γεγόνασι. καὶ πολλοὶ τόποι ἅμα
ἔσονται, οὐ μόνον ὅτι ἔσται ὁ ἐξ ἀρχῆς καὶ † εἰ ὅς, ἀλλ' ὅτι καὶ οἱ ἐξ
ἀρχῆς πολλοὶ ὄντες διωρισμένων τῶν μορίων (τάχα δὲ ἄπειροι καὶ οἱ εἰς
5 οὓς μεθίστανται) πολλοὶ τόποι ἅμα ἔσονται πολλοῖς ἄλλοις τοῦ αὐτοῦ σώ-
ματος τόποις. ἆρα οὖν μὴ τὰ αὐτὰ ἄτοπα ἀκολουθεῖ καὶ τοῖς τὸ ἔσχατον
τοῦ περιέχοντος λέγουσι τὸν τόπον; ἢ οὐδαμῶς. οὐ γὰρ λέγεται κινουμέ-
νου τοῦ ἀμφορέως ἐν ἄλλῳ γίνεσθαι τόπῳ τὸ ὕδωρ ἢ τὰ τοῦ ὕδατος μό-
ρια· ἐν τῷ αὐτῷ γάρ ἐστι καὶ οὐ γίνεται ἐν ἑτέρῳ, ὡς εἰ ἦν διάστημα 45
10 ἐν διαστήματι. πῶς οὖν εἰ τὸν αὐτὸν κατέχοι τόπον ὁ οἶνος καὶ καθ'
ὅλον καὶ κατὰ μόρια, κινήσεται ἐκ Θάσου Ἀθήναζε; ἢ οὐδὲ κινεῖται καθ'
αὑτόν (μένει γὰρ ἐν τῷ ἀμφορεῖ),· ἀλλὰ κινεῖται καὶ μεθίσταται ὁ ἀμφο-
ρεὺς ἐν ᾧ ὁ οἶνός ἐστιν, οὐκ αὐτὸς ὁ οἶνος οὐδὲ τὰ μόρια αὐτοῦ εἰ μὴ
κατὰ συμβεβηκός, ἀλλ' ὁπότε ταῦτα κινεῖται, ἀλλήλοις ἀντιμεθίσταται τὰ
15 ἐν τῷ κεράμῳ. εἰ δὲ ἦν τὸ διάστημα ὁ τόπος, συμμεθίστατο ἂν τοῖς
ἀγγείοις τὰ σώματα καθ' αὑτὰ καὶ τὰ μόρια ὁμοίως ἐκείνοις διῃρημένως 50
ἐξαλλάσσοντα τὸ διάστημα, καὶ ἐγίνετο ἂν ἐν ἄλλῳ καὶ ἄλλῳ τόπῳ οὐ
κατὰ συμβεβηκός, ὧν ἕκαστος τόπος μέρος τοῦ μείζονος καὶ πάλιν ὁ μείζων
τοῦ μείζονος καὶ τοῦτο ἄχρι τοῦ μεγίστου τόπου καὶ διαστήματος, ἐν ᾧπερ
20 ἐστὶν ὁ οὐρανός. διάστημα γάρ τι ὑποτίθενται, ἐν ᾧ ὅλος ὁ κόσμος ἐστί,
κεχωρηκὸς δι' ὅλου, οὗ ἐν μέρει ἕκαστον ἀεὶ σῶμα ἐγγίνεται. καὶ γὰρ
καὶ τοῦτο ὑπάρχει τῷ λόγῳ τούτῳ τὸ τόπον τόπου μέρος ποιεῖν, καθάπερ
καὶ διάστημα | διαστήματος. ἀλλὰ τοῦτο μὲν ἔξωθεν. ἐκεῖνο δὲ ὅρα, ὅτι 134v
ἢ καθ' αὑτὸ ποιήσουσι κινεῖσθαι τὸν οἶνον οἱ τὸ διάστημα τόπον λέγοντες
25 μηδὲν τοῦ ἀμφορέως διαφέροντα κατὰ τοῦτο, ἢ πάντῃ ἀκίνητον μένειν
ἐροῦσι τὸν ἀπὸ Θάσου Ἀθήναζε μεταβαίνοντα. κατὰ συμβεβηκὸς γὰρ τού-
τοις οὐ προχωρεῖ λέγειν, διότι ὁμοίως ἐν τῷ διαστήματι τόν τε ἀμφορέα
λέγουσιν εἶναι καὶ τὸν ἐν αὐτῷ οἶνον καὶ τὰ μόρια αὐτοῦ. ταῦτα μὲν οὖν 5
εἰς τὴν δυνατὴν σαφήνειαν τῆς Ἀριστοτέλους λέξεως εἰρήσθω.
30 Προσεκτέον δὲ τῷ Ἀλεξάνδρῳ τὸ καὶ πολλοὶ τόποι ἅμα ἔσονται
ἐξηγουμένῳ οὕτως· "ἔσται γάρ, φησί, τὰ ἐν τοῖς ἀγγείοις, εἰ διάστημα ὁ
τόπος εἴη, ἅμα τε ἐν τοῖς ἐξ ἀρχῆς τόποις τε καὶ διαστήμασιν καὶ ἐν
τούτοις εἰς οὓς γέγονε πάλιν σὺν τῷ ἀγγείῳ. κἂν πάλιν μετακομισθῇ,
ὁμοίως πάλιν συμμετακομίζοιτο ἂν ἐν τοῖς διαστήμασιν, ἐν οἷς ἦν· οὕτω
35 δὲ γίνοιντο ἂν ἑκάστῳ τῶν ἐν τοῖς ἀγγείοις ἄπειροι τόποι καὶ ἄπειρα δια-
στήματα καθ' ἑκάστην μεταφορὰν τοῦ ἀγγείου διάστημά τι ἴσον αὐτῷ τοῦ 10

---

2 μεταστάντα E: μεταβάντα aF   3 οὐ μόνον — ἔσονται (5) om. aF   εἰ ὅς sic E. conicio καὶ ὁ εἰς ὅν   8 τόπῳ γίνεσθαι a   10 κατέχει aF   καθ' ὅλου a
14 ὁπότε E: ὁπόταν aF   κινῆται a   16 τὰ σώματα om. E   17 ἐξαλλάσσοντα a: ἐξαλάσσοντα F: ἐξαλάσοντα E   post καὶ add. ἐν aF   22 τοῦτο EF: τούτῳ a   23 διαστήματος om. E   26 μεταβαίνοντα ἀθήναζε aF   30 ἅμα τόποι aF   32 καὶ ἐν τούτοις om. aF   33 κἂν] καὶ E   34 μετακομίζοιτο F   ἐν post ἂν delevit emendator Ambrosiani   36 αὐτῷ καὶ τοῦ ἐν αὐτῷ a

ἐν αὐτῷ προσλαμβάνοντος, τουτέστι τόπον." πῶς δὲ τοῦτο ἀληθές; τάχα 134v
μὲν γὰρ οὐδὲ τὸ ἐν τῷ κεράμῳ διάστημα συμμεταβαίνειν συγχωρήσουσιν
οἱ τὸ διάστημα λέγοντες τόπον, ἀλλ' ἀεὶ ἐν ἄλλῳ καὶ ἄλλῳ γίνεσθαι τοῦ
ὅλου διαστήματος μέρει. εἰ δὲ καὶ τοῦτο δοίη τις, ἀλλ' οὐκ ἀνάγκη καὶ
5 ἐκεῖνο εἰς ὃ ἐγένετο ὁ κέραμος μεταβαίνειν· ἄλλοτε γὰρ ἐν ἄλλῳ μέρει
τοῦ διαστήματος γίνεται. ἄμεινον οὖν οἶμαι τὸ πολλοὶ ἅμα ἔσονται
ἐπὶ τῶν μεθισταμένων πολλῶν ὄντων καὶ εἰς οὓς μεθίστανται ἀκούειν, ὡς 15
εἴρηται πρότερον. τὸ δὲ οὐκ ἔστι δὲ ἄλλος ὁ τόπος τοῦ μορίου ἐν
ᾧ κινεῖται εἴρηται πρὸς τὸ ἄτοπον τὸ λέγον, ὅτι ἔσται τόπος τόπου
10 καὶ πολλοὶ τόποι ἅμα, ὅπερ ἠκολούθησε διὰ τὸ ἄλλο μὲν εἶναι διάστημα,
ὃ ἤγαγε μεθ' ἑαυτοῦ τὸ ὕδωρ, ἄλλο δὲ τὸ ἐν ᾧ ἐγένετο. λέγει οὖν, ὅτι
οὐκ ἔστιν ἄλλος καὶ ἄλλος τόπος ἀλλ' ὁ αὐτός, ἐπειδὴ οὐδὲ τὸ διάστημά
ἐστιν ὁ τόπος, ἀλλὰ τὸ πέρας τοῦ περιέχοντος, ὅπερ τὸ αὐτό ἐστι. λέγει
οὖν ὅτι, ὅταν μεθίσταται τὸ ἀγγεῖον ὅλον, ὁ τόπος τοῦ μορίου, ἐν ᾧ ἂν
15 συμμεθίσταται, οὐκ ἔστιν ἄλλος παρ' ἐκεῖνον ἐν ᾧ γίνεται, ὡς οἱ τὸ διά- 20
στημα λέγοντες τόπον φασίν, ἀλλ' ἐν ᾧ ἐστι τόπῳ, τουτέστιν ἐν τῷ πέρατι
τοῦ περιέχοντος, ἐν τούτῳ ἀντιμεθίστανται ἀλλήλοις ὁ ἀὴρ καὶ τὸ ὕδωρ,
ἐὰν ἄμφω ἐν τῷ κεράμῳ ὄντα κινῆται ἐν αὐτῷ. εἰ δὲ ὕδωρ μόνον εἴη
τὸ ἐμβεβλημένον, τὰ μόρια τοῦ ὕδατος ἀντιμεθιστάμενα ἀλλήλοις κινεῖται
20 καὶ ἐν τούτῳ ἐστὶ τῷ τόπῳ, ἐν ᾧ καὶ ἀντιμεθίσταται ἀλλήλοις, κἂν μετα-
τεθῇ τὸ ἀγγεῖον, ἀλλ' οὐκ ἐν ἐκείνῳ ἐν ᾧ, ὥς φασι, γίνεται τόπῳ, τῷ
διαστήματι εἰς ὃ μεθίσταται, ὃ μέρος κατὰ τὴν ὑπόθεσίν ἐστι τοῦ ὅλου 25
διαστήματος. οὕτω μὲν οὖν ἀνῃρῆσθαι δοκεῖ τὸ εἶναι τὸ διάστημα τόπον.

Ἐπιστῆσαι δὲ ἄξιον, μήποτε τὸ μὲν ἀπείρους εἶναι τόπους συνήχθη
25 ἐκ τοῦ ὑποθέσθαι τὰ προσεχῶς καὶ καθ' αὑτὸ ἐν τόπῳ ὄντα διωρισμένα
πάντως ὀφείλειν εἶναι καὶ ὅλα περιγεγραμμένα, ἀλλὰ μὴ ἐν ὅλῳ περιεχό-
μενα. διὸ τὰ μέρη κατὰ συμβεβηκὸς ἐλέγετο ἐν τόπῳ, ἀλλ' οὐ καθ'
αὑτό. τούτου δὲ αἴτιον οἶμαι ἡ προϋποκειμένη παρ' ἡμῖν τοῦ τόπου ἔν-
νοια τὸ πέρας τοῦ περιέχοντος εἶναι βουλομένη, ἐν ᾧ οὐκ ἔστι τὰ μόρια 30
30 καθ' αὑτὰ οὐδὲ πλησιάζει αὐτῷ. ἔτι δὲ μᾶλλον, εἴποι ἄν τις, οὐδὲ τὸ ὅλον
ἐστὶν οὕτω καθ' αὑτὸ ἐν τόπῳ, ὡς καθ' ὅλον προσεχὲς εἶναι τῷ τόπῳ,
ἀλλὰ μόνον τὸ πέρας αὐτοῦ. εἰ δέ τις τὸ διάστημα ὑπόθοιτο τόπον τὸ
δι' ὅλων τῶν μερῶν χωροῦν, οὐδὲν μὲν κωλύει καὶ καθ' αὑτὸ εἶναι τὰ
μόρια ἐν τόπῳ, οὐ μὴν ἀνάγκη διῃρῆσθαι αὐτά· ἀλλ' ὥσπερ μόρια αὐτὰ
35 λέγομεν εἶναι, καίτοι μὴ διῃρημένα (διαιρεθέντα γὰρ οὐδὲ μόρια ἔτι), οὕτω
καὶ ἐν τόπῳ λέγοντες τὰ τοῦ συνεχοῦς μόρια καθ' αὑτά, οὐκ ἀναγκασθη- 35
σόμεθα διαιρεῖν αὐτά. ὡς γὰρ ἔστιν, οὕτω καὶ ἐν τόπῳ ἐστίν· ἔστι δὲ
ἀδιαίρετα καὶ ἢ κατ' εἶδος μόνον διῃρημένα ὡς κεφαλὴ καὶ ὦμοι καὶ βρα-
χίονες, ἢ μόνον δυνάμει ὡς τὰ ὁμοιομερῆ. συνεχοῦς οὖν ὄντος τοῦ τόπου

---

2 συμβαίνειν aF   4 ὅλου om. aF   δώσει a   8 ἔστιν (om. δὲ) E
12 τὸ (post οὐδὲ) om. E   14 ὅτι om. aF   μεθίσταται cf. p. 186, 33 sqq.
18 μόνον ὕδωρ aF   21 γίνονται E   23 ἀνῃρῆσθαι E: ἀναιρεῖσθαι aF   26 πα-
ραγεγραμμένα compendio ut solet confuso E   31 καθόλου a

καὶ ἔχοντος καὶ αὐτοῦ μέρη, τὸ συνεχὲς ἔσται ἐν αὐτῷ σῶμα καθ' ὅλον 134ᵛ
τε καὶ κατὰ μόρια. ἀλλ' οὐδὲ τόπον ἐν τόπῳ γίνεσθαι ἀνάγκη οὐδὲ πολ-
λοὺς ἅμα τόπους, οὐδὲ μεταβάλλειν τὸν τόπον κατὰ τὴν τοιαύτην ὑπόθεσιν,·
εἴπερ ἕν ἐστι τὸ διὰ πάντων χωροῦν διάστημα ἄλλοτε ἐν ἄλλοις ἑαυτοῦ 40
5 μορίοις ἄλλο τι καὶ ἄλλο τῶν σωμάτων δεχόμενον. ὁ γὰρ τοῦ οἴνου ἀμ-
φορεὺς ἐν διαστήματί τινι ὢν τῷ χωροῦντι διά τε τοῦ σώματος τοῦ ἀμφο-
ρέως καὶ διὰ τοῦ σώματος τοῦ οἴνου ὅταν μεταστῇ, οὐ συνεπάγεται ἐκείνῳ
τὸ διάστημα, ἀλλ' ἀπ' ἐκείνου μεταβαίνει εἰς ἄλλο. ἐκεῖνο γάρ, εἴπερ ἐστὶ
χωριστὴν ἔχον φύσιν, μόνιμον καὶ ἀκίνητόν ἐστιν. οὔτε οὖν ὁ τόπος μετα-
10 βήσεται οὕτως οὔτε τόπος ἐν τόπῳ γενήσεται οὔτε πολλοὶ ἅμα τοῦ αὐτοῦ
ἔσονται τόποι. καὶ ταῦτα μὲν ἀρκείτω πρὸς τὴν τῶν εἰρημένων ἐνστάσεων 45
λύσιν. ἄλλοι δὲ λόγοι καὶ συνηγορήσουσιν ἴσως μετ' ὀλίγον τῷ δια-
στήματι.

p. 211ᵇ29 **Καὶ ἡ ὕλη δὲ δόξειεν ἂν εἶναι τόπος ἕως τοῦ ὁ δὲ** 52
15 **τόπος ἄμφω.**

Ἀνελὼν τὸ εἶναι τὸ εἶδος τὸν τόπον, ὁμοίως δὲ καὶ τὸ διάστημα, τρέ-
πεται λοιπὸν ἐπὶ τὸ καὶ περὶ τῆς ὕλης τῇ τοιαύτῃ χρήσασθαι μεθόδῳ.
καὶ ὥσπερ ἐπὶ τῶν ἄλλων, οὕτω καὶ ἐνταῦθα πρῶτον λέγει τὰς αἰτίας, |
δι' ἃς ἄν τις οἰηθείη τὴν ὕλην εἶναι τόπον, καὶ πιθανώτερον ἢ πρόσθεν 135ʳ
20 νῦν τῷ λόγῳ παριστάμενος. καὶ ἅμα τὸν τοῦ Πλάτωνος ἑρμηνεύει σκοπόν,
δι' ὃν τὴν ὕλην ἐκεῖνος χώραν καὶ τόπον ἐκάλεσεν. ἔπειτα τοὺς λογισμοὺς
ἐπάγει, δι' οὓς ἀδύνατον νομίζει τὴν ὕλην εἶναι τόπον· βουλόμενος δὲ
εἰπεῖν τὸ πιθανὸν τῆς τοῦ τόπου πρὸς τὴν ὕλην ὁμοιότητος οἰκείως λαμ-
βάνει τὴν ὑπόθεσιν. τότε γάρ, φησίν, ἡ ὕλη δόξειεν ἂν εἶναι τόπος, 5
25 ὅταν ἐπὶ ἠρεμούντων τις τῶν ἐν τόπῳ σκοπῇ, ἀλλὰ μὴ κινουμένων κατὰ
τόπον. τὰ γὰρ ἐν τῇ ὕλῃ ἠρεμεῖ ἐν αὐτῇ, ἀλλ' οὐ κινεῖται. ἄμεινον δὲ
ἴσως ὁ Ἀσπάσιος τὸν τὴν ὁμοιότητα τῆς ὕλης καὶ τοῦ τόπου εἰσάγοντα
παραπέμψασθαι δεῖν φησιν, ὅτι ῥεῖ ἡ ὕλη· ὁ γὰρ τόπος ἠρεμεῖ καὶ ἀκί-
νητός ἐστιν ἕως ἂν ᾖ. ἔτι δὲ οὕτως ἂν ἡ ὕλη δόξειε τόπος, εἰ παριδόντες
30 τι τῶν περὶ τόπου ἀξιωθέντων συνεχὲς ὑποθοίμεθα τὸ ἐν τόπῳ πρὸς τὸν
τόπον, ἐπειδὴ καὶ πρὸς τὴν ὕλην συνεχίζεται τὸ ἐν αὐτῇ γινόμενον εἶδος, 10
ἀλλ' οὐ διῄρηται ἀπ' αὐτῆς. δῆλον δὲ ὅτι ἐναντίον τοῦτό ἐστι τῷ πρότε-
ρον περὶ τόπου ἀξιωθέντι. ἐπὶ τοιαύτης οὖν ὑποθέσεως λέγει λοιπὸν τὴν
αἰτίαν τῆς ἀπὸ τοῦ κυρίως τόπου παραγωγῆς ἐπὶ τὴν ὕλην. ἔστι δὲ αὕτη

---

6 τῷ χωροῦντι — οἴνου (7) om. F   7 ἐκείνῳ aF²: ἐκεῖνο EF¹   16 τὸ εἶδος εἶναι τὸν
τόπον aF .   τὸν om. E   ὁμοίως δὲ E: ὁμοίως F: om. a   λέπεται sic E
19 δι'] δ' a   πρόσθε E   20 ἑρμηνεύει ex ἑρμήνευον correxisse videtur E   22 οὐ
δυνατόν a   post εἶναι add. τὸν aF   24 ἂν om. F   post εἶναι add. ὁ aF
25 τις τῶν om. E   κινουμένων aF: κινούντων E   27 ὁ om., pro quo τὸν scripsit,
sed deinde delevit F   τὸν postea inseruit F   καὶ τόπου E   28 ῥεῖ om. F
30 περὶ aF: περὶ τοῦ E

ἡ τοῦ τρόπου ὁμοιότης, καθ᾽ ὃν ἐπὶ τὴν ἔννοιαν ἤλθομεν τήν τε περὶ τῆς ὕλης καὶ τὴν περὶ τοῦ τόπου. τήν τε γὰρ ὕλην ὑπολαμβάνομεν εἶναι ὁρῶντές τι ἓν καὶ ταὐτόν, ὃ νῦν μὲν σκληρόν, πρότερον δὲ μαλακὸν ἦν, καὶ νῦν μὲν λευκόν, πρότερον δὲ μέλαν, ὃ λέγομεν τούτοις ὑποκείμενον. ὁμοίως δὲ
5 καὶ εἰς τὴν τοῦ τόπου ἔννοιαν διὰ τὰς αὐτὰς ἀφορμὰς ἤλθομεν. διότι γὰρ ὅπου πρότερον ἦν ἀήρ, ἐνταῦθα νῦν ἐστιν ὕδωρ. μικρὰν δὲ δοκῶν προστιθέναι διαφορὰν δι᾽ αὐτῆς σαλεύει πᾶσαν τὴν δοκοῦσαν ὁμοιότητα εἰπὼν πλὴν ἐκεῖνο μέν, διότι δ᾽ ἦν ἀήρ, τοῦτο νῦν ὕδωρ καὶ τὰ ἑξῆς. εἰ γὰρ τὸ μὲν ἐν τῇ ὕλῃ γινόμενον εἶδος μορφοῖ τὴν ὕλην καὶ ποιεῖ καθ᾽
10 ἑαυτὸ ὀνομάζεσθαι, τὸ δὲ ἐν τόπῳ οὐ μορφοῖ τὸν τόπον οὐδέ ἐστί τι αὐτοῦ οὐδὲ μετ᾽ ἐκείνου ἕν τι ποιεῖ, οὐδὲ καλεῖται κατ᾽ ἐκεῖνο ὁ τόπος, δῆλον ὅτι πολλὴ ἂν εἴη διαφορὰ τῆς ὕλης πρὸς τὸν τόπον. κοινὸν δὲ τοῦτο τὸ μένον τὸ αὐτὸ δεδέχθαι τὰ διάφορα, καθὸ καὶ ὁ Πλάτων τόπον καὶ χώραν καὶ ὑποδοχὴν τῶν εἰδῶν τὴν ὕλην ἐκάλεσεν. ἆρα οὖν καὶ τὴν οὐσίαν τό-
15 πον ἄν τις τοῦ συμβεβηκότος καλέσειεν; ἢ καὶ τοῦτο μὲν οὐκ ἂν εἴη πόρρω κατὰ τὴν ὑποδοχήν, διαφέρει δὲ ὅτι καὶ τὰ ἐν ὕλῃ καὶ τὰ ἐν τόπῳ οὐσίαι ἐν οὐσίαις εἰσίν. εἰπὼν δὲ ταῦτα λοιπὸν ἐπιφέρει τοὺς λόγους. μᾶλλον δὲ ὑπομιμνῄσκει διὰ βραχέων ἐκείνων, ἃ πρότερον εἶπε διακρίνοντα τὸν τόπον ἀπὸ τῆς ὕλης. ἔστι δὲ ταῦτα· ὁ τόπος χωριστὸς τοῦ ἐν αὐτῷ· ἡ
20 ὕλη οὐ χωριστή· ὁ τόπος περιέχει τὸ ἐν ἑαυτῷ· ἡ ὕλη οὐ περιέχει, ἀλλὰ περιέχεται ὑπὸ τοῦ ἐν ἑαυτῇ. ἀλλὰ πῶς λέγεται μὴ εἶναι χωριστὴ ἡ ὕλη, εἴπερ γίνεται ἐν αὐτῇ καὶ ἀπογίνεται τὰ εἴδη, ὡς ἐν τόπῳ τὰ σώματα; ἢ πρῶτον μὲν τὸ χωριζόμενον χωριζομένου χωρίζεται· πᾶν δὲ τὸ χωριζόμενον ὑπομένειν δεῖ, ἵνα οὕτως λέγηται χωρίζεσθαι· τὸ δὲ εἶδος ἐκτὸς
25 τῆς ὕλης οὐχ ὑπομένει, ὥστε οὐδὲ χωρίζεται· οὐδὲ ἡ ὕλη ἄρα ἀπ᾽ αὐτοῦ. ἔπειτα καὶ ἐν αὐτῷ τῷ εἶναι τὸ μὲν εἶδος ἐν τῇ ὕλῃ, τὸ δὲ σῶμα ἐν τῷ τόπῳ, ἡ μὲν ὕλη ἕν τι ποιεῖ τὸ σύνθετον μετὰ τοῦ εἴδους, συναλλοιουμένη πως τῷ εἴδει καὶ μάλιστα κατὰ τοὺς ἐκ τοῦ Περιπάτου, οἳ ἐξ ὕλης καὶ εἴδους τὸ σύνθετον εἶναι λέγουσι· καὶ ταύτῃ οὐκ ἂν εἴη χωριστή. ὁ δὲ
30 τόπος καὶ τότε αὐτὸς ἐφ᾽ ἑαυτοῦ ἐστιν οὐδὲν ἐπικοινωνῶν τῷ ἐν τόπῳ. ὅλως δὲ οὐδὲ πρὸς τὸ εἶδος μόνον τὸ χωριστὸν τῆς ὕλης χρὴ νοεῖν, ἀλλὰ πρὸς τὸ ἔνυλον. οὐ γὰρ ὡς τοῦ ἐν τόπῳ χωριστὸς ὁ τόπος, οὕτως τοῦ ἐνύλου χωριστὴ ἡ ὕλη. οὐ γάρ ἐστι χωριστὴ τοῦ πράγματος οὗ ἐστιν ὕλη, ὥσπερ ὁ τόπος χωριστὸς τοῦ πράγματος οὗ ἐστι τόπος.

35 p. 212ᵃ2 **Εἰ τοίνυν μηδὲν τῶν τριῶν τούτων ὁ τόπος ἐστί ἕως τοῦ λέγω δὲ τὸ περιεχόμενον σῶμα τὸ κινητὸν κατὰ φοράν.**

Δείξας, ὅτι τῶν τριῶν οὐδέν ἐστιν ὁ τόπος τῶν εἰρημένων, συνάγει

---

1 τε om. aF   5 γὰρ EF: om. a, sed apodosis ex prioribus supplenda   12 τοῦτο EF²: τούτῳ F¹: τούτων a   fortasse τοῦτο ⟨τὸ⟩ τὸ μένον   17 ἐπιφέρει λοιπὸν a   18 πρότερον Δ 2 p. 209ᵇ6 sqq.   21 ἐν αὐτῇ a   22 ἐν αὐτῇ (sed post ἀπογίνεται) aF: ἐν ἑαυτῇ E   26 αὐτῷ om. F   28 τοῦ (post ἐκ) om. E   35 τῶν τριῶν τούτων EF: τούτων τῶν τριῶν a ut Aristotelis codd. GI: τῶν τριῶν Aristotelis codex E

λοιπὸν ἐν τάξει τὸν συλλογισμὸν καὶ τὸ συμπέρασμα ἐπάγει, ὅτι ἀνάγκη 135ʳ
τὸν τόπον εἶναι τὸ λοιπὸν τῶν τεττάρων τὸ πέρας τοῦ περιέ-
χοντος σώματος, καθ' ὃ συνάπτει τῷ περιεχομένῳ. ἔχοι γὰρ
ἄν τι καὶ ἄλλο πέρας τὸ περιέχον. οἷον ἡ σεληνιακὴ σφαῖρα περιέχει
5 μὲν τὸ ὑπὸ σελήνην κατὰ τὴν κοίλην ἐπιφάνειαν, καθ' ἣν συνάπτει αὐτῷ, 45
ἔχει δὲ καὶ ἄλλο πέρας τὸ τῆς κυρτῆς ἐπιφανείας τὸ πρὸς τῇ Ἑρμαϊκῇ.
λέγω δέ, φησί, τὸ περιεχόμενον σῶμα τὸ κινητὸν κατὰ φοράν,
ὥστε τοῦτο εἶναι ἐν τόπῳ. καὶ γὰρ ἀπὸ τῆς κατὰ τόπον κινήσεως ὁ
τόπος εὑρέθη. ἀνάγκη οὖν καὶ τὸν οὐρανὸν κινητὸν ὄντα κατὰ φοράν
10 ἐν τόπῳ εἶναι, ὅπερ αὐτὸς μετ' ὀλίγον ἀποφήσει. ἢ οὖν κινητὸν κατὰ
φορὰν λέγει τὸ πεφυκὸς ποτὲ μὲν κινεῖσθαι, ποτὲ δὲ ἠρεμεῖν (ὁ δὲ οὐ-
ρανὸς οὐ κινητός, ἀλλ' ἀεὶ κινεῖται)· "ἢ ἄλλο ἐστί, φησὶν Ἀλέξανδρος τὸ
κατὰ φορὰν καὶ ἄλλο τὸ κατὰ περιφοράν, τὸ μὲν ἐπ' εὐθείας καὶ ὅλον 50
τόπον ἐκ τόπου μεταβαῖνον, τὸ δὲ κύκλῳ καὶ ἐν τῷ αὐτῷ φερόμενον κατὰ
15 μόρια κινεῖται. διὸ οὐδ' ἐν τόπῳ ἐστὶν ὅλον, ὅτι μηδὲ κινεῖται κατὰ τόπον
ὅλον." ὁ μέντοι Ἀσπάσιος "οὐκ ἀντιστρέφει, φησίν· οὐ γὰρ ἀνάγκη, εἰ
πᾶν τὸ ἐν τόπῳ κινητὸν κατὰ φοράν, καὶ τὸ κινητὸν κατὰ φορὰν ἐν τόπῳ
εἶναι." καίτοι γε ἐχρῆν αὐτοῦ λέγοντος ἀκοῦσαι μετ' ὀλίγα τοῦ Ἀριστο-
τέλους ὅτι "πᾶν σῶμα ἢ κατὰ φορὰν ἢ κατὰ αὔξησιν κινητὸν | καθ' αὑτό 135ᵛ
20 πού". εἶτα ἐπάγει λύων, ὡς ἔοικε, ταύτην τὴν ἀπορίαν ὁ Ἀριστοτέλης·
"ὁ δὲ οὐρανός, ὥσπερ εἴρηται, οὔ που ὅλος οὐδὲ ἔν τινι τόπῳ ἐστίν, εἴ
γε αὐτὸν μηδὲν περιέχει σῶμα." ὥσπερ οὖν οὔ που ὅλος, οὕτως οὐδὲ
κινεῖται καθ' ὅλον ἑαυτόν. οὐδὲ γὰρ μεταβαίνει τόπον ἐκ τόπου, ἀλλὰ
μόνον κατὰ τὰ μόρια, καθ' ἃ καὶ κινεῖται. διὸ καὶ προσέθηκεν ὁ Ἀριστο-
25 τέλης τοῖς ἤδη παραγραφεῖσιν· "ἐφ' ᾧ δὲ κινεῖται, ταύτῃ καὶ τόπος ἐστὶ 5
τοῖς μορίοις. ἕτερον γὰρ ἑτέρου ἐχόμενον τῶν μορίων ἐστίν." εἰπὼν δὲ
ὅτι κατὰ συμβεβηκὸς ἐν τόπῳ καὶ ἡ ψυχὴ καὶ ὁ οὐρανός, ἐπήγαγε "τὰ
γὰρ μόρια ἐν τόπῳ πως πάντα· ἐπὶ τῷ κύκλῳ γὰρ περιέχει ἄλλο ἄλλο.
διὸ κινεῖται κύκλῳ μόνον τὸ ἄνω, τὸ δὲ πᾶν οὔ που", δηλονότι τὸ κατὰ
30 τὸ πᾶν· οὐδὲ γὰρ κινεῖται καθ' ὅλον. ὡς μέντοι κινεῖται, οὕτως ποῦ·
ἐφ' ᾧ γὰρ κινεῖται, ταύτῃ καὶ τόπος ἐστὶ τοῖς μορίοις, καὶ ὡς ποῦ, οὕτω
κινεῖται. "ἐπὶ τῷ κύκλῳ γάρ, φησί, περιέχει ἄλλο ἄλλο." διὸ κινεῖται 10
κύκλῳ μόνον. ἑκάτερον οὖν ἀληθές, καὶ ὅτι τὸ ἐν τόπῳ σῶμα κινητὸν κατὰ

---

3 καθ' ὅ — περιεχομένῳ intercidit in Aristotelis libris, at legit etiam Themistius p. 276, 13 cf. infra p. 582, 30. 584, 20   5 post ὑπὸ add. τὴν aF   12 φησὶν ὁ a   14 μετα-
βαῖνον E (cf. v. 23): μεταβάλλον aF   18 ὀλίγον a   19 πᾶν κτλ. Δ 5 p. 212ᵇ7
20 μετάγει a   22 μηδὲν αὐτὸν Aristoteles at cf. f. 141ʳ12   23 ante ἑαυτόν
add. ἐν E   25 ἐφ' ᾧ Aristotelis codd. (praeter E) cf. ad p. 591, 34   28 μόρια
om. F   ἐν τόπ̔ῶν̕ πως sic E   τῷ κύκλῳ Aristoteles (cf. v. 32 et f. 138ᵛ 11 cod.
E): τὸ κύκλῳ hoc loco libri   29 μόνῳ τῷ ἄνω E   τὸ (ante κατὰ) delendum
videtur   31 ἐφ' ᾧ corr. ex ἐφ' οὗ eadem manu E   32 τῷ κύκλῳ E: τὸ
κύκλῳ aF   περιέχει φησὶ E   33 οὖν E: ὂν aF   καὶ (post ἀληθές)
om. aF

τόπον ἐστί, καὶ ὅτι τὸ κινητὸν κατὰ τόπον ἐν τόπῳ ἐστίν. ὡς ἔχει δὲ τὸ 135ᵛ ἕτερον, οὕτω καὶ τὸ ἕτερον.

p. 212ᵃ7 Δοκεῖ δὲ μέγα τι εἶναι καὶ χαλεπὸν ἕως τοῦ ἀλλὰ καὶ 15 τὸ μεταξὺ ὡς ὂν κενόν.

5 Εἰπὼν πρότερον ὅτι τοιοῦτον χρὴ τὸν ὅρον ἀποδοθῆναι τοῦ τόπου, "ὥστε τά τε ἀπορούμενα λύεσθαι καὶ τὰ δοκοῦντα ὑπάρχειν τῷ τόπῳ ὑπάρχοντα ἔσται, καὶ ἔτι τὸ τῆς δυσκολίας αἴτιον καὶ τῶν ἀπορημάτων ἔσται φανερόν", ἀποδοὺς τὸν τοῦ τόπου ὁρισμὸν εὐθὺς ἐκ τοῦ ἀποδοθέντος τὰ τῆς δυσκολίας αἴτια πειρᾶται δεικνύναι. δοκεῖ γάρ τι, φησί, μέγα καὶ 20
10 χαλεπὸν εἶναι ὁ τόπος διὰ τὸ παρεμφαίνεσθαι ἐν τῇ περὶ αὐτοῦ σκέψει τὰ τρία τὰ διελεγχθέντα τήν τε ὕλην καὶ τὸ εἶδος καὶ τὸ διάστημα. εἰ γὰρ ἅπερ δοκεῖ μάλιστα εἶναι ὁ τόπος ταῦτα ἀδύνατον εἶναι αὐτόν, χαλεπὴ καὶ δύσκολος οὕτως ἐστὶν ἡ τοῦ τόπου εὕρεσις. καὶ μέντοι εἰ ἄλλο ζητοῦσιν ἡμῖν ἄλλα παρεμφαίνεσθαι εἴωθεν, ἐμπόδιον τοῦτο πρὸς τὴν εὕρεσιν
15 ἱκανὸν γίνεται. καὶ τὸ μὲν εἶδος ὅτι δοκεῖ εἶναι ὁ τόπος, εἴρηται πολλάκις διά τε τὸ περιέχειν καὶ διὰ τὸ ἓν μετὰ τοῦ τόπου γίνεσθαι, ἐφαρμοζομέ- 25 νων ἀλλήλαις τῶν δύο ἐπιφανειῶν τῆς τε τοῦ περιεχομένου καὶ τῆς τοῦ περιέχοντος. προσέθηκε δὲ πάλιν τὴν ὕλην τῷ εἴδει, διότι καὶ ἡ ὕλη χώρα καὶ τόπος εἶναι δοκεῖ τῶν εἰδῶν ἄλλοτε ἄλλων ἐν αὐτῇ γινομένων εἰδῶν,
20 ὥσπερ καὶ ἐν τῷ τόπῳ ἄλλοτε ἄλλων σωμάτων. ἐν ᾧ γὰρ πρότερον ἦν ἀέρος εἶδος, ἐν τούτῳ γίνεται καὶ ὕδατος. καὶ εἴρηται πολλάκις, ὅτι τὴν τοῦ τόπου ἔννοιαν ἡ ἀντιμετάστασις τῶν σωμάτων μάλιστα ἡμῖν ἐνεποίησεν. 30 ἀλλ' ἡ μὲν ὕλη καὶ τὸ εἶδος καθ' ὅν τινα τρόπον δοκοῦσι τόπος, πολλάκις εἰπὼν ἠρκέσθη.

25 Δι' ἃς δὲ αἰτίας τὸ διάστημα δοκεῖ, πάλιν ὑπομιμνῄσκει, ὡς καὶ πιθανωτέρας οὔσης τῆς ὑποθέσεως καὶ πρὸς ὀλίγον ἐξετασθείσης· ἐπειδὴ γὰρ ἡ ἀντιμετάστασις τῶν σωμάτων ἐν τῷ περιέχοντι γίνεται ἠρεμοῦντι, ὅπερ κατὰ τὸν Ἀλέξανδρον σημαίνει τῷ ἀκινήτῳ ὄντι, διὰ τὸ μὴ συγκινεῖσθαι τῷ ἐν αὐτῷ τὸν τόπον, τὸ οὖν τὸ περιεχόμενον σῶμα καὶ ἀεὶ ἐν
30 τόπῳ περιέχοντι γινόμενον διάστημα ἔχειν φαντασίαν τισὶ παρέσχεν, ὡς ὂν 35 διάστημα ἄλλο παρὰ τὰ διαστήματα τὰ ἐν τοῖς σώμασι τοῖς κινουμένοις καὶ ἀλλάσσουσι τὸν τόπον ἴσον ὂν αὐτοῖς κατὰ τὸ μέγεθος. μήποτε δὲ τὸ ἠρεμοῦντι οὐχ ὡς ἀκινήτῳ κατὰ τόπον εἶπεν, ἀλλ' ὡς τῷ αὐτῷ

---

1 ὡς γὰρ a   δὲ om. aF   4 ὡς ὂν κενόν E (cf. f. 143ᵛ23): ὂν ὡς κενόν a (cf. Philoponi lemma): ὂν om. Aristoteles   5 πρότερον p. 211ᵃ8   6 ὑπάρχον (comp.) E τὸν τόπον E   7 ἔσται E: εἶναι aF   καὶ τῶν περὶ αὐτὸν ἀπορημάτων Aristoteles ἔσται E: ἔσεσθαι aF   10 ἐν τῇ περὶ E: τῇ aF   13 οὕτως ἐστὶν E: ἂν εἴη aF ἄλλος F   17 τῆς alterum om. F   18 τῶν εἴδει E   ἡ (post καὶ) om. E 21 καὶ (ante ὕδατος) om. F   22 τῷ σώματων E   28 τῷ ἀκινήτῳ ὄντι om. F   29 τὸ οὖν τὸ F: τῷ οὖν τὸ E: τὸ τὸ a   30 ἔχει F   παρεῖχεν, sed in παρέσχεν corr. E   32 δὲ τὸ scripsi cf. p. 582, 5: δὲ τῷ E: δὲ τὸ ἐν aF   33 post οὐχ ὡς add. ἐν E   κατὰ τὸν τόπον aF sed cf. p. 582, 5

μένοντι καὶ μὴ ἀμειβομένῳ· οὔτε γὰρ ἀποδέδεικταί πω τὸ ἀκίνητον εἶναι 135ᵛ
τὸν τόπον οὔτε χρειῶδές ἐστιν οὕτω πρὸς τὴν τοῦ διαστήματος ἔννοιαν. τὸ
δὲ μένειν τὸ αὐτὸ χρειῶδες, ἐπειδὴ τὰς διαφορὰς ἀφαιροῦντες τῶν ἀντιμε-
θισταμένων σωμάτων τὸ διάστημα ὡς τὸ αὐτὸ φανταζόμεθα. ἢ οὐ μάτην 40
5 ὁ Ἀλέξανδρος τὸ ἠρεμοῦντι ὡς ἀκινήτῳ κατὰ τόπον ἤκουσεν, ἀλλ᾽ ὅτι
κἂν ὁ Ἀριστοτέλης μεταβαῖνον ὑπέδειξε τὸ διάστημα εἰς ἀτοπίαν ἀπαγαγὼν
τὸν λόγον ὅτε ἔλεγεν "ἅμα δὲ καὶ ὁ τόπος ἔσται μεταβάλλων", ἀλλ᾽ οἱ
ὑποτιθέμενοι τὸ διάστημα τὸ διὰ παντὸς τοῦ κόσμου χωροῦν ἀκίνητον αὐτὸ
ἔλεγον ἄλλοτε ἐν ἄλλῃ ἑαυτοῦ μοίρᾳ ἄλλο τι καὶ ἄλλο τῶν σωμάτων δε-
10 χόμενον. πρὸς δὲ τὸ δοκεῖν διάστημά τι εἶναι τὸν τόπον συμβάλλεσθαι δοκεῖ
καὶ τὸν ἀέρα δοκοῦντά τισιν ἀσώματον εἶναι. διὰ γὰρ τοῦτο δοκεῖ καὶ τὸ 45
μεταξὺ τῶν τοῦ ἀγγείου περάτων κενή τις εἶναι χώρα σωμάτων δεκτική.
καὶ οὐ μόνον ἐν τοῖς τοῦ ἀγγείου πέρασιν εἶναι δοκεῖ τὰ ἐμβαλλόμενα, ἀλλὰ
καὶ ἐν τῇ μεταξὺ χώρᾳ καὶ μᾶλλον ἐν ταύτῃ, εἴπερ αὕτη δι᾽ ὅλου κεχώ-
15 ρηκεν. ἐν δὲ τοῖς πέρασι τοῦ ἀγγείου τὰ πέρατα τοῦ ἐν αὐτῷ προσεχῶς
ἐστι. διὸ εἶπεν ὅτι φαίνεται οὐ μόνον τὰ πέρατα τοῦ ἀγγείου εἶναι
ὁ τόπος. δοκεῖ δὲ ἡ φαντασία αἰτία εἶναι μετὰ τὴν ἀφαίρεσιν τοῦ σώμα-
τος κενὸν ὑπολείπουσα διάστημα. ὅτι δὲ κενεμβατεῖ, φαίη ἄν τις, δῆλον. 50
εἰ γὰρ ἀνέλοι καὶ ἐκεῖνο τὸ διάστημα ἡ φαντασία, πάλιν ἄλλο ὑπολειφθή-
20 σεται. καὶ τοῦτο οὐδέποτε παύσεται. "σημειωτέον δέ, φησὶν ὁ Ἀλέξαν-
δρος, ὅτι καὶ τὸ ἀγγεῖον πέρας τοῦ περιέχοντος λέγει." καὶ ὅτι μὲν ἐν
τῷ λέγειν οὐ μόνον τὰ πέρατα τοῦ ἀγγείου εἶναι ὁ τόπος οὐ λέγει
τὸ ἀγγεῖον τὸ πέρας τοῦ περιέχοντος, δῆλον, ἀλλ᾽ εἰ ἄρα, τὰ πέρατα τοῦ
ἀγγείου. ἐκ δὲ τῶν ἐφεξῆς ἴσως ἄν τις συναγάγοι τοῦτο, εἴπερ τὸ μὲν
25 ἀγγεῖον τόπος, ὁ δὲ τόπος πέρας τοῦ περιέχοντος. |

p. 212ᵃ14 Ἔστι δὲ ὥσπερ τὸ ἀγγεῖον τόπος μεταφορητός, οὕτω 136ʳ
καὶ ὁ τόπος ἀγγεῖον ἀμετακίνητον.

Μέχρι νῦν ὡς τοῖς αὐτοῖς τῷ τόπῳ καὶ τῷ ἀγγείῳ χρησάμενος καὶ
τὸν τοῦ τόπου ὁρισμὸν κοινὸν ἀποδοὺς τοῦ τε τόπου καὶ τοῦ ἀγγείου (πέρας
30 γὰρ τοῦ περιέχοντος ἑκάτερον, καθ᾽ ὃ συνάπτει τῷ περιεχομένῳ· οὐ γὰρ
τὸ τοῦ ὀστράκου σῶμα ἀγγεῖόν ἐστιν, ἀλλ᾽ ἡ ἐντὸς ἐπιφάνεια, ἧς μενούσης
συνεχοῦς ἔχει τὸ σκεῦος τὴν τοῦ ἀγγείου δύναμιν, κἂν πάθῃ τι τὸ τοῦ 5
ὀστράκου βάθος) νῦν οὖν προστίθησι τὸ ἴδιον τοῦ τε τόπου καὶ τοῦ ἀγγείου,
ὅτι ὁ μὲν τόπος ἀκίνητός ἐστι τῇ ἑαυτοῦ φύσει, τὸ δὲ ἀγγεῖον μεταφορη-
35 τόν. κἂν ἐναλλάττῃ οὖν ποτε ὁ τόπος καὶ τὸ ἀγγεῖον, ἀλλ᾽ ἑκάτερον
σῴζει τὸ ἴδιον, ὥστε τὸν μὲν τόπον ἀγγεῖον εἶναι ἀκίνητον, τὸ δὲ ἀγγεῖον

---

5 τὸ ἠρεμοῦντι F : τῷ ἠρεμοῦντι aE   6 κἂν] καὶ F   ὑπέδειξε E : ἀπέδειξε aF
ἀπάγων E   7 ἔλεγεν p. 211ᵇ23   οἱ om. F   13 εἶναι — ἀγγείου (15) ite-
ravit E   14 ταύτῃ E : αὐτῇ aF   16 οὐ μόνον post εἶπεν traiciebat, sed dele-
vit F   22 εἶναι post τόπος traiecerunt aF   24 ἄν τις ἴσως aF   27 καὶ
om. a   33 οὖν om. aF

τόπον μεταφορητόν. εἰκότως δὲ πέρας ὢν τοῦ περιέχοντος ὁ τόπος ἀκί- 136ʳ
νητος λέγεται. καὶ γὰρ ὡς ἐπιφάνεια καθ' αὑτὴν ἀκίνητός ἐστι, καὶ ὡς
τόπος ἔτι μᾶλλον. πῶς γὰρ ἂν ὁ τόπος κινοῖτο κατὰ τόπον; ἀλλὰ καὶ τὸ 10
ἀγγεῖον, φαίη ἄν τις, κατὰ τὴν ἔνδον ἐπιφάνειαν μάλιστα ἀγγεῖον λέγεται.
5 ἢ τὸ μὲν χωρητικὸν ὃ κοινόν ἐστι πρὸς τὸν τόπον κατ' ἐκείνην ἔχει, τὸ
δὲ ὡς σκεῦος καὶ κατὰ τὸ σῶμα καὶ κατὰ τὸ μεταφορητὸν εἶναι σῶμα,
δεκτικὸν καὶ αὐτό τινος ὂν σώματος. καὶ τάχα ἐν τοῖς περὶ τόπου ἀξιώ-
μασι διὰ τοῦτο οὐ προέλαβεν ἀκίνητον εἶναι τὸν τόπον, ὅτι χρείαν εἶχεν
ὡς ἀγγείῳ τῷ τόπῳ τέως χρήσασθαι διὰ τὴν ἀπὸ τοῦ ἀγγείου πολλαχοῦ
10 πρὸς τὸν τόπον χειραγωγίαν, καίτοι καὶ τοῦ Θεοφράστου καὶ τοῦ Εὐδήμου, 15
ὡς εἴρηται καὶ πρότερον, τὸ ἀκίνητον ὡς ἓν τῶν περὶ τόπου ἀξιωμάτων
προειληφότων. προστίθησι δὲ ὁ Ἀλέξανδρος ὅτι "εἴπερ καὶ τὸ ἀγγεῖον
τόπος ἐστί, καὶ τὰ ἐν ἀγγείῳ ἐν τῷ τοῦ περιέχοντος αὐτὸ σώματός ἐστι
πέρατι".

15 p. 212ᵃ16 Διὸ ὅταν μὲν ἐν κινουμένῳ ἕως τοῦ ὥστε τὸ τοῦ 20
περιέχοντος πέρας ἀκίνητον πρῶτον τοῦτ' ἔστιν ὁ τόπος.

Εἰπὼν τὴν διαφορὰν τοῦ τόπου καὶ τοῦ ἀγγείου καὶ ἐπὶ πλέον αὐτὴν
διαρθρῶσαι βουλόμενος καὶ τὸ ἀκίνητον τοῦ τόπου βεβαιώσασθαι διορίζει
καὶ τὰ ἐν αὐτοῖς ὄντα διδάσκων, πότε μὲν ὡς ἐν ἀγγείῳ λέγομεν εἶναι,
20 πότε δὲ ὡς ἐν τόπῳ. καὶ λέγει ὅτι ὅταν κινούμενόν τι σῶμα ἐν κινουμένῳ
τινὶ ἐνῇ, ὥστε συγκινεῖσθαι αὐτῷ τὸ ἐν ᾧ ἐστιν, ὥσπερ τὸ ἐν ποταμῷ 25
πλοῖον ἢ ξύλον οὐ τέμνον τὸ ὕδωρ, ἀλλ' ὑπὸ τοῦ ῥέοντος ὕδατος περιε-
χόμενον καὶ συγκαταφερόμενον αὐτῷ, τότε ὡς ἐν ἀγγείῳ ἐστὶν ἐν ἐκείνῳ
τοῦ ὕδατος τῷ μέρει τῷ περιέχοντι αὐτό, μᾶλλον ἢ ὡς ἐν τόπῳ. τὸ δὲ
25 κινούμενον ἀκινήτου μένοντος τοῦ ἐν ᾧ ἐστι τοῦτό ἐστιν ἐν τόπῳ. ὁ γὰρ
τόπος οὐκ ἐθέλει συγκινεῖσθαι τῷ ἐν αὐτῷ, ἀλλ' ὑπομένειν, ἵνα μὴ καὶ
αὐτὸς τόπου χρῄζῃ κατὰ τόπον κινούμενος, τὸ δὲ ἐν κινουμένῳ κινού-
μενον, ὡς τὰ ἐν τοῖς ἀγγείοις ἐκείνων κινουμένων, δῆλον ὅτι κατὰ συμβε- 30
βηκὸς κινεῖται. εἰπὼν οὖν τὸ ὡς ἐν ἀγγείῳ κινούμενον, ἐπὶ τοῦ αὐτοῦ
30 παραδείγματος τὸ ἐν τόπῳ κινούμενον καὶ τὸν τόπον ὑποδείκνυσιν. ὡς γὰρ
ἐν τούτῳ τῷ παραδείγματι ὁ πᾶς μᾶλλον ποταμὸς τόπος ἂν εἴη τῆς
νεώς, διότι ἀκίνητος ὁ σύμπας φυλάττων τὴν αὐτὴν χώραν καὶ ἐκ τῆς αὐτῆς
ῥέων ἀρχῆς καὶ ἐπὶ τὸ αὐτὸ τέλος ἀφικνούμενος· τὸ δὲ μᾶλλον προσέ-
θηκε, διότι οὐ κυρίως ὁ πᾶς ποταμὸς τόπος ἂν εἴη τῆς νεώς (οὐ γὰρ
35 πέρας τοῦ περιέχοντός ἐστι τὸ πᾶν τοῦ ποταμοῦ ὕδωρ οὐδὲ ἐπιφάνεια ὅλως, 35

---

1 post μεταφορητόν iteravit καὶ ἐναλάττῃ (sic) — ἴδιον F   ὢν E: ὂν aF   3 γὰρ
om. E   4 ἔνδον aF: ἔνδοξον E   5 ἢ] fortasse ᾗ   11 πρότερον cf.
p. 566, 18   19 αὐτοῖς E: αὐτῷ aF   20 ὅτι om. E   21 post ὥσπερ add.
καὶ E   23 ἐν ἀγγείῳ ἐστὶν E: om. aF   24 post μᾶλλον add. ἐν ἀγγείῳ ἐστὶν a
et F²   ἐν μέρει τόπῳ F   31 ὁ (ante πᾶς) om. E   32 καὶ ἐκ E: κἀκ F:
κατὰ a

ἀλλὰ σῶμα), ἀλλὰ κατὰ τοῦτο μᾶλλον ὁ πᾶς, καθόσον μὴ συγκινεῖται, τόπος δὲ ὅλος τῆς νεώς, ὅτι ἐν μέρει αὐτοῦ φέρεται ἡ ναῦς. ἢ οὐδὲ τόπος τῆς νεὼς ὁ ποταμός, ἀλλ' εἴη ἂν ὁ μὲν ποταμὸς πᾶς ἐν τόπῳ, ὥς φησιν ὁ Ἀλέξανδρος, τῷ μὴ συγκινεῖσθαι αὐτῷ τὸ πέρας τοῦ περιέχοντος αὐτόν,
5 ἡ δὲ ναῦς ἐν ἀγγείῳ. "καὶ ἴσως ἂν λέγοι, φησίν, οὐ τῆς νεὼς τὸν πάντα ποταμὸν τόπον, ἀλλὰ [τόπον] τοῦ ἐν αὐτῷ ὄντος· ἔστι δὲ τὸ ὕδωρ. καὶ εἴπερ ποταμὸν ἀκούσομεν μὴ τὸ ὕδωρ, ἀλλὰ τὴν τὸ ὕδωρ περιέχουσαν ἐπιφάνειαν τῆς γῆς, καταλληλότερον ἂν ἐπ' αὐτοῦ λέγοιτο τὸ διὸ ὁ πᾶς ποταμὸς μᾶλλον τόπος. αὕτη γὰρ κυρίως τόπος τοῦ περιεχομένου καὶ
10 κινουμένου ἐν αὐτῇ ὕδατος, ἀκίνητος οὖσα. οὐ μέντοι τῆς νεὼς οὗτος τόπος πρώτως, ἀλλ' ἔστιν ἡ μὲν ναῦς ὡς ἐν ἀγγείῳ τῷ ὕδατι, τὸ δὲ ὕδωρ ὡς ἐν τόπῳ τῇ περιεχούσῃ αὐτὸ τοῦ ποταμοῦ ὄχθῃ, ἣν εἴη ἂν ποταμὸν ὁ Ἀριστοτέλης καλέσας καὶ τόπον εἰπών, οὐ τῆς νεὼς ἀλλὰ τοῦ ὕδατος. εἰ δὲ τοῦτο, δῆλον ὅτι διαφόρως τὸν ποταμὸν ἐκάλεσε, ποτὲ μὲν
15 τὸ ὕδωρ, ποτὲ δὲ τὴν τὸ ὕδωρ περιέχουσαν ἐπιφάνειαν. δείξας οὖν καὶ τὴν ἐν τόπῳ καὶ ἐν ἀγγείῳ διαφορὰν καὶ ἐκ ταύτης τὸ ἀκίνητον ὑποδείξας τοῦ τόπου τὸν ὁρισμὸν λοιπὸν ὁλόκληρον ἐκ τῶν εἰρημένων συνάγει, ὅτι ἔστιν ὁ τόπος τὸ τοῦ περιέχοντος πέρας ἀκίνητον πρῶτον διὰ τοῦ πρῶτον τὸ προσεχὲς δηλώσας συντόμως, ὅπερ πρότερον ἐσήμανε διὰ τοῦ
20 καθ' ὃ συνάπτει τῷ περιεχομένῳ. ἔστι μὲν γὰρ τὸ ἐν τόπῳ λεγόμενον καὶ ἐν τῇ ἔνδον ἐπιφανείᾳ τοῦ περιέχοντος σώματος καὶ ἐν τῇ ἔνδον τοῦ τὸ περιέχον περιέχοντος (οἷον εἰ ἐν ὕδατι λίθος, τὸ δὲ ὕδωρ ἐν ἀέρι καὶ ἀκινήτῳ, ὁ λίθος περιέχεται ἐν τῇ ἐπιφανείᾳ τοῦ ἀέρος), οὐ μέντοι προσεχῶς ἐν ἐκείνῃ οὐδὲ πρώτως. οὐδὲ συνάπτει κατ' ἐκείνην τῷ περιε-
25 χομένῳ. διὸ οὐδὲ τόπος ἐκείνη κυρίως. ἔστι δὲ προσεχὲς καὶ τὸ τοῦ ἀγγείου πέρας τὸ πρὸς τῷ περιεχομένῳ, ἀλλὰ κινητὸν καὶ μεταφορητόν. διόπερ ἀγγεῖον ἀλλ' οὐ τόπος ἐστίν, ἐὰν μὴ καὶ τὸ ἀκίνητον προσλάβῃ. τοῦτο δὲ καὶ διὰ τῶν ἑξῆς συνίστησι· |

p. 212 a 21 **Καὶ διὰ τοῦτο τὸ μέσον τοῦ οὐρανοῦ ἕως τοῦ**
30 **καὶ οἷον ἀγγεῖον ὁ τόπος καὶ περιέχον.**

Ὅτι ἀκίνητος ὁ τόπος, συνίστησι καὶ ἐκ τῶν τοῦ τόπου κυριωτάτων διαφορῶν· αὗται δὲ ἦσαν, ὡς εἴρηται πρότερον, τό τε ἄνω καὶ τὸ κάτω· καί μοι δοκεῖ τοιοῦτόν τινα συνάγειν συλλογισμόν· ὁ τόπος διαφορὰς ἔχει τὸ ἄνω καὶ τὸ κάτω· τὸ διαφορὰς ἔχον τὸ ἄνω καὶ τὸ κάτω τὸ μέσον

---

2 ὅλος aF: ὅλως E   4 ὁ om. a   6 ποταμὸν—εἴπερ (7) om. E   τόπον (post ἀλλὰ) F: delevit a   καὶ (ante εἴπερ) F: om. a   7 τὸ (post τὴν) om. a   8 γὰρ ἂν a αὐτοῦ EF: αὐτῆς probabiliter a   9 ποταμὸς μᾶλλον sic hic collocant libri   10 οὗτος E: ὁ aF   11 πρῶτος E¹F¹   12 ὄχθῃ τοῦ ποταμοῦ aF   16 ante ἐν ἀγγείῳ add. τὴν a   22 τὸ δὲ EF: καὶ τὸ a   29 τὸ aF: om. E   30 περιέχων a   32 ἦσαν aF: om. E   34 τὸ (ante κάτω) utroque loco om. E τὸ διαφορὰς—διαφορὰς (585, 1) iteravit E

καὶ τὸ ἔσχατον ἔχει διαφοράς· τὸ διαφορὰς ἔχον τὸ μέσον καὶ τὸ ἔσχα-
τον ἀκινήτους ἔχει διαφοράς· τὸ ἀκινήτους ἔχον διαφορὰς ἀκίνητόν ἐστιν·
ὁ τόπος ἄρα ἀκίνητός ἐστι. καὶ ὅτι μὲν διαφορὰς ἔχει τὸ ἄνω καὶ τὸ
κάτω ὁ τόπος, ἤδη προηξίωται· πέμπτον γὰρ ἦν τῶν περὶ τόπου ἀξιω-
5 μάτων τὸ πάντα τόπον ἔχειν τὸ ἄνω καὶ τὸ κάτω. ὅτι δὲ τὸ κάτω καὶ
τὸ ἄνω τὸ μέσον καὶ τὸ ἔσχατόν ἐστι, δείκνυσιν ἐκ τοῦ τὸ μὲν κοῦφον
ἐπὶ τὸ ἔσχατον καὶ τὸ πέριξ φερόμενον λέγεσθαι ἐπὶ τὸ ἄνω φέρεσθαι.
οὕτω γὰρ τὸ πῦρ ἐπὶ τὸ πέριξ φερόμενον λέγεται ἐπὶ τὸ ἄνω φέρεσθαι, καὶ
τὸ βαρὺ ἐπὶ τὸ μέσον φερόμενον ἐπὶ τὸ κάτω λέγεται φέρεσθαι ὥσπερ ἡ
10 γῆ. ὅτι δὲ τὸ μέσον καὶ τὸ ἔσχατον ἀκίνητα, ὑπομιμνήσκει διὰ τοῦ ὅτι
τὸ μὲν ἀεὶ μένει, τοῦ δὲ κύκλῳ τὸ ἔσχατον ὡσαύτως ἀεὶ μέ-
νει. τὸ μὲν γὰρ μέσον ὅπερ ἐστὶ κέντρον τοῦ παντὸς καὶ ἡ περὶ αὐτὸ
γῆ ἀεὶ μένει καὶ κατὰ τόπον καὶ κατὰ ὕπαρξιν τῇ ἑαυτῆς ὁλότητι καὶ τῷ
εἴδει, κἂν τοῖς μέρεσι καὶ τῷ ἀριθμῷ μεταβάλληται. τοῦ δὲ κυκλοφορη-
15 τικοῦ σώματος τὸ ἔσχατον τὸ πρὸς ἡμᾶς, ὅπερ ἐστὶ τῆς σεληνιακῆς σφαί-
ρας ἡ κοίλη καὶ πρὸς ἡμᾶς ἐπιφάνεια, καθ᾽ ὕπαρξιν μὲν καὶ τῷ ὅλῳ καὶ
τοῖς μέρεσι κατ᾽ ἀριθμὸν τὸ αὐτὸ ἀεὶ μένει, κατὰ τόπον δὲ κἂν τοῖς μέρεσι
κινῆται ἀλλὰ τό γε ὅλον οὐ μεταβαίνει τόπον ἐκ τόπου, ἀλλὰ μένει ὁμοίως
ἀεὶ τὸ ἀκίνητον ἔχουσα κατὰ τόπον, ὅπερ μάλιστα ζητεῖ ὁ λόγος· οὐ γὰρ
20 δὴ τὸ καθ᾽ ὕπαρξιν. καὶ ἐπιστῆσαι χρὴ ὅτι τὸ ἄνω τὴν κοίλην τῆς σελη-
νιακῆς ἐπιφάνειαν λέγει, ὥστε τὸ κινητὸν κατὰ φορὰν τὸ ὑπὸ σελήνην. ὅτι
δὲ τὸ ἀκινήτους ἔχον τὰς οἰκείας διαφορὰς καὶ αὐτὸ ἀκίνητόν ἐστι, πρόδη-
λον· συστατικαὶ γὰρ τῆς οὐσίας εἰσὶν αἱ διαφοραὶ καὶ μέρη τὰ οὐσιώδη·
ἅμα δὲ καὶ ἐκ τοῦ μᾶλλον δῆλον. εἰ μὲν γὰρ κινοῖτο τὰ μέρη, οὐδὲν
25 κωλύει τὸ ὅλον ἀκίνητον εἶναι ὡς ἐπὶ τῶν κύκλῳ κινουμένων μερῶν· εἰ
δὲ παντοίως ἀκίνητα τὰ μέρη ἐστὶν ὡς μήτε καθ᾽ αὑτὰ μήτε κατὰ συμβε-
βηκὸς κινεῖσθαι, πολλῷ μᾶλλον ἂν εἴη τὸ ὅλον ἀκίνητον. πιστοῦται οὖν
τὸ ἀκίνητον τοῦ τόπου ἐκ τοῦ διαφορὰς τοῦ τόπου τὸ ἄνω καὶ τὸ κάτω
λέγοντας ἡμᾶς ἐκεῖνα λέγειν ἄνω καὶ κάτω, ἅπερ ἀκίνητά ἐστι, τουτέστι τὸ
30 μέσον καὶ τὸ ἔσχατον. ἀλλὰ τὸ μὲν ἔσχατον τὸ πρὸς ἡμᾶς τῆς κύκλῳ
φορᾶς εἴη ἂν ὁ ἄνω τόπος· τὰ γὰρ ἐπὶ τὸ ἄνω κινούμενα μέχρις ἐκείνου
κινηθέντα ὑπ᾽ ἐκείνου ἢ κατ᾽ ἐκεῖνο περιέχεται, καὶ ἔστιν ἐκεῖνο πέρας
τοῦ περιέχοντος κυκλοφορητικοῦ σώματος, καθ᾽ ὃ περιέχει τὸ περιεχόμενον·
κάτω δέ, τί ἂν εἴη ὁ τόπος; οὔτε γὰρ τὸ κέντρον τόπος (οὐδὲν γὰρ πε-
35 ριέχει, καὶ ὅτι ἀμερὲς καὶ ὅτι πάντων ἐνδοτάτω) οὔτε ἡ γῆ τόπος (σῶμα

---

3 ἐστι aF: ἔσται E   τὸ (ante κάτω) om. E   5 ἔχει E   τὸ ἄνω καὶ τὸ κάτω
aF   8 λέγεται ἐπὶ τὸ ἄνω φέρεσθαι E: ἄνω φέρεσθαι λέγομεν a: ἀνώφορον λέγομεν F
10 καὶ τῷ a   ἀκίνητον F   11 μένειν a   ἀεὶ] ἔχον Aristoteles et Simplic. ipse
f. 141ʳ 16. v 50   12 τὸ μὲν — ἀεὶ μένει (13) om. F   13 κατὰ alterum super add. E
14 κἂν aE: καὶ F qui in mrg. m. pr. adnotavit μήποτε ἢ κάλλιον λέγεσθαι κἂν τῷ εἴδει
καὶ τοῖς μέρεσι καὶ τῷ ἀριθμῷ μεταβάλληται   17 ἀεὶ aF: om. E
19 ἀεὶ E: om. aF   21 σελην sic E   22 τὸ (post δὲ) om. F   24 ἐκ τοῦ μᾶλλον
vix spectat ad πολλῷ μᾶλλον (v. 27). ἐκ τοῦδε μᾶλλον coni. Wellmann   25 εἰ aF:
ἐπὶ E   26 πάντῃ a   28 τὸ (ante κάτω) om. E

γὰρ ἡ γῆ, ἀλλ' οὐ πέρας), οὐ μέντοι οὐδὲ τὸ τῆς γῆς πέρας· τοῦτο γὰρ 136ᵛ
μορφὴ τῆς γῆς ἐστιν, ἀλλ' οὐ τόπος.

Ταύτας δὴ λύων τὰς ζητήσεις ἐπήγαγε τὸ μὲν πρὸς τὸ μέσον
περιέχον πέρας κάτω ἐστὶ καὶ αὐτὸ τὸ μέσον, τὸ δὲ πρὸς τὸ
5 ἔσχατον ἄνω καὶ αὐτὸ τὸ ἔσχατον. ἐν οἷς λέγει καὶ τίνες οἱ τόποι
εἰσὶν ὅ τε κάτω καὶ ὁ ἄνω καὶ τίνα τὰ ἐν τόπῳ τῷ τε κάτω καὶ τῷ
ἄνω. τὸ μὲν γὰρ μέσον αὐτό, ὅπερ ἐστὶν ἡ γῆ, τὸ σῶμά ἐστι τὸ ἐν τῷ
κάτω τόπῳ. τὸ δὲ πρὸς τὸ μέσον περιέχον πέρας τοῦτό ἐστιν ὁ κάτω 40
τόπος, πέρας ὂν τὸ πρὸς τῇ γῇ τοῦ περιέχοντος τὴν γῆν σώματος πῇ μὲν
10 ὕδατος, πῇ δὲ ἀέρος. ἔστι δὲ ὅπου καὶ τῆς γῆς αὐτῆς κοιλότητα ἐχούσης
τὸ ἔνδον πέρας τόπος γίνεται καὶ γῆς ἄλλης καὶ ὕδατος καὶ πυρὸς καὶ
ἀέρος καὶ ζῴων καὶ φυτῶν. καὶ ἐπειδὴ πάντα ταῦτα τὸν κάτω τόπον
συμπληροῖ καὶ οὐκ ἀφωρισμένη τις ἐπιφάνεια, διὰ τοῦτο καὶ αὐτὸς ἀορί-
στως εἶπε τὸ μὲν πρὸς τὸ μέσον περιέχον πέρας κάτω ἐστὶ καὶ
15 αὐτὸ τὸ μέσον. καὶ γὰρ καὶ τὸ μέσον ἄλλοτε ἄλλο, ποτὲ μὲν γῆ, ποτὲ
δὲ ἄλλο τι τῶν στοιχείων ἢ σωμάτων, πάντως δὲ ἐν τῷ μέσῳ ἐν ᾧ ἡ 45
τῆς γῆς ὁλότης. ἔστι δὲ τὸ αὐτὸ πολλάκις καὶ ἐν πλειόνων σωμάτων πέ-
ρασιν ὡς ἐν τόποις ἅμα εἶναι, ὡς ὅταν ἐν ποταμῷ ᾖ λίθος, μέρος μὲν
ἔχων ἐρηρεισμένον ἐν τῇ γῇ, μέρος δὲ ὑπὸ τοῦ ὕδατος περιεχόμενον καὶ
20 μέρος ὑπερανέχον τοῦ ὕδατος καὶ ἐν τῷ τοῦ ἀέρος πέρατι περιεχόμενον.
καὶ οὕτω μὲν τὸ ἐν τῷ κάτω τόπῳ καὶ ὁ κάτω τόπος. τὸ δὲ πρὸς τὸ
ἔσχατον φησὶν ἄνω καὶ αὐτὸ τὸ ἔσχατον. καὶ ἐνταῦθα ὥσπερ ἐπὶ 50
τοῦ κάτω ἔσχατον μὲν τὸ ἄνω τὸ ἐν τόπῳ ἐστίν, οἷον ὁ αἰθήρ, πρὸς
τὸ ἔσχατον δὲ ὁ ἄνω τόπος, ὅς ἐστι τὸ πέρας τοῦ περιέχοντος τὸ πρὸς
25 τὸ ἔσχατον ἐν τόπῳ ὂν νεῦον, οἷον ἡ κοίλη τῆς σελήνης ἐπιφάνεια πρὸς
τῷ αἰθέρι οὖσα, ὃς ἔσχατος τῶν ἐν τόπῳ ἐστί. τὸ δὲ μέσον τὸ ἐν τῷ
κάτω τόπῳ, ἐπὶ δὲ τοῦ ἄνω τὸ ἀνάπαλιν τὸ μὲν πρὸς τὸ ἔσχατον
ἐοικὸς κατὰ τὴν λέξιν τῷ πρὸς τὸ μέσον οὐχὶ τὸν τόπον τὸν ἄνω, ἀλλὰ
τὸ ἐν τῷ ἄνω τόπῳ εἶπε, τὸ δὲ ἔσχατον ἐοικὸς τῷ μέσῳ οὐχὶ τὸ ἐν
30 τῷ ἄνω, ἀλλὰ | τὸ ἄνω. ὁ δὲ Ἀλέξανδρος καὶ ἄλλην ἐξήγησιν ἐπάγει 137ʳ
τῇ λέξει, καθ' ἣν καθ' ἑκάτερον ἄμφω ἐπὶ τοῦ τόπου ἀκούει. "ἐπειδὴ
γάρ, φησί, μὴ μόνον τὸ ἐν τῷ κάτω ὂν περιέχεται ὑπὸ τοῦ πρὸς τὸ μέσον
σώματος, οἷον εἰ ὁ ἀὴρ οὗτος εἴη, ἀλλὰ κατά τι μέρος καὶ ὑπὸ τῆς ἐπι-
φανείας τοῦ κάτω ὄντος σώματος, τοῦτο δέ ἐστιν ἡ γῆ, δεικνὺς τίνων
35 πέρας ἐστὶν ὁ κάτω τόπος, εἶπε τὸν ἀέρα τοῦ πρὸς τὸ μέσον ἤτοι πρὸς τὸ

---

1 οὐ μέντοι — πέρας om. F   16 ἐν τῷ μέσῳ aF: τῷ μέσῳ E¹: τὸ μέσον E²   18 ᾖ
λίθος scripsi: εἶναι λίθος E: λίθος F: λίθος ᾖ a   19 ἔχων a: ἔχω E: ἔχον F
24 δὲ post πρὸς collocavit a   ὅ ἐστι F   26 τὸ ἐν] τῷ ἐν E   27 δὲ τὸ ἄνω F
28 ἐοικὼς aF   28. 29 ἀλλὰ τῷ αὐτῷ (in τὸ corr.) ἐν τῷ αὐτῷ E   33 ὁ (ante ἀὴρ)
om. aF   35 πέρας aF: πέρατα E   quae post τόπος sequuntur partim coniectura
rescripsi, libri habent: εἶπε τὸ γὰρ τοῦ πρὸς τὸ μέσον ἤτοι πρὸς τὸ κάτω περιέχοντος καὶ
αὐτοῦ τοῦ κάτω ὄντος F: εἶπε τὸ γὰρ τοῦ κάτω ὄντος (versu omisso) E: διατοῦτο εἶπε, τὸ
τοῦ πρὸς τὸ μέσον ἤτοι πρὸς τὸ κάτω περιέχοντος πέρας, κάτω καὶ αὐτοῦ ὄντος a

κάτω περιέχοντος ⟨πέρας⟩ καὶ αὐτοῦ τοῦ κάτω ὄντος, ὁμοίως δὲ καὶ ἄνω 137ʳ
τὸ τοῦ πυρὸς πρὸς τὸ ἔσχατον περιέχοντος πέρας καὶ αὐτὸ τὸ ἔσχατον. 5
αὐτὸ γὰρ ἔσχατον, φησί, λέγει οὐ τὸ σῶμα οὗ τὸ πέρας, ἀλλὰ τὸ πέρας
αὐτοῦ τὸ πρὸς ἡμᾶς (ἐκεῖ γὰρ ὁ ἄνω τόπος), πρὸς δὲ τὸ ἔσχατον λέγοι
5 ἂν τὸ ἔσχατον περιεχόμενον οἷον τὸν αἰθέρα· οὕτω γὰρ περὶ τοῦ τόπου
ἄμφω ἐπὶ τοῦ αὐτοῦ πέρατος λεγόμενα δυνατὸν ἀκούειν, ὅπερ ἐπὶ τοῦ μέσου
οὐκ ἦν· ἐκεῖνο γὰρ ἄλλο μὲν πέρας ἦν τὸ πρὸς τὸ μέσον, ἄλλο δὲ τὸ
τοῦ μέσου". καὶ Πορφύριος διττόν φησι τὸ κάτω· "ἢ γὰρ τὸ πέρας τοῦ 10
μέσου, ὅ ἐστιν ὁ τόπος, ἢ αὐτὸ τὸ μέσον, οὗ ὁ τόπος τὸ ἔσχτον. ὁμοίως
10 δὲ καὶ τὸ ἄνω διττόν· ἢ τὸ πέρας τοῦ ἐσχάτου οἷον τοῦ αἰθέρος, ὅ ἐστιν
ὁ τόπος, ἢ αὐτὸ τὸ ἔσχατον, ὅπερ ἐστὶν ὁ αἰθήρ·" καὶ ἔοικε "πέρας τοῦ
μέσου" εἰπεῖν ἢ ἀντὶ τοῦ τὸ πρὸς τὸ μέσον περιέχον πέρας ἢ τὸ
τῆς γῆς πέρας εἴτε τὸ ἐκτὸς εἴτε τὸ ἐντός, καθὸ δέχεται καὶ περιέχει,
τόπον λαμβάνει ἀνάλογον τῷ ἐσχάτῳ τοῦ αἰθέρος· κάτω γὰρ καὶ τὴν γῆν
15 λέγομεν καὶ τὰ ἐν τῇ γῇ.

Ἐπειδὴ δὲ καὶ πέρας τοῦ περιέχοντός ἐστιν ὁ τόπος καὶ ὑποδεκτικὸς 15
τοῦ ἐν αὐτῷ, διὰ τοῦτο καὶ ἐπίπεδον δοκεῖ ὁ τόπος, τουτέστιν ἐπιφάνεια,
μῆκος καὶ πλάτος ἄνευ βάθους ἔχων. διὸ καὶ ἐπίπεδον αὐτὸν ἐκάλεσεν,
ὡς τῶν παλαιῶν πᾶσαν ἐπιφάνειαν ἐπίπεδον καλούντων· οἱ γὰρ νεώτεροι
20 διαφορὰν ἐπιφανείας ἔλεγον τὴν ἐπίπεδον καὶ ἄλλην τὴν σφαιρικὴν ἢ κω-
νικὴν ἢ κυλινδρικήν, καὶ ἐπίπεδον ἔλεγον ἐπιφάνειαν, ἥτις ἐξ ἴσου ταῖς
ἐφ' ἑαυτῆς εὐθείαις κεῖται. ἔστι δὲ ὁ τόπος καὶ οἷον ἀγγεῖον. τὸ γὰρ
ὑποδεκτικὸν κοινόν ἐστι καὶ τοῦ τόπου καὶ τοῦ ἀγγείου. ἔοικε δὲ τὸ καὶ 20
διὰ τοῦτο δοκεῖ ἐπίπεδόν τι εἶναι προσθεῖναι διὰ τοὺς τὸ εἶδος τόπον
25 λέγοντας ἐπιφάνειαν· ὂν τοῦ σώματος. οὗτοι γὰρ καθόσον μὲν πέρατι καὶ
ἐπιπέδῳ προσέβαλον, ἐγγὺς ἦλθον τῆς τοῦ τόπου ἐννοίας, καθόσον δὲ οὐ
τοῦ περιέχοντος πέρας, ἀλλ' αὐτοῦ τοῦ ἐν τόπῳ, κατὰ τοσοῦτον ἀπεσφά-
λησαν. καὶ τὸ ἑξῆς δὲ τὸ ἔτι ἅμα τῷ πράγματί πως ὁ τόπος· ἅμα
γὰρ τὰ πέρατα πρὸς τὸ αὐτὸ τείνειν ἔοικεν ἀπολογίαν τινὰ πορίζον τοῖς
30 οἰηθεῖσι τὸ εἶδος εἶναι τὸν τόπον· ἅμα γὰρ τῷ πράγματι τῷ ἐν τόπῳ ἐστὶν 25
ὁ τόπος, διότι ἅμα ἐστὶ τὰ πέρατα τοῦ τε ἐν τόπῳ καὶ αὐτοῦ ὅπερ ἐστὶν
ὁ τόπος. οὐδὲν γάρ ἐστι μεταξύ, ὥστε καὶ ἓν δοκεῖ γίνεσθαι διὰ τὴν
ἐφαρμογὴν τῶν ἐπιπέδων. τὸ δὲ ἅμα ὅτι οὐχὶ τὸ ἐν τῷ αὐτῷ τόπῳ δηλοῖ,
ἀλλὰ τὸ κατὰ ταὐτὸν καὶ εἰς ἓν συντρέχον, εἴρηται πρότερον. πῶς γὰρ
35 ἂν εἴη ὁ τόπος ἐν τόπῳ;

---

2 πυρὸς F: om. aE   3 post γὰρ add. τὸ a   λέγει E: λέγειν aF   4 ἐκεῖ E: ἐκεῖνο
aF   6 λέγομεν ἀδύνατον F   8 καὶ ὁ aF   12 μέσου ex ἐσχάτῳ corr. E   13 εἴτε
(post πέρας) aF: ἢ E   καθὸ γὰρ probabiliter a   16 δὲ om. F   καὶ (post τόπος)
om. E   17 δοκεῖ—ἐπίπεδον (18) om., sed in mrg. ead. manu supplevit E   20 διαφο-
ρὰν F: διαφορὲ E: διαφορὰς a   24 post εἶδος add. τὸν aF   25 ἐπιφάνειαν ut videtur F:
ἐπιφάνεια aE   27 τοῦ (post οὐ) om. F   ἀλλὰ τοῦ τοῦ F   28 πως om. Aristoteles
ὁ τόπος om. F   ἅμα γὰρ τῷ πεπερασμένῳ τὰ πέρατα Aristoteles, at cf. Themistius
p. 277, 15   31 καὶ αὐτὸ E   34 πρότερον] nescio ubi   35 ὁ om. aF

p. 212ᵃ31 Ὅτι μὲν οὖν σώματί ἐστί τι ἐκτός ἕως τοῦ ὅσα ἔχει
πύκνωσιν καὶ μάνωσιν.

Ὁρισάμενος τὸν τόπον ὅτι ἐστὶ τὸ τοῦ περιέχοντος πέρας ἀκίνητον πρῶτον καὶ συστήσας τό τε πρῶτον καὶ τὸ ἀκίνητον ἐφιστάνει καλῶς, ὅτι
5 κατὰ ταύτην τὴν ἀπόδοσιν οὐ πᾶν σῶμα ἐν τόπῳ ἐστίν, ἀλλ' ᾧ μὲν ἔστι τι ἐκτὸς σῶμα τὸ περιέχον αὐτό, τοῦτό ἐστιν ἐν τόπῳ, ᾧ δὲ μή, οὔ. ὥστε οὔτε ἡ ἀπλανὴς σφαῖρα ἔσται ἐν τόπῳ (οὐ γὰρ ἔστι τι ἐκτὸς τὸ περιέχον αὐτήν, εἴπερ ἐστὶν ἐσχάτη πασῶν) οὔτε ὁ ὅλος κόσμος· οὐδὲ γὰρ τούτου ἔστι τι ἐκτός. ἢ γὰρ κενόν, ὅπερ δειχθήσεται μὴ ὄν, ἢ σῶμα·
10 καὶ ἢ πεπερασμένον (καὶ ἔσται τι καὶ τούτου ἐκτός, εἰ πᾶν σῶμα ἐν τόπῳ, καὶ τοῦτο ἐπ' ἄπειρον) ἢ ἄπειρον σῶμα τὸ ἐκτός, καὶ ἤδη ἀνῄρηται τοῦτο. βουλόμενος οὖν πεῖσαι, ὅτι οὐκ ἔστιν ἐν τόπῳ τὸ πᾶν καὶ ὁ οὐρανός, ἐπὶ παραδοξοτέρας ὑποθέσεως πειρᾶται συνεθίζειν ἡμᾶς. κἂν γὰρ ὕδωρ, φησίν, ὑποτεθῇ τὸ πᾶν, ὃ μάλιστα δεῖται τοῦ ἐν τόπῳ ἢ ἐν ἀγγείῳ εἶναι διὰ τὸ
15 μὴ δύνασθαι χωρὶς τοῦ περιέχοντος αὑτὸ κρατεῖν, καὶ τὸ τοιοῦτον ὅμως πᾶν οὐκ ἂν εἴη ἐν τόπῳ· ἐπειδὴ πᾶν ὅλως ὑποκείμενον οὐκ ἔχει τι τὸ περιέχον ἐκτός, οὗ τὸ πρὸς τῷ περιεχομένῳ πέρας ὁ τόπος ὑπόκειται. τὰ μέντοι μόρια τοῦ ὕδατος ἦν ἂν ἐν τόπῳ, εἴπερ ἦν διῃρημένα, ὥσπερ καὶ νῦν τὰ τοῦ παντὸς μόρια διῃρημένα καὶ ἁπτόμενα ἀλλήλων καὶ περιεχό-
20 μενα ἄλλο ὑπ' ἄλλου ἐν τόπῳ ἐστίν. ἐπειδὴ δὲ ἐν τόπῳ ἐλέγετο εἶναι τὰ κινητὰ κατὰ φοράν, διὰ τοῦτο ἀπὸ τῆς κατὰ τόπον κινήσεως, ὅπως τὰ μὲν μόρια ἐν τόπῳ ἐστί, τὸ δὲ ὅλον οὐκ ἔστι, συλλογίζεται. καὶ ἔτι μέντοι ὅπως τὰ μὲν μόρια κινεῖται κατὰ τόπον, τὸ δὲ ὅλον ἀκίνητον μένει δείκνυσιν. ἀρξάμενος οὖν ἀπὸ τῶν ἐν τόπῳ ὄντων μετέβη ἐπὶ τὰ κατὰ τόπον κινού-
25 μενα ἀπὸ τούτων καὶ ἐκεῖνα δεικνύς. καὶ λέγει τὰ μὲν μόρια κινήσεται αὐτοῦ· τὸ δὲ πᾶν ἔστι μὲν ὡς κινήσεται, ἔστι δὲ ὡς οὐ περὶ τοῦ οὐρανοῦ λοιπὸν λέγων ἤτοι τοῦ παντὸς κόσμου. τὰ γὰρ αὐτὰ ἂν συνέβαινε, καὶ εἰ τὸ ὕδωρ τὸ πᾶν ἦν. ὡς μὲν γὰρ ὅλον, ἅμα τὸν τόπον οὐ μεταβάλλει, διότι οὐδὲ κινεῖται ὅλον κατὰ τόπον, διότι οὐδὲ
30 ἔστι καθ' ὅλον ἐν τόπῳ, διότι οὐδὲ περιέχεται ὑπό τινος ἔξωθεν σώματος, εἴπερ αὐτός ἐστι τὸ πᾶν ἢ τὸ τοῦ παντὸς ἔσχατον. διὰ τοῦτο δὲ καὶ κύκλῳ κινεῖται ὁ οὐρανός, οὐ μέντοι ἄνω ἢ κάτω, ὅτι κύκλῳ μὲν δύναται κινεῖσθαι καὶ τὰ μὴ μεταβαίνοντα τόπον ἐκ τόπου καθ' ὅλον, διότι τοῖς μορίοις μεταβαίνει κατὰ τόπον· ὁ γὰρ τοιοῦτος τόπος ὁ ἐν τοῖς κύκλῳ κινουμένοις,
35 καθ' ὃν ἀλλήλων ἁπτόμενα τὰ μόρια τόποι γίνονται ἀλλήλων κατὰ τὰ πέρατα, οἰκεῖος τῶν τοιούτων μορίων ἐστίν, ἀλλ' οὐχὶ τοῦ ὅλου· οὐ γὰρ ἅπτεταί τι ἔξωθεν τοῦ ὅλου. διὸ ἄνω καὶ κάτω οὐ δύναται κινεῖσθαι (ἢ γὰρ ἂν ὅλον μετέβαινε τόπον ἐκ τόπου), κύκλῳ δὲ μόνον. τῶν δὲ μορίων

---

6 τὸ (post σῶμα) om. Aristoteles at cf. f. 140ᵛ45   15 αὐτὸ scripsi: ἑαυτὸ E: αὐτὸ aF   23 μένει] ἔνει sic E   25 λέγει ὅτι τὰ a   27 τοῦ (post περὶ) om. F
ἤτοι initio paginae iteravit F   31 δὲ om. F   32 διότι F   33 καθό F

αὐτοῦ τὰ μὲν κύκλῳ τὰ ἐν αὐτῷ τῷ οὐρανῷ· τὰ δὲ καὶ ἄνω καὶ 137
κάτω, ὅσα ἔχει πύκνωσιν καὶ μάνωσιν, τουτέστι τὰ τέτταρα στοι- 5
χεῖα τὰ καὶ εἰς ἄλληλα μεταβάλλοντα.

Ἀλλ᾽ εἰ πᾶν τὸ κατὰ φορὰν κινούμενον ἐν τόπῳ ἐλέγετο εἶναι, τὸ δὲ
5 κύκλῳ κινούμενον κατὰ φορὰν κινεῖται, πῶς οὐκ ἂν εἴη ἐν τόπῳ; "ἢ οὐ
ταὐτόν, φησὶν Ἀλέξανδρος, τὸ κατὰ φορὰν καὶ κατὰ περιφοράν. εἰ δὲ ἡ
κύκλῳ περιφορά ἐστιν, ἀλλὰ τῶν μερῶν ἐστι περιφορά, οὐχὶ τοῦ ὅλου· τὰ
γὰρ μέρη καὶ ἀμείβει τοὺς τόπους". εἰ δέ τις ἀκριβολογοῖτο, οὐδὲ τὰ μέρη
τοῦ κυκλοφορητικοῦ σώματος ἐν τόπῳ ἐστὶν οὔτε κινεῖται κατὰ τόπον οὔτε 10
10 καθ᾽ αὑτὰ οὔτε κατὰ συμβεβηκός· καθ᾽ αὑτὰ μὲν γὰρ οὐκ ἔστιν, ὅτι
συνεχῆ ἐστι καὶ οὐ διῃρημένα, κατὰ συμβεβηκὸς δὲ οὐκ ἔστιν, ὅτι ἐκεῖνα
τὰ μέρη κατὰ συμβεβηκὸς ἦν ἐν τόπῳ, ὧν τὰ ὅλα καθ᾽ αὑτὰ ἐν τόπῳ ἦν.
τὸ δὲ πᾶν οὐκ ἔστιν ἐν τόπῳ· ὥστε οὐδὲ τὰ μέρη αὐτοῦ τὰ συνεχῆ οὔτε
καθ᾽ αὑτὰ οὔτε κατὰ συμβεβηκός· πῶς οὖν λέγει τῶν μορίων γὰρ οὗ-
15 τος τόπος; ἢ τῶν ἁπτομένων μορίων ἔστιν ἀκούειν, οἷον τῶν σφαιρῶν
τῶν ὑπ᾽ ἀλλήλων περιεχομένων· ἐπὶ γὰρ τῶν συνεχῶν οὐχ ἁρμόττει λε- 15
γόμενον· οὐ γάρ ἐστι ταῦτα ἐν τόπῳ. ἔπειτα δὲ εἰ τὰ μόρια τόποι γίνον-
ται ἀλλήλων, πῶς ἔτι ἀκίνητος ὁ τόπος τῶν μορίων κινουμένων καὶ τῶν
περάτων αὐτῶν· ἀλλὰ μόρια ἀκουστέον οὐ τὰ τοῦ ἐξωτάτω σώματα τὰ
20 συνεχῆ αὐτῷ, ἀλλὰ τὰ περιεχόμενα ὑπ᾽ αὐτοῦ· ἡ γὰρ κοίλη τῆς ἀπλανοῦς
ἐπιφάνεια τόπος γίνεται προσεχῶς τῆς τοῦ Κρόνου σφαίρας καὶ ἡ ἐκείνης
τῆς ἑξῆς, καὶ δῆλον ὅτι καθόσον μὲν συμπεριάγονται τῇ ἀπλανεῖ ὡς ἐν
ἀγγείῳ ἂν εἶεν ἐκείνῃ· καθόσον δὲ καὶ ἑκάστη κίνησιν ἰδίαν ἔχει ὡς ἐν 20
ἀκινήτῳ αὐτῇ κινούμεναι ὡς ἐν τόπῳ εἰσί. πρὸς ταύτην δὲ τὴν ἔννοιαν
25 καὶ τὸ κύκλῳ δὲ κινεῖται· τῶν μορίων γὰρ οὗτος τόπος εἰρῆσθαί
φησιν ὁ Ἀλέξανδρος· κύκλῳ γὰρ κινούμενον δῆλον ὅτι ἅπτεται μόνον τῶν
περιεχομένων μορίων. εἰ δὲ τοῦτο, ὡς ἐν τόπῳ ἐστὶν αὐτῷ τὰ περιεχό-
μενα ὑπ᾽ αὐτοῦ μόρια· καὶ ταῦτα δὲ ἐπὶ τῶν μορίων τοῦ παντὸς ὁ Ἀλέ-
ξανδρος ἀκούει καὶ ἄνω μὲν καὶ κάτω οὔ, κύκλῳ δέ· ἔνια δὲ καὶ
30 κάτω καὶ ἄνω, τὸ μὲν ἐπὶ τῶν πλανωμένων σφαιρῶν, τὸ δὲ ἐπὶ τῶν ἐν
γενέσει. καὶ γὰρ εἰ τὸ κύκλῳ δὲ περὶ τοῦ παντὸς εἴρητο οἶμαι, ὡς τοῦ 25
κύκλῳ δὲ καταλληλότερον περὶ παντὸς τοῦ οὐρανοῦ λεγομένου, ὅπερ ὡς
ταὐτὸν τῷ παντὶ λαμβάνει, (τινὲς δ᾽ οὐ γράφουσιν ἔνια, ἀλλὰ τὰ δὲ ἄνω
καὶ κάτω) καὶ εἴπερ αὕτη καταλληλοτέρα ἡ γραφή, καὶ τὸ τῶν μορίων
35 γὰρ οὗτος τόπος πρὸς τὸ ὡς μὲν γὰρ ὅλον, ἅμα τὸν τόπον οὐ

---

1 καὶ ἄνω καὶ κάτω E: καὶ κάτω καὶ ἄνω F: κάτω καὶ ἄνω a   2 πύκνωσιν aF:
κύκλωσιν E   9 οὔτε (post ἐστὶν) libri: lege οὐδὲ   11 fortasse ἐκεῖνα ⟨ἂν⟩
13 ἔστιν aF: ἦν E   14 post συμβεβηκός iteravit καθ᾽ αὑτὰ· μὲν (10) — συμβεβη-
κός (12) F   15 τόπος F cf. v. 24. 35. p. 591,4: ὁ τόπος aE ut Aristoteles
17 ἐστι aF: om. E   19 ἐξωτάτου E   20 τὰ (post ἀλλὰ) E: om. aF   κοίλη
τῆς] κοιλότης F   21 γίνεται aF: γίνεται τῶν E   23 ἂν εἶεν aF: εἶεν ἂν E
25 ὁ τόπος ut supra v. 15 a, at cf. v. 35. p. 591,5   27 εἰ δὲ — μορίων (28) om. E
29 ἔνια δὲ E: ἔνια τὸν δὲ F: ἔνια. τὰ δὲ Aristoteles: om. a   33 δ᾽ om. E   τὰ
δὲ] τάδε E: τὰ δὲ καὶ Brandis   34 μορίων οὗτος ὁ τόπος a

μεταβάλλει ἀποδοτέον, ἵνα ᾖ λέγων, ὅτι τὸ πᾶν ἤτοι ὁ οὐρανὸς ὅλον 137ᵛ
μὲν ἅμα τὸν τόπον οὐ μεταβάλλει· οὐδὲ γὰρ ἄνω καὶ κάτω κινεῖται, ἀλλὰ
κύκλῳ μόνον, τὸν αὐτὸν ἀεὶ κατέχων τόπον· τὰ δὲ μόρια καὶ ἄνω κινεῖ- 30
ται καὶ κάτω.

5   Καὶ πολλὴν ἀσάφειαν ἐποίησε τῷ λόγῳ τὸ λαβεῖν τὸ πᾶν ἀντὶ τοῦ
οὐρανοῦ· πῶς γὰρ τοῦ οὐρανοῦ μέρη τὰ ἄνω καὶ κάτω κινούμενα; ἀλλ'
ἴσως διὰ τοῦτο· τὸν οὐρανὸν καὶ τὸ πᾶν ὡς τὸ αὐτὸ λέγει, ἵνα μέρη τοῦ
παντὸς ἔχῃ ἤτοι τοῦ οὐρανοῦ τὰ ἐντὸς αὐτοῦ μὴ ὄντος ἐν τόπῳ. εἴπερ
δὲ μέχρι τοῦ κέντρου χωροίη, καὶ ὁ οὐρανὸς τῷ ὄντι τὸ πᾶν ἐστι καὶ μέρη
10 αὐτοῦ τὰ ἄλλα. διὸ καὶ αὐτὸς ἴσως οὕτως εἶπε προελθών· "οὐδὲ ἔστιν
ἔξω οὐδὲν τοῦ παντός, καὶ διὰ τοῦτο ἐν τῷ οὐρανῷ πάντα. καὶ γὰρ ὁ 35
οὐρανὸς τὸ πᾶν ἴσως". καθόσον μὲν γὰρ πάντα περιέχει ἢ καὶ διὰ πάν-
των χωρεῖ, κατὰ τοσοῦτον ἐν αὐτῷ πάντα, καὶ αὐτὸς τὸ πᾶν· καθ' ὅσον
δέ ἐστι καὶ ἄλλα παρ' αὐτόν, κατὰ τοῦτο "τὸ πᾶν ἴσως" εἶπε. μάλιστα
15 δ' ἂν εἴη τὸν οὐρανὸν τὸ πᾶν ἴσως λέγων, διότι τὸ παρὰ τὸν οὐρανὸν ἐλά-
χιστόν ἐστιν ἐν τῷ παντί, εἴπερ ἡ ὅλη γῆ σημείου καὶ κέντρου λόγον ἔχει
πρὸς τὴν τῶν ἀπλανῶν σφαῖραν. ὅτι δὲ καὶ τὰ ὑπὲρ αὐτὴν στοιχεῖα οὐ
πολλῷ τινι μείζονα αὐτῆς ἐστι, δηλοῖ τὸ τὴν σκιὰν αὐτῆς διὰ πάντων 40
χωροῦσαν εἰς τὴν σεληνιακὴν σφαῖραν ἀνατείνεσθαι. ὅτι δὲ οὐρανὸν τὸ
20 κυκλοφορητικὸν λέγει σῶμα ὅλον ὡς ἕν, δηλοῖ καὶ τὸ ἐπὶ τῷ τέλει τῆς
ῥήσεως εἰρημένον "ὁ δὲ αἰθὴρ ἐν τῷ οὐρανῷ, ὁ δὲ οὐρανὸς οὐκέτι ἐν
ἄλλῳ".

Καὶ δοκεῖ τοῖς ἐξηγηταῖς λέγειν καὶ τὰ μόρια αὐτοῦ καὶ αὐτὸν κύκλῳ
κινεῖσθαι, καὶ τὰ μὲν μόρια αὐτοῦ καὶ ἐν τόπῳ εἶναι διὰ τὸ περιέχεσθαι
25 ἄλλην σφαῖραν ὑπ' ἄλλης καὶ κινεῖσθαι ἰδίας κινήσεις, τὸ δὲ ὅλον μὴ εἶναι
ἐν τόπῳ ἅτε μὴ περιεχόμενον ὑπό τινος. δῆλον δὲ ὅτι καὶ τὴν ἀπλανῆ 45
διὰ τὴν αὐτὴν αἰτίαν οὐκ ἐροῦμεν ἐν τόπῳ. εἰ γάρ τις βιαζόμενος εἴποι
καὶ ταύτην ὡς ἐφαπτομένην τῆς Κρονίας κατὰ τὴν κοίλην ἐπιφάνειαν ἐν
τόπῳ ταύτῃ εἶναι, πρῶτον μὲν ἔσται τὸ περιέχον ἐν τῷ περιεχομένῳ ὡς
30 ἐν τόπῳ· ἔπειτα τῷ αὐτῷ λόγῳ χρώμενός τις καὶ τὸν ὅλον οὐρανὸν ἐν
τόπῳ ἐρεῖ τῇ κυρτῇ τοῦ αἰθέρος ἐπιφανείᾳ· καὶ γὰρ καὶ ταύτης ἅπτεται
κατὰ τὴν ἑαυτοῦ κοίλην. καὶ ὅλως πάντα τόπον ἐν τόπῳ φήσομεν οὕτως.
ἀλλ' εἴ τις τὰ ἐνταῦθα λεγόμενα ἀκούοι, ὡς τοῦ μὲν παντὸς μὴ κινουμέ- 50
νου κατὰ τόπον διὰ τὸ μὴ μεταβαίνειν τόπον ἐκ τόπου, ἀλλὰ κύκλῳ κινεῖ-
35 σθαι, τῶν δὲ μορίων ἔνια μὲν κύκλῳ κινεῖσθαι ὡς τὰ ἐντὸς τῆς ἀπλανοῦς

---

2 μεταβάλλει ἀποδοτέον F   3 κατέχων E: κατέχον aF   καὶ (ante ἄνω) om. aF
5 τὸ λαβεῖν EF: τῷ λαβεῖν a   10 προελθών p. 212ᵇ16   οὐδέν ἐστιν ἔξω τοῦ
παντὸς Aristoteles   11 οὐδὲν aE(?): οὐδὲ F   καὶ γὰρ ὁ aF: καὶ γὰρ E: ὁ γὰρ Ari-
stoteles   12 ἢ E: om. aF   διὰ πάντων EF: τὰ πάντα a   15 διότι τὸ a:
διὰ τὸ τὸ E: διὰ τὸ F   17 καὶ (post δὲ) om. aF   19 ἀνατείνεσθαι E: ἀποτεί-
νεσθαι aF   20 σῶμα λέγει aF   21 εἰρημένον p. 212ᵇ21   29 περιεχομένῳ
aE: περιέχοντι F, sed in mrg. m. pr. ∴ μήποτε ἦ κρεῖττον τὸ ἐν τῷ περιεχομένῳ
32 ἐν τῷ τόπῳ E   33 ἀκούει E¹   35 τὰς ἐντὸς τῆς ἀπλανῆς E

σφαίρας, ἔνια δὲ ἄνω καὶ κάτω ὡς τὰ τέτταρα στοιχεῖα, πρῶτον μὲν διὰ 137ᵛ
τί αἱ μερικαὶ σφαῖραι καίτοι μὴ μεταβαίνουσαι τόπον ἐκ τόπου ὅμως κατὰ
τόπον λέγονται κινεῖσθαι, καίτοι καὶ τοῦ παντὸς κύκλῳ μὲν μὴ κατὰ τόπον
δὲ λεγομένου κινεῖσθαι; ἔπειτα τὸ τῶν μορίων γὰρ οὗτος τόπος βε-
5 βιασμένως ἀποδώσει, ἀλλ' ἄμεινον, ὡς εἴρηται, τὸ μὲν | πᾶν ἤτοι τὸν 138ʳ
ὅλον οὐρανὸν κύκλῳ μὲν κινεῖσθαι, μὴ κατὰ τόπον δέ, ὅτι μὴ μεταβάλλει
τόπον ἐκ τόπου· τὰ δὲ μόρια ἅπερ ἐστὶν ὑπὸ σελήνην καὶ ἄνω καὶ κάτω.
ὁ γὰρ κατὰ μετάβασιν τῶν μορίων ἐστὶ τόπος.

p. 212ᵇ3 Ὥσπερ δ' ἐλέχθη τὰ μέν ἐστιν ἐν τόπῳ ἕως τοῦ ὁ δὲ 13
10   οὐρανὸς οὐκέτι ἐν ἄλλῳ.

Προθέμενος δεῖξαι, ὅτι ὁ ὅλος οὐρανὸς καὶ ὁ πᾶς κόσμος οὐκ ἔστιν
ἐν τόπῳ, τοὺς πάντας διαιρεῖται τρόπους, καθ' οὓς λέγεταί τι ἐν τόπῳ. 15
καὶ γὰρ τὰ μέν ἐστι δυνάμει, τὰ δὲ ἐνεργείᾳ. τὰ μὲν γὰρ συνεχῆ καὶ
μήπω μέρη κατὰ δύναμιν λέγεται ἐν τόπῳ, ὡς ὅταν διαιρεθῇ ἐν τόπῳ
15 ἐσόμενα κατ' ἐνέργειαν, τὸ μέντοι χωριστὸν καὶ ἤδη διῃρημένον, ὅταν
περιέχηται ὑπό τινος, κατ' ἐνέργειάν ἐστιν ἐν τόπῳ. πάλιν δὲ τὰ μὲν καθ'
αὑτά ἐστιν ἐν τόπῳ, ὅσα κινεῖσθαι κατὰ τόπον πέφυκεν ἢ κατὰ φοράν,
τουτέστι τὴν ἐπ' εὐθείας κίνησιν, καθ' ἣν καὶ ἡ ἀπὸ τόπου εἰς τόπον τοῦ
ὅλου μετάβασις γίνεται (ἄλλο γάρ ἐστι φορὰ καὶ ἄλλο περιφορά), ἢ ὅσα 20
20 κατὰ αὔξησιν καὶ μείωσιν κινεῖται, καὶ ταῦτα ἐν τόπῳ φαμὲν ὡς καὶ αὐτὰ
κατὰ τόπον κινούμενα· κἂν γὰρ μὴ ὅλον ἀμείβῃ τὸν τόπον, ἀλλὰ προσε-
πιλαμβάνει καὶ ἀφίησί τινα τόπον· διὸ καὶ ταῦτα καθ' αὑτὰ ἐν τόπῳ.
εἰπὼν δὴ τὰ τρία σημαινόμενα τοῦ ἐν τόπῳ τὸ δυνάμει τὸ ἐνεργείᾳ τὸ
καθ' αὑτὸ δείκνυσιν ὅτι ὁ οὐρανός, ὥσπερ εἴρηται, οὔ που ὅλος
25 οὐδὲ ἔν τινι τόπῳ, κατ' οὐδένα δηλονότι τῶν ῥηθέντων τοῦ ἐν τόπῳ
τρόπων· οὔτε γὰρ ὡς δυνάμει οὔτε ὡς ἐνεργείᾳ, εἰ μὴ ἔστι τι ἔξωθεν οὗ 25
ἅπτεται ἢ οὗ ἅψεσθαι δυνήσεται, κἂν ὑποτεθῇ διαιρούμενος. τὸ δὲ πᾶν
οὐδὲ ἔστιν ἐπινοῆσαι δυνάμει, ὅτι οὐ μέρος, οὐ μέντοι οὐδὲ καθ' αὑτὸ ἐν
τόπῳ, ὅτι οὐ προσλαμβάνει τόπον ἢ ἀφίησιν. οὐδὲ γὰρ κινητὸν ὅλως κατὰ
30 τόπον ἐστίν, ἅτε μήτε κατὰ φορὰν μήτε κατὰ αὔξησιν ἢ μείωσιν κινούμε-
νον. αὐτὸς δὲ κοινὸν ἐπήγαγεν αἴτιον τοῦ κατὰ μηδένα τῶν τριῶν τρόπων
ἐν τόπῳ εἶναι τὸν ὅλον οὐρανὸν τὸ μηδὲν αὐτὸν περιέχειν σῶμα· εἰπὼν
δὲ ὅτι ὅλως οὐκ ἔστιν ἐν τόπῳ, διότι οὐδὲ κινεῖται κατὰ τόπον ὅλος, ἐπή- 30
γαγεν ἐφ' ὃ δὲ κινεῖται ταύτῃ καὶ τόπος ἐστὶ τοῖς μορίοις. κινεῖ-
35 ται γὰρ οὔτε ἐπὶ τὸ ἄνω οὔτε ἐπὶ τὸ κάτω, ἀλλὰ ἐπὶ τὸ κύκλῳ· διὸ αὐτὸς
μὲν οὐκ ἔστιν ἐν τόπῳ, ἅτε μὴ κατὰ τόπον μεταβαίνων, γίνεται δὲ τόπος

---

4 γὰρ om. F   οὗτος ὁ τόπος a   6 lege μεταβαίνει   11 ὅτι—κόσμος aE: πῶς
ceteris omissis F   15 χωριστὸν aF: χωρὶς ὂν E   22 καθαυτὸ E   23 δὴ E:
δὲ aF   24 post που add. ὁ E   33 post τόπον add. ὁ E   34 δ E ut infra
p. 592, 7 et 138ᵛ 12 et supra p. 580, 25 itemque Arist. cod. E: ᾧ aF   35 ἐπὶ τὸ κύκλῳ
a: ἐπὶ τῷ κύκλῳ EF   36 μεταβαίνων aF: βαίνων E   post δὲ add. ὁ aF

τοῖς μορίοις· αἱ γὰρ ἐντὸς ἀεὶ σφαῖραι περιέχονται ὑπὸ τῶν ἔξω καὶ 138r
κινοῦνται ἐν τῷ ἐκείνων τόπῳ τοῖς ἑαυτῶν μορίοις ἀμείβουσαι τοὺς τόπους.
ᾧ καὶ διαφέρουσι τῆς ἀπλανοῦς ἤτοι τοῦ ὅλου οὐρανοῦ ἢ τοῦ παντός, ὅτι
ταῦτα οὐκ ἀμείβει τόπον οὐδὲ τοῖς μορίοις τοῖς συνεχέσι· τὰ γὰρ συνεχῆ 35
5 μέρη τῆς ἀπλανοῦς, εἴπερ ἐξωτάτω αὕτη, οὐκ ἀμείβει τόπον, ὅτι μήτε ἐν
τόπῳ μήτε περιέχεται ὑπό τινος ἔξωθεν· ὁ δὲ Μάξιμος καινοπρεπέστερον
ἐξηγήσατο τὸ ἐφ' ὃ δὲ κινεῖται, ταύτῃ καὶ τόπος ἐστί τοῖς μο-
ρίοις. "κινεῖται γάρ, φησί, τὸ πλανώμενον, ὡς ἐν τῷ δευτέρῳ Περὶ
οὐρανοῦ δείκνυσιν, ἐπὶ τὰ ἀριστερά· ἐν τούτῳ οὖν καὶ τὰ μόρια ὡς ἐν
10 τόπῳ· τὰ γὰρ δεξιὰ καὶ ἀριστερὰ τόπου διαφοραί."
   Εἰπὼν δὴ ταῦτα περὶ τῶν τριῶν τοῦ ἐν τόπῳ τρόπων ἐπάγει καὶ τὸν 40
τέταρτον. τὰ δὲ κατὰ συμβεβηκός ἐστιν ἐν τόπῳ οἷον ἡ ψυχὴ καὶ ὁ
οὐρανός. καὶ ἡ μὲν ψυχὴ δῆλον ὅπως κατὰ συμβεβηκὸς ἐν τόπῳ (τὸ
γὰρ σῶμα ᾧ συμβέβηκεν ὡς εἶδος καθ' αὑτό ἐστιν ἐν τόπῳ), ὁ δὲ οὐρα-
15 νός, οὗ εἵνεκα πάντα εἴρηται, πῶς κατὰ συμβεβηκός ἐστιν ἐν τόπῳ; ἢ
ὅτι τὰ μόρια ἐν τόπῳ πως· τὸ δὲ πῶς προσέθηκε, φασί, διὰ τὴν
ἀπλανῆ, ὅτι ἐκείνη οὐκ ἐν τόπῳ. καίτοι εἰ δι' ἐκείνην προσετέθη, οὐκ
ἂν ἐπήγαγε τὸ πάντα· εἰ γὰρ μέρος μὲν τοῦ ὅλου οὐρανοῦ ἤτοι τοῦ
παντός ἐστιν ἡ ἀπλανής, μὴ ἔστι δὲ αὕτη ἐν τόπῳ, οὐκ ἂν εἴη πάντα ἐν
20 ἐν τόπῳ. εἰ μὴ ἄρα τὸ πῶς πάντα εἶπεν οὐ τῷ τόπῳ, ἀλλὰ τῷ 45
πάντα τὸ πῶς προστιθείς, ὅτι οὐχ ἁπλῶς πάντα ἀλλ' ἐγγὺς πάντα, εἴπερ
πάντα παρὰ ἕν. ὁ δὲ Θεμίστιος τὸ πῶς ἤκουσεν, ὡς εἴρηται, διότι ἡ ἐξω-
τάτω σφαῖρα "κατὰ μὲν τὸ ἐντὸς εἴη ἂν ἐν τόπῳ (ἅπτεται γὰρ τῆς τοῦ
Κρόνου καὶ περιέχεταί πως), κατὰ δὲ τὸ ἔξω παντελῶς ἀμοιρεῖ τόπου".
25 δῆλον δὲ ὅτι ὁ οὕτως ἐκδεχόμενος πανταχοῦ καὶ τὸν τόπον ἐν τόπῳ ἐρεῖ,
ὅτι κατὰ τὴν ἔνδοθεν ἐπιφάνειαν ἅπτεται τοῦ ἐν τόπῳ καὶ τόπος ἔσται τὸ
ἐν τόπῳ. μήποτε δέ, ὅπερ καὶ πρότερον εἶπον, οὐδὲ κατὰ συμβεβηκός ἐστιν 50
ἐν τόπῳ οὔτε τὸ πᾶν οὔτε ὁ ἀπλανὴς οὐρανός· εἰ γὰρ κατὰ συμβεβηκὸς
ἐν τόπῳ τοῦτό ἐστιν, ὅπερ ἢ μέρος ἢ συμβεβηκός ἐστι τοῦ καθ' αὑτὸ ὄντος
30 ἐν τόπῳ, ἔστι δὲ τὸ μὲν πᾶν οὔτε μέρος οὔτε συμβεβηκός τινος, ὁ δὲ
ἀπλανὴς οὐρανὸς μέρος μὲν τοῦ παντός, οὐ μέντοι καθ' αὑτὸ ὄντος ἐν
τόπῳ, δῆλον ὅτι οὐδὲ κατὰ συμβεβηκὸς εἴη ἂν ἐν τόπῳ. ἀλλ' ἔοικε τὸ
κατ' ἄλλο ὡς κατὰ συμβεβηκὸς λαβεῖν. τὸ γὰρ κατὰ μέρη ἐν τόπῳ κατ'
ἄλλο ἐστί. κοινὸν γὰρ καὶ τῷ | κατὰ συμβεβηκὸς καὶ τῷ κατὰ μέρη τὸ 138v
35 κατ' ἄλλο. ἐπεὶ οὖν ἐν τοῖς μέρεσι τὸ ὅλον, κἂν μὴ ὡς μέρος μηδὲ ὡς

---

5 ἐξωτάτη a   8 Περὶ οὐρανοῦ cf. B 2 p. 285b28   9 ἐν τούτῳ—τόπῳ (10) itera-
vit F   11 δὴ EF: δὲ a   ἐπήγαγε a   12 ὁ (post καὶ) om. E   13 ὅπως]
ὅτι F¹   τὸ γὰρ—ἐν τόπῳ (14) E: om. aF   15 ἕνεκα a   17 προσετέθη aF: προσε-
τίθει E   18 ἐπήγαγε E: ἐπῆγε aF   20 τῷ πάντα] τῶ πᾶν F   22 Θεμίστιος
p. 280,13   24 καὶ οἷον περιέχεται Themistius   ἔξω] δεξιὸν a   τοῦ τόπου The-
mistius   26 καὶ τόπος—τόπῳ (27) om. F   τὸ deleverim   27 πρότερον cf. p. 590,26.
592,3   οὐδὲ scripsi cf. v. 32: οὔτε libri   32 εἴη ἂν E: ἂν εἴη aF   32 τὸ κατ'
ἄλλο cf. Themistius p. 279,30 ἴσως οὖν ἐνταῦθα κοινότερον κέχρηται τῷ κατὰ συμβεβηκὸς
ἀντὶ τοῦ κατ' ἄλλο   33 κατ' ἄλλο om. F   34 καὶ τῷ ex καὶ τὸ E¹

συμβεβηκός, τὰ δὲ μέρη ἐστὶν ἐν τόπῳ κατὰ τὴν ἐπὶ τὰ μέρη ἀναφοράν, 138ᵛ
ἐν οἷς ἐστι τὸ ὅλον καὶ τὸ πᾶν, καὶ ὁ οὐρανὸς ἐν τόπῳ ἂν εἴη κατὰ
συμβεβηκός. μήποτε δὲ οὔτε τῆς ἀπλανοῦς οὔτε ἄλλης σφαίρας τὰ μέρη
ἐν τόπῳ ἐστί· κἂν γὰρ ἔχηται ἀλλήλων, ἀλλ' οὐ διῃρημένα. εἰ οὖν τὰ
5 μέρη μὴ ἔστιν ἐν τόπῳ καθ' αὑτά, οὐδὲ τὸ ὅλον ἂν εἴη ἐν τόπῳ κατὰ τὰ 5
μέρη.

Καὶ ὁ μὲν Ἀλέξανδρος οὐρανὸν λέγεσθαι νῦν φησιν οὐ τὴν τῶν ἀπλα-
νῶν σφαῖραν οὐδὲ τὸ θεῖον σῶμα μόνον, ἀλλὰ τὸν κόσμον πάντα, διότι
τούτου μὲν τὰ μέρη πλὴν τῆς ἀπλανοῦς ἐν τόπῳ ἐστί, τῆς δὲ ἀπλανοῦς
10 τὰ μέρη οὐκέτι, εἴπερ τὸ ἐπὶ τὸ κύκλῳ γὰρ περιέχει ἄλλο ἄλλο ἐπὶ
τῶν τοῦ παντὸς μορίων ἀκούειν ἀνάγκη, ὡς τῆς μὲν γῆς ἐν τῷ ὕδατι πε-
ριεχομένης, τοῦ δὲ ὕδατος ἐν τῷ ἀέρι, καὶ τούτου ἐν τῷ αἰθέρι, καὶ τούτου
ἐν τῷ οὐρανῷ, ὡς αὐτὸς ἐρεῖ· μήποτε δέ, ὡς καὶ αὐτὸς Ἀλέξανδρος ἐπέ- 10
στησεν, ἐφαρμόσοι ἂν καὶ τῇ ἀπλανεῖ τὰ λεγόμενα· καὶ γὰρ τῶν τῆς ἀπλα-
15 νοῦς μορίων ἐπὶ τῷ κύκλῳ περιέχει ἄλλο ἄλλο. ἕκαστον γὰρ τῶν
μορίων αὐτῆς ὑπ' ἄλλων τινῶν μορίων περιέχεται τῶν μὲν προηγουμένων
κατὰ κύκλον, τῶν δὲ ἑπομένων. διὸ μόνον κύκλῳ κινεῖται τὸ τοιοῦτον καὶ
οὔτε ἐπὶ τὸ ἄνω οὔτε ἐπὶ τὸ κάτω. ἐφ' ᾧ δὲ κινεῖται, ὡς εἶπε πρότε-
ρον, ταύτῃ καὶ τόπος ἐστὶ τοῖς μορίοις, οὐκ αὐτὸς τόπος, ἀλλὰ
20 ἄλλου ἄλλο κύκλῳ περιέχοντος. διὸ οὐ κατὰ φοράν, ἀλλὰ κατὰ περιφορὰν 15
ἡ κίνησις. καὶ μήποτε τοῦτο τὸ * * κύκλῳ γὰρ περιέχει ἄλλο ἄλλο
ὡς κοινῶς καὶ τῷ παντὶ ἐφαρμόττον καὶ τῇ ἀπλανεῖ καὶ ἑκάστῃ τῶν οὐ-
ρανίων σφαιρῶν τέθεικεν. ὅτι δὲ οὐκ ἔστι καθ' αὐτὸν ὁ οὐρανὸς ἐν τόπῳ,
δείκνυσι σαφέστερον νῦν μεταλαβὼν τὸ ὄνομα αὐτοῦ εἰς τὸ πᾶν. τὸ γὰρ ἐν
25 τόπῳ αὐτό τέ ἐστί φησι καὶ ἔτι ἔξωθεν αὐτοῦ τοῦτο ὃ περιέχει αὐτό, ὡς
προείρηται, τοῦ δὲ παντὸς οὐδέν ἐστιν ἔξω. εἰ γὰρ ἔξω τι αὐτοῦ, οὐκέτι
τοῦτο πᾶν, ἀλλὰ τὸ σὺν τῷ ἔξω. καὶ ἔτι μέντοι, ὡς εἴρηται πρότερον, εἰ 20
μήτε ἄπειρόν ἐστι σῶμα, ὡς δέδεικται, μήτε κενόν, ὡς δειχθήσεται, ἔσται
τὸ ἔξω πεπερασμένον σῶμα. καὶ τοῦτο ἢ οὐδαμοῦ (καὶ οὕτω δυνατὸν
30 ἔσται εἶναί τι σῶμα μὴ ὂν ἐν τόπῳ) ἢ ποῦ· καὶ οὕτως ἐπ' ἄπειρον,
ὅπερ ἀδύνατον καὶ διὰ τὸ ἀόριστον καὶ ὅτι ἔσται πάλιν σῶμα ἄπειρον· τὸ
δὲ ὁ γὰρ οὐρανὸς τὸ πᾶν ἴσως ἀντὶ τοῦ ὁ κόσμος δοκεῖ λέγεσθαι· τὸ
γὰρ πᾶν δείξας μὴ ὂν ἐν τόπῳ, εἰκότως συνῆψε τὸ τὸν κόσμον τὸ πᾶν
εἶναι. τὸ δὲ ἴσως πρόσκειται, φασίν, ἢ διὰ τὸ μηδέπω εἰρῆσθαι περὶ τοῦ 25
35 κενοῦ, ὅτι οὐκ ἔστιν, ὅ φασί τινες περιέχειν τὸ πᾶν, ἢ διὰ τὸ μηδέπω
δεδεῖχθαι ὅτι εἷς ἐστιν ὁ κόσμος, ἢ ὅτι ἐστί τινα καὶ ἀσώματα εἴδη καθ'
αὑτά, ἢ διὰ φιλόσοφον εὐλάβειαν· μήποτε δὲ ἐπὶ τοῦ παντὸς κόσμου

---

10 ἐπὶ τὸ hic libri: ἐπὶ τῷ Aristoteles cf. Simpl. v. 15 et p. 580, 28.   32   γὰρ
om. E   15 ἐπὶ τῶ E: ἐπὶ τὸ aF   18 ἄνω ἢ κάτω F   ἐφ' ᾧ cf. supra
p. 591, 34   19 καὶ ὁ τόπος a   20 κατὰ alterum om. E   21 post τὸ intercidit
aut ἐπὶ τὸ aut ἐπὶ τῷ   24 σφεστερον E   26 οὐκέτι aE: οὐκέτι F   28 δέδοχται
F¹   ὡς δειχθήσεται E: ἀποδειχθήσεται F: ὡς ἀποδειχθήσεται a   30 μὴ ὂν] μόνον F
32 ὁ super add. E   ὁ γὰρ iteravit initio paginae F   36 δεδεῖσθαι E

δείξας, ὅτι οὐκ ἔστιν ἐν τόπῳ, καὶ βουλόμενος μηδὲ τὸν οὐρανὸν εἶναι ἐν 138ʳ τόπῳ διὰ τὰς αὐτὰς αἰτίας (οὐ γάρ ἐστί τι τοῦ ὅλου οὐρανοῦ ἔξω), ἐπήγαγεν ὁ γὰρ οὐρανὸς τὸ πᾶν ἴσως, τὸ ἴσως προσθείς, ὅτι περιεκτικὸς μὲν καὶ ὅτι οὐδὲν ἔξω αὐτοῦ καὶ ὅτι ἐλάχιστόν τι τὸ παρ' αὐτόν ἐστι καὶ 30
5 τοῦτο ἐντὸς καὶ περιεχόμενον, οὐ μέντοι ἁπλῶς τὸ πᾶν. διότι δὲ ἐν αὐτῷ πάντα, τὸ πᾶν ἴσως.

Ἐπιστῆσαι δὲ χρὴ ὅτι οὐρανὸν νῦν οὐ τὸν κόσμον λέγει· οὐ γὰρ ἂν εἶπε καὶ διὰ τοῦτο ἐν τῷ οὐρανῷ πάντα ὡς ἐν τόπῳ. οὐ γὰρ ὡς ἐν τόπῳ πάντα ἐν τῷ κόσμῳ, ἀλλ' ὡς ἐν ὅλῳ. ὅτι δὲ ὡς ἐν τόπῳ εἶπεν
10 ἐν τῷ κυρίως οὐρανῷ τῷ κυκλοφορητικῷ σώματι τὰ πάντα, ἐδήλωσεν εἰπὼν ἔστι δὲ τόπος οὐχ ὁ οὐρανὸς ὅλος, ἀλλὰ τοῦ οὐρανοῦ τι τὸ ἔσχατον καὶ ἁπτόμενον τῶν κατ' εὐθεῖαν κινουμένων. εἶπε δὲ τοῦ 35 κινητοῦ σώματος, τουτέστι τοῦ καθ' αὑτὸ ἀπολελυμένου καὶ κινουμένου κατὰ φοράν. ἔσχατον δὲ λέγει τὸ κοῖλον τῆς σεληνιακῆς σφαίρας ὡς ἐν
15 ἅπαντας τοὺς οὐρανοὺς λαβών. τοῦτο δὲ καὶ διὰ τοῦ ἑξῆς δηλοῖ εἰπὼν καὶ διὰ τοῦτο ἡ μὲν γῆ ἐν τῷ ὕδατι καὶ τὰ ἑξῆς· καὶ ἐνταῦθά φησιν ὁ Ἀλέξανδρος δεῖν σημειώσασθαι, ὅτι μέχρι νῦν τῷ τοῦ οὐρανοῦ ὀνόματι χρησάμενος ἐπὶ τοῦ κόσμου παντὸς νῦν τὸν οὐρανὸν βούλεται τὴν ἐξωτάτω σφαῖραν τὴν τῶν ἀπλανῶν λέγειν. καίτοι καὶ ὅτε ἔλεγεν ἐν τῷ 40
20 οὐρανῷ πάντα, οὐ περὶ τοῦ κόσμου ἔλεγεν, ὡς ἐδήλωσεν ἐφεξῆς εἰπὼν ἔστι δὲ ὁ τόπος οὐχ ὁ οὐρανὸς ἀλλὰ τοῦ οὐρανοῦ τι τὸ ἔσχατον, καὶ μέντοι ἐν τούτοις ἅπασιν οὐ περὶ τῆς τῶν ἀπλανῶν σφαίρας ἔοικε λέγειν, ὥς φησιν ὁ Ἀλέξανδρος, ἀλλὰ πᾶν τὸ θεῖον σῶμα οὐρανὸν καλεῖ, ὡς δηλοῖ καὶ τὸ τὸ ἔσχατον αὐτοῦ καὶ ἁπτόμενον τοῦ κινη-
25 τοῦ σώματος τόπον εἰπεῖν (κινητὰ γὰρ λέγει τὰ ἐπ' εὐθείας κινεῖσθαι πεφυκότα) καὶ τὸ ὁ δὲ αἰθὴρ ἐν τῷ οὐρανῷ· οὐ γὰρ ἐν τῇ ἀπλανεῖ ὁ αἰθήρ, ἀλλὰ προσεχῶς ἐν τῷ κοίλῳ τῆς σεληνιακῆς σφαίρας. ὡς ἕνα 45 δὲ τὸν οὐρανὸν λαβὼν εἰκότως εἶπεν ὁ δὲ οὐρανὸς οὐκέτι ἐν ἄλλῳ· ὁ μέντοι Ἀλέξανδρος "αἰθέρα, φησί, τὰς τῶν πλανωμένων σφαίρας εἶπε·
30 καὶ εἴη ἂν φησι τὸ πῦρ παρειακὼς καὶ σὺν τῷ ἀέρι τεθεικώς. καίτοι οὐκ ἂν τοῦ πέμπτου σώματος τὸ μὲν αἰθέρα τὸ δὲ οὐρανὸν ἐκάλει. καὶ γὰρ ὅτε τὸ πῦρ παρῆκε, τὸν ἀέρα ἐν τῷ οὐρανῷ ἐν τοῖς ἔμπροσθεν ἔλεγεν· "ἐπεὶ δὲ λέγομεν εἶναι ὡς ἐν τόπῳ ἐν τῷ οὐρανῷ, διότι ἐν τῷ ἀέρι, οὗτος δὲ ἐν τῷ οὐρανῷ". καὶ δῆλον ὅτι οὐρανὸν ἢ τὸν ὅλον κόσμον ἔλεγεν ἢ 50
35 τὸ κυκλοφορητικὸν πᾶν· πολλὴν δὲ τοῖς προκειμένοις ἀσάφειαν ἐνεποίησε τὸ ποτὲ μὲν τὸ πᾶν ποτὲ δὲ τὸν οὐρανὸν ὀνομάζειν· καὶ μήποτε περὶ

---

1 μηδὲ aF: μήτε E   3 περιεκτὸς E   4 τι om. F   7 ante οὐρανὸν add. τὸν aF   9 εἶπεν om. F   11 δὲ ὁ τόπος v. 21 et Aristoteles   τι om. F
13 τοῦ aF: τὸ E   16 καὶ (ante ἐνταῦθα) om. E   18 τὴν] τὸν F   19 καὶ om. a   22 ἅπασιν οὐ E: ἀσπάσιος F: ἀσπάσιος οὐ a   24 τὸ alterum om. F
25 κινεῖσθαι aF: κινοῦντα E   29 πλανωμένων aF: ἀπλανῶν E   30 παρειακὼς EF: παρειακὼς a cf. v. 32   31 τὸν δὲ F   32 ἐν τῷ οὐρανῷ om. F   ἔλεγεν p. 211 a 24
33 ἐν (post τόπῳ) om. F   35 ἐποίησε aF   36 μήποτε] μήτε F

ἀμφοῖν ποιεῖται τὸν λόγον, ὡς ἕνα τὸν ὅλον οὐρανὸν παραλαμβάνων, καὶ 138ᵛ
διὰ τὴν αὐτὴν αἰτίαν, φημὶ δὴ διὰ τὸ μὴ περιέχεσθαι ὑπό τινος, ὁμοίως
καὶ τὸ πᾶν καὶ τὸν οὐρανὸν λέγων μὴ εἶναι ἐν τόπῳ· ὁ δὲ Εὔδημος τὸ
μὲν πᾶν οὐδὲ ὀνομάζει· ἐπὶ δὲ τοῦ οὐρανοῦ τὴν ζήτησιν ποιεῖται τοῦ
5 ὅλου καὶ αὐτὸς ὡς οἶμαι | γράφων οὕτως· εἰπὼν ὅτι τοῦ περιέχοντος ᾗ 139ʳ
περιέχον πέρας ὁ τόπος ἂν εἴη ἀκινήτου ὄντος ἐπήγαγε· "τὸ γὰρ κινού-
μενον ἀγγειῶδες, καὶ διὰ τοῦτο τῶν τόπων τὴν ἀναφορὰν πρὸς τὸν οὐρανὸν
ποιούμεθα. οὗτος γὰρ οὐ μεταλλάσσει τόπον ἄλλον, ἀλλ' εἴπερ, κατὰ μό-
ρια· ἐν τῷ αὐτῷ γὰρ ἡ περιφορά. αὐτὸς δὲ πότερόν ἐστιν ἐν τόπῳ ἢ
10 οὐκ ἔστιν ἢ πῶς ἑκάτερον; ὅλος μὲν γὰρ οὐκ ἔστιν ἐν τόπῳ, εἰ μὴ ἔστι
τι ἐκτός· οὕτω γὰρ ἂν περιέχοιτο· τοῦτο δὲ ἐπισκεψόμεθα. τὰ δὲ ἄστρα 5
καὶ ὅσα ἐντὸς τοῦ ἐξωτάτω σώματος ἐν τῷ ἐκείνου πέρατί ἐστιν, ᾗ πε-
ριέχον ἐστί. τὰ δὲ οὕτως ἔν τινι ἐν τόπῳ λέγεται, ἐν ᾧ δὲ τὰ μόρια,
τὸ ὅλον λέγομεν εἶναι. οὕτω μὲν οὖν εἴη ἂν ἐν τόπῳ. ἔστι δὲ καὶ ἄλλως
15 ποῦ· ἐν τοῖς μορίοις γάρ ἐστι τὸ ὅλον, πολλαχῶς δὲ τὸ ποῦ"· ἐν οἷς καὶ
ὅπως κατὰ συμβεβηκὸς ὁ ὅλος οὐρανὸς ἐν τόπῳ, εἶπεν. ἀλλ' ἐπιστῆσαι
ἄξιον, ποία τῶν κινήσεών ἐστιν ἡ κυκλοφορία. δῆλον γὰρ ὅτι οὔτε κατ'
οὐσίαν ἐστὶν οὔτε κατὰ ποσὸν οὔτε κατὰ ποιόν· λείπεται ἄρα, εἴπερ ἐστὶ 10
κίνησις, κατὰ τόπον αὐτὴν εἶναι· εἰ δὲ κατὰ τόπον κινεῖται, καὶ ἐν τόπῳ
20 πάντως ἐστίν, ὡς δέδεικται πολλάκις. ὁ δέ γε Ἀλέξανδρος σαφῶς λέγει
μὴ εἶναι τοπικὴν ταύτην τὴν κίνησιν, διότι μὴ ἀλλάσσει τόπον· τίς δέ ἐστιν,
οὐ λέγει, καίτοι σαφῶς τοῦ Ἀριστοτέλους ἐν τῇ Περὶ οὐρανοῦ τὴν κατὰ
τόπον κίνησιν, ἣν καλεῖ φοράν, διαιροῦντος εἴς τε τὴν κύκλῳ καὶ τὴν ἐπ'
εὐθείας καὶ μικτήν, ἐν οἷς φησι "πᾶν μὲν γὰρ τὸ φερόμενον ἢ κύκλῳ φέ-
25 ρεται ἢ ἐπ' εὐθείας ἢ τὴν μικτήν". καὶ ἐν τῷ ὀγδόῳ τῆσδε τῆς πραγμα- 15
τείας σαφῶς τὴν κυκλοφορίαν κατὰ τόπον λέγει κίνησιν.

p. 212ᵇ22   Φανερὸν δὲ ἐκ τούτων, ὅτι καὶ αἱ ἀπορίαι πᾶσαι
λύονται ἕως τοῦ οὐ γὰρ πᾶν ἐν τόπῳ τὸ ὄν, ἀλλὰ τὸ   20
κινητὸν σῶμα.

30   Εἰπὼν πρότερον οὕτω κάλλιστα δείκνυσθαι ἕκαστον, ἐὰν ἐκ τοῦ ἀπο-

---

3 λέγω E   Εὔδημος fr. 44 p. 60, 28 Sp.   9 αὐτός] αὐτὸ habet ad suum τὸ πᾶν
καὶ τὸ ὅλον relatum Themist. p. 278,18, a quo citatur Εὔδημος ἐν τῷ τρίτῳ τῶν ἑαυτοῦ
Φυσικῶν   10 πῶς Themistius: ὅπως libri   ὅλος aF: ὅλως E: ὅλον Themistius
11 οὕτω libri: τούτῳ Themistius   13 λέγεται E Themistius: ἐστίν aF   14 καὶ
τὸ ὅλον Themistius   ἄλλος aF   16 τόπῳ ἐστὶν εἶπεν F   20 γε om. F
22 Περὶ οὐρανοῦ cf. A 2 p. 268ᵇ17 πᾶσα δὲ κίνησις ὅση κατὰ τόπον, ἣν καλοῦμεν φοράν,
ἢ εὐθεῖα ἢ κύκλῳ ἢ ἐκ τούτων μικτή (cf. p. 603, 7), sed locus mox citatus ex Physicis
translatus videtur cf. Θ 7 p. 261ᵇ28 πᾶν γὰρ κινεῖται τὸ φερόμενον ἢ κύκλῳ ἢ εὐθεῖαν ἢ
μικτήν cf. c. 9 p. 265ᵃ13   τὴν om. E   23 ἣν] ἣν E   24 fortasse καὶ
⟨τὴν⟩ μικτήν   25 ἐπ'] μετ' a   καὶ ἐν] καὶ καὶ (compend.) E   ὀγδόῳ Phys.
Θ 9   27 ἀπορίαι] ἀποφάσεις E   28 λύονται E cf. Themistius p. 281,14: λύοιντ'
ἂν aF ut Aristoteles   τὸ ὂν ἐν τόπῳ a   30 πρότερον c. 4 p. 211ᵃ7   μάλιστα
sic E cf. ad p. 566, 23

δοθέντος ὁρισμοῦ καὶ τὰ δοκοῦντα ὑπάρχειν τῷ πράγματι ὑπάρχοντα φανῇ 139ʳ
καὶ τὰ τῆς δυσκολίας αἴτια φανερὰ γένηται καὶ ἔτι μέντοι καὶ αἱ ἀπορίαι
λυθῶσι, καὶ δείξας ὅπως ὑπάρξει τῷ ἀποδοθέντι τοῦ τόπου ὁρισμῷ τῷ 25
λέγοντι, ὅτι ἐστὶ τὸ τοῦ περιέχοντος πέρας πρῶτον ἀκίνητον, τὰ δοκοῦντα
5 ὑπάρχειν αὐτῷ καὶ τὴν αἰτίαν τῆς δυσκολίας παραδείξας, νῦν τὸ λοιπόν,
ὅπως αἱ ἐπαχθεῖσαι τῷ τόπῳ ἀπορίαι ἐκ τοῦ ὁρισμοῦ διαλύονται, δείκνυ-
σιν. ἦν δὲ μία τῶν ἀποριῶν αὕτη· εἰ πᾶν σῶμα ἐν τόπῳ καὶ ἐν παντὶ
τόπῳ σῶμα, τῶν αὐξανομένων δεήσει καὶ τὸν τόπον συναύξεσθαι· εἰ γὰρ
μὴ τοῦτο, τὸ προστιθέμενον σῶμα οὐκέτι ἔσται ἐν τόπῳ. ῥητέον οὖν ὅτι
10 ὑποχωροῦντος τοῦ περιέχοντος σώματος ἢ κατὰ ἀντιπερίστασιν, ὅταν τὸ 30
ἐφεξῆς τὸν τοῦ ἀλλαχοῦ μειωθέντος τόπον καταλαμβάνῃ, ἢ κατὰ πύκνωσιν
καὶ πίλησιν, καὶ τὰ πέρατα ὑπείκει, ὥστε τὰ αὐξανόμενα ἐν μείζονι γίνε-
σθαι τόπῳ, οὐ τοῦ τόπου καθ' αὑτὸν αὐξανομένου· οὐδὲν γὰρ πέρας καθ'
αὑτὸ αὔξεται· ἀλλ' οὐδὲ τὸ σῶμα οὗ ἐστι πέρας αὔξεται, τοὐναντίον δὲ
15 ἔστιν ὅτε καὶ συστέλλεται πυκνούμενον. ἀλλ' οὐδὲ στιγμῆς ἔσται τόπος.
οὐ γὰρ ἀνάγκη, εἰ τοῦ σώματός ἐστι τόπος, καὶ τὰ πέρατα αὐτοῦ ἐν τόπῳ
εἶναι· οὔτε γὰρ κεχωρισμένα οὔτε περιεχόμενά ἐστιν, οἷα χρὴ εἶναι τὰ ἐν 35
τόπῳ. ὅλως δὲ εἰ μηδὲ τὰ μέρη συνεχῆ ἐν τόπῳ ἐστίν, ὅτι μὴ κεχώρι-
σται τοῦ ὅλου, πολλῷ μᾶλλον τὰ πέρατα οὐκ ἂν εἴη ἐν τόπῳ. μήποτε δὲ
20 οὐδὲ τὸ διαφορᾶν εἶναι στιγμῆς καὶ τόπου στιγμῆς ἄτοπόν ἐστιν. εἰ γὰρ
τοῦτο ἄτοπον, οὐδὲ ἅπτεσθαι ἀλλήλων σώματα δυνατόν· εἰ γὰρ μὴ ἡ στιγμὴ
τῇ στιγμῇ ἐφαρμόττει, οὐδὲ γραμμὴ γραμμῇ οὐδὲ ἐπίπεδον ἐπιπέδῳ. τρί-
τον δὲ λύεσθαί φησιν ἐκεῖνο τὸ ἄπορον, ὃ πρῶτον ἐρρήθη, ὅτι οὔτε ἀσώ-
ματόν ἐστι· διαστήματα γὰρ ἔχει τρία μήκους καὶ πλάτους καὶ βάθους, 40
25 οἷς ὁρίζεται πᾶν σῶμα. καὶ ἀδύνατον σῶμα εἶναι τὸν τόπον· ἐν τῷ
αὐτῷ γὰρ ἂν εἴη δύο σώματα. λύεται οὖν καὶ τοῦτο ἐκ τοῦ ὁρισμοῦ τοῦ
τόπου· τὸ γὰρ πέρας τοῦ περιέχοντος οὐκ ἔχει τρία διαστήματα οὐδὲ ἔστι
σῶμα. διὰ δὲ τοῦ αὐτοῦ δείκνυται, ὅτι μηδὲ διάστημα σωματικὸν ὁ τόπος
ἐστί· τὸ γὰρ σωματικὸν διάστημα τὸ ἐπὶ τρία διεστώς ἐστιν, ὥστε τῷ μὲν
30 λέγοντι τὸ ἐπὶ τρεῖς διαστάσεις διεστὼς τοῦτο εἶναι τὸν τόπον, ἕποιτο ἂν
ἴσως τὸ δύο σώματα εἶναι ἐν τόπῳ, τῷ δὲ πέρας σώματος λέγοντι οὐ-
κέτι ἂν ἕποιτο τοῦτο. λύεται δὲ ἐκ τοῦ ὁρισμοῦ καὶ ἡ Ζήνωνος ἀπορία, 45
ἣν καὶ πρότερον ἔλυσεν. ὁ μὲν γὰρ Ζήνων ἔλεγεν, εἰ πᾶν τὸ ὂν ποῦ, καὶ
ὁ τόπος ἐν τόπῳ ἔσται· εἰ δὲ τὸ πέρας τοῦ περιέχοντος ὁ τόπος, ἔσται
35 μὲν ἔν τινι καὶ ὁ τόπος τοῦ ποῦ τὸ ἔν τινι σημαίνοντος, ἔσται δὲ οὐχ ὡς
ἐν τόπῳ, ἀλλ' ὡς πέρας ἐν τῷ σώματι οὗ ἐστι τόπος. ὥστε καὶ ἀναγ-
καίως οὐκ ἂν εἴη ἐν τόπῳ ὁ τόπος, εἴπερ ἐν τόπῳ μέν ἐστι τὸ κινητὸν

---

3 ὑπάρχει F   ὁρισμοῦ E   4 ὅτι om. E   5 παραδείξας aF: δεί-
ξας E   13 αὐξομένου aF   14 ἀλλ' οὐδὲ — αὔξεται om. F   18 μηδὲ
E: μὴ aF   23 ἐρρέθη E   24 μήκους καὶ βάθους καὶ πλάτους E: μῆκος καὶ
πλάτος καὶ βάθος aF cf. Arist. Δ 1 p. 209ᵃ4 διαστήματα μὲν οὖν ἔχει τρία μήκους καὶ
πλάτους καὶ βάθους, οἷς ὁρίζεται σῶμα πᾶν   27 τόπου aF: σώματος E
33 πρότερον Δ 3 p. 210ᵇ22

σῶμα κατὰ φοράν, τὸ δὲ πέρας τοῦ περιέχοντος οὐκ ἔστι κινητὸν κατὰ
φορὰν καθ' αὑτό· οὐδὲ γάρ ἐστι κεχωρισμένον.

p. 212ᵇ29 Καὶ φέρεται δὴ εἰς τὸν αὑτοῦ τόπον ἕκαστον ἕως τοῦ |
καὶ περὶ μὲν τόπου καὶ ὅτι ἔστιν καὶ τί ἐστιν εἴρηται.

Τοῦτο οὐκ ἀπορίας λύσιν ἔχει, ἀλλὰ τελευταῖον ἔκειτο τῶν περὶ τόπου
ἀξιωμάτων τὸ φέρεσθαι φύσει καὶ μένειν ἐν τοῖς οἰκείοις τόποις ἕκαστον
τῶν σωμάτων. δείκνυσιν οὖν καὶ τοῦτο ἀκόλουθον ὂν τῷ τοῦ τόπου ὁρισμῷ
ἅμα καὶ ἔνστασιν ὑποφερομένην οἶμαι λύων τινά· διὸ καὶ τοῦτο ἥρμοσε
ταῖς τῶν ἀποριῶν διαλύσεσι. πῶς γάρ, φαίη τις ἄν, τῆς γῆς τόπος ἂν
εἴη τὸ τοῦ ὕδατος πέρας ἢ τοῦ ὕδατος τὸ τοῦ ἀέρος καὶ ἐφεξῆς ἐπὶ
ἑκάστου σκοποῦντι; εἴπερ τὸν μὲν τόπον συγγενῆ δεῖ εἶναι τῷ ἐν τόπῳ
καὶ ὅμοιον (διὸ καὶ οἰκεῖος αὐτῷ λέγεται), τὸ δὲ ὕδωρ τῇ γῇ καὶ ὁ ἀὴρ
τῷ ὕδατι ἀνόμοιον καὶ διάφορον καὶ ὑπεναντίον, ὡς καὶ μεταβάλλειν εἰς
ἄλληλα. λέγει οὖν ὅτι τὰ ἐφεξῆς ἀλλήλοις ὄντα σώματα καὶ ἁπτόμενα
ἀλλήλων μὴ βίᾳ ταῦτα συγγενῆ καὶ οἰκεῖα ἀλλήλοις ἐστί, τῷ μὲν πυρὶ ὁ
ἀὴρ (ἔχει γὰρ πρὸς αὐτὸν κοινὸν σύμβολον τὴν θερμότητα· διὸ καὶ ῥᾳδία
ἡ ἐξ ἀέρος εἰς πῦρ μεταβολή), τῷ δὲ ἀέρι τὸ ὕδωρ (κοινὸν γὰρ καὶ τού-
τοις ἡ ὑγρότης), ὁμοίως καὶ τῷ ὕδατι ἡ γῆ (κατὰ γὰρ τὸ ψυχρὸν καὶ τού-
τοις ἡ συγγένεια), οὐκέτι δὲ ἡ γῆ πρὸς τὸν ἀέρα ἢ τὸ ὕδωρ πρὸς τὸ πῦρ.
καὶ τὸ πῦρ δὲ κἂν ἐν γενέσει καὶ μεταβολῇ τὸ εἶναι ἔχῃ, ἀλλ' ὡς ἐν τοῖς
τοιούτοις πάντων οἰκειότατόν ἐστι πρὸς τὴν τῆς σελήνης σφαῖραν καὶ ταύ-
της πρὸς τὸ τῇ γενέσει πλησιάζον μέρος. φωτεινὸν γὰρ καὶ τὸ πῦρ καὶ
ἄυλον καὶ εἴδους λόγον ἔχον πρὸς τὰ ἄλλα στοιχεῖα. πρὸς τὸ συγγενὲς
οὖν σῶμα φερόμενον ἕκαστον ἐπὶ τὸν οἰκεῖον φέρεται τόπον· καλῶς δὲ οὐ
μόνον ἐφεξῆς εἶπεν, ἀλλὰ καὶ ἁπτόμενα· ἐφεξῆς μὲν γάρ ἐστιν, ὧν
μηδέν ἐστι μεταξὺ ὁμογενές, ὡς αὐτὸς διδάξει, ὡς οἰκίαι ἐφεξῆς ἀλλήλαις
λέγονται, εἰ μὴ εἴη μεταξὺ αὐτῶν ἄλλη οἰκία. τὰ δὲ οὕτως ἐφεξῆς οὔτε
ἅπτεται ἀλλήλων οὔτε ἔστι τὸ ἕτερον ἐν τῷ ἑτέρῳ ὡς ἐν τόπῳ· δεῖται
οὖν καὶ τοῦ ἅπτεσθαι, ἵνα ᾖ ἐν τόπῳ. καὶ τὸ μὴ βίᾳ δὲ ἀναγκαίως
πρόσκειται· δύναται γάρ τινα ἅπτεσθαι ἀλλήλων μὴ κατὰ φύσιν ἀλλὰ βίᾳ,
καὶ ταῦτα μήτε συγγενῆ εἶναι μήτε ἅπτεσθαι ἀλλήλων κατὰ φύσιν. εἰ οὖν
τὰ συγγενῆ σώματα φυσικὴν ἔχοντα τὴν πρὸς ἄλληλα τάξιν ἐφίεται τοῦ
ἐφεξῆς εἶναι ἀλλήλοις καὶ ἅπτεσθαι ἀλλήλων μὴ βίᾳ, εἰκότως καὶ ἀπο-
σπασθέντα ταῦτα σπεύδει ἐπ' αὐτὰ ὡς πρὸς οἰκεῖα, καὶ μένει ἐν αὐτοῖς
ὡς ἐν οἰκείοις. ἐπειδὴ δὲ καὶ τὰ μέρη συγγενῆ ἐστιν ἀλλήλοις καὶ τῷ

---

3 αὑτοῦ libri   7 τοῦ τόπου aF: τούτου E   8 οἶμαι om., sed in mrg. supplevit F¹
12 τὸ δὲ aF: τὸ μὲν E   14 σώματα] προσεχῆ F   15 ὁ om. a   16 γὰρ aF:
γοῦν E·   post κοινὸν add. καὶ a   25 ἁπτόμενα] Aristotelis ἁπτόμενον signi-
ficat   26 μηδὲν E: οὐδὲν aF   διδάξει E 3 p. 226ᵇ34   ἀλλήλων a
27 αὐτῶν aF: μεταυτῶν E   28 ὡς] ἴσως F   34 ἐπ'] πρὸς a

ὅλῳ, οὐ μέντοι ὡς ἐν τόπῳ ἐστὶν ἐν ἀλλήλοις ἢ ἐν τῷ ὅλῳ, τὴν αἰτίαν 139ʳ
τούτου λέγει· τὰ μὲν γὰρ συμπεφυκότα καὶ συνεχῆ ἀλλήλοις ἀπαθῆ ὑπ' 30
ἀλλήλων ἐστὶν εὐλόγως· δεῖ μὲν γὰρ ἄλλο εἶναι τὸ ποιοῦν καὶ ἄλλο τὸ
πάσχον, τὰ δὲ συνεχῆ καὶ συμπεφυκότα ἕν ἐστι, τὰ δὲ μὴ ἀπαθῆ ἀλλὰ
5 ποιοῦντα καὶ πάσχοντα ταῦτα οὐκ ἔστι συνεχῆ οὐδὲ οὕτως συγγενῆ, ἀλλ'
ὡς τὰ ἁπτόμενα, ἐν οἷς ἄλλο μὲν τὸ ποιοῦν, ἄλλο δὲ τὸ πάσχον, πλη-
σιάζοντα δὲ ἀλλήλοις καὶ συγγενῆ· οὐχ οὕτω δὲ ὡς τὰ μέρη ἐκ τῶν
αὐτῶν ὄντα στοιχείων, ἀλλὰ τὸ μὲν κοινὸν ἔχοντα, τὸ δὲ διάφορον. διὸ 35
καὶ μεταβάλλει εἰς ἄλληλα. ταῦτα οὖν καὶ τὰ ἐν τόπῳ ἐστί. τὰ γὰρ
10 παρακείμενα ἀλλήλοις σώματα καὶ ἁπτόμενα καὶ ποιοῦντα καὶ πάσχοντα
ταῦτα κατὰ φύσιν καὶ κινεῖται καὶ φέρεται τὸ ἀτελέστερον ἐπὶ τὸ τελειό-
τερον, ὡς ἐρεῖ.

Εἰπὼν δὲ αἴτιον εἶναι τοῦ εὐλόγως ἐπὶ τὸν οἰκεῖον φέρεσθαι τόπον
τὸ συγγενὲς τοῦ σώματος, οὗ πέρας ἐστὶν ὁ τόπος πρὸς τὸ ἐν τόπῳ, καὶ
15 τοῦ μένειν εὐλόγως ἐν τῷ οἰκείῳ τόπῳ τὸ αὐτὸ αἴτιόν φησιν· ὥσπερ γὰρ
τὸ ἀφιστάμενον τοῦ συγγενοῦς ἐφιέμενον αὐτοῦ κινεῖται ἐπ' αὐτό, οὕτω καὶ 40
τὸ γενόμενον ἐκεῖ μένειν ἐφίεται· σχεδὸν γὰρ μέρος ἐστὶν ἐκείνου, ὑφ' οὗ
περιέχεται κατὰ φύσιν. τὸ δὲ σχεδόν, ὅτι οὐ συνεχὲς μέρος ἐστίν, ἀλλὰ
διῃρημένον. ὡς οὖν τοῖς μέρεσι κατὰ φύσιν ἐστὶ καὶ φέρεσθαι ἐπὶ τὰ
20 ὅλα καὶ μένειν ἐν αὐτοῖς, οὕτω καὶ τοῖς συγγενέσι κατὰ φύσιν ἐστὶ τὸ
φέρεσθαι καὶ μένειν ὡς ἐν οἰκείῳ τόπῳ διῃρημένοις οὖσι· κατὰ γὰρ τοῦτο
καὶ ἔστιν ἐν τόπῳ. ὥσπερ γὰρ τὰ κυρίως μέρη οἷον ὕδατος μέρη ἢ ἀέρος
ἐν τῷ ὅλῳ φυλάττει τὴν πρὸς αὐτὸ οἰκειότητα καὶ κινούμενον καὶ μένον, 45
οὕτω καὶ τὰ κατὰ τὸν ἕτερον τρόπον συγγενῆ φυλάττει τὴν οἰκειότητα οἷον
25 τὸ ὕδωρ πρὸς τὸν ἀέρα. κινούμενον δὲ ὑπέθετο τὸ μόριον, ἵνα αὐτὸ τοῖς
ἐν τόπῳ μᾶλλον ὁμοιώσῃ. ἔοικε γὰρ μόριόν πως εἶναι τὸ ὕδωρ τοῦ ἀέρος
διῃρημένον, μόριον δὲ οὕτως ὥς ἐστι μόριον ἡ ὕλη, ἐξ ἧς γίνεται τὸ γινό-
μενον, τοῦ κατὰ τὸ εἶδος χαρακτηριζομένου συνθέτου. γίνεται γὰρ ἐξ ὕδα-
τος ἀὴρ ὡς ἐξ ὕλης, ὡς ἐκ χαλκοῦ ἀνδριὰς ἢ μᾶλλον ὡς ἐκ σπέρματος 50
30 ζῷον· οὐ γὰρ ὑπομένοντος τοῦ ὕδατος γίνεται ὁ ἀήρ. ἀλλὰ πῶς εἰπὼν
οὕτω δὲ καὶ ὁ ἀὴρ ἔχει πρὸς ὕδωρ· οἷον ὕλη γάρ, τὸ δὲ εἶδος·
τὸ μὲν ὕδωρ ὕλη ἀέρος, ὁ δὲ ἀὴρ οἷον ἐνέργειά τις ἐκείνου
μέρος ὅμως τὸ ὕδωρ τοῦ ἀέρος φησίν; οὐ γάρ ἐστιν ἡ ὕλη τοῦ εἴδους
μέρος, ἀλλὰ τοῦ συνθέτου ἄμφω. ἢ διὰ τοῦτο ὅτι τὸ σύνθετον κατὰ τὸ
35 εἶδος μάλιστα οὐσιοῦται καὶ χαρακτηρίζεται, ἢ ὡς αὐτὸς εἶπεν, ὅτι τὸ ὕδωρ
δυνάμει ἐστὶν ἀήρ. ὡς γὰρ τὸ σπέρμα μέρος δοκεῖ τοῦ ἐξ | αὐτοῦ γινο- 140ʳ
μένου ζῴου, οὕτως καὶ τὸ ὕδωρ μέρος πώς ἐστι τοῦ ἐξ αὐτοῦ γινομένου
ἀέρος δυνάμει ὂν ἀήρ. ἀλλὰ παντὶ πρόχειρον ἦν ἐφιστάνειν, ὅτι καὶ ἐξ

---

1 τῷ ὅλῳ EF: τόπῳ ὅλῳ a   2 ἀλλήλοις om. F   8 ὄντα F: ὄντων aE   10 καὶ
(post ἁπτόμενα) E: om. aF   13 τόπον φέρεσθαι aF   19 καὶ φέρεσθαι—κατὰ φύσιν
ἐστὶ (20) iteravit F   21 κατὰ τοῦτο γὰρ (om. καὶ) aF   22 ἢ ἀέρος om. F
27 μόριον δὲ οὕτως E: οὐ μόριον δὲ ὅλως aF   31 καὶ (post δὲ) om. E   δὲ (post τὸ)
om. F   32 οἷον om. aF   33 τοῦ ὕδωρ sic E   35 ἢ (ante ὡς) om. F

ἀέρος ὕδωρ γίνεται καὶ ὁ ἀὴρ δυνάμει ἐστὶν ὕδωρ καὶ ὕλη τοῦ ὕδατος ὁ 140ʳ
ἀήρ, ὥστε καὶ μέρος. ἀλλὰ ἄλλον φησὶ τρόπον ὁ ἀὴρ δυνάμει ὕδωρ
καὶ ἄλλον τὸ ὕδωρ δυνάμει ἀήρ. καὶ τὸν μὲν ἀκριβῆ περὶ τούτων διορι-
σμὸν εἰς τὴν Περὶ γενέσεως καὶ φθορᾶς πραγματείαν ὑπερτίθεται. δοκεῖ 5
5 δὲ ἡ μὲν τοῦ ὑλικωτέρου καὶ παχυτέρου σώματος εἰς τὸ λεπτότερον μετα-
βολὴ γενέσει ἐοικέναι, ἡ δὲ τοῦ λεπτοτέρου εἰς τὸ παχύτερον φθορᾷ· τοῦτο
δέ, διότι τὰ λεπτομερέστερα τῶν στοιχείων εἴδους ἔχειν λόγον ὡς πρὸς τὰ
παχυμερέστερα δοκεῖ. τοιγαροῦν ἀρετὴν μὲν ὕδατος τὴν κουφότητά φαμεν,
κακίαν δὲ ἀέρος τὴν παχύτητα. παντὶ δὲ τὸ μὲν ἀτελὲς παρὰ τὴν ὕλην,
10 ἡ δὲ τελειότης παρὰ τὸ εἶδός ἐστι. καὶ τὸ μὲν τελειωθὲν εἴη ἂν ὡς μέρος
ἐν τῷ μετὰ τῆς τελειότητος ὅλῳ, τὸ δὲ φθαρὲν οὐκ ἂν εἴη μέρος. εἰκό- 10
τως οὖν τὸ μὲν ὕδωρ ἐπὶ τὸ πέρας τοῦ ἀέρος ἵεται, ὁ δὲ ἀὴρ οὐκ ἐπὶ
τὸ τοῦ ὕδατος, ἀλλ' ἐπὶ τὸ τοῦ πυρός. εἰπὼν οὖν ὅτι δυνάμει τὸ ὕδωρ ἀήρ
ἐστι καὶ ὅτι τὸ μὲν ὕδωρ ὕλῃ ἀναλογεῖ, ὁ δὲ ἀὴρ εἴδει, συλλογίζεται λοιπόν,
15 ὅτι ἔνθα τὸ αὐτὸ δυνάμει καὶ ἐνεργείᾳ ᾗ καὶ τὸ μὲν δυνάμει εἴδει ἀνα-
λογεῖ, τὸ δὲ ἐνεργείᾳ ὕλῃ, μέρος γίνεται τὸ ἐνεργείᾳ τοῦ δυνάμει. ἐπεὶ
οὖν τὸ ὕδωρ ἐνεργείᾳ μέν ἐστιν ὕδωρ, δυνάμει δὲ ἀήρ, καὶ μεταβάλλει εἰς 15
ἀέρα καὶ ἐνυπάρχει πως αὐτῷ, ἔχοι ἂν ὡς μόριόν πως πρὸς ὅλον. κἂν
δυνατὸν δὲ καὶ ἐπὶ ἀέρος τὸ αὐτὸ λέγειν, διότι καὶ αὐτὸς δυνάμει ὕδωρ
20 ὢν μεταβάλλει εἰς ὕδωρ, ἀλλ' εἰ φθορᾷ μᾶλλον ἔοικεν αὕτη ἡ μεταβολή,
οἰκειότερον ἂν ἐν τῷ πρὸς γένεσιν ὡμοιωμένῳ λέγοιτο τὸ μέρος καὶ ὅλον.

Οὗ δὲ ἕνεκεν ταῦτα παρείληπται, ἐπήγαγεν εἰπὼν διὸ καὶ τούτοις
ἁφή ἐστι. διὰ γὰρ τὴν συγγένειαν ἁφή ἐστιν ἀβίαστος ἐν αὐτοῖς, καὶ τὰ
ὑλικώτερα ὡς ἐν τόπῳ περιέχεται ὑπὸ τῶν εἰδικωτέρων, τοῦτο δέ, ὅταν 20
25 ἑκάτερον ἐνεργείᾳ μένῃ ὅπερ ἐστί, δυνάμει δὲ τὸ ἕτερον. ὅταν δὲ ἐνεργείᾳ
ἄμφω ἓν γένηται (τοῦτο δὲ συμβαίνει τοῦ ἑτέρου μεταβάλλοντος εἰς τὸ
ἕτερον οἷον τοῦ ὕδατος γενομένου ἀέρος ἢ τοῦ ἀέρος ὕδατος), τοῦτο οὐκέτι
ἅπτεται ἀλλήλων οὐδὲ ὡς ἐν τόπῳ τὸ ἕτερον ἐν τῷ ἑτέρῳ ἐστίν, ἀλλὰ
συμφύεται καὶ συνεχίζεται καὶ ὅλον καὶ μέρη ἀποτελεῖται. ἐπειδὴ δὲ τὴν
30 συγγένειαν καὶ τὰς κοινὰς ποιότητας ᾐτιασάμεθα τῆς ἀβιάστου καὶ κατὰ
φύσιν ἁφῆς καὶ τοῦ ὡς ἐν τόπῳ εἶναι τῷ πέρατι τοῦ περιέχοντος σώματος, 25
ἐπιστήσαι ἄν τις δικαίως οἶμαι, ὅτι κατὰ τοῦτον τὸν λόγον μόνον ἔδει τὸ
ὕδωρ εἶναι τῆς γῆς τόπον, ἀλλ' οὐχὶ καὶ τὸν ἀέρα. ἔπειτα εἰ ὡς ἐπὶ
συγγενῆ ἵεται, διὰ τί μὴ καὶ ἐν ἀέρι ἢ ἐν μέσῳ ὕδατι μένει ἡ βῶλος ἐν
35 τῷ συγγενεῖ οὖσα καὶ ἁπτομένη αὐτοῦ; ἢ πρὸς μὲν τὸ πρῶτον δυνατὸν
εἰπεῖν, ὅτι ὁ πρὸς τῇ γῇ ἀὴρ θολερὸς ὢν ἐγγύς ἐστιν ὕδατος τὴν φύσιν
καὶ διὰ τοῦτο καὶ πρὸς τὴν γῆν ἐστι συγγενής, πρὸς δὲ τὸ δεύτερον, ὅτι

---

3 post τούτων add. τὸν E   4 εἰς τὴν initio paginae iteravit F   Περὶ γενέσεως
καὶ φθορᾶς cf. A 3   7 ὡς πρὸς F: ὡς E: πρὸς a   9. 10 παρὰ] bis περὶ breviasse
videtur E   13 τὸ ante τοῦ ὕδατος et τοῦ πυρός om. E   15 vide ne scribendum
sit ἔνθα ⟨ἂν⟩   ᾗ EF: ἂν ᾖ a   ἀναλογεῖ EF: ἀναλογῇ probabiliter a   19 αὐτὸς
E: οὗτος aF   20 μᾶλλον om. F   21 lege ὁρμωμένῳ   22 ἕνεκα ἐνταῦθα F
23 γὰρ om. E   24 τούτων F   27 τοῦτο] fortasse τότε   29 μέρος a
32 ἔδει aE: ἀεὶ F   34 μὴ καὶ E: μὴ aF

καὶ τὸ ὕδωρ οὐ παντὶ τῷ ἀέρι συγγενές ἐστιν, ἀλλὰ τῷ πλησιάζοντι αὐτῷ 140r μέρει, καὶ ἡ γῆ ὁμοίως τῷ ἐσχάτῳ καὶ γεώδει καὶ τοῦ ἀέρος καὶ τοῦ 30 ὕδατος. καὶ διὰ τοῦτο οὔτε ὕδωρ ἐν τῷ μέσῳ τοῦ ἀέρος μένει οὔτε βῶλος ἐν μέσῳ τοῦ ἀέρος ἢ τοῦ ὕδατος. ἀλλ' εἰ πάντα τοῦ ἀγαθοῦ καὶ τῆς
5 ἐν αὐτῷ ὠφελείας ἐφίεται κατὰ φύσιν, πῶς σπεύδει πρὸς τὸ μεταβάλλον καὶ ἀλλοιοῦν αὐτὸ καὶ φθείρειν πεφυκός; τὰ γὰρ πλησιάζοντα ἀλλήλοις ἀμέσως μεταβάλλει εἰς ἄλληλα. μήποτε οὖν οὐ μόνον ἀλλοιοῦσθαι πέφυκεν ὑπὸ τοῦ παρακειμένου καὶ μεταβάλλεσθαι εἰς αὐτό, ἀλλὰ καὶ ἀλλοιοῦν ἐκεῖνο 35 καὶ εἰς ἑαυτὸ μεταβάλλειν. ἐφίεται οὖν τῆς ἑαυτοῦ προσαυξήσεως. ἀληθὲς
10 γὰρ λέγειν καὶ ὅτι οὐ τὸ πλησιάζον διώκει ἕκαστον, ἀλλὰ τὴν ὁλότητα τὴν ἑαυτοῦ, καὶ ταύτης ἐφίεται ὡς ἐν ταύτῃ σῳζόμενον· καὶ ταύτῃ καὶ ἐπὶ τὸν τοῦ ὅλου φέρεται τόπον ὅστις ποτέ ἐστιν.

Ἐπιστῆσαι δὲ ἄξιον ὅτι δύο παρῆκεν ἀλύτους ἀπορίας ὁ Ἀριστοτέλης τῶν πρὸς τὸν τόπον ἀπορηθεισῶν τήν τε τρίτην καὶ τὴν τετάρτην· ὧν ἡ
15 μὲν ἔλεγε "τί γὰρ ἄν ποτε καὶ θείημεν εἶναι τὸν τόπον; οὔτε γὰρ στοι- 40 χεῖον οὔτε ἐκ στοιχείων οἷόν τε εἶναι" καὶ τὰ ἑξῆς· τὴν δὲ "ἔτι δὲ καὶ τίνος ἄν τις θείη τοῖς οὖσιν αἴτιον τὸν τόπον" καὶ τὰ ἑξῆς. καὶ πρὸς μὲν τὸ πρῶτον ῥητέον, ὅτι τὰ αὐτὰ ἄν τις καὶ περὶ πάσης ἐπιφανείας ἀπορήσειεν. οὔτε γὰρ ἀσώματον στοιχεῖόν ἐστιν, ἐπειδὴ διέστηκεν, οὔτε σωμα-
20 τικόν, ἐπειδὴ οὐ τριχῇ διαστατόν ἐστιν· ἀλλ' οὐδὲ ἐκ στοιχείων διὰ τὰς αὐτὰς αἰτίας· οὔτε γὰρ σῶμά ἐστι μὴ ὂν τριχῇ διαστατὸν οὔτε πάντῃ ἀσώματον διεστώς. ἢ οὖν καὶ ἐπιφάνειαν πᾶσαν ἀναιρεῖν χρεών, διότι ὡς 45 ἐπιφάνεια τῷ τόπῳ ἐπῆκται ταῦτα, ἢ οὐδὲ τόπον. εἰ δὲ καὶ τοιαύτη τίς ἐστι φύσις, ἥτις διαστατὴ μέν ἐστιν, οὐ μέντοι ἐπὶ τρία, ὥστε καὶ σῶμα
25 εἶναι, τί κωλύει καὶ στοιχεῖον αὐτὴν εἶναι ἤτοι μέρος τοῦ σώματος καὶ ἐκ στοιχείων τοῦ τε διαστατοῦ καὶ τοῦ ἐπὶ δύο ἢ τοῦ μήκους καὶ τοῦ πλάτους; εἰ μὲν γὰρ τὸ ἀσώματον ἀπόφασιν ἐδήλου τοῦ διαστατοῦ, ἄτοπον καὶ ἀδύνατον ἦν τὸ μήτε σῶμα μήτε ἀσώματον εἶναι τὴν ἐπιφάνειαν. ἐπειδὴ δὲ τὸ μοναχῇ καὶ τὸ διχῇ διαστατὸν ἀσώματόν ἐστι, δυνατὸν εἶναί τι ὃ μήτε 50
30 σῶμά ἐστι μήτε πάντῃ ἀδιάστατον. πρὸς δὲ τὴν ἀπὸ τῶν αἰτίων ἀπορίαν ῥητέον, ὅτι εἴπερ φυσικῶς ἐφίεται τὰ σώματα καὶ φέρεσθαι ἐπὶ τοὺς οἰκείους τόπους καὶ μένειν ἐν αὐτοῖς, τελικὸν ἂν εἴη αἴτιον ὁ τόπος ὡς συνεκτικὸν καὶ τελεσιουργὸν καὶ περιποιητικὸν τῆς ἑκάστου τελειότητος· ἀτελῆ γάρ ἐστι τὰ ἐν ἀλλοτρίοις ὄντα τόποις τῆς οἰκείας ὁλότητος. διὸ
35 καὶ αἱ κινήσεις αὐτῶν αἱ ἐπὶ τοὺς οἰκείους τόπους ἐπ' εὐθείας οὖσαι | ἀτελῶν εἰσιν, ὡς καὶ αὐτὸς Ἀριστοτέλης ἐν τῇ Περὶ γενέσεως καὶ φθορᾶς 140v ὡμολόγησεν. οὐδὲν γὰρ τῶν ἁπλῶν τέλειον ὂν ἐπ' εὐθείας κινεῖται, ἀλλ' ἢ μένει ἢ κινεῖται κύκλῳ.

---

5 ἐν αὐτῷ E: ἑαυτῶν aF   6 αὐτὸ ex αὐτῷ E   10 γὰρ E: δὲ aF   οὐ EF: οὐδὲ a   11 καὶ ταύτην F   15 τί γὰρ κτλ. Δ 1 p. 209ᵃ13   16 τὴν δὲ] immo ἡ δὲ   ἔτι δὲ κτλ. Δ 1 p. 209ᵃ18   17 αἴτιον εἶναι Aristoteles   20 ἐστιν — διαστατόν (21) om. F   26 ἐπὶ δύο EF: ἐπιπέδου a   29 ἀσώματον aE: σῶμά F
30 ἀπὸ τῶν αἰτίων ἀπορίαν aF: ἀπορίαν τῶν αἰτίων E   35 αἱ (ante ἐπὶ) om. aF
36 Περὶ γενέσεως καὶ φθορᾶς cf. B 4 p. 331ᵇ2   37 ἀλλ' — κύκλῳ (38) om. F

Οὕτως μὲν οὖν ὁ περὶ τόπου λόγος τῷ Ἀριστοτέλει διάκειται πολλὰς 140ᵛ
ἔχων ἀπορίας καὶ πολλὰς εὐθύνας τοῖς μετ' αὐτὸν ὑποσχών. βούλομαι
οὖν τάς τε πρὸς αὐτὸν ἐνστάσεις ἐκθέσθαι καὶ τὴν αἰτίαν τοῦ παραλογι-
σμοῦ τοῦ περὶ τὸν τόπον ὑποδεῖξαι. καὶ οὐδὲ οὕτως πέρας ἔχειν ὁ λόγος 5
5 μοι δοκεῖ· καὶ γὰρ καὶ ἄλλαι γεγόνασι μετ' Ἀριστοτέλην περὶ τόπου δόξαι,
ὧν τὴν ἐξέτασιν εἰ πρὸ αὐτοῦ γεγόνεσαν, αὐτὸς ἂν ἡμῖν παρεδεδώκει,
ὥστε ἀρεστὸν αὐτῷ τὸ καὶ ἐκείνας ἐξετασθῆναι, καὶ τὴν διάστημα τὸν τό-
πον λέγουσαν ὑπόθεσιν βραχέως μὲν ὑπ' αὐτοῦ βασανισθεῖσαν, ἀρέσασαν
δὲ τοῖς κλεινοτάτοις τῶν μετ' αὐτόν, δίκαιον οἶμαι πλείονος ἀξιῶσαι κατα-
10 νοήσεως. εἰ δέ τι καὶ αὐτὸς δυναίμην συμβαλέσθαι τῇ διαρθρώσει τῶν 10
περὶ τόπου ἐννοιῶν, ἀποδέξαιτο ἂν οἶμαι τὴν τόλμαν ὁ Ἀριστοτέλης τὰς
ἀρχὰς αὐτὸς παρασχών, ὥστε κἂν ἔξω τοῦ ὑπομνηματισμοῦ προϊέναι δόξω,
τὸ χαλεπὸν καὶ πολυειδὲς τοῦ προβλήματος οἱ ἐντυγχάνοντες αἰτιάσθωσαν.
ἰστέον οὖν ὅτι τῶν περὶ τόπου τι γραφάντων οἱ μὲν σῶμα τὸν τόπον, οἱ
15 δὲ ἀσώματον ὑπέθεντο· σῶμα μὲν ὥσπερ Πρόκλος ὁ ἐκ τῆς Λυκίας φιλό-
σοφος· τῶν δὲ ἀσώματον λεγόντων οἱ μὲν πάντῃ ἀδιάστατον, οἱ δὲ δια-
στατὸν λέγουσι· καὶ τῶν πάντῃ ἀδιάστατον οἱ μὲν ὑποκείμενον τοῖς σώ- 15
μασιν ὡς Πλάτων τὴν ὕλην τόπον λέγων, οἱ δὲ τελεσιουργὸν τῶν σωμάτων,
ὡς ὁ ἡμέτερος Δαμάσκιος· τῶν δὲ διαστατὸν λεγόντων οἱ μὲν ἐπὶ δύο
20 διεστὼς ὡς ὁ Ἀριστοτέλης τε καὶ ὁ Περίπατος ἅπας, οἱ δὲ ἐπὶ τρία, καὶ
τούτων οἱ μὲν πάντῃ ἀδιάφορον καί ποτε καὶ ἄνευ σώματος μένον ὡς οἱ
περὶ Δημόκριτον καὶ Ἐπίκουρον, οἱ δὲ διάστημα καὶ ἀεὶ σῶμα ἔχον καὶ
ἐπιτήδειον πρὸς ἕκαστον ὡς οἱ κλεινοὶ τῶν Πλατωνικῶν καὶ ὁ Λαμψακηνὸς
Στράτων.
25 Ἀλλ' ἐν ὅσῳ πρόχειρον ἔχομεν τῶν Ἀριστοτέλους τὴν μνήμην, ἐκεῖνα 20
πρῶτον ἐπισκεψώμεθα. πρῶτον δὴ τούτοις ἐπιστήσοι ἄν τις, οἷς ὁμόσε
κεχώρηκεν ὁ Ἀριστοτέλης, τῷ τε μὴ κινεῖσθαι κατὰ τόπον τὸν οὐρανὸν
καὶ τῷ μὴ εἶναι μήτε αὐτὸν μήτε τὸ πᾶν ἐν τόπῳ. καὶ ἔτι μέντοι οὐ
τὴν ἀπλανῆ μόνον ἀκίνητον κατὰ τόπον φησὶ καὶ μὴ εἶναι ἐν τόπῳ, ὡς
30 οἱ ἐξηγηταὶ λέγουσι συστέλλειν τὴν ἀτοπίαν ἡγούμενοι, ἀλλὰ καὶ ὅλον τὸν
οὐρανόν, ὅτε ὡς ἕνα αὐτὸν ἐθεάσατο. ὅτι γὰρ καὶ κινεῖσθαι κατὰ τόπον
καὶ εἶναι ἐν τόπῳ μόνα τὰ κατ' εὐθεῖαν κινούμενα νομίζει, πολλαχόθεν 25

---

1 τόπον a   4 ὑποδεῖξαι E: ἀποδεῖξαι aF   5 ἄλλοι E   6 γεγόνεσαν EF:
ἐγεγόνεισαν a   7 ἐκείνης a   11 τόπον a   τόλμην E   12 τοῦ E: που
aF   14 οὖν aF: δὲ E   15 ὥσπερ E: ὡς aF   18 ante Πλάτων add. ὁ
aF   τελεσιεργὸν E   19 οἱ μὲν διαστατὸν F   20 διεστῶτα a at cf. v. 21. 22
οἱ δὲ ἐπὶ τρία om. aF   ἐπὶ Brandisii unus codex: περὶ E   21 οἱ περὶ] ὁ περὶ F
22 καὶ (post ἔχον) om. E   23 λαμψακηνῶν F¹   25 τῶν Ἀριστοτέλους scripsi:
τῶν ἀριστο E: τὸν ἀριστοτέλην aF   ἐκεῖνα E: ἐκείνων aF   26 οἷς iteravit
initio paginae F   30 καὶ (ante ὅλον) om. aF   31 ὅτε EF: ὥστε a
32 νομίζοι F

μὲν ἄν τις πιστώσαιτο. ἵνα δὲ μὴ πολλὰ γράφω, ἀρκεῖ μίαν ἢ δύο παρα- 140ᵛ
θέσθαι ῥήσεις· "ἔστι δὲ τόπος οὐχ ὁ οὐρανός, ἀλλὰ τοῦ οὐρανοῦ τι
τὸ ἔσχατον καὶ ἁπτόμενον τοῦ κινητοῦ σώματος· καὶ διὰ τοῦτο ἡ μὲν γῆ
ἐν τῷ ὕδατι, τοῦτο δὲ ἐν τῷ ἀέρι, ὁ δὲ ἀὴρ ἐν τῷ αἰθέρι, ὁ δὲ αἰθὴρ
5 ἐν τῷ οὐρανῷ, ὁ δὲ οὐρανὸς οὐκέτι ἐν ἄλλῳ". τὸν γὰρ Ἀλέξανδρον πα-
ραιτητέον παραλελεῖφθαι μὲν τὸ πῦρ ἐνταῦθα λέγοντα, αἰθέρα δὲ τὸ πλα-
νώμενον καλεῖσθαι. καὶ πρὸ τούτου δὲ "λέγω δέ, φησί, τὸ περιεχόμενον 30
σῶμα τὸ κινητὸν κατὰ φοράν", περιεχόμενον δὲ λέγει τὸ ἐν τόπῳ. εἰ οὖν
τὸ περιεχόμενον σῶμα κινητὸν κατὰ φοράν, τοῦτό ἐστιν ἐν τόπῳ, τὸ κατὰ
10 φορὰν ἢ ἄλλο ἐστὶ τοῦ κατὰ περιφορὰν καὶ δηλοῖ τὴν ἐπ' εὐθείας κίνησιν,
ὡς καὶ οἱ ἐξηγηταὶ ὁμολογοῦσι, (καὶ εἴη ἂν ἐν τόπῳ τὰ ἐπ' εὐθείας κινητά,
οἷς καὶ τὸ κινητὸν πρέπει, διὰ τὸ μὴ ἀεὶ κινεῖσθαι ὥσπερ τὰ κυκλοφορού-
μενα, ἀλλ' ἔχειν τὸ δυνάμει) ἢ εἴ τις ἐκ τῶν ἐν τῷ τελευταίῳ βιβλίῳ
τῆσδε τῆς πραγματείας καὶ ἐκ τῶν Περὶ οὐρανοῦ τὴν φορὰν εἰς ταὐτὸν 35
15 ἄγει τῇ κατὰ τόπον κινήσει, ὥστε καὶ τὰ κυκλοφορούμενα φέρεσθαι λέγειν,
δῆλον ὅτι καὶ τὴν ἀπλανῆ καὶ τὸν ὅλον οὐρανὸν ἐν τόπῳ εἶναι ὁμολογήσει·
ὅπερ σαφῶς ὁ Ἀριστοτέλης ἀπαγορεύει διὰ τὸ μηδὲν ἔχειν ἔξωθεν τὸ πε-
ριέχον. ἀλλ' ἐν οἷς μὲν τὴν φορὰν ἀντιδιαιρεῖ τῇ κύκλῳ κινήσει, εἴρηται
πρότερον· ἐν οἷς δὲ αὐτὴν ὡς κοινὸν γένος τῆς κατὰ τόπον κινήσεως
20 λαμβάνει, ἔστι τάδε· "τριῶν γὰρ οὐσῶν κινήσεων τῆς τε κατὰ μέγεθος καὶ
τῆς κατὰ πάθος καὶ τῆς κατὰ τόπον, ἣν καλοῦμεν φοράν". καὶ διαιρεῖ 40
λοιπὸν τὴν φορὰν λέγων "πᾶν μὲν γὰρ κινεῖται τὸ φερόμενον ἢ κύκλῳ ἢ
εὐθεῖαν ἢ μικτήν". ὥστε ἐκ τούτων καὶ ἐκεῖνο δῆλον σαφῶς γίνεται, ὅτι
καὶ κατ' αὐτὸν ἡ κύκλῳ κίνησις κατὰ τόπον κίνησίς ἐστι. τὰ δὲ κατὰ
25 τόπον κινούμενα καὶ ἐν τόπῳ ἐστίν· ὥστε ἐκ τούτων καὶ ὁ πᾶς οὐρανὸς
καὶ ἡ ἀπλανὴς ἐν τόπῳ ἐστί. πῶς οὖν ἐν τοῖς περὶ τόπου λόγοις καὶ τὴν
ἀπλανῆ καὶ τὸν ὅλον οὐρανὸν καὶ τὸ πᾶν τόδε τὰ ὁριζόμενα κατὰ τὴν
ἀπλανῆ μὴ εἶναι ἐν τόπῳ φησί; καὶ τὴν αἰτίαν κοινὴν τούτων προσέθηκε 45
λέγων "ᾧ μὲν οὖν σώματι ἔστι τι ἐκτὸς τὸ περιέχον αὐτό, τοῦτό ἐστιν ἐν
30 τόπῳ, ᾧ δὲ μή, οὔ". καὶ τοῦτο εἰκότως, εἴπερ τὸ πέρας τοῦ περιέχοντός
ἐστιν ὁ τόπος. καὶ ὅ γε Ἀλέξανδρος τούτοις μᾶλλον ἐνδοὺς οὐ προσεποιή-
σατο τὰ πρότερον εἰρημένα τὴν κύκλῳ κίνησιν λέγων μὴ εἶναι τοπικὴν διὰ
τὸ μὴ μεταβαίνειν ὅλον. γράφει γοῦν ταῦτα διαρρήδην· "καὶ γὰρ εἰ ἔστιν
αὐτῷ κίνησις, ἀλλ' οὐ τοπική γε αὕτη· οὐ γὰρ ἀλλάσσει τόπον τῷ μὴ
35 περιέχεσθαι". ἀλλ' ὅτι μὲν καὶ τὸ κυκλοφορούμενον φέρεται, δῆλον, καὶ 50
ὅτι τὸ φερόμενον κινεῖται· ἀλλ' εἰ μὲν κατὰ τόπον, ὡς ἡ προειρημένη

---

2 δὲ ὁ τόπος Aristoteles p. 212ᵇ 18   3 post σώματος add. πέρας ἠρεμοῦν Aristoteles
4 τῷ (ante ἀέρι) om. a   ὁ δὲ ἀὴρ cf. p. 605, 14] οὗτος δ' Aristoteles   φησί
p. 212ᵃ 6   8 περιεχόμενον — φοράν (9) om. E   9 κινητὸν a: ἀκίνητον F
10 εὐθεῖ sic E   20 τριῶν κτλ. Θ 7 p. 260ᵃ 26   γὰρ] δὲ Aristoteles   22 λέ-
γων Θ 8 p. 261ᵇ 28   ἢ εὐθεῖαν ἢ κύκλῳ aF   25 post ὥστε add. καὶ F
27 τὸ πᾶν τόδε E: πάντα δὲ aF   29 λέγων Δ 5 p. 212ᵃ 31   post ἐκτὸς om.
σῶμα hoc loco libri at cf. p. 588, 6   τὸ E cf. p. 588, 6: om. aF et Aristoteles
33 γοῦν E: οὖν aF   36 post μὲν add. καὶ E

ῥῆσις ἔλεγε, δῆλον ὅτι καὶ ἐν τόπῳ ἐστί. τὸ γὰρ κατὰ τόπον κινούμενον 140ᵛ
καὶ ἔστιν ἐν τόπῳ καὶ ὑπ' αὐτῶν εἶναι ὁμολογεῖται, εἴπερ ἀπὸ τῆς κατὰ
τόπον κινήσεως μάλιστα ὁ τόπος εὑρέθη. εἰ δὲ λέγουσι μὴ κατὰ τόπον
κινεῖσθαι, λεγέτωσαν ποῖον εἶδος κινήσεώς ἐστιν ἢ μεταβολῆς ἡ κυκλοφο-
5 ρία· οὔτε γὰρ κατ' οὐσίαν οὔτε κατὰ ποσὸν οὔτε κατὰ ποιόν. σαφέστατα
δὲ ὁ Ἀ|ριστοτέλης τὴν κύκλῳ κίνησιν κατὰ τόπον φησὶν ἐν τῇ Περὶ οὐρα- 141ʳ
νοῦ λέγων "πᾶσα δὲ κίνησις ὅση κατὰ τόπον, ἣν καλοῦμεν φοράν, ἢ
εὐθεῖα ἢ κύκλῳ ἢ ἐκ τούτων μικτή". οὐδὲν δὲ ἧττον σαφῶς τῆς κατὰ
τόπον κινήσεως τοῖς ἀιδίοις σώμασι μεταδίδωσι λέγων "τοῖς γὰρ ἀιδίοις
10 μόνον ἐνδέχεται κινεῖσθαι" τὴν κατὰ τόπον κίνησιν, καὶ τὴν αἰτίαν ἐν
ἄλλοις προστιθείς· "ἥκιστα γάρ, φησί, τῆς οὐσίας ἐξίσταται τὸ κινούμενον" 5
τὴν κατὰ φορὰν κίνησιν. "κατὰ μόνην γὰρ οὐδὲν μεταβάλλει τοῦ εἶναι,
ὥσπερ ἀλλοιουμένου μὲν τὸ ποιόν, αὐξομένου δὲ καὶ φθίνοντος τὸ ποσόν".
ἐκ τούτων οὖν δῆλον φαίη τις ἄν, ὅτι οὔτε ἀληθῶς οὔτε συμφώνως ἑαυτῷ
15 δοκεῖ μόνα τὰ ἐπ' εὐθείας κινούμενα κατὰ τόπον κινεῖσθαι καὶ ἐν τόπῳ
εἶναι λέγειν, ἀλλὰ τὸ ἀκόλουθον τῷ τοιούτῳ ὁρισμῷ τοῦ τόπου φυλάττων,
κἂν ὁτιοῦν δέῃ, συγκινδυνεύειν αὐτῷ. πῶς δὲ εἰπὼν "ὅτι οὐκ ἂν ἐζη-
τεῖτο ὁ τόπος, εἰ μὴ κίνησις ἦν ἡ κατὰ τόπον" ἐπάγει "διὰ γὰρ τοῦτο 10
καὶ τὸν οὐρανὸν μάλιστα ἐν τόπῳ οἰόμεθα, ὅτι ἀεὶ ἐν κινήσει"; καὶ ὅμως
20 οὕτω σαφῶς ἀπαγορεύει τὸ εἶναι τὸν οὐρανὸν ἐν τόπῳ λέγων "ὁ δὲ οὐ-
ρανός, ὥσπερ εἴρηται, οὔ που ὅλος οὐδέ ἐστιν ἔν τινι τόπῳ, εἴ γε αὐτὸν
μηδὲν περιέχει σῶμα." πῶς δὲ ἐν τόπῳ λέγει τὸ κινητὸν κατὰ φοράν;
τὸ γὰρ ἐν τόπῳ ὂν οὐ πάντως κινεῖται κατὰ τόπον· πολλὰ γὰρ καὶ μένει
κατὰ τόπον. καὶ γὰρ ἡ γῆ, ὡς αὐτός φησιν, ἐν τῷ ὕδατι οὖσα ὡς
25 ἐν τόπῳ μένει ὅμως· ὡς καὶ τοῦτο αὐτὸς ἐδήλωσε τὴν τῆς μονῆς δια- 15
φορὰν τοῦ ἄνω καὶ κάτω παραδιδούς· "τὸ μὲν ἀεὶ μένει" τὴν ἐν τῷ
αὐτῷ τόπῳ μονὴν καὶ τὸ ἀκίνητον αὐτῆς λέγων, "τοῦ δὲ κύκλῳ τὸ ἔσχα-
τον ὡσαύτως ἔχον μένει" τὴν κατ' οὐσίαν ἐπὶ τούτου μονὴν θεωρῶν. ἔτι
δὲ εἰ τὰ ἐν τῷ κινουμένῳ ὡς ἐν ἀγγείῳ μᾶλλόν ἐστιν ἢ ὡς ἐν τόπῳ, ὡς
30 αὐτὸς δηλοῖ λέγων "διὸ ὅταν μὲν ἐν κινουμένῳ κινῆται καὶ μεταβάλλῃ τὸ
ἐντὸς οἷον ἐν ποταμῷ πλοῖον, ὡς ἀγγείῳ χρῆται μᾶλλον ἢ τόπῳ", καὶ τὸ
πλανώμενον ὡς ἐν ἀγγείῳ ἂν εἴη τῇ ἀπλανεῖ καὶ ἑκάστη σφαῖρα τῶν
πλανωμένων ἐν τῇ περιεχούσῃ. καὶ μέντοι τὸ ὑπὸ σελήνην πᾶν τὸ κινη- 20
τὸν κατὰ φοράν, ὅπερ καὶ κυρίως ἐν τόπῳ λέγει, καὶ τοῦτο ἐν τῷ ἐσχάτῳ

---

2 ἐν τόπῳ ἐστί aF   ὑπ' αὐτῷ F   6 Περὶ οὐρανοῦ Α 2 p. 268ᵇ 17   7 ὅση E: ὡς ἡ
F: ἡ a   8 σαφῇ E   9 λέγων Phys. Θ 7 p. 260ᵇ 29   11 προστιθείς p. 261ᵃ 20
13 post δὲ add. τὸ ποσὸν F   φθίναντος E   14 ἑαυτὸ E   17 δέῃ aF et E sed mut.
m. pr. in δέοι   αὐτῷ aF: αὐτὸ E   εἰπὼν Δ 4 p. 211ᵃ 12   ὅτι om. aF
18 κίνησίς τις ἦν Aristoteles   19 μάλιστα om. E   20 λέγων p. 212ᵇ 8 cf.
p. 591, 24   21 ὅλος E: ὅλως aF   ἐστὶν post τόπῳ Aristoteles   εἴ γε E:
εἴπερ a: εἰς F   ἑαυτὸν F   21. 22 μηδὲν αὐτὸν Aristoteles   23 τὸ γὰρ] τῷ
γὰρ E   24 post γὰρ add. καὶ aF   φησιν cf. Δ 5 p. 212ᵇ 20   25 αὐτὸ F
26 καὶ τοῦ κάτω aF   παραδιδούς Δ 4 p. 212ᵃ 23   τὸ μὲν γὰρ ἀεὶ aF   27 κύκλῳ
EF: κύκλου a ut Aristoteles cf. supra p. 585, 11   34 καὶ (post ὅπερ) om. aF

τοῦ οὐρανοῦ, τουτέστι τῇ κοίλῃ ἐπιφανείᾳ τῆς σεληνιακῆς σφαίρας ὄν, ὡς 141ʳ
ἐν ἀγγείῳ ἂν εἴη· κινεῖται γὰρ καὶ ἡ σεληνιακὴ σφαῖρα. ποῦ οὖν ὁ τόπος
ἢ τίνα τὰ ἐν τόπῳ κυρίως; καὶ γὰρ ὁ ἀὴρ κινεῖται καὶ τὸ ὕδωρ, καὶ
οὐδὲ ἐν τούτοις ἂν εἴη τόπος, ὁπότε καὶ τὰ μερικὰ σώματα περιρρεῖται ὡς
5 ἐπίπαν ὑπὸ ἀέρος καὶ ὕδατος. ἰστέον δὲ ὅτι καὶ ὁ Θεόφραστος ἐν τοῖς 25
Φυσικοῖς ἀπορεῖ πρὸς τὸν ἀποδοθέντα τοῦ τόπου λόγον ὑπὸ τοῦ Ἀριστο-
τέλους τοιαῦτα· ὅτι τὸ σῶμα ἔσται ἐν ἐπιφανείᾳ, ὅτι κινούμενος ἔσται
ὁ τόπος, ὅτι οὐ πᾶν σῶμα ἐν τόπῳ (οὐδὲ γὰρ ἡ ἀπλανής), ὅτι ἐὰν
συναχθῶσιν αἱ σφαῖραι, καὶ ὅλος ὁ οὐρανὸς οὐκ ἔσται ἐν τόπῳ, ὅτι τὰ ἐν
10 τόπῳ ὄντα μηδὲν αὐτὰ μετακινηθέντα, ἐὰν ἀφαιρεθῇ τὰ περιέχοντα αὐτά,
οὐκέτι ἔσται ἐν τόπῳ.
Ἀλλ' ἴδωμεν, εἰ καὶ τοῖς προληφθεῖσι περὶ τοῦ τόπου ἀξιώμασι σύμ-
φωνός ἐστιν ὁ ἀποδοθεὶς τοῦ τόπου ὁρισμός. περιέχειν πάντες φαμὲν τὰ 30
ἐν ἑαυτῷ τὸν τόπον. καὶ δῆλον ὅτι οὐχ ὡς ἴδιον ἀποδίδοται τοῦτο τοῦ
15 τόπου, ἀλλὰ καθόσον καὶ τὸ ἐν τόπῳ ἔν τινί ἐστι. πᾶν γὰρ τὸ ἔν τινι
περιέχεσθαί φαμεν ὑπ' ἐκείνου τοῦ ἐν ᾧ ἐστι. κατὰ ποῖον οὖν σημαινό-
μενον περιοχῆς περιέχειν λέγομεν τὸν τόπον; ἆρα καθόσον ὅλος δι' ὅλου
χωρεῖ τοῦ περιεχομένου ἢ καθόσον ἔξωθεν αὐτὸ περικαλύπτει; ἀλλ' εἰ
μὲν δι' ὅλου χωρεῖ, πῶς ἂν τὸ πέρας εἴη τοῦ περιέχοντος; εἰ δὲ ὡς
20 περικαλύπτων ἔξωθεν, οὕτω γε καὶ τὸ ἱμάτιον τόπος ἂν εἴη, ὅπερ οὐδεὶς 35
οὐδὲ τῶν μεταφοραῖς χρωμένων λέγειν ἠξίωσεν. ἔτι δὲ τὸ οὕτως περιέχον
ὡς τὸ πέρας τοῦ ἔξωθεν ἢ τὸ ὅλον περιέχει ἢ τὴν ἐπιφάνειαν. ἀλλ' ὅλον
ἀδύνατον· δεῖ γὰρ τὸ περιέχον ἢ μεῖζον ἢ ἴσον εἶναι τοῦ περιεχομένου·
τὸ δὲ πέρας τοῦ περιέχοντος ἴσον ἐστὶ τῇ τοῦ περιεχομένου ἐπιφανείᾳ·
25 αὕτη δὲ οὐκ ἦν ὅλον τὸ περιεχόμενον. ἀλλ' οὐδὲ ἡ ἐπιφάνειά ἐστιν ἐν
τόπῳ ὡς καὶ αὐτὸς ὁμολογεῖ, εἴπερ ἐν τόπῳ μέν ἐστι τὸ καθ' αὑτὸ ἀπο-
λελυμένον καὶ κινούμενον καθ' αὑτό, ὥς φησιν, ἡ δὲ ἐπιφάνεια πέρας ἐστὶ 40
τοῦ ἐν τόπῳ σώματος. ἀλλ' οἰήσεταί τις ἴσως κατὰ τὴν ἐπιφάνειαν τὸ
ὅλον ἐν τόπῳ εἶναι. οὐ μέντοι οὐδὲ τοῦτο δυνατόν· εἰ γάρ τι κατὰ μέρος
30 αὐτοῦ πάσχει τι ἢ ποιεῖ, δεῖ τὸ μέρος προηγουμένως τοῦτο πάσχειν ἢ
ποιεῖν, οἷον εἴ τις κατὰ τὸν πόδα λακτίζει, δεῖ τὸν πόδα προηγουμένως
τοῦτο ποιεῖν, καὶ εἴ τις κατὰ τὴν ἐπιφάνειαν λευκαίνεται, δεῖ προηγουμέ-
νως πάσχειν τοῦτο τὴν ἐπιφάνειαν. τὸ δὲ δεύτερον τῶν ἀξιωμάτων ἦν
τὸ ἴσον εἶναι τὸν τόπον τῷ ἐν τόπῳ. πῶς δὲ δυνατὸν ἐπιφάνειαν εἶναι 45
35 σώματι ἴσην; οὕτω γὰρ ἂν καὶ γραμμὴ ἐπιφανείᾳ καὶ σημεῖον γραμμῇ,
ὥστε καὶ σημεῖον σώματι· οὗ τί ἂν ἀτοπώτερον εἴη; ὅτι γὰρ τὸ σῶμα

---

3 ἢ E: καὶ aF   4 εἴη ὁ τόπος a   5 Θεόφραστος fr. 21 Wimm.   6 λόγον
τοῦ τόπου aF   8 ἡ ἀπλανής ex αἱ ἀπλανεῖς correctum videtur E   9 τὰ (post ὅτι)
om. E   15 καὶ τὸ] καὶ τὰ a   21 μετοφοραῖς E   23 ἀδύνατον EF: οὐ δυνα-
τόν a   περιέχον ἢ ὅλον ἢ μεῖζον εἶναι ἢ ἴσον εἶναι F   25 οὐδὲ ἡ EF: οὐδ' a
26 ὡς καὶ E: ὡς aF   33 τοῦτο πάσχειν aF   34 πῶς δὲ a: πῶς δεῖ E: πῶς
δ⁷⸍ (infra ἢ littera erasa) F

βούλεται εἶναι ἐν τόπῳ, δῆλον ἐκ † τούτου τὸ λέγειν ἐν τόπῳ τὸ κινητὸν 141r
κατὰ φοράν. κινεῖται δὲ οὐχ ἡ ἐπιφάνεια καθ' αὑτήν, ἀλλὰ τὸ σῶμα.
ἀλλ' ἔοικεν ἡ περιοχὴ κατά τινα ληφθεῖσα τρόπον τὸν τῆς περικαλύψεως,
ἀλλ' οὐ τὸν τῆς δι' ὅλου χωρήσεως καὶ τὴν τῆς ἰσότητος ἔννοιαν κατ'
5 ἐκείνην λαβεῖν.

Ἔτι δέ, φησί, τόπου διαφορὰς ἀξιοῦμεν εἶναι τὸ ἄνω καὶ τὸ κάτω. 50
ὥσπερ οὖν ἔστι τι τὸ ἀνωτάτω, μεθ' ὃ οὔτε τόπος ἔστί τις οὔτε ἐν τόπῳ,
οὕτως εἶναι δεῖ καὶ τὸ κατωτάτω. εἰ οὖν τὸ ἀνωτάτω τὸ πέριξ ἐστίν,
εἴτε κατὰ τὸ κυρτὸν τὸ τῆς ἀπλανοῦς εἴτε κατὰ τὸ τοῦ αἰθέρος, εἴπερ
10 μόνον τὸ ὑπὸ σελήνην ἐστὶν ἐν τόπῳ, καὶ τὸ κατωτάτω ἂν εἴη τὸ μέσον
τοῦ παντός. τοῦτο δέ ἐστι τὸ κέντρον καὶ τὰ τούτῳ πλησιάζοντα. οὐκ
ἄρα ὁ τῆς γῆς τόπος κατωτάτω ὢν τὸ πέρας ἐστὶ τοῦ ὕδατος ἢ τοῦ ἀέρος,
ὡς ἐδήλου λέγων "καὶ διὰ τοῦτο | ἡ μὲν γῆ ἐν τῷ ὕδατι, τοῦτο δὲ ἐν 141v
τῷ ἀέρι, ὁ δὲ ἀὴρ ἐν τῷ αἰθέρι". εἰ δέ τις λέγοι διττὸν εἶναι τὸ κάτω
15 καὶ διττὸν τὸ ἄνω, τὸ μὲν ὡς τὸν τόπον, τὸ δὲ ὡς τὸ ἐν τόπῳ, ὥσπερ
καὶ αὐτὸς ἐδήλωσεν, ἐν οἷς φησι "τὸ μὲν πρὸς τὸ μέσον περιέχον πέρας
κάτω ἐστὶ καὶ αὐτὸ τὸ μέσον, τὸ δὲ πρὸς τὸ ἔσχατον ἄνω καὶ αὐτὸ τὸ
ἔσχατον", ἐπειδὴ καὶ αὐτὸς ὁμολογεῖ καὶ ἐν ταύτῃ τῇ πραγματείᾳ καὶ ἐν
τῇ Περὶ οὐρανοῦ τὸ μὲν μέσον εἶναι τὸ κάτω τὸ δὲ πέριξ τὸ ἄνω, καὶ 5
20 σφαιρικοῦ τοῦ παντὸς ὄντος δῆλον ὅτι ὡς τὸ κάτω τὸ κέντρον ἐστὶν οὕτως
τὸ ἄνω τὰ πέρατα τῶν ἀπὸ τοῦ κέντρου ἐκβαλλομένων εὐθειῶν, τί ἂν εἴη
τὸ κέντρον; οὔτε γὰρ τόπος ἐστίν, εἴπερ ὁ τόπος ἐπιφάνεια καὶ περιοχὴ
καὶ ἴσος τῷ ἐν τόπῳ, οὔτε ἐν τόπῳ, εἰ τὸ ἐν τόπῳ ἐπιφάνειαν ἔχει καὶ
κινητόν ἐστι κατὰ φοράν. ἀλλ' οὐδὲ ὁ ἄνω τόπος ἡ κοίλη τῆς σελήνης
25 ἐστὶν ἐπιφάνεια οὐδὲ ἡ τῆς ἀπλανοῦς κοίλη, ἀλλ' εἰ ἄρα, ἡ κυρτή. εἰς
ταύτην γὰρ τελευτᾷ τὰ ἔσχατα τῶν ἐκ τοῦ κέντρου. ἔτι δὲ εἰ ἡ σεληνιακὴ 10
σφαῖρα κύκλῳ κινεῖται, συγκινεῖται δὲ αὐτῇ καὶ τὸ ὑπέκκαυμα κύκλῳ, ὡς
ἐν τοῖς Μετεωρολογικοῖς ὁμολογεῖ, τὸ ἄνω τοῦτο κατὰ τὸν αὐτοῦ διορισμὸν
οὐκ ἔστι τόπου διαφορά, ἀλλὰ ἀγγείου, ὡς αὐτὸς διώρισεν. "ὅταν, γάρ, ἐν
30 κινουμένῳ, φησί, κινῆται καὶ μεταβάλλῃ τὸ ἐντός, οἷον ὡς ἐν ποταμῷ
πλοῖον, ὡς ἀγγείῳ χρῆται μᾶλλον ἢ τόπῳ τῷ περιέχοντι. βούλεται γάρ,
φησίν, ὁ τόπος ἀκίνητος εἶναι". διὸ καὶ ὁριζόμενος αὐτὸν τὸ τοῦ περιέ-
χοντός φησι ἀκίνητον πρῶτον, τοῦτό ἐστιν ὁ τόπος. εἰ οὖν μὴ ἔστι τὸ 15
ὑπ' αὐτοῦ λεγόμενον ἄνω τόπου διαφορά, ἀλλ' ἀγγείου, δῆλον ὅτι οὐδὲ
35 τὸ κάτω.

---

1 ἐκ τούτου, τὸ libri: fortasse ἐκ τοῦ τοῦτον (Aristotelem) λέγειν vel ἐκ τούτου ὅτι λέγει
2 κατ' αὐτήν a   3 ἢ E: ὡς aF   τόπον F   6 φησί cf. Γ 5 p. 205 b 32   9 τὸ
(ante τοῦ) om. E   13 λέγων Δ 5 p. 212 b 20   14 ὁ δὲ ἀὴρ cf. p. 602, 4
λέγει a   16 φησι Δ 4 p. 212 a 26   19 Περὶ οὐρανοῦ cf. Δ 3 p. 310 b 7 sqq.
22 ἐπιφάνεια ὁ τόπος aF   περιοχὴ aF: περιέ (i. e. περιέχει) E   28 Μετεωρολογικοῖς
Α 4 p. 341 b 18   30 φησί Δ 4 p. 212 a 16   οἷον (omisso ὡς) habet cum Aristotele ipse
p. 603, 31   31 χρῆται μᾶλλον ἢ iteravit E   βούλεται δ' ἀκίνητος εἶναι ὁ τόπος Aristo
teles   32 περιέχοντος πέρας recte infra p. 606, 35   33 φησὶ post αὐτὸν (32)
posuerunt aF

Τὸ δὴ τελευταῖον ἔλεγεν ἀξίωμα φέρεσθαι φύσει καὶ μένειν ἐν τοῖς 141ᵛ
οἰκείοις τόποις ἕκαστον τῶν σωμάτων, τοῦτο δὲ ποιεῖν ἢ ἄνω ἢ κάτω.
ὥστε εἰ κάτω φέρεται ἡ γῆ, κάτω δὲ τὸ κέντρον, οὐκ ἐπὶ τὸ πέρας τοῦ
ὕδατος ἢ τοῦ ἀέρος, ἀλλ' ἐπὶ τὸ κέντρον οἰσθήσεται· τοῦτο ἄρα ὁ τόπος
5 τῆς γῆς. καὶ φέρεταί γε οὕτως· τὰ γὰρ βάρη πρὸς ὀρθὰς πανταχόθεν
καταφέρεται. τοῦτο δὲ οὐκ ἂν συμβαίη σφαιρικῆς τῆς γῆς οὔσης, εἰ μὴ 20
πρὸς τὸ κέντρον πάντων ἡ ῥοπὴ γίνοιτο. τὸ δὲ κέντρον οὐκ ἔστι πέρας
τοῦ περιέχοντος σώματος ἀμερὲς ὄν. ἔτι δὲ καὶ αὐτός φησι τὸν αὐτὸν
τόπον τοῦ ὅλου εἶναι καὶ τοῦ μέρους. ἐν δὲ τῇ Περὶ οὐρανοῦ τὴν αἰτίαν
10 ζητῶν τῆς ἐν τῷ μέσῳ μονῆς τῆς γῆς, οὐ τὸ πέρας τοῦ ἀέρος ἀλλὰ τὸ
μέσον ᾐτιάσατο λέγων, ὥστε κἂν εἰ νῦν ἀφεθείη ἐκεῖ φέρεσθαι. καὶ ἐν
τῷ τρίτῳ δὲ ταύτης τῆς πραγματείας, ἐν οἷς τὸν Ἀναξαγόραν αἰτιᾶται, ὅτι
στηρίζειν αὐτὸ ἐν αὑτῷ λέγει τὸ ἄπειρον, αὐτός "τὸ δὲ βαρύ, φησί, μένει 25
ἐπὶ τοῦ μέσου, ἡ δὲ γῆ ἐπὶ τοῦ μέσου". εἰ οὖν καὶ φέρεται τὸ φερόμενον
15 εἰς τὸν οἰκεῖον τόπον καὶ μένει ἐν αὐτῷ, δῆλον ὅτι τὸ μέσον ἂν εἴη ὁ τῆς
γῆς τόπος. ἔτι δὲ εἰ πᾶν σῶμα φέρεται φύσει καὶ μένει ἐν τῷ οἰκείῳ
τόπῳ ὡς τοῦ κατὰ φύσιν τευξόμενον, σωτήριον δέ ἐστιν ἑκάστῳ τὸ κατὰ
φύσιν, πῶς τὸ ὕδωρ ἐπὶ τὸ πέρας τοῦ ἀέρος φέρεται; ὡς γὰρ καὶ αὐτὸς
ὁμολογεῖ τὸ ἔλαττον ὕδωρ ὑπὸ τοῦ πλείονος ἀέρος κρατεῖται καὶ μεταβάλ-
20 λεται. τίνι οὖν ἐλπίδι φέρεται τὸ ὕδωρ ἐπὶ τὸ φθεῖρον; ἀλλ' ἐπιπολάζειν 30
τῇ γῇ βούλεται καὶ στηρίζεσθαι ὑπ' αὐτῆς. διὸ κἂν ἀφέλῃς τὴν ὑποκει-
μένην γῆν, φέρεται πάλιν, ἕως ἂν ἄλλην καταλάβῃ γῆν καὶ τοῦ περιέχον-
τος ἀέρος ἀφίσταται καὶ τοῦ πέρατος αὐτοῦ ὡς οὐκ ὄντος οἰκείου τόπου.
ἔτι δὲ εἰ τὸ πέρας τοῦ ἀέρος τόπος ἦν τοῦ ὕδατος ἢ τῆς γῆς, τὸ ἐν τῷ
25 ἀέρι ὕδωρ καὶ ἡ βῶλος πανταχόθεν ὑπὸ ἀέρος περιεχόμενα καὶ κατέχοντα
τὸν οἰκεῖον τόπον οὐκ ἂν ἐκινήθη. εἰ δὲ ὅτι τὴν ὁλότητα καταλαβὸν
δυσπαθέστερον ἔσται, τῆς ὁλότητος ἐφίεται τῆς οἰκείας καὶ οὐ τοῦ τόπου. 35
ἔτι δὲ εἰ οἰκεῖοι τοῖς σώμασιν οἱ τόποι, πῶς τοῦ αὐτοῦ σώματος ἀνομοιο-
μερεῖς εἰσιν οἱ τόποι; εἰ γάρ τις ἐν ποταμῷ ἑστὼς ὑπερανέχοι τοῦ ὕδα-
30 τος κατὰ τὰ ἄνω μέρη τοῦ σώματος, ἔσται τοῦ αὐτοῦ τόπος καὶ τὸ τῆς
γῆς πέρας ἐφ' οὗ βέβηκε καὶ τὸ τοῦ ὕδατος καὶ τὸ τοῦ ἀέρος, τὸ μὲν
τὰ κάτω περιέχον τοῦ σώματος, τὸ δὲ τὰ ἄνω. ἀλλὰ μὴν καὶ τὸ ἀκίνη-
τον εἶναι τὸν τόπον ὁ μὲν Θεόφραστος καὶ Εὔδημος ὡς ἀξίωμα καὶ αὐτὸ
προσλαμβάνουσιν, ὁ δὲ Ἀριστοτέλης τῷ ὁρισμῷ προστίθησι λέγων "ὥστε 40
35 τὸ τοῦ περιέχοντος πέρας πρῶτον ἀκίνητον τοῦτ' ἔστιν ὁ τόπος". τὸ μέν-
τοι ἐν τόπῳ πᾶν κινητὸν εἶναί φησιν κατὰ τόπον. νῦν δὲ πᾶν τοὐναντίον

---

3 φέρεται iteravit E   7 post κέντρον add. τε E   οὐκ ἔστι] οὐκέτι E   9 Περὶ
οὐρανοῦ] cf. B 13 p. 294ᵃ10 sqq.   ante οὐρανοῦ add. τοῦ a   10 ἐν τῷ μέσῳ EF:
ἐν μέσῳ a   12 τρίτῳ] c. 5 p. 205ᵇ1 sqq.   13 στερίζει aF   αὐτὸ] νῦν τὸ F
ἐν ἑαυτῷ a   αὐτὸς om. a   φησί l. c. p. 205ᵇ15   16 φύσει φέρεται aF
17 ἑκάστῳ E: ἑκάστου aF   20 ἐπὶ τὸ πολάζειν E   22 φέρεται — καταλάβῃς γῆν
primo, tum recte iteravit E   23 ἀφίσταται EF: ἀφίστηται a   28 εἰ om. F
31 ἐφ' οὗ EF²: ἐφ' ᾗ aF¹   33 Εὔδημος fr. 43 p. 59, 17 Sp. cf. f. 213ᵛ   αὐτοὶ coni.
Spengel   34 λέγων Δ 4 p. 212ᵃ20   35 ἀκίνητον πρῶτον recte p. 605, 33

ὁρᾶται, εἰ τὸ πέρας ἐστὶ τοῦ περιέχοντος ὁ τόπος · ἡ μὲν γὰρ γῆ μένει
καὶ τὸ ὕδωρ, τὸ δὲ πέρας τοῦ περιέχοντος αὐτὰ ἀέρος κινεῖται. ἔτι δὲ εἰ
ἀκίνητον εἶναι χρὴ τὸν τόπον, ἢ οὐκ ἀληθῶς φησιν, ὅτι τόπος ἐστὶ τὸ τοῦ
οὐρανοῦ ἔσχατον καὶ ἁπτόμενον τοῦ κινητοῦ σώματος, ἢ εἰ τοῦτο ἀληθές,
5 ἀκίνητον εἶναι χρὴ τὸν οὐρανόν, ἵνα ᾖ καὶ τὸ πέρας αὐτοῦ ἀκίνητον · οὐ
γὰρ δὴ αὐτοῦ κινουμένου τὸ πέρας αὐτοῦ ἔσται ἀκίνητον. δῆλον δὲ ὅτι
καὶ αὐτὸς κινεῖσθαι κύκλῳ βούλεται τὸν οὐρανόν, καὶ ἡ ἐνάργεια τοῦτο
μαρτυρεῖ · ὥστε ἢ τὸ ἀξίωμα σαλεύειν ἀνάγκη τὸ λέγον ἀκίνητον εἶναι
τὸν τόπον ἢ μὴ λέγειν τόπον ἁπλῶς τὸ πέρας τοῦ περιέχοντος. ἔτι δὲ οὐ
10 μόνον κατὰ τόπον ἀκίνητον εἶναι βούλεται τὸν τόπον ἡ ἔννοια ἡμῶν, ἀλλὰ
καὶ κατ' οὐσίαν διαρκέστερον. τοιγαροῦν καὶ αὐτὸς ἀπὸ τοῦ μονίμου τὸ
ἄνω καὶ κάτω χαρακτηρίζων τὸ μὲν κάτω, φησίν, "ἀεὶ μένει, τοῦ δὲ
κύκλου τὸ ἔσχατον ὡσαύτως ἔχον μένει". εἰ οὖν καὶ τῇ οὐσίᾳ μονιμώ-
τερον εἶναι χρὴ τὸν τόπον, πῶς ἂν εἴη τὸ πέρας τοῦ ἀέρος τόπος τῆς
15 γῆς; εὐμετάβολος γὰρ μᾶλλον ὁ ἀὴρ τῆς γῆς ἐστι. χρὴ δὲ καὶ τούτῳ
ἐφιστάνειν οἶμαι, ὅτι ὁ τὸν τόπον οὕτως ἀπολογιζόμενος οὐ μόνον τὸν οὐ-
ρανὸν ἐρεῖ μὴ εἶναι ἐν τόπῳ μηδὲ κινεῖσθαι κατὰ τόπον, ἀλλὰ καὶ τῶν
ὑπὸ σελήνην τὰς ὁλότητας. καὶ γὰρ ὅτι μὲν καθ' αὑτὸ οὐκ ἔσται ἐν τόπῳ
κατ' αὐτόν, δῆλον, | εἴπερ καθ' αὑτὸ ἐν τόπῳ ἐστὶ τὸ κινητὸν κατὰ φοράν,
20 τοῦτο δέ ἐστι τὸ μεταβαῖνον τόπον ἐκ τόπου. ὅτι δὲ οὐδὲ κατὰ συμβεβη-
κός ἔσται ἐν τόπῳ, δῆλον ἐντεῦθεν · εἰ γὰρ διότι τὰ μέρη αὐτῶν κινεῖται,
τὰ δὲ ὅλα ἐν τοῖς μέρεσιν, ὅρα τὸ συμβαῖνον · ἐκεῖνα τῶν μερῶν κινεῖται
κατὰ τόπον καὶ ἔστιν ἐν τόπῳ καθ' αὑτά, ὅσα ἀπεσπασμένα καὶ διῃρη-
μένα τοῦ ὅλου ἐστίν · ἐν δὲ τοῖς τοιούτοις οὐκ ἔστι τὸ ὅλον.

25 Πολλὰ μὲν οὖν καὶ ἄλλα ἐπάγειν ἔστι τῷ λόγῳ · ὃ δὲ μάλιστα εἰς
διάρθρωσιν τῶν περὶ τόπου δογμάτων συντελεῖ, τοῦτό ἐστιν οἶμαι τὸ τὰς
κυριωτάτας ἀρχὰς ἀνευρεῖν, ἀφ' ὧν τοιοῦτος συναχθεὶς ὁ τόπος τοσοῦτον
ἀνέχεται τῶν ἐνστάσεων. πρῶτον μὲν οὖν οἶμαι τὴν τῆς περιοχῆς τοῦ τό-
που ἔννοιαν αἰτίαν γενέσθαι, δεύτερον δὲ τὴν λῆψιν τοῦ καθ' αὑτὸ κινου-
30 μένου κατὰ τόπον. κοινῆς γὰρ οὔσης ἐννοίας τοῦ τόπου, ὅτι περιεκτικός
ἐστι τοῦ ἐν τόπῳ ὁ τόπος, καὶ τῆς περιοχῆς πολλαχῶς λαμβανομένης (καὶ
γὰρ πᾶν τὸ ἔν τινι περιέχεσθαι δοκεῖ ὑπ' ἐκείνου τοῦ ἐν ᾧ ἐστιν), αὐτὸς
περιοχὴν ἐκείνην τὴν οἷον περικάλυψιν ἐξεδέξατο, καθ' ἥν, ὡς εἶπον καὶ
πρότερον, καὶ τὸ ἱμάτιον ἂν εἴη τόπος οὐ τοῦ ὅλου καθ' αὑτὸ περιεχομέ-
35 νου, ἀλλὰ τοῦ ὅλου κατὰ τὴν ἐπιφάνειαν, ὡς κατὰ ταύτην ὁριζομένου τοῦ
ὅλου. ὅτι γὰρ τοιαύτην ἔσχεν ἔννοιαν δηλοῖ καὶ τὸν οὐρανὸν τὸ πᾶν ἴσως

---

1 εἰ] εἰς E   3 φησιν Δ 5 p. 212ᵇ18   5 οὐ — ἀκίνητον (6) om. F
9 ἁπλῶς τόπον E   12 φησίν Δ 4 p. 212ᵃ23   13 καὶ] ἐν E   15 τούτῳ E:
τοῦτο aF   16 ὅτι om. F   17 ἐν τόπῳ om. F   19 post ἐστὶ add. δὲ E
20 οὐδὲ E: οὐ aF   22 ὅρα aE: ἄρα F   24 οὐκέτι F   25 post οὖν add.
οἶμαι (cf. v. 26) E   27 κυριωτέρας F   τοσούτων E   30 post οὔσης add.
τῆς aF   34 πρότερον p. 604, 19   35 ἀλλὰ — ἐπιφάνειαν om. F   κατ'
αὐτὴν F

εἶναι λέγων διὰ τὸ ἐξωτάτω πάντων εἶναι καὶ πάντα κατὰ τοῦτον περιέχειν 142ʳ
τὸν τρόπον. ὅλον οὖν τὸ περιεχόμενον ὑποθέμενος εἶναι κατὰ τὴν ἀφορί- 15
ζουσαν τὸν ὄγκον ἐπιφάνειαν περιεκτικὸν ὅλου τοῦ σώματος ἔφατο τὸ τοῦ
περιέχοντος πέρας. καίτοι χώρα τις ὁ τόπος εἶναι δοκεῖ καὶ ὑποδοχὴ τοῦ
5 ὅλου, ἀλλ' οὐχὶ περικάλυψις. πρὸς δὲ τὴν τοιαύτην ἔννοιαν πολύ τι οἶμαι
συνετέλεσε τὸ τὰ μέρη δοκεῖν μὴ καθ' αὑτὰ εἶναι ἐν τόπῳ ἀλλὰ κατὰ τὴν
ὁλότητα, εἰ μὴ ἄρα καὶ τούτου ἡ τῆς περιοχῆς λῆψις αἰτία γέγονεν. εἰ
γὰρ εἶχε καὶ αὐτὰ τόπον, καὶ δι' αὐτῶν ἂν ὁ τόπος ἐχώρει, συνεχὴς ὢν
πρὸς τὸν ὅλον ἐκεῖνον τόπον ὥσπερ καὶ αὐτὰ πρὸς τὴν οἰκείαν ὁλότητα. 20
10 τὸ δὲ μὴ εἶναι τὰ μέρη καθ' αὑτὰ ἐν τόπῳ, εἴληπται μὲν ὡς ἐναργές, ὅτι
μηδὲ ἔστι καθ' αὑτὰ τὰ συνεχῆ μέρη. μήποτε δὲ πρῶτον μὲν μέσην
ἔχοντα φύσιν τὰ μέρη τῶν τε πάντη ἀδιακρίτων στοιχείων καὶ τῶν πάντη
διακεχριμένων μονάδων, οὐκ ἂν φαίης ὁποτέροισι μετείη ἢ καὶ κατ' ἀμφό-
τερον αὐτὰ θεωρήσαις ἅμα, ὅτι καὶ ἔστι καθ' αὑτὰ καὶ οὐκ ἔστι. καὶ
15 προσέπειτα, εἰ μὲν συνεχῆ ὄντα ἐν διωρισμένῳ τόπῳ ἐλέγομεν εἶναι, ὄντως
ἂν ἦν ἄτοπον· εἰ δὲ ἐν συνεχεῖ, πόσον ἂν εἴη [τὸ] ἀκολουθότερον, ὡς 25
ἔχει τὸ ἐν τόπῳ, οὕτως ἔχειν καὶ τὸν τόπον, τὸ μὲν ὅλον πρὸς τὸν ὅλον,
τὸ δὲ μέρος πρὸς τὸ μέρος, καὶ τὸ μὲν συνεχὲς πρὸς τὸν συνεχῆ, τὸ δὲ
διωρισμένον πρὸς τὸν διωρισμένον; οὕτω γὰρ καὶ χωρητικὸς ὄντως ὁ τόπος
20 ἔσται, καὶ ταύτῃ οἶμαι διορίσαι μᾶλλον ἐχρῆν τοῦ τόπου τὸ ἀγγεῖον, ὅτι
τὸ μὲν περικαλύπτει μόνον, ὁ δὲ δι' ὅλου χωρεῖ, ἀλλὰ μὴ τῷ κινουμένῳ
καὶ ἀκινήτῳ. περὶ δὲ τῆς λήψεως τοῦ καθ' αὑτὸ κινουμένου κατὰ τόπον
λέγω ὅτι, ὥσπερ εἴωθεν ἀεί, καὶ νῦν ἐθελήσας ἀπὸ τῶν ἐναργῶν ποιήσα- 30
σθαι τὴν ἐπὶ τὸν τόπον ἔφοδον καὶ τούτοις μόνοις ἐγκαταμείνας τοιοῦτον
25 αὐτὸν ἠναγκάσθη παραλαβεῖν. τῷ γὰρ ὄντι ἡ κατὰ τόπον κίνησις εἰς ἔν-
νοιαν ἡμᾶς ἤγαγε τοῦ τόπου, καὶ τῶν κατὰ τόπον κινουμένων ἐκεῖνα μᾶλλον
τὰ μεταβάλλοντα καθ' ὅλα ἑαυτὰ τόπον ἐκ τόπου. ὁρῶντες γάρ, ὡς καὶ
αὐτὸς εἶπεν, ἔνθα πρότερον ἦν ἀήρ, ἐνταῦθα ὕδωρ γινόμενον εἰς ἔννοιαν
τῆς κοινῆς ὑποδοχῆς ἤλθομεν, ἣν τόπον ἐκαλέσαμεν. ἐπειδὴ οὖν ἀπὸ τού-
30 των μάλιστα ἡμεῖς τὸν τόπον ἔγνωμεν, ταῦτα παρέλαβεν ὡς ἐν τόπῳ ὄντα. 35
καίτοι φαίη τις ἂν μήπω τελέως τῆς Ἀριστοτέλους ἐννοίας καταδραξάμε-
νος, ὅτι κἂν ἀπὸ τούτων ἡμεῖς εἰς ἔννοιαν ἤλθομεν τοῦ τόπου, ἀλλὰ καὶ
ἀπὸ τῆς κυκλοφορίας, ὡς αὐτὸς ἐν τῷ τελευταίῳ βιβλίῳ τῆσδε τῆς πραγμα-
τείας δείκνυσιν, εἰς ἔννοιαν ἐρχόμεθα τῆς ἀκινήτου αἰτίας τῶν πάντων.
35 καὶ οὐ δήπου διὰ τοῦτο τὴν ἐν τῇ κυκλοφορίᾳ μέθεξιν ἐκείνης τὴν ἀκινή-
τως καὶ πρώτως καὶ κυρίως ἀπειροδύναμον τῶν πάντων αἰτίαν εἶναί φαμεν· 40

---

1 λέγων Δ 5 p. 212ᵇ17   ἐξωτάτω] ἐξέχειν primo scripsisse videtur E   5 ἀλλ'
οὐ F   8 ἂν] ἀεί, inserto post τόπος ἂν a   13 φαίης iteravit F   ὁποτέροισι
sic EF: ὁποτέροις a. imitatur Homericum (Ε 85) Τυδείδην δ' οὐκ ἂν γνοίης ποτέροισι με-
τείη   14 θεωρῆσαι aF   16 τὸ (post εἴη) EF: delevit a   17 τὸ (ante ἐν) aF:
τῶ E   οὕτως ἔχει E¹   τὸν μὲν ὅλον πρὸς τὸ ὅλον E   19 ὁ τόπος ὄντως E
26 τῶν] τὴν E   27 immo μεταβαίνοντα   28 εἶπεν cf. Δ 1 p. 208ᵇ1 sqq.   31 κατα-
δεξάμενος F   35 τὴν (post ἐκείνης) E: τῆς aF   36 καὶ (ante κυρίως) om. a

τίς οὖν ἦν ἀνάγκη μένειν ἐν τούτοις μόνοις, ἀφ᾽ ὧν ὑπεμνήσθημεν; ἐπεὶ 142ʳ
δὲ ὅλως ἐπάθομεν τοῦτο ⟨καὶ⟩ ταῦτα εἶναι τὰ κυρίως κινούμενα κατὰ τό-
πον ὑπειλήφαμεν, ὥστε καὶ πᾶν τὸ ἐν τόπῳ τὸ κινητὸν κατ᾽ εὐθεῖαν
εἰπεῖν, ἀνάγκη γέγονε λοιπὸν τὸ καθ᾽ αὑτὸ ἐν τόπῳ τοιοῦτον ἀφορίσασθαι,
5 ὡς πρὸς ἄλλο τι περαίνειν καὶ ταῦτα λέγειν, ἅπερ αὐτός φησιν. ὅταν μὲν
οὖν μὴ διῃρημένον ᾖ τὸ περιέχον ἀλλὰ συνεχές, οὐχ ὡς ἐν τόπῳ λέγεται
ἐν ἐκείνῳ, ἀλλ᾽ ὡς μέρος ἐν ὅλῳ· ὅταν δὲ διῃρημένον ᾖ καὶ ἁπτόμενον, 45
ἐν πρώτῳ ἐστὶ τῷ ἐσχάτῳ τοῦ περιέχοντος. τὸ γὰρ μεταβαῖνον τόπον ἐκ
τόπου πάντως ἐπιλήψεται τόπον ὅνπερ οὐκ εἶχε πρότερον. διὸ τὰ κατὰ
10 φορὰν καὶ κατὰ αὔξησιν καὶ φθίσιν κινούμενα τοιαῦτά φησιν εἶναι, τὰ δὲ
ἐπιλαμβάνοντα τόπον ἢ κενὸν ὄντα σώματος αὐτὸν ἐπιλαμβάνει (ἀλλ᾽ ἠξίω-
ται ὥσπερ πᾶν σῶμα ἐν τόπῳ, οὕτω καὶ πάντα τόπον ἔχειν σῶμα) ἢ
ὅπερ λοιπὸν τοῦ πλησιάζοντος αὐτῷ καὶ πρὸς αὑτὸ περαίνοντος ἐπιλήψεται
τὸν τόπον. δεῖ ἄρα πάντως εἶναι τὸ ἁπτόμενον τοῦ τοιούτου σώματος καὶ 50
15 κατὰ τοῦτο περιέχον αὐτό. αὕτη μὲν οὖν οἶμαι αἰτία γέγονε τοῦ τὸ ὂν ἐν
τόπῳ πάντως ὑφ᾽ ἑτέρου περιεχόμενον ἔξωθεν ὑποθέσθαι, μὴ μέντοι καὶ
ἀντιστρέφειν τὸν λόγον. οὐδὲ γὰρ τὸ περιεχόμενον ὑφ᾽ ἑτέρου ἐν τόπῳ
εἶναί φησιν ἢ κατὰ τόπον κινεῖσθαι, εἰ μὴ καὶ μεταβαίνει τόπον ἐκ τόπου.
οὕτως ἀπὸ τούτων ἡ ἔννοια γέγονε τοῦ τόπου. καὶ διὰ τοῦτο οὐδὲ τὰς
20 πλανωμένας ἐν τόπῳ φησὶν εἶναι καίτοι περιεχομένας ὑπ᾽ ἀλλήλων καὶ
τῆς | ἀπλανοῦς, ὅτι οὐ μεταβαίνουσι τὸν τόπον. καὶ τί λέγω τὰς πλανω- 142ᵛ
μένας; ἀλλ᾽ οὐδὲ τῶν στοιχείων οἶμαι τὰς ὁλότητας ἐν τόπῳ φήσει. εἰ γὰρ
πᾶν τὸ ἐν τόπῳ καὶ κινεῖσθαι κατὰ τόπον λέγει, εἴπερ τὸ κινητὸν σῶμά
ἐστιν ἐν τόπῳ καὶ κινητὸν κατὰ φοράν, τοῦτ᾽ ἔστιν ἐπ᾽ εὐθείας, ὡς τῆς
25 κύκλῳ μηδὲ οὔσης κατὰ τόπον κινήσεως, δῆλον ὅτι μόνα τὰ εὐθυπορού-
μενα καὶ κινεῖσθαι καθ᾽ αὑτὰ κατὰ τόπον καὶ εἶναι ἐν τόπῳ φησίν, ὅτι 5
ταῦτα μόνα μεταβάλλει τὸν τόπον. τοιαῦτα δὲ τῶν ὑπὸ σελήνην τὰ μέρη
ἀποσπασθέντα τῆς οἰκείας ὁλότητος· αὐταὶ μέντοι αἱ ὁλότητες ἢ μένουσιν
ἢ κύκλῳ κινοῦνται, εἰ μὴ ἄρα αὐξομένας τις αὐτὰς ἢ μειουμένας ἐννοή-
30 σειε. τότε γὰρ ἐπιλαμβάνουσαι καὶ ἀφιεῖσαι τόπον κατὰ φορὰν κινεῖσθαι
δοκοῦσιν. εἰ οὖν μήτε τῶν οὐρανίων ἔστι τι ἐν τόπῳ καὶ τῶν ὑπὸ σελή-
νην οὔτε τὰ μέρη, ὅτι συνεχῆ, οὔτε τὰ ὅλα ὅτι οὐ μεταβαίνει, οὐδὲν ἂν
εἴη κατὰ φύσιν ἐν τόπῳ, πλὴν εἰ ἄρα τῶν φυτῶν καὶ τῶν μερικῶν ζῴων. 10
  Τὴν μὲν οὖν συναγωγὴν τοῦ τοιούτου ὁρισμοῦ ἐκ τούτων οἶμαι γεγο-
35 νέναι. ἐπεὶ δὲ καὶ ἐκ τῆς τετραχῇ γενομένης αὐτῷ διαιρέσεως τὸ αὐτὸ
δοκεῖ συνάγειν (ἢ γὰρ ὕλη, φησίν, ἢ εἶδός ἐστιν ὁ τόπος ἢ τὸ πέρας τοῦ

---

1 ἦν om. F   ἀφ᾽ ὧν cogitando supplevisse videtur εἰς ἔννοιαν ἐλθεῖν τοῦ τόπου cf.
p. 608, 32   2 καὶ ταῦτα a: ταῦτα EF   6 ᾖ om. F   8 τῶν ἐσχάτων E
9 ὃν πρότερον οὐκ εἶχε aF   11 αὐτὸν om. F   12 οὕτω καὶ πάντα τόπον om. E
14 πάντως om., in mrg. add. F¹   18 κατὰ τὸν τόπον E   εἰ μὴ καὶ aF: μὴ E
21 putes μεταβάλλουσι ut v. 27. aliter v. 18   τὸν τόπον E (cf. v. 27): τόπον aF
22 ἀλλ᾽ om. aF   οἶμαι om. aF   φήσει E: φησὶν aF   28 αὐταὶ aF   29 κινεῖ-
ται E   μὴ aF: μὲν E   32 οὐδὲν aF: οὐδὲ E   33 ζῶον E   34 οὖν om.
aF   35 γινομένης F   αὐτῶν E   36 συναγάγειν sic E

περιέχοντος ἢ τὸ μεταξὺ τῶν περάτων διάστημα, ἀλλὰ μὴν οὐδὲν τῶν ἄλλων τριῶν, τὸ πέρας ἄρα τοῦ περιέχοντος), εἰκὸς μὲν καὶ τοῦτο τῇ τῆς περιοχῆς ἐννοίᾳ ἀκολουθῆσαι, δι' ἣν οὐδὲ εἶναί τι δόξει τὸ μεταξὺ τοῖς τὴν περιοχὴν ὡς περικάλυψιν μόνον ὑποθεμένοις, ἴσως δὲ καὶ τῷ ὁρισμῷ
5 τοῦ σώματος, ὃς λέγει τὸ σῶμα τριχῇ διαστατὸν εἶναι καὶ τὸ τριχῇ διαστατὸν σῶμα· εἰ δὲ ἀνελλιπὴς οὗτος ἢ μή, μετ' ὀλίγον ἐν τῷ περὶ τοῦ διαστήματος λόγῳ σκοπεῖ οἰκειότερον. τοσοῦτον δὲ νῦν ἰστέον ὅτι τῷ ὑποτιθεμένῳ πᾶν τὸ τριχῇ διαστατὸν σῶμα εἶναι καὶ μηδὲν σῶμα διὰ σώματος χωρεῖν, ἀπογνωστέον ἂν εἴη τούτῳ τοῦ διαστήματος τοῦ μεταξὺ τῶν
10 τοῦ περιέχοντος περάτων. ὅτι δὲ οὐδ' ἀπαράλειπτος ἡ τετραχῇ διαίρεσις αὕτη, μαθησόμεθα, ἡνίκα ἂν καὶ ἄλλας παρὰ ταύτας ὑποθέσεις περὶ τόπου διερευνώμεθα. τοῦτο δὲ ἂν εἴποιμι πρὸς τὸ παρόν, ὅτι πολλὰ καὶ ἄλλα ἐστὶ τῶν ἐχόντων σχέσιν πρὸς ἄλληλα τὴν ἔν τινι, ἃ μήτε ὕλη μήτε εἶδός ἐστι μήτε τὸ μεταξὺ διάστημα, καὶ ὅμως οὐκ ἔστι τὸ πέρας τοῦ περιέχον-
15 τος· οὔτε γὰρ τὸ ὅλον ἐν ᾧ τὰ μέρη οὔτε τὰ μέρη ἐν οἷς τὸ ὅλον οὔτε τὸ γένος οὔτε ὁ χρόνος οὔτε ἄλλο τι πλὴν τῶν ὡς ἀγγείων καὶ ὅλως τῶν περικαλύπτειν πεφυκότων. ἔοικε δὲ μηδ' αὐτὸς ὡς διαίρεσιν λαμβάνειν, ἀλλ' ὡς ἀπαρίθμησιν τῶν περὶ τόπου δοξασμάτων τῶν εἰς ἔννοιαν ἐλθόντων τινά. εἰ τοίνυν μὴ διαιρετικῶς εἴληπται, ἔνδοξος ἡ ἐπιχείρησις δοκεῖ
20 καὶ οὐκ ἀποδεικτική. ὅτι δὲ οὐδὲ αἱ πρὸς τὸ μεταξὺ διάστημα ῥηθεῖσαι ἀντιλογίαι ἔχουσί τι ἀναγκαῖον, καὶ τοῦτο ἐν τοῖς περὶ τοῦ διαστήματος εἰσόμεθα λόγοις αὐτίκα μάλα.

Νῦν δὲ τοσοῦτον πρός τε τὴν εἰρημένην τοῦ τόπου ὑπόθεσιν καὶ πρὸς τὰς ἄλλας ῥηθησομένας εἰπὼν ἐφ' ἑτέρους μεταβήσομαι λόγους, ὡς εἰς με-
25 ρικὰς τοῦ τόπου χρείας ἀποβλέποντες ἄλλοι πρὸς ἄλλην καὶ πρὸς ταύτην ἀπευθύνοντες τὸν περὶ αὐτοῦ λόγον πολλοῖς ἐξ ἀνάγκης ἀτόποις πάντες περιπεπτώκαμεν. τί γὰρ δήποτε τὸ μὲν ὅλον δεῖται τόπου, τὰ δὲ μέρη οὐκ ἔστιν ἐν τόπῳ; εἰ μὲν γὰρ τὰ σώματα δεῖται καθὸ σώματα, οὐ δήπου τὸ μὲν ὅλον σῶμά ἐστι, τὰ δὲ μέρη ἀσώματα. εἰ δὲ καθὸ ὅλα δεῖται
30 τόπου, διὰ τί μὴ καὶ ὁ οὐρανός ἐστιν ἐν τόπῳ καὶ ὁ ὅλος κόσμος; ἀλλ' ἔοικεν ὁ Ἀριστοτέλης μόνα δεῖσθαι τόπου λέγειν τὰ μεταβαίνοντα καθ' ὅλα ἑαυτὰ καὶ ἐπιλαμβάνοντα τόπον ὃν οὐ πρότερον εἶχον, ὥσπερ καὶ χρόνου δεῖσθαί φησιν οὐ τὰ ἀίδια, ἀλλὰ τὰ ἐν μέρει χρόνου ὑφεστῶτα διὰ τὸ μηδὲ εἶναι τὸν ὅλον χρόνον, εἰ μὴ κατὰ μέρος. εἰ οὖν πρὸς τοῦτο χρειώ-
35 δης εἶναι δοκεῖ ὁ τόπος πρὸς τὰς μεταβάσεις τοῖς μήτε ἑστάναι ἐν ταὐτῷ μήτε κινεῖσθαι δυναμένοις, εἰκότως ταῦτα μόνα φαίη ἂν ἐν τόπῳ. καὶ ὅρα ὅπως οὐκ ἐπὶ τὴν ὅλην φύσιν τοῦ ζητουμένου ἀνέδραμεν ὁ λόγος,

---

4 τῶν ὁρισμῶν statim ν deletis Ė 6 ἀνελιπὴς E 7 σκοπεῖν aF . 11 περὶ τοῦ τόπου aF 16 οὔτε ὁ χρόνος om. a 18 περὶ τοῦ τόπου F 19 ἐξαιρετικῶς E 20 οὐδὲ E: om. aF 20. 21 ἀντιλογίαι ῥηθεῖσαι E 24 post ἄλλας iteraverunt τὰς aF 26 ἐπευθύνοντες E πάντες ἀτόποις aF 29 ἐστι om. aF καθὸ ὅλα aF: καθόλου (comp.) E 30 ὅλος ὁ κόσμος aF 31 δεῖσθαι τοῦ τόπου aF 37 ὁ λόγος ἀνέδραμεν aF

ἀλλ' ἐπὶ τὸ προσεχὲς ἡμῖν καὶ γνώριμον. καίτοι καὶ τὰ δυνάμενα ἐν τῷ 142ᵛ
αὐτῷ μένειν ἢ κινεῖσθαι, ὥσπερ ὁ οὐρανός, πῶς λέγεται ἐν τῷ αὐτῷ; ἆρα 40
ὡς ἐν ἑαυτῷ; ἀλλ' οὐδέν, φησίν, ἔστιν ἐν ἑαυτῷ σῶμα, ὅτι ἄλλο τὸ ὃ
καὶ ἄλλο τὸ ἐν ᾧ. κἂν μὴ κινεῖσθαι δὲ ὁ οὐρανὸς λέγηται, ὅτι οὐ μετα-
5 βαίνει τόπον ἐκ τόπου, ἀλλὰ μένει γε ἐν ταὐτῷ καὶ ἀμετάβατος λέγεται οὐ
κατὰ τὴν οὐσίαν, ἀλλ' ὡς τὸν αὐτὸν κατέχων τόπον. οὕτως ἄρα τὸ μὴ τὴν
χρείαν τοῦ τόπου προϋποθέσθαι τελέως τοῦτο τῶν ἐνστάσεων ἐστιν αἴτιον.

Ἀλλ' ὅπως μὲν ὁ θεῖος Ἀριστοτέλης κἂν εἰ μὴ πάντα περιέλαβε τοῦ
τόπου τὰ σημαινόμενα διὰ τὸ πρώτως περὶ αὐτοῦ ζητῆσαι, ἀλλ' ἐκεῖνό γε 45
10 ᾧ προσέβαλε καλῶς ἀνεῦρεν, ὕστερον δειχθήσεται. μετὰ δὲ ταύτην τὴν
ὑπόθεσιν ἐκείνην εἰ δοκεῖ προβαλώμεθα, ἣν Πρόκλος ὁ ἐκ τῆς Λυκίας
φιλόσοφος διδάσκαλος τῶν ἡμετέρων διδασκάλων γενόμενος καινοπρεπῆ πα-
ραδέδωκε, πάντων ὧν ἴσμεν αὐτὸς μόνος σῶμα τὸν τόπον λέγειν ἑλόμενος.
οὗτος δὴ οὖν καὶ τὰ ἀξιώματα τὰ περὶ τόπου τοῦ Ἀριστοτέλους δεξάμενος
15 καὶ τὴν τετραχῇ γενομένην τῆς περὶ τόπου ζητήσεως διαίρεσιν ἀποδεξάμε-
νος "ἀνάγκη, φησίν, αὐτὸν ἢ ὕλην εἶναι ἢ εἶδος ἢ τὸ πέρας τοῦ περιέ- 50
χοντος σώματος ἢ διάστημα ἴσον τῷ ἐν τόπῳ τὸ μεταξὺ τῶν τοῦ περιέχον-
τος περάτων. εἰ γὰρ μήτε τῶν ἐν αὐτῷ τι εἴη μήτε τῶν περὶ αὐτό, οὐδ'
ἂν μεταβάλλειν δύναιτο κατὰ τόπον μηδενὸς ἢ τῶν ἐν αὐτῷ ἢ τῶν περὶ
20 αὐτὸ ἐξαλλαγὴν ὑπομένοντος. εἶναι δὲ τὰ μὲν ἐν αὐτῷ τὸ εἶδος καὶ τὴν
ὕλην, τὰ δὲ περὶ αὐτὸ τό τε πέρας τοῦ περιέχοντος καὶ τὸ μεταξύ". δεί-
ξας οὖν ὅτι μήτε ἡ ὕλη ἐστὶ μήτε τὸ εἶδος διὰ τῶν αὐτῶν τῷ Ἀριστο-
τέλει ἐπιχειρήσεων, ἀνελὼν δὲ καὶ | τὸ πέρας εἶναι τοῦ περιέχοντος ἐκ 143ʳ
τῶν ἐπαγομένων ἀτόπων τῷ λόγῳ, συνήγαγεν ὅτι τὸ μεταξὺ διάστημά ἐστιν
25 ὁ τόπος· καὶ οὕτως ἐπισυνάπτει τῆς οἰκείας δόξης τὴν ἀπόδειξιν. ἐπειδὴ
δὲ καὶ σαφῶς αὐτὴν καὶ συνηρημένως ἐξέθετο, κάλλιον ἂν ἴσως εἴη τῶν
αὐτοῦ ῥημάτων ἀκούειν ἐχόντων ὧδε· "λείπεται τοίνυν εἰ μήτε εἶδος ὁ
τόπος τοῦ ἐν τόπῳ μήτε ὕλη μήτε τὸ πέρας τοῦ περιέχοντος, τοῦτο ἐκεῖνο 5
τὸ μεταξὺ τῶν περάτων τοῦ περιέχοντος διάστημα νοούμενον εἶναι τὸν
30 πρῶτον ἑκάστου τόπον. τοῦ δὲ παντὸς κόσμου πᾶν τὸ διάστημα τὸ κοσμικὸν
ἕτερον ὂν παρ' αὐτὸ τὸ διάστημα, τοῦτο δὴ οὖν ἢ οὐδέν ἐστιν ἢ ἔστι τι.
καὶ εἰ μὲν μηδέν ἐστιν, ἡ τοπικὴ κίνησις ἔσται ἐκ τοῦ μηδενὸς εἰς μηδὲν
πάσης κινήσεως κατά τι τῶν ὄντων οὔσης, καὶ οἱ κατὰ φύσιν τόποι οὐδὲν
ἔσονται. καίτοι πᾶν τὸ κατὰ φύσιν εἶναί τι τῶν ὄντων ἀναγκαῖον. εἰ δὲ
35 ἔστι τι, πάντως ἢ ἀσώματόν ἐστιν ἢ σωματικόν. ἀλλ' εἰ ἀσώματον, ἄτο- 10
πον· δεῖ γὰρ τὸν τόπον ἴσον εἶναι τῷ ἐν τόπῳ. σῶμα δὲ καὶ ἀσώματον
ἴσα πῶς ἂν γένοιτο; τὸ γὰρ ἴσον καὶ ἐν ποσοῖς ἐστι καὶ ἐν ὁμογενέσι
ποσοῖς οἷον γραμμαῖς πρὸς γραμμὰς καὶ ἐπιφανείαις πρὸς ἐπιφανείας καὶ

---

2 ἢ aF: καὶ E   3 φησίν cf. Δ c. 3   6 κατέχον F   11 προβαλλώμεθα a
Πρόκλος] fortasse in libro De primo loco (cf. Muhammedis Isaacis f. Fihrist p. 252 ed. Flügel),
v. infra v. 30 πρῶτον τόπον.   12. 13 παρέδωκε a   18 οὐδ'] οὐκ a   22 ἢ om. aF
28 μήτε ὕλη om. F   29 post περιέχοντος habet καὶ τοῦ περιεχομένου F   31 ἢ ἔστι —
ἔστιν (33) om. E   37 ἴσα πως a   38 καὶ (ante ἐπιφανείαις) om. E

σώμασι πρὸς σώματα· σῶμα ἄρα ἐστίν, εἴπερ διάστημα ὁ τόπος. εἰ δὲ 143ʳ
σῶμά ἐστιν, ἢ ἀκίνητον ἢ κινούμενόν ἐστιν· ἀλλ' εἰ κινούμενον ὁπωσοῦν,
ἀνάγκη καὶ κατὰ τόπον αὐτὸ κινεῖσθαι· δέδεικται γὰρ ὅτι πᾶν τὸ ὁπωσοῦν
κινούμενον δεῖ κατὰ τόπον κινεῖσθαι· ὥστε πάλιν ὁ τόπος δεήσεται τόπου.
5 τοῦτο δὲ ἀδύνατον, ὡς καὶ Θεοφράστῳ δοκεῖ καὶ Ἀριστοτέλει μέντοι. φησὶ 15
γοῦν τὸ μὲν ἀγγεῖον τόπον εἶναι κινητόν, τὸν δὲ τόπον ἀγγεῖον ἀκίνητον
ὡς ἂν ἀκινήτου τοῦ τόπου κατὰ φύσιν ὄντος. εἰ δὲ ἀκίνητος ὁ τόπος, ἢ
ἀδιαίρετός ἐστιν ὑπὸ τῶν ἐμπιπτόντων εἰς αὐτὸν σωμάτων, ὥστε σῶμα διὰ
σώματος χωρεῖν, ἢ διαιρετός, ὡς ὁ ἀὴρ καὶ τὸ ὕδωρ ὑπὸ τῶν ἐν αὐτοῖς
10 γινομένων. ἀλλ' εἰ μὲν διαιρετός, σχιζομένου τοῦ ὅλου τὰ μόρια κινήσεται
ἐφ' ἑκάτερα τοῦ σχίζοντος. καὶ πρῶτον μὲν κινητὸς ἔσται καὶ ὁ τόπος,
εἴπερ καὶ τὰ μόρια αὐτοῦ κινεῖται· δέδεικται δὲ ὅτι ἀκίνητος. ἔπειτα σχιζο- 20
μένων τῶν μορίων πάλιν ζητήσομεν ποῦ κεχώρηκε τὸ σχίσαν· εὑρεθήσεται
γὰρ ἄλλο πάλιν διάστημα μεταξὺ τῶν τοῦ σχισθέντος μορίων τὸ δεξάμενον
15 τὸ σχίσαν, εἰς ὃ τοῦτο χωρῆσαν ἐν τόπῳ λέγεται εἶναι, καὶ τοῦτο ἐπ'
ἄπειρον· ἀδιαίρετον ἄρα σῶμα ὁ τόπος. εἰ δὲ ἀδιαίρετον, ἢ ἄυλον ἔσται
σῶμα ἢ ἔνυλον. ἀλλ' εἰ ἔνυλον, οὐκ ἔστιν ἀδιαίρετον· πάντα γὰρ τὰ
ἔνυλα σώματα χωρούντων εἰς αὐτὰ σωμάτων ἄλλων ἐνύλων διαίρεσιν ὑπο-
μένει παρ' αὐτῶν, ὥσπερ ὅταν εἰς ὕδωρ ἐμπίπτῃ τὸ ἡμέτερον σῶμα. μόνα 25
20 δὲ τὰ ἄυλα παρ' οὐδενὸς διαιρεῖσθαι πέφυκε· καὶ τοῦτο ἐξ ἀνάγκης· πᾶν
γὰρ σῶμα ἄυλον ἀπαθές, πᾶν δὲ τὸ διαιρούμενον οὐκ ἀπαθές· καὶ γὰρ ἡ
διαίρεσις πάθος ἐστὶ τῶν σωμάτων ἀπολλῦσα τὴν ἕνωσιν, ἐπεὶ καὶ τοῦ
συνεχοῦς καθὸ συνεχὲς οὐδὲν ἂν ἕτερον εὕροις πάθος ἢ τὴν διαίρεσιν ἀφα-
νίζουσαν τὴν συνέχειαν. ἔστιν ἄρα ὁ τόπος, ἵνα τὰ δεδειγμένα πάντα
25 συναγάγωμεν, σῶμα ἀκίνητον ἀδιαίρετον ἄυλον. εἰ δὲ τοῦτο, πρόδηλον ὅτι
καὶ τῶν σωμάτων πάντων αὐλότερον τῶν τε κινουμένων καὶ τῶν ἐν τοῖς 30
κινουμένοις αὔλων. ὥστε εἰ ἐκείνων τὸ ἁπλούστατον φῶς ἐστι (τῶν μὲν
γὰρ ἄλλων στοιχείων τὸ πῦρ ἀσωματώτερον, αὐτοῦ δὲ τοῦ πυρὸς τὸ φῶς),
φανερὸν ὅτι τὸ εἰλικρινέστατον ἐν τοῖς σώμασι φῶς ὁ τόπος ἂν εἴη. δύο
30 τοίνυν, φησί, νοήσωμεν σφαίρας τὴν μὲν φωτὸς ἑνός, τὴν δὲ ἐκ πολλῶν
σωμάτων, ἴσας ἀλλήλαις κατὰ τὸν ὄγκον· ἀλλὰ τὴν μὲν ἕδρασον ὁμοῦ τῷ
κέντρῳ, τὴν δὲ ἐμβιβάσας εἰς ταύτην, ὅλον τε ὄψει τὸν κόσμον ἐν τόπῳ
ὄντα ἐν τῷ ἀκινήτῳ φωτὶ κινούμενον, καὶ τοῦτον καθ' ὅλον μὲν ἑαυτὸν 35
ἀκίνητον, ἵνα μιμῆται τὸν τόπον, κατὰ μέρος δὲ κινούμενον, ἵνα ταύτῃ
35 ἔλαττον ἔχῃ τοῦ τόπου". ταῦτα εἰπὼν πιστοῦται καὶ ἀπὸ τοῦ Πλάτωνος
τὸν λόγον ὡς τὸ φῶς ἐκεῖνο τὸ ἐν Πολιτείᾳ τὸ τῇ Ἴριδι προσφερὲς τὸν

---

2 ἢ κινούμενον ἢ ἀκίνητον a   3 ἀνάγκη iteravit E   δέδεικται — κινεῖσθαι (4)
om. aF   11 καὶ (post ἔσται) om. aF   14 πάλιν ἄλλο aF   21 γὰρ om. E
23 εὕρης aF   27 ἐκεῖνο F   30 φησὶ aF: om. E   νοήσωμεν aF: νοήσο-
μεν E   31 ἀλλήλας F   32 ἐμβιβάσας E: ἐκβιβάσας aF: fortasse ἐμβίβασον
33 post φωτὶ add. τὸ E   34 post ἵνα add. μὴ F   35 καὶ (ante ἀπὸ) om.
aF   36 Πολιτεία X p. 616 B διὰ παντὸς τοῦ οὐρανοῦ καὶ γῆς τεταμένον φῶς εὐθὺ οἷον
κίονα μάλιστα τῇ Ἴριδι προσφερῆ, λαμπρότερον δὲ καὶ καθαρώτερον

τόπον εἶναι λέγοντος καὶ ἀπὸ τῶν λογίων δὲ τῶν Χαλδαίοις ἐκδοθέντων 143ʳ
τὰ περὶ τῆς πηγαίας ψυχῆς εἰρημένα παρατιθέμενος
    ἄρδην ἐμψυχοῦσα φάος πῦρ αἰθέρα κόσμους.
τοῦτο γὰρ εἶναι τὸ φῶς τὸ ὑπὲρ τὸ ἐμπύριον μονάδα ὂν πρὸ τριάδος τῆς 40
5 τοῦ ἐμπυρίου καὶ αἰθερίου καὶ ὑλαίου. τοῦτο δὲ εἶναί φησι τὸ καὶ τὰς
ἀιδίους τῶν θεῶν λήξεις πρῶτον ὑποδεξάμενον καὶ τὰ αὐτοπτικὰ θεάματα
ἐν ἑαυτῷ τοῖς ἀξίοις ἐκφαῖνον. ἐν τούτῳ γὰρ τὰ ἀτύπωτα τυποῦσθαί φησι
κατὰ τὸ λόγιον. καὶ τάχα ἂν φαίη διὰ τοῦτο τόπον αὐτὸ κεκλῆσθαι ὡς
τύπον τινὰ ὄντα τοῦ ὅλου κοσμικοῦ σώματος καὶ τὰ ἀδιάστατα διίστασθαι
10 ποιοῦντα. ἐπὶ δὲ τούτοις ἀπορεῖ πρὸς ἑαυτόν, πῶς σῶμα διὰ σώματος
χωρήσει, καὶ πότερον ἄψυχός ἐστιν ἢ μετέχει ψυχῆς. ἀλλὰ ἄψυχόν φησιν 45
εἶναι ἀδύνατον, καὶ ὅτι κρείττων ἐστὶ τῶν ἐν αὐτῷ ἐψυχωμένων ὄντων καὶ
ὅτι τὰ λόγια ψυχοῦσθαί φασι καὶ τοῦτον καὶ πρῶτον τῶν ἄλλων. εἰ δὲ
ἔμψυχος, πῶς ἀκίνητος; καὶ τὸ μὲν πρῶτον διαλύει ἀπὸ τῆς τῶν ἀύλων
15 σωμάτων ἀπαθείας. "τὸ γὰρ ἄυλον, φησί, σῶμα οὔτε ἀντερείδει οὔτε ἀντε-
ρείδεται· τὸ γὰρ ἀντερειδόμενον φύσιν ἔχει πάσχειν ὑπὸ τῶν ἀντερειδόν-
των δυναμένην. ἀλλ' οὔτε διαιρεῖ οὔτε διαιρεῖται ἀπαθὲς ὄν, ὥστε οὐδὲ
τὸ ἄτοπον ἐκεῖνο δυνατὸν ἐπάγειν, ὅτι χωρήσει τὸ ὅλον διὰ τοῦ σμικροτά- 50
του. εἰ γὰρ μὴ πέφυκε διαιρεῖσθαι, οὐδ' ἂν εἰς ἴσα τέμνοιτο τῷ σμικρο-
20 τάτῳ· εἰ δὲ μὴ τοῦτο, οὐδ' ἂν χωρήσοι τὸ ὅλον δι' ἐκείνου." τὸ δέ γε
δεύτερον λύει λέγων ὑπ' αὐτῆς αὐτὸν ψυχοῦσθαι τῆς πηγαίας ψυχῆς θείαν
ἔχοντα τὴν ζωὴν καὶ κατὰ τὸ οὐσιῶδες αὐτοκίνητον ἑστῶτα, ἀλλ' οὐχὶ τὸ
κατ' ἐνέργειαν. "εἰ γὰρ καὶ ἐν τῇ ψυχῇ διττὸν τίθεμεν τὸ αὐτοκίνητον,
τὸ μὲν κατ' οὐσίαν, φησί, τὸ δὲ κατ' ἐνέργειαν, καὶ τὸ μὲν ἀκίνητόν φαμεν,
25 τὸ δὲ κινούμενον, τί κωλύει | φάναι τὸν τόπον τῆς τοιαύτης μετέχειν καὶ 143ᵛ
ζῆν κατ' οὐσίαν ἀμετάβατον, τὸν δὲ κόσμον κατὰ τὴν κατ' ἐνέργειαν αὐτο-
κίνητον; εἰ δὲ καὶ τὴν κατ' ἐνέργειαν, φησί, τοῦ τόπου κίνησιν θεωρεῖν
ἐθέλοις, ὄψει κινητικὸν ὄντα τῶν κινουμένων σωμάτων διαστηματικῶς ἐκεί-
νων ἐξελιττόντων τὰ τοῦ τόπου μέρη, ἅτε μήτ' ἐκείνων ἐν παντὶ εἶναι τῷ
30 τόπῳ δυναμένων μήτε τοῦ τόπου πᾶσι παρεῖναι καθ' ἕκαστον ἑαυτοῦ μέ-
ρος· καὶ ταύτῃ μεσότης ἐστὶ πρὸς ψυχὴν τὴν ἀδιαστάτως κινοῦσαν. καὶ 5
γὰρ ἔοικε ζωὴ μὲν καθὸ ζωὴ διδόναι κίνησιν, τὸ δὲ πρώτως ζωῆς μετα-
σχὸν ὁ τόπος ὤν, τὴν κατὰ τὰ ἑαυτοῦ μέρη κίνησιν δούς, τὴν κατὰ τόπον
ἰδίως ἐκφῆναι κίνησιν ἕκαστον ποιῶν τῶν τοῦ κινουμένου μερῶν ἐφίεσθαι
35 ἐν ὅλῳ αὐτῷ εἶναι, μὴ δυνάμενον δὲ διὰ τὴν φυσικὴν τοῦ διαστήματος
ἰδιότητα παρὰ μέρος ἐν τῷ ὅλῳ γίνεσθαι. πᾶν γὰρ τὸ εἶναί τι ἐφιέμενον
ἐκπεσὸν τοῦ εἶναι δι' ἔλλειψιν φύσεως γίνεσθαι ἐφίεται τοῦτο ὅπερ εἶναι
δι' ἀσθένειαν οὐδὲ δύνηται. καὶ γὰρ ἔδει, φησί, τῆς ἀσωμάτου καὶ ἀμετα- 10
βάτου ζωῆς, οἵα ἐστὶν ἡ τῆς πηγαίας ψυχῆς, καὶ τῆς μεταβατικῆς καὶ

---

1 τῶν λογίων δὲ iteravit F   8 post τοῦτο iteravit φαίη F   12 ἐμψυχωμένων a
15 ἀντερείδεται aF: εἰρείδεται E   17 διαιρεῖ οὔτε om. aF   20 χωρήσει E (οι above)
25 post μετέχειν add. ζωῆς a   26 κατ' (post κατὰ τὴν) om. E   36 τὸ F:
τοῦ aE

σωματικῆς ⟨μέσην⟩ εἶναι τὴν ἀμετάβατον μέν, σωματικὴν δέ. δοκεῖ δέ μοι, 143ᵛ φησί, καὶ τὰ κέντρα τοῦ κόσμου παντὸς ὡς ἑνὸς ἐν τούτῳ πεπηγέναι. εἰ γὰρ τὰ λόγιά φησι τὰ κέντρα τοῦ ὑλαίου κόσμου ἐν τῷ ὑπὲρ αὐτὸν αἰθέρι πεπηγέναι, κατὰ τὸ ἀνάλογον ἀναβαίνοντες τοῦ ἀκροτάτου τῶν κόσμων ἐν
5 τῷ φωτὶ τούτῳ τὰ κέντρα φήσομεν ἡδράσθαι. μήποτε δέ, φησί, τὸ φῶς τοῦτο πρῶτον εἰκών ἐστι τοῦ πατρικοῦ βυθοῦ καὶ διὰ τοῦτο ὑπερκόσμιος ὅτι καὶ ἐκεῖνος".

Ταῦτα καὶ τὰ τοιαῦτα περὶ τοῦ τόπου φησὶν ὁ Πρόκλος· ἡμεῖς δὲ τέως αὐτὴν αὐτοῦ τὴν ἀπόδειξιν ἐπισκεψώμεθα, ἀφ' ἧς τοιοῦτον εἶναι σῶμα
10 συνήγαγε τὸν τόπον. καὶ πρῶτόν γε πρὸς τὴν τετραχῇ γενομένην διαίρεσιν ἐνιστάμενοι τῶν εἰρημένων ἔναγχος ὑπομνησθῶμεν, ἐν οἷς, ὡς ἐνόμιζον, ἔδειξα μὴ διαίρεσιν ἀλλ' ἀπαρίθμησιν εἶναι τῶν περὶ τόπου δοξῶν, εἴπερ καὶ ἄλλοι τινές εἰσι τρόποι τῆς περὶ τόπου ἀποδόσεως. εἰ οὖν μὴ διαιρετικῶς εἴληπται, δῆλον ὅτι οὐκ ἀληθὲς εἰπεῖν τὸ 'εἰ μήτε ὕλη μήτε εἶδος
15 μήτε τὸ πέρας τοῦ περιέχοντος, λείπεται τὸ διάστημα εἶναι τὸ ἴσον τῷ ἐν τόπῳ ὄντι'. ἐῶ γὰρ λέγειν ὅτι καὶ κατ' ἄλλην ἔννοιαν εἴληπται τὸ διάστημα νῦν ἤπερ ὑπ' Ἀριστοτέλους. ἐκεῖνος μὲν γὰρ διωρισμένως ἀσώματον ὑπέθετο τὸ διάστημα, ὡς δηλοῖ λέγων "ἀλλὰ καὶ τὸ μεταξὺ ὡς ὂν κενόν", ὁ δὲ Πρόκλου λόγος ἀδιορίστως, ὥστε καὶ ὑποδιαίρεσιν αὐτοῦ
20 ποιήσασθαι εἰς σῶμα καὶ ἀσώματον. πλὴν εἰ καὶ ταῦτα παρίδοι τις, πῶς τὸ ἐφεξῆς ἀληθές, ὅτι ἀσώματον οὐκ ἂν εἴη τὸ μεταξὺ τοῦτο διάστημα τὸ τοπικόν; εἰ γὰρ ἴσος, φησίν, ὁ τόπος κεῖται τῷ ἐν τόπῳ σώματι, σῶμα δὲ καὶ ἀσώματον οὐκ ἂν ἴσα γένοιτο, διότι τὸ ἴσον ἐν ποσοῖς ἐστι καὶ ὁμογενέσι ποσοῖς, οὐκ ἂν ἀσώματον εἴη τὸ τοπικὸν διάστημα. ἀλλ' εἰ
25 τοῦτό φαμεν ἴσον ὃ τῷ αὐτῷ μέτρῳ μετρεῖται, τὰ δὲ μέτρα κατὰ τὰς διαστάσεις γίνεται, καὶ οὐ κατὰ τὰ τῶν σωμάτων μεστώματα, πῶς οὐκ ἀληθὲς εἰπεῖν ὅτι τὸ τριχῇ διεστὼς ἴσον εἶναι δύναται τῷ τριχῇ διεστῶτι; καὶ γὰρ καὶ ὁμογενές ἐστι κατὰ τοῦτο. ἐπιφάνεια μὲν οὖν σώματι οὔτε ὁμογενὴς οὔσα ἴση γένοιτο ἂν διὰ τὴν ἐπίλειψιν τῆς μιᾶς διαστάσεως κατὰ
30 εἶδος διαφερούσης, τὸ δὲ μῆκος καὶ πλάτος καὶ βάθος ἔχον πῶς οὐκ ἂν ὁμογενὲς εἴη κατ' αὐτό γε τοῦτο τῷ τὰς αὐτὰς ἔχοντι διαστάσεις; ἀλλ' εἰ μὲν μηδὲ εἶναι ὅλως καθ' ἑαυτὸ τοιοῦτόν τι διάστημα ἔλεγεν, ὥσπερ ὁ Ἀριστοτέλης, αὐτὸ τοῦτο ἔδει δεῖξαι ἢ ὡς ἀποδεδειγμένον λαβεῖν. εἰ δὲ συγχωρῶν εἶναι τόπον αὐτὸ οὔ φησιν ὑπάρχειν διὰ τὸ μὴ παρισοῦσθαι τῷ
35 ἐν τόπῳ σώματι, θαυμάζω πῶς ὀρθῶς εἴρηται, εἰ μὴ ἄρα τοιοῦτον τὸ διά-

---

1 μέσην a: om. EF   2 παντὸς om. F   4 ἀναβαίνοντας a   5 τούτω Ε: τούτου aF   ἡδράσθαι Ε cf. p. 612, 31: ἱδρύσθαι aF   6 ἐστὶν εἰκὼν aF   διὰ τοῦ a   ὑπερκόσμιος a: ὑπέρκοσμος EF   8 τὰ om. E   10 γινομένην aF   11 ὡς om. E   ὑπομνησθῶμεν] immo ὑπεμνήσθημεν, cf. p. 610, 17   12 περὶ aF: περὶ τοῦ Ε at cf. p. 611, 15   14 μήτε τὸ εἶδος Ε at cf. p. 611, 17   18 λέγων Δ 4 p. 212 a 14 καὶ om. Ε   ὂν omisit Aristoteles at cf. p. 581, 5   19 post δὲ add. τοῦ aF   20 παρίδῃ F   21 τοῦτο Ε: τούτου aF   26 μεστώματα aF: σώματα Ε   27 ὅτι om. a   δύναται om. aF   28 καὶ alterum om. Ε   30 καὶ βάθος καὶ πλάτος Ε at cf. p. 596, 24   31 γε om. aF   34 αὐτὸν aF

στημα τοῦτο ἐνενόησεν οἷον οἱ κενὸν αὐτὸ τιθέμενοι· ἀλλὰ τούτῳ οὐδὲ τὸ 143ʳ
τριχῇ ἔνεστιν οὐδὲ διάστασις ὡς φύσις τις καὶ εἶδος, ἀλλ' ὡς ἀπουσία μόνον
καὶ στέρησις. αὐτὸς δὲ ὡς ἀσώματον συγκρίνει φύσιν. εἰ γὰρ μὴ τοῦτο,
ῥᾴδιον ἦν εἰς τοὺς ἀναιροῦντας τὸ κενὸν ἀποπέμψαι λόγους. πῶς δὲ καὶ
5 ἄυλον αὐτὸ δείκνυσι σῶμα; εἰ γὰρ ἔνυλον εἴη, φησί, διαιρετόν ἐστι καὶ
παθητόν. τί οὖν; ὁ οὐρανὸς οὐκ ἔνυλος ὡμολόγηται καὶ ὑπ' αὐτοῦ καὶ
ὑπὸ Πλάτωνος καὶ ὑπὸ τῶν λογίων ὡς ἔνυλος παραδέδοται; καίτοι ἀπαθής 40
καὶ ἀδιαίρετός ἐστι καὶ αὐτός. τί οὖν, ὅσον ἐπὶ τούτῳ, κωλύει καὶ τὸν
τόπον ἔνυλον μέν, ἀδιαίρετον δὲ εἶναι σῶμα καὶ ἀπαθὲς ἔχοντά τι κρεῖτ-
10 τον τῶν ἄλλων σωμάτων, ὥσπερ καὶ αὐτὸς ἀξιοῖ περὶ αὐτοῦ; εἰ μὴ ἄρα
ἔνυλον καλεῖ τὸ ὑπὸ σελήνην, ὃ καὶ παθητὸν ὄντως ἐστί, καὶ τοῦτο
ἀποφάσκει τοῦ τόπου. ἀλλ' οὐδὲν ἐκώλυεν αὐτόν, ὡς εἶπον, ἔνυλον ὡς τὸν
οὐρανὸν εἶναι. εἰ δὲ τοῦτο, πῶς ἔσται κρείττων τῶν ἀύλων στερεωμάτων,
ὧν καὶ αὐτῶν ἐστιν τόπος; κἂν γὰρ κατά τινα τρόπον ἔνυλα καὶ ἐκεῖνα 45
15 φησὶν αὐτὸς ἐν τῇ πρὸς Ἀριστοκλέα ἐπιστολῇ (οὐχ ὡς τὰ ὑπὸ σελήνην
τὰ μεταβάλλοντα περὶ τὴν κοινὴν ὕλην οὐδὲ ὡς τὰ οὐράνια τὰ ἐκ τῶν
τεττάρων στοιχείων τῶν διαφερόντων καὶ διὰ τοῦτο κοινοῦ δεομένων ὑπο-
κειμένου συγκείμενα, ἀλλ' ὅτι κινούμενα καὶ αὐτὰ κατὰ τόπον ἔχει τὸ δυ-
νάμει διὰ τὸ μὴ πανταχοῦ ὅλον εἶναι), πρῶτον μὲν παρακινδυνευτικὸν ἂν
20 εἴη τὸ τοῖς λογίοις ἀντιφθέγγεσθαι τοῦτον μόνον ὑλαῖον λέγουσι τὸν κόσμον,
ἔπειτα εἴη ἄν τι καὶ ἐπὶ τοῦ τόπου ὕλης ἄλλο σημαινόμενον, οὐ καθ' ὅσον 50
κινεῖται, ἀλλὰ καθ' ὅσον διεστὼς ἄλλο ἀλλαχοῦ τῶν μορίων ἔσχε διαφέ-
ροντα ἀλλήλων. καίτοι τί ταῦτα λέγω, ὅτε τὸ ἄυλον αὐτὸς τὸ τοῦ παθη-
τοῦ ἐνύλου ὑπερέχον κατηγόρησε τοῦ τόπου; οἷον ὡς ἔφην ἂν καὶ τὸ
25 οὐράνιον εἴη. τὸ δὲ δὴ τέλος, εἰ πάντων, φησίν, αὐτὸν δεῖ τῶν σωμάτων
ἀυλότατον ὑποτίθεσθαι, ἔστι δὲ τῶν ἄλλων στοιχείων τὸ πῦρ ἀσωματώτε-
ρον, αὐτοῦ δὲ τοῦ πυρὸς τὸ φῶς, δῆλον ὅτι φῶς ἂν εἴη ὁ τόπος. καίτοι
εἰ πυρὸς | εἶδός ἐστι τὸ φῶς, ὡς ἐν Τιμαίῳ μεμαθήκαμεν, τὸ δὲ εἶδος 144ʳ
οὐκ ἂν εἴη τοῦ γένους κρεῖττον, οὐκ ἂν ὅσον ἐπί γε τούτῳ τὸ φῶς εἴη
30 κρεῖττον τοῦ πυρός.

Πρὸς μὲν οὖν τὸν ἀποδεικνύντα λόγον ταῦτα ἂν εἴποιμι διὰ βραχέων·
πρὸς δὲ τὰς ἄλλας πίστεις τὴν μὲν ἀπὸ τοῦ ἐν Πολιτείᾳ λεγομένου τῇ
ἴριδι προσεμφεροῦς φωτός, ὅτι τὸ ὅλον αἰνιγματωδῶς εἴρηται. καὶ δύναιτο
μὲν ἂν τὸ αὐγοειδὲς ὄχημα τῆς τοῦ παντὸς ψυχῆς ἐνδείκνυσθαι, ὡς ὁ 5
35 Πορφύριος ἐξηγήσατο, δύναιτο δὲ ἄν τι καὶ ἄλλο. εἰ δὲ τὰ λόγιά φησι
τὴν πηγαίαν ψυχήν

---

1. 2 τὸ τριχῇ E: τριχῇ (om. τὸ) a: utrumque om. F   2 ἔνεστιν] ἓν ἐστιν EF   7 τῶν
(post ὑπὸ) om. E   9 post μὲν add. καὶ E   11 ὑπὸ σελήνην aF: ὑποσέληνον E
13 κρείττων aF²: κρεῖττον EF¹   14 αὐτῶν E: αὐτὸς aF   ἐστιν ὁ τόπος a   κἂν γὰρ
ineunte pagina iteravit F   16 τῶν om. E   17 ὑποκειμένων F¹   19 μὲν γὰρ a
20 τοῖς—εἴη (21) om. E   21 τοῦ om. a   ὕλης ut videtur E: ὕλη aF
22 ἄλλο ex ἄλλων a   24 ἂν post οὐράνιον posuit a   25 δεῖν a   28 ἐν
Τιμαίῳ p. 58c πυρός τε γένη πολλὰ γέγονεν οἷον φλόξ   32 ἐν Πολιτείᾳ X p. 616B cf.
supra p. 612, 36   35 φησι cf. p. 613, 3

ἄρδην ἐμψυχοῦσα φάος πῦρ αἰθέρα κόσμους, 144r
ὅτι μὲν ἄλλο τι τὸ φῶς ἐστι παρὰ τὸ ἐμπύριον καὶ αἰθέριον καὶ ὑλαῖον,
καλῶς ἀπὸ τῆς ἀντιδιαιρέσεως ἐπιστώσατο, καὶ ὅτι ὑπέρτερον πάντων. καὶ
τοῦτο γὰρ ἡ τεταγμένη ἀπαρίθμησις δηλοῖ. μήποτε δὲ ἡ μονάς ἐστι τοῦτο
5 τῆς τῶν κόσμων τριάδος, ἣν καὶ αὐτὸς ὁμολογεῖ. μονὰς δὲ οὐχ ὡς τόπος
τῶν τριῶν, ἀλλ' ὡς εἷς κόσμος πρὸ τῶν τριῶν. εἶναι γὰρ δεῖ καὶ ἕνα πρὸ 10
τῶν τριῶν, ὡς πρὸ τῆς ἑβδομάδος ἐστὶν ἡ τριάς. καὶ τὸν ἕνα τοῦτον ἴσως
φάος ἐκάλεσεν ὡς ἄνθος ὄντα τοῦ ἐμπυρίου στερεώματος καὶ ὡς κοινότητα
τοῦ φαινομένου, τουτέστι τοῦ αἰσθητοῦ, τουτέστι τοῦ σωματικοῦ παντός.
10 πᾶν γὰρ σῶμα αἰσθητόν ἐστιν, εἰ καὶ ἄλλο ἄλλαις αἰσθήσεσι σύμμετρον.
μήποτε δὲ ἐμπύριον εἰπόντα τὰ λόγια τὸν πρῶτον σωματικὸν κόσμον φῶς
ἐκάλεσε πᾶσαν τὴν ἀσώματον διάταξιν, τὴν τοῖς σωματικοῖς κόσμοις ἐπο-
χουμένην καὶ ἐλλαμπομένην ὑπὸ τῆς πηγαίας ψυχῆς. καὶ μέντοι ὅτι τὰς 15
ἀϊδίους τῶν θεῶν λήξεις πρῶτος ὑπεδέξατο ὁ τόπος, καλῶς ἂν εἴη λεγό-
15 μενον· οὐ μέντοι τούτῳ ἕπεσθαι νομίζω τὸ σῶμα εἶναι τὸν τόπον. κἂν
γὰρ διάστημα εἴη, τί κωλύει καὶ τοῦτο ταῖς θείαις ἐπιστασίαις συνδιανενε-
μῆσθαι, καὶ μᾶλλον τοῦτο ἅτε συγγενέστερον ὑπάρχον πρὸς τὸ ἀσώματον.
τὸ δὲ τοὺς τύπους τῶν τε χαρακτήρων καὶ τῶν ἄλλων θείων φασμάτων
ἐν τῷ τόπῳ φαίνεσθαι, μάλιστα μὲν οὐ πάνυ τι συμφωνεῖ τοῖς λογίοις ἐν
20 τῷ αἰθέρι λέγουσιν αὐτὰ φαίνεσθαι ἀλλ' οὐκ ἐν τῷ φωτί. ἔπειτα καὶ 20
ταῦτα ἐν τῷ διαστήματι δύναται τυποῦσθαι. οὐ γὰρ σώματος ὑποκειμένου
δεῖται πρὸς τὸ αἰσθητὰ γενέσθαι, ἀλλ' εἴπερ ἄρα διαστάσεως καὶ τυπώσεως.
καὶ τὸ μὲν μηδὲν ἄτοπον εἶναι σῶμα διὰ σώματος χωρεῖν, τὸ ἄϋλον διὰ
τοῦ ἐνύλου ἢ καὶ τοῦ ἀΰλου, τάχα μὲν καὶ ἐξ ὧν αὐτὸς δείκνυσι πιστεύ-
25 σειεν ἄν τις, μάλιστα δὲ ἐκ τῆς θείας παραδόσεως, εἴπερ καὶ τὸ ἐμπύριον
διὰ τοῦ αἰθέρος καὶ τὸν αἰθέρα φησὶ διὰ τοῦ ἐνύλου χωρεῖν, καὶ εἴπερ αἵ 25
τε τριάδες καὶ ἑβδομάδες αἱ νοεραὶ πᾶσαι πηγαίαν ἔχουσαι τάξιν καὶ διὰ
τοῦτο ἐμπύριον τὴν ἐπιστασίαν συμπροέρχονται ὅμως τοῖς κόσμοις ὡς καὶ
τοῦ ἐμπυρίου διὰ πάντων χωροῦντος. ἐμὲ δὲ δυσωπεῖ καὶ τὸ μὴ ἂν ἀτε-
30 λεῖς εἶναι τὰς σφαίρας, ἁψῖδας μόνον οὔσας καὶ οὐκέτι σφαίρας, εἰ μὴ
μέχρι τοῦ κέντρου χωροῖεν. ἀλλ' οὐδὲ οἰκειότης τις ἔσται τῷ κέντρῳ πρὸς
τὴν περιφέρειαν ἑκάστης σφαίρας, εἰ μὴ συνδεῖταί τινι ὁμοιογενεῖ πρὸς αὐ-
τήν. οὐδὲ στερεώματα ἔτι ἔσονται οἱ κόσμοι ἀλλὰ καμαρώματα. πῶς οὖν 30
τὰ λόγιά φησιν
35   ἑπτὰ γὰρ ἐξώγκωσε πατὴρ στερεώματα κόσμων;
εἰ δέ τῳ ταῦτα πρὸς πίστιν οὐκ ἀρκεῖ τοῦ τὰ ἄϋλα σώματα καὶ δι' ἀλλή-

---

1 ἐμψυχοῦσαν a   3 τῆς ἀντιδιαιρέσεως ἐπιστώσατο E: τῶν διαιρέσεων διεπιστώσατο aF   6 ἀλλ' ὡς εἷς κόσμος πρὸ τῶν τριῶν om. E   εἶναι — τριῶν (7) om. F   7 καὶ] καίτοι a   19 πάνυ τι] πάνυ τοι a   23 μὲν om. F   τὸ ἄϋλον—χω-ρεῖν (26) iteravit F   24 τοῦ (post καὶ) om. F   26 αἵ τε τριάδες E: αἱ τετράδες aF   post καὶ add. αἱ a   27 πηγαὶ ἀνέχουσαι E   28 συμπροέρχονται E: συμπεριέρχονται aF   29 χωρούντων F¹   ἐμὲ δὲ EF: εἰ μὴ δὲ a   30 καὶ (post οὔσας) om. E   35 ἐξόγκωσε aE: ἐξ ...... ως (lac. VI litt. relicta) F

λων καὶ διὰ τῶν ἐνύλων χωρεῖν, ἀπαιτείτω καὶ τούτου τὰς εὐθύνας τὸν 144ʳ
σῶμα τὸν τόπον λέγοντα. τί δὲ δήποτε τῶν λογίων ἀθρόως εἰπόντων καὶ
τὸ φῶς καὶ τὸ πῦρ καὶ τὸν αἰθέρα καὶ τοὺς ἐνύλους κόσμους ὑπὸ τῆς
πηγαίας ψυχοῦσθαι ψυχῆς

5   ἄρδην ἐμψυχοῦσα φάος πῦρ αἰθέρα κόσμους
αὐτὸς τὸ μὲν φῶς ἀπ' αὐτῆς ἀμέσως ψυχοῦσθαι λέγει τῆς πηγαίας ψυχῆς, 35
τοὺς δὲ ἄλλους κόσμους οὐκέτι; πῶς δὲ καὶ λέγει τὸ φῶς ὑπ' αὐτῆς
ψυχοῦσθαι; ἆρα ὅτι ψυχὴ ἐκείνου γίνεται; ἀλλ' οὐκ ἂν εἴποι τοῦτο (πῶς
γὰρ οἷόν τε τὴν πηγὴν τῶν ψυχῶν ἑνός τινος εἶναι ψυχήν;), ἀλλ' ὅτι τὰ
10 μὲν ἄλλα καὶ ἰδίας ἔχει ψυχάς, τοῦτο δὲ τὴν ἀπὸ τῆς πηγαίας ψυχῆς
ἔλλαμψιν μόνην. καίτοι οὐδὲ τὸ ἐμπύριον ψυχὴν ἔχειν λέγουσι νοερὸν
αὐτὸ καλοῦντες, ἀλλ' ἀπὸ τοῦ αἰθέρος ἄρχεσθαι τὰς ψυχάς φασιν, εἰ μὴ
ἄρα παντὸς μὲν σώματος ψυχὴ ἐπιμελεῖται, ἀναλογία δέ τις ἐν τοῖς 40
κόσμοις ἐστὶν ἡ τοῦ νοεροῦ καὶ ψυχικοῦ καὶ φυσικοῦ. εἰ δὲ καὶ τὰ κέντρα
15 τοῦ ἐμπυρίου στερεώματος ἐν τῷ φωτὶ πεπηγέναι φησίν (οὐ γὰρ δὴ πάν-
των τῶν κόσμων, ὡς ἡ ὑπ' αὐτοῦ * ἀναλογία δηλοῖ), τί ἄλλο ἢ τὸν αὐτὸν
ἕξει λόγον τὸ φῶς πρὸς τὸ ἐμπύριον, ὃν τοῦτο πρὸς τὸ αἰθέριον καὶ ἐκεῖνο
πρὸς τὸ ὑλαῖον. εἰ οὖν ταῦτα καίτοι πεπηγότων ἐν αὑτοῖς τῶν καταδεε-
στέρων κέντρων οὐκ εἰσὶν αὐτῶν τόποι, οὐδ' ἂν τὸ φῶς τόπος εἴη διὰ
20 τοῦτο. πόθεν δέ, ὅτι τοῦ πατρικοῦ βυθοῦ παντὸς εἰκών ἐστι τὸ φῶς, ἀλλ' 45
οὐχὶ τῆς βάσεως τοῦ νοητοῦ, ὅπερ καὶ αὐτὸς βούλεται μᾶλλον; ἐκεῖνος
γὰρ τῆς τριαδικῆς τῶν κόσμων τομῆς ἐξῃρημένος εἰς τρία λέγεται τέμνειν
τὰ πάντα. τούτου γὰρ καὶ ἡ μονὰς τῆς τριάδος τῶν κόσμων ἐξάπτοιτο
ὡς κόσμος εἷς, ἀλλ' οὐχ ὡς τόπος τῶν κόσμων. εἰ γὰρ μὴ εἷς ὁ κόσμος
25 πρὸ τριῶν, πῶς ἂν ὁ τόπος εἴη τῶν τριῶν προσεχὴς καὶ πρῶτος; ταῦτα
μὲν ἄν τις εἴποι καὶ πρὸς τὰς τοιαύτας ἀναλογίας. τὰ δὲ ὅσα φησὶ τὴν 50
πρὸς τὰ ἀξιώματα τὰ περὶ τοῦ τόπου συμφωνίαν ἐπιδεικνὺς τῆς τοιαύτης
ὑποθέσεως, οὐδὲν μᾶλλον τοῖς σῶμα τιθεμένοις τὸν τόπον ἁρμόσει ἢ τοῖς
ἀσώματον αὐτὸν διάστημα λέγουσιν, ὡς καὶ αὐτὸς μαρτυρεῖ τὸν λόγον ὡς
30 ἐπὶ διαστήματος ποιούμενος. ὁμοίως δὲ καὶ ὅσα προβαλλόμενος ὡς οἰκεῖα
περὶ τόπου ζητήματα διαλύει, κοινὰ πρὸς πάσας σχεδόν ἐστι τὰς ὑποθέσεις.
διόπερ ἐπὶ τέλει τῶν περὶ τόπου λόγων πειράσομαι τὰ τοιαῦτα συναγαγεῖν.

Νῦν δὲ ἐρωτᾶν ἔπεισί μοι τοὺς σῶμα τὸν τόπον | ἄϋλον ὑποθεμέ- 144ᵛ
νους, πότερον διὰ τὸ σῶμα εἶναι τόπος ἐστὶ σωμάτων ἢ διὰ τὸ ἄϋλον.
35 ἀλλ' οὐκ ἂν εἴποιεν διότι σῶμα, ἀλλ' ὅτι ἄϋλον σῶμα. καίτοι καὶ τὰ
ὑπὲρ τὸν ὑλαῖον κόσμον στερεώματα ἄϋλα λέγοντες ὅμως οὐ τόπον, ἀλλὰ
δεῖσθαι τόπου φασίν. εἰ οὖν μήτε ὡς σῶμα μήτε ὡς ἄϋλον σῶμα ἀνεν-
δεής ἐστιν αὐτὸς τόπου τοῖς ἄλλοις τόπος γινόμενος, διὰ τί ἄλλο λεγέτω-
σαν; δεύτερον εἰ διὰ τὸ ἄϋλος εἶναι οὐ δεῖται τόπου, ἔοικεν ἡ ὕλη κυρίως 5
40 εἶναι ἡ τοῦ τόπου δεομένη. καίτοι τίς ἂν ἐν τόπῳ λέγοι κατὰ τὸν ἑαυτῆς

---

5 cf. p. 613,3. 616,1   πῦρ om. F   9 εἶναι ex ὄντα F   13 ψυχὴ σώματος aF
14 καὶ (post δὲ) om. E   16 intercidit velut εἰρημένη cf. p. 614,4   17 ἐκεῖνο] τοῦτο a
23 ἐξάπτεται a   29 ὡς (post λόγον) om. a   33 μοι θαυμάζειν F   40 ἦ] ἢ F   αὐτῆς a

λόγον τὴν ὕλην; εἰ δὲ τὸ ἔνυλόν τις φαίη, πῶς καὶ τὰ ἄυλα ἐν τόπῳ; 144ᵛ
τρίτον δὲ καὶ κυριώτατον ἄν τις καὶ τούτοις τὰ αὐτὰ ἐγκαλέσοι δικαίως
ἅπερ τοῖς προτέροις, ὅτι τὴν ἰδιότητα τοῦ τόπου παρῆκαν ζητεῖν, ἥτις
ποτέ ἐστι, καὶ τίνα παρέχεται τοῖς ἐν αὐτῷ ὠφέλειαν, ἧς μὴ εὑρεθείσης
5 οἶμαι οὔτε εἰ σῶμα οὔτε εἰ ἀσώματόν ἐστιν ὁ τόπος μαθεῖν δυνατόν. φέρε
γὰρ εἰ καθὸ σῶμα ἕκαστον δέοιτο τόπου, ἆρα δυνατόν ἐστι σῶμα τὸν τό- 10
πον εἶναι καὶ οὐχὶ καὶ αὐτὸς δεήσεται τόπου; τῶν δὲ διάστημα τὸν τόπον
ἀσώματον λεγόντων καὶ κοινωνία φαίνεται συχνὴ καὶ διαφορά. καθόσον
μὲν γὰρ ἀσώματον ἅπαντες λέγουσι τοῦτο χωρητικὸν σωμάτων, κατὰ τοῦτο
10 κοινωνεῖν ἀλλήλοις δοκοῦσι, καθόσον δὲ οἱ μὲν ὄντως αὐτὸ νομίζουσιν οὐ-
δὲν ἄλλο ἢ κατ' ἀπουσίαν ὁρῶντες αὐτὸ τοῦ σώματος καὶ τὸ χωρητικὸν
σωμάτων οὐχ ὡς φύσιν ἔχειν τινά φασιν, ἀλλὰ διὰ τὸ μηδὲν εἶναι μηδὲ
ἐμποδίζον τοῖς ἐν αὐτῷ θεωροῦσιν, οἱ δὲ καὶ φύσιν καὶ δύναμιν οἰκείως 15
ἔχειν αὐτό φασι καὶ τὸ χωρητικὸν τοῦτο οὐ κατὰ συμβεβηκὸς αὐτῷ ὑπάρ-
15 χειν νομίζουσιν ἀλλὰ καθ' αὑτό, ⟨διαφέρουσιν⟩. εἰσὶ δὲ οἳ καὶ κρεῖττον
αὐτὸ τῶν σωμάτων λέγουσι. πάλιν δὲ αὖ τῶν τὸ κενὸν αὐτὸ τιθεμένων οἱ
μὲν ἄπειρον εἶναί φασι καὶ ὑπερβάλλον ἀπειρίᾳ τὰ σώματα καὶ διὰ τοῦτο
ἄλλο ἐν ἄλλοις ἑαυτοῦ μέρεσι καταδεχόμενον, ὡς ἂν ἔτυχεν, εἴπερ μέρη
λέγειν ἐπὶ τοῦ ἀπείρου κενοῦ δυνατόν. τοιαύτην δὲ περὶ αὐτοῦ δόξαν 20
20 ἐσχηκέναι δοκοῦσιν οἱ περὶ Δημόκριτον ἀρχαῖοι φυσιολόγοι. οἱ δὲ ἰσόμε-
τρον αὐτὸ τῷ κοσμικῷ σώματι ποιοῦσι, καὶ διὰ τοῦτο τῇ μὲν ἑαυτοῦ
φύσει κενὸν εἶναι λέγουσι, πεπληρῶσθαι δὲ αὐτὸ σωμάτων ἀεί, καὶ μόνῃ
γε τῇ ἐπινοίᾳ θεωρεῖσθαι ὡς καθ' αὑτὸ ὑφεστώς, οἷοί τινες οἱ πολλοὶ τῶν
Πλατωνικῶν φιλοσόφων γεγόνασι· καὶ Στράτωνα δὲ οἶμαι τὸν Λαμψακηνὸν
25 ταύτης γενέσθαι τῆς δόξης. τῶν μέντοι καὶ εἶδος ἔχειν αὐτὸ τιθεμένων
καὶ δύναμιν τῶν σωμάτων ὑπερτέραν ἔχειν λεγόντων Συριανὸν ἔγωγε θείην 25
ἂν τὸν μέγαν, τὸν τοῦ Λυκίου Πρόκλου καθηγεμόνα· ὃς ἐν τοῖς εἰς τὸ δέ-
κατον τῶν Πλάτωνος Νόμων ὑπομνήμασι τοιαῦτα περὶ τοῦ τόπου γέγραφε·
διάστημα γὰρ εἰπών, "αὐτὸ γάρ, φησίν, ἔστι τὸ ταῖς οἰκείαις τομαῖς καὶ
30 διαιρέσεσιν, ἃς ἔσχεν ἐκ τῶν διαφόρων τῆς ψυχῆς λόγων καὶ τῆς τῶν δη-
μιουργικῶν εἰδῶν ἐλλάμψεως, οἰκειούμενον τὰ τοῖα ἢ τὰ τοῖα τῶν σωμά-
των καὶ ποιοῦν ἑαυτὸ κατὰ τάδε μὲν τὰ μέρη χώραν οἰκείαν πυρός, ἐφ'
ἣν κατὰ φύσιν τὸ πῦρ ἐν Τιμαίῳ λέγει φέρεσθαι, κατὰ τάδε δὲ χώραν 30
οἰκείαν γῆς, ἐφ' ἣν κατὰ φύσιν ἡ γῆ φέρεται καὶ μένει ἐν αὐτῇ οὖσα.
35 διὸ καὶ νῦν πάντα τὰ κινούμενα καὶ τὰ ἑστῶτα κατὰ φύσιν ἐν τόπῳ φησὶν

---

2 καὶ (post δὲ) om. F   4 ἐν αὐτῷ] ἑαυτοῦ F   9 πάντες aF   10 δὲ οἱ μὲν
ὄντως αὐτὸ νομίζουσιν om. F   αὐτὸ a: αὐτὸν ut videtur E   12 ἔχει E
μηδὲ aE: μὴ F   13 ἐμποδίζειν a   οἰκείως E: οἰκείαν aF   14 αὐτὸ aFE¹:
αὐτῷ E²   15 διαφέρουσιν add. a   16 αὖ τῶν] αὐτῶν F   18 αὑτοῦ a
ἔτυχον a   25 ταύτης γενέσθαι τῆς E: τῆς τοιαύτης γενέσθαι aF   27 τὸν (post
μέγαν) om. aF   29 αὐτὸ γάρ φησίν E: αὐτὸν φησὶ διάστημα γάρ aF   30 τῆς
(post καὶ) om. E   δημιουργῶν a   33 ἐν Τιμαίῳ p. 63 B sqq.   λέγει aF
λέγειν E   34 αὐτῇ EF: ἑαυτῇ a   35 τὰ bis om. F

ἑκάτερον ὑπομένειν. οὔτε δὲ ἡ κίνησις οὔτε ἡ στάσις τοῦ διαστήματος 144ᵛ
δουλεύει τῇ φύσει τῶν σωμάτων οὐδὲ παρ' αὐτῆς ἐνδίδοται".

Πρὸς μὲν οὖν τοὺς τὸ κενὸν διάστημα τὸν τόπον εἶναι τιθεμένους εἴτε
ἄπειρον εἴτε πεπερασμένον ἀρκέσει τὸ ἀδύνατον αἰτιᾶσθαι τοῦ κενοῦ τὴν
5 τοῦ τόπου δύναμιν, ὡς καὶ Ἀριστοτέλης φησίν, ἐκ τῆς κατὰ φύσιν τῶν 35
σωμάτων φορᾶς ἐπὶ τοὺς οἰκείους τόπους ἐπιδεικνύντι. τί δὲ ἂν εἴη δύ-
ναμις ἢ τίς διαφορὰ τοῦ κενοῦ ὡς κενοῦ θεωρουμένου, ὥστε τὸ μὲν αὐτοῦ
πρὸς τάδε τῶν σωμάτων οἰκείως ἔχειν, τὸ δὲ πρὸς τάδε, ἢ τὸ μὲν ἐν τῷ
μέσῳ, τὸ δὲ ἐν τῷ πέριξ ἱδρῦσθαι; εἴτε γὰρ ἄπειρον εἴη, πῶς ἂν ἔχοι
10 τὸ μέσον ἢ τὸ πέριξ πέρατα ὄντα ταῦτα; εἴτε πεπερασμένον, καὶ τὸ πέρας
ἂν κατὰ συμβεβηκὸς ἂν ἔχοι διὰ τὸ σῶμα, καὶ τὸ μέσον δὲ καὶ τὸ πέριξ
ὡσαύτως· οὔτε γὰρ πέρας ἔχοι ἂν τὸ οὕτως κενὸν οὔτε διαφορὰν τοῦ μέ- 40
σου καὶ πέριξ σχεδόν τι ἀπόφασις ὂν σώματος καὶ οὐδὲν ἄλλο ἢ τὸ μὴ
ὄν. ὅτι γὰρ οὐδέν ἐστι τὸ τοιοῦτον, δῆλον ἐκ τοῦ, κἂν ἀφέλῃ τις αὐτὸ τῇ
15 ἐπινοίᾳ, πάλιν διάστημα κενὸν καταλιμπάνειν ἐν ᾧ τοῦτο ἦν, ὥσπερ καὶ
τὸ σῶμα ἀφελόντες ἐκεῖνο καταλελοίπαμεν. καὶ τοῦτο ἐπ' ἄπειρον ποιοῦν-
τες οὐ παυσόμεθα κενὸν πρὸ κενοῦ τιθέντες ἀεί, διότι μάταιος ἦν ἡ φαν-
τασία καὶ ὄντως κενή. καὶ πρός γε τοὺς οὕτως αὐτὸ τιθεμένους καλῶς ὁ
Ἀριστοτέλης ἐναντιώσεται. ⟨ὅτι δὲ⟩ τὸ κενὸν διάστημα καὶ ὁ τόπος ἐστί, 45
20 τάχα ἄν τις ᾧδέ πως ἐπιχειροίη δεικνύναι τοῖς αὐτοῖς ἀξιώμασι περὶ
τοῦ τόπου προσχρώμενος· ὁ τόπος, ⟨ὃς⟩ χωρητικὸς ὅλου βούλεται εἶναι
τοῦ ἐν τόπῳ σώματος, συνδιεστάναι δεῖ τῷ σώματι καὶ ἴσος αὐτῷ
κατὰ τὰς τρεῖς ὑπάρχειν διαστάσεις· τὸ συνδιεστὼς τῷ σώματι τριχῇ διέ-
στηκε· τὸ τριχῇ διεστὼς ἢ σῶμά ἐστιν ἢ ἀσώματον διάστημα· ἀλλ' εἰ
25 σῶμα, πάντως καὶ αὐτὸ ἐν τόπῳ καθὸ σῶμα (τί γὰρ τοῦ ἐν τόπῳ σώ-
ματος καθὸ σῶμα διενήνοχεν;), εἰ δὲ ὁ τόπος μὴ δεῖται τόπου, οὐκ ἂν εἴη 50
σῶμα· ἀσώματον ἄρα διάστημά ἐστιν ὁ τόπος χωρητικὴν ἔχον τῶν σω-
μάτων δύναμιν (καὶ διὰ τοῦτο καὶ Ἀριστοτέλης τὰ ἀπὸ τῆς κοινῆς φθεγ-
γόμενος ἐννοίας ἔλεγε· "διαστήματα μὲν οὖν ἔχει τρία μήκους καὶ βάθους
30 καὶ πλάτους"), ἀδύνατον δὲ σῶμα εἶναι τὸν τόπον. ἀλλὰ πῶς φασιν οὔ;
πᾶν τὸ τριχῇ διαστατὸν σῶμα λέγομεν, ἀλλ' οὐ πᾶν σῶμα φυσικόν ἐστι.
καὶ γὰρ καὶ μαθηματικόν τι σῶμα εἶναι λέγομεν, ὃ καὶ στερεὸν καλοῦμεν,
τὸ ταῖς τρισὶ διαστάσεσιν ὁριζόμενον· καὶ ὅμως οὐ βουλό|μεθα ἐν τόπῳ 145ʳ
εἶναι τὰ μαθηματικὰ σώματα. ὥστε καὶ εἰ σῶμά τις φιλονεικοίη δεικνύναι

---

1 οὔτε δὲ — διάστημα p. 621, 1 lacuna non indicata om. F   2 ἐν ante ἐνδίδοται in
versiculi fine E   7 αὐτοῦ scripsi: αὐτῷ E: αὐτῶν a   15 δίστημα ut saepius E
καὶ (post ὥσπερ) om. a   16 ἐκεῖνο a: ἐκείνῳ E   ποιοῦντες a: ποιοῦν E
18 αὐτὸ om. a   19 ὅτι δὲ a: om. E   20 ante περὶ add. τοῖς a   21 ὃς
addidi   ὅλου om. a   22 post σώματος add. καὶ a   δεῖ om. a   ἴσος scripsi:
ἴσ sic E: ἴσως a   διστάσεις ut saepius E   29 ἔλεγε Δ 1 p. 209 ᵃ 4   μῆκος
καὶ βάθος καὶ πλάτος a. καὶ βάθος ultimum posuit Aristoteles cf. p. 596, 24   30 πῶς
om. a   οὐ E: εἰ καὶ a   32 καλοῦμεν (αι postea deletum) E   34 καὶ εἰ
scripsi: καὶ εἰς E: εἰ καὶ a

τὸ τριχῇ διαστατόν, ἀλλ' οὐ τοιοῦτον ἔσται ὡς τόπου καὶ αὐτὸ δεῖσθαι, 145ʳ
ἀλλ' ἔστιν ἐν μέσῳ τοῦ τε ἐν λόγῳ καὶ εἰδητικοῦ σώματος, ἐν ᾧ καὶ
ψυχή, τὴν ὑπόστασιν ἀσώματον ἔχοντος, καὶ τοῦ ἐνύλου καὶ φυσικοῦ, ὃ
καὶ σῶμα κυρίως καλοῦμεν· ὅλος γὰρ τὸ κυρίως καλούμενον σῶμα οὐ
5 κατὰ τὰς διαστάσεις ὁρίζεται (οὐ γὰρ ἂν ἀσώματα ἐλέγετο τὰ μαθημα-
τικά), ἀλλὰ μετὰ τῶν διαστάσεων ἔχει τι μέστωμα τὸ κυρίως σῶμα τὸ
φυσικόν, καθ' ὃ τῶν μαθηματικῶν διενήνοχε. δύο τοίνυν εἶναι δοκεῖ με-
γέθη παρισωμένα ἀλλήλοις τό τε τοῦ τόπου καὶ τὸ τοῦ σώματος, τὸ μὲν
πρὸς τῇ διαστάσει χωρητικὴν ἔχον δύναμιν, τὸ δὲ πρὸς τῇ διαστάσει πλη-
10 ρωτικὴν ἐκείνου τοῦ χωρήματος, ἵνα καθόσον μὲν διέστηκεν ἡ χώρα, κατὰ
τοσοῦτον δύνηται παρισοῦσθαι τῷ ἐν τόπῳ σώματι, καθόσον δὲ οὐδὲν ἔχει
σῶμα, κατὰ τοσοῦτον δύνηται δέχεσθαι τὸ σῶμα ὑπὸ μηδενὸς παρεμποδι-
ζόμενον. καὶ τοῦτό ἐστιν, ὡς ἔοικεν, ἡ ἐν τῷ κόσμῳ τοῦ νοητοῦ χάους
εἰκὼν ἡ χώρα τῶν σωμάτων παρὰ τὸ χῶ ῥῆμα, ὃ σημαίνει τὸ χωρῶ,
15 χάος καλούμενον. καὶ ὅτι οὐ κατ' ἐπίνοιαν μόνην κενὴν ἐνομίσθη τὸ το-
πικὸν τοῦτο διάστημα, καὶ ἐντεῦθεν ἔστι συνιδεῖν· τὰ κατὰ τόπον κινού-
μενα πόθεν ποῖ λέγομεν κινεῖσθαι, τὸ δὲ πόθεν ποῖ διάστημά τι πάντως
ἔχει μεταξύ· τοῦτο οὖν τὸ μεταξὺ διάστημα ἢ αὐτοῦ τοῦ κινουμένου
σώματός ἐστιν ἢ ἄλλου σώματος, δι' οὗ κινεῖται τὸ κινούμενον, ἢ τοῦ
20 ἀέρος ἢ αὐτό τι καθ' αὑτὸ ἀσώματον· οὐ γὰρ ἔστιν ἄλλο σῶμα πλὴν τοῦ
κινουμένου καὶ ἐκείνου τοῦ δι' οὗ ἡ κίνησις. ἀλλ' οὔτε αὐτοῦ τοῦ κινου-
μένου καὶ τὸ διάστημά ἐστιν (εἰ γὰρ ἐν τῷ οἰκείῳ διαστήματι ἐκινεῖτο,
οὐδ' ἂν μεταβαῖνον ἐλέγετο τόπον ἐκ τόπου), οὐ μέντοι οὐδὲ ἄλλου τινὸς
ἐνύλου σώματος, δι' οὗ κινεῖται· οὐ γὰρ μένοντος τοῦ ἀέρος ἢ τοῦ ὕδατος
25 κινεῖται τὸ δι' αὐτῶν κινεῖσθαι λεγόμενον, ἀλλὰ σχιζομένου καὶ μεθιστα-
μένου. ἐκεῖνο οὖν ἐστι τὸ διάστημα, ὃ δίεισι τὰ κινούμενα, τὸ μετὰ τὴν
σχέσιν ὑπολειπόμενον καὶ δεχόμενον τὰ δι' αὐτοῦ προποδίζοντα. καὶ κατ'
ἐκεῖνον μετρεῖται τὸ διάστημα τῆς κινήσεως ἀπὸ τοῦ κινουμένου καταμε-
τρούμενον τοσαυτάκις, ὁσαπλάσιόν ἐστιν αὐτὸ τοῦ κινουμένου σώματος.
30 οὐκ ἄρα τὸ οἰκεῖον μόνον ἐστὶ τῶν σωμάτων διάστημα, ἀλλά τι καὶ ἄλλο
παρὰ ταῦτα.

Ὁ δέ γε τοῦ Ἀριστοτέλους λόγος ὁ μηδὲν ἄλλο διάστημα παρ' αὐτὸ
τὸ τοῦ σώματος ἀπολείπεσθαι διατεινόμενός ἐστι μὲν ἀσαφὴς ἱκανῶς ἀρχό-
μενος ἀπὸ τοῦ "εἰ δὲ ἦν τι διάστημα τὸ πεφυκὸς καὶ μένον ἐν τῷ αὐτῷ"
35 καὶ τελευτῶν εἰς τὸ "ὅς ἐστι τόπος ὅλου τοῦ οὐρανοῦ". καὶ εἴρηται
πρότερον, ὅτι συνημμένον τι περαίνεται δι' αὐτοῦ τὸ λέγον, ὡς εἰ ἔστι
διάστημα τὸ πεφυκὸς μένειν ἐν τῷ αὐτῷ, ἄπειροι ἔσονται τόποι, καὶ ὁ
τόπος κατὰ τόπον κινήσεται καὶ ἔσται τοῦ τόπου τόπος καὶ πολλοὶ τόποι
ἅμα ἔσονται· ἀλλὰ μὴν ταῦτα ἀδύνατα· ἀδύνατον ἄρα καὶ τὸ εἶναι τοιοῦ-

---

1 διστατὸν E   αὐτὸ a: αὐτὰ E   7 δοκεῖ E: om. a   11 παρισοῦσθαι om. a
12 παρεμποδιζόμενον a: παραποδιζόμενον E   17 ποῖ a: πῆ utroque loco E   21 αὐ-
τοῦ om. a   22 καὶ om. a   23 μεταβαίνοι E   25 καὶ μεθισταμένου om. a
26 τὴν super add. E¹: om. a   σχέσιν] immo σχίσιν   28 lege ἐκεῖνο sc. τὸ ὑπο-
λειπόμενον διάστημα   32 λόγος cf. Δ 4 p. 211ᵇ 19 — 29

τον διάστημα. καὶ εἴρηται πᾶς ὁ λόγος ἐκ τοῦ καὶ τὰ μόρια τοῦ ἐν τόπῳ 145ʳ
καθ' αὑτὰ εἶναι ἐν τόπῳ, εἴπερ δι' ἑκάστου τῶν μορίων χωρεῖ τὸ διά-
στημα. εἰ δὲ τοῦτο, ἐπ' ἄπειρον διαιρουμένου τοῦ ἐν τόπῳ ἀπείρους εἶναι 30
συμβαίνει τοὺς τόπους, καὶ μεθισταμένου τοῦ ὑποτεθέντος ἀγγείου συμ-
5 μεθίστανται οἱ τόποι εἰς ἄλλα διαστήματα, καὶ οὕτως ὁ τόπος κατὰ τόπον
κινήσεται καὶ ἔσται ὁ τόπος ἐν τόπῳ. ταῦτα δὲ τοῖς τὸ πέρας τοῦ περιέ-
χοντος λέγουσι τὸν τόπον οὐκ ἀκολουθεῖ, διότι τὰ μόρια τοῦ ἐν τόπῳ οὐκ
ἔστι καθ' αὑτὰ ἐν τόπῳ. ὅτι δὲ οὐχ ἕπεται τὰ ἄτοπα ταῦτα τῷ λόγῳ,
δέδεικται κατὰ τὴν τῆς λέξεως ἐκείνης ἐξήγησιν. ὡς γὰρ τὸ σῶμα συνε-
10 χές, οὕτω καὶ τὸ διάστημα συνεχὲς οἱ λέγοντες ὑποτίθενται καὶ ἀκίνητον. 35
ὡς οὖν τὰ τοῦ σώματος μόρια οὐκ ἔστιν οὔπω διακεκριμένα (οὐ γὰρ ἂν
ἔτι μόρια εἴη, ἀλλὰ κέρματα καὶ μονάδες μᾶλλον) οὔτε μέντοι συγκεκρι-
μένα τελέως (στοιχείων γὰρ αὕτη φύσις ἐστίν), ἀλλ' ἐν τῷ διακρίνεσθαι
τὴν πᾶσαν ἑαυτῶν ὑπόστασιν ἔλαχεν, οὕτω δὲ καὶ τὰ τοῦ τόπου· καὶ ὡς
15 αὐτὸς εἴωθε λέγειν, δυνάμει ἐστὶν ἀλλ' οὐκ ἐνεργείᾳ τὰ μέρη τοῦ τε σώ-
ματος καὶ τοῦ τόπου. τοιαῦτα δὲ ὄντα τὰ μόρια τοῦ σώματος, καθὸ
τοιαῦτα, ἔστιν ἐν τῷ τοιούτῳ τόπῳ, καὶ οὐ κατὰ συμβεβηκός. εἰ δὲ τοῦτο 40
ἀληθές, οὐ πᾶν τὸ καθ' αὑτὸ ὂν ἐν τόπῳ, ὡς αὐτός φησι, διωρισμένον
ὤφελεν εἶναι. εἰ δὲ τούτῳ ἠκολούθησε τὸ πρός τι περαίνειν, οὐδὲ τοῦτο
20 πάντως ἀναγκαῖόν ἐστιν. ἀλλ' οὐδὲ μεταβήσεται ὁ τόπος· ἀκίνητον γὰρ
ἅπαν ἐστὶ τὸ διάστημα καθ' ἕκαστον ἑαυτοῦ μέρος τὸ ἀεὶ γινόμενον ἐν
αὐτῷ τῶν σωμάτων ὑποδεχόμενον, ὡς διὰ τῶν ὁλκῶν τὸ ὕδωρ χωροῦν
ἀκινήτων ὄντων ἄλλοτε κατ' ἄλλο μέρος περιέχεται οὐ συνεφελκόμενον
ἑαυτῷ τοῦ ὁλκοῦ τὸ πρότερον μέρος. οὔτε οὖν τόπου δεήσεται ὁ τόπος 45
25 οὔτε πολλοὶ ἅμα ἔσονται τόποι. οὐ γὰρ μεθίσταται τὰ τοπικὰ διαστήματα
οὐδὲ εἰς ἄλληλα ἐμβαίνει. οὐ μέντοι οὐδὲ ἄπειροι ἔσονται οἱ τόποι, εἴπερ
μήτε τὰ τοῦ συνεχοῦς σώματος μέρη ἐνεργείᾳ διῄρηται εἰς ἄπειρα μήτε
τὰ τοῦ διαστήματος. ἀλλὰ τὴν μὲν ὑπὸ Ἀριστοτέλους λεγομένην ἀτοπίαν
οὕτως οἶμαι ῥᾳδίως οἱ τὸ διάστημα λέγοντες ἐκφεύξονται, τὰς δὲ ἄλλας
30 ἀπορίας τὰς δυναμένας φέρεσθαι πρὸς τοῦτον τὸν λόγον ἐπισκεψώμεθα. 50

Καὶ πρῶτόν γε τὸ νῦν ὑποκείμενον διάστημα πότερον ἔνυλόν ἐστιν
εἶδος ἢ ἄυλον ἐρωτητέον. καὶ γὰρ εἰ μὲν ἄυλον, οὐ φυσικὸν ἂν εἴη οὐδὲ
τοῦτο περὶ οὗ νῦν ζητοῦμεν ὁ τόπος. ἔπειτα εἰ μὲν ἐπινοίᾳ μόνον ἐστίν,
εἴη ἂν καὶ τὸ ἐν τόπῳ ἐν ἐπινοίᾳ μόνον, καὶ οὐκ ἐν ὑποστάσει, καὶ εἴπερ
35 ἄρα, τὸ μαθηματικὸν ἂν εἴη σῶμα. εἰ δὲ ἐν ὑποστάσει καὶ τοῦτο, πῶς
ἐστί τι παντελῶς | ἄυλον ὑπὸ σελήνην τριχῇ διεστὼς καὶ οὐσία καθ' αὑτὸ 145ᵛ

---

1 καὶ εἴρηται] incipit rursus F   8 καθ' αὑτὰ] κα (in fine versus) καυτα initio E
11 οὐ γὰρ in litura E   12 οὔτε] immo οὐδὲ   14 τοῦ (post τὰ) om. a
19 ὤφελεν E: ὤφειλεν aF   22 ὑποδεχόμενος E   ὁλκῶν] ὅλων sed. in mrg. corr.
m. pr. F   23 ὄντων om., pro quo iteratum χωροῦν E   25 οὔτε (post τόπος)
iteravit initio versus E   27 σώματος om. a   31 ἐστιν om. aF   32 ἐρωτη-
τέον — ἄυλον om. F   33 νῦν om. aF   μὲν om. aF   36 ἔστι τι E: ἂν
εἴη aF

ὄν, ἀλλ' οὐχὶ συμβεβηκός· εἰ δὲ ἔνυλόν τις αὐτὸ λέγοι, πρῶτον μὲν τί 145ᵛ
διοίσει τοῦ σώματος τὸ τριχῇ διαστατὸν εἶδος ἐν ὕλῃ γενόμενον; εἰ μὲν
γὰρ διαστάσεις ἐλέγομεν αὐτὸ μόνας, πολλὴ ἂν ἦν ἡ πρὸς τὸ διαστατὸν
αὐτοῦ διαφορά· ἦν γὰρ τὸ μὲν εἶδος μόνον, τὸ δὲ ἔνυλον εἶδος. εἰ δὲ
καὶ τὸ διάστημα ἔνυλον εἶδός φαμεν καὶ τὸ σύνθετον διαστατὸν λέγομεν, τί 5
ἔτι διοίσει τοῦ σώματος; ἔπειτα εἰ ἔνυλόν ἐστιν εἶδος, ἢ ὅλην κατέλαβε
τὴν ὕλην ἢ μέρος αὐτῆς· ἀλλ' εἰ μέρος μὲν τὸ διάστημα, μέρος δὲ τὸ
σῶμα, ἢ δύο ὗλαι ἅμα ἔσονται ἥ τε τοῦ τόπου καὶ τοῦ ἐν τόπῳ ἐν τῷ
αὐτῷ διαστήματι, ἢ ἀλλαχοῦ μὲν ἔσται ὁ τόπος, ἀλλαχοῦ δὲ τὸ ἐν τόπῳ
σῶμα, καὶ οὔτε τὸ σῶμα ἐν τόπῳ, οὔτε ὁ τόπος σώματος. εἰ δὲ ὅλην
κατέλαβε τὴν ὕλην τὸ διάστημα, πῶς ἡ τοῦτο δεξαμένη καθ' ὅλην ἑαυτὴν
ἔτι δέξεται τὸ σῶμα; δεύτερον εἰ ἄλλος ὁ τόπος καὶ ἄλλο τὸ ἐν τόπῳ, 10
ἤτοι μία μὲν ἡ ὕλη, εἴδη δέ ἐστι δύο, ἢ πρὸς τοῖς εἴδεσι καὶ ὕλας εἶναι χρὴ
δύο. ἀλλ' εἰ μία, ὅταν ἀποχωρῇ τοῦ τόπου τὸ ἐν τόπῳ, ἡ ὕλη ἑαυτῆς
ἐκστήσεται, καὶ αὐτὴ ἑαυτῆς χωρισθήσεται μένουσα μὲν διὰ τὸν τόπον,
μεθισταμένη δὲ διὰ τὸ σῶμα· εἰ δὲ δύο, πῶς οἷόν τε ἐν τῷ αὐτῷ ὄγκῳ
δύο ὕλας εἶναι τήν τε τοῦ τόπου καὶ τὴν τοῦ σώματος; τρίτον εἰ τὸ τοῦ
σώματος διάστημα γίνεται ἐν τῷ τοπικῷ διαστήματι, πῶς δύο μὲν εἶναι
σώματα ἐν ταὐτῷ δυσχεραίνομεν, δύο δὲ διαστήματα συγχωροῦμεν; τὰ γὰρ 15
ἄλλα τῶν σωμάτων συμβεβηκότα οἷον λευκότητες καὶ θερμότητες τὴν δι'
ἀλλήλων δίιξιν οὐ κωλύουσι. τέταρτον εἰ τὸ σῶμα οὐσία ὂν ἐν τόπῳ ἐστίν,
ὁ δὲ τόπος διάστημα, τὸ δὲ διάστημα ποσόν, τὸ δὲ ποσὸν συμβεβηκός,
ἔσται ἡ οὐσία ἐν συμβεβηκότι· καὶ αὐτό τε τοῦτο ἄτοπον καὶ μέντοι ὅτι
κρείττονα εἶναι τὸν τόπον τοῦ ἐν τόπῳ φαμέν. πέμπτον τὸ διάστημα
τοῦτο ἢ ἄψυχόν ἐστιν ἢ ἔμψυχον. ἀλλ' εἰ μὲν ἄψυχον, καὶ ἄνουν ἔσται·
νοῦν γὰρ ἄνευ ψυχῆς ἀδύνατον παραγενέσθαι τῳ. καὶ πῶς οὐ χεῖρον ἔσται 20
τοῦ ἐν τόπῳ; νοῦν γὰρ ἐν ψυχῇ, ψυχὴν δὲ ἐν σώματι συνιστὰς ὁ θεὸς
τὸν κόσμον συνετεκτήνατο, ὡς ὁ Τίμαιός φησιν. εἰ δὲ ἔμψυχον, πῶς ἀκί-
νητον ἔσται ψυχὴν ἔχον αὐτοκίνητον; ἢ πῶς κινούμενον οὐ δεήσεται τόπου;
ἕκτον δὲ πότερον ἀίδιόν ἐστι τὸ πᾶν διάστημα καθ' ὅλον τε καὶ κατὰ μέρη
ἢ τὸ μὲν τὸν οὐρανὸν δεξάμενον ἀίδιόν ἐστι, τὸ δὲ ὑπὸ σελήνην τοῖς μέρεσι
φθαρτόν; ἀλλ' εἰ μὲν τὸ πᾶν ἄφθαρτον, τί διοίσει τοῦ ἐν τῷ οὐρανῷ τὸ
ὑπὸ σελήνην; εἰ δὲ τοῦτο φθαρτόν, τίς ἂν εἴη τῆς φθορᾶς τρόπος οὐ με- 25
ταβαλλόντων εἰς ἄλληλα τῶν τοῦ τόπου μερῶν οὐδὲ τοῦ τόπου εἰς ἄλλο
οὐδὲ ἄλλου τινὸς εἰς τὸν τόπον; ἕβδομον εἰ τὰ μὴ δεηθέντα τοῦ τόπου
ἀδιάστατά ἐστι, τὰ διαστατὰ ἄρα δεήσεται τόπου, φαίη ἄν τις συλλογιστι-
κὸς ἀνήρ.

---

1 ἀλλ' E: καὶ aF   8 ἅμα δύο ὗλαι aF   ἥ τε τοῦ τόπου καὶ om. F   post ἐν τόπῳ add. καὶ τὸ ἐν τόπῳ F   12 ὁ τόπος] ἐντόπος sic F   13 μὲν E: μέν ἐστιν ἡ aF   δέ ἐστι E: δὲ aF   ἢ πρὸς aE: πρὸς δὲ et in mrg. μήποτε ἢ ἢ δύο F
14 τοῦ ex τῷ corr. E   23 τε E: γε aF   post μέντοι add. γε aF   28 Τίμαιος
p. 30 B νοῦν μὲν ἐν ψυχῇ, ψυχὴν δὲ ἐν σώματι ξυνιστὰς τὸ πᾶν ξυνετεκταίνετο   35 μὴ
aF: om. E

Ταῦτα μὲν οὖν καὶ ἄλλα τοιαῦτα πρὸς τοὺς τὸ διάστημα τὸν τόπον 145ᵛ
λέγοντας δυνατὸν εἰπεῖν. οὐ πάντῃ δὲ τοῖς ἐρωτήσασι λόγοις ἐνδιδόναι
χρή. αὐτίκα γὰρ πρὸς τὸν ἐρωτήσαντα πότερον ἔνυλον ἢ ἄυλόν ἐστι τὸ
διάστημα, ἔνυλον ἐροῦμεν. καὶ γὰρ ὥσπερ τὸ μὲν διεσπασμένον καὶ ὠγκω- 30
5 μένον καὶ ἀόριστον ὑλικόν φαμεν, τὸν δὲ ὅρον καὶ τὸ πέρας καὶ τὴν μορφὴν
εἰδικόν, οὕτως καὶ ἐπὶ τοῦ διαστήματος ἐροῦμεν. καὶ γὰρ καὶ τούτου τὸ
μὲν διεστηκὸς κατ' ἔκχυσιν καὶ πάρεσιν ὑλικὸν ἂν εἴη, τὸ δὲ ἔμμετρον
καὶ ὡρισμένον, μᾶλλον δὲ τὸ ἐν αὑτῷ μέτρον καὶ τὸν ὅρον εἰδητικόν. καὶ
τὸ τοιοῦτον εἶδος ἐν μέρει δηλονότι τῆς ὕλης ἐγένετο ὥσπερ καὶ τὸ οὐρά-
10 νιον. ἄλλη γὰρ ἡ πρὸς τὸ τοπικὸν καὶ ἄλλη ἡ πρὸς τὸ σωματικὸν εἶδος
παράλλαξις. καὶ οὐδὲν ἄτοπον δύο ὕλας ἐν ταὐτῷ εἶναι· οὐ γὰρ ἡ ὕλη 35
τὴν δι' ἀλλήλων δίιξιν κωλύει. οὐ μέντοι οὐδὲ δύο διαστήματα ἐν ταὐτῷ
εἶναι ἄτοπον, εἰ τὸ μὲν σωματικὸν εἴη, τὸ δὲ κενόν, καὶ τὸ μὲν χώρα τις,
τὸ δὲ ἐν χώρᾳ. τετραχῶς γὰρ ἔοικε λέγεσθαι τὸ διάστημα. τὸ μὲν ἐν
15 λόγῳ μόνον ἀδιαστάτῳ ὡς ὁ ὁρισμὸς ἔχει τοῦ διαστήματος, τὸ δὲ ἐν ἐπι-
νοίᾳ διαστάσεως ὡς ἔχει τὸ μαθηματικόν, τὸ δὲ ἔνυλον μετὰ ποιοτήτων
καὶ ἀντιτυπιῶν φυσικῶν οἷον τὸ σῶμά ἐστι, τὸ δὲ ἔνυλον μέν, ἄποιον δὲ
πάντῃ καὶ ἀσώματον. ἄλλη δὲ παρὰ ταῦτα ἡ ὑλικὴ διάστασις κατὰ τὸν 40
διασπασμὸν καὶ τὸ ἀόριστον θεωρουμένη. ἀλλ' οὐδὲ συμβεβηκὸς ὁ τόπος,
20 ἀλλ' οὐσία καὶ οὗτος. οὐ γὰρ διάστασις ἁπλῶς ἐστιν, ἀλλὰ δ.αστῶσα χώρα.
οὐδὲν δὲ θαυμαστὸν καὶ ἔμψυχον αὐτὸ εἶναι καὶ ἀκίνητον· οὐ γὰρ κινή-
σεως μόνης ἐστὶν αἰτία τῆς κατὰ τόπον ἡ ψυχικὴ ζωή, ἀλλὰ καὶ στάσεως·
τοιγαροῦν πολλὰ τῶν ἐμψύχων ἐστὶν ἑστῶτα, ὡς ὁ ἄξων καὶ οἱ πόλοι καὶ
τὸ κέντρον καὶ ἡ γῆ πᾶσα. εἰ δὲ ἀρχὴ λέγεται κινήσεως ἡ ψυχή, ταύτης
25 λέγεται τῆς καὶ ἐν στάσει θεωρουμένης, ἣν κυριώτερόν ἐστι γένεσιν καλεῖν. 45
οὐδὲν δὲ θαυμαστὸν καὶ ἀίδιον εἶναι τὸ πᾶν διάστημα καὶ διαφορὰν ἔχειν
τὸ οὐράνιον πρὸς τὸ ὑπὸ σελήνην. καὶ γὰρ οἱ οὐρανοὶ πάντες ἀίδιοι ὄντες
πολλὴν ἔχουσι πρὸς ἀλλήλους διαφοράν. 'ἀλλ' εἰ τὰ μὴ δεηθέντα τόπου,
φασίν, ἀδιάστατά ἐστι, τὰ διαστατὰ δεήσεται τόπου'· ἀλλ' ἔδει προσθεῖναι
30 τὸ 'ἢ τόπος ἐστίν'. ὅμοιον γὰρ ὡς εἰ λέγοι τις, εἰ τὰ μὴ δεηθέντα χρόνου
ἀκίνητα, τὰ κινούμενα ἐν χρόνῳ ἢ χρόνος ἐστίν.

Ἀλλ' εἰ δοκεῖ, κοινῇ λοιπὸν πρός τε τοὺς σῶμα καὶ πρὸς τοὺς διά- 50
στημα λέγοντας τὸν τόπον ῥητέον, ὡς εἰ μέχρι τοῦ κέντρου χωρεῖ, οὐ
μόνον τὰ παρὰ τοῖς βαρβάροις λεγόμενα ἄυλα στερεώματα, ἀλλὰ καὶ πάντα
35 τὰ τῶν οὐρανῶν σώματα τοῦ ὑπερτέρου χωροῦντος ἀεὶ διὰ τοῦ κατωτέρω
ἔσται ἐν τῷ αὐτῷ μέρει τοῦ τοπικοῦ διαστήματος, ἐμπύριον ἅμα σῶμα καὶ
αἰθέριον καὶ τῶν οὐρανῶν ἑκάστου καί τινος τῶν γενεσιουργῶν στοιχείων
ἑνὸς ἢ πυρὸς | ἢ ἀέρος ἢ ὕδατος ἢ γῆς. εἰ οὖν τὸν τόπον οἰκείως ἔχειν 146ʳ

---

1 ἄλλα om. F   πρὸς τοῦ E   3 ἄυλόν] ἔνυλον sic E   4 μὲν om. F
διωγκωμένον aF   6 τούτου τὸ] τοῦτο F   10 ante τοπικὸν add. τοιοῦτον εἶδος
sed del. E   12 δίηξιν F   23 εἰσὶν aF   ἄξων ex ἀξίων corr. videtur E
25 τῆς καὶ E: τῆς aF   29 φασίν tf. p. 622, 35   30 ἢ E: ἦ aF   31 ἢ E:
ἦ aF

λέγομεν πρὸς τὰ ἐν τόπῳ, πρὸς τί ποτε τούτων ἁπάντων τῶν σωμάτων 146ʳ
οἰκείως ἔχειν τὸν τόπον ἐροῦμεν; ἔτι τε πρὸς τούτους καὶ πρὸς τοὺς πέρας
τοῦ περιέχοντος εἶναι λέγοντας τὸν τόπον ῥητέον, ὡς τῆς μὲν πρὸς τὸ πᾶν
θέσεως ἑκάστου τῶν ἀιδίων μερῶν τὴν αἰτίαν ἀπολογίζονται. διὰ τί γὰρ
5 ἡ γῆ ἐν τῷ μέσῳ; ὅτι τοῦτο αὐτῇ τοῦ τοπικοῦ σώματος ἢ τοῦ τοπικοῦ 5
διαστήματος ἢ τοῦ περιέχοντος πέρας οἰκεῖον. διὰ τί δὲ τοῦ ἀπλανοῦς τὸ
μὲν βόρειόν ἐστι, τὸ δὲ νότιον; ἢ τῶν πλανωμένων ἥδε μὲν ἐξωτέρω τῶν
σφαιρῶν, ἥδε δὲ ἐνδοτέρω; ἢ τοῦ ἐμοῦ σώματος ἡ μὲν κεφαλὴ κεῖται
ἄνω, οἱ δὲ πόδες κάτω; καὶ ἥδε μὲν ἡ χεὶρ καὶ τὸ ἧπαρ εἰ τύχοι δεξιά,
10 ἥδε δὲ καὶ ὁ σπλὴν ἀριστερά; καίτοι εἰ τόπων εἰσὶ διαφοραὶ καὶ αὗται,
πάντως ἂν ὁ τόπος εἴη καὶ τούτων αἴτιος. πῶς δὲ τῶν εἰρημένων τις
τόπων εἴτε σῶμα εἴτε διάστημα εἴτε πέρας τούτων αἴτιον ἂν γένοιτο; καὶ 10
γὰρ ἄλλο μὲν ἡ κεφαλὴ τοῦ διαστήματος ἐκείνου μέρος ἐπέχει ἑστῶτος
ἐμοῦ, ἄλλο δὲ ἀναπεπτωκότος ἢ καθημένου, καὶ ἄλλο μὲν ἐνθάδε ὄντος,
15 ἄλλο δὲ ἀλλαχοῦ. καίτοι ἀεὶ ἐν τῷ σώματί μου τὸν αὐτὸν ἐπέχει τόπον.
πῶς δὲ καὶ ἐν δεξιοῖς ἔσται μέρεσιν ἀεὶ τὸ ἧπαρ; τίνος γὰρ τὸ δεξιὸν
τοῦτο; οὐ δήπου τοῦ διαστήματος ἢ τοῦ πέρατος τοῦ περιέχοντος. καὶ
τοῦτο δὲ κοινῶς πρὸς πάντας ῥητέον, ὅτι τῆς τοῦ τόπου χρείας μὴ διορι-
σθείσης καλῶς, οὔτε εἰ σῶμα ὁ τόπος οὔτε εἰ ἀσώματον, οὔτε εἰ διαστα- 15
20 τὴν ἔχει φύσιν οὔτε εἰ ἀδιάστατον, καταμαθεῖν ἔστι. τοὺς δὲ διάστημα
καθ' αὑτὸ χωριστὸν ἢ σῶμα λέγοντας τὸν τόπον ἐρωτητέον, εἰ καὶ τοῦ
οὐρανοῦ τὰ μόρια ἐν τόπῳ λέγουσιν εἶναι ἢ οὔ. καὶ γὰρ εἰ μὲν μὴ ἔστιν
ἐν τόπῳ, δῆλον ὅτι οὐδὲ κινήσονται κατὰ τόπον. τὸ γὰρ κινούμενον κατὰ
τόπον ἐν τόπῳ εἶναι χρή. εἰ δὲ μὴ κινεῖται τὰ μέρη κατὰ τόπον, κατὰ
25 τί ἄλλο αὐτῶν ἐστιν ἡ μετάβασις; εἰ δὲ κινεῖται κατὰ τόπον καὶ ἔστιν ἐν
τόπῳ ἢ ἐν σώματι ἢ ἐν διαστήματι, ἢ ὡς ἐν οἰκείῳ τόπῳ ἔσται ἢ ὡς 20
ἐν ἀλλοτρίῳ. ἀλλ' εἰ μὲν ὡς ἐν οἰκείῳ, μενεῖ ἕκαστον ἐν αὐτῷ καὶ οὐ
κινήσεται· τὰ γὰρ ἐν τοῖς οἰκείοις ὄντα τόποις τί δεῖται κινεῖσθαι μέλλοντα
παρὰ φύσιν διατίθεσθαι, ἐὰν ἐκστῶσι τοῦ κατὰ φύσιν τόπου; εἰ δὲ ἐν
30 ἀλλοτρίῳ, πῶς ἔσται τι σῶμα ἀλλότριον μόνον ἔχον τόπον, οἰκεῖον δὲ
μηδαμῶς; εἰ δέ τις λέγοι, ὅτι ὅλον εἰ τύχοι τὸ κατὰ τὸν ζῳδιακὸν διά-
στημα ἢ τὸ τοπικὸν σῶμα ἑκάστῳ ζῳδίῳ ἐστὶν οἰκεῖον καὶ διὰ τοῦτο ἐν
ὅλῳ ὁμοίως ἐστὶν ἕκαστον καὶ κινεῖται, πρῶτον μὲν καὶ μένειν ὁμοίως 25
ἐχρῆν ἐν ὅλῳ, ὅπερ ἀδύνατον, ἔπειτα ποῦ τὸ ἀξίωμα τὸ λέγον ἴσον ὀφεί-
35 λειν εἶναι τῷ ἐν τόπῳ τὸν τόπον; τὰ δὲ αὐτὰ ἄν τις ἀπορήσοι καὶ περὶ
τῶν μερῶν τῶν ἐν τοῖς τέτρασι στοιχείοις.

Ἐπειδὴ δὲ πρὸς ταῖς εἰρημέναις περὶ τόπου ὑποθέσεσιν ἄλλην τινὰ
διήρθρωσε Δαμάσκιος ὁ ἐκ Δαμασκοῦ φιλόσοφος ἀνὴρ ζητητικώτατος καὶ

---

1 τούτων] τῶν F   τῶν om. F   2 post ἔχειν delevit λέγομεν πρὸς τὰ ἐν τόπῳ E
6 lege ⟨τοῦ⟩ τοῦ περιέχοντος πέρατος cf. v. 17   τοῦ (post δὲ) EF: τῆς probabi-
liter a   8 ἥδε δὲ] ἡ δὲ E   22 τὰ (post οὐρανοῦ) om. E   26 ἢ ἐν σώματι
om. F   27 μενεῖ a: μένει EF   αὑτῷ] ἑαυτῷ F: αὐτῷ aE   30 ἔχον μόνον
aF   οἰκεῖον] ἀλλότριον F   31 μηδαμῶς E: οὐδαμῶς aF   λέγει F
35 εἶναι ὀφείλειν a   ἀπορήσει E   38 ἐκ δαμασμοῦ a

πολλοὺς πόνους εἰσαγαγὼν φιλοσοφίας, φέρε καὶ ἐκείνην ἐκθώμεθα μακρο- 146ʳ
τέρων ἐξ ἀνάγκης δεόμενοι λόγων διὰ τὸ καινοπρεπὲς τῆς ὑποθέσεως ἐκ τῆς 30
χρείας τοῦ τόπου βουλομένης αὐτοῦ τὴν οὐσίαν εὑρεῖν. λέγει δὲ ὧδε·
"τὰ ἐν γενέσει πάντα τῆς ἀμερίστου καὶ ἀδιαστάτου φύσεως ἐκπεσόντα
5 κατά τε οὐσίαν καὶ κατ' ἐνέργειαν, διττὴν ἔσχε τὴν διάστασιν τὴν μὲν
κατ' οὐσίαν τὴν δὲ κατ' ἐνέργειαν ἢ πάθος, καὶ τὴν κατ' ἐνέογειαν διττήν,
τὴν μὲν τῇ οὐσίᾳ σύμφυτον, καθ' ἣν ἐν συνεχεῖ ῥοῇ ἐστιν ἡ οὐσία, τὴν
δὲ ἀπὸ τῆς οὐσίας προϊοῦσαν, καθ' ἣν ἄλλοτε ἄλλα ἐνεργεῖ παρατεταγμένας
ἔχοντα καὶ οὐκ ἀθρόας τὰς ἐνεργείας. καὶ ἡ μὲν τῆς ἐνεργείας διάστασις 35
10 κινήσεως εὐθὺς ἐδεήθη, καὶ συνυπῆρξεν αὐτῇ κίνησις, καὶ ἐγένετο κατὰ
κίνησιν ἡ διάστασις τὴν ἐνεργητικὴν ἢ παθητικήν. ἡ δέ γε τῆς οὐσίας
διάστασις διττὴ καὶ αὐτὴ γέγονεν, ἡ μὲν εἰς πλήθους διασπασμόν, ἡ δὲ εἰς
ὄγκον ὑπελθοῦσα. ἡ δὲ κατὰ μέγεθος καὶ ὄγκον ἐν θέσει γέγονεν εὐθὺς
διὰ τὴν ἄλλου ἀλλαχοῦ τῶν μορίων διάρριψιν. διττὴ δὲ καὶ αὐτή· ἡ
15 μὲν σύμφυτος τῇ οὐσίᾳ, ὥσπερ τοῦ ἐμοῦ σώματος τὸ τὴν κεφαλὴν ἄνω
εἶναι τοὺς δὲ πόδας κάτω, ἡ δὲ ἐπείσακτος, ὡς ποτὲ μὲν ἐν τῇ οἰκίᾳ, 40
ποτὲ δὲ ἐν τῇ ἀγορᾷ τὴν θέσιν ἔχω. καὶ δῆλον ὅτι ἡ μέν ἐστι διηνεκὴς
ἡ αὐτή, ἕως ἂν ᾖ τὸ πρᾶγμα, ἡ δὲ ἄλλοτε ἄλλη γίνεται. κεῖσθαι δὲ λέ-
γομεν ἐκεῖνα κυρίως, ὧν τὰ μόρια παρατέταται καὶ διέστηκεν ἀπ' ἀλλήλων.
20 διὸ καὶ τῶν μεγεθῶν καὶ τῶν ἐν αὐτοῖς περάτων ἡ θέσις εἶναι κυρίως
δοκεῖ, ὅτι διέστηκε ταῦτα κατὰ συνέχειαν. οἱ δέ γε ἀριθμοὶ καίτοι διακρι-
θέντες ὅμως οὐ δοκοῦσι θέσιν ἔχειν διὰ τὸ μὴ διεστάναι καὶ παρατετάσθαι,
πλὴν εἴ που καὶ οὗτοι μέγεθος προσλάβωσι καὶ διάστασιν. τὰ γὰρ δια- 45
στήματα πάντα τὴν ἡνωμένην συναίρεσιν ἀπολέσαντα τὸ ἓν αὐτοῖς εἶναι
25 εἰς τὸ ἐν ἄλλῳ γίνεσθαι μετέβαλεν, ἐν ᾧ καὶ κεῖσθαι λέγεται, οἷον παρε-
θέντα καὶ τὸ αὐτοκρατὲς ἀπολέσαντα· ὥσπερ καὶ ἐν ταῖς ἐνεργείαις ἀφ'
ἑαυτῶν ἐκστάντα κινεῖσθαι λέγεται καὶ μεταβάλλειν. τούτων οὖν τῶν δια-
στάσεων, ἵνα ⟨μὴ⟩ παντελῶς εἰς τὸ ἀόριστον ὑπενεχθῶσι, μέτρα συναγωγὰ
ὑπέστη τῆς μὲν κατὰ τὴν ἐν κινήσει ἐνέργειαν ὁ χρόνος, τῶν δὲ κατὰ τὴν 50
30 οὐσίαν τῆς μὲν κατὰ διάκρισιν τὸ ὡρισμένον πλῆθος ὅπερ ἐστὶν ὁ ἀρι-
θμός, τῆς δὲ κατὰ συνέχειαν τὸ ὡρισμένον μέγεθος οἷον πηχυαῖον ἤ τι
τοιοῦτον, τῆς δὲ κατὰ τὴν τῆς θέσεως διάρριψιν ὁ τόπος. διὸ ἐν χρόνῳ
μὲν λέγεται κινεῖσθαι τὰ κινούμενα, ἐν τόπῳ δὲ τὴν θέσιν τῆς οὐσίας ἔχειν
καὶ αὐτῆς τῆς κινήσεως, καθόσον καὶ αὐτὴ τοῦ κινεῖσθαι μετέσχε". καὶ
35 ὅτι μὲν περὶ θέσιν ἔχει καὶ τῶν κειμένων τί ἐστιν ὁ τόπος, πρόδηλον.

---

1 εἰσαγαγών (εἰσάγων F) πόνους aF   2 δεομένην a   ἐκ] καὶ E   5 post τε
add. τὴν aF   6 post διττὴν v litteras erasas habet F   7 συνεχεῖ a: συνοχῇ
EF   8 παρατεταγμένας libri: suspicor παρατεταμένας cf. v. 19 et 22   10 αὐτῇ —
ἐνέργειαν ὁ (29) om. F   12 αὐτὴ a   21 διέστηχε a: διέστη E   24 ἡνωμένην
E: γινομένην a   25 ἐν ἄλλο E   post οἷον add. τὸ a   28 μὴ a: om. E
29 τῆς E: τοῖς a   30 τῆς μὲν EF: τοῖς μὲν a   31 τῆς δὲ hic et paulo post
EF: τοῖς δὲ a   ἤ τι ἤτοι E   32 τῆς θέσεως om. F   34 κινεῖσθαι F:
κεῖσθαι aE   35 ἔχει aF: om. E   36 καὶ τὸ κάτω a

ταῦτα γὰρ ἐν τόπῳ | λέγομεν, ὅσα καὶ θέσιν ἔχειν φαμέν, καὶ τὸ ἄνω καὶ 146ᵛ
κάτω τόπου διαφοραί εἰσι κατὰ τὴν θέσιν θεωρούμεναι ὥσπερ καὶ τὰ δεξιὰ
καὶ ἀριστερὰ καὶ ἔμπροσθεν καὶ ὄπισθεν. ὅτι δὲ ἀφοριστικὸς καὶ μετρη-
τικὸς καὶ τακτικὸς τῆς θέσεώς ἐστιν ὁ τόπος, ἐντεῦθεν ἂν μάθης· κεῖσθαι
5 μὲν ἕκαστόν φαμεν κἂν ὁπωσοῦν ἀτάκτως κέηται, τὸν δὲ εὐθετισμὸν τὸν
οἰκεῖον ἕκαστον τότε λέγεται ἔχειν, ὅταν τὸν οἰκεῖον ἀπολάβῃ τόπον, ὥσπερ 5
γίνεται μὲν ἕκαστον ὁτεοῦν εἰς τὸ εἶναι παρελθόν, τὸ δὲ εὔκαιρον ἔχει τὸ
οἰκεῖον, ὅταν ἐν τῷ δέοντι γένηται χρόνῳ. διὰ τὸν τόπον οὖν τῶν μορίων
ἕκαστον εὐθετίζοντα ἡ μὲν κεφαλὴ τοῦ ἐμοῦ σώματος γέγονεν ἄνω, οἱ δὲ
10 πόδες κάτω· καὶ τὸ μὲν ἧπαρ ἐν τοῖς δεξιοῖς, ἡ δὲ καρδία ἐν τῷ μέσῳ.
καὶ οἱ μὲν ὀφθαλμοὶ δι' ὧν ὁρῶντες πρόιμεν ἔμπροσθεν, τὸ δὲ μετάφρενον
ᾧ ἀχθοφοροῦμεν ὄπισθεν. καὶ εἰσὶν αὗται διὰ τὸν τόπον αἱ διαφοραί,
ὥσπερ διὰ τὸν χρόνον ἄλλο τι πρὸ ἄλλου δημιουργεῖται τῶν τοῦ ἐμβρύου 10
μερῶν, καὶ ἄλλη πρὸ ἄλλης ἡλικία πρόεισι τεταγμένη. καὶ οὐκ ἐπισυγχεῖ-
15 ται τὰ Τρωϊκὰ τοῖς Πελοποννησιακοῖς· τὸ γὰρ πρότερον καὶ ὕστερον χρό-
νου διαφοραί εἰσιν, ὡς τὸ ἄνω καὶ κάτω καὶ αἱ λοιπαὶ τέτταρες διαστάσεις
τοῦ τόπου, καθάπερ καὶ Ἀριστοτέλης ὁμολογεῖ· καὶ τοῦ κόσμου ἄρα τὰ
μόρια διὰ τὸν τόπον ἔχει τὸν οἰκεῖον εὐθετισμὸν ἐν τῷ ὅλῳ. καὶ ἔστιν
ὡς τύπῳ φάναι ὁ τόπος κατὰ ταύτην τὴν ἐπιβολὴν ὁ μὲν ἁπλῶς οὕτως
20 λεγόμενος ἀφορισμὸς τῆς τῶν σωμάτων θέσεως, ὡς δὲ τὸν κατὰ φύσιν 15
εἰπεῖν ἀφορισμὸς τῆς κατὰ φύσιν ἐπιβαλλούσης τοῖς σωματικοῖς μορίοις
θέσεως πρός τε ἄλληλα καὶ πρὸς τὸ ὅλον καὶ τοῦ ὅλου πρὸς τὰ μόρια.
ὡς γὰρ τῆς γῆς καὶ τοῦ οὐρανοῦ τὰ μόρια ἄλλα ἀλλαχοῦ τέτακται διὰ
τὸν τόπον, καὶ τὰ μέν ἐστιν εἰ τύχοι βόρεια, τὰ δὲ νότια, οὕτω καὶ ὁ
25 ὅλος οὐρανὸς καὶ ἡ ὅλη γῆ μέρη ὄντα τοῦ κόσμου τὴν ἐπιβάλλουσαν αὐ-
τοῖς τῆς θέσεως εὐμετρίαν καὶ διακόσμησιν ἔχουσι διὰ τὸν τόπον, ὁ μὲν
τὸ πέριξ τοῦ παντός, ἡ δὲ τὸ μέσον ἐπέχουσα. καὶ οὗτός ἐστιν ὁ τὴν 20
σύμπτωσιν τουτέστι συντόπωσιν τοῖς μορίοις παρεχόμενος. εἰ δὲ καὶ ἀπὸ
τοῦ τοπάζειν εἴρηται τόπος ἐκ τοῦ τετόπακα παρακειμένου τόπος γινόμενος
30 ὡς εἰκασία τις ὢν τοῦ νοεροῦ ἀφορισμοῦ, καὶ οὕτω σύμφωνος ὁ λόγος·
ταῖς γὰρ εἰκόσιν οὗτος παρέχεται τὴν σύστασιν καὶ τὴν πρὸς τὰ παρα-
δείγματα ὁμοιότητα. μὴ γὰρ κειμένου κατὰ τὸν οἰκεῖον τόπον ἑκάστου
τῶν ἅπαξ διαστατῶν μερῶν οὐκ ἄν ποτε ἡ εἰκὼν ὁμοιωθείη τῷ παρα-
δείγματι, πᾶσα δὲ τάξις οἰχήσεται καὶ εὐμετρία καὶ διακόσμησις. καὶ 25
35 εἴπερ ἀνέλοις τὸν τόπον, ὄψει τὴν τῶν σωμάτων διάθεσιν ἀλλόκοτόν τε
καὶ ἄτακτον καὶ εἰς παντελῆ φερομένην ἀοριστίαν. ἐν ποίᾳ γὰρ ἕκαστον
τῶν μορίων θέσει στήσεται πρὸς μηδεμίαν ἔχον οἰκείως; διὰ τοῦτον οὖν

---

1 καὶ τὸ κάτω a   4 μάθης libri: immo μάθοις   5 κἂν] καὶ F   6 ἀπολάβοι F
7 ὁτεοῦν EF: ὁτιοῦν a   14 πρόεισι] εἰσι F   15 τὰ initio paginae iteravit E
καὶ τὸ ὕστερον aF   19 ὡς] ἐν a   20 τὸν κατὰ aF: τῶν κατὰ E   24. 25 ὅλος
ὁ posuit F   25 ἡ ὅλη E: ὅλη F: ὅλη ἡ a   28 σύμπτωσιν aF: συντύπωσιν E
τουτέστιν συντόπωσιν E: om. aF   ἀπὸ E: ἐκ aF   33 διαστατῶν aF cf. p. 627,10:
διαστάντων E   35 ἀνέλοις] ἐν ἄλλοις E   37 τοῦτον aF: τοῦτο E

καὶ τὰ κινούμενα φυσικῶς κινεῖται, ἵνα τῆς οἰκείας θέσεως τὸ ἐπιβάλλον 146ᵛ
ἀπολάβῃ, καὶ τὰ ἱστάμενα ἕστηκεν ἐν τῷ προσήκοντι μέτρῳ τῆς θέσεως
φιλοχωροῦντα. ὥστε τίνος μὲν αἴτιός ἐστιν ὁ τόπος τοῖς σώμασι καὶ τοῖς
σωματικοῖς πᾶσι καὶ τί ποτέ ἐστιν αὐτός, τάχα ἄν τις ἐκ τῶν εἰρημένων 30
5 ἐννοήσειεν.
    Ἀκόλουθον δ' ἂν εἴη τὸν τοιοῦτον τόπον μήτε τὸ πέρας εἶναι τοῦ
περιέχοντος. πῶς γὰρ τοῦτο τάξεώς ἐστιν αἴτιον ἢ ἀφορισμοῦ αὐτὸ μᾶλλον
ὑπὸ τῶν ἐν αὐτῷ γινομένων καὶ περιεχομένων ὑπ' αὐτοῦ ὁριζόμενον; ἀλλὰ
μὴν οὐδὲ σῶμα ἂν εἴη. κἂν γὰρ ἄϋλόν τις αὐτὸν λέγῃ σῶμα καὶ τοῦτο
10 πάντως διαστατὰ μέρη ἔχον καὶ διαφορὰς μερῶν, καὶ αὐτὸ δεήσεται τοῦ
τάττοντος αὐτὸ καὶ τὸ μὲν ἐν μέσῳ τὸ δὲ ἐν τῷ πέριξ κεῖσθαι ποιοῦντος.
οὐδὲ διάστημα δὲ τὸ τοιοῦτον εἶναι δυνατόν· καὶ γὰρ καὶ τὸ διάστημα διὰ 35
τὰς αὐτὰς αἰτίας ἅτε διαφορὰς ἔχον καὶ ἄλλο ἀλλαχοῦ διερριμένον κατὰ
τὰ μόρια εὐθετισμοῦ καὶ αὐτὸ δεῖταί τινος. ἔοικεν οὖν ὁ τόπος μέτρον
15 εἶναι τῆς τῶν κειμένων θέσεως, ὥσπερ ὁ χρόνος ἀριθμὸς λέγεται τῆς τῶν
κινουμένων κινήσεως. ἐπεὶ δὲ ἡ θέσις διττή, ἡ μὲν οὐσιώδης ἡ δὲ ἐπείσακτος, καὶ ὁ τόπος ἂν εἴη διττός, ὁ μὲν στοιχεῖον τελειωτικὸν τοῦ θέσιν
ἔχοντος γινόμενος, ὁ δὲ κατὰ συμβεβηκὸς ὑπάρχων. ἔστι δέ τις καὶ τῆς 40
οὐσιώδους θέσεως διαφορά, καθόσον ἢ ὡς αὐτὰ ὅλα τὴν οἰκείαν ἔχει θέσιν
20 τῶν οἰκείων μερῶν πρός τε ἄλληλα καὶ πρὸς τὸ ὅλον ἢ ὡς μέρη τὴν
πρὸς τὸ ὅλον τε καὶ τὰ λοιπὰ μέρη. καὶ ταύτῃ διττὸς ὁ τόπος γίνεται,
ὁ μὲν ἰδίᾳ ἑκάστοις ἐπιβάλλων, ὁ δὲ κατὰ τὴν ἐν τῷ ὅλῳ θέσιν ἀφοριζόμενος. ὥσπερ γὰρ τὸ ὅλον διττόν, τὸ μὲν ἑκάστῳ τῶν μερῶν ἐπιβάλλον
κατὰ τὴν ἀφωρισμένην αὐτοῦ καὶ διακεχριμένην ὑπόστασιν (καθὸ καὶ τὴν
25 γῆν ὅλον τι εἶναί φαμεν, καὶ οὐ τὴν γῆν μόνον, ἀλλὰ καὶ ζῷον καὶ φυτὸν 45
καὶ τῶν ἐν τούτοις μορίων ἕκαστον), τὸ δὲ καὶ περιεκτικώτερον, ὡς τὸν
κόσμον ὅλον καὶ τὴν γῆν ὅλην καὶ τὸν ἀέρα ὅλον λέγομεν, καὶ ἔστιν ἑκάστης ὁλότητος οἰκεῖα μέρη, οὕτως οὖν καὶ τόπον ἄλλον μὲν τὸν τῶν οἰκείων
ἑκάστου μορίων εὐθετισμὸν φαμεν οἷον τῶν ἐμῶν ἐν τῷ ἐμῷ ὅλῳ σώματι,
30 ἄλλον δὲ τὸν καὶ τοῦ ὅλου τούτου ὡς μέρους ἐν τόπῳ τῆς περιεκτικωτέρας
ὁλότητος, καθὸ τόπος τῶν χερσαίων ἐστὶν ὁ τῆς γῆς τόπος, καὶ καθὸ ἡ
γῆ τὸ μέσον ἐπέχει τοῦ παντός. κἂν γὰρ ἐκστήσῃ τις τὴν γῆν τῆς περὶ 50
τὸ μέσον τοῦ παντὸς θέσεως, τῶν μὲν οἰκείων μερῶν τὸν εὐθετισμὸν ἐν
τῷ οἰκείῳ ὅλῳ καθέξει, τὴν δὲ ὡς μέρος τοῦ παντὸς οὐκ ἔχει τότε. διὸ
35 καὶ αὐτὴ ὅλη ἀφεθεῖσα ἂν ἐπὶ τὸ μέσον οἰσθείη, καίτοι τῶν ἐν αὐτῇ μερῶν φυλαττόντων τὴν πρὸς ἄλληλα διατύπωσιν, καὶ ὅταν αὕτη ἔξω τοῦ

---

4 τις post εἰρημένων transposuerunt aF   6 immo μηδὲ   8 ὑπ' αὐτοῦ περιεχομένων
aF   10 διαστατὰ aF: διϊστᾶ τὰ E   14 καὶ αὐτὸ initio folii iteravit E   ἔοικεν
οὖν E: ἔοικε μὲν οὖν aF   17 τελικὸν E   18 ὑπαρχόντων E   19 ἢ ὡς E:
πῶς F   23 post ἐπιβάλλον, quod ex ἐπιβάλλων correctum, iteravit ὁ δὲ κατὰ (22) —
διττόν (23), tum punctis delevit E   27 ὅλον (ante λέγομεν) om. aF   28 τὸν τῶν
E: τὸν τοῦ (τοῦ in τῶν corr.) F: τοῦ τῶν a   29 μορίων E: μερῶν aF   34 τῷ
οἰκείῳ ὅλῳ καθέξει E: τῷ ὅλῳ καθέξει τῷ οἰκείῳ aF   35 καὶ αὕτη EF

μέσου τυγχάνῃ. οὕτω δὲ καὶ ὁ ἐν τῷ ἀέρι μετέωρος ἄνθρωπος τῶν μὲν 146ᵛ
οἰκείων μερῶν ἕξει τὴν εὐταξίαν, τὴν δὲ ὡς μέρους πρὸς τὸ ὅλον οὐκέτι.
καὶ ἐπειδὴ μέρη μᾶλλόν ἐστιν ἕκαστα τῶν ὁλικωτέρων | ἢ αὐτὰ ὅλα, 147ʳ
(κρατεῖται γὰρ ὑπὸ τῶν κρειττόνων μᾶλλον ἢ κρατεῖ τῶν καταδεεστέρων,
5 τοῦτο δὲ ὅτι ἐν μείζονι λόγῳ ἐστὶν ἀεὶ τὰ πρῶτα πρὸς τὰ δεύτερα ἤπερ
τὰ δεύτερα πρὸς τὰ τρίτα), δικαίως κἂν τὸν οἰκεῖον εὐθετισμὸν ἔχῃ ἡ βῶλος
ἡ ἐν ἀέρι, ἀλλὰ τοῦ γε ὁλικωτέρου ἐφιεμένη φέρεται. νεκρὸν γάρ ἐστι
πανταχοῦ καὶ ἀπεψυγμένον τὸ ἴδιον, ὅταν ἀποσπασθῇ τοῦ κοινοῦ καὶ στε-
ρηθῇ τῆς ἀπ' αὐτοῦ καθηκούσης εἰς αὐτὰ συνοχῆς, ὥσπερ τὰ φυτά, κἂν 5
10 πρόρριζά τις ἀνασπάσῃ καὶ πᾶσι τοῖς ἑαυτῶν συμπεπληρωμένα μορίοις,
ἀλλ' αὐαίνεταί γε παραχρῆμα τῆς κοινῆς ὁλότητος ἀποσπασθέντα. ζῇ γὰρ
πάντα διὰ τὸ ἓν ζῷον τὸ κοσμικόν. ὥστε ἕως ἂν διὰ τῶν προσεχῶν ὁλο-
τήτων ἕκαστον ἐνερρίζωται τῷ κόσμῳ, ἕως τότε καὶ ζῇ καὶ σῴζεται, ἐὰν
δὲ ἀποσπασθῇ τῆς προσεχοῦς ὁλότητος, ἀποσπᾶται καὶ τῆς κοινῆς. οὕτως
15 οὖν καὶ αἱ κατὰ φύσιν φοραὶ τῶν σωμάτων καὶ ἐν τοῖς οἰκείοις τόποις 10
μοναὶ σωθήσονται τῷ τοιοῦτον ὑποτιθεμένῳ τὸν τόπον. καὶ ἡ κατὰ τόπον
κίνησις τῶν κινουμένων οὐδὲν ἄλλο ἐστὶν ἢ θέσεων ἄλλοτε ἄλλων μετά-
ληψις, ἕως ἂν τὴν προσήκουσαν ἀπολάβῃ τὸ κινούμενον τοῦ μεταξὺ ἀέρος
ἢ τοῦ ὕδατος διαιρουμένου, καὶ ἣν ἔχει τότε θέσιν ἀπολαβόντος, ἕως ἂν
20 τὸ ἰσχυρότερον παρέλθῃ. καὶ ἔστι τῶν τοῦ ἀέρος μορίων θέσις, ἣν ἡ βῶλος
ἢ ἐγὼ μεταλαμβάνω κινούμενος. καὶ οὗτός ἐστιν ὁ ἐν πλάτει τόπος ὃν
διαμείβω, οὐκ ἐμὸς ἴδιος ὢν ἀφορισμός, ἀλλὰ τοῦ περιέχοντος ἀέρος, οὗ 15
καὶ ἐγὼ πέφυκα γίνεσθαι ἄλλοτε ἐν ἄλλῳ μέρει. διὸ καὶ ἀπόρου ὄντος
πῶς τὰ κινούμενα ἐν τόπῳ κινεῖται, εἴπερ τὰ ἐν τόπῳ ἠρεμεῖν μᾶλλον ἢ
25 κινεῖσθαι λέγοιτο ἂν δικαίως, ἴδωμεν ὅπως καὶ τὴν ἀπορίαν τίθησιν ὁ φιλό-
σοφος Συριανὸς καὶ τὴν λύσιν ἐπάγει γράφων οὕτως· "καὶ πῶς, φαίη ἄν
τις, τὰ κινούμενα ἐν τόπῳ κινεῖται; μᾶλλον γὰρ πόθεν ποῖ τὰ κινούμενα·
ὅλως γὰρ τὰ ἐν τόπῳ δοκεῖ ἠρεμεῖν. ἢ τὰ κινούμενα καὶ ἐν τόπῳ καὶ
οὐκ ἐν τόπῳ. ἐν μὲν γὰρ τῷ πρώτῳ καὶ ὥσπερ ἰδίῳ τόπῳ ἑαυτῶν οὐκ 20
30 ἔστιν (ἢ γὰρ ἂν ἠρέμει), ἐν δὲ τῷ ἐν πλάτει θεωρουμένῳ ἔστιν, ὡς λέ-
γομεν καὶ τὸν ἥλιον ἐν λέοντι εἶναι, ὅτι δὴ τὸ πλάτος τοῦ λέοντος αὐτὸν
περιέχει, καὶ τὸν πετόμενον ἀετὸν ἐν ἀέρι καὶ τὴν οὐριοδρομοῦσαν ναῦν
ἐν θαλάττῃ· πάντα γὰρ ταῦτα τὸν μὲν ἐν πλάτει τόπον ἔχει, τὸν δὲ πρῶ-
τον καὶ ἴδιον ἔστ' ἂν κινῆται οὐκ ἔχει." καί μοι δοκοῦσι πρὸς τοῦτον
35 μάλιστα τὸν ἔξωθεν τόπον ἀπιδεῖν οἱ πλεῖστοι τῶν περὶ τόπου λεγόντων.

---

3 ἕκαστα om. aF   6 ἔχοι E   9 εἰς ταῦτα F   .11 ἀλλ' αὐαίνεταί γε aF:
ἀλλανένεγε ex ἀλλανένεταί corr. E   12 πάντα aF: πάντῃ ut videtur E   13 ἐνερ-
γίζωται in lit. E   15 ante ἐν add. αἱ a   17 κίνησις om. E
20 προέλθῃ a   21 οὗτος a et F¹ (sed in οὕτως corr.): οὕτως E   22 διαμείβον
(comp.) E   ἀφορισμός EF: ἀφωρισμένος a   24 πῶς aF: πῇ E   ἠρεμεῖ E
26 λύσιν] λόγου sic E   27 πόθεν ποι τὸ κινούμενον F   28 καὶ (ante οὐκ)
om. F   29 ἑαυτῷ E   30 γὰρ ἠρέμοι ex ἠρέμει (om. ἂν) E   31 ἐν (post
ἥλιον) om. E   δὴ om. a   34 κινεῖται E

τίς γὰρ τῆς γῆς τόπος, ἐρωτηθέντες τὸ μέσον τοῦ παντὸς λέγουσιν, ὥσπερ
τόπος τοῦ παντός ἐστιν ἴδιος καὶ τῆς γῆς ὡς ἐν τῷ παντί· καὶ τίς τοῦ
οὐρανοῦ, τὸ πέριξ. τὸν δὲ αὐτῆς τῆς γῆς τόπον τὸν εὐθετίζοντα αὐτῆς τὰ
μόρια καὶ τοῦ οὐρανοῦ τὸν τοιοῦτον οὐ προλογίζονται, ὁμοίως δὲ καὶ τῶν
5 κατὰ μέρος ζῴων τε καὶ φυτῶν. καὶ διὰ τοῦτο πάντες, ὡς ἔοικε, χωριστὸν
εἶναι τὸν τόπον τοῦ ἐν τόπῳ ἀπεφήναντο. τῷ γὰρ ὄντι τὸ ἀπὸ τοῦ ὁλι-
κωτέρου τόπου ἐπιβάλλον ἑκάστῳ χωριστόν ἐστιν αὐτοῦ τοῦ ἐν τόπῳ καὶ
οὐκ ἔστιν αὐτοῦ προηγουμένως τόπος. καὶ ἀκίνητον δὲ τὸν τόπον ἀξιοῦσιν
εἶναι πρὸς τὸν κοινὸν τοῦτον καὶ ἐν πλάτει τόπον ἀποβλέψαντες. καὶ γὰρ
10 ὁ μὲν ἴδιος ἑκάστου καὶ συνουσιωμένος συγκινεῖται πάντως. ὁ δὲ κοινὸς
ἐν πλάτει θεωρούμενος μένει τοῦ ὁλικωτέρου ὢν καὶ περιεκτικωτέρου σώ-
ματος ἴδιος.

Ἀλλ' ἴδωμεν, εἰ δοκεῖ καὶ τὰ τούτῳ προσιστάμενα τῷ λόγῳ. καὶ
πρῶτόν γε ὅτι μὴ ἔστι τὸ εἶδος ὁ τόπος ἀποδείξαντες νῦν τὸν εὐθετισμὸν
15 τῶν μορίων εἶναι λέγομεν τὸν τόπον, καίτοι ἑκάστου εἴδους οἰκείαν τάξιν
τῶν μορίων ἔχοντος, καθ' ἣν καὶ ἔστιν ἕκαστον, οἷόν ἐστιν ὁ μὲν ἄνθρω-
πος ὄρθιος, τὰ δὲ ἄλογα τῶν ζῴων εἰς γῆν κύπτοντα, καὶ τὰ μὲν τοιῶσδε,
τὰ δὲ τοιῶσδε διεσκευασμένα τοῖς μορίοις. πῶς οὖν ἡμεῖς οὐ τὸ κατὰ
τὴν μορφὴν εἶδος αἴτιον τούτου φαμέν, ἀλλὰ τὸν τόπον; δεύτερον εἰ τοῦ
20 εὐθετισμοῦ τῶν μερῶν αἴτιον εἶναι λέγομεν, ὃ μὴ ἔστι μέρος, τοῦτο οὐδ'
ἂν ἐν τόπῳ εἶναι λέγοιτο. πῶς οὖν οὐχὶ καὶ οὗτος ὁ λόγος τὰ αὐτὰ δοκεῖ
πάσχειν τῷ τοῦ Ἀριστοτέλους τὸν ὅλον κόσμον οὐ συγχωρῶν εἶναι ἐν τόπῳ,
εἴπερ μηδενός ἐστι μέρος μηδὲ διέρριπται πρὸς ἄλλο τι μέρος ἀντιτε-
ταγμένον αὐτῷ; τρίτον δὲ τὰ τοῦ οὐρανοῦ μέρη κινούμενα πότερον κατὰ
25 τόπον ἐροῦμεν κινεῖσθαι ἢ οὔ; εἰ γὰρ μή, πῶς οὐ ταῖς αὐταῖς ἐναντιο-
λογίαις αἷς καὶ ὁ Ἀριστοτέλης ἐνσχεθησόμεθα; εἰ δὲ κατὰ τόπον κινεῖται,
τίς οὗτος ὁ τόπος; δεῖ μὲν γὰρ τὸ κατὰ τόπον κινούμενον ἄλλον μὲν
ἀπολείπειν ἄλλον δὲ ἐπιλαμβάνειν τόπον. οὔτε δὲ ὁ τῶν μορίων τόπος,
καθ' ὃν συντετάχθαι τὰ μόρια ἀλλήλοις φαμέν, τοιοῦτός ἐστι (μένει γὰρ
30 οὗτος ὁ αὐτὸς ἀεί) οὔτε ὁ πρὸς τὰ ἄλλα μόρια συντάττων κατ' οὐσίαν
αὐτά, καθ' ὃν μετὰ τὸν κριὸν ὁ ταῦρος τέτακται καὶ μετὰ τοῦτον οἱ δίδυ-
μοι καὶ ἑξῆς· αὗται γὰρ αἱ θέσεις αἱ αὐταὶ μένουσιν ἀεί. οὔτε μέντοι
περιεκτικώτερόν τινα καὶ ἀκίνητον τόπον ἡ νῦν ἀποδοθεῖσα ἔννοια τοῦ τό-
που προσλογίζεται, καθ' ὃν μεταβάλλοντα τὰ μέρη κινεῖσθαι λέγεται κατὰ
35 τόπον. πῶς δὲ ἄλλης καὶ ἄλλης γινομένης τῆς τοῦ παντὸς θέσεως κατὰ
τὴν τῶν μερῶν ἀντιμετάστασιν οὐκ ἔσται καὶ ὁ τοῦ παντὸς τόπος μετα-
βάλλων, καὶ ὅσαι θέσεις, τοσοῦτοι καὶ τόποι; τέταρτον πῶς ἔτι κρείττων
ὁ τόπος ἔσται τοῦ ἐν τόπῳ στοιχεῖόν τι ὑπάρχων αὐτοῦ; τὸ γὰρ στοιχεῖον

---

4 conicio προσλογίζονται ut v. 34   6 τὸ om. F   7 τοῦ ἐν τόπῳ καὶ οὐκ ἔστιν αὐτοῦ
om. F   10 post συνουσιωμένος add. καὶ a   11 ante σώματος add. ὡς a
13 προιστάμενα E   17 εἰς τὴν γῆν a   18 τὸ (post οὐ) om. E   27 δεῖ — κινού-
μενον] δι' ceteris omissis F   ἄλλο μὲν E   33 ἀποδόθην sic E   34 προσλογίζεται
aF: προσσυλλογίζεται E   36 καὶ (ante ὁ) om. a   38 ὑπάρχων F: ὑπάρχον aE

τοῦ στοιχειωτοῦ καταδεέστερον, ὥσπερ τὸ μέρος τοῦ ὅλου. πέμπτον ἢ δια- 147ʳ
στατός ἐστιν ἢ ἀδιάστατος ὁ τόπος. ἀλλ' εἰ μὲν διαστατός, πῶς οὐχὶ καὶ
αὐτὸς δεήσεται τόπου κατὰ τὰ εἰρημένα; εἰ δὲ ἀδιάστατος, πῶς ἴσος ἢ
πῶς περιεκτικὸς ἢ πῶς χωρητικὸς τῶν ἐν τόπῳ; τὸ γὰρ τῷ διαστατῷ
5 ἴσον διεστάναι χρὴ καὶ τὸ τοῦ ὠγκωμένου | περιεκτικὸν ἢ χωρητικὸν 147ᵛ
ὠγκῶσθαι. ἕκτον πῶς οὐκ ἀχώριστον τοῦ ἐν τόπῳ τὸν τόπον δόξομεν
ἡμεῖς λέγειν, πάντων σχεδὸν ἀξιούντων χωριστὴν αὐτὸν ἔχειν τοῦ ἐν τόπῳ
φύσιν; ἕβδομον πῶς ἀκίνητος ἔσται στοιχεῖόν γε ὢν τοῦ κινουμένου; συγκι-
νηθήσεται γὰρ ἐκείνῳ. ὄγδοον εἰ στοιχεῖον τοῦ ἐν τόπῳ τὸν τόπον εἶναι
10 λέγομεν, πῶς οὐχὶ τὸν τόπον ἐν τῷ σώματι μᾶλλόν φαμεν εἶναι, ἀλλὰ τὸ
σῶμα ἐν τῷ τόπῳ; τὸ γὰρ στοιχεῖον ἐν τῷ στοιχειωτῷ ἐστιν, ἀλλ' οὐκ 5
ἀνάπαλιν. ἔνατον εἰ μέτρον θέσεώς ἐστιν ὁ τόπος, πῶς ἀληθὲς ἔτι τὸ
παρὰ τῶν πλειόνων φιλοσόφων ἀξιούμενον, ὅτι τὰ ἀίδια τῶν θεῶν σύμβολα
ἐν τῷ κόσμῳ μένει διὰ τὸ ἐν ἀιδίῳ τῷ τόπῳ διαγεγράφθαι καὶ διὰ τού-
15 του τοῦ μέσου καὶ τὰ ἐν τόπῳ σώματα τῶν θείων ἐλλάμψεων ἀπολαύει;
δέκατον ἐπὶ πᾶσιν εἰ ἀπὸ τῆς ἀντιμεταστάσεως τῶν σωμάτων ἤλθομεν εἰς
ἔννοιαν τοῦ τόπου, διότι ἔνθα πρότερον ἦν ὕδωρ ἐκεῖ γέγονεν ἀήρ, πῶς 10
ἑκάστου τὸν οἰκεῖον ἔχοντος τόπον δεησόμεθα τῆς ἀντιμεταστάσεως; ταῦτα
μὲν οὖν καὶ τοιαῦτα ἄλλα λέγοι ἄν τις πρὸς τὴν περὶ τόπου νοερὰν δο-
20 κοῦσαν ταύτην ὑπόνοιαν ἐνιστάμενος.

Ῥητέον δὲ πρὸς μὲν τὸ πρῶτον, ὅτι τὸ ὅλον εἶδος πλήρωμα πάντων
ἐστὶ τῶν ἑαυτοῦ στοιχείων ἄλλο τι κατ' ἄλλο ἐκείνων ἔχον. καὶ ὥσπερ
ὅλον ἐστὶν οὐ διὰ τὸ καλὸν εἰ τύχοι τὸ ἐν αὐτῷ ἀλλὰ διὰ τὸ ὅλον, καὶ
τέλειον διὰ τὴν τελειότητα, καὶ ἄλλο τι δι' ἄλλο τῶν ἐν αὐτῷ, οὕτως καὶ
25 θέσιν ἔχει τεταγμένην καὶ εὔτυπον διὰ τὸν τόπον. μὴ τοίνυν χωρίζοντες 15
τὸ εἶδος τῆς συνουσιωμένης αὐτῷ τοπικῆς μεθέξεως ἐθελήσωμεν εὔθετον
αὐτὸ καθ' ἑαυτὸ ἰδεῖν· ὅμοιον γάρ, ὡς εἰ καὶ τὴν τελειότητα αὐτοῦ τῇ
ἐπινοίᾳ χωρίσαντες τέλειον ὅμως αὐτὸ καὶ ταύτης χωρὶς ὁρᾶν φιλονεικοῖ-
μεν. οὐδὲν οὖν ἐναντίον ὁ λόγος οὗτος λέγει τῷ μὴ εἶναι τὸ εἶδος τὸν
30 τόπον βουλομένῳ, κἂν τοῦ εἴδους τι τὸν τόπον φῇ. εἰ δὲ ὁ δεικνὺς λόγος
μὴ εἶναι τὸ εἶδος τὸν τόπον ἀξιώματι ἐχρῆτο τῷ χωριστὸν εἶναι τοῦ ἐν
τόπῳ τὸν τόπον καὶ προσλαμβάνων ἑτέραν πρότασιν τὴν λέγουσαν 'τὸ εἶδος 20
τοῦ ἐν τόπῳ οὐ χωριστόν ἐστιν αὐτοῦ' συνῆγεν, ὅτι ὁ τόπος οὐκ ἔστι τὸ
εἶδος τοῦ ἐν τόπῳ, χρὴ γινώσκειν ὅτι τὸ ἀξίωμα τοῦτο κατά τινας ἐννοίας
35 εἴληπται τοῦ τόπου, αἷς οὐ συναρμόζει ἡ ὑπὸ τοῦ ἡμετέρου Δαμασκίου

---

4 τῷ (post γὰρ) om. E 11 post ἐν τῷ τόπῳ inserebat διαγεγράφθαι καὶ δι' αὐτοῦ (14) —
ἐλλάμψεων (15) sed delevit F 12 ἔτι] ἔστι a 14 διὰ τούτου aE: δι' αὐτοῦ F
16 μεταστάσεως a 18 δεησόμεθα aF: δεηθησόμεθα E 19 τοιαῦτα aF: τὰ
αὐτὰ E ἄν τις post οὖν habent aF 22 ἄλλο τι EF: ἄλλο τε a 26 τὸ εἶδος
iteravit F 27 αὐτοῦ iteravit F 28 χωρήσαντες E 30 κἂν — φῇ (scribitur
φησί compendiose, φῇ transfixa φ littera) E: om. aF 31 τὸ (post εἶναι) om. aF
τῷ E: τὸ F: τοῦ a 31. 32 τὸν τόπον τοῦ ἐν τόπῳ aF 33 τοῦ ἐν E: τὸ ἐν aF
35 οὐ aF: om. E

ῥηθεῖσα περὶ τοῦ τόπου σημασία. καὶ μέντοι εἰ ἀπὸ τῆς κατὰ τόπον ἀντι- 147v
μεταστάσεως εἴληπται ὁ τόπος, καθ' ἣν ἔνθα πρότερον ὕδωρ ἦν εἰ τύχοι,
ἐκεῖ ἀέρα ὁρῶμεν γινόμενον, τὸν ἐν πλάτει τόπον ἀλλ' οὐχὶ τὸν οἰκεῖον
ἑκάστου τῶν μορίων οὕτως εὑρίσκομεν. ὁ μὲν γὰρ οἰκεῖος, καθ' ὃν ὁ
5 αὐτός ἐστι τοῦ αὐτοῦ σώματος λόγος, μένει ὡσαύτως, ὁ δὲ ἄλλοτε ἄλλου
τόπος γινόμενος οὐκέτι οἰκεῖός ἐστι.

Πρὸς δὲ τὸ δεύτερον τῶν ἀπορηθέντων ῥητέον, ὅτι κἂν τῶν μορίων
εὐθετισμὸν εἶναι λέγωμεν τὸν τόπον, ἀλλὰ καὶ τὸ ὅλον οὐδὲν ἧττον τετό-
πισται κατὰ τοῦτον. ὥσπερ γὰρ τὸ ἡρμοσμένον καίτοι κατὰ τὴν πρὸς
10 ἄλληλα συμμετρίαν τῶν μερῶν ἡρμοσμένον, ὅμως καὶ κατὰ τὸ ὅλον ἡρμό-
σθαι λέγομεν, οὕτω καὶ τὸ τεταγμένον καὶ εὐθετισμένον, κἂν κατὰ ⟨τὰ⟩
μόρια τοῦτο πάσχῃ, ὅτι πᾶσα τάξις ἐν διακρίσει ἐστίν, ἀλλ' αὐτό γέ ἐστι
τὸ τεταγμένον· καὶ τὸ τετοπισμένον ἄρα ὁμοίως ἕξει. καὶ γὰρ καὶ τὸ με-
μετρημένον πᾶν κατὰ τὰ μόρια μεμέτρηται· τάξιν δέ τινα καὶ μέτρον ἢ
15 ἀφορισμὸν τῆς θέσεως τὸν τόπον φαμέν. ἆρα δὲ καὶ ὅτε τὸ ὅλον ἡνω-
μένον εἶναί φαμεν, οὐ κατὰ τὴν τῶν στοιχείων ἕνωσιν τὸ ὅλον ἡνῶσθαι
λέγομεν; καίτοι γε ὡς ὅλον καὶ ἓν ἄνευ τῆς τῶν μερῶν διακρίσεως θεω-
ρούμενον οὔτε ἡρμοσμένον ἂν οὔτε ἡνωμένον λέγοιμεν, ἀλλὰ κατὰ τὰ μέρη
τὸ ὅλον. ὥστε καὶ εὔθετόν τι σῶμα καὶ εὔτοπον εἶναι λέγομεν οὐκ ἄλλο
20 ἢ τὸ τῶν μορίων ἕκαστον ἔχον ἐν τῇ προσηκούσῃ θέσει κείμενον. καὶ
ὅρα ὅτι ὥσπερ τὰ μόρια τοῦ ὅλου λέγομεν εἶναι, οὕτω καὶ τοὺς τῶν μο-
ρίων τόπους ἐν οἷς κεῖται τὰ μόρια τοῦ ὅλου φαμὲν οἷον τὸ μέσον καὶ τὸ
πέριξ· εἰκότως, ὅτι τῆς ὅλης θέσεώς ἐστι μέρη ταῦτα, ὥσπερ τῆς ὅλης
ἁρμονίας ὁ τόνος ὁ ὀξὺς καὶ ὁ βαρύς. ἔστιν οὖν κατὰ ἀλήθειαν ὁ ὅλος
25 τόπος τοῦ ὅλου κόσμου, ἀλλ' οὕτως ὡς ἐν τῇ τῶν μερῶν εὐθημοσύνῃ τὸ
κῦρος ἔχων καὶ ἐν τῇ ὅλῃ κατὰ τὰ μόρια. καὶ γὰρ καὶ αἱ τοῦ τόπου
διαφοραὶ τὸ ἄνω καὶ τὸ κάτω τοῦ ὅλου εἰσὶ καὶ πρὸς τοῦτο κρίνονται, ὡς
εἴ γε ἡ κεφαλὴ μόνη τοῦ ἐμοῦ σώματος ἐτύγχανεν οὖσα, οὐκ ἂν ἄνω
κεῖσθαι ἐλέγετο κατὰ τὸ συνουσιωμένον ἄνω. ὅλως δὲ οὐ τὰ μόρια μόνον
30 εὐάρμοστον ἔχειν τὴν θέσιν πρὸς ἄλληλά τε καὶ πρὸς τὸ ὅλον λέγομεν,
ἀλλὰ καὶ τὸ ὅλον πρὸς τὰ μόρια.

Πρὸς δὲ τὸ τρίτον ἔπεισί μοι λέγειν, ὅτι διττή τίς ἐστιν, ὡς εἴρηται
πρότερον, ἡ θέσις τοῦ τε ὅλου καὶ τῶν μορίων ἑκάστου, ἡ μὲν οὐσιώδης
καὶ ἀεὶ μόνιμος, ἡ δὲ ἐπείσακτος καὶ ἄλλοτε ἄλλη γινομένη. καὶ τῆς οὐ-
35 σιώδους ἡ μέν ἐστι τοῦ ὅλου καθ' αὑτό, ἡ δὲ τοῦ ὅλου πρὸς τὰ μέρη,
καὶ αὖ τῶν μερῶν ἡ μὲν καθ' αὑτά, ἡ δὲ πρὸς ἄλληλά τε καὶ πρὸς τὸ
ὅλον. ἡ μὲν οὖν οὐσιώδης πᾶσα διάστασις ἤτοι θέσις ὡσαύτως ἀεὶ μένει,
κἂν κινούμενα κἂν ἑστῶτα θεωρηθείη. καὶ ὁ συναγωγός τε καὶ μετρητι-

---

6 οὐκέτι iterabat, sed prius delevit F 10 τὸ (post κατὰ) om. E 11 κατὰ τὰ scripsi:
κατὰ EF: τὰ a 15 ὅτε E: ὅταν aF 16 φαμὲν EF: φῶμεν a 17 λέγομεν E:
φαμεν aF 22 ὅλου εἶναι φαμὲν a 24 ὁ τόνος ὁ ὀξὺς καὶ ὁ βαρύς F: primum ὁ
om. a, duo posteriora E 26 ἔχων E¹F¹: ἔχον aE²F² 29 οὐ aF: οὐδὲ E
33 πρότερον cf. p. 584, 3 sqq. ἡ (ante θέσις) om. aF 38 καὶ ὁ μετρητικὸς aF

κὸς αὐτῆς τόπος ⟨ὁ⟩ αὐτός ἐστιν ἀεί, ἡ δ' ἐπεισοδιώδης ἀμείβεται. καὶ 147ᵛ
γὰρ οὐ μόνον τὰ μόρια τοῦ οὐρανοῦ μεταβάλλει τὴν θέσιν, ἀλλὰ καὶ τὸ
ὅλον. ἄλλη γὰρ τοῦ ὅλου θέσις νῦν, καὶ ἄλλη μετὰ ὥραν. καὶ διὰ τοῦτο 50
κινεῖσθαι κατὰ τόπον καὶ τὰ μόρια καὶ τὸ ὅλον ἂν λέγοιτο δικαίως, ὅτι
5 μεταβάλλει τῆς θέσεως τὴν τάξιν καὶ τὸν ἀφορισμόν, ὃν ἐλέγομεν εἶναι τὸν
τόπον. καὶ ὥσπερ κατὰ χρόνον ἐκεῖνα λέγομεν κινεῖσθαι, ὅσα ἄλλον
ἀφιέντα χρόνον ἄλλον μεταλαμβάνει κἂν φθείρηται ὁ πρῶτος, οὕτω καὶ
κατὰ τόπον ἐκεῖνα λέγοιτο ἂν κινεῖσθαι τὰ τὸν πρῶτον ἀφορισμὸν τῆς θέ-
σεως ἀποβάλλοντα καὶ μεταλαμβάνοντα ἕτερον, κἂν ὁ πρότερος ἀεὶ |
10 φθείρηται. οὕτω δὲ καὶ κατὰ ποιότητα μεταβάλλειν λέγομεν τὰ πρότερον 148ʳ
μὲν ὄντα λευκά, αὖθις δὲ μελαινόμενα, οὐχ ὅτι ὑπομένει που καθ' ἑαυτὴν
ἡ λευκότης, ἣν τὸ μελαινόμενον ἀποτίθεται. καὶ κατ' οὐσίαν δὲ μετα-
βάλλει τὰ γινόμενα καὶ φθειρόμενα καὶ κατὰ ποσὸν τὰ αὐξόμενα καὶ μειού-
μενα τῆς προτέρας διαθέσεως οὐχ ὑπομενούσης. μὴ τοίνυν μηδὲ τοὺς
15 τόπους ἀναγκάζωμεν σῴζεσθαι τοὺς προτέρους ἐπὶ τῶν κατὰ τόπον μετα- 5
βαλλόντων. οὐδὲ γὰρ ἐπὶ ἡμῶν ἐν ταῖς μεταστάσεσιν οἱ τόποι σῴζονται,
ὅταν ἔνθεν ἐκεῖσε μεταβαίνω, ἀλλ' ἡ ὁλότης ἐστὶν ἡ σῳζομένη τοῦ περιέ-
χοντος καὶ ὁ ἐκείνης τόπος δυνάμενος καὶ αὖθις κατά τι μέρος συμμέτρως
ἔχειν πρὸς τὸ ἐμὸν διάστημα· ὥσπερ καὶ ἐγὼ καίτοι μεταστὰς ὅμως δυ-
20 νάμει ἔχω τὴν πρὸς τὸ μέρος ἐκεῖνο τῆς ὁλότητος καὶ τὸν ἀφορισμὸν τῆς
θέσεως αὐτῷ συμμετρίαν. διὸ καὶ αὖθις αὐτῷ δύναμαι συναρμόζεσθαι, 10
καὶ τὸν ἀφορισμὸν τῆς ἐμῆς θέσεως, τουτέστι τὸν τόπον, ἴσχειν κατ' ἐκεῖ-
νον, ὅταν ὁ τοῦ ὅλου ἀέρος τόπος κατά τι ἑαυτοῦ τὴν ἐμὴν διάστασιν με-
τρήσῃ καὶ συντάξῃ με τῇ τοῦ ἀέρος ὁλότητι. καὶ γὰρ οὐδέ, ὃ αὐτὸς ὁ
25 Ἀριστοτέλης ὡς ἀξίωμα προλαμβάνει, τὸ δεῖν ὑπολείπεσθαι τὸν τόπον. τὸ
πέρας τοῦ ἀέρος τὸ περιέχον ἐμὲ λέγει μένειν ἀναχωροῦντος ἐμοῦ· εἰ δὲ
ὅτι μένει ὁ τοῦ ὅλου τόπος ἀκίνητος, διὰ τοῦτό φαμεν τὰ μέρη τόπον ἐκ
τόπου μεταβάλλειν, τοῦτο καὶ ἐπὶ ταύτης οἶμαι σωθήσεται τῆς ὑποθέσεως· 15
ὁ γὰρ τοῦ ὅλου τῆς θέσεως οὐσιώδης ἀφορισμὸς ὁ αὐτὸς ἀεὶ μένει, κἂν
30 κινῆται τὸ πᾶν κἂν ἑστήκῃ· τοῦ δὲ μένοντος ἐκείνου τὸ πλῆθος τῶν
ἄλλοτε ἄλλων γινομένων θέσεων οἷον ἀνέλιξίς τίς ἐστι. πᾶσαν γὰρ θέσιν
τοῦ παντὸς ἡ μία ἡ οὐσιώδης περιέχει. ὁμοίως δὲ καὶ τῶν μορίων ἑκά-
στου. καὶ κατὰ τοῦτο ὁ τόπος προσέοικε τῷ χρόνῳ. ὡς γὰρ ἐκείνου ὁ
μέν τίς ἐστιν ἀίδιος καὶ ἐν ταὐτῷ μένων ὁ τῇ γενέσει τῆς οὐσίας τῶν
35 οὐρανίων συμπεφυκὼς ἀγενήτῳ πως οὔσῃ καὶ μόνην ὑπόφασιν ἐχούσῃ γε- 20

---

1 ὁ (ante αὐτός) add. a   καὶ γὰρ οὐ μόνον iteravit initio folii E   3 διὰ τοῦτο
E: διατο sic F: διὰ τὸ a   9 πρῶτος a   10 καὶ τὰ κατὰ E   11 που ὑπο-
μένει aF   13 κατὰ ποσὸν τὰ] καταπεσόντα F   αὐξανόμενα a   15 ἐπὶ
τοῦ F   17 μεταβαίνω E (cf. ἐμόν v. 19 et proxima): μεταβαίνωμεν aF   19 δυνά-
μει ὅμως aF   24 οὐδὲ] καὶ a   ὃ scripsi: ὁ F: om. aE   25 ὡς F: ὃς E:
ὅπερ ὡς a   26 ἀναχωροῦντος aF: ἀναχωροῦντα E   ἐμοῦ ex ἐμὲ correctum
videtur E   28 fortasse μεταβαίνειν   συνθήσεται a   29. 30 καὶ κινεῖται F
32 ἡ (post μία) om. aF   35 ὑπόφασιν] conicio ὑπόστασιν cf. p. 633,4

νέσεως κατά τε τὴν σωματικὴν διάστασιν καὶ τὴν ὁποιανοῦν ἀλλοίωσιν 148r
(εἴπερ ἄρα τις καὶ τοῦτον καὶ τὸν τῆς ψυχικῆς οὐσίας μετρητικὸν χρόνον
συγχωρήσοι καλεῖν, ἀλλὰ μὴ μεταξύ τι χρόνου καὶ αἰῶνος), ὁ δέ τις ἐν
τῷ γίνεσθαι καὶ φθείρεσθαι τὴν ὅλην ἔχων ὑπόστασιν οὗτος ὁ τήν τε
5 μεταβατικὴν κίνησιν τῶν οὐρανίων καὶ τὴν παντοίαν τῶν ἐν γενέσει μετα-
βολὴν μετρῶν, οὕτως καὶ τόπος ὁ μὲν τὴν οὐσιώδη διάστασιν ἤτοι θέσιν
μετρῶν ἀίδιός ἐστι καὶ μόνιμος ὥσπερ ἐκείνη, ὁ δὲ τὴν μεταβαλλομένην 25
καὶ κατ' ἐνέργειαν θεωρουμένην ἐν τῷ γίνεσθαι τὸ εἶναι ἔχει. καὶ ὥσπερ
τὰς ἀεὶ γινομένας τῆς ψυχικῆς ζωῆς κατὰ φύσιν προβολὰς ἀνέλιξίν φαμεν
10 εἶναι τῆς κατ' οὐσίαν προϋπαρχούσης καὶ συνῃρηκυίας ἐν ἑαυτῇ κατὰ τε-
ταγμένους ὅρους τὴν τῶν προβολῶν διάκρισιν, οὕτω καὶ τοῦ παντὸς ὁ κατ'
οὐσίαν τόπος συνῄρηκε πάντας τοὺς ἄλλοτε ἄλλους γινομένους καὶ ἀφ'
ἑαυτοῦ προάγει πάσης θέσεως τὴν συμμετρίαν. καὶ ἡ τοῦ κριοῦ θέσις ἡ
οὐσιώδης πάσας ὁμοίως αὐτοῦ τὰς θέσεις προείληφε καὶ ὁ τόπος τοὺς τό- 30
15 πους· οὐ γὰρ οὐσίωται κατὰ τὸ ἀνατέλλειν ἢ δύνειν ἢ ὅλως κατὰ τὴν
τοίαν ἢ τοίαν τοῦ παντὸς θέσιν ὁ κριός, ὥσπερ οὐδὲ ἡ ψυχὴ κατά τινα
ἄτομον προβολήν, ἀλλὰ κατὰ τὴν μονοειδῆ πρόληψιν πάσης τῆς ὁποιασοῦν
θέσεως. ὥστε κἂν μηδὲν ἀκίνητον προϋποτεθῇ σῶμα ἢ διάστημα ὁ τόπος,
οὐδὲν κωλύεται κατὰ τόπον τὰ οὐράνια κινεῖσθαι· καὶ γὰρ κατὰ χρόνον
20 αὐτὰ κινεῖσθαι λέγουσιν οὐ δήπου καὶ τοῦ χρόνου σφαῖράν τινα ἀκίνητον
προϋποτιθέμενοι, ἧς τὰ μόρια μεταβάλλειν φήσουσι κατὰ χρόνον κινούμενα. 35
ἀλλ' εἰ καί τινος δεῖ μένοντος, ἀρκοῦνται τῷ οὐσιώδει χρόνῳ ἢ ἐπὶ τὸν
παραδειγματικὸν ἀνατρέχουσι. μήποτε δὲ ἐκεῖνος ὁ μένειν λεγόμενος τό-
πος οὐδὲ συντελεῖ τι μέγα πρὸς τὴν κατὰ τόπον κίνησιν. φέρε γὰρ ἀφαι-
25 ρεθείσης ἐκείνης τῷ λόγῳ τῆς τοῦ διαστήματος ἢ τοῦ τοπικοῦ σώματος
σφαίρας, εἰ κινοῖτο τὸ σῶμα τοῦ οὐρανοῦ τὴν ἐγκύκλιον ταύτην κίνησιν,
τίνα ἂν αὐτὴν ἄλλην ἢ τὴν κατὰ τόπον φήσαιμεν εἶναι; ἀλλ' ἔοικεν ἐκεῖνο
τὸ ἀκίνητον τῇ ἡμετέρᾳ κρίσει λυσιτελεῖν, ἵνα πρὸς αὐτὸ παραβάλλοντες 40
κρίνωμέν τε καὶ διαριθμώμεθα τὰς μεταβάσεις, ὥσπερ οἱ ἀστρονόμοι καὶ
30 τὴν ἄναστρον ὑπέθεντο σφαῖραν καὶ τὸν ἐν αὐτῇ νοητὸν ζῳδιακὸν καὶ τῶν
ἄλλων ἀστέρων τὰς νοητὰς ἐποχάς, οὐχ ἵνα κινῆται δι' ἐκεῖνα ὁ οὐρανὸς
τὴν ἐγκύκλιον κίνησιν, ἀλλ' ἵνα τῆς κινήσεως τὰ μέτρα πρὸς ὡρισμένα
πέρατα παραβάλλοντες διαριθμήσασθαι δυνηθῶσι. καὶ πρὸς αὐτὸ δὲ τὸ
κινεῖσθαι δοκεῖν αὐτὰ κατὰ τόπον πάνυ συμβάλλεται ἡμῖν ἡ πρὸς τὸ ἀκί- 45
35 νητον παραβολή. πῶς γὰρ ἂν κινεῖσθαί τι κατὰ τόπον λέγοιμεν, ὃ μὴ
μεταβάλλει τὴν θέσιν; πῶς δὲ ἂν αἰσθοίμεθα μεταβεβληκότος τὸν τόπον
τοῦ κριοῦ, εἰ μὴ πρὸς τὰ κέντρα αὐτὸν παραβάλλοιμεν. τὰ δὲ κέντρα πρὸς

---

3 συγχωρήσοι aEF²: συγχωρήσει F¹   ἀλλὰ μὴν F   11 ὅρους τὴν] τὴν in litura
(om. ὅρους) E   14 ὁμοίως πάσας E   15 κατὰ (ante τὸ) om. E   16 ἢ τοίαν
om. E   18 προϋποτεθῇ] προὔπαντα F   21 μεταβάλλει F   post φήσουσι add.
τὰ E   22 ἀρκοῦνται aF: ἀρκεῖται E   25 ἐκείνης E: om. aF   27 φήσο-
μεν a   32 πρὸς ὡρισμένα aF: προωρισμένα E   34 κατὰ τόπον E: om. aF
37 παραβάλλοιμεν αὐτόν aF   κέντρα] μέτρα a

τὴν γῆν ἀφορίζομεν. εἰ οὖν μήτε ἀνατολὴ μήτε δύσις εἴη μήτε μεσου- 148ʳ
ράνημα, κινηθήσεται μὲν ὁμοίως ὁ οὐρανός, ἡμεῖς δὲ τῶν διαφόρων θέσεων
τεκμήρια οὐχ ἕξομεν.

Πρὸς δὲ τὸ τέταρτον ῥητέον, ὅτι τελεσιουργὸς ὢν ὁ οὕτως ἀφορισθεὶς
5 τόπος ὁμοίως ἔχει ταῖς ἄλλαις τελειότησιν, οἷον τῷ καλῷ τῷ ἀγαθῷ τῷ 50
ὅλῳ καὶ τοῖς τοιούτοις. ὥσπερ οὖν τούτων ἕκαστον τοῦ μὲν ὅλου πληρώ-
ματος τοῦ μεθ' ἑαυτοῦ ἔλαττον φαίνεται, ἀντιδιαιρούμενον δὲ πρὸς τὰ ἄλλα
κρεῖττον δοκεῖ, οὕτως καὶ ὁ τοιοῦτος τόπος· πρὸς μὲν τὸ εὐθετισμένον
ὁ ὅλου συγκρινόμενος εὐθετισμὸς ἐνδεέστερος φανεῖται, ὡς δὲ τελειῶν τοῦ
10 τελειουμένου κρείττων δοκεῖ.

Ἀλλὰ δὴ καὶ πρὸς τὸ πέμπτον τῶν ἀπόρων τὸ ζητοῦν, πότερον δια-
στατὸς ἢ ἀδιάστατός ἐστιν ὁ τόπος ὁ τοιοῦτος, λέγομεν ὅτι μέτρον τῆς
κατὰ τὴν θέσιν διαστάσεως | ὑπόκειται ὁ τόπος. πᾶν δὲ μέτρον συνεξι- 148ᵛ
σοῦσθαι βούλεται τῷ μετρουμένῳ, μᾶλλον δὲ συνεξισοῦν ἑαυτῷ τὸ μετρού-
15 μενον. ἀλλὰ τὸ μὲν ἐξῃρημένον μέτρον ἅτε καὶ δυνάμεως ὑπερβολῇ καὶ
τῇ ἑνώσει τῆς οὐσίας ὑπερέχον τοῦ μετρουμένου ἀναρπάζει τὸ μετρούμενον
πρὸς τὴν οἰκείαν συναίρεσιν μεταδιδὸν αὐτῆς ὡς δυνατὸν τῷ μετρουμένῳ,
ὥσπερ καὶ τοὺς νοητοὺς ἀριθμοὺς πάντα μετρεῖν φαμεν κατὰ τὴν συνῃ-
ρημένην πάντων ἀκρότητα· καὶ ἔστι τὰ τοιαῦτα μετροῦντα μᾶλλον ἢ μέτρα. 5
20 τὸ δέ γε συντεταγμένον ἅτε μέθεξις ὂν ἀπὸ τοῦ μετροῦντος εἰς τὸ μετρού-
μενον καὶ συμμέτρως ἔχον πρὸς τὸ μετρούμενον συνδιέστη καὶ συμπαρετάθη
τῷ μετρουμένῳ, ὥσπερ ὁ παρ' ἡμῖν πῆχυς μέτρον ὑπάρχων διαστατός
ἐστιν ἐξ ἀδιαστάτου τοῦ μετροῦντος, τουτέστι τοῦ ἐν τῇ ψυχῇ πήχεως,
ἐπιγενόμενος. οὕτω δὲ καὶ ὁ χρόνος τῇ κινήσει συνδιέστηκε. καὶ ἔστι
25 καὶ ἐπ' ἐκείνου τὸ αὐτὸ ἄπορον, εἴτε διαστατός ἐστι καὶ αὐτὸς εἴτε ἀδιά-
στατος. καὶ δῆλον ὅτι ὁ μεθεκτὸς οὗτος, μᾶλλον δὲ ἡ μέθεξις, συμμεμέ- 10
ρισται τῇ κινήσει συμπαρομαρτῶν αὐτῇ πανταχοῦ καὶ τὴν παράτασιν αὐτῆς
καὶ τὸν σκεδασμὸν συνάγων ἢ τό γε ἀληθὲς εἰπεῖν συναγωγὴ τῶν συναγο-
μένων ὑπάρχων. καὶ ὁ τόπος οὖν οὗτος ὁ συνυπάρχων τοῖς σώμασι
30 συνδιέστηκεν αὐτοῖς· πανταχοῦ γὰρ τοῦ σώματος ἡ θέσις ἐστὶ καὶ ὁ τῆς
θέσεως ἀφορισμός. πῶς οὖν φαμεν, εἰ διέστηκεν ὁ τόπος, οὐχὶ καὶ αὐτὸς
ἐν θέσει ἔσται, καὶ δεηθήσεται τόπου, τοῦτο δὴ τὸ πρὸς πᾶσαν περὶ
τόπου γενομένην ὑπόθεσιν ἐνιστάμενον; ἀλλ' εἰδέναι χρὴ ὅτι πᾶν τὸ οὑτι- 15
νοσοῦν μετέχον ἐνδεὲς ὂν ἀφ' ἑαυτοῦ τῆς τοῦ μετεχομένου φύσεως λέγεται
35 μετέχειν αὐτοῦ. τὰ δέ γε οἴκοθεν ἔχοντά τι οὐ δεῖται τῆς ἔξωθεν οὐ
ἔχουσιν ἐπεισαγωγῆς. ἐπεὶ καὶ εἰς ἄπειρον οὕτως ἀνάγκη προϊέναι, οἷον
ἡ διάστασις αὐτὴ καθ' ἣν διέστηκε τὰ διεστῶτα συνδιέστηκε μὲν αὐτοῖς,
ἀλλ' οὐχ οὕτως ὡς τὰ κατ' ἄλλο τι χαρακτηριζόμενα καὶ κατὰ μέθεξιν

---

4 ὁ om. E 6 καὶ om. aF 10 τελειῶν scripsi: τελειοῦν libri τελειουμένου
ex τελειωμένου F κρείττων aF¹: κρεῖττον EF² 13 ὁ τόπος om. a 18 καὶ
om. E ἀριθμοὺς om. F 21 καὶ—μετρούμενον om. F 22 ante ὥσπερ
habet καὶ a 23 πήχεος aF 25 ἄπειρον aF 26 ἡ μέθεξις — κινήσει (27)
om. F 31 φαμὲν iteravit E

τῆς διαστάσεως λεγόμενα διεστάναι, ἀλλ' ὡς αὐτὴ ἂν ἡ διάστασις διεστάναι 148ᵛ
λέγοιτο, συνεκτεταμένη τῷ διεστῶτι καὶ πάσχοντι ἑαυτήν· ὡς εἴ γε ἄλλης 20
τινὸς ἐπεισάκτου δέοιτο διαστάσεως, πάλιν περὶ ἐκείνης ζητήσομεν. εἰ μὲν
γὰρ ἀδιάστατος, πῶς ἐφήρμοσε τοῖς διεστῶσιν; εἰ δὲ διαστατή, καὶ αὐτὴ
5 δεήσεται ἑτέρας ἐπ' ἄπειρον. καὶ διὰ τοῦτο οὔτε κινήσεως κίνησιν ἀπαι-
τητέον οὔτε χρόνου χρόνον οὔτε μέτρου μέτρον. τί οὖν ἄρα οὐ δυνήσον-
ται καὶ οἱ σῶμα πάντα τόπον ἢ διάστημά τι λέγοντες ἀφωρισμένον ἐκφυγεῖν
οὕτως τὴν ἐπαχθεῖσαν ἀπορίαν αὐτοῖς; ἐπήγετο δὲ τὸ δεῖν εἴπερ καὶ ἐκεί- 25
νων ἄλλο ἀλλαχοῦ τῶν μορίων ἐστίν, ἐν τόπῳ πάντως εἶναι καὶ αὐτά.
10 καὶ γὰρ ἐκεῖνοι ἐροῦσιν ἑτοίμως, ὅτι τὸ σῶμα ἐκεῖνο ἢ τὸ διάστημα τόπον
εἶναί φαμεν, τόπου δὲ τόπος οὐκ ἂν εἴη, ὥσπερ οὖν καὶ λέγουσιν. ὁ γοῦν
φιλόσοφος Συριανός· "τὸν ταῦτα, φησί, διαποροῦντα παρακαλέσομεν πρὸς
τὴν διάνοιαν τῶν πρεσβυτέρων ὁρᾶν καὶ μήτε κινήσεως κίνησιν ζητεῖν
μήτε στάσεως στάσιν μήτε τόπου τόπον ἢ ἀτοπίαν." ἀλλ' εἰ μὲν ταὐτὸν
15 ἦν ἡ σώματος φύσις καὶ τὸ μέτρον τῆς θέσεως, καλῶς ἂν ἐλέγετο· εἰ δὲ 30
πᾶν σῶμα καθὸ σῶμα μέτρου δεῖται, κἂν κατὰ τὴν διάστασιν μετρῆται
(ἄλλο γάρ ἐστι διάστασις καὶ ἄλλο μέτρον διαστάσεως), δῆλον ὅτι ἡ διά-
στασις καθὸ διάστασις, εἴπερ καθ' αὑτὴν εἴη, διαστάσεως μὲν οὐ δεῖται,
μέτρου δὲ δεῖται. τὸ δέ γε μέτρον πῶς ἂν μέτρου δεηθείη; ἀλλ' ἔοικε
20 μέτρου μὲν μὴ δεῖσθαι, τὴν δὲ διάστασιν ἐπείσακτον ἔχειν. καὶ ἔστι δια-
στατὸς ὁ τόπος κατὰ μέθεξιν τοῦ ἐν τόπῳ, ὥσπερ μεμέτρηται τὸ ἐν τόπῳ
καὶ τετόπισται κατὰ τὸν τόπον. καὶ οὐδὲν μὲν οἶμαι ἄτοπον οὕτω λέγειν. 35
καὶ γὰρ καὶ τὴν λευκότητα σωματοῦσθαί φασι διὰ τὸ σῶμα, ὥσπερ τὸ
σῶμα λευκαίνεσθαι διὰ τὴν λευκότητα. τί οὖν ἄτοπον καὶ τὸν μεθεκτὸν
25 τόπον διεστάναι διὰ τὸ μετέχον αὐτοῦ διαστατὸν ὑπάρχον; φαίη γὰρ ἄν
τις καταλαβεῖν βουλόμενον τὸ μετρούμενον ὑπ' αὐτοῦ συνεκταθῆναι αὐτῷ·
καὶ ἔχοι μὲν ἄν τινα καὶ ταῦτα λόγον· ἄμεινον δὲ οὕτως οἶμαι λέγειν,
ὅτι ἄλλη ἐστὶν ἡ διάστασις ἡ κατ' εἶδος, ἥτις ἂν καὶ ἐν τοῖς παραδείγμασι
θεωρηθείη λόγος οὖσα, μᾶλλον δὲ εἶδος διαστάσεως, καὶ ἄλλη ἡ κατὰ τὴν 40
30 ἀπὸ τοῦ διαστατοῦ ὑφέσει κατὰ πάθος γινομένη. τοιγαροῦν τὴν ἐν τῷ νῷ
διάστασιν κατ' εἶδος προϋπάρχουσαν, ἤτοι τὴν τῆς διαστάσεως αἰτίαν, ὑφ'
ἧς πᾶν μέγεθος ὑφίσταται, καίτοι πρώτην καὶ κυριωτάτην εἶναι λέγοντες,
ὅμως ἀδιάστατόν φαμεν διὰ τὴν ἀμέριστον τῆς νοερᾶς οὐσίας συναίρεσιν,
καὶ οὐκ ἐκείνην μόνην, ἀλλὰ καὶ τὰ μετέχοντα αὐτῆς κατ' αὐτήν. τὰ δέ
35 γε ἐνταῦθα διαστατὰ οὐ μόνον τῇ τῆς ἰδιότητος μεθέξει, ἀλλὰ καὶ τῇ 45
ὑφέσει τῆς ἐκεῖθεν ἀμερείας διεστάναι φαμέν, καὶ κατά γε τοῦτο τὸ ση-
μαινόμενον τῆς διαστάσεως οὐ τὰ σώματα μόνα διέστη ἐνταῦθα, ἀλλὰ
καὶ τὰ τοῖς σώμασι συμβεβηκότα. ὥστε καὶ τὴν λευκότητα καὶ τὴν θερ-

---

4 ἐφαρμόσει a   5 post ἑτέρας add. καὶ aF   7 τι om. F   11 τόπος δὲ
τόπου a   καὶ E: om. aF   12 φασὶ a   14 ἢ] μήτε aF   17 δῆλον
ὅτι—διάστασις (18) om. F   18 post καθὸ add. ἡ F   20 διαστατὸς E: διαστά-
σεως aF   22 τὸν (post κατὰ) om. F   24 λευκαίνεται a   36 ἀμετρίας a
38 τὴν (post καὶ) om. aF

μότητα καὶ τοὺς ἀριθμοὺς καὶ τὰ τοιαῦτα πάντα τὰ ἐνθάδε μὴ μόνον διὰ 148ᵛ
τὰ ὑποκείμενα αὐτοῖς σώματα διεστάναι, ἀλλὰ καὶ δι' ἑαυτά. μᾶλλον δὲ
τὴν μὲν εἰδητικὴν διάστασιν ἔσχε διὰ τὸ τοῦ σώματος εἶδος ἐν ᾧ γέγονε,
τὴν δὲ γενητὴν καὶ εἰκονικὴν διὰ τὴν ὕφεσιν τὴν ἀπὸ τοῦ ἀδιαστάτου· 50
5 δι' ἣν καὶ τὸ σῶμα καίτοι καὶ ἐν νῷ σῶμα ὂν ἐκεῖ μὲν ἀδιάστατον ἦν,
ἐνταῦθα δὲ διέστη. ὡς οὖν τὸ θέσιν ἔχον σῶμα διέστη διὰ τὴν ὕφεσιν,
οὕτω καὶ τὸ τῆς θέσεως μέτρον ὁ τόπος διέστη, ὡς διεστάναι τῷ μέτρῳ
δυνατὸν ὑφειμένῳ ὄντι τοῦ μετροῦντος ἀδιαστάτου. διέστη οὖν ὁ τόπος
πάντα συνάγων τὰ διεστῶτα, οὐχὶ τὰ σώματα μόνον ὡς λέγεσθαι δοκεῖ
10 οὐδὲ τὰς διαστάσεις εἴ τινές εἰσι καθ' αὑτάς, ἀλλὰ καὶ ταῦτα καὶ τὰς
ποιότητας καὶ τὰ ἄλλα συμβεβηκότα, καὶ συνάγων καὶ ταύτας | οὐ μόνον 149ʳ
κατὰ συμβεβηκός, καθόσον συνδιέστησαν τῷ σώματι, ἀλλὰ καὶ καθ' αὑτά,
καθόσον καὶ αὐτὰ διέστη διὰ τὴν ὕφεσιν. καὶ γὰρ καὶ χρόνου τὰ συμβε-
βηκότα δεῖται οὐ διὰ τὸ σῶμα μόνον, ἀλλὰ καὶ καθ' αὑτὰ διὰ τὴν γενητὴν
15 ὕπαρξιν. καὶ ἵνα τὸ παράδοξον εἴπω, καὶ τὴν στιγμὴν αὐτὴν διεστάναι
ταύτην ἄν τις εἴποι τὴν διάστασιν, καθόσον θέσιν ἔσχε καὶ πέρας γέγονε
τῆς γραμμῆς.

Ἀλλὰ τὸ νῦν δὴ τοῦτο περὶ τῆς γενητῆς διαστάσεως ῥηθὲν ἑτέρας 5
ἂν ἀπορίας ἀρχὴ γένοιτο δικαίως. εἰ γὰρ τὸ διαστατὸν καίτοι καὶ ἐν νῷ
20 προϋπάρχον τῇ ἰδιότητι ὅμως οὐκ ἐδεήθη τόπου διὰ τὴν ἀδιάστατον
ἕνωσιν, ἔοικε δὲ μηδὲ ἐνθάδε διὰ τὴν ἰδιότητα τῆς διαστάσεως τοῦ τόπου
δεῖσθαι, ἀλλὰ διὰ τὴν γενητὴν ὑπόστασιν καὶ τὴν ἐν τῇ ὑφέσει γενομένην
διόγκωσιν καὶ τὴν τῶν μορίων διάρριψιν, εἰ δὲ τοῦτο, δῆλον ὅτι καὶ αὐτὸς
ὁ τόπος ὑπομείνας ταύτην τὴν καθ' ὕφεσιν διάστασιν δεήσεται τόπου τοῦ
25 συνάγοντος καὶ ὁ χρόνος δεήσεται χρόνου. ἢ καὶ τὰ κατ' ἰδιότητα δια- 10
κεκριμένα καὶ παρατεταμένα καὶ διεστῶτα τῶν κατ' ἰδιότητα μέτρων
ἐδεήθη, ὡς τὸ μὲν ἐκεῖ πλῆθος τοῦ ἐκεῖ ἀριθμοῦ, τὸ δὲ εἶναι τοῦ ὄντος
τῆς αἰωνίου συναιρέσεως, τὸ δὲ μέγεθος ἐκεῖνο τοῦ μεγεθικοῦ μέτρου.
ὁμοίως δὲ καὶ τὰ κατὰ ὕφεσιν εἰκονικῶς ὑποστάντα ὑπὸ τῶν ὑφειμένων
30 καὶ εἰκονικῶν μέτρων περιωρίσθη, ἅτε δὲ γενέσεως ὄντα συναγωγὰ καὶ
μετρητικά, μᾶλλον δὲ αὐτὴ ἡ συναγωγὴ καὶ αὐτὸ τὸ μέτρον, ὑπερανέχει
τῆς γενέσεως· καὶ ἀφ' ἑαυτῶν ἔχοντα τὸ μέτρον οὐ δεῖται συναγωγῆς 15
ἑτέρας ὥσπερ τὰ ἄλλα τὰ ὑπὸ τούτων συναγόμενα. ἀλλ' εἴπερ ἄρα καὶ
δεῖται, κρείττονος δεῖται καὶ ἀμερεστέρας. μεσότης γάρ ἐστι τοῦ ταῦτα
35 μετροῦντος καὶ τοῦ μετρουμένου, ἐξῃρημένα μὲν τῶν μετρούντων, ἐμφυό-
μενα δὲ τοῖς μετρουμένοις. καὶ ὥσπερ τὰ σώματα διὰ μὲν τὸν οἰκεῖον
μερισμὸν ἄμοιρα ζωῆς ἐστι καθ' αὑτά, μετέχει δὲ ζωῆς τῆς ἀπὸ ψυχῆς
ἐνδιδομένης καὶ ὁλοποιούσης αὐτά, καὶ ἡ ζωτικὴ μέθεξις αὐτὴ διίσταται 20
μὲν καὶ μερίζεται περὶ τοῖς σώμασι διὰ τὴν ἀπὸ ψυχῆς ὕφεσιν, οὐ μέντοι

---

3 γεγόνασιE   4 γενητὴν E: γῆν ἢ τὴν F: νοητὴν a   τὴν ἀπὸ — ὕφεσιν (6) om. F
7 μέτρῳ aF: μετρουμένῳ E   13 διὰ om. aF   16 καθόσον E: καθὸ aF   σχέ-
σιν a   21 δὲ om. E   22 γενητὴν E: νοητὴν aF   τὴν (post καὶ) om. a   23 post
τὴν habet δι' ὄγκου F   28 μέτρου aF: om. E   33 καὶ om. F

ζωῆς πάλιν ἑτέρας δεῖται, ἀλλ' αὐτῆς μόνης τῆς εἰς τὴν ψυχὴν ἐνριζώ- 149ʳ
σεως, οὕτως ἂν ἔχοι καὶ ὁ τόπος. ἡ γὰρ φύσις τοῦ μέτρου ὑπερτέρα
πρὸς τὸ μετρούμενόν ἐστι καὶ οὐ τῶν αὐτῶν ἐπιδεὴς ὧν καὶ ἡ τοῦ μετρου-
μένου. οὐδὲ γὰρ τὸ καλὸν τὸ ἐνταῦθα καίτοι διὰ τὴν ὕφεσιν ποσῶς αἰσχυ-
5 νόμενον δεῖται ἄλλου καλοῦ τινος ἐνύλου μεθέξεως, ἀλλὰ μόνης τῆς πρὸς
τὸ ἀρχέτυπον καλὸν ἀπεικασίας. καίτοι τὸ καλὸν συντέτακται μᾶλλον πρὸς 25
τὰ ἄλλα εἴδη, ὁ δέ γε τόπος καὶ ὁ χρόνος ἐξῃρημένην μᾶλλον ἔχουσι
φύσιν κατὰ τὸ συναγωγὸν αὐτῶν θεωρούμενοι. καὶ ἡ διάστασις αὐτῶν οὐχ
ὁμοία γέγονε ταῖς ἄλλαις κατὰ μεσότητα θεωρουμένη τοῦ τε ἀδιαστάτου
10 καὶ μετροῦντος καὶ τοῦ διαστατοῦ καὶ μετρουμένου. καὶ γὰρ γενέσεως εἰς
τοσοῦτον μετέσχε τὸ μέτρον τῆς γενέσεως, εἰς ὅσον ὑφείθη τῆς ἀμερίστου
αἰτίας τῆς μετρούσης τὴν γένεσιν· ὑφείθη δὲ ὡς μὴ πάντη γένεσις εἶναι·
οὐ γὰρ ἂν ἦν μέσον τὸ μέτρον τοῦ τε μετροῦντος ἀγενήτου καὶ τῆς μετρου- 30
μένης γενέσεως. μέσον δὲ ὄν, εἰ καὶ αὐτὸ μέτρου δεῖται, ἄλλης ἂν δέοιτο
15 μεσότητος. τὸ γὰρ μέτρον μέσον εἶναι χρὴ πάντως τοῦ τε μετροῦντος καὶ
τοῦ μετρουμένου, ἐνερριζωμένον μὲν τῷ μετροῦντι καὶ εἰς ἐκεῖνο κορυφού-
μενον, συνεκτεινόμενον δὲ τῷ μετρουμένῳ, μίαν δὲ ἁπλῆν ἔχον τὴν
συναμφότερον ὑπόστασιν. τὸ δέ γε σῶμα, ὅπερ ὡς τόπον ἁπλῶς ὑποτί-
θενται σῶμά γε ὂν τῇ ἑαυτοῦ φύσει, διὰ τί μὴ δεῖται καὶ αὐτὸ μέτρου,
20 ὁμοίως δὲ καὶ τὸ διάστημα, εἴπερ οὐσία τίς ἐστι καὶ ἄλλο ἀλλαχοῦ μέρος 35
ἔχουσα;

Ἀλλὰ δὴ καὶ πρὸς τὸ ἕκτον καὶ πρὸς τὸ ἕβδομον τῶν ἀπορηθέντων
ἐροῦμεν, ὅτι οἱ χωριστὸν καὶ ἀκίνητον λέγοντες τὸν τόπον καὶ ὡς ἀξιώ-
ματα ταῦτα περὶ τόπου προλαμβάνοντες εἰς τὸν κοινὸν καὶ πλατικὸν ἀπεῖδον
25 τόπον, ὡς καὶ πρότερον εἴρηται. ὁ μὲν γὰρ ἴδιος ἑκάστου τῆς τῶν μορίων
θέσεως καὶ ἀχώριστός ἐστιν αὐτοῦ καὶ κινουμένῳ συγκινεῖται, ὁ δὲ ἐν
πλάτει, ὡς καὶ Συριανὸς ἔλεγε, καθ' ὃν καὶ ἡ κατὰ τόπον γίνεται κίνησις,
ἄλλου ὢν ἴδιος τοῦ ὁλικωτέρου σώματος ἐκείνου μὲν καὶ ἀχώριστός ἐστι 40
καὶ συγκινεῖται ἐκείνῳ, εἴπερ τύχοι κινούμενον, τοῦ δὲ ἐν ἐκείνῳ σώματος
30 καὶ χωριστός ἐστιν καὶ ἀκίνητος ὥσπερ ἐκεῖνο. καὶ οὐδὲν θαυμαστὸν εἰς
τὸν πλατικὸν τοῦτον ἀποβλέψαι τοὺς ἀπὸ τῆς ἀντιμεταστάσεως τῶν σωμά-
των εἰς ἔννοιαν ἐλθόντας τοῦ τόπου.

Τὸ δὲ ὄγδοον 'εἰ στοιχεῖον, φησίν, ὁ τόπος ἐστὶ τοῦ ἐν τόπῳ, τὸ δὲ
στοιχεῖον ἐν τῷ στοιχειωτῷ ἐστιν, ἀλλ' οὐχὶ τὸ στοιχειωτὸν ἐν τῷ στοι-
35 χείῳ, συμβήσεται τὸν τόπον ἐν τῷ σώματι λέγειν, ἀλλ' οὐχὶ τὸ σῶμα ἐν 45
τῷ τόπῳ'. καὶ τοῦτο οὖν ἔστι μὲν διαλύειν λέγοντα, ὅτι ἐν τῷ ὁλικωτέρῳ
καὶ περιεκτικωτέρῳ τόπῳ τὸ ἐν τόπῳ θεωροῦντες εἰκότως ἐν ἐκείνῳ λέ-

---

1 ἐρριζώσεως sic libri   7 ἐξῃρημένου E   8 θεωρούμενοι a: θεωρούμενα EF
9 θεωρουμένη EF²: θεωρουμένου F¹: θεωρουμέναις a   13 γὰρ aF: μὴν E   22 πρὸς
alterum om. E   23 τὸν om. E   24 περὶ τοῦ τόπου a   λαμβάνοντες E
25 πρότερον p. 628,21 sqq.   26 καὶ (post θέσεως) om. E   ἀχώριστόν a   συγκι-
νεῖται κινουμένῳ a   27 ὡς om. E   28 ὑλικωτέρου E   30 ὥσπερ ἐκεῖνο aF:
ὡς πρὸς ἐκεῖνο E   33 φησίν cf. p. 630,9   36 οὖν om. F

γομεν. ἔστι δὲ καὶ ὡς πλήρωμα τοῦ ἐν τόπῳ προϋπάρχον ὁρᾶν αὐτὸ 149ʳ
συναγωγὸν αὐτοῦ τῆς διαστάσεως, ὡς εἰ καὶ τὴν ἐμψυχίαν νοήσαις τοῦ
ζῶντος σώματος. ἔχει γάρ τι καὶ ὁ τόπος ἐξῃρημένον καὶ πάντα τοπικῶς
καὶ μετρητικῶς προσειληφός, ὅσα τὸ σῶμα σωματικῶς· διὸ καὶ ἐξῃρη-
5 μένος καὶ χωριστὸς δοκεῖ, καὶ τὸ σῶμα λέγεται ἐν τόπῳ, ἀλλ' οὐχὶ ὁ 50
τόπος ἐν τῷ σώματι. ἡ γὰρ παραβολὴ γίνεται ὡς κεχωρισμένων. ἔστιν
οὖν ἐν τῷ συνάγοντι τὸ συναγόμενον καὶ ἐν τῷ ἡνωμένῳ τὸ διακεκριμένον
καὶ ἐν τῷ μετροῦντι τὸ μετρούμενον, ὥσπερ καὶ ἐν τῷ ὅλῳ τῷ τοῖς μέ-
ρεσιν ἀντιδιῃρημένῳ λέγεται εἶναι τὰ μέρη. καὶ γὰρ περιεκτικὸν καὶ
10 χωρητικόν ἐστι τοῦ μετρουμένου τὸ μέτρον ὁρίζον αὐτὸ πανταχόθεν καὶ
συνάγον. διά τοι τοῦτο καὶ πρῶτον εἰκὸς ἀπολαύειν τὸν τόπον τῆς θείας
ἐλλάμψεως, μάλιστα μὲν τὸν τῶν | ὁλικωτέρων καὶ ἀιδίων, εἰς ὃν καὶ 149ᵛ
ἀφορῶντες λέγουσι τῷ τόπῳ τὰ σύμβολα τῶν θεῶν ἀιδίως ἐνεσπάρθαι,
ἤδη δὲ καὶ τὸν μερικώτερον καὶ ἑκάστου ἴδιον. ἡ γὰρ ἕνωσις καὶ τὸ
15 μέτρον καὶ ὁ ὅρος συγγενέστερα ταῖς ἑνιαίαις ὄντα τῶν θεῶν ὑποστάσεσι
πρῶτα ἂν αὐτῶν ἀπολαύοι τῆς ἐλλάμψεως. ὥστε καὶ τὸ ἔνατον τῶν ἀπό-
ρων οὕτω διαλυτέον.

'Τὸ δὲ ἔσχατον, φησίν, εἰ κοινῶς ἀρέσκει τὸ εἰς ἔννοιαν ἡμᾶς ἐλθεῖν 5
τοῦ τόπου μὴ ἀλλαχόθεν ἢ ἀπὸ τῆς ἀντιμεταστάσεως τῶν σωμάτων, πῶς
20 ἀπὸ ταύτης μέτρον ἢ ἀφορισμὸν θέσεως τὸν τόπον εἶναι λέγομεν; καὶ γὰρ
καὶ μὴ μεθισταμένων καὶ μεθισταμένων ὁ οἰκεῖος ἀφορισμὸς ἑκάστων ὁ
αὐτὸς μένει.' ἢ καὶ τοῦτο ἀπὸ τῶν ἤδη πολλάκις εἰρημένων διαλέλυται.
διττοῦ γὰρ ὄντος, ὡς εἴρηται, τοῦ τόπου τοῦ μὲν οὐσιώδους καὶ καθ' αὑτὸ
ὑπάρχοντος ἑκάστῳ καὶ μένοντι καὶ κινουμένῳ τοῦ αὐτοῦ, τοῦ δὲ ἄλλοτε
25 ἄλλου γινομένου ἐν ταῖς μεταστάσεσι κατὰ τὴν θέσιν τῆς πρὸς τὰ ὁλικώ- 10
τερα συντάξεως, ὁ μὲν οὐσιώδης ἅτε τῇ οὐσίᾳ συμπεφυκὼς δυσδιάκριτος
ἀπὸ τῆς οὐσίας ἐστίν, ὁ δὲ ἄλλοτε ἄλλος γινόμενος τῆς οὐσίας τῆς αὐτῆς
μενούσης πλήττει ῥᾳδίως καὶ διεγείρει τὸ κρῖνον ἐν ἡμῖν τῇ πρὸς τὴν
οὐσίαν ἑτερότητι· ὥσπερ καὶ τοῦ χρόνου διττὴν ἔχοντος φύσιν καὶ τοῦ
30 μὲν τὴν οὐσιώδη κίνησιν μετροῦντος, τοῦ δὲ τὴν ἐκτὸς καὶ κατ' ἐνέργειαν,
ὁ μὲν κατ' οὐσίαν οὕτως ἐστὶ δυσκατανόητος, εἴπερ καὶ χρόνος οὗτος ἄξιος
λέγεσθαι, ὡς τὸν Ἀριστοτέλην μηδὲ φάναι ὅλως ἔγχρονα τὰ τὴν οὐσίαν 15
ἀίδιον ἔχοντα, ἀλλ' ἐκεῖνα μόνα ὅσα τῶν γινομένων καὶ φθειρομένων
μετρεῖται. καὶ γὰρ καὶ κίνησις ἡ μὲν οὐσιώδης ἄγνωστος ἦν, ἡ δὲ ἐνερ-
35 γητικὴ πρόχειρος. καὶ θέσις οὖν ἡ μὲν οὐσιώδης, κἂν ᾖ πάντως ἄλλων

---

1 καὶ (post δὲ) om. E   4 σῶμα om. F   5 ἀλλ' om. aF   ·   7 διακεχωρι-
σμένον a   8 μετρούμενον] μετροῦν litteris duabus in fine erasis F   11 τὸν τόπον
om. aF   12 μὲν om. F   13 ἐνεσπάσθαι E   16 πρῶτα aF: πρῶτον E
ἀτόπων a   18 φησίν cf. p. 630, 12   εἰ κοινῶς E: εἰκονικῶς F: εἰ εἰκονικῶς a
20 μέτρον] ἔμμετρον F   21 καὶ μεθισταμένων om. F   ἑκάστων E: ἑκάστου F:
ὁ ἑκάστου a   24 κινουμένου F   26 πεφυκὼς E   27 ἄλλος aF: ἄλλο E
τῆς (post οὐσίας) om. F   29 post ἔχοντος add. τὴν a   30 καὶ (post ἐκτὸς)
om. a   31 post καὶ add. ὁ F   35 οὖν om. a

ἀλλαχῇ διεστώτων τῶν μορίων, ἀλλ' ὅτι γε ἑτέρα τίς ἐστι παρὰ τὰ μόρια, 149ᵛ
τότε γίνεται ἐκδηλότερον, ὅτε μενόντων τῶν μορίων ἐν τῇ κατ' οὐσίαν
ἑαυτῶν θέσει ἡ τοῦ ὅλου θέσις μεταβαλλομένη φαίνοιτο· τοῦτο δὲ ἐν ταῖς
ἀντιμεταστάσεσι γίνεται. καὶ μήποτε καὶ τοῦτο γέγονεν αἴτιον τοῦ τὴν 20
5 οὐσιώδη θέσιν τὴν ἰδίαν ἑκάστων καὶ τὸ ταύτης μέτρον διαλαθεῖν, τὸ
δυσδιάκριτον τῆς θέσεως αὐτῆς ἀπὸ τοῦ κεῖσθαι λεγομένου. ἡ μέντοι
κοινοτέρα ἐκ τῶν ἀντιμεταστάσεων προφανεστέρα ἦν, εἰς ἣν ὡς ἔοικε καὶ
οἱ Περιπατητικοὶ βλέποντες τὰ κινούμενα κατὰ τόπον μόνα καὶ εἶναι ἐν
τόπῳ φασί, διότι τοῦτον μάλιστα ἑώρων τὸν μεταβαλλόμενον τόπον.
10 Ἀλλ' ἐπειδὴ καὶ ταύτην τὴν περὶ τοῦ τόπου ἔννοιαν ὡς ἦν ἐμοὶ
δυνατὸν διήρθρωσα, καὶ τάς τε ἀπορίας τὰς πρὸς αὐτὴν ἐξεθέμην καὶ τὰς 25
τῶν ἀποριῶν λύσεις ἐπήγαγον, ὅτι μὴ πάντῃ καινοπρεπής ἐστι μηδὲ τοῖς
κλεινοῖς τῶν φιλοσόφων ἀγνοηθεῖσα βούλομαι δεῖξαι. καὶ γὰρ καὶ Θεόφρα-
στος ἐν τοῖς Φυσικοῖς φαίνεται τὴν ἔννοιαν ταύτην ἐσχηκὼς περὶ τόπου,
15 ἐν οἷς φησιν ὡς ἐν ἀπορίᾳ προάγων τὸν λόγον· "μήποτε οὐκ ἔστι καθ'
αὑτὸν οὐσία τις τόπος, ἀλλὰ τῇ τάξει καὶ θέσει τῶν σωμάτων λέγεται
κατὰ τὰς φύσεις καὶ δυνάμεις, ὁμοίως δὲ καὶ ἐπὶ τῶν ζῴων καὶ φυτῶν
καὶ ὅλως τῶν ἀνομοιομερῶν εἴτε ἐμψύχων εἴτε ἀψύχων, ἔμμορφον δὲ τὴν 30
φύσιν ἐχόντων. καὶ γὰρ τούτων τάξις τις καὶ θέσις τῶν μερῶν ἐστι πρὸς
20 τὴν ὅλην οὐσίαν. διὸ καὶ ἕκαστον ἐν τῇ αὑτοῦ χώρᾳ λέγεται τῷ ἔχειν
τὴν οἰκείαν τάξιν, ἐπεὶ καὶ τῶν τοῦ σώματος μερῶν ἕκαστον ἐπιποθήσειεν
ἂν καὶ ἀπαιτήσειε τὴν ἑαυτοῦ χώραν καὶ θέσιν." τὸ δὲ αὐτὸ δείξω τὸν
θεῖον Ἰάμβλιχον μαρτυρόμενον. καὶ οὗτος γὰρ ἐν τῷ ε̄ βιβλίῳ τῶν εἰς
Τίμαιον ὑπομνημάτων ἐν κεφαλαίῳ δευτέρῳ τάδε γέγραφε· "πᾶν σῶμα ἢ
25 σῶμα ὑπάρχει ἐν τόπῳ ἐστί· συμφυὴς ἄρα τοῖς σώμασιν ὁ τόπος συνυφέ- 35
στηκε καὶ οὐδαμῶς ἀπεσχισμένος αὐτῶν τῆς πρώτης παρόδου εἰς τὰ ὄντα
καὶ τῆς κυριωτάτης οὐσίας. εἰκότως ἄρα καὶ ὁ Τίμαιος μετ' αὐτῆς τῆς
τῶν σωμάτων ἀρχῆς τοῦ εἶναι καὶ τὸν τόπον πρώτως παράγει. ὅσοι δὴ
οὖν οὐκ αἰτίας συγγενῆ ποιοῦσι τὸν τόπον εἰς πέρατα ἐπιφανειῶν ἢ χωρή-
30 ματα διάκενα ἢ καὶ διαστήματα ὁποιαδητινοῦν αὐτὸν καθέλκοντες ἅμα μὲν
ἀλλότρια δοξάσματα ἐφέλκονται, ἅμα δὲ καὶ ἀποτυγχάνουσι τῆς ὅλης τοῦ 40
Τιμαίου προαιρέσεως, ἥτις ἀεὶ τῇ δημιουργίᾳ τὴν φύσιν συνάπτει. ἔδει
τοίνυν, ὥσπερ τὰ σώματα συγγενῶς τῇ αἰτίᾳ πρώτως παρήγαγεν, οὕτως
καὶ τὸν τόπον ἠρτημένον ἀπὸ τῆς αἰτίας κατιδεῖν, ᾗπερ ὁ Τίμαιος ὑφηγεῖ-
35 ται. καὶ ὥσπερ τὸν χρόνον ἐπειράθημεν ὁμοφυῆ πρὸς τὴν δημιουργίαν
ἀποδοῦναι, οὕτω καὶ τὸν τόπον ἐξηγεῖσθαι." ὥστε καὶ αὐτὸς τὰς ἄλλας
ἐπιβολὰς ἀποσκευαζόμενος τὰς ἔξωθεν τῶν ἐν τόπῳ τὸν τόπον ποιούσας

---

2 γίνεται aF: γινώσκεται E   6 κεῖσθαι aF: κινεῖσθαι E   8. 9 ἐν τόπῳ εἶναι aF
13 καὶ (post γὰρ) om. E   Θεόφραστος fr. 22 Wimm.   14 τὴν om. E   περὶ τοῦ
τόπου a   17 δὲ καὶ ἐπὶ τῶν E: δὲ ἐπὶ aF   20 αὐτοῦ EF   21 τὴν οἰκείαν om. E
23 οὗτος γὰρ F: οὕτως γὰρ E: γὰρ οὗτος a   τῷ ε̄ F: τῷ ιε̄ E: τῷ πέμπτῳ a   εἰς
τὸν τίμαιον aF   26 ἀπεσχιμένος E   πρώτου F   29 suspicor αἰτίᾳ ex v. 33
30 καὶ om. a   31 καὶ om. aF   32 τὴν δημιουργίαν τῇ φύσει a   33 πρώτως
om. a   35 χρόνον E: τόπον aF

συμφυῆ τὸν τόπον τοῖς ἐν τόπῳ φησί. καὶ προελθὼν δὲ "τίς οὖν δόξα, 149ᵛ
φησί, τὸ τέλειον καὶ τὸ τῆς οὐσίας συγγενὲς περὶ τὸν τόπον ἀφορίζεται; 45
ἢ δύναμιν αὐτὸν σωματοειδῆ τιθεμένη τὴν ἀνέχουσαν τὰ σώματα καὶ
διερείδουσαν καὶ πίπτοντα μὲν ἀνεγείρουσαν διασκορπιζόμενα δὲ συνάγουσαν,
5 συμπληροῦσαν δὲ αὐτὰ ἅμα καὶ περιέχουσαν πανταχόθεν". ἔοικεν οὖν
καὶ αὐτὸς ὁρισμὸν ἀποδιδόναι τοῦ τόπου "δύναμιν αὐτὸν σωματοειδῆ" λέγων
συμφυῆ τῷ ἐν τόπῳ "τὴν ἀνέχουσαν τὰ σώματα καὶ διερείδουσαν καὶ
πίπτοντα μὲν ἀνεγείρουσαν διασκορπιζόμενα δὲ συνάγουσαν, συμπληροῦσαν 50
δὲ αὐτὰ ἅμα καὶ περιέχουσαν πανταχόθεν". καὶ δῆλον ὅτι, εἴπερ συμπληροῖ
10 τὰ σώματα ὁ τόπος, οὐκ ἂν εἴη χωριστὸς τοῦ ἐν τόπῳ. περιεκτικὸς δὲ
οὕτως ὡς ὁριστικός ἐστι καὶ συναγωγὸς τῶν σωμάτων.

Τί οὖν ἄρα τοσούτους καὶ τηλικούτους ἄνδρας διαμαρτεῖν ἐν τῇ περὶ
τόπου δόξῃ φήσαιμεν θοίνην οὐκ εὐτυχῆ προτιθέντες τὰς ἡμετέρας ἀπο-
ρίας τοῖς εἰωθόσιν ἐντρυφᾶν ταῖς δοκούσαις τῶν παλαιῶν ἐναντιολογίαις,
15 ἢ μᾶλλον ἑκάστῳ τῶν | περὶ τόπου τι γραψάντων παρακολουθοῦντες 150ʳ
δείξωμεν μηδένα μὲν τῆς περὶ τόπου διαμαρτεῖν ἀληθείας, πολυειδοῦς δὲ
ὄντος αὐτοῦ ἄλλον κατ' ἄλλο τι τῶν εἰδῶν τοῦ τόπου θεάσασθαί τε καὶ
ἐκφῆναι. ἵνα τοίνυν καὶ τὴν κοινὴν ἔννοιαν περὶ τόπου παντὸς ἰδεῖν δυνη-
θῶμεν καὶ τὰς ὑπὸ τῶν φιλοσόφων εἰρημένας διαφορὰς ὑπ' αὐτὴν θεασώ-
20 μεθα, λέγομεν ἀρχήν τινα πάλιν λαβόντες τοιάνδε. τὸ μὲν κυρίως ἓν ἅτε 5
κατὰ πάντα τρόπον ἀδιάστατον καὶ ἀδιάκριτον καὶ ἀπαράτατον ὑπάρχον
ὅρος πάντων ἐστὶ καὶ μέτρον οὔτε ὁρίζεσθαι δεόμενον οὔτε μετρεῖσθαι παρά
τινος. ἀλλὰ μὴν καὶ τὸ ἡνωμένον ἓν τῷ ἑνὶ κρατούμενόν ἐστι καὶ αὐτὸ
τέως ἀνενδεές ἐστι τῆς τοιαύτης τελεσιουργίας. ἡνωμένον δὲ λέγω νῦν οὐ
25 τὸ συνεχές (ἤδη γὰρ καὶ τοῦτο διέστηκεν), ἀλλὰ τὸ μὴ πρὸς μερῶν τὴν
ὁποιανοῦν διάκρισιν ὑπελθόν. τὸ δέ γε διακριθὲν ἤδη κατὰ πλείονας πέ-
πονθε τοῦτο τρόπους. καὶ τὸ μὲν κατὰ μέγεθος οὐσίας ἢ δυνάμεως διέστη, 10
ὥσπερ τὰ συνεχῆ λεγόμενα ποσά, τὰ δὲ κατὰ πλῆθος διωρίσθη, ὡς τὰ
διωρισμένα ἰδίως καλούμενα. τὰ δὲ κατὰ τὴν τοῦ εἶναι παράτασιν ἐξετάθη,
30 ὅσα ἀΐδια ἢ κατὰ τοσόνδε χρόνον ἔχειν τὴν ὑπόστασιν λέγομεν. ἐκβάντα
δὲ ὅλως τοῦ ἑνιαίου πέρατος καὶ πρὸς ἀπειρίαν ὁρμήσαντα καὶ ἀοριστίαν
μέτρων ἐδεήθη καὶ ἀφορισμῶν τῶν ὡρισμένα καὶ ἀσύγχυτα φυλαττόντων
αὐτά. καὶ ἄλλων μὲν κατὰ τὴν εἰς ἄπειρον ἔκχυσιν, ἄλλων δὲ κατὰ τὴν
ἐν ἀλλήλοις τῶν ἤδη διεστώτων μόνων κινδυνεύουσαν ἐπιγενέσθαι σύγχυσιν. 15
35 καὶ τοῦ μὲν διωρισμένου πλήθους τὸν εἰς ἄπειρον διασπασμὸν ἔστησεν

---

3 ante ἡ add. fortasse recte ἢ a   τὰ σώματα iteravit E   6 post τοῦ verba σώματος
καὶ διερείδουσαν καὶ πίπτοντα μὲν ex v. 3 iteravit sed delevit E   7 διερεί sic E
9 περιέχουσαν E: συνέχουσαν aF   10 περιεκτικῶς aF   11 οὕτως E¹   τῶν
om. aF   13 φήσομεν a. fortasse φήσωμεν cf. v. 16   17 ἄλλο a   18 ἐκ-
φῦναι E   21 ἀπαράλλακτον a   22 μέτρον ἀδιάστατον E   23 ἓν a: ἐν
EF   ἐστι] ἔτι E   24 λέγων E   26 ἤδη om. aF   πέπονθε E: post
τοῦτο collocavit F: om. a   30 ὅσα aF: καὶ ὅσα E   ἢ] καὶ a   ἐλέγομεν
aF   32 μερῶν a   34 μόνων] fortasse μερῶν

SIMPLICII COROLLARIUM DE LOCO 641

ἀριθμὸς ὡρισμένοις εἴδεσι περιλαβὼν τὴν διάκρισιν, τοῦ δὲ διισταμένου 150ʳ
ποσοῦ τὴν ἀόριστον ἔχχυσιν ὥρισε τὸ μεγεθικὸν μέτρον, οἷον ὡς εἰκόνα
φάναι τὸ πηχυαῖον ἢ δακτυλιαῖον. τῆς δὲ κατὰ τὸ εἶναι παρατάσεως τὸ
οἷον μέγεθος τὸ μὲν ἀκίνητον ἐμέτρησε καὶ συνήγαγεν εἰς ἓν ὁ αἰών, τὸ
5 δὲ κινούμενον εἰς ἀριθμὸν ὁ χρόνος. καὶ τοιαῦτα μὲν τὰ μέτρα τὰ μὴ
συγχωρήσαντα τὸ ποσὸν εἰς ἄπειρον ἀοριστίαν ἐξενεχθῆναι διακριθὲν μήτε 20
ἐν τοῖς παραδείγμασι μήτε ἐν ταῖς εἰκόσιν. ἄλλο δέ τί ἐστι τῆς ἐν πᾶσι
τούτοις τῶν διακριθέντων συγχύσεως ἀναιρετικὸν αἴτιον τοῦ μὴ ἐπισυγχεῖ-
σθαι ἀλλήλοις τὰ μέρη κατὰ τὴν οἰκείαν ὁλότητα, ἀλλ' ἕκαστον τάξιν τε
10 καὶ θέσιν τὴν προσήκουσαν ἀπολαμβάνειν. οὐ γὰρ ἀναιτίως ἐν μὲν τοῖς
ἀριθμοῖς ἡ μὲν μονὰς πρὸ τῆς δυάδος τέτακται, ἡ δὲ δυὰς πρὸ τῆς τριάδος
καὶ ἐφεξῆς. οὐδὲ ἐκ τοῦ ἐπιτυχόντος ἐναλλὰξ οἱ περιττοὶ καὶ ἄρτιοι τε-
τάχαται καὶ οἱ τετράγωνοι κατὰ τὸ ἑξῆς τὰ μεταξὺ ἀλλήλων διαστήματα 25
κατὰ δυάδα παραυξόμενα ἔχουσι, καὶ ὅσα ἄλλα γλαφυρὰ θεωρήματα τῆς
15 οὐσιώδους τάξεως τῶν ἀριθμῶν ἐν τοῖς ἀριθμητικοῖς παρελάβομεν. κατὰ
δὲ τὸν αὐτὸν τρόπον καὶ τῶν ἄλλων ἀσωμάτων εἰδῶν ἡ διάκρισις τέτακται.
τὸ δὲ αὐτὸ αἴτιον καὶ τῶν ζῴων καὶ τῶν φυτῶν ἔταξε τὴν κατὰ τὰ μόρια
θέσιν, καθ' ἣν κεφαλὴ μὲν καὶ χεῖρες καὶ πόδες ἐπὶ ζῴων τοιῶσδε κεῖν-
ται πρὸς ἄλληλα, ῥίζαι δὲ καὶ στέλεχος καὶ κλάδοι ἐπὶ φυτῶν τοιῶσδε. 30
20 καὶ οὐ μόνον δὲ τὴν τῶν μορίων πρὸς ἄλληλα τάξιν ἀφώρισεν, ἀλλὰ καὶ
τὴν ἑκάστου ὅλου ὡς μέρους τὴν ἐν τῷ ὁλικωτέρῳ θέσιν διώρισεν. οὕτω
γοῦν ἡ μὲν γῆ τὸ μέσον τοῦ παντὸς εἴληχεν, ὁ δὲ οὐρανὸς τὸ πέριξ, τὰ
δὲ μέσα ἐν μέσοις. ἀλλὰ ταῦτα μὲν εἴρηταί πως καὶ πρόσθεν. νῦν δὲ
προσκείσθω τοῖς εἰρημένοις, ὅτι κοινή τις ἂν εἴη τόπου παντὸς ἔννοια ἡ
25 λέγουσα ἀφορισμὸν αὐτὸν εἶναι τῆς ἑκάστου τῶν ἐν τοῖς οὖσι διακεχριμένων
θέσεως. ὁ δὲ ἀφορισμὸς ὁ μὲν κατὰ τὴν ὑποδοχήν ἐστιν, ὁ δὲ κατὰ τὴν 35
περιοχήν, ὁ δὲ κατὰ τὴν ἑκάστου πρὸς τὰ ἄλλα τάξιν τῆς θέσεως. καὶ
ταῦτα πάντα καὶ ἐν ἀσωμάτοις ἔστιν ὁρᾶν καὶ ἐν σωματικοῖς. καὶ γὰρ αἱ
νοηταὶ τάξεις ὡς τόπους διαφόρους ἐκληρώσαντο τὰς τοῦ νοητοῦ κόσμου
30 διαφόρους ὑποδοχάς. λέγει γοῦν Ὀρφεὺς περὶ ἐκείνου τοῦ τὰς τῶν λήξεων
διαφορὰς ἔχοντος
    τοῖον ἑλὼν διένειμε θεοῖς θνητοῖσί τε κόσμον,
καὶ ἡ περιοχὴ δὲ τόπος ἐκεῖ λέγεται πολλάκις. διὸ καὶ τὴν Συρίαν Ἀταρ-
γάτην τόπον θεῶν καλοῦσιν καὶ τὴν Ἶσιν οἱ Αἰγύπτιοι, ὡς πολλῶν θεῶν 40
35 ἰδιότητας περιεχούσας. κατὰ δὲ τὴν ἑκάστου πρὸς τὰ ἄλλα τῆς θέσεως
τάξιν ὁ Πλάτων ὑπερουράνιον καὶ νοητὸν τόπον ἐκεῖνόν φησιν, καθ' ὃν
ἀφώρισται καὶ διακέκριται τῶν νοητῶν εἰδῶν ἡ τάξις. κατὰ τοῦτο δὲ τὸ

---

1 παραλαβὼν E   3 ἢ τὸ δακτυλιαῖον aF   5 καίτοι αὐτὰ F   6 ἄπειρον om.
aF   17 τῶν φυτῶν καὶ τῶν ζώων E   κατὰ μόρια E   20 δὲ E: om. aF
21 ὁλικωτέρῳ aF   27 τὰ ἄλλα aF (cf. v. 16): ἄλληλα E   28 καὶ (ante ἐν) om.
aF   30 Ὀρφεὺς cf. Lobeckii Aglaoph. p. 577   ὁ ὀρφεὺς aF   32 τοῖον] τὸν τόθ'
Syrianus p. 935ᵃ 22, ubi vide Useneri notam   33 ἀταρἀτην a. Ἀταργάτιν Strabo XVI
p. 748. 785 cf. Movers Phoen. I 598. Zeitschr. d. D.M.G. XXIV 92. 109. XXXI 731 sqq.
34 οἱ om. E   36 φησὶν ἐκεῖνον aF   37 δὲ τοῦτο aF

σημαινόμενον καὶ τῶν ἀριθμῶν ἕκαστον ἐν τῷ οἰκείῳ τόπῳ λέγομεν τε- 150r
τάχθαι, ὅταν πρώτη μὲν ἡ μονάς, μετ' ἐκείνην δὲ ἡ δυάς, καὶ ἐφεξῆς ἡ
τριάς, καί, ὡς εἴρηται πρότερον, οἱ τετράγωνοι τάσδε ἔχουσι τὰς χώρας
καὶ ἄλλοι ἄλλας τεταγμένως. καὶ ἡ ψυχὴ ¦δὲ τόπος εἰδῶν οὕτω λέγεται 45
5 κατὰ τόδε τὸ τῆς περιοχῆς εἶδος. καὶ τὰ τῶν ἐπιχειρημάτων ἀποδεικτι-
κῶς ἀφοριστικὰ τόπους καλοῦμεν οἷον τὸν ἀπὸ τῶν ἐναντίων ἢ ἀπὸ τῶν
ὁμοίων ἐπιχειροῦντα καὶ ἀπὸ γενῶν ἢ εἰδῶν. ὁμοίως δὲ καὶ ἐν τοῖς σω-
ματικοῖς κατὰ μὲν τὸν τῆς ὑποδοχῆς ἀφορισμὸν τὴν ὕλην τινὲς ᾠήθησαν
τόπον, κατὰ δὲ τὸν τῆς περιοχῆς, ἐπειδὴ καὶ αὐτὴ ἡ μὲν συμφυής ἐστιν
10 ἡ δὲ ἔξωθεν, κατὰ μὲν τὴν συμφυῆ τόπον λέγουσι τὸ κατὰ τὴν ἐπιφάνειαν
εἶδος ὡς ἐν τούτῳ κειμένου τοῦ ὅλου, κατὰ δὲ τὴν ἔξωθεν περιοχὴν ὡς 50
ἐν αὐτῇ κειμένων τῶν θέσιν ἐχόντων οἱ μὲν τὸ πέρας τοῦ περιέχοντος
ἔθεντο τόπον, ὥσπερ ὁ Ἀριστοτέλης, οἱ δὲ τὸ ἀσώματον διάστημα πολλὰ
δοκοῦντες ἐκφεύγειν ἄτοπα τῶν τοῖς προτέροις ἐπαγομένων. κατὰ δὲ τὴν
15 ἑκάστου πρὸς τὰ ἄλλα τάξιν τῆς θέσεως ὡς ἀσώματον μέν, αἰσθητὸν δὲ
καὶ ἐν σώμασι τὸν τόπον ὁ προσεχῶς ἀποδεδομένος λόγος ἀφορίζεσθαί μοι
δοκεῖ, ὃν εἶπον Δαμασκίου τοῦ ἡμετέρου καθηγεμόνος καὶ ὑπὸ τοῦ ¦
Θεοφράστου καὶ τοῦ θείου Ἰαμβλίχου μαρτυρούμενον. ὡς γὰρ αὐτὴ ἡ 150v
θέσις ἀσώματός ἐστιν (οὔτε γὰρ τὸ κείμενον σῶμα οὔτε τὸ ἐν ᾧ κεῖται
20 ἡ θέσις ἐστίν), οὕτω καὶ ὁ τῆς θέσεως ἀφορισμὸς ἀσώματός ἐστι κατὰ
ταύτην τὴν ἔννοιαν. διὸ καὶ αἱ διαφοραὶ τοῦ τόπου, τό τε ἄνω φημὶ καὶ
τὸ κάτω καὶ δεξιὰ καὶ ἀριστερὰ καὶ ἔμπροσθεν καὶ ὄπισθεν, ἀσώματά
ἐστι, κἂν ἐν σώματι ὑφεστηκότα θεωρῆται. δεξιὰν γὰρ λέγομεν χεῖρα οὐ 5
μόνον κατὰ τὴν διάφορον κατασκευὴν αὐτῆς, ἀλλὰ καὶ ὅτι ἐν τοῖς δεξιοῖς
25 κεῖται τοῦ σώματος ὥσπερ καὶ τὸ ἧπαρ. ἀλλ' ἐν ἀσωμάτοις μὲν ὁ τῶν
ἀριθμῶν τόπος ἔστω τὴν τάξιν αὐτοῖς ἀφορίζων τῆς πρὸς ἀλλήλους θέσεως,
ὁμοίως δὲ καὶ ὁ τῶν εἰδῶν τῶν τε νοερῶν καὶ τῶν ψυχικῶν· ἀλλὰ μὴν
καὶ ἐν σώμασιν, ὡς εἴρηται πρότερον, ὁ τῶν μορίων ἑκάστοις τὴν τάξιν καὶ
τὸν εὐθετισμὸν πρός τε ἄλληλα καὶ πρὸς τὸ ὅλον παρεχόμενος τὸ οἰκεῖον,
30 ἔτι δὲ καὶ ὁ ἐν τῷ κοινῷ ὅλῳ οἷον ἐν τῷ ὅλῳ κόσμῳ διὰ τοῦ προσεχῶς 10
ὅλου τὴν προσήκουσαν ἀποδιδοὺς θέσιν. καὶ ἔοικεν εἰς τοῦτο μάλιστα τοῦ
τόπου τὸ σημαινόμενον ἀπιδεῖν ὁ Ἀριστοτέλης, καθ' ὃ ἄλλο ἐν ἄλλῳ κεῖ-
ται τῶν σωμάτων, ὅλον μὲν ἐν ὅλῳ οἷον ἐγὼ ἐν τῷ ἀέρι, μερικώτερον
δὲ ἐν ὁλικωτέρῳ, κἂν ὁ προσεχὴς τόπος ἴσος εἶναι βούληται τῷ ἐν τόπῳ.

---

2 ἐφεξῆς τρίας E   5 κατὰ τόδε a: κατὰ δὲ E: κτὸ (sic) δὲ F   ἀποδεικτικῶς aF:
περιεκτικὸς E   8 ὑποδοχῆς E: ἀποδοχῆς aF at cf. p. 641,26   9 αὐτὸς ὁ
μὲν a   10 ἡ δὲ] ὁ δὲ a   μὲν (post κατὰ) F: om. aE   11 κειμένῳ E
12 τῶν] τὴν F   15 καὶ ἐν σώματι E   17 δαμάσκιον E   18 Θεοφράστου
κτλ. cf. p. 639,13   ante θείου add. ὑπὸ a   ἀμβλίχου E   ἡ θέσις om. E
19 οὔτε γὰρ aF: οὕτω γὰρ E   κείμενον E: κινούμενον aF   κεῖται E: κινεῖται
aF   21. 22 καὶ κάτω om. E   22 ἀσώματόν E   ὄπισθέν d ἀσώματα F
23 κἂν ἐν σώματι om. F   23 θεωρεῖται E¹F   27 ὁ om. aF   τῶν (ante
τε) om. E   31 ἀποδιδοὺς om. aF   32 τὸ om. aF

"λέγομεν, γάρ φησιν, εἶναι ὡς ἐν τόπῳ ἐν τῷ οὐρανῷ, διότι ἐν τῷ ἀέρι, 150ʳ
οὗτος δὲ ἐν τῷ οὐρανῷ. καὶ ἐν τῷ ἀέρι δὲ οὐκ ἐν ἅπαντι, ἀλλὰ διὰ τὸ
ἔσχατον αὐτοῦ καὶ περιέχον ἐν τῷ ἀέρι φαμὲν εἶναι." ἔστι δὲ καὶ πε- 15
ριεκτικὸς καὶ ὑποδεκτικὸς ὁ τοιοῦτος τόπος, καθόσον ἐστὶν ὁλικώτερος.
5 τόπος δὲ ὅλος κατὰ τὸν ἀφορισμὸν τῆς θέσεως· καὶ ὁ Πλάτων δὲ τὴν
ὕλην τόπον τῶν εἰδῶν εἶπε καὶ χώραν ὡς ὑποδεχομένην τὴν θέσιν τῶν
εἰδῶν τῶν εἰς αὐτὴν ἐκπεσόντων καὶ ἀφορίζουσαν αὐτῶν τὴν διάστασιν.
τὰ μὲν γὰρ εἴδη καθ' αὑτὰ συνῃρημένην ἔχει τὴν τῶν μερῶν διάκρισιν,
διαστάντα δὲ κατὰ τὴν ὑλικὴν ἀοριστίαν ὑλικὴν ἔσχε τὴν τάξιν τῆς δια-
10 στάσεως ὡς ἄυλον πρὸ τοῦ τὴν τάξιν τῆς διακρίσεως. τόπος οὖν ἡ ὕλη 20
τῶν εἰδῶν καὶ ὡς ὑποδοχὴ καὶ ὡς τῆς διαστατῆς θέσεως καὶ τῆς τοιαύ-
της τάξεως αἰτία. ἀλλὰ μὴν καὶ τὸ διάστημα τόπος ὡς προϋπογραφὴ καὶ
τύπος τῶν ἐν αὐτῷ γινομένων σωμάτων, ὁ μὲν ἴδιος ὡς ὁ τῶν οὐρανίων
σφαιρῶν, ὁ δὲ κοινὸς ὡς ὁ τῶν ἐπιμιγνυμένων ἀλλήλοις στοιχείων. ἐν
15 γὰρ τῷ αὐτῷ διαστήματι καὶ πῦρ γίνεται καὶ ἀὴρ καὶ ὕδωρ καὶ γῆ
ἄλλοτε ἄλλο κατὰ τὴν κοινὴν τοῦ διαστήματος ἐπιτηδειότητα. οὐδὲν δὲ
θαυμαστὸν καὶ σῶμα σώματος εἶναι τόπον ἀυλότερον ἐνυλοτέρου καὶ ὑπέρ- 25
τερον τῇ φύσει τοῦ καταδεεστέρου, ὡς ὁ φιλόσοφος ἐπέβαλε Πρόκλος. καὶ
γὰρ οἱ κλεινοὶ τῶν φιλοσόφων ὁμολογοῦσι τὰς οὐρανίους σφαίρας ὁλοκλή-
20 ρους εἶναι καὶ μέχρι τοῦ κέντρου πεπληρωμένας. καὶ δῆλον ὅτι αἱ ἐνδο-
τέρω ἐν ταῖς ἐξωτέρω εἰσίν, οἷον ἡ τῆς σελήνης ἐν τῇ τοῦ Ἑρμοῦ καὶ
αὕτη ἐν τῇ τῆς Ἀφροδίτης καὶ ἐφεξῆς οὕτως· ἀλλὰ καὶ τὰ ὑπὸ σελήνην
στοιχεῖα καὶ ζῷα καὶ φυτὰ ἐν πάσαις, εἰ καὶ προσεχέστερον ἐν τῇ σελη-
νιακῇ ὡς συγγενέστερα αὐτῇ μᾶλλον. γίνεται οὖν ἕκαστος τῶν περιεχόν- 30
25 των τόπος τῷ περιεχομένῳ ὡς περιεκτικός τε αὐτοῦ καὶ ὑποδεκτικὸς καὶ
ἀφοριστικὸς τῆς θέσεως αὐτοῦ. διὸ οὐδὲ ὡς ἐν ὅλῳ κατὰ τοῦτό εἰσιν,
ἀλλ' ὡς ἐν τόπῳ. ἐπεὶ οὖν ἡ Ἀσσύριος θεολογία καὶ ὑπὲρ τόνδε τὸν
κόσμον ἄλλο σῶμα θειότερον τὸ αἰθέριον παραδέδωκεν, οἶδε δὲ αὐτὸ καὶ
Ὀρφεὺς ἐν οἷς φησιν

30   αἰθέρι πάντα πέριξ ἀφάτῳ λάβε· τῷ δ' ἑνὶ μέσσῳ
    οὐρανόν,

ἴσασι δὲ καὶ ἀστρονόμοι τὴν ἄναστρον καὶ ὄντως ἀπλανῆ ὑπὲρ τὴν λεγο-
μένην ἀπλανῆ τιθέντες ἐξ ἀνάγκης, ἐπειδὴ καὶ ταύτην τὴν τοὺς πολλοὺς 35
ἔχουσαν ἀστέρας ἀπὸ δύσεως κινουμένην ἐν ἑκατὸν ἔτεσι μίαν μοῖραν κα-
35 ταλαβόντες δέονται τῆς τὴν φαινομένην ταύτην τὴν ἀπ' ἀνατολῶν περιφορὰν
περιαγούσης, ἐπεὶ οὖν, ὡς ἠρξάμην λέγειν, πολλὴν ἔσχε μαρτυρίαν ὁ
Πρόκλος τῶν θειότερόν τι καὶ τοῦδε τοῦ κόσμου σῶμα πρεσβευόντων, εἰκό-

---

1 φησιν Δ 4 p. 211ᵃ24   2 οὕτως F   παντὶ Aristoteles   4 ὁλικώτερος ἐστίν a
5 ὅλος aF: ὅλως E   10 τοῦ om. E   11 τῆς (post ὡς) om. a   15 post πῦρ add.
καὶ E   17 καὶ—καταδεεστέρου (18) om. F   ὑπέρτερον E: πρότερον aF   21 τοῦ
om. E   26 ὡς (post οὐδὲ) om. E   27 ἀσύριος E   28 δὲ om. F   29 Ὀρφεὺς
cf. Proclus in Tim. p. 148 et 225 Schneider, Lobeck Aglaoph. p. 517   30 λαβέτω δ'
ἑνὶ E: λάβε τὸ δ' ἑνὶ F: λάβε. ἐν δ' αὖ a   37 θειοτέρων F

τως ἐκεῖνο τόπον ἔθετο τοῦδε τοῦ παντὸς κόσμου. δῆλον δὲ ὅτι καὶ τῶν 150ᵛ τοιούτων σωμάτων τῶν ὑποδεχομένων τε καὶ περιεχόντων τὰ ἄλλα ἕκαστον 40 διάστασιν ἔχον καὶ μορίων διαφορὰς ἔχει καὶ τόπον οἰκεῖον καὶ ὡς διάστημα καὶ ὡς τὴν τῶν μορίων εὐθετίζοντα τάξιν. ὅπερ οὖν ἐξ ἀρχῆς
5 εἶπον, καὶ νῦν ἐρῶ, ὅτι τῶν περὶ τόπου λεγόντων ἕκαστος ἀπεῖδεν εἰς ἀληθῆ τινα περὶ τόπου ἔννοιαν καὶ τοῦ κοινοῦ χαρακτῆρος οὐκ ἀπέπεσεν, εἰ δὲ μὴ πάσαις πάντες ἐπέβαλον ταῖς τοῦ τόπου διαφοραῖς, θαυμαστὸν οὐδέν· οὐδὲ γὰρ ἀπεικός ἐστι καὶ ἄλλας εἶναί τινας οὔπω γενομένας καταφανεῖς.
10 Προσκείσθω δὲ τοῖς εἰρημένοις καὶ τοῦτο, ὅτι Δαμάσκιος ὁ ἡμέτερος 45 ἥψατο μὲν καλῶς τοῦ κατὰ τὸν εὐθετισμὸν τόπου καὶ διήρθρωσέ γε αὐτὸν πρῶτος ὧν ἡμεῖς ἴσμεν, οὐ προσεποιήσατο δὲ καὶ τὰ ἄλλα τοῦ τόπου σημαινόμενα, τά τε ἐπὶ τῶν ἀσωμάτων καὶ τὰ ἐπὶ τῶν σωμάτων λεγόμενα. τὸ μὲν γὰρ ἀφορισμὸν καὶ μέτρον εἶναι θέσεως τὸν τόπον καλῶς οἶμαι
15 λέγεται, θέσις δὲ καὶ ἐν ἀσωμάτοις κατὰ τὴν τάξιν εἴη ἄν, ὡς καὶ ἐν ἀριθμοῖς τὴν δυάδα λέγομεν κεῖσθαι πρὸ τῆς τριάδος καὶ ταύτην πρὸ τῆς τετράδος· ἔστι δὲ καὶ ἐν σώμασι κατὰ τὴν τῆς διαστάσεως διαφοράν. τοῦτό 50 τε οὖν ἐπισημαίνομαι καὶ ὅτι τρία μέτρα ὑποθέμενος τὸ μὲν τῆς διακρίσεως τὸν ἀριθμόν, τὸ δὲ τῆς ἐν τῇ κινήσει παρατάσεως τὸν χρόνον, τὸ δὲ τῆς
20 διαστάσεως τὸν τόπον, οὐ διώρισε τὸ διττὸν τῆς διαστάσεως τὸ μὲν ὡς μεγέθους ὡρισμένου, καθ' ὃ τὸ μὲν πηχυαῖον τὸ δὲ δακτυλιαῖον εἶναι λέγομεν, τὸ δὲ ὡς θέσιν ἐχούσης, καθ' ἣν τὸ μὲν ἄνω τὸ δὲ κάτω καλοῦμεν καὶ τὸ μὲν δεξιὰ τὸ δὲ ἀριστερά, ἀλλὰ καίτοι πολλαχοῦ τῆς θέσεως μέτρον εἶναι λέγων τὸν τόπον οὐ διέκρινεν | αὐτὸν ἀπὸ τοῦ μέτρου τοῦ 151ʳ
25 μεγέθους. οὐδὲν δὲ ἴσως χεῖρον καὶ τῶν αὐτοῦ λόγων ἀκούειν ἐν τῷ Περὶ τόπου βιβλίῳ γράφοντος ὧδε· "πέφηνεν ἄρα ἡμῖν τρία μέτρα ὄντα τριῶν μερισμῶν. οὔτε δὲ ἄλλος ἐστὶ μερισμὸς ἐν τῇ γενέσει παρὰ τοὺς τρεῖς οὔτε ἄλλο μέτρον· καὶ γὰρ τὸ ἀδιαίρετον τριττόν· μονὰς γὰρ καὶ τὸ νῦν καὶ σημεῖον. τῆς μὲν οὖν μονάδος ἡ κατὰ τὴν ὕλην διαίρεσις, ἢ ἀκριβέ-
30 στερον φάναι τοῦ ἑνός, ποιεῖ τὸ πλῆθος, ὃ περιγράφει τις ἀριθμός, ὡς τὸ 5 ἓν πρᾶγμα ἡ μονὰς τὸ ἀδιαίρετον τοῦ ἀριθμοῦ. τοῦ δὲ νῦν ἡ ῥύσις ποιεῖ παράτασιν· λέγω δὲ νῦν τὸ ἐν τῷ νῦν τοῦ ῥέοντος ἄρρευστον, οἷον τὸ κίνημα πρὸς τὴν κίνησιν ὡς ἀρχὴ κινήσεως· τοῦτο δὴ οὖν μετρεῖν εἴληχε τὸ τοῦ χρόνου νῦν καὶ τὴν ῥύσιν ὁ χρόνος, καθάπερ τὸ πλῆθος ὁ ἀριθμός.
35 τοῦ δὲ σημείου ἡ ἔκτασις ποιεῖ τὴν διάστασιν, ᾗ μέτρον σύνεστιν ὁ τόπος ἀφοριστικὸν τῆς τε τοῦ ὅλου θέσεως ἁπάσης, μέχρις ὅσου διαστᾶσα τριχῇ, ὅ ἐστι πανταχῇ, εὖ ποιήσει κεῖσθαι τὸ ὅλον κατὰ τὴν ἑαυτοῦ πρὸς ἑαυτὸ 10

---

6 περὶ τοῦ τόπου aF   7 διαφοραῖς] διανοίαις a   10 post ἡμέτερος add. διδάσκαλος a   12 post τοῦ τόπου add. τὰ F   15 καὶ (post δὲ) om. E   καὶ (post ὡς) om. E   16 καὶ ταύτην—τετράδος (17) om. a   17 σώματι aF   τὴν om. a   19 τὸ δὲ τῆς ἐν — χρόνον om. F   26 πέφυκεν a   28 τρίτον F   31 ἢ] καὶ a   33 δὴ οὖν aF: οὖν δεῖ E   34 τὸ πλῆθος E: τὴν ῥύσιν F: τὴν διαίρεσιν a   35 τὴν (post ποιεῖ) om. aF

πανταχῆ θέσιν καὶ τὰ ἐν αὐτῷ μέρη πάντα, καὶ ἔτι τῆς πάντων τῶν με- 151r ρῶν θέσεως ἐν τῷ παντὶ τόπῳ καὶ τῆς ἑκάστου ἑκάστης· ὥστε καὶ εἰ σφαῖρα εἴη, ἢ ἄλλως ἔχοι τι μέσον ἢ πέρας ἄλλο καὶ τοῦ τόπου κεῖσθαι ὅπου κείμενον εὖ κείσεται." καὶ ὅτι μὲν τῆς θέσεως μέτρον εἶναι λέγει
5 τὸν τόπον εὐθετίζοντα τὸ κείμενον, δῆλον. οὐ μόνης δὲ ταύτης, ἀλλὰ καὶ τοῦ μεγέθους ὡς μεγέθους μέτρον αὐτὸν ἀφορίζεται. λέγει γοῦν μετ' ὀλίγα τῶν εἰρημένων, "οἷον προϋπογραφή τις αὐτὸς ὢν τῆς τε ὅλης θέσεως 15 καὶ τῶν μορίων αὐτῆς καὶ ὡς ἄν τις εἴποι τύπος, εἰς ὃν ἐνηρμόσθαι χρὴ τὸ κείμενον, εἰ μέλλοι κεῖσθαι κατὰ τρόπον καὶ μὴ συγκεχύσθαι καὶ παρὰ
10 φύσιν ἔχειν. οἷον ἢ ὅλον μεῖζον ἢ ἔλαττον τοῦ ἁρμόζοντος μεγέθους διαστὰν ἢ ἐν τῷ παντὶ κείμενον ὅπου μὴ καλὸν ἢ τῶν μορίων αὐτοῦ τὴν ὀφειλομένην θέσιν οὐκ ἐχόντων, εἰ τὸν ἐγκέφαλον ἐν ταῖς πτέρναις ἔχοι τις ἄνθρωπος κατὰ τὸν εἰπόντα". οὕτω σαφῶς τὸν τόπον οὐ τοῦ εὐθετισμοῦ μόνον, ἀλλὰ καὶ τοῦ μεῖζον ἢ ἔλαττον εἶναι τὸ διεστὼς αἰτιᾶται. 20
15 καίτοι τέτταρα οἶμαι τὰ μέτρα ἐχρῆν ἀφορίσασθαι ἀριθμὸν μέγεθος τόπον χρόνον, τὸ μὲν τὴν διάκρισιν μετροῦντα, τὸ δὲ τὴν διάστασιν, τὸν δὲ τὴν παντοίαν θέσιν, τὸν δὲ τὴν τῆς γενέσεως παράτασιν. ταῦτα τοίνυν καὶ περὶ τόπου τοῖς φιλομαθέσι συγγνωμονησάμενος ἐπὶ τὰ ἑξῆς τοῦ Ἀριστοτέλους μέτειμι λοιπὸν τὰ περὶ τοῦ κενοῦ πολυπραγμονήσων. 24

20 p. 213a12 Τὸν αὐτὸν δὲ τρόπον ὑποληπτέον ἕως τοῦ καὶ τρίτον 32 τὰς περὶ αὐτῶν κοινὰς δόξας.

Ἀρχόμενος τοῦ τρίτου βιβλίου καὶ περὶ κινήσεως ὡς ἀναγκαίας τῷ φυσικῷ προθέμενος εἰπεῖν ἐπήγαγεν, ὅτι ἄνευ τόπου καὶ κενοῦ καὶ χρόνου 35 κίνησιν ἀδύνατον εἶναι δοκεῖ· δῆλον οὖν φησιν, ὡς διά τε ταῦτα καὶ διὰ
25 τὸ πάντων εἶναι κοινὰ καὶ καθόλου ταῦτα πᾶσι, σκεπτέον προχειρισαμένοις περὶ ἑκάστου τούτων. εἰπὼν οὖν περὶ κινήσεως καὶ ἐφεξῆς περὶ ἀπείρου, ἐπειδὴ ἡ κίνησις ἢ πεπερασμένη ἢ ἄπειρος δοκεῖ καὶ συνεχὴς οὖσα ἐπ' ἄπειρόν ἐστι διαιρετὴ ὥσπερ πάντα τὰ συνεχῆ, μετ' ἐκεῖνα περὶ τόπου διείλεκται. ἐπειδὴ δέ τινες τὸ κενὸν τόπον ἔλεγον ἐστερημένον σώματος
30 καὶ τὸν τόπον διάστημα κενὸν δεκτικὸν σωμάτων, πρὸς μὲν τοὺς διάστημα 40 δεκτικὸν σωμάτων λέγοντας εἶναι τὸν τόπον ἐν τοῖς περὶ τόπου λόγοις ὑπήντησε, πρὸς δὲ αὐτὴν τὴν τοῦ κενοῦ θέσιν, εἴτε τόπος εἴτε ὁτιδήποτέ ἐστι, νῦν ὑπαντήσει, οἰκεῖον καὶ νῦν τοῦ φυσικοῦ τὸν περὶ κενοῦ λόγον ὑπο-

---

1 ἐν αὐτῷ E   3 ἔχοι libri. legendum ἔχειν   6 αὐτὸν om. a   οὖν a   10 τὸ διαστὰν a   εἰπόντα Hegesippum de Halonn. 45   14 ἀλλὰ om. F   15 δ' οἶμαι EF: ὡς οἶμαι a   20 lemmati superscribit ΤΜΗΜΑ ΔΕΥΤΕΡΟΝ ΠΕΡΙ ΚΕΝΟΥ a
21 κοινὰς δόξας περὶ αὐτῶν a   23 καὶ (post κενοῦ) om. a   25 ταῦτα πᾶσι om. E
27 δοκεῖ aF: ἐστι E   28 περὶ τοῦ τόπου F   30 σωμάτων δεκτικὸν aF   32 αὐτὴν aF: αὖ E   post ὁτιδήποτε add. δέ E

δεικνύς, διότι τόπον τινὰ καὶ οἶον ἀγγεῖον τὸ κενὸν ἐννοοῦσιν οἱ λέγοντες. 151ʳ τὰ δὲ αὐτὰ προβλήματα καὶ περὶ κενοῦ φησιν εἶναι, ἅπερ καὶ περὶ τόπου. πρῶτον μὲν εἰ ἔστιν ἢ μὴ καὶ πῶς ἐστι καὶ τί ἐστι. καὶ ὅτι μὲν ταὐτὸν σημαίνει τὸ πῶς ἐστι ⟨καὶ τί ἐστι⟩, καλῶς ὁ Ἀσπάσιος ἐπέστησε. 45
5 καὶ γὰρ καὶ ἐπὶ τοῦ τόπου τὸ εἰ ἔστι καὶ τί ἐστι ζητῶν οὕτως εἶπεν· "εἰ ἔστι τι ἢ μὴ καὶ πῶς ἐστι καὶ τί ἐστιν." ἀλλὰ δοκεῖ τὸ πῶς ἐστι καὶ τί ἐστιν ἐπὶ τοῦ κενοῦ μὴ ἔχειν χώραν, εἴπερ δείκνυται μηδὲ ὅλως ὂν τὸ κενόν. εἰ μὴ ἄρα τὸ πῶς καὶ τὸ τί οὐ πρὸς τὴν ὑπόστασιν ἀναφέρων τοῦ κενοῦ προβάλλεται, ἀλλὰ πρὸς τοὺς τιθεμένους αὐτό, πῶς ἄρα
10 αὐτὸ καὶ τί τίθενται; ἢ ἐπειδὴ αἴτιον τοῦ κινεῖσθαι λεγόντων ἐκείνων τὸ κενόν, αὐτὸς αἴτιον τοῦ κινεῖσθαι τὴν ὕλην φησίν, ἣν κενὸν λέγεσθαι 50 συγχωρεῖ, διὰ τοῦτο τρόπον τινὰ εἶναι τὸ κενὸν συγχωρεῖ· καὶ συμπεραινόμενος τὸν περὶ αὐτοῦ λόγον οὕτως εἶπε· "καὶ περὶ μὲν κενοῦ πῶς ἔστι καὶ πῶς οὐκ ἔστι, διωρίσθω", ὅτι ὡς μὲν λέγουσιν οἱ τιθέντες αὐτὸ οὐκ
15 ἔστιν, ὡς δὲ ὕλην οὐδὲν κωλύει τὸ κενὸν εἶναι. παραπλησίαν δὲ ἔχει τὴν πίστιν καὶ τὴν ἀπιστίαν τῷ τόπῳ τὸ κενὸν φησιν, ἐπειδὴ οἱ τὸ κενὸν τιθέντες τόπον ἔλεγον αὐτὸ σώματος ἐστερημένον καὶ ἀπὸ τῶν κατὰ τόπον κινουμένων μάλιστα καὶ οὗτοι τὴν πίστιν ἐποιοῦντο | τοῦ κενοῦ ὥσπερ καὶ 151ᵛ τοῦ τόπου. οἱ οὖν διάστημα κενὸν τὸν τόπον λέγοντες ταὐτὸν λέγοντες τὸ
20 κενὸν καὶ τὸν τόπον τὴν αὐτὴν πίστιν καὶ ἀπιστίαν ἔχουσιν ἐπιφερομένην τῇ ἑαυτῶν θέσει. ὅτι δὲ καὶ αὐτὸς διὰ τοῦτο παραπλησίαν ᾠήθη τὴν πίστιν καὶ τὴν ἀπιστίαν, ἐδήλωσεν ἐπαγαγὼν οἷον γὰρ τόπον καὶ ἀγγεῖον τὸ κενὸν τιθέασιν οἱ λέγοντες. ἐφιστάνει δὲ καλῶς, ὅτι τὸ αὐτὸ ἔχον μὲν ἐν ἑαυτῷ τὸ σῶμα, οὗ δεκτικόν ἐστι, πλῆρες λέγεται, 5
25 ἐστερημένον δὲ αὐτοῦ, κενόν· τόπος δὲ τὸ αὐτὸ καθόσον δεκτικός· ὥστε τὸ αὐτὸ τῷ ὑποκειμένῳ καὶ κενόν ἐστι καὶ πλῆρες καὶ τόπος, τῷ δὲ λόγῳ διαφέρουσι. δῆλον δὲ ὅτι οὐ τὸ πλῆρες ταὐτόν ἐστι κατὰ τὸ ὑποκείμενον τῷ τε κενῷ καὶ τῷ τόπῳ, ἀλλὰ τὸ διάστημα. τοῦτο γὰρ ποτὲ μὲν πλῆρές ἐστι, ποτὲ δὲ κενόν. καὶ τόπος τὸ αὐτὸ ὡς δεκτικόν, ἀλλ' οὐχ ᾗ πεπλη-
30 ρωμένον, οὐδὲ ᾗ κενόν. δεῖ δέ, φησί, τὸν ζητοῦντα εἰ ἔστιν ἢ μὴ καὶ τί ἐστιν, ἐπισκέψασθαι πρῶτον ἃ λέγουσιν οἱ λέγοντες εἶναι, εἶτα ἃ λέγουσιν 10 οἱ λέγοντες μὴ εἶναι. ἐκ τούτων γὰρ ἔσται δῆλον, εἴτε ἔστιν εἴτε μή, τοῖς ἀληθέστερα λέγουσι προστιθεμένων ἡμῶν διὰ τοῦ τὰς κοινὰς ἐννοίας ἤτοι τὰς δόξας ἀνερευνήσασθαι περί τε τοῦ τόπου καὶ τοῦ κενοῦ καὶ τοῦ
35 διαστήματος ἁπλῶς· ἔθος γὰρ αὐτῷ ταῖς κοιναῖς ἐννοίαις κριτηρίῳ χρωμένῳ πρὸς ταύτας παραβάλλειν καὶ βασανίζειν τὰς ἀντικειμένας δόξας· ὅτι δὲ καὶ φύσει προηγούμενός ἐστιν ὁ περὶ τόπου λόγος τοῦ περὶ κενοῦ,

---

3 καὶ τί] ἢ τί Aristoteles   4 καὶ τί ἐστι a: om. EF   5 καὶ ἐπὶ τοῦ EF: ἐπὶ a εἶπεν Δ 1 p. 208ᵃ28   8 τὸ πῶς] τόπος E   11 αἴτιον (post αὐτὸς) om. E   12 post συμπεραινόμενος add. γοῦν aF   13 εἶπε Δ 9 p. 217ᵇ27   14 διώρισται Arist. cod. E   17 αὐτὸ ἔλεγον ἐστερημένον σώματος aF   22 ὑπαγαγὼν a   25 δὲ αὐτοῦ] δι' αὐτοῦ E   32 εἴτε μή] ἢ μή E   34 τὰς om. E   ἀνερευνήσασθαι a: ἀνενερευνήσασθαι E: ἀνευρευνήσασθαι F

δῆλον, εἴπερ ὁ τόπος κοινότερός ἐστι τοῦ τε πλήρους καὶ τοῦ κενοῦ· καὶ 151ᵛ
γὰρ τόπος ὁ μὲν κενός ἐστιν, ὁ δὲ πλήρης. προηγεῖται δὲ τὰ κοινὰ τῶν
ἰδίων. καὶ μέντοι ὁ μὲν τόπος ἕξει ἔοικε κατὰ τὸ δεκτικὸν ἀφωρισμένος,
εἴτε ἔχει τι εἴτε μή, τὸ δὲ κενὸν στερήσει· ὑστέρα δὲ πανταχοῦ τῆς
5 ἕξεως ἡ στέρησίς ἐστιν. οὔτε οὖν ταὐτόν ἐστι τόπος καὶ κενόν· οὔτε γὰρ
ὁ τόπος ἐστὶ κενόν, εἴπερ τόπος ὁ μὲν κενός ἐστιν, ὁ δὲ πλήρης, κενὸν δὲ
καὶ πλῆρες οὐκ ἂν εἴη τὸ αὐτό, οὔτε τὸ κενὸν τόπος καθὸ κενόν, ἀλλὰ
καθὸ δεκτικόν ἐστι καὶ ἐπιτηδείως ἔχει πρὸς τὴν ὑπὸ τοῦ σώματος
πλήρωσιν.

10 p. 213ᵃ22   Οἱ μὲν οὖν πειρώμενοι δεικνύναι ὅτι οὐκ ἔστιν ἕως
τοῦ ἀλλ' οἱ φάσκοντες εἶναι μᾶλλον.

Προθέμενος εἰπεῖν ἅ τε λέγουσιν οἱ φάσκοντες εἶναι τὸ κενὸν καὶ ἃ
λέγουσιν οἱ μὴ εἶναι φάσκοντες, καὶ πρώτους τοὺς φάσκοντας εἶναι ὁρμήσας
προχειρίσασθαι καὶ παραστῆναι τῷ λόγῳ, καὶ πιθανὸν αὐτὸν ὥσπερ εἴωθεν
15 ἐπιδεῖξαι πρὸ τοῦ τὰ ἐπιχειρήματα θεῖναι τὰ τοιαῦτα, τοὺς ἐπιχειροῦντας
μὲν ἐλέγχειν αὐτά, μὴ καλῶς δὲ πρὸς αὐτὰ ὑπαντῶντας διελέγχει. καὶ
οὕτως πρώτους παράγει τοὺς μὴ φάσκοντας εἶναι ἅμα καὶ δεικνύς, πρὸς
ποίαν ἔννοιαν τοῦ κενοῦ χρὴ διαμάχεσθαι, ὅτι οὐχ ἣν λέγουσιν οἱ πολλοί,
μόνα νομίζοντες εἶναι σώματα τὰ ἀντιτυποῦντα, τὸν δὲ τοῦ λεγομένου ἀέρος
20 τόπον πάντα κενὸν λέγοντες ὡς τοῦ ἀέρος μηδὲν ὄντος· οἱ γοῦν περὶ
Ἀναξαγόραν ἀναιρεῖν οἴονται τὸ εἶναί τι κενόν, εἰ μόνον δείξαιεν, ὅτι ἔστι
τι ὁ ἀήρ· καὶ ἐδείκνυον ὅτι καὶ σῶμά ἐστι καὶ ἀντίτυπον σῶμα εἰς τοὺς
ἀσκοὺς συνθλίβοντες αὐτόν. ἢ καταλληλότερον ἔστιν ἀκούειν τοῦ Ἀριστο-
τέλους λέγοντος ὡς τοὺς πεφυσημένους παραφερόντων καὶ δεικνύντων ὅπως
25 δύσκολόν ἐστι τὸ στρεβλοῦν αὐτοὺς ἐγκειμένου τοῦ ἀέρος, καίτοι τοὺς μὴ
πεφυσημένους στρεβλοῦν πάνυ ῥᾴδιόν ἐστι. καὶ μέντοι καὶ τὰς κλεψύδρας
ἐπιδεικνύντες, τουτέστι τοὺς ἅρπαγας, ὅταν μὲν ἔχωσιν ἀέρα μὴ δεχομέ-
νας ὕδωρ· ἐκμυζηθέντος δὲ αὐτοῦ εὐθέως ἁρπάζουσι τὸ ὕδωρ, καὶ οὐ
πρότερον ἀφιᾶσι, πρὶν τὸν ἐπιπωματίζοντα τὴν ὀπὴν δάκτυλον ἀφελών τις
30 τῷ ἐξιόντι ὕδατι ἀνάλογον εἰσελθεῖν ἀέρα συγχωρήσῃ· οἱ οὖν οὕτως ἀντει-
πόντες τῷ κενῷ, ὅτι μὲν ἠπατῶντο οἱ τὸν τοῦ ἀέρος τόπον κενὸν λέγοντες,
ἤλεγχον αὐτούς· ὅτι δὲ μὴ ἔστι κενόν (τοῦτο γὰρ οἴονται κενὸν οἱ ἄν-
θρωποι τὸ διάστημα, ἐν ᾧ μηδέν ἐστιν αἰσθητὸν σῶμα), ⟨οὐκ

---

3 ἀφωρισμένος scripsi: ἀφορισμένος E: ἀφορισμένως aF   5 ἡ στέρησις aF: om. E
οὔτε οὖν] fortasse οὔκουν   ἐστι ὁ τόπος E   10 δεικνύναι πειρώμενοι ex Aristo-
tele a   11 post μᾶλλον add. λέγουσιν errore ex proximo lemmate translatum E
12 ἅ τε κτλ. cf. p. 218ᵃ20   13 post τοὺς add. μὴ F   εἶναι φάσκοντας aF
14 fortasse παραστῆσαι   εἴωθε δεῖξαι aF   15 θεῖναι E: ἐπιθεῖναι aF   16 ὑπαν-
τῶντες E   17 δείκνυσι aF   18 ἣν E: ἦ aF   19 ἀντιτυποῦντα F
20 μηδὲν] cf. p. 655,16   21 εἰ μὴ μόνον E   23 ἢ] εἶτα F   25 καίτοι aF:
χέτι E   28 ἁρπαζούσας et ἀφιείσας non opus est corrigi   30 συγχωρήσει aF
31 ὑπατῶντο E   32 κενὸν post διάστημα aF   33 οὐκ ἤλεγχον a: om. EF

ἤλεγχον⟩. ἐπειδὴ δὲ τὸ ὂν ἄπαν σῶμα εἶναι νομίζουσιν, ὑποβεβληκότες ὡς 151ᵛ
ταὐτὸν ὂν τὸ μηδὲν καὶ τὸ μὴ σῶμα, κενὸν λέγουσι τὸ διάστημα, ἐν ᾧ
μηδέν ἐστι, ταύτην ἔχοντες ἔννοιαν περὶ τοῦ κενοῦ. τὸ δὲ τὸν ἀέρα μὴ
εἶναι σῶμα, καὶ διὰ τοῦτο μηδὲν εἶναι ἐν τῷ διαστήματι τῷ τὸν ἀέρα
5 ἔχοντι, τοῦτο ἀπατώμενοι λέγουσιν. ἔδει οὖν οὐ πρὸς ἐκεῖνο ὑπαντᾶν, 50
ὅπερ ἀπατώμενοι λέγουσιν, ἀλλὰ πρὸς αὐτὴν τὴν περὶ τοῦ κενοῦ ἔννοιαν
δεικνύντας, ὅτι οὐκ ἔστι τι διάστημα ἄλλο παρὰ τὸ ἐν αὐτοῖς τοῖς σώμασι
(τοῦτο γὰρ δηλοῖ τὸ οὔτε χωριστόν. κἂν γὰρ πλῆρες ᾖ, ἄλλο δὲ παρὰ
τὰ σώματα, χωριστὸν τῶν σωμάτων ἐστί), καὶ ὅτι τοῦτο ἐν ὑποστάσει οὐκ
10 ἔστιν, ἀλλὰ κατὰ μόνην ἐπίνοιαν, ὅπερ δηλοῖ τὸ οὔτε ἐνεργείᾳ ὄν.
ἐκεῖνοι γὰρ ἔλεγον ἐνεργείᾳ τι τοιοῦτον εἶναι διάστημα, ὃ μεταξὺ τῶν σω-
μάτων ὑπάρχον οὐκ ἐᾷ | συνεχῆ εἶναι τὰ σώματα, ὡς οἱ περὶ Δημόκριτον 152ʳ
καὶ Λεύκιππον ἔλεγον, οὐ μόνον ἐν τῷ κόσμῳ κενὸν εἶναί τι λέγοντες,
ἀλλὰ καὶ ἔξω τοῦ κόσμου, ὅπερ δῆλον ὅτι τόπος μὲν οὐκ ἂν εἴη, αὐτὸ δὲ
15 καθ' αὑτὸ ὑφέστηκε. ταύτης δὲ τῆς δόξης γέγονε καὶ Μητρόδωρος ὁ Χῖος,
καὶ τῶν Πυθαγορείων τινές, ὡς μετ' ὀλίγον αὐτὸς ἐρεῖ· ὕστερον δὲ καὶ
Ἐπίκουρος. ὁ μέντοι Πορφύριος οὐ γράφει οὔτε χωριστὸν οὔτε ἐνερ-
γείᾳ ὄν, ἀλλ' οὔτε ἀχώριστον αὐτῶν οὔτε χωριστόν. "ἀχώριστον 5
μὲν γὰρ ἔθεντο, φησίν, αὐτὸ οἱ περὶ τὸν Δημόκριτον, διόπερ μηδὲ συνεχὲς
20 τὸ πᾶν μεσολαβουμένων τῶν σωμάτων ὑπὸ τοῦ κενοῦ· χωριστὸν δὲ οἱ
λέγοντες ἔξω τοῦ κόσμου κενόν, συνεχὲς δὲ ἀπολείποντες τὸ πᾶν, ὡς οἱ
Πυθαγορικοί." ἀμείνων δὲ οἶμαι ἡ προτέρα γραφή· ἔχει δὲ καὶ αὕτη
λόγον· καὶ γὰρ τῶν περὶ τοῦ κενοῦ δοξαζόντων οἱ μὲν χωριστὸν αὐτὸ
καθ' ἑαυτὸ ἔλεγον εἶναι δι' ὅλου τε τοῦ κόσμου χωροῦν καὶ ὑπὲρ τὸν
25 κόσμον ἐκτεινόμενον συνεχὲς ἑαυτῷ ὄν. οἱ δὲ ἐν τοῖς σώμασι πανταχοῦ 10
παρεσπαρμένον κατὰ μικρὰ καὶ ταύτῃ δοκοῦν ἀχώριστον. διὸ καὶ τῶν
ἐφεξῆς τεττάρων ἐπιχειρημάτων τὸ μὲν ἀπὸ τῆς κινήσεως καὶ τῆς αὐξή-
σεως τὸ πρῶτον κενὸν εἰσάγει, τὸ δὲ ἀπὸ τῆς πιλήσεως καὶ τῆς τέφρας
τὸ δεύτερον· ὥστε οἱ διὰ τοῦ δεικνύναι ὅτι ἔστι τι ὁ ἀὴρ βουλόμενοι
30 πρὸς τὸ κενὸν ἐνίστασθαι οὐκ ἐπὶ τὰς οἰκείας θύρας καὶ οἷον εἰσόδους
πρὸς τὴν ἔννοιαν ταύτην ἔρχονται τοῦ κενοῦ, ἀλλὰ παρὰ θύρας, τουτέστιν
ἔξωθεν καὶ ἐπ' ἄλλας θύρας, ἢ οἷον διὰ τοίχου τινὸς εἰσιέναι πειρῶνται 15
τοῦ μὴ εἰσάγοντος· ἐπὶ τούτων γὰρ καὶ ἡ παροιμία λέγεται· οὗτοι οὖν
οὐ κατὰ θύρας ἀπαντῶσιν, ἀλλ' ἐκεῖνοι μᾶλλόν εἰσι πιθανώτεροι οἱ λέ-
35 γοντες εἶναι τὸ κενόν, ὧν ἑξῆς τὰ ἐπιχειρήματα τίθησιν.

---

1 δὲ F: om. E: γὰρ a   ὑποβεβληκότες F: ἐπιβεβληκότες E: ὑπολαβόντες a
3 τοιαύτην a   5 τοῦτοι sic E   7 δεικνῦντες E   τι E: τὸ F: τι
τὸ a   19 τὸν (post περὶ) om. aF   16 αὐτὸς ἐρεῖ Δ 6 p. 213ᵇ 22 εἶναι δ' ἔφασαν
καὶ οἱ Πυθαγόρειοι κενόν, καὶ ἐπεισιέναι αὐτῷ τῷ οὐρανῷ ἐκ τοῦ ἀπείρου πνεύματος ὡς ἀνα-
πνέοντι   21 ὡς om. E   25 ἑαυτῷ ὂν om. aF   27 τεττάρων] δτε͂ʹ (cf.
p. 532, 23) E   29 πειρώμενοι E: βουλόμενοι aF   32 ἔξωθεν καὶ aF: om. E
34 ὑπαντῶσιν E   ἐστι E

p. 213ᵇ4   Λέγουσι δὲ ἓν μέν, ὅτι κίνησις ἡ κατὰ τόπον οὐκ ἂν 152ʳ
εἴη ἕως τοῦ ἕνα μὲν οὖν τρόπον ἐκ τούτου δεικνύουσιν   24
ὅτι ἔστι τὸ κενόν.

Τέτταρα τίθησιν ἐπιχειρήματα τῶν τὸ κενὸν εἶναι λεγόντων ἓν μὲν 25
κατὰ τὴν ἔννοιαν τοῦ χωριστοῦ κενοῦ, τὰ δὲ τρία κατὰ τὴν τοῦ παρεσπαρ-
μένου ἐν τοῖς σώμασι, καὶ πέμπτον ἐπ' αὐτοῖς ἐπάγει τὸ παρὰ τοῖς Πυθα-
γορείοις δοξαζόμενον· τῶν δὲ τεττάρων τὸ πρῶτον τοιοῦτόν τί ἐστιν ἐκ
διαιρετικοῦ τινος ὡρμημένον τοῦ λέγοντες, ὅτι ἡ κατὰ τόπον κίνησις, ἥτις
ἔν τε τῇ φορᾷ θεωρεῖται καὶ ἐν τῇ αὐξήσει, ἢ διὰ κενοῦ τοῦ μεταξὺ γί-
νεται ἢ διὰ πλήρους· ἀλλὰ μὴν οὐ διὰ πλήρους, ὡς δειχθήσεται· διὰ 30
κενοῦ ἄρα, καὶ ἔστι τὸ κενόν. καὶ ὅτι μὲν διά τινος τοῦ μεταξὺ τὴν κί-
νησιν ἀνάγκη γίνεσθαι, αὐτόπιστον δοκεῖ τοῖς ἐννοοῦσιν, ὅτι ἡ ἀπό τινος
ἐπί τι τοπικὴ μετάστασις τοῦ τε ἀφ' οὗ καὶ τοῦ εἰς ὃ διεστηκότων ἀλλή-
λων διά τινος τοῦ μεταξὺ γίνεται διαστήματος. ὅτι δὲ πᾶν διάστημα ἢ
πλῆρες ἢ οὐ πλῆρες ἀνάγκη εἶναι, πρόδηλον· ἀντιφατικὴ γάρ ἐστιν ἡ
διαίρεσις· τὸ δὲ οὐ πλῆρες πάντως κενόν. ὅτι δὲ διὰ πλήρους ἀδύνατον
γίνεσθαι τὴν κίνησιν, δι' ὑποθετικοῦ δείκνυσι συλλογισμοῦ οὕτως· εἰ διὰ
πλήρους ἡ τῶν σωμάτων κατὰ τόπον γίνεται κίνησις, σῶμα διὰ σώματος 35
χωρήσει, καὶ τὸ μικρότατον δέξεται τὸ μέγιστον· ἀλλὰ μὴν τοῦτο
ἀδύνατον τὸ ἐν κυαθιαίῳ ὕδατι χωρηθῆναι τὴν θάλασσαν· ἀδύνατον ἄρα
καὶ τὸ ἡγούμενον τὸ διὰ πλήρους γίνεσθαι τὴν κίνησιν. καὶ τὸ μὲν συνημ-
μένον, ὅτι τὸ μικρότατον δέξεται τὸ μέγιστον, δείκνυσι διὰ τοῦ 'εἰ δέχεται
ὅλως ἄλλο σῶμα τὸ ἐξ ἀρχῆς ὡς δύνασθαι ἐν τῷ αὐτῷ διαστήματι δύο
εἶναι σώματα, δέξεται καὶ ταῦτα τρίτον ἄλλο διὰ τοῦ διπλοῦ χωροῦν καὶ 40
τὸ ὅλον πάλιν ἄλλο τέταρτον καὶ ἐφεξῆς ὁποσαοῦν'. οὐ γὰρ ἄν τις αἰτίαν
εἴποι, δι' ἣν ἓν μὲν ἐδέξατο, πλείω δὲ οὔ (πλῆρες γὰρ τὸ ἓν ἦν ὡς καὶ
τὰ δύο)· δέξεται ἄρα καὶ τὸ μέγιστον, ἐπειδὴ τὸ μέγα δύναται εἰς πολλὰ
ἴσα τῷ μικρῷ τῷ ἐξ ἀρχῆς ὑποκειμένῳ διαιρεθῆναι. πολλὰ γὰρ μικρὰ
τὸ μέγα ἐστίν, ὥς φησιν, ἑκάστου τῶν ἐν τῷ μεγάλῳ μικρῶν τῶν ἴσων
τῷ ὑποκειμένῳ γινομένου ἐν τῷ ἐξ ἀρχῆς μικρῷ, καὶ τὸ ὅλον ἂν ἐν αὐτῷ
γένοιτο καὶ τὸ μικρότατον δέξεται τὸ μέγιστον, ὅπερ ἐστὶν ἐναργῶς ἄτοπον· 45
δῆλον δὲ ὅτι εἰ τὰ ἴσα δέχοιτο ἑαυτῷ καὶ τὰ ἄνισα δέξεται· τὰ γὰρ
πλείονα ἴσα ἄνισον ποιεῖ. δέχεται οὖν καὶ τὰ ἄνισα, ὥστε καὶ τὰ μέγιστα.
καίτοι καὶ αὐτὸ τὸ τὰ ἄνισα δέχεσθαι ἄτοπον. διὸ οὐδὲ αὐτὸ παρῆκεν.
ὅτι δὲ παλαιὸς οὗτος ὁ λόγος ἦν ὁ τὸ κενὸν ἐκ τῆς κινήσεως εἰσάγων,

---

1 post ὅτι add. ἡ a   ἡ (ante κατὰ) om. F   2 ἐκ τούτου E: om. a: ἐκ τούτων Arist.   3 τὸ E: τι a Aristoteles   4 τὸ κενόν] κενῶν F   9 ἐν (post καὶ) om. E   10 μὴν οὐ E: om. aF qui post πλήρους addunt ἀδύνατον   11 καὶ ἔστι E: ἄρα. ἔστιν ἄρα aF   τὴν κίνησιν om. aF   15 ἀνάγκην a   20 post ἐν add. τῷ a   22 σμικρότατον E ut v. 31 a   post μέγιστον iterabat ἀλλὰ — κυα-θιαίῳ (v. 19, 20) sed delevit F   δύναται F   24 διπλοῦν E   27 ἐπειδὴ γάρ a   29 μεγάλῳ om. F   30 γινομένου aF: γινομένων E   33 καὶ (post οὖν) om. E

πιστοῦται διὰ τοῦ καὶ Μέλισσον ὡς ἐναργεῖ χρώμενον τῷ συνημμένῳ τῷ 152ʳ
λέγοντι, εἰ κινεῖται τὸ ὄν, διὰ κενοῦ κινεῖσθαι, εἶτα προσλαμβάνοντα τὸ
'ἀλλὰ μὴν οὐκ ἔστι κενόν' ἐπάγειν τὸ 'οὐ κινεῖται ἄρα τὸ ὄν'. καὶ ὅτι 50
μὲν οὕτω πως ἐρωτᾷ τὸν λόγον ὁ Μέλισσος, δῆλον. ἐρωτᾷ δὲ αὐτὸν οὐ
5 περὶ τοῦ σωματικοῦ οὐδὲ περὶ τοῦ μερικοῦ ὄντος, ἀλλὰ περὶ τοῦ νοητοῦ
καὶ ὁλοτελοῦς. ἐκεῖνο γὰρ καὶ ἓν καὶ ἀκίνητον εἶναι βούλεται, τὸ ἀκίνητον
οἶμαι δεικνὺς διὰ τοῦ πάντα αὐτὸ εἶναι καὶ μηδὲν εἶναι παρ' αὐτό, ἐφ'
οὗ ἐκστήσεται διὰ κενοῦ· οὐ γάρ ἐστι τὸ κενὸν ἐκεῖ, τάχα δὲ οὐδὲ ἑτε-
ρότης, εἴπερ πάντα αὐτό ἐστι. καὶ τὸ μὴ ὂν ἐν τῷ παντελῶς ὄντι χώραν
10 οὐκ ἔχει. κἂν γὰρ | ἑτερότης ᾖ ἐκεῖ, καθ' ἣν τὰ εἴδη διακέχριται ἀλλήλων, 152ᵛ
ἀλλὰ καὶ ἡ ἑτερότης ὄν. καὶ τὸ κενὸν οὐκ ἔχει χώραν ἐν τῷ παντελῶς
ὄντι, ὥσπερ οὐδὲ τὸ μὴ ὄν.

ἀλλὰ σὺ τῆσδ' ἀφ' ὁδοῦ διζήσιος εἶργε νόημα,

φησὶν ὁ μέγας Παρμενίδης.

15 p. 213ᵇ15 Ἄλλον δὲ ὅτι φαίνεται ἔνια συνιόντα καὶ πιλούμενα
ἕως τοῦ συνιόντος τοῦ πυκνουμένου σώματος.   5

Δεύτερον τίθησι λόγον τὸν ἀπὸ τῆς τῶν σωμάτων πιλήσεως. εἰ γὰρ
τῆς αὐτῆς οὐσίας μενούσης συνιζάνει καὶ ἐκτείνεται τὰ σώματα, δῆλόν
φασιν ὅτι κενῶν ὄντων μεταξὺ διαστημάτων ἡ κατ' αὐτὰ σύμπτωσις γίνε-
20 ται. τούτου δὲ τεκμήριον παρατίθεται τὸ τὸν πίθον μετὰ τῶν ἀσκῶν δέ-
χεσθαι τὸν οἶνον· τοῦτο δὲ ὁ μὲν Ἀλέξανδρος ἤκουσεν, ὡς τοῦ πίθου,
κἂν εἰς ἀσκοὺς ἐμβληθῇ ὁ πληρῶν αὐτὸν οἶνος, δέχεσθαι αὐτὸν μετὰ τῶν 10
ἀσκῶν. μήποτε δὲ τοῦτο μὲν περιττὸν καὶ διὰ τὴν δυσκολίαν τῆς συνθέ-
σεως· ἀλλ' ὅτι ὁ αὐτὸς πίθος μεστὸς ὢν οἴνου καὶ τοὺς ἀσκοὺς τοὺς δε-
25 χομένους τὸν ἐν αὐτῷ οἶνον προσεμβληθέντας δέχεται καὶ οὐχ ὑπερχεῖται·
ὃ ἀδύνατον ἦν, φασί, μὴ τοῦ οἴνου συμπιλουμένου· τοῦτο δὲ οὐκ ἂν ἐγέ-
νετο μὴ κενῶν ὄντων μεταξὺ διαστημάτων, ὧν συμπιπτόντων ἡ πίλησις
ἀποτελεῖται. οἱ δὲ τὸ κενὸν τῆς πιλήσεως αἰτιώμενοι καὶ τὰ βαρέα τῶν
κούφων ταύτῃ διαφέρειν φασὶ τῷ τὰ μὲν πλέον ἔχειν, τὰ δὲ ἔλαττον.   15

30 p. 213ᵇ18 Ἔτι δὲ καὶ ἡ αὔξησις δοκεῖ γίνεσθαι πᾶσι διὰ κενοῦ
ἕως τοῦ δύο δὲ σώματα ἀδύνατον ἅμα εἶναι.

Εἰπὼν ὅτι ἡ κατὰ τόπον κίνησις οὐκ ἂν γένοιτο μὴ ὄντος κενοῦ καὶ
ὅτι τῆς κατὰ τόπον κινήσεως ἡ μέν ἐστι κατὰ αὔξησιν, ἡ δὲ κατὰ φοράν,

---

1 Μέλισσον cf. § 5 supra p. 104,4   2 post κινεῖται add. τι aF   5 τοῦ (ante μερικοῦ)
om. E   13 ἀλλὰ κτλ. Parm. v. 61 St. 52 K. cf. p. 135,22. 144,1. 244,2   διζήσεως F
εἶργε a et si silentio fides EF   15 φαίνονται a   16 συνιόντος a Aristoteles: συνιζά-
νοντος E   18 ὅτι ante φασὶν E   22 conicio δεχομένου   24 καὶ τὰ ἀσκοὺς a
26 ὃ E: ὅπερ a: om. F   μὴ post οἴνου collocavit a: om. F   27. 28 ἀποτελεῖται ἡ
πίλησις aF   30 πᾶσι post γίνεσθαι collocavit a et Simplicius infra p. 651,8 et Arist.
codd. FG: post δοκεῖ Aristoteles: post αὔξησις EF   33 κινήσεως om. aF

καὶ δείξας ἐπὶ τῆς κατὰ φορὰν τὸ εἰρημένον, νῦν λέγει, πῶς ἐδείκνυον ὅτι 152ᵛ
οὐδὲ ἡ κατὰ αὔξησιν κίνησις γένοιτο ἂν κενοῦ μὴ ὄντος. εἰ γὰρ ἡ μὲν 20
αὔξησις γίνεται διὰ τροφῆς πάντῃ διιούσης, ἡ δὲ τροφὴ σῶμα, ἀνάγκη ἢ
διὰ πλήρους γίνεσθαι ἢ διὰ κενοῦ· ἀλλὰ διὰ πλήρους ἀδύνατον, ὡς δέ-
5 δεικται (σῶμα γὰρ διὰ σώματος οὐ χωρεῖ, ὥστε ἅμα εἶναι δύο σώματα)·
δῆλον ⟨οὖν⟩ ὅτι εἰς τὰ κενὰ τοῦ τρεφομένου γινομένη ἡ τῆς τροφῆς εἴσοδος
πανταχῇ παρεσπαρμένα ποιεῖ πανταχόθεν αὔξεσθαι τὸ τρεφόμενον. τὸ δὲ
δοκεῖ γίνεσθαι πᾶσι τὸ ἔνδοξον ἐνδείκνυται τῆς ἐπιχειρήσεως.

p. 213ᵇ21 Μαρτύριον δὲ καὶ τὸ περὶ τῆς τέφρας ποιοῦνται, εἰ 25
10   δέχεται ἴσον ὕδωρ ὅσον τὸ ἀγγεῖον κενὸν ὄν.

Τοῦτο κεῖται μὲν ὡς τέταρτον ἐπιχείρημα κατασκευαστικὸν τοῦ κενοῦ.
ἔστι δὲ ταὐτόν πως τῷ περὶ τοῦ οἴνου καὶ τῶν ἀσκῶν ἀπὸ τῆς πιλήσεως
τῶν σωμάτων καὶ αὐτὸ προσαγόμενον· ὡς γὰρ ὁ πίθος πρὸς τῷ οἴνῳ
δέχεται τοὺς ἀσκοὺς διὰ τὸ πεπιλῆσθαι τὸν οἶνον, οὕτω τὸ τέφρας μεστὸν
15 ἄγγος ἐπὶ τῇ τέφρᾳ ὕδωρ δέχεται συνιζανόντων τῶν ἐν τῇ τέφρᾳ κενωμά-
των. διαφέρει δὲ τοῦτο τὸ παράδειγμα τοῦ κατὰ τὸν οἶνον, ὡς οἶμαι, ὅτι 30
ἐκεῖ μὲν πρὸς τῷ οἴνῳ καὶ τοὺς ἀσκοὺς ἐδέχετο τὸ αὐτὸ χώρημα οὐκ
ἔχοντας ἴσον ὄγκον τῷ οἴνῳ, ἐνταῦθα δὲ καὶ ἡ τέφρα καὶ τὸ ὕδωρ ἱκανὰ
καὶ καθ' αὑτά ἐστι πληροῦν τὸ ἀγγεῖον, συμπιπτόντων δηλονότι τῶν ἐν
20 ἑκατέρῳ πόρων, μᾶλλον δὲ τῶν μὲν ἐν τῷ ὕδατι συμπιπτόντων, τῶν δὲ
ἐν τῇ τέφρᾳ τῶν μὲν συνιζανόντων, τῶν δὲ τὸ ὕδωρ δεχομένων ἐν
ἑαυτοῖς.

p. 213ᵇ22 Εἶναι δέ φασι καὶ οἱ Πυθαγόρειοι κενὸν ἕως τοῦ τὸ 36
         γὰρ κενὸν διορίζειν τὴν φύσιν αὐτῶν.

25   Διὰ τὸ τῶν Πυθαγορείων ἔνδοξον ὡς πέμπτον ἐπιχείρημα τὴν δόξαν
αὐτῶν παρατίθεται πρὸς τὸ εἶναι κενόν. ἔλεγον γὰρ ἐκεῖνοι τὸ κενὸν
ἐπεισιέναι τῷ κόσμῳ οἷον ἀναπνέοντι ἤτοι εἰσπνέοντι αὐτῷ ὥσπερ πνεῦμα 40
ἀπὸ τοῦ ἔξωθεν περικεχυμένου· χρείαν δὲ παρέχεσθαι πρὸς τὸ μὴ συνεχῆ
πάντα εἶναι τὰ σώματα ἀλλήλοις, ὡς ὁ Ἀλέξανδρος ἀκούει. ὁ μέντοι Ἀρι-
30 στοτέλης οὐκ ἐπὶ σωμάτων ἤκουσεν, ἀλλὰ διορίζει, φησί, τὰς φύσεις,
ὡς αἰτίου ὄντος τοῦ κενοῦ χωρισμοῦ τινος τῶν ἐφεξῆς καὶ τῆς
διορίσεως αὐτῶν· τὰ γὰρ ἐφεξῆς ἀλλήλοις, ὧν μηδέν ἐστι μεταξύ,

---

2 ἡ post οὐδὲ om. E   post αὔξησιν iteravit ἡ δὲ (p. 650,33) — αὔξησιν (2) E
2. 3 ἡ μὲν ἡ αὔξησις E   6 οὖν a: om. EF   7 παρεσπασμένα E   9 εἰ—
ὦν (10) om. F   εἰ E: ἢ a et Arist.   10 κενὸν ὄν E: τὸ κενὸν a ex Aristotele: κενὸν
corrupte Themistius   13 καὶ αὐτὸ aF: αὐτὸ E   14 τοὺς εἰς ἀσκοὺς F   πιλεῖσθαι
aF   21 συνιζάντων E   23 δέ φασι EF: δ' ἔφασαν a ex Aristotele   25 πέμπτον
ἐπιχείρημα aF: ἐν ἐπιχειρήματι E   27 ἤτοι E: ἢ a   ἤτοι εἰσπνέοντι om. F   28 ἀπὸ
κτλ. cf. Them. p. 285,24 ὑπὸ τοῦ παντὸς ἔξωθεν περικεχυμένον. sed nihil mutandum
29 εἶναι πάντα aF   31 αἰτίου quod om. Aristoteles etiam Philoponus legisse videtur

ταῦτα διορίζει τὸ κενόν· ὅσα γὰρ ὑπ' ἄλλων μεταξὺ διαλαμβάνεταί τινων, 152ᵛ
ταῦτα οὐχ ὑπὸ τοῦ κενοῦ ἀλλ' ὑπ' ἐκείνων χωρίζεται. τὴν δὲ τοῦ κενοῦ 45
τοιαύτην δύναμιν ἐν τοῖς ἀριθμοῖς εἶναί τε καὶ φαίνεσθαι πρώτοις διορί-
ζουσαν τὴν φύσιν αὐτῶν. τί γὰρ ἄλλο ἐστὶ τὸ διορίζον τὴν μονάδα τῆς
δυάδος καὶ ταύτην τῆς τριάδος πλὴν τοῦ κενοῦ μηδεμιᾶς οὔσης μεταξὺ
ὑποστάσεως;

Ἀλλὰ τίνα ἂν εἴη ταῦτα τὰ τῶν Πυθαγορείων αἰνίγματα; ἢ ὅτι ἡ
ὑπὲρ τὸν σωματικὸν κόσμον διακριτικὴ τῶν ἐκεῖ εἰδῶν ἑτερότης ὑπὸ τοῦ
κόσμου μετασχεθεῖσα τῶν ἐν αὐτῷ εἰδῶν τὴν διάκρισιν ἀπειργάσατο καὶ
τὸν χωρισμόν, ἐκεῖ μὲν μὴ οὖσα κενόν (τὸ γὰρ καλὸν εἰ τύχοι ἕτερον τοῦ 50
δικαίου, οὐχ ὅτι οὐκ ἔστι δίκαιον, ἀλλ' ὅτι πάντα ἐστὶ κατὰ τὸ καλὸν διὰ
τὴν ἐκεῖ ἕνωσιν, καὶ ὅτι ἐν τῷ παντελῶς ὄντι οὐκ ἔστι τὸ μὴ ὄν), ἐν-
ταῦθα δὲ ὁ χωρισμὸς γίνεται διὰ τὴν τοῦ μὴ ὄντος παρείσδυσιν. ἡ γὰρ
μονὰς οὐκ ἔστι δυὰς καὶ ἡ δυὰς οὐκ ἔστι μονάς, καὶ τὸ μεταξὺ τοῦτο μὴ
ὂν τοῦτό ἐστι τὸ κενόν, ὃ χωρίζει τὰ ἐν τῷ κόσμῳ εἴδη ὥσπερ τὰ ὑπὲρ
τὸν κόσμον ἡ ἑτερότης ἡ ἐκεῖ ὂν οὖσα καὶ αὐτὴ καὶ μὴ λεγομένη μὴ ὂν
(διὸ οὐδὲ κενόν), αἴτιον δὲ ὂν τοῦ ἐνταῦθα κενοῦ. διὸ καὶ ἐκεῖνό | πως μὴ 153ʳ
ὂν ἐκάλεσεν ὁ ἐν Σοφιστῇ Πλάτων. ταῦτα μὲν οὖν τὰ ἐπιχειρήματα τέ-
θεικεν ὁ Ἀριστοτέλης τῶν λεγόντων εἶναι τὸ κενόν. ὁ δὲ Λαμψακηνὸς
Στράτων ταῦτα μὲν εἰς δύο συνήγαγε τὰ τέτταρα εἴς τε τὴν κατὰ τόπον
κίνησιν καὶ εἰς τὴν τῶν σωμάτων πίλησιν, τρίτον δὲ προστίθησι τὸ ἀπὸ τῆς
ὁλκῆς· τὴν γὰρ σιδηρῖτιν λίθον ἕτερα σιδήρια δι' ἑτέρων ἕλκειν συμβαί-
νει, ὅταν ἐπισπάσηται τὸ ἐκ τῶν πόρων τοῦ σιδήρου ἡ λίθος, ᾧ σώματι 5
καὶ συνέλκεται ὁ σίδηρος, ⟨καὶ⟩ οὗτος πάλιν τοῦ ἐφεξῆς ἕλκει καὶ οὗτος
ἄλλου, καὶ οὕτως ὁρμαθὸς σιδηρίων ἀποκρεμάννυται τῆς λίθου.

p. 213ᵇ27 Ἐξ ὧν μὲν οὖν οἱ μέν φασιν εἶναι οἱ δὲ οὔ φασι,
σχεδὸν τοιαῦτα καὶ τοσαῦτά ἐστι.

Τῶν λεγόντων εἶναι τὸ κενὸν πλείονα παρέθετο ἐπιχειρήματα, πρὸ δὲ
ἐκείνων τὸν τῶν ἀναιρούντων αὐτὸ λόγον ἐξέθετο τῶν περὶ Ἀναξαγόραν, 10
ὃν καὶ παρὰ θύρας ἀπαντᾶν ἔλεγεν, οὐχ ὅτι μὴ ἔστι τὸ κενόν, ἀλλ' ὅτι
ὁ ἀὴρ σῶμά ἐστι δεικνύντα. εἰκότως οὖν νῦν ἄμφω τοὺς λόγους εἶπεν
εἰρηκέναι τούς τε εἶναι τιθέντας τὸ κενὸν καὶ τοὺς μὴ εἶναι.

---

2 τοῦ (post δὲ) om. a   7 τὰ (post ταῦτα) om. a   10 μὴ οὖσα om. E
12 τὴν om. E   16 ὂν οὖσα aF: ἐνοῦσα E   αὕτη E   17 ὂν (post δὲ) E:
om. aF   18 ἐν Σοφιστῇ cf. p. 258 B sqq. cf. supra p. 243, 15 sqq.   20 Στράτων
cf. infra f. 155ᵛ 21. Zeller H. Ph. II 2³ 909³   22 σιδήρια] σίδηρα compendiose E
23 post σιδήρου supplendum videtur κενόν   ᾧ σώματι aF: τῷ σώματι E: suspicor
ᾧ σπάσματι   24 καὶ (post σίδηρος) a: om. EF   τοῦ ἐφεξῆς scil. τὸ ἐκ τῶν
πόρων   25 τοῦ λίθου E   27 τοσαῦτα καὶ τοιαῦτα a   30 ὑπαντᾶν E at cf.
Ar. p. 213ᵇ3

p. 213ᵇ30   Πρὸς δὲ τὸ ποτέρως ἔχει δεῖ λαβεῖν, τί σημαίνει 153ʳ
τοὔνομα ἕως τοῦ δεῖ γὰρ τόπον ⟨εἶναι⟩, ἐν ᾧ σώματός ἐστι
   διάστημα ἁπτοῦ.

   Καὶ τοὺς μὴ εἶναι τὸ κενὸν καὶ τοὺς εἶναι λέγοντας παραθέμενος εἰ-
5 κότως λοιπὸν καιρὸν ἔχειν φησὶ διαιτᾶν αὐτοῖς, πότερον οὕτως ἢ ἐκείνως
ἔχει τὸ πρόβλημα. ἀλλ' ἐπειδὴ καὶ οἱ μὴ εἶναι, τάχα δὲ καὶ οἱ εἶναι
δεικνύντες ἀδιάρθρωτον ἐφαίνοντο τὴν περὶ αὐτοῦ ἔννοιαν ἔχοντες, διὰ τοῦτο
πρότερόν φησι δεῖν τί σημαίνει τοὔνομα διορίσασθαι· δῆλον γὰρ ὅτι
τοῦτο τὸ πρόβλημα καὶ τοῦ εἰ ἔστι προηγεῖται, ὡς ἐν τοῖς Ὑστέροις ἀνα-
10 λυτικοῖς μεμαθήκαμεν. οὐ γὰρ δυνατὸν ζητεῖν εἰ ἔστι τι, οὗ μὴ πρότερον
ἔννοιαν προὐβαλλόμεθα, ὥσπερ οὐδὲ τὸ τί ἔστι ζητεῖν δυνατὸν μὴ πρότερον
ὅτι ἔστι πεισθέντας. διαφέρει δὲ τοῦ τί ἔστι τὸ τί σημαίνει τοὔνομα, ὅτι
τοῦτο μὲν ἀπὸ τῶν τῇ περὶ αὐτοῦ ἐννοίᾳ ὑπαρχόντων εἴληπται εἴτε ἔστιν
εἴτε μὴ τὸ σημαινόμενον, ὡς ἐπὶ τοῦ κενοῦ νῦν φανήσεται καίτοι μὴ ὄντος,
15 τὸ δὲ τί ἔστιν ἀπὸ τῶν αὐτῷ τῷ πράγματι ὑπαρχόντων. διὸ καὶ πάντως
εἶναι χρὴ ἐκεῖνο ἐφ' οὗ τὸ τί ἔστι σκοποῦμεν. καὶ προηγεῖται τὸ εἰ ἔστι
πρόβλημα τοῦ τί ἔστιν. ὁ δὲ Ἀλέξανδρος "ὡς ἐπὶ τοῦ τόπου, φησί, πρῶτον
ἐξέθετο τί ἐσήμαινε τὸ ἔν τινι ὄν, οὕτως καὶ ἐνταῦθα ζητεῖ τί σημαίνει τὸ
κενόν." μήποτε δὲ ἐπὶ τοῦ τόπου διὰ τὸ ὁμολογεῖσθαι τὴν ἔννοιαν οὐκ ἐδεήθη
20 προλαβεῖν τὸ τί σημαίνει τοὔνομα, οὐδὲ πρὸς τοῦτο προελήφθη ἡ τῶν σημαι-
νομένων τοῦ ἔν τινι ἀπαρίθμησις, ἀλλὰ πρὸς τὸ διορίσαι καὶ τὸ γένος τοῦ ἐν
τόπῳ καὶ τὸ ἐν τόπῳ τῶν ἄλλων τοῦ ἔν τινι σημαινομένων καὶ μάλιστα
τοῦ ὡς ἐν ὅλῳ. λέγει οὖν πρῶτον, τί δοκεῖ σημαίνειν τὸ τοῦ κενοῦ ὄνομα,
ὅτι τόπος εἶναι δοκεῖ κατὰ κοινὴν δόξαν ἐν ᾧ μηδέν ἐστι. τί δὲ αἴτιον
25 τοῦ οὕτως δοκεῖν, ἀλλὰ μὴ ἐν ᾧ μηδέν ἐστι σῶμα, ἐπάγει· ἐπειδὴ γὰρ
πᾶν τὸ ὂν σῶμα λέγουσιν οἱ φυσιολογοῦντες ἢ οἱ μήπω τὴν ἀσώματον
θεασάμενοι φύσιν, δῆλον ὅτι τὸ μὴ σῶμα ὂν οὐδὲν εἶναί φασι. ταὐτὸν
οὖν ἐστιν εἰπεῖν ἐν ᾧ μηδέν ἐστι σῶμα καὶ ἐν ᾧ μηδέν ἐστι. καὶ οὐδὲ
τούτῳ ἀρκοῦνται. ἀλλ' ὥσπερ πᾶν τὸ ὂν σῶμα εἶναι λέγουσιν, οὕτως καὶ
30 πᾶν σῶμα ἁπτὸν εἶναί φασι. διὸ τὸν ἀέρα οὔτε σῶμα οὔτε ὂν ἔλεγον.
ἐπεὶ οὖν ἁπτόν ἐστι πᾶν ὅπερ βάρος ἔχει ἢ κουφότητα, ἐκ συλλογισμοῦ
συμβαίνει λέγειν αὐτοὺς κενὸν εἶναι, ἐν ᾧ μηδέν ἐστι βαρὺ ἢ κοῦφον.
ὥστε καὶ ἐν ᾧ ἐστιν ἀήρ. καὶ εἴπερ οὕτω λέγοιεν ἀδιορίστως τὸ ἐν ᾧ τι-
θέντες, ἕπεται καὶ τὸ σημεῖον αὐτοὺς καὶ τὴν γραμμὴν καὶ τοὺς ἀριθμοὺς
35 κενὸν λέγειν. οὐ γάρ ἐστί τι βαρὺ ἢ κοῦφον ἐν τούτοις, κἂν ἄλλα τινὰ
αὐτοῖς ἐνυπάρχῃ. ἀλλ' οὕτως οὐ συνέσονται τῇ τοῦ κενοῦ ἐννοίᾳ. τόπος

---

2 εἶναι a: om. E   5 ἔχειν φησὶ aF: ἔχει E   7 ἀδιάρθρωτον aF: ἀδιόρθω-
τον E   περὶ τὴν transposuerunt aF   9 Ὑστέροις ἀναλυτικοῖς B 1 p. 89ᵇ24 sqq.
11 προὐβαλλόμεθα a   13 ὑπαρχόντων ἐννοίᾳ aF   16 εἰ] τί E   20 τὸ
(ante τί) om. E   22 καὶ τὸ ἐν τόπῳ om. E   τοῦ (post ἄλλων) om. E
                                        οὖν
29 ἀρχεῖται E   30 post φασι iterabat ταὐτὸν—μηδέν ἐστι (27, 28), sed delevit F
33 καὶ εἴπερ] εἰ δ' a   35 κοῦφον ἢ βαρὺ E

γὰρ εἶναι βούλεται καὶ διάστημα τὸ κενόν, ἐν ᾧ σώματός ἐστι διά- 153r
στημα ἁπτοῦ. ἀλλ' οὐ τότε ἐστὶ κενόν, ὅτε ἐν αὐτῷ ἐστι τὸ σῶμα, 45
ἀλλ' ὅταν οὕτως ἔχῃ, ὡς δύνασθαι εἶναι ἐν αὐτῷ σῶμα. οὐκ ἔστι δὲ τὸ
σημεῖον τοιοῦτον. καὶ δῆλον ὅτι τὸ ἄτοπον συνήχθη ἀπὸ τοῦ ἀδιορίστως
5 εἰπεῖν ἐν ᾧ, μὴ συνεκφήναντας, ὅτι διάστημά τι χρὴ εἶναι. διὸ κατα-
φρονήσας τῆς τῶν οὕτως ὑποθεμένων εὐκολίας, καὶ πρὸς τὴν ἔννοιαν τρα-
πεὶς τοῦ κενοῦ οὕτως τὰ ἐφεξῆς ἐπάγει διάστημα αὐτὸ ὑποτιθέμενος.

p. 214a6 Ἀλλ' οὖν φαίνεται λέγεσθαι τὸ κενὸν ἕως τοῦ εἰ δὲ 50
μή, οὔ.

10 Εἰπὼν τὸ ἑπόμενον τῇ ἀδιορίστως εἰρημένῃ σημασίᾳ τοῦ κενοῦ ἄτοπον 54
ἐπάγει καὶ τοὺς ὡς διάστημα | λέγοντας τὸ κενὸν τὸ πλῆρες (ἢ μὴ 153v
πλῆρες) αἰσθητοῦ σώματος κατὰ τὴν ἁφήν· γράφεται γὰρ ἑκάτερον.
τοῦτο δὲ ὡς διάστημα λαμβάνεται, ὡς δηλοῖ καὶ ἡ ἐφεξῆς ἀπορία ἡ λέγουσα
εἰ ἔχοι τὸ διάστημα. καὶ εἰ μὲν εἴη γεγραμμένον τὸ μὴ πλῆρες
15 αἰσθητοῦ σώματος κατὰ τὴν ἁφήν, λέγοι ἂν διάστημά τι πεφυκὸς
μὲν δέχεσθαι αἰσθητὸν σῶμα κατὰ τὴν ἁφὴν καὶ πληροῦσθαι ὑπ' αὐτοῦ,
μὴ δεδεγμένον δὲ μηδὲ πεπληρωμένον. εἰ δὲ εἴη τὸ πλῆρες αἰσθητοῦ 5
σώματος κατὰ τὴν ἁφήν, καὶ οὕτως ὡς πεφυκὸς πληροῦσθαι ἀκουστέον,
ἀλλ' οὐχ ὡς πεπληρωμένον. ὅπερ διεσάφησεν εἰπὼν ἢ δῆλον ὅτι εἰ μὲν
20 δέχοιτο σῶμα ἁπτόν, κενόν. εἴτε δὲ οὕτως εἴτε ἐκείνως, τὸ ἐπιφερό-
μενον ἄπορον τοιοῦτόν ἐστιν· εἰ τὸ διάστημα ἐκεῖνο κατὰ μὲν τὴν ἁφὴν
αἰσθητὸν σῶμα μὴ ἔχοι, χρῶμα δὲ ἢ ψόφον ἢ ἄλλην τινὰ ποιότητα κατ'
ἄλλην αἴσθησιν ἀντιληπτὴν ἔχειν ὑποτεθῇ, ἆρα κενόν ἐστι τοῦτο ἢ οὔ; εἰ
μὲν γὰρ κενὸν λέγοιτο, πῶς ἂν εἴη κενὸν τὸ ποιότητα αἰσθητὴν ἔχον; πῶς 10
25 δὲ ἂν εἴη τὸ κενὸν αἰσθητόν; εἰ δὲ μὴ κενόν, (ἔσται τι μὴ κενὸν) καίτοι
μὴ ὂν πλῆρες αἰσθητοῦ σώματος κατὰ τὴν ἁφήν. ἰδοὺ γὰρ τὸ διάστημα
ἐκεῖνο τὸ χρῶμα ἔχον ἢ ψόφον καὶ πεφυκὸς πληροῦσθαι ἁπτοῦ σώματος,
εἴπερ διάστημα καὶ μὴ πεπληρωμένον, ὅμως λέγεται μὴ εἶναι κενόν. αὐτὸς
δὲ τὸ ἄπορον εἰπὼν τὴν λύσιν ὡς ἀπ' ἐκείνων τὴν ἐκείνοις προσήκουσαν
30 ἐπήγαγε λέγων ἢ δῆλον ὅτι εἰ μὲν δέχοιτο σῶμα ἁπτόν, κενόν,
εἰ δὲ μή, οὔ. τοῦτο δὲ μὴ προσποιουμένων ἐστὶ τὸ ἄτοπον εἶναι τὸ διά- 15
στημα ἐκεῖνο, κἂν δεκτικὸν εἴη ἁπτοῦ σώματος, μὴ τοῦτο δ' ἔχοι, ἀλλὰ
χρῶμα ἢ ψόφον ἢ ὅλως αἰσθητὴν ποιότητα, κενὸν λέγεσθαι.

Ὁ δὲ Ἀλέξανδρος "εἴπερ εἴη, φησί, γεγραμμένον τὸ πλῆρες αἰσθητοῦ
35 σώματος κατὰ τὴν ἁφήν", δύναται λέγειν τὸ μὴ κατ' ἄλλην αἴσθησιν
ἀλλὰ κατὰ μόνην τὴν ἁφήν· τοιοῦτον δὲ τὸν ἀέρα λέγειν αἰσθητὸν σῶμα

---

2 τότε aF: τοῦτο E   4 ἀορίστως E   5 συνεκφήναντες E   11 τὸ γὰρ πλῆρες F
et Brandis   13 δὲ om. F   ἡ (ante λέγουσα) om. E   14 ἔχοι E: ἔχει aF
16 κατὰ τὴν ἁφὴν σῶμα E   20 κενὸν εἶναι Aristoteles at cf. v. 30   21 ἐκεῖνον E
23 ἔχειν aF: ἔχον E   25 ἔσται—κενὸν a: om. EF   28 μὴ εἶναι κενὸν aF: κενὸν
εἶναι E   33 χρῶμα καὶ ψόφον E

SIMPLICII IN PHYSICORUM IV 7 [Arist. p. 214 a 6]   655

κατὰ τὴν ἀφήν, ἐπειδὴ ἦν τις περὶ κενοῦ δόξα λέγουσα κενὸν εἶναι τὸν 153ᵛ
ἀέρα ἁπτὸν ὄντα τῷ ῥοπήν τινα ἔχειν βάρους ἢ κουφότητος. ταύτην δὲ τὴν 20
δόξαν οἱ περὶ τὸν Ἀναξαγόραν ἀνατρέπειν ἐπεχείρουν στρεβλοῦντες τοὺς
ἀσκούς. καὶ εἴπερ εἴη, φησί, περὶ τοῦ ἀέρος λεγόμενον, τὸ ἀπορούμενον ἂν
5 εἴη τοιοῦτον· εἰ οὗτος ὁ ἀήρ, ὃν κενὸν λέγουσι, προσλάβοι χρῶμα ἢ ψόφον
ἢ τινα ἄλλῃ αἰσθήσει αἰσθητὴν ποιότητα διάφορον παρὰ τὴν ἁφήν, πότερον
ἔτι μένει κενὸν ἢ οὔ; εἰ μὲν γὰρ ἔτι κενὸν λέγοιεν, οὐκ ἂν εἴη κενὸν τὸ
πλῆρες αἰσθητοῦ κατὰ τὴν ἁφήν, ὡς ἐλέγετο, εἴπερ καὶ ἄλλα αἰσθητὰ ἔχον
κενὸν ἔτι μεμένηκεν· εἰ δὲ μηκέτι κενὸς ὁ ἀὴρ εἴη τούτων τι προσλαβών, 25
10 εἴη ἂν ποιοτήτων οὐ σωμάτων δεκτικὸν τὸ κενόν. οὕτως δὲ καὶ ἐν τόπῳ
ἂν οὐ τὰ σώματα, ἀλλ' αἱ ποιότητες γίγνοιντο". καὶ αὐτὸς δὲ ὁ Ἀλέξαν-
δρος ἔοικεν οὐκ ἀποδέχεσθαι ταύτην τὴν ἐξήγησιν. τοιγαροῦν καὶ τὸ ἐφεξῆς
τὸ ἢ δῆλον εἰ μὲν δέχοιτο σῶμα ἁπτόν, κενόν, εἰ δὲ μὴ οὔ οὐ
τῷ ἀέρι καὶ τῷ κατ' αὐτὸν κενῷ ἐφαρμόζειν φησίν, ἀλλὰ τῷ διαστήματι.
15 καὶ γὰρ καὶ οἱ τὸν ἀέρα κενὸν λέγοντες τὸ διάστημα, ἐν ᾧ ὁ ἀήρ, κενὸν
ἔλεγον ὡς τοῦ ἀέρος μηδὲν ὄντος, ὡς εἴ γε τὸν ἀέρα σῶμα αἰσθητὸν ἁφῇ 30
ἐνόμιζον, οὐκ ἂν εἶπον κενὸν τὸ ἔχον αὐτὸ διάστημα. οὐδ' ἂν οἱ περὶ
Ἀναξαγόραν ἀνῄρουν τὸ κενὸν δεικνύντες εἶναι σῶμα τὸν ἀέρα καὶ ἰσχυρόν.
διὰ γὰρ τοῦτο τὸ κενὸν ὁρίζεσθαι διάστημα πληροῦσθαι πεφυκὸς σώματος
20 αἰσθητοῦ κατὰ τὴν ἁφήν, ἵνα τὸ τοῦ ἀέρος δεκτικὸν κενὸν ἀναφανῇ, τοῦ
ἀέρος μὴ ὄντος σώματος αἰσθητοῦ κατὰ τὴν ἁφήν, ὡς ἐνόμιζον.

Λέγει δὲ ὁ Ἀλέξανδρος καὶ τρίτην τινὰ φέρεσθαι γραφὴν τὴν λέγουσαν
τὸ πλῆρες ἀναισθήτου σώματος κατὰ τὴν ἁφήν. καὶ εἴη ἂν ἀναί- 35
σθητον σῶμα τὸ διάστημα λέγων τὸ τρεῖς ἔχον διαστάσεις καὶ διὰ τοῦτο
25 σῶμα λεγόμενον καὶ πλῆρες, ἐπειδὴ σώματος ὁρισμὸς εἶναι δοκεῖ τὸ τὰς
τρεῖς ἔχον σχεδὸν διαστάσεις. οὐδὲ ταύτῃ δὲ τῇ γραφῇ συνᾴδειν φησὶ τὴν
ἐπαγομένην λύσιν ὁ Ἀλέξανδρος, οὐκ οἶδα διὰ τί, εἴπερ ὡς διάστημα εἴληπται·
ἀλλὰ κατάλληλος ἡ προφορὰ διάστημα κενὸν εἰπεῖν τὸ πλῆρες ἀναισθή-
του σώματος κατὰ τὴν ἁφήν. τὸν δὲ ἀέρα φησὶν Ἀλέξανδρος τῇ αὐτοῦ 40
30 φύσει ἄλλαις μὲν αἰσθήσεσιν αἰσθητῶν ποιοτήτων μὴ μετέχειν, ἁπτὸν δὲ
μόνον εἶναι· οὐ γὰρ ἂν ταῖς ἄλλαις αἰσθήσεσι διηκονεῖτο δι' αὐτοῦ γινο-
μέναις, εἰ παρενέφαινέ τινα αὐταῖς οἰκείαν ποιότητα. μέλας γὰρ ὢν εἰ
τύχοι πῶς ἂν πρὸς τὴν τοῦ λευκοῦ διακομιδὴν ὑπηρετοῖτο; δῆλον δὲ ὅτι
κατὰ ταύτην τὴν ἀπόδοσιν τοῦ κενοῦ τὴν λέγουσαν κενὸν εἶναι ἐν ᾧ μηδέν
35 ἐστι σῶμα αἰσθητὸν ἁφῇ, τουτέστιν ἢ βαρὺ ἢ κοῦφον, καὶ εἴ τι διάστημά
ἐστιν, ἐν ᾧ ὁ οὐρανός, κενὸν ἂν εἴη. τὸ γὰρ θεῖον καὶ κυκλοφορητικὸν 45
σῶμα, ὡς ἐν τῇ Περὶ οὐρανοῦ δέδεικται, οὔτε βαρύ ἐστιν οὔτε κοῦφον.
ἔοικε δὲ τὸ μὲν πρῶτον συναχθὲν ἄτοπον τὸ τὴν στιγμὴν κενὸν εἶναι

---

2 κουφότητα F   4 περὶ ἀέρος E   10 τὸ κενὸν δεκτικόν aF   13 μὴ, ὃν,
οὐ a   15 καὶ (post γὰρ) om. a   17 κενὸν om. E   αὐτὸ F   20 ἵνα—
ἐνόμιζον (21) om. E   24 καὶ διὰ τοῦτο—διαστάσεις (26) om. F   26 δὲ om. F
29 ὁ ἀλέξανδρος aF   32 ἢ τύχοι E   33 ὑπηρετεῖτο E   35 τουτέστιν ἢ E:
τουτέστι μὴ aF   36 κυκλοφορικὸν a   37 Περὶ οὐρανοῦ A 3 p. 269ᵇ 29

συνῆχθαι ἀπὸ τοῦ ἀδιορίστως ληφθῆναι τὸ ἐν ᾧ, τοῦτο δὲ ἀπὸ τοῦ ἁφῇ 153ᵛ
μόνῃ διορισθῆναι ἐκεῖνο ὃ μὴ ἔστιν ἐν τῷ κενῷ καὶ διὰ τοῦτο λέγεσθαι κενόν.

p. 214ᵃ11 Ἄλλον δὲ τρόπον, ἐν ᾧ μὴ τόδε τί ἐστιν ἕως τοῦ τὸ δὲ 51
κενὸν ζητοῦσιν ὡς χωριστόν.

Ἄλλην ἔννοιαν τοῦ κενοῦ παραδίδωσι κενὸν λέγουσαν, ἐν ᾧ μὴ ἔστιν
οὐσία σωματική· τὸ γὰρ τόδε τι ἐξηγούμενος ἐπήγαγε μηδὲ οὐσία σωματική· διαφέροι δὲ ἂν αὕτη τῆς προτέρας ἡ σημασία τῷ ἐκεῖ μὲν
κενὸν λέγεσθαι, ἐν ᾧ μηδέν ἐστι σῶμα αἰσθητὸν ἁφῇ, κατὰ τὴν ἀντιτυπίαν
10 χαρακτηριζομέ|νου τοῦ τοιούτου σώματος, ἣν τῷ ἀέρι μὴ ἐνορῶντες κενὸν 154ʳ
ἔλεγον τὸ διάστημα ἐν ᾧ ἀήρ· ἐνταῦθα δὲ λέγεται κενόν, ἐν ᾧ μηδεμία
ἐστὶν οὐσία σωματική, ἡ δὲ σωματικὴ οὐσία οὐ μόνον βάρος ἔχει καὶ κουφότητα, ἀλλὰ καὶ χρώματα καὶ σχήματα καὶ μεγέθη. διὸ κατὰ μὲν τὴν
προτέραν ἀπόδοσιν τὸ διάστημα, ἐν ᾧ ὁ οὐρανός, κενὸν ἂν εἴη, ὅτι τὸ
15 οὐράνιον σῶμα οὔτε βάρος ἔχει οὔτε κουφότητα· κατὰ δὲ ταύτην τὴν 5
ἀπόδοσιν οὐκ ἂν εἴη κενόν, εἴπερ κενὸν μέν ἐστιν ἐν ᾧ μὴ ἔστι σώματος
οὐσία, τὸ δὲ οὐράνιον σώματος οὐσία ἐστί· καὶ μήποτε τῷ ὄντι ἡ μὲν
προτέρα ἀπόδοσις ἐκείνων ἦν τῶν βουλομένων τὸν ἀέρα μὴ εἶναι σῶμα
διὰ τὸ μὴ εἶναι ἀντίτυπον καὶ διὰ τοῦτο τὸ διάστημα ἐν ᾧ ἐστιν ὁ ἀὴρ
20 κενὸν οἰομένων, πρὸς οὓς καὶ Ἀναξαγόρας ἀντιλέγων ἠρκεῖτο δεικνύναι
σῶμα τὸν ἀέρα. εἰ γὰρ κενὸν ἔλεγον ἐν ᾧ μηδὲν ἦν σῶμα ἀντίτυπον, ὁ
δὲ ἀὴρ κἂν μὴ ἀντίτυπον ἀλλ' ὅμως σῶμά ἐστι, καὶ τὸ ἐν ᾧ ἐστιν οὐ
κενόν, δῆλον ὅτι οὐκ ἂν εἴη κενὸν νῦν λεγόμενον τὸ ὑπ' αὐτῶν ἀποδεδο- 10
μένον. ὑποθέμενος δὲ τοὺς τὸ κενὸν λέγοντας, ἐν ᾧ μὴ ἔστιν οὐσία τις
25 σωματική, καὶ ταύτῃ δοκοῦντας ἀκριβέστερον λέγειν τῶν τῷ σώματι τὸ
ἁπτὸν προσθέντων καὶ διὰ τοῦτο ἀτόπῳ περιπεσόντων, ἀπάγει καὶ τούτους
εἰς τὸ τὴν ὕλην τὸ κενὸν λέγειν ὅταν καθ' αὑτὴν ᾖ, διότι αὕτη ἐστὶν ἐν
ᾗ τὸ σωματικὸν εἶδος ἐγγίνεται. οἱ οὖν ταύτην ἔχοντες ἔννοιαν τοῦ κενοῦ
τὴν ὕλην λέγουσι τὸ κενόν. οἱ δὲ αὐτοὶ οὗτοι καὶ τόπον αὐτὴν λέγουσιν,
30 ὥσπερ καὶ τὸ κενὸν λέγουσι τόπον, ὥστε κενὸν καὶ ὕλην καὶ τόπον ταὐτὸν 15
τῷ ὑποκειμένῳ λέγειν. καὶ πρότερον μὲν ἐν τοῖς περὶ τόπου λόγοις ἤλεγξε
τοὺς τόπον τὴν ὕλην λέγοντας. νῦν δὲ προχειρισάμενος τοὺς τὸ κενὸν ὕλην
λέγοντας ἐπάγει καὶ τούτοις τὸ αὐτὸ ἄτοπον τὸ τὴν ὕλην καὶ τὸ κενὸν
ταὐτὸν λέγειν, τὰς ἐναντίας αὐτῶν ἐννοίας παραδεικνύς, καθ' ἃς ἡ μὲν ὕλη
35 οὐκ ἔστι χωριστὴ τῶν πραγμάτων, ὧν ἐστιν ὕλη. τὸ δὲ κενὸν οἱ λέγοντες

---

1 συνῆχθαι] συνήχθ< i. e. συνήχθεν E   τοῦ (ante ἀδιορίστως) om. E   τὸ om.
aF   4 ἐστιν EF: om. a et Aristoteles   7 οὐσία τις Aristoteles   8 τῷ aF:
τὸ E   10 τοιούτου om. F   11 ἐν ᾧ initio paginae iteravit F   15 τὴν (post
ταύτην) om. E   17 σώματος E: σῶμα aF   23 αὐτὸν F   26 προστιθέντων
aF   καὶ (ante διὰ) om. E   τούτους aF: τοῦτο E   32 νῦν δὲ—λέγοντας (33)
om. E   33 τὸ τὴν a: τῷ τὴν EF

SIMPLICII IN PHYSICORUM IV 7 [Arist. p. 214ᵃ 11. 16]   657

ὡς χωριστὸν ζητοῦσιν ἐκείνου τοῦ ἐν αὐτῷ πεφυκότος γίνεσθαι σώματος, 154ʳ
ὡς ἐν δευτέρῳ σχήματι καὶ ἐνταῦθα δείκνυσθαι τὸ κενὸν μὴ ὂν ὕλην, τὸ 20
δὲ τόπον πως ὑπὸ τοῦ ὀνόματος τοῦ κενοῦ σημαίνεσθαι συγχωρεῖ.

p. 214ᵃ16 Ἐπεὶ δὲ περὶ τοῦ τόπου διώρισται ἕως τοῦ οἷον τὸν 27
5   τόπον φασί τινες εἶναι.

Τὰς διαφόρους τοῦ κενοῦ δοκούσας ἐννοίας ἐκθέμενος πάσας εἰς ἓν
τὸ αὐτὸ τείνειν ὑπέδειξε, τὸ τόπον τινὰ εἶναι τὸ κενὸν ἐστερημένον σώματος.
εἴτε γὰρ τόπος ἐν ᾧ μηδέν ἐστιν, εἴτε διάστημα τὸ μὴ πλῆρες αἰσθητοῦ 30
σώματος κατὰ τὴν ἁφήν, εἴτε τὸ ἐν ᾧ μὴ τόδε τι μηδὲ οὐσία σωματική,
10 κατὰ πάσας ταύτας τὰς ἀποδόσεις τὸ κενὸν διάστημά τι καὶ τόπος ἐστὶ
σώματος ἐστερημένος. καὶ γὰρ τὸν μὲν τόπον ὡς τόπον, ἐπειδή τινος ὁ
τόπος, ὅταν δέξηται σῶμα, τότε νοοῦμεν, τὸ δὲ κενόν, ὅταν μήπω δέξηται
σῶμα. τὸ μέντοι εἶναι διαστήμασι κεχωρισμένοις τῶν σωμάτων ἀμφοτέ-
ροις ὑπάρχει καὶ τῷ κατ' αὐτὸν τόπῳ καὶ τῷ κενῷ. ἐπεὶ οὖν δέδεικται
15 περὶ τοῦ τόπου, ὅτι ὡς μὲν πέρας τοῦ περιέχοντος ἔστιν, ὡς δὲ διάστημά 35
τι καθ' αὑτὸ οὐκ ἔστι, τότε μὲν σύμμετρον ἐδείχθη τῷ περὶ τόπου λόγῳ,
ὅτι οὐκ ἔστι τοῦτο διάστημα· νῦν δὲ ἐπειδὴ αὐτὸ τοῦτο πρόκειται σκοπεῖν,
λοιπὸν μετὰ τὸ τί σημαίνει τοὔνομα τοῦ κενοῦ, εἰ ἔστιν ὅλως τὸ κενόν,
τουτέστι τὸ διάστημα τὸ εἰρημένον, χρὴ δεῖξαι λοιπὸν ὅτι οὐκ ἔστι τι
20 τοιοῦτον οὔτε μὴ ἔχον ἐν ἑαυτῷ σῶμα, ὅπερ σημαίνει τὸ κεχωρισμένον,
οὔτε ἔχον ὅπερ τὸ ἀχώριστον· καὶ γὰρ τῶν λεγόντων τὸ κενὸν οἱ μὲν
οὕτως ἔλεγον ὡς εἶναί τι καθ' αὑτό, τὸ μὲν ἀεὶ μηδὲν ἔχον σῶμα ὡς τὸ 40
ἔξω τοῦ οὐρανοῦ, τὸ δὲ ποτὲ ὡς τὸ ἐν τοῖς μανοῖς καὶ τὸ διαλαμβάνον τὰ
σώματα πρὸς τὸ μὴ συνεχισθῆναι· οἱ δὲ ὡς ἔχον μέν τινα καὶ καθ'
25 αὑτὸ φύσιν τοῦτο τὸ διάστημα, ἀεὶ δὲ σώματος πεπληρωμένον. δύναται
δὲ κεχωρισμένον μὲν τὸ εἰρημένον ἔξω τοῦ οὐρανοῦ παρ' αὐτῶν λέγειν,
ἀχώριστον δὲ τὸ τοῖς σώμασιν ἐμφερόμενον, ἀλλ' οὐχὶ τὸ ἀεὶ ἔχον σῶμα.
αὕτη γὰρ ἡ ὑπόθεσις μετ' αὐτὸν ἐν τοῖς Πλατωνικοῖς σαφῶς ἐπεπόλασεν·
ὅτι δὲ οἱ πρὸς τὸ μὴ εἶναι διάστημα τοιοῦτον τὸν τόπον ῥηθέντες λόγοι 45
30 καὶ πρὸς τὸ τοιοῦτον κενὸν εὐλόγως ἂν λέγοιντο, δείκνυσι διὰ τοῦ τὰ αὐτὰ
εἶναι κατασκευαστικὰ τοῦ τοιούτου κενοῦ, ἅπερ καὶ τοῦ τόπου. τὸ ὑποδεκτι-
κὸν καὶ χωριστὸν καὶ ὅτι κίνησις ἡ κατὰ τόπον οὐκ ἂν εἴη. καὶ γὰρ καὶ
τὸ κενὸν οὐ σῶμα, ἀλλὰ διάστημα σώματος δεκτικὸν δηλονότι βούλονται
εἶναι. καὶ διὰ τοσαύτας αἰτίας καὶ εἶναι δοκεῖ τὸ κενόν, δι' ἃς καὶ
35 ὁ τόπος.

Ὁ δὲ Ἀλέξανδρος· "ἐκ τοῦ λέγειν, φησίν, ὅτι τὸ κενὸν καίτοι τριχῇ
διαστατὸν ὂν οὐ σῶμα, ἐλέγχειν ἔστι τοὺς κακῶς οἰομένους ἐν Κατηγορίαις 50

---

1 γενέσθαι E   2 τὸ δὲ EF: τὸν δὲ fortasse recte a   4 δὲ καὶ περὶ a   7 σώ-
ματος ἐστερημένον E   15 τοῦ (post περὶ) om. aF   16 τι om. aF   21 οὔτε]
οὕτως F   23 post οὐρανοῦ habet παρ' αὐτῶν λέγειν E   33 δηλονότι om. F
34 καὶ διὰ—εἶναι om. E   37 ἐν Κατηγορίαις cf. c. 6

ὑπ' αὐτοῦ ποσὸν σῶμα τὸ μαθηματικὸν λέγεσθαι διάστημα μόνον ὂν ἄνευ 154r
τῆς ὕλης· οὐδαμοῦ γὰρ λέγει τὸ τοιοῦτον ἁπλῶς σῶμα ἀλλ' ἢ σώματος
διάστημα ἢ μαθηματικὸν σῶμα, ἐκεῖ δὲ ἁπλῶς τὸ σῶμα ποσὸν ἔφη·
δῆλον δὲ ὅτι τὸ μαθηματικὸν οὐκ ἂν εἴη σώματος διάστημα. καὶ γὰρ ἐν-
5 ταῦθα τὸ κενὸν οὕτω λέγεται σώματος διάστημα ὡς διάστημα σώματος
δεκτικόν, ἀλλ' οὐχὶ διάστημα σώματος". ὁ δὲ Ἀλέξανδρος οὕτως ἀκούων
συλλογίζεται, ὅτι εἰ μὲν ἔστι μὴ σῶμα ἀλλὰ διάστημα σώματος, ἀδύνατον
δὲ τοιοῦτον εἶναι διάστημα ἄνευ σώματος, ἀδύνατον εἶναι καὶ κενόν· εἰ 154v
μὴ ἄρα σώματος διάστημα λέγει τὸ τριχῇ διεστώς, οἷόν ἐστι καὶ τὸ τοῦ
10 σώματος. οὕτω γὰρ ἂν εἴη λέγων· εἰ πανταχοῦ σώματός εἰσιν αἱ τρεῖς
διαστάσεις, ⟨οἱ⟩ μόνον σώματος ὑποτιθέμενοι τὸ μὴ ὂν ὑποτίθενται. πλειό-
νων δὲ ὄντων, ὡς εἴρηται, τῶν αὐτῶν αἰτίων τῆς τε τοῦ τόπου εἰς τὰ
ὄντα εἰσαγωγῆς καὶ τῆς τοῦ κενοῦ, ἐνεδείξατο μὲν τὸ πλῆθος εἰπὼν καὶ
διὰ ταῦτα, τὴν δὲ κυριωτάτην δοκοῦσαν ἐπήγαγεν. ἥκει γάρ, φησίν,
15 ἡ κίνησις ἡ κατὰ τόπον καὶ τοῖς τὸν τόπον φάσκουσιν εἶναί τι
παρὰ τὰ σώματα ἐμπίπτοντα εἰς αὐτὸν καὶ τοῖς τὸ κενόν. ἐπει-
δὴ δὲ δυνατὸν τοῦ αὐτοῦ πλείονα καὶ διάφορα αἴτια εἶναι, ὅτι ὡς τὸ αὐτὸ
αἴτιον τῆς κατὰ τόπον κινήσεως τό τε κενὸν καὶ ὁ τόπος ἔδειξεν, εἰπὼν
καὶ τοὺς τὸ κενὸν αἴτιον λέγειν ὡς ἐν ᾧ κινεῖται, οὕτως δὲ ἦν καὶ ὁ
20 τόπος αἴτιος.

p. 214a26 Οὐδεμία δὲ ἀνάγκη ἕως τοῦ ὥσπερ ἐν ταῖς τῶν ὑγρῶν.

Διακρίνας τὸ τοῦ ὀνόματος τοῦ κενοῦ σημαινόμενον, ὅτι ἐστὶ διάστημα
καὶ τόπος ἐστερημένος σώματος, λοιπὸν ὅτι μὴ ἔστι τοῦτο μήτε χωριστὸν
μήτε ἀχώριστον προτίθεται δεῖξαι. καὶ πρῶτον τοὺς ἐπιχειροῦντας λόγους
25 εἰσάγειν τὸ κενὸν ὅτι μηδὲν ἔχουσιν ἀναγκαῖον δείκνυσι· καὶ πρῶτον τὸν
πρῶτον ἐρωτηθέντα καὶ τῶν ἄλλων δοκοῦντα πραγματειωδέστερον, ὃς ἔλεγεν,
εἰ ἔστι κίνησις, ἔστι τὸ κενόν. καὶ νῦν μὲν ὅτι οὐκ ἀναγκαίως ἠρώτηται
δείκνυσιν, ὀλίγον δὲ ὕστερον ὅτι καὶ πᾶν τοὐναντίον, εἰ ἔστι κίνησις, οὐκ
ἔστι κενόν, καὶ εἰ ἔστι κενόν, οὐκ ἔστι κίνησις. νῦν δὲ τέως μὲν ἀπὸ
30 τοῦ ἀδιορίστου τὸν λόγον ἐλέγχει· εἰ γὰρ καὶ ἔστι κινήσεως αἴτιον τὸ
κενόν, οὔ τί γε πάσης· οὐ γὰρ δὴ καὶ ἀλλοιώσεως· δύναται γάρ τι θερ-
μαίνεσθαι καὶ λευκαίνεσθαι καὶ ὅλως ἀλλοιοῦσθαι καὶ πλῆρες ὂν καὶ μηδὲν
προσδεόμενον κενοῦ. καὶ μέμφεται Μελίσσῳ ἀδιορίστως ἀκίνητον τὸ πᾶν
λέγοντι διὰ τὸ μὴ εἶναι τὸ κενόν. ἀγνοῆσαι γὰρ δοκεῖ, ὅτι ἀλλοίωσιν

---

2 λέγει F: λέγειν aE   7 εἰ μὲν ἔστι μὴ scripsi: εἰ μὴ ἔστι μὴ F: ἔστι μὴ E: εἰ μὴ a   8 καὶ (ante κενόν) om. E   9 διάστημα σώματος aF   11 οἱ a: om. EF   μόνου a   14 post ταῦτα (sic pro ταὐτὰ) habet a ἤγουν ἀφ' ὧν κατεσκευάζετο ὁ τόπος   φησίν post κίνησις habent aF   15 τοῖς τόπον a   16 τὰ etiam post σώματα habet Aristoteles [praeter E]   εἰς αὐτὸν om. Aristoteles   17 δυνατὸν om. a   19 καὶ τοὺς τὸ κενὸν sc. φάσκοντας cf. v. 16   21 ὥσπερ καὶ ἐν ut Aristoteles a   24 προστίθεται F   26 ὃς aF: ὡς E   33 Μελίσσῳ cf. supra p 650, 1   ἀδιόριστον E

οὐδὲν ἐκώλυεν εἶναι, κἂν μὴ ᾖ κενόν. ποῖον δὲ πᾶν ὁ Μέλισσος ἀκίνητον
ἔλεγε διὰ τὸ μὴ εἶναι κενόν, εἴρηται πρότερον. ἔδει οὖν, εἴπερ ἄρα, ἐρω-
τᾶν 'εἰ ἔστιν ἡ κατὰ τόπον κίνησις, ἔστι κενόν', ἀλλὰ μὴ ἁπλῶς 'εἰ ἔστι
κίνησις'. ᾐτιάσατο δὲ τοῦτο Μελίσσου ὡς ἄν τις εἴποι τὸ παρόραμα καὶ
ἐν τῷ πρώτῳ βιβλίῳ λέγων "ἔπειτα ἀλλοίωσις διὰ τί οὐκ ἂν εἴη;" λύσας
οὖν τὸ συνημμένον διὰ τῆς τοῦ ἀδιορίστου ἐρωτήσεως, ἑξῆς δείκνυσιν, ὅτι
οὐδὲ τῆς κατὰ τόπον κινήσεως αἴτιον τὸ κενόν· δύναται γὰρ ἀντιμεθίστα-
σθαι ἀλλήλοις τὰ σώματα, καὶ οὕτω κινεῖσθαι κατὰ τόπον τοὺς ἀλλήλων
τόπους ἀμείβοντα καὶ μηδενὸς ὄντος κενοῦ, ὅπερ εἶπε κεχωρισμένον διά-
στημα, τουτέστι τὸ μὴ σώματος ὂν ἀλλ' αὐτοῦ καθ' αὑτό. καὶ ὅτι
δυνατὸν τοῦτο, ἔδειξεν ἐπὶ τῶν περιδινουμένων καὶ τὸν αὐτὸν ἀεὶ τόπον
κατεχόντων συνεχῶς σωμάτων· καὶ γὰρ οἱ στρόμβοι κινοῦνται κατὰ τόπον
οὐ δεόμενοι κενοῦ· καὶ τὸ ὕδωρ, ὅταν ἐν τῷ ἀγγείῳ κινῆται περιφερό-
μενον, τὸ μὲν ὅλον τὸν αὐτὸν κατέχει τόπον, τὰ δὲ μόρια αὐτοῦ ἀλλήλοις
ἀντιμεθίσταται κινούμενα τοπικῶς. καὶ οὔτε κενὸν προσλαμβάνει οὔτε
σῶμα διὰ σώματος χωρεῖ. ἐχρήσατο δὲ τούτῳ τῷ παραδείγματι καὶ ἐν
τῷ πρώτῳ βιβλίῳ πρὸς τὸ τοῦ Μελίσσου ἀκίνητον ὑπαντῶν· ἀλλ' ἴσως
ἄν τις λέγοι τὰ τοιαῦτα μηδὲ κινεῖσθαι κατὰ τόπον καθ' ἡμᾶς, ὅσα τὸν
αὐτὸν φυλάττει τόπον κατὰ τὴν ὁλότητα, εἴπερ καὶ τὸν ὅλον οὐρανὸν ἀκί-
νητον κατὰ τόπον λέγομεν· καὶ μέντοι ἐπὶ τούτων μόνων δόξει τὸ κενὸν
μὴ εἶναι αἴτιον τῆς κατὰ τόπον κινήσεως τῶν κατὰ τὸ ὅλον ἐν τῷ αὐτῷ
τόπῳ μενόντων ἀεί. προσφυέστερον οὖν ἐστι τὸ τοῦ Στράτωνος παρά-
δειγμα ταύτας τὰς ὑπονοίας ἐκφεύγον· ἐὰν γὰρ εἰς ἀγγεῖόν τις πεπληρω-
μένον ὕδατος ψηφῖδα ἐμβαλὼν καταστρέψῃ τὸ ἀγγεῖον ἐπὶ στόμα ἐπέχων
τὴν ἔκροιαν, ἡ ψηφὶς ἐπὶ τὸ στόμα τοῦ ἀγγείου φέρεται ἀντιμεθισταμένου
τοῦ ὕδατος εἰς τὸν τῆς ψήφου τόπον. τὸ δὲ αὐτὸ καὶ ἐπὶ τῶν νηχομένων
συμβαίνει καὶ ἰχθύος καὶ οὑτινοσοῦν. ἐρεῖ δὲ καὶ αὐτὸς Ἀριστοτέλης
πλείονα περὶ ταύτης τῆς ἀντιμεταστάσεως.

p. 214ᵃ32 Ἐνδέχεται δὲ καὶ πυκνοῦσθαι μὴ εἰς τὸ κενὸν ἕως τοῦ
οἷον ὕδατος συνθλιβομένου τὸν ἐνόντα ἀέρα.

Δεύτερος ἦν λόγος τῶν δοκούντων δεικνύναι, ὅτι ἔστι τὸ κενόν, ὁ
ἀπὸ τῆς πιλήσεως. οὗ παράδειγμα ἦν τὸ κατὰ τοὺς ἀσκούς, οὓς ὁ πίθος
δέχεται μετὰ τοῦ οἴνου διὰ τὴν τοῦ οἴνου πίλησιν οὐδὲν ἄλλο οὖσαν ἢ

---

1 ἀκίνητον πᾶν ὁ μέλισσος aF   4 ὡς ἄν τις εἴποι μελίσσου aF   5 πρότῳ βιβλίῳ
c. 3 p. 186ᵃ18   6 τοῦ om. F   ἀορίστου E   10 αὐτοῦ scripsi: αὑτοῦ EF:
αὐτὸ a   11 τόπων F   12 post γὰρ iteravit καὶ a   κινεῖται E
13 οὐ] μὴ a   16 χωρεῖ aF: χωροῦν E   ἐν τῷ πρώτῳ βιβλίῳ c. 3 p. 186ᵃ17
18 κατὰ] κατὰ πρὸς F   20 μόνον aF   23 ἐκφεύγον E: ἐκφυγὸν a: ἐκφυγὸν ex ἐκ-
φυγών F   24 ἐπέχον aF   25 ἔκροιαν E   ψηφὶς E: ψῆφος aF
27 εἴ τινος οὖν E   28 ταύτης om. aF   31 post κενὸν ex lemmate ἕως —
συνθλιβομένου (30) iteravit punctis deinde deleta E

συνίζησιν εἰς τὰ ἐνυπάρχοντα κενά. λέγει οὖν πρὸς τοῦτον τὸν λόγον, ὅτι 154ᵛ
οὐκ ἀνάγκη τὸ πιλούμενον τῷ κενὰ ἔχειν ἐν ἑαυτῷ εἰς αὐτὰ συστελλό- 50
μενον πυκνοῦσθαι. δύναται γὰρ ἐκθλιβομένου καὶ ἐκπυρηνιζομένου λεπτο-
τέρου τινὸς σώματος συνιζάνειν τὰ λοιπὰ μόρια εἰς ὄγκον ἐλάττονα. καὶ
5 γίνεται ἡ πίλησις ἐξιόντος μὲν τοῦ λεπτομερεστέρου καὶ ἀραιοτέρου οἷον
ἀέρος καὶ πυρὸς καὶ ὕδατος καὶ ὅλως τῶν λεπτοτέρων ἀπὸ τῶν παχυτέ-
ρων, τοῦ δὲ παχυμερεστέρου συνιζάνοντος. διὸ οὐ μόνον βραχύτερον τῷ
ὄγκῳ ἐστὶ τὸ πυκνούμενον, ἀλλὰ καὶ τῇ ὅλῃ οὐσίᾳ παχυμερέστερον· τὸ
δὲ ἐκπυρηνίζειν εἴρη|ται ἀπὸ τῶν τοὺς πυρῆνας τῶν ἐλαιῶν τοῖς δακτύ- 155ʳ
10 λοις συμπιλουμένους ἐξακοντιζόντων διὰ τὸ μυουρίζον σχῆμα.

p. 214ᵇ1   Καὶ αὔξεσθαι οὐ μόνον εἰσιόντος τινός, ἀλλὰ καὶ
ἀλλοιώσει, οἷον εἰ ἐξ ὕδατος γένοιτο ἀήρ.

Τρίτος ἦν λόγος ἀπὸ τῆς αὐξήσεως δεικνύς, ὅτι ἔστι τὸ κενὸν διά
τινος συνημμένου τοιοῦδε 'εἰ ἔστιν αὔξησις, ἔστι τὸ κενόν, ἀλλὰ μὴν τὸ 5
15 πρῶτον, τὸ ἄρα δεύτερον', κατασκευάζων δὲ τὸ συνημμένον ἐκ τοῦ τὴν
τροφὴν διοδεύουσαν διὰ κενοῦ προστίθεσθαι τοῖς τρεφομένοις διὰ τὸ μὴ
σῶμα διὰ σώματος χωρεῖν. λέγει οὖν μὴ εἶναι ἀναγκαῖον πάντως, εἴ τι
αὔξεται εἰσιόντος τινὸς σώματος, καὶ προσκρινόμενον αὔξεσθαι. πολλὰ γὰρ
αὔξεται καὶ μείζω γίνεται πρὸς τὸν ὄγκον ἐξ ἐλαττόνων, οὐ προσκρινομένου
20 τινὸς αὐτοῖς, ἀλλὰ ἀλλοιούμενα καὶ μεταβάλλοντα εἴς τι τῶν λεπτομερε-
στέρων σωμάτων, ὡς ὅταν ἐξ ὕδατος ἀὴρ γένηται. μείζων γὰρ ὄγκος ὁ 10
τοῦ γενομένου ἀέρος ἐκ τοῦ ὕδατος ἐκείνου τοῦ ὕδατος, ἐξ οὗ γέγονεν ἀήρ.
ὥστε οὐκ ἀληθὲς τὸ εἰ ἔστιν αὔξησις, ἔστι κενόν. ἐν δὴ τούτοις τὸ μὲν
ἀλλοίωσιν εἰπεῖν τὴν ἐξ ὕδατος εἰς ἀέρα μεταβολήν, καίτοι γένεσιν μὲν
25 οὖσαν ἀέρος φθορὰν δὲ ὕδατος, οὐδὲν θαυμαστόν· τὸ δὲ τῆς αὐξήσεως
πλείονός ἐστιν ἐπιστάσεως ἄξιον. πρῶτον μὲν πῶς ἐπὶ τῶν ἀψύχων αὔξησιν
εἶναί φησι καὶ πῶς τροφῆς χωρὶς αὐξάνεσθαι λέγει, καίτοι αὐτὸς ἐν τοῖς
Περὶ ψυχῆς σαφῶς λέγων ὅτι μόνα αὔξεται τὰ τρεφόμενα, τρέφεται δὲ τὰ 15
ἔμψυχα; τὰ γὰρ τῆς φυτικῆς μετέχοντα ψυχῆς ταῦτα τρέφεσθαί τε καὶ
30 αὔξεσθαι μόνα φησί. πῶς οὖν καὶ χωρὶς τροφῆς εἰσιούσης νῦν αὔξεσθαί
φησιν; ἵνα τὸ ἑκατέρωθεν ἐπαγόμενον ἄτοπον ἐκφύγῃ τῆς ἐρωτήσεως
τῆς λεγούσης, ἢ διὰ πλήρους ἢ διὰ κενοῦ διϊέναι τὴν τροφήν· λύων δὲ

---

3 θλιβομένου E at cf. Themistius p. 289,12   5 οἷον ἀέρος om. a   6 καὶ (ante πυρὸς)
E: ἢ aF   9 ἐλαῶν aF   10 μεϊουρίζον F   11 αὐξάνεσθαι a ut Aristoteles
12 γένοιτο EF (ut Aristotelis codex F): γίνοιτο a   16 προστίθησι F   20 εἴς τι
E: εἰ ἔστι aF   λεπτοτέρων a   21 γὰρ ὁ ὄγκος a   22 ἀήρ aF: ὁ ἀὴρ E
27 τροφῆς χωρὶς E: τροφῆς F: τροφὴν a   28 Περὶ ψυχῆς B 4 p. 415ᵇ26 οὐδὲν γὰρ
φθίνει οὐδ' αὔξεται φυσικῶς μὴ τρεφόμενον, τρέφεται δ' οὐθὲν ὃ μὴ κοινωνεῖ ζωῆς
29 ἄψυχα E   30 post οὖν habet νῦν quod idem post εἰσιούσης E   31 ἐκφύ-
γοι E   32 τῆς (ante λεγούσης) om. F   διϊέναι] διϊενου (admixta διοδεύουσαν vocis
(v. 16) parte velut varia lectione) F   δὲ aF: δὴ E

ταύτας τὰς ἐνστάσεις ὁ Ἀλέξανδρος "διὰ τὸ μήπω δῆλον εἶναι, φησί, 155r πῶς τοῖς τρεφομένοις καὶ αὐξομένοις ἡ πρόσκρισις γίνεται, καὶ τί ποτέ ἐστι τὸ αὐξόμενον τὸ εἶδος ἢ ἡ ὕλη, περὶ ὧν ἐν τοῖς Περὶ γενέσεως ζητήσει 20 τε καὶ διαιρήσει, καὶ δείξει πῶς ἡ αὔξησις γίνεται καὶ τί ποτέ ἐστι τὸ
5 αὐξόμενον τὸ εἶδος ἢ ἡ ὕλη, διὰ τοῦτο νῦν κοινότερον τὴν αὔξησιν λαβὼν οὕτως ἐνέστη τῇ ἀπὸ ταύτης κατασκευῇ τοῦ κενοῦ." ἀλλ' εἰ πρὸς αὔξησιν ὅλως καὶ τροφὴν ὑπήντα, πῶς εἶχε λόγον παρὰ θύρας ἀπαντᾶν, κἂν μήπω περὶ τούτων ἐδίδαξε; μήποτε οὖν ὡς ἐν τῷ περὶ κινήσεως λόγῳ πρῶτον μὲν ὑπήντησεν, ὡς ἀδιορίστως πάσης κινήσεως αἴτιον λεγόντων τὸ κενὸν 25
10 εἶτα καὶ ὡς τῆς κατὰ τόπον κινήσεως, οὕτω καὶ νῦν πρῶτον μὲν ὑπαντᾷ ὡς αὔξησιν τὴν ὁποιανοῦν ἐπίδοσιν λεγόντων καὶ δείκνυσιν ὅτι δυνατὸν εἰς μεῖζον ἐπιδιδόναι μέγεθος καὶ μὴ κατὰ διάδοσιν τροφῆς, εἶτα οὕτως ἐφεξῆς ὡς μαθησόμεθα τὴν κυρίως αὔξησιν τὴν κατὰ διάδοσιν τροφῆς ὑποθέμενος λέγειν αὐτοὺς καὶ ἀπὸ ταύτης τὴν ἀπορίαν τοῦ λόγου κινεῖν, περιτρέπειν
15 αὐτοῖς πειρᾶται τὴν ἀπορίαν λέγων·

p. 214 b 3 Ὅλως δὲ ὅ τε περὶ τῆς αὐξήσεως λόγος ἕως τοῦ 30
ἐξ ὧν δεικνύουσι τὸ κενὸν εἶναι λύειν ῥᾴδιον, φανερόν.

Εἰ μὲν ἀδιορίστως ἀκούοι τις τὴν αὔξησιν ἐπὶ τῶν εἰς μεῖζον μέγεθος 35 ἐπιδιδόντων, ἀρκεῖ προφέρειν αὐτοῖς τὴν ἀπὸ ὕδατος εἰς ἀέρα μεταβολὴν
20 καὶ ὅλως ἀπὸ τοῦ βραχυτέρου τῷ ὄγκῳ σώματος εἰς τὸ μεῖζον· εἰ δὲ ὡς ἐπὶ τῆς κυρίως αὐξήσεως τῆς γινομένης διὰ τὴν πρόσκρισιν τῆς τροφῆς, οὐκέτι ὑπὸ ἄλλων ἀνατραπήσονται λόγων οἱ τὸ κενὸν εἰσάγοντες διὰ τὴν τῆς τροφῆς πάροδον, ἀλλὰ τοῖς ἑαυτῶν πτεροῖς κατὰ τὴν παροιμίαν ἁλίσκονται, ἢ ὅπερ κυριώτερον ὁ Ἀριστοτέλης εἶπεν αὐτὸς ἑαυτὸν ὁ λόγος 40
25 ἐμποδίζει· ἵνα γὰρ λύσῃ κοινὴν ἀπορίαν τὴν περὶ τῆς τροφῆς, τὸ κενὸν εἰσάγει μὴ λύων ἀλλὰ μᾶλλον ἀπορωτέραν τὴν ἀπορίαν ποιῶν· εἰ γὰρ διιούσης διὰ τοῦ κενοῦ τῆς τροφῆς ἡ πρόσκρισις γίνεται καὶ οὕτως ἡ αὔξησις ἐπιτελεῖται, ὥς φασιν, ἢ οὐ διὰ σώματος γίνεται ἡ τροφή (καὶ τίς ἦν χρεία τῆς τοῦ κενοῦ ὑποθέσεως, ἣν ὑπέθεντο διὰ τὸ μὴ σῶμα διὰ σώ-
30 ματος χωρεῖν τὸ τρέφον διὰ τοῦ τρεφομένου;) ἢ εἰ σῶμα ἡ τροφή, ἢ οὐ κατὰ πᾶν μέρος τραφήσεται καὶ αὐξηθήσεται (ὅπερ ἐστὶ παρὰ τὴν ἐνάρ- 45 γειαν· κατὰ πᾶν γὰρ μέρος τρέφεται καὶ αὔξεται τὰ σώματα) ἢ εἰ πάντῃ τρέφοιτο καὶ αὔξοιτο, ἤτοι σῶμα διὰ σώματος χωρήσει, ὃ φεύγοντες ὑπέθεντο τὸ κενόν, ἢ πᾶν ἔσται τὸ σῶμα κενόν, εἴπερ αὔξεται μὲν πᾶν, ἡ
35 δὲ αὔξησις διὰ κενοῦ γίνεται, ὥστε μηκέτι σῶμα ἔχειν ἐν ἑαυτῷ κενόν, ἀλλ' αὐτὸ κενὸν εἶναι· ὡς ταὐτὸν εἶναι σῶμά τε καὶ κενόν. ὥστε οἱ τὸ

---

3 ἡ (post ἢ) om. E ut v. 5   Περὶ γενέσεως A 5 p. 320 a 8 sqq.   4 καὶ τί —
ὕλη (5) om. F   8 ἐδίδαξε aF: ἔδειξε E   10 ὑπαντᾷ πρῶτον μὲν aF   11 ἀδύνατον a   23 παροιμίαν cf. Themistius p. 289,23. Aeschyli fr. 129   24 αὐτὸς aF:
ἑαυτοῖς E   26 ποιοῦν E   28 ἦν ἡ χρεία a   31 κατὰ F: om. aE
ἐνέργειαν E   34 τὸ σῶμα E (cf. Them. p. 290,8): σῶμα aF   35 ἐν om. E
36 τὸ (post οἱ) om. aF

κενὸν ὑποτιθέμενοι οὐχ ὅτι ἔστι κενὸν δεικνύουσιν, ἀλλὰ τὴν περὶ τῆς 155ʳ
τροφῆς ἀπορίαν κοινὴν οὖσαν λύειν ἐπιχειροῦντες διὰ τοῦ κενοῦ ἀπορω- 50
τέραν αὐτὴν ποιοῦσι· μεταξὺ δὲ τοῦ διαιρετικοῦ βαλὼν τὸ ἀπορίαν οὖν
ἀξιοῦσι κοινὴν λύειν, ἀλλ' οὐ κενὸν δεικνύουσιν ὡς ἔστιν, εἶτα
5 τὸ λοιπὸν ἐπαγαγὼν τὸ ἢ πᾶν εἶναι τὸ σῶμα ἀναγκαῖον κενὸν ἀσά-
φειαν ὀλίγην ἐνεποίησε τῷ ῥητῷ. ταύτας δὲ τὰς ἀπορίας καὶ ἐν τῇ Περὶ
γενέσεως καὶ φθορᾶς πραγματείᾳ περὶ τῆς τροφῆς ἀπορήσας διέλυσε λέγων
μὴ ὁτῳοῦν μέρει παντὶ προσγίνεσθαι, ἀλλὰ τὸ μὲν ὑπεκρεῖν τὸ δὲ προσέρ-
χεσθαι· ὅταν | δὲ πλέον ᾖ τὸ ἐπιρρέον τοῦ ἀπορρέοντος, τότε γίνεται 155ᵛ
10 αὔξησις. ὥσπερ ὅταν πλέον ᾖ τὸ ἀπορρέον τοῦ ἐπιρρέοντος γίνεται φθίσις·
γίνεται μὲν γὰρ ἐν τοῖς τῶν σωμάτων πόροις ἡ τροφὴ καὶ ἐξομοιωθεῖσα
προσφύεται. οὐ πᾶν δὲ τὸ σῶμα πόρος ἐστίν, ἀλλ' ὅπου νῦν πόρος, ἐκεῖνο
γίνεται πλῆρες, καὶ τὸ νῦν πλῆρες ἀπορρέον ποροποιεῖται.

Ἐπειδὴ δὲ καὶ τέταρτος ἦν τις λόγος ὁ ἀπὸ τῆς τέφρας εἰσάγων τὸ 5
15 κενόν, εἴπερ τὸ πλῆρες τέφρας ἀγγεῖον τοσοῦτον ὕδωρ ἐγχεόμενον τῇ τέφρᾳ
δέχεται, ὅσον ἂν δέξηται καὶ κενὸν ὑπάρχον, (ἢ γὰρ σῶμα, φασί, διὰ σώ-
ματος χωρήσει, ὅπερ ἄτοπον, ἢ εἰς τὰ τῆς τέφρας κενὰ χωρηθήσεται τὸ
ὕδωρ) καὶ τούτοις οὖν φησι περιτρέπεται ἡ ἀπορία. φεύγοντες γὰρ τὸ
σῶμα διὰ σώματος χωρεῖν ἀναγκασθήσονται τὴν τέφραν ἀσώματον λέγειν
20 καὶ δι' ὅλης κενόν, ἵνα δέξηται τὸ ἀγγεῖον τὸ αὐτὸ τοῦ ὕδατος ποσόν,
ὅσον εἰ καὶ μὴ εἶχε τὴν τέφραν. εἰ γὰρ οὖσα σῶμα ἡ τέφρα δέχοιτο τὸ 10
ἴσον ὕδωρ, ἀκολουθήσει καὶ οὕτως τὸ σῶμα διὰ σώματος χωρεῖν, ὅπερ
φεύγοντες ὑπέθεντο τὸ κενόν, ὥστε διὰ τοῦ κενοῦ καὶ οὗτοι λύειν τὴν ἀπο-
ρίαν ἐπιχειροῦντες ὑπ' αὐτοῦ πρὸς τὴν λύσιν ἐμποδισθήσονται· λύει δὲ
25 τὴν τῆς τέφρας ἀπορίαν ὁ Εὔδημος ἐν τῷ τρίτῳ τῶν Φυσικῶν λέγων ὅτι
"ἐνδέχεται καὶ ἄνευ τῶν κενωμάτων συμβαίνειν τὸ λεγόμενον· θερμὸν γὰρ
ἐν τῇ τέφρᾳ περιλαμβάνεσθαί τι δοκεῖ καθάπερ ἐν τῇ τιτάνῳ. δῆλον δέ·
ἐπιχεομένου γὰρ ὕδατος ἀμφότερα ταῦτα καίει ἡ μὲν τίτανος αὐτή, ἐπὶ 15
δὲ τῆς τέφρας τὸ διὰ τῆς τέφρας διηθούμενον ὕδωρ καίει τὰ σώματα.
30 τούτου δὲ συμβαίνοντος ἀτμὶς ἀποπορεύεται πολλή, ὥστε μειοῦσθαι τοὺς
ὄγκους διὰ τὴν ἀτμίδα". ἀλλ' εἰ καὶ μειοῦται, οὐ δήπου ἡ ὅλη τῆς
τέφρας οὐσία δαπανᾶται. δυνατὸν οὖν οἶμαι καὶ τοῖς τὸ κενὸν ὑποτιθεμέ-
νοις καὶ τοῖς τὴν πύκνωσιν βοηθεῖν λέγοντα μὴ μόνα τὰ τῆς τέφρας κενὰ
λύειν τὸ ζητούμενον, ἀλλὰ καὶ τὰ τοῦ ὕδατος συνιζάνειν, ὑπὸ τοῦ πλήρους

---

1 τὴν om. E   4 κοινὴν ἀξιοῦσι Aristoteles (praeter codd. FGI)   5 ἀναγκαῖον
post σῶμα EF, post κενὸν a, post εἶναι Aristoteles, sed FGI consentiunt cum Simplicii
EF   6 Περὶ γενέσεως καὶ φθορᾶς A 5 p. 321ᵇ 26 καὶ οὐχ ὁτῳοῦν παντὶ προσγίνεται,
ἀλλὰ τὸ μὲν ὑπεκρεῖ τὸ δὲ προσέρχεται   7 περὶ τῆς a: περὶ F: τῆς E
8 ὑπεκρεῖν E   9 ἐπιρρέον aE: ἀπορρέον F   τοῦ ἀπορρέοντος (ἐπιρρέοντος E)
τότε aE: ἐπιρρέοντος ceteris omissis F   10 αὔξησις—γίνεται om. F   14 ἐπειδὴ
E: ἐπεὶ aF   16 δέξαιτο in litura E   25 ἐν τῷ τρίτῳ τῶν Φυσικῶν fr. 45
p. 62,14 Sp. cf. Brandis Handbuch III 1 p. 230³⁴   28 ἐπὶ δὲ τῆς τέφρας E: ἡ δὲ
τέφρα aF, unde διὰ τὸ τῆς τ. Spengel, διὰ τὸ διὰ τῆς τ. Brandis corrigebat   30 ὥστε
τούτου F

τῆς τέφρας ὠθούμενα, ὥστε μὴ τὸν αὐτὸν ὄγκον ἴσχειν τῷ καθ' αὐτὸ ὕδατι τὸ εἰς τὴν τέφραν ἐμβαλλόμενον. ταῦτα μὲν οὖν ὁ Ἀριστοτέλης πρὸς τοὺς ἱστορηθέντας ὑπ' αὐτοῦ τιθέναι τὸ κενὸν λόγους ἀντείρηκεν· ὁ δὲ Στράτων καὶ τὸν ἀπὸ τῆς ἕλξεως ἀναλύων "οὐδὲ ἡ ἕλξις, φησίν, ἀναγ-
5 κάζει τίθεσθαι τὸ κενόν· οὔτε γὰρ εἰ ἔστιν ὅλως ἕλξις φανερόν (ὅτε καὶ Πλάτων αὐτὸς τὴν ἑλκτικὴν δύναμιν ἀναιρεῖν δοκεῖ) οὔτε εἰ ἔστιν ἡ ἕλξις, δῆλον, εἰ διὰ τὸ κενὸν ἡ λίθος ἕλκει καὶ μὴ δι' ἄλλην αἰτίαν· οὐ γὰρ ἀποδεικνύουσιν ἀλλ' ὑποτίθενται τὸ κενὸν οἱ οὕτω λέγοντες".

p. 214 b 12 Ὅτι δὲ οὐκ ἔστι κενὸν οὕτω κεχωρισμένον ἕως τοῦ
10   δοκεῖ γὰρ αἴτιον εἶναι κινήσεως τῆς κατὰ τόπον,
    ταύτης δὲ οὐκ ἔστιν.

Δείξας ὅτι οἱ τιθέναι δοκοῦντες τὸ κενὸν λόγοι οἱ μὲν οὐδὲν ἔχουσιν ἀναγκαῖον, οἱ δὲ ὅτι δοκοῦντες ἀπορίαν λύειν μείζονι περιπίπτουσι, προέθετο λοιπὸν καὶ προηγουμένως δεῖξαι μὴ οὖσαν ὅλως ὑπόστασιν τοῦ τοιούτου
15 κενοῦ. ἐπεὶ οὖν, ὡς εἴρηται πρότερον, οἱ μὲν κεχωρισμένον τι καθ' αὑτό φασιν εἶναι διάστημα κενὸν ἄπειρον αἴτιον τοῖς σώμασι τῆς κατὰ τόπον κινήσεως, οἱ δὲ παρεσπαρμένον καὶ μεμιγμένον τοῖς σώμασι τὸ κενὸν ὑποτίθενται, πρὸς τὴν πρώτην ὑπαντᾷ δόξαν πρῶτον λέγων, ὡς εἰ διὰ τοῦτο κενὸν κεχωρισμένον λέγουσιν εἶναι, διότι αἴτιόν ἐστιν αὐτὸ τοῖς σώμασι τῆς
20 κατὰ τόπον κινήσεως, μὴ ἔστι δὲ τούτου αἴτιον τὸ κενόν, οὐδ' ἂν εἴη κεχωρισμένον κενόν· ἀλλὰ μὴν οὐκ ἔστι τὸ κενὸν αἴτιον τῆς κατὰ τόπον κινήσεως· οὐκ ἄρα ἔστι τὸ κενόν· τούτου δὴ τοῦ ὑποθετικοῦ τὸ μὲν συνημμένον πᾶς ἂν ὁμολογήσειεν, τὴν δὲ πρόσληψιν δείκνυσι δυνάμει οὕτω· τὸ αἴτιον τῆς κατὰ τόπον κινήσεως ἡ φύσις ἐστί· τὸ κενὸν οὐκ ἔστιν ἡ
25 φύσις, ταύτην ὡς σαφῆ παραλιπὼν τὴν πρότασιν· τὸ κενὸν οὐκ ἔστιν ἄρα αἴτιον τῆς κατὰ τόπον κινήσεως. δυνατὸν δὲ καὶ ὑποθετικῶς οὕτω τὴν πρόσληψιν κατασκευάζειν· εἰ τοῖς σώμασι τῆς κατὰ τόπον φορᾶς ἣν ἐξ αὐτῶν κινοῦνται ἡ φύσις αἰτία, τὸ κενὸν οὐκ ἂν αἴτιον εἴη τῆς τοιαύτης κινήσεως· ἀλλὰ μὴν τὸ πρῶτον, τὸ ἄρα δεύτερον. ὅτι δὲ ἡ φύσις αἰτία
30 τῆς κατὰ τόπον κινήσεώς ἐστι, δείκνυσιν ἐναργῶς ἀπὸ τῆς φυσικῆς τῶν σωμάτων ῥοπῆς. εἰ γάρ ἐστι κατὰ φύσιν τῷ μὲν πυρὶ ἡ ἐπὶ τὸ ἄνω φορά, τῇ δὲ γῇ ἡ ἐπὶ τὸ κάτω, τοῖς δὲ μεταξὺ ἡ ἐπὶ τὰ μέσα, δῆλον ὅτι ἡ φύσις καὶ οὐχὶ τὸ κενὸν αἴτιόν ἐστι τῆς κατὰ τόπον κινήσεως. ὥστε δοκεῖ μάτην τισὶ τὸ κενὸν αἴτιον ὑπάρχειν ταύτης.

---

2 τὸ (ante εἰς) om. aF   4 Στράτων cf. supra p. 652,20   5 φανερὸν—ἕλξις (6) iteravit E   6 ἡ (post ἔστιν) om. aF   7 οὐ γὰρ E: οὐδὲ γὰρ aF   9 οὔτε in οὕτω corr. E   13 οἱ δὲ aF: ἢ E   προσέθετο E   14 τοῦ om. E   16 φησιν a   τοῖς σώμασι om. F   17 παρεσπασμένον E   18 πρῶτον om. F   εἰ om. E   19 τῆς aF: καὶ τῆς E   27 τῆς] τοῖς E   31 ἐπὶ τὸ (ante ἄνω) om. aF   32 τὸ κάτω EF: τὰ κάτω a   τοῖς] τῆς F   34 μάτην τισὶ δοκεῖ aF

p. 214ᵇ17   Ἔτι εἰ ἔστι τι οἷον τόπος ἐστερημένος σώματος ἕως 155ᵛ
τοῦ οὐ γὰρ δὴ εἰς ἅπαν.

Δείξας πρότερον, ὅτι ὡς ποιητικὸν τῆς κινήσεως οὐκ ἔστιν αἴτιον τὸ
κενόν, ἐπειδὴ καὶ οἱ τιθέντες αὐτὸ οὐχ ὡς ποιητικὸν ἐτίθεσαν, ἀλλ' ὡς τὸ 50
5 ἐν ᾧ καὶ ὡς τόπον, ἐν ᾧ τὰ σώματα ἦν ἀνάγκη κινεῖσθαι καὶ δι' οὗ
κινεῖσθαι, εἰκότως μεταβὰς ἀποδείκνυσιν, ὅτι οὐδὲ οὕτως αἴτιον ἢ συναίτιόν
ἐστι τὸ κενὸν ὡς τόπος, ἐν ᾧ κινεῖται τὸ κινούμενον καὶ μένει· εἰ γὰρ
ἔστιν οἷον τόπος τις τὸ κενόν, προσειληφὼς τὸ κενὸν εἶναι παρὰ τὸν τόπον
τῷ μηδὲν ἔχειν ἐν αὑτῷ σῶμα, ἀλλ' ἐν στερήσει εἶναι ἐκείνου οὗ δεκτικόν
10 ἐστι, εἰ οὖν ἔστι τοιοῦτον ἄπειρόν τι ὡς λέγουσι, τὸ τεθὲν ἐν αὐτῷ σῶμα
ποῦ οἰσθήσεται; ποίαν | γὰρ διαφορὰν κινήσεως ἐνδώσει τὸ κενὸν κενὸν 156ʳ
ὑπάρχον; οὔτε γὰρ τὴν ἄνω οὔτε τὴν κάτω ἀφωρισμένως· εἰ δὲ ἐπὶ
πάντα ἅμα, ἢ διασπασθήσεται ἢ μονῆς ἂν μᾶλλον ἢ κινήσεως εἴη· μᾶλλον
δὲ οὐδὲ μονῆς· τί γὰρ μᾶλλον ἐν τῷδε ἢ ἐν τῷδε μενεῖ; τῷ δ' αὐτῷ
15 ἐπιχειρήματι καὶ ἐν τῷ τρίτῳ βιβλίῳ περὶ τοῦ ἀπείρου λέγων ἐχρήσατο·
εἰ γὰρ ἔσται σῶμα, φησί, ἄπειρον ὁμοειδὲς ὄν, ἔσται αὐτοῦ ἄπειρος ὁ οἰ-
κεῖος τόπος, ὁ δὲ αὐτὸς καὶ ἑκάστου τῶν μορίων αὐτοῦ· ὁ γὰρ αὐτὸς 5
κατὰ φύσιν τοῦ ὅλου καὶ τῶν μορίων. τὰ οὖν μόρια τοῦ ἀπείρου, ἐπεὶ
ἄπειρος ὁ οἰκεῖος αὐτῶν τόπος, ἐπὶ ποῖον κινηθήσεται ἢ ἐν ποίῳ αὐτοῦ
20 μέρει; οὔτε γὰρ ἐπὶ πᾶν αὐτὸ κινηθῆναι δύναται ἅμα (διασπασθήσεται
γάρ) οὐδὲ ἐπὶ τόδε μᾶλλον ἢ τόδε. ὁμοίως δὲ οὐδὲ μενεῖ. τί γὰρ μᾶλλον
ἐν τῷδε ἢ ἐν τῷδε; τὸ αὐτὸ οὖν ἄτοπον προσάγει καὶ τοῖς λέγουσιν ἄπειρον
κενὸν ἐκεῖ μὲν ἀπὸ τῆς τῶν μερῶν τοῦ ἀπείρου πρὸς τὸ ὅλον ὁμοιότητος,
ἐνταῦθα δὲ ἀπὸ τῆς τοῦ κενοῦ ἀδιαφορίας· ἀδιαφόρου γὰρ ὄντος τί μᾶλλον 10
25 ἐπὶ τόδε ἢ τόδε κινηθήσεται τὸ ἐν αὐτῷ τεθέν; ὥστε οὐ μόνον οὐκ ἂν
εἴη αἴτιον κινήσεως τὸ κενὸν ὡς τὸ ἐν ᾧ ἡ κίνησις, ἀλλὰ καὶ τοὐναντίον
κωλυτικόν ἐστι καὶ τῆς κατὰ φύσιν κινήσεως τῶν σωμάτων, δῆλον δὲ ὅτι
καὶ τῆς κατὰ φύσιν μονῆς· ἀδιαφόρου γὰρ ὄντος τί μᾶλλον ἐνταῦθα μὲν
ἡ γῆ μενεῖ, τὸ δὲ πῦρ πρὸς τὸ ἄνω;

30 p. 214ᵇ19   Ὁ δὲ αὐτὸς λόγος καὶ πρὸς τοὺς τὸν τόπον οἰομένους
ἕως τοῦ ⟨τὸ⟩ γὰρ κενὸν τόπον ποιοῦσιν οἱ εἶναι φάσκοντες.   16

Πρότερον μὲν κατὰ τὴν πρὸς τὸ ἄπειρον ὁμοιότητα τὸ κενὸν ἀνεῖλε,
νῦν δὲ ἀπὸ τῆς πρὸς τὸ τοπικὸν διάστημα ὁμοιότητος ἐπιχειρεῖ. ὃς γὰρ
ἂν ἁρμόσῃ λόγος πρὸς τοὺς διάστημα κεχωρισμένον τὸν τόπον λέγοντας,

---

3 ὡς] ἡ E   9 ἑαυτῷ aF   11 ποῦ E: ποῖ aF   14 μένει libri   τὸ δὲ αὐτὸ
ἐπιχειρήματος E   15 καὶ E: om. aF   τρίτῳ βιβλίῳ c. 5 p. 205ᵃ10 cf. supra
p. 483,5 sqq.   16 σῶμα φησί E: φησὶ σῶμα aF   19 αὐτῶν. aF: αὐτοῦ E
25 ἐπὶ post ἢ iteravit E   29 μένει E   30 ante οἰομένους habet (quod apud
Aristotelem postea sequitur) εἶναί τι a   31 τὸ (haustum antecedente τοῦ) om. E
φάσκοντες εἶναι a   33 τὸ (post πρὸς) iteravit F: om. E

οὗτος, φησίν, ἁρμόσει καὶ πρὸς τοὺς τὸ κενὸν τοῦτο διάστημα εἰσάγοντας 156r
ἡμῖν. πῶς γὰρ ἐπὶ τὸν τοιοῦτον τόπον οἰσθήσεται τῶν φυσικῶν ἕκαστον 20
σωμάτων ἢ πῶς ἐν αὐτῷ μενεῖ, λεκτέον. οἱ μὲν γὰρ τὸ πέρας τοῦ περιέ-
χοντος λέγοντες τὸν τόπον, ἐπειδὴ μὴ πέρας οὕτως ὡς τὴν μαθηματικὴν
5 ἐπιφάνειαν λαμβάνουσιν, ἀλλὰ τὴν ἐν φυσικῷ σώματι, οὗ καὶ τῆς ἰδιότητος
μετέχει τὸ πέρας, εἰκότως ἐπειδὴ τὰ σώματα διαφέρει τὰ ἄνω τῶν κάτω,
διαφέρει καὶ τὰ πέρατα αὐτῶν. καὶ αἱ πρὸς ταῦτα φυσικαὶ φοραὶ τῶν
σωμάτων διάφοροί εἰσι, τὸ δὲ διάστημα ἀδιάφορον πανταχοῦ. τί γὰρ διοίσει
τὸ ἄνω τοῦ κάτω ἐπὶ τούτου; τί δὲ διοίσει πυρὸς ἐπιτηδειότης ἐπὶ τούτου 25
10 ἤπερ ὕδατος; οὕτω δὲ καὶ ἐπὶ τοῦ κενοῦ. καὶ γὰρ τὸ κενὸν οὐδὲν ἄλλο
ἢ διάστημα χωριστὸν ἡγοῦνται, ὥσπερ καὶ τὸν τόπον οἱ καὶ τοῦτον διά-
στημα λέγοντες. εἰ οὖν τὸ τοπικὸν διάστημα μή ἐστι κινήσεως αἴτιον,
δῆλον ὅτι οὐδὲ τὸ κενόν. ὁμοίως δὲ οὐδὲ μονῆς. τί γὰρ μᾶλλον τῇδε
τοῦ τόπου ἢ τοῦ κενοῦ ἢ τῇδε; ὁ δὲ Ἀλέξανδρος τὸ πῶς γὰρ οἰσθήσε-
15 ται τὸ τεθὲν ἢ μενεῖ; καταλληλότερόν φησιν ἂν ἔχειν οὕτω· πῶς
οἰσθήσεται ἢ τὸ τεθὲν μενεῖ ὡς τῆς θέσεως τῇ μονῇ οἰκείας. καίτοι καὶ 30
τὰ κινούμενα, εἴπερ ἐν τόπῳ κινεῖται, πῶς οὐκ ἂν λέγοιτο καὶ θέσιν ἔχειν
ἐν ἐκείνῳ; ἀκριβεστέρα οὖν ἡ τοῦ Ἀριστοτέλους ἑρμηνεία ἂν εἴη.

p. 214b 24 Καὶ πῶς δὴ ἐνέσται ἐν τόπῳ ἢ ἐν τῷ κενῷ;

20 Εἰ μὲν αὕτη μόνη ἡ λέξις ἕπεται τοῖς προειρημένοις, οὐδὲν ἀσαφὲς 35
ἔσται. εἰπὼν γὰρ ὅτι τὸ τεθὲν ἐν τῷ κενῷ σῶμα οὔτε κινηθήσεται οὔτε
μενεῖ, εὐλόγως ἐπιφέρει τὸ πῶς δὴ ἐνέσται ἐν τόπῳ ἢ ἐν τῷ κενῷ;
πῶς γὰρ ὅλως ἔσται ἢ ὡς ἐν τόπῳ ἢ ὡς ἐν κενῷ ἐν τούτῳ, ἐν ᾧ μήτε
κινεῖσθαι μήτε ἠρεμεῖν δύναται, καίτοι καὶ τῶν κινουμένων καὶ τῶν ἠρε-
25 μούντων ἢ ὡς ἐν τόπῳ ἢ ὡς ἐν κενῷ κινεῖσθαι δοκούντων ἢ ἠρεμεῖν.
ἐπειδὴ δὲ ἔν τισιν ἀντιγράφοις μετὰ τὴν εἰρημένην λέξιν ἐπάγεται ταῦτα·
οὐ γὰρ συμβαίνει, ὅταν ὅλον τεθῇ ὡς ἐν κεχωρισμένῳ τόπῳ 40
καὶ ὑπομένοντι σώματι· τὸ γὰρ μέρος ἂν μὴ χωρὶς τιθῆται,
οὐκ ἔσται ἐν τόπῳ ἀλλ' ἐν τῷ ὅλῳ, εἴη ἄν τι καὶ τοῦτο ἐπιχείρημα
30 πρὸς τὸ μὴ εἶναι τὸ χωριστὸν τοῦτο διάστημα μήτε ὡς τόπον μήτε ὡς
κενόν· πῶς γὰρ ἔσται, φησί, τὸ σῶμα ἐν τῷ τοιούτῳ διαστήματι ἢ ὡς
ἐν τόπῳ ἢ ὡς ἐν κενῷ, ταὐτὸν δὲ εἰπεῖν πάλιν ὡς ἐν τόπῳ; οὐ γὰρ
συμβαίνει, τουτέστιν οὐ κατὰ λόγον ἀπαντᾷ, ἂν ᾖ ὁ τόπος ὑπομένουσά
τις φύσις τριχῇ διαστατὴ καὶ ἐν αὐτῷ ὑποτεθῇ σῶμά τι. ἀλλὰ τί ἀπαντᾷ 45
35 παρὰ λόγον τῷ οὕτω λέγοντι, ἐπιφέρει. δοκεῖ γὰρ ὅταν ὅλον τι σῶμα
τεθῇ ἐν τόπῳ, τὸ μὲν ὅλον κατέχειν τὸν τόπον, τὰ δὲ μόρια αὐτοῦ τὰ

---

3 μένει E   4 τὸν om. aF   6 τὰ ἄνω] τῶν ἄνω F   7 ταῦτα aF: αὐτὰ E
φοραὶ aF: διαφοραὶ E   9 τὸ ἄνω—διοίσει om. E   11 οἱ καὶ aF: καὶ οἱ E
15 ἐντεθὲν Aristoteles (praeter FGI)   19 ἐν τόπῳ EF (cf. v. 35): ἢ ἐν τόπῳ a ex
Aristotele   20 προειρμένοις E   29 τι om. E   35 post δοκεῖ add. μὲν E
ὅλον τὸ σῶμα a

συνεχῆ ἐν ὅλῳ εἶναι ἐκείνῳ τῷ ὄντι ἐν τόπῳ, ἀλλ' οὐ καθ' αὐτὰ ἐν τόπῳ· 156ʳ
τότε γὰρ τὰ μόρια ἐν τόπῳ, ὅταν χωρισθῇ τοῦ ὅλου καὶ τῆς πρὸς αὐτὸ
συνεχείας ἀπολυθῇ. ἕως δ' ἂν ᾖ συνεχῆ τῷ ὅλῳ, ἐν ὅλῳ ἐστὶν ὁ τόπος,
καὶ τὰ συνεχῆ τῷ ὅλῳ μέρη καὶ αὐτὰ καθ' αὐτὰ οὐδὲν ἧττον τοῦ ὅλου
5 ἐν τόπῳ ἔσται· ὁμοίως γὰρ καὶ ταῦτα ἴσον ἑαυτοῖς κατέχει διάστημα. 50
τὰ δὲ τούτῳ ἑπόμενα ἄτοπα ἐν τοῖς περὶ τόπου λόγοις εἶπεν· ὅτι ἐὰν τὰ
μέρη καθ' αὑτὰ ᾖ ἐν τόπῳ, καὶ κινηθήσεται ὁ τόπος καὶ ὁ τόπος ἐν τόπῳ
ἔσται καὶ πλείους τόποι ἅμα ἔσονται. τούτων δὲ ἐπὶ τοῦ τόπου συναχθέν-
των τῶν ἀτόπων, ἐὰν διάστημα ὑποτεθῇ ὁ τόπος, ἐπήγαγε τοῖς δεδειγμέ-
10 νοις καὶ τοῦτο, ὅτι εἰ μηδὲ τόπος ἐστί τι τοιοῦτον διάστημα, οὐδὲ κενὸν
ἔσται, διότι καὶ τὸ κενὸν διάστημα ὁ τόπος ὑποτίθεται, καθάπερ εἴρηται
πολλάκις. |

p. 214ᵇ28 Συμβαίνει δὲ τοῖς λέγουσιν ἕως τοῦ ᾗ γὰρ κενόν, οὐχ 156ᵛ
ἔχει διαφοράν.

15   Καὶ τοὺς δοκοῦντας κατασκευάζειν τὸ κενὸν λόγους διαλύσας, καὶ ὅτι 5
μὴ ἔστι τὸ κενὸν κινήσεως αἴτιον καὶ διὰ τοῦτο οὐδὲ ἔστιν ὅλως ἀποδείξας,
νῦν καὶ τοὐναντίον αὐτοῖς συμβαίνειν οὕπερ ἐβούλοντο δείκνυσιν. οἱ μὲν
γὰρ ᾤοντο μὴ δύνασθαι κίνησιν εἶναι τὴν κατὰ τόπον, εἰ μὴ εἴη κενόν,
αὐτὸς δὲ δείκνυσι μὴ δυναμένην ὅλως εἶναι τὴν κατὰ τόπον τῶν σωμάτων
20 κίνησιν, εἴπερ εἴη κενὸν τοιοῦτον ὡς κεχωρισμένον. καὶ πρῶτον μέν, ὅπερ
εἶπε πρὸ ὀλίγου, εἰς τοῦτο τεῖνον τὸ ἐπιχείρημα τίθησιν, ὅτι ἀδιαφόρου 10
ὄντος τοῦ κενοῦ οὐδὲν μᾶλλον τῇ ἢ τῇ κινηθήσεται τὸ ἐν αὐτῷ κείμενον.
οὕτω δὲ ἔχον οὐκ ἂν κινηθείη· ὅτι δὲ ὁμοίως ἔχον πρὸς πᾶν μόριον τοῦ
ἐν ᾧ ἐστιν, ἀκίνητον ἂν μένοι, ἐπιστώσατο καὶ ἀπὸ τοῦ Πλάτωνος τὴν ἐν
25 μέσῳ τῆς γῆς μονὴν ἐκ τούτου κατασκευάζοντος ἐν οἷς φησιν ἐν Τιμαίῳ·
"ἰσόρροπον γὰρ πρᾶγμα ὁμοίου τινὸς ἐν μέσῳ τεθέν." εἰ γὰρ πρὸς πᾶν
τὸ περὶ ἑαυτὸ μέρος ὁμοίως ἔχει, τί δὴ μᾶλλον πρὸς τόδε τὸ μέρος
προσχωρήσειεν ἢ τόδε; εἴπερ καὶ αὐτὸ τὴν ἴσην ἔχει πρὸς πᾶν ῥοπήν,
καὶ τὸ πᾶν τὸ περὶ αὐτὸ ὁμοίαν ἔχει πανταχόθεν τὴν περὶ αὐτὸ σχέσιν. 15
30 τί γὰρ μᾶλλον τῇδε ἢ ἐκεῖσε κλιθείη; εἰ τοίνυν καὶ τὸ κενὸν ἀδιάφορον
πάντῃ ἐστὶν αὐτό τε ὁμοίαν ἔχει σχέσιν πρὸς τὸ ἐν αὐτῷ τεθέν, καὶ
ἐκεῖνο ὁμοίαν πρὸς τὸ ἐν ᾧ κεῖται πᾶν· ὥστε ταύτῃ ἰσόρροπον εἶναι καὶ
διὰ τοῦτο μὴ κινεῖσθαι. ἀξιῶ δὲ ἐπιστῆσαι, ὅτι τὴν κατὰ φύσιν κίνησιν
ἔοικεν ἀναιρεῖν ἐκ τούτου τοῦ ἐπιχειρήματος, εἰ ἔστι κενόν. ταύτῃ γὰρ

---

3 ᾖ om. E   5 ὁμοίως — ἐν τόπῳ ἐν τόπῳ (sic iteratum altero loco) ἔσται (8) iteravit F
6 post περὶ add. τοῦ altero loco F   εἶπεν cf. Δ 4 p. 211ᵇ20 sqq.   8 τοῦ
(ante τόπου) om. E   11 ὁ τόπος E: ὡς τόπος F: ὡς ὁ τόπος a   16 ἔστιν ὅλως
E: ὅλως ἐστὶν aF   21 τείνειν a   24 μένῃ aF   25 ἐν Τιμαίῳ] significantur
loci quales p. 40B vel p. 63A, at verba proxima sunt ex Phaedone p. 109A.   26 εἰς
μέσον aF   27 τόδε post μέρος traiecerunt aF   post τὸ μέρος τόδε iteravit
μᾶλλον F   31 καὶ om. E   32 ἐκείνῳ F   34 εἰ] ὅτι F

ἁρμόττει τὸ οὐ γὰρ ἔστιν οὗ μᾶλλον καὶ ἧττον κινηθήσεται, εἰ 156ʳ
μὴ ἄρα καὶ τὴν παρὰ φύσιν συναναιρεῖ. ἡ γὰρ ἐναντία τῇ κατὰ φύσιν 20
ἡ παρὰ φύσιν ἐστί. "σημειωτέον δέ, φησὶν ὁ Ἀλέξανδρος, ὅτι ἔν τισιν
ἀντιγράφοις ἡ ἐπιχείρησις αὕτη οὐ φέρεται, ἴσως ὡς εἰρημένη ἤδη, ἀλλ'
5 ἡ μετ' αὐτήν."

p. 215ᵃ1 Ἔπειτα ὅτι πᾶσα κίνησις ἢ βίᾳ ἢ κατὰ φύσιν ἕως τοῦ
ἢ εἰ τοῦτό ἐστιν, οὐκ ἔστι κενόν. 29

Δευτέρῳ χρῆται τούτῳ λόγῳ δεικνύς, ὅτι εἰ ἔστι κενὸν οὐκ ἔστιν 30
κίνησις, οὐ μόνον ὅτι ἡ κατὰ φύσιν οὐκ ἔστιν, ἀλλ' οὐδὲ ἡ βίαιος. εἰ οὖν
10 πᾶσα κίνησις ἢ κατὰ φύσιν ἐστὶν ἢ παρὰ φύσιν, μηδετέρα δὲ τούτων εἶναι
δύναται κενοῦ ὄντος, δῆλον ὅτι εἰ ἔστι κενὸν οὐκ ἔστιν ὅλως κίνησις. καὶ
πρῶτον μὲν τίθησιν, ὅτι πᾶσα κίνησις ἢ κατὰ φύσιν ἐστὶν ἢ βίαιος, ταὐτὸν
δὲ εἰπεῖν παρὰ φύσιν, ἀρχεσθεὶς τῇ ἀνάγκῃ τῆς διαιρέσεως. εἶτα ὅτι ἐὰν
ᾖ κίνησις βίαιος, ταὐτὸν δὲ εἰπεῖν παρὰ φύσιν, πάντως ἔσται καὶ κατὰ
15 φύσιν, εἴπερ τὸ παρὰ φύσιν ἐκτροπὴ τοῦ κατὰ φύσιν ἐστίν. ἡ δὲ ἐκτροπὴ 35
πανταχοῦ ὑστέρα τῆς προηγουμένης ἐστὶν ὑπάρξεως, ὥστε εἰ μὴ κατὰ φύσιν
εἴη κίνησις οὐδὲ παρὰ φύσιν οὐδὲ ὅλως ἔσται κίνησις. τούτων οὖν προαπο-
δεδειγμένων δείκνυσι λοιπὸν ὅτι κενοῦ διαστήματος ὄντος ἀπείρου, οὐκ ἂν
εἴη κατὰ φύσιν κίνησις καὶ διὰ τὸ ἄπειρον καὶ διὰ τὸ κενόν. αἱ μὲν γὰρ κατὰ
20 φύσιν κινήσεις ἐπὶ τὰς οἰκείας τοῦ τόπου γίνονται διαφοράς· αὗται δέ
εἰσι τὸ ἄνω καὶ τὸ κάτω ἢ τὸ μέσον καὶ τὸ πέριξ πέρατα οὖσαι διαστά- 40
σεως. τὸ οὖν ἄπειρον οὔτε τὸ ἄνω ἕξει ἢ κάτω οὔτε τὸ μέσον καὶ πέριξ
τὰ κατὰ φύσιν τοιαῦτα. τὰ μὲν γὰρ κατὰ σχέσιν οὐδὲν κωλύει εἶναι, ἀλλὰ
ταῦτα μεταπίπτει ῥᾳδίως· τῶν δὲ φύσει κινουμένων αἱ κινήσεις ἐπὶ τὰ
25 αὐτὰ ἀεὶ φέρονται. ὥστε οὐκ ἂν ἐν ταῖς κατὰ σχέσιν διαφοραῖς αἱ κατὰ
φύσιν κινήσεις γίνοιντο, ὥστε ἀπείρου ὄντος οὐκ ἂν εἴη κατὰ φύσιν κίνησις.
τὸ δὲ κενὸν διὰ τὸ ἀδιάφορον ἐμποδίσει τῇ κατὰ φύσιν κινήσει. οὐδὲν
γὰρ διοίσει τι τὸ ἄνω τοῦ κάτω ἐν αὐτῷ ἢ τὸ μέσον τοῦ πέριξ. ὥσπερ
γάρ, φησί, τοῦ μηδενὸς οὐδεμία ἐστὶ διαφορά, οὕτω καὶ τοῦ 45
30 κενοῦ. τὸ γὰρ κενὸν μὴ ὄν τι καὶ στέρησις δοκεῖ εἶναι. ὥστε
καὶ ἀντιστρέψας ἀληθῶς ἐρεῖς, εἰ ἔστι κενὸν οὐκ ἔστιν ἡ κατὰ φύσιν κίνη-
σις. ἀλλὰ μὴν καὶ εἰ βίαιος ἡ κίνησίς ἐστιν, ἀνάγκη πρὸ ταύτης εἶναι
τὴν κατὰ φύσιν, εἰ δὲ τὴν κατὰ φύσιν εἶναι, κενὸν μὴ εἶναι, ὥστε καὶ εἰ
βίαιος ἡ κίνησις, οὐκ ἔστι κενόν. εἰ οὖν πᾶσα κίνησις ἢ βίαιος ἢ κατὰ
35 φύσιν, δῆλον ὅτι οὐκ ἂν εἴη κίνησις ὅλως κενοῦ ὄντος. ἡ οὖν ἐρώτησις

---

2 τῇ scripsi: τῆς E: τοῖς aF 4 ἴσως om F 5 μετὰ ταύτην aF 6 Ἔπειτα]
πρῶτον μὲν οὖν a ex Aristotelis vulgaribus codicibus 9 ἡ (post οὐδὲ) om. E
10 εἶναι τούτων aF 14 ᾖ aF: ἡ E 15 κατὰ παρὰ E 23 τὰ μὲν γὰρ aF:
καὶ τὰ μὲν E 23 κατασχέσεις E 29 τοῦ κενοῦ] μὴ ὄντος Aristoteles praeter
cod. H 30 γὰρ] δὲ Aristoteles praeter cod. H 32 ἡ (post βίαιος) om. E
33 ὥστε καὶ βίαιος εἴη κίνησις E 34 εἰ οὖν E

τοῦ λόγου δύναται μὲν καὶ κατὰ τὸν δεύτερον καλούμενον ἀναπόδεικτον γε- 156ᵛ
γονέναι οὕτως· εἰ ἔστι κενόν, οὐκ ἔστιν ἡ κατὰ φύσιν κίνησις· ἀλλὰ μὴν 50
ἔστιν ἡ κατὰ φύσιν κίνησις· οὐκ ἄρα ἔστι κενόν. ἢ κατὰ τὸν πρῶτον·
εἰ ἔστι κατὰ φύσιν κίνησις, οὐκ ἔστι κενόν· ἀλλὰ μὴν ἔστι κατὰ φύσιν
5 κίνησις· οὐκ ἄρα ἔστι κενόν. δύναται δὲ καὶ κατὰ τὸν τέταρτον οὕτως·
ἤτοι ἡ κατὰ φύσιν ἔστι κίνησις ἢ τὸ κενόν· ἀλλὰ μὴν ἡ κατὰ φύσιν κί-
νησις ἔστιν· οὐκ ἄρα ἔστι τὸ κενόν. |

p. 215ᵇ 14 Ἔτι νῦν μὲν κινεῖται τοῦ ὤσαντος οὐχ ἁπτομένου 157ʳ
ἕως τοῦ οὐδὲ ἔσται φέρεσθαι, ἀλλ' ἢ ὡς τὸ ὀχούμενον.

10 Ἐπειδὴ τὴν βίαιον κίνησιν ὄντος κενοῦ διὰ τῆς κατὰ φύσιν ἀνεῖλε 5
πρότερον, ὡς εἰ μὴ ἔστιν ἡ κατὰ φύσιν κενοῦ ὄντος μηδὲ τῆς παρὰ φύσιν
ὑποστῆναι δυναμένης, νῦν καὶ προηγουμένην ἀπόδειξιν πορίζει τοῦ εἰ ἔστι
τὸ κενὸν μὴ εἶναι βίαιον κίνησιν· τῆς δὲ βιαίου κινήσεως διχῶς γινομένης
ἢ παρόντος τοῦ βιαζομένου καὶ ὀχοῦντος ἢ ὠθοῦντος ἢ ἕλκοντος, ἢ μὴ
15 παρόντος ὡς ἐπὶ τῶν ῥιπτουμένων, ἐπὶ ταύτης ποιεῖται τὴν ἀπόδειξιν τὴν
ἑτέραν διὰ τὸ ἐναργές, ὡς ὁ Ἀλέξανδρός φησι, παραλιπών. παρόντος μὲν 10
γάρ, φησί, τοῦ βιαζομένου καὶ τῷ κινεῖσθαι κινοῦντος, ἀνάγκη κατὰ φύσιν
αὐτὸ κινούμενον οὕτως ἐκεῖνο βιάζεσθαι. εἰ γὰρ καὶ τοῦτο βιαζόμενον βιά-
ζοιτο, κἀκεῖνο ὑπ' ἄλλου, εἰς ἄπειρον ἂν προΐοιμεν. ἡ δὲ κατὰ φύσιν
20 κίνησις οὐκ ἔστιν ἐν τῷ κενῷ, ὡς δέδεικται πρότερον. μήποτε δὲ οὐ διὰ
τὸ ἐναργὲς τῆς ἀποδείξεως τὴν οὕτω βίαιον τέως παρέλιπεν, ἀλλ' ὅτι προεί-
ληπτο οὗτος ὁ τρόπος τῆς ἀποδείξεως. νῦν δὲ προὔκειτο τὴν βίαιον προη-
γουμένως, ἀλλ' οὐ διὰ τῆς κατὰ φύσιν ἀνελεῖν· μετ' ὀλίγον δὲ προσθήσει 15
καὶ τὴν ἑτέραν. νῦν οὖν περὶ τῆς ἀπόντος τοῦ βιαζομένου, τουτέστι τῆς
25 κατὰ ῥῖψιν, δείκνυσιν ὡς οὐκ ἐσομένης ἐν τῷ κενῷ· ἐν μὲν γὰρ πλήρει
γινομένης τῆς ῥίψεως τὰ ῥιπτούμενα κινεῖται ἢ τῷ ἀντιπεριίστασθαι τὸν
πρὸ τοῦ ῥιπτουμένου προωθούμενον ἀέρα ὑπὸ τῆς τοῦ ῥιπτοῦντος ῥύμης·
εὐκινητότερος γὰρ ὢν τοῦ ῥιπτουμένου ὁ ἀὴρ προωθεῖται καὶ τῇ βίᾳ
ἁθρόος ἀντιπεριιστάμενος ἐπωθεῖ τὰ κινούμενα· τούτου δὲ κατὰ συνέχειαν
30 γινομένου συνεχὴς ἡ κίνησις τοῦ ῥιφέντος μένει, ἕως ἂν κατ' ὀλίγον ἐκλυο- 20
μένης τῆς τοῦ ἀντιπεριισταμένου ἀέρος ῥύμης ἐπικρατήσῃ ταύτης ἡ οἰκεία
τοῦ ῥιφέντος κατὰ φύσιν φορὰ καὶ οὕτω κατενεχθῇ τὸ ῥιπτούμενον. ταύτης
δὲ τῆς δόξης ὁ Πλάτων δοκεῖ τὴν ἀντιπερίστασιν οὕτως ἐξηγούμενος ἐν
Τιμαίῳ· "πάλιν δὲ ἐκπίπτοντος ἐντεῦθεν τοῦ πυρὸς ἅτε οὐκ εἰς κενὸν

---

2. 3 ἀλλ' οὐκ ἄρα omissis quae interiacent E   3 τὸ πρῶτον E   5 δυνατὸν F
8 post κινεῖται habet μὴ τὰ ῥιπτούμενα a; τὰ ῥιπτούμενα Aristoteles praeter cod. E cf.
Themistius p. 293,15 Sp.   13 τῆς] τοῦ E   15 ὡς om. E   17 φησι post
βιαζομένου traiecit E   21 παρέλειπεν (ει in litura) E: παραλέλοιπεν aF
21. 22 προείληπται a   22 ἀποδόσεως aF   τὴν om. E   24 οὖν] δὲ E
29 ἁθρόως E   31 ἐπικρατήσοι EF   32 ριφθέντος F   καὶ οὕτω — ῥιπτού-
μενον om. a   33 ἐν Τιμαίῳ p. 58 E 59 A   34 ἐντεῦθεν etiam f. 163ᵛ 47: αὐτόθεν
Plato

ἐξιόντος ὠθούμενος ὁ πλησίον ἀὴρ εὐκίνητον ἔτι ὄντα τὸν ὑγρὸν ὄγκον εἰς 157ʳ
τὰς τοῦ πυρὸς ἕδρας συνωθῶν αὐτὸν ἑαυτῷ συμμίγνυσιν." ἢ οὖν οὕτως ἡ
τῶν ῥιπτουμένων κίνησις μένει συνεχὴς ἢ διὰ τὸ ἐπωθεῖν τὸν συναπω- 25
σθέντα ὑπὸ τοῦ ῥίψαντος τὸν βίᾳ φερόμενον ἀέρα, ὃς εὐκινητότερος ὢν τοῦ
5 ῥιπτουμένου, ἕως ἂν ἔχῃ τὴν ἀπὸ τοῦ ῥίψαντος δύναμιν, προωθεῖ τὸ ῥιπτού-
μενον, ἐπισυρρέοντος αὐτῷ τοῦ μετ' αὐτὸν ἀέρος ἀθρόου διὰ τὸ βίαιον
τῆς κινήσεως καὶ συνεπωθοῦντος καὶ τούτου, ἕως ἂν κατ' ὀλίγον ἐκλυομέ-
νης τῆς ἐν αὐτῷ δυνάμεως ἐπικρατήσῃ ταύτης ἡ τοῦ ῥιφέντος κατὰ φύσιν
ἐπὶ τὸ κάτω φορά. εὐκίνητος γὰρ ὢν ὁ ἀὴρ καὶ δεόμενος ἀρχῆς τινος
10 πρὸς τὸ κινεῖσθαί τε καὶ φέρεσθαι ταύτην λαβὼν ἐν τῇ τοῦ ῥιπτουμένου 30
μετὰ βίας ἀφέσει καὶ ὥσπερ συναφθεὶς τῷ ῥιφθέντι ἀθρόος ἐπιρρεῖ αὐτῷ
καὶ μετὰ βίας τοῦτο ποιῶν κινεῖ τὸ πεμφθέν τε καὶ ῥιφὲν μηκέτι τοῦ
ῥίψαντος αὐτῷ παρόντος, ἕως ἂν ἐκλυθῇ κατ' ὀλίγον ἡ βίαιος καὶ ἀθρόα
φορά. οὕτω μὲν οὖν ἡ διὰ τοῦ πλήρους τῶν ῥιπτουμένων κίνησις αἰτιο-
15 λογεῖται. ἐν δὲ τῷ κενῷ οὐδέτερον τούτων οἷόν τε γενέσθαι. οὔτε γὰρ
ὠθεῖν οὔτε ἀντιπεριίστασθαι δύναταί τι μηδενὸς ὄντος ἐν τῷ κενῷ· εἰπὼν
δὲ ὅτι οὐδὲν τούτων ὑπάρχει ἐν τῷ κενῷ οὐδὲ ἐνδέχεται φέρεσθαι ἐν αὐτῷ 35
ἐπήγαγεν ἀλλ' ἢ ὡς τὸ ὀχούμενον ἐνδεικνύμενος, ὅτι κατὰ μὲν τὸν τῆς
ῥίψεως τρόπον ἀδύνατον φέρεσθαι ἐν κενῷ τὸ φερόμενον· εἴπερ δὲ ἄρα,
20 ὡς τὰ ὀχούμενα φέρεται· εἰ δὲ τοῦτο, ἢ ἐπ' αὐτοῦ τοῦ κενοῦ ὀχεῖται ἢ
ἐπί τινος σώματος· ἀλλ' ἐπὶ τοῦ κενοῦ ἀδύνατον (ἀδρανὲς γὰρ τὸ κενόν,
εἴπερ τὸ μηδέν ἐστιν), εἰ δὲ σῶμά τι εἴη τὸ ὀχοῦν ἐν τῷ κενῷ καὶ βίᾳ
κινοῦν, ἐπειδὴ κινούμενον καὶ αὐτὸ κινεῖ, δῆλον ὅτι ἢ κατὰ φύσιν κινεῖται
(ἐδείχθη δὲ ἀδύνατον εἶναι τὸ κατὰ φύσιν ἐν τῷ κενῷ κινεῖσθαι) ἢ βίᾳ. 40
25 καὶ εἰ βίᾳ, ἢ ῥιπτούμενον καὶ ἀδύνατον, ἢ πάλιν ὡς ὀχούμενον, καὶ τοῦτο
ἐπ' ἄπειρον. ἐπειδὴ δέ, ὡς εἴρηται, τὸ μὲν τῷ ῥίπτεσθαι βίᾳ κινεῖται,
τὸ δὲ τῷ παρεῖναι τὸ κινοῦν καὶ βιαζόμενον, τοῦτο δὲ ἢ ὠθοῦν ἢ ἕλκον
ἢ ὀχοῦν βιάζεται, κοινότερον δὲ τὸ ὀχεῖν, ἐπειδὴ καὶ τὸ ἕλκον καὶ τὸ
ὠθοῦν τρόπον τινὰ ὀχεῖ, διὰ τοῦτο τὸ ὀχοῦν ἔλαβεν ἀντὶ πάντων. ἀλλὰ
30 τί κωλύει τὰ ζῷα αὐτά τε κινεῖσθαι καθ' ὁρμὴν οἰκείαν ἐν τῷ κενῷ καὶ
ἄλλα σώματα κινεῖν βιαίως ἢ ὠθοῦντα ἢ ἕλκοντα ἢ ὀχοῦντα ἢ καὶ 45
ῥιπτοῦντα; οὐ γάρ ἐστιν ἐπὶ τῶν ζῴων εἰπεῖν, ὅτι ἄνω ἢ κάτω ἀφωρι-
σμένως κατὰ φύσιν κινηθήσεται, ὥστε τούτων μὴ ὄντων ἐν τῷ κενῷ
μηδὲ τὰ ζῷα δύνασθαι κινεῖσθαι. ἢ φυσικῆς οὔσης τῆς πραγματείας περὶ
35 φυσικῆς κινήσεως νῦν ὁ λόγος, ἀλλ' οὐ προαιρετικῆς, ὡς περί γε ἐκείνης

---

1 ὄντα ἔτι Plato et Simpl. l. c.   2 αὐτὸν] αὐτὸ a   ἢ οὖν] εἰ οὖν E
4 τὸν βίᾳ scripsi: τὸ βίᾳ F: τὸν τὸ βίᾳ aE   6 τοῦ (ante μετ') om. E . 8 ῥη-
θέντος E   9 ἀκίνητος a   11 συναφθεὶς τῷ ῥιφθέντι aF: σὺν αὐτοῖς τῷ ῥηθέν-
τι E   ἀθρόος F: ἀθρόως aE   18 μὲν om. E   20 ἐπ'] ὑπ' E et ita in
proximis bis ὑπό E   21 τοῦ (post ἐπὶ) om. E   22 τὸ (ante μηδὲν) om. E
εἴη om. E   25 ἢ (post βίᾳ) om. F   ἢ ante πάλιν om. F   26 δὲ om. F
28 βιάζεται—ὀχεῖν om. E   31 κινεῖν E: κινεῖσθαι aF   33 φοβηθήσεται superscr. κινηθήσεται
pr. manu E: κινήσεται aF   34 κινεῖσθαι δύνασθαι aF   35 κινήσεως? om. E

ἐν τοῖς Περὶ κινήσεως ζῴων διαλέξεται. τὰ δέ γε ῥιπτούμενα, κἂν ὑπὸ 157ʳ
ζῴων ῥιφῇ μὴ παρόντος λοιπὸν τοῦ κινήσαντος, φυσικὴν ἔχει τὴν θεωρίαν
παρὰ φύσιν τὴν οἰκείαν κινούμενα.

p. 215ᵃ19   Ἔτι οὐδεὶς ἂν ἔχοι εἰπεῖν, διὰ τί κινηθὲν στήσεται
        ἕως τοῦ ἐὰν μή τι ἐμποδίσῃ κρεῖττον.

Δείξας πρότερον ὅτι εἰ ἔστι κενὸν οὐκ ἔστι κίνησις οὔτε ἡ κατὰ φύσιν
οὔτε ἡ παρὰ φύσιν, νῦν οἶμαι δείκνυσιν, ὅτι κενοῦ ὄντος οὐ μόνον κίνησις
ἀναιρεῖται, ἀλλὰ καὶ μονὴ ἡ κατὰ φύσιν. αἱ μὲν γὰρ κατὰ | φύσιν μοναὶ 157ᵛ
ἐν τοῖς οἰκείοις τόποις τῶν σωμάτων γίνονται διαφόροις οὖσι, τὸ δὲ κενὸν
ἀδιάφορον. τί οὖν μᾶλλον ἐνταῦθα ἢ ἐνταῦθα κινηθὲν στήσεται, ἐφ' ᾧ
καὶ δι' ὃ ἡ κίνησις τοῖς σώμασιν; ὥστε εἰ μηδεμία διαφορὰ ἐν τῷ κενῷ,
κἂν ὑπόθηταί τις κινούμενα ἐν αὐτῷ τὰ σώματα, εἰς ἄπειρον ἀνάγκη κι-
νεῖσθαι, ἐὰν μή τι ἰσχυρότερον ἐμποδίσῃ. κἂν ἠρεμεῖν λέγοιτο, ἀεὶ ἠρε-
μήσει· εἰ γὰρ ἐν τῷδε τῷ μέρει τοῦ κενοῦ ἠρεμεῖν πέφυκε, δῆλον ὅτι
ὁμοίως ἐν πᾶσιν. ὥστε δεδειγμένον ἂν εἴη, ὅτι οὔτε ἵστασθαι κατὰ φύσιν
δυνατὸν κενοῦ ὄντος. καὶ γὰρ τὸ ᾗ εἰς ἄπειρον ἀνάγκη φέρεσθαι ὡς
ἀκόλουθον τῷ μὴ ἑστάναι κατὰ φύσιν ἐπῆκται. εἰ δὲ οἱ ἐξηγηταὶ καὶ τοῦτο
ἐπιχείρημα λέγουσιν, ὅτι οὐκ ἔσται κίνησις κατὰ φύσιν ἐν τῷ κενῷ, διότι
τὰ κατὰ φύσιν κινούμενα ἐπὶ τὸν οἰκεῖον φέρεται τόπον, οὐκ ἔστι δὲ οἰκεῖος
τόπος ἐν τῷ κενῷ διὰ τὸ ἀδιάφορον, ἄμεινον οἶμαι τῆς κινήσεως πρότερον
ἀναιρεθείσης νῦν τὴν στάσιν ἀναιρεῖσθαι καὶ τοῦτο τῇ λέξει συμφωνότερόν
μοι δοκεῖ οὕτως ἀρχομένῃ τοῦ ἐπιχειρήματος ἔτι οὐδεὶς ἂν ἔχοι εἰπεῖν
διὰ τί κινηθὲν στήσεταί που. τί δὲ ἂν εἴη ἐν τῷ κενῷ τοιοῦτον ὡς
ἐμποδίζειν κινεῖσθαι κρεῖττον ὄν, παρῆκε ζητεῖν ὡς ἐναργὲς ὂν ὅτι μηδέν
ἐστι. καὶ γὰρ ἐκεῖνο ἢ κατὰ φύσιν ἑστὼς ἢ παρὰ φύσιν ἐμποδίζοι ἄν.
καὶ κατὰ φύσιν μὲν ἀδύνατον, εἰ δὲ καὶ αὐτὸ ἐμποδιζόμενον, ἐπ' ἄπειρον
ἂν προΐοι. ἀλλὰ καὶ εἰ κινούμενόν τις λέγοι βιάζεσθαι τὸ φερόμενον ἑστά-
ναι, εἴρηται ἤδη καὶ περὶ τῆς κατὰ τοῦτο ἀτοπίας.

p. 215ᵃ22   Ἔτι νῦν μὲν εἰς τὸ κενὸν ἕως τοῦ ὥστε πάντῃ
        οἰσθήσεται.

Πανταχόθεν τὰς ἐννοίας περικρούει, δι' ἃς ὑποτίθενται τὸ κενόν. καὶ
νῦν οὖν ἐπειδὴ οἱ τὸ κενὸν αἴτιον τιθέντες διὰ τὸ ὑπεικτικὸν αὐτοῦ, καὶ
τὴν αἰτίαν τοῦ δι' ἀέρος μὲν καὶ ὕδατος κινεῖσθαι διὰ λίθου δὲ καὶ γῆς
μηκέτι ταύτην λέγοντες, ὅτι ὁ μὲν ἀὴρ καὶ τὸ ὕδωρ πολύκενά ἐστι, λίθοι

---

1 τοῖς] τῆς F   15 οὔτε aE: om. F: aut scribendum οὐδὲ aut intercidit οὔτε τι
νεῖσθαι   16 ἢ om. E   17 post φύσιν iterabat δυνατὸν—ἀνάγκη (16) sed de-
levit E   ἐπῆκται] primum scripserat φέρεσθαι E   22 ἀρχομένου a   27 καὶ
εἰ a: εἰ E: καὶ postea inserto εἰ F   29 ἔτι δὲ νῦν a   31 παρακρούει compend. E

ὑποτίθενται E: ὑποτίθεται a: ὑποτίθεται F

δὲ καὶ γῆ πλήρη μᾶλλον, διὸ οὐχ ὑπείκουσιν, ἐπὶ τοῦ ἀπείρου, φησί, κενοῦ 157ᵛ
τί ἐροῦσι; πανταχοῦ γὰρ ὁμοίως εἶχον οὐ παρέξει διαφορὰν τοῖς σώμασι
τοῦ ἐπὶ τόδε τὸ μόριον ἢ τόδε κινεῖσθαι. ὥστε ἢ πανταχοῦ κινηθήσεται
ἢ οὐδαμοῦ· λέγει δὲ ὁ Ἀλέξανδρος ὅτι "δυνατὸν τούτῳ τῷ ἐπιχειρήματι
5 καὶ πρὸς τοὺς Στωικοὺς χρήσασθαι ἄπειρον κενὸν λέγοντας ἐκτὸς περιέχειν
τὸν κόσμον. διὰ τί γὰρ ἀπείρου ὄντος τοῦ κενοῦ ἐνταῦθα οὗ ἐστι μένει 25
ὁ κόσμος καὶ οὐ φέρεται; ἢ εἰ φέρεται, τί μᾶλλον ἐνταῦθα ἢ ἀλλαχοῦ;
τὸ γὰρ κενὸν ἀδιάφορον καὶ ὁμοίως ὑπεῖκον πανταχῇ. εἰ δὲ λέγουσιν, ὅτι
τῆς ἕξεως τῆς αὐτῆς αὐτὸν συνεχούσης μένει, πρὸς μὲν τὸ μὴ σχεδάννυ-
10 σθαι αὐτοῦ τὰ μόρια καὶ διασπᾶσθαι καὶ ἄλλο ἀλλαχοῦ φέρεσθαι συνερ-
γοίη ἄν τι ἴσως ἡ ἕξις· πρὸς δὲ τὸ ὅλον μετὰ τῆς συνεχούσης ἕξεως μένειν,
ἀλλὰ μὴ φέρεσθαι, οὐδὲν ἔτι ἡ ἕξις ποιήσει. εἴη δ᾽ ἄν, φησί, διὰ τούτων
δεικνύμενον, ὅτι μηδ᾽ οὕτως αἴτιον τὸ κενὸν κινήσεως ὡς τὸ δι᾽ οὗ, εἴ γε 30
τὸ τεθὲν ἐν αὐτῷ ἐπὶ μηδέτερον αἰτίαν ἔχει τοῦ κινεῖσθαι. τοῦτο δὲ δῆλον
15 ὅτι καὶ ἐκ προτέρων ἐπιχειρημάτων συνήγετο."

p. 215ᵃ24 Ἔτι δὲ καὶ ἐκ τῶνδε φανερὸν τὸ λεγόμενον ἕως τοῦ
ὥστε οὐδὲ τὴν κίνησιν.   48

Τὰς πραγματειωδεστάτας νῦν ἀποδείξεις προσάγει τῷ λόγῳ δεικνύς,
ὅτι οὐκ ἔσται κίνησις ἐν κενῷ. τεττάρων δὲ ὄντων τῶν κατὰ ταύτην τὴν 50
20 μέθοδον ἐπιχειρημάτων διὰ τῆς εἰς ἀδύνατον ἀπαγωγῆς περαινομένων, τὸ
μὲν πρῶτον συνάγει ὅτι ἔσται κίνησις ἄχρονος, τὸ δεύτερον ὅτι τὸ κενὸν
λόγον ἕξει πρὸς τὸ πλῆρες, τὸ τρίτον ὅτι οὐ μόνον λόγον ἕξει τὸ κενὸν
πρὸς τὸ πλῆρες, ἀλλὰ καὶ ὃν πλῆρες πρὸς πλῆρες, τὸ τέταρτον ὅτι ἐν τῷ
αὐτῷ χρόνῳ τό τε κενὸν καὶ τὸ πλῆρες διελεύσεται τὸ κινούμενον· προσλαμ-
25 βάνει δὲ τὰς αἰτίας τῆς ἀνισοταχοῦς κινήσεως δύο οὔσας· ὁμοειδῶν γὰρ
ὄντων | τῶν κινουμένων (οἷον ἀμφοῖν ἐπὶ τὸ κάτω πεφυκότων κινεῖσθαι 158ʳ
ἢ ἀμφοῖν ἐπὶ τὸ ἄνω) καὶ σχῆμα τὸ αὐτὸ ἐχόντων ἡ ἀνισοταχὴς κίνησις
γίνεται ἢ τῷ διαφέρειν τὸ δι᾽ οὗ οἷον διὰ γῆς ἢ βορβόρου ἢ δι᾽ ὕδατος
ἢ δι᾽ ἀέρος, καὶ εἰ τὸ μὲν διὰ μένοντος, τὸ δὲ δι᾽ ἀντικινουμένου καὶ ἀνα-
30 κρούοντος κινοῖτο. ἢ οὖν παρὰ τοῦτο τὸ μὲν θᾶττον κινεῖται τὸ αὐτὸ διά-
στημα τὸ δὲ βραδύτερον, ἢ παρ᾽ αὐτὰ τὰ κινούμενα ῥοπὴν μὲν ἔχοντα κατὰ 5
φύσιν τὴν αὐτήν (οἷον ἀνώφορα ὄντα ἢ κατώφορα) καὶ σχῆμα τὸ αὐτό,
ὑπεροχὴν δὲ ἔχοντα πρὸς ἄλληλα τοῦ βάρους, εἴπερ βαρέα εἴη ἄμφω, ἢ
τῆς κουφότητος, εἴπερ κοῦφα. καὶ γὰρ ἂν πάντα τὰ αὐτὰ ὑπάρχῃ, θᾶττον
35 κινηθήσεται τὸ βαρύτερον, οἷον εἰ σφαῖρα χρυσοῦ τε καὶ ἀργύρου δι᾽ ἀέρος
ἄμφω κινοῖντο. ἀλλ᾽ αὕτη μὲν ἡ διαφορὰ μετ᾽ ὀλίγον λόγου τεύξεται.
νῦν δὲ τὸ δι᾽ οὗ ἡ κίνησις διάφορον ὑποτιθέμενος τὸ μὲν παχυμερέστερον

---

9 μὴ om. E   13 εἴ γε] εἴτε F   19 ἔσται E: ἔστι aF   21 μὲν foramine
haustum E   τὸ δὲ δεύτερον aF   τὸ (post ὅτι) om. E   24 προλαμβάνει
F: προσλαμβάνει aE   30 αὐτὸ om. E   34 γὰρ iteravit F   36 κινοῖντο aF
et Themistius p. 295,9: κινοῖτο E

τὸ δὲ λεπτομερέστερον, καὶ παρὰ τοῦτο τὰ ἀνισοταχῆ ὁρῶν, τὰ ἑπόμενα 158ʳ
ἄτοπα τοῖς διὰ κενοῦ λέγουσι τὴν κίνησιν ἐπάγει.

Ὑποκείσθω γὰρ τὸ αὐτὸ βάρος ἐν ὥρᾳ μιᾷ δι' ἀέρος εἰ βούλει καὶ
τοῦ λεπτοτάτου σταδιαῖον κινεῖσθαι διάστημα. διὰ τοίνυν τοῦ κενοῦ τὸ
5 στάδιον τοῦτο ἐν πόσῳ κινηθήσεται χρόνῳ; εἰ γὰρ ἐν ἡμίσει εἰ τύχοι,
ἔσται ὁ ἀὴρ διπλασίως παχύτερος τοῦ κενοῦ. καὶ εἰ ἐν τριτημορίῳ ἢ
δεκατημορίῳ ἢ μυριοστῷ, ἔσται ὡς ὁ χρόνος πρὸς τὸν χρόνον, οὕτως τὸ
δι' οὗ πρὸς τὴν σύστασιν. ἀλλὰ μὴν οὐδένα λόγον ἔστιν εὑρεῖν τοῦ πλή-
ρους πρὸς τὸ κενόν· παντὸς γὰρ ὑπερβάλλει τοῦ λαμβανομένου. συμβαίνει
10 ἄρα ἐν μηδενὶ χρόνῳ κινηθῆναι διὰ τοῦ κενοῦ τὸ αὐτὸ βάρος ἴσον διά-
στημα, οὗ διὰ τοῦ πλήρους ἐκινήθη ἔν τινι χρόνῳ ὡρισμένῳ. ἔσται ἄρα
κίνησις ἄχρονος, ὅπερ ἀδύνατον, εἴπερ πᾶσα κίνησις ἐν χρόνῳ γίνεται. ὅτι
δὲ οὐδένα λόγον ἔχει τὸ κενὸν πρὸς τὸ πλῆρες δείκνυσι διὰ τῆς τοῦ μη-
δενὸς πρὸς τὸν ἀριθμὸν ὁμοίας σχέσεως. οὐ γὰρ ἔχει τινὰ λόγον πρὸς
15 ἀριθμὸν τὸ μηδέν, ᾧ ὑπερέχεται ὑπ' αὐτοῦ· οὐδὲ ὑπερέχειν ἂν λέγοιτο
τοῦ μηδενὸς ὁ ἀριθμός. δείκνυσι δὲ καὶ τοῦτο λαβὼν τινα ἀλλήλων ὑπερέ-
χειν ἅμα καὶ κανόνα τινὰ τῶν ὑπερεχόντων παραδιδούς. ἐπειδὴ γὰρ πᾶν
τὸ ὑπερέχον τινὸς διαιρεῖται εἴς τε τὸ ὑπερεχόμενον καὶ τὴν ὑπεροχήν,
καὶ σύγκειται δηλονότι ἐκ τούτων· εἰς ἃ γὰρ διαιρεῖταί τι, ἐκ τούτων καὶ
20 σύγκειται. ἐὰν τοῦ δ̄ ἀριθμοῦ τὴν ὑπεροχὴν τὴν πρὸς τὸ μηδὲν λάβωμεν,
δῆλον ὅτι ὁ δ̄ αὐτός ἐστι. σύγκειται ἄρα ὁ δ̄ ἐκ τοῦ δ̄ καὶ τοῦ μηδενός.
ἄτοπον δὲ μέρος τοῦ δ̄ ἀριθμοῦ λέγειν τὸ μηδὲν καὶ συγκεῖσθαι αὐτὸν ἐκ
τοῦ μηδενός. διὰ τοῦτο δέ, φησί, μηδὲ τὴν γραμμὴν στιγμῆς ὑπερέχειν,
ὅτι μὴ σύγκειται ἐκ στιγμῆς μηδὲ ἔστι μέρος αὐτῆς ἡ στιγμή. δεῖ γὰρ
25 ἐν τῷ ὑπερέχοντι ὡς μέρος εἶναι τὸ ὑπερεχόμενον, ἀλλὰ μὴ τὸ ὑπερέχον
μόνην εἶναι τὴν ὑπεροχήν. ὡς οὖν οὐχ ὑπερέχει τοῦ μηδενὸς ὁ ἀριθμὸς
οὐδὲ λόγον ἔχει πρὸς αὐτό, οὕτως οὐδὲ τὸ σῶμα πρὸς τὸ κενόν, ἵνα μὴ
συγκείμενον ᾖ τὸ σῶμα ἐκ σώματος καὶ κενοῦ, ὥστε οὐδὲ αἱ κινήσεις αἱ
διὰ τούτων οὐδὲ οἱ χρόνοι ἐν οἷς αἱ κινήσεις ἐν οὐδενὶ ἔσονται λόγῳ.
30 οὐδὲ γὰρ ἐν χρόνῳ ὅλως ἡ διὰ τοῦ κενοῦ γίνεται κίνησις, κατὰ δὲ τὸ εἰωθὸς
αὐτῷ διὰ τὸ ἀκριβὲς ἐπὶ στοιχείων ποιούμενος τὴν ἔκθεσιν τίθησιν τὸ μὲν
κινούμενον διὰ τῶν διαφόρων σωμάτων βάρος τὸ Α, δι' ὧν δὲ κινεῖται τὸ
μὲν πυκνότερον Β, τὸ δὲ λεπτότερον Δ, χρόνου δέ, ἐν ᾧ τὸ Α διὰ τοῦ
Β ὡρισμένον τι μέγεθος κεκίνηται, τὸ Γ. διὰ δὴ τοῦ Δ, ὃ λεπτότερόν
35 ἐστι τοῦ Β, τὸ Α κινηθήσεσθαί φησι τὸ ἴσον διάστημα, ὅσον διὰ τοῦ Β
ἐκινήθη ἐν ἐλάττονι δηλονότι χρόνῳ, καὶ τοσούτῳ ἐλάττονι, ὅσῳ ἦν πα-
χύτερον τὸ Β τὸ ἐμποδίζον αὐτοῦ μᾶλλον τὴν κίνησιν τοῦ Δ τοῦ λεπτο-
τέρου καὶ ἧττον ἐμποδίζοντος. σαφεστέραν δὲ τὴν ἀναλογίαν ποιῆσαι
βουλόμενος ὀνομάζει τὰ σώματα, δι' ὧν τὸ Α ἐκινεῖτο, καὶ τίθησιν ἐπὶ

---

4 τοῦ E: om. aF   7 τὸ δι' οὗ aE: ἡ σύστασις τοῦ σταδίου F   10 οὐδενὶ E   διὰ
τοῦ κενοῦ κινηθῆναι aF   15 ante ἀριθμὸν add. τὸν a   20 δ̄] δ' τετάρτου sic E
25 μὴ EF: καὶ a   27 μὴ] καὶ a   30 γίνεται κίνησις E: κίνησις γίνεται F: κίνησις
ἔσται a   34 ὡρισμένου sed. corr. E   36 τοσοῦτον ἐλάττονι ὅσον a

μὲν τοῦ Β ὅπερ ἦν τὸ παχύτερον ὕδωρ, ἐπὶ δὲ τοῦ Δ δ ἦν λεπτότερον 158ʳ
ἀέρα. καὶ λέγει ὅτι ὅσῳ ἀὴρ λεπτότερος ὕδατος καὶ ἀσωματώτερός ἐστι,
τουτέστιν ἧττον ἐμποδιστικός, τοσούτῳ θᾶττον διὰ τούτου κινηθήσεται τὸ
Α ἢ τοῦ ὕδατος. διὰ τούτων οὖν τὸ πρῶτον συνήγαγεν ἀδύνατον, ὅτι 40
5 ἔσται κίνησις ἄχρονος. εἰ γὰρ τὸ κενὸν πρὸς τὸ πλῆρες οὐδένα λόγον
ἔχει, ὡς δὲ τὸ κενὸν πρὸς τὸ πλῆρες δι' ὧν ἡ κίνησις, οὕτως ἡ κίνησις
πρὸς τὴν κίνησιν, καὶ οἱ χρόνοι τῶν κινήσεων μετρητικοί, δῆλον ὅτι καὶ
ὁ χρόνος πρὸς τὸν χρόνον ὡς τὸ οὐδὲν πρὸς ἀριθμὸν ἔσται· οὐδὲ χρόνος
ἄρα ἔσται· πᾶς γὰρ χρόνος πεπερασμένος πρὸς πάντα πεπερασμένον χρόνον
10 ἐν λόγῳ τινί ἐστιν, ἐπειδὴ καὶ πᾶς ἀριθμὸς πρὸς πάντα, ὥστε ἔσται τις
κίνησις ἡ διὰ τοῦ κενοῦ μὴ ἐν χρόνῳ οὖσα, ἢ εἰ ἐν χρόνῳ αὕτη, ἔσται 45
τις κίνησις πρὸς κίνησιν καὶ χρόνος πρὸς χρόνον πεπερασμένα ἐν μηδενὶ
λόγῳ ὄντα, ὅπερ ἀδύνατον. καί μοι δοκεῖ τοῦτο μᾶλλον τὸ ἀδύνατον συνά-
γειν ὁ Ἀριστοτέλης ἐν τῷ πέρατι τῆσδε τῆς λέξεως, δι' ὧν φησιν ὁμοίως
15 δὲ καὶ τὸ κενὸν πρὸς τὸ πλῆρες οὐδένα οἷόν τε ἔχειν λόγον,
ὥστε οὐδὲ τὴν κίνησιν· ὅτι δὲ σὺν τῇ κινήσει καὶ τὸν χρόνον παρα-
λαμβάνει, δῆλον καὶ ἐκ τῶν ἑξῆς ῥηθησομένων γενήσεται.

p. 215ᵇ21 Ἀλλ' εἰ διὰ τοῦ λεπτοτάτου ἐν τοσῳδὶ ἕως τοῦ καὶ 50
τοῦτον ἕξει τὸν λόγον τὸ πλῆρες πρὸς τὸ κενόν.

20 Διὰ μὲν τοῦ πρώτου ἐπιχειρήματος δείξας ὅτι τὸ κενὸν ἐν οὐδενὶ λόγῳ
ἐστὶ πρὸς τὸ πλῆρες, συνήγα|γεν ἐκ τούτου, εἰ ἔστι διὰ κενοῦ κίνησις, τὸ 158ᵛ
περὶ τὴν κίνησιν καὶ τὸν χρόνον συμβαῖνον ἀδύνατον, ὅτι πεπερασμένη κί-
νησις πρὸς πεπερασμένην καὶ χρόνος πεπερασμένος πρὸς πεπερασμένον ἐν
οὐδενὶ λόγῳ ἔσται (τοῦτο γὰρ σημαίνει τὸ "ὥστε οὐδὲ τὴν κίνησιν")· καὶ
25 ὅτι ἔσται κίνησις μὴ οὖσα ἐν χρόνῳ· νῦν δὲ εἰπὼν ὅτι ἡ τοῦ κενοῦ κί-
νησις ἐν οὐδενὶ ἔσται λόγῳ οὐδὲ πρὸς τὴν διὰ τοῦ λεπτοτάτου τῷ
ἄχρονον εἶναι τὴν διὰ τοῦ κενοῦ, τὰ ἑπόμενα τοῖς μὴ οὕτω λέγουσιν ἄτοπα 5
ἐπάγει. καὶ ὁ μὲν Ἀλέξανδρος τὸ ἀλλ' εἰ διὰ τοῦ λεπτοτάτου ἐν
τοσῳδὶ τὴν τοσηνδὶ φέρεται διὰ τοῦ κενοῦ, παντὸς ὑπερβάλλει
30 λόγου συμπέρασμα τοῦ προτέρου ἐπιχειρήματος ποιησάμενος, τοῦ νῦν
προχειμένου ἤρξατο ἀπὸ τοῦ ἔστω γὰρ τὸ Ζ κενόν. ἄμεινον δὲ οἶμαι
μὴ ὡς ἀρχὴν τοῦτο λέγειν· ἢ πῶς ἔχει λόγον ὁ γὰρ σύνδεσμος; ἀλλὰ
διὰ τούτων δείκνυσι τὰ ἑπόμενα τοῖς ἐν χρόνῳ ὑποτιθεμένοις τὴν διὰ τοῦ
κενοῦ κίνησιν καὶ λόγον εἶναι λέγουσι τῶν κινήσεων καὶ τῶν χρόνων.

---

2 ὅσῳ ἀὴρ a: ὅσω ὁ ἀὴρ E et mrg. F¹: ὡς ὁ ἀὴρ in contextu F   3 διὰ τούτου θᾶτ-
τον a   5 οὐδένα λόγον — πλῆρες (6) om. E   8 ὡς τὸ] ὥστε E   11 αὐτὴ E
12 χρόνος πρὸς om. E   13 ὄντα λόγῳ aF   14 φησιν foramine haustum E
19 πλῆρες πρὸς τὸ κενόν E (ut p. 674,21 et Aristotelis codex E): κενὸν πρὸς τὸ πλῆρες a
ex Arist. vulgata   23 πεπερασμένην — πρὸς om. a   24 σημαίνει] συμβαίνει a
26 ἔσται] ἔστι F   τοῦ (post διὰ) om. a   27 ἄτοπον E   28 ἀλλ' om. F
29 διαφέρεται E   33 τοῖς iteravit F   ἐν χρόνῳ E: ἔγχρονον aF qui in mrg.
habet ἢ ἄχρονον   διὰ om. F   34 λόγον a: λό̇ E: λόγων F

ἕπεται δὲ τὸ ἀντίστροφον τὸ λόγον εἶναι τοῦ κενοῦ πρὸς τὸ πλῆρες, ὅπερ 158ᵛ
ἔδειξεν ἀδύνατον. ὡς γὰρ τῷ μηδένα λόγον εἶναι τοῦ κενοῦ πρὸς τὸ πλῆρες 10
ἀκολουθεῖ τὸ μήτε τῶν κινήσεων εἶναι μήτε τῶν χρόνων, οὕτως τῷ λόγον
εἶναι ⟨καὶ τῶν κινήσεων καὶ τῶν χρόνων ἀκολουθεῖ τὸ λόγον εἶναι⟩ τοῦ
5 κενοῦ πρὸς τὸ πλῆρες. ὑποθέμενος γὰρ ἐν χρόνῳ πεπερασμένῳ γίνεσθαι
τὴν διὰ τοῦ κενοῦ κίνησιν καὶ τὴν αὐτὴν ἀναλογίαν ἐν τοῖς χρόνοις τῆς
κινήσεως καὶ τοῖς δι' ὧν γίνεται ἡ κίνησις λαβών, ἐπὶ τούτων συνάγει τὸ 15
ἀδύνατον, ὅτι ἕξει λόγον τὸ κενὸν πρὸς τὸ πλῆρες, ὃν ὁ χρόνος πρὸς χρόνον,
ταὐτὸν δὲ εἰπεῖν ὃν ἀριθμὸς πρὸς ἀριθμόν. καὶ οὐ τοῦτο μόνον, ἀλλ' ὅτι
10 ἕξει λόγον τὸ κενὸν πρὸς τὸ πλῆρες, ὃν ἔχει τὸ πλῆρες πρὸς τὸ πλῆρες.
ἔστω γάρ, φησί, κενὸν τὸ ἐφ' οὗ Ζ ἴσον κατὰ τὸ μέγεθος τῷ τε Β δ
ἦν ὕδωρ καὶ τῷ Δ δ ἦν ἀήρ. τὸ δὲ Α τὸ κινούμενον εἰ κινεῖται ἔν τινι
χρόνῳ διὰ τοῦ Ζ κενοῦ, οἷον φέρε εἰπεῖν τῷ Η, ἔσται δηλονότι ὁ Η
χρόνος ἐλάττων τοῦ Ε, ἐν ᾧ τὸ Α διὰ τοῦ Δ δ ἦν ἀὴρ ἐκινεῖτο (ἔκειτο 20
15 γὰρ ἐν τούτῳ διὰ τούτου κινεῖσθαι), ὃν δὴ ἔχει λόγον ὁ χρόνος ὁ Η πρὸς
τὸν Ε, τοῦτον ἕξει καὶ τὸ κενὸν πρὸς τὸ πλῆρες. ὡς γὰρ τὰ ὑποκείμενα,
δι' ὧν αἱ κινήσεις πρὸς ἄλληλα, οὕτω καὶ αἱ κινήσεις καὶ οἱ χρόνοι τῶν
κινήσεων. καὶ ἀνάπαλιν ὡς ὁ χρόνος πρὸς τὸν χρόνον, οὕτω καὶ τὸ ὑπο-
κείμενον πρὸς τὸ ὑποκείμενον. ὥστε εἰ παντὸς χρόνου πεπερασμένου πρὸς
20 πάντα χρόνον πεπερασμένον λόγος ἐστίν, ἔσται καὶ τοῦ κενοῦ πρὸς τὸ
πλῆρες λόγος. διὸ ἐπήγαγε καὶ τοῦτον ἕξει τὸν λόγον τὸ πλῆρες
πρὸς τὸ κενόν. ὥσπερ ἀδύνατον ἐν λόγῳ εἶναι ἀριθμὸν πρὸς τὸ μηδέν, 25
ὡς ἔδειξε πρότερον.

p. 215ᵇ26 Ἀλλ' ἐν τοσούτῳ χρόνῳ ὅσος ἐφ' οὗ τὸ Η τοῦ Δ τὸ Α
25 δίεισι τὴν τὸ Θ.

Ἐπὶ ταῖς αὐταῖς ὑποθέσεσι τρίτον ἀδύνατον συνάγει, ὅτι ἐν ἴσῳ χρόνῳ
πλῆρές τι διεξελεύσεται καὶ κενὸν τὸ κινούμενον· οἷον τὸ Α ἐν τῷ Η
χρόνῳ, ἐν ᾧ διὰ τοῦ Ζ κενοῦ ἐκινεῖτο, καὶ διὰ πλήρους τινὸς κινηθήσεται.
εἰ γὰρ ἐν τῷ Ε χρόνῳ διὰ τοῦ Δ παντὸς κεκίνηται, ἐν τῷ Η ἐλάττονι
30 ὄντι τοῦ Ε (ἔλαττον γάρ ἐστιν, εἴπερ ἐν τῷ Η διὰ τοῦ Ζ κενοῦ ἐκινεῖτο 30
τοῦ ἴσου τῷ Δ) μόριόν τι τοῦ Δ κινηθήσεται τὸ Α· ἔστω τοῦτο τὸ Θ.
καὶ δῆλον ὅτι συνάγεται διὰ βραχέων μέν, ἐναργῶς δέ, τὸ ἐν τῷ αὐτῷ

---

3 εἶναι om. E   οὕτως τῷ λόγον εἶναι τοῦ κενοῦ πρὸς τὸ πλῆρες sic E et F qui de hiatu explendo in mrg. m. pr. haec proponit: λείπεται ὡς οἶμαι ἀκολουθεῖ τὸ καὶ τῶν κινήσεων εἶναι καὶ τῶν χρόνων idemque in imo mrg. μήποτε ἢ κάλλιον οὕτως ἀκολουθεῖ τῷ καὶ τῶν κινήσεων εἶναι καὶ τῶν χρόνον (sic) λόγον, τὸν (sic) λόγον εἶναι τοῦ κενοῦ πρὸς τὸ πλῆρες: hinc ego probabiliorem excogitans hiandi facilitatem καὶ τῶν— τὸ λόγον εἶναι explevi, cum alteram coniecturam codicis F (correctis χρόνων λόγον, τὸ) in contextum inseruerit a   15 τούτῳ a: τοῦ EF   ὁ χρόνος ὁ ἦ E: ὁ χρόνος F: ὁ ἦ χρόνος a   20 ἐστίν om. E   21 τὸ πλῆρες cf. p. 673, 19   22 ὥσπερ E: ὥστε F: ὡς a   23 πρότερον p. 215ᵇ13   24 το ἦ τοῦ δ aF: τὴν τῆς δ' E   27 διεξελεύσεται E (cf. p. 675, 14): διελεύσεται aF   31 τὸ (post τοῦτο) om. a

SIMPLICII IN PHYSICORUM IV 8 [Arist. p. 215ᵇ26. 27]

χρόνῳ τῷ Η τὸ κινούμενον ὅπερ ἐστὶ τὸ Α τό τε Ζ κενὸν διιέναι καὶ τὸ
Θ πλῆρες, οὐ μέντοι ἴσα ὄντα τῷ μήκει. "ἀγαγὼν δέ, φησὶν ὁ Ἀλέξανδρος,
εἰς τοῦτο τὸν λόγον κατέλιπε τὸ δεῖξαι τὸ ἑπόμενον ἄτοπον. ἦν δὲ τοῦτο
τὸ ἴσον ἕξειν λόγον τὸ κενὸν πρὸς τὸ πλῆρες, ὃν τὸ πλῆρες πρὸς τὸ πλῆρες·
5 ὡς γὰρ οἱ χρόνοι πρὸς ἀλλήλους ὁ Η πρὸς τὸν Ε, οὕτως ἕξει καὶ τὸ Θ
μόριον τοῦ Δ πρὸς ὅλον τὸ Δ· ἀλλὰ μὴν ὃν ἔχει λόγον ὁ Η χρόνος πρὸς
τὸν Ε, τοῦτον εἶχε καὶ τὸ κενὸν τὸ Ζ πρὸς τὸ πλῆρες τὸ Δ· τὰ δὲ πρὸς
τὰ αὐτὰ τὸν αὐτὸν λόγον ἔχοντα καὶ πρὸς ἄλληλα τὸν αὐτὸν ἔχει λόγον·
καὶ ὃν ἄρα λόγον ἔχει τὸ Θ σῶμα πρὸς τὸ Δ, τοῦτον ἕξει καὶ τὸ κενὸν
10 τὸ Ζ πρὸς τὸ πλῆρες τὸ Δ· ὃν τὸ πλῆρες ἄρα πρὸς τὸ πλῆρες λόγον ἔχει,
τοῦτον ἕξει καὶ τὸ κενὸν πρὸς τὸ πλῆρες". ταῦτα μὲν ὁ Ἀλέξανδρός φησι·
μήποτε δὲ συνάγεται μὲν καὶ τοῦτο τὸ ὑπ' αὐτοῦ λεγόμενον ἄτοπον, ὁ δὲ
Ἀριστοτέλης ὡς ἐναργῶς ἄτοπον καὶ ἀδύνατον συνήγαγε τὸ ἐν ἴσῳ χρόνῳ
πληρές τι διεξιέναι καὶ κενόν· καὶ λέγει προελθὼν αὐτῇ λέξει "συμβήσε-
15 ται τοῦτο τὸ ἀδύνατον. ἐν ἴσῳ γὰρ χρόνῳ ληφθήσεται πλῆρες διεξιέναι
τι καὶ κενόν". ἔσται γάρ τι ἀνάλογον σῶμα ἕτερον πρὸς ἕτερον, ὥσπερ
χρόνος πρὸς χρόνον, τοῦτο ἐκεῖνο λέγων, ὅπερ ἐναγχος συνήχθη. διότι
γὰρ ὃ μέρος ἐστὶ τὸ Θ μέγεθος τοῦ Δ μεγέθους, τοῦτο καὶ ὁ Η χρόνος
τοῦ Ε χρόνου, διὰ τοῦτο καὶ ὁ Η χρόνος αὐτός ἐστιν ἐν ᾧ τὸ Α τό τε
20 Ζ κενὸν διέξεισι καὶ τὸ Θ πλῆρες. εἰ δέ τις νομίζοι μηδὲν ἄτοπον συνά-
γεσθαι, διότι μεῖζόν ἐστι τὸ τοῦ κενοῦ διάστημα τοῦ Ζ τοῦ διαστήματος
τοῦ Θ σώματος, ἐπιστησάτω ὅτι καὶ ὁ Ἀριστοτέλης οὐκ ἰσότητα συναγαγεῖν
ἠβουλήθη, ἀλλὰ λόγων ὁμοιότητα. ἐπειδὴ γὰρ ἔδειξε πρότερον, ὅτι τὸ
κενὸν πρὸς τὸ πλῆρες οὐδένα ἔχει λόγον, ὡς οὐδὲ τὸ οὐδὲν πρὸς τὸν
25 ἀριθμόν, εἰκότως νῦν ὡς ἄτοπον συνήγαγε τὸ ἐν ἴσῳ χρόνῳ διιέναι πληρές
τι καὶ κενόν.

p. 215ᵇ27 **Δίεισι δέ, κἂν ᾖ τι λεπτότητι διαφέρον ἕως τοῦ |
ὥσπερ χρόνος πρὸς χρόνον.**

"Διὰ τούτων, φησὶν ὁ Ἀλέξανδρος, προστίθησιν, ὅτι κἂν τοσούτῳ τι
30 λεπτότητι διαφέρῃ τοῦ Δ σώματος, ὅσῳ ὁ Ε χρόνος ὑπερέχει τοῦ Η, τὸ

---

1 τὸ η̄ F   2 Θ] ἐν αὐτῷ F   3 κατέλιπε τὸ aF: κατελείπετο E   5 τὸ ε̄ hic et v. 7 E   6 τοῦ Δ] τοῦ θ̄ E   7 τὸ (ante κενόν) om. E   8 τὰ (ante αὐτὰ) om. F   9 σῶμα] σῶ sic E   10 τὸ (ante πλῆρες) om. F   12 τὸ (post τοῦτο) om. E   14 λέγει p. 216ᵃ5   15 τὸ (post τοῦτο) om. aF   χρόνῳ om. Aristoteles   πληρές τε ὃν Aristoteles nisi quod ὃν etiam E omittit   18 μεγέθους om. E   19 χρόνου om. E   διὰ τοῦτο om. E   ὁ η̄ χρόνος F: om. aE   20 νομίζει E   21 τὸ τοῦ κενοῦ] τὸ κενόν F   διάστημα aF: διαστήματος E   τοῦ (post Ζ) om. E   22 συνάγειν E   23 πρότερον cf. p. 215ᵇ13   24 τὸν (post πρὸς) om. E   27 δέ EF: γε a ex Arist. (sed om. γε H) cf. p. 676,18   τι a cf. v. 29: τῇ EF   διαφέρων E   28 ὥσπερ E: ὡς ὁ a ex Aristotelis vulgata   29 τι E: τῇ a: τῇ iteratum in fine versus F   30 διαφέρει aF

Α ἐν τῷ Η χρόνῳ ἴσον ἐκείνου τοῦ σώματος τοῦ λεπτοῦ διελεύσεται, ὅσον 159ʳ
τοῦ Δ τοῦ παχυτέρου ἐν τῷ Ε. τίθησι δὲ νῦν λεπτότερον τοῦ Δ σώματος
τὸ Ζ, ὅπερ πρότερον κενὸν ἐτίθει· ἂν γὰρ ᾖ τοσοῦτον τὸ Ζ σῶμα λεπτό-
τερον τοῦ Δ, ὅσον ὑπερέχει ὁ Ε χρόνος τοῦ Η, ἀντεστραμμένως τὸ μὲν
5 ὑπερέχον τῇ λεπτότητι σῶμα ἐν τῷ ὑπερεχομένῳ χρόνῳ διελεύσεται, τὸ
δὲ ὑπερεχόμενον σῶμα τῇ λεπτότητι ἐν τῷ ὑπερέχοντι χρόνῳ· ἐν μὲν γὰρ
τῷ πλείονι τὸ παχύτερον, ἐν δὲ τῷ ἐλάττονι τὸ λεπτότερον". καὶ ἐξηγή-
σατο μὲν καλῶς τὸ κατὰ πόδας τῶν εἰρημένων ὁ Ἀλέξανδρος, τίνα δὲ χρείαν
τοῖς προκειμένοις ταῦτα παρέχεται οὐκ εἶπεν. οὐ μέντοι οἶμαι οὐδὲ ὡς
10 προσθήκη ταῦτα λέγεται· φησὶ δὲ μηδὲ ἀνάγκην ἔχειν τὸν λόγον τοῦτον·
οὐ γὰρ πάντως ἔσται λαβεῖν τι τοσούτῳ τοῦ Δ λεπτότερον, ὅσῳ ὁ Ε
χρόνος ὑπερέχει τοῦ Η. δύναται γὰρ μηδὲ τὴν ἀρχὴν εἶναί τι λεπτότερον
τοῦ Δ, δύναται δὲ καὶ εἶναι μὲν λεπτότερον αὐτοῦ, μὴ τοσούτῳ δὲ ὅσῳ
ὑπερέχει ὁ Ε χρόνος τοῦ Η. "καὶ τὸ ἡγεῖσθαι, φησί, πάντα τὰ προειρη-
15 μένα οὕτως ὄντα ἰσχυρὰ εἰς τοῦτο συντείνειν, καὶ τούτου χάριν εἰρῆσθαι
οὕτως ὄντος σαθροῦ, ὡς οἱ ἐξηγούμενοι λέγουσιν, οὐ παρακολουθούντων
ἐστὶ ταῖς δείξεσιν οὐδὲ συνορώντων, ὅτι τοῦτο ἐξ ὑποθέσεως πρόσκειται καὶ
οὐχ ὡς ἀναγκαῖον. διὸ καὶ οὕτως εἶπε δίεισι δέ γε κἂν ᾖ τι λεπτό-
τητι διαφέρον ἐνδεικνύμενος, ὅτι οὐκ ἀνάγκη μὲν εἶναι, ἐὰν δὲ ᾖ, ἡ
20 αὐτὴ ἀναλογία φυλαχθήσεται." καὶ τὸ μὲν μὴ πάντως εἶναί τι λεπτότερον
τοῦ Δ εἰκότως λέγεται. μήποτε δὲ ἀέρα τὸ Δ ὑποθέμενος ὁ Ἀριστοτέλης
καὶ τὸ τοῦ Δ μέρος τὸ Θ, τὸ δὲ Ζ κενὸν λαβὼν ἐβουλήθη προαγαγεῖν τὸν
λόγον ἄχρι τοῦ λεπτοτάτου καὶ προσεχοῦς ὄντος τῷ κενῷ διὰ τὴν λεπτό-
τητα, ἵνα καὶ τὴν ἀναλογίαν ἐπιδείξῃ σαφῶς, καὶ διὰ τῆς κατ' ὀλίγον τοῦ
25 χρόνου μειώσεως ἔννοιαν παράσχῃ, ὅτι ἡ διὰ τοῦ κενοῦ κίνησις, εἴπερ ἦν,
οὐκ ἂν ἦν ἐν χρόνῳ. εἰ γὰρ καὶ τοῦ ἐλαχίστου χρόνου, ἐν ᾧ τὸ λεπτό-
τατον δίεισι, θάττων ὤφειλεν εἶναι ἐκεῖνος ἐν ᾧ τὸ κενόν, δῆλον ὅτι οὐδ'
ἂν χρόνος εἴη. διὸ οἶμαι καὶ τὸ ἐὰν φέρηται ἐπήγαγεν ἐπὶ τοῦ Ζ,
διότι εἰ μὲν λεπτὸν εἴη, κινοῖτο ἂν δι' αὐτοῦ τὸ Α ἐν τῷ Ε χρόνῳ· εἰ
30 δὲ κενόν, οὐδὲ κινεῖται. πρὸς δὲ τούτοις εἰ ὑποτεθῇ ὅλως κινεῖσθαι διὰ
κενοῦ ὄντος τοῦ Ζ, τὸ προκείμενον ἄτοπον ἐναργέστερον συνάγεται. ἐν γὰρ
θάττονι χρόνῳ κινηθήσεται· ἀλλ' ἦν ἐν τῷ Η ἡ τοῦ Α' διὰ τοῦ Ζ
κίνησις κενοῦ ὄντος, ἐν ᾧ καὶ διὰ σώματος ἐδείχθη τοῦ Θ· ὥστε ἐν ἴσῳ
χρόνῳ δίεισι πλῆρές τε ὂν καὶ κενόν, ὅπερ ἀδύνατον. καὶ τὸ αἴτιον
35 ἐπάγει τοῦ ἀδυνάτου· εἰ γὰρ ἐν χρόνῳ τινὶ κινεῖται ὁτιοῦν διὰ τοῦ κενοῦ,
συμβήσεται ἐν ἴσῳ χρόνῳ πλῆρες διεξιέναι τι καὶ κενόν, διότι, ὡς εἴρηται

---

1 ante ὅσον add. τὸ δὲ ὑπερεχόμενον σῶμα τῇ λεπτότητι, sed delevit F   2 σῶμα E
3 immo τοσούτῳ et v. 4 ὅσῳ   4 τοῦ H Brandis: τὸν H libri   6 τῇ om. a   8 τὸ EF:
καὶ a   11 οὐ E: οὐδὲ aF   τοσούτῳ om. F   ὅσῳ scripsi: ὅσον libri   12 ὑπερέ-
χει om. F   δύναται—τοῦ H (14) om. F   16 ὄντος] οὗτος E   οἱ om. E·   18 δέ
E: om. aF   τι scripsi cf. p. 676,29: τῇ aF: om. E   19 διαφέρων E   21 ἀέρα τὸ
aF: τοῦ E   23 τῷ κενῷ aF: τὸ κενὸν E   25 εἴπερ ἦ E   27 θάττων a: θᾶττον EF
ὤφελεν εἶναι ἐκείνην E   28 καὶ τὸ om. aF   φέρεται E   31 ἐν] εἰ E   32 ἀλλ'
EF: ἢ a   34 ὅπερ—κενόν (36) om. F   35 ἐπάγει E: ἐπήγαγε a

καὶ πρότερον, ὡς τὸ Δ πρὸς τὸ Θ, οὕτω τὸ Ε πρὸς τὸ Η. ἀλλ' ὡς τὸ 159ʳ Ε πρὸς τὸ Η, οὕτως ἦν τὸ Δ πρὸς τὸ Ζ· καὶ ὡς ἄρα τὸ Δ πρὸς τὸ Θ, οὕτω τὸ Δ πρὸς τὸ Ζ· τὸ ἄρα Ζ κενὸν πρὸς τὸ Δ πλῆρες λόγον ἔχει, ὃν τὸ Θ πλῆρες πρὸς τὸ Δ πλῆρες. καὶ ἐν ἴσῳ χρόνῳ διεξελεύσεται κε-
5 νόν τι καὶ πλῆρες, ὅπερ ἄτοπον, κἂν ἄνισα ᾖ. ὅτι δὲ πάντα ταῦτα τὰ ἄτοπα ἀκολουθεῖ τῷ λέγειν, ὅτι ἐν χρόνῳ τινὶ ἡ διὰ τοῦ κενοῦ γίνεται κίνησις, αὐτὸς ἐδήλωσεν εἰπὼν φανερὸν τοίνυν ὅτι, εἰ ἔστι χρόνος ἐν ᾧ τοῦ κενοῦ ὁτιοῦν οἰσθήσεται, τοῦτο ἀδύνατον, τουτέστιν ἐὰν ὑποτεθῇ ἐν χρόνῳ κινεῖσθαί τι διὰ τοῦ κενοῦ.
10 Διὰ τί δὲ τῇ διὰ τοῦ κενοῦ λεγούσῃ κινεῖσθαι ὑποθέσει ταῦτα τὰ ἀδύνατα ἕπεται, καλῶς ἐφεξῆς προσέθηκεν. εἰ γὰρ κινήσεως μὲν πρὸς κί- νησιν καὶ χρόνου πρὸς χρόνον ἔστι τις λόγος πεπερασμένων ἀμφοῖν, κενοῦ δὲ πρὸς πλῆρες οὐκ ἔστι, δῆλον ὅτι ἄχρονος ἔσται ἡ διὰ τοῦ κενοῦ κί- νησις. ἐὰν δὲ ἐν χρόνῳ τις ὑπόθηται τὴν διὰ τοῦ κενοῦ κίνησιν, ἐπειδὴ
15 ὁ χρόνος λόγον ἔχει πρὸς χρόνον, ὡς δὲ οἱ χρόνοι ἐν οἷς ἡ κίνησις οὕτω καὶ τὰ ὑποκείμενα δι' ὧν ἡ κίνησις, ἔσται καὶ τὸ κενὸν πρὸς τὸ πλῆρες λόγον ἔχον, ὃ πλῆρες πρὸς πλῆρες, καὶ ἐν ἴσῳ χρόνῳ κινηθήσεταί τι διὰ κενοῦ καὶ διὰ πλήρους. ταῦτα μὲν οὖν ἐστι τὰ ἑπόμενα ἄτοπα καὶ διὰ ταύτην τὴν αἰτίαν τῇ διαφορᾷ ἐκείνων δι' ὧν φέρεται τὰ φερόμενα τῇ
20 παρὰ τὴν σύστασιν, ῥᾴδιον δὲ καὶ ἀπὸ τῆς ἑτέρας τῆς κατὰ τὴν ἀντικίνησιν ἀναιρεῖν τὸ κενόν. οὐ γὰρ ἀντικινηθήσεται τὸ κενόν, ὅτι μηδὲ κινήσεται ὅλως. μήποτε δὲ εἴ τις ὑπόθηται μὲν εἶναί τι χωρὶς τὸ κενὸν καὶ διὰ τοῦ κενοῦ λέγῃ γίνεσθαι τὴν κίνησιν (μὴ γὰρ εἶναι διὰ πλήρους), ἔχειν δὲ ἀεί τι σῶμα τὸ κενόν, οὗ ἐξωθουμένου ὑπὸ τοῦ κινουμένου γίνεσθαι διὰ
25 τοῦ κενοῦ τὴν κίνησιν, οὐ περιπεσεῖται τῶν ἐπαχθέντων ἀτόπων οὐδὲ τῶν ἐπαχθησομένων οὐδενί. δεδόσθω γάρ, ὅσον μὲν ἐπὶ τῷ κενῷ, ἰσοταχῆ εἶναι τὰ κινούμενα· γίνεται δὲ ἡ διαφορὰ παρὰ τὰ ἐν τῷ κενῷ σώματα, ὧν ἐξωθουμένων ἢ θᾶττον ἢ βραδύτερον, οὕτως ἀνάγκη φέρεσθαι τὰ φερόμενα. εἰ οὖν τὸ μὲν εἴη παχὺ καὶ δυσδιαίρετον ἢ δυσεξώθητον, τὸ δὲ
30 ἀνάπαλιν, ἀνισοταχὴς ἡ κίνησις γίνεται καίτοι διὰ τοῦ κενοῦ πᾶσα γινομένη. γίνεται δὲ ἡ διαφορά, ὡς καὶ αὐτὸς εἶπέ τε καὶ ἐρεῖ, καὶ παρ' αὐτὰ τὰ κινούμενα, εἰ τὰ μὲν πλείονα ῥοπὴν ἔχοι, τὰ δὲ ἐλάττονα· ὡς γὰρ τῶν ἄλλων δυνάμεων, οὕτω καὶ τῶν κατὰ | τὴν ῥοπὴν τὰς διαφορὰς 159ᵛ ἔχει τὰ σώματα. καὶ οὕτως οὔτε ἄχρονος ἔσται κίνησις οὔτε τὸ κενὸν
35 λόγον ἔχει πρὸς τὸ πλῆρες. οὔτε γὰρ διὰ μόνου κενοῦ γίνεταί ποτε ἡ κίνησις οὔτε διὰ μόνον τὸ εὐδιαίρετον τὸ δι' οὗ θᾶττον φέρεται τὸ φερό-

---

1 καὶ om. E   πρότερον cf. p. 675, 5 sq.   3 πλῆρες] κενὸν F   4 πρὸς τὸ Δ πλῆρες om. F   7 ὅτι om. aF   ἔστι] ἔσται E   post ἔστι add. τις ex Arist. a   8 ante τοῦτο habet συμβήσεται a cf. p. 675, 14   τοῦτο τὸ Aristoteles cf. supra p. 675, 15   9 τι] τὸ F   17 ἔχειν E   ὃ πλῆρες πρὸς πλῆρες om. F   21 ἀντικινήσεται aF   22 τι E: om. aF   23 λέγοι γίνεσθαι E: γίνεσθαι λέγῃ aF   μὴ γὰρ — κίνησιν (25) om. a. fortasse μὴ γὰρ εἶναι διὰ πλήρους ponenda post κίνησιν (25)   ἔχειν scripsi: ἔχει EF   24 διὰ E: om. F   26 ἰσοταχοῦ E   32 ἔχει aF   33 καὶ τῶν aF: καὶ τὴν E   τῆς διαφορᾶς a   35 διὰ om. E

μενον, ἀλλὰ καὶ διὰ τὴν οἰκείαν δύναμιν. ὅτι γὰρ ⟨οὐ⟩ διὰ κενοῦ διαστή- 159ʳ
ματος ἡ κίνησις, ἐντεῦθεν ἄν τις κατασκευάσειεν, ὡς εἴρηται καὶ ἐν τοῖς περὶ
τόπου λόγοις· τὸ κινούμενον πόθεν ποῖ κινεῖται· τὸ οὖν μεταξὺ διάστημα
τοῦ τε ὅθεν καὶ τοῦ ὅπου ἡ κίνησις ἢ κενόν ἐστιν ἢ τοῦ μεταξὺ σώματος
5 οἷον ἀέρος διάστημα. ἀλλὰ τὸ τοῦ ἀέρος συνεξίσταται τῷ ἀέρι. πῶς οὖν
τὸ μὴ ὂν διάστημα διελεύσεται τὸ κινούμενον; πῶς δὲ τὸ μὴ ὂν μετρη-
θήσεται;

p. 216 a 12 Κατὰ δὲ τὴν τῶν φερομένων ὑπεροχὴν τάδε ἕως τοῦ
ἰσοταχῆ ἄρα πάντα ἔσται. ἀλλ' ἀδύνατον.

10 Δύο ῥηθέντων αἰτίων τῆς ἀνισοταχοῦς κινήσεως ἑνὸς μὲν κατὰ τὴν
διαφορὰν ἐκείνων, δι' ὧν ἡ κίνησις γίνεται, εἰ τὸ μὲν εἴη παχύτερον καὶ
στερεμνιώτερον, τὸ δὲ λεπτότερον καὶ εὐεικτότερον, ἢ τὸ μὲν μένον, τὸ
δὲ ἀντιφερόμενον, ἑτέρου δὲ κατὰ τὴν αὐτῶν τῶν κινουμένων διαφοράν,
πλειόνων δὲ ὄντων καὶ ἐν τούτοις τοῦ ἀνισοταχοῦς αἰτίων (καὶ γὰρ σχή-
15 ματος καὶ ῥοπῆς ἢ διὰ τὴν σύστασιν ἢ διὰ τὸ μέγεθος διαφόρου οὔσης.
καὶ γὰρ χρυσὸς βραχύτερος ξύλου μείζονός ἐστι βαρύτερος καὶ βῶλος ἡ
μείζων τῆς βραχυτέρας) τὰ ἄλλα τὰ αὐτὰ φυλάττων, τὴν δὲ ῥοπὴν ἀμείβων
ἐν τοῖς ὑποκειμένοις σώμασι δείκνυσι καὶ οὕτω τὰ ἑπόμενα ἄτοπα τοῖς
διὰ κενοῦ λέγουσι τὴν κίνησιν γίνεσθαι. τῶν γὰρ ἄλλων τῶν αὐτῶν ὄντων
20 τὰ μείζω ῥοπὴν ἔχοντα βάρους ἢ κουφότητος ὁρῶμεν θᾶττον ἐπὶ τὸ κάτω
ἢ ἐπὶ τὸ ἄνω φερόμενα. οἷον εἰ δύο σφαῖραι ἡ μὲν χρυσοῦ ἡ δὲ ἀργύρου
ἰσομεγέθεις ἀφεθῶσι θᾶττον ἡ χρυσῆ κατενεχθήσεται. ὁμοίως οὖν τοῦτο
δεήσει γίνεσθαι καὶ ἐν τῷ κενῷ, εἴπερ διὰ κενοῦ ἡ κίνησις γίνοιτο. ἀλλὰ
μὴν ἐν τῷ κενῷ τοῦτο οὐ συμβήσεται. τί γὰρ ἔσται αἴτιον ἐν τούτῳ τοῦ
25 τὸ μὲν θᾶττον φέρεσθαι, τὸ δὲ βραδέως; ἐπὶ μὲν γὰρ τοῦ πλήρους τὸ
βαρύτερον θᾶττον διαιρεῖ τὸ ὑποκείμενον, ἐπὶ δὲ τοῦ κενοῦ οὐδεμία τοιαύτη
αἰτιολογία χώραν ἕξει· οὐ γάρ ἐστί τι τὸ διαιρούμενον. ἰσοταχῶς ἄρα
οἰσθήσεται τὰ κινούμενα, κἂν τῇ ῥοπῇ διάφορα ὑπάρχῃ. ἀλλὰ ἀδύνατον.
τὸ γὰρ βαρυτέρῳ εἶναι ἦν τὸ θᾶττον κάτω φέρεσθαι, εἴπερ καὶ βαρὺ εἶναι
30 ἦν τὸ φέρεσθαι κάτω· ὁ δὲ Ἀλέξανδρος ἅμα δὲ ἀδύνατον γράφει ἀντὶ
τοῦ ἀλλὰ ἀδύνατον καὶ ἐξηγεῖται· ἢ ὅτι ἀδύνατον ἅμα καταφέρεσθαι τὸ
κουφότερον καὶ τὸ βαρύτερον, ἢ ὅτι συμβαίνει τὸ βαρύτερον διὰ μὲν τὴν
φύσιν αὐτοῦ ἀναγκαῖον εἶναι θᾶττον κινεῖσθαι, διὰ δὲ τὸ κενὸν τὸ μὴ
θᾶττον κινεῖσθαι. ταῦτα δὲ ἅμα συντρέχειν ἀδύνατον. τὸ δὲ κατὰ τὸν
35 λόγον ὃν ἔχουσι τὰ μεγέθη πρὸς ἄλληλα τὰ φερόμενα λέγει σώματα

---

1 οὐ add. a   2 εἴρηται 620,17. 628,27   περὶ τοῦ aF   4 ὅπου] fortasse ὅποι
5 συνεξίσταται E   8 τὴν aF: om. E   11 εἴη om. E   12 εὐεικτότερον E
μένον E: μόνον aF   ·14 ἐν om. aF   17 βραχυτέρας E   18 post δείκνυσι add.
δὲ F   20 ὁρῶ μὲν a   21 ἀργυρίου E   25 βραδύτερον E   29 βαρυτέρῳ]
immo βαρύτερον ut in proximis βαρὺ εἶναι   ἦν τὸ—βαρὺ εἶναι E: om. aF
31 φέρεσθαι a   33 τὸ ante μὴ probabiliter delevit a

κατὰ τὸν λόγον ὃν ἔχουσι πρὸς ἄλληλα τῆς ῥοπῆς φέρεσθαι· τοσούτῳ γὰρ
θᾶττον ἢ βραδύτερον, οἷον ἐὰν διπλασίως ᾖ βαρύτερον, διπλασίως θᾶττον,
τουτέστιν ἐν ἡμίσει χρόνῳ, κατενεχθήσεται.

Ἀλλ' οὐδὲ τῆς παρὰ τὸ σχῆμα διαφορᾶς τὴν αἰτίαν οἱ τὸ κενὸν εἰσά-
5 γοντες ἀποδώσουσι. ζητεῖται γὰρ διὰ τί πλατὺς μὲν σίδηρος ἢ μόλυβδος
ἐπιπολάζει μᾶλλον τῷ ὕδατι, στρογγύλος δὲ οὐκέτι οὐδὲ μακρός, κἂν πάνυ
σμικρότερος τύχῃ. καὶ τοῖς μὲν ἄλλοις ῥᾴδιον ὑπάρχει λέγειν, ὅτι τὰ μὲν
πλατέα διὰ τὸ πολὺ ἐπιλαμβάνειν ἀέρα ἢ ὕδωρ, οἷς ἐποχεῖται, οὐ ταχέως
φέρεται κάτω· οὐ γὰρ διαιρεῖται ῥᾳδίως τὸ ὑποκείμενον ὑπὸ τῆς τοῦ σχή-
10 ματος ἀμβλύτητος· τὰ δὲ ἄλλως ἐσχηματισμένα ὀλίγον ἐπιλαμβάνει· διὸ
τάχιστα ὅπῃ ἂν ῥέψῃ ῥήγνυται τὸ ὑποκείμενον. τοῖς δὲ τὸ κενὸν λέγουσιν
ἀδύνατον οὕτως αἰτιολογεῖν. "ἐκ δὴ τούτων, φησὶν ὁ Ἀλέξανδρος, ἔνεστι
λέγειν πρὸς Ἐπίκουρον, οὐδὲν δὲ ἧττον ἴσως καὶ πρὸς Δημόκριτον καὶ
Λεύκιππον καὶ ἁπλῶς τοὺς ἀρχὰς τὰ ἄτομα λέγοντας καὶ τὸ κενόν, ὅτι εἰ
15 μὲν ἀνισοταχῶς ἐν τῷ κενῷ φέρονται αἱ ἄτομοι, τὰς αἰτίας τῆς ἀνισοτα-
ταχοῦς φορᾶς ὥρα λέγειν αὐτοῖς· οὐδὲν γὰρ αὐταῖς τὸ μέγεθος ἢ τὸ βάρος
ἢ τὸ σχῆμα πρὸς τὸ τάχος συμβάλλεται. εἰ δὲ ἰσοταχῶς, οὐδέποτε κατα-
λήψεται ἡ ἑτέρα τὴν ἑτέραν, οὐδὲ ἀλληλοτυπήσουσιν ἢ περιπλακήσονται.
οὐδὲ γὰρ ἡ τῶν σχημάτων διαφορὰ οἵα τέ ἐστιν ἄνισον αὐτῶν ποιεῖν τὴν
20 φοράν. καὶ γὰρ τὰ σχήματα τῷ διαιρεῖν ἢ τῷ μὴ διαιρεῖν ἄνισον τὴν
φορὰν ποιεῖ, ἐν δὲ τῷ κενῷ οὐδέν ἐστι τὸ διαιρούμενον· ὥστε οὐδὲ γέ-
νεσις ἔσται τινὸς κατ' αὐτούς." μήποτε δὲ τοῦτο τὸ ἄτοπον αὐτοῖς ἀκο-
λουθήσει, εἰ λέγοιεν ἀεὶ κινεῖσθαι τὰς ἀτόμους. εἰ γὰρ καὶ ἠρεμοῦσι καὶ
ἰσοταχῶς κινοῦνται, ἐπικαταλαμβάνουσιν ἀλλήλας. εἰ δέ τις ζητεῖ διὰ τί
25 ἀδύνατόν ἐστι τὸ ἰσοταχῶς κινεῖσθαι τὸ βαρύτερον τῷ ἧττον βαρεῖ, ῥᾴδιον
λέγειν, ὅτι εἰ μὴ ἡ προσθήκη τοῦ βάρους θάττω ποιεῖ τὴν κίνησιν, οὐδὲ
τὴν ἀρχὴν ἡ βαρύτης αἰτία ἔσται τῆς ἐπὶ τὸ κάτω κινήσεως ἐν τῷ κενῷ.
ὃ γὰρ προστιθέμενον οὐκ ἐπιτείνει οὐδὲ αὔξει τὴν κίνησιν, τοῦτο οὐδὲ τὴν
ἀρχὴν ἂν αἴτιον εἴη κινήσεως. εἰ δὲ μὴ αἱ ῥοπαὶ τοῖς σώμασίν εἰσιν
30 αἴτιαι τῆς κινήσεως τῆς ἐν τῷ κενῷ, οὐδ' ἂν κινοῖτο τὴν ἀρχὴν ἐν τῷ
κενῷ τὰ σώματα. οὐ γὰρ ἄλλη τις αἰτία τῆς κατὰ φύσιν φορᾶς τοῖς σώ-
μασι πλὴν τῆς οἰκείας ῥοπῆς. ἔτι δέ φησιν ὁ Ἀλέξανδρος "εἰ πᾶν
σῶμα βάρος ἔχειν τοῖς περὶ Ἐπίκουρον δοκεῖ καὶ διὰ τὸ βάρος κινεῖσθαι
τὰ | σώματα διὰ τοῦ κενοῦ, ἕπεται δὲ οἷς ἡ βαρύτης αἰτία τῆς κινήσεως
35 τούτοις τὴν μείζω ῥοπὴν ταχυτέρας αἰτίαν γίνεσθαι κινήσεως, οὐχ οἷόν τε
δὲ τοῦτο ἐν τῷ κενῷ γίνεσθαι, οὐδ' ἂν διὰ τὸ βάρος κινοῖτο ἐν αὐτῷ. εἰ
δὲ μὴ διὰ τοῦτο, οὐδ' ἂν ὅλως κινοῖτο". τούτων ἀκούων τις ἐρεῖ προχεί-
ρως οἶμαι, ὅτι εἴπερ ἡ ῥοπὴ τοῖς σώμασιν αἰτία τῆς κινήσεως καὶ ἡ

---

1 τοσοῦτον E   11 ῥέψον vel ῥέψοι F   τὸ ὑποκείμενον ῥήγνυσι F: τὸ ὑποκείμενον ῥήγνυται a   14 τὰ ἄτοπα a   15 φέρονται αἱ ἄτομοι ἐν τῷ κενῷ a   20 τῷ (post μὴ) om. E   26 ἢ (post μὴ) om. E   27 τὴν om. aF   31 τὰ (post κενῷ om. E   οὐ EF: οὐδὲ a et superscr. F   33 διὰ aF: διὰ τοῦτο E   35 αἰτίας E   οἷόν τε] οἴονται F¹   37 μὴ om. E

πλείων τοῦ θᾶττον, διὰ τί μὴ κινήσεται τὰ σώματα διὰ τοῦ κενοῦ; κἂν 160ʳ
γὰρ ἔχῃ τι καὶ τὸ ῥᾷον ἢ μὴ ῥᾷον διαιρεῖσθαι, τὸ δι' οὗ γίνεται ἡ κί- 5
νησις πρὸς τὸ θᾶττον καὶ βραδύτερον τῆς κινήσεως, ἀλλ' οὐκ ἔστι τοῦτο
τῆς ῥοπῆς αἴτιον· ἀλλ' οὔσης ἐκείνης διαφόρου προστίθησί τι τῇ διαφορᾷ
5 τῆς κατὰ φύσιν ῥοπῆς καὶ τὸ εὐδιαίρετον καὶ μή· ὡς γὰρ αἱ ἄλλαι ποιό-
τητες αἱ ὁμογενεῖς ἐν τοῖς μείζοσίν εἰσι μείζονες, οὕτω καὶ τὴν ῥοπὴν
ἀκόλουθον ἔχειν. καὶ ὅλως ἡ ῥοπὴ τῆς διαιρέσεως αἰτία μᾶλλον, ἀλλ'
οὐχ ἡ διαίρεσις τῆς ῥοπῆς, κἂν ὅπου μὲν ἐμποδίζῃ τι τὰ ὑποκείμενα, 10
ὅπου δὲ οὔ.

10 p. 216ᵃ21 Ὅτι μὲν οὖν εἰ ἔστι κενὸν συμβαίνει τοὐναντίον ἕως
τοῦ τοῦτο δὲ ὅτι ἀδύνατον, εἴρηται πρότερον.

Οἱ τὸ κενὸν εἰσάγοντες ὡς ἀναγκαῖον εἰσῆγον τῇ κινήσει, ἐπειδὴ διὰ 15
πλήρους ἀδύνατον ἦν κινεῖσθαι, ἵνα μὴ σῶμα διὰ σώματος χωρῇ. διὸ
καὶ λόγον ἠρώτων συνημμένον λέγοντες 'εἰ ἔστι κίνησις, ἔστι κενόν'. αὐτὸς
15 δὲ τοὐναντίον ἔδειξε διὰ πλειόνων, ὅτι εἰ ἔστι κενόν, οὐκ ἔστι κίνησις.
ὑπομιμνήσκει δὲ καὶ τῆς ἐν τοῖς περὶ τόπου ῥηθείσης ἀποδείξεως τοῦ τὸν
τόπον μὴ εἶναί τι διάστημα κενὸν κεχωρισμένον. ἁρμόσει γὰρ καὶ νῦν ὁ
λόγος. ἐκεῖνος δέ ἐστιν ὁ συνάγων, ὅτι ὁ τόπος κινηθήσεται, καὶ πολλοὶ
τόποι ἅμα ἔσονται· εἰπὼν δὲ οἱ μὲν οὖν οἴονται τὸ κενὸν οὐκ ἀπο- 20
20 δέδωκεν εὐθέως τὸ δέ, ἀλλ' ἀντειπὼν πρὸς τούτους πρότερον, οὕτω περὶ
τῶν ἄλλως τιθεμένων τὸ κενὸν προστίθησι λέγων "εἰσὶ δέ τινες οἱ διὰ τοῦ
μανοῦ καὶ πυκνοῦ".

p. 216ᵃ26—ᵇ12 Καὶ καθ' αὑτὸ δὲ σκοποῦντι φανείη ἂν ἕως τοῦ
ἓν μὲν δὴ τοῦτο ἄτοπον καὶ ἀδύνατον. 35

25 Πολλὴ τάξις ἐστὶ τῆς διδασκαλίας. καὶ γὰρ πρότερον μὲν τοὺς δο-
κοῦντας κατασκευάζειν τὸ κενὸν λόγους διέλυσεν, εἶτα ὅτι μὴ ἔστι κινήσεως
αἴτιον ἔδειξε καὶ διὰ τοῦτο οὐδὲ ἔστιν ὅλως, εἴπερ διὰ τοῦτο παρείληπτο.
καὶ τότε εἰς τοὐναντίον περιέτρεψε τὸν λόγον. ἐκείνων γὰρ λεγόντων 'εἰ
ἔστι κίνησις, ἔστι κενόν' αὐτὸς διὰ πολλῶν δείκνυσιν ἐπιχειρημάτων, ὅτι
30 εἰ ἔστι κενόν, οὐκ ἔστι κίνησις. καὶ λοιπὸν ἐντεῦθεν αὐτὸ καθ' αὑτὸ τὸ 40
πρόβλημα προθεὶς διελέγχει καὶ δείκνυσιν, ὅτι οὐκ ἔστι κενόν, εἰς ἀδύνατον
ἄγων πάλιν τὸ σῶμα διὰ σώματος χωρεῖν, εἴπερ εἴη κενόν, ὅπερ ἐκεῖνοι
φεύγοντες ὑπετίθεντο τὸ κενόν. ὅταν γὰρ ἄλλο σῶμα ἐν ἄλλῳ σώματι
τεθῇ οἷον λίθινος κύβος ἐν ὕδατι ἢ ἀέρι, ἀναγκαῖον ἐκστῆναι τῷ ἐπεισι-

---

1 πλεῖον F   8 οὐχ ἡ] οὐχὶ F   14 λόγον] ὅλον E   15 δὲ aF: δὴ E
16 ἐν τοῖς om. aF   ῥηθείσης cf. Δ 4 p. 211ᵇ19 sqq., p. 213ᵃ31   τοῦ τὸν scripsi:
τοῦτον E: τὸν aF   17 τι διάστημά τι sic E: διάστημά τι aF   20 τὸ] τὸν Brandis
πρὸς iteravit E   21 λέγων c. 9 p. 216ᵇ22   22 μανοῦ] κενοῦ a   23 καθ'
αὑτὸν F   σκοποῦσι a et Aristoteles   27 παρείληπτο aF: παρείληπται E
8 περιέστρεψε E at cf. p. 512,10   32 πάλιν ἄγων aF

ὄντι τὸ προϋπάρχον ἢ ἄνω εἰ πῦρ, ἢ κάτω εἰ γῆ, ἢ εἰς τὸ μεταξύ, εἴ 160ʳ
τι τῶν μεταξὺ στοιχείων εἴη, καὶ τοσοῦτον ἐκστῆναι, ὅσος ὁ τοῦ τιθεμένου
ὄγκος ἐστί. τοῦτο δὲ ἐπ' ἐνίων μὲν δῆλον εὐθὺς ὡς ἐπὶ τοῦ λιθίνου 45
κύβου τοῦ εἰς τὸ ὕδωρ ἐμβαλλομένου· τοσοῦτος γὰρ ὄγκος ἐκρεύσει τοῦ
5 ὕδατος, ὅσος ἐστὶν ὁ τοῦ κύβου· ἐπ' ἐνίων δὲ τῇ μὲν αἰσθήσει πρόδηλος
οὐκ ἔστιν ἡ ὑποχώρησις, καταλαμβάνεται δὲ ἐκ κατασκευασμάτων τινῶν·
ἐν γὰρ ταῖς ὑδραύλεσιν ὅταν μεσταῖς οὔσαις ἀέρος ἐγχέηται ὕδωρ, γλῶσσαί
τινες σαλπίγγων ἢ αὐλῶν ταῖς ὀπαῖς προστιθέμεναι, δι' ὧν ἔξεισι τὸ πνεῦμα,
διὰ τοῦ ψόφου τὴν ἔξοδον διελέγχουσι τὴν δι' αὐτῶν τοῦ ἀέρος· εἰ δὲ
10 μηδεμίαν ἔξοδον ἔχει τὸ προεγκείμενον σῶμα, βιάζοιτο δὲ ἕτερον ἐπεμβάλ- 50
λειν, ἢ πιλεῖται εἰς αὐτὸ τὸ ἐγκείμενον καὶ παχύνεται συστελλόμενον, ὡς
καὶ τὸ ἐπεμβαλλόμενον δέξασθαι τὸ ἀγγος τοσοῦτον, ὅσον ἡ πίλησις συνέ-
στειλε τοῦ πρώτου ὄγκου, ἢ διαρραγείη ἂν τὸ ἀγγεῖον μᾶλλον ἥπερ σῶμα
ἕτερον δέξαιτο· τούτων οὖν οὕτως ἐναργῶς φαινομένων ἐπὶ τοῦ κενοῦ τί
15 φήσομεν συμβαίνειν, ὅταν ἐν αὐτῷ τι τεθῇ σῶμα; πότερον ὑπεξίστασθαι
τὸν ἴσον ὄγκον τοῦ κενοῦ; ἀλλὰ γελοῖον τοῦτο, εἴπερ γελοῖον τὸ ἀδύνατον.
τί γὰρ ἂν ὑπεξίσταται; | ἀλλὰ μένειν; οὐκοῦν δίεισι διὰ τοῦ κύβου τὸ 160ᵛ
ἴσον διάστημα τοῦ κενοῦ· ὥστε εἰ μηδὲν παντάπασιν ἔστι τὸ κενόν, ἔχομεν
ἡμεῖς τὸ ζητούμενον. εἰ δὲ ἔχει τινὰ φύσιν ἐπὶ τρία διεστώς, πῶς δι'
20 ἑτέρου τοιούτου διαστήματος δίεισιν; ὁμοίως γὰρ τοῦτο ἄτοπον, ὡς εἰ τὸ
ὕδωρ μὴ ἐξιστάμενον διὰ τοῦ λιθίνου κύβου χωροίη. διὰ τί γὰρ ταῦτα
μὲν κωλυθήσεται δι' ἀλλήλων χωρεῖν καὶ ἐν τῷ αὐτῷ γίνεσθαι τόπῳ, τὸ
δὲ κενὸν οὔ; ἆρα ὅτι θερμὰ ταῦτα ἢ λευκὰ ἢ βαρέα ἢ ὑπ' ἄλλων τινῶν 5
παθῶν συμβεβηκότων αὐτοῖς πληρούμενα, τὸ κενὸν δὲ τῶν τοιούτων ἐστέ-
25 ρηται; ἢ τοῦτο ἄτοπον ὑπολαμβάνειν. ἐλέχθη γὰρ καὶ πρότερον, ὅτι τοῖς
σώμασι τὸ εἶναι ἐν τόπῳ κατὰ μόνα ὑπάρχει τὰ διαστήματα, καθ' ἃ καὶ
διερριμμένα τοῖς μορίοις ἐδεήθη τῆς θέσεως. κἂν γὰρ ἀχώριστα τὰ δια-
στήματα τῶν ἄλλων συμβεβηκότων ἐστίν, ἀλλὰ τό γε εἶναι αὐτοῖς διαστή-
μασιν, ὅπερ πέφυκεν ὁ λόγος χωρίζειν, ἕτερόν ἐστι. καὶ ὁ λίθος οὖν οὐκ 10
30 ἐπειδὴ λευκὸς ἢ μέλας ἢ βαρύς, τοσόνδε τινὰ κατέχει τόπον, ἀλλ' ἐπειδὴ
τοσοῦτον αὐτοῦ τὸ διάστημα. καίτοι φέρεται μὲν διὰ τὴν βαρύτητα εἰς
τοῦτον τὸν τόπον, ὅταν δὲ ἐν τόπῳ ᾖ, κατὰ τὸν ὄγκον ἐστὶν ἐν τόπῳ.
τούτῳ γὰρ μόνῳ τῶν ὑπαρχόντων τῷ κύβῳ τὸ τοῦ τόπου μέγεθος ἕπεται.
ὥστε κἂν ὑπόθῃ τὸν λίθινον κύβον ἁπάντων κεχωρισμένον τῶν ἄλλων συμ-
35 βεβηκότων, ἐν μόνῳ δὲ ὄντα τῷ διαστήματι, οὐδὲν ἧττον καθέξει τὴν ἴσην
χώραν, ὅσην κατεῖχε καὶ μετὰ τῶν ἄλλων παθῶν. τί οὖν διοίσει τὸ τοῦ 15

---

2 ὅσ (i. e. ὅσος) E: ὅσον aF et Themistius p. 299,16   3 λίθου E   4 ὁ ὄγκος Themistius   ἐκρρεύσει E   7 ὑδραύλεσιν] κλεψύδραις Themistius   8 σαλπίζων E   9 ψόγου sed corr. E   10 προσεγκείμενον a   βιάζοιο Themistius   ἕτερον Themistius: ἕτερος libri   12 καὶ om. a   πίλησις aF Themistius: ἐπίλ,ʼ (i. e. ἐπίληψις) E   25 ἐλέχθη cf. Δ 1 p. 209 a 4 sqq.   26 τὸ (post σώμασι) om. E at cf. Themistius p. 300, 19   27 κἂν ἀχώριστα γὰρ E   28 ἐστὶν E (cf. Themistius): εἴη aF   33 ἔπεται] ἔσται Themistius p. 300, 29   34 κεχωρισμένων aF   36 ὅσην E (cf. Themistius p. 301, 4): ὅσην ἂν aF   τοῦ (post τὸ) delevit F

κύβου διάστημα τοῦ ἴσου κενοῦ καὶ τόπου; καὶ εἰ δύο τοιαῦτα ἐν τῷ 160ᵛ αὐτῷ, διὰ τί μὴ καὶ πλείω καὶ ἄπειρα; συναγαγὼν δὲ τὸν λόγον ὄψει τὴν ἀνάγκην τῆς ἀποδείξεως. εἰ γάρ ἐστι σῶμα ἐν κενῷ, διάστημά ἐστιν ἐν διαστήματι καὶ ὄγκος ἐν ὄγκῳ· κατὰ τοῦτον γάρ ἐστιν ἐν τόπῳ τὸ σῶμα.
5 εἰ δὲ διάστημα ἐν διαστήματι καὶ ὄγκος ἐν ὄγκῳ, ἔσται καὶ σῶμα ἐν σώματι. τὰ γὰρ ἄλλα συμβεβηκότα οὐδὲν κωλύει τὰ σώματα δι' ἀλλήλων χωρεῖν. εἰ οὖν ἀδύνατον σῶμα ἐν σώματι εἶναι, ἀδύνατον καὶ σῶμα ἐν κενῷ εἶναι. ἀληθῶς δὲ κενὸν αὐτὸ εἶπεν, ὅτι δειχθήσεται μηδεμίαν χρείαν 20 παρεχόμενον.

10   p. 216ᵇ12   Ἔτι δὲ φανερὸν ὅτι τοῦτο ὁ κύβος ἕξει ἕως τοῦ
            εἰ ἕτερον περὶ αὐτὸν ἴσον διάστημα τοιοῦτον εἴη.   28

Δεύτερον τοῦτο τίθησιν εἰς τὸ αὐτὸ τεῖνον ἐπιχείρημα· εἰ γὰρ τὸ ἐν ἑκάστῳ διάστημα χωριζόμενον τῷ λόγῳ τῶν παθῶν, τουτέστι τῶν συμβεβηκότων, οὐδὲν διαφέρει τοῦ κενοῦ, κινούμενα δὲ καὶ μεταφερόμενα τὰ
15 σώματα σὺν τοῖς οἰκείοις κινεῖται διαστήμασι, τί δεῖ τοῖς σώμασιν ἄλλων τοιούτων διαστημάτων; εἰ γὰρ καθὸ διάστημα ἔχει ἕκαστον ἑτέρου δεῖται 30 διαστήματος, πῶς οὐχὶ καὶ τὸ κενὸν ἄλλου δεήσεται καὶ ἐκεῖνο ἄλλου καὶ ἐπ' ἄπειρον οὕτω προελευσόμεθα;

        p. 216ᵇ22   Εἰσὶ δέ τινες οἳ διὰ τοῦ μανοῦ καὶ πυκνοῦ οἴονται
20   ἕως τοῦ οὐκ ἐνδέχεται ἄλλως.   36

Τῶν περὶ τοῦ κενοῦ λεγόντων οἱ μὲν κεχωρισμένον τι καὶ καθ' αὑτὸ ὂν τὸ κενὸν ἔλεγον ὡς διὰ πάντων τῶν σωμάτων χωρεῖν καὶ κατά τι μὲν ἑαυτοῦ ἔχειν σῶμα κατά τι δὲ οὔ, ὅπερ καὶ κυρίως κενὸν ἔλεγον, ὥσπερ τὸ ἔχον τόπον· οἱ δὲ ἐν τοῖς σώμασι κατὰ μικρὰ πανταχοῦ παρεσπαρμένον.
25 εἰπὼν οὖν πρὸς τὴν προτέραν δόξαν προβάλλεται νῦν τὴν λοιπήν, τῷ μὲν 40 ἐκείνῳ τῷ ὅτε ἔλεγεν "οἱ μὲν οὖν οἴονται τὸ κενὸν εἶναι, εἴπερ ἔσται ἡ κατὰ τόπον κίνησις, ἀποκεκριμένον καθ' αὑτό" τὸν δὲ νῦν ἐπαγωγὼν ἐν τῷ εἰσὶ δέ τινες οἳ διὰ τοῦ μανοῦ καὶ πυκνοῦ οἴονται φανερὸν εἶναι ὅτι ἔστι κενόν· οὗτοι γὰρ ἔλεγον, ὅτι εἰ ἔστι μάνωσις καὶ πύκνω-

---

1 τοῦ (ante ἴσου) om. E   2 καὶ (post μὴ) om. aE at cf. Themistius   πλείονα E
3 ἔσται aF at cf. Themistius   4 post διαστήματι habet Themistius οὔτε γὰρ ὑπεξίσταται τὸ κενὸν καὶ τῷ σώματι τὸ εἶναι ἐν τόπῳ κατὰ διάστημα μόνον ὑπάρχει· εἰ δὲ διάστημα ἐν διαστήματι quae fortasse interciderunt in Simplicii libris   4 κατὰ τοῦτον (τοῦτο E: correxi cf. Them. p. 301,16) — ἐν ὄγκῳ (5) E: om. aF   5 διαστήματι] διαστήματος E   σώματι] σώμασι a   6 τὰ σώματα] ἀσώματα ὄντα a   7 σῶμα (post καὶ) om. a   10 ἕξει aF: ἔχει E   11 αὐτὸ E   17 καὶ ἐκείνου ἄλλο E at cf. Themistius p. 302,2   18 προελευσόμεθα F Themistius: διελευσόμεθα E: πορευσόμεθα a   20 ἐνδέχεσθαι a   21 καὶ om. a   23 οὔ] ὃν a   post ὥσπερ iterabat διὰ πάντων — χωρεῖν sed delevit F   24 διεσπαρμένον a   26 ἔλεγεν c. 8 p. 216ᵃ23 cf. supra p. 680,19   κοινὸν E   28 post καὶ add. τοῦ aF
29 post ἔστι add. τὸ a

σις, ἔστι κενόν. καὶ ἤδη μὲν ἀντείρηκε πρὸς τὸν λόγον. εἷς γὰρ καὶ 160ᵛ
οὗτος τῶν ἐν ἀρχῇ τιθέντων τὸ κενὸν τεττάρων λόγων ἦν κατὰ ἀλήθειαν
λύειν, τῶν μὲν τὸ κεχωρισμένον καὶ καθ' αὑτὸ κενὸν ἀπὸ τῆς κινήσεως 45
εἰσαγόντων, τῶν δὲ τὸ παρεσπαρμένον ἀπὸ τῆς μανώσεως καὶ πυκνώσεως.
5 νῦν δὲ ἔτι ἀκριβέστερον τήν τε κατασκευὴν ἐκτίθεται τοῦ λόγου καὶ τὴν
ἀναίρεσιν ἐπάγει. οὐ μόνον γὰρ τὴν μάνωσιν καὶ πύκνωσιν ἀναιρεῖσθαι
ἔλεγον οὗτοι ἀναιρουμένου τοῦ κενοῦ, ἀλλ' ὅτι εἰ μὴ ἔστι κενόν, οὐκ ἔστι
μάνωσις καὶ πύκνωσις, εἰ δὲ μὴ ἔστι μάνωσις καὶ πύκνωσις, ὅλως κίνησις
οὐκ ἔσται. οὔτε γὰρ ἡ κατὰ τόπον οὔτε ἡ κατὰ αὔξησιν οὔτε ἡ κατ'
10 ἀλλοίωσιν καὶ γένεσιν· τήν τε γὰρ κατὰ τόπον οὐκ ἄλλως γίνεσθαί φασιν 50
ἢ συστελλομένων καὶ πιλουμένων τῶν σωμάτων καὶ χώραν τοῖς δι' αὐτῶν
κινουμένοις παρεχόντων ὥσπερ τοῖς διὰ πλήθους βαδίζουσι, καὶ τὰ αὐξα-
νόμενα δὲ καὶ ἐπεκτεινόμενα κατὰ τὸν ὄγκον πυκνουμένων ἄλλων καὶ
συστελλομένων εἰς τὰ ἐν αὐτοῖς κενὰ χώραν εἰς τὴν ἐπίδοσιν λαμβάνειν.
15 ἀλλὰ καὶ τὰ γινόμενα μείζονα ἐξ ἐλαττόνων καὶ χώραν μείζονα καταλαμ-
βάνοντα τῷ πιλεῖσθαι καὶ συστέλλεσθαί τινα γίνεται. πίλησις | δὲ οὐκ 161ʳ
ἔστι μὴ παρεσπαρμένου κενοῦ τοῖς σώμασιν, ὅλως δὲ μανώσεως μὴ οὔσης
μὴ δύνασθαί τι ἐξ ἐλάττονος γίνεσθαι μεῖζον· μάνωσιν δὲ κενοῦ χωρὶς
μὴ εἶναι διαλαμβάνοντος τὰ σώματα. ἀλλ' οὐδὲ ἀλλοίωσις γένοιτ' ἂν
20 χωρὶς τῆς κατὰ τόπον κινήσεως· δεῖ γὰρ κινηθέντα πλησιάσαι ἀλλήλοις
τό τε ἀλλοιοῦν καὶ τὸ ἀλλοιούμενον. ἔλεγον οὖν ὡς εἰ μὴ ἔστι κενόν, οὐκ
ἔστι μάνωσις καὶ πύκνωσις· εἰ δὲ μὴ εἴη μάνωσις καὶ πύκνωσις, οὐκ ἔστι 5
κίνησις· εἰ δὲ μὴ οὔσης μανώσεως καὶ πυκνώσεως εἴη κίνησις, κυμανεῖ
τὸ πᾶν, ὥς φησι Ξοῦθος ὁ Πυθαγορικός, καὶ ὑπερχυθήσεται καὶ ἐπὶ πλέον
25 ἐκταθήσεται, ὡς ἡ θάλασσα διὰ τῶν κυμάτων εἰς τοὺς αἰγιαλοὺς ὑπερ-
χεῖται. τοῦτο οὖν συμβαίνειν τῶν τε τοπικῶς ἐπ' εὐθείας κινουμένων
προωθούντων τὰ παρακείμενα καὶ τῶν αὐξομένων ὁμοίως διὰ τὸ μὴ εἶναι
πίλησιν, δι' ἣν χώρα τοῖς προσιοῦσι γενήσεται (ἐπὶ μόνων γὰρ τῶν κύκλῳ
κινουμένων τὴν ἀντιμετάστασιν γίνεσθαι· ἐπὶ τούτων γὰρ μόνων ἐδέχοντο 10
30 τὴν ἀντιπερίστασιν)· καὶ ὅταν δέ τι τῶν πεπυκνωμένων σωμάτων εἰς μα-
νώτερον μεταβάλλῃ, προωθεῖσθαι πάλιν ἀνάγκη καὶ ὑπερχεῖσθαι· ἡ δὲ
ὑπέρχυσις οὐκ ἂν γένοιτο πάλιν μὴ ὄντος κενοῦ τοῦ κεχωρισμένου δηλονότι
ἔξω τοῦ παντός, ὥστε εἰς τὸ αὐτὸ πάλιν ἥκει ὁ λόγος· ἀναιρουμένου γὰρ
τοῦ κενοῦ ἀναιρεῖται πίλησις, ἧς ἀναιρουμένης εἰσάγεται τὸ κενόν. οὐ γὰρ
35 δὴ εἰς σῶμα κυμανεῖ τὸ πᾶν, ἀλλ' εἰς κενὸν πάντως· ἔστι δέ τις καὶ
ἄλλη πλασματώδης ὑπόθεσις ἐπὶ τῶν γενέσεων. εἴποι γὰρ ἄν τις, ὅτι ὅταν 15
μεταβάλλῃ κυαθιαῖον ὕδωρ εἰς μείζονα ἀέρα, ἄλλος ἀὴρ ὁποσοῦν ἴσος τούτῳ
μεταβάλλων εἰς κυαθιαῖον ὕδωρ φυλάττει τὴν ἰσότητα, ἢ καὶ πῦρ ἐνίοτε

---

2 λόγων δ' (omisso ἦν) E   4 post καὶ add. τῆς aF   5 τε om. a   post καὶ
add. τὴν a   10 γενέσθαι aF, sed is correctus   12 πλήθους EF Themistius
p. 302,16: πλῆθος a   17 ὅλης F   19 γίνοιτ' a   27 προωθούντων scripsi:
προσωθούντων libri   28 ἐπὶ μόνων κτλ. contrarium contendit Themistius p. 302,23
33 εἰς] εἰ ut v. 35 E   37 ὁποσοῦν ἴσος aF: ὅπου ἦν ἴσως E   38 μεταβαλὼν F
ὕδωρ om. E   ἢ aF: om. E

εἰς ἀέρα μεταβάλλον τὴν ἀναλογίαν τηρεῖ. οὕτω γὰρ οἶμαι κάλλιον ἀκούειν 161ʳ
ἢ ὡς ὁ Θεμίστιος ἤκουσεν, ὅτι ἀνάγκη "ἐξ ὕδατος κυαθιαίου κυαθιαῖον
ἀέρα γίνεσθαι". τοῦτο δὲ ἀδύνατον. τάχα δὲ καὶ Ἀλέξανδρος οὕτως ἐξη-
γεῖται λέγων ἴσων εἰς ἴσα γίνεσθαι τὴν μεταβολήν· εἰ μὴ ἄρα ἀμφότερα
5 ἀμφοτέροις ἴσα λέγει, ἀλλ' οὐχὶ τῷ ὕδατι τὸν ἀέρα ὡς ὁ Θεμίστιος. εἰ 20
οὖν ταῦτα ἄτοπα τό τε μὴ εἶναι κίνησιν καὶ τὸ ὑπερχεῖσθαι τὸ πᾶν καὶ
τὸ ἴσας γίνεσθαι τὰς μεταβολάς, ἀνάγκη κενὸν ἐν τοῖς σώμασι μεμιγμένον
εἶναι. οὕτως γὰρ μόνως ἔσεσθαι πίλησίν τε καὶ μάνωσιν, καὶ μηδὲν ἀκο-
λουθήσειν ἔτι τῶν εἰρημένων ἀτόπων.

10 p. 216ᵇ30 Εἰ μὲν οὖν τὸ μανὸν λέγουσι ἕως τοῦ ἀσύμβλητα γὰρ 32
τὰ τάχη.

Παραστὰς ὡς οἷόν τε ἦν τοῖς ἀπὸ τοῦ μανοῦ καὶ πυκνοῦ τὸ κενὸν
εἰσάγουσι λόγοις καὶ προθέμενος ὑπαντῆσαι πρὸς αὐτοὺς διαιρεῖ πάλιν τὸ
κενὸν εἴς τε τὸ κεχωρισμένον καὶ τὸ ἀχώριστον· καὶ κεχωρισμένον μὲν 35
15 κενὸν λέγει τὸ καθ' αὑτὸ ὂν διάστημα συνεχὲς δεκτικὸν μὲν σώματος μὴ
μέντοι δεδεγμένον, μὴ χωριστὸν δὲ τὸ διεσπαρμένον ἐν τοῖς σώμασιν·
αὗται γὰρ ἦσαν αἱ δύο τῶν τὸ κενὸν λεγόντων ὑποθέσεις. διαιρεῖ δὲ οἶμαι
νῦν τὸ διεσπαρμένον εἴς τε τὸ κατὰ μεγάλα διεσπαρμένον καὶ εἰς τὸ μὴ
κατὰ μεγάλα· καὶ λέγει ὅτι οἱ τὸ μανὸν λέγοντες, εἰ μὲν τοιοῦτον λέγουσιν
20 ὡς ἔχον πολλὰ κενὰ κεχωρισμένα τουτέστιν ἔχοντα περιγραφὰς ἀξιο-
λόγους, ἤδη δέδεικται ὅτι ἀδύνατον εἶναι κενὸν τοιοῦτον, ὡς καὶ κινεῖσθαι 40
ἄν τι δι' αὐτοῦ. τὸ δὲ αὐτὸ ἐδείχθη καὶ ὅτε τὸν τόπον ἐδείκνυμεν μὴ
ὄντα διάστημά τι κεχωρισμένον. ὅλως δὲ οὐδὲ μανὸν εἴη ἂν κατὰ τοιοῦτον
τρόπον. εἰ δὲ τὸ μανὸν λέγοιεν ὡς κατὰ μικρὰ ἐνεσπαρμένου τοῦ κενοῦ
25 καὶ μὴ χωριστοῦ, πιθανωτέρα μὲν ἡ ὑπόθεσις καὶ ἧττον ἀδύνατος δοκοῦσα,
συμβαίνει δὲ καὶ ταύτῃ ἄτοπα τὰ ῥηθησόμενα· πρῶτον μὲν ὅτι οὐ πάσης
κινήσεως αἴτιον τὸ τοιοῦτον κενόν, ἀλλ' εἴπερ ἄρα, τῆς ἄνω. τὸ γὰρ μα-
νόν, ὅπερ δοκεῖ μανόν, διὰ τὸ ἐν αὐτῷ τοιοῦτον κενὸν κοῦφόν ἐστι καὶ 45
ἀνώφορον. διὸ καὶ τὸ πῦρ μανὸν εἶναι καὶ αὐτοί φασι. τί οὖν αἴτιον
30 ἔσται τῆς ἐπὶ τὸ κάτω κινήσεως, ὅπερ μετ' ὀλίγον ἐπάξει; ἀλλὰ νῦν
συγχωρήσας τὸ μανὸν αἴτιον εἶναι τῆς ἐπὶ τὸ ἄνω κινήσεως, πῶς αἴτιον
αὐτὸ τῆς τοπικῆς κινήσεως συμβαίνει γίνεσθαι, δείκνυσιν, ὅτι οὐχ οὕτως
ὡς τὸ δι' οὗ ἡ κίνησις, ὡς ἔλεγον οἱ τὸ κεχωρισμένον εἰσάγοντες κενόν,
ἀλλ' ὡς αὐτὸ κινοῦν καὶ ὡς τὸ ὑφ', οὗ, ὥσπερ ἡ φύσις ἐδείχθη κινοῦσα·
35 προσφυῶς δὲ καὶ χαριέντως εἰς παράδειγμα παρέθετο τοὺς ἐν ὕδατι πεφυ- 50

---

1 μεταβάλλον scripsi: μεταβάλλων E: μεταβαλὸν aF   2 Θεμίστιος p. 303,1
3 γενέσθαι Themistius   καὶ ὁ aF   4 ἴσον aF   6 κίνησιν] κενὸν a
8 μηδὲν aF   ἀκολουθῆσαι aF   9 ἄτοπον E   12 παραστήσας a   ante πυκνοῦ
add. τοῦ a   14 τὸ (post καὶ) om. E   17 post ὑποθέσεις in contextu habet ἔν-
θεν δεῖ γράψαι E   18 εἴς τε — μὴ κατὰ μεγάλα] καὶ εἰς τὸ κατὰ μικρά F
20 κενὰ om. aF   24 ἐνεσπασμένου E   27 ἀλλ' εἴπερ — κενὸν (28) iteravit initio
folii E

σημένους ἀσκούς, οἵτινες καὶ τὰ ὑποκείμενα κουφίζουσιν ὡς τὰ ἐν θαλάττῃ 161r
δίκτυα καὶ τὰ ἐπικείμενα αὐτοῖς· πολλοὶ γοῦν ποταμοὺς διαπεραιοῦνται
πορθμείοις τοῖς ἀσκοῖς χρώμενοι. οὕτω δὲ καὶ τὸ κενὸν δοκεῖ τὰ σώματα
τὰ ἐν οἷς ἐστι κουφίζειν τῷ αὐτὸ ἄνω φέρεσθαι. εἰ δὴ τοιοῦτον τὸ κενόν,
5 δύο ἄτοπα ἐπάγει τέως, ἓν μὲν τὸ εἶναί τινα κίνησιν καὶ φορὰν κενοῦ.
πῶς γὰρ οἷόν τε φορὰν εἶναι κενοῦ κενοῦ γε ὄντος; δεύτερον εἰ ἄνω φέ-
ρεται κατὰ φύσιν | τὸ κενόν, ἔσται ἐν τῷ ἄνω ὡς ἐν τόπῳ δηλονότι ὥστε 161v
καὶ αὐτὸς δηλονότι κενὸν ἔσται, ὥστε ἔσται τὸ κενὸν ἐν κενῷ. ἐπὶ δὲ
τούτοις ἐπάγει τὸ ἑπόμενον ἄτοπον τοῖς ἀνώφορον λέγουσι τὸ κενόν· ἔστω
10 γὰρ τοῦτο τῆς ἐπὶ τὸ ἄνω κινήσεως αἴτιον. τί δὴ ἐροῦσιν ἐπὶ τοῦ βαρέος,
καὶ πῶς τὴν αἰτίαν ἀποδώσουσι τοῦ κάτω φέρεσθαι; οὐ γὰρ δὴ καὶ ταύ-
της τὸ κενὸν ἔσται αἴτιον· οὐ γὰρ ἐπισπάσεται κάτω καὶ τὰ ἐν οἷς ἐστι 5
σώματα. ὥστε οὐχ ἁπλῶς τῆς κατὰ τόπον κινήσεως αἴτιον αὐτοῖς τὸ κενόν,
ἀλλὰ ἄλλο τι τὸ καὶ τῆς κάτω καὶ τῆς ἄνω κινήσεως αἴτιον. ὡς γὰρ καθ'
15 οὓς ἡ φύσις αἰτία κινήσεώς ἐστι τοῖς σώμασιν, οὐ τῆς ἄνω μόνον εἶναι
λέγεται ἀλλ' ὁμοίως ἀμφοῖν, οὕτω καὶ τὸ κενὸν ἄν, εἰ εἴη κινήσεως αἴτιον
ὁμοίως αἴτιον τῆς τε ἄνω καὶ τῆς κάτω ῥηθήσεται. εἰ δέ τις λέγοι τὰ
βαρέα κατὰ τὴν ἐνοῦσαν ἐν τοῖς σώμασι κατώφορον αἰτίαν κάτω φέρεσθαι
βαρύτητα καλουμένην, διὰ τί μὴ καὶ τὰ κοῦφα διὰ τὴν ἐν αὐτοῖς κουφό-
20 τητα φέρεται ἐπὶ τὸ ἄνω, ἀλλὰ χωλεύει ἡ φύσις τὸ ἀντικείμενον τῇ βα- 10
ρύτητι μὴ ἀποδιδοῦσα; ἁρμόζει δὲ οὗτος ὁ λόγος πρὸς τοὺς πάντα τὰ
σώματα φύσει βαρέα καὶ κατώφορα λέγοντας· τοῦ δὲ ἄλλα ἄλλοις ἐπιπο-
λάζειν οἱ μὲν τὸ κενὸν οἱ δὲ τὴν τῶν βαρυτέρων ὑφίζησιν αἰτιῶνται.

  Προστίθησι δὲ καὶ ἄλλο ἄτοπον τοῖς τὸ κενὸν τῆς ἄνω φορᾶς τῶν
25 σωμάτων αἰτιωμένοις. εἰ γὰρ τοῦτο αἴτιον τῆς ἐπὶ τὸ ἄνω φορᾶς ὡς
ἑαυτῷ συναναφέρον τὰ σώματα, δῆλον ὅτι αὐτὸ καθ' αὑτὸ τὸ κενὸν τάχιστα
ἀνοισθήσεται, εἴπερ καὶ τὰ σώματα ὀχοῦν φέρεται. καὶ τί ἄτοπον, φαίη 15
ἄν τις; ἢ ὅτι καὶ ἀδύνατόν ἐστι κινηθῆναι ὅλως τὸ κενόν. ὁ δὲ
αὐτὸς λόγος, φησίν, ἔσται καὶ νῦν ὁ πρότερον δείξας, ὅτι ἐν κενῷ οὐ γίνε-
30 ται κίνησις, ἐπειδὴ μηδὲ λόγον τινὰ εἶχε τὸ κενὸν πρὸς τὸ πλῆρες. οὕτω
δείκνυσιν ὡς οὐδὲ τὸ κενὸν κινηθήσεται. εἰ γὰρ ἄλλο ἄλλου σῶμα θᾶττον
κινεῖται διὰ τοῦ αὐτοῦ κινούμενον κατὰ τὴν ὑπεροχὴν ὥσπερ ἐπὶ τῶν κάτω
φερομένων τῆς βαρύτητος, οὕτως ἐπὶ τῶν ἄνω φερομένων τῆς κουφότητος
καὶ μανότητος, καὶ κατὰ ἀναλογίαν τὰ πλείονα κουφότητα ἔχοντα ἐν ἐλάτ- 20
35 τονι χρόνῳ, ἐπεὶ τὸ κοῦφον σῶμα μηδένα λόγον ἔχει πρὸς τὸ κενὸν μηδὲ
ὑπερέχει αὐτοῦ, οὐδ' ἂν χρόνος τις αὐτοῦ εἴη ἐν ᾧ τὸ κενὸν ἄνω τὴν ἴσην
κινεῖται τῷ κούφῳ σώματι. πᾶσαν γὰρ σωματικὴν κουφότητα ὑπεραίρει

---

1 καὶ (post οἵτινες) om. aF   7 δηλονότι ὡς ἐν τόπῳ aF   ὥστε aF: ὡς E
8 δηλονότι aF: δῆλον E   12 fortasse καὶ κάτω τὰ   14 καθ' οὓς] καθὸ F   16 ἂν
εἰ om. E   17 αἴτιον (ante τῆς) om. a   τοῖς τε ἄνω καὶ τοῖς F   λέγει E
19 καὶ om. E   22 ἐπιπολάζειν om. E   25 σωμάτοις (comp.) E   26 αὐτὸ
om. E   26 ἀνοισθήσεται EF²: ἂν οἰσθήσεται aF¹   27 τί libri   29 φησίν om. E
ὁ πρότερον aF: ὁπότερον E: ὁ γὰρ πρότερον emendator Ambrosiani   30 ἐπεὶ aF
μηδὲ E: μὴ aF   οὕτω EF: οὗτος a   31 δείκνυσιν ὡς] δὲ F

τὸ κενὸν κουφότητι κατὰ ἀσύμβλητον ὑπεροχήν. ὃν γὰρ ἔχει λόγον ὁ 161ᵛ
χρόνος, ἐν ᾧ κεκίνηται τὸ κενόν, πρὸς τὸν χρόνον ἐν ᾧ τὸ κοῦφον σῶμα,
τοῦτον ἕξει καὶ τὸ κενὸν πρὸς τὸ σῶμα· ἀλλ' οὐδείς ἐστι τοῦ κενοῦ πρὸς 25
τὸ σῶμα λόγος, ὡς οὐδὲ τοῦ μηδενὸς πρὸς ἀριθμόν· οὐκ ἄρα ἐν χρόνῳ
5 τὸ κενὸν κινεῖται οὐδὲ κινεῖται ἄρα· τὸ δὲ ἴσως προσέθηκεν ὅτι κυρίως
μὲν λαμβανομένου τοῦ κούφου καὶ μανοῦ σώματος ἀναμφισβήτητον τὸ λε-
γόμενον· τὸ δὲ ὑπ' αὐτῶν λεγόμενον κοῦφον οὐ παρὰ τὴν αὐτοῦ φύσιν
ὂν κοῦφον ἀλλὰ διὰ τὸ μεμῖχθαι κενῷ, εἰ μὲν κατὰ τὸ σῶμα τὸ ἐν ἑαυτῷ
πρὸς τὸ κενὸν συγκρίνοιτο, ἀσύμβλητα ἂν εἴη, εἰ δὲ κατὰ τὸ κενὸν πρὸς
10 τὸ κενόν, οὐκ ἀσύμβλητα τὰ κενά· εἴη ἂν οὖν τὸ μανότερον τὸ ὑπερέχον 30
μὲν κατὰ τὸ κενόν, ὑπερεχόμενον δὲ κατὰ τὸ σῶμα ἔν τινι λόγῳ. εἰ οὖν
ἀναιρεῖται ἡ τοῦ κενοῦ κίνησις, οὐδὲ αἴτιον ἂν εἴη κινήσεως οὕτως ὡς
ὑπ' αὐτοῦ κινουμένων τῶν κινουμένων διὰ τὸ αὐτὸ κινεῖσθαι, ὡς ἔλεγεν
ἡ ἀχώριστον τὸ κενὸν λέγουσα. ἀνῄρητο δὲ ἡ τοῦ κενοῦ κίνησις καὶ δι'
15 αὐτὸ τοῦτο, ὅτι ἄτοπόν ἐστιν εἶναι κενοῦ κίνησιν, καὶ διὰ τὰ ἄλλα.

p. 217 a 10 Ἐπεὶ δὲ κενὸν μὲν οὔ φαμεν εἶναι ἕως τοῦ οἱ μὲν δὴ 39
διὰ ταῦτα κενόν τι φαῖεν ἂν εἶναι.

Ἐκείνων λεγόντων, ὅτι εἰ μὴ ἔστι κενόν, οὐκ ἔστι μάνωσις καὶ πύκνω- 40
σις, εἰ δὲ μὴ εἴη μάνωσις καὶ πύκνωσις, οὐκ ἔσται κίνησις ἢ κυμανεῖ τὸ
20 πᾶν, αὐτὸς ἐφιστάνει καλῶς, ὅτι τὸ μὲν πρῶτον συνημμένον οὐ παραδεκτέον
(οὐδὲ γὰρ ἔστι κενὸν καὶ ὁμοῦ μάνωσίς ἐστι καὶ πύκνωσις), τὰ δὲ ἐφεξῆς
ὡς ἠπορημένα καλῶς ἀποδέχεται. εἰ γὰρ μὴ ἔστι μάνωσις καὶ πύκνωσις
τῷ ὄντι, ἢ οὐκ ἔσται κίνησις ἢ κυμανεῖ τὸ πᾶν, ἢ εἰ μὴ ταῦτα,· ἀνάγκη
εἰ γίγνοιτο ἐνταῦθα ὕδωρ ἐξ ἀέρος, ἀλλαχοῦ ἐξ ἴσου ὕδατος ἴσον ἀέρα γί-
25 νεσθαι οὐ τῷ ὕδατι ἀλλὰ τῷ ἀέρι τῷ ἐξ οὗ τὸ ὕδωρ. ὅτι γὰρ οὐχ, ὥς 45
ἤκουσαν οἱ ἐξηγηταί, ἴσον τῷ ὄγκῳ τὸν ἀέρα τῷ ὕδατι λέγει, αὐτὸς παρί-
στησιν εἰπὼν δῆλον γὰρ ὅτι πλείων ἀὴρ ἐξ ὕδατος γίνεται. καὶ
οἶδα μὲν ὅτι τοῦτο ὡς ἔλεγχον ἀκούσονται τοῦ ἀεὶ ἴσον ὕδωρ ἐξ ἀέρος
ἔσται οἱ οὕτω τὸ ἴσον ἐκλαβόντες, ὅτι δὲ οὐχ οὕτως εἴρηται ἀλλ' ὡς
30 ἑρμηνεύον, πῶς χρὴ τὴν ἰσότητα λαμβάνειν, ὅτι τοῦ γενομένου οὐ πρὸς τὸ
ἐξ οὗ γίνεται, οἷον εἰ ἐξ ἀέρος ὕδωρ ἐνθάδε, ἀλλαχοῦ ἐξ ἴσου τῷ ἐνθάδε
γενομένῳ ὕδατι ἴσον ἀέρα γενόμενον τῷ ἐξ οὗ γέγονεν ἐνθάδε τὸ ὕδωρ. 50
ὅτι γὰρ οὕτως ὁ Ἀριστοτέλης τὴν ἰσότητα εἶπε, δηλοῖ συμπεραινόμενος
καὶ λέγων ἀνάγκη τοίνυν, εἰ μὴ ἔστι πίλησις, ἢ ἐξωθούμενον τὸ
35 ἐχόμενον τὸ ἔσχατον κυμαίνειν ποιεῖν, ἢ ἀλλοθί που ἴσον μετα-

---

14 τὸ κενὸν τὸ ἀχώριστον aF   ἀνηρεῖτο aF   16 μὲν om. F   17 τοιαῦτα a
19 εἴη E: ἢ aF   ἔσται scripsi cf. p. 687,25. 688,1: ἔστι libri hic et 23   23 εἰ]
εἴη a˙   25 τῷ (ante ἐξ) om. aF   27 ὅτι ὁ πλείων aF   28 οἶδα μὲν aF:
οἴδαμεν E   τοῦτον E   29 τὸ (ante ἴσον) om. F   ἐκβαλόντες incohaverat E
30 ἑρμηνεῦον E: ἑρμηνεύων F: ἑρμηνευόμενον a   31 fortasse ἀλλ' οἷον, sed omnino
hic claudicat oratio   32 τῷ ἐξ] τὸ ἐξ E

βάλλειν ἐξ ἀέρος εἰς ὕδωρ, ἵνα ὁ πᾶς ὄγκος τοῦ ὅλου ἴσος ᾖ, 161ᵛ
ἢ μηθὲν κινεῖσθαι. τὸ γὰρ ἄλλοθι οὐκ ἂν προσέθηκεν, εἰ ἴσον ἔλεγε
τῷ ὄγκῳ τὸ ὕδωρ τοῦ ἀέρος εἶναι τὸ γινόμενον τῷ ἐξ οὗ γίνεται. πῶς
δὲ δῆλον ὅτι πλείων | ἀὴρ ἐξ ὕδατος γίνεται; ἢ ὅτι ἐκ τῶν ἀγγείων 162ʳ
5 δῆλον τῶν ῥηγνυμένων ἐκ τῆς τοῦ ὑγροῦ εἰς πνεῦμα μεταβολῆς, ὡς ἐπὶ
τῶν πίθων τοῦ γλεύκους συνεχῶς ὁρᾶται γινόμενον διὰ τὴν εἰς πλείονα
ὄγκον μεταβολήν· ἀναλαμβάνει τοίνυν τὴν ἀπορίαν βεβαιούμενος τὸ δεῖν
εἶναι μάνωσιν καὶ πύκνωσιν, εἴπερ ἀδύνατα ἕπεται τοῖς ἀναιροῦσιν, ἵνα
λοιπὸν δείξας, ὡς οὐ διὰ τὸ παρεσπαρμένον κενὸν ἀλλὰ δι' ἄλλην αἰτίαν 5
10 ἡ μάνωσις καὶ ἡ πύκνωσις γίνεται, ἀνέλῃ τὸ κενὸν ὡς οὐκ ἀναγκαῖον πρὸς
ταῦτα μετὰ τοῦ κίνησιν φυλάττειν. ἐπιστῆσαι δὲ ἄξιον, ὅτι οἱ ἴσον τὸν
ὄγκον τῶν μεταβαλλομένων ὑποτιθέμενοι καὶ πλασματώδη λέγοντες θέσιν
οὐ πᾶσαν κίνησιν εἰσάγουσιν, ἀλλὰ μόνην τὴν αὔξησιν καὶ τὴν γένεσιν.

Εἰπὼν δὲ ὅτι ἀνάγκη ἐστίν, εἰ μὴ εἴη κενὸν ἢ μηδὲν κινεῖσθαι ἤ, εἰ
15 κινοῖτό τι, συνεχῶς ἄλλου μετ' ἄλλο ὠθουμένου ἢ κυμαίνειν ἀνάγκη καὶ
ἔξω ὑπερχεῖσθαι τὸν οὐρανὸν ἢ εἰς ἴσα γίνεσθαι τὰς μεταβολάς, ἐπήγαγε 10
καὶ τὸν ἄλλον τρόπον, καθ' ὃν ἦν δυνατὸν μὴ ὄντος κενοῦ κίνησιν εἶναι
καὶ τούτων συμβαίνειν μηδέν. τοῦτο δέ ἐστι τὸ κύκλῳ ἀντιπεριίστασθαι.
ἐπὶ γὰρ τῶν κύκλῳ κινουμένων οὔτε κυμαίνειν ἀνάγκη οὔτε εἰς ἴσα μετα-
20 βάλλειν οὔτε μάνωσιν ἢ πύκνωσιν εἶναι, διότι τὰ κύκλῳ κινούμενα τὸν
αὐτὸν ἀεὶ κατέχει τόπον καὶ οὐ δεῖται ἑτέρας ἐπιλήψεως. εἰπὼν δὲ τοῦτο
παρίσταται πάλιν τοῖς ἀποροῦσι λέγων, ὅτι κἂν ἡ κύκλῳ κίνησις λύει τὰς
ἀπορίας οὐδενὸς δεομένη τῶν εἰρημένων, ἀλλ' οὐδὲ πᾶσα κίνησις οὐδὲ ἡ 15
τοπικὴ κύκλῳ γίνεται. ἀλλ' ἔστι κίνησις τοπικὴ ἐπ' εὐθείας, ὥστε μένειν
25 τὸ καλῶς ἠπορημένον ἐπὶ ταύτης, ὅτι πιλήσεως μὴ οὔσης ἢ οὐκ ἔσται κί-
νησις ἐπὶ τὸ ἄνω ἢ κάτω ἢ κυμανεῖ τὸ πᾶν ἢ εἰς ἴσα τὰς μεταβολὰς
ἀνάγκη γίνεσθαι. ἵνα οὖν μὴ ταῦτα συμβαίνῃ τὰ ἄτοπα, τὸ κενὸν εἶναι
ὑπέθεντο, ὡς πάντων ἀπολύον αὐτοὺς τῶν τοιούτων· ὅτι δὲ οὐκ ἐκείνων
ἦν τὸ πιθανὸν τοῦτο τῆς ἀπορίας, ἀλλ' αὐτὸς τῷ λόγῳ παραστὰς τοιοῦτον
30 αὐτὸν ὑπέδειξεν, ἱκανῶς οἶμαι τὸ φαῖεν ἂν ἐνδείκνυται, ὡς οὐκ εἰπόντων 20
μέν, ἐρούντων δὲ ἡδέως, εἴ τις αὐτοῖς τὴν τοιαύτην μεταχείρησιν ἐπι-
δείξειεν.

p. 217ᵃ21 Ἡμεῖς δὲ λέγομεν ἐκ τῶν ὑποκειμένων ἕως τοῦ καὶ 85
μία ὕλη αὐτῶν.

35 Εἰπὼν ὅτι κενὸν μὲν οὔ φαμεν εἶναι, τὰ δὲ ἄλλα ἠπόρηται καλῶς
παρὰ τοῖς ἀπορήσασιν, ὅτι εἰ μὴ εἴη πίλησις, ἓν τῶν εἰρημένων ἀδυνάτων

---

1 ἴσος ᾖ E: ἰσωθῇ aF   2 κινεῖσθαι EF: κινῆται a   4 ὁ ἀὴρ aF   ὅτι om. F
5 ἐκ (ante τῆς) om. a   9 δείξας om. E   10 ἡ (post καὶ) om. F   13 εἰσά-
γουσι κίνησιν aF   μόνον a   15 ἄλλου] ἀλλ' οὐ a   16 μεταβολλὰς E
18 συμβαίνει aF   21 κατέχειν E   23 δεομένη aF: εἰρημένη E   ἀλλ' οὐ E
24 κίνησις om. E   26 κυμαίνει E   28 ἐκεῖν ω littera erasa F.   30 εἰπάντων
ut videtur E   33 λέγωμεν Aristotelis melior memoria   35 μὲν om. aF

συμβήσεται (ἢ γὰρ οὐκ ἔσται κίνησις ἢ κυμανεῖ τὸ πᾶν ἢ ἐπί γε τῶν εἰς 162r
μέγεθος ἐπιδιδόντων ἴσην ἀνάγκη γίνεσθαι τὴν μεταβολήν), νῦν λύει τὴν
ἀπορίαν συγχωρῶν μὲν εἶναι πίλησιν ἐν τοῖς σώμασιν, οὐ μέντοι διὰ τοῦτο
καὶ κενὸν εἶναι ἐπιτρέπων, ἀλλ' ἄλλον τρόπον τὴν πύκνωσιν καὶ μάνωσιν 40
5 αἰτιολογῶν ἀπὸ τῆς ὑποκειμένης τοῖς σώμασιν ὕλης, περὶ ἧς ἐν τῷ πρώτῳ
βιβλίῳ διδάξας εἰκότως ἐκ τῶν ὑποκειμένων, ταὐτὸν δὲ εἰπεῖν προωμολο-
γημένων, ποιήσεσθαι τοὺς λόγους ἐπαγγέλλεται. εἴρηται γὰρ ὅτι ἐστὶν ἡ
ὕλη ὑποκείμενόν τι τοῖς ἐναντίοις, καὶ ἡ αὐτὴ ὕλη θερμοῦ καὶ ψυχροῦ
ἐστιν, ὁμοίως δὲ καὶ ξηροῦ καὶ ὑγροῦ καὶ τῶν ἄλλων ἐναντιώσεων, μετα-
10 βάλλουσα ἀπὸ θατέρου εἰς θάτερον διὰ τὸ ἀεὶ ἐνεργείᾳ μὲν εἶναι τὸ ἕτερον
τῶν ἐναντίων, δυνάμει δὲ τὸ ἕτερον. καὶ τῇ μὲν ὑποστάσει οὐδέποτε
χωρίς ἐστιν ἡ ὕλη ἑνὸς τῶν ἐναντίων, τῷ δὲ οἰκείῳ λόγῳ αὐτῆς καὶ τῇ 45
ἐπινοίᾳ ἄλλη παρὰ ταῦτά ἐστι. καὶ μένουσα κατὰ τὸν ἀριθμὸν ἡ αὐτὴ
ἑκάτερον δέχεται τῶν ἐναντίων. ὥσπερ οὖν τῶν κατὰ τὸ ποιὸν ἐναντιώ-
15 σεων ἡ αὐτὴ τῷ ἀριθμῷ ἐστιν ὑποκειμένη ὕλη οἷον θερμοῦ καὶ ψυχροῦ
ἢ λευκοῦ καὶ μέλανος ἢ γλυκέος καὶ πικροῦ, οὕτω καὶ τῶν ἐν τῷ ποσῷ
ἢ περὶ τὸ ποσὸν καὶ μετὰ ποσοῦ τοῦ τε μεγάλου καὶ μικροῦ τοῦ ἐν τοῖς
σώμασιν ἡ αὐτή ἐστι τῷ ἀριθμῷ δεκτικὴ ὕλη. εἰ μὲν γὰρ εἶχε μέγεθός
τι καθ' αὑτὴν ἡ ὕλη ὁποσονοῦν, οὐκ ἂν ἐδέξατο τὸ ἐναντίον ᾧ κατὰ φύσιν 50
20 εἶχεν οὔτε μεῖζον οὔτε ἔλαττον, ὥσπερ οὐδὲ εἰ λευκὴ ἦν κατὰ φύσιν, ἐδέ-
ξατο ἂν τὸ μέλαν· ἐπειδὴ δὲ ὥσπερ τῶν ἄλλων εἰδῶν οὕτως καὶ μεγέθους
καὶ σώματος ἐστέρηται, καὶ τὰς ἐν τῷ μεγέθει ἐναντιώσεις ἡ αὐτὴ τῷ
ἀριθμῷ μένουσα δέχεται. δῆλον δὲ τοῦτο ἐκ τῆς ἐξ ὕδατος εἰς ἀέρα με-
ταβολῆς. οὐ γὰρ ἄλλη τις ἐπεισέρχεται ὕλη, ὅταν ἐξ ὕδατος ἀὴρ γένηται.
25 εἰ γὰρ ἡ τότε οὖσα ὕδωρ ὕλη δυνάμει ἦν ἀήρ, ὅταν ἀπὸ τοῦ δυνάμει με-
ταβάλλῃ εἰς τὸ ἐνεργείᾳ, ἡ αὐτὴ τῷ ἀριθμῷ μένουσα γίνεται ἀήρ, ἥτις
ἦν πρό|τερον ὕδωρ, καὶ μεῖζον γίνεται τὸν ὄγκον τὸ πρότερον ἔλαττον ὄν 162v
οὔτε ὕλης μιχθείσης οὔτε κενοῦ προσεισελθόντος· οὐκέτι γὰρ ἂν ἦν αὕτη
δυνάμει ἀήρ, εἴπερ μίξει τινὸς ἀὴρ γέγονεν. ὁμοίως δὲ κἂν ἐξ ἀέρος ὕδωρ
30 γένηται, εἰς ἐλάττονα ὄγκον μεταβάλλει οὐδεμιᾶς ὕλης ἐξισταμένης. ἐναρ-
γέστερον δὲ τοῦτο πεποίηκεν αὐτὸν τὸν ἀέρα λαβὼν ἐκ μείζονος ἐλάττονα
γινόμενον καὶ ἐξ ἐλάττονος μείζονα οὔτε προσεισιόντος τινὸς οὔτε ἀπιόντος, 5
ἀλλ' αὐτοῦ τοῦ ἀέρος παχυνομένου καὶ λεπτυνομένου τῆς ἐν αὐτῷ ὕλης
ἄμφω δυναμένης καὶ ἐκ τοῦ δυνάμει εἰς τὸ ἐνεργείᾳ μεταβαλλούσης καὶ
35 οὕτως ἐκ μείζονος εἰς ἐλάττονα ὄγκον μεθισταμένης καὶ ἐξ ἐλάττονος εἰς
μείζονα. ἐπειδὴ δὲ οὐκ ἐξ ἀμεγέθους εἰς μέγεθος μεταβάλλει ἢ ἀνάπαλιν,
ἀλλ' ἐκ μείζονος εἰς ἔλαττον ἢ ἐξ ἐλάττονος εἰς μεῖζον, ὅπερ ἔοικε τῷ
μᾶλλον καὶ ἧττον ἐπὶ τῶν ποιοτήτων, διὰ τοῦτο δείκνυσι καὶ ἐπὶ τῶν ἄλλων

---

4 καὶ τὴν μάνωσιν aF   5 ἐν τῷ πρώτῳ βιβλίῳ cf. c. 9   6 προωμολογημέν*ν
littera erasa F   7 ποιήσασθαι E   10 ἀεὶ om. F   16 ἢ (ante λευκοῦ)
om. a   25 ὕδωρ om. aF   μεταβάλλῃ E: μεταβά^λ F: μεταβάλλει a   32 προσιόν-
τος F   38 διὰ τοῦτο—ποιοτήτων (689, 1) om. F

ποιοτήτων, ὅτι ὡς εἰς τὰ ἐναντία οὕτω καὶ εἰς τὸ μᾶλλον καὶ ἧττον μετα- 162ᵛ
βάλλει τὸ αὐτὸ ὑποκείμενον. ὡς γὰρ ἐκ θερμοῦ ψυχρὸν καὶ ἐκ ψυχροῦ 10
θερμὸν γίνεται ἡ αὐτὴ ὕλη, ὅτι ἦν ἄμφω δυνάμει, οὕτω καὶ ἐκ θερμοῦ
μᾶλλον θερμόν. οὐ γὰρ οὕτω μεταβάλλει ὥς τινων πρότερον μὲν τοῦ ὑπο-
5 κειμένου μορίων μὴ ὄντων θερμῶν, νῦν δὲ γεγονότων θερμῶν, ὡς τοῦ ἧττον
θερμοῦ μίξει τῶν μὴ θερμῶν ὄντος τοιούτου. καὶ γὰρ ὅτε ἦν ἧττον θερμὸν
τὸ σῶμα, ὁμοίως πᾶσα ἡ ὕλη ἦν τοιαύτη, καὶ ὅτε μᾶλλον ἐγένετο θερμή,
πᾶσα ὁμοίως ἐπιδέδωκεν. ἂν γὰρ ἄλλα μὲν αὐτῆς εἴη θερμά, ὅτε ἧττόν 15
ἐστι θερμή, ἄλλα δὲ ὅτε μᾶλλον, οὐκέτι ἡ αὐτὴ κατ' ἀριθμὸν θερμοτέρα
10 γίνεται καὶ ἧττον θερμὴ δεχομένη τὸ μᾶλλόν τε καὶ ἧττον, ἀλλ' ἄλλο τι
θερμὸν τῷ προϋπάρχοντι προσγίνεταί τε καὶ προσμίγνυται. ὡς οὖν ἐπὶ
τούτων, οὕτω καὶ ἐπὶ τοῦ σώματος τοῦ μανουμένου καὶ πυκνουμένου καὶ
μείζονος γινομένου καὶ ἐλάττονος ἡ αὐτή ἐστιν ὕλη ἄμφω δεχομένη καὶ
οὐκ ἔξωθέν τι εἰσιὸν ἢ ἐξιόν, ὡς οἱ τὸ κενὸν εἰσάγοντες λέγουσιν. ἀγνοούν-
15 των γάρ ἐστι τὴν τῆς ὕλης φύσιν, ὡς ἡ αὐτὴ μένουσα δέχεται τὰ ἐναντία. 20
Δείξας δὲ ἐπὶ τῶν ἄλλων ποιοτήτων, ὅτι τὸ αὐτὸ μένον ὑποκείμενον
δέχεται τὸ μᾶλλόν τε καὶ τὸ ἧττον, δείκνυσιν αὐτὸ καὶ ἐπὶ τοῦ σχήματος,
ἐπειδὴ κἂν ποιόν ἐστιν, ἀλλὰ πολλὴν ἔχει πρὸς μέγεθός τε καὶ ποσότητα
κοινωνίαν. ἐὰν γὰρ μείζονος κύκλου περιφέρεια εἰς ἐλάττονος κύκλου
20 καταχαμφθῇ σύστασιν, οὐ τῷ τινα μέρη τῆς περιφερείας πρότερον μὴ ὄντα
κυρτὰ ἀλλ' εὐθέα νῦν κυρτωθῆναι εἰς ἐλάττονα συνάγεται κύκλον, ἀλλὰ 25
τῷ τὰ ἧττον κυρτὰ μᾶλλον γενέσθαι κυρτά. κἂν τε οὖν ἡ αὐτὴ λέγοιτο
περιφέρεια ἡ πρότερον μὲν ἧττον οὖσα κυρτὴ ὕστερον δὲ γενομένη μᾶλλον,
κἂν τε ἄλλη μὲν ἐκείνη ἄλλη δὲ αὕτη, τοῦτο πρόδηλόν ἐστιν, ὅτι οὐχ ὡς
25 εὐθεῖ κυρτότης ἐπεγένετο, ἀλλ' ὅτι τὸ ἧττον κυρτὸν μᾶλλον κυρτὸν γέγονε.
καὶ ἔοικε τὸ ἢ ἄλλη προσθεῖναι εἰς περιουσίαν ἀποδείξεως· κἂν γὰρ μὴ
βούληταί τις τὴν αὐτὴν εἶναι περιφέρειαν τὴν πρότερον μὲν ἧττον κυρτὴν
τὰ νῦν δὲ μᾶλλον γενομένην, ἀλλὰ ἄλλην καὶ ἄλλην λέγοι, καὶ οὕτως οὐχ 30
ὡς εὐθεῖ κυρτὸν ἐπεισῆλθεν, ἀλλὰ τὸ ἧττον κυρτὸν μᾶλλον ἐγένετο κυρτόν·
30 ὅλως γὰρ τὸ μᾶλλον καὶ ἧττον λέγεται οὐκ ἐν τῷ διαλείπειν τι εἶδος ἐν
τῷ ἧττον λεγομένῳ καὶ μὴ διαλείπειν ἐν τῷ μᾶλλον. οὐ γὰρ προσεισέρ-
χεταί τι εἶδος, ἀλλὰ τὸ ὅλον ἐπιτείνεται ἢ ἀνίεται, ὡς τὸ θερμότερον, ὡς
τὸ γλυκύτερον, ὡς τὸ λευκότερον. οὕτως οὖν καὶ ἐπὶ μεγέθους καὶ σμικρό-
τητος τοῦ αἰσθητοῦ ὄγκου οὐ προσλαβοῦσα ἡ ὕλη ἕτερον μέγεθος ἐπεκτεί-
35 νεται ἢ ἀποβαλοῦσα συστέλλεται, ὡς λέγουσιν οἱ τὸ κενὸν αἰτιώμενοι, ἀλλὰ 35
τὸ αὐτὸ μένον ὑποκείμενον, ὅπερ ἦν δυνάμει μεῖζον, γέγονεν ἐνεργείᾳ μεῖζον

---

1 οὕτω καὶ E: οὕτως aF   5 δὲ ante νῦν posuit E   10 post θερμὴ adde-
bat ἄλλα δὲ — ἀριθμὸν (9), sed delevit F   δεχομένη aF: γενομένη E   13 γινο-
μένη F   17 τὸ (post καὶ) om. aE   18 ἐστιν E: ἦν F: ᾖ a   20 κατα-
καμφῇ F   τῆς aF: καὶ E   πότερον E   21 εὐθεῖα a   23 ἧττον
om. a   25 εὐθεῖ (cf. v. 29) a: εὐθὺ EF   28 τὰ νῦν aF: ὕστερον E   30 καὶ
om. a   33 σμικρότητος καὶ μεγέθους a ut Themistius p. 308,5   34 προσλαμβά-
νουσα a   35 ἀποβάλλουσα aE at cf. Themistius l. c.   36 μεῖζον — ἐνεργείᾳ (690,1)
om. E

ἐξ ἐλάττονος, καὶ ὅπερ ἦν δυνάμει ἔλαττον, γέγονεν ἐνεργείᾳ ἔλαττον ἐκ 162ᵛ
μείζονος. τοῦτο γάρ ἐστι τὸ εἶναι δεκτικὴν τῶν ἐναντίων τὴν ὑποκειμένην
φύσιν, ὅπερ ἐδήλωσε διὰ τοῦ ἡ δυνάμει ὕλη οὖσα οὐχ ὅτι δυνάμει ὕλη
ἐστὶ λέγων, ἀλλ᾽ ὅτι ἡ ὕλη δυνάμει ταῦτά ἐστιν. ὡς δὲ κατὰ πᾶν μόριον
5 ἡ φλὸξ καὶ θερμὴ καὶ λευκή ἐστιν, οὕτω κατὰ πᾶν μόριον καὶ μανή ἐστιν
καὶ οὐχὶ κατὰ τὴν τοῦ κενοῦ μῖξιν. οὕτω δὲ καὶ ἡ θερμότης ἡ πρότερον 40
πρὸς τὴν ὕστερον οὐ τῷ προσεισιέναι τι ἢ ἀπιέναι ἔχει τὸ μᾶλλον καὶ
τὸ ἧττον· οὐ γὰρ προσέρχεταί τι ἢ ἀπέρχεται εἶδος, ἀλλ᾽ ἀνίεται ἢ ἐπι-
τείνεται τὸ αὐτό. αἰσθητὸν δὲ ὄγκον τὸν ἔνυλον εἶπεν ὡς πρὸς ἀντιδια-
10 στολὴν τοῦ νοητοῦ καὶ τοῦ μαθηματικοῦ. ὁ γὰρ αἰσθητὸς καὶ ἔνυλος
οὗτός ἐστιν ὁ ἐκτεινόμενος καὶ συστελλόμενος. ἐπιστῆσαι δὲ ἄξιον, ὅτι
καὶ τὸ μέγεθος εἶδός τι εἶναι βούλεται καὶ τὸ μικρὸν καὶ μέγα μεγέθους
εἰδητικὰς διαφοράς· λόγοι γὰρ καὶ οὗτοι συμπληρωτικοὶ τῶν εἰδῶν προέρ- 45
χονται εἰς τὴν ὕλην· ὡς γὰρ ὑπὸ λευκοῦ καὶ μέλανος καὶ θερμοῦ καὶ
15 ψυχροῦ καὶ τῶν τοιούτων συμπληροῦται τὰ ζῷα καὶ τὰ φυτά, οὕτω καὶ
ὑπὸ μεγέθους οἰκείου. διὸ καὶ ὥρισται ἐν ἑκάστῳ τῶν ζῴων τό τε μέ-
γιστον καὶ τὸ ἐλάχιστον μέγεθος.

p. 217ᵇ11 Ἔστι δὲ τὸ μὲν πυκνὸν βαρύ, τὸ δὲ μανὸν κοῦφον.

Δείξας ὅπως δυνατὸν εἶναι μάνωσιν καὶ πύκνωσιν καὶ κενοῦ μὴ ὄντος
20 (ἀρκεῖν γὰρ τὴν τῆς ὕλης ἐπιτηδειότητα πρὸς τὴν ἔκτασίν τε καὶ τὴν 50
συστολὴν τοῦ σωματικοῦ μεγέθους) ἐφεξῆς δείκνυσι, πῶς τῷ μανῷ καὶ
πυκνῷ ἡ διαφορὰ τῶν κατ᾽ εὐθεῖαν κινήσεων ἀκολουθεῖ. εἰ γὰρ τὸ μανὸν
κοῦφόν ἐστι, τὸ δὲ κοῦφον ἄνω κινεῖται τῇ αὑτοῦ φύσει, δῆλον ὅτι τὸ
μανὸν γινόμενον οὐ διὰ τὸ κενόν, ἀλλὰ διὰ τὴν ὑποκειμένην ὕλην τούτῳ,
25 ἐπειδὴ ἅμα τῷ μανὸν εἶναι καὶ κοῦφόν ἐστιν ἄνω κινήσεται. ὁμοίως δὲ
εἰ τὸ πυκνὸν καὶ βαρύ, τὸ δὲ βαρὺ κάτω, ἕξομεν τὰς αἰτίας τῆς κατὰ τόπον
ἐπ᾽ εὐθείας κινήσεως | οὐ δεόμενοι τοῦ κενοῦ. 163ʳ

p. 217ᵇ12 Ἔτι ὥσπερ ἡ τοῦ κύκλου περιφέρεια ἕως τοῦ οὕτω καὶ
τὸ πᾶν συναγωγὴ καὶ διαστολὴ τῆς αὐτῆς ὕλης.

30 Αὕτη ἡ ῥῆσις δοκεῖ τὰ πρότερον εἰρημένα πάλιν λέγειν, πῶς τὰ μᾶλλον 5
καὶ ἧττον γινόμενα οὐ προσθήκῃ τινὸς ἢ ἀφαιρέσει τοῦτο πάσχει οὔτε ἐπὶ
τοῦ κυρτοῦ σχήματος οὔτε ἐπὶ τῆς τοῦ πυρὸς θερμότητος οὔτε ἐπὶ τῆς
τοῦ μεγέθους ἐπιτάσεώς τε καὶ ἀνέσεως, ἀλλὰ τῆς αὐτῆς ὕλης εἰς τἀναντία
μεταβαλλομένης. καὶ οὐδὲν τοῖς ἤδη εἰρημένοις περὶ τούτων προστίθησιν,

---

1 ἔλαττον καὶ μείζονος E   3 ὕλη certe ante οὖσα non habet Aristoteles   4 δὲ
κατὰ τὸ πᾶν a   6 καὶ (ante οὐχὶ) om. aF   καὶ (post δὲ) om. aF   ante ἡ
πρότερον add. καὶ a: superscripsit F   7 προσιέναι aF   9 τὸ ἔνυλον a
10 τοῦ (post καὶ) om. a   23 αὑτοῦ EF   24 γενόμενον a   τούτω aF:
τοῦτο E   25 ante ἄνω add. καὶ a et supra E: om. F   26 καὶ (post πυκνὸν)
om. F   27 οὐ] μὴ aF   29 συναγωγὴ καὶ διαστολὴ E: dativi exstant in Aristo-
telis editionibus   30 λέγει a   34 τούτου a

ἐν οἷς ἔλεγεν "ὥσπερ γε οὐδὲ ἡ τοῦ μείζονος κύκλου περιφέρεια καὶ κυρτό-
της" καὶ τὰ ἑξῆς, ἀλλ' ἐκείνων τίς ἐστι παράφρασις· διὸ καὶ ἔν τισιν
ἀντιγράφοις οὐ φέρεται ὡς ἀπὸ παραγραφῆς εἰσενεχθεῖσα (τοιοῦτος καὶ ὁ
τοῦ λόγου χαρακτήρ), ἀλλ' ἕπεται τῇ δείξει τῇ λεγούσῃ "ἔστι δὲ τὸ μὲν
5 πυκνὸν βαρύ, τὸ δὲ μανὸν κοῦφον" ἡ λέγουσα "δύο γάρ ἐστιν ἀφ' ἑκατέ-
ρου τοῦ τε πυκνοῦ καὶ τοῦ μανοῦ" καὶ τὰ ἑξῆς.

p. 217ᵇ16 Δύο γάρ ἐστιν ἀφ' ἑκατέρου τοῦ τε πυκνοῦ καὶ τοῦ
μανοῦ ἕως τοῦ ἐπὶ μολύβδου καὶ σιδήρου.

Εἰπὼν ὅτι τὸ μὲν πυκνὸν βαρύ ἐστι, τὸ δὲ μανὸν κοῦφον, προστίθησιν
10 ὅτι οὐ τὸ βαρὺ μόνον ἕπεται τῷ πυκνῷ, ἀλλὰ καὶ τὸ σκληρόν· καὶ αὖ
πάλιν τῷ μανῷ οὐ τὸ κοῦφον μόνον, ἀλλὰ καὶ τὸ μαλακόν. ὡς δύο εἶναι
ἀφ' ἑκατέρου τοῦ τε πυκνοῦ καὶ τοῦ μανοῦ καὶ τοῦ μὲν τὸ βαρὺ
καὶ σκληρόν, τοῦ δὲ τὸ κοῦφον καὶ μαλακόν· τὴν δὲ χρείαν τῆς τοῦ μα-
λακοῦ καὶ σκληροῦ προσθήκης μετ' ὀλίγον εἰσόμεθα, ὅταν διὰ ταύτης τῶν
15 ἄλλων τριῶν κινήσεων τῶν παρὰ τὴν τοπικὴν αἰτίαν τὴν ὕλην δεικνύῃ·
ὅτι δὲ τοῦτο, κἂν ἐπὶ τῶν πλειόνων οὕτως ἔχῃ, οὐκ ἐπὶ πάντων ἐστὶν
ἀπαράβατον, ὑπέμνησεν ἡμᾶς διὰ σιδήρου καὶ μολύβδου. ὁ γὰρ μόλυβδος
καίτοι μαλακώτερος ὢν τοῦ σιδήρου βαρύτερος ὅμως ἐστὶν αὐτοῦ ἐν τῷ
ἴσῳ ὄγκῳ καὶ μανότερος. καὶ μήποτε οὐ μάτην τοῦτο προστέθεικεν, ἀλλ'
20 ἐνδεικνύμενος ὅτι τὸ μανὸν εἶδός τι καὶ αὐτό ἐστιν οὐ κατὰ παρεμπλοκὴν
πλείονος κενοῦ γινόμενον· εἰ γὰρ τοῦτο, καὶ κουφότερον πάντως ἦν. νῦν
δὲ οὐχ οὕτως ἔχον φαίνεται, εἴπερ ὁ μόλυβδος μανότερος ὢν τοῦ σιδήρου
καὶ ἁπαλώτερος βαρύτερος ὅμως ἐστὶν αὐτοῦ.

p. 217ᵇ20 Ἐκ δὴ τῶν εἰρημένων φανερόν ἐστιν ἕως τοῦ καὶ οὐ
25   φορᾶς ἀλλ' ἑτεροιώσεως μᾶλλον.

Οἱ τὸ κενὸν λέγοντες οἱ μὲν ἐνεργείᾳ ἔλεγον αὐτὸ εἶναι ἀεὶ ἀποκε-
κριμένον τῶν σωμάτων, οἱ δὲ δυνάμει ὡς γινόμενον καὶ ἀπολλύμενον τοῖς
σώμασι. καὶ τῶν ἀποκεκριμένον καὶ ἐνεργείᾳ λεγόντων οἱ μὲν ἁπλῶς καὶ
καθ' αὑτὸ εἶναι ἔλεγον ἐκτὸς τῶν σωμάτων ὡς οἱ τὸ κενὸν ἐκτὸς τοῦ
30 κόσμου τιθέντες, οἱ δὲ ἀποκεκριμένον μὲν καὶ ὡς ἐνεργείᾳ, οὐ μέντοι καθ'
αὑτὸ ὄν, ἀλλ' ἐν τοῖς σώμασι παρεσπαρμένον, καὶ διακόπτον αὐτῶν τὴν
συνέχειαν, ὃ καὶ μανότητος αἴτιον ἐγίνετο. ἔδειξεν οὖν ὅτι οὔτε ὡς καθ'

---

1 ἔλεγεν p. 217ᵇ2   4 post μὲν add. πῦρ F   5 ἀφ' EF ut in lemmate v. 7. 12 et
Arist. codd. EI: ἐφ' Aristotelis vulgata   7 ἀφ' EF: ἐφ' a   8 μολίβδου E et in inter-
pretatione EF   10 βαρὺ] κοῦφον E   12 καὶ (ante τοῦ) om. aF   13 ante σκληρόν
add. τὸ aF   16 ἔχοι F   17 ἡμᾶς om. E   18 καίτοι] καί τι E   21 κουφότατον
compendiose E   24 ἐστιν EF: om. a et Aristoteles   26 τὸ κενὸν aF cf. p. 692,15
κενὸν E   ἀποκεκριμένων E   27 τῶν σωμάτων—ἀποκεκριμένον (28) om. E
28 ἀποκεκριμένον transposuit post λεγόντων a: λεγόντων post ἀποκεκριμένον transiecit F
30 post κόσμου habet δι' ὅλου τοῦ κόσμου E   31 ἀλλὰ παρεσπαρμένον ἐν τοῖς σώμασι
aF   32 ἐγίνετο E: γίνεται aF   καθ' foramine haustum E

αὐτὸ οὔτε ὡς ἐν τοῖς σώμασι παρεσπαρμένον ἐστίν· ὥστε κατ' οὐδένα τρόπον ὡς ἐνεργείᾳ ὂν καὶ ἀποκεκριμένον. "δυνάμει δέ, φησὶν ὁ Ἀλέξανδρος, λέγοι ἂν τοῦτο, πρὸς ὃ τοὺς ὑστέρους ἐποιήσατο λόγους, ὃ τῷ ἐγκεκρᾶσθαι καὶ μεμῖχθαι τοῖς σώμασι μανότητος καὶ κουφότητος αὐτοῖς αἴτιον ἐλέγετο
5 γίνεσθαι· τοῦτο δ' ἂν εἴη οἶμαι τὸ παρεσπαρμένον κενόν· ὅτι δὲ μὴ εἰσάγει τὴν μανότητα τὸ κενόν, δέδεικται". ταῦτα μὲν ὁ Ἀλέξανδρος. ἐπιστῆσαι δὲ ἄξιον, εἰ τὸ δυνάμει κενὸν αἴτιον εἴρηται μανώσεως, ἀλλ' οὐχὶ τὸ ἐνεργείᾳ παρεσπαρμένον. μήποτε οὖν δυνάμει λέγει κενὸν τὸ μήπω μὲν ὄν, κατὰ διάστασιν δὲ τῶν σωμάτων ἄλλοτε ἄλλου γινόμενον, ὥσπερ
10 ἡμεῖς τοὺς πόρους γίνεσθαί φαμεν, ἐν οἷς ἐστιν ἀεί τι λεπτότερον τοῦ περιέχοντος σώματος. δῆλον δὲ ὅτι εἰ τὸ ἐνεργείᾳ κενὸν οὐκ ἔχει πάροδον εἰς τὰ ὄντα, οὐδὲ τὸ δυνάμει ἕξει· τὸ γὰρ δυνάμει τοῦτό ἐστι πανταχοῦ τὸ πεφυκὸς εἰς ἐνέργειαν ἄγεσθαι πάντως, ἐὰν μὴ προαπαγορεύσῃ πρὸς τὸ εἶναι τὸ ὑποκείμενον.

15 Δείξας δὲ ὅτι μὴ ἔστιν ὅλως κενόν, ἐπειδὴ οἱ τὸ κενὸν τιθέμενοι ὡς αἴτιον αὐτὸ κινήσεως ἐτίθεντο, συγκαταβαίνων τῷ λόγῳ καὶ τὴν δυνατὴν αὐτῷ διόρθωσιν ἐπάγων ὑπομιμνήσκει, ὅτι εἰ τὸ τῆς κατὰ τόπον κινήσεως αἴτιον τοῦτο λέγουσι τὸ κενόν, αἴτιον δὲ ταύτης ἡ ὕλη δεκτικὴ μανότητος οὖσα καὶ πυκνότητος, ἢ ἀκριβέστερον εἰπεῖν κουφότητος καὶ βαρύτητος,
20 λεγέσθω ἡ ὕλη κενόν. καὶ γὰρ ἐπιπρέπει ταύτῃ τὸ ὄνομα. καὶ εἴπερ εἴη ἐν ὑποστάσει, αὕτη ἂν εἴη τὸ κενόν, ἥτις δέδεικται μὲν τῶν ὄντων οὖσα, οὐδὲν δὲ τῶν συνεγνωσμένων εἰδῶν, ἀλλὰ κατὰ ἀφαίρεσιν ὡς κενὴ πάντων νοουμένη. ἐπειδὴ δὲ τὸ μανὸν καὶ τὸ πυκνὸν ἑκάτερον, δύο εἶχε συνεδρεύοντα, τὸ μὲν μανὸν τό τε κοῦφον καὶ τὸ μαλακόν, τὸ δὲ πυκνὸν
25 τό τε βαρὺ καὶ τὸ σκληρόν, εἰκότως τὸ μανὸν καὶ πυκνὸν κατὰ μὲν τὸ κοῦφον καὶ βαρὺ τῆς ἐπ' εὐθείας κινήσεώς ἐστιν αἴτια, κατὰ δὲ τὸ μαλακὸν καὶ σκληρὸν ταύτης μὲν οὐκέτι, εὐπαθείας δὲ καὶ δυσπαθείας, καθ' ἃς αἱ μεταβολαὶ καὶ ἑτεροιώσεις γίνονται. καὶ γὰρ | εὐπαθὲς μὲν τὸ μαλακόν ἐστι, δυσπαθὲς δὲ τὸ σκληρόν· ἔδειξεν οὖν εὐθὺς διὰ τούτων, ὅτι
30 καὶ τῆς κατὰ ἀλλοίωσιν κινήσεως ἡ ὕλη ἐστὶν αἰτία καὶ οὐχὶ τὸ κενόν, εἴπερ ἡ ἀλλοίωσις τῇ σκληρότητι καὶ μαλακότητι ἀκολουθεῖ, αὗται δὲ τῇ μανώσει καὶ πυκνώσει, αὗται δὲ διὰ τὴν ὕλην. ἀλλοίωσιν δὲ νῦν ἀκουστέον οὐ τὴν κατὰ ποιότητα μόνην μεταβολήν, ἀλλὰ καὶ τὴν κατὰ ποσότητα καὶ τὴν κατ' οὐσίαν· τὸ γὰρ ποιεῖν καὶ πάσχειν ἐν πᾶσι τούτοις θεωρεῖται
35 τοῖς εἴδεσι. καὶ ἰδοὺ νῦν δῆλον γέγονε, τίνος ἕνεκεν ἡ τοῦ μαλακοῦ καὶ σκληροῦ παρελήφθη ἀντίθεσις, ἵνα γὰρ δείξῃ ὅτι διὰ ταύτης καὶ τῶν ἄλλων τριῶν τῆς κινήσεως εἰδῶν αἰτία ἐστὶν ἡ ὕλη, τῆς κατὰ ποιότητα, τῆς κατὰ ποσότητα, τῆς κατ' οὐσίαν. εἰπὼν δέ, ὅτι ἡ τοῦ βαρέος καὶ κούφου ὕλη κινήσεως αἰτία, προσέθηκε τὸ ᾗ τοιαύτη, διότι πάσαις μὲν ὑπόκειται ταῖς

7 δὲ om. E   8 παρεσπαρμένον ἐν τοῖς σώμασι F   μήπω μένον κατάστασιν δὲ E   13 εἰς om. F   προαγορεύσῃ E   17 αὐτὸς a   post ὑπομιμνήσκει add. λέγων a   ὅτι εἰ] οἱ F   20 ἐπιτρέπει E   25 καὶ σκηρὸν sic E
27 εὐπαθείας] ἐπευθείας E   34 τούτοις πᾶσι E   36 ἐλήφθη aF
39 τοιαύτῃ

διαφοραῖς ἡ ὕλη, οὐ κατὰ πάσας δὲ κινήσεως τῆς κατὰ τόπον ἐστὶν αἰτία, 163ᵛ
ἀλλὰ κατὰ μόνην τὴν τοῦ κούφου καὶ βαρέος ἀντίθεσιν.

p. 217b27 Καὶ περὶ μὲν κενοῦ πῶς ἔστι καὶ πῶς οὐκ ἔστι,
διωρίσθω τὸν τρόπον τοῦτον.

Καὶ ἐν ἀρχῇ τῶν περὶ τοῦ κενοῦ λόγων προϋπέθετο ζητεῖν, εἰ ἔστιν
ἢ μὴ καὶ πῶς ἔστι καὶ τί ἐστι, καὶ νῦν συμπεραινόμενος τὸν λόγον πῶς
ἔστι φησὶ καὶ πῶς οὐκ ἔστιν, ὅτι ὡς μὲν ἀποκεκριμένον κενὸν ἢ ὡς
δυνάμει οὐκ ἔστιν, εἴ τις διάστημα λέγοι τὸ κενὸν ἐστερημένον σώματος ἢ
δυνάμει ἢ ἐνεργείᾳ· εἰ μέντοι ὡς κινήσεως αἰτίαν τὴν ὕλην λέγοι τὸ κενόν,
συγχωρεῖ κατὰ τοῦτον τὸν τρόπον εἶναι τὸ κενόν. ταῦτα μὲν οὖν ὁ Ἀρι-
στοτέλης περὶ τοῦ κενοῦ διετάξατο· ὁ μέντοι Λαμψακηνὸς Στράτων δει-
κνύναι πειρᾶται, ὅτι ἔστι τὸ κενὸν διαλαμβάνον τὸ πᾶν σῶμα, ὥστε μὴ
εἶναι συνεχές, λέγων ὅτι "οὐκ ἂν δι' ὕδατος ἢ ἀέρος ἢ ἄλλου σώματος
ἐδύνατο διεκπίπτειν τὸ φῶς οὐδὲ ἡ θερμότης οὐδὲ ἄλλη δύναμις οὐδεμία
σωματική. πῶς γὰρ ἂν αἱ τοῦ ἡλίου ἀκτῖνες διεξέπιπτον εἰς τὸ τοῦ ἀγγείου
ἔδαφος; εἰ γὰρ τὸ ὑγρὸν μὴ εἶχε πόρους, ἀλλὰ βίᾳ διέστελλον αὐτὸ αἱ
αὐγαί, συνέβαινεν ὑπερεχεῖσθαι τὰ πλήρη τῶν ἀγγείων, καὶ οὐκ ἂν αἱ μὲν
τῶν ἀκτίνων ἀνεκλῶντο πρὸς τὸν ἄνω τόπον, αἱ δὲ κάτω διεξέπιπτον".
ἀλλὰ ταῦτα μὲν οἶμαι λύειν δυνατὸν κατὰ τὰς Περιπατητικὰς ὑποθέσεις,
καθ' ἃς καὶ ἡ θερμότης καὶ αἱ ἄλλαι σωματικαὶ δυνάμεις καὶ τὸ φῶς
ἀσώματα ὄντα οὐ χρῄζει κενοῦ διαστήματος ὑποκειμένου πρὸς ὑπόστασιν
καὶ δίοδον, ἀλλ' ἐν τοῖς σώμασιν ὑφίσταται οὐκ ὀγκοῦντα τὰ σώματα. εἰ
δὲ καὶ σῶμά τις λέγοι τὸ φῶς εἶναι καὶ ἔνυλον σῶμα τό τε ὑπὸ σελήνην
τοῦ ἡλίου φῶς μαρτυρόμενος τάς τε ἀνακλάσεις καὶ τὰς τῶν στερεῶν ἀντι-
φράξεις, ὅτι παθητικῇ ὕλῃ συμμέμικται, καὶ οὕτως διὰ τῆς μανώσεως καὶ
πυκνώσεως δυνατὸν λύειν τὴν ἀπορίαν. οὐδὲν γὰρ κωλύει τὰ οὕτω μανὰ
τῶν σωμάτων ὡς ὕδωρ καὶ ἀέρα πυκνούμενα χώραν διδόναι τισὶ τῶν ἀκτίνων
εἰς διέκπτωσιν. ὅσαι δὲ πυκνοτέροις μέρεσι προσπίπτουσιν, αὗται ἀντανα-
κλῶνται. ταῦτα μὲν οὖν, ὅπερ εἶπον, οὕτω λύειν ἴσως δυνατὸν μηδὲν
ἐμποδιζόμενον πρὸς ἀναίρεσιν τοῦ τῷ ὄντι καθ' ὑπόστασιν κενοῦ. τὸ μέν-
τοι καθ' αὑτὸ ὂν διάστημα χωρητικὸν τῶν σωμάτων καὶ ἐπιτηδειότητας
πρὸς τὰς διαφορὰς αὐτῶν διαφόρους ἔχον τάχα οὔπω ἐκ τῶν εἰρημένων
ἀνῄρηται. καὶ γὰρ ἐν ταῖς μανώσεσι καὶ πυκνώσεσιν εἶναι δεῖ τινα χώραν
καὶ διάστημα ἄλλο παρὰ τὸ τῶν σωμάτων, ὅπερ ἐπιλαμβάνει τὸ μανού-
μενον. οὐ γὰρ ἐν τῷ σώματι γίνεται τῷ πλησιάζοντι, ἀλλ' ἐν τῷ διαστήματι,

---

1 κατὰ om. a   5 περὶ κενοῦ aF   6 καὶ τί ἐστι—φησὶ (?) om. E   7 ἢ
ὡς E: ἢ F: om. a   9 post κενόν iteravit ἐστερημένον—εἰ punctis deleta E
11 τοῦ κενοῦ E: τούτου aF   12 διαλαμβάνον aF: διαλαμβανόμενον E   14 ἐκπί-
πτειν F   15 ἂν om. aF   τοῦ ἀγγείου om. F   17 αὐγαί] ἀγωγαί E
18 κάτω iteravit F   19 λύειν οἶμαι aF   21 ἀσώματον E   22 ὀγκοῦν a
23 τις om. E   τό τε] τό γε aF   32 ἔχον E: ἐχ*ν (littera post χ foramine hausta)
F: ἔχειν a   33 καὶ πυκνώσεσιν om. E   δεῖ] δι' sic E

ἀφ' οὗ τὸ πλησιάζον σῶμα ὠθηθὲν ἢ πιληθὲν ἐξέστη. φαίνεται δὲ καὶ 163ᵛ
ὁ Πλάτων τὸ μὲν τῷ ὄντι κενὸν καὶ παντὸς σώματος ἐστερημένον διάστημα 35
ἀπογινώσκων καὶ τὴν τελικὴν τούτου λέγων αἰτίαν. "ἡ γὰρ τοῦ παντός,
φησί, περίοδος, ἐπειδὴ συμπεριέλαβε τὰ γένη κυκλοτερὴς οὖσα καὶ πρὸς
5 αὑτὴν πεφυκυῖα βούλεσθαι ξυνιέναι, σφίγγει πάντα καὶ κενὴν χώραν οὐδε-
μίαν ἐᾷ λείπεσθαι." ὅλως γὰρ τὸ εἶναι τὸ κατ' ἐνέργειαν τοῦτο κενὸν
καὶ τὴν συνέχειαν καὶ συμπάθειαν ἀνατρέπει τοῦ παντὸς καὶ χρείαν οὐχ
ἕξει τοῦ εἶναι. τίνος γὰρ ἕνεκα γέγονε τόπος πλείων τῶν ἐσομένων ἐν 40
αὐτῷ σωμάτων, εἴπερ πᾶσα χώρα πρὸς τὸ ἐν αὐτῇ γέγονεν; ἔτι δὲ εἰ
10 τὸ μὲν ἔχει σῶμα, τὸ δὲ μὴ ἔχει, τίς ἡ ἀποκλήρωσις μηδεμιᾶς οὔσης ἐν
τῷ κενῷ διαφορᾶς; τὸ μέντοι διάστημα τοῦτο ἄλλο μὲν ὂν παρὰ τὰ ἐν
αὐτῷ σώματα, ἄλλοτε δὲ ἄλλο ἔχον ἐν ἑαυτῷ σῶμα, φαίνεται καὶ αὐτὸς
εἰδὼς ὁ Πλάτων καὶ κενὸν ὀνομάζων, ἐν οἷς φησι "τὰ γὰρ ἐκ μεγίστων
μερῶν γεγονότα μεγίστην κενότητα ἐν τῇ συστάσει παρέλειπε, τὰ δὲ σμι-
15 κρότατα ἐλαχίστην. ἡ δὴ τῆς πιλήσεως σύνοδος τὰ σμικρὰ εἰς τὰ τῶν 45
μεγάλων διάκενα ξυνωθεῖ". καὶ μετ' ὀλίγον δὲ σαφῶς δεδήλωκε τὰ με-
θιστάμενα σώματα οὐκ εἰς κενήν τινα σώματος χώραν μεταχωρεῖν, ἀλλ'
εἴς τινα πρότερον ἄλλο σῶμα ἔχουσαν ἀντιπεριστάσεως γινομένης, ἐν οἷς
φησι "πάλιν δὲ ἐκπίπτοντος ἐντεῦθεν τοῦ πυρὸς ἅτε οὐκ εἰς κενὸν ἐξιόντος
20 ὠθούμενος ὁ πλησίον ἀὴρ εὐκίνητον ὄντα ἔτι τὸν ὑγρὸν ὄγκον εἰς τὰς τοῦ
πυρὸς ἕδρας συνωθῶν αὐτὸν ἑαυτῷ συμμίγνυσι". καὶ δῆλον ὅτι ἡ τοῦ
πυρὸς ἕδρα χώρα τις ἦν ἐν ᾗ τὸ πῦρ ἦν. ὅτι δέ ἐστι τοῦτο διάστημα
ἰσόμετρον γινόμενον τῷ ἐν αὐτῷ παντὶ σώματι, καὶ ἐκ τῶν περὶ τόπου 50
πρότερον εἰρημένων ἀναμνησθῶμεν. τὰ γὰρ κινούμενα πόθεν ποῖ κατὰ
25 τόπον εἴτε κύκλῳ εἴτε ἐπ' εὐθείας, ὡς καὶ πρότερον εἶπον, ἐν διαστήματι
πάντως ἀνάγκη κινεῖσθαί τινι. εἰ οὖν μήτε ἐν τῷ αὑτοῦ μήτε ἐν τῷ τῶν
παρακειμένων σωμάτων, ἐν ἄλλῳ τινὶ χωριστῷ σωμάτων κινηθήσεται. καὶ
ἔστι τοῦτο τὸ διάστημα τὸ τὴν πρόχειρον καὶ ἐκφανῆ τοῦ τόπου καὶ τοῦ
κενοῦ παρεχόμενον ἔννοιαν. |

30 p. 217ᵇ29 Ἐχόμενον δὲ τῶν εἰρημένων ἐστὶν ἐπελθεῖν περὶ 164ʳ
χρόνου.

Ὅτι μὲν ὁ περὶ κινήσεως λόγος οἰκειότατός ἐστι τῷ φυσικῷ, πρόδη-
λον, εἴπερ ἡ φύσις ἀρχὴ κινήσεώς ἐστι καὶ εἴπερ τὰ φύσει τῶν μὴ φύσει

---

1 ὠθωθὲν ἢ πηλιθὲν E   φησί Tim. p. 58A   5 αὑτὴν Plato: αὐτὴν EF: αὐτὰ a
βούλεται E   13 φησί l. c. p. 58B   14 μερῶν Plato: κενῶν E: om. aF   παρέ-
λειπε E: παρέλιπε aF: παραλέλοιπε Plato   σμιχρότατα Plato: σμιχρότητα libri
15 δὴ] δὲ a   18 σῶμα πρότερον ἄλλο aF   19 φησι p. 58E   ἐντεῦθεν (cf.
p. 668,34) E: om. aF   20 εὐκίνητον ὄντα p. 669,1 et Plato: ἀκίνητον ὄντα E: om.
aF   22 τις ἦν aF: τίς ἐστιν aF   23 γενόμενον aF   25 πρότερον p. 678,2
26 αὑτοῦ libri   27 περικειμένων E   28 καὶ τοῦ κενοῦ om. aF   30 super-
scripsit περὶ χρόνου F   περὶ χρόνου ἐπελθεῖν a   περὶ aF: τοῦ E   31 adscripsit
περὶ χρόνου in mrg. E: *ΤΜΗΜΑ Γ ΠΕΡΙ ΧΡΟΝΟΥ* a

κινήσει διενήνοχεν· εἰ δὲ πᾶσα κίνησις ἐν χρόνῳ, καὶ οἱ μὲν τὴν κίνησιν 164ʳ
αὐτήν, οἱ δὲ τῆς κινήσεώς τι τὸν χρόνον ᾠήθησαν, δῆλον ὅτι καὶ ὁ περὶ
χρόνου λόγος ἀναγκαῖος τῷ φυσικῷ (καὶ γὰρ προφανὴς καὶ ἀνὰ στόμα 5
πᾶσιν ὁ χρόνος, κἂν τὸ ἀκριβὲς αὐτοῦ τῆς ὑποστάσεως πολλοὺς λέληθε)
5 καὶ πᾶσι τοῖς φυσικοῖς καὶ ἐν γενέσει παρακολουθεῖ ὥσπερ ἡ κίνησις. διὰ
πάντα οὖν ταῦτα σπουδῆς ἄξιος τῷ φυσικῷ ὁ περὶ χρόνου λόγος. εἰπὼν
δὲ περὶ κινήσεως ἐν τῷ τρίτῳ βιβλίῳ καὶ συνάψας τὸν περὶ τοῦ ἀπείρου
λόγον, ἐπειδὴ συνεχὴς ἡ κίνησις, τὸ δὲ συνεχὲς ἐπ᾽ ἄπειρον διαιρετὸν καὶ
ἢ ἄπειρον ἢ πεπερασμένον, λοιπὸν ἐπειδὴ πᾶσα κίνησις ἐν τόπῳ καὶ ἐν
10 χρόνῳ γίνεται, καὶ πλησιαίτερος καὶ προφανέστερος ὁ τόπος τοῦ χρόνου 10
δοκεῖ, εἰπὼν περὶ τοῦ τόπου καὶ προσθεὶς τὸν περὶ τοῦ κενοῦ λόγον, ἐπειδὴ
τὸ κενὸν τόπον ἔλεγον σώματος ἐστερημένον, εἰκότως ἐχόμενον φησὶ
τῶν εἰρημένων ἐστὶν ἐπελθεῖν περὶ χρόνου. θαυμαστὸν δέ τι πέ-
πονθεν ὁ χρόνος τὸ μὲν κοινὸν πρὸς ἄλλα, τὸ δὲ ἴδιον. ὡς γὰρ χρῶμα
15 καὶ κίνησις τὴν μὲν ὕπαρξιν ἔχουσιν ἐναργῆ, τὸν δὲ τῆς οὐσίας λόγον δυσκα-
τάληπτον, οὕτω καὶ τοῦ χρόνου ἡ μὲν ὕπαρξις οὐ τοῖς σοφοῖς μόνοις, ἀλλὰ
καὶ πᾶσίν ἐστι πρόδηλος. νεώτερον γὰρ καὶ πρεσβύτερον πάντες φαμὲν καὶ 15
χθὲς καὶ σήμερον καὶ αὔριον καὶ πάλαι καὶ τῆτες καὶ εἰς νέωτα· ἡμέρας
δὲ καὶ νύκτας καὶ μῆνας καὶ ἐνιαυτοὺς τίς ἀγνοῶν ἔτι ἄνθρωπος δόξειε;
20 τί δὲ δήποτέ ἐστιν ὁ χρόνος, ἐρωτηθεὶς μόγις ἂν ὁ σοφώτατος ἀποκρίναιτο.
καὶ τοῦτο μὲν κοινὸν πρὸς ἄλλα. ἴδιον δὲ τὸ τὴν ὕπαρξιν αὐτὴν μηδὲ
αἰσθήσει καταληπτὴν ἔχοντα, κἂν ἔχῃ τινὰς ἀφορμὰς ἐξ αἰσθήσεως (οὐ
γὰρ αἰσθητὸν τὸ πρεσβύτερον καὶ νεώτερον οὐδὲ τὸ χθὲς καὶ σήμερον),
ὅμως πάντων δοκεῖν προφανέστατον. οὕτω δὲ ἄπορος ἡ περὶ τῆς οὐσίας 20
25 αὐτοῦ ζήτησις ἔδοξεν, ὥστε τινὰς ὑπὸ ταύτης σκοτουμένους καὶ τῆς ὑπάρ-
ξεως τοῦ χρόνου καίτοι οὕτως ἐναργοῦς οὔσης ἀπογνῶναι παντάπασι. καί-
τοι ἄτοπον τῇ τῆς οὐσίας ἀγνωσίᾳ τὴν τῆς ὑπάρξεως ἀναίρεσιν συναρτῆσαι·
πολλὰ γὰρ τῶν ὄντων οὐ μόνον τίνα ἐστί, ἀλλὰ καὶ ὅτι ἔστιν ὅλως ὑφ᾽
ἡμῶν ἀγνοεῖται καὶ ὅμως οὐδὲν ἧττον τῶν ὄντων ἐστίν.

30 p. 217ᵇ 30 Πρῶτον δὲ καλῶς ἔχει διαπορῆσαι περὶ αὐτοῦ ἕως τοῦ
ἔπειτα τίς ἡ φύσις αὐτοῦ. 25

Ὥσπερ ἐπὶ τῶν ἄλλων οὕτω καὶ ἐπὶ τοῦ χρόνου, εἰ ἔστι πρῶτον ὁ
χρόνος ἢ μὴ ἔστι, προθέμενος ζητεῖν τοὺς ἀναιροῦντας αὐτὸν πρῶτον συνί-
στησι λόγους διὰ τῶν ἐξωτερικῶν· ἐξωτερικὰ δέ ἐστι τὰ κοινὰ καὶ δι᾽

---

1 κινήσει E: om. aF   2 τι ex τε corr. E   7 περὶ τοῦ E: περὶ aF
9 ἐπειδὴ om. E   11 τοῦ (ante τόπου) om. a   τοῦ (ante κενοῦ) om. E   12 ἔλε-
γον τόπον ἐστερημένον σώματος aF   13 ἐστι ante φησὶ traniecerunt aF
16 μόνον aF   17 πρόδηλον aF   18 καὶ εἰς] κεὶς F   19 ἄνθρωπος ἔτι aF
20 δὲ δήποτε a: δήποτε F: δὲ ποτὲ E   24 δοκοῦν προφανέστερον a   28 ὅλως
om. aF   31 ἔπειτα E: εἶτα a ex Aristotele   33 πρώτους E   34 ἐξω-
τερικὰ om. F

ἐνδόξων περαινόμενα, ἀλλὰ μὴ ἀποδεικτικὰ μηδὲ ἀκροαματικά· μετὰ δὲ 164ʳ
τὴν τοιαύτην διάσκεψιν, ἐφεξῆς φησι δεῖν ἐπισκέψασθαι, τίς ἡ φύσις τοῦ
χρόνου ἐστί· μετὰ γὰρ τὸ εἰ ἔστι πρόβλημα τὸ τί ἐστι διαδέχεται. "ση- 30
μειωτέον δέ, φησὶν Ἀλέξανδρος, ὅτι ἐπὶ μὲν τοῦ κενοῦ ὃ ἔμελλε δείξειν
5 μὴ ὂν εἶπεν ἀρχόμενος τοῦ περὶ αὐτοῦ λόγου, τί σημαίνει τοὔνομα, ἐπὶ
δὲ τοῦ χρόνου, ὃς ἔστιν ὁμολογουμένως, τίς ἡ φύσις ζητεῖ· σημαίνεται
μὲν γὰρ ὑπὸ ὀνομάτων τινῶν καὶ τὰ μὴ ὄντα ὡς τραγέλαφος, φύσιν δὲ τὰ
ἔχοντα οἰκείαν πάντως καὶ ἔστι." ταῦτα δὴ πῶς εἴρηται σκοπεῖν ἄξιον·
καὶ γὰρ ἐπὶ τοῦ χρόνου ἀπὸ τοῦ εἰ ἔστιν ἤρξατο καὶ οὐκ ἀπὸ τοῦ τί ἐστιν.
10 ἔπειτα καὶ ἐπὶ τῶν ὁμολογουμένως ὄντων, ὅταν ἀσαφέστερα ᾖ τὰ ὀνόματα, 35
τὸ τί σημαίνει τοὔνομα προηγεῖται τοῦ εἰ ἔστι, καὶ αὐτὴν τὴν τάξιν τῶν
προβλημάτων ἐν τοῖς Ἀποδεικτικοῖς παρελάβομεν· ἀλλ' ἐπειδὴ τὸ μὲν τοῦ
κενοῦ ὄνομα καὶ πολλαχῶς ἐλέγετο καὶ ἀδιάρθρωτον εἶχε τὴν ἔννοιαν, τὸ
δὲ τοῦ χρόνου ἐναργὲς πᾶσιν ἦν, κἂν ἡ φύσις τοῦ χρόνου ἀκατάληπτος
15 ὑπῆρχεν, εἰκότως ἐπὶ μὲν τοῦ κενοῦ τὸ τί σημαίνει τοὔνομα προὐλαμβά-
νετο, ἐπὶ δὲ τοῦ χρόνου τὸ εἰ ἔστι. ῥητέον οὖν μᾶλλον, ὅτι τὸ μὲν τί
σημαίνει τοὔνομα καὶ ἐπὶ τῶν μὴ ὄντων καὶ ἐπὶ τῶν ὄντων, ὅταν ἀσαφὲς 40
ᾖ τὸ λεγόμενον, προσήκει ζητεῖν, ὥσπερ καὶ τὸ εἰ ἔστιν ἢ μὴ ἐπ' ἀμφοῖν.
τὸ δὲ τί ἐστι καὶ ὁποῖόν τι καὶ διὰ τί ἐπὶ τῶν ὄντων μόνον. καὶ ἐπὶ
20 τῶν μὴ ὄντων δέ, ἂν ᾖ σαφὲς τὸ ὄνομα, ὥσπερ τὸ τραγέλαφος καὶ αὐτὸ
τὸ μὴ ὄν, οὐ δεόμεθα τοῦ τί σημαίνει τοὔνομα.

p. 217ᵇ32   Ὅτι μὲν οὖν ἢ ὅλως οὐκ ἔστιν ἕως τοῦ ὁ δὲ χρόνος οὐ 45
            δοκεῖ συγκεῖσθαι ἐκ τῶν νῦν.

Τρία τίθησιν ἐπιχειρήματα δεικνύντα ὅτι οὐκ ἔστιν ὁ χρόνος, ὧν τὸ μὲν
25 πρῶτον τοιοῦτον· ὁ χρόνος ἐκ παρεληλυθότος καὶ μέλλοντος σύγκειται, ὧν 50
τὸ μὲν οὐκέτι ἔστι, τὸ δὲ οὔπω ἔστι· τὸ ἐκ μὴ ὄντων συγκείμενον μὴ ὄν ἐστιν·
ὁ χρόνος ἄρα μὴ ὄν ἐστι. κἂν γὰρ τὸν ἄπειρον κἂν τὸν ἀεὶ λαμβανόμενον
λέγῃς, ἐκ τούτων ἐστί. τὸ δὲ δεύτερον ἐπιχείρημα προηξιωμένου δεῖται
τοιοῦδε· παντὸς μεριστοῦ, ἐάνπερ ᾖ | αὐτό, ἤτοι ἔνια ἢ πάντα τὰ μέρη 164ᵛ
30 αὐτοῦ ἀνάγκη εἶναι, πάντα μὲν ὡς ἐπὶ γραμμῆς καὶ ἐπιφανείας καὶ σώμα-
τος, ἔνια δὲ ὡς ἐπὶ τῶν ἐν τῷ γίνεσθαι τὸ εἶναι ἐχόντων ὡς ἐπὶ ἀγῶνος
καὶ κινήσεως. ἐπεὶ οὖν ὁ χρόνος, εἴπερ ἔστι, συνεχὴς ὢν μεριστός ἐστιν,
ἀνάγκη ἢ πάντα ἢ ἔνια τῶν μορίων αὐτοῦ εἶναι· ἀλλὰ μὴν οὐδέν ἐστι
τοῦ χρόνου μόριον, εἴπερ μέρη μὲν αὐτοῦ ὁ παρεληλυθὼς καὶ ὁ μέλλων,

---

2 δεῖν om. E   3 ἐστὶ τοῦ χρόνου aF   4 φησιν ὁ a   9 καὶ οὐκ E: οὐκ
aF   10 σαφέστερα a   11 ταύτην bene a   12 Ἀποδεικτικοῖς] cf. Anal. post
A 1 p. 71ᵃ 12 sqq.   τὸ μὲν iteravit E   14 ἐναργὲς ὄνομα καὶ πολλαχῶς ἐλέγετο
ἐναργὲς F   15 τὸ τί] τοῦ τί F   17 τῶν μὴ ὄντων καὶ ἐπὶ τῶν ὄντων F: τῶν μὴ
ὄντων E: τῶν ὄντων καὶ ἐπὶ τῶν μὴ ὄντων a   18 εἰ E: om. aF   19 μόνον E
22 ἢ (post οὖν) om. a   24 ὧν] ὄν· E   25 πρῶτον—τὸ μὲν (26) om. F   26 τὸ
μὴ ἐκ μὴ F   27 κἂν] καὶ F   30 ἐπὶ] ἔστι a   31 τὸ εἶναι om. aF

SIMPLICII IN PHYSICORUM IV 10 [Arist. p. 217ᵇ32. 218ᵃ8]   697

οὐδέτερον δὲ τούτων ἔστιν, ἀλλὰ τὸ μὲν οὐκέτι, τὸ δὲ οὔπω· οὐδὲ ὁ χρόνος 164ᵛ
ἄρα ἔστι. διαφέρει δὲ τοῦτο τὸ ἐπιχείρημα τοῦ προτέρου, καθόσον ἐκεῖνο 5
μὲν κατηγορικῶς πρόεισι, τοῦτο δὲ ὑποθετικῶς, καὶ τὸ μὲν κατὰ τὴν ἐκ
τῶν μερῶν σύνθεσιν, τὸ δὲ κατὰ τὴν εἰς τὰ μέρη διαίρεσιν. διὸ καὶ ἐκεῖνο
5 μὲν ὡς σύνθετον, τοῦτο δὲ ὡς μεριστὸν λαμβάνει τὸν χρόνον. κοινὸν δὲ
αὐτοῖς τὸ διὰ τὴν τῶν μερῶν ἀνυπαρξίαν μὴ εἶναι τὸ ὅλον. ἐπειδὴ δὲ
οὐ μόνον τὸ παρεληλυθὸς καὶ τὸ μέλλον μέρη δοκεῖ τοῦ χρόνου, ἀλλὰ καὶ
τὸ ἐνεστὼς ὅπερ ἐστὶ τὸ νῦν, τοῦτο δὲ ὑφέστηκε, καὶ οὐκέτι ἀληθεῖς οἱ 10
προειρημένοι δόξουσι συλλογισμοί, τρίτον εἰκότως δείκνυσιν, ὅτι τὸ νῦν οὐκ
10 ἔστι μέρος τοῦ χρόνου δύο συλλογισμοὺς ἐν δευτέρῳ σχήματι συντόμως
συνάγων τοιούτους· τὸ μέρος καταμετρεῖ τὸ ὅλον· τὸ νῦν οὐ καταμετρεῖ
τὸν χρόνον ὅλον· τὸ ἄρα νῦν οὐκ ἔστι μέρος τοῦ χρόνου. ἴδιον δὲ τῶν
τοῦ ποσοῦ μερῶν ἐστι τοῦτο τὸ καταμετρεῖσθαι τὸ ὅλον ὑπὸ τοῦ μέρους.
πάλιν δὲ τὸ μέρος συντίθησι τὸ ὅλον, τὸ δὲ νῦν οὐ συντίθησιν· οὐ γὰρ
15 ἐκ τῶν νῦν σύγκειται ὁ χρόνος, ὥσπερ οὐδὲ ἐκ στιγμῶν ἡ γραμμὴ οὐδὲ 15
ὅλως ἐν τῶν ἀδιαστάτων τὸ διαστατόν.

Ὁ δὲ Ἀλέξανδρος γράψας τὸ μετρεῖται παθητικῶς ἐν τῷ μετρεῖ-
ται γὰρ τὸ μέρος περισκελέστερον ἐξηγεῖται λέγων ὅτι "διάστημα ἔχει·
τοῦ γὰρ ἐν διαστάσει καὶ συνεχοῦς καὶ τὰ μέρη ἐν διαστάσει, τὸ δὲ νῦν
20 οὐκ ἔστι μετρητόν, ὅτι μηδὲ διαστατόν". ἀλλ᾽ οὐχ ὡς παθητικὸν τὸ με-
τρεῖται ληπτέον, ἀλλ᾽ ὡς ῥῆμα τὸ μετρεῖ καὶ σύνδεσμον τὸν τέ· τὸ
γὰρ μέρος ἐπὶ τοῦ ποσοῦ μετρεῖν λέγεται τὸ ὅλον, ἀλλ᾽ οὐχὶ αὐτὸ μετρεῖ- 20
σθαι· καὶ οἶδε καὶ ταύτην τὴν γραφὴν ὁ Ἀλέξανδρος. οὐ δοκεῖ δέ, εἶπε,
συγκεῖσθαι ὁ χρόνος ἐκ τῶν νῦν, ὅτι μηδέπω δέδεικται τοῦτο, δειχθή-
25 σεται δὲ ἐν τοῖς ἐφεξῆς· ἐπειδὴ δὲ τὸ νῦν ἐστι μέν τι τοῦ χρόνου ἐν
ὑποστάσει ὄν, οὐ μέντοι μόριον αὐτοῦ, διὰ τοῦτο ἀρχόμενος τῆς ῥήσεως
εἶπε περὶ τοῦ χρόνου ὅτι ἢ ὅλως οὐκ ἔστιν ἢ μόλις καὶ ἀμυδρῶς.
ἔστι γάρ, εἴπερ ἄρα, ὁ χρόνος κατὰ τὸ νῦν, ὅπερ οὔτε χρόνος ἐστίν, εἴπερ
διαιρετὸς ὁ χρόνος, οὔτε μέρος χρόνου, εἴπερ μὴ μετρεῖ τὸ ὅλον. λέγοι 25
30 δὲ ἂν τὸ ἢ μόλις καὶ ἀμυδρῶς καὶ ὅτι τὸ μὲν γέγονεν αὐτοῦ τὸ δὲ
μέλλει, τοῦ δὲ μηδὲ ὅλως ὄντος ἐν ὑπάρξει ἢ τοῦ τελείως ὄντος οὐχ οἷόν
τε τὸ μὲν γεγονέναι τὸ δὲ μέλλειν.

p. 218ᵃ8 Ἔτι δὲ τὸ νῦν ὃ φαίνεται διορίζειν ἕως τοῦ ἅμα ἂν εἴη· 34
  τοῦτο δὲ ἀδύνατον.

35   Πρότερον μὲν ὡς ὂν τὸ νῦν λαβὼν ἔδειξεν, ὅτι μέρος οὐκ ἔστι τοῦ 35
χρόνου. νῦν δὲ διὰ τοῦ τρίτου τοῦδε ἐπιχειρήματος πειρᾶται δεικνύναι,

---

6 δὲ aF: om. E   13 τὸ (post τοῦτο) om. E   15 οὐδὲ ὅλως scripsi: οὔτε ὅλως
libri   18 ἔχει aF: λέγει ἔχει E   21 τὸν τε E: τὸ τε aF   23 εἶπε aF: εἰ-
πεῖν E   29 διαιρετὸν ut videtur E   31 ὄντος (sed post ὑπάρξει collocatum) aF:
ὄντως E   33 δὲ καὶ τοῦτο τὸ νῦν a

ὅτι οὐδὲ αὐτὸ τὸ νῦν τὸ δοκοῦν εἶναι καὶ διορίζειν τὸ παρεληλυθὸς καὶ 164ᵛ
τὸ μέλλον ἔστι τι. ἀνάγκη γάρ, εἰ ἔστι τὸ νῦν, ἤτοι τὸ αὐτὸ εἶναι ἢ
ἄλλο καὶ ἄλλο, ὅπερ ταὐτόν ἐστι τῷ οὐ τὸ αὐτό. εἰ οὖν μήτε τὸ αὐτό
ἐστι μήτε ἄλλο καὶ ἄλλο, δῆλον ὅτι οὐδὲ ἔστι. πρῶτον οὖν δείκνυσιν
5 ὅτι ἄλλο καὶ ἄλλο οὐκ ἔστιν, οὕτως· εἰ ἄλλο καὶ ἄλλο ἐστὶ τὸ νῦν, δεῖ
τὸ πρότερον ἐφθάρθαι· ἀλλὰ μὴν ἐφθάρθαι τὸ νῦν ἀδύνατον· οὐκ ἄρα 40
ἄλλο καὶ ἄλλο τὸ νῦν. καὶ τὸ μὲν συνημμένον δείκνυσιν ἐκ τοῦ μὴ εἶναι
ἅμα τὸ πρότερον νῦν καὶ τὸ ὕστερον. οὐ γὰρ οἷόν τε δύο χρόνους ἅμα
εἶναι, εἰ μὴ ὁ μὲν πλείων εἴη ὁ δὲ ἐλάττων, καὶ ὁ μὲν περιέχοι ὁ δὲ
10 περιέχοιτο, ὡς ὁ ἐνιαυτὸς ἔχει πρὸς τὸν ἐν αὐτῷ μῆνα καὶ ὁ μὴν πρὸς
τὴν ἐν αὐτῷ ἡμέραν· τῷ γὰρ ἐνεστάναι τήνδε τοῦ μηνὸς τὴν ἡμέραν λέ-
γεται καὶ ὁ μὴν ἐνεστάναι· καὶ οὕτως ἅμα εἶναι δοκοῦσι. τῶν δὲ νῦν οὐχ
οἷόν τε τὸ μὲν περιέχειν τὸ δὲ περιέχεσθαι, ἢ τὸ μὲν μέρος τὸ δὲ ὅλον 45
εἶναι· ἄμφω γὰρ ἀμερῆ καὶ οὐδέτερον οὐδετέρου πλέον. οὐδὲ γὰρ ποσά,
15 ἀλλ' ἀρχαὶ ποσῶν. τὸ δὲ πλέον ἐν ποσοῖς, ὥστε ἅμα εἶναι οὐ δύναται,
ἀλλ' ἀνάγκη, εἴπερ ἐστὶν ἄλλο καὶ ἄλλο, τὸ πρότερον ἐφθάρθαι. ὃ γὰρ
πρότερον ὂν ὕστερον οὐκ ἔστιν, ἔφθαρται. εἶτα καὶ τὴν πρόσληψιν δείκνυσι
τὴν λέγουσαν, ὅτι ἐφθάρθαι τὸ νῦν ἀδύνατον, ἐκ διαιρέσεως καὶ ταύτην·
εἰ γὰρ ἔφθαρται, ἐπειδὴ τὸ φθειρόμενον ἐν χρόνῳ φθείρεται, ἤτοι ἐν αὐτῷ
20 ἔφθαρται ἢ ἐν ἄλλῳ νῦν· ἀλλ' ἐν αὐτῷ μὲν ἀδύνατον· τότε γὰρ ἔστιν· 50
εἰ οὖν ἐν ἄλλῳ, ἐπειδὴ οὐκ ἔστιν ἐχόμενα ἀλλήλων τὰ νῦν (οὐ γὰρ σύγκει-
ται ὁ χρόνος ἐκ τῶν νῦν, ὅπερ νῦν μὲν ὑπέθετο, δείξει δὲ ὕστερον), ἔφθαρ-
ται δὲ ἐν ἄλλῳ νῦν, δῆλον ὅτι ἐν τῷ μεταξὺ αὐτοῦ τε καὶ τοῦ ἐν ᾧ
ἔφθαρται ἦν· τῶν δὲ νῦν μεταξὺ χρόνος, ὥσπερ καὶ τῶν σημείων γραμμή·
25 ἦν ἄρα ἐν τῷ μεταξὺ χρόνῳ· ἀλλ' ἐν τῷ μεταξὺ χρόνῳ ἄπειρά ἐστι νῦν,
εἴ γε πᾶς χρόνος ἐπ' ἄπειρον διαιρετός, ὡς δειχθήσεται, καὶ διαιρεῖται
κατὰ τὰ νῦν· ἔσται ἄρα ἅμα νῦν αὐτό τε | καὶ τὰ ἐν οἷς ἐστιν ἀπείροις 165ʳ
οὖσιν, εἴπερ ἐν τῷ μεταξὺ χρόνῳ ἦν. ἀλλὰ μὴν οὐδὲ ἐν τῷ μεταξὺ χρό-
νῳ παντὶ φθείρεται τὸ νῦν· εἰ γὰρ τοῦτο, δεήσει ἐν ἑκάστῳ μέρει αὐτοῦ
30 μέρος τι τοῦ νῦν φθείρεσθαι· ἀλλ' ἔστιν ἀμερές. ὥστε οὔτε ἐν τῷ νῦν
οὔτε ἐν τῷ μεταξὺ χρόνῳ ἔφθαρται τὸ νῦν. καὶ ἄλλως δέ, εἰ ἐν χρόνῳ
τινὶ φθείρεται τὸ νῦν ἑτέρῳ παρ' ἑαυτό, ἢ καὶ ἐκεῖνο νῦν ἐστι καὶ γίνε-
ται δύο ἅμα νῦν τό τε φθειρόμενον καὶ ἐν ᾧ νῦν φθείρεται, ἢ ἕτερος. 5

---

1 οὐδὲ aF: μηδὲ E   7 ἄλλο (post ἄρα) om. E   9 εἴη om. aF   καὶ (ante ὁ)
om. E   11 ἐνεστάναι F utroque loco   τήνδε] τοῦδε a   14 ἄμφω γὰρ ἀμερῆ
om. a   15 post πλέον add. ἄρα E   17 ἔφθαρται] ἔφθαρθαι sic a et si silentio
fides EF   21 ἐν ἄλλ sic E   post τὰ νῦν iterabat ἀλλ'—ἀδύνα statim deleta E
26 διαιρετὸν E   30 φθείρεται παντὶ aF   33 δύο om. F   νῦν (post ἐν ᾧ)
E: om. aF. fortasse traiciendum post φθειρόμενον cf. Themistius p. 310,17 εἰ δὲ ἐν ἄλλῳ
χρόνῳ, πότερον κἀκεῖνό ἐστιν νῦν ἢ ἕτερον τοῦ νῦν; εἴτε γάρ, δύο ἅμα γίνεται νῦν, τὸ φθει-
ρόμενον νῦν καὶ ἐν ᾧ φθείρεται. εἰ δ' ἕτερον ἢ τὸ παρελθὸν ἔσται ἢ τὸ μέλλον, ἐν οὐδετέρῳ
δὲ τούτων φθείρεσθαι δυνατόν   ἕτερος E: χρόνος aF. ἕτερον Themistius, quod Simplicio
quoque restituendum videtur

καὶ ἤτοι παρελθών ἐστιν ἢ μέλλων. ἀλλ' εἰ μὲν παρελθών, πρὸ τοῦ εἶναι 165ʳ
ἔφθαρται· εἰ δὲ μέλλων, οὐδέποτε ἂν φθείροιτο τὸ νῦν, ἀλλὰ μέλλει ἀεὶ
φθαρήσεσθαι· ἀεὶ γὰρ ἐν ᾧ φθείρεται μέλλει. καὶ ὅλως χρόνος ὁ παρελ-
θὼν καὶ ὁ μέλλων· εἰ δὲ ἐν χρόνῳ φθείροιτο τὸ νῦν, συμπαρεκτείνοιτο
5 ἂν τὸ ἀμερὲς τῷ μεριστῷ. εἰ τοίνυν μήτε ἔστι τὸ πρότερον νῦν, ὅτι οὐ
δύναται δύο ἅμα εἶναι, μήτε ἔφθαρται, δῆλον ὅτι οὐδὲ πρότερον ἦν. εἰ
δὲ μήτε ἦν μήτε ἔστι τὸ πρότερον νῦν, δῆλον ὅτι ἄλλο καὶ ἄλλο ἀδύνατον 10
εἶναι τὸ νῦν.

p. 218ᵃ21 **Ἀλλὰ μὴν οὐδὲ ἀεὶ τὸ αὐτὸ διαμένειν δυνατόν· ἕως**
10 **τοῦ τοσαῦτα ἔστω διηπορημένα.** 16

Δείξας ὅτι ἄλλο καὶ ἄλλο τὸ νῦν ἀδύνατον εἶναι, ἐφεξῆς δείκνυσι διὰ
δυοῖν ἐπιχειρημάτων ὅτι οὐδὲ ἀεὶ τὸ αὐτὸ κατ' ἀριθμὸν διαμένειν
δυνατόν, ὧν τὸ πρῶτον τοιοῦτον· εἰ μηδενὸς συνεχοῦς πεπερασμένου ἓν
πέρας ἐστίν, εἴτε ἐφ' ἑνὶ ᾖ συνεχὲς ὡς ἡ γραμμή, εἴτε ἐπὶ δύο ὡς τὸ
15 ἐπίπεδον, εἴτε ἐπὶ τρία ὡς τὸ σῶμα (ἀλλ' ἡ μὲν γραμμὴ δύο σημείοις 20
ὥρισται, τὸ δὲ ἐπίπεδον τοσούτοις, ὅσαι εἰσὶν αἱ περιέχουσαι γραμμαί, τὸ
δὲ στερεὸν τοσούτοις ὅσα ἐστὶ τὰ περιέχοντα ἐπίπεδα), δῆλον ὅτι καὶ τὸ
νῦν πέρας ὂν τοῦ πεπερασμένου χρόνου οὐκ ἂν εἴη ἓν καὶ τὸ αὐτό· ἀλλὰ
μὴν τὸ πρῶτον, τὸ ἄρα δεύτερον. ὃν γὰρ ἂν λάβωμεν χρόνον κἂν τὸν
20 ἐλάχιστον πεπερασμένον, ἄλλο μὲν ἔχει τὸ ἐν ἀρχῇ νῦν, ἄλλο δὲ τὸ ἐν
τῷ πέρατι· ἐφ' ἑκάτερα γὰρ ὑπὸ τοῦ νῦν περαίνεται. ὥστε οὐχ ἓν καὶ
ταὐτὸν ἀεὶ διαμένει τὸ νῦν. πεπερασμένον δὲ δεῖ λαβεῖν χρόνον ὡς τὸ 25
ἐπ' εὐθείας συνεχές, ὁποῖός ἐστι καὶ ὁ χρόνος. τὰ γὰρ τοιαῦτα οὐχ ἓν
πέρας ἔχει. ἐπεὶ τῆς γε σφαίρας καὶ τοῦ κύκλου ἓν δοκεῖ πέρας εἶναι·
25 ὑπὸ μιᾶς γὰρ ἐπιφανείας καὶ μιᾶς γραμμῆς περιέχονται.

Κατὰ δεύτερον δὲ τρόπον δείκνυσιν, ὅτι οὐ τὸ αὐτὸ ἀεὶ νῦν ἐπιμένει.
εἰ γὰρ τὸ αὐτὸ ἀεὶ νῦν ἐστι, πάντα ἐν τῷ αὐτῷ νῦν ἔσται, καὶ οὔτε
πρότερον οὔτε ὕστερον. τὰ δὲ οὕτως ὄντα ἅμα ἐστί, καὶ τὰ οὕτω γεγο-
νότα ἅμα γέγονε, καὶ ἔσται τὰ πρεσβύτατα καὶ παλαιότατα ἅμα τοῖς ἄρτι 30
30 γεγονόσι καὶ οὖσιν· ἐν γὰρ τῷ αὐτῷ νῦν ἐστιν ἀμφότερα· τούτου δὲ τί
ἂν ἀτοπώτερον εἴη τοῦ κατὰ τὸν κατακλυσμὸν νῦν εἶναι ἢ γεγονέναι; ἔσται
δὲ καὶ ἰσήλικα τὰ πρὸ πολλοῦ καὶ ἄρτι γεγονότα, εἴπερ εἰσὶν ἰσήλικα τὰ
ἐν τῷ αὐτῷ νῦν. πάνυ δὲ ἀσφαλῶς εἶπεν ὅτι τὰ πρότερον καὶ ὕστερον
ἐν τῷ νῦν τῳδὶ γινόμενά ἐστι. τὸ γὰρ γεγονέναι ἔχει ἐν τῷ νῦν, ἀλλ'

---

1 παρελθών bis aE: παρελθόν (post ἤτοι) superscripto ὤν, παρελθὼν (post μὲν) ὁ super ω
scripto F: παρελθόν et similiter deinceps restituendum videtur   μέλλον superscripto
ων F: μέλλον aE   2 μέλλων aE et ο super ω scripto F   οὐδέπω a   5 ὅτι—
εἶναι (6) om. F   7 ἦν om. E   11 τὸ om. a   13 ὧν — τοιοῦτον om. aF
14 suspicor ἐφ' ἓν εἴη   16 αἱ περιέχουσαι γραμμαὶ E: αἱ περιέχουσαι αἱ γραμμαὶ F: αἱ
γραμμαὶ αἱ περιέχουσαι a   21 γὰρ] νῦν deletum exhibet E   22 ἀεὶ om. E   δὲ
δεῖ aF: δεῖ E   26 τρόπον ὅτι F   οὐ] εἰ E   τὸ αὐτὸ — γὰρ (27) om. E   27 νῦν
ἀεὶ E   29 κατὰ om. F   32 εἰσὶν om. E   34 γινόμενα ad diversam a tradita lectionem
Aristotelei loci (de quo cf. Bonitz Arist. Stud. I 227) spectat cf. f. 188ᵛ   ἐστι aF: om. E

οὐχὶ τὸ εἶναι· τοῦτο γὰρ ἐν χρόνῳ. εἰ οὖν ἀνάγκη μὲν εἴπερ ἔστι τὸ 165ʳ
νῦν, ἢ τὸ αὐτὸ εἶναι ἢ ἄλλο καὶ ἄλλο, μήτε δὲ τὸ αὐτό ἐστι μήτε ἄλλο 35
καὶ ἄλλο, δῆλον ὅτι οὐκ ἔστι τῶν ὄντων τὸ νῦν. ταῦτα οὖν συμπεραινό-
μενος ἐπάγει ὅτι περὶ τῶν ὑπαρχόντων τῷ χρόνῳ, ἐξ ὧν δηλονότι δεί-
5 κνυται ὅτι μὴ ἔστιν, εἴρηται. ὅλως δέ, εἰ ἀνάγκη μὲν εἴπερ ἔστιν ὁ
χρόνος συνεχῆ αὐτὸν εἶναι, τὸ δὲ νῦν οὔτε τῷ παρελθόντι συνάπτει οὔτε
τῷ μέλλοντι διὰ τὸ μηδέτερον αὐτῶν ἐν ὑποστάσει εἶναι, δῆλον ὅτι οὐδ᾽
ἂν συνεχὴς εἴη.

p. 218ᵃ31 Τί δέ ἐστιν ὁ χρόνος καὶ τίς ἡ φύσις αὐτοῦ ἕως τοῦ
10   ἢ ὥστε περὶ αὐτοῦ τὰ ἀδύνατα ἐπισκοπεῖν.   45

Δείξας ἐκ τῶν ῥηθέντων ἐπιχειρημάτων δριμέως προσενεχθέντων, ὅτι
ἄδηλόν ἐστι τὸ εἶναι τὸν χρόνον, εἴπερ οὕτως εἰσὶ πιθανοὶ καὶ οἱ λέγοντες
μὴ εἶναι λόγοι, ἐφεξῆς φησιν ὅτι καὶ τὸ τί ἐστιν ὁ χρόνος καὶ τίς ἡ
φύσις αὐτοῦ, εἴπερ τις ἐκ τῶν παραδεδομένων ἐπιχειρήσει σκοπεῖν,
15 ὁμοίως ἄδηλον εὑρήσει, ὥσπερ καὶ τὸ εἰ ἔστιν ἄδηλον ἐφαίνετο ἐν τοῖς
λόγοις, ἐν οἷς ἐτύχομεν διεληλυθότες πρότερον. ἄδηλον οὖν καὶ τὸ τί ἐστιν, 50
εἴπερ οἱ μὲν τὴν τοῦ ὅλου κίνησιν καὶ περιφορὰν τὸν χρόνον εἶναί
φασιν, ὡς τὸν Πλάτωνα νομίζουσιν ὅ τε Εὔδημος καὶ ὁ Θεόφραστος καὶ
ὁ Ἀλέξανδρος· οἱ δὲ τὴν σφαῖραν αὐτὴν τοῦ οὐρανοῦ, ὡς τοὺς Πυθα-
20 γορείους ἱστοροῦσι λέγειν οἱ παρακούσαντες ἴσως τοῦ Ἀρχύτου λέγοντος
καθόλου τὸν χρόνον διάστημα τῆς τοῦ παντὸς φύσεως, ἢ ὥς τινες τῶν
Στωικῶν ἔλεγον· οἱ δὲ τὴν κίνησιν ἁπλῶς· τρεῖς γὰρ ἱστορεῖ περὶ χρόνου
δόξας τὰς μυθικωτέρας παρείς· ἐν αἷς ἐκ διαιρέσεως | εἰλημμέναις πάσας 165ᵛ
συνείληφεν. ἢ γὰρ κίνησις ὁ χρόνος ἐστὶν ἢ τὸ κινούμενον πρώτως ἢ τοῦ
25 παντὸς σφαῖρα. καὶ εἰ κίνησις, ἢ ἡ πᾶσα κίνησις ἢ ἡ τοῦ παντός. στά-
σιν γὰρ ἢ στάσεώς τι οὐκ ἐπιδέχεται ἡ τοῦ χρόνου ἔννοια. ὧν πρὸς μὲν
τὴν λέγουσαν τὴν τοῦ οὐρανοῦ περιφορὰν τὸν χρόνον βραχέα ἀντιλέγει,
πρὸς δὲ τὴν εἰς ταὐτὸν ἁπλῶς ἄγουσαν τῇ κινήσει πλείονα· τὸ δὲ τὴν
σφαῖραν αὐτὴν τοῦ οὐρανοῦ εἶναι τὸν χρόνον· ὡς ἄγαν ἀπίθανον οὐδὲ ἀντι- 5
30 λογίας ἠξίωσεν ὁ Ἀριστοτέλης.

Διὰ τοῦτο γὰρ ἐδόκουν τὸν οὐρανὸν λέγειν τὸν χρόνον, ὅτι ἔν τε τῷ

---

2 ἐστι aF: εἶναι E . 5 μὲν om. aF 9 αὐτοῦ ἡ φύσις a ex Aristotele at cf.
Simpl. v. 14 13 ὅτι om. aF 14 ἐπιχειρήσοι E 18 Εὔδημος fr. 46
p. 63,18 Sp. Θεόφραστος. miratur Spengel p. 68¹⁹ Simplicium Theophrasti testi-
monium cui plurimum tribuendum esset neglexisse, sed apparet ex Physicorum Opinioni-
bus ductum esse (fr. 15 cf. Doxogr. p. 492,1 et 318ᵃ9 ᵇ11), quas nisi per Alexan-
drum non novisse Simplicium dixi Doxogr. p. 113. et additur hic quoque Alexandri
auctoritas 19 πυθαγορικοὺς aF Ἀρχύτου cf. f. 186ʳ 44 sqq. Spengel
p. 63²² 22 Στωικῶν est definitio χρόνον εἶναι κινήσεως διάστημα vel κόσμου
κινήσεως διάστημα cf. Doxogr. p. 461,4 sqq. 24 ἢ τοῦ] ἡ τοῦ a 26 ἢ στά-
σεώς τι om. E ἔννοιαν om. ὧν F . 28 τῇ κινήσει ἄγουσαν a 29 αὐτὴν
aF: αὐτοῦ E

οὐρανῷ τὰ πάντα καὶ ἐν τῷ χρόνῳ τὰ πάντα· καὶ δῆλον ἔτι οἱ οὕτω 165ᵛ
λέγοντες πρῶτον μὲν τοῦ ἔν τινι τὴν ὁμωνυμίαν ἠγνόησαν· ἣν αὐτὸς ἐν
τοῖς περὶ τόπου λόγοις καλῶς διωρίσατο. ἄλλο γὰρ τὸ ὡς ἐν χρόνῳ εἶναι
καὶ ἄλλο τὸ ὡς ἐν τόπῳ ἢ ἐν ὅλῳ. ἔπειτα ἀπείρως εἶχον τῶν συλλογι-
5 στικῶν συμπλοκῶν (διὸ καὶ εὐηθικωτέραν ἐκάλεσε τὴν δόξαν), ἐν γὰρ
δευτέρῳ σχήματι ἐκ δύο καταφατικῶν συλλογιζόμενοι, ὅτι οὐρανός ἐστιν ἐν
ᾧ τὰ πάντα, καὶ χρόνος ἐν ᾧ τὰ πάντα, καὶ διὰ τοῦτο ὁ χρόνος οὐρανός
ἐστι. δύναται δὲ ἴσως καὶ ἐν πρώτῳ σχήματι· ὁ οὐρανὸς ἐν ᾧ τὰ πάντα·
τὸ δὲ ἐν ᾧ τὰ πάντα χρόνος. ἔπειτα τοῦ μὲν χρόνου μέρη τὸ παρελη-
10 λυθὸς καὶ τὸ μέλλον, τῆς σφαίρας δὲ ἄλλα τὰ μέρη. καὶ ὁ μὲν χρόνος
ἐν τῷ γίνεσθαι τὸ εἶναι ἔχει, ἡ δὲ σφαῖρα οὔ. καὶ τῆς μὲν σφαίρας τὰ
μόρια οὐ πανταχοῦ, ὁ δὲ χρόνος πανταχοῦ. καὶ ἐν μὲν τῇ αὐτῇ σφαίρᾳ
οἱ πρεσβύτεροι καὶ οἱ νεώτεροι, ἐν δὲ τῷ αὐτῷ χρόνῳ οὔ. καὶ αὕτη μὲν
οὐσία τις σωματική, ὁ δὲ χρόνος οὔ. ἀλλὰ ταύτην μὲν ὡς εὐηθεστέραν
15 τὴν ὑπόθεσιν οὐδὲ λόγου τινὸς ὁ Ἀριστοτέλης ἠξίωσε.

Πρὸς δὲ τὴν ἑτέραν ὑπήντησε τὴν λέγουσαν χρόνον εἶναι τὴν τοῦ
παντὸς κίνησίν τε καὶ περιφοράν· τῆς γὰρ τοῦ παντὸς περιφορᾶς καὶ ἀνα-
κυκλήσεως τὸ μέρος οἷον ἡ ἡμέρα χρόνος μέν ἐστι κατ' αὐτούς, περιφορὰ
δ' οὐκ ἔστι· τὸ γὰρ τῆς ἀνακυκλήσεως μέρος οὔτε ἀνακύκλησίς ἐστιν
20 οὔτε περιφορά. ἐξ οὗ συνάγεται ὅτι ὁ χρόνος οὐκ ἔστιν ἡ τοῦ παντὸς πε-
ριφορά, εἴπερ τις χρόνος μέρος ἐστὶν ἀνακυκλήσεως, οὐ πᾶς ἄρα χρόνος
περιφορά. ὅτι δὲ μὴ ἔστι τὸ μέρος τῆς περιφορᾶς περιφορὰ καίτοι χρόνος
ὄν, ἐδήλωσεν εἰπὼν μέρος γὰρ περιφορᾶς, οὐ περιφορά. ἡ γὰρ πε-
ριφορὰ ἡ ἀπὸ τοῦ αὐτοῦ ἐπὶ τὸ αὐτὸ κίνησίς ἐστι. καὶ τότε λέγεται
25 περιενηνέχθαι τὸ πᾶν, ὅταν ἕκαστον αὐτοῦ τῶν μορίων ἀπὸ τοῦ αὐτοῦ εἰς
τὸ αὐτὸ ἀποκαταστῇ. ὁ δὲ εἰρημένος χρόνος οἷον ἡμέρα ἢ νὺξ μέρος πε-
ριφορᾶς ἐστι καὶ οὐ περιφορά. ἐὰν δὲ τὸ συναμφότερον λάβῃς τήν τε
ἡμέραν καὶ τὴν νύκτα, πλείων οὗτος ὁ χρόνος ἔσται τῆς τοῦ παντὸς περι-
φορᾶς διὰ τὴν τοῦ ἡλίου ἐπικίνησιν. εἶτα καὶ ἄλλο τίθησι πρὸς τὸ αὐτὸ
30 ἐπιχείρημα. εἰ γὰρ πλείους ἦσαν φησὶν οὐρανοί, τουτέστι κόσμοι,
ὥσπερ ὑποτίθενται οἱ περὶ Δημόκριτον, ἢ ἑκάστου ἂν αὐτῶν περιφορὰ
χρόνος ἦν, οὕτω δὲ πολλοὶ ἂν ἅμα ἦσαν χρόνοι, ὅπερ ἀδύνατον. κινήσεις
μὲν γὰρ ἅμα πλείους εἶναι δυνατόν, χρόνους δὲ ἀδύνατον. τὸ γὰρ αὐτὸ
νῦν πανταχοῦ τὸ αὐτό.

---

3 περὶ τοῦ τόπου aF   6 οὐρανός—ὁ χρόνος (7) om. E   10 καὶ ὁ μὲν initio
folii iteravit F   12 καὶ γὰρ ἐν a   13 αὐτῷ om. a   18 τὸ μέρος—ἀνακυ-
κλήσεως (17) om. E   20 συνάγεται E: συνάγει aF   ὁ post (ὅτι om.) a
οὐκ ἔστιν ἡ E: ἡ F et Fᵃ qua nota verba ἡ τοῦ παντὸς περιφορά—ἐν τούτῳ ἐστίν (p. 702,3)
iterata post συμμετρεῖσθαι p. 703,24 in F designo: οὐ a   21 εἴπερ τις FFᵃ: εἴπερ τίς
μὲν E: εἰ γάρ τις a   ἐστι μέρος F, sed recte Fᵃ   23 ὄν] ὢν E   24 ἐστι
om. a   27 δὲ aE: δὴ Fᵃ: om. F   28 ἔσται om. aFFᵃ   post παντὸς habet
ἐστι aFFᵃ   29 ἐπικίνησιν] cf. Ptolemaei Magna constructio III 8 p. 206 sq. Halma,
ubi ἐπικίνημα et ἐπικινεῖσθαι inveniuntur   30 οἱ οὐρανοὶ Aristoteles   32 ἦν]
ἐστιν E   ἅμα ἦσαν ἂν E   33 μὲν om. a   34 νῦν] νοῦς E

Ὁ δὲ Εὔδημος καὶ ἄλλας ἐπιχειρήσεις τίθησιν, ὧν οὐδὲν ἄτοπον δι' 165ᵛ
αὐτῆς ἀκούειν τῆς λέξεως λεγούσης· "ἔτι δὲ ἡ μὲν κίνησις ἡ τοῦ παντὸς 30
δῆλον ὅτι ἐν τούτῳ ἐστίν, οἷον ἡ Διάρους βάδισις ἐν Διάρει, καὶ ἡ τοῦ
οὐρανοῦ ἄρα ἐν τῷ οὐρανῷ αὐτοτελής. τοῦτο δὲ ἄτοπον· οὐ γὰρ δοκεῖ
5 ὁ χρόνος ἐν τῷ οὐρανῷ εἶναι, ἀλλὰ μᾶλλον ὁ οὐρανὸς ἐν τῷ χρόνῳ. ἔτι
δὲ ἀτοπώτερον τὸ μὴ εἶναι χρόνον ἄλλοθι. ὁ γὰρ οὐρανὸς ἐν τῷ αὐτῷ
ἀεί, ἐν ἄλλῳ δὲ οὐδενί. οὐκ ἔσται ἄρα οὔτε ἐν γῇ οὔτε ἐν θαλάττῃ ὁ
χρόνος. εἰ δὲ μή· τὴν ὅλην περιφορὰν λεκτέον τὸν χρόνον ἀλλ' ὁμοίως
τὴν οὑτινοσοῦν τῶν μορίων, ἕκαστον δὲ τῶν μορίων ἕτερον τοῦ οὐρανοῦ 35
10 ὁμοίως δὲ καὶ ὁ οὐρανὸς τῶν μορίων, καὶ αἱ κινήσεις ἕτεραι τοῦ τε ὅλου
καὶ τῶν μορίων ἑκάστου. εἰ οὖν αἱ κινήσεις ἕτεραι, φησίν, ὁ δὲ χρόνος
οὐχ ἕτερος ἀλλ' ὁ αὐτός, οὐκ ἂν εἶεν αἱ κινήσεις ὁ χρόνος. ὥστε οὔτε
ἡ τοῦ παντὸς οὔτε αἱ τῶν μορίων κινήσεις ὁ χρόνος ἐστίν." εἶτα προελ-
θὼν καὶ ταῦτά φησιν· "οἱ δὲ λέγοντες τὴν τοῦ ἡλίου κίνησιν τὸν χρόνον,
15 πῶς ἐροῦσι περὶ τῶν ἄλλων ἀστέρων; οὐ γὰρ πάντων αἱ αὐταὶ φοραί. εἰ
μὲν οὖν πᾶσαι χρόνοι ἕτεραι οὖσαι, αὐτὸ τοῦτο ἄτοπον, καὶ ἔσονται πολλοὶ 40
χρόνοι ἅμα. εἰ δὲ μὴ χρόνοι εἰσὶ καὶ αἱ τῶν λοιπῶν φοραί, διαφορὰν
λεκτέον, διὰ τί ἡ μὲν τοῦ ἡλίου φορὰ χρόνος, ἡ δὲ τῆς σελήνης οὐ χρόνος,
οὐδὲ δὴ αἱ τῶν ἄλλων. τοῦτο δὲ ἔοικεν οὐκ εὐμαρεῖ." ὁ δὲ Ἰάμβλιχος
20 ἐν τῷ ὀγδόῳ τῶν εἰς Τίμαιον ὑπομνημάτων καὶ ταῦτα πρὸς τὴν δόξαν
ἐπήγαγεν· "εἰ πᾶσα κίνησις ἐν χρόνῳ, κινήσεις πολλαὶ ὁμοῦ συνίστανται.
τὰ δὲ τοῦ χρόνου μόρια ἄλλα ἄλλοτε. ἡ κίνησις περί τι μένον φέρεται,
χρόνῳ δὲ οὐδὲν ἠρεμίας δεῖ. κινήσει κίνησις ἢ ἠρεμία ἐναντιοῦται τῇ μὲν 45
ἐν γένει ἡ ἐν γένει, τῇ δὲ ἐν εἴδει ἡ ἐν εἴδει, χρόνῳ δὲ οὐδέν." ὁ δὲ
25 Ἀλέξανδρος φιλονεικῶν δεῖξαι τοῦ Πλάτωνος οὖσαν δόξαν τὴν λέγουσαν
χρόνον εἶναι τὴν τοῦ οὐρανοῦ φορὰν πρῶτον μὲν τὸν Εὔδημον μαρτύρεται
λέγοντα "ἠκολούθησε καὶ Πλάτων τῇ δόξῃ ταύτῃ καὶ μάλα ἀτόπως· πρὶν
γὰρ οὐρανὸν γενέσθαι, φησὶ κίνησιν εἶναι ἄτακτον. οὐ λίνον δὴ λίνῳ
συνάπτει, εἴπερ πᾶσα κίνησις ἐν χρόνῳ". ἔπειτα οὐκ ἀποδέχεται τῶν
30 λεγόντων, ὅτι καὶ ὁ Πλάτων συμφώνως τῷ Ἀριστοτέλει τὸν χρόνον ἀριθμὸν 50
λέγει κινήσεως εἰπὼν "κατ' ἀριθμὸν ἰοῦσαν αἰώνιον εἰκόνα". "οὐ γὰρ
ἀριθμὸν κινήσεως, φησί, λέγει τὸν χρόνον, ἀλλὰ κατὰ ἀριθμὸν κίνησιν ὅ
ἐστι κατὰ τάξιν." ταῦτα μὲν ὁ Ἀλέξανδρος.

Ἐμὲ δὲ ὑποδεῖξαι χρεών, πρῶτον μὲν πόθεν ὁ Εὔδημος ὑπενόησε

---

1 Εὔδημος fr. 46 p. 64,7 Sp.   τίθησιν aE: om. FFᵃ   3 ἡ (ante τοῦ) super-
scripsit E   4 αὐτοτελής aF: αὐτῶ τελεῖ E   γὰρ δοκεῖ E: δοκεῖ γὰρ aF
7 οὔτε (post ἄρα) om. E   8 post ὁμοίως addebat οὐδὲ Spengel   9 οὑτινος᾽ μο-
ρίων E   14 καὶ aF: om. E   15 ἀστέρων aF: ἄστρων E   19 εὐμαρεῖ recte
libri cf. Eudemus supra p. 48,24 et Index Aristotelicus p. 263ᵇ 20: εὐμαρές suspicabatur
Spengel   21 εἰ om. aF   συνίστανται E: ἐνίστανται aF   22 ἡ κίνησις initio
paginae iteravit F   23 τὴν μὲν F   25 οὖσαν δόξαν E: δόξαν εἶναι aF
26 Εὔδημον fr. 46 p. 65,15 Sp.   μαρτυρεῖ mire coniciebat Spengel   27 δὲ καὶ
aF   δόξῃ E (ut coniecerat Brandis): λέξει aF   31 εἰπὼν Tim. p. 37D
32 λέγει E: λέγειν aF   κίνησιν EF: κινήσεως a   34 ὁ (post πόθεν) om. a

χρόνον λέγειν τὸν Πλάτωνα τὴν τοῦ οὐρανοῦ περιφοράν, εἶτα ὅτι οὐκ ἀκο- 165ᵛ
λουθεῖ τοῦτο τὸ ἄτοπον τῷ Πλάτωνι, ὡς ὁ Ἀλέξανδρος συνελογίσατο, τὸ
χρόνον εἶναι πρὸ χρόνου. "εἰ γὰρ πᾶσα κίνησις, φησίν, ἐν χρόνῳ, δῆλον
ὅτι | καὶ ἡ πλημμελὴς καὶ ἄτακτος κίνησις ἐν χρόνῳ. εἰ οὖν ἡ τοιαύτη 166ʳ
5 κίνησις ἦν πρὶν οὐρανὸν γενέσθαι, δῆλον ὅτι καὶ χρόνος ἦν πρὸ τῆς τοῦ
οὐρανοῦ περιφορᾶς. εἰ οὖν αὕτη ὁ χρόνος, εἴη ἂν χρόνος πρὸ χρόνου."
πρὸς ταῦτα οὖν ἀπολογήσασθαι χρή. τὸ γὰρ ὅπως ὁ Πλάτων "κατ'
ἀριθμὸν ἰοῦσαν αἰώνιον εἰκόνα" τὸν χρόνον εἶπε, τότε μαθησόμεθα, ὅταν
τοῦ Ἀριστοτέλους ἀριθμὸν κινήσεως λέγοντος τὸν χρόνον ἀκούσωμεν. καὶ 5
10 τὸ μὲν τὴν τοῦ οὐρανοῦ περιφορὰν χρόνον λέγειν τὸν Πλάτωνα, ἐκ τῶνδε
οἶμαι τῶν ἐν Τιμαίῳ γεγραμμένων ὑπενοήθη· "νὺξ μὲν οὖν ἡμέρα τε γέγονε
διὰ ταῦτα ἡ τῆς μιᾶς κυκλήσεως περίοδος, μεὶς δὲ ἐπειδὰν σελήνη πε-
ριελθοῦσα τὸν ἑαυτῆς κύκλον ἥλιον ἐπικαταλάβῃ, ἐνιαυτὸς δὲ ὁπόταν ὁ ἥλιος
τὸν ἑαυτοῦ περιέλθῃ κύκλον. τῶν δὲ ἄλλων τὰς περιόδους οὐκ ἐννενοη-
15 κότες ἄνθρωποι πλὴν ὀλίγοι τῶν πολλῶν οὔτε ὀνομάζουσιν οὔτε πρὸς
ἄλληλα ξυμμετροῦνται σκοποῦντες ἀριθμοῖς, ὥστε ὡς ἔπος εἰπεῖν οὐκ ἴσασι 10
χρόνον ὄντα τὰς τούτων πλάνας." καὶ οὕτω μὲν ἑκάστην περίοδόν τινα
χρόνον δοκεῖ λέγειν, τὴν δὲ τοῦ παντὸς μίαν τὸν ὅλον χρόνον. φησὶ γάρ·
"ὡς ὁ τέλειος ἀριθμὸς χρόνου τὸν τέλειον ἐνιαυτὸν πληροῖ τότε, ὅταν
20 ἁπασῶν τῶν περιόδων τὰ πρὸς ἄλληλα συμπερανθέντα τάχη σχῇ κεφαλὴν
τῷ ταὐτοῦ καὶ ὁμοίως ἰόντος ἀναμετρηθέντα κύκλῳ." ὅτι δὲ οὐ τὴν κί-
νησιν τῶν οὐρανίων ὁ Πλάτων λέγει τὸν χρόνον, ἀλλὰ τὸ μέτρον τῆς κινή-
σεως, σαφὲς μὲν οἶμαι καὶ ἐκ τούτων τῶν παραγεγραμμένων ἐστί. τὸ γὰρ 15
διὰ τὸ μὴ ἀριθμοῖς συμμετρεῖσθαι τὰς περιόδους, διὰ τοῦτο μὴ εἰδέναι
25 χρόνον ὄντα τὰς τούτων πλάνας, σαφῶς δηλοῖ ὅτι ὁ χρόνος κατὰ τὸ μέτρον
εἶναι τῶν κινήσεων ἔχει τὴν οὐσίαν. ἔτι δὲ ἐναργέστερον ἔστι μαθεῖν ὅτι
οὐ ταὐτὸν τὴν κίνησιν καὶ τὸν χρόνον φησὶν ὁ Πλάτων, ἐὰν εὕρωμεν κινη-
θέντι ἤδη τῷ παντὶ κατὰ τὸν λόγον διὰ τὴν τῆς ψυχῆς μετουσίαν τότε
ὡς μέτρον τῆς κινήσεως ἐπαγαγόντα τὸν χρόνον. λέγει δὲ οὕτως ἐν Τιμαίῳ
30 μετὰ τὴν τοῦ σωματοειδοῦς ψύχωσιν· "ὡς δὲ κινηθὲν αὐτὸ καὶ ζῶν ἐνε- 20
νόησε τῶν ἀϊδίων θεῶν γεγονὸς ἄγαλμα ὁ γεννήσας πατήρ, ἠγάσθη τε καὶ
εὐφρανθεὶς ὅμοιον πρὸς τὸ παράδειγμα ἐπενόησεν ἀπεργάσασθαι. καθάπερ

---

2 τὸ (post τοῦτο)] γὰρ F   Ἀλέξανδρος] Εὔδημος substituebat Spengel   3 φησίν
Alexander Eudemeis p. 702,29 sua addens   5 οὐρανοῦ E   6 ἂν ὁ χρόνος aF
7 χρή EF: δεῖ a   9 τοῦ om. aF   10 τοῦ om. aF   11 ἐν Τιμαίῳ p. 39 B. C
γέγονεν οὕτω καὶ διὰ ταῦτα Plato   12 μιᾶς καὶ φρονιμωτάτης Plato   περιελθοῦσα
post κύκλον posuerunt aF   14 ἐνενοηκότες libri, si silentio fides   18 χρόνον τινα a
φησὶ Tim. p. 39 D   19 ὁ] ὅ γε Plato   ἐνιαυτὸν] ἀριθμὸν et in mrg. γρ. ἐνιαυτόν F
20 τῶν ὀκτὼ περιόδων Plato   21 ταὐτοῦ] αὐτοῦ a   καὶ om. E   ἰόντος E:
ὄντος aF   23 τῶν] τῷ E   24 post συμμετρεῖσθαι iterata p. 701,20—702,3 eadem
prima manus delevit in F   27. 28 ἤδη κινηθέντι aF   28 τῷ] τῶν F
29 ἐπαγαγόντα Spengel cf. p. 704,11: ἀπαγαγόντα libri   post ἐν add. τῷ aF
ἐν Τιμαίῳ p. 37 CD cf. f. 265ʳ   31 ὃ ἐγέννησε aF   32 εὐφρανθεὶς ἔτι δὴ μᾶλλον
habet Plato et Simplicius postero loco

οὖν αὐτὸ τυγχάνει ζῷον ἀΐδιον ὄν, καὶ τόδε τὸ πᾶν οὕτως εἰς δύναμιν 166ʳ
ἐπεχείρησε τοιοῦτον ἀποτελεῖν. ἡ μὲν οὖν τοῦ ζῴου φύσις ἐτύγχανεν
οὖσα αἰώνιος. καὶ τοῦτο μὲν δὴ τῷ γενητῷ παντελῶς προσάπτειν οὐκ ἦν
δυνατόν· εἰκὼ δὲ ἐπινοεῖ κινητήν τινα αἰῶνος ποιῆσαι, καὶ διακοσμῶν ἅμα 25
5 οὐρανὸν ποιεῖ μένοντος αἰῶνος ἐν ἑνὶ κατ' ἀριθμὸν ἰοῦσαν αἰώνιον εἰκόνα,
τοῦτον ὃν δὴ χρόνον ὠνομάκαμεν". καὶ ὅτι μὲν πάντων ὑφισταμένων ἅμα
ὑπὸ τοῦ δημιουργοῦ τὴν πρὸς ἄλληλα τάξιν ὁ λόγος ἐνεδείξατο, δῆλον. εἰ
γὰρ ἅμα τῷ οὐρανῷ γέγονεν ὁ χρόνος, ὡς δηλοῖ τὸ μετ' ὀλίγον τούτων
εἰρημένον, χρόνος δ' οὖν μετ' οὐρανοῦ γέγονε, δῆλον ὅτι οὐδέτερον οὐδε-
10 τέρου προηγεῖται τῷ χρόνῳ. πῶς δ' ἂν καὶ χρόνου τι τῷ χρόνῳ προϋπῆρ-
χεν; εἰ δὲ κινηθέντι τῷ παντὶ τὸν χρόνον ἐπεισήγαγε, δῆλον ὅτι οὐ ταὐτὸν 30
ὁ χρόνος καὶ ἡ κίνησις κατ' αὐτόν, ἀλλὰ τελειωτικός πως τῆς κινήσεως
ὁ χρόνος. καὶ ὅταν δὲ τὸ πλημμελῶς καὶ ἀτάκτως κινούμενον προηγεῖσθαι
λέγῃ τῆς τοῦ κόσμου γενέσεως ὁ Πλάτων, ἐν οἷς φησι "βουληθεὶς γὰρ ὁ
15 θεὸς ἀγαθὰ μὲν πάντα, φλαῦρον δ' οὐδὲν εἶναι κατὰ δύναμιν, οὕτω δὴ
πᾶν ὅσον ἦν ὁρατὸν παραλαβὼν οὐχ ἡσυχίαν ἄγον, ἀλλὰ κινούμενον πλημ-
μελῶς καὶ ἀτάκτως, εἰς τάξιν αὐτὸ ἤγαγεν ἐκ τῆς ἀταξίας, ἡγησάμενος
ἐκεῖνο τούτου πάντως ἄμεινον", καὶ ἐν τούτοις οὖν οὐ τοῦτό φησιν, ὅπερ 35
δοκεῖ λέγειν τὸ φαινόμενον, ὅτι ἦν ποτε τῷ χρόνῳ προϋπάρχον τὸ αἰσθη-
20 τὸν ἄτακτον, καὶ ὕστερον ὡς ἐξ ὕπνου τινὸς ἀναστὰς ὁ δημιουργὸς ἔταξεν
αὐτό. εἰ γὰρ διὰ τὴν ἀγαθότητα δημιουργεῖ, ἡ δὲ ἀγαθότης αὐτοῦ ἀεὶ
τελεία καὶ ἐνεργός ἐστι καὶ τῷ εἶναι πάντα ἀγαθύνει, δῆλον ὅτι τῇ τοῦ
θεοῦ ἀγαθότητι συνυφέστηκεν ἡ δημιουργικὴ πρόνοια. ἐνδείκνυται δὲ τὸ
λεγόμενον, ὅτι κόσμου καὶ τάξεως ὁ δημιουργὸς αἴτιός ἐστι τῷ παντί,
25 εἴπερ πρὸ τῆς αὐτοῦ ἐνεργείας πλημμελὲς καὶ ἄτακτον ὑποτίθεται. κἂν 40
τῷ λόγῳ δὲ ὑπέθετο πλημμελῆ κίνησιν πρὶν οὐρανὸν γενέσθαι, καὶ πᾶσα
κίνησις ἐν χρόνῳ, δῆλον ὅτι καὶ ὁ χρόνος ἐκεῖνος πλημμελὴς καὶ ἄτακτος
καὶ οἷον σκιαγραφία τις ὑποτεθήσεται τοῦ τελείου χρόνου κατὰ τὴν τοῦ
λόγου ὑπόθεσιν. ἀλλὰ ταῦτα μὲν μὴ καὶ πλέονα τοῦ δέοντος εἴρηται, τῶν
30 δ' ἐφεξῆς ἐχώμεθα.

p. 218ᵇ9 **Ἐπεὶ δὲ δοκεῖ μάλιστα κίνησις εἶναι καὶ μεταβολή τις
ἕως τοῦ ὁ δὲ χρόνος ὁμοίως πανταχοῦ καὶ παρὰ πᾶσιν.** 46

Δύο δόξας ἐκθέμενος περὶ χρόνου τήν τε λέγουσαν χρόνον εἶναι τὴν
τοῦ παντὸς περιφορὰν καὶ τὴν λέγουσαν τὴν τοῦ παντὸς σφαῖραν, καὶ τὴν

---

2 τοῦ om. E   4 δὲ ἐπενόει EF et infra: δ' ἐπινοεῖ a et Plato   κινητὴν E²: κινητὸν
EF¹   6 δ δὴ E   ἅμα om. E   8 τούτων om. F   12 κατ' αὐτόν] κ'αὐτὸν E
12. 13 ὁ χρόνος τῆς κινήσεως aF   13. 14 λέγη προηγεῖσθαι a   14 φησι Tim. 30 A
γὰρ] μὲν F   15 μὲν πάντα aF: πάντα μὲν E   δὲ μηδὲν Plato   16 οὐχ ἡσυ-
χίαν aF: οὐχὶ εἰς ὑγείαν E   κινούμενον post ἀτάκτως ponunt aF   20 ὁ δημιουργὸς
ἀναστὰς aF   22 τῷ] τῶν E   23 ἐνδείκνυται — λεγόμενον (24) om. E   25 πρὸ]
τὸ a   κἂν E: καὶ aF   26 οὐρανοῦ E   post καὶ addidit εἰ a   32 ὁμοίως E
cf. infra f. 166ᵛ16: ὁμοίως καὶ a ex Aristotele (sed καὶ om. cod. H)

μὲν προτέραν ἐλέγξας, τὴν δὲ εὐηθικωτέραν οὐδὲ ἀντιλογίας ἀξιώσας τρίτην 166ʳ
νῦν προτίθεται τὴν τῶν τριῶν πιθανωτέραν τὴν λέγουσαν τὸν χρόνον κίνησιν 50
εἶναι καὶ μεταβολήν τινα. καὶ δῆλον ὅτι ἄλλη τίς ἐστιν ὑπόθεσις αὕτη
παρὰ τὴν λέγουσαν τὴν τοῦ παντὸς περιφορὰν εἶναι τὸν χρόνον, καὶ οὐκ
5 ἀναγκαίως νῦν ὁ Ἀλέξανδρος ἐπήγαγε· "διὸ καὶ Πλάτων τε καὶ ἄλλοι
τινὲς κίνησιν εἶπον αὐτόν· ὁ γὰρ Πλάτων, εἴπερ ἄρα, τὴν τοῦ παντὸς
περιφορὰν εἶπε τὸν χρόνον". οὕτω γὰρ αὐτὸν μέχρι νῦν ηὔθυνεν ὁ Ἀλέ-
ξανδρος. δοκεῖ δὲ ἡ αὐτή πως ἔννοια εἶναι χρόνου καὶ κινήσεως· ῥύσιν
γάρ τινα καὶ ὁ χρόνος καὶ χορείαν ἐνδείκνυται, καὶ ἐν τῷ γίνεσθαι |
10 τὸ εἶναι ἔχει, ὅπερ ἐστὶ κινήσεως ἴδιον, καὶ συμβεβηκός τι καὶ συνεχὲς 166ᵛ
καὶ ἐπ' ἄπειρον διαιρετὸν ὁμοίως. ὅτι δὲ οὐκ ἔστι ταὐτὸν κίνησις καὶ
χρόνος δείκνυσι προλαμβάνων, ὅτι πᾶσα κίνησις καὶ μεταβολὴ ἐν αὐτῷ
τῷ μεταβάλλοντι μόνον ἐστὶν ἢ ἐν τῷ τόπῳ, ἐν ᾧ ἂν τύχῃ ὂν τὸ
κινούμενον καὶ μεταβάλλον. "διὰ τοῦτο δέ, φησὶν ὁ Ἀλέξανδρος,
15 τοῦτο προσέθηκεν, ὅτι ἐπὶ μὲν τῶν ἄλλων μεταβολῶν ἐν αὐτῷ τῷ μετα- 5
βάλλοντί ἐστιν ἐκεῖνο τὸ καθ' ὃ ἡ μεταβολή· τό τε γὰρ ἀλλοιούμενον με-
ταβάλλει κατὰ τὴν ἐν αὐτῷ ποιότητα καὶ τὸ αὐξόμενον κατὰ τὸ ἐν αὐτῷ
ποσὸν καὶ τὸ γινόμενον κατὰ τὴν οὐσίαν τὴν ἐν αὐτῷ. ὁ δὲ τόπος, καθ'
ὃν μεταβάλλει τὸ κατὰ τόπον κινούμενον, οὐκ ἔστιν ἐν τῷ κινουμένῳ, ἀλλ'
20 ὅπου ἐστὶ τὸ μεταβάλλον, ἐκεῖ καὶ ἡ κίνησις." οὕτω μὲν ὁ Ἀλέξανδρος·
μήποτε δὲ καὶ ἡ κατὰ τόπον μὲν κίνησις ἐν τῷ κινουμένῳ ἐστίν· οὐ γὰρ
ὁ τόπος καθ' ὃν κινεῖται τὸ κινούμενον ὑποτίθεται χρόνος, ἀλλ' ἡ κατὰ 10
τόπον κίνησις, ἡ δὲ κίνησις ἐν τῷ κινουμένῳ ἐστὶν ἀεί, ὡς δέδεικται ἐν
τοῖς περὶ κινήσεως λόγοις. οὐ διὰ τοῦτο οὖν 'ἐν τῷ τόπῳ' πρόσκειται,
25 ἀλλ' ἐπειδὴ καὶ ἐν τῷ τόπῳ ἐν ᾧ ἐστι τὸ κινούμενον οὐ μόνον τὴν κατὰ
τόπον κίνησιν, ἀλλὰ καὶ τὰς ἄλλας λέγει εἶναι κινήσεις. Ἀθήνησι γοῦν καὶ
γενέσθαι φαμὲν καὶ αὐξηθῆναι τὸν Σωκράτην καὶ φαλακρωθῆναι. ἀκριβῶς
οὖν ὁ Ἀριστοτέλης εἶπεν, ὅτι πᾶσα μεταβολὴ καὶ κίνησις ἐν αὐτῷ
τῷ μεταβάλλοντι μόνον ἐστὶν ἢ οὗ ἂν τύχῃ ὂν αὐτὸ τὸ κινού-
30 μενον. καὶ ὅτι οὕτως εἴληπται, δηλοῖ ἡ ἑτέρα πρότασις ἡ ταύτῃ προσλη- 15
φθεῖσα, λέγουσα δὲ ὅτι ὁ χρόνος ὁμοίως πανταχοῦ καὶ παρὰ πᾶσιν.
εἰ οὖν ἡ μὲν κίνησις οὐχ ὁμοίως πανταχοῦ, ἀλλ' ἐκεῖ μόνον οὗ ἐστι τὸ
κινούμενον οὐδὲ παρὰ πᾶσιν, ἀλλ' ἐν τῷ μεταβάλλοντι μόνον, δῆλον ὅτι
οὐκ ἔστιν ὁ χρόνος κίνησις. ἡ συναγωγὴ ἐν δευτέρῳ σχήματι. ἀντίκειται
35 δὲ τῷ μὲν πανταχοῦ τὸ οὗ ἐστι τὸ κινούμενον, τῷ δὲ παρὰ πᾶσι
τὸ ἐν τῷ μεταβάλλοντι μόνον. 20

---

1 εὐθικωτέραν E   2 προστίθεται (comp.) E   5 post καὶ add. ὁ E   10 post κινή-
σεως iteratum ῥύσιν delevit E   12 καὶ μεταβολὴ ἐν αὐτῷ τῷ om. F¹: add. om. αὐτῷ inter
versus F²   17 ἑαυτῷ ter aF   18 κατὰ τὴν ἐν ἑαυτῷ οὐσίαν aF   24 ἐν τῷ
τόπῳ scil. in paraphrasi Alexandri v. 13   26 λέγει εἶναι E: λέγει F: λέγομεν a
27 καὶ φαλακρωθῆναι τὸν σωκράτη (σωκράτην F) aF   29 αὐτὸ ὂν aF   31 ὁμοίως
ὁ χρόνος aF   32 ἢ (post οὖν) om. E   οὐχ ὁμοίως F: οὐχ ὁμοία aE   34 post
κίνησις add. εἴπερ ὁμοίως ἐστὶ πανταχοῦ καὶ παρὰ πᾶσιν a   35 οὗ] εἰ F

p. 218ᵇ13 Ἔτι δὲ μεταβολὴ μέν ἐστι θάττων καὶ βραδυτέρα ἕως 166ʳ
τοῦ οὔτε τῷ ποσός τις εἶναι οὔτε τῷ ποιός.

Τὸ αὐτὸ δείκνυσι καὶ δι' ἑτέρου πάλιν ἐν δευτέρῳ σχήματι συναγο- 25
μένου συλλογισμοῦ τοιούτου· κίνησις θάττων ἐστὶ καὶ βραδυτέρα·
5 χρόνος δὲ οὐκ ἔστι θάττων καὶ βραδύτερος· οὐκ ἄρα κίνησις ὁ χρόνος.
ὅτι δὲ οὐκ ἔστι χρόνος θάττων καὶ βραδύτερος, δῆλον μὲν καὶ ἐκ τῆς
συνηθείας. καὶ γὰρ πολὺν μὲν καὶ ὀλίγον χρόνον λέγομεν, θάττω δὲ καὶ
βραδύτερον οὐ λέγομεν. δείκνυσι δὲ καὶ τοῦτο συλλογιστικῶς οὕτως· τὸ
ταχὺ καὶ βραδὺ χρόνῳ ὥρισται· ὁ δὲ χρόνος οὐχ ὥρισται
10 χρόνῳ· οὐκ ἄρα θάττων καὶ βραδύτερος ὁ χρόνος. ὅτι δὲ τὸ ταχὺ καὶ 30
βραδὺ χρόνῳ ὁρίζεται, δῆλον. ταχὺ μὲν γὰρ λέγομεν τὸ ἐν ὀλίγῳ
χρόνῳ πολὺ κινούμενον, βραδὺ δὲ τὸ ἐν πολλῷ ὀλίγον. χρόνον δὲ
οὐχ οἷόν τε λέγειν ἢ ἐν ὀλίγῳ πολλὴν γίνεσθαι ἢ ἐν πολλῷ ὀλίγον. ἀλλὰ
μὴν καὶ ὅτι ὁ χρόνος οὐχ ὥρισται χρόνῳ, δῆλον πάλιν ἐκ τοῦ μηδὲ κατὰ
15 ποσὸν ἑαυτοῦ ὑπὸ χρόνου τὸν χρόνον ὡρίσθαι. ὁ γὰρ πολὺς χρόνος πολύς
ἐστιν οὐ τῷ ἐν πολλῷ χρόνῳ εἶναι καὶ ὀλίγος οὐ τῷ ἐν ὀλίγῳ· τοῦτο γὰρ
κινήσεως ἴδιον. πολλὴν γὰρ λέγομεν κίνησιν τὴν ἐν πολλῷ χρόνῳ εἶναι 35
καὶ ὀλίγην τὴν ἐν ὀλίγῳ, χρόνον δὲ οὐχ οὕτω. ποιὸς δὲ χρόνος οὐκ ἔστιν
ὅλως οἷον ταχὺς ἢ βραδύς. ὥστ' οὐδ' ἂν ὁρίζοιτο αὐτοῦ τὸ ποιὸν ὑπὸ
20 χρόνου ὥσπερ τῆς κινήσεως. ταχεῖαν γὰρ καὶ βραδεῖαν κίνησιν λέγομεν.
καὶ τοῦτο τὸ ποιὸν χρόνῳ ὁρίζεται. ταχεῖα γὰρ κίνησις ἡ ἐν ὀλίγῳ χρόνῳ
πολλὴ καὶ βραδεῖα ἡ ἐν πολλῷ ὀλίγη. οὕτω τῆς κινήσεως τὸ ποσὸν ὁρίζε-
ται χρόνῳ, τοῦ δὲ χρόνου οὐκέτι. κἂν γὰρ λέγηται πολὺς καὶ ὀλίγος
χρόνος, ἀλλ' οὐ κατὰ τὴν ἐπὶ τὸν χρόνον ἀναφορὰν ὁρίζεται ταῦτα, ἀλλὰ 40
25 κατὰ τὴν ἐπὶ τὸ συνεχὲς καὶ τὸν ἀριθμόν, ὡς δειχθήσεται· ὁ δέ γε Πλω-
τῖνος καὶ ἄλλο προστίθησιν ἐπιχείρημα δεικτικὸν τοῦ μὴ εἶναι κίνησιν τὸν
χρόνον· "κίνησις μέν, γάρ φησι, καὶ παύσαιτο ἂν καὶ διαλείποι, χρόνος
δὲ οὔ." ἐπειδὴ δὲ οὐ ταὐτόν ἐστι κίνησις καὶ μεταβολή, ὡς δείξει τοῦ Ε
βιβλίου τῆσδε τῆς πραγματείας ἀρχόμενος (τὴν γὰρ γένεσιν καὶ τὴν φθορὰν
30 μεταβολὴν μὲν εἶναι δείξει, κίνησιν δὲ οὔ), ἐχρήσατο δὲ καὶ χρήσεται
ἀδιαφόρως τῷ τῆς κινήσεως καὶ μεταβολῆς ὀνόματι, εἰκότως ἐπὶ τῇ ἀδια-
φορίᾳ παρῃτήσατο τὸν ἀκροατήν, ὅτι ἀδιαφόρως χρῆται δηλώσας.

p. 218ᵇ21 Ἀλλὰ μὴν οὐδὲ ἄνευ μεταβολῆς ἕως τοῦ φανερὸν ὅτι 54
οὐκ ἔστιν ἄνευ κινήσεως καὶ μεταβολῆς χρόνος. |

35 Δείξας ὅτι οὐκ ἔστιν ὁ χρόνος κίνησις, ἐφεξῆς δείκνυσιν ὅτι οὐδ' ἄνευ 167ʳ

---

1 ἐστι πᾶσα θάττων ex Arist. vulgata a   8 καὶ (post δὲ) om. E   8 οὗτος] fortasse
οὕτως   9 βραδὺ καὶ ταχὺ Aristoteles   14 μηδὲ scripsi (cf. Themistius p. 314,2):
μήτε libri   17 εἶναι om. aF   20 ὥσπερ τὸ τῆς aF   25 Πλωτῖνος III 7,8
27 ἂν post μὲν Plotinus   διαλίποι aF   28 ἐπεὶ δὲ οὐ a   29 γὰρ aF:
δὲ E   32 χρήσεται a   33 ἄνευ γε ex Aristotele a   34 ὁ χρόνος aE, at om.
ὁ et Simpl. infra p. 708,27 et probi Aristotelis libri

κινήσεώς ἐστιν, ἀλλὰ μετὰ κινήσεως πάντως· τοῦ γὰρ ἐπιστήμονός ἐστι 167r
καὶ τῶν σύνεγγυς ὄντων τῇ φύσει καὶ τὴν διαφορὰν παραδιδόναι καὶ τὴν
κοινωνίαν. ὅτι δὲ οὐκ ἄνευ κινήσεως ὁ χρόνος, οὐδὲ οἷόν τε χρόνον ἄνευ
κινήσεως λαβεῖν, δείκνυσιν οὕτως· ὁ χρόνος ἄνευ κινήσεως ἀσυναίσθητος 5
5 ἡμῖν ἐστι· τὸ ἄνευ κινήσεως ἀσυναίσθητον οὐκ ἔστιν ἄνευ κινήσεως λαβεῖν,
ὅτι μετὰ κινήσεως πάντως ὑφέστηκεν· ὁ ἄρα χρόνος μετὰ κινήσεως ὑφέ-
στηκε καὶ ἄνευ ταύτης οὐδὲ ἔστιν οὐδὲ νοεῖται. ὅτι δὲ ἄνευ κινήσεως
ἀσυναίσθητός ἐστι, δείκνυσιν ἐκ τοῦ 'ὅταν ἀκίνητοι πάντῃ κατὰ τὴν διά-
νοιαν ὦμεν ἢ λάθωμεν ἑαυτοὺς κινούμενοι κατ' αὐτήν, τουτέστιν ἐννοοῦντές
10 τι, τότε οὐδὲ χρόνον ἡγούμεθα γεγονέναι τινά' ὡς μὴ δυναμένου χωρὶς
ἐννοίας κινήσεως ἐπινοηθῆναι χρόνου. ὅτι δὲ τοῦτο οὕτως ἔχει, δῆλον μὲν 10
ἡμῖν καὶ ἐκ τῶν ὕπνων. κοιμηθέντες γὰρ ὁμαλῶς καὶ διαναστάντες τὸν
μεταξὺ χρόνον οὐκ ἐννοοῦμεν. δῆλον δὲ καὶ ἐν ταῖς σὺν τόνοις νοήσεσιν
ἢ πράξεσι. πρὸς γὰρ ἐκείναις ὄντες τὴν διάνοιαν οὐχ ἡγούμεθα μεταξὺ
15 γεγονέναι χρόνον καίτοι μακροῦ διανυσθέντος πολλάκις. οὐ γὰρ τῷ κινεῖ-
σθαι ἡμᾶς, ἀλλὰ τῷ κινήσεως ἔννοιαν λαμβάνειν, συνεννοοῦμεν καὶ τὸν
χρόνον ὡς τῇ κινήσει συνυπάρχοντα. διὰ τοῦτο γὰρ εἰπὼν ὅταν μηδὲν
αὐτοὶ μεταβάλλωμεν προσέθηκε τὴν διάνοιαν, ὅτι κατὰ τὴν παρα- 15
κολούθησιν τὴν διανοητικὴν τῆς κινήσεως ἀκίνητον αὐτὴν οὖσαν καὶ ἡ τοῦ
20 χρόνου συναίσθησις γίνεται. καὶ γὰρ καὶ ἐκ τοῦ ἐναντίου δυνατὸν ἰδεῖν,
ὅτι οἱ ἀλγοῦντες καὶ ταλαιπωρούμενοι ἢ ἐν ἐνδείᾳ καὶ ἐπιποθήσει τινὸς
ὄντες πολὺ τὸ τοιοῦτο κίνημα νομίζοντες πολὺν ἡγοῦνται καὶ τὸν χρόνον.
λέγει γοῦν ἐκεῖνος ἐν τῇ κωμῳδίᾳ
   οὐδέποθ' ἡμέρα γενήσεται;
25   καὶ μὴν πάλαι γ' ἀλεκτρυόνων ἤκουσ' ἐγώ.
καὶ ἄλλος
   οἱ δὲ ποθοῦντες ἐν ἤματι γηράσκουσιν. 20
ὅτι δὲ οἱ τῇ κινήσει μὴ παρακολουθοῦντες οὐδὲ τοῦ χρόνου συναισθάνονται,
ἡμεῖς μέν, ὡς εἶπον, ὁσημέραι ἐκ τῶν ὕπνων γινώσκομεν, ὁ δὲ Ἀριστοτέλης
30 ἀπὸ μακροτέρου τοῦτο πιστοῦται ὕπνου τῶν ἐν Σαρδοῖ τῇ νήσῳ παρὰ τοῖς
ἥρωσι μυθολογουμένων καθεύδειν· ἐννέα γὰρ τῷ Ἡρακλεῖ γεγονότων παί-
δων ἐκ τῶν Θεσπίου τοῦ Θεσπιέως θυγατέρων ἐν Σαρδοῖ τελευτησάντων
ἔλεγον ἕως Ἀριστοτέλους, τάχα δὲ καὶ Ἀλεξάνδρου τοῦ ἐξηγητοῦ τῶν
Ἀριστοτέλους, ἄσηπτά τε καὶ ὁλόκληρα διαμένειν τὰ σώματα καὶ φαντα- 25
35 σίαν καθευδόντων παρεχόμενα· καὶ οἱ μὲν ἐν Σαρδοῖ ἥρωες οὗτοι. παρὰ

---

4 δείκνυσιν—ἀσυναίσθητον (5) om. E   10 τότε om. a   οὐδὲ aF: οὔτε E
11 μὲν om. a   15 χρόνον γεγονέναι aF   20 καὶ ἐκ] κἀκ E   22 ἡγεῖ-
ται (om. καὶ) E   23 ἐκεῖνος E: τις aF   τῇ om. aF   κωμῳδίᾳ]
Aristophanis Nub. v. 3. 4   25 ἀλεκτρυόνος Aristophanes   26 ἄλλος Theo-
critus XII 3 οἱ δὲ ποθεῦντες κτλ.   30 ἀπὸ μακροτέρου om. F   πιστοῦται
τοῦτο a   τῶν ἐν Σαρδοῖ κτλ. de hac fabula cf. Rohde Mus. Rhen. XXXV 157 sqq.
31 τῷ] τῶν F   32 Θεσπίου scripsi: θεστίου aF: θεσπεσίου E   θεσπιέως aF:
θεσπεσιέως E

τούτοις δὲ ὀνείρων ἕνεκεν ἢ ἄλλης τινὸς χρείας εἰκὸς ἦν συμβολικῶς τινας
μακροτέρους καθεύδειν ὕπνους, οἵτινες συνάπτοντες τὸ ἐν ἀρχῇ τοῦ ὕπνου
νῦν τῷ ἐν τῷ πέρατι καὶ ἓν ποιοῦντες τὸ νῦν διὰ τὸ ἀσυναίσθητον τῆς
μεταξὺ τῶν δύο νῦν κινήσεως συνῄρουν καὶ τὴν τοῦ χρόνου ἔννοιαν εἰς τὸ
νῦν καὶ ἐξῄρουν τὸν χρόνον διὰ τὴν ἀναισθησίαν τῆς μεταξὺ κινήσεως. ὡς
γὰρ εἰ μὴ ἦν, φησίν, ἕτερον μὲν τὸ ἐν τῇ ἀρχῇ νῦν, ἕτερον δὲ τὸ ἐν
τῷ πέρατι, ἀλλὰ ταὐτὸν καὶ ἕν, οὐκ ἂν ἦν χρόνος· οὐ γὰρ χρόνος
τὸ νῦν, ἀλλὰ χρόνου πέρας, οὕτω καὶ ὅταν λανθάνῃ ἕτερον ὂν τὸ νῦν, οὐ
δοκεῖ εἶναι ὁ μεταξὺ τῶν δύο νῦν χρόνος. ὁ μέντοι Εὔδημος τὴν ἀπὸ τῆς
Σαρδοῦς παρεὶς πίστιν ἔκ τινος Ἀθήνησι συμβεβηκότος αὐτὸς τὸ λεγόμενον
πιστοῦται· "λέγεται γάρ, φησίν, θυσίας οὔσης δημοτελοῦς ἑστιᾶσθαί τινας
ἐν καταγείῳ σπηλαίῳ, μεθυσθέντας δὲ κατακοιμηθῆναι πρὸς ἡμέραν ἤδη
καὶ αὐτοὺς καὶ τοὺς οἰκέτας καὶ καθεύδειν τὸ λοιπὸν τῆς νυκτὸς καὶ τὴν
ἡμέραν καὶ ἔτι τὴν νύκτα· ἐπεγερθέντα γὰρ ἕνα τινά, ὡς εἶδεν ἀστέρας,
πάλιν ἀπελθόντα ἀναπαύεσθαι. τῆς δὲ ἐπιούσης ἡμέρας, ὡς ἠγέρθησαν,
τὴν Κουρεῶτιν ἄγειν ὕστερον τῶν ἄλλων ἡμέραν, ὅθεν δὴ καὶ κατανοηθῆναι
τὸ συμβάν." Κουρεῶτις δὲ ἦν ἡ τρίτη τῶν Ἀπατουρίων ἡμέρα, ὥσπερ
ἡ πρώτη Δορπία καὶ ἡ δευτέρα Ἀνάρρυσις καὶ ἡ τετάρτη Ἐπίβδα· μετὰ
τὴν τῆς δευτέρας οὖν θυσίαν καθευδήσαντες τὴν ἐφεξῆς ἡμέραν καὶ
τὴν μετ' αὐτὴν νύκτα τὴν τετάρτην λοιπὸν ἀντὶ τῆς τρίτης ὡς Κουρεῶ-
τιν ἦγον.

Εἰ οὖν ὅταν μὲν μηδεμίαν νομίσωμεν εἶναι μεταβολὴν ἀλλ' ἐν τῷ
αὐτῷ νῦν ἑστάναι, τότε συμβαίνει μηδὲ χρόνον οἴεσθαι εἶναι, ὅταν δὲ αἰσθώ-
μεθα κινήσεως καὶ πλείω τὰ νῦν ὁρίσωμεν, τὸ μὲν ὡς ἀρχὴν τὸ δὲ ὡς
πέρας τὸ μὲν ὡς πρότερον τὸ δὲ ὡς ὕστερον, τότε καὶ τοῦ μεταξὺ χρόνου
συναισθανόμεθα, δῆλον ὅτι οὐκ ἔστιν ἄνευ κινήσεως καὶ μεταβολῆς
χρόνος· ἐκ δὲ τῶν ἐνταῦθα ῥηθέντων ὁ θαυμάσιος Γαληνὸς ἐν τῷ ὀγδόῳ
τῆς ἑαυτοῦ Ἀποδεικτικῆς ὑπονοεῖ λέγειν τὸν Ἀριστοτέλην διὰ τοῦτο μὴ
εἶναι χρόνον ἄνευ κινήσεως, ὅτι κινούμενον νοοῦμεν αὐτόν, καὶ ἐπάγει τι
τῷ λόγῳ ἄτοπον ὅτι "καὶ τὰ παντάπασιν ἀκίνητα μετὰ κινήσεως ἀνάγκη
εἶναι, εἴπερ καὶ τούτων ἡ νόησις ἡμῖν μετὰ κινήσεώς ἐστιν· οὐδὲν γὰρ
ἡμεῖς ἀκινήτῳ νοήσει νοοῦμεν"· εἴποι δ' ἂν ὅτι οὐδὲ διαστάσεως χωρὶς
ἂν εἴη τὰ ἀδιάστατα, εἰ μετὰ διαστάσεως αὐτὰ νοοῦμεν ἡμεῖς τὰ πολλὰ
φανταστικῶς ἐνεργοῦντες. ἀλλὰ πρῶτον μὲν ἐχρῆν ἐννοῆσαι, ὅτι ὁ Ἀρι-
στοτέλης οὐ βούλεται κινεῖσθαι τὴν ψυχὴν ἀλλ' ἐνεργεῖν, μόνας ἀξιῶν τὰς
φυσικὰς μεταβολὰς κινήσεις καλεῖν· οὐκ ἄρα τῷ κινουμένους νοεῖν τὸν
χρόνον λέγει μὴ εἶναι χωρὶς κινήσεως αὐτόν, ἀλλ' ὅτι ἡ τῆς κινήσεως

---

1 συμβολικῶς suspectabat Rohde.   videtur intellegendum de hominibus ad heroum quasi *exemplar* et imitationem incubantibus   3 post ποιοῦντες add. διὰ E   6 τῇ om. a   9 Εὔδημος fr. 47 p. 69,10 Sp.   14 ἐπεγερθέντα ex ἐπεγερθέντες corr. E ἕνα om. F   17 ἀπατουρία F   18 ἐπίβδα a: ἐπιβδα E: ἐπιηδα F   22 μὲν om. a   26 ἔσται aF   28 ὑπονοεῖν E   31 ἡμῖν om. E   οὐδὲ a   32 post ἂν add. τις a   36 τῷ] τὸ aF

ἔννοια ἀκίνητος οὖσα συνεισάγει τὴν τοῦ χρόνου ἔννοιαν. καὶ ὅτι οὕτω 167r
λέγει, δῆλον ποιεῖ καὶ ἐξ ὧν φησιν, ὅτι κἂν μεταβάλλωμεν τὴν διά-
νοιαν, τουτέστι κἂν τῇ διανοίᾳ περὶ τὴν μεταβολὴν ἐνεργῶμεν, λανθά-
νωμεν δὲ μεταβάλλοντες, οὐ δοκεῖ ἡμῖν γεγονέναι χρόνος. καὶ |
5 πάλιν λανθάνειν ἡμᾶς φησι τὴν κίνησιν οὐ τῷ μὴ κινεῖσθαι, ἀλλὰ τῷ 167v
μηδεμίαν ἔννοιαν ἴσχειν κινήσεως· εἰ δὲ καὶ ἅμα κινήσεως ἡμᾶς αἰσθά-
νεσθαί φησι καὶ χρόνου, ἀλλ' οὐ κινουμένους αἰσθάνεσθαι. εἰ δὲ καὶ
νομίζοι τις τὸ ὅταν αὐτοὶ μὴ μεταβάλλωμεν τὴν διάνοιαν ἀντὶ
τοῦ μὴ κινώμεθα κατὰ διάνοιαν εἰρῆσθαι, καὶ οὕτως οὐ διὰ τὸ κινουμένους
10 νοεῖν τὸν χρόνον νομίζει μετὰ κινήσεως εἶναι τὸν χρόνον, ἀλλὰ διὰ τὸ τῇ 5
κινήσει παρακολουθεῖν, κἄν τε κινούμενοι κἄν τε μὴ κινούμενοι παρακο-
λουθῶμεν. διὸ καὶ ὡς διορθῶν ἐπήγαγε τὸ ἢ λάθωμεν μεταβάλλοντες.
τοιγαροῦν, ὅπερ εἶπον πρότερον, καὶ νοοῦντες καὶ ἐργαζόμενοι συντόνως,
ὅτι μὲν κινούμεθα δῆλον, μὴ ἐφιστάνοντες δὲ τῇ παρατάσει τῆς κινήσεως
15 μηδ' ὁρίζοντες τὸ πρότερον καὶ ὕστερον νῦν ἀνεπαίσθητοι καὶ τοῦ μεταξὺ
χρόνου γινόμεθα ὡς τῇ κινήσει συνυφεστηκότος ἣν συνῃρήκαμεν. οὐ μέν-
τοι ἄνευ τοῦ κίνησιν ἐννοεῖν ἀδυνατοῦμεν τοὺς πόλους ἢ τὸ κέντρον τοῦ 10
παντὸς ἐννοεῖν. καθόλου γὰρ ἐπὶ τῶν ἅμα συνυπαρχόντων καὶ τὴν οὐσίαν
ἐν τῇ πρὸς ἄλληλά πως ἐχόντων σχέσει τῇ τοῦ ἑτέρου ἐννοίᾳ ἀνάγκη καὶ
20 τὴν τοῦ ἑτέρου συνεννοεῖσθαι. ὁ γοῦν φίλον ἐννοῶν καὶ ὅτι φίλου φίλος
ἐστὶν ἐννοήσει, καὶ ὁ δεξιὸν ἐννοῶν εὐθὺς καὶ τὸ ἀριστερὸν συναναφέρει.
διὸ καὶ ἐφιστάνειν ἀξιῶ, πῶς εἶπεν ὁ Ἀλέξανδρος, ὅτι ἐπ' οὐδενὸς τῶν
ἄλλων ἡμῖν ἐν τῷ ἄλλο τι νοεῖν ἡ τοῦ ἄλλου συνοδεύει ἐπίνοια, εἰ μὴ
ἐπὶ τοῦ χρόνου τῇ τῆς κινήσεως ἐννοίᾳ τῆς τοῦ χρόνου συμπεφυκυίας. 15
25 δῆλον δὲ ὅτι καὶ τῷ χρόνῳ συαναφέρεται ἡ κίνησις· βαδίσαντες γὰρ το-
σόνδε χρόνον, τοσάδε στάδια ἠνυσμένα ἐν τῷ τοσῷδε χρόνῳ τεκμαιρό-
μεθα. καὶ ὁ Ἀριστοτέλης δὲ ἐν τοῖς ἑξῆς λέγει· "ἀλλὰ μὴν ὅταν καὶ
χρόνος δοκῇ γεγονέναι τις, ἅμα καὶ κίνησίς τις φαίνεται γεγονέναι."

p. 219a 2 *Ληπτέον δέ, ἐπεὶ ζητοῦμεν τί ἐστι ὁ χρόνος ἕως τοῦ*
30 *ἐπεὶ οὖν οὐ κίνησις, ἀνάγκη τῆς κινήσεως εἶναί τι αὐτόν.* 22

Συμπερανάμενος ἐκ τῶν εἰρημένων, ὅτι οὔτε κίνησίς ἐστιν ὁ χρόνος
οὔτε ἄνευ κινήσεως, καὶ ὁρμήσας ἐπὶ ζήτησιν τῆς οὐσίας αὐτοῦ πρῶτον

---

1 συνεισάγει aF: συνάγει E   3 λανθάνωμεν hic Simplicius ut Themistius p. 314,28:
λάθωμεν Aristoteles et Simplicius v. 12 et p. 707,9   6 δὲ καὶ aF: δὲ E
8 νομίζοι τις aF: νομίζοντες E   τὸ om. F   μηδὲν αὐτοὶ ipse p. 707,17 ut Ari-
stoteles   9 κινούμεθα a   διὰ τοῦ F   10 τῇ om. aF   15 μηδ' ὁρί-
ζοντες aF: μὴ διορίζοντες E   post καὶ add. τὸ aF   21 εὐθὺς post ἀριστερὸν
collocaverunt aF   συναναφέρει scripsi cf. v. 25. p. 710,13. 293,32: ἀναφέρει E: συ-
νοεῖ aF   23 τοῦ (ante ἄλλου) om. E   24 τοῦ (post ἐπὶ) om. a   πεφυ-
κυίας E   26 τῷ om. a   27 ὅταν καὶ libri: καὶ ὅταν γε Aristoteles p. 219a 7
29 ἐπειδὴ a   30 ἐπειδὴ a   τι εἶναι a ut Aristoteles (praeter H)

μὲν προσκατασκευάζει τοῖς ἤδη εἰρημένοις, ὅτι ἅμα αἴσθησιν ἔχομεν κινή-
σεώς τε καὶ χρόνου· κἂν γὰρ σκότος ᾖ, φησίν, ὥστε μὴ ἡμᾶς σωματικῶς
κινεῖσθαι μήτε ἄλλων κινουμένων αἰσθάνεσθαι, κίνησις δέ τις ἐν τῇ
ψυχῇ ἐνῇ, νοούσης τι τῆς ψυχῆς, ὃ ἴσον ἐστί, φησὶν Ἀλέξανδρος, τῷ
5 'ἔννοιαν δέ τινα κινήσεως ἔχωμεν', ὅπερ ἐστὶ δηλονότι ἐπίστασις τῆς κι-
νήσεως, εὐθὺς ἅμα τις δοκεῖ γεγονέναι καὶ χρόνος. οὕτως δὲ ὁ
Ἀλέξανδρος ἐξηγεῖται εἰδὼς ὅτι οὐ βούλεται ὁ Ἀριστοτέλης κινεῖσθαι τὴν
ψυχήν, ἀλλὰ κίνησιν ἐν τῇ ψυχῇ εἶπε τὴν ἀκίνητον ἔννοιαν τῆς ὁποιασοῦν
κινήσεως. μήποτε δὲ κατὰ μὲν τὰς φυσικὰς κινήσεις ἀκινήτους οἴεται τὰς
10 ψυχικὰς ἐννοίας ὁ Ἀριστοτέλης, ἄλλο δὲ εἶδος κινήσεως ἐνορᾷ· ἐφεξῆς δὲ
τοῖς εἰρημένοις καὶ τὸ ἀντίστροφον προστίθησιν, ὅτι οὐ μόνον τῇ κινήσει
συνεπινοεῖται ὁ χρόνος, ἀλλὰ καὶ τῷ χρόνῳ ἡ κίνησις. εἰκότως οὖν ἐπειδὴ
συναναφέρεται ταῦτα ἀλλήλοις, ἢ κίνησίς ἐστιν ἢ τῆς κινήσεώς τι ὁ χρόνος.
εἰ οὖν δέδεικται ὅτι κίνησις οὐκ ἔστι, δῆλον ὅτι περιλείπεται τὸ τῆς κινή-
15 σεώς τι αὐτὸν εἶναι.

p. 219 a 10 Ἐπεὶ δὲ τὸ κινούμενον κινεῖται ἔκ τινος εἴς τι ἕως
τοῦ τοσοῦτος καὶ ὁ χρόνος ἀεὶ δοκεῖ γεγονέναι.

Δείξας ὅτι μετὰ τῆς κινήσεώς ἐστιν ὁ χρόνος, ἐφεξῆς ζητεῖ τί ἄρα
τῆς κινήσεώς ἐστι. δείκνυσιν οὖν ὅτι συνεχὴς οὖσα ἡ κίνησις ἔχει τὸ
20 πρότερον καὶ ὕστερον. καὶ τοῦτό ἐστιν ὁ χρόνος, ὡς μαθησόμεθα. ὅτι
δὲ συνεχὴς ἡ κίνησις, ὧδε δείκνυσι διὰ τοῦ δεῖξαι πρότερον τὸ μέγεθος
ἐφ' οὗ ἡ κίνησις συνεχές· τὸ κινούμενον ἔκ τινος εἴς τι κινεῖται· τὸ ἔκ
τινος εἴς τι κινούμενον ἐπὶ διαστατοῦ τινος μεγέθους κινεῖται· ἐπειδὴ οὖν
πᾶν μέγεθος συνεχές, ἐπὶ μεγέθους δὲ ἡ κίνησις, καὶ ἡ κίνησις συνεχὴς διὰ
25 τὸ μέγεθος, ὥσπερ ὁ χρόνος διὰ τὴν κίνησιν· ὅση γὰρ ἡ κίνησις, το-
σοῦτος καὶ ὁ χρόνος δοκεῖ γεγονέναι, ὥσπερ ὅσον τὸ μέγεθος, το-
σαύτη καὶ ἡ κίνησις. εἰ δὲ τὸ ὅσον τῆς κινήσεως συνεχὲς ὡς καὶ τὸ
μέγεθος (οἷον σταδιαῖον γάρ), δῆλον ὅτι καὶ τὸ ὅσον τοῦ χρόνου συνεχές.
εἰ γὰρ τὸ μὲν εἴη συνεχές, τὸ δὲ διωρισμένον, οὐκ ἂν λέγοι τις ὅτι ὅσον τὸ
30 ἕτερον, τοσοῦτον καὶ τὸ ἕτερόν ἐστιν· ἀσύμβλητα γὰρ τὰ τοιαῦτα ποσά·
παραλιπὼν δὲ μίαν πρότασιν τὴν λέγουσαν, ὅτι τὸ ἔκ τινος εἴς τι κινού-
μενον ἐπὶ μεγέθους κινεῖται, ἀσάφειαν ἔδοξε μικρὰν ἐμποιεῖν τῇ λέξει.

Καὶ ὁ Εὔδημος δὲ ἐν τῷ τρίτῳ τῶν Φυσικῶν τὴν αὐτὴν ἔχων γνώμην
φαίνεται, ὅτι διὰ μὲν τὸ μέγεθος ἡ κίνησις συνεχής, διὰ δὲ τὴν κίνησιν ὁ
35 χρόνος, γράφων οὕτως· "ἀναλαβόντες δὴ πάλιν λέγωμεν, ὅτι τῶν συνεχῶν

---

1 προχατασκευάζει a   τοῖς ἤδη εἰρημένοις] τισὶ διηρημένοις F   4 δ E: ὅπερ a:
om. F   4 φησὶν ὁ a   5 ἔχομεν E   ἐπιστάσης aF   6 τις post δοκεῖ
habet Aristoteles   δοκεῖ om. F   ὁ om. F   7 οὐ om. E   10 ἐνερ-
γείας F   14 τὸ om. aF   19 ἔχει—ἡ κίνησις (21) om. E   23 ἐπεὶ aF
24 πᾶν E: τὸ aF   28 γὰρ δῆλον ὅτι E: δηλονότι F: om. a   29 λέγοι τις E:
λέγοιτο aF   32 ἔδοξε aF: ἐνέδειξε E   33 Εὔδημος fr. 48 p. 70,3 Sp.   δὲ om.
aF   ἐν τῷ γ̅ E   35 λέγωμεν aF: λέγομεν E   τῶν (post ὅτι) om. E

ὁ χρόνος εἶναι δοκεῖ καὶ τῶν μεριστῶν· οὐκοῦν καὶ ἡ κίνησίς τε καὶ τὸ 167ᵛ
μῆκος. τίς οὖν τούτων ἀρχὴ καὶ τίνι πρώτως ὑπάρχει ταῦτα; ἆρ' οὖν
τῷ μὲν μήκει καὶ τῷ σώματι καθ' αὑτὰ φαίνεται ταῦτα ὑπάρχειν; οὐ
γὰρ τῷ εἶναί τι αὐτῶν οὐδὲ τῷ τοιαῦτα εἶναι μερίζεται καὶ συνεχῆ ἐστιν.
5 ἡ δὲ κίνησις τῷ ἐπὶ τοῦ μήκους εἶναι συνεχής τε καὶ μεριστὴ φαίνεται,
συνεχὴς μὲν τῷ ἐπὶ συνεχοῦς εἶναι, μεριστὴ δὲ τῷ διαιρεῖσθαι ὥσπερ τὸ
μῆκος· ὅτι γὰρ ἂν ληφθῇ | τοῦ μήκους μόριον, τοῦτο καὶ τῆς κινήσεώς 168ʳ
ἐστιν. ὁμοίως δὲ καὶ τοῦ χρόνου· ὡς γὰρ ἡ κίνησις, οὕτω καὶ τὸν χρόνον
οἰόμεθα μερίζειν". ὁ δὲ Λαμψακηνὸς Στράτων οὐκ ἀπὸ τοῦ μεγέθους
10 μόνον ⟨συνεχῆ⟩ τὴν κίνησιν εἶναί φησιν, ἀλλὰ καὶ καθ' ἑαυτήν, ὡς εἰ διακοπείη, στάσει διαλαμβανομένην, καὶ τὸ μεταξὺ δύο στάσεων κίνησιν οὖσαν
ἀδιάκοπον. "καὶ ποσὸν δέ τι, φησίν, ἡ κίνησις καὶ διαιρετὸν εἰς ἀεὶ διαιρετά."

Εἰ δὲ τὸ ἐκστατικὸν ἔχει τοῦ ἀεὶ παρόντος, καθ' ὃ καὶ ὀνομάζεται 5
15 κίνησις, καὶ κατὰ τοῦτο οὐ ποσόν ἐστιν, οὐδὲν θαυμαστόν. καὶ γὰρ ἀριθμὸς διορίζει, ἀλλ' οὐ ποσοῦ τὸ διορίζειν. καὶ τὸ μέγεθος ἀλληλουχεῖται,
ἀλλ' οὐχ ᾗ ποσόν· διαφοραὶ γὰρ αὗται ποσοῦ, ἀλλ' οὐ ποσόν. διὸ καὶ
τὸ ἐκστατικὸν ἔστω διαφορὰ τῆς κινήσεως. ἀλλὰ πῶς εἶπεν ὅση γὰρ ἡ
κίνησις, τοσοῦτος καὶ ὁ χρόνος δοκεῖ γεγονέναι, εἴπερ ταχεῖαν
20 λέγομεν κίνησιν τὴν ἐν ὀλίγῳ χρόνῳ πολλήν; οὐκέτι γὰρ ὅση ἡ κίνησις,
τοσοῦτος ὁ χρόνος, εἴπερ ἡ μὲν πολλή ἐστιν, ὁ δὲ ὀλίγος. ἢ τὸ ὅσον καὶ 10
ὅσον οὐκ ἐν ποσῶν ἰσότητι θεωρεῖται μόνον, ἀλλὰ καὶ ἐν λόγων ταυτότητι.
ὅσος γὰρ ὁ τῶν δ̄ πρὸς τὰ β λόγος, τοσοῦτος καὶ ὁ τῶν η̄ πρὸς τὰ δ̄·
διπλάσιος γάρ. οὕτω δὲ καὶ ὡς ἡ κίνησις πρὸς τὴν κίνησιν, ὁ χρόνος
25 πρὸς τὸν χρόνον, τοῦ τάχους καὶ τῆς βραδυτῆτος τῶν αὐτῶν ὄντων. καὶ
ὁ Ἀριστοτέλης δὲ οὐ διὰ τὴν ἰσότητα τοῦ ποσοῦ τὸ ὅσον καὶ ὅσον παρέλαβεν, ἀλλὰ διὰ τὴν ὁμοιότητα τῆς συνεχείας. τὰ γὰρ μὴ ὁμοίως συνεχῆ,
οὐδὲ συμβλητά ἐστιν, ὥσπερ εἴρηται πρότερον. ἀλλὰ μηδὲ τοῦτο παρῶμεν 15
προσθεῖναι τοῖς ζητουμένοις, ὅτι ὁ ἀπὸ τοῦ μεγέθους, ἐφ' οὗ ἡ κίνησις,
30 τὴν συνέχειαν ἐπὶ τὴν κίνησιν καὶ τὸν χρόνον μεταφέρων λόγος καὶ ἐκ
ταύτης τὴν εὕρεσιν τῆς οὐσίας τοῦ χρόνου ποιούμενος μόνην κίνησιν τὴν
κατὰ τόπον λαμβάνει. αἱ γὰρ ἄλλαι κινήσεις οἷον ἀλλοίωσις αὔξησις μείωσις
γένεσις φθορὰ μεγεθῶν μὲν ἔστωσαν κινήσεις, οὐ μέντοι ἐπὶ μεγεθικοῦ
διαστήματος γίνονται· ὥστε καὶ χρόνον οὐ πάντα, ἀλλὰ μόνον ἐκεῖνον τὸν
35 τῇ κατὰ τόπον κινήσει συνόντα εὑρίσκει ὁ λόγος. ἀλλ' ὁ μὲν Ἀριστο- 20
τέλης ἔοικεν ἐκ τοῦ σαφεστέρου ποιήσασθαι τὴν ἐπιβολήν, ὁ δὲ Στράτων

---

2 ἆρα E   5 τοῦ om. a   8 ἡ κίνησις] τὴν κίνησιν mutabat Brandis
9 μερίζειν] conicio μερίζεσθαι   10 μόνου F   συνεχῆ a: om. EF   11 διαλαμβανομένην corr. Zeller: διαλαμβανομένη libri   στάσεων EF ut correxerat Zeller:
διαστάσεων a   14 ἔχοι aF   15 γὰρ ὁ a   17 οὐχ ᾗ aF: οὐχὶ E
20 ὅση ex ὅλη corr. E   22 ποσῷ ἰσότητι E: ἰσότητι ποσῶν aF   μόνων a
29 ἐφ' οὗ ἡ κίνησις om. F   31 κίνησιν post λαμβάνει collocavit a   32 ἀλλοίωσις
aF: ὁμοίωσις E   33 φθορὰ ὅρα E   ἔστωσαν EF: εἰσι a   36 Στράτων
cf. v. 10

φιλοκάλως καὶ αὐτὴν καθ' αὑτὴν τὴν κίνησιν ἔδειξε τὸ συνεχὲς ἔχουσαν· 168ʳ ἴσως καὶ πρὸς τοῦτο βλέπων, ἵνα μὴ μόνον ἐπὶ τῆς κατὰ τόπον κινήσεως, ἀλλὰ καὶ ἐπὶ τῶν ἄλλων πασῶν συνάγηται τὰ λεγόμενα.

p. 219ᵃ14—ᵇ9   Τὸ δὲ πρότερον καὶ ὕστερον ἐν τόπῳ πρῶτόν ἐστιν ἕως τοῦ ἔστι δὲ ἕτερον ᾧ ἀριθμοῦμεν καὶ τὸ ἀριθμούμενον.

Ὁ τῶν λεγομένων ὅλος σκοπός ἐστιν ὅτι ὥσπερ τὸ συνεχὲς ἡ κίνησις ἀπὸ τοῦ μεγέθους ἔχει τοῦ ἐφ' οὗ ἡ κίνησις, οὕτως καὶ τὸ πρότερον καὶ ὕστερον ἐν τῷ μεγέθει κατὰ θέσιν ὑπάρχον ἡ κίνησις ἀπ' αὐτοῦ οἰκείως μεταλαμβάνει, καὶ ἀπὸ τῆς κινήσεως ὁ χρόνος ὥσπερ καὶ τὸ συνεχές· ἐπὶ μὲν γὰρ τοῦ μεγέθους πρότερον εἰ τύχοι τὸ πρὸς τοῖς ἀθλοθέταις ἐστίν, ὕστερον δὲ τὸ ἔσχατον τοῦ σταδίου, ἐπὶ δὲ τῆς κινήσεως προτέρα μὲν ἡ κατὰ τὸ πρῶτον σημεῖον κίνησις, ὑστέρα δὲ ἡ κατὰ τὸ ὕστερον. ἀλλ' ἐπὶ μὲν τοῦ μεγέθους συνυπάρχει ἀεὶ τὸ πρότερον τῷ ὑστέρῳ (ἅμα γὰρ τὸ πρῶτον σημεῖόν ἐστι καὶ τὸ ἔσχατον), ἐπὶ δὲ τῆς κινήσεως ἀπολλυμένου τοῦ προτέρου ἐπιγίνεται τὸ ὕστερον. οὐ μέντοι ταὐτὸν κινήσει τε εἶναι καὶ προτέρῳ καὶ ὑστέρῳ κινήσεως, ὥσπερ οὐδὲ μεγέθει καὶ ὑστέρῳ καὶ προτέρῳ μεγέθους. ἀλλὰ κἂν τῷ ὑποκειμένῳ ταὐτὰ ᾖ, τῷ λόγῳ διαφέρει. ὥσπερ τὰ πέντε τῷ μὲν ὑποκειμένῳ εἰ τύχοι ξύλα ἐστί, τὸ μέντοι πέντε αὐτοῖς εἶναι κατὰ τὸν ἀριθμόν ἐστι. καὶ τὸ μὲν ὑποκείμενον τῆς κινήσεως ἐντελέχεια τοῦ κινητοῦ ἐστι, τὸ δὲ πρότερον καὶ ὕστερον ἐν τῇ κινήσει ἀριθμὸς καὶ τάξις ἐν τῷ τοιούτῳ. ὁμοίως δὲ καὶ ἐπὶ τοῦ μεγέθους, ἀφ' οὗ τῇ κινήσει τὸ πρότερον καὶ ὕστερον, τὸ μὲν ὑποκείμενον εἰ τύχοι κίονες, τὸ δὲ πρότερον καὶ ὕστερον τάξις ἐν αὐτοῖς. καὶ τοῦτό ἐστιν ὃ λέγει, ὃ μέν ποτε ὂν κίνησις, τουτέστιν ἡ ὕπαρξις αὐτὴ καὶ τὸ ὑποκείμενον. τὸ μέντοι εἶναι αὐτῷ, τουτέστιν ὁ λόγος, ἕτερον καὶ οὐ κίνησις. οὕτως οὖν χωρίσας τῆς κινήσεως τὸ πρότερον καὶ ὕστερον 168ᵛ τὸ ἐν κινήσει ζητεῖ λοιπὸν τί τὸ προτέρῳ καὶ ὑστέρῳ εἶναι, ᾧ διαφέρουσι τῆς κινήσεως. ὥσπερ οὖν ἐπὶ τῆς γραμμῆς, ἕως μὲν μίαν αὐτὴν καὶ συνεχῆ νοῶμεν, οὐ νοοῦμεν αὐτῆς τὸ μέν τι πρότερον τῇ θέσει μέρος τὸ δὲ ὕστερον, ὅταν δὲ διελώμεθα καὶ διορίσωμεν τοῖς σημείοις, εὐθέως τὸ μέν τι πρότερον τῇ θέσει ποιοῦμεν τὸ δὲ ὕστερον καὶ ἕτερα τὰ ἄκρα τῆς μέσης γραμμῆς τῆς ὑπ' αὐτῶν περιεχομένης, οὕτω δὲ καὶ ἐπὶ τῆς κινή-

---

1 καὶ αὐτὴν aF: ἑαυτὴν E   2 τοῦτον F   4 δὲ EF: δὲ δὴ a ex Arist. vulgata: δὴ Alexander p. 715,13 et Arist. codd. EH   7 Ὁ om. initio sed ante ὅλος posuit E   ὅτι om. E   8 καὶ τὸ ὕστερον aF   9 οἰκείως ἀπ' αὐτοῦ aF   10 καὶ (ante τὸ) om. E   15 ἔσχατον] ὕστερον a   ἀπολλυμένου aE: ἀπολιπανομένου F   23 καὶ τὸ ὕστερον aF   25 ἡ om. F   27 τῆς κινήσεως om. a   28 ᾧ aF (cf. Themistius p. 318,14): καὶ ᾧ E   29 οὖν om. aF   μὲν post μίαν iteravit E: fortasse ἕως μὲν ἂν ut Themistius p. 318,17   30 νοῶμεν E: νοοῦμεν aF   οὐ νοοῦμεν—ποιοῦμεν (32) om. E   μέν τι E: μέντοι a   32 τι a: τοι F   μέρος ποιοῦμεν Themistius l. c.

σεως οὐκ ἄλλως νοοῦμεν ἐν αὐτῇ τὸ πρότερον καὶ τὸ ὕστερον, εἰ μὴ διε- 168ᵛ
λώμεθα αὐτὴν καὶ διορίσωμεν οἷον εἰς δύο καὶ λάβωμεν αἴσθησιν ὡς ἄλλου
καὶ ἄλλου. τίνι οὖν διορίζομεν; οὐ δήπου σημείῳ (οὐ γὰρ ἔχει θέσιν),
ἀλλ' ἄλλον τινὰ τρόπον. λέγω γὰρ προτέραν κίνησιν, ἣν κεκίνημαι εἰ τύχοι
5 βαδίζων, ὑστέραν δὲ ἣν κινήσομαι. ὥστε ὁ διορισμὸς γίνεται τῷ τὸ μὲν
παρεληλυθέναι, τὸ δὲ μέλλειν· τὸ δὲ παρεληλυθὸς καὶ τὸ μέλλον χρόνος· 10
ταὐτὸν ἄρα ὁ χρόνος ἐστὶ καὶ τὸ πρότερον καὶ ὕστερον ἐν κινήσει, ὅταν
διορίζηται ταῦτα· διορίζεται δέ, ὅταν δύο προσπέσῃ τῇ ψυχῇ τὰ νῦν τὸ
μὲν ὡς ἀρχὴ τῆς κινήσεως τὸ δὲ ὡς πέρας· τότε γὰρ τὸν μεταξὺ τῶν
10 νῦν χρόνον εὐθὺς ἐννοοῦμεν ἕτερον αὐτῶν ὄντα, πολλάκις δὲ καὶ ἓν νῦν
λαμβάνοντες, τοῦ μὲν παρεληλυθότος ὡς πέρας τοῦ δὲ μέλλοντος ὡς ἀρχήν,
ἔννοιαν πάλιν τοῦ χρόνου λαμβάνομεν τοῦ τε προτέρου καὶ τοῦ ὑστέρου.
αὐτὸ γὰρ ἄμεινον οἶμαι ἀκούειν τοῦ ᾗ ὡς τὸ αὐτὸ μὲν προτέρου δὲ 15
καὶ ὑστέρου τινὸς ἤπερ ὡς ὁ Ἀλέξανδρος ἐξηγήσατο "τὸ αὐτό, λέγων,
15 καὶ ἓν τὸ νῦν, ἐν προτέρῳ δὲ καί τινι ὑστέρῳ ὂν ὥσπερ παραγόμενον αὐτὸ
καὶ ἄλλοτε κατ' ἄλλο γινόμενον τῆς κινήσεως ἐπινοοῦντες".

Ὥστε πανταχόθεν ἡ τοῦ χρόνου ἔννοια ἐγγίνεται τῷ διαλαμβάνεσθαι
τὸ πρότερον καὶ ὕστερον τῆς κινήσεως· διαλαμβάνεται δέ, ὅταν ὡς ἄλλο
καὶ ἄλλο ληφθῇ, τουτέστιν ὅταν ἀριθμηθῇ. ὁ γὰρ ἀριθμὸς οὐχ ἑνὸς οὐδὲ
20 τοῦ αὐτοῦ παντάπασίν ἐστιν, ἀλλὰ τοῦ ἔχοντος ἄλλο καὶ ἄλλο. ὥστε 20
ἀριθμὸς κινήσεως ὁ χρόνος ὡς ἀριθμητὸς κατὰ τὸ πρότερόν τε καὶ ὕστερον.
καὶ ὅτι μὲν ἀριθμὸς κινήσεως, δῆλον, εἴπερ πᾶν πλέον καὶ ἔλαττον ἀριθμῷ
κρίνεται. τὸ δὲ πλέον καὶ ἔλαττον τὸ τῆς κινήσεως χρόνῳ κρίνεται· πλείων
γὰρ ἡ ἐν πλείονι χρόνῳ ἰσοταχὴς λαμβανομένη καὶ ἐλάττων ἡ ἐν ἐλάττονι.
25 ὥστε ἐν τρίτῳ σχήματι συνάγεται, ὅτι τις ἀριθμός ἐστιν ὁ χρόνος. ὁ δὲ
Ἀλέξανδρος καὶ ἐκ δύο καθόλου καταφατικῶν ἐν τρίτῳ σχήματι συνάγει
οὕτω· παντὸς τὸ πλεῖον καὶ ἔλαττον ἀριθμῷ κρίνεται, δῆλον οὖν ὅτι καὶ 25
κινήσεως· ἀλλὰ μὴν πάσης κινήσεως τὸ πλεῖον καὶ ἔλαττον χρόνῳ κρίνε-
ται· τίς ἄρα ἀριθμὸς χρόνος ἐστί. προσεκτέον οὖν εἰ ὁ αὐτός ἐστιν ὑπο-
30 κείμενος, ὅταν λέγωμεν 'παντὸς τὸ πλεῖον καὶ ἔλαττον ἀριθμῷ κρίνεται'
καὶ 'πάσης κινήσεως τὸ πλεῖον καὶ ἔλαττον χρόνῳ κρίνεται'. ὅτι δὲ καὶ
κατὰ τὸ πρότερον καὶ ὕστερον ἀναγκαίως πρόσκειται, δῆλον, εἴπερ
ἀριθμοῦνται μὲν κινήσεις καὶ πλείους ἅμα, ὡς ἐπὶ σοῦ φέρε ὅτι αὔξῃ καὶ

---

2 διορίσωμεν a cf. Themistius p. 318,23: ὁρίσωμεν E: διορίσομεν sic F   καὶ (post δύο)
om. E   λάβωμεν a: λάβοιμεν EF   3 τίνι aF: τί E   δήπου aE: δὴ F
4 τινὰ om. E   7 καὶ τὸ ὕστερον aF   ἐν κινήσει om. aF   8 δύο om.
aF   10 αὐτὸν ut videtur E   12 τοῦ (post καὶ) om. E   13 αὐτὸ EF: οὕτω
probabiliter a   δὲ om. F   14 ὡς om. E   15 ἐν τῷ νῦν F   ἐν
om. F   δὲ om. E   16 post κινήσεως add. ὡς F   22 ἀριθμῷ—ἔλαττον (23)
om. E   23 τὸ τῆς EF²: τῷ τῆς aF¹   25 συνάγεσθαι a   26 καὶ (ante ἐκ)
om. a   τρίτῳ foramine haustum E   27 πλέον F   28 χρόνῳ] ἀριθμῷ F
29 ὁ (post εἰ) om. E   30 ἀριθμῷ—ἔλαττον (31) om. E   31 χρόνῳ] ἀριθμῷ
aF   33 ὅτι E: ὅταν aF   αὔξῃ E: αὔξεις F (cf. Themistius p. 320,28):
αὔξης a   καὶ (post αὔξει) om. E

θερμαίνῃ καὶ προβαίνεις τόπον ἐκ τόπου καὶ ὅτι τρεῖς ἅμα κινήσεις κινῇ. ἀλλ' οὐχ ὁ τοιοῦτος ἀριθμὸς τῆς κινήσεως χρόνος ἐστίν, ἀλλ' ὁ κατὰ τὸ πρότερόν τε καὶ ὕστερον.

Οὐδὲν δὲ θαυμαστόν, εἰ τὸ ἀριθμούμενον τῆς κινήσεως χρόνον εἶναι βουλόμενος ἐν τῷ ὁρισμῷ οὐ τὸ ἀριθμητὸν εἶπεν ἀλλὰ τὸν ἀριθμόν· λέγεται γὰρ καὶ τὸ ἀριθμούμενον ἀριθμός, ὡς καὶ τὸ μετρούμενον μέτρον, οἷον ἀριθμὸς ὁ μοναδικὸς καὶ ἀριθμὸς βοῶν καὶ ἀριθμὸς ἵππων. καὶ αὖ πάλιν χοῖνιξ ἡ ξυλίνη καὶ ἡ τοῦ σίτου καὶ χοῦς ὁ κεραμεοῦς καὶ ὁ τοῦ οἴνου. καὶ γὰρ χοίνικα ἐσθίομεν καὶ χοῦν πίνομεν οὐ τὴν ξυλίνην καὶ τὸν κεραμεοῦν, ἀλλὰ σίτου καὶ οἴνου. καὶ ὁ μὲν ἀριθμῶν ἀριθμὸς οὐδ' ἁρμόσειε τῷ χρόνῳ· διῃρημένος γάρ ἐστι καὶ οὐ συνεχής. ὁ δὲ ἀριθμούμενος δύναται καὶ συνεχὴς εἶναι, ὡς τὸ δόρυ τὸ ἐνδεκάπηχυ. καὶ τὸ ἀριθμούμενον δὲ διττόν, τὸ μὲν κατὰ τὸ ποσόν, ὡς λέγομεν δύο κινήσεις ἢ τρεῖς, τὸ δὲ κατὰ τὴν τάξιν, ὡς λέγομεν κατὰ τὴν προτέραν κίνησιν καὶ ὑστέραν. δεῖξαι οὖν βούλεται, ὅτι ἀριθμός ἐστι κινήσεως ὁ χρόνος καὶ ὡς ἀριθμούμενος καὶ ὡς κατὰ τὴν τάξιν ἀριθμούμενος. οὗτος γὰρ ἴδιος. ὁ γὰρ ἀριθμὸς κοινὸς καὶ κινήσεως καὶ βοῶν καὶ ἵππων. ὅτε οὖν ἔλεγε τὸ γὰρ ὁριζόμενον τῷ νῦν χρόνος εἶναι δοκεῖ, καὶ ὑποκείσθω ἐνεδείκνυτο, πῶς ἀριθμὸς κινήσεως ὁ χρόνος ἐστίν, ὅτι ὡς ἀριθμούμενον καὶ ὁριζόμενον, ἀλλ' οὐχ ὡς ἀριθμοῦν. τὸ γὰρ ἀριθμούμενον ἐν τῇ κινήσει καὶ οὕτως ὁριζόμενον ὡς ἄλλο καὶ ἄλλο τὸ πρότερον καὶ ὕστερον ἦν ἐν τῇ κινήσει, οὐχ ἡ κίνησις, εἴπερ ἄλλο καὶ ἄλλο δέδεικται τῆς κινήσεως τὸ πρότερον καὶ ὕστερον. ὁ γὰρ τοῦ προτέρου καὶ ὑστέρου τῆς κινήσεως ἀριθμὸς οὗτός ἐστιν ὁ χρόνος, οὐχ ὁ τῆς κινήσεως αὐτῆς. κινήσεων γὰρ ἀριθμός, ὡς εἴρηται, καὶ εἰ πολλοὶ ἅμα εἶεν κινούμενοι (ἢ ἐγὼ βαδίζων καὶ θερμαινόμενος καὶ αὐξόμενος ἢ τὰ μέρη αὐτὰ τῆς κινήσεως), ἀλλ' οὗτος ὁ ἀριθμὸς οὐκ ἔστι χρόνος, ἑκάστης μέντοι τούτων τῶν πολλῶν ἀναρίθμησις κατὰ τὸ πρότερον καὶ ὕστερον τοῦτο ἤδη χρόνος. οὐδὲ γὰρ οὐδὲ τὸ ἐν τῷ μεγέθει πρότερον καὶ ὕστερον· ὑπομένει γὰρ ἅμα τὰ ἐν ἐκείνῳ· τὰ δὲ τοῦ χρόνου οὐχ ὑπομένει.

Ἐπειδὴ δὲ ὑπὸ τοῦ χρόνου μετρεῖσθαι δοκοῦμεν (τοσῶνδε γὰρ λεγόμεθα ἐτῶν εἶναι καὶ τοσῶνδε ἡμερῶν ἡ ἑορτή), διὰ τοῦτό τινες μεταγράφουσι τὴν λέξιν, ὥς Ἀσπάσιός φησιν, οὕτως· ὁ δὲ χρόνος ἐστὶν οὐχ ὁ ἀριθμούμενος, ἀλλ' ᾧ ἀριθμοῦμεν. ἀλλὰ δῆλον ὅτι καὶ ὁ χρόνος ὑπὸ τοῦ μοναδικοῦ ἀριθμοῦ μετρεῖται· λέγομεν γάρ, πόσοι χρόνοι διεληλύθασιν. οὐδὲν δὲ ἴσως κωλύει ἀριθμητὸν ὄντα καὶ ἀριθμεῖν. καὶ τὴν ἐφεξῆς δὲ λέξιν ὁ Ἀσπάσιος οὕτως ἐκτίθεται· ἔστι δὲ ἕτερον οὐχ ᾧ ἀριθμοῦμεν ἀλλὰ | τὸ ἀριθμούμενον. καί φησιν ὅτι "ἐὰν δεχώ-

---

1 προβαίνῃς a   καὶ ὅτι F et Themistius: καὶ ὅταν E: ὅτι a   2 χρόνος om. a
6 καὶ ὡς E   8 κεραμεοῦς aF: κεράμειος E   10 immo οὐδ' ἂν   16 τὴν om. E
18 τῶν νῦν E   22 καὶ ἄλλο om. E   23 καὶ τοῦ ὑστέρου aF   27 ἑκάστης
F et ex ἕκαστος corr. E: ἡ ἑκάστης a   28 κατὰ om. F   33 post ὡς add. ὁ
aF   36 καὶ (post ὄντα) om. E   38 ὅτι om. F

μεθα εἶναι κυρίως ᾧ ἀριθμοῦμεν τὸν μοναδικόν, ἔστι λέγειν ἔτι οὐχ οἷόν 169ʳ
τε ἕτερον εἶναι ᾧ ἀριθμοῦμεν· τὴν γὰρ μονάδα πολλάκις λαμβάνομεν,
μονὰς δὲ μονάδος οὔτε γένει οὔτε εἴδει οὔτε ἀριθμῷ διαφέρει· τὸ γὰρ
ἀριθμῷ διαφέρον ἢ μορφῇ διοίσει ὡς Σωκράτης Πλάτωνος, ἢ τάξει ὡς
5 στιγμὴ στιγμῆς ἢ τὸ νῦν τοῦ νῦν τὸ πρότερον τοῦ ὑστέρου, ἢ θέσει ὡς 5
ἄνω καὶ κάτω, ἢ κατ' ἄλλην τινὰ τοιαύτην ἐπίνοιαν, ἅπερ ἐπὶ μονάδων
οὐκ ἔστιν. ἄμεινον δέ, φησί, τὸ νῦν λαμβάνειν ᾧ ἀριθμοῦμεν". μήποτε
δὲ τὸ ἀριθμοῦν πανταχοῦ τὸ αὐτὸ πλειόνων. ὁ μὲν οὖν τῶν λεγομένων
σκοπὸς τοιοῦτος.

10   Καλῶς δὲ πάντα σχεδὸν ἐξηγούμενος ὁ Ἀλέξανδρος τινὰ μικρὰ παρεμ-
βέβληκεν ἐπιστάσεως ἄξια· τοῦ γὰρ Ἀριστοτέλους ἐν ἀρχῇ τῆς προκει-
μένης ῥήσεως εἰπόντος, ὅτι τὸ πρότερον καὶ ὕστερον ἐν τόπῳ πρῶτόν ἐστιν,
αὐτός φησιν ἴσον εἶναι τοῦτο τῷ 'τὸ δὴ πρότερον καὶ ὕστερον ἐν 10
τόπῳ πρῶτόν ἐστι τουτέστιν ἐν τῷ μεγέθει τῷ κινουμένῳ'. "τῇ γὰρ
15 θέσει, φησί, τὸ ἐν τόπῳ ὅ ἐστι τὸ μέγεθος ἔχει τὸ πρότερον καὶ ὕστερον."
πῶς δὲ τοῦτο εἴρηται; τὸ γὰρ τῇ θέσει πρότερον καὶ ὕστερον ἐν τῷ τόπῳ
ἐστίν, ἀλλ' οὐκ ἐν τῷ μεγέθει τῷ ἐν τόπῳ. αἱ γὰρ θέσεις τοῦ μεγέθους
κατὰ τὴν κίνησίν εἰσιν, ἥτις ἀπὸ τοῦ τόπου ἔχει τὸ κατὰ τὴν θέσιν πρότερον
καὶ ὕστερον. οὐδέ εἰσιν ἅμα ἡ προτέρα καὶ ἡ ὑστέρα, ἀλλ' ἄλλοτε ἄλλην
20 τὸ μέγεθος μεταλαμβάνει. αἱ δὲ τοῦ τόπου ἅμα εἰσί. πῶς δ' ἂν ἐκ τοῦ 15
ἐν τῷ κινουμένῳ προτέρου καὶ ὑστέρου τῇ θέσει οἷον τῆς κεφαλῆς καὶ τῶν
ποδῶν τὸ τῆς κινήσεως πρότερον καὶ ὕστερον λαμβάνοιτο; μήποτε οὖν καὶ
ὅτε εἶπεν ὁ Ἀριστοτέλης, ὅτι ἐν τῷ μεγέθει τὸ πρότερον καὶ ὕστερόν
ἐστιν, οὐ τῷ κινουμένῳ μεγέθει εἶπεν, ἀλλὰ τῷ ἐφ' οὗ ἡ κίνησις.

25   Πρὸς δὲ τὰ ὑπὸ τοῦ Ἀριστοτέλους λεγόμενα ἀπορήσειεν ἄν τις πρῶτον
μέν, πῶς ἐν τῷ προτέρῳ καὶ ὑστέρῳ τῆς κατὰ τόπον κινήσεως τίθεται
τὸν χρόνον, ὡς δηλοῖ τὸ ἀπὸ τοῦ ἐν τόπῳ προτέρου καὶ ὑστέρου τὴν θέσιν 20
ἔχοντος ἐπὶ τὸ τῆς κινήσεως πρότερον καὶ ὕστερον μετελθεῖν, καίτοι τοῦ
χρόνου οὐκ ἐν τῇ τοπικῇ μόνῃ ἀλλ' ἐν πάσῃ κινήσει θεωρουμένου. δεύ-
30 τερον δὲ πῶς εἰπὼν ἐπειδὴ ἐν τῷ μεγέθει ἐστὶ τὸ πρότερον καὶ
ὕστερον, ἀνάγκη καὶ ἐν κινήσει εἶναι τὸ πρότερον καὶ ὕστερον
ἀνὰ λόγον τοῖς ἐκεῖ, χρόνον εἶπεν εἶναι τοῦτο τὸ πρότερον καὶ ὕστερον
τὸ καθ' ὁμοιότητα τοῦ μεγέθους ἐν τῇ κινήσει γινόμενον. καίτοι τὸ τοιοῦ-
τον κατὰ τὴν θέσιν ἂν εἴη, καὶ οὐ κατὰ τὸν χρόνον, ὅταν ἡ μὲν κατὰ τὸ
35 πρότερον τῇ θέσει μέγεθος ἐπιτελῆται, ἡ δὲ κατὰ τὸ ὕστερον. ὡς τῆς 25
Ἀθήνηθεν Θήβαζε κινήσεως πρῶτον τῇ θέσει τὸ πρὸς ταῖς Ἀθήναις. εἰ

---

1 post μοναδικὸν recte ἀριθμόν supplere videtur a   5 τῷ νῦν et τῷ πρότερον a
12 εἰπόντως compendiose E   13 τοῦτο aF: τούτῳ E   15 καὶ τὸ ὕστερον aF
19 ἡ (post καὶ) om. E   20 μεταλαμβάνειν F   22 καὶ (post οὖν) om. a   24 τῷ
ἐφ' E: τὸ ἐφ' aF   25 ὑπὸ τοῦ] ὑπ' a   27 πρότερον καὶ ὕστερον a   30 ἐπειδὴ]
ἐπεὶ δ' Aristoteles at cf. p. 718,24   31 ἀνάγκη — ὕστερον om. F   32 εἶναι
εἶπε a   τοῦτο] τοῦ F   34 οὐ om. E   35 ἐπιτελῆται E: ἐπινοῆται aF
τῆς] τοῖς compendiose E

δέ τι καὶ χρονικόν ἐστιν ἐν τῇ κινήσει πρότερον καὶ ὕστερον, μήποτε οὐκ ἀπὸ τοῦ μεγέθους ἐνδέδοται τοῦτο. ἀλλ' ἔοικε διττὸν εἶναι τὸ ἐν τῇ κινήσει πρότερον καὶ ὕστερον, τὸ μὲν ἀπὸ τοῦ τόπου, τὸ δὲ ἀπὸ τοῦ χρόνου. καὶ ὥσπερ πρότερον τοῦ τόπου τὴν ἔννοιαν ἔλεγε γίνεσθαι ἀπὸ τοῦ προτέ-
5 ρου καὶ ὑστέρου τοῦ ἐν τῇ κινήσει ὄντος κατὰ τὴν θέσιν, οὕτω καὶ τὸν χρόνον ἐννοεῖν ἡμᾶς βούλεται ἀπὸ τοῦ προτέρου καὶ ὑστέρου τοῦ ἐν τῇ κινήσει, οὐ τοῦ ἀπὸ τῆς θέσεως τοῦ μεγέθους ἐγγενομένου τῇ κινήσει, ἀλλὰ τοῦ ἀπὸ τῆς χρονικῆς παρατάσεως. μέση γὰρ οὖσα ἡ κίνησις τοῦ τε τόπου καὶ τοῦ χρόνου ἑκατέρωθεν προσλαμβάνει μέτρον ἤτοι ἀριθμὸν
10 τοῦ προτέρου καὶ ὑστέρου. ἀλλὰ κατὰ μὲν τὸν τόπον τοπίζεται, κατὰ δὲ τὸν χρόνον χρονίζεται· καὶ τοπίζεται μέν, καθόσον θέσιν ἔχει αὐτῆς ἡ διάστασις, χρονίζεται δέ, καθόσον ἐν ῥοῇ ἦν ἡ ὑπόστασις. οὔτε γὰρ εἰ θέσιν μόνην εἶχεν, ἐδεῖτο χρόνου (ἅμα γὰρ οὖσα ἐν τῷ νῦν ἂν ἦν), οὔτε εἰ ῥοὴν μόνην, ἐδεῖτο τόπου. τῆς γὰρ κατὰ τὴν θέσιν διαστάσεως μέτρον
15 ὁ τόπος ἦν. ὥστ' εἴ τις τὸν χρόνον ὁρίζοιτο ἀριθμὸν τοῦ προτέρου καὶ ὑστέρου τοῦ κατὰ τὸ εἶναι τὸ ῥέον τῆς κινήσεως ὥσπερ τὸν τόπον ἀριθμὸν τοῦ προτέρου καὶ ὑστέρου τοῦ κατὰ τὴν θέσιν τῆς διαστάσεως, οὐκ ἂν οἶμαι διαμαρτάνοι. ἐπειδὴ δὲ ὁ ἀριθμὸς διττός, ὁ μὲν ἀριθμητικὸς ἢ ἀριθμητὸς τοῦ ποσοῦ, ὅταν λέγωμεν ἓν δύο τρία, ὁ δὲ τακτικός, ὅταν λέ-
20 γωμεν πρῶτον δεύτερον τρίτον, τοιοῦτός ἐστιν ἀριθμὸς ὁ χρόνος· διὸ κατὰ τὸ πρότερον καὶ ὕστερον ἀφορίζεται. τί οὖν ἄρα ἐλλιπῶς ὁ ὅρος ἔχει μὴ προσκειμένου τοῦ κατὰ τὴν ῥοὴν ἢ τὴν τοῦ εἶναι παράτασιν προτέρου καὶ ὑστέρου τοῦ διακρίνοντος αὐτὸ πρὸς τὸ κατὰ τὴν θέσιν; ἢ ἄρα τὸ μὲν κατὰ τὴν θέσιν κατὰ συμβεβηκός ἐστιν ἐν τῇ κινήσει· διὰ γὰρ τὴν τοῦ
25 κινουμένου ἐν τῷ διαστήματι θέσιν δοκεῖ διεστάναι τε καὶ θέσιν ἔχειν ἡ κίνησις. καὶ διὰ τοῦτο παρεῖται. ἡ μέντοι κατὰ ῥοὴν παράτασις οὐσία τῆς κινήσεώς ἐστι. καὶ τοῦτο δὲ ὕστερον διοριζόμενος αὐτὸς λέγει ἑκάστου τὸ εἶναι μετρεῖσθαι ὑπὸ τοῦ χρόνου. τάχα οὖν σαφέστερον ἦν μὴ ἀπὸ τοῦ κατὰ τόπον προτέρου καὶ ὑστέρου τὸν χρόνον χαρακτηρίσαι μηδὲ λέγειν
30 ἐν τοῖς ἑξῆς, ὅτι ὅσον τὸ μέγεθος τοσαύτη ἡ κίνησις καὶ ὅση ἡ κίνησις τοσοῦτος ὁ χρόνος. ταῦτα γὰρ τὴν κατὰ τὴν θέσιν τῆς κινήσεως διάστασιν παραδίδωσιν, οὐ τὴν κατὰ χρόνον. ἀλλ' ἐκείνοις αὐτοῦ μάλιστα προσεκτέον, ἐν οἷς φησι τὴν κατὰ τὸ εἶναι παράτασιν ὑπὸ τοῦ χρόνου μετρεῖσθαι. καὶ ταῦτα μὲν πρὸς τὸ δεύτερον τῶν ἀπορηθέντων. πρὸς δὲ τὸ πρῶτον
35 λέγομεν, ὅτι κἂν πᾶσα κίνησις χρόνῳ μετρῆται, ἀλλ' ὥσπερ ἐναργεστέρα τῶν ἄλλων κινήσεών ἐστιν ἡ κατὰ τόπον, οὕτω καὶ ὁ χρόνος ἐναργέστερος

---

2 ἐνδίδοται F   4 post πρότερον add. ἀπὸ E   5 ὄντος—κινήσει (7) om. F qui τοῦ ἐν τῇ κινήσει (5)—τοῦ ἐν τῇ κινήσει (6) post ὑστέρου (10) iterabat, sed postea devit   9 ἑκατέρωθεν E: ἑκάτερον aF   11 αὐτῆς om. E   12 καθόσον aF: καθὸ E   ἐν ῥοῇ ἦν] ῥοὴν F   εἰ] εἰς E   16 inter κατὰ et τὸ εἶναι habet τὴν θέσιν τῆς διαστάσεως F   εἶναι τὸ om. a   17 τοῦ (ante κατὰ) om. F
18 ἢ] ὁ δ' a   19 ἓν—λέγωμεν om. E   26 ῥοὴν aF²: ῥοπὴν EF¹   27 ὕστερον Δ 12 p. 221 b 9   29 κατὰ τὸν τόπον aF   31 γὰρ τὴν E: γὰρ τὰ aF
36 ἐστι κινήσεων aF

ὁ ταύτῃ τῇ κινήσει συνὼν τοῦ ταῖς ἄλλαις κινήσεσι συνόντος χρόνου. μή- 169ʳ
ποτε δὲ ἀκριβέστερον σκοποῦντι καὶ αἱ ἄλλαι πᾶσαι κινήσεις οἷον αὔξησις
γένεσις ἀλλοίωσις ὑπὸ τοῦ χρόνου μετροῦνται τούτου τοῦ τῇ τοπικῇ κινήσει
συνόντος· ὥραις γὰρ καὶ ἡμέραις καὶ μησὶ καὶ ἐνιαυτοῖς | καὶ τῶν ἄλλων 169ᵛ
5 κινήσεων ὁρίζομεν τὴν παράτασιν.

Ὁ μέντοι Εὔδημος ἐν τῷ τρίτῳ τῶν Φυσικῶν τάδε γέγραφε· "περὶ δὲ
χρόνου τάχα ἄν τις ἀπορήσειε, τίνος ἢ ποίας κινήσεως ἀριθμός ἐστιν· οὐ
δὴ φαίνεται μιᾶς τινος, ἀλλ' ὁμοίως πάσης· παντὸς γάρ ἐστιν ὁμοίως
ἀριθμός, ἐν ᾧ τὸ πρότερον καὶ ὕστερον· τοῦτο δὲ κοινὸν τῆς κινήσεως·
10 ὥσπερ θνητοῦ ζῴου ἐπιστήμη οὐκ ἔστιν ἵππου οὐδὲ ἀνθρώπου οὐδὲ ἄλλου 5
τῶν εἰδῶν οὐδενός, ἀλλὰ τοῦ καθόλου, οὕτως οὐδὲ χρόνος τῆσδέ τινος κι-
νήσεως ἀριθμός, ἀλλ' ὁμοίως πάσης († ἔστη δὴ πανταχοῦ καὶ ὁμοίως ἂν
ἡτισοῦν κίνησις), οὐ μὴν ἀλλὰ πρώτως καὶ μᾶλλον τῆς προτέρας καὶ
ὁμαλωτέρας. ἐν ὡρισμένοις γὰρ γνωριμώτερος γίνεται". ταῦτα σαφῶς
15 οὕτω τοῦ Εὐδήμου γεγραφότος ἄξιον ἐπιστῆσαι τί τὸ καθόλου τοῦτο. εἰ
μὲν γάρ ἐστιν ἐν ὑποστάσει ἡ καθόλου κίνησις, διὰ τί μὴ καὶ ἄνθρωπος
καὶ ἵππος καὶ τῶν ἄλλων ἕκαστον; διὰ τί δὲ μὴ ὥσπερ ἡ κίνησις ἡ μὲν 10
καθόλου, ἡ δὲ ἴδιος, οὕτω καὶ ὁ χρόνος ὁ μὲν κοινός, ὁ δὲ ἴδιος; εἰ δὲ
τὸ καθόλου τῆς κινήσεως ἢ οὐδὲν ἢ ὕστερον, ὡς δὲ ἔχει ἡ κίνησις ἔχει
20 καὶ ὁ χρόνος, καὶ οὗτος ἄρα ἢ οὐδὲν ἢ ἐπινοίᾳ μόνον.

Ἐπειδὴ δὲ ἔδοξε τῷ Ἀλεξάνδρῳ μὴ τὴν αὐτὴν ἔννοιαν ἔχειν ὁ ὑπὸ
τοῦ Ἀριστοτέλους ἀποδοθεὶς ὁρισμὸς τοῦ χρόνου τοῖς εἰρημένοις ὑπὸ τοῦ
Πλάτωνος περὶ αὐτοῦ, φέρε καὶ τούτους παραβάλωμεν τοὺς λόγους· ὁ μὲν
γὰρ Ἀριστοτέλης ἀριθμὸν κινήσεως εἶπε τὸν χρόνον κατὰ τὸ πρότερον καὶ
25 ὕστερον, ὁ δέ γε Πλάτων τοῦ ἐν ἑνὶ μένοντος αἰῶνος "κατ' ἀριθμὸν ἰοῦσαν 15
αἰώνιον εἰκόνα" τὸν χρόνον φησί, τῷ μὲν "ἑνὶ" τὸ "κατ' ἀριθμὸν" ἀντι-
θείς, τῷ δὲ μένοντι τὸ κινούμενον, τῷ δὲ παραδείγματι τὴν εἰκόνα. καὶ
ὅρα ὅτι πάντων μάλιστα ὁ Ἀριστοτέλης καλῶς ἐνόησε τὴν τοῦ Πλάτωνος
ἔννοιαν περὶ τοῦ χρόνου. τὸ γὰρ "κατ' ἀριθμὸν ἰοῦσαν αἰώνιον εἰκόνα"
30 τί ἄλλο ἐστὶν ἢ τὸ κατ' ἀριθμὸν ὑποστῆναι τὸν χρόνον οὔτε τὸν παρα-
δειγματικὸν οὔτε τὸν μοναδικόν, ἀλλὰ τὸν εἰκονικὸν καὶ κατὰ τάξιν τῆς
κινήσεως, τουτέστι κατὰ τὸ πρότερον καὶ ὕστερον, θεωρούμενον. ὁ γὰρ 20
τοῦ κινουμένου ὡς κινουμένου ἴδιος ἀριθμὸς ἄλλοτε ἄλλο ἔχων τὸ πρότερον

---

2 αἱ (post καὶ) om. E   αὐξήσεις γενέσεις ἀλλοιώσεις E   4 γὰρ καὶ] καὶ initio
paginae iteravit F   6 Εὔδημος fr. 49 p. 71,15 Sp. cf. Aristoteles Δ 14 p. 223 ᵃ 29 sqq.
ἐν τρίτῳ E   7 ποίας] ποῦ F   12 ἔστη libri: ἔστι probabiliter Spengel, ἔστω
Brandis   δὴ] δὲ Laurent. 85,1   ἂν ἡτισοῦν aE: ᾗτι ἂν ἡτισοῦν F: ἡτισανοῦν
Spengel. in ἂν latere ἀριθμητὴ suspicor   18 ὁ (ante χρόνος) F: om. aE
20 καὶ (post ἔχει) om. E   21 ἔδειξε E¹   23 τούτους ut videtur E: τούτοις
aF   παραβάλλωμεν a   25 Πλάτων Tim. p. 37D μένοντος αἰῶνος ἐν ἑνὶ κατ'
ἀριθμὸν ἰοῦσαν αἰώνιον εἰκόνα τοῦτον ὃν δὴ χρόνον ὠνομάκαμεν   26 ἀντιθεὶς EF¹: ἀντι-
τιθεὶς aF²   28 ἐνόησε (altera ν in litura) E   τὴν om. E   29 ante ἰοῦσαν
habet οὔτε deletum E   33 ἄλλο μετ' ἄλλο F   ἔχων a et in ἔχον corr. E:
ἔχον F

καὶ ὕστερον καὶ εἰσάγει καὶ κατὰ τὴν τάξιν ἀφορίζεται. ταῦτα οὖν καλῶς 169ᵛ
θεασάμενος ὁ Ἀριστοτέλης καὶ ἐπὶ τὸ σαφέστερον ἐξηγούμενος ἀριθμὸν
κινήσεως εἶπε κατὰ τὸ πρότερον καὶ ὕστερον τὸν χρόνον. ὥστε εἰ τὸ "κατ'
ἀριθμόν" τὸ κατὰ τάξιν δηλοῖ, ὡς ὁ Ἀλέξανδρος ὑπενόησεν, οὐδὲν ἄλλο
5 δηλοῖ ἢ τὸ κατὰ τὸ πρότερον καὶ ὕστερον. οὗτος γάρ ἐστιν ὁ τακτικὸς
ἀριθμός, ὥσπερ ὁ μοναδικὸς τὸ ἓν δύο τρία. ὅρα δὲ πῶς καὶ τὸν αἰῶνα 25
καλῶς κατὰ τὴν Πλάτωνος ἔννοιαν ὁ Ἀριστοτέλης ἐνόησεν. ἐκείνου γὰρ
τὸ ἀίδιον διὰ τὸν αἰῶνα τὸ αὐτοζῷον ἔχειν λέγοντος, οὗτος ἀπὸ τοῦ ἀεὶ
εἶναι τὴν ἐπωνυμίαν εἰληφέναι φησίν, ἔχειν τε καὶ περιέχειν τὸν ἅπαντα
10 χρόνον τῷ ἐν ἑνὶ μένειν καλῶς ἑρμηνεύσας καὶ ἀπ' αὐτοῦ πᾶσι τὸ εἶναι
καὶ τὸ ζῆν ἐπιλάμπεσθαι. · τὸ δὲ πρῶτον μετέχον ζωῆς τὸ πρῶτόν
ἐστι ζῷον.

Ἐπειδὴ δὲ καὶ πρός τινα τῶν ἐνταῦθα λεγομένων ὁ πολυμαθέστατος
ἐνέστη Γαληνὸς λέγων τὸν χρόνον δι' ἑαυτοῦ δηλοῦσθαι, φέρε καὶ ταύτην 30
15 τὴν ἔνστασιν προβαλλώμεθα. "πολλὰ γὰρ ἐξαριθμησάμενος σημαινόμενα
τοῦ προτέρου καὶ ὑστέρου τὰ μὲν ἄλλα οὐκ ἐφαρμόζειν φησὶ τῷ ὁρισμῷ,
τὸ κατὰ χρόνον δὲ μόνον· ὥστε εἶναι τὸν χρόνον ἀριθμὸν τῆς κινήσεως
κατὰ χρόνον." ταύτην δὲ τὴν ἔνστασιν διὰ δυεῖν ἐπιχειρημάτων λύειν
προθέμενος ὁ Θεμίστιος· "ἰστέον, φησίν, ὅτι τὸ πρότερον καὶ ὕστερον ἐν
20 κινήσει οὐ διὰ τὸν χρόνον τὸ μὲν πρότερόν ἐστι τὸ δὲ ὕστερον, ἀλλ' αὐτὸ
μᾶλλον ποιεῖ τὸ ἐν χρόνῳ πρότερόν τε καὶ ὕστερον. γίνεται δὲ ἐκ τοῦ 35
κατὰ μέγεθος καὶ τὴν θέσιν, παρ' οὗ καὶ τὸ συνεχὲς ἔχει. καὶ διὰ τοῦτο
διαρρήδην φησὶν Ἀριστοτέλης τὸ δὴ πρότερόν τε καὶ ὕστερον ἐν
τόπῳ πρῶτόν ἐστιν. ἐνταῦθα μὲν δὴ τῇ θέσει, ἐπειδὴ δὲ ἐν
25 τῷ μεγέθει, ἀνάγκη καὶ ἐν κινήσει". πρὸς δὴ ταῦτα εἴποι ἂν ὁ
Γαληνός, ὅτι τὸ ἐν τῇ κινήσει πρότερον καὶ ὕστερον τὸ ἀκολουθοῦν τῷ ἐν
τῷ μεγέθει ἐφ' οὗ ἡ κίνησις προτέρῳ καὶ ὑστέρῳ κατὰ τὴν θέσιν μάλιστά
ἐστι· τοιοῦτον γὰρ ἦν καὶ τὸ ἐν τῷ μεγέθει πρότερον καὶ ὕστερον. ἄλλο
δὲ τὸ κατὰ τὸν χρόνον, ὡς εἴρηται, πρότερον, συνυπάρχον μὲν τῷ ἐν τῇ 40
30 κινήσει προτέρῳ καὶ ὑστέρῳ, οὐ κατὰ τὴν θέσιν δὲ τὸ πρότερον καὶ ὕστερον

---

1 καὶ (post ὕστερον) om. aF   τὴν om. a   2 καὶ (ante ἐπὶ) om. aF
ἐξηγούμενος aF: ἐξηγημένος E: fortasse ἐξηγησάμενος   3 post ὕστερον ex v. 5 οὗτος—
μοναδικὸς τὸ iteravit, sed delevit F   5 ἢ om. F   6 δύο ἢ τρία aF   πῶς
aF: ὅπως E   7 ἐκείνου Platonis l. c. p. 37ᴅ   8 αὐτὸ ζῷον libri   λέγειν
ἔχοντος aF   οὗτος Aristoteles de caelo A 9 p. 279ᵃ27   αἰεὶ a   10 τῷ]
fortasse τὸ   14 Γαληνὸς cf. Themistius p. 321,16 sqq. Sp. unde pendet Simplicius
γαληνὸς iteravit E   δηλοῦσθαι] ἀφορίζεσθαι Themistius   ταύτην sic E
15 προβαλώμεθα aF   πολλὰ κτλ. ex Themistio l. c.   16 τοῦ προτέρου καὶ ὑστέ-
ρου σημαινόμενα a at cf. Themistius   17 τῆς om. aF   18 κλύειν E
19 Θεμίστιος p. 321,21   ὅτι om. E   καὶ τὸ ὕστερον Themistius   20 αὐτὸ]
αὐτὰ Themistius   22 διὰ om. Themistius   24 ἐπειδὴ δὲ sic E ut Themistius:
ἐπειδὴ F: ἐπεὶ δὲ a   25 post μεγέθει omissum τὸ πρότερον   26 τῇ (post
ἐν) om. aF   καὶ ὕστερον Aristotelis   29 πρότερον p. 716,8 sqq.
τῇ om. F

ἔχον, ἀλλὰ κατὰ τὴν τοῦ εἶναι παράτασιν, ἄλλο τοῦτο ἓν παρὰ τὸ 169ᵛ κατὰ τὴν θέσιν τὴν ἀπὸ τοῦ μεγέθους ἐγγενομένην τῇ κινήσει. δευτέραν δὲ λύσιν ἐπάγων φησίν· "ἀλλὰ καὶ δεδόσθω μηδὲν ἄλλο σημαίνειν τὸ πρότερόν τε καὶ ὕστερον ἢ τὸ κατὰ χρόνον, ὡς οἴεται. τί οὖν ἄτοπον ἐκ
5 τοῦδε συμβαίνει; οὐδὲ γὰρ ἡμεῖς ἄλλο τι λέγομεν εἶναι τὸν χρόνον ἢ τὸ πρότερόν τε καὶ ὕστερον ἐν κινήσει· πᾶσα δὲ ἀνάγκη ταὐτὸν σημαίνειν 45 τοὺς ὁρισμοὺς τοῖς ὀνόμασιν. ὥστε λανθάνει τοῦτο μεμφόμενος τοῦ λόγου, δι' ὃ μᾶλλον ἐχρῆν αὐτὸν ἀποδέχεσθαι." καὶ πρὸς τοῦτο δὲ ἂν ὁ Γαληνὸς εἴποι, ὅτι εἰ μὲν ἓν ἦν τὸ ἐν τῇ κινήσει πρότερον καὶ ὕστερον τῷ κατὰ τὸν
10 χρόνον, καλῶς ἂν ἐλέγετο τοῦτο εἶναι χρόνος τὸ ἐν τῇ κινήσει πρότερον καὶ ὕστερον, καὶ οὐκ ἂν ἦν δι' ἑαυτοῦ δεικνύμενος ὁ χρόνος. εἰ δὲ ἄλλο μὲν τὸ κατὰ τὴν θέσιν οὐκ ὂν χρονικόν, ἄλλο δὲ τὸ κατὰ τὸν χρόνον, ἀνάγκη λέγειν, ὅτι χρόνος ἐστὶ τὸ ἐν τῇ κινήσει πρότερον καὶ ὕστερον τὸ 50 κατὰ τὸν χρόνον. μήποτε οὖν εἴ τις τὸ πρότερον καὶ ὕστερον λάβῃ τὸ
15 κατὰ τὴν τοῦ εἶναι παράτασιν, ἀλλ' οὐ τὸ κατὰ τὴν θέσιν, καὶ σημαίνεται ὁ χρόνος καὶ οὐ δι' ἑαυτοῦ σημαίνεται. καὶ τὸ ὄνομα αὐτοῦ ⟨οὐ⟩ τῷ προτέρῳ καὶ ὑστέρῳ ἁπλῶς τὸ αὐτὸ ἔσται, ἀλλὰ τῷ τοιῷδε προτέρῳ καὶ ὑστέρῳ, ὅπερ ἐστὶν ὁ ὁρισμός. ἐπειδὴ δὲ διχῶς εἰπὼν εἶναι τὸν ἀριθμὸν τρία ἀπηριθμήσατο τὸ ἀριθμούμενον καὶ τὸ ἀριθμητὸν καὶ |
20 ᾧ ἀριθμοῦμεν, παντὶ πρόδηλον ὅτι τὸ ἀριθμούμενον καὶ τὸ ἀριθμητὸν 170ʳ τὸ αὐτό ἐστι.

p. 219ᵇ9 **Καὶ ὥσπερ ἡ κίνησις ἀεὶ ἄλλη καὶ ἄλλη, καὶ ὁ χρόνος. ὁ δ' ἅμα πᾶς χρόνος ὁ αὐτός.**

Δείξας ὅτι ὁ χρόνος κινήσεώς τί ἐστιν (τὸ γὰρ ἀριθμητὸν τῆς κινή-
25 σεώς ἐστι τὸ κατὰ τὸ πρότερον καὶ ὕστερον) πιστοῦται τὴν συγγένειαν αὐτῶν καὶ ἐκ τῆς ῥοῆς κοινῆς οὔσης τῇ τε κινήσει καὶ τῷ χρόνῳ. ὡς 5 γὰρ ἡ κίνησις ἀεὶ ἄλλη καὶ ἄλλη οὐχ ὑπομενούσης τῆς πρώτης ἀλλὰ φθειρομένης, οὕτω καὶ τοῦ χρόνου τὸ πρότερον ἀεὶ φθείρεται ἐπιγινομένου τοῦ ὑστέρου. δῆλον δὲ ὅτι οὐ τὸ χρονικὸν μόνον τῆς κινήσεως οὐχ ὑπο-
30 μένει τοῦτο, ἀλλὰ καὶ τὸ κατὰ τὴν θέσιν, καὶ γὰρ ἐν τούτῳ τοῦ προτέρου φθειρομένου τὸ ὕστερον ἐπιγίνεται. καίτοι τοῦ μεγέθους αὐτοῦ, ἐφ' οὗ ἡ κίνησις γίνεται, τὸ πρότερον καὶ ὕστερον ὑπομένει ἅμα. μόνοις γὰρ τοῖς ἐν τῷ γίνεσθαι τὸ εἶναι ἔχουσιν ὑπάρχει τὸ τοῦ προτέρου ἀεὶ φθειρομένου τὸ ὕστερον ἐπιγίνεσθαι. τὸ ἐν κινήσει οὖν πρότερον καὶ ὕστερον, 10

---

3 φησίν Themistius p. 322,1   4 ὕστερον ἐν κινήσει Themistius   τὸ (post ἢ) om. aF   κατὰ τὸν χρόνον aF   οὖν] δὲ Themistius   9 ἓν ἦν aE: ἦν F   τῇ E: om. aF   τῷ—ὕστερον (11) om. F   τῷ E: τὸ a   10 ἂν om. E   14 καὶ τὸ ὕστερον F   16 οὐ post αὐτοῦ addidi, post ὑστέρῳ a   17 ἁπλῶς τὸ αὐτὸ ἔσται E: "τὸ αὐτὸ ἔσται "ἁπλῶς F: τὸ αὐτὸ ἁπλῶς ἔσται a   18 εἶναι] ὅτι E   22 ἄλλη καὶ ἄλλη a cf. v. 27: ἄλλη EF   23 ὁ δ' ἅμα a cf. f. 170ᵛ17: οὐδ' ἅμα F: ἅμα δὲ E   24 ὁ om. E   ἐστιν om. E   33 τὸ (ante τοῦ) om. E

οὐχὶ τὸ κατὰ τὴν θέσιν αὐτῆς, ἀλλὰ τὸ κατὰ τὴν τοῦ εἶναι παράτασιν, 170ʳ
τοῦτό ἐστιν ὁ χρόνος, οὐχ ᾗ κίνησις, ἀλλ' ᾗ πρότερον καὶ ὕστερον τοιοῦτο.
τὸ γὰρ κατὰ τὴν θέσιν τῆς κινήσεως πρότερον καὶ ὕστερον, καθ' ὃ τῷ
Ἀθήνηθεν εἰς Θήβας βαδίζοντι πρώτη κίνησίς ἐστιν ἡ πρὸς ταῖς Ἀθήναις,
5 τοῦτο τὸ πρότερον καὶ ὕστερον, κἂν ἐν τῷ γίνεσθαι αὐτῷ τὸ εἶναι ἔχῃ,
ἀλλὰ κατὰ τὴν πρὸς τὴν θέσιν ἀναφορὰν θεωρούμενον τὴν ὑπομένουσαν
ὑπομένειν πως δοκεῖ, ὅταν καὶ ἡ κίνησις ὡς συμπαρατεταμένη θεωρῆται
τῷ μεγέθει ἐφ' οὗ ἡ κίνησις. ὅταν δὲ κυρίως ὡς κίνησις θεωρῆται κατὰ
τὸ ῥέον καὶ τὸ ἐν τῷ γίνεσθαι τὸ εἶναι ἔχον, τότε τὸ μὲν παρεληλυθὸς
10 ἴσχουσα τὸ δὲ μέλλον χρονίζεται· εἰπὼν δὲ τὴν κοινωνίαν τοῦ χρόνου πρὸς
τὴν κίνησιν εἰκότως ἐπάγει καὶ τὴν διαφοράν· καὶ γὰρ ἡ μὲν κίνησις οὐ
μόνον ἡ προτέρα τῆς μετ' αὐτὴν ἄλλη, ὅπερ κοινὸν ὑπάρχει καὶ τῷ
χρόνῳ, ἀλλὰ καὶ αἱ ἅμα οὖσαι διαφέρουσιν ἀλλήλων, αἱ μὲν καὶ τῷ εἴδει,
εἰ τὸ μὲν φέροιτο τὸ δὲ αὔξοιτο τὸ δὲ ἀλλοιοῖτο, αἱ δὲ τῷ ἀριθμῷ μόνον,
15 εἰ πλείω ἅμα φέροιτο ἢ αὔξοιτο ἢ ἀλλοιοῖτο· ἡ γὰρ κίνησις ἐν τῷ κινου-
μένῳ. ὥστε ὅσα τὰ κινούμενα, τοσαῦται καὶ αἱ κινήσεις. ὁ μέντοι χρόνος
πανταχοῦ ὁ αὐτός ἐστι κατά τι τοῦ ταὐτοῦ σημαινόμενον, καὶ οὐ διαφέρει
χρόνος χρόνου. οὐδὲ γὰρ ἡ διαφορὰ ἐκείνων, παρ' οἷς ἐστιν ὁ χρόνος,
εἴτε κατ' εἶδός ἐστιν εἴτε κατ' ἀριθμόν, τοῦ χρόνου διαφορά ἐστι (καὶ γὰρ
20 τὰ ἐν Ἀθήναις καὶ τὰ ἐν Κορίνθῳ ἐν τῷ αὐτῷ χρόνῳ ἐστί), διότι οὐχ
ὡς ἑκάστου κινουμένου ἰδία τίς ἐστι κίνησις, οὕτως ἑκάστης κινήσεως
ἀφωρισμένης ἀριθμός ἐστιν ὁ χρόνος, ἀλλὰ πασῶν ὡς μιᾶς. ἓν γὰρ καὶ
ταὐτὸν ἐν πάσαις ταῖς ἅμα γινομέναις τὸ πρότερόν τε καὶ ὕστερον. καθὸ
τοιοῦτον. οὐ γὰρ καθὸ ἡ μὲν ἐν τῷδέ ἐστιν ἡ δὲ ἐν τῷδε, οὐδὲ καθὸ
25 ἡ μὲν φορά ἐστιν ἡ δὲ αὔξησις ἡ δὲ ἀλλοίωσις τὸ πρότερον καὶ ὕστερον
ἔχουσιν, ἀλλὰ κατὰ τὸ κοινὸν καθὸ κίνησις. διὸ καὶ ὁμήλικα λέγεται, ὅτι
ἅμα ἐν τῷ αὐτῷ χρόνῳ ἐστίν, ὥσπερ καὶ πεντὰς ἡ αὐτή, κἂν τὰ ἐν οἷς
ἡ διαφέρῃ. μόνη δὲ διαφορὰ κατὰ χρόνον ἐστὶ παρὰ τὴν τῶν νῦν ἑτερό-
τητα. ἐν γὰρ τῇ τούτων λήψει τῷ χρόνῳ τὸ εἶναί ἐστιν, ὅταν τὸ μὲν
30 πρότερον ληφθῇ, τὸ δὲ ὕστερον. εἰ δὲ ἡ ἐν τῷ νῦν διαφορὰ τὴν ἐν χρόνῳ
διαφορὰν ποιεῖ, ἔσται καὶ ἡ ἐν χρόνῳ διαφορὰ κατὰ τὸ πρότερον καὶ ὕστε-
ρον μόνον, τοῦ δὲ ἅμα ὄντος χρόνου οὐκ ἔστι τὸ μὲν πρότερον τὸ δὲ
ὕστερον· ὥστε οὐδὲ διαφέρει ὁ ἅμα ὢν χρόνος.

Πρὸς δὴ ταῦτα ἀπορῶν τις ἂν οἶμαι λέγοι, ὅτι εἰ μὲν ἦν ὁ χρόνος
35 ἀριθμὸς ὡς ἀριθμῶν, τάχα ἂν ἦν εἷς καὶ ὁ αὐτός· ἐπεὶ δὲ ὡς ἀριθμού-
μενος, οὗτος δέ ἐστιν ὁ ἤδη καταταχθεὶς καὶ ἐν μεθέξει γεγονώς, πῶς

---

3 τῷ] τὸ E   6 τὴν (post πρὸς) om. E   11 καὶ (post ἐπάγει) om. aF   13 αἱ (post αἱ) om. F   14 φέροιτο F cf. v. 25: φθείροιτο aE itemque v. 15   ἀλλοιοῦτο E
15 post ἀλλοιοῦτο iterabat αἱ δὲ τῷ ἀριθμῷ μόνον sed delevit F   16 καὶ om. E
17 ὁ αὐτός ἐστι πανταχοῦ a   18 οὐδὲ aF: οὐ   ἡ φορά E   ὁ χρόνος] ἐκεῖ-
νος E   21 ἑκάστης ex ἐκείνης corr. E   22 ἀφωρισμένης aF: ἀφωρισμένος E
25 τὸ (ante πρότερον) om. aF   28 ᾗ] ἢ E: om. F: ἔστι a   δὲ ἡ διαφορά
aF   τῶν om. F   33 οὐδὲ] οὐ a

οἷόν τε τὸν αὐτὸν εἶναι. εἰ δὲ κατὰ τὸ κοινὸν καθὸ χρόνος, διὰ τί μὴ 170ʳ
καὶ ἡ κίνησις καθὸ κίνησις ἡ αὐτὴ ἂν εἴη; εἰ δὲ καὶ ἡ κίνησις καὶ τὸ
ἄλλο καὶ ἄλλο ἔχει καὶ τὸ κοινόν, πρῶτον μὲν τί τὸ κοινὸν λεγέτωσαν οἱ
τὰ κοινὰ ἢ οὐδὲν ἢ ὕστερον λέγοντες. ἔπειτα διὰ τί μὴ καὶ χρόνος ὁ
5 μὲν κοινός, ὁ δὲ ἴδιος; λύοι δ' ἄν τις τὴν ἀπορίαν οἶμαι λέγων, ὅτι οὐ
πάσης κινήσεως ἀριθμός ἐστιν ὡς ἀριθμητὸς ὁ χρόνος κατὰ ταύτην τὴν 40
ὑπόθεσιν οἷον καὶ τῆς ἐμῆς βαδίσεως καὶ τῆς σῆς λευκάνσεως. ἐπεὶ οὕτω
γε οὐκ ἂν ἦν ἀδιάφορος οὐδὲ ἅμα καθ' ἓν νῦν ἀφοριζόμενος ὁ χρόνος.
ἀλλὰ τῆς πρώτης καὶ ἁπλῆς τοῦ οὐρανοῦ κινήσεως ἀριθμητὸν ὁ χρόνος ὢν
10 κατὰ τὸ ἐκείνης πρότερον καὶ ὕστερον ἀριθμεῖ τὰ ἐν ταῖς διαφόροις κινή-
σεσι πρότερα καὶ ὕστερα καθ' ἓν τὸ οἰκεῖον νῦν. διὸ καὶ ἅμα πανταχοῦ
ὁ αὐτὸς χρόνος. καὶ αὐτὸς δὲ ὁ Ἀριστοτέλης προϊὼν τὸ νῦν οὐκ ἀριθμη- 45
τὸν μόνον ἀλλὰ καὶ ἀριθμοῦν θήσεται, ὅταν λέγῃ "ᾗ μὲν οὖν πέρας τὸ
νῦν, οὐ χρόνος, ἀλλὰ συμβέβηκεν· ᾗ δὲ ἀριθμεῖ". καὶ εἰ τοῦτο οὕτως
15 ἔχει, καθὸ μὲν ἀριθμεῖ ἀδιάφορος ἔσται, καθὸ δὲ ἀριθμεῖται διάφορος.
μήποτε δὲ συμφωνότερον τῷ Ἀριστοτέλει λέξομεν, ὅτι αἱ διάφοροι κινήσεις
κἂν καθὸ κινήσεις τοιαίδε διαφέρωσιν ἀλλήλων ἢ τῷ εἴδει ἢ τῷ ἀριθμῷ,
ἀλλὰ τό γε κοινὸν τῆς κινήσεως τὸ ἐν τῷ γίνεσθαι τὸ εἶναι ἔχον καὶ
κατατεταγμένον, καθ' ὃ τὸ πρότερον αὐτῶν καὶ ὕστερον τὸ κατὰ τὴν τοῦ 50
20 εἶναι παράτασιν λαμβανόμενον καθ' ὃ καὶ ὁ χρόνος ἀφορίζεται, ἓν καὶ τὸ
αὐτό ἐστι πανταχοῦ. τὸ γὰρ πρότερον τῆς ἐμῆς βαδίσεως καὶ τῆς σῆς
λευκάνσεως ὡς κινήσεως εἰ ἅμα εἴη, ἐν τῷ αὐτῷ νῦν ἔσται. ὁμοίως δὲ
καὶ τὸ ὕστερον ἐν τῷ αὐτῷ τῷδε τῷ κατὰ τὸ πέρας τοῦ βιβλίου δηλου-
μένῳ. κἂν γὰρ μὴ ἐξῃρημένον που καθ' αὑτὸ ᾖ τὸ κοινὸν τῆς κινήσεως,
25 ἀλλὰ κατατεταγμένον, φυλάττον γε | ὅμως τὴν κοινότητα, πανταχοῦ τὸ 170ᵛ
αὐτό ἐστι. κατ' ἐκεῖνο γὰρ οὐδὲ εἰς ἀριθμὸν οὔπω διῄρηνται αἱ κινήσεις.

p. 219ᵇ 10   Τὸ γὰρ νῦν τὸ αὐτὸ ὅ ποτε ἦν ἕως τοῦ ἔστι δὲ ὡς οὐ 15
τὸ αὐτό· καὶ γὰρ καὶ τὸ φερόμενον.

Εἰπὼν ὅτι καὶ κοινωνεῖ τῇ κινήσει ὁ χρόνος τῷ γίνεσθαι καὶ φθεί-
30 ρεσθαι καὶ αὖ πάλιν διαφέρει, ὅτι αἱ μὲν κινήσεις διαφέρουσιν ἀλλήλων,
"ὁ δὲ ἅμα πᾶς χρόνος ὁ αὐτός", αἰτίαν τούτου φησὶ τὸ τὸ νῦν τὸ αὐτὸ
εἶναι τῷ ὑποκειμένῳ (τοῦτο γὰρ σημαίνει τὸ ὅ ποτε ἦν)· ὡς γὰρ ἐπὶ
τοῦ προτέρου καὶ ὑστέρου ἔλεγεν, ὅτι "ὃ μέν ποτε ὂν κίνησίς ἐστι", τὸ
δὲ εἶναι αὐτῷ ἄλλο καὶ οὐ κίνησις, οὕτω καὶ περὶ τοῦ νῦν εἶπεν, ὅτι τῷ 20
35 μὲν ὑποκειμένῳ ἕν τι καὶ ταὐτόν ἐστι, τῷ δὲ λόγῳ διάφορον, καθόσον τὸ
μὲν πρότερόν ἐστι τὸ δὲ ὕστερον· κατὰ τοῦτο δὲ τὸ πρότερον καὶ ὕστερον

---

1 οἷόν τε aF: οἴονται E   2 ἂν om. E   καὶ (post δὲ) om. F   3 μὲν τί]
μέντοι F   12 ὁ om. E   13 λέγῃ Δ 11 p. 220ᵃ 21   14 post ἀριθμεῖ for-
tasse addendum ex Aristotele ἀριθμός   17 διαφέρουσιν E   23 τὸ κατὰ F
πέρας τοῦ βιβλίου] Δ 14 p. 224ᵃ 2 sqq.   24 ᾖ] ἢ E   26 εἰς ἀριθμὸν aF:
ἰσαρίθμῳ E   29 καὶ (post ὅτι) om. aF   31 τὸ alterum ante νῦν om. F
33 ἔλεγεν p. 219ᵃ 20   36 καὶ τὸ ὕστερον aF

τὸ εἶναι ἔχει καὶ μέτρον χρόνου ἐστὶ τὸ νῦν, καθ' ὃ μετρεῖται ὁ χρόνος 170ʳ
ὡς ἄλλο καὶ ἄλλο ὄν, ὥσπερ κατὰ τὴν μονάδα μετρεῖται ὁ ἀριθμός. εἰ-
κότως οὖν καὶ ἡ τοῦ χρόνου διαφορὰ καὶ ταυτότης κατὰ τὴν τῶν νῦν δια-
φορὰν καὶ ταυτότητα λαμβάνεται. καὶ ὁ αὐτὸς μὲν ἔσται χρόνος ὁ ἀπὸ
5 τῶν ἀδιαφόρως λαμβανομένων νῦν ὁριζόμενος, κἂν ἐν διαφόροις ᾖ κινή- 25
σεσιν, οἷον ἡ αὐτὴ σήμερον ἡμέρα, ἐν ᾗ τὸ μὲν αὔξεται, τὸ δὲ λευκαίνε-
ται, τὸ δὲ περιπατεῖ, τὰ αὐτὰ νῦν ἔχουσα τό τε ἐν ἀρχῇ καὶ τὸ ἐν τῷ
τέλει. ἐὰν δὲ διαφέροντα ληφθῇ τὰ νῦν τῷ τὰ μὲν πρότερα εἶναι, τὰ δὲ
ὕστερα, διάφορος ἂν εἴη καὶ ὁ χρόνος. ὁ οὖν ἅμα ὢν χρόνος ὑπὸ τῶν
10 αὐτῶν καὶ ἀδιαφόρων νῦν ὁριζόμενος, οὐκ ἂν διαφέροι.

Ἀσάφειαν δὲ μικρὰν ἡ λέξις ἔχειν δοκεῖ τοῦ Ἀριστοτέλους παρὰ τὴν
ἑαυτοῦ συνήθειαν τὸ αὐτὸ διαφόρως ἑρμηνεύσαντος ἢ μᾶλλον τὸ πρότερον
διὰ τοῦ ἐφεξῆς σαφηνίζοντος. εἰπὼν γὰρ τὸ γὰρ νῦν τὸ αὐτὸ ὅ ποτε 30
ἦν· τὸ δὲ εἶναι αὐτῷ ἕτερον εἶτα ἐπαγαγὼν ὅτι τὸ νῦν τὸν χρόνον
15 μετρεῖ, καθὸ πρότερον καὶ ὕστερον, βουλόμενος σαφηνίσαι πῶς ἕτερον τὸ
νῦν, πάλιν τὸ διαιρετικὸν ὅλον τέθεικεν εἰπὼν τὸ δὲ νῦν ἔστι μὲν ὡς
τὸ αὐτό, ἔστι δὲ ὡς οὐ τὸ αὐτό. ᾗ μὲν γὰρ ἐν ἄλλῳ καὶ ἄλλῳ
ἕτερον, τοῦτο δὲ ἦν αὐτῷ πρώτῳ καὶ ὑστέρῳ λέγειν· εἶτα πάλιν ἐπή-
γαγεν ὃ δέ ποτε ὂν τὸ νῦν ἐστι, τὸ αὐτό, ὅπερ ταὐτόν ἐστι τῷ τὸ
20 γὰρ νῦν τὸ αὐτὸ ὅ ποτε ἦν. οὐκ ὂν δὲ ἀναμφίλεκτον οἶμαι τοῦτο τὸ 35
νῦν ταὐτὸν μὲν εἶναι τῷ ὑποκειμένῳ, τῷ δὲ λόγῳ ἕτερον κατὰ τὸ ἐν ἄλλῳ
καὶ ἄλλῳ λαμβανόμενον πρότερον καὶ ὕστερον γίνεσθαι, κατασκευάζειν πει-
ρᾶται διὰ τῆς πρὸς τὰ σύστοιχα αὐτῷ ἀκολουθίας· ἀκολουθεῖν μὲν γὰρ
ἐλέγετο πρότερον τῷ μὲν μεγέθει ἡ κίνησις, τῇ δὲ κινήσει ὁ χρόνος, διότι
25 ὅσον τὸ μέγεθος τὸ ἐφ' οὗ ἡ κίνησις, τοσαύτη ἡ κίνησις, ὅση δὲ ἡ κίνη-
σις, τοσοῦτος καὶ ὁ χρόνος τὸ ἀριθμητὸν ὢν τῆς κινήσεως. τούτων δὲ
ἀκολουθούντων ἀκολουθήσει καὶ τὰ τούτων γεννητικὰ ἀλλήλοις. ἔστι δὲ
τοῦ μὲν μεγέθους ἡ στιγμὴ γεννητική, εἴ γε ἡ γραμμὴ ῥύσις στιγμῆς, καὶ 40
πρῶτον μέγεθος ἡ γραμμή, τῆς δὲ κινήσεως τὸ φερόμενον ποιητικὸν καὶ
30 τοῦ χρόνου τὸ νῦν. ὡς οὖν ἡ αὐτὴ στιγμὴ ῥυϊσκομένη ποιεῖ τὸ μέγεθος,
ἀλλ' οὐ παρατιθεμένη πρὸς ἄλλην στιγμήν, καὶ τὸ αὐτὸ φερόμενον ποιεῖ
τὴν κίνησιν, οὕτω καὶ τὸ νῦν τὸ αὐτὸ ὂν κατὰ τὸ ὑποκείμενον τῷ πρότε-
ρον καὶ ὕστερον ἀριθμούμενον λαμβάνεσθαι τὸν χρόνον ὁρίζει τε καὶ
ποιεῖ.
35 Ὅτι δὲ οὕτως ἔχει τὸ νῦν ἀπὸ τοῦ ἐναργεστέρου κατασκευάζει τοῦ
κινουμένου, καὶ ὅτι μὲν ἐναργέστερον τοῦτ' ὑπέμνησε διὰ τοῦ καὶ τὴν κί- 45

---

2 καὶ ἄλλο om. E   μετρεῖται om. F   4 ὁ (ante ἀπὸ) om. F   7 τὸ ἐν ante
τῷ supra add. E   10 ἀδιαφόρων] διαφόρων a   13 ἑξῆς a   σαφηνίσαντος a
18 τούτῳ F   δὲ ἦν aE: γὰρ ἦν F   πρώτῳ] προτέρῳ emendator Ambrosiani
λέγειν aE: om. F: εἶναι emend. Ambros.   19 ἐστι post ὂν positum in Ari-
stotele   ὅπερ—τὸ αὐτό (20) om. F   20 τοῦτο τὸ] τὸ τὸ a   21 ἐν
om. E   23 μὲν om. E   25 τοσαύτη—κίνησις (26) om. aF   26 ὢν E: ὂν
aF   27 τούτων om. F   28 ῥύσις στιγμῶν F

νησιν ἡμᾶς τούτῳ γνωρίζειν καὶ τὸ πρότερον ἐν αὐτῇ καὶ ὕστερον. τῷ 170ᵛ
γὰρ φερόμενον κατ' ἄλλο καὶ ἄλλο τοῦ ὑποκειμένου γίνεσθαι μέρος καὶ
τὴν κίνησιν γνωρίζομεν καὶ τὸ πρότερον καὶ ὕστερον τό τε ἐν τῇ κινήσει
καὶ τὸ ἐν τῷ χρόνῳ. ὅτι δὲ τὸ αὐτὸ τῷ ὑποκειμένῳ ἐστὶ τὸ κινούμενον
5 ὡς ἐναργὲς λαμβάνει, ὅτι ἡ στιγμή ἐστιν ἢ λίθος ἤ τι ἄλλο τοιοῦ-
τον. καὶ ὅτι μὲν ὁ λίθος ὁ αὐτός ἐστι, πρόδηλον, κἂν ἄλλοτε ἐν ἄλλῳ
γίνηται τόπῳ. ὅτι δὲ καὶ ἡ στιγμὴ ἡ αὐτὴ ἐν τῇ ῥύσει, δῆλον εἴπερ 50
συνεχές ἐστι τὸ γινόμενον καὶ οὐ κατὰ ἐπαφὴν στιγμῶν συνίσταται. ἀλλὰ
τῷ προτέρῳ μένοντι συνυφαίνεται τὸ ἐφεξῆς κατὰ τὴν τῆς μιᾶς στιγμῆς
10 ῥύσιν. τῷ δὲ λόγῳ διαφέρει ὁ φερόμενος λίθος τῷ κατ' ἄλλο καὶ ἄλλο
τοῦ μεγέθους ἐφ' οὗ φέρεται γίνεσθαι· ὅτι δὲ διαφορά τις αὕτη δοκεῖ,
καὶ ἐκ τῶν σοφιστικῶν | λόγων κατασκευάζει, οἵτινες τὴν διαφορὰν ταύ- 171ʳ
την ἐπὶ τὸ ὑποκείμενον μεταφέροντες ἄτοπον ἐδόκουν συνάγειν τὸ τὸ αὐτὸ
ὂν ἕτερον ἑαυτοῦ γίνεσθαι· ἔλεγον γάρ 'ὁ αὐτὸς ὢν Κορίσκος ποτὲ μὲν
15 ἐν ἀγορᾷ ποτὲ δὲ ἐν Λυκείῳ γίνεται· ὁ ποτὲ μὲν ἐν ἀγορᾷ ποτὲ δὲ ἐν
Λυκείῳ γινόμενος ἕτερος ἑαυτοῦ γίνεται' οὐ φυλάξαντες τὸ ἕτερον καθὸ
ἕτερον ἐλήφθη, ἀλλὰ τὸ κατὰ συμβεβηκὸς ἕτερον εἰς τὸ οὐσιῶδες μεταγα- 5
γόντες. σοφιστικὸν οὖν ἐνεδείξατο εἶναι τὸ νομίζειν, ὅτι ἀκολουθεῖ τῷ ⟨τῷ⟩
λόγῳ ἕτερον εἶναι τὸ πρότερον καὶ ὕστερον τὸ καὶ τῷ ὑποκειμένῳ εἶναι
20 ἕτερον.

Δείξας δὲ ὅπως τὸ φερόμενον τῷ μὲν ὑποκειμένῳ τὸ αὐτό ἐστι, τῷ
δὲ λόγῳ ἕτερον, ὁμοίως ἔχειν φησὶ καὶ τὸ νῦν, εἴπερ ἀκολουθεῖ καὶ τὰ
αὐτὰ πάσχει τῇ μὲν κινήσει ὁ χρόνος, ὡς εἴρηται πρότερον, τῷ δὲ κινου-
μένῳ τὸ νῦν. τὴν δὲ ὁμοιότητα καὶ ταυτότητα τούτων δηλοῖ τὸ καὶ τὸ
25 νῦν τῷ φερομένῳ, καὶ οὐκ ἄλλῳ γνωρίζομεν τὸ πρότερον καὶ ὕστε- 10
ρον ἐν τῇ κινήσει. "οὐ γὰρ ἂν διεκρίθη ταῦτα μένοντος τοῦ φερομένου,
ἀλλ' ἐπειδὴ τὸ φερόμενον ποτὲ μὲν κατὰ τὸν πρότερον γίνεται τρόπον,
ποτὲ δὲ κατὰ τὸν ὕστερον, διὰ τοῦτο καὶ τῆς κινήσεως γίνεται τὸ μὲν
πρότερον, τὸ δ' ὕστερον". καθόσον δὲ ἀριθμητὸν τὸ πρότερον τοῦτο καὶ
30 ὕστερον, κατὰ τοσοῦτον, φησί, νῦν δείκνυται. καὶ δῆλον ὅτι πάλιν κατά γε
τὴν ἐμὴν ἐκεῖνο τὸ πρότερον τῆς κινήσεως ληπτέον οὐ τὸ κατὰ τὴν θέσιν,
ἀλλὰ τὸ κατὰ τὴν τοῦ εἶναι παράτασιν, ὥστε καὶ τὸ νῦν τῷ μὲν ὑποκει- 15
μένῳ ταὐτόν ἐστι, τῷ λόγῳ δὲ ἕτερον. τὸ γὰρ ἀριθμητὸν αὐτὸ εἶναι καὶ
ὡς ἄλλο καὶ ἄλλο διαλαμβάνεσθαι δίδωσιν αὐτῷ τὴν κατὰ τὸν λόγον δια-
35 φοράν.

Καὶ ὁ Εὔδημος δὲ τὰ αὐτὰ περὶ τοῦ νῦν ἐν τῷ τρίτῳ τῶν Φυσικῶν
φησὶ γράφων οὕτως· "εἰ δὲ νοήσαιμεν φερομένην στιγμήν, τῷ δὲ ἐν ἄλλῳ

---

4 τὸ (post καὶ) om. E   12 καὶ (ante ἐκ) om. E   16 καθὸ ἕτερον] καθ' ἕτε-
ρον F   18 τῷ post τῷ addidi   19 τὸ καὶ] τὸ κατὰ E   21 μὲν om. F
25 φερομένῳ κτλ. Themistii vestigia (p. 323,12) sequitur Simplicius, quem deinde v. 26
ad verbum describit   ἄλλῳ] ἄλλο F   31 τὴν ἐμὴν E: ἐμὲ aF   post πρότερον
iterabat τοῦτο (29) — κατά γε, (30) sed deleta F   33 τῶ δὲ λόγω E at cf. Themistius
p. 323,23   34 τὸν E et Themistius p. 323,25: om. aF   35 Εὔδημος fr. 50
p. 72,12 Sp.   ἐν τρίτῳ E

⟨καὶ ἄλλῳ⟩ τῆς γραμμῆς γίνεσθαι καὶ αὐτὴν ἄλλο καὶ ἄλλο γινομένην, 171ʳ
οὕτω δὲ οἰηθείημεν καὶ περὶ τὸ νῦν ἔχειν, τὸ᾿ μὲν ὑποκείμενον, ὁτιδήποτε
δεῖ νοῆσαι αὐτό, διαμενεῖ τὸ αὐτό, ἐν ἄλλῳ δὲ καὶ ἄλλῳ γινόμενον ἕτερον 20
καὶ ἕτερον ἔσται. ὥστε εἶναι κατὰ μὲν τὸ ὑποκείμενον, ὃ δήποτέ ἐστι,
5 ταὐτό, τῷ δὲ ἐν ἄλλῳ καὶ ἄλλῳ γίνεσθαι ἕτερον. ᾗ δὴ πρότερον καὶ
ὕστερον γίνεται τὸ νῦν, ταύτῃ ἕτερον, ταύτῃ δὲ καὶ ἀριθμὸς ὁ χρόνος.
ὥστε ὅταν μὲν τὰ νῦν ᾖ τὰ αὐτά, καὶ ὁ ἀριθμὸς καὶ ὁ χρόνος ὁ αὐτὸς
ἔσται· ὅταν δὲ ἕτερα, καὶ τὰ λοιπὰ ἕτερα".

Δείξας δὲ τὴν τοῦ νῦν πρὸς τὸ κινούμενον ἀκολουθίαν ἐκ τοῦ προτέ-
10 ρου καὶ ὑστέρου δείκνυσι καὶ ἐκ τοῦ γνώριμα ἄμφω κατὰ ταῦτα εἶναι, τὴν 25
μὲν κίνησιν κατὰ τὸ κινούμενον, τὸν δὲ χρόνον κατὰ τὸ νῦν. γνωρίζεται
γὰρ ἡ κίνησις διὰ τὸ κινούμενον καὶ ὁ χρόνος διὰ τὸ νῦν· τοῦτο γὰρ
δοκεῖ μόνον ἐν ὑπάρξει τοῦ χρόνου εἶναι. διὰ τί δὲ γνωριμώτερον τῆς
φορᾶς τὸ φερόμενον, ἐδήλωσεν εἰπών, τόδε γάρ τι τὸ φερόμενον, ἡ
15 δὲ κίνησις οὔ. οὐσία γὰρ καὶ ὑφεστὼς ἅμα ὅλον τὸ φερόμενον, ἡ δὲ
κίνησις συμβεβηκὸς καὶ ἐν τῷ γίνεσθαι τὸ εἶναι ἔχει· ἐν γὰρ τῇ τοῦ κι-
νουμένου μεταβάσει ἡ κίνησις ὑφέστηκεν. εἰπὼν δὲ καὶ γὰρ ἡ κίνησις
διὰ τὸ κινούμενον ἐπήγαγε καὶ ἡ φορὰ διὰ τὸ φερόμενον, οὐχ ὅτι 30
ἡ φορὰ οὐκ ἔστι κίνησις, ἀλλ᾿ ὅτι ἐπὶ τῆς φορᾶς προφανέστερόν ἐστι τὸ
20 ἀπὸ τοῦ φερομένου γνωρίζεσθαι τὴν φοράν. κἂν γὰρ ἡ ἀλλοίωσις ἀπὸ τοῦ
ἀλλοιουμένου καὶ ἡ αὔξησις ἀπὸ τοῦ αὐξομένου ὡς οὐσίας καὶ τούτων ὄντων
γνωρίζεται, ἀλλὰ μᾶλλον καὶ ἡ φορὰ ἀπὸ τοῦ φερομένου, ἐπειδὴ προφα-
νεστέρα ἐστὶν ἡ φορὰ τῶν ἄλλων κινήσεων. εἶτα λοιπὸν ἐκ τῶν εἰρημέ-
νων συμπεραινόμενος λέγει ἔστι μὲν οὖν ὡς τὸ αὐτὸ νῦν, ἔστι δ᾿ ὡς
25 οὐ τὸ αὐτό. καὶ γὰρ τὸ φερόμενον. διὰ γὰρ τὴν πρὸς τὸ φερόμενον 35
ἀκολουθίαν καὶ διὰ τὸ ἐξ ἐκείνου τὸ εἶναι ἔχειν καὶ τὸ νῦν τὸ αὐτὸ καὶ
ἕτερόν ἐστιν. ἐν δὴ τούτοις ἐπιστάσεως ἄξιον εἶναί μοι δοκεῖ, πῶς τὸ
πρότερον καὶ ὕστερον τῷ ὑποκειμένῳ τὸ αὐτό φησιν εἶναι. πῶς γὰρ τὸ
παρεληλυθὸς τῷ ἐνεστηκότι καὶ τὸ μηκέτι ὂν τῷ ὄντι; τὸ μὲν γὰρ φερό-
30 μενον καὶ ἄλλοτε ἀλλαχοῦ γινόμενον ἅτε ὑπομένον ἐν τῷ εἶναι ἀληθὲς εἰ-
πεῖν ὅτι τῷ ὑποκειμένῳ τὸ αὐτό ἐστιν, ἡ δὲ κίνησις καὶ ὁ χρόνος καὶ
ὅλως ὅσα ἐν τῷ γίνεσθαι τὸ εἶναι ἔχει πῶς ἂν εἴη τὰ αὐτὰ τῷ ὑποκει- 40
μένῳ; τῇ μὲν γὰρ στιγμῇ τοῦτο ἐνορᾶν οὐδὲν κωλύει· κατὰ γὰρ τὴν
ταύτης ῥύσιν ὑφιστάμενον τὸ μέγεθος ὑπομένει ὅλον καὶ οὐκ ἐν τῷ γίνε-
35 σθαι τὸ εἶναι ἔχει ὥσπερ ὁ χρόνος. πῶς δὲ τῷ φερομένῳ καὶ τῇ στιγμῇ

---

1 καὶ ἄλλῳ ante τῆς γραμμῆς addidi   γινομένην aF: λεγομένην E   2 περὶ τὸ
E: περὶ τοῦ aF   ὑποκείμενον iteravit F   3 διαμενεῖ Spengel: διαμένει libri
4 ὃ EF: ὅτι a   5 post γίνεσθαι add. καθὸ a   ᾗ δὴ scripsi: ἤδη libri
ante ὕστερον add. ἕτερον a   6 τὸ νῦν iteravit E   ταύτῃ τὸ νῦν collo-
cavit a   ὁ (post ἀριθμὸς) om. E   16 γὰρ post κινουμένου traiecerunt aF
18 φορᾷ] διαφορᾷ E   19 ἡ om. E   22 γνωρίζεται E (?) et F: γνωρίζη-
ται a   24 νῦν] τὸ νῦν ἀεί vel τὸ νῦν λεγόμενον ἀεί Aristotelis libri. Simplicius
certe τὸ ante νῦν novisse videtur   27 δὴ] δὲ a   32 ὅλως om. aF
35 τῷ] τὸ F

τὸ νῦν ἀκολουθεῖ κατ' ἐκεῖνα καὶ ἀπ' ἐκείνων τοῦτο ἔδειξε τοσαύτης οὔσης 171ʳ
αὐτῶν τῆς διαφορᾶς, ὡς τὰ μὲν ὑπομένειν, τὰ δὲ μὴ ὑπομένειν; πῶς
οὖν [ἂν] τὸ μὴ ὑπομένον τῷ ὑπομένοντι ὁμοίως ἂν ἔχοι τὸ τῷ ὑποκει-
μένῳ τὸ αὐτὸ εἶναι; δεύτερον δὲ ἀξιῶ ζητεῖν, τριῶν τούτων ὄντων μεγέ- 45
5 θους κινήσεως χρόνου ἀκολουθούντων ἀλλήλοις, ὥς φησι, καὶ τοῦ μὲν
μεγέθους ὑπὸ στιγμῶν περατουμένου, τοῦ δὲ χρόνου ὑπὸ τοῦ νῦν, τί ἂν
εἴη τούτοις ἀνάλογον ἐν τῇ κινήσει, τῇ τε στιγμῇ φημι καὶ τῷ νῦν; πέ-
ρας γὰρ εἶναι κινήσεως ἄλλο, οὐ τὸ κινούμενον χρή. ποίαν γὰρ ἔχει τοῦτο
πρὸς τὸ νῦν καὶ τὴν στιγμὴν ἀκολουθίαν; μήποτε οὖν πρὸς μὲν τὸ πρῶτον
10 τῶν ἀπορηθέντων ῥητέον, ὅτι τὰ νῦν ἀλλήλων κατ' οὐδὲν διαφέρει πλὴν
τῷ τὸ μὲν πρότερον, τὸ δὲ ὕστερον εἶναι, ἐπεὶ οὔτε γένει οὔτε εἴδει, ἀλλ' 50
οὔτε ἀριθμῷ, ὥσπερ οὐδὲ μονὰς μονάδος. τὰ γὰρ ἀριθμῷ διαφέροντα,
ὡς καὶ πρότερον εἴρηται, συμβεβηκόσι διαφέρουσί τισιν, ὡς Πλάτων Σω-
κράτους. ἴσως οὖν διὰ τὸ κατὰ μηδένα τρόπον διαφορᾶς διαφέρειν τὸ αὐτὸ
15 τῷ ὑποκειμένῳ εἴρηται. ἀλλ' ἡ ὁμοιότης βίαιος δοκεῖ ἡ πρὸς στιγμὴν
καὶ λίθον, τῶν μὲν ὑπομενόντων, τῶν δὲ ἐν τῷ γίνεσθαι καὶ φθείρεσθαι
τὸ εἶναι ἐχόντων. ἐὰν οὖν | πρὸς ταύτην τὴν ἀναλογίαν μὴ ἀκριβολογώ- 171ᵛ
μεθα, ἄμεινον οἶμαι λέγειν, ὅτι τὸ ⟨τῷ⟩ ὑποκειμένῳ ταὐτὸν τῷ τῷ εἴδει ταὐτὸν
σημαίνει. καὶ γὰρ αὐτὸς ὀλίγον προελθὼν ἐρεῖ, ὅτι ὥσπερ ἡ κίνησις τῷ
20 εἴδει ἡ αὐτὴ τῷ πάλιν καὶ πάλιν, οὕτω καὶ ὁ χρόνος. τὸ δὲ οὕτως τῷ
εἴδει τὸ αὐτὸ ὡς κατὰ μηδὲν εἶναι διάφορον, καὶ τῷ ἀριθμῷ πως τὸ αὐτὸ
δοκεῖ, ὡς καὶ ἐπὶ τῶν μονάδων εἴρηται πρότερον. καὶ μετ' ὀλίγον τὸν
Εὔδημον μάρτυρα παραθήσομαι. διόπερ οὐδὲ πάνυ δοκεῖ σκληρὰ ἡ πρὸς 5
τὴν στιγμὴν καὶ τὸ φερόμενον ὁμοιότης τοῦ νῦν. πρὸς δὲ τὸ δεύτερον τῶν
25 ζητηθέντων ῥητέον, ὅτι τὸ κίνημα πέρας ἐστὶ κινήσεως, οὐ μέντοι οὔτε
ἀρχὴ κινήσεως οὔτε αἰτία. ὡς αἴτια οὖν τήν τε στιγμὴν καὶ τὸ νῦν ὑπο-
τιθέμενος, τὸ μὲν τῆς γραμμῆς, τὸ δὲ τοῦ χρόνου, εἰκότως τούτοις ἀνάλογον
τὸ φερόμενον ἔλαβεν.

p. 219ᵇ 33   Φανερὸν δὲ καὶ ὅτι εἴτε χρόνος μὴ εἴη ἕως τοῦ
30   οἷον μονὰς ἀριθμοῦ.   11

Εἰπὼν πῶς ἔχει τὸ νῦν πρὸς τὸν χρόνον, ὅτι ὡς τὸ φερόμενον πρὸς
τὴν φοράν, καὶ ὅτι γνωριμώτερόν ἐστι τὸ νῦν τοῦ χρόνου, νῦν καὶ τὴν
συνύπαρξιν αὐτῶν ἀποδείκνυσι κατὰ τὴν ὁμοιότητα πάλιν τὴν πρὸς τὸ
φερόμενον καὶ τὴν φοράν. ὥσπερ γάρ, φησί, τὸ φερόμενον καὶ ἡ φορὰ

---

1 ἐκεῖνα aF: ἐκεῖνο E   ὑπ' ἐκείνων F   3 ἂν post οὖν aF: post πῶς E: de-
levi   τὸ τῷ] immo τῷ τῷ   4 ὄντων τούτων a   8 ἄλλο, οὐ a: ἄλλου EF
10 ἀπορρηθέντων E   11 immo ἀλλ' οὐδὲ   14 κατὰ om. E   18 ὅτι τὸ
τῷ scripsi: ὅτι τὸ aE: τῷ F   τῷ τῷ εἴδει F: τῷ εἴδει aF. supplendum ταὐτῷ post τῷ
εἴδει, nisi scribitur τὸ τῷ εἴδει   19 ἐρεῖ cf. Δ 12 p. 220ᵇ 13 ἐνδέχεται κίνησιν εἶναι τὴν
αὐτὴν καὶ μίαν πάλιν καὶ πάλιν, οὕτω καὶ χρόνον   22 ἐπὶ om. E   23 Εὔδημον
cf. fr. 51 p. 73¹⁸ Sp.   25 κινήσεώς ἐστιν E   οὐ μέντοι om. E   26 οὖν E:
γοῦν aF   τε om. E

ἅμα ἐστίν (ἀδύνατον γὰρ τὸ ἕτερον χωρὶς τοῦ ἑτέρου εἶναι, εἰ τὸ φερό- 171ᵛ
μενον μὴ κατὰ τὴν οὐσίαν, ἀλλὰ καθὸ φέρεται λαμβάνοις), οὕτως καὶ τὸ 15
νῦν καὶ ὁ χρόνος. καὶ τὴν ἀνάγκην ἔδειξε τῆς ἀκολουθίας ἐκ τῆς πρὸς
τὸ φερόμενον καὶ τὴν φορὰν ἀναλογίας. ἔστι γὰρ τοῦ μὲν φερομένου
5 ἀριθμὸς τὸ νῦν, οἷον μονάς τις ὡς ἀδιαίρετον ἐφαρμόζουσα ἀδιαιρέτῳ. τῆς
δὲ κινήσεως ὁ χρόνος ἀριθμός. ὡς γὰρ ἡ μονὰς τῷ πάλιν καὶ πάλιν
λαμβάνεσθαι ποιεῖ τὸν ἀριθμόν, οὕτω καὶ τὸ νῦν τὸν χρόνον καὶ τὸ φε-
ρόμενον τὴν φοράν. ἀριθμὸς δὲ ὁ χρόνος τῆς φορᾶς οὐ καθὸ φορά, ὡς 20
εἴρηται, ἀλλὰ κατὰ τὸ πρότερον καὶ ὕστερον τὸ ἐν αὐτῇ. οὐ γὰρ ὁ αὐτῆς
10 τῆς κινήσεως ἀριθμὸς χρόνος, ἀλλὰ τὸ μεταξὺ διάστημα τοῦ προτέρου καὶ
ὑστέρου κατὰ τὸ πάλιν λαμβάνεσθαι τὸ διάστημα ποιούντων. διαφέρει δὲ
ἡ μονὰς τοῦ τε φερομένου καὶ τοῦ νῦν, καθόσον ἡ μὲν διωρισμένον ποιεῖ
τὸν ἀριθμόν, ἐκεῖνα δὲ συνεχῆ τήν τε κίνησιν καὶ τὸν χρόνον.

p. 220ᵃ4 **Καὶ συνεχής τε δὴ ὁ χρόνος τῷ νῦν ἕως τοῦ αἱ δὲ** 25
15 **γραμμαὶ αἱ δύο τῆς μιᾶς μόρια.** 34

Ὅτι καὶ ἡ συνέχεια τοῦ χρόνου καὶ ἡ διαίρεσις κατὰ τὸ νῦν, δεί- 35
κνυσι πάλιν ἐκ τῆς πρὸς τὸ φερόμενον καὶ τὴν φορὰν ἀκολουθίας. καὶ
γὰρ ἡ κίνησις, ταὐτὸν δὲ εἰπεῖν ἡ φορά, τῷ φερομένῳ γίνεται συνεχὴς
καὶ μία καὶ οὐκ ἄλλῳ τινί. τούτῳ δὲ γίνεται μία καὶ συνεχής, ὅτι καὶ
20 τοῦτο ἕν· τὸ ἓν δὲ διχῶς κατά τε τὸ ὑποκείμενον, ὃ πάλιν ὅ ποτε ὂν
εἶπεν, οἷον εἰ λίθος εἴη τὸ φερόμενον, καὶ κατ' αὐτὸ τὸ φερόμενον εἶναι,
τουτέστι τῷ λόγῳ τοῦ φερομένου. ἀλλὰ κατὰ μὲν τὸ ὑποκείμενον οὐκ
ἔσται τῆς συνεχείας αἴτιον. δύναται γὰρ καὶ διαλείπειν φερόμενον, καὶ 40
μένει μὲν ὃ ἐστι λίθος, οὐ ποιεῖ δὲ συνεχῆ τὴν κίνησιν, ἐπειδὴ κἂν αὐτὸ
25 κυρίως ἓν μένῃ, ἀλλ' ἡ κίνησις αὐτοῦ διακόπτεται στάσει διαλαμβανομένη.
εἰ μέντοι ὡς ἓν κατὰ τὸν λόγον τοῦ φερομένου καὶ ὡς φερόμενον ληφθῇ,
τότε αἴτιον γίνεται τοῦ μίαν καὶ συνεχῆ τὴν κίνησιν εἶναι. οὐ μόνον δὲ
συνεχῆ τὸν χρόνον ποιεῖ τὸ νῦν κατὰ τὴν πρὸς τὸ φερόμενον ἀκολουθίαν,
ἀλλὰ καὶ διαιρεῖ αὐτὸν διορίζον τὸ πρότερον καὶ ὕστερον τῆς κινήσεως·
30 οὕτως γὰρ διαιρεῖται ὁ χρόνος. ἀκολουθεῖ δὲ κατὰ τὸ συνεχίζειν καὶ διο- 45
ρίζειν οὐ μόνον τῷ φερομένῳ, ἀλλὰ καὶ τῇ στιγμῇ κατά τινα τρόπον. καὶ
γὰρ ἡ στιγμὴ ὅταν ἡ αὐτὴ ληφθῇ, τοῦ μὲν ἀρχὴ τοῦ δὲ τελευτή,
καὶ συνέχει τὸ μῆκος, εἴπερ ἐν ἑκατέρῳ τῷ μέρει τοῦ μήκους μία καὶ ἡ

---

2 μὴ om. E   5 ἀδιαιρέτῳ a: ἀδιαιρέτως EF   9 αὐτῆς F: αὐτὸς aE
10 post ἀριθμὸς add. ὁ a   11 post ὑστέρου add. ὡς τοῦ προτέρου καὶ ὑστέρου a
πάλιν aF: πάλαι E: lege πάλιν καὶ πάλιν   post λαμβάνεσθαι praecipiebat ex v. 12 ποιεῖ
τὸν ἀριθμὸν sed delevit F   14 Καὶ E: om. F: priori lemmati p. 725,30 adiunxit a
15 αἱ E: om. a   19 καὶ (ante οὐκ) om. F   post συνεχής iterabat καὶ μία οὐκ
ἄλλῳ τινί F   20 ἓν τὸ ἓν δὲ διχῶς E (cf. Themistius p. 324,11): ἓν δεδειχὼς F: ἓν
δέδειχε a   τε om. a   25 κυρίως ἓν μένῃ E: μένῃ κυρίως F: ἓν μένῃ κυρίως a
28 τὸ χρόνον F¹   29 αὐτὸ F¹   31 τιγμῇ F   33 τῷ (ante μέρει)
om. aF

αὐτὴ λαμβάνοιτο, καὶ διαιρεῖ μέντοι αὐτό. κατὰ γὰρ σημεῖον ἡ διαίρεσις 171ᵛ
τοῦ μήκους γίνεται. ὁμοίως δὲ καὶ τὸ νῦν καὶ συνέχει καὶ διαιρεῖ τὸν
χρόνον. κατά γε οὖν τὸ συνέχειν καὶ διαιρεῖν ἁπλῶς ἀκολουθεῖ καὶ τῇ
στιγμῇ, καθόσον δὲ ἡ αὐτὴ στιγμὴ ἀρχὴ καὶ τελευτή ἐστιν, ὡς δυσὶ χρώ-
5 μεθα τῇ μιᾷ. καὶ ἀνάγκη ἵστασθαι ἐν μιᾷ στιγμῇ δὶς λαμβανομένῃ ποτὲ 50
μὲν ὡς πέρατι ποτὲ δὲ ὡς ἀρχῇ. ὑπομένει γὰρ καὶ ἐν θέσει τὸ εἶναι
αὐτῆς. τὸ δὲ φερόμενον οὐκ ἔστι δὶς λαβεῖν· ἀεὶ γὰρ ἄλλο καὶ ἄλλο.
ἄλλο δὲ οὐχ ὅτι ἕτερον ἑαυτοῦ, ἀλλ' ὅτι ἄλλο ἐν ἄλλῳ καὶ ἄλλῳ. εἰ γὰρ
ἐν ταὐτῷ δίς, ἀνάγκη στῆναι· κινεῖσθαι δὲ ὑπόκειται συνεχῶς· οὕτω δὲ
10 καὶ τὸ νῦν οὐκ ἔσται δὶς λαβεῖν. πῶς οὖν τῷ ἀριθμεῖσθαι τὸ νῦν ὁ
χρόνος; ἢ οὐχ ὡς τὸ αὐτὸ σημεῖον δὶς ὡς ἀρχήν τε καὶ τελευτήν, ἀλλ'
εἴπερ | ἄρα, ὡς τὰ δύο πέρατα τῆς γραμμῆς τοδὶ καὶ τοδί. ταῦτα δὲ 172ʳ
ὁρίζει τὸ μεταξὺ διάστημα τῆς γραμμῆς ἕτερον καὶ ἕτερον ὄντα. οὕτω
δὲ καὶ τὰ νῦν ἀριθμεῖται ὡς ἄλλο καὶ ἄλλο, τὸ μὲν πρότερον τὸ δὲ ὕστε-
15 ρον. δὶς δὲ τοῦτο λαβεῖν ἀμήχανον· σταίη γὰρ ἂν ὁ χρόνος· τοῦτο δὲ
ἀμήχανον. τὴν μέντοι στιγμὴν δὶς λαβεῖν οὐδὲν ἄτοπον θέσιν ἔχουσαν καὶ
ὑπομένουσαν. τὸ δὲ νῦν οὐχ ὑπομένει ὥστε δὶς ληφθῆναι. δῆλον δὲ ὅτι 5
εἰ ὡς πέρας καὶ ἀρχὴ λαμβάνοιτο ἡ στιγμή, διῄρηται κατ' αὐτὴν ἡ γραμμή·
διῃρημένη δὲ οὐκέτι συνεχής· ὥστε οὐδ' ἡ ἐπ' αὐτῆς κίνησις συνεχής.
20 ὁ δὲ χρόνος συνεχής, ἐπειδὴ καὶ ἡ κίνησις συνεχής. ἀριθμὸς οὖν τοῦ νῦν
ὁ χρόνος οὔτε ὡς τοῦ αὐτοῦ νῦν δὶς λαμβανομένου, ὥσπερ τῆς στιγμῆς
τῆς δὶς λαμβανομένης, ἀλλ' ὡς ἐκείνης τῆς ἄλλης καὶ ἄλλης τῆς μὲν ὡς
ἀρχῆς τῆς δὲ ὡς πέρατος· καὶ οὐδὲ οὕτως ἀρχὴ καὶ πέρας, ὡς τὰ μέρη
λέγεται πολλάκις τό τε πρῶτον καὶ τὸ ἔσχατον. καὶ ὅτι μὲν οὐ τῇ δὶς λαμ- 10
25 βανομένῃ στιγμῇ ἔοικε τὰ νῦν, ἔδειξε διὰ τοῦ τῇ γὰρ μέσῃ στιγμῇ ὡς
δυσὶ χρήσεται, ὥστε ἠρεμεῖν συμβήσεται. εἰ γοῦν μὴ ἠρεμεῖ ὁ
χρόνος, οὐχ ὡς ἡ δὶς λαμβανομένη στιγμή ἐστιν ἐν αὐτῷ τὸ νῦν, ἀλλ'
ὡς ἀρχὴ καὶ τελευτή. ὅτι δὲ οὐχ οὕτως ἀρχὴ καὶ τελευτὴ ὡς τὰ μέρη,
ἀλλ' ὡς τὰ πέρατα, ἐφεξῆς πιστοῦται πάλιν ἐκ τῆς πρὸς τὰ σύστοιχα αὐ-
30 τοῦ ὁμοιότητος. ὥστε τὸ μὲν διά τε τὸ εἰρημένον καὶ τὸ ἑξῆς αἰτιολογικὸν
ἀποδεδόσθαι πρὸς τὸ οὐχ ὡς τῆς αὐτῆς στιγμῆς, ὅτι ἀρχὴ καὶ τε-
λευτή, ἀλλ' ὡς τὰ ἔσχατα τῆς αὐτῆς μᾶλλον, τὸ δὲ καὶ ἔτι 15
φανερὸν ὅτι οὐδὲν μόριον καὶ τὰ ἑξῆς πρὸς τὸ καὶ οὐχ ὡς τὰ
μέρη.
35 Καὶ εἰ μὲν οὕτως εἴη γεγραμμένον, ὡς Ἀλέξανδρός τε καὶ Ἀσπάσιος

---

1 διαιροῖ E   3 γε οὖν aE: γὰρ F: fortasse μὲν οὖν   8 ἄλλο (post ὅτι) om. Themistins p. 324,24: ἄλλοτε coniecit emendator Ambrosiani   9 οὕτω δὴ Themistius   10 ἐν τῷ ἀριθμεῖσθαι Themistius   τὸ νῦν EF¹ Themistius: τῷ νῦν aF²   13 οὕτω δὴ Themistius p. 325,4   15 τοῦτο] ταὐτὸν Themistius   16 δὶς] διὸ F   17 ὥστε om. E   18 ἀρχὴν E   20 συνηχής E   τοῦ νῦν E: τῶν νῦν aF   21 οὔτε] fortasse οὐχ   νῦν om. aF   24 τὸ (post καὶ) om. a   26 γοῦν E: οὖν aF   29 αὐτοῦ aE: αὐτῶν F   32 ἀν E: ἀρχῆς aF   33 οὐχ ὡς a: οὔτε ὡς ex οὕτως E: οὕτως F

γράφουσι καὶ ἔτι φανερὸν ὅτι οὐδὲν μέρος ὁ χρόνος τῆς κινή- 172ʳ
σεως, ὥσπερ οὐδὲ ἡ στιγμὴ τῆς γραμμῆς, χρόνον, φασί, λέγει τὸ
νῦν, ὃ οὔτε τῆς κινήσεως οὔτε τοῦ χρόνου μόριον αὐτοῦ ἐστι· πέρας γὰρ
αὐτοῦ, τὸ δὲ πέρας οὐ μέρος· οὐδὲ γὰρ τὸ σημεῖον μέρος τῆς γραμμῆς,
5 γραμμῆς γὰρ μέρος γραμμή. οὕτω μὲν ὁ Ἀλέξανδρος. ὁ δὲ Ἀσπάσιος 20
"ὁ χρόνος, φησίν, οὐκ ἔστι μόριον τῆς κινήσεως διότι ἀριθμεῖ μὲν αὐτὴν
κατὰ τὸ νῦν, τοῦτο δὲ πέρας ἐστὶ τῆς κινήσεως, μέρος δὲ οὔ". πῶς δὲ
τὸ νῦν πέρας ἂν λέγοιτο κινήσεως; ὧν γὰρ ἄλλη ἡ ὑπόστασις, τούτων καὶ
τὰ πέρατα ἄλλα. εἰ οὖν διαφέρει χρόνος κινήσεως, καὶ τὰ πέρατα αὐτῶν
10 διοίσει. ἀμείνων οὖν οἶμαι ἡ ἐν τοῖς πολλοῖς τῶν ἀντιγράφων φερομένη
γραφή, ἣν καὶ ὁ Πορφύριος καὶ ὁ Θεμίστιος εἰδότες φαίνονται ἔχουσαν
οὕτως· καὶ ἔτι φανερὸν ὅτι οὐδὲν μόριον τὸ νῦν τοῦ χρόνου οὐδὲ
ἡ διαίρεσις τῆς κινήσεως, ὥσπερ οὐδὲ αἱ στιγμαὶ τῆς γραμ- 25
μῆς· αἱ δὲ γραμμαὶ αἱ δύο τῆς μιᾶς μόρια· γραμμαὶ γὰρ γραμμῆς
15 δηλονότι μόρια, ἀλλ' οὐχὶ στιγμαί· διαίρεσιν δὲ καλεῖ τὸ πέρας τῆς κινή-
σεως ὡς κατὰ τοῦτο διαιρουμένης αὐτῆς, ὅπερ ἐν τοῖς περὶ κινήσεως λό-
γοις κίνημα καλεῖ. εἰπόντος δὲ τοῦ Ἀριστοτέλους ὥστε ὁ χρόνος ἀριθμὸς
οὐχ ὡς τῆς αὐτῆς στιγμῆς ὁ Ἀλέξανδρός φησιν, ὅτι χρόνον τὸ νῦν
εἴρηκεν. "οὐχ οὕτως οὖν, φησί, τὸ νῦν ἀριθμὸς ὡς ὁ τῆς στιγμῆς ἀριθμός,
20 ὡς ὅταν τὴν μίαν ὡς δύο καὶ δὶς λαμβάνωμεν." μήποτε δὲ οὐκ ἀνάγκη 30
χρόνον τὸ νῦν ἐκδέχεσθαι, ἀλλὰ τὸ λεγόμενον, ὅτι ἀριθμός ἐστιν ὁ χρόνος,
ὡς ἐκ μονάδων τῶν νῦν, οὐχὶ τοῦ αὐτοῦ δὶς λαμβανομένου, ἀλλὰ ἄλλου
καὶ ἄλλου.

p. 220 a 21 Ἧι μὲν οὖν πέρας τὸ νῦν, οὐ χρόνος, ἀλλὰ συμβέ-
25 βηκεν ἕως τοῦ καὶ συνεχής (συνεχοῦς γάρ), φανερόν. 35

Εἰπὼν ὅτι τὸ νῦν οὕτως ἐστὶ πέρας ὡς τὰ ἔσχατα τῆς αὐτῆς γραμ-
μῆς σημεῖα, ἐπειδὴ καθ' αὑτὸ μέν ἐστι τοῦ χρόνου πέρας τὸ νῦν, τῷ ⟨δὲ⟩
τὸν χρόνον εἶναι ἄλλο μηδὲν ἢ τὸ ἀριθμούμενον τῆς κινήσεως κατὰ τὸ
πρότερόν τε καὶ ὕστερον ἅπερ ἦν τὰ νῦν, ἐφιστάνει ὅτι, ὅταν μὲν ὡς
30 ἀριθμούμενον τῆς κινήσεως λαμβάνηται τὸ νῦν, τότε τῆς κινήσεως γίνεται

---

2 ἡ στιγμὴ τῆς γραμμῆς aF: ἡ γραμμὴ E   φασί] fortasse φησί sc. Alexander cf.
v. 5   λέγει EF: λέγειν a   3 ὃ om. F   αὐτοῦ ἐστι E: ἐστὶ F: om. a
5 μέρος aF: πέρας E   6 ὁ (ante χρόνος) om. E   ἀριθμεῖν E   9 αὐτῶν aF:
αὐτοῦ E   10 ἡ] οἱ E   τοῖς om. aF   11 καὶ ὁ (post ἦν) om. aF
ὁ (ante Θεμίστιος) om. aF   Θεμίστιος p. 325,7 καὶ ἔτι φανερόν ὅτι οὐδὲ μόριον τὸ νῦν
τοῦ χρόνου. οὐδὲ γὰρ τὸ φερόμενον τῆς φορᾶς οὐδὲ ἡ στιγμὴ τῆς γραμμῆς. γραμμῆς γὰρ
μέρη γραμμαί κτλ.   17 κίνημα λέγει cf. Z 1 p. 232 a 9 et c. 10 p. 241 a 3
18 χρόνον om. E   19 ὡς — ἀριθμός ὡς om. F   22 ὡς (ante ἐκ) om. E
24 οὐ χρόνος aF (cf. p. 721,14): ὁ χρόνος E   26 ὅτι supra add. E   27 τοῦ om.
aF at cf. Themistius p. 325,14   τῷ δὲ ex Themistio l. c. scripsi: τῷ aF: τὸ τοῦ E
28 ἄλλο εἶναι aF at cf. Themistius l. c.   post μηδὲν incohabat κατὰ τὸ πρ F
29 ὅταν μὲν scripsi: ὅταν aF: μὲν E. Themistio inculcato structura impeditior est.

πέρας καὶ συμβέβηκεν αὐτῷ τὸ πέρατι εἶναι (τότε δὲ καὶ κατὰ τὸ ὑποκεί- 172r
μενον τὸ νῦν λαμβάνεται, καὶ ἐν ἐκείνῳ μόνῳ ἐστὶν οὗ ἐστι πέρας), ὅταν 40
δὲ ὡς χρόνου λαμβάνηται πέρας, οὔτε συμβεβηκός ἐστι· καθ' αὑτὸ γὰρ
ὑπάρχει τῷ χρόνῳ. καὶ ἐπειδὴ ἀριθμὸς τὸ νῦν πανταχοῦ, ὁ δὲ πανταχοῦ
5 ὢν ἀριθμὸς ἀριθμῶν ἐστιν (ἡ γὰρ τοὺς δέκα ἵππους μετροῦσα δεκὰς καὶ
τοὺς δέκα ἀνθρώπους μετρεῖ), καὶ τὸ νῦν οὖν ἅμα πανταχοῦ ἐστι, καὶ οὐκ
ἐν τῇ κινήσει μόνῃ, ἧς πέρας ἐστὶν οὐχ ὡς νῦν, ἀλλ' ὡς κίνημα. ζητήσας
δὲ ὁ Ἀλέξανδρος, πῶς εἶπεν ἀριθμεῖν τὸ νῦν (οὐ γὰρ ἦν ἀριθμὸς ὁ χρόνος 45
ὡς ἀριθμῶν ἀλλ' ὡς ἀριθμούμενος), "ἤτοι, φησίν, ἡ γραφὴ οὐκ ἔστιν
10 ἀριθμεῖ ἀλλ' ἀριθμεῖται, ἢ ἀριθμεῖται μὲν τὰ νῦν ἐν τῇ κινήσει,
ἀριθμεῖ δὲ τὸν χρόνον· κατὰ γὰρ τὰ νῦν ἡ διαίρεσις τοῦ χρόνου, καὶ
τούτοις ἀριθμοῦμεν αὐτόν, ὡς εἶναι τὸ νῦν ἀριθμούμενον μὲν ὡς ἐν κινή-
σει, ἀριθμοῦν δὲ ὡς πρὸς τὸν χρόνον". ὅτι γὰρ ὡς ἀριθμοῦντα ἀριθμὸν
τὸ νῦν λαμβάνει, δηλοῖ λέγων ὁ γὰρ ἀριθμὸς τῶνδε τῶν ἵππων ἡ
15 δεκὰς καὶ ἄλλοθι. δυνατὸν δὲ καὶ τὴν κίνησιν ὑπὸ τοῦ νῦν ἀριθμου- 50
μένην ἰδεῖν. εἰ γὰρ ὁ χρόνος ἀριθμὸς κινήσεως κατὰ τὸ πρότερον καὶ
ὕστερον, τὸ δὲ πρότερον καὶ ὕστερον τὸ νῦν ἐστι, τῷ νῦν ἀριθμεῖται ἡ
κίνησις. ἐπειδὴ δὲ ὁ χρόνος οὐκ ἔστι τὰ νῦν, ἀλλὰ τὸ μεταξὺ τῶν νῦν,
ἅπερ ἐστὶν ἀριθμοῦντα, καὶ αὐτὸς ἀριθμούμενος γίνεται. δῆλον δὲ ὅτι καὶ
20 πᾶς ὁ μεθεκτὸς κατὰ τοῦτο ἀριθμεῖν ἂν λέγοιτο οἷον ἡ τῶν ἵππων δεκάς·
κατὰ τοῦτον γὰρ ἀριθμοῦνται οἱ ἵπποι. ἀλλ' ὁ τοιοῦτος οὐκ ἐλέγετο παν-
ταχοῦ εἶναι· οὗτος γὰρ ἦν ὁ ἀριθμητός. | εἰ οὖν ἀριθμεῖν λέγοιτο τὸ νῦν, 172v
ἐκεῖνο ἂν λέγοιτο τὸ ἀριθμητὸν μὲν τῆς πρώτης κινήσεως, ἀριθμοῦν δὲ
τὰς ἄλλας· τοῦτο γὰρ δὴ ἀπανταχοῦ ἐστι. ταῦτα εἰπὼν συμπεραίνεται τὰ
25 εἰρημένα. καὶ ὅτι συνεχής ἐστιν ὁ χρόνος προστίθησι, διότι συνεχοῦς ἐστιν
ἀριθμός. ἐν γὰρ τούτῳ ἔχει τὸ εἶναι ὁ χρόνος ἐν τῷ ἀριθμὸς εἶναι κινή-
σεως. ἡ οὖν τοῦ χρόνου οὐσία παρεκτεινομένη τῇ συνεχείᾳ τῆς ἀριθμου-
μένης κινήσεως, συνεχὴς ἂν εἴη καὶ αὐτή· μὴ διαλειπούσης γὰρ οὐδὲ αὐτή 5
ἂν διαλιμπάνοι. τοῖς γὰρ πέρασι τῆς κινήσεως οὐ καθὸ πέρατα κινήσεως,
30 ἀλλὰ καθὸ πρότερον καὶ ὕστερον ὁριζόμενος ὁ χρόνος, καθὸ καὶ χρόνος
ἐστί, συνεχὴς ἂν εἴη καὶ αὐτός.

p. 220 a 27 Ἐλάχιστος δὲ ἀριθμὸς ἕως τοῦ κατὰ μέγεθος δὲ 11
οὐκ ἔστιν.

Εἰπὼν ὅτι καὶ ἀριθμός ἐστιν ὁ χρόνος καὶ συνεχής, βούλεται τὴν δο-
35 κοῦσαν ἐν τοῖς εἰρημένοις εἶναι μάχην παραμυθήσασθαι· ὁ μὲν γὰρ ἀριθμὸς
διωρισμένον ἐστὶ ποσόν, τὸ δὲ συνεχὲς οὐ διωρισμένον· καὶ ὅπερ αὐτός
φησιν 'ἐν μὲν ἀριθμῷ ἔστι τι τὸ ἐλάχιστον οἷον ἡ δυάς'. πρῶτος γὰρ

---

1 αὐτὸ E   3 ante οὔτε fortasse intercidit οὔτε κινήσεως πέρας   5 ἀριθμὸς ὁ
ἀριθμῶν aF   14 γὰρ] δὲ Aristoteles   23 post ἀριθμητὸν add. τὸν E
28 διαλιπούσης aF   οὐδὲ] μηδὲ F   34 καὶ (post ὅτι) om. E   36 ἐστι—διω-
ρισμένον iteravit E

ἀριθμὸς αὕτη καὶ ἀδιαίρετος εἰς ἀριθμούς. ἐν δὲ συνεχεῖ οὐκ ἔστι τὸ 172ᵛ
ἐλάχιστον· ἐπ' ἄπειρον γὰρ τὸ συνεχὲς εἰς συνεχῆ διαιρεῖται. εἰ οὖν 15
ἀριθμὸς μέν ἐστιν ἐλάχιστος, χρόνος δὲ οὐκ ἔστιν ἐλάχιστος, εἴπερ συνε-
χής, οὐκ ἂν ὁ χρόνος ἀριθμὸς εἴη. τοῦτο οὖν λύων χρῆται τῷ πρότερον
5 εἰρημένῳ, ὅτι ἀριθμὸς ὁ χρόνος οὐχ ὡς τὸ ἀριθμοῦν, ἀλλ' ὡς τὸ ἀριθμού-
μενον. διχῶς δὲ λεγομένου τοῦ ἀριθμοῦ ὁ μὲν ἁπλῶς καὶ κυρίως· (οὗτος
δέ ἐστιν ᾧ ἀριθμοῦμεν, διωρισμένος τέ ἐστι καὶ ἐξ ἀδιαιρέτων σύγκειται
τῶν μονάδων. καὶ διὰ τοῦτο ἔστιν ἐν αὐτῷ ὁ ἐλάχιστος), ὁ δὲ ὡς ἀριθμού- 20
μενος οὐχ ἁπλῶς οὗτος οὐδὲ κυρίως λεγόμενος ἀριθμὸς καὶ ἐν συνεχέσιν
10 ὑφέστηκεν· ἀλλ' ὡς μὲν ἀριθμὸς καὶ οὗτος λαμβανόμενος οἷον δύο γραμ-
μαὶ ἢ δύο ἔτη ἔχει τὸ ἐλάχιστον, ὡς δὲ μέγεθος οὐκέτι· ἔχει γὰρ καὶ
τὴν κατὰ μέγεθος ποσότητα ταῦτα καὶ οὐ μόνον τὴν κατ' ἀριθμόν. ἐφι-
στάνει δὲ καλῶς ὁ Ἀλέξανδρος ὅτι "ἐλάχιστον ἀριθμὸν τὴν δυάδα εἰπὼν
καὶ οὐχὶ τὴν μονάδα, διότι ἡ μονὰς οὔπω ἀριθμός (εἴπερ ἀριθμός ἐστι
15 τὸ ἐκ μονάδων συγκείμενον πλῆθος, ἀσύνθετον δὲ ἡ μονάς), γραμμὴν 25
ὅμως μίαν καὶ χρόνον ἕνα ὡς ἐλάχιστα κατ' ἀριθμὸν δυνάμενα λέγεσθαι
ἔλαβε· τοῦτο δὲ ἢ κοινότερόν φησι, διότι μὴ περὶ τούτων ὁ λόγος προέ-
κειτο νῦν, ἢ ὅτι ἐπὶ μὲν τοῦ ὡς ἀριθμοῦντος ἀριθμοῦ ἀσύνθετος οὖσα
παντελῶς ἡ μονὰς οὐδέπω ἀριθμὸς ἦν, ἐπὶ δὲ τοῦ ἀριθμουμένου καὶ τὸ
20 ἓν ἤδη ἀριθμός· σύνθεσις γὰρ ἐν αὐτῷ τοῦ τε ὑποκειμένου καὶ τῆς
μονάδος".

p. 220ᵃ32 Φανερὸν δὲ καὶ ὅτι ταχὺς μὲν καὶ βραδὺς οὐ λέγεται
ἕως τοῦ οὐδὲ γὰρ ἀριθμὸς ᾧ ἀριθμοῦμεν ταχὺς καὶ   31
βραδὺς οὐδείς ἐστι.

25 Δείξας ὅπως ὁ χρόνος καὶ ἀριθμὸς ὢν ὡς ἀριθμητὸς καὶ συνεχὴς
ὡς μέγεθος διὰ μὲν τὸ ἀριθμὸς εἶναι τὸ ἐλάχιστον ἔχει, διὰ δὲ τὸ συνε-
χὴς οὐκ ἔχει, ὡς ἀκόλουθον ἐπιφέρει τούτοις, ὅτι εὐλόγως ὁ χρόνος τὸ
μὲν πολὺ καὶ ὀλίγον ὡς ἀριθμὸς ἔχει, τὸ δὲ μακρὸν καὶ βραχὺ ὡς μέγε-
θος· τούτων γὰρ ἴδια ταῦτα. ταχὺς δὲ καὶ βραδὺς οὐκέτι λέγεται, διότι 35
30 μηδεὶς ἀριθμὸς ταχὺς καὶ βραδύς· οὔτε γὰρ ᾧ ἀριθμοῦμεν ὁ μοναδικὸς
ταχὺς καὶ βραδὺς λέγεται οὔτε ὁ ἀριθμητός. πόθεν γὰρ ἂν οὗτος ἔσχε
τὸ ταχὺ καὶ βραδὺ τοῦ ἀριθμοῦντος μὴ ἔχοντος; ὡς γὰρ τὸ ἀριθμὸς εἶναι
δι' ἐκεῖνον ἔχει, οὕτως εἰ καὶ ταχὺς ἦν ὁ ἀριθμῶν ἀριθμὸς καὶ βραδύς,
καὶ τὰ ἀριθμούμενα εἶχεν ἂν παρ' αὐτοῦ τὸ ταχὺ καὶ βραδύ. δῆλον δὲ

---

2 εἰς συνεχῆ aF: συνεχεῖ E   4 εἴη ὁ χρόνος ἀριθμός aF   πρότερον cf. Δ 11
p. 219ᵇ7   post εἰρημένῳ add. αἰτίῳ F   5 οὐχ—ἀλλ' om. E   9 οὗτος
a: οὕτως EF   καὶ ἐν aF: ὁ ἐν E   11 ἢ δύο εὐθεῖαι ἔσθη F   12 κατὰ τὸ
μέγεθος aF   17 προύκειτο a   20 ἀριθμός om. F   22 δὲ EF: δὲ δὴ a cf.
Arist. cod. I   ὅτι EF: διότι a ut Arist. codd. FGH   23 post γὰρ add. ὁ a
ut Aristotelis cod. E   24 ἐστι fortasse errore add. E: om. Aristoteles   29 δὲ
om. F   οὐκέτι] οὐδεὶς F   33 εἰ om. E

ὅτι οὐδὲ τὸ μέγεθος καθὸ μέγεθος ἔχει τὸ ταχὺ καὶ βραδύ· κινήσεως 172ᵛ
γὰρ ἀλλ' οὐ μεγέθους ἴδια ταῦτα. ἔδειξε δὲ καὶ πρότερον, ὅτι ὁ μὲν χρόνος 40
οὐκ ἔχει τὸ ταχύ καὶ βραδύ, ἡ δὲ κίνησις ἔχει. ὁρίζεται μὲν γὰρ ταῦτα
χρόνῳ. χρόνος δὲ χρόνῳ οὐχ ὁρίζεται.

5 p. 220 b 5 **Καὶ ὁ αὐτὸς δὲ πανταχοῦ ἅμα ἕως τοῦ οἱ ἵπποι τῶν** 45
ἀνθρώπων.

Ἓν ἦν τῶν πρότερον εἰρημένων περὶ τοῦ χρόνου τὸ τὸν ἐνεστῶτα καὶ
κατὰ τὸ νῦν θεωρούμενον ἅμα πανταχοῦ εἶναι τὸν αὐτόν, τὸν δὲ πρότερον
καὶ ὕστερον οὐ τὸν αὐτὸν εἶναι. ὅτι οὖν καὶ τοῦτο ἀκολουθεῖ τῇ ἀποδο-
10 θείσῃ τοῦ χρόνου ἐννοίᾳ ὥσπερ καὶ τὰ προσεχῶς εἰρημένα δείκνυσιν ἐκ
τοῦ καὶ τὴν κίνησιν, ἐν ᾗ τῷ χρόνῳ τὸ εἶναι, ταῦτα ἔχειν. ἡ μὲν γὰρ 50
παροῦσα καὶ ἐνεστῶσα κίνησις ἡ αὐτή (οὐ γάρ ἐστι ταύτης πρὸς ἑαυτὴν
διαφορά, ἀλλ' ἔστι κατὰ τὸ κοινὸν εἶδος τῆς τοῦ εἶναι παρατάσεως μία),
ἡ μέντοι παρεληλυθυῖα καὶ ἡ μέλλουσα ἕτεραι ἀλλήλων. ὡς οὖν ἔχει ἡ
15 μία κίνησις τὸ ταὐτὸν καὶ θάτερον, οὕτως ἔχει καὶ πᾶς ὁ χρόνος ὁ ἅμα
πάσας τὰς κινήσεις μετρῶν. οὐ γάρ ἐστιν ὁ χρόνος τῆσδε καὶ τῆσδε τῆς
κινήσεως ἀριθμὸς καθὸ τοιαίδε, ἀλλὰ κινήσεως ᾗ κίνησις. διὸ εἷς ὁ χρόνος
πολλῶν οὐσῶν κινή|σεων, ὅτι οὐχ ᾗ πολλαὶ ταύτῃ αὐτῶν ἐστιν ἀριθμός, 173ʳ
ἀλλ' ᾗ κινήσεις πᾶσαι. ἡ δὲ μεταβολὴ ἡ παροῦσα μία πᾶσα καθὸ
20 μεταβολή. ὁ δὲ χρόνος οὐ τῷ εἴδει μόνον εἷς, ἀλλὰ καὶ ὅτι τῆς τῷ εἴδει
μιᾶς κινήσεώς ἐστι, καὶ κατ' ἀριθμόν, ὅτι μηδὲν αὐτῆς προσποιεῖται τὰς
διαφοράς. ὁ δὲ πρότερος χρόνος τοῦ ὑστέρου ἕτερος, ὅτι καὶ ἡ κίνησις
κἂν ὡς μία τῷ ἀριθμῷ ληφθῇ διὰ τὸ ἐν τῷ γίνεσθαι τὸ εἶναι ἔχειν τῷ
προτέρῳ καὶ ὑστέρῳ ἑτέρα. ἐφεξῆς δὲ δείκνυσι, διότι ὁ πρότερος καὶ 5
25 ὕστερος χρόνος οὐχ οἱ αὐτοί. ὁ μὲν γὰρ ἀριθμὸς ᾧ ἀριθμοῦμεν ὁ αὐτὸς
ἀεί, ἄν τε πρότερον ἄν τε ὕστερον λαμβάνηται οἷον ἡ τριάς, τὰ μέντοι
μετρούμενα οὐκέτι τὰ αὐτὰ ἀνάγκη εἶναι· ἄλλοι γὰρ οἱ ἵπποι τῶν ἀνθρώ-
πων. εἰ οὖν ὁ χρόνος ἀριθμὸς οὕτως ὡς τὸ ἀριθμούμενον ἐν τῇ κινήσει
οὐχ ὡς τὸ ἀριθμοῦν, τὸ δὲ ἀριθμούμενον τῆς κινήσεως οὐχ ὑπομένει τὸ
30 αὐτό, ἀλλ' ἄλλο λαμβάνεται, εἰκότως καὶ χρόνος ἄλλος ὁ πρότερος τοῦ
ὑστέρου καὶ ὁ παρεληλυθὼς τοῦ μέλλοντος· καὶ γὰρ τὰ νῦν οἷς ἀριθμεῖται 10
καὶ διορίζεται ἕτερα. τὸ γὰρ ἀριθμούμενον τῆς κινήσεως κατὰ τὸ πρότερον
καὶ ὕστερον ἕτερα, καὶ δηλονότι τῷ λόγῳ ἕτερα, τῷ δὲ ὑποκειμένῳ ὡς τῷ
εἴδει τὰ αὐτά. οὕτω γὰρ δέδεικται πρότερον.

---

1 ἔχοι E   2 πρότερον cf. Δ 10 p. 218 b 14 sqq.   5 καὶ aF cf. f. 183ʳ54:
om. E   11 ταῦτα τὸ εἶναι a   ἔχει a   15 θάττερον E   16 ὁ om. E
17 κίνησις aE: κινήσεως F   19 ἡ δὲ] ἀλλ' ἡ F   20 post ἀλλὰ καὶ add. τῷ
ἀριθμῷ aF   24 προτέρα καὶ ὑστέρα E   ἕτερα F   27 εἶναι ἀνάγκη aF
28 ὁ om. E   31 μέλοντος E   32 fortasse τὰ γὰρ ἀριθμούμενα cf. Themistii
p. 327,12 τὸ γὰρ τῆς κινήσεως πρότερόν τε καὶ ὕστερον ἀριθμούμενα χρόνος ἐστίν
34 πρότερον cf. p. 219 b 10 sqq.

p. 220ᵇ12 Ἔτι ὡς ἐνδέχεται κίνησιν εἶναι τὴν αὐτὴν ἕως τοῦ 173ʳ
οἷον ἐνιαυτὸν ἢ ἔαρ ἢ μετόπωρον.

Εἰπὼν ὅτι ἡ μὲν παροῦσα καὶ ἐνεστῶσα κίνησις ἡ αὐτὴ πᾶσα κατὰ
τὴν κοινότητα καὶ διὰ τοῦτο καὶ ὁ χρόνος ὁ ἐνεστὼς ὁ αὐτὸς ἅμα παντα-
5 χοῦ, ἡ δὲ παρεληλυθυῖα καὶ ἡ μέλλουσα ἑτέρα καὶ οἱ χρόνοι ἕτεροι, νῦν
δείκνυσιν ὅπως καὶ τὸ πρότερον καὶ ὕστερον καὶ ἐν κινήσει καὶ ἐν χρόνῳ
τὸ αὐτὸ εἶναι δύναται τῷ πάλιν καὶ πάλιν. καὶ εἰπὼν πρότερον τὸ
νῦν τῷ ὑποκειμένῳ ταὐτὸν εἶναι, τῷ δὲ λόγῳ διάφορον, νῦν οἶμαι διαρθροῖ
πῶς τότε τὸ αὐτὸ ἔλεγε, καὶ ὅτι οὕτως, ὥσπερ ἡ κίνησις τῷ πάλιν καὶ 20
10 πάλιν, τουτέστι τῷ τὴν αὐτὴν οὖσαν κατ' εἶδος πάλιν γίνεσθαι καὶ πάλιν.
ἐπειδὴ γὰρ αἱ κινήσεις πάλιν καὶ πάλιν γίνονται (οἷον ἡλίου ἀπὸ τοῦ αὐτοῦ
πάλιν καὶ πάλιν ἰόντος καὶ ἀπὸ κριοῦ καὶ ἀπὸ ζυγοῦ πάλιν καὶ πάλιν), ὁ
δὲ χρόνος ἀκολουθεῖ τῇ κινήσει, δῆλον ὅτι καὶ ἐνιαυτὸς πάλιν καὶ πάλιν
καὶ ἔαρ πάλιν καὶ πάλιν γίνεται καὶ μετόπωρον. ἀλλὰ διὰ τί ἄρα οὔτε
15 πρότερον εἶπε τῷ εἴδει τὸ αὐτὸ εἶναι τὸ νῦν, ἀλλὰ τῷ ὑποκειμένῳ, οὔτε
νῦν τὸν χρόνον τῷ εἴδει τὸν αὐτόν, ἀλλὰ τῷ πάλιν καὶ πάλιν, ὥσπερ τὴν 25
κίνησιν; καίτοι γε αὐτοῦ μάλιστά ἐστιν ἡ τοῦ ταὐτοῦ τριχῇ γενομένη δια-
στολὴ γένει καὶ εἴδει καὶ ἀριθμῷ. ἢ ὅτι οὐ μόνον τὰ γένει αὐτὰ πολλὴν
ἔτι διαφορὰν ἀπολείπει, ἀλλὰ καὶ τὰ εἴδει τὰ αὐτὰ λεγόμενα, εἰ τῷ ἀριθμῷ
20 διαφέρει ὡς Πλάτων καὶ Σωκράτης, πολλὴν ἔχουσι συμβεβηκότων διαφοράν.
αἱ δέ γε κινήσεις αἱ πάλιν καὶ πάλιν αἱ αὐταὶ καὶ τὰ νῦν καὶ οἱ χρόνοι
σχεδόν τι καὶ τῷ ἀριθμῷ οἱ αὐτοί εἰσιν.

Οὕτω δὲ καὶ οἱ Πυθαγόρειοι τὰ αὐτά πως καὶ τῷ ἀριθμῷ τῷ πάλιν 30
καὶ πάλιν ἔλεγον γίνεσθαι· οὐδὲν δὲ ἴσως χεῖρον καὶ τῆς Εὐδήμου ῥήσεως
25 ἐκ τοῦ τρίτου τῶν Φυσικῶν τὰ ἐνταῦθα λεγόμενα παραφραζούσης ἀκούειν·
"ὁ δὲ αὐτὸς χρόνος πότερον γίνεται ὥσπερ ἔνιοί φασιν ἢ οὔ, ἀπορήσειεν
ἄν τις. πλεοναχῶς δὴ λεγομένου τοῦ ταὐτοῦ τῷ μὲν εἴδει φαίνεται γίνε-
σθαι τὸ αὐτὸ οἷον θέρος καὶ χειμὼν καὶ αἱ λοιπαὶ ὧραί τε καὶ περίοδοι,
ὁμοίως δὲ καὶ αἱ κινήσεις αἱ αὐταὶ γίνονται τῷ εἴδει, τροπὰς γὰρ καὶ
30 ἰσημερίας καὶ τὰς λοιπὰς πορείας ὁ ἥλιος ἀποτελεῖ. εἰ δέ τις πιστεύσειε 35
τοῖς Πυθαγορείοις, ὥστε πάλιν τὰ αὐτὰ ἀριθμῷ, κἀγὼ μυθολογήσω τὸ
ῥαβδίον ἔχων ὑμῖν καθημένοις οὕτω, καὶ τὰ ἄλλα πάντα ὁμοίως ἕξει, καὶ
τὸν χρόνον εὔλογόν ἐστι τὸν αὐτὸν εἶναι. μιᾶς γὰρ καὶ τῆς αὐτῆς κινή-
σεως, ὁμοίως δὲ καὶ πολλῶν τῶν αὐτῶν τὸ πρότερον καὶ ὕστερον ἓν καὶ
35 ταὐτόν, καὶ ὁ τούτων δὴ ἀριθμός· πάντα ἄρα τὰ αὐτά, ὥστε καὶ ὁ

---

7 τὸ αὐτῷ a   πρότερον cf. ad p. 731,34   13 καὶ πάλιν (ante καὶ ἔαρ) om. aF
16 τὸν αὐτόν] ταὐτὸν a   17 γινομένη F   18 τὰ γένει τὰ αὐτὰ aF   21 ante
αἱ αὐταὶ add. ὡς a   22 καὶ (post τι) om. E   23 τῷ (ante πάλιν)] τὰ F
24 Εὐδήμου fr. 51 p. 73,20 Sp. cf. supra p. 725,23   29 καὶ (post δὲ) om. a
30 ἰσημερίαν F   31 Πυθαγορείοις cf. Zeller II. Ph. I⁴411²   ὥστε] ὡς a
τὰ αὐτὰ aF: om. E   ἀριθμῷ om. F   32 ῥάβδον F   ὑμῖν] incohaverat
ἡμῖν E   post οὕτω interpunxit Zeller, vulgo post καθημένοις   33 post γὰρ add.
δὴ a   34 τὸ (ante πρότερον) om. F   35 ὥστε aE: ὥσπερ F

χρόνος." καὶ ὅρα ὅτι μίαν καὶ τὴν αὐτὴν λέγει κίνησιν τὴν πάλιν καὶ πάλιν, 173ʳ
καὶ τὸ πρότερον καὶ ὕστερον ἓν καὶ τὸ αὐτό· ὅτι δὲ καὶ οὗτος ἄλλο καὶ 40
ἄλλο τὸ ἀεὶ γινόμενον εἶναί φησι καὶ τῆς κινήσεως καὶ τοῦ χρόνου, ἄκου-
σον οἷα μετ' ὀλίγον τῶν ἤδη παρατεθέντων γέγραφεν· "ὥσπερ δὲ τῆς κινή-
5 σεως τὸ ἄτομόν ἐστι μόνον τὸ δὲ παρεληλυθὸς ἔρρει τὸ δὲ ἐσόμενον οὔπω
ἔστιν, οὕτω καὶ τοῦ χρόνου τὸ μὲν οἴχεται τὸ δὲ οὔπω ἔστι τὸ δὲ παρόν
ἐστιν ἄλλο καὶ ἄλλο γινόμενον ἀεί".

p. 220b14   Οὐ μόνον δὲ τὴν κίνησιν τῷ χρόνῳ μετροῦμεν ἕως
τοῦ καὶ τὴν κίνησιν, ἂν ὁ χρόνος. | 53

10 Ἐπειδὴ ἀριθμὸς καὶ μέτρον κινήσεως ὁ χρόνος λέγεται, ὡς κατὰ τοῦ- 173ᵛ
τον μετρουμένης τῆς κινήσεως, ἐλέγετο δὲ καὶ θάττων καὶ βραδυτέρα κίνη-
σις ἡ ἐλάττονι καὶ πλείονι χρόνῳ μετρουμένη, προστίθησι νῦν ὅτι οὐ μόνος
ὁ χρόνος μετρεῖ τὴν κίνησιν, ἀλλὰ καὶ ἡ κίνησις τὸν χρόνον. μετρεῖται
δὲ ἑκάτερον ὑπὸ θατέρου τῷ ὁρίζεσθαι ὑπ' ἀλλήλων τήν τε κίνησιν ὑπὸ
15 τοῦ χρόνου καὶ τὸν χρόνον ὑπὸ τῆς κινήσεως. ἐν ᾧ γὰρ χρόνῳ πολλὴ ἡ 5
κίνησις, πολὺς οὗτος λέγεται. προηγουμένως δὲ ὁ χρόνος τὴν κίνησιν μετρεῖ
ἀριθμὸς ὢν αὐτῆς καὶ κατὰ τὸ πρότερον καὶ ὕστερον ὁρίζων αὐτήν, κατὰ
συμβεβηκὸς δέ πως καὶ ἀντιμετρεῖται ὑπ' αὐτῆς. καὶ ἐπὶ τῶν ἄλλων δὲ
μέτρων ἁπάντων ὁρῶμεν τοῦτο γινόμενον. ἀντιμετρεῖται γὰρ ὑπὸ τῶν
20 μετρουμένων τὰ μέτρα. τῷ γὰρ τῶν πυρῶν μεδίμνῳ κρίνομεν τὸν ξύλινον
μέδιμνον, εἰ μὴ μείζων ἢ ἐλάττων ἐστί, καὶ τῇ κοτύλῃ τοῦ οἴνου τὴν
χαλκῆν ἀντιμετροῦμεν κοτύλην. εἰπὼν δὲ ἐπὶ χρόνου καὶ κινήσεως καὶ 10
τῶν συνεχῶν ἄλλων μέτρων, ὅτι καὶ ἀντιμετρεῖται αὐτὰ ὑπὸ τῶν μετρου-
μένων, λέγει ὅτι τὸ αὐτὸ καὶ ἐπὶ τῶν ἀριθμῶν ἔστιν ἰδεῖν. καὶ γὰρ ὁ
25 ἀριθμὸς τρόπον τινὰ ἀριθμεῖται ὑπὸ τῶν ἀριθμουμένων ὑπ' αὐτοῦ. ὥσπερ
γὰρ δέκα ἵππους φαμέν, ὅτι δέκα μονάσιν αὐτοὺς ἠριθμήσαμεν, οὕτω καὶ
τὰς μονάδας δέκα λέγομεν, ὅτι δέκα ἵπποις ἰσώθησαν. μήποτε γὰρ οὐδὲ
εἰς ἔννοιαν ἤλθομεν ἂν τῶν δέκα μὴ ἕνα ἵππον εἶναι καὶ τὸν ἕνα ἄνθρω-
πον τοσαυτάκις λαβόντες. εἰπὼν δὲ ταῦτα καὶ τὴν αἰτίαν ἐπάγει τῆς ἀντι- 15
30 μετρήσεως. ἀκολουθεῖ γάρ, φησίν, ὥσπερ ἐλέχθη, τῷ μὲν μεγέθει
ἡ κίνησις, τῇ κινήσει δὲ ὁ χρόνος. ἐπεὶ οὖν ὡς ἔχει ἡ κίνησις πρὸς
τὸ μέγεθος, οὕτως ὁ χρόνος πρὸς τὴν κίνησιν, ἡ δὲ κίνησις μετρεῖ τε ἅμα
τὸ μέγεθος καὶ ἀντιμετρεῖται ὑπ' αὐτοῦ· πολλὴν γάρ φαμεν εἶναι τὴν

---

4 γέγραφεν p. 74,14 Sp.   11 ante κίνησις add. ἡ aF   13 πολὺς F   τὴν
(post χρόνος) om. E   21 εἰ μὴ aF Themistius p. 327,22: εἰ E   23 τῶν συνεχῶν
a (cf. Themistius 327,24): συνεχῶν F: τινῶν E   καὶ (post ὅτι) om. E
25 ἀνταριθμεῖται Themistius l. c.   ὥσπερ γὰρ aF (cf. Themistius): καὶ ὥσπερ E
26 τὰ δέκα δέκα ἵππους φαμέν Themistius   28 ἂν E: om. aF: post οὐδὲ The-
mistius   ἕνα ἵππον εἶναι libri: τὸν ἕνα ἵππον rectius Themistius   30 φησὶν
Aristoteles ex Themistio citatus   31 τῇ δὲ κινήσει Aristoteles   33 καὶ
om. E   εἶναι post γὰρ Aristoteles (sed cum Simplicio [cf. f. 180ᵛ 6] faciunt GHI),
om. Themistius

ὁδόν, ἐὰν ἡ πορεία πολλή, καὶ πολλὴν τὴν πορείαν, ἐὰν ἡ ὁδὸς 173ᵛ
πολλή, ὁμοίως ἔχειν δεῖ καὶ τὴν κίνησιν πρὸς τὸν χρόνον. ὥσπερ γὰρ
πολλὴ ἡ κίνησις, ἐὰν ὁ χρόνος πολὺς ᾖ, οὕτω καὶ ὁ χρόνος πολύς, ἐὰν
ἡ κίνησις πολλή. παρισούμενα γὰρ ἀλλήλοις ἀντιμετρεῖ ἄλληλα, καὶ ὁ
5 χρόνος συνεχὴς ὢν καὶ διαιρετὸς διὰ τὴν κίνησιν, τί θαυμαστόν, εἰ καὶ 20
μετρεῖται ὑπ' αὐτῆς, ὥσπερ καὶ ἡ κίνησις διὰ τὸ μέγεθος ταῦτα ἔχουσα
μετρεῖται ὑπ' αὐτοῦ;

Διάφορος δὲ φέρεται ἡ γραφὴ ἡ ἐπὶ τῷ τέλει ταύτης τῆς ῥήσεως.
κἂν μὲν οὕτως ἔχῃ καὶ τὸν χρόνον, ἂν ἡ κίνησις, καὶ τὴν κίνησιν,
10 ἂν ὁ χρόνος, ὥσπερ ἐν τοῖς πλείοσι φέρεται, σαφές ἐστι τὸ λεγόμενον.
εἰ δέ καὶ τὸν χρόνον ἂν ἡ κίνησις καὶ ὁ χρόνος τὴν κίνησιν
(φέρεται γὰρ καὶ αὕτη ἡ γραφή, καὶ ἀποσκευάζεται αὐτὴν ὁ Ἀλέξανδρος
δι' ἀμφοτέρων τὸ αὐτὸ λέγων σημαίνεσθαι, ὅτι ὁ χρόνος ὑπὸ τῆς κινή- 25
σεως μετρεῖται. καίτοι πῶς τὸ καὶ ὁ χρόνος τὴν κίνησιν σημαίνοι
15 ἂν ὅτι καὶ ὁ χρόνος ὑπὸ τῆς κινήσεως μετρεῖται;), ἀλλὰ τὸ καὶ τὸν χρό-
νον ἂν ἡ κίνησις εἰπὼν εἰς πίστιν τοῦ ὅτι ἡ κίνησις τὸν χρόνον μετρεῖ,
κατὰ ταύτην τὴν ἔννοιαν ἐπήγαγε γοργῶς καὶ ὁ χρόνος τὴν κίνησιν.
ἐπιστῆσαι δὲ ἄξιον, ὅτι καὶ νῦν ὑπὸ μὲν τοῦ μεγέθους τὴν κίνησιν μετρεῖ-
σθαί φησιν, ὑπὸ δὲ τῆς κινήσεως τὸν χρόνον. καίτοι τὸ πρότερον καὶ
20 ὕστερον τὸ ἀπὸ τῆς ἐν τῷ μεγέθει θέσεως ἐνδιδόμενον τῇ κινήσει ἄλλο 30
ἐστὶ παρ' ἐκεῖνο τὸ κατὰ τὴν τοῦ εἶναι παράτασιν, καθ' ὃ θεωρεῖται ὁ
χρόνος. διὸ καὶ τὴν ἀναλογίαν δεῖ σκοπεῖν τὴν λέγουσαν ὅτι ὡς ἔχει τὸ
μέγεθος, ἔχει ἡ κίνησις, καὶ ὡς ἡ κίνησις ὁ χρόνος, πῶς ἂν ἔχοι τὸ ἀλη-
θές; καὶ γὰρ πολλῆς οὔσης τῆς ὁδοῦ καὶ τῆς κινήσεως πολλῆς οὐδὲν
25 κωλύει τὸν χρόνον ὀλίγον εἶναι, ἐὰν ταχὺ τὸ κινούμενον ᾖ. ἢ δυνατὸν μὲν
καὶ ὅσον ἐφ' ἑαυτοῖς ταῦτα σκοπεῖν, ὅτι ὅσον ἐπὶ τῇ κινήσει πολὺς ἂν
εἴη ὁ χρόνος ὁ τῆς πολλῆς κινήσεως· δυνατὸν δὲ καὶ κατὰ ἀναλογίαν τοῦ 35
τάχους τὸ πολὺ καὶ τὸ ὀλίγον τοῦ χρόνου λαμβάνειν· τῷ γὰρ ταχυτάτῳ
πολὺς ἂν εἴη χρόνος ὁ τῆς μιᾶς ἡμέρας ὡς ἐξ Ἤλιδος εἰς Ἐπίδαυρον πολλὴν
30 ὁδὸν ἐν αὐτῇ διατρέχειν.

p. 220ᵇ 32 Ἐπεὶ δέ ἐστιν ὁ χρόνος μέτρον κινήσεως ἕως τοῦ τὸ
μετρεῖσθαι αὐτῶν τὸ εἶναι ὑπὸ τοῦ χρόνου. 41

Δείξας τί ἐστιν ὁ χρόνος, καὶ τὰ ὑπάρχειν αὐτῷ λεγόμενα συμφω-
νοῦντα δείξας τῷ ὁρισμῷ, καὶ ὅτι κυρίως ἐν χρόνῳ λέγομεν τὰ περιεχόμενα

---

1 πολλή E: πολλὴ ᾗ aF   καὶ πολλὴν τὴν πορείαν Themistium sequitur: καὶ ταύτην πολλὴν Aristoteles   2 ὁμοίως — ἡ κίνησις πολλή (3) om. aF   11 ὁ χρόνος τὴν κίνησιν E: τὴν κίνησιν ὁ χρόνος aF   12 καὶ (ante αὕτη) om. F   13 κινήσεως μετρεῖται aE: μετρήσεως κινεῖται F   15 καὶ (ante ὁ) om. F   τὸ om. F
19 δὲ om. E   22 καὶ] conicio εἰ   ὅτι om. a   23 ἂν] ἂν ἂν E   τὸ καὶ ἀληθές E   24 καὶ γὰρ] κἂν γὰρ a   post πολλῆς iteravit πῶς — ἀληθές (23) deleta F   26 πολλὺς EF ut in his saepius   27 δυνατὸν aF: ἀδύνατον E
29 εἴη ὁ χρόνος aF   30 ἐν αὐτῇ om. aF   31 ἐπειδὴ δέ ἐστιν F   ἐστι post κινήσεως posuit a

ὑπὸ χρόνου, νῦν οἶμαι τὰ συνεκτικώτατα περὶ χρόνου λέγων δηλοῖ κατὰ 173ᵛ
τί ἕκαστον ἐν χρόνῳ εἶναι λέγεται· μακροαπόδοτος δὲ γενόμενος ὁ λόγος 45
ἀσάφειαν ἔσχε τινά. ἡ δὲ ἀπόδοσις τοῦ ἐπεὶ δέ ἐστιν ὁ χρόνος μέ-
τρον κινήσεως καὶ τοῦ κινεῖσθαι, τοῦτό ἐστι τὸ ἐν χρόνῳ εἶναι
5 καὶ τῇ κινήσει καὶ τοῖς ἄλλοις τὸ μετρεῖσθαι αὐτῶν τὸ εἶναι ὑπὸ
τοῦ χρόνου. ὁ δὲ καί σύνδεσμος ὁ ἐν τῷ καὶ τοῦτό ἐστιν οὐκ ἔστιν
οἶμαι περιττός, ὡς Ἀλέξανδρος ἐνόμισε, πρὸς τὰ προσεχῶς εἰρημένα συμ-
πλέκων. ἴσως δέ, ὡς καὶ Ἀλέξανδρος ἐγκρίνει, ἡ ἀπόδοσις ἀπὸ τοῦ δῆ-
λον ὅτι καὶ τοῖς ἄλλοις τοῦτό ἐστι τοῦ τοῖς ἄλλοις μετὰ τῆς 50
10 κινήσεως ἀντὶ τοῦ πᾶσιν εἰλημμένου· διὰ γὰρ μέσης τῆς κινήσεως κατα-
σκευάζει, ὅτι πᾶσι τοῦτό ἐστι τὸ ἐν χρόνῳ εἶναι, τὸ μετρεῖσθαι
αὐτῶν τὸ εἶναι ὑπὸ τοῦ χρόνου· καὶ τοῦτο εἰκότως. τὸ γὰρ εἶναι
ἑκάστου ἡ ἐνέργεια καὶ κίνησις τοῦ ὄντος αὐτοῦ ἐστιν, ὡς εἰ ἔλεγεν, ἐπειδὴ
ἐστιν ὁ χρόνος μέτρον κινήσεως καὶ τῇ κινήσει καὶ τοῖς ἄλλοις κατὰ τὴν
15 κίνησιν αὐτῶν, τοῦτό ἐστι τὸ ἐν χρόνῳ εἶναι, τὸ μετρεῖσθαι αὐ-
τῶν τὸ εἶναι ὑπὸ τοῦ χρόνου.

Δείκνυσι δὲ ὅπως | ἡ κίνησις ἐν χρόνῳ οὕτως· ὁ χρόνος μετρεῖ τὴν 174ʳ
κίνησιν, τὸ δὲ μετρεῖν τὴν κίνησιν τὴν μὴ ἅμα οὖσαν, ἀλλ' ἐν τῷ γίνε-
σθαι τὸ εἶναι ἔχουσαν κυρίως ταὐτόν ἐστι τῷ μετρεῖν τὸ εἶναι αὐτῆς,
20 τουτέστιν ἐφ' ὅσον ἐστὶν ἡ κίνησις. μετρεῖται μὲν γὰρ ἡ κίνησις καὶ κατὰ
τὸ διάστημα τὸ ἐφ' οὗ ἡ κίνησις, ὅταν λέγωμεν σταδίου τὴν κίνησιν εἶναι.
ἀλλὰ τοῦτο κατὰ συμβεβηκὸς ἔχει τὸ μέτρον καὶ οὐχ ἡ κίνησις. ὡς γὰρ
ὑπομένοντος τοῦ προτέρου οὕτως ἔχει τὸ τοιοῦτον μέτρον, ὡς δὲ κίνησις 5
καὶ ὡς ἐν τῷ γίνεσθαι τὸ εἶναι ἔχουσα μέτρον ἔχει τὸν ἐφ' ὅσον γίνεται
25 χρόνον. τοῦτο γὰρ αὐτῆς τοῦ εἶναι μέτρον ἐν τῷ γίνεσθαι τὸ εἶναι ἐχού-
σης. καὶ ἰδοὺ νῦν ὡς οἶμαι ὁ Ἀριστοτέλης σαφῶς παραδέδωκε, πῶς
μέτρον κινήσεως ὁ χρόνος, ὅτι κατὰ τὴν τοῦ εἶναι παράτασιν αὐτῆς, καθ'
ἣν μάλιστα καὶ ὑφέστηκεν· "ἐπὶ γὰρ τῆς κινήσεως, ὥς φησιν Ἀλέξανδρος,
ταὐτὸν τὸ εἶναι καὶ τὸ κινήσει εἶναι ὥσπερ καὶ ἐπὶ τῶν ἄλλων τῶν ἐν τῷ
30 γίνεσθαι τὸ εἶναι ἐχόντων. καὶ διὰ τοῦτο ταὐτόν ἐστι τὸ μετρεῖν τὴν κί- 10
νησιν καὶ τὸ εἶναι τῆς κινήσεως." δῆλον δὲ ὅτι ἄλλο τοῦτό ἐστι τὸ εἶναι
παρ' ἐκεῖνο τὸ συνήθως ὑπὸ τοῦ Περιπάτου λεγόμενον καὶ τὸ εἶδος ση-
μαῖνον· τοῦτο γὰρ τὴν παράτασιν τῆς ὑπάρξεως καὶ οἷον τὴν ἐνέργειαν
τοῦ ὄντος δηλοῖ. ἐπεὶ οὖν ἡ τῆς κινήσεως οὐσία ἐνέργειά ἐστι παρατετα-
35 μένη (ἐντελέχεια γὰρ ἦν τοῦ κινητοῦ), εἰκότως ταὐτόν ἐστι κίνησις καὶ
τὸ εἶναι τῆς κινήσεως. διὸ καὶ αὐτὸς μέτρον κινήσεως εἰπὼν τὸν
χρόνον ἐπήγαγε καὶ τοῦ κινεῖσθαι, οὐχ ὡς ἄλλο τοῦτο προστιθείς, ἀλλ' 15
ὅτι ἐνέργειά ἐστιν ἡ κίνησις ἐνδεικνύμενος, καὶ ὡς ἐνεργείας μέτρον ἐστὶν

---

1 ὑπὸ τοῦ χρόνου a   συνεχτικώτατα E   6 ὁ (ante ἐν) om. aF   7 Ἀλέξανδρος
cf. Bonitz Aristotelische Stud. II. 30¹   13 ἑκάστου aF: ἕκαστος E   καὶ ἡ κίνησις
aF   εἰ F: οὖν aE   20 μετρεῖται] μετρεῖ a   25 ἐν τῷ initio paginae ite-
ravit F   27 post μέτρον add. τῆς E   ὅτι E: ὅτι quod sequuntur duae perplexae
litterae F: ὅτι ὡς a   29 ἐπί] περί a   31 ἐστὶ τοῦτο εF   37 ἐπήγαγε
om. F   38 ὡς ἐνεργεία F

ὁ χρόνος. ὅτι δὲ μετρεῖται ὑπὸ χρόνου ἡ κίνησις καὶ τὸ εἶναι αὐτῆς, 174ʳ
δείκνυσιν ἐκ τοῦ πᾶσαν τὴν ληφθεῖσαν ὁρίζεσθαι χρόνῳ. ἡ γὰρ μέλλουσα
οὔπω ἔστι· διὸ οὐδὲ ὥρισται. ὥσπερ γὰρ ὁ λέγων, ὅτι τὸ εἶναι τοῦ ἀν-
θρώπου ὁ χρόνος μετρεῖ, τοῦτο λέγει, ὅτι τοσαῦτα ἔτη ὅσα ὁ ἄνθρωπος
5 ζῇ, ὁ χρόνος ὁρίζει καὶ μετρεῖ, οὕτως καὶ ἐπὶ τῆς κινήσεως ὁ λέγων τὸ
εἶναι τῆς κινήσεως ὑπὸ τοῦ χρόνου μετρεῖσθαι οὐδὲν ἄλλο λέγει ἢ ὅτι τὸ 20
ἐφ' ὅσον ἡ κίνησίς ἐστιν ὁ χρόνος μετρεῖ. καὶ ἐπὶ μὲν τῶν ἄλλων ἃ μὴ
ἐν τῷ γίνεσθαι τὸ εἶναι ἔχει, ἀλλ' ἔστιν ὅλα ἐν ὑποστάσει, ὡς ἐπὶ τοῦ
ἀνθρώπου, τὸ μὲν εἶναι τοῦ ἀνθρώπου, τουτέστι τὸ διάστημα τῆς ὑπάρξεως
10 αὐτοῦ, ὁ χρόνος καταμετρεῖ· αὐτὸν δὲ τὸν ἄνθρωπον, τουτέστι τὸ διά-
στημα τὸ τοῦ ἀνθρώπου, ἢ πῆχυς ἤ τι τοιοῦτον μετρεῖ. ἐπὶ δὲ τῆς κινή-
σεως καὶ τὸ εἶναι τῆς κινήσεως καὶ αὐτὴν τὴν κίνησιν ὁ χρόνος καταμετρεῖ.
ἐπὶ γὰρ τῆς κινήσεως συντρέχει τό τε εἶναι τῆς κινήσεως, ὃ χρόνῳ με-
τρητόν ἐστι, καὶ ἡ κίνησις αὐτή. εἰ δὲ ταῦτα ἀληθῆ, τί ἂν εἴη τῆς κινή- 25
15 σεως τὸ ὑπὸ τοῦ μεγέθους μετρούμενον, εἴπερ μὴ μόνον τὸ μέγεθος τῇ
κινήσει μετροῦμεν, ἀλλὰ καὶ τὴν κίνησιν τῷ μεγέθει, ὡς εἴρηται; ἢ δῆλον
ὅτι ἡ διάστασις αὐτῆς ἡ αὐτὴ οὖσα τῷ ὑποκειμένῳ τῇ τοῦ εἶναι παρα-
τάσει· ἐνέργεια γάρ ἐστι καὶ οὐχ ὑπομένει. μετρεῖται δὲ ὡς μὲν διά-
στασις ὑπομένουσα διὰ τὴν πρὸς τὸ μέγεθος ἀναφορὰν ὑπὸ τοῦ μεγέθους
20 (σταδιαίαν γὰρ τὴν κίνησιν λέγομεν), ὡς δὲ τοῦ εἶναι παράτασις ὑπὸ χρό-
νου. ἐπεὶ δὲ ταυτόν ἐστι τῷ ὑποκειμένῳ ταῦτα, εἰκότως εἴρηται ταυτὸν 30
εἶναι κίνησις καὶ τὸ κινήσει εἶναι.

Εἰπὼν δὲ μέτρον εἶναι τὸν χρόνον τῆς κινήσεως, πῶς αὐτὴν κατα-
μετρεῖ, προστίθησι. τὸ γὰρ μετρούμενον πᾶν ὑπὸ μέρους ἰδίου καταμετρεῖ-
25 σθαι δοκεῖ, ἐπειδὴ καὶ μέρος τοῦτό ἐστιν ὃ καταμετρεῖ τὸ ὅλον, ὅπερ ἐκ
τοσούτων ἐστὶ μέτρων, ὁσάκις μετρεῖται· καὶ ἡ κίνησις οὖν, εἰ ὑπὸ κινή-
σεως καταμετρεῖται. τὸ γὰρ μέρος τῆς κινήσεως κίνησίς ἐστι· καὶ πᾶν
συνεχὲς ἔστιν εἰς ἴσα πεπερασμένα διελεῖν. πῶς οὖν ὑπὸ τοῦ χρόνου 35
λέγεται ἡ κίνησις μετρεῖσθαι; ὁρίζει, φησί, μέρος τῆς κινήσεως ὁ χρόνος,
30 ὃ καταμετρεῖ τὴν ὅλην κίνησιν. ὁρίζει δὲ τοῦτο τὸ πρότερον καὶ ὕστερον
νῦν. καὶ παραπλησίως ὁ χρόνος τὴν κίνησιν μετρεῖ, ὡς καὶ ὁ πῆχυς τὸ
μέγεθος, οὐκ ὢν μέρος αὐτοῦ, ἀλλὰ τῷ ὁρίσαι τι μέρος αὐτοῦ. ὑφ' οὗ
μέρους τοσαυτάκις ληφθέντος καταμετρεῖται τὸ ὅλον. ἐπεὶ οὖν καὶ ἡ
ὁρισθεῖσα κίνησις ὑπὸ τοῦ χρόνου οἷον ἡ ὡριαία μετρεῖ τὴν ὅλην κίνησιν,
35 διὰ τοῦτο λέγεται ὑπὸ τοῦ χρόνου μετρεῖσθαι ἡ κίνησις.

Δείξας οὖν ὅτι τῇ κινήσει τοῦτό ἐστι τὸ ἐν χρόνῳ εἶναι αὐτήν, ταὐτὸν 40
δὲ εἰπεῖν τὸ εἶναι αὐτῆς ὑπὸ χρόνου μετρεῖσθαι, ἀπὸ ταύτης καὶ ἐπὶ τὰ
ἄλλα μεταβαίνει τὰ ἐν χρόνῳ λεγόμενα, ὡσανεὶ ἔλεγεν, εἰ τῇ κινήσει τὸ

---

1 τὸ εἶναι] τοῦ εἶναι aF   4 ὅσα ὁ] ὅσα ὅσα E   6 τοῦ (post ὑπὸ) om. E
τὸ (post ὅτι) om. aF   8 τοῦ (post ἐπὶ) om. a   14 εἰ δὲ initio folii itera-
vit E   16 ἢ aF: καὶ E   18 δὲ E: μὲν F: om. a   μὲν om. F
26 καὶ ἡ κίνησις — καταμετρεῖται (27) om. F   28 οὖν om. E   33 μέρους a:
μέρους F: μέρος E   37 τὸ EF: om. a   38 εἰ] ἐν E

ἐν χρόνῳ εἶναι τοῦτό ἐστι τὸ μετρεῖσθαι αὐτῆς τὸ εἶναι ὑπὸ χρόνου, καὶ 174ʳ τοῖς ἄλλοις τοῦτο ἔσται τὸ ἐν χρόνῳ εἶναι τὸ μετρεῖσθαι αὐτῶν τὸ εἶναι ὑπὸ τοῦ χρόνου, διότι τὸ εἶναι αὐτῶν ἡ ἐνέργεια καὶ ἡ κίνησις τοῦ ὄντος αὐτῶν ἐστιν. ἀλλὰ μὴν τὸ πρῶτον· τὸ ἄρα δεύτερον.
οὐκέτι δὲ καὶ ἐπὶ τῶν ἄλλων εἶπε, τὸ καὶ αὐτὰ καὶ τὸ εἶναι αὐτῶν με- 45 τρεῖσθαι ὑπὸ τοῦ χρόνου, διότι ἐπὶ μὲν τῆς κινήσεως ταὐτὸν ἡ κίνησις ἦν καὶ τὸ εἶναι τῆς κινήσεως, ἐπὶ δὲ τῶν ἄλλων τῶν ἐν χρόνῳ λεγομένων οὐχ ὁμοίως. ἀλλὰ τὸ μὲν κατὰ τὸ εἶναι αὐτῶν διάστημα ἐν τῷ γίνεσθαι τὸ εἶναι ἔσχεν, αὐτὰ δὲ οὐχ οὕτως. ἔστιν οὖν ἐν χρόνῳ, διότι καὶ τούτων τὸ εἶναι ὑπὸ χρόνου μετρεῖται.

Ἐκ δὴ τούτων ἀπορεῖν οἶμαι συμβαίνει πρῶτον μέν, εἰ κινήσεως ἀριθμὸς καὶ μέτρον ὁ χρόνος, πῶς ἄλλο τι παρὰ τὴν κίνησιν ὑπὸ χρόνου μετρεῖται καὶ ἐν χρόνῳ ἐστίν, ὥστε εἰπεῖν ὅτι καὶ τοῖς ἄλλοις τοῦτό ἐστι 50 τὸ ἐν χρόνῳ εἶναι· τὰ γὰρ ἄλλα τῆς κινήσεως, οὐ κινήσει δὲ ἢ κίνησις οὐδὲ ὑπὸ χρόνου μετρεῖται, εἴπερ κινήσεως μέτρον ἐστὶν ὁ χρόνος. δεύτερον δὲ ἄνθρωπος ὅδε καὶ ἵππος ὅδε καὶ τῶν ἄλλων ἕκαστον, ὅσα μὴ ἐν τῷ γίνεσθαι τὸ εἶναι ἔχει, ὡς δυνατὸν ἐπὶ τῶν ἐν γενέσει τοῦτο λέγειν, πῶς ἂν εἴη ἐν χρόνῳ, εἴπερ ὁ χρόνος ἐν τῷ γίνεσθαι τὸ εἶναι ἔχει καὶ συμπαρατίθεσθαι ἀνάγκη τῷ χρόνῳ τὸ ἐν χρόνῳ λεγόμενον; καὶ πρὸς μὲν τὴν πρώτην ἀπορίαν ῥη|τέον ἴσως, ὅτι ἐπὶ τῆς κατὰ τόπον μάλιστα 174ᵛ κινήσεως ποιούμενος τὸν λόγον (ὡς δηλοῖ τὸ λέγειν ὑπὸ τοῦ μεγέθους μετρεῖσθαι τὴν κίνησιν, καὶ ταύτην πολλὴν εἶναι, ἂν ἡ ὁδὸς ᾖ πολλή) τὰ ἄλλα τὰ λοιπὰ λέγει τῆς κινήσεως καὶ μεταβολῆς εἴδη, αὔξησιν ἀλλοίωσιν γένεσιν. ἄμεινον δὲ ἴσως λέγειν, ὅτι ἡ μὲν κίνησις ἐνέργειά ἐστι καὶ ἐν τῷ γίνεσθαι τὸ εἶναι ἔχει, καὶ ταὐτόν ἐστι κίνησις. καὶ τὸ εἶναι τῆς κι- 5 νήσεως προηγουμένως ἐν χρόνῳ ἐστὶ καὶ ὑπὸ τοῦ χρόνου μετρεῖται, τὰ δὲ ἄλλα ὅσα λέγεται ἐν χρόνῳ οἷον ἄνθρωπος ἢ ἵππος καὶ αὐτὰ κατὰ τὴν οὐσιώδη κίνησιν ἑαυτῶν, ὃ σημαίνει τὸ εἶναι ἐνέργεια τῆς οὐσίας καὶ τοῦ ὄντος ὂν καὶ ἐνέργεια οὐ τελεία οὐδὲ ἑστῶσα, ἀλλ' ἐν τῷ γίνεσθαι τὸ εἶναι ἔχουσα, κατὰ τοῦτο ἐν χρόνῳ ἐστὶν ἐκ γενέσεως καὶ φθορᾶς συγκείμενον. τὰ οὖν ἄλλα παρὰ τὴν κίνησιν τὰς ἐν χρόνῳ οὐσίας λαβὼν καὶ ταύτας κατὰ τὴν ἑαυτῶν κίνησιν, ἥτις ἐστὶν ἡ τοῦ εἶναι παράτασις, ἐν 10 χρόνῳ εἶναί φησιν. ὥστε τὰ κυρίως ὄντα καὶ μὴ ἐν τῷ γίνεσθαι τὸ εἶναι ἔχοντα, ἅπερ ἀίδια καλοῦσι καὶ Πλάτων καὶ Ἀριστοτέλης, οὐκ ἔστιν ἐν χρόνῳ, ἀλλ' ἐν αἰῶνι τῷ ἐν ἑνὶ μένοντι. καὶ εἰ ταῦτα ἀληθῆ, λέλυται καὶ τὸ δεύτερον ἄπορον. αἱ γὰρ γενηταὶ οὐσίαι ἔγχρονοι λέγονται κατὰ τὴν τοῦ

---

1 εἶναι (post χρόνῳ) om. a   ὑπὸ τοῦ χρόνου a   3 ὑπὸ τοῦ χρόνου aF (cf. Aristoteles): ὑπὸ χρόνου hic et v. 1 et 6 E   5 καὶ (post δὲ) om. F   εἶπε om. E   9 ὅτι aF   14 οὐ κινήσει—ὁ χρόνος (15) om. lacuna relicta F   δὲ ἢ a: δὲ ἡ E
16 δὲ ὁ ἄνθρωπος a   ὅδε (post ἄνθρωπος) ex ὧδε corr. E   19 συμπαρατίθεται F
τὸ ἐν χρόνῳ om. F   20 μάλιστα aF: μεταβολῆς καὶ (ex v. 23 interpolatum) E
21 λέγειν p. 220ᵇ 28   24 ἐνεργεία EF   28 τὸ (ante εἶναι) om. F   29 τὸ εἶναι aF: καὶ ὅτι E   36 οὐσίαι aF: οὐσίαι αἱ E: fortasse οὐσίαι καὶ   λέγονται] λέγεται an λέγονται incertum E

οἰκείου εἶναι ῥοὴν καὶ παράτασιν· ἐπὶ τοσοῦτον γὰρ εἶναι λέγονται καὶ 174ᵛ
αὗται, ἐφ' ὅσον χρόνον τὸ εἶναι αὐτῶν παρατείνεται. καὶ οὕτως ὁ χρόνος
μέτρον τῆς κατὰ τὸ εἶναι ῥοῆς καὶ παρατάσεώς ἐστι. καὶ ταῦτά ἐστιν, 15
ὡς ἐμοὶ δοκεῖ, τὰ νοερῶς καὶ εὐεπηβόλως παραδοθέντα τοῦ Ἀριστοτέλους
5 φιλοσοφήματα περὶ τοῦ χρόνου.

p. 221 a 9   Τὸ γὰρ ἐν χρόνῳ εἶναι δυεῖν ἐστι θάτερον ἕως τοῦ
οἷον τὰ ἐν τῷ τόπῳ ὑπὸ τοῦ τόπου.   29

Εἰπὼν ὅτι ἐν χρόνῳ λέγεται ἡ κίνησις ὡς μετρουμένη ὑπὸ τοῦ χρόνου 30
τὰ σημαινόμενα τοῦ ἐν χρόνῳ ἐφεξῆς ἀπαριθμεῖται, ἵνα δῆλον γένηται,
10 πῶς μὲν τὰ χρονικὰ ἐν χρόνῳ ἐστὶν οἷον τὸ νῦν καὶ τὸ πρότερον καὶ
ὕστερον καὶ τὰ τοιαῦτα, πῶς δὲ τὰ ἄλλα πράγματα. δύο γὰρ σημαίνει
τὸ ἐν χρόνῳ ἕν μὲν τὸ εἶναι τότε ὅτε χρόνος ἐστίν, ἓν δὲ οὕτως
ὡς λέγομεν ὅτι ἐν ἀριθμῷ ἐστι. καὶ τοῦτο δὲ διττόν· ἢ γὰρ οὕτως
ἐν ἀριθμῷ, ὅτι μέρος ἢ πάθος ἀριθμοῦ, ὡς τὰ δύο καὶ τὸ περιττὸν τὰ
15 μὲν μέρος, τὸ δὲ πάθος. ἢ ὅτι ἔστιν αὐτῶν ἀριθμὸς καὶ ἀριθμεῖται, ὡς 35
οἱ δέκα ἵπποι καὶ οἱ δέκα βόες ἐν ἀριθμῷ. ἐπεὶ οὖν ἀριθμὸς ὁ χρόνος,
ὡς ἔχει τὰ ἐν ἀριθμῷ, οὕτως ἔχει καὶ τὰ ἐν χρόνῳ. ὥστε τὸ μὲν νῦν
καὶ τὸ πρότερον οὕτως ἐν χρόνῳ, ὡς ἐν τῷ μοναδικῷ ἀριθμῷ ἡ μονὰς
καὶ τὸ περιττόν· τὰ μὲν γὰρ τοῦ ἀριθμοῦ, τὰ δὲ τοῦ χρόνου μέρη ἢ συμ-
20 βεβηκότα. κίνησις δὲ καὶ τὰ ἄλλα τὰ μὴ ὄντα μέρη ἢ πάθη τοῦ χρόνου
οὕτως ἐν χρόνῳ ἐστὶν ὡς ἐν τῷ ἀριθμῷ οἱ δέκα ἄνθρωποι τῷ ἀριθμεῖ-
σθαι ὑπ' αὐτοῦ. ὥσπερ οὖν τῶν οὕτως ἐν ἀριθμῷ λεγομένων πλείων τίς 40
ἐστιν ἀριθμὸς ἀεί, οὕτως καὶ τῶν ἐν χρόνῳ ὄντων πλείων τίς ἐστιν ἀεὶ
χρόνος. καὶ γὰρ ὁ χρόνος ἀριθμός τίς ἐστιν. εἰ δὲ τοῦτο, τὰ ἐν χρόνῳ
25 ὄντα περιέχεται ὑπὸ τοῦ χρόνου, ὥσπερ καὶ τὰ ἐν ἀριθμῷ ὄντα περιέχεται
ὑπὸ τοῦ ἀριθμοῦ καὶ τὰ ἐν τόπῳ ὄντα περιέχεται ὑπὸ τοῦ τόπου
καὶ ὅλως τὰ ἔν τινι ὡς περιεκτικῷ. καὶ ὅρα ὅπως ὁ Ἀριστοτέλης τὴν
κοινωνίαν τοῦ χρόνου τὴν πρὸς τὸν τόπον καὶ τὸν ἀριθμὸν πρὸ τῶν ὕστε-
ρον αὐτὴν ἐκφηνάντων ἐνόησε· τοῦτο δέ ἐστι κυριώτερον τοῦ ἐν χρόνῳ
30 σημαινόμενον. τὸ γὰρ λέγειν ἐν χρόνῳ εἶναι τὸ εἶναι ὅτε χρόνος 45
ἐστὶν ἀκυρώτερον λέγεται ἐν χρόνῳ. οὕτως γὰρ καὶ ἐν κινήσει εἶναι
λέγοιτο ἂν τὸ ἀκίνητον, εἰ ἔστιν ὅτε κίνησίς ἐστι. τοῦτο δὲ τί διαφέρει
τοῦ λέγειν τὸν οὐρανὸν ἐν κέγχρῳ εἶναι καὶ ὅλως πᾶν ἐν παντὶ καὶ τὸ
μέγιστον ἐν τῷ ἐλαχίστῳ, εἴπερ ὅτε ἐστὶν ὁ οὐρανὸς καὶ ἡ κέγχρος ἐστίν.

---

4 εὐεπιβόλως E   6 δυοῖν aF   7 τοῦ supra add. E   10 καὶ τὸ ὕστερον
aF   12 ὁ χρόνος Aristoteles [at χρόνος codd. FI]   14 ὅτι] ἢ F   τὰ μὲν
EF: τὸ μὲν a   15 τὸ δὲ aF: τὰ δὲ E   18 τὸ (ante πρότερον) om. E, sed cf.
Themistius p. 328,29 quem hoc loco sequitur Simplicius   20 καὶ τὰ ἄλλα in lacuna
om. F   21 ἄνθρωποι om. in lac. F   22 πλείων τίς om. in lac. F
25 ὑπὸ τοῦ χρόνου aE: ὑπὸ τοῦ ἀριθμοῦ F   ὥσπερ—ἀριθμοῦ (26) E cf. Themistius
p. 329,9: om. aF   27 πῶς F   28 πρὸς τῶν ὕστερον E   30 ὅτε ὁ χρό-
νος a   31 καὶ (ante ἐν) om. E   33 ἐν τῇ κέγχρῳ E at om. articulum Themistius
p. 329,15   34 ὁ om. aF

ἀλλὰ τὸ μὲν ἅμα εἶναι πολλοῖς συμβέβηκεν, ὃ σημαίνει τὸ ὅτε καὶ τότε, 174v
τὸ δὲ εἶναι θάτερον ἐν θατέρῳ τὸ περιέχεσθαί ἐστιν ὑπὸ τοῦ ἑτέρου τὸ
ἕτερον· καὶ ἀκολουθεῖ μὲν τούτοις καὶ τὸ ἅμα εἶναι, ἀλλ' οὐκ ἐπειδὴ ἅμα, 50
διὰ τοῦτο ἐν ἀλλήλοις, ἀλλ' ὅτι ἐν ἀλλήλοις, διὰ τοῦτο ἅμα. καὶ ὅτι ἄμφω
5 ἐν τῷ αὐτῷ χρόνῳ. τὰ μέντοι μὴ ἐν χρόνῳ, κἂν χρόνου ὄντος ᾖ, οὐκ
ἂν λέγοιτο ἅμα, ὅτι ἅμα τὰ ἐν τῷ αὐτῷ χρόνῳ ἐστίν. ἀλλ' οὐδὲ τὸ ὅτε
καὶ τότε τούτοις προσήκει λεγόμενα.

Δείξας δὲ ὅτι τὰ κυρίως λεγόμενα ἐν χρόνῳ οὕτως λέγεται ὡς τὰ
περιεχόμενα ὑπὸ τοῦ χρόνου, ὥσπερ καὶ τὰ ἐν ἀριθμῷ ὑπὸ τοῦ ἀριθμοῦ,
10 τεκμήριόν τι τῶν οὕτως ἐν χρόνῳ, καὶ ἅμα αἴτιον τοῦ οὕτως λέγεσθαι
παραδί|δωσι. τῶν γὰρ κυρίως ἐν χρόνῳ ὄντων πλείονα χρόνον ἔστιν ἀεὶ 175r
λαβεῖν τοῦ εἶναι αὐτῶν. οὕτω γὰρ ἔσται περιεχόμενα ὑπὸ τοῦ χρόνου
καὶ κυρίως ἐν χρόνῳ λεγόμενα, ὥσπερ ἐν τόπῳ καὶ ἐν ἀριθμῷ. "διό,
φησὶν Ἀλέξανδρος τὰ ἀίδια οὐκ ἔστιν ἐν χρόνῳ· οὐ γὰρ περιέχει αὐτῶν
15 ὁ χρόνος τὸ εἶναι." καὶ εἰ μὲν ἀίδια τὰ αἰώνια λέγει, ὥσπερ καὶ Πλάτων
ὠνόμασεν ἐν Τιμαίῳ περὶ τοῦ παραδείγματος εἰπών "ἡ μὲν ζῴου φύσις 5
ἐτύγχανεν οὖσα ἀίδιος", καλῶς ἂν λέγοι· τὸ γὰρ αἰώνιον οὐκ ἐν χρόνῳ
οὐδὲ περιέχεται ὑπὸ τοῦ χρόνου. εἰ δὲ ἀίδιον λέγει τὸ κατὰ πάντα τὸν
χρόνον ὑφεστηκός, οὐκ ἔστιν ἀληθὲς ὅτι οὐκ ἔστι τοῦτο ἐν χρόνῳ, εἰ μόνον
20 οὕτως ὑποτεθείη ὡς ἐν χρόνῳ τὸ εἶναι ἔχειν· τοιαῦτα δὲ τὰ ἐν τῷ γίνε-
σθαι τὸ εἶναι ἔχοντα καὶ μὴ ἅμα ὅλα ὑφεστηκότα ὥσπερ τὰ αἰώνια. μαρ-
τυρεῖ δὲ καὶ αὐτὸς ὁ Ἀλέξανδρος αὐτῇ λέξει γράφων "ἡ δὲ κίνησις ἀίδιος
οὖσα ἐν χρόνῳ ἐστίν, ὅτι οὐκ ἔστιν ἐν ὑποστάσει οὐδὲ ἡ αὐτή τις ὑπομέ- 10
νουσα κατ' ἀριθμόν, ἀλλ' ἐν τῷ γίνεσθαι τὸ εἶναι ἔχει. ἀεὶ οὖν γινο-
25 μένη ἄλλη καὶ ἄλλη οὖσά ἐστιν οὕτως ἐν χρόνῳ". εἰ τοίνυν καὶ τὰ ἄλλα
τὰ ἐν γενέσει κατὰ τὴν κίνησίν ἐστιν ἐν χρόνῳ (κατὰ γὰρ τὸ εἶναι ἑαυτῶν),
εἴ τινα εἴη ἀνέκλειπτον ἔχοντα τὸ εἶναι ἐν τῷ γίνεσθαι ὑφεστὼς εἴτε κατ'
ἐνέργειαν εἴτε κατὰ ποιότητα μεταβαλλόμενα εἴτε κατὰ τόπον, οὐδὲν κωλύει
ἐν χρόνῳ ταῦτα εἶναι. ἀλλὰ τῷ μὲν ἐν ἀριθμῷ εἶναι κατὰ πάντα ἔοικε
30 τὸ ἐν χρόνῳ εἶναι, διότι καὶ ἀριθμός ἐστιν ὁ χρόνος· καὶ γὰρ τῶν ἐν 15
ἀριθμῷ ὄντων ἔστι πλείω λαβεῖν ἀριθμόν, διότι πᾶν τὸ ἠριθμημένον ἐν
πεπερασμένῳ ἐστὶν ἀριθμῷ· παντὸς δὲ πεπερασμένου ἀριθμοῦ ἔστι πλείω
λαβεῖν ἀριθμόν, διότι ἐπ' ἄπειρον αὔξεται ὁ ἀριθμός, ὥσπερ τὸ μέγεθος
ἐπ' ἄπειρον μειοῦται. τῶν δὲ ἐν τόπῳ ὄντων οὐκ ἔστιν ἀεὶ πλείω τόπον
35 λαβεῖν. εἰ μὲν γὰρ τὸ πέρας τοῦ περιέχοντός ἐστιν ὁ τόπος ἢ ὁ τῶν δια-
κεχριμένων εὐθετισμός, συμπεριγέγραπται τῷ τόπῳ ὁ τόπος· εἰ δὲ τὸ διά-

---

5 ᾖ aF: ἐστὶν E 6 τὰ ἐν a: τὸ ἐν F: om. E 9 τοῦ (ante ἀριθμοῦ) om. aF
14 φησὶν ὁ aF τὰ ἴδια E περιέχειν E 16 ἐν Τιμαίῳ p. 37D τοῦ
(post περὶ) om. aF μὲν EF: μὲν οὖν a: μὲν οὖν τοῦ Plato 19 ἐστιν
τούτῳ E 22 καὶ αὐτὸς ὁ om. F αὐτῇ τῇ λέξει a at cf. p. 13,28
24 εἶναι ἔχει aF: ἀεὶ ἔχειν E 27 εἴ τινα om. lac. relicta F εἴη ἂν F
29 ταῦτα ἐν χρόνῳ εἶναι aF τῷ μὲν ἐν aF: τὸ μὲν ἐν E 31 διότι — ἀριθμόν (33)
om. F 35 ἢ ὁ] ἢ ἡ ut videtur E 36 συμπεριγέγραπτο E

στημα ὁ τόπος, τὰ μὲν μερικὰ σώματα ἐν τόπῳ ὄντα ἔχει ἀεί τινα τόπον
ὑπερβάλλοντα, εἰς ὃν πολλάκις καὶ μεθίσταται· τὸ δὲ ὅλον οὐκέτι ἔχει
μείζονα τόπον· τὸν γὰρ ὅλον τὸ ὅλον κατείληφεν. ὥστε κατὰ πᾶν τοῦ
τόπου σημαινόμενον ἀληθὲς εἰπεῖν, ὅτι οὐ παντὸς τόπου ἔστι μείζονα τόπον
λαβεῖν ὡς παντὸς χρόνου καὶ παντὸς ἀριθμοῦ. τῷ δὲ τοῦ τόπου παρα-
δείγματι ἐχρήσατο πρὸς μόνον τὸ δεῖξαι, ὅτι τὰ ἐν χρόνῳ περιέχεται ὑπὸ
χρόνου, ὥσπερ τὰ ἐν τόπῳ ὑπὸ τοῦ τόπου. τὸν δὲ ὅλον λόγον οὕτω
συνήγαγεν ὁ Ἀλέξανδρος· τὰ ἐν χρόνῳ ὄντα ἐν ἀριθμῷ ἐστι· τῶν ἐν
ἀριθμῷ ὄντων ἀριθμός ἐστι· τῶν ἄρα ἐν χρόνῳ ὄντων ἀριθμός ἐστιν· ὧν
δέ ἐστιν ἀριθμός, τούτων πλείων ἐστὶν ἀριθμός· πεπερασμένων γὰρ ἀριθμός·
παντὸς δὲ πεπερασμένου πλείονα ἔστι λαβεῖν· τῶν ἄρα ἐν χρόνῳ ὄντων
πλείων ἐστὶν ἀριθμὸς κατὰ τὸν χρόνον.

p. 221 a 30 **Καὶ πάσχει δή τι ὑπὸ τοῦ χρόνου ἕως τοῦ ἡ δὲ**
κίνησις ἐξίστησι τὸ ὑπάρχον.

Δείξας ὅτι τὸ ἐν χρόνῳ ὂν περιέχεται ὑπὸ τοῦ χρόνου καὶ οὕτω
περιέχεται, ὡς καὶ πρὸ αὐτοῦ εἶναι χρόνον καὶ μετ' αὐτό, προστίθησιν
ἐφεξῆς, ὅτι καὶ πάσχει τὰ ἐν χρόνῳ ὄντα ὑπὸ τοῦ χρόνου. εἰώθα-
μεν γὰρ λέγειν ὅτι κατατήκει ὁ χρόνος καὶ γηράσκει πάντα ὑπὸ
τοῦ χρόνου καὶ ἐπιλανθάνεται διὰ τὸν χρόνον, ἅπερ ἐστὶν οὐσίας
καὶ ζωῆς καὶ γνώσεως φθαρτικά. οὐ γὰρ ὁμοίως λέγομεν ὅτι μεμά-
θηκεν οὐδὲ νέον γέγονεν οὐδὲ καλὸν διὰ τὸν χρόνον, διότι φθορᾶς
μᾶλλον αἴτιος ὁ χρόνος δοκεῖ ἀριθμὸς ὢν κινήσεως· ἡ δὲ κίνησις ἔκστασις
τοῦ ὄντος ἐστὶ καὶ μεταβολή. ὥστε εἰκότως ὁ χρόνος κινήσεώς τι ὢν τὸ
ἐν αὐτῷ ὂν ἐξίστησι τοῦ εἶναι καὶ μεταβάλλειν ποιεῖ ἀριθμὸς ὢν τῆς ἑκά-
στου τῶν ὄντων ἐν αὐτῷ μεταβολῆς τε καὶ ἐκστάσεως· ἀσφαλῶς δὲ τὸ
μᾶλλον προσέθηκε τῷ φθορᾶς γὰρ αἴτιος καθ' αὑτόν, καὶ διότι
οὐδὲ τοῦ πάσχειν αἴτιος ὁ χρόνος αὐτῷ δοκεῖ ἁπλῶς τε καὶ καθ' αὑτὸν
εἶναι, ἀλλὰ κατὰ τοσοῦτον καθ' ὅσον τοῖς ἐν χρόνῳ οὖσι πᾶσι τὸ πάσχειν
ὑπάρχει· δῆλον δὲ καὶ ὅτι οὐ μόνον φθορᾶς, ἀλλὰ καὶ γενέσεως καὶ ἐκ-
φάνσεως αἴτιος ἐδόκει τῷ εἰπόντι
    ἅπανθ' ὁ μακρὸς κἀναρίθμητος χρόνος,
    φύει τ' ἄδηλα καὶ φανέντα κρύπτεται,
καὶ οὐ μόνης λήθης ἀλλὰ καὶ μαθήσεως·
    ὁ γὰρ χρόνος τί μ' εἰδέναι ποιεῖ

---

3 πᾶν τοῦ τόπου aF: πάντων τόπων E   7 λόγον om. E   9 τῶν ἄρα—ἐστιν om.
sed in mrg. supplevit F¹   12 τὸν (post κατὰ) om. F   13 πάσχειν a
15 περιέχεται iteravit F   16 καὶ (post ὡς) om. F   καὶ (ante μετ') om. aF
27 οὐδὲ τοῦ πάσχειν αἴτιος] ὡς F   καθαυτὸ E   30 εἰπόντι Sophocli in Aiace
646. 647   34 τί μ'] τίνα F

λέγοντος ἔστιν ἀκούειν ἐκείνου. ὁ δὲ Σιμωνίδης τὸ σοφώτατον τῷ χρόνῳ 175ʳ
περιῆψε· τούτῳ γὰρ ἔφη πάντας εὑρίσκειν καὶ μανθάνειν, * * *, Εὐηνὸς 45
δὲ ἐξ ἀμφοῖν πεποίηκε τὸ "σοφώτατόν τοι καὶ ἀμαθέστατον χρόνον".

Καὶ αὐτὸς δὲ Ἀριστοτέλης ἔλεγεν ἐν τῷ τρίτῳ βιβλίῳ τὴν κίνησιν διττήν,
5 τὴν μὲν ἀπὸ εἴδους εἰς στέρησιν τὴν δὲ ἀπὸ στερήσεως εἰς εἶδος καὶ ἐξί-
στησιν οὖν ἡ κίνησις οὐκ ἀπὸ εἴδους μόνον, ἀλλὰ καὶ ἀπὸ στερήσεως.
διὰ τοῦτο δὲ μᾶλλον φθορᾶς αἴτιος, ὅτι τὰ μὲν γινόμενα εἰ καὶ ἐν χρόνῳ
δοκεῖ γίνεσθαι, ἀλλ' οὔ τί γε ὑπὸ χρόνου, ὅτι πρόδηλον τὸ ποιοῦν αἴτιον
ἄλλο ὂν παρὰ τὸν χρόνον οἷον ὁ οἰκοδόμος τῆς οἰκίας. τὰ δὲ φθειρόμενα 50
10 οὐ μόνον ἐν χρόνῳ φθείρεσθαι δοκεῖ, ἀλλὰ καὶ ὑπὸ χρόνου, ὅταν μηδὲν
ἄλλο τοῦ φθείρεσθαι τὴν οἰκίαν αἴτιον φαίνηται. ὁμοίως δὲ μανθάνειν
μὲν ὁ διδάσκαλος ποιεῖ, πρὸς δὲ λήθην ἀρκεῖν ὁ χρόνος δοκεῖ.

p. 221ᵇ3 Ὥστε φανερὸν ὅτι τὰ ἀεὶ ὄντα ᾗ ἀεὶ ὄντα ἕως τοῦ
οὐδὲ πάσχει οὐδὲν ὑπὸ τοῦ | χρόνου ὡς οὐκ ὄντα ἐν χρόνῳ. 175ᵛ

15 Δείξας ὅτι ταῦτά ἐστιν ἐν χρόνῳ, ὧν πλείονα χρόνον ἔστι λαβεῖν, καὶ
ὅτι πάσχει τὰ ἐν χρόνῳ ὑπὸ τοῦ χρόνου, οἷον πόρισμά τι ἐκ τῶν εἰρη-
μένων συνάγει, ὅτι τὰ ἀεὶ ὄντα ᾗ ἀεὶ ὄντα οὐκ ἔστιν ἐν χρόνῳ.
οὔτε γὰρ περιέχεται ὑπὸ τοῦ χρόνου, ὡς εἶναι πλείονα χρόνον τοῦ εἶναι
αὐτῶν λαβεῖν, οὔτε πάσχει τι ὑπὸ χρόνου· τὸ δὲ ᾗ ἀεὶ ὄντα προσέθηκε, 5
20 διότι ἡ ὕπαρξίς ἐστιν αὐτῶν ἡ παρισουμένη τῷ χρόνῳ, αἱ μέντοι κινήσεις
αὐτῶν καὶ αἱ μεταβολαὶ ἐν χρόνῳ τῷ ἑκάστου αὐτῶν εἶναι πλείω λαβεῖν.
τί οὖν ἡ ἀίδιος κίνησις; δειχθήσεται γὰρ ἀίδιος ἡ κυκλοφορία. ἆρα ἐν
χρόνῳ ἐστὶν ἢ οὔ; εἰ μὲν γὰρ μὴ ἐν χρόνῳ, οὐ πάσης κινήσεως ἀριθμὸς
ὁ χρόνος, εἰ δὲ ἐν χρόνῳ, πῶς ἐν χρόνῳ τοῦτο, οὗ μὴ ὑπερβάλλει χρόνος;
25 ἢ ὅτι ἀεὶ ἄλλη καὶ ἄλλη καὶ οὐδέποτε κατ' ἀριθμὸν ἡ αὐτή, διὰ τοῦτο
ἔστι τῆς λαμβανομένης πλείονα χρόνον λαβεῖν. ὁ δὲ Θεμίστιος· "κἂν μὴ 10
περιττεύῃ, φησί, τῆς κινήσεως ὁ χρόνος μηδὲ οὕτως αὐτὴν περιέχῃ, ἀλλ'
ὅτι γε ἀλλήλοις συνήρμοσται συμπαρεκτεινόμενα καὶ συνετεροιούμενα καὶ
δεῖται ἀλλήλων, διὰ τοῦτό ἐστιν ἡ κίνησις ἐν χρόνῳ." τάχα δὲ ἄν τις

---

1 Σιμωνίδης cf. fr. 19 p. 1123 Bergk.   τὸ] τὸν a   2 τοῦτο F¹   πάντας πάντα
Brandis   post μανθάνειν ex verbis ἐξ ἀμφοῖν apparet intercidisse velut Πάρων δὲ ὁ
Πυθαγόρειος ἀμαθέστατον ὅτι ἐπιλανθάνονται ὑπὸ χρόνου cf. p. 754,15   Εὐηνὸς] dicti
acumen et Simonidis mentio ad Parium iuniorem quadrat poetam elegiacum eundemque
sophistam   3 τὸ E: τὸν a: om. F   τοι EF: τε a. si senarius adgnoscendus
est, legemus κἀμαθέστατον; quamquam de Eueno senariorum scriptore nihil notum
χρόνον] fortasse χρόνος   4 ἐν τῷ τρίτῳ βιβλίῳ cf. c. 1 p. 200ᵇ32 sqq.   5 εἰστέ-
ρησιν E   6 ἡ κίνησις om. a   10 μηδὲ a   11 αἴτιον F¹   12 μὲν
om. E   13 ᾗ ἀεὶ ὄντα iteravit F   14 οὐδὲν] οὐ a   οὐδὲν iteravit E
ἐν τῷ χρόνῳ a   21 ἑκάστου E: ἑκάστης aF   22 κυκλοφορία libri   24 post
χρόνος εἰ δὲ ἐν χρόνῳ deleta E   25 ἡ αὐτή aF Themistius p. 330,14: δὴ αὕτη E
26 Θεμίστιος p. 330,17 εἰ καὶ μὴ περιττεύει — περιέχει   28 συμπαρεκτεινόμενα — ἀλλή-
λων (29) om. Themistii nostra exempla

εἴποι ὅτι τούτου γε ἕνεκεν καὶ ὁ χρόνος ἔσται ἐν τῇ κινήσει. τὰ δὲ ἀίδια 175ᵛ
κατ' οὐσίαν λεγόμενα τὰ μὲν ἀεὶ ἅμα ὅλα ὄντα οἷα τὰ νοητὰ καὶ ὄντως ὄντα
καὶ τὴν ἐνέργειαν ἀεὶ ἅμα ὅλην ἔχει καὶ ὑπὲρ τὸν χρόνον ἐστὶ παντελῶς
ὑπὸ τοῦ αἰῶνος μετρούμενα. ἡ δὲ οὐράνιος οὐσία ὅτι μὲν κατ' οὐσίαν 15
5 ἀμετάβλητός ἐστι, πρόδηλον· εἰ μέντοι μηδὲ ἀλλοίωσιν ὑπομένει τινά,
δῆλον ὅτι κίνησιν μηδεμίαν ἔχουσα μηδὲ παράτασιν ἐν τῷ εἶναι ὑπὲρ χρόνον
ἔσται καὶ αὕτη. χρόνος γὰρ τῶν γινομένων, οὐχὶ τῶν ὄντων μέτρον ἐστίν.
εἰ δὲ ἔστι τις αὐτοῖς ὑπ' ἀλλήλων ἐνδιδομένη τελείωσις κατὰ τοὺς διαφό-
ρους σχηματισμούς, ὡς ἐπὶ τῆς σελήνης ἐναργῶς ὁρῶμεν γινόμενον καὶ
10 ἔστιν ἄλλοτε ἄλλη γινομένη αὐτὴ καὶ τῆς οὐσίας τελειωτική, δῆλον ὅτι κατὰ
ταῦτα ὑπὸ χρόνου μετρηθήσεται. τὸ γὰρ γενέσεως μετασχὸν ἔχειν τι δεῖ 20
πάντως γινόμενον καὶ ἀπολλύμενον, ἀλλ' οὐ κατ' οὐσίαν ἀνάγκη. τῷ δὲ
Ἀριστοτέλει καὶ τοῖς ἀπ' αὐτοῦ ἐκ τῶν ἐναργῶν ἀεὶ φιλοσοφοῦσιν ἀρέσκει
τὴν μὲν οὐσίαν τῶν οὐρανίων καὶ ἀγένητον καὶ ὑπὲρ χρόνον εἶναι, τὰς δὲ
15 κινήσεις χρονίζεσθαι. καὶ μήποτε ἄμεινον λέγειν, ὅτι τῶν μὲν ἄκρων οἷον
τῶν πάντῃ ἀκινήτων καὶ τῶν πάντῃ μεταβαλλομένων τῶν μὲν αἰὼν τῶν
δὲ χρόνος μέτρον ἐστί, τῶν δὲ μέσων οἷον ψυχῆς καὶ τῶν ἀιδίων σωμά- 25
των ἄλλα τινὰ μέσα μέτρα μὴ τυχόντα ὀνομάτων.

p. 221ᵇ,7   Ἐπειδή ἐστιν ὁ χρόνος μέτρον κινήσεως ἕως τοῦ ἀλλ' 33
20   ἢ κίνησις αὐτοῦ ποσή τις.

Μέχρι τοῦδε μέτρον κινήσεως τὸν χρόνον εἰπὼν προστίθησιν εἰκότως,
ὅτι καὶ ἠρεμίας μέτρον ὁ χρόνος ἐστὶ καὶ διὰ τοῦτο ἐπειδὴ κινήσεως. ὁ 35
γὰρ παρασυναπτικὸς σύνδεσμος ὁ ἐπειδὴ τοῦτο δηλοῖ. εἰ γὰρ ἡ ἠρεμία
στέρησίς ἐστι κινήσεως, τὰ δὲ αὐτὰ κριτικά τε καὶ μετρητικὰ τῶν τε ἕξεων
25 ἐστὶ καὶ τῶν στερήσεων, ὥσπερ φωτὸς καὶ σκότους ἡ ὄψις καὶ φωνῆς καὶ
ἡσυχίας ἡ ἀκοὴ καὶ τοῦ εὐθέως καὶ στρεβλοῦ ὁ κανών, εἰκότως τὸ τὴν κί-
νησιν μετροῦν καὶ τὴν ταύτης στέρησιν τὴν ἠρεμίαν μετρήσει· κατὰ συμ-
βεβηκὸς δὲ ταύτην· τὴν μὲν γὰρ κίνησιν καθ' αὑτὸ ὁ χρόνος μετρεῖ (ἐν
τούτῳ γὰρ αὐτοῦ ἡ οὐσία), κατὰ συμβεβηκὸς δὲ καὶ τὴν ἠρεμίαν καὶ κατὰ 40
30 τὴν πρὸς τὴν κίνησιν ἀναφορὰν μετρεῖ. μετρεῖ γὰρ αὐτῆς τὸ ὅσον οὐ κε-
κίνηται, ὡς καὶ αὐτὸς ἐρεῖ. ἔστι γάρ τις χρόνος, ὃν ἠρεμεῖ τὸ ἠρεμοῦν,
οὗ πλείονα λαβεῖν ἔστιν. ἠρεμεῖν γὰρ ἐκεῖνα λέγεται τὰ καὶ κινεῖσθαι
πεφυκότα. καὶ ὁ μὲν Ἀλέξανδρος ἀριθμὸν τῆς ἠρεμίας τὸν χρόνον φησίν,
ὅτι συμβέβηκε τῇ κινήσει ἡ στέρησις τῆς κινήσεως, ἧς καθ' αὑτὸ ἀριθμός

---

4 ὅτι] ἐστὶ E   7 καὶ αὐτὴ F   οὐχὶ] οὐ F   11 ὑπὸ τοῦ χρόνου aF   14 καὶ
(ante ὑπὲρ) om. F   18 μέσα om. F¹   19 ἐπειδὴ Simplicius v. 23 et Aristotelis
meliores libri a Bekkero collati secundum 'Authenticam': ἐπειδὴ δὲ Themistius p. 330,26:
ἐπεὶ δέ Simplicii libri in lemmate   post κινήσεως add. τὸν χρόνον—εἰκότως (v. 21)
sed del. E   20 τις E ut Aristotelis codex H cf. Themistius p. 331,18: om. a
22 ὁ γάρ] οὐ γάρ E   25 ἡ (post σκότους) om. E   ὄψις] primo scripserat καὶ E
26 ante στρεβλοῦ add. τοῦ aF   29 αὐτοῦ aF: καὶ E   31 ἐρεῖ cf. Alexander
p. 746,25   32 τὰ κεκινεῖσθαι E

ἔστιν ὁ χρόνος· ὁ δὲ Θεμίστιος τῷ κίνησιν ἄλλην μετρεῖν. "ἡ γὰρ νὺξ 175ᵛ
μέτρον μὲν καθ' αὑτὴν τῆς τοῦ ἡλίου φορᾶς τῆς ὑπὸ γῆν, κατὰ συμβε- 45
βηκὸς δὲ καὶ τῆς τῶν ζῴων ἠρεμίας." λέγοιτο δὲ ἂν τάχα καὶ ἄλλως.
ἐπειδὴ γὰρ πᾶσα ἠρεμία μεταξὺ δυεῖν κινήσεών ἐστιν, ἃς καθ' αὑτὸ μετρεῖ
5 ὁ χρόνος, καὶ ἔστι τὸ μὲν πρότερον νῦν πέρας ὂν τῆς προτέρας κινήσεως,
τὸ δὲ ὕστερον ἀρχὴ τῆς δευτέρας, τὸ μεταξὺ διάστημα χρόνος ἂν εἴη τοῦ
διαστήματος τῆς μεταξὺ ἠρεμίας μετρητικὸς κατὰ συμβεβηκός, ὅτι συμ-
βέβηκε μεταξὺ δυεῖν κινήσεων ἠρεμίαν εἶναι. ἀλλὰ πῶς ὁ χρόνος ἐν τούτῳ
οὐσιωμένος ἐν τῷ ἀριθμὸς εἶναι καὶ μέτρον κινήσεως καὶ τὴν ἠρεμίαν 50
10 στέρησιν οὖσαν τῆς κινήσεως μετρεῖ; ἔσται γὰρ καὶ ἡ ἠρεμία κίνησις,
εἴπερ τὸ μετρούμενον ὑπὸ χρόνου κίνησίς ἐστι. ταύτην οὖν λύων τὴν ἔν-
στασίν φησιν· οὐκ ἀνάγκη τὸ ἐν χρόνῳ ὂν κινεῖσθαι· οὐ γὰρ κίνησις
ὁ χρόνος, ἀλλ' ἀριθμὸς κινήσεως καὶ συμβεβηκός τι. οὐκ εἴ τι δὲ
ἐν τῷ συμβεβηκότι, ἤδη καὶ ἐν ἐκείνῳ ᾧ τοῦτο συμβέβηκεν. οὐ γὰρ εἴ
15 τι ἐν τῇ ἡμέρᾳ, ἤδη καὶ ἐν τῇ φορᾷ τοῦ ἡλίου, εἴπερ ἡμέρα ἐστὶ τοσόσδε
χρόνος ὁ τῆς τοσῆσδε τοῦ ἡλίου κινήσεως ἀριθμός. ὥστε οὐκ ἀνάγκη |
κινεῖσθαι τὴν ἠρεμίαν, κἂν ἐν τῷ ἀριθμῷ τῆς κινήσεως τῷ χρόνῳ εἶναι 176ʳ
οὐ κεκώλυται. λέγομεν γὰρ ὅτι ὁ κάμνων ἐν τοσῷδε χρόνῳ ἠρέμησε.
καὶ γὰρ ὁ κανὼν κριτήριον καθ' αὑτὸν τῶν εὐθέων ὑπάρχων, κατὰ συμ-
20 βεβηκὸς κρίνει καὶ τὰ στρεβλά.

Εἰπὼν δὲ ὅτι καὶ τὸ ἠρεμοῦν ἐν χρόνῳ, τί τὸ ἠρεμοῦν λέγει, ὅτι οὐ
πᾶν τὸ ἀκίνητον. εἰ γὰρ τοῦτο, οὐ πάσης ἦν ἠρεμίας μέτρον ὁ χρόνος·
οὐ γὰρ δὴ καὶ τῆς ἀιδίου ἀκινησίας, ἐπεὶ μὴ περιέχει αὐτῆς τὸ εἶναι. 5
ἀλλ' ἔστιν ἠρεμοῦντα ταῦτα, ὡς εἴρηται, ὅσα πεφυκότα κινεῖσθαι ἐστέρην-
25 ται τοῦ κινεῖσθαι· τὸ δὲ πεφυκὸς κινεῖσθαι οὐκ ἀίδιον ἔχει τὴν ἀκινησίαν.
εἶτα καὶ τί τὸ ἐν χρόνῳ προστίθησιν, ὅτι ὥσπερ τὸ ἐν ἀριθμῷ ἐστι τὸ
εἶναί τινα ἀριθμὸν τοῦ πράγματος καὶ μετρεῖσθαι αὐτοῦ τὸ
εἶναι τῷ ἀριθμῷ ἐν ᾧ ἐστιν, οὕτω καὶ τὸ ἐν χρόνῳ τὸ ὑπὸ χρόνου
μετρεῖσθαι τὸ εἶναι αὐτοῦ. ἐφ' οἷς προστίθησιν, ὅτι καὶ τὸ ἠρεμοῦν καθὸ
30 ἠρεμοῦν μετρήσει ὁ χρόνος, ὥσπερ καὶ τὸ κινούμενον καθὸ κινούμενον. 10
ἀλλ' οὐ τὸ ὑποκείμενον μετρεῖ, ἀλλὰ τὴν κίνησιν καὶ τὴν ἠρεμίαν αὐτῶν.
"ὥστε, φησὶν Ἀλέξανδρος, καὶ τῶν ἀιδίων τὰς κινήσεις, ἀλλ' οὐχὶ τὰς τῶν
κινουμένων οὐσίας μετρήσει ὁ χρόνος." τινῶν δὲ ἐκ τῶν ἐνταῦθα εἰρη-
μένων ἐλλιπῆ λεγόντων εἶναι τὸν ἀποδοθέντα τοῦ χρόνου ὁρισμόν (ἔδει
35 γάρ φασι μὴ μόνον κινήσεως αὐτὸν ἀλλὰ καὶ ἠρεμίας ἀριθμὸν ἀφορίσασθαι)
ἐπισκήπτων ὁ Ἀλέξανδρος "ὡς ἴσον, φησίν, ὂν τὸ ἀριθμὸν κινήσεως τῷ

---

1 Θεμίστιος p. 331,7   2 τῆς φορᾶς τοῦ ἡλίου Themistius   3 καὶ τῆς ἡσυχίας
τῶν ζῴων Themistius   5 ὁ χρόνος scripsi: ὁ χρορὸς E: om. aF   9 post ἠρε-
μίαν add. εἶναι—ἐν τούτῳ (8) sed del. E   13 εἴ τι δὲ aF et Themistius p. 330,27:
ἔστι δὲ τὸ E   19 καθ' αὑτὸ E   26 τὸ ἐν aF: τῷ E: fortasse τὸ εἶναι ἐν cf.
p. 744,9   27 τινα om. F   τὸ εἶναι αὐτοῦ Aristoteles   28 τῷ ἀριθμῷ—τὸ
εἶναι (29) om. E   31 post ἀλλὰ add. καὶ F   32 τὰς κινουμένας οὐσίας E
35 κινήσεως] κινήσεις E   αὐτὸν om. hic F   ἠρεμίας αὐτὸν ὁρίσασθαι F
36 post ἐπισκήπτων add. φησὶν F   ἴσον] ταυτὸν F

μέτρον κινήσεως, οὕτως ἀκούουσι τοῦ ἀριθμὸς κινήσεως. διὸ ἀξιοῦ- 176r
σιν, ἐπεὶ μέτρον καὶ ἠρεμίας ἐστίν, οὐ μόνον κινήσεως, καὶ τοῦτο τῷ λόγῳ 15
προστίθεσθαι. οὐ μὴν ταὐτόν ἐστιν. οὐ γὰρ ἐν τῷ μετρεῖν τὴν κίνησιν
ὁ χρόνος ἔχει τὸ εἶναι. ἀλλὰ τοῦτο μὲν αὐτῷ συμβέβηκε· τὸ δὲ εἶναι
5 αὐτῷ καὶ ἡ οὐσία ἐν τῷ ἀριθμεῖσθαι τὸ ἐν κινήσει πρότερον καὶ ὕστερον
καθὸ πρότερον καὶ ὕστερον, ὃ οὐκ ἔστιν ἐν ἠρεμίᾳ. οὐ γὰρ καὶ ταύτῃ ἐν
τῇ μεταβάσει τῇ ἀπὸ προτέρου τινὸς ἐπί τι δεύτερον καὶ μετ' αὐτὸ τὸ
εἶναι, ὥσπερ τῇ κινήσει. καὶ τοῦτο σαφῶς ἐδήλωσεν εἰπὼν ἐν ἀριθμῷ 20
δὲ κινήσεως ἐνδέχεται εἶναι καὶ τὸ ἠρεμοῦν. τὸ δὲ εἶναι ἐν
10 ἀριθμῷ ἐστι τὸ εἶναί τινα ἀριθμὸν τοῦ πράγματος". ταῦτα τοῦ
Ἀλεξάνδρου λέγοντος θαυμάζειν ἔπεισί μοι, πῶς λέγει τὴν ἠρεμίαν μὴ
ἔχειν τὸ πρότερον καὶ ὕστερον ὥσπερ τὴν κίνησιν. εἰ γὰρ μὴ εἶχεν, ἀλλὰ
συνῆπται τὸ πρότερον νῦν τῷ ὑστέρῳ, οὐκ ἂν ἦν ἔννοια χρόνου ἐν ἠρεμίᾳ
ὥσπερ οὐδὲ ἐν κινήσει. εἰ δὲ ἔστι τὸ πρότερον καὶ ὕστερον καὶ μετάβασις
15 ἀπ' ἐκείνης ἐπὶ τοῦτο καὶ τοῦ προτέρου φθειρομένου τὸ ὕστερον ἐπιγίνεται, 25
πῶς οὐκ ἐν τῷ γίνεσθαι τὸ εἶναι ἔχει καὶ ἠρεμία καὶ κίνησίς τις καὶ ἐν
αὐτῇ οὖσα φανήσεται; μήποτε οὖν διττὴ ἡ κίνησις ἡ μὲν ἀντικειμένη τῇ
ἠρεμίᾳ, ἡ δὲ καὶ αὐτὴ ὑπάρχουσα παράτασις οὖσα τοῦ εἶναι τῆς ἠρεμίας.
ὥσπερ γὰρ καὶ τῶν ἄλλων πάντων τῶν ἐν γενέσει τὴν ῥοὴν τῆς ὑπάρξεως
20 τὸ εἶναι πρότερον ἐκαλοῦμεν, καὶ τῆς ἠρεμίας τὸ εἶναι ἐν ῥοῇ ἐστι καὶ
παρατάσει. διὸ καὶ Ἀριστοτέλης καίτοι ἐν ἀρχῇ κατὰ συμβεβηκὸς εἰπὼν
μετρεῖσθαι τὴν ἠρεμίαν ὑπὸ τοῦ χρόνου ὅμως προελθὼν φήσει· μετρή- 30
σει δὲ ὁ χρόνος τὸ κινούμενον καὶ τὸ ἠρεμοῦν, τὸ μὲν ᾗ κι-
νούμενον τὸ δὲ ᾗ ἠρεμοῦν. τὴν γὰρ κίνησιν αὐτῶν καὶ τὴν
25 ἠρεμίαν, πόση τις, τουτέστι τὴν παράτασιν ἑκατέρας μετρήσει ἐκείνην
τὴν κατὰ τὸ εἶναι; τουτέστι τὴν γένεσιν καὶ τὴν ῥοήν. καὶ μήποτε διὰ
τοῦτο κατὰ συμβεβηκὸς εἶπε τὴν ἠρεμίαν ὑπὸ τοῦ χρόνου μετρεῖσθαι.
ὅτι οὐχ ὡς ἠρεμία ἁπλῶς, ἀλλὰ κατὰ τὸ εἶναι τὸ γενητὸν αὐτῆς, ὥσπερ
καὶ ἡ κίνησις καὶ τὰ ἄλλα εἴδη κατὰ τοῦτο χρονίζονται. πλὴν ἐπειδὴ
30 ἐπὶ τῆς κινήσεως ταὐτόν ἐστι κίνησις καὶ τὸ εἶναι τῆς κινήσεως, εἰκότως 35
τῇ κινήσει καθ' αὐτὸ ὑπάρχειν ὁ χρόνος δοκεῖ. ὅτι δὲ στέρησιν κινήσεως
τὴν ἠρεμίαν οὐχ ὡς τὸ στρεβλὸν τοῦ εὐθέος καὶ ὅλως τὰ παρὰ φύσιν
τῶν κατὰ φύσιν, ἀλλ' ὡς τὴν ἀπουσίαν τοῦ πεφυκότος λέγει κατὰ φύσιν
καὶ αὐτὴν οὖσαν, δῆλον, εἰ καὶ τὴν φύσιν ὁριζόμενος ἀρχὴν καὶ αἰτίαν οὐ
35 μόνον κινήσεως, ἀλλὰ καὶ ἠρεμίας αὐτὴν ἔλεγε καθ' αὐτό. καὶ γὰρ τῆς

---

1 τοῦ] τὸ E   4 τὸ εἶναι ἔχει aF   5 ἡ (post καὶ) om. E   6 ὃ om. F
8 post τοῦτο add. φησί F   9 δὲ (post ἀριθμῷ) om. F   εἶναι (post δὲ)
om. E   10 ἐστι om. a   12 γάρ] καὶ E   13 χρόνου ἔννοια a   14 τὸ
(post ἔστι) om. E   καὶ τὸ ὕστερον aF   15 ἐκείνης] suspicor ἐκείνου   φθει-
ρομένου] γινομένου F   18 οὖσα om. F   19 καὶ (post γὰρ) om. E   21 διὸ
καὶ ὁ aF   22 φήσει E: φησι aF   23 τὸ μὲν ᾗ [ἢ utrobique E] libri: ᾗ τὸ
μὲν Aristoteles   24 ᾗ (ante ἠρεμοῦν) om. Aristoteles   αὐτῶν μετρήσει Aristo-
teles   26 μηδέποτε E   30 ταὐτόν—κινήσεως om. E   35 ἔλεγε καθ'
αὐτήν a

ἠρεμίας ἡ φύσις αἰτία. διὰ τοῦτο δὲ ἴσως στάσιν αὐτὴν οὐκ ἐκάλεσε διὰ 176ʳ
τὸ βούλεσθαι ἰδίῳ ὀνόματι καλέσαι τὴν στάσιν, εἰς ἣν καὶ ἀφ' ἧς μετα- 40
βάλλει ἡ κίνησις. καὶ γὰρ καὶ τὰ ἀεὶ ἀκίνητα μένοντα ὡς οἱ πόλοι καὶ
ὁ ἄξων τοῦ παντὸς ἑστάναι μὲν λέγονται, ἠρεμεῖν δὲ οὐκέτι, ὅτι τὸ ἠρεμεῖν
5 προσήκει τοῖς κινουμένοις ποτέ.

p. 221ᵇ 20 Ὥστε ὅσα μήτε κινεῖται μήτε ἠρεμεῖ οὐκ ἔστιν ἐν
χρόνῳ ἕως τοῦ ὁ δὲ χρόνος κινήσεως καὶ ἠρεμίας μέτρον.

Εἰπὼν πρότερον τίνα τὰ ἐν χρόνῳ, ὅτι τὰ κινούμενα καὶ ἠρεμοῦντα 45
καὶ τὰ ποτὲ μὲν ὄντα ποτὲ δὲ μὴ ὄντα, ὧν καὶ ὑπερβάλλει χρόνος, ἐν
10 τούτοις δείκνυσι τίνα οὐκ ἔστιν ἐν χρόνῳ ὅτι ὅσα μήτε κινεῖται μήτε
ἠρεμεῖ οὐκ ἔστιν ἐν χρόνῳ, καὶ ἐφεξῆς ὅτι οὔτε τὸ μὴ ὂν πάντῃ
οὔτε τὸ ἀιδίως ὄν, ἀλλ' ἐκεῖνα ὧν γένεσίς ἐστι καὶ φθορά. ὅτι δὲ ὅσα
μήτε κινεῖται μήτε ἠρεμεῖ οὐκ ἔστιν ἐν χρόνῳ δείκνυσιν οὕτως·
εἰ μέτρον κινήσεως καὶ ἠρεμίας ἐστὶν ὁ χρόνος, ἃ μήτε κινεῖται μήτε ἠρεμεῖ
15 ταῦτα οὐκ ἔστιν ἐν χρόνῳ· ἔστι δὲ μήτε κινούμενα μήτε ἠρεμοῦντα τὰ 50
ἀκίνητα τῇ ἑαυτῶν φύσει καὶ δηλονότι τὰ κατὰ πᾶσαν κίνησιν ἀκίνητα.
καὶ ὁ μὲν συλλογισμός ἐστιν ἐν δευτέρῳ σχήματι τοιοῦτος· τὰ ἐν χρόνῳ
ὄντα μετρεῖται ὑπὸ χρόνου· τὰ μήτε κινούμενα μήτε ἠρεμοῦντα οὐ μετρεῖ-
ται ὑπὸ χρόνου· καὶ τὸ συμπέρασμα, ὅτι τὰ μήτε κινούμενα μήτε ἠρε-
20 μοῦντα οὐκ ἔστιν ἐν χρόνῳ. τούτων δὲ τὴν μὲν μείζονα πρότασιν τέθεικεν
διὰ τοῦ τὸ μὲν γὰρ ἐν χρόνῳ ἐστὶ τὸ μετρεῖσθαι χρόνῳ, τὴν δὲ
ἐλάττονα τὴν λέγουσαν | 'τὰ μήτε κινούμενα μήτε ἠρεμοῦντα οὐ μετρεῖται 176ᵛ
ὑπὸ χρόνου' αὐτὴν μὲν οὐ τέθεικε, τὴν δὲ κατασκευαστικὴν αὐτῆς τὴν
λέγουσαν 'ὁ δὲ χρόνος κινήσεως καὶ ἠρεμίας μέτρον ἐστίν', ᾧ δεῖ
25 προσυπακοῦσαι τὸ 'μόνων' ὡς ἤδη δεδειγμένον. εἰ δὲ τούτων μόνων,
δῆλον ὅτι ἀληθές ἐστιν, ὅτι τὸ μήτε κινούμενον μήτε ἠρεμοῦν οὐ μετρεῖται
ὑπὸ χρόνου· ἐπειδὴ δὲ τῶν ὄντων τὰ μέν ἐστιν ἀκίνητα, τὰ δὲ ἀεικίνητα, 5
τὰ δὲ ποτὲ κινούμενα καὶ ποτὲ ἠρεμοῦντα, δῆλον ὅτι τὰ μὲν ἀκίνητα παν-
τελῶς οὐκ ἔστιν ἐν χρόνῳ, τὰ δὲ ἀεὶ καὶ τὰ ποτὲ κινούμενα καὶ τὰ ἠρε-
30 μοῦντα ἐν χρόνῳ ἐστίν. ὅσα δὲ μήτε ἀιδίως μήτε ποτὲ κινεῖται, ταῦτα
οὐκ ἔστιν ἐν χρόνῳ. δῆλον δὲ ὅτι τὰ ποτὲ κινούμενα ταῦτά ἐστι τὰ καὶ
ποτὲ ἠρεμοῦντα. ἀλλὰ πῶς ὁ χρόνος κινήσεως καὶ ἠρεμίας μέτρον ἐστίν;

---

8 ὅτι τὰ om. F   9 δὲ (ante μὴ) om. E   11 ἐφεξῆς cf. p. 221ᵇ23   ὅτι
EF: om. a   οὔτε aF²: οὗτος F¹: om. E   12 τὸ ἀιδίως ὂν aF (cf. p. 746,13;
τὰ ἀίδια ὡς ὄντα ἀεὶ E   15 κινούμενα aF: κινοῦντα E   18 μήτε κινούμενα
om. E   20 πρότασιν aF: πρότερα E   21 τοῦ τὸ μὲν] τοῦτο F   ἐν χρόνῳ
εἶναί ἐστι τὸ μετρεῖσθαι χρόνῳ Aristotelis plerique codices [E¹ deficit]   23 κατασκευὴν
                                                                                  ον
scripturus erat, sed corr. E   25 δεδειγμένων a: δεδειγμενων F: δεδειγμένον E
26 ἀληθές δῆλον ὅτι ἐστι τὸ μήτε E   27 ὑπὸ τοῦ χρόνου aF   29 post ἠρεμοῦντα
iterabat δῆλον ὅτι κτλ. (28) sed del. E   31 τὰ (post ὅτι) ex τὴν corr. F

οἱ μὲν γὰρ λέγοντες κινήσεως μέτρον εἶναι καθ' αὑτό, τῆς δὲ ἠρεμίας ὡς 176ᵛ
στερήσεως οὔσης κινήσεως, εἰκότως μόνων τούτων μέτρον εἶναι λέγουσιν.
οἱ δὲ κινήσεως μὲν μόνης μέτρον εἶναι τὸν χρόνον λέγοντες, τῆς δὲ ἠρε-
μίας κατὰ τὸ εἶναι καὶ ταύτης ἐν ῥοῇ θεωρούμενον, δῆλον ὅτι οὐ μόνης
5 ἠρεμίας, ἀλλὰ καὶ τῶν ἄλλων πάντων τῶν ἐν γενέσει, ὡς αὐτὸς εἶπε, μέτρον
ἔσται ὁ χρόνος κατὰ τὸ εἶναι. τῆς γὰρ κατὰ τὴν ῥοὴν τοῦ εἶναι κινήσεώς
ἐστι μέτρον ὁ χρόνος κυρίως, ἥτις ἴδιός ἐστι τῆς γενέσεως. ἀλλ' ἴσως
ἐπειδὴ πάντα τὰ ἐν γενέσει ἢ κινεῖται ἢ ἠρεμεῖ, ἀληθὲς εἰπεῖν ὅτι ταῦτα
μόνα ἐν χρόνῳ ἐστίν.

10 p. 221ᵇ23   Φανερὸν οὖν ὅτι οὔτε τὸ μὴ ὂν ἔσται πᾶν ἐν χρόνῳ
ἕως τοῦ καὶ ἔστι γένεσις καὶ φθορὰ αὐτῶν.

Ἔτι μὲν ἐπιμένει διαρθρῶν τίνα τὰ ἐν χρόνῳ ἐστὶν ἢ οὐκ ἔστιν, καὶ
δείκνυσι νῦν, ὅτι οὔτε τὰ πάντῃ μὴ ὄντα ἐν χρόνῳ ἔστιν οὔτε τὰ ἀιδίως
ὄντα οὐδὲ ὅλως ὧν μὴ ὑπερβάλλει χρόνος, ἀλλ' ἐκεῖνα μόνα ὧν ἐστι γέ-
15 νεσις καὶ φθορά· σαφεστέραν δὲ διὰ τούτων ποιεῖ τὴν ἔννοιαν ἣν ἔχει
περὶ τοῦ χρόνου. λέγει δὲ ὅτι οὔτε τὰ μὴ ὄντα πάντα ἐστὶν ἐν χρόνῳ,
ἀλλὰ τινά. τῶν γὰρ μὴ ὄντων τὰ μὲν παρῆλθεν οἷον Ὅμηρος ὁ ποιητής,
τὰ δὲ μέλλει οἷον ἔκλειψις, τὰ δὲ καὶ παρῆλθε καὶ μέλλει ὡς πόλεμος
καὶ ἔκλειψις. καὶ ταῦτα μὲν πάντα ἐν χρόνῳ δειχθήσεται. ἔστι δέ τινα
20 τῶν μὴ ὄντων, ὅσα μὴ ἐνδέχεται εἶναι, ὥσπερ καὶ τὴν διάμετρον σύμμετρον
εἶναι τῇ πλευρᾷ οὐκ ἐνδέχεται ὅλως εἶναι. ταῦτα οὖν οὐκ ἔστιν ἐν χρόνῳ.
καὶ τὴν αἰτίαν προστίθησιν. ἐπειδὴ γὰρ μέτρον ἐστὶν ὁ χρόνος κινήσεως
μὲν καθ' αὑτό, τῶν δὲ ἄλλων κατὰ συμβεβηκός. ἄλλα δὲ λέγει τήν
τε ἠρεμίαν αὐτὴν καὶ τὰ κινούμενα καὶ ἠρεμοῦντα αὐτά, ὧν τὴν μὲν ἠρε-
25 μίαν καὶ αὐτὴν ὁ χρόνος μετρεῖ "μετρῶν, φησὶν Ἀλέξανδρος, τὸ ὅσον οὐ
κεκίνηται τοῦ ἠρεμοῦντος", οἶμαι δὲ ὅτι καὶ τὴν τοῦ εἶναι τῆς ἠρεμίας
παράτασιν. καὶ διὰ τοῦτό φησι κατὰ συμβεβηκός, ὅτι κατὰ τὴν ἐπὶ
τὴν κίνησιν ἀναφοράν. τὰ δὲ ὑποκείμενα τῇ τε κινήσει καὶ τῇ ἠρεμίᾳ οὐδὲ
τὴν ἀρχὴν αὐτὰ μετρεῖ, ἀλλὰ κατὰ συμβεβηκὸς ταῦτα λέγεται μετρεῖν τῷ
30 τοῖς μετρουμένοις ὑπὸ τοῦ χρόνου τῇ τε κινήσει καὶ τῇ ἠρεμίᾳ ταῦτα
συμβεβηκέναι τῷ εἶναι ἄνθρωπον ἢ ἵππον τὸ κινούμενον ἢ ἠρεμοῦν. ἐπεὶ
οὖν μόνα μετρεῖ ὁ χρόνος κίνησιν καὶ ἠρεμίαν, δῆλον ὡς ὧν τὸ εἶναι
μετρεῖται, ταῦτα ἐν τῷ κινεῖσθαι ἢ ἠρεμεῖν ἕξει τὸ εἶναι. τοιαῦτα δέ
ἐστι τὰ γενητὰ καὶ φθαρτὰ καὶ ὅλως ὅσα ὁτὲ μὲν ὄντα, ὁτὲ δὲ μή.
35 διὸ καὶ περιέχεται ταῦτα ὑπὸ τοῦ χρόνου. ἔστι γὰρ χρόνος τις πλείων,

---

1 καθ' αὑτὸν a   ὡς om. E   2 μόνον aF   3 τὸν χρόνον om. F
6 ἔσται E: ἐστὶν aF   10 οὔτε] οὐδὲ a ex Aristotele cf. v. 13 et p. 745,11   12 μὲν
om. a   13 νῦν aF: οὖν E   ὅτι om. F   14 μὴ om. aF   18 μέλλει
(utroque loco) E: μένει aF   19 καὶ ἔλλειψις E   πάντῃ a   24 αὐτὴν
cm. E   25 φησὶν ὁ aF   οὐκ ἐκκίνεται E   31 τῷ εἶναι] τὸ εἶναι E
34 καὶ (ante ὅλως) om. E

ὃς ὑπερέχει τοῦ μετροῦντος τὴν οὐσίαν αὐτῶν. τῶν οὖν μὴ ὄντων, 176ᵛ
ὅσα μὲν τοιαῦτά ἐστιν ὡς γεγονέναι ποτὲ ἢ ἔσεσθαι ἢ καὶ γεγονέναι καὶ
ἔσεσθαι, τούτων τὸν τοῦ μὴ εἶναι χρόνον ὑπερέχει ὁ χρόνος. καὶ γὰρ ὁ
ἐν ᾧ ἦν ἢ ἐν ᾧ ἔσται χρόνος ἐστί. διὸ τὰ τοιαῦτα τῶν μὴ ὄντων ἔσται 45
5 ἐν χρόνῳ. εἰπὼν δὲ τὸ οἷον τῶν μελλόντων προσέθηκε τὸ ἐφ' ὁπό-
τερα περιέχει. ἐπὶ μὲν γὰρ τῶν γεγονότων ὑπὸ τοῦ παρεληλυθότος
χρόνου ὄντος, ἐν ᾧ ἔτυχον ὄντα, τὸ μὴ εἶναι αὐτῶν περιέχεται ἤτοι ὁ
χρόνος ὁ τούτου μετρητικός· διὸ ἐν χρόνῳ τὰ οὕτω μὴ ὄντα. ἐπὶ δὲ τῶν
ἐσομένων ὑπὸ τοῦ μέλλοντος. ὁ γὰρ ἐν ᾧ ἔσται χρόνος μετὰ τοῦ ἐν ᾧ
10 οὐκ ἔστι πλείων ἐστὶ τοῦ ἐν ᾧ οὐκ ἔστιν. διὸ καὶ ταῦτα ἐν χρόνῳ. ὅσα
δὲ πρότερον μὲν ἦν καὶ ὕστερον ἔσται, νῦν δὲ οὐκ ἔστιν, οἷον ἔκλειψις ἢ 50
διοσημεῖα ἢ πόλεμος, τούτων ὁ τοῦ μὴ εἶναι χρόνος ἐπ' ἀμφότερα περιέ-
χεται· καὶ γὰρ ὑπὸ τοῦ παρεληλυθότος, ὅτι ἐν ἐκείνῳ ἦν, καὶ ὑπὸ τοῦ
μέλλοντος, ὅτι ἐν ἐκείνῳ ἔσται. καὶ πλείων ἑκάτερος τοῦ ἐν ᾧ μὴ ἔστι
15 μόνου ὅ τε μετὰ τοῦ παρεληλυθότος καὶ ὁ μετὰ τοῦ μέλλοντος. διὸ καὶ
ἐπὶ τῶν τοιούτων ἐστὶ τὸ μὴ εἶναι αὐτῶν ἐν χρόνῳ ὥσπερ καὶ τὸ εἶναι.
ὑπερβάλλει γὰρ ἑκατέρου χρόνος, καὶ διὰ τοῦτο περιέχεται ὑπὸ χρόνου καὶ
ἐν χρόνῳ ἐστίν. ὧν δὲ | ἀδύνατος ἡ ὕπαρξις τούτων τὸ μὴ εἶναι οὐκ 177ʳ
ἔστιν ἐν χρόνῳ. τίνα δὲ ταῦτά ἐστι, πρότερον μὲν ἐπὶ παραδείγματος εἶπεν
20 ὥσπερ τὸ τὴν διάμετρον εἶναι τῇ πλευρᾷ σύμμετρον, νῦν δὲ καὶ
διὰ καθολικοῦ κανόνος παρέδωκεν. ὧν γὰρ ἀίδια τὰ ἀντικείμενα, ταῦτα
ἀδύνατον αὐτὰ εἶναι. ἐπεὶ οὖν ἀιδίως τε καὶ ἀναγκαίως ἀσύμμετρος ἡ
διάμετρος τῇ πλευρᾷ, τὸ σύμμετρον αὐτὴν εἶναι ἀδύνατόν ἐστι. πάλιν δὲ 5
τίνα ἐστὶ τὰ δυνάμενα καὶ εἶναι καὶ μὴ εἶναι, κανονικῶς παραδέδωκεν
25 εἰπὼν ὅσων τὰ ἐναντία μὴ ἀεί ἐστιν, ἀλλὰ ποτὲ δηλονότι. εἰ μὲν γὰρ
ἀεὶ ἦν τὰ ἐναντία, οὐδέποτε ἂν ἦν αὐτά· εἰ δὲ μὴ ἦν τὰ ἐναντία αὐτοῖς,
αὐτὰ ἂν ἦν ἀεί. εἰ δὲ ποτὲ μὲν ἔστι ποτὲ δὲ μὴ ἔστι τὰ ἐναντία, καὶ
αὐτὰ ποτὲ μὲν ὄντα ποτὲ δὲ μὴ ὄντα γινόμενα ἂν εἴη καὶ φθειρόμενα.
ὅτε μὲν γὰρ ἔστι τὰ ἐναντία, αὐτὰ οὐκ ἔστιν, ὅτε δὲ μὴ ἔστιν ἐκεῖνα,
30 ταῦτα ἔστι.

p. 222ᵃ10 Τὸ δὲ νῦν ἔστι συνέχεια χρόνου ἕως τοῦ τὸ μὲν οὖν 16
οὕτω λέγεται τῶν νῦν.

Περὶ τοῦ νῦν, καθ' ὃ μάλιστα δοκεῖ εἶναι ὁ χρόνος, εἰπεῖν προτίθεται
τοῦ τε κυρίως καὶ τοῦ ἐν πλάτει λεγομένου, καὶ πρῶτον περὶ τοῦ κυρίως,
35 περὶ οὗ καὶ πρότερον εἴρηκεν, ὅτι συνεχὴς ὁ χρόνος τῷ νῦν καὶ διῄρηται

---

1 post ὑπερέχει intercidisse videtur τοῦ εἶναι αὐτῶν cf. Themistius   2 ἢ καὶ aF: ἢ E   3 τὸν τοῦ a: τῶν τοῦ F: τοῦ E   4 ἐν ᾧ (post ἢ) cm. aF   τῶν μὴ] τοῦ μὴ E   5 μελόντων E: μελλόντων τι Aristoteles   11 ἐκλείψεως σημεῖα ἢ πολέμου E   12 ὁ τοῦ ex καὶ τοῦ F   15 ὁ] ὅ τε E   24 παρέδωκεν aF   26 ἂν om. E   μὴ ἦν E: μὴ ἦν ἀεί F: μὴ δέποτε ἦν a   27 δὲ (ante μὴ) om. E   32 lemma usque ad εἶναι οὐ ταυτὸ habet a   33 ὁ (ante χρόνος) om. aF   34 καὶ πρῶτον καὶ περὶ F   35 πρότερον c. 11 p. 220ᵃ5   τῷ νῦν om. F

κατὰ τὸ νῦν. ταῦτα δὴ καὶ νῦν περὶ αὐτοῦ διὰ μακροτέρων ἐρεῖ, ὅτι 177ʳ
συνέχεια χρόνου τὸ νῦν ἐστι. τοῦτο γάρ ἐστι, καθὸ συνεχής ἐστιν ὁ 20
χρόνος. συνεχῆ μὲν γάρ ἐστιν, ὧν τὰ μόρια πρός τινα κοινὸν ὅρον συνάπτει,
ὡς ἐν τῷ ἕκτῳ βιβλίῳ τῆσδε τῆς πραγματείας δειχθήσεται. πρὸς δὲ τὸ
5 νῦν τὰ μόρια τοῦ χρόνου συνῆπται τό τε παρεληλυθὸς καὶ τὸ μέλλον
κοινὸν ὅρον γινόμενον ὡς ἐν ἀμφοτέροις ὑπάρχον. καὶ οὕτως μὲν λαμβα-
νόμενον συνέχει τὸν χρόνον τὸ νῦν. ὅταν δὲ ὡς πέρας τοῦ παρεληλυθότος
καὶ ὡς ἀρχὴ τοῦ μέλλοντος ληφθῇ καὶ νοηθῇ, διεῖλεν αὐτὸν πάλιν. τὸ
γὰρ αὐτὸ ποτὲ μὲν συνέχει, ποτὲ δὲ διαιρεῖ, ὡς ἔχει καὶ ἡ στιγμὴ ἐν τῷ 25
10 μήκει. καὶ γὰρ αὕτη καὶ συνέχει τὸ μῆκος, ὅταν ὡς μία ἐπινοῆταί τε
καὶ λαμβάνηται, καὶ διαιρεῖ, ὅταν ὡς δυσὶ χρησώμεθα τοῦ μὲν πέρας
αὐτὴν λέγοντες, τοῦ δὲ ἀρχήν. οὕτως ὁ Ἀλέξανδρος τὴν μὲν συνέχειαν
δηλοῦσθαι νομίζων ἕως τοῦ συνέχει γὰρ τὸν χρόνον τὸν παρεληλυ-
θότα καὶ ἐσόμενον, τὰ δὲ ἐντεῦθεν περὶ τῆς διαιρέσεως ἀκούων, διότι
15 τοῦ μὲν ἀρχὴν τοῦ δὲ τελευτὴν εἶπε τὸ νῦν. οὐχ οὕτω μέντοι ὥσπερ 30
ἐπὶ τῆς στιγμῆς ὑπομένον συνέχει· τὸ γὰρ νῦν τοῦ χρόνου ῥέοντος οὐχ
ὑπομένει. διαφόρου δὲ οὔσης τῆς γραφῆς καὶ τῆς μὲν ἐχούσης καὶ ὅρος
χρόνου, τῆς δὲ καὶ πέρας χρόνου, ἀμφοῖν μὲν ἡ αὐτὴ ἔννοια (καὶ
γὰρ προελθὼν τὸν κοινὸν ὅρον πέρας ἀμφοῖν καὶ ἑνότητα καλεῖ), οἰκειότερος
20 δὲ ὁ ὅρος, διότι συνεχῆ λέγομεν ἐκεῖνα τὰ πρὸς κοινὸν ὅρον συνάπτοντα.
καὶ Ἀλέξανδρος τὸ διαιρεῖ δὲ δυνάμει ἀκούει πρὸς τὸ προειρημένον,
ὅτι οὐχ ὡς ἐπὶ τῆς στιγμῆς μενούσης φανερόν, ἀλλὰ δυνάμει διαιρεῖ τὸ νῦν. 35
καὶ ἔχει λόγον οὕτως ἡ ἑρμηνεία· λέγει οὖν ὅτι τὸ νῦν τὸν χρόνον διαιρεῖ
δυνάμει, τουτέστι τῷ ἐπινοεῖσθαι· οὐ γὰρ ἐνεργείᾳ ὡς ἡ στιγμὴ τῷ ἔχειν
25 θέσιν καὶ ὑπομένειν καὶ κεχωρισμένα δεικνύναι τὰ μέρη· διὰ γὰρ τὴν
ῥοὴν τοῦ χρόνου οὐ δύναται χωρὶς ἀλλήλων ὑπομένοντα δειχθῆναι τὰ τοῦ
χρόνου μέρη. καὶ ὅταν μὲν ὡς συνέχον λαμβάνηται τὸ νῦν, ταὐτὸν καὶ
τῷ λόγῳ καὶ οὐ τῷ ὑποκειμένῳ μόνον ἐστίν· οὐ γὰρ κατ' ἄλλον καὶ
ἄλλον λόγον λαμβανόμενον συνέχει τὸν χρόνον, ἀλλ' ὅταν πρὸς ἄμφω τὰ 40
30 μέρη τὸν αὐτὸν ἔχῃ λόγον κοινὸς ὅρος γινόμενον ἀμφοῖν. οὕτω δὲ ἔχει
τὰ ἐπὶ τοῦ νῦν, φησίν, ὥσπερ ἐπὶ τῶν μαθηματικῶν, καθὸ μὲν τὴν
αὐτὴν οὖσαν στιγμὴν κατὰ τὸ ὑποκείμενον λαμβάνομεν ὡς διαιροῦσαν
τῷ λόγῳ καὶ τῇ νοήσει τὸ μῆκος καὶ τοῦ μὲν πέρας τοῦ δὲ ἀρχὴν γινο-
μένην, πλείους αὐτὴν ποιοῦμεν τῷ λόγῳ τὴν αὐτὴν οὖσαν κατὰ τὸ ὑποκεί-
35 μενον (ἄλλος γὰρ λόγος τῆς ὡς πέρατος καὶ ἄλλος τῆς ὡς ἀρχῆς λαμβα-
νομένης)· καθόσον δὲ ὡς μίαν αὐτὴν οὐ τῷ ὑποκειμένῳ μόνον ἀλλὰ καὶ 45

---

1 κατὰ τὰ νῦν aF   δὴ om. F   4 ἕκτω E: ϛ aF nescio ubi cf. Z c. 2 p. 233ᵃ25. c. 3. 324ᵃ8   6 μὲν om. a   13 νομίζει Brandis   παρελθόντα aF ut plurimi Aristotelis libri   14 ἀκούει Brandis   17 ὅρος aF: ὅρον E. Simplicius igitur in Aristotele non legit ὅλως   19 καλεῖ καὶ ἑνότητα aF   21 post καὶ add. ὁ aF   22 τῆς (post ἐπὶ) om. a   23 λέγει—ἐνεργείᾳ (24) om. E   25 ὑπομένει a   26 ῥοπὴν E   27 λαμβάνηται ex λαμβάνεται corr. E   28 κατ' ἄλλην (corr. in ἄλλον) καὶ κατ' ἄλλον E   29 πρὸς τὰ μέρη ἄμφω a   30 γινόμενον E: γινόμενος aF   31 post ὥσπερ add. καὶ E   35 καὶ ἄλλως E

τῷ λόγῳ λαμβάνομεν ὡς συνέχουσαν τὴν γραμμήν, κατὰ δὴ τοῦτο πάντῃ 177ʳ
μία γίνεται, τουτέστιν οὐ κατὰ τὸ ὑποκείμενον μόνον, ὅπερ καὶ τῇ διαι-
ρούσῃ ὑπῆρχεν, ἀλλὰ καὶ κατὰ τὸν λόγον. "δύναται δέ, φησὶν Ἀλέξαν-
δρος, τὸ τῇ νοήσει μὴ πρὸς τὴν διαίρεσιν συντάττεσθαι, ἀλλὰ πρὸς τὸ
5 ἄλλη· τῇ γὰρ νοήσει ἄλλη καὶ ἄλλη γίνεται ἡ διαιροῦσα στιγμή· οὐ γὰρ
δὴ τῷ ὑποκειμένῳ." ὡς δὲ ἔχει ἐν τοῖς μαθηματικοῖς ἡ στιγμὴ τῆς
γραμμῆς, οὕτω καὶ ἐν τοῖς φυσικοῖς ἔχει τὸ τοῦ χρόνου νῦν. τὸ μὲν γὰρ 50
ὡς διαιροῦν τὸν χρόνον λαμβάνεται τῇ ἐπινοίᾳ καὶ οἷον δυνάμει· οὐ γὰρ
ὡς ἐνεργείᾳ καὶ ὑπομένον ἀλλ' οὕτως ἡ ἐν τῇ γραμμῇ διαιρετικὴ στιγμὴ
10 δὶς ἐπινοουμένη δυνάμει δύο ἐστί, γίνεται δὲ ἐνεργείᾳ δύο, ὅταν χωρισθῇ
ἀπ' ἀλλήλων τὰ μέρη τῆς γραμμῆς· τὸ δὲ νῦν δυνάμει ὡς ἐοικὸς τούτῳ,
ὅταν ἐπινοίᾳ ἑκάτερον δὶς λαμβάνηται. οὐ γὰρ γίνεταί ποτε τοῦτο ἐνερ-
γείᾳ· οὐ γὰρ ὑπομένει. "ἢ δυνάμει, φησὶν | Ἀλέξανδρος, ὅτι κατὰ δύνα- 177ᵛ
μίν τινα καὶ λόγον τὸ ἓν κατὰ τὸ ὑποκείμενον δύο γίνεται τῷ λόγῳ."
15 Τὸ μὲν οὖν διαιροῦν οὕτως, τὸ δὲ ὡς πέρας, τουτέστιν ὡς ὅρος καὶ
ἕνωσις ἀμφοῖν, ἐν ἀμφοτέροις ὁμοίως ὂν λαμβάνεται. ὅταν γὰρ τὸν αὐτὸν
ἔχῃ λόγον πρὸς ἄμφω, τότε ἑνοῖ τε αὐτὰ καὶ ἓν ποιεῖ. κατὰ τὸ αὐτὸ δὲ
σημεῖον καὶ κατὰ τὸ αὐτὸ νῦν καὶ ἡ διαίρεσις καὶ ἡ συνέχεια τῷ τε μήκει 5
καὶ τῷ χρόνῳ. ὁ δὲ λόγος οὐχ ὁ αὐτὸς τοῦ τε ἑνοῦντος καὶ τοῦ διαι-
20 ροῦντός ἐστιν, εἴπερ τὸ μὲν ἓν καὶ τὸ αὐτὸ οὐ μόνον τῷ ὑποκειμένῳ
ἀλλὰ καὶ τῷ λόγῳ, τὸ δὲ ὡς δύο τῷ λόγῳ λαμβάνεται. διὰ τί δὲ ἄρα
τῇ τῶν μαθηματικῶν μεγεθῶν διαιρέσει τε καὶ συνεχείᾳ ἐχρήσατο πρὸς
παράδειγμα καὶ οὐχὶ τῇ τῶν φυσικῶν; καὶ γὰρ ἐπὶ τούτων ἀληθὲς τὸ
λεγόμενον. ἢ τοῖς μαθηματικοῖς προσεχρήσατο πρῶτον μέν, ὅτι τὸ κυρίως
25 νῦν ἀμερές ἐστιν. ἀμερὴς δὲ στιγμὴ ἡ μαθηματική ἐστιν, ἀλλ' οὐχ ἡ 10
φυσική, ἔπειτα διὰ τὸ ἐπινοίᾳ μόνῃ τὴν τούτων εἶναι διαίρεσιν, ὥσπερ
καὶ τὴν τοῦ χρόνου φησίν. ἐν γὰρ τοῖς φυσικοῖς μεγέθεσι καὶ ἐν ὑποστά-
σει ἐστὶν ἡ τοιαύτη διαίρεσις. μήποτε δὲ καὶ ἐν τῷ χρόνῳ ἐστίν, εἴ τις
τοὺς φυσικοὺς διορισμοὺς ἐννοήσοι τῶν τοῦ χρόνου μερῶν οἷον ἡμέρας καὶ
30 νυκτὸς καὶ μηνῶν καὶ ἐνιαυτῶν, ὡς καὶ ἐπὶ τῆς κινήσεως ἔχει. καὶ γὰρ
καὶ ταύτης οἶμαί τινας εἶναι φυσικοὺς διορισμοὺς τοὺς μὲν ἐκ τῶν ὑπο-
κειμένων, τοὺς δὲ καὶ ἐξ αὐτῆς τῆς κατὰ τὴν κίνησιν διαφορᾶς. 15

p. 222ᵃ21—ᵇ7 Τὸ μὲν οὖν οὕτω λέγεται τῶν νῦν ἕως τοῦ καὶ οὐχ
ὑπολείψει δή· ἀεὶ γὰρ ἐν ἀρχῇ.

35 Εἰπὼν περὶ τοῦ κυρίως λεγομένου νῦν, ὃ ἀδιάστατόν τε καὶ ἀμερὲς
ὂν συνέχει τὸν χρόνον καὶ διαιρεῖ, προστίθησι καὶ τὰ ἄλλα σημαινόμενα 20

---

4 μὴ aF: οὐ E   6 τῶν ὑποκειμένων E   ἔχειν E   10 δυνάμει om. F
11 τούτων E   12 γίνεταί ποτε ἐνέργεια E   13 post ὑπομένει distinxi
25 στιγμὴ E: ἡ στιγμὴ F: καὶ ἡ στιγμὴ a   26 τὸ ἓν ἐπινοίᾳ aF   27 φησίν]
φύσιν a   post φησίν add. ὥσπερ F   29 ἐννοήσει aF   μέτρων E
32 καὶ (post δὲ) om. E   post αὐτῆς add. ὑποκειμένους E   33 τὸ a: τὰ EF at
cf. supra p. 747,31   34 lemma in ἐγγύς (222ᵃ24) desinere debuit cf. p. 750,8

τοῦ νῦν, καθ' ἃ λέγεσθαι συνείθισται οὐκέτι κυρίως. ὁ γὰρ ἐφ' ἑκάτερα 177ᵛ
παρακείμενος τῷ τοιούτῳ νῦν χρόνος ὅ τε παρεληλυθὼς καὶ ὁ μέλλων ἅτε
ἐγγὺς ὢν αὐτοῦ νῦν καὶ αὐτὸς λέγεται κατὰ τὴν πρὸς τὸ κυρίως λεγό-
μενον νῦν γειτνίασιν. λέγομεν γὰρ ἥξειν νῦν τὸν σήμερον ἐλευσόμενον καὶ
5 ἥκειν νῦν τὸν πρὸ ὀλίγου ἐληλυθότα· τὰ δὲ ἐν Ἰλίῳ οὐ γέγονε νῦν
οὐδ' ὁ κατακλυσμός· καίτοι συνεχὴς ὁ χρόνος. ἀλλ' οὐκ ἦν ἐγγὺς
τοῦ κυρίως νῦν τὰ τότε πραχθέντα ἀλλὰ πόρρω.

p. 222ᵃ24 Τὸ δὲ ποτὲ χρόνος ὡρισμένος ἕως τοῦ ἀεὶ γὰρ ἐν
ἀρχῇ.

10 Ἐφεξῆς περί τε τοῦ ποτέ ἐπιρρήματος καὶ περὶ τῶν ἄλλων ὅσα
χρονικά ἐστι πειράσεται διδάσκειν. ἅμα δὲ καὶ τὰ πρὸς τὸ νῦν ἔχοντα
τὴν σχέσιν διαρθροῖ, πρὸς δὲ τούτοις ἵνα δείξῃ δι' αὐτοῦ, ὅτι οὐδεὶς χρόνος
λαμβάνεται ἄπειρος· ἔστιν οὖν, φησί, τὸ ποτὲ χρόνος ὡρισμένος πρός
τε τὸ πρότερον νῦν καὶ τὸ ὕστερον νῦν, οἷον ποτὲ ἐλήφθη Τροία.
15 τοῦτο λέγομεν δηλοῦντες, ὅτι ἔστι τι ἀπόστημα ἀπὸ τοῦ ἐνεστῶτος νῦν
ἐπὶ τὸ παρεληλυθὸς νῦν, ὃ ἦν ὅτε ἥλω Τροία· ὁμοίως δὲ καὶ πρὸς τὸ
μέλλον. λέγομεν γὰρ ποτὲ ἔσται κατακλυσμός. ἐφ' οἷς δείξει λοιπὸν
ὅτι πᾶς ὁ λαμβανόμενος χρόνος ὥρισται. πᾶς γὰρ χρόνος τὸ ποτὲ κατη-
γορούμενον ἔχει. τοῦτο γάρ ἐστι τὸ εἰ δὲ μηδεὶς χρόνος ὃς οὐ ποτέ,
20 οὐχ ὅτι ὁ χρόνος ποτὲ ἦν ἢ ἔσται, ἀλλ' ὅτι οὐδείς ἐστι χρόνος, ὃς τὴν
ποτὲ κατηγορίαν οὐκ ἀναδέχεται. εἰ οὖν πᾶς χρόνος ποτέ, πᾶς δὲ ὁ ποτὲ
ὥρισται (τοῦτο γὰρ ἔναγχος ἐδείχθη), πᾶς χρόνος ὥρισται. κἂν ὁ λαμ-
βανόμενος δὲ χρόνος ὥρισται, οὐδὲ παύσεται, ἀλλ' ἀεὶ ἔσται, ἐπεὶ καὶ ἡ
κίνησις, ἧς ἀριθμὸς ὁ χρόνος. ὅτι δὲ ἡ κίνησις οὐκ ἐπιλείψει ποτέ, ἐπὶ
25 τῷ τέλει τῆσδε τῆς πραγματείας δειχθήσεται. ἀλλ' εἰ καὶ ἠρεμίας μέτρον
ὁ χρόνος, δόξει καὶ μὴ οὔσης κινήσεως εἶναι χρόνος. τοιαύτην ἔνστασιν
λύων ὁ Ἀλέξανδρος "μετρεῖ μέν, φησί, καὶ τὴν ἠρεμίαν ὁ χρόνος, τὸ δὲ
εἶναι καὶ ἡ οὐσία αὐτοῦ ἐν τῇ κινήσει". ταύτης γάρ ἐστιν ἀριθμός, ὡς
ἀποδέδεικται πρότερον. πάλιν οὖν ἀναμνησθῶμεν, ὅτι οὐ τῆς ἀντιδιῃρη-
30 μένης τῇ ἠρεμίᾳ κινήσεως ἀριθμὸς ὤφειλε νοεῖσθαι ὁ χρόνος, ἀλλὰ καὶ
τῆς ἐν ἠρεμίᾳ καὶ πᾶσι τοῖς ἐν γενέσει τὴν ὑπόστασιν ἔχουσι κατὰ τὴν
τοῦ εἶναι παράτασιν ὑπ' αὐτοῦ θεωρούμενος. λέγοιτο δ' ἂν τὸ εἶναι καὶ
ἡ οὐσία αὐτοῦ ἐν τῇ κινήσει, ὅτι τὴν πρώτην καὶ κυριωτάτην τῶν

---

3 λέγει sic E   4 νῦν (ante γειτνίασιν) om. a   5 γέγονεν οὐ νῦν Aristoteles
9 ἀρχῇ ex ἀρχήν ut videtur E   10 παρά τε E   περὶ (post καὶ) om. aF
14 καὶ τὸ ὕστερον νῦν paraphrasis esse Simplicii videtur cf. Bonitz Aristotel. Stud.
I 230   post ὕστερον ex proximis add. ἀπὸ τοῦ ἐνεστῶτος, post νῦν add. indidem ἐπὶ
τὸ παρεληλυθὸς νῦν sed hoc quidem delevit E   ἐλήφθη ἡ τροία E   16 ἐπὶ τὸ
παρεληλυθὸς νῦν om. aF   18 post γὰρ add. ὁ aF   25 τῆσδε iteravit E
τέλει] cf. Θ 1 sqq.   τῆσδε iteravit E   28 ἔστιν om. E   29 πρότερον] c. 12
p. 221ᵇ10   30 ὤφειλε aF: ὤφελε E   31 τῆς ex τοῖς corr. E   32 ὑπ'
αὐτοῦ a: ὑπ' αὐτῶν F: παρ' αὐτοῦ E

κινήσεων τὴν κυκλοφορίαν μετρῶν, κατ' ἐκείνην καὶ τὰς ἄλλας κινήσεις
μετρεῖ.

Ἐρωτήσας δὲ περὶ τοῦ χρόνου, εἰ μὴ ἐπιλείπων ὁ αὐτὸς ἢ ἄλλος
ἐστίν, ἐγκρίνει καὶ νῦν ὅτι ὁμοίως τῇ κινήσει ὁ αὐτὸς πάλιν καὶ πάλιν
5 γίνεται, τῷ μὲν ἀριθμῷ ἄλλος καὶ ἄλλος, εἴδει δὲ ὁ αὐτός· οὕτω γὰρ
καὶ ἐπὶ κινήσεως βούλεται. ὅτι δὲ καὶ ἀεὶ ἄλλος καὶ ἄλλος καὶ οὐκ ἐπι-
λείψει ὁ χρόνος, δείκνυσιν ἐναργῶς διὰ | τοῦ νῦν. ἐπεὶ γὰρ τὸ αὐτὸ νῦν
τὸ ἐνεστὼς ὡς ἐνεστώς (οὐδὲ γὰρ ὡς πέρας ἁπλῶς) ἅμα ἀρχὴ καὶ τελευτὴ
χρόνου, ἀρχὴ μὲν τοῦ μέλλοντος, τελευτὴ δὲ τοῦ παρεληλυθότος καὶ ἔστιν
10 ἐν τῷ αὐτῷ νῦν ταῦτα ὥσπερ ἐν τῷ κύκλῳ τὸ κυρτὸν καὶ τὸ κοῖλον,
δῆλον ὅτι ἄλλου μέν ἐστι πέρας, ἄλλου δὲ ἀρχή· οὕτω γὰρ καὶ διαιρεῖ
τὸν χρόνον. καὶ ἀδύνατον ἅμα τοῦ αὐτοῦ τὸ αὐτὸ νῦν καὶ ἀρχὴν εἶναι
καὶ πέρας. εἴη γὰρ ἂν ἅμα τὸ αὐτὸ τὰ ἀντικείμενα, ἅπερ αὐτὸς κοινό-
τερον ἐναντία εἴρηκεν. εἴη δὲ ἂν καὶ ἐναντία πως ἡ ἀρχὴ καὶ τὸ πέρας,
15 καὶ οὐ μόνον ὡς τὰ πρός τι ἀντίκειται, καὶ ὁ χρόνος ἐστὶν ὁ τἀναντία
ἔχων. εἰ γὰρ οὗ μὲν πέρας ἐστὶ τὸ νῦν, οὗτος παρεληλυθώς ἐστιν, οὗ δὲ
ἀρχὴ οὗτος μέλλων, ἂν τὸ αὐτὸ νῦν πέρας καὶ ἀρχὴ ληφθῇ, εἴη ἂν ἅμα
ὁ αὐτὸς χρόνος καὶ παρεληλυθὼς καὶ μέλλων, ἥτις ἐναντίωσίς ἐστιν ἐν
χρόνῳ. εἰ τοίνυν μὴ τοῦ αὐτοῦ, ἀλλὰ πέρας μὲν τοῦ παρῳχηκότος, ἀρχὴ
20 δὲ τοῦ μέλλοντος, ἀναγκαίως ὁ μέλλων ἄλλος ἔσται τοῦ παρεληλυθότος.
δι' αὐτὸ δὲ τοῦτο οὐδέποτε ἐπιλείψει ὁ χρόνος τῷ τὸ ἐνεστὼς νῦν ὁμοίως
μὲν ὡς ἔστι πέρας οὕτω καὶ ἀρχὴν εἶναι ⟨πέρας μὲν τοῦ παρεληλυθότος⟩,
ἀρχὴν δὲ τοῦ μέλλοντος. ἔσται ἄρα καὶ ὁ μέλλων ἀεί. ἀρχῆς γὰρ οὔσης
δεῖ εἶναι καὶ τὸ οὗ ἐστιν ἀρχή, καὶ οὐκ ἐπιλείψει. ὅτι δὲ οὐδὲν κωλύει
25 τὸ αὐτὸ πέρας εἶναι καὶ ἀρχὴν καὶ ὅλως τὰ ἐναντία, κατ' ἄλλην καὶ ἄλλην
σχέσιν λαμβανόμενον, ἔδειξεν ἐπὶ τῆς τοῦ κύκλου περιφερείας, ἐφ' ἧς τὸ
ληφθὲν πᾶν κοῖλόν τέ ἐστι καὶ κυρτὸν ἅμα τὸ αὐτὸ κατ' ἄλλην καὶ ἄλλην
σχέσιν, καὶ οὐχ οἷόν τε θάτερον μὲν εἶναι περὶ τὴν τοῦ κύκλου γραμμήν,
τὸ δὲ ἕτερον μὴ εἶναι. οὕτως οὖν καὶ πάλιν νῦν τὸ κυρίως λαμβανόμενον
30 πέρας τέ ἐστιν ἅμα καὶ ἀρχὴ κατὰ τὴν πρὸς τοὺς διαφέροντας χρόνους
σχέσιν. ὁ γὰρ ἐνεστὼς χρόνος καθὸ ἐνεστὼς μέσος ἐστὶ τοῦ παρεληλυθό-
τος καὶ τοῦ μέλλοντος.

p. 222b7   Τὸ δὲ ἤδη τὸ ἐγγύς ἐστι τοῦ παρόντος νῦν ἕως τοῦ
         ὅτι πόρρω λίαν τοῦ νῦν.

35   Καὶ τὸ ἤδη χρονικόν ἐστιν ἐπίρρημα, ὥσπερ καὶ τὸ ποτέ. ὁρίζεται

---

1 καὶ τὰς ἄλλας κινήσεις aF: καὶ τὰς κινήσεις τὰς ἄλλας ἡρεμίας E   6 καὶ (ante οὐκ) om. E   11 καὶ (post γὰρ) om. E   13 εἴη—πέρας (14) om. F   post ἅμα addidit Bonitz Aristoteleum κατὰ (cf. περὶ ταὐτὸ Themistius p. 334,17) at v. v. 25   18 ἥτις E: εἴ τις aF   ἐν ex καὶ corr. E   21 τῷ τὸ aF: τὸ E   22 πέρας μὲν—παρεληλυθότος a: om. EF   27 τὸ αὐτὸ ἅμα E   28 post σχέσιν add. λαμβανόμενον a   34 λίαν πόρρω Aristotelis codd. E et Themistius p. 334,25

δὲ καὶ αὐτὸ τῷ νῦν τῷ ἀτόμῳ, ἀλλ' οὐχὶ τῷ ἐν πλάτει λεγομένῳ. τὸ 178ʳ
γὰρ ἐφ' ἑκάτερα ἐγγὺς τοῦ ἐνεστῶτος νῦν τοῦτο ἤδη λέγομεν. καὶ γὰρ
γεγονέναι καὶ ἔσεσθαι ἤδη τοῦτο λέγεται, ὃ πρὸ ὀλίγου γέγονε καὶ μετ'
ὀλίγον ἔσται. πότε γὰρ βαδίζεις ἐρωτηθέντες ἤδη λέγομεν, καὶ ἤδη
5 βεβάδικα, ὅταν ὁ χρόνος ἐγγὺς ᾖ τοῦ νῦν. ἐπὶ δὲ τῶν πρὸ πολλοῦ
χρόνου γεγονότων οὐδεὶς λέγει τὸ ἤδη. οὐδεὶς γὰρ λέγει Ἴλιον ἤδη
ἑαλωκέναι, ἐπεὶ πάλαι ἥλω· ἐγγὺς γὰρ τοῦ ἐνεστῶτος βούλεται εἶναι
τὸ ἤδη.

p. 222ᵇ12   Καὶ τὸ ἄρτι τὸ ἐγγὺς τοῦ παρόντος ἕως τοῦ ἐὰν ᾖ ὁ
10   χρόνος ἐγγὺς τοῦ ἐνεστῶτος νῦν.

Καὶ τὸ ἄρτι χρονικὸν μόριον εἶναί φησι τοῦ παρεληλυθότος χρόνου
τὸ ἐγγὺς τοῦ νῦν τοῦ ἐνεστῶτος. πότε γὰρ ἦλθες ἐρωτηθέντες ἄρτι
λέγομεν, ἐὰν ὁ χρόνος ἐν ᾧ ἤλθομεν ἐγγὺς ᾖ τοῦ νῦν. καὶ ὁ μὲν Ἀρι-
στοτέλης ὡς ἐπὶ μόνου τοῦ παρεληλυθότος τὸ ἄρτι λεγόμενον ἀκούει, ὡς
15 καὶ τὸ παράδειγμα δηλοῖ, ὁ δὲ Ἀλέξανδρος καὶ Ἀσπάσιος καὶ ἐπὶ τοῦ
μέλλοντος λέγεσθαί φασι· πότε γὰρ ἥξει ἐρωτηθέντες λέγομεν ἄρτι, ἐὰν
εὐθὺς μέλλῃ ἀφικνεῖσθαι. οὕτω δέ, φησὶν Ἀλέξανδρος, οὐδὲν διοίσει τὸ
ἄρτι τοῦ ἤδη, εἰ μὴ κατὰ τὸ ὄνομα μόνον." κατὰ μέντοι τὸν Ἀριστοτέλην
τὸ μὲν ἤδη ἐφ' ἑκάτερα λέγεται, τὸ δὲ ἄρτι ἐπὶ τοῦ παρεληλυθότος, καὶ
20 ταύτῃ διαφέρειν δοκοῦσιν. "ἀλλ' οὐδὲ τοῦ νῦν ταῦτα διοίσει, φησὶν Ἀλε-
ξανδρος, τό τε ἤδη καὶ τὸ ἄρτι τοῦ λεγομένου ἐπὶ τοῦ χρόνου καὶ ἐν
πλάτει, ὃ ἐγγύς ἐστι τοῦ κυρίως λεγομένου νῦν· διὸ καὶ αὐτὸ οὕτως ὠνό-
μασται, ὥστε, φησί, τὸ νῦν τὸ ἐν πλάτει λεγόμενον καὶ τὸ ἤδη καὶ τὸ ἄρτι
τοῦ αὐτοῦ χρόνου δηλωτικά." ὁ δὲ Ἀσπάσιος τὸ νῦν σφοδρότητα τοῦ ἐγγὺς
25 εἶναι δηλοῦν φησι. μήποτε δὲ τὸ μὲν νῦν τὸ ἐν πλάτει ἅτε ἐγγὺς ὂν τοῦ
κυρίως νῦν ταύτης ἔτυχε τῆς ἐπωνυμίας· τὸ δὲ ἤδη μετὰ τοῦ ἐγγὺς καὶ
συμπερασματικὸν ἔχει τι σημαινόμενον, κἂν ἐπὶ τοῦ μέλλοντος λέγηται
χρόνου· τὸ δὲ ἄρτι τὸ νεωστὶ δηλοῦν φαίνεται, καὶ τάχα μὲν ἂν καὶ ἐπὶ
τοῦ μέλλοντος λέγοιτο τὸ ἄρτι, ἡ δὲ πολλὴ συνήθεια καὶ ἐπὶ τοῦ παρελη-
30 λυθότος αὐτῷ προσκέχρηται.

p. 222ᵇ14   Πάλαι δὲ τὸ πόρρω.

Τὸ ἐν τῷ παρεληλυθότι πόρρω τοῦ νῦν τοῦ χρόνου μέρος πάλαι λέ-
γομεν ἀντικείμενον τῷ ἄρτι, ἑνὶ ὀνόματι ἐφ' ἑκάστου τούτων τοσαύτην
περιλαμβάνοντες ἔννοιαν.

---

4 βαδίζεις EF: βαδίσεις a   7 τοῦ ἐνεστῶτος ἤδη βούλεται τοῦ ἤδη E   12 τοῦ
(post νῦν) om. F   14 λέγομεν F   18 τοῦ (post ἄρτι) om. E   τὸν (post
μέντοι) om. aF   28 ἂν om. aF   29 συνήθεια καὶ] συνήθει sic a   30 κέ-
χρηται F   32 τοῦ νῦν iteravit E   34 παραλαμβάνοντες (compend.) E

p. 222ᵇ14   Τὸ δὲ ἐξαίφνης τὸ ἐν ἀνεπαισθήτῳ χρόνῳ διὰ   178ʳ
μικρότητα.

Τὸ ἐξαίφνης δεῖται τούτων· καὶ τοῦ ἐν ὀλίγῳ γίνεσθαι χρόνῳ ὅλον
ἅμα, ὡς δοκεῖν ἄχρονον εἶναι ὅπερ ἐξαίφνης λέγομεν, καὶ τοῦ διά τε 50
5 τὴν ὀλιγότητα τοῦ χρόνου καὶ τὴν ὀξύτητα τῆς τοῦ γινομένου κινήσεως
ἀνεπαισθήτους ἡμᾶς γίνεσθαι τῆς χρονικῆς αὐτοῦ παρατάσεως. οὕτω γοῦν
τὴν ἀστραπὴν ἐξαίφνης γίνεσθαί φαμεν, ὅτι ἀθρόα καὶ ἐν ὀλίγῳ καὶ ὀξέως
οὐ προαισθανομένοις οὐδὲ συνεθιζομένοις ἡ ἔκλαμψις γίνεται. διὰ τοῦτο
δὲ καὶ τοὺς ἀνδρειοτάτους τὰ ἐξαίφνης διαταράττει· ζητεῖ δὲ ὁ Ἀλέξαν-
10 δρος, πῶς ἀναίσθητον τὸν χρόνον λέγει διὰ μικρότητα, καίτοι ἐν τοῖς
Περὶ αἰσθήσεως καὶ αἰσθητῶν μηδένα χρόνον | βουλόμενος ἀναίσθητον 178ᵛ
εἶναι τῇ αὑτοῦ φύσει. "μήποτε οὖν, φησίν, ἐπειδὴ ὁ αἰσθητὸς καὶ ἀναί-
σθητος χρόνος τῷ αἰσθητῷ καὶ μὴ αἰσθητῷ πάθει κρίνεται, ὅταν τινὸς
γενομένου ἀντίληψιν μὴ δυνηθῶμεν ἔχειν διὰ ταχυτῆτα μὲν τῆς ἐκείνου
15 κινήσεως, ὀλιγότητα δὲ τοῦ χρόνου, ἐν ᾧ ἐγένετο ἢ ἐκινήθη, τότε ἐπ'
ἐκείνου ἀναίσθητος ὁ χρόνος εἴη ἂν οὕτως, οὐχ ἁπλῶς ἀναίσθητος· ἔστι
γὰρ ἐν αὐτῷ, εἰ καὶ μὴ ἐκείνου, ἀλλ' ἄλλου τινὸς αἰσθέσθαι. ἑαυτῶν
γοῦν ἐν ἐκείνῳ τῷ χρόνῳ καὶ ὄντων καὶ αἰσθανομένων ἀντιλαμβανόμεθα. 5
οὐ γάρ ἐστι χρόνον λαβεῖν, ἐν ᾧ οὐχ οἷοί τε ἐσόμεθα ἑαυτῶν ὄντων ἀντι-
20 λαβέσθαι· ὥστε ἁπλῶς μὲν οὗτος ὁ βραχὺς χρόνος αἰσθητὸς ἂν εἴη,
ἀναίσθητος δὲ ἐπὶ τοῦδέ τινος, ὃ λέγομεν ἐξαίφνης γεγονέναι, ὡς διὰ τὸ
τῆς κινήσεως ἀναίσθητον καὶ τὸν χρόνον ἀναίσθητον λέγεσθαι, ἐν ᾧ ἡ
τοιαύτη κίνησις. ἢ κοινότερον, φησίν, ἄρτι χρόνον ὠνόμασε τὸ πέρας τοῦ
χρόνου τὸ νῦν, ὅ ἐστιν ἀναίσθητον τῇ αὑτοῦ φύσει· ἔθος γὰρ αὐτῷ καὶ 10
25 τοῦτο χρόνον καλεῖν. τὰ οὖν ἐν τούτῳ γεγονότα (ἔστι δὲ τὸ πέρας τῶν
μεταβολῶν ἐν τούτῳ, καὶ εἴ τινα ἀχρόνως γίνεται) ἐν ἀναισθήτῳ γίνεται
τῷ νῦν, καὶ λέγεται ταῦτα ἐξαίφνης· ἐπὶ γὰρ τῶν ἐξαίφνης γινομένων
τὸ ἐξαίφνης εἴωθε λέγεσθαι." ἔν τισι δὲ τῶν ἀντιγράφων διὰ σμικρό-
τητα ⟨ἐκστάν⟩ γέγραπται καὶ σημαίνοι ἂν κινηθέν.

30 p. 222ᵇ16   Μεταβολὴ δὲ πᾶσα φύσει ἐκστατικὸν ἕως τοῦ ἀλλὰ 20
συμβαίνει ἐν χρόνῳ γίνεσθαι καὶ ταύτην τὴν μεταβολήν.

Μετὰ τὴν τῶν χρονικῶν ἐπιρρημάτων διάρθρωσιν τοῦ νῦν τοῦ ποτὲ

---

1 ἀνεπαισθήτῳ EF ut Aristotelis cod. H (cf. v. 6): ἀναισθήτῳ a et vulgo   2 post
μικρότητα add. ἐκστάν a ex Arist. vulg.   3 τοῦ] τὸ F   ὅλον om. F
4. 5 διά τε τοῦ χρόνου καὶ τὴν ὀλιγότητα E   6 γενέσθαι E   9 τὰ ἐξαιφνίδια τα-
ράττει E   11 Περὶ αἰσθήσεως καὶ αἰσθητῶν c. 6 p. 446ᵃ29   αἰσθήσεων F
18 τῷ (post ἐκείνῳ) om. E   καὶ (post ὄντων) om. E   ἀντιλαμβανόμεθα
om. E   20 ἁπλῶς μὲν aF: αἰσθητὸς ὢν καὶ E qui αἰσθητὸς ἂν postea omisit
25 τοῦτο aF: τοῦτον E   οὖν om. E   29 ἐκστάν quod intercidisse ex inter-
pretatione κινηθὲν patet addidi   σημαίνοι F: σημαί E: σημαίνει a

τοῦ ἤδη τοῦ ἄρτι τοῦ πάλαι τοῦ ἐξαίφνης τὸ πρότερον εἰρημένον, ὅτι φθορᾶς 178ᵛ
αἴτιος μᾶλλον ἢ γενέσεως ὁ χρόνος, αὐτό τε διαρθροῖ πλέον καὶ ἔτι προστί-
θησιν ὅτι οὐδὲ φθορᾶς καθ' αὑτὸ αἴτιος. προλαβὼν γὰρ ὅτι πᾶσα μετα-
βολὴ ἐκστατικόν ἐστι, τούτῳ μὲν χρήσεται μετ' ὀλίγον εἰς τὴν ἀπόδειξιν·
5 νῦν δὲ τέως, ἐπειδὴ πάντα, φησί, καὶ τὰ γινόμενα καὶ τὰ φθειρόμενα ἐν 25
χρόνῳ τὰ μὲν γίνεται τὰ δὲ φθείρεται, εἰκότως οἱ μὲν σοφώτατον οἱ δὲ
ἀμαθέστατον λέγουσιν εἶναι τὸν χρόνον· Σιμωνίδης μὲν γὰρ σοφώτατον,
ὅτι γίνονται ἐπιστήμονες ὑπὸ χρόνου· Πάρων δὲ ὁ Πυθαγόρειος ἀμαθέ-
στατον, ὅτι ἐπιλανθάνονται ὑπὸ χρόνου. οὗτος δὲ ἔοικεν εἶναι, οὗ καὶ
10 Εὔδημος ἀνωνύμως ἐμνήσθη λέγων ἐν Ὀλυμπίᾳ Σιμωνίδου τὸν χρόνον
ἐπαινοῦντος ὡς σοφώτατον, εἴπερ ἐν αὐτῷ αἱ μαθήσεις γίνονται καὶ αἱ
ἀναμνήσεις, παρόντα τινὰ τῶν σοφῶν εἰπεῖν 'τί δέ, ὦ Σιμωνίδη, οὐκ ἐπι- 30
λανθανόμεθα μέντοι ἐν τῷ χρόνῳ;' καὶ μήποτε καὶ παρὰ Ἀριστοτέλει ἐν τῷ
ὁ δὲ Πυθαγόρειος ΠΑΡΩΝ τὸ ΠΑΡΩΝ οὐκ εἶναι ὄνομα κύριον ἀλλὰ
15 μετοχήν· παρόντα γὰρ τὸν Πυθαγόρειον τῷ Σιμωνίδῃ λέγοντι, ὅτι σοφώ-
τατος ὁ χρόνος, εἰπεῖν φησιν, ὅτι ἀμαθέστατον. δοκεῖ οὖν οὗτος λέγειν
ὀρθότερον. μεταβολὴ γὰρ πᾶσα φύσει ἐκστατικόν. δῆλον οὖν ὅτι
φθορᾶς μᾶλλον αἴτιος ὁ χρόνος καθ' αὑτόν ἐστιν ἢ γενέσεως, καθάπερ
ἐλέχθη καὶ πρότερον. καὶ γὰρ ἡ κίνησις καὶ ἡ μεταβολὴ καθ' αὑτὸ 35
20 μὲν ἐξίστησι τὸ προϋπάρχον, ἐπειδὴ δὲ συμβαίνει τισὶν ἐξισταμένοις τῆς
οἰκείας οὐσίας μεταβάλλειν εἰς ἕτερα, διὰ τοῦτο καὶ γενέσεως αἰτία κατὰ
συμβεβηκὸς ἡ κίνησις δοκεῖ. εἰ οὖν ὁ χρόνος ἀριθμὸς κινήσεως καὶ μετα-
βολῆς, ἡ δὲ μεταβολὴ καὶ ἡ κίνησις φθορᾶς καθ' αὑτό ἐστιν αἰτία, καὶ ὁ
χρόνος φθορᾶς καθ' αὑτό ἐστιν αἴτιος, εἴπερ τῆς κινήσεως ἀριθμὸς ὁ χρόνος.
25 τεκμήριον δὲ τῆς τῶν εἰρημένων ὀρθότητος ποιεῖται, ὅτι τοῖς μὲν γινομέ-
νοις οὐ μόνον ὁ χρόνος ἀρκεῖ πρὸς τὴν γένεσιν, ἀλλὰ προσδεῖταί τινος 40
ἐνεργείας ὑφ' ἧς γίνεται οἷον τέχνης ἢ φύσεως ἢ διδασκαλίας ἢ πράξεως,
τοῖς δὲ φθειρομένοις αὐτὸς ἀρκεῖ μόνον ὁ χρόνος πρὸς τὴν φθοράν, κἂν
ἔξωθεν αἰτία μηδεμία προσγίνηται, ὥσπερ τοῖς ἐν χρόνῳ τηκομένοις τε καὶ
30 σηπομένοις· περὶ ὧν καὶ λέγειν εἰώθαμεν, ὅτι ὑπὸ χρόνου ταῦτα πεπόν-
θασι. καὶ αὕτη ἐστὶν ἡ ὑπὸ τοῦ χρόνου γινομένη φθορά.

Ταῦτα δὲ εἰπὼν ἐπήνεγκεν, οὗ ἕνεκεν ἀνέλαβε τὰ πρότερον εἰρημένα,
ὅτι οὐδὲ τὴν φθορὰν ὁ χρόνος καθ' αὑτὸ ποιεῖ, ἀλλὰ συμβαίνει ἐν 45
χρόνῳ γίνεσθαι καὶ ταύτην τὴν μεταβολήν. τί οὖν τὸ τῆς φθορᾶς

---

1 πρότερον Δ 12 p. 221ᵇ1   2 αἴτιος aF: αἰτία compendiose hic et in proximis E
3 καθ' αὑτὸν αἴτιος aF: καθαυτὸ αἴτιον E cf. v. 24. 33   παραλαβὼν aF   7 Σιμωνίδης
cf. p. 741,1   8 ἀμαθέστατον ex ἀμετάθετον corr. E   10 Εὔδημος fr. 52 p. 74,26
11 γίνονται—ἀναμνήσεις (12) om. E   12 παρόντα F   13 ἐν χρόνῳ E   14 verbum
ex quo εἶναι pendet intercidisse videtur   15 post λέγοντι add. καὶ F   16 φησὶν
aE: φασὶν F   ἀμεθέστατον E   οὗτος aF: οὕτω E   19 γὰρ πρότερον E
21 ἕτερον E   23 ἐστιν om. E   26 ὁ χρόνος ἀρκεῖ aF Themistius p. 335,18:
ἀρκεῖ ὁ χρόνος E   ante τινος add. καὶ a   28 fortasse μόνος ut Themistius
p. 335,22   29 προσγίνηται E (cf. Themistii προσῇ): προσγένηται aF   32 οὗ ἕνε-
κεν om. E

αἴτιον; ἡ ἑκάστου φύσις, φασὶν οἱ ἐξηγηταί, καὶ ἡ ὑποκειμένη ὕλη. μέτρα 178ᵛ
γὰρ ἑκάστου τῶν ἐν γενέσει ὑπὸ τῆς φύσεώς ἐστιν ὡρισμένα καὶ αὐξήσεως
καὶ ἀκμῆς καὶ παρακμῆς. καὶ τὸ μὲν αὐξήσεως εἶναι καὶ ἀκμῆς αἰτίαν
τὴν φύσιν ὁμολογούμενον εἴρηται. τίς δὲ ἡ φθορᾶς αἰτία; λέγομεν γὰρ
5 ὄντως φύσιν ἔχειν φθαρτήν. ἢ ἡ μὲν κυρίως λεγομένη φύσις ποιητική τις
καὶ κινητικὴ τῶν σωμάτων ἀρχὴ γενέσεώς ἐστι καὶ τοῦ εἶναι προηγου- 50
μένως αἰτία. διὸ καὶ τὸν ποιητὴν ἐν τῷ δευτέρῳ βιβλίῳ τῆσδε τῆς
πραγματείας γελοίως ἐκεῖνό φησιν εἰπεῖν·
    ἔχει τελευτὴν ἧσπερ οὕνεκ' ἐγένετο·
10 οὐ γὰρ ἀφορᾶν τὴν φύσιν εἰς τέλος τὴν φθοράν, ἀλλὰ τὴν γένεσιν καὶ τὸ
εἶναι. τοιαύτης δὲ οὔσης τῆς τῶν ἐπικήρων γενέσεως, ὡς ἄλλου γινομένου
πάντως ἄλλο φθείρεσθαι, παρυφίστανται ταῖς γενέσεσι αἱ φθοραὶ καὶ αἱ κατ'
αὐτὰς κινήσεις ταῖς δημιουργικαῖς κινήσεσι. τὸ δὲ φύσει φθαρτὸν κατὰ τὸ
πεφυκέναι καὶ ὑλικὸν καὶ ἀτελὲς λέ|γομεν. αἰτία δὲ φθορᾶς, εἴ τις ζητή- 179ʳ
15 σειεν, ἥ τε τῆς ὑπὸ σελήνην ὕλης φύσις ἐστὶν οὐ δυναμένη στέγειν ἀεὶ
τὰ εἴδη καὶ ὁ τῶν ἐναντίων ἐνθάδε διὰ τὴν ὕφεσιν διασπασμὸς οὐ δυνα-
μένων συνυπάρχειν ἀλλήλοις ὡς ἐν τῇ πρώτῃ καὶ νοερᾷ αὐτῶν αἰτίᾳ. εἰ
οὖν ταῦτα ἀληθῆ, καὶ ὁ χρόνος προηγουμένως μὲν ἂν εἴη γενέσεως αἴτιος,
κατὰ δεύτερον δὲ λόγον φθορᾶς. ὁ μέντοι Ἀριστοτέλης κἀνταῦθα τὰ ἐναρ-
20 γέστερον φαινόμενα παραλαμβάνων αἴτια τὸν χρόνον τῆς φθορᾶς αἰτιᾶται 5
μᾶλλον. αὐτὸς γὰρ τὸ μᾶλλον προστέθεικεν, ἐπεὶ ὅτι πάσης μεταβολῆς
τὴν ὕλην αὐτὸς ᾐτιάσατο διὰ τὴν πρὸς τὰ ἐναντία ἐπιτηδειότητα, ἐμάθομεν
πρὸς τῷ τέλει τῶν περὶ τοῦ κενοῦ λόγων. ἀλλὰ πῶς ὁ χρόνος, εἴπερ μέτρον
ἐστίν, αἴτιος γενέσεως λέγεται καὶ φθορᾶς; ἢ ὅτι καὶ τὸ μέτρον συμπλη-
25 ρωτικόν ἐστιν, ὥσπερ καὶ τοῦ μεγέθους τὸ εἶναι τρίπηχυ ἢ τετράπηχυ,
οὕτω καὶ τῆς τοῦ γίνεσθαι ἢ φθείρεσθαι παρατάσεως τὸ ἐπὶ τόσον 10
ἢ τόσον.

p. 222ᵇ 27   Ὅτι μὲν οὖν ἔστιν ὁ χρόνος ἕως τοῦ εἴρηται.

Δοκεῖ μὲν τὸ ὅτι ἔστι μὴ ἀποδεδεῖχθαι, ἀλλὰ καὶ τοὐναντίον ἐν τῇ
30 ἀρχῇ τῶν περὶ τοῦ χρόνου λόγων ὅτι οὐκ ἔστι δριμέως ἐπικεχείρηται. ἐν
δὲ τῷ δεικνύναι, τί ἐστιν ὁ χρόνος, περί τινος τῶν ὄντων οὗ καὶ ἔννοιαν 15
ἔχομεν ποιησάμενος τὸν λόγον καὶ ὅτι ἔστι συναπέδειξε. δείξει δὲ καὶ
ἐφεξῆς εὐθύς, ὅταν δεικνύῃ πᾶσαν μεταβολὴν καὶ πᾶν τὸ κινούμενον ἐν
χρόνῳ κινεῖσθαι, καὶ τὸ πρότερον καὶ ὕστερον ἐν χρόνῳ εἶναι.

---

6 κινητὴ E   7 δευτέρῳ] B 2 p. 194ᵃ31   9 οὕνεχ'] οὖν οὐκ E   11 ἐπι-
χαίρων E   12 καθ' αὑτὰς a   15 τε om. F   ὑπὸ σελήνην E: ὑποκειμένης
aF   17 αὐτῶν aF¹: αἱ αὐτῶν E: ἑαυτῶν F²   23 πρὸς] ἐν a   κενοῦ E
(cf. Δ 9 p. 217ᵃ21 sqq.): οὐρανοῦ aF   29 ὅτι] εἶναι E   καὶ τοῦ ἐναντίον E
30 περὶ τοῦ F: παρὰ τοῦ E: περὶ a   31 τῷ] τῶν E   παρά τινος E
ἔννοια E

p. 222ᵇ30 Τούτων δὲ ἡμῖν οὕτω διωρισμένων ἕως τοῦ φανερὸν
ὅτι πᾶσα μεταβολὴ καὶ πᾶσα κίνησις ἐν χρόνῳ ἐστίν.

Εἰπὼν πρὸ ὀλίγου ὅτι πάντα ἐν χρόνῳ καὶ γίνεται καὶ φθείρεται, νῦν
τοῦτο δεῖξαι προτίθεται καθολικωτέραν ποιούμενος τὴν ἀπόδειξιν, ὅτι πᾶσα
5 μεταβολὴ καὶ πᾶσα κίνησις ἐν χρόνῳ γίνεται· ἡ γὰρ τούτου δεῖξις
καὶ πρὸς τὴν περὶ χρόνου ζήτησιν οἰκείως ἔχει. καὶ βεβαιοῖ τὸ πρότερον
δεδειγμένον, ὅτι φθορᾶς μᾶλλον ἢ γενέσεώς ἐστιν αἴτιος ὁ χρόνος. καὶ τὸ
μὲν ἐπιχείρημα τοιοῦτον ἐν πρώτῳ σχήματι συναγόμενον· πᾶσα κίνησις
τὸ πρότερον καὶ ὕστερον ἔχει· τὸ ἔχον τὸ πρότερον καὶ ὕστερον ἐν χρόνῳ
10 ἐστίν· οἷς ἕπεται τὸ πᾶσαν κίνησιν ἐν χρόνῳ εἶναι. ἐπειδὴ δὲ μὴ ἐναργεῖς
εἰσιν αἱ προτάσεις, ἑκατέραν κατεσκεύασε, τὴν μὲν ἐλάττονα οὕτως· πᾶσα
κίνησις τὸ θᾶττον ἔχει καὶ βραδύτερον· κατὰ πᾶσαν γὰρ ἔστιν ἢ θᾶττον
κινεῖσθαι ἢ βραδύτερον· πᾶν δὲ τὸ ἔχον τὸ θᾶττον καὶ βραδύτερον τὸ πρό-
τερον καὶ ὕστερον ἔχει. τούτοις γὰρ τὸ θᾶττον ὁρίζεται καὶ βραδύτερον·
15 θᾶττον γὰρ ἐκεῖνο λέγομεν τὸ πρότερον εἰς ἐκεῖνο μεταβάλλον ἐφ' ὃ ἡ
κίνησις, βραδύτερον δὲ τὸ ὕστερον. ἡ δὲ σύγκρισις ὀρθῶς ἂν γίνοιτο, εἰ
καὶ τὸ τῆς κινήσεως εἶδος τὸ αὐτὸ λάβοιμεν, οἷον τὸ κατὰ τόπον, καὶ τὸ
διάστημα ἴσον τε καὶ ὅμοιον, οἷον ἐπὶ περιφερείας ἢ ἐπ' εὐθείας, καὶ τὴν
κίνησιν ὁμαλῆ. ἐὰν γὰρ τὸ μὲν ἀνωμάλως, τὸ δὲ ὁμαλῶς κινῆται, δύναται
20 καὶ τὸ θᾶττον κινούμενον ὕστερον ἐπὶ τὸ πέρας ἀφικνεῖσθαι τῆς κινήσεως.
γίνεται δέ τις καὶ παρὰ τὸ τοῦ ὑποκειμένου σχῆμα τῆς κινήσεως διαφορά,
εἰ τὸ μὲν εὐθὺ εἴη, τὸ δὲ περιφερές. τὴν δὲ μείζονα πρότασιν τὴν λέ-
γουσαν τὸ πρότερον καὶ ὕστερον ἐν χρόνῳ εἶναι ἔδειξε διὰ τοῦ τὸ πρότερον
καὶ ὕστερον λέγεσθαι κατὰ τὴν πρὸς τὸ νῦν ἀπόστασιν. πρότερον μὲν γὰρ
25 τὸ τοῦ ἐνεστῶτος νῦν ἐπὶ τὸ παρεληλυθὸς διιστάμενον πλέον, ὕστερον δὲ
ἔκειτο τὸ τοῦ νῦν ἐγγυτέρω· ἐπὶ δὲ τοῦ μέλλοντος ἀνάπαλιν πρότερον μὲν
τὸ ἐγγυτέρω τοῦ νῦν, ὕστερον δὲ τὸ πορρωτέρω. ὥστε τὸ πρότερον καὶ
ὕστερον κατὰ τὴν πρὸς τὸ νῦν ἀπόστασιν τὸ εἶναι ἔχει· τὸ γὰρ νῦν
ὅρος τοῦ παρελθόντος καὶ τοῦ μέλλοντος· ὥστε ἐπεὶ τὸ νῦν ἐν χρόνῳ,
30 καὶ τὸ πρότερον καὶ ὕστερον ἐν χρόνῳ ἔσται· ἐν ᾧ γὰρ τὸ νῦν,
καὶ ἡ τοῦ νῦν ἀπόστασις, ὅπερ ἐστὶ τὸ πρότερον καὶ ὕστερον. εἰ οὖν
πᾶσα κίνησις τὸ πρότερον καὶ ὕστερον ἔχει, ταῦτα δὲ ἐν χρόνῳ, καὶ
πᾶσα κίνησις ἐν χρόνῳ ἑκατέρας τῶν προτάσεων ἀληθῶς ληφθείσης. ὅτι
γὰρ ὡς προσεχεῖς τῆς ἀποδείξεως προτάσεις τέθεικε τήν τε ἀκριβῶς λέ-
35 γουσαν, ὅτι πᾶσα κίνησις τὸ πρότερον ἔχει καὶ τὸ ὕστερον, καὶ τὴν λέγουσαν

---

1 διωρισμένων E ut Themistius et Arist. cod. H: διηριθμημένων aF ut Arist. vulg.
2 πᾶσα (post καὶ) om. E   4 ποιούμενος—γίνεται (5) om. E   6 πρὸς τὸν παρα-
χρόνου E   οἰκείως ἔχει ζήτησιν aF   post πρότερον add. ex v. 9 καὶ ὕστερον ἐν
χρόνῳ aE   7 φθοράν   9 τὸ ἔχο sic E   τὸ (post ἔχον) om. aF
10 ἐπειδὴ] ἐπεὶ F   13 δὲ τὸ θᾶττον ἔχον καὶ βραδύτερον E   18 τὴν κίνησιν
om. F   21 διαφορά τῆς κινήσεως aF   26 μὲν τὸ] μὲν τῷ F   29 παρελ-
θόντος sic pro Aristotelis παρήκοντος ex Themistio p. 336,27   32 καὶ τὸ ὕστερον aF
cf. Themistius p. 337,2   34 τέθειτε E   ἀκριβῶς F: om. aE

τὸ πρότερον καὶ ὕστερον ἐν χρόνῳ, ἐδήλωσε μετὰ τὴν δεῖξιν ἐπενεγκὼν 179ʳ
ὥστε ἐπεὶ τὸ μὲν πρότερον | ἐν χρόνῳ, πάσῃ δὲ ἀκολουθεῖ 179ᵛ
κινήσει τὸ πρότερον, φανερὸν ὅτι πᾶσα μεταβολὴ καὶ πᾶσα κί-
νησις ἐν χρόνῳ ἐστίν. ἀκολουθεῖν δέ ἐστι τὸ ἕπεσθαι καὶ κατηγορεῖσθαι.

5 p. 223ᵃ16 Ἄξιον δὲ ἐπισκέψεως καὶ πῶς ποτε ἔχει ὁ χρόνος ἕως
τοῦ ἅμα κατά τε δύναμιν καὶ κατὰ ἐνέργειαν.

Δύο προὐβάλετο ζητεῖν ἐν τούτοις, ἐν μὲν πῶς ἔχει πρὸς τὴν ψυχὴν 7
ὁ χρόνος, τοῦτο δέ ἐστιν εἰ δύναται χρόνος εἶναι ψυχῆς μὴ οὔσης, ταὐτὸν
δὲ εἰπεῖν εἰ δύναται τὸ ἀριθμούμενον εἶναι μὴ ὄντος τοῦ ἀριθμοῦντος,
10 εἴπερ ψυχὴ τὸ ἀριθμοῦν. ἀλλὰ τοῦτο μὲν πρῶτον προβαλλόμενος ὕστερον
ἐπιχειρήσει διαρθροῦν, τὸ δὲ ἕτερον διὰ τί πανταχοῦ ὁ χρόνος εἶναι δοκεῖ 10
καὶ ἐν γῇ καὶ ἐν θαλάττῃ καὶ ἐν οὐρανῷ. καὶ δὴ πρώτου τούτου τὴν
αἰτίαν ἀποδίδωσιν, ὅτι ὁ χρόνος ἀριθμὸς ὢν κινήσεως ἐκείνης τί ἐστιν ἕξις
ἢ πάθος, ὥστε συμβεβηκὸς ἀχώριστόν ἐστιν τῇ κινήσει· καὶ γὰρ καὶ ὁ
15 ἀριθμὸς ἐν τοῖς ἀριθμουμένοις εἶναι δοκεῖ καὶ ἔχεσθαι ὑπ' αὐτῶν. ἐπειδὴ
οὖν ταῦτα πάντα, ἐν οἷς ὁ χρόνος λέγεται, οἷον γῆ θάλαττα οὐρανὸς σώ-
ματά ἐστι, πᾶν δὲ σῶμα ἐν τόπῳ, τὸ δὲ ἐν τόπῳ κινητὸν ἢ καθ' ὅλον ἢ
κατὰ μόρια, τὸ δὲ κινητὸν μετὰ τῆς κινήσεως ἔχει καὶ τὸ τῇ κινήσει συμ- 15
βεβηκὸς ὡς πάθος ἢ ἕξιν τὸν χρόνον, εἰκότως ἐν γῇ καὶ θαλάττῃ καὶ οὐ-
20 ρανῷ ἐν οἷς κίνησις, ἐν τούτοις καὶ χρόνος ἐστί. ταῦτα δὲ συντόμως
συναγαγὼν ἐπήγαγεν ὁ δὲ χρόνος καὶ ἡ κίνησις ἅμα κατά τε δύναμιν
καὶ κατὰ ἐνέργειαν. εἰπὼν γὰρ συνυπάρχειν τῇ κινήσει τὸν χρόνον, ἐν
ὅσοις ἐστὶ καὶ ἡ κίνησις, προστίθησιν ὅτι καὶ ὁμοίως ἔχει τῇ κινήσει ὁ
χρόνος ἑκασταχοῦ· εἰ μὲν δυνάμει ἡ κίνησις, δυνάμει καὶ ὁ χρόνος· εἰ δὲ
25 ἐνεργείᾳ, καὶ ὁ χρόνος ἐνεργείᾳ. καὶ διὰ τοῦτο ἐν τῇ συναγωγῇ τοῦ λόγου 20
κινητὰ εἶπε τὰ ἐν τόπῳ καὶ οὐχὶ κινούμενα, ἵνα ἄμφω περιλάβῃ καὶ τὰ
δυνάμει καὶ τὰ ἐνεργείᾳ. κινητὸν γὰρ καὶ τὸ κινούμενον καὶ τὸ πεφυκὸς
κινεῖσθαι οἷον τὸ ἠρεμοῦν, ὥς φησιν Ἀλέξανδρος. λέγει δὲ πάθος μὲν
τῆς κινήσεως τὸν χρόνον ὡς συμβεβηκός, ὡς τῶν ἀριθμητῶν ὁ ἀριθμὸς
30 πάθος, ἕξιν δὲ διότι ἔχεται ὑπὸ τῆς κινήσεως. ἀλλ' εἰ δυνάμει κινούμενον
τὸ ἠρεμοῦν λέγεται νῦν, ὡς Ἀλέξανδρος ἤκουσεν, ἐν ᾧ δὲ δυνάμει ἡ κίνησις 25
ἐν τούτῳ δυνάμει καὶ ὁ χρόνος, δῆλον ὅτι ἐν τῷ ἠρεμοῦντι δυνάμει εἴη
ἂν ὁ χρόνος. καίτοι οὐ μόνον τὰ κινούμενα ἀλλὰ καὶ τὰ ἠρεμοῦντα ἐν
χρόνῳ εἶναι κατ' ἐνέργειαν ἐλέγετο· μέτρον γὰρ καὶ ἠρεμίας ὁ χρόνος κατ'
35 ἐνέργειαν, ὡς τοῦ εἶναι τῆς ἠρεμίας ὥσπερ καὶ τοῦ τῆς κινήσεως ὑπὸ τοῦ

---

6 κατά τε τὴν a   7 προὐβάλετο F: προὐβάλλετο E: προβάλλεται a   8 δύ-
ναιτο a   12 τούτου πρώτου aF   14 ἐστιν ἀχώριστον aF   16 ὁ] οἱ E
17 ὅλον] ὅλα Themistius p. 337,8 ubi ὅλον postulavit Spengel   19 καὶ ἐν οὐ-
ρανῷ a   20 οἷς ἡ κίνησις a   23 ἐστί καὶ] ἐστί E   προστίθησιν iteravit E
26 παραλάβε E   28 μὲν om. aF   29 ἀριθμητῶν] ἀριθμὸς E   31 ὡς ὁ
aF   32. 33 ἂν εἴη aF   34 ἐλέγετο κατ' ἐνέργειαν aF   καὶ (post γὰρ) om. E

χρόνου μετρουμένου. μήποτε οὖν ὡς πρὸς τὸν χρόνον οὐ τὰ ἠρεμοῦντα 179ᵛ
δυνάμει κινούμενα ἀκουστέον, ἀλλὰ τὰ μήπω μὲν παρελθόντα εἰς γένεσιν,
δυνάμενα δὲ γενέσθαι. εἰ γὰρ τῆς κατὰ γένεσιν κινήσεως ἀριθμὸς ἦν ὁ 30
χρόνος, ταύτην δὲ ἐκινεῖτο καὶ τὰ ἠρεμεῖν λεγόμενα, δῆλον ὅτι καὶ ἡ κί-
5 νησις κατ' ἐνέργειαν εἴη ἂν ἐν τούτοις καὶ ὁ τὴν τοιαύτην κίνησιν μετρῶν
χρόνος. ἐπειδὴ δὲ κατὰ συμβεβηκὸς ἐν χρόνῳ τὴν ἠρεμίαν ἤκουσεν ὁ
Ἀλέξανδρος, εἴποι ἂν τὸ καθ' αὑτὸ ἐν χρόνῳ τὴν κίνησιν ποτὲ μὲν δυνάμει
ὡς ἐν τῷ ἠρεμοῦντι, ποτὲ δὲ ἐνεργείᾳ ἐν τῷ ἤδη κινουμένῳ λαμβάνεσθαι.

Ἱστορεῖ δὲ καὶ ἄλλην γραφὴν ὁ Ἀλέξανδρος διὰ τὴν εἰρημένην ἴσως 35
10 ἀπορίαν οὕτω μεταπλασθεῖσαν· ὁ δὲ τόπος καὶ ἡ κίνησις ἅμα κατά τε
δύναμιν καὶ ἐνέργειαν, εἰς πίστιν τοῦ κινητὰ εἶναι τὰ εἰρημένα γῆν
θάλατταν οὐρανὸν προσθέντος αὐτοῦ τὸ νῦν εἰρημένον, ὡς τῶν μὲν ἐνεργείᾳ
ὄντων ἐν τόπῳ ἐνεργείᾳ καὶ καθ' αὑτὸ κινουμένων, τῶν δὲ δυνάμει ἐν τόπῳ,
ὥσπερ τὰ μέρη τοῦ ὅλου ἔχει τούτων καὶ κινητῶν δυνάμει ὄντων. τεκμήριον
15 οὖν τοῦ ὑπάρχειν τοῖς ἐν τόπῳ οὖσι τὴν κίνησιν τό, ὡς ἕκαστον τοῦ ἐν
τόπῳ μετέχει, οὕτω μετέχειν καὶ τῆς κινήσεως, εἰ μὲν δυνάμει, δυνάμει, εἰ 40
δὲ ἐνεργείᾳ, ἐνεργείᾳ. προχείρου δὲ ὄντος ἀπορεῖν, πῶς ἐν οὐρανῷ ὁ χρόνος
μὴ ἐν τόπῳ ὄντι, εἴπερ τὰ ἐν τόπῳ μόνα κινητά, τὰ δὲ κινητὰ μόνα ἐν
χρόνῳ, αἰσθόμενος καὶ λύων ὁ Ἀλέξανδρος "ὅτι, φησίν, ἐν τῷ οὐρανῷ ὁ
20 χρόνος, εἰ καὶ μὴ ἔστιν ἐν τόπῳ, πρόδηλον· ἀεὶ γὰρ κινεῖται· ἔνθα δὲ
κίνησις, ἐκεῖ καὶ χρόνος. ἀλλ' ἐπὶ μὲν τῶν ἄλλων τῶν μὴ ἀεὶ κινουμένων
ἐδεήθη τοῦ τόπου διὰ τοῦ ἐν τόπῳ αὐτὰ εἶναι δείξας ὅτι καὶ κινητόν, τὸ
δὲ θεῖον σῶμα οὐκ ἐδεῖτο δείξεως πρὸς τὸ κινητὸν εἶναι· φανερὰ γὰρ αὐτοῦ 45
καὶ ἐναργὴς ἡ κίνησις οὖσα ἀΐδιος." ταῦτα μὲν οὖν ὁ Ἀλέξανδρος αὐτῇ
25 λέξει γέγραφεν. εἰ δὲ κινεῖται ὁ οὐρανὸς τὴν κύκλῳ κίνησιν, δῆλον ὅτι
κατὰ τόπον ἐστὶν ἡ κίνησις αὕτη καὶ οὐ κατ' ἄλλο εἶδος κινήσεως, τὸ δὲ
κατὰ τόπον κινούμενον καὶ ἐν τόπῳ ἐστίν.

p. 223ᵃ21   Πότερον δὲ μὴ οὔσης τῆς ψυχῆς εἴη ἂν ὁ χρόνος ἕως
τοῦ χρόνος δὲ ταὐτά ἐστιν ᾗ ἀριθμητά ἐστιν.

30 Μεταβέβηκεν ἐπὶ τὸ ἕτερον τῶν προταθέντων, ὅπερ καὶ πρότερον ἦν, 53
ἐκεῖ μὲν οὕτω προταθὲν "πῶς ποτε ἔχει ὁ χρόνος πρὸς τὴν ψυχήν", ἐν-
ταῦθα δὲ σαφέστερον μεταληφθέν. ζητεῖται γὰρ εἰ μὴ οὔσης τῆς | ψυχῆς 180ʳ

---

1 ὡς om. aF   2 μὲν om., traiecto δὲ ante δυνάμενα E   3 post κατὰ add. τὴν aF   7 μὲν τὸ δυνάμει aF   8 ποτὲ] puto ποτὲ   ἐνεργείᾳ] ἠρεμία aF post ἐνεργείᾳ intercidisse ὡς probabiliter coniecit emendator Ambrosiani   10 ἀπορίαν μεταπλασθεῖσαν οὕτω a: ἀπορίαν μεταπλασθεῖσαν ἴσως F   τόπος sic Aristotelis codex I   13 ὄντων ἐν τόπῳ ἐνεργείᾳ om. E   16 post μετέχει iterabat τούτων— ὄντων (14) sed delevit F   μετέχειν] μετέχει a   17 ὁ χρόνος ἐν οὐρανῷ a   18 ὄντι ἐν τόπῳ aF   19 φησὶν ὅτι transponit a   21 μὴ om. aF   27 καὶ om. aF   29 ᾗ] ἢ E   30 προταθέντων F: πρ⟨ο⟩θέντων (litteris inter ρ et θ foramine haustis) E: προτεθέντων a   ὅπερ E: ὃ aF   31 προταθὲν EF: προτεθὲν a

εἴη ἂν ὁ χρόνος ἢ οὔ. ἐπειδὴ γὰρ εὔλογον δοκεῖ τὰ πρός τι συνυπάρχειν 180ʳ
καὶ συναναιρεῖσθαι ἀλλήλοις (δεξιοῦ γὰρ μὴ ὄντος οὐδὲ ἀριστερὸν ἔστιν),
ἔστι δὲ πρός τι καὶ ἀριθμητικὸν καὶ τὸ ἀριθμητόν, καὶ ἔστι ψυχὴ μὲν
ἀριθμητικὸν καὶ ὁ τῆς ψυχῆς νοῦς (οὐ γὰρ τῷ παθητικῷ ἀριθμοῦμεν, ἀλλὰ
5 τῷ λόγῳ), ὁ δὲ χρόνος ἀριθμητόν, ὥστε μὴ οὔσης ψυχῆς οὐδὲ ὁ χρόνος
εἶναι δοκεῖ, ἀντέθηκε δὲ τὸ ἀριθμῆσον τῷ ἀριθμητῷ δέον, φασί, τὸ ἀριθμη- 5
τικὸν ἀντιθεῖναι (ταὐτὸν δέ ἐστι τὸ ἀριθμητικὸν καὶ τὸ ἀριθμῆσον, τὸ μὲν
κατὰ δύναμιν, τὸ δὲ κατὰ μέλλοντα χρόνον λεγόμενον, ὅπερ πάλιν τὸ δυ-
νάμει συνεμφαίνει, ὥσπερ ταὐτὸν τὸ ἀριθμητὸν καὶ τὸ ἀριθμησόμενον),
10 προσέλαβε καὶ ὅτι ἀριθμός ἐστιν ἢ τὸ ἠριθμημένον ἢ τὸ ἀριθμητόν· λέ-
γομεν γὰρ ἀριθμὸν ἢ τὸ ἤδη ἀριθμηθὲν ἢ τὸ δυνάμενον ἀριθμηθῆναι, οἷον
τὸ τῶν στρατιωτῶν πλῆθος ἀριθμητόν, ὅτι δύναται ἀριθμηθῆναι· ἔστι δὲ
καὶ τὸ ἠριθμημένον ἀριθμητόν. μὴ ὄντος οὖν τοῦ ἀριθμητοῦ οὐδὲ ἀριθμός 10
εἴη ἄν. ὥστε ἡ ὅλη συναγωγὴ κατὰ τὴν διὰ τριῶν ἀγωγὴν τοιαύτη· εἰ
15 μὴ τὸ ἀριθμῆσον, οὐδὲ τὸ ἀριθμητόν· εἰ μὴ τὸ ἀριθμητόν, οὐδὲ ἀριθμὸς
ὁ ὡς ἀριθμητός· εἰ οὖν τὸ μὲν ἀριθμῆσον ψυχὴ κατὰ τὸν ἑαυτῆς νοῦν,
ὁ δὲ χρόνος ἀριθμός, μὴ οὔσης ψυχῆς οὐκ ἂν εἴη χρόνος.

Ἐνίσταται δὲ πρὸς τὸν λόγον τοῦτον ὁ Βόηθος λέγων μηδὲν κωλύειν
τὸ ἀριθμητὸν εἶναι καὶ δίχα τοῦ ἀριθμοῦντος, ὥσπερ καὶ τὸ αἰσθητὸν δίχα
20 τοῦ αἰσθανομένου. ὁ δὲ Ἀλέξανδρος καὶ τὴν ἔνστασιν διὰ πλειόνων τέ- 15
θεικε καὶ τὴν λύσιν ἐπήγαγεν ἀκολουθῶν τῷ Ἀριστοτέλει. "ἄξιον γάρ, φησί,
ζητῆσαι, πῶς ὑγιές ἐστι τὸ μὴ ὄντος τοῦ ἀριθμήσοντος μηδὲ ἀριθμητὸν
εἶναι. τὸ μὲν γὰρ ἀριθμητὸν μὴ εἶναι μηδὲ τὸ ἀριθμούμενον καθὸ ἀριθμού-
μενον μὴ ὄντος τοῦ ἀριθμοῦντος, ἐχέτω λόγον, εἰ τῷ ἀριθμῷ ἐν τῷ ἀρι-
25 θμεῖσθαι τὸ εἶναι· τὸ μέντοι ἀριθμητὸν αὐτὸ καὶ ὃ οἷόν τε ἀριθμηθῆναι
οἷον ἄνθρωποι ἢ ἵπποι οὐ δοκεῖ τῷ ἀριθμοῦντι συναναιρεῖσθαι. τὸ γοῦν
πρότερον καὶ ὕστερον ἐν κινήσει ὄντα ἀριθμητὰ δείκνυσιν αὐτὸς εἶναι δυνά- 20
μενα καὶ μὴ οὔσης ψυχῆς, εἴ γε κίνησιν οἷόν τε εἶναι μὴ οὔσης ψυχῆς."
λύων δὴ τὴν ἀπορίαν φησίν· "ἢ οὐκ ἀριθμητὸν ἔσται, ἀλλὰ τὸ μὲν ᾧ
30 συμβέβηκεν ἀριθμητῷ γίνεσθαι ἔσται οἷον ἵπποι ἢ ἄνθρωποι, οὐ μὴν ἀρι-
θμητὸν ὡς ἀριθμητόν· καὶ γὰρ καὶ ἐπὶ τῶν ἄλλων πρός τι μὴ ὄντως εἰ
τύχοι τοῦ δεξιοῦ, ὃς μὲν ἦν ἀριστερός ἔσται οἷον Σωκράτης, ἀριστερὸς δὲ

---

4 τὸν παθητικὸν E   5 τὸν λόγον E   6 ἀντέθεικε EF   ἀριθμῆσαι E
8 κατὰ τὸν μέλλοντα aF   9 συνεμφαίνει scripsi: συνεμφαίνειν E: συνεκφαίνει aF
τὸ (post ταὐτὸν) om. aF   10 προσέλαβε δὲ καὶ aF   11 οἷον] ἢ E   15 ἀριθμῆ-
σαι E   ἀριθμὸς E: ὁ ἀριθμὸς aF   16 ὁ ὡς aF: ὡς ὁ E   μὲν om., sed
inter εἰ et οὖν super add. E   ἡ ψυχὴ aF   18 Βόηθος cf. Themistius p. 337,23
infra p. 766,18 Zeller H. Ph. III 2³ 625²   19 τὸ ἀριθμητὸν] τὸν ἀριθμὸν perperam
Themistius   καὶ ante δίχα habet Themistius   22 τοῦ initio paginae itera-
vit E   23 ἀριθμητὸν E: ἀριθμὸν aF   ἀριθμούμενον utroque loco aF: ἀριθμοῦν
item E   24 ἀριθμοῦντος aF: ἀριθμητοῦ E   ἀριθμεῖσθαι E: ἀριθμεῖν aF
25 οἷόν τε] οἴονται E   28 εἶναι οἷόν τε E   30 ἀριθμητῷ εF: ἀριθμητὸν E
ἐστὶν F   31 καὶ ἐπὶ aF: ἐπὶ καὶ E

οὔ. εἰ οὖν τὸ πρότερον καὶ ὕστερον ὡς ἀριθμητὰ ἀριθμητὸς ὁ χρόνος ἦν, 180ʳ
μὴ ὄντος τοῦ ἀριθμήσοντος οὐκ ἂν εἴη ὁ χρόνος. τὸ μέντοι τῷ χρόνῳ
ὑποκείμενον, ὅπερ ἦν ἡ κίνησις, οὐδὲν κωλύει εἶναι." ταύτην δὲ τὴν λύσιν 25
συντόμως ὁ Ἀριστοτέλης παραδέδωκε διὰ τοῦ ἀλλ' ἢ τοῦτο ὅ ποτέ ἐστιν
5 ὁ χρόνος· τὸ γὰρ ὑποκείμενον τῷ χρόνῳ ἤτοι τῷ ἀριθμητῷ οὐδὲν κωλύει
εἶναι καὶ μὴ οὔσης ψυχῆς, εἰ ὅλως οἷόν τε κίνησιν χωρὶς ψυχῆς εἶναι,
χρόνος δὲ οὐκ ἔσται. εἰ γὰρ τὰ μὲν ἐνεργείᾳ λέγεται πρὸς τὰ ἐνεργείᾳ, τὰ
δὲ δυνάμει πρὸς τὰ δυνάμει, ἂν ᾖ ἀδύνατον εἶναι τὸ ἀριθμῆσον, ἀδύνατον
ἂν εἴη καὶ τὸ ἀριθμητόν, εἴ γε ἀριθμητὸν τὸ οἷόν τε ἀριθμηθῆναι. οὐδὲ
10 γὰρ αἰσθήσεως ἀναιρεθείσης μένοντος τοῦ χρώματος τὸ χρῶμα ἔσται ὡς 30
ὁρατόν, ἀλλ' ὡς χρῶμα μόνον. πάνυ δὲ ἀκριβῶς προσέθηκε τὸ εἰ ἐν-
δέχεται κίνησιν εἶναι ἄνευ ψυχῆς· ὅσον μὲν γὰρ ἐπὶ τῇ κατὰ τὰ
πρός τι ἀντιθέσει καὶ ἀναιρεθείσης τῷ λόγῳ τῆς ψυχῆς, κἂν μὴ χρόνον
ἀλλὰ κίνησίν γε οὐδὲν κωλύει εἶναι. εἰ μέντοι μὴ δύναται κίνησις ἄνευ
15 ψυχῆς εἶναι, οὐ μόνον ὁ χρόνος ἀλλὰ καὶ ἡ κίνησις ἀναιρεθήσεται ψυχῆς
μὴ οὔσης· εἰ γὰρ ἡ κυκλοφορία, ἐξ ἧς καὶ αἱ ἄλλαι κινήσεις καὶ αἱ μετα-
βολαὶ τὸ εἶναι ἔχουσιν, ὑπὸ νοῦν καὶ κατ' ὄρεξίν ἐστιν, ὡς ὁμολογεῖ καὶ 35
Ἀλέξανδρος, ἀναιρουμένης ψυχῆς ἀναιροῖτο ἂν πᾶσα κίνησις· ἥ τε γὰρ κατὰ
τόπον ἀπὸ τῆς κυκλοφορίας, εἴπερ αἱ τῶν ἁπλῶν σωμάτων εἰς ἄλληλα
20 μεταβολαὶ παρ' αὐτῆς (κατὰ γὰρ βαρύτητα καὶ κουφότητα) καὶ ἡ κατὰ
τόπον κίνησίς ἐστιν ἡ κατὰ φύσιν, ὑστέρα δὲ ἡ παρὰ φύσιν τῆς κατὰ φύσιν·
καὶ τῆς τῶν ζῴων δὲ κατὰ φύσιν κινήσεως ἥ τε οἰκεία ψυχή ἐστιν αἰτία
καὶ ἡ κυκλοφορία. "ἄνθρωπος γὰρ ἄνθρωπον γεννᾷ καὶ ὁ ἥλιος." ὥστε 40
καὶ τῆς κατὰ γένεσιν μεταβολῆς αἰτία ἐστὶν ἡ κυκλοφορία· καὶ αἱ κατὰ
25 ἀλλοίωσιν δὲ καὶ κατὰ αὔξησιν καὶ μείωσιν μεταβολαὶ ἀπ' ἐκείνης. ἡ γὰρ
τοῦ ἡλίου πρόσοδός τε καὶ ἄφοδος τὴν πλείστην τούτων αἰτίαν παρέχεται.
 Τούτων δὲ ῥηθέντων ἐπιστῆσαι ἄξιον, ὡς οἶμαι, ὅτι τοῦ ἀριθμοῦντος
ἀναιρουμένου ὡς μὲν ἀριθμὸς ἀριθμητὸς ὁ χρόνος ἀναιρεῖται, ὡς μέντοι
τὸ πρότερον καὶ ὕστερον τὸ κατὰ τὴν τοῦ εἶναι τῆς κινήσεως παράτασιν
30 οὐκ ἀναιρεῖται· κατὰ τοῦτο δὲ ὁ χρόνος ὑφέστηκε. τὸ γὰρ ἀριθμητὸν εἶναι 45
συμβέβηκεν αὐτῷ κατὰ τὸ πρότερον καὶ ὕστερον. ψυχῆς δὲ ἀναιρουμένης,
ἥτις ἀρχὴ γενέσεώς ἐστι καὶ τῆς κατὰ τὴν γένεσιν πάσης κινήσεως ᾗ
συνυπάρχει ὁ χρόνος, ἀναιρεθήσεται καὶ ὁ χρόνος. εἰκότως οὖν ὁ Ἀριστο-
τέλης ὡς μὲν ἀριθμούσης τῆς ψυχῆς ἀναιρουμένης ὡς ἀριθμητὸν ἀναιρεῖσθαι
35 τὸν χρόνον φησίν, ὡς μέντοι ἀρχῆς γενέσεως καὶ κινήσεως ἀναιρουμένης

---

1 ἀριθμητὰ ex Aristotele ᵃ 29 scripsi: ἀριθμητὸς libri   ἀριθμητὸς om. F
3 κωλύει aF: κωλύεται E   4 ἀλλ' εἰ E [cf. Aristot. cod. E]   ποτε ὂν Aristo-
teles   ἐστὶ χρόνος F   5 τῷ ἀριθμητῷ iteravit E   11 inter χρῶμα et μόνον
iteravit ἔσται E   12 τὰ om. E   13 ἀντιθέσεως compend. E   14 οὐδὲν]
οὐδὲ E   16 αἱ (ante μεταβολαὶ) om. aF   17 νοῦ F   18 ἢ τε] εἴτε E
19. 20 μεταβολαὶ εἰς ἄλληλα aF   20 καὶ ἡ] καὶ E: ἡ F: καὶ εἰ ἡ a   21 post
κίνησις add. προτέρα a   23 ἡ (post καὶ) om. E   ἄνθρωπος—κυκλοφορία (24) lacuna
relicta om. F   ὁ om. E   25 κατὰ (post καὶ) om. aF   28 ἀριθμὸς ex ἀριθμητὸς
corr. videtur E   33 καὶ om. E   35 κινήσεως οὐκ ἀναιρεῖσθαι F

καὶ τὴν κίνησιν καὶ τὴν γένεσιν ἀναιρεῖσθαι ἐνδείκνυται διὰ τοῦ εἰ ἐνδέ- 180ʳ
χεται κίνησιν εἶναι ἄνευ ψυχῆς. οὐ μόνον δὲ τῷ τὴν κίνησιν ἀναι- 50
ρεῖσθαι συναναιρεῖται ὁ χρόνος κινήσεώς τι ὤν, ἀλλὰ καὶ αὐτὸς καθ' αὑτὸν
ἐν τῷ γίνεσθαι τὸ εἶναι ἔχων ἀναιρεθήσεται ψυχῆς ἀναιρουμένης, ἥτις
5 αἰτία πάσης γενέσεως καὶ κινήσεως ἦν. καὶ ὅρα ὅπως κἀνταῦθα σύμφωνα
γέγραφεν ὁ Ἀριστοτέλης τῷ σφετέρῳ καθηγεμόνι αὐτὸς εἰπὼν εἰ ἐνδέ-
χεται κίνησιν εἶναι ἄνευ ψυχῆς, τουτέστιν ἄνευ τοῦ κινοῦντος, ἐκείνῳ
λέγοντι ὅτι τοῖς ἄλλοις ὅσα κινεῖται "πηγὴ καὶ ἀρχὴ κινήσεώς" ἐστιν ἡ
ψυχή, καὶ ὅτι ἐξ ἀρχῆς ταύτης πᾶν τὸ γινόμενον γίνεται. |

10 p. 223ᵃ29 **Ἀπορήσειε δ' ἄν τις καὶ ποίας κινήσεως ἀριθμός ὁ** 180ᵛ
χρόνος ἕως τοῦ διὸ κινήσεώς ἐστιν ἁπλῶς ἀριθμὸς συνεχοῦς,
ἀλλ' οὐ τινός.

Ἀριθμὸν κινήσεως δείξας τὸν χρόνον καὶ μέχρι νῦν ὡς ἐπὶ τῆς κατὰ 4
τόπον κινήσεως τὸν πλείονα λόγον ποιησάμενος (ταύτῃ γὰρ ἥρμοττε τὸ 5
15 μετρεῖσθαι ὑπὸ τοῦ μεγέθους τὴν κίνησιν καὶ τὸ λέγειν, ὅτι "πολλὴν φαμὲν
εἶναι τὴν ὁδόν, ἂν ᾖ ἡ πορεία πολλή, καὶ ταύτην πολλήν, ἂν ἡ ὁδὸς ᾖ
πολλή"), ἐπειδὴ τῶν κινήσεων πλείονά ἐστιν εἴδη τὸ μὲν κατὰ τόπον τὸ δὲ
κατὰ ποιὸν τὸ δὲ κατὰ ποσόν, ἔστι δὲ καὶ ἡ γένεσις καὶ ἡ φθορὰ κατ'
οὐσίαν μεταβολή, εἰ καὶ μὴ κίνησις αὕτη, ὡς μετὰ τοῦτο τὸ βιβλίον ἀκρι-
20 βολογουμένῳ φανήσεται, ἀλλ' οὖν καὶ ἐν ταύτῃ τὸ πρότερον καὶ ὕστερον
καὶ ἡ τοῦ χρόνου μέθεξις ὁρᾶται, εἰκότως ἀπορίας ἄξιον εἶναί φησι, ποίας 10
τούτων τῶν κινήσεών ἐστιν ἀριθμὸς ὁ χρόνος. καὶ λέγει μὴ τῆσδέ τινος
εἶναι, καθὸ ἥδε τις, ἀλλὰ τῆς ὁποιασοῦν κινήσεως. οὐ γὰρ καθὸ φθορὰ
ἢ ἀλλοίωσις ἤ τις ἄλλη μεταβολή ἐστι, κατὰ τοῦτο ἀριθμὸς αὐτῆς ἐστιν
25 ὁ χρόνος, ἀλλὰ κινήσεως καὶ μεταβολῆς καθὸ τοιαύτη, ὃ κοινόν ἐστι
πάσαις ταῖς εἰρημέναις κινήσεσι. πάσης οὖν ὁμοίως κινήσεως ἀριθμὸς ὁ
χρόνος ἐστίν (ἐν πάσαις γὰρ τὸ πρότερον ἐνορᾶται καὶ ὕστερον) καὶ ὅπερ 15
ἀριθμούμενόν ἐστι χρόνος. καθὸ οὖν κινήσεως ἁπλῶς, ἀλλ' οὐχ ἥδε
τις, ἡ κίνησις ἐν χρόνῳ. καλῶς δὲ εἰπὼν ὅτι κινήσεώς ἐστιν ἀριθμὸς ὁ
30 χρόνος προσέθηκεν τὸ συνεχοῦς ἀλλ' οὐ τινός· καθὸ γὰρ συνεχὴς ἡ
κίνησις, κατὰ τοῦτο ἔχει τὸ πρότερόν τε καὶ ὕστερον τὸ κατὰ χρόνον ἀρι-

---

1 τὴν (post καὶ) om. E   3 τι in litura om. F   4 τῆς ψυχῆς F   5 ὅπως
E: πῶς aF   6 ὁ ἀριστοτέλης post κἀνταῦθα (5) aF   αὐτὸς om. aF   7 ἐκείνῳ
Platoni in Phaedro p. 245c   10 ἀριθμὸς ὁ χρόνος EF (ut Aristotelis codex H) cf·
v. 22: ὁ χρόνος ἀριθμὸς a ex Aristotele vulgato   11 ἐστι post ἀριθμὸς a ex Aristo-
tele vulgato   15 λέγειν cf. Δ 12 p. 220ᵇ29   πολλήν E ut Aristoteles l. c.:
πολλήν τινα aF   16 ᾖ post ὁδὸς E: om. aF   17 εἴδει a   19 μεταβολή
om. F   20 οὖν] οὐ E   22 λέγοι F   25 τοιαύτη aF: τοιαύτης E
ὃ aF: om. E   26 κινήσεως om. E at cf. Themistius p. 338,10   27 ante ὕστε-
ρον add. τὸ aF   καὶ (ante ὅπερ) om. F fortasse recte   28 ἐστιν ὁ a
κινήσεως] κίνησις καὶ emendator Ambrosiani   29 ἡ (post τις) om. a   30 τὸ συνε-
χοῦς post χρόνος aF

θμούμενον· εἰ γὰρ διῃρημένη ληφθείη, οὐχ ὑπὸ χρόνου ἀλλ' ὑπὸ ἀριθμοῦ 180ᵛ
μετρεῖται. δύο γὰρ ἢ τρεῖς ἢ πλείους γίνονται κινήσεις τῷ μοναδικῷ ἀριθμῷ
μετρούμεναι. ἐὰν γὰρ ἡ μὲν ἀλλοίωσις ἦ ἡ δὲ φθορὰ ἡ δὲ αὔξησις μηδε- 20
μιᾶς οὔσης αὐτῶν συνεχείας πρὸς ἀλλήλας, τρεῖς γίνονται κινήσεις. καθὸ
5 δὲ τούτων ἑκάστη συνεχής ἐστι, τὰ ἐν αὐτῇ πρότερα καὶ ὕστερα ἀριθμεῖται
οὐκέτι τῷ μοναδικῷ ἀριθμῷ, ἀλλὰ τῷ χρόνῳ.

Ὁ δὲ Ἀλέξανδρος τῷ χρόνῳ παρέχειν τὸ εἶναί φησιν τὸ πρότερον καὶ
ὕστερον πάσης κινήσεως, καθὸ συνεχὴς καὶ καθὸ ἀκολουθεῖ τῷ μεγέθει,
ἐφ' οὗ γίνεται, ἐν ᾧ πρώτῳ τὸ πρότερόν τε καὶ ὕστερον. ἀπορητέον οὖν
10 καὶ πρὸς τοῦτον καὶ πρὸς τὸν Ἀριστοτέλην ταῦτα, ἅπερ καὶ ἐγὼ πρότερον
οἶμαι συντομώτερον καὶ ὁ Θεμίστιος πλατύτερον ἀπορεῖ· "εἰ, γάρ, τὸ πρό- 25
τερόν τε καὶ ὕστερον πρῶτόν ἐστιν ἐν τῷ μεγέθει καὶ τῷ διαστήματι, ἐφ'
οὗ ἡ κίνησις, εἶθ' οὕτως ἐν τῇ κινήσει καὶ τῷ χρόνῳ, πῶς ἐπὶ τῆς αὐ-
ξήσεώς τε καὶ ἀλλοιώσεως τὸ πρότερον καὶ ὕστερον; οὐ γὰρ ἐν διαστήματί
15 γε αὗται οὐδὲ πόθεν ποῖ, ἀλλ' ὁλόκληρον τὸ σῶμα θερμαίνεται κατ' ὀλίγον,
καὶ ὁλόκληρον αὔξεται καὶ πήγνυται. πόθεν οὖν ἐπὶ τούτων ἕξει τὸ πρό-
τερόν τε καὶ ὕστερον ὁ χρόνος ὥσπερ ἐπὶ τῆς φορᾶς ἐκ τοῦ διαστήματός 30
τε καὶ τῆς θέσεως; πῶς δὲ μὴ ἔχων τὸ πρότερόν τε καὶ ὕστερον τὸν κατ'
αὐτὰ ἀριθμὸν ἕξει; ἢ ἐπὶ μὲν τῆς αὐξήσεως εἴποι τις ἂν εἶναι τὸ πόθεν
20 ποῖ· ἀπὸ γὰρ τοῦ ἐλάττονος εἰς τὸν μείζονα τόπον ἡ μεταβολή. ἐπ'
ἀλλοιώσεως δὲ καὶ γενέσεως καὶ φθορᾶς τί ἐροῦμεν; πόθεν γὰρ ἔτι τὸ
πρότερόν τε καὶ ὕστερον ἕξει ἡ κίνησις ἢ ὁ χρόνος; ἢ οὖν μόνην τὴν κατὰ
τόπον κίνησιν προηγουμένως μετρεῖ ὁ χρόνος, ἢ εἰ καὶ τὰς ἄλλας προηγου-
μένως, οὐδὲν προσδεῖται τοῦ τῇ θέσει προτέρου καὶ ὑστέρου, ἵνα καὶ αὐτὸς 35
25 σχῇ τὸ πρότερόν τε καὶ ὕστερον."

Ἀλλ' ἐπειδὴ καὶ ὁ Θεμίστιος ἐνδοὺς φαίνεται τῇ ἀπορίᾳ, πολλάκις
ἐξετάζειν ταῦτα κελεύων καὶ ἀβασανίστως μὴ παραδέχεσθαι, οὐδὲν ἴσως
κωλύει καὶ τὴν ἐμὴν καὶ νῦν ὑπόνοιαν εἰπόντα μετὰ τῆς ἀπορίας καὶ
ἐκείνην εἰς ἐξέτασιν προτιθέναι τοῖς ἐντυγχάνουσι. τὸ πρότερον καὶ ὕστερον
30 τάξεως δηλωτικὸν ὑπάρχον ἄλλο μὲν τὸ κατὰ τὸν χρόνον εἶναι νομίζω
κατὰ ἀριθμὸν καὶ τάξιν τῶν πλειόνων νῦν ὑφισταμένων τῶν ὁριζόντων τὸν
χρόνον, ἄλλο δὲ τὸ ἐν τῇ κατὰ τὴν τάξιν θέσει θεωρούμενον. διττὸν δὲ 40
τοῦτο, τὸ μὲν ἐν μεγέθει (ὡς τῆς ὁδοῦ πρότερον ἐκεῖνο μέρος τὸ ὅθεν ἀρχό-

---

3 ἦ om. E   φορὰ in litura F   5 αὐτῇ a: αὐτῷ EF   10 καὶ πρὸς τοῦτον om.
aF   11 Θεμίστιος p. 339,10 sqq.   12 καὶ (ante ἐν) E: τε καὶ aF   13 τῇ
κινήσει καὶ om. Themistii libri   14 τε καὶ] καὶ τῆς Them.   post πρότερον habet
τε Them.   16 αὐξάνεται (om. καὶ πήγνυται) Them.   17 ἐκ τῆς φθορᾶς aF
18 τε καὶ] καὶ Them.   ἔχον a. post ἔχων habet παρ' αὐτῶν Them.   τε (post πρότε-
ρον) om. aF   post ὕστερον add. ὁ χρόνος E   τὸν κατ' αὐτὰ ἀριθμὸν aF: τὸν κατὰ
ταῦτα ἀριθμὸν E: τὸν ἀριθμὸν αὐτῶν Them.   19 ἢ] ἀλλ' ἴσως Them.   21 post
ἐροῦμεν haec habet Themistius p. 339,29: ἄντικρυς γὰρ ἐπὶ τούτων ἐξ αὐτοῦ τὸ πρότερόν τε
καὶ ὕστερον ὁ χρόνος οἴσει. ἢ τοίνυν μόνην μετρεῖ προηγουμένως τὴν κατὰ τόπον κίνησιν ἢ εἰ
καὶ τὰς ἄλλας προηγουμένως οὐδὲν προσδεῖται τοῦ τῇ θέσει προτέρου καὶ ὑστέρου [ἵνα—ὕστε-
ρον (340,5.6) in libris omissa]   28 καὶ (ante τὴν) om. aF   33 τῆς] τὸ a

μεθα, ὕστερον δὲ τὸ εἰς ὃ λήγομεν), τὸ δὲ ἐν ἀριθμῷ καὶ τούτῳ διττῷ 180v
ἢ τῷ ἀριθμοῦντι καὶ μοναδικῷ (ὡς λέγομεν πρότερον εἶναι τῆς δυάδος τὴν
μονάδα καὶ τὴν δυάδα τῆς τριάδος) ἢ τῷ μεθεκτῷ καὶ ἀριθμουμένῳ, ὡς
τὰ νοητὰ τῶν αἰσθητῶν πρότερα καὶ ὅδε ὁ κίων τοῦδε τοῦ κίονος· καὶ γὰρ
5 καὶ τὰ ἀσώματα θέσιν ἔχειν δοκεῖ κατὰ μεταφορὰν λεγομένης τῆς θέσεως.
τρίτον δὲ τοῦ προτέρου καὶ ὑστέρου σημαινόμενόν ἐστιν ἐν ταῖς ἐνεργείαις 45
τε καὶ κινήσεσι, τὸ μὲν κατὰ τὸν ἀριθμὸν τῶν ὁριζόντων τὴν κίνησιν πε-
ράτων, ἃ κινήματα καλοῦμεν ἀνὰ λόγον ἔχοντα πρός τε τὰ τῆς γραμμῆς
σημεῖα καὶ τὰ τοῦ χρόνου νῦν, τὸ δὲ κατ' αὐτὰ τὰ μέρη τῆς κινήσεως
10 συνεχοῦς οὔσης ἀφ' ἑαυτῆς. ἀλλ' ἡ μὲν ἐν τόπῳ κίνησις τὸ κατὰ τὴν θέσιν
ἐν τόπῳ πρότερόν τε καὶ ὕστερον εἰς ἑαυτὴν ἀναδεχομένη συναρμόττει τοῦτο
τῷ οἰκείῳ προτέρῳ καὶ ὑστέρῳ τῷ τε ὡς πέρατι καὶ τῷ ὡς μέρει, ὅταν 50
πρώτην κίνησιν τῶν δρομέων τὴν πρὸς τοῖς ἀθλοθέταις λέγωμεν, ὑστέραν
δὲ τὴν ἐν τῷ πέρατι τοῦ σταδίου. καὶ ἔστι τοῦτο τὸ κατὰ τὴν θέσιν
15 πρότερον καὶ ὕστερον οἰκεῖον τῆς κατὰ τόπον κινήσεως. καὶ ταύτῃ δὲ καὶ
ταῖς ἄλλαις κινήσεσιν ἐν τῷ γίνεσθαι τὸ εἶναι ἐχούσαις ὁ χρόνος ἀφ' ἑαυ-
τοῦ τὸ πρότερον καὶ ὕστερον δίδωσιν ἐφαρμόττων τῷ προτέρῳ καὶ ὑστέρῳ
τῆς κινήσεως. τὰ γὰρ ὁρίζοντα τὸν χρόνον νῦν ἐγγινόμενα τοῖς τῆς κι-
νήσεως ὅροις ὁρίζει τῷ χρόνῳ τὴν κίνησιν. μέτρον οὖν τῆς κι|νήσεως ὁ 181r
20 χρόνος. κατὰ γὰρ τὸ ἑαυτοῦ πρότερον καὶ ὕστερον ἐφαρμόττων τῷ προ-
τέρῳ καὶ ὑστέρῳ τῆς κινήσεως μετρεῖ τῷ χρόνῳ τὴν κίνησιν· οὕτω δὲ καὶ
ἡ κίνησις γίνεται μέτρον τοῦ χρόνου, ὅταν τὰ οἰκεῖα τῆς κινήσεως πρότερον
καὶ ὕστερον ἐφαρμόσαντα τοῖς τοῦ χρόνου προτέροις καὶ ὑστέροις ὁρίσῃ τῇ
κινήσει τὸν χρόνον· οὕτω δὲ καὶ τὸ τοπικὸν μέγεθος τὴν κίνησιν οὐ πᾶσαν
25 ἀλλὰ τὴν τοπικὴν μετρεῖ, ὅταν τὸ πρότερον καὶ ὕστερον τοῦ τόπου τὸ κατὰ 5
θέσιν ἐφαρμόσῃ τοῖς τῆς κινήσεως. εἰ δὲ ὁ Ἀριστοτέλης ὡς κοινῷ τούτῳ
χρῆται τῷ ἀπὸ τοῦ μεγέθους μετρεῖσθαι τὴν κίνησιν, εἰκὸς διὰ τὸ ἐναργὲς
αὐτῷ χρῆσθαι. διὸ καὶ διετέλεσε μέχρι πλείστου ὡς ἐπὶ τῆς κατὰ τόπον
κινήσεως ποιούμενος τὸν λόγον.

30 p. 223b1 Ἀλλ' ἔστι νῦν καὶ κινεῖσθαι καὶ ἄλλο ἕως τοῦ ὅτι καὶ
ὁ ἀριθμὸς εἷς καὶ ὁ αὐτὸς πανταχοῦ ὁ τῶν ἴσων καὶ ἅμα. 15

Ἀπορίαν τινὰ τίθησι τοῖς εἰρημένοις περὶ τοῦ χρόνου ἀκολουθοῦσαν
καὶ ἅμα, ὃ πολλάκις εἶπε τὸ τὸν αὐτὸν χρόνον ἅμα πανταχοῦ εἶναι, πλείονος
ἀξιοῖ διαρθρώσεως. ἡ δὲ ἀπορία τοιαύτη· εἰ ἀριθμὸς κινήσεως ὁ χρόνος,
35 καὶ ἔστιν ἡ μὲν κίνησις ἐν τῷ κινουμένῳ, ὡς ἐμάθομεν, ὁ δὲ χρόνος ἐν

---

1 τοῦτο F 2 προτέραν a 5 καὶ om. E 6 καὶ τοῦ aF 9 κατὰ ταῦτα E
11 ἐν τόπῳ (post θέσιν) om. aF 14 κατὰ θέσιν E 15 καὶ (post δὲ) om. E
18 ἐγγενόμενα E 19 τῆς om. aF 26 ὡς κοινὸν τοῦτο χρῆται ἀπὸ E 28 αὐ-
τὸ E χρῆσθαι a: χρῆται EF 29 τὸν λόγον ποιούμενος aF 30 καὶ κινεῖσθαι
καὶ ἄλλο EF cf. Philoponus ad h. l.: κεκινῆσθαι καὶ ἄλλα ex Aristotele (at cf. GH) resti-
tuit a 31 πανταχοῦ ὁ αὐτὸς a τῶν ἴσων a: τὸν ἴσως E 32 τινὰ om. a

τῇ κινήσει, εἶεν ἂν τοσοῦτοι χρόνοι ὅσα τὰ κινούμενα καὶ αἱ κινήσεις· πλείους οὖν ἅμα ἔσονται χρόνοι οὐχ ὡς περιέχων καὶ περιεχόμενος· τοῦτο γὰρ οὐδὲν ἄτοπον ἦν. λύων οὖν τὴν ἀπορίαν οὐχ οὕτως ἔχει, φησίν· οὐ γὰρ πλείους ἅμα χρόνοι γίνονται, ἀλλ' ὁ ἴσος χρόνος πᾶς ἐν τῷ ἐνεστῶτι ὁ αὐτός εἷς ἅμα ἐστὶ τῷ ἀριθμῷ, εἴδει δὲ οἱ αὐτοί εἰσι καὶ οἱ μὴ ἅμα, τουτέστιν ὁ παρεληλυθὼς τῷ μέλλοντι. τοῦτο δὲ εἰπών, ὅπως πλειόνων οὐσῶν κινήσεων εἷς ὁ χρόνος ἐστὶ καίτοι ἀριθμὸς ὢν κινήσεως, διδάσκει· ὡς γὰρ ἐπὶ τοῦ μοναδικοῦ ἀριθμοῦ οὐ τῇ τῶν ἀριθμουμένων διαφορᾷ ὁ ἀριθμὸς συνδιαιρεῖται, οἷον ἐὰν οἱ μὲν ἵπποι οἱ δὲ κύνες ὦσιν οἱ ἀριθμούμενοι ὄντες ἑκάτεροι ἑπτά, οὗτοι μὲν διαφέρουσιν ἀλλήλων, ὁ δὲ ἀριθμὸς ὁ τῆς ἑβδομάδος ὁ αὐτός ἐστιν ἐν ἀμφοτέροις (οὐ γὰρ καθὸ διάφοροι ἀριθμὸν ἔχουσι τὸν αὐτόν, ἀλλὰ κατὰ τὸ τοσαῦτα εἶναι, ὅ ἐστιν αὐτοῖς κοινόν), οὕτω δὲ καὶ ἐπὶ τῶν κινήσεων καὶ τοῦ χρόνου ἀριθμοῦ ὄντος. τὸ γὰρ νῦν ταὐτὸν ἐν πάσαις καὶ ἓν κατ' ἀριθμόν, κἂν ἡ μὲν φορά, ἡ δὲ ἀλλοίωσις ᾖ. καὶ ἔστιν ἐν πάσαις τὸ ἀριθμούμενον καὶ τὸ πρότερον καὶ ὕστερον λαμβανόμενον τὸ νῦν, ὥστε εἰ τοῦτο τὸ αὐτὸ ἐν πάσαις, εἰκότως καὶ ὁ χρόνος ἐν πάσαις ὁ αὐτός. εἰ μὲν γὰρ ἄλλως συμβεβηκὸς ἦν ταῖς κινήσεσιν ὁ χρόνος, ὥσπερ τὸ λευκὸν καὶ τὸ θερμόν, εὐλόγως ἂν ἐκείναις συνδιῃρεῖτο· ἐπειδὴ δὲ τὸ ἀριθμούμενόν ἐστιν αὐτῶν καὶ τὸ ποσόν, οὐδὲν κωλύει τοῦτο ταὐτὸν εἶναι καὶ ἐν τοῖς πλείοσιν, ὥσπερ γε καὶ ἐπὶ τοῦ μοναδικοῦ ἀριθμοῦ ταὐτόν ἐστι τὸ ἀριθμούμενον οἷον τὸ τοσόνδε, κἂν πλείω τὰ ἀριθμητὰ καὶ διαφέροντα ἀλλήλων ὑπάρχῃ. οὕτως οὖν καὶ τῶν κινήσεων τῶν ἅμα ὁ αὐτὸς χρόνος, ἀλλ' οὐχ ἡ αὐτὴ ταχύτης οὐδὲ ὁ αὐτὸς τόπος· οὐ γὰρ κατὰ ταχυτῆτα ἢ βραδυτῆτα οὐδὲ κατὰ τὰ διάφορα τῶν κινήσεων εἴδη αἱ κινήσεις ἀριθμούμεναι τὸν χρόνον ποιοῦσιν, οἷον εἰ ἡ μὲν ἀλλοίωσις ἡ δὲ φορὰ ἡ δὲ αὔξησις εἴη, ἀλλὰ κατὰ μόνον τὸ πρότερόν τε καὶ ὕστερον, ἅπερ ταὐτὰ ἐν πάσαις ταῖς ἅμα καὶ οὕτως λαμβανόμενα νῦν ἐστιν. εἰ οὖν τὰ νῦν τὰ αὐτά ἐστιν οἷς ἀριθμοῦμεν τὸν χρόνον, καὶ ὁ χρόνος ὁ αὐτὸς ὁ ὑπὸ τῶν νῦν ὁριζόμενός τε καὶ περιεχόμενος. ὡς γὰρ ἡ τῶν κινουμένων κατὰ τόπον διαφορά, ἂν κατ' ἄλλο τι ᾖ οἷον κατὰ χρῶμα ἢ χυμὸν καὶ μὴ καθὸ κινεῖται οἷον κουφότητα ἢ βραδυτῆτα, οὐ ποιεῖ κινήσεων διαφοράν, οὕτως οὐδὲ αἱ τῶν κινήσεων διαφοραὶ διαφορὰν ποιοῦσι χρόνων, ἐπεὶ μὴ καθὸ διαφέρουσιν ἀριθμός ἐστιν αὐτῶν ὁ χρόνος, ἀλλὰ κατὰ τὸ ἐν αὐταῖς πρότερον καὶ ὕστερον, ὃ ἔχουσιν ἀδιάφορον· ὁ γὰρ τούτων ἀριθμὸς ἀδιάφορος.

"Ὁ δὲ ἀριθμός, φησὶν Ἀλέξανδρος, οὐκ ἔστι τῶν ἐνυπαρχόντων τῷ ἀριθμητῷ· ὥστε οὐδ' ὁ χρόνος ἀριθμὸς ὢν οὕτως ἐν κινήσει. οὐδὲ γὰρ

---

2 περιέχον E   3 ἔχει E: ἔχειν aF   4 ἴσως F   5 post ἀριθμῷ add. εἷς E εἴδει δὲ ex εἰ δὲ corr. E   8 τῇ τοῦ ἀριθμουμένῳ E   12 τὸ (post κατὰ) om. E κοινῶν] κινῶν F   οὕτω δὲ καὶ E: οὕτως δὲ F: οὕτως οὐδὲ a   16 εἰκότως — κινήσεσιν (17) om. E   18 τὸ θερμὸν καὶ τὸ λευκὸν a   23 ἢ E: εἰ F: καὶ a   25 φορὰ F cf. Aristoteles: φθορὰ E   26 κατὰ om. E   30 ἂν om. a   ᾖ om. aF fortasse κινῆται   32 χρόνον a   καθὸ aF: καθ' ἃ E   33 αὐταῖς aF: αὐτοῖς E   35 ἔστι [ex ἔστιν corr. E] τῶν ἐνυπαρχόντων aE: ἔστιν ἐνυπάρχων F

τὸ ὄνομα τῷ οὗ ἐστιν ὄνομα οὕτως ἐνυπάρχει ὡς τὸ λευκόν, διότι τὸ μὲν 181ʳ
αὐτὸ κατ' ἀριθμὸν ὄνομα πλειόνων ἅμα ἔστιν ὥσπερ καὶ ὁ ἀριθμός, λευκὸν 45
δὲ οὐ τὸ αὐτὸ κατ' ἀριθμὸν ἐν πλείοσι." καὶ ταῦτα δὲ προσέθηκεν ὁ
Ἀλέξανδρος δηλῶν ὅτι μὴ οὕτως ἐν τῇ κινήσει ὁ χρόνος ὡς ⟨ὁ⟩ συνδιαιρού-
5 μενος αὐτῇ ἀριθμὸς τὸ εἶναι ἔχει ἐν τῷ ἀριθμεῖσθαι. ἐπεὶ μὴ ὄντος γε
τοῦ ἀριθμοῦντος, ὡς ἔδειξεν ὁ Ἀριστοτέλης, οὐδὲ ὁ ἀριθμὸς χρόνος ἔσται,
εἰ καὶ κίνησις εἴη· εἰ δὲ ὁ χρόνος παρὰ τοῦ ἀριθμοῦντος τὸ εἶναι ἔχει
καὶ οὕτως γινόμενός ἐστιν ἐν κινήσει, οὐκ ἔστιν ἐνυπάρχων τῇ κινήσει 50
οὕτως ὡς ἐκείνης τι ὤν· διὸ οὐδὲ συνδιαιρεῖται αὐτῇ. ἐν δὴ τούτοις ἐρω-
10 τητέον τὸν Ἀλέξανδρον, πῶς ὁ ἐν τῷ ἀριθμεῖσθαι ἀριθμὸς οὐκ ἐνυπάρχει
τῷ ἀριθμητῷ, ἢ πῶς ὁ χρόνος ἀριθμὸς ὢν κινήσεως ὡς ἀριθμητὸν οὐκ
ἐνυπάρχει τῇ κινήσει οὐδὲ ἔστι τι ἐκείνης καίτοι πάθος καὶ ἕξις λεγόμενος
τῆς κινήσεως. ἔλεγε γὰρ "ἢ ὅτι κινήσεως πάθος ἢ ἕξις ἀριθμός γε ὤν".
ἔτι δὲ μᾶλλον πῶς ἔχει λόγον τὸν ἀριθμητὸν ἀριθμὸν καὶ τὴν ἕξιν ἢ τὸ
15 πάθος ἢ ὅλως τὸ συμβεβηκὸς | οὕτως ἔχειν πρὸς ἐκεῖνο οὗ ἐστιν, ὡς ἔχει 181ᵛ
τὸ ὄνομα, ὥστε τὸ αὐτὸ τῷ ἀριθμῷ πλείοσιν ὑπάρχειν; ὁ μὲν γὰρ ἀριθμῶν
ἀριθμὸς ἅτε ἐξῃρημένος τῶν ἀριθμουμένων εἷς ἂν καὶ ὁ αὐτὸς ὑπάρχοι
πλείοσιν, ὁ δὲ ἀριθμητὸς ἤδη κατατεταγμένος ἐν τῷ μετέχοντι καὶ συν-
διῃρημένος ἐκείνῳ ὁμοίως ἔχει τῷ λευκῷ. τὸ δὲ ὄνομα τοῦτο, εἰς ὃ ἀπεῖδεν
20 ὁ Ἀλέξανδρος, τὸ κατὰ θέσιν ἐπεισοδιῶδες. καὶ ἄτοπον ὁμοίως ἔχειν νο- 5
μίζειν τὰ κατὰ τὴν ἡμετέραν θέσιν σχεδιαζόμενα τοῖς ὑπὸ τῆς φύσεως
συντατττομένοις. τοῦτο δὲ ἠκολούθησε τοῖς λέγουσι τὸν ἀριθμὸν ὑπὸ τοῦ
ἀριθμοῦντος γίνεσθαι καὶ διὰ τοῦτο τὸν χρόνον ὑπὸ τῆς ψυχῆς, ὅπερ ὑπε-
νοήθη διὰ τὸ πρός τι εἶναι τὸ ἀριθμοῦν καὶ τὸ ἀριθμούμενον. καὶ ὡς
25 μὲν ἀριθμούμενον ἔστω ἅμα ὥσπερ καὶ τὸ χρῶμα καθὸ ὁρατόν, κατὰ
μέντοι τὴν οἰκείαν φύσιν καὶ χωρὶς ὑφέστηκε. καὶ γὰρ καὶ αὐτὸς Ἀριστο-
τέλης ἐμέμψατο πρόσθεν τοῖς τὸ χρῶμα ἴδιον αἰσθητὸν ὄψεως ὁριζομένοις, 10
ἀλλὰ μὴ τὴν φύσιν αὐτοῦ δηλοῦσιν. οὕτως οἶμαι μέμψαιτο ἄν τις τῷ τὸν
ἀριθμὸν τὸν μεθεκτὸν ἐν τῷ ἀριθμεῖσθαι ἁπλῶς τὸ εἶναι ἔχειν λέγοντι.
30 οἱ γὰρ δάκτυλοί μου τῆς χειρὸς πέντε εἰσί, κἂν μηδεὶς αὐτοὺς ἀριθμήσῃ.

Τοῖς δὲ ὑπὸ τοῦ Ἀριστοτέλους ῥηθεῖσι προσαπορεῖ καλῶς ὁ Θεμίστιος,
καὶ ἀρκεῖ τῶν ἐκείνου παρατιθεμένων ἀκοῦσαι· "εἰ, γάρ, κοινῶς, φησί,
πάσης κινήσεως ἀριθμός ἐστιν ὁ χρόνος, φαίνεται οὐ παρὰ τῆς κινήσεως
τὸ εἶναι ἔχον· εἰ γὰρ μὴ παρὰ τῆσδε ἢ τῆσδε, οὐδὲ παρὰ κινήσεως ὅλως. 15
35 ἄτοπον γὰρ τὸ λέγειν, ὅτι τὸ πρότερόν τε καὶ ὕστερον ταὐτὸν ἐν πάσαις

---

1 διότι] διὸ E   2 ὄνομα om. F   ὁ (post καὶ) om. E   4 ὡς ὁ a: ὡς F:
om. E   6 ἔδειξεν p. 223ᵃ22   ὁ Ἀριστοτέλης om. F   ὁ ἀριθμὸς om. E
7 post εἰ καὶ add. ἡ a   13 ἔλεγε—κινήσεως om. E   ἔλεγε c. 14 p. 223ᵃ18
κινήσεώς τι Aristoteles   γε] γὰρ F   14 ἢ (post ἕξιν) om. aF   16 ἀριθμῶν
om. E   17 εἷς ὢν καὶ αὐτὸς ὑπάρχειν E   18 ἤδη F: om. E: ἤδη καὶ a
21 ἡμετέραν om. E   τῆς om. aF   26 χωρίς. ὑφέστηκε γὰρ καὶ αὐτὸς
aF   27 τὸ χρῶμα om. F   29 τὸν (post ἀριθμὸν) om. E   31 Θεμίστιος
p. 340,6 sqq.   32 κοινὸς Them.   33 ἐστιν om. Them.   35 τὸ (post ὅτι)
om. E   τε om. aF

κινήσεσιν· αὐτὸ γὰρ τοῦτο ζητητέον ἐστί, πῶς ταὐτὸν τὸ νῦν, πότερον γένει 181ᵛ
ἢ εἴδει ἢ ἀριθμῷ. εἰ μὲν γὰρ γένει ἢ εἴδει, πλείω δήπου κατ᾽ ἀριθμόν·
εἰ δὲ ἓν ἀριθμῷ, πῶς τῶν κατ᾽ ἀριθμὸν διαφερόντων ἓν κατ᾽ ἀριθμὸν
πάθος ἢ ἕξις; οὕτως δὲ αὐτὸς ὀνομάζει τὸν χρόνον τῆς κινήσεως. ἀμή-
5 χανον γὰρ ταὐτὸν καὶ ἓν κατ᾽ ἀριθμὸν ὑπάρχειν οὕτω πλείοσιν. οὕτως γὰρ
ἓν ἅμα καὶ οὐχ ἓν γενήσεται, ὥστε εἰ πλείω τὰ νῦν ἐπὶ τῶν πλειόνων
κινήσεων, ἐπὶ τῶν ἅμα οὐσῶν ἅμα πλείω ἔσται νῦν, ὅπερ οὐδὲ εἰς ἐπίνοιαν 20
ἐλθεῖν δυνατόν· εἰ δὲ μὴ πλείω ἀλλ᾽ ἓν καὶ ταὐτόν, ἐξῃρημένον ἔσται καὶ
οὐδὲν τῆς κινήσεως ὁ χρόνος. οὐδὲ γὰρ ἐκεῖνο ἔχει τινὰ λόγον, ὅτι ὥσπερ
10 τὸ ἀριθμούμενον ταὐτὸν ἐν τοῖς δέκα ἵπποις καὶ τοῖς δέκα προβάτοις, οὕτω
καὶ ἐν ταῖς κινήσεσιν. οὐδὲ γὰρ ἐκεῖ ταὐτὸν τὸ ἀριθμούμενον, εἰ μὴ τῷ
λόγῳ μόνον, ὅτι ἄμφω δέκα, ὅπερ ἡμετέρα ἐπίνοια καὶ θεωρία τοῦ ἐν τοῖς
διαφέρουσιν ὁμοίως· ὑπόστασις δὲ οὐδεμία καθ᾽ ἑαυτήν. τοῦτο δὲ ἐπὶ τοῦ
χρόνου πῶς εὔλογον ἔννοιαν μόνον εἶναι τῆς ἡμετέρας ψυχῆς τὸν χρόνον, 25
15 φύσιν δὲ οἰκείαν μὴ ἔχειν, ὥσπερ ἔοικε δώσειν Ἀριστοτέλης, ὅταν συγχωρῇ
μὴ οὔσης ψυχῆς μηδὲ τὸν χρόνον ὑπάρχειν· ἐπεὶ καὶ τὸ μέτρον καὶ τὸ
ἀριθμὸν λέγειν τὸν χρόνον τοιαύτην ἐστὶν ὑπόνοιαν ἐνδιδόντος, ὥσπερ καὶ
Βοηθός φησιν, ὅτι οὐδὲν μέτρον ὑπὸ τῆς φύσεως γίνεται, ἀλλ᾽ ἡμέτε-
ρον ἔργον ἐστὶ τὸ μετρεῖν καὶ ἀριθμεῖν." τοιαῦτα καὶ τοῦ Θεμιστίου
20 γράφοντος τὰ μὲν ἄλλα καλῶς ἀντιδιατετάχθαι νομίζω (πῶς γὰρ οἷόν τε
καὶ πάθος ἢ ἕξιν εἶναι τῆς κινήσεως τὸν χρόνον καὶ πάλιν ὡς κεχωρισμένον 30
τὸν αὐτὸν ἅμα πανταχοῦ εἶναι;), τὸ μέντοι λέγειν, ὅτι ἡ κοινότης τῶν ἐν
μεθέξει ἀριθμῶν τῆς ἡμετέρας ἐπινοίας ἐστί, Περιπατητικῶν μὲν εἶναι δοκεῖ,
δεῖται δὲ ὡς οἶμαι διορισμοῦ τινος. καὶ γὰρ ὑφέστηκε μὲν καὶ ἡ τοιαύτη
25 κοινότης (διὸ καὶ τὴν κοινὴν ἔχει φύσιν τὰ μετέχοντα), ἀλλὰ μετὰ τῆς
διαφορᾶς ὑφέστηκε· τὸ δὲ αὐτὴν καθ᾽ αὑτὴν ὁρᾶν τὴν κοινότητα τῆς ἡμε-
τέρας ἐπινοίας ἐστίν. ἀλλ᾽ οὐδὲ ἀναιρεῖ τὴν οἰκείαν τοῦ χρόνου ὑπόστασιν 35
Ἀριστοτέλης οὐδὲ ἐν ἐπινοίᾳ τίθησιν αὐτόν, εἰ μὴ οὔσης ψυχῆς μηδὲ χρόνον
εἶναί φησι. καὶ τὸ ὑποκείμενον γὰρ τοῦ χρόνου τὴν κίνησιν καὶ τὸ οἷον
30 εἶδος τὸν ἀριθμὸν ὑπὸ ψυχῆς δίδοσθαι νομίζων, ἐπειδὴ καὶ πάσης γενέσεως
καὶ κινήσεως αἰτία ἡ ψυχή, εἰκότως ἀναιρουμένης ψυχῆς ἀναιρεῖσθαι τὸν
χρόνον φησίν. οὐ μέντοι ἐπινοίᾳ διὰ τοῦτο εἶναι τὸν χρόνον, ὅτι τῷ αἰτίῳ
συναναιρεῖται. πῶς δὲ οὐδὲν μέτρον ὑπὸ τῆς φύσεως γίνεται, εἴπερ πάντα
τὰ φυσικὰ εἴδη μέτροις καὶ ἀριθμοῖς οἰκείοις διακεκόσμηται; εἰ μὴ ἄρα 40

---

2 εἰ μὲν—πλείω om. E   ἢ εἴδει ex καὶ εἴδει corr. F   ante πλείω add. ἢ F
4 δὲ καὶ Them.   5 οὕτω om. Them.: οὕτω πλείοσιν om. a   6 ὥστε] ὡς Them.
7 ὅπερ om. Them.   8 δυνάμενον vulgata Themistii   9 ἔχει] ἔχοι ἂν Them.
10 ταὐτὸν om. aF   τοῖς (post καὶ) om. aF   12 ante ἡμετέρα add. ἡ aF sed cf.
Them.   13 ὁμοίου ἐπίστασις οὐδεμία E   14 μόνον om. Them.   15 ᾧπερ ἔοικεν
ἐνδώσειν recte Them.   ὁ ἀριστοτέλης E   17 καὶ] γάρ φησι (om. φησιν post Βοηθός)
Them.   18 ἡμέτερον ἤδη καὶ τὸ μετρεῖν καὶ τὸ ἀριθμεῖν ἔργον ἐστὶν Them.
22 ἅμα τὸν αὐτὸν aF   23 περιπατητικὸν F   25 τὴν E: om. F: post ἔχει
habet a   30 ὑπὸ τῆς ψυχῆς a   31 ψυχῆς E: τῆς ψυχῆς aF   32 post μέντοι
add. ἐν aF   33 μέτρων hic et p. 767,1 F

λέγοι μηδὲν γίνεσθαι ὃ μόνον μέτρον ἐστὶν ἀλλὰ μὴ καὶ μεμετρημένον· 181ᵛ
μὴ γὰρ εἶναι πῆχυν φυσικὸν ἢ μονάδα αὐτόμετρα ὄντα. εἰ δὲ τοῦτο, ἐν-
νοητέον ὅτι καὶ ὁ χρόνος, κἂν ᾖ μέτρον κινήσεως, ἀλλ' ἔχει φύσιν οἰκείαν
καὶ μεμέτρηται καὶ αὐτὸς ὑπὸ τῆς κινήσεως.

5 Ἀλλὰ ταῦτα μὲν ὅπῃ καλῶς ἢ μὴ καλῶς λέγεται παρὰ τῶν ἀνδρῶν
τούτων ζητεῖν ἄξιον· τὸ δὲ νῦν ἔχον πῶς ἄρα ὁ Ἀριστοτέλης ἀμφότερα
λέγειν περὶ τοῦ χρόνου καὶ ἐναντία δοκεῖ, καὶ ὅτι πάθος ἢ ἕξις ἐστὶ τῆς 45
κινήσεως ὡς ἀχώριστος, καὶ ὅτι ὁ αὐτὸς κατ' ἀριθμόν ἐστιν ἐν ταῖς δια-
φόροις κινήσεσιν ὡς χωριστός; μήποτε οὖν ὅλως ἀριθμὸν ὑποθέμενος τὸν
10 χρόνον τὸ τοῦ ἀριθμοῦ ἴδιον ἐνεῖδεν αὐτῷ τὸ καὶ ἐν τῷ μεθεκτῷ ἀριθμῷ,
κἂν διάφορα ᾖ τὰ ὑποκείμενα, ἴσος δὲ ὁ ἀριθμός, οἷον μονὰς ἵππου καὶ
μονὰς ἀνθρώπου ἀφαιρεθεῖσαι κατ' ἐπίνοιαν ἐκ τῶν ὑποκειμένων ἀδιάφοροι
παντελῶς εἰσι. λευκότης δὲ ἡ ἐν χιόνι καὶ ἡ ἐν ψιμυθίῳ κἂν ἀφαιρεθεῖσαι
τῇ ἐπινοίᾳ τῶν ὑποκειμένων διαφέρουσιν ἀλλήλων λευκότητος διαφοραῖς. 50
15 εἰσὶ γὰρ διαφοραὶ λευκότητος καὶ γλυκύτητος καὶ τῶν ἄλλων συμβεβηκότων
αὐτῶν καθ' ἑαυτά, κἂν ἄνευ τῶν ὑποκειμένων λαμβάνηται, ἀριθμῶν δὲ
τῶν ἴσων οὐκ εἰσὶ διαφοραί. οὐ γὰρ διαφέρει μονὰς μονάδος οὐδὲ ἡ με-
θεκτὴ καθὸ μονὰς οὐδὲ πεντὰς πεντάδος καθὸ πεντάς, ὥσπερ οὐδὲ ἐπὶ τῶν
μοναδικῶν ἀριθμῶν ἔστιν ἰδεῖν διαφορὰν μονάδος πρὸς μονάδα. ἐρεῖ δέ τι
20 περὶ τούτου καὶ αὐτὸς προελθών. ὁ μέντοι Ἰάμβλιχος ἐν τούτοις ἀπὸ τοῦ
ἀχωρίστου χρόνου εἰς τὸν χωριστὸν | ἀναδραμεῖν αὐτὸν οἴεται, καὶ διὰ 182ʳ
τοῦτο τὸν αὐτὸν κατ' ἀριθμὸν ἐν ταῖς διαφόροις κινήσεσιν εἶναι λέγει.
μνημονευτέον δὲ καὶ τῆς πρότερον εἰρημένης λύσεως, ὅτι κινήσεως ἀριθμός
ἐστιν ὁ χρόνος κατὰ τὸ κοινὸν τῆς κινήσεως καθ' ὅρον καὶ τοῦ εἶναι παρά-
25 τασιν, ὃ πανταχοῦ τὸ αὐτό ἐστιν.

p. 223ᵇ12 Ἐπεὶ δέ ἐστι φορὰ καὶ ταύτης ἡ κύκλῳ ἕως τοῦ φορὰ
δ' ἐστίν.

Εἰπὼν τὸν χρόνον ἀριθμὸν ὡς ἀριθμούμενον καὶ μέτρον ὡς μετρού- 10
μενον, ἐπειδὴ ἕκαστον τῶν μετρουμένων καὶ ἀριθμουμένων ἀριθμεῖται καὶ
30 μετρεῖται συγγενεῖ τινι οἷον μονάδες μονάδι καὶ πήχεις πήχει καὶ ἵπποι
ἵππῳ καὶ ὅλως ἰδίῳ μορίῳ τῷ ἁπλουστάτῳ τῶν ἐν αὐτῷ (ὅσα γὰρ μέρη
τοσαῦτα καὶ μέτρα καὶ ὁ Πλάτων φησί· κἂν γὰρ ὑπ' ἄλλου τινὸς μετρῆ-
ται, διὰ τοῦτο καὶ ὑπ' ἐκείνου μετρεῖται, ὅτι μορίῳ αὐτοῦ ἴσον ἐστὶ τὸ
μετροῦν), ἐπεὶ οὖν, ὡς εἴρηται, μέρει τινὶ ἑαυτοῦ μετρεῖται τὸ μετρούμενον,
35 ὁ δὲ χρόνος συνεχὴς ὢν μετρεῖται, συνάγεται ὅτι ὁ χρόνος μέρει ἑαυτοῦ 15

---

1 δ] οὐ E   μὴ καὶ E: καὶ μὴ aF   6 ζητεῖν ἄξιον E: ζητητέον aF   9 ἀριθμὸν
ὅλως aF   10 αὐτὸ E   ἐν aF: om. E   11 ἴσως E   13 ψιμυθ E: ψιμμιθίῳ
aF   κἂν E: καὶ F: om. a   16 ἀριθμῷ a   19 τι om. aF   23 πρότερον
num p. 760,27?   24 καθ' ὅρον καὶ E: καὶ κατὰ τὴν aF. locus vix sanus
30 μετρεῖται E: κινεῖται aF   32 Πλάτων nescio ubi   34 μέρει F: μέτρῳ aE
(itemque E v. 35)   35 ante συνάγεται add. καὶ a

μετρεῖται. ζητεῖ οὖν τίς ἂν εἴη χρόνος πρῶτος καὶ ἁπλοῦς, ὃς πάντα 182ʳ
χρόνον μετρήσει. εἰ οὖν κινήσεως μέτρον ὁ χρόνος, ἐὰν κίνησίς τις εὑρεθῇ
μέτρον οὖσα τῶν ἄλλων κινήσεων, δῆλον ὅτι ὁ ταύτης χρόνος μέτρον τοῦ
χρόνου φανήσεται. τίς οὖν κίνησις τοιαύτη; ἢ δῆλον ὅτι ἡ πρώτη καὶ
5 ὁμαλὴς καὶ γνώριμος. ἡ γὰρ μὴ πρώτη καὶ ἀνώμαλος καὶ ἄγνωστος εἰς
μέτρον ἀνεπιτήδειος. ἀλλ' αἱ μὲν τῶν γενητῶν ἴδιαι κινήσεις ἀλλοίωσις
αὔξησις μείωσις γένεσις φθορὰ καὶ τῆς φορᾶς ἡ ἐπ' εὐθείας οὔτε πρῶται 20
(οὐ γὰρ πρῶτα τὰ γενητὰ τῶν ἀιδίων) οὔτε ὁμαλεῖς αἱ τοιαῦται κινήσεις,
ἀλλὰ πᾶσαν ἀνωμαλίαν ἀνώμαλοι· οὐ γὰρ ἴσαι αἱ ἐν ἴσῳ χρόνῳ γινόμεναι
10 ἀλλοιώσεις ἢ αὐξήσεις ἢ γενέσεις· οὔτε μὴν γνώριμοι· μόνη δὲ ἡ κυκλο-
φορία τοιαύτη· ὥστε αὕτη τὸ τῆς κινήσεως μέτρον καὶ διὰ τοῦτο καὶ τοῦ
χρόνου. μέτρον δὲ γίνεται κινήσεως ὁρισθεῖσα ὑπὸ χρόνου καὶ γενομένη
τοσήδε· οἷον ἡ ὥρα χρόνου μέν ἐστι μέρος, ὁρίζει δὲ τοσήνδε κίνησιν 25
τῆς περιφορᾶς τοῦ παντός. ὁμοίως δὲ καὶ ἡμέρα καὶ ἐνιαυτὸς τήν τε τοῦ
15 παντὸς καὶ τὴν τοῦ ἡλίου κίνησιν ὁρίσασα μέτρον πασῶν ἐποίησε τῶν κι-
νήσεων καὶ τοῦ ὅλου χρόνου. ὁ μὲν γὰρ πρότερος καὶ ἐλάττων χρόνος
μετρεῖ τὸν χρόνον· μέτρον γὰρ ἡ μὲν ὥρα τῆς ἡμέρας, ἡ δὲ ἡμέρα τοῦ
μηνός, ὁ δὲ μὴν τοῦ ἐνιαυτοῦ· μετρεῖ δὲ καὶ τὴν κίνησιν τὴν ὡριαίαν καὶ
ἡμερήσιον. εἰ δὲ καὶ ταῦτα τοσαίδε τῆς τοῦ ἡλίου περιφορᾶς, δῆλον ὅτι
20 ἀντιμετροῦνται ὑπὸ τῆς κινήσεως. διὸ καὶ αὐτὸς εἶπεν, ὅτι μετρεῖται 30
ὅ τε χρόνος κινήσει καὶ ἡ κίνησις χρόνῳ. ὑπὸ γὰρ τῆς ὡρισμένης
κινήσεως χρόνῳ ἥ τε κίνησις μετρεῖται καὶ ὁ χρόνος. ὁ ἄρα ὑπὸ τῆς
κυκλοφορίας ἀντιμετρούμενος χρόνος πρώτης τε οὔσης καὶ ὁμαλοῦς μετρεῖ
τὸν πάντα χρόνον. εἰ οὖν τὸ πρῶτον πανταχοῦ μέτρον τῶν συγγενῶν ἐστι,
25 δῆλον ὅτι καὶ ἐν κινήσει ἡ κυκλοφορία καὶ πρώτη οὖσα καὶ ὁμαλὴς
μέτρον μάλιστα διά τε ταῦτα καὶ ὅτι ἀριθμὸς ὁ ταύτης γνωρι-
μώτατος.

Ἀριθμὸν δὲ τῆς κυκλοφορίας ὁ Ἀλέξανδρος τὸν χρόνον ἤκουσε τὴν 35
πρώτην ὡς γνωριμώτατον τῶν χρόνων· ἡμέραι γὰρ καὶ νύκτες ὁ τῆς
30 κυκλοφορίας ἀριθμός, ὃς γνωριμώτατός ἐστι τῶν χρόνων. "ἢ τὸν τῆς
ὁμαλοῦς, φησί, κινήσεως ἀριθμὸν γνωριμώτατον εἶπε, διότι ἴσον ἐπὶ ταύτης
τὸ ἀριθμοῦν καὶ τὸ ἐν τῷ ἀριθμεῖσθαι αὐτῷ τὸ εἶναι ἔχον, ὅπερ ἐστὶν
ὁ χρόνος· καὶ οὐκ ἔστιν ἐπ' αὐτῆς λαβεῖν τὴν μὲν θάττω τὴν δὲ βραδυ-
τέραν, ὧν ἂν ἴσοι χρόνοι. ἡ οὖν ὁμαλὴς καὶ γνωριμωτάτῳ χρόνῳ ὁριζο-
35 μένη κίνησις μέτρον ἐστί." δύναται δὲ οἶμαι τὸν ἀριθμὸν τῆς περιφορᾶς 40
γνώριμον λέγειν οὐ τὸν χρόνον λέγων, ἀλλὰ καθ' ὃν αὐτὴ ἡ περιφορὰ

---

2 τις om. F   3 κινήσεων om. F   δῆλον om. E   5 ante εἰς add. καὶ a
7 φθορὰ om. F   πρώτη F   9 αἱ om. E   10 fortasse οὐδὲ μὴν
12 κινήσεως om. E   14 post καὶ add. ἡ a   16 πρότερον F   19 εἰ δὲ aE:
om. F   ταῦτα sc. τὰς ὥρας, τοὺς μῆνας, τοὺς ἐνιαυτούς. aliter Themistius p. 342,9
χρόνου μὲν μέτρα ἐνιαυτοὶ μῆνες ἡμέραι ὧραι, ταύτῃ δὲ τοσαίδε κινήσεις τῆς τοῦ ἡλίου περι-
φορᾶς   21 ὅ, τε E: καὶ ὁ aF   32 αὑτῷ aF: αὐτὸ E   33 θάττον aF
34 ἂν ἴσοι E: ἂν εἶσι F: ἂν ὦσι a   36 ἡ aE: ὡς F

ἀριθμεῖται, οἷον ὅτι δὶς ἢ τρὶς περιεστράφη τὸ πᾶν. εὐσύνοπτον γὰρ τοῦτο 182ʳ
καὶ οἰκειότερον τῷ μέτρον τὴν κυκλοφορίαν δεικνύντι τέως. καὶ ὁ ταύτην
δὲ ὁρίζων χρόνος γνωριμώτατος καὶ πρῶτος· ἡμέραις γὰρ μῆνα καὶ μησὶν
ἐνιαυτὸν καὶ ἐνιαυτοῖς πάντα τὸν χρόνον μετροῦμεν. ὅτι δὲ ὁμαλῆς τῶν
5 κινήσεων ἡ κυκλοφορία μόνη, ἐν τῷ τελευταίῳ βιβλίῳ τῆσδε τῆς πραγμα-
τείας δειχθήσεται· ἀπορήσοι δ' ἄν τις, ὅπερ καὶ Πλωτῖνος ἠπορηκέναι 45
δοκεῖ· εἰ μὲν γὰρ τῆς ὁμαλοῦς καὶ συνεχοῦς κινήσεως ἀριθμὸς ἢ μέτρον
ὁ χρόνος, τί ἂν εἴη μέτρον τῆς ἀνωμάλου καὶ ἀτάκτου κινήσεως; εἰ δὲ
πάσης ὁμοίως ἀριθμὸς ὁ χρόνος, πῶς ἔτι ὡς ἀριθμητὸς ἀλλ' οὐχὶ ὡς
10 χωριστὸς ληφθήσεται, ὥσπερ ἡ αὐτὴ δεκὰς ἐλεφάντων καὶ μυρμήκων, ὅτι
χωριστὴ ἦν ἀριθμοῦσα; μήποτε οὖν ὥσπερ προηγουμένην ὑπόστασιν ἔχει
ἡ ὁμαλὴς καὶ συνεχὴς κίνησις καὶ τεταγμένη, ταύτῃ δὲ ἡ ἀνώμαλος καὶ
ἄτακτος παρυφίσταται, οὕτω καὶ χρόνῳ μετρεῖται προηγουμένως μὲν ἡ 50
ὁμαλής, κατὰ δεύτερον δὲ λόγον καὶ ἡ ἀνώμαλος· καὶ γὰρ καὶ ταύτην
15 ὥραις μετροῦμεν καὶ ἡμέραις. εἰδέναι δὲ χρή, ὅτι ὁ μὲν Ἀλέξανδρος γράψας
τοῦτο δέ ἐστιν ὅτι τῆς ὡρισμένης κινήσεως χρόνῳ ἀντὶ τοῦ 'ὑπὸ
τῆς ὡρισμένης κινήσεως ὑπὸ χρόνου' εἰρῆσθαί φησι. τινὰ δὲ τῶν ἀντι-
γράφων ὑπὸ τῆς ὡρισμένης κινήσεως ἔχει τὴν γραφὴν ἐπὶ τὸ σαφέ-
στερον ἴσως τινῶν προσθέντων τὴν πρόθεσιν. |

20 p. 223ᵇ21 Διὸ καὶ δοκεῖ ὁ χρόνος εἶναι ἡ τῆς σφαίρας κίνησις 182ᵛ
ἕως τοῦ ἀλλ' ἢ πλείω μέτρα τὸ ὅλον. 8

Εἴωθεν ὁ Ἀριστοτέλης τοῖς ἐπιχειροῦσι μὲν εἰς τὴν τῆς ἀληθείας 10
γνῶσιν, μὴ καταδραττομένοις δὲ αὐτῆς ἀκριβῶς βοηθεῖν πολλάκις εὔλογον
πρόφασιν τῆς παραγωγῆς λέγων· ἅμα δὲ καὶ τὸν ἑαυτοῦ συνίστησι λόγον
25 διὰ τοῦ δεικνύναι καὶ τοὺς ἐσφαλμένους εἰς τοιοῦτόν τι βλέποντας ἀποσφα-
λῆναι. παρατίθεται οὖν πρώτους μὲν τοὺς λέγοντας χρόνον εἶναι τὴν
κυκλοφορίαν· ἔχοι γὰρ ἄν τινα λόγον, εἴπερ ταύτῃ αἵ τε κινήσεις πᾶσαι
μετροῦνται καὶ ὁ χρόνος. εἶτα καὶ τὸ εἰωθὸς λέγεσθαι τὸ κύκλον
εἶναι τὰ ἀνθρώπινα πράγματα ἢ καὶ τὰ πάντων πράγματα τῶν ἐν 15
30 γενέσει καὶ φθορᾷ συμβαῖνον δείκνυσι τοῖς εἰρημένοις περί τε τοῦ χρόνου
καὶ τῆς κυκλοφορίας, διότι πάντα ταῦτα χρόνῳ κρίνεται καὶ τὴν ἀρχὴν
τὴν ἑαυτῶν καὶ τὸ τέλος ἔγχρονον ἔχοντα. ὁ δὲ χρόνος κύκλος εἶναι,
διότι καὶ μέτρον κυκλοφορίας ἐστὶν αὐτὸς καὶ μετρεῖται ὑπὸ κυκλοφορίας.
ὥστε τὸ λέγειν κύκλον εἶναι καὶ τὰ πράγματα ταὐτόν ἐστι τῷ λέγειν εἶναί τινα
35 τοῦ χρόνου κύκλον, τοῦτο δὲ διότι μετρεῖται τῇ κυκλοφορίᾳ. εἰ οὖν 20

---

1 περιεγράφη F   5 ἐν τῷ τελευταίῳ βιβλίῳ] Θ c. 7 sqq.   8 ἀνωμαλοῦς a
11 χωριστὴ ἦν] χωριστὴν E   14 καὶ ἡ aF: ἡ E   15 μετροῦμεν E: om. F:
post ἡμέραις posuit a   18 ἔχει aE: ἔχειν F   20 ἢ aF: καὶ E   22 ὁ
om. a   23 κατὰ δραττομένης E   28 καὶ (post μετροῦνται) om. E   31 διό-
τι—κυκλοφορίας (33) om. F   utrum πάντα (sic a cf. Aristoteles) an πάντῃ habeat E
dubites   34 καὶ E: om. aF

τὸ μετρούμενον οὐδενὶ δοκεῖ τοῦ μετροῦντος διαφέρειν ἢ μόνον τῷ πλήθει 182ᵛ
(τὸ γὰρ μετρούμενον πολλὰ τὰ μετροῦντά ἐστι· καὶ γὰρ τὸ ὑπὸ πήχεος
μετρούμενον τῷ πολλοὺς πήχεις εἶναι τοῦ πήχεος διαφέρει), καὶ ὁ χρόνος
ὑπὸ κύκλου μετρούμενος κύκλος ἂν εἴη καὶ αὐτὸς πολλάκις. κἂν γὰρ ἄλλο
5 τι τὸ ὑποκείμενον τοῖς μέτροις ἐστὶ τῷ τε μετροῦντι καὶ τῷ μετρουμένῳ,
οἷον εἰ ὁ μὲν μετρῶν πῆχυς χαλκοῦς ἐστιν, ὁ δὲ μετρούμενος ξύλινος, ἀλλ'
αὐτό γε τοῦτο, καθὸ ὁ μὲν μετρεῖ ὁ δὲ μετρεῖται, τὸ αὐτὸ πῆχυς, ταὐτὸν 25
δὲ εἰπεῖν μῆκος τόσονδε, ὥσπερ καὶ κύκλος τοσόσδε.

p. 224 a 2 Λέγεται δὲ ὀρθῶς ἕως τοῦ τέλους.

10   Τὸ μὲν λεγόμενον τοῦτό ἐστιν, ὅπερ καὶ πρότερον εἴρηται, ὅτι ὥσπερ 35
ἀριθμὸς ὁ αὐτός ἐστι τῶν ἴσων καὶ διαφερόντων ἀριθμῶν οἷον ἑπτὰ ἵππων
καὶ ἑπτὰ κυνῶν ἡ ἑβδομάς, οὕτω καὶ ὁ χρόνος ἀριθμὸς καὶ αὐτὸς ὢν εἷς
καὶ ὁ αὐτός ἐστι τῶν διαφερουσῶν καὶ ἅμα οὐσῶν κινήσεων. τέθεικε δὲ
αὐτὸ πάλιν οὐχ ὅτι περιττολογεῖν εἴωθεν ὁ Ἀριστοτέλης, ἀλλ' ἅμα μὲν ἀκρι-
15 βέστερον ἐπιχειρεῖ περὶ αὐτοῦ διαρθρῶσαι πολλὴν ἔνστασιν ἔχοντος, ἅμα
δὲ καὶ τοῦτο τοῖς ἀπὸ τῶν ἄλλων συμφωνουμένοις συνέταξε· πρόδηλον
γὰρ δοκεῖ ὅτι ὁ αὐτὸς ἀριθμός ἐστι τῶν ἑπτὰ κυνῶν, κἂν διαφέρῃ ταῦτα 40
κατὰ τὸ ὑποκείμενον. τεκμαίρομαι δ' ὅτι καὶ ἀπὸ τοιαύτης ἐννοίας τὰ
αὐτὰ πάλιν ἀνέλαβε καὶ ἐκ τοῦ λέγεται δὲ ὀρθῶς καὶ ὅτι ἀριθμὸς
20 μὲν ὁ αὐτὸς ὁ τῶν προβάτων καὶ τῶν κυνῶν, εἰ ἴσος ἑκάτερος,
δεκὰς δὲ οὐχ ἡ αὐτή, οὐδὲ δέκα τὰ αὐτά. "διδάσκει δὲ ἡμᾶς,
φησὶν ὁ Ἀλέξανδρος, διὰ τούτων, τίνι χρὴ κρίνειν τῶν ὑπό τι ταὐτὸν ὄν-
των τὰ διαφέροντα ἀλλήλων καὶ τὰ ταὐτά· ὅσα μὲν γὰρ μὴ διαφέρει οἰκείᾳ
διαφορᾷ τούτου, καθὸ λέγεται τάδε τινά, ταῦτα τὰ αὐτά ἐστιν ἀλλήλοις 45
25 κατὰ τοῦτο· ὅσα δὲ διαφέρει οἰκείᾳ διαφορᾷ ἐκείνου, ἕτερα κατὰ τοῦτο.
τὸ γὰρ τρίγωνον τὸ ἰσόπλευρον καὶ τὸ ἰσοσκελὲς ἔστι μὲν καὶ σχήματα,
ἔστι δὲ καὶ τρίγωνα. ἀλλὰ σχήματα μὲν τὰ αὐτά ἐστιν ἀλλήλοις, ἐπεὶ
μὴ διαφέρει προσεχῶς σχήματος διαφορᾷ· σχήματος γὰρ διαφοραὶ εὐθύ-
γραμμον καὶ περιφερόγραμμον. τὰ δὲ τρίγωνα πάντα ὑπὸ τὴν αὐτὴν τοῦ
30 σχήματος διαφορὰν τέτακται· εὐθύγραμμα γάρ ἐστι καὶ ἔτι μέντοι ὑπὸ 50
τριῶν εὐθειῶν περιέχεται. τρίγωνα μέντοι οὐκέτι τὰ αὐτά· τριγώνου γὰρ
διαφορᾷ διαφέρει ἀλλήλων. τοῦ γὰρ τριγώνου καθὸ τρίγωνον διαφορὰ τὸ
ἰσόπλευρον καὶ ἰσοσκελὲς καὶ τὸ σκαληνόν. καὶ ὁ ἀριθμὸς δὴ τῶν ἴσων
κατ' ἀριθμὸν οὐ διαφέρων ἀριθμοῦ διαφορᾷ ὁ αὐτὸς κατ' ἀριθμόν ἐστιν
35 οἷον ἡ προβάτων καὶ κυνῶν ἑβδομάς· ἀριθμοῦ μὲν γὰρ διαφορὰ τὸ περιττὸν
καὶ ἄρτιον, καὶ τούτων ἑκατέρου τὸ ἐκ τόσων ἢ τόσων μονάδων. ὁ δὲ

---

1 μόνῳ a   2 καὶ γὰρ initio paginae iteravit F   ὑπὸ τοῦ πήχεος E
10 πρότερον p. 223ᵇ 3 sqq.   11 τῶν ἴσον διαφερόντων E   13 ὁ om. E
14 ὁ om. aF   16 fortasse ὑπὸ   18. 19 τὰ αὐτὰ aE: ταῦτα F   23 post οἰκείᾳ
add. τῇ E   24 τινά] τινὶ E   25 ἐκείνου διαφορᾷ E   28 σχήματος ex σχήματι
corr. F   31 γὰρ aF: δὲ E   36 καὶ τὸ ἄρτιον aF   ἢ] καὶ a

ἑπτὰ ἐφ' ὧν ἂν λέγηται ὁ αὐτὸς καὶ ἀδιάφορος ἀριθμός | ἔστι κατὰ τὸ 183ʳ
εἶναι ἀριθμός. τὰ μέντοι ἀριθμούμενα οἷον τὰ ἑπτὰ πρόβατα καὶ οἱ ἑπτὰ
κύνες καὶ ἡ κατ' αὐτὰ ἑβδομὰς οὐχ ἡ αὐτή· ἄλλα γὰρ τὰ πρόβατα καὶ
ἄλλοι οἱ κύνες, ἅπερ ἦν ἀριθμούμενα. οὕτω δὲ καὶ ἄνθρωπος καὶ ἵππος
5 οὐσίαι μὲν αἱ αὐταί (οὐ γὰρ διαφέρουσιν ἀλλήλων οὐσίας διαφορᾷ· οὐσίας
γὰρ διαφοραὶ ἔμψυχον καὶ ἄψυχον, καὶ ἔστι τὰ εἰρημένα ᾗ ἔμψυχα οὐσία),
ζῷα μέντοι οὐ τὰ αὐτά, ἐπεὶ ζῴου διαφορᾷ διαφέρουσιν ἀλλήλων. τὸ γὰρ 5
λογικὸν καὶ ἄλογον ζῴου διαφοραί. καὶ πάλιν Πλάτων καὶ Σωκράτης καθὸ
ζῷα οἱ αὐτοί, ἐπεὶ μὴ διαφέρουσιν ἀλλήλων ζῴου διαφορᾷ, ἄνθρωποι μέν-
10 τοι οὐχ οἱ αὐτοί· καθ' ἃ γὰρ ἄνθρωποι διαφέρειν ἀλλήλων πεφύκασι,
κατὰ ταῦτα καὶ οὗτοι διαφέρουσιν ἀλλήλων. ὁμοίως δὴ καὶ τὰ δέκα πρὸς
τὰ δέκα ἔχει· ἀριθμὸς μὲν ὁ αὐτός (οὐ γὰρ ἀριθμοῦ διαφορᾷ διαφέρει τὰ
δέκα τῶν δέκα· ἄρτια γάρ, ἀλλ' οὐδὲ ἀρτίου ἀριθμοῦ διαφορᾷ διαφέρει, 10
ἥτις εἴη ἂν κατὰ τὸ ἐκ πλειόνων ἢ ἐλαττόνων μονάδων συγκεῖσθαι), τὰ
15 μέντοι ὑποκείμενα αὐτοῖς καὶ ὧν κατηγορεῖται, ταῦτα δέ ἐστι τὰ ἀριθμού-
μενα, ἕτερα ἢ γένει ἢ εἴδει ἢ ἀριθμῷ, διὸ οὐκέτι δεκὰς ἡ αὐτὴ οὐδὲ
δέκα τὰ αὐτά· ἀμφοτέρως γὰρ λέγεται τὰ ἠριθμημένα. καὶ ὁ χρόνος δὴ
ὁ ἐνεστὼς πανταχοῦ ὁ αὐτός· οὐ γὰρ διαφέρει χρόνου διαφοραῖς ἐν Ἀσίᾳ
καὶ Εὐρώπῃ ἅμα ὤν. χρόνου γὰρ διαφοραὶ μόναι ὁ παρῳχηκὼς καὶ ὁ
20 μέλλων. οὐ γὰρ αἱ τοῦ χρόνου διαφοραὶ κατὰ τὰς τῶν κινήσεων διαφο- 15
ράς· οὐ γὰρ ὡς ἄλλην καὶ ἄλλην ἀριθμοῦμεν τὰς ἅμα οὔσας. κινήσεις
μέντοι οὐχ αἱ αὐταὶ ὧν ἀριθμὸς ὁ χρόνος, ἐὰν ἡ μὲν ἀλλοίωσις εἴη, ἡ
δὲ φορά· αὗται γὰρ κινήσεων διαφοραί." ἐν δὴ τούτοις ἐπιστῆσαι χρὴ
πρῶτον μέν, τίνι διαφέρει ὁ κανὼν οὗτος τῆς ταυτότητος καὶ ἑτερότητος
25 τοῦ συνήθως λεγομένου τοῦ τῷ γένει ἢ εἴδει ἢ ἀριθμῷ τὰ ταὐτὰ καὶ
ἕτερα διακρίνοντος ἤτοι ἓν καὶ πολλά. ἢ ἐπὶ μὲν τούτου γένει λέγομεν
καὶ εἴδει τὰ αὐτὰ καὶ ἕν, ὧν τὸ αὐτὸ γένος καὶ εἶδος κατηγορεῖται, ὡς 20
ἄνθρωπος καὶ ἵππος γένει ἕν, ὅτι ἄμφω ζῷα· εἴδει δὲ Σωκράτης καὶ
Πλάτων, ὅτι ἄνθρωποι ἄμφω. ἀριθμῷ δὲ τὸ αὐτὸ καὶ ἕν, οὗ μονὰς κατη-
30 γορεῖται ἡ αὐτὴ καὶ μία. ἐπὶ δὲ τοῦ νῦν παραδοθέντος κανόνος, ἐὰν
τινῶν δυεῖν ἢ πλειόνων τὸ αὐτὸ ὄνομα κατηγορῆται, ταὐτὰ μὲν λέγεται
κατ' ἐκεῖνο, ὅταν μὴ διαφέρῃ ταῖς ἐκείνου διαφοραῖς, διάφορα δέ, ὅταν
διαφέρῃ. τὸ γὰρ ἰσόπλευρον καὶ τὸ σκαληνὸν τρίγωνον σχήματα μὲν τὰ
αὐτά ἐστιν, ὅτι οὐ διαφέρει ταῖς διαιρούσαις τὸ σχῆμα διαφοραῖς (αὗται 25
35 δέ εἰσι τὸ εὐθύγραμμον καὶ περιφερόγραμμον καὶ μικτὸν εἰ βούλει), ἄμφω
γὰρ τὰ τρίγωνα εὐθύγραμμά ἐστιν, ᾗ ἐκ τριῶν εὐθειῶν συνέστηκε· τρίγωνα
μέντοι οὐ τὰ αὐτά ἐστιν, ἀλλὰ διάφορα, ὅτι τριγώνου διαφοραῖς διενήνοχε
τῷ ἰσοπλεύρῳ καὶ ἰσοσκελεῖ καὶ σκαληνῷ· ταύταις γὰρ διαιρεῖται τὸ

---

8 καὶ (ante πάλιν) om. aF   10 διαφέρειν—οὗτοι (11) om. E   14 ἂν εἴη aF
συγκεῖσθαι μονάδων a   17 δέκα] κατὰ F   δὴ aF: δὲ E   18 ἀσία F: οὐσία
aE   19 ὧν ἅμα aF   23 φθορά F   25 γένει ἢ εἴδει aF: εἴδει ἢ γενέ-
σει E   27 ὧν] ὃν E   29 ἄνθρωποι om. E   καὶ om. aF   31 κατη-
γορεῖται E   34 ἔστιν om. aF   διαιρούσαις] διαφερούσαις a   35 ante περι-
φερόγραμμον add. τὸ aF   36 τὰ om. E

τρίγωνον. ὥστε καὶ τῶν ἐν τῷ προτέρῳ κανόνι τῶν αὐτῶν λεγομένων κατὰ 183ʳ
γένος καὶ κατ' εἶδος οἷον τῶν τριγώνων ἐνταῦθά τις εὕρηται διαφορά,
διότι ἐκεῖ μὲν ἡ ταυτότης κατὰ τὴν τοῦ κοινοῦ γένους ἢ εἴδους ἐλέγετο 30
μέθεξιν καὶ ἡ διαφορὰ κατὰ τὴν ἄλλου καὶ ἄλλου εἴδους ἢ γένους, ἐνταῦθα
5 δὲ ἡ μὲν ταυτότης κατὰ τὸ ἐν τῇ αὐτῇ διαφορᾷ τοῦ κοινῶς κατηγορου-
μένου περιέχεσθαι. τρίγωνα γὰρ τὰ αὐτὰ τὰ ἰσόπλευρα πάντα λέγομεν
καὶ ζῷα τὰ αὐτὰ τὰ λογικά, ἡ δὲ κατά τι ἑτερότης, ὅταν κατὰ τὰς δια-
φορὰς τοῦ κοινῶς κατηγορουμένου διαφέρῃ. τὸ γὰρ ἰσόπλευρον τοῦ σκα-
ληνοῦ ὡς τρίγωνον τριγώνου διαφέρει, ὅτι ταῖς τοῦ τριγώνου διαφοραῖς
10 διαφέρουσιν ἀλλήλων· ὥστε ἐκεῖ μὲν ἡ ταυτότης καὶ ἑτερότης κατὰ τὸ 35
γένος ἦν καὶ τὸ εἶδος, ἐνταῦθα δὲ κατὰ τὰς διαφοράς. μήποτε δὲ καὶ
κατὰ τὸ εἶδος εὐθύς· αἱ γὰρ ἕτεραι διαφοραὶ μετὰ τοῦ αὐτοῦ γένους ἕτερα
καὶ τὰ εἴδη ποιοῦσιν.

Ἐκ δὴ τῶν εἰρημένων οἶμαι φανερὸν γέγονεν, ὅπως ὁ Ἀριστοτέλης
15 τὸ νῦν τὸ κατὰ τὸν ἐνεστῶτα, κἂν διάφορα ᾖ τὰ ἐν αὐτῷ, τὸ αὐτό φησιν
εἶναι ὡς μὴ διαφέρον ταῖς τοῦ νῦν διαφοραῖς,, ὡς τό γε πρότερον καὶ
ὕστερον διαφέροντα ταῖς τοῦ νῦν διαφοραῖς οὐκέτι τὰ αὐτά εἰσι νῦν, ὥσπερ
τὰ μὲν ἰσόπλευρα καὶ τὰ ἰσοσκελῆ οὐκ ἔστι τὰ αὐτὰ τρίγωνα, ὅτι διαφέρει 40
ταῖς τοῦ τριγώνου διαφοραῖς, τὰ δὲ ἰσόπλευρα τὰ αὐτά, ὅτι μὴ διαφέρει
20 τριγώνου διαφοραῖς. καίτοι τῷ ἀριθμῷ καὶ ταῦτα διενήνοχεν οὐχ ὡς
ἀριθμοῦ διαφοραῖς διαφέροντα, ἀλλ' ὡς κατὰ μονάδας διωρισμένα. εἰ δὲ
καὶ αἱ μονάδες μηδεμιᾷ διαφορᾷ διαφέρουσιν ἀλλήλων τῷ μηδὲν ἄλλο
εἶναι ἢ μονάδες ὥσπερ αἱ τοῦ μοναδικοῦ ἀριθμοῦ μονάδες, οὐκ ἂν οὐδ'
ἀριθμῷ λέγοιντο διαφέρειν ἀλλήλων. Σωκράτης μὲν γὰρ καὶ Πλάτων τῷ 45
25 γένει καὶ τῷ εἴδει οἱ αὐτοὶ λεγόμενοι, ὅτι καὶ ζῷα ἄμφω καὶ ἄνθρωποι,
τῷ ἀριθμῷ διαφέρειν ἀλλήλων λέγονται, ὅτι διάφοροι μονάδες εἰσὶ συμβε-
βηκόσι πολλοῖς διαφέρουσαι, εἴπερ ὁ μὲν Σωφρονίσκου καὶ Φαιναρέτης υἱὸς
ἦν, ὁ δὲ Ἀρίστωνος καὶ Περικτιόνης. καὶ ὁ μὲν σιμὸς προγάστωρ ἐξό-
φθαλμος, ὁ δὲ εὖρις πλατὺς τὸ σῶμα καὶ εὐόφθαλμος, καὶ ὁ μὲν διδά-
30 σκαλος Πλάτωνος, ὁ δὲ μαθητὴς Σωκράτους· καὶ κατὰ τὰς τῶν πράξεων
διαφοράς. καὶ αἱ τῶν νῦν οὖν μονάδες τῶν κατὰ τὸ ἐνεστὼς λαμβανο- 50
μένων, καθόσον μὲν ὡς νῦν λαμβάνονται, ἀδιάφοροι καὶ αἱ αὐταί εἰσιν, ὡς
ἐν τῷ μοναδικῷ ἀριθμῷ μονάδες, εἰ δέ τις μετὰ τῶν ὑποκειμένων αὐτὰς
ἰδὼν συμβεβηκότων διαφορὰς προσλογίζοιτο, διαφέρειν ἂν λέγοι τῷ ἀριθμῷ·
35 τὸ μέντοι πρότερον καὶ ὕστερον νῦν ταῖς τοῦ εἴδους τοῦ νῦν διαφοραῖς
διενηνόχασιν. ὥστε ὅταν τὰ νῦν τὰ αὐτὰ λέγῃ ὁ Ἀριστοτέλης ἢ τὸν

---

4 τὴν (ante ἄλλου) om. F   5 κοινῶς] κοινοῦ E   6 τὰ (post αὐτὰ) om. E
λέγομεν post γὰρ τὰ αὐτὰ habet a   9 τοῦ (post ταῖς) om. E   16 ὡς τό γε —
διαφοραῖς (17) om. F   18 μὲν om. E   19 ταῖς τοῦ — διαφέρει om. E
20 καὶ ταῦτα aF: δὲ ταῦτα E   21 διαφοραῖς E: διαφορᾷ aF   25 αὐτοὶ aF:
αὐτὸν E   28 σιμὸς aut oblitteratum ant lacuna relicta omissum E   29 καὶ ὁ
μὲν aF: ὁ δὲ E   30 σωκράτους ex σωκράτης corr. E   33. 34 αὐτὰς ἰδὼν E: ἰδὼν
αὐτὰς aF: εἰδῶν αὐτὰς a   προλογίζοιτο (i. e. προσλογίζοιτο) E: προλογίζοιτο aF

χρόνον, ἐν οἷς φησι "καὶ ὁ αὐτὸς δὲ πανταχοῦ ἅμα" καὶ ἐν ἄλλοις "ὁ 183ʳ
αὐτὸς δὲ χρόνος ὁ ἴσος καὶ πᾶς | ἅμα, εἴδει δὲ εἷς καὶ ὁ μὴ ἅμα," δῆλον 183ᵛ
ὅτι τὸν αὐτὸν καὶ ἕνα λέγει τὸν μὴ διαφέροντα ταῖς τοῦ νῦν διαφοραῖς·
καὶ χρόνος δὲ τοιοῦτος ὁ ἀεὶ ἐνεστὼς ἴσος. ὁ δὲ πρότερος καὶ ὕστερος
5 εἴδει μόνον εἷς ἐστιν, οὐχ ὅτι ταῖς τοῦ αὐτοῦ εἴδους διαφοραῖς διενηνό-
χασιν (οὕτως γὰρ οὐκ ἂν ἤστην εἷς καὶ ὁ αὐτός), ἀλλ' ὅτι τοῦ αὐτοῦ εἴδους
οἷον τοῦ νῦν ἢ τοῦ χρόνου μετέχουσι.

Ταῦτα μὲν οὖν ἀρκείτω πρὸς σαφήνειαν τῶν ὑπὸ τοῦ Ἀριστοτέλους
περὶ χρόνου λεγομένων. ἑκάστοις γὰρ ἀπ' ἀρχῆς ἄχρι τέλους τῶν ὑπ' 5
10 αὐτοῦ ῥηθέντων παρακολουθῶν τὴν δυνατὴν ἐποιησάμην διάρθρωσιν· ἐπειδὴ
δὲ οὐ τοῦτο πρόκειται μόνον τέλος ἡμῖν τῆς φιλομαθοῦς γυμνασίας τὸ τὴν
Ἀριστοτέλους δόξαν ἥτις ποτέ ἐστι περὶ χρόνου μαθεῖν ἀλλὰ μᾶλλον τί
ποτέ ἐστιν ὁ χρόνος καταμαθεῖν (οὕτω γὰρ οἶμαι καὶ τῶν Ἀριστοτέλους
ἐννοιῶν τῶν περὶ χρόνου ἐγγυτέρω γενησόμεθα), τοῦτο συντόμως διευκρι-
15 νήσωμεν. μετὰ δὲ τοῦτο καὶ τῶν περὶ χρόνου φιλοσοφησάντων τὰς ἐν-
νοίας ἐπισκεψώμεθα· τοῦ δὲ Ἀριστοτέλους ἐν ἀρχῇ τοῦ λόγου δριμέως 10
ἐπιχειρήσαντος εἰς τὸ μὴ εἶναι τὸν χρόνον καὶ τὰ ἐπιχειρήματα μὴ λύσαν-
τος ἐκεῖνα, καλῶς ἂν ἔχοι πρὸς τῷ τέλει καὶ αὐτὰ διαλῦσαι κατὰ τὸ δυνα-
τόν· τέλος γὰρ οὐκ ἂν ἄλλως ὁ περὶ χρόνου λόγος ἀπολαμβάνοι. ἡ μὲν
20 οὖν ἑνιαία καὶ ἡνωμένη φύσις ἐν ἁπλότητι μένουσα πάσης διακρίσεως
ὑπερανέχει. καὶ ἡ μὲν ἕν ἐστιν, ἡ δὲ κεχράτηται τῷ ἑνὶ ὀλίγον τι τοῦ
ἑνὸς παραλλάξασα πρὸς τὸ ἓν ὂν εἶναι. καὶ οὐδὲ τὸ εἶναι τοῦ ὄντος ἐκεῖ
διακέχριται. ὅπου δὲ ὡς ἡνωμένοις ὅλως ἀνεφάνη διάκρισις, ἐκεῖ καὶ 15
πλῆθος ἀνεφάνη μετὰ τοῦ ἑνὸς καὶ ὅλον καὶ μέρη γέγονε, καὶ τῶν ἐνθάδε
25 ἄλλων ἀλλαχοῦ διαστάντων προϋπογραφή τις ἐξέλαμψε, καὶ τὸ εἶναι ἄλλο
γέγονε παρὰ τὸ ὄν. ὅπου δὲ διάκρισις ὁπωσοῦν, εὐθὺς ἔδει καὶ μέτρον
εἶναι τῆς διακρίσεως, ἵνα μὴ τοῦ ἑνὸς ἐκστάντα πρὸς ἀοριστίαν ὑπενεχθῇ.
διὸ τὸ μὲν πλῆθος ἐμετρήθη τῷ ἀριθμῷ, ἵνα μὴ ἀνάριθμον καὶ ὄντως
ἄπειρον καὶ ἀόριστον ᾖ, ἡ δὲ κατὰ συνέχειαν διάστασις ἐμετρήθη μεγέ-
30 θους ὅρῳ, καθ' ὃν τοσόνδε τι, καὶ τὸ συνεχὲς ὥσπερ τὸ διωρισμένον γενό- 20
μενον ἔστησε τὴν ἐπ' ἄπειρον ἔκστασιν. ὁμοίως δὲ καὶ ἡ τῶν μερῶν
ἄλλου ἀλλαχοῦ διάκρισις εὐθετισμοῦ καὶ τάξεως ἐδεήθη τῆς τοπικῆς. καὶ
ταῦτα μὲν τῆς κατὰ τὴν οὐσίαν καὶ τὸ ὂν διακρίσεώς ἐστι τὰ μέτρα.
ἐπειδὴ δὲ καὶ τὸ εἶναι τοῦ ὄντος ὡς ἐν ἐκείνοις διεκρίθη οἷον βίος τις

---

1 φησι Δ 12 p. 220ᵇ5 ubi δὴ legitur. sed cf. p. 731,5   ὁ (post καὶ) om. E
ἄλλοις] p. 223ᵇ3 ubi codices mire dissentiunt. aliam formam significant priora p. 764,5
2 δὲ E: δὲ ex γὰρ correctum videtur F: γὰρ a   8 ὑπ' ἀριστοτέλους aF   9 περὶ
τοῦ χρόνου aF   ἄχρι aE: μέχρι F   12 μαθεῖν ex λαβεῖν E   15 καὶ
aF: καὶ ἐκ E   20 οὖν om. E   20. 21 ὑπερανέχει διακρίσεως aF   26 διά-
κρισιν F   31 ἔκστασιν ἵνα μὴ F   μερῶν aF: μέτρων E

τοῦ ὄντος γενόμενον παρατεταμένος, ἔμεινε δὲ ὅμως ἐν τῷ ἑνὶ ὄντι, διότι 183ᵛ
καὶ ἡ ἐνέργεια ἐν τῇ οὐσίᾳ (τῇ γὰρ οὐσίᾳ ἐστὶν ἐνέργεια τὰ ἐκεῖ, ὡς καὶ
Ἀριστοτέλης ἐνθέως θεασάμενος ἀνεφθέγξατο), μέτρον ἔσχε κατὰ τοῦτο 25
τὸν αἰῶνα συνάγοντα τὴν τοῦ εἶναι παράτασιν εἰς τὴν ἀκίνητον ἐν τῷ ἑνὶ
5 ὄντι μονήν. καὶ οὕτως μὲν τῆς νοητῆς τετραχῇ γενομένης διακρίσεως τὰ
τέτταρα ταῦτα ἀνεφάνη μέτρα ἀριθμὸς μέγεθος τόπος αἰών· τὸ δὲ αἰσθη-
τὸν ἀπὸ τοῦ νοητοῦ προελθὸν καὶ τὸ γενητὸν ἀπὸ τοῦ ὄντος κατ' ἐκτροπήν
τινα καὶ παράλλαξιν (οὐ γὰρ ἔμεινεν ἐν ὑφειμένοις τοῦ ὄντος μέτροις, ἀλλὰ
τῷ μὴ ὄντι συνανεφύρη ἀγαπῆσαν πρὸς τὸ ὁπωσοῦν εἶναι τὴν ἀπὸ τοῦ
10 ὄντος ἐν τῷ μὴ εἶναι παράχρωσιν· διὸ καὶ εἰκὼν ὑπέστη τοῦ ὄντος τὸ 30
γινόμενον) εἰκότως οὖν καὶ τὴν διάκρισιν οὐκ εἰδητικὴν ἔσχεν ὥσπερ ἐκεῖ
ἑκάστου μὴ μόνον ἡνωμένου τοῖς ἄλλοις πᾶσιν, ἀλλὰ καὶ ὄντος ὅπερ τὰ
ἄλλα. παθητικὴν δὲ μᾶλλον τὴν διάκρισιν ἡ γένεσις ἀνεδέξατο ἀπὸ τῆς
ἀμερίστου φύσεως εἰς μερισμὸν ὑπελθοῦσα· καὶ διὰ τοῦτο ὁ μὲν τοῦ
15 πλήθους ἐκεῖ διορισμὸς ἐνταῦθα διασπασμὸς γέγονεν, ἡ δὲ ἐκεῖ συμφυὴς
ὁλότης ἐνταῦθα διεστῶσα συνεχῶς ποσότης ἔνυλος ἀναπέφανται· καὶ ἡ τῶν
μερῶν ἐκεῖ διάκρισις ἐνταῦθα ἄλλων ἀλλαχοῦ διάρριψις ἀπετελέσθη. οὕτω 35
δὲ καὶ ἡ τοῦ εἶναι παράτασις εἰδητικῶς ἐκεῖ διακριθεῖσα τοῦ ὄντος, μείνασα
δὲ ἐν τῷ ἑνὶ ὄντι καθ' ὑπόστασιν, ἐνταῦθα παρετάθη καθ' ὕπαρξιν ἐν
20 κινήσει τῇ γενεσιουργῷ τὸ εἶναι λαχοῦσα. τοιγαροῦν καὶ τὰ μέτρα τῶν
παθητικῶν διακρίσεων γενητὴν ἔσχε καὶ αὐτὰ τὴν ὑπόβασιν ἀριθμός τε
ταῖς μονάσι διεσπασμένος καὶ μεγεθικὸν μέτρον διεστὼς καὶ τόπος συμμε-
μερισμένος καὶ χρόνος ῥέων τε καὶ τῷ προτέρῳ καὶ ὑστέρῳ διωρισμένος. 40
καὶ οὕτω δή τι καὶ ταῦτα τῆς γενέσεως μετέσχεν, ὡς καὶ αὐτὰ δοκεῖν
25 μέτρων προσδέεσθαι. καὶ γὰρ ὁ ἀριθμὸς ὁ ἐνταῦθα ἠριθμῆσθαι δοκεῖ καὶ
τὸ μεγεθικὸν μέτρον οἷον ὁ πῆχυς μεμετρῆσθαι καὶ τὰ τοῦ τόπου μέρη
τάξεως καὶ αὐτὰ καὶ εὐθετισμοῦ καὶ τοπισμοῦ δεῖσθαι καὶ ὁ χρόνος ἐν
χρόνῳ εἶναι, ὡς προϊόντες εἰσόμεθα· παραιτοῦμαι δὲ ἐνταῦθα τὸν ἐμαυτοῦ
καθηγεμόνα Δαμάσκιον οὐ τέτταρα βουλόμενον εἶναι τὰ μέτρα ἀλλὰ τρία
30 ἀριθμὸν καὶ τόπον καὶ χρόνον ἐν τοῖς Περὶ ἀριθμοῦ καὶ τόπου καὶ χρόνου 45
γεγραμμένοις αὐτῷ συγγράμμασιν· "ὥσπερ γὰρ τοῦ πλήθους ὁ ἀριθμὸς
μέτρον, οὕτως τοῦ μεγέθους, φησίν, ὁ τόπος." καίτοι ἐναργῶς οἶμαι δῆλόν
ἐστιν, ὅτι ἄλλο μὲν τὸ μέτρον καὶ ὁ ὅρος ἐστί, καθ' ὃ δίπηχυ ἢ τρίπηχυ
λέγομεν εἶναί τι, καὶ ἄλλο τὸ κατὰ τὸν εὐθετισμόν, καθ' ὃ τὸ μὲν ἄνω
35 τῶν μορίων τὸ δὲ κάτω καὶ τὸ μὲν δεξιὰ τὸ δὲ ἀριστερά. "ἔστιν οὖν ὁ
χρόνος μέτρον τῆς τοῦ εἶναι ῥοῆς, εἶναι δὲ λέγω οὐ τοῦ κατὰ τὴν οὐσίαν
μόνον, ἀλλὰ καὶ τοῦ κατὰ τὴν ἐνέργειαν. καὶ θαυμαστῶς ὁ Ἀριστοτέλης 50

---

2 ante ἐν add. ἡ F   ἐνέργεια (post ἐστὶν) E: ἐνεργείᾳ aF   3 Ἀριστοτέλης Metaph.
N 2 p. 1088ᵇ26   4 ἑνὶ] ἀεὶ a   7 προελθὸν a: προελθὼν EF   12 ἅπασιν F
22 συμμεμετρημένος a   24 τῆς om. E   25 προσδεῖσθαι a   28 παραιτούμεθα
δὲ E   30 Περὶ ἀριθμοῦ καὶ τόπου καὶ χρόνου. cuius libri partes Περὶ τόπου 644,25,
Περὶ χρόνου p. 775,35. 800,20 citantur cf. Zeller H. Ph. III 2³838²   33 ἐστιν om. a
μὲν τὸ om. F   ὁ (post καὶ) om. F   37 μόνον ex μόνην F

εἶδέ τε τοῦ χρόνου τὴν φύσιν καὶ ἐξέφηνεν εἰπών, ὅτι καὶ τῇ κινήσει „καὶ 183ᵛ
τοῖς ἄλλοις τοῦτό ἐστι τὸ ἐν χρόνῳ εἶναι τὸ μετρεῖσθαι αὐτῶν τὸ εἶναι
ὑπὸ τοῦ χρόνου ",. ὥσπερ δὲ ἡ κίνησις οὐ κατὰ τὰ ἀμερῆ γίνεται (οὐδὲ
γὰρ σύγκειται ἐκ κινημάτων οὐδὲ ἡ γραμμὴ ἐκ στιγμῶν, ἀλλὰ τὰ μὲν
5 πέρατα καὶ τῆς γραμμῆς καὶ τῆς κινήσεως ἀμερῆ ἐστι, τὰ δὲ μέρη αὐτῶν
ἐξ ὧν σύγκειται συνεχῆ ὄντα οὐκ ἔστιν ἀμερῆ ἀλλὰ μεριστά), οὕτω δὲ
καὶ τοῦ χρόνου τὰ μὲν ὡς πέρατα τὰ νῦν ἀμερῆ | ἐστι, τὰ δὲ ὡς μέρη 184ʳ
οὐκέτι. συνεχὴς γὰρ ὢν ὁ χρόνος διαιρούμενα ἔχει καὶ αὐτὸς τὰ μέρη
εἰς ἀεὶ διαιρετά. ὥστε κἂν ἐν συνεχεῖ ῥοῇ ᾖ ἥ τε κίνησις καὶ ὁ χρόνος,
10 οὐκ ἔστιν ἀνυπόστατα, ἀλλ' ἐν τῷ γίνεσθαι τὸ εἶναι ἔχει· τὸ δὲ γίνεσθαι
οὐ τὸ μὴ εἶναι ἁπλῶς ἐστιν, ἀλλὰ τὸ ἄλλοτε ἐν ἄλλῳ μέρει τοῦ εἶναι ὑφί-
στασθαι. ὥσπερ γὰρ ὁ αἰὼν αἴτιός ἐστι τοῦ κατὰ τὸ εἶναι μένειν ἐν τῷ
ἑαυτοῦ ἑνὶ ὄντι τὸ τὴν νοητὴν διάκρισιν ὑπομεῖναν ἀπὸ τοῦ οἰκείου ἑνὸς 5
ὄντος, οὕτως ὁ χρόνος αἴτιος τοῦ χορεύειν περὶ τὸ νοητὸν ἓν τοῦ εἴδους
15 ἀπαύγασμα τὸ εἰς αἴσθησιν ἐκεῖθεν ὑπελθὸν καὶ τεταγμένην ἔχον τὴν τῆς
χορείας συνέχειαν. ὡς γὰρ διὰ τὸν τόπον οὐ σύγκειται τὰ μέρη τῶν
διεστώτων, οὕτω διὰ τὸν χρόνον οὐ συγχεῖται τὸ εἶναι τῶν Τρωικῶν τῷ
τῶν Πελοποννησιακῶν εἶναι οὐδὲ ἐν ἑκάστῳ τὸ εἶναι τοῦ βρέφους τῷ εἶναι
τοῦ νεανίσκου. καὶ δῆλον ὅτι πανταχοῦ κινήσει σύνεστιν ὁ χρόνος καὶ
20 μεταβολῇ συνέχων ἐν τῷ γίνεσθαι τὰ ἐν τούτῳ τὴν ὕπαρξιν ἔχοντα, ὅπερ 10
ταὐτόν ἐστι τῷ χορεύειν ποιῶν περὶ τὸ ὂν τὸ γινόμενον". καὶ ὅτι μὲν
πάντων τῶν γενητῶν καὶ πάσης γενέσεως κρατητικὸς ἐν τῷ γίνεσθαι καὶ
συνεκτικὸς ὁ χρόνος ὅ τε ἀεὶ ὅ τε ποτέ, καλῶς εἴρηκεν ὁ Δαμάσκιος. τὸ
δὲ ἑξῆς ὅτι "καθ' ἑαυτὸν ἀμεταβλησίας αἴτιος ἂν εἴη τοῖς ὅσον ἐφ' ἑαυτοῖς
25 ἐξισταμένοις τοῦ εἶναι ὅπερ εἰσίν, ὥστε μᾶλλον ἠρεμίας ἤπερ κινήσεως
ὁ χρόνος" ἔοικε μὲν εἰρῆσθαι διὰ τὴν τοῦ χρόνου πρὸς τὸν αἰῶνα ὁμοιό-
τητα καὶ τὴν ἐν τῷ γίνεσθαι συνοχήν (ὡς γὰρ ἐκεῖνος τοῦ μένειν ἐν τῷ 15
εἶναι αἴτιος, οὕτως ὁ χρόνος τοῦ μένειν ἐν τῷ γίνεσθαι). μήποτε δὲ οὐ
προσήκει τὸ μένειν ὅλως τῷ χρόνῳ ὥσπερ οὐδὲ τὸ εἶναι τῇ γενέσει, ἀλλ'
30 ὥσπερ ἡ γένεσις ἀνέλιξίς τις ἐκτετραμμένη τοῦ ὄντος γέγονεν, οὕτως ἡ
περὶ τὸ ὂν χορεία ἀνέλιξις τῆς ἐν τῷ ὄντι μονῆς. ἀλλὰ ταῦτα μὲν οὐ
τοσοῦτον ἐμὲ θράττει λεγόμενα παρ' αὐτοῦ, ἐκεῖνα δὲ μᾶλλον, ἅπερ καὶ
ζῶν ἔτι πολλάκις πρὸς ἐμὲ λέγων οὐκ ἔπειθε, τὸ εἶναι ἅμα τὸν ὅλον χρόνον
ἐν ὑποστάσει. τοῦτο οὖν καὶ ἐν τοῖς Περὶ χρόνου γεγραμμένοις ἐκθέμενος 20
35 ἐπισκέψασθαι βούλομαι. τοῦ γὰρ Ἀριστοτέλους εἰπόντος, ὅτι ἐν χρόνῳ ἐκεῖνό

---

1 εἰπών Δ 12 p. 221 ᵃ 8   3 ὑπὸ] ἐπὶ F   τὰ (post κατὰ) om. a   4 ante ἡ
γραμμὴ add. γὰρ aF   7 τὰ (ante νῦν) om. F   9 ᾖ aF: ἐστιν E   10 ἀν-
υπόστατος a   11 ἀλλὰ τῷ ἄλλοτε E   12 ἐν τῷ ἄλλοτε ἐν ἄλλῳ E   13 διαί-
ρεσιν a   15 ἔχειν F   16 σύγκειται] fortasse συγχεῖται   17 οὕτω aF: οὕτω
οὐ E   συγχεῖται E (cf. p. 626,14 Simpl. in Categor. f. 90 Γ Bas.): σύγκειται aF
20 post συνέχων add. τὰ a   τὰ ἐν τούτῳ scripsi: τὰ F: ἐν τούτῳ E   21 τῷ]
τὸ E   23 ὅτε ἀεὶ ex εἴτε ἀεὶ E   30 ἐκτετραμμένη F   34 γεγραμμένον E
35 ἀριστοτέλοος F   εἰπόντος] significare videtur Δ 12 p. 221 ᵃ 28 sqq.

ἐστιν, οὗ ἔστιν ἔξω χρόνον λαβεῖν (οὕτω γὰρ περιλαμβάνεσθαι ὑπὸ τοῦ 184ʳ χρόνου), ἐνιστάμενος πρὸς τοῦτο τάδε γέγραφε· "θαυμάσειε δ' ἄν τις ἔτι μειζόνως τοῦ ἐν χρόνῳ ὄντος ἀκούσας τὸν ἀφορισμόν, ὅτι οὗ ἔστιν ἔξω χρόνον λαβεῖν (οὕτω γὰρ περιλαμβάνεσθαι ὑπὸ τοῦ χρόνου ὡς κατὰ τὴν
5 περιοχήν) μετροῦντα καὶ ἀριθμοῦντα τὸν χρόνον ὅρων ἔξωθεν ὄντα τοῦ περιεχομένου ὡς τὸν τόπον. καὶ δὴ λέγει τοῦτο καὶ αὐτός. ἀλλ' εἰ τοῦτο, 25 πῶς πάθος τι τῆς κινήσεως ὁ χρόνος οἷον μέτρησις; ὁ γὰρ τόπος οὐ τοιοῦτος. καὶ εἰ μέτρησις, κἂν μηδὲν εἴη λαβεῖν ἔξω, μεμέτρηται καὶ ἐν χρόνῳ. παράλογον δὲ ἐπισυμβαίνει καὶ τοῦτο μὴ εἶναι χρόνον τὸν σύμ-
10 παντα χρόνον, οὐ λέγω τὸ εἶδος οἷον τὴν μορφήν, ὡς αὐτὸς ἔφη πάντα ἅμα εἶναι τὸν χρόνον, καθάπερ εἴ τις λέγοι πάντα ἅμα τὸν ἄνθρωπον εἶναι Σωκράτη, ἀλλὰ τὸν κοινὸν ἀεὶ ῥέοντα χρόνον, ὃν περιειλῆφθαι λέγει ὑπὸ τοῦ αἰῶνος. καίτοι ἀεὶ ῥέοντα χρόνον ταὐτὸν ὁμολογοῦμεν, ἐν ᾧ καὶ τὴν 30 ἀεὶ τῶν εἰδῶν μεταβολὴν γίνεσθαι καὶ τῶν οὐρανίων σωμάτων τὴν ἀει-
15 κινησίαν. ἀλλ' ὅμως οὐκ ἐν χρόνῳ αὗται κατὰ τὸν ἀφωρισμένον. τοῦ γὰρ ἀεὶ γινομένου χρόνου τί ἂν ἔξωθεν εἴη νοεῖν; παράδοξον δὲ καὶ τὸ μὴ τοῦ χρόνου ὅλου τὰ μόρια χρόνον ποιεῖν. ἔδει γάρ, εἰ τὸ παρελθὸν καὶ ἐνεστηκὸς καὶ μέλλον χρόνου μέρη, ἢ τὸ πέρυσι καὶ τῆτες καὶ εἰς νέωτα εἰ μέρη χρόνου, καὶ τὸν ὅλον ἐξ αὐτῶν χρόνον ποιεῖν, οὗ ὄνομα
20 τὸ ἀεί. ἄτοπον δὲ καὶ ἐκεῖνο τὸ ἀεὶ ταὐτὸν κατ' ἀριθμὸν μὴ εἶναι ἐν 35 χρόνῳ, διότι μὴ ῥεῖ ἡ οὐσία μηδὲ πέφυκε ῥεῖν. ἀεὶ δὲ εἶναι μόνον ὡς τὸ ἀσύμμετρόν φησι τῆς διαμέτρου πρὸς τὴν πλευράν. καίτοι εἰ τὸ πολυχρονιώτατον ἐν χρόνῳ, διὰ τί μὴ καὶ τὸ παγχρόνιον, εἴ τις ὀνομάζοι καὶ τοῦτο; διὰ τί δὲ τὸ μὲν πανταχοῦ οἷον τὸ πᾶν ἢ εἰ βούλει τὸ ὑπου-
25 ράνιον πᾶν ἐν τόπῳ λέγομεν κατειληφός γε πάντα τὸν τόπον (ποῦ γὰρ ὅλον τὸ πανταχοῦ;), ἐπὶ δὲ τοῦ χρόνου μὴ οὕτω νοοῦμεν ἐν χρόνῳ εἶναι τῷ ὅλῳ τὸ ἀεὶ ὂν ταὐτὸν ἐν ταὐτῷ κατ' ἀριθμόν; ὃ γάρ ἐστι πρὸς τόπον 40 τὸ πανταχοῦ, τοῦτο πρὸς χρόνον τὸ ἀεί. διὰ τί δὲ τόπος μέν ἐστιν ἀίδιος οἷον ἡ κοίλη τοῦ οὐρανοῦ περιφέρεια καὶ τὸ μέσον τοῦ κόσμου, κατὰ ταὐ-
30 τὸν δὲ εἰπεῖν καὶ ἀριθμὸς ἀεὶ ὁ αὐτὸς οἷον ὁ τῶν ἀστέρων, χρόνος δὲ μόνος εἷς ὁ φθαρτὸς καὶ γενητός, οὗ ἔξω πλείων ἀεί; καὶ γὰρ εἰ καὶ κατὰ τὸν ἀριθμόν, ἀλλ' οὐδὲ τοῦ ἀιδίου ἀριθμοῦ ἔξω τις ἀίδιος, πᾶς δὲ καὶ αὐτὸς ἀριθμός."

Ἐν δὴ τούτοις τὴν ὁμοιότητα τοῦ χρόνου πρὸς τὸν τόπον τοῦ Ἀριστο-

---

1 οὗ ἔστιν et οὕτω—ὑπὸ τοῦ χρόνου (2) om. E   3 μειζόνως E: μεῖζον ὡς aF
4 τὴν om. E   5 ὅρων aE: ὁρῶν F   ἔσωθεν a   7 ὁ (ante χρόνος) om. a
10 ὡς] καὶ E   ἔφη cf. Δ 14 p. 223ᵇ 3 sqq.   11 λέγει F   12 ὃν—χρό-
νον (13) om. E   λέγει cf. de caelo Α 9 p. 278ᵃ 25   14 οὐρανίων aE:
ἀιδίων F   16 ἀεὶ om. a   17 τοῦ (post μὴ) om. E   χρόνον aF: χρό-
νου E   18 εἰς F: om. E: ἐς a   19 μέρει F   τὸ ὅλον F   22 φησι Δ 12
p. 221ᵇ 25   24 ὑπουράνιον E: ἐπ' οὐράνιον aF   25 τὸν (post πάντα) om. a
27 τόπον scripsi: τὸν τόπον aF: τὸ πᾶν E   28 post πανταχοῦ ex v. 26 iteravit ἐπὶ
δὲ E   ante χρόνον habent τὸν aF   29 κατ' αὐτὸν εἰπεῖν E   30 οἷος E
31 καὶ (post εἰ) om. F

τέλους λαβόντος, καθόσον καὶ ὁ χρόνος ὁρίζει καὶ περιέχει τὸ ἐν χρόνῳ, 184ʳ
ὥσπερ καὶ ὁ τόπος τὸ ἐν τόπῳ καὶ ὁ ἀριθμὸς τὸ ἐν ἀριθμῷ λεγόμενον,
αὐτὸς ἀξιοῖ, εἰ μὴ παντὸς τόπου ἔστιν ἔξω τόπον λαβεῖν, μηδὲ παντὸς χρόνου
εἶναι χρόνον ἔξω λαβεῖν. καίτοι δῆλον ὅτι διαφέρειν καὶ ὁ Ἀριστοτέλης
5 οἴεται τὸν τόπον τοῦ χρόνου, καθόσον ὁ μὲν τόπος ἅμα ὅλος εἶναι οὐ κω-
λύεται, ὁ δὲ χρόνος ἐν τῷ γίνεσθαι ἔχει τὸ εἶναι ὥσπερ καὶ ἡ κίνησις,
οὐ μέντοι ὅλος ἅμα ὑφέστηκεν. εἰ οὖν ἐν τῷ γίνεσθαι τὸ εἶναι ἔχει ὁ
χρόνος ὥσπερ καὶ ἡ κίνησις, πῶς παράλογον τὸ μὴ εἶναι ἅμα τὸν σύμ-
παντα χρόνον; τοὐναντίον γὰρ ἂν ἦν παράλογον τὸ ἅμα εἶναι πᾶν τὸ ἐν
10 τῷ γίνεσθαι τὸ εἶναι ἔχον. εἰ οὖν μὴ ἔστι παράλογον τὸ μὴ εἶναι ἅμα
πᾶσαν τὴν κίνησιν διὰ τὸ ῥοὴν εἶναι, οὐδὲ τὸ μὴ εἶναι ἅμα τὸν ῥέοντα
χρόνον παράλογον, κἂν τὸ κοινὸν εἶδος μένῃ τῷ πάλιν καὶ πάλιν ὡς ἐπὶ
τῆς κινήσεως. εἰ δὲ ἀεὶ ῥέοντα χρόνον λέγομεν, τὸ ἀεὶ οὐχ ὡς ἅμα
ὑφεστὼς ἄπειρον, ἀλλὰ κατὰ τὸ ἐπ' ἄπειρον λέγομεν. οὕτω γὰρ καὶ χρόνον
15 καὶ κίνησιν ἀεὶ εἶναι λέγομεν ὡς μηδέποτε ἐκλείποντα, | οὐχ ὡς ἅμα ὅλον 184ᵛ
ἔχοντα τὸ ἀεί. διττὸν γὰρ καὶ τὸ ἀεὶ τὸ μὲν ἅμα ὅλον ὡς τὸ αἰώνιον,
τὸ δὲ ἐν τῷ γίνεσθαι τὸ εἶναι ἔχον κατὰ τὸν ἀνέκλειπτον χρόνον. ἐν
τούτῳ οὖν καὶ ἡ ἀεὶ τῶν εἰδῶν μεταβολὴ γίνεται καὶ αὐτὴ ῥέουσα τῷ
εἶναι, κατὰ δὲ τὸ εἶδος τῷ πάλιν καὶ πάλιν μένουσα, καὶ ἡ τῶν οὐρανίων
20 ἀεικινησία. καὶ ὥσπερ ἡ κίνησις τῶν οὐρανίων οὐχ ἅμα ὅλη ἐστίν, οὕτως
οὐδὲ ὁ μετρητικὸς αὐτῆς σύμπας χρόνος. καὶ διὰ τοῦτο τοῦ μὲν ἅμα ὅλου
χρόνου ἅτε μηδὲ ὑφεστηκότος οὐκ ἔστι τι ἔξω λαβεῖν, τοῦ δὲ ἀεὶ ἐν ὑπο-
στάσει ὄντος ἔστιν ἔξω λαβεῖν διὰ τὴν τοῦ ἀεὶ τούτου ἀνέκλειπτον ῥοήν.
ἀλλ' οὐδὲ παράδοξον οἶμαι τὸ τοῦ μὴ ὅλου ἅμα ὄντος χρόνου τὰ μόρια
25 χρόνους ποιεῖν οἷον τὸ παρελθὸν καὶ ἐνεστηκὸς καὶ μέλλον. εἰ μὲν γὰρ
ἅμα εἶναι ταῦτα τὰ μόρια ἐλέγομεν, ἄτοπον ἂν ἦν τῶν μορίων ἅμα ὄντων
μὴ καὶ τὸ ὅλον ἅμα εἶναι. εἰ δὲ οὕτως ἐστὶ μέρη ὡς τοῦ μὲν οὐκέτι
ὄντος τοῦ δὲ μήπω ὄντος, πῶς οἷόν τε τὸ ὅλον ἅμα εἶναι; τάχα γὰρ ἄν τις
γράψας ἐναργέστερον † ἐγὼ δείξω τὸ παράδοξον· τοῦ γὰρ ὅλου χρόνου ἅμα
30 ὄντος παράδοξον πῶς οὐχ ἅμα τὰ μόρια· καὶ εἰ μὴ ἅμα τὰ μόρια, παρά-
δοξον εἰ ὁ ὅλος ἅμα. τὸ δὲ ἀεὶ ὄνομα τοῦ χρόνου οὐχ ὡς ἅμα ὄντος τοῦ
ἀεί, ὅπερ καὶ πρότερον εἶπον, ἀλλ' ὡς κατὰ τὸ ἀνέκλειπτον ἔχοντος
τὸ ἀεί.

Ἀτόπως δέ φησιν ὑπὸ τοῦ Ἀριστοτέλους τὰ ἀίδια λέγεσθαι μὴ εἶναι
35 ἐν χρόνῳ ὡς τὸ ἀσύμμετρον εἶναι τὴν διάμετρον τῇ πλευρᾷ. καίτοι εἰ
μὲν τῶν ἐνεστώτων καὶ ἅμα ὅλων ἐστὶ τοῦτο, δῆλον ὅτι τῶν ὄντων καὶ
οὐ γινομένων ἐστὶν ὡς τὸ ἄρτιον εἶναι τὴν δυάδα καὶ τὰς ἰδέας ἀσωμάτους,

---

1 τὸ ἐν χρόνῳ καὶ περιέχει aF   5 ὅλος om. a   7 ὅλως F   9 γὰρ
om. F   τὸ (ante ἅμα) om. a   11 μὴ εἶναι aF: μεῖναι E   18 μεταβολὴ
τῶν εἰδῶν aF   19 τῷ] τὸ E   21 τοῦ om. E   25 χρόνον a   26 τὰ μόρια
ταῦτα aF   27 εἰ δὲ—ἅμα εἶναι (28) iteravit F   28 τάχα aF: ταχὺ E   29 ἐγὼ
δείξω EF: δείξῃ a. suspicor οὕτω δείξοι   31 ὁ ὅλος E: ὅλως aF   ante οὐχ add.
καὶ F   τοῦ (post ὄντος) om. F   34 φησιν p. 776, 21   36 καὶ οὐ om. E
27 γιννομένων E

καὶ οὐκ ἂν εἴη ταῦτα ἐν χρόνῳ, ἀλλ' ἐν αἰῶνι μᾶλλον. εἰ δὲ ἐν χρόνῳ, 184ᵛ δῆλον ὅτι καὶ ἐν κινήσει, καὶ οὐκέτι ὅλον ἅμα ὑφεστήξεται. οὐ γὰρ ἐπειδὴ ἐν χρόνῳ γινώσκομεν ἡμεῖς τὰ ὑπὲρ χρόνον, διὰ τοῦτο καὶ ἐκεῖνα ἐν χρόνῳ ποιήσομεν. 'εἰ δὲ τὸ πολυχρόνιον, φησίν, ἐν χρόνῳ, διὰ τί μὴ καὶ τὸ
5 παγχρόνιον;' καὶ ἔστω γε καὶ τοῦτο ἐν χρόνῳ, εἴπερ ἐν κινήσει. καὶ μὴ ἅμα ὅλον ὑφέστηκε. τοιγαροῦν ἀΐδιον τὴν κυκλοφορίαν λέγομεν, ὡς καὶ 20 αὐτὴν ἀνέκλειπτον καὶ ὑπὸ χρόνου μετρουμένην ἀνεκλείπτου. ἀλλ' οὐδὲ τοῦτο ἀναγκαῖον, εἰ ἔστι τι ἐν ὅλῳ τῷ τόπῳ ἅμα ὃ πανταχοῦ λέγομεν οἷον τὸν ὅλον σωματοειδῆ κόσμον, εἶναι καὶ ἐν τῷ ὅλῳ ἅμα χρόνῳ τὸ ἀεὶ
10 ὂν ταὐτὸν ἐν ταὐτῷ κατ' ἀριθμόν. τὸν μὲν γὰρ ὅλον τόπον εἶναι ἅμα οὐδὲν ἄτοπον· οὐδὲ γὰρ ἐν τῷ γίνεσθαι τὸ εἶναι ἔχει ὁ τόπος ὥσπερ ἡ κίνησις· τὸν δὲ χρόνον πῶς δυνατὸν κινήσεως ὄντα μέτρον; ὥστε κἂν ἀνὰ λόγον ἔχῃ τὸ πανταχοῦ πρὸς τὸ ἀεί, ἀλλὰ τὸ μὲν ὑπομένει, τὸ δὲ ῥεῖ. 25 καὶ εἰ ἔτυχεν ἄπειρον εἶναι τὸ πανταχοῦ, τὸ μὲν ἦν ἄπειρον μένον, τὸ δὲ
15 ἐπ' ἄπειρον. 'διὰ τί δέ, φησί, τόπος μὲν καὶ ἀριθμός ἐστιν ἀΐδιος πρὸ τοῦ φθαρτοῦ, χρόνος δὲ οὐκ ἔστιν;' ἢ ἔστι μὲν καὶ χρόνος ἀΐδιος (ἀνέκλειπτον γοῦν ἀποδείκνυσι τὸν χρόνον Ἀριστοτέλης), ἀλλ' ἐν τῷ γίνεσθαι τὸ εἶναι ἔχων ὥσπερ καὶ ἡ κίνησις καὶ τὸ ἀεὶ αὐτοῖς ὑπάρχει, ἀλλ' οὐχ ἅμα ὅλον ὄν, ἀλλ' ἐπ' ἄπειρον προϊόν.

20 Ἵνα δὲ συνελὼν εἴπω τὴν ἐμαυτοῦ γνώμην, εἰ ἔστι τις γένεσις καὶ κίνησις οὐκ ἐν τῷ γίνεσθαι τὸ εἶναι ἔχουσα οὐδὲ ἄλλο μετ' ἄλλο ἑαυτῆς 30 μόριον, ἀλλ' ἅμα ὅλη ὑφεστῶσα (ὡς τὴν τῆς ψυχικῆς οὐσίαν ἤ, εἰ μὴ ταύτης, τὴν γοῦν τοῦ οὐρανίου σώματος εἴποι τις ἂν γενητὴν μὲν εἶναι ὡς ἀπὸ μόνης αἰτίας ὑφεστῶσαν, καὶ κινητὴν οὕτω κατὰ τὴν τῆς γενέσεως
25 κίνησιν, καθ' ἣν τοῦ ὄντως ὄντος εἰς τὸ γινόμενον ἐξέστη καὶ ἀπὸ παραδείγματος εἰς εἰκόνα), εἴ τις οὖν τοιαύτην γένεσιν καὶ κίνησιν ὁρᾷ, ὡς ὁ ἐμὸς πολλάκις διετείνετο Δαμάσκιος, εἰκότως καὶ χρόνον ἅμα ὅλον ὁρᾶν φιλονεικεῖ μετρητικὸν τῆς τοιαύτης κινήσεως καὶ τοῦ εἶναι τοῦ ἅμα ὄντος. 35 εἰ δὲ γενητὸν ὁ Πλάτων ὁρίζεται τὸ γινόμενον καὶ ἀπολλύμενον ὄντως δὲ
30 οὐδέποτε ὄν, καὶ εἰ πᾶσα κίνησις μεταβολὴ καὶ ἄλλο πάντως ἔχει μετ' ἄλλο, οὐ χρὴ λέγειν γενητὰ ἢ κινητὰ τὰ ἅμα ὅλα ὄντα, εἰ μὴ κατά τινα τρόπον ἐνιδεῖν ἐν αὐτοῖς τὴν μεταβολὴν δυνατόν. καὶ οἶδα μὲν ὅτι τὸ γινόμενον καὶ ἀπολλύμενον καὶ ἐπὶ τῶν ἀϊδίων γενητῶν ἀμεταβλήτων δὲ κατ' οὐσίαν ἐξηγούμενος ὁ Δαμάσκιος μέσην ἔλεγε τοῦ ὄντος καὶ μὴ ὄντος τὴν
35 τοιαύτην φύσιν, καὶ κατὰ μὲν τὴν εἰς τὸ ὂν ἀνάτασιν γινόμενον ἔλεγεν αὐτό, 40 κατὰ δὲ τὴν εἰς τὸ μὴ ὂν ὑπόβασιν ἀπολλύμενον· ἀλλὰ μήποτε τὸ μέσον

---

1 καὶ (ante οὐκ) om. E   3 ἐν χρόνῳ ἐκεῖνα a   4 φησιν p. 776,22   διὰ τί — ἐν χρόνῳ (5) om. F   10 ταὐτῷ scripsi ex p. 776, 27: τούτῳ libri   15 φησί p. 776,28   16 ἀΐδιος om. E   17 οὖν aF   post χρόνον add. ὁ aF   18 καὶ om. aF   ὑπάρχειν aF   21 οὐκ ἐν] ἐνκὲν sic E   22 οὐσίας F   24 οὕτως οὖσαν a   25 fortasse ἦν ⟨ἀπό⟩, quamquam cf. p. 773,27. 784,15   τοῦ ὄντος ὄντως E   27 διετείνατο aF   28 τοῦ (post εἶναι) om. a   29 Πλάτων cf. Tim. p. 52 A   ὁρίζεται F   32 οἴδαμεν (ex εἴδαμεν) ὅτι καὶ τὸ E   34 ἔλεγε μέσην aF   35 τὴν om. F   ἔλεγε γινόμενον aF

οἷόν ἐστι τὸ τῆς ψυχικῆς οὐσίας οὐδὲ γενητόν ἐστι κυρίως, ἀλλὰ μέσον 184ᵛ ἀμερίστου καὶ μεριστοῦ, ταὐτὸν δὲ εἰπεῖν ὄντος καὶ γενέσεως. καὶ διὰ τοῦτο μέσῳ τινὶ αἰῶνος καὶ χρόνου μέτρῳ μετρεῖται, ὅπερ διὰ τὸ μὴ ἔχειν ἴδιον ὄνομα ποτὲ μὲν αἰῶνα ποτὲ δὲ χρόνον οἱ φιλόσοφοι καλοῦσιν. ἡ μέντοι
5 τῶν οὐρανίων σωμάτων οὐσία γενητὴ μὲν ὅλη (ὁρατὴ γὰρ ἁπτή τέ ἐστι 45 καὶ σῶμα ἔχει), γενητὴ δὲ οὖσα καὶ μὴ μείνασα ἐν τῷ ἑνὶ κίνησιν ἔσχε καὶ μεταβολήν, κἂν μὴ τὴν κατ' οὐσίαν ὡς ποτὲ μὲν εἶναι ποτὲ δὲ μὴ εἶναι, ἀλλὰ τὴν κατὰ οἷον ἀλλοίωσίν τινα, καθ' ἣν ἐν τοῖς διαφόροις σχηματισμοῖς διαφόρου ζωῆς τε καὶ τελειότητος αὐτοί τε μεταλαμβάνουσιν εἰς
10 τὰς ἑαυτῶν οὐσίας ἀπὸ τῶν οἰκείων παραδειγμάτων καὶ ἀλλήλοις καὶ τοῖς ὑπὸ τὴν σελήνην μεταδιδόασιν.

Ἀλλ' ἐπειδὴ καὶ διαίρεσιν τῆς τοῦ χρόνου ποιούμενος ὑποστάσεως ὁ Δαμάσκιος πολλὰ περὶ τοῦ ἅμα ὅλου ὑφεστῶτος χρόνου λέγει, φέρε καὶ 50 ἐκείνων ἐπισκεψώμεθά τινα. ἔχει δὲ οὕτως· "τίς δὲ ὁ σύμπας χρόνος;
15 ἢ οὐ μὴ ἔστιν ἔξω τινὰ λαβεῖν. τοῦ δὲ ἀεὶ τί ἂν ἐκτὸς εἴποιμεν δήλωμα χρόνου; τῷ γοῦν Ἀριστοτέλει καὶ ὑπὲρ χρόνον ἔδοξε τοῦτο καὶ τῷ αἰῶνι προσήκειν. παντὸς γὰρ εἶναι χρόνου λαβεῖν τι ἔξω σαφῶς ἀποφαίνεται ἐν τοῖς περὶ χρόνου λόγοις. τὸ ἀεὶ ἄρα ἐστὶν ὁ μέγιστος χρόνος. πότερον οὖν τὸ ἀειγενὲς ἀεὶ καὶ ὁ ῥέων χρόνος οὗτος ὁ μέγιστος; ἀλλ' οὗτος οὐδέ-
20 ποτε πάρεισιν εἰς τὸ εἶναι σύμπας οὐδὲ γίνεται ὅλος ἀθρόος οὐδὲ ἔστιν ἀεὶ τὸ ἀεί, μᾶλλον δὲ οὐδέποτε. ἐν μὲν γὰρ τῷ ποτὲ πῶς | ἂν εἴη τὸ ἀεί, 185ʳ χαλεπὸν καὶ πλάσαι· ταὐτὸν γὰρ ἔσται καὶ ἅμα τὸ ποτὲ καὶ τὸ ἀεί. ἀλλὰ μὴν οὐδὲ ἐν τῷ ἀεί. αὐτὸ γὰρ τοῦτο λέγομεν οὐκ εἶναι ἅμα τὸ ἀεί, ῥεῖν δὲ κατὰ μέρος. ἄτοπον οὖν τὸν μέν τινα καὶ ἐλάχιστον ὑφίστασθαι χρόνον,
25 τὸν δὲ σύμπαντα μηδέποτε. καίτοι εἰ σημαίνει τι τὸ ἀεὶ καὶ μὴ ἔστιν ὄνομα κενόν, ἀδύνατον τὸ ἀεὶ πρᾶγμα μὴ εἶναι ἀεί· δηλοῖ γὰρ τὸ ἀίδιον· ἀίδιον δέ ἐστιν, ὃ ἀδύνατον ποτὲ μὴ εἶναι ἢ μηδέποτε εἶναι. καὶ ὅπερ 5 οὐκ ἐνδέχεται μὴ εἶναι, καὶ ἀναγκαῖον εἶναι. ἐπεὶ καὶ εἰ τὸ ἀεὶ μὴ ἔστιν ἢ ἔστι μὴ ἀεί, οὐδὲν ἔσται τῶν γενητῶν ἀίδιον· ὥστε οὔτε οὐρανὸς ἀεὶ
30 οὔτε κόσμος κατ' ἀριθμὸν ὁ αὐτός, ἀλλὰ ῥευσεῖται πάντα τοῦ ἀεὶ ἐν ῥοῇ ὄντος οὔτε δὴ ὄντος οὔτε γινομένου. τὸ γὰρ ποτὲ ἑκάστοτε γενήσεται καὶ οὐ τὸ ἀεί." καὶ διὰ μὲν τούτων τὸ τοῦ οὐρανοῦ ἀεὶ καὶ τοῦ σύμπαντος κόσμου ἅμα ὅλον εἶναι βούλεται οὐ κατὰ τὸ ἐπ' ἄπειρον καὶ ἀειγενὲς καὶ τὸν ῥέοντα χρόνον, ἀλλὰ κατὰ τὸν ἅμα ὅλον ὑφεστηκότα· ἐν δὲ τοῖς ἑξῆς 10
35 ἀκριβέστερον οἶμαι ἐπιβλέπων ἀλλαχοῦ που πρώτως τὸν τοιοῦτον χρόνον ἀποτίθεται. καὶ ἐξ ἐκείνου καὶ ἐν τῇ τοῦ οὐρανοῦ οὐσίᾳ τοιοῦτον ὑφίστασθαί φησιν. ἀνάγκη δὲ πλείονα παραγράφειν. ζητήσας γάρ, τί τὸ ἀεὶ ποιοῦν ἔσται τὸ ποτὲ πάλιν καὶ πάλιν γινόμενον οὐδέποτε παυόμενον τοῦ πάλιν

---

3 μετρεῖται μέτρῳ aF · 11 μεταδίδωσιν E 15 ἔστιν] ἔξεστιν a 16 καὶ (post Ἀριστοτέλει) om. E 17 παντὸς—λόγοις (18) om. a 20 ἀθρόος aF 24 inter χρόνον et τὸν δὲ habet τὸν δὲ σύμπαν E 29 ἔστι μὴ] ἔστιν E 30 ῥεύσεται E at cf. p. 782, 30 34 τοῖς] τῆς E 36 ἀποτίθεται EF: ὑποτίθεται a 37 ἀνάγκη—παραγράφειν om. F

καὶ πάλιν, ἐπάγει· "ἢ φυσικόν γε ὂν ἡ φύσις ποιήσει καὶ ψυχὴ πρὸ τῆς 185ʳ
φύσεως· αὕτη γὰρ πάσης ἐξάρχει μεταβολῆς. καὶ πῶς ἡ φύσις ἀϊδίων
σωμάτων οὖσα δημιουργὸς καὶ τὸν ἀεὶ ῥέοντα χρόνον ἀφ' ἑαυτῆς ἐκχέουσα 15
πῶς οὐκ ἀΐδιος καὶ λόγων πλήρης ἀϊδίων; οὐκοῦν καὶ ὁ τοῦ χρόνου λόγος
5 ἀΐδιος ἐνουσιωμένος αὐτῇ οὗτος ἂν εἴη χρόνος ὁ ἀεὶ παρὼν ὅλος καὶ
σύμπας. ὁμοίως δὲ καὶ ὁ ἐν τῇ ψυχῇ λόγος τοῦ χρόνου προϋπάρχων ἀεὶ
κατ' ἀριθμὸν ὁ αὐτὸς ἔσται χρόνος. εἰ δὲ ἐν τῇ ἀμεταβλήτῳ ψυχῇ καὶ
φύσει τῇ τοιαύτῃ χρόνος ἔσται συνηγμένος εἰς ὅλον τὸ τοῦ χρόνου εἶδος,
καὶ σύμπας χρόνος οὗτός ἐστιν ἀεὶ μένων ἐν τῷ ἀεὶ καὶ οὐδαμῇ ῥέων 20
10 ἔχων ἐν ἑνὶ τὸ πρότερον καὶ ὕστερον, καὶ τὸ νῦν αὐτὸ ὃ λέγομεν ἐνεστῶτα
χρόνον· ἀπὸ γοῦν τοῦ ἑστῶτος ἀδιαιρέτου ὁ ῥέων τριχῇ διαιρεῖται ὅπως
ἂν διαιροῖτο. μήπω γὰρ περὶ τούτου." λέγει δὲ προϊὼν ὅτι τὸ μέν ἐστιν
ἐν ταῖς ἐνεργείαις τῶν ἀμεταβλήτων φύσεων ταῖς μεταβαλλομέναις εἴτε
ψυχαίων εἴτε σωματοειδῶν σῳζούσαις τὸ ἀεὶ κατὰ εἶδος μόνον, τὸ δὲ ἐν ταῖς
15 μεταβαλλομέναις ἐπ' ἄπειρον οὐσίαις ὁρᾶται ἀεὶ σῳζόμενον κατὰ εἶδος ἐν 25
ταῖς ὁλότησιν αὐτῶν, τὸ δὲ ἐν τοῖς γινομένοις ἢ ἀπογινομένοις πεπερασμένον
τοῦτο ἢ κατὰ κύκλον ὡς ἡ τοῦ ὅλου γενητοῦ περίοδος ἢ τοῦ ἡλίου εἰ
τύχοι ἀπὸ τοῦ αὐτοῦ ἐπὶ τὸ αὐτὸ μία περιφορὰ ἢ κατ' εὐθυπορίαν ὡς ἐπὶ
τῶν ἀτόμων καὶ φθαρτῶν θεωρεῖται. οὕτω μὲν τὸν ῥέοντα χρόνον διεῖλε·
20 τοῖς δὲ προειρημένοις συνῆψε ταῦτα· "εἰ δ' οὖν, τὸ ποιοῦν ἀΐδιον καὶ ἐν
χρόνῳ τῷ ἀεί, ποιεῖ δὲ τῷ εἶναι τὰ πρῶτα τῶν γινομένων. εἰ γὰρ ταῖς
ἐνεργείαις ποιεῖ, πολλῷ μᾶλλον τῷ εἶναι· δημιουργικὴ γὰρ ἡ οὐσία πρὸ 30
τῶν ἐνεργειῶν καὶ τὸ ἀΐδιον πρὸ τοῦ μὴ τοιούτου, ὥστε καὶ ἐν τοῖς ἀϊδίοις
τῶν γινομένων ἐνστηρίξει κατ' οὐσίαν τὸν ἀεὶ ὄντα καὶ μηδέποτε ῥέοντα
25 χρόνον, μᾶλλον δὲ ταῦτα ἐκείνῳ συνδήσει πρὸς τὸ ἀΐδιον. τοῦ γὰρ ἀεὶ
μετασχοῦσα ἡ τοῦ οὐρανοῦ οὐσία γέγονεν ἀΐδιος κατ' αὐτὸ τὸ ἀεί, ταὐτὸν
δὲ εἰπεῖν τὸν σύμπαντα χρόνον οὐσιωθεῖσα. ὁ ἄρα τῷ ὅλῳ καὶ ἀϊδίῳ
χρόνος ὁμοφυὴς καὶ ὁμόγονος εἴτε ἀπὸ ψυχῆς ἀρχόμενος εἴτε ἀπὸ τῆς 35
ἑαυτοῦ φύσεως * * *. τοῦτο μὲν γὰρ εἰς ὕστερον οὐ ῥέων οὐδὲ ῥέοντι
30 συνὼν ὁ σύμπας τῷ ὄντι χρόνος ἐστίν, ἀφ' οὗ ὁ ῥέων κατὰ μέρος ἐκ-
μηρύεται· καὶ διὰ τοῦτον οὐ παύεται γινόμενος καίτοι ἑκάστοτε παυόμενος
ὁ ἑκάστοτε ἐνιστάμενος, ὅτι ἐκεῖνος ἀεὶ κατ' ἀριθμὸν ὁ αὐτὸς ἕστηκεν
ἐνεργῶν τὸν ἀεὶ κατ' εἶδος. ὡς γὰρ τοῦ οὐρανοῦ ἡ ἐνέργεια κυκλοφορία
πάλιν καὶ πάλιν ἀνέκλειπτος, οὕτω καὶ χρόνου ἐκεῖ τοῦ εἰς ἓν συνηγμένου

---

1 ὂν om. F   8 τοῦ (post τὸ) om. F   10 ἑστῶτος cf. v. 37   11 διαιρεῖται
a: διαιροῖτο EF   12 post περὶ τούτου supplendum velut λέγωμεν   14 κατὰ τὸ aF
at cf. v. 15   16 ἢ ἀπογινομένοις om. E   18 περιφορὰ aF: περιφέρεια E
19 post φθαρτῶν add. καὶ F   20 ποιοῦν] ποιὸν a   21 τῷ (post δὲ)] τῶ ex τὸ
corr. E   γὰρ ἐν ταῖς F   post ἐνεργειῶν habet καὶ τὸ ἀΐδιον πρὸ τοῦ μὴ πολλῶ
μᾶλλον τῶ εἶναι punctis deleta F   26 τοῦ (post ἡ) om. E   τὸ (post αὐτὸ) om. E
27 καὶ ἀϊδίῳ om. F   28 χρόνῳ a   29 hiatum signavi. et animadvertit F qui in
mrg. ζήτει suum habet   μὲν om. F   τοῦτο] immo τούτῳ   31 τούτων F
γενόμενος ὁ ἑκάστοτε (32) omissis quae interiacent F   33 ἐναργῶν a

ὁ τῆς κυκλοφορίας χρόνος ἐνέργεια. καὶ τί διοίσει, φαίη τις ἄν, τοῦ αἰῶνος
ὁ συνηγμένος εἰς ἓν ὡς λέγομεν χρόνος; ὁ γοῦν Ἀριστοτέλης αἰῶνα τοῦτον
ἂν λέγοι εἶναι ἐν τῷ περιέχεσθαι τὸν ἑκάστοτε γινόμενον ἕκαστον χρόνον.
καὶ τάχα ἂν κατακολουθοίη μᾶλλον Ἀριστοτέλει τοῦτο λέγων Ἀλέξανδρος.
5 ἢ πρὸς μὲν Ἀλέξανδρον εἴποι τις ἄν, ὡς εἴη σκεπτέον, εἰ ταὐτὸν Ἀριστο-
τέλης θήσεται τὸ εἶναι καὶ τὸ ἀεὶ τῆς τε τοῦ πέμπτου σώματος οὐσίας
καὶ τῆς τοῦ ἀκινήτου ὀρεκτοῦ. εἰ γὰρ αὕτη μὲν αἰτία, ἐκείνη δὲ ἀπ᾽
αἰτίας, ὡς αὐτὸς ὁμολογεῖ, καὶ εἰ μὴ γένεσιν ἀξιοῖ κατηγορεῖν τῆς σωμα-
τικῆς ἀιδιότητος (τοῦτο γὰρ μόνον τὸ ὄνομα παραιτεῖσθαί φησιν), εἰ δ᾽
10 οὖν διαφέροι, συγχωρήσειεν ἂν καὶ τὸ ἀεὶ διττὸν εἶναι, τὸ μὲν αἰτίαν, τὸ
δ᾽ ἀπ᾽ αἰτίας. ἡμεῖς δὲ οἱ τὸ ὑπὸ ἑτέρου ὑφιστάμενον γενητὸν εἶναι καὶ
γινόμενον ὁμολογοῦντες εἰκότως ἂν οὐκ αἰῶνα καλοῖμεν αὐτὸν ἀλλὰ χρόνον,
αἰῶνος εἰκόνα πρώτην τιθέμενοι ταύτην."

Ἐν δὴ τούτοις, ἵνα ἀπὸ τῶν τελευταίων ἄρξωμαι, εἰ γινόμενον οὗτός
15 ἐστιν ὁ χρόνος, πάντως ὅτι καὶ κινούμενος· ὅπου γὰρ γένεσις, ἐκεῖ καὶ
κίνησις καὶ μεταβολὴ πάντως. γενητὸν γὰρ ὁ Πλάτων ἐκεῖνό φησι τὸ γινό-
μενον καὶ ἀπολλύμενον, ὄντως δὲ οὐδέποτε ὄν. καὶ τὸν χρόνον δὲ τὸν
πρώτιστον, ὃν ἅμα οὐρανῷ γενέσθαι φησίν, ἰοῦσαν εἰκόνα κατ᾽ ἀριθμὸν
ἐκάλεσε τοῦ μένοντος ἐν ἑνὶ αἰῶνος, ὡς πάντως κίνησιν τῷ χρόνῳ συνε-
20 πινοῶν. τὸν δὲ Ἀλέξανδρον ἢ καὶ πρὸ τούτου τὸν | Ἀριστοτέλην καλῶς
μὲν ἀπαιτεῖ λέγειν, τί διαφέρει τὸ εἶναι καὶ τὸ ἀεὶ τῆς πέμπτης οὐσίας
τοῦ εἶναι καὶ ἀεὶ τῆς πρώτης κατ᾽ αὐτοὺς αἰτίας. εἴποιεν δ᾽ ἂν οἶμαι
αἰώνιον μὲν ἐκεῖνο τὸ εἶναι καὶ τὸ ἀεὶ ὡς τὸ ἄπειρον ἐν ταὐτῷ συνηγμένον
ἔχον, καὶ ὅπερ ἄν τις αὐτοῦ λάβῃ τὸ ὅλον λαμβάνων, τὸ δὲ τῆς πέμπτης
25 οὐσίας ἀίδιον μέν, ἀλλ᾽ οὐχ ὡς ἅμα ὂν ὅλον, ἀλλ᾽ ὡς ἐπ᾽ ἄπειρον προϊόν·
διὸ καὶ ἔγχρονον. ὅπερ γὰρ ἄν τις αὐτοῦ λάβῃ τοῦ εἶναι μέρος, ἔχει τι
ἑαυτοῦ ἔξω ἅτε ἐπ᾽ ἄπειρον προχωροῦν. κἂν αἰῶνα δέ τις τοιοῦτον λέγοι
πᾶν τὸ ἀεὶ αἰώνιον εἶναι βουλόμενος καὶ τοῦτο διαιρῶν εἴς τε τὸ ἅμα ὅλον
καὶ εἰς τὸ ἐν τῷ γίνεσθαι τὸ εἶναι ἔχον, περὶ μὲν τὰ ὀνόματα διαφωνεῖ
30 πρὸς τὸν Πλάτωνα, τὰ δὲ πράγματα ὀρθῶς διαιρεῖ καὶ συμφώνως ἐκείνῳ.
πρὸς δὲ τὰ ἐν ἀρχῇ τῆς νῦν παρατεθείσης λέξεως ἐφιστάνειν πάλιν ἀξιῶ,
ὅτι τὸ ἀεὶ καθ᾽ ἕνα τρόπον λαμβάνει τὸν τὸ ἄπειρον εἰς ἓν ὁμοῦ συλλαμ-
βάνοντα. καίτοι τὸ ἀειγενὲς οἶδε προσὸν τῷ ῥέοντι χρόνῳ, ἄλλο δηλονότι
τοῦτο ἀεὶ λαμβάνων ἐπὶ τοῦ χρόνου τὸ ἐπ᾽ ἄπειρον. καὶ τό γε τοιοῦτον
35 ἀεὶ οὐδὲ τῷ Ἀριστοτέλει δοκεῖ τῷ αἰῶνι προσήκειν, ὥς φησιν ὁ Δαμάσκιος.
λέγει γοῦν ἐν τῷ τρίτῳ τῆσδε τῆς πραγματείας ὁ Ἀριστοτέλης· "ἄλλως

---

3 ἐν τῷ] ἐν ᾧ E   4 κατακολουθοῖ (ex — εἰ corr.) E   9 τούτων γὰρ μόνων F
13 ταύτην post εἰκόνα posuerunt aF   14 εἰ aF: om. E   fortasse γινόμενος
15 ὅτι libri: immo ἐστί   γὰρ] γε E   16 Πλάτων cf. p. 778,29   19 ἐκάλεσε
Tim. p. 37 D   21 ἀπαιτεῖ E: ἂν ἀπαιτοίη τις aF   τὸ εἶναι aF: τοῦ εἶναι E
24 λάβοι aF   λαμβάνων] immo λαμβάνειν   25 ἀλλ᾽ ὡς οὐχ F   ὂν om.
aF   ἀλλ᾽ ὡς E   27 τοιοῦτον aF: τοῦτον E   λέγῃ a   29 ἐν τῷ] ἐν τὸ E
30 διαιρεῖται   32 λαμβάνει om. E   ἄπειρα F   συλλαμβάνονται E
26 γοῦν E: δὲ aF   ἐν τῷ τρίτῳ] Γ 6 p. 206ᵃ 25   ὁ om. aF

δὲ ἔν τε τῷ χρόνῳ δῆλον τὸ ἄπειρον καὶ ἐπὶ τῶν ἀνθρώπων καὶ ἐπὶ τῆς 185ᵛ
διαιρέσεως τῶν μεγεθῶν. ὅλως μὲν γὰρ οὕτως ἐστὶ τὸ ἄπειρον τῷ ἀεὶ
ἄλλο καὶ ἄλλο λαμβάνεσθαι, καὶ τὸ λαμβανόμενον μὲν ἀεὶ πεπερασμένον, 15
ἀλλ' ἀεί γε ἕτερον καὶ ἕτερον. ἔτι τὸ εἶναι πλεοναχῶς λέγεται. ὥστε τὸ
5 ἐπ' ἄπειρον οὐ δεῖ λαμβάνειν ὡς τόδε τι οἷον ἄνθρωπον ἢ οἰκίαν, ἀλλ' ὡς
ἡ ἡμέρα λέγεται καὶ ὁ ἀγών, οἷς τὸ εἶναι οὐχ ὡς οὐσία γέγονεν, ἀλλ' ἀεὶ
ἐν γενέσει ἢ φθορᾷ πεπερασμένον, ἀλλ' ἀεί γε ἕτερον καὶ ἕτερον. ἀλλ' ἐν
μὲν τοῖς μεγέθεσιν ὑπομένοντος τοῦ ληφθέντος τοῦτο συμβαίνει, ἐπὶ δὲ τοῦ
χρόνου καὶ τῶν ἀνθρώπων φθειρομένων οὕτως ὥστε μὴ ἐπιλείπειν." ἔτι
10 δὲ σαφέστερον τὸ ἐπ' ἄπειρον τοῦτο ἀεὶ παρέστησεν εἰπών· "συμβαίνει δὲ 20
τοὐναντίον ἄπειρον εἶναι ἢ ὡς λέγουσιν. οὐ γὰρ οὗ μηδὲν ἔξω ἐστίν, ἀλλ'
οὗ ἀεί τι ἔξω ἐστί, τοῦτο ἄπειρον." δοκεῖ δὲ ὡς ἄτοπον ἐπάγειν τῷ λόγῳ
τὸ τοιοῦτον ἀεὶ μηδέποτε εἶναι σύμπαν, μηδὲ εἶναι ἀεὶ τὸ ἀεί. καίτοι τί
ἂν ἄτοπον εἴη ἐπὶ τοῦ τοιούτου ἀεὶ τοῦ ἐν τῷ γίνεσθαι τὸ εἶναι ἔχοντος;
15 καὶ ἄλλο δὲ ἄτοπόν φησι τὸ τὸν μέν τινα καὶ ἐλάχιστον χρόνον ὑφίστασθαι,
τὸν δὲ σύμπαντα μηδέποτε. καίτοι ἀτοπώτερον καὶ ἀδυνατώτερον ἂν εἴη
τὸ τὰ ἐν τῷ γίνεσθαι τὸ εἶναι ἔχοντα ἅμα ὅλα ὑφεστάναι. ὅλως δέ φησιν, 25
εἰ τὸ ἀεὶ "μὴ ἔστιν ὄνομα κενόν, ἀδύνατον τὸ ἀεὶ πρᾶγμα μὴ εἶναι ἀεί·
δηλοῖ γὰρ τὸ ἀίδιον· ἀίδιον δέ ἐστιν, ὃ ἀδύνατον ποτὲ μὴ εἶναι ἢ μηδέποτε
20 εἶναι. καὶ ὅπερ οὐκ ἐνδέχεται μὴ εἶναι, καὶ ἀναγκαῖον εἶναι". καὶ οὗτος
δὲ ὁ λόγος δοκεῖ μοι σοφίζεσθαι τὸ ἀεὶ ὂν ἀντὶ τοῦ ἀεὶ γινομένου λαβών.
οὐδὲ γὰρ τὸ ἀεὶ ὂν οὕτως ὡς ἀεὶ γίνεσθαι ὄνομα κενόν ἐστιν, ἀλλ' ἔστιν
ἐν ὑποστάσει οὕτως ὡς ἀεὶ γινόμενον. ἔστι γάρ τι τοῦ εἶναι καὶ τοιοῦτον
σημαινόμενον, καθόσον μέτεστί πῃ καὶ τῇ γενέσει τοῦ ὄντος. καὶ γὰρ ἡ
25 ὄρχησις ἔστιν, ὅταν γίνηται, καὶ ὀρχεῖσθαι λέγομεν τὸν ὀρχηστήν, ἀλλ' οὐχ 30
ὡς ἅμα ὅλης οὔσης τῆς ὀρχήσεως, ἀλλ' ὡς ἐν τῷ γίνεσθαι τὸ εἶναι ἐχούσης.
ἐφεξῆς δὲ ἔοικε καὶ ἐν τοῖς γενητοῖς εἶναι τὸ ἀεὶ τοῦτο βουλόμενος τὸ ἑστὼς
καὶ κατ' ἀριθμὸν τὸ αὐτό, ὅπερ ἄν τις θαυμάσειεν. "εἰ, γάρ, τὸ ἀεὶ, μὴ
ἔστι, φησίν, ἢ ἔστι μὴ ἀεί, οὐδὲν ἔσται τῶν γενητῶν ἀίδιον, ὥστε οὔτε
30 οὐρανὸς ἀεὶ οὔτε κόσμος κατ' ἀριθμὸν ὁ αὐτός, ἀλλὰ ῥευσεῖται πάντα τοῦ
ἀεὶ ἐν ῥοῇ ὄντος οὔτε δὴ ὄντος οὔτε γινομένου· τὸ γὰρ ποτὲ ἑκάστοτε 35
γενήσεται καὶ οὐ τὸ ἀεί." εἰ τοίνυν τὸ ἀεὶ τοῦ γενητοῦ οὐρανοῦ καὶ
κόσμου ὡς ἑστηκὸς ἀξιοῖ θεωρεῖν καὶ ὡς ἅμα ὅλον ὄν, λεγέτω, τί τοῦ ὄντως
ὄντος καὶ αἰωνίου διοίσει τὸ γενητόν.

---

1 τε om. F   2 τῷ] τὸ E   3 ἀεὶ εἶναι Aristoteles   4 ἔτι—καὶ ἕτερον (7) om. F   τὸ ἄπειρον Aristoteles   6 ἡ (post ὡς) om. a et Aristotelis codd. EF   οὐσία τις Aristoteles at cf. f. 303 ᵛ 1   7 post φθορᾷ habet εἰ καὶ ex vulg. Aristotele a   γε E: om. a   8 συμβαίνειν E   9 ὥστε F: ἔσται aE   10 εἰπών p. 206 ᵇ 33·   11 εἶναι ἄπειρον Aristoteles   ἐστὶν (post ἔξω) om. Aristoteles, qui post ἄπειρον illud exhibet   12 ἐπάγει τὸν λόγον E   14 εἴη] ἢ F   16 ἀδυνατώτερον aF: ἀδύνατον γὰρ E   17 φησὶν p. 779, 25   21 ὂν post ἀεὶ iteravit E   22 ὡς (post ὂν οὕτως) om. a   27 τὸ (post εἶναι) aF: τοῦ E   29 φησὶ p. 779, 28   30 ῥεύσει τε E   31 οὐ (post καὶ) om. F   33 ὂν om. F   καὶ (post ὄντος) om. E

ἀλλ' ἔοικεν ἡ πανταχοῦ διὰ μεσότητος πρόοδος αἰτία εἶναι τοῦ καὶ 185ᵛ
αὐτὸν καλῶς ἐρωτᾶν, πῶς οὐρανὸς καὶ κόσμος κατ' ἀριθμὸν ὁ αὐτὸς ἔσται,
ἐὰν ἐν τῷ γίνεσθαι καὶ φθείρεσθαι τὸ εἶναι ἔχῃ, καὶ ἐμὲ παλιν ἀντερωτᾶν,
εἰ γενητὸς ὢν ὁ οὐρανὸς καὶ ὁ σωματικὸς ὅδε κόσμος τὸ ἀεὶ ἑστηκὸς ἔχει
5 καὶ ἅμα ὅλον ὑφεστηκός, πῶς τοῦ αἰωνίου καὶ ὄντως ὄντος διοίσει τὸ 40
τοιοῦτον γενητόν. δυοῖν γὰρ ὄντων ἄκρων ὡς οἶμαι τοῦ ἀεὶ σημαινομένων
τοῦ τε κυρίως αἰωνίου καὶ ὄντως ὄντος καὶ ἅμα ὅλου ὑφεστηκότος καὶ τοῦ
κατ' οὐσίαν ῥέοντος καὶ ἄλλοτε ἄλλο τῷ ἀριθμῷ κατ' οὐσίαν τὸ γινόμενον
ἔχοντος, ὡς ἥ τε κίνησις τῶν οὐρανίων ἐναργῶς ὁρᾶται καὶ εἴδη πάντα τὰ
10 ὑπὸ σελήνην (τὸ γὰρ ἀνθρώπειον εἶδος ἐν ἄλλοις καὶ ἄλλοις ἀεὶ θεωρεῖται
ἀτόμοις τοῖς γινομένοις καὶ φθειρομένοις), τούτων οὖν τῶν ἄκρων δύο με-
σότητές εἰσιν ἥ τε ψυχικὴ καὶ ἡ φυσικὴ ἅμα καὶ σωματική, πρὸς μὲν τοῦ 45
ὄντως ὄντος ἡ ψυχική, πρὸς δὲ τοῦ μόνως γινομένου ἡ τῶν ἀιδίων σω-
μάτων φυσικὴ σύστασις· ὧν ἡ μὲν ψυχική, κἂν ἐξέβη τῆς αἰωνίου συναιρέ-
15 σεως καὶ τῆς ἀμερίστου τελέως ὑποστάσεως, ἀλλ' οὐχ ὑπέβη πρὸς τὸ τε-
λέως μεριστὸν οὔτε κατ' οὐσίαν οὔτε κατὰ τὴν τοῦ εἶναι παράτασιν. διόπερ
καὶ ὁ Πλάτων καὶ ὁ Ἀριστοτέλης εἰς δύο διελόντες τὰ μέτρα τῆς τοῦ εἶναι
παρατάσεως εἰς αἰῶνα καὶ χρόνον, ὁ μὲν Πλάτων ἄμφω τὰς μεσότητας
ἐν χρόνῳ δοκεῖ τεθεικέναι περὶ μὲν τῆς ψυχῆς εἰπὼν ὅτι "ἤρξατο ἀπαύστου 50
20 καὶ ἔμφρονος βίου πρὸς τὸν σύμπαντα χρόνον", περὶ δὲ τοῦ ὅλου οὐρανοῦ
ἤτοι κόσμου ὅτι χρόνος μετ' οὐρανοῦ γέγονεν· ὁ δὲ Ἀριστοτέλης ἐν αἰῶνι
μᾶλλον ἄμφω τέθεικε τὸν χρόνον τοῖς ἐναργῶς ἀεὶ γινομένοις καὶ φθειρο-
μένοις ἀποδούς· ἀκριβεῖ δὲ λόγῳ μέσα ἂν εἴη τῶν μέσων τὰ μέτρα καὶ
ἄλλοις ὀνόμασι σύμμετρα. καὶ τὸ ἀεὶ τοίνυν τό τε τῆς ψυχικῆς οὐσίας
25 καὶ τὸ τῆς οὐρανίας καὶ τῆς κοσμικῆς ὁλότητος οὔτε ὅλον ἅμα νοητέον
ὡς τὸ | κυρίως αἰώνιον οὔτε γινόμενον καὶ φθειρόμενον οὕτως ὡς τὸ τῶν 186ʳ
ὑπὸ σελήνην, ἀλλ' ὥσπερ αἱ οὐσίαι μέσην ἔχουσι φύσιν, οὕτως καὶ ἡ τοῦ
εἶναι παράτασις αὐτῶν καὶ τὰ μέτρα τῆς τοῦ εἶναι παρατάσεως. καὶ εἰ
βούλεταί τις χρόνον καλεῖν, οὐδεὶς φθόνος ὀνομάτων, μὴ μέντοι τοῦτο τὸ
30 τοῦ χρόνου σημαινόμενον τὸ σύνηθες τὸ τῷ ἐνεστῶτι καὶ παρεληλυθότι καὶ
μέλλοντι διαιρούμενον, ἐφ' οὗ καὶ ὁ Ἀριστοτέλης καὶ Πλάτων τάττουσι τὸ 5
ὄνομα, ἐπ' ἐκείνων φερέτω, μηδὲ τὸ ἀεὶ μόνον ἐκεῖνο γινωσκέτω τὸ ἅμα
ὅλον ὑφεστηκὼς καὶ ἐν ἑνὶ μένον, ἀλλ' ἰδέτω καὶ τὸ ἐπ' ἄπειρον ἀεὶ τὸ
ἐν τῷ γίνεσθαι τὸ εἶναι ἔχον καὶ τὰς ἐν μέσῳ τούτων τεταγμένας τοῦ ἀεὶ
35 διαφοράς, ἃς ἀκριβολογούμενός τις οὔτε τῷ αἰῶνι κυρίως προσήκειν οὔτε

---

1 ἡ πανταχοῦ F: om. E ἡ (om. πανταχοῦ) a   2 post πῶς add. ὁ E at cf. p. 779, 29
4 ὢν—ὑφεστηκὸς (5) om. F   5 ὅλον a: ὅλως E   8 ἄλλοτε ἄλλο a: ἄλλοτε
ἄλλου F: ἄλλο ἄλλο E   9 τὰ ante εἴδη transiecit E   12 ἥ τε ψυχικὴ καὶ ἡ
φυσικὴ ἅμα καὶ σωματική E et corr. F: ἥ τε φυσικὴ—σωματικὴ καὶ ἡ ψυχικὴ a
13 ἡ φυσικὴ ψυχικὴ F   14 post φυσικὴ repet. πρὸς μὲν—ὄντος (12, 13) sed dele-
vit E   19 εἰπὼν Tim. p. 36 E   22 ἄμφω om. aF   ἀεὶ om. E
25 τὸ (post καὶ) om. F   ὅλον om. E   31 ὁ om. aF   33 ὑφεστὼς aF
34 καὶ (ante τὰς) om. F

τῷ χρόνῳ βουλήσεται· μετὰ γὰρ κινήσεως εἶναι πάντως καὶ κινήσεως ὁ 186ʳ
χρόνος εἶναί τι δοκεῖ. εἰ δὲ τὸν ῥέοντα τοῦτον χρόνον τὸν τὴν σωματικὴν
μετροῦντα κίνησιν τήν τε κατ' οὐσίαν καὶ τὴν κατὰ τὰς ἄλλας μεταβολὰς 10
ὁ ἐν τῇ φύσει λόγος ἀίδιος τοῦ χρόνου ὁ ἐνουσιωμένος τῇ φύσει οὗτός
5 ἐστιν ὁ παράγων καὶ οὗτός ἐστιν, ὥς φησι, χρόνος ὁ ἀεὶ παρὼν ὅλος καὶ
σύμπας, ὁμοίως δὲ καὶ ὁ ἐν τῇ ψυχῇ λόγος τοῦ χρόνου προϋπάρχων ἀεὶ
κατ' ἀριθμὸν ὁ αὐτὸς οὗτός ἐστιν ὁ ὅλος χρόνος, ὃν φησιν ἅμα ὅλον ὑφε-
στάναι, οὐκέτι μοι σκληρὸν τὸ δόγμα δοκεῖ. λόγον μὲν γὰρ χρόνου ὥσπερ
καὶ κινήσεως ἅμα ὅλον εἶναι καὶ ἐν ψυχῇ καὶ ἐν φύσει, ὡς ἔστιν ἐν ἐκείνοις
10 τὸ ἅμα, οὐδὲν θαυμαστόν. καὶ γὰρ τοῦ σώματος ὁ λόγος προϋπάρχει 15
ἀσώματος καὶ ἀδιάστατος, καὶ ἀπ' ἐκείνου τοῦτο τὸ ἐν διαστάσει, ὅπερ
ἀδιάστατον εἶναι ἀδύνατον. οὕτως οὖν καὶ χρόνος καὶ κίνησις ἐν μὲν παρα-
δείγμασι καὶ λόγοις εἰδητικοῖς ἔστω ὅλα ἅμα, ἐν εἰκόσι δὲ καὶ ὑποστάσεσι
γενηταῖς ὡς οἶμαι ἀδύνατον. μήποτε δὲ οὐδὲ οἱ φυσικοὶ καὶ ψυχικοὶ λόγοι,
15 εἴπερ τοῦ ὄντως ὄντος καὶ τοῦ ἐν ἑνὶ μένειν ὑπέβησαν, δύνανται τὸ ὅλον
ἅμα ἔχειν ὡς ἀκριβῶς εἰπεῖν, ἀλλ' οὕτως ὡς ἐκείναις προσήκει ταῖς μεσό-
τησιν. ὡς δὲ συνελόντα φάναι ἐν μεθέξει μὲν ὅλον ἅμα χρόνον θεωρεῖν 20
ἀδύνατον εἶναι νομίζω, ἀπὸ δὲ τῆς τοῦ αἰῶνος ἀναλογίας εἰς ἔννοιαν ἦλθον
καὶ ἐγὼ τοῦ πρώτου χρόνου τοῦ ὑπὲρ πάντα τὰ ἔγχρονα ὄντος καὶ ταῖς
20 ἑαυτοῦ μεθέξεσιν ἐκεῖνα χρονίζοντος, τουτέστι τὴν τοῦ εἶναι παράτασιν αὐ-
τῶν εὐθετίζοντος καὶ μετροῦντος, καὶ τάξιν ἔχειν ποιοῦντος τὰ τῆς τοιαύτης
παρατάσεως μόρια. ὡς γὰρ ὁ αἰὼν πρὸ τῶν αἰωνίων ὑφεστηκὼς μέσος
ἐστὶ τῆς τε ἡνωμένης τοῦ ὄντος ὑπεροχῆς καὶ τῆς τοῦ νοῦ διακεχριμένης 25
ὑποβάσεως κατὰ τὸ διακρινόμενον αὐτὸς ὑφεστώς (διὸ καὶ ζωῇ σύστοιχος
25 ὁ αἰών, ἐπειδὴ καὶ αὐτὴ μεταξὺ τοῦ ὄντος οὖσα καὶ τοῦ νοῦ, ταὐτὸν δὲ
εἰπεῖν τοῦ ἡνωμένου καὶ τοῦ διακεχριμένου, κατὰ τὸ διακρινόμενον ὑφέ-
στηκεν), οὕτως οὖν μεταξὺ τοῦ ὄντως ὄντος καὶ τοῦ γινομένου, ταὐτὸν δὲ
εἰπεῖν τοῦ ἀκινήτου καὶ κινουμένου, ἤτοι τὸ ἅμα ὅλον ἔχοντος τὸ εἶναι τό
τε τῆς οὐσίας καὶ τῆς δυνάμεως καὶ ἐνεργείας * * *, εἶναι δεῖ πάντως τὸ
30 τῆς μὲν γενέσεως ἐξῃρημένον προσεχῶς, ὑποβεβηκὸς δὲ τοῦ ὄντος καὶ διὰ 30
τοῦτο μετροῦν καὶ συνέχον καὶ τάττον τὴν παράτασιν τῆς γενέσεως τῇ ἑαυτοῦ
μεθέξει. οὐ γὰρ ἡ παράτασίς ἐστιν ὁ μεθεκτὸς χρόνος, ἀλλὰ τὸ μέτρον
καὶ ἡ τάξις τῆς παρατάσεως. καὶ εἰ ταῦτα ἀληθῆ λέγω, ὡς ἔχει πρὸς
τὴν ζωὴν ὁ αἰὼν ὁ ἀμέθεκτος, οὕτως ἔχει πρὸς ψυχὴν ὁ πρῶτος οὗτος
35 χρόνος. οὔτε δὲ ἡ ζωὴ αἰώνιός ἐστιν (αἰώνιον γὰρ τὸ ὑπὸ αἰῶνος μετρού-

---

1 πάντως εἶναι aF   2 τοῦτον om. E   τὸν (ante τὴν) om. F   7 οὗτος om. F   post ἐστιν add. ἅμα aF   ὁ (ante ὅλος) om. F   12 καὶ ὁ χρόνος E   14 γενηταῖς ὡς aF: γενητὰ ἴσως E   οὐδὲ om. E   17 συνελόντα EF: συνελόντι a   ἅμα χρόνον ὅλον aF   19 καὶ (ante ταῖς) F cf. v. 31: ἐν E: καὶ ἐν a   20 τὴν om. E   21 τῆς (post τὰ) om. E   24 αὐτὸ F   ζωῆς F   26 ὑφεστηκώς E   28 καὶ (post ἀκινήτου) om. E   ἤτοι τὸ] immo τὸ εἶναι] τοῦ εἶναι E   29 τῆς δυνάμεως καὶ om. E   29 sententia hiat   καὶ (ante τῆς) om. a   ἤτοι τοῦ om. E   μὲν om. E   34 πρὸς τὴν ψυχὴν a

μενον), ἀλλὰ ἡ αὐτὴ μὲν τῷ αἰῶνι οὐσία, κατ' ἄλλην δὲ θεωρουμένη ἰδιό- 186ʳ
τητα, οὔτε ἡ ψυχὴ ἔγχρονος ἀλλ' αὐτόχρονος. πλὴν ὅτι ψυχὴ μὲν κατὰ 35
τὸ ζωοποιόν ἐστι, χρόνος δὲ κατὰ τὸ μετρητικὸν τῆς τοῦ εἶναι παρατάσεως,
εἰ μὴ ἄρα ἡ πρόοδος ἐν τούτοις τὰς οὐσίας διέστησεν, ὡς ἄλλην μὲν εἶναι
5 τὴν ψυχήν, ἄλλον δὲ τὸν χρόνον. καὶ γὰρ καὶ ἐκεῖ τριφυὴς ἦν ἡ μεσότης
ἐκείνη, ἄλλως μὲν ὡς ζωή, ἄλλως δὲ ὡς αἰών, ἄλλως δὲ ὡς ὁλότης θεω-
ρουμένη, οὐ διῃρημένων ἐκείνων, ἀλλ' ἡμῶν περὶ τὴν ἡνωμένην ἐκείνων
παντότητα διαιρουμένων. καὶ δῆλον ὅτι οὗτος ἂν εἴη ὁ χρόνος ὁ ὡς θεὸς
ὑπό τε Χαλδαίων καὶ τῆς ἄλλης ἱερᾶς ἁγιστείας τιμηθείς, ἀλλ' οὐ περὶ 40
10 τούτου τοῖς φυσικοῖς ὁ λόγος, ἀλλὰ τοῦ ἐν μεθέξει θεωρουμένου. διὸ τούτων
μὲν ἅλις ἔστω τῶν λόγων.

Τὰς δὲ τῶν προτέρων περὶ τοῦ χρόνου δόξας ἐπισκεψώμεθα. τάχα
γὰρ καὶ τοῦ νῦν εἰρημένου χρόνου τινὲς αὐτῶν φανήσονται παραψάμενοι.
ὁ μὲν οὖν Πυθαγόρειος Ἀρχύτας, ὃς καὶ πρῶτος ὧν ἀκοῇ ἴσμεν δοκεῖ τὴν
15 οὐσίαν ἀφορίζεσθαι τοῦ χρόνου, τάδε περὶ αὐτοῦ γέγραφεν ἐν τῷ Περὶ τῶ
παντὸς λόγῳ· "τὸ δὲ πόκα καὶ ὁ χρόνος καθόλου μὲν ἴδιον ἔχει τὸ ἀμερὲς
καὶ τὸ ἀνυπόστατον. τὸ γὰρ νῦν ἀμερὲς ὄν, λεγόμενον ἅμα καὶ νοούμενον, 45
παρελήλυθε καὶ οὐκ ἔστι παραμένον. γινόμενον γὰρ συνεχῶς τὸ αὐτὸ μὲν
οὐδέποκα σῴζεται κατ' ἀριθμόν, κατὰ μέντοι γε τὸ εἶδος. ὁ γὰρ ἐνεστὼς
20 νῦν χρόνος καὶ ὁ μέλλων οὐκ ἔστιν ὁ αὐτὸς τῷ προγεγονότι· ὁ μὲν γὰρ
ἀπογέγονε καὶ οὐκέτι ἔστιν, ὁ δὲ ἅμα νοούμενος καὶ ἐνεστακὼς παρῴχηκε.
καὶ οὕτως ἀεὶ συνάπτει τὸ νῦν συνεχῶς ἄλλο καὶ ἄλλο γινόμενόν τε καὶ
φθειρόμενον, κατὰ μέντοι γε τὸ εἶδος τὸ αὐτό. πᾶν γὰρ τὸ νῦν ἀμερὲς
καὶ ἀδιαίρετον πέρας μέν ἐστι τοῦ προγεγονότος, ἀρχὰ δὲ τῶ μέλλοντος, 50
25 ὥσπερ καὶ γραμμᾶς εὐθείας κλασθείσας τὸ σαμεῖον περὶ ὃ ἁ κλάσις ἀρχὰ
μὲν γίνεται τᾶς ἑτέρας γραμμᾶς, πέρας δὲ τᾶς ἑτέρας. συνεχὴς δὲ ὁ χρόνος
καὶ οὐ διωρισμένος, ὥσπερ ἀριθμὸς καὶ λόγος καὶ ἁρμονία. τῶ μὲν γὰρ
λόγῳ ταὶ συλλαβαὶ τὰ μόρια, ταῦτα δὲ διωρισμένα καὶ τᾶς ἁρμονίας τοὶ
φθόγγοι καὶ τῶ ἀριθμῶ ταὶ μονάδες, γραμμὰ δὲ καὶ χωρίον καὶ τόπος
30 συνεχές. τὰ γὰρ μόρια τούτων κοινὰ τμάματα | ποιέει διαιρεύμενα. 186ᵛ
τέμνεται γὰρ γραμμὰ μὲν κατὰ στιγμάν, ἐπίπεδον δὲ κατὰ γραμμάν, στερεὸν

---

1 ἀλλὰ καὶ ἡ aE   δὲ om. E   2 μὲν om. E   6 ἄλλως δὲ ὡς αἰών
om. E   9 ἄλλης om. F   14 Ἀρχύτας cf. Simplicius in Categ. f. 89 Γ (Basileae
1551). v. Hartenstein de Archytae fragm. p. 36. Spengel ad Eudemum p. 63²²   ὧν]
ὂν E   15 τῶ (post Περὶ) E: τοῦ aF   16 πόκα] π κα sic F   17 ὄν E: ὂν καὶ
F: ἐὸν καὶ a: om. Simpl. Categ., ubi post λεγόμενον ἅμα νοούμενον add. καὶ λεγόμενον cf.
Iamblichi explicatio ibid. f. 89 E   νοεύμενον a   18 ἔστι EF: ἐντὶ a   τὸ αὐτὸ
EF: τωὐτὸ a   οὐδέπωκα F   σώσδεται a   20 οὐκ ἐντὶ ὠυτὸς a
21 ἔστιν] ἐντὶ a   νοεύμενος a   23 γε om. a   τωυτὸ a   24 ante πέρας
habet καὶ Simpl. Categ.   ἐστι τῶ Simpl. Categ. (cod. I): ἐντὶ τῷ a   δὲ τῶ sic
aEF²: δὲ τοῦ F¹   25 σαμηον F   28 ταὶ] τ' αἱ E et sic v. 29   τᾶς συλλα-
βᾶς Simpl. Categ.   τ' οἱ E   30 συνεχὲς EF Simpl. Categ.: συνεχής a   31 ἐπί-
πεδον δὲ κατὰ γραμμὰν om. E

δὲ κατὰ ἐπίπεδον. ἔστιν ὦν καὶ ὁ χρόνος συνεχής. οὐ γὰρ ἦν ποκα 186ᵛ
φύσις, ὁπόκα χρόνος οὐκ ἦν, οὐδὲ κίνασις, ὁπόκα τὸ νῦν οὐ παρῆς· ἀλλ'
ἀεὶ ἦν καὶ ἐσσεῖται, καὶ οὐδέποκα ἐπιλείψει τὸ νῦν ἄλλο καὶ ἄλλο γινό-
μενον. καὶ ἀριθμῷ μὲν ἅτερον, εἴδει δὲ τωυτόν. διαφέρει γε μὰν τῶν
5 ἄλλων συνεχέων, ὅτι τὰς μὲν γραμμᾶς καὶ τῶ χωρίω καὶ τῶ τόπω τὰ 5
μέρεα ὑφέστακε, τῶ δὲ χρόνω τὰ μὲν γενόμενα ἔφθαρται, τὰ δὲ γενησόμενα
φθαρήσεται. διόπερ ὁ χρόνος ἤτοι τὸ παράπαν οὐκ ἔστιν, ἢ ἀμυδρῶς καὶ
μόλις ἔστιν. οὐ γὰρ τὸ μὲν παρεληλυθὸς οὐκέτι ἔστι, τὸ δὲ μέλλον
οὐδέπω ἔστι, τὸ δὲ νῦν ἀμερὲς καὶ ἀδιαίρετον, πῶς ἂν ὑπάρχοι τοῦτο κατ'
10 ἀλήθειαν;"

Ὁ μέντοι θεῖος Ἰάμβλιχος ἐν τῷ πρώτῳ τῶν εἰς τὰς Κατηγορίας ὑπο-
μνημάτων τὸν Ἀρχύταν ὁρίζεσθαί φησι τὸν χρόνον ὡς ἔστι 'κινάσιός τις
ἀριθμὸς ἢ καὶ καθόλω διάσταμα τᾶς τῶ παντὸς φύσιος'. ἐξηγεῖται δὲ τὸν 10
ὁρισμὸν αὐτός, ὡς κινήσεως μὲν εἴρηταί τινος οὐχὶ μιᾶς τῶν πολλῶν (αἱ
15 γὰρ ἄλλαι χρόνου λελείψονται) οὐδὲ τῆς τῶν πολλῶν κοινότητος (αὕτη γὰρ
οὐ μία), ἀλλὰ τῆς τῷ ὄντι μιᾶς καὶ πασῶν τῶν ἄλλων προϋπαρχούσης
οἷον μονάδος τῶν κινήσεων, ἥ ἐστι πρώτη δικαίως καὶ αἰτία πασῶν ἡ
ψυχικὴ κατὰ τὴν προβολὴν τῶν λόγων ἐκφυομένη πρώτη μεταβολή. ταύ-
της δὴ ἀριθμὸς οὐκ ἐπιγινόμενος οὐδὲ ἔξωθεν, ὡς ὁ Ἀριστοτέλης οἴεται, 15
20 ἀλλὰ προτεταγμένος αὐτῆς ἐν αἰτίας τάξει καὶ προποδίζων αὐτὴν κατὰ
μέτρα τὰ πρόσφορα οὐσία ὢν οὐσιώδη οὖσαν ἐνέργειαν οἷον ἐκμαιευόμενος
τῶν ψυχῆς οὐσιωδῶν λόγων τὰς αὐτοκινήτους προβολάς. "τὸ δὲ καθόλου
διάστημα τῆς τοῦ παντὸς φύσεως ὑποληπτέον, φησί, τοὺς ἀρχαίους λέγειν
τὸ ἐν τοῖς λόγοις θεωρούμενον συνεχὲς αὐτῶν καὶ εἰς μερισμὸν διιστάμενον.
25 ὃ γὰρ ἐπὶ τῶν ἐν γενέσει μεταβολῶν ἐπιδείκνυσι τούτου τοῦ νῦν παρὰ τὸ
πρόσθεν νῦν καὶ ταύτης τῆς κινήσεως παρὰ τὴν πρόσθεν κίνησιν, τοῦτο δὴ 20
πολὺ πρότερον καὶ ἀρχηγικώτερον ἐπὶ τῆς οὐσίας τῶν ὅλων φυσικῶν λόγων
προϋπάρχον θεωρεῖται, καὶ κυρίως συμπληροῖ τὸ διάστημα τοῦ πρεσβυτά-
του πάντων χρόνου τοῦ συνεχίζοντος τοὺς τῆς φύσεως λόγους. συμφωνεῖ
30 δέ, φησί, πρὸς τὸ αὐτὸ καὶ ἡ τῶν ἔτι παλαιοτέρων δόξα. οἱ μὲν γάρ,
ὥσπερ καὶ τοὔνομα δηλοῖ, χορείᾳ τινὶ τοῦ νῦν, οἱ δὲ ταῖς τῆς ψυχῆς
περιόδοις, οἱ δὲ τῇ τούτων φυσικῇ χώρᾳ, οἱ δὲ ταῖς ἐγκυκλίοις περιφοραῖς
τὸν χρόνον ἀφωρίσαντο, ἃ πάντα περιείληφεν ἡ Πυθαγόρειος αἵρεσις. καὶ 25

---

1 κατ' ἐπίπεδον aF   ἐντὶ ὦν a   ἦν] ἧς hic et v. 2 a   2 ὁπόκα] οὔ-
ποκα F   κίνασις aF Simpl. Categ.: κίνησις E   3 ἦν] ἧς a   ἐσσεῖται] ἔσται
Simpl. Categ.   4 τωυτόν F Simpl. Categ.: τουτόν E   γε μὰν E Simpl. Categ.:
γραμμᾶν F: δὲ γραμμᾶ a   6 ὑφέστηκε Simpl. Categ.   γινόμενα Simpl. Categ.
γενασόμενα a   post γενησόμενα ab Simpl. in Categ. interponuntur οὐδέπω ἐστί, τὰ δὲ
ἐνεστῶτα ὅσον αὐτίκα, quae tamen codices IK omittunt   7 ἔστι] ἐντὶ et sic deinceps a
8 οὔ] ᾧ a   10 ἀλάθειαν a   11 Ἰάμβιχος cf. supra p. 700,19   πρώτῳ aF:
ιᾱ E   13 διαστάματος τῶ παντὸς E   14 μὲν cf. δὲ v. 22   18 πρώτως F
19 οὐδὲ] οὐκ E   ὁ (post ὡς) om. aF   21 οὐσίαων E: οὐσία ὢν F: οὐσιοῖ a
26 δὴ πολὺ aF: δηλοῖ E   28 προϋπάρχων E   πρεσυντάτου E   29 χρόνου aE:
λόγου F   33 ἀφωρίσαντο ἃ πάντα a: ἀφώρισαν. τὸ ἃ πάντα F: ἀναφοραῖς τὸ ἅπαντα E

νῦν μέν, φησίν, ὡς δύο τοὺς ὅρους διωρθωσάμεθα ταῖς ἐξηγήσεσι, δεῖ δὲ 186ᵛ
εἰς ἓν συνελεῖν ἀμφοτέρους τούτους τοὺς λόγους καὶ ὡς συνεχῆ καὶ διω-
ρισμένον ἅμα τὸν χρόνον ποιεῖν, εἰ καὶ συνεχής ἐστι κυριώτερον." οὕτω
μὲν οὖν ὁ Ἰάμβλιχος τὸν ψυχικὸν καὶ τὸν φυσικὸν χρόνον ὑπὸ τοῦ Ἀρχύ-
5 του παραδεδόσθαι φησί. διὰ δὲ τῆς ἔμπροσθεν ὑπ᾽ ἐμοῦ παρατεθείσης
τοῦ Ἀρχύτου ῥήσεως τὴν εἰς τὸ ἐκτὸς ἐκφαινομένην τοῦ χρόνου ἐνέργειαν
δηλοῦσθαί φησιν, οὐ τοίνυν μόνον ἀξιοῦντος ὑφεστηκέναι τοῦ Ἀρχύτου, 30
ἀλλὰ καὶ χρόνον εἶναι προηγούμενον ἐν τοῖς οὖσι κατὰ τὴν ἑαυτοῦ τάξιν
εὖ διακείμενον, πρὸς ἣν ἀναφέρεται τὸ πρότερον καὶ δεύτερον τῶν ἡμετέ-
10 ρων πράξεων, ὅπερ οὐκ ἂν ἦν μὴ προϋφεστῶτος τοῦ χρόνου. τὸ δὲ ἀμερὲς
καὶ ἀνυπόστατον ὁ Ἰάμβλιχος ἐπ᾽ ἄλλου καὶ ἄλλου χρόνου ἀκούειν ἀξιοῖ
κατὰ μὲν τὰ εἴδη τῶν λόγων τὰ ἑστῶτα ἐν ἑαυτοῖς τὸ ἀμερὲς ἀφοριζό-
μενος, κατὰ δὲ τὰς προϊούσας ἀπ᾽ αὐτῶν κινήσεις, ἐπειδὴ αὗται οὐ δια-
σῴζουσι τὴν ἀμέριστον καὶ ἀκίνητον οὐσίαν, τὸ ἀνυπόστατον. καὶ κατὰ 35
15 μὲν τὴν μένουσαν ἐν οὐσίαις ἐνέργειαν καὶ τελειότητα τὸ ἀμερές, κατὰ
δὲ τὴν ἐξιοῦσαν εἰς γένεσιν ῥοπὴν ἀπὸ τοῦ ὄντος τὸ ἀνυπόστατον, ὅτι τὸ
τῆς πρώτης οὐσίας καθαρὸν οὐ διέσωσε. "καὶ ποῦ, φησί, δεῖ νοεῖν τὴν
τοῦ χρόνου ῥοήν τε καὶ ἔκστασιν; ἐν τοῖς μετέχουσιν αὐτοῦ φήσομεν.
γινόμενα γὰρ ταῦτα ἀεὶ οὐ δύναται τὴν ἐκείνου σταθερὰν οὐσίαν ἀκινήτως
20 δέξασθαι, ἄλλοτε δὲ ἄλλοις μέρεσι τοῖς ἑαυτῶν ἐκείνης ἐφαπτόμενα τὸ
ἑαυτῶν πάθημα ἐκείνης καταψεύδεται. καὶ τὸ γίνεσθαι νῦν τούτοις ὑπάρξει 40
τοῖς ἀεὶ μετέχουσι ⟨τοῦ νῦν, ἡ δὲ ἐν τοῖς ἄλλοτε ἄλλως ἔχουσι καθ᾽ ἓν
συνεχὲς ταυτότης⟩ τοῦ νῦν ἀμεροῦς ἐστιν ἰδία, καὶ ἀπ᾽ αὐτοῦ ἐνδίδοται
τοῖς ἄλλοτε ἄλλοις γινομένοις. διόπερ καὶ ἡ μὲν κατ᾽ ἀριθμὸν ἑτερότης
25 ἀεὶ ἀλλοιουμένη τῆς τῶν μετεχόντων ἐστὶ διαφορότητος δεῖγμα, τὸ δὲ εἶδος
ταὐτὸ μένον τὴν τοῦ ἀμεροῦς νῦν ἐνδείκνυται ταυτότητα." οὕτω μὲν οὖν
ὁ Ἰάμβλιχος τὸν Ἀρχύταν ἐξηγήσατο καὶ ἄλλα πολλὰ τῇ ἐξηγήσει προσευ-
πορήσας.

Ὁ δὲ Δαμάσκιος οἶμαι κἂν χθαμαλώτερον, ἀλλ᾽ οἰκειότερόν γε πρὸς 45
30 τὴν Ἀρχύτου λέξιν ἀριθμὸν μέν τινος κινήσεως ἀκούει οὐ τῆς ὡς εἴδους
καὶ ἀκινήτου, ἀλλὰ τῆς μεταβολικῆς, ὥστε οὐ τῆς ψυχικῆς μόνης, ἀλλὰ
πάσης ὁμοίως μεταβολῆς (ἴσως δὲ καὶ ὅτι ἀτόμων ἀεὶ καὶ ἄτομος ἡ μετα-
βολή, διὰ τοῦτο τινός· τὸ γὰρ καθόλου ἀμετάβλητον), καθόλου δὲ διά-
στημα τῆς τοῦ παντὸς φύσεως, ὅτι οὐ μόνης κινήσεως ἀλλὰ καὶ ἠρεμίας,
35 ὅπερ καὶ Ἀριστοτέλης καλῶς νοήσας εἶπεν ὅτι "τοῦτό ἐστι" τῇ κινήσει
"τὸ ἐν χρόνῳ εἶναι τὸ μετρεῖσθαι αὐτῆς τὸ εἶναι· δῆλον ὅτι καὶ τοῖς ἄλλοις 50

---

2 καὶ (post συνεχῆ) om. F   18 ἔκστασιν] ἔνστασιν vix recte legitur in Iamblichi verbis
excerptis (non descriptis) apud Simpl. Categ. f. 89 E   φήσομεν aE: φησὶ μὲν F
22 τοῦ νῦν—ταυτότης (23) om. libri. restitui ex p. 793,1   24 ἄλλοις F: ἄλλως aE
30 ὡς om. E   31 post ἀκινήτου interiecta habet E in f. 402ᵛ—418ʳ libri primi fragmenta
quorum discrepantiam signatam Eᵃ et Eᵇ supra rettuli cf. p. VII et 20,1 n. 35,30 n. 52,18 n.
ψυχικῆς aF: ψυχῆς E   32 καὶ (post ὅτι) om. F   33 μεταβλητόν E   34 ὅτι
οὐ μόνης κινήσεως om. F   35 εἶπεν Δ 12 p. 221ᵃ 6   τῇ κινήσει] αὐτῇ Arist.
36 τὸ μετρεῖσθαι—χρόνῳ εἶναι (788,1) om. E itemque (mutato αὐτῶν in αὐτῆς) a

τοῦτό ἐστι τὸ ἐν χρόνῳ εἶναι τὸ μετρεῖσθαι αὐτῶν τὸ εἶναι ὑπὸ τοῦ χρόνου". 186ʳ ὥστε καὶ τῆς ἠρεμίας ἡ τοῦ εἶναι διάστασις ὑπὸ τοῦ χρόνου μετρεῖται, ὥσπερ καὶ εἰ τῆς κινήσεως ὁ χρόνος λέγεται, τῆς παρατάσεως λέγεται ταύτης τῆς τοῦ εἶναι τῆς ἐν γενέσει. καὶ ἔοικεν Ἀριστοτέλης τὸ διάστημα
5 τῆς φύσεως εἰς τὴν παράτασιν τοῦ εἶναι τοῦ ἑκάστου μεταλαβεῖν. εἰπὼν οὖν ἀριθμὸν κινήσεως ἐπὶ κοινότερόν τι μετῆλθε τὸ διάστημα τῆς φύσεως τὸ τοῖς γινομένοις οἰκεῖον, ὅπερ καὶ ἐπὶ ἠρεμίας θεωρεῖται καὶ ὅλως πάσης γενητῆς τε | καὶ φυσικῆς οὐσίας. . διὸ καὶ οὕτως εἶπε 'καὶ καθόλου τὸ 187ʳ διάστημα τῆς τοῦ παντὸς φύσεως' ὡς ἐν τοῖς φυσικοῖς μάλιστα θεωρεῖ-
10 σθαι τὸν χρόνον βουλόμενος. καὶ γὰρ καὶ ἡ ψυχὴ χρόνου μετέχει καθόσον φύσεως καὶ γενέσεως κοινωνεῖ ὥσπερ αἰῶνος, ὅταν εἰς τὸ ὄντως ὂν ἀναδράμῃ. καὶ οἰκειότερον δὲ τῷ χρόνῳ τὸ διάστημά ἐστιν ἤπερ ἀριθμός· οὐ γὰρ ὡς αἱ μονάδες διεστήκασιν ἀλλήλων, οὕτω καὶ τὰ νῦν· οὐ γὰρ 5 παρεμπίπτει τι μεταξὺ τῶν νῦν, ὃ μὴ νῦν ἐστι. διὸ καὶ συνεχὴς ὁ χρόνος
15 ἀλλ' οὐ διωρισμένος, ὡς ὁ λόγος ὀνόμασι καὶ ῥήμασι καὶ συλλαβαῖς καὶ στοιχείοις καὶ ἡ ἁρμονία τοῖς φθόγγοις. ἐπειδὴ δὲ καὶ ἄλλο διάστημα τὸ μεγεθικὸν ἦν, προσέθηκε 'τῆς τοῦ παντὸς φύσεως', φύσιν καλέσας τὴν τοῦ γινομένου ἀπὸ τοῦ ὄντος ἔκφυσιν ἀεὶ γινομένην καὶ ῥέουσαν. καὶ προελθὼν ἔτι σαφέστερον ἐποίησεν, ὅτι οὐ κατὰ μέγεθος ὥρισε τὸ διάστημα, ἀλλὰ
20 κατὰ τὴν τοῦ ἀεὶ συνέχειαν. 'ἀμερὲς' δὲ καὶ 'ἀνυπόστατον' καλεῖ τὸν 10 χρόνον, διότι κατὰ τὸ νῦν αὐτὸν ὁρᾷ τὸ ἀδιάστατον, ἀνυπόστατον δέ, ὅτι οὐχ ὑπομένει τὸ αὐτὸ τῷ ἀριθμῷ· τοιαύτη γὰρ ἡ φύσις τῶν ἐν τῷ γίνεσθαι τὸ εἶναι ἐχόντων. διὸ καὶ κίνησις καὶ τὸ πρότερον καὶ ὕστερον ἐν τούτοις. καὶ ὅρα ὅτι ὅταν μὲν ἀμερὲς καὶ ἀνυπόστατον λέγῃ τὸν χρόνον
25 καὶ ὅταν τὸν ἐν τῷ νῦν χρόνον διαφέρειν λέγῃ τοῦ παρῳχημένου, ταὐτὸν λέγει τὸ νῦν τῷ χρόνῳ· ὅταν δὲ πέρας τοῦ παρῳχημένου χρόνου καὶ ἀρχὴν τοῦ μέλλοντος λέγῃ τὸ νῦν, τότε ἕτερον, καὶ ὅταν τὸ μὲν νῦν ἀδιαί- 15 ρετον λέγῃ, τὸν δὲ χρόνον συνεχῆ, καὶ ὅταν τὸν χρόνον ἀριθμὸν ὁρίζηται· τὸ γὰρ νῦν οὐκ ἂν εἴποι ἀριθμὸν ἀδιαίρετον ὄν· ἔοικεν οὖν καὶ Ἀρχύτας,
30 ὥσπερ καὶ Ἀριστοτέλης τὴν τῶν νῦν συνεχῆ καὶ ἀδιάκοπον ῥοὴν τίθεσθαι τὸν χρόνον καὶ τοῦτον μάλιστα παραδιδόναι τὸν τῇ γενέσει σύστοιχον καὶ κυρίως λεγόμενον χρόνον εἰκόνα ὄντως τοῦ αἰῶνος.

Ὁ δέ γε Πλάτων καὶ Ἀριστοτέλης ἣν ἐσχέτην περὶ χρόνου δόξαν, εἴρηται πρότερον. καὶ Θεόφραστος δὲ καὶ Εὔδημος οἱ τοῦ Ἀριστοτέλους
35 ἑταῖροι τὰ αὐτὰ φαίνονται τῷ Ἀριστοτέλει περὶ χρόνου δοξάσαντές τε καὶ 20 διδάξαντες. ὁ μέντοι Λαμψακηνὸς Στράτων αἰτιασάμενος τὸν ὑπ' Ἀριστοτέλους τε καὶ τῶν Ἀριστοτέλους ἑταίρων ἀποδοθέντα τοῦ χρόνου ὁρισμὸν

---

3 καὶ εἰ E: καὶ ἡ F: καὶ a   λέγεται (post χρόνος) aF: λέγηται E   λέγεται (ante ταύτης) om. a   9. 10 τὸν χρόνον θεωρεῖσθαι aF   12 ἤπερ E: εἴπερ aF   15 ὀνόματι καὶ ῥήματι a   16 καὶ (ante ἡ) om. E   21 ἀδιάστατον aF: διαστατόν E   30 ἀδιάκοπον E et in mrg. F: ἀδιαίρετον a et in contextu F   ῥοὴν aF: ῥοπὴν E   31 suspicor τὸν ⟨τῷ⟩ ἐν   τῇ scripsi: ἐν τῇ aF: ἐν E   32 ὄντως] fortasse ὄντα   36 Στράτων cf. Zeller H. Ph. II 2³ 911 sq.

αὐτὸς καίτοι Θεοφράστου μαθητὴς ὢν τοῦ πάντα σχεδὸν ἀκολουθήσαντος 187ʳ
τῷ Ἀριστοτέλει καινοτέραν ἐβάδισεν ὁδόν· ἀριθμὸν μὲν γὰρ κινήσεως εἶναι
τὸν χρόνον οὐκ ἀποδέχεται, διότι ὁ μὲν ἀριθμὸς διωρισμένον ποσόν, ἡ δὲ
κίνησις καὶ ὁ χρόνος συνεχής, τὸ δὲ συνεχὲς οὐκ ἀριθμητόν· εἰ δέ, ὅτι
5 ἄλλο καὶ ἄλλο τὸ μέρος τῆς κινήσεως καὶ τούτων τὸ μὲν πρότερον τὸ 25
δὲ ὕστερον, κατὰ τοῦτο ἔστι τις τῆς κινήσεως ἀριθμός, οὕτω γε ἂν καὶ
τὸ μῆκος ἀριθμητὸν εἴη (καὶ γὰρ καὶ τοῦτο ποσὸν ἄλλο καὶ ἄλλο ἐστί)
καὶ τῶν ἄλλων τῶν κατὰ συνέχειαν γινομένων, καὶ τὸ μὲν πρότερον τὸ δὲ
ὕστερον, ὥστε καὶ τοῦ χρόνου εἴη ἂν χρόνου χρόνος. ἔτι δὲ ἀριθμοῦ μὲν
10 οὐκ ἔστι γένεσις καὶ φθορά, κἂν τὰ ἀριθμητὰ φθείρηται, ὁ δὲ χρόνος καὶ
γίνεται καὶ φθείρεται συνεχῶς. καὶ τοῦ μὲν ἀριθμοῦ ἀναγκαῖον εἶναι πάντα
τὰ μέρη (μὴ γὰρ οὐσῶν τῶν τριῶν μονάδων οὐδ᾽ ἂν ἡ τριὰς εἴη), τοῦ 30
δὲ χρόνου ἀδύνατον. ἔσται γὰρ ὁ πρότερος χρόνος καὶ ὁ ὕστερος ἅμα.
ἔτι τὸ αὐτὸ ἔσται μονὰς καὶ νῦν, εἴπερ ὁ χρόνος ἀριθμός. ὁ μὲν γὰρ
15 χρόνος ἐκ τῶν νῦν σύνθετος, ὁ δὲ ἀριθμὸς ἐκ μονάδων. καὶ τοῦτο δὲ
ἀπορεῖ· τί μᾶλλόν ἐστιν ὁ χρόνος ἀριθμὸς τοῦ ἐν κινήσει προτέρου καὶ
ὑστέρου ἢ τοῦ ἐν ἠρεμίᾳ; καὶ γὰρ ἐν ταύτῃ ὁμοίως ἐστὶ τὸ πρότερον καὶ
ὕστερον. ἀλλὰ τοῦτο μὲν ἐκ τῶν εἰρημένων ἤδη ῥᾴδιον ἐπιλύσασθαι. τῆς
γὰρ ἐν γενέσει ῥοῆς, ἥτις κοινὴ καὶ κινήσεώς ἐστι καὶ τῆς ἀντικειμένης 35
20 αὐτῇ ἠρεμίας, καὶ τοῦ ἐν πᾶσι τοῖς γινομένοις εἶναι μέτρον ὁ χρόνος ὑπὸ
τοῦ Ἀριστοτέλους ἐλέγετο. ἀριθμὸν δὲ τὸν χρόνον ἔλεγεν, οὐχ ὅτι ἁπλῶς
ἀριθμός (συνεχῆ γὰρ εἶναι δείκνυσι τὸν χρόνον ὥσπερ καὶ τὸ μέγεθος καὶ
τὴν κίνησιν), ἀλλ᾽ ὡς τῷ διορισμῷ τοῦ ἐν τῇ συνεχείᾳ προτέρου καὶ ὑστέ-
ρου γνωριζόμενον ὑπὸ τῶν αἰσθέσθαι χρόνου δυναμένων. ὥστε οὐδὲν
25 κινεῖ τῆς Ἀριστοτέλους ἐννοίας τὰ ἀπὸ τοῦ ἀριθμοῦ ἐπιχειρήματα. πρὸς
δὲ τὸ ἐν χρόνῳ εἶναι λεγόμενον καλῶς ἐνίστασθαι δοκεῖ· "εἰ γὰρ τοῦτό
ἐστι, φησί, τὸ ἐν χρόνῳ εἶναι τὸ ὑπὸ τοῦ χρόνου περιέχεσθαι, οὐδὲν ἂν 40
δῆλον ὅτι τῶν ἀιδίων ἐν χρόνῳ εἴη." ἀλλ᾽ ἔοικεν Ἀριστοτέλης τὸ ἐν τῷ
παντὶ χρόνῳ ὑφεστὼς αἰώνιον λέγειν, ἀλλ᾽ οὐκ ἔγχρονον ἅτε οὐ περιεχό-
30 μενον χρόνῳ. μήποτε δέ, εἰ ἐν τῷ ἀεὶ γίνεσθαι τὸ εἶναι ἔχει ὁ ἀεὶ χρόνος,
καὶ τὸ ἐν χρόνῳ ἀίδιον τοιοῦτόν ἐστιν οἷον ἡ τοῦ οὐρανοῦ κίνησις, ὡς τὸ
ἀεὶ κατὰ τὸ ἐπ᾽ ἄπειρον ἔχειν, ἀληθὲς εἰπεῖν ὅτι πᾶς ὁ λαμβανόμενος
χρόνος ὑπὸ χρόνου ἄλλου περιέχεται· καὶ ἄλλα δὲ πολλὰ ἀντειπὼν πρὸς
τὴν Ἀριστοτέλους ἀπόδοσιν ὁ Στράτων αὐτὸς τὸν χρόνον τὸ ἐν ταῖς πράξεσι 45
35 ποσὸν εἶναι τίθεται· "πολλὴν γάρ, φησί, χρόνον φαμὲν ἀποδημεῖν καὶ
πλεῖν καὶ στρατεύεσθαι καὶ πολεμεῖν καὶ ὀλίγον χρόνον, ὁμοίως δὲ καθῆ-
σθαι καὶ καθεύδειν καὶ μηθὲν πράττειν καὶ πολὺν χρόνον φαμὲν καὶ ὀλίγον·

---

1 σχεδὸν om. aF   2 μὲν om. F   6 τῆς (post τις) om. aF   7 καὶ (post
γὰρ) om. E   9 δὲ om. a   10 καὶ (post γένεσις) E: ἢ aF   11 φθείρεται
καὶ γίνεται E   εἶναι om. E   18 ἐπιλύσασθαι E cf. p. 796,33: ἀπολύσασθαι aF
21 τοῦ om. aF   ἔλεγον a   24 χρόνου a   29 ἐγχρόνιον E   post πε-
ριεχόμενον add. ἐν E   30 ὁ (ante ἀεὶ) om. E   35 καὶ πλεῖν om. E   36 καὶ
ὀλίγον χρόνον om. aF   37 μηδὲν E

ὧν μέν ἐστι τὸ ποσὸν πολύ, πολὺν χρόνον, ὧν δὲ ὀλίγον, ὀλίγον· χρόνος 187ʳ
γὰρ τὸ ἐν ἑκάστοις τούτων ποσόν. διὸ καί φασιν οἱ μὲν βραδέως ἥκειν
οἱ δὲ ταχέως τὸν αὐτόν, ὡς ἂν ἑκάστοις φαίνηται τὸ ἐν τούτοις ποσόν.
ταχὺ μὲν γὰρ εἶναί φαμεν, ἐν ᾧ τὸ μὲν ποσὸν ἀφ' οὗ ἤρξατο καὶ εἰς ὃ 50
5 ἐπαύσατο ὀλίγον, τὸ δὲ γεγονὸς ἐν αὐτῷ πολύ· τὸ βραδὺ δὲ τοὐναντίον,
ὅταν ᾖ τὸ μὲν ποσὸν ἐν αὐτῷ πολύ, τὸ δὲ πεπραγμένον ὀλίγον. διό,
φησίν, οὐκ ἔστιν ἐν ἠρεμίᾳ τὸ ταχὺ καὶ τὸ βραδύ· πᾶσα γὰρ ἴση ἐστὶ
τῷ ἑαυτῆς ποσῷ καὶ οὔτε ἐν ὀλίγῳ τῷ ποσῷ πολλὴ οὔτε ἐν πολλῷ
βραχεῖα. διὰ τοῦτο δέ, φησί, καὶ πλείω μὲν εἶναι καὶ ἐλάττω χρόνον λέ-
10 γομεν, θάττω δὲ καὶ βραδύτερον χρόνον οὐ λέγομεν. πρᾶξις μὲν γὰρ καὶ
κίνησίς ἐστι θάττων καὶ βραδυτέρα, τὸ δὲ ποσὸν | τὸ ἐν ᾧ ἡ πρᾶξις 187ᵛ
οὐκ ἔστι θᾶττον καὶ βραδύτερον, ἀλλὰ πλέον καὶ ἔλαττον ὥσπερ καὶ χρόνος.
ἡμέρα δὲ καὶ νύξ, φησί, καὶ μὴν καὶ ἐνιαυτὸς οὐκ ἔστι χρόνος οὐδὲ χρόνου
μέρη, ἀλλὰ τὰ μὲν ὁ φωτισμὸς καὶ ἡ σκίασις, τὰ δὲ ἡ τῆς σελήνης καὶ
15 τοῦ ἡλίου περίοδος, ἀλλὰ χρόνος ἐστὶ τὸ ποσὸν ἐν ᾧ ταῦτα." ἀλλ' εἰ
ἕτερον μὲν τὸ πεπραγμένον, ἕτερον δὲ τὸ ποσὸν ἐν ᾧ πέπρακται καὶ
τοῦτό ἐστιν ὁ χρόνος, ὅτι μὲν ποσόν, εἴρηται, ὁποῖον δὲ ποσόν, ἄδηλον. 5
διὸ οὐδὲ ἔστιν ἀπὸ τούτου ἔννοιαν τοῦ χρόνου λαβεῖν τὸν μὴ προειληφότα.
καὶ ὅτι μὲν ἔστι τι ἕτερον ποσὸν παρὰ τὸ τῶν κινήσεων καὶ ἠρεμιῶν ἴδιον,
20 δῆλον, εἴπερ πολλὴν κίνησιν ἐν ὀλίγῳ χρόνῳ γίνεσθαί φαμεν, ὅταν ταχεῖα
ᾖ, ὀλίγην δὲ ἐν πολλῷ, ὅταν βραδεῖα· τί δὲ τοῦτό ἐστιν, οὐ διεσάφησεν
ὁ λόγος. "διὰ τοῦτο δέ, φησί, πάντα ἐν χρόνῳ εἶναί φαμεν, ὅτι πᾶσι τὸ
ποσὸν ἀκολουθεῖ καὶ τοῖς γινομένοις καὶ οὖσι. πολλὰ δὲ κατὰ τὸ ἐναντίον
λέγομεν· τὴν γὰρ πόλιν ἐν ταραχῇ εἶναι καὶ τὸν ἄνθρωπον ἐν φόβῳ καὶ 10
25 ἡδονῇ, ὅτι ταῦτα ἐν ἐκείνοις. ταῦτα μὲν οὖν καὶ τὰ τοῦ Στράτωνος ὡς
συντόμως ἀπομνημονεῦσαι περὶ χρόνου δοξάσματά τε καὶ ἀπορήματα· καὶ
πάντες οἱ εἰρημένοι περὶ τὸν φυσικὸν χρόνον διέτριψαν, κἂν ἐνεδείξαντό
τινες αὐτῶν περὶ τοῦ χωριστοῦ καὶ ἐξῃρημένου καὶ ἐν αἰτίας λόγῳ προε-
στηκότος χρόνου.
30 Ἐν δὲ τοῖς νεωτέροις Πλωτῖνος φαίνεται πρῶτος τὸν πρῶτον ἐκεῖνον
ἐπιζητήσας χρόνον· καὶ ζωὴν αὐτόν φησι ψυχῆς ἐν κινήσει μεταβατικῇ
ἐξ ἄλλου εἰς ἄλλον βίον οἰκείως τοῦτο τοῖς περὶ τοῦ αἰῶνος αὐτῷ ῥηθεῖσιν 15
ἀποφηνάμενος. αἰῶνα γὰρ λέγει εἶναι τὴν περὶ τὸ ὂν ἐν τῷ εἶναι ζωὴν
ὁμοῦ πᾶσαν καὶ πλήρη ἀδιάστατον πανταχῇ. κάλλιον δὲ ἴσως αὐτῶν ἀκοῦ-
35 σαι τῶν νοερῶν τοῦ Πλωτίνου ῥημάτων· "εἰ οὖν χρόνον τις λέγοι ψυχῆς
ἐν κινήσει μεταβατικῇ ἐξ ἄλλου εἰς ἄλλον βίον ζωὴν εἶναι, ἆρα ἂν δοκοῖ

---

2 τούτων] τοῦτο E   3 τὸν αὐτὸν post ἥκειν posuit E   11 τὸ (ante ἐν) om. E
13 μὴν καὶ E (et coniectura addiderat Ueberweg): om. aF   14 καὶ ἡ τοῦ aF
16 πεπραγμένον Ueberweg: πεπερασμένον libri   18 τοῦ (ante χρόνου) om. E   21 ᾖ
om. E   23 καὶ τοῖς οὖσι bene Laur. 85,1   25 καὶ (ante τὰ) om. E   28 τι-
νος a   29 χρόνου om. F   30 ἐκεῖνον om. aF   31 αὐτὸ F   33 λέγει cf.
Plotinus III 7,3 p. 247,14   εἶναι λέγει aF   τὴν] καὶ a   35 νοερῶν aE:
ἱερῶν F   Πλωτίνου III 7,11 p. 258,28 Muelleri   36 ἄλλον ζωὴν F

τι λέγειν; εἰ γὰρ αἰών ἐστι ζωῆς ἐν στάσει καὶ τῷ αὐτῷ καὶ ὡσαύτως 187ᵛ
καὶ ἄπειρος ἤδη, εἰκόνα δὲ δεῖ τοῦ αἰῶνος τὸν χρόνον, ὥσπερ καὶ τόδε
τὸ πᾶν ἔχει πρὸς ἐκεῖνο, εἶναι, ἀντὶ μὲν ζωῆς τῆς ἐκεῖ ἄλλην δεῖ ζωὴν 20
τὴν τῆσδε τῆς δυνάμεως τῆς ψυχῆς ὥσπερ ὁμώνυμον εἶναι λέγειν καὶ
5 ἀντὶ κινήσεως νοερᾶς ψυχῆς τινος μέρους κίνησιν, ἀντὶ δὲ ταυτότητος καὶ
τοῦ ὡσαύτως καὶ μένοντος τὸ μὴ μένον ἐν τῷ αὐτῷ ἄλλο δὲ καὶ ἄλλο
ἐνεργοῦν, ἀντὶ δὲ ἀδιαστάτου καὶ ἑνὸς εἴδωλον τοῦ ἑνὸς τὸ ἐν συνεχείᾳ ἕν,
ἀντὶ δὲ ἀπείρου καὶ ὅλου τὸ εἰς ἄπειρον πρὸς τὸ ἐφεξῆς ἀεί, ἀντὶ δὲ
ἀθρόου ὅλου τὸ κατὰ μέρος ἐσόμενον καὶ ἀεὶ ἐσόμενον ὅλον. οὕτω γὰρ
10 μιμήσεται τὸ ἤδη ὅλον καὶ ἀθρόον καὶ ἄπειρον ἤδη, εἰ ἐθελήσει ἀεὶ 25
προσκτώμενον εἶναι ἐν τῷ εἶναι· καὶ γὰρ τὸ εἶναι οὕτω τι ἐκείνου μιμή-
σεται. δεῖ δὲ οὐκ ἔξωθεν τῆς ψυχῆς λαμβάνειν τὸν χρόνον, ὥσπερ οὐδὲ
τὸν αἰῶνα ἐκεῖ ἔξω τοῦ ὄντος, οὐδὲ αὖ παρακολούθημα οὐδὲ ὕστερον,
ὥσπερ οὐδὲ ἐκεῖ, ἀλλ' ἐνορώμενον καὶ ἐνόντα καὶ συνόντα, ὥσπερ κἀκεῖ
15 ὁ αἰών." προστίθησι δὲ καὶ ὅτι οὐχ ὁ χρόνος μετρεῖ τὴν κίνησιν, ἀλλ'
ἡ κίνησις τὸν χρόνον, εἴπερ ἀφανὴς μὲν ὁ χρόνος ἐστίν, ἐμφανὴς δὲ ἡ
κίνησις, ἀπὸ δὲ τῶν φανερῶν γινώσκεται καὶ μετρεῖται τὰ ἀφανῆ. λέγει 30
οὖν ὅτι "τὸ μετρούμενον ὑπὸ τῆς περιφορᾶς (τοῦτο δέ ἐστι τὸ δηλούμενον)
ὁ χρόνος ἔσται, οὐ γεννηθεὶς ὑπὸ τῆς περιφορᾶς ἀλλὰ δηλωθείς". "διό,
20 φησί, καὶ κινήσεως ἠνέχθησαν εἰς τὸ εἰπεῖν μέτρον ἀντὶ τοῦ εἰπεῖν κινήσει
μετρούμενον, εἶτα προσθεῖναι τί ὢν κινήσει μετρεῖται." προστίθησι δὲ καὶ
τοῦτο· "ἆρα οὖν καὶ ἐν ἡμῖν χρόνος; ἢ ἐν ψυχῇ τῇ τοιαύτῃ πάσῃ καὶ
ὁμοειδῶς ἐν πᾶσι καὶ αἱ πᾶσαι μία; διὸ οὐ διασπασθήσεται ὁ χρόνος,
ἐπεὶ οὐδὲ ὁ αἰὼν ὁ κατ' ἄλλο ἐν τοῖς ὁμοειδέσι πᾶσιν." ἐν δὴ τούτοις 35
25 χρόνον οἴεται τὴν μεταβατικὴν τῆς ψυχῆς ζωήν, ἐπειδὴ καὶ αἰῶνα τὴν
περὶ τὸ ὂν ἐν τῷ εἶναι ζωὴν ὁμοῦ πᾶσαν καὶ πλήρη ἀδιάστατον πανταχῇ,
ὡς εἴρηται πρότερον καὶ ἔοικεν ἐκ τῆς ἀναλογίας ὑπόνοιαν ἔχειν τοιαύτην
ὁ Πλωτῖνος. ὡς γὰρ ἐν τῷ νοητῷ μετὰ τὸ πρώτως γινόμενον, ὅπερ καὶ
αὐτὸ νοῦν καλεῖ, ἡ νοερὰ ζωή ἐστιν εἰς ταὐτὸν ἰοῦσα τῷ αἰῶνι (διὸ τὸ
30 μετ' αὐτὴν καὶ ζωὴ καὶ αἰώνιόν ἐστιν), οὕτω καὶ ἐπ' ἄκρῳ τοῦ γενητοῦ
μετὰ τὴν ἀμέριστον οὐσίαν ἡ ψυχικὴ ζωὴ εἰς ταὐτὸν ἔρχεται τῷ χρόνῳ. 40

Ἐφιστάνει δὲ αὐτῷ ὁ Δαμάσκιος ὡς ἀντὶ αἰῶνος τὸν αἰώνιον νοῦν
παραδεδωκότι. μήποτε δὲ ἡ περὶ τὸ ὂν ἐν τῷ εἶναι ζωή, εἴπερ ἡ μετὰ

---

1 ζωή recte Plotinus   ἐνστάσει libri   3 εἶναι post τὸν χρόνον posuit Plotinus
4 λέγειν εἶναι Plotinus   5 ψυχῆς a: ψυχικῆς EF   7 ἐνεργοῦν a Plotinus: ἐνεργεῖν
EF   εἴδωλον τοῦ ἑνὸς om. E.   ἓν E: ὂν aF   8 post ἀπείρου habet ἤδη Plotinus
9 καὶ ἀεὶ ἐσόμενον om. E   10 καὶ (post ὅλον) om. aF   14 ἐνορώμενον Plotinus:
ἐν' ὁρῶμεν E: ἐν ὁρώμενα aF   17 λέγει III 7,12 p. 260,33   19 γεννηθείς F
20 φησί III 7,13 p. 260,21   21 ὢν aF: ὂν E   προστίθησι III 7,13 p. 263,14
22 post ἡμῖν add. ὁ a, unde tamquam genuinum translatum est in Plotinum
26 ὁμοῦ—ζωή (33) iteravit E. alterius loci discrepantiam Eᵃ signo   27 τοιαύ-
τη Eᵃ   28 πρώτης F   29 αὐτὸν Eᵃ   νοῦν EEᵃF: νῦν a   30 αὐτὴν
τὴν Eᵃ   ζωὴ καὶ scripsi: ζωὴν καὶ Eᵃ: ζωὴ E: ζῶον καὶ aF   32 νοῦν]
νῦν F   33 ζωὴν Eᵃ

τὸ ὂν εὐθύς ἐστιν, οὐκ ἔστιν ἡ κατὰ τὸν αἰώνιον νοῦν τὸν τρίτον, ἀλλ' ἡ 187ᵛ
κατὰ τὸν μέσον, ὃν καὶ αὐτὸν νοῦν καλεῖ ὁ Πλωτῖνος, ὥσπερ καὶ τὸν
πρῶτον. ἀλλ' ἐκεῖνο οἶμαι ἄξιον ἐπιστάσεως, μήποτε κἂν ἐν ˉ ῖς νοητοῖς
ἥνωται ἥ τε ζωὴ καὶ ὁ αἰών, καὶ ἡμεῖς περὶ τὴν ἐκεῖ ἕνωσιν διαιρούμενοι
5 ποτὲ μὲν ζωὴν ποτὲ δὲ αἰῶνα ποτὲ δὲ ὅλον καὶ μέρη τὴν ἐκεῖ μεσότητα 45
καλοῦμεν, ὡς ἐν Παρμενίδῃ μεμαθήκαμεν, ἀλλ' ἔν γε τοῖς γενέσεως ἐφαπτο-
μένοις οὐκέτι μένει ἡ ἐν αὐτῇ ἕνωσις εἰς εἰκονικὴν προελθοῦσα φύσιν, κἂν
ἔχῃ τι ἔτι τῆς εἰκόνος ἐξῃρημένον καὶ τῆς γενέσεως. ἀλλ' ἡ μὲν ψυχικὴ
ζωὴ τῆς νοερᾶς ἐστιν εἰκών, ὁ δὲ χρόνος τοῦ αἰῶνος, ὡς καὶ ὁ Πλάτων
10 φησίν. οὐκ ἂν οὖν εἴη χρόνος ἁπλῶς ἡ μεταβατικὴ τῆς ψυχῆς ζωή,
ἀλλ' ἔγχρονος, ὥσπερ αἰώνιος ἡ τοῦ νοῦ ἀμετάβατος. καὶ ἔστιν οὗτος
πρῶτος χρόνος ὁ τὴν τῆς ψυχῆς μετάβασιν μετρῶν, εἴπερ πρωτίστη μετα-
βολή ἐστιν ἡ ψυχικὴ καὶ ἀπ' ἐκείνης αἱ ἄλλαι. καὶ τοῦτο τάχα ἐστίν, οὗ 50
καὶ Ἀριστοτέλης ἐφαψάμενος ἔλεγε μὴ εἶναι χρόνον, εἰ μὴ εἴη ψυχή, διότι
15 μὴ ἔστι τὸ ἀριθμοῦν. ἀρχέσθω μὲν οὖν ἀπὸ τῆς ψυχῆς ὁ χρόνος, ἄλλος
δὲ ὢν παρὰ τὴν ψυχὴν καὶ τὰς μεταβολικὰς αὐτῆς μετρῶν ἐνεργείας. τὴν
γὰρ οὐσίαν καὶ τὰς οὐσιώδεις ἐνεργείας αὐτῆς ἐν μεσότητι τῆς ἀμερίστου
καὶ τῆς περὶ τοῖς σώμασι μεριζομένης φύσεως ὑποστάσας μέσον τι μέτρον
αἰῶνος καὶ χρόνου συνέξει καὶ μετρήσει κατὰ τὸ δικαιότατον. |

20   Μετὰ δὲ τὸν Πλωτῖνον καὶ ὁ Ἰάμβλιχος ἡμῖν ἡκέτω φῶς ἀνάψων 188ʳ
καὶ αὐτὸς ταῖς ἡμετέραις νοήσεσι. λέγει οὖν καὶ αὐτὸς περὶ τοῦ πρώτου
καὶ ἀμεθέκτου χρόνου ἐν τῷ εἰς τὰς Κατηγορίας ὑπομνήματι τὴν Ἀρχύτου
λέξιν ἐξηγούμενος· οὐδὲ γὰρ ὡς ἡ τοῦ λύχνου φλὸξ οὕτως ἡ τοῦ ἀμεροῦς
ἐνέργεια ἀεὶ γίνεται· οὔτε γὰρ αἰσθητὴ αὕτη γε οὔτε ῥέουσα μένει τε ἐν
25 τῷ προϊέναι ἀεί τέ ἐστι καὶ ἀεὶ ἐνεργεῖ καὶ οὐδέποτε γίνεται, προέστηκε 5
δὲ ἐν τῷ ἀκινήτῳ οὖσα ἀγένητος ἐν τῷ αὐτῷ κατ' ἀριθμὸν εἴδει καὶ
ἄφθαρτος. ἀλλὰ γίνεσθαί φησιν ἀεὶ τὸ νῦν. οἶμαι δὲ αὐτόθεν φαίνεσθαι,
ὡς τὸ γινόμενον ποτὲ ἤρξατο γίν=θαι καὶ οὐκ ἀεὶ γίνεται, καὶ ὅτι τὸ νῦν
ἔστι καὶ οὐ γίνεται. εἰ δὲ γίνεται ἐν παρατάσει ἔχον τὸ κινεῖσθαι, οὐ γί-
30 νεται ἐν τῷ νῦν. ἠρεμία γὰρ μᾶλλον θεωρεῖται κατὰ τὸ νῦν καὶ οὐ κίνη-
σις. ἀλλὰ συνεχές τί φησι καὶ κινήσεως μέτρον συνεχοῦς, καὶ αἴτιον
γεννητικὸν τοῦ χρόνου τὸ ἀμερὲς ὑποληπτέον. ποῦ τοίνυν ὁ ῥέων καὶ
γινόμενος χρόνος; ἢ ἐν τοῖς μετέχουσι. "γινόμενα γάρ, φησί, ταῦτα ἀεὶ 10
οὐ δύναται τὴν ἐκείνου σταθερὰν οὐσίαν ἀκινήτως δέξασθαι, ἄλλοτε δὲ ἄλλοις
35 μέρεσι τοῖς ἑαυτῶν ἐκείνης ἐφαπτόμενα τὸ ἑαυτῶν πάθημα ἐκείνης κατα-

---

2 τὸ μέσον E   τὸ πρῶτον E   6 παρμενίδην E   7 ἐν αὐτῇ] αὐτὴ F   8 ἔτι
om. aF   10 ζωὴ — ψυχῆς (12) om. E   Πλάτων cf. Tim. p. 36 E   13 φυσικὴ / ψυχικὴ F
τοῦτο om. E   14 ἔλεγε Phys. Δ 14 p. 223 ᵃ 16 sqq.   16 μετὰς βολικὰς E   19 δι-
καιότατον E   20 ἤκετο (κε in litura) E   21 περὶ] παρὰ E   22 ἐν τῶν E
23 λέξει E   24 γὰρ om. F   αὕτη γε E: γε αὐτὴ aF   τε (post μένει) om. a
25 προΐναι E   27 φησιν] φησὶ τ' E   τὸ νῦν aF: τὸν νοῦν E itemque v. 28
28 ὡς τὸ γινόμενον iteravit F   31 τί] τε F   32 καὶ ὁ aF   33 φησί cf.
p. 787, 19   34 σταθηρὰν E   35 ἐκείνης aF²: ἐκείνοις EF¹

ψεύδεται. καὶ τὸ γίνεσθαι οὖν τούτοις ὑπάρξει τοῖς ἀεὶ μετέχουσι τοῦ νῦν, 188ʳ
ἡ δὲ ἐν τοῖς ἄλλοτε ἄλλως ἔχουσι καθ' ἓν συνεχὲς ταυτότης τοῦ νῦν ἀμε-
ροῦς ἰδία." ἔοικε δὴ ἐν τούτοις ἓν μὲν τὸ πρὸ τῶν μετεχόντων νῦν ἀγέ-
νητον ὑποτίθεσθαι, ἐκ δὲ τούτου τὰ τοῖς μετέχουσιν ἐνδιδόμενα. ὡς δὲ
5 τὸ νῦν, οὕτω καὶ ὁ χρόνος εἷς μὲν ὁ πρὸ τῶν χρονιζομένων, πολλοὶ δὲ οἱ
ἐν τοῖς μετέχουσι γινόμενοι, ἐν οἷς δὴ καὶ ὁ μὲν παρεληλυθώς, ὁ δὲ ἐνε-
στώς, ὁ δὲ μέλλων. "οὐ κατὰ εὐτρεπισμόν, φησίν, ὥς τινες οἴονται, τῶν
ἡμετέρων πράξεων, ἀλλὰ καθ' ὑπόστασιν χρόνου τὰς ἡμετέρας πράξεις εὖ
διατάττοντος. οὐδὲ γὰρ τὸ πρῶτον καὶ δεύτερον, φησίν, τῶν πράξεων οἷόν
10 τε συλλογίζεσθαι μὴ ὑφεστῶτος τοῦ χρόνου καθ' ἑαυτόν, πρὸς ὃν ἀναφέ-
ρεται τὸ τεταγμένον τῶν πράξεων. ὅτι δὲ περιεκτικὸς ὁ χρόνος κατ' αὐτὸν
τῆς ψυχῆς, ἐκείνη δηλώσει ἡ λέξις "εἰκότως ἄρα αἰῶνος εἰκὼν κινητὴ
ἀφώρισται ὁ χρόνος, ὡς τῆς ψυχῆς πρὸς τὸν νοῦν ἀπεικασθείσης καὶ τῶν
λόγων αὐτῆς πρὸς τὰς νοήσεις ἀφομοιωθέντων, καὶ τοῦ νῦν ἀμεροῦς ἐν
15 αὐτῇ πρὸς τὸ ἐν ἑνὶ μένον καὶ τὸ περιεκτικὸν πάντων τούτου πρὸς τὸ
ἐκείνου ἅμα καὶ ἀεὶ τὰ ὄντα ἐν ἑαυτῷ περιέχον καὶ πρὸς τὸ ἐκείνου
ἑστηκὸς καὶ τὸ τοῦδε κινούμενον ἀπεικασθὲν καὶ πρὸς τὸ μέτρον τῶν οὐσιῶν
τὸ τῆς γενέσεως μέτρον ἀποτυπωθέν." δῆλος οὖν ἐστι τὸν μὲν αἰῶνα τῶν
ὄντως ὄντων περιεκτικὸν μέτρον τιθέμενος, τὸν δὲ χρόνον οὐσίαν μὲν αὐτόν,
20 μετροῦσαν δὲ τὴν γένεσιν, πρώτην μὲν τὴν ψυχικήν, ἀπὸ δὲ ταύτης τὴν
ἀπ' αὐτῆς προϊοῦσαν, ἔνθα λοιπὸν κινήσει σύστοιχος καὶ ἀνυπόστατός ἐστιν
ὁ χρόνος ὡς ἐν τῷ γίνεσθαι τὸ εἶναι ἔχων. βούλεται δὲ οὐ τὸ νῦν ἐνε-
στηκέναι μόνον, ἀλλὰ καὶ χρόνον μεταξὺ δύο περάτων. προσκείσθω δὲ
καὶ τὰ ἀπὸ τῶν εἰς Τίμαιον ὑπομνημάτων. ἐν τοίνυν τῷ ὀγδόῳ βιβλίῳ
25 τῷ Πλάτωνι μάλιστα παρακολουθῶν τὴν πρὸς τὸν αἰῶνα τοῦ χρόνου συν-
άρτησιν παραδίδωσι. διὸ καὶ περὶ ἐκείνου μάλιστα ποιεῖται τὸν λόγον τοῦ
ἐξῃρημένου μὲν ἀπὸ τοῦ κόσμου, πάσης δὲ τῆς ἐν αὐτῷ κινήσεως τὰ μέτρα
περιέχοντός τε καὶ χορηγοῦντος, ὃς ἄλλος ἂν εἴη οὗτος παρὰ τὸν ὑπὸ
τῶν φυσικῶν ζητούμενον χρόνον. λέγει δὲ καὶ ἐν τῷ ς κεφαλαίῳ ταῦτα·
30 "τὴν δὲ οὐσίαν αὐτοῦ τὴν κατ' ἐνέργειαν τῇ προϊούσῃ διακοσμήσει καὶ
συνταττομένῃ πρὸς τὰ δημιουργούμενα καὶ ἀχωρίστῳ τῶν ἀποτελουμένων
ὑφ' ἑαυτῆς ὑπαρχούσῃ ταύτῃ συντάττομεν. τὸν γὰρ διάκοσμον ἅμα οὐρανὸν
ποιεῖν δηλοῖ τοῦτο, ὅτι συντέτακται τῇ διακοσμήσει τῇ ἀπὸ τοῦ δημιουρ-
γοῦ προελθούσῃ καὶ ἡ τοῦ χρόνου ὑπόστασις· καὶ δῆτα καὶ αὕτη προηγεῖται
35 τῆς τοῦ οὐρανοῦ περιόδου, ὥσπερ δὴ καὶ ἡ διακοσμοῦσα αὐτὴν διακόσμησις
προσεχῶς τε αὐτῆς προτέτακται κατὰ τὰ αὐτὰ ταῖς ἐκείνης ἐπιστασίαις·

2 ἄλλως] ἄλλοις F   2 δὴ] δὲ a   3 πρὸ καθ' ἓν συνεχὲς F   5 ὁ (post καὶ)
om. aF   πολλὰ F   9 οἷόν τε τῶν πράξεων aF   10 ἀναφέρεται post πράξεων
collocant aF   11 κατ' αὐτὸν E: καθ' αὐτὸν aF   16 ἐκείνου (ante ἑστηκὸς) om. E
18 τῶν ὄντως ὄντων om. aF   22 δὲ om. E   24 εἰς τὸν aF   25 παρακολουθῶν
(ν erasa) E   27 τὰ (ante μέτρα) om. E   28 οὗτος om. aF   ὑπὸ τῶν φυσικῶν E:
φυσικὸν aF   29 ζητούμενον ex ζητούμενος corr. F   καὶ (post δὲ) om. aF   32 ταύ-
την a   33 ποιεῖν a: ποιεῖ EF   34 αὕτη ex αὐτῇ E   35 αὐτὴν om. E

ὅλην τε καὶ αὐτὴν ἀθρόος συνείληφε διωρισμένοις τισὶ πέρασιν ἅτε διασῴ- 188ʳ
ζουσα τὸν λόγον τῆς αἰτίας ἀφ' ἧς παράγεται. τάξιν μὲν οὖν εἶναι τοῦ
χρόνου καὶ ἡμεῖς συγχωροῦμεν οὐ μέντοι τὴν ταττομένην, ἀλλὰ τὴν τάττου- 40
σαν, οὐδὲ τὴν ἑπομένην τοῖς προηγουμένοις, ἀλλὰ τὴν ἀρχηγὸν τῶν ἀπο-
5 τελουμένων καὶ πρεσβυτέραν· οὐδὲ τὴν μεριστῶς κατὰ λόγους ἢ κινήσεις
ἢ ἄλλας διωρισμένας δυνάμεις ἀφωρισμένην, ἀλλὰ τὴν παντελῆ καθ' ὅλας
τὰς δημιουργικὰς ἀπογεννήσεις συμπεπληρωμένην. τὸ δὲ πρότερον καὶ
ὕστερον ἐν τῇ τάξει οὐ κατὰ κινήσεων μεταβάσεις οὐδὲ κατὰ ζωῆς ἀνελί-
ξεις οὐδὲ κατὰ κοσμικῶν γενέσεων διεξόδους οὐδὲ κατ' ἄλλο οὐδὲν τοιοῦτον
10 τιθέμεθα, ἀλλὰ κατ' αἰτίων προήγησιν καὶ συμπλοκὴν συνεχῆ τῶν ἀπο- 45
γεννήσεων καὶ πρωτουργὸν ἐνέργειαν καὶ δύναμιν ἐπιτελεστικὴν τῶν κινή-
σεων καὶ κατὰ τοιαῦτα πάντα ἀφοριζόμεθα. ἔτι τοίνυν οὐ μετὰ τῆς προϊού-
σης ἀπὸ τῆς ψυχῆς κινήσεως ἢ ζωῆς τὸν χρόνον καὶ ὁμοῦ τὸν οὐρανὸν
λέγομεν ἀπογεννᾶσθαι, ἀλλ' ἀπὸ τῆς προϊούσης ἀπὸ τοῦ δημιουργοῦ νοερᾶς
15 διακοσμήσεως· μετὰ γὰρ ταύτης ὁ χρόνος τε ἐν αὐτῷ συνυπέστη καὶ ὁ
κόσμος. καὶ αὐτὸς δὲ ὁ παλαιὸς διαρρήδην τὸν θεὸν διακοσμοῦντα καὶ
παράγοντα τὸν χρόνον ὁμοῦ καὶ τὸν οὐρανὸν ποιεῖν ἀποφαίνεται. καὶ θείη 50
ἄν τις αὐτὸν εἶναι μέτρον οὔ τοι κατὰ τὸ μετροῦν τὴν φορὰν ἢ τῇ κινήσει
μετρούμενον ἢ δηλοῦν τὴν περιφορὰν ἢ δηλούμενον, ἀλλὰ κατὰ τὸ αἴτιον
20 καὶ ἓν ὁμοῦ δὴ πάντων τούτων." ταῦτα μὲν οὖν περὶ τοῦ ἐξῃρημένου τῆς
γενέσεως καὶ καθ' ἑαυτὸν ὑφεστηκότος γέγραφεν. ἅμα δὲ περὶ τούτου καὶ
περὶ τοῦ ἀπ' αὐτοῦ ἐνδιδομένου τῷ κόσμῳ ἐν τῷ ι̅ κεφαλαίῳ τάδε γέ-
γραφε· "διὰ δὴ ταῦτα καὶ κατὰ τὸ παράδειγμα τῆς διαιωνίας φύσεως
ὁμοιότατος | αὐτὸς αὑτῷ κατὰ δύναμίν ἐστι καὶ ὁ χρόνος. καὶ προσέοικε 188ᵛ
25 τῷ αἰῶνι καὶ πρὸς ἑαυτὸν ὁμοιότατός ἐστι κατὰ τὸ δυνατὸν διὰ τὴν ἀμερῆ
φύσιν, διὰ μιᾶς τε ἐνεργείας ἐνίσταται καὶ πρόεισι κατ' αὐτὴν καὶ ὁρίζει
πάντα τὰ γινόμενα ὡσαύτως, κἂν ᾖ διαφέροντα." λέγει τοίνυν περὶ τούτων
καὶ ἄλλην ἀπόδειξιν τοιαύτην· "τὸ μὲν γὰρ δὴ παράδειγμα πάντα αἰῶνά
ἐστιν, ὁ δὲ αὖ διὰ τέλους τὸν ἅπαντα χρόνον γέγονεν, ὥστε καὶ ὢν καὶ 5
30 ἐσόμενος. ὃ τοίνυν ἐστὶν ὡς παράδειγμα ἐν τῷ νοητῷ, τοῦτο ὡς εἰκών
ἐστιν ἐν τῷ γενητῷ. καὶ ὅπερ ἐστὶν ἐκεῖ κατ' αἰῶνα, τοῦτο ἐνταῦθα κατὰ
χρόνον. καὶ τὸ ἐν τῷ νοητῷ κατὰ τὸ εἶναι νῦν ἤδη παρόν, τοῦτο ἐν τοῖς
τῇδε κατὰ συνέχειαν διὰ τέλους παραγίνεται. καὶ τὸ ὂν ὡσαύτως τὸ ἐν
αὐτῷ γεγονός τε καὶ ὂν καὶ ἐσόμενον κατὰ τοὺς τῇδε τόπους ἐκφαίνεται.
35 καὶ τὸ ἀδιάστατον ἐκεῖ διεστηκὸς ἐνταῦθα καθορᾶται. καὶ νῦν δὴ τοῦ
χρόνου γέγονε κατάδηλος ἡ μέση διπλῆ φύσις, μέση μὲν αἰῶνός τε καὶ οὐ- 10
ρανοῦ, διπλῆ δὲ καθόσον συνυφίσταται μὲν πρὸς τὸν κόσμον, συντάττεται

---

1 καὶ om. E   2 οὖν om. F   5 πρεσβυτέρων aF²   13 καὶ (ante ὁμοῦ) om. E
τὸν ὅλον οὐρανὸν a   16 post παλαιὸς add. λόγος a   18 οὔ τοι scripsi: οὔτε aE:
οὐ τὸ F   20 τούτων om. a   ἐξῃρημένου E: εἰρημένου aF   22 ἀπ' om. E
ἐκδιδομένου a   23 διὰ δὴ om. E   διαιωνίας aF: δι' αἰῶνος E   24 αὐτῷ aF²:
αὐτῶ EF¹   25 ὁμοιότητός E   διὰ τὴν ἀμερῆ E: κατὰ τὴν ὁμοιομερῆ F: κατὰ τὴν
                                              διὰ
ὁμοιομερῆ a   28 αἰὼν a   32 εἶναι om. aF   34 αὐτῷ a: τῷ EF

δὲ πρὸς τὸν αἰῶνα, καὶ τοῦ μὲν ἡγεῖται, τῷ δὲ ἀφομοιοῦται." τοιαύτη 188ᵛ
μέν τίς ἐστιν ἡ τῶν προκειμένων λέξεων τοῦ Τιμαίου σαφήνεια κατὰ τὸν
θεῖον Ἰάμβλιχον.

Ἀλλὰ καὶ Πρόκλος ὁ ἐκ τῆς Λυκίας φιλόσοφος ὁ τῶν ἡμετέρων διδα-
σκάλων καθηγεμὼν περὶ μὲν τοῦ χωριστοῦ χρόνου τὰ αὐτά πως τῷ Ἰαμ-
βλίχῳ φιλοσοφεῖ καὶ οὐ μόνον νοῦν, ἀλλὰ καὶ θεὸν αὐτὸν ἀποδεικνύναι
πειρᾶται, ὡς καὶ εἰς αὐτοψίαν ὑπὸ τῶν θεουργῶν κληθῆναι. τοῦτον δὲ τὰς
μὲν εἴσω μενούσας ἐνεργείας ἀμεταβλήτους ἔχειν φησί, τὰς δὲ εἰς τὸ ἐκτὸς
ἀποτεινομένας μεταβαλλομένας. περὶ μέντοι τοῦ μεθεκτοῦ καὶ ἀχωρίστου
τῆς γενέσεως χρόνου τὰ αὐτὰ τῷ Ἀριστοτέλει διατάττεται νομίζων τὸν
Ἀριστοτέλην κατὰ τὸ νῦν μόνον ὑφεστάναι λέγειν τὸν χρόνον. οἱ δὲ μετὰ
Πρόκλον ἕως ἡμῶν σχεδόν τι πάντες οὐκ ἐν τούτῳ μόνον, ἀλλὰ καὶ ἐν
τοῖς ἄλλοις ἅπασι τῷ Πρόκλῳ κατηκολούθησαν. Ἀσκληπιόδοτον ἐξαιρῶ
λόγου τὸν ἄριστον τῶν Πρόκλου μαθητῶν καὶ Δαμάσκιον τὸν ἡμέτερον·
ὧν ὁ μὲν δι' ἄκραν εὐφυΐαν καινοτέροις ἔχαιρε δόγμασιν, ὁ δὲ Δαμάσκιος
διὰ φιλοπονίαν καὶ τὴν πρὸς τὰ Ἰαμβλίχου συμπάθειαν πολλοῖς οὐκ ὤκνει
τῶν Πρόκλου δογμάτων ἐφιστάνειν. ἐμοὶ δὲ πρὸς τὰς εἰρημένας τῶν δύο
φιλοσόφων δόξας τοσοῦτον λεγέσθω, ὡς εἰ μὲν τὸ αἴτιον τοῦ χρόνου τὸ
ἐν νοῖς καὶ θεοῖς ζητοῦντες νοῦν καὶ τοῦτο ἑστῶτα καὶ θεὸν ἔλεγον, ἀνάγκη
δέχεσθαι· καὶ γὰρ τῆς κινήσεως καὶ τῆς γενέσεως εἴ τις τὰς πρώτας αἰτίας
ζητεῖ, νοῦν πάντως καὶ θεὸν εὑρήσει. καὶ θαυμαστὸν οὐδὲν εἰ καὶ ὀνό-
μασιν αὐτὸν καλοίη τοῖς αὐτοῖς, ἐπειδὴ πολλαχοῦ τοῦτο τοῖς θεολόγοις
ἤρεσεν, ἴσως δὲ καὶ αὐτοῖς τοῖς θεοῖς. εἰ μέντοι τις τὸν συνεγνωσμένον
τοῦτον ζητεῖ χρόνον τὸν τῇ κινήσει συνυπάρχοντα, οὔτε ἀκίνητον οὔτε ἅμα
ὅλον ὑφεστῶτα οὔτε νοῦν οἶμαι λέγειν δυνατόν, ὥσπερ οὐδὲ τὴν κίνησιν
ἀκίνητον οὐδὲ ἅμα ὅλην ὑφεστῶσαν ἔστιν ἐπινοεῖν.

Ἀλλ' ὅπερ ἡμῖν λοιπὸν τῶν περὶ χρόνου προβλημάτων ὑπολέλειπται,
τοῦτο νῦν μεταχειριστέον τὰς ἀπορίας τὰς ὑπὸ τοῦ Ἀριστοτέλους ἐν ἀρχῇ
ῥηθείσας πρὸς τὴν χρόνου ὑπόστασιν ταύτας διαλῦσαι. δῆλον γὰρ ὅτι τού-
των μὴ λυθεισῶν καὶ εἰ ἔστιν ὅλως ὁ χρόνος οὐδεὶς βεβαίως πεισθήσεται.
σπουδῆς δὲ ἀξία μάλιστά ἐστιν ἡ τῶν ἀποριῶν λύσις, ὅτι καὶ αὐτὸς Ἀρι-
στοτέλης ἐν τοῖς περὶ τόπου λόγοις τὰς ἐν ἀρχῇ ῥηθείσας ἀπορίας ἐπὶ τῷ
πέρατι διαλύσας ταύτας ἀλύτους κατέλοιπε. καὶ τῶν μετ' αὐτὸν δὲ ἐξη-
γητῶν οὐδεὶς αὐτῶν οἶμαι τὰς λύσεις παραδέδωκεν οὐδὲ ὁ φιλοπονώτατος
τῶν αὐτοῦ ἐξηγητῶν ὁ ἐξ Ἀφροδισιάδος Ἀλέξανδρος. ἵνα δὲ πρόχειρος
ἡ τῶν ἠπορημένων ἀνάμνησις γένηται, τὰ τοῦ Ἀριστοτέλους ἡμῖν προκείσθω

---

2 μέν τίς scripsi: μέν τί ut videtur E: μέν aF   4 τῆς om. aF   6 ἀποδεικνύειν aF
7 τοῦτον aF²: τούτων EF¹   8 ἀμεταβλήτως ut videtur E   11 μόνον aE: μόριον F
13 ἐξαίρων F   14 τῶν πρόκλου τὸν ἄριστον E   15 καινοτέραις E   20 τῆς (post
γάρ) EF: καὶ a   21 οὐδὲν θαυμαστὸν E   22 τοῦτο πολλαχοῦ τοῖς θεολογοῦσιν aF
23 τοῖς αὐτοῖς θεοῖς E   24. 25 ὅλον ἅμα E   27 περιλέλειπται E   28 τοῦ (post
ὑπὸ) om. aF   29 τὴν τοῦ χρόνου aF   32 ἐπὶ] ἐν aF   34 οὐδὲ] ὁ δὲ E
35 τῶν αὐτοῦ F: αὐτοῦ E: τῶν αὐτῶν a   post αὐτοῦ deficit E, pro quo P⁴ adnoto usque
ad p. 798,2. cf. Praefationis Supplementum I   36 προκείσθω F: προσκείσθω a

ῥήματα· "ὅτι μὲν οὖν ἢ ὅλως οὐκ ἔστιν ἢ μόλις καὶ ἀμυδρῶς, ἐκ τούτων 188ᵛ
ἄν τις ὑποπτεύσειε. τὸ μὲν γὰρ αὐτοῦ γέγονε καὶ οὐκ ἔστι, τὸ δὲ μέλλει
καὶ οὔπω ἔστιν. ἐκ δὲ τούτων καὶ ὁ ἄπειρος καὶ ὁ ἀεὶ λαμβανόμενος
χρόνος σύγκειται. τὸ δὲ ἐκ μὴ ὄντων συγκείμενον ἀδύνατον ἂν εἶναι δόξειε
5 μετέχειν οὐσίας. πρὸς δὲ τούτοις παντὸς μεριστοῦ, ἄνπερ ᾖ, ἀνάγκη ὅτε 40
ἔστιν [ἀνάγκη] ἢ πάντα τὰ μέρη ἢ ἔνια εἶναι. τοῦ δὲ χρόνου τὰ μὲν γέγονε,
τὰ δὲ μέλλει, ἔστι δὲ οὐδὲν ὄντος μεριστοῦ. τὸ δὲ νῦν οὐ μέρος· μετρεῖται
γὰρ τὸ μέρος, καὶ συγκεῖσθαι δεῖ τὸ ὅλον ἐκ τῶν μερῶν· ὁ δὲ χρόνος οὐ
δοκεῖ συγκεῖσθαι ἐκ τῶν νῦν. ἔτι δὲ τὸ νῦν, ὃ φαίνεται διορίζειν τὸ παρελθὸν
10 καὶ τὸ μέλλον, πότερον ἓν καὶ ταὐτὸν ἀεὶ διαμένει ἢ ἄλλο καὶ ἄλλο, οὐ
ῥᾴδιον ἰδεῖν. εἰ μὲν γὰρ ἀεὶ ἕτερον καὶ ἕτερον, μηδὲν δέ ἐστι τῶν ἐν τῷ
χρόνῳ ἄλλο καὶ ἄλλο ἅμα μέρος, καὶ μὴ περιέχει, τὸ δὲ περιέχεται, ὥσπερ 45
ὁ ἐλάττων χρόνος ὑπὸ τοῦ πλείονος, τό τε νῦν μὴ ὂν πρότερον δὲ ὂν ἀνάγκη
ἐφθάρθαι ποτέ, καὶ τὰ νῦν ἅμα μὲν ἀλλήλοις οὐκ ἔσται, ἐφθάρθαι δὲ ἀεὶ
15 ἀνάγκη τὸ πρότερον. ἐν αὐτῷ μὲν ἐφθάρθαι τὸ νῦν οὐχ οἷόν τε διὰ τὸ
εἶναι τότε, ⟨ἐν⟩ ἄλλῳ δὲ νῦν ἐφθάρθαι τὸ πρότερον νῦν οὐκ ἐνδέχεται. ἔστω
γὰρ ἀδύνατον ἐχόμενα ἀλλήλων εἶναι τὰ νῦν ὥσπερ στιγμὴν στιγμῆς. εἴπερ
οὖν ἐν τῷ ἐφεξῆς οὐκ ἔφθαρται, ἀλλ' ἐν ἄλλῳ, ἐν τοῖς μεταξὺ νῦν ἀπείροις 50
οὖσιν ἅμα ἂν εἴη· τοῦτο δὲ ἀδύνατον. ἀλλὰ μὴν οὐδὲ τὸ αὐτὸ ἀεὶ δια-
20 μένειν δυνατόν· οὐδενὸς γὰρ διαιρετοῦ πεπερασμένου ἓν πέρας ἐστίν, οὔτ'
ἂν ἐφ' ἓν ᾖ συνεχὲς οὔτ' ἂν ἐπὶ πλείω. τὸ δὲ νῦν πέρας ἐστί, καὶ
χρόνον ἔστι λαβεῖν πεπερασμένον. ἔτι εἰ τὸ ἅμα εἶναι κατὰ χρόνον καὶ
μήτε πρότερον μήτε ὕστερον τὸ ἐν τῷ αὐτῷ εἶναι καὶ ἐν τῷ νῦν, εἰ τὰ
πρότερον καὶ ὕστερον γινόμενα ἐν τῷ νῦν τῳδί ἐστιν, ἅμα ἂν εἴη τὰ εἰς
25 ἔτος γενησόμενα μυριοστὸν τοῖς γινομένοις τήμερον καὶ οὔτε πρό|τερον οὔτε 189ʳ
ὕστερον οὐδὲν ἄλλο ἄλλου."

Ταύτας τοίνυν τὰς ἀπορίας ὁ φιλόσοφος Δαμάσκιος λύειν ἐπιχειρεῖ
τὸν ἐνεστῶτα χρόνον οὐ κατὰ τὸ ἀμερὲς νῦν λαμβάνειν ἀξιῶν. πέρας γὰρ
χρόνου τὸ τοιοῦτο νῦν καὶ οὐ χρόνος. τοῦ δὲ περατουμένου μὴ ὄντος οὐδ'
30 ἂν τὸ πέρας ὑφεστήξεται· οὐ μέντοι οὔτε κίνησις οὔτε μεταβολή τις ἐν τῷ
τοιούτῳ νῦν φανεῖται. μεριστὸν γάρ τι ἐν ἀμερεῖ πῶς ὑποστήσεται; ἀλλὰ 5
ταῦτα μὲν καὶ αὐτὸς ἂν ὁ ἀπορῶν εἴποι λόγος. "θαυμάζω δὲ ἔγωγε, φησίν
οὕτως καὶ τοῖς ῥήμασι λέγων, πῶς τὸν μὲν Ζήνωνος ἐπιλύονται λόγον, ὡς
οὐ κατά τι ἀδιαίρετον τῆς κινήσεως ἐπιτελουμένης, ἀλλὰ καθ' ὅλον βῆμα

---

1 ῥήματα Phys. Δ 10 p. 217ᵇ32   μόγις aP⁴   ἐκ τῶνδε Arist.   4 ἂν om. a
6 ἤτοι πάντα Aristot.   ἀνάγκη F: del. aP⁴   7 μετρεῖται aF, sed cf. p. 697,11 sq.
10 ταὐτὸν ἀεὶ F: ταυτὸ a   post ἄλλο καὶ ἄλλο praecepit ἅμα — περιέχει (12) sed delevit F
12 μέρος ἅμα Aristoteles   καὶ μὴ F (in iteratis v. 11 καὶ οὐ): ὃ μὴ ex Arist. a   13 τό
τε] τὸ δὲ Aristoteles   14 ἀεὶ post ἀνάγκη Aristoteles   15 ἐν αὐτῷ libri   μὲν οὖν a
et Aristoteles (excepto cod. I)   16 ἐν add. a   17 εἶναι ἀλλήλων Aristoteles   18 post
μεταξὺ habet τοῖς Aristoteles   19 ἀεὶ τὸ αὐτὸ Aristoteles   23 post νῦν add. ἐστίν Ari-
stoteles   τά τε πρότερον καὶ τὰ ὕστερον (om. γινόμενα) Aristoteles   25 γενησόμενα]
variant Aristotelis libri γενόμενα vel γινομένους vel γινομένοις   28 ἐνεστῶτα aP⁴: ἑστῶ-
τα F   30 ὑφεστήξεται tolerandum videtur   32 θαυμάσω a

προκοπτούσης ἀθρούστερον, καὶ οὐκ ἀεὶ τὸ ἥμισυ πρὸ τοῦ ὅλου, ἀλλὰ ποτὲ 189ʳ
καὶ ὅλον καὶ μέρος οἷον ὑπεραλλομένης. οὐ συνενόησαν δὲ οἱ τὸ ἀδιαίρετον
μόνον νῦν εἶναι λέγοντες τὸ αὐτὸ καὶ ἐπὶ τοῦ χρόνου συμβαῖνον ἅτε συνόν-
τος ἀεὶ τῇ κινήσει καὶ οἷον συμπαραθέοντος, ὥστε καὶ συμβηματίζοντος 10
5 ὅλῳ πηδήματι συνεχεῖ καὶ οὐ κατὰ ⟨τὸ⟩ νῦν διεξιόντος ἐπ' ἄπειρον, καὶ
ταῦτα κινήσεως μὲν οὔσης ἐναργοῦς ἐν τοῖς πράγμασι, τοῦ Ἀριστοτέλους
οὕτω δεικνύντος λαμπρῶς, ὅτι οὐδὲν ἐν τῷ νῦν κινεῖται οὐδὲ μεταβάλλεται,
ἀλλ' ἐν τούτῳ μὲν κεκίνηται καὶ μεταβέβληται, μεταβάλλεται δὲ καὶ κινεῖται
πάντως ἐν χρόνῳ. τὸ γοῦν ἅλμα τῆς κινήσεως μέρος ὂν κινήσεως τὸ ἐν
10 τῷ κινεῖσθαι, οὐκ ἐν τῷ νῦν ἔσται κινούμενον, οὐδὲ ⟨ἐν⟩ μὴ ἐνεστῶτι
χρόνῳ τό γε ἐνεστώς. ὥστε ἐν ᾧ κίνησις ἡ ἐνεστῶσα, χρόνος οὗτός ἐστιν 15
ὁ ἐνεστὼς ἄπειρος ὢν τῇ διαιρέσει ἀπείρου οὔσης· ἑκάτερον γὰρ συνεχές.
πᾶν δὲ συνεχὲς ἐπ' ἄπειρον διαιρετόν." ταῦτα εἰπὼν καὶ τὴν Ἀριστοτέλους
παρατίθεται ῥῆσιν, ἐν ᾗ τὴν Ζήνωνος ἀπορίαν ἐπιλύεται, ἔχουσαν οὕτως· "αἱ
15 γὰρ αὐταὶ διαιρέσεις ἔσονται τοῦ χρόνου καὶ τοῦ μεγέθους καὶ εἰ ὁποτερονοῦν
ἄπειρον, καὶ θάτερον, καὶ ὡς θάτερον, καὶ θάτερον, οἷον εἰ μὲν τοῖς ἐσχά-
τοις ἄπειρος ὁ χρόνος, καὶ τὸ μῆκος τοῖς ἐσχάτοις, εἰ δὲ τῇ διαιρέσει, τῇ
διαιρέσει καὶ τὸ μῆκος, ⟨εἰ δὲ ἀμφοῖν ὁ χρόνος, ἀμφοῖν καὶ τὸ μέγεθος⟩. 20
διόπερ καὶ ὁ Ζήνωνος λόγος ψεῦδος λαμβάνει τὸ μὴ ἐνδέχεσθαι τὰ ἄπειρα
20 διελθεῖν ἢ ἅψασθαι τῶν ἀπείρων καθ' ἕκαστον ἐν πεπερασμένῳ χρόνῳ·
⟨διχῶς γὰρ λέγεται καὶ ὁ χρόνος καὶ τὸ μῆκος ἄπειρον καὶ ὅλως πᾶν τὸ
συνεχές, ἤτοι κατὰ διαίρεσιν ἢ τοῖς ἐσχάτοις. τῶν μὲν οὖν κατὰ τὸ ποσὸν
ἀπείρων οὐκ ἐνδέχεται ἅψασθαι ἐν πεπερασμένῳ χρόνῳ⟩, τῶν δὲ κατὰ δι-
αίρεσιν ἐνδέχεται. καὶ γὰρ αὐτὸς ὁ χρόνος οὕτως ἄπειρος. ὥστε ἐν τῷ
25 ἀπείρῳ ⟨καὶ⟩ οὐκ ἐν τῷ πεπερασμένῳ συμβαίνει διιέναι τὸ ἄπειρον καὶ 25
ἅπτεσθαι τῶν ἀπείρων τοῖς ἀπείροις, οὐ τοῖς πεπερασμένοις." ἐκ δὴ τούτων
φανερὸν ὅτι ἐν τοῖς συνεχέσιν οὐ βούλεται ἐνεργείᾳ εἶναι, οὐ μέντοι οὐδὲ
τὸ ὅλον ἀθρούστερον βῆμα οὐδὲ τὸ τοῦ ὅλου μέρους ἅλμα δοκεῖ μοι λόγον
ἔχειν ἐπὶ τῆς κινήσεως ἢ ἐπὶ τοῦ χρόνου λεγόμενον. ἐπὶ μὲν γὰρ τοῦ
30 τόπου, οὗ τὰ μόρια ὑπομένει, δυνατὸν οἶμαι τὴν τοιαύτην σύλληψιν θεωρεῖν,
ἐπὶ μέντοι τῶν ἐν τῷ γίνεσθαι τὸ εἶναι ἐχόντων οὐκ ἂν εἴη τι ἀθρόον
λαβεῖν, πλὴν εἰ μὴ κατὰ τὴν ἡμετέραν ἐπίνοιαν. τὸ γὰρ ἀθροῦν ἐκεῖνο 30
ἀνάγκη μὴ ὡς ῥέον ἀλλ' ὡς ἑστηκὸς λαβεῖν καὶ μὴ ὡς γινόμενον ἀλλ'
ὡς ὄν. καίτοι τί ἐστι τοιοῦτον ἐν τοῖς τὸ ὂν ἐν τῷ γίνεσθαι ἔχουσιν;
35 ἀλλὰ τούτοις μᾶλλον προσεκτέον ὑπὸ τοῦ φιλοσόφου Δαμασκίου καὶ τοῖς
ῥηθεῖσιν αὐταῖς λέξεσι· "τὸ δ' αὖ ἀεὶ μηδέποτε ὂν συνηγμένον εἰς ἕν, ἐν
δὲ τῷ γίνεσθαι τὸ εἶναι ἔχον, τοῦτον εἶναι τὸν χρόνον ὡς ἡμέραν καὶ νύκτα

---

5 τὸ (post κατὰ) addidi   6 τοῦ δ' a   9 ἅλμα F: ἅμα a   10 ἐν (ante μὴ) om.
F: add. aP⁴   13 Ἀριστοτέλους Phys. Z 2 p. 233 ᵃ 16   15 ὁποτερονοῦν aP⁴: ὁπότερον
ἂν F   18 εἰ δὲ—μέγεθος om. F: restit. aP⁴   19 διὸ Aristoteles   21 διχῶς—χρό-
νῳ (23) om. F: restituerunt aP⁴   τὸ μῆκος καὶ ὁ χρόνος Aristoteles [praeter HK]
25 καὶ aP⁴: om. F   27 οὐ a: τὸ F   28 ὅλων a   32 ἀθρόον a   35 καὶ τοῖς
F: om. a: fortasse τοῖς ῥηθεῖσιν transponendum ante ὑπὸ   37 εἶναι] verbum, unde
haec apta sint, omisit Simplicius cum praecedentibus

καὶ μῆνα καὶ ἐνιαυτόν. οὐδὲν γὰρ τούτων ἀθρόον οὐδὲ ὁ ἀγών (καίτοι 189ʳ
πάρεστιν ὁ ἀγών, ἀλλὰ κατὰ μέρος ἐπιτελούμενος) οὐδὲ ὄρχησις (καὶ αὐτὴ 35
γὰρ κατὰ μέρος· ἀλλ' ὅμως ὀρχεῖσθαι λέγεταί τις ἐνεστῶσαν ὄρχησιν).
οὕτω δὴ καὶ τὸν σύμπαντα χρόνον ἐφεστάναι γινόμενον, ἀλλ' οὐκ ὄντα.
5 καὶ γὰρ τὰ κοινὰ τῶν εἰδῶν ἀΐδια λέγειν ἡμᾶς ὡς ἀεὶ γένη, καὶ ῥέοντα
μὲν κατ' ἀριθμόν, ἐστῶτα δὲ τὰ αὐτὰ κατ' εἶδος. καὶ τὴν συνέχειαν
κατὰ τοῦτο σῴζειν τριχῇ ταύτην διαιρουμένην ὡς πρὸς ἡμᾶς καὶ τὸν καθ'
ἡμᾶς ἐνεστῶτα χρόνον. ἄλλοις γοῦν ἄλλος ὁ ἐνεστώς, ἐπεὶ καθ' ἑαυτόν
γε ὁ χρόνος εἷς συνεχής. τούτων οὖν καλῶς εἰρημένων δυνάμει ῥητέον 40
10 εἶναι τὴν τοῦ χρόνου διαίρεσιν. καὶ τὸ ἀμερὲς νῦν δυνάμει, τὴν δὲ ἡμετέραν
ἐπίνοιαν διαιρεῖν, καὶ τὸ νῦν ὑφιστάνειν τοῦτο ὡς πέρας καὶ τὸ ἀμερές,
καὶ συλλαμβάνειν ὡς ἑστηκότα μέτρα τινὰ τοῦ χρόνου, οὐ καθ' ἓν εἶδος
ἀφορίζοντας, οἷον ἡμέρας καὶ μῆνας καὶ ἐνιαυτούς. καίτοι ἡ τῶν εἰδῶν
τούτων ἀπόστασις κατέχει μὲν τοῦ εἶναι μεγάλης τινὸς μοίρας, ἀλλ' ἐν τῷ
15 γίνεσθαι τὸ εἶναι ἔχει. κἂν ἀθρόον τις τὸ εἶδος στῆσαι βουληθῇ, οὐκέτι
ταὐτὸν τοῦτο ἐν γενέσει λαμβάνει, ἀλλὰ τὸ χωριστὸν καὶ ἐξῃρημένον οὐ 45
κατὰ μέθεξιν ῥέουσαν, ὥσπερ ὁ ποταμὸς ὑφίσταται, τὸ τῇδε. καὶ γὰρ τῶν
ποταμῶν ἕκαστόν ἐστιν εἶδος ἑστηκός, ἀφ' οὗ ὁ ῥέων ποταμὸς ὑφίσταται
ἐν ῥοῇ τὸ εἶδος δεχόμενος. καὶ ἂν στήσῃς τὸν ποταμόν, οὐκέτι ὁ ποταμὸς
20 ἔσται. οὕτως οὖν καὶ τὸ ἐνεστὼς καὶ τὸ παρεληλυθὸς καὶ τὸ μέλλον κατ'
εἶδος μὲν ἐν τῷ ἑνὶ εἴδει συνείληπται τοῦ χρόνου, ἀνελίττεται δὲ ἐν τῇ
γενέσει, τὸ μὲν ἀεὶ προϊὸν εἰς τὸ εἶναι ὑφεστὼς λεγόμενον, τὸ δὲ ἐφθαρ-
μένον παρεληλυθός, τὸ δὲ μήπω ὂν μέλλον. χρόνος δὲ ὁ σύμπας ἐστὶν 50
ἐνδελεχῶς ῥέων ὥσπερ καὶ ἡ κίνησις, κἂν ἀπολαβὼν τὸν ἐνεστῶτα ὡς
25 ἐνεργείᾳ τοῖς νῦν ἑκατέρωθεν περατούμενον ἀθρόον στήσῃ, ἀπολέσας τὸ τοῦ
χρόνου εἶδος ἐν τῷ γίνεσθαι τὸ εἶναι ἔχον, ὥσπερ ἡ κίνησις. οἶμαι οὖν
τὴν ἀπορίαν γίνεσθαι τῆς ψυχῆς κατὰ τὰ ἐν αὐτῇ ἑστῶτα εἴδη πάντα γι-
νώσκειν ἐπιχειρούσης. οὕτως γοῦν καὶ τὴν κίνησιν ἵστησιν, εἰδητικῶς αὐτὴν
καὶ οὐ κατὰ τὴν σύμφυτον αὐτῇ ῥοὴν γινώσκειν ἐπιχειροῦσα. καὶ ὥσπερ
30 τὴν νοητὴν | ἕνωσιν διακρίνει μὴ δυναμένη συνελεῖν τὴν ἐκείνης παντότητα, 189ᵛ
ἀλλ' ἰδίᾳ μὲν δικαιοσύνην, ἰδίᾳ δὲ σωφροσύνην, ἰδίᾳ δὲ ἐπιστήμην καθο-
ρῶσα, καίτοι ἑκάστου τῶν ἐκεῖ παντὸς ὄντος. καὶ συλλογίζεται ὅτι ἀθά-
νατος ἡ ψυχὴ τρεῖς ὅρους τιθεῖσα, ψυχὴν αὐτοκίνητον ἀθάνατον, καίτοι τῆς
ψυχῆς καθὸ ψυχὴ καὶ τὸ αὐτοκίνητον καὶ τὸ ἀθάνατον ⟨ἐν⟩ ἑαυτῇ ἐχούσης·
35 ὡς οὖν ταῦτα πάσχει πρὸς τὰ νοητὰ καὶ ἡνωμένα τῶν ὄντων διακρίνουσα 5
ἐν ἑαυτῇ τὴν ἐκείνων ἕνωσιν, καὶ τοιαῦτα εἶναι νομίζουσα οἷά τίς ἐστιν ἡ
ἐν αὐτῇ περὶ ἐκείνων γνῶσις, οὕτως οἶμαι τῇ στάσει τῶν ἐν αὐτῇ εἰδῶν

---

2 ἀλλὰ F: ἄλλοις a. deficit hinc P⁴   4 fortasse ὑφεστάναι   6 ἑστῶτα scripsi: ἔστω τὰ libri   τὰ (post δὲ) om. a   11 ὑφιστάνειν a: ὑφεστάνειν F   12 ἑστηκότα Laur. 85,1: ἔστη κατὰ aF   μέτρα F: μέρη a   τοῦ om. a   13 ἐνιαυτούς a: ἐνιαυτόν F
14 conicio ὑπόστασις   κατέχει F: κατελείφθη a: fortasse μετέχει cf. v. 17   16 λαμ-
βάνειν F   21 ἀνελίπτεται libri   24 post κίνησις addit οἶμαι — εἴδη (v. 26—27) de-
leta F   25 τοῖς νῦν ante ὡς posuit a   ἀπολέσει bene a   32 τῶν scripsi: τὴν F:
om. a   34 ἐν addidi   36 εἶναι om. a   37 τῶν ἐν αὐτῇ a: τὴν ἑαυτῶν F

ἱστάνειν ἐπιχειρεῖ τὸν ποταμὸν τῆς γενέσεως καὶ τρία μέρη χρόνου περι- 189ᵛ
γράφουσα διωρισμένα κατὰ τὸ ἐνεστὼς ἵστησιν, ἀφωρισμένον τι ἀθρόον
συλλαμβάνουσα. μέση γὰρ οὖσα τὴν οὐσίαν τῶν τε γινομένων καὶ τῶν ὄντων
ἑκάτερα κατὰ τὴν ἑαυτῆς φύσιν νοεῖν ἐπιχειρεῖ, τὰ μὲν διακρίνουσα κατὰ
5 τὸ χεῖρον μὲν ἐκείνων ἑαυτῇ δὲ συμφυέστερον, τὰ δὲ συνάγουσα κατὰ τὸ 10
κρεῖττον μὲν τῆς γενέσεως, ἑαυτῇ δὲ γνωριμώτερον. οὕτω γοῦν ἡμέραν
καὶ μῆνα καὶ ἐνιαυτὸν γινώσκει συναιροῦσα εἰς ἓν εἶδος ἕκαστον καὶ ἀπο-
τομὰς τοῦ ὅλου χρόνου τοῦ ῥέοντος περιγράφουσα. εἰ οὖν μὴ κενεμβατεῖ
παντελῶς ἡ ἐμὴ ἔννοια ταῦτα λέγουσα, ἐκ ταύτης ἀξιῶ τὰς πρὸς τὸν χρόνον
10 ἀπορίας διαλύειν. τούτων γὰρ ἡ μὲν πρώτη φησίν· ἐπεὶ μήτε τὸ παρε-
ληλυθὸς ἔστι μήτε τὸ μέλλον, ἐκ δὲ τούτων καὶ ἄπειρος ὁ ἀεὶ λαμβανό-
μενος χρόνος σύγκειται, τὸ ἐκ μὴ ὄντων συγκείμενον ἀδύνατον ἂν εἶναι 15
δόξειε μετέχειν οὐσίας. καὶ δῆλον ὅτι ⟨ὁ⟩ ταῦτα ἀπορῶν οὐ προσποιεῖται
τὴν ῥοὴν τῆς γενέσεως, οὐδὲ ὁρίζει τῶν ἅμα ὅλων ὑφεστώτων τὰ ἐν τῷ
15 γίνεσθαι τὸ εἶναι ἔχοντα, ἐφ' ὧν τὸ ἀνάπαλιν ἄν τις εἴποι, ὅτι εἰ μὴ τὸ
μὲν γέγονεν αὐτῶν, τὸ δὲ οὔπω ἔστιν, ἤτοι ἔνια ἢ πάντα τὰ μέρη εἶναι.
ὅλως γὰρ τὸ εἶναι τούτοις οὐ προσήκει, ἀλλὰ τὸ γίνεσθαι. καὶ ἔστιν οὗτος
ὁ τῆς ὑποστάσεως αὐτῶν τρόπος ὅλου ῥέοντος τοῦ εἴδους ἐνδελεχῶς. ἐπειδὴ 20
δὲ ὁ κατὰ τὸ νῦν ἑστὼς ὑφεστάναι καὶ εἶναι δοκεῖ καὶ ταύτῃ λύειν δυνα-
20 τὸν εἶναι δοκεῖ τὴν ἀπορίαν, ὅτι μέρος τι τοῦ μεριστοῦ ἐστι, δεικνύουσιν
ὅτι τὸ νῦν οὐκ ἔστι μέρος τοῦ χρόνου ἐκ δυοῖν ἐπιχειρημάτων· πᾶν μέρος
μετρεῖ τὸ ὅλον, ὥστε καὶ τὸ τοῦ χρόνου μέρος. εἰ οὖν τὸ νῦν ἀμερὲς ὂν
οὐ μετρεῖ τὸν χρόνον συνεχῆ ὄντα, δῆλον ὅτι τὸ νῦν οὐκ ἀεὶ μέρος τοῦ
χρόνου. ἔτι δὲ καὶ οὕτω δείκνυσι· τὸ μέρος τοῦ χρόνου συντίθησι τὸν
25 ὅλον χρόνον· μέρος γάρ ἐστιν ἐξ οὗ σύγκειται τὸ ὅλον· τὸ δὲ νῦν οὐ 25
συντίθησι τὸν χρόνον (οὐ γὰρ σύγκειται ἐκ τῶν νῦν, ὡς δείκνυσιν ἐν τοῖς
περὶ κινήσεως)· τὸ ἄρα νῦν οὐκ ἔστι μέρος χρόνου. καὶ ἔστω ταῦτα καλῶς
λεγόμενα. οὐδὲ γὰρ κατὰ τοῦτο τὸ ⟨νῦν⟩ ἕστηκεν ὁ χρόνος. οὐδὲ γάρ ἐστιν
ἐνεργείᾳ τὸ νῦν ἀφωρισμένον, ὥς γε διδοὺς εἶναι τὸ νῦν πέρας ὂν χρόνου
30 πάντως δώσει καὶ τὸ περατούμενον. αἱ δὲ ἐφεξῆς ἀπορίαι πειρῶνται δει-
κνύναι, ὅτι τὸ νῦν οὐ πέρας χρόνου ἀνυπόστατόν ἐστιν, ἀλλ' οὐδ' ὥσπερ
χρόνου ἔχειν τινὰ ὑπόστασιν δύναται, εἴπερ ἀνάγκη μέν, εἰ πάρεστιν, ἢ τὸ 30
αὐτὸ διαμένειν ἢ ἄλλο καὶ ἄλλο γίνεσθαι· ἑκάτερον δὲ ἀδύνατον δείκνυται.
ταῦτα δὲ ὥσπερ ἐνεργείᾳ τοῦ νῦν ὑποτιθεμένου λέγεται καὶ ὡς μέρος χρόνου
35 λαμβανομένου, ὧν οὐδέτερον ἀληθές. ἔπειτα δὲ ἀξιοῖ, εἰ φθείρεται τὸ νῦν,
ἢ ἐν ἑαυτῷ φθείρεσθαι ἢ ἐν ἄλλῳ νῦν, ἐπειδὴ τὸ φθειρόμενον ἐν χρόνῳ
φθείρεται, ὥσπερ τὸ γινόμενον ἐν χρόνῳ γίνεται. καὶ δῆλον ὅτι οὗτος ὁ

---

1 τοῦ χρόνου a   2 κατὰ a: καὶ F   ἀφορισμόν τινα ἀθρόον a   4 διακρίνουσα scripsi: διακρί ultima evanida F: ὄντα a   5 συμφυέστερον, τὰ δὲ συνάγουσα scripsi: συμφυᾶ ὄντα δὲ συνάγουσα F: συμφυὲς συνάγουσα τὰ δὲ γινόμενα a   7 γινώσκοι ut videtur F   11 καὶ ὁ ἄπειρος καὶ ὁ a   12 τὸ μὴν ἐκ F   13 ὁ a: om. F   14 ὁρίζει F: διορίζει a   20 μέρος (ut videtur) τί F: τὸ νῦν μέτριος a   26 ἐν τοῖς περὶ κινήσεως cf. p. 800,23   28 νῦν add. a   ἕστηκε F cf. v. 19: om. a   31 ἐν ὑπόστατόν a   36 ἐν αὐτῷ a

λόγος χρόνου χρόνον ἀπαιτεῖ. καίτοι κινήσεως εἶναι κίνησιν αὐτὸς ἀπέ-189ᵛ
φηνε. καὶ ὅλως εἰ τῶν μέτρων μέτρα πειραθῶμεν λαβεῖν, ἐπ' ἄπειρον 35
ἥξομεν τοῦ μετρητικοῦ πήχεος ἄλλον πῆχυν μετρητικὸν ὡς μετρητὸν λαμ-
βάνοντες καὶ πρὸ τῶν ἀριθμῶν ἀριθμοὺς τιθέντες. εἰ δὲ ταῦτα ἄτοπα,
5 ἀρκοῦντος ἑκάστου τῆς ἑαυτοῦ ἰδιότητος τοῖς ἄλλοις δεομένοις αὐτῆς μετα-
διδόναι, οὐ μέντοι καὶ αὐτοῦ χρῄζοντος μεταλαβεῖν τούτου ὅπερ ἐστίν,
ἄτοπον καὶ ἐκεῖνο. εἰ δὲ καὶ λέγοι τις χρῄζειν, βιαζόμενος ὡς οἶμαι λέγει,
καὶ ἀρέσκει ὅμως ἑαυτῷ μεταδιδόναι. ὥστε οὐκ ἀνάγκη τὸν χρόνον ἐν
χρόνῳ φθείρεσθαι οὐδὲ τὸ νῦν ἐν τῷ νῦν. ἀλλ' οὐδὲ ἅμα πλείονα εἶναι 40
10 δυνατόν. ἐν γὰρ τῇ ῥύσει τοῦ χρόνου κατὰ τὴν ὁποιανοῦν καὶ ὑπονοου-
μένην στάσιν ἡ τοῦ νῦν θεωρεῖται ὑπόστασις. ἀλλὰ πῶς, εἰ ἐν τῷ γίνεσθαι
τὸ εἶναι ἔχει ὁ χρόνος κινούμενος καὶ αὐτός, οὐ δεήσεται χρόνου τοῦ με-
τροῦντος καὶ τάττοντος τὰ τοῦ χρόνου μέρη, ὥστε μὴ ἐπισυγχυθῆναι ἀλλή-
λοις; ἢ οὕτω κινεῖται ὁ χρόνος, ὡς τῇ κινήσει συμπαρομαρτῶν μέτρον ὂν
15 τῆς κινήσεως. καὶ γὰρ καὶ ὁ πῆχυς συνδιίσταται τῷ μετρουμένῳ μένων
ἐν τῇ τοῦ μέτρου ἰδιότητι καὶ ἀνενδεὴς ὢν τοῦ μετροῦντος." ἐκ δὲ τούτων 45
τῶν λύσεων καὶ τὰς τοῦ Στράτωνος ἀπορίας περὶ τοῦ μὴ εἶναι τὸν χρόνον
διαλύειν δυνατὸν καὶ αὐτὰς ⟨τὰς⟩ τῷ Ἀριστοτέλει διεσκεδασμένας καὶ τὸ νῦν
ἐνεργείᾳ λαμβανούσας. ἀλλ' ὅτῳ ταῦτα πρὸς διάλυσιν μὴ ἀρκεῖ τῶν εἰρη-
20 μένων, ἐντυγχανέτω τῷ τοῦ φιλοσόφου Δαμασκίου Περὶ χρόνου συγγράμ-
ματι. τίνος δ' εἵνεκεν ἄρα τὰς ἀπορίας ἃς προύλαβεν οὐ διέλυσεν ὁ
Ἀριστοτέλης; ἢ ὅτι τῆς νῦν ἀμερείας ὁ λόγος ἐδεῖτο καὶ τοῦ μὴ εἶναι
ἐνεργείᾳ τὸ νῦν, ἅπερ ἐν τῷ ἕκτῳ βιβλίῳ τῆσδε τῆς πραγματείας ἐν τοῖς 50
περὶ κινήσεως λόγοις ἀποδείκνυσιν, ἐν οἷς πολλὰ περὶ τῆς πρὸς ἄλληλα
25 σχέσεως τοῦ τε χρόνου καὶ τῆς κινήσεως διδάσκει καὶ καλὰ θεωρήματα.

1 χρόνου a: χρὸν (i. e. χρονον) οὐ F   3 μετρητὸν a: μετρη (? μετρητοῦ) F: fortasse latet
μέτρον αὐτοῦ   4 τιθέντος F   5 αὐτῆς a: αὐτοῖς F   7 λέγοι a: λέγει F
βιαζόμενος a: βασιξόμενος F   13 ἐπισυγχυθῆναι scripsi: ἐπισυγγεθῆναι aF   15 πῆχυς
F: πολὺς a   18 αὐτὰς ⟨τὰς⟩ τῷ scripsi: αὐτὸς τῶν F: αὐτὰς τὰς a   Ἀριστοτέλει
scripsi: ἀρ', F: ἀριστοτέλους a